MAGYAR–ANGOL MŰSZAKI SZÓTÁR

HUNGARIAN–ENGLISH TECHNICAL DICTIONARY

HUNGARIAN-ENGLISH TECHNICAL DICTIONARY

SIXTH, UNALTERED EDITION

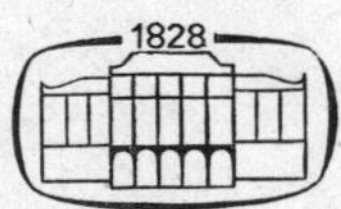

AKADÉMIAI KIADÓ · BUDAPEST 1990

MAGYAR–ANGOL MŰSZAKI SZÓTÁR

HATODIK, VÁLTOZATLAN KIADÁS

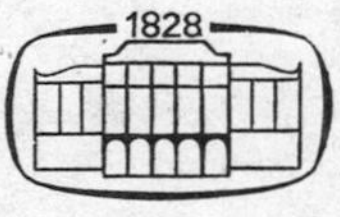

AKADÉMIAI KIADÓ · BUDAPEST 1990

Szerkesztette

NAGY ERNŐ KLÁR JÁNOS

és

KATONA LÓRÁNT

vezetésével az Akadémiai Kiadó műszaki szótárszerkesztői munkaközössége

ISBN 963 05 5708 8

Kiadja az Akadémiai Kiadó, Budapest

Első kiadás: 1957

A kiadásért felelős az Akadémiai Kiadó és Nyomda Vállalat főigazgatója
A szerkesztésért felelős: Zigány Judit
Műszaki szerkesztő: Marton Andor
Terjedelem: 67,93 (A/5) ív

90.18917 Akadémiai Kiadó és Nyomda Vállalat — Felelős vezető: Hazai György

BEVEZETÉS

Jelen kiadás az 1957. évben megjelent Magyar—angol műszaki szótár változatlan utánnyomása. Mivel az új, teljesen átdolgozott és bővített szótár időközben megindult szerkesztési munkái még több évig eltartanak, addig is ezzel a változatlan második kiadással kívánunk a legsürgetőbb igényeknek eleget tenni.

*

E szótár az *első* magyar—angol műszaki szótár s egyben az első kísérlet a magyar és angol tudományos és technikai terminológia fogalmi egyeztetésére. Ebből a tényből következik, hogy nem tarthat igényt a teljességre s a jövőben továbbfejlesztése szükséges. Tárgyköre nem teljesen azonos az 1951-ben kiadott Angol—Magyar Műszaki Szótáréval. A szerkesztés során a korábbi szótárhoz képest elhagytuk az orvosi tudományok, a növény- és állattan, valamint a mezőgazdaság szókincsét, minthogy ezek anyaga *külön szakszótárakban* célszerűbben dolgozható fel.

A szótár mintegy 120 000 magyar műszaki szakszót és szakkifejezést és ennek mintegy 180 000—200 000 angol egyenértékét foglalja magában. E szavak tárgykörüket tekintve a műszaki tudományok és a hozzájuk szervesen kapcsolódó alaptudományok (pl. matematika, fizika) fontos szókincsét foglalják össze.

A szerkesztési munkálatok előkészítése során szükségesnek bizonyult egyes műszaki szakterületek szókincsének fokozott, korszerű szinten való kibővítése, így a gépipar, híradástechnika, járműtechnika, textilipar és néhány más iparág szókincse terjedelemben megnőtt más iparágak, pl. az élelmezési és mezőgazdasági iparok rovására. A szógyűjtés és szerkesztés munkájában segítő nagyszámú munkatárs név szerinti teljes felsorolására nincs mód, csak az egyes nagyobb szakterületek munkatársait említhetjük itt meg, akik szakmájuk szókincsének javarészét bocsátották a szótár rendelkezésére. Ezek : a bőr- és cipőiparból : Várnai Imre, bőrszakértő, műszaki fordító, a faiparból : Rosner Miklós mérnök, a Faipari Kutató Intézet tudományos munkatársa, a gépjárműtechnikából : Dancs Tibor gépészmérnök, a Járműfejlesztési Intézet munkatársa, a híradástechnikából : dr. Radványi László gépészmérnök, szabadalmi ügyvivő, az olajiparból : Ziegler Vilmos vegyészmérnök, a textiliparból pedig Földes Pál, a Textilipari Kutató Intézet igazgatója, Leitner Judit textilmérnök és Leitner Jenő nyelvtanár, textilipari szakfordító. Az egész szótár vegyipari szókincsét Gellért Tibor vegyészmérnök, a magas- és mélyépítés szókincsét pedig Deseő Lajos mérnök (aki egyben a városépítés szókincsét is összeállította) ellenőrizték.

A szótár magyar szókincsét igyekeztünk az élő magyar műszaki nyelvhasználatnak, hatályos szabványainknak és a korszerű egyetemi tankönyveinkben használt műszavaknak és műkifejezéseknek megfelelően felépíteni. Felhasználtuk bizonyos mértékben a már meglévő Angol—Magyar Műszaki Szótárt is. Az angol nyelvű fogalmi egyenértékek meghatározásakor helyenként nehézségek merültek fel. Az angol és amerikai műszaki nyelvhasználat ugyanis egymástól lényegesen eltér, egyes területeken, pl. az erősáramú elektrotechnikában szinte két egymástól teljesen független terminológia használatos. Hozzá kell még tennünk, hogy az angol műszaki nyelvhasználat sem egységes, így pl. Indiában a vízerőhasznosítás szókincse mind az angol, mind az amerikai szóhasználattól eltér. Természetesen szótárunkban ilyen mértékű differenciálásra már nem volt mód. Általában mindenütt, ahol az angol és amerikai szóhasználat eltérő, megfelelő jelöléssel mindkét szót vagy kifejezést megadtuk. Az angol szakszavak és kifejezések meghatározásához nagyban felhasználtuk a British Standards Institution kiadványait, elsősorban kiváló Glossary-jait, az American Standards Association szabványait, valamint a különféle tudományos egyesületek (A. S. M. E., S. A. E., A. S. T. M. stb.) terminológiai kiadványait, s jelentős mértékben a meglehetősen nagyszámú és terminológiai szempontból rendkívül heterogén angol—amerikai kézikönyveket, tankönyveket, végül az angolszász műszaki folyóiratok cikkeit. Reméljük, hogy ennek során sikerült az *alapvető* szókincs zömét rögzítenünk.

Kérjük a szótár használóit, hogy a szótár jobb és hasznosabb megértését elősegítő *Útmutató* magyarázatait egyrészt gondosan olvassák el, továbbá esetleges észrevételeiket, bíráló megjegyzéseiket, kiegészítő javaslataikat későbbi munkánk javítása, és az esetleges újabb kiadások helyesbítése érdekében szíveskedjenek az Akadémiai Kiadó műszaki szótárszerkesztőségével (Bp. V. Alkotmány u. 21.) írásban közölni.

ÚTMUTATÓ A SZÓTÁR HASZNÁLATÁHOZ

Szótárunk alapvető vonása műszaki jellege. Így a nem speciálisan műszaki jellegű szavakat a lehetőséghez képest kihagytuk, s ezek tekintetében ezúton utalunk az Országh-féle szótárra.

Ugyancsak figyelembe kellett vennünk, hogy szótárunk alapjában véve kutatók, mérnökök, fordítók, külkereskedelmi szakemberek munkaeszköze. Ennek megfelelően *kétféle mértékkel* kellett mérnünk. A magyar címszavak tekintetében szükség volt azokra a meghonosodott és általánosan használt szakszavakra is, amelyek nyelvhelyességi szempontból kifogásolhatók. Itt *feladatunk elsősorban a szógyűjtés és nem a szóbírálat volt.*

Az angol egyenértékeknél viszont arra kellett ügyelnünk, hogy ne adjunk megfelelő megkülönböztetés nélkül túl sok szinonimát, mert ezek — az értelmet szűkítő utalás nélkül — félreértésre adhatnak okot. A gépipar, építészet legtöbb alapszavára a megadottaknál sokszorta több szinonima ismeretes. Itt az az elv vezetett bennünket, hogy lehetőleg — amennyiben ilyen egyáltalában van — a szabványos szavakat adjuk meg, valamint a leginkább használatos változatokat. A félrevezető, pl. különféle országokban eltérő értelmű szavakat igyekeztünk kihagyni. Általában arra törekedtünk, hogy a lehetséges hibaforrások számát csökkentsük. Néhány részletekbe menő útmutatást, amelyek ismerete a szótár használatát könnyíti meg, az alábbiakban ismertetünk:

1.

A szótár szerkesztésében a *bokrosítás* elvét érvényesítettük. Amennyiben több olyan többtagú kifejezést vettünk fel, amelyeknek jellemző tagja azonos, ezeket bokorban egyesítettük. Szótárunkban melléknévi bokrok is vannak, az eddig követett szerkesztési gyakorlatnak megfelelően.

A műszaki szótárak szempontjából a jövőre nézve megfelelőbbnek látszik, ha a bokrosítás túlnyomórészt főnevekre és igenevekre történik. Minden bokornak egy vezető szava van. Ez mindenkor egybeírt vagy, ritkán, kötőjeles szó. Ha csak egyetlen összetétel tartozott az adott vezető szóhoz, nem tekintettük bokornak, hanem a besorolásnál — helyesírási szabályaink értelmében — úgy kezeltük, mintha egybeírt, összetett szó lenne. A szótári bokrok ugyancsak ábécérendben készültek. A magyar szó után *antikva betűkkel* közöljük az általános értelmű, szakmától függetlenül használható kifejezéseket, ill. a nyilvánvalóan egyértelmű szakmai jelentésű szavakat. Ha az adott magyar címszónak iparáganként más és más egyenértékei vannak, úgy a vonatkozó angol szavak előtt megadtuk a kellő szakmai utalást is. Ha ez egymagában nem volt elegendő, úgy magyarázó szavakkal további megkülönböztetés található. A szakmai jelzések sorrendje ugyancsak az ábécérend.

A teljesen vagy többé-kevésbé egyenértékű angol kifejezéseket *vesszővel* választottuk el egymástól. *Pontosvesszővel* különítettük el a szakmai jelzéssel vagy magyarázattal minősített kifejezéseket, a bokrokon belüli kifejezéseket, végül a csupán Angliában vagy Amerikában használt kifejezéseket. Az utóbbiakat *(UK)* ill. *(US)* jelöléssel láttuk el. Itt tehát a választást a fordítás célja dönti el.

A bokrok vezető szavait a bokron belül nem írtuk ki újra, hanem csupán *tildával* (~) jelöltük. Ki kellett írnunk mindazokat a vezető szavakat, amelyek a bokorban ragozásuk folytán hangtanilag változott alakban szerepelnek, ahol tehát a tilda esetleg a nem magyar anyanyelvű használót vezette volna félre.

A szótár magyar címszavait *kövér betűvel* írtuk. Ezek tehát azok a magyar szavak, amelyek angol fogalmi egyenértékeit a szótár közli. *Dőlt betűvel* írtuk a nyelvtani jelzéseket, és a magyarázatokat *kerek zárójelbe* tettük. A szakmai jelzéseket és rövidítéseket az Útmutató végén találja az olvasó. Sok esetben csupán példaszerű utalásra volt lehetőségünk, kimerítő részletezés helyett. Az ilyen magyarázatokat, amelyek száma egyébként nem túl nagy, *szögletes zárójelbe* tettük. A szögletes zárójel tehát a *pl.* rövidítéssel egyenértékű és csupán a hasonló jellegű alkalmazási területek valamelyik jellemző részletére utal. A *[motor]* jelölés eszerint annyit jelent: pl. motor, vagy hasonló gép, szerkezet.

Kerek zárójelben adtuk meg mind a magyar címszavaknál, mind azok angol megfelelőinél azokat a szavakat, szórészeket és betűket, amelyek értelemváltozás nélkül elhagyhatók.

Az angol kifejezések között előfordul néhány hosszabb kifejezés, amelyeknél vesszőt is kellene alkalmazni. Zavar elkerülésére itt a vesszőt elhagytuk.

Gyakran előfordul, hogy az angol kifejezések egyik tagja állandó, míg a másikra többféle változat is ismeretes. Ezeket a váltható alakokat *ferde vonallal* (/) választottuk el egymástól. Pl a **csap** bokrában találjuk a **tájoló csapra:** locating pin/peg. Ennek jelentése: locating pin *vagy* locating peg. A **Cassini-ovális** címszónál ezt találjuk: Cassinian (oval/ellipse); eszerint a helyes fordítás akár Cassinian, akár pedig Cassinian oval vagy Cassinian ellipse. A **csendzónára** a szótárban ez áll: silent/skip zone/area. A lehetséges változatok eszerint: silent zone, silent area, skip zone, skip area, s gyakorlatilag valamennyi egyenértékű.

A magától értődő szóösszetételeket, amelyek mind a főnévnek, mind a jelzőnek a szótárban különkülön megadott felhasználásával fordíthatók le, a lehetőséghez képest nem vettük fel. Kivételek ez alól az angol nyelvhasználat olyanfajta sajátosságai mint pl. a kis sebesség = *low* speed.

Sokszor *vö* (vesd össze) utalással utaltunk olyan szavakra, ahol a képzés eredménye nyilvánvaló. Célunk tehát a szótárban levő ballaszt-szavak kiküszöbölése volt, bár e célkitűzésünket csak részben tudtuk érvényesíteni.

2.

A magyar nyelv műszaki jellegű szavai jelentős részben *idegen*, nagyrészükben latin és görög eredetű kifejezések. Arra törekedtünk, hogy ezt a szókincset is felvegyük szótárunkba. Egyes nemzetközi szavakra azonban teljesen egyenértékű, jó magyar szakszó is létezik. Ilyen pl. a villamos (az elektromos helyett, főleg az erősáramú elektrotechnikában), az önműködő (automatikus helyett), a kúp (kónusz helyett) stb. Az ilyen szavakhoz megadtuk ugyan az idegen szót is, de a lehetőséghez képest mindent a magyar szóra csoportosítottunk. Az idegen eredetű szót vettük alapul mindenütt, ahol a magyarítási kísérletek nem honosodtak meg.

Ha az idegen eredetű szó magyaros ragozása meghonosodott, s főleg ha ez rövidebb is, ezt a változatot választottuk. A szinkronizál, mercerizál stb. szavakra pl. a szinkronoz, mercerez stb. változatokat használtuk. A foszfatál, foszfatizál stb. változatok közül pl. a leginkább bevált foszfátoz kifejezést fogadtuk el.

Külön említendők a latin eredetű, de nálunk jórészt rövidebb, német közvetítésű alakjukban használatos szavak. Ilyen pl. regenerátum—regenerát. Ugyanide sorolhatók az -ális, -ilis végződésű, ugyancsak latin eredetű műszavak. Mindezeknél a lehetőséghez képest az eredeti, tiszta latinos alakot közöltük — a másképp használatos összetételek kivételével.

Az a körülmény, hogy a több változatban használatos szavak közül egyet választottunk ki és a többit legfeljebb erre utaltuk, még nem jelenti azt, hogy az adott alak feltétlenül és mindenütt használható. Példa erre az elektród—elektróda szó.

A magyar szakmai argó egyes fontos szavait is felvettük a szókincsbe. Főleg a kézműipari jellegű iparágakban még ma is nagyon sok a többszörösen eltorzult idegen eredetű szó, amelyeket jobb híján közölnünk kellett.

3.

A *szótár magyar szóanyagát* a Magyar Helyesírás Szabályainak 1954-ben megjelent X., átdolgozott és bővített kiadásának megfelelően írtuk. Érvényesítettük e szabályokat a szótárban alkalmazott ábécérendre, valamint az alapszavak írásmódjára.

Új helyesírási szabályzatunk kizárólag az irodalmi és köznyelv szavaival foglalkozik. A műszaki szakszavak írásmódja tekintetében a lehetőség szerint *per analogiam* igyekeztük alkalmazni a szabályzat előírásait. Megfelelő egyértelmű előírások hiányában azonban elsősorban a műszaki szakkönyvekben, tankönyvekben és szabványokban általánosan alkalmazott írásmódra kellett támaszkodnunk.

A helyesírási szabályzat 141. pontja is megállapítja, hogy „a szorosabban összetartozó szókapcsolatoknak és az összetételeknek az írása a magyar helyesírás legnehezebb kérdése." ... „Sokszor nem lehet eldönteni, hogy nyelvtanilag mi összetétel, mi nem az. A szókapcsolatoknak és az összetételeknek az írásában azért nem tudunk biztos nyelvtani alapot találni, mert nyelvünkben folyton támadnak újabb és újabb összetételek." A fent idézett mondatok fokozott mértékben érvényesek a műszaki szókincsre, s e téren a döntő szempont az egyértelműség, a félre nem érthetőség, amely műszaki, matematikai, fizikai szövegekben — ha kell — a nyelvhelyesség rovására is érvényesítendő.

A M. H. Sz. 167. pontja értelmében az „állandó, összetétellé vált kapcsolatokban" az egybeírás helyénvaló. Ennek értelemszerűleg a műszaki szövegekre is érvényesnek kell lennie. Ezért lenne helytelen az olyan állandó, összetétellé vált kapcsolatok különírása, mint pl. a szakítószilárdság, nyíróerő, nyírócsap, bekötőút, amelyek jelentős része amúgy is azért jött létre, hogy szakítási szilárdság, hajlítási erő, nyírási ábra stb. helyett *egybeírt* s így félreértést, hibaforrást kiküszöbölő kifejezéssé váljék.

Külön csoportot jelentenek a műszaki szókincsben különösen gyakori, alakilag a folyamatos melléknévi igenévvel megegyező *főnevek*, pl. maró, lefolyó, érintkező, melyeknek különírása értelemzavaróvá válik, pl. marógép, lefolyónyílás, érintkezőnyomás és nem maró gép, lefolyó nyílás, érintkező nyomás.

Természetesen minden olyan esetben, amikor a M. H. Sz. 167. pontjának idézett feltétele, vagy a 175. pont előírása nem teljesült, az egybeírva meg nem honosodott összetételek leírásakor javasolt különírást használtuk. Egyes esetekben, igen fontos szavaknál, a kettős (egybe- és különírt vagy utalt) közlést is alkalmaztuk. A vitás kérdések egyértelmű tisztázása után erre a jövőben talán már nem lesz szükség.

A tudományos nyelvben meghonosodott latin és görög alapú szavakat a magyar kiejtési szokások szerint írtuk, és a helyesírási szabályzat előírásait követtük, ha ilyenek voltak (pl. periódus, periodikus). E kiejtés szerinti írásmód a magyaros kiejtéshez igazodik, ami gyakran merőben eltér az eredeti nyelvétől (pl. motor — mótor).

Megtartottuk az idegen, eredeti írásmódot a személy- és helyneveket megörökítő elnevezésekben, így az ásványoknál, valamint a cégekről, feltalálókról elnevezett gépeknél. Az összetételekben ismét az illető szakma írásmódját vettük alapul. (Pl. Nicol-prizma, de keresztezett nikolok).

A vegyületek nevét teljesen magyarosan írtuk, mivel ez a szabványos.

A néhány megjegyzésből egyben érzékelhetők a magyar műszaki szóhasználat helyesírási problémái, amelyeknek megoldása még a jövő feladata.

4.

Az *angol szavak helyesírásával* kapcsolatban az Országh-szótár angol helyesírását vettük alapul. Ezért pl. az -ize, -ise végződésváltozatok közül az elsőt választottuk és sok más részletben is azonos írásmódot követtünk.

Az említett szótárhoz képest az *eltérések főleg két tényből kifolyólag adódtak.* Ezek egyike az angol és amerikai helyesírás különbözősége, amit a lehetőséghez képest igyekeztünk figyelembe venni. A leginkább szembetűnő ez az au, ou *(UK)* kettős mássalhangzók leegyszerűsödésénél a, o *(US)* alakra. Pl. gauge *(UK)*, gage *(US)*, colour *(UK)*, color *(US)*. A fenti, külön kiírt kettős alakban való közlés rendkívüli helypazarlást jelentett volna. Ezért — e figyelmeztetés előrebocsátása után — a szótárban csupán zárójelbe tettük a kieső betűt, pl. ga(u)ge, ca(u)lk, colo(u)r, ami tehát a fenti részletezésnek megfelelően értékelendő.

Az angol és amerikai kiejtés hangsúlyozása is eltérő. Ez pl. azt eredményezi, hogy a szóvégi mássalhangzó *reduplikációja* az angolban mindenkor kötelező, viszont az amerikai írásmódban csak akkor, ha az utolsó szótag a hangsúlyos. Ezért to travel—travelling *(UK)*, de traveling *(US)*. Ezúttal is az összevont travel(l)ing írásmódot választottuk.

Sok más szó írásmódja is eltér, amire néhány műszaki példa : centre *(UK)*, de center *(US)*, mitre *(UK)*, de miter *(US)*. Itt általában csak az Oxford Dictionary írásmódját adtuk meg.

Az összetett kifejezések írásmódjában az Óceán mindkét oldalán azonos fogalmakra egyformán használatos a különírás, egybeírás és kötőjeles megoldás. Általában a (főleg Amerikában teret hódító) kötőjeles írásmódot követtük : **kis sebesség** = low speed, de **kis sebességű** = low-speed. Ez az írásmód is az egyértelműséget, szabatosságot segíti elő.

Többféle módon írható kifejezéseknél a zárójelet alkalmaztuk. Pl. wave()length = wave length *v* wavelength, wave(-)propagation = wave propagation *v* wave-propagation.

Az angol szavak elválasztása helyenként nehézségeket okozott. Az angol szövegekben általában kerülik az elválasztást. Az Oxford Dictionary ugyanerre vonatkozólag megjegyzi, hogy „...division into syllables being arbitrary in English...„ és nem is közöl szabályt. Ugyanakkor nagy a különbség az Oxford és a Webster által megadott elválasztások között, aminek oka pl. az angol és amerikai kiejtés eltérő hangsúlyozásában is keresendő. Pl. a process szóra : pro-cess (Oxford) és proc-ess (Webster). Szótárunkban az aránylag kis hasábszélesség folytán a szóelválasztások nem voltak elkerülhetők. Ennek során, mint egyéb vonatkozásokban is, az Oxford Dictionary írásmódját vettük alapul, az ott alkalmazott elválasztásokat használtuk, még ha azok első pillantásra meglepőek is. (Pl. batt-ery). Minthogy az angol elválasztásokban a hangsúlyos szótagra merőben más szempontok érvényesítendők mint a többire, az elválasztások gyakran a hangsúly helyzetére is utalnak. (Pl. max-imum, tub-ular, thermom-eter). Az angol—amerikai hangsúlyváltozások műszaki szövegekben gyakran előforduló szavaknál lényeges eltéréseket okoznak, pl. op-erating (Oxford) és oper-ating (Webster). E kérdések kielégítő rendezése nálunk nem várható, minthogy ez angol—amerikai viszonylatban is sokat vitatott kérdés.

Amennyiben az angol kifejezésben nem angol írásmódú szó (pl. személynév, átvett francia szó) szerepelt, úgy az illető idegen nyelv szerinti elválasztást vettük alapul.

SZAKMAI JELZÉSEK ÉS RÖVIDÍTÉSEK JEGYZÉKE

(alak) alakítás *(hideg és meleg)*
(ált) általában; általános jelentés
(anyagv) anyagvizsgálat
(ásv) ásványtan; kristálytan
(at) atomfizika
(aut) automatika
(bány) bányászat
(bőr) bőripar
(cipő) cipőipar
(cu) cukorgyártás
(csill) csillagászat
(élip) élelmiszeripar
(em) emelőgépek
(ép) építészet
(erőg) erőgépek
(fa) faipar
(fényk) fényképezés
(fényt) fénytan
(film) filmtechnika
(fiz) fizika
fn főnév
(forg) forgácsolás
(földt) földtan; kőzettan; földrajzi fogalmak; geofizika
(geod) geodézia
(gépk) gépkocsi-technika
(gépt) géptan; gépelemek
(gumi) gumiipar
(hajó) hajózás; hajóépítés
(hangt) hangtan; zene; hanglemezgyártás
(heg) hegesztés
(heng) hengerészet
(hidr) vízépítés; hidraulika
(hők) hőkezelés
(kat) katonaság; haditechnika
(ker) kerámia; szilikátiparok
(kh) kötő- és hurkolóipar
(koh) kohászat
(kőz) kőzettan
l lásd
(mat) matematika; geometria
(mech) mechanika
(met) meteorológia
(mkpár) motorkerékpár-technika
mn melléknév
(műa) műanyagipar
(mzg) mezőgazdaság; mezőgazdasági gépek
(nyomda) nyomdaipar
(ol) olajipar; olajbányászat
(óra) órásipar
(önt) öntészet
(pa) papíripar
(rád) rádiótechnika
(rep) repülés; repülőgépgyártás
(ruh) ruházati ipar
stb s a többi
(színk) színképelemzés
(táv) távírás
(távk) távközlés (= távírás, távbeszélés, rádiótechnika, televízió)
(telef) távbeszélés
(telev) televízió
(tex) textilipar
(UK) Angliában használt kifejezés
(US) Amerikában használt kifejezés
(üz) üzemgazdaság
v vagy
(vasút) vasúti technika
(vegy) vegyészet; vegyipar
(vill) villamosság
vő vesd össze

A, Á

A-alakú oszlop *(távk)* A-pole
abakusz *(ép, mat)* abacus; *(ép)* column/pilaster cap, cap plate
Abbe-féle szám *(fényt)* V-value, Abbe number
ABC-generátor alphabet generator
Abel-féle lobbanáspont-meghatározó készülék *(anyagv)* Abel flash-point apparatus
abelit *l* **nitrozselatin**
aberráció *(csill, fényt)* aberration
aberrációs állandó *(csill)* constant of aberration
abesszin kút driven well
abfarad *(vill)* abfarad
abichit *(ásv)* abichite
abietin *(vegy)* abietine
abietinsav abietic acid
abisszikus *(földt)* abyssal; *(hidr)* abysmal *is;* ~ **kőzet** abyssal rocks
abláció *(földt)* ablation
ablak *(ált, ép)* window; *(ép, gépk)* window, light; *(autóbuszokon; félig leengedhető:)* half-drop window; *(teljesen leengedhető:)* full-drop window; *(félig felhúzható:)* half-lift window; *(csúsztatható:)* horizontal slider; *(földt)* (geological) window, nappe-inlier; *(met, felhőrétegben)* cloud gap; *(nyílás)* fenestra; *(üvegezetlen, papírborítású)* fenestral; ~ **alatti mellvédfal** breast of a window; **felső tengely körül kifelé nyitható** ~ externally-opening top hung window; **háromrészes hátsó** ~ *(gépk)* three-section type back window; **hátsó** ~ *(gépk)* rear/back window/light; **kettős** ~ double window; **lépcső emelkedését követő küszöbvonalú** ~ batement light; ~ **nélküli emelet** blind stor(e)y; **oldalt nyíló** ~ *(ép)* side-hinged window; **rézsútos** ~ abat-jour
ablakáthidaló *(négyszögdíszes)* window lintel
ablakbélés window lining/casement
ablakborda *l* **ablakosztó (léc)**
ablakborítás cover plate (of a window), weather strip
ablakdeszka *(ép) l* **ablakpárkány**; *(tolóablaknál)* window stool
ablakdúc *l* **ablakfélfa**
ablakelválasztó oszlop window mullion
ablakemelő: ~ **hajtókar** *(gépk)* handle for window raising, window crank; ~ **szerkezet** *(gépk)* window lift mechanism, window raiser
ablak-fejléc head
ablakfélfa window post/jamb(e), cheek, abutment, break( )jamb
ablakfüggöny window blind
ablakfülke bay; *(mélyedés:)* embrasure; **falsíkból kiugró** ~ oriel
ablak-hatásfok *(ép)* window efficiency ratio
ablakhorony rabbet
ablakhoronyvéső sash mortise chisel
ablakkáva *(ép)* reveal; *(falazat:)* jamb(e) wall
ablakkeresztfa (window) crossbar
ablakkeret sash, (sash) frame, casement; *(gépk)* window frame; **ellensúlyos csúszó** ~ balance sash; **függőleges bélése** jamb(e) linings; ~ **oldalléce** stile
ablakkeret-hornyoló gyalu rabbet plane
ablakkiosztás *(ép)* fenestration
ablakkitámasztó pullback, casement stay
ablakkitt *l* **ablakragacs**
ablakkorlát sill rail
ablakkoszorú ring of ports
ablakkönyöklő *(ép) l* **ablakpárkány**
ablakléc *l* **ablakosztó léc**
ablakléc-profilhorony-gyalu sash fillister
ablakmelegítő *(rep)* windshield de-icer; *(gépk)* defroster, windscreen demister
ablakmélyedés *l* **ablakfülke**
ablaknyílás window(-opening)
ablakos *(biol)* fenestrate(d); ~ **boríték** *(pu)* window envelope; ~ **skála** *(rád)* window dial
ablakosztás 1. interfenestration, interfenestral space; **2.** *l* **ablakosztó (léc)**; **3.** *(felület üvegezve)* day
ablakosztó (léc) mullion, munnion
ablakpánt-sarokvas strap hinge
ablakpapír vitrified paper
ablakpárkány window sill, sill (rail), sole, elbow board; ~ **lejtése** slope of window sill
ablakpillér casement staple
ablakrács grating
ablakragacs (glazier's/lime) putty
ablakragasz *l* **ablakragacs**
ablakráma *l* **ablaktok** *és* **ablakkeret**
ablakredőny (window/revolving) shutter(s)/jalousie, venetian blind(s)
ablakretesz sash bolt
ablaksor: **karzatvilágító** ~ clerestory
ablakszár(fa) *l* **ablakfélfa**
ablakszárny sash; **keretben rögzített** ~ fixed sash; **külső** ~ storm window
ablakszárny-kitámasztó catch
ablakszárny-merevítő casement fastener
ablakszárnyosztó léc *l* **ablakosztó (léc)**
ablakszegély reveal
ablakszekrény *(redőnyös)* shutter casing
ablakszemöldök window head
ablakszögletvas flat corner iron
ablaktábla *(üvegből:)* light, day, pane; *(fából:)* window panel
ablaktalan fal *(ép)* blank wall
ablaktávköz *(ép) l* **ablaktérköz**
ablaktérköz *(ép)* interfenestral space, interfenestration
ablaktok sash; **szárnyas** ~ folding sash
ablaktömítés *(léghuzat ellen)* windfilling
ablaktörlő *(gépk)* windscreen wiper; ~ **kapcsoló** *(gépk)* windscreen wiper control; ~ **kar** windscreen wiper arm; ~ **lapát** *(gépk)* (windscreen) wiper blade; ~ **motor** *(gépk)* wiper motor; **pneumatikus** ~ *(gépk)* suction (windscreen) wiper; ~ **segédkar** *(gépk)* spare screen wiper
ablaktörlőkar-gumibetét *(gépk)* squeegee for windscreen wiper
ablakütköző rebate
ablaküveg *(síküveg)* sheet glass
ablaküveghorony rabbet
ablaküvegpapír diaphanic paper
ablaküvegtábla glass pane
ablakvágó és nyomó gép *(borítékhoz)* window-patching and printing machine
ablakvállpárkány (cross) transom
ablakvédő rúd sash bar
ablakveret *(vasalás)* window furniture/hardware
ablakvezető sín *(gépk)* window guide channel/rail
ablakzár sash lock
ablakzáró: ~ **gomb** knob; ~ **tábla** window blind
ablakzsalu(tábla) blind
ablakzsalu-ütköző blind stop
abnémolás *(talpszélsorja-leszedés; cipő)* taking off
Abney-féle: ~ **fényelhajlító rácskeret** *v* **elrendezés** *v* **foglalat** Abney mount(ing); ~ **szín-intenzitásmérő** Abney colo(u)r sensitometer
AB-osztályú erősítő *(rád)* Class AB amplifier
ábra figure, diagram, graph; *(kép:)* illustration, picture; *(vázlat:)* plan
abradál *(földt)* abrade
abradált térszín *(földt)* till plain
ábrafelirat legend
ábramagyarázó sor *(nyomda)* legend line
ábraszöveg legend
abrázió *(földt)* abrasion; *(tengervízzel:)* wash of the sea
abrazit *(csiszolóanyag)* abrasite
ábrázolás (re)presentation, reproducing, image; ~ **ellenőrző szintje** *(geod)* reference image height; **sematikus** *v* **vázlatos** ~ diagrammatic(al) layout
ábrázolási arány picture ratio

ábrázoló geometria *v* **mértan** descriptive geometry
abriachanit *(ásv)* abriachanite
abroncs band, ring ; *(hordón:)* hoop ; *(keréken:)* tyre; tire *(US)* ; *(akasztó- v tartógyűrű:)* retainer ring ; *(keret, karima, perem:)* rim ; *(gyűrű:)* ring ; *(ívelt keret:)* bow ; *(kis gyűrűs foglalat:)* circlet ; *(öv, koszorú, heveder:)* gird, girt(h) ; ~ **belső nyomása** inflation pressure of tyre ; ~ **földmunkagéphez** scraper tyre ; ~**on fut** *(gépk)* drive on the rim ; **gumiperemes** ~ beaded rim ; ~**ot leszed** *v* **lever** *(hordóról)* unhoop ; ~ **nyomkarima nélkül** *(vasút)* blind tyre ; **perem nélküli** ~ beadless tyre ; ~ **teherbíró képessége** capacity of tyre
abroncsacél *(szalagacél)* band steel
abroncsantenna hoop antenna
abroncseszterga tyre (turning) lathe
abroncsfék rim/hoop brake
abroncsfelhúzó sajtó tyre-setting press
abroncsfeszítő *(szerszám)* rim-holding apparatus/tool ; ~ **kulcs** rim wrench
abroncs-futófelület tyre tread
abroncsfutózó gép *(gumi)* tyre retreader, tyre-recapping machine
abroncshajlító gép rim-bending machine
abroncshajtó kalapács driver ; *(fabetétes:)* coopers' socket driver with ring ; *(tömör:)* coopers' socket driver
abroncshengerállvány *(heng)* becking mill
abroncshorony clip slot
abroncshúzó csiga *(hordókhoz)* trussing apparatus
abroncsjavító készlet tyre-repair outfit
abroncskapcsolás *(ép)* rim joint
abroncskarima *l* **abroncsperem**
abroncskipróbáló gép tyre-running machine
abroncsköpeny tyre cover/shoe ; ~ **kordszövete** *(tex)* breaker fabric
abroncskötés hoop bond ; *(lendkeréknél:)* joint of rim
abroncsköz rim clearance
abroncslazító gép tyre opener
abroncslehúzó : ~ **kulcs** rim wrench ; ~ **szerszám** rim tool
abroncslemez clip plate
abroncsnyomás *(gépk)* tyre pressure
abroncsnyomásmérő *(gépk)* tyre pressure ga(u)ge
abroncsnyomtáv ga(u)ge of tyre
abroncsol *l* **abroncsoz**
abroncsos kerék tyred wheel
abroncsoz *[hordót:]* hoop, truss ; *[kereket:]* tyre, rim ; **újra** ~ retyre
abroncsozat *(hordón)* hoops
abroncsozó : ~ **fogó** hoop tongs ; ~ **gép** hoop-driving machine ; ~ **kalapács** driver
abroncs-összehúzódási méret *(vasút)* shrink band size
abroncs-összenyomódás tyre collapse
abroncsperem rim flange, edge of rim ; *(gépk)* bead ; ~ **befelé álló elvékonyodása** toe
abroncsperem-szorító kengyel rim clamp
abroncsregenerátum tyre reclaim ; **lúgos** ~ alkali tyre reclaim
abroncsszegély *l* **abroncsperem**
abroncsszél *l* **abroncsperem**
abroncsszélgyűrű rim side ring
abroncsszövet *(gépk, gumi, tex)* automobile tyre fabric
abroncs-szövetváz *(gumi)* case, casing
abroncstalp *(gépk)* rim ; **mélyágyú** *v* **süllyesztett** ~ drop centre rim
abroncs-újrabevonó gép *(gumi)* tyre retreader, tyre-recapping machine
abroncsvágó gép hoop mill
abroncsvas *l* **abroncsacél**
abrosz table-cloth, table cover ; ~ **szalvétákkal** table-cloth and napkin fabrics
abstószolás *(fűrészfog-egyengetés ; fa)* jointing of teeth
abszcissza *(mat)* abscissa
abszcissza-tengely *(mat)* abscissa axis, axis of abscissae, X-axis
abszint *(élip)* absinth(e)
abszolút absolute ; ~ **alkohol** absolute (ethyl) alcohol ; ~ **egység** absolute unit ; ~ **érték** *(mat)* absolute value ; *(vektoré:)* module ; ~ **fekete test** ideal black body, perfect radiator ; ~ **fényesség** absolute luminosity ; ~ **fogyás** *(heng)* linear reduction, shortening ; ~ **frekvenciamérő** absolute frequency meter ; ~ **hiba** absolute error ; ~ **hőfok** *v* **hőmérséklet** absolute/Kelvin temperature ; ~ **hőfokskála** Kelvin scale ; ~ **légnedvesség** absolute moisture content of air ; ~ **nedvesség** *(pa)* absolute humidity ; ~ **rendszer** absolute system ; ~ **spektrális fényerősség** absolute spectral luminosity ; ~ **száraz** absolute/bone/oven dry ; ~ **száraz anyag súlya** bone dry weight ; ~ **szárazanyagtartalom** *(pa)* absolutely dry content
abszorbeál absorb
abszorbeálás *l* **abszorpció**
abszorbeálási képesség absorbability
abszorbeáló : ~ **áramkör** absorber circuit ; ~ **képesség** absorbability ; ~ **olaj** absorption/stripping oil
abszorbens *(fényt, vegy)* absorbent
abszorber absorber
abszorpció *(vegy)* absorption, absorbing
abszorpcióképesség absorptivity, absorbability
abszorpciómérő absorptiometer
abszorpciós absorptive ; ~ **áram** decaying conduction current ; ~ **csapda** absorption trap ; ~ **együttható** *(fényt)* absorptance ; ~ **felület** absorption plane ; ~ **folyadék** liquid absorbent ; ~ **görbe** absorption curve ; ~ **hullámcsapda** *(rád)* absorption trap; ~**hullámmérő** *(rád)* absorption wavemeter ; ~ **moduláció** loss/absorption/Heising modulation ; ~ **tényező** absorption factor ; ~ **wattmérő** absorption wattmeter
abszorpció-szín absorption colo(u)r
abszorpció-törvény law of absorption
abszorpció-vonal *(szink)* absorption line
absztrahál abstract
absztrakció abstraction
absztrakt *(mat)* abstract
α—β-telítetlenség *(vegy)* alpha—beta unsaturation
Abt-féle fogasléc *(fogaskerekű vasútnál)* Abt rack
acadiai emelet *(földt)* Acadia
acél steel ; **betétben edzhető** ~ case-hardening steel ; ~ **bevonatú** steel-faced ; ~**lal burkolt** *v* **páncélozott** *v* **vértezett** steel-clad ; **cementálható** ~ case-hardening steel ; **cementált** ~ carburized steel ; ~ **cipőlágyék** shank; ~ **feketítése** black finish; **fémszórással bevont** ~ **csapágypersely** steel-backed bearing ; ~ **fúrófej** steel bit ; **kékre futtatott** ~ blue steel ; ~ **kemény maggal** hard-cored steel ; **kis széntartalmú** ~ low (carbon) steel ; **légedzésű** ~ air-hardened steel ; **levegővel** *v* **széllel frissített** ~ air-refined steel ; ~ **mérőszalag** steel tape ; **önedző** ~ air-hardened steel ; ~ **öntőforma** steel mould ; ~**ból öntött** steel-cast ; **öntött** ~ cast steel, (c. s.) ; **ötvözött** ~ alloy steel ; **savanyú bélésű Bessemer-körtében készült** ~ acid (Bessemer) steel ; **savanyú eljárással gyártott** ~ acid steel ; ~ **simítóléc** steel float ; ~ **szádfal** steel sheeting ; ~ **szíjtárcsa** steel pulley ; ~ **színű** steel-grey ; **teljesen** ~**ból készült** all-steel ; **teljesen** ~**ból készült kocsiszekrény** all-steel body ; ~ **vezetőléc** *v* **-sín** steel guide
acélabroncs steel band/rim
acélácsolat *(bány)* steel timbering
acél-aknagyűrű *(bány)* tub
acélalj *(vasút)* steel sleeper
acélalumínium vezeték *(vill)* steel-cored alumin(i)um conductor
acélbélés *(bány)* steel lagging
acélbetét steel reinforcement ; *(acélbetonnál)* reinforcing steel/metal ; ~ **kötése betonban** bond
acélbetétes *(beton)* steel-armoured
acélbeton steel concrete ; *l* **még vasbeton**
acélbiztosítás *(bány)* steel timbering/lining, metal support, metal(lic) lining
acélbordázás *(bány)* steel lacing
acélborítás *(bány)* steel strap/lagging
acélbronz steel bronze
acélbuga billet/bloom steel
acélcsapos lánc steel-pin chain
acélcsészés fehérfém-csapágy *(gépk)* steel-backed white-metal bearing
acélcső steel tube/pipe ; **gyújtózsinórt vezető** ~ *(bány)* blaster barrel
acélcsőhenger *(lánchengerhez)* steel-tube warp beam
acélcsőmotorágy steel-tube engine mounting
acélcsőoszlop steel-pipe column
acélcső-repülőgéptörzs steel-tube fuselage
acélcsőülés és -támla steel-tube seat and back
acélcsőváz *(mkpár)* tubular steel frame
acélcsővázas állvány steel-tube stand
acéldara *(lefúváshoz)* steel shot/grit
acélderékszög steel square
acéldob steel drum
acéldrót steel wire ; ~**ból font szalag** *v* **heveder** wire belt
acéldrótkötél steel cable/rope
acéldrótpászma steel-wire strand
acéledényáru steel hollow-ware
acéledzés hardening of steel ; ~ **légárammal** *v* **légáramban** air quenching of steel ; ~ **olajban** oil quenching ; ~ **sófürdőben** salt quenching ; ~ **vízben** water quenching
acél-él steel edge ; ~ **felhegesztése** acierage
acélérc *(ásv)* steel ore
acélfeketítés black finish
acélfeszíték *(bány)* steel lagging
acélfinomító eljárás steel-(re)fining process
acélforgács steel cuttings/shavings
acélforgácsvatta steel wool

acélfrissítés *(kavarással)* (steel) puddling
acélfürdő *(koh)* steel bath
acélgerenda steel beam/girder/joist
acélgerenda-rácsozat steel-beam grillage
acélgolyó steel ball
acélgyártás steel production, steelmaking
acélgyűrű steel ring
acélgyűrűs ácsolat *v* **biztosítás** *(bány)* iron ring support
acélháló steel mat; **~val borított futópálya** *(rep)* steel runway
acélhengermű steel plant
acélhevederes szállítószalag steel band conveyor
acélhomok *(lefúváshoz)* steel shot/grit
acélhúr steel string
acélhuzal steel wire
acélhuzal-körkefe circular steel wire (lathe) brush
acélhuzaltekercselés *(kat)* gun coiling
acélhuzalvasalás iron wire reinforcing
acélhüvelyű betoncölöp steel-shelled concrete pile
acélidom (steel) shape
acélívbiztosítás *(bány)* circular closed support, steel set
acélkábel steel cable
acélkalapács steel hammer
acélkavarás steel puddling
acélkék *(festék)* Berlin blue
acélkerekes üvegvágó turret-head glass cutter
acélköpeny steel case/shell/thimble
acélkötél steel cable/rope; **~ végeinek tőrözése** *v* **végtelenítése** blind splicing (of steel rope)
acélkötélvezeték *(kasé; felvonón)* steel-rope guide
acélküllő steel spoke
acélküllős kerék steel-spoke wheel
acéllap *l* **acéllemez**
acéllemez steel sheet/plate; **keresztbordás ~** diamond tread steel; **~ kúpos furatokkal** dowel plate; **~ tárcsáskerék** *(gépk)* *l* **sajtolt tárcsáskerék**
acéllemez-bélés steel-plate lining
acéllemezpáncélzat steel-sheet shell
acélmag steel core
acélmáglya *(bány)* steel chock
acélmérték steel rule
acélmetszés *(nyomda)* siderography
acélmurva lefúváshoz steel grit
acélmű steel mill/works
acél-nyersvas open-hearth pig, steel(y) pig
acélnyomó steel printer
acél-ólombronz csapágy steel lead-bronze bearing
acélolvadék *l* **acélfürdő**
acélolvasztó kemence steel furnace
acéloz acierate
acélozás acierage
acélöntecs steel ingot
acélöntés steel casting
acélöntésű steel-cast; **~ keresztezési szívdarab** *(vasút)* steel-cast frog
acélöntvény steel casting, cast(-)steel
acélötvözet alloy steel
acélpalack steel cylinder/bottle
acélpáncél *(kábelen)* iron sheath
acélpáncélcső *(vill)* steel-tube armour; **~ sima** *(nem csavarmenetes)* **végekkel** plain steel conduit
acélpáncélzat steel/iron armouring
acélpenge steel blade
acélprofil steel shape

acélrácstartós fedélszék steel-trussed roof
acélráhegesztés steel facing
acélrátétezés acierage
acélrúd steel bar; **hegyes ~** *(kőzetfúrásra)* bull point
acélsaru steel shoe
acélsodrony steel wire
acélsodronyszövet steel-wire cloth
acélsörét *(lefúváshoz)* steel shot
acélsüveggerenda *(bány)* steel girder
acélszalag strip steel, band steel; *(földmérő:)* chain tape; **~ mélyhúzáshoz** deep-drawing strip steel
acélszalagos: ~ erőátvitel steel-band transmission; **~ magnetofon** steel-tape recorder
acélszerelvények steel fittings
acélszerkezet steel structure/construction, steelwork
acélszerkezetű födém steel floor
acélszürke *(színű)* bluish/steel grey
acéltám *(bány)* steel/iron prop
acéltámbiztosítás *(bány)* *l* **acélbiztosítás**
acéltárcsa steel disc; **~ fémvágáshoz** plain cutting/fusing disc
acél-tárcsáskerék sheet steel wheel
acéltartályos higanygőz-egyenirányító steel-tank rectifier
acéltartó steel beam/girder/joist
acéltartórácsos alapozás steel-grillage foundation
acél-termit keverék forging thermite
acéltornyokra felfüggesztett távvezeték tower line
acéltorony (steel) tower
acéltübbing *(bány)* steel tubbing
acéltüdő respirator
acélváz steelwork
acélvázas: ~ gyalu steel jack-plane; **~ szerkezet téglakitöltéssel** brick steel frame; **~ üvegtégla-padló** glasscrete
acélvégű steel-tipped
acélvonalzó beosztás nélkül egyszerű kivitelben not-graduated simple-make steel rule
acenaftén acenaphthene
acenafténkinon acenaphthenequinone, acenaphthaquinone
acenaftilén acenaphthylene
acetál (acetaldehyde diethyl) acetal, ethylidene diethyl ether, 1:1-diethoxyethane
acetaldehid acetaldehyde, (acetic/ethyl) aldehyde, ethanal
acetaldehiddiacetát ethylidene diacetate, 1,1-diacetooxyethane
acetamid acetamide
acetamidin acetamidine
acetanilid acetanil(ide), acetylaniline, N-phenylacetamide, antifebrin
acetát acetate
acetátcellulóz cellulose acetate
acetát-elemiszál acetate rayon fibre
acetátfilm acetate film
acetátlakk acetate/acetic lacquer
acetátműselyem acetate silk
acetátműszál *(nyújtva font)* forte fibre, (acetate) spun rayon
acetátselyem cellulose acetate (filament) yarn, acetate rayon/silk
acetát-színezék acetate dye
acetecetészter *l* **acetecetéter**
acetecetéter acetoacetic ester, ethyl acetoacetate
acetecetsav acetoacetic acid, 2-ketobutyric acid, acetone carboxylic acid, 2-hydroxycrotonic acid

acethidroxámsav acethydroxamic/acethydroximic acid, N-acetylhydroxylamine
acetil *(gyök)* acetyl
acetilaceton acetylacetone, diacetylmethane
acetilál *stb, l* **acetilez** *stb*
acetilalaninészter acetyl-alanine ethyl ester
acetilaminoecetsav acetylaminoacetic acid
acetilbromid acetyl bromide
acetilcellulóz acetyl cellulose, cellulose acetate
acetilecetsavetilészter *l* **acetecetéter**
acetilén acetylene; **~ vágópisztoly** (oxy-)acetylene cutter
acetiléndikarbonsav acetylene-dicarboxylic acid
acetilénégő acetylene burner
acetilénezüst silver carbide/acetylide
acetilénfejlesztő (készülék) acetylene generator/apparatus; **helyhez kötött ~** stationary acetylene generator; **hordozható ~** portable acetylene generator; **„karbid vízre" ~** carbide to water (acetylene) generator; **kis ~** low-output acetylene generator; **kisnyomású ~** low-pressure acetylene generator; **közepes ~** medium-output acetylene generator; **középnyomású ~** medium-pressure acetylene generator; **nagy ~** heavy-duty acetylene generator, large-capacity acetylene generator; **nagynyomású ~** high-pressure acetylene generator; **~ retortája** retort of the acetylene generator
acetilénfényszóró acetylene flare light
acetiléngázfejlesztő *l* **acetilénfejlesztő**
acetilén-gázpalack acetylene cylinder
acetilénhegesztés acetylene welding
acetilénhigany mercury carbide/acetylide
acetilénkarbonsav acetylenecarboxylic/propiolic acid
acetilénklorid acetylene chloride
acetilénkorom acetylene/flame black
acetilénkötés acetylene bond/link(age)
acetilénlámpa acetylene lamp
acetilénlángvágás oxy-acetylene cutting
acetilénmagnézium magnesium carbide/acetylide
acetilénnátrium sodium carbide/acetylide
acetilén-oxigén-láng acetylene-oxigen flame
acetilénréz copper carbide/acetylide
acetilénsorozat acetylene series
acetiléntetrabromid acetylene tetrabromide, *sym.*-tetrabromoethane
acetiléntetraklorid acetylene tetrachloride, *sym.*-tetrachloroethane
acetilez acetylate
acetilezés acetylating, acetylizing, acetyl(iz)ation
acetilezett acetylated, acetylized
acetilező lombik acetylization flask
acetilező szer acetylating/acetylizing agent
acetilfenetidin acet-p-phenetide, phenacetin
acetilfeniléndiamin acetylphenylenediamine, aminoacetanilide
acetilfesték acetyl colour
acetilglicin acetylaminoacetic acid
acetilglikokoll acetylaminoacetic acid

acetilkarbinol acetyl carbinol, acetone/acetonyl/pyroracemic/pyruvic alcohol, hydroxyacetone, acetol, methylketon, methyl hydroxymethyl ketone
acetilklorid acetyl chloride
acetilkolin acetylcholine
acetilszalicilsav acetylsalicylic/acetosalicylic acid
acetilszalicilsavas kalcium calcium acetylsalicylate
acetilszám acetyl number/value
acetiméter acetometer
acetin acetin(e)
acetobrómglikóz acetobromoglucose
acetofenon acetophenone, methyl phenyl ketone, hypnone
acetol *l* **acetilkarbinol**
acetolízis acetolysis
acetométer acetometer
aceton acetone, dimethyl ketone, propanone
acetonalkohol *l* **acetilkarbinol**
acetondikarbonsav acetone dicarboxylic acid
acetonkloroform acetone chloroform
acetonolaj acetone oil
acetonpróba acetone test
acetparafenetidin p-acetophenetidine, phenacetin
acet-toluidid acettoluid(id)e
achát *(ásv)* agate
achát-csapágy agate cap/bearing
achátfényező *(pa)* stone burnisher
achát-henger *(bőr)* agate roller
achátkarneol agate carnelian, sard agate
achátselyempapír agate-marble tissue paper
achondrit *(ásv)* achondrite
achtaragdit *(ásv)* achtaragdite
acidalbuminát acidalbumin(ate)
acidiméter acidimeter
acidimetria acidimetry
aciditás acidity
acidotikus acidotic
acidózis acidosis
aciklikus *(vegy)* acyclic
acilál *l* **acilez**
acilez acylate
acilezés acylating, acylation
acilezett acylated
Ackerman-kormánymű *(gépk)* Ackerman steering (gear)
Acree-reakció Acree's reaction
A. C.-szivattyú *(tüzelőanyag-tápszivattyú; gépk)* diaphragm pump
ács carpenter, hewer, framer
ácsbárd carpenter's hatchet
ácsceruza drawing slate
ácscsomó timber hitch
ácsderékszög carpenter's square
ácsereszték *(fa)* feather
ácsfa carpentry timber
ácsfaáru timbering material
ácsfejsze bench axe, hatchet
ácsfúró wimble, twist gimlet
ácsfűrész crosscut/deck saw
ácsipar carpentry industry
ács-jelölőkés marking knife
ácskapocs rafter nail, raft dog, U-strap
ács-keresztfejsze cross axe
ácskeret *(ép)* timber framing
ács-kötőfejsze : **egyszerű** ~ carpenter's axe ; ~ **szeghúzóval** carpenter's axe with nailclaws
ácsmérce carpenter's ga(u)ge
ácsmérték tape rod, rule
ácsmester carpenter
ácsmesterség carpentry
ácsmunka carpentry, woodwork, timbering, timber-work
ácsműhely carpentry (shop)
ácsol timber, frame, trim ; *(bány)* support ; **durván** ~ rough ; **gerendát** ~ square off ; **szarufát** ~ rafter
ácsolás timbering, framing, trimming ; *(bány)* timbering, support setting ; ~ **ászokfával és egy rövid támmal** *(bány)* short post on coal and hitch timbering ; ~ **négyszögre** *(fa)* squaring ; ~ **rövid támfával** *(bány)* short post and hitch timbering ; **soros** *v* **sűrű** ~ *(bány)* close set timber
ácsolási : ~ **ellenőr** *(bány)* roofman ; ~ **szabályzat** *(bány)* timbering plan ; ~ **szabályzat szerinti biztosítás** *(bány)* standard timbering ; ~ **szemöldökfa** *(bány)* end crib
ácsolat *(ép, fa)* timber-work, timber blocking, crating, framework; *(váz:)* skeleton, carcass ; *(héjazat:)* shell ; *(bány)* set, back timber, propping, rance, boxing, crib ; *l még* **ácsolás** ; **~tal biztosított főte** timbered back ; **egytámos** ~ **süvegfája** *(bány)* arm of timber set ; ~ **felállítása** *(fa, bány)* timber setting ; **~hoz hozzátold** stitch ; **ideiglenes** ~ *(bány, ép)* back casing ; **~ot javít** retimber; ~ **megékelése** *(bány)* set wedging/blocking ; **~ot összerak** stitch ; ~ **rongálódása** *(bány)* timber damage; **sűrű** *v* **soros** ~ *(bány)* close timber, battery stulls ; **szekrényes** ~ cog ; ~ **széldeszkázása** *(bány)* timber lining
ácsolatátépítés *(bány)* post resetting
ácsolatátrakás *(bány)* timber resetting
ácsolatcsere *(bány)* replacing of timbers
ácsolaték *(bány)* lid
ácsolatfakiütő *(bány)* pun
ácsolatfelállítás *(bány)* setting timbers/supports
ácsolati : ~ **anyag** timbering material; ~ **munkák** timbering
ácsolatkapocs *(bány)* timber dog
ácsolatkeret *(bány)* set of timber
ácsolat-keretezés *(bány)* timber framing
ácsolatkészítő munkás framer
ácsolatkirablás *(bány)* reclaiming
ácsolatkötés *(bány)* (timber) joint
ácsolatköz sweep
ácsolat-közdarab *(aknahajtásnál)* corner studdle
ácsolatlan *(bány)* timberless, untimbered, unsupported; *(fa)* rough, untimbered
ácsolatrablás *(bány)* timber drawing/reclaim
ácsolatsor *(bány)* run of square sets
ácsolatszakasz *(bány)* section
ácsolattörés *(bány)* buckling
ácsoló *(fejtő műszakban)* joey ; ~ **padozat** *(bány)* walling scaffold
ácsolófa *(bány)* timber
ácsológép *(bány)* timbering machine, beam lifter
ácsolókocsi *(bány)* timber-setting truck
ácsolópad *(bány)* scaffold(ing)
ácsolóvájár builder-up, jack setter, jerryman
ácsolt timbered, hewn ; ~ **fejtés** timbered stope ; ~ **gerenda** hewn timber ; ~ **illesztések** *(ép)* cut joints; ~ **lépcsőzetes érctárna** timbered stope
ácsozat *l* **ácsolat** *és* **ácsolás**
ács-sablon strickle(-board)
ácsszeg detent pin, boatspike ; *(kéményfából:)* coak
ácsszekerce carpenter's hatchet
ácstelep (carpenter's) yard, timberyard
ácsvéső carpenter's (smoothing) chisel, framing chisel ; **lapos** ~ carpenter's flat chisel ; **nagyoló** ~ carpenter's roughing-out chisel
ácsvízmérték (carpenter's) frame level
ácsvonalzó carpenter's rule
ad *(rád, távk)* send, transmit ; **előgyújtást** ~ *(gépk)* advance the ignition ; **„megállj"-jelt** ~ *(vasút)* block-signal
adag portion, batch, share, stock, load ; *[gumi:]* loaf ; *(koh, vegy)* charge ; *(olvasztásnál v hőkezelésnél)* heat ; *(üveg:)* melting ; *[vegyszeré:]* dose ; **bázikus** ~ *(koh)* basic charge ; **kis** ~ scantling ; **könnyű** ~ *(koh)* light burden ; **lefolyó** ~ chute set ; **töltési** ~ charge
adag-fennakadás *(koh)* scaffolding
adagjegyzőkönyv *(önt)* melting log
adagkeverő gép malaxator
adagmérő batch meter, measuring tank ; ~ **műhely** compound department
adagnapló *(koh, önt)* melting log
adagol *(koh, vegy)* feed, charge, fill, burden, meter ; *(gőzt)* supply ; *l még* **etet** ; **arányosan** ~ proportion ; **fonalat** ~ feed ; **tüzelőanyagot** ~ *(gépk)* meter the fuel
adagolás *vö* **adagol, etet** ; charge, batching, burden, feed(ing), measuring, metering, rating ; *[tüzelőanyagé:]* stoking ; *[vegyszeré:]* dosage ; *(tex)* delivery, feed(ing) ; **~hoz alkalmas méretű hulladékvas** *v* **ócskavas** *(koh)* scrap in furnace sizes ; ~ **bütykös vezérléssel** cam feed ; **dobos** ~ drum feed ; **ellenirányú** ~ backward feeding ; ~ **felülről** *(élip)* top feeding ; **kerékkel történő** ~ wheel feed ; **kosaras** ~ *(koh)* bucket charging ; **kölcsönös** ~ **csővezetéke** *(szivattyúnál)* cross line; **körasztalos** ~ *(sajtókon)* dial feed ; ~ **óraművel** clockwork feed ; **önműködő** ~ automatic feed ; **pneumatikus** ~ air feed ; **szakaszos** ~ batch operation ; ~ **szalaggal** belt feed ; **teknős** ~ basket charging
adagolási : ~ **nyomórugó** *(gépt)* delivery spring ; ~ **sebesség** rate of feed ; ~ **vonal** *(gépt)* feed line
adagolásjelző műszer *[gőzhöz]* flow indicator
adagolásmérő műszer dosimeter
adagolásszabályozó feed control ; **önműködő** ~ automatic delivery control valve
adagoló *(koh)* feeder, charger ; *(gépk)* *l* **befecskendező szivattyú** ; *(bány)* tapper ; *(munkás ; tex)* reacher-in ; *(vegy)* batcher ; ~ **berendezés** charging apparatus, loading device, meter ; *(arányos adagoláshoz:)* proportioning device ; ~ **csatorna** *[tüzelőanyagé]* charging conduit/flue ; ~ **cséve** supply package ; ~ **emeltyű** feed lever ; ~ **felvonó váza** *(koh)* lift frame; ~ **fogasdob** *(fényk)* feed sprocket ; ~ **forgó alvázzal** *(koh)* charge bogie ; ~ **fúvóka** *(gőzé, folyadéké)* feed nozzle ; ~ **henger** *(tex)* delivering roller ; ~ **hengerész** tongsman ; ~ **készülék** meter(ing

device), metering unit, batcher plant ; *l még* **adagoló berendezés** *és* **szerkezet** ; **központosított ~ berendezés** *(tex)* one-shot meter ; **lemeztagos ~** apron feeder ; **~ mérőkanál** *(ép)* ga(u)ging trowel ; **~ mérőnyílás** *v* **mérőszáj** *(gázmérőn)* rate cap ; **~ művelet** *(statisztikai gépnél)* card cycle ; **önműködő ~** auto-feeder, automatic feeder; **~ szerkezet** feeder; *(elegymérő:)* batch meter ; *l még* **adagoló berendezés** *és* **készülék** ; **~ szivattyú** *(gépk)* metering jet ; **tárcsás ~** disc feeder ; **~ (végtelen) szalag** *(tex)* feed apron/lattice ; **~ vezeték** feed line/conduit ; **~ vonszolópad** *(koh)* pull-on transfer
adagolóablak feeder orifice, feed-way
adagolóasztal feed plate/table; *(heng)* front mill table ; *(tex)* feeding apron, delivery lattice
adagolócsiga screw/worm feed(er), feed(er) screw/worm
adagolócsille feeding carriage
adagolócső feed/charging/supply pipe ; *(tüzelőanyag:)* charging conduit
adagolócsúszda feed chute/spout
adagolódaru *(koh)* charging crane
adagolódob feed drum
adagolódugasz *(gépk)* metering plug
adagológarat charging hopper, receiving cone/gate, feed hopper/spout
adagológép charging/measuring machine/engine, batcher, charger; *(mérőgép:)* weighing machine ; **~ karja** *(koh)* charging bar/peel ; **önműködő ~** automatic weighing & charging machine
adagológyűrű *(gépk)* supply ring
adagolóharang *(koh)* bell beam
adagolóhenger feed roll(er) ; *(pa)* metering roll ; *(tex)* delivery roller
adagolókanál *(ép)* paying ladle ; *(koh)* charging ladle
adagolókar feed lever ; *(koh)* balance peel
adagolókerék feed wheel
adagolókocsi charge/charging carriage/wagon
adagolókorong disc feeder
adagolókúp *(koh)* charging/receiving cone
adagolókút input/loading well
adagolólapát loading/charge shovel/ peel
adagolómérleg *(koh)* charging scales
adagolónyílás charging/metering/l(o)ading hole/orifice/door, feed-way
adagolóoldal feed end
adagolóorsó *(fényk)* feed spool
adagolópatron *(csavarautomatán)* feed collet
adagolópolc *(koh)* shelf
adagolópolcos kemence shelf furnace
adagolórendszer feed system
adagolórés *l* **adagolónyílás**
adagolórosta feeder screen
adagolórúd pusher-in bar ; *l még* **adagolókar**
adagolószalag *(koh)* feed belt/apron, belt/apron feeder
adagolószekrény feedbox
adagolószelep metering/proportioning/filling valve
adagolószíj feed belt
adagolószint *(koh)* charge/charging level/floor/platform/bridge/gallery, top gallery; **~en futó adagológép** low-ground charging machine

adagolótartály *l* **adagolótartány**
adagolótartány charging/regulating/dosing/measuring/feed tank/bin
adagolóteknő *(koh)* charging shovel ; **~t betoló adagberakó gép** pushing shovel loader
adagolótér *(kemencében)* shelf
adagolótölcsér feed/loading/charging/receiving bunker/cone/hopper/box, furnace top hopper
adagolóüst *(koh)* charging ladle
adagolóvályú loading tray, cradle feeder
adagolóveder *(koh)* charging bucket
adagoltság quantization
adagoszlop *(koh)* stock column ; **~ egyenlőtlen süllyedése üregképződésnél** *(koh)* chimneying, scaffolding
adagösszeállítás *(koh)* mixture making
adagszállító kocsi charging car
adagszintjelző *v* **-mérő szonda** *(koh)* charge/stock level indicator
adag-utánomlás *(koh)* scaffolding
adagvizsgálat *(koh)* batch testing
adalék *(koh, vegy)* additive/addition (agent) ; *(alkatrész, hozzávaló:)* ingredient ; *(betonhoz:)* (concrete) aggregate; *(folyósító:)* flux ; **durva szemcséjű ~** coarse aggregate ; **~ hézagtérfogata** *(ép)* voids in aggregate ; **~ hozzáadása** admixture, supplement; **kopogásgátló ~** (antidetonation) dope; **nyomásálló ~** *(olajhoz)* extreme--pressure dope
adalékanyag *l* **adalék**
adalékívek *(nyomda)* oddments
adalékmentes üzemanyag undoped fuel
adalékol *(koh, vegy)* add ; *(olajhoz:)* dope ; *(ásványi olajat zsiradékkal)* compound ; **nyersvasat ~** *(a fürdőbe)* pig up
adalékolt : **~ benzin** doped petrol ; **~ olaj** doped/compound(ed) oil
adalin adalin, bromodiethylacetylurea, uradal
adamellit *(ásv)* adamellite
adamin *(ásv)* adamite, adamine
adamit *(ásv)* *l* **adamin**
Adams-féle szennyvízemelő Adams sewage lift
adapter *(fényk, gépt, rád, vill)* adapter; *(rád)* aerial adapter *is*
adaptertranszformátor *(vill)* adapter transformer
adás *(rád)* transmission, sending, emission, transmitting ; **~ frekvencia-karakterisztikája** *(rád)* transmission frequency characteristic ; **irányított ~** *(rád)* beam transmission ; **~ra kapcsolás** *(rád)* change of connection *v* switchover for transmitting; **közvetlen ~** *(rád)* direct drive ; **~ minősége** *(távk)* sending quality ; **~ távolsága** *(rád)* range ; **~ és vétel különböző frekvencián** *(rád)* crossband principle
adás-átkapcsoló change-over to transmission
adásellenőrző berendezés *(tartalmi; rád)* censoring/monitoring equipment
adási : **~ csillapításegyenérték** *(távk)* sending reference equivalent ; **~ engedély** *(rád)* sending allowance; **jelek közötti ~ szünet** *(rád, távk)* spacing interval ; **~ sebesség** *(táv)* speed of transmission, sending speed; **~ terület** *(rád)* service area
adásirány *(távk)* transmitting/"go" path

adásjóság-megfigyelő helyiség *(rád)* quality-checking room
adáskérő jel *(táv)* proceed-to-transmit signal
adásoldal *(távk)* transmitting/sending end
adásoldali impedancia *(távk)* sending--end impedance
adássebesség *(távk)* rate of transmission
adásszünet *(rád)* breaking-in, silence
adásterület *(rád)* service area
adásvétel-(át)kapcsoló *v* **-váltó** *(rád)* send-receive switch, ATR switch/tube, break-in key, change over to reception ; **~ szerelvény** *(rád)* duplexing assembly
adatgörbe data line/curve
adatismétlő berendezés *(számológépen)* data repeater
adatjegyzék data sheet
adatközepelő szűrő *(rád)* data-smoothing network(s), D.S.N.
adatközlés hangjelzéssel *(rep)* aural presentation
adatmeghatározás *(geod)* data determination
adat(ok) data, particular(s) ; *(magyarázatok, délkörök térképen ; geod)* culture ; **~ kiegyenlítése** *(rád)* data smoothing
adattábla *(gépen)* name-plate, data plate
Adcock-antenna Adcock aerial/antenna
Adcock-féle : **~ rádiógoniométer** H--type Adcock direction-finder; **~ iránykereső antenna** Adcock direction--finder ; **magas ~ antenna** elevated H-aerial ; **~ rádiógoniométer** (H-type) Adcock direction-finder
Adcock-iránykereső Adcock direction finder
addiciós *(mat, vegy)* additive ; **~ reakció** coupling reaction
additív *(mat, vegy)* additive ; **~ reakció** coupling reaction
adekvát adequate
ädelforsit *(ásv)* ædelforsite
adelit *(ásv)* adelite
ädelit *(ásv)* ædelite
adermin adermin, vitamin B_6, pyridoxin
adhézió adhesion, sticking
adhézióhő adhesion heat, heat of adhesion
adiabata adiabatic curve
adiabatikus adiabatic
adiaktinikus *(szink)* adiactinic
Adie-barométer Adie barometer
adipindialdehid adipic-dialdehyde, hexanedial
adipinsav adip(in)ic acid
adipinsavamid adipamic acid
adipinsavas kalcium calcium adipate
adipinsavdiamid adipamide
adipinsavészter adipate
adipocera *(vegy)* adipocere
adjektív *[festék]* adjective
adjusztálópapír finish paper
admittancia *(vill)* admittance
adó *(rád)* *l* **adóállomás** ; **~ be** *(rád)* transmitter on ; **~ berendezés** transmitting equipment; *l még* **adóállomás; ~ csúcsteljesítménye** *(rád)* peak power of the transmitter ; **~hoz használatos** *(rád)* transmitting-type ; **~ ks; transmitter off** ; **mozgó televíziós ~** mobile television transmitter

adóállomás *(rád)* transmitting (radio-) station/set, (radio) transmitter, X-mitter ; **kettős vezető** ~ *(rád)* double--master station ; **önműködő** ~ automatic sender/transmitter, autotransmitter ; **televíziós** ~ television transmitter ; **vívőáramú** ~ carrier-current transmitter; ~ **100 W és 1 kW között** Class-A station ; ~ **10 és 50 kW között** *(US)* Class I station ; ~ **0,25 és 50 kW között** *(US)* Class II station ; ~ **1 és 5 kW között** *(US)* Class III-A station ; ~ **10 és 20 kW között** Class-B station ; ~ **0,1 [és 0,25 kW között** *(US)* class IV (III-B) station
adóállomás-hálózat network of transmitting stations
adó-amatőr *(rád)* amateur operator, "ham"
adóantenna transmitting/sending antenna/aerial/wire, radiator ; **kétkúpos** ~ double-cone transmitting antenna; **közös** ~ diplexer ; ~ **sugárzási karakterisztikája** directional pattern
adóáram *(rád)* sending current
adóáramkör transmitting/transmission circuit
adóberendezés sending/transmitting apparatus ; *l még* **adóállomás**
adóbillentyű manipular keys
adócsarnok *(rád)* transmitter hall
adócső *(rád)* transmitting/power/ transmitter/oscillator tube/valve
adócsővizsgáló transmitter valve test equipment
adóegység *(rád)* transmitter unit
adóerősítő *(távk)* transmitting amplifier, TA
adófrekvencia transmitter frequency
adogat hand, reach ; *l még* **adagol** ; *(befűzőnek ; tex)* reach, pass
adogató *l* **adagoló**
adógerjesztés *(harmonikus ; rád)* harmonic excitation
adóhálózat *l* **adóállomáshálózat**; ~ **vezéradója** net control/master station, N.C.S.
adóhullám *(rád)* transmitting wave
adóirányszűrő *(távk)* transmitting directional filter, TDF
adójel *(telev)* transmitting signal
adókészülék *(rád)* transmitter, sending/transmitting apparatus/set ; *l még* **adóállomás**
adókondenzátor *(rád)* transmitter condenser
adólóerő *(gépk)* rated horse-power
adómodulátor *(rád)* transmitter-modulator
adómű *(táv)* transmitter clutch
adóoszcillátor *(rád)* power/transmitting oscillator
adó-stúdió *(rád)* radio studio
adószalag *(táv)* transmitting tape
adószerelvény *(rád)* transmitter assembly
adószint *(távk)* send(ing) level
adóteljesítmény *(rád)* power of the transmitter, transmitting power
adótengely *(start-stop-gépen ; táv)* transmitter camshaft
adóterem *(rád)* transmission/transmitting room
adótípus *(rád)* type of transmitter
adótípusú *(rád)* transmitting-type
adótorzítás *(táv)* transmitting distortion
adótrióda *(rád)* transmitting triode

adott : ~ **irány betartását jelző indikátor** fixed-course detector ; ~ **pont** *(mat)* fixed point
adóvevő *(rád)* transmitter-receiver, transceiver, receiver-transmitter/-sender, R.T. ; ~ **antenna-kapcsoló** *(rád)* *l* **adásvétel-(át)kapcsoló** ; ~ **berendezés** receiver-transmitter unit ; ~ **cső** *(rád)* transmitter-receiver tube, T/R *v* T.R. tube ; ~ **kapcsoló** *l* **adásvétel-(át)kapcsoló** ; **kérdező** ~ *(rád, rep)* challenger ; ~ **készülék** *(rád)* two-way set, transmitter--receiver, T/R, T.R. ; **magasságjelző** ~ *(rep)* altitude code challenge ; **válaszoló** ~ transponder
adragant-mézga adragant
adrenalin adrenaline
adszorbeál adsorb
adszorbeálás adsorption, adsorbing
adszorbens adsorbent
adszorbens-indikátor adsorption indicator
adszorbens-sav adsorber acid
adszorber adsorber
adszorpció adsorption, adsorbing ; **rendkívül erős kötésű** ~ persorption
adszorpcióhő adsorption heat, heat of adsorption
adszorpcióképesség adsorptive capacity
adszorpciós szárító *(ol)* adsorptive dryers
adsztringens *(vegy)* stringent
adulár *(ásv)* adular(ia)
advekció *(met)* advection
aerátor aerator
aerób aerobe, aerobic ; ~ **(len)áztatás** aerobic ret
aerodinamika aerodynamics
aerodinamikai aerodynamic(al) ; ~ **állásszög** aerodynamic angle of attack ; ~ **derivatívok** aerodynamic derivatives ; ~ **egyensúly** aerodynamic equilibrium ; ~ **elcsavarás** aerodynamic twist ; ~ **erő** aerodynamic force ; ~ **felhajtóerő** aerodynamic lift; ~ **hatásfok** aerodynamic efficiency ; ~ **igénybevétel** air load ; ~ **jóság** aerodynamic cleanness ; ~ **kiegyenlítés** aerodynamic balancing ; ~ **kölcsönhatás** aerodynamic interference ; ~ **középhúr** mean aerodynamic chord ; ~ **középpont** aerodynamic centre ; ~ **lépcsőzés** aerodynamic stagger ; ~ **lépcsőzési szög** aerodynamic angle of stagger ; ~ **mérleg** *(szélcsatornánál)* aerodynamic balance ; ~ **nyomaték** aerodynamic moment ; ~ **terhelés** air/aerodynamic load
aerodinamikus *(személy)* aerodynamicist
aerodróm aerodrome
aerofór *(bány)* aerophore
aerofotográfia aerophotography
aerofotogrammetria aerophotogrammetry
aerográf *(légecset, szórópisztoly)* air brush, aerograph, spray gun, sprayer, spraying pistol/gun
aerográfia *(festés)* air brushing ; *(met)* aerography
aerohidrális *(ásv, földt)* aerohydrous
aerokartográf *(geod)* aerocartograph, plotting machine
aerolit *(földt)* aerolite, stony meteorite
aerológia aerology
aeromechanika aeromechanics
aerometeorográf aerometeorograph

aeronautika aeronautics
aeroplán *l* **repülőgép**
aeroszán aeroslide
aeroszól aerosol, aerated solid, gas dispersoid
aerosztát *l* **léggömb**
aerosztatika aerostatics
aerosztatikai egyensúly aerostatic equilibrium
aerosztatikus aerostatic
aether pro narcosi anesthetic ether
afanitos *(ásv, földt)* aphanitic
afélium *(csill)* aphelion
afer *(bőr)* belly
affin ábrázolás affin presentation, homographical diagram
affinálás affining, affinage
affinált *[cukor]* affined
affinitás *(vegy)* chemical affinity (for) ; ~ **állandója** affinity constant ; **remanens** ~ affinity residue
affinitási állandó *(vegy)* affinity constant
afótikus zóna *(földt)* aphotic region
afrik sea-grass
afrizit *(ásv)* aphrizite
afroszíderit *(ásv)* aphrosiderite
aftonit *(ásv)* aphthonite
ág *(fa)* spray, sprig, stick, snub, twig, branch, arm ; *(kötélé ; szállítószalagon:)* strand ; *[antennáé:]* leg ; *(vill)* branch ; *[áramkör:]* branch, arm ; ~**on élő** ramicolous ; **két** ~**ból sodort vezeték** duplex cable ; ~**at nyes** shroud ; **üres** ~ *(szállítószalagon)* empty strand
agalit *(ásv)* agalite
agalmatolit *(ásv)* agalmatolite, pagodite, Chinese soapstone
agancsolaj hartshorn oil
agancssó ammonium carbonate, volatile/smell(ing) salt
agancsszesz *l* **szalmiákszesz**
agar-agar agar(-agar), Japanese gelatin(e) ; **húspeptonos** ~ agar meat infusion
agar-táptalaj agar medium ; **marhahúskivonattal készült** ~ beef-extract agar medium
ágas furcate ; ~ **ékítmény** *(ép)* sprig
ágas-bogas arborescent ; ~ **hímzésminta** *(tex)* sprig
ágascsápú cladocerous
ágaskodás *(járműnél)* bouncing
agáve agave
agáve-rost aloe hemp
ágcsere *(távk)* poling
ágcsomó *(fában)* (spike) knot, knurl, branch stub ; *(kisebb:)* nodule
ágcsonk *(fa)* snag, snub
ágdarab *(ép, gépt)* T-piece
ág-elágazás *(fa)* crotch
ágfa branch timber/wood, trash
ágfogó *(pa)* knot catcher, knotter
ágfűrész pruning/knot saw
aggatópecek *(zongorán)* hitch pin
ággereblye *(mzg)* brushrake
agglomeráció *(földt, koh)* agglomeration; *(csomósodás:)* nodulizing ; *(városépítésben:)* group of settlements, group of housing estates
agglomerál *(földt, koh)* agglomerate
agglomerálódás *(földt, koh)* agglomeration
agglomeráló (ható)anyag *(koh)* agglomerating agent
agglomerátum *(földt, koh)* agglomerate

ággöcs *l* **ágcsomó** ; ~ **gyűrűzete** whorl; **jól benőtt** ~ tight knot ; **kiesett** ~ **helye** knot hole ; **szárnyas** ~ wing--shaped knot
ággöcsös *(fa)* knotty, knurly
aggregál *stb, l* **agregál** *stb*
aggresszív *l* **agresszív**
ággyűrű *(fa)* bulge
ághajtás *(fa)* ramification
ághely *l* **ágcsomó**
ághelyes *(fa)* knotty
ághely-lyuk *(fa)* knot hole
ághulladék brush
agitátor *(keverő)* agitator
ágkorhadás *(fa)* branch(r)ot
aglukon *v* **aglükon** *(vegy)* aglucone
ágmentes *[fa]* clean stemmed/boled, branchless
Agnesi-féle : ~ **görbe** *(mat)* witch of Agnesi, versiera ; ~ **pszeudogörbe** *(mat)* pseudoversiera
ágnyeső : ~ **kés** billhook ; ~ **olló** pruning shears
ágó *(vegy)* ago
agométer agometer
agon *(vegy)* agon
ágóprés welding press
ágó-ragasztásos eljárás *(bőr)* ago process
ágó-ragasztott cipő stuck-on-shoe
ágó-talpragasztó gép stuck-on machine
agregál aggregate
agregálás aggregation
agregálódik aggregate
agregát *(gépt)* aggregate, self-containing unit, composition ; *(földt) l* **agregátum**
agregátum *(földt)* aggregate ; ~**ok szétesése** disaggregation
agregátumcsoport *(földt)* clustered aggregates
agregátumképződés aggregation
agresszió *(vegy)* aggression
agresszív aggressive ; ~ **talajvíz** deleterious water
agresszor *(vegy)* aggressor
agricolit *(ásv)* agricolite
agronómus agriculturist
ágtalanít disbranch
ágtorok *(fa)* crotch
aguilarit *(ásv)* aguilarite
ágvessző wattle
agy *(gépt)* hub ; ~**ra szerelt csapágy** nave-box
ágy *(fa)* bed ; ~ **fejrésze** *(fa)* head--board
agyag clay, argil, loam ; **aktív** ~ active/activated/treated clay ; ~**ból való** argillaceous, figuline ; **cserépedény** ~**a** body of earthenware; **döngölt** ~ clay puddle ; **fehér** ~ *(ker)* argil ; *(felszíni mészdús, porózus)* adobe ; **glaciális** ~ *(földt)* boulder clay ; ~ **görgetegekkel** *(földt)* boulder clay ; **gyúrt** ~ batter ; ~- **és homoktartalmú** argillo-arenaceous ; **jéghegyhordta** ~ berg till; **kék** ~ blue mud ; **kemény** ~ *(bány)* bass ; **képlékeny** ~ ball clay ; **közepes szilárdságú** ~ clay of fair solidity ; **krétás** *v* **meszes** ~ chalky clay ; **levegő porából keletkezett** ~ air-deposited clay ; **szalagos** ~ bandy clay ; **szalmával kevert** ~ bauge ; **szerves anyagokkal feketére festett** ~ *(földt)* bass ; ~**gal tapasztott fal** *(ép)* loam wall ; ~**gal telt üreg** *(földt)* loam bag ; **timföldes** ~ aluminous clay ; **tűzálló** ~ *(ker, koh)* fireproof clay ; **vékony rétegben lerakódott** ~ *(földt)* clay band ; **zsíros** ~ loam
agyag- *(agyagos:)* clayey, clayish ; *(cserép-:)* earthen
agyagállvány *(ker)* crank
agyagáru *(ker)* earthenware ; clay products
agyagásvány clay mineral
agyagáztatás clay-wetting
agyagba-öntés *(önt)* loam-casting
agyagbeágyazás *(bány)* clay vein, band clay
agyagbetörés *(bány)* clay inrush
agyagburkolás puddle
agyagcserép clay pot
agyagcsomó *(szénrétegben; bány)* clump
agyagcső clay pipe
agyagdugó clay plug ; *(földt)* butting clay
agyagdús argillaceous
agyagedény crockery
agyagedény-szárító *(ker ; zsengélő)* green house
agyagér *(bány, földt)* clay vein ; *(érctelér szélén)* gouge ; ~**rel betömődött repedések** gouge-filled fissures
agyagfal dirt wall
agyagfesték clay paint
agyagfojtás *(bány)* clay stem ; ~**sal lefojtott** stemmed with clay
agyagforma *(önt)* clay/loam mo(u)ld
agyagforma-döngölőszekrény *(önt)* curb
agyagformálás fazekaskorongon throwing
agyagföld clay/loam earth ; **tiszta** ~ *(ker, pa)* argil
agyagfúró *(bány)* bulling rod
agyaggalamb clay pigeon
agyaggolyó *(csapónyíláshoz)* bod ; *(földt)* clay core
agyaggödör loam/clay pit/hole
agyaggömb-módszer *(bány)* clay-ball method
agyaggörgeteg *(földt)* till
agyaggyúró gép *l* **agyagvágó gép**
agyaghabarcs barbotine
agyagipari vákuumsajtó vacuum press for ceramic industry
agyag-kábelcsatorna *(távk)* earthenware duct
agyagkeverő (gép) clay/loam mixer, blunger ; ~ **lapát** *(ép)* loam beater
agyagkezelés *(cukorfinomításnál)* clay(ing)
agyaglerakódás : **vízzáró** ~ clay pan
agyagmag *(töltésben)* clay fill/core ; *(önt)* loam-core
agyagmárga clayey marl
agyagmassza : **nedves** ~ *(ker)* slip
agyagmasszakeverő tartály *(ker)* blunger
agyagmegmunkáló gép clay working machine
agyagmunka clay work ; **agyagmunkára alkalmas** figuline
agyagolózsilip *(bány)* mud lubricator
agyagos *(földt)* argillaceous, clayey, loamy; *(bány)* bony; *(talaj:)* cledgy; ~ **adalék** loamy addition ; ~ **altalaj** loamy sub-soil ; ~ **fekű** sloam ; ~ **homok** *(földt)* dawk ; ~ **iszap** slake; ~ **mázpép** *(ker)* slip glaze ; ~ **tapasztás** clay slake ; ~ **törési hasadék** *(bány)* bright-head
agyagőrlő (gép) *l* **agyagvágó gép**
agyagpad *(földt)* claybank
agyagpadló *(ép)* clay floor
agyagpala *(földt)* argillaceous/clay slate, shale, bat(t), argillite, mudstone, rock clay ; *(szénformációban)* dunn bass
agyagpalakőzet shale rock
agyagpép *(ép)* clay pulp, puddle ; *(ker)* slip
agyagprés *(folytonosan kinyomó)* clay--extrusion press
agyagregenerálás clay revivifying
agyagréteg *(földt)* claybank ; *(döngölt)* bed of puddled clay ; *(szénrétegek között)* sloam ; **megkeményedett** ~ hard(ened) clay layer, clunch ; **tűzálló** ~ **a szénréteg feküjében** coal warrant
agyagsáv *(földt)* clayband
agyagszárító clay drier
agyagszegély clay course ; *[teléré, földt]* selvage
agyagszennyezés *(bány)* clay rash
agyagszerű clay-like/shaped, clayed
agyagtakaró *(önt)* clay blanket
agyagtalaj clayish/clayey soil ; ~ **szétfolyása** clay flow
agyagtapasz *(ép)* clay slake
agyagtartalmú *(földt)* argillaceous, argilliferous, loamy
agyagtégely clay crucible
agyagtégla clay brick, adobe
agyagtömés *(bány)* clay seal, claying
agyagtömítés *(ép)* clay blanket, puddle
agyagtömő vas *(fúrólyukak kitöméséhez)* claying bar, clay iron
agyagvágó (gép) clay/loam kneader/ cutter, blunger, clay-cutting machine, wet pan mill ; ~ **drót** sling ; ~ **malom** clay/pug mill
agyagvakolat loamy paste
agyagvaskő *(ásv)* clay ironstone, gubbin
agyagzsák *(földt)* loam bag
ágyállvány *(fa)* hatch
ágyás *(mzg)* bed ; **bakhátas** ~ ridge beed ; **lapos** ~ flat floor-bed
ágyaz (em)bed, invest ; *(fektet:)* set ; **betonba** ~ embed/let into concrete ; **cementbe** ~ *(úsztat)* float in cement ; **viaszba** ~ *(önt)* invest
ágyazás bed, filling, packing ; *l még* **ágyazat** ; *(kábelfektetés)* troughing ; *(kefeszerelvényé ; vill)* brushing ; ~ **kockakőburkolat alá** cushion (blanket) course ; **száraz** ~ *(kövezet alá)* cement sandbed
ágyazási hézaggal készült *(ép)* bed-built
ágyazat bed(plate), setting, *(földt)* base, bed joint ; *(gépt)* seating, cradle ; *(csapágy:)* pillow, block ; *(vasút)* ballast
ágyazatállvány *[fúrógépnél]* back brace
ágyazatellenállás ballast resistance
ágyazatelőkészítés *(ép)* shaping
ágyazathegesztés pad weld
ágyazati réteg *(ép)* bedding course, ballast bed ; *(földt)* base
ágyazatkavics ballast stone
ágyazatkeret bed frame
ágyazóanyag *(bány)* matrix
ágyazócsap *(gép)* bearing axle
ágyazódás *(földt)* embedding ; *(rétegek közé:)* interstratification
ágyazósalak ballast slag
ágybetét *(szerszámgépen)* gap bridge/ block
ágyereszték *(fa)* bed()joint
agyfa *(puskán)* stock
ágyfej *(fa)* head
ágyfelület bearing
agyfurat *(gépt)* boss/hub bore

ágyfülke sleeping berth
ágykeret bed-frame
ágykimélyítés *(szerszámgépágyon)* gap
ágykőzet *(földt)* bedrock
ágylehúzó hub puller; ~ **hídja** puller beam
ágylepedő bed-sheet
ágymelegítő: villamos ~ electric heating pad
ágynemű *(vászon)* bed linen
agyoncserzett *[bőr]* overtanned
agyondolgozott kaucsuk- *v* **gumikeverék** dead milled rubber
agyonégetett gipsz dead-burned plaster
agyonhengerel roll to death; *[kaucsukot]* mill to death
agyonhengerlés dead rolling; **kaucsuk** ~**e** dead milling
agyonőrlés *(pa)* steeling
agyrész *(gépt)* boss, hub part
agysapka *(keréken; gépk)* hub cap
ágyszán *(gépt)* saddle, carriage
ágyszikla *(földt)* bedrock
ágytakaró bed-cover, coverlet, sleeping blanket, bedspread
ágytolltisztító gép feather-driver
ágyú gun; *l még* **löveg**
ágyúeszterga gun lathe; ~ **nagyméretű darabok megmunkálására** pit lathe
ágyúfém cannon metal
ágyúfúró tube bit
ágyúpát *(ásv)* Kanonenspath
ágyvasalás bed fittings
ágyvezeték *(gépt)* bed (slide) way; *(vasút)* jawslide; ~ **védőburkolata** *(gépt)* bed guard
ágyvezeték-kötvas *(vasút)* jaw bit
ágyvezető villatámasztó *v* **-tartó konzol** *(vasút)* wing of horn
ágyvilla *(vasút)* pedal horn, axle guard
A-hang concert pitch
A-helyzet *(vill)* A-position
α-helyzet *(vegy)* alpha position
aikinit *(ásv)* aikinite, aciculite, needle ore
airdox *(bány)* airdox (blaster)
Airy-féle integrál Airy's integral
ajak- *(hangt)* labial
ajakhang labial
ajaklemez *(fa)* lip plate
ajakmikrofon lip microphone
ajakmozgás-regisztráló műszer labiograph
ajakrúzs-forma lipstick mo(u)ld
ajaksíp *(hangt)* flue pipe
ajaksípdugók *(hangt)* flue stops
ajakszelep *[szivattyún]* lip valve
ajándékdoboz *(pa)* present box
ajánlás *(CCIF; távk)* recommendation, directive
ajánlott típusú csövek *(rád)* preferred tube types
ajgyalu: egyenes ~ *(szélességállító fallal)* moving fillister plane (with one wall); *(mélységállító és szélességállító fallal)* moving fillister plane (with two walls); **ferde** ~ skew fillister plane; *(szélességállító fallal és elővágóval)* moving skew fillister plane (with one wall and carver); *(mélységállító és szélességállító, elővágóval)* adjustable skew fillister plane (with two walls and carver)
ajtó door; **átszerelhető** ~ *(gépt)* adjustable port; **egyszárnyú** ~ simple/single (wing) door; **ellensúlyos** ~ balance gate; **falsíkba nyúló** ~ flush door; **fedélzet padozatába vágott** ~ hatch-way; ~ **feletti boltív** cope; ~ **feletti díszítés** *v* **párkány** overdoor; **kettős** *v* **két deszkarétegű** ~ doubled door; **kettős ütközésű** ~ double-rebated door; **lemezelt** ~ panel door, flat-surfaced door; **összehajtható** ~ accordion door; *(spaletta)* folding door; **párnázott** ~ padded door; **szárnyas** ~ double (wing) door
ajtóablak *(ép, gépk)* door window
ajtóácsolat *(bány)* gallows, lining set; **ferdetámaszos** ~ battered set; ~ **küszöbrésze** set sill; ~ **segédtámfája** doubling-up post
ajtóbehúzó fogantyú *(gépk)* door slam handle
ajtóbélés door-casing/case/frame; ~ **kifelé szélesedő kiképzése** door splay
ajtóbiztosítás *(bány)* frame set
ajtóbiztosító-kapcsoló *(vill)* door-interlock switch
ajtóborítás *(ép)* door/jamb-lining, casing; door trim *(US)*; *(szélvédő:)* weather strip; *(lemez:)* cover plate; ~ **függőleges bélése** jamb(e) linings; ~ **pereme** frame ledge of door
ajtóborító lemez *(gépk)* door panel
ajtócsavarszorító iron T-bar clamp
ajtócsengő door bell
ajtócsuklópánt door butt
ajtócsukó rugó tail door spring
ajtóérintkező *(felvonón)* car/cage-door electric contact
ajtóérintkezős megszakító *(vill)* door-contact interrupter
ajtó- és ablakkeret-gyalu sash plane
ajtófejléc (door) head
ajtófélfa door-post/pier, doorjamb(e), jamb(e)post, heelpost, stile
ajtófélfa-támasztó tömb foot block
ajtófogantyú doorknob
ajtófüggöny door-curtain, anteport
ajtófülke (door) bay, doorway
ajtógomb door(-)knob
ajtóhatároló *(gépk)* door check; ~ **szalag** door-check strap
ajtókapcsoló *(felvonónál)* doorswitch
ajtókeret *l* **ajtóborítás**; **nem teljes** ~ *(bány)* three-piece set
ajtókeretácsolat *(bány)* gallows, lining set; ~ **támja** *(bány)* set post
ajtókeretbélés lining of door frame
ajtókeretoszlop *(ép)* side beam of the frame
ajtókeretperem frame ledge of door
ajtókeretsüveg cap
ajtókezelő *(záró és nyitó)* **szerkezet** door control
ajtókilincs door-handle, let-in handle; *(gépk)* door-handle
ajtókioldó *l* **ajtókapcsoló**
ajtókitámasztó *(ép)* door keep(er); *(horog v pecek)* doorstay
ajtókötés *(bány)* timber frame; ~ **kettős támmal** reinforced square set
ajtókötésácsolat *(bány)* square set
ajtóküszöb doorsill, groundsill, threshold
ajtólap panel of a door
ajtólapbetét door panel
ajtólap-keret framing
ajtómélyedés *l* **ajtófülke**
ajtómozgató szerkezet *(autóbuszon)* door mechanism
ajtónyílás door(way), door opening
ajtóoszlop *(gépk)* door pillar
ajtó-oszlopléc *(szekrényen)* clap post
ajtópánt *(ép)* loop of a door, band and gudgeon; ~ **csapja** hinge hook
ajtópánt-bevésés pan
ajtórács grating
ajtóretesz door bolt, spar
ajtórugó rod (door) spring
ajtósarok butt; *(pánton:)* door-hinge
ajtószár stanchion
ajtószárfa *l* **ajtófélfa**
ajtószárny (door-/leaf)wing, valve, leaf of the door
ajtószemöldök(fa) door lintel, transom, head-rail, summer beam
ajtószigetelés door tightener
ajtótábla (door) panel
ajtótáblaosztó léc *(függőleges)* mounting
ajtótok door-case/frame, reveal; ~ **állórésze** stile; ~ **szemöldökfája** head rail, rail piece of a door-frame
ajtótokborítás lining of door-frame, back band
ajtótömítés door tightener; **léghuzat elleni** ~ windfilling
ajtótömítő zsinór doorseal
ajtóütköző door-stop/catch, buffer; *(gépk)* door buffer; ~ **gomb** *(padlón)* floor knob; ~ **léc** fillet
ajtóütköztető gomb *(padlóban)* floor knob
ajtóvasalás ironwork (of a door)
ajtóvédő lemez *(kilincs körül)* finger/hand-plate
ajtóvilágítás *(beszállás megkönnyítésére; gépk)* courtesy light/lamp
ajtózár door-lock(ing device); *(önműködő:)* automatic door-closer, latch; ~ **zárólemeze** nab
ajtózárakasztó lemez *(gépk)* door-lock striker plate
ajtózáró gomb doorknob
ajtózörgés *(gépk)* door rattle
ajtózseb *(gépk)* map pocket
ajván-olaj ajowan/ajawa oil
akadályfal *(alacsony; ép)* dwarf wall
akadály-határvonal *(rep)* obstacle clearance line
akadályhullám *(met)* lee-wave
akadály-jeladó *(rep)* obstacle/hazard/obstruction beacon
akadályjelző *(rep)* obstruction marker
akadálymentességi: ~ **átmeneti felület** *(rep)* transition surface; ~ **jelzőfelület** *(rep)* obstruction marking surface
akadályozó-lemez *(vill)* baffle plate
akadálytalan: ~ **áramlás** free/unresisted flow; ~ **kilátás** *(gépkocsiból)* unobstructed vision
akadályzászló *(rep)* obstacle flag
akadék *(gépt)* stopper, detent
akadialit *(ásv)* acadialite
akadó illesztés wringing fit, light keying fit; wringing fit *(US)*
akantit *(ásv)* acanthite
akantusz *(ép)* acanthus
akaroidgyanta acaroid resin/gum
akasztó *(berendezés v szerkezet)* hanger, loop, hook, catch(er); lock gear; *(ruhának; gépk)* coat hanger; ~ **karika** hook thimble
akasztóelem detent
akasztógyűrű *(láncon)* chain loop
akasztóhorog (grab) hook, lug, trammel; ~ **lánca** *(bány)* bridle chain
akasztókampó *v* **akasztókapocs** hook, hanger, fang, detent
akasztókerék *(gépt)* ratchet-wheel

akasztókerekes zárómű *(gépt)* ratchet gear
akasztókilincs dog, pawl
akasztólánc suspension chain
akasztópecek lug, detent
akasztórúd *(színező előcserzésnél)* hanger
akasztórugó *(gépt)* tumbler spring
akasztós : ~ **ruhabőrönd** wardrobe trunk ; ~ **szekrény** hanging wardrobe/ cupboard
akasztótengely *(óra)* pivot shaft
akcelerál *l* **gyorsít**
akcelerátor *(gépk, vegy)* accelerator ; *(vegy)* accelerant ; *l még* **gyorsító**
akceptor *(vegy, fiz)* acceptor
akcidens munka *(nyomda)* accidence
akció *(mech, vegy)* action
akció-reakció-elv *(mech)* principle of action and reaction
akciós : ~ **kerék** *(turbinán)* impulse/ impact/action wheel ; ~ **turbina** *l* **szabadsugár-turbina**
akciótávolság operational/working distance
akermanit *(ásv)* akermanite
akklimatizál season
akklimatizál(ód)ás acclimatization, seasoning
akklimatizálódik season
akkord *(hangt)* accord
akku *stb*, *l* **akkumulátor** *stb*
akkumuláció accumulation
akkumulál accumulate
akkumulál(ód)ás accumulation
akkumulatív accumulative
akkumulátor storage battery, accumulator, secondary battery ; *l még* **akkumulátortelep** ; ~ **bekapcsolását szabályozó kapcsolótábla** accumulator switchboard ; **két ~t összekötő vezeték** battery connector ; ~ **kimerülése** exhaustion of the battery ; **lúgos** ~ alkaline battery ; **lyukacsos elválasztólapos** ~ diaphragm cell battery ; ~ **válaszfala** separator, diaphragm
akkumulátor-alállomás accumulator sub-station
akkumulátorállvány accumulator stand
akkumulátor-áramforrás: közös ~ common battery, C.B.
akkumulátorcella (storage/electrolytic/ accumulator) cell ; ~ **szorítókapcsa** cell terminal
akkumulátorcella-fedél cell cover
akkumulátorcella-kapcsoló csúszó érintkezője cell switch traversing contact
akkumulátor-cellaközfal separator
akkumulátor-cellavizsgáló *(gépk)* accumulator indicator, battery tester
akkumulátor-csatlakozólemez battery plate terminal
akkumulátordoboz battery/accumulator box/casing
akkumulátoredény cell bucket/jar
akkumulátorelem accumulator cell
akkumulátor-ellenőrző készülék battery ga(u)ge
akkumulátorfeszültség battery/accumulator voltage
akkumulátorfogó *(gépk)* battery pliers
akkumulátorformálás forming
akkumulátor-főkapcsoló *(gépk)* battery main switch
akkumulátorfül *(csavar számára ; gépk)* bolt-hole projection
akkumulátorgyújtás *(gépk)* coil/battery ignition (system)

akkumulátorhajtású : ~ **jármű** battery-driven vehicle ; ~ **motor** battery motor ; ~ **mozdony** battery locomotive
akkumulátoriszap battery mud
akkumulátorkábel battery cable
akkumulátor-kapcsolótábla accumulator switchboard
akkumulátor-kénsav battery acid
akkumulátor-krepp *(pa)* accumulator crepe
akkumulátorláda accumulator/battery box/cupboard/container
akkumulátorlemez (accumulator) plate ; ~**eket bekenő munkás** paster ; ~ **elgörbülése** buckling ; ~**t formáló sav** forming acid; ~ **készre formált állapota** maturity ; ~ **kiugró füle** *(külső áramkörbe kapcsoláshoz)* terminal-lug
akkumulátorlemez-csatlakozócsavar plate lug
akkumulátorlemezkeret *(vill)* frame of plate
akkumulátorlemeztisztító plate cleaner
akkumulátoros : ~ **áramszedős mozdony** combination (electric) locomotive ; ~ **hajtás** battery drive
akkumulátorpapír battery pasting paper
akkumulátorpólus (battery) terminal post
akkumulátorpólus-anya *(mkpár)* terminal nut
akkumulátor-pólusösszekötő : (inter)cell connector, connecting link
akkumulátor-pólussaru battery terminal clamp
akkumulátorpótló (készülék) battery eliminator
akkumulátor-rácslemez accumulator gridplate
akkumulátor-rácspép grid filling
akkumulátorsaru battery clip, clamp terminal
akkumulátorsav battery/accumulator acid
akkumulátor-savmérő *(gépk)* battery syringe
akkumulátorszekrény accumulator/ battery box/casing/tank
akkumulátor-szellőződugó *(gépk,mkpár)* vent plug
akkumulátorszivattyú accumulator pump
akkumulátorszoba *(távk)* battery room
akkumulátortartály accumulator/battery box
akkumulátortartó : battery cradle ; ~ **doboz** *(mkpár)* battery carrier
akkumulátortelep accumulator plant, (wet) (storage/accumulator) battery ; *l még* **akkumulátor** ; ~ **pótcellája** additional cell ; ~ **regenerálása** recovery of storage-battery ; ~ **szabályozó-cellája** additional cell
akkumulátor-telepkapocs battery terminal
akkumulátor-testszalag *(gépk)* earth strap
akkumulátortöltés charging of accumulator, accumulator charge
akkumulátor-töltésjelző lámpa battery charging indicator light
akkumulátortöltő battery charger ; ~ **állomás** charging stand/station ; ~ **áramfejlesztő** charging set ; ~ **dinamó** battery charging generator ; ~ **dugaszkapcsoló** charging plug ; ~ **készülék** charging equipment ; ~ **telep** accumulator plant

akkumulátor-utántöltés *(elektrolittal v vízzel)* battery topping-up
akkumulátorüledék battery mud
aklinális *(földt)* aclinal
akmit *(ásv)* acmite
akna *(bány)* (mine) shaft, riser ; *(ép)* flaw ; *(víznyelő:)* water sink ; *(kat)* mine; *(lyuk:)* hole ; *(kemencénél:)* shaft ; *(alagút:)* tunnel ; *(karburátorban ; szélesebb, rendszerint függőleges csatorna ; gépk)* well ; *(alagútvájásnál több munkahely egyszerre telepítésénél)* tunnel shaft ; *(gödör:)* pit ; *(szellőző:)* trunk ; *(fúrt lyuk:)* well ; ~ **alsó és felső rakodószintje** *(bány)* landing ; ~ **alsó rakodószintje** *(bány)* hanging-on ; ~ **béléstartó pillére** *(bány)* bottom pillar ; ~ **előtűző ácsolása** *(bány)* shaft piling ; ~ **kihajtása alulról felfelé** *(bány)* *l* **aknakihajtás** ; **aknából kiinduló vágat** *(bány)* shaft siding ; ~ **kormányszár részére** *(hajó)* rudder trunk ; ~ **koszorúmerevítése** *(bány)* shaft curbing ; **körszelvényű** ~ *(bány)* circular shaft ; ~ **körüli pillér** *(bány)* high pillar ; ~ **külszíni nyugvópadja** *v* **kasszéke** *(bány)* day eye ; ~ **légosztálya** *(bány)* air trunk ; **meddő** ~ *(bány)* barren well ; ~ **melletti (föld alatti) szénraktár** *(bány)* bank ; ~ **mélyítése cseglyekarós ácsolattal** miner's method of sinking piles ; **süllyesztett biztosítással kihajtott** ~ drop shaft ; ~ **szellőző csővezetéke** *(bány)* air trunk ; **aknától távoleső vágatvég** *(bány)* inby(e) end
aknaács *(bány)* bratticeman
aknaácsolat *(bány)* shaft piling/set ; *vö még* **ácsolat** ; ~ **hosszoldali gerendája** wall plate ; ~**ot kirabol** strip a shaft
aknaácssegéd *(bány)* bottomman, bottom cager
aknaajtó *(bány)* closing of shaft
aknabejárat *(bány)* *l* **aknaszáj**
aknabélelés *(bány, koh)* shaft lining/ legging ; ~ **felső gyűrűje** brow ; **vízhatlan** ~ coffering
aknabélés *(bány)* *l* **aknabélelés**
akna-billenőkas *(bány)* skip
aknabiztosítás *(bány)* shaft tubbing ; ~ **acélgyűrűkkel** *(bány)* steel tubbing of shaft
aknabomba *(rep)* H. E. (high-explosive) bomb
akna-bödön *(bány)* skip
aknaburkolás *(bány, koh)* *l* **aknabélelés**
aknacsatlós *(bány)* bankman, hook-on, onselter, kibble-filler, hitcher-on, banker, bottomer, cager, runner-on ; *(külszínen)* lander, blocker
aknadobogó *(bány)* stage
aknaépület *(bány)* shaft top works, head house, pit head, tipple building
aknafalazás *(bány)* steening
aknafalazat *(bány)* base course; *(ép)* string wall of pit
aknafalborítás *(bány)* *l* **aknabélelés**
aknafedél *(bány)* bonnet
aknafej *(bány)* pit top
aknafejmű *(bány)* head gear
aknafelújítás *(bány)* recovery of shaft, shaft recovery
aknafelügyelő *(bány)* overman
aknafelvonó *(bány)* pit-head winch ; ~ **gépész** brakeman ; ~ **gépház** shaft house ; ~ **kötél** pit rope
aknafenék *(bány)* pit bottom

aknafüggélyezés *(bány)* shaft plumbing
aknagádor *(bány)* *l* **aknaszáj**
aknagarat *(bány)* *l* **aknaszáj**
aknagát *(bány)* shaft dam
aknagép *(külszínen, bány)* bank-engine
aknahídlás *(bány)* stage
aknaidomkő *(bány)* radial stone
aknajárom *(bány)* pit barring
aknakábel shaft cable
aknakamra *(robbantó ; bány)* chamber
aknakamrás robbantás *(bány)* tunnel blasting
aknakas *(bány)* (drawing/mine/hoisting) cage
aknakas-lebocsátás *(bány)* loosing
aknakemence *(koh)* shaft furnace/ kiln ; ~ **függőboltozata** scaffold of shaft furnace; ~ **szórótüzelése** spread--firing of shaft furnace
aknakemence-bél(el)és shaft lining
aknakemence-tapadék accretions of shaft furnace
aknakemence-válaszfal *(koh)* shaft partition
aknakereső : ~ **berendezés** *(vill)* metal detection kit ; ~ **hajó** minesweeper
aknakeret *(bány)* (shaft) casing, crib ring
aknakeretácsolat *(bány)* *l* **aknakeret**
aknakezelő *(bány)* shaftman
aknakifalazás téglával *(bány, koh)* brick shaft lining
aknakihajtás alulról felfelé *(bány)* shaft raising, raising of shaft, up-over, upraise
aknakijárat *(bány)* *l* **aknaszáj**
aknakiszélesítés felülről lefelé *(bány)* cutting down
aknakoszorú *(bány)* shaft frame/set, (walling) crib, trestle, headpiece, pit barring, curb(ing) ; ~ **szintje** curb level ; ~ **vezetőléceinek elhelyezése** *v* **javítása** rodding
aknakoszorú-ácsolat *(bány)* *l* **aknakoszorú**
aknaközfal *(bány)* shaft partition
aknakutató (műszer) *(vill)* metal detector, mine locator, detector set
aknalégválasztó *(bány)* shaft partition
aknalevegő-előmelegítő *(bány)* shaft calorifer
aknamélyítés *(bány)* (shaft) sink(ing), deepening of shaft ; ~ **és felszerelés** shaft building
aknamélyítő fúró *(bány)* sinker, push-down machine
aknamerevítés *(bány)* shaft framework
aknaművelés *(bány)* shaft working
aknanyílás *(bány)* *l* **aknaszáj** *és* **aknatorok**
aknaosztály *(bány)* (shaft) way/compartment ; ~ **elválasztó fala** bulkhead
aknapad *(bány)* landing
aknapadozat *(bány)* stepping place of a shaft, running bridge
aknapillér *(bány)* shaft pillar
aknarács grating, manhole cover
aknarakodó *(bány)* shaft/pit/inset/ bottom eye/flat, decking plant ; **alsó** ~ **tér** bottom layout ; ~ **csapat** caging crew ; ~ **szintje** shaft level ; ~ **vágat** shaft siding
aknarakodóbeli csatlós *(bány)* cager
aknarobbantás *(bány)* blowing of mine
aknás : ~ **forgódaru** crane with the post in a pit ; ~ **kemence** *v* **pest** *l* **aknakemence** ; ~ **pörkölés** roasting in stalls ; ~ **tégelykemence** shaft crucible furnace
aknasablon *(bány)* shaft template
aknasüllyesztés *(bány)* shaft sinking
aknasüllyesztő munkás *(bány)* pitman
aknász *(bány)* (shift) boss, (inside) foreman, firer, deputy, capitain
aknaszáj *(bány)* shaft collar/top/opening, collar of shaft, brace, mouth, hatch, eye
aknaszállítás *(bány)* hoist, winding ; **ellensúlyos** ~ balanced hoisting
aknaszállító : ~ **berendezés** *v* **gép** (mine) hoist ; ~ **gép védőteteje és kijárata** elevator penthouse and hatches ; ~ **gőzgép** steam hoist ; **kiegyensúlyozott** ~ **gép** *(ellenkassal)* balance hoist ; ~ **kötél** hoisting cable ; **lejtős** ~ **gép szalaggal** belt hoister ; ~ **szkip** hoisting/ winding skip
aknaszén *(bány)* unsorted/altogether/ bank/pit/run(ning)/trough coal
aknaszigetelő keszon *(bány)* sealing shaft caisson
aknaszivattyú *(bány)* shaft pump
aknatalp *(bány)* shaft foot
aknatartó : ~ **gyűrű** *(koh)* bracket rim, lintel plate (of blast furnace) ; ~ **koszorú** *(bány)* byat(t), biat
aknatelep *(bány)* shaft bottom
aknatelepítés *(bány)* breaking ground; ~ **helye** *(bány)* shaft/virgin site
aknatér *(bány)* pit bank ; *(koh, nagyolvasztóban:)* shaft ; ~ **falazata** *(koh)* shaft lining
aknatorok *(bány)* shaft collar ; *l még* **aknaszáj** ; ~ **építményei** *(bány)* pit bank
aknatorony *(bány)* (mine) headframe, tipple framework, pit/poppet head, pithead frame, gallows frame, hoist tower, headstock, headwork ; *(aknamélyítésnél:)* shaft-sinking head ; **fából épített** ~ shear legs ; *(kötéltárcsás felső része:)* head gear
aknaudvar *(bány)* decking plant, hanging-on
akna-újranyitás *(bány)* recovery of shaft, shaft recovery
aknavájvég *(bány)* shaft foot
aknaváz *(bány)* shaft framework
aknavédőrács *(bány)* lifting guards
aknaventillátor *(bány)* blowdown fan
aknavezérléc *v* **aknavezeték** *v* **aknavezető léc** *(bány)* shaft conductor/ guide
aknavízgyűrű *(bány)* water ring
aknazsaluzás *(bány)* brattice
aknazsomp *(bány)* lodgement
akrichin acrichin
akridin acridine
akridin-sárga *(festék)* acridine yellow
akril acrylic
akrilaldehid acrylic aldehyde, acrolein, acrylaldehyde, propenal
akrilátgyanta acrylate resin/plastic
akrilát-műanyag acrylate resin/plastic
akrilgyanta acrylic resin/plastic
akril(mű)szál *(tex)* acrylic fibre
akrilsav acrylic/propenoic acid, ethylene--carboxylic acid
akroit *(ásv)* achroite
akrolein acrolein, acrylic aldehyde, acrylaldehyde, propenal
akromatikus *(fényt)* achromatic ; ~ **lencse** achromatic lens
akromatin achromatin
akromatizmus *(fényt)* achromatism
akromikus *(fényt)* achromic
akroodextrin achroödextrin
„akszis" *(ép)* spacing
aktinikus actinic
aktínium-emanáció actinium emanation
aktinizmus actinism
aktinolit *(ásv)* actinolite
aktinolitos kőzet actinolitic rocks
aktinométer actinometer
aktinon actinium emanation
aktinoszkópia *(anyagv)* actinoscopy
aktív *(vegy)* active ; *(aktivált:)* activated ; ~ **agyag** active/activated/treated clay ; ~ **antenna** *(rád)* exciter, active aerial ; ~ **áram** active current ; ~ **feszültség** active voltage; ~ **(gáz)-korom** reinforcing black ; ~ **hálózat** *(távk)* active network ; ~ **kapcsolás** *(távk)* active network ; ~ **keménység** *(forgácsolóélnél)* cutting hardness ; ~ **kétpólus** active dipole ; ~ **klór** available chlorine ; ~ **letapogató sor** *(telev)* active scanning line ; ~ **lúg hányada a száraz fa százalékában** *(pa)* alkali ratio ; ~ **modulátor** *(erősítőcsöves)* vacuum-tube modulator; **nem** ~ inert ; ~ **összetevő** active component ; ~ **sor** *(telev)* active line ; ~ **szén** active carbon, activated charcoal ; ~ **teljesítmény** *(vill)* active power ; ~**vá tétel** activation ; ~ **töltőanyag** active filler, reinforcer
aktivál activate
aktiválás activation
aktiválási : ~ **hő** activation heat, heat of activation ; ~ **szám** activation number
aktiváló anyag *v* **reagens** *v* **szer** *(koh, vegy)* activator, activating reagent
aktivátor activator *(UK)* ; sensitizer *(US)*
aktivin activine
aktivitás activity ; ~ **megszüntetése** inactivation
aktivitási tényező *(vegy)* activity coefficient
aktívklór-vizsgálat bleaching test
aktor-atom actor
akusztika acoustics ; **építészeti** ~ architectural acoustics
akusztikai acoustic(al) ; ~ **állapot** acoustical condition ; ~ **cső** acoustic horn ; ~ **diffrakció** acoustic scattering ; ~ **ellenállás** acoustic resistance ; ~ **hatást villamossá átalakító készülék** *(rád)* electro-acoustic transducer (operating from acoustical to an electrical system) ; ~ **impedancia** acoustic impedance ; ~ **inertancia** acoustic inertance/mass ; ~ **interferométer** acoustic interferometer ; ~ **keménység** *(hangt)* characteristic acoustical impedance ; ~ **kísérleti kamra** sound chamber ; ~ **kompliancia** acoustical compliance ; ~ **mélységmérés** reflection sounding ; ~ **merevség** acoustical stiffness ; ~ **mértékegység** acoustical unit ; ~ **ohm** acoustical ohm ; ~ **rács** *(hangt)* acoustic diffraction grating ; ~ **reaktancia** acoustic reactance ; ~ **regeneráció** acoustic regeneration, Larsen effect ; ~ **rugalmasság** acoustic compliance ; ~ **szórás** acoustic scattering/diffraction ; ~ **szűrés** acoustical filtering ; ~ **tömeg** acoustic mass/inertance ; ~ **tükrözés** method of acoustical images ; ~ **za-**

var *(hangt, rád)* acoustic dazzle, aural dazzling
akusztikamérő *(hangt)* acoustimeter
akusztikus acoustic(al), sound; *l még* **akusztikai**; ~ **basszus** synthetic stop; ~ **begerjedés** *(rád)* howl; ~ **csatolás** *(rád)* acoustic link; ~ **felerősítő (szeg)** special acoustic nail; ~ **generátor** acoustic generator/transducer; ~ **hangleszedő** acoustic pick-up, sound box; ~ **hangsugárzásmérő** acoustic radiometer; ~ **hangsugárzó** acoustic generator; ~ **helymeghatározás** sound ranging; ~ **helymeghatározó** sound ranger; ~ **hívásindikátor** call announcer indicator *(US)*; ~ **labirintus** acoustic labyrinth; ~ **lencse** sound lens; ~ **lokátor** sound locator; ~ **magasságmérő** sonic altimeter; ~ **radiométer** acoustic radiometer; ~ **riasztás** *(távk)* acoustic alarm; ~ **sokk** *(távk)* acoustic shock; ~ **sokk-elhárító** *(távk)* acoustic shock absorber; ~ **szűrő** acoustic clarifier/filter; ~ **távírás** acoustic telegraphy; ~ **távolságmérés** sound ranging; ~ **távolságmérő** sound ranger; ~ **villámjelző** keraunophone; ~ **visszacsatolás** acoustic feedback; ~ **visszavetés** *(hangt)* throwback
akúta *(orgonán)* acute mixture
akvadag-bevonat *(gépt)* aquadag coating
akvamarin *(ásv)* aquamarine
akvarellfesték water colo(u)r
akvarellpapír water-colo(u)r paper, crayon paper
akvatinta *(nyomda)* aquatint
akvedukt *(ép)* aqueduct, canal conduct bridge, water-conduit bridge
akvifer *(földt)* aquifer
akvo-bázis aquo-base
akvo-vegyület aquo compound
aláácsol *(bány)* underprop, hold, crib up; **szénpillért** ~ **alulról** *v* **oldalról** bear in; **tuskóval** ~ chock
aláárkol *(ép)* underditch
aláás *(bány)* undercut; *(ép, kat)* undermine
aláásás *(bány, földt)* suffossion; *(ép)* undercutting
aláásott *(ép)* undercut
alábakol buck
alabandin *(ásv)* alabandite
alabástrom *(ásv)* alabaster; *(ép, vegy)* gypsum plaster; *(stukkógipsz:)* stucco; *(alabástrom-fehér:)* mineral white
alabástrombánya alabaster quarry
alabástromgipsz granular (crystalline) gypsum, plaster of Paris, Paris plaster, alabaster
alabástromkarton *(pa)* alabaster cardboard
alabástromüveg alabaster glass
alácölöpözés set of piles
alácsatornáz underdrain
alacsony low; *l még* **kis** *is*; ~ **dagályvíz** young flood; ~ **duzzasztótábla** *(hidr)* flashboard; ~, **egylakásos beépítési jelleg** *(városépítés)* low-building type containing one dwelling, low one-family building type; ~ **építésű** *(gépk)* low-built; ~ **építésű szállítószalag** low-seam conveyor; ~ **fagypontú** low-freezing; ~ **fekvésű** *(földt)* low-lying; ~**abban fekvő** *(réteg; földt)* subjacent; ~ **fémtartalmú érc** low-grade ore; ~ **forráspontú** low-boiling; ~ **frekvencia** *l* **kisfrekvencia**; ~ **hang** low tone; ~ **hőértékű gyújtógyertya** *(gépk, mkpár)* "soft" sparking plug; ~ **kerekű kocsi** trundle, trendle; ~ **minőségű paraffinos kőolaj** foots oil; ~ **műrepülés** low-level aerobatics; ~ **növésű fa** scrub; ~ **nyomású** low-pressure; ~ **nyomású terület** *(met)* low; ~ **oldalfalú teherkocsi** low-sided wagon; ~ **olvadáspontú ötvözet** fusible alloy; ~ **ötvözetű ezüst** ochimy; ~ **part** flat; ~ **rendű** low-grade; *(bőrminőség)* inferior; ~ **repülés** low flying; ~ **rés** *(bány)* thin kerf; ~**abb sebességfokozatokban** *(gépk)* in gears, in indirect ranges; ~**abb sebességfokozatra kapcsol** gear down (the speed); ~ **sebességű réteg korrekciója** *(földt)* weathering correction; ~ **sodrat** *(tex)* loose twist; ~ **sodratú** *(tex)* low-twist; ~ **széntartalmú lágyacél** low-carbon steel; ~ **szint** low level; ~ **szintű dagály** neap rise; ~ **szintű moduláció** *(rád)* low-level modulation; ~ **sztrátusz** *v* **rétegfelhő** under-stratum; ~ **tengerpart** low coast; ~ **termelékenység** low productiveness; ~ **többlakásos beépítési jelleg** *(városépítés)* low multi-family building type; ~ **töltés** *(hidr)* shallow fill; ~ **víz(állás)** low-water, l. w.; ~ **vízállásjelző** *(kazánban)* low-water alarm
alacsonyplatós utánfutó low platform trailer
aládúcol *(ép)* underpin, bank up, stull
aládúcolás *(ép)* propping/banking up
aláékel block, wedge/key up
aláékelés block(ing), keying/wedging up
aláékelési szög *(bány)* angle of underlay
aláékelő fa *(fapakli)* blocking
aláesztergál undercut, relieve
aláesztergálás undercut, relief, relieving
aláesztergáló készülék relieving/undercut-forming device/attachment
aláfalaz *(ép)* underpin
aláfekvő deszka *(gépk)* creeper
aláfest underpaint; *(árnyalatot:)* tint
aláfestés underpainting; **hússzínű** ~ carnation
aláfog underpin, bench up
aláfordít *(rögöt)* bury
aláfúrás *(bány)* subdrilling
aláfúvás *(koh)* *l* **aláfúvatás**
aláfúvatás *(koh)* blast, blow; **korán leállított** ~ young blow; ~ **megindítása** putting in blast; ~ **mennyisége** blast capacity; ~ **a rostély felett** overgrate blast
aláfúvatási: ~ **időtartam** *(koh)* blowing period; ~ **teljesítmény** blast capacity
aláfúvó fúvóka *(nagyolvasztónál)* tuyère
aláfűtött dióda *(rád)* temperature-limited diode
alagcső (underground/ground/water) drain pipe, subdrain, (surface-water) drain, catchwater drain, sew, drainage tube; *(bány)* scupper(s) *is*; *(négyszögletes; hidr)* box drain; **mezőgazdasági** ~ agricultural drain
alagcsőszáj drain opening
alagcsövez (sub)drain, sewage
alagcsövezés water drainage, (sub-)drain(age), tile laying, sewage; ~ **kőagyagcsövekkel** tile drain(age)
alagcsövezési rendszer drainage system
alagcsővizsgáló csődugasz pipe stopper
alagsor *(ép)* underground, subground floor, (sub)basement
alagút tunnel; *(fúrás:)* bore; *(ép)* subway; **alagutat fúr** tunnel; ~ **szellőzőaknája** tunnel shaft; ~ **tárója** *(bány)* tunnel heading
alagútburkolás *v* **alagútburkolat** lining (of tunnel)
alagútfúrási angol módszer English system
alagútfúró gép *v* **pajzs** tunnel drill
alagúthajtás tunnelling; ~ **teljes szelvénnyel** full-face tunnelling
alagútkapuzat portal
alagútkarzat gallery
alagútkemence trough-type furnace, continuous furnace; *(heng)* roll-over-type heating furnace
alagútmintaív bordája leg
alagútszelvény bench; ~ **taréja** crown; **teljes** ~**t kiemel** take out the bench
alágyújt set fire, light up
alágyújtás setting fire, lighting up
alágyújtó (fa) small/light wood
alágyűrődés *(földt)* downwarping
aláhűtés subcooling, undercooling
aláhűthetőség undercooling capacity
aláíró mappa *(pa)* signature blotting-book
alak form, shape, figure, style, stile, fashion, making, mode; *(nyomda)* format; ~**ra nyomó laposfogó** forming pliers; ~**ra sajtolt** pressed to shape; ~**ra szerelés** form-fitting
alakadó keret former
alak-anizotrópia shape anisotropy
alakbeállítás *(papírgépen)* deckle adjustment
alakbökő szerszám blanking tool
alakellenállás *(rep)* form/pressure drag
alakesztergálás contour turning
alakfényjelző (lámpa) *(vasút)* position light signal, signal position light
alakgyalulás form shaping; *(hosszgyalugépen)* form planing
alakhatároló lemez *(pa)* former piece/plate
alakhenger *(pa)* former roller
alakhengersor shape/section mill
alakhű *(mat)* conformal; *(műsz)* geometrically/configurationally true, true to shape; ~ **ábrázolás** *v* **leképzés** conformal transformation; ~ **buga** *(önt)* shaped ingot
alakhűség conformity; *(gépt)* geometrical/configurational trueness, trueness to shape
alakidomszer template, templet
alakít form (up), shape, work, turn, model, fashion; *(fát; mzg)* train; *(köszörűkorongot:)* dress; **domborítással** ~ emboss; **fazekaskorongon** ~ throw; **kalapálva** ~ peen
alakítás shaping, styling, forming (up), formation, model(l)ing; *(koh)* deformation, transformation, metalworking
alakítási: ~ **eljárás** metalworking/forming process; ~ **mód** *(fáé; mzg)* training method
alakítható plastic, deformable; **hidegen** ~ ductile; **jól** ~ readily-formed; **melegen** ~ malleable

alakíthatóság ductility, (de)formability, malleability, plasticity ; **hideg ~** ductility ; **hideg ~ot mérő gép** *(anyagv)* ductility testing machine ; **~ húzóerők hatására** ductility ; **meleg ~** hot malleability, deformability ; **~ nyomóerők hatására** malleability
alakító : **~ fa** *(ólom- v horganylemezmunkánál)* bossing stick ; **~ kalapács** swage hammer ; **~ szerszám** die ; **~ szerszám üreges része** female die ; **~ szúrás** *(heng)* forming pass
alakkés form tool, contour(ing) tool
alakköszörűgép form grinder
alakmarás form milling, routing
alakmaró form/profile milling cutter, routing cutter
alakmarógép router
alakmás (lower/bottom) die, counterdie, swage block ; **~ és alakverő** forming dies, die and punch
alakmásoló készülék duplicating/copying attachment
alakos (section-)shaped, profile, form, contour(ed) ; **~ cső** profile pipe ; **~ darab** shaped piece ; **~ esztergálás** contour turning ; **~ henger** *(kovácshengerlésnél)* roll die ; **~ huzal** profile wire ; **~ illesztés** form-fitting ; **~ kés** contour(ing)/form tool ; **~ körvonal** profiled outline, contour profile ; **~ köszörűkorong** profile grinding wheel/disc ; **~ maró** *l* **alakmaró** ; **~ öntvény** shaped casting ; **~ rúd** profile bar ; **~ tárcsa** cam, profile wheel/disc
alakoz form, stamp, mo(u)ld
alak(o)zó *(szerszám)* die, punch, stamp, mould ; *(önt)* template, templet ; **alsó ~** *(óra)* bottom force ; **~ deszka** *(ép)* ga(u)ge board, sweep, mo(u)ld-board, shaping plate; *(önt)* template, templet ; **~ henger** profiling roller ; **kivágó ~** blanking die ; **~ lap** *(ép)* sweep (templet/board), ga(u)ge board, mo(u)ldboard ; **~ laptartó ujj** *(önt)* sweep finger
alakozóléc *(pa)* former strip
alakozóodor swedging/swaging die
alakozószerszám forming die, stamp, mo(u)ld ; *(vésnöké:)* engraver's die ; *l még* **süllyeszték**
alakozótüske male die, punch
aláköszörül relief-grind
aláköszörülés undercut, relief (grinding)
aláköszörülő gép relief grinding machine
alakszabályozó *(telev)* shape control
alaktalan shapeless, out of shape ; *(amorf:)* amorphous
alaktalanság amorphousness
alaktan morphology
alaktartás retentivity
alaktartó : **~ borda** *(rep)* former rib ; **~ szárnyborda** former wing rib
alaktényező shape/form factor
alaktűrés geometrical tolerance
alakulat *(földt)* country ; *(kat, rep)* formation
alakvágó *(pa)* size cutter
alakváltozás deformation, strain, set ; *(alakulás:)* forming ; **csavaró ~** torsion(al) strain, distortion ; **fajlagos ~** unit deformation ; **~ hajlító igénybevételnél** bending/transverse strain, deflection ; **~ húzó igénybevételnél** tensile strain, elongation ; **képlékeny ~** plastic strain ; **maradó ~** permanent set ; **~ megszün(tet)ése** *(anyagv)* deformation/set release, restitution of deformation ; **~t nem szenvedett rácsrúd** *v* **tag** unstrained member ; **~ nyíró igénybevételnél** *(anyagv)* shear (strain) ; **~ nyomásnál** compressive deformation, compression ; **~ okozta pontatlanság** distortion inaccuracy ; **rugalmas ~** elastic strain/deformation ; **~ sebessége** *(anyagv)* strain rate ; **~ tengelye** *(adott pontban ; anyagv)* strain axis ; **tengelyirányú ~** axial strain ; **térbeli ~** three-dimensional strain, spatial/space/cubic strain
alakváltozási : **~ egyenlet** *[tartóra]* slope-deflection equation ; **~ ellenállás** forming/deformation resistance ; **~ energia** strain energy ; **~ munka** strain work
alakváltozásmentes unstrained, undeformable
alakváltozásmérő *(műszer)* strain ga(u)ge/meter, tensometric ga(u)ge
alakváltozástalan unstrained, undeformable
alakváltoztatás *l* **alakváltozás**
alakvas *l* **idomacél**
alakverő upper/male die, punch ; **~ kalapács** *v* **pöröly** peening hammer
alakvisszanyerés return, come-back ; **rugalmas ~** elastic return/come-back
alakzat configuration, set(-)up, figure ; *(földt)* country
alakzó *stb*, *l* **alakozó** *stb*
alalit *(ásv)* alalite
alállomás (sub)station ; *(telef)* sub-office, out office ; **áramátalakító ~** converter/converting (sub)station ; **egyenirányító ~** rectifier substation ; **erőátviteli ~** power substation ; **fázisváltó ~** phase converter/changer substation ; **kapcsoló ~** switch (sub) station ; **önműködő ~ról vezérelt berendezés** *(telef)* automatic feeder equipment ; **szabadtéri ~** outdoor substation ; **transzformátor ~** transformer (sub)station ; **vontató ~** *(vasút, vill)* railway substation ; **zárttéri ~** indoor (sub)station
alállomás-transzformátor substation transformer
alámar undercut, relief (by milling)
alámerítés immersion, submersion
alámerített csöves kondenzátor *(gőzgéphez)* submerged condenser
alámeríthető submersible
alámerülés *l* **alámerítés**
alámerülő submersible
alámetsz *(gépt, hidr)* undercut
alámetszés *(gépt, hidr)* undercut, squaring
alámetszett : **~ élű** *(gépt)* with undercut sides ; **~ támfal** overhanging retaining wall
alámetsző körcsúszólap *(talajmechanikában)* midpoint circle
alámos *(hidr)* underwash, wash away, scour
alámosás *(bány, földt, hidr)* scour, downcutting, suffossion
alamosit *(ásv)* alamosite
alámosott *(földt)* undercut, scoured
alanin alanine, α-aminopropionic/2-aminopropanoic acid
alant fekvő *(réteg ; földt)* subjacent
ál-antiklinális *(földt)* pseudoanticline
alany *[oltás v szemzés céljára]* stock
aláosztott vasmag *(távk)* subdivided core
alap base, fundament, foundation, basis, outsole ; *(bány, ép)* seat(ing) ; *(bány, geod, gépt)* base(ment) ; *(elvont:)* datum, reference ; *(fenék:)* bottom ; *(fenéklap ; nyomda)* coffin ; *[mat, háromszögé]* base ; *(oszlopé, ép)* patten ; *(terület ; ép)* lower plane ; **~ alatti talajréteg** *(ép)* subbase ; **~ beágyazása** *(ép)* infrastructure ; **~ul felvett koordinátarendszer** *(mat)* reference system/frame ; **~- és tükörcsatornák aránya** *(távk)* channel ratio
alap- basic, basal, fundamental
alapadag(olás) *(koh)* basic charge
alapadat datum
alapág *(mzg)* arm
alápaklizás *(ép)* block(ing)
alapállapot ground state/condition/level
alapállás *(vill)* normal/home/starting position ; *(fotogrammetriában)* zero setting ; **~ra áll** *(telef)* home ; **~ra küldés** *[műszeren]* homing action ; **~ba küldő ív** *(telef)* homing arc ; **~ba tér** return to normal, home ; **~ban záró érintkező** normally-closed contact, N. C. contact
alapállási érintkező *(vill)* home/N.C. contact
alapállványzat *(ép)* lower scaffolding
alapanyag basic (raw)material, starting material, base, body, (crude) stock, primary material(s), matrix ; *(hegesztésnél)* base/parent metal ; **betáplálásra kerülő** *v* **betáplált ~** charge/charging feed stock
alapanyagcsere *(vegy)* basal metabolism
alapáramkör *(telef)* physical/fundamental circuit
alápárnáz *(ép)* pad
alapárok *(ép)* foundation (ditch), bench, excavation, track ; *l még* **alapgödör** ; **~ kidúcolása** shoring of fundation
alapárok-ásás *(ép)* bench excavation
alapárokbiztosítás excavation protection
alapbeágyazás *(ép)* bed
alapbevonat ground coat ; *(gumi)* subcoat
alapbreccsa *(földt)* talus breccia
alapcsap *[illesztésnél]* basic/standard shaft
alapcsap-csoport standard(-)shaft (system)
alapcsap-rendszer *l* **alapcsap-csoport**
alapcsatorna *(koh)* sole flue
alapcsavar *(gépt)* foundation/bay bolt; *l még* **alapcsavarvonal** ; **~ alátétgyűrűje** foundation washer
alap-csavarvonal base helix ; **~ emelkedési szöge** base helix angle
alapcsillapítás *(rád)* attenuation equivalent
alapcsoport *(távk)* basic group
alapdeszka *(ép)* baseboard
alapdíjrendszer rate structure
alapdíjszabás flat rate
alapdrót *(pa)* laid-wire
alapegyenlet fundamental equation
alapegység fundamental unit
alapelv principle
alapépítmény *(ép)* substructure, foundation ; *l még* **alépítmény** ; **~ kerete** foundation frame
alapépítményi munka groundwork
alapérték !basic/base value ; *(teher:)* basic charge

alapfal *v* **alapfalazat** basement (wall); ~ **talajszinti téglasora** earth-table
alapfejtési közle *(bány)* headway, headroom
alapfelszerelés basic/ground/standard equipment
alapfelület base surface
alapfém *(hegesztendő fém)* base/parent metal
alapfény *(fényk)* "modelling" light
alapfesték priming/flat/primary colour
alapfestés undercoat, ground dyeing; *(bőr)* daub; *l még* **alapmázolás** *és* **alapozás**; ~ **vasfelületen** paint harling
alap-fogasléc *(gépt)* basic rack
alapfolyosó *(bány)* bottom gate; ~ **meddőben** rock gangway
alapfonal *(tex)* ground yarn, core (yarn), foundation/core/ground thread
alapfordulatszám *(vill)* base speed
alap-főcsoport *(távk)* basic supergroup
alapfrekvencia basic/fundamental frequency; ~ **kiszűrése** *(rád, távk)* fundamental suppression
alapfurat *(illesztési rendszerben)* basic/standard hole
alapfurat-rendszer *(illesztési)* basic hole system, unit bore system
alapgerenda *(bány)* bearing timber; *(ép)* mud sill, subsill
alap-gipszvakolás first coat in plaster work
alapgödör *(bány)* fore shaft; *(ép)* trench; *(mzg)* barrow pit; *l még* **alapárok**
alapgörbék comparison curves
alaphálózat basic network
alaphang fundamental tone/sound, tonic, keynote; *(felhangokkal szemben)* prime; *(telef)* fundamental/basic note
alapharmonikus fundamental harmonic
alaphegység *(földt)* substratum, basement
alaphegységi kőzet basement rock
alaphelyzet *l* **alapállás**; ~**en kívüli** *[állapot; telef]* off-normal
alaphenger *(homlokfogaskerék-áttételnél)* base cylinder
alaphullám *(rád)* fundamental/principal wave
alaphullámhossz *(antennánál)* fundamental/natural wavelength
alapimpulzus pedestal impulse
alapimpulzusfeszültség pedestal voltage
alápincéz make a cellar
alápincézés making a cellar, cellarage; ~ **nélküli épületek alapfala** sleeper wall
alápincézett with a cellar (underneath)
alapirányszög basic deflection
alapkapacitás *(kondenzátor-mikrofonnál)* equilibrium capacity
alapkeret *(aknánál)* collar
alapkeverék mother batch, base mix
alapkiegyenlítő *(távk)* basic equalizer
alapkiemelés *(ép)* excavation
alapkoksz charge coke
alapkoszorú *(bány)* headstock, crib bed; *(kútsüllyesztéshez)* curb; **vízhatlan ácsolat** ~**ja** *(bány)* water curb
alapkő *(ép)* footstone, headstone, abutment stone
alapkőletétel *(ép)* backing, laying of the foundation-stone
alapkör base circle
alapkörátmérő *(gépt)* base diameter
alapkörsugár *(gépt)* base (circle) radius
alapkötések *(tex)* basic/simple/standard/fundamental weaves, basic/standard elementary weaves
alapkőzet *(földt)* base/fundamental/seat/country rock, bedrock, rock bed; ~**ből falszerűen kiálló telér** wall; ~**ek térképe** uncovered map
alapközle *(bány)* main entry, headway, headroom, road; **alapközlét légközlével összekötő légkeresztvágat** slant
alapkúp *(kúpfogaskeréknél)* base cone
alapkúp-alkotó base cone generatrix
alaplakkréteg daub
alaplánc *(tex)* main/foundation/body warp, standard ends
alapláncfonal *(tex)* chain yarn/warp, body/main warp
alaplánchenger *(tex)* ground beam, ground warp beam
alaplap *(gépt)* base(board), pad; *l még* **alaplemez**; *(kovácsolásnál)* face plate
alaplemez *(ép, gépt)* base/ground/bottom/lobe/anchor/bolster plate, bedplate, (sub)base, mat/raft footing, earth plate, e. p., plate stand, floorplate; *(falazott v beton)* footwall; *(nyomda)* ground; *(vill)* panel base; ~ **alsó öntéshez** bottom pouring plate, stool plate; **tégla alakú** ~ *(nyomda)* die block
alaplyuk *(illesztésnél)* basic/standard hole
alaplyuk-csoport standard hole system
alaplyuk-rendszer *(illesztésnél)* *l* **alaplyuk-csoport**
alapmázolás undercoat, prime (coating), prime-coat, couch; ~**sal ellát** prime
alapmegmunkálás *(gépt)* master operation
alapminta *(tex)* foundation/basic pattern
alapmotor *(motor segédberendezések nélkül)* basic engine
alap-munkabér base wage
alapmű *(hollandi; pa)* bed plate; *(hajlított; pa)* elbow/knee plate; ~ **V-alakú késekkel** *(pa)* elbow bed plate
alapműkés *(pa)* shell bar, bed knife, knife in the bedplate
alapműszekrény *(pa)* bedplate box, den
alapművelet *(gépt)* basic/master operation; *(mat)* species; **a négy** ~ *(mat)* the (first) four rules of arithmetic
alap-művonal *(távk)* basic network
alapnikkelezés flash nickel plating
alap-nyersanyag(ok) raw staple(s)
alapnyomás *(gőzé)* base pressure
alapnyújtás *(tex)* dominant draft
alapóraként használt csillagászati középidőmérő óra regulator
alap-oszcillátor *(távk)* fundamental oscillator
alaposztás *(gépt)* base pitch
alaposztóközle *(bány)* headway, headroom
alapoz ground, imbed, found, bottom; *(mázoláshoz:)* prime, stain, stop
alapozás base(ment), bed(ding), basis, founding, foundation, bottom, padding, lower plane; *(ép, mzg)* pedal footing, substructure; *(mázolásnál:)* priming (coat of paint), prime coating, stain, couch; *(színezésnél:)* bottoming, grounding; ~ **cölöpsúrlódásra** foundation on friction piles; **független** *v* **különálló** *v* **szabad** ~ detached foundation; ~ **gödörsüllyesztéssel** foundation by pit slinking; ~ **induló sora** *(ép)* footing of foundation; **jászolgáttal végzett** ~ *(hidr)* coffered foundation; ~ **kibővítése** *v* **kiszélesítése** distention/spread of the foundation; ~ **kimosása** washing out of the foundation; ~ **kőhányásra** random stone foundation; ~ **kútsüllyesztéssel** foundation by well sinking; ~ **nélküli** *(ép)* ungrounded; ~ **nyitott munkagödörrel** open dredging; ~ **talajfagyasztással** soil freezing foundation; ~ **terjedelme** spread of foundation
alapozási: ~ **cölöp** bearing pile; ~ **csavar** *l* **alapzati csavar**; ~ **gipsz** ground gypsum; ~ **helyszín** site of foundation; ~ **kereszt** *(hidr)* foundation cross; ~ **küszöb** foundation sill; ~ **lehorgonyzó csavaranya** *(ép)* anchor nut; ~ **munkák** groundwork; ~ **rács** *(ép)* grating; *(hidr)* foundation cross; ~ **rácscölöp** foundation pile of a grating; ~ **rácsmű** foundation framework; ~ **réteg** ground table
alapozó *(festék)* primer; ~ **anyag** *(mázolásnál)* priming composition; ~ **csavar** *(gépt)* anchor/bay/foundation bolt; ~ **fehér** *(festék)* foundation white; ~ **festék** priming colo(u)r; ~ **keszon** *v* **köpeny** *(hidr)* open caisson; ~ **keszon ideiglenes feneke** false bottom (of caisson); ~ **lakk** filling varnish; ~ **oldat** *(fényk)* subbing solution; ~ **réteg** *(mázolásnál)* priming (coat), primer; **vízszintes fadongázatú nyitott** ~ **köpeny** *(hidr)* basket crib
alapösszetevő fundamental component
alappálya *(bány)* main drive
alappapír base/backing/ground/basic paper
alappillér *(bány)* bottom pillar; *(pillérekre alapozott műtárgynál)* foundation pier
alappont base/reference point, foothold, point of control, datum point; *(geod)* datum (mark); **állandósított** ~ *(geod)* bench; **feliratos magassági** ~ *(geod)* bench mark tablet; **magassági** ~ *(geod)* bench mark; ~**ok meghatározása sokszögeléssel** control traverse; ~**ot rögzítő jelzés** *(geod)* monument
alapponthálózat *(geod)* framework of fixed points, control net
alapponti álláspont *(geod)* control station
alappontjelölés *(geod)* mark
alappont-meghatározási módszer *(geod)* control method
alappontszintezés *(geod)* base level(l)ing
alappotenciál-helyreállító restorer
alaprács grating
alaprajz ground plot/plan, floor/horizontal plan, top view, scheme plan (view), ichnograph
alaprajzi elrendezés *(telef)* floorplan
alapredő *(földt)* base fault, leg
alaprendszer *(mat)* reference/basic system, frame of axes
alaprengés *(földt)* ground swells
alapréteg *(ép)* ballast, subcoat, bed, base course; *(emulziogyártásnál;*

fényk) subbing layer; ~ **lakkbőrkészítésnél** *(lenolajkencés festékréteg)* daub coat; **mázolás** ~**e** ground priming (coat), primer, couch
alaprétegeződés *(földt)* basal cleavage
alaprezgés fundamental/natural oscillation
alaprezgési mód *(rád, távk)* principal/basic/fundamental mode
alaprezgésszám fundamental frequency
alaprezonancia fundamental resonance
alapsebesség *(vill)* base speed
alapsík basal face, datum, niveau surface; *(geod)* plane of reference; *(mat)* reference plane; **önkényesen felvett** ~ *(geod)* raised datum
alapsín *(pa)* bed plate
alapsor *(ép)* base course; *(térszíni legalsó téglasor)* earth table
alapsorozat *(szính)* fundamental series
alapsúly basic weight
alapsüllyesztés *(ép)* sinking foundation; ~ **levegőritkítással** sinking foundation by rarified air
alapszín primitive/ground/basic/primary colo(u)r; *(összehasonlításra:)* reference colo(u)r; *(színes televízió)* primary colo(u)r; ~**t felrak** prime; **világos** ~ tint
alapszint ground/foundation level, niveau surface; *(at)* ground level; *(bány)* sill floor/level, bank level; *(geod)* datum/reference level; ~**en** *(bány)* at still level; ~**en telepített vágat** *(bány)* sill drift
alapszintfelület *(országos felmérésnél; geod)* geodetic
alapszintrács *(hidr)* level foundation grill
alapszögsebesség fundamental angular velocity
alapszövet *(linóleumhoz stb)* backing fabric, back cloth
alapszövet-kötés *(tex)* back cloth weave
alapszöve(ze)t undertexture; *(koh)* matrix
alaptalaj *(ép)* ground; ~**t előkészít** make the ground
alaptelep *(földt)* key bed
alaptelér *(bány)* mother-lode
alapterhelés base/basic load
alaptérkép basic map
alapterület *(ép)* (footing) area, lower plane, place
alaptest foundation body; **fogazott** ~ *(lejtős terepen)* stepping
alaptípus prototype
alaptolattyú distributing slide valve
alaptolerancia basic tolerance
alaptónus *(rád)* background
alaptörés *(ép)* base failure
alaptűrés basic tolerance
alapvágat *(bány)* road; ~ **meddőben** rock heading/tunnel; ~**ot telepít** sill off
alapvakolás *v* **alapvakolat** *(ép)* rendering (coat), back coat, pargeting
alapvakolati réteg *(ép)* *l* **alapvakolás**
alapváz *(gépt)* undercarriage
alap-vető *(földt)* dominant fault
alapvetülék *(tex)* binding pick; ~ **lenből** linen ground weft
alapvetület *(rézsűé)* horizontal equivalent
alapvonal *(ép, geod, mat)* base, reference/datum line; *[háromszögé:]* base; *(nyomatéki stb ábra készítésénél)* baseline; **kisegítő** ~ *(geod)* auxiliary base; **koordinátarendszer** ~**a** zero line; ~**tól mért nem merőleges távolság** *(geod)* oblique offset; ~ **szemrevételezése** *(geod)* reconnaissance for base site; ~ **vetülete** *(geod)* base projection
alapvonalbeállítás *(geod)* setting of the base, base adjustment
alapvonalfejlesztés *(geod)* expansion
alapvonalgerenda: **kitűző** ~ *(ép)* beam compass
alapvonalhossz *(geod)* base length
alapvonalkitűzés *(geod)* setting of the base
alapvonalmérés *(geod)* measuring the base
alapvonalmérő: ~ **állvány** *(geod)* base-measuring support; ~ **készülék** *(geod)* base-measuring apparatus; ~ **szalag indexskálája** *(geod)* reglette
alapvonalszán *(geod)* base carriage
alapvonalviszony *(geod)* base ratio
alapzaj *l* **alapzörej**
alapzat *(gépt)* pedestal, standard; *(fa)* support; *(vázas)* framework; *l még* **alapozás**; **gyűrűs** ~ *(gépt)* base ring; ~ **készítése** *(ép)* foundation; ~ **szélesítése** *(ép)* footing
alapzat-csuszamlás *v* **alapzat-süllyedés** *(ép)* sliding of foundation
alapzati: ~ **csavar** anchor/bay/foundation bolt; ~ **gyűrű** *(gépt)* base ring
alapzatszint *(ép)* blanking level
alapzománcréteg ground coat
alapzörej *(hangt, rád)* ground noise; ~ **teremben** room noise
alapzörejszint background-noise level
aláragasztás: **új vászon** ~**a** *(festményen)* re-canvas
alárendelt vulkán *(földt)* subordinate volcano
alárésel *(bány)* undercut, (under)-hole, slot, jad
aláréselés *(bány)* undercut, cutting down, getting, kirving, bossing
aláréselt: ~ *(egy munkamenetben lefejtendő)* **szénsáv** web; ~ **vájvég** loose-end
alaskait *(ásv)* alaskaite
alászúrás *(gépt)* undercut
alátámaszt *(bány, ép)* (under)prop, underpin, underlay, prop up, underset, buttress, support, rance, tackle, strengthen, shore (up), platform, backup, chock, staddle; **főtét** ~ *(bány)* hold the roof; **gyámfával** ~ *(bány)* buttress; **keresztrúddal** ~ boom up
alátámasztás *(bány, ép, gépt)* abutment, base, banking up, backing, stand(ard), shoulder, substage, support(er), shore, stanchion, holding, constraint, propping, steady; bearing carrier; *vö még* **alátámaszt**; **átlós** ~ *(gerendán)* diamond brace; **csuklós** ~ *(ép)* abutment hinge; ~ **élen** blade bearing; **lemezes** ~ *(ép)* bedplate bearing; ~ **sólyán** shores, shoring
alátámasztási pont supporting point
alátámasztó: *l* **támasztó** *is*; ~ **csavar** back(ing-)up screw; ~ **csíptető** *(gépt)* supporting clip; ~ **famáglya** *(hídon)* timber crib pier; ~ **gerenda** *(hídon)* bedplate beam; ~ **görgő** supporting idler, tread roller; ~ **konzol** cantilever bracket; ~ **oszlop** stanchion; ~ **rudak** *(gépt)* carry bars; ~ **saru** *(hídon)* seating shoe; ~ **sín** *(hídon)* bearing rail; ~ **szalag** *(gépt)* backing strip; ~ **szekrénymű** *(hídon)* timber crib pier; ~ **szerkezet** *(ép)* substructure, supporting structure; *(gépt)* back block; ~ **szorítópofa** *(gépt)* supporting clip; ~ **villa** fork stay
alátámasztott supported, underhung; *vö még* **alátámaszt**; ~ **bányavájatok** supported stope; ~ **lépcső** *(ép)* supported stair
alátét underlay, underplate, block, bolster, pad, pillow, setting, back(ing) chock, cleat, filler plate, headboard; *(ép, mzg)* wall plate; *(heveder:)* strip; *(kerámiai kemencében)* thimble; *(boltozókő alá)* jib; *(csavarhoz)* washer; *(gépészhez)* shim, insert; *(tex)* lining; **asztali** ~ mat; ~ **biztosító nyelve** washer tab; **fényes** ~ finished/blank washer; **illesztő** ~ shim; **kúpos** ~ angle/bevel washer; **nyers** ~ unfinished/rough washer; ~**ekkel összefog** *(hídon)* pack; ~**et rak** *(nyomda)* underlay; **többrétegű** ~ laminated shim; ~ **vaslemezből** plate stiffener; ~ **vékony lemezek hegesztésénél** backing strap
alátétdarab: **merevítő** ~ *(gépt)* backing strip
alátétdeszka *(reszelésnél)* filing block/board
alátétfa *(ép)* dunnage; *(máglyázáshoz)* crosslog, supporting timber
alátétgerenda *(ép)* sillage, skid, trimmed beam; *(szivattyúnál, bány)* horse-tree
alátétgerendázat *(bány)* crib bed
alátétgyűrű washer, spacer, backing ring, grommet, grummet; **széles** ~ clout
alátétgyűrűs csavartömítés *(csőgyűrűnél)* grommeting, grummeting
alátétív *(nyomda)* margin-sheet
alátétkarika *(gépt)* *l* **alátét, alátétlemez** *és* **alátétgyűrű**
alátétkarton *(betét; pa)* mat/mounting board
alátétkő *(ép)* bed stone, padstone
alátétlap *(ép)* support plate; *l még* **alátétlemez**
alátétléc *(famáglyában)* crosser
alátétlemez *(gépt)* washer; spacer/packing/bolster/adjusting/tie plate, dummy sheet, setting piece, back block, footboard; *(hézagbeállításhoz; gépk)* *l* **illesztőlemez**; *(pa)* lining board; *(távk)* clamp plate; *(talpfán)* plate; *(vasút)* sole (plate); ~ **bádogtetőfedésnél** single-plate (tiler); **hasított** ~ *(gépt)* slot washer; ~ **hevederkötésnél** *(vasút)* butt cover plate; **U alakú** ~ channel fishplate
alátétlemezes: ~ **hézagállítás** *(gépk)* shim adjustment; ~ **talpfa** *(vasút)* plate sleeper
alátétlemez-fektető mérce platelayer's ga(u)ge
alátétpalló *(ép)* *l* **alátétgerenda**
alátétpapír deadening felt paper: **fogazott** *(cakkozott)* ~ cake laces paper
alátétrönk cross-log
alátétszalag *(hegesztésnél)* backing strip
alátétszegvas *(kötések körül)* staple
alátéttárcsa washer, bearing/holde(r) disc; *l még* **alátétgyűrű**

alátéttömb back/support(ing) block
alátoló: ~ **rostély** understoker; ~ **tüzelés** understoker furnace
aláüregel *(hidr)* scour; *(alámos:)* underwash
alávág *(kereket; gépk)* cut the wheel to one side
alávágás *(bány)* undercut; *(ép, vasút)* cutting
alávágott pajzsellenző *(alagútépítésnél)* sloping hood, visor, vizor
alávájás *(bány, ép)* undercut, undermine, hole; *(telepet; bány)* tap
alávájás *(bány)* undercutting, tap(ping)
alávájási fejtési rendszer *(bány)* subdrift method
aláver *(vasút)* pack, ram; **vágányt** ~ tamp the ballast
aláverés *(vasút)* packing, ramming
aláverő csákány ballast hammer, (bottom) fuller, tamper, counter-fuller, beater (pick), holing-pick, flat pick
alávulkanizálás undercure, semi-vulcanization
alávulkanizált semi-cured
alázuzalékolás *(vasút)* shovel packing
albai emelet *(földt)* Albian stage
álbarka *(készbőrön)* simulated grain
albedó *(fényt)* albedo
álbélsugár *(fa)* aggregate ray
albin *(ásv)* albine
albion-fém *v* **albion-ólom-ónfólia** *(koh)* albion-metal
albit *(ásv)* albite
albolit *(cementanyag)* albolite
álboltív *v* **álboltozat** *v* **álboltöv** blank/blind/false arch
albroman 1-bromoisovalerylurea, uvaleral, bromural, dormigene
albumin albumin
albuminpapír *(fényk, pa)* albumina/albuminized paper, (raw) albumen paper
albumintannát albumin tannate
albumóz albumose, proteose
albumpapír album paper
alburnum *(bot)* alburn; **kettős** ~ blown sap
álcázóháló camouflage net
alcím *(nyomda)* subtitle, title heading, subhead
ál-cirruszfelhő *(met)* pseudocirrus
alcni *(kaptafaráttét)* instep shover
álcsap *(gépt)* dummy journal
álcserző anyag false tanning material
alcsoport subdivision, subgroup
aldehid aldehyde; *l még* **acetaldehid**
aldehidalkohol aldehyde alcohol
aldehid-észter aldehydo-ester
aldehidráz aldehydrase
Alden-féle teljesítménymérő fék Alden power brake
aldetermináns *(mat)* minor
aldobionsav aldobionic acid
aldohexóz aldohexose
aldol aldol, 3-hydroxybutanal
aldolaktol aldolactol
aldoláz aldolase
aldopentóz aldopentose
aldotrionsav aldotrionic acid
aldóz aldose
Aldrey(-ötvözet) Aldrey alloy
alemelet *(földt)* substage, zone
alépítmény *(ép)* infrastructure, staddle, founding; *l még* **alapozás**
aletoszkóp *(fényk)* alethoscope
aleuronréteg aleurone layer
aleutit *(ásv)* aleutite

álévgyűrű *(fa)* false annual ring
Alexanderson-féle nagyfrekvenciás gépadó *(rád)* Alexanderson alternator
alexandrit *(ásv)* alexandrite
alexponálás *(fényk)* underexposure
alfa-aminopropionsav 2-aminopropanoic acid, α-aminopropionic acid, alanine
alfa-amino(izo)valeriánsav 1-aminoisovaleric acid, valine, 2-amino-3-methylbutanoic acid
alfa-behelyettesítés *(vegy)* alpha substitution
alfa-brómizovalerianil-karbamid *l* **albroman**
alfa-bronz alpha-bronze
alfa-cellulóz *(pa)* alpha cellulose/pulp
alfa-fellandrén α-phellandrene
alfa-függvény *(mat)* alpha function
alfafű-tiloló alfa scutcher
alfa-naftol alpha-naphthol
alfanyomó-papír alpha printing paper
alfa-parány alpha particle
alfa-részecske alpha particle
alfarost *(kárpitosmunkához)* alfa
alfa-sárgaréz alpha-brass
alfa-sugár alpha ray
alfa-sugárzás alpha radiation
alfa-szénatom oxidációja alpha oxidation
alfa-terpinén α-terpinene, 1,3-p-menthadiene
alfa-terpineol α-terpineol, 1-p-menthen-8-ol
alfa-vas alpha iron
alfazurin *(festék)* alphazurine
ál-fekvőkőzet *(bány)* false bottom
alfenid *(koh)* alferide metal
Alford-keretantenna Alford loop aerial/antenna
alfoszforossav hypophosphorous acid
alföld *(földt)* lowland, low (country), plain
alföldi: ~ **altalaj** *(földt)* fresh rock; ~ **tőzeglelőhely** low-level bog
alga alga, weed
algarobilla *(bőr)* algarobilla
algaszén boghead coal
algebra algebra
algebrai algebraic(al); ~ **egyenlet** algebraic equation
ál-gerinc *(hajó)* false keel
algerit *(ásv)* algerite
álgeszt *(faanyag)* false heartwood, sap of heartwood
alginát alginate
algócközpont *(távk)* group exchange
algodonit *(ásv)* algodonite
algol *(festék)* algol
algonkium *(földt)* Algonkian period
algozol *(oldószer)* algosol
algráfia *(nyomda)* algraphy
alharmonikus subharmonic
álhézag dummy joint
alhidádé *(geod)* alidade, horizontal/upper plate
alhidádé-libella *(geod)* alidade/horizontal level, (vernier) plate level, plate bubble
alhidádé-nóniusz *(geod)* plate vernier
alichné *(fényt)* alychne
aliciklikus *v* **aliciklusos** *(vegy)* alicyclic
alifás *(vegy)* aliphatic, fatty; **klórral szubsztituált** ~ **vegyület** chloroaliphatic compound; ~ **sorozat** aliphatic series; ~ **vegyület** aliphatic compound
alineátor line ranger
aliosz *(földt)* alios
alioszos süppedés *(földt)* pan

alitál *(koh)* aluminize, calorize
alitálás aluminizing, calorizing
alizarin alizarin(e)
alizarincianin *(festék)* alizarin(e) cyanine
alizarinfesték alizarin(e) colo(u)r/dyestuff
alizarinkék *(festék)* alizarin(e) blue
alizarinkinolin *l* **alizarinkék**
alizarinszínezék alizarin(e) colo(u)r/dye(stuff)
alj underlayer, seating, underside; *(ép)* socle; *(üledék, seprő:)* feculence, feculency
aljaanyag *(cipő)* bottom
aljabőr bottom leather
aljacsiszolás *(cipőn)* bottom scouring
aljafényezés *(cipőn)* bottom finishing
aljafestés *(cipőn)* bottom painting
aljahorzsoló gép *(cipőhöz)* bottom scouring machine
aljalúg caustic bottoms
aljanyag *(cipő)* bottom component
aljaolaj oil foots
aljazat *(ép)* socle, socket, cleat, outsole; *(geod)* support; *l még* **aljzat**: *(csőé; rád)* socket, base
áljelek *(rád)* phantom signals
aljerdő *(fiatal)* undergrowth
aljfa brushwood
aljgyalu *l* **ajgyalu**
aljlemez seating, base plate; *(formaszekrényhez:)* bottom board; *(gépk)* *l* **védőlemez**
alj-növekedés bottom growth
aljtálca plate stand
aljzat bearer, seat(ing), stand; *(ép)* base, cushion, pedestal, bearing socket; *(mzg)* saucer; *(vill)* socket; *(órán)* lower plate; *l még* **aljazat**
aljzati csavar anchor/foundation bolt
aljzatlemezkeret *(ép)* soleplate frame
aljzatnövedék *(fa)* under-planting
aljzatos műszer *(vill)* salient instrument
alkáli *v* **alkália** alkali
alkáliacetát alkali acetate
alkáliacetilenid alkali carbide/acetylide
alkálialkoholát alkali alcoholate
alkáli-cellulóz alkali(ne) cellulose
alkálicellulóz-előérlelés ageing the crumbs
alkáli-fém alkali/alkaline metal/element
alkálifémsó alkali salt
alkálifenolát alkali phen(ol)ate
alkáliformiát alkali form(i)ate
alkáli-fotocella alkaline photo-cell
alkáliföldek *(vegy)* alkali(ne) earths
alkáliföldfém alkali-earth metal, alkaline earth metal
alkálikarbid alkali carbide/acetylide
alkálikék *(festék)* alkali blue
alkálikus [*szénsavas forrásvizek*] alkaline
alkálimészkőzet calc-alkali rock
alkálimész-(kőzet)tartomány calc-alkali province
alkálimetria alkalimetry
alkálimetriás *v* **alkálimetrikus** alkalimetric
alkálioxalát alkali oxalate
alkáliömlesztés alkaline fusion
alkáliplumbit alkali plumbite
alkáli-provincia *(földt)* alkali province
alkáli-redukció alkaline reduction
alkálisztannát alkali stannate
alkálitartarát alkali tartrate
alkáli-tartomány *(földt)* alkali province
alkalitás alkalinity

alkalmasság suitability, suitableness, fitness ; **hajózási ~** seaworthiness ; **repülési ~** *(gépé)* airworthiness

alkalmassági: ~ bizonyítvány *(hajó)* certificate of seaworthiness ; *(rep)* certificate of airworthiness ; **~ vizsgálat** ability testing

alkalmatlannak minősít condemn

alkalmaz : kezelést ~ apply a treatment

alkalmazás application

alkalmazási : ~ lehetőség adaptability ; **~ terület** field/range of application

alkalmazható serviceable, adaptable, applicable

alkalmazhatóság serviceability, adaptability, applicability

alkalmazkodás adaptation, accommodation ; **~ra képtelen szem** static eye

alkalmazkodó-képesség adaptivity, adaptability, power of adaptation

alkalmazkodó-képtelenség inadaptability

alkalmazott [*tudományág*] applied ; **~ fogás** contrivance ; **~ munka** shift-work, odd work ; **~ vegytan** applied chemistry

alkaloid(a) alkaloid

alkamin alkamine, amino alcohol

alkannin *(vegy)* alkannin, shikonin

alkat build, structure, constitution

alkati: ~ jellegzetességek constitutional characteristics ; **~ víz** *(vegy)* constitution water

alkatrész detail, piece, component, part, member, constituent

alkatrészcsoport *(összeszerelt)* assembly

alkatrész-ellátás provision of spare parts

alkatrészhiány want of spare parts

alkatrészjegyzék parts list

alkatrész-összekészítés assembly set collection

alkatrészraktár spare parts depot

alkatrészrekesz *(szerelésnél)* supply bin

alkénessav hypcsulfurous acid

alkénessavas nátrium sodium hyposulfite

alkil alkyl

alkilál *l* **alkilez**

alkilbromid alkyl bromide

alkilcianid alkyl cyanide

alkilcink alkyl zinc

alkilén *(gyök)* alkylene

alkilez alkylate

alkilezés alkylation, alkylating ; **lúgos ~** *v* **~ lúgos közegben** basic alkylation ; **savas ~** *v* **~ savas közegben** acid alkylation

alkilező szer alkylating agent

alkilezüst alkyl silver

alkilfoszforsavészter alkyl phosphate

alkil-gyök alkyl residue

alkilhalogenid alkyl halide

alkilizocianát alkyl isocyanate

alkiljodid alkyl iodide

alkilkénsav alkyl sulfuric acid

alkilkénsavas só alkyl sulfate

alkilklorid alkyl chloride

alkilmagnéziumhalogenid alkyl magnesium halide

alkilnátrium alkyl sodium

alkilnitrát alkyl nitrate

alkilnitril alkyl cyanide

alkilnitrit alkyl nitrite

alkilólom lead alkyl(ide), alkyl lead

alkilón tin alkyl, alkyl tin

alkilréz alkyl copper

alkilrodanát alkyl rhodanate

alkilszulfhidrát alkyl sulfhydrate/sulfhydryl, thioalcohol, mercaptan

alklad *(koh)* Alclad

ál-klivázs *(földt)* strainslip cleavage

alkohol alcohol ; *(etilalkohol, borszesz:)* spirit (of wine) ; **abszolút** *v* **vízmentes ~** anhydrous/absolute alcohol ; **acetilénsorozathoz tartozó ~** acetylene alcohol ; **dehidrált ~** dehydrated alcohol ; **~ erőssége** alcoholic strength; **magasabb egyértékű ~** higher monovalent/mon(o)atomic alcohol

alkoholát alcoholate alkoxide

alkoholfokmérő *v* **alkoholfokoló** spirit ga(u)ge

alkoholizál alcoholize

alkoholízis alcoholysis

alkoholmentes ital soft drink

alkoholmentesítés dealcoholizing

alkoholmotor alcohol engine

alkoholométer alcoholimeter, alcoholometer

alkoholometria alcoholometry

alkoholos : ~ kivonás alcoholic extraction ; **~ kivonat** alcoholic extract

alkoholsav alcohol(ic) acid

alkoholtelítés alcoholization

alkonyati fénysugár *(met)* crepuscular ray

alkotó *mn* forming, constructive, constituent ; *fn (mat)* generatrix ; *(koh, vegy)* constituent, component ; **~k térfogatos aránya** volume ratio of constituents

alkotóelem constituent, component, element ; **~ek egyesülése** aggregation

alkotóhossz *(gépt)* apex distance

alkotórész ingredient, component, constituent ; *vö* **alkatrész ;** *(vegyi)* constituent

alkotóvonal *(mat)* generating line, generatrix

alkóv *(ép)* alcove, cubicle

álköd *(met)* mock fog

alközpont *(telef)* branch exchange, sub-exchange, suboffice, subcentre, substation ; *(városépítés)* secondary centre ; **automata ~** discriminating satellite exchange ; **~ kézi kezeléssel** attended substation; **kis ~** *(telef)* minor exchange

álkrómcserzésű *(bőr)* semichrome tanned

álkulcs pass-/by-key, skeleton key, betty

áll : hegyes szögbe(n) ~ form/include an acute angle ; **útjában ~** block

állag consistency, consistence, body

allaktit *(ásv)* allactite

állampítészeti hivatal road board

állami : ~ erdő state-forest ; **~ gazdaság** state farm ; **~ közút** national road, state highway

államjelző tábla *(gépk)* nationality plate

állandó *fn* constant ; *mn* constant, fix(ed), steady, stabilized, resident, permanent, invariable, stable, consistent, perdurable, uniform, perennial, set(tled), continuous, regular ; **~ akkumulátorteleptöltés** floating charge ; **~ alkalmazott** regular staff member ; **~ amplitúdó** constant amplitude ; **~ áram** constant current ; **~ áramerősségre szabályozó** *(transzformátor)* constant-current ; **~ áramerősségű szabályozás** constant-current regulation ; **~ barázdasebesség** *(gramofonon)* constant groove speed ; **~ beépítés** *(kat)* permanent emplacement ; **~ depressziójú karburátor** *(gépk)* constant-vacuum type carburettor ; **~ duzzasztás** standing swell ; **~ elhajlás** steady deflection ; **~ ellenállás** *(nem változtatható)* fixed resistance/resistor ; **~ előgyújtás** *(gépk)* fixed advance ; **~ előgyújtású mágnes** *(gépk)* fixed-timing magneto; **~ emelkedésű légcsavar** constant-pitch (C. P.) airscrew ; **~ értékre szabályozó berendezés** stabilizator ; **~ felütésű kalapács** *(főtepróbához)* constant-blow hammer ; **~ feszültség** constant potential/voltage, c. p. ; **~ feszültségre szabályozó transzformátor** constant-voltage transformer ; **~ feszültségű rendszer** *(vill)* constant-voltage/-potential system ; **~ fordulatszámú** *(változtatható emelkedésű)* **légcsavar** constant-speed (C. S.) propeller ; **~ fordulatszámú motor** constant-speed motor ; **~ forma** *(önt)* permanent mo(u)ld ; **~ forrás** *(hidr)* perennial spring ; **~ forrpontú keverék** constant-boiling mixture ; **~ frekvenciájú változó pont-vonás billentyűzés** *(táv)* constant-frequency variable-dot keying ; **~ gát** *(hidr)* solid weir ; **~ gáz** permanent gas ; **~ haladó** *(csillapítatlan)* **hullám** continuous wave, C. W., cw ; **~ hőmérsékletet nyújtó fürdő** constant-temperature bath ; **~ időkésés** constant time lag ; **~ impedanciájú** *(távk)* constant-impedance ; **~ intenzitású vonalas képtávíró** *(távk)* A-type facsimile ; **~ irányszögű útvonal** *(loxodroma)* rhumb line ; **jelzők ~ kivilágítása** *(rep)* continuous lighting ; **~ kapacitású kondenzátor** *(vill)* fixed capacitor ; **~ kapcsolat** *(fogaskeréké ; gépk)* constant mesh ; **~an kapcsolódó fogaskerekek** *(sebességváltóban ; gépk)* constant-mesh gears ; **kapilláris ~** capillary constant ; **~ karbantartás** routine maintenance ; **~ karbantartási költség** routine maintenance-cost, cost of upkeep ; **~ karkötél** [*vitorlafákon*] standing lifts ; **~ katódfeszültségű** cathode-potential stabilized, C. P. S. ; **~ keménység** *(vízé)* permanent hardness ; **~ kifolyású kút** flowing well ; **~ kivilágítás** continuous lighting ; **~ költségek** overheads, standing/fixed charges ; **~ kötélzet** *(hajó)* standing ropes/rigging ; **~ kötés** permanent joint ; **~ lakosság** resident population ; **~ mágnes** permanent magnet ; **~ mágneses tér** *(permanens; vill)* permanent magnetic field ; **~ (menet)emelkedés** constant pitch ; **~ méretű rés** *(rep)* fixed slot ; **~ motorelőtétellenállás** *(vasút, vill)* buffer resistance ; **~ munkafeltételek** permanent working conditions ; **~ működésű tolókemence** continuous pusher-type furnace ; **nem ~** unsteady, unstable, variable ; **nem ~ térfogatú cement** unsound cement ; **~ nyílású szárnyrés** *(rep)* fixed wing-slot ; **~ nyomás** continuous pressure ; **~ nyomású körfolyamat** *(motor)* constant-pressure cycle ; **~ olajok** *(hőre nem módosuló növényi olajok)* fixed oils ; **~ osztás** constant pitch ; **összeadó ~** addition/

additive constant ; **Planck-féle ~** Planck's constant ; **~ pólus** *(vill)* stationary pole ; **~ profilú maró** constant-form milling cutter ; **~ rendszeres ellenőrző próbavételt végez** run continuous samples ; **~ rezgésszámú oszcillátor** *(rád)* stable oscillator ; **rugalmassági ~** elastic constant ; **~ sebességű hangfelvétel** constant-velocity recording ; **~ súlyviszonyok törvénye** law of constant proportions ; **szeizmográf ~ tömege** steady mass of seismograph ; **~ szélességű bevezető-sáv fénypontjai** *(rep)* fixed wide-beam lights ; **~ személyzet** regular staff ; **~ szögű huzagolási rendszer** uniform rifling system ; **~ teljesítmény** constant power/output ; *(tartós)* continuous power/output ; **~ terhelés** permanent/steady/constant load ; *(sztatikus)* permanent load ; *(üzem)* continuous duty ; **~ terhelésű motor** constant-duty engine ; **~ termelés** *(bány)* settled production ; **~ tömeg** *(at, mech)* steady/stationary mass ; **~ tranzit** *(távk)* permanent transit ; **~ túlterhelés** sustained overload ; **~** *(folytonos)* **üzem(eltetés)** permanent service ; **~ üzemű akkumulátortöltés** *(vill)* floating charge ; **~ üzemű kemence** continuous furnace ; **~ vivőszintes modulálás** *(rád)* quiescent-carrier modulation ; **~ vízmozgás** continuous wave(s) ; **~ víznyomású áteresztőképességvizsgáló** constant-head permeameter ; **~an vonalra kapcsolt készülékkel dolgozó üzem** *(telef)* party-on-line work

állandóság persistence, steadiness, stability, permanency, invariability, consistence ; **látás ~a** persistence of vision

állandósági jelleggörbe *(villamos ívnél)* persistence characteristics

állandósít stabilize, fix ; *(benzint)* stabilize

állandósítás stabilization, stabilizing, fixing

állandósítási jel *(geod)* standard mark

állandósító *(rögzítő anyag)* fixing agent ; **~ anyag** fixative ; **~ fürdő** fixing bath ; **~ oldat** fixing solution ; **~ szer** *(élip)* stabilizer

állandósított : ~ benzin stabilized gasoline/petrol ; **~ méretű** *(szövet)* unshrinkable

állandósult stationary, steady(-state), stabilized ; **~ állapot** *(aut)* steady-state condition, equilibrium condition ; **~ áram** steady-state current, transient-free current ; **~ egyenletes áramlás** steady uniform flow ; **~ érték** equilibrium-/steady-state value ; **~ hangnyomás** steady-state sound pressure ; **~ mozgás** steady motion ; **~ rezgés** steady-state vibration/oscillation

allanit *(ásv)* *l* **ortit**

allantoin allantoin, glyoxyldiureide, 5-ureidohydantoin

állapot stage, state, status, condition, phase ; **atomos ~** *(vegy)* atomic state/condition, atomicity ; **gerjesztett ~** excitation state ; **jellegzetes ~** *(kvantummechanikai)* characteristic state ; **kötött örvényes ~** *(rep)* bound vorticity ; **kritikus molekuláris ~** *(at)* initial constellation ; **kvantummechanikai ~** quantum-mechanical state ; **(meg)csapolt ~ban** *(élip)* abroach ; **molekuláris ~** *(at)* molecular constellation ; **öntött ~ban** as cast ; **rugalmas ~** elastic stage ; **szállítási ~ban** as delivered, in delivery condition ; **tésztás ~** [*kukoricaérésnél*] dough stage

állapotdiagram constitutional diagram

állapotegyenlet equation/equiponderate of state

állapotváltozás *(vegy)* change of state

állapotváltozási görbe *(állandó térfogat esetén)* constant-volume line/curve

állás position, station, stall, stand-(still), idling ; *(bány)* scaffold ; *(ép)* scaffold, station, bracing ; [*istállóban*] platform ; **„szabad" ~** *(vasút)* „in clear" position

állás-alapterület [*istállóban*] floor space

álláshely *(geod)* stand

állásidő *(koh)* time of exposure ; *l még* **állási idő**

állási idő off-time, standstill, idle time

álláspont *(geod)* stand(point)

álláspontbemérés *(geod)* location

állásszög *(gépt, rep)* incidence (angle), angle of incidence/attack ; *(légcsavaré)* angle of attack ; **felhajtóerőmentes ~** *(rep)* angle of zero lift ; **~ a földön** *(rep)* rest incidence, tail-down incidence ; **kis ~** *(rep)* low angle of attack ; **szárnyhúrhoz viszonyított ~** *(rep)* absolute angle of attack

állásszögellenőrző sablon *(rep)* angle-of-incidence template

állásszögmutató *(rep)* incidence indicator

állásszögváltozás *(rep)* incidence variation

állat : hasított *v* **kizsigerelt ~** *(élip)* carcass

állatbélyegző fogó cattle punch plier

állati : ~ bunda fleece ; **~ enyv** animal size, gelatin(e) ; **~ enyvvel készült** *(papír)* animal sized ; **folyékony ~ zsiradék** animal oil ; **~ keményítő** „animal starch", glycogen ; **~ kövület** *(földt)* zoolite ; **~ maradványok** animal debris ; **~ olaj** animal oil ; **~ szén** animal charcoal/black ; **~ szőr** animal fibre ; **~ viaszok** animal waxes ; **~ zsiradékok** animal fats and greases

állatkör *(csill)* zodiac

állatorvosi veterinary

állatöv *(csill)* zodiac

állatövi : ~ jel *(csill)* zodiacal sign ; **~ visszfény** counter(-)glow

állattan zoology

állattani zoological

állattenyésztés animal husbandry, stock breeding

állatzsír animal oil

allé alley

állékony stable ; *(ép)* stout ; **~ főte** solid back ; **~ kőzet** standing ground; **nem ~ főte** unstable roof ; **~ talaj** stable ground

állékonyság *l* **stabilitás** *is* stability, solidity ; *(bány)* rigidity (of rock) ; *(jelfogóé)* constancy ; **rugalmas ~** elastic stability

allemontit *(ásv)* allemontite

allén propadiene allene, dimethylene-methane

Allen-féle hurokpróba *(vill)* Allen's loop test

állétesítmény phantom, ghost

alligátor-(cső)kulcs alligator (pipe) wrench

allilacetát allyl acetate

allilaldehid acrolein, acrylic aldehyde, acrylaldehyde, propenal

allilalkohol allyl alcohol, 2-propen-1-ol

allilamin allylamine, 2-propenylamine

allil-átrendeződés allylic rearrangement

allilbenzol allylbenzene

allilbromid allyl bromide, 3-bromopropene

allilcianid 3-butenenitrile, allyl cyanide, vinylacetonitrile, 2-butenonitrile

allilén allylene, propyne

allilfenol allylphenol, chavicol

allilformiát allyl form(i)ate

allilgvajakol 4-allylguaiacol, eugenol

allilhalogenid allyl halide

allilizotiocianát allyl isothiocyanate, allyl mustard oil, 2-propenyl-isothiocyanate

alliljodid allyl iodide, 3-iodopropene

allilklorid allyl chloride, 3-chloropropene

allilmerkaptán allyl mercaptan/thioalcohol, 2-propene-1-thiol

allilmustárolaj *l* **allilizotiocianát**

alliltiokarbamid allylthiourea, allylthiocarbamide, thiosinamin

allilvegyület allyl compound

állít : [*telefonkulcsot*] throw, press, set ; **egyenesbe ~** align ; **középre ~** *(libellabuborékot)* centre , **nullára ~** *(visszaállít)* (re)set to zero ; **pontra ~** *(műszert ; geod)* centre ; **zászlóba ~** *(légcsavart)* feather

állítás *(műszeré)* adjustment ; **pontosan gyújtópontba ~** point focusing ; **szoros ~** clos set

állítható adjustable ; **~ állvány** travelling column ; **~ csavarkulcs** adjustable spanner, monkey wrench ; **~ derékszögmérő** shifting square ; **~ dörzsár** expanding reamer ; **~ ék** adjustable gib ; **~ ékszíjtárcsa** sheave with adjustable pitch ; **~ ellenállás** rheostat ; **~ feszítőhüvely** expanding spacer ; **~ fogó** guided tongs ; **~ fogorvosi karosszék** swivel armchair ; **~ fogú** *v* **karos borona** lever harrow ; **~ forgáspontú emelőkar** floating (fulcrum) lever ; **~ fúró** expanding drill ; **~ fúrószárny** sliding arm ; **~ gyújtótávolságú lencse** zoom lens ; **~ horonykörfűrész** swivelling grooving saw ; **hosszirányban ~ tengelykapcsoló** longitudinally movable coupling ; **~ hosszúságú dúc** trench brace ; **~ huzatjárat** *(kazánon)* movable flue ; **~ keresztezés** *(vasút)* movable frog ; **~ kés** [*Jacquard-gépen*] adjustable blade ; **~ keskeny fénykévés lámpa** *(rep)* controllable narrow-beam unit ; **két helyzetbe ~ légcsavar** two-position propeller ; **~ kicsatoló készülék** *(bány)* movable tripper ; **~ lámpa** adjustable any-angle lamp ; **~ lapát** *(turbinán)* adjustable blade ; **~ légcsavarszárny-emelkedés** *(rep)* c. p. = controllable-pitch ; **~ orsófej** adjustable/travelling spindle head ; **~ orsószekrény** loose headstock ; **~ önbeálló lapátkerék** *(hajó)* feathering paddle-wheel ; **~ résű fonalvezető**

lapok thread guide with adjustable slit plates; ~ **rosta a cséplőgép szemgyűjtőjének hátsó részén** chaffer; ~ **sín** *(gépt)* slide rail; ~ **szék** mechanical chair; ~ **(szelepemelő) bütyök** variable-lift cam; ~ **tám** expansion bracket/post, expanding prop, column; ~ **tárcsa** mule pulley; ~ **tengely** *(kulisszás mechanizmuson)* weigh-bar shaft; ~ **ütköző** adjustable stop

állító *fn (gépt)* arrester; ~ **ászokcsavar** set stud; ~ **berendezés** *(gépt)* adjustment; ~ **csavarfej** adjusting head; ~ **(fejes)csavar** set(-)bolt; ~ **kondenzátor** *(rád)* aligning condenser; ~ **orsótok** spindle housing; ~ **sikattyú** *(vonórúdon; vasút)* stop-block; ~ **szerkezet** regulating device; ~ **távolság** stroke; ~ **ütköző** *(gépt)* recoil stop

állítóanya adjusting/aiming/set nut

állítóbak huzalműködtetéshez *(vasút)* locking frame with wire gear

állítócsavar adjusting/chock/regulator/balancing screw, set(-)bolt; **tartótömbös** ~ adjustment post and screw

állítóék *(gépt)* adjusting gib, adjusting/stay/tightening wedge, chock

állítógyűrű adjusting ring, cursor, collar; *(mutatóé; távk)* (pointer) thrust ring

állítóháló fish stakes; **háromrétű** ~ trammel

állítókar *(vasút)* control/arresting/striking lever

állítókerék *(máltai kereszt)* stop wheel, Geneva gear

állítóközpont; **elektromechanikus** ~ *(vasút)* electromechanical interlocking machine; **elektropneumatikus** ~ electropneumatic interlocking machine

állítómű rudazat-hajtáshoz *(vasút)*: locking frame for rod gear; **toronyban elhelyezett** ~ locking frame in signal tower; **villamos függésű** ~ all-relay interlocking machine

állítóorsó *(gépt)* adjusting spindle/pin

állítópánt *(vonórúdon; vasút)* stop-block

állítórúd: **menetes** ~ *(gépt)* adjusting spindle

állítórúgó check spring

állítótű *(gépt)* adjusting pin

állítóujj *(óra állító szerkezetében)* stop finger

álló upright, erect; *(rögzített:)* fixed; *(függőleges:)* vertical; *(nem mozgó:)* stationary; *(nem működő:)* inoperative, inactive; ~ **adagoló görgőjárat** *(heng)* stationary roller table; ~ **alátámasztás** *(gépt)* standard; ~ **antenna** *(nem letapogató)* non-scanning antenna; ~ **baba** *(gumi)* stretcher; ~ **bélsugársejt** *(fa)* upright ray cell; ~ **cölöp** point-bearing pile; ~ **cső** *(ép)* upright; ~ **dobszárítók** *(tex)* vertical dry cans; ~ **előhívás** still development; ~ **gyám** *(ép)* strutter; ~ **helyzetben van** stand; ~ **helyzetben lévő jármű** *(nem mozgó)* stationary vehicle; ~ **hézag** *(ép)* vertical joint; *(kőfalazásban)* build; ~ **hullám** *(vill)* standing wave (S. W.); ~ **hűtő** upright radiator; ~ **iszap(oló)szér** *(bány)* jagging board, buddle; ~ **kerékmutatómű** vertical wheel indicator; ~ **keretrész** *(ép)* style, stile; ~ **kötés** *(ép)* perpend; ~ **lökethatároló** positive stop; ~ **lünetta** *l* **állóbáb**; ~ **mezőtekercs** *(goniométerben)* field coil; ~ **munkahely** *(bány)* inactive face; ~ **oszlop** *(ép)* upright; ~ **penge(rendszer)** dead knife; ~ **pofa** *(nyomda)* regular jaw; **rendelkezésre** ~ available; ~ **saru** *(ép)* fixed shoe, rigid bearing; ~ **súrlódás** friction of rest, static friction; ~ **szedés** *(nyomda)* standing matter; ~ **tag** *(ép)* upright; ~ **tárgyasztalú gyalugép** travel(l)ing-head planer; ~ **téglasor** (brick) soldier course; ~ **tekercselés** [*variométerben*] stator-coil(s); ~ **tengely** vertical axis; ~ **terhelés** static load; ~ **tűshenger** *(kh)* stationary cylinder; ~ **ütköző** fixed stop

állóalap investment fund

állóbáb *(lünetta)* steady-rest

allochton *(földt)* allochthonous

állócsap *(gépt)* pivot, axle (pin)

állócsapágy fixed bearing

állócseppkő stalagmite

állócséve *(tex)* fixed pirn

állócsiga standing block

állócsillag fixed star

állócsúcs *(szersz)* dead centre

állódúc *(ép)* dead shore

allofán *(ásv)* allophane

allofánsavamid allophanamid, biuret, ureidoformamide

állófénykép-vetítő still projector

allofit *(ásv)* allophite

álló-fúrógép vertical drill(ing machine)

allogén *(földt)* allo(thi)gene, allo(thi)genic, allothigenous

állóháló fish stakes

állóhely standing-place

állóhenger side roll

állóhengeres: ~ **csillagmotor** *(nem forgó)* fixed radial engine; ~ **motor** vertical engine

állóhullám standing wave; ~ **amplitúdó-maximuma** loop of the oscillation; ~ **csomópontja** vibration node

állóhullám-antenna standing wave antenna

állóhullámarány standing-wave ratio (S. W. R.)

állóhullám-detektor S. W. D., standing-wave detector

állóhullámeloszlás standing-wave pattern

állóhullám-feszültségarány voltage standing-wave ratio

állóhullámmentes légkamrájú hangszóró labyrinth speaker

állóhullámú: ~ **antenna** standing-wave aerial; ~ **tápvonal** resonant line

állóhullám-viszony *(távk)* standing-wave ratio

állóív *(vill)* sustained arc

alloizoméria *(vegy)* alloisomerism

állókazán land/stationary boiler, land-type boiler

állókazán-hátfal backhead

állókazán-rákfallemez boiler throat sheet

állókazán-tetőlemez boiler roof sheet

állókefe *(vill)* feeder brush

állókefe-szerelvény *(telef)* feeder brush assembly

állókép *(fényk)* still

állóképesség stability, storability, storing quality

állókép-fényképész [*filmstúdióban*] still-man

alloklász *(ásv)* alloclas(it)e

allokroit *(ásv)* allochroite

allokrómás *(ásv)* allochromatic

allokrotonsav allocrotonic/isocrotonic acid

állólemezek *(forgókondenzátornál)* stator/fixed plates

állomány stock, stand, estate; **teljes** *v* **zöld** ~ *(erdőé)* complete stand

állomás station, stage; *(alállomás:)* substation; **akkumulátortöltő** ~ accumulator plant; **hajtó** ~ driving station; **közös hullámú** ~**ok** *(rád)* chain; ~**ok közötti zaj kiküszöbölése** *(rád)* interstation noise suppression

állomásbeállítás: **önműködő** ~ *(rád)* automatic tuning

állomásbeállító mozgatózsinór *(rád)* dial cable

állomási: ~**előtér** platform; ~ **helyjeladó** *(rep)* station location marker; ~ **munkás** yardman; ~ **oszlop** *(távk)* office pole; ~ **rakodó** stationary ramp; ~ **telep** *(távk)* station battery

állomásjegyzék: **berni** ~ *(rád)* Berne List

állomáskábelezés *(távk)* office wiring

állomásközi érintkezés *(távk)* interstation communication

állomásmeghatározás *(rád)* logging of stations

állomásmutató: **betűjeles** ~ *(automata telefonnál)* code letter

állomásnapló *(rád)* log(sheet)

állomásskála *(rád)* station dial

állomásváltó kapcsoló *(rád)* station-interchange switch

állómérce standing measure

allomorf allomorphous

állóóra clock; **kis** ~ mantle clock

állóorsó stationary screw

állóoszlopos targonca stake truck

allopalládium *(ásv)* allopalladium

állópólus *(vill)* stationary pole

állópróba *(hajó)* dock trials

állórácsrudas tartó girder with ladder bracing

állóredő *(földt)* symmetrical fold

állórész *(vill)* stator

állórésztekercs-megcsapolásos (motor) tapped-down field (motor)

állórosta *(bány)* lip screen; ~ **rudakból** stationary grizzly

állószér *(bány)* rack, slime table; **ércek dúsítása** ~**en** racking

állótag *(ép)* stud

állótartály *(ol)* vertical tank

állótengelyes *(gépt)* dead-shaft

állótengely-tehermentesítő rugó *(geod)* centre spring

allotigén *(földt)* allo(thi)gene, allo(thi)genic, allothigenous

allotriomorf *(földt)* allotriomorphic

allotrópia allotropism, allotropy

állott stale; *(gumi:)* degraded [latex]

állóvíz dead/still water, back-water; ~ **feltöltődése homoklerakódással** silting sand; ~ **feltöltődése iszappal** silting mud

állóvízi folyamhajózás slack-water navigation

alloxán alloxan, mesoxalylurea, pyrimidinetetrone

alloxánoxim alloxan-5-oxime, violuric acid, 5-isonitrosobarbituric acid

alloxantin alloxantin

allóz allose

álltartó *(hegedűn)* chin-rest

alluviális *(földt)* alluvial, post-glacial; ~ **arany** *(bány)* stream gold; ~ **képződmény** alluvium, alluvial formation; ~ **lelőhely** *v* **telep** placer; ~ **réteg** wash

allúvium *(földt)* alluvium, alluvion; *l még* **holocén**

allúviumi *l* **alluviális**

állvány frame, framing, rest, stand, mounting, trestle, tressel, stilling, rack(ing), pillar, supporting block, leg, pedestal, flange, rance, column, standard; *(műszeré:)* tripod; *[állványzat]* (timber) scaffold, scaffolding, stage, staging, body, carriage, access board, trestle-work, support, crib; **egyoszlopos** ~ gap frame, C-frame; *[fedélszéknél]* prick post; ~ **felső oszlopa** *v* **szálfája** roof end standard; ~ **függőleges oszlopa** standard; **gördülő** ~ rack; *(halak szúrítására)* flake; *(heng)* *l* **hengerállvány**; *(mkpár)* (motorcycle) stay; ~**ra helyezés** *(geod)* setting-up; **kettős** ~**ú** *(gépt)* double-standard; **kis** ~ stillage; ~ **kötőlemeze** *(műszerhez)* tripod plate; **szekrényes** ~ boxbed

állványbak buck, trestle

állványcsavar *(ép)* lag/standing bolt, coach/rigging screw

állványcső stand-pipe

állványdaru frame crane

állványdeszka scaffold board

állványfa scaffold(ing)-pole

állványfej *(fényk, geod)* tripod head; **golyós** *v* **gömbcsuklós** ~ ball tripod head

állványfejezet *(geod)* tripod head

állványhíd *(ép)* trestle-work, trestle bridge

állványkeret *(gépt)* rigger; ~**en kívül elhelyezett erőátvitel** outrigger transmission gear; ~**en kívül elhelyezett hajtóelem** *v* **hajtómű** outrigger drive

állványkötőcsavar *(geod)* tripod bolt

állványkötőcsavar-rögzítőszeg *(geod)* tripod bolt pin

állványláb: szekrényes ~ *(gépt)* bed box

állványlábszög *(fényk)* ferrule point

állványmélység gap/throat depth

állványmotor rack motor

állványos: ~ **ácsolat** *(bány)* square set; ~ **csapágy** *(gépt)* pedestal bearing; ~ **fényezőgép** pedestal buffer; ~ **keretes olló** gate shears; ~ **papírvágó olló** printer shears

állványoszlop pole of scaffolding, column, pillar

állványoz *(ép)* (erect the) scaffold, stage, rack, timber, frame

állványozás *(ép)* scaffolding, timbering, framing, stageing; *l még* **állvány**; ~ **folyóban** river stageing

állványozó (munkás) stage builder, scaffolder, rigger

állványpadlózat *(ép)* decking

állványpalló scaffolding-planks

állványsaru *(földt)* shoe of tripod

állványsor *(távk)* rack bay, (bay) suite

állványszán *(karusszelgépen)* side-head slide

állványszeg boat spike

állványszerkezet *l* **állvány**

állványtárcsa *(rád)* button stem

állványtartó csap dog bolt

állványvezeték column slide-way

állványzat *l* **állvány**; *(bány)* bridging

állványzat-híd scaffold bridge

állványzati hosszfa scaffolding standard

állványzat-összeomlás fall of scaffold

állványzatrészek members

alma apple; **sajtolt** ~ *(almaborkészítésnél)* cheese

almaaróma *l* **almaolaj**

almabor cider

almabor-törköly cider pomace

almadara *(szárított)* apple nuggets

almaecet cider vinegar

almandin *(ásv)* almandine, almandite

almandinspinell *(ásv)* almandine spinel

almaolaj apple essence, amyl valeri(an)ate

almasav malic/hydroxybutanedioic/hydroxysuccinic acid

almasavas: ~ **kalcium** calcium malate; ~ **só** malate

álmennyezet *(ép)* false/suspended ceiling/roof

álmoréna *(földt)* pseudomoraine

almozás litter

almukantarat *(csill, geod)* almucantar

álműhely *(vasút)* running shed

álnap *(met)* mock sun; *(ellennap:)* counter-sun

álnéma kúp *(rád)* false cone silence

aloé aloe

aloé-emodin aloe-emodin, 3-hydroxymethylchrysazin

aloérost aloe hemp

alom (cattle) bedding, litter, dunnage

áloszlop *(ép)* feigned column

alosztás subdivision

alosztásos subdivided

alpaka *(alpaka-kecske szőre)* alpaca (hair)

alpaka-gyapjú *(tex)* paco wool

alpaka-kecskeszőr alpaca hair

alpakaszövet alpaca (cloth)

alpakka *(koh)* alferide, German silver, argentan

alpakkaezüst *l* **alpakka**

álpalásság *v* **álpalaszerűség** *(földt)* pseudoschistosity, closed foliation

álperiodikus *[mennyiség]* pseudoperiodic

alpesi alpine, Alpine

alpi alpine, Alpine; ~ **fény** *(met)* afterglow

álréteg *(földt)* close-joint cleavage

álrétegeződés *(földt)* pseudoschistosity, false cleavage

alsó lower, inferior, bottom; ~ **adagolású tüzelő berendezés** understoker; ~ **aknaudvar** *(bány)* runaround; ~ **alapszövet** *(tex)* lower texture; ~ **áramlás** underset; ~ **asztal-keresztszán** table cross slide; ~ **asztalszán** table traversing slide; ~ **befogópofa** *(tex)* cushion plate; ~ **befúvású kemence** *v* **tüzelés** forced-draft/-draught furnace; ~ **burkolás** *(hidr)* bottom cover; ~ **csapágypersely** lower bearing bush/shell; ~ **csatlakozás** lower coupling; ~ **csiga** *(emelőn)* lower/foot block; ~ **csilleforgató hely** *(ereszkében; bány)* incline inset; ~ **deszka** *(faszerkezeten)* toe; ~ **égésű** underfired; ~ **együttállás** *(csill)* inferior conjunction; ~ **elhelyezésű vezértengely** low-set camshaft; ~ **elszívású zsugorítás** *(koh)* downdraft sintering; ~ **erjedés** low/sedimentary/bottom fermentation; ~ **fedélzet** *(hajó)* lower deck; ~ **fedés** bottom cover; ~ **fedőlap** *(óra)* lower end piece; ~ **félanya** *(vezérorsón)* lower half-nut; ~ **felület** underside; ~ **fonalkereszt** *(tex)* bottom lease; ~ **fonalkeresztszegek** *(felvető kereten)* lower forks; ~ **fonalvég** *(csévén)* tail; ~ **forgáspontú felfüggesztés** inverted suspension; ~ **formaszekrény** *(önt)* lower flask, drag; ~ **fűtőérték** net/lower calorific value, L.C.V.; **gát** ~ **víz felőli oldala** ebb-side of a dam; ~ **gémcsukló** jig foot; ~ **görgőház** *(emelőn)* lower block; ~ **görgőkön futó tolóajtó** underhung door; ~ **hajlat** lower bend; ~ **hajtás** downside drive, underdrive; ~ **harmonikus** subharmonic; ~ **harmonikus feszültség** lower harmonic voltage; ~ **határ** lower/inferior limit; ~ **határfelület** *(met)* lower surface; ~ **határméret** low/minimum limit; ~ **henger** *(tex)* bottom roll; ~ **hengerhíd** *(óra)* lower balance cock; ~ **hengerüreg** lower pass; ~ **heveder** *(bőr)* undergirth; ~ **holtpont** bottom dead centre, b.d.c.; ~ **hurok** *(frottírnál)* lower pile; ~ **huzatú** *(tüzelésnél)* bottom-flue; ~ **index** *(mat)* subindex; ~ **kar** *(fejtőgépen; bány)* bottom bar; ~ **kavicságyazat** subballast; ~ **késkeret** *(Jacquard-gépen)* lower griffe; ~ **késszán** lower tool slide; ~ **kezelőtér** *(siklón; bány)* landing bottom; ~ **könyök** *(mágneses görbén)* instep, lower bend; *[csőkarakterisztikán]* cut-off; ~ **körkés** *(pa)* bottom slitting; ~ **körkés kapocsberendezéssel** *(pa)* clamped type bottom-slitting; ~ **körkés-henger** *(pa)* bottom slitting-shaft; ~ **lap** lower plane; ~ **légkeresztezés** *(bány)* underthrow; ~ **légkör** *(met)* neutrosphere; ~ **magpont** *[boltozatelméletben]* intradosal kernel point; ~ **malomkő** nether millstone, fuller; ~ **medence** *(nagyolvasztóban)* crucible; ~ **mellgerenda** *(ép)* middle sill; ~ **méreteltérés** lower deviation; ~ **mérettűrési határ** low tolerance limit; ~ **moréna** *(földt)* *l* **fenékmoréna**; ~ **művelési szintig lehajtott függőleges akna** underlayer; ~ **nemez** *(pa)* bottom felt; ~ **nézet** bottom view; ~ **nyomóhenger** *(írezésnél)* size box roller, size roll, sizing roller; ~ **nyüstléc** *(tex)* bottom heald stave; ~ **odor** die; ~ **oldalfrekvencia** lower side frequency; ~ **oldalösszetevő** *(modulációnál)* lower side component; ~ **oldalsáv** *(rád)* lower side band; ~ **öntés** *(koh)* bottom casting/pouring; ~ **összeköttetés** foot connection; ~ **öv** *(ép)* lower boom; ~ **övön elhelyezett pálya** *(emelőn)* track below; ~ **övrúd** *(ép)* member of bottom boom; ~ **pad** *(bány)* bottom bench; ~ **parafaréteg** female layer of cork; ~ **persely** bottom bush; ~ **préshenger** *(pa)* low press roll; ~ **rakodótéri lámpák** *(ép, vasút)* foot lamps; ~ **recézett elválasztó henger** *(tex)* bottom-fluted detaching roller; ~ **rés** *(bány)* lower cut, underhole, undercut, bottom kerf, kirving; ~ **rést készít** *(bány)* undermine; ~ **rész** back, underplate; ~ **réteg** *(bány, ép)* underlayer, sublayer; *(makadám-*

útban:) lower course ; ~ **süllyeszték** lower die ; ~ **szád** *(tex)* bottom/lower shed ; ~ **szádág** *(tex)* slack shed side ; ~ **szádképzés** *(tex)* bottom closed shedding ; ~ **szál** *(tex)* bottom hair ; ~ **szállítóasztal** *(bontón ; tex)* bottom lattice ; ~ **szárny** *(rep)* lower wing/plane, low-set wing ; *(fekvő rétegé ; földt)* trough line, floor limb ; *(vetőnél ; földt)* lower wall, wall-down throw ; ~ **szedőszekrény** *(nyomda)* lower case ; ~ **szegély** *(tex)* skirt ; ~ **szél** *(nyomda)* tail margin ; ~ **szelet** *(bány)* lower leaf ; ~ **széntartó réteg** *(bány)* lower coal measures ; ~ **szoknya** petticoat ; ~ **szőr** underhair ; ~ **szövet kettős szövetben** undertexture, underweb in double cloth, lower texture ; ~ **talajréteg** substratum ; ~ **támasztódúc** *(ép)* shore ; ~ **termék** *(rostáláskor)* screenings ; *(szénnél:)* coal culm ; ~ **tüzelésű** underfired ; ~ **ürítésű billenőcsille** cradledump buggy ; ~ **ütés** *v* **verés** *(szövőszéken)* underpick ; ~ **vágás** *(gépt)* lower cut ; ~ **vágat** *(bány)* lower gangway ; ~ **varrat** *(heg)* lower seam/bead ; ~ **vetés** *(tex)* bottom shot ; ~ **vetésű szövőgép** lever pick loom, underpick loom ; ~ **vetülék** *(tex)* back pick, back weft ; ~ **vitorla** course ; ~ **víz** *(hidr)* tail/downstream water ; ~ **víz(elvezető) csatorna** *(hidr)* afterbay ; ~ **vízfolyás** tail water-course ; ~ **vízgyűjtő csatorna** *(gőzgépen)* lower header ; ~ **vízgyűjtő rekesz** *(tartályban)* lower water box ; ~ **vízmeder** tail water-course ; ~ **vízszint** *(hidr)* tail water ; *(szivattyúnál)* suction water level ; ~ **vízszint fölé emelkedő bukógát** free weir ; ~ **vonókötél** *(emelőn)* ground rope ; ~ **zajszint** *v* **zörejszint szabványosított feszültsége** psophometric voltage

alsóalkatrész-felillesztő: tekszes~ *(cipő)* tacking machine

alsóanyagkészlet *(bőr)* bottom stock

alsóbbrendűség inferiority

alsóbbrendű szintezés *(geod)* level(l)-ing of lower order

alsóbb telep *v* **réteg** *(bány)* lower seam/bed

alsófenekes asztal *(mzg)* troughed table

alsófokú subordinate

alsókönyök-egyenirányítás *(rád)* bottom-bend detection

alsóköteles vontatás *(bány)* haulage with ground rope

alsólevegős készülék *(koh)* subaeration machine

alsóöv *(hídnál)* bottom boom ; *(rácsos hídnál)* bottom chord

alsóövrúd *(hídnál)* bottom boom member

alsóövszögvas *(hídnál)* bottom flange angle

alsópályás : ~ **híd** through (girder) bridge ; ~ **nyílás** *(hídon)* through span

alsórészanyag *(cipő)* bottom

alsórostabevonat *(forgácsosztályozónál ; pa)* screenings wrapping

alsószál *(tűzésnél ; bőr)* bobbin thread

alsószárnyú repülőgép low-wing monoplane

alsószigetelős keresztezés *(táv)* drop bracket transposition

alsóvezetékes rendszer *(vasút, vill)* conduit system

alstonit *(ásv)* alstonite, bromlite

alsúly *(pa)* underrun, light weight, short-weight

álsúly *(távbeszélő fantomáramkörben)* phantom load(ing)

alszél *(aláfúvás ; koh)* blow(ing) ; **idő előtt lefojtott** ~ young blow ; **száraz** ~ dry blowing

álszíjács *(fa)* blea

altait *(ásv)* altaite

altalaj underground, undersoil, subsoil, underlying soil, substratum ; **szilárd** ~ *(mzg)* pan

altalajkutatás subsurface exploration

altalajlazító (eke) subsoiler, subsoil plough, panbreaker ; ~ **szerelvény** *[ekén]* subsoil attachment ; **véső alakú** ~ chisel point-type subsoiler

altalajművelés *(mzg)* subdrill cultivation

altalaj-öntözés subsurface/subterranean irrigation, subirrigation

altalajtúró *(mzg)* subsoil plough

altalaj-tűzcsap *v* **altalaj-vízcsap** pavement hydrant, hydrant below ground level

általános general, all-round, universal, overhead, overall, running ; ~ **alkalmazásra szolgáló** general-purpose ; ~ **dőlés** *(adott környeken ; földt)* regional dip ; ~ **elrendezés** plan of site, cutout ; ~ **elrendezési rajz** general arrangement (G.A.) drawing ; ~ **elrendezési terv** general plan/layout ; ~ **emeleti alaprajz** *(ép)* typic(al) floor plan ; ~**an érvényes** generally valable, prevailing ; ~ **fogalmak** generalities ; ~ **forgalmi terv** *(városépítés)* general traffic plan ; ~ **gépészet** general mechanical engineering ; ~ **gyakorlat** running practice ; ~ **használatú szerszámok** general utility tools ; ~**an használható műszer** *(távk)* general purpose instrument ; ~ **hatásfok** over-all efficiency ; ~ **helyszínrajz** site plan, plan of site ; *(rétegek fekvésénél ; földt)* general trend ; ~ **irány** hang ; ~ **javítás** general overhaul ; ~ **kompozíciós tanulmány** *(városépítés)* general composition study ; ~ **légnyomáseloszlás-közlés- és időjárásjóslás** general inference ; ~ **mezőgazdasági termelés** *(nem specializált)* general farming ; ~ **nézet** general view ; ~ **program** *(városépítés)* general program(me) ; ~ **relativitáselmélet** generalized theory of relativity ; ~ **rendeltetésű** general type ; ~ **rendezési terv** *(városépítés)* master plan ; ~ **részek** generalities ; ~ **séma** general scheme, cutout ; ~ **terv** general layout, master plan ; ~ **tervjavaslat** general proposals for town planning ; ~ **tervvázlat** *(városépítés)* general outline for town planning, map of comprehensive development area ; ~ **torzítás** *(táv)* general distortion ; ~ **üzemi költség** factory overhead ; ~ **zajtényező** *(rád)* overall noise figure

általánosít generalize

általánosított mennyiség *(mat, mech)* generalized quantity

altáró *(bány)* adit

altatókosár anaesthesia/narcotic mask

altazimut *(csill)* altazimuth

áltengely false axle

altér *(mat)* subspace

álterhelés phantom load(ing)

alternáló : ~ **gépelem** reciprocating element ; ~ **löket** go and return stroke ; ~ **mozgás** to-and-fro motion, reciprocating motion ; ~ **mozgást végző alkatrészek** reciprocating parts ; ~ **mozgású motor** reciprocating engine

alternált gödörkézettség *(fa)* alternate pitting

alternatíva alternative ; *(távk)* choice

áltető *(ép)* false roof

althang *(hangt)* contralto

altípus subtype

áltört *(mat)* improper fraction

altróz *(vegy)* altrose

aludur *(koh, vill)* aludur

alul : ~ **áteresztő kör** *(rád)* low-pass circuit ; ~ **áteresztő szűrő** *(rád)* low-pass filter, high-stop filter ; ~ **beakasztott** underswung ; ~ **csapó** *v* **csapott** *[vízikerék]* undershot ; ~ **fekvő kőzet** *(bány)* seat rock ; ~ **felfüggesztett** underslung ; ~**-felül áteresztő szűrő** low-pass/high-pass filter ; ~ **fűtött üst** bottom-fired pan ; ~ **megtámasztott** underhung ; ~ **vágó szűrő** *(rád)* high-pass (wave) filter ; ~ **vezetett léghíd** *(bány)* underthrow

aluladagolás underfeed

alulcsillapítás *(rád)* underdamping

alulhelyesbítés undercorrection

aluljáró *(ép)* undergrade crossing, under-crossing, crossing below ; *(töltés alatti keresztezésnél)* underbridge ; ~**t épít** *v* **kiképez** bridge under

alulméretezett hengerű mozdony undercylindered locomotive

alulnézet bottom view

alulról : ~ **adagolt** *[tüzelés]* underfed ; ~ **felfelé** *[jövesztés ; bány]* overhand ; ~ **felfelé biztosít** *(bány)* timber upwards ; ~ **felfelé hajt ki** *(bány)* updrive ; ~ **felfelé menő fejtés** *(bány)* overhead stoping ; ~ **táplált** *[tüzelés]* underfed ; ~ **való öntés** *(koh)* rising casting, bottom pouring

alultáplál underfeed

alultartó munkás *(szegecselésnél)* holder-on

alumel *(koh)* alumel

aluminát aluminate

aluminátcement alumina cement

aluminit *(ásv)* aluminite

alumínium aluminium; aluminum *(US)* ; **kemény** ~ *(koh, vill)* aludur

alumíniumacetát alumin(i)um acetate ; *(pa)* mordant rouge

alumíniumalkoholát alumin(i)um alkoxyde

alumíniumammóniumszulfát *v* **alumíniumammóniumtimsó** alumin(i)um ammónium sulfate

alumíniumbenzolszulfonát alumin(i)um phenylsulfonate/sulfophenylate

alumíniumbetétes furnír plymetal

alumíniumbikromát *l* **alumíniumdikromát**

alumíniumborid alumin(i)um boride

alumíniumbromát alumin(i)um bromate

alumíniumbromid alumin(i)um (tri)bromide

alumíniumbronz alumin(i)nm bronze, albronze

alumínium-burkolat alumin(i)um wrap

alumíniumbutilát alumin(i)um butoxide

alumíniumcella: egyenirányító ~ *(vill)* alumin(i)um cell rectifer

alumíniumcellás levezető alumin(i)um cell arrester

alumíniumcéziumszulfát *v* **alumíniumcéziumtimsó** alumin(i)um cesium sulfate
alumínium-cserzés alumin(i)um tannage
alumíniumcserzésű *(timsós cserzésű)* alum tanned
alumíniumdikromát alumin(i)um bichromate
alumínium-egyenirányító alumin(i)um rectifier
alumíniumetil alumin(i)um (tri)ethide/ethyl
alumíniumetilát alumin(i)um ethoxide/ethylate
alumíniumfenilszulfonát *l* **alumíniumbenzolszulfonát**
alumíniumfesték alumin(i)um paint
alumíniumfluorid alumin(i)um fluoride
alumíniumfluoszilikát alumin(i)um fluosilicate
alumíniumfólia alumin(i)um foil, alfol
alumíniumforrasz alumin(i)um solder
alumíniumfoszfát alumin(i)um phosphate
alumíniumfoszfid alumin(i)um phosphide
alumíniumfüst *l* **alumíniumfólia**
alumíniumhártya *l* **alumíniumfólia**
alumíniumhidroxid alumin(i)um hydroxide/hydrate
alumíniumhuzal alumin(i)um wire
alumínium-ívkasírozó papír alumin(i)um foil backing paper
alumíniumizopropilát alumin(i)um isopropoxide
alumíniumjodid alumin(i)um (tri)iodide
alumíniumkáliumszulfát *v* **alumíniumkáliumtimsó** alumin(i)um potassium sulfate
alumíniumkarbid alumin(i)um carbide/acetylide
alumíniumkarbonát alumin(i)um carbonate
alumíniumklorát alumin(i)um chlorate
alumíniumklorid alumin(i)um (tri)chloride
alumíniumlemez alumin(i)um sheet ; **vékony** ~ *l* **alumíniumfólia**
alumíniummetil alumin(i)um (tri)methide/methyl
alumíniummetilát alumin(i)um methoxide/methylate
alumíniumnátriumfluorid alumin(i)um sodium fluoride
alumíniumnátriumszulfát *v* **alumíniumnátriumtimsó** alumin(i)um sodium sulfate
alumínium-nikkel-kobalt ötvözet alnico alloy
alumínium-nikkel ötvözet alni alloy
alumíniumnitrát alumin(i)um nitrate
alumíniumnitrid alumin(i)um nitride
alumíniumoxid alumina, alumin(i)um oxide ; **aktivált** ~ *(ol)* alumina gel
alumíniumoxid- aluminous
alumíniumötvözet alumin(i)um alloy
alumíniumpapír alumin(i)um paper, foil craft
alumíniumpehely alumin(i)um flake(s)
alumíniumpor alumin(i)um powder
alumíniumpropilát alumin(i)um propoxide/propylate
alumíniumrodanát alumin(i)um rhodanate/rhodanide/sulfocyanate/sulfocyanide/thiocyanate/thiocyanide
alumíniumrodanid *l* **alumíniumrodanát**
alumíniumrubídiumszulfát *v* **alumíniumrubídiumtimsó** alumin(i)um rubidium sulfate
alumíniumszalag alumin(i)um strip
alumíniumszappan alumin(i)um soap
alumíniumszilikát alumin(i)um silicate, alum(in)osilicate
alumíniumszilikofluorid alumin(i)um fluosilicate
alumíniumsztearát alumin(i)um stearate
alumíniumszulfát alumin(i)um sulfate
alumíniumszulfátderítő *(pa)* straining chest
alumíniumszulfid alumin(i)um sulfide
alumíniumszulfit alumin(i)um sulfite
alumíniumszulfocianát *l* **alumíniumrodanát**
alumíniumszulfocianid *l* **alumíniumrodanát**
alumíniumszulfofenilát *l* **alumíniumbenzolszulfonát**
alumíniumtartalmú alumin(i)um containing/bearing, alumin(ifer)ous ; *(ásv)* aluminian
alumíniumtiocianát *l* **alumíniumrodanát**
alumíniumtiocianid *l* **alumíniumrodanát**
alumíniumtribromid *l* **alumíniumbromid**
alumíniumtrietil *l* **alumíniumetil**
alumíniumtrijodid *l* **alumíniumjodid**
alumíniumtriklorid alumin(i)um (tri)chloride
alumíniumtrimetil *l* **alumíniummetil**
aluminotermia aluminothermic process
aluminotermiás aluminothermic ; ~ **hegesztés** *l* **termit-hegesztés**
alumogél *(ásv)* *l* **bauxit**
alundum alundum, abrasite
alunit *(ásv)* *l* **timsókő**
alunitosodott *(földt)* alunitized
alunogén *(ásv)* alunogen, alum feather, keramohalite, hair salt
alvad congeal, coagulate ; *(vér:)* clot ; *(tej:)* curdle
alvadás coagulation, congelation, congealment, pectization
alvadásgátló szer anti-coagulant
alvadási folyamat *(élip)* process of setting
alvadék coagulate, clot ; *(tejiparban:)* curd ; ~ **aprítása** *(sajtgyártásnál)* cutting the end
alvadékonyság coagulability
ál-vállap *(bány, földt)* cleavage foliation, false cleavage
alváz underframe, frame, (bottom) carriage, chassis ; *(gépk:)* chassis, car frame ; *(óraszerkezet alsó lapja)* pillar plate ; *(rád)* chassis ; **átlós kereszttartójú** ~ X-frame ; ~ **behúzása** insweep ; **behúzott** ~ inswept frame, swept-in frame ; **csőkeretes** ~ tubular frame (chassis) ; **hátul felhúzott** ~ kick-up frame ; **ívelt** ~ *(gépk)* bent/curved frame ; **íves** ~ *(mkpár)* arch frame ; **kötélvontatású** ~ *(csillékhez ; bány)* barney ; **középső-csőkeretes** ~ *(gépk)* central tubular frame ; ~ **mellső része** frame front ; **merev** ~ rigid frame ; ~ **merevsége** *(gépk)* frame rigidity ; ~ **nélküli szerkezet** *(gépk)* chassisless construction ; **rácskeretes** ~ girder frame ; ~**segédkerete** auxiliary frame, subframe ; ~ **szabad magassága** road clearance ; **szekrénykeretes** ~ box frame (chassis) ; ~**ra szerel** frame
alváz-antenna *(gépk)* under-car antenna
alvázforgócsap *(vasút)* king journal/pin
alváz-főtartó *(gépk)* frame side member
alvázhossztartó *(gépk)* longitudinal/side member
alvázkenés : **önműködő** ~ automatic chassis lubrication
alvázkenőanyag chassis lubricant
alváz-kereszthosszabbítás *(gépk)* outrigger
alváz-kereszttartó *(gépk)* frame cross member ; *(padlótartó ; gépk)* floor cross bearer ; *(vonóhorogtartó ; gépk)* tow(ing) pick-up
alvázkeret *(gépk)* main/chassis frame ; **süllyesztett** ~ *(gépk)* drop base frame
alvázkocsi *(hordozható fűrészkerethez)* bearer carriage
alvázmagasság *(gépk)* road clearance
alvázolajozó berendezés *(gépk)* (chassis) lubricator
alváz-védőkeverék *(gépk)* underspraying compound
alveola *(földt)* alveole
alveoláris *(hangt)* alveolar
alveolás *(földt)* alveolar
álvisszhang false echo
alvíz *(hidr)* *l* **alsó víz**
alvízoldal downstream
álvulkanizátum pseudovulcanizate
Alzak-eljárás Alzak process
alzörejszint *l* **alsó zajszint**
amalgám amalgam
amalgámál *l* **amalgámoz**
amalgámoz amalgamate
amalgámozás amalgamating, amalgamation ; ~ **edényben** *v* **kádban** pan amalgamation ; ~ **forgódobban** barrel amalgamation
amalgámszűrő szarvasbőrzsák amalgamating skin
amarantit *(ásv)* amarantite
amaron amaron, benzoin imide, ditolan azotide, tetraphenylpyrazine
amatőr *(rádiós)* radio amateur ; *(adó-)* "ham" ; ~**öknek fenntartott hullámhossz** *v* **amatőrhullámsáv** amateur wavelength/bands
amatőradó amateur transmitter
amatőr-sáv amateur (frequency) band/channel
amazonit *(ásv)* amazonite
ambligonit *(ásv)* amblygonite
amblisztegit *(ásv)* amblystegite
ámbra ambergris ; **szintetikus** ~ amb(e)roid
ambrotípia *(fényk)* ambrotype process
ameliarozid ameliaroside, piceoside, picein, salinigrin
amerikai : ~ **arany** *(900-as)* American gold ; ~ **féregűző olaj** American worm-seed oil ; ~ **forduló** *(rep)* Immelmann turn ; ~ **huzalszámozás** American Wire Ga(u)ge, A.W.G. ; ~ **íróasztalzár** roll-desk lock ; ~ **macskanyércprém** American ringtail ; ~ **mogyoró** arachis nut ; ~ **sarok** *(kh)* round heel ; ~ **szabadalom** ~ A. P., American patent ; ~ **szabványmenet** Sellers' thread ; ~ **szabványos csavarmenet lekerekített profillal** National round thread ; ~ **szabványos csőmenet biztosító ellenanyához** National lock-out thread ; ~ **szabványos durva menet** National coarse thread ; ~ **szabványos hengeres csőmenet** National standard straight pipe thread ; ~ **szabványos kúpos csőmenet** National taper pipe thread ; ~ **tető** canopy, hood ; *(gépk)* cape cart top ; ~ **vászontető** hood ; ~ **villamos szerelési szabályzat** National Electric Code

Amerikai : ~ **Anyagvizsgáló Egyesület** A.S.T.M. (American Society for Testing Materials) ; ~ **Gépészmérnökök Egyesülete** A.S.M.E. (American Society of Mechanical Engineers) ; ~ **Rádióamatőrök Egyesülete** A.R.R.L. (American Radio Relay League) ; ~ **Szabványosító Bizottság** A.S.A. (American Standard Association) ; ~ **Szabványügyi Hivatal** National Bureau of Standards (N.B.S.) ; ~ **Távbeszélő és Távíró Társaság** A.T. & T. (American Telephone & Telegraph Co.) ; ~ **Tengerészeti Szabványbizottság** A.M.S.C. (American Marine Standards Committee) ; ~ **Villamosított Vasútak Szövetsége** A.E.R.A. (American Electric Railways Association) ; ~ **Villamosmérnökök Egyesülete** A.I.E.E. (American Institute of Electrical Engineers)
amerikáner *(fúrdancs)* (hand) drill ; *(befogópatron:)* collet ; *(csavaros emelő:)* hand-screw ; *(futómacska láncos emelőművel:)* chain crab
amesit *(ásv)* amesite
ametiszt *(ásv)* amethyst
amfibia-gépkocsi amphibian/amphibious truck/vehicle
amfibia-repülőgép amphibian
amfibol *(ásv)* amphibole ; **bazaltos** ~ *(földt)* basaltic hornblende
amfibolit *(kőz)* amphibolite
amfiteátrum *(ép)* amphitheatre
amfodelit *(ásv)* amphodelite
amfolitoid ampholytoid
amfoter amphoteric ; ~ **elektrolit** ampholyte ; ~ **kolloid** ampholytoid
amiant *(ásv) l* **azbeszt**
amid amide
amidál *stb, l* **aminez** *stb*
amidazofén pyramidone, amidopyrine, 4-dimethylaminoantipyrine
amido- *stb, l* **amino-** *stb*
amidopyrin amidopyrine
amigdalin amygdalin, amygdaloside, mandelonitrile, gentiobioside
amigdalinsav amygdalic/mandelic acid, gentiobioside
amigdaloid kőzet amygdaloidal rocks
amigdalóz amygdalose, gentiobiose
amikrobiális nonbacterial
amil *(gyök)* amyl
amilacetát amyl acetic ester, banana oil
amilalkohol amyl alcohol; *l még* **pentanol** *és* **butanol** *is*
amilamin amylamine, pentylamine, 1-aminopentane
amiláz amylase
amilén *(gyök)* amylene ; *l* **pentén** *is*
amilénglikol amylene glycol, pentanediol
amilénhidrát amylene hydrate, tertiary amyl alcohol, 2-methylbutanol-2, dimethylethylcarbinol, tertiary pentanol
amilklorid amyl chloride, 1-chloropentane
amilmerkaptán pentamethiol, amyl mercaptan, 2-methyl-2-butanethiol, 2--methyl-1-butanethiol
amil-mustárolaj isothiocyanic acid amyl ester, amyl mustard oil
amilnitrit amyl/pentyl nitrite
amiloid amyloid
amilopektin amylopectin
amilopszin amylopsin
amilóz amylose
amilszulfát diamyl sulfate, pentyl sulfate
amilvalerianát amyl valeri(an)ate
amin *(gyök)* amine ; **klórral szubsztituált** ~ chloroamine
aminál *stb, l* **aminez** *stb*
aminez aminate
aminezés amination, aminating
aminezési termék aminate
aminezhető aminable
aminező szer aminating agent
aminoacetaldehid aminoacetaldehyde, glycine aldehyde
aminoacetofenon aminoacetophenone
aminoaceton aminoacetone
aminoalizarin aminoalizarin
aminoantipirin aminoantipyrine
aminoantrakinon aminoanthraquinone
aminoazobenzol aminoazobenzene
aminoazotoluol aminoazotoluene, aminodimethylazobenzene, tolueneazotoluidine
aminobarbitursav aminobarbituric acid
aminobenzaldehid aminobenzaldehyde
aminobenzilalkohol aminobenzyl alcohol, aminophenylcarbinol
aminobenzoésav aminobenzoic acid
aminobenzoésavdietilaminoetilészter *l* **novokain**
aminobenzoésavetilészter *l* **anesztezin**
aminobenzofenon aminobenzophenone, aminodiphenyl ketone
aminobenzol aniline, aminobenzene, phenylamine
aminoborostyánkősav aminosuccinic acid, aspartic/asparaginic acid
aminobutanol aminobutyl alcohol, aminobutanol
aminocimol aminocymene, thymylamine
aminodifenilamin aminodiphenylamine, phenylphenylenediamine
aminodimetilanilin aminodimethylaniline, dimethylphenylenediamine, 1--amino-2-dimethylaminobenzene
aminodimetilbenzol aminoxylene, xylidine
aminoecetsav amino acetic acid, glycocoll, glycine
aminoetilalkohol aminoethyl alcohol, hydroxyethylamine, ethanolamine, colamine
aminoetilszulfósav aminoethylsulfonic acid, taurine
aminofahéjsav aminocinnamic acid
aminofenilarzonsavas nátrium atoxyl
aminofenilmerkaptán aminophenyl mercaptan, aminothiophenol
aminofenol aminophenol
aminofenoletiléter aminophenol ethyl ether, ethoxyaniline, phenetidine, aminophenetole
aminoglutársav aminoglutaric/glutamic acid
amino-G-sav amino-G-acid, 2-naphthyl--amine-6, 8-disulfonic acid
aminoguanidin aminoguanidine, guanylhydrazine
aminoguanidinsó aminoguanidine salt
aminoguanidovaleriánsav aminoguanidinovaleric acid, 1-amino-4-guanidino--*n*-valeric acid, arginine
aminohangyasav aminoformic/carbamic acid
aminohidrinden aminohydrindene, hydrindamine
aminoimidazolpropionsav aminoimidazolepropionic acid
aminoindolilpropionsav aminoindolylpropionic acid
aminoizobutilecetsav aminoisobutylacetic/aminoisocaproic acid, leucine
aminoizokapronsav *l* **aminoizobutilecetsav**
aminoizovaleriánsav aminoisovaleric acid, valine
aminokapronsav aminocaproic acid
aminokrezol aminocresol, hydroxytoluidine
aminokrezolmetiléter 3-amino-p-cresol methyl ether, cresidine
aminomerkaptán aminomercaptan
aminometiletilpropionsav aminomethylvaleric acid, isoleucine
aminometiltiovajsav aminomethylmercapto-1-butyric acid, methionine, 2--amino-4-methylthiobutanoic acid
aminometilvaleriánsav *l* **aminometiletilpropionsav**
aminonaftalin naphthylamine
aminonaftalin-karbonsav aminonaphthoic acid
aminonaftalinszulfósav naphthylaminesulfonic acid
aminonaftoesav aminonaphthoic acid
aminonaftol aminonaphthol, hydroxynaphthylamine
aminonaftoldiszulfósav naphthylaminedisulfonic acid
aminonaftolszulfósav aminonaphtholsulfonic acid
aminooxipropionsav aminohydracrylic/hydroxyaminopropionic acid, hydroxyalanine
aminooxipurin hydroxyaminopurine
aminopirazol aminopyrazole
aminopiridin aminopyridine
aminopurin aminopurine, adenine
amino-R-sav amino-R-acid, 2-naphthylamine-3, 6-disulfonic acid
aminosav amino acid
aminoszalicilsav aminosalicylic acid
aminoszulfhidrilpropionsav aminomercaptopropionic acid
aminotiazol aminothiazole
aminotoluol toluidine, aminotoluene, tolylamine
aminotoluolszulfósav toluidinesulfonic acid
aminovajsav aminobutyric acid
aminovaleriánsav aminovaleric acid
ammelin ammeline, 4, 6-diamino-triozin--2-ol, cyanurodiamide
ammin ammine
ammófosz ammophos
ammónia ammonia, volatile alkali ; ~ **hozzáadása** ammonifying ; ~ **vizes oldata** ammonia water
ammónia- ammoniacal
ammoniaabszorpciós (hűtő)gép ammonia absorption machine
ammóniacseppfolyósító gép ammonia condenser
ammóniák *l* **ammónia**
ammóniakezelés *(gumi)* sweetening
ammóniák-gumi ammoniated latex
ammónia-mosótorony ammonia scrubber
ammóniaoldat ammonia spirit/water/liquid, ammonia(cal) liquor, aqua ammonia, liquor ammoniae ; **szeszes** ~ alcoholic ammonia
ammóniaoxidáló kemence ammonia oxydation converter
ammóniás ammoniacal ; ~ **oldat** ammoniacal solution
ammóniasűrítő gép ammonia condenser
ammóniaszóda ammonia soda ; *(nyers)* ammonia (soda) ash

ammóniatorony ammonia still
ammóniavíz *l* **ammóniaoldat**
ammóniumacetát ammonium acetate
ammóniumbromid ammonium bromide
ammóniumcianát ammonium cyanate
ammóniumdihidrofoszfát ammonium dihydrogen/dihydric phosphate, A.D.P.
ammóniumdihidrogénfoszfát *l* **ammóniumdihidrofoszfát**
ammóniumferricitrát ferric ammonium citrate
ammóniumferrioxalát ferric ammonium oxalate
ammóniumferriszulfát ferric ammonium sulfate
ammóniumferritartarát ferric ammonium tartrate
ammóniumfluorid ammonium fluoride
ammóniumfluorid-fluorhidrogén white acid, ammonium hydrogen fluoride
ammóniumfoszfát ammonium phosphate
ammóniumfoszformolibdát ammonium phosphomolybdate
ammóniumhidrofluorid ammonium bifluoride, ammonium hydrogen fluoride
ammóniumhidrokarbonát ammonium bicarbonate
ammóniumhidroszulfid ammonium hydrosulfide/sulfhydrate
ammóniumhidroxid ammonium hydroxyde, volatile caustic
ammóniumhiperszulfát *l* **ammóniumperszulfát**
ammóniumjodid ammonium iodide
ammóniumkarbamát ammonium carbamate
ammóniumkarbonát ammonium carbonate
ammóniumklorid ammonium chloride, muriate of ammonia
ammóniumkloroplatinát ammonium chloroplatinate
ammóniummolibdát ammonium molybdate
ammóniummonoszulfid ammonium (mono)sulfide
ammónium-műtrágya ammoniacal fertilizer
ammóniumnitrát ammonium nitrate
ammóniumoleát ammonium oleate
ammóniumperszulfát ammonium persulfate
ammóniumpikrát ammonium picrate
ammóniumrodanát ammonium rhodanate/rhodanide/sulfocyanate/sulfocyanide/thiocyanate/thiocyanide
ammóniumrodanid *l* **ammóniumrodanát**
ammóniumsalétrom ammonium nitrate
ammóniumsó ammonium salt
ammóniumsó-oldat ammoniated brine
ammóniumsztanniklorid ammonium stannic chloride
ammóniumszulfát ammonium sulfate
ammóniumszulfhidrát *l* **ammóniumhidroszulfid**
ammóniumszulfid ammonium sulfide
ammóniumszulfocianát *l* **ammóniumrodanát**
ammóniumszulfocianid *l* **ammóniumrodanát**
ammónium-szuperfoszfát ammoniated super(phosphate)
ammóniumtimsó *(ásv, vegy)* ammonium alum, alum ammonia
ammóniumtiocianát *l* **ammóniumrodanát**
ammóniumtiocianid *l* **ammóniumrodanát**
ammónium-trágya ammoniacal manure
mamóniumuranát ammonium uranate
ammóniumvastimsó ammonium iron alum
amorf *(ásv, vegy)* amorphous ; ~ **állapot** amorphism ; ~ **grafit** amorphous graphite ; ~ **kenőzsír** *[nehéz kőolajlepárlási termék]* still grease
amorfizmus amorphousness
amosit *(ásv)* amosite
amper *(vill)* ampere
amperbeosztású graduated in amperes
amper-kábel *(nagy keresztmetszetű)* ampere conductor
amper-láb *(rád)* ampere-feet
amper-másodperc ampere-second
ampermenet *(vill)* ampere(-)turn, a. t., ampere winding ; **gerjesztő** ~ field ampere turns ; **keresztirányú** ~ cross ampere turns ; ~ **légrésben** gap ampere turns ; **lemágnesező** ~ back/demagnetizing ampere turns
ampermenetszám-együttható ampere-turn coefficient
ampermérő am(per)meter, ampere-meter; ~ **akkumulátor-töltésnél** *v* **-kisütésnél** battery meter ; **váltakozó áramú** ~ *(rád)* alternating current ammeter
amperméter *l* **ampermérő**
amper-óra ampere-hour, amp-hr
amper-óra-hatásfok ampere-hour efficiency
amper-óramérő *v* **amper-óraszámláló** ampere-hour meter
amperrudak *(nagy keresztmetszetű)* ampere conductor(s)
amperszám amperage
amper-voltmérő *(vill)* avometer
amplidin : ~ **generátor** amplidyne generator ; ~ **hajtás** amplidyne drive *(UK)* ; metadyne drive *(US)*
amplitúdó amplitude ; ~**ban modulált** amplitude modulated ; ~ **szerinti szétválasztás** *(rád)* amplitude separation ; **teljes** ~ double amplitude ; **valószínűségi** ~ probability amplitude
amplitúdóállítás amplitude adjustment
amplitúdó-billentyűzés *(táv)* amplitude keying
amplitúdócsökken(t)és amplitude contraction ; ~**ből eredő torzítás** underthrow distortion
amplitúdóelosztó amplitude distribution
amplitúdóelválasztás amplitude separation
amplitúdóelválasztó amplitude separation circuit
amplitúdóérték antinode (value)
amplitúdóérzékenység amplitude response
amplitúdóféding amplitude fading
amplitúdó/frekvencia-torzítás amplitude/frequency distortion
amplitúdógörbe amplitude curve
amplitúdóhatárolás limitation of amplitude
amplitúdó-határoló peak/amplitude limiter ; ~ **kör** amplitude limiter circuit
amplitúdóírásos : ~ **hangsáv** variable-area track ; ~ **módszer** variable-area system
amplitúdókalibráló kör amplitude calibration circuit
amplitúdó-karakterisztika amplitude characteristic, amplitude-response
amplitúdókiválasztás amplitude selection
amplitúdó-korlátozás limitation of amplitude
amplitúdó-korlátozó (amplitude) limiter
amplitúdó-korrigálás correction of amplitude
amplitúdólevágás *(rád)* amplitude clipping
amplitúdó-moduláció amplitude modulation, A.M., length modulation ; **alapzaj az** ~**nál** amplitude-modulation noise
amplitúdó-modulálás *l* **amplitúdó-moduláció**
amplitúdómodulált: ~ **detektor** amplitude-modulated detector, AM detector; ~ **jel** amplitude-modulated signal ; ~ **vétel** amplitude modulated reception, AM reception ; ~ **vivő** amplitude-modulated carrier, AM carrier
amplitúdó-modulátor amplitude modulator
amplitúdónívó amplitude level
amplitúdópont antinode
amplitúdó-rezonancia amplitude resonance
amplitúdóspektrum amplitude spectrum
amplitúdó-szabályozás : **önműködő** ~ *(aut)* automatic amplitude control, A. A. C.
amplitúdó-szabályozó *l* **amplitúdó-szabályozás**
amplitúdószint amplitude level
amplitúdószűrő amplitude filter
amplitúdótartó hangfelvétel constant-amplitude recording
amplitúdótényező *(rád)* peak factor
amplitúdótorzítás amplitude/nonlinear distortion
amplitúdótorzulás amplitude/attenuation/frequency distortion
amplitúdóváltozás amplitude variation/excursion/swing
ampulla *(ker)* vial, ampoule, ampul(e)
ampulla-csőanyag *(ker)* ampoule tubing
amszterdami szint *(geod)* Amsterdaamsch Peil, A.P.
A-munkahely *(telef)* A-position ; ~ **kezelője** A-operator
anabatikus *(met)* anabatic
anabolizmus anabolism
anaerób anaerobe, anaerobic
anaglifa anaglyph
analcim *(ásv)* analcite, analcime
analgen 5-benzamido-8-ethoxyquinoline, quinalgen, chinalgen, labordin, benzanalgen
analgezin *l* **antipirin**
analitikai analytic(al) ; ~ **geometria** analytic geometry ; ~ **kémia** analytical chemistry ; ~ **mérleg** *(vegy)* analytical/assay balance ; ~ **súlysorozat** analytical weights ; ~ **vegyszer** analytical reagent
analizál analyse
analizáló *l* **analizátor**
analizátor *(személy)* analyst ; *(ásv, fényt, telev, vegy)* analyser ; **harmonikus** ~ *(mech, vill)* harmonic analyser
analízis analysis, test ; **kémiai** ~ chemical analysis ; ~ **nedves módszerrel** wet method ; ~ **száraz módszerrel** dry method
anallagmatikus *(mat)* anallagmatic
anallatikus *(geod)* anallatic ; ~ **középpont** centre of anallatism
analóg *mn* analogous ; *fn* analogue ; ~ **számológép** analogue computer
analógia *(mat)* analogy
analógiás *l* **analóg** *(számológép)*
anamorfizmus anamorphosis
ananász pine-apple

ananász-aróma *l* **ananász-éter**
ananász-éter essence of pineapple oil, ananas oil, ethyl butyrate
anasztigmát anastigmat(ic lens)
anasztigmatikus *(fényt)* anastigmatic
anasztomózis *(földt)* anastomosis
anatáz *(ásv)* anatase, octahedrite
anatexis *(földt)* anatexis, refusion
anatoxin anatoxin ; **csapadékos ~** alum-precipitated toxoid
anauxit *(ásv)* anauxite
andaluzit *(ásv)* andalusite
andezin *(ásv)* andesine
andezit *(kőz)* andesite
andorit *(ásv)* andorite
andradit *(ásv)* andradite
andráskereszt *(ép)* diagnol brace(s), buck/sway bracing, X-bracing, St. Andrew's cross (brace)
andráskereszt-kötés *l* **andráskereszt**
andráskereszt-merevítés *(ép)* *l* **andráskereszt**
andreasbergolit *(ásv)* andreasbergolite
andreolit *(ásv)* andreolite
Andresen-sav Andresen's acid, 2-naphthylamine-4, 7-disulfonic acid
andrewsit *(ásv)* andrewsite
androszteron androsterone
anelektrikum *(vill)* anelectric
anemográf *(met)* anemograph
anemológia *(met)* anemology
anemométer *l* **szélmérő**
aneroid *(met)* aneroid ; **~ barométer** *v* **légsúlymérő** aneroid barometer ; **~ ciklonométer** barocyclonometer ; **~ légsúlymérő csoport** battery of aneroids ; **~ magasságmérő** *(rep)* aneroid altimeter ; **~ nyomásszabályozó szelence** pressure capsule ; **~ szelence** aneroid disc/chamber, sylphon bellows ; **~ termosztát mellékárammal** *(gépk)* bellows type thermostat with by-pass passage
anesztezin anaesthesin, benzocaine, *p*-aminobenzoic ethyl ester
anetol anethole, anise camphor, propenylanisole
aneurin *l* **B_1-vitamin**
anflörázs(-eljárás) *(vegy)* enfleurage method
angelicin *(vegy)* angelicin
angelikalakton angelic(a) lactone
angelikasav angelic acid, alpha-methylisocrotonic acid
anglezit *(ásv)* anglesite
angol : ~ cserzés English tannage ; **~ csomagolópapír** English wrapping ; **~ felvetőgép** *(tex)* direct warping machine ; **~ fonalszámozási rendszer** English numbering ; **~ hőegység** British Thermal Unit = B.T.U. ; **~ huzalméretszabvány** *(vill)* Standard Wire Gauge ; **~ hüvelyk-beosztású** graduated in inches ; **~ kerékpár-csavarmenet** cycle engineer's thread ; **~ kitérő** *(vasút)* double slip points ; **~ kristályüveg** English crystal ; **~ kürt** *(hangt)* English horn; **~ lefolyócső** rain water pipe ; **~ nyári időszámítás** B. S. T. (British summer time) ; **~ nyereg** *(bőr)* English saddle ; **~ por** *(vegy)* English powder ; **~ rendszerű rácsostartó** English truss ; **~ só** magnesium sulfate ; **~ szabvány** B. S. S. (British Standard Specification) ; **~ szabványos finommenet** British Standard fine thread, B. S. F.; **~ szabványos gázcsőmenet** British Standard Gas thread, B. S. G.; **~ szabványos rézcsőmenet** British Standard Brass thread, B. S. B.; **~ szegély** *(körkötőgépen)* English welt ; **~ váltó** *(vasút)* slip/cross(ing) switch ; **~ vörös** *(festék)* English red
Angol : ~ Rádiómérnökök Intézete B.I.R.E. (British Institution of Radio Engineers) ; **~ Szabványügyi Hivatal** B.S.I. (British Standards Institution)
angolbőr *(moleszkin ; pa)* moleskin
angolnafogó gát *(hidr)* eel dam
angolnaivadék elver
angolnalépcső *v* **angolnalétra** *(hidr)* eel ladder
angorafonal angora yarn
angoragyapjú angora wool
angorakecskeszőr angoral
angorakecskeszőr-fonal angora yarn
angorakecskeszőr-szövet mohair
angora-nyúlszőr *(tex)* angora wool
ångström *(fiz)* angström (unit)
anhedron *(ásv)* anhedron
anhidrid *(vegy)* anhydride
anhidrit *(ásv)* anhydrite
anhidroecetsav acetic anhydride
anhidroekgonin anhydroecgonine, ecgonidine
anhidroglikóz anhydroglucose
anhidrohangyasav formic anhydride
anhidroszantoninsav santonin
anhidroszulfaminbenzoésav saccharin, benzoic sulfimide, o-sulfobenzoic imide
anilin aniline
anilinfekete aniline black
anilinfestékek aniline colours/dyes
anilinklórhidrát aniline hydrochloride/salt
anilinnyomás *(pa)* aniline printing
anilin-olaj aniline oil
anilinpont *(ol)* aniline point
anilinszínezékek aniline colours/dyes
animalizált pamut animalized cotton
anion anion, negative carrier
anisusi emelet *(földt)* Anisic stage
anizidin anisidine, methoxyaniline
anizobár *(met)* anisobaric
anizol anisole, methyl phenyl ether, methoxybenzene
anizomer anisomeric
anizometrikus anisometric
anizotróp anisotropic
anizotrópia *(ásv, vegy)* anisotropy
anizotrópia-állandó anisotropy coefficient
anizotrópikus anisotropic
anizotróposítás anisotropization
ánizsaldehid anisaldehyde, *p*-methoxybenzaldehyde
ánizs-likőr anisette
ánizsmag anise seed
ánizs-olaj anise(ed) oil
ánizssav anisic acid, *p*-methoxybenzoic acid
anker *(óra)* anchor ; *(relében)* armature, tongue
ankeres keverőgép horseshoe mixer
ankerit *(ásv)* ankerite
ankerjáték *(jelfogóban)* play of tongue
ankerkerék *(óra)* lever wheel
ankeróra lever watch
annabergit *(ásv)* annabergite
annalin annaline
annivit *(ásv)* annivite
anód *(vill)* anode ; *(rád)* anode, plate, target ; **~ és katód közti áramkör** plate-filament circuit ; **begyújtó ~** excitating anode ; **~ hőfelvevő képessége** plate dissipation ; **~ visszfeszültsége** *(rád)* plate inverse voltage
anód- anodic
anódakkumulátor anode accumulator
anódáram *(rád)* anode/plate current ; **~ csúcsértéke** *(rád)* anode/plate peak current ; **kezdeti ~** initial anode/plate current
anódáramforrás anode supply/generator, B-battery/-source, B-power supply, plate power unit
anódáramingadozás flicker effect
anódáramkör *l* **anódkör**
anódáram-rácsfeszültség-jelleggörbe grid-plate characteristic
anódáram-rácsfeszültség-kapacitás grid-plate capacitance
anódáramtáplálás plate power supply
anódáramtelít(őd)és plate-current saturation
anódárnyékoló ernyő anode screen
anódátvezetés *(rád)* plate conductance
anódbevezetés *l* **anódkivezetés**
anódbilincs *(elektroncsőben)* anode clamp
anódcsúcsáram *(rád)* peak plate current
anód-csúcsfeszültség peak/crest plate voltage
anóddisszipáció *(rád)* plate dissipation
anód-egyenirányítás plate/anode rectification/detection, transrectification
anód-egyenirányító anode/plate rectifier/detector, transrectifier
anódeljárás *(gumi)* anode process
anódellenállás plate/anode/target resistance
anódemisszió *(rád)* positive emission
anódesés anode fall/drop
anódfény anode/anodal light
anódfeszültség anode/plate voltage/potential/tension ; *(klisztron)* accelerating/beam voltage ; **~et kapcsoló relé** *v* **jelfogó** *(rád)* relay for plate potential
anódfeszültség-esés anode (potential) drop/fall
anódfeszültségforrás *(rád)* plate B plus supply, anode voltage supply
anódfojtótekercs plate choke coil
anódfolyadék anolyte
anódfolyamat anode/anodic process
anódfürdő anode (pickling) bath
anódhangolás *(rád)* plate tuning
anód-hangolókör tank circuit
anódhatás anode effect
anódhatásfok plate/anode efficiency
anódhíd anode bridge
anódhőmérséklet anode temperature
anódhűtőszárny anode fin
anódikus *l* **anódos**
anód-impulzusvezérlés plate pulsing
anódiszap *(koh, vegy)* anode mud/slime
anódizzás anode glow
anódjelleggörbe plate characteristic
anódkapacitás plate capacitance
anód-karakterisztika plate/anode characteristic
anód-katód-feszültség plate-to-cathode voltage
anód-katód-kapacitás *(rád)* cathode-plate capacity
anódkengyel anode clamp
anódkezelés anodizing, anodic treatment
anódkiegyenlítő tekercs anode blancing coil
anódkivezetés anode lead
anódkonduktancia anode conductance
anódkönyök *(jelleggörbén)* anode bend

anódkönyök-egyenirányítás anode-bend detection/rectification, transrectification
anódkör *(rád)* anode/plate circuit; **~ben hangolt oszcillátor** tuned-plate oscillator
anódkör-hatásfok plate-circuit efficiency
anódköri: ~ billentyűzés *(rád)* high-tension keying; **~ fojtótekercs** *(rád)* plate (inductor/choke) coil; **~ hatásfok** *(rád)* plate efficiency; **~ impedancia** *(rád)* external plate impedance; **~ rezgőkör** plate-tank circuit; **~ visszacsatolótekercs** *(rád)* tickler
anódkörmoduláció plate-circuit modulation
anódkör-rácskör csatolás regeneration, retroaction
anódkörvédelem protection of anode circuit
anódleágazás *(rád)* anode tap
anódlevezetés *l* **anódátvezetés**
anódlevezető kondenzátor *(rád)* plate bypass capacitor
anódmoduláció plate/anode/parallel modulation, constant-current modulation; **~ állandó feszültséggel** constant-potential modulation; **~ egyenárammal** choke modulation
anódmodulációs *(rád)* anode-/plate-modulated, P.M.
anódmodulált *(rád) l* **anódmodulációs**
anódos anodic; **~ bevonat** anodic coating; **~ leválasztás** anode process; **~ polarizáció** *v* **sarkítás** anodic polarization; **~ porlasztás** anode sputtering
anódporlasztás anode sputtering
anódpotenciál plate potential
anódpótló *(rád)* (battery) eliminator, B-eliminator, power pack
anód-rács-áramkör plate-to-grid circuit
anód-rács-kapacitás *(rád)* plate-/anode-grid capacity/capacitance
anódreakció anode/anodic reaction
anódrekesz anode chamber
anódréteg anode layer
anódréz *(koh)* anode copper
anód-rezgőkör plate tank
anódsapka *(rád)* plate(-)cap
anód-sötét-tér anode dark-space
anódsugár anode/positive ray(s)
anódsugáráram anode-/positive-ray current
anód-tápellenállás *(rád)* anode-feed resistance
anódtápfeszültség plate/anode feed voltage, plate-supply voltage
anódtáplálás anode supply
anódtárcsa *(rád)* anode disc
anódtekercs plate coil
anódtelep plate/anode battery, B-battery, plate supply
anódtelítés anode saturation
anódtér anode chamber
anódterhelés *(rád)* anode/plate load
anódterhelési: ~ ellenállás plate-load resistance/resistor; **~ impedancia** plate-load impedance
anódterheléstekercs plate-load coil
anódterhelő vezeték anode line
anódtranszformátor plate-circuit transformer, output transformer
anód-váltakozó-feszültség plate alternating-current voltage
anódvariométer plate variometer
anódvédő rács anode-screening grid
anódveszteség *(rád)* (plate) dissipation/loss
anódvezérlés *(rád)* plate control; **~ impulzussal** *(rád)* plate pulsing
anódvezeték anode leading-in wire
anódvisszahatás *(rád)* plate/anode reaction
anódvisszfeszültség *(rád)* plate inverse voltage
anódzsírtalanítás anode cleaning
anogén *(földt)* anogene
anomália anomaly
anomális: ~ összetételű kőzet hybrid rocks; **~ visszaverődés** *(rád)* sporadic reflection
anomalisztikus hónap *(csill)* anomalistic month
anomit *(ásv)* anomite
anorganikus anorganic
anortit *(ásv)* anorthite
anortoklász *(ásv)* anorthoclase
anta *(ép)* anta
antagonizmus antagonism
antecedens völgy *(földt)* antecedent valley
antefixek *(ép)* antefixae
antenna aerial, antenna, air wire, radiator; **~ alapfrekvenciája** fundamental of an antenna; **alapzatnál betáplált ~** base driven antenna; **aperiodikus ~** aperiodic antenna; **árnyékolt levezetésű ~** anti-static antenna; **~ belső fázisállítása** internal phasing; **~ bemenő teljesítménye** aerial input; **diszkónikus ~** discone antenna; **elhalkulásmentes ~** diversity antenna; **ellensúlyos ~** double/counterpoise aerial/antenna; **~ erősítési alaktényezője** antenna gain; **fédingmentes ~** diversity antenna; **~ként felhasznált magasépítmény** tower radiator; **antennával felszerelt gépkocsi** car wired for radio; **~ fő sugárzási iránya** major lobe; **hangolatlan ~** aperiodic antenna; **~ hatásos magassága** effective/radiation height; **~ hatásos vételi körzete** receiving cross-section; **~ hatástere** antenna field; **~ iránybeállítása** antenna positioning; **irányított ~** directive aerial, beam antenna; **kereső ~** scanning antenna; **keresztsugárzó ~** broadside antenna; *(csak)* **két irányban sugárzó ~** bilateral antenna; **kéttápvezetékes ~** double-feed antenna; **kettős** *v* **kettőzött ~** balanced aerial, doublet; **kettőskúpos ~** biconical antenna; **kiegyenlített ~** balanced aerial, doublet; **~ kimenő teljesítménye** aerial output; **kör alakú ~** circular aerial; **középen táplált ~** centre-driven/-fed antenna; **közös adó-vevő ~** aerial head; **kúpfelületen kisugárzó forgó mikrohullámú ~** beam swinging aerial; **legyező alakú ~** curtain/fan(-shaped) antenna; **~ leszálló vezetéke** downlead; **lóhere-sugárzási görbéjű ~** clover-leaf antenna; **minden irányban sugárzó ~** omnidirectional antenna; **sugárvető ~** beam antenna; **~ sugárzási főirány-átkapcsolókkal** antenna with lobe switching; **~ sugárzó tere** antenna radiation field; **süllyesztett ~** buried antenna/aerial; **szimmetrikus ~** balanced aerial, doublet; **tölcséres ~** *(radarhoz)* electromagnetic horn; **ultrarövidhullámú ~** ultra-shortwave aerial/antenna; **üregrezonátoros ~** cavity antenna; **végponton betáplált ~** end-fed antenna/aerial; **~ veszteségi csillapítása** antenna loss damping; **vízszintes ~** horizontal aerial; **zavarmentesített ~** anti-static antenna
antennaág antenna section
antennaállásmutató skála aerial/antenna repeat dial
antennaáram aerial/radiation current
antennaáramkör *(rád)* aerial/antenna circuit
antennaárboc *(rád)* radio/antenna mast
antennaátalakító antenna transformer
antenna-áthallás aerial/antenna cross-talk
antenna-átkapcsoló *v* **antennaátváltó kapcsoló** antenna change-over switch
antenna-átvezetés antenna duct, aerial leading-through
antenna-átvezető aerial trunk
antennabeirányító talapzat antenna bearing
antennabemenet aerial/antenna input
antennabevezetés (antenna) lead-in; *(rep)* antenna fairlead
antennabevezető aerial fairlead; **~ szigetelő** antenna/aerial lead-in insulator
antennabiztosító aerial fuse
antennacsatlakozás antenna connection
antennacsatolás antenna/aerial coupling; **induktív-kapacitív ~** inductive-capacitive aerial/antenna coupling
antennacsatoló *(rád)* antenna/aerial coupler; **~ kondenzátor** aerial coupling capacitor; **~ kör** aerial coupling circuit; **~ tekercs** antenna coupler
antennacsillapítás aerial damping *(UK)*; antenna decrement *(US)*
antennacsillapító antenna/aerial attenuator
antennacsoport *(rád)* (antenna) array
antennacsörlő aerial/antenna reel/winch
antenna-egyenlet antenna equation
antennaegység aerial unit
antennaelem (aerial) element
antennaellenállás antenna/aerial resistance; **látszólagos ~** antenna/aerial impedance; **sugárzási ~** antenna/aerial radiation resistance
antennaelrendezés arrangement of the aerial
antennaemelő csörlő aerial reel/winch
antenna-építmény aerial extension
antennaerősítés *(rád)* antenna/aerial gain
antennaerősítő antenna booster
antennafej aerial head
antennafelfüggesztés antenna suspension
antenna-fojtó antenna/aerial choke
antennaforgató antenna spinner; **~ berendezés** antenna-turning unit; **~ motor** aerial-turning motor
antennaföldelés aerial earthing *(UK)*; antenna grounding *(US)*
antenna-földeléskapcsoló aerial-earthing switch *(UK)*; antenna-grounding switch *(US)*
antenna-földkapcsoló antenna-earthing switch
antennafővezeték feeder
antennafüggöny array curtain
antennagerjesztés aerial excitation
antennahálózat aerial network/structure, antenna array
antennahangolás antenna tuning
antennahangoló: ~ berendezés *v* **egység** aerial/antenna tuning unit; **~ ház** aerial tuning house/hut; **~ kondenzátor** aerial/antenna tuning capacitor/

condenser, A. T. C. ; ~ **kör** aerial tuning circuit ; ~ **motor** aerial tuning motor ; ~ **tekercs** *(rád)* aerial tuning inductor/inductance, aerial loading coil
antennahatás aerial/antenna effect
antennahatásfok antenna/aerial/radiation efficiency
antenna-hatósugár aerial range
antenna-hatótáv aerial range
antennahosszabbító antenna extender, aerial loading inductance ; ~ **tekercs** aerial/antenna loading inductance/coil, lengthening coil
antennahosszúság antenna length
antennahuzal antenna/aerial conductor/wire, air wire ; aerial strand *(US)*
antennahüvely aerial socket *(UK)*; antenna jack/socker *(US)*
antennaillesztő berendezés *v* **egység** antenna-matching unit
antenna-impedancia aerial/antenna impedance
antenna-induktivitás antenna inductance
antennairány-átkapcsoló array position switch
antennairányítás steering
antennairányító rendszer antenna-positioning system
antennakábel antenna/aerial cable
antennakapacitás aerial/antenna capacity
antennakapcsoló antenna transfer switch, antenna coupler ; ~ **egység** aerial switch unit ; ~ **tábla** aerial/antenna control table
antennakapocs aerial/antenna terminal
antennakarakterisztika radiation pattern
antenna-keresztmoduláció antenna cross-talk
antennakeret antenna/aerial frame
antennakiegyenlítés aerial balance
antennakikapcsoló aerial cut-out
antennakondenzátor antenna/aerial capacitor/condenser
antennakör aerial/antenna circuit
antennaköri ampermérő radiation ammeter
antennaközép *(rád)* antenna centre
antennaleágazó bekötés rat-tail
antennalencse *(radar)* aerial/antenna lens
antennalevezetés antenna downlead
antennalevezető down-lead, aerial/antenna lead
antennamagasság height of an aerial
antennameghosszabbító extender
antennamotolla *(rep)* *l* **antennacsörlő**
antennanehezék aerial weight
antennanyereség antenna field gain
antennapár *(rád)* couplet
antennapótló aerial/antenna eliminator/adapter
antenna-reaktancia aerial/antenna reactance
antenna-reflektor aerial reflector/projector
antennarelé antenna relay unit
antennarendszer aerial system/array ; ~ **párhuzamos dipólusokból** colateral dipoles
antennarövidítő kondenzátor antenna shortening/series condenser
antennarúd aerial/antenna mast
antenna-sávszélesség bandwidth of the aerial

antennasor aerial array/row ; ~ **osztása** spacing
antennasorozat *l* **antennasor**
antennasugárzási : ~ **ellenállás** aerial radiation resistance ; ~ **tér** antenna radiation field
antennasúly aerial weight ; **csepp alakú** ~ bead type weight
antennaszerelvény antenna mount
antennaszerkezet aerial structure
antennaszigetelés antenna insulation
antennaszigetelő antenna insulator
antennatalppersely aerial socket
antennatámasz aerial yard
antenna-tápimpedancia antenna/aerial feed-impedance
antenna-tápvezeték *(rád)* aerial/antenna feeder
antennatekercs aerial (loading-)coil, pickup coil
antennateljesítmény aerial/antenna power/energy
antenna-térerősség antenna field (strength)
antennatok *(gépk)* blister
antennatorony aerial/antenna tower
antennatranszformátor aerial/antenna transformer
antenna-túlfeszültség-levezető aerial/antenna discharger
antenna-tükörkép image antenna
antennaválasztó antenna spreader ; ~ **kapcsoló** aerial selector switch
antenna-véghatás end effect
antennaveszteség aerial/antenna loss
antennavezeték aerial conductor/lead
antennavezeték-keresztülhúzó tömb transposition block
antennazaj aerial noise
anthelion *(met)* anthelion
Anthes-féle tábla *(anyagv)* Anthes checkerboard
anthion potassium persulfate
antibakteriális anti-microbial
antibiotikum antibiotic
antibiotikus antibiotic
antiborkősav mesotartaric acid
anticiklon *(met)* anticyclone ; **magas** ~ dynamic anticyclone
anticiklonális anticyclonic
anticiklon-keletkezés *(met)* anticyclogenesis
antidinátron-elektród *(rád)* suppressor
antidinátron-rács *(rád)* suppressor grid
antidűna *(földt)* anti-dune
antiemulgátor demulsifying compound
antifebrin antifebrin, acetanilide acetylaniline, N-phenylacetamide
antiféding-antenna diversity-/fading-reduction antenna
antifermentum anti-enzyme
antigén antigen ; ~ **hatású** antigenic
antigorit *(ásv)* antigorite, lamellar serpentine
antigradiens *(mech)* antigradient
antihalo *(fényk)* anti-halo
antihomoklinális *(földt)* anti-homocline
antihipo potassium percarbonate
antiindukció antiinduction
antiindukciós hálózat antiinduction network
antiinduktív ellenállás anti-inductive resistance
antik : ~ **bíbor** *(festék)* Roman purple ; ~ **Bristol-papír** antique Bristol ; ~ **felületű** *(simaságú ; pa)* antique finish ; ~ **nyomópapír** antique printing paper ; ~ **óra** *(nagy)* old fashioned clock ; ~ **papír** antique-paper ; ~ **szőnyeg** antique rug ; ~ **vasettabőr** antique hide
antikatalizátor anti-catalyst
antikatód anti-cathode, target ; *(röntgen:)* anode
antikbőr antique hide
antiklinális *(földt)* *fn* anticline, saddle, arch, roll, trap-up ; *mn* anticlinal ; ~ **boltozat** *v* **nyereg** upfold arch ; ~ **gerincén fekvő telér** saddle reef ; ~ **hajlása** anticlinal flexure ; ~ **magja** arch core ; ~ **nyerge** saddle, huckle ; ~ **rátolódás** break-thrust ; ~ **redő tengelye** saddle axis ; ~ **szárnya** arch limb ; ~ **település** saddle reef ; ~ **tengely(e)** anticlinal axis, axis of arch ; **záródott** ~ arrested anticline
antiklinórium *(földt)* anticlinorium ; **fordított** ~ abnormal anticlinorium
antiklór antichlor(ine)
antikoaguláns anticoagulant, stabilizator
antikoincidencia *(at, rád)* anti-coincidence
antikompaund *(kapcsolás)* in series opposition, series opposing
antikva *(nyomda)* Roman (type), antique
antilóg pólus *(ásv)* antilogous pole
antilopszerűen kikészített nehéz borjúbőr hunting calf
antimagnetikus non-magnetic
antimikrofónikus antisinging
antimodusz antimode
antimon antimony, stibium ; **háromvegyértékű** ~ **vegyülete** antimonous compound ; **ötvegyértékű** ~ **vegyülete** antimonic compound
antimonát antimon(i)ate, stib(i)ate
antimonfénye *l* **antimonit**
antimonil-borkősav antimonyl potassium tartrate
antimonit *(ásv)* antimony glance, grey antimony, stibnite ; *(vegy)* antimonite
antimonos *(koh)* antimonial ; ~ **ólom** antimonial lead ; ~ **ón** antimonial tin
antimonossav antimonous acid
antimonpentaszulfid antimony pentasulfide
antimonpentoxid antimony pentoxide/peroxide
antimon-regulusz regulus of antimony
antimonsav antimonic acid
antimonsavas só antimon(i)ate, stib(i)ate
antimonszulfid antimony sulfide
antimonszulfűr antimony trisulfide
antimontartalmú antimonial ; *(ásv)* antimonian
antimontriklorid antimony trichloride
antimontrioxid antimony trioxide, antimonous acid anhydride
antimontriszulfid antimony trisulfide
antimontükör regulus mirror
antimonvaj butter of antimony, antimony butter/trichloride
antioxidálás *(gumi)* anti-oxigenation
antioxidáns *(gumi)* anti-oxidant/-ager ; *(ol)* anti-oxidant, oxidation inhibitor
antiozmózis *(vegy)* antiosmosis
antipárhuzamos *(mat)* antiparallel
antipasszát *(met)* anti-trade wind, countertrades
antipirin antipyrine, analgesine, phenazone, 1,5-dimethyl-2-phenyl-3-pyrazolone

antipódus antipode
antiradar-fémszalag (antiradar) chaff
antirezonancia *(rád)* anti-resonance ; *(impedancia függvényében)* (frequency-)pole
antirezonáns *(rád)* anti-resonant
antiszeptikus antiseptic ; ~ **papír** antiseptic/medicated paper
antiszoláris pont *(met)* antisolar point
antisztatikus készülék static charge eliminator, static electricity eliminator
antitest antibody
antithio potassium persulfate
antitrombin antithrombin
antivákuum antivacuum
antlerit *(ásv)* antlerite
antofillit *(ásv)* anthophyllite
antokroit *(ásv)* anthochroite
antracén anthracene
antracénolaj anthracene/green oil
antracit anthracite (coal), anthracitic coal
antracitpor *(bány)* anthracite culm
antragallol anthragallol, 1,2,3-trihydroxyanthraquinone
antrahidrokinon anthrahydroquinone
antrakinon anthraquinone, 9,10-dihydro-9,10-diketoanthracene
antrakinondiszulfósav anthraquinonedisulfonic acid
antrakinonszulfósav anthraquinonesulfonic acid, sulfoanthraquinone
antramin *l* **antrilamin**
antranilsav anthranilic acid, o-aminobenzoic acid
antranol anthranol, 9-anthrol
antrapiridon anthrapyridone, pyridanthrone
antrapurpurin anthrapurpurin, isopurpurin
antraxilon anthraxylon
antrilamin anthrylamin, anthramin, n--aminoanthracene
antrimolit *(ásv)* antrimolite
anya *(csavarhoz)* nut ; *l* **csavaranya** ; *(elempár üreges, befogadó része ; gépt)* female ; **kettős menetű csőkötő** ~ sleeve nut ; **anyával rögzített** nutted up ; **szárnyas** ~ wing/thumb nut
anyaállomány *(erdei)* shelter-wood
anyabetű *(nyomda)* master/drawing die
anyacsavar *l* **anya, csavaranya**
anya-csavarmenet female/internal thread
anyaelem *(radioaktiv)* parent element
anyafém mother/parent metal
anyafogó nut pliers
anyafúró készülék tapping device
anyag matter, material, stuff, stock, substance ; *[szer:]* agent ; *[rost:]* fibre; fiber *(US)* ; *(pép ; pa)* stuff ; **adszorbeáló** ~ adsorbent ; **adszorbeált** ~ adsorbate ; **aktív** ~ active material ; **állati eredetű** ~ *(tex, vegy)* boil-out ; **aromás** ~**ok** aromatics ; ~**ában enyvezés** *(pa)* stuff/rosin sizing ; **értéktelen** ~ cast-off ; **felületi elnyelő** ~ adsorbent ; ~**ában való festés** *(pa)* stuff-colo(u)ring; ~**ban festett** *(pa)* pulp-colo(u)red, beater colo(u)red ; ~**ában festett lemez** *(pa)* board colo(u)red through--out ; **hamis(ítási)** ~ adulterant ; **hang(el)nyelő** ~ sound-absorbing material ; **higroszkópos** *v* **nedvszívó** ~ hygroscopic material, absorption mass ; **impregnáló** ~ impregnating material ; **kikotrott** *v* **kotrási** ~ dredge spoil matter ; **kiszedett** *v* **kimustrált** ~ cull ; **mágnesesen kemény** ~ hard magnetic material ; **mágnesesen lágy** ~ soft magnetic material ; **nagy permeabilitású** ~ high-permeability material ; **összesült** ~ clinker ; **savanyú tűzálló** ~ acid refractory ; **szennyező** ~ adulterant ; **tisztítással nyert értékes** ~ *(bány)* cleanup ; **tömör** ~ close substance ; **tűzálló** ~ refractory (material)
anyagadagoló stock lifter ; ~ **láda** *(ép)* batcher bin
anyagárok *(ép)* borrow pit/area, side cutting
anyagbagger *(pa)* stock dredger
anyagcsere metabolism ; **bontó** ~ catabolism
anyagcsereállandó respiratory quotient
anyagcseretermék metabolate, metabolic product
anyagelosztó : ~ **futószalag** *(tex)* distributor ; ~ **szekrény** *(pa)* flow box, breast-box, top chest ; ~ **szerkezet** spreader
anyagelőkészítés *(pa)* stuff preparation
anyagelőkészítő berendezés *(pa)* croft
anyagelőtolás (sebessége) through-feed rate
anyagelőtoló : ~ **cső** bar-feed tube ; ~ **mű** bar-feed mechanism ; ~ **patron** feed collet
anyagelőtoló-csőtámasz bar-feed tube support
anyagemelő : ~ **csörlő** material hoist ; ~ **útgyalu** grader elevator
anyagenyvezés *(pa)* engine sizing
anyagfelfutó *(pa)* (stock) inlet ; ~ **nyílás** *(pa)* gate
anyagfeloldó *(pa)* pulper ; ~ **oldalsó lapáttal** *(pa)* Beata pulper
anyagfogó *(pa)* pulp saver, stuff catcher, stock recoverer ; *(töltésér:)* settling cone
anyagfolt *(pa)* lodger
anyagfoltos *(pa)* foxed, foxy
anyagfoltosság *(pa)* foxing
anyaggáválás *(at)* materialization
anyaggödör *(ép)* *l* **anyagárok**
anyaghiba blemish, defect
anyaghullámszerűség : elemi részecskék ~**e** *(at)* wave picture of particles
anyaghullás *(csillagra)* stellar accretion
anyagjel(zés) *(ép)* wash
anyagkád *(pa)* top/pulp/stock/service chest/vat, drainer
anyagkészítés *(pa)* preparation of stock
anyagkeverő *(pa)* stuff-driver
anyagkezelés material handling
anyagkifáradás ageing, fatigue
anyagkinyúlás *(kovácsolásnál)* stand (of metal)
anyagkiszállítás szifonozással *(keszonból)* dry blowout process
anyagkivonás extraction
anyaglerakó hely dumping place
anyagleválasztás *[forgácsolással]* removal of stock ; ~ **mennyisége** *(időegység alatt)* rate of stock-removal
anyagmegmaradás indestructibility/conservation of mass/matter
anyag megmaradásának törvénye *v* **elve** law of conservation/perdurability of matter
anyagmegtakarító berendezés saveall
anyagmennyiség amount of stock ; *(yardban ; tex)* yardage
anyagmérleg material balance
anyagminta sample
anyagmozgatás material handling
anyagmozgató *(munkás)* material handler ; ~ **berendezés** material handling equipment
anyagnyerő fejtőhely *l* **anyagárok**
anyagoszlop *(koh)* *l* **adagoszlop**
anyagösszetétel *(pa)* furnish of paper
anyagpazarlás waste of material
anyagprés *(pa)* stuff press
anyagráhagyás eltávolítása *v* **lemunkálása** stock removal
anyagraktár stock house, depot
anyagsűrűség *(pa)* stuff consistency
anyagszabályozó *(pa)* pulp-meter
anyagszállítás material handling/supply
anyagszállító : ~ **akna** supply shaft ; ~ **csille** delivery wagon, rolley ; ~ **feltörés** *(felülről lefelé ; bány)* shoot ; ~ **vágány** material track
anyagszekrény *(pa)* drainer, stock/stuff chest/box, huge storage vat
anyagszint *(pa)* head
anyagszivattyú *(pa)* stock/pulp/stuff pump
anyagtartalom: vízben oldott ~ *(földt)* dissolved load
anyagtermelő hely *l* **anyagárok**
anyagtisztítás *(pa)* pulp refining, purification
anyagvágány *(vasút)* ladder (track)
anyagvezeték *(pa)* stuff-pipe
anyagvizsgálat testing (of) materials, material testing, test, examination of materials ; **roncsolásmentes** ~ non-destructive testing ; **roncsoló** ~ destruction/destructive testing ; ~ **röntgen útján** X-ray testing, radiographic testing ; ~ **ultrahang-rezgésekkel** ultrasonic testing (of materials)
anyagvizsgáló *fn* tester ; ~ **berendezés tolósúlyos terhelőkarral** lever testing machine ; ~ **gép befogókörmei** shackles of testing machine ; ~ **gép húzó-nyomó igénybevételre** direct stress machine
anyagvonat *(vasút)* construction/work train
anyaintézet parent establishment
anyajuh (bőre) ewe
anyakeverék *(gumi)* mother batch
anyakompasz master compass
anyakőzet mother/native/original/wall/parent rock
anyaközpont *(távk)* parent exchange
anyakristály mother crystal
anyakúp *(gépt)* female/internal cone/taper
anyalemez *(nyomda)* plating, matrix (matrices)
anyalúg mother lye, matrix
anyamenet *(gépt)* internal/female thread
anyamenetfúró tapper tap ; **hajlított** ~ hook tap, bent-shank tap
anyamenet-idomszer female thread ga(u)ge, thread(ed) plug ga(u)ge
anyaoldat *(vegy)* *l* **anyalúg**
anyáscsavar nut bolt, bolt and nut
anyavágány parent track
anyavonal parent line
A-oldal *(telef)* A-side
A-oszlop *(vill)* A-type pole
A-osztályú : ~ **erősítő** class A amplifier ; ~ **modulálás** class A modulation ; ~ **szigetelés** class A insulation
apad *(hidr)* droop, decrease, subside ; *(gyengül:)* slack
apadás diminution, sink, decrease, regression

apadó víz falling/receding water
apály ebb (tide), low tide, low-water ; ~ **által hátráltatott** *v* **megfeneklett** *v* **megrekedt** *(hajó)* neaped ; ~**kor hátramaradó tócsa** tide pool
apály-dagály *mn* tidal; *fn* tide; ~ **határai** range of tide
apály-dagály-óra tidal clock
apály-dagály-táblázatok tide tables
apaszt reduce, slack, diminue
apasztás reduction, diminution, draw-down ; **zsilipkapuk közti vízszint** ~**a** drawdown of pond
apatit *(ásv)* apatite
apatit-dúsítvány apatite concentrate
aperiodicitás aperiodicity
aperiodikus aperiodic, acyclic, non-oscillatory ; *(rád)* dead-beat ; ~ **ampermérő** dead-beat ammeter ; ~ **antenna** nonresonant antenna ; ~**an csillapított mérőműszer** aperiodically damped instrument ; ~ **gép** acyclic machine ; ~ *(csillapított lengésű)* **inga** dead pendulum ; ~ **kör** *(rád)* aperiodic circuit ; ~ **mérőműszer** dead-beat instrument ; ~ **V-antenna** non-resonant V-antenna/aerial
aperitol benzyl isovaler(ian)ate
apertúra *(fényt, vill)* aperture
apertúra-effektus *(nyalábszóródás)* aperture effect
apertúra-hiba aperture error
apertúra-lencse aperture lens
apertúra-torzítás aperture distortion
apiezon-olaj apiezon oil
A. P. I.-fajsúly *(ol)* A. P. I. gravity
A. P. I.-fok *(ol)* A. P. I. degree
apigenin *(vegy)* apigenin
apiin *(vegy)* apiin
apiol apiole, parsley camphor, 2,5-dimethoxysafrole
apióz apiose, tetrahydroxyisovaleraldehyde
apjohnit *(ásv)* apjohnite, manganese alum
aplanatikus *(fényk)* aplanatic
aplit *(kőz)* aplite
aplom *(ásv)* *l* **andradit**
apoatropin apoatropine, atropamine
apocentrum *(csill)* apocentre
apocinin acetovanillone, apocynin, 4-hydroxy-3-methoxyacetophenone
apoenzim apo-enzyme
apofermentum apo-enzyme
apofillit *(ásv)* apophyllite
apofízis *(földt)* apophysis, tongue
apogeum *(csill)* apogee, apogaeum
apokinin apoquinine
apokodein apocodeine
apoláris nonpolar
ápolás *(gépt)* care
apomagmatikus *(ásv, földt)* apomagmatic
apomorfin apomorphine
apomorfinklorid apomorphine hydrochloride
áporodott foul, stale
aposzafranon aposafranone, benzene-indone
apotéma *(mat)* apothem
apparátus-hatás *(csill)* apparatus curve
Appleton-réteg Appleton layer
Appleton-tartomány Appleton layer
applikáció application
appretál *(bőr, tex)* size, finish, dress, stiffen, season
appretálás *(tex)* dressing, finishing ; ~ **kefével** *(tex)* brushing
appretáló : ~ **fulárd** *(tex)* starch mangle; ~**írező-fulárd** *(tex)* sizing and squeezing machine ; ~ **kefe** *(bőr)* finishing brush ; ~ **kikészítés** *(tex)* sizing preparation
appretált seasoned, dressed
appretúra dressing, finishing, stiffening, sizing ; *(bőr)* seasoning ; **nagy** ~ **tartalmú** boardy feel ; **száraz** ~ *(tex)* dry finishing
appretúra-enyv dressing glue
appretúraüzem finishing house
approximáció approximation
aprít reduce, chap, chop, sliver, crack, shatter, hack, mill, carve, disintegrate, crush, clastate, buck, break (down), spall ; *[répát:]* pulp ; **ércet** ~ stamp ; **ércet durván** ~ rag ; **ércet finomra** ~ grind ; **robbantással** *v* **törő kalapáccsal** ~ bulldoze ; **újból** ~ recrush
aprítás *(koh)* crushing, comminution, breakage ; *(bány)* reduction in size ; ~ **állapota** *(bány)* reduction stage ; ~ **kézi erővel** *(bány)* bucking ; ~ **kocka alakra** *v* **kockákra** *(élip)* cubing, dicing
aprítási : ~ **tényező** *(bány)* reduction ratio ; ~ **vizsgálat** shatter test
apríték *(pa)* chippings, wood chips
aprítéksiló *(pa)* chip loft
aprítéktartály *(pa)* chip charger
aprítódob *[darálógépben]* concave ; *[kaszálórakodón]* knife cylinder
aprítógép chipper, chipping machine, shredder, disintegrator, disintegrating mill, chopper ; *(pa)* chipper, chopper, wood-splitting machine ; *(mintavételhez ; pa)* sampler
aprítóhenger (crushing) rolls
aprítókés *[darálóban]* reducing knife
aprítólövés *(bány)* reducing shot ; **fúrás** ~**hez** secondary drilling
aprítómalom cracker/disintegrating mill
aprító-mosógép washing masticator
aprító robbantás *(bány)* secondary blasting, reducing shot
aprítottszén-tartány slack hopper
apró fine, minute, small, little, partitive, baby ; ~ **barkájú** *(bőr)* fine grain ; ~ **érc** fine ore, nitting, fell, smalls ; ~ **gyémánt** *(óra)* spark ; ~ **javítások** minor repairs ; ~ **kavics** granule roundstone ; ~ **koksz** small coke ; ~ **kőzetrepedések** minute fissures ; ~ **légbuborék** *(üvegben)* seed ; ~ **lyukú** *(tex)* close-meshed ; ~ **nyersbőr** skin ; ~ **szemcséjű elegyadag** *(koh)* goaf ; ~ **szén** (coal) slack, slack/small/fine coal, smalls, barings, flaxseed, coal dust ; ~ **szitával osztályozott termék** screenings ; ~ **töltőanyag** smalls
apróanyagok *[sínkötéshez]* little iron fittings
apróbetűs kiadás *(nyomda)* miniature edition
apróbőr : **sózott** ~ salted skin
aprófa small wood ; *(pa)* match wood
aprókavicsos talaj flinty ground
aprókockás minta *(tex)* shepherd's check
aprókristályos szóda fluff
aprólék offal
aprólékos munka fretwork
aprómagvak small seeds ; **szerelvény** ~ **vetésére** *(gabonasorvető géphez)* grass seed attachment
aprómintás szövés pinhead weave
aprópénz small change
aprósütemény biscuit
aprószeg small nail
aprószemcsés close grained
aprószemű : ~ **antracit** rice coal ; ~ **betű** *(nyomda)* superior letters ; ~ **koksz** pearl coke, coke breeze ; ~ **zúzott kő** small type
apróтermék *(széniszapolásból)* coal silt
aprózódás *(rakodás és szállítás közben ; bány)* breakage on handling
apszis *(ép)* apsis, apse ; **szélső** ~ end bay
apszisvonal line of apsides
apti emelet *(földt)* Aptian stage
aquitáni emelet *(földt)* Aquitanian stage
ár *(bőr)* bodkin, piercer, preen, prick(er), auger, awl ; *(100 m²)* are
arabán *(vegy)* arabane
arabeszk-szerkezet *v* **arabeszk-szövet** *(földt)* arabesquitic texture
arab gumi *v* **mézga** arabic gum
arabinóz arabinose, diphenylhydrazone, pectinose
arabit *(vegy)* arabitol, arabite, n-pentane-pentol
arabonsav arabonic/arabitic/tetrahydroxyvaleric acid
arachinsav arachidic/eicosanoic/arachic acid
arachisz-olaj arachis (nut) oil
áradás inundation, deluge, flood, freshet
áradásos rétek flood plain
áradat stream, flow, flux
áradó víz floodwater
áradvány *(földt)* flux float, silt, accretion, capping
aragonit *(ásv)* aragonite
árajánlat quotation ; ~**ot tesz** quote
áram *(vill)* current ; *l még* **áramlás;** ~ **alatti** live ; **egyenirányított** ~ **váltakozó(áramú) része** *v* **összetevője** alternating part/component of a continuous current ; **elnyelési** ~ absorption current ; **erős** ~ heavy current ; ~**ra érzékeny kör** current-responsive circuit ; **fibrillációs** ~ *(orv)* fibrillating current ; **gerjesztő** ~ *(gépen)* exciting/exciter current ; *(relén)* energizing current ; **gyenge** ~ light/weak current ; **hasznos** *v* **wattos** ~ active current ; ~ **hőhatása** Joule effect ; **járulékos** ~ additional current ; **kapacitív** ~ capacity/capacitance/permittance current ; **kiszorítási** ~ displacement current ; **kóbor** ~ stray current ; **kódolt** ~ coded current ; **különbözeti** ~ spill current ; **legnagyobb** *v* **maximális** ~ maximum peak current ; **levezetési** ~ leakage current ; **meddő** ~ reactive current ; ~**tól mentesít** make dead ; **működési** ~ action current ; **nagyfeszültségű** ~ high-tension current ; **névleges** ~ rated current ; **nyugalmi** ~ quiescent current ; **paralizáló** ~ *(orv)* blocking current ; **rángási** ~ *(orv)* contraction current ; **szinuszos** ~ sinusoidal current ; **telítési** ~ saturation current; **üresjárati** ~ no-load current ; **üzemi** ~ normal/running current ; **vezetési** ~ conduction/conductance current
áramarány *(vill)* current ratio
áramátalakító *(vill)* converter ; *(váltakozóról egyenáramra)* transverter ; ~ **agregát** (A. C. to D. C.) motor-generator locomotive/set ; ~ **állomás**

converter station; ~ **pajzscsapja** converter trunnion
áramátkapcsoló billentyű reversible key
áramáttétel [*négypólus*] current transfer factor; (*transzformálásnál:*) current ratio
áramátütés (*szigetelőn keresztül*) breakdown
aramayoit (*ásv*) aramayoite
árambetáplálás current feed
áramcsatorna current tube
áram-csomópont *v* **-zéruspont** current node
áramcsökkenés current decay/decrease
áram-csúcsszükséglet fedezése peak current compensation
áramegyenlet current equation
áramegység unit of current
áramelágazás splitting-up of current, subdivision of current, branch current
áramellátás power/current supply; (*elosztás:*) distribution of electricity
áramellátási körzet supply area
árameloszlás current distribution
áramelosztás current distribution; **központi** ~ central current supply
áramelosztó: ~ **doboz** distributing/sparker box; ~ **szerkezet** switchgear; ~ **tábla** distribution board
áramelvezetés derivation of current
áramerősítés current amplification
áramerősítő hőrelé thermorelay
áramerősség current intensity/rate/strength; *l* **áram** *is* (*amperben*) amperage; **átlagos** ~ average current; ~ **csúcsértéke** amplitude of current; **közepes** ~ average current; ~ **növekedése** rise of current; ~ **a töltés végén** (*akkumulátornál*) terminal charge
áramerősség-esés current drop
áramerősség-hangátvitel transmitting current response
áramerősség-határoló relé current limit relay
áramerősség-szabályozó current regulator
áramfejlesztés current generation
áramfejlesztő: ~ **agregát** *v* **(gép)csoport** motor-generator set, m.g. set, generating set/unit; ~ **gép** generator; (*egyenáramra*) dynamo; ~ **kocsi** dynamo car; **nagyfrekvenciás** ~ **gép** high-frequency machine; ~ **telep** (current-)generating station/plant; **váltakozó áramú** ~ a. c. generator
áramfelvétel power consumption; (*távk*) current drains
áramfeszültség voltage; ~ **munkahelyen** (*bány*) face voltage
áram-feszültség-dualitás (*távk*) current-voltage duality
áram-feszültség-jelleggörbe current-voltage characteristic
áram-feszültség-viszony current-voltage relation
áramfogási szög (*rád*) angle of current-flow
áramfogyasztás current consumption
áramfogyasztási görbe current load diagram
áramfolyam current flow
áramfonalak (*távk*) filaments of current
áramforrás supply (unit), electrical source, supply source; ~ **kapcsolója** (*mérőhídnál*) bridge key; **közös** ~ (*telef*) common battery, C. B.; ~ **teleppótló fűtéshez** *v* **anódhoz** *v* **rácshoz** (*rád*) A. B. C. power unit
áramfüggvény (*rep*) stream function
áramgerjesztés generation
áramgyűjtő current-collector
áramhálózat current network
áram-has(pont) current loop/antinode
áramhatásra működő kör current-responsive circuit
áramhiány absence of current
áramhozam current yield
áramhozzávezetés current supply
áramhullám current wave
áramhullámalak current waveform
áramhullámrajzoló műszer klydonograph
áramimpulzus (*vill*) current (im)pulse
áramingadozás current fluctuation
áramintegrál current integral
áramirány sense/direction of current, current direction; **~tól függő relé** directional relay
áramirányfordítás (polarity) reversal
áramiránymutató sense detector
áramirányváltó reversing key, current reversor; ~ **cső** commutator tube; ~ **kapcsoló** reversible switch
áramirányváltozás direction change
áramirányváltoztató elektród commutating electrode
áramjelző current indicator; ~ **műszer** rheoscope
áramkapacitás current capacity
áramkapcsoló (*kocsivilágításhoz; vasút*) coupling switch; ~ **kar** live lever
áramkép (*hidr*) flow pattern
áramkészülék (*koh*) hydraulic classifier
áramkihasználás current yield
áramkilengés current swing
áramkiszorítás current displacement
áramkomponens current component
áramkorlátozásos szabályozás current limit control
áramkorlátozó current-limiting device, current limiter; ~ **ellenállás** current-limiting resistor, current resistor; ~ **tekercs** current-limiting inductor
áramköltség cost of current
áramkör circuit, cct.; *l* **kör** *is;* **analóg(iás)** ~ analogous circuit; **átlagoló** ~ averaging circuit; **~be bekapcsol** place in circuit; **bemeneti** ~ (*rád*) input circuit; **~öket csatol** track; **differenciáló** ~ differentiating circuit, rate-of-change circuit; ~ **egyedi visszavezetéssel** separate return circuit; ~ **egyik ága** leg of circuit; **egyvezetékes földvisszavezetéses** ~ single-wire earth return circuit; **emlékező** ~ storage circuit; **fogadó** ~ acceptor circuit; **földelt** ~ earthed circuit; **galvanikus** *v* **közvetlen bemenő** ~ direct input circuit; **gyújtási** ~ electric firing circuit; ~ **hangolt része** (*rád*) resonant section; **helyettesítő** ~ equivalent circuit; **hívás-elosztó** ~ allotter; **impulzus-számláló** ~ pulse-counter circuit; **integráló** ~ integrating circuit; **keresztirányú** ~ (*amplidin*) quadrature circuit; **kétirányú** ~ both/two-way circuit; **kettős** ~ (*rád*) dual circuits; **~ből kikapcsol** put out of circuit; **korrigáló** ~ corrector circuit; **közepelő** ~ averaging circuit; **különbözeti** ~ differential circuit; **leágazásos** ~ derived/tapped circuit; ~ **megszakítása** cut; **mellékzárú** ~ shunt circuit; **mélyhangkiemelő** ~ bass-boosting circuit; **nagyfeszültségű** ~ high-tension circuit; **nagyfrekvenciás** ~ high-frequency circuit; ~ **nélküli mágneses tér** noncircuital field; **nyomtatott** ~ printed circuit(s); **oldó** ~ (*vasútbiztosításnál*) clearing circuit; **primer** ~ primary circuit; **robbantási** ~ electric firing circuit; **számláló** ~ counting circuit; **szekunder** ~ secondary circuit; **szétválasztó** ~ duplexer; **szolgálati** ~ call circuit; **veszteségmentes** ~ no-/zero-loss circuit; **vigyázó** ~ acknowledging circuit; **villamos** ~ electric circuit; **zárt** ~ closed circuit
áramkör-elágazás subcircuit
áramkörfenntartó segédkontaktus keep-alive contact
áramkör-feszültségcsökkenés bucking effect
áramköri circuital; ~ **alapzaj** circuit noise(s); ~ **elem** circuit element; ~ **impedancia** loop impedance; ~ **sávszélesség** circuit band width; ~ **szokványvizsgálatok** (*távk*) overall circuit routine tests; ~ **út** path; ~ **zaj** (*távk*) circuit noise
áramkörkapcsoló gép access swith
áramkörkiegyenlítő circuit equalizer
áramkörmódszer (*rád*) mesh method
áramkörnyitó berendezés (*gépk*) trip
áramkör-nyitó-bontó kapcsoló make-and-break switch
áramkörszabályozó jelfogó circuit control relay
áramkörszakasz circuit element
áramkörvizsgáló circuit tester
áramlás stream, flux, current, flow, run, course; *l* **fluxus** *is,* (*met*) drift; (*vill*) current flow; (*árapályos folyószakaszon dagály idején:*) flood-tide current; ~ **adott felületen át** flux across the surface; **felfelé** ~ (*árapályos folyószakaszon dagálynál*) flood; ~ **gravitációs erőtérben** (*hidr*) gravity flow; **~t korlátozó áteresz** (*hidr*) flow-limiting passage; **lefelé irányuló** ~ down-draught; ~ **leválása** (*rep*) flow separation; ~ **leválási helye** (*rep*) point of separation; ~ **leválási területe** (*rep*) area of separation; **rohanó** ~ flush; ~ **útja** (*hidr*) path of the flow; ~ **vonala** line of flow
áramlási: ~ **állandók** stream constants; ~ **állapot-zavarok** (*hidr*) regime perturbations; ~ **ellenállás** (*hidr*) resistance of flow; ~ **nyomás** (*hidr*) stream gravity; ~ **sebesség** drift speed, flux rate, flow velocity; ~ **tér** drift space
áram(lás)irányban downstream
áramlásjelző műszer flow indicator
áramlás-korlátozás (*hidr*) flow-limiting passage
áramlás(mennyiség)-ellenőrző relé flow relay
áramlásmérő flow meter; (*pa*) draft ga(u)ge
áramlásos színezés (*tex*) (*az anyag nem mozog*) dip-dyeing, dipped goods dyeing
áramlástan fluid mechanics
áramlásvizsgálat (*hidr*) flow test
áramlat current, circulation; *l még* **áramlás**

áram-leágaztatás current branch/derivation
áramleszedő *l* **áramszedő**
áramlik flow ; **körfolyamatban ~** circulate
áramló streaming, streamy ; **~ folyadékmennyiség** (rate of) flow ; **~ folyadékoszlop okozta lökés** *(hidr)* percussion of fluid, hydraulic shock ; **~ közeg** medium in motion ; **~ léghűtés** *(rád)* forced air-cooling
áramlökés *(vill)* rush/surge of current, impulse
áramlökés-gerjesztés impulse excitation
áramlökés-gyakoriság impulse frequency
áramlüktetés electric pulsation, pulsation of current
árammegszakítás interruption of current
árammegszakító circuit breaker ; *l* **megszakító** *is; (hegesztéshez)* welding control
árammegtakarítás current economy
árammeleg Joule effect, current heat
árammentes dead, idle, free of current ; **~ galvanométer** potential galvanometer ; **~ vezető** dead/idle wire
árammérési határ *(vill)* range of current
árammérleg *(vill)* current balance
árammérő *(vill)* *l* **fogyasztásmérő**
árammódszer : mesterséges ~ *(geol)* artificial current method (of electrical prospecting)
árammoduláció current modulation ; **~ foka** *(rád)* degree of modulation
árammutató current indicator
áramnövekedés rise of current
áramoltat flow, course
áramosztó (berendezés) current divider
áramösszetevő current component, component of the current ; **ohmos ~** active component of the current
áramrelé current relay
áramrendszer *(rád, vill)* circuit
áramrezonancia current/parallel resonance
áramsáv *(két áramvonal közti terület; hidr)* flow channel
áramsűrítő *(vill)* capacitor ; *l még* **kondenzátor**
áramsűrűség current/electric density, c. d.
áramszabályozás *(gépk)* current control
áramszabályozó *(rád)* barretter ; [*ponthegesztésnél*] modulator
áramszaggató make-and-break (device), vibrator, interrupter ; **berregő** *v* **zümmögő ~** buzzer interrupter ; **~ csúcsok** contact points
áramszámláló *l* **fogyasztásmérő**
áramszedő (current) collector, sled, running contact ; *(líra ; vasút)* collector bow, harp, trolley contact ; **~ berendezés** collecting gear ; **~ csúszka** skate ; **~ (csúszó)saru** *(vasút)* shoe of current collector, trolley/collecting/collector shoe, plough ; **~ görgő** (contact) trolley, trolley wheel ; **~ gyűrű** collector ring ; **~ kar** trolley arm ; **~ kefe** collector/collecting/electric brush ; **~ kefék karja** rocker ; **~ kengyel** sliding bow ; **~ lehúzó (kötél)** *(vasút)* trolley cord/retriever, retrieving rope ; **~ líra** trolley bow ; **~ lírás csúszókengyele** bow go ; **~ rúd** *(vasút)* trolley pole/boom, collecting bar, pull-off pole ; **~ sín** rail conductor ; **~ talapzat** trolley base ; **villamoskocsi ~je** pantograph
áramszedős : ~ mozgócsörlő electric trolley hoist
áramszolgáltatás current supply ; **központi ~** central current supply
áramszükséglet current consumption
áramtakarékosság current economy/saving
áramtalanít kill ; *l még* **kikapcsol** *(áramot)*
áramtekercs current winding/coil ; *(rád)* series coil ; **~ tere** series field
áramtörés *(apály- és dagályváltozás idején)* tidal bore
áramú : azonos ~ co-current
áramút *(vill)* current path
áramütés electric shock ; **~ ellen védett** shock-proof
áramváltás current change
áramváltó current/series transformer, reductor
áramveszteség current loss(es)
áramveszteséggátló vezető Price's guard-wire
áramvezeték *l* **áramvezető**
áramvezetés conduction ; *(met)* convection ; **~t biztosító sínkötés** conductor bond ; **~t létrehozó elektronok** conduction electrons
áramvezető *fn* current lead/conductor, conductor ; *mn* current-carrying ; **~ bevonat** conductive coating ; **~ csatlakozója** current lug ; **~ huzal** lead-in wire ; **~ sín** *(harmadik sín)* contact/live rail ; **~ sín kifutása** *(vill, vasút)* conductor ramp
áramvezetősínes vontatási rendszer conductor system
áramvezetősín-felerősítő heveder conductor anchor
áramvisszacsatolás current(-controlled) feedback
áramvisszajutás a földön keresztül earth/ground return
áramvisszanyeréses fékezés *(vasút)* recuperative/regenerative braking
áramvisszanyerő készülék retriever
áramvisszavezető return conductor
áramvonal streamline, flow/fluid line
áramvonalas streamlined, cowled, faired, aerodynamic(al) ; **~ borítás** *(rep)* streamlined fairing ; **~ burkolat** cowling ; *(mkpár)* fairing ; **~ burkolatú motor** *(gépt, rep)* cowled engine ; **~ burkolatzár** cowling clip ; **~ra építés** streamlining ; **~ feszítőhuzal** *(rep)* streamlined wire ; **~ futóműdúc** *(rep)* faired undercarriage strut ; **~an kiképez** *v* **kiképzést ad** streamline ; **légvágat ~ kialakítása** *(bány)* streamlining the air passageways ; **~ merevítődúc** *(rep)* streamlined strut
áramvonalasítás streamlining
áramvonalaz *(gépk, rep)* streamline, fair, cowl
áramvonalazás streamlining
áramvonalazott streamlined, aerodynamic(al), cowled, faired ; **~ kormánylapát** contra-guide rudder ; **rosszul ~ test** *(rep)* high-resistance body, aerodynamically poor body
áramvonalhálózat *(hidr)* flow net
áramzavar [*kölcsönösen keresztező áramkörökben*] electric cross
arany gold ; **alacsony fémjelzésű ~** billon ; **amerikai ~** *(900-as)* American gold ; **~ finomsága** *v* **karátszáma** *v* **tisztasága** purity/fineness of gold ; **gyors hűtéssel keményített ~** chill gold
arany- golden
arány rapport, rate, ratio, proportion, relation(ship) ; *(mat)* relation, ratio ; **akusztikai ~** acoustic ratio ; **~ba állít** *(mat)* relate ; **átszámítási ~** change/reduction ratio ; **egyenes ~** *(mat)* direct ratio ; **emelkedési ~** [*úton*] climb ; **~on felüli töménységű gyengítőszer** *(fényk)* superproportional reducer ; **fordított ~** inverse ratio ; *(acélbetét és beton)* **helyes ~a** economic ratio ; **helyes ~ba hoz** proportionate ; **~t megállapít** relate ; **meghatározott ~ok** definite proportions ; **sztöchiometriás ~ú keverék** chemically correct mixture, stoichiometric mixture ; **tüzelőanyag-levegő keverési ~a** *(a motorhengerben)* air--to-fuel ratio
aranyamalgám *(ásv)* auramalgam
aranyásatások gold diggings
aranyásó gold digger, hatter
aranybevonat rush gold ; **~ot leold** ungild
aranyborító papír goldbeater's tissue paper
aranybrokát *(tex)* gold cloth
aranybromid gold tribromide, auric bromide
aranybromür gold monobromide, aurous bromide
arany-bronz karton *(pa)* gold-coated board
aranycianid gold tricyanide, auric cyanide
aranycianür gold monocyanide, aurous cyanide
aránydiszkriminátor *(telev)* ratio discriminator
aranyelválasztó kemence parting furnace
aranyérc gold ore, banket
aranyérc-amalgámozó készülék gold amalgamating plant, rubber
aranyér-kitermelés *(bány)* reefing
aranyfényű golden
aranyfesték gold colo(u)r
aranyfólia *l* **aranyfüst**
aranyfonal *(tex)* pirl thread
aranyfonalcsipke bullion
aranyforrasz gold solder
aranyfürdő gold bath
aranyfürdős rögzítősó *(fényk)* tone fixing salt
aranyfüst gold foil, folier, gilt, leaf gold ; **bevonás ~tel** gilding
aranyfüsthulladék *(óra)* skewings
aranyfüstkészítő gold-beater
aranyhártya *l* **aranyfüst**
aranyhártyabevonat gold plate
aranyhártyaréteg *(festésen)* couch
aranyjodid gold triiodide, auric iodide
aranyjodür gold monoiodide, aurous iodide
aránykar *(távk)* ratio-arm
aranyklorid auric chloride, gold trichloride
aranyklorür gold monochloride, aurous chloride
aranykotró (gép) gold dredge
aránykörző proportional dividers/compass, double compass, sector
aranykutatás *(bány)* gold-prospecting
aránylagos relative

aranylap plate
aranylelőhelyek gold diggings
aranylemez gold plate
aranylemezes: ~ **elektroszkóp** gold-leaf electroscope; ~ **mikroszkóp** gold-leaf microscope
aranymeghatározás (*ezüstötvözés útján*) quartation
aranymérleg gold balance
aranymetszés (*nyomda*) tooled edges, gilding
aranymetszet (*aurea sectio*) extreme and mean ratio
aranymonobromid gold monobromide, aurous bromide
aranymonojodid gold monoiodide, aurous iodide
aranymonoklorid gold monochloride, aurous chloride
aranymonoxid gold monoxide, aurous oxide
aranymosás rocking; (*homokból:*) panning-out; (*torlatból:*) bar digging; ~ **duzzasztott vízzel** booming; ~ **ponyvásszéren** blanketing
aranymosó chimmer of gold-sand; (*berendezés:*) gold/hurdle washer; ~ **kézi szérke** rocker; ~ **tál(ca)** *v* **serpenyő** *v* **teknő** *v* **vályú** gold pan, batea, rocker
aranymosószér-keresztcsatorna combination riffle
aranyművesmérleg bullion balance
aranyműves-ötvös goldsmith
aranyokker (*festék*) yellow ochre
arányos proportional, proportionate, harmonic, balanced; **egyenesen** ~ (*mat*) directly proportional; ~**nál erősebb gyengítőoldat** (*fényk*) subproportional reducer; **fordítva** ~ inversely proportional; ~ **nagyítás** (*mat*) scaling-up; ~ **szabályozás** (*aut*) proportional control; ~ **töménységű gyengítőszer** (*fényk*) proportional reducer
arányosít proportion(ate), rate
arányosítás proportionating, rating
arányosság proportion(ality), harmony; ~ **határa** *l* **arányossági határ**
arányossági: ~ **állandó** constant of proportionality; ~ **határ** limit of proportionality, limit of linear elasticity, proportional (elastic) limit; ~ **szabály** law of proportionality; ~ **tényező** proportion(ality) factor
aranyoxid auric oxide, gold trioxide
aranyoxidul gold monoxide, aurous oxide
aranyoz gild, plate, parget; **galvánosan** ~ electrogild
aranyozás gilding, gilt; ~ **amalgámmal** wash gilding; ~**t leszed** ungild; **nedves** ~ water gilding
aranyozó: ~ **ecset** (*lapos*) pallet; ~ **kence** gold size; ~ **nyomás** gold blocking; ~ **nyomópárna** gold cushion
aranyozott gilt, gild; ~ **ékszer** plate jewelry; ~ **lapszélek** gilt edges; ~ **papír** gold paper
aranypapír gold paper
aránypár proportion; ~ **aránya** couplet; ~ **belső tagja** mean; **egyenes** ~ direct proportion; ~ **első tagja**, antecedent; **fordított** ~ inverse proportion; ~ **külső tagja** extreme; ~ **második tagja** consequent; **összetett** ~ compound proportion
aranypaszomány bullion
aranypor floating gold, gold dust/flour
aranypróba fineness of gold
aranyreszelék gold dust
aranyrojt bullion, bullion fringe
aranyrög (*ásv*) nugget
aranyrubinüveg gold ruby glass
aranyrúd bullion
aranyrudacska billot
aranysárga golden, gilt, auramine
aranysó gold salt, sodium chloraurate
aránysorozat *l* **aránypár**
aranyszám (*csill; vegy*) golden number
arányszám (*mat*) module, ratio
aranyszér(ke) (*bány*) blanket table, rocker
aranyszérkézés panning
aranyszövet: **színes vetülékkel átszőtt** ~ acca silk
aránytalan disproportionate, inadequate, out of scale
aránytalanság disproportion, inadequacy, malconformation
aranytartalmú auriferous, auric, golden, goldbearing; ~ **homok** gold sand
aranytartalom aránya fineness
aranytelér reef
aranytelér-művelés reefing
aranytorlat auriferous gravel
aranytribromid gold tribromide, auric bromide
aranytricianid gold tricyanide, auric cyanide
aranytrijodid gold triiodide, auric iodide
aranytriklorid gold trichloride, auric chloride
aranyutánzat sárgarézből ormolu, mosaic gold
aranyverő gold-beater
aranyverőbőr gold-beater's skin
aranyvörös papír golden brown paper
aranyzsinór bullion
árapály tide, ebb-and-flow; ~ **okozta változások** (*csill*) tidal evolution; **árapállyal összefüggő vízszintingadozás** tidal fluctuation
árapály-erőmű tidal power installation
árapálykapu (*hidr*) ebb-and-flow gate
árapálykeltő erő (*csill*) tide-producing/-raising/generating force
árapálysúrlódás (*csill*) tidal friction
árapasztó (*hidr*) spillway, wasteway; ~ **alagút** spillway tunnel; ~ **csatorna** spillway, bypass canal, waste discharge channel, by-wash; ~ **zsilip** sluice
árasztás inundation, deluge
árasztó: ~ **öntözés** (wild) flooding, flood irrigation; **táblás** ~ **öntözés** board method of irrigation
árasztómeder false channel
arató-cséplőgép reaper-/harvester-thresher, combine(-harvester)
aratógép (corn) harvester
arató toldalék (*kaszálógépre*) reaping attachment
áraz rate, calculate
árazó calculator
árboc (*hajón*) mast; (*ép*) rig, boom, pole; (*emelőé:*) derrick; ~**tól megfosztott** dismasted; ~ **rögzítése** mast mooring
árbocág (*hajó*) outrigger
árbocállító daru mast crane
árbocantenna mast antenna
árboc-befoglaló gyűrű (*hajó*) mast collar ring
árboc-csőr (*emelőn*) bibb nozzle
árboc-csúcs (*hajó*) top, masthead
árbocdaru erecting crane; ~ **oszlopa** derrick post
árbocdaru-gém pole derrick
árbocdarutartó kötélzet (*hajó*) guying
árbocfa (*hajó*) mast timber, rickers; (*ép*) rig
árbocfelszerelés gear
árbocfészek heel of topmast
árbocforgató kerék (*darun*) bull wheel
árbocgémforgató kerék *l* **árbocforgató kerék**
árbocgomb (*hajó*) truck
árbockapcsoló (*vill*) mast switch
árbockikötő (*darun*) boom brace
árbockosár crow's nest, top
árbockötélzet és -felszerelés ship rigging
árboctáb mast heel
árboclámpa top light; **mellső** ~ bow light
árbocmerevítő támaszfa (*hosszirányban elhelyezve; hajó*) trestle-tree
árbocozat (*ép, hajó*) rig(ging)
árbocrepedés spring
árbocszalag (*hajó*) streamer, burgee
árboctalp mast heel; ~ **fészke** step
árboctámasz spider
árboctartó csigasor (*kotrónál*) luff tackle
árboctő (*hajó*) mast base
árbocváll (*hajó*) shoulder
arborétum arboretum
arbutin arbutin, arbutoside
arc= facial
árcédula (*pa*) pin ticket
arc-ellenző (*mkpár*) face shield/screen
archei (*földt*) archean
archeológia archeology
archeozoikum archeozoic era
archeozoos (*földt*) archeozoic
Archimedes elve (*fiz*) Archimedean principle
archimedesi: ~ **csavar** Archimedean/perpetual screw; ~ **spirális** (*mat*) spiral of Archimedes, Archimedean spiral
architektonikus architectonic
architráv architrave, lintel
arctám (*vasúti kocsiban*) cheek rest
arctörlő (*pa*) cleansing tissue; ~ **papír** facial/cleansing tissue paper
arculat face
arcvédő (*maszk*) face guard/shield
arcvíz lotion
ardennit (*ásv*) ardennite
ardométer (*fiz*) ardometer
arékadió areca catechu nut
arekaidin (*vegy*) areca(id)ine, 1-methylguvacine
arekolin arecoline, arecaidine methyl ester
árelemzés calculation, price analysis
árengedmény rebatement; (*hibás árunál*) depreciation
areométer areometer; (*ol*) hydrometer *is*; **állandó súllyal működő** ~ weight areometer; **öníró** ~ density recorder
areometria areometry
α-részecskék alpha-particles
arfvedsonit (*ásv*) arfvedsonite
Argand-vektordiagram (*vill*) Argand diagram
argentán argentan, German/victory/new silver, packfong, alferide
argentit (*ásv*) argentite, silver glance, vitreous silver ore
argentometria argentometric titration
argillit (*agyagpala*) argillite, clay stone
arginin arginine, amino-guanid-valeric acid

argirodit *(ásv)* argyrodite
argon argon; ~ **tartalmú** *(ásv)* argonian
argon-cső argon lamp
argon-egyenirányító-cső argon rectifier
argon-védőgázos ívhegesztés argon-shielded arc welding, Argonarc welding
argovi emelet *(földt)* Argovian substage
arid *(földt)* arid
arilhalogén aromatic halide
arilólom lead aryl(ide)
arilón tin aryl
aril-szilikonsav siliconic acid
arisztopapír *(másolópapír)* P. O. P. (printing out paper)
aritmetika arithmetic
aritmetikai arithmetic(al); ~ **érték** arithmetical value; ~ **közép** arithmetical mean
aritmikus a(r)rhythmic; ~ **modulálás** *(táv)* a(r)rhythmic modulation; ~ **távgépíró** start-stop apparatus; ~ **torzítás** start-stop distortion
arizonit *(ásv)* arizonite
árjegyzék price list/current, schedule
árjelzés price-marking
árjelző cédula tag
árkád *(ép)* arcade; **fedett** ~ cloister
arkanzit *(ásv)* arkansite
arkatom: ~ **hegesztés** atomic hydrogen welding; ~ **hegesztő berendezés** atomic hydrogen welding apparatus; ~ **hegesztőégő** electrode holder for atomic hydrogen arc welding, atomic hydrogen arc welding torch
árkol ditch, trench, groove; *l* **hornyol** *is*
árkolás trench(ing), trench-work
árkoló: ~ **eke** trench plough; ~ **gyalu** box plane; **nyeles** ~ top fuller; ~ **(ráverő) kalapács** fuller (hammer); ~ **útgyalu** grooving plane; ~ **üllőbetét** support for top fuller
árkológyalu *(fa)* boxplane
árkolókapa trench-hoe
árkolt channelled, pitted; ~ **fennsík** grooved upland
árkos: ~ **lecsapolás** trench drainage; ~ **vető** *(földt)* trough
arkóza *(földt)* arcose, arkose; **bázikus** ~ basal arcose
arkulitok *(ásv)* arculites
arkusz *(mat)* arc
árlap *(pa)* lock ticket
árlap-karton *(pa)* price-ticket cardboard
armatúra armature; **gyűrűs** ~ ring armature; **H-**~ shuttle/Siemens armature; ~ **szórási fluxusa** armature stray flux; **tárcsás** ~ disc(-type) armature; **zárt tekercselésű** ~ closed-coil armature
armatúraáram armature current
armatúra-bandázs armature band
armatúra-bandázshuzal armature-binding wire
armatúra-csapágypajzs armature bearing shield
armatúracsillag armature spider
armatúracsúcsvég-összekötések armature end connections
armatúraemelő armature lever
armatúrafog armature tooth
armatúrafogazat armature teeth
armatúraház armature casing
armatúrahorony armature slot; **armatúrahornyok szélességének viszonya a fogszélességhez** tooth ratio; ~ **záróhídja** slot bridge
armatúrakapcsok armature end connections
armatúrakarmantyú armature sleeve
armatúrakivezető kapcsok armature end connections
armatúrakommutátor kiálló lamellája high bar
armatúralemez *(vastesthez)* armature core disc, armature plate/stamping
armatúramag armature core
armatúramező armature flux
armatúra-szellőzőrések armature ducts
armatúraszórás armature leakage
armatúraszorító tárcsa armature endplate
armatúratekercs armature winding/coil; ~ **sima magja** smooth core
armatúratekercselés armature winding
armatúra-tényező armature factor
armatúratest rotor/armature body
armatúravastest armature body
armatúravisszahatás armature reaction
ármegjelölés price-marking
ármentesítés *(hidr)* anti-inundation work, flood control
armko-vas *(koh)* armco iron
Armstrong-féle: ~ **ketonszerkezeti képlet** *(vegy)* centric(al) formula; ~ **szuperregeneratív kapcsolás** *(rád)* Armstrong circuit
Armstrong-oszcillátor *(rád)* Armstrong oscillator
Armstrong-sav naphthalene-1 : 5-disulfonic acid, „γ"-naphthalenedisulfonic acid
arműr *(tex)* armure
árnyal shade, tint, stipple; *(bőr)* tone off; *(pa)* tint
árnyalás shading, tint(ing), toning, adumbration, stipple; **vegyi** ~ *(fényk)* chemical toning
árnyalásos fonalfestés yarn shading
árnyalat shade, cast, hue, tone, nuance, grade, gradation, taint; *(pa)* shade; **finom** ~**ú** *(fényk)* of delicate gradation
árnyalateltérés *(utánfestésnél; pa)* off shade
árnyalati szűrő *(fényk)* tone filter
árnyalóképesség: vegyi ~ *(fényk)* chemical tone
árnyalt: ~ **papír** tinted paper; ~ **vízjel** *(pa)* shadow watermark
árnyék shadow, shading, shade; *(csill)* umbra; **akusztikus** ~ *(ép)* acoustic shadow; ~ **nélküli világítás** shadowless lighting; ~**ban szárított** *(nyersbőr)* shade dried
árnyékél [*műszaki rajzon*] shade line
árnyékhatás *(fényk)* shadow effect
árnyék-korrekció *(telev)* shading correction
árnyékkorrekció-jelek *(telev)* shading signals
árnyékkúp shading cone, umbra
árnyékmag umbra
árnyékol shield, shade, shadow, adumbrate; [*rádiócsövet*] screen, shield
árnyékolás shield(ing), shad(ow)ing, screen(ing), sheath; *l még* **árnyalás**; *(rád, távk)* screen, shield; ~ **hatásfoka** *(rád)* screen efficiency
árnyékolási: ~ **állandó** screening constant; ~ **szög** screening angle; ~ **tényező** screening/shielding/shadowing factor
árnyékolatlan *(rád)* unscreened
árnyékoló *fn (fényk)* dodger; *mn* screening *stb*, *l* **árnyékol**; ~ **burkolat** *(rád)* shell; ~ **fegyverzet** shielding harness; ~ **rácsáram** *(rád, táv)* screen-grid current; ~ **tényező** *(távk)* screening/shield factor; ~ **válaszfal** *(fényszóróban)* shadow bar; ~ **válaszfalú fényszóró** shadow-bar floodlight
árnyékolóanyag *(mzg)* mulch
árnyékolóbúra *(távk)* shielding can; *(vill)* cup
árnyékolódoboz *(vill)* shadow/screen(ing) box/cover
árnyékolóernyő screen; **elektrosztatikus** ~ electrostatic shield
árnyékolófülke *(vill)* screening box
árnyékológyűrű shield ring
árnyékolóhatás *(vill)* shadow/screening effect
árnyékolókamra *(vill)* screen chamber
árnyékolóköpeny *(rád)* shroud
árnyékolókör *(rád)* screening circuit
árnyékolópajzs (electric) shield
árnyékolórács *(rád)* (anode-)screening grid, screen (grid)
árnyékolórács-áram screen-grid current
árnyékolórács-feszültség screen-grid voltage
árnyékolórács-feszültségforrás screen-grid voltage supply
árnyékolórácsköri belső ellenállás *(rád)* screen resistance
árnyékolórács-modulálás screen-grid modulation
árnyékolórácsos cső *(rád)* screen-grid tube, tetrode
árnyékolórács-potenciál screen-grid potential
árnyékolórácsú tetróda screen-grid tetrode
árnyékolósapka *(rád)* screen cap
árnyékolóserleg *(rád)* screening can/cup
árnyékolótekercs *(rád)* shading coil
árnyékolt shielded, shaded, screened, baffled; *(mat)* shaded; ~ **Adcock-antenna** screened Adcock aerial; ~ **anódú dióda** *(rád)* apertured diode; ~ **bevezető huzal** shielded lead-in wire; ~ **címbetűtípus** *(nyomda)* hatched capital letter; ~ **gyújtás** *(gépk)* screened ignition; ~ **gyújtógyertya** *(gépk)* screened spark-plug, spark-plug with interference correction; ~ **gyújtókábelcsatlakozó** screened spark plug cap; ~ **gyújtómágnes** *(gépk)* screened magneto; ~ **gyújtóvezetékrendszer** harness; ~ **helyiség** *(rád)* screened room; ~ **híd** *(távk)* shielded bridge; ~ **huzal** screened wire; ~ **indítópólusos motor** shaded-pole motor; ~ **keretantenna** screened/shielded loop; ~ **levezetésű antenna** suppressor/antistatic aerial/antenna; **nem** ~ *(rád)* unshielded; **nem** ~ **henger** *(rád)* unbaffled cylinder; ~ **pár** *(távk)* screened/shielded pair; ~ **pólusú mérőműszer** shielded-pole instrument; ~ **rajz** shaded drawing; ~ **sávoly** *(tex)* shaded twill; ~ **szelep** *(motorban)* masked/screened valve; ~ **tekercs** *(rád)* potted coil; ~ **vezeték** screened wire/cable; ~ **vezetékfonal** shielded line; ~ **vezető** shielded conductor; ~ **vezetőkábel** shielded-conductor cable; ~ **vízjel**

(pa) threeplane watermark ; ~ **zsinór** *(táv)* armoured cord
árnyékszék closet ; [*vízöblítéses*] water-closet, cloaca ; **tőzegszórós** ~ earth closet
árnyéktér shadow area
árnyékvető oszlop *(napórán)* gnomon
árnyékvonal [*műszaki rajzon*] shade line
árnyfénykép shadow (photo)graph
árnyjáték *(film)* silhouette plaything
árnykép silhouette, skiagram
árnymélység mérése röntgenfényképezésnél skiametry
árnymentes fényszóró shadowless lamp
árnymérés skiametry
árnyterület shadow area
árok trench, cut, ditch, furrow, gaw, excavation, fosse ; *(hidr)* trench, water gang, delf ; ~ **félkörkeresztmetszetű fenékkel** rounded ditch ; **fölös vizet levezető** ~ waste ditch ; **árkot húz** trench ; ~ **(ki)vájása** *(bőr)* grooving, channelling; **vízlecsapoló** ~ drain(age) ditch
árokásás trenching
árokásó *(gép)* ditcher, ditch/trench excavator, channel(l)ing machine ; bucket/ladder back trencher ; **kétdobos** ~ capstan plow ; ~ **lapát** *(bány)* trench hoe
árokbevégződés trough terminal
árokhasító gép talpbélés és fordított talprészére *(cipő)* channelling machine for insoles and soles of turned work
árokhúzó : ~ **eke** drainage/trench(ing) plough/excavator, irrigating shovel ; ~ **gép** grader ditcher ; **kombinált** ~ **és alagcsövező gép** tile drainage machine
árokkalapács peen/pane hammer
árokkeresztező képesség *(terepjáró gépkocsinál)* trench crossing capacity
árokkészítő gép trencher
árokkidúcoló deszka pitch board(s)
árokkitámasztó csavar extensible steel trench brace
árokpadka *(hidr)* bench at top of ditch
ároksilózás silage trenching
árokvájó *(eke v gép)* *l* **árokhúzó eke** *és* **gép**
árokvezetés *(ép)* trenching
árokvíztelenítés trench drainage
árokvölgy *(földt)* fosse, ramp valley
aroma aroma, fragrance, perfume
aromás *(vegy)* aromatic ; **klórral szubsztituált** ~ **vegyület** chloroaromatic compound ; ~ **rész** *(ásványolajban)* aromatic hydrocarbons, aromatics ; ~ **sav** aromatic acid ; ~ **szulfósav** aromatic sulfonic acid ; ~ **vegyület** aromatic compound
aromatizálás *(ol)* aromatization
Aron-féle kilowattóra-mérő Aron meter
árpaáztató (kád) barley steep
árpadaramalom pearling mill
árpagyöngy pearl barley
árpakorpapác *(bőr)* barley dressing
árpaszalma *(pa)* barley straw
arrak arraca, arrack
arretál arrest
arretálás arrestment
arretáló : ~ **berendezés** arrest(er catch), fastening device ; ~ **bütyök** arrester catch ; ~ **csap** detent pin ; ~ **pecek** *l* **arretáló bütyök** ; ~ **szerkezet** *l* **arretáló berendezés**
árszabás schedule, tariff

ártalmas injurious, detrimental, deleterious ; ~ **gáz** foul gas
ártalmatlan innocuous, harmless, not injurious
ártalmatlansági próba harmlessness test
ártalom nélkül elviselhető adagolás tolerance dose
ártér flood plain
ártéri : ~ **bukó** weir, overfall weir; ~ **feltöltődés** flood-plain deposits ; ~ **híd** flood bridge ; ~ **lerakódás** flood-plain deposit ; ~ **tereplépcső** river terrace ; ~ **völgy** valley flat
árterület *l* **ártér**
artézi artesian ; ~ **forrás** artesian spring; ~ **kút** artesian/flowing well/spring, bore-hole, bore well ; ~ **szivattyú** bore-hole pump
artikulit *(földt)* articulite
artinski *(földt)* Artinskian
áru fabric, ware, goods, merchandise, article ; ~**k fajtérfogata** *(hajó)* rates of stowage ; **idomba kötött szabályos** ~**k** *(kh)* cleared goods ; **páros** ~ *(tex)* cloth without cover ; **sima felületű** ~ *(tex)* bareface
áruátnézés examining of goods
áruátnéző : ~ **gép** examining machine ; ~ **műhely** *(tex)* cloth room ; ~ **osztály** *(tex)* cloth inspection room ; *(személy ; tex)* cloth looker, examiner
áruátvevő *(tex)* cut looker
árubefűző *(szerkezet ; tex)* guider for fabric
árubevizsgálás examining of goods
árucikk *l* **áru**
árucsomagoló munkás *(tex)* paperer, packer
árucsoport batch
áruelőállító manufacturer
árufeladó consigner, consignor
árufelhajtó (szerkezet) *(tex)* lapper
árufészer goods shed
árufeszítő *(tex)* tensioning bar
áruforgalom sűrűsége freight densit
árugyűjtő : ~ **könnyű tehergépkocsi** pickup truck ; ~ **tehergépkocsi** collecting van
áruhajtogató (munkás) *(tex)* folder
áruház warehouse, store ; **központi** ~ emporium
áruhenger *(tex)* cloth beam, merchandise beam, loom cloth roller, beam roller, batching drum, batch(ed) roll ; ~ **hajtókereke** *(tex)* beam wheel; ~ **kikapcsolása** *(tex)* disconnecting of the cloth beam ; ~ **kioldása** *(tex)* disengagement of the cloth beam
áruhenger-regulátor *(tex)* cloth beam regulator
áruhengerregulátor-fogaskerék *(tex)* carrier wheel
áruhordó (munkás) *(tex)* cloth carrier
árujelző gép *(tex)* cloth stamping machine
árukísérő driver's companion
áruküldemény címzettje consignee
árulebocsátó szállítógép descender
áruledobás *(kh)* press-off
árumérő (munkás) *(tex)* yarder
áruminta sample piece
árunyilatkozat *(hajó, rep)* cargo manifest
áruosztályozó műhely *(tex)* cloth inspection room
áruösszerakó (munkás) *(tex)* folder
árupénztár freight house
árupiac emporium

árurakodó híd material- transporting bridge
áruraktár warehouse, goods shed
árusító : ~ **asztal** shamble ; ~ **csónak** bumboat ; ~ **fülke** stall ; ~ **hely** stand
áruszállítás carriage of goods
áruszállító contractor ; ~ **forgalom** goods carrying traffic ; ~ **négykerekű kocsi** wain ; ~ **szakma** goods transport trade
árutekercselő-mérőgép *(tex)* cloth rolling and measuring machine
árutétel lot ; *(nyersbőré)* parcel
árutisztító (személy) *(tex)* nopster
árutonna-mérföld freight-ton-mile
áruvezető *(tex)* cloth guider ; ~ **henger** *(tex)* surface roller
áruvizsgáló *(tex)* examiner, cloth looker
árvédelem flood control
árvédelmi : ~ **gát** *v* **töltés** main dike, levee ; ~ **gát csurgása** blow
árvetés calculation, computation, appraisement, estimate
árvíz flood ; ~ **legmagasabb szintje** head
árvízgát flood dam
árvízgyakoriság flood frequency
árvízhozam flood discharge
árvízi : ~ **folyás** flood flow ; ~ **keresztszelvény** flood section ; ~ **meder** high-water bed, major bed
árvízjel flood mark
árvízkapu flood gate
árvízlefolyás egyenlete flood-flow equation
árvíz-rádiójelzés tidal alarm
árvízszint flood level
árvízszint-jel high-water mark, h. w. m.
árvízvédelem anti-inundation-work, flood control
arzanilsav arsanilic acid
arzanilsavas nátrium atoxyl, amino-phenylarsinic sodium
arzén arsenic, arsenium
arzén= arsenous
arzenál *(kat)* arsenal(s)
arzénapatit *(ásv)* *l* **svabit**
arzenát arsen(i)ate
arzéndiszulfid arsenic disulfide
arzénes arsen(ifer)ous ; ~ **fürdővel konzervált nyersbőr** arsenic bends ; ~ **hamvas** *v* **meszes** *(bőr)* arsenic lime ; ~ **nyersbőrtartósítás** arsenic curing
arzénessav arsenous acid
arzénessavanhidrid arsenous acid anhydride, arsenous oxide, arsenic trioxide
arzénezüst *(ásv)* arsenical silver
arzénfogó kürtő *(koh)* poison tower
arzénhidrogén *l* **arzin**
arzeni= *(ásv)* arsenian
arzenik-bivalybőr arsenic bends
arzeniopleit *(ásv)* arseniopleite
arzeniosziderit *(ásv)* arseniosiderite
arzenit *(ásv)* arsen(ol)ite, arsenic flowers; *(vegy)* arsenite
arzénkovand *(ásv)* arsenopyrites, mispickel, arsenical pyrites/mundic
arzénnikkel *(ásv)* arsenical nickel, niccolite
arzeno= *(ásv)* arsenoan
arzenobenzol arsenobenzene
arzenolit *(ásv)* *l* **arzenit**
arzenopirit *(ásv)* *l* **arzénkovand**
arzénpentoxid arsenic (pent)oxide
arzénsav arsenic acid
arzéntartalmú containing arsenic, arsenical, arsen(ifer)ous ; ~ **szerek** arsenicals

arzéntrioxid arsenic trioxide, arsenous acid anhydride, arsenous oxide

arzéntriszulfid arsenous sulfide, arsenic trisulfide

arzéntükör *(vegy)* arsenic mirror

arzénvegyület arsenic compound

arzénvirág *(ásv)* *l* **arzenit**

arzin arsine, arsenic hydride

arzola calcium arseniate

ásás dig(ging), excavating, excavation

ásatag fossil ; ~ **maradvány** *(földt)* fossil

ásatás *l* **ásás**

A-sáv *(rád)* A-band

ascharit *(ásv)* ascharite

äschinit *(ásv)* aeschynite

asisztikus *(földt)* aschistic

asmanit *(ásv)* asmanite

ásó *fn* shovel, spade ; ~ **alakú kapaszkodó** *[traktorkeréken]* spade lug ; ~ **alakú vágó** spade-type chisel ; ~ **berendezés** digger ; **hegyes** ~ pointed shovel ; **kis** ~ spit ; **rúdra szerelt keskeny** ~ *(póznalyukásáshoz)* loy

ásókotró *(hidr)* dipper

ásó-lapát-felszerelés *(egyetemes kotróhoz)* shovel attachments

ásómagasság *(kotró üzemi mérete)* digging height

ásónyél tiller

ásónyomnyi föld spit

ásószerszám digger

ásott gödör *(ép, kat)* fosse

ásóvas spade iron

ásóvilla three-toothed spade

Asplund-félanyag *(pa)* Asplund pulp

asti emelet *(földt)* Astian stage

Aston-sötét-tér Aston's dark-space

α-sugarak *(at)* alpha rays

ásvány mineral ; **egy** ~**t tartalmazó** monomineral(ic) ; **járulékos** ~ accessory minerals ; **rideg** ~**ok** anti-stress minerals ; ~**ok (szabályos) összenövése** mineral intergrowth

ásványalak form

ásványalkatrész mineral ingredient ; **beágyazott** ~**ek** banded ingredients

ásványantagonizmus antipathy of minerals

ásványanyag mineral matter ; **finomszemcsés átszitált** ~ dredge

ásványcsoport mineral assemblage

ásványfehér *(pa)* mineral white

ásványi mineral ; ~ **anyag** *(aszfaltban)* mineral matter ; ~ **cserzés** mineral tannage ; ~ **cserzőanyagok** mineral tanning materials ; ~ **egyesülés** mineral assemblage ; ~ **eredetű világítóolaj** mineral burning oil ; ~ **faggyú** mountain tallow ; ~ **festék** mineral dye ; ~ **hígító** mineral/petroleum diluents/spirits; ~ **kátrány** bitumen, mineral tar ; ~ **kék** *(festék)* Berlin blue ; ~ **kivirágzás** mineral blossom ; ~ **olaj** mineral oil ; ~ **oldószer** petroleum solvent, special boiling point spirit ; **sötét** ~ **olajok** black oils ; ~ **szálasanyag** mineral fibre ; ~ **szemcsékkel bevont** surfaced with mineral granules ; ~ **szenek és kátrányok** carbonolites ; ~ **szurok** stone pitch ; ~ **termék** mineral product ; ~ **zárványok** mineral spots ; ~ **zóna** mineral field

ásványképződés minerogenesis ; ~ **utáni** postmineral

ásványképződési területek minerogenetic provinces

ásványkincs mineral resources

ásványkiválás minerogenesis ; ~ **előtti repedés** premineral fissure ; ~ **előtt keletkezett** premineral

ásványkonkréció aggregate

ásványkutatás search for minerals, mineral prospecting

ásványlelőhely mineral deposits

ásványolaj petroleum, mineral/petroleum/earth/stone/rock oil ; *(nyersolaj)* crude (oil/petroleum) ; **aszfalt tartalmú** ~ asphaltic base oil ; ~**ból előállított (aromatizált) benzol** petroleum benzene ; ~ **és földgázalapú vegyitermékek** petro-chemicals

ásványolajaszfalt mineral tar, asphalt

ásványolajbázis base of petroleum

ásványolaj-bitumen asphalt, petroleum pitch/asphalt

ásványolajfeldolgozás petroleum refining

ásványolajfelmelegedés vizsgálata *(szénsavkezelésnél)* acid heat test

ásványolajfinomítás petroleum refining

ásványolajfinomító (üzem) (petroleum) refinery

ásványolajfluoreszcencia oil bloom

ásványolajgudron petroleum tar

ásványolaj-ismeret naphthology

ásványolajkátrány petroleum tar

ásványolajkoksz petroleum coke

ásványolajkutatás oil exploration/prospecting

ásványolajlepárló üst petroleum still

ásványolajmaradvány petroleum residue

ásványolaj-nafténszulfonát *(ol)* petroleum jelly

ásványolajszakma petroleum branch

ásványolajszulfósavak *(ol)* acid jelly

ásványolajszulfósavassók *(alkohollal kicsapva)* alcoholic jelly

ásványolajszurok petroleum pitch

ásványolajtartalmú petroliferous

ásványolajtermék petroleum product ; **fehér** ~**ek** white products

ásványolajvezeték petroleum pipe line

ásványosodás mineralization

ásványosodott mineralized ; ~ **kövületek** permineralized fossils

ásványőrlő malom *(koh)* mineral mill

ásványösszenövés aggregate

ásványpróba mineral assay

ásványréteg mineral layer/seam, ore folds

ásványtan mineralogy

ásványtani mineralogical

ásványtársaság association of minerals

ásványtársulás mineral aggregates

ásványtelér mineral vein

ásványtudós mineralogist

ásványvíz mineral water

ásványvízforrás mineral spring ; ~**ok szénlerakódásai** adarce

ásványvíztelítő gép aerated water machine

asz *(zenei hang)* A-flat

aszal bake, dry, parch, shrink

aszalás torrefaction, baking, drying, shrinkage

aszaló bakehouse, bake oven

aszalócserény drying hurdle

aszalódás mummification; *l még* **aszalás**

aszalt dried, adust

aszály drought

aszbolán *(ásv)* asbolan

aszeizmikus *(földt)* aseismic, non-seismic ; ~ **terület** *v* **vidék** aseismic region, stable mass

α-szénatom alpha-carbon

aszepszin asepsin, bromoacetanilide

aszeptikus aseptic, antibacterial

aszeptol aseptol, l-phenol-2-sulfonic acid

aszfalt asphalt(um), stone/mineral pitch, bitumen, mineral rubber, bituminous paint ; *(bitumen és ásványi inert anyag elegye)* asphalt ; ~ **hézagkitöltő (anyag)** *(útép)* asphalt filler ; **olajozott** ~ oil asphalt ; **természetes** ~ asphalt (rock), native/rock asphalt

aszfalt-barna *(festék)* asphaltum

aszfaltbázis *(ol)* asphalt-base

aszfaltbázisú *(ol)* asphalt-base

aszfaltbetonkeverő készülék asphalt plant

aszfaltbitumen (asphaltic) bitumen

aszfaltburkolat asphalt topping/finish

aszfaltcement asphalt cement

aszfalt-csővezeték a sphalt conduit

aszfaltemulzió emulsified asphalt

aszfaltén *(ol)* asphalthene

aszfaltgerenda asphalt block

aszfaltgödör *(ol)* pitch bay

aszfaltgyúró gép asphalt mixer

aszfalthabarcs asphalt grout

aszfalthomokkő asphaltic sands

aszfaltipar bituminous industry

aszfaltit asphaltite, pyrobitumen

aszfaltkeverő gép asphalt mixer

aszfaltkiöntés asphalt grout

aszfalt-kompaund-massza *(vill)* asphalt paste

aszfalt-kőszénkátrány-keverék tar asphalt

aszfalt-kötőanyag asphalt cement

aszfalt-kötőolajak road binders

aszfaltkőzet rock asphalt

aszfaltlágyítás asphalt flux

aszfaltlakk bitumastic enamel

aszfaltlemez plate/sheet asphalt, asphalt sheet ; *(pa)* asphalt board

aszfaltmakadám asphalt macadam

aszfaltmasztix asphalt mastix, mastic asphalt

aszfaltmentesítés deasphalting ; **propános** ~ propane deasphalting

aszfaltmészkő asphaltic limestone

aszfaltnyomó eljárás *(fényk)* bitumen/asphalt process

aszfaltogénsav *(ol)* asphaltous acid

aszfaltogénsavanhidrid *(ol)* asphalt anhydride

aszfaltolvasztó kemence asphalt furnace

aszfaltos asphaltic ; ~ **alapmáz** asphalt (-)primer ; ~ **rongypapírlemez** asphalt rag felt

aszfaltosodás asphaltization

aszfaltozó gép (asphalt) distributor

aszfaltozott futópálya *v* **gurulópálya** *(repülőtéri)* tarmac(adam)

aszfaltpalló asphalt plank

aszfaltpapír asphalt paper

aszfaltragacs asphalt cement

aszfalt-ragasztószer asphalt mastix

aszfaltsimító deszka float

aszfaltszigetelés *(pára v nedvesség ellen)* asphalt damp-proofing

aszfaltszigetelő papír asphalt sheathing paper

aszfalttalanítás deasphaltization

aszfalttartalmú *(ol)* asphaltic

aszfalttekercs asphalt roll

aszfaltzsindely asphalt shingle

aszférikus aspherical ; ~ **csiszológép** aspherizing machine; ~**sá tesz** *(fényt)* aspherize

aszimméter *(vill)* asymmeter

aszimmetria asymmetry, dissymetry ; *[távírójelé]* bias ; *(föld felé ; távk, vill)* unbalance
aszimmetriás *l* **aszimmetrikus** ; ~ **kristályosztály** *(ásv)* *l* **pedionos kristályosztály**
aszimmetrikus asymmetric(al), dissymmetrical, unsymmetrical, skew, lopsided ; ~ **áramkör** unilateral circuit ; ~ **élesmenet** *(gépt)* Harvey grip thread ; ~ **elosztás** skew distribution ; ~ **energiaátalakító** dissymmetrical transducer ; ~ **gyakorisági görbe** *(mat)* skew frequency curve; ~ **kitérés** asymmetrical deflection ; ~ **oldalsávos átvitel** *(rád, távk)* asymmetric-side-band transmission ; ~ **szénatom** *(vegy)* unsymmetrical carbon ; ~ **tápvonal** *(rád)* unbalanced feeder-/transmission-line ; ~ **terhelés** out-of-balance load ; ~ **vegyület egyik izomerjének szintézise** unsymmetrical synthesis
aszimptóta *(mat)* asymptote
aszimptótakör *(mat)* asymptotic circle
aszimptótikus *(mat)* asymptotic
aszinkron asynchronous ; ~ **generátor** asynchronous alternator ; ~ **motor** asynchronous motor ; ~ **vibrátor** *(rád)* nonsynchronous vibrator
aszinkronizmus asynchronism
aszkorbináz ascorbic oxydase
aszkorbinsav ascorbic acid, vitamin C
ászokcsavar (screw) stud, stud bolt ; ~ **anyával** standing bolt ; **előgyújtás-rögzítő** ~ *(gépk)* advance stud ; ~**ral összekötött** stud-retained
ászokcsavarbehajtó tömb stud block/setter
ászok-ék *(hajó)* dogshore
ászokfa set sill, bolster, dunnage, stilling, sleeper
ászokfarögzítés sleeper fastening
ászokgerenda skid, stillage
ászokpalló patand, patant
ászokpince storage cellar
aszparacémsav *l* **aszparaginsav**
aszparagin *(vegy)* asparagine, alpha-aminosuccinamic acid
aszparaginsav asparacemic/aspartic/aminosuccinic acid
aszparaginsavas bárium barium aspartate
aszparaginsavfélamid aspartic acid monoamid
aszpaziolit *(ásv)* aspasiolite
aszpidolit *(ásv)* aspidolite
aszpidoszpermin aspidospermine
aszpirátor aspirator
aszpirin aspirin, acetyl-salicylic acid, acetoxybenzoic acid
asszimiláció *(vegy)* assimilation, assimilating ; *(biol)* anabolism
asszimilál assimilate
asszimiláló : szénsavat ~ autotrophic
asszociáció association
asszociáció-képes associable
asszociál associate
asszociatív associative
asszonancia assonance
asztacin *(vegy)* astacene, astacin
asztag stack, rick ; ~**ot rak** stack
asztagrakó gép stacker
asztal table, desk, counter, bench ; *(kisméretű, szerszámgépen)* (face) plate, platen ; ~ **előtolása** *(gépt)* table feed ; **felfutó** ~ *(fa)* lead-in table ; ~ **gyorsjárata** *(gépt)* (power) quick/rapid traverse of the table ; **lefutó** ~ *(fa)* back table ; **szállítógörgős** ~ approach roller table ; **többrészes** ~ compound table
asztalállító mű *(gépt)* table lowering mechanism
asztalelőtolás *(gépt)* table feed
asztalfék *(gépt)* table brake
asztalhajtás *[szerszámgépen]* table drive
asztalhajtó kerék *(gépt)* driving gear
asztali : ~ **állvány** *(telef)* desk stand ; ~ **ecet** table vinegar ; ~ **edények** table crockery ; ~ **kis prés** table compressing machine ; ~ **körfűrész** benchsaw ; ~ **(lemez)olló** stock shears ; ~ **mikrofon** desk microphone ; ~ **műszerészsatu** parallel clamp vice ; ~ **óra** table clock ; ~ **só** table salt ; ~ **telefonkészülék** hand-telephone set, table/desk (telephone) set ; ~ **üllő** bench anvil ; ~ **vasúti biztosító berendezés** table interlocking machine
asztalkendő napkin, serviette
asztalkendőpapír table cover paper
asztalkonzol *[marógépen]* table bracket
asztalláb *(fa)* table-leg
asztallap *(fa)* table-board
asztallap-betét leaf
asztallöket *(gépt)* table stroke/travel
asztalmerevítő *(harántgyalun)* work-table support
asztalmozgatás *(gépt)* table drive
asztalmozgató fogasléc *(gépt)* table rack
asztalos joiner
asztalos-csaplyukvéső joiner's mortising chisel
asztalos-csavarosszorító carpenter's screw clamp
asztalosdeszka joiner's deal
asztalos-faanyag cabinet wood, bench-wood
asztalos-fabunkó wood mallet
asztalos-fakalapács paring hammer
asztalos faragópenge striking knife, carver
asztalos-ferdevéső skew chisel
asztalos-furdancs : kerepes ~ brace, ratchet ; ~ **keresztlyukkal** carpenter's brace with cross shaped hole ; ~ **nyolcszögletes tokmánnyal** self-centering octagon sleeve brace
asztalosfűrész buck/turning saw, span web saw
asztalos-fűrészlap span web blade
asztalos-gyalupad cabinetmaker's bench
asztalosipar joinery industry
asztalosipari vágógép trimming machine
asztaloskalapács joiner's hammer
asztalos-körfűrész *(mozgatható asztallal)* joiner's cross-cut saw bench
asztalos-laposvéső firmer chisel, straight pattern
asztaloslemez laminated board
asztalosmunka joinery, woodwork
asztalosműhely joinery (shop)
asztalospad joiner's bench
asztalospalló joiner's deal
asztalosráspoly cabinet rasp ; **vékony, félkör-keresztmetszetű** ~ cabinet file
asztalosság joinery (shop)
asztalossatu joiner's vices
asztalos-sikattyú chair clamp
asztalos-szorító chair clamp
asztalosszögmérő *(talpas)* back square
asztalosvéső carpenter's chisel ; **homorú** ~ firmer gouge
asztalrögzítés *(gépt)* table clamping
asztalsüllyesztés *(gépt)* table lowering
asztalszán *(gépt)* table slide
asztaltámasz *(gépt)* table outer support/bracket/brace
asztalterítő table-cloth, diaper cloth ; ~ **krepp-papír** crape paper for table-cloths ; ~ **nemezalátét** silence cloth ; ~ **papír** tablecloth paper
asztal-típusú keltetőgép desk-type incubator
asztalvezeték *(gépt)* table slide(-)way
asztatikus *(földt, mech)* astatic ; ~ **galvanométer** astatic galvanometer ; ~ **mérőműszer** astatic meter ; ~ **mikrofon** astatic microphone ; ~ **szabályozó** *(aut)* integral/astatic control, I-control ; ~ **típusú graviméter** unstable type gravimeter
asztenoszféra *(földt)* asthenosphere
aszteria *(ásv)* **1.** asteria, asteriated/star sapphire ; **2.** stellate opalescence
aszterizmus asterism, star-like rays
aszteroid(a) *(csill)* asteroid
aszterolit *(földt)* asterolith
asztigmatikus astigmatic
asztigmatizált kép *(csill)* astigmatized image
asztigmatizátor *(fényt)* astigmatizer
asztigmatizmus *(fényt)* astigmatism
asztochit *(ásv)* astochite
asztragál *(ép)* astragal, bead mo(u)ld
asztrakán *(báránybőr)* astrakhan ; ~ **szövet** *(tex)* astrakhan
asztrakanit *(ásv)* astrakanite, blödite, simonyite
asztrál= astral
asztrofillit *(ásv)* astrophyllite
asztrofizika astrophysics
asztrofotográfia astrophotography
asztrográf *(csill)* astrograph
asztrográfia astrography
asztrolábium *(csill)* astrolabe
asztrometria astrometry
asztronautika astronautics
asztronautikai astronautical, interplanetary
asztronómia *(csillagászat)* astronomy
asztronómiai *(csillagászati)* astronomic(al) ; ~ **kelet** astronomical date
aszúbor raisin wine
atacamit *(ásv)* atacamite
átácsol retimber ; *(bány)* reline
átácsolás retimbering ; *(bány)* relining
átad pass over/on, relay, transmit, communicate, transfer
átadó : ~ **állomás** clearing station ; ~ **pilóta** delivery/ferrying pilot ; ~ **repülés** delivery/ferry flight ; ~ **surrantó** transfer chute ; ~ **szerkezet** translator
átadott : ~ **teljes sugárzási energia** transmission ; ~ **terhelés** transferred/transmitted load
átakasztott szem *(kh)* open mesh
átalakít remodel, transmute, transform, reform, reshape, convert, change over, modify ; *(átépít:)* rebuild ; *[hullámot]* convert ; *(villamos hatást akusztikussá és viszont')* transduce
átalakítás reforming, transformation, modifying, modification, regeneration, transfiguration, converting, conversion, „re-vamping" : *[ruháé:* retailoring ; *[vivőhullámra]* converting ; ~ **késleltető térrel** conversion by retarding field
átalakítási költség conversion cost

átalakíthatatlan inconvertible
átalakítható convertible ; ~ **eke** *(többvasúról egyvasúra)* convertible plough; ~ **kocsi** *(vasút)* convertible car
átalakító *(vill)* converter, transducer; *(egyenáramról váltakozóáramra)* inverter; *(váltakozóáramról egyenáramra)* transverter; ~ **áramkör** *(vill)* modification circuit; ~ **elektroncsőfoglalat** valve adapter; ~ **fokozat** converter stage; **higanygőzös** *v* **íves** ~ arc converter; ~ **jósági foka** *(rád)* Q of a transducer
átalakítócső converter tube
átalakítós (villamos) mozdony transformer locomotive
átalakított kifejezés *(mat)* transform
átalakul pass into, transmute, change over
átalakulás transformation, (trans)mutation, change (over), metamorphosis, interchange, alteration, anamorphosis, transfiguration; *[elemé]* transmutation; **érc** ~**a** reconvertion; **fokozatos** ~ anamorphosis; **kölcsönös** ~ mutual transformation; **vízsodrás következtében** *(földt)* conversion by drift
átalakulási : ~ **folyamatok** *(földt)* anamorphism; ~ **hőtartomány** *(koh)* transformation range; ~ **öv** *(geof)* belt of transition; ~ **pont** inversion point; *(vegy)* transformation point
átalakuló folyó *(földt)* complex river
átalakult gleccserhordalék modified drift
átállít set over, shift, (re)move, change over, invert, adjust
átállítás change-over, (re)moving, conversion, inverting; ~ **kötelekkel** *(kikötőben; hajó)* warping
átállítható adjustable, reversible, convertible; ~ **bütyköstengely** shifting camshaft; ~ **cölöpverő** skid pile driver; ~ **papírkirakó** *(nyomda)* reversible delivery
átállító : ~ **mozdony** transfer locomotive; ~ **szerkezet** shifter
átáramlási szekrény *(szivattyún)* flow box
átáramló passing, flowing through; ~ **folyadékmennyiség** flow/liquid rate; ~ **vízmennyiség** *(hidr)* water rate
átáramoltat pass in, circulate
ataxikus *(földt)* ataxic
ataxit *(földt)* ataxite
átázik drench
átáztat *(bőr)* drench
átbeszélés speech tech
átbillenés sway; *(multivibrátornál)* turnover, swingover; *(rád)* triggering; **hajó** ~**e** *(vízrebocsátáskor)* tipping
átbillenési idő triggering time
átbillenő áramkör triggering circuit, Eccles—Jordan circuit, flip-flop circuit
átbillentő : ~ **feszültség** *(vill)* triggering voltage, tilting-over voltage; ~ **fogaskerék** feed tumbler gear; ~ **szerkezet** cant
átbocsát *[fényt]* transmit
átbocsátás transmission; *(hidr)* by(-)pass
átbocsátási : ~ **sík** *(polarizátornál)* transmission plane; ~ **tényező** transmission/transition factor, transmittance
átbocsátó permeable, non-tight; ~ **képesség** permeability, penetrability; ~ **szelep** bypass passing valve
átbocsátóképes permeable, penetrable
átbocsátott fény transmitted (light)
átboltoz *(ép)* cope, arch
átboltozás *(ép)* arch covering, arc-over; *(koh)* hang
átbuborékoltatás barbotage, bubbling
átbukási magasság height of overflow
átbukó medence *(hidr)* bay of overflow
átbukott redő *(földt)* overfold
átbuktat tip up; *(szemet; kh)* clear, knock over
átbuktatott : ~ *(levert)* **hurok** *v* **szem** *(kh)* cast loop; ~ **redő** *(földt)* inversion, inverted/overturned fold
átcsaptat *(bőrt; meszesgödörből)* shift, handle
átcsengetés *(távk)* ringing test
átcsévél (re)wind, reel, respool, overwind
átcsévélés *(tex)* overwinding, respooling, cheesing, reeling
átcsévélő gép *(tex)* rewinding machine
átcsiszol regrind, grind over
átcsomagol repack
átcsomagolás repacking
átcsoportosít rearrange
átcsoportosítás rearrangement, reshuffle
átcsoportosul rearrange
átcsoportosulás rearrangement, transformation; ~ **kettős szénatomrendszerben** two-carbon rearrangement
átcsurgás *(ép)* ooze
átdesztillál distil over; *(ásványolajat)* distil, boil
átdesztillálás distilling over, run-down
átdob : **váltót** ~ *(vasút)* overthrow; **vetélőt** ~ *(tex)* throw-off the shuttle
átdolgoz convert, remodel; **újra** ~ reoperate
átdörzsöl rub over; *(szersz)* reream, ream up
átdug *(ép)* reeve
átedz harden through
átedzés full/through hardening
átég *(vill)* fuse, melt
átégés *(vill)* fusing, blowing, melting, burning
atelestit *(ásv)* atelestite
atelit *(ásv)* atelite
átellenes opposite
átemel *(bőrt meszesből)* mount, draw
átemelő : ~ **duóhengerállvány** *(heng)* pull-over two-high mill; **henger mögötti** ~ **asztal** *(heng)* back mill table; ~ **lépés** *(tex)* intermediate step
átenged pass (over)
átengedő permissive, pervious; ~ **hézag** admission slot; **hősugarakat** ~ diathermal
átépít reconstruct, rebuild, re-edify, convert, remodel; *(bány)* reset the post
átépülő szakasz *(úton)* relaying section
áteresz *(ép)* culvert, relief, fairlead; **boltozott** ~ arch, culvert; **kővel fedett** ~ box culvert; **lépcsős** ~ cascade culvert; **vízlevezető** ~ draw-off culvert
áteresztés *l* **átbocsátás**; **víz** ~**e** *(hidr)* weeping
áteresztő permeable, permissive, pervious, leaky; *fn l* **áteresz**; ~ **csavar** banjo bolt; ~ **cső** *(szivattyún)* bypass pipe; **(egyenesen)** ~ **csap** straight-through cock; **félig** ~ *[kőzet]* carrying; **felül** ~ **szűrő** *(rád)* high-pass (wave) filter; ~ **gát** dam in loose stuff; **hatékony sugárzást** ~ diactinic; ~ **irányú áram** forward current; ~ **irányú ellenállás** forward resistance, low-resistance value; *(spektrográfé)* transmission factor; ~ **képesség** permittivity, permeability, penetrability, perviousness, delivery value; ~ **képesség görbéje** *(szính)* transmission curve; ~ **kör** *(vill)* acceptor (circuit); ~ **magma** permissive magma; **mindent** ~ **szűrő** *(rád)* all-pass filter; **nem** ~ non-permeable; ~ **nyílás** pass; ~ **papír** permeable; ~ **sáv** *(távk)* pass band, filter transmission band; ~ **szelep** by(-)pass (valve), pass(ing) valve, through-way valve; ~ **tartomány** *(távk)* pass range; ~ **(űr)szelvény** area of passage; **vizet jól** ~ **talaj** well-drained soil
áteresztőképesség-vizsgáló készülék permeameter, permeability apparatus
áteresztősáv-szélesség pass-band width
ateriasztit *(ásv)* atheriastite
atermán *(ásv, fiz)* athermanous
átértelmezés *(mat)* redefinition
átesés *(rep)* stall(ing); ~ **elleni** *v* ~**t gátló szerkezet** stall-preventing gear, anti-stall gear; ~ **fordulóban** turn(ing) (flight) stall; ~ **járó motorral** power stall; ~**ből kivesz** *v* **visszavesz** unstall; ~**re nem hajlamos repülőgép** non-stalling aeroplane, stall-free aeroplane; **repülés az** ~ **határán** stalled flight
átesésbiztos repülőgép stallproof aeroplane
átesésgátló tulajdonság(ok) anti-stall characteristic(s)
átesési : ~ **(állás)szög** *(rep)* angle of stall, stalling incidence/angle; ~ **sebesség** *(rep)* stalling speed, minimum steady-flight speed; ~ **tulajdonságok** stall characteristics
átesik *(rep)* stall
átfed (over)lap; *[felüljárót]* bridge over
átfedés overlap(ping); *(ép)* superposition; *(nyomda)* ride; ~ **hossza** *[betonvasalás szálainak illesztésénél]* lap of splice; ~ **területméretre** *(gépt)* lap
átfedéses munka lapwork
átfedési frekvenciatartomány *(rád)* crossover frequency
átfedésszabályozó készülék *[fotogrammetriában]* overlap(ping) control
átfedett lapped
átfedő : ~ **felület** overriding face; ~ **hézag** *(ép)* recurring joint; ~ **illesztés** *(ép)* lap joint; ~ **impulzusok** overlap(ping) (im)pulses; ~ **képesség** *[légi fényképezésnél]* covering power; ~ **kötés** *(ép)* bond; ~ **rétegszegély** *(földt)* lap seam; ~ **serleges szállítólánc** lap bucket conveyor
átfedődik *(nyomda)* ride
átfektet *(síneket)* relay
átfest *[fedőréteggel]* redye
átfestett karton *(pa)* colo(u)red throughout board
átfésül rake
átfinomítás *(kavaró kemencében)* refining puddling
átfog embrace; *(mat)* subtend
átfogás embrace, embracing, reach, overlap(ping); **kettős** ~ *[fékdobon]* double embrace; **szilárd** ~ grasp, grip; **terep** ~**a** *(fotogrammetriában)* coverage

átfogási : ~ **ív** *(dobon v tárcsán)* wrap ; ~ **szög** angle of lap/wrap ; ~ **viszony** *(rád)* range ratio
átfogó *fn (derékszögű háromszögnél:)* hypotenuse ; *(háromszögnél:)* subtense
átfogott *l* **átfogási**
átfolyás *(hidr)* by(-)pass ; *l még* **áteresz**
átfolyási : ~ **mennyiség** *(pa)* throughput; *(hidr)* discharge ; ~ **sebesség** flow rate/speed ; ~ **tényező** discharge factor/coefficient
átfolyásos kaloriméter flow calorimeter
átfolyat pass in
átfolyik flow
átfolyó : ~ **típusú mérőműszer** flush-type instrument ; ~ **vízmennyiség** *(hidr)* water rate/discharge
átfolyócső *(szivattyún:)* bypass pipe
átfonás *(huzalé:)* covering
átfont kapcsolás interlaced joint
átfordít invert, roll over, keel over, swing
átfordítás inversion, tilting over ; *(bőráztatásnál:)* hoisting ; *(távcsöveknél:)* reversal
átfordítható : reversible ; ~ **libella** *(geod)* reversible level ; ~ **surrantó** *(bány)* reverse chute ; ~ **szintező libella** cross test level
átfordító : ~ **henger** *(nyomda)* reverse cylinder ; ~ **mozgás** throw-over motion
átfordítós rázó-formázógép *(önt)* roll-over jolt ram (moulding) machine
átfordított turned-over
átfordul pass into, turn over
átfordulás turnover
átforgat set over, cant ; [*műszert*] reverse ; [*légcsavart*] wind up
átforgatás setting over, reverse movement, canting
átforgatható : ~ **békaszorító** *(vill)* reversible frog ; ~ **csappantyú** *v* **zárkilincs** throw-over catch
átforgató eke lapátja mouldboard
átformál *l* **átalakít**
átfúj blast ; [*gőzzel*] blow off ; [*hengert*] scavenge
átfújás *l* **átfúvás** ; *(dugattyú mellett)* blow-by
átfújt olaj blown oil
átfúr drill, hole, perforate, pierce, pick, punch, penetrate
átfúrás drilling, piercing, perforating, punching, penetration, pertusion
átfúrási : legnagyobb ~ **vastagság** drilling capacity
átfúródik perforate, penetrate
átfúródott selyemgubó royal cocoon
átfúrt-orsós eszterga hollow-spindle lathe
átfut run through, traverse, pass
átfutás pass ; **elektron** *v* **részecske** ~**a** transit ; **üres** ~ *(heng)* dummy pass
átfutási : elektron ~ **ideje** electron-transit time ; ~ **fázisszög** *(rád)* transit angle ; ~ **idő** transit time
átfutó passing, transitory ; ~ **fedélzet** freeboard deck
átfúvás blow(ing), blow-by, afterblow, perflation, bubbling ; *l még* **átfúvatás** ; *(hengerben:)* blowing past ; *[szelepnél]* blow-through
átfúvatás blow(-through), blast, purge ; ~ **levegővel** aeration, barbotage
átfúvó : ~ **csatorna** *v* **(cső)vezeték** scavenging duct ; ~ **cső** *(szivattyúban)* blow-through pipe

átfűtés through heating
átfűz *(ép)* reeve ; **kikötésnél kötelet karikán** ~ *(hajó)* reeve
átfűző huzal *(szerelésnél ; vill)* snake
átgurít roll over
átgyúr *(talajmech)* remo(u)ld
áthajlás bend, inflexion ; *(mech)* *l* **behajlás**
áthajláspont point of inflexion
áthajló : ~ **homorú part** *(földt, hidr)* undercut ; ~ **kőzet** rock shelter
áthajlott antiklinális rectum anticlinal
áthajózás transshipment
áthajt drive off, pass over, drive through, fold ; *(stircel ; cipőfelsőrészt)* bead ; *(bőrszélt:)* fold ; **távcsövet** ~ *(geod)* transit
áthajtható (távcsövű) teodolit *(geod)* transit (theodolit)
áthajtó vas plumbers' hardie
áthalad pass through, traverse
áthaladás transit, way, passage ; ~ **délkörön** *(geod)* meridian passage ; **égitestek** ~**a délkörön** *(csill)* transit ; ~ **ideje** *(vasút)* detention period
áthaladási : ~ **idő** *(csill)* time of transit; ~ **jelző** *(vasút)* advance signal ; ~ **keresztmetszet** *(hengerállványon)* section of shear ; ~ **űrszelvény** travel(l)ing space
áthallás *(telef)* crosstalk, interference ; *(csatornasávszűrők között:)* spill-over; ~ **elleni búra** crosstalk shell ; ~ **mérve** crosstalk volume ; **többszörös** ~ babble
áthalláscsillapítás cross-talk attenuation/damping ; ~ **alapértéke** *(távk)* signal-to-crosstalk ratio
áthalláselnyomó szűrő *(távk)* crosstalk suppression filter
áthallási : ~ **csatolás** *(távk)* crosstalk coupling ; ~ **effektus** hearing effect ; ~ **egység** *(távk)* crosstalk unit ; ~ **görbe** shadow curve ; ~ **négypólus** crosstalk quadrupole ; ~ **összetevők** *(távk)* crosstalk components ; ~ **utak** *(távk)* crosstalk paths ; ~ **védettség** *(távk)* signal-to-crosstalk ratio
áthallásmérő *(távk)* crosstalk meter, crosstalk measuring set
áthallásvédelem *(távk)* crosstalk suppression
áthallott áram *(távk)* crosstalk current
áthasít *(fa)* resaw
áthatás penetration ; *(rád)* penetration coefficient, penetrance
áthatási ikrek *(ásv)* penetration twins
áthatlanság impermeability
áthatlansági próba impermeability test
áthatό transitive ; [*hang*] eager ; [*szag*] penetrating
áthatol penetrate, permeate
áthatolás penetration ; **sejt** ~**a hártyán** transmigration
áthatolási próba penetration test
áthatolásmérő transmissometer
áthatolásvizsgáló *(pa)* penetration tester
áthatolhatatlan impenetrable, impermeable, impervious ; ~ **papír** impenetrable paper ; ~ **törés** *(bány)* impervious break-down
áthatolhatatlanság impenetrability, impermeability, imperviousness
áthatolható permeable, penetrable, passable, pervious

áthatolhatóság penetrability, penetrating power, permeability
áthatoló penetrating, penetrant ; ~ **képesség** penetration power ; ~ **szer** *(gumi)* penetrant
áthatóság pungence
áthegesztés through welding, penetration; **elégtelen** ~ insufficient penetration
áthelyez translocate, transfer, displace, transpose, dislodge, remove, turn change over ; **munkahelyet** ~ *(bány)* turn over the face
áthelyezés transfer(ence), transposition, move, relocation, change-over
áthelyezhető portable, movable ; ~ **fűrészüzem** portable sawmill
áthelyezhetőség movability
áthelyeződés *(vegy)* molecular transposition
áthelyeződő : ~ **depresszió** *(met)* travel(l)ing depression ; ~ **vegyértékkötések** shifting bonds
áthengerlő *(tex)* rebeamer
áthevült (csap)ágy(tok) hot box
áthidal bridge (over), span ; **légrést** ~ *(vill)* bridge the gap
áthidalás *(ép)*(piece)span(ning)), bridge, span, bridging, straight arch ; *(bány)* bridging, lacing ; *(tápvonalon:)* re-entrant (section); *(vill)* (transition) bridging, bypass(ing); [*közút felett:*] dry bridge ; ~ **csatornán át** channel span ; **ferde** ~ herringbone bridging ; ~ **tiszta belmérete** clearance of span
áthidalásos tápvonaldarab *(rád)* re-entrant transmission-line section
áthidalható : legnagyobb ~ **vonalcsillapítás** *(távk)* highest compensable line attenuation ; ~ **távolság** *(távk)* range
áthidaló *fn (ép)* cross transom, lintel, cap ; [*ajtó v ablak felett*] template ; *mn* bridging ; *l még* **áthidal(ás)** ; ~ **atom(csoport)** *(vegy)* bridge ; **boltívszerűen kialakított** ~ archivolt ; ~ **gerenda** summer beam, browpost, bridging joist ; **íves** ~ platband ; ~ **kapcsoló** bypass switch ; ~ **kefe** *(távk)* bridging brush ; ~ **kondenzátor** bypass/block capacitor condenser ; ~ **kötés (képződése)** *(vegy)* bridging ; ~ **ponthegesztés** *(átfedő pontokkal)* bridge spot weld ; ~ **szelep** bypass valve ; ~ **szűrő** *(távk)* bridging filter ; ~ **tekercs** bridging coil ; ~ **transzformátorok távbeszélő mellékállomáson** bridge/bridging set ; ~ **vezeték** jumper
áthidalt : ~ **T-híd** *(távk)* bridged T-network ; ~ **T-tag** *(távk)* bridged T-section
áthornyolt *(fa)* folded over ; *(gépt)* slotted
áthozat *(készleté)* carryover
áthurkolás wrap(ping)
áthurkolási szög *(tex)* angle of wrap
áthurkolásos fonalfék wrap tensioner
áthurkolt szem *(kh)* coiled loop
áthúz broach, pull over, cog ; *(bőrt meszesből)* mount ; **szemeket** ~ *(kh)* knock over
áthúzás pulling-over, broaching ; ~**ok fonákoldalra** *(tex)* laps
áthúzó broaching ; ~ **idomszer** pull-over ga(u)ge ; ~ **lap** *(gépt)* stripping plate ; ~ **rázó-formázógép** *(önt)* jolt-stripper ram/mo(u)lding machine; ~ **tüske** broach
áthúzódás *(földt)* traction

áthúzódik : platinahurok ~ a tűhurokba *(kh)* needle loop robs from sinker loop
áthúzólapos formázógép *(önt)* stripping--plate moulding machine
átimpregnál *(átköt rendező kereten; telef)* jumper
A-típusú kép *(radar)* A-display
átirányítás : vasúti kocsik ~a más vágányra intraterminal switching
átírás *(hangnemben:)* transcription; *(hangfelvételé:)* translation; **akusztikus ~** *(több lemezről egyre)* dubbing
átírási veszteség *(hangfelvételnél:)* translation loss
átirat *(más hangszerre v hangszercsoportra)* arrangement
átíró : ~ folyadék posting fluid; **~ könyv** duplicating book, transfer copying book; **~ papír** transfer/manifold/duplicating paper; **~ toll** manifold pen; **villamos ~ gép** facsimile posting machine
átírókönyv-nyersselyempapír tissues for duplicating books
átírókönyvpapír paper for duplicating books, through-writing-book paper
átírt példány transcript
átiskolázás *(fa)* repeated planting-out
átitat impregnate, drench, soak (up), saturate, inject; *(pa)* imbue; *(alapfestékréteggel v páccal:)* pad; *(gumioldattal:)* rubber; **festékkel ~** engrain; **láncot ~** *(tex)* impregnate the warp; **zsírral ~** tallow
átitatás impregnation, impregnating, imbibition, doping, soaking, saturation
átitatott : ~ lemez *(pa)* impregnated board; **~ papír** impregnated paper
átitató védőlakk impregnating varnish
átível *(boltozattal:)* arch
átívelés *(vill)* flashing, flash-arc, arc--over; **~ lökő feszültséggel** impulse flash-over
átívelési : ~ feszültség flashover voltage; **~ idő** *(vill)* flashover time/period; **~ lökő feszültség** flashover impulse voltage; **száraz ~ feszültség** dry flashover voltage; **~ szilárdság** *(vill)* flashover strength/voltage; **~ távolság** *(vill)* arcing distance; **~ vizsgálat** *(vill)* flash(-)over test, spark-over test
átívódás trans(s)udation; *l még* **átitatás**
atizin atisine
átizzás *(rádiócsőnél:)* excessive heating, hot shot, „lighting"
átjárás crosswalk, passageway, thoroughfare
átjáró *fn* passage (way), thorough(fare), adit, lane alley(way), aisle, corridor; *l még* **átjárás**; *[nézőtéren]* gangway; **~ ajtó** *(ép)* passage door; **boltív alatti ~** archway; **~ csatorna** gat; **~ (gyalog)híd** gangway; **~ nyílás** *(bány)* body size hole; **redős ~** *(vasúti kocsik között)* bellows gangway; **~ a személyszállító fülkében** *(rep)* aisleway; **vasúti ~** *(sorompóval nem védett)* level crossing; *(sorompóval védett:)* level crossing with gate
átjáró-előtér *(vasút)* vestibule; **~ védőkerete** vestibule face-plate
átjáróhely *l* **átjáró**
átjáróút *l* **átjáró**
átjátszó állomás *(rád)* relay station
átjavít retouch
átjavítás retouch
atkaölő szer acaricide
átkapcsol *(gépt, vill)* switch, shift, commutate, change over; **ellenkező irányra ~** *(gépt)* reverse
átkapcsolás *(gépk)* shifting, change--over, throw-back; *vö még* **átkapcsol**; **áram ~a** switch-over of current
átkapcsolási idő changeover time
átkapcsolható *(távk)* switchable; **~ műszer** *(vill)* multirange instrument
átkapcsoló *(vill)* change-over switch, reversing switch, commutator; *[előfizetői készülékben:]* cradle switch, switch hook *(UK)*; switchhook *(US)*; **~ bütyköstengely** shifting camshaft; **~ bütyök** *(rád)* cat-head; **~cső** switchtube; **~ emeltyű** shifter/shifting lever; **~ érintkező** change--over contact, switching contact; **háromállású ~** three-way/point switch; **~ készülék** *(gépt, vasút)* tripper; **kétállású ~** two-way switch; **~ szekrény** switch box; **~ szerkezet** striking gear, switching device
átkel *(hajó)* pass, cross; **gázlón ~** ford
átkelés *(hajó)* ferry, passage, crossing
átkelési : ~ hídfelszerelés bridging equipment; **~ szakasz** *(városépítés)* transition zone; **~ útszakasz** through route
átkelő hajó passage boat, traject, ferry
átkeresztez *(távk)* retranspose
átkérő : ~ forgalom *(telef)* trunking traffic; **~ vonal** *(távk)* trunk line
átkever permix
átkódolás *(táv)* code conversion
átkormányoz *(gép, heng, hajó)* reverse
átkormányzó : ~ berendezés *(gépt)* reversing mechanism; **~ gőzhenger** power reverse gear cylinder; **~ kar** reversing lever
átkovácsol reforge
átkovácsolt reforged; **teljesen ~** best--best hammered, B. B. H.
átköszörül regrind
átköt *[csomagot:]* tie; *(ágat; telef)* jumper
átkötés envelope, tying, crossbinding; *(telef)* jumpering, strap(ping), cross connection; **kettős gyűrűs ~** *(magnetronnál)* double-ring strapping; **~sel kicsatol** *(távk)* strap out; **oldható ~** *(telef)* jumpering
átkötési : ~ asztal *(telef)* cross-connecting board; **~ csillapítás** *(távk)* bridging loss
átkötő *(szabadvezeték és kábel között)* bridle wire; **~ dugó** *(távk)* U-link; **~ huzal** *(rendezőkereten)* jumper wire; **~ kő v tégla** throughstone; **~ lamella** *(érintkezőkefébez)* lamination-link, strap for contact brush; **~ lemez** *[kétfalú szelvényen]* stay plate; **~ téglasor** *(terméskőfalazatban)* lacing course; **~ zsinór** *(távk)* patch cord
átkövezés *(útép)* relaying
átkristályosít recrystallize
átkristályosítás recrystallization
átkristályosítási : ~ hőfelvétel *(hevítéskor)* decalescence; **~ hőfokok v pontok** *(koh)* critical/change temperatures/points
átkristályosító lágyítás *(koh)* subcritical annealing
átkristályosodás *(ásv, vegy)* recrystallization, rejuvenation of crystals
átkristályosodási : ~ hőköz *(koh)* critical range; **~ hőleadás** *(hűtéskor)* recalescence
átkristályosodik recrystallize
átkristályosodott szerkezet *(ásv)* percrystalline structure
átlag medium, mean, average; *(mat)* average/mean (value); *(összetételé)* composition average; **~ot alkot** take the mean
átlagáram *(félperiódus áramának átlaga)* average current
átlagérték average value
átlagfa test-tree, sample tree
átlagfeszültség average/mean tension
átlagfogyasztás average consumption
átlagforrpont *(ol)* average boiling point
átlaggyorsító medium accelerator
átlagkor *(fa)* mean age
átlagminta average/middle sample
átlagmozgás *(mech)* mean motion
átlag-művonal *(távk)* compromise network
átlagnap mean day
átlagol average
átlagolás averaging
átlagoló *(vill)* averager
átlagos average, mean, medium, common; **~ apályszint** *(hajó)* datum; **~ barázdaszélesség** *(hanglemezen)* mean track; **~ (csapás)irány** *(bány)* general trend; **~ csatornaszelvény** mid-channel section; **~ eltérés** mean deviation; **~ érctartalmú érc** medium-grade ore; **~ fonalfinomság** medium count; **~ (föld feletti) magasság** *(légvezetéké)* average height above the ground; **~ hosszméret** average length; **~ hosszúságú szál** *(tex)* mean fibre; **~ idő** average time; **~ igénybevétel** mean load/stress; **~ keménység** *(ásv)* mean hardness; **~ mágneses tér(erősség)** mean magnetic field; **~nak megfelelő minőségű** *(faanyag)* fair average quality; **~ megfigyelő** *(távk)* average observer; **~ menetidő** round-trip time; **~ menetsebesség** round-trip speed; **~ négyzetes eltérés** standard deviation; **~ összetétel** composition average; **~ szabad úthossz** *(gázmolekuláké)* mean free path; **~ szélesség** *(fűrészáruké)* average width; **~ teljesítőképesség** *(gépt)* mean power; **~ töltési fok** *(gőzé)* mean cut-off; **~ üzemi körülmények** average operating conditions
átlagpróba *l* **átlagminta**
átlagsebesség *(gépt)* mean velocity; *(gépk)* average speed
átlagsebességmérő műszer *(gépk)* average speed indicator
átlagsúly average weight
átlagszám *(mat)* average, mean value
átlagszínvonal mean level
átlagteljesítmény average power
átlagtermelés average output
átlagtörzs *(fa)* mean tree
átlag-zaj *(rád, távk)* random noise
átló *(fa)* caliper
átlóz *(fát)* caliper
atlanti kőzetek *(földt)* Atlantic (rock) tribes
atlanton *(vegy)* atlantone
átlapátolás *(bány)* rehandling; **~ a munkahely mentén** casting

átlapol lap (over)

átlapolás (over)lap(ping), (seam) lap, superposition ; *(heng ; hiba)* cold shut ; **ferde ~** *(ácsolatnál)* bevel joint ; **~ nélkül ragasztott** butted joint

átlapolási fok/tényező *(rep)* *l* **légcsavar-fedettség**

átlapoló : ~ burkolat imbricated overlapping ; **~ kefe** *(távk)* bridging wiper ; **~ letapogatás** staggered scanning ; **~ vas** *(gépt)* butt joint iron

átlapolt lapped ; *(vasmagösszeállítás)* interleaved ; **~ darab** *(ép)* fishing piece ; **~ deszkaburkolat** wedge boarding ; **~ felmetszésű dugattyú gyűrű** lap ring ; *(lépcsős végű)* step-cut ring ; **~ hegesztés** lap joint ; **~ hegesztésű cső** lap-welded pipe ; **~ hegesztett varrat** lap weld ; **~ illesztés** lap seam, lapped butt ; **~ kötés** lap joint ; **~ pontsorhegesztés** *(átfedő pontokkal)* bridge spot weld ; **~ pontvarrat** lap spot weld ; **~ szegély** lapped seam ; **~ varrat** lap seam ; **~ vonalhegesztési varrat** bridge/lap seam weld

atlasz *(ép)* atlas, telamones ; *(szövet)* atlas, satin ; *(kötés)* atlas, sateen ; *(selyem)* atlas (silk)

atlasz-fűzés *(tex)* sateen draft

atlaszkötésben elhelyezett keresztsávoly satin drill

atlaszkötésű selyemszövet silk fabric in sateen

atlaszpapír satin paper

átlátszatlan opaque ; **~ papír** opaque paper

átlátszatlanság opacity

átlátszó transparent, clear, holohyaline, glare, perspicuous, limpid ; **~ boríték** *v* **burkolat** luminous envelope ; **~ lesték** transparent colo(u)r ; **~ földpát** glassy feldspar ; **~ kép** transparency ; **~ lakk** transparent lacquer ; **~ papír** transparent paper ; **~ pauszpapír** transparent tracing-paper ; **~ ragasztószalag** scotch tape ; **~ rajzpapír** transparent drawing paper ; **~ rajzvászon** tracing cloth

átlátszó-áttetsző *(ásv)* transparent to translucent

átlátszóság transparency

átlépési csillapítás *(távk)* reflection loss

atlétatrikó sport skirt

átló diagonal

átlóirányú transversal ; **~ nyomás** *(ép)* transverse thrust

átlós diagonal, bias, angle ; *(pa)* cater-cornered ; **~an** on bias, arriswise ; **~an eltolt** *(ép)* staggered ; **~ farostirány** diagonal grain ; **~ fejtés** *(bány)* rill ; **~ feszíték** *(bány)* X-frame brace ; **~ feszítőhuzal** shear wire ; **~ gerenda** *(ép)* brail ; **~ gyűrűhíd** *(vegy)* transannular bridge ; **~ irányú áthelyeződés a gyűrűben** *(vegy)* transannular migration ; **~ irányú peroxid-híd a gyűrűben** *(vegy)* transannular peroxide ; **~ irányú szerkezet** *(ép)* herringbone structure ; **~ kötés** *(ép)* raking/oblique bond, herringbone (strut); **~ merevítés** *(bány)* martingale suspension ; *(rep)* diagonal bracing ; **~ merevítőrúd** lattice bar ; **~ mintázatú** herringbone ; **~ munkahely** *(bány)* incline cut ; **~ pásztafejtés** rill stoping/cut ; **~ pásztafejtési rendszer** rill system ; **~ rácskitöltési rendszer** system of diagonals; **~ ripsz** corkscrew repp; **~ ripszkötés** corkscrew weave ; **~ struksz** *(tex)* diagonal twilled-back cloth ; **~ szerkezet** transverse construction ; **~ távolság** slant range ; **~ útvonal** transit ; **~ vágás** *(bány)* rill ; **~ vágású körfűrész** circular mitre saw ; **~ vágógép** *(gumi)* bias cutter ; *(pa)* diagonal cutter, angle paper cutter, angle cutting machine ; **~ vetélőjű hímzőgép** *(tex)* Swiss machine ; **~ vető** *(földt)* semi-longitudinal faults; **~ vonal** traverse, transit line ; **~ vonórúd** *(kettős tárcsán ; mzg)* crossed draft, diagonal draw rod

átlóstávolság-átszámító *(rád)* slant-range converter

átlóstávolság-magasság-átkapcsoló *(rád)* slant-range-altitude switch

átlyukaszt perforate, pierce, punch, broach, peck

átlyukasztás puncture, pertusion, piercing, perforation, punching

átlyukasztható puncturable ; **nem ~** *(gumiabroncs)* unpuncturable

átlyukasztott punctate

átmágnesezés magnetic reversal, reverse magnetization

átmágneseződés magnetic printing/copying

átmásol calk, transfer, copy

átmásolás counterdraw, calking, transfer

átmásoló ábra transfer diagram

átmegy *(vmibe)* pass into ; *(vmin)* pass over ; **egymásba ~** *(fokozatosan ; bány)* blend ; **simán ~** *[egyik felület a másikba]* blend smoothly

átmelegítés through heating

átmenet transit(ion), tr., passage ; *(hengerkerék áthaladása hengerhasítékon át ; órában)* passage ; **íves ~** *(útép)* easing ; **megengedett ~** *(szink)* allowed transition ; **tiltott ~** prohibited transition

átmeneti transient, transition(al), intermediate, temporary ; **~ alak** transition form ; **~ állapot** *(vegy)* transition state ; **~ bázisú ásványolaj** mixed base crude petroleum ; **~ boltozat** *(négy- és nyolcszögű toronyrész közt)* squinch ; **~ elem** *(vegy)* transition element ; **~ ellenállás** contact resistance ; **~ frekvencia** *(rád)* turnover frequency ; **~ görbe** *(vasút)* connecting curve ; **~ impedancia** transfer impedance ; **~ ion** hybrid ion ; **~ ívsín** intervening rail ; **~ jelenségektől mentes** *(vill)* transient-free ; **~ jellegű feszültség** *(vill)* transient voltage ; **~ jelterek** *(rep)* twilight zone ; **~ kapcsoló** *(csavarkápocsról önműködő vonókészülékre)* transition coupler, combination coupling ; **~ kapcsolókarmantyú** reducing coupling box ; **~ keret** *(gépt)* adapter ; **~ kötés** *(kábelé)* distributing joint ; **~ lejtő** compensation grade ; **~ műszer** *(csill)* transit telescope ; **~ öv** *(földt)* belt of transition ; **~ övek vize** *(földt)* intermediate water ; **~ pont** *(koh, vegy)* transition point ; **~ sín** *(sínszelvényváltozásnál)* carrying rail ; **~ stílus** *(ép)* transition style ; **~ tartomány** *(záró és áteresztő tartomány között ; távk)* transition region ; **~ teljesítmény** short-time rating ; **~ tényező** reflection factor ; **~ termék** *(bány)* middling, rewash ; **~ valószínűség** *(szink)* transition probability

átmenetileg tárolt keményítő temporary starch

átmenő *l még* **átmeneti**; *(furat)* across, through ; **~ ággöcs** *(a faanyag másik oldalán is megjelenő)* passing knot ; **~ állomás** *(rád)* through station ; **~ áramkör** *(távk)* via/passing/through circuit ; **~ áruk** transit goods ; **~ csaplyuk** *(fa)* open mortise ; **~ csapszeg** in-and-out bolt ; **~ csavar** through(-going) bolt ; **~ cséve(hüvely)** *(tex)* through tube ; **~ fény diffrakciós rácsa** transmission grating ; **~ forgalmi út** through traffic road ; **~ forgalom** transit, through traffic ; **~ főtartó** *(rep)* continuous spar ; **~ fővágány** *v* **fővonal** straight main line, through line ; **~ (frekvencia)sáv** pass-band ; **~ furat** *v* **lyuk** through hole, open-end hole ; **~ futóműtengely** *(rep)* straight undercarriage axle ; **~ gerenda** *v* **tartó** continuous/passing/through beam/girder ; **~ hívás** *(rád, távk)* transit/through call ; **~ kapcsolás** *(távk)* through connection ; **~ kavicságy** continuous gravel ballast ; **~ kemence** *l* **alagútkemence** ; **~ keréktengelyes gépkocsi** line axle car ; **~ keréktengely nélküli futómű** *(rep)* split-axle gear ; **~ központ** *(távk)* tandem office, through exchange ; **nem ~ furat** *(gépt)* recess hole ; **~ nyílás** *(gépt)* passage/through opening ; **~ öltés** hemstitching ; **önműködő ~ szolgálat** *(távk)* automatic tandem working ; **~ sáv** *(repülőtéren)* transition strip ; **~ szárny** continuous wing ; **~ teljesítmény** throughput ; **~ tengely** *(gépk)* passing axle ; *(gépt)* straight-through shaft ; **~ tengelyű futómű** cross-axle undercarriage ; **~ transzformátor** interstage transformer ; **~ üzem** *(távk)* tandem operation ; **~ vonórúd** *(vasút)* continuous draw bar

átméret-csoport diameter class

átmérő *(mat)* diameter ; *röv* dia ; **belső ~** bore diameter ; **~n fekvő** diametral ; **külső ~** external/outside diameter ; **~ mellmagasságban** *[fáké]* diameter at breast height, d. b. h.; **névleges ~** nominal diameter ; **nyers ~** blank/outside diameter

átmérő- diametral

átmérő-idomszer diameter-ga(u)ge

átmérő-mérce caliper(s) rule

átmérő növekedés *[szabványsorozatban]* diameter increment

átmérőosztály *(fa)* diameter class

átmérős rostélyú gázgenerátor diametral grate producer

átmérőszűkület *[fúrólyuknál]* loss of ga(u)ge

átmetsz intersect, intercept

átmetszés crosscut, cut-through, through cut ; **~sel való rúderő-meghatározás** *(mech)* method of sections, Culmann method

átmodulálás *(távk)* intermodulation

atmofil elemek *(földt)* atmophilic elements

atmogenetikus *(met)* atmogenic
atmogén kőzetek atmogenic/atmospheric rocks
atmográfia *(fényk)* atmograph
atmoklasztikus *(földt)* atmoclastic; ~ **kőzetek** atmoclastic rocks
atmolízis atmolysis
átmos *(újra)* rewash
átmosás rewashing, flush-out; *(fényk)* fresh-water
átmosott közbenső termék túlfolyója rewash overflow
atmoszféra atmosphere; *l még* **légkör**; **atmoszférában keletkezett hullámvezeték** *(rád)* radio duct
atmoszférikus atmospheric, atmogenic; ~ **ellenállás** *(geof)* atmospheric resistance; ~ **hangelnyelés** atmospheric absorption; ~ **hullám** *(rád)* down-coming wave; ~ **lepárlás** *(ol)* straight run; ~ **lepárló berendezés** *(ol)* topping still; ~ **öregedés** weathering ageing; ~ **zavar** atmospheric interference
atmoszferília atmospheric condensation
átmotollál re-reel
átmotollálás *(selyemé)* re-reeling
átmunkál *(újra)* reoperate
átnemeresztőség impermeability
átnézés rewiew, recension; **szöveg** ~**e** *(nyomda)* recension
átnézet *(pa)* show/look-through
átnézeti kép transparency
átnézett szöveg *(nyomda)* recension
átnéző: ~ **asztal** *(tex)* examining table, inspector's table; ~ **gép** *(tex)* inspecting machine, inspection frame machine, perch clock
átnyomás translation, transfer; *(nyomda)* overprinting
átnyomat *(nyomda)* cutout
átnyomó translator; ~ **papír** scraper paper, pyramid-grained paper, lithographic transfer paper
átnyúló felület overriding face
atodid *(rep)* athodyd
atofán *(vegy)* atophan, 2-phenylquinoline-4-carboxylic acid
atoll *(földt)* atoll, lagoon island
atoll-laguna *(földt)* atoll lake
átolvaszt remelt
atom atom; **áthidaló** ~ *(vegy)* atomic bridge; ~**on belüli** intraatomic; **elektronfelvevő** ~ acceptor; **elektronszolgáltató** ~ donor, actor; ~ **kötése molekulában** (atomic) bond/link(age)
atom- atomic
atomábrázolás *(térbeli, grafikus v matematikai)* atomic model
atomátalakítás *v* **atomátalakulás** (atomic) transmutation
atomátmérő atomic diameter
atombomba atom(ic) bomb, A-bomb
atombomlás atomic disintegration, sub-atomic decomposition
atomcsoport atomic group
atomdiszperzió *(fényt)* atomic dispersion
atomelmélet atomic/nuclear theory
atomenergia atomic/nuclear power/energy
Atomenergia Kutatási Központ *(Angliában)* A.E.R.E. (Atomic Energy Research Establishment)
atomenergiaszint atomic energy level
atomerő atomic energy/power
atomerőmű *v* **atomerőtelep** atomic (electric) power station
atomerőtér atomic field

atomfelépítés atom build-up
atomforgás atomic rotation
atomfrekvencia atomic frequency
atomhő atomic heat
atomi atomic; ~ **hidrogén-hegesztés** atomic hydrogen welding
atomisztika atomics
atomizál atomize
atom(kör)sugár atomic radius
atomkötés atomic link/bond
atomköz(ött)i interatomic
atommag (atomic) nucleus/kernel; ~**ok elválasztása** nuclear separation; ~**on kívüli elektron** extranuclear electron
atommaghasadás *v* **atommaghasítás** atom core fission; ~**ra képes** fissionable, fissile
atommáglya *l még* **reaktor**; pile, (nuclear) reactor; **láncreakciós** ~ chain-reacting pile
atommagreakciós oszlop *l* **atommáglya**
atommag-reaktor reactor, pile
atommagrombolás atom core destruction
atommagtöltés nuclear charge
atomméret alatti subatomic
atommodell atomic model
atomreaktor *l* **reaktor**
atomrefrakció atomic refraction
atomrendszám atomic number
atomrombolás atom smashing
atomromboló atom booster
atomsík atomic plane
atomsugár atomic radius/beam
atomsugárzás atomic radiation
atomsúly atomic weight, at. wt.
atomszám atomic number
atomszerkezet atomic structure
atomszínkép atomic spectrum; ~ **vonalai** atomic lines
atomtan atomology
atomtávolság atomic distance
atomtér atomic field
atomtérfogat atomic volume, at. vol.
atomterm atomic term; ~ **jelölése** atomic term symbol
atomtömeg atomic mass
atomtöredékek atomic fragments
atopit *(ásv)* atopite
atoxil *(vegy)* atoxyl
átöblít *[motorhengert]* scavenge
átöblítés *(mkpár)* through-scavenging
átölt *(tex)* restitch
átömlés *[turbinában]* flow
átömleszt *(folyadékot)* transfuse; *(koh)* remelt
átömlesztés transfuse; *(koh)* refusion, remelting
átömlő: ~ **csatorna** *[kétütemű motoré]* transfer port; ~ **furat** *(gépk)* transfer hole; ~ **nyílás** *(mkpár)* transfer port
átönt *(más edénybe)* repour; *(folyadékot:)* transfuse; *(fémet:)* recast
átpárologtatás pervaporation
átpolározás *(180°-kal)* reversal of polarization
átrajzol calk, pantograph, pounce; **görbét** ~ *(mat)* replot
átrajzolás calking, pouncing; *(görbéé:)* replotting
átrak *[rakományt:]* reload; *[támfát; bány]* reset the post; **szintes síkban** ~ *[terhet; bány]* luff
átrakás reloading, transfer, carting, casting, move, rehooking, shifting, transposition; *(hajóról hajóra:)* transshipment; *(támfáé; bány)* resetting the post

átrakási állomás relay point
átrakható (lég)gát *(bány)*, removable stopping
átrakó *(hajó)* transborder; ~ **állomás** *(hajó)* transshipping station; ~ **gép** *(bány)* reloader; ~ **szalag** *(bány)* transfer conveyor; ~ **szerkezet** shifter; ~ **tű** *(tex)* transfer point
átrakodás reloading, rehandling, casting
átrakodási rámpa *(vasút)* relay platform
átrakodó: ~ **állomás** transfer/dumping station; ~ **berendezés** *(hajó)* transshipping gear; ~ **kocsi** *(bány)* transfer carriage; ~ **szerkezet** *(hajó)* transshipping gear; ~ **vonal** transshipping line
átrendez rearrange; *(egyenletet)* transpose
átrendeződés *(vegy)* rearrangement
átrendeződik *(vegy)* rearrange
átrepülés overflight, passage
átrepülési: **elektron** ~ **ideje** electron-transit time; ~ **kapu** *v* **útvonalzár** corridor
átrepülésű: **kettős** ~ **oszcillátor** *(rád)* double-transit oscillator
átrezgés spurious radiation
atrogén kőzetek athrogene rocks
atrolaktinsav atrolactic acid, 1-phenylactic acid
atropasav atropic acid, alpha-phenylacrylic acid
atropin atropine, hyosciamin, daturin
atropinszulfát atropine sulfate
átrostál screen, pass
átrostálatlan unscreened
atroszcin *l* **szkopolamin**
átrovatolás *(vasúti szállításnál)* rebooking
átstartolás *(rep)* touch-and-go landing
átszállaszt *(vegy)* (re)sublime
átszállít transfer, transport, coach; **tutajon** ~ *(hajó)* raft over
átszállítás transport, move, rehandling, portage; ~ **tengelyen** carting
átszálló (jegy) changing ticket, through/transferticket
átszámít recalculate, reduce
átszámítás recalculation, reduction; *[mértékeké]* conversion; ~ **robbantási szintre** *(földt)* correction to the elevation of the shot
átszámítási: ~ **szorzótényező** multiplying factor; ~ **táblázat** *[mértékeké; mat]* conversion table; ~ **tényező** conversion factor
átszámító: ~ **áramkör** translator circuit; ~ **táblázat** conversion table
átszedés *(nyomda)* recomposition
átszegecselt fej riveted-over head
átszel *(mat)* intercept, intersect, cross, meet
átszellőz refresh
átszellőzés airing, aeration, (through) ventilation; *(önt)* aeration
átszerel refit, readjust, remodel
átszerkeszt remodel
átszivárgás filtration, seepage
átszivárgó mennyiség rate of seepage
átszivárgott nedvesség *(földt)* seepage
átszivárog trickle through; *(bány)* silt
átszivattyúz pump over
átszortíroz *(nyomda)* overhaul
átszublimál *(ismét)* resublime
átszúr *l még* **(át)lyukaszt**; pierce, pick, needle, penetrate, run through, puncture
átszúrás *vö még* **átszúr**; punction

átszúró : ~ **tű** dotting needle ; ~ **tüske** driftpin

átszűr filter, filtrate, pass, strain

átszűrés filtering, filtration, colation

átszűrhetőség *(vírusé)* filt(e)rability

átszűrődés seepage ; *l még* **átszűrés**

áttekercsel rewind ; *(pa)* coat, rereel

áttekercselő rewinder, reel(er) ; ~ **gép** rewinding machine ; *(pa)* round rolling machine, re-reeling machine, winding machine, winder ; ~ **gépek** *(vill)* winders and rewinders

áttekintés survey, synopsis

áttelepít transplant

áttérés új koordinátarendszerre *(mat)* relocation

áttesz *[feszültséget emel]* step up (voltage) ; *[feszültséget csökkent]* step down (voltage) ; *[frekvenciát]* translate (frequency)

áttétel change over, translation, transference ; *(gépt)* gear (ratio) transmission ; *(rád)* transmission ; *(transzformátoré)* (voltage) ratio ; **egy az egyhez** *(1 : 1)* ~**ű transzformátor** one-to-one transformer ; **kettős** ~ dual drive ; **közvetlen** ~ direct gear ; ~ **linearitása** *(rád)* linearity of transmission ; **meg nem fordítható** ~ irreversible gear ; ~ **nélküli** ungeared, direct-acting ; **üresjárati** ~ *(rád, vill)* no-load ratio

áttétel-átkapcsolás gear change/shift(ing); ~ **kapcsolóhüvely kikapcsolása nélkül** clutchless gear change

áttételes : ~ **emelőcsörlő** geared hoist ; ~ **hajtás** gear drive, counter(-)gear

áttételezés gearing ; ~ **nélküli emelés** *v* **vontatás** gearless traction

áttételezett geared ; ~ **légcsavar** geared-down airscrew

áttételhajtású orsószekrény geared headstock

áttételi : ~ **arány** *l* ~ **viszony** ; ~ **emeltyű** rocker Swing bar ; ~ **fogaskerékcsoport** train of gears ; ~ **sebesség** translational/indirect speed ; ~ **szám** gear/velocity ratio ; ~ **tengely** gear shaft ; ~ **viszony** *(gépt)* gear/transmission ratio, transmission gear-ratio ; *(vill)* transformer ratio ; *(menetszám-áttétel)* turn ratio

áttételmérő *(transzformátorhoz)* ratiometer

áttetsző sheer, transparent ; *(ásv)* translucent ; *[hártya]* diaphanous ; *(félig átlátszó ; fényt)* semi-transparent ; ~ **festék** *(átlátszó)* transparent colo(u)r ; ~ **festékkel készült kép** wash drawing ; ~ **fotókatód** translucent cathode ; ~ **krómoxidzöld** transparent oxide of chromium ; ~ **lakk** transparent lacquer ; ~ **papír** translucent paper ; ~ **zacskó** glass-skin bag

áttetszőség translucence, diaphaneity, clearness ; *(pa)* show-through

áttetszőségcsökkentő *(fényk)* transparency deductor

áttevő berendezés *(távk)* (frequency) translating equipment

attika *(ép)* attic, fronton, pediment ; ~ **kimaszerű zárótagja** cymatium

attikacsatorna *(ép)* box(ed)/trough/secret/parapet gutter

áttolás : **vasúti kocsik** ~**a a csonka-** *v* **határvágányra** intraterminal switching

áttolható tüske driftpin

áttolódási sík *(földt)* overthrust plane

áttolódik *(földt)* thrust over

áttolódott : ~ **redő** *(földt)* overthrust fold ; ~ **réteg** *(földt)* overthrust sheet

áttoló karmantyú double-sliding socket

áttolt : ~ **hegység** overthrust mountain ; ~ **tömb** *(vetődésnél ; földt)* overthrust mass/block

áttör *(lyukat)* pink, hole, dash in, perforate ; *(bány)* break through, hew ; *(ép)* break

áttördel *(nyomda)* re-makeup, remodel

áttördelés *(nyomda)* re-making-up, reimposition, rehandling

áttörés piercing, rupture ; *(bány)* holing through, breakthrough, box/jack hole, cross, straight stall, thirl ; *(faanatómia)* perforation ; *(élip)* triturating ; *vö még* **áttör** ; **efedroid** ~ *(faanatómiában)* ephedroid perforation plate ; **egyszerű** ~ *(faanatómiában)* simple perforation ; **hálószerű** ~ *(faanatómiában)* reticulate perforation plate ; **létrás** ~ *(faanatómiában)* scalariform perforation plate ; **peremes** ~ *(faanatómiában)* perforation rim ; **szűk** ~ *(bány)* dog hole ; **többszörös** ~ *(faanatómiában)* multiple perforations

áttörési pont *(bány)* point of intersection

áttörő gép triturating machine, pulper

áttört : ~ **burgonya** crushed potatoes ; ~ **csipkézet** *(ép)* tracery ; ~ **ékítményű fal(azás)** openwork ; ~ **fal** trelliswork ; ~ **kereszttartó** *(mozdonykerettartó körkivágásokkal)* spectacle plate ; ~ **kőmunka** *(ép)* plate tracery ; ~ **kötés** *(tex)* open-work, open mesh, lace stitch, lacework, eyelet fabric ; ~ **kötésű anyag** *v* **kelme** *(tex)* openwork fabrics ; ~ **minta** pounce ; ~ **mintájú szövet** *(tex)* open texture fabric ; ~ **munkát készít** pounce ; ~ **szemátakasztásos kötés** *(kh)* open(-)work ; ~ **téglafalkötés** garden-wall bond

attríció *(földt)* attrition

attritusz *(ásv)* attritus

áttutajoz *(egyik oldalról a másikra ; hajó)* raft over

áttüzesedik glow

áttűzhető asztalos-csavarhúzó reversible screwdriver

áttűzött csípőfogó box-joint cutting nippers

átugrás : **elektron** ~**a** transition/jump of electron

átugrási gyakoriság *(kristályrácsokban)* jump frequency

átugrató szűrő *(távk)* by-pass filter

átugrik *(kilincs következő tagkörbe ; távk)* (pawl) engages (the next tooth)

átutazás passage ; *(hajó)* crossing

átültetés replantation, replanting, deplantation, transplantation, pricking out again ; **fiatal fa** ~**e** repeated planting-out

átüt *(lyukaszt:)* pick, pin, puncture, pierce ; *[gumikeverék a szöveten]* strike ; *(vill)* spark over

átütés pertusion, counterdraw ; *vö még* **átüt** ; *(rád, távk)* breakdown, puncture, striking ; *(csőelektródok között)* flash-arc, Rocky Point effect, flash-back ; *(vill)* electric breakdown/rupture ; ~ **szilárd szigetelőn** *(vill)* puncture

átütésbiztos *[légrés]* non-arcing

átütési : **aszimptotikus** ~ **feszültség** asymptotic breakdown voltage ; ~ **fes ültség** *(vill)* dielectric strength, breakdown/disruptive/puncture voltage, B.D.V. ; ~ **grádiens** *(vill)* breakdown/disruptive gradient ; ~ **idő** *(vill)* breakdown time ; ~ **pont** *(vill)* breakdown point ; ~ **próba** *(vill)* breakdown test ; ~ **szilárdság** dielectric strength, disruptive/breaking/puncture strength ; ~ **szilárdságvizsgálat** *(dielektrikumnál)* dielectric test; ~ **távolság** *(vill)* sparking/striking distance

átütésvizsgálat *(rád, vill)* breakdown test

átütésvizsgáló *(pa)* puncture tester

átütő *fn* drive pin punch, knockout ; ~ **erő** *[irógépé]* striking effect ; ~ **kalapács** pointed (steel) hammer ; **képesség** penetration, piercing power ; ~ **papír** letter copying paper, manifold (paper) ; ~ **szeg** driftpin ; ~ **szikra** jump spark ; ~ **vas** *l* **átütő** *fn*

átütőszikraközös elosztó *(gépk)* jump-gap distributor

átvág cut (through), intersect ; *[folyamszabályozásnál]* cut off ; *(bány)* tap

átvágás cut-through, across cutting, throughcut, crosscut ; *(bány)* trench; *(erdőn)* riding cut through a forest ; *(töltésnél)* cut

átvágó *(földt)* secant ; ~ **árok** *(ép)* cutoff trench ; ~ **út** byroad, by(-)pass

átvágódás *(rep)* nosing, turnover

átvágódik *(rep)* nose over

átválogat *(nyomda)* overhaul

átvált change over, shift ; *(vasút)* throw over ; *(vill)* switch

átváltás *(polaritásé)* reversal

átváltási idő changeover time ; *(táv)* time of armature travel, transit time

átváltható csavar *(hajó)* reversible propeller

átváltó *(vill)* change-over (switch) ; ~ **csap** *(vill)* switch chair ; *(gépt)* change-over cock ; ~ **érintkezők** *(távk)* change-over contacts ; ~ **kar** *(gépt)* shifter ; ~ **szelep** crossover/change valve

átváltozási hő heat of transition

átváltoztatható transmutable ; **át nem változtatható** intransmutable

átvándorlás transmigration ; *(festéké)* bleeding

átverő : ~ **lyukasztó** piercer ; ~ **szeg** pin

átvesz accept, adopt ; **(rádió)leadást** ~ **és továbbad** relay

átvétel reception, receipt, acceptance ; ~ **elismerése** acceptance

átvételi : ~ **bélyegző** acceptance stamp ; ~ **elismervény** *v* **igazolvány** acceptance certificate ; ~ **idomszer** acceptance ga(u)ge, purchase(r) inspection ga(u)ge; ~ **jelentés** *(rep)* aircraft check report ; ~ **lap** acceptance certificate ; ~ **próba** acceptance/ reception / warranty/ approval test ; ~ **repülés** acceptance flight ; ~ **tűrés** acceptance tolerance ; ~ **vizsgálat** acceptance test

átvevő *fn* inspector ; *mn l még* **átvételi;** receiving, accepting

átvezet *(sugarat)* trace

átvezetés passage, conduction, conductance, leakage (conductance); *(vezeték)* lead(ing)-through; **dielektromos** ~ dielectric conductance/leakage; **körszelvényű** ~ circular passage
átvezetési: ~ **ellenállás** *(vill)* leakage resistance; ~ **veszteség** *(vill)* leakage loss
átvezető: ~ **barázda** *(hanglemezen)* crossover spiral; ~ **nyílás** *(gépt)* passage opening; ~ **szigetelő** bush(ing insulator); ~ **szigetelőcső** *(vill)* wall tube
átvihetőség transmissibility
átvilágít transilluminate; *(anyagv)* ray
átvilágítás transillumination, perlustration; *(közvetett világítás)* laylight
átvilágító: ~ **doboz** *[rajzfilmnél]* lightbox; ~ **gép** inspectoscope; ~ **lámpa** transillumination lamp
átvisz move, transmit, transfer, relay; *(csoportot frekvenciatartományban)* transpose into; **gáznemű halmazállapotba** ~ aerify, gasify
átvitel translation, communication, transmission, transfer(ence); *(rád)* relay, transmission; response; *(távk)* transmission; **egyenáramú** ~ direct current transmission; **egyoldalsávos** ~ single-side-band transmission; **fekete-fehér** ~ *(telev)* black-and-white transmission; ~ **frekvencia karakterisztikája** *(rád)* transmission frequency characteristic; **kétoldalsávos** ~ double-sideband transmission; **kis távolságú** ~ *(rád, távk)* short-haul transmission, moderate-distance transmission; **közvetlen** ~ direct transmission; **kristályvezérlésű** ~ crystal-controlled transmission; **váltakozó áramú** ~ alternating current transmission
átvitelfrekvencia transmission frequency
átviteli: ~ **állandó** transfer constant; ~ **állandó valós része** image attenuation constant; ~ **csillapítás** *(távk)* (transmission) loss; ~ **egyenérték** transmission equivalent; ~ **egység** *(távk)* transmission unit; ~ **(energia)-veszteség** transmission loss; ~ **erősítés** transmission gain; ~ **érték** *(telefonkészüléké)* transmission efficiency; ~ **etalon** *(távk)* standard of transmission; ~ **frekvencia jelleggörbéje** frequency response; ~ **görbe** *(távk)* input-output characteristic, response (curve); ~ **hatásfok** transmission/transmitting efficiency; *(mikrohullámoknál:)* projector efficiency; ~ **hűség** *(rád, távk)* fidelity; ~ **idő** time of travel; ~ **impedancia** transmission impedance, transimpedance; ~ **irányjelleggörbe** polar response curve; ~ **jelleggörbe** input-output characteristic, response characteristic; ~ **jóság** fidelity; ~ **közeg** transmission medium; ~ **lánc** *(távk)* transmission path; ~ **mérték** *(távk)* transfer constant; ~ **minőség** *(távk)* transmission quality; ~ **mód** way of transmission, transmission mode(s); ~ **pont** *(hídépítésnél)* panel point; ~ **rendszer** *(távk)* transmission system; ~ **rendszer-etalon** *(távk)* standard working system; ~ **sáv** *(szűrőé; távk)* transmission/pass band; ~ **sebesség** *(távk)* rate of transmission; ~ **szám** *(vill)* transmittance; *(elektrokémiában:)* transference/transport number; ~ **szint** *(távk)* transmission level; ~ **távolság** transmission distance; ~ **tényező** *(rád)* transfer/transmission ratio/coefficient; *(mech)* transmissibility; ~ **tényező képzetes része** image phase constant
átvitelmegszakító *(távk)* transmission cut off (device)
átvitelmérő transmission-measuring set, T. M. S.
átviteltechnika transmission technique
átviteltechnikai mérőműszer *(rád)* transmission-type meter
átvitt: ~ **érték** *(rád)* reflected value; ~ **terhelés** transmitted load
átvivő: *l még* **átviteli**; ~ **áramkör** repeater circuit; ~ **berendezés** shifter; ~ **cséve** *[vonalra; távk]* repeater/repeating coil, line transformer; ~ **henger** *v* **lemez** *(nyomda)* set-off blanket; ~ **jelfogó** *(táv)* repeating relay; ~ **képesség** *(távk)* transmission performance; ~ **kör** transmission system; ~ **papír** *(nyomdai)* impression paper; ~ **rendszer** transmission system; ~ **sáv** transmission band; ~ **szerkezet** shifter, translator; ~ **szűrő** *(rád)* transfer network; ~ **transzformátor** repeater (coil); ~ **vezetőképesség** transfer admittance; ~ **vonal** *(rád)* transmission line
átvizsgál try, verify, revise, check, test
átzsákol rebag, resack
átzsilipelés sluicing
audiogram audiogram
audiométer audiometer; ~ **kézi hangmegszakítója** *v* **hangszaggatója** manual mute; ~ **önműködő hangszaggatója** automatic mute
audiometria audiometry
audion *(rád)* audion, grid-leak detector
audioncső *(rád)* audion valve/tube
audion-egyenirányítás leaky grid detection
audionkapcsolás *(rád)* audion circuit
auditórium *(ép)* auditory, auditorium
Auer-égő Welsbach burner
Auer-fém Auer metal
Auer-harisnya incandescent mantle
augit *(ásv)* augite
auralit *(ásv)* auralite
auramin auramine, bio(*p*-dimethylamino phenyl)-methylenimine
auramin-festék auramine dye, auramine hydrochloride
aureola *(bányászlámpán)* cap
auribromid gold tribromide, auric bromide
auricianid gold tricyanide, auric cyanide
aurihidroxid auric hydroxide
aurijodid gold triiodide, auric iodide
aurikalcit *(ás)* aurichalcite
auriklorid gold trichloride, auric chloride
aurioxid auric oxide, gold trioxide
auripigment *(ásv)* orpiment; *(festék)* orpiment, king's yellow
auri-vegyület auric compound
aurobromid gold monobromide, aurous bromide
aurojodid gold monoiodide, aurous iodide
auroklorid gold monochloride, aurous chloride
aurooxid gold monoxide, aurous oxide
auro-vegyület aurous compound
aus(z)tenit *(koh)* austenite
aus(z)tenites *(koh)* austenitic
ausztráliai húsfagyasztó-üzemi bőrök freezers
autigén *(földt)* authigenous
autó *stb, l* **gépkocsi** *stb*
autóabroncs motor tyre
autoagglutináció *(vegy)* autoagglutination
autóbusz (motor/auto)bus, motor (omni)-bus; **emeletes** ~ double-decker (bus); **normál** ~ single decker; ~ **számjelzése** *(viszonylat)* route number of a bus; **távolsági** *v* **városközi** ~ (motor) coach, long distance coach; **városi** ~ (town) bus; **villamos** ~ electrobus
autóbuszjárat (auto)bus line, bus service
autóbuszkarosszéria bus body
autóbusz-középjárda *(gépk)* centre aisle
autóbuszközlekedés (auto)bus traffic
autóbuszmegálló bus-stop
autóbuszmenetrend (auto)bus time-table
autóbuszpótkocsi bus trailer
autóbuszvezető bus driver, busman
autóbuszviteldíj bus fare
autóbuszvonal (auto)bus line
autochton *(földt)* autochthonous
autodin *(rád)* autodyne; ~ **oszcillátor** autodyne oscillator; ~ **vevőkészülék** *(rád)* autodyne receiver
autofrettázs *(kat, koh)* autofrettage
autogén *(heg, stb)* oxy-acetylene, autogenous; ~ **hegesztés** oxy-acetylene welding; ~ **hegesztő** *(munkás)* oxy-acetylene welder, oxwelder; ~ **(hegesztő)pisztoly** oxy-acetylene (welding) blowpipe; ~ **vágás** *(heg)* oxy-acetylene cutting, torch cutting
autogíró *(rep) l* **autozsíró**
autográf *(öníró készülék)* autograph, registering apparatus; *(geod)* autograph; ~ **készülék** autographic apparatus
autográfpapír autographic paper
autohemolízis *(vegy)* autohaemolysis
autokartográf *(geod)* autocartograph
autokatalízis *(vegy)* autocatalysis
autoklasztikus *(földt)* autoclastic
autokláv *(vegy)* autoclave, pressure cooker/boiler/bomb, steam pot, vat of closed pressure type, digester; ~ **abroncsvulkanizáláshoz** tyre heater; ~ **keverő szerkezettel** steam pot with agitator
autokollimációs autocollimating; ~ **rácsos spektroszkóp** autocollimating grating spectroscope
autokollimátor autocollimator
autokonvekció *(met)* autoconvection
autokonverter *(vill)* auto-converter
autokróm autochrome
autolit *(földt)* autolith
autolitikus autolytic
autolizál autolyze
autolizált: ~ **élesztős közeg** autolyzed yeast medium
autolízis autolysis
autolízistermék autolyzate
automata automaton; *(robotgép:)* automatic (machine) robot; *(pénzbedobós:)* (penny-in-the-)slot-machine; ~ **csévecváltó szövőgép** automatic bobbin changing loom; ~ **kúpos csévélő-(gép)** travelling spindle cone machine; ~ **lerakó készülék** *(tex)* automatic spreader; **pénzbedobós villamos** ~ fixed-charge collector; ~ **szövőgép** automatic loom; **távolsági** ~ **központ** *(távk)* automatic trunk exchange

~ vetélő-befűzés *(tex)* automatic shuttle threading ; **~ vetélőváltó** *(szövőgép)* automatic shuttle-changer, automatic shuttle changing loom ; **~ vetülékcsévélő (gép)** travelling spindle pirn winding
automata- automatic(al), self-acting, auto-
automata-acél free-cutting steel
automata-alközpont *(távk)* (discriminating) satellite exchange
automata-berendezés *(gépt)* automatic equipment
automatadoboz *(pa)* box for slot machines, slot machine box
automataérme slot coin
automataeszterga automatic (lathe)
automatafegyver automatic, recoil loader
automata-fényképezőgép photomaton
automatafúró *(gépt)* automatic drill
automata-hangolás *(rád)* automatic tuning
automata-készülék self-acting apparatus
automataközpont *(távk)* automatic exchange
automata-marógép automatic milling machine
automata-rúdeszterga bar automatic (lathe)
automata-sárgaréz free-cutting brass
automata-szén *(bány)* stoker coal
automata-távbeszélő berendezés dial telephone set
automata-távbeszélő készülék dial telephone
automata-telefon automatic telephone
automata-telefonfülke public call-box ; telephone booth *(US)*
automatikus automatic, self-acting, auto-; *l még* **önműködő**; **~ előfeszültség** *(rád)* self-bias ; **~ előfeszültséget adó áramkör** self-bias(s)ing circuit ; **~ erősítésszabályozás** *(rád)* automatic volume control, AVC ; **~ házi alközpont** *(tel)* private automatic branch exchange, P. A. B. X.; **~ központ** *(telef)* automatic exchange; **~ láncadagoló szerkezet** *(tex)* Roper automatic warp let-off motion, Roper self-adjusting let-off motion ; **~ leszedő berendezés** *(tex)* automatic doffing
automatizálás automatization, robotization ; **részlegenkénti ~** sectionized automation ; **teljes ~** automation, full automatization
autómentő : ~ daru mounting crane; **~ kocsi** salvage/service truck, trouble car, breakdown lorry ; breakdown truck *(US)*; *(vontatókocsi:)* recovery vehicle
autometamorfózis *(földt)* autometamorphism
automobil *l még* **gépkocsi**; autocar, automobile, motor vehicle ; *(teher-:)* lorry ; truck *(US)*; **~ típusú erőátvitel** automotive-type transmission
automobilizmus automobilism
automolit *(ásv)* *l* **gahnit**
automorf *(földt)* automorphic
autonóm autonomous
autooxidáció autoxidation
autopolimer *(vegy)* autopolymer
autó-rádió auto-receiver
autoradiogram *(at)* autoradiograph
autorotáció *(rep)* autorotation
autósztráda speedway
autotípia *(nyomda)* autotype, half-tone
autotípiai nyomópapír halftone/autotype paper
autotípia-klisé készítése *(nyomda)* halftone engraving, reproduction by halftone
autotípia-klisémarató *(nyomda)* halftone etcher
autotípia-nyomat *(nyomda)* autotype
autotíp-papír halftone/autotype paper
autotranszformátor *(vill)* auto-(trans)-former, booster ; **földelő ~** earthing/neutral autotransformer ; **háromtekercses ~** forked autotransformer ; **nagyfrekvenciás ~** auto-jigger ; **szabályozó ~** adjustable ratio autotransformer
autotranszformátoros csatolás *(rád)* autobond, auto-coupling
autozsiró *(rep)* autogiro ; **forgószárny tengelyének döntésével kormányzott ~** *(rep)* direct-control autogiro
autunit *(ásv)* autunite
auxin *(vegy)* auxin
auxin-A auxin A, auxentriolic acid
auxin-B auxin B, auxenolonic acid
auxokróm-csoport *(vegy)* auxochrome group
auxométer *(fényt)* auxometer
avanturin *(ásv)* aventurine
avanturinföldpát *(ásv)* aventurine feldspar
avas *(élip)* rancid, rank
avasodás *(élip)* rancidification ; *(vajé:)* souring
avasság *(élip)* rancidity
avat *(tex)* crab, shrink
avatás *(tex)* sponging, decating, shrinking, imbibition, decatizing, crabbing
avatásállóság *(tex)* decatizing fastness
avatási eljárás *(tex)* decatizing
avatógép *(tex)* decat(iz)ing machine
avatóhenger *(tex)* decat(iz)ing roller
avatott szövet *(tex)* crabbed fabric/cloth
avazit *(ásv)* avasite
aventurin *(ásv)* *l* **avanturin**
aver *(bőr)* flanks, bellies
Averill-féle szögfelrakó *(geod)* Averill stadiagraph
A-vezeték *(tel)* A-wire
aviatika aviation, aeronautics
aviatikai műszerek aeronautical instruments
aviatikus aviator
A-vitamin vitamin A, antixerophthalmic vitamin, anti-infective and growth-promoting vitamin
avitaminózis avitaminosis
avivál revive, brighten
aviválás *(tex)* avivage
aviváló *(tex)* brightener ; **~ szer** *(tex)* brightener
Avogadro-féle szám Avogadro's number
avokádó-olaj avocado oil
avométer avometer
avulás ag(e)ing, tear-and-wear, become obsolete ; **megengedhető** *v* **tűrt ~** admissible wear
avulási hajlam sensitivity to ageing
avultság obsolescence
avultsági fok *(ép)* degree of obsolescence, deprecation
awaruit *(ásv)* awaruite
axiális axial ; *l még* **tengelyirányú** ; **~ átömlésű turbina** axial (flow) turbine ; **~ erő** *(gépt)* thrust (force); **~ golyóscsapágy** thrust ball-bearing
axiálszellőző fan blower
axiálturbina axial (flow) turbine
axinit *(ásv)* axinite
axióma *(mat)* axiom
Axminster-kötés *(tex)* Axminster weave
axonometria axonometry, perspective geometry
axonometrikus axonometric
azanil azanile
azbeferrit *(ásv)* asbeferrite
azbeszt *(ásv)* asbestos, amianthus, earth/stone flax
azbesztcementcső *[kábelcsatornában]* asbestos-cement duct
azbesztcementlap *(ép)* asbestos (cement) sheeting
azbeszt-építőlemez asbestos wallboard
azbeszt-gyapot mineral cotton, asbestos wool
azbesztin asbestine
azbesztkarton asbestos cardboard
azbesztkészítmények asbestos products
azbesztlemez asbestos (mill)board
azbesztmembrán(papír) asbestos diaphragm paper
azbesztnemez asbestos felt
azbesztpajzs : ívtől védő ~ *(villamos kapcsolón)* arc shield
azbesztpala *(ép)* asbestos slate/shingle, fibrolite
azbesztpapír asbestos paper
azbesztpehely asbestos wool, flaked asbestos
azbesztrost *(pa)* asbestos fibre
azbesztszerű asbestos-like
azbesztszigetelésű asbestos insulated
azbeszt-szigetelőpapír asbestos electrical insulation paper
azbesztszövet *(tex)* abestrine cloth
azbesztszövő *fn* asbestos weaver
azbesztszövőgép asbestos loom
azbesztszűrő *(pa)* asbestos filter
azbeszttapéta-papír asbestos wall-paper
azbesztzsinór asbestos cord/rope
azbolán *(ásv)* asbolite
azbolit *(koh)* earthy cobalt
azelainsav azelaic/nonanedioic acid
azelainsavas : ~ kalcium calcium azelaate ; **~ só** azelaate
azelaon azelaone, cyclo-octanone
azeotrópia azeotropy
azeotróp(ikus) azeotropic ; **~ keverék** azeotrope, azeotropic mixture, constant-boiling mixture
azeotrópos *l* **azeotróp(ikus)**
azid azide
azimidobenzol aziminobenzene, benztriazole
azimut *(csill, geod)* azimuth
azimutális *(csill, geod)* azimuthal
azimut-bemérő *(rep)* azimuth finder
azimut-beosztás *(geod)* azimuth scale
azimutcső *(távk)* bearing tube
azimut-javítás *(csill)* azimuth correction
azimutkereső *(rep)* azimuth finder
azimut-kompasz *(geod)* azimuth compass
azimutkör *(geod, rep)* azimuth circle/disc, bearing circle, verge-ring
azimut-meghatározás *(geod)* azimuth determination
azimut-megjelölés *(csill)* azimuth picture
azimutmegoldás *(csill)* resolution in azimuth
azimut-skála *(csill, geod)* azimuth scale
azimutszög *(geod)* azimuth(al) angle
azobenzoesav azobenzoic/azobenzenedicarboxylic acid
azobenzol azobenzene, azobenzide, diphenyldiimide

azofén phenazone, antipyrine, 1-phenyl--2:3-dimethylpyrazolone-5
azofesték azo(ic) colour/dye
azoflavin *(festék)* azoflavine
azoikum *(földt)* azoic
azoimid azoimide
azol azole, pyrrole
azonaftalin azonaphthalene
azonfázisú üzem *(vill)* inphase operation
azonnali szabályozás *(távk)* instantaneous control regulation
azonnal visszajátszható felvétel *[magnetofon:]* instantaneous recording
azonos identical ; **~ anyagú** commaterial; **~ energiájú színkép** *(fényt)* equienergy stimulus ; **~ érvényű** tantamount ; **~ fázisú antennarendszer** *(rád)* broadside array ; **~ feszültségű** equipotential ; **~ haladási idejű felületek** equal travel—time surfaces ; **~ hangú** isotonic ; **~ hangzású** univocal ; **~ jelentőségű** equiponderant ; **~ központú** concentric ; **~ légnyomású pontok vonala** *(izobár)* constant--pressure line ; **~ lejtésű** *(földt)* isoclinic ; **nem ~ tengelyű** out-of--line; **~ ozmotikus nyomású** isotonic ; **~ súlyú** equiponderant ; **~ (szemcse)-méret** *v* **-nagyság** equivalent grade ; **~ tengelyű** coaxial ; **~ váltakozású hullámok** equal-alternation waves ; **végig ~ jellemzőjű** *(állandó)* **vonal** *(vill)* uniform line
azonosítás identification ; **~ jelző színezéssel** fugitive identification
azonosítási jel mark of identification
azonosítható identifiable
azonosító : ~ impulzus *[radarnál:]* identification/interrogation pulse ; **~ irányadó állomás** *(rep)* identification beacon ; **~ látjel** *(rep)* identification panel
azonosítójel *(impulzus ; távk)* identifying signal (pulse)
azonosítólap identification card
azonosság *(mat)* identity
azonossági : ~ cédula *v* **címke** *v* **jegy** identification tag ; *(bálákra erősített:)* bale tag ; **~ fény** *(rep)* recognition light ; **~ ismertetőlámpák** *(rep)* identification light ; **~ jelzés** identification mark ; **~ próbák** identification tests ; **~ szám** identification number ; **~ vizsgálat** identification test
azonosságvizsgálat színezéssel tinting identification
azo-nyomó színezékek *(tex)* azoic printing colours
azorpirrhit *(ásv)* azor-pyrrhite
ázósúly *(bőr)* beamhouse weight
azoszínezékek azo colo(u)rs/dyes
azotoluol azotoluene
azovegyület azo-compound
azoxibenzol azoxybenzene, azoxybenzide
áztat ret, soak, dip, imbue, steep, wet, moisten, buck ; *(lúgban ; tex)* buck ; **bőrt ~** soak, temper ; **meszes lében ~** *(bőr)* soak in lime
áztatás steep(ing), drenching, soaking, wetting, moistening ; *(bőr)* soaking ; *(fényk)* washing ; *(jutáé:)* batching ; *(lené stb)* rotting, retting ; *(mzg)* steeping ; **~ állóvízben** *(tex)* pond retting ; **~ folyóvízben** *(lennél stb)* river retting, river steeping ; **pamutáruk ~a** *(fehérítéskor)* grey wash ; **~ savanyú korpalében** branning; **vegyi ~** *(tex)* chemical retting
áztatási eljárás *(tex)* maceration
áztató *(bőr)* soak ; **~ élesítése** *v* **erősítése** *(bőr)* sharpening/mending of the soak ; **~ motolláskelepce** *(bőr)* soaking wheel ; **~ öntözés** *(mzg)* furrow irrigation
áztatógödör *(bőr)* soak pit ; *(tex)* retting pit
áztatókád steep box, steeping bowl
áztatott : ~ juta batched jute ; **~ len** dam retted flax
azulmsav azulmic acid, azulmin
azurit *(ásv)* azurite, chessylite, blue malachite, chessy copper
azurkék *(festék)* azure/cobalt/Thenard's blue ; *(szín)* azure (blue)
azsúr hem-stitch
azsúrkötés fish net
azsúrnyíl *(harisnyában)* lace clock
azsúros a jour, hemstitched ; **~ öltés** *(tex)* drawn (thread) work
azsúrozás hemstitching
azsúrozott hemstitched
azsúröltés hemstitching, hemstitch
azsúr-párnahuzat hemstitched case

B

báb *(esztergán)* rest ; **magasságban állítható ~** elevating rest
baba *(anyaggödör mélységének jelzésére)* mound ; *(gumi)* roll, batch rubber ; *(gyújtógyertya-szigetelőtest ; gépk)* insulator ; **erősített ~** *(gumi)* activated stock ; **fekvő ~** *(gumi)* beader
babaflanell baby flannel
babbit *l* **csapágyfém**
babbit-fém *l* **csapágyfém**
bábcsapágy *(forg)* end-support bearing
babérc *(ásv)* bean ore
babérolaj (bay) laurel oil
Babinet-féle (prizmás) kompenzátor Babinet compensator
babingtonit *(ásv)* babingtonite
babkaró *(fa)* bean-pole/arop
bábkészítő lumpmaker
bablah *(bőr)* bablah
bablah-cserzés *(bőr)* Indian tannage
babliszt *(élip)* bean meal
bábos korlát *(ép)* baluster railing
bábpersely *(forg)* stay bush
babszár-cellulóz *(pa)* bean straw pulp
bábtartó állvány *(forg)* end-support column
bábu *(filmnél)* dummy
babvető gép bean drill
bacitracin *(antibiotikum)* bacitracin
bacon-sertés bacon hog, baconer
baddeleyit *(ásv)* baddeleyite, brazilite
bádog *(ónozott)* tinned sheet-iron, tinplate, tinned sheet/plate; *(vaslemez:)* sheet iron, black plate
bádogdoboz tin (can), canister ; **~ba zár** *(élip)* tin
bádogedény *l* **bádogdoboz**
bádogfoglalat *[ecseten]* ferrule
bádoghajlító készülék korcoláshoz brake
bádoghulladék plate clippings, tin scrap
bádogízű *(konzervált élelmiszer)* tinny
bádogkanna *l* **bádogdoboz**
bádogkúp *(beton roskadási próbájához)* slump cone
bádoglemez *l* **bádog**
bádognyiradék *l* **bádoghulladék**
bádognyomás *(nyomda)* tin printing
bádogolló tinman's shear
bádogos tin-smith, tinman, whitesmith, plumber ; **~ borítófogó** plumber's folding pliers ; **~ borítóvas** plumber's scraper ; **~ kalapács** tinmen's hammer; **~ simító kalapács** planishing and grooving hammer
bádogos-alátartóvas szegélylehajtásra plumber's hardie
bádogosfogó gutter tongs
bádogosmunka tinning, sheet-iron work
bádogosolló tinman's snips
bádogos-szarvasüllő bick iron
bádogosszegecs tinman's rivet
bádogosüllő crease iron
bádogszerű *(pléhes ; készbőr)* tinny
bádogtartály *l* **bádogdoboz** ; *(festékhez:)* keg
bafiin baphiine
bagaria *(bőr)* Russian/Muscovy leather, yuft
bagariaolaj Russia oil, birch tar oil
bagger bagger, dredger, excavator
baggerkezelő shovelman
bagó *(bány)* tailing, bloom, crop coal, coal smut, blossom
bagószén *l* **bagó**
bagrationit *(ásv)* bagrationite
Bahn-fém *(gépt, koh)* Bahn metal
baikalit *(ásv)* baikalite
Bailey-fém *(koh)* Bailey metal
Baily-féle csepp *(csill)* black drop
Baily-kemence *(koh)* Baily furnace
Baird-féle (tükörkerekes televíziós) rendszer Baird system
bajoci emelet *(földt)* Bajocian stage
bajonettfej *l* **szuronyzáras fej**
bajonettfoglalat *l* **szuronyzáras foglalat**
bajonettgépváz *l* **szuronyzáras gépváz**
bajonettkapcsolás *l* **szuronyzáras kapcsolás**
bajonettkeret *l* **szuronyzáras keret**
bajonettkötés *l* **szuronyzáras kötés**
bajonett-lámpafoglalat *l* **szuronyzáras lámpafoglalat**
bajonettzár *l* **szuronyzár**
bajonettzáras *l* **szuronyzáras**
„bájszer" *l* **emelővas**
bajusz *(öntvényen)* barb, flash ; *(orrhullám ; hajó)* bow wave ; **~ metszetvonal mentén** *(nyomda)* shoulder ridge
bajuszkitérő csonkavágány switchback, zigzag, back shunt
Bak *(csillagkép)* Capricornus
bak buck, bracket, frame, leg, rack, box, trestle (stand), staddle, scaffold(ing), bench ; *(állaté:)* buck ; *(hídépítéshez)* timber bent ; *(ideiglenes mélyítőállvány:)* shear legs ; **~on dolgozó bőrmunkás** beamster ; **~ra fektet** *(bőrt)* horse up ; **~okra szerelt** rack-mounted
bakácsolás *l* **bakácsolat**
bakácsolat *(bány)* square timber ; **~ átlós főtegerendákkal** square-set reinforcement ; **~tal biztosított főte** square-set stope ; **~ talpgerendája** square-set flooring/sill ; **~ és tömedékelés** *(bány)* square-set-and-fill
bakállvány *l* **bak**
bakancs boot
bakancsszeg hobnail
bakancszsír boot grease
bakbőr buckskin
bakcsapágy *(hajó)* strut bearing ; *(gépt)* bracket-type bearing
bakdaru frame crane
bakdúcos szelemenes fedélszék purlin roof with inclined struts
bakelit *(műa)* bakelite
bakelitdoboz *[műszeré]* bakelite case
bakelitlakk bakelite lacquer
bakelitléc *[szorítókra]* bakelite strip
bakelitpapír bakelite paper
bakelitsáv *(vonalválasztónál)* stop strip
bakelizálás cure
bakelizált papír phenol-base paper, paper-based phenol
bakhát *(mzg)* (border) levee, rig, (back) ridge ; **~at képez** hill
bakhátas : ~ sorbavetés hill-drill ; **~ ültetőgép** hill-drop planter ; **~ vetőszerkezet** hill-drill attachment
bakhátkészítő *(mzg)* hiller
bakjárom *(hídépítéshez)* framed bent
bakkeret gallows frame
bakoszlop *(vill)* A-(type) pole
baktericid bactericidal
bakteriolitikus bacteriolytic
bakteriolízis bacteriolysis
bakteriológia bacteriology
bakteriológiai ellenőrzés bacterial control
bakteriológus bacteriologist
baktérítő tropic of Capricorn
baktérium okozta kár *(nyersbőrön)* bacterial damage
baktériumellenes anti-microbial
baktériumölő bactericide
bakugrás *(csúcsbetét alátámasztási hézagnál ; vasút)* leapfrog
bal : ~ állvány left-hand column ; **~ra csavart gyöngytű** *(cipő)* twist spear ; **~ra forgó** left-hand turning/rotating ; *(tex)* left crossing ; **~ra vágó tű** *(cipő)* twist ; *(keskeny ; cipő)* narrow twist ; *(meredek ; cipő)* cross twist ; **~ra ver** *[kötelet]* left-lay
bála bale, pack(age) ; *(széna v szalma)* truss ; **bálákba rak** bale
bálaabroncs band iron
bálabontás *(tex)* opening
bálabontó *(tex)* bale breaker ; **~ gép** *(tex)* bale breaker, bale-opening machine
bálacserzés *(bőr)* bag/bottle tannage
bálacsomagolás baling
bálacsomagoló papír baling paper
bálacsúsztató *(mzg)* bale sled attachment
bálafelvonó package elevator
bálaférőhely *(hajó)* bale capacity
bálagyűjtő *(bálázógéphez)* bale sled attachment

bálaizzító kemence *(koh)* fag(g)oted-iron furnace

bálajelzés bale mark

bálakötöző gép twin baler

balanszkormány *(hajó)* balanced rudder

balansztámasz *(ép)* link fulcrum

bálanyitó gép bale breaker, bale-opening machine

bálaprés packing/baling press

bálarakodó bale loader

bálaraktár bale store

bálasajtó baling/cabbaging/trussing press

bálaszállító szalag package conveyor

balaszrubin *(ásv, ékkő)* balas ruby, ruby spinel

balata balata

balata-szíj balata belt

bálatörő *(tex)* bale breaker; ~ **és -bontó üzemrész** *(tex)* blowing room

bálavas (tekercs) tape-pulley, flying drum

báláz (em)bale; *(szénát v szalmát)* truss

bálázandó vashulladék *(koh)* fag(g)oting scrap

bálázás baling; *(ócskavashulladéké)* fag(g)oting; *(szénáé)* trussing, cubing

bálázó *(munkás)* packer; ~ **(előhevítő) kemence** *(koh)* faggoting furnace; **huzallal kötöző** ~ wire baler

bálázóacél banding steel

bálázódeszka *(pa)* timber for packing paper

bálázópapír baling paper

bálázóprés *v* **~sajtó** baling/cabbaging/trussing press

bálázósegéd packer assistant

bálázószalag banding steel

bálázott len baled flax

bal-bal: ~ **körkötő (gép)** circular purl machine; ~ **kötés** *(kh)* purl; ~ ~ **kötőgép** *(kh)* purl machine

balcsapás *(hajó)* port tack

baldachin *(ép)* baldachin, canopy; *(rep)* cabane, (wing) canopy, centre plane, pylon

baldachin-dúc *(rep)* cabane/pylon strut

baldachin-hűtő *(rep)* cabane radiator, centreplane radiator

baldachin-merevítés *(rep)* cabane/pylon bracing

baldriánsav valerianic acid

baleset accident

balesetelhárítás accident prevention

baleseti: ~ **százalék** severity rate; ~ **szemle** accident/damage survey; ~ **térkép** accident/casualty map

balesetmegelőzés *l* **balesetelhárítás**

balesetvédelem *l* **balesetelhárítás**

balesetveszély accidence

balforduló *(rep)* turn to port, left turn

balforgású sinistrorsal; *(gépt)* left-hand, counterclockwise (rotating); ~ **maró** left-hand mill

balindítású szövőgép loom driven on left hand side, loom-drive on left hand, left-hand loom

balirányú sávoly *(tex)* left twill

balkaros varrógép *(cipő)* left-hand cylinder bed sewing machine

balkezes left-handed, left-hander

balkézhez való szerszám left-hand tool

balkézszabály *(vill)* left-handed rule

ballaszt ballast; **felszállási** ~ *(léggömbön)* climb ballast

ballasztellenállás *(távk)* barretter, ballast resistor

ballasztkötél *(emelőn)* ballast line

ballasztlámpa *(távk)* ballast lamp/tube

ballasztolás ballasting

ballasztszekrény *(rep)* weight cage/case

ballaszttartály *(hajó)* deep-tank

ballasztvas *(hajó)* ballast-pig

ballasztvíz *(hajó)* hold water

ballasztvízszivattyú *(hajó)* ballast pump

ballisztika ballistics; **belső** ~ interior ballistics; **külső** ~ exterior ballistics

ballisztikai ballistic; ~ **lövedék** *(rakéta)* ballistic missile, B. M.; ~ **lövedékkúp** ballistic cap; ~ **próba** *(tex)* ballistic test

ballisztikus *fn* ballistician; *mn* ballistic; ~ **dinamométer** *(tex)* ballistic testing machine; ~ **galvanométer** ballistic galvanometer; ~ **inga** ballistic/gun pendulum; ~ **vizsgálat** *(tex)* ballistic test

ballisztit ballistite

ballni *l* **balni**

ballon carboy, bulb; *(tex)* ballooning, balloon of the yarn; *(elektroncsőé)* bulb, envelope

ballonabroncs balloon tyre

ballonbuktató carboy tilter

balloncsövezés *(rád)* bulb-tubulating

ballonfúvó gép *(ker)* bulb-blowing machine

ballongátló: ~ **berendezés** *(tex)* anti-ballooning separator, balloon separator; ~ **lemez** *(tex)* anti-balloon

ballonpalack balloon

ballonpapír balloon paper

ballonszövet balloon fabric

ballonvászon balloon cloth

balmenet *(csavar)* left-hand thread

balmenetes *l* **balmenetű**

balmenetű *(csavar)* left-hand(ed), counter-clockwise, sinistrorsal; ~ **csavar** left-handed/threaded screw; ~ **emelkedés** *(csavarnál v csigánál)* left-hand pitch; ~ **fúró** left-hand drill; ~ **jobbravágó dörzsár** left-hand spiral right-hand cut reamer; ~ **jobbravágó kúpos nagyoló dörzsár** left-hand spiral right-hand cut taper roughing reamer; ~ **jobbravágó négyzetmenesztős kézi dörzsár** squared-shank hand reamer; ~ **tekercselés** left-handed winding

balmenetvágó szerszám left-hand threading tool

Balmer-sorozat Balmer series

bálna- cetaceous

bálnacsont busk

bálnaféle cetaceous

bálnaolaj whale/blubber oil

bálnaszalonna blubber

bálnaszila *(halcsont)* whale bone

bálnavadászcsónak whale boat

bálnavadászhajó whaler

bálnazsír blubber, whale oil

balni-anyag *(cipő)* bottom filler

balnivágó kés *(mzg)* blocking hoe

baloldal left side; *(hajó, rep)* port (side); *(szöveté)* back, back of cloth, back texture, wrong side

baloldali left-side; ~ **esztergaszeg** left-handed arbor; **hajó** ~ **előrésze** port(board) bow; **hajó** ~ **jelzőlámpája** port light; ~ **lámpa** *(gépk)* near side lamp; ~ **megfigyelő** *(rep)* left observer, l. o.; ~ **motor** *(rep)* port engine; ~ **motorgondola** *(rep)* port engine nacelle; ~ **szem** *(kh)* back loop

balradőlés *(rep)* left-bank

balraforgás counterclockwise rotation

balraforgatás *(sarkított fényben)* l(a)evo-rotation; **poláros fény síkjának ~a** left-handed polarization

balraforgató *(vegy)* l(a)evorota(to)ry, l(a)evogyric, l(a)evogyrate; ~ **izomer vegyület** laevoisomer; ~ **nyomaték** left-handed moment; ~ **vegyület** l(a)evo-compound

balraforgó anti-clockwise; ~ **vonó légcsavar** left-handed tractor airscrew

balrahegesztés left-hand welding, forehand welding

balraterelés szöge *(hajó, rep)* port drift angle

balsodrat *(tex)* reverse twist, left-twist, cross-band twist; *(posztóiparban)* S-twist, left-hand twine

balsodratú: ~ **fésűsfonal** *(tex)* open band yarn; ~ **fonal** *(tex)* left hand twisted yarn; ~ **kötél** reverse-laid rope, left-laid rope

balszárny *(rep)* port/left wing

balta axe, bill, hatchet

baltafej back

baltafok back

baltanyél axe handle

baltás planiméter *(geod)* hatchet planimeter

baltázógép *(faaprításhoz)* chopping machine, wood chipper/chopper

baltimorit *(ásv)* baltimorite

baluszter *(ép)* baluster

balusztersoros korlát *v* **mellvéd** railing of balustrade type

balusztrád balustrade, baluster railing

bálványfa *(ép)* style, stile; **ferdére állítható** ~ *(cölöpverőn)* swinging leads

balvraidit *(ásv)* balvraidite

balzafa balsa(wood)

balzsam bal(sa)m

balzsamillat resinous odour

balzsamterpentin gum turpentine

bambusz bamboo

bambuszcellulóz *(pa)* bamboo pulp

bambuszpapír bamboo paper

bamlit *(ásv)* *l* **sillimanit**

banán-aroma banana oil

banándugó *(vill)* banana plug

banánhüvely *(vill)* banana jack

banánrost banana fibre

Banbury-keverő *(gumi)* Banbury (mixer)

bandázs bandage

bankaón *(koh)* Banka tin

bankjegy-átragasztó szalag *(pa)* bill strap

bankjegypapír bond/banknote/currency paper, bank stock

bankpáncélszekrény bank vault

bankpapír loan paper

bankpostapapír bank-paper, bank post, banks, bond(s paper)

bánya mine, pit; **bányába bevezető csőrakat** inby(e) pipes; ~ **fajlagos (lég)ellenállása** mine resistance; ~ **gázmentesítése** clearing a mine; ~ **külszíni berendezése** mine yard; **meddő** ~ dry placer; **nem piacra termelő** ~ captive mine; ~ **víztelenítése** mine drainage, clearing a mine

bánya- miner's, mine, mining

bányaács timberer, timberman, builder-up, bratticeman, deputy, joey; **vágatbiztosító** ~ backbye deputy

bányaácsolat timbering

bányaapró small(s), fines; **meddős és szenes** ~ culm

bányabeli (fel)mérési pont mine survey plug
bányabér acreage rent
bányabödön *l* **bődön**
bányabusszola dip circle
bányacsákány *l* **bányászcsákány**
bányacsille mine car, tram ; *(kisebb)* hurley, hutch
bányaelőkészítési munkák mine openings
bányafa mine timber, propwood, pit wood/prop(s) ; **hossztolatlan ~** long mining props
bányafaburkolat *(akna megerősítéséhez)* boxing
bányafaellátás timbering supply
bányafa(ki)rablás removal
bányafa-torkretozás timber guniting
bánya(fel)mérés mine survey(ing)
bányafelmérő mine surveyor, mine survey engineer
bányafelszerelés pit gear
bányafelszíni munkavezető grass captain
bányafeltárás development (of a mine)
bányafelvigyázó *(gázőr)* fireman
bányafelvonógép mine hoist
bányafolyosó eleje face
bányaföld mine earth
bánya-fúrócső auger
bánya-fúrógép *(villamos)* push-down machine
bányagáz *l* **sújtólég**
bányagáz-kiáramlás *v* **bányagáz-kitódulás** blow
bányagép mining machine
bányagorc waste
bányahelyreállítás mine recovery
bányahomok pit/dug sand
bányahordalék roll mud
bányaipar mining industry
bányajárás descent
bányajog miner's code of law
bányajogosítvány (mining) claim
bányajogosítványos claimholder
bányakábel mining cable
bányakalapács *l* **bányászkalapács**
bányakavics pit ballast, deep gravel, bank-run gravel
bányakerület diggings
bánya-kisvasúti talpfa cross tie in a mine railway
bányakitermelés mining
bányakocsi miner's truck
bányakocsis hauler, boss driver
bányakombájn (combined) cutter-loader, (combination) cutting-and-loading machine
bányakompasz mine dial
bányakovács truckman
bányakő quarrystone
bányakőműves bratticeman
bányakörlet *v* **bányakörzet** coal district, unit
bányakörnyék encroachment
bányakutatmányi jog patented mining claim
bányalég *l* **sújtólég**, **metán**
bányalégmentes sweet
bányalégrobbanás utáni gázok stink damp
bányalejárat manway down
bányalétra step ladder
bányalevegő mine air, weather ; **elhasznált ~** doit ; **~ hűtése** refrigeration of mine air
bányaló knacker
bányamécs miner's/mine light
bányameddő dirt
bányameleg *(bányakőzetek természetes hőfoka)* rock heat
bányamérés mine surveying, latching, lining ; **~ kompasszal** dip-compass survey
bányamérési fixpont *(facsavarszerű)* screw-eye spad ; *(drótszegből)* wire nail spad
bányamérnök mining engineer, M. E.
bányamérő mineral surveyor ; **megbízott** *v* **körzeti ~** deputy surveyor
bányamérő-tájoló sight compass
bányamester inside foreman, boss, barmaster, underlooker
bányamező sector
bányamező-határ march
bányamozdony mine locomotive ; **csörlővel felszerelt ~** crab locomotive ; **vontatódobos villamos ~** electric crab reel locomotive
bányamunkás miner ; *(nyitott fejtésnél:)* bank man
bányaművelés mine working, mining (art)
bányaművelési : ~ rendszer method of mining ; **~ szabályzat** mining regulation
bányaműveléstan mining
bányaműveletek mining operations; **föld alatti ~** closed work
bányanedvesség quarry sap
bányanyitás mine openings
bányanyitási törvény aperture law
bányaomlás bump
bánya-óvóhely cave shelter
bányarács wooder
bányarakodó flat
bányarész dole ; *(bányaszakasz:)* section of mine
bányász mine worker/digger, miner, pitman, getter ; **ácsoló** *v* **tömedékelő ~** cogger
bányász- miner's, mining, mine
bányaszabályzat miner's rules
bányaszakasz mining track
bányaszállítás mine haul(age)
bányászás mining
bányászat mining (industry) ; **~ kotrással** *v* **sarabolással** scraper mining
bányászati mining ; **~ jog** ore delfe ; **~ páncélkábel** shaft cable
bányászbakancs miner's boot/shoe
bányászcsákány hack hammer, pick axe, pike, mandrel, mandril ; **széles ~** mattock
bányászék miner's wedge
bányaszéldeszka mining slab
bányaszellőző mine fan
bányászfejsze hack iron, mattock
bányászfúró miner's auger
bányászik mine
bányászkalapács bully
bányászkolónia mine camp
bányászlámpa pit/miner's lamp
bányászmunka pit work
bányászott : ~ érc mine ; **~ pala** mine shale
bányászöltöző dryhouse
bányászruha protection suit
bányászsisak hard hat
bányász-szakma mining
bányász-szerszámfelszerelés gear
bányásztüdő anthracosis
bányatájoló mine/miner's dial, circumferentor
bányatalpfa pit sleeper
bányatelek mining lease, ground, territory ; **~ határvonala** mere
bányatelep mine camp, mining plant, lay land, bank
bányatérképező mineral surveyor
bányaterület bank ; **régi lefejtett ~** abandoned workings
bányatörmelék smalls, fines
bányatörvény mining law/regulation
bányatűz mine/underground fire ; *(tömedékelésben)* gob fire
bányatűzőrség fire surveillance
bányaudvar flat, plat, strip pit
bányaüzem mining plant
bányavágat mine roadway/opening(s) ; **erősített ácsolást igénylő ~** bad place ; **~ ülepedése** excavation subsidence
bányavágat-biztosítás excavation support
bányavájat *l* **bányavágat**
bányavállalat mine works, diggings
bányavidék mining district/rayon
bányavitla reel crab
bányavíz waste water, water of imbibition, subterranean water
bányavízmentesítés dewatering/clearing a mine
bar *(nyomásegység)* bar(ie)
barad *(mech)* barad
barakk barrack(s), shed, lean-to
barakklemez *(pa)* barrack board
báránybőr lamb skin, budge ; *(kesztyűhöz és cipőfelsőrészhez)* suede
bárányfelhő cumulo-cirrus, cirro-cumulus, fleecy cloud(s)
báránygyapjú yearling, lamb's wool
báránygyapjú-fonal lamb's wool yarn
bárányutánzatú anyag lambskin cloth
barátzsilip *(halastóban)* outlet tower, fish garth
barázda furrow ; *(horony:)* groove, slide, chase, flute, spline, striga, stria ; *(erezet, borda, festésen)* ripple ; *(gyűrődés, rovátka:)* crease ; *(hanglemezen)* groove ; **~ földcsuszamlás után** landslide scar ; **két ~ közt hagyott sáv** *(gépt, mzg)* land ; **vízzel telt ~** water furrow ; **barázdákat von** furrow, score, plough
barázdaalak groove shape
barázdaelhelyezkedés groove location
barázdafenékre ültető gép lister planter
barázdahúzó: ~ kapa *(bány)* trenching plough ; **~ penge** *(vetőgépen)* share
barázdairány *(gépt)* lay
barázdál furrow, rout, flute, crease, groove ; *(malomkövet:)* dress
barázdálás *vö* **barázdál** ; *(jég által:)* plough ; *(finom prémeken:)* grooving ; *(kristályfelületen:)* striae
barázdálóeke furrow plough
barázdálógyalu routing plane
barázdált serrated ; *(megtört:)* broken ; *(táj ék)* wavy ; **~ kőgörgeteg** striate(d) rock pavement ; **~ lemez** *(heng)* fluted plate ; **~ tömb** *(gépt)* sheaved block
barázdáltság *(sávosság:)* striation ; *vö még* **barázdálás**
barázdanyitó furrow opener ; **tárcsás ~** disc furrower
barázdás fluted ; *(redős, ráncos:)* rugose ; *vö még* **barázdált** ; **~ öntözés** furrow irrigation ; **~ ültetés** furrow planting
barázdásfuratos serrated
barázdásfurat-üregelőtüske serration broach
barázdaszelet furrow rift
barázdaszög groove angle
barázdatalp shoe ; *(földt)* ortstein

barázdavágó gép routing machine
barázdavéső bar channeler
barázda-vetőgép furrow drill
barbitursav barbituric acid, malonylurea, pyrimidinetrione
bárcakartonnyomó tekercs ticket paper-board roll
bárcanyomó áramkör *(távk)* ticketing circuit
bárcapapír ticket/note middles paper
barchentáru barchent
barchentfonal *(pamutból)* condensed yarn
bárd axe, bill, adz(e), hacket, hatchet ; *(hentesé:)* chopper, twibill
Bardeen-féle mikrotóm Bardeen microtome
bárdol adz(e) ; *(fát:)* trim, veer, cut, hew
bárdolás cut ; *(fáé:)* trimming
bárdolatlan unhewn
bárdolt : ~ **élfa** cant timber ; ~ **gerenda** rafter ; ~ **rönk** block ; ~ **talpfa** hewed tie
barett barrett
baricentrumos barycentric
barilit *(ásv)* barylite
barilla *(koh)* barilla
barisilit *(ásv)* barysilite
bariszféra *(földt)* barysphere, heavy sphere
barit *(ásv)* barytes, barite, heavy barytes/spar
barita *l* **báriumoxid**
baritálógép *(pa)* baryta-coating machine
baritált fotópapír photographic baryta-coated paper
baritfehér *(festék)* barium white
baritkarton *(pa)* baryta board
baritocölesztin *(ásv)* barytocelestite
baritokalcit *(ásv)* barytocalcite
baritpapír baryta/barite paper
baritsalétrom *(ásv)* nitrobarite
baritsárga *(festék)* baryta yellow, lemon chrome/yellow
baritüveg barium glass
baritvíz baryta water
bárium barium
báriumacetát barium acetate
báriumarzenát barium arseniate
báriumarzenid barium arsenide
báriumarzenit barium arsenite
báriumazid barium azide
báriumbikromát *l* **báriumdikromát**
báriumcianoplatinit *l* **báriumplatincianür**
báriumdikromát barium bichromate/dichromate
báriumdioxid *l* **báriumperoxid**
báriumfoszfát barium phosphate
báriumhidrokarbonát barium bicarbonate
báriumhidrooxalát barium bi(n)oxalate
báriumhidroxid barium hydroxide, caustic baryta
báriumhiperoxid *l* **báriumperoxid**
báriumkarbonát barium carbonate
báriumkatód barium cathode
báriumklorát barium chlorate
báriumklorid barium chloride
báriumklorit barium chlorite
báriumkromát barium chromate
báriumnitrát barium nitrate
báriumoxid barium oxide, baryta
báriumoxidhidrát *l* **báriumhidroxid**
báriumperoxid barium (su)peroxide/bi(n)-oxide/dioxide
báriumpiroborát barium pyroborate/tetraborate
báriumplatincianür barium platinocyanide/cyanoplatinite, barium platinous cyanide
báriumszulfát barium sulfate
báriumszulfid barium sulfide
báriumszuperoxid *l* **báriumperoxid**
báriumtartalmú *(ásv)* barian, barium-bearing
báriumtetraborát barium tetraborate/pyroborate
barka *(bőr)* grain ; ~ **hámlása** *(bőr)* peeling of the grain ; **hosszúkás** ~ *(bőr)* drawn grain ; **természetes** ~ *(bőr)*. natural grain ; **zárt** ~ *(bőr)* close grain
bárka barge, barque, bark, ark
barkafelnyomás *(bőr)* pebbling
barkahántolás velour finish
barkahántoló vas *(bőr)* buffing slicker
barkahasíték *(bőr)* grain split ; *(juhbőrnél:)* skiver
barkakenőcs *(bőrzsírozáshoz)* grain dubbin(g)
barkál *l* **barkáz**
barkánok *(földt)* barkhans
barkanyomó gép *(bőr)* pebbling/printing machine
barkaoldal grain side
barkapréselő : ~ **henger** *(bőr)* embossing roller ; ~ **lemez** embossing plate
barkaréteg *(bőrön)* grain layer
barkarétegcsiszolás *(bőr)* buffing
barkás *(bőr)* grain(ed) ; ~ **bagariabőr** long grained Russian leather ; ~ **borjúbőr** grain calf ; ~ **glaszékesztyűbőr** grain leather for gloves ; ~ **hasítású juhbőr** skivers ; ~ **kesztyűbőr** grain leather for gloves ; ~ **tehénbőr** bright grain leather
barkasajtolás *(bőr)* embossing
barkasérülés *(bőrön)* grain damage
barkataszítás *(bőr)* peeling off
barkátlan *(készbőr)* smooth
barkatörés *(bőrön)* grain cracking, cracking of the grain
barkatörés-ellenállás *(készbőré)* resistance to grain craking
barkáz *(bőrt)* pebble, (set the) grain, pare, board ; **kézzel** ~ pommel the hide
barkázás *(bőr)* boarding ; *vö még* **barkáz**
barkázóasztal *(bőr)* graining/boarding board/table
barkázófa *(bőr)* graining board, gripper, tool block
barkázógép *(bőr)* boarding machine
barkázóhenger *(bőr)* grain roller
barkázókalander *(bőr)* chasing calender
barkázott *(bőr)* grained ; *(kelme:)* crisp ; ~ **borjúbőr** pebble calf ; ~ **színoldal** *(bőr)* pebble
barkevikit *(ásv)* barkevicite
Barkhausen-oszcillátor Barkhausen oscillator
barlang *(földt)* cave, cove, cavern, recess, den, grotto, hole, hollow
barlangkutatás cave-searching
barlangszerű *(földt)* cavernous
barn *(at)* barn
barna : ~ **bél** false heartwood ; ~ **borjúbőr** russet calf ; ~ **csomagolópapír** brown wrapping-paper, browns, roll brown ; ~ **enyv** brown size ; ~ **facsiszolat** *(pa)* steamed groundwood, brown mechanical pulp, steamed pulp ; ~ **faktisz** brown/dark substitute/factice ; ~ **falemez** *(papír)* brown wood board, mechanical board ; ~ **fapapír** mechanical wrapping (paper) ; ~ **(füstös) lőpor** brown powder ; ~ **kötélpapír** rope brown ; ~ **krapplakk** brown madder ; ~ **mázolás** browning ; ~ **okker** brown/spruce ochre/ocher ; ~ **ólomérc** *(ásv)* pyromorphite ; ~ **színű** *[bőr]* tan ; ~ **tehénbőr** russet upper leather ; ~ **törés** *(boré)* brown casse ; ~ **vasérc** *(ásv)* *l* **limonit** ; ~ **vaskobak** *(ásv)* "brauner Glaskopf" ; ~ **vaskő** *(ásv)* *l* **limonit** ; ~ **vitriol** brown vitriol
barnacsíkos *[faanyag]* brown-stained
barnakő *(ásv)* black manganese, hausmannite
barnamész brown lime
barnapát *(ásv)* brown spar
barnaszén brown coal ; lignite ; **algás** ~ bog coal ; **földes** ~ earth coal ; **mocsári** ~ bog coal
barnaszénbrikett lignite briquettes
barnaszénkátrány lignite tar
barnaszénkátrányszurok lignite tar pitch
Barnett-hatás Barnett effect
barnít (im)brown, burnish
barnítópác burnisher
barnulás browning
barociklonométer barocyclonometer
barográf barograph, recording barometer
barogram *(met)* barogram
barokk stílusú baroque
baroklin légkör baroclinic atmosphere
barométer barometer, weather ga(u)ge, weather-glass ; **Bourdon-féle aneroid** ~ Bourdon ga(u)ge ; **edényes** ~ cistern barometer ; ~ **hirtelen változása** bobbing ; ~ **napi görbéje** daily wave of a barometer
barométer- barometric
barométercső barometer tubing
barométerdoboz seal tank/box
barométeres barometric ; ~ **adó** baroswitch
barométer-kalibrálás barometric check
barométerlégnyomás-helyesbítés *(geod)* adjustment/correction for barometric pressure
barometrikus barometric ; ~ **kondenzátor** barometric condenser
baroszkóp baroscope
barosztát barostat
barotrópikus légkör barotropic atmosphere
barrandit *(ásv)* barrandite
barretter *(rád)* barretter, ballast lamp tube/resistance
bársony velour, velvet ; ~ **bolyhos felülete** velvet nap
bársonybőr *(kesztyűbőr)* chamois (buff)
bársonyhasító tű *(tex)* ruler
bársonyhurok-felvágó kés *(tex)* trivet, trevette
bársonylánc-henger *(tex)* beam for pile warp
bársonyos velvety ; ~ **(bőr)felület** suede surface ; ~ **rézérc** *(ásv)* velvet copper ore ; ~ **szövetfelület** *(tex)* nap ; ~ **vasérc** *(ásv)* goethite with a velvety surface
bársonyozó : ~ **bevetés váltókötésben** staggered weft pile weave ; ~ **vetés** *(tex)* pile pick ; ~ **vetéscső** weft-pile tube
bársonypapír cellusuede
bársonyszalag velvet ribbon
bársonyszőnyeg pile carpet
bársonyszövés pile weaving

bársonyszövet *(tex)* pile on pile ; ~ **csomója** *(tex)* loop
bársonyszövő *(tex)* velvet weaver ; ~ **gép** velveting machine
bársonyvágó tolókés trussing trivet
barsovit *(ásv)* barsowite
Barth-féle ék *(gépt)* Barth key
bartoni emelet *(földt)* Bartonian stage
bas-relief bas-relief
bastit *(ásv)* bastite, schiller spar
bástya *(ép)* bastion, bulwark
bástyafal *(ép)* rampart
bástyafelhő *(met)* alto-cumulus castellatus
bástyavégződés *(ép)* battlement
basszetkürt *(hangt)* basset-horn, bass clarinet
basszusfuvola *(hangt)* bass flute
basszus-klarinét *(hangt)* bass clarinet, bassethorn
basszuskulcs base (F) clef
basszustuba *(hangt)* bombardon
basztard betű *v* **írás** *(nyomda)* bastard fount
batár batardeau
bathi emelet *(földt)* Bathonian stage
batikpapír Silurian/China paper
batiszt *(tex)* batiste
batiszt- cambric
batokróm bathochrome
batolit *(földt)* batholith, batholite, bathylite, bathylith
batométer *(hajó)* bathometer
batoszféra bathysphere
batroklász *(földt)* bathroclase
battériás kazán French boiler
Baudot-távíró Baudot (printing) telegraph
Baumann-eljárás *v* **-módszer** Baumann printing
Baumann-lenyomat Baumann figure/print
Baumé-fok degree Baumé, Bé
Baumé-fokolás Baumé test
Baumé-skála Baumé scale
baumhauerit *(ásv)* baumhauerite
bauxit *(ásv)* bauxite
bauxit-cement bauxite/alumina cement
bauxitkő *(koh)* bauxite refractory
bavalit *(ásv)* *l* **chamosit**
bavenoi ikrek *(ásv)* Baveno twins
Bayer-féle betűzés *(csill)* Bayer letters
bayldonit *(ásv)* bayldonite
bazáliák *(földt)* basals
bazális lemezek *(földt)* basals
bazalt basalt ; ~ **alakú** basaltiform
bazaltburkolat basalt fitting
bazaltkőzet cank
bazaltláva block lava
bazaltos basaltic
bazaltszerű basaltiform
bazalttufa trap-tuff
bazanit *(kőz)* basanite
bázeli zöld *(festék)* *l* **schweinfurti zöld**
bázikus basic ; ~ **alumíniumacetát** basic alumin(i)um acetate, alumin(i)um hydroxyacetate ; ~ **bélésű konverter** *(koh)* converter of basic lining ; ~ **bizmutgallát** basic bismuth gallate ; ~ **bizmutnitrát** basic bismuth nitrate ; ~ **cinkkarbonát** basic zinc carbonate ; ~ **ecetsavas réz** basic copper acetate ; ~ **festék** basic dye ; ~ **foszfát** subphosphate, basic phosphate ; ~ **karbonát** basic carbonate, subcarbonate ; ~ **kőzet** basic rocks ; ~ **magnéziumkarbonát** basic magnesium carbonate ; ~ **nitrát** subnitrate, basic nitrate ; ~ **ólomacetát** basic lead acetate ; ~ **ólomkarbonát** basic lead carbonate ; ~ **plumbokarbonát** basic lead carbonate ; ~ **rézacetát** basic copper acetate ; ~ **salétromsavas bizmut** basic bismuth nitrate ; ~ **só** subsalt, basic salt ; ~ **szénsavas magnézium** basic magnesium carbonate ; ~ **szilikát** basic silicate, subsilicate ; ~ **színezékek** basic dye(stuff)s ; ~ **szulfát** basic sulfate, subsulphate
bázikusság basicity
bazil *(barna juhbőr)* basil
bazilika *(ép)* basilica
bázis basis, base ; *(hajó ; vegy)* base ; ~ **ionja** basic ion ; **kétvegyértékű** ~ biacidic base
báziscserélő base exchanger
bázisfelület *(gépt)* basis/locating/datum surface
báziskicserélés base exchange
bázislap *l* **bázissík**
bázisos *l* **bázikus**
bázissík basal plane
bázisvonal *(tűréseknél ; gépt)* datum/basis/locating line
bazsalikom-olaj basil oil
beaconit *(ásv)* beaconite
beácsol *l* **ácsol** ; **főtét** ~ *(bány)* hold the roof
beácsolt *(főte ; bány)* tight, treed ; ~ **munkahely** *(bány)* supported face ; **be nem ácsolt térköz** *(bány)* unsupported distance
beadagol *l* **adagol**
beadagoló kör *(rád)* injection circuit
beadagolt elegy *(koh)* loaded stock, charge
beágyaz (em)bed, bed in, imbed, let in(to), seat, intercalate ; *vö még* **ágyaz**
beágyazás bedding, bed(ding-in), packing, ply, inset, seam, nest, interbedding, interlayer ; *(bány)* runs, rib ; *(ásv, fényt)* embedding (material) ; ~**ok** *(bány)* interstratification beds ; **agyagos** ~ **a telepben** clump ; ~**t kirésel** *(bány)* rip out the middleman ; **meddő** ~ *(bány)* middleman ; ~ **megmintázása** *(bány)* band sampling ; ~ **mélysége** depth of setting ; **vastag** ~ *(bány)* heavy parting
beágyazási hely *v* **pont** putting-in point
beágyazódás *(bány, földt)* (middle) band, shot, impregnation ; *vö még* **beágyazás**
beágyazódik *(földt)* impregnate ; *(gépt)* seat ; *vö még* **beágyaz**
beágyazó képesség *(csapágyfémé)* embeddability
beágyazott (em)bedded, bulged-in ; *vö még* **beágyaz** ; ~ **meanderek** *(földt)* entrenched meanders ; ~ **medrű folyó** entrenched river ; ~ **réteg** *(bány)* middle band
beakad *(gépt)* bite, engage
beakaszkodik *(gépt)* bite, engage
beakaszt hitch, engage ; *(fűrészt keretbe)* hang, set up gang-saw blades
beakasztás hang
beakasztó : ~ **horog** horn ; ~ **karika** hook thimble ; ~ **kengyel** clevice hook
beakasztódás falling-in
beakasztódási szög *(óra)* locking angle
beakasztott ajtó- *v* **ablaktábla** hinged shutter
beáll align ; **egyenesbe** ~ *(dioptrával v műszerrel)* range ; **szögbe** ~ *(mat)* angle
beállás *(távk)* centring ; ~ **kiindulási értékre** *(aut)* reset
beállási : ~ **hiba** *(helyzetállító szabályozásnál ; vill)* droop ; ~ **idő** *(aut)* reset time
beállásjelző számlap *(rep)* follow-up card
beállásol *(ép)* scaffold
beállít set, adjuste, tune (in), install ; *(beigazít)* true up, adjust, set, appropriate ; *(behelyez)* foot in ; *[szerkezetet]* position a mechanism ; *(fényk)* pose *(geod)* enrange ; **áramerősségre** ~ *(vill)* adjust for current ; **fonalvezető réseket fonalszámhoz** ~ adjust guide slit to suit counts of yarn ; **gyújtást** ~ *(gépk)* adjust the ignition; **irányt** ~ *(műszeren ; geod)* set the bearing ; **pontosan** ~ adjust ; **próbálgatással** ~ set by trial and error ; **szögbe** ~ *(mat)* angle ; **távolságot** ~ set/get the range ; **újra** ~ readjust ; *(gyújtási időpontot:)* retime ; *[becsiszolt szelepet]* reset ; **vetüléksűrűséget** ~ *(tex)* adjust the number of picks
beállítás set(up), trueing, setting-up ; *(állandó v fél-állandó)* setting ; *(helyesbítés)* adjustment ; *(időben)* timing ; *(készüléké üzemhez ; távk)* lining-up aligment ; *(behangolás)* tuning ; *(rád)* trimming ; **durva** ~ *(fényk)* coarse focussing ; **finom** ~ accurate/fine adjustment ; ~ **indikátorral** *(rád)* visual alignment ; ~**ból kiesett** *(gépt)* run out of truth ; **lánchossz** ~**a** *(tex)* ascertaining (the length of warp) ; ~**t megbont** disadjust ; **minimumra való** ~ *(rádióirányméresnél)* aural null ; **nem megfelelő** ~ maladjustment ; ~ **nullapontra** zero adjustment ; **optimális** ~ best/optimum setting ; **sűrű** ~ *(tex)* close setting ; ~ **szögben** *(mat)* angle adjustment ; **sztroboszkópikus** ~ stroboscopic adjustment ; **végső** ~ *(rád)* final adjustment ; ~ **vékony közbetétlapok segítségével** shimming
beállítási : ~ **adatok** set factors ; ~ **határ** *v* **térköz** range of adjustment ; ~ **hiba** *(távk)* positional error ; ~ **idő** setup time ; ~ **szög** setting angle ; ~ **szöghiba** *(lemezvágón)* tracking error ; ~ **táblázat** adjustment table ; ~ **támaszték** *(gépt)* lug support
beállítható adjustable, slidable ; ~ **csavarkulcs** adjustable spanner ; ~ **légcsavarszárny-emelkedés** controllable pitch ; ~ **párhuzamalátét** taper-parallel ; ~ **szikraköz** adjustable spark gap ; ~ **ütköző** movable stop
beállíthatóság adjustability
beállító *mn* adjusting *stb, vö még* **beállít** ; *fn (személy)* setter-in ; *vö még* **állító** *stb* ; ~ **ábra** *(telev)* standard picture ; ~ **berendezés** adjusting apparatus/device ; ~ **csap** locating pin ; ~ **csavar** setscrew, positioning/setting/adjusting/regulating screw ; ~ **csavarkulcs** setscrew spanner ; **durva** ~ **csavar** coarse motion ; ~ **ék** stay/lifting wedge, adjuster cotter ; *(szerszámé)* tightening wedge ; ~ **fapecek** dowel pin ; ~ **fej** *(gépt)* adjusting head ; ~ **felfogó gyűrű** *(szerszámgépen)* guide ring ; ~ **felület** *(gépt)* locating surface ; ~ **fogantyú** register ; ~ **fúrókés** *(olaj-*

fúrásra) bucking ram; ~ **gép** adjusting machine; ~ **gomb** control/adjusting knob; **gömbvégű** ~ **csavar** ball-point set screw; ~ **gyűrű** *(fényk)* focus(s)ing ring; *(gépt)* base/setting/adjusting ring, set collar; ~ **homályos üveg** *(fényk)* focus(s)ing screen; ~ **idomrúd** setting rod; ~ **idomszer** setting ga(u)ge; ~ **illesztőszeg** *(gépt)* prisoner; ~ **jegy** *v* **jel** adjusting mark; ~ **jelzés** regulation mark; ~ **készülék** setting device; *(gépk)* loading jig; ~ **kézikerék** *(gépt)* regulating wheel; **körhagyós** ~ **szerkezet** eccentric adjustment; ~ **lakatos** setter-up, erector, tool-setter; ~ **lámpa** *(fényk)* framing lamp; ~ **lap** *(gépt)* adjuster board; ~ **léc** *(gépt)* adjusting ledge; ~ **lemez** *(gépt)* adjusting plate, aligning strip; ~ **mérce** *(gépt)* adjusting ga(u)ge; ~ **munkás** *(tex)* finishing man; ~ **mutató gyújtáselosztáshoz** *(gépk)* timing pointer for distributor; ~ **pálca** *(fényk)* focus(s)ing rod; ~ **pecek** *(gépt)* dowel/set/register/locating pin, steady dowel, locator; ~ **prizonszeg** *(gépt)* prisoner; ~ **rúd** adjusting rod; ~ **sablon** setting ga(u)ge/template; ~ **skála** dial; ~ **szelep** *(gépk)* adjusting valve; ~ **szemlencse** *v* **szemrész** focus(s)ing eyepiece; ~ **szerkezet** adjuster, positioner, adjusting/setting device

beállított: ~ **gyújtás** *(gépk)* timed ignition/sparks; ~ **menetirány** course set; ~ **nedvességtartalom** *(pa)* controlled moisture content; **rosszul** ~ maladjusted; ~ **vonatkozási érték** *(vill)* reference quantity

beálló floating; ~ **alváz** flexible wheel base; ~ **csapágy** self-aligning bearing; ~ **farokkerék** *(rep)* orientable tail wheel; ~ **tengely** *(gépt)* sliding axle

beállópofás satu swivelling-jaw vise

beállványoz cradle, crib; *l még* **állványoz**

beállványozás cradling; *l még* **állványozás**

beárad immanate

beáramlás indraft, flow-in, ingress, inflow, entrance

beáramlási sebesség inlet/entrance velocity, rate of inflow

beásott kábel *(távk)* buried cable

Beaufort-skála *(hajó, met)* Beaufort scale

beavatási eljárás *(tex)* anti-shrink process

beázik drench

beáztat drench, douse, wet, moisten; steep; [*alkatrészt mosóbenzinbe:*] soak; *(tex)* wet

beáztatás drenching, wetting, moistening; *(bőr)* soakage; *(pa)* maceration

beáztatási súly [*nyersbőré*] soaking weight

bebetonoz let into concrete

bébiállvány *(fényk)* baby tripod

bébicipő toddlers *(US)*

bébikád baby bath-tub

bebizonyít *(mat)* prove

bebizonyíthatatlan indemonstrable

bebiztosított csapszeg *(gépt)* forelock-bolt

bebocsátás *(gőzé)* inlet, intromission, admission; **tengelyirányú** ~ axial admission

bebocsátási hely *(ép)* passage

bebocsátó: ~ **csatorna** *v* **(felső) csőfej** *(szivattyún)* inlet culvert; ~ **lapát** inlet blade; ~ **nyílás** inlet/admitting port; ~ **szelep** inlet valve; *(pillangószelep:)* butterfly

beboltoz *(ép)* cope, overarch, concamerate

beborít deck, sheath, lag

bebujós blúz *v* **ruha** slip-on

beburkol board, sheath, enshroud, wrap (in), envelop; **kötelet** ~ *(keskeny vitorlavászonsávokkal)* parcel

Bechold-féle ultraszűrő Bechold filter

Becke-féle: ~ **lencse** *(ásv)* Becke lens, ~ **vonal** *(ásv)* light/bright line

Beck-féle fajsúlymérő skála Beck's scale

Beckmann-atomátrendeződés Beckmann rearrangement

Beckmann-féle hőmérő Beckmann thermometer

Becquerel-féle termooszlop *(vill)* Becquerel's thermopile

Becquerel-hatás Becquerel effect

becsap *(ajtót; gépk;)* slam

becsapódás *(lövedéké)* incidence, impact, hit

becsapódási: ~ **pont** point of impact/fall; ~ **sebesség** impact velocity; ~ **sík** plane of incidence; ~ **szög** angle of incidence/impact/arrival, striking/incidence/terminal angle

becsapolt mortised/journalled in; ~ **küllő** spoke mortised in

becsappan [*zár*] snap in

becsappanás *(gépt)* snap

becsavar *(csavart:)* screw in, screw on, run in; *(burkol:)* enroll, wrap; **erősen** *v* **teljesen** *v* **tövig** *v* **végig** ~ screw/drive home

becsavarási: ~ **hossz** *(gépt)* length of engagement; ~ **mélység** *(gépt)* depth of engagement

becsavarozás screwing up

becsavart screwed-on; **tövig** ~ screwed home

bécsi: ~ **fehér** *(festék)* Vienna white; ~ **mész** Vienna lime/chalk; ~ **zöld** *(festék)* *l* **schweinfurti zöld**

becsíp *(kovácsolással)* nip

becsíptet: **szegélyt** ~ *(tex)* grip the selvedges

becsiszol *(szelepet)* grind in, reface, regrind, lap in

becsiszolás grinding/lapping in, reseating, regrinding

becsiszolódó: **gyorsan** ~ **gyűrű** [*szelepé*] quick-seating ring

becsiszolt: ~ **csap** ground cock; ~ **dugattyú** ground piston; ~ **dugójú üvegpalack** stoppered bottle; ~ **kúpos csap** wedge bolt; ~ **üvegdugó** glass stopper

becslés estimation, estimate, conjecture, appraisement, assay, rating, rate; **közelítő** ~ approximate calculation/computation; ~ **tövön** *(fa)* estimate of standing crop

becsomagol enwrap, packet

becsomóz *(tex)* knot the warp ends

becsül estimate, rate, judge, assay

becsült estimated

becsűr [*botkormánnyal; rep*] bank

bedeszkáz board, plank, fur, contabulate, slat

bedeszkázás boarding, slatting, furring, contabulation, silling

bedobó nyílás *v* **rés** drop, (admission) slot

bedolgozás working (in), put in; *(betoné:)* pour; *(tex)* backfilling; **nyersbőr** ~**a** input of hide

bedolgozási: ~ **hely** *v* **pont** putting-in point; ~ **százalék** *(tex)* crimp per cent

bedolgozásmérő (készülék) *(tex)* crimp measurer

bedolgozható workable

bedolgozott bedded; ~ **pehely** *(tex)* gout

bedöglik *(gépt)* fail

bedőlés tumbling, falling-in; *(fordulóban; gépk, rep)* bank(ing); ~ **nélkül** *(rep)* zero bank; ~ **szöge** *(rep)* angle of bank, banking angle; ~ **tengelye** *(rep)* axis of roll

bedőlési: **helyzet** *(rep)* bank position; ~ **szög** *l* **bedőlés szöge**

bedöngöl *(ép)* ram in; **ácsolás és aknafal között agyagot** ~ *(bány)* coffer; **betonnal** ~ *(ép)* ram with concrete; **öntőformát** ~ ram up a mo(u)ld

bedönt *(rep)* bank; ~ **a tömedékmalomba** *(bány)* mill

bedöntés csűrőkkel *(rep)* bank with ailerons

bedörzsölés flushing, friction

bedörzsölt: ~ **felület** float surface; ~ **festék** flushed colo(u)rs

bedrótoz wire

bedugaszol cork, stuff, plug, bung

bedugaszolás stuffing, corking, plugging, bung; *(szivattyún:)* blanking off

bedugós csavarkulcs *l* **dugókulcs**

bedugulás *(bány; koh)* sticking; **adag** ~**a** *(koh)* sticking of blast furnace, scaffold

bedugult rosta dumb screen

beecsetelés suffosion

beegerit *(ásv)* beegerite

beégés burning, penetration; *(gumi)* scorch(ing); *(önt)* burnt sand, sand skin/buckle; *(hegesztésnél)* penetration; *(hiba)* undercut; ~**re hajlamos** *v* **érzékeny** *(gumi)* touchy

beégési: ~ **mélység** *(hegesztésnél)* depth of penetration; ~ **sáv** penetration zone

beéget stove, cure; **bélyeget** *v* **jegyet** ~ brand

beégetés burning(-in), brand, cure; *(ker)* setting-up; *(rádiócsőé)* burning, ageing; ~ **bőr farrészén** butt brand

beégetett: ~ **bélyegző nyomaitól mentes** *(bőr)* free of brands, unbranded; ~ **jegy** brand; ~ **jelölések** *(bőrön)* brand marks

beégető: ~ **kemence** burning-in kiln; ~ **lakk** stove/stoving varnish; ~ **vassal színrészén bélyegzett bőr** butt-branded hide; ~ **zománc** baking enamel

beégetőbetű-készlet branding iron (letters)

beégetőszám-készlet branding iron (figures)

beégett: ~ **homok** *(önt)* burnt sand; ~ **homokréteg** *(önt)* sand skin/buckle, burnt sand

beékel wedge (up/surface), pinch; *(két réteg közé:)* sandwich; **lezárt és vízhatlan ponyvákkal lefedett hombárszádot** ~ *(hajó)* batten down

beékelés wedging up

beékelődés jam(b) ; **beékelődő szíjács** *(fa)* included sapwood **beékelődött** *(földt)* interjacent **beékelő gyűrű** *(gumiabroncsnál)* fastening ring **beékelt** pinched, wedged-up, ca(u)lked ; ~ **illesztés** wedged joint ; ~ **kés** *v* **penge** *(forgóhengerben)* dead knife **beélezés** inbreaking **beenged** admit, let in(to) **beengedés** admittance, admission, intromission ; *l még* **beeresztés** **beépít** build in, install, integrate ; ~ *[fúrócsöveket]* run in ; *(óraműbe mozgáshatároló elemeket:)* bank ; *(szerkezetbe)* incorporate **beépítendő agregát** auxiliary unit for incorporation **beépítés** building, setting-in ; ~ **általános elmélete** *(ép)* basic principles of land covering by buildings, general development of land covering by buildings ; **fajlagos** ~ *(ép)* ratio of total floor area to site area ; ~ **mértéke** building density ; ~ **szabályozása** *(ép)* bulk zoning **beépítési :** ~ **arány** *(ép)* building density ; ~ **jelleg** *(ép)* type of development, building type ; ~ **készlet tolózárhoz** *v* **csapokhoz** built-in fittings for underground sluice valve ; ~ **magasság** building height ; ~ **mód** method of town development ; ~ **sűrűség** building density ; ~ **terület** *(ép)* area to be built-up ; ~ **terv** *(ép)* development/layout plan ; ~ **vonal** building/street line **beépítetlen :** ~ **közterület** common ; ~ **terület** open space, unbuilt land **beépített** *(autórádió ; ép)* built-in ; ~ **antenna** built-in aerial/antenna ; ~ **bútor** fixture ; ~ **bütyköstengely** lowered camshaft ; ~ **csővezeték** built-in conduit ; **épület** ~ **alapterülete** floor area of a building ; ~ **felvonó** stationary hoist ; ~ **hajtómű** built-in drive ; ~ **kémény** built-in chimney ; ~ **kereső** *(fényk)* built-in finder ; ~ **lakkfőző üst** set varnish kettle ; ~ **motor** integrated motor, built-in engine ; *(rep)* buried engine ; **be nem épített terület** *(ép)* land not covered by buildings ; ~ **rugó** contained spring ; ~ **terület** built-up area ; ~ **típusú hőelem** embedded type (thermo-)couple ; ~ **ütköző** *(gépt)* built-in stop ; ~ **üregrezonátor** built-in cavity **beépíthető : be nem építhető terület** land not to be covered by buildings **beépíthetőség** the extent to which technical conditions permit land to be covered by buildings **beereszt** pass in, dap, insert **beeresztés** *(fakötés:)* tenon, rebate, housing, joggle, joining by rabbets, joining by mortise and tenon ; **kettős ferde** ~ double skew notch **beeresztési horony** *(gerendakötéshez)* notching **beeresztett :** ~ **csap** *(fa)* re-entering abutment ; ~ **csapos küllő** spoke mortised in **beeresztő :** ~ **csavar** laying-in screw ; ~ **cső** inlet pipe ; ~ **horog** dap ; ~ **szelep** *l* **szívószelep** ; ~ **zár** rabbeted/inlaid lock ; ~ **zsilip** intake gate

Beer-féle törvény Beer's law **beérkezési : földrengés** ~ **ideje az epicentrumba** time of occurrence at epicentre ; ~ **idő** arrival time **beérkező légijármű** *(légtérbe)* inbound aircraft **beerősít** foot in ; *(falba:)* tail into (the wall) ; **cementtel** ~ cement in **beerősítés** *(cementtel)* cementing-in **beerősítetlen felszerelés** *(rep)* loose equipment **beesés** incidence, falling-in **beesési :** ~ **irány** direction of incidence ; ~ **normális** incidence normal ~ **sebesség** impact speed ; ~ **sík** plane of incidence ; ~ **szög** angle of incidence/arrival/approach, (re-)entering/incidence/incident angle, incidence **beesik** *[elektronsugár ernyőre]* strike **be- és kikapcsolható hajtószíj** engaging and disengaging strap **beeső** *[sugár]* incident ; ~ **áram** *(távk)* incident current ; ~ **fény** incident/impinging light ; ~ **fényáram** light input ; ~ **fénysugár intenzitása** impingement intensity ; ~ **hullám** *(rád)* incident wave ; ~ **sugár** incident ray **beesztergált gyűrű** *(gépt)* neck ring **befagy** congeal, freeze up **befagyás** congealing, freezing up **befagyasztás** chilling, freezing-in **befagyó** congealing ; **be nem fagyó** uncongealable **befagyott olvadék** freezed melt **befalaz** wall up, lute/brick in, incase, (im)mure ; *(ajtót:)* build up **befalazás** brick setting, bedding **befarag** *(bány)* hag ; **négyszögre** ~ square off **befecskendez** inject, shoot ; *(Dieselmotornál)* inject **befecskendezés** injection, injecting ; *(bány)* injection jet ; ~ **kezdete** *(Diesel-motor)* fuel-injection starting-point ; ~ **közvetlenül a hengerbe** *(gépk)* direct injection ; ~ **pillanata** *(Dieselmotor)* moment of injection ; ~ **sebessége** *(Dieselmotor)* rate of injection (of the fuel) ; ~ **szöge** spray-angle ; ~ **tartama** *(Diesel-motor)* injection period ; ~ **vége** *(Diesel-motor)* (fuel) injection cut-off ; ~ **vezérlése** *(gépk)* injection timing **befecskendezéses motor** direct-injection engine **befecskendezési módszer** *(bány)* infusion method **befecskendezett :** ~ **anyag** *v* **test** injected body ; ~ **tüzelőanyag-sugár** *(Diesel-motor)* fuel spray ; *(ennek kúpszöge:)* spray angle ; ~ **víz** *(teljesítménynövelésre ; gépk)* injection water **befecskendező** *fn* injector ; *mn* injecting ; ~ **csap** *(gépk)* injection cock ; ~ **dugattyú** *(Diesel)* plunger ; ~ **fej** *(bány)* injection head ; ~ **fúvóka** *(motoron)* *l még* **porlasztó** *is* inlet/injector/priming nozzle ; *(Diesel-motor)* fuel injection nozzle, (fuel) injector ; *(zárt fúvóka:)* closed nozzle ; *(nyitott fúvóka:)* open nozzle ; ~ **rugó** *(Diesel)* (injection) nozzle spring ; ~ **fúvóka szájnyílása** *(Diesel-motor)* nozzle orifice ; ~ **készülék motorindításhoz** engine primer ; ~ **nyomás** *(Diesel-motor)* injection pressure ; ~ **szelep fúvókája** injection valve nozzle ; ~ **szivattyú** *(Diesel-motor)* fuel (injection) pump ; ~ **szivattyú állítónyílás zárócsavar** *(Diesel-motor)* access plug ; ~ **szivattyú depressziós szabályzó** *(Diesel-motor)* pneumatic governor ; ~ **szivattyú dugattyú** *(Diesel-motor)* plunger ; ~ **szivattyú dugattyúköröm** plunger lug ; ~ **szivattyú dugattyú-visszahúzó rúgó** (fuel) pump plunger spring ; ~ **szivattyúelem** *(Diesel)* injection pump element ; ~ **szivattyú-fejszelep** *(Diesel-motor)* discharge/delivery valve ; ~ **szivattyú-fejszelep hornyos szelepszára** *(Diesel-motor)* fluted stem ; ~ **szivattyú-fogasrúd** *(Diesel-motor)* control rod ; *(rajta a fogazás:)* rack ; ~ **szivattyú-fogasrúd ütköző** *(Diesel-motor)* control rod stop ; ~ **szivattyú görgős emelő** *(Diesel-motor)* plunger guide and tappet roller ; ~ **szivattyú-hajtótengely** *(Diesel-motor)* (injection) pump drive shaft ; ~ **szivattyúhenger** *(Diesel-motor)* (fuel) pump cylinder barrel ; ~ **szivattyúhenger beömlőnyílása** *(Diesel-motor)* suction port ; ~ **szivattyúhenger túlfolyónyílása** *(Diesel-motor)* barrel spill port ; ~ **szivattyú kézi légtelenítő szivattyúja** *(Diesel-motor)* hand priming pump ; ~ **szivattyú regulátorsúly** *(Diesel-motor)* governor/fly weight ; ~ **szivattyú szállítási görbéje** *l* **szállítási görbe** ; ~ **szivattyú szállítási szakasza** *(időtartama ; Diesel-motor)* pump delivery period ; ~ **szivattyú-töltésállító fogasív** *(Diesel-motor)* control toothed quadrant/segment ; ~ **szivattyú-töltésállító hüvely** *(Diesel-motor)* control sleeve ; ~ **szivattyú üresjáratszabályozó rugó** *(Diesel-motor)* idling spring **befed** (en)shroud, deck, cover, shield, wrap, muffle, cap, revet, mantle, house ; **kaviccsal** ~ gravel ; **kéreggel** ~ *(fa)* bark **befedés** decking, housing ; *l még* **befed ;** *(rep)* coverage area **befedett** covered, decked, topped ; *(nyílás)* bridged ; **gyékénnyel** ~ matted ; ~ **vetődések** *(földt)* planed faults **befedő** *(oszlopon)* cap ; **befejez** end, finish, replenish **befejezés** *(ép)* corona **befejezetlen** unfinished **befejező :** ~ **gipszvakolás** *(ép)* hard finish ; ~ **kikészítő műveletek** finishing ; ~ **mosást végző dob** finishing drum **befejeződés** termination **befeketít** blacken **befeketítés** *[talpé, talpszélé : cipő]* blacking, inking **befektető oldal** *[pa]* change-side **befelé :** ~ **ferdül(t)** *[jármű elülső kereke]* toe-in ; ~ **hajlít** *(anyagv)* inflect ; ~ **hajl(ít)ott** inward bent ; ~ **haladó** *(aknától munkahely felé ; bány)* ingoing ; ~ **haladó gyűrűs fejtésmód** *(bány)* true longwall ; ~ **haladó frontművelés** *(bány)* longwall advancing ; ~ **haladó vágat** *(bány)* inby(e) opening/working(s) ; ~ **nyíló** opening-in **befelé-ferdülés** toe-in

befelé-fordulás introversion
befest paint, blot
befigyel *(távk)* monitor, listen
befigyelési lehetőség *(távk)* monitoring facility
befigyelő szűrő *(távk)* bridging filter
befog clamp, (em)brace, bite, jig/dog down, make fast; *(kocsiba lovat)* team, hitch; ~ **hengeres munkadarabot külső átmérőre állítva** locate from outside diameter; ~ **munkadarabot központfuratból kiindulva** locate from centre hole; **tokmányba** ~ chuck
befogad receive; *(folyadékot beszív:)* imbibe
befogadó receiving, receptive; **csille tetőzött** ~ **képessége** car heap capacity; ~ **csőszáj** female end of a pipe; ~ **edény** *v* **tartály** receptacle; ~ **képesség** capaciousness, capacity receptivity, spaciousness, cubic capacity, volume(tric capacity), admission, space; *(ép)* roominess *is*; *(autóbuszé:)* passenger-carrying capacity; **kotrókanál peremig mért** ~ **képessége** *(bány)* struck bucket capacity; ~ **kosár** *(mosószéren; bány)* head box; ~ **szint** *(félvezetőknél; vill)* acceptor level; ~ **vízfolyás** outlet
befogadóképes capacious, spacious
befogadóképesség-jelzés filling mark
befogás clamping, chucking, bite, nipping, constraint, seizure, catch; *(mech)* fixation, clamping; *(at)* capture; *(ép)* immuration; *(alak)* grip; **excentrikus** ~ eccentric clamping; ~ **gamma-sugárzással** radiative capture; **mellékfolyó** ~**a** *(főfolyóba)* capture; **rugalmas** ~ elastic constraint
befogási: ~ **hossz** clamping length; ~ **keresztmetszet** *(at)* capture cross-section; ~ **pont** nipping point; ~ **ponton fellépő nyomaték** moment taken about the point fixation; ~ **szög** angle of nip
befoglal frame, incase, enc(h)ase, mount, enclose
befoglalás inclosure; *l* még **befoglal**
befogó *(mat)* right angle side; *(szerkezet)* nippers; ~ **berendezés** *l* ~ **készülék**; ~ **blokk hajlításhoz** bend block; ~ **csavar** clamping screw; ~ **csonk** *(kov)* tong; ~ **csúcs** centre; ~ **elem** clamp; ~ **erő** *(ép)* restraining force; **excenteres** ~ **fej** eccentric chuck; ~ **fej** clamping/clasp head; *(önt)* grip; *(fésülőgépen; tex)* nipper body; ~ **gép** covering machine; ~ **görgő** gripping roll; ~ **gyűrű** stopper ring, collet, ferrule; ~ **harang** *v* **kehely** *(betört kőzetfúró kihúzására)* oval socket; ~ **hely** location, spigot; **helyhezkötött** ~ **pofa** *(hegesztéshez)* stationary clamp; ~ **horog** clamp hook; ~ **hossz** grip (length); ~ **hüvely** collet; ~ **karom** clamp hook; ~ **keret** *(fa, gépt)* clamp(ing frame); *(gépt, nyomda)* catch frame; *(sztereotipnál)* flask; ~ **készülék** holder, catch, chucking device, (work-)holding fixture, clamping apparatus/fixture; *(varrathegesztő géphez)* clamping device; **le- és felszerelhető** ~ **pofa** *(tokmányon)* false chuck jaw; **mozgatható** ~ **pofa** *(hegesztéshez)* movable/sliding clamp; ~ **patron** (holding) collet; ~ **pofa** jaw, cramp, grip/clamp cheek, wedge, bite, (take-in) grip, vice grip; *(felső; tex)* nipper bar, nipper knife; *(golyónyomó készülékben)* ball burst jaws; ~ **szerkezet** *l* ~ **készülék**; *(mzg)* stripper; ~ **tag** clamp; ~ **talp** *(gépt)* capping; **tárcsás** ~ **pofa** disc chuck; ~ **tokmány** chuck(ing device), face/clamping chuck; ~ **tokmány átfordítható pofája** reversible jaw; ~ **tokmány karja** chuck lever; ~ **tokmány menetfúróhoz** tapping chuck; ~ **tokmány tengelye** *v* **szára** chuck arbo(u)r; ~ **tüske** toe pin, arbo(u)r; ~ **villa** gripper fork
befogófejkulcs chuck wrench
befogóhossz(úság) clamping length
befogópatron-rögzítő pecek collet pin
befogott entrapped; *l még* **befog**; ~ **ácsolat** dapped timbering; ~ **belső tömlő** *(gépk)* nipped inner tube; ~ **fej** fang head; ~ **gerenda** *v* **tartó** embedded/fixed/restrained beam; ~ **helyzet** holding position; ~ **lemez** *[rezgőrendszer]* clamped reed; ~ **vég** *(tartóé)* fixed end; *(tengelyé)* dogged end
befolyás *(hatás)* influence, prevalence, affection, action; *(folyadéké)* inflow, flow-in
befolyási terület influence area
befolyásol influence, affect
befolyásolás *(távk)* interference
befolyásoló tényező influencing factor
befolyó *mn* inlet; *(földt)* affluent; ~ **cső(ág)** inlet branch
befonás *[kábelé v huzalé]* braid
befont vonszoló-csomó spun knot
beforgatás: dupla ív ~**a** *(nyomda)* work-and-turn
beforradás coalescence, coalition
beforraszt solder in
beforrasztás *(rád)* sealing
beforrasztott sealed-in; ~ **búrában lévő szikraköz** sealed spark gap; ~ **csővég** sealed end; ~ **(elektron)cső** *(rád)* wired tube
beföldel inter
befőttes celofán *(pa)* preserving transparent skin/foil
befőz *(oldatot)* boil down
befőzés: cukor ~**e kristályra** boiling of sugar to grain
befőzött *(konzervált)* canned
befröcsköl splash, dash, besprinkle
befújás *stb*, *l* **befúvás** *stb*
befulladás: adag ~**a** *[nagyolvasztónál]* sticking of blast furnace, scaffold; *(turbináé, szivattyúé)* surge
befulladt: ~ **porlasztó** flooded carburettor; ~ **turbina** surged turbine
befúródik *(maróeszköz)* dig in, penetrate
befut *(gépbe)* enter
befuttat *(festékkel)* suffuse
befuttatás *(gépk)* running in
befúvás blow, blast(ing), swell, injection; ~ **apró adagolásba** *(üresjárásba; koh)* blowing in burden; ~ **sűrített levegővel** *(gépk)* air spray-(ing)
befúvási idő *(bány)* scavenging period
befúvásszabályozó *(koh)* blast ga(u)ge
befuvat blow/blast in, inject
befuvatás *(nagyolvasztónál)* blowing in
befuvatási veszteség loss of blowing up
befúvó: Cowper-kemence ~ **égője** *(koh)* gooseneck; ~ **kondenzátor** condensing jet; ~ **szelep** injection valve
befüggesztett: ~ **középső nyílás** *(hídépítésnél)* suspended centre bay; ~ **nyílás** *(hídépítésnél)* suspended span; ~ **pályaszerkezet** *(hídépítésnél)* hung decking
befütyülés *(erősítő begerjedése)* squealing, singing
befűz *(tex)* thread, lace, draw-in, lace up; *(cipőt)* tie; ~ **bordafogba** *(tex)* fill the dent; ~ **csoportonként** *(tex)* lease by porters; ~ **fogkihagyásokkal** *(tex)* lease at intervals
befűzés *(tex)* drawing, draught, threading, drawing-in, draft(ing); ~ **elölről hátra** *(tex)* drawing-in from front to back; ~ **hátulról előre** *(tex)* drawing-in from back to front; ~ **mintaeleme** *(tex)* warp entry; **önműködő** ~ *(tex)* self-thread(ing); ~ **rendje** *(tex)* order of drawing, draft, draught, drafting arrangement; ~ **szögben** *(tex)* angle draft; ~ **tört sorban** *(tex)* broken pass; **x-fonalas** ~ *(tex)* arranging of x warp thread in a dent;
befűzési: ék alakú ~ **sorrend** *(tex)* diamond pass; ~ **eljárás** *(tex)* drawing-in (process); ~ **hiba** *(tex)* drawing-in fault; ~ **irány** *v* **sor** *(tex)* looming line
befűző *(személy)* *(tex)* leaser, drawer, drawer-in; ~ **állvány** *(tex)* looming frame; ~ **borda** *(felvetőn)* *(tex)* leasing comb; ~ **eszközök** *v* **szerszámok** *(tex)* looming appliances; ~ **gép** *(tex)* reading-in machine, drawing-in machine, warp-drawing machine, reaching-in frame, drawing-in frame; ~ **henger** *(pa)* drawing in roll; ~ **munkás(nő)** *(tex)* reeder, threader; ~ **tű** reed hook, reeding hook, reeding knife
befűződés *(anyagv)* contraction
befűződik *(anyagv)* neck down
befűzött *(bőr)* laced
begázosodás *(elektroncsőnél)* softening
begerjedés *(távk)* self-oscillation, singing; *(rád, vill)* autoexcitation; ~ **feltétele** *(távk)* condition of singing; ~**t gátló** anti-singing; ~**t gátló berendezés** anti-singing device; ~ **határa** *(távk)* verge of oscillation; ~ **megszüntetése** neutralization; **vevő készülék ütemes** ~**e** *(rád)* popping
begerjedési: ~ **pont** *(rád)* singing point, point of self-oscillation; ~ **út** *(távk)* coupling/feedback path; ~ **vizsgálat** *(távk)* singing test
begerjedésmentes *(távk)* stable, singing-proof
begerjeszt *(távk)* make sing, produce oscillation
begöngyöl envelop,e nrol(l), wrap; circumvest, fold, involve, implicate
begyakorolt: ~ **gépmunkás** trained operator; ~ **munkás** trained worker; ~ **segéd(munkás)** skilled help
begyezés *(bány)* breastwork
begyújt set fire, light (up), kindle; *(ívet; koh, vill)* ignite, fire
begyújtás lighting up, kindling; *(koh, vill)* igniting, firing; ~ **előtti (üresjárási) áram** *(rád)* preconduction current

begyújtási feszültség *(vill)* ignition voltage
begyújtó kindling; ~ **anód** exciting anode; ~ **feszültség** *(rád)* striking potential; ~ **készülék** *(vill)* starter; ~ **szer** kindling; ~ **ventillátor** *[gázgenerátoron]* starting fan
begyulladás *(gázé)* backfire
begyűrődés *(heng)* cold shut
behajlás bending, deflection, inflection, dip, camber, set, sag; *(rugóé)* spring deflection; **hajlításból származó** ~ bend(ing) deflection
behajlási : ~ **ábra** *(mech)* load-deflection diagram; ~ **egyenlet** *(tartóra)* slope-deflection equation; ~ **görbe** bend line, dip/deflection curve; ~ **ívmagasság** deflection (height); ~ **szög** *(mech)* bend/deflection angle
behajlik dip, sag, deflect
behajlít bend, bias, clench, border in/up; **szélét** ~ border up
behajlítás bending, folding; ~ **könyökben** knuckle
behajlott *(vasút)* lumpy
behajózás shipping, embarkation
behajózási súly shipping weight
behajóz(ik) ship, embark
behajt fold, tuck, border in, double down; *(járművel)* run in; *(éket:)* drive in; *(cipőfelsőrész bőrszéleit)* fold over; **fedelet** *v* **borítót** ~ *(nyomda)* break the cover; **peremet** *v* **szegélyt** ~ *(alak)* bead
behajtás *(nyomda)* chase; *l még* **behajt**; **bőrszél** ~**a** *(cipőn)* folding
behajtott *[bádog]* roll edge
behálózás meshing
behangol *(rád)* tune; *(összehangol:)* harmonize; **maximális teljesítményre** ~ *(rád)* tune to maximum
behangolás *(rád)* tuning, syntony, alignment; *(gyári)* pulling into tune; ~ **billentyűzörejre** *(táv)* click method; ~ **meghatározott hangsorba** scaling
behangolási : ~ **alapfrekvencia** *(rád)* tie-down frequency/point; ~ **idő** *(rád)* setup time; **pontos** ~ **frekvencia** *(rád)* tracking frequency
behangoló *(készülék v személy)* tuner; ~ **kondenzátor** *(rád)* aligning capacitor, trimmer; ~ **szerszám** *(nemmágneses)* aligning tool
behangolt jel feszültsége *(rád)* resonance potential
behántol *(forg)* scrape
behányás *(ép)* backfill
behasít *[helytelenül, munkadarabba]* dig
behatárolt aszimmetria *(távk)* localized unbalance
behatás action, influence, exposure; *(rád)* radio interference
behatási : ~ **ábra** influence diagram, line of influence; ~ **időtartam** time of exposure
beható intensive
behatol penetrate, intrude, enter; *(bány)* trench, pierce
behatolás penetration, penetrance, intrusion, intromission; *(bány)* ingress; ~**sal szemben fellépő talajellenállás** indicated soil penetration resistance, I. S. P. R.
behatolási : ~ **együttható** penetration coefficient; ~ **mélység** *(koh, ol)* depth of penetration; *(bőrhatás)* skin depth; ~ **távolság** penetration distance
behatolásvizsgáló berendezés penetration tester
behatolhatatlan inpenetrable
behatoló penetrative, piercing; ~ **kőzet** penetrative rock
behelyettesít *(mat, vegy)* substitute
behelyettesítés *(mat, vegy)* substitution; **alfa** ~ *(szomszédos helyzetbe; vegy)* alpha substitution; ~ **az oldalláncban** *(vegy)* substitution in side chain
behelyettesítési : ~ **fok** *(vegy)* degree of substitution; ~ **reakció** replacement/substitution reaction
behelyez introduce, embed, set in, encase; *(vill)* insert
behelyezés insertion
behengerel roll in; *[csövet nyílásba]* spin in
behengerlő tüske roll mandrel
behénolaj *(élip)* ben oil
behénsav behenic acid
behint powder, sprinkle; **öntőformát** ~ face the mould
behintés powdering, sprinkling; *(önt)* facing; **felhők** ~**e vegyi anyaggal** *(met)* seeding of clouds, nucleation
behívó *(vasúti)* **jelző** *v* **jelzés** permissive/permissible block (signal), calling-on signal
behordás *(pa)* charge
behordó berendezés *(pa)* charge device
behorpad *(bány)* cave-in; *(ép, mech)* buckle (up)
behorpadás dinge; *(anyagv)* dent; *[gőzkazáné:]* collapse; *(hajó)* bulge; *(mech)* buckling, bulging
behorpaszt dent
behozatali : ~ **gyapjú** imported wool; ~ **vám** entrance duty; ~ **zárlat** embargo
behúz : **kötelet** ~ *(hajó)* run in a rope; *(horgonyt; távk)* attract (armature); *(vezetéket)* draw in
behuzaloz *(vill)* wire
behuzalozott cső *(rád)* wired tube
behúzás *(heng)* draw/pull-in; *[festésnél:]* coating; *[kábelnél:]* pulling-in; ~ **acélszalaggal** *(vezetéké; vill)* fish; ~ **nélküli** *(rúdtokmány)* dead-length type
behúzható *(futómű; rep)* retractable, retractile; ~ **ék** taper wedge; ~ **farokkerék** *(rep)* retractable tail wheel; ~ **futómű** *(rep)* retractable undercarriage, retractable landing gear; ~ **híd** retractible drawbridge; ~ **hűtő** *(rep)* retractable/sliding radiator; ~ **leszálló lámpa** *(rep)* folding landing flare; **be nem húzható** *(rep)* non-retractable
behúzó : ~ **(acél)szalag** *(vill)* drawing string for electricians; ~ **akna** *(bány)* intake shaft; ~ **dob** *(dróthúzásnál)* pulling pinch roll; ~ **henger** *(heng)* draw(ing)-in roll, take roll; ~ **kábel** *(távk)* drawing-in cable; ~ **légáram** *v* **levegő** *(bány)* incoming/intake air; ~ **mágnes** *(vill)* craw-in/snap magnet; ~ **mágnestekercs** *(vill)* sucking coil; ~ **rúd** *(futóműé; rep)* retractor strut; ~ **rúdtokmány** draw-in type; ~ **szár** *(forg)* draw-in bolt; ~ **tokmány** draw chuck; ~ **tölcsér** *(vill)* (combination bell-mouthed) fishing socket; ~ **vasmag** *(vill)* plunger; ~ **vég** *[kábelé]* pulling end
behúzott : **csövekbe** ~ **vezetékrendszer** *(vill)* draw-in system; ~ **csűrőlap** *(rep)* washed-in aileron; ~ **helyzet** retracted position; ~ **leszállás** *(rep)* power landing; ~ **szedés** *(nyomda)* set-back
behúzóvasmagos : ~ **lágyvasműszer** *(vill)* plunger-type moving-iron instrument; ~ **mágnes** plunger magnet
behűt refrigerate
beidellit *(ásv)* beidellite
beigazít adjust, set, true (up)
beigazítás adjustment, adjusting, set(ting), tru(e)ing; *(pa)* pairing
beigazítható adjustable
beigazító *(személy)* adjuster, setter; ~ **jegy** *v* **jel** adjusting mark; ~ **lemez** *(gépt)* adjuster board
beigazolás verification
beige-szín beige
beiktat foist; *(beilleszt; vill)* insert, plug/put in; *(bekapcsol;)* cut-in
beiktatás insertion, plug-in
beiktatási : ~ **csillapítás** *(távk)* insertion loss; ~ **erősítés** *(rád)* insertion gain
beiktatott : ~ **fény** cut-in light; ~ **rajz** *(rajzfilmnél)* inbetween; ~ **vágánykeresztezés** insert crossing
beilleszt insert, set in, inlay, fit in, let in(to), encase, embed, intercalate, shoot; **kézzel** ~ insert by hand
beillesztés insert(ion), bedding-in
beillesztett *(ép)* built-in; ~ **szelepkosár** inserted valve cage; ~ **szelepülés** inserted seat
beilleszthetőség adaptability
beillesztő hüvely *(forg, gépt)* adapter
beindít *l még* **indít** start (up), set up/running; **előtolást** ~ *(forg)* throw-on; **forgattyúkarral** ~ *(gépk)* crank up; **motort** ~ *(gépk)* prime an engine
beindítás starting (up); *(gépé)* set-on; *(indítókarral)* cranking; *(réselőgépé; bány)* tramming
beindított motorral with engine on
beindul *l* **indít**
beindulás *l* **(be)indítás**
beinduló papír setoff paper
beint *(geod)* enrange
beirányít line up with, align; ~ **egy vonalba** align; *(csill, geod)* orient
beirányítás *(csill, geod)* orientation; **löveg** ~**a** laying the gun/piece
beirányítható antenna steerable antenna
beirányoz *(geod)* aim at; *(hajó, rep)* take bearings; **löveget** ~ lay a gun
beírt *(mat)* inscribed; ~ **kör** *(mat)* inscribed circle; ~ **sokszög** *(mat)* inscribed polygon
beiszik *(folyadékot)* imbibe, absorb
bejárás *(gépk)* run, ingress, access; *(bejáratás:)* breaking-in; *(ép)* admittance; *(szemle:)* perlustration
bejárat *fn* entrance, adit, access, opening, entering, entry; *(útvonal:)* doorway; *(bány)* git; *(ép)* passage; *(autóbuszon is)* entrance
bejárat *ige (új gépet)* run(-)in; *(lassú ütemben:)* pace; *(alkatrészt:)* wear-in; *(gépk)* way in, break in
bejáratás *(gépt)* run(ning) in, easing, green run; *(alkatrészé:)* wearing-in
bejáratási : ~ **időszak** running-in period; ~ **próba** running test ~ **sebesség** running-in speed

bejárati : ~ **ajtó** entrance door; ~ **fény a repülőtéren** approach light(ing) ; ~ **forgóajtó** *v* **forgómű** *v* **forgókereszt** turnstile ; ~ **jelző** *(vasút)* gate marker, upsignal ; ~ **karjelző** *v* **-jelzés** home signal ; ~ **lépcső** *(ép)* landing step ; ~ **nyílás** *(ép)* inlet opening ; *(hajó)* companion ; ~ **szabad jelzés** *(hajó, vasút)* inlet inner home signal ; ~ **váltó** *(vasút)* end switch ; ~ **zsilip(kapu)** inlet sluice
bejáratjelző bója approaching buoy
bajárató olaj break-in oil
bejáratott : ~ **menet állapota** running ; **be nem járatott** *(motor)* rough
bejáró *fn, l* **bejárat :** ~ **út** occupation road
bejáródás *(gépt) l* **bejáratás**
bejáródik *(gépt) l* **bejárat** *ige*
bejegesedett ice-glazed ; *(rep)* iced(-up)
bejegyez book, (en)register, enter (into)
bejegyzés entry, register(ing) ; **jegyzőkönyvi** ~ entry in a log
bejegyzési napló register book
bejegyzett registered ; ~ **használati minta** registered design ; ~ **(távirati) cím** registered address ; ~ **védjegy** registered trade mark
bejelentés *(telef)* request
bejelentési idő *(telef)* request time
bejelentő : ~ **esőlemez** *(távk)* drop indicator ; ~ **vonal** *(telef)* record(ing) wire/line, record(ing) trunk ; record circuit *(US)*
bejelöl mark, set out ; *[térképen]* mark on
bejelölő : kioltásos ~ *(telef)* blanking marker ; ~ *v* **pontozó kerék** *(tex)* tracing wheel
bejövő *l még* **bemenő** incoming ; ~ **jel** *(távk)* incoming/input signal ; ~ **levegő** *(bány)* inlet air ; ~ **program** incoming program ; ~ **vég** *[áramköri]* incoming circuit
bejutás access ; *l még* **bejárat** *és* **behatolás**
béka *(gépt)* frog ; *(bány)* stone batter ; *(ütközőberendezésen)* stop rod nib, stop ; ~ **szorítókengyele** frog clamp
bekampózás hitch
bekanyarodás sweep, turn
békanyelv *(zárt nyelv ; cipő)* watertight tongue
bekapaszkodás *(gépt)* bite
bekapaszkodik *(gépt)* bite
bekapcsol put/switch/turn in/on ; *(mechanikai úton:)* throw in/on ; *(áramot)* cut(-)in ; *(áramkörbe)* put in circuit ; *(gépelemet)* engage ; ~**ja a féket** put on the brake ; **gépet** ~ *(gépk)* throw into gear ; **óraszerkezettel** ~ *(rád)* trip ; **sebességet** ~ *(gépk)* engage a speed/gear
bekapcsolás joining/connecting-up, locking, plugging ; *l még* **bekapcsol ;** ~ **a vonókötélre** locking on hauling rope
bekapcsolási : ~ **csúcsáram** *(vill)* making-current ; ~ **szikra** *(vill)* closing spark
bekapcsolatlan tekercs(rész) *(vill)* idle coil
bekapcsoló *(vill)* circuit closer ; ~ **kar** *(gépt)* clutch-engaging lever, trip lever, throw-in lever ; ~ **szerkezet** throwing-in gear
bekapcsolódás *(fogaskeréknél)* engagement, meshing ; *(kilincsműnél:)* falling-in
bekapcsolódik *(fogaskerék)* engage, mesh
bekapcsolt *(gépt)* on, in gear ; *(vill)* current-carrying, live ; ~ **állás** *v* **helyzet** on/make-position ; ~ **terhelés** connected load
békaperspektíva *l* **békaszög**
bekapófék *(liftbiztosító)* seizing brake
bekarcoló vonósmérték scratch ga(u)ge
békaszorító bolted frog
békaszög *(fényk)* "worm's eye" view
bekattanás *(gépt)* snap, bite
beken daub, dabble, smear, lute ; *(kittel:)* putty ; *(olajjal v zsírral:)* oil ; *(hajó)* pay ; **faggyúval** ~ *(hajó)* pay with tallow ; **ragasztóanyaggal** ~ gum ; **zsírral** ~ seam
bekenés suffosion, pasting ; *l még* **beken ; agyagos** ~ *(ép)* gouge
bekenő gép pasting machine
bekérgeződik incrustate
bekerít (en)circle, rail, encompass, fence, immure, inclose
bekerítés inclosure, poling, circumposition
bekerített : ~ **hely** pale ; ~ **terület** *(ép)* inclosure
bekerül *(gépbe)* enter
bekezdés *(meneté ; gépt)* start ; *(kh)* running/casting-on ; *(nyomda)* paragraph ; ~ **szedése** *(nyomda)* indenting
bekezdéses *(nyomda)* indented
bekezdő : ~ **fésű** *(kh)* setup comb ; ~ **fúró** starter (drill) ; ~ **jelszakasz** *(rád)* preamble ; ~ **kúp** entering/entrance taper ; ~ **menetfúró** taper/roughing tap ; ~ **rovás** nock
be-ki *(adó-vevőnél)* on-off
béklyó clog, bond, horse lock
bekopíroz *(fényk) vö* **bemásolás**
bekormoz grime ; **üveglapot** ~ *(fényt)* blacken
beköszörülés grinding in ; *l még* **becsiszolás**
beköt bond (in), link ; *(ép)* hasp ; *(vill)* connect, wire ; **faelemet** ~ bond ; **falba** ~ *(ép)* tail into (the wall) ; **könyvet papírtáblába** ~ put in boards ; ~**i magát** *(rep)* strap in
bekötés connecting-up, hang ; *(csatlakozás)* attachment ; ~ **lóvontatáshoz** horse hitch
bekötési : ~ **hely** *[motoron]* lug ; ~ **pont** *(mech)* tie point
bekötő : ~ **darab** junction piece ; ~ **gerenda** *(ép)* bracing piece ; ~ **horog** *(ejtőernyőn)* snap hook ; ~ **huzal** *(rád, vill)* tie/jumper wire, hook-up ; ~ **légijárat** *v* **-vonal** branch air passage, feeder line ; ~ **lemez** junction plate, gasset ; ~ **papír** tape paper ; ~ **sín** connecting rail ; ~ **szállítószalag** reconduction band ; ~ **szegecs** jointing rivet ; ~ **szennyvízcsatorna** private sewer ; ~ **szögvas** angle bracket, connection angle ; ~ **út** approach road, link, interconnecting road ; ~ **vállhevederek** *(rep)* shoulder straps ; ~ **vezeték** interconnecting wires/pipes ; *(fogyasztói)* service connection ; *(oszlopról állomásra)* telephone drop ~ **vonal** *(vasút)* offset ; ~ **zsinór** *(távk)* patch(ing) cord
bekötött cső *(rád)* wired tube
bekristályosítás crystallization, crystal boiling
bel *(hangt)* bel
bél *(lámpa)* wick ; *(élip)* gut ; *(fáé)* heart ; *(elektródé)* core ; *(növények szárában:)* pith ; **belek** *(élip)* pluck ; ~ **felőli oldal** *(fűrészárunál)* heart face
belapult *(mat)* elongate(d), flattened ; ~ **forgási ellipszoid** flattened ellipsoid of rotation
belátható : be nem látható kanyar blind corner
bélcsap *(ép, fa)* tusk tenon
bélcső *l* **béléscső**
belecsepegtet instil(l)
belefeszül *(ép)* wedge
belefon intwist, intertwine, interweave
belegyöngyöl *l* **begöngyöl**
belégzés inhalation, inspiration
belégző *fn* inspirator ; *(búvárok számára)* inhaler
belehelyez *l* **behelyez**
beleilleszkedik accommodate
beleilleszt *l* **beilleszt**
beleillik fit into . . .
belekalapált horony fuller
belekap bite
belekapaszkodik hitch, bite, engage with
belekever intermix, intermingle
bélel line, heart, pack, pad, underlay, cap, revet ; *(bány)* strap ; **csapágyat** ~ line a bearing ; **újból** ~ *(ép)* repack ; **vattával** ~ wad
belélegez inspire, inhale
belélegzés *l* **belégzés**
belélegző *l* **belégző**
bélelés lining, pad(ding), framing, revetment ; *(bány)* back block ; *l még* **bélés ;** ~ **prémmel** furring
bélelő : ~ **lánc(fonal)** stuffer warp, extra warp, filling warp ; ~ **vetülék (fonal)** *(tex)* back pick, filling/extra weft, filling back ; ~ **vetülékfonalas szövet** filling fabric
bélelőanyag *(láncba stb ; tex)* extra material
bélelődeszka *(bány)* strutting board
bélelőfonal *(tex)* backing yarn/thread
bélelőkerék *(kh)* backing/studded wheel
bélelőlemez liner plate
bélelőszövet *(tex)* back cloth
bélelőtégla lining brick
bélelővatta quilting
bélelt : ~ **alagút** trimmed tunnel ; ~ **kelme** *(kh)* laid-in fabric ; ~ **lefolyó csatorna** *(bány)* gallery sluice; ~ **ripsz** *(tex)* twill backed cloth ; ~ **szövet** lined/backed cloth/fabric ; **vassal** ~ iron-cased
belemar *(gépt)* mill in, recess mill
belemarkol *(gépt)* bite
belemélyül immerse, penetrate
belengési idő *[oszcillációnál]* build-up period
belenő intergrow
belenyom : mintát ~ *(bőrbe)* stamp
beleoltás implantation
beleöntés pouring-in
belép enter
belépés entrance, ingoing, incoming, access, ingress, intromission, induction ; *(ép)* passage *is ; (rád)* incidence
belépési : ~ **engedély** admission ; ~ **szög** *l* **belépő szög :** ~ **veszteség** entrance loss
belépő *fn (ép)* vestibule, antechamber ; *(lépcsőnél)* tread ; *mn* input, entering incoming, inlet ; *l még* **belépési :**

~ **áram** incoming current; ~ **él** *(rep)* leading edge; *(erőg)* entering/entrance edge; ~ **görbület** *(erőg)* entrance curvature; ~ **hőfok** *v* **hőmérséklet** *(vegy)* inlet temperature; **ismét** ~ re-entrant; ~ **jegy** admission ticket; ~ **kábel** lead-in cable; ~ **nyílás** *(erőg)* admission opening; ~ **nyomás** *(erőg)* entrance pressure; ~ **pupilla** *(távcsövön)* entrance pupil; ~ **szög** angle of entry, entrance/inlet angle

beléptet *(kezelőt; távk)* transfer the call to an operator

beleránt *(rep)* zoom (up)

beles: ~ **hegesztő elektród** cored electrode; ~ **olajozó** wick lubricator

bélés lining, cleading, sheting, back(ing), pad(ding), *(koh)* lining; *(béléscső)* liner; *(bány)* set lagging; **bázikus** ~ *(koh)* basic lining; **páncél alatti** ~ backing; **savanyú** ~ *(koh)* acid lining

belesajtolt imposed, pressed in

bélésanyag *(bány)* lagging timber; *(tex)* liner

bélésárú underbody

bélésbélyegző gép *(cipő)* lining stamping machine

bélésbetét setting piece

béléscső *(ol)* casing (pipe), (pipe) liner, drill pipe, boring casing; **kezdő** ~ *(bány)* casing starter; **béléscsövet (ki)cserél** reline; **béléscsövek lesüllyesztése** *(bány, ol)* make of casing; **űrméret alatti** ~ subcalibre tube

béléscső-egyenesítő *(ol)* swage

béléscső-elevátor *(ol)* casing elevator

béléscsőfej *(bány)* casing/iron head

béléscsőfej-gáz casing head gas

béléscsőkötés casing coupling

béléscsőlyukasztó casing perforator

béléscsőnyomás casing pressure

béléscsőoszlop *l* **béléscsőrakat**

béléscsőrakat *(bány)* string of casing, casing string; **felső** ~ *(ol)* conductor

béléscsőrögzítő gyűrű liner retaining ring

béléscső-saru *(ol)* casing shoe; **koronás** ~ blank-casing bit

béléscsőtömítés casing packing ring

béléscsövezés *(bány)* casing, tubing

béléscsövezésvizsgáló *(bány)* casing tester

béléscsövezett fúrólyuk cased hole

béléscsövező horog *(bány)* tubing hook

bélésdeszka *(bány)* strutting board, boarding, strap, lag, backing deal, flitch

bélésdeszkaleszorító kötél *(ereszkében; bány)* strap rope

bélésdeszkáz *(bány)* strap, slab

bélésdeszkázás *(bány)* slabbing, bracing, shredding

bélésdeszkázat lashing; *(hidépítésnél)* poling board

bélésfa(anyag) *(bány)* liner, lagging timber

bélésfal liner, revetment wall

bélésfalazás *(téglával v kővel)* coffering

bélésfalazat *(ép)* coffer work; *(koh)* lining; ~ **kopása** *(koh)* wear of the lining

bélésfonal backing yarn; ~ **lekötése** *(tex)* stitching/joining of the backing thread/yarn

bélés-idomtégla *(koh)* filler brick

béléskarton *(keskeny)* kitay; *(lánchengerlésnél; tex)* beaming paper

béléslemez line plate; *(hidépítésnél)* shim; *(malomnál)* hunch plate

bélésnemez felt-board liner, lining felt

béléspalló *l* **bélésdeszka**

béléspapír linings, liners

bélésrögzítő csavar liner locking screw

bélés-selyempapír lining tissu paper, tissue lining

béléssín *(vasút)* lining rail

bélésszövet *(kárpitozáshoz)* scrim, lining(s)

béléstégla *(koh)* lining/filler brick

béléstisztítás *(tex)* lining cleaning

-bélésű -lined

bélésvarró gép *(cipő)* bagging machine

bélésvászon canvas, lining

bélésvászonbélyegző gép *(cipő)* lining stamping machine

bélésvetülék *(tex)* back pick

belesző *(mintát; tex)* interweave

beleszövés *(tex)* intertexture

beleüt: jelzést ~ *(gyártmányba)* stamp, punch

belevegyít intermingle, intermix, intersperse

bélfeldolgozó üzem gut works

bélfolt *(fa)* pith fleck

bélfonal *(tex)* core (yarn)

belföldi inland, interior, internal, home; native *(US)*; ~ **eredetű bőr** native hide, ~ **forgalom** internal traffic; ~ **jég** inland ice; ~ **piac** home market; ~ **víziutak** *(hajó)* inland waterways

belga famentes nyomópapír Belgian printings

bélhúr gut string/cord/whipcord/band; *(súlyhuzamú órához)* catenary string *is*

belit *(ép)* belite

bélkikészítő sausage skin maker

bélkorhadás *(fa)* rotten heart

Belleville-rugó *(gépt)* Belleville spring

Bellini-Tosi-rendszer *(rád)* Bellini—Tosi system

Bellmer fehérítő hollandi *(pa)* Bellmer

bélmentes *(fa)* clear of heart; ~ **palló** *(fa)* flitches

belméret inside/internal dimension; *(ép)* clearance, measures of the day

belnézet interior view

belóg *(huzal)* dip, swag

belógás *(vezetéké)* dip, sag, slack, deflection; *(bány)* cable bent; ~ **miatti helyesbítés** *(geol)* correction for sag; **szerelési** ~ *(vill)* erecting sag; ~ **ok táblázata** dip regulation table, table of sags

belógó szél *(tex)* overhanging edge

belő *(puskát)* range

belövell *(bány, ép)* inject

belövellés *(bány, ép)* injecting, injection, infusion

belövellő injecting; ~ **csap** *(erőg)* injection cock

belövés *(kat)* ranging; ~ **magas robbanóponttal** high burst ranging

belövési: ~ **emelkedés** *(lövegcsőé)* trial elevation; ~ **ív** *v* **övezet** *(kat)* arc of fire

belövő: ~ **ív** *(pa)* slip; ~ **lap** *(pa)* interleaf; ~ **papír** interleave paper, set-off paper, between-lay paper/wrapping; ~ **selyempapír** interleaving tissue-paper; ~ **villa** fork of ranging

bélpergamentpapír skin parchment paper

bélrepedés *(fa)* heart-shake

belső inner, inside, indoor, internal, inward, interior, intrinsic; *(földé; földt)* core; ~ **ablak-fatábla** *(spaletta)* box shutters; ~ **ablakkeret** *v* **ablakszárny** inner sash; ~ **ajtókeret** *v* **-szárny** inner sash; ~ **alagcsövezés** *(hidr)* inland drainage; ~ **alagútbélés** *(vízzáró)* second lining; ~ **anhidrid** intramolecular anhydride; ~ **antenna** internal/indoor aerial/antenna; ~ **árnyékolás** *(rád)* internal shield, I. S.; ~ **aszimmetria együtthatója** *(távk)* coefficient of internal unbalance; ~ **átmérő** internal/inner/inside diameter, i. d., ID, caliber; *(furatátmérő)* bore diameter; *(csavaré)* minor/root/core diameter; ~ **bázisú távolságmérő szabályozója** *(geod)* internal adjuster; ~ **bélés** *(nagyolvasztóé)* second lining; ~ **beömlésű tolattyú** inside admission valve; ~ **borda** inner bar; ~ **borítás** *(tolattyún)* inside lap; ~ **csapágy** inner bearing; ~ **csapágygyűrű** *(gördülőcsapágyon)* single inner race; ~ **csavarmenet** female thread; ~ **csavarmenetes karmantyú** female union; ~ **csomagolás** *(pa)* can; ~ **csomagoló** *(pa)* interior wrap; ~ **cső** *(levegőcirkulációhoz)* inner tube; ~ **csőmaró** pipe inside reamer; ~ **csúcs** *(íves építményen)* cusp; ~ **deszkaborítás** *(hajó)* inboard plank; ~ **dugattyú** *(másik dugattyúban)* core piston, inner slide; ~ **égés** *(motoré:)* internal combustion; ~ **elektronok** internal electrons, rumpf; ~ **ellenállás** internal resistance; *[elektroncsőé]* (dynamic) plate resistance; ~ **emeletmagasság** *(épületben, szerkezetben)* headroom; ~ **energia** intrinsic energy; ~ **entalpia** intrinsic enthalpy; ~ **építési vonal** *(ép)* inside building line; ~ **épületmagasság** inside building height; ~ **érték** intrinsic value; ~ **észter** internal ester; ~ **falazat** *(koh)* inwall; ~ **(fa)sáv** *(ép)* inner string; ~ **fedés** *(tolattyúnál)* exhaust lap; ~ **fedőléces palánkozás** *(hajó)* rib-band carvel system; ~ **felépítés** *(gumi)* make-up; ~ **fényvillamos effektus** photo-conductive effect; ~ **feszültség** *(mech)* internal/residual, stress, locked-up stress; *(vill)* internal voltage; ~ **feszültségesés** internal (voltage) drop; ~ **fog** *[fogaskeréken]* internal tooth; ~ **fogaskerékáttételes önindító** internal reduction gear starter; ~ **fogaskerékáttétel** *v* **-hajtás** internal/annulus gearing; ~ **fogazás** internal toothing; ~ **fogazású fogaskerék** internal gear; ~ **fogazású homlokfogaskerék** internal spur gear; ~ **forgattyú** *(forgattyútengelyen)* inside crank; ~ **fűrészzsinór** inner string; ~ **fűzőkarikaszíj** *(ringliszíj; cipő)* inside facing; ~ **gumi** cycle tube; *(labdáé)* bladder; ~ **gumiréteg** lining; ~ **háncs** *(fa)* internal phloem; ~ **harmad** *(keresztmetszetnél; mech)* middle third; ~ **határfelület** interface; ~ **heveder** *(vasút)* inner bar; ~ **húr** inner string; ~ **húzómarás** internal broaching; ~ **idomszer** inside ga(u)ge; ~ **impedancia** *(távk)* internal impedance; ~ **irányadó** *(rep)* inner locator; ~ **jelkapu**

(rep) inner marker, IM; ~ **keresztmerevítés** *(rep)* internal bracing; ~ **keresztmetszet** headroom; ~ **keresztmetszet szerinti teljesítmény** *(szivattyúé)* inside section capacity; ~ **kert** *(ép)* back garden; ~ **kiállítás** *(kárpitozás, kényelmi berendezések stb; gépk)* (interior) trim; ~ **kiegyenlítődés** internal compensation; ~ **kiegyensúlyozású kormánylap** internally-balanced rudder; ~ **kiömlésű centrifugális osztályozó** *(pa)* outward-flow rotary-screen; ~ **kúp** *(óra)* female centre; *(gépt)* internal taper; ~ **lábító** *(tex)* inside treading; ~ **lábítós szádképzés** inside shedding; ~ **láng** inner flame, i. f.; *(Bunsenégőn:)* backfire; ~ **légtömlő** *(gépk)* inner tube; ~ **leréselő szerszám** *v* **kés** internal chamfering tool; ~ **mag** *(mech)* core; ~ **magasság** headroom; ~ **mágnesezési görbe** *(rád)* minor hysteresis loop; ~ **megmunkálás** interior finish/trim; ~ **mellékkráter** cone-in-crater; ~ **menet** *(gépt.)* internal thread; ~ **menetfésű** *(forg)* inside chaser; ~ **merevítés** internal strutting, interbracing; ~ **merevítőborda** *(heng, önt)* inner rib; ~ **merevítőhuzal** *(rep)* internal drag-wire; ~ **merevítő rácsostartó** *(ép)* internal drag truss; ~ **mérőtüske** inside ga(u)ge; ~ **moréna** internal/englacial moraine; ~ **működésű fék** internally acting brake; ~ **négyszög** *(óra)* female square; ~ **nézőpont** *(kilátó pont; ép)* spot affording good view; look-out tower within the built-up area; ~ **nyomás** internal/intrinsic pressure; ~ **orrtőke** *(hajón)* apron; ~ **páncélozás** *(kábelben)* locked armouring; ~ **párolgási hő** internal heat of evaporation; ~ **perem** *v* **karima** *[kazánnál v csőnél]* inward flange; ~ **permeabilitás** *(vill)* intrinsic permeability; ~ **pólus** *(távk)* internal pole; ~ **pólusú dinamó(gép)** internal/interior pole dynamo; ~ **rácsos merevítő** *(hajó)* inner ridge girder; ~ **recézésű biztosító alátét** inner teeth washer; ~ **rejtett hő** internal latent heat; ~ **reklámkarton** *(pa)* show cardboard, car card; ~ **repedés** *[kovácsolt darabon]* shatter crack; ~ **repedezés** *(szárított fában)* collapse, honeycombing; ~ **rész** interior, heart; ~ **rúd** inner bar; ~ **sarokfedőfolt** *(cipő)* seat sock; ~ **sínszál** *(vasút)* inner line of rails; ~ **súrlódás** internal friction; *(viszkozitás:)* viscosity; ~ **súrlódókúp** male friction cone; ~ **szabályozó** internal adjuster; ~ ~ **szél** inner margin; ~ **szelepkötél** internal valve cord; ~ **szög** interior angle; ~ **tájolás** *[fotogrammetriában]* interior orientation; ~ **tartórúd** *(önt, heng)* inner bar; ~ **tekercselés** inner winding; ~ **(tektonikus) hatóokok** *(földt)* internal agencies; ~ ~ **telefon** interphone; ~ **tér** inside; ~ **tolattyú** inner slide; ~ **tőke** *(hajó)* rising timber; ~ **tüzelésű kazán** internally fired boiler; ~ **udvar** quadrangle; ~ **válaszfelület** interface; ~ **városkép** picture of the town from within the built-up area; ~ **varrás** sock stitches; ~ **világítás** interior/indoor illumination/lighting; *(gépk)* interior lights; ~ **visszaverődés** internal reflection; ~ **zöld terület** *(ép)* green spaces within the built-up area; ~ **zsinór** *(fűrészen)* inner string

belső- *l még* **furat-** *(forg, gépt)*

belsőcsavarmenetes tapped, internally-threaded

belsőégésű motor internal(-)combustion engine, I. C. E.

belső-feszültséges anyag *(önt)* stress-frozen material

belsőfogazású internally toothed/geared

belsőkarimás tübbing inside flange tubbing

belsőkeretkörülvágó gép *(cipő)* inseam trimmer

belsőleg határozatlan internally indeterminate

belsőmenetes *(gépt)* internally-threaded, tapped; ~ **csővég** female end of a pipe

belsőmenet-idomszer female thread ga(u)ge

belsőmenetvágó szerszám internal thread cutting tool

belsőpályás *(at)* circumnuclear

belsőpofás: ~ **fék** (internal) expanding brake, internally acting brake; ~ **(karmantyús) tengelykapcsoló** internal expanding (ring) clutch; ~ **tokmány inside** jaw chuck

belsősaroklegömbölyítő kés *(cipő)* inside corner tool;

belsőség interior; *(élip)* pluck

belsősúrlódásos *(nem ideális)* **áramlás** viscous flow

belsőtéri indoor; ~ **(transzformátor-) állomás** *(vill)* indoor substation

belsővillás széles csónak gig

bélszén *(vill)* core-carbon

beltenger *(földt)* epeiric/enclosed/inland sea

beltengeri *(földt)* epeiric

belterület *(városé)* municipal area, built-up area within the confines of the town; *(országé:)* inland

béltisztító gép gut-scraping machine

belúgoz *(fa)* sour

belváros city

belvilág inner/inside width/breadth, width in the clear, daylight; *(belső átmérő)* inside diameter, i. d., ID; *(ép)* headroom; ~**on mérve** *(ép)* measured in the clear

belvilágmagasság *(ép)* day-height, inner height; *(gépt)* throat height

belvillás *[evezőshajó]* inrigged

belvíz internal water

belvízi hajózás inland navigation

belvízlevezető rendszer soil-draining plant

belvízmentesítés drainage

belvíz-rendezés inland drainage

belvíz-szivattyú drainage pump

belvízzsilip dike drain

bélyeg stamp, mark; *(alak)* punch, upper die

bélyegblokk *(nyomda)* block

bélyegez stamp, print, mark, impress, punch; **érkezési időpontot** ~ clock in; **távozási időpontot** ~ clock out

bélyegnedvesítő damper

bélyegpapír paper for postage stamps, postage-stamp paper

bélyegragasztó hinge

bélyegzés marking, impress, countermark

bélyegzett ökörbőr Texas steer hide

bélyegző seal, print; *(nyomda)* stamp; *(alak)* die, punch(eon), stamp; *(személy)* marker; *(vas:)* brander; *[bőrön]* print; ~ **kalapács** stamp hammer; **óraműves** ~ clock stamp; **szerelhető** ~ *(nyomda)* assemble die

bélyegzőasztal marking-off board

bélyegzőgép marking machine

bélyegzőkészítő *(nyomda)* stamp cutter

bélyegzőóra time clock

bélyegzőpárna ink pad

bélyegzőprés *(nyomda)* stamping press

bélyegzőszerszám mark(ing tool), engraver's die, punch(eon); *(beégetéshez:)* brander iron

bélyegzőtömb block punch

bemáglyáz *(fát)* pile up, stack

bemaródás *l* **berágódás**

bemaródik *l* **berágódik**

bemárt dip, immerse, bathe, imbue, plunge

bemártás immersion, dipping; *l még* **bemárt: mosás egyszeri** ~**sal** one-dip wash

bemártható *(vill)* immersible

bemártó keményforrasztás dip-brazing

bemártós elem *v* **telep** *(vill)* immersion battery

bemásolás *(fényk)* overprinting, printing-in

bemásoló eljárás *(fényk)* printing-in method

bemásolt: ~ **cím** *(fényk)* superimposed title; ~ **felirat** *(fényk)* copied-in title; ~ **főcím** *(fényk)* superimposed stream

bemászó létra *[repülőgéphez]* access ladder

bemázol daub, besmear

bemázolás besmearing, dash; *(ép)* coat rendering

bemázolt: *(sóval, mésszel, agyagfölddel húsoldalán);* ~ **nyersbőr** painted hide

bemberg-műselyem Bemberg silk

bemelegedési idő *(vill)* warm-up time, heating-up period

bemelegedik get hot, warm up

bemelegítés *(gépk)* warming up; *(gépt)* run-in

bemélyedés trough, socket, dent, concavation, concave, undercut, vug, pit

bemélyedéses cored out, pitted; ~ **tárgyüveg** *(fényt)* excavated slide

bemélyedő csíkok *v* **barázdák** *(tex)* recess stripes

bemélyeszt flush, indent

bemélyít *(felületbe)* dish

bemélyítés notch

bemélyített tolózár flush bolt

bemélyülő folyó *(földt)* degrading river

bemenés *(földt)* ingress(ion)

bemenet ingoing, admittance, entrance, inlet, input; *l még* **bejárat**; *(távk)* input

bemeneti *l* **bejárati, bemenő**

bemenetváltozás *(teljesítményé)* change in input

bemenő ingoing, input, inlet; *l még* **bemeneti**; ~ **antenna-impedancia** aerial feed-impedance; ~ **antenna-teljesítmény** aerial/antenna input power/energy; ~ **áram** input current; ~ **áramkör** input/forward circuit; *(hangolatlan; rád)* pickup circuit; ~ **csillapítás** input attenuation; ~ **ellenállás** input resistance; ~ **energia** *(mech, vill)* work input; ~ **érték** *(aut)* input value/variable; ~ **feszült-**

ség *(rád)* input voltage; ~ **fojtó** *(egyenirányítónál; rád)* charging choke; **fojtótekercses** ~ **kör** *(rád)* choke input circuit; ~ **fokozat** input stage; ~ **horgonykő** *(óra)* receiving pallet jewel; ~ **impedancia** driving-point impedance, input impedance; ~ **jel** *(vill)* input/correction signal/information; ~ **jelzés** *(táv)* input information; ~ **kapacitás** input capacitance; ~ **kapocs** *(vill)* input terminal; ~ **kör** *(vill)* input circuit; ~ **kúp** *(rep)* entrance cone; ~ **levegő** air-in; ~ **nívó** *(vill)* input-level; ~ **rés** entrance slit; ~ **sebesség** input/approach velocity/speed; ~ **szint** *(vill)* input level; ~ **tekercs** *(rád)* pickup coil; ~ **teljesítmény** input (power); ~ **transzformátor** input transformer
bemenőjel-feszültség input-signal voltage
bementit *(ásv)* bementite
bemér *(geod)* locate by measuring, fix; *(platinával kellő hosszúságú fonalat; tex)* measure off
bemérés calibration; **repülőgépen végzett** ~ *(iránymérésnél)* air calibration; ~ **zavarása** *(rád)* spots jamming
bemérési erősítésszabályozás spotting gain control
bemerít dip, immerse, plunge in, douse, bury
bemerítés dip(ping), (im)mersion
bemerítési módszer *(tex)* immersion method
bemerített kenés *(gépt)* submerged lubrication
bemeríthető immersible, submersible
bemerítő berendezés dipping plant
bemérlegel load
bemérő: ~ **állomás** *(rád)* spotting station; ~ **lap** *v* **lemez** scriber; ~ **lokátor** *(radar)* spotter; ~ **platina** *(tex)* jack sinker
bemérőpofás hosszú tolómérce rule clamp
bemért helyzetpont *(rep)* fix
bemerül douse, merge, slump
bemerülés (im)mersion
bemerülő: ~ **cső** *(szivattyún)* immersion tube; ~ **kenés** *(gépt)* submerged lubrication; **telep** ~ **lapokkal** *(vill)* plunge battery
bemerült immersed, sunken; ~ **térfogat** immersed volume
bemetsz indent, tap, incise, character, neck, nick
bemetszés entail, nick, scoring, incision, score, slot, cut, insection, nick, recess, gash, furrow, bite, notch; *(falazatban)* groutnick; *(próbatesten; anyagv)* notch; ~ **sugara** *(gépt)* radius of notch
bemetszett notched, grooved; ~ **alátétgyűrű** U-washer; ~ **állító-** *v* **határolótömb** *(gépt)* slot-block stop; ~ **próbatest** *(anyagv)* notched specimen; ~ **próbatest ridegsége** *(anyagv)* notch brittleness; ~ **próbatest ütővizsgálata** *(anyagv)* notch shock test, notched bar (impact) test
bemond *(rád)* announce
bemondás *(rád)* announcement
bemondó *(rád)* announcer, speaker
bemondó-fülke *(rád)* announcing room
bemondó-mikrofon *(rád)* announcer's microphone
bemondó-terem *(rád)* announcing room
bemosás *(hidr)* inwash; ~**sal beszállít** *(bány)* jet into place; ~ **vízsugárral** *(bány)* jetting
bemutat display, introduce
bemutatás demonstration, exhibition, display; ~ **céljára szolgáló kocsi** *(gépk)* demonstration car
bemutató: ~ **filmkópia** general-release print; ~ **repülés** demonstration flight
Bendix-rendszer *(gépk)* Bendix gear
Bendix-rendszerű önindító hajtás *(gépk)* Bendix drive
benedvesít wet, moisten, humectate; *(pa)* dabble, damp, imbue
benépesítés *[halivadékkal]* stocking
benéző karó *(ép)* boning board
bengalin *(szövet)* bengaline
benikkelez nickelplate
benitoit *(ásv)* benitoite
benjaminit *(ásv)* benjaminite
bennhagyott: ~ **ácsolat** *(bány)* buried timber; ~ **nagy széntömb** *(bány)* stander; ~ **pillér** *(bány)* residual pillar
bennlakás inhabitation
bennrekedés *(vetélőé)* trapping (of the shuttle)
bennrekedt vetélő *(szádban)* trapped shuttle
benőtt kristály intergrown crystal
bentonit *(ásv)* bentonite
bentosz *(földt)* benthos
benzalacetofenon benzalacetophenone, phenyl styryl ketone, benzylideneacetophenone, chalcone
benzalaceton benzalacetone, benzylideneacetone, methyl styryl ketone, acetocinnamone
benzaldehid benzaldehyde
benzalklorid benzylidene/benzal chloride, alpha-dichlorotoluene
benzalmalonsav benzalmalonic/benzylidenemalonic acid
benzamid benzamide, benzoic amide, benzenecarbonamide
benzamidin benzamidine, benzenylamidine, benzenecarbonamidine
benzantracén benzanthracene
benzantron (meso)benzanthrone
benzaurin benzaurin, dihydroxytriphenylcarbinol
benzfenantrén benzophenanthrene, triphenylene
benzhidrol benzohydrol, diphenylcarbinol
benzidin benzidine, 4,4'-diaminobiphenyl
benzil dibenzoyl, diphenyl diketone, diphenylglyoxal; *(gyök:)* benzyl
benzilacetát benzyl acetate
benzilacetecetsav benzylacetoacetic acid
benzilalkohol benzyl alcohol, phenylcarbinol, alpha-hydroxytoluene
benzilamin benzylamine, alpha-aminotoluene
benzilanilin benzylaniline, phenylbenzylamine
benzilbenzoát benzyl benzoate
benzilcianid benzyl cianide, phenylacetonitrile, alpha-tolunitrile
benzilidénaceton *l* **benzalaceton**
benzilklorid benzyl chloride, alpha-chlorotoluene
benzilmagnéziumklorid benzyl magnesium chloride
benzilsavas kálium potassium benzylate
benzilsav-típusú átcsoportosítás benzylic acid rearrangement
benzin *(gépk)* petrol, spirit, gasolene *(UK)*; gasoline, "gas" *(US)*; **adott végső forrpontú** ~ end point gasoline; **gyógyászati extraháló** ~ petroleum benzin; ~ **kéntelenítése** *(nátriumplumbittal)* gasoline sweetening; ~**nel kevert alkohol** mixed spirit; **kopogásmentes** ~ doped/blended fuel; **laboratóriumi** ~ ligroine, petroleum ether; **motorhajtó** ~ motor gasoline, motor spirit; **nehéz** ~ heavy petrol; ~ **oktánszáma** knock rating of petrol
benzinállásmérő *(gépk)* petrol tank indicator
benzinállásmutató gasoline (level/tank/content/quantity/depth) ga(u)ge
benzinálló petrol-proof *(UK)*; gasoline-resisting *(US)*
benzinbefecskendezés *(gépk)* fuel injection; *(karburátor helyett; gépk)* petrol injection
benzincsap *(gépk)* petrol cock/tap
benzincső-csatlakozás *(gépk)* petrol connection
benzindús keverék *(gépk)* rich mixture/gas
benzinégő benzine blow-lamp
benzin-ejtőtartány *(gépk)* gravity gasoline tank
benzin-elektromos *l* **benzin-villamos**
benzinelfolyás gasoline leak
benzinelzárócsap gasoline shut-off
benzinfecskendő petrol gun
benzinfinomítás *(plumbitos)* doctor treatment
benzin-forrasztólámpa blow and brazing lamp, benzine blow-lamp
benzin-forrasztópáka petrol soldering iron
benzingáz petroleum gas
benzinillékonysági próba tenyéren *(ol)* hand test
benzinjegy *(gépk)* petrol coupon
benzinkamra *(falazott)* petrol vault
benzinkészletjelző *(gépk)* petrol ga(u)ge
benzinkút *(gépk)* petrol/filling station
benzinkútkezelő *(gépk)* attendant of a petrol station
benzinkúttömlő petrol "hawser"
benzinlepárló telep petrol distillating plant
benzinmegtakarító készülékek *(gépk)* petrol-economy devices
benzinmérő *(tartályon; gépk)* tank ga(u)ge
benzinmotor petrol engine
benzinmotoros: ~ **daru** gasoline crane; ~ **fűrész** petrol engine saw
benzinnyomásmérő *(gépk)* fuel/petrol pressure indicator
benzinoform *l* **széntetraklorid**
benzinóra petrol (contents) ga(u)ge, flow meter
benzin-oxigén vágópisztoly oxy-benz/gasoline cutting torch
benzinpárlat straight petrol
benzinporlasztó petrol atomizer
benzinpróba *(kénre)* doctor test
benzinraktár *(gépk)* petrol depot
benzinrészecskék *(motorban)* petrol particles
benzinszivattyú petrol-feed pump
benzinszívó berendezés *(Unterdruck)* autovac
benzintank *l* **benzintartály**
benzintápszivattyú petrol-feed pump
benzintápszivattyú-vízzsák *(gépk)* gasoline pump sediment chamber *(US)*

benzintartalmú természetes gáz wet natural gas
benzintartály gasoline tank, petrol/gasoline (storage) tank ; ~ **átváltó csapja** *(gépk)* tank selector valve ; **ledobható** ~ *(rep)* drop fuel tank
benzintartány-gépkocsi petrol servicing truck
benzintöltő állomás *v* **kút** petrol pump
benzintömlő gasoline hose
benzintúlfolyó *(cső)* petrol/gasoline overflow
benzinvezeték *(gépk)* petrol line
benzin-villamos hajtás petrol-electric drive
benzinvisszanyerés gasoline recovery
benzoát benzoate
benzoégyanta benzoin gum
benzoégyantás zsír benzoinated lard
benzoésav benzoic acid
benzoésavas : ~ **nátrium** sodium benzoate ; ~ **sertészsír** benzoinated lard
benzoésavbenzilészter benzyl benzoate
benzoésavetilészter ethyl benzoate
benzofenol *l* **fenol**
benzofenon benzophenone, diphenyl ketone
benzofénysárga *(színezék)* benz -light yellow
benzoilaminokapronsav benzoylaminocapro(n)ic acid
benzoilantrakinon benzoylanthraquinone, phenyl anthraquinonyl ketone
benzoilbenzoésav benzoylbenzoic acid, benzophenone-carboxylic acid
benzoilglikokoll benzoylaminoacetic/hippuric acid, benzoylglycine
benzoilhangyasav benzoylformic/phenylglyoxylic acid
benzoilklorid benzoyl chloride, benzenecarbonyl chloride
benzoin benzoin, phenyl alpha-hydroxylbenzyl ketone
benzokinon benzoquinone, 1,4-cyclohexadienedione
benzol benzene, benzol, cyclohexatriene, carbon oil ; **ipari** ~ industrial benzene ; **nitráló** ~ pure benzene for nitration ; **nyers** ~ benzene ; **tiszta** ~ pure benzene
benzolazoszalicilsav benzeneazosalicylic acid
benzoldiazóniumklorid benzenediazonium/diazobenzene chloride
benzoldikarbonsav benzene dicarbonic/dicarboxylic acid
benzoldiszulfósav benzenedisulfonic acid
benzolgyűrű benzene ring ; ~ **kettős kötései** benzene double bonds
benzolmag benzene nucleus
benzolmérgezés benzolism
benzolnaftofurán brazan, phenylene-2,3-napthylene oxide
benzolsorozat benzene series
benzolszénhidrogén benzene hydrocarbon
benzolszulfósav benzene sulfonic acid
benzoltrikarbonsav benzenetricarboxylic acid
benzoltriozonid benzene triozonide, ozobenzene
benzonitril benzonitrile, phenyl cyanide, benzenecarbonitrile
benzoolív *(színezék)* benzo-olive
benzopurpurin *(színezék)* benzopurpurine
benzotriazol aziminobenzene, benzeneazimide, benz(o)triazole
benzotriklorid benzotrichloride, alpha-trichlorotoluene, phenylchloroform
benzo-valódivörös *(színezék)* benzo-fast-red
benzpirén benzpyrene
benyes *l* **bemetsz**
benyíló *(ép)* alcove
benyom *(alak)* cave, indent, hob
benyomás impress(ion) ; *(alak, gépt)* hobbing, indentation ; ~ **és kihúzás** *(nyomógombvezérlés)* push and pull
benyomható olvadó biztosító *(vill)* push-in fuse
benyomkod tuck
benyomó : ~ **gép** *(kotrónál ; bány)* thrust motor ; ~ **mozgás** *(kotrókanálé)* crowding movement
benyomódás impression, (in)dent, indentation; *(anyagv)* indentation; *(rétegben v érben ; földt)* wedging cut ; ~ **ívhossza** arch of indentation/imprint
benyomódási mélység *(keménységi próbánál)* depth of indentation
benyomódásmélységet jelző szerkezet *(anyagv)* indentation depth indicator
benyomott bulged-in, indent(ed) ; ~ **boltív** inclined arch ; ~ **felirat** *(fényk)* printed-in title ; ~ **görgő** *(pa)* crushed reel
benyomul intrude, penetrate ; *l még* **behatol**
benyomulás a telepbe *(bány)* infusion in seam
benyomuló irruptive
benyúlási mélység *(dugattyúé)* descent of piston
benyúlik *(vmibe)* butt in, bite, penetrate
benyüstöz *(tex)* splice
beolt graft, implant, work ; *(folyadékot kristállyal ; vegy)* seed, inoculate ; **talajt** ~ *(nitrogént megkötő baktériumokkal)* inoculate
beoltás *(kristállyal ; vegy)* seeding, inoculation ; *(steril körülmények között)* inoculation
beolvadás fusion ; *(heg)* penetration ; **mély** ~**ú hegesztési eljárás** deep-penetration welding method
beolvasás a bordába *(tex)* leasing
beolvasó *(tex)* leaser ; ~ **kefék** *(irodagépen)* reproducing brushes
beolvaszt *(koh)* smelt ; *(bekebelez :)* incorporate
beolvasztás *(koh)* found, smelting, melting, fusion
beolvasztó magma *(földt)* suctive magma
beomlás *(bány)* failure, irruption, crush, cave(-in), caving
beomlási terület *(bány)* area of subsidence
beomlaszt *(bány)* cave ; **főtét** ~ *(bány)* break down
beomlik rush together, tumble ; *(bány)* cave-in
beomlott kráter *(földt)* volcanic sink, pit crater
beoszt divide, range, rank ; **azonos távolságokban** ~ intersperse ; **rovatokba** ~ rule
beosztás graduation, calibration, classification, classifying ; *(skálán)* scale, index ; *(szakaszokra:)* compartition ; ~**sal ellát** scale, calibrate, graduate, graticulate ; ~**sal ellátott tárcsa** index wheel ; ~ **ellenőrző vizsgálata** calibration test ; **kör alakú** ~ circular scale ; **közvetlen** ~ *(készítése ; gépt)* direct indexing ; ~ **segéd-osztófejjel** compound indexing ; ~ *(skála)* **beállítása** scale range adjustment
beosztáskészítő : ~ *(önműködő ; gépt)* automatic indexing table ; ~ **forgóasztal** rotary indexing table
beosztásos : ~ **dob** range drum ; ~ **gyűrű** *v* **karima** *(forg)* indexing ring ; ~ **kar** scalebeam ; ~ **körsáv** *(vízszintes v magassági körön ; geod)* graduated band of dial ; ~ **(magassági) kör** *(teodoliton ; geod)* graduated circle ; ~ **mérce** grid divider ; ~ **mikrométer** *(távolságmérésre)* scale micrometer ; ~ **mikroszkóp** scale microscope ; ~ **papír** recording chart ; ~ **rúd** grade rod ; ~ **skála** divided scale ; ~ **vonalzó** scaled ruler
beosztott graduate *stb, l még* **beoszt** ; ~ **munkás** subworker
beöblösödés embayment ; *(földt)* sinus
beöltő csík *(bizni ; cipő)* welting, beading, gypsy seam
beöltőcsíkbevarró gép *(cipő)* cording and tucking machine
beömlés inlet, inflow, flow-in, intake ; *(táplálás :)* feed ; *[turbinában]* admission ; **kettős** ~**ű** *[szivattyú]* double-entry ; ~ **tartama** period of admission
beömlési : ~ **nyomás** *[gőzgépnél]* admission pressure ; ~ **szög** *[turbinánál]* angle of inlet ; ~ **teljesítmény** *(szivattyúé)* intake work ; ~ **vonal** *(indikátordiagramon)* admission line
beömlesztés infusion
beömlő *mn* incoming, inpouring ; *fn* inlet ; *(önt)* runner (gate) ; ~ **akna** *(ép, hidr)* flume, sump ; ~ **csatorna** *(gőzé)* supply passage ; *(hidr)* feed ditch ; *(önt)* gating ; ~ **cső** *(szivattyún)* supply tube, receiver ; ~ **él** *(kagylós tolattyún)* admission edge ; ~ **fej** *[turbinán]* jet guide ; ~ **fény** *(bány)* floodlight ; **kerek** ~ **nyílás** *(önt)* ball gate ; ~ **nyílás** run, (admitting) port ; *(motoron)* inlet port ; ~ **nyílás kupolóadaghoz** gate for cupola mixture ; ~ **nyílás mintája** *(önt)* runner pin ; ~ **oldal** *(gőzhöz)* inlet side ; ~ **rács utcai süllyesztőszekrényhez** cover grating for trap ; ~ **sebesség** inlet velocity ; ~ **szelep** inlet/expansion valve ; ~ **vezeték** *(önt)* funnel, runner (gate)
beönt pour into ; **híg habarccsal** ~ larry
beöntő : ~ **dugó** *(szivattyún)* priming plug ; ~ **nyílás** *(bány)* git ; ~ **perem** *(kenéshez)* oil filler
beöntött cast-in ; ~ **kondenzátor** *(rád)* mo(u)lded capacitor
bepácol *(élip)* marinate, pickle
bepárásodik *[szemüveg v ablak]* steam up
bepárlás *(vegy)* concentrating (by evaporation), evaporation ; ~ **gőzzel** *[cukorgyártásnál]* steam striking
bepárló : ~ **csésze** *v* **edény** *v* **serpenyő** evaporating dish, boiling-down pan, crystallizing pan, evaporating pot ; ~ **gépcsoport** evaporator station ; ~ **kazán** *(élip)* cheese box still ; *(vegy)* steamer ; ~ **készülék gőzcsöves forralója** calandria ; ~ **tartály** *(tengervízzel)* evaporating field
bepárló-kristályosító crystallizing boiler
bepárol boil down, evaporate, concentrate ; **szárazra** ~ boil dry
bepárolt só *(vegy)* pan/evaporated salt
beperdülés *(rep)* ground roll

beperemez border in
beperemezett szegély curled border
bepermetez *l* **permetez**
bepólyáz *(kötelet keskeny vitorlavászonsávokkal)* parcel
bepontoz jot
beporlaszt *l* **befecskendez**
beporoz dust, powder; *(önt)* pounce, black/powder with charcoal
beporzás repülőgépről air dusting
beporzó készülék *(rep)* air duster
beprésel *l* **besajtol**
beragadás *(gépt)* sticking, seizure
beragadt *(gépt)* seized-up
beragaszt cement (in), lute, stick, paste
beragasztás cementing-in, sticking
beragasztó papír *(akkumulátorhoz)* pasting paper
berágódás *(gépt)* seizure, seizing, galling, jam; *(meneté)* galling
berágódási nyomok *(gépt)* seizing marks
berágódik seize, gall
berágódó folyó degrading river
berágódott *(gépt)* seized-up
berajzol *[térképre]* enter (into)
berajzolt: térképbe ~ charted
berak set in, entrain, enchase, enclose, inlay; *(formát présbe:)* insert; *(ruhát:)* pleat; *(nyomdagépbe:)* impose; *(falat:)* wall; **falat díszítésekkel ~** incrust; **hajóba ~** embark
berakás setting in, charge, bedding-in, pack, stoking, pleat, inlay; *(bány)* packs; *(fa)* insertion; *(em)* loading; *(hajó)* embarkation; *(adagolás; pa)* stoking; *(ruh)* pleat
berakási hely *v* **pont** putting-in point
berakásos: ~ áru *(tex)* intarsia fabric; **~ minta** *(tex)* laid-in pattern; **~ munka** inlaid work/pieces, intarsia
berakatkészítő *(bány)* stower
berakó: ~ ajtó lading door; **~ berendezés** *(bány, koh)* charging apparatus; **~ daru** charging crane; **~ emelőkeret** cash frame; **~ gép** charging machine; **~ kalapács** inlay hammer; **~ kanál** charging trough; **~ koksz** *(kupolóban)* charge coke; **~ munkát végez** inlay; **~ vályú** charging trough
berakodás *(hajó)* embarkation, shipment, charge
berakodik ship, load; **~ repülőgépbe** enplane
berakott inlaid; *stb, l* **berak**; **~ deszka** panel plank; **~ keretes zománcozás** inlaid enamel work
beraktározás deposit
beráncol pucker
beraunit *(ásv)* beraunite, eleonorite
bérautó taxicab
berbergyökér *(bőr)* barberry root
berberin *(vegy)* berberine
berberonsav berberonic acid
bérc *(földt)* horst
bérc képző vetődés *(földt)* horst fault
berendez set up, establish, furnish, fit-out, install
berendezés *(tárgy)* equipment, apparatus, furniture, contrivance, setup, device, facilities, rig, plant, inventory, outfit, accomodation; *(gépi:)* machinery; *(lakásé:)* suite; *(művelet)* arrangement, fitting, setting-up, set-up, rigging; **antennabehangoló ~** aerial syntonizing mean; **elektronikus ~** electronic equipment; **földi ~** ground equipment; **iránykereső** *v* **iránymérő ~** direction-finding equipment; **magasságmérő-ellenőrző ~** altimeter control equipment; **öníró** *(regisztráló)* **~** recording/register system, recorder; **villamos ~** *(gépk)* electrical equipment/installation
berendezés-vizsgáló equipment tester
berepülés *(megközelítés:)* entry, approach; *(átvételi próbánál:)* initial test flight, flight test/investigation, acceptance flight; **~ távolról** long approach
berepülési: akadálymentes ~ felület approach surface; **~ jogosultság** *(légtérbe)* right of entry; **~ teljesítmény** flight-test performance; **~ útvonal** approach-way
berepülő pilóta test pilot
berepült távolság *(rep)* travel(l)ed distance
berésel *(bány) l* **résel**
beréselt *(bány)* sumped-up
berezgés self-oscillation, building-up; *(aut)* initial transient, oscillation; *(forg)* chatter; **~ kezdete** starting of self-oscillation
berezgési: ~ idő *(távk)* building(-up)/transient time; **~ pont** *(rád)* self-oscillation point
berezgett állapot *(távk)* steady state
berezovit *(ásv)* beresowite
bérfonás spinning in commission
bergamaskit *(ásv)* bergamaskite
bergamott bergamot
bergamott-olaj bergamot oil
bergaptén bergaptene, bergaptol methyl ether
Bergius-eljárás Bergius process
Bergmann-cső Bergmann/wall tube, insulated conduit
Bergmann-csöves vezeték insulated conduit
bérház apartment house, flat (building)
berill *(ásv)* beryl
berillium beryllium, glucinum
berilliumalkil beryllium/glucinum alkyl
berilliumbromid beryllium/glucinum bromide
berilliumetil beryllium/glucinum ethide/ethyl
berilliumfluorid beryllium/glucinum fluoride
berilliumfoszfát beryllium/glucinum phosphate
berilliumhidrofoszfát beryllium/glucinum hydrophosphate
berilliumhidroxid beryllium/glucinum hydroxide
berilliumjodid beryllium/glucinum iodide
berilliumkarbonát beryllium/glucinum carbonate
berilliumklorát beryllium/glucinum chlorate
berilliumklorid beryllium/glucinum chloride
berilliummetil beryllium/glucinum methide/methyl
berilliumnitrát beryllium/glucinum nitrate
berilliumnitrid beryllium/glucinum nitride
berilliumoxalát beryllium/glucinum oxalate
berilliumoxid beryllium/glucinum oxide
berilliumoxiklorid beryllium/glucinum oxychloride
berilliumszelenát beryllium/glucinum selenate
berilliumszilikát beryllium/glucinum silicate
berilliumszulfát berillium/glucinum sulfate
berilliumtartalmú *(ásv)* beryllian
berillonit *(ásv)* beryllonite
bérkocsi hire car
berlini kék *(festék)* Berlin blue
bérmunka wage-work
Bernoulli-féle lemniszkáta *(mat)* hyperbolic/Bernoulli's lemniscate
beró score
berobbanás *(kipufogó dobban)* afterfiring
berozsdásodás rusting (into)
berregés *(rád)* humming; *(erősítő kisfrekvenciás begerjedése)* motorboating
berregő *fn (vill)* buzzer, vibrator
berregőjelző buzzer indicator
bérszövés weaving in commisssion
bértasak *(pa)* salary bag
berthierin *(ásv) l* **chamosit**
berthierit *(ásv)* berthierite
Berthollet-só Berthollet's salt
berthonit *(ásv)* berthonite
Bertin-felület *(ásv)* surface of equal retardation
bertrandit *(ásv)* bertrandite
berúg *(motort)* kick in
berúgással való indítás *(mkpár)* kick-starting
berúgó *(mkpár)* kick-starter; **~ kar** *(mkpár)* kick lever; **~ tengely** *(mkpár)* kick starter shaft
beruházási kiadások *v* **költségek** initial costs/outlay, establishment charges
beruházott teljesítmény installed power
berzelianit *(ásv)* berzelianite
berzeliit *(ásv)* berzeliite
berzelin *(ásv)* berzeline
besajtol *(alak)* press in/on
besajtolás *(alak)* pressing-in
besajtolt pressed-in
beskáláz graduate
besodrás *(régi és új lánc összekapcsolása; tex)* piecing-in of the warp ends; *(hidr)* inwash; *(tex)* twisting-in
besodró állványzat *(tex)* twisting-in frame
besorolás classification, classing, grading; *(pa)* classification
besóz corn; *(bőr)* pickle; *(élip)* brine
besózott *(marhahús)* corned
Bessel-függvény Bessel function; **elsőfajú ~** Bessel-function of the first kind
Bessemer-acél Bessemer steel, semi-steel
Bessemer-eljárás Bessemer process, acid converter process; **savanyú ~** acid Bessemer process
Bessemer-folyamat converter process
Bessemer-körte *(koh)* (Bessemer) converter; **~ torokdarabja** *(koh)* skull at the converter mouth; **~ üreges csapja** hollow trunnion of Bessemer converter
Bessemer-nyersvas (basic) Bessemer pig iron
Bessemer-vas *l* **Bessemer-nyersvas**
bestancol *(nyomda)* prick
besugároz irradiate
besugározható radiable
besugárzás irradiation
besugárzó: ~ készülék radiation apparatus; **~ lámpa** radiation lamp
besugárzott: ~ antenna radiated aerial; **~ cellulóz** *(pa)* irradiated cellulose; **~ felület** radiated surface

besulykol ram, pile, let in(to), hammer
besül *(erőg, gépk)* stick, get stuck
besült dugattyúgyűrű *(gépk)* stuck piston ring
besüllyeszt sink, bury ; *(forg)* countersink, counterbore ; **hordófeneket ~** head a cask
besüllyesztés plunge
besüllyesztett flushed, built-in, incarcerate
besüpped *(bány)* cave-in ; *(ép)* slump
besüppedési terület *(bány, ép)* area of subsidence
besüppedt sunken-in
besűrít *(koh ; vegy)* thicken ; *(forralással)* boil down ; *(pa)* evaporate
besűrítés condensing ; *(ép)* overcrowding ; *(pa)* thickening ; *(gőzzel ; pa)* inspissation
besűrített : ~ cellulóz *(pa)* slush stock ; **~ háromszögelési alappont** *(geod)* substation ; **~ zagy** *(koh)* thickened pulp/underflow
besűrítő *fn* thickener, evaporator ; **~ asztal** *(vízöblítésű)* buddle ; **~ dob** *(pa)* condensing drum, drum concentrator ; **~ gép** *(pa)* condensing machine ; **~ henger** *(pa)* thickener, thickening cylinder, decker ; **~ kád** *(pa)* drainer, thickening chest ; **~ nemez** *(pa)* stuff felt ; **~ prés** *(pa)* welling machine ; **~ szér** *(bány)* buddle ; **tárcsás ~** *(pa)* disc evaporator
besűrűsödés thickening, solidification ; *(lakké:)* curdling
besűrűsödött elegy *(gumi)* stiff batch
beszabályoz true up, set(tle), reset, adjust, appropriate
beszabályozás adjustment, tru(e)ing, setting, control, (re)setting ; *(hangolás:)* tuning ; *vö még* **beszabályoz** ; **durva ~** coarse adjustment/control ; **finom ~** accurate adjustment ; **~ fojtószeleppel** *(szivattyúé)* baffling ; **nem megfelelő ~** maladjustment ; **önműködő ~** *(vill)* aided tracking ; **~ rúgóval** spring adjustment
beszabályozható ütköző *(gépt)* adjustable stop
beszabályozó csavar adjusting screw
beszabályozott : ~ darab *[betét v kaptafa]* make-up piece ; **rosszul ~** maladjusted
beszakad *(bány)* cave-in ; *l még* **beomlik**
beszakadás *(bány) l* **beomlás**
beszakadt *(pa)* clipped cut *(US)*
beszállás *(bány)* descent ; **~ hajóra** *v* **repülőgépbe** embarkation
beszálló : ~ ajtó access door ; **~ nyílás** manhole ; **~ nyílás fedele** manhole cover
beszánt *(vetőmagot)* underfurrow
beszáradás *l* **száradás** ; **lakk ~a** *(edényben)* curdling
beszáradási : nyersbőr ~ határértéke franchise
beszéd *(hangt)* speech ; **~ feletti távíró berendezés** supra-audio telegraph equipment ; **~del irányított leszálló radar** GCA, ground-controlled approach
beszédadó *(rád)* voice transmitter
beszédáram *(rád)* speech/speak-current; **~mal működtetett automata beszédváltó kapcsoló** voice-operated automatic switch, vodas ; **~mal működtetett erősítésszabályozó berendezés** voice-operated gain adjusting device, vogad
beszédáramkör *(rád)* speech circuit, voice-frequency circuit
beszédátfordítás speech inversion
beszédátvitel *(rád)* speech transmission
beszédátviteli csatorna *(távk)* telephone/speech channel
beszéderősítés speech amplification
beszéderősítő speech amplifier
beszéderősség *(hangt)* speech volume ; **átlagos ~** average speech power ; **~ csúcsértéke** peak speech power
beszédérthetőség *(telef)* distinction of speech, clearness of articulation
beszédfeszültségmérő *(rád)* speech-voltmeter
beszédfonó *(távk)* speech scrambler
beszédfordító rejtjelzésre speech invertor
beszédfrekvencia voice frequency, V.F. ; **~ megfordítása** inversion
beszédfrekvenciás : ~ csatorna voice channel ; **~ sáv** *v* **tartomány** *(távk)* speech-frequency range
beszédhallás-küszöb threshold for speech
beszédhang (speech) sound ; **~gal modulált** *(rád)* speech-modulated
beszédhangerő speech power
beszédhangerősség volume of speech
beszédhangképző gép *(mesterséges, billentyűk nyomására)* voice operation demonstrator
beszédhelyzet *(telef)* talk position
beszédkép *(hangt)* visible speech pattern
beszédkontraszt-erősítő *(átvitelnél)* expandor
beszédközvetítés *(rád)* speech transmission
beszédmoduláció speech modulation, voice control
beszédnívó speech level
beszédösszeköttetés voice communication
beszédösszeköttetéses rádióleszállás-irányítás talk-down landing system
beszédpróba *(rád)* speech test, voice-ear measurement
beszédrejtjelző *(rád)* speech scrambler
beszédsáv speech band(s) ; **~ alatti** subaudio, infra-acoustic ; **~ alatti távirattozás** subaudio telegraphy ; **~ feletti** *(távk)* super/supra-audio
beszédszint speech level
beszédtechnikailag kiegyensúlyozott szó phonetically-balanced word
beszédteljesítmény *(távk)* speech power
beszédvezeték *(távk)* speech/talking wire
beszédvisszaadás *(rád)* speech reproduction
beszédvizsgálat speech test
beszeg welt, (in)seam, edge, border, overcast ; *(kh)* hem
beszegélyez border
beszegés roll edge, skirting ; *vö még* **beszeg**
beszegetlen : ~ ruhaszélek *(tex)* bluffed edges ; **~ szél** *(tex)* raw edge
beszegez nail (up)
beszegő gép *(tex)* seaming machine
beszélez *(bőr)* pare
beszélgetési : ~ díj *(távk)* call charge ; **~ idő** *(távk)* conversation(al) time ; **~ időtartam** conversation operating time, holding time
beszélgetésszámláló : ~ automata subscriber's meter ; **~ készülék** conversation counter, message register
beszélő *[postánál]* microphone ; **~ készülék** transmitter ; *(repülőgépen:)* interphone
beszélőcső dictating/communicating/ear tube
beszélőgép speaking machine ; *(billentyűs ; távk)* voder (voice operation demonstrator)
beszélőkulcs *(távk)* speaking key ; talking key *(US)*
beszélőszerv speech organ
beszélőváltó speaking/talker key
beszennyez soil, blur, contaminate, foul, besmear
beszerel install, adjust, build-in, intersperse, rig
beszerelés installation (of instruments), rigging
beszerelt immovable ; *l még* **beszerel**
beszerzési : ~ ár original cost ; **~ átvételi idomszer** purchase inspection ga(u)ge ; **~ költségek** purchasing costs
beszív absorb, imbibe, inspire, inhale, occlude, soak, suck, drink in, inhaust ; *(gépk)* inhaust, suck ; **újra ~** resorb
beszivárgás infiltration ; *(bány)* inflow, seepage
beszivárgó levegő infiltrated air
beszivárog(tat) infiltrate
beszívás intake, aspiration, absorption, inlet, suck(ing), suction ; *(gépk)* inspiration
beszívási tényező inlet coefficient
beszívat soak up
beszívó absorptive ; **~ cső** *(gépk)* breather ; **~ képesség** absorptivity ; **~ nyílás** *(gépk)* breather ; **~ rendszerű szellőzés** vacuum system of ventilation
beszívódás imbibition ; *l még* **beszívás**
beszívott : ~ levegő *(szivattyúnál)* suction/induced air ; *(motorban)* intake air ; **~ víz** suction water
beszór sprinkle, intersperse, dust, powder ; *(bőr)* sprinkle ; **liszttel ~** *(élip)* flour
beszórás sprinkling, dusting, powdering ; **~ cserrel** *(bőr)* layer ; **~ földdel** *(bány)* backing earth
beszorít *(gépt)* clench, chuck ; *(gépt, heng)* nip
beszorítás *[pofák közé]* chucking
beszorító hüvely chucking device
beszorított helyzet *(gépt)* clamped/holding position
beszorul *(motor)* jam, seize
beszorulás jam, seizing ; *(gépt)* sticking
besző *(tex)* inweave
beszögellés *(ép)* neck
beszőtt : ~ huzal braided wire ; *(pa)* covered wire ; **~ színes szál** *(szövetben)* hairline ; **~ szövés** *(szőnyegben)* ply
beszövés *(kábelé v huzalé)* braid(ing)
beszövött huzal braided wire
besszemerez *(koh)* bessemerize
besszemerezés acid converter process
beszúr *(nyomda)* prick ; *(hornyot:)* recess, slot ; *(szeget, hosszméresnél ; geod)* stick
beszúrás insert ; *(csőhúzásnál)* piercing ; *(gépt)* cutting, recessing
beszúrási jel caret
beszúrásos (lépcsős) csőperem *(gépt)* recess flanged joint
beszurkoz pitch
beszúró : ~ előtolás *(köszörülésnél)* infeed, feed-in, plunge feed ; **~ előtoló**

kar *(forg)* infeed lever ; ~ **kés** *(forg)* recessing tool ; ~ **fúrórúd** *(forg)* recessing bar ; ~ **köszörülés** infeed grinding, plunge-cut grinding ; ~ **marás** plunge milling
beszűkítés : hangsáv ~e és utólagos modulálása *(filmfelvételnél)* matting
beszűkített gamma-mező *(anyagv)* gamma loop
beszüremkedési : forrás *v* **kút ~ területe** seepage area of well
beszüremlés *(földt)* influent seepage
beszüremlik pull
beszűrődés infiltration, imbibition
beszűrődik infiltrate
béta-cellulóz beta-cellulose
béta-fenilakrilsav 2-phenylacrylic acid, cinnamic/benzenepropenoic acid
betain betaine, lycine, oxyneurine, trimethylglycocoll
betainklorid betaine hydrochloride, acidol
betájékozás : térkép ~a *(geod)* orienting a map
betájol *(hajó, rep)* take bearings
betájolás : ~ adott vonalra *(geod)* lining-up ; **ház ~a** *(napsütéshez képest)* exposure of a house ; ~ **és oldalmetszés** *(geod)* lining-up and cutting-in
béta-naftol 2-naphthol, 2-hydroxynaphthalene, β-naphthol
betanítatlan untrained
betanító készülék *(táv)* trainer
betanított munkás trained worker
betanulatlan munkás subworker
betanult személyzet skilled personnel
béta-oxipropionsav 3-hydroxypropanoic acid, ethylene-lactic acid, hydracrylic acid
betapad *[jelfogó]* stick
betapaszt *(javít(* daub, putty ; *(ágyaz)* embed, stop, point ; **agyaggal** ~ clay
betáplál *l még* **etet** feed (in) ;
betáplálás feed(ing) ; **lefelé irányuló** ~ downfeed
betáplálási : ~ arány *(dipólsoron)* feed ratio ; ~ **pont** feed point
betáplálás-szabályozó feed control
betápláló : ~ csatorna feed chute/channel ; ~ **filmorsó** feed reel
béta-részecske beta particle
betart : minta alakját pontosan ~ja keep true to shape
betartás : pontos ~ *(méreté)* adherence
béta-sugár beta ray
béta-szénatom beta carbon atom
béta-színkép beta spectrum
betatron betatron
béta-vas *(koh)* beta iron
betegkocsi *(bénák számára)* invalid chair
betegszállító kocsi ambulance
betegszoba sick-room
betegzsilip hospital (air) lock
betekercsel wreathe, wrap
betekercselés *(tex)* batching off
betemet backfill, bury, dig in
betemetett : ~ cső *(hidr)* buried pipe ; ~ **talajok** *(földt)* buried soils ; ~ **villamos ellensúly** buried counterpoise
beterített rostélyfelület covered grate area
betét insert(ion), adapter, filling, panel, pad, inset, filler ; *(forg)* bit ; *(cipőfelsőrésznél)* fancy trimming ; *(koh)* charge ; *(olajfúráshoz)* control-ram ; *(reakciós v lepárló toronyban)* packing; **~ben edzhető acél** case-hardening steel ; **keményfémheggyel** *v* **-éllel ellátott** ~ carbide tipped blade ; **~ben lágyítás** *(hők)* box-annealing ; **~ben lágyított finomlemez** *(hők)* box-annealed sheet ; ~ **nélküli beton** common concrete ; **összekötő** ~ *(nyomda)* centre part ; **sztatikus töltést levezető** ~ *(vill)* antistatic cartridge ; **vékony lemezekből készült** ~ laminated shim
betétbeépítő gép *(köpenyfelépítésnél ; gumi)* band builder
betétcső *l* **béléscső** ; **betétcsövek lesüllyesztése** *(bány)* make of casing
betétdarab insert, plug ; ~ **fémes kapcsolású sínütközéshez** bond plug
betétdeszka *(hidr)* sluice board
betétedzés *(hők)* case-hardening
betétedző : ~ acél case-hardening steel, carburizing steel ; ~ **kemence** *(koh)* case-hardening furnace
betétélrögzítés *(forg)* blade lock
betétes : ~ ajtó panelled door ; ~ **köröm** *(réselőnél ; bány)* tipped pick ; ~ **körömcipő** grecian court ; ~ **tekercselés** *(vill)* space winding
betétez *(fát)* dowel
betétfog inserted tooth
betétfogas : ~ csigamaró inserted-tooth hob, humpage hob ; ~ **maró** inserted tooth (milling) cutter ; ~ **üregelőtüske** inserted-tooth broach
betét-fúrókés bore-bit
betétgerenda *(hidr)* bulkhead, sluice timber, stoplong ; ~ **hornya** *(hidr)* bulkhead recess
betétgerendás : ~ elzárás *(hidr)* bulkhead closure ; ~ **gát** stoplong dam
betétgyűrű *(vegy)* filling-in ring, filler ring
betéthüvely bush/sleeve insert
betétív *(pa)* middles
betétkarima *(szivattyún)* pad
betétkarton *(papírhoz)* slip-sheet board
betétkés tool bit, blade, tooth
betétkéses maró inserted-tooth milling cutter
betétlap gap block, packing piece ; *(pa)* middles
betétléc *(fa)* fillet, spline, adjacent plank
betétlemez *(ép)* strip ; *(gépt)* shim ; *l még* **betétlap** ; *(pa)* carpet felt board ; ~ **a bordáknál** *(lemezvastagságkülönbség kiegyenlítésére ; hajó)* liners to shell plating
betét-nyomólap *(gumiformáknál)* insert tread
betetőzés crown
betetőzött topped
betétpálca *(heg)* cored electrode
betétpapír interleaving paper, setoff/insertion paper ; ~ **selyempapírból** between-lay paper tissue wrapping, interleaving tissue-paper
betétpár *(két összeragasztott betét nyersen ; gumi)* pocket
betétpenge *(forg)* blade tip
betétpólya *(régi megoldás ; gumiabroncson ; gépt)* tyre sleeve
betétréteg *(uránrúd és tokozás között)* bond
betétrögzítés *(forg)* blade lock
betétsapka *(forg)* vice cap
betétszalag *(táblák v térképek beragasztásához ; könyvkötésnél)* guards
betétszálas (fém)fűrészgép jig-saw
betétszám-arány *(gumiabroncsban ; gépk)* ply-rating of a tyre
betéttábla *(fa)* wood filling
betéttáblás faburkolat *v* **-burkolás** wood panel(l)ing
betéttárcsa packing piece
betéttest *(reakciós v lepárló toronyban)* beehive
betéttuskó *(ép ; gépt)* chock, spacer, spacing block ; *(sín és vezetősín közt ; vasút)* separator
betétvágó fűrész panel saw
betétváltós izzító kemence *(koh)* in-and--out reheating furnace
betétvarró *(tex)* bander
betevő csővég male end of a pipe
betokol muffle
betol *fn (vegy)* betol, 2-naphthyl salicylate
betol *ige (gépt)* move in, push, pull
betold intercalate, let in(to), interpolate
betolódik intrude
betoló rúd *(koh)* pusher
betolt cső male pipe
beton concrete ; **előfeszített** ~ prestressed concrete ; **előregyártott** ~ prefabricated concrete ; **finom adalék nélküli** ~ *(ép)* no-fines concrete ; ~ **gondozása** *v* **nedves kezelése** cure ; ~ **kötése** setting ; **közönséges** ~ cement concrete ; **központi telepen kevert** ~ central mixed concrete ; **lyukacsos** *v* **könnyű** ~ aerocrete, cellular concrete ; **öntött** ~ cast concrete; ~ **repülőjelző** concrete air marker ; ~ **szálas** *v* **rostos adalékanyaggal** fibrous concrete ; **szárazon csömöszölt** ~ dry concrete ; ~ **tapadása az acélon** grip of concrete upon steel ; ~ **tömbcsatorna** *(távk)* concrete block conduit ; ~ **tűzgát** *(bány)* concrete bulkhead ; **úsztatott** ~ concrete with plums ; **vasalt** ~ reinforced concrete ; **víz alatt készült** ~ tremie concrete ; **vízben kezelt** *v* **kötött** ~ water-cured concrete
betonacélhajlító gép steel bender
betonágyazású pályaszakasz concrete track
betonágyú cement gun
betonalap concrete bed
betonalj *(vasút)* concrete sleeper
betonbiztosítás *(bány)* concrete cribbing/lining
betonboltozat concrete arch
betonburkolat concrete casing
betoncső *(ép)* concrete pipe/tube ; *(karmantyúval, kábelcsatornához ; távk)* self-aligning duct
betondöngölő commander, ram, stamp
betonelegy batch of concrete
betonépítő mintasínek *(útépítéshez)* read forms
betonfalazat concrete masonry
betonfal-betétháló rib mesh
betonfal-ívek zsaluzása falsework
betonfedés *(vasbetétek felett ; hidépítésnél)* cover
betonfedezék bunker
betonfenék concrete sole
betonfesték concrete paint
betonfödém concrete ceiling
beton-födémlemez roof slab
betongát concrete dam
betonhabarcs *(híg)* concrete grout
betonhámlás spalling of concrete
betonhuzal reinforcing wire
betonicin *(vegy)* betonicine

betonjárda concrete/mortar-paving
betonkapocs crampo(o)n
betonképlékenyítő anyag plastocrete
betonkeresztmetszet concrete area
betonkészítési előírások concrete specifications
betonkeverés concrete batching/mixing; ~ **gépkocsin elhelyezett betonkeverő géppel** truck-mixing method
betonkeverő *(gép)* (concrete) mixer, concretor; *(kettős:)* tandem mixer; **adagolós** ~ batch mixer; ~ **dobja** drum; ~ **gépkocsi** truck/transit-mixer; ~ **tehergépkocsi** truck with agitator body; ~ **teljesítményszámítása nedves térfogat alapján** wet rating; **útépítési** ~ concrete paver; ~ **üzem** mixing plant
betonkezelés *(nedvesentartás, kötés alatt)* concrete curing, ag(e)ing; ~ **vízben** water cure
betonkifutó *(rep)* hangar apron
betonkitöltésű szekrénymű *(hidr)* concrete cribbing
betonkötés concrete setting
betonküszöb concrete sole
betonlapforma lesimító lapja screed
betonlemez slab, raft
betonlövellő pisztoly spray gun
betonmennyiség *(egyszerre kevert)* batch
betonmérő láda batcher
betonoz (lay the) concrete
betonozás concreting; ~**hoz használt víz** mixing water
betonozó *(munkás)* concreter
betonozótölcsér *(víz alatti betonozáshoz)* tremie
betonöntés concrete spouting
betonöntő torony pouring tower
betonöntözés *(kötés alatt)* moist curing
betonplasztifikáló anyag plastocrete
betonréteg concrete layer, layer of concrete; **kiegyenlítő** *v* **alapozó** ~ blinding layer of concrete
betonszétosztó csatornarendszer chuting system
betontervezés design of concrete
betontömb (concrete) block
betontömbformázó koszorú curb
betonvas reinforcing iron/rod/metal
betonvasalás (concrete) reinforcement
betonvashajlító kulcs bending iron
betonvasháló netting
betonvasvágó gép rod cutter
betonzsaluolaj concrete form oil
betonzsaluzás timbering
betorkol disembogue, inflow
betorkoló folyó engrafted river
betölt pour, stoke, fill; *(földdel v kővel)* backfill; **benzint** ~ dope the motor
betöltés stoking, doping, pouring, filling; ~ **felülről** *(élip)* top feeding; **repedések** ~**e** infilling
betöltött: ~ **(hullám)sáv** filled band; **kemencébe** ~ **anyag** furnace charge; ~ **nyílás** *(bány)* filled opening
betöm stop (off), box, cram, fill, inlay, stuff; *(cementtel)* lute in; *(ép, hajó)* ca(u)lk in; *(hézagot v léket; hajó)* fodder
betömedékel: *(kiművelt üreget; bány)* stow the goaf
betömörít *(ép, hajó)* ca(u)lk in
betör *(bány)* trench; *(lövéssel; bány)* spring; *(vágatba; bány)* invade; *(ép)* break; *(kovácsolt rudat)* neck (down)
betörés *(bány)* jad, whole work, irruption, initial cut, holding, bannocking, benching, opening; *[kovácsolt rúdon:]* necking; **átlós** ~ *(bány)* angle opening; ~ **kemény kőzetben** *(bány)* hard cutting; ~ **magassága** *(talp felett; bány)* height of cut; ~ **mélysége** *(bány)* bearing-in
betörésjelző berendezés burglar alarm, intrusion detector
betörő: ~ **fúrólyuk** *(bány)* make/key/snubber / centre / breast / breaking /cut hole, snubber; ~ **kivág** *(bány)* sumping; ~ **lövés** *(bány)* sumping/centre shot, burster; ~ **lövések fúrólyukkoszorúja** *(bány)* toe cut; ~ **lyuk** *(bány)* *l* ~ **fúrólyuk**; ~ **rés** *(bány)* kerf; ~ **réteg** *(földt)* intrusive sheet
betört *[kovácsolt rúd]* necked-down; ~ **rizsma** *(pa)* broken ream
betusírozás *(forg)* *l* **tusírozás**
betű *(nyomda)* character, letter, type; **alsó sorba lenyúló** ~ *(nyomda)* drop letter; **elkoptatott** ~ *(nyomda)* battered type; **gót stílusú** ~ black letter; **idegen** ~ *(nyomda)* bastard fount; **sérült** ~ *(nyomda)* batter; **sorból kiemelkedő** ~ *(nyomda)* ascending letter; ~ **szárrésze** type shank
betűanyag *(nyomda)* metal
betűanyaminta *(nyomda)* matrix
betűbélyegző *[könyvtáblákhoz]* stamp
betűbeütő szerszám lettering die
betűcsalád *(nyomda)* fo(u)nt
betűelrendező készülék setter
betűemeltyű type shank
betűfej *(nyomda)* type head, face; *(táv)* typehead
betűfém type/printer's metal
betűfestékező kefe type-inking brush
betűhiány sorts
betűhibák literal errors
betűíró: ~ **katódsugárcső** *(táv)* charactron; ~ **készülék** *(táv)* type-printer; ~ **szonográf** typosonograph; ~ **távíró gép** *v* **készülék** typewriting apparatus, recorder
betűjel key-letter
betűjeles: ~ **állomásmutató** *(távk)* code letter; ~ **választó(gép)** *(távk)* code selector
betűkar type shank/bar; *(távíró gépen; távk)* key; ~**ok félkörös tőkéje** *(írógépen)* type bar guide segment; ~**ok lendülő mozgása** *(írógépen)* shipping of the type bars; ~ **tolla** type bar bit; ~**ok visszaesése** *(írógépen)* return of the type bars
betűkészlet fo(u)nt
betűkilökő kar *(szedőgépen)* pusher
betűkorong *[írógépen v állítható bélyegzőn]* type wheel
betűkölyű punch
betűkölyűmetsző *(nyomda)* punch()cutter
betűközbillentyű *(írógépen)* spacer
betűlemezminta stencil (letter)
betűmagasságmérő type-high ga(u)ge
betűmatrica type matrix
betűmérő *(léc)* type measure/ga(u)ge/scale
betűminta type specimen
betűnagyság *(nyomda)* size of type
betűnagyságmérő typometer
betűnyomó: ~ **Creed-féle távíró gép** Creed printing telegraph; ~ **multiplex rendszer** printing multiplex system; ~ *távírógép* (type-)printing telegraph, printer, translator
betűnyomtató(s) *(táv)* *l* **betűnyomó**
betűöntés type-casting
betűöntő: ~ **gép** type casting machine; ~ **munkás** former
betűöntöde type-casting, letter foundry
betűöntödei anyalemezsorozat *(nyomda)* set of matrices
betüremlés *(biol)* invagination
betüremlett anyag *(földt)* injected body
betűskerék *(távk)* type wheel
betűsorja *[öntésből]* jet
betűsorozat type series; **teljes** ~ **egy betűfajból** fount
betűszámláló *(távk)* letter counter
betűszámtan algebra, literal calculus
betűszedés *(nyomda)* composition, composing
betűszedő *(nyomda)* (type)setter, compositor, piece hand
betűszekrény *(nyomda)* type/fount/letter case
betűtávíró teletypewriter, tt
betűtest *(nyomda)* (type) body, body of a letter; ~ **felső lapja** shoulder
betűtípus *(nyomda)* printing type; **kövér** ~ heavy-faced type
betűtörzs *(nyomda)* foot of a letter
betűváll *(nyomda)* shoulder (of a letter)
betűváltó *(távk)* letters (LTRS)
beudantit *(ásv)* beudantite
beugrás *(ép)* set-back, bay
beugrási százalék *(tex)* crimp per cent
beugrásmentes kikészítés *(tex)* unshrinkable finish
beugrásmérő (készülék) *(tex)* crimp measurer
beugrik *(gépt)* snap, engage
beugró: ~ **él** *(ásv)* re-entrant angle; ~ **kilincs** *(gépt)* trip pawl/trigger; ~ **rész** *(ép)* set-back; ~ **sarok** *(ép)* nook
beüt punch; *(fa)* stave; **mintát** ~ *(fémbe)* chisel
beütés *(számláló impulzus)* count; *(rád, távk)* (voltage) peak; ~ **nyitott szád mellett** *(tex)* beating-up with open shed; ~ **zárt szád mellett** *(tex)* beating-up with closed shed, beating-up on a crossed shed
beütő alakmás punching die
beütőszám- és -betűkészlet letter and figure stamp
beütött könyvoldal *(nyomda)* slur page
beüvegez glass, glaze
beüvegezett glazed, glass-covered; ~ **felület** glass area; ~ **zárt erkély** gazebo
bevág *(bány)* hag, trench, break ground, hew; *(pa)* indent; **munkahelyet** ~ *(bány)* establish the face; **üveget** ~ glass
bevágás notch, undercut; *(bány)* kerving, kerf; *l még* **bevág**; *[jelenetek közé beiktatott kép v képsorozat; film]* intercutting; *(lépcsőket pótló)* ~ foot hole; *(mérőeszközön)* ga(u)ging notch; *(pályaépítésnél:)* cutting; **ferde** ~ **szöge** bevel angle; ~ **a fősínbe** *(vasút)* recessing of stock rail; ~**ban futó pálya** *(vasút)* sunk track; **függőleges** ~ *(ép)* flute; **háromszögletű** ~ *(cipő)* nick; ~ **szöge** *(bány)* digging angle; ~ **telibe** *(bány)* whole work; ~ **és töltés egyensúlyi pontja** balance point of cut and fill

bevágási : ~ **padka** shoulder ; ~ **szög** dig-in angle
bevágásos bőr cut skin
bevágásrézsű *(útépítésnél)* side slope
bevagdal *(bőr)* scarify
bevágó : ~ **fűrész** slitting saw ; ~ **gép** *(riccelőgép ; nyomda)* scratching machine
bevágódás *(gépt)* bite ; *(gumi)* cutting ; *(rep)* crack into
bevágódik *(gépt)* dig in, bite
bevágott : ~ **fakéregfelület** *(gyantacsapolásnál)* pared-bark surface ; ~ **folyókanyarok** *v* **meanderek** *(földt)* competent/incised meanders ; ~ **jel** marking cut ; ~ **pillérek eltávolítása** *(bány)* robbing pillars
bevakol plaster
bevarr inseam
bevatron *(at)* bevatron, cosmotron
bevégezetlenül tárcsázott hívás *(telef)* incompletely dialled call
bever *(cölöpöt, szeget)* drive ; *(vetüléket ; tex)* beat up, pick ; **szeget** ~ nail ; **teljesen** ~ drive home
Beverage-antenna Beverage/wave antenna/aerial
beverés hammering, plugging ; *(bány)* adjustment ; *[vetüléké ; tex]* pick, beating-up ; ~ **nyitott szádnál** *(tex)* blow of the slay with open shed, beating-up with open shed ; ~ **zárt** *v* **csukott szádnál** *(tex)* blow of the slay at closed shed, beating-up with closed shed
beverési : cölöp ~ **mélységhatára** limit of driving a pile
beverő : ~ **kalapács** peen hammer ; ~ **szerszám** *(tex)* beating(-up) tool
beverődött szelepülés *(gépk)* sunken valve seat
bevert : ~ **illesztés** *v* **kötés** forced-in joint
bevés incise, indent, (en)grave
bevésett : ~ **jel** marking cut ; ~ **zár** *(ajtólap-kivágásban)* inlaid/mortise lock
bevéső zár *l* **bevésett zár**
bevételez *(impulzust ; távk)* instep [impulse] ; *(számjegyet)* receive
bevetési terhelés *(rep)* service load
bevetett vetélő *(tex)* picked shuttle
bevető deszka *(pékműhelyben)* panel
bevezet introduce, move in, plant, induct ; *[áramot]* supply ; **könyvbe** ~ book
bevezetés induction, input ; *l még* **bevezet** ; *(csőcsatlakozás)* inlet ; **folyó ~e csőbe** *v* **alagútba** piping of river ; ~ **járó motorral** *(rep)* power approach; ~ **körpályán** *(rep)* circular approach ; ~ **közbeni siklás** *(rep)* approach glide; ~ **látással** *(rep)* contact approach ; **léghajó ~e a hangárba** docking ; ~ **leszálláshoz** *(rep)* landing approach ; **tengelyirányú** ~ *(erőg)* axial admission ; ~ **vakrepülésben** blind approach
bevezetési *l még* **bevezető** ; ~ **eljárás** *(rep)* approach system/procedure ; ~ **engedély** *(rep)* approach clearance; ~ **idő** *(rep)* approach time ; ~ **irány** *(rep)* approach corridor ; ~ **irányszög** *(rep)* approach angle ; ~ **légtér** *(rep)* approach area/zone ; ~ **oszlop** *(távk)* terminal pole, lead-in pole ; ~ **sávjelző** *(rep)* approach angle indicator
bevezetett : ~ **áram** inflow current ; ~ **hő** *(termodinamikai körfolyamatban)* added heat ; ~ **teljesítmény** power input
bevezető introductory, inlet, intake ; *(rep)* approach aids ; ~ **antennaszigetelő** *(vill)* Bradfield lead(-in) insulator, ~ **csap** *(táv)* tip ; ~ **csatorna** channel inlet ; ~ **csonk** entrance branch ; ~ **cső** *(gépk)* induction pipe; *(hidr)* inlet tube ; ~ **csőcsatlakozás** *(hidr)* inlet connection ; ~ **elágazás** entrance branch ; ~ **henger** *(pa)* feed roller ; ~ **hüvely** *(vill)* inlet bush; ~ **kábel** *[külterületről városba]* entrance cable ; ~ **kábelfej** *(távk)* terminal block ; ~ **kamra** intake/ inlet chamber ; ~ **könyök(cső)** intake elbow ; **középsoros** ~ **fénysor** *(rep)* centre-row approach lighting ; ~ **nyílás** *(gépt, hidr)* inlet (port), induction port ; ~ **pálya** *(heng)* entering guide ; ~ **persely** *(gépt)* entrance bushing, inlet bush ; ~ **pipa** *(vill)* leading-in tube, inlet funnel ; ~ **prés** *(pa)* smoothing press ; ~ **radarjeladó** *(rep)* radar approach beacon ; ~ **rovátka** *(hanglemezen)* lead-in spiral ; ~ **sávirányadó önműködő hibajelzése** *(rep)* localizer monitoring; ~ **sugárkéve** front beam ; **szellőzés** ~ **nyílása** entry ; ~ **szigetelő** *(vill)* terminal insulator, lead-in insulator, inlet bush ; ~ **szigetelőharang** *(vill)* inlet bell ; ~ **vigyázás** *v* **vigyázó** *(rep)* approach control
beviaszolás wax coating
bevilágító *fn (kupola v tető)* lantern
bevisz *l* **bevezet**
bevizez *(pa)* irrigate
bevon *(felületet)* coat, cover, wrap, sheathe, line, incrust ; *(bőr)* dress ; *(kötelet)* heave in ; *(furnírral)* veneer; **acéllal** ~ acierate ; **alumíniummal** ~ *(hők)* aluminize, calorize ; *(lemezelés-sel)* plate with alumin(i)um ; **bronzzal** ~ bronze ; **(fém)lemezzel** ~ plate ; **gumival** ~ rubber, skim ; **krómmal** ~ plate with chromium ; **mázzal** ~ glaze ; **nikkellel** ~ plate with nickel, nickel plate ; **ólommal** ~ run-in with lead ; **rézzel** ~ copper (-plate), plate with copper
bevonás *(felületé)* overlay, coating ; *l még* **bevon** ; ~ **acélréteggel** *[klisén]* steel facing ; ~ **elektrolitikus úton** dip-plating, electrodeposition ; ~ **fémmel** *(koh)* metall(iz)ing ; ~ **gumival** spreading, rubbering, rubber coating ; ~ **horganygőzzel** vapo(u)r galvanizing ; **kataforetikus** ~ cataphoretic coating ; **kétszeres** ~ double--coating ; **klisé ~a acélréteggel** steeling ; ~ **lemezzel** plating ; ~ **mézgával** mastication ; ~ **ónamalgámmal** foliation ; ~ **rézzel** copper plating ; ~ **üledékréteggel** encrustation ;
bevonat lining, tarnish, sheathing, skin, facing, coat-work, deposit, cladding; *l még* **bevon** *és* **bevonás** ; *(csővezeték)* coating ; *(ép)* accretion ; *(furníros)* veneer ; **báriumszulfátos** ~ *(fényképpapíron)* baryta coating ; **fekete** *(fényelnyelő)* ~ black coating ;
bevonatos üveg flashed glass
bevonatréteg : villamos töltésű ~ electricity-charged coating
bevonó integumentary ; *l még* **bevon, bevonás** *és* **bevonat** ; ~ **fém** coating/ finishing metal ; ~ **gép** *(csokoládéiparban)* enrober ; ~ **henger** *(fényk)* doctor roller ; ~ **karton** *(pa)* liner board ; ~ **képesség** *(oldaté, galvanizálásnál)* throwing power ; ~ **papír** liner (paper)
bevont : ~ **anyagok** *(tex)* coated fabrics/goods ; ~ **dob** *(emelőn)* lagged pulley ; **ecsettel** ~ brush-coated ; **egy oldalon** ~ single-faced ; ~ **hegesztő elektród** fluxed, sheathed electrode ; ~ **helyzet** *(rep)* retracted position ; **két oldalon** ~ double-faced ; ~ **kip** *(zebubőr)* plastered kip ; **krómmal** ~ chromium-plated ; **lakkal** ~ lacquered ; ~ **magnetofonszalag** magnetic powder coated tape ; **másik oldalon is gumival** ~ *[szövet]* backed ; **mázzal** ~ glazed ; **nikkellel** ~ nickel--plated ; ~ **ráma** *(gurkráma ; cipőn)* beadings
bevulkanizál cure in
bezár enclose, fasten, block, confine; *(szöget ; mat)* include ; **kulccsal** ~ key
bezáró : ~ **platina** *(kh)* holding-down sinker ; **szöget** ~ angular
bezáródás *[szelepé]* closure ; *(közegbe:)* occlusion
bezárt encased ; *l még* **bezár** ; ~ **szög** included angle
bezecc *(borítás ; cipőfelsőrészen)* facing, ornament
bezecces *(körülborításos)* **cipő** balmoral boot
bezúz *(pap)* repulp
bezúzott újság *(pa)* crushed news
bezsíroz grease, be()smear, oil
bezsírozás greasing, oiling
B-H-görbe magnetization curve
biaxiális biaxial
biberprémbőr beaver
biblianyomó papír Cambridge India, India/bible paper, Oxford India paper
bibliofil kötésben extra-bound
bíborpiros purple
bíborsav purpuric acid
bicikli *l* **kerékpár**
bicikli-menetvágó cycle tap
biciklusos *(vegy)* bicyclic
bieberit *(ásv)* bieberite
bifiláris bifilar(y), double-wound ; ~ **tekercs** *(rád)* fieldless coil
bifluorid bifluoride, difluoride
bifokális bifocal
bifurkáló hírközlő csatorna forked channel
biguanid *(vegy)* biguanide, guanylguanidine, diguanide
bihexil *l* **dodekán**
bikaborjú *(bőr)* bull calf ; ~ **bőre** steer hide ; **egyéves** ~ hog
bikabőr buff hide
bikaorrkarika bull ring
bikónikus : ~ **cséve** pine-apple cone ; ~ **csévélőgép** pine-apple coner
bikonkáv *(fényt)* biconcave, double--concave
bikonvex *(fényt)* biconvex, double--convex
bikrofarad *(vill)* bicrofarad
bikromát *l* **dikromát**
bikrómsav *l* **dikrómsav**
bikron *(a méter egybilliomod része)* bicron
bilaterális (am)bilateral
bilifuszcin bilifuscin
bilincs *(gépt)* clamp, stirrup, ferrule, yoke ; *(állatra:)* barnacle ; **mecha-**

nikus ~ *(bány)* clamp ear; **orrszorító** ~ *(ló fékezésére patkolásnál)* barnacle; **repedésgátló** ~ *(gázvezetéken)* leak clamp
bilincscsavar U-bolt
bilincses with clamp
bilirubin *(vegy)* bilirubin, haematoidine
biliverdin *(vegy)* biliverdin
billegő *(óra)* flyer, balance, pad; *(lengésszámbeállító készülék; óra)* timing machine; **felszerelt** *(beszabályozott)* ~ *(óra)* regulated balance; ~ **zárófogainak kiemelése** *(a másodperc-kerékből)* unlocking
billegő-csapágykő *(óra)* balance jewel
billegőcsavarfej-maró *(óra)* balance-screw cutter
billegő-egyensúlymérleg *(óra)* poising-tool
billegőhíd *(óra)* cock
billegőtengely *(óra)* balance(-)staff; *[ébresztőórához]* staff for time piece
billenékeny *(hajó)* walt(y), unstable
billenés tilting, canting, sway; *(hajó)* trim
billenő *(gépt)* swing(ing), balance, tip(ping), bascule; *l még* **billentő** *és* **billenthető**; ~ **ágyazás** swing bolster; ~ **csapágyazás** fulcrum bearing; ~ **darugém** luffing jib; ~ **kalapács** tilt hammer; ~ **kapcsolás** Eccles-Jordan circuit; ~ **kazánrostély** dump grate; ~ **kemence** tilting furnace, rocking-type furnace; ~ **képállvány** tilting easel; ~ **késfej** swivelling tool-head; ~ **késtartó** swivelling/relieving tool holder, clapper box; ~ **készülék** tilting/swivelling fixture; ~ **kétkerekű kocsi** *v* **talyiga** tumbler; ~ **kinyúlású gém** jib of variable radius; ~ **kirakó szerkezet tehergépkocsi kiürítéséhez** tip-up vehicle discharger; ~ **kocsiszekrény** *(gépk)* dump body, tip box; ~ **kocsiszekrényes tehergépkocsi** dumping truck; ~ **lapocska** *(telef)* drop, register; ~ **lemeztartó** *(fényképezőgépen)* swing back; ~ **nyomaték** *(vill)* maximum/breakdown/stalling torque; ~ **objektívtartó** *(fényképezőgépen)* swing front; ~ **padláskibúvó** folding dormer-window; ~ **pillanatkapcsoló** *(vill)* flying switch; ~ **rostélyrács** dumping bar; ~ **rúgóágy** spring pivot seat; ~ **szerkezet** tumbler/tilting gear/device, cant, tumbling tom, swing/tip(ping) device; *(billenőplatós tehergépkocsin)* tipping gear; ~ **targonca** end tipping barrow; ~ **tehergépkocsi** tip lorry *(UK)*, dump truck *(US)*; ~ **terhelés** tilting load; ~ **tetőablak** *v* **tetőkibúvó** folding dormer-window; ~ **vagonkiürítő** tilting dumper; ~ **villamos kemence** electric rocking-type furnace; ~ **zsiliptábla** *(hidr)* hinged door
billenőablak *(ép)* balance/swing(ing) window
billenőágy *(gépt)* swing bolster
billenőasztal tilter, tilting table
billenőbödön: **iszapmerítő** ~ bailing tank; *l még* **billenőveder**
billenőcsapágy tilting bearing
billenőcsille tipple, tip/dumping wagon/car, skip
billenőcsúszda tipping chute
billenődob tilting drum
billenőedény tipping pan
billenőedényes szállítószalag *v* **szállítómű** tipping pan conveyor
billenőeke *(mzg)* balance plough
billenőfenék bottom flap
billenőgém level luffing jib
billenőgémes: ~ **daru** luffing/level/whipping/derricking crane; ~ **úszódaru** floating (level) luffing crane; **vasúti** ~ **daru** derrick wagon crane
billenőhíd bascule bridge
billenőkanál *(hidr)* skip bucket
billenőkapcsoló *(vill)* tumbler switch; *(higanyos:)* mercury switch/breaker; ~ **karja** dolly
billenőkapu *(hajózsilipnél)* hinged falling gate, tilting gate
billenőkocsi tip(ping)/skip/tripper/dump(ing) wagon/car/lorry
billenőlap *(telef)* drop
billenőmosdó tilting basin
billenőnyomaték *(vill)* maximum/breakdown/stalling torque
billenőplatós tehergépkocsi tipper; tipping lorry *(UK)*; dump truck *(US)*; *(oldalt billenő:)* side-tipper; *(hátra billenő:)* end-tipper
billenőprés tilting head press
billenőrelé *(rád)* kipp relay
billenőrostély tipping/dumping grate
billenős *(gépt) l* **billenő** *és* **billenthető**
billenősajtó tilting head press
billenősaru *(hídépítésnél)* tilting/pivot/tangential bearing; **gömbcsuklós** ~ ball-jointed rocker bearing
billenőserleges: ~ **elevátor** positive discharge elevator; ~ **szállítómű** pivoted-bucket conveyor
billenőszekrény dump box
billenőszekrényes: ~ **jármű** *[gépkocsi; csille]* dumper; ~ **kocsi** *(vasút)* tripper car, box tipping wagon
billenőszkip tilting skip
billenőtábla *(hidr)* wicket
billenőtartály hinged hopper; *(önt)* dumpbox
billenőteknő tipping bucket
billenőteknős csille tipping hopper
billenőtengely tip shaft
billenőülés tilting/hinged seat
billenővályú *(bány)* tip pan van
billenővályús szállítómű *v* **szállítószalag** tipping tray conveyor
billenőveder swing(ing)/tilting/tip(ping) skip/bucket
billenővedres: ~ **adagolás** *(koh)* skip charging; ~ **töltés** *(nagyolvasztónál)* skip filling
billenővízgát tilting gate
billent tilt
billentés *(hangt)* touch *vö* **billenés**
billenthető tiltable, flying, tilting, tip(ping); *l még* **billenő**
billentő *l* **billenő**; ~ **csapágyazás** *(em)* trunnion bearing; ~ **és forgató kerék** *(em)* derrick and bull wheel; ~ **nyomaték** overturning/disturbing moment ~ **szerkezet** *(tehergépkocsin)* tipping mechanism/device
billentőerők *(mer)* tilting forces
billentőfej *(fényk)* tilt-top
billentőkar *(tehergépkocsin)* tipping gear lever
billentőkeret *(em)* tipping stage
billentőplató *(em)* tipping stage
billentős *l* **billenő**
billentősín *[szkipen; bány]* dump rail
billentőtáblás gát *(hidr)* pivot- leaf gate
billentőteher *(em)* tilting load
billentyű *(gépt; írógépen; táv)* key; *(táv, vill)* button *is*; *(fúvós hangszeren:)* valve; *(kártyaverő gépen; tex)* key; *(puskán:)* trigger; **kétsarkú** ~ double key; ~ **visszapattanása** return of the key
billentyűcsaptávolság distance to key-pin
billentyűkapcsoló *(hangt)* coupler
billentyűkar *(írógépen)* hammer; ~ **ütése** blow of the hammer
billentyűkezelő *(rád)* keyer
billentyűs: ~ **adagoló** *(bálatörőn v verőgépen; tex)* piano feed regulator; ~ **kártyaverő gép** *(tex)* piano card cutting/stamping machine, piano card stamper, ~ **trombita** key trumpet
billentyűsor: **kézi** ~ *(hangt)* manual
billentyűsorozat *(távk)* bank of keys
billentyűszerkezet *(kártyaverőn; tex)* key motion
billentyűzés *(táv)* keying; *(adónál; rád)* keying, key modulation/sending; ~ **alatt kimenő hullám** *(rád)* keying wave; **leterhelő** ~ *(rád)* back-shunt keying; **lezárt rácsú** ~ *(rád)* blocked-grid keying; ~**sel modulált hullámok** *(rád)* telegraph-modulated waves; ~ **zárt ráccsal** blocked-grid keying
billentyűzési: ~ **jel** keying signal; ~ **koppanás** *(távk)* key click; ~ **mellékzörej** keying chirps; ~ **sebesség** key(ing) speed; ~ **zavarszűrő** *(rád)* key filter; ~ **zörej** *(távk)* key click
billentyűzet claviature, keyboard
billentyűzetes perforátor keyboard perforator
billentyűzet-reteszelő *[távgépírón]* keyboard locking device
billentyűző: ~ **áramkör** keying/marking circuit; ~ **cső** keyer/keying tube; ~ **hullám** marking wave; ~ **jelfogó** key-relay
billentyűzörej *(rád)* key thump/click(s)
billentyűzött: ~ **csillapítatlan hullámok** *(rád)* key-controlled continuous waves; ~ **folyamatos hullám** *(rád)* keyed/interrupted continuous wave (CW), type A1 wave; ~ **modulált hullám** *(rád)* keyed modulated wave (MCW), type A2 wave
billiárddákó *(fa)* cue
billiárdgolyó *(fehér)* cue ball
billiárdposztó billiard (table) cloth/felt
billió billion *(UK)*; trillion *(US)*
billog marking iron; *l még* **bélyeg**
bilux *(tompított fény; gépk)* dipped beam
bilux-izzó *l* **kétszálas izzó**
bilux-kapcsoló *(gépk) l* **tompító kapcsoló**
biluxol *l* **tompít**
bimetall *(koh, vill)* bimetallic strip, composite metall; ~ **huzal** *(távk)* *(kívül réz, belül vas:)* composite wire, iron/steel cored wire; *(belül réz, kívül vas)* iron-plated wire; ~ **lemez** *(távk)* bimetal strip; ~ **magnetofonhuzal** magnetic plated wire
bimzelőgép *(cipő)* bottom scouring machine
bináris egység *(távk)* binary unit, bit
binnit *(ásv)* binnite
binóda binode
binokuláris *(fényt)* binocular; ~ **mikroszkóp** binocular microscope; ~ **parallaxis** optical parallax; ~ **távcsőpár** stereoscopic glasses

binom *(mat)* binomial (expression)
binomiális : ~ antenna *(rád)* binomial array; **~ együtthatók** *(mat)* binomial coefficients; **~ sorozat** binomial series; **~ tétel** binomial theorem
binormális *(mat)* binormal
biokatalizátor biocatalyst
biokémia biochemistry
biokémiai biochemical; **~ oxigénszükséglet** biochemical oxygen demand
biokolloid biocolloid
biolit *(földt)* biolith, biolite, organic rock(s)
biológia biology
biológiai biological; **~ elemzés** bioanalysis; **~ védekezés** biological control
bioszféra *(földt)* biosphere, organic sphere
biotikus biotic
biotina *(ásv)* biotine
biotit *(ásv)* biotite
Biot-Savart-törvény *(vill)* Ampere's law/formula
bipiramis *(ásv)* bipyramid
bipiramisos *(ásv)* dipyramidal
bipoláris kapcsoló *(vill)* double-break switch
biprizma *(fényt)* optical cube
Bird-féle centrifugális csomófogó *(pa)* Bird centrifiner
birefrakció *(fényt)* double-refraction, birefringency; *l még* **kettős törés**
birkabőr sheep pelts
birkabőrbélés sheepskin coat
birkafaggyú mutton tallow
birkagyapjú bucks wool
birkanyíró gép sheep shearing machine, fleece scribbler
birkózószőnyeg mat
birsalma-aroma quince oil
bischofit *(ásv)* bischofite
Bismarck-barna *(festék)* Bismarck brown
biszektrix bisectrix; **hegyes ~** acute bisectrix
biszkvit *(élip, ker, műa)* biscuit
biszkvitautomata automatic biscuit machine
biszkvitégetés *(ker)* biscuit firing
biszkvitporcelán biscuit (porcelain)
bisszolit *(ásv)* *l* **azbeszt**
biszulfát bisulfate
biszulfit bisulfite
biszulfit-eljárás *(pa)* acid sulfite process
bitartarát bitartrate
bitulitos útburkolat bitulithic pavement
bitumen bitumen, asphalt, mineral pitch; **fúvatott ~** blown bitumen
bitumen-barna *(festék)* bitumen
bitumenburkolat black top
bitumenes bituminous; **~ pala** stinking schist, oil sharle; **~ szén** soft/fat/pitch coal; **~ textilbetétes papír** burlap-lined paper
bitumenez bituminize, bituminate
bitumenezés *(útépítés)* carpeting
bitumenező gép *(pa)* machine for asphalt paper
bitumenhabarcs bituminous grout
bitumenipar bituminous industry
bitumenkenés *(útépítésnél; ép)* surface treament
bitumenkészítmény bitumen preparation
bitumenlakk bituminous paint
bitumenlemez *(pa)* bituminized board
bitumenlemezpapír bituminized paper
bitumenpapír bituminized paper, tarred/dark brown paper, tarred paper, tarred/dark browns
bitumenragacs bituminous mastic
bitumenréteg *[út felületén]* seal coat
bitumenszén *l* **bitumenes szén**
bitumentartalmú bitumin(ifer)ous
bitumentartalom szerinti szénipari tarifaegyezmény bituminous state agreement
biurét biuret, allophanamide, carbamylurea, ureidoformamide
biurét-reakció biuret reaction; **~t nem adó** abiuret
bivaly buffalo
bivalyborjúbőr buffalo-calf; *(nyers)* buff skin
bivalybőr buff(alo) hide
bivalybőr-hajtószíj buffalo strips
bivalyhárító *(vasút)* cattle guard, cowcatcher, pilot
bivalyszőr buffalo wool
bixbyit *(ásv)* bixbyite
bizabolén *(vegy)* bisabolene
bizabolmirrhaolaj bisabol myrrh oil
bizalmas : ~ átviteli berendezés *(távk)* privacy equipment; **~ rendszer** *(távk)* privacy system
bizmit *(ásv)* bismuth ochre
bizmut bismuth
bizmutgallát : bázikus ~ basic bismuth gallate
bizmutid bismuthide
bizmutinit *(ásv)* bismuthinite
bizmutokker *(ásv)* *l* **bizmit**
bizmut-oxijodid bismuth oxyiodide
bizmutspirális *(vill)* bismuth spiral
bizmutszalicilát bismuth salicylate
bizmutszubgallát bismuth subgallate
bizmuttannát bismuth tannate
bizmuttartalmú bismuthiferous; *(ásv)* bismuthian
bizmuttrioxid bismuth trioxide, bismuthous oxide
bizni *(beöltő csík; cipő)* beading
bizonyító példa *(mat)* proof sample
bizonyítvány : alkalmassági ~ *(rep)* certificate of airworthiness; **osztályozási ~** *(hajó)* classification certificate
bizonytalan : ~ légmozgás *(met)* no wind conditions; **~ magasságú hang** *v* **zörej** unpitched sound
bizonytalanság esete *(repülőgép-tájékozódásnál)* uncertainty phase
bizonytalansági pont instability point
biztonság safety, security; **nagy ~gal terhelt** conservatively-loaded; **~ rovására történő hibák** errors on the unsafe side
biztonsági safety, excape, protector, protecting, permissible; **~ állványcső** stand-pipe; **~ bankpapír** pigmented bond-paper; **~ bányamécses** *v* **-lámpa** permissible light; **~ berendezés** safety/protecting device; **~ bordaleállító** *(tex)* knocking-off finger; **~ csapszeg** shear pin; **~ csekkpapír** safety cheque-paper; **~ csúszó tengelykapcsoló** *(gépt)* slip clutch; **~ dinamit** permissible dynamite; **~ égőolaj** *(vasúti)* long-time burning oil, signal oil; **~ ellenállásfék-kapcsolás** *(vasút)* run-back preventer; **~ előírások** safety rules; **~ értékjegypapír** safety stamp paper; **~ fejvédő sisak** helmet; *l még* **bukósisak**; **~ fogó** grip iron; **~ fogó készülék** *(felvonónál)* grip gear; **~ fok** degree of security; **~ gázindikátor** approved gas detector; **~ görbe** curve of security; **~ gyújtáskulcs** *(gépk)* ignition safety-key; **~ gyújtó készülék** *(bány)* approved shot-firing apparatus; **~ gyutacs** *(bány)* safety cap/fuse; **~ határ** margin (of safety); **~ határpont** *(kitérő vágánynál)* fouling point; **~ járóosztály** *(bány)* escape stairway; **~ jelzőkötél** *(búvár)* diving safety signal line; **~ kanna** safety flask; **~ kapcsoló védő ellenállással** protection switch with resist; **~ kibúvó lyuk** *(hajó)* escape hatch; **~ kupola** *(ép)* outer dome; **~ lámpa** *(bány)* approved lamp, miner's friend; **~ lánc** *(teherkocsin)* side chain; **lánggal égő ~ lámpa** *(bány)* permissible flame lamp; **~ leeresztő** *(bány)* escape outlet; **~ légszelep** *(gépt)* air-release valve; **~ öv** *(ülésben)* safety seat belt; **~ papír** safety/security paper, antifalsification paper; **~ petróleum** *(világításra)* pyronaphtha; **~ pillér** *(bány)* floor pillar; **~ rendszabályok** safety precautions; **~ retesz** *(ajtón; gépk)* safety catch; **~ robbanószer** *(bány)* safety/permissible explosive, short flame explosive; **~ sötétkamralámpa** photographic safelight; **számkorongos ~ lakat** dial lock; **~ szeg** safety pin; **~ szelep** safety/escape/release/relief valve, knockout; *(törőtárcsás)* rupture disc valve; **~ szikraköz** *(gyújtómágnesen)* safety gap; **~ szivattyú** jury pump; **~ tengelykapcsoló** safety/slip clutch; **~ tényező** degree/factor of safety; *[támfalnál:]* stability factor; **~ ütköző** safety stop; **~ üveg** safety glass; **~ üzemanyagtartály-sapka** thiefproof tank lock; **~ világítóolaj** mineral seal oil; **~ zár** safety lock, keeps; *(éjjelre:)* night latch; *(lopás ellen; gépk)* anti-theft lock; **zárral ellátott ~ lámpa** *(bány)* locked lamp
biztosít secure, guarantee, ensure; *(rögzít)* strengthen, anchor; *(bány)* support; **árbocot keresztrúddal (ékkel) ~** *(hajó)* fid a mast; **csavart** *v* **csapszeget ~** lock a bolt; **elfordulás ellen ~** *(gépt)* secure rotationally; **főtét ~** *(bány)* bear the top, jack a roof; **~ kihajlás** *v* **vetemedés ellen** *(fa)* secure against buckling; **lécekkel ~** *(hajó)* batten; **máglyával ~** *(bány)* chock, crib up
biztosítás *(tűzkár stb ellen)* insurance; *(elmozdulás ellen; gépt)* locking; *(bány)* support; *(puskán)* securing safety pin; **acélcsöves ~** *(bány)* tubular steel support, circular closed support; **acélíves ~** *(bány)* circular steel support; **~ bakácsolattal** *(bány)* square setting; **~ beépítése** *(bány)* support setting; **előtűző ~** *(bány)* advance timbering; **~ felállítása** relaying; **feszkézett ~** *(bány)* anchor; **~ főtegerendával** *(bány)* bartimbering; **gyűrű alakú ~** *(bány)* circular closed support; **gyűrűs ~** *(bány)* ring support; **íves ~** *(bány)* arching; **~ kirablása** *(bány)* timber drawing; **merev ~** *(bány)* bay bracing; **~ nélküli** *(bány)* unsupported; **vízhatlan ~** *(hajó)* water lining

biztosítatlan főte *(bánya)* unsupported roof
biztosíték guarantee ; *(vill)* *l* **biztosító**
biztosító *(vill)* fuse (element), cut-out ; *(gépt)* pawl ; ~ **ácsolat** *(bány)* frame set ; ~ **alátét** *(gépt)* locking washer ; **áramkört ~kkal ellát** fuse a circuit ; ~ **berendezés** protector ; *(tex)* protector motion ; ~ **berendezés elzárási táblázata** *(vasút)* locking sheet ; ~ **berendezés kezelési táblázata** *(vasút)* manipulation chart ; ~ **csappantyú** *(gépt)* stop pallet, keeps, relief clack, security snap ; **gyorsműködésű** ~ *(vill)* quick-break fuse ; ~ **és jelző berendezés** *(vasút)* locking frame ; ~ **kapcsoló** *(vill)* combined switch and fuse ; ~ **keresztgerenda** *(hányón ; bány)* guard sleeper ; ~ **készülék** *(gépt)* release locking device ; ~ **kiégése** *(vill)* blow-out ; ~ **könnyen olvadó ötvözetanyaga** *(vill)* fuse alloy ; **lomha** ~ *(vill)* inert/time-lag fuse ; **olvadó** ~ **riasztó berendezéssel** *(vill)* alarm fuse ; **pillanathatású** ~ quick-break fuse ; ~ **sarkantyú** *(gépt)* spur guard ; ~ **szerkezet** *(gépt)* retaining device, catch arrangement ; ~ **túlmelegedés ellen** *(vill)* thermal/temperature fuse ; ~ **vonórúd** *[fűkaszálón]* breakaway
biztosító-alaplemez *(vill)* fuse board, cut-out base
biztosítóaljzat *(vill)* fuse carrier ; **menetes** ~ screw-plug cartridge fuse carrier
biztosítóanya *(gépt)* lock/safety/clasp/check/retaining nut
biztosítóbetét *(vill)* cartridge fuse, cartridge for cut-out
biztosítócsap *(gépt)* securing/preventer pin
biztosító-csatlakozás *(vill)* fuse post
biztosítócsavar *(gépt)* security/retention/lock screw/nut
biztosítócserélő fogó *(szigetelt ; vill)* fuse puller/tongs
biztosítódarab *(gépt)* locking piece
biztosítódoboz *(vill)* fuse/protection box
biztosítódugó *(vill)* plug fuse, fuse plug
biztosítóelem *(gépt)* lock
biztosítófa *(bány)* deputy
biztosítófej *(gázvezetéken)* explosion head
biztosítófoglalat *(vill)* fuse carrier
biztosítófogó *(vill)* fuse puller/tongs
biztosítógolyó *(gyújtó szerkezeten)* locking ball
biztosítógyűrű *(gépt)* security/retainer/check ring, glut, safety circlip ; **rugós** ~ circlip
biztosítóhuzal *[csavarok biztosítására]* lock wire ; *(vill)* fuse wire
biztosítóív *(bány)* supporting arch ; ~ **behajlása** *v* **nyílmagassága** *(bány)* arch camber/rise
biztosítójel *(háromszögelési pontnál ; geod)* witness mark
biztosítókeret *(bány)* frame set
biztosító-kikapcsoló *(vill)* non-resetting switch
biztosító-kiolvadás *(vill)* blowing, fusing
biztosítólemez *(csavar alá)* tab washer
biztosítónyúlvány *(alátétlemezen)* locking tab
biztosítópatron *(vill)* cartridge fuse
biztosítópecek *(gépt)* preventer/securing pin, spur guard
biztosítóretesz *(gépt)* *l* **biztosító csappantyú**
biztosítórugó *(gépt)* safety spring
biztosítósapka *(gépt)* locking cap
biztosítószalag *(vill)* fuse mounting strip
biztosítószeg *(horgonyvillán ; óra)* guard-pin ; ~ **fedélcsavaron** *(gépk)* cross-iron to cap-screw
biztosítószelep *(gépt)* safety/relief valve ; ~ **átfutása** *(gőzzel)* easing of the safety valve ; **karos, gömbsúlyos** ~ ball lever safety valve ; ~ **súllyal terhelt karja** steelyard
biztosítószerelvény *(vill)* fuse mounting
biztosítószíj *(gépt)* securing strip
biztosítószögvas *(gépt)* guard angle
biztosítótábla *(vill)* fuse board
biztosítótámfa *(bány)* *l* **biztosítófa**
biztosítótartó *(vill)* fuse carrier, fuse-holder
biztosítótest *(vill)* fuse tube
biztosított : ajtóácsolattal ~ *(bány)* framed ; ~ **állomás bejárati jelzői közé eső vágányszakaszok** *(vasút)* interlocking limits ; **ívekkel** ~ *(bány)* arched ; **nem** ~ unsecured ; *(bány)* unsupported ; **sűrűn** ~ *(bány)* closely propped ; **téglával** ~ *(bány)* brick-lined
biztosítótű safety-needle, pin
biztosítóujj *(gépt)* spur guard
biztosítózár *(gépt)* isolating lock
biztos vétel területe *(rád)* service area
bjelkit *(ásv)* bjelkite, cosalite
blackband *(ásv)* blackband ore/ironstone
Blanchard-eszterga Blanchard lathe
blankett-kaucsuk blanket ; **világosbarna** ~ amber blanket
blankett-krepp *(gumi)* blanket crepe
blankfilm *(a tekercs végein)* leader
blankfix *(festék)* blanc fix(e) ; *l még* **súlypát**
blansíroz *(élip)* scald ; *(bőr)* whiten
blansírozás *(bőr)* whitening
blansír-vas *(bőr)* whitening slicker/steel
blaugáz blaugas
blende *(fényk)* stop number
blicclámpa *(fényk)* strobe-light
blindráma *(vakkeret)* canvas stretchers
blokál *(nyomda)* turn a letter
blokíroz *(gépt, hajó, vegy)* block, interlock; *l még* **reteszel**
blokírozás interlocking
blokírozóhajó blockship
blokk *(heng)* block ; *(pa)* pads ; *(tuskó:)* log ; *l még* **tömb, öntecs, buga** ; **előnyújtott** ~ *(önt)* cogged ingot ; **~ok kocsiöntése** *(önt)* bogie casting of ingots ; **súlyozott nem teljes ~ok** *(statisztikában)* balanced incomplete blocks
blokkbetű block letter
blokkfogó *(koh)* bloom tongs
blokkház sash/block house, log cabin
blokkhely *(vasút)* block station
blokkhengerlő kaliber *(heng)* blooming pass
blokk-indikátor *(vasút)* block indicator
blokkírás *(nyomda)* block type
blokkíroz *l* **blokíroz**
blokkjelzési rendszer *(vasút)* block signalling
blokkjelző *(vasút)* block(ing) signal
blokk-kapcsoló *(vasút)* block switch
blokk-készülék a blokkőrhelyen *(vasút)* auxiliary block mechanism
blokk-kondenzátor *(rád)* fixed capacitor
blokklánc block chain
blokknyitás *(vasút)* blockup
blokkol block, stock still
blokkolás *(vasút)* block(ing), stock still
blokkolókarton *(pa)* blocking board
blokkolt kerék *(gépk)* locked wheel
blokkrelé *(vill)* holding relay
blokkrendszer *(vasút)* block system ; **folytatólag önműködő** ~ *(vasút)* continuous automatic block system
blokksor *(heng)* blooming (mill)
blokk-szakasz *(vasút)* block(ed) section, section block
blokkvezénylő hely *(vasút)* block order-place
blödit *(ásv)* *l* **asztrakanit**
bluming *(koh)* blooming
bluping *(fényk)* blooping
blúzanyag blouse cloth
blúzing *(tex)* day shirt
B-moduláció : ellenütemű ~ *(rád)* class B modulation
B-munkahely *v* **-munkapont** *(telef)* B-position ; ~ **kezelője** B-operator
boa *(szőrme)* tippet
bobbinetgép *(tex)* bobbinet machine
bobierrit *(ásv)* bobierrite
bobina *(pa)* bobbin ; *(bány)* bobbin ; **bobinában** *(pa)* cut to small rolls
bobinapapír *l* **tekercspapír**
bobinavágó gép *(pa)* small reel-cutting machine
bocs *(koh)* *l* **buga**
bocsát : merőlegest ~ **a** *B* **pontról a szembenfekvő oldalra** drop a perpendicular from *B* to the opposite side ; **vízre** ~ set afloat
bocskovácsolás *(koh)* shingle
bódé booth, barrack(s), kiosk, hut ; *(piaci:)* market stall
bodnár cooper, hooper, barrel maker, tubber
bodnármunka tubbing
bodor *(pa)* curl
bodorított cellulóz *(pa)* curled pulp
bodros *(pa)* frizz(l)y
bodrosít *(pa)* frizz
bodrosítás *(pa)* curling
bodrosító *fn* *(pa)* curlator
bodzabél elder/elbow pith
bodzabélgolyó(cska) elder-pith ball, ball of elder-pith
bodzabélgolyós elektroszkóp pithball electroscope
boehmit *(ásv)* boehmite
bog *(gyapjúban v selyemben)* nib
bogáncs *(tex)* bur(r)
bogáncsol *(tex)* frieze
bogáncsolás *(tex)* dry-thread raising
bogáncsoló *(tex)*, napper ; ~ **henger** *(tex)* gig
bogáncsos *(tex)* burry ; ~ **gyapjú** moity wool
bogáncstalanít *(gyapjút)* unbur the wool
bogáncstalanítás *(tex)* burring, burr-picking, gigging
bogáncstalanító *(tex)* burring ; ~ **gép** *(tex)* burr-extractor, burring machine, burr-removing machine ; ~ **henger** *(tex)* burr beater ; ~ **készülék** *(tex)* burr removing/crushing apparatus, burring motion ; *(kefés:)* Morel's apparatus, Morel's mechanism ; ~ **törőgép** *(tex)* Harmel's burr crusher
bogárhát *[útfelületen]* camber
bogárhátú híd *(meredek híd)* hump-backed bridge
boghead-szén Boghead coal

boglya *(mzg)* rick, stack; **boglyába rak** stack
boglyarakás stacking
boglyarakó *(gép v készülék; mzg)* kicker, stacker
bognár wheeler, wheelwright, cartwright, coach-builder
bognár-fülesvéső coach-builders chisel
bognárgyalu barrel howel
bognár-gyalupad cartwright's bench
bognárpad whisk
bognárpadgyalu whisk
bognárszorító clamp for coachmaker(s)
bognár-topor cartwright's hatchet
bognárvéső cant chisel cartwright's/wheeler's chisel
bogozás: kötélvéghúzásra oldódó ~ chain knot
bogozott meshy
bogyócsomagoló karton berry-box-board
boiler boiler, water heater
bója buoy; **harangos ~** bell-buoy; **hordó alakú ~** cask/barrel buoy; **váltakozó fényű világító ~** alternating light buoy
bójahorgony mooring anchor
bójalámpa buoy light
bojt tassel, tuft, knob
bojtár *(gépt)* controller
bojtármotor relay/pilot motor, servo-motor
bojtár-szabályozó *(vill)* servo-motor operated controller
bojtorjángyökérolaj burdock oil
bojtorjánmagolaj bur oil
boka *(bőr)* ankle
bokacipő gallérja *v* **hajtókája** collar
bokaharisnya ankle hose
bokaszíj *(cipőn)* ankle strap
bokavédő *(bőr, tex)* spat, foot guard; *(ló lábán:)* pad
bokázógyalu *(kerékküllőcsapozó gyalu)* pincut plane
bokazokni anklet, ankle socks
bókony *(hajó)* rib, frame; *(rep)* cross member; **elülső ~** *(hajó)* bow rib; **gyűrűs ~** *(hajó)* circular transverse frame
bókony-borda *(hajó)* gore
bókonyerősítő vasalás *(hajó)* rider
bókonyköz *(hajó)* timber-room
bokor shrub, brush; **bokrok** shrubbery; **bokrokkal benőtt** bushy
bokorzat boscage, shrubbery
boksa (char)coal pile; **faszénégető ~** charcoal heap
boksa-faszén flake charcoal
boksakürtő *(fa)* flue (in centre of kiln), centre flue
boksaszenesítés charring of wood in heaps
boleit *(ásv)* boleite
bólintás *(karosszéria-mozgás; gépk)* *l* **lengés**; *(rep)* pitch; *(vasút)* nosing; **~ (függőleges) síkja** *(rep)* pitching plane; **~ tengelye** *(rep)* axis of pitch
bólintó: ~ járás nosing motion; **~ mozgás** *(hajó, rep)* pitching; *(vasút)* nodding action; **~ nyomaték** *(hajó, rep)* pitching moment
bólintószög *(rep)* pitch angle
bolognai üvegcsepp *(ker)* detonating/Rupert's bulb/drop
bolométer bolometer, hot band meter, thermodetector
bolométer-áramkör *(távk)* bolometer circuit
bolométerhíd *(távk)* bolometric bridge

bolometrikus bolometric
bolt *(üzlet)* store
bolt- arched, arching
boltfészek *(ép)* skew back, pendentive
boltfülke *(ép)* severy, compartment
boltgyám *(ép)* springing
bolthajtás *(ép)* arch(ing); **~ dúcolása** arch centering; **kosáríves ~** *(ép)* basket handle
bolthát *(ép)* back of vault/arch
boltív (segmental) arch, arc(hing); **~ alja** intrados; **~vel gyámolított lépcső** stairs resting on arches; **~ idomtéglákból** ga(u)ged arch; **~ inflexiója** upper bend; **~ kizsaluzása** striking of arch; **rácsos ~** *(ép)* arch in trellis work; **~ záradéka** edge; **~ záróköve** rein
boltíves arched; *[gépállvány]* arch--type; **~ tető** *(körtorony)* cupola
boltívminta *(bány)* arch centering
boltívsoros gát multiple-arch dam
boltkő *(ép)* roof brick, voussoir, quoin
boltoz arch
boltozat *(ép)* vault, swell, ring; *(földt)* concameration; *(ol)* dome; **~ alatti gyámkő** *(ép)* kneeler; **~ állványozása** cinter; **~ belső felülete** *(ép)* concavity; **~ belső homorú felülete** *(ép)* concave; **egyensúlyi ~** *(bány)* dome of equilibrium; **~ ellenfala** *(ép)* arch abutment; **ferde boltvállú ~** *(ép)* askew arch; **~ra gyakorolt nyomás elosztási görbéje** *(ép)* thrustgrading curve; **~ gyűrűs falazása** *(ép)* rowlock; **hangelnyelő** *v* **hangtompító ~** *(ép)* acoustic vault; **~ homlokíve** *(ép)* arch of a vault; **~ot hordó pillérfej** impost; **~ íve** *v* **ívkeresztmetszete** *(ép)* arch of a vault; **külső (domború) felülete** *(ép)* extrados; **~ külső síkja** *v* **palástja** *(ép)* back of vault; **~ oldalsó bordája** *(ép)* arch rib; **tömör** *(nyílás nélküli)* **~** *(ép)* dumb arch; **~ záradéka** *(ép)* crown; **~ záradékvonala** *(ép)* crown line of a vault
boltozat-állványozás *(ép)* centering of arches
boltozatfalazó állvány *(ép)* cradle
boltozatfelfekvés *(ép)* arch abutment
boltozatgerinc *(földt)* anticlinal ridge
boltozatgyalulás *(ép)* centering
boltozathomlok(fal) *(ép)* web
boltozatidomkő *(ép, koh)* arch block/stone
boltozati vállkő *(ép)* springing block
boltozatívelés *(ép)* camber of arch
boltozatképződés *(koh)* hanging
boltozatkötés *(ép)* arch bond
boltozat-mintaállványzat *(ép)* arch false-work
boltozatnyomás *(hídépítésnél)* arch thrust
boltozatos *(ép)* arching, archy, arched, domed; **erősen ~ láb** *(cipő)* hollow foot; **~ gyűrődés** *(földt)* box folds
boltozattámasz *(ép)* arch abutment
boltozattégla *(ép, koh)* arch brick
boltozatvállkő *(vízszintes)* summer
boltozat-zsaluzás *(ép)* centering of arches
boltozódás *(bány)* caving
boltozódik *[anyag a tartányban]* arch
boltozó idomtégla compass brick
boltozókő *(ép)* roof brick; **~ eresztéke** ear
boltozótégla *(ép, koh)* concave/feather-edge brick

boltozott arched, archy; **~ fejű henger** roof-head cylinder; **~ (szennyvízlevezető) csatorna** culvert
boltöv arch(ing); **~ alátámasztása** *v* **dúcolása** *v* **zsaluzása** *(ép)* arch centering; **~ fesztáva** *(ép)* arch span; **~ záróköve** *(ép)* arch keystone
boltszék *(ép)* springer
bolttető *(bejárati)* cope
boltváll *(ép)* springing (block), springer, abutment, skew back, shoulder(ed wall)
boltvállas ív *(ép)* shouldered arch
boltvállréteg *v* **-sor** springing charge
bolus *(ásv)* *l* **bólusz**
bólusz *(ásv)* bole
bólusz- bolar
bóluszpapír bolus paper
bolygat dolly
bolygatórostély stoker, (auto)sliding grate
bolygó *mn* circulating, erratic, planetary; *fn* *(csill)* planet; **~ elektron** planetary electron; **~ holdja** *(csill)* satellite; **~ okozta precesszió** *(csill)* planetary precession
bolygóállások *(csill)* aspecte
bolygóáttétel *(gépt)* planet gear
bolygófogaskerék *l* **bolygókerék**
bolygóház *(differenciálműben; gépk)* differential cage/box
bolygóházcsapágy differential side bearings
bolygóházcsapágy-állító anya *(gépk)* differential bearing adjusting nut
bolygókefe *(távk)* planetary brush
bolygókerék *(gépt)* satellite/epicycloidal wheel; *(differenciálműben; gépk)* differential pinion; *(sebességváltóban; gépk)* planet pinion; **~ csapja** *v* **tengelye** spider pin; **kis ~** *(gépt)* planet pinion; **bolygókerekek tengelykeresztje** differential spider
bolygókerék-áttétel epicyclic/sun-and--planet gear
bolygókerekes planetary, epicyclic; **~ áttétel** *(tex)* jack in the box, jack i'th box; **~ hajtómű** planet/epicyclic gear; **~ sebességváltó** *(gépk)* planetary gearbox
bolygókerékhajtás *(gépt)* planetary drive
bolygókerékmozgás *(gépt)* planet(ary) motion
bolygókerékmű *(gépk)* epicyclic/sun--and-planet gear; **~ középső fogaskereke** *(napkerék)* sun gear
bolygókeréktartó keret *(gépt)* planet cage/carrier
bolygókeréktengely *(differenciálműben; gépk)* differential pinion shaft/spindle, differential cross-pin
bolygókerekű hajtómű *v* **áttétel** *(gépt)* epicyclic train
bolygókeverő *(gépt, vegy)* planet stirrer
bolygóköszörű *(forg)* planetary grinder
bolygókúpkerekes áttétel bevel-epicyclic reduction gear
bolygómozgás *(gépt)* planetary motion; **~t végző orsó** *[köszörűgépen v fogaskerékmaró gépen]* planetary spindle
bolygómű *(gépk)* epicyclic gear; *(tex)* jack-on-the-box, jack i'th box
bolygómű-külsőgyűrű *(belső fogazással)* annulus; ring gear *(US)*
bolygórendszerű *(forg)* planetary; *(gépt)* epicyclic
bolyh *(tex)* nap, fluff, pile, hair

bolyhos *(tex)* fluffy, nappy, woolly fleecy, pile, crispy ; ~ **bársonyszőnyeg** cut-pile carpet ; ~ **(bélelt) kelme** fleecy fabric ; ~ **fonal** fluffy yarn, fibrous yarn ; ~ **kikészítés** raised finish, nap finish, fibrous finish ; ~ **műselyem-szövet** pile surface rayon fabric ; ~ **pamutszövet** pile surface cotton fabric, cotton shag ; ~ **szőnyeg** *(tex)* pile carpet ; ~ **szőr** shaggy hair ; ~ **szövés** pile weaving ; ~ **szövet** pile cloth, pile fabric, shag, cut pile fabric, fabric with woven -in pile
bolyhosít *(tex)* nap
bolyhosság crispness, fuzziness, curl effect, pile(ness)
bolyhoz *(tex)* nap, brush, teasel, teazle
bolyhozás *(tex)* curling, teaseling, crisping, teazeling, napping, mossing, rowing, friezing
bolyhozó *fn* *(tex)* napper ; *(tex)* napping ; ~ **dob** *(tex)* gig-barrel ; ~- **és göndörítőgép** *(tex)* napping and friezing machine ; ~ **kártbevonat** napper clothing ; ~ **kikészítés** *(tex)* nap finish
bolyhozógép *(tex)* nap raising machine, teasel raising machine, napping frame/machine, tease(l) gig (cloth) raising machine ; *(acéltűs ; tex)* wire raising machine
bolyhozott selyemszövet silk pile fabric
bolyhvágó: ~ **kés** *v* **penge** *(tex)* loom blade
bolyongó *(erratikus, vándor ; földt)* erratic
bomba bomb ; **napalm** ~ gasoline-jelly bomb, napalm bomb ; **páncéltörő** ~ A. P. bomb, armour-piercing bomb; **robbanó** ~ H. E. bomb, high-explosive bomb ; **vegyi** ~ chemical bomb
bombacélzó készülék *(rep)* bomb aimer
bombacső bomb tube
bombaélesítő : ~ **emeltyű** fusing lever ; ~ **kapcsoló szerkezete** fusing switch
bomba(fel)függesztő *fn* *(rep)* bomb rack ; ~ **kar** *(rep)* bomb sway brace
bombagyutacshuzal *(rep)* arming wire
bombakamra *(rep)* bomb bay
bombakanóc *(bány)* bomb fuse
bombakemence bomb furnace
bombakioldás *(rep)* bomb release
bombarde *(hangt)* bombarde
bombardon *(hangt)* bombardon
bombatár *(rep)* bomb bay/magazine
bombatárajtó *(rep)* bomb door
bombavető: ~ **irányzó készülék** *(rep)* bomb aimer ; ~**készülék** *(rep)* drop(ping) gear
bombáz *(at)* bombard
bombázás *(at)* bombardment
bombíroz *(koh)* camber, crown ; *(gumi)* shape
bombírozás *(heng)* roll camber ; *(pa)* crowning, camber
bombírozógép *(gépt)* expander
bombírozószerszám hajtóműve cambering gear
bombírozott : **bádogedény** *(élip)* springer ; **nem** ~ *[henger]* crownless ; ~ **tárcsa** crowned pulley
bomlás *(vegy)* decay, decomposing, breakdown ; ~ **sebessége** *(at)* rate of decay
bomlási : ~ **állandó** *(at, vegy)* decay/disintegration constant ; ~ **együttható** *(at, vegy)* decomposition value ; ~ **ellenállás** decomposing resistance ; ~ **energia** disintegration energy ; ~ **eredmény** disintegration yield ; ~ **feszültség** decomposition voltage ; ~ **folyamat** decay process ; ~ **hő** decomposition heat, heat of decomposition ; ~ **hőfok** decomposition point ; ~ **nyomás** dissociation pressure ; ~ **reakció** decomposition reaction ; ~ **termék** disintegration/decomposition product
bomlástermék *l* **bomlási termék**
bomlatlan gőz undecomposed steam
bomlékony labile, transient ; ~ **hatóanyag** transient agent
bomló *(biol)* lytic
bomlott gránit *(ásv)* after granite
bonboncsomagoló papír twisting paper for sweet wrapping, enrober paper, candy twisting paper
bonbondoboz *(pa)* fancy sweet box
bonbondoboz-karton *(pa)* cracker-shell board
bonbonhüvely *(pa)* confect capules
bonbonhüvely-papír *(pa)* candy-bag/cup paper
bonbonos zacskó *(pa)* sweets bag
bonbonöntő papír candy-slab paper
bonbonpapír candy/kiss paper
bonckészlet *(orvosi)* dissecting set
boncolófogó dressing forceps
bonderezés *(koh)* bonderizing
bonderizálás *l* **bonderezés**
bonsdorffit *(ásv)* bonsdorffite
bont release, split, disconnet, disaggregate ; *(házat:)* demolish ; **áramkört** ~ break/open/disconnect/interrupt a circuit ; **elemekre** ~ *(vegy)* break down ; **emulziót** ~ deemulsify ; **részeire** ~ decompose ; **rétegekre** ~ flake ; **a szerkezet** ~**ja a vonalat** *(távk)* the apparatus clears the line ; **vitorlát** ~ unfurl a sail ; **vonalat** ~ *(távk)* disconnect line
bontás wrecking, demolishing ; *(gépt, táv, telef)* release, decoupling ; *(vill)* breaking, opening ; *(tex)* opening-out ; **elemekre** ~ resolution ; **gyors** ~ *(telef)* quick break ; **hívott oldali** ~ *(telef)* back release ; **korai** ~ *(telef)* abandonned call ; **tényezőkre** ~ *(mat)* factoring
bontási : ~ **anyagszállító kocsi** muck--car ; ~ **érték** break value ; ~ **munka** *(ép)* demolishing, pulling-down, strip
bontó : ~ **áramkör** release circuit ; ~ **billentyű** *(telef)* cutoff/cutout key, release button ; ~ **biztosító** *(vill)* disconnecting link ; ~ **érintkező** *(vill)* break contact ; ~ **impulzus** *(vill)* break impulse ; ~ **jelfogó** *(távk)* breaking relay, cut-off relay ; ~ **kapcsoló** *(vill)* contact breaker, break jack ; ~ **klórozás** *(vegy)* split chlorination ; ~ **lepárlás** cracking distillation; ~ **nyomógomb** *(telef)* release button, break press button ; ~ **relé** breaking/cut-off relay
bontócella *(elektrolitikus)* decomposition cell
bontócsákány *(bány ; ép)* (pick)mattock
bontódeszka *(fa)* slab
bontófa splicing tool
bontófésű weaver comb
bontófogak excavator teeth
bontógép *(tex)* opener
bontóhimba *(távk)* cradle switch
bontóhüvely *(telef)* break jack
bontókád *(vegy)* splitting tank
bontókamra *(vegy)* decomposition chamber
bontókés *(távk)* plunger key
bontókörmök excavator teeth
bontókulcs *(távk)* cut-off key
bontólámpa *(telef)* clearing lamp
bontómunkás *(ép)* demolisher
bontórúd (crow-)bar, forcer, spear, betty
bontórugó *(vill)* break spring
bontott : ~ **áramkör** *(távk)* open circuit ; ~ **áramköri áram** open-circuit current; ~ **áramköri impedancia** open-circuit impedance
bontóvas *(bány)* slice bar
bontóvéső cold chisel
bonyolult intricate ; *(kérdés)* knotty ; ~ **módszer** intricate method
bor wine ; **borpárlattal szeszezett** ~**ok** fortified wines ; **cukrozott** ~ sweetened wine ; **édes** ~ sweet wine ; **édesített** ~ sweetened wine ; ~ **égetése** distill(at)ing, distillation (of wine); **könnyű** ~ light-bodied wine ; **savanyú** ~ sour wine ; **száraz** ~ dry wine
bór boron ; ~**ral bevont** *(at)* boron -lined
bóra *(met)* bora
boracit *(ásv)* boracite, boric spar
bóralkil boron alkyl
borán *(vegy)* borane
borát *(vegy)* borate
bórax *(ásv, vegy)* borax, sodium tetraborate, tincal, tinkal
bóraxgyöngy *(vegy)* borax bead
bóraxgyöngypróba *(vegy)* bead test
bóraxszappan borax soap
bóraxtó *(földt)* borax lake
borbély-nyakvédőpapír barber's neckband
borbélyszék-papírtekercs paper reel/roll for barbers, barber's headrest roll
borbolyagyökér barberry root
borbolyakivonat vinette, barberry juice
bórbromid boron bromide
borcefre wine mash
borda rib, wale, feather, fin ; *(fúrón)* drill flank ; *(szakaszos felvetőn ; tex)* back reed ; *(tex)* reed, comb, rib ; *(hengeren)* fin ; *(hűtőborda)* gill ; *(ép)* stem, member ; *(festésen)* ripples ; *(hídépítésnél)* stiffener ; *(pa, rep)* rib ; *(útépítésnél)* spur ; **egyenlőtlen fogsűrűségű** ~ *(tex)* bastard reed ; **egymáshoz közel helyezett bordák** close-spaced fins ; **ferdefogazású** ~ *(tex)* divergent reed ; **bordára illő bemetszés** *(kulcstollon)* ward ; **íves** ~ *(gépt)* curved rib ; ~ **merevítő (szegély)lemeze** *(tex)* cheek of reed
bordaátfűző tű *v* **horog** *(tex)* reed hook
bordabefűzés *(tex)* reeding, slaying, leasing, sleying, sticking the reed, drawing in the reed ; ~ **rendje** *(tex)* reeding order
bordabefűző (gép) *(tex)* denting frame, reeding/denting machine
bordacsíkok *(tex)* reed marks, split picks
bordacsíkos : ~ **áru** *(tex)* reedy fabric, reed marked fabric ; *(szövet)* reedy (cloth), cloth without cover
bordadorong *(tex)* baulk of reed
bordafa *(bányabiztosításhoz)* bracing, strap, half-balk
bordafatartó főtegerenda *(bány)* cockerpole
bordafog *(tex)* reed blade, dent ; **hajlított** ~ bent dent
bordafogköz *(tex)* split/space between the wires, gap
bordafogosztás *(tex)* gap, dent
bordafogűr *(tex)* gap
bordagerinc *(tex)* ba(u)lk/rib of reed

bordakeret *(tex)* balk of reed, rib
bordakészítő *(tex)* reed maker ; *(gép)* reed making machine ; *(munkás)* reed maker, reed man
bordakönyök *(hajó)* rising timber
bordaköteges párkánykiképzés *(ép)* reed mould
bordakötés *(tex)* balks, baulk of reed
bordaköz *(gépt)* interfin-space ; *(hajó)* frame spacing ; *(tex)* dent
bordaközi : ~ hossztartó *(rep)* intercostal (girder); **~ padlórögzítés** *(rep)* intercostal floor attachment
bordaláb *(tex)* slay arm, (slay) sword
bordalábtengely *(tex)* rocking shaft
borda(láda) *(tex)* slay, sley, batten, lay, lathe, going part ; **~ holtponti helyzete** dwell of the slay ; **bordaládát mozgató erő** effort for slay
bordaládadorong *(tex)* slay beam
borda(láda)fedél *(tex)* hand top, reed cap, (s)lay/sley-cap, sley top, hand-tree/-rail
bordaláda-lendület sweep of the sley
bordaláda-mozgatás *(tex)* slay movement
bordaládavég *(tex)* (s)lay end
bordaleállító szerkezet *(tex)* knocking-off finger
bordaléc *[kábelbordán]* fanning strip
bordamintaív skeleton rib centre
bordanyomás *(tex)* pressure of the reed
bordaosztás rib/frame pitch/spacing
borda-övléc *(rep)* rib flange
bordapillér *(fejtési rendszer ; bány)* rib-and-pillar
bordarendszer *(gépt)* framing
bordarúd *(bány)* slice
bordás ribbed, finned ; *(hűtő)* gilled ; *(gépt)* finned; *(tengely ; gépt)* splined; *(hűtőbordás ; gépk)* finned ; **~ agy** *(gépt)* splined hub ; **~ alátétlemez** rib plate ; **~ boltozat** *(ép)* rib/groined vault(ing); **~ cső** *(gépt)* finned/ribbed tube ; **~ csúszótengely** splined sliding shaft ; **~ diffúziós kés** *(cukoriparban)* ridge knife ; **~ felület** ribbed surface ; **~ furat** *(gépt)* splined bore ; **~ furatú orsó** splined spindle ; **~ futófelületminta** *(gumi)* rib design ; **~ fűrész** rib saw ; **~ füstölt nyersgumilemez** ribbed smoked sheet ; **~ fűtőtest** ribbed radiator ; **~ fűtőtestelem** ribbed heating unit ; **~ gumiköpeny** *(mkpár)* ribbed tyre ; **~ harisnya** ribbed hose ; **~ henger** *(gépt)* finned cylinder ; *(pa)* knurled roller ; *(tex)* ribbed roller ; **~ huzagolás** ribbed riffling ; **~ hűtésű henger** flange-cooled cylinder ; **~ hűtő** ribbed/finned radiator, core(-type) radiator, flange-cooled radiator ; **~ ív** ribbed arch ; **~ kalanderezés** *(tex)* beetling ; **~ keret** *(pa)* laid mo(u)ld ; **~ kommutátoragy** commutator spider ; **~ kötés** splined joint/connection ; *(tex)* rib-like interlacing, rib knitting ; **~ kötéssel rögzít** *(ágyat a tengelyen)* spline on to the shaft ; **~ kötésű harisnyaszegély** *v* **-szár** rib top ; **~ kötöttáru** ribbed hosiery ; **~ kreppszövet** rib crepe ; **~ lemez** ribbed slab, webbed plate ; *(csúszásmentes padlóhoz v lépcsőhöz)* checkerplate ; **~ papír** repped paper ; **~ rendszerű közfal** *v* **válaszfal** rib-partition ; **~ szegélykészítő gép** *(harisnyához)* rib top frame ; **~ szér** *(koh)* riffled surface table ; **~ szerkezet** mullion structure ; **~ szűrő** edge-type filter ; **~ tengely** spline(d) shaft ; **~ tengely hornyaiba kapcsolódó fog** spline tooth; **~ test** radiator box ; **~ tető** *(ép)* ribbed cover ; **~ tölcsér** fluted funnel ; **~ tömedék** *(bány)* strip pack ; **~ üveg** ribbed glass ; **~ vaslemezből készült járda-** *v* **padlóburkolat** iron paving
bordásárukötő gép ribbing machine
bordáscsöves hűtő fin-and-tube radiator
bordásfurat-üregelő spline broach
bordáshengersor *(koh)* fluted mill
bordáskötésű szegély *(tex)* ribbed border
bordáslemezes födém *(ép)* slab and girder floor
bordáslemezjárda *[gépházban]* stage checkerwork
bordásmezős boltozat *(ép)* rib-and-panel vault
bordásszövésű szövet cord fabric
bordasűrűség *(tex)* count of the reed, number of dents, number of splits, closeness of the wires ; *(tex)* set/poster of the reed ; **~ megállapítása** setting
bordaszám(ozás) *(tex)* count of the reed, set
bordaszerelés *(tex)* reed mounting
bordatámasz *(tex)* cheek of reed, binder dent ; *(széltartó ; tex)* reed locking device
bordatámlemez tank side bracket
bordatartó *(tex)* reed holder ; *(befűző állványon ; tex)* bracket for holding reed; **~ keresztmetszeti tényezője** *(hajó)* modulus of ship girder
bordatávolság *(gépt)* rib/fin pitch/spacing ; *(hajó, rep)* frame spacing
bordatest *(hűtőn)* radiator box
bordaütés nyomással *(tex)* beating by pressure
bordáz rib, fin, riffle
bordázás iránya *(tex)* direction of the twill
bordázat shell, rib ; *(dúsító berendezésen ; bány)* baffle ; *(pa)* laid-lines ; **~ hajlása** *(tex)* inclination of the twill line ; **~ kiemelkedése** *(tex)* prominence of the twill ; **~tal merevített fedél** *(ép)* ribbed cover ; **sűrű ~** closed-spaced fins
bordázott gilled, webbed, ribbed, riffled, finned ; *(pa)* ribbed ; **~ áru** *(tex)* rib (fabric) ; **~ cső** grilled tube ; **~ felső nemez** *(pa)* ribbing felt ; **~ habgumi** *(cipőre)* pebbled foan *(US)* ; **~ henger** *(motoré)* finned cylinder ; **~ kötszövött kelme** rib fabric ; **~ kreppszövet** rib crepe ; **~ mennyezet** groined ceiling ; **~ mintaszedő berendezés** rifle sampler ; **~ papír** laid paper ; **~ ráma** *(pa)* laid mo(u)ld; **sűrűn ~** close-finned ; **~ szállítószalag** entrenched belt ; **~ szér** *(koh)* *l* **bordás szér** ; **~ szűrő** edge-type filter ; **~ víznyomású papír** laid paper ; **~ víznyomású szivarkapapír** laid cigarette paper
bordó (szín) claret-colo(u)r ; *(tex)* claret
bordóbasszus *(hangt)* bourdon
bordói lé *(mzg)* Bordeaux mixture
bordósípok *(hangt)* drone
bordűr *(szárdísz ; cipőn)* top band ; *(tex)* trimming
boreális *(földt)* boreal
borecet vinegar
bórfluorid boron fluoride
bórfoszfid boron phosphide
borgazdasági üzem winery
bórhidrogén borane, boron hydride
borid boride
boripari üzem winery
borít cover, line, wrap, revet, dress, coat, clad ; *(furnirral:)* veneer ; *(ép)* case, sheath ; *[kötéllel, fonallal]* keckle ; **bádoggal ~** *[vápát v gerincet]* flash ; **cementtel ~** cement ; **élet ~** *[szögvassal]* edge ; **gyékénnyel ~** mat ; **ólommal ~** lead
borítás coat(ing), lag(ging), revetment, cover(age), mat, layer, doubling wrap(per), split, shroud, overlay, sheathing, veneer, packing, incrustation ; *(cipőn)* ornament, fancy trimming, facings ; *(ép)* face work, casing, trim, sheeting, blanket ; *(gépt)* jacket ; *(hajó)* sheathing, planking ; *(hegesztőpálcán:)* prime coating ; *(kábelen, köpeny felett)* serving ; *(nyomda)* tympan ; **~ szigetelőréteggel** *(vill)* coating ; **~t tartó gyűrű** *(gépt)* lagging ring
borítás-erősítő *(cipőfelsőrészen)* damp stay
boríték *(pa)* paper cover/envelope pouch
borítékalak *(11 ½" × 5" ; pa)* large draft
borítékbéléspapír envelope lining
borítékbélés-selyempapír envelope lining tissue-paper
borítékgyártó gép *(pa)* envelope machine
borítékkarton *(pa)* board for covers
borítékol *(levelet)* envelop
borítékpapír *(vékony)* cap paper, envelope/cover paper
borító : ≃ lemezelés cover strip ; **~ palló-zat** *(hídépítésnél)* walling ; **~ papírlemez** cover board ; **~ reszelő** pillar file
borítódeszka *(fa)* slab, panel plank ; **mennyezeti ~** ceiling plank
borítódoboz *(pa)* telescope box
borítófej *(bány)* casing head
borítófém plating metal
borítóív *(nyomda)* face
borítókarton *(pa)* cover card
borítókő *(ép)* slab
borítókőzet *(bány)* mantle rock
borítólap *(ép)* slab ; *l még* **borítólemez** ; *(pa)* cover plate
borítólemez fairing/liner plate, scaleboard, mantle/cover sheet/plate ; *(fa)* veneer ; *(pa)* cover disc ; **belső ~** *(autóbuszon)* wall-lining
borítóöltés *(tex)* covering stitch
borítópapír wrapping paper, lappings, face
borítóréteg *(szállítószalagon)* skim coat
borítósapka cap
borított lined, covered, coated, sheathed, lapped, veneered, clad ; **átlapoló lemezekkel ~** *(hajóoldal)* clinch-built ; **~ cipőfelsőrész** golosh ; **deszkával ~** lined with boards, boarded ; **~ dobozkarton** *(pa)* news-lined board ; **~ felsőrész** *(cipő)* golosh ; **gyékénnyel ~** matted ; **hamuval ~** cinereous ; **~ huzal** *(távk)* coated wire ; **jutával ~** jute covered ; **~ mintadeszkázat** *(ép)* lagged centre ; **pontokkal** *v* **rőzsével ~** *(hidr)* brush-topped
borítóvarrás *(tex)* overseaming
borjavítás *(mzg)* forcing
bórjodid boron iodide

borjú : fiatal ~ *(állat ; bőr)* bob ; **holtan született ~ bőre** still-born calfskin
borjú-bélésbőr lining leather
borjúboxbőr boxcalf
borjúbőr calfskin
borjúbőr-karton *(pa)* calf (leather) board
borjúbőr-papír calf-leather paper
borjúhasítékbőr calf split
borjúlakkbőr varnished calf
borjú-velúr *(bőr)* suedecalf
bórkarbid boron carbide
bórkenőcs boric ointment
bórklorid boron chloride
borkő wine(-)stone, acid potassium tartrate ; *(tisztított:)* lemon salt ; **tisztítatlan ~** argol
borkő-olaj concentrated solution of potassium carbonate
borkősav tartaric acid
borkősavas : ~ ammónium ammonium tartrate ; **~ káliumnátrium** potassium sodium tartrate
bórkréta *(ásv)* *l* **boronatrokalcit**
borlopó wine thief
bórmész *(ásv)* *l* **boronatrokalcit**
borneol baras camphor
borneol-kámfor borneol, Borneo/Malay/ Sumatra camphor, bornyl alcohol
bornilacetát bornyl/borneol acetate
bornilalkohol *l* **borneol-kámfor**
bornilamin bornylamine
bornilén bornylene, trimethylbicycloheptene
bornilklorid bornyl chloride
bornit *(ásv)* bornite, purple copper ore, peacock (copper) ore, horseflesh ore
bórnitrid boron nitride
borogatószer wash
borókafa-kátrány juniper tar
borokalcit *(ásv)* borocalcite
borókaolaj oil of juniper, juniper oil
boromagnezit *(ásv)* *l* **szájbélyit**
borona (seed) harrow, comminutor ; **nehéz kivitelű ~** drag harrow ; **zárt keretű ~** closed-end harrow
boronafal *(fa)* log wall
boronafalas gerendaház log cabin/building
boronafog tine
boronál harrow
boronatárcsa disc
boronatrokalcit *(ásv)* boronatrocalcite, ulexite
borostyánkő (mineral) amber ; **fekete ~** black amber
borostyánkősav butanedioic/succinic acid
borostyánkősavaldehid succinaldehyde, butanedial
borostyánkősavnitril ethylene (di)cyanide
borostyánlakk amber varnish
borostyánolaj laurel fat/butter/oil, laurel berries oil
borostyánüveg amberglass
borosüvegnyak *(ker)* stalk
boroszilikát borosilicate
boroszkóp *(anyagv)* boroscope
borotva razor, shave
borotvaecset shaving brush
borotvaedzés *(hők)* razor temper
borotvaél *(gépt)* razor edge
borotva(készülék) : villamos ~ electric shaver
borotvakrém shaving creame
borotvál raze, shave
borotválás *(alak)* shave, shaving
borotvapenge razor-blade
borotvapor shaving powder
borotvarúdszappan shaving stick
borotvaszappan shaving soap
borpárlat brandy, cognac
bórsav boric acid, boron hydroxide
bórsavanhidrid boric anhydride/oxide, boron (tri)oxide
bórsavas mangán manganese borate
bórsavészter boric acid ester
borseprő wine lees ; **~ ecetgyártáshoz** rape ; **nyers ~** argol
borseprő-szén wine black
borsfűolaj savory oil
borsikaolaj savory oil
borsmentaolaj peppermint oil
borsó *(mzg ; szénnagyság is)* pea ; **~ alakú** pisiform ; **~ nagyságú** *(6—19 mm)* **kavics** *v* **zuzalék** pea grave
borsófejtő : ~ cséplőgép *(mzg)* pea-sheller ; **~ gép** *(mzg)* pea-huller
borsóhurka *(élip)* pea sausage
borsóhüvelyező gép *(élip)* viner
borsókás *[hús]* meansled
borsókő *(ásv)* pisolite, pea (lime) stone
borsószén pea slack coal
borsózöld pea-green
borszesz ethyl alkohol, spirit of wine
borszeszlibella *(geod)* bubble-spirit glass
bórszulfid boron sulfide
bort *(ásv)* bort, boart, bortz
bórtartalmú *(ásv)* borian
borultság *(met)* nebulosity ; **~ mértéke** amount of clouds
bór-üveg hard/borax glass
borzbőr *(kikészített)* badger
borzolás *(tex)* napping
bosjemanit *(ásv)* bosjemanite
B-osztályú : ~ erősítő *(rád)* class B amplifier ; **~ modulálás** *(rád)* class B modulation ; **~ szigetelés** class B insulation
bot stick, pole, stock, staff ; *[szögtükörhöz:]* staff
botanika *l* **növénytan**
botanikus botanist
botanizáló szelence vasculum
botantenna rod/flagpole antenna, aerial/ antenna rod ; *(rádióirányméréshez)* sense aerial
Botany-öböl-gyanta *l* **akaroidgyanta**
botgyalu astragal cutter, reed plane
bothőmérő engraved stem thermometer
botkormány *(rep)* control stick, joystick ; **~t előrenyom** *(rep)* push forward ; **~on fellépő kormányerő** *(rep)* stick force ; **~ hátsó helyzete** *(rep)* rear position of the stick
botkormányzás *(rep)* stick control
botrendszer *(vasút)* staff system
botriogén *(ásv)* botryogen
botriolit *(ásv)* botryolite
boulangerit *(ásv)* boulangerite
Boulé-féle táblás gát *(hidr)* Boule gate
boules-áru *(tönkáru ; fa)* blockboard
boules-deszka block board
Boulle-berakás *(bútoron)* boulle(work)
Bourdon-cső manometer/pressure/Bourdon tube
Bourdon-manométer ring ga(u)ge
Bourdon-szelence *l* **Bourdon-cső**
bournonit *(ásv)* bournonite
Bowden-huzal Bowden/knurled cable ; **~ külső csöve** cable guide
Bowden-huzal-állító csavar *(recés ; mkpár)* knurled cable adjuster
Bowden-kábel *l* **Bowden-huzal**
Bowden-kábel-hosszállító csavar *(mkpár)* cable adjuster
Bowden-kábelszemölcs Bowden cable nipple
bowenit *(ásv)* bowenite
bowlingit *(ásv)* bowlingite
bowmannit *(ásv)* *l* **hamlinit**
box *(versenypályán, ahol a kerékcsere stb történik ; gépk, mkpár)* pit ; **préselt barkájú ~** *(bőr)* dull finished calf
boxborjúbőr box calf
boxbőr box calf
boxermotor *(gépk, rep)* opposed-piston/ -cylinder engine
bozót srub, undergrowth, tod, underbrush, brush(wood), bush
bozótirtó brush hook
bozótos b(r)ushy
bozóttörő (eke) bush breaker
bozótvágó brush hook
bödön can, bowk, pot, hopper ; *(bány)* scoop, kibble, bucket, cauf, ca(u)ldron; *(vizes)* water kibble ; *(aknamélyítésnél)* tub, skip ; **meddőtartó ~** *(bány)* rock bucket ; **önbillenő ~** *(érc v szén számára ; bány)* alligator
bödönhorog *(bány)* bucket hook
bödönkezelő *(bány)* top lander
bödönmágnes *(rád)* pot magnet
bödönös (munkás) *(bány)* hook-on ; **~ rakodó targonca** scoop lift truck
bödönrakodó *(bány)* kibble-filler
bödönvezeték *(bány)* bucket guides
böge *(hidr)* reach
bögölylégy lárvája *(bőrben)* warble
bögölytályog *(bőrön)* warble hole/lump, honeycomb
bögölytályogos : ~ dudor *(bőrön)* warble lump ; **~ nyersbőr** grubby/warbled hide
bögölytelenít *(bőrt)* dewarble
bölcső *(gépt)* cradle ; *[motor alatti kereszttartó ; gépk]* cradle ; *(csónakrögzítésre ; hajó)* chock
bölcsőcsap cradle trunnion
bölcsőgerenda *(vasút)* bolster
bölcsősapka cradle cap
bőr *(nyers)* hide ; *(kikészített)* leather; *(réteg)* skin ; **ablakmosó ~** chamois leather ; **belföldi származású ~** native hide ; **~ betétlap** *(könyvtáblában)* piece ; **~rel bevont** leather covered, leatherlined ; **~ csapószelep** *(szivattyún)* leather flap ; **cserzett** *v* **cseres kikészítetlen ~** crust leather ; **~ fogaskerék** *(gép)* rawhide gear ; **~ hajtószíj** leather belt(ing); **~ hámigacsúsztató** leather slide ; **~ hátrésze** crop butt, bend leather ; **~ húsoldala** flesh side ; **irhás cserzésű ~** chamois ; **~ karmantyú** *(gépt)* cup leather ; **~ kitaszítása** *(víztartalom eltávolítására)* setting-put ; **könnyű ~** extreme ; **krómcserzésű ~** chrome/ chromium-tanned leather ; **külföldi ~** foreign hide ; **~ lenyúzása** flaying ; **~ levegőfujtató** leather bellows ; **~ rugalmassága** elasticity of leather ; **ruházati ~** clothing leather ; **~ természetes barnásvörös színe** russet ; **tömör ~ csiszolókorong** bob ; **~ vastagsága** thickness of the leather
bőrabroncs leather hoop
bőrakasztó rúd hanger
bőralátét *(gépt)* leather cup
bőralátétes *[cipő]* backed
bőralkatrészcsákozó gép clicking press for trimmings
bőranyag leather material
bőranyagvizsgálat analyses of leather

bőrappretálás leather dressing
bőrappretírozó gép seasoning machine
bőrappretúra seasoning, glaze
bőráthajtás beading
bőrátvető bak horse
bőrátvevő receiver
bőrbarkázó fa *(pantofli)* pommel of cork, graining/cork board
bőrbeégetés hot stuffing ; ~ **a farrészen** butt brand
bőrbélés leather lining
börberi burberry
bőrbeszórás cserrel layer
bőrbetét *(gyűrű v lap)* cup leather
bőrbetétes : ~ **kapcsoló** leather coupling ; ~ **súrlódókerék** *v* **dörzskerék** leather faced friction wheel
bőrbevagdosás *(cipő)* slashing
bőrcafat ribbon
bőrcement leather/rubber cement
bőrcsapos *l* **bőrdugós**
bőrcsat buckle
bőrcsík (leather) strip
bőrcsíkfelvágó gép *(cipő)* ranging machine
bőrcsínozó gép seasoning machine
bőrcsiszoló : ~ **gép** grater, seasoning machine ; *(barkaoldalhoz)* buffing/fluffing machine ; ~ **henger** fluffing wheel ; ~ **textilkorong** buff wheel
bőrcsonkoló kés fej és lábrészek levágására *(bőr)* trimming knife
bőrcsuka *(hasi részek nélküli bőr)* back
bőrdeszka *(fa)* slab
bőrdíszműáru leather goods
bőrdugó cleat
bőrdugós tengelykapcsoló leather-pin coupling
bőrduzzadás swelling
bőregyengetés taking off
bőregyenlítés flattening
bőregységadag *(röntgensugáradag biológiai egysége)* erythema-dose
bőrelemzés analysis of leather
bőrélezés *(serfelés)* feathering, skiving cuts
bőr-ellenállás *(vill)* dermal resistance
bőr-elválasztóhenger *(tex)* detaching roller covered with leather
bőrenyv leather/hide/skin glue
bőrfacsaró gép wringing/samming machine
bőrfaggyúmirigyek sebaceous glands
bőrfaragó : ~ **bak** shaving beam ; ~ **gép** shaving machine ; ~ **kés** *v* **vas** shaving/currier's knife
bőrfejtés : ~ **késsel** flaying with knife ; ~ **könyökkel** elbow flaying
bőrfejtő fell cutter
bőrfelületmérő gép leather measuring machine
bőrfényesítés lustring
bőrfényező gép vízszintes fémasztallal level-bed glazing machine
bőrfesték leather colo(u)r/dye(stuff) ; *(bőrben)* pigment
bőrfestő dob *v* **hordó** dyeing drum
bőrfodorító fa graining board, pommel
bőrfogantyú *(gépt)* leather handle
bőrfolt *(bőr)* tap
bőrfordítás *(bőr)* boarding
bőrfúvó : hegyes ~ smiths' bellows (London pattern) ; **kézi** ~ hand bellows ; **tojás alakú** ~ oval bellows
bőrfűző *(cipőn)* latchet
bőrgéplemez *(pa)* machine leatherboard
bőrgyapjú *(tex)* pulled/skin wool, slipe
bőrgyár tannery, curriery, tanyard
bőrgyári : ~ **szennyvíz** tannery sewage/effluent ; ~ **vizesműhely** *v* **meszesműhely** beamhouse
bőrgyártás leather manufacturing
bőrhalványítás bleaching ; ~ **savval** bleaching with acid ; ~ **szulfonált olajjal** bleaching with sulfonated oil
bőrhámlás desquamation
bőrhántolási forgács whitening
bőrhántoló : ~ **acél** whitening steel ; ~ **gép** whitening machine ; ~ **vas** whitening slicker
bőrhasító gép leather splitting machine ; *(szalagkéses)* band knife splitting machine
bőrhasrész belly
bőrhatás *(vill)* skin effect
bőrhatás-ellenállás *(vill)* skin effect resistance
bőrheg scar
bőrhelyettesítő (anyag) artificial leather
bőrhenger *(pa)* leather roller
bőrhengerlő leather roller ; ~ **gép** leather roller, rolling machine
bőrhulladék scrap leather, shoe clippings; *(enyv készítésére)* spetch ; **kivágási** ~ leather offal
bőrhulladékaprító gép waste grinding machine
bőrhulladékösszefűző gép scrap-leather tacking machine
bőrhúsoldal fleshings ; *(tiszta)* clean white flesh
bőripar leather industry
bőripari gépek tanning machines
bőrkabát leather coat
bőrkalapács *(gömbfejű)* ball pane hammer
bőrkarcolás crack ; ~**okat eltüntető csínozóanyag** *(cipő)* scar paste
bőrkarimás *v* **bőrkarmantyús dugattyú** piston with leather cup
bőrkeményedés hard corn
bőrkenőcs leather wax, dubbin
bőrkéreg *(bőr)* bark
bőrkészítés leather making
bőrkészítmény leather product
bőrkesztyű leather glove
bőrkifeszítő keret straining frame
bőrkihúzás a cseresből drawing out from the bark liquor
bőrkihuzat *(harmonikaszerű ; fényképezőgépen)* bellows
bőrkikészítés leather currying/dressing/finishing
bőrkikészítő : ~ **munkás** dresser, currier; ~ **műhely** *v* **üzem** currying work, tannery
bőrkiszárítás desiccation
bőr(ki)taszító gép setting out machine
bőrkivágó gép dinking machine
bőrkivirágzás *(ellágsav-kiütés)* bloom
bőrkonzerválási hiba curing damage
bőrkötény leather apron/flap ; *(bány)* breach leather
bőrkötés leather binding ; **bőrelőzékű** ~ doubl(ur)e
bőrlabda leather ball
bőrlábrész foot lug
bőrlakkozás varnishing, enamel, enamel(l)ing
bőrlamellás tengelykapcsoló laminated-leather coupling
bőrlehúsoló gép tanner scouring machine
bőrlemez *(pa)* leather/heeling board ; *(bitumenes lemez)* bituminous felt
bőrlemezes tengelykapcsoló laminated-leather coupling
bőrlemezfedés *(ép)* roof felting
bőrlyukasztás *(cipő)* broguing ; **négyszögletes** ~ punching
bőrlyukasztó *(perforálóvas)* punch iron ; ~ **fogó** punch pincers/pliers ; **hengeres** ~ saddler's punch
bőrmellény jerkin
bőrmintasajtoló lemez grooved plate
bőrmunkás tanner
bőrmunkáskellékek grindery
„bőrnadrág" *(tex)* (rub)apron, rubber
„bőrnadrágos" nyújtógép French drawing box
bőrnehezítő anyag loading material
bőrnyújtás breaking
bőrnyújtó fa draw beam
bőrolaj *(bőr)* stuff(ing), harness oil, dubbin
bőrosztályozás assortment
bőrönd valise, kist, coffer, trunk
bőröndbetét tray
bőröndös-áru leather goods
bőröndös-lakkbőr *(lakkvasetta)* enamelled hide
bőrönd(ös)lemez *(pa)* portmanteau board, trunk board, hardboard for trunks
bőrönd-papír trunk paper/lining, paper for trunk lining
bőrösödés pallicle, curdling
bőröv leather girdle
bőröz leather
bőrözött acél vetőfej *(tex)* steel-hide picker
bőrpác bate
bőrpácoló munkás carotter
bőrpapír buffing paper
bőrpárna sandbag
bőrpárolgás transpiration
bőrperforáló és (cakkozó) csipkézőgép perforating and indenting machine
bőrpergament *(pa)* vellum
bőrpor hide powder
bőrpótló *(anyag)* artificial leather, leather substitute
bőrpréselés *(kockásmintás)* dicing
bőrpuhítás staking ; ~ **térden** knee staking
bőrpuhító : ~ **és -nyújtó gép** staking machine ; ~ **szer** plasticizer ; ~ **vas** knee staker
bőrragasztó *(enyv v szer)* leather cement/glue
bőr-ráma welting
bőrrepedés *(fagytól)* chap
bőrrost hide-fibre
bőrrostlemez *(pa)* leather fibreboard/fibreplate
bőrsajtó pad grimper
bőrsapka leather cap
bőrsáv leather strip, thong
bőrsimító : ~ **kő** slating stone ; ~ **vas** slate knife, slater
bőrsüllyesztés kádba laying away
bőrszalag (leather) strip
bőrszárító alagút drying tunnel
bőrszeg *(sportcipőn)* cleat ; **fej nélküli menetes** ~ *(bőr)* screw peg
bőrszegecs cooper's rivet
bőrszegés leather beading
bőrszél leather edge ; **tisztázott vágású** ~ raw edge
bőrszélbehajtás *(bukkolás)* folding, fold over
bőrszélező kés feathering knife
bőrszélragasztó *(bukkoló)* **cement** folding cement
bőrszéltisztítás *(cipő)* round, bevel
bőrszélvisszahajtó gép *(bukkológép)* folding machine

bőrszerszámolaj harness oil
bőrszerű leathery, leather-like ; **~ szövet** *(atlaszkötésű)* leather cloth
bőrszíjlyukasztó belt punch
bőrszín leather colo(u)r
bőrszínezés : ~ asztalon colo(u)ring on the table ; **~ hordóban** colo(u)ring in the drum
bőrszóró anyag dusting material
bőrtalpmárkázó gép leather embossing machine
bőrtápláló kenőcs nourishing cream
bőrtartósító szer preserving agent
bőrtáska leather case
bőrterületmérés square measuring
bőrterületmérő gép (leather) measuring machine
bőrtoldat *(fényképezőgépen)* bellows
bőrtömítés leather packing/gasket/collar, cup leather ; **U-alakú kettős ~** double U-leather packing
bőrtömlő skin
bőrutánzat *(tex)* imitation leather ; *(műanyag)* imitation leather, leatheroid, leather substitute
bőrutánzat-lemez *(pa)* imitation leatherboard
bőrutánzatú : ~ nemezelt szövet durance; **~ papír** leather paper, leatherette, leatheroid
bőrültetés laying away
bőrvágó : ~ szabász shoe cutter ; **~ szabászkés** hand knife
bőrványolás *(dobban v hordóban)* drumming
bőrványoló fuller/crank stock
bőrvarró szíj belt lacings
bőrvasalás ironing
bőrvasaló gép "Altera" ironing machine
bőrvastagság mérése measuring of leather thickness
bőrvastagságmérő készülék thickness/leather ga(u)ge
bőrvászon leather cloth
bőrvegyész leather chemist
bőrvetőfej *(tex)* picker leather, leather-picker
bőrviasz leather wax
bőrzacskó leather pouch
bőrzsinór twisted leather
bőség *(méret)* width
bőségmegjelölés *(cipőé)* fit
bőségszaru *(díszítőelem ; ép)* cornucopia
Böttger-féle indikátorpapír alkamine paper
bővít expand, amplify, gain ; **lyukat ~** ream, fraise ; *(fúrólyukat; bány)* underream
bővítés amplification, gain ; *(bány)* gain
bővítési szög *(fúrófejnél ; bány)* reaming angle
bővített vágat *(bány)* slab entry
bővítőél *(bány)* reaming edge ; **~ felülete** *(bány)* reaming surface
bővítőfúró *(ol)* reamer
bővítőfúrólyuk *(bány)* snubber
bővítőperem *(fúrófejen ; bány)* reaming face
bővül *(tölcsér-sugárzó ; rád)* flare, diverge
bővülési szög *(tölcsérsugárzóé ; rád)* diverging/flare angle
bővülő belvilágú csatorna *(az esés irányában ; ép)* tapering gutter
brachiantiklinális *(földt)* brachy(-)anticline, anticlinal closures ; **~ rétegeződés** double plunging anticline
brachiaxis brachyaxis
brackebuschit *(ásv)* brackebuschite
Bradford-fonás Bradford spinning
brága *(hajó)* strap, strop, (rope) sling
brágakötél *(hajó)* *l* **brága**
brágázórúd *(hajó)* singletree
braggit *(ásv)* braggite
bragit *(ásv)* *l* **fergusonit**
Braille-írás typhio-typography
brakkvíz brack(ish water)
bramma *(heng)* slab
brammaolló *(heng)* slab shears
brammasor *(heng)* slab mill
brandisit *(ásv)* brandisite
brandtit *(ásv)* brandtite
brasszidinsav brassic/brassidic acid, 12-docosenoic acid
brasszidinsavanhidrid brassidic anhydride
Braun-cső *(vill)* cathode-ray tube
braunit *(ásv)* braunite
braunschweigi zöld *(festék)* *l* **schweinfurti zöld**
bravoit *(ásv)* bravoite
bravúr-felvétel *(fényk)* stunt
brazilein brazilein, brasilein
brazilfa Brazil wood, red dye-wood
braziliai iker *(ásv)* Brazil twins
brazilin brazilin, brasilin
brazilit *(ásv)* *l* **baddeleyit**
breccsa *(földt)* breccia
breccsaképződés *(földt)* brecciation ; **önmagától végbemenő ~** autobrecciation ; **~ öve** *v* **zónája** shear zone
breccsaövezet *(földt)* brecciated zone
breccsás ér *(földt)* brecciated vein
breccsaszövet *(földt)* breccia/murbruck structure
Brecht—Imset-tépőgép *(pa)* Brecht—Imset through-tear tester, tearing tester according to Brecht—Imset
bredbergit *(ásv)* bredbergite
Bréguet-hajszálrugó *(óra)* Bréguet hairspring
breithauptit *(ásv)* breithauptite
breitsvanc *(prémbőr)* broadtail
brémai : ~ kék *(festék)* Bremen blue ; **~ zöld** *(festék)* Bremen green
B-réteg *(met)* B-layer
breton csipke breton(ne lace)
breunnerit *(ásv)* breunnerite
brevicit *(ásv)* *l* **radiolit**
brewsterit *(ásv)* brewsterite
brigantin *(hajó)* brigantine
brigg-kutter *(hajó)* brig-cutter
Briggs-féle: ~ logaritmus *(mat)* common/denary/Briggsian logarithm ; **~ szabványos csőmenet** Brigg's standard pipe thread
brightstock *(ol)* bright stock
brikett briquette, brick ; **tégla alakú ~** block briquette
brikett-elem agglomerate cell
brikettezés briquetting
brikettezett briquetted, bonded
brikettezőprés *v* **-sajtoló** *v* **-sajtó** briquetting/balling/cabbing press, patent fuel press
brikettgyár briquetting plant
brikettgyártás briquetting
brikettprés *l* **brikettezőprés**
brillancia *(fényt)* brilliance
brillantin *(szövet)* brillantine
brillant-krezil-kék *(festék)* brilliant cresyl blue
briliáns brilliant, cut diamond ; **~ törés** brilliant fracture
briliánstégIány baguet(te)
brinellez *(anyagv)* brinell
Brinell-féle : átszámítási szorzószám ~ keménységre Brinell transference number ; **~ keménység** *(anyagv)* Brinell hardness number ; **~ keménységet mér** *(anyagv)* brinell ; **~ (keménységi) próba** Brinell/static hardness test, Brinell ball thrust hardness test ; **~ keménységmérő módszer** Brinell/indentation method
Brinell-keménységmérő ball indentor, Brinell's machine
Brinell-szám *(anyagv)* Brinell hardness number, B. H. N.
Bristol-karton *(pa)* London board, Bristol cardboard ; *(Whatman-papírból)* Balston's paper
Bristol-papír Bristol paper
bristol-utánzott karton *(pa)* imitation Bristol-board
britanniafém *(koh)* Britannia alloy/metal
Britannia-kötés *(vill)* Britannia splice
Brix-féle areométer *v* **hidrométer** Brix hydrometer
brizáns *(bány)* brisant ; **nem ~ robbanóanyag** low explosive ; **~ robbanóanyag** high explosive
brizánsság *(bány)* brisance
brochantit *(ásv)* brochantite
brokát *(tex)* brocade
brokátpapír brocade paper
brokát(szövet) brocade, tinsel cloth
bróm bromine ; **~ a gyűrűben** bromine in ring ; **~ az oldalláncban** bromine in side chain
brómacetol bromacetol, 2,2-dibromopropane
brómacilbromid bromacyl bromide
brómacilklorid bromacyl chloride
bromál bromal, 2,2,2-tribromoethanal, tribromoaldehyde
bromálhidrát 2,2,2-tribromo-1,1-ethanediol, bromal hydrate
brómanilid bromoacetanilide, bromanilide
brómargirit *(ásv)* brom(argyr)ite
bromát bromate
bromát-ion bromate ion
brómaurát bromaurate
brómaurit bromaurite
brómcián bromine cyan(ide), cyanogen bromide
bromélia ethyldinaphthylether, bromelia
brómetilkarbamid bromodiethylacetylurea, adalin, uradal
brómezüst silver bromide
brómezüst-levelezőlap bromide postcard
brómezüstpapír bromic silver paper, bromide paper
brómfluorid bromine fluoride
brómgvajakol bromo guaiacol
brómhidrát bromine hydrate
brómhidrogén bromine hydride
bromid bromide
bromit *(ásv)* *l* **brómargirit**
brómjodid bromine iodide
brómkáli(um) *l* **káliumbromid**
brómklórargirit *(ásv)* embolite
brómklorid bromine (mono)chloride
brómkrezolzöld bromcresol green
brómlepárló készülék bromine still
bromlit *(ásv)* *l* **alstonit**
brómnátrium *l* **nátriumbromid**
bromoform bromoform, tribromomethane
brómolaj-(át)nyomás *v* **-eljárás** *(fényk)*

bromoil (transfer) process, oleobrom process
brómos víz bromine water
brómoz brom(in)ate, bromizate
brómozás *(vegy)* brom(in)ation, brom(in)ating, bromization, bromizating; ~ **láncban** *(vegy)* chain bromination
brómozó katalizátor bromination catalyst
brómozószer brom(in)ating/bromizating agent
brómpentaklorid bromine pentachloride
brómpikrin bromopicrin, tribromonitromethane
brómpróba *(ol)* bromine test
brómsav bromic acid
brómsavas kálium *l* **káliumbromát**
brómsavbromid bromacyl bromide
brómsavklorid bromacyl chloride
brómszám bromine number/value
brómszulfid bromine sulfide
brómtartalmú *(ásv)* bromian
brómtimolkék brom(o)thymol blue
bromural bromural, 1-bromoisovalerylurea, uvaleral, dormigene
brómvalerokarbamid 1-bromoisovalerylurea, uvaleral, bromural, dormigene
brontográf *(met)* brontograph
bronz bronze; ~ **színű** bronzine; ~**ból való** brazen
bronz- bronzine, brazen
bronzit *(ásv)* bronzite
bronzos bronzine
bronzozott karton *(pa)* silver-coated board
bronzöntő brass founder, brazier
bronzpor *(festék)* bronze powder
brookit *(ásv)* brookite
brosé-eljárás *(tex)* swivel weave
broszövet broche
brosúrafűző *(nyomda)* stitcher
brosúra-papír brochure/pamphlet paper
Brown-féle mozgás brownian/colloidal movement
bröggerit *(ásv)* bröggerite
Brönner-sav Brönner's acid, 2-naphthylamine-6-sulfonic acid
brucin brucine
brucit *(ásv)* brucite
brugnatellit *(ásv)* brugnatellite
Brush-féle simaságmérő *(anyagv)* Brush analyser
brushit *(ásv)* brushite
bruttó gross; ~ **építési felület** summary of the built-up plots; ~ **hőfejlesztési képesség** gross calorific power; ~ **lakófelület** summary of the dwelling areas without services and amenities; ~ **lakóterület** summary of the housing areas with inclusion of roads and parks; ~ **laksűrűség** population density referred to the summary of the dwelling areas; ~ **teljesítmény** *(motoré)* gross output
bruttóanalízis bulk analysis
bruttóelemzés bulk analysis
bruttó-esés *(hidr)* available (total) head
bruttósúly gross load/weight, gr. wt.
bruttó-tonnatartalom gross tonnage
brüsszeli: ~ **csipke** laces of Brussels, Brussels lace; ~ **szőnyeg** Brussels carpet
B-típusú: ~ **indikátor** *(katódcső)* B-scope; ~ **kép** type B display; ~ **letapogatás radarral** B-scan
buborék bubble, bulb, blister, bead; *(hanglemezben)* blister; *(önt)* blister, knot; **kis** ~**ok a negatívon** *(fényk)* pearl markings; ~ **középre állítása** *(libellán)* setting the bubble
buborékfogó olajréteg *(akkumulátorban)* anti-spray film
buborékolás bubbling
buborékoltató: ~ **tálca** barbotage/bubble plate; ~ **torony** bubble tower
buborékpont bubble point
buboréksapka *(ol)* bubble cap
buborékszámláló bubble counter
buboréktányér bubble plate/deck
búbos *(ép)* topped
buca *(koh)* pig
Buchholtz-relé gas actuated/detector relay
bucholzit *(ásv)* bucholzite
bucka *(földt)* hillock, tussock, dune
bucklandit *(ásv)* bucklandite
buffaló-meszezés *(bőr)* buffalo liming
buffolás *(bőr)* buffing (colouring); **bőr kézi** ~**a** hand buffing
buffolt *(csiszolt barkájú)* **bőr** grain buff
búg *(hangt, rád)* buzz, sing, hum, boom, drone
buga *(heng)* bloom, slab; *(koh)* block, ingot, villet, pig; ~ **alsó része** *(koh)* butt of ingot; **előhengerelt** ~ *(négyzetes)* bloom; *(téglány alakú)* slab; **kavaró kemencében készült** ~ *(koh)* puddle(d) bar; **kisméretű** ~ *(koh)* billet; ~ **(levágandó) felső vége** *(koh)* crophead
bugabillentő *(koh)* ingot tilter
bugaemelő gép *(koh)* snatch block, setup
bugafogó *(koh)* block/bloom tongs; ~ **daru** *(koh)* ingot (tong) crane
bugaforgató *(heng)* tilter; ~ **és bugatoló berendezés** *(heng)* (ingot) tilting and moving device; ~ **karma(i)** *(koh)* tappet of blooming-mill tilter
bugahengerlő kaliber blooming pass
bugahengermű *(nagy)* blooming mill; *(kis)* billet-rolling mill
bugahengersor *l* **bugasor**
bugahulladék *(koh)* scrap of blooms
bugairányító hengerész forkman
bugakéreg *(koh)* bark
bugakészítés *(koh)* balling
bugakiemelő daru *(koh)* ingot drawing crane
bugakitoló *(koh)* ingot pusher
bugakovácsolás shingling
bugaolló *(koh)* bloom shears
bugarakodó daru block crane
búgás *(hangt, rád)* hum, drone, booming
bugasajtó *(koh)* shingler
bugasajtoló hengerállvány *(koh)* shingling rolls
búgásfeszültség *(rád)* hum voltage
búgásfrekvencia *(rád)* hum frequency
búgásgátló *(rád)* anti-hum; ~ **ellenállás** *(rád)* hum-balancing resistor
búgáskompenzálás *(rád)* hum buckling
búgásnívó *(rád)* hum level
bugasor *(nagy)* blooming rolls; *(kis)* billet mill
bugaszállító kocsi *(heng)* bloom/billet trolley, railer
bugavágó olló *(koh)* billet/bloom/crop/block shears
bugavas *(koh)* iron lumps
buggolt *(visszahajtott; bőrszél)* headed
búgófeszültség *(vill)* ripple voltage
búgófeszültségszűrő *(rád)* ripple filter
búgóhang hum(ming), buzzing noise
bugyborék *l* **buborék** *stb*
bújtat *(kötelet)* splice, seize
bújtatófa marline spike
bukdácsol *(hajó)* pitch, tumble
bukdácsolás *(hajó)* pitch
bukdácsoló mozgás *(gépt)* wobbling
bukfenc *(rep)* loop; ~ **előre** *(rep)* forward/inverted loop; ~ **hátonrepülésből felfelé** *(rep)* inverted outside loop
bukfencezik *(rep)* loop
bukfencrepülés *(rep)* looping the loop
bukkolás *(bőrszélbehajtás)* fold over
bukkolócement *(cipő)* folding cement
bukkológép *(felsőrész-szélbehajtó gép; cipő)* folding machine
buklé *(szövet)* bouclé, bouclé fabric
bukléfonal *(tex)* boucle yarn
buklé-szőnyeg *(tex)* looped carpet
bukó *(hidr)* *l* **bukógát**
bukóablak bottom-hung sash, hopper (fan)light, balance window
bukóablakszárny bottom-hung sash
bukóakna *(ép)* sump
bukódob *(pa)* drum tester
bukófőző *(pa)* tilting digester, plunging boiler
bukógát *(hidr)* (overflow/overfall/water) weir/dam, spillway, spillover; *(kolonnában)* weir; ~ **feletti híd** spillway bridge; **íves hátfalu** ~ *(hidr)* ogee-dam
bukóhullám overfall
bukókefe *(malomiparban)* self-propelled sieve brush
bukónyílás *(hidr)* (weir) notch, roll way
bukórepülés (nose-)dive
bukóréteg *(bány)* drop sheet
bukósisak *(mkpár)* crash/safety helmet
bukószél foehn
bukó-utófenék *(hidr)* downstream apron
bukózsilip crest gate
bukszkin buckskin
buktat *(gépt)* reverse, pull down, tip up
buktatás tilting (over), casting, tumbling; ~ **szabályozása** *(billenő szerkezeten)* tilting adjustment
buktatható tiltable; *l még* **billenő**; ~ **asztal** tilting table; ~ **kemence** tilting furnace; ~ **kemencefenék** *(koh)* tilting hearth
buktató tip(ping), tilting, tipple; *l még* **billenő**; *fn* *(ép)* tumbler, tipping stage; *(bány)* kick dump; *(koh)* tippler, car tilter; ~ **alatt elhelyezett rosta** *(bány)* tipple shaker; ~ **átrakodó berendezés** *(bány)* tipping transporter; ~ **befogópofája** dumper shoe; ~ **berendezés** *l* ~ **szerkezet**; **daruval működtetett** ~ **szerkezet** crane tipping device; ~ **kemence** *(önt)* tipping furnace; ~ **(kerekes) saraboló** *(bány)* rotary scraper; **önműködő** ~ *(bány)* automatic dumper; ~ **rakodóhíd** tilter; ~ **szerkezet** tilting/tipper gear, tilter, tripper, emptying device; ~ **vezeték** dive culvert
buktatóbödön *(bány)* tipping bucket
buktatócsap tipping trunnion
buktatócsille *(bány)* tip car/wagon, tipple, rocker car
buktatóhelyzet *(kh)* knock-over position
buktatókas *(bány)* self-dumping cage

buktatókocsi *(bány)* t(r)ipper (car), tip wagon, dumpcar
buktatólemez *(üleplitőgépen ; bány)* tailboard
buktatórács rocking/dumping/drop grate
buktatórostély *l* **buktatórács**
buktatóveder *(bány)* tipping/swinging bucket
bulba bulb ; ~ **alakú** bulb
bulba-idomacél bulb bar
bulba-szögvas bulb angle (iron)
bulba-vas *(heng)* bulb
bulbokapnin bulbocapnine
bulldog *(tehergépkocsi, motor felett elhelyezett vezetőfülkével)* forward control lorry, cab-over-engine vehicle
bulldózer bulldozer
Bullrich-só (crude) sodium bicarbonate
buna buna
bunda *(állaté)* pelage, coat ; *(tex)* fleece
bunda(gyapjú) wool in fleece
bundahulladék *(tex)* card lap waste
bunda-leszedés *(tex)* lap doffing
bundamosó gép *(tex)* fleece washing machine
bundarúd *(tex)* lap pin, lap rod
bundatekercs *(tex)* roller pack, lap ; ~ **finomsági száma** hank-lap
bundatekercselő készülék *(tex)* lap winder
bundatekercsnyújtó gép *(tex)* lap drawing frame
bundaverő gép *(tex)* finisher picker, finishing picker
bundázó-bontógép lap forming opener, lap machine
bunker bunker, hopper, bin ; ~ **aprított szén részére** crushed coal storage bin
bunkermérleg *(szénmérlegeléshez)* hopper scale ; *(mérőbunker:)* weigh hopper
bunkerolaj bunker oil
bunkerszén bunker coal
bunkó *(fa)* mallet, tup, truncheon, buttstock, bumper, club ; *(mozsártörő ; fa)* mallet ; **rövid** ~ cudgel
bunkókalapács *(bány)* jumper hammer
bunkósbot *(fa)* club
bunkószerű clavate
bunkóz *(ép)* bulldoze
Bunsen-égő Bunsen burner
Bunsen-elem Bunsen cell
Bunsen-fénymérő *v* **-fotométer** Bunsen photometer, grease-spot photometer
bunsenin *(ásv)* *l* **krennerit**
bunsenit *(ásv)* bunsenite
Bunsen-láng Bunsen flame
Bunsen-telep *(vill)* Bunsen battery
Bunsen-tölcsér Bunsen funnel
búra *(fedő)* cap, cover ; *(üveg:)* bulb, globe ; *(hidr)* air chamber ; *(izzólámpáé)* bulb ; *(rádiócsőé, fémből)* envelope ; ~ **nyaka** *(rád)* bulb neck
búrafeketedés *(adócsőé)* bulb blackening
búramelegítés *(rád)* bulb heating
búranyaklevágó gép *(vill)* bulb-neck splicing machine
búravezető *(rád)* cover guide
búrázott tekercs *(távk)* potted coil
burdigalai emelet *(földt)* Burdigalian stage
burettfonal bourette yarn
burett(selyem) bourette
burettszövet bourette
burgonyagőzölő potato steamer
burgonya-keményítő *(vegy)* potato-starch ; *(élip)* farina
burgonyakeményítőgyár potato starch manufactory
burgonyakiemelő gép potato lifter
burgonyakultivátor potato cultivator
burgonyaliszt potato(-)flour
burgonyapehely potato flakes
burgonyaszár vine of potato
burgonyaszedő gép potato lifter
burgonyatöltögető potato hiller/coverer ; ~ **eke** potato ridging plough
burgonyatörő *(élip)* potato masher
burgonyaültető gép potato planter
burgonyaválogató potato riddle
burgonyazúzó (gép) potato crusher
burgundi : ~ **lé** Burgundy mixture ; ~ **szurok** Burgundy pitch
burkol coat, line, shield, enclose, clad, revet, (en)case, face, sheathe, envelop, (en)shroud, conceal, incrust, jacket ; *(páncéloz:)* armo(u)r ; *(furnirral:)* veneer ; *l még* **borít ;** *(útépítésnél)* pave ; **cementtel** ~ cement ; **deszkával** ~ deck ; **fával** ~ panel, wainscot, board ; **kővel** ~ pitch ; **téglával** ~ brick up ; **üveggel** ~ glass
burkolás framing, lining, revetment, envelope, coating, sheath(ing), sheet(ing), face, shroud, shell, case, wrapping, wrapper ; *(bány)* embankment ; *(heg)* prime coating ; *(kábelen ; vill)* serving ; ~ **kőlappal** flagging
burkolat case, casing, bonnet, cover(ing), wrap(ping) ; *(csővezetéké)* coating ; *(gépt)* mantle, case, jacket, housing ; *(hegesztőpálcán)* coat, prime coating ; *(kábelé)* sheath ; *[könyvön]* tuck ; *l még* **burkolás** ; **áramvonalas** ~ fairing ; *(kábelen)* acorn ; **átlapolt lemezekből készült** ~ clincher-work ; **bitumenes** ~ bituminous carpet ; **domború** ~ dished cover ; **egyes géprészek** ~**a** masking ; **ék alakú deszkából készült** ~ *(ép)* bevel siding ; ~**tal ellátott hűtő** *(rep)* bonneted radiator ; **elsötétítő** ~ *(gépk)* blackout cap ; **hangnyelő** ~ absorbent coating ; ~ **különböző méretű faragott kőből** *(ép)* random ashlar facing ; **lakkozott** ~ *(rep)* doped envelope ; ~**ot levesz** strip ; ~ **nélküli** *[út]* unpaved ; ~ **nélküli földút** unsurfaced/unmetalled road ; ~**ot tartó gyűrű** *(gépt)* lagging ring ; ~**ba zárt vízmérő óra** enclosed water meter
burkolatfedél casing lid
burkolatfűtés panel heating
burkolatkő flag ; **cementtel kötött** ~ cement flag
burkolatlan uncovered, unprotected ; *(vill)* open
burkolatos csapószelep cowl flap-valve
burkolatsúly tare weight
burkolatvastagság *(kábelé)* thickness of sheath
burkoló *(munkás)* tiler ; *(távk)* envelope ; ~ **felület** envelope surface ; ~ **főte és fekű** *(bány)* enclosing roof and floor ; ~ **kőlapok** *(ép)* flags
burkolódeszka *(ép)* facing board, prate, plank, streaks ; *(bány, ép)* backing deal ; ~ **illesztett része** chipping piece of a prate
burkolófal lining/side/revetment wall, liner
burkológép covering machine
burkológörbe *(mat)* envelope (curve)
burkológyűrű cleating ring
burkolóhullám *(távk)* envelope wave
burkolókarton *(pa)* screenings board
burkoló-késés *(távk)* envelope-delay
burkolókő *(ép)* cap/ashlar stone ; **mesterséges** ~ *(padlóhoz ; ép)* artificial flag(s); **sima szegélyű szemcsés** ~ backsetting
burkolókőzet *(földt)* cap/enclosing rock
burkolólap *(ép)* tile, cover, bed, quarry tile ; ~**okkal padozott** *(ép)* tiled
burkolólemez fairing/cover/shell/doubling plate ; *(ép)* streaks ; *(heng)* sheathing ; *(önt)* flooring plate
burkolópapír sheathing paper
burkolóréteg mantle ; *(földt)* casing
burkoló-sebesség *(távk)* envelope/group velocity
burkolószelvény enveloping profile
burkolószövet liner
burkolótégla *(ép)* engineering/lining/ashlar brick
burkolóüveg *(ker)* glass cover
burkolóvas channel iron
burkolt *vö* **burkol** ; **áramvonalasan** ~ fair (in) ; **deszkával** ~ boarded ; **egy oldalon** ~ single faced ; ~ **elektród** covered electrode ; ~ **fűtési hálózat** concealed heating ; ~ **gyújtógyertya** shrouded sparking plug ; ~ **hegesztő elektród** fluxed/sheathed electrode ; ~ **katód** *(rád)* wrapped cathode ; **két oldalon** ~ double-faced ; **kővel** ~ fronted with stone ; **ólommal** ~ lead-clad ; ~ **padlózat** tiled floor ; **vassal** ~ iron-cased
burok casing, case, rind, jacket, hull, cover; *(mzg)* core shell
bustamit *(ásv)* bustamite
busszola compass
busszola-szögmérő *(geod)* aim circle
buszter *(gépk)* booster
busztertekercs *(vill)* booster coil
busztertranszformátor *(vill)* booster (transformer)
butadién butadiene
butadiin butadiyne, biacetylene
bután *(vegy)* butane, methylethylmethane
butanal butanal, butyraldehyde
butánamid butanamide, butyramide
butánarzonsav butanearsonic/butylarsonic acid
butándial butanedial, succinaldehyde
butándiamid butanediamide, succinamide
butándiol butanediol
butánmentesített debutanized
butanol *1*-butanol, *n*-butyl alcohol, propylcarbinol
butil *(gyök)* butyl
butilalkohol *l* **butanol**
butilén *(gyök)* butylene
butirát butyrate
bútor furniture
bútorasztalosfa cabinet wood
bútorasztalos-ipar joinery industry
bútorbőr furniture leather
bútorbrokát Jacquard upholstery brocade
bútordamaszt Jacquard upholstery damask
bútorfa *(fa)* cabinet wood
bútorgyár furniture-works
bútorhuzat slipcover, wrapper
bútorkárpit furniture upholstery material

bútorkreton chintz
bútorláb (furniture) leg
bútorlábgörgő caster/castor (wheel)
bútorlakk *(fa)* furniture varnish
bútorlap block/panel board ; ~ **deszkamaggal** battenboard, lumber core board ; **enyvezetlen lécbetétes** ~ strip board ; **enyvezett** ~ block board ; **furnír belsővel készült** ~ veneer core plywood ; **lécbetétes** ~ lumber core plywood ; ~ **üreges középrésszel** hollow core construction
bútorlapgyártó gép *(fa)* panel raising machine
bútorlap-középrész *(fa)* core
bútorpánt butt hinge
bútorpapír furniture paper
bútorpolitúr French polish
bútorszállítás furniture removal
bútorszállító : ~ **kocsi** moving car, caravan, (runway control) van ; ~ **tehergépkocsi** furniture pantechnicon/van
bútorszövet furniture stuff, furnishing fabric, furniture upholstery material, upholstery fabric, seat cover fabric
bútor-vasettabőr furniture hide
bútorvédő papír bed stead-wrapping paper
bútorzat furnishment
búvár diver, plunger
búvár-betegség diver's paralysis
búvárdugattyú *(gépt)* plunger
búvárdugattyúház plunger case
búvárdugattyús szivattyú plunger/ram pump, hollow piston pump
búvárhajó submarine, submersible
búvárharang *(föld alatti csatlakozáshoz)* diving bell (cover), air/hydrostatic bell
búvármikrofon mask microphone
búvárólomnehezék(ek) diving leads
búváröltözet scaphander
búvāröv diving belt
búvársisak diver's helmet ; ~ **és vállrész** *(kis mélységhez)* diving hood
búvárszív *(mellre akasztható ólomnehezék)* breast lead
búvárszivattyú plunger pump, drowned pump ; *l még* **búvárdugattyús szivattyú**
búvófolyó *(földt)* intermittent river
búvófülke *(bány)* box hole, shelter
búvógát *(bány)* manway-up
búvólyuk *(bány)* manhole, shelter ; *(ép)* manhole, dog hole ; *(csatornába)* street manhole ; ~ **fedele** *(bány)* manhole cover ; **partfali** ~ hod
búvólyukfedél manhead, cover of dome
búvónyílás mandoor, manhole, loophole ; ~ **rögzítőjárma** manhole yoke ; ~ **rögzítőkengyele** manhole dog ; ~ **zárófedele** manhole end plate
búvónyílás-csapóajtó flap-manhole door
búvónyílás-fedél roof of manhole
búvóöböl *(hajó)* cove
búvópatak subterranean stream, intermittent river
búzacsíra wheat germ
búzadara wheaten groats, semolina ; **goromba** ~ coarse wheaten groats
búzakeményítő wheat starch
búza-kondicionálás wheat-conditioning
búzakoptató gép wheat scourer
búzakorpapác *(bőr)* bran drench
búzaosztályozó gép wheat grader
búzaszalma-cellulóz wheat-straw pulp
búzavirágkék *(futtatási szín)* bright blue
buzérvörös alizarin(e) ; ~ **festék(anyag)** krapp
buzgár *(hidr)* spring, boil ; ~ **körültöltéses elfogása** *(hidr)* damming of a spring
buzgárképződés *(hidr)* boiling
buzgatás *(koh)* puddling, puddle, rabbling
buzgatási eljárás puddling process
buzgatott *(koh)* puddled ; ~ **acél** puddled steel ; ~ **salak** *(koh)* puddle cinder ; ~ **vas** puddled iron ; ~ **vasból salakot** *v* **revét eltávolít** *(kalapálással)* shingle
Büchner-(szűrő)tölcsér *(vegy)* Buchner (filter) funnel
büdösmészkő bituminous limestone
büdöspala stinking schist ; *l még* **olajpala**
bükkfakátrány beech-tar
bükkfaolaj beech nut oil
bükk(fa)szurok beech-pitch
bükkmakkolaj beech nut oil
büretta buret(te)
bürettaállvány buret holder
bürettakapocs buret clamp
bürettameniszkusz-leolvasó buret(te) meniscus reader
bürettasapka buret cap
bürettaszorító pinchcock clamp
bürü pathway, footbridge, access board
bütü *(ép, fa)* butt, ending ; **fa** ~**je** end way of the grain ; **(függőlegesen)** ~**re állít** *(bány, ép)* tip up
bütücsatlakozás butting ends
bütüfa end-grained wood
bütüfelület (butting) ends, end face
bütügyalu *(fa)* bock plane
bütüillesztés butt/abutment/abutting/flush joint, end-to-end joint, joining on butt, splice, butt-jointing, abutment ; ~**t hevederrel erősít** *(ép)* fish ; **hézagmentes** ~ closed butt joint
bütüillesztéses *(heg)* *l* **tompa**
bütül *l* **bütüz**
bütülevágó gép *(fa)* bucker
bütüs : ~ **illesztés** *l* **bütüillesztés** ; ~ **vég** *(fa)* crosscut/butt end
bütüz *(fa)* end butt, cut short
bütüzőfűrész buck/block/crosscut saw
bütüzőgép *(fa)* bucker
bütüzött *(fa)* adjusted
bütykös nod(ul)ose, nodosus, nodular, nodulate, nodulous ; *(fa)* snap, bunchy, kneed ; *(gépt)* cammed ; *(láb:)* knotty ; ~ **anyazárrögzítő** cam fastener ; **befúvást vezérlő** ~ **tárcsa** air cam ; ~ **dob** *(gépt)* cam drum ; ~ **elosztó** *v* **vezérlő szerkezet** tappet gear ; ~ **érintkező** *(vill)* cam contactor ; ~ **fék** *(gépk, gépt)* cam brake ; ~ **féktengely** brake camshaft ; ~ **görgő** *(gépt)* roller cam ; ~ **hajtás** *v* **hajtómű** cam (drive/gear); ~ **kalapács** cam hammer ; ~ **kapcsoló(hüvely)** cam sleeve ; ~ **kar** cam lever ; ~ **közlőfej-** *v* **tolórúdvezeték** cam follower guide ; ~ **megszakító** *(kontaktoron ; vill)* cam contactor switch ; ~ **tárcsa** cam (disc), cam wheel, plate cam, dog plate ; ~ **tárcsa emelkedő szakasza** cam rise ; ~ **tárcsa taraja** top of cam
bütyköstárcsás : ~ **befogó tokmány** cam-ring type (of) chuck ; ~ **kontroller** *(vasút)* camshaft controller ; ~ **szaggató szerkezet** *(távk)* cam(med) interrupter ; ~ **vezérlési rendszer** camming, cam control
bütyköstengely camshaft ; *(pa)* half-time shaft
bütyköstengelycsapágy *(gépk)* camshaft bearing
bütyköstengelyes és kengyeles hajtás camshaft and stirrup drive
bütyköstengely-eszterga camshaft lathe
bütyköstengely-köszörű(gép) cam grinding machine
bütyök *(cipő)* ball of the foot, knuckle ; *(ép)* snag, snug ; *(gépt)* cam, toe, tooth, nib, node, nipple, nose, detent, wabbler, lobe ; *(lábon)* bunion, ball of foot, knuckle ; *(tárcsán)* cam nose ; ~ **által vezérelt** cam-actuated, cam-controlled ; ~ **csúcsa** *(gépt)* nose of cam ; ~ **emelő magassága** lift of cam ; **hosszú szelepnyitást biztosító** ~ *(gépk)* long-dwell cam ; **bütyköt kiképez** cam ; **külső** ~ *(gépt)* edge cam ; ~ **külső vezérfelülettel** *(gépt)* radial cam ; **lóhere alakú** ~ *(gépt)* clover-leaf cam ; ~**kel működtet** cam ; **működtető** *v* **kapcsoló** ~ *(vezérművön)* actuating cam ; ~**re támaszkodó görgő** roller cam ; **végkikapcsolót működtető** ~ *(vill)* end cleat
bütyökagy *(gépt)* cam boss
bütyökemelés *(gépt)* cam lift
bütyökemelő tappet
bütyökemeltyűs vezérmű cam-and-toggle gear
bütyökeszterga cam-cutting lathe
bütyökexcentricitás cam lift
bütyökfelillesztő cam adapter
bütyökgörgő cam roll/follower
bütyökívmaró gép curve-milling machine
bütyökkarom cam cog
bütyökkiképzés camming
bütyökkísérő cam follower
bütyökköszörű cam profile grinding machine
bütyökkövető szán *(gépt)* camslide
bütyökmaró: ~ **gép** cam-milling machine ; ~ **készülék** cam milling attachment
bütyökmegmunkáló gép cam-cutting machine
bütyökmeredekség *(mm/fok)* cam rate
bütyökmozgásgátló csap *v* **kilincs** cam pawl
bütyöknyúlvány *(gépt)* cam lobe/nose
bütyökorr *(gépt)* cam lobe
bütyökorsó *(gépt)* cam spindle
bütyökprofil cam profile
bütyökrész *(cipő)* ball of foot
bütyöksarok cam heel
bütyöksaru cam shoe
bütyöktengely cam spindle
bűzelzáró siphon trap
bűzfogó *l* **bűzelzáró**
bűzfülke hood
B-vezeték *(távk)* ring-/B-wire
B-vitamin vitamin B
B_1-vitamin vitamin B_1, anti-beri-beri vitamin, antineuritic vitamin, aneurin, torulin, oryzanin, vitamin F, vitamin P
B_2-vitamin vitamin B_2, lactoflavine, ovoflavine
bytownit *(ásv)* bytownite

C

cabriolet *l* **kabriolet**
cakkoz *(pa)* serrate
cakkozógép *(cipő)* scalloping machine
cakkozott vágás *(pa)* serration, serrated cut
cákolyjuh *(mzg, tex)* Cretan sheep
C-alakú : ~ **állvány** *(alak)* C-frame ; ~ **négypólus** *(vill)* C-network
calamin *(ásv)* *l* **hemimorfit**
calaverit *(ásv)* calaverite
caledonit *(ásv)* caledonite
caliche *(ásv)* caliche
Callaud-elem Callaud cell
camera obscura *(fényt)* pinhole camera
Caméré-rendszerű redőnyös gát *(hidr)* Caméré curtain dam
campaniai emelet *(földt)* Campanian substage
canaanit *(ásv)* canaanite
cancrinit *(ásv)* cancrinite
Candela, cd *(fényt)* Candela
canfieldit *(ásv)* canfieldite
canga *(ásv)* canga
Cantilever-rugó *(gépk)* cantilever spring
cápabőr shark
capin *(fa)* cant hook/dog, log dog
caporcianit *(ásv)* caporcianite
cappelenit *(ásv)* cappelenite
caput mortuum *(festék)* caput mortuum
caradoci emelet *(földt)* Caradoc stage
carbo : ~ **animalis** animal charcoal/ black ; ~ **medicinalis** medicinal carbon
carbon *(koh)* carbon
carbro-eljárás *(színes másolás)* carbro process
Carey-Foster-híd *(távk)* Carey-Foster bridge
carnallit *(ásv)* carnallite
carnauba-viasz carnauba wax
Carnot-(féle) körfolyamat Carnot cycle
carnotit *(ásv)* carnotite
Caro-féle sav Caro's acid
carrollit *(ásv)* carrollite
Casablanca-nyújtómű Casablanca's double apron system
Cassini-ellipszis *l* **Cassini-ovális**
Cassini-ovális *(mat)* Cassinian (oval/ ellipse)
Cassius-féle bíbor purple of Cassius
cathkinit *(ásv)* cathkinite
Cavendish-féle torziós inga Cavendish balance
CB-készülék *(távk)* CB set
CB-rendszer *(távk)* central battery system, CB system
cedrén *(vegy)* cedrene
cédrusfaolaj cedarwood oil
cédrusolaj cedar (nut) oil
cédula *(pa)* billet, tag, note, label, slip of paper
cefre mash
cefresavanyítás *(élip)* foxing
cefre-visszaszivattyúzás second mashing
cefréz mash, dough in
cefrézendő anyag mash goods
cefréző *mn* mash ; *fn* masher
cefrézőkád mahs/starting tun/tub
cégér sign-board
cégjegy *(nyomda)* publisher's colophon
cégtábla sign/name-board
cél destination, end, butt, aim, objective, target ; *(geod)* object ; ~ **követése** *(kat)* tracking ; ~ **oldalirányszöge** target bearing ; ~**ra tartó berendezés** homing device
célbairányítás homing (on target)
célbánya captive mine
célemelkedési szög angle of elevation
célfekete carton, bull's eye
célforgalom destination traffic
célgép single-purpose machine
célgömb *(puskán:)* foresight ; **kis** ~ fine sight
célgömbél front sight blade
célgömbház *(puskán:)* foresight guard
célgömbtalp foresight bracket/base
célgömbtartó *l* **célgömbtalp**
célgömbvédő foresight guard/protector
céljelző target pointer ; *(füstbomba)* target indicator
célkeresés *(radar)* target detection
célkoordináták position data
célkorong target disc
célkövetés target tracking ; **akusztikai** ~ sound/acoustical tracking ; **félautomatikus** ~ aided range tracking ; **félautomatikus** ~ **sebessége** aided tracking ratio ; **optikai** ~ optical tracking ; **önműködő** ~ automatic following/tracking (UK) ; ~ **radarral** radar tracking ; **vizuális** ~ visual tracking
célkövető : ~ **radarállomás** radar-tracking station ; ~ **szervómotor** *(oldalirányszögre:)* slewing motor/servo ; *(magasságra)* elevation servo
cella cell ; *(ép)* (cubicle) cell, cuddy ; **hangnyelő** ~ absorptive cell
celladugó *(vill)* battery filling plug
cellakapcsoló *(akkumulátortelephez ; vill)* cell switch
cellás : ~ **kapcsoló** cellular switchgear ; ~ **szívógaucs** *(pa)* suction-couch roll
cellasor *(bány, vegy)* concameration
cellatartó *(vill)* cell holder
cellavizsgáló *(vill)* battery tester
celláz *(vegy)* cellase
cellerfehérítő celery-bleaching paper
cellobiáz cellobiase
cellobióz *(vegy)* cello(bio)se
cellobiózoktaacetát cellobiose octaacetate
cel(l)ofán cellophane
cel(l)ofán-ív *(pa)* viscosa foil
celloidin celloidin
cellon *(acetilcellulóz)* cellon
cellonlakk dope
cellóz *l* **cellobióz**
céllövő fegyver sporting gun
cellszurok cellpitch
celluláz cellulase
cellulit *(pa)* cellulith
celluloid celluloid, xylonite
celluloidkeret *(feszültségoptikai vizsgálathoz:)* celluloid spring balance
celluloid-nyersanyag *(pa)* celluloid base
cellulóz cellulose ; *(pa)* cellulose, wood-fibre, chemical (wood) pulp ; ~ **csomagolópapír** cellulose packing-paper ; **ecetsavas** ~ cellulose acetate ; **finoman foszlatott** ~ *(műselyemgyártáshoz:)* crumbs ; **lúgban megdagadt** ~ *(tex)* alkali cellulose ; ~ **mercerezése és sajtolása** steeping and pressing ; **vegyi feldolgozásra készült** ~ *(pa)* dissolving pulp ; ~ **viszkozitása rézoxidammóniában** *(pa)* cuprammonium viscosity
cellulózacetát acetyl cellulose, cellulose acetate ; *(fibestos ; pa)* fibestos
cellulózacetátalap acetate base
cellulózacetátlakk acetate lacquer
cellulózalap cellulose base
cellulóz-alapanyagú szálas anyagok cellulose-base fibres
cellulózalapú fonal cellulose yarn
cellulózalkalizálás *(pa)* steeping
cellulozán cellulosan
cellulózbála *(pa)* pulp bale
cellulózcsík *(díszítőfonalhoz; tex)* slit cellulose film
cellulózdezintegrátor *(pa)* plasher
cellulózdiacetát *(pa)* cellulose diacetate
cellulózdinitrát cellulose dinitrate
cellulózészter cellulose ester
cellulózészter-szál estron staple
cellulózészter-szálas-műanyag estron
cellulózéter cellulose ether
cellulózfa *(pa)* pulpwood
cellulózfeldolgozó üzem *(pa)* virgin pulp system
cellulózfeltárás *(pa)* pulp digestion
cellulózfőzés *(pa)* pulp cooking
cellulózfőző *(pa)* wood pulp digester, cellulose digester
cellulózgyanta *(pa)* pitch
cellulózgyár *(pa)* paper-pulp factory, (wood-)pulp mill
cellulózkarton *(pa)* pulp-board
cellulózkémia cellulose chemistry
cellulóz-kötőanyag viscose binder

cellulózlakk cellulose lacquer
cellulózlap *(pa)* lap
cellulózmercerezés steeping
cellulóznitrát cellulose nitrate
cellulóznitrátlakk collodion lacquer
cellulóznyálka *(pa)* colloidal cellulose
cellulózpapír cellulose paper, chemical paper
cellulózpehely *(pa)* pulp in crumb form
cellulózpép *(pa)* chemical pulp
cellulózpéptartály *(pa)* stock chest
cellulóz-plasztik-textília *(pa)* plastic-bonded cellulose web textiles
cellulózraktár *(pa)* pulpwood store
cellulóz-selyempapír cellulose tissue paper
cellulózszállító pneumatikus berendezés *(pa)* pneumatic pulp-conveying plant
cellulózszám cellulose number/value
cellulózszárítás pulp drying
cellulózszárító gép pulp drying machine
cellulózszármazék cellulose derivative
cellulózszerű : nem ~ anyag *(pa)* non--cellulosic material
cellulózszűrőpép *(pa)* filter paper pulp
cellulóztechnológia pulp technology
cellulóztrinitrát cellulose trinitrate
cellulózvatta cellucotton (paper), pulp wadding, byssus, artificial cotton
cellulózvíztelenítő gép *(pa)* pulp drying machine
cellulózxantogenát cellulose xanth(ogen)-ate
célmagasság-meghatározó egység altitude unit
célmeghatározás location
célmegvilágítás *(pillanatnyi:)* flick
célmutató target pointer
céloz point, aim ; *(geod)* sight
célpálya target course
célpanoráma panorama sight
célpont aiming point ; *(at)* target ; **~ helyzetének megjelölése óra segítségével** clock code ;
célpontáthelyezés aiming off
célpontvázlat range card
célrarepülés homing
célrepülőgép target plane
célrepülő készülék (aircraft) homing device
célrepülőtér destination aerodrome
celsian *(ásv)* celsian feldspar
Celsius-fok (degree) centrigade
Celsius-skála centigrade scale
célszalagtartó állvány winning post
céltábla butt, blank, mark, target ; **~ körökkel** target disc
céltábla-középpont pin, bull's eye
céltábla-lemez *(pa)* target board
céltábla-papírlemez target paper
celta-műselyem aerated/celta yarn
céltárgykövető radar lock-and-follow radar scanner, tracking
céltávolság-beállítás range control
céltávolságkövető egység *(radar)* range unit
celtium *l* **hafnium**
célvázlat range card
célvontató kötéldob *(rep)* target reel
célzás aim(ing), point(ing)
célzó berendezés pointing gear
célzógyűrű aiming disc
célzószög sighting angle
célzótávcső sighting telescope
célzsák sleeve/tow target
célzsákvontatás target towing

cement *(ép)* cement ; **darabos ~** coarse cement ; **gyorsan kötő ~** quick-setting cement ; **hőálló ~** high-temperature cement ; **kis hőfejlődéssel kötő ~** low-heat cement ; **~ kötése** cement setting, setting of cement ; **lassan kötő ~** *(ép)* slow cement ; **~be présel** *(útépítésnél:)* run in with cement
cementáció *l* **cementálás**
cementágyú cement blower/gun, air(-) cement gun
cementál *(hők)* carburize, cement
cementálás *(hők)* carburization, cementation ; *(edzéssel:)* case-hardening ; *(koh)* carbon pick up *is* ; **~ gázban** gas-carburization, carburizing by gas(es) ; **~ grafitporral** harveyizing ; **~ nyersvasadagolással** *(koh)* carburizing by pig iron ; **~ sófürdőben** salt-bath carburizing/cementation, carburizing by molten salts ; **~ szilárd közegben** carburizing by solid matters
cementálási időszak carbonizing period
cementáló *fn* cementer; *mn* cementatory ; **~ kemence** *(hők)* carburizing furnace
cementálóanyag *(hők)* carburizer, cementation agent
cementálódik *(koh)* carburize, pick up carbon
cementálóközeg *(hők)* carburizing agent/ medium
cementálóláda *(hők)* carburizing pot/box
cementálópor *(hők)* carburizing powder
cementálószer *(hők)* *l* **cementálóanyag**
cementált : ~ acél carburized steel ; *(edzett:)* case-hardened steel
cementbefecskendezés *(bány, ép)* cementation, cement injection
cementbevonás : felületi ~ cement wash
cementborítás cement/gunite coating
cementdara cement grit
cementégető kemence cement kiln
cementez *(cementtel bevon v kitölt ; ragaszt)* cement
cementezés cementing
cementfelületek saválióvá tétele olajjal oil-proofing
cementhabarcs cement(mortar) ; **híg ~** cement grout/slurry, laitance ; **zúzalékkal kevert durva ~** grout
cementhabarcsbelövellő pisztoly grouting gun
cementhabarcs-besajtolás grout injecting
cementhabarcs-besajtoló szivattyú grout pump
cementhabarcskeverő gép cement mixer
cementit *(koh)* cementite
cementit-tartalmú *(koh)* cementite--bearing
cementkeverő készülék cement (cone) mixer
cement-kőkapocs *(horgos)* cement cramp joint ; *(sima:)* cement dowel joint
cementkötési feltételek setting conditions
cementlap-padló inlaid floor(ing)
cementlap-(padló)burkolat cement tile pavement
cementlap-prés tile press
cementlé slurry
cementlepény *(anyagvizsgálathoz:)* pat
cementmárga cement rock
cementmozaiklap mosaic cement tile
cementnemez cement felt

cementpép *l* **(híg) cementhabarcs**
cementréz *(vegy)* cement copper
cementsimítás *(ép)* hard finish
cementsimító lapát cement spatula
cementszóró fúvóka cement-throwing jet
cementtej *l* **(híg) cementhabarcs ; ~ felszínre szivárgása** *(ép)* bleeding
cementvakolás *v* **cementvakolat** cement lining/plaster
cementvakolatsimítás cement rendering, cement plaster finish
cementvíz *(vegy)* cement water
cement-víz arány *cement/water* ratio
cementzsák *(pa)* valve sack
cementzsákpapír cement sackpaper
cenomani emelet *(földt)* Cenomanian stage
centibar centibar
centiliter centilitre, cl.
centiméter centimetre, centimeter
centiméteres hullámok *l* **centiméter-hullám**
centiméter-gramm-szekundum centimetre-gram-second, C. G. S.
centiméter-hullám centimetre/ultrashort wave(s), U. S. W., microwave(s)
centipoise centipoise, cP
centistoke centistoke, cSt
centrálidő *(csill)* central time
centrális centric(al), middlemost ; *l még* **központi** *és* **középponti ;** *fn (mat)* centre line ; **~ érték** median ; **~ ütközés** *(mech)* head-on collision
centrallasit *(ásv)* centrallassite
centrifúga centrifuge, hydroextractor, whizzer, centrifugal machine/apparatus ; *(szárító ; pa)* extractor, centrifugal drainer ; **~ osztás nélküli forgórésszel** hollow bowl centrifuge
centrifúgadob centrifugal basket, concentrator bowl
centrifúga-dobszárító centrifugal basket drier
centrifúgaedény separating bowl
centrifúgakémcső centrifuge tube
centrifúgakosár *(tex)* cage, bowl ; **~ fala** bowl-shell wall
centrifúgaköpeny bowl
centrifugál *ige* centrifuge, whiz ; *(szeparál:)* separate
centrifugál- *l* **centrifugális**
centrifugálás centrifuging, whizzing, separating
centrifugális centrifugal ; **~ csomófogó** *(pa)* rotating centrifugal screen ; **~ dob** *(pa)* centrifugal drum ; **~ érctörő** vapart mill ; **~ erő** centrifugal force ; **~ fonás** *(tex)* cake/centrifugal spinning, box/pot spinning ; **~ fonógép** box spinning machine ; **~ gáztisztító** *(gépk)* whirler ; **~ golyós szabályozó feje** ballhead ; **~ gyújtásszabályozó** *(gépk)* centrifugal advance and retard mechanism ; **~ indító** centrifugal starter ; **~ kenés** centrifugal lubrication ; **~ lapképző gép** *(pa)* centrifugal plate drying machine ; **~ műselyemfonás** centrifugal spinning ; **~ olajszűrő** *(gépk)* ; centrifugal oil cleaner ; **~ osztályozó** *(koh)* ratio separator ; *(pa)* centrifugal sorting machine, centrifugal screen/strainer, centrifiner ; **~ öntés** centrifugal/spin(ning) casting (process) ; **~ öntésű** spun **~ öntvény** spun casting ; **~ regulátor** *l* **~ szabályozó ; ~ szabályozó** centrifugal/

flyball regulator/govenor ; ~ **szabályozóharang** flyweight bell ; ~ **szabályozósúly** flyball, fly-weight ; ~ **szellőző** turbine blower ; ~ **szellőző elvezető csatornája** diffuser of centrifugal blower ; ~ **széntörő** vapart mill ; ~ **szeparátor** ratio/flick separator ; ~ **szita** *(élip)* centrifugal dressing machine ; ~ **szivattyú** centrifugal pump, impeller/turbine pump ; ~ **szivattyúház** pump shell ; ~ **szivattyú lapátkereke** centrifugal pump impeller ; ~ **tengelykapcsoló** *(gépk)* centrifugal clutch
centrifúgaszűrő centrifugal filter
centrifúgaülepítő sedimentator
centrikus vízjel *(pa)* localized watermark
centripetális centripetal ; ~ **erő** centripetal force
centríroz *l* **központoz**
centrírozás *l* **központozás**
centroidális centroidal
centroklinális lejtés *(földt)* centroclinal dip
centroszféra *(földt)* centrosphere, core of the earth
cerán cerane, isohexacosane
cerezin ceresin(e) (wax) ; *(pa)* sugarcane wax ; *(ásványolajból:)* petroleum ceresin
cerezinezett papír wax paper
cerilalkohol ceryl alcohol
cerin *(ásv)* cerine ; *(vegy)* cerin
cerit *(ásv)* cerite
cérium cerium ; **háromvegyértékű ~ot tartalmazó** cerous ; **négyvegyértékű ~ot tartalmazó** ceric
cériumepidot *(ásv)* *l* **ortit**
cériumfluorid 1. CeF_4 ceric fluoride; 2. CeF_3 cerous fluoride
cériumoxid 1. CeO_2 ceric oxide ; 2. C_2O_3 cerous oxide, ceria
cériumtartalmú *(ásv)* cerian
cérna thread, twine, cotton, twisted yarn, folded yarn
cérnaáruk doublings
cérnaburkolás *v* **-körülfonás** twisted-yarn covering
cérnahurok *(tex)* kink
cérnakesztyű cotton gloves
cérnanyüst *(tex)* twine heald, knitted cotton healds
cérnáz *(tex)* twist, twine, throw
cérnázás throwing, (up)twisting, twining, doubling ; ~ **azonos sodratiránnyal** *(tex)* twist on twist
cérnázatlan untwisted
cérnázógép twisting machine/frame, twiner, (up)twister, throwing machine, doubler, doubling frame/machine
cérnázólemez *(pa)* yarn board
cérnázómunkás throwster, twister, doubler
cérnázóorsó twisting spindle, doubling spindle
cérnázott twisted ; ~ **fonal** doubled yarn, folded yarn, ply-yarn ; ~ **fonal sodrata** ply twist ; ~ **selyemfonal** thrown silk
cerotin cerotin, ceryl alcohol
cerotinsav cerotic acid
cerulignon c(o)erulignone, cedriret
cerusszit *(ásv)* cerussite, white lead ore
ceruza (lead) pencil ; ~ **alakú reszelő** pencil file ; ~ **hegye** point of the pencil
ceruzabél lead ; *(csavaros ceruzához:)* refill, spare lead ; *(hegye:)* pencil point
ceruzadeszkácska *(fa)* pencil slat
ceruzagyártás pencil making ; **~hoz leszabott tömböcske** *(fa)* pencil slat
ceruzahegy point of a pencil, pencil point
ceruzahegyező (pencil) sharpener
ceruzahosszabbító pencil holder/lengthener, porte-crayon
ceruzarajz crayon drawing
ceruzarajz-papír etching paper
ceruzareszelő pencil file
ceruzáskörző pencil compass(es)
ceruzaszár pencil stick
ceruzatok *[bőrből:]* pencil case
ceruzatrióda *(mikrohullámú rádiócső)* pencil-type triode
ceruzavédő point protector, pencil shield/sheath/cap
cervantit *(ásv)* cervantite
cetán *(vegy)* cetane
cetánszám *(ol, vegy)* cetane number
cetén cetene
ceténszám *(ol, vegy)* cetene number
cetfaggyú whale oil
cetilalkohol cetyl alcohol
cetolaj whale oil
cetvelő spermaceti (oil)
cetzsír whale oil
ceylanit *(ásv)* *l* **pleonaszt**
cézium cesium
céziumacetát cesium acetate
céziumammóniumbromid cesium ammonium bromide
céziumazid cesium azide/trinitride
céziumbikromát *l* **céziumdikromát**
céziumbromát cesium bromate
céziumbromid cesium bromide
céziumcianid cesium cyanide
céziumdikromát cesium bichromate
céziumdioxid *l* **céziumperoxid**
céziumdiszulfid cesium disulfide
céziumditionát cesium dithionate
céziumferriszulfát cesium ferric sulfate
céziumferroszulfát cesium ferrous sulfate
céziumfluorid cesium fluoride
céziumfluoszilikát cesium fluosilicate/silicofluoride
céziumfotocella cesium phototube
céziumhidrid cesium hydride
céziumhidrokarbonát cesium bicarbonate
céziumhidroszulfát cesium bisulfate, cesium hydrogen sulfate
céziumhidroxid cesium hydroxide
céziumhipermanganát *l* **céziumpermanganát**
céziumhiperoxid *l* **céziumperoxid**
céziumindiumszulfát cesium indium alum, cesium disulfatoindate
céziumjodát cesium iodate
céziumjodid cesium iodide
céziumkarbonát cesium carbonate
céziumklórantimonit cesium chlorantimonite
céziumklorát cesium chlorate
céziumklóraurát cesium chloraurate
céziumklorid cesium chloride
céziumkloroplatinát cesium chloroplatinate, cesium platinic chloride
céziumkloroszkandát cesium chloroscandate
céziumklorosztannát cesium chlorostannate
céziumkromát cesium chromate
céziumkromiszulfát cesium chromic sulfate
céziummanganát cesium manganate
céziummonoxid *l* **céziumoxid**
céziumnitrát cesium nitrate
céziumnitrit cesium nitrite
céziumoxalát cesium oxalate
céziumoxid cesium (mon)oxide
céziumpentaszulfid cesium pentasulfide
céziumperjodát cesium periodate
céziumperklorát cesium perchlorate
céziumpermanganát cesium permanganate
céziumperoxid cesium peroxide/dioxide/tetroxide
céziumrodanát cesium rhodanate/rhodanide/thiocyanate/thiocyanide/sulfocyanate/sulfocyanide
céziumrodanid *l* **céziumrodanát**
céziumrubídiumtimsó cesium rubidium alum, cesium rubidium alumin(i)um sulfate
céziumszelenát cesium selenate
céziumszilikát cesium silicate
céziumszilikofluorid *l* **céziumfluoszilikát**
céziumszulfát cesium sulfate
céziumszulfid cesium sulfide
céziumszulfocianát *l* **céziumrodanát**
céziumszupermanganát *l* **céziumpermanganát**
céziumszuperoxid *l* **céziumperoxid**
céziumtartalmú *(ásv)* cesian
céziumtimsó cesium alum, cesium alumin(i)um sulfate
céziumtiocianát *l* **céziumrodanát**
céziumtribromid cesium tribromide
céziumtrijodid cesium triiodide
céziumtrioxid cesium trioxide
céziumtriszulfid cesium trisulfide
CGS-rendszer C. G. S. system
chabazit *(ásv)* chabazite, chabasite
chalmersit *(ásv)* *l* **cubanit**
chamosit *(ásv)* chamosite, bavalite, berthierine
Chance-mosókúp *(bány)* Chance cone
chappe-fonal spun silk
Chardonnet-műselyem Chardonnet rayon
Charles-féle törvény Charles law
Charlton-fehér *(festék)* lithopone
charmouthi emelet *(földt)* Charmouthian stage
Charpy-féle ejtőkalapácsos ütőgép *(anyagv)* Charpy impact machine
Charpy-próba *(anyagv)* Charpy pendulum impact test
Charpy-próbatest *(anyagv)* Charpy (notched) specimen
chatillaine-műselyem chatillaine
Chatterton-féle kábelkiöntő massza *(vill)* Chatterton's compound
chaulmoograsav chaulmoogric acid
chelléi *(földt)* Chellian
chenopodium-olaj chenopodium oil
chessylit *(ásv)* *l* **azurit**
cheville-fonal cheville silk (thread)
Chézy-féle : ~ **képlet** *(hidr)* Chézy-formula ; ~ **mederérdességi** *v* **ellenállási tényező** Chézy friction/resistance factor
chiastolit *(ásv)* chiastolite
childrenit *(ásv)* childrenite
chileit *(ásv)* *l* **descloizit**
chillagit *(ásv)* chillagite
chiolit *(ásv)* *l* **kiolit**
Chireix-moduláció *(rád)* outphasing modulation
chladnit *(ásv)* chladnite, shepardite

chondrodit *(ásv)* chondrodite
christianit *(ásv)* christianite
christophit *(ásv)* christophite, marmatite
cián cyan
ciánacetilkarbamid cyanoacetylurea
ciánamid *(vegy)* cyanamide, carbamonitrile
ciánamidkalcium calcium cyanamide
ciánanilid cyananilide, carbanilonitrile, phenylcyanamide
ciánbenzilklorid cyanobenzyl chloride
ciánecetsav cyanoacetic acid, malonic acid mononitrile
ciánguanidin cyanoguanidine, dicyandiamide
ciánhalogén cyanogen haloide
ciánhidrin cyanhydrin
ciánhidrogén hydrogen cyanide, prussic acid
cianid cyanide
cianidálás *(hők)* cyaniding, cyanidation
cianidin cyanidin
cianin cyanin
cianit *(ásv)* *l* **kianit**
ciánkáli(um) *l* **káliumcianid**
ciánkezelés *(hők)* cyaniding, cyanidation
ciánlúgzás cyanide treatment, cyanidation
cianokroit *(ásv)* cyanochroite
ciános faanyagtelítés kyanizing
cianotíp-papír ferro-prussiate paper
ciánozás *(hők)* *l* **cianidálás**
ciánsav cyanic acid
ciánsavamid cyanamide, carbodiimide
ciánsavas ammónium ammonium cyanate
ciánsavklorid cyan(ogen) chloride, chlorocyanogen
ciánszénsav cyan carbonic acid
cianúrsav cyanuric acid
cianúrsavklorid cyanuric chloride
ciceró *(nyomda)* (small) pica
cifrázókerék *(cipő)* ornamenting wheel
cigányváltó *(vasút)* trail/movable switch, inclined/contractor's points ; **~ elfutó csúcssíne** inclined plane tongue
cigaretta *l* **szivarka**
cikcakk alakú vivőkötél *(bány)* lacing messenger
cikcakk-antenna zig-zag aerial/antenna
cikcakk-kapcsolás *(pa)* isle-of-man connection ; *(vill)* zigzag connection, Z-connection
cikcakk-kés *(pa)* serrated knife
cikcakkos staggered, zigzag-
cikcakk-sávoly zigzag twill, zigzag twill weave, waved twill
cikklista momenclature
cikkszám style number
ciklikus *l* **ciklusos**
ciklizálódás *(vegy)* cyclization, ring formation
ciklizált kaucsuk cyclorubber
cikloalkán cycloalcane, naphthene
ciklobután cyclobutane, tetramethylene
ciklobutándikarbonsav cyclobutanedicarboxylic acid
ciklobutánkarbonsav cyclobutane-carboxylic acid
ciklobutén cyclobut(yl)ene
ciklobutilamin cyclobutylamine, aminocyclobutane
ciklofon *(vill)* cyclophone
ciklográf *(anyagv)* cyclograph
ciklogram *(vill)* cyclogram
cikloheptadién cycloheptadiene
cikloheptán cycloheptane, heptamethylene, suberane
cikloheptanol cycloheptanol, suberol, suberyl alcohol, hydroxycycloheptane
cikloheptanon cycloheptanone, suberone, ketoheptamethylene, ketocycloheptane
cikloheptanonoxim cycloheptanone oxime, suberoxime
cikloheptatrién cycloheptatriene, tropilidene
cikloheptén cycloheptene, suber(yl)ene
ciklohexadién cyclohexadiene, dihydrobenzene
ciklohexán cyclohexane, hexamethylene, hexahydrobenzene
ciklohexándiol cyclohexandiol, hexahydrocatechol, hexahydroresorcinol, quinitol
ciklohexándion 1. cyclohexandione, dihydroresorcinol ; 2. cyclohexandione, tetrahydroquinone
ciklohexánkarbonsav cyclohexane-carboxylic acid, hexahydrobenzoic acid
ciklohexanol cyclohexanol, hexahydrophenol, hexalin
ciklohexanon cyclohexanone, ketohexamethylene, pimelinketone
ciklohexanonkarbonsav cyclohexanone-carboxylic acid, ketohexahydrobenzoic acid
ciklohexanonoxim cyclohexanone oxime
ciklohexántriol cyclohexantriol, phloroglucitol
ciklohexatrién *(vegy)* *l* **benzol**
ciklohexén cyclohexene, tetrahydrobenzene
ciklohexilamin cyclohexylamine, aminocyclohexane, hexahydroaniline
ciklohexilanilin cyclohexylaniline, phenylcyclohexylamine
ciklohexilbromid cyclohexyl bromide, bromocyclohexane
cikloid *(mat)* *l* **cikloisz**
cikloidális fogazás cycloid(al) gearing
ciklois *l* **cikloisz**
cikloisz *(mat)* cycloid ; **hurkolt ~** curtate cycloid ; **nyújtott ~** prolate cycloid
cikloiszfogazás *(gépt)* cycloid(al) gearing
cikloiszhullám cycloid(al)/trochoidal wave
cikloiszvonal cycloid(al) (curve)
ciklométer *(körívhossz mérésére)* cyclometer
ciklometria *(mat)* cyclometry
ciklometrikus függvény inverse trigonometric function
ciklon *(koh, met, vegy)* cyclone
ciklon-gázmosó cyclone gas washer
ciklonos : ~ görbültségű szélpálya *(met)* cyclonic trajectory ; **~ szélváltozás** *(met)* cyclonic shear
ciklontüzelésű : ~ berendezés cyclone-fired plant ; **~ kazán** cyclone furnace
ciklooktanon cyclo-octanone, azelaone
ciklop- *(ép)* cyclopean
ciklopentadién cyclopentadiene
ciklopentán cyclopentane, pentamethylene
ciklopentanol cyclopentanol
ciklopentanon cyclopentanone, ketopentamethylene, ketocyclopentane, adipic ketone, dumasin
ciklopentén cyclopentene
ciklopentilbromid bromocyclopentane, cyclopentyl bromide
ciklopfal *(ép)* cyclop wal, cyclopean masonry
ciklopfalazás polygonal/cyclopean masonry
ciklopkövezés cobbling
ciklopropán cyclopropane, trimethylene
ciklopropándikarbonsav cyclopropanedicarboxylic acid
ciklopropánkarbonsav cyclopropanecarboxylic acid, ethyleneacetic/trimethylenecarboxylic acid
ciklopropántrikarbonsav cyclopropanetricarboxylic acid
ciklopszfalazás *l* **ciklopfalazás**
ciklotron *(at)* cyclotron
ciklus *(bány, rád, távk, vill)* cycle, c.; (körfolyamat :) setup, tour, round run ; *(vegy)* cycle, ring ; **egy napi** (24 *órás*) **~** *(bány)* one-day cycle ; **~/másodperc** *(Hz)* cycle per second, c. p. s., cps ; c/s ; **új ~** *(bány)* turn over the face ; **váltási ~** *(bány)* cycle in a shift
ciklusonkénti tonna *(bány)* tonnage per fall
ciklusos cyclic(al) ; *(vegy)* cyclic(al), ring ; **~ állandó** *(vill)* cyclic(al) constant ; **~ eljárás** cycle process ; **~ ellentét** cyclic(al) difference ; **~ felcserélés** *(mat)* cyclic variation ; **~ feszültség** *(anyagv)* cyclic stress ; **~ helyettesítő** *(vegy)* cyclic(al) substituent ; **~ keton** cyclic/ring ketone ; **~ variáció** *(mat)* cyclic(al) variation ; **~ vegyület** cyclic/ring compound
ciklusosan mágnesezett cyclically magnetized
cilinder *(óra)* cylinder ; *l* *még* **henger**
cilinderbőr *(nyomda)* rolled leather
cilinderdoboz silk hat case
cilinderjárat *(óra)* horizontal escapement
cilinderkerék *(óra)* horizontal wheel
cilindrikus *l* **hengeres**
cilindroparabolikus antenna *(rád)* pillbox antenna
cimatolit *(ásv)* cymatolite
cimborafa *v* **cimborakötő** straining/collar beam
címív *(nyomda)* title sheet, preliminary pages, sheet containing the title page
címke (designation) label, tag ; *(pa)* etiquette ; **~ a szerelés megkönnyítésére** tag for location
címkegumizó gép *(pa)* label-pasting machine
címkekarton *(pa)* tag board
címkép *(nyomda)* frontispiece ; **eleven ~** *(film)* animated title
címkepapír tag/label paper, address-label paper
címkeragasztás ticketing, labeling
címkeragasztó (gép) labeler ; *(személy)* ticketer
címkéz label
címkézés labelling, ticketing
címkéző *fn* labeller ; *mn* **~ gép** *(pa)* label(l)ing machine
címlap *(nyomda)* title (page), t. p., title sheet, prima ; *(képes:)* frontispiece ; **metszetről készült ~** engrave
cimofán *(ásv)* *l* **krizoberill**
cimol cymene
címoldal *(nyomda)* *l* **címlap**
cimolit *(ásv)* cimolite
címrajz *(nyomda)* vignette, frontispiece
címszó *(számológépen:)* address
címtábla sign(-board), name-plate

címtár-papír directory paper
cineol cineol(e)
cink *(koh, vegy)* zinc ; *a kohászati vonatkozásokat l* **horgany**
cinkacetát zinc acetate
cink-akkumulátor zinc storage battery
cinkalapú krém calamine cream
cinkaluminit *(ásv)* zincaluminite
cinkát zincate
cinkcsoport zinc group
cinkelés *(ép)* straight dovetail
cinkes zincous
cinketil zinc ethide/ethyl
cinkfehér *(festék)* zinc white
cinkfényle *(ásv)* black jack, zinc blende
cinkfoszfát zinc phosphate ; **elektrolitikus bevonás ~tal** granodizing
cinkgálic *(vegy)* zinc vitriol ; *(ásv) l* **goslarit**
cinkhidroxid zinc hydroxide
cinkiszap zinc sludge
cinkit *(ásv)* zincite
cinkkenőcs zinc (oxide) ointment
cinkklisé *(nyomda)* zinc block, zinco ; **~k készítése** zinc engraving ; **nyomat ~ről** *(nyomda)* zincogravure
cinkklorid zinc chloride
cinkkloridoldatos rothadás elleni kezelés burnettizing
cinkkromát zinc chromate
cinkkrómsárga *(festék)* zinc yellow
cinkográfia *(eljárás és üzem)* zincography ; *(eljárás:)* zinc engraving, engraving of zinc blocks, photoengraving
cinkográfiai : ~ fényképész process photographer ; **~ klisé** *l* **cinkklisé**
cinkográfus zincographer, electrotyper
cinkoloiponsav cincholoiponic/cincholeuponic acid, 3-carboxypiperidyl-1, 4-acetic acid
cinkomeronsav cinchomeronic acid, pyridine-3, 4-dicarboxylic acid
cinkonidin cinchonidine
cinkonin cinchonine
cinkoninsav cinchoninic acid, quinoline-4-carboxylic acid
cinkotoxin cinchotoxine, cinconicine
cinkoxid zinc oxide
cink-oxid-pigment *(fényk)* chenise white
cinkozit *(ásv)* zincosite
cinkpác zinc mordant
cinkpát *(ásv) l* **smithsonit**
cinkperoxid zinc peroxide/perhydrol
cinkpor zinc dust, blue powder
cinkpor-desztilláció zinc dust distillation
cinkpörk burnt blende
cinksárga *(festék)* zinc yellow
cinkspinell *(ásv) l* **automolit**
cinksztearát-szappan zinc soap
cinkszulfát zinc sulfate
cinkszulfid zinc sulfide
cinkszürke zinc oxide with zinc dust
cinktartalmú *(ásv)* zincian, zinc(ifer)-ous
cinkvaj butter of zinc, zinc chloride
cinkvirág zinc flower/bloom
cinkvitriol zinc vitriol
cinkzöld *(festék)* zinc green
cinn *l* **ón**
cinnabarit *(ásv) l* **cinóber**
cinnamilcinnamát cinnamyl cinnamate, styracin
cinnamilidénacetofenon cinnamylideneacetophenone, cinnamalacetophenone
cinnamon-kő *(ásv)* cinnamon stone
cinóber *(ásv)* cinnabar(ite) ; *(festék)* vermilion, cinnabar
cinóber-narancs *(festék)* orange vermilion, vermeil
cipészár awl
cipészfonal waxed/shoe thread, waxed end, boot twine, yarn
cipészkalapács shoemaker's hammer
cipészlemez *(pa)* wet machine board, midsole/model/shoe/tack/boot board, board for boots, paper-board for shoe insoles ; *(taktisz)* boot cardboard
cipészráspoly float
cipészszeg *(teksz)* tack ; *(aprószeg)* small nail
cipészszurok shoemaker's wax/pitch
cipészvasaló *(talpszél, lágyék- és sarok égetővas)* shoemaker's iron
cipó *(koh)* pig ; *(salak v koksz ; önt)* cake
cipóberakó rúd *(koh)* pusher-in bar
Cipoletti-féle bukógát *v* **mérőbukó** *(hidr)* Cipoletti weir
cipószerű hasadás *(földt)* leaf-like jointing
cipő shoe ; **fa-** *v* **fatalpú ~** clog ; **könnyű nyári ~** casuals ; **magasszárú ~** boot ; **magasszárú (férfi) fűzős ~** derby/balmoral shoe ; **magasszárú (férfi) gombos ~** button shoe ; **magasszárú (férfi) ruganybetétes (cúgos) ~** chelsea shoe ; **ragasztott talpú ~** cemented shoe
cipőalak shape (of shoe), mo(u)ld
cipőaljrész *l* **cipőalsórész**
cipőalkatrészek parts
cipőalkatrész-kivágás cut out
cipőalkatrész-szabászat clicking department
cipőalsórész bottom ; **~ek** bottom stuff ; **~ felerősítése** closing
cipőbélés lining ; *(anyag)* twill
cipőbélésszövet boot-linings, shoe cloth
cipőbélésváz skeleton lining
cipőbevégző-műhely treeing room
cipőborítás leg
cipőbőr-áthajtás *(szegés)* beading
cipőcsat clasp, buckle, latchet
cipődísz *(olcsó)* notion *(US)*
cipődivat-irányzat shoe fashion trend
cipődoboz *(pa)* boot box
cipődoboz(cimke)bélyegző gép shoe cardboard box marking machine
cipődobozfűző gép shoe cardboard tacking machine
cipőfalágyék wood shank
cipőfazon shoe type
cipőfejrész vamp ; *(keskeny, orr-rész nélkül)* peep toe design ; **kerek vágású ~** rivet ; **nagyon hosszú ~** high riding vamp
cipőfelsőrész upper ; **~ felborzolása** *(ragasztáshoz)* upper roughing ; **~ foglalási ráhagyása** *v* **többlete** allowance ; **~t készít** close uppers
cipőfelsőrész-alapminta standard
cipőfelsőrész-betét insertion
cipőfelsőrész-előhúzás *(überhólozás)* pulling over
cipőfelsőrész-készítés closing
cipőfelsőrész-szabász clicker
cipőfelsőrész-szegély fly
cipőfelsőrész-tűzöde closing room
cipőfilc shoe felt
cipőforma shape, mo(u)ld
cipőfül *(szíj)* strap ; *(sima ; magasszárú cipőn)* plain loopings ; **névvel beszőtt ~** lettered loopings
cipőfűző latchet, lace, tie
cipőgallér cuff
cipőgomb button
cipőgomboló button hook
cipőgombszeg button stay
cipőhúzó *(szalag)* loop(ings) ; *(sima ; magasszárú cipőn)* plain loopings ; *(kanál)* shoehorn ; **névvel beszőtt ~** lettered loopings
cipőkanál shoe()horn
cipőkapcsozó szerszám clasping tool
cipőkapocs clasp, (lacing) hook ; **~ és fűzőlyukverő gép** button and eyelet machine ; **kerekfejű ~** lacing stud
cipőkarika-beverő fastener setter
cipőkellék fitting, grindering
cipőkenőcs boot-polish
cipőkéreg *(belső)* stiffener
cipőkéreg-cakkozás (stiffener) gimping, nicking
cipőkéreg-ragasztás counter pasting
cipőkéreg-rovátkolás nicking
cipőkikészítés dressing
cipőkikészítő : ~ műhely finishing department ; **~ szer** trimming agents
cipőközbélés plumper
cipőkrém shoe cream
cipőlágyékbetét waistpad
cipőlágyékrész waist
cipőlágyékrész-festés waist-painting
cipőlemez *(pa)* counter board
cipőmintagyűjtemény *(kollekció)* range
cipőmintakivágás pattern cutting
cipőmintalemez board
cipőmintasorozat-készítés grading
cipőmintatervrajz design
cipőmodell-változat alteration (in style)
cipőnagyság-szám size
cipőnemez shoe felt
cipőnyelv tongue
cipőorr toecap, tip
cipőorr-borítás : egyenes ~ straight toe
cipőorr-keménység cased toe, toepuff
cipőorr-lemez *(pa)* lace board
cipőorr-merevítő toepuff, cased toe
cipőorr-rész *(kapli)* toe cap ; **hegyes ~** toe's peak
cipőorr-rész-foglaló és -bekötő gép toe-lasting and bracing machine
cipőorr-rész-merevítő vászon toe puff material
cipőorr-védő toe guard
cipőpánt bar
cipőpaszpol French binding
cipőpaszta shoe cream
cipőragasztó (anyagok) adhesives
cipőraktár depository
cipőraktári készlet instock
cipőráma welt ; **keskeny ~** narrow welt ; **középszéles ~** medium welt
cipőráma-kalapálás welt beading
cipőrojt fringe
cipőrugany *(cúg)* (elastic) gusset
cipősarok heel ; **~ elhelyezése** *v* **felerősítése** setting heel ; **cipősarkot előépít** heel building ; **cipősarkot ideiglenesen megerősít** fastening the heel provisionally ; **cipősarkot körülvág** round the seats
cipősarokalsófolt-hasíték split lift
cipősarokbevonó készülék holders for covering heel, heel covering jack
cipősarok-csiszolás heel scouring
cipősarok-csiszoló tárcsa heel scouring wheel
cipősarok-építő gép heel forming machine
cipősarok-feketítő *(tinta)* heel/quick black
cipősarok-felsőfolt top lift

cipősarok-felsőfolt-szegezés slugging
cipősarok-felszegező gép *(belső szegezéssel:)* heel-attaching machine for inside nailing; *(külső szegezéssel:)* heel-attaching machine (system Lightning)
cipősarokfészek-bevágás heel seat trimming
cipősarokfészek-bevágó gép heel seat trimming and preparing machine
cipősarokfolt toppiece, low-heel, bottoming top
cipősarokgörbület heel(-)pitch
cipősarokhajlat heel(-)pitch
cipősarokhomlok heel()breast; **~ csiszolása** heel breast scouring; **~ felnyomása** breast pressing; **~ körülvágása** heel breasting; **~ préselése** breast pressing
cipősarokhomlok-él heel breast edge
cipősarokhomlok-levágó gép heel breasting machine
cipősarokhomlok-prés heel front press
cipősarokhomlok-vágás heel breasting
cipősarok-huzalszeg heel pins
cipősarok-magasság pitch
cipősarokmagasság-mérő készülék device for measuring height of heel
cipősarokösszeállító és -tűző gép heel building and tacking machine
cipősarokprés heel press compressor
cipősarokrész heel piece; **~ felerősítése** piece soling
cipősarokrész-ráncfogás *(cvikkelés)* heel seat lasting
cipősarokszeg *(belső)* heel nails
cipősarokszeghegy heel pin
cipősaroksültetés heel setting
cipősarokvas heel tip
cipősarokvasalás heel tip
cipőszabásminta clicking pattern, cutaway picture
cipőszárdísz top band
cipőszárrész quarter
cipőszárvonal top line
cipőszeg shoe nail; **nagyfejű ~** hobnail
cipőszegfej nailhead
cipőszerelvény fitting
cipőszíj latchet
cipőtalp (shoe)sole, sole of boots; **~ alakú pedál** *v* **lábító** *(gépt)* treadle-type accelerator; **~ nyaka** shank
cipőtalpárok groove
cipőtalpszél-élező *fn* featherer; **~ kés** feathering knife
cipőtisztítás shoe cleaning
cipőtisztító szer cleaning preparation
cipővarró cérna *v* **fonal** (shoe) thread; *(len)* blake thread
cipővasaló finishing iron; **~ gép** smoothing machine, ironing machine
cipővászon boot(led) duck
cipővászonbélés fabric lining
cipő-védőperem mudguard
cipőveret boot fitting
cipőzsinór boot-lace, shoe-lace
cipőzsinór-bojtvég tassel ends
cipőzsír grease for shoe
cippzár zip-fastener, zipper
ciprin *(ásv)* cyprine
ciprinin *(vegy)* cyprinine
ciprusfaolaj cypress oil
ciprusi vitriol cyprian vitriol
ciprusolaj cypress oil
cirádás *(ép)* florid
cirkasz *(sávoly)* harvard twill, harvard
cirkon *(ásv)* zircon
cirkoniát zirconate
cirkonil *(gyök)* zirconyl
cirkonilbromid zirkonyl bromide, zirconium oxybromide
cirkonilkarbonát zirkonyl carbonate
cirkonilklorid zirconyl chloride, zirconium oxychloride
cirkonilnitrát zirconyl nitrate
cirkónium zirconium
cirkóniumbromid zirkonium bromide
cirkóniumdioxid zirconium dioxide/anhydride, zirconia
cirkóniumfluorid zirconium fluoride
cirkóniumkarbid zirconium carbide
cirkóniumklorid zirconium chloride
cirkóniumnitrid zirconium nitride
cirkóniumoxid zirconium oxide
cirkóniumsav zirconic acid
cirkóniumsavanhidrid zirconium anhydride/dioxide, zirconia
cirkóniumszeszkvioxid zirconium sesquioxide
cirkóniumszulfát zirconium sulfate
cirkóniumtartalmú *(ásv)* zirconian
cirkuláció circulation; *l* *még* **keringés**
cirkulációs szivattyú circulating pump
cirkulál *l* **kering**
cirkuláló szivattyú circulation pump
cirkuláris circular
cirkusz *(földt)* circus, cirque
cirok sorghum
cirokié sorgo juice
ciroknád sorghum cane
cirokszál (sorghum) cane
cirokszörp sorgo/sorghum syrup
cirrosztrátusz *(met)* cirrostratus
cirrusz *(met)* scarf cloud
cirrusz-felhőív *(viharmagot jelző; met)* arc
cisszoid *(mat)* cissoid
cisztein cysteine, 1-amino-2-mercaptopropionic acid
ciszterna cistern, tank, vat, well; *(bány)* cauldron; *l* *még* **tartály**
cisztin *(vegy)* cystine
cisz-transz-izomer *(vegy)* cis-trans-isomer
citizin cytisine, ulaxine, sophorine, baptitoxine
citizolidin cytisolidine, 6,8-dimethylquinoline
citozin *(vegy)* cytozine, 2, 4-aminopyrimidinedione, 4-amino-2-hydroxypyrimidine, 6-aminouracil
citrakonsav citraconic/methylmaleic acid
citrakonsavanhidrid citraconic/methylmaleic anhydride
citrál citral, geranial, neral
citromfűolaj balm oil, lemon-grass oil
citromhéj-reszelék lemon gratings
citrommagolaj lemon seed oil
citromolaj lemon/citron oil
citrompótló *(tisztított borkő)* lemon salt
citromsárga citrine, lemon yellow
citromsav citric acid
citromsavas: ~ koffein coffeine citrate; **~ nátrium** sodium citrate
citromsavdehidrogenáz citricodehydrogenase
citronellal citronellal, rhodinal
citronella-olaj citronella oil
citronellol citronellol, rhodinol
citroptén citropten, limettin, 5, 7-dimethoxycoumarin
cizellál *(fémmegmunkálás)* chase
cizellálás metal chasing, stroke engraving
cizelláló fakalapács chasing hammer
cizellált chased
C-kulcs *(hengeres anyához:)* C-spanner; *(hangt)* C-clef
clarabella *(hangt)* claribel
clarion *(hangt)* clarion
clarit *(ásv)* clarite
Clark-elem Clark cell
claudetit *(ásv)* claudetite
clausthalit *(ásv)* clausthalite
cleveit *(ásv)* cleveite
Cleve-sav Cleve's acid
cliachit *(ásv)* *l* **bauxit**
cliftonit *(ásv)* cliftonite
clingmanit *(ásv)* clingmanite
clintonit *(ásv)* clintonite
C-négypólus *(vill)* C-network
Cobb-féle enyvezési próba *(pa)* Cobb sizing test
coboly(prém) sable
cobolyszőr ecset sable hair brush
C-olaj *(gépk)* *l* **hajtóműolaj**
colcothar vitrioli *(festék)* colcothar
colemanite *(ásv)* colemanite
collstok *(összehajtható mérővessző:)* folding rule
coloradoit *(ásv)* coloradoite
colusit *(ásv)* colusite
combfogyasztás *(kh)* thigh narrowing
combgyapjú *(tex)* fifth combing wool
comendit *(földt)* comendite
Compton-effektus *v* **-hatás** *(fiz)* Compton effect
comptonit *(ásv)* *l* **thomsonit**
Compton-szóródás *(fiz)* Compton scattering
Compton-ütközés *(fiz)* Compton recoil
Conbur-féle ütéspróba *(pa)* Conbur test
coniaci emelet *(földt)* Coniacian substage
connarit *(ásv)* connarite
cookeit *(ásv)* cookeite
Coolidge-cső *(röntgencső)* Coolidge tube
cooperit *(ásv)* cooperite
copiapit *(ásv)* copiapite
coquimbit *(ásv)* coquimbite
Cordeaux-menet *(szigetelőn:)* Cordeaux thread
cordierit *(ásv)* cordierite, dichroite
Coriolis-erő Coriolis force
corkit *(ásv)* corkite
Corliss-vezérlés Corliss valve gear
Cornu-spirális *(mat)* Euler's/Cornu's spiral, clothoid
cornwallit *(ásv)* cornwallite
Cornwall-kazán single-flue boiler
Corti-szerv organon of Corti
corundellit *(ásv)* corundellite
cosalit *(ásv)* *l* **bjelkit**
cos φ power factor
cos φ**-mérő** power factor meter, phasemeter
cossait *(ásv)* cossaite
cossyrit *(ásv)* cossyrite
C-osztályú: ~ erősítő class(-)C amplifier; **~ szigetelés** class(-)C insulation
Cotton-féle kötőgép *(sikkötő gép)* Cotton machine
Cottrell-berendezés Cottrell precipitator
Cottrell-féle nagyfeszültségű porleválasztó cottrell
cotunnit *(ásv)* cotunnite
Coudé-rendszerű ekvátor-távcső equatorial coudé
coulomb *(vill)* coulomb
coulombmérő *(vill)* coulo(mb-)meter
covellin *(ásv)* covellite, covelline

Cowper-kemence *(koh)* Cowper stove
cölesztin *(ásv)* celestite
cölosztát *(csill)* coelostat
cölöp *(ép)* pile, prop, post, piling, (ground) stake; **alapozási ~** bearing pile; **~ csavarmenetes saruval** screw pile; **csúcsán teherátadó ~** point-bearing pile; **~ fajlagos ellenállása** *v* **süllyedése egy ütéssorozat alatt** refusal; **ferde ~** battered pile; **fúrt lyukba öntött ~** cast in place pile; **fúrt** *v* **vert lyukban készített ~** pile built in place; **leerősítő** *v* **lehorgonyzó ~** anchor picket; **~öket összefogó keret** pilework framing; **süveges ~** capped pile; **tárcsatalpas ~** disc pile; **~ vastagabb vége** butt of a pile
cölöpabroncs cap of pile
cölöpalapozás teherbíró talajig foundation on piles of point resistance
cölöpállvány *v* **cölöpbak** pile trestle
cölöpbehatolás penetration of pile
cölöpbehatolási diagram *v* **görbe** load-settlement curve, penetration record
cölöpbetét *(mérésnél; geod)* peg stake
cölöpbeverés ramming-in, pile setting; **toldat ~hez** punch for ramming in a pile
cölöpcsoport clump of piles
cölöpcsúcs tip of pile
cölöpépítmény pile dwelling
cölöpfa *(18—20 cm-es)* staddle
cölöpfal rank of piles, palisade
cölöpfej head (of a pile); **~ kirojtosodása** brooming
cölöpfejpárna cushion block
cölöpfejtoldás *(cölöpveréshez)* punch
cölöpfejvédő pile block; **~ gyűrű** cap of pile; **~ homokzsák** sand cushion
cölöpgyűrű casing of pile
cölöpjárom bent
cölöpkerítés pale fencing, stockade
cölöpkihúzási ellenállás uplift resistance, resistance of pile to withdrawal
cölöpkihúzó: ~ gyűrűslánc *(bány)* ringer and chain; **~ készülék** pile extractor
cölöplehajtás *(ép)* spudding
cölöpleverés *(ép)* polling
cölöplyuk *(ép)* pole hole
cölöpmű pilework
cölöpöz pile, drive piles
cölöpözés set of piles, poling, palification; **~ kézi cölöpverő kossal** beetling; **~ vízöblítéssel** *(hidr)* jetting
cölöpözési munka palification; *l még* **cölöpözés**
cölöprács pile work base
cölöprendszer set of piles
cölöpsaru shoe
cölöpsor set/rank of piles
cölöpsüllyesztés alámosással *(hidr)* pile sinking by flushing
cölöpsüveg pile cap
cölöpszádfal tongued-and-grooved piling
cölöptalp fleet of a pile
cölöptámasztó rúd pinch bar
cölöpterhelési próba két húzott és egy nyomott cölöppel bootstrap test
cölöpvédő: ~ bábu pile extension; **~ süveg** cap
cölöpvég csúcsa ram driving point
cölöpverés ramming, ram drive
cölöpverő pile driver; **csörlős ~** automatic ram pile driver; **~ gép** ram engine, ringing(-pile) engine, monkey engine, trop work; **kézi ~** beetle; **kis ~ súly** tup; **~ kos** ram(mer), pile driver/hammer monkey, pile ram; **~ kos beállító fogója** nipper; **~ kos vezetősínjei** ram guides; **~ kötél** rope of the ram-block; **~ meghosszabbítható vezetéke** extension leads; **pneumatikus ~** air hammer; **~ rúdja** ram rod; **~ vezeték** lead of pile driver
cönk *(dokkban, hajótest alatt:)* chock
cöruleolaktit *(ásv)* coeruleolactite
cövek *(fa)* picket, peg, fid, chat; *(szintezéshez:)* level(l)ing peg
cövekbeverés poling
cövekel stake, spike
cövekes minta *(ol)* peg model
cövekkihúzó csörlő spike-drawing winch
cövekverő kalapács spike hammer
Creed-féle jelfogó *v* **relé** Creed relay
Cremona-erőterv Cremona's polygon of forces
crescendo-henger *(orgonán:)* grand swell
Crompton-rendszerű nyüstös szövőszék Crompton's dobby
cronstedtit *(ásv)* cronstedtite
Crookes-cső Crookes' tube
Crookes-féle sötét tér Crookes dark space
crookesit *(ásv)* crookesite
Crookes-sötét-tér Crookes dark-space
Cross-Bevan és Sindoll-féle fajlagos papírszilárdság-meghatározási módszer C. B. S.-system
cross-bred fonal cross-bred yarn
crossit *(ásv)* crossite
C-tag *(távk)* C-section, C-network
C-típusú kép *(telev)* type C display
cubanit *(ásv)* cubanite, chalmersite
cucli *(gumi)* soother
cúg *(cipőrugany)* gusset
cúgos: ~ cipő *(ruganybetétes)* chelsea shoe; *(magasszárú)* elastic boot
cúgpánt *(rugópánt; gépk)* U-bolt, spring clip
cukor sugar; **agyaggal finomított ~** clay sugar; **~ral bevon** candy
cukor- sugary
cukoradagolás *(sörhöz)* priming
cukoraprító gép sugar breaker
cukorderítő üst blowup pan
cukorfehérítés sugar washing/cleansing; *(agyaggal)* claying
cukorfinomító *fn* sugar refinery; **~ fedőszörp** sugar liquor; **~ gyár** refinery
cukorfinomítvány refined sugar
cukorfőzés sugar boiling
cukorgyár sugar mill, sugar-factory; *(cukornádat feldolgozó)* sugar-cane mill
cukorgyári derítési iszap *v* **szűrőprésiszap** sugar-juice defecation sludge
cukorka candy, sweetmeats
cukorkabetét-karton *(pa)* cracker-layer board
cukorkacsomagoló papír sugar paper, candy wrapper
cukorkaforma *[gumiból]* confectionery mo(u)ld
cukorkaládalemez *(pa)* cracker-candy board
cukorkapapír confectioner's paper, paper for confectionery, candy wrapper
cukorkás zacskó *(pa)* confectionary bag
cukorlé sugar juice, syrup
cukorléderítés clarification of juice
cukorlékénezés sulfitation
cukornád (sugar) cane; **kipréselt** *v* **kilúgozott ~** bagasse
cukornádelőtörő *v* **-zúzó gép** sugar-cane crusher
cukornádlé cane liquor
cukornádőrlő gép cane mill
cukornádpapír sugar-cane paper
cukornádprés cane mill
cukornádrost *(pa)* bagasse fibre, sugar-cane fibre
cukornád-töltögető eke cane plough
cukornádvágó kés sugar-cane matchet
cukorpapír *(pa)* sugar paper
cukorpapírkarton sugar paper wrapping
cukorrépa sugar beet, beet(root); **kis cukortartalmú ~** low-sugar beet
cukorrépaaprító rasping machine
cukorrépaarató gép sugar-beet harvester
cukorrépagyökér beet root
cukorrépa-kiemelő sugar-beet lifter
cukorrépa-magtisztító gép draper
cukorrépaszelet sugar-beet pulp/slices; *(édes, friss)* diffusion cossettes/chips
cukorrépatépő gép sugar-mill shredder
cukorsav saccharic acid
cukorsavas kálium potassium saccharate
cukorspárga binding thread
cukorsüveg sugar loaf; **~ alakú emelkedés** *v* **domb** *v* **hegy** *(földt)* sugar loaf
cukorszén sugar coal
cukorszerű saccharine; **~ anyag** *[cserzőanyagban]* sugary matter; **~ poliszaccharid** sugar-like polyose; **~ szerkezet** *(földt)* saccharoidal structure
cukorszörp syrup; **égetett ~** caramelized syrup; **~ben tartósít** candy
cukortalanít desugarize
cukortartalmú sugary, sacchariferous; **~ lé** sweet water; **nagy ~ pulp** *v* **pép** high pulp
cukortisztítás sugar cleansing
cukortöltő anyag massecuite
cukortöltőanyag-aprító gép massecuite crusher
cukorzsák-szövet hessian bagging
cukrászfesték confectionery colo(u)r
cukros sugary; **~ szövetű** sugary grained
culsageeit *(ásv)* culsageeite
cummingtonit *(ásv)* cummingtonite
cunder *(koh)* *l* **reve**
Curie-állandó Curie constant
Curie-metszet Curie cut
Curie-pont Curie point, magnetic-transition temperature, Curie temperature
cúrihtolás *(nyomda)* overlay
Custer-féle hiba *(önt)* foaminess
C-vezeték *(távk)* sleeve/private wire
cvikkfogó *(ráncfogó; cipő)* lasting pincers
cvikkszeg *(foglalószeg; cipő)* plug
cvikli *(eresztek; cipőn)* gore
cviklis *(eresztékes)* **cipő** chelsea boot
C-vitamin vitamin C, ascorbic acid

Cs

csákány hack iron, (hammer) pick ; *(bány)* pitcher, sap, moil ; **fogazott ~** serrated pick ; **kétélű ~** beele ; **könnyű ~** hand pick ; **nagy ~** *(bány)* dresser
csákánybalta axe hammer, jedding axe
csákánykapa hack, flue
csákánymunka *(bány)* moiling
csákánynyél hüvelylemeze beele socket
csákányoz *(bány)* moil, peck, scarify
csákányozó *(ép)* hewer, picker, pickman
csáklya *(hajó)* (setting) pole, gavelock ; *(átkeléshez:)* crossing pole
csákoz *(alak)* blank, cut, punch
csákozás *(szabás ; bőr)* clicking, cutting ; *(alak)* blanking
csákozó : ~ karika *(cipő)* *l* **csákozógyűrű ; ~ készülék** blanking/punching fixture
csákozógép stamping/clicking machine ; **hidas ~** *(cipő)* rapid cutter ; **kétkarú ~** *(cipő)* double-armed clicking machine ; **önműködően kikapcsoló ~** *(cipő)* automatic eccentric clicking machine ; **pillanatkioldó ~** *(cipő)* eccentric clicking machine
csákozógyűrű shearing bushing
csákozókés *(cipő)* cutter knife, press-knife
csákozólemez *(pa)* punching board
csákozósajtó *(állítható:)* stamping press for constant blow ; *(fogak v bemetszések készítésére)* notching dies
csákozószerszám *(alak)* blanking tool
csákozótőke *(cipő)* cutting block
csákozótőke-egyengető gép *(cipő)* clicking board planishing machine
családi: ~ (gép)kocsi family car ; **~ ház** *(ép)* mansion, one-family house, cottage
családiházas, telkes beépítési mód detached-cottage building method
csalánrost nettle fibre
csalánszövet *(tex)* nettle cloth
csalánszövő *(tex)* nettle fibre weaver
csalogató : ~ fáklya *(halászatnál)* luring torch
csap *(általában ; gépt)* pin ; *(nagyobb:)* journal ; *(beállító- v rögzítőpecek:)* register pin ; *(csapszeg, csapfog, pecek, ék:)* pin ; *(dugó:)* plug ; *(ereszték, köldökcsap, nyelv:)* tenon ; *(fadugó, pecek:)* spill ; *(faék, pecek, szeg:)* peg ; *(függőleges v állócsap:)* pivot ; *(gyümölcsoltvány:)* stub ; *(hordón:)* spigot ; *(illesztésnél:)* shaft ; *(karé ; hordócsap:)* spile ; *(nyelv:)* tongue ; *(pecek, csonk, nyak:)* stud ; *(pecek, tövis:)* drift *(rádiócsőaljzaton:)* pin ; *(szár, nyél, nyak:)* tang ; *(szelep:)* valve ; *(tüske, pecek, csapszeg:)* spring ; *(vezetőcsap:)* teat ; *(víz-, gáz- stb:)* cock, tap ; **biztosító ~** *(gépt)* safety/securing pin ; **dekompressziós ~** relief cock ; **egyvállas ~** barefaced tenon ; **elzáró ~** cut-out/-off cock ; **falazatba erősített ~** *(épületelemek kötésére ;)* stone bolt ; **~ a fenékvízvezetéken** *(hajó)* bilge cock ; **gömbházas ~** globe cock, straight-through cock ; **háromállású ~** three-way cock; **~ és horony** *(nútféder)* tongue and groove ; **kétállású ~** two-way cock, straight-through cock ; **kettős ~ok** *(ép)* duals ; **kisebbik átmérőjű ~** *(felfüggesztő csapszerkezeten)* false trunnion ; **~jánál kopott** *(gépt)* worndown in journal ; **laposra vert végű v szegecselt ~** clinch-bolt ; **leeresztő ~** drain(ing) cock ; **légtelenítő ~** air-escape cock, venting cock ; **leiszapoló ~** mud/scum cock ; **~- és lyukkötés** socket-and-spigot joint ; **négyállású ~** four-way cock ; **rugós ~** spring pin ; **~ szelepemelő rúdon** *(himbás gőzgépen)* toe ; **tájoló ~** *(gépt)* locating pin/peg ; **úszógolyós ~** ball valve ; **ürítő ~** crain(ing) cock ; **~ra üt** start, set abroach ; **~ válla(zása)** relish
csapadék *(met, vegy)* precipitate ; *(maradék ; vegy)* residue ; *(nedvesség:)* deposit (of moisture) ; *(met)* precipitation, storm water ; *(esőből)* rain precipitation ; **~ot adó gomolyfelhő** *(met)* precipitating cumulus ; **rádióaktív ~** *(at)* (radio)active fallout ; **~ talajba került hasznos része** available precipitation
csapadékdús rainfull, rich in precipitate
csapadékgyűjtő interceptor, bucket trap
csapadékíró *(met)* pluviograph, ombrograph, hyetograph ; **~ szalagja v görbéje** *(met)* pluviogram, ombrogram, hyetogram
csapadékjelenségek *(met)* hydrometeors
csapadékleválasztó berendezés precipitator
csapadéklevezető árok *(ép)* sough
csapadékmennyiség *(met)* quantity of precipitation ; **évi ~** annual precipitation
csapadékmérő *(met)* ombrometer, pluviometer, udometer ; **~ állomás** ga(u)ging station ; **öníró ~** pluviograph; **~ tölcsére** bucket
csapadékos áramlás *(bány)* mist flow
csapadékszélrózsa *(met)* precipitation wind-rose
csapadéktérkép isopluvial chart
csapadékvíz *(met)* meteoric water, rainfall, rainwater
csapadékvízleválasztó *(gépt)* steam separator
csapadékvízlevezető hálózat drainage
csapadékvízterelő borda *(úttesten haránt)* breaker
csapágy bearing, pillow, block ; *(óra)* pivot-hole ; **axiális ~** thrust/axial bearing ; **beálló ~** self-aligning bearing ; *(gömbcsészés)* ball-and-socket bearing ; **~ bélése** lining, bush (of a bearing) ; **~ berágódása** seizing of bearing ; **fali ~** wall-bracket bearing ; **ferde hatásvonalú ~** angular-contact bearing ; **ferde osztású ~** angle pedestal bearing ; **fésűs ~** collar/ring thrust bearing ; **gördülő ~** antifriction bearing, rolling bearing ; **gyűrűs ~** radial bearing ; **~ helye** *(tengelyen)* bearing location ; **hengergörgős ~** cylindrical roller bearing ; **hordógörgős ~** barrel-shaped roller bearing; **késélű ~** blade/fulcrum bearing; **középső ~** centre bearing ; **kúpgörgős ~** bevel roller bearing ; **külső ~** outer/outboard/outborne bearing ; **műanyagból készült ~** laminated synthetic (resinous) bearing ; **nyitott ~** half-bearing ; **osztott ~** split bearing ; **önbeálló ~** self-setting bearing, swivel bearing ; **önkenő ~** self-oiling/lubricating bearing ; **perselyezett ~** sleeve bearing ; **radiális ~** radial bearing ; **radiax ~** angular-contact bearing, combined radial and thrust bearing ; **tárcsás ~** thrust bearing ; **tűgörgős ~** needle(-roller) bearing ; **véglegesen lezárt ~** sealed-for-life bearing ; **vízmentesen záró ~** water-sealed bearing
csapágyalátét bearing block
csapágyaljzat bearing socket
csapágyállvány *(padlóhoz rögzítve)* (floor) stand ; **könyökös ~** crank
csapágyaz support in bearings, fit with bearings
csapágyazás bearing support
csapágybak bearing bracket
csapágybeállítás bearing alignment
csapágybélés lining, bearing bush, shell, insert, sleeve ; **~t kicserél** reline
csapágybetét *l* **csapágycsésze**
csapágycsavar bearing bolt
csapágycsésze bearing shell, split bushing ; **beállítható ~** adjustable bushing ; **~ a hajtórúd forgattyúfejében** big-end bearing shell

csapágycsiszoló anyag grinding paste for bearings
csapágyellenállás bearing resistance
csapágyellennyomás bearing counter-pressure
csapágyélnyomás bearing end pressure
csapágyfedél bearing cover/cap
csapágyfedélcsavar cover/keep bolt
csapágyfém antifriction metal/alloy, babbitt/bush/white/bearing metal, babbitt
csapágyfém-betétöntés babbitt bearing lining
csapágyfém-ötvözet *l* **csapágyfém**
csapágyfészek bearing housing/recess
csapágyfúró gép bearing drill press
csapágy-futógyűrű bearing race
csapágygörgő bearing roller
csapágygyűrű bearing ring
csapágyház bearing block/pillow/pad/box, pedestal/journal box, pedestal; *(gördülőcsapágyé:)* bearing block
csapágyhordrugó bearing spring
csapágyhüvely *l* **csapágypersely**
csapágykarima bearing flange/collar
csapágykarton *(pa)* friction board
csapágykengyel bearing strap
csapágykihúzó *(belső gyűrűn át)* internal expanding extractor
csapágykiolvadás runout of bearing
csapágykiöntés pad
csapágykiöntő : ~ készülék babbitting jig; **~ tüske** babbitting mandrel
csapágykonzol bearing bracket
csapágykopogás knocking of bearings
csapágykosár bearing cage
csapágykő *(óra)* stone/jewel bearing; **középen lapos ~** *(óra)* lunette
csapágykő-besajtoló szerszám *(óra)* jewel-pressing tool
csapágylehúzó bearing remover/puller, extractor
csapágynemezbetét *(kenéshez)* bearing pad
csapágynyomás bearing pressure/thrust; **centrifugális erő okozta ~** sleeve force due to centrifugal action
csapágyötvözet *l* **csapágyfém**
csapágypajzs bearing/end shield; **~ra szerelt végcsapágy** end shield bearing
csapágyperem *l* **csapágykarima**
csapágypersely bearing bush/bushing/teese; **alsó ~** bottom bushing/shell; **beállítható ~** adjustable bushing
csapágyperselyezés bushing
csapágyperselytömítő betét packing strip
csapágyreakció bearing counterpressure/reaction
csapágyrögzítő híd bearing yoke
csapágyrugó bolster spring
csapágysúrlódás *(mech)* bearing friction
csapágysúrlódási veszteség *(mech)* bearing friction loss
csapágyszekrény axle box
csapágytalp *(gép)* bearing backing; *(padlóhoz rögzítve:)* floor stand; *(támcsapágynál)* footstep pillow
csapágytalpazat bearing block
csapágytámasz bearing bracket/carrier
csapágytartó bearing bracket/carrier; **~ bak** bearing boss
csapágyterhelés bearing load
csapágytest bearing block/body
csapágytok bearing/journal/axle box, case
csapágytok-vezetés *(vasút)* pedestal
csapágytömb bearing block
csapágytörzs bearing block/body/pillow
csapágytúlhevülést közlő berendezés hot bearing alarms
csapágyújrabélelés relining
csapágyújrakiöntés relining, rebabbitting
csapágyváll bearing rib/collar, bushing shoulder
csapágyvédő sapka bearing cap
csapágyvezeték *(vasút)* axle guard
csapágyvezető golyó guide roller
csapágyzsír *(nagy hőmérséklethez:)* special high-temperature grease
csapás *(nyomvonal:)* track; *(nyom, ösvény:)* trail; *(bány, földt)* across pitch, strike, trend; **~ban** *(bány)* on/along the strike, across (pitch); **~ra merőleges vágat** *(bány)* traverse gallery
csapásirány : ~ban *(bány, földt)* *l* **csapásban ; átlagos ~** average trend
csapásirányú : ~ csúszás *(vetődésnél)* strike slip; **~ elvetés** strike shift; **~ kihajtás** *(bány)* drive; **~ vetődés** strike fault; **~ völgy** strike valley
csapásvágat *(bány)* strike entry
csapásvonal *(bány, földt)* *l* **csapásirány**
csapat *(bány)* crew
csapatmunka *(bány)* bargain
csapatszállító *(hajó)* troop carrier; **~ gépkocsi** troop carrier/carrying truck; **~ repülőgép** troop-carrier aircraft; **~ siklórepülőgép** troop--transport glider
csapcsuklós kapcsolódás *(gépt)* pin joint
csapda catch (iron), trap(ping); *(apró állatok számára:)* hatch; *(hullám-; rád)* (wave-)trap; **csapdát állít** trap; **csapdával fog** trap
csapdosás *(mozgó szárnyaké; rep)* flapping
csapdugó cock plug
csapelzáró kulcs cock spanner
csapfészek *(fa)* mortise hole
csapfinomító *(óra)* pivoting tool; **~ nyeregszeg** *(óra)* pivoting centre
csapfog pin, peg, lantern tooth
csapfogazású : ~ fogasléc *v* **fogasrúd** lantern/ladder/pin rack; **~ kerék** lantern/pin gear
csapfogó *(pecekfogó)* bolt tongs
csapforgó cock plug
csapfurat *(gépt)* *(forgónak)* cock/plug bore/hole; *(csapnak)* pivot bore/hole
csapfúró *(fa)* mortising bit; *(órás)* pivot drill; **~ készülék** *(óra)* pivot-centering tool; **rudas ~** bar wimble
csapfűrész trim/tenon saw
csapgömbölyítő *(óra)* pivot-rounder
csaphajlat shoulder
csaphely mortise
csaphüvely bush ring
csapidomszer external ga(u)ge
csapinós véső paring chisel
csapjátéktér *(óra)* play, air
csapkarika *[fatengelyen]* trunnion ring
csapkészítő gép *v* **szerszám** tenoner, dowel making machine
csapkod *(szíj, lánc)* whip, lash; *(rep)* flap
csapkodás *(laza kötélé, szíjé)* whipping; *(rád, táv)* flutter effect
csapkodó : ~ mozgás *(rep)* flapping motion/movement; **~ szárny** *(rep)* flapping wing
csapkodószárnyú ornithopter, flapping--wing; **~ repülőgép** flapping-wing aircraft
csapkoszorús kerék *(gépt)* lantern gear/pinion
csapköszörű *(óra)* jacot tool
csapkötés *(ép, fa)* rabbet; *(gépt)* pin joint
csapkulcs cock wrench/spanner, tap wrench
csaplyuk *(fa)* mortise (hole), plug hole, pinhole, socket; *(gerendavégen történő illesztésnél)* pulley mortise; *(ácsolásnál)* tightening hole; **~at csappal kitölt** dowel the holes
csaplyukfúrás gaining
csaplyukfúró dowel borer, gimlet; **kanalas ~** dowel bit; **~ vezető** dowelling jig
csaplyuk-mélységmérő *(szerszám)* mortise-sounding tool
csaplyukmérő *(óra)* jewel hole ga(u)ge
csaplyukreszelő *(kerek)* round joint file
csaplyukszélező véső socket-firmer chisel
csaplyukszél-mérő idomszer socket- firmer ga(u)ge
csaplyukszűkítés *(óra)* contraction
csaplyukvéső socket chisel; **~ gép** mortiser, reciprocating chisel mortising machine
csapmaró *(óra)* pivot sinker; **~ gép** *(fa)* tenoner; *(forg)* journal-milling machine
csapmélyedés *(fa)* mortise
csapmenetvágó bolt cutter
csapmérő idomszer external ga(u)ge
csapóajtó drop/flap door, closing trap, scuttle; *(bány)* trapdoor, clap-me--down; *(falban)* swing door; *(hajó)* escape hatch; *(padozatban)* trap door; **~ az aknanyíláson** *(bány)* shaft cover
csapóajtós : ~ fenekű kocsi *v* **csille** wag(g)on with hopper bottom; **~ teheremelő csille** match crab
csapóasztal flapper
csapódás impact, shock
csapódeszka *(útépítéshez)* strike-board
csapódógyújtó concussion fuse
csapódógyújtós bomba percussion bomb
csapódógyutacs percussion cap
csapófa *(fölös anyag levágására)* strickle-board
csapófedél lid, flapper
csapófedeles: ~ kenőszelence flap--covered lubricator; **~ zsírzófej** flap--covered grease fitting
csapófenékajtó bottom flap
csapófészek *(tyúknak)* trap nest
csapóhíd bascule/draw bridge; *(mozdony és szerkocsi között)* foot-plate; **~ billenőszárnya** bascule; **~ felső ellensúllyal** overhead counterweight type bascule; **végcsuklós ~ csuklós ellensúllyal** heel trunnion type bascule; **~ vízszintes szélső pályatartója** horizontal girder of bascule
csapóhídszárnyak reteszelése locking of the leaves
csapókilincs drop/falling latch
csapókorongszelep hinged-disc valve
csapol *(vizet, gőzt, fémet, tekercset)* tap down/off; *(fakötés)* *l* **csapoz**
csapolás *(vízé, gőzé, fémé, tekercsé)* tap; *(erőg)* *l* **gőzfelvétel**; *(gumifáé)* chipping, tap; *(koh)* discharge;

(fakötés) l **csapozás** : ~ **tekercsközépről** *(vill)* centre tap

csapolási : ~ **öv** v **zóna** *(koh)* bleeding belt ; ~ **salak** *(koh)* tap cinder, flush slag ; ~ **visszahatás** *(gumifánál)* tapping response

csapolásnyílás *(koh)* l **csapolónyílás**

csapoló *(személy)* tapper ; ~ **csatorna** *(koh)* runner

csapolófűrész slashers

csapolókeret *(koh)* breast

csapolólemez *(gumifánál)* tapping panel

csapolólyuk *(koh)* l **csapolónyílás**

csapolónyílás *(gépt)* bleeder, tap ; *(koh)* tap(-hole), discharge orifice ; **csúszda** v **gurító** ~**a** *(bány)* drawhole ; ~ **eltömése** v **elzárása** *(koh)* botting, filling of tap-hole ; ~ **elzárására használatos agyag** *(koh)* tapping clay ; ~ **elzáró agyagdugója** *(koh)* bott ; ~**t felbont** *(koh)* spout the tapping hole

csapolónyílásbetömő gép *(koh)* mud gun

csapolónyílásdugó *(koh)* taphole plug

csapolórúd *(koh)* tap bar

csapolószelep *(gépt)* beleder, bleeding valve

csapolótartály drain trap

csapolótér *(koh)* tapping floor

csapolóüst *(koh)* tap ladle

csapolóvágat *(bány)* drawcut

csapolóvályú *(koh)* spout, jet

csapolt *(gépt)* bolted ; l *még* **csapol**; *és* **csapoz** : ~ **sör** draught beer

csapos *(gépt)* necked, pivoted, pinned; ~ **billenősaru** *(hídépítésnél)* spigot and socket bearing ; ~ **boltozatvállkő** toe voussoir ; ~ **csavarkulcs** pin spanner/wrench ; ~ **csukló** *(gépt)* pin joint; ~ **deszka** grooved plank(s); ~ **fafúró** centre cock bit ; ~ **fakötés** mortise and tenon ; ~ **(fejű) szegecs** spigot rivet ; ~ **fúvóka** *(Diesel-motorban)* pintle-type injection nozzle/atomizer ; ~ **gerendafödém** *(ép)* system of dowelled beams ; ~ **hordó vízmeszezéshez** *(sörgyártásnál)* union; ~ **illesztés** rabbet, tonguing, cocking, lipped joint ; ~ **karimás csőkötés** flange spigot connection ; ~ **kerék** lantern gear, pinwheel, cogwheel ; *(órában)* pin wheel ; ~ **kerék csapja** *(kis)* leaf ; ~ **kötés** *(fa)* match-joint, (mortise) dowel joint ; *(gépt)* pin(ned) joint ; *(csappal és csaplyukkal ; fa)* mortise, joint ; ~ **lánc** stud chain ; ~ **láncszem** stud link ; ~ **(le)szorító lemez** *(gépt)* pin clamp ; ~ **oszlop** *(feszítőművön)* joggle post ; ~ **serlegtartó** *(emelőn)* pivoted bucket carrier ; ~ **tömb** v **tuskó** fulcrum block

csaposan köt groove and tongue

csaposkulcs peg/pin spanner/wrench

csapószárny *(hídép)* bascule, leaf ; ~ **vége** heel

csapószárnyas v **csapószárnyú repülőgép** l **csapkodószárnyú repülőgép**

csapószelep hinged-disc valve, clap/clack/flap valve ; ~ **záró szerkezete** clap/clack/flap locking device

csapószeleptok clack box

csapószelepülés clap/clack/flap seat

csaposztás *(gépt)* rod spacing/pitch, pin spacing

csapott : ~ **célgömb** full/inclined sight ; ~ **gerenda** *(ép)* rabbet beam

csapóülés hinged/jump seat

csapoz *(fát)* mortise, rabbet ; *(fakötés:)* joggle ; *(gerendát)* tenon

csapózár *(ajtón; gépk)* slam type lock ; *(fényk)* (closing) shutter ; *(gépt)* catch

csapozás *(fa)* spud, joining by rabbets, scarf joint ; ~ **ellenékkel** *(fa)* gib and cotter ; ~ **(teljesen) átmenő csappal** *(fa)* joining with passing tenon

csapozófűrész *(fa)* dovetail saw

csapozógép *(fa)* tenoning machine

csapozott *(gépt)* pivoted ; ~ **illesztés** *(ép)* joggle lap joint ; *(gépt)* pin joint ; ~ **keret** *(ép)* joggle frame ; ~ **kötés** *(fa)* joining by mortise and tenon

csappan *(reteszelőelem)* click, engage, snap in

csappantyú catch, clack, detent, register, snap

csappantyúemelő kar gate lever

csappantyúhorog notch hook

csappantyús : ~ **csille** *(bány)* bucket truck ; ~ **szelep** l **csapószelep** ; ~ **tolóka** snap bolt ; ~ **zár** l **csappantyúzár**

csappantyúzár thumb lock, snap, lock with falling lath

csappersely collar

csaprés *(fa)* plug hole

csapreszelés *(finomítás* v *vékonyítás ; óra)* roll

csapszeg *(gépt)* bolt, pin, pivot ; *(fa)* trenail, mortise bolt ; *(kéményfából)* coak ; **becsappanó** v **beugró** ~ *(gépt)* catch bolt ; **becsiszolt** ~ dowel bolt ; **gömbfejű** ~ ball pin/stud ; **hengeres fejű** ~ cheese head bolt ; **horgas végű** ~ clinch bolt ; **kengyelzáró** ~ clevis bolt ; **menetes** ~ threaded bolt ; **rugós** ~ spring bolt ; **süllyesztett fejű** ~ countersunk bolt

csapszeges csukló pin hinge

csapszegfurat bolt hole ; *[dugattyún, keresztfejen* v *hajtókaron]* wrist-pin hole

csapszegfúró carpenter's auger with spike

csapszegvágó bolt clipper

csapszelep valve cock

csaptartó kapocs *(gépt)* bolt staple

csaptáv spacing

csaptelep battery of cocks, valve battery; **kombinált fali** *(fürdőszobai)* ~ combination bath set for wall fixing

csapterpesztés *(gépk)* swivel pin angle, king pin inclination

csaptok casing of cock

csapváll shoulder

csapvastagságmérő *(óra)* pivot ga(u)ge

csapvédő nyeregszeg *(óra)* protection centre

csapvégű oszlop pin-ended column

csapvégződés *(rád)* ferrule/tab terminal

csapvéső mortise chisel

csarnak *(hajó)* standing ropes, shroud

csarnakcsat *(hajó)* rolling hitch

csarnakcsomó *(hajó)* shroud-knot

csarnakzat *(hajó)* rig(ging) ; ~**on felvezető hágókötelek** *(hajó)* ratlin(e)

csarnok *(ép)* hall, naval

császárfa *(ép)* king/queen post

császárkék *(festék)* smalt

császársárga *(festék)* chrome yellow

császárzöld *(festék)* l **schweinfurti zöld**

csat clasp, buckle, slip ; ~ **nyelve** v **tövise** tongue of a buckle, mordant ; **szoros** ~ *(hajó)* clove hitch

csatgyűrű *(homorú)* eyelet thimble

csatkampó chape

csatlakozás joint, junction, connection, communication ; *[légvezeték és kábel között]* junction ; *(ép)* meeting ; *(vill)* terminal, connection ; ~**t bont** *(vill)* cut a connection ; **gömbcsuklós** ~ *[műszerállványon]* ball-and-socket joint ; **gumipadló homorú** ~**a a fallal** coving ; **kardáncsuklós** ~ universal joint ; **kívül sima** ~ *(gépt)* flush joint ; ~**t létesít** connect ; **szélső** ~ *(ép)* end joint ; **vasúti** ~ junction ; ~ **védő burkolata** *(vill)* terminal cover

csatlakozási : ~ **állomás** junction depot ; ~ **ellenállás** *(vill)* joint resistance ; ~ **(falazott) akna** *[kábelcsatlakozáshoz]* cable vault ; ~ **hely** joint place ; ~ **oszlop** *(távk)* junction pole ; ~ **pont** *(távk)* junction point ; ~ **terület** *(távk)* exchange area

csatlakozásközvetítő *(rádióállomáshoz)* translation connection

csatlakozik (ad)join, abut, be connected; **szorosan** ~ continuate ; **újra** ~ rejoin

csatlakozó *mn* adherent, abutting, contiguous, conterminate, joining ; *fn (emelőn)* header ; *(vill)* connector, terminal ; ~ **aljzata** receptacle, socket ; ~ **alkatrész** joint piece ; ~ **(bekötő) vezeték** *(rád, vill)* interconnecting feeder ; ~ **cső** communicating tube ; ~ **csődarab** pipe junction ; ~ **csőidom** joining-piece ; ~ **csőidomdarab** joining nipple ; ~ **darab** adapter ; **dugaszoló** ~ *(vill)* plug connector ; ~ **érintkező** (connection) contact ; ~ **favég** butt joint; ~ **fesztávolság** contiguous span ; ~ **forgalom** joint traffic ; ~ **helyzet** juxtaposition ; ~ **hüvely** jointing sleeve ; ~ **kapcsolótábla** *(távk)* connecting block ; ~ **karmantyú** *(gépt)* joint, coupling, union nut ; ~ **keresztgerenda** joint tie ; ~ **központ** *(távk)* adjacent exchange ; ~ **lap** *(ép)* butting face ; ~ **lemez** junction plate, fish-plate ; ~ **perem** joining flange ; ~ **rész** juncture, joining part ; ~ **részek** joint parts ; ~ **telér** linked vein ; ~ **udvar** connecting court of a group of houses ; ~ **udvaros beépítési mód** building method with connecting courts ; ~ **választó (gép)** *(távk)* access selector; ~ **vég** *(ép)* butt end/joint ; *(vill)* terminal ; *[kábelé]* cable clip ; ~ **végű** end-to-end

csatlakozócsavar *(vill)* terminal screw

csatlakozócsipesz *(vill)* alligator clip

csatlakozócsonk connecting branch

csatlakozódoboz *(vill)* connection/junction box

csatlakozódugó connecting/connection plug ; ~ **aljzattal** *(vill)* plug connector, plug-and-socket connector

csatlakozóhüvely *(távk)* (station-)line jack

csatlakozókábel connecting cable

csatlakozókamra *(járda alatti)* footway jointing chamber

csatlakozórúd *(gépt)* coupling rod, pitman ; ~ **feje** *(gépt)* pitman coupling

csatlakozószekrény *(vill)* junction box

csatlakozózsinór *(távk)* connection cord, flexible connection

csatlakoztat close, joint ; *(vill)* couple; *(vonalat)* connect
csatlakoztatás joining up
csatló *(alak)* lug ; *l még* **csatlórúd**
csatlógerenda *(ép)* tie
csatlóhajtórúd *(vasút)* parallel rod
csatlórúd coupling/tie/link/connection rod ; *(vasút)* side rod
csatlórudas mozdony side-rod locomotive
csatlórúd-csuklócsapszeg *(vasút)* side-rod knuckle joint clevis
csatlórúdfej *(vasút)* straphead
csatlórúdhajtás *(vasút)* side rod drive
csatlórúdhomlokrész *(mozdonyon)* side-rod front section
csatlós *(bány)* hitcher, catcher, cager, coupler-on ; ~ **bolygó** *(csill)* satellite
csatlószál *(hajó)* ratlin(e)
csatlótárcsa carrier plate
csatlótengely carrying axle
csatlózás *(bány)* uncaging
csatol link, annex, affix ; *(vill)* couple ; **kritikusnál szorosabban** ~ *(rád)* couple hypercritically
csatolás coupling ; *l még* **csatol** ; *(rád)* hook-up ; *(távvezetéknél)* buckle ; **asztatikus** ~ *(vill)* astatic coupling ; **autotranszformátoros** ~ *(rád)* autoinductive coupling ; **csőközi** ~ intervalve coupling ; **elektronikus** ~ electron coupling ; **elektrosztatikus** ~ electrostatic coupling ; **ellenállásos-kapacitív** ~ resistance-capacitance coupling ; **fojtótekercses** ~ impedance coupling ; **fojtótekercses-kondenzátoros** ~ impedance-capacitance coupling ; **fokozatközi** ~ interstage coupling ; **galvanikus** ~ galvanic coupling ; **induktív** ~ electromagnetic/inductive coupling ; **induktív-kapacitív** ~ complex coupling ; **kapacitív** ~ capacitive/capacity coupling ; **káros** ~ stray/spurious coupling ; **kompenzált ellenállásos kapacitív** ~ compensated resistance-capacitance coupling ; **kondenzátoros** ~ capacitive/capacitance coupling ; **konduktív** ~ conductive/direct coupling ; **közvetlen** ~ conductive/direct coupling ; **laza** ~ loose/weak coupling ; ~ **megszüntetése** *(rád)* decoupling ; **szoros** ~ *(rád)* close coupling ; **túl szoros** ~ *(rád)* hypercritical coupling ; **változtatható** ~ variable coupling
csatolásgátló : ~ **ellenállás** *(vill)* decoupling resistor ; ~ **szűrő** *(rád)* decoupling filter
csatolási : ~ **együttható** coupling coefficient/factor ; ~ **fok** degree of coupling ; ~ **hiszterézishatás** *(rád)* coupling-hysteresis effect ; ~ **maximum** *(rád)* coupling peak ; ~ **tényező** *(rád)* coupling factor/coefficient
csatolásmentes *(vill)* decoupling
csatolásmentesítés decoupling, discoupling
csatolásmentesítő kondenzátor *(rád)* decoupling condenser
csatolásváltó *(rád)* coupling changer
csatoló : ~ **áramkör** *(rád)* link circuit, coupling network ; ~ **autotranszformátor** coupling autotransformer ; ~ **berendezés** *(vill)* coupler ; *(teljes)* coupling unit ; ~ **frekvenciák** *(rád)* tracking frequencies ; ~ **impedancia** *(rád)* coupling impedance ; ~ **kapcsolás** *(fokozatok között ; rád)* coupling interstage network ; ~ **kondenzátor** coupling condenser/capacitor ; ~ **lánctag** *v* **láncszem** coupling link ; ~ **tápvonalcsonk** *(rád)* (coupling) stubline ; ~ **transzformátor** *(rád)* bypass/coupling transformer ; *[1 : 1 áttételű]* repeater (coil) ; *(fokozatok között ; rád)* interstage transformer
csatolócső *(vill)* coupling tube
csatolóelem *(rád)* coupling element
csatolóhurok *(rád)* coupling loop
csatolókör *(vill)* coupling circuit
csatolórés *(rád)* coupling slit
csatolószonda *(rád)* coupling probe
csatolótekercs pickup/coupling coil/inductor
csatolt adherent, coupled ; ~ **áramkörök** coupled circuits ; ~ **ellenállás** *[csöves erősítőhöz]* repeating resistance ; ~ **impedancia** *(vill)* coupled impedance ; ~ **terek** *(hangt)* coupled spaces
csatorna channel, canal, duct ; *(bány)* riffle, cut, rill ; *(ércmosáshoz)* strake ; *(ép, hidr)* shoot, fosse, furrow, chute, spout, canal, trench, water sink/gang ; *(járda mentén)* gutter ; *(falazott)* flume ; *(porlasztóban)* passage ; *(távk)* channel ; ~ **alsó szakasza** *(hidr)* tail race ; **bővülő** *v* **széttartó** ~ divergent channel ; **hozzávezető** ~ access duct ; *(hidr)* gullet ; **kis légnyomású** ~ *(met)* trough (of low pressure) ; **kisméretű** ~ fluting ; **körszelvényű** ~ circular groove ; **körülfutó** ~ *(hidr)* peripheral passage ; **körülfutó vízlebocsátó** ~ *(hidr)* by-wash ; **csatornák közötti szabad tér** *(telef)* guard band ; **központi** ~ *(földt)* central tube ; **kristályvezérlésű** ~ crystal-controlled channel ; **levegőelvezető** ~ *(öntőformában)* vent(ing) ; **négyzetes keresztmetszetű** ~ checker flue ; **szomszédos** ~ *(táv)* adjacent channel ; **távközlési** ~ communication channel ; **tengelyirányú** ~ *(gépt)* axial duct(s) ; **V-alakú** ~ *(hidr)* arris gutter ; ~ **vízhozama** *v* **emésztése** canal discharge ; **vízlevezető** ~ draw-off culvert ; ~ **zárózsilipje** *(árapasztó)* spillway gate
csatornaág *(hidr)* canal branch, shoot
csatornaakna lamphole
csatornaáramlási sebesség *(hidr)* groove speed
csatornaásás *(hidr)* spade-work
csatornaáztatás *(lené ; tex)* channel ret
csatornabekötés drain connection
csatornabilincs *(ép)* wall hook
csatornacső *(ép)* spout
csatornadugulás eltávolítása rúddal rodding
csatornaegység *(távk)* channel equipment, modulator-demodulator, modem
csatornaépítés canalization
csatornaépítkezés sewerage
csatornaerősítő *(távk)* channel amplifier
csatornafal ditch bank
csatornafektető *(munkás)* drainlayer
csatornafő canal/conduit head
csatornafűtéses melegágyépület flue-heated hotbed house
csatornagáz sewage gas
csatornahálózat sewerage system, arterial drainage
csatornahíd canal conduct bridge
csatorna-hídnyílás channel span
csatornakampó *(ereszcsatornán)* strap ; *(merevítő)* channel bracing piece
csatornakapacitás *(távk)* channel capacity
csatornaképződés channel(l)ing
csatornakereszteződés canal crossing
csatornakitérő *(hajóknak)* siding place
csatornakorom *(gumi)* (conductive) channel black, C. C.
csatornaközi (frekvencia)sáv *(táv)* interchannel frequency band
csatornakulcs *(távk)* channel key
csatornalékvizsgáló füstfejlesztő rakéta rocket tester
csatornaleválasztás channel selection
csatornamedence *v* **-meder** canal basin
csatornamoduláció *(távk)* channel-modulation/translation
csatornamosó *(koh)* trough washer
csatornanyílásfedő drain cover
csatornanyomvonal *(hidr)* flume line
csatornaoldal ditch bank
csatornaöblítő tartály flush tank
csatornarendszer *(iszapülepítő ; bány)* labyrinth
csatornás : ~ **áramszedő** *(vasút)* slot plough collector ; ~ **csúszó tolattyú** canal slide valve ; ~ **élek** *(ásv)* pitted faces ; ~ **szárító** canal drier ; ~ **tolattyú** trick valve ; **x** ~ **távbeszélő berendezés** *x*-channel telephone equipment
csatornasávszűrő *(távk)* channel-(band-)filter
csatornásodás channel(l)ing
csatornasugárzás *(vill)* canal rays
csatornaszájnyílás *(ép)* jaw
csatornaszakasz canal section ; **nagy lejtésű burkolt** ~ drop
csatornaszélesség *(telef)* channel width
csatornaszelvényű vas trough iron
csatornaszem (sump) gull(e)y, catch basin, channel head
csatornaszemszivattyú sump pump
csatornatartalom vegyvizsgálata sewage analysis
csatornatégla *(ék alakú)* sewer brick
csatornatervrajz canal layout
csatornatöltés ditch bank
csatornaválasztó *(telev)* channel selector; ~ **kapcsoló** channel selector switches
csatornavíz sewage water
csatornáz canalize ; *(szennyvizek elvezetésére)* sewer
csatornazár összekötözött tutajokból boom
csatornázás canalization, sewerage, channel(l)ing
csatornázási : egyedi *(elkülönített)* ~ **rendszer** separate sewerage system ; ~ **rendszer** sewer system ; ~ **szűrő berendezés** sew(er)age filter
csatornazsilip canal lock
csatornazsír garbage grease
csatos : ~ **cipő** latch(et) boot ; ~ **félcipő** buckle shoes
csatszíj *(cipő)* strap
csattanás *(zajtípus ; távk)* click, clap, clash
csattogás *(hangt)* flutter
csáva *(tex, vegy)* vat, copper, steep
csávafesték *(tex, vegy)* vat dye/colo(u)r
csávafestés *(tex, vegy)* vat dyeing/colo(u)ring
csáva-maradék vat waste
csáva-nyomókék *(tex)* indanthrene printing blue

csavar *fn (gépt)* screw ; *(anyás)* bolt ; *(hajó)* screw, propeller ; ~ **alakú** screw-shaped ; helical ; ~**ral állítható ék** screw wedge ; **anyás** ~ bolt ; **átmenő** ~ through bolt, in-and-out bolt; **balmenetes** ~ left-hand(ed) bolt/screw; ~**ral beállítható sajtolószerszám** screw-adjusting die ; **durva menetű** ~ coarse-threaded bolt ; **egybekezdésű** ~ single/simple-thread bolt/screw ; **éles menetű** ~ V-threaded bolt/screw ; **elszegecselhető** ~ clinch bolt ; **elveszíthetetlen** ~ non-loosable clamp screw ; **érintkező** ~ *(vill)* clamping/contact screw ; ~**ral felerősít** bolt screw up ; **félfényes** ~ semi-finished bolt/screw ; **félgömbfejű** ~ button/round-head screw ; **fényes** ~ finished bolt/screw ; **finom menetű** ~ fine-pitch(ed) screw ; **furatos** ~ bleed/hollow screw ; **gömbvégű** ~ ball point set screw ; **gyűrűs** ~ ring/eye bolt ; **hárombekezdésű** ~ triple/triplex-thread bolt/screw ; **hatlapfejű** ~ hexagon bolt ; **hengeres fejű** ~ cheese head bolt/screw (*UK*) ; flat fillister head bolt/screw (*US*) ; **jobbmenetes** ~ right-hand(ed) bolt screw ; **kalapácsfejű** ~ T-head bolt ; **kapuheveder**-~ carriage bolt ; **kétbekezdésű** ~ double/duplex-thread bolt/screw ; **köztartó** ~ pillar/distance bolt ; **lánczáró** ~ chain bolt ; **lefolyó nyílást elzáró** ~ *(gépk)* bleeder screw ; **lencsefejű** ~ raised-head screw, instrument-head screw ; **magszabályzó** ~ *(vill)* core screw ; ~ **menete** thread ; **nagy menetemelkedésű** ~ coarse-pitch bolt ; **négylapfejű** ~ square-head bolt ; **nyers** ~ unfinished/black bolt/screw ; **orros fejű** ~ clasp bolt ; **összekötő** ~ coupling bolt ; ~**ral összekötött** bolt/screw up ; **(palástfuratos) hengeresfejű** ~ capstan-head bolt ; **peremes** ~ flange(d) bolt ; **recésfejű** ~ knurled-dead screw ; **recésszárú** ~ agricultural bolt ; **süllyesztett fejű** ~ countersunk screw (*UK*) ; flat-head screw (*US*) ; ~ **szára** *v* **törzse** shank (of bolt) ; **szárnyas** ~ butterfly bolt/screw, wing(-headed) bolt/screw ; **szintező** ~ levelling screw ; **szorító** ~ hold-down screw, clamping screw ; **távtartó** ~ pillar/distance bolt ; **több-bekezdésű** ~ multiple-thread bolt/screw ; **üreges** ~ hollow/venting screw ; **vállas** ~ shoulder(ed) bolt ; **végtelen** ~ *l* **csiga**

csavar *ige (sodor ; tex)* twist ; *(csavaroz:)* bolt, screw ; *(mech)* torsion, twist ; **helyére** ~ screw home

csavar- helical, helico-, screw-, bolt-

csavaracél *(koh)* screw/bolt stock

csavarágy screw bushing

csavaralátét washer

csavaranya (screw) nut ; **állító** ~ adjusting nut ; **biztosító** ~ safety nut ; **félfényes** ~ semi-bright/finished nut ; **félnyers** ~ semi-rough nut ; **fényes** ~ bright/finished nut ; **forgattyútengelyt kenő** ~ crankshaft oiler nut ; **furatos** ~ drilled nut ; **füles** ~ ear/wing nut ; **hatlapú** ~ hexagon nut ; **hengeres** ~ circular/barrel nut, cylindrical nut ; **homlokfuratos** ~ *(két furattal)* two-pin driven nut ; *(négy furattal:)* four-pin driven nut ; **hornyos** ~ clamp/grooved nut ; **kalapos** ~ cap(ped)/blind nut ; **koronás** ~ castle/castellated nut ; **körmös** ~ claw nut ; **lapos önzáró** ~ *(palanya)* palnut ; **csavaranyát megszorít** tighten ; **négylapú** ~ square nut ; **nyers** ~ rough/unfinished nut ; **palástfuratos** ~ nut with side holes ; **peremes** ~ collar/flange nut ; **recézett** ~ knurled nut ; **sapkás** *v* **süveges** *v* **zárt** ~ cap(ped)/blind nut ; **süllyesztett** ~ countersunk nut ; **szárnyas** ~ ear/fly nut

csavaranya-behajtó nut runner

csavaranyadaraboló gép nut-shearing machine

csavaranya-ellenőrző idomszer female thread ga(u)ge

csavaranya-fogó nut plier

csavaranya-gyártó sajtó nut press

csavaranya-hornyoló gép nur slotting machine

csavaranyakulcs *l* **csavarkulcs**

csavaranya-maró gép nut milling machine

csavaranya-menetfúró nut tap ; ~ **gép** nut-tapping machine

csavaranyás csapszeg nut bolt

csavaranya-sorjázó gép nut-burring machine

csavarás torsion, screwing, twisting, coiling action ; *(vezetékek helycseréje ; távk)* twisting, rotation ; ~**ra igénybevett elem** member in torsion ; ~**sal leszakít** *(anyát)* wrench off ; ~ **okozta szakadás** torsion failure

csavarási *l* **csavaró**

csavarásmentes helyzet torsionless position

csavarautomata automatic screw machine

csavarbeállítás screw adjustment

csavarbehajtó *(kisebb csavarok és anyák meghúzására)* bolt driver

csavarbiztosítás bolt/screw-locking ; *(eszköz)* bolt/screw-locking device ;

csavarbiztosító securing, fastening ; ~ **alátét** safety washer ; ~ **lemez** tab washer ; ~ **rugós alátét** check washer

csavarbordás vetélőtüske *(tex)* spiral/screw peg

csavarcsúszás screw slip

csavardugó closing screw, screw plug

csavardugós : ~ **biztosítóbetét** *(vill)* screw-plug cartridge ; ~ **olvadó biztosító** *(vill)* screw-plug cartridge

csavarék fox tail

csavaremelkedési szög *(rep)* pitch angle, helix angle

csavaremelő screw jack

csavarfedő screw cover

csavarfedős szigetelő *(vill)* pothead insulator

csavarfej bolt()head, screw(-)head, screw knob

csavarfejbevágó : ~ **reszelő** *(óra)* featheredge file ; ~ **szerszám** screw-slotting cutter

csavarfejező bolt header ; ~ **szerszám** bolt die(s)

csavarfejfedő screw cap

csavarfejhasíték screw/driving slot

csavarfejhornyoló : ~ **fűrész** screw-slotting saw ; ~ **gép** bolt/screw-head slotting machine

csavarfejhorony screw/driving slot

csavarfejhoronymaró screw-slotting cutter

csavarfej-horonyreszelő screw-head file

csavarfej-oldallap pane

csavarfelület *(mat)* helic(oid)al surface ; **légcsavar által leírt** ~ airscrew path

csavarfelületű helicoidal

csavarfeszültség bolt stress

csavarfonású kábel spiral-weave cable

csavarfordulat *(vill)* turn

csavarfurat bolt hole

csavarfúró (belly/ratchet) brace, breast drill

csavargőzös screw steamer

csavargyár screw mill

csavargyártó gépi berendezés screw machinery

csavargyűrű screw ring

csavarhajtás *(gépt)* spiral-gear drive ; *(csigahajtás)* worm drive/gear ; *(orsóval)* spindle and nut/leadscrew drive

csavarhajtásos *(gépt)* spiral-geared ; *(csigahajtású)* worm-driven ; *(orsóhajtású)* leadscrew-driven ; *(hajó)* propeller/screw-driven ; ~ **gyalugép** spiral-geared planer

csavarhajtású reffelő készülék *(hajó)* worm reffing gear

csavarhajtó : ~ **fogantyú** screw dolly ; ~ **mű** screw gear

csavarhegy screwpoint

csavarhengerlő üzem screw mill

csavarhoronymaró screw-slotting cutter

csavarhúzó screwdriver, turn(-)screw ; *(kisebb csavarok és anyák meghúzására)* bolt driver ; **általános** ~ screw-driver ("Perfect" pattern) ; ~ **beté**: *[pergőfúróba helyezve]* screwdriver bit ; ~ **eszköz** *(mindennemű)* driver ; **gépi** ~ screwdriver (with ferrule riveted across the blade) ; **gumiba ágyazott** ~ *(2000 V átütési szilárdságig szigetelve)* screwdriver, handle and blade with hard rubber (isolated up to 2000 V) ; **kétoldalas** ~ offset screw driver ; **nehéz gépi** ~ heavy-duty screwdriver ; **önműködő** ~ screw-gun

csavarhüvely screw bushing ; **ellenmenetes** ~ adjusting screw

csavaridomszer screw ga(u)ge

csavarigénybevétel bolt stress

csavarkapocs *(vasút)* screw link

csavarkarmantyús kötés screwed socket joint

csavarkerék spiral gear(wheel) ; *l még* **csigakerék**

csavarkerékáttétel spiral gearing

csavarkerék-hajtás spiral gear drive

csavarkihajtó *(szerszám beletört csavarok eltávolítására)* screw extractor

csavarkiütő *l* **csavarkihajtó**

csavarkötés bolted/screwed joint/connection

csavarkulcs wrench, spanner ; **állítható** ~ double-ended head wrench (English pattern), monkey wrench, adjustable spanner ; ~ **beállító csavarhoz** setscrew spanner ; **dinamométeres** ~ torque screw driver ; **egycsapos** ~ hook spanner/wrench ; **egyoldalas** ~ single-ended spanner/wrench ; **egyszerű állítható** ~ adjustable wrench (for autocars and cycles) „Excelsior" pattern, monkey wrench ; **ferde fejű görgős** ~ Swedish-pattern adjustable spanner ; **gyűrűs** ~ closed-end spanner/wrench ; **hajlított szárú** ~ angle wrench ; **kétcsapos** ~ pin spanner/wrench ; **kétoldalas** ~ double-ended

spanner/wrench ; **kilincses** *(racsnis)* ~ ratchet spanner ; **könyökös** ~ bent spanner/wrench ; „**motoros" görgős** ~ „Crescent"-pattern adjustable spanner ; **(nagy) szerelő** ~ construction wrench ; **nyomatékmérős** ~ torque indicator handle wrench ; **önműködő gyorsbeállítású** ~ wrench with automatic adjustment ; ~ **pofanyílás(a)** jaw opening ; **préslevegős** ~ air-impact wrench ; **szerelő** ~ engineer's spanner/wrench
csavarkulcs-fogópofa spanner/wrench jaw
csavarkulcs-méret wrench opening
csavarkulcsnyílás spanner clearance/opening
csavarkulcs-pofa spanner/wrench jaw
csavarkúpkerekes hajtás *(pa)* spiral bevel gear drive
csavarlapát *(hajó)* screw blade
csavarlapátos : ~ **keverőgép** helical blade stirrer ; ~ **szivattyú** propeller pump ; ~ **vízturbina** *[Kaplan-turbina]* propeller-type water turbine
csavarlégszivattyú *v* **-légfúvó** helical/screw blower
csavarlyuk bolt hole
csavarlyukkör bolt-hole circle
csavarmag bolt/screw core
csavarmenet screw-thread, thread, winding (of a screw), spiral ; *l még* **menet** ; ~ **belső átmérője** core/minor/root diameter ; **egybekezdésű** ~ single/simplex thread ; **egy hüvelykre eső** ~**ek száma** threads per inch, T. P. I. ; **éles** ~ triangular thread ; ~ **emelkedése** pitch ; *(több-bekezdésűn)* lead; ~ **emelkedési szöge** angle of thread ; **háromkezdésű** ~ triple/triplex thread ; **hengerelt** ~ rolled thread ; **hibás** ~ drunken thread ; **kerékpár-**~ cycle engineer's thread ; **kétbekezdésű** ~ double(-start) thread ; **kötő** ~ fastening thread ; ~ **középátmérője** effective diameter ; **kúpos** ~ taper(ed) thread ; ~ **külső átmérője** major/outside diameter ; **mángorolt** ~ die-rolled thread ; **modul** ~ module/worm thread ; **mozgató** ~ motion thread ; ~ **nagy facsavarhoz** lag screw thread ; **nem szabványos** ~ bastard thread ; **órás** ~ watch-screw thread ; ~ **profilszöge** profile angle, angle of thread ; **szabványtól eltérő** ~ bastard thread ; **több-bekezdésű** ~ multiplex thread ; ~ **tőlekerekítése** fillet ; ~ **töve** bottom of thread ; ~**et túlhúz** overturn the thread ; ~**et vág** thread
csavarmenetbarázda thread groove
csavarmenet-emelkedés pitch of screw ; *(több-bekezdésű csavaré)* lead
csavarmenetemelkedés-mutató pitch indicator
csavarmenetes threaded ; ~ **csapszeg** threaded pin/bolt ; ~ **csőkarmantyú** *(„hollandi")* screwed pipe coupling ; ~ **furat** threaded bore/hole ; ~ **gyűrű** threaded/screw ring ; ~ **huzagolás** twist riffling ; ~ **hüvely** screw(ed) socket ; ~ **kapcsológyűrű** shifter ring with thread ; ~ **kapcsolóhüvely** screw coupling box, screw(ed) socket ; ~ **karima** screwed flange ; ~ **karmantyú** screw coupling nut, screwed sleeve ; ~ **kengyelszorító** screw clip ; ~ **kötés** screwed joint ; ~ **orsóval zárható szelep** screw-down valve ; **palack** ~ **zárókupakja** screw cap of bottle ; ~ **pecek** screw pin, stud ; ~ **perem** *l* ~ **karima** ; ~ **persely** screw/threaded bushing ; ~ **satu** screw vice ; ~ **szegecs** tap/screw rivet
csavarmenetfúró gép tapping machine
csavarmenethengerlő gép screw-thread rolling machine
csavarmenet-idomszer thread ga(u)ge ; *(angol szabvány szerint)* British Association screw gauge
csavarmenetillesztés screw-thread fit
csavarmenetköszörű thread-grinder
csavarmenetmaró thread hob
csavarmenetmásoló szerkezet screw-copying device
csavarmenetmélység depth of thread
csavarmenetmérő : ~ **mikrométer** screw-thread micrometer caliper ; ~ **mikrométer-pofa** screw-thread measuring jaw
csavarmenet-mestermérő screw-thread ga(u)ge
csavarmenetmetsző *fn* die ; ~ **feje** *v* **kerete** die stock
csavarmenetmetsző-pofatartó die box/holder
csavarmenetmutató számlap *(esztergapadon)* thread-chasing dial
csavarmenet-osztás *(több-bekezdésű meneté)* pitch
csavarmenet-taraj játéka crest clearance
csavarmenettűrés screw-thread tolerance
csavarmenetvágás threading, thread cutting/chasing
csavarmenetvágási forgács screwings
csavarmenetvágó *mn* threading, screw-cutting ; ~ **esztergapad** thread/screw-cutting lathe ; ~ **fej** *(beillesztett v betétvágó élekkel)* inserted chaser die-head ; ~ **kés** thread chaser, threading tool ; **kétorsós** ~ **gép** double-bolt cutter ; ~ **lemez** die plate ; ~ **szerszám** screw-cutting/threading tool; *(kézi)* die stock
csavarmenetvágófej-késtartó thread chaser holder
csavarmenetvédő thread protector
csavarmetsző thread die ; ~**t beállító gyűrű** side adjusting ring ; ~ **fej** diehead ; ~ **pofák** screw dies ; ~ **pofatartó keret** screw stock
csavarnyílás bolt hole
csavaró torsional ; ~ **alakváltozás** torsional strain ; ~ **ellenállás** torsional resistance ; ~ **erő** torsional/twist force ; ~ **fárasztó-vizsgálat** repeated torsion test ; ~ **feszültség** torsional stress ; ~ **folyási határ** torsional yield stress ; ~ **és hajlítófogó** twisting pliers ; ~ **igénybevétel** torsional load/stress ; ~ **keresztezés** *(távk)* twisted transposition, drop bracket transposition ; ~ **nyomaték** torque, torsional moment ; ~ **nyomaték reakciónyomatéka** reactive torque ; ~ **próbatest** torsion specimen ; ~ **szilárdság** torsional strength ; ~ **szög** angle of twist ; ~ **terhelés** torsional loading
csavarodás turn, (con)volution, contortion ; *(tex)* torsion
csavarodási : *l még* **csavaró** ; ~ **alakváltozás** angular strain ; ~ **torzítás** *[magnetofon]* distortion due to twisting effect
csavarodásmérő készülék torsiometer
csavarodik snake, slew, crumple ; **gyűrűalakba** ~ coil
csavarodó twisting, twining ; **nem** ~ nontwisting ; ~ **rostú** *(fa)* twisted fibre
csavarodott distorted, twisted ; ~ **fonal** *(tex)* corkscrewed thread/yarn ; *(keresztrostos)* cross-fibred ; ~ **szál** *(fa)* curly grain
csavarófogó twisting pliers
csavarópróba torsion test
csavarórezgés torsional oscillation ; *[kvarclemezé]* torsional vibration
csavarorsó screw shaft/spindle ; ~ **csavarmenete** external (screw) thread ; ~ **daruhorog emelésére** luffing screw
csavarorsó-emelő *(háromlábú)* tripod jack
csavarorsó-fejsajtó bolt header
csavarorsómaró gép bolt milling machine
csavarorsómenetvágó gép bolt threading machine
csavarorsós : ~ **előtolás** (lead) screw traverse ; ~ **fék** (screw-)spindle brake; ~ **feszítő szerkezet** screw tension gear ; ~ **lyukasztósajtó** screw punch ; ~ **nyújtógép** *(tex)* screw gill ; *(rostokhoz)* spiral drawing frame gill ; ~ **prés** *v* **sajtó** screw/spindle press ; ~ **végállás-** *v* **határ-kapcsoló** screw-operated limit switch
csavarorsósajtoló kalapács bolt forging machine
csavaros *(csavarvonal alakú:)* helical ; ~ **acéltám** *(bány)* steel jack ; ~ **aljzat** screw base ; ~ **állítható ütköző** bumper screw ; ~ **befogó tokmány** screw jaw chuck ; ~ **ceruza** propelling pencil, screw-topped pencil; ~ **csatlakozás** *(vill)* screw terminal ; ~ **csigasor** worm-and-wormwheel pulley block, screw pulley block ; ~ **dugó** screw plug/stopper ; ~ **dugós tömítő** screwed plug packer ; ~ **éksajtó** screw wedge press ; ~ **emelő** lifting jack, screwblock, lift jack, hand-screw ; ~ **fék** screw brake ; ~ **felvonó** screw elevator ; ~ **feszítő** *(karosszériaegyengetéshez)* forcing jack, screw jack ; ~ **fonal** torque yarn ; ~ **fűrészlapfeszítő** screw tang ; ~ **gyűrű** screw collar ; ~ **hüvely** *(távk)* cupscrew ; ~ **kampó** screw hook ; ~ **kapcsolás** *v* **kapcsoló** *(gépt)* screw(ed) coupling ; ~ **kotrógép** screw dredger ; ~ **körző** screw compasses ; ~ **kötés** screw joint ; ~ **kupak** screw cap ; ~ **lámpafoglalat** Edison screw cap ; ~ **összekötés** screw(ed) connection ; ~ **prés** screw press ; ~ **rögzítés** screwing ; ~ **szorító** screw clamp, cramp ; *(acélból)* steel cast clamp ; ~ **tám** *(bány)* roof jack ; ~ **tám felállítása** *(bány)* jacking ; ~ **támoszlop** *(bány)* jack (post) ; ~ **tarcs** *(hajó)* screw stay ; ~ **típusú kenőszelence** *(Stauffer)* screw-type lubricator ; ~ **tokmány** screw(ing) chuck; ~ **tömlőcsatlakozás** screwed hose joint ; ~ **tüske** screw mandrel ; ~ **záródugó** screw cap
csavarótartó *(lámpabélhez)* key holder
csavaroz screw (on)
csavarozószeg *(cipőtalp felerősítéséhez)* screw peg

csavarozott : ~ **(eljárással készült) cipő** screwed boots ; ~ **fémszeges** *(eljárás cipőgyártásnál)* loose-nailed
csavarpersely screw bushing
csavarraktár screw stocks
csavarráma *(nyomda)* screw chase
csavarretesz locking screw
csavarrúd bolt bar
csavarrugó coil/spiral/screw spring ; ~ **összenyomott hossza** solid/compressed length of a spring
csavarsajtó screw press
csavarsapka screw cap
csavarszár screw/bolt shank
csavarszárny *(hajó)* screw blade ; ~ **homloklapja** *(hajó)* blade back ; ~ **kúpszöge** *(helikopteré)* coning angle
csavarszárnyas : ~ **keverő** propeller stirrer ; ~ **repülőgép** *l* **helikopter** ; ~ **sebességmérő** *(hajó)* propeller log ; ~ **típusú ventillátor** propeller-type fan
csavarszárny-emelkedés *(hajó, rep)* pitch of blade
csavarszelep screw valve
csavar-szlip screw slip
csavarszorıga wooden/bar clamp, adjustable wood cramp
csavarszorító bolted frog ; ~ **fából** wood clamp ; ~ **szerszámkészlet** bolting equipment
csavart : ~ **hengeres boltozat** helical barrel vault ; ~ **kengyelezésű vasbeton oszlop** spiral-reinforced concrete column ; ~ **négyes** *(szabadvezeték)* barelled square ; ~ **oszlop** *(ép)* corkscrew column ; ~ **szálú** *(fa)* cross-fibred ; ~ **tölcsér** *v* **kürt** *(hangt)* folded horn ; ~ **vasbetét** *(oszlopban)* spiral reinforcement ; ~ **vasbeton** hooped concrete
csavartám *(bány)* screw post/jack
csavartengely threaded axle ; *(csavarorsó)* screw spindle ; *(rep)* airscrew shaft ; *(hajó)* propeller shaft ; ~ **csapágya** tunnel shaft bearing ; ~**en mért teljesítmény** *(hajó)* shaft horsepower, S. H. P. ; ~ **vége** *(hajó)* tail of a shaft
csavartengelyalagút *(hajó)* screw shaft alley/tunnel
csavartengelyvédő hüvely *(hajó)* liner for screw shaft
csavartfogazású üregelő spiral broach
csavarthornyú dörzsár spiral-fluted reamer
csavartőátmérő root diameter
csavartőke *(hajó)* propeller post
csavartömítés fészke *(csőgyűrűn)* calking pocket
csavarulat winding, spire
csavarvágó fej *l* **csavarmenetvágó fej**
csavarvas bolt stock
csavarvezetés *(tűsléceknél ; tex)* screw guide
csavarvonal helicoid, spiral, helix, helical line ; *(mat)* helical curve/line ; ~ **alakú** helical, screw-shaped, spiral ; ~ **alakú irányított antenna** helical beam antenna ; ~ **emelkedése** *v* **menetmagassága** *(mat)* lead of the helix ; ~ **emelkedési iránya** direction of hand ; ~ **emelkedési szöge** helix angle ; ~**ban leereszkedik** *(rep)* spiral down ; ~ **mentén mozgó** helicodromic ; ~ **szöge** spiral angle
csavarvonalas helical ; ~ **boltozás** *(ép)* screw vault
csavarvonalszerűen fon *(távk)* spiral (up)on
csavarzár breech block, screwed plug
csavarzártömítés screwed plug packer
csavarzat hollow screw, union nut ; ~ **két ellentétes menettel** nipple
csávás festőanyagok *(tex)* vat colours, vat dye(stuff)s
csávaszínezék vat colo(u)ring matter, vat colo(u)r/dye(stuff)
csávaszínezékes nyomás vat colour/dye printing
csávaszínezés *(tex, vegy)* vat dyeing/colo(u)ring
csáváz *(magot)* treat (seed), dress ; *(bőrt)* pickle
csávázás steeping
csávázó *fn* seed dresser
csávázókád steeper
csávázószerek caustics
csecscsavar nipple
cséfer *(gumiabroncson)* chafer
csegely *(ép)* spandrel, pendentive
csegelyes boltív *(ép)* spandrel arch
csegelyfal(azat) *(ép)* spandrel walling
cseglyekaró *(bány)* spill
cseglyekarós ácsolat *(bány)* forepoling
cseglyekaróz *(bány)* spill
cseglyekarózás *(bány)* forepoling, breastboard, spilling; ~ **kettős ácsolattal** *(bány)* spilling with false set
cseglyézés *(bány)* *l* **cseglyekarózás**
cseglyéző *(bány)* spilling laths
cseh : ~ **boltozat** *(ép)* surbased spherical vault ; ~ **üveg** Bohemian glass
csekély : ~ **esés** flat gradient ; ~ **görbület** *v* **hajlat** slight curving ; ~ **merülés** *(hajó)* shallow draft ; ~ **szárazkotró** *(árok v gödör kotrásához)* shallow dredger
csekk-papír bill (head) paper, check/cheque paper
csekus *(ép)* *l* **útburkoló kalapács**
csemegeáruk dainty provisions
csemegepaprika bell pepper
csemegeszalonna *(élip)* bacon
csemegeszalonnaprés bacon press
csemegeszőlő table grape
csemete-hagyásfa stander
csemetekert *(fa)* (seedling-)nursery, forest nursery
csemeteültetési munkaszakasz seeding stage
csempe glazed slab/tile, paving tile ; **színes, beégetett mintás** ~ encaustic tile
csempecsípőfogó tile cutting nippers
csempekarcoló *(keményfémbetéttel)* tile scriber (with carboloy facing)
csempelap *(ép)* slab ; **díszes** ~ dalle
csempelyukasztó kalapács tile punching hammer
csempéző-kalapács tile hammer
csendes *(gép járása)* silent, quiet ; ~ **kisülés** *(vill)* silent discharge ; ~ **önműködő hangerőszabályozás** *(rád)* quiet automatic volume control, Q. A. V. C. ; ~ **szoba** *(hangt)* sound-quiet/proofed room, camera silenta; ~ **üresjárat** smooth idling ; ~ **zóna** *(rád)* skip region ; ~ **zóna sugara** *(rád)* skip distance
csendes-óceáni övezeti idő Pacific time
csendkúp *(rád)* cone of silence
csendkúpos irányadó *(rád)* cone-of-silence marker
csendöv *v* **csendzóna** *(rád)* silent/skip zone/area
cseng ring
csengés sounding, clang
csenget ring, jow
csengetés ring, jow ; **áramkört** ~**sel kipróbál** ring out a circuit ; ~**t jelző hang** *(telefonban)* ringing tone
csengetésátemelő *(távk)* ringing repeater
csengetésellenőrzés *(távk)* ringing control
csengetéses végjelző rendszer *(távk)* ring-off system
csengetési hang *(távk)* ringing tone
csengetésismétlő *(távk)* ringing repeater
csengetésvizsgáló egység *(távk)* ringer test set
csengető : ~ **áramjelző** *(távk)* ringing current indicator ; ~ **berendezés** *(távk)* ringer equipment ; ~ **és beszélőkulcs** *(távk)* speaking and ringing key ; talk-ringing key *(US)* ; ~ **generátor** ringing generator, ring oscillator ; ~ **hatásfok** *(távk)* ringing efficiency ; ~ **jelfogó** ringing relay ; ~ **vezeték** *(távk)* ringing line ; ~ **vibrátor** ringing vibrator
csengetőáram *(távk)* ringing current ; ~ **kimaradásának jelzése** signal of missing ringing current
csengetőegység *(távk)* ringer panel, bel set *(UK)* ; telephone ringer *(US)* ; *(20 periódusú)* ringing repeater
csengetőgép *(távk)* ringer machine
csengetőjel-átváltás *(távk)* ringing conversion
csengetőkulcs ringing key
csengetőrugó *(óra)* alarm main spring
csengő bell ; ~ **hangú** sonorous ; **villamos** ~ electric bell
csengőelzáró *(óra)* bell-stop
csengő-generátor *(rád)* permanent-magnet alternator
csengőgomb bell push ; *(telef)* call button
csengőhuzal bell wire
csengőjelfogó *(távk)* relay controlling local bell circuit
csengőjelzéses ellenőrző lámpa *(rep)* ringing pilot lamp
csengőkalapács *(óra)* bell-swipe ; *(vill)* striker
csengőkő clinker
csengőműködtető fogantyú *(vill)* bell crank
csengőrugó *(óra)* alarm main spring
csengőtelep ringing battery
csengőtranszformátor bell transformer
csengővezeték bell line ; *(távk)* office wire
csép thrasher
csépcsapda *(tex)* claps rod, double-lease rod
csepeg drip, weep, strain ; *(bány)* rain
csepegés drip, weep, dribble ; *(bány)* rain, sweat ; ~ **elleni védelem** drip-proof protection ; ~ **ellen védett** *(vill)* drip-proof
csepegésbiztos *(motor)* drip-proof
csepegő *(ép)* drip, weathering, eaves ; ~ **forrás** seepage spring
csepegősor *(ép)* eaves course
csepegővíz ellen védett drip-proof
csepegtet drip, pour, drop, weep
csepegtető : ~ **kenés** drop/drip lubrication ; ~ **olajozó** drop feed oiler ; ~ **olajozó berendezés** oil-dropping

apparatus; ~ **olajozó kalibrált üvege** feed glass; ~ **permetező** drop pipe
csepegtetődeszka ass
csepegtetőfedél-papír absorbent paper-mats
csepegtetőkő drip cup
csepegtetőlyuk bleed hole
csepegtetőtölcsér dropping funnel
csepegtetőüveg *(vegy)* drop glass, dropping bottle
csépel *(mzg)* thrash, flail, whip
csépelt kender beetled hemp
cséptonal *(tex)* hank tie
cséphadaró flail, thrasher, swingle
cséplődob peg drum
cséplőfa thrasher
cséplőgép thrasher, thrashing machine
cséplőhely corn/thrashing floor
csepp drop, blob; *(gyöngy)* bead; ~ **alakú** *v* **formájú** streamlined; **fekete** ~ *(csill)* black drop; ~**ekben hulló** stillicidious
cséppálca *(tex)* cross(ing)/dividing/split/lease bar/rod/peg
cseppanalízis spot/filterpaper analysis; ~ **szűrőpapíron** filter paper analysis/test
cseppdísz drop
cseppelektród dropping electrode
cseppenéspont pour/drop point
cseppenéspróba *(ol)* pour test
cseppentő(üveg) (medicine) dropper
cseppfogó spray catcher; *(rep)* drip flap; ~ **gyűrű** drip ring
cseppfogópapír absorbent paper for drop catchers, drop catchers (absorbent) paper
cseppfolyós fluid, liquid; ~ **gáz** *(propánbután)* liquefied gas
cseppfolyósít liquefy, flux, condensate
cseppfolyósítás liquefaction, resolution, condensing; **gázok** ~**a** liquefaction of gases
cseppfolyósíthatóság condensability
cseppfolyósító torony liquefaction column
cseppfolyósított gáz *(propán-bután)* liquefied gas
cseppfolyósodás liquefaction, resolution, condensation
cseppfolyósodási magvak *v* **gócok** *[gőztérben]* condensation nuclei
cseppfolyósodik liquefy, condensate
cseppgyűjtő: ~ **csésze** drip cup; ~ **rekesz** *(rep)* drip chamber
cseppképződés drop formation; **kicsapódás előtti** ~ *(emulzoid folyadéknál)* coacervation
cseppkeresztmetszetű merevítő *(rep)* streamlined strut
cseppkő *(ásv)* stalactite; *(ép)* drip cup; *(földt)* dropstone, drip stone
cseppkőbarlang *(földt)* stalactite/stalagmite cave, pot hole
cseppkő-csésze *(földt)* drip cup
cseppkőoszlop *(földt)* drop made column
cseppköves *(ásv)* stalactitic and stalagmitic
cseppkultúra drop/adhesive culture
cseppméret *(met)* drop size
csepp-próba spot method, filterpaper test, drop test
cseppsúly *(vegy)* drop weight
cseppszámláló dropper, drop-counter
csepptálca *(hűtőtest alá)* drip pan, defrosting tray
csepp-titrálási módszer spot-out method
csepptöltés *(akkumulátornál)* trickle charge
csepptöltő *[elem; távk]* trickle-charging
csépszalag *(tex)* lay/lease band; ~**ot befűz** *(tex)* lease, pass the lease band
csépszalag-befűzés *(tex)* leasing
csepü oakum, chaff
csépzsinór *(tex)* lease/lay band
cser *(fa)* blaze; *(cserkéreg)* bark
cserdaráló *(bőr)* bark breaker, tan mill
csere change, substitution
cserebomlás *(vegy)* double decomposition, replacement/metathesis reaction; ~ **alkohollal** alcoholysis
cserebomlási reakció *(vegy)* mutual exchange reaction
cseregyűrű changing collar
csere-köpeny *(gépk)* replacement tyre
cserélhető replaceable, removable, mutable, interchangeable; ~ **áruhenger** *(tex)* interchangeable cloth roller; ~ **betéthüvely kerepfúróhoz** ratchet wrench socket; ~ **csúcs** *v* **orr** *[kiemelő késnél, ekevasnál]* replaceable point; ~ **fogópofa** false jaw(s); ~ **hengerhüvely** *(gépk)* removable liner; ~ **mérőtalp** measuring rule; **nem** ~ non-interchangeable; ~ **részek** *v* **tartozékok** interchangeable parts; ~ **szelvény** removable section; ~ **vetélőtüske** *(tex)* loose inserted peg; ~ **villakaromhegy** *(fényk)* removable hook
cserélhetőség interchangeability, duplication
ceremozgás *(met)* eddy diffusion
ceremozgási együttható *(met)* eddy diffusivity coefficient
cserény raddle
cserép *(tetőfedő)* roof tile, brick; *(anyag* later, body; *(virágnak)* flower pot; **ferde élű** ~ bevel(l)ed brick; ~ **füle** *v* **kampója** *(ép)* nib of tile; **hódfarkú** ~ *(ép)* cogged tile; **hornyoseresztékes** ~ booktile
cserép-alagcső drain tile
cserépáru earthenware
cserépbeakasztó fog *(ép)* cog
cserépberakásos padló *(ép)* inlaid tile flooring
cserépedény earthenware, brown ware, crock; **gömb alakú** ~ ampulla
cserepez cover with tiles; *(virágot)* pot
cserepező-kalapács brick hammer
cserépfedés tile roofing; ~ **irányában** arriswise; **kettős** ~ close boarded battened roof
cserépfedő léc covering trip
cserépkályha cockle stove
cserépkiállítási méret *(ép)* ga(u)ge
cseréplábas crock
cserépléc *(kiugró cserepek alá)* sprocket
cseréplécezet *(háztetőn)* battening
cseréplemezsajtó clay-plate press
cseréprakás *(ép)* denticulation
cserépszerű: ~ **borítás** imbricated overlapping; ~ **papíröv** *(mzg)* plant band
cseréptetőcsúcs calvarium
cseréptöret *(ker)* cutting
cseréptörmelékek *(ép)* smithereens
cseres: ~ **gépfaragás** *(bőr)* bark tanned shaving; ~ **hasítékbőr** bark split; ~ **háthasítékbőr** butt split; ~ *(natúr)* **juhbőr** *(bazán-bőr, bélésbőr)* basil; ~ **juhbőrbélés** vegetable tanned sheep leather; ~ **kád** *(bőr)* bark pit; ~ **műhely** *(bőr)* barkery; ~ **nyakhasítékbőr** shoulder split; ~ **tölgysarjerdő** oak coppice wood; ~ **vetőfej** *(tex)* raw hide picker
csereszabatos *(gépt)* interchangeable
cseresznyegumi cherry-tree gum
cseresznyepiros cherry (red), C. R.
cseretoldat *(fényk)* changing attachment
cserez *(bőr)* tan; **kéreggel** ~ bark(en); **timsóval** ~ taw
cserfőzet *(bőr)* ooze
csergő visszhang *(rád)* buzz
cserguhacs tan ball
cserhás *(bőr)* bark tanner
cserhásvarga bark tanner
cserje scrub, plant, shrub, brush
cserjeirtó *(szerszám)* brush hook
cserjevágó kampó brush hook
cserjezóna *(fahatár feletti magasságban)* fell-field
cserkéreg *(bőr)* (tan) bark, tan, blaze; **durván őrölt** ~ coarse bark; **cserkéreget hántol** strip; **kilúgozott** ~ spent bark; **törzséről hántolt** ~ bark from the foot of the trunks of old trees
cserkéregdaráló malom bark grinding mill
cserkéreg-fedőréteg *(cserzőgödörben)* hat
cserkéreghulladék tan waste
cserkéreg-kivonat *(bőr)* bark extract
cserkéregőrlő gép bark mill
cserkéregvágó és -zúzó gép tanner bark cutter
cserlé *(bőr)* bark liquor, tan ooze
csermalom tan/bark breaker/mill
csermely *(földt, hidr)* creek, runnel, brook, streamlet
csernozjom *(földt, mzg)* black earth/soil, chernozem
csernozjom-öv(ezet) chernozem belt
cserőrlő *(bőr)* bark breaker; ~ **malom** *l* **csermalom**
csersav (gallo)tannic acid, (Chinese) tannin, gallotannin
csersavas bizmut bismuth tannate
cserszínű tawny
cserszórás *(gödörcserzésnél)* dusting
csert *(ásv, földt)* chert
csertelenít *(bőr)* detan
cservágó: ~ **fűrész ív alakú kerekacél kerettel** bow saw with frame; ~ **fűrészlap** bow saw blade for bucking wood
cserzés *(bőr)* tan(nage), tanning; ~ **cserzőanyagkivonattal** extract tanning; ~ **füstön** smoke tanning; ~ **halolajokkal** chamois dressing; **kénes** ~ sulfur tannage; **timsós** ~ alum tanning; **tobakos** ~ bottle/bag tannage
cserzési: ~ **együttható** degree of tanning; ~ **eljárás** tanning process; ~ **elmélet** tanning theory; ~ **módszer** tanning method
cserzetlen: ~ **bőr** rawhide; ~ **rész a cserzett bőrön** kiss spot
cserzett *(bőr)* tanned; **fehérre** ~ **bőr** alum leather
cserzőanyag tanning material/agent; ~ **állandósítási** *v* **lekötési értéke** fixation value
cserzőanyagkivonat tanning extract
cserzőanyagtartó edény handler
cserződob tanning tumbler
cserzőenyv *(pa)* tannic glue
cserző-fehérítés tanning bleach
cserzőforgóhordó tanning tumbler
cserzőgödör *(bőr)* tan(ning) pit

cserzőgubacs gall-nut
cserzőhordó *(forgó)* tanning tumbler
cserzőipari szennyvíz tanning waste
cserzőkád vat, layer(s); *(ültető cserzésnél)* bloomer pit; ~ **farudas akasztó szerkezettel** stick vat
cserzőkádsorozat shift
cserzőkéreg *(bőr)* *l* **cserkéreg**
cserzőkivonat tanning extract; **oldott** ~ liquid extract
cserzőlé tan liquor
cserzőlésűrűségmérő gép *(bőr)* barkometer
cserzőlészivattyú tan liquor pump
cserzőmunkás tanner
cserzőműhely tan yard
cserzőolaj tanning oil
cserzősav tannic acid; ~ **diszperzitása** dispersity of tanning matter
cserzősav-kivirágzás *(készbőrön)* bloom
cserzősavmérő tannometer
cserzősavoldat solution of tannic acid
cserzőüzem tanyard
cserzővarga (bark) tanner
csésze *(gépt, ker)* cup, bowl; *(edény:)* vessel; *(kapszula; vegy)* capsule; *(csapágyé)* shell, bush(ing); *(kehely:)* calyx; *(medence:)* basin; *(tányér)* dish; *(harang)* bell; ~ **alakú töret** *(anyagv)* cup fracture; **centrírozó** *v* **központosító** ~ *(gépt)* bell centre; **kis** ~ pannikin
csészealj *(ker)* saucer; ~ **alakú** saucer-shaped
csésze-gömb-elválás(ú szerkezet) *(földt)* cup-and-ball jointing
csészés: ~ **osztályozó** bowl classifier; ~ **vízsebességmérő** cup-meter
cséve *(gépt)* spool, bobbin; *(heng, vill)* coil; *(talpas)* cheese; *(tex)* bobbin, spool, cop, cone, yarn package; ~ **alsó kezdő része** *(tex)* cop bit/base; ~ **fejrésze** coil end; ~ **hegye** *(tex)* cop nose; **karimás** ~ *(tex)* disc spool, double-flanged/ended bobbin; ~ **leszedési ideje** pirn doffed time; **menetes** ~ coil bobbin; **peremes** ~ *(tex)* disc spool, double-flanged/ended bobbin; ~ **rostanyagból** *(tex)* coil fibre bobbin; **szokottnál nagyobb méretű** ~ *(tex)* bastard cop; **tárcsás** ~ *(tex)* disc spool, double-flanged/ended bobbin
cséveadagoló szerkezet *(tex)* bobbin feed gear
cséve-alak *(tex)* profile of bobbin
cséveálap bobbin/coil base
cséveállvány *(tex)* creel (frame), cage for bobbins
cséveátmérő *(tex)* bobbin diameter
csévebefogó pofa *(tex)* spring jaw
csévecsere *(telire: tex)* creeling
cséveegyensúly(ozottság) bobbin balance
cséveegység *(pupin-; távk)* canister
cséveetető szerkezet *(tex)* bobbin feed gear
csévefej *(tex)* cop nose, bobbin head
csévefejterelő *(tex)* bobbin head guide
csévefék *(tex)* bobbin brake
csévefelrakás *(tex)* laying on (the bobbin)
csévefeltűzés *(tex)* banking-up, laying on (the bobbin) creeling
csévefeltűző *(személy; tex)* warper creeler
cséve-fonaltartalom yield per set of spools
cséveforgató tengely bobbin shaft
csévegyűjtő láda *(tex)* bobbin box, cage
csévehajtás *(tex)* bobbin driving
csévehordozó munkás *(tex)* bobbin carrier
csévehulladék *(tex)* bobbin/thread waste
csévekarima rim of bobbin, bobbin flange
csévekepzés *(tex)* build
csévekepző szerkezet *(tex)* cop-building apparatus, builder/building motion
csévekidobó szerkezet *(tex)* bobbin ejector
cséveköz bobbin/coil spacing
csévekúp képzése *v* **kialakítása** formation of cone
csévél *(tex)* reel, wind, spool; *(vetüléket)* pirn, quill
cséveláda *(tex)* cage for bobbins, shelf
cséveleállító fogantyú *(tex)* bobbin stop handle
csévelemez *(pa)* cop-tube board
csévélés *(tex)* bobbin winding, reeling, coning, spooling; *(vill)* winding; ~ **forgásiránya** direction of winding; **önműködő** ~ *(tex)* self-winding
csévélési: ~ **egyenlőtlenség** *(tex)* swelling in the winding; ~ **hulladék** *(tex)* bobbin/reeling waste; ~ **sebesség** winding speed; ~ **vastagodás** *(tex)* swelling in the winding
cséveleszedés *(tex)* doffing the bobbin
cséveleszedő *(munkás; tex)* bobbin doffer
csévélő *fn* *(tex)* reeler, spooler, winder winder operative; ~ **berendezés** *(tex)* builder/building/copping motion; ~ **dob** *(tex)* bobbin-driving drum; ~ **fej** *(tex)* winding head; ~ **gép** *(tex)* (spool) winder, spooler, cop machine, (cheese) winding machine/frame, bobbin/clearing frame; *(állórsós)* upright/vertical spindle winder; *(fésűs gyapjúhoz)* reducer, reducing box; *(vetülékfonalhoz; tex)* pirn winder; ~ **szerkezet** *(tex)* batching device; *(szelfaktoron)* winding motion copping motion, shaper motion; ~ **tölcsér** *(tex)* cup; ~ **üzem** coning room
csévélőgéptisztító *(tex)* clean slub catcher
csévélőkarton *(pa)* tube board
csévélt wound, spooled, reeled; **feszesre** ~ close wound; **keményre** ~ close wound; ~ **selyemszál** *(tex)* singles
csévemag *(tex)* core
csévemező *(távk)* loading section
csévén-színező gép *(tex)* package-dyeing machine
cséveosztás *(távk)* coil spacing; *(tex)* spindle pitch/gauge
csévepapír coil/cop/tube/cartridge paper, tube/roll paper, paper for bobbins
csévepapírlemez draper's board
csévepapírtekercselő gép tube-roll winding machine
cséveperem rim of bobbin
cséveszakasz *(távk)* leading section
cséveszállító: ~ **szalag** travel(l)ing apron for bobbins; ~ **zsák** *(tex)* shell-bag
csévetalp cop base/bottom/bit, base of bobbin
csévetámasztó görgő *(tex)* roller shaper
csévetányér *(tex)* cone plate
csévetapintó *(tex)* cop feeler
csévetár *(tex)* magazine creel, battery, revolver
csévetárcsa *(tex)* bobbin head/flange, rim of bobbin
csévetartó *(tex)* bobbin frame/rack, cage for bobbins, spool/weft carrier, bobbin board; ~ **állvány** *(tex)* bobbin cradle/creel/support/rack/tablet; ~ **dob** *(tex)* battery frame; ~ **gyorsfelvetőn** *(tex)* high speed magazine; ~ **láda** *(tex)* bobbin box/cage; ~ **lemez** *(tex)* bobbin plate; ~ **pecek** cop skewer; **rugós** ~ bobbin peg with spring; ~ **tábla** *(tex)* bank, bobbin table/cage; ~ **tányér** *(tex)* bobbin plate; ~ **tüske** *(vetélőben; tex)* pirn skewer, spit
csévetártöltő (szerkezet) *(tex)* battery filler/charger
csévetest *(rád, távk)* form; *(tex)* cop body
csévetisztító gép *(tex)* bobbin stripper, bobbin/pirn stripping machine, quill cleaning machine
csévető *(tex)* cop base
csévetölcsér *(tex)* bobbin cup
csévetöltő *(tex)* weft replenishing mechanism
cséveváltás *(tex)* creeling, cop changing
cséveváltós automata szövőszék *(tex)* pirn/bobbin changing automatic loom
csibekeltető gép hoverer
csicsergés *(rád)* warble
csiga *(gépt)* pulley (lifting block), scroll; *(keret)* block; *(csavar)* screw, worm; *(gumitömlőn)* spiral, helix; *(emelőn; hajó)* cat-block; *(mzg)* auger; *(óra)* fusee; *(vonal)* spiral, *l még* **spirális**; *(hornyos tárcsa v korong)* sheave; *(vonóshangszeren)* scroll; ~ **alakú lapos tekercs** *(rád)* helical coil; ~ **és görgő rendszerű kormánymű** worm-and-roller-type steering
csigaadagoló worm feeder
csiga-áramgörbe *(hangt)* cochleogram
csigabak puppet, poppet
csigacsiszoló gép worm grinder
csiga-érzékenység *(fülé)* cochlear response
csigafúró twist drill; *(fa)* worm bit/anger; *(bány)* (long-eye) auger; ~ **beragódása** drill binding/jamming; ~ **bordája** drill lip; ~ **csúcsszöge** drill point angle; ~ **dolgozó része** drill flute length; **egyszárnyú** ~ single-fluted drill; ~ **élszalagja** drill margin; **háromszárnyú** ~ three-groove/fluted drill; ~ **hátszöge** drill lip relief angle; **hengeresszárú** ~ straight-shank drill; ~ **homlokszöge** drill rake angle; ~ **hornya** drill flute/groove; ~ **keresztéle** drill chisel edges; **kétszárnyú** ~ two-groove/fluted drill; **kúpos négyzetszárú** ~ taper-square shank drill; **kúposszárú** ~ taper-shank drill; ~ **lelke** drill web; **lépcsős** ~ stepped drill; *(egy lépcsővel:)* two-diameter drill; *(két lépcsővel:)* three-diameter drill; ~ **menesztője** drill tang; **meredek emelkedésű** ~ high-helix drill; **négyszárnyú** ~ four-groove/fluted drill; ~ **nyaka** drill neck; **olajcsöves** ~ oil-tube drill; ~ **szára** drill shank; **üreges** ~ hollow drill; ~ **vágóéle** drill cutting edge

csigafúró-acél auger steel
csigafúróbetét *(mellfurdancshoz)* brace twist bit
csigafúrófej *(bány)* auger bit
csigafúró-köszörülő sablon twist drill grinding template
csigafüggesztő kötél pennant
csigahajtás worm gear(ing)
csigahajtásos *v* **csigahajtású** worm-gear driven ; ~ **beállítás** worm adjustment; ~ **beállító szerkezet** *(gépt)* worm-gear control ; ~ **fogasléc** worm rack ; ~ **gyalugép** worm-geared planer ; ~ **hátsóhíd** worm-drive back-axle
csigaház *(gépt)* block pulley ; *(szivattyúé v turbináé)* scroll (case) ; ~ **alaplemeze** *(hidr)* scroll plate
csigaházas *(kompresszor)* spiral-cased ; ~ **fúvógép** screw blower
csigaházfedél *(hidr)* scroll cover
csigahenger *(gépt, hajó)* block
csigakengyel *(vasút)* carrier
csigakerék worm wheel ; ~ **felett elhelyezett hajtócsiga** overhead worm
csigakerekes kormánymű steering worm-gear
csigakerékhajtás *l* **csigahajtás**
csigakerékhajtómű *l* **csigahajtás**
csigakerékköszörű worm gear grinder
csigakerék-maró worm wheel hob
csigakötéllyuk *(a csiga oldalán ; hajó)* swallow
csigalánc *(óra)* fusee chain
csigalépcső winding/circular stairs, winder, caracole, spiral/cockle stair ; ~ **aknája** well-hole ; ~ **középső tartóoszlopa** newel post
csigalépcsőfok winder, winding step
csigaleveles szóró *(trágyaszórón)* wide-spread spiral
csigamalom *(élip)* screw mill
csigamaró hob, hobbing cutter ; *(soklapú alkatrész lefejtő megmunkálására :)* polygon hob ; ~ **lánckerék megmunkálásához** chain wheel hob ; **menetvágó** ~ chaser hob
csigamaró-menetmérő worm thread tool ga(u)ge
csigamaró-tüsketartó *(szán)* hob arbor carriage
csigamenet worm thread
csigamenetes élességbeállítás *(fényk)* helical focusing
csigamenet-idomszer worm ga(u)ge, w. g.
csigapotenciál *(hangt)* cochlear potential
csigaprés screw press, plodder, forcing machine ; *(kisajtoló formázáshoz:)* screw extrusion press ; **kisajtolás** ~**ből** extrusion ; ~ **köpenye** barrel ; ~**en sajtol** plodder, extrude
csigapréses mázolőgép *(pa)* extrusion coater
csigás : ~ **adagoló berendezés** screw feeder ; ~ **csőprés** extruder ; ~ **emelő** whip gin ; ~ **függőlámpa** *(vill)* rise pendant ; ~ **szűrőprés** strainer ; ~ **zúzógép** pug mill
csigasor pulley block, hoist, jack, compound pulley, block tackle, blocks-and-falls ; *(kötélzettel együtt)* blocks-and-falls and tackles ; *(pajzzsal, horoggal együtt)* block ; *[árbocdarun ; hajó]* burton ; ~ **és emelőkötél** pulley blocks and falls ; **futó** ~ trolley hoist ; ~ **futó-** *v* **emelőkötele** fall ; ~ **horgonyhoz** *(hajó)* cat ; ~ **két álló és két mozgó csigából** Bell's tackle ; **kettős** ~ double block ; **kézi hajtású csavarkerekes** ~ worm gear pulley block ; **láncos** ~ chain hoist/fall ; ~**t összehúz** *(csigák érintkezéséig)* haul home ; ~ **tárcsája** block sheave ; **teheremelő** ~ block gin
csigasorhajtás tackle gear
csigasorkötél falls
csigasormentes felvonó kötelek *(hajó)* dead ropes
csigasoros : ~ **emelő** lazy jack ; ~ **merevítőkötél** guy wire
csigasorrendszer system of blocks
csigasorváz pulley frame
csigásprés *l* **csigaprés**
csigaszerkezet *(szelfaktoron)* back shaft scroll
csigatárcsa tackle pulley
csigatartó *(tex)* stirrup
csigatengely *(emelőn)* pulley axle ; *(csavaron)* worm shaft
csigatriőr *(mzg)* spiral gravity separator
csigavilla *(tex)* stirrup
csigavonal helix, scroll, spire, spiral, snail ; ~**akkal díszít** scroll
csigavonalas szalagékítmény scroll
csigavonalú circinate, spiry
csík strip, band, streak, strake, shred, stria (striae) ; *(bőrből)* strip(ping) ; *(szövésnél)* stripe ; ~**ok** *[folyadékban, vegy]* streaks ; ~**okra szabdalás** slitting ; ~**okra vág** shred
csíkbemetsző vizsgálat *(riccelés ; pa)* strip score test
csíkbeöltő tűzés *(cipőfelsőrészen)* piping
csíkhiba *(szövetben)* rowdy
csíklakkozó gép *(pa)* strip-varnishing machine
csikó *(bőr)* hog, colt(s), foalskins
csikorgás crash, creak, grind, crank
csikorgó creaky
csikorog creak, crash, grate, grit
csíkos streaky, striped, striate(d) ; ~ **fonal** streak yarn ; ~ **inganyag** shirting ; ~ **minta** *(tex)* stripe styling, stripes motif, drafted pattern ; ~ **pamutbársony** thickset
csíkosság streakiness ; *(feszítésből ; tex)* jerk-ins ; *(szövethiba)* blinding, tiger stripes
csíkos-tarka szövetszerkezet streaked texture
csíkoz stripe, strap, streak
csíkozás hatch, hachure ; *(fényk)* striation
csíkozó készülék *(kh)* yarn changer
csíkozott streaked, striate(d) ; *(pa)* zebra marmor ; ~ **kőzet** zebra rocks ; ~ **papír** striped paper
csíksorozat *(színképé)* set of bands
csíkvágó és ékfolthasító *v* **ferdén hasító gép** *(cipő)* strip cutting and paring machine
csilei salétrom Chile nitre/saltpetre/ nitrate, sodium nitrate
csili-malom Chilean mill
csillag star ; *(nyomda)* asterisk ; *(vill)* star, wye ; ~ **alakú** star-shaped, stellate ; ~ **alakú alaplemez** cross foundation ; ~ **alakú fogantyú** *v* **markolat** star grip/handle ; ~ **alakú furatidomszer** star ga(u)ge ; ~ **alakú hímzés** star stitch ; ~ **alakú repedés** *v* **hasadás fatörzsben** star shake (of wood) ; ~ **alakú szétnyílás** *(húzott csővégen)* star ; ~**alakú szórótárcsa** *[műtrágyaszóró gépben]* star-feed wheel ; **három** ~ *(nyomda)* asterism ; **kis** ~ *(nyomda)* star ; **korai** ~**ok** *(fehér színű napfényességű csillagok)* early stars ; ~**ba kötött** *(vill)* star-connected ; ~**ok közti** interstellar ; ~ **látszólagos helye** apparent place of star ; **mesterséges** ~ *(csillagfotométerben)* artificial star ; ~ **nyoma** *[fényképfelvételen]* star trail
csillag- astral, sider(e)al
csillagalak asterisk
csillag-alaprajzú állomáshálózat *(rád)* star chain
csillagantenna *(rád)* star aerial
csillagáramlás star-streaming
csillagász astronomer
csillagászat astronomy
csillagászati astronomical ; ~ **dél** sider(e)al noon ; ~ **egység** *(távolsági)* astronomical unit ; ~ **földrajz** astronomical geography ; ~ **háromszög** astronomical triangle ; ~ **hónap** sider(e)al month ; ~ **hosszúság** amplitude ; ~ **idő** sider(e)al/star/astronomical time ; ~ **iránytű** celestial compass ; ~ **magasság** astronomical altitude ; ~ **nap** astronomical day ; ~ **óra** astronomical clock ; ~ **szélesség** astronomical latitude ; ~ **szemlencse** inverting eyepiece ; ~ **szemlencsés távcső** inverting telescope ; ~ **szürkület** astronomical twilight ; ~ **tájékozódás** astronomical navigation
csillagász-papír metallic paper
csillagboltozat *(ép)* lierne/stellar vault ; ~ **gyűrűbordája** lierne
csillagburkok stellar envelopes
csillagcsoport asterism
csillag-delta- *l* **csillag-háromszög-**
csillagélű vésőfej *(bány)* star bit
csillagfedés vége *(csill)* emersion
csillagfelületi gravitáció surface gravity
csillagfényfok *(csill)* magnitude
csillagfénykép astro-photo
csillagfényképezés astrophotography
csillagfényképező : ~ **kamera** astrocamera ; ~ **kamera ötös lencséje** astrofünflinser ; ~ **távcső** astrograph
csillagfogantyú star grip/handle
csillagforma asterisk
csillagfúrófej *(bány)* star bit
csillagfürt-keserűtelenítő készülék lupine unbittering apparatus
csillaghalmaz (star) cluster
csillaghálózat *(távk)* radial network
csillag-háromszög- *(vill)* star-delta ; ~ **indító kapcsoló** *(vill)* star-delta starter ; ~ **kapcsolás** *(vill)* star/wye-delta connection ; Y/Δ connection; ~ **kapcsoló** *(vill)* star-delta switch ; ~ **transzformáció** *(távk)* star-delta equivalence
csillagidő sider(e)al/stellar time
csillagidőmérő óra sider(e)al clock
csillagjelzés *(szövegben ; nyomda)* asterisk
csillagkapcsolás *(vill)* wye-/Y/star(-)-connection ; ~ **kivezetett nullapontal** *(vill)* star connection with accessible neutral point
csillagkapcsolású *(vill)* star/wye-connected
csillagkép configuration, sign constellation, asterism
csillagkerék *(láncdió; gépt)* star/sprocket wheel, chain gear ; *(máltai*

kerék) Geneva gear ; *(excentermozgatáshoz ; tex)* Geneva stop wheel

csillagkerekes előtolás *(forg)* star feed

csillagkereszt-antenna *(rád)* turnstile antenna

csillagkereszt-fogantyú star handle

csillagkő *(ásv) l* **aszteria**

csillagköd *(csill)* nebula

csillagkulcs *(gépt)* ring spanner, box-end wrench (US) ; *(óra)* star key ; **egyenes ~** flat-pattern ring wrench ; **hajlított ~** ring wrench with both ends bent

csillagmotor radial-engine, radial-type motor

csillagnap *(csill)* sider(e)al day

csillag-navigáció *(rep)* astronomical/celestial navigation

csillagnégyes *(távk)* star quad ; **~ből sodrott kábel** quad pair cable

csillagnyom-fényképezés star-trail photography

csillagos stellate ; **~ feszültség** *(vill)* star voltage ; **~ fúrófej** rose bit ; **~ keresztmetszetű támoszlop** *(bány)* star strut ; **~ repedés** *v* **hasadás** *(fa)* star shake (of wood) ; **~ szerkezet** *(ásv)* stellate(d) structure

csillagos-lemezes szerkezet *(ásv)* lamellar-stellate structure

csillagöltés *(tex)* star stitch

csillagpont *(vill)* neutral, point, star(-) point

csillagpulzáció csillapodása decay of pulsations

csillagraj moving cluster

csillagrendszer *(csill)* nebula

csillagrendszer-halmaz cluster of nebulae

csillagsodrás *(vill)* (star-)quad stranding

csillagspektroszkóp astro-spectroscope

csillagszóró sparkler

csillagtájoló *(rep)* astro-compass

csillagtalálkozások encounters of stars

csillagtársulás stellar association

csillagtérkép star chart ; *(fénykép után készült:)* astrographic chart

csillagtérképezés astrography

csillagtúra *(gépk)* rally

csillagvizsgáló-kupola *(rep)* astrodome

csillagzafír *(ásv)* star sapphire

csillám *(ásv)* mica

csillám- micaceous

csillámalátét-tárcsa mica washer

csillámfoglalat *(rád)* mica clip

csillámhasító gép mica splitting machine

csillámkondenzátor mica condenser/capacitor

csillámkő *(ásv)* specular stone

csillámlás glimmer, glance

csillámlemez *(vill)* mica card/lamination/film/sheet, sheet mica ; *(kályhaajtón:)* stove glass

csillámlemez-alátét *(rád)* mica spacer

csillámlik glimmer, flare, glitter, glisten, gleam

csillámos micaceous

csillámpala *(földt)* mica schist

csillámpapír mica paper

csillámpikkely *(földt)* mica flake

csillámszegmens *(vill)* mica segment

csillámszigetelésű gyertya *(gépk)* mica spark plug

csillapít *(lökést)* dash, damp, deaden ; *(vill)* damp, attenuate ; *(kiolt)* kill ; **acélt ~** fully desoxidize ; **frekvenciát ~** dampen/attenuate frequencies ; **tüzet ~** *(koh)* bank the fire

csillapítás damping, deadening, weakening ; *(veszteség:)* loss ; *(gátló hatás)* impeding effect ; *(hangt)* attenuation ; *(mech)* amortization, damping ; *(vill)* attenuation, damping, decay ; *(erősítő-áramkörben)* active return loss ; **aperiodikus ~** aperiodic damping ; **~ aránya** *(mech)* rate of damping ; **~t csökkent** *(mech)* reduce the damping ; **exponenciális ~** exponential damping ; **gyenge ~** light/periodic damping ; **~ kiegyenlítése** *(rád)* attenuation compensation ; **kritikus ~** critical damping ; **mágneses ~** magnetic damping ; **~ nélkül** *(rád)* zero decrement ; **reflexiós ~** *(vill)* return loss ; **rugós ~** spring damping

csillapítás-állandó *(távk) l* **csillapításmérték**

csillapításcsökkentés damping reduction

csillapítás-csúcs *(távk)* attenuation peak pole

csillapítás-egyenérték *(távk)* reference equivalent

csillapítás-görbe *(távk)* attenuation curve

csillapítási : ~ állandó attenuation constant ; **~ együttható** *(rád)* damping coefficient ; *(vill)* decay coefficient ; **~ ellenállás** damping resistance ; **~ fok** *l* **csillapításmérték** ; **~ görbe** attenuation/damping curve ; **~ idő** die-time, decay time ; **~ jelleggörbe fokozata** step in attenuation characteristic ; **~ mérték** *(rád) l* **csillapításmérték** ; **~ sáv** attenuation band ; **~ szög** angle of damping ; **~ tartomány** *(rád)* attenuation range; **~ tényező** *(rád, vill)* damping factor, rate of decay, ratio of damping, attenuation constant/ratio ; **~ torzítás** attenuation distortion ; **~ veszteség** *(hangt, rád)* attenuation loss ; **~ viszony** damping ratio

csillapítás-karakterisztika *(távk)* attenuation/frequency response

csillapításkiegyenlítő *(távk)* attenuation equalizer, equalizing network

csillapításmérés *(távk)* loss measurement

csillapításmérő *(vill)* decremeter

csillapításmérték *(távk) l* **csillapítási tényező**

csillapítás-szabályozás *(vill)* damping control

csillapítás-szekrény *(távk)* (variable) box attenuator, attenuation box

csillapítástorzítás *(távk)* attenuation distortion

csillapítatlan continuous, undamped ; **~ hullám** continuous/undamped wave, C. W., c. w., sustained/persistent wave(s) ; **~ rezgés** free/continuous/undamped oscillation ; *(rád, távk)* (self-)sustained oscillations ; **~ tiszta színuszhullámok** pure undamped waves

csillapító *fn (hangt)* sourdine ; *(mech)* damper, deadener, amortizer ; *(vill)* damper, resistive attenuator ; **~-áram** damping current ; **~ áramkör** damping circuit ; **~ berendezés** damping arrangement ; **~ csatolás** damping coupling ; **~ cső** *(telev)* damping tube, dashpot ; **~ egység** *(hangt)* attenuator ; **~ ellenállás** damping resistor ; **~ fojtótekercs** *(hegesztéshez)* stabilizing reactor ; **fokozatos hatást biztosító ~ rúgó** graduated spring ; **forgólemezes ~** *(rtávk)* flap attenuator ; **~ hálózat** de-emphasis network ; **~ kamra** *(hidr)* damping chamber ; **~ képesség** *(gépt)* damping capacity ; **~ kör** *(rád)* de-emphasis circuit ; **~ lánc** *(távk)* chain/ladder attenuator ; **~ léghenger** *(bány)* cager cylinder ; **~ medence** *(hidr)* stilling basin ; **~ nyomaték** damping moment ; **~ rugó** *[ütközőszerkezetnél ; rep]* buffer spring ; **~ szekrény** attenuator ; **~ szer** *(vegy)* calmative, sedative, stiller ; **~ szerkezet** dash ; **~ tag** *(távk)* pad, attenuation network ; **~ tekercs** *(távk)* damper, damping coil/winding ; *(vill)* amortisseur ; **~ tekercselés** damping winding

csillapított damped, attenuated, aperiodic ; **~ acél** killed steel ; **~ áram** *(vill)* damped current ; **~ harmonikus mozgás** damped harmonic motion ; **~ hullám** *(rád)* damped wave, type B wave, B-wave(s) ; **~ impedancia** damped impedance ; **~ inga** damped pendulum ; **~an modulált rádiófrekvencia** *(rád)* quench-modulated RF ; **~ nyomásmérő** damped pressure ga(u)ge ; **~ rezgés** *v* **lengés** damped oscillation/vibration ; *(rád)* dead-beat ; **~ vezetési áram** *(rád)* decaying conduction current

csillapodás *(hangt)* attenuation ; *(vill)* die-away, decrement, die-out, subsidence, attenuation, damping ; *l még* **csillapítás** ; **emisszió ~a** quenching

csillapodási *l* **csillapítási**

csillapodik decay, subside, slack, weaken, die out/away

csillapodó *l* **csillapított**

csillapul *stb, l* **csillapodik** *stb*

csillár lustre, girandole

csillárhorog open-hook

csille **(miner's)** truck, bogie, lorry, (charging) car ; **billenő fenekű ~** basket car ; **egy sínen függő ~** monorail trolley ; **fás ~** buggy ; **homlokfalon ürítő ~** drop end car ; **két-** *v* **többtengelyű ~** bogie truck ; **kis ~** buggy, dan, hutch ; **kis faszekrényes ~** hurley ; **~ lekapcsolása a kötélről** knock off ; **oldalt buktató ~** rocker car ; **öntödei ~** trough crab ; **csillét tol** *(bány)* wheel a car **~ utántöltése** *v* **egyengetése** car trimming ; **~ űrtartalma** car volume

csilleadagoló bütyök *(bány)* cager dog

csilleállvány *(bány)* mule, carriage

csillealvázas szállítószalag mobile conveyer

csilleátállítás cross caging

csillebárca *(bány)* check

csillebeakasztó *(bány)* hanger-on

csillebetoló *(gépi ; bány)* mechanical cager ; **~ rúd** *(bány)* cager rocker shaft ; **~ rugós bütyke** *(bány)* cushioned horn

csillebillentő *(bány) l* **csillebuktató**

csillebuktató *(bány)* car unloader, tipping device, (cradle) dump, tumbler, w(h)ipper ; **íves pályájú ~** *(bány)* chucking tipping device

csillecsere car change

csilleemelő *(gép)* car lift, swing jack ; **láncos ~** chain car lift

csillefék *(bány)* jock

csillefékezés spragging
csillefékező spragger
csillefelfüggesztés car suspension
csillefogás car grip
csillefogó *(bány)* car stop/spragger, backstay, angle stop, retarder, catch ; **láncos ~** chain retarder ; **~ rugója** retarder spring ; **~ szarva** retarder ; **~ ütközője** retarder horn ; **~ ütközőtengelye** retarder horn shaft
csilleforduló turn-around
csilleforgató hely teli oldala *(bány)* shaft full
csillefüggesztésű futómacska crab with trolley suspension
csillegördítő csúcssín *(vasút)* ramp for climbing
csillehomlokfal car end plate
csillehúzó : láncos ~ chain feeder
csillejárat *(bány)* skip road
csillejavító *fn* corder, corver
csillekapcsolás car coupling
csillekapocs car coupling
csillekenőcs *(bány)* car grease, "black jack"
csillekísérők *(bány)* harriers
csillekitolás a kasból *(az akna külszíni padozatánál)* banking out
csillelekapcsoló *(munkás)* car dropper, cleckman, flatman ; **~ csapszeg** *(bány* coupler plug
csillemenet car trip ; **üres ~** empty trip
csillemérleg car scale
csillepark *(bány)* rolling stock, car fleet
csillerakás car feeding
csillerakó *(munkás)* car filler
csillerakodó szalag car(-)loading elevator
csillerakomány *(ürmérték ; bány)* car load
csillerázó *(széntömörítésre)* car vibrator
csillerendezés car gathering/spotting, relaying
csillerendezési sebesség fitting speed, rate of fitting
csillerendező vitla *(bány)* trip-spotting hoist
csillerugózás car suspension
csillés *fn (bány)* carman, trammer, bogier, haulageman, drag(s)man, barrowman ; **~ gurító** rolley ; **~ szállítóvágat** buggy gangway
csilléstanuló stander
csilleszállítás car haul(age) service
csilleszállító emelő (gép) car lift
csilleszekrény *(bány)* tub
csilletartalékolás car storage
csilleteknő *(kötélpályacsillénél)* load carrier, load-holder
csilletolás *(bány)* put
csilletoló *fn* car haul/puller, cageing, creeper ; **láncos ~** chain cager
csilletoló : ~pad *(bány)* transfer car ; **~ szerkezet** *(bány)* cager
csilletologatás *(üres oldalon)* tramming
csilletologató *(bány)* (hutch) runner, clipper, car hawl ; **láncos ~** chain haul
csilletöltés magassága car-loading height
csilleürítő car unloader/dropper
csillevágány roley way
csilleváltás car change ; *(bányakasban)* cageing
csilleváltási idő *(bány)* winding interval
csillevonat *(bány)* race, string of cars
csillevonatkísérő *(bány)* trip rider ; *(kötélvontatásnál:)* rope rider
csillevontatás *(bány)* ganging
csillevontató car puller
csillézés *(bány)* tramming
csillézési távolság *(bány)* leadage
csillim *l* **kilim-szőnyeg**
csillófény *(rád)* blue-glow; *(tex)* changeable lustre
csillog blink, glitter, shimmer, shine, glance, gleam, flare, glimmer, flicker, flash
csillogás (high) lustre, fluckering, shine, flare, shimmer, glaze, glitter, glint, glimmer
csillogó lustrous, brilliant ; *vö még* **csillog** ; **~ fémdísz** *(tex)* tinsel ; **~ fény** glint, shimmer, glistening lustre ; **~ fényű lemez** *(heng)* bright-lustre sheet ; **~ hangszín** *(hangt)* brilliance
csillogópát *(ásv)* *l* **bastit**
csillókisülés glow(discharge)
csín *(hordódongán)* croze
csíngyalu *(alapgyalu)* router plane
csínoz *(bőr)* season, size ; *(fa)* croze ; *(tex)* finish, dress
csínozás *(bőr)* seasoning, sizing ; *(fa)* croze ; *(tex)* finishing, dressing
csínozógép *(bőr)* seasoning machine ; *(fa)* croze
csínozópad *(fa)* croze
csínvágó *(szerszám, hordóhoz)* crozer ; **~ gyalu** stave crozing plane
csípés : ~ okozta folt *(mzg)* peck ; **~től származó bőrhiba** pinch
csipesz pincers, nipper, tong(s), clip ; *(másolathoz ; fényk)* print-tong ; **~ letört fúrórúddarabok kiszedéséhez** finger grip
csipeszorsó *(hasított szárral ; tex)* nipper peg
csipke bobbin lace, open-work ; *(tex)* lacing, point ; **fonatos ~** *(tex)* bobbin lace ; **gépi ~** *(tex)* bobbin lace ; **rátűzött ~** applique lace ; **vert ~** *(tex)* bone lace
csipke-alapkitöltés *(tex)* mode
csipkeáruk laces and lacings ; *(tex)* lace-fabrics
csipkedés *(tex)* picking
csipke- és függönykészítő gép lace curtain machine
csipkefodor *(tex)* quilling
csipkefonal : mintát kiemelő ~ *(tex)* gimp
csipkefüggöny-gyár lace plant
csipkés: ~ kötés *(tex)* lace ; **~ szegély** *(tex)* picot edge ; **~ (szélű) tárcsa** *(tárcsás boronán)* cutout/cutaway disc
csipke-selyemfonal blond silk
csipke(szalag) *(tex)* lace
csipkeszerű lacelike
csipkeverő : ~ gép *(tex)* lace/Barmen machine, spindle loom ; **~ munka** *(tex)* bobbin work ; **~ orsó** lace bobbin ; **~ vánkos** bott
csipkéz *(alak)* serrate, pink ; *[fát, rudat]* bark in places/patches ; *(követ:)* rag ; *(tex)* trim, work, scallop
csipkézés *(alak)* serration, pinking ; *(tex)* trimming
csipkézett denticulated, crenel(l)ated, serrated ; **~ jel** *(rád)* serrated signal ; **~ papír** lace paper ; **~ verem** *(fa)* vestured pit
csipkéződés beard
csipkézővas *(ábrák kivágására)* pinking iron
csípőfogó (cut) nipper(s), cutting pliers, (end) cutting nippers ; **emeltyűs ~** lever-cutting nippers
csípős acrid, trenchant, sharp ; *[paprika)* hot
csípősség sharpness, pungence, pungency
csípővas *(szénhez)* fire tongs
csiptet grip, clip
csiptető fastener, nipper, clamp, clip
csíramentes sterile
csíramentesítés sterilization
csíramentesség sterility
csíraölő bactericidal, antiseptic, anti-putrefactive, germicidal ; **~ lámpa** germicidal lamp
csírátlanít *(élip)* sterilize, degerm(inate) ; **füstöléssel** *v* **gőzzel ~** fumigate
csírátlanítás sterilization ; *(autokláv útján)* autoclaving ; *(kifőzés:)* cooking
csírátlanító *fn* germ separator ; **~ készülék** sterilizer ; *(élip)* degerminator, screening machine ; **~ szer** degerminator ; **~ vízfürdő** *(élip)* (open) cooker
csírázik germinate ; *(maláta:)* spire
csírázó : ~ árpa *(sörgyártásnál)* germinating barley, piece ; **~ képesség** vitality, germinating power
csíráztat germinate, sprout
csíráztató : ~ edény seed pan ; **~ készülék** germinator, sprouter ; **~ tál** chitting tray, seed flat
csíráztatott magvak sprouting grains
csiriz starch gum/paste, size, paste, adhesive, scalded flour
csirizel size, paste
csirizelőecset pasting brush
csirizelőmunkás paster
csirizes : ~ bögre paste bowl ; **~ edény** *(nyomda)* size box
csirizesedés *(keményítőé)* gelation
csirkekeltető gép *v* **bura** *v* **láda** brooder, cuveuse, poultry brood crop
csirketrágyapác *(bőr)* [chicken dung bate
csisza-tekercs *(hajó)* swifter
csiszol *l még* **köszörül, fényesít** ; *(bőrbarkaoldalt)* buff, fluff ; *(dörzsöl)* rub ; *(egyenget)* planish ; *(fényesít, tisztít, sikál)* furbish ; *(finomít)* refine ; *(homokkal)* grit ; *(fát:)* grind ; *(köszörül ; forg)* grind ; *(fényesít)* polish, burnish, lap ; *(simít)* smooth ; *(smirgliz)* emery ; **barkát ~** *(bőr)* whiten ; **dörzspapírral ~** pounce, emery ; **homályosra ~** depolish ; **korundpapírral ~** rub with emery
csiszolás *(koronggal)* grinding ; *(fényezés)* polish(ing) ; *(dörzsölés)* rubbing ; *(köszörűkővel)* stoning, lapping, honing ; *(textilkoronggal)* buffing ; *(bőr)* buffing (colouring) ; *(kristályé ; rád)* grinding ; *vö még* **csiszol** ; **bőr színoldalának finom ~a** buffing ; **~ hézag** *v* **játék biztosítására** relief polishing ; **~ keresztirányban** *(pa)* crossgrinding ; **kézi ~** *(bőr)* hand buffing
csiszolási bőrpor fluff
csiszolat *(mikrometszet)* microsection ; *(lecsiszolt anyag pora)* grindings ; **metallográfiai ~** *(anyagv)* metallographic specimen/section

csiszolatlan *(nyers)* rude, rustic; ~ **kvarc** *(rád)* lump quartz; ~ **nyers gyémánt** rough diamond
csiszoló *fn (munkás)* grinder, finer, rubber, planisher; *mn* grinding, polishing, buffing; *l még* **köszörű-** *és* **fényesítő**; ~ **berendezés** grinding equipment; ~ **felszerelés** grinding equipment; ~ **korongkefe** *(kraccolókefe:)* brush wheel; ~ **körívbetét** abrasive segment; ~ **lenpapír** emery cloth; ~ **reszelő** emery/abrasive/polishing file; ~ **tisztítás** abrasive cleaning
csiszoló-alappapír emery body base-paper
csiszolóállvány floor stand grinder
csiszolóanyag grinding/abrasive material, abradant, abrasive, abraser
csiszolóanyag-bevonat abrasive coat
csiszolóbak floor stand grinder
csiszolócsúcs abrasive-point
csiszoló-élesítő *(pa)* burr, bush roll
csiszolófej grinding head; *(fényt)* stock-curve
csiszoló(gép) *l még* **köszörű(gép)**; *(bőr)* rasping machine; *(smirglizō; fémhez, fához)* sanding machine, sander, buffer; **aszférikus** ~ aspherizing machine; **kézi** ~ hand power grinding machine; **szalagos** ~ belt-grinding machine **üvegpapír-tárcsájú** ~ disc sander
csiszológyalu abrasive planer
csiszolóhenger grinding/emery/sand(ing) roll(er)/cylinder, drum wheel
csiszolóhomok abrasive sand
csiszolókar *(hegyes)* calking chisel
csiszolókészülék grinding apparatus
csiszolókitt *(ragacs)* filling up, sanding sealer
csiszolókorong abrasive grinding wheel/disc; *(szilikátkorong:)* silicate wheel; *(textilbőr:)* buffer; **fogorvosi** ~ dental wheel; ~ **glazúrosodása** wheel loading; **gyémántporos** ~ diamond wheel; ~ **és munkadarab érintkezési felülete** area of grinding contact; **nyers** ~ green wheel
csiszolókorong-agy wheel hub/mount
csiszolókorong-betapasztás cementing in of the grinding wheel
csiszolókorong-egyengető (grinding) wheel dresser
csiszolókorong-érdesítő emery sharpener
csiszolókorong-lehúzó: ~ **gyémánt** block/dressing diamond; ~ **készülék** wheel dressing attachment; ~ **szerszám** emery wheel dresser
csiszolókorong-szabályozó: ~ **betét** cutter set for grinding wheel dresser; ~ **tartókar** holder for grinding wheel dressing tools
csiszolókorong-szemcse grains for abrasive wheels, grit
csiszolókorong-szupport wheel-head/stand
csiszolókő abrasive stone, emery brick, rubbing block/stone, grindstone, burr, rub(ber stone), fettling wheel; ~**vel megmunkál** stone
csiszolókő-vályú grindstone box/trough
csiszolólakk spar/flatting varnish
csiszolólap grinding plate, glazer
csiszolómalom *(tűköszörülés után)* polishing mill
csiszolómassza polishing/grinding/lapping compound
csiszolómester refiner
csiszolóműhely grindery
csiszolónemez *(tex)* nap
csiszolóolaj putty oil
csiszolópad *l* **köszörű(gép)**
csiszolópala *(ásv)* Tripoli/polishing slate
csiszolópapír abrasive-coated paper, buffing/smoothing/glass/crocus/sand/carborundum/polishing/emery/abrasive paper; ~**ral tisztít** sandpaper
csiszolópapír-gép abrasive-paper machine
csiszolópaszta buffing/emery/lapping/compound/paste
csiszolópor emery/abrasive powder, pounce, abradant, emery flour/dust; **gyémánt** ~ diamond dust
csiszolópor-kötőanyag putty of emery
csiszolópróba *(anyagv)* abrasion test
csiszolórúd abrasive stick, lap, hone
csiszolószalag abrasive/grinder/sand(ing) belt; **végtelen** ~ abrasive endless belt
csiszolószalag-nyerspapír grinding-tape base-paper
csiszolószemcse abrasive grain
csiszolószerek grindings
csiszolószíj abrasive belt/strap, belt polisher
csiszolószita *(pa)* flat wrap
csiszolószupport grinding rest
csiszolótárcsa *(csiszolópapírból v csiszolóvászonból)* burnishing wheel, emery/sand disc/wheel, disc sander
csiszolótömb sand block
csiszolótüske grinding arbour, burnishing broach, plug lap
csiszolóüzem *(köszörülőüzem)* grinding department, grindery
csiszolóvászon sand/blass/emery/abrasive cloth
csiszoló-vörös rouge, crocus, jeweller's red
csiszolózagy swarf
csiszolt polished; *(köszörült)* ground; *(sima)* smooth; ~ **barkájú bőr** grain buff; ~ **burkolókő** broad stone; ~ **él** *(fazetta)* facet; ~ **gyémánt** cut diamond, brilliant; **homályosra** ~ *[üveg]* dead-ground; ~ **illesztés** ground joint; ~ **lemez** *(heng)* bright-polished sheet; ~ **tárgyüveg** slide with a ground cell; ~ **üveg** cut glass
csizma boot; *(üvegolvasztó kemencénél)* small pot
csizmadia bootmaker
csizmahúzó boot-jack
csizmakaptafa boot tree
csizmaszár bootleg, leg of a boot
csókfolt *(cserzetlen rész a cserzett bőrön)* kiss spot
csokoládébarna chocolate brown
csokoládécsomagoló papír chocolate wrapping/enrober paper
csokoládédobozkarton *(pa)* chocolate board
csokoládémáz chocolate frosting
csokor *(köteg)* bunch; *(rostán:)* mesh
csokordísz *(cipőn)* bow
csokorkörítő papír bouquet-holder paper
csokorszám *(szitán)* mesh (number)
csokortölcsér *(pa)* bouquet holder
x-csokros szita x-meshed screen
csomag bundle, parcel, bag, bale, (load-)pack, packet; *(181 ív papír)* post
csomagcímke *(pa)* counter foil, parcel ticket
csomagcímke-karton *(pa)* cardboard for parcel ticket
csomagfelvonó package elevator
csomagférőhely luggge accomodation
csomagháló *(vasút)* parcel net
csomagküldemény package
csomaglezáró *(készülék, anyag v munkás)* package sealer
csomagol pack, crate, bundle, (em)bale; **ládába** ~ (in)case
csomagolás package, pack(ing), parcelling; *(tokba)* encasement; *(zsákba, vászonba)* bagging; ~ **kibontása** unpacking; ~ **láda nélkül** bareback packing
csomagolási mód package
csomagolástechnika packaging technique/technology
csomagolatlan unpacked
csomagoló *(munkás)* packer, bander, wrapper; ~ **selyempapír** wrapping tissue paper
csomagolóanyag package/packing material, pack(ings); **vízmentes** ~ *(pa)* waterproof wrapping
csomagolódoboz *(pa)* packing case; **díszes** ~ fancy box
csomagolóeszköz *(göngyöleganyag)* empties
csomagológép packing/wrapping machine, packer
csomagolóhelyiség packing room
csomagolóhordó (packing) barrel
csomagolóhuzal *(bálázó)* bale wire
csomagolókarton *(pa)* packing case/board
csomagolóláda (packing) case
csomagolóládajelzés case marking
csomagolópapír bastard/cap/packing/brown/wrapping paper, caps, wrapper, casing
csomagolópapír-alak *(30″×19″)* bucks small hand
csomagolópapír-borítás packing envelope, paper shell
csomagolóprés packing press; *(bálázóprés:)* baling press
csomagolórekesz crate
csomagolószövet pack duck, packsheet, packing cloth
csomagolóvászon *(tex)* bagging, packing canvas, wrapper, ordinary hessian, canvas sheet
csomagolózsák (packing) bag, pocket
csomagolózsineg packing cord
csomagolt packed
csomagposta parcel post
csomagpostakocsi *(vasút)* baggage-mail car
csomagszállító szalag package conveyor
csomagtartó luggage carrier; *(kocsiban:)* luggage rack; *(a kocsi tetején:)* luggage rail; *(csomagháló autóbuszban:)* interior luggage rack; *(benzintankon; mkpár)* tank-top parcel carrier; *(hátsó; mkpár)* rear luggage grid; *(gépk)* *l* **poggyásztartó**; ~ **háló** luggage net, rack; ~ **háló konzolja** luggage net bracket
csomagtér *(gépk; rep)* luggage space; *l még* **poggyásztartó**
csomagvarró tű packing needle
csomó node; *(darab:)* lump; *(fában)* knot, snag, knag, spech, clod, gnarl; *(fonalban)* bead; *(köteg)* cluster bunch, bundle, truss; *(köteg, bojt)* tuft; *(pa)* nod(ul)e; *(kiosztályozásnál; pa)* rejects; *(szitán)* mesh;

(*tex*) nop, slip knot, knib, bunch, bundle ; ~ **alakú** nodular ; **~kat eltávolít** (*tex*) burl ; (*szövetből*) knot ; ~ **faköszörületben** (*pa*) bubble shot ; **felszálló** ~ (*csill*) ascending node ; **~kat kitépdes** (*tex*) burl
csomóaprító gép (*pa*) knot chipper
csomócsipkedés (*szövetből*) cloth burling
csomócska nodule
csomódzás [*zsinóré ; távk*] kinking
csomófelület (*fiz*) nodal surface
csomófogó (*pa*) (worm(s)) knotter, (pulp) strainer, picker, screen, knotcatcher ; (*tex*) snarl/devil/knot catcher ; (*csévélőgépen ; tex*) slubcatcher ; **forgó** ~ (*pa*) rotary knotcatcher ; **sík** ~ (*pa*) flat knotcatcher ; ~ **szita** (*pa*) knot screen
csomófúró gép (*pa*) knot boring-machine
csomóhibás festésű szövet burl-dyed cloth
csomóképződés modulizing ; ~ **a faanyagban** knotting
csomókicsípő gép (*tex*) burling machine
csomókiszedés (*szövetből*) cloth burling
csomókötés (*szakadáskor ; tex*) piece-up
csomókötöző (*szerkezet ; tex*) (weaver's) knotter, knotting machine, knot-lying mechanism
csomóköz (*tex*) internode
csomólemez (*alvázban ; gépk*) gusset plate ; (*hajó*) bracket ; (*ép, gépt*) joint/junction/connection plate, gusset
csomómentes (*fa*) clear-stemmed/boled; ~ **fésültszalag** clear top ; ~ **fűrészáru** clears
csomópont nodal point, node, knot ; (*áramkörben*) branch point ; (*csill*) node ; (*ép*) point of junction, joint connection ; (*forgalmi*): multiple junction, complex junction ; (*rezgési*) node ; (*vasúti*) junction
csomópont-analízis (*rád*) node-pair method, nodal analysis
csomóponti nodal ; ~ **állomás** (*vasút*) multiple station/junction ; ~ **egyenlet** (*rád*) node equation ; ~ **egyensúly módszere** (*mech*) method of joints ; ~ **görbe** (*mat*) nodal conic ; ~ **kúpmetszet** (*mat*) nodal conic ; ~ **lemez** (*ép*) gusset joint plate ; ~ **távolság** internodal distance
csomópont-módszer node-pair method
csomoros (*fa*) knotty
csomós knotty, noppy, lumpy ; (*csomószerű*) nodular ; (*darabos*) lumpy ; (*fa*) knotty, clotty, gnarled, snaggy ; (*kötegés*) bunchy ; (*tex*) nappy, knoll, bunchy, tufty ; ~ **cérna** (*tex*) knop yarn ; ~ **csillámpala** spotted mica schist ; ~ **díszítőfonal** (*tex*) (k)nop/snarl(y) yarn ; ~ **érc** (*bány*) nodular ore ; ~ **fonal** (*tex*) button/bunch(y)/cockled yarn ; (*hiba*) beaded yarn ; ~ **kabátszövet** frieze ; ~ **paszományáru** (*tex*) looped braid ; ~ **rostú** (*fa*) cross-grained
csomósít (*koh*) flocculate, coalesce, nodulize
csomósodás nodulizing ; (*gumi*) agglomeration ; (*latexrészecskék tömörödése*) clustering (of latex) ; (*távk*) bunching ; (*tex*) hitch, buttoning ; ~ **a vetőn** (*földt*) node of the fault
csomósság (*csomorosság ; fa*) branchiness, knottiness
csomószám *l* **csokorszám**
csomótépés (*tex*) burling
csomóvonal (*hangt*) nodal line ; ~ **hátrálása** (*csill*) regression of nodes
csomóz bunch, knot, kink ; (*tex*) tuft, bunch, knoll
csomózás (*tex*) mesh metting
csomózható attachable
csomózó [*klisztronban*] buncher
csomózó-fonalköteg (*tex*) beating
csomózógép (*tex*) tufting machine, knotter
csomózóhurok (*tex*) tuft
csomózott jointed, plaited ; ~ **áru** (*tex*) network ; ~ **szőnyeg** (*tex*) knotted carpet
csónak boat ; (*motoros*) launch ; ~ **alakú** scaphoid ; ~ **alakú gyűrődés** *v* **redő** (*földt*) canoe fold ; ~ **alakú üst** boat pan ; **felfújható** ~ air raft ; **kétevezős** ~ dinghy ; **lapos fenekű** ~ cockle ; **légtömlős** ~ air raft
csónakárbockötélzet boat's rig
csónakcsáklya boat hook
csónakcsarnakzat boat's rig
csónakcsisza boat fenders
csónakcsörlő boat hoist engine, boat winch
csónakdaru (boat/ship) davit, boat's crane ; ~ **hátsó hajórészen** quarter davit
csónakdaruállvány davit stand
csónakdaru-csigasor davit fall block
csónakdörzsléc board fenders
csónakemelő boat lift
csónaképítő boatwright, boat-builder
csónakfelszerelés board furnishing
csónakház (*műhellyel*) boats' shed
csónakhorog hitcher
csónakkampó hitcher
csónaklegénység boat's crew
csónaklekötő szerelvény boat lashing
csónakmotor launch engine
csónak-napellenző ponyva boat's awning
csónakos boatman
csónakosodott (*fa*) riveled
csónakpárna boat fenders
csónaksátorzat boat's awning
csónakszeg boat nail
csónakszolgálat boatage
csónaktest shell of the boat
csónakütközők boat skids
csonk (*gépt, rád, vill*) stub, stud, stump, chunk ; (*csőcsonk*) pipe end
csonka truncated, retuse, stump ; ~ **csúcsvitorla** (*hajó*) trysail ; ~ **él** (*fűrészárun*) wane ; ~ **eloszlás** (*statisztikában*) truncated distribution ; ~ **élű** (*fűrészáru*) wane dulledged ; ~ **gúla** truncated pyramid ; ~ **henger** (*mat*) truncated cylinder ; ~ **kúp** (*mat*) truncated cone ; ~ **kúp alakú** cone-frustum type; ~ **oldalsávos átvitel** (*telev*) vestigial-sideband transmission ; ~ **sor** (*mzg*) fill/stub row ; ~ **szaru(fa)** (*ép*) dwarf/jack rafter ; ~ **szegmens alakú rácsostartó** truncated truss
csonkaélűség : faanyag ~e wane, dull edge
csonkavágány tail-track, line end, (short) dead end/rail ; **rakodó** ~ dock ; ~ **ütköző gerendája** dead rail beam
csonkáz (*vminek a felső részét*) poll
csonkítás (*távk*) clipping, mutilation
csonktengely (*gépk*) **tengelycsonk**
csont- bone, osseous
csontbreccsa (*földt*) osseous breccia, bone bed
csontdaráló bone grinder
csontégető bone calciner
csontelszenesítő kemence bone charring kiln
csontenyv lime glue, osteocol, bone-glue
csontesztergályos bone cutter
csontfaggyú bone tallow
csontfaragó bone cutter
csontfekete (*festék*) bone/ivory black, char
csontfoszfát bone earth
csonthamu calcined bones, bone ash
csonthóképződés (*met*) nivation
csonthómező (*földt, met*) snowfield, névé
csontkátrány bone/animal tar
csontkátrányolaj Dippel's oil
csontkemény bony
csontliszt bone dust/flour/powder ; (*durvaszemcsés:*) bone meal ; (*műtrágya:*) animal bones
csontliszt-kénsavazás bone vitriolization
csontliszttrágya bone fertilizer
csontolaj bone oil
csontőrlő bone grinder ; ~ **malom** bone mill
csontszén bone (char) coal, (bone) char, drop black
csontszenesítő kemence bone charring kiln
csontszénszűrő bone black filter
csontszerű osseous
csonttartalmú breccsa (*földt*) bonebed breccia
csontvelő bone marrow
csontvezetés (*hangt*) bone conduction
csontzsír bone fat/tallow/grease
csoport group ; (*készlet*) set ; (*sorozat*) set, series ; (*fajta*) sort ; (*munkások*) team, gang, block ; (*vegy*) group ; (*gyök*) radical ; **száz tagú** ~ century ; **tizes** ~ decade
csoport-áttevés (*távk*) group-translation
csoport-átvitel (*számológépen*) block transfer
csoportbontás (*klisztronnál*) debunching
csoport-demodulátor (*távk*) group-demodulator
csoporterősítő (*távk*) group amplifier
csoportfogaskerék *l* **csoportkerék**
csoportfúvó mass blower
csoporthajtás group drive
csoport-irányító állomás (*távk*) group sub-control station
csoportkerék (*gépt*) cluster/compound gear, gear-block
csoportkerekes sebességváltó mű compound gear train
csoportkereső (*távk*) group finder, hunter
csoportkésleltetés (*távk*) envelope/group delay
csoportközi impulzus (*távk*) intergroup pulse
csoportmaró milling cutter gang, gang cutter
csoportmodulálás (*távk*) group modulation
csoportmodulátor (*távk*) group-modulator
csoportmunka teamwork

csoportos grouped, bunchy; ~ **átvitel** *(távk)* grouped transmission; ~ **befűzés** *(tex)* section draw, space pass/draft; ~ **frekvencia** *(rád)* train frequency; ~ **hajtás** common/group drive; ~ **kapcsoló** *(vill)* cluster--switch; ~ **keresés** *(távk)* group hunting; ~ **kútalapozás** *(hidép)* open caisson with dredging wells; ~ **lyukasztószerszám** gang-punching dies; ~ **működésű kikapcsoló** *(vill)* gang-operated cut-out; ~ **nyüstbefűzés** harness mounting in several groups; ~ **nyüstzsinór** *(tex)* compound harness; ~ **öntés** group casting; ~ **pórusok** *(fa)* pore cluster; ~ **rendszer** *(sokcsatornás; távk)* group-transmission system; ~ **szerszám** progression tool, follow-on tool; ~ **többmotoros hajtás** multiple-motor group drive

csoportosít group, tabulate, aggregate, (as)sort

csoportosítás grouping, aggregation; *(mat)* distribution; *(klisztronnál)* bunching; ~ **jelleggörbéje** *(távk)* bunching characteristics

csoportosítási törvény *(mat)* distributive law

csoportosító *(mat)* distributive; *(távk)* buncher; ~ **frekvenciája** *(távk)* buncher frequency; ~ **rezonátor** *(távk)* buncher resonator

csoportosítórács *(távk)* buncher grid

csoportosított grouped, banked, lumped

csoportosul group, aggregate

csoportosulás aggregation

csoportsebesség group propagation/envelope velocity

csoportszám *(gyártási v tételszám:)* batch number

csoporttényező *(mérő személyzet gyakorlottsága szerinti; távk)* practice/crew factor

csoportterjedési idő *(távk) l* **csoportkésleltetés**

csoportvágó olló gang shears

csoportválasztó *(távk)* hunter, preselector; **első** ~ district selector

csoport-végberendezés *(távk)* group terminal

csoportvezető *(munkásoké:)* group leader, "gang boss"; ~ **állomás** *(távk)* group control station

csoportvivő: ~ **frekvencia** group carrier frequency; ~ **frekvenciaellátás** *(távk)* group carrier supply

csoportzáró emeltyű master lever

csorba *(csorbultság, csorba él)* barb, beard; *(szerszám)* ragged, nicked; ~ **tégla** brick bat

csorbázat *(ép)* racking

csorbít hack

csorbulás hack; *(fán:)* chip

csorbult *(szerszám)* ragged; ~ **(gabona)-szemek** hicksaw grains

csordulószelep *(mozdonyon:)* overflow valve

csorga *(bány)* conduit

csoroszlya furrow splitter, fin; *(felfelé lazításra:)* hoe coulter; **gerendelyre mereven erősített** ~ hanging coulter

csótár housing

csóva sheaf

cső pipe, tube; *(elektroncső)* valve, (vacuum) tube; *(nyelv, nádlap; hangt)* reeds; *(puskán)* barrel; **alakos** ~ *(gépt)* shaped/section pipe; ~ **alakú** tubular, tubiform; ~ **alakú gerendatartó** tubular girder; ~ **alakú idomszer** tubular ga(u)ge; ~ **alakú talajkimosódás** piping; ~ **alakú (üreges) vezető** *(rád)* tubular conductor; **anódhűtésű** ~ cooled-anode valve; **árnyékolt rácsú** ~ screen(ed)-grid valve; **átalakító** ~ *(rád)* converter tube/valve; ~**vel bélel** tube out, line with pipe; **belső** ~ *(gépt)* liner; ~ **belső ellenállása** *(rád)* anode/plate impedance/resistance; **beömlő** ~ *(gépt)* inlet/admission pipe; **bordás** ~ *(heng)* ribbed/finned tube/pipe; **cementtel bélelt** ~ cement-lined pipe; ~ **centrifugál-öntése** spinning the pipe; **csatornázási** ~ *(gépt)* sewage/drain pipe; **csuklós felfüggesztésű** ~ *(gépt)* hinged pipe; **csupasz** ~ bare pipe; **egyenirányító** ~ *(rád)* rectifier tube/valve; **egynél kisebb erősítésű** ~ *(rád)* fractional--mu tube; **elszívó** ~ *(gépt)* exhaust/vent pipe, flue; **emlékező** ~ *(rád)* storage tube; **erősítő** ~ *(rád)* amplifier tube/valve; **evakuáló** ~ *(rád)* exhaust tube/stem; **falazatvédő** screen tube; **Faraday-féle** ~ *(vill)* Faraday tube; **ferdeanódos** ~ angle--anode tube/valve; **feszültségszabályozó** ~ voltage-regulator tube; ~ **fonalcséve tartására** *(tex)* cop tube; **forgórácsú** ~ *(rád)* rotating-grid tube/valve; **gáztöltésű** ~ *(rád)* gas--filled tube/valve; **gerjesztő** ~ *(rád)* driven/driving tube/valve; **gyorsulásmérő** ~ *(rád)* accelerometer tube; **hajlékony** ~ *(gépt)* flexible tube/pipe; **haladó hullámú** ~ *(rád)* travel(l)ing--wave tube/valve; **hangolásjelző** ~ *(rád)* visual indicator tube/valve, magic eye; **háromelektródás** ~ three-electrode valve; **hegesztett** ~ *(heg)* welded tube/pipe; **hengerelt** ~ *(heng)* rolled tube/pipe; **hidegen húzott** ~ cold-drawn tube, C.D.T.; **hidegkatódos** ~ *(rád)* cold-cathode tube/valve; **hullámos** ~ *(heng)* corrugated tube/pipe; **húzott** ~ drawn tube; **izzókatódos** ~ *(rád)* hot--cathode tube/valve; **kapcsoló** ~ *(rád)* switch tube/valve; **két** ~ **közötti** *[áramkör; rád]* intervalve; **kételektródás** ~ two-electrode tube; **kettős** ~ *(rád)* dual tube/valve; **kiegyenlítő** ~ *(gépt)* balance pipe; **kiömlő** ~ *(gépt)* outlet/exhaust pipe; **kipufogó** ~ *(gépt)* exhaust pipe; **kimenő** ~ *(rád)* output tube/valve; **kis meredekségű** ~ *(rád)* low-slope tube; **kisnyomású** ~ *(gépt)* low--pressure tube/pipe; **kisteljesítményű** ~ *(elektroncső)* low-power valve/tube; **kisülési** ~ *(rád)* discharge tube/valve; **kombinált** ~ *(rád)* multiple unit tube/valve; **korcolt** ~ *(gépt)* grooved seam pipe; **közvetett fűtésű** ~ *(rád)* cathode heater tube; **különlegesen szilárd** ~ *(rád)* rugged(ized) tube/valve; **különleges vastagfalú** ~ *(heng)* extra-heavy pipe; **lefolyó** ~ *(gépt)* leader pipe; **léghűtéses** ~ *(rád)* air--cooled valve/tube; **leosztó** ~ *(rád)* scaling tube/valve; **mágneses kitérítésű** ~ magnetically deflected tube; **meghajtó** ~ *(rád)* driven/driving tube/valve; **menetes** ~ threaded pipe/tube; **miniatűr** ~ *(rád)* midget/miniature tube/valve; **nagynyomású** ~ *(gépt)* high-pressure tube/pipe; **négyelektródás** ~ four-electrode valve; ~ **nélküli** *[rádió]* tubeless; ~ **nélküli televízió** tubeless television; **nyomó** ~ *(gépt)* delivery/force pipe; **öntött** ~ *(önt)* cast tube/pipe; **páncélozott hajlékony** ~ armo(u)red hose; **polírozott** ~ *(heng)* reeled tube/pipe; **pörgetett v centrifugál-öntéssel készült** ~ spun pipe; **rövid** ~ ferrule; **sebességmodulációs** ~ velocity-modulated valve; **síkelektródás** ~ disc-seal tube; **sima végű** ~ bare pipe; **sokszorozó** ~ *(rád)* multiplier tube/valve; **sugárkapcsoló** ~ *(rád)* beam-switching tube; **sugárzásvető** ~ *(rád)* autoprotective tube; **szállító** ~ *(gépt)* delivery/force pipe, conveyer tube; **számláló** ~ *(rád)* counter tube/valve; **szegecselt** ~ *(gépt)* riveted pipe; **szekunderemissziós** ~ *(rád)* secondary-emission tube/valve; **szétszerelhető** ~ *(nagy adócső; rád)* demountable valve; **szűkített** ~ baffled tube; ~ **tágított vége** *(ol)* slip socket; **tárcsás kivezetésű** ~ disc-seal tube; **telepes** ~ *(rád)* battery tube; **teleszkópos** ~ *(gépt)* telescopic pipe; **teljesítményerősítő** ~ *(rád)* power (amplifier) tube/valve; **tokos** ~ bell/socket/spigot tube; **többelektródás** ~ multi--electrode valve; **többrácsos** ~ *(rád)* multigrid tube/valve; **többszörös hajlatú** ~ *(gépt)* manifold; **törpe** ~ *(rád)* doorknob tube/valve; **végmenet nélküli** ~ bare pipe; **változó meredekségű** ~ *(rád)* controlled/variable-mu tube/valve; **varrat nélküli** ~ *(alak)* seamless/weldless tube/pipe; **vízbe merített végű** ~ *(bújtató csővezetékben:)* dip pipe; **vízhűtésű** ~ *(rád)* water-cooled valve; **vízszint alatti** ~ drowned pipe; **vízvezetéki** ~ *(gépt)* water pipe; **volfrámszálas** ~ tungsten filament lamp

csőág pipe string, leg pipe

csőágdarab hajlított szárral single tee

csőagy *[tárcsához]* quill

csőágy pipe race

csőakna pipe shaft

csőalagút tube

csőalátámasztó *l* **csőbak**

csőaljzat *(rád) l még* **csőfej** base

csőállandók *(rád)* valve/tube constants

csőáram tube current

csőárnyékolás *(rád)* tube/valve screen

csőáteresz culvert

csőátfejelés *(rád)* base reclaiming

csőbak pipe stool, tube/pipe bracket

csőbarométer *(met)* syphon barometer

cső-behengerlés *(szereléskor:)* tube beading/expanding

cső-bekötés pipe union

cső-belvilág daylight of the pipe, inner diameter, I.D.

csőbevezető leg

csőbilincs (pipe/tubing/leader) clamp/strap, stirrup, pipe hanger/hook/clip; *(ol)* casing clamp; **egyszerű kivitelű** ~ bulldog casing spear

csőbilincsdarab stirrup piece

csőbilincskapocs *(csőillesztések falhoz erősítésére:)* drop tee/T
csőboltozat *(ép)* tubular vault
csöbör pail, tub
csőbuga pipe/tube blank/billet
csőbura *(rád)* lamp screen
csőburkolás pipe covering/wrapping
csőburkolat pipe wrapping, casing of pipe, flashing; **karimás** ~ *(csövek átvezetésére tetőszerkezetben; ép)* boot
csőcsap shank, journal, trunnion cap
csőcsatlakozás pipe junction/connection
csőcsatlakozó *(tüzelőanyagcső; gépk)* union; *(gépt)* armature; ~ **darab** pipe nipple; ~ **karmantyú** *(ol)* pipe nipple; ~ **tömlőhöz** hose and pipe nipple
csőcsavar hollow screw
csőcsavarkulcs *(fogazott)* alligator pipe wrench
csőcsere *(rád)* valve change/replacement; *(új csövek beszerelése; rád)* revalving
csőcsonk pipe branch/stub; **bebocsátó** *v* **hozzávezető** ~ admission piece
csőcsonkcsatlakozás *(hidr)* nipple joint
csődesztilláló készülék *(vegy)* tube still
csődetektor vacuum tube detector
csődiafragma *(mérőperem)* pipeline orifice
csődongafűrészelő munkás *(fa)* pipe-wood sawyer
csődörzsár pipe reamer
csődúc *(rep)* bracing tube
csődudor bulged tube
csődugattyú hollow piston
csődugó nipple, cannon plug
csőegyengető készülék pipe puller/straightener
csőegyüttható *(rád)* tube coefficient
csőelágazás pipe junction/angle, snout
csőelektródos villamos leválasztó electric pipe precipitator
csőélettartam *(rád)* tube life
csőelevátor pipe elevator
csőelosztó fej pipe header
csőelőfeszültség tube bias
csőeltömődés pipe choking
csőelzáró *(hibás forrcsövek ideiglenes kiiktatására:)* tube stopper
csőemelő *fn* pipe riser
csőérintkező leg
csőfaggyú *(gépt)* packer
csőfal *(kazáncsövek beerősítésére:)* tube panel/plate
csőfar (gun) breech
csőfarkúp breech cone
csőfarvastagító gyűrű breech reinforce
csőfej *(rád)* tube/valve base; *(katódsugárcsőé:)* magnal base; *(szivattyún:)* head; **csapos** ~ *(rád)* base with pins; **kilenccsapos** ~ *(rád)* noval base; **loktál** ~ *(rád)* loctal base; **menetes** ~ *(rád)* screw base/cap; **novál** ~ *(rád)* noval base; **nyolccsapos** ~ *(rád)* octal base; **oktál** ~ *(rád)* octal base
csőfejárnyékolás *(rád)* base shield
csőfejbeépítés *(olajkút gázkiömlésének felfogására)* surface casing
csőfejbekötés *(rád)* pin connection
csőfejpecek *(rád)* pin
csőfektető *(munkás)* pipeman
csőfenék abutment
csőfoglalat tube/valve socket/holder; **elosztó** ~ *(több cső bekapcsolására; rád)* ball adapter; **kilenccsapos** ~ *(rád)* noval socket; **loktál** ~ *(rád)* loctal socket; **menetes** ~ *(rád)* screw socket; **novál** ~ *(rád)* noval socket; **nyolccsapos** ~ *(rád)* octal socket; **oktál** ~ *(rád)* octal socket; **rugós** ~ *(rád)* cushion socket
csőfogó alligator/pipe wrench/dog, gas pliers, slide/pipe tongs; **állítható** ~ water pump pliers; **csuklós** ~ Swiss-pattern, pipe wrench; **kengyeles egyetemes** ~ "universal" pipe wrench; **láncos** ~ chain pipe wrench, pipe grip; **svéd** ~ Swedish-pattern, pipe wrench
csőfolyás pipe run, seepage, leakage
csőformázás pipe mo(u)lding
csőfőtartó *(rep)* tubular spar
csőfúró calyx/straightway drill
csőfül pipe eye
csőfűtés *(rád)* valve heating
csőgalvanométer valve galvanometer
csőgarnitúra *(szivattyúhoz:)* bundle of tubes
csőgenerátor *(rád)* thermionic oscillator
csőgörbület csőkereszteződés helyén pass-over offset
csőgörény *(gépt, ol)* (go-)devil, pig
csőgyűrű lining; **öntöttvas** ~ cast iron lining
csőgyűrűelem-elhelyező szerkezet segment erector
csőgyűrűemelő *(fúrópajzson)* erector; ~ **markolórésze** erector grip
csőgyűrűividom *(alagútívben)* taper ring
csőgyűrűköpeny skin of lining
csőgyűrűmeghúzó szerszám bodger
csőgyűrű-zárószegmens *(mélyép)* key segment
csőhajlat *(ép)* bend; **nyolcadrésznyivel elforduló** ($22\frac{1}{2}$ *fokos)* ~ eight bend
csőhajlító: ~ **bak** pipe bending column; ~ **fogó** bend/globe pliers, elbow tube pliers
csőhálózat piping, pipe network, run/range of pipes, grid iron
csőhatásfok *(rád)* tube efficiency
csőhegyező gép tube tapering machine
csőhengerállvány pipe/tube mill; **dugós** ~ plug/pilger mill, rotary forge mill; **hideg** ~ cold tube rolling mill; **kalibráló** ~ pipe sizing mill; **lyukasztó** ~ rotary piercing mill, Mannesmann mill; **Mannesmann** ~ rotary piercing mill, slant rolling mill, Mannesmann mill; **méretező** ~ *l* **kalibráló csőhengerállvány**; **pilgerező** ~ plug/pilger mill, rotary forge mill; **polírozó** ~ reeling mill; **simító** ~ reeling mill; **Stieffel** ~ *l* **tárcsás csőhengerállvány**; **tágító** ~ pipe/tube expanding mill; *l még* **tárcsás csőhengerállvány**; **tárcsás** ~ rotary rolling mill, Stief(f)el mill
csőhengerlés pipe/tube rolling; **dugós** ~ plug/pilger rolling, rotary forge process; **hideg** ~ tube/pipe cold(-)rolling; **kalibráló** ~ tube/pipe sizing; **lyukasztó** ~ rotary piercing, Mannesmann process; **Mannesmann-féle** ~ *l* **lyukasztó csőhengerlés**; **méretező** ~ *l* **kalibráló csőhengerlés**; **pilgerező** ~ *l* **dugós csőhengerlés**; **polírozó** ~ tube/pipe reeling; **simító** ~ tube/pipe reeling; **Stieffel-féle** ~ *l* **tárcsás csőhengerlés**; **tágító** ~ tube/pipe expanding (rolling); **tárcsás** ~ rotary rolling, Stieffel rolling process
csőhengerlő "fúró" *(tüske)* core mandrel
csőhengermű rolling mill for pipes/tubes
csőhiba *(rád)* valve failor
csőhíd tubular bridge, pipe aqueduct
csőhorog *(ol)* pipe hook
csőhossz pipe length
csőhosszegyenérték equivalent pipe length
csőhúzás *(alak) (üresen)* sinking; *(dugóval)* plug drawing; *(tüskével)* mandrel drawing
csőhúzó *mn* tube-drawing; ~ **pad** tube-drawing bench, tube drawbench; ~ **szerszám** tube-drawing die; ~ **tölcsér** forming bell; ~ **tüske** tube-drawing mandrel
csőhűtésű *(nagy gép; rád)* duct-ventilated; *(kis gép; rád)* pipe-ventilated
csőhüvely sleeve pipe
csőilleszték adapter pipe
csőillesztés tube fit(ting); ~ **tágítással** expansion fit
csőív angle pipe, bend; *(hidr)* ell, l
csőjelleggörbe *(rád)* tube characteristics; ~ **egyenes szakasza** straight slope
csőkampó *(puskához:)* barrel-hinge
csőkapacitás *(rád)* tube/valve capacitance
csőkaparó (go-)devil
csőkapcsolás joint of pipes; **cementes** ~ cement joint of pipes
csőkapcsoló: ~ **anya** collar nut; ~ **karmantyú** *(ol)* screwed nipple union, (pipe) nipple; **peremes** ~ beaded fitting
csőkarakterisztika tube/valve characteristics
csőkarakterisztika-mérő *(rád)* valve characteristics meter
csőkarima flange
csőkarimafelhúzás slipping the flange over pipe
csőkarmantyú pipe socket, sleeve, pipe coupling
csőkatalógus *(rád)* tube manual
csőkefe swab
csőkemence *(lepárlás)* pipe-still, tube-still
csőkengyel pipe strap/carrier/bridge/hanger
csőkeret tubular frame; ~ **csöve** frame tube
csőkeretes borona pipe bar harrow
csőkészlet *(szivattyúhoz:)* bundle of tubes; *(rád)* tube/valve complement
csőkígyó worm (pipe), tubular/pipe coil, coil pipe; **táguló** *v* **kiegyenlítő** ~ coiled expansion pipe
csőkígyós túlhevítő spiral superheater
csőkígyótámasz coil stand
csőkiverő tüske *(tisztítás előtt:)* tube drift
csőkivezetés tail
csökkenés diminution, cut, reduction, decrease, reducing; *(alak) l* **fogyás**
csökkenő diminutive; ~ **amplitúdó** decreasing amplitude; ~ **irányzat** downward tendency; ~ **nyomású áteresztőképességvizsgáló** *(mech)* falling-head permeameter; ~ **szél** *v* **légáramlat** windfall and rewinders

csökkent *ige* reduce, decrease, diminish, cut, impair ; *(heng)* reduce ; *l még* **redukál** ; *(vegy)* attenuate ; **nyomást** ~ slack off the pressure ; **sebességet** ~ slow down, reduce the speed ; **súlyt** ~ lighten
csökkent hallás impaired hearing
csökkentés *l* **csökkenés**
csökkentési : ~**arány** *v* **viszony** reduction rate/ratio ; ~ **tényező** reduction coefficient
csökkentett : ~ **légnyomás** reduced air pressure ; ~ **lépték** scaled-down ; ~ **mérték** *v* **lépték** *(mat, geod)* reduced scale ; ~ **nyomás** *(mech)* reduced pressure ; ~ **nyomású szélcsatorna** low-pressure tunnel ; ~ **sebesség** *(gépk)* restricted speed ; **átvitel** ~ **szintű vivővel** *(távk)* reduced carrier level transmission ; ~**térfogat** *(mech)* reduced volume ; ~ **termelő képesség** reduced output
csökkentő : ~ **áttétel** reduction gear ; ~ **áttételes motor** geared-down engine ; ~ **csőcsatlakozó** reducing coupling ; ~ **csőszerelvény** reducing fittings ; ~ **húzóüreg** reducing die ; ~ **karmantyú** reducing piece, reducer
csökkentőcső *(szivattyún :)* reducing pipe
csökkentőszelep reducing valve
csőkondenzátor duct capacitor
csőkongás *(rád)* microphony
csőkorona *(szivattyún :)* ring
csőkönyök *(gépt)* (pipe) bend, knee
csőköteg bundle/bank of tubes, tube nest
csőköteges besűrítő *(pa)* shell tube evaporator
csőkötegfal tube-sheet
csőkötés pipe connection/joint/union ; *(tex)* circular knitting ; **membrános kiegyenlítő** ~ diaphragm expansion joint ; **tokos** ~ bell and spigot joint ; ~ **tokos fele** bell spigot ; ~ **tömítése mesterséges oxidálással** rust joint ; **vakcsavaros** ~ blind nipple
csőkötéstömítőgép pipe-ca(u)lking machinery
csőkötő : ~ **átmeneti hüvely** bushing ; ~ **csavar** barrel nipple ; ~ **darab** joining/coupling piece ; ~ **karima** *v* **perem** joint flange, pipe-connecting flange
csőközi csatolás *(rád)* intervalve coupling
csőkulcs tubular box-spanner, socket/pipe/alligator wrench ; **fogas** ~ bull wrench ; **forgattyús** ~ dog wrench ; ~ **hajtószára** tommy bar ; **kettős** ~ double-ended tubular box spanner
csőkúp központi kenő berendezésnél *(gépk)* central lubricator tube cone
csőkút driven well
csőkútleverő készülék *(ol)* ram for well boring
csőláb (pipe) leg
csőlapító gép pipe crushing machine
csőleágazás branch pipe
csőleágazórész delivery pipe branch
csőlehúzó henger detaching mill
csőlíra expansion loop, loop expansion pipe ; **dilatációs** ~ double-offset expansion U-bend ; ~ **gőzvezetéken** steampipe expansion loop
csőlyukasztó hengerállvány slant rolling mill, Mannesmann mill
csőmalom *(vegy)* tube mill
csőmanométer tube ga(u)ge
csőmegfogó készülék *(ol)* boring pipe box
csőmenet *(gépt)* pipe thread
csőmenetfúró pipe thread tap
csőmenetmetsző pipe thread cutting die
csőmentő fogó *(ol)* casing dog
csőmeredekség *(rád)* transconductance
csőmikrofónia *(rád)* tube/valve microphony ; **csőmikrofoniától eredő hang** *(rád)* tube ring
csömöszöl *(ép)* ram, pack, tamp
csömöszölő *fn* rammer
csömöszölt : ~ **beton** rammed/compressed/tamped concrete ; ~ **fal** cob wall ; ~ **falazat** *(ép)* rammed walling ; ~ **vályogfal** puddle wall
csőnyak neck of pipe/tube, spigot end of pipe
csőnyaláb bank/cluster of pipe
csőnyereg pipe hook, saddle (clip)
csőnyílás mouth of a pipe
csőoszcillátor *(rád)* valve oscillator
csőöblítés *(szivattyúnál :)* flush
csőöntés *(önt)* pipe casting ; **centrifugális** ~ tube spinning, centrifugal tube casting
csőöregedés *(távk)* valve ag(e)ing
csőösszekötő *l* **csőkötő**
csőpakker *(horgonyos ; bány)* anchor casing packer
csőpánt pipe clip, abutting collar
csőpatkó *l* **csőlíra**
csőperem pipe flange ; **tölcsérszerű** ~ bell mouth
csőperemező berendezés hengerekkel tube beader
csőposta pneumatic mail/post/tube/dispatch (installation) ; *(épületen belül)* mail chute
csőpostaszelep pneumatic valve
csőpostatok-karton *(pa)* mailing-tube board
csőpörgetés pipe spinning
csőprés *(alak)* tube-extruding press ; *(szereléshez)* tube beader/expander ; ~ **szerszáma** *(alak)* extruding die ; ~ **szerszámtartó lapja** (extruding) die plate
csőpróbapad *(rád)* ag(e)ing rack
csőpuffadás swelling of pipe (walls)
csőr *(bány)* bill ; *(gépt)* snout, beak, rostrum
csőrács tube panel/plate/sheet
csőrakat *(mélyfúrásnál)* pipe column
csőrendszer piping, pipe system
csőretesz *(szivattyún)* pipe closer
csörgés *(gépt)* flutter ; *(gépk)* *l* **motorcsörgés**
csörgésszám *(hangt)* flutter rate
csörgő visszhang flutter echo
csörlés *(rep)* winch start(ing)
csörlő (lifting) winch, crab, winder, reel, hoist ; *(vontató)* hauling apparatus, car haul ; *(gépk)* winch ; *(háló kihúzására ; hajó)* hurdy-gurdy ; ~ **dobját forgató erőgép** winding engine ; **dobos** ~ drum winch ; ~**vel felemel** *v* **gombolyít** winch ; **függőleges tengelyű** ~ capstan (winch) ; **gépi hajtású** ~ belt hoist ; **kézi mozgatású** ~ crab winch ; **láncos** ~ chain jack ; **motoros helyváltoztatású** ~ *(gépk)* automobile winch car ; **önműködő** ~ automatic crab winch ; ~ **szabályozókereke** *(hajó)* capstan wheel ; ~**vel vontatható csille** *(erős emelkedéshez ; bány)* mule
csörlőaggregát *(rep)* winch start aggregate/apparatus/truck
csörlő-csavaranya capsten nut
csörlődob capstan head, winding drum, dsumhead of capstan ; *(hajó)* barrel
csörlőfej capstan head
csörlőfelvonó trolley hoist
csörlőindítás *(rep)* winch start
csörlőkezelő *(rep)* winch operator ; ~ **osztag** *v* **csapat** *(hajó)* winch squad
csörlős jármű tractor winch
csörlőtartó kar reel support arm
csörlővontatás *(földön, vízen)* remorque; *(rep)* winch tow(ing)
csőrobbanás barrel bursting
csőrös *(gépt)* rostrate ; ~ **fogó** *(fényk)* beaker tong
csőrudas ütköző *v* **lökhárító készülék** telescopic shock-absorber
csőrugó tubular spring ; *(szivattyún)* bellow
csősajtó extruding press
csősajtoló eljárás extrusion process
csősaru forgó fúrófejes fúráshoz rotary shoe
csősatu tube/pipe vise ; **láncos** ~ chain pipe vise ; **tábori** ~ portable folding tube vise and stand
csőselejtezési vizsgálat *(távk)* rejection test on (vacuum) tubes
csősín *(puskáé)* barrel rail
csősugár radius of pipe ; *(at.)* positive/canal rays
cső-sugárzó *(rád)* pipe radiator
csősúrlódás pipe friction
csőszabvány pipe standard(s)
csőszáj mouth of a pipe, snout ; *(kat)* muzzle ; **csővéget befogadó** ~ *(tölcsérszerű)* bell mouth
csőszájfék *(kat)* muzzle brake
csőszakasz *(gázvezetéken)* joint
csőszakító : ~ **feszültség** bursting stress ; ~ **nyomás** bursting pressure ; ~ **szilárdság** bursting strength
csőszalag *(heng)* skelp
csőszállító kocsi *(ol)* pipe-transporting car/truck, dollie, dolly
csőszár *(forgó fúrófejes fúráshoz)* rotary-drill pipe
csőszegecs hollow/tubular rivet
csőszelep pocketed valve ; **bevulkanizált** ~ cured-in valve
csőszélperemezés beading of tube edges
csőszerelő *fn* pipe fitter/erector, pipeman ; ~ **bak** pipe-laying trestle ; ~ **terem** valve-assembly room
csőszerelvény pipe fitting ; *(ép)* armature ; *(rád)* mount
csőszerű tubular ; ~ **vészcsúszda tűzvész esetére** tube fire escape
csőszorító pipe spring jaw, stirrup ; *(ol)* casing clamp ; *(mélyfúrásnál)* pipe-boring clamp ; ~ **szalag** *(hűtőtömlőn ; gépk)* hose clip
csőszűkítő : ~ **hengermű** swaging mill ; ~ **idomdarab** reducing pipe
csőtag pipe piece ; **kiömlési** ~ discharge chest
csőtágítás collaring
csőtágítási próba *(anyagv)* bulging test (of pipes)
csőtágító tube expander ; ~ **gép** pipe-expanding machine ; ~ **készülék** dudgeon, expander ; ~ **tüske** dudgeon, expanding mandrel

csőtágulást kiegyenlítő kötés *[csőlíra]* compensation joint
csőtakarékboltozat *(ép)* tubular vault
csőtámasz pipe carrier
csőtápvonal *(rád)* wave guide
csőtartó pipe carrier/hanger ; *(rep)* bearer tube ; ~ **abroncs** *v* **bilincs** supporting clip ; ~ **horog** saddle (clip)
csőtávvezeték pipeline
csőtelep bank of tubes
csőtengely hollow/tubular shaft, axle tube; *(kat)* bore axis ; **küllős** ~ *(villamos és Dieselvillamos mozdonynál)* armature quill
csőtengelyes : ~ **hajtás** *(villamos mozdonynál)* quill drive ; ~ **hajtás szabadon álló rugókon keresztül** quill and spring drive ; ~ **hajtás tokos rugókon keresztül** quill and cup drive
csőtésztacsomagoló papír glossine for maccaroni bags
csőtésztagép-dugattyú *(élip)* packer
csőtészták *(élip)* long-goods
csőtészta-zacskó maccaroni bag
csőtisztítás tube/pipe cleaning ; *(kéményseprés)* chimney sweep
csőtisztító tube cleaner ; ~ **kefe** swab ; ~ **rúd** tamping stick ; ~ **szerszám** (go-)devil ; ~ **vessző** tamping/gun stick
csőtok (pipe) socket
csőtokmány *(erőg)* cat-head
csőtoldat snout, rider, sleeve, intermediate piece
csőtoldat-karima sleeve flange
csőtorkolat muzzle, neck, barret throat, gun port ; ~ **harang alakú megvastagítása** bell muzzle ; ~ **sík felülete** muzzle face
csőtorkolatvédő barrel mouthpiece ; ~ **gyűrű** muzzle ring
csőtorok *(szivattyún)* mouth of a pipe
csőtömörítés *(dihtelés)* *(sziv)* ca(u)lking of tubes
csővágó pipe cutter ; ~ **olló** pipe shear ; **tárcsás** ~ three-wheel pipe cutter
csővarrat-próbapad pipe prover
csővastagítás tube strengthening, bulb
csővázas : ~ **alváz** *(gépk)* tubular-frame chassis ; ~ **hajtány** *(vasút)* cycle/velocipede trolley
csővég nozzle (pipe), spigot, ring, closing, nosepiece ; **zárt** ~ *(idom)* closed-end pipe
csővégkiperemező szerszám flaring tool
csővégleélező gép pipe-chamfering machinery
csővégszorító anya flare nut
csővégtágító szerszám *v* **tüske** *(kisméretű csövekhez)* dudgeon, tube expander
csővégződés pipe end/outlet ; **szuronyzáras** ~ bayonet-socket outlet
csövelés *(alak)* curling ; ~ **huzalerősítés nélkül** *(bádogárun)* false wiring
csöves *(gépt)* tubular ; ~ **adó** *(rád)* vacuum-tube transmitter ; ~ **biztosító** *(vill)* tube fuse ; ~ **csapágy** *(hajó)* tubular bearing ; ~ **desztilláló készülék** pipe still ; ~ **egyenirányító** *(távk)* vacuum-tube rectifier ; ~ **elpárologtató** tube still ; ~ **fúró** hollow/pipe drill ; ~ **hőcserélő** tubular exchanger ; ~ **hűtő** *(gépk)* tilled tube radiator, tube and fin type radiator ; *(gépt)* pipe cooler ; ~ **hűtő berendezés** trumpet cooler ; ~ **kukorica** *v* **tengeri** cob corn ; ~ **kulcs** piped key ; ~ **libella** *(geod)* spirit level ; ~ **malom** *(vegy)* tube mill ; ~ **modulátor** *(távk)* vacuum-tube modulator ; ~ **palack** *(vegy)* tubulated flask ; ~ **számláló** *(vill)* tube scaler ; ~ **telér** *(földt)* pipe vein ; ~ **tű** *(kh)* compound needle ; ~ **vevő (készülék)** *(rád)* tube receiver ; ~ **vízhűtő** water-tube cooler
csöveskukorica-aprító kés *(előaprításhoz)* cob knife
csöveskukorica-daráló corn and cob crusher
csövezés piping, tubing
csövezet piping, tubing ; ~ **fából** trunk
csővezeték pipeline, tubing, duct, piping, tube/pipe system, conduit ; ~ **ágyazása** pipe race ; ~**et beszerel** run a pipe line ; ~ **csupasszáválása** *(gázvezetéké)* holiday ; ~ **dugós tisztítónyílása** rodding eye ; ~ **elrendezési rajza** piping diagram ; **gyorsító** ~ acceleration well ; ~ **légtelenítő készüléke** blow-off; **nyomáskiegyenlítő** ~ balance pipe ; ~ **teljesítő képessége** pipe capacity ; ~ **vonulása** *v* **vezetése** run of piping
csővezetékarmatúra plumbing fittings
csővezeték-árokásó pipeline dredger
csővezetéki légtelenítő pipeline blow-off
csővezetékkapacitás flow capacity
csővezeték-kapcsolatvizsgáló készülék pipe prover
csővezetéknyílás pipeline orifice
csővezeték-összekötő darab conduit coupling
csővezeték-rendszer piping
csővezeték-szerelvény pipe-line accessories
csővezető *(tűzoltó)* pipeman
csőviasz *(ol)* rod wax
csővizsgáló *(rád)* tube/valve tester
csővoltmérő *(vill)* valve voltmeter ; ~ **közvetlen leolvasással** direct-reading valve voltmeter
csőwattmérő valve wattmeter
csőzaj *(rád)* tube/shot noise, valve hiss
csőzár *(hidr)* pipe seal
csőzáró : ~ **dugó** pipe plug/closer ; ~ **kupak** *v* **sapka** cap stopper ; ~ **süveg** header cap, bonnet
csőzárretesz *(rugós)* barrel locking spring
csőzsilip *(hidr)* dike drain
csúcs peak, spire, point, crown, pitch, nosepiece, pin(nacle), gable, tip, top ; *(geod)* crown, culm ; *(háromszögé ; mat)* vertex ; *(görbéé)* cusp ; *(esztergán)* centre ; *(terhelési, forgalmi)* head ; ~**tól** ~**ig** *(távk)* peak-to-peak ; **álló** ~ *(forg)* dead centre ; **éles** ~ spear point ; ~**tól** ~**ig érték** *(vill)* peak-to-peak value ; **forgó** ~ *(forg)* live centre ; **golyós** ~ ball point ; **gömbvégződésű** ~ ball pitch ; **leszerelhető** ~ *(mzg)* detachable bit point ; ~ **nélküli** *(forg)* centerless ; ~ **nélküli furatköszörű** centerless internal grinder ; ~ **nélküli körköszörű** centerless circular grinding machine ; ~ **nélküli köszörű** centerless grinder ; ~ **nélküli nagyoló esztergа** centerless lathe ; ~ **nélküli rúdhántoló esztergа** centerless bar-skimming machine; **csúccsal szemben bejárt kitérő** *(vasút)* facing point switch ; ~ **szívóhatása** *(vill)* needle effect ; **terhelési** ~ *(vill)* peak load ; **új csúccsal lát el** retip
csúcs- apical ; *vö még* **csúcs**
csúcságy *(óra)* bearing
csúcságycsavar *(óra)* sunk-screw
csúcsállomás *(vasút)* cusp station
csúcs-anódáram peak plate current
csúcsáram peak current
csúcsátmérő *(fa)* diameter at the top end
csúcsbafutó tapered
csúcsbetéthegy *(vasút)* crossing point
csúcsdísz *(ép)* finial
csúcsenergia *(vill)* peak energy
csúcserőmű *(vill)* peak-load power plant
csúcsérték peak/crest (value) ; ~ **beállítása** *(vill)* peaking
csúcsértékjelző *(távk)* peak indicator
csúcseszterga centre lathe
csúcsfény *(fényk)* highlight
csúcsfénykiigazító lemez *(fényk)* highlight mask
csúcsfeszültség crest/peak/ceiling voltage ; ~ **áramköre** peaking circuit
csúcsfeszültségesés gázkisüléses csőnél *(rád)* peak arc drop
csúcsfeszültségi voltmérő *l* **csúcsfeszültségmérő**
csúcsfeszültségmérő peak/crest voltmeter
csúcsfogyasztás maximum demand, peak consumption
csúcsfogyasztásszámláló *(vill)* excess-power meter, maximum demand meter
csúcsforgalmi : ~ **időszak** peak traffic period ; ~ **órák** rush hours
csúcsforgalom peak/overflow traffic, peak
csúcshatároló *(rád)* peak limiter
csúcshatás *(vill)* point effect
csúcshatásfok highest efficiency
csúcshátszög *(forg)* nose/end relief angle
csúcshőmérséklet *(kolonnában)* top temperature
csúcs-inverzfeszültség *(vill)* peak-inverse voltage
csúcsirányú apical
csúcsív acute/peak/ogee/pointed/lanceolate/raised/broken/equilateral arch ; **alacsony** ~ drop arch ; ~ **alakú gyűrődés** *(gleccseren)* ogives
csúcsíves ogival, pointed ; ~ **hegyű** ogival ; ~ **hengerkaliber** *v* **hengerüreg** Gothic pass/groove, pointed groove ; ~ **kupola** pointed dome ; ~ **szelvény hegyes kupolája** *v* **teteje** imperial dome ; ~ **tető** pyramidal broach roof
csúcskád *(koh)* box classifier, trough, "Spitzkasten", spit
csúcskiegyenlítés *(vill)* peak shaving
csúcskihasználási tényező *(vill)* capacity load factor
csúcskő apex stone
csúcsköszörű(gép) centre grinder, centre grinding machine
csúcslevágás *(rád)* peak-clipping
csúcsmagasság *(esztergán)* centre(-)height, half actual swing ; *[órásesztergapadon]* height of points ; *(rep)* maximum ceiling ; **abszolút** *v* **elméleti** ~ *(rep)* absolute ceiling ; ~ **egy**

motorral *(rep)* single-engine ceiling; **gyakorlati ~** practical ceiling
csúcsmenetirányú vágánykapcsolás facing point-cross-over
csúcsnyereg *(esztergán)* tailstock
csúcsnyomás *[motorhengerben]* peak pressure
csúcsos pointed, spire, peakish, spiry, spicular, ogival; **~** *(ovális)* **alakú díszítőelem** *(ép)* vesica; **~ elektród** *(vill)* point electrode; **~ fűzés** *(tex)* return pass, reversed drafting, point draws/draft; *(rombusz alakú)* diamond draught/pass; **~ tetőtorony** *(dísz; ép)* pinnacle; **~ túlfeszültséglevezető** pinpoint lightning arrester
csúcsosodás taper(ing)
csúcsozott radiátor pointed radiator
csúcspárlat *(ásványolajból)* tops
csúcspont apex, acme, head, pitch, summit, climax, zenith, vertex, culmination; *(mat)* cusp, stationary point
csúcssebesség top speed
csúcssín *(vasút)* point rail, rail tongue; **íves ~ talplemeze** *(vasút)* bend face plate; **~ és vezetősín közti hézag** *(vályú)* flangeway clearance
csúcssínbetét *(tuskó)* point separator
csúcssínes váltó *(vasút)* point switch
csúcssínforgócsaplemez *(vasút)* pivot plate
csúcssínfül *(vasút)* lug point
csúcssíngyalu point-and-crossing planer
csúcssínösszekötő *(rúd)* point separator, bridle/stretcher rod
csúcssínvédő switch-point protector
csúcssínzár *(vasút)* facing point lock
csúcs-sugár *(szersz)* nose radius
csúcsszáradás *(fákon)* dieback
csúcsszintmérő *(rád)* peak indicator/voltmeter
csúcsszög apex/vertex angle; *(szembenfekvő)* opposite angle; *(forg)* (included) nose angle; *(geod)* angle at the vertex
csúcstartó nyereg hosszgyaluhoz planer centres
csúcstávolság *(esztergán)* centre(-to-centre) distance, distance between centres
csúcsteljesítmény peak power/output, maximum output, highest efficiency
csúcstényező *(vill)* crest/peak/amplitude factor
csúcsterhelés peak (load); *[magnetofonnál]* overload point; **~ ideje** *(vill)* peak-load time; **~t visz** *(vill)* carry peaks of load
csúcsterhelési időszak *(vill)* peak period
csúcsterhelésű erőmű *(vill)* peak-load power plant
csúcstéri apical
csúcstermék *(lepárlás)* overhead product, top distillate
csúcstőtűrés *(csavarmenetnél)* effective diameter tolerance
csúcsvágó *(rád)* peak chopper
csúcs-visszfeszültség *(vill)* peak-inverse tension/voltage
csúcs-voltmérter peak-voltmeter
csuka alakúra vágott bőr *(hasi részek nélküli bőr)* back
csukamájliszt cod(-)liver meal
csukamájolaj cod(-)liver oil
csukásoldali: ~ ajtófélfa *(ép)* slamming stile
csukható (vászon)tető hood
csukló *(gépt)* hinge, knuckle, (turning) joint, articulation, link, pivot; **~ belső burka** inner casing of joint; **~ csapágya** knuckle bearing; **~ csapja** knuckle/hinge pin/bolt; **~ csapszege** *l* **csukló csapja**; **csúszó ~** sliding hinge; **egyetemes ~** *(gépt)* universal/Hooke's joint; **~ forgópontja** articulation; **gumival bélelt ~** silent block; **~ gumitárcsája** rubber joint disc; **hasított ~** *(gépt)* common/blind joint; **~val kapcsolt ellensúly** trunnioned counterweight; **~ nélküli** hingeless; **~ nélküli boltív** *(ép)* arch without articulation; **súlylyesztett ~** *l* **hasított csukló**; **villás ~** *(gépt)* double branch joint
csukló- articulate(d), hinged
csuklócsap knuckle/pivot/joint bolt/pin
csuklócsapágypersely *v* **-bélés** link brass
csuklócsapszeg wrist pin
csuklócsavar *(szemes)* hinge bolt
csuklócső joint pipe
csuklóelem hinged member
csuklógémes daru crane with hinged jib
csuklógyám hinge pedestal
csuklókikapcsoló knuckle opener
csuklókötésekkel ellátott tengely shaft with joints
csuklópánt (band/turning) joint, hinge (joint), pivot/joint/keeper hinge; *(ajtón; gépk)* *l* **ajtó-sarokpánt**
csuklópántos kötés swivel joint
csuklópántreszelő joint file
csuklópecek hinge pin
csuklópont hinging point
csuklós versatile; *(gépt)* articulate(d), jointed, hinged; *(páros)* sister; **~ ajtó** *(autóbuszon)* folding door; **~ alátámasztás** pivot bearing, hinged support; **~ alátámasztást hordó járom** rocker bend; **~** *(osztott)* **betűkar** *(írógépen)* divide type-bar; **~ boltváll** *(ép)* hinge impost; **~ borona** English link harrow; **~ csatlakozás** joint, joining; **~ csillekapcsoló** jink, jig; **~ cső** articulated pipe; **~ (cső)egyesítés** spherical joint; **~ csőkulcs** pipe grip; **~ elevátor** *[takarmányarató gépen]* pivot elevator; **~an elforduló** hinged, pivoted; **~ emelő** knee-toggle lever; **~ fék** jointed brake; **~ fékszárny** *(rep)* hinged flap; **~ fogó** joint pliers; **~ gyám** hinge impost; **~ gyámcsap** link impost; **~ hajtótengely** *(független első rugózás)* articulated cross shaft; **~an illeszt** hinge; **~ illesztés** articulated/hinged joint; **~ ív** jointed arch; **~ kalapács** *(kalapácsos darálóban)* swinging hammer; **~an kapcsol** hinge; **~ kapcsolás** *v* **kapcsolat** articulated/floating/swivel coupling, turning/knuckle joint, universal joint; **~ kapcsoló** *(vasút)* articulated coupling; **~ kapcsolókar** joint lever; **~an kapcsolt ellensúly** pivoted counterweight; **~ kar** slewing bracket, pivoted arm; **~ kerék** pivoted wheel; **~ keresztező négyszög** crossed crank mechanism; **~ keretrendszer tagja** link; **~ konzolos tartó** hinged cantilever girder; **~ könyökemelő** knee-toggle lever; **~ kötés** rocker/swing/swivel/hing joint, ball-and-socket joint; **~ közdarab** *(gépt)* articulated nipple; **~ lemez** pendulum leaf; **~ négyszög** *(mech)* quadruple link(age), quadric (crank) chain; **~ pánt** *l* **csuklópánt**; **~ parallelogram-áttétel** parallel-gear drive; **~ rúd** link rod; **~ sajtolókar** knee frame; **~ saru** knuckle bearing; **~ szelep** butterfly gate; **~ szerkezet** link work; **~ szorító** *(fémállvány kapcsolóeleme)* swivel clip; **~ tag** articulated link; **~ tapintókörző** firm-joint caliper; **~ tengely** articulated/cardan shaft; **~ tengelykapcsoló** ball/universal-jointed coupling; **~ tűemelő** needle take-up lever; **~ tűreszelő** joint needle handle file; **~ vetődések** *(földt)* scissors faults; **~ vezeték** joint guide
csuklósrúd-parallelogram eyebar parallelogram
csuklótengely *l* **csuklós tengely**
csuklya canvas hood, capouch
csukott (karosszériás) tehergépkocsi (box) van
csupasz *(gépt, vill)* bare, blank; **~ elektród** bare electrode; **~ kábel** naked/bare cable; **csupasszá tesz** denude; **~ vezeték** uninsulated conductor, blank/bare wire; **~ vezetékezés** *(távk)* piano wiring strapping
csupaszárny-repülőgép flying wing, all-wing aeroplane, tailless aeroplane
csupaszfoltos erjedés cold-spots fermentation
csupaszít *(földt)* denude; *(vill)* skin
csupaszító *(vill)* (wire) skinner
csupaszoló *(vill)* skinner, insulation wire stripper
csurgalékvíz *(öntözésnél)* return flow
csurgás dribble, weep; **árvédelmi töltés ~a** piping
csurgatás liquation; **redukció ~ közben** reduction by liquation
csurgató kemence *(koh)* drip-furnace
csurgatótárcsa *(koh)* liquation disc
csurgó *(ép)* gutter, drip, spout, beak, eaves
csurgókő sink stone
csurogtat *(koh)* liquate
csurogtató kemence *(koh)* drip furnace, liquation hearth; **~ olvasztás** *(koh)* liquation
csuszamlás *(földt)* creep, foundering, slip(ping), brack, bursting bog, shift fault; *(vill)* slip; **alakváltozás ~nál** sliding strain; **erős ~** bad slip; **~ lejtős síkja** sole of a thrust
csuszamlási: ~ breccsa slip/slide breccia; **~ együttható** slip coefficient; **~ ér** slippage vein; **~ földék** sliding wedge; **~ harántrepedés** dip joints; **~ körzet** slipping; **~ repedés** parting; **~ repedések rendszere** joint set; **~ repedést kitöltő erek** joint veins; **~ tényező** sliding factor; **~ tükör** slicken side, polish, friction planes
csuszamlásos: ~ csapásirányú vetők *(földt)* strike-slip faults; **~ elválás** *(földt)* slip cleavage
csuszamló sliding, creeping, slipping
csúszás slip(ping), sliding, slide, slippage, gliding, glide; *(földt)* strike-shift, bursting bog, brack, land-fall *is*; *(gépk)* skidding; *(rep)* side-slip; *(földön)* skidding; **befelé ~** *(fordulóban; rep)* inward side-slip; **~ forgásirányban** forward slip; **~t gátló** *l* **csúszásgátló**; **hengerek** *v* **görgők ~a** slide of rolls

csúszásbiztos *l* **csúszásmentes**
csúszásgátló nonskid, anti-slip/skid/creeper, non-slip(ping) ; ~ **gumi** rubber non-skid device ; ~ **láncgyűrű** *(gépk)* skid ring ; ~ **vas** *(cipőtalpon)* clamper
csúszási : ~ **arány** slip ratio ; ~ **ellenállás** sliding resistance ; ~ **felület** *v* **sík** slip (sur)face ; ~ **görbe** glide/slip curve ; ~ **modulusz** modulus of transverse elasticity ; ~ **sávok** *v* **vonalak** *(anyagv)* slip bands ; ~ **sebesség** slip velocity/speed ; ~ **sík** *(anyagv)* glide/slip plane ; *(földt)* lamina ; ~ **tengely** *(mech)* sliding axis ; ~ **tényező** sliding factor ; ~ **veszteség** slip loss ; ~ **viszony** slip ratio ; ~ **vonalak** glide lines
csúszásmentes slip/skid-proof, slip/skid-free, anti-skid/slip, non-slip(ping) ; ~ **útfelület** skid-free road surface
csúszásmérő slip-meter
csúszáspont *(zsiradék fizikai jellemzője)* slipping point
csúszásszög angle of slide
csúszásvédő gépkocsihoz slide preserver for motor cars
csúszda *(bány, koh)* chute, skid/slip way, gravity conveyor ; *(vízi repülőgép részére)* slipway ; ~ **elzáró ajtaja** chute gate
csúszdaablak chute door
csúszdagaratveregető chute tapper
csúszdaszállítás *(bány)* chute raise
csúszdateknő *(bány)* trough
csúszdatölcsér chute-hopper
csúszik slide, glide, skid, crawl, slip, work ; *(gépk)* coast *is;* **ide-oda** ~ bob ; **szélárnyas oldalra** ~ *(hajó)* fall to the leeward
csúszka *(gépt)* slide, sliding, cursor, runner ; *(bány)* banjo saddle ; *(vill)* slider, sliding contact ; ~ **úthosszát beállító kézikar** rake adjuster
csúszkáló laza tekercs *(pa)* slipped roll
csúszkaszelep *(hangt)* slide valve
csúszkatolásos adagolás sliding feed
csúszó sliding, skidding, slipping ; ~ **ágyazatú esztergapad** sliding-bed lathe ; ~ **alátámasztású tartóvég** sliding ends ; ~ **aljzatú szorító** slip-socket clips ; ~ **áramszedő** sliding plough/contact, slider ; ~ **barázdanyitó** *(mzg)* runner-(type) furrow opener ; ~ **csatoló** *(rád)* slide coupler ; ~ **csőtápvonalcsatlakozás** *(rád)* piston ; ~ **előfeszültség** *(rád)* sliding bias ; ~ **érintkezésű vezetőhuzal** *(vill)* slide wire ; ~ **érintkező** *(vill)* sliding/slide contact ; ~ *(több érintkezési ponttal)* multi-tip wiper ; ~ **érintkező változó nyomásából eredő zaj** wiper chatter ; ~ **felület** slip/slide/sliding (sur)face, slipping area ; *(földt)* slips *is;* ~ **fogaskerék** sliding gear ; ~ **fogaskerék villavezetővel** sliding gear with dog ; ~ **forduló** *(rep)* slipping turn ; ~ **határszög** *(mech)* angle of repose ; ~ **illesztés** *(gépt)* slide/sliding fit ; ~ **kapcsoló** *(gépt)* sliding coupling ; ~ **kerékagy** slip hub ; ~ **kettős fogaskerék** transmission twin gears ; ~ **kontaktus** *(vill) l* **csúszó érintkező** ; ~ **kulissza** *(gépt)* link block ; **nem** ~ *l* **csúszásmentes** ; ~ **nyüstszálak** *(tex)* sliding healds ; ~ **perselyezés** slip bushing ; ~ **rugós ék** sliding spring key ; ~ **(rugós) érintkező** *(vill)* wiping (spring) contact ; **sima** ~ **felület** *(bány)* rink ; ~ **súrlódás** sliding/skidding friction/rubbing ; ~ **súrlódó kapcsoló** slip friction clutch ; ~ **szalagrugó** slide spring ; ~ **(teleszkópikus) beszívás** sliding suction ; ~ **tengelykapcsoló** slip(ping)/sliding clutch ; ~ **tengelykapcsoló csatlótárcsája** sliding clutch-member ; ~ **terhelés** moving load ; ~ **vetülékcsapintó** *(tex)* midget filling feeler, midget weft feeler motion ; ~ **vezeték** slide wire ; ~ **zsaluzás** *(ép)* sliding formwork
csúszóbordák *(tengelyen)* slip-splines
csúszócsapágy *l még* **csapágy, siklócsapágy** sliding/slide bearing
csúszócsapágybélés plain bearing liner
csúszócsomó *(kötélen)* slip knot
csúszócsoroszlyás ültetőgép runner planter
csúszódarab *(gépt)* slide part
csúszóék guide/sliding key, feather
csúszóékes kapcsolat slip-feather joint
csúszóellenállás *(vill)* sliding resistor
csúszóemeltyűs vezérlés sliding-lever control
csúszóérintkezős : ~ **beállító** *(rád)* sliding selector ; ~ **feszültségosztó** *(rád)* slide divider ; ~ **indukciós készülék** *(vill)* slide induction apparatus ; ~ **mérőhíd** *(vill)* slide(-wire) bridge ; ~ **tekercs** *(vill)* slide coil ; ~ **változtatható ellenállás** *(vill)* slide rheostat
csúszófej *(gépt)* sliding head, slipper
csúszófék slipper brake
csúszófenék sliding bottom
csúszógyűrű *(gépt)* slip/slide/sliding ring ; *(vill)* collecting/collector ring *is*
csúszógyűrű-kefe *(vill)* slip ring brush
csúszógyűrűs : ~ **forgórész** *(vill)* slip-ring armature/rotor ; ~ **kivezetés** *(rád)* slip-ring terminals ; ~ **motor** *(vill)* slip-ring motor ; ~ **rotor** *(vill)* slip-ring armature/rotor ; ~ **súrlódó tengelykapcsoló** *(gépt)* ring clutch ; ~ **szorítófogó** slide tongs
csúszóhurok *(hajó)* noose
csúszóhuzalos *(vill)* slide wire
csúszóhüvely *(kardántengelyen)* sliding muff
csúszókar sliding arm
csúszókarimás súrlódó tengelykapcsoló *(gépt)* ring clutch
csúszókengyel *(fékrudazatban)* slip joint, overrunning joint
csúszókerekes sebességváltó clash-type gearbox
csúszókontaktusos *(vill) l* **csúszóérintkezős**
csúszókötés sliding joint
csúszókuplung sliding clutch/coupling
csúszólap sliding surface, gliding plane ; *(földt)* surface of subsidence, gliding plane ; *(beállításhoz)* sliding base
csúszómozgás sliding motion
csúszóorsó sliding spindle
csúszópálca *(gépk) l* **sebességváltó**
csúszópálcarögzítő : ~ **golyó** *(sebességváltóban ; gépk)* shaft retaining ball, selector locking ball ; ~ **pecek** *(sebességváltóban ; gépk)* detent pawl ; ~ **rovátka** *(sebességváltóban ; gépk)* detent ; ~ **rugó** *(sebességváltóban ; gépk)* pawl spring
csúszópálya (slide)way, slipway, slipper path ; **visszatérő** ~ closed slide
csúszópálya-köszörűgép slideway grinder
csúszópapucs *l* **csúszósaru**
csúszópárna *(laprugó végének támasztására ; gépk)* slipper block
csúszópofa sliding shoe, slip jaw, slipper ; ~ **csapágyvezetékben** *(vasút)* horn block
csúszórács *(hidr)* sliding grid
csúszórúd slide rod
csúszórugó *(távk)* wiping spring
csúszós slippery, greasy, slick, sloppy ; **nem** ~ *(bőr)* non-slipping
csúszósaroglyaszán *(bány)* slip scraper
csúszósaru runner, slide/sliding shoe, (brake) slipper, rubbing piece ; *(áramszedő:)* current-collector ; *(gurítólejtőn v dombon ; bány, vasút)* car retarder ; *(hidon)* sliding bearing ; *(kocsiknál)* truck side bearing ; *[széklábon]* glider
csúszósaru-dugattyú slipper piston
csúszósaru-felsőrész *(hidon)* slipper (block)
csúszósarutartó *(áramszedőn)* collector-shoe gear
csúszósáv *(vill)* collector strip
csúszósík gliding plane
csúszósín slide rail, slippers ; *(csapágyszánhoz ; tex)*•slide rail
csúszósúly *(mérlegen)* sliding weight
csúszósúrlódásmérő készülék tribometer
csúszószán *(forg)* slide, saddle, carriage ; *(fényk)* slide, objective sledge ; **alsó** ~ saddle, bottom slide ; ~ **pályája** *v* **vezetéke** slide rail
csúszószán-előtolás saddle/slide feed
csúszószános keretfűrész *(fa)* sliding-frame saw
csúszószíj *(cipő)* inside backstrap
csúszószíjas hajtás slip-belt drive
csúszótábla *(zsilipnél)* slide gate
csúszótáblás zsilip sliding sluice
csúszótalp *(gépt)* skid, skate, slipper ; *(állókazáné)* expansion pad ; *(fa)* slipper ; *(rep)* slide, skid runner
csúszótalpas futómű *(rep)* skid undercarriage
csúszótengely transmission drive shaft
csúszótengely-kapcsoló sliding/slipping clutch
csúszótető *(gépk)* sliding roof
csúszótömb slide/guide block
csúszóülés *(gépk)* sliding seat
csúszóvezetékes kar *(kulissza ; gépt)* radius link
csúszóvillás kardán plunging coupling
csúszózár *(zippzár)* zip/slide fastener
csúsztatási egyenes *[mágnesezési görbénél]* shearing line
csúsztatható slidable ; ~ **ék** loose key ; ~ **kihúzótollas nullkörző** sliding point pen ; ~ **kocsiemelő** sliding jack ; ~ **zsaluzás** *(ép)* sliding formwork ; ~ **zsiliptábla** sliding lock
csúsztató *(gépt)* slidable, sliding, slide ; *(mech)* tangential, shear ; ~ **ékű kereső** *(fényk)* sliding-wedge finder ; ~ **feszültség** *(mech)* tangential/shear stress ; ~ **gerendák** *(fa)* skid beams, slips ; ~ **illesztés** slip joint ; ~ **modulusz** *(mech)* tangent(ial)/shear modulus (of elasticity) ; ~ **talapzat** sliding bottom
csúsztatófék rubbing piece

csúsztatógyűrű *(gépt)* slider
csúsztatóív *(gépt)* slotted crankplate
csúsztatókötél *(hajó)* slip
csúsztatólemez shifting plate
csúsztatópálya slide/skid rail/way, chute
csúsztatószán *(bány)* slide
csúsztatott : ~ **cipő** *(Kalifornia-cipő)* slip lasted ; ~ **hiszterézisgörbe** sheared hysteresis curve/loop
csúsztatóvályú *(emelőnél)* chute
csutak *(önt)* swab, whisk
csúzligumi catapult strip
csücskös : ~ **jelzőlobogó** *(hajó)* burgee ; ~ **zászló** *(hajó)* pennant
csücsökkötélvilla *(hajó)* chess trees
csülköl *(kötelet)* splice an eye in
csűr *fn* *(mzg)* barn, shed
csűr *ige* wind ; *(rep)* bank
csűrő *(rep)* aileron ; **felfelé kitérő** ~ *(rep)* moved-up aileron ; ~ **húrja** *(rep)* aileron chord ; **kiegyenlítő** ~ differential aileron(s); ~ **kitérése lefelé** *(rep)* aileron drop ; **lefelé kitérő** ~ *(rep)* moved-down aileron
csűrő-belépőél *(rep)* aileron leading edge
csűrőborda *(rep)* aileron rib
csűrőemelő *(rep)* aileron crank/horn/lever
csűrőfelület *(rep)* aileron area
csűrőfőtartó *(rep)* aileron spar
csűrőhúrhossz *(rep)* aileron depth
csűrőkiegyenlítés *(rep)* aileron compensation/balance
csűrőkiegyenlítő felület *v* **lap** *(rep)* aileron tab
csűrő-kilépőél *(rep)* aileron trailing edge
csűrőkitérés *(rep)* aileron deflection; ~**t jelző mutató** *(rep)* aileron follow-up index ; ~ **szöge** *(rep)* aileron angle
csűrőkormány *(rep)* aileron
csűrőkormányemelő kar *(rep)* aileron control shaft lever
csűrőkormányerő-kiegyenlítés *(rep)* aileron compensation
csűrőkormánymozgató : ~ **csőrudazat** *(rep)* aileron link tubing ; ~ **kábel** *(rep)* aileron cable ; ~ **szerkezet** *(rep)* aileron linkage arrangement
csűrőkormányrúd *(rep)* aileron control shaft, aileron linkage arrangement
csűrőkormányzás *(rep)* aileron control ; ~ **kapcsológombja** *(rep)* aileron knob ; **kiegyenlítő** ~ *(rep)* differential aileron control
csűrőlap *(rep)* *l* **csűrő**
csűrőmozgató rudazat *(rep)* aileron connecting strut
csűrőorrkivágás *(rep)* aileron cut out
csűrőösszekötő rúd *v* **dúc** *(rep)* inter-aileron strut
csűrőrezgés aileron flutter ; **csavaró** ~ torsional aileron flutter ; **hajlító** ~ flexural aileron flutter
csűrőszárny *(rep)* *l* **csűrő**
csűrőtartó *(rep)* aileron spar
csűrő-tömegkiegyensúlyozás *(rep)* aileron mass balance
csűrővégél *(rep)* aileron trailing edge

D

dácit *(kőz)* dacite
dácitos *(kőz)* dacitic
dafnetin daphnetin, 7, 8-dihydroxycoumarin
dafnit *(ásv)* daphnite
dag *(kenőanyag)* dag
dagad swell, bloat, rise
dagadás swell(ing), bulging, rising, bulge, bloating ; *(fa)* working ; *(öntvényhiba)* swell
dagadó *(glaszécserzésnél)* nourishing paste, food ; ~ **lávakúp** *(földt)* intumescence of lava, lava upheaval, volcanic pile, swelling/plug dome
dagadókúp *(földt)* *l* **dagadó lávakúp**
dagadószer *(glaszécserzésnél)* emulsion, food, tawing paste
dagadótalaj swelling ground
dagadt turgid, intumescent, tumid
dagály *(földt, hajó)* high tide, flow, flood ; ~ **és apály** tide ; ~ **és apály hatásának kitett part** *v* **vízterület** tidewater ; ~ **és apály közti parti sáv** intertidal region ; ~**- és apálymérő** *(marigráf)* marigraph ; ~**- és apálymérő prizma** tidal prism ; ~**- és apálymérő** *(mareográf)* **vízmércéje** mareograph ga(u)ge ; ~ **kezdete** young tide ; ~ **legmagasabb szintje** flood tide ; ~ **visszafolyása** ebb reflux, flood decline ; ~ **vizének áramlása csatornában** tideway ; ~ **vizével hajtott vízikerék** tide wheel
dagálydokk *(magas vízállás tartására)* tidal basin
dagályerőmű tidal power installation
dagályhullám *(hajó)* tidal bore/scour ; *(folyótorkolatban)* eagre ; **folyón felhatolt** ~ **visszaáramlása** back-surge reflux
dagálykapu *(hajózsilipen)* tide gate
dagálykezdet young flood
dagály-kikötő tide harbour
dagály-közeledés *(partokhoz)* flux
dagálymérce tide ga(u)ge/batten
dagálynap *(két egymást követő fődagály közti idő)* tidal day
dagaszt *(duzzaszt)* swell, bloat, blub ; *(gyúr)* knead ; **agyagot** ~ puddle ; **tésztát** ~ *(élip)* knead/roll the dough
dagasztó *fn* kneader
dagasztógép *(élip)* kneader, brake, dough mill, wet pan mill
dagasztószer *(glaszécserzésnél)* *l* **dagadószer**
dákó *(fa)* cue
Dalby-féle fénytani terhelés-nyúlásregisztráló műszer Dalby's optical recorder
dália indikátorpapír dahlia paper
Dalton-törvény Dalton's law
damaszkuszi : ~ **acél** Damascus steel ; ~ **díszítés** *(koh)* damascening ; ~ **penge** damask blade
damaszt-abrosz table damask
damaszt-asztalkendő damask/diaper napkin
damasztos *(földt)* damascened texture
damaszt-selyempapír damask tissue paper
damasztszövő *(tex)* damask weaver
damasztvászon damask linen
damaxin *(koh)* damaxine
damourit *(ásv)* damourite
danait *(ásv)* danaite
danalit *(ásv)* danalite
danburit *(ásv)* danburite
dániai emelet *(földt)* Danian stage
Daniell-elem Daniell('s) cell
Daniell-normálelem Daniell's standard cell
dannemorit *(ásv)* dannemorite
dara *(bány)* breeze, duff, culm ; *(élip)* grits ; *(met)* sleet ; ~**- és dercetisztító** purograder
daraaprító *(élip)* disintegrator for middlings, detacher
darab *(bány, koh)* lump, slug ; **egy** ~**ból csiszolt** solid-ground ; **egy** ~**ból épült létesítmény** *(ép)* monolith ; **egy** ~**ból készített** *v* **hegesztett kocsiszekrény** *(gépk)* monopiece body ; **egy** ~**ból készült** one-piece ; **egy** ~**ból készült légcsavar** single-piece propeller, integral propeller; **egy** ~**ban levő** monoblock ; ~**ban festés** *(tex)* piece dyeing ; ~**ban festett** *(tex)* *l* **darabban színezett; formátlan** ~ slump; ~ **jele** *(tex)* cut mark ; ~ **kezdete** *(tex)* head ; **levert** *v* **lekalapált** ~ chippings ; ~**okra őrölt** *v* **tört** piecemealed ; **rúdból egy** ~**ban húzott** solid-drawn ; ~**okra szakadás** *(csiszolókorong)* flying-off, disintegration ; ~**ban színezett** *(tex)* dyed in the piece, piece-dyed ; ~ **végjelzője** *(szövésnél ; tex)* head ; *(vmivel)* **egy** ~**ból készült** integral
darabáru *(vasút)* piece goods, less-than-car load, L. C. L. ; ~**k színezése** *(tex)* piece/garment dyeing
darabárú-pályaudvar parcel station
darabbér rates, piece/job rate/wages, contract rate
darabbérezés job rating, piece rate system
darabbér-munka job/contract work
darabbér-rendszer piece-rate system, contract system
darabbér-szerződés agreement by piece
darabgyártás piece production
darabhasító szerszám *(fa)* wood cleaver
darabhossz *(tex)* length of the piece
darabjelző *(tex)* marker
darabmagasság : ~ **ágy felett** *(fúrógépnél)* under-arm height ; ~ **asztal felett** *(fúrógépnél)* under-spindle height
darabmunka piece work
darabmunkabér job rates
darabol chop, fracture, part, cut/part off
daraboló : ~ **fűrésztárcsa** cutting-off saw ; ~ **kalapács** chop/quartering hammer ; ~ **körfűrész** nipping circular saw ; ~ **olló** dividing shears
darabolófűrész trim saw, great span-saw, continental frame saw
darabológép piece/cake cutter
darabolókés paring/roughing knife
darabolóolló trimming shears
darabolószerszám *(fa)* wood cleaver
darabolt salak *(darasalak)* slacking slag
darabos clumpy, lumpy, coarse, rugged, caked, clotty ; ~ **abszorbeáló** lump absorbent ; ~ **fém** cake of metal ; ~ **kén** *(vegy)* stick sulfur ; ~ **koksz százalékaránya** shatter index ; ~ **középtermék** *(ércelőkészítésnél)* gravel chats ; ~ **pirit** lump pyrite ; ~ **rosta** *(bány)* sculping screen ; ~**an szállított** *(aszfalt)* handled in fragments ; ~ **szappan** cake soap ; ~ **szén** round/great/lump coal
darabosít ball ; *(csomósít)* nodulize ; *(agglomerál)* agglomerate
darabosítás balling, nodulization, agglomeration
darab-prémiumos bérezési rendszer contract bonus system
darabprés *(szappanhoz)* soap stamping press
darabrészjelző kar *(tex)* dhootie marker
darabszámbizonylat certificate of count
darabvaj *(henger v korong alakú)* roll butter
darabvám specific duty
darakoksz *(bány, koh)* rubbly culm/small coke
darál grind, crush, clastate ; *(húst)* mince
darálás grind(ing), crushing ; **durvára** ~ kibbling
daraliszt meal groats
daráló grinder
darálógép *(ép)* disintegrating mill
darálótárcsa grinding plate
darált hogged ; ~ **mag** cracked grain
darapskit *(ásv)* darapskite

darás : ~ **hatás** *(tex)* raised/granulated effect ; ~ **homokos kéreg** *(önt)* gritty scale
daraszén rice/small coal, duff, culm
daratisztító purifier
darázs(fészkes) : ~ **kötés** *(tex)* huckaback weave ; ~ **kötésű törülközőanyag** huckaback cloth, huck (towelling)
d'Arcet-fém *(koh)* D'Arcet's alloy
dárdakovand *(ásv)* spear pyrites
daru *(emelő)* crane ; ~ **csigasorhoz** cat-davit ; **ellensúlyos** ~ balance crane ; **fogós** ~ dogging crane ; ~ **gémforgató motorja** swing motor ; **háromlábú** ~ derrick (crane) ; **háromszögvázas** ~ angle crane ; ~ **(kinyúló) karja** boom, jib, mast ; **konzolos** ~ arm crane ; **lengőgémes** ~ dipping crane ; ~ **markolója** grab ; **markolós** ~ clamshell/grab crane ; ~ **névleges teherbíró képessége** crane rating ; ~ **önműködő markolóval** automatic grab crane ; **változtatható gémkinyúlású** ~ derrick crane
daruállvány-oszlop gantry pillars
daru-csigasor block crane pulley
darucsörlő crane crab
daruelforgatás slewing of crane
darufutómacska crane crab
darugém (crane) jib, gib, boom ; ~ **feje** boom point ; ~ **felső csigája** boom point sheave ; ~ **gépezete** boom machinery ; ~ **hossza** boom length ; ~ **kinyúlása** crane radius ; ~ **kinyúlássugara** jib head radius
darugém-árboc boom line
darugémbillentéssel terhet áttesz luff the load
darugém-emelőegység topping unit
darugém-magasság jib height
darugém-merevítő (huzal) jibstay
darugém-mozgató mű jib adjusting gear
darugémvitla boom hoist ; ~ **kapcsolója** boom-hoist clutch
darugépkocsi auto-truck crane
darugerenda crane ba(u)lk
daruhaladás hajtóműve crane travel(l)ing gear
daruhaladási kormánykapcsoló *v* **átkapcsoló** travel(l)ing controller
daruhasználati díj cranage
daruhíd crane girder, running bridge
daruhíd-főtartó main boom/girder
daruhíd-pálya bridge rail
daruilleték crane dues
darukar crane boom
darukaremelő és -lebocsátó motor luffing motor
darukarfelszerelés boom equipment
darukezelő crane operator, driver, jibman ; *(önt)* jibman ; ~ **kosara** driver's cage
darukocsi *(vasút)* derrick car, trolley
darukocsis csigasor *v* **csigaemelő** trolley back
darupálya crane track/(run)way
darus *fn l* **darukezelő** ; ~ **gépmentő kocsi** *(gépk)* recovery car ; ~ **kocsi** *(gépk)* crane truck ; ~ **mentőhajó** crane salvage ship ; ~ **vagonbuktató** crane tip for wagons, crane wagon tip
darusín bridge/travel(l)er rails
darutartó crane girder
daruvágány crane track, travel(l)er rails
datolit *(ásv)* datholite ; *(üveg)* datolite

datolyaliszt date meal
datolyamagolaj date kernel oil
daturin *l* **atropin, hioszciamin**
daubréeit *(ásv)* daubreeite
daubréelit *(ásv)* daubreelite
davidsonit *(ásv)* davidsonite
Davis-bronz *(koh)* Davis bronze/metal
Davy-lámpa *(bány)* Davy('s lamp), wire-gauze lantern, safe(ty)-lantern ; ~ **aureolája** blue cap
davyn *(ásv)* davyne, davyna
Dawson-bronz *(koh)* Dawson's bronze
Dawson-gáz semi-water gas
dawsonit *(ásv)* dawsonite
Dawson-tárcsa *(tex)* Dawson wheel
daziméter *(gázsűrűségmérő)* dasymeter
DDT DDT = dichlorodiphenyl trichlorethane
de Broglie-féle : ~ **anyaghullám** de Broglie wave ; ~ **egyenlet** de Broglie equation
Debye-féle gyűrűk *(anyagv)* Debye rings
Decca-navigátor vevőműszere *(rep)* decometer
decén decene, n-decylene
decibel (db) *(hangt)* decibel, db ; ~ **ben kifejezett veszteség** db-loss
decibelmérő decibelmeter ; ~ **berendezés** decibel calculator
decibel-skála decibel scale
decil *(gyök)* decyl
decilalkohol decyl alcohol, decanol
decilamid decylamide, copramide
decilamin decylamene, 1-aminodecane
decilén decylene, 1-decene
decimál *ige* decimalize
decimál- *l* **decimális** *és* **tizedes**
decimális denary ; *l még* **tizedes** ; ~ **feszültségosztó** *(távk)* decimal/decade attenuator ; ~ **gyertya** bougie decimal, b. d. ; ~ **rendszer** *(mat)* decimal system ; ~ **rendszerű** decimal-base/system
deciméter decimetre
deciméteres hullámok *l* **deciméterhullámok**
deciméterhullámok UHF-waves, decimetric waves
deciméter-hullámsáv *(rád)* decimetre/L-band
decin decine, decyne
decineper deci(-)neper, dN, dn
de-emulg(e)álás de-(e)mulsification
defekáció defecation ; ~ **utáni lé** *(élip)* post-defecation juice
defekál defecate
defekálókazán defecation pan
defekt *(gumi)* burst, failure
defektmentes *(tömlő ; gépk)* unburstable
defibrátor *(pa)* defibrator
defibrinál defibrinate
definíció definition
defláció *(földt)* deflation, aeolation, wind erosion, windfall
deflációs völgy *(földt)* deflation valley
deflagrátor deflagrating mixture
deflegmáció partial condensation, dephlegmation
deflegmátor dephlegmator, reflux/partial condenser, fractional column, fractional distillating-tube
deflektor deflector (plate), deflecting plate
deflektortekercses csatolás deflector coil coupling
deflexiós transzformátor deflection transformer

deflokkulátor deflocculating agent
defókuszál defocus
defókuszálás defocussing
De-Forest-tekercs De-Forest coil
deformáció *l* **alakváltozás**
deformál deform, strain
deformálható deformable ; **nem** ~ undeformable
deformálódás *l* **alakváltozás**
deformálódik *(görbül ; faanyag)* get warped ; *(mech)* be deformed, set, shear
deformálódott deformed ; *(alakját vesztett)* misshapen, misshaped
deformált *(anyagv)* deformed, strained ; **nem** ~ unstrained
deformitás deformity
degeröit *(ásv)* degeröite
degeszes *(útépítésnél)* claggy
degrá *(bőr)* degras, currier's grease, sod oil, skim(ming)
degradáció *(földt)* degradation
degradált cellulóz degraded cellulose
degrász *(bőr)* *l* **degrá**
dehidrálás dehydrat(at)ion, deaquation; ~ **nedves közegben** damp dehydr(at)ation
dehidratálás *l* **dehidrálás**
dehidrátor dehydrator
dehidrociklizálás *(ol)* aromatization
dehidrogenáz *(enzim)* dehydrogenase
dehidrogénezés dehydrogenation
dehidrogénező szer dehydrogenating agent
deionizáció deionization, scavenging
deionizációs : ~ **feszültség** deionization/extinction potential/voltage ; ~ **idő** deionization time ; ~ **megszakító** *(vill)* deion circuit-breaker
deionizálási *l* **deionizációs**
deionizáló feszültség deionization/extinction voltage
dejekciós kőzetek dejection rocks
deka-amper deka-ampere
dekád *(távk)* decade
dekádcsillapító tag *(távk)* *(logaritmikus osztású feszültségre)* attenuator box ; *(lineáris feszültségosztású)* *l* **decimális feszültségosztó**
dekádcső *l* **dekatron**
dekadién 1,3-decadiene
dekád-mérőhíd *(vill)* decade bridge
dekád-számláló *(távk)* decade counter, ring-of-ten circuit
dekaéder decahedron
dekahidrát decahydrate
dekahidronaftalin decahydronaphtalene, decalin, naphthane
dekalin *l* **dekahidronaftalin**
dekalkománia decalcomania, transfer printing
dekametilénglikol decamethylene glycol, 1,10-decanediol
dekán *(vegy)* decane
dekanál decanal, capraldehyde
dekánamid decanamide, capramide
dekándiol decanediol, decamethylene glycol
dekánnitril decanenitrile, capronitrile
dekanol decanol, decylalcohol, nonylcarbinol
dekanon decanone
dekantál decant
dekantálás decantation, decanting
dekapíroz *(koh)* pickle
dekapírozott lemez *(koh)* pickled sheet
dekár *(tíz ár)* decare

dekatál *(tex)* decatize, steam, purg, wet, shrink
dekatálás *(tex)* decat(is)ing, crabbing, purging, smoothing (of cloth)
dekatálás-állóság *(tex)* decatizing fastness
dekatáló *(tex)* spunger, cloth shrinker ; ~ **eljárás** *(tex)* anti-shrink process ; ~ **gép** *(tex)* decat(iz)ing machine, steaming mill, lustre shrinking machine, cloth shrinker
dekatron *(rád)* dekatron
deklináció *(csill)* declination
deklinációs : távcső ~ tengelye *(csill)* declination axis ; ~ **variométer** *(földmágnességi műszer)* declination variometer
dekokció decoction ; **háromfokozatú ~** three-mash process
dekompozíció *(vegy)* decomposition, breakdown
dekompresszió compression relief/relieving, decompression
dekompressziós : ~ bütyök cam for relieving compression, relief cam ; ~ **csap** *v* **szelep** relief/release cock, compression-release valve
dekompresszor decompressor, compression relief
dekoráció *(telev)* (studio)scenery, properties, still
dekorációs : ~ karton *(pa)* fancy (card) board ; ~ **kő** *(ép)* trim-stone; ~ **krepp-papír** decorative crape-paper; ~ **(papír)lemez** decorated board
dekortikálás *(tex)* (fibre) decorticating' decortication, stripping the bark from fibre
dekrepitál *(kristály)* decrepitate
delafossit *(ásv)* delafossite
deleátur *(nyomda)* erasure sign
delejzár *(feljogó ; távk)* armature ; ~ **mágneses rögzítője** *(távk)* magnet keeper
delel *(csill)* culminate
delelés *(csill)* culmination
delelési pont culminating point
delessit *(ásv)* delessite
delfinolaj *(bőr, vegy)* black fish oil
déli : ~ égsark south celestial pole ; ~ **mágneses pólus** south seeking pole ; ~ **mágnesség** south magnetism ; ~ **sark** south pole ; ~ **sarkkör** antarctic circle
délibáb *(met)* mirage
délibábhatás *(rád)* inferior mirage
délidő *(hajó)* noontide
délkör *(csill)* meridian ; **égi ~** celestial meridian ; **~ön kívüli** *(csill, geod)* ex-meridian
délkörhálózat összetartási szöge *(geod)* grid declination
délköri *(csill)* meridional ; ~ **magasság** *(csill)* meridional altitude
delphinit *(ásv)* delphinite
délszaki tropic
delta *(földt)* delta, foreset beds ; *(vill)* delta
delta-bronz delta brass
deltafém delta metal
delta-helyettesítés *(vegy)* delta substitution
deltaiszap *(földt)* prodelta clays
deltakapcsolás *(vill)* delta-connection
deltakapcsolású áramkör delta-connected circuit
deltakör *(vill)* delta circuit
delta-lerakódás *(földt)* foreset beds
delta-oxidáció *(vegy)* delta oxidation
delta-relé *(vill)* delta(relay)
delta-sárgaréz delta brass
deltaszárny *(rep)* delta/triangular wing
delta-szén delta carbon
delta-szigetelő delta insulator
deltavágány *(vasút)* reversible triangle, wye
deltazátony *(földt)* bar
Delthirna-enyv *(pa)* Delthirna size
deltoid *(mat)* diamond
delvauxit *(ásv)* delvauxite, delvauxene
demagnetizálás *l* **lemágnesezés**
demargarinizáció *(vegy)* demargarination
dematerializálódás *(at)* annihilation of matter
demetilál demethylate
demodulál *(vill)* demodulate ; *(egyenirányítással)* detect
demodulálás *(rád)* demodulation, detecting
demoduláló fokozat demodulating stage
demoduláló-kör demodulation circuit
demodulált demodulated
demodulátor (second) detector, demodulator
demodulátorcső demodulator/detector valve
demodulátor-erősítő demodulator amplifier
demodulátor-sávszűrő demodulator bandfilter, DBF
demorfia *(földt)* demorphism
demulgálási szám meghatározása demulsibility test
demulgátor emulsion breaker
demulgeálhatóság demulsibility
denaturál denature
denaturálódás denaturation, denaturating
denaturáló szer denaturant
denaturált szesz denaturated alcohol/spirit ; *(ipari szesz:)* industrial alcohol
dendrit *(ásv)* dendrite
dendrites *(szerkezet ; ásv, koh)* dendritic(al), arborescent, arborized, dendroid
dendrolit *(ásv)* dendrolite
dendrológia dendrology
dendrométer dendrometer
denier *(tex)* denier
denier-átszámítási tényező denier conversion constant
denitrál denitrate
denitrifikáció denitrification
denitrifikáló baktériumok denitrifying bacteria, bacteria calcis
denudáció *(földt)* denuding, denudation, rock exposure
denudációs felszín *(földt)* evasion surface
denzitométer densitometer
denzitometria densitometry
denzitometriai densitometric
depilatórium depilator
depolarizáció depolarization
depolarizál depolarize
depolarizáló közeg depolarizing mix
depolarizátor depolarizator, depolarizer
depolimerizáció depolymerization
depóniahely *v* **-tér** *(ép)* spoil area
depresszió *(csill, fiz)* depression ; *(met)* recess, depression
depressziókülönbség *(bány)* motive column
depressziómérés *(bány)* ventilation survey
depressziós : ~ előgyújtás-szabályozó *(gépt)* vacuum operated timing control, vacuum advance and retard control ; ~ **szervó-berendezés** *(gépk)* vacuum operated servo booster ; ~ **térkép** *(bány)* ventilation map ; ~ **tölcsér** *(hidr)* trumpet-head draw-down
depszid *(vegy)* depsid(e)
dér *(met)* rim, white frost, hoarfrost ; ~ **keletkezése** formation of hoar-frost
derbylit *(ásv)* derbylite
derby-szabású : ~ cipő blucher ; ~ **félcipő** gibson type
derce *(élip)* middlings, grits, seconds, sizings, coarse meal
derceaprító disintegrator for middlings
dereglye lighter, pram, barge, launch, scow
derékcsap spindle
derékfa cap
derékmagasságú waisthigh
derékszíj waist belt
derékszög *(mat)* right angle, orthogon ; *(bány, ép, fa)* knee, quadrant ; **~et alkot** *(vmivel)* square (with) ; **~be állít** square ; **~ben elhelyezett** set square ; **~ben illesztett** set square ; **~ben lemunkál** square off ; **~re vágott** square/rectangular cut ; **~ben vágott papír** angle-sheet paper
derékszögelő olló squaring shears
derékszög-szárú libella quartering level
derékszögű rectangular, orthogonal ; ~ **csőkönyök** square elbow ; ~ **falsarok** *(ép)* square quoin of wall ; ~ **fecskefarkillesztés** *(ép)* dovetail ; ~ **hajlás** right-angle bend ; ~ **hajtás** *(gépt)* mitre wheel gearing ; ~ **háromszög** *(mat)* rectangular triangle ; ~ **hasáb** *(mat)* rectangular prism ; ~ **idom** *(mat)* orthogon ; ~ **illesztés** mitre ; ~ **kamra** *(bány)* square chamber ; ~ **képbontás** *(telev)* rectangular scanning ; ~ **keresztezés** transverse crossing ; ~ **kereszteződés** orthogonal cross course ; ~ **koordinátarendszer** *(geod, mat)* rectangular/orthogonal coordinate system ; ~ **koordinátatengely** *(mat)* rectangular axis ; ~ **kúpfogaskerékpár** *(gépk)* mitre ; ~ **kúpkerekes áttétel** right angle bevel gear, mitre gear ; ~ **mérőbukónyílás** *(hidr)* rectangular ga(u)ge notch ; ~ **négyszög** *(mat)* rectangle ; **nem ~** out of square ; ~ **összekötés** head joint ; ~ **papírív** oblong sheet paper ; ~ **prizma** *(fényt)* prismatic reflector ; ~ **(Thompson)-bukónyílás** *(hidr)* rectangular notch ; ~ **utcahálózat** grid/rectangular street layout ; ~ **vágány-** *v* **pályakereszteződés** girder-type crossing ; ~ **vakakna** *(bány)* rectangular winze ; ~ **vonalzó** square (rule), bevel square
derékszög-vonalzó bevel square, square (rule)
deres pruinate
derít clarify, clarificate, brighten, purify, decolo(u)r(ize) ; *(savval ; bőr)* tone down, sour ; *(italokat:)* fine ; **agyaggal ~** clay
derítés clarification, brightening, cleaning, purification, decolo(u)ring, epuration, decolo(u)rization ; **cukornádlé ~e mésszel** liming of the cane juice

derítési : ~ **maradék** bottom ; ~ **próba** *(ol)* bleach test
derítéspont *(vegy)* break(ing) point
derített lé *(cu)* fine liquor
derítő *(bány)* lade/wash hole, jigger ; *(vegy)* clearer ; ~ **berendezés** purifying plant, clarifier, purifier, elutriator; ~ **képesség** clarifying capacity ; ~ **készülék** clearing/clarifying apparatus; ~ **medence** settling pool, sump tank, mud box ; *(bány)* hog box *is* ; **többfokozatú** ~ purifier arranged in stages
derítőanyag fining/cleaning/clearing agent, purifier, clarifier
derítőedény settling vat, decanter
derítőföld fuller's/fulling/bleach(ing) earth, adsorption/filter clay ; **aktivált** ~ *(ol)* activated clay ; ~**es kezelés** *(olaj)* clay treating
derítőház clarifying house
derítőkád clarifying/subsiding/settling tank, bleacher ; *(tex)* kieve
derítőkamra antechamber
derítőmester *(élip)* clarifier
derítőmű settling plant
derítőoldat cleaning solution
derítőszalag dewatering stream
derítőszén decolo(u)r(iz)ing coal
derítőszer *l* **derítőanyag**
derítőtartály *(koh)* clarifier, settler box, settling/separating tank, desilter
derítőtelep settling/clarification plant
derítőtölcsér *(pa)* save-all
derítőüst clearing pan
deriválás *(mat)* *l* **differenciálás**
derivált *fn* *(mat)* derivative, slope ; ~ **szűrő** *(távk)* m-derived filter
derivált-fluxió fluxion
derivátum derivate
dermatin *(ásv)* dermatin
dermatol basic bismuth gallate
dermedés congelation ; *(kocsonyásodás)* jellification ; *(szilárdulás)* solidification, setting
dermedési : ~ **hő** heat of solidification ; ~ **hőfok** congelation/setting point/ temperature ; ~ **hőköz** solidification range ; ~ **pont** *(koh)* *l* **dermedéspont**
dermedéspont point of solidification, chill/ arrest/ solidifying/ setting/ congealing/ solidification/ cold point ; *(zsírsavaké)*: titer
dermedéspontcsökkentő pour-point depressor
dermedéspont-mérés cold test
dérpont-higrométer frost-point indicator
derrikdaru derrick, erector, jib crane ; **úszó** ~ derrick scow
derül *(vegy)* clarify
Descartes-féle : ~ **levél** *(mat)* folium of Descartes ; ~ **ovális** *(mat)* Cartesian (oval) ; ~ **parabola** *(mat)* parabole of Descartes, trident of Newton
descloizit *(ásv)* descloizite, chileite, eusynchite
destruktív lepárlás pyrogenic distillation
deszaturálás *(vegy)* desaturation
deszertszalvéta *(pa)* doily
deszka *(10—35 mm vastagságú)* board ; *(palló:)* plank ; **deszkával borít** board, plank, cap ; **deszkával borított** *v* **burkolt** slatted, lined with boards, boarded; **csapos** ~ grooved planks/boards ; **egyik szélén vastagabb, keskeny** ~ clapboard ; **egyik szélén vékonyabb** ~ featheredge; **hornyolt deszkák** furrowed boards ; **keskeny** ~ clapboard ; **keskeny, hosszúkás alakú** ~ strip ; **kis** ~ planchet, flitch ; ~ **lapjainak párhuzamosságát ellenőrző lemezpár** winding strips ; ~ **és lécfűrészüzem** board and batten work ; **oromvédő** ~ barge board ; **rézsútosan szélezett** ~ bevel(l)ing board ; **rostokból és műanyagból préselt** ~ *(ép)* beaver board ; ~ **sima éle** baff edge ; **szőrős** *(gyalulatlan)* ~ bearded timber ; **vékony** ~ *(1″-nál vékonyabb)* thin plank
deszkaajtó *(fa)* braced and battened/ ledged door
deszkaalapzat *(ép)* baseboard
deszkaáthidalás *(ép)* access board
deszkabélés boarding, cleading, sheeting ; *(pallóval)* planking ; *(padlózat)* flooring, deck ; *(bány)* lagging, flooring
deszkaborítás *l* **deszkabélés** ; *(hajó)* weather boarding ; **ékprofilú átlapolásos** *(függélyes)* ~ *(ép)* bevel siding ; ~ **hornyolással** *(lambéria)* feather boarding
deszkaburkolás *l* **deszkabélés** *és* **deszkaborítás**
deszkaburkolat timber covering planching, boardings ; *(bány)* lath panel ; ~ **keskeny deszkákból** clapboard siding ; **vízszintes** ~ **külső falon** *(ép)* siding
deszkácska *(10 mm-nél vékonyabb)* planchette, thin board ; *(ceruzagyártáshoz:)* (pencil) slat
deszkacsomagolás *(ládáknál ; pa)* tight frames
deszkaeselék *(fa)* ends
deszkafűrészelő keretfűrész deal saw frame
deszkafűrész-reszelő long saw file
deszkahasító fűrész board saw
deszkahátfal back board
deszkahulladékfa splitwood
deszkajárda board walk
deszkakerítés *(fa)* board-fence, planking
deszka-kocsiszekrény plank body
deszkaköteg flitch
deszkalábstandard *(fa)* board measure
deszka-leigazítás *(fa)* trimming
deszkamáglyázó gép lumber stacking machine, edge stacker
deszkamennyezet planked ceiling
deszkapadló planching, strip/deal floor, barrow run
deszkareszelő long saw file
deszkarétegekből készült ív *(ép)* laminated arch
deszkaszakáll beard
deszkaszegély *(ép)* boardings
deszkaszélezési hulladék *(fa)* edging
deszkaszelvény *(vastag, félig szélezett)* flitch chunk
deszkatábla flitch
deszkaválaszfal battening
deszkavastagságmérő lumber ga(u)ge
deszkavédők *(tekercspapír hengervégeire)* wooden heads
deszkáz board, plank, planch
deszkázás *(ép)* boarding, planking, planching, lagging, sheeting ; *(padlózás:)* floor planking
deszkázat *(ép)* boardings, subfloor, lining, sheeting, casing, breastboard ; *(fa)* crating ; **ferdén elhelyezett** ~ *(ép)* angle board
deszkázó *(bány)* bottomman, bottom cager
deszorbeál *(vegy)* desorb, strip
deszorpció desorption, stripping, denuding
desszén *(tex)* design
de(s)szinatőr *(tex)* fabric stylist, cloth constructor, draughtsman, designer
desztilláció *stb l még* **lepárlás** *és* **lepárló** *stb* distillating, distillation ; *(kolonna csúcsán át)* topping
desztillációs : ~ **maradék** distillation residue ; ~ **próba** distillation test
desztillál distill ; *l még* **lepárol**
desztillált *[víz]* distilled
desztillátor *(petróleumiparban)* black-pot attendant
desztillatőr *(munkás)* distiller
detekció-együttható detection coefficient
detektál detect, demodulate
detektálás *(rád)* detecting, demodulation
detektor *(rád)* detector, demodulator ; **kompenzált előfeszültségű** ~ balanced-bias detector
detektoráramkör detector circuit
detektorátütés *(rád)* detector breakdown
detektorcső *(rád)* detecting/detector tube/valve, audion
detektoregyensúlyozó előfeszültség *(rád)* detector balance bias, D. B. B.
detektorerősítő detector amplifier
detektorfokozat *(rád)* detector stage
detektorhatás *(rád)* detecting action
detektoros készülék crystal receiver/set
detektortű *(rád)* whisker
detergeáló szer *(olaj, adalék)* detergent
detergens detergent
determináns *(mat)* determinant
detonáció detonation ; *(kopogás)* knock(ing)
detonál detonate
detonáló detonating
detonátor initiating cap, setting off cap
detorzió *(geod)* detorsion
detrituszos *(földt)* detrital
deuterikus *(ásv)* deuteric
deutérium deuterium
deuterogén *(földt)* deuterogene
deuteron deuteron
Deval-féle rosta Deval rattler
Devarda-féle ötvözet *(koh)* Devarda's alloy
deviáció deviation, quadrantal error ; ~ **szöge** *(rep)* angle of deviation
deviációs kamra *(tájolónál)* compensating chamber
deviáció-táblázat *(hajó)* deviation card
devilin *(ásv)* *l* **urvölgyit**
Deville-palack aspirator bottle
devon *(földt)* Devonian period, Devonic system
devulkanizálás *(gumi)* devulcanization
devulkanizálódás *(gumi)* devulcanization, reversion
devulkanizáló kazán *(gumi)* devulcanizer
devulkanizátor *(gumi)* devulcanizer, digester
Dewar-féle edény *v* **palack** Dewar vacuum flask
deweylit *(ásv)* *l* **gimnit**
Dewsbury-bordaszámozás *(tex)* Dewsbury reed
Dewsbury gyapjúfonalszámozási rendszer Dewsbury system

dextrin dextrin, starch gum ; **jóddal nem színeződő** ~ achroodextrin
dextron-sav dextronic acid, d-gluconic acid
dextróz dextrose; d-glucose
dezaktiválás deactivation
dezintegrálás disintegration, disaggregation
dezintegrátor disintegrator
dezmin *(ásv)* desmine
dezodorálás *(vegyt)* deodorizing, deodorization
dezoxálsav desoxalic acid
dezoxibenzoin desoxybenzoin, alphaphenylaceto-phenone
dezoxidál *(vegy)* de(s)oxidate, reduce
dezoxidálás de(s)oxidation, reduction
dezoxidáns desoxidant
dézsa tub, small vat
d-glukóz d-glucose, dextrose, grapesugar
dia *l* **diapozitív**
diabantit *(ásv)* diabantite
diabáz *(kőz)* diabase
diacetanilid diacetanilide, phenyldiacetamide
diacetát diacetate
diacetil diacetyl, 2,3-butanedione
diacetin diacetin, glyceroldiacetate
diaceto- diaceto-
diacetoecetsav diacetoacetic acid
diád *(mat)* dyad
diadelfit *(ásv)* diadelphite, hematolithe
diadochit *(ásv)* diadochite
diaforit *(ásv)* diaphorite
diafragma diaphragm ; *(fényt)* diaphragm, dimmer, brake sack, blind, field stop, orifice plate ; ~ **nélküli mikrofon** diaphragmless microphone
diafragma-papír diaphragm paper
diafragmás diaphragm/membrane-type; ~ **keverő** orifice mixer ; ~ **malom** membrane/diaphragm mill ; ~ **ülepítőgép** membrane filter
diagenezis *(földt)* diagenesis, consolidation of sediments
diagonál *(szövet)* diagonal, double line tweed
diagonális *l* **átlós**
diagonálkötés large twill
diagram diagram, figure, curve, graph, pattern, card, chart, characteristic ; **egyensúlyi** ~ equilibrium/constitutional diagram ; **kifáradási** ~ *(anyagv)* stress-cycle diagram ; **konstruktív** ~ *(mat)* assumption diagram ; **töltési** ~ charging diagram
diagram-alappapír diagram base-paper, base-paper for graphs
diagram-gyűjtemény set of diagrams
diagramíró *(szerkezet)* recorder, recording/autographic apparatus/mechanism; **önműködő** ~ *(tex)* autodynamograph; ~ **szakítógép** *(tex)* dynamograph
diagramjelző lap card
diagramlépték scale of plotting
diagrammutató lap card
diagram-nyerspapír *l* **diagram-alappapír**
diagrampapír diagram/functional/graph paper ; *(inchbeosztású)* section paper
diagramrajzoló *l* **diagramíró** ; *(katódsugaras)* cathode-ray curve tracer
diagramsorozat set of diagrams
diagramszerű diagrammatic(al)
diakiszdodekaéder *(ásv)* diploid
diakiszdodekaéderes *(ásv)* diploidal
diaklazit *(ásv)* diaclasite

dial dial, 5,5-diallylbarbituric acid
dialdehid *(vegy)* dial(dehyde)
dializált termék dialysate
dializátor dialyzer
dialízis dialysis
diallag *(ásv)* diallage
diallil 1,5-hexadiene, diallyl
diallil- diallyl-
dialuramid dialuramide, uramil
diamágneses diamagnetic
diamágnesség diamagnetism
diamid diamide
diamin diamine
diammóniumhidrofoszfát diammonium orthophosphate
diapozitív diapositive, transparency, lantern slide
diapozitív-lemez (dia)positive plate
diapozitívváltó slide carrier
diasz *(földt)* Permian epoch/system/ period
diaszpor *(ásv)* diaspore
diasztatikus diastatic ; ~ **aktivitás** *v* **erő** diastatic power
diasztatit *(ásv)* diastatite
diasztáz diastase, amylase
diasztázmérő diastasimeter
diaterma volcanic chimney
diatermikus diathermic ; ~ **fűtés** *(vill)* diathermic heating ; ~ **koaguláció** diathermic coagulation
diatexis *(földt)* diatexis
diatómaföld diatomaceous earth, tripoli(te), bergmehl, fossil flour/meal, earth silicon, tellurine, white peat, desmid earth
diatómapala *(geol)* bergmehl
diatomit desmid earth ; *l még* **diatómaföld**
diatonikus : ~ **félhang** diatonic semitone; ~ **hangsor** diatonic scale
diavetítő slide projector
diazotálás diazotization, diazotizing
diazo-vegyület diazo compound ; ~ **bomlása** diazosplit
dicián dicyan(ogen)
dickinsonit *(ásv)* dickinsonite
didimium didymium
didimiumoxid didymia, didymium oxide
dielektrikum *(vill)* dielectric (medium); ~ **alakváltozása** *(villamos erőtérben)* dielectric strain ; ~ **átütési szilárdsága** dielectric strength ; ~ **igénybevétele** dielectric stress
dielektrikus *l* **dielektromos**
dielektromos dielectric ; ~ **állandó** permittivity, dielectric constant ; ~ **antenna** polyrod aerial ; ~ **áram** dielectric current ; ~ **hevítés** electronic heating ; ~ **hiszterézis** electric hysteresis ; ~ **merevség** *(vill)* elastance ; ~ **szilárdság** dielectric strength; ~ **veszteségek** *(rád)* dielectric losses ; ~ **veszteségszög** dielectric phase angle
Diesel-adagoló *l* **befecskendező szivattyú**
Diesel-elektromos *l* **Diesel-villamos**
Diesel-elven működő motor engine working on the C. I. principle
Diesel-hajtóanyag diesel fuel ; *(gyorsjáratú motorhoz)* (automotive) gasoil
Diesel-hengerfej *(keverőkamrás)* clerestory head
Diesel-motor Diesel(-)engine/motor, compression ignition engine, C. I. engine, oil engine ; ~ **befecskendező szivattyúja** fuel injection ; **kompresszoros** ~ air-injection engine ; **légkamrás** ~ air-cell engine ; ~**hoz való** diesel, Diesel
Diesel-motorkopogás diesel knock
Diesel-motoros diesel, Diesel
Diesel-motorpróbapad diesel tester
Diesel-motorüzemanyag diesel fuel
Diesel-olaj Diesel fuel (oil) ; *l még* **Diesel-hajtóanyag**
Diesel-porlasztó *l* **befecskendező fúvóka**
Diesel-villamos mozdony Diesel-electric locomotive
dietilbarbitursav 5 : 5-diethylbarbituric acid, diethylmalonylurea, veronal, barbitone
dietilbrómacetilkarbamid bromodiethylacetylurea, adalin, uradal
dietilcellulóz diethyl cellulose
dietiléter 1. $R(C_2H_5)_2$ diethyl ether ; 2. *(etiléter)* ether, (di)ethyl ether, ethyl oxide, sulfuric ether
dietilmagnézium magnesium ethide
dietilólom lead (di)ethide/(di)ethyl
dietilszulfát ethyl sulfate
dietilszulfondimetilmetán methylsulfonal, trional
dietrichit *(ásv)* dietrichite
dietzeit *(ásv)* dietzeite
difanit *(ásv)* diphanite
difenilketon diphenyl ketone, benzophenone
Differdingen-tartó *(ép)* H-beam
differencia-egyenlet difference equation
differenciahányados change ratio
differenciál *fn (mat)* differential ; *ige (mat)* differentiate, derive ; **kúpfogaskerekes** ~ *(gépk)* bevel gear differential
differenciál- *l* **különbözeti** *is* differential
differenciálás *(mat)* differentiating, differentiation ; ~ **villamos számológéppel** electric differentiation
differenciál-áttétel *(gépk)* rear axle ratio
differenciál-csavar differential screw
differenciál-csavaros kocsiemelő differential screw-jack
differenciál-csigasor differential blocks
differenciáldinamométer differential dynamometer
differenciáldió *(gépk)* thrust block
differenciáldugattyú differential piston/ plunger
differenciálduplex távíró rendszer differential duplex-system
differenciálegyenlet differential equation ; ~**et megoldó gép** differential equation solver
differenciál- és integrál-számítás differential and integral calculus
differenciál-galvanométer differential galvanometer
differenciál-gázemeltyű *(rep)* differential gas-lever
differenciál-generátor differential generator, D. G.
differenciálhányados *(mat)* differential quotient, derivative, slope
differenciálhatás differential action
differenciálház *(gépk)* bevel box, differential casing
differenciálhőelem *(vill)* balancing thermopile
differenciál-hőmérő differential thermometer
differenciális *(gépt)* differential ; *(mat)* differential, incremental ; ~ **galvanoszkóp** differential galvanoscope ; ~ **jelfogó** differential relay ; ~ **kiér-**

tékelő potenciométer differencial computing potentiometer, D. C. P.; ~ szabályozás differential control; ~ távolságerősítő *(rád)* range differential amplifier
differenciál-jel *(mat)* differential sign
differenciál-jelfogó *(távk)* balanced relay, ratio balance relay
differenciál-kapcsolás *(irányválasztó; távk)* differential transformer circuit
differenciál-kondenzátor *(távk)* double-stator condenser
differenciál-manométer differential pressure ga(u)ge/manometer
differenciál-mérőhíd *(vill)* differential bridge
differenciál-mozgás differential motion
differenciálmű *(gépk)* differential, balance/compensating/equalizing gear, differential gear, final drive; **alsó tányérkerékfélkörön hajtott** ~ *(gépk)* overmounted differential
differenciál-napkerék *(gépk)* side gear
differenciáló: ~ **áramkör** differentiator, differentiating circuit/network; ~ **erősítő** *(rád)* differentiator amplifier; ~ **kapcsolás** differentiation circuit
differenciálódott tömb *(földt)* differentiated boss
differenciálolaj gear oil
differenciál-operátor *(mat)* differential operator
differenciálórész *(telev)* differentiating section
differenciálótag differentiating network
differenciálszabályozó *(vill)* rate-of--change controller
differenciálszámítás differential calculus
differenciálszűrő *(távk)* differential bridge filter
differenciál-tekercselés *(telef)* differential winding
differenciáltekercsű elektromágnes differential electromagnet
differenciált impulzus differentiated pulse
differenciáltranszformátor *(távk)* hybrid coil, differential transformer
differenciálvédelem *(vill)* differential protective system
differenciálzár *(gépt)* differential locking device, striker
diffrakció *(fényt)* diffraction, fringe
diffrakció-minták fringe patterns
diffrakciós: ~ **rács** grating; *(homorú gömbtükrön)* concave grating; ~ **színkép** interference spectrum
diffrakció-sáv *(fényt)* fringe
diffundál diffuse
diffundálható diffusible
diffundáló képesség diffusibility, diffusivity
diffúz *(fényt)* diffuse(d); ~ **világítás** diffuse lighting, diffused illumination
diffuzátum *(vegy)* diffusate
diffúzió diffusion
diffúziós: ~ **állandó** diffusion constant/coefficient, diffusivity; ~ **hő** heat of diffusion; ~ **lé** diffusion/raw juice; ~ **sebesség** velocity of diffusion; ~ **szellőztetés** *(bány)* plenum; ~ **termék** diffusate
diffúzor *(bány)* evasé chimney; *(gépk)* carburet(t)or barrel; *(gépt, hidr)* diffuser; *(rep)* divergent nozzle; *(szivattyún)* anemostat
diffúzorlapát *(hidr)* diffuser vane
diffúzorrács *(szélcsatornánál)* diffuser grating
diffuzőr *(vegy)* diffuser, effuser
diffuzőrelem diffusion battery
diffuzőrkés diffusion knife
diffuzőrtelep diffusion battery
difluorid difluoride
digerál digest
digerálás digestion
diheptál foglalat *(rád)* diheptal socket
dihexagonális bipiramisos *(ásv)* dihexagonal-dipyramidal
dihexagonális holoéderes *(ásv)* *l* **dihexagonális bipiramisos**
dihexagonális piramisos *(ásv)* dihexagonal-pyramidal
dihidrit *(ásv)* dihydrite
dihidro-só dihydric salt
dihidroxilbenzol dihydroxy-benzene, resorcinol
díjazás *(távbeszélőnél)* charging; **éjjeli** ~ *(táviratnál)* charging by night; **idő szerinti** ~ charging by time; **távolság szerinti** ~ charging by distance
díjjegy *(távk)* call ticket
díjköteles rakomány payload
dijódbenzol diiodo-benzene
díjövezet *(távk)* charge area
díjszabás scale (of fees), rate(s), schedule; *[áramfogyasztási]* tariff; **éjjeli** ~ night tariff; **(meghatározott) ponttól-pontig alkalmazott általános** ~ *(vasút)* blanket ratio
díjszabáskülönbözet differential
díjszabásnyomtató gép *(távk)* ticketing machine, charge recorder
díjszabáspolitika rate policy
díjszámláló *(távk)* charging device, meter (for charging)
díjtételek rate(s)
díjvisszatérítés refund of fee
dikalciumfoszfát dicalcium phosphate
dikalciumhidrofoszfát secondary calcium phosphate, calcium hydrophosphate, calcium hydrogen phosphate
dikáliumhidrofoszfát dipotassium hydrogen phosphate
dikáliumoxalát *l* **káliumoxalát**
dikáliumpirofoszfát dimetallic potassium pyrophosphate
dikáliumvegyület dipotassium compound
dika-olaj dika oil
dikics *(cipő)* shave, die
diklórecetsav dichloroacetic acid
diklóretiléter dichloroethyl ether; *(pa)* chlorex
diklorid dichloride
diklórmetán methylene chloride
dikovasav disilicic acid
dikroit *(ásv)* *l* **cordierit**
dikromát bichromate, dichromate
dikrómsav dichromic acid
dikroszkóp *(ásv)* dichroiscope
diktafon *(rád)* dictaphone, dictating machine
dilatáció dilatation, expansion; *l még* **tágulás**
dilatációs: ~ **hézag** expansion gap; ~ **hézagmérő ék** expanding band pin; ~ **hosszváltozási lehetőség** play for expansion; ~ **mozgás** *(vasút)* end-play; ~ **talp** *(állókazáné)* expansion pad
dilatáló vég *(hídszerkezeten)* sliding ends
dilatométer dilatometer
dilatométeres mérés *l* **dilatometrálás**
dilatometrálás dilatometration
dillnit *(ásv)* dillnite
dimenzió *l* **kiterjedés**; ~ **nélküli** non--dimensional, dimensionless; *(abszolút)* absolute
dimenzionálás dimensioning; *l még* **méretezés**
dimenziós dimensional
dimetilcellulóz dimethyl cellulose
dimetiléter dimethyl/methylated ether
dimetilketon dimethyl ketone, acetone, propanone
dimetilmagnézium magnesium methide
dimetilólom lead (di)methide/(di)methyl
dimetiloxikinizin *l* **azofén**
dimorfin *(ásv)* dimorphite
dimorfizmus *(földt)* dimorphism
din *(cgs-rendszer erőegysége)* dyne
dinamika dynamics; *(rád)* volume range, dynamic ratio; **szilárd testek dinamikája** dynamics of solids
dinamikabővítés *(rád)* volume expansion
dinamikabővítő *(rád)* (volume) expander/expandor
dinamikai *l* **dinamikus**
dinamikaszabályozás *(rád)* volume control
dinamikaszélesítő erősítés *(rád)* contrast amplification
dinamikaszűkítés *(rád)* volume contraction
dinamikaszűkítő *(rád)* volume compressor; ~ **erősítő** compressor
dinamikus dynamic(al); *(hangszóró v mikrofon)* dynamic, moving-conductor/coil; ~ **csavaró vizsgálat** torsion impact test; ~ **egyensúly** *(mech)* dynamic balance/equilibrium; ~ **ellenállás** *(rád)* dynamic resistance; ~ **érzékenység** *(rád)* dynamic sensitivity; ~ **hangerőtartomány** *(rád)* dynamic volume range; ~ **hangszóró** *(rád)* electrodynamic loudspeaker; ~ **hatás a hidakon** bridge impact; ~ **igénybevétel** dynamic load/stress; ~ **induktivitás** *(távk)* incremental (a. c.) apparent inductance; ~ **kapacitás** *(rád)* dynamic capacity; ~ **karakterisztika** *(rád)* dynamic characteristic; ~ **keménységmérő műszer** dynamic hardness tester; ~ **koptató készülék** impact abrasion tester; ~ **megfordíthatóság** dynamic reversibility; ~ **mikrofon** *(rád)* moving-conductor/coil microphone; ~ **nyomás** *(mech)* impact pressure; *(hidr)* impact head; *(rep)* dynamic pressure; ~ **permeabilitás** *(távk)* incremental (apparent) effective permeability; ~ **reverzibilitás** dynamic reversibility; ~ **terhelés** *(mech)* dynamic/moving/impact load; ~ **tükröztethetőség** dynamical reflectability; ~ **ütés** impact; ~ **vizsgálat** dynamic/impact test
dinamit dynamite
dinamitgél *(bány)* gelatin(e) dynamite
dinamó *l még* **generátor** direct-current generator, D. C. generator, dynamo; ~- **és mágnesgyújtó berendezés** *(gépk)* generator and magneto assembly; **tárcsás** ~ disc dynamo; **unipoláris** ~ nonpolar/unipolar dynamo; ~ **vasúti kocsi világításához** railway generator
dinamó-armatúra dynamo armature
dinamó-forgórész dynamo armature

dinamógép *(vill)* dynamo; *l még* **dinamó**
dinamográf *(tex)* dynamograph
dinamóhuzal coil wire
dinamólemez dynamo/core/electrical sheet
dinamometamorfózis *(földt)* dynamic metamorphism
dinamométer *(mech)* dynamometer; **abszorpciós ~** absorption dynamometer; **fékszalagos ~** belt dynamometer; **kerékagyba szerelt ~** *(forgató nyomaték mérésére)* hub dynamometer; **légfékes ~** air-break dynamometer; **szárnyas ~** air-friction dynamometer
dinamométeres számláló dynamometer motor meter
dinamometráló vagon dynamometer car
dinamó-porfúvó bellows blowing tubes
dinamó-szabályozó dynamo governor
dinamotermálmetamorfózis thermodynamical metamorphism
dinamóvas-szigetelő papír fish paper
dinamóvédő pajzs generator cap
dinanti emelet *(földt)* Dinantian stage
dinastarter *(gépk)* dynamotor
dinaszkő *(koh)* dinas/ganister (brick)
dinátriumhidrofoszfát disodium hydrogen phosphate
dinátriumsó disodium salt
dinátrium-vegyület disodium compound
dinátron *(rád)* dynatron
din/cm² dyne per square centimeter
dinikotinsav dinicotinic acid
dinitro- dinitro-
dinitrobenzol dinitro benzene
dinitrocellulóz dinitrocellulose
dinitrogénoxid nitrous oxide
dinitrotoluol dinitro toluene
dinóda dynode, electron mirror
dióbarna nut brown
dióda *(rád)* diode, two-element tube/valve; **kettős ~** duo-diode
dióda-behatároló *(rád)* diode limiter
diódacsatoló *(rád)* diode coupler
dióda-egyenirányítás *(rád)* diode detection
dióda-egyenirányító *(rád)* diode detector, vacuum rectifier tube; **~ fokozat** *(rád)* diode detector stage
diódahatároló *(rád)* diode limiter
diódakeverő *(rád)* diode mixer
diódalevágás *(rád)* diode clamping
diódalevágó *(rád)* diode limiter
dióda-pentóda *(rád)* (single) diode-pentode, S. D. P.
diódás kristálydetektor *(rád)* crystal diode
dióda-trióda *(rád)* (single) diode-triode, S. D. T.; **kettős ~** *(rád)* double diode-triode
dió-kapcsoló *(vill)* nut switch
Dioklesz-féle cisszois(z) *(mat)* cissoid of Diocles
diókoksz egg coke
diopszid *(ásv)* diopside
dioptáz *(kőz)* dioptase
diopter *(puskán)* peep sight
dioptra *(geod)* dial sight, slot and window sights, dioptre, diopter; *(puskán)* peep sight
dioptrabeállító gyűrű *(geod)* dioptric collar
dioptralemez *(geod)* sight vane
dioptranézőke-lemez *(geod)* pinnule
dioptrás: ~ tájoló *(geod)* surveyor's compass; **~ vonalzó** *v* **irányzék** open-sight alidade
dioptria *(fényt)* dioptre, diopter
dioptriabeállító készülék *(fényt)* dioptre-focussing mount
dioptrika *(fényt)* anaclastics
dioráma photomural, diorama
diorit *(földt)* diorite
diószén trebles, nut, bean, rakings; *(I.)* egg coal; *(II.)* hazelnut-size coal
dió-szigetelő *(vill)* nut/egg-(type) insulator
dioxid dioxide
diozán diethylene dioxide
dipir *(ásv)* dipyre
diplexer *(rád)* diplexer
diplex: ~ áramkör *(telev)* diplex circuit; **~ üzemeltetés** *(távk)* diplex operation; **~ vétel** *(távk)* diplex reception
diplifa *l* **félfa**
dipól dipole; **aszimmetrikus ~** *(rád)* asymmetrical dipole
dipólantenna *(rád)* doublet/dipole antenna/aerial; **forgatható ~** bilateral antenna; **hajlított ~** bent dipole
dipólgerjesztésű paraboloid antenna dipole-fed paraboloid
dipólhiba *(rád)* dipole error
dipólrendszerű mikrofon dipole microphone
dipólus doublet, dipole; *(vill)* doublet antenna; **félhullámú ~** half-wave dipole; **gerjesztett ~** *(rád)* fed/excited dipole; **villamos ~** electric dipole/doublet
dipólusnyomaték *(szink)* dipole moment
dipólusos polarizálás dipole polarization
direkt direct, thorough; *l még* **közvetlen**; **~ hívás** *(telef)* immediate ringing; **~ impulzus** *(távk)* *l* **előreküldött impulzus**; **~ nyomás** *(tex)* direct printing; **~ színezék** substantive/direct dyestuff/dye/colo(u)r; **~ színezés** direct/substantive dyeing
direktor *(telev)* director
direktor-rendszer *(távk)* director system
direktrix *[parabolaé; mat)* directrix
dissous-gáz dissolved acetylene (gas)
disterrit *(ásv)* *l* **brandisit**
dísz decoration, ornament; **zegzugos ~** chevron
díszborítás *(ép)* fancy lining
díszcsempe *(színes)* Dutch tile
díszcserje plant for decoration
díszcsiszolás decorative grinding
diszektor *(vill)* dissector
díszes decorative, ornate; **~ homlokzat** *(ép)* frontispiece; **~ kezdőbetű** *(nyomda)* ornamental initial; **~ oromfal** *(ép)* verge-boarding; **~ oromzat** *(ép)* gablet; **~ vonal** *(nyomda)* ornamental rule
diszharmonikus inharmonious
diszilán disilane, silicoethane
díszít decorate, ornate, ornament, embellish, feather, set, garnish, parget, adorn; **bőrt ~** *(lyukasztással)* pink out leather; **domborművel ~** *(ép)* emboss; **füzérrel ~** *(ép)* festoon; **lombozattal** *v* **levélmintákkal ~** foliage; **oromzattal ~** *(falat; ép)* embattle; **párkánnyal ~** cornice; **rojttal ~** fringe; **rovátkolással ~** engrail; **szegéllyel ~** frill; **szövetanyaggal ~** drape
díszítés embellishment, ornament, decoration, flashing, trimming, fixings, adornment; **~ek** *(tex)* fancies; **építészeti ~** fancywork; **~ fapárkánnyal** grating; **fonatmintás ~** *(ép)* basket; **gyűrűs ~** *(oszlopon)* annulet; **kötési táblára alkalmazott ~** *(nyomda)* inlay; **szeggel kivert ~** stud
díszített *(ép)* ornate, florid; *(nyomda)* flourished; *(óra)* fancy; **ruha ~ szegélye** surple
díszítmény *l* **díszítés**
díszítő *mn* decorative, ornamental; *fn* decorator; **~ befűzés** *(tex)* fancy draft; **~ boltozat** *(ép)* blind arch; **~ cérnázógép** fancy doubling frame; **felhős ~ fonal** cloud yarn; **~ festő** ornament maker; **~ fonal** *(tex)* fancy yarn; **~ hornyolás** *(oszlopon)* flute; **~ ív** *(ép)* false/blind arch; **~ kő** *(ép)* trim-stone; **~ kötés(ű)** fancy/novelty weave; **~ léc** *(ép)* fillet; *(nyomda)* tail piece; **~ minta** ornamental design; **~ papír** decorating/decorative paper; **~ plüss** *(tex)* decorative plush; **~ sávoly** *(tex)* fancy twill; **~ sodrás** *(tex)* fancy twisting; **~ sodrat** *(tex)* fancy twist; **~ sodratú csomósfonal** nub yarn; **~ szegés** hempstitching; **~ szobrász** ornament maker; **~ vas** decorative iron; **~ vaslemez** decorative sheet iron
díszítőcérna fancy (doubled) yarn, fancy thread;
díszkapu *(ép)* portal
díszkert park
díszkiadás art publication
díszkivilágítás *(épületekhez)* floodlight
díszkocsi *(vasút)* saloon carriage
diszkónikus antenna discone aerial
diszkontinuitás *(mat)* discontinuity
diszkordancia *(földt)* discordance, disconformity, unconformity
diszkordáns *(földt)* discordant; **~ dőlésű** *(földt)* heading against the dip; **~ felszín** *(földt)* surface of unconformity
díszkosár fancy basket; *(kőfaragású)* corbeil
díszkötés library binding
diszkrazit *(ásv)* dyscrasite
diszkrét csatorna *(távk)* discrete channel
diszkrimináció *(távk)* discrimination
diszkriminátor *(rád)* discriminator
diszkriminátorcső discriminator tube
diszkriminátorkör discriminator circuit
diszkriminátor-transzformátor discriminator transformer
diszkusszió *(mat)* discussion
diszkutálás *(mat)* discussion
díszléc *(ép)* bead, belt mo(u)lding; *(fa)* ornated rod, wood mo(u)lding
díszlécgyár *(fa)* wood mo(u)lding factory
díszléchengerlő gép ornated-rod roll
díszlet *(telev)* setting, scenery, decoration
díszletezés setting, embellishment
díszletezett filmműterem screen
díszletfestészet scenography
díszlethatás *(fényk)* screen's efficiency
díszletmegvilágítás *(fényk)* screen illumination
díszlettervező-ecset scenic brush

diszlokáció *(anyagv ; ásv)* dislocation ; ~ **függőleges irányban** *(földt)* slide
diszlokált breccsa *(földt)* shatter breccia
díszlyukasztás *(cipőfelsőrészen)* perforating
díszlyukasztó és cakkozó gép *(cipő)* perforating and indenting machine
diszmembrátor *l* **ütőpálcás malom**
diszmutáció *(vegy)* dismutation
díszműáru fancy, goods, trinkets
díszműbőr *(kordovánbőr, szattyánbőr)* cordovan leather
díszműesztergálás turnery
disznóbőr pigskin, hog skin
disznósajt *(préselt)* brawn
disznósörte hog bristle/hair
diszómatikus *(ásv)* disomatic
díszöltésekkel *(többféle szállal)* **szegélyez** overstitch
díszpark park
diszpécser dispatcher
diszpécser-szolgálat *(megszervezése)* dispatching
diszpergál disperse, dispergate
diszpergálás dispersion, dispergating, dispersing ; *(hidr)* break-up *is* ; ~ **ultrahanggal** ultrasonic material dispersion
diszpergáló *mn* dispersive ; *fn (pa)* dispergator ; ~ **képesség** dispersing power ; ~ **szer** dispersing agent ; *(kenőolajban)* detergent
diszpergáltság dispersity
diszperzió dispersion ; **akusztikus** ~ acoustical dispersion
diszperzió-állandósító *(gumi)* (dispersion) stabilizer, stabilizator, anticoagulant
diszperzió-fok dispersion degree
diszperzió-görbe *(színk)* dispersion curve
diszperzió-közeg dispersing medium
diszperziós : ~ **közeg** dispersion medium ; ~ **színezék** dispersed dyestuff ; ~ **tényező** *v* **együttható** coefficient of dispersion
diszperzió-stabilizátor *(gumi)* *l* **diszperzió-állandósító**
diszpozíciós rajz *(gépt)* design sheet
diszprózium tartalmú *(ásv)* disprosian
disszektor *(telev)* image dissector
disszimiláció dissimilation, catabolism
disszociáció dissociation ; **elektrolitos** ~ electrolytic dissociation ; **elektrolitos** ~ **állandója** *(vegy)* affinity constant
disszociáció-fok degree of dissociation
disszociáció-hő dissociation heat
disszociációs : ~ **egyensúly** equilibrium of dissociation ; ~ **hő** heat of dissociation ; ~**nyomás** dissociation pressure
disszociálható dissociable
disszociálódó dissociable
disszonancia discord
disszonáns dissonant
disztén *(ásv)* *l* **kianit**
disztributív *(mat)* distributive ; ~ **függvény** *(mat)* distributive function ; ~ **művelet** distributive operation
disztűzés *(tömör ; cipő)* mass stitch ; **vastag** ~ *(cipő)* quilting *(US)*
disztűződe *(cipő)* fancy stitching
díszvakolat *(ép)* skin, parget
díszvilágítás decorative lighting
díszzsinór *(cipőn)* braid
ditetragonális bipiramisos *(ásv)* ditetragonal-dipyramidal
ditetragonális piramisos *(ásv)* ditetragonal-pyramidal
ditionsav dithionic acid
ditrigonális : ~ **bipiramisos** *(ásv)* ditrigonal-dipyramidal, ~**hemimorf-hemiéderes** *(ásv)* *l* **ditrigonális piramisos;** ~ **piramisos** *(ásv)* ditrigonal-pyramidal ; ~ **szkalenoéderes** *(ásv)* *l* **ditrigonális szkalenoéderes**
ditroit *(földt)* ditroite
dittmarit *(ásv)* dittmarite
divatáru millinery, fancy-goods
divatdoboz *(pa)* cloth box
divatos smart, fashionable ; ~ **színárnyalatok** *(tex)* fancy shades ; ~ **szövet** style fabric
divatöv-hasítékbőr split for fancy belt
divergál *(mat)* diverge
divergencia divergence
divergenciapont point of divergence
divergens *(mat)* diverging, divergent ; ~ **vetítő** extensive projector
dixiklé *(gumierősítő finom kaolin)* dixie clay
dizanalit *(ásv)* edysanalyte
D-keresztmetszetű huzal D-shaped wire
D-M érnégyes *(Diesselhorst-Martin ; távk)* multiple twin quad
D-M kábel *(távk)* multiple twin cable
dob drum ; *(hordó)* barrel ; *(henger)* cylinder ; *(tekercseléshez:)* reel ; *(bány)* trommel (screen) ; *(húrkerék része súlyhuzamú órában)* drum ; **bütykös** ~ *(gépt)* barrel cam ; **domborított palástú** *v* **bombírozott** ~ *(tárcsa)* crown face pulley ; **görbehornyos** ~ barrel cam ; ~ **palástja** *(gépt)* drum jacket ; ~ **tekercselő** *v* **hornyos hossza** *(emelőnél)* coiling length of drum ; ~ **teteje** drumhead ; **vezérhornyos** ~ *(szerszámgépen)* barrel cam
dobarmatúra *(vill)* drum armature, armature drum
dobbőr drumhead
dob-centrifuga basket centrifuge
dobcserzés *(bőr)* drum tannage
dobcsévetár *(tex)* bobbin battery
dobcsiszoló gép drum grinding machine
dob-fegyverzet *(vill)* drum armature
dobfék *(gépk)* drum brake(s)
dobhántoló *(pa)* roll doctor
dobház drum case
dobhenger roll, drum shell
dobhorony *(emelőnél)* channel, score
dobhulladék *(tex)* card clearer
dobhűtő *(rep)* barrel radiator
dobindító *(vasút)* drum starter
dobírelő gép *(tex)* cylinder sizing machine, cylinder slasher
dobkapcsoló *(rád)* drum/barrel switch
dobkarimatámasz rim bearing
dobkemence barrel-shaped furnace, cylinder furnace
dobkerék *(gépt)* drum wheel
dobkeret *(mzg)* reel frame
dobkések *(hollandin ; pa)* fly-bars
dobkeverő gép drum mixer
dobkosár *(cséplőgépben)* concave
dobköpeny drum shell/barrel
dobkötélhorony *(emelőnél)* score, channel
doblencse *(fényk)* drum lens
dobletapogató *(telev)* scanning drum, drum scanner
dobmalom drum mill
dobmotor *(forgattyú nélkül)* barrel engine
dobmotoros vitla winch lorry
dobogó *(géphez)* platform, planking, footboard stage ; *(állvány ; ép)* scaffold ; *(emelvény)* pulpit, pace, rostrum ; **kis** ~ estrade
dobóháló casting/sweep net
dobókörte *(hajó)* cord weight
dobókötél *(hajó)* heaving line
dobólapátos töltő szerkezet slinging loader
dobos : ~ **csörlő** reel jack ; ~ **emlékezőegység** magnetic-drum storage unit ; ~ **gereblye** *(szénaemelő gépen)* cylinder rake ; ~ **próba** tumbler test ; ~ **rosta** *(bány)* drum/Maxton screen
doboz case, box, casing, can, pyx, bin ; *(rád)* cabinet ; **késtartó** ~ knife box ; ~ **lezárása fedéllel** can capping
dobozantenna box aerial
dobozautomata-karton *(pa)* carton for automatic machine
dobozbélelő papír case-lining paper
dobozbélés *(pa)* box/case liner
dobozbevonó : ~ **gép** *(pa)* box covering machine ; ~ **papír** box cover-paper, container/box liner paper
dobozborító papír *l* **dobozbevonó papír**
dobozcímke *(pa)* carton label
dobozcsomagoló papír box-wrap paper
dobozfal box/case wall ; ~ **kiverhető része** *(vezetékáthúzáshoz ; vill)* knock-down
doboz(falc)karton *(pa)* folding board
dobozfűző gép cardboard-tacking machine
dobozgyártó gép *(pa)* box-making machine
dobozhang *(rád)* boominess
doboz-hangfalas hangszóró *(rád)* cabinet loudspeaker
doboz-híd *(vill)* box bridge
dobozjelző papír carton-sealing paper
doboz-kamera *(fényk)* box-camera
dobozkarton *(pa)* (setup) box()board, can/news/container board, filled news board
dobozkiszerelő papír fine paper for boxes stationery
dobozlemez *(pa)* box board/card
dobozlevélpapír boxed stationary
dobozlyukasztó készülék *(vill)* punching apparatus for branchboxes
dobozméret *(rádió)* case size
dobozmikrofon *(távk)* inset transmitter
doboznyitó casing ripper/splitter
dobozol box, can
dobozolás boxing, canning, tinning
dobozolt *(épli)* tinned ; ~ **hangszóró** *(rád)* cabinet loudspeaker ; ~ **súlykészlet** box of weights
dobozos : ~ **biztosító** *(vill)* box fuse ; ~ **dioptra** *(rúdra szerelt ; geod)* cross-staff ; ~ **húskonzerv készítése** meat canning ; ~ **kapcsoló** *(vill)* box switch ; ~ **szűrő** box filter ~ **tekercselő** *(tex)* can coiler ; ~ **végelzáró** *v* **vezetékvég** *(vill)* box terminal/head
doboz-papírlemez container cardboard
dobozragasztó szalag *(pa)* box linings
dobozrázó gép *(gyufaszálak berakására)* shaking box
dobozrekeszkarton *(pa)* box and barrel layer
dobozrezonancia *(hangszóróé)* cabinet/cavity resonance
dobozszabás *(pa)* box-clippings
doboz-szabásminta *(pa)* boardcuttings for composing, box cut

dobozszélező gép box ending machine
dobozszerű box-type
dobpad drum bench
dobpalást *(emelőnél)* face of pulley
dobrevolver *(eszterga)* drum-type turret lathe
dobrosta *(bány)* trommel (screen)
dobsin *(mzg)* beater knife
dob-skála drum dial
dobszárító drying drum, drum desiccator; *(tex)* cylinder drying/drier
dob-szecskavágó kés taper tortuous chaff-cutting knife
dobszita screening drum; **durva** ~ riddle
dobszűrő *(koh)* revolving filter
dobtár *(puskán)* cartridge disc/drum
dobtárcsa drum (wheel); ~ **fokbeosztással** graduated drum
dobtaszító gép *(bőr)* drum-setting machine
dobtekercselés barrel/drum winding
dobtengely tumbling shaft
dobtölténytár *(puskán)* (feed) drum
dobzár *(fényk)* barrel shutter
dodekaéder dodecahedron
dodekán dodecane
dognácskait *(ásv)* dognacskite
dohánycsomag *(papírba csavart)* screw
dohánycsomagoló papír tobacco paper/wrapping
dohányelőkészítő *fn* tobacco leaf opener
dohánykóró tobacco stalk
dohánylevélszedés *(növésben levő szárról)* priming
dohánylevél-válogató munkás wrapper selector
dohánylúgvíz tobacco sauce
dohánynedvesítő *fn* tobacco dipper; ~ **munkás** tobacco liquorer
dohánypác tobacco sauce
dohánypapír tobacco paper
dohányprés *(emelőkaros)* (tobacco) prize
dohánysajtoló tobacco wringer
dohányszárító oast
dohányültető gép tobacco transplanter
dohányvágó *fn* tobacco cutter
dohányzacskó tobacco bag/pouch
dohányzacskópapír tobacco-bag paper
dohányzó *(ép)* smoking room
dohányzókocsi *(vasút)* smoking car(riage), smoker
dohányzószakasz *(vasút)* smoker
dohos *(élip)* stale, fusty, reek, musty, damp; *(penészes)* mo(u)ldy; ~ **íz** *(élip)* mouldiness; ~ **szag** reek
dohosság *(élip)* mouldiness
dokk *(hajó)* dock(yard)
dokkbejárat tenger felőli zsilipje sea-gate
dokkberendezés *(hajó)* dockage
dokk-illeték *(hajó)* dockage
dokk-kapu dock gate
dokkol *(hajót dokkba vezet v állít)* dock
dokkolás docking, dockage
dolerit *(földt)* dolerite
dolerofanit *(ásv)* dolerophanite
dolgozik *(fa)* work; **gépen** ~ tend/run a machine
dolgozó (male) operative; ~ **bütyökfelület** cam/flank; ~ **fogmélység** *(gépt)* working depth of tooth; ~ **fogoldal** working profile; ~**folyás** *(hidr)* working flow; ~**hossz** working length; ~ **nő** woman/female operative
dolgozószoba *(ép)* cabinet
dolina *(földt)* sink-hole, dell, drive
dolina-tó *(karsztban; földt)* sink lake
dologi kár property damage
dolomit *(ásv)* dolomite; ~ **magnéziumvesztése** dedolomitization
dolomitelőkészítő telep *(koh)* dolomite plant (of steel works)
dolomitos dolomitic
dolomitosodás *(földt)* dolomitization
dóm *(ép)* cupola, ball; *(gépt)* dome
dóma *(ásv)* dome; ~ **síkja** *(ásv)* dome plane
domain *l* **domén**
dómás *(ásv)* domatic
domb *(földt)* hill, swell, hummock; ~ **alsó lejtői** foothold; **kis** ~ hillock
dombhát comb
dombláp upland moor
dombocska *(földt)* monticle
domboldal *(földt)* hillside, ramp, bent
domborfelület-csiszolás relief polishing
domborít relieve, crown, (em)boss, chase
domborítás (em)bossing, chasing; *[merevítőborda:]* beading
domborító: ~ **kalapács** embossing/spreading/chasing hammer; ~ **készülék** *[vakírás készítéséhez]* relief writer; ~ **sajtolószerszám** offset/embossing die
domborítóhenger *(pa)* embossing roll
domborítókarton *(pa)* embossing cardboard
domborítólemez *(pa)* blocking-board
domborítósajtó raising punch, dishing/embossing press
domborítószerszám cupping tool; **gombafejű** ~ champignon tool
domborított embossed, stamped, goffered, chased; *(ötvösmunka:)* repoussé; ~ **(ajtó)betétdísz** risen mo(u)lding; ~ **karton** *(pa)* embossed board; ~ **munka** relief work; ~ **nyomás** *(pa)* die stamping; ~ **papír** stamping/blocking/embossed paper
domborkép *(nyomda)* raised figure
domborléc *(ép)* bowtel
dombormaratás Leitch's process
domborminta *(tex)* raised effect/design, embossed effect; **dombormintákkal díszít** emboss
dombormintázat *(tex)* surface texture
dombormintázó chaser
domborművi (másoló) marógép relief milling machine
domborműszerű rajz grisaille
dombormű-szobrász embosser
domborműves földgömb embossed globe
domborművű díszítés fret (work)
dombornyom coin
dombornyomás relief/die print(ing), coinage, embossing; ~ **vakok számára** embossed printing for blind
dombornyomásos: ~ **díszítés** embossed effect; ~ **fémáruk** coined metal articles; ~ **karton** *(pa)* embossed carbdoard; ~ **szerszám** coining die; ~ **szövet** *(tex)* embossed cloth
dombornyomású *l* **dombornyomásos**
dombornyomat relief
dombornyomó: ~ **gép** embossing machine; ~ **kalander** *(pa)* reel embossing machine; ~ **prés** *v* **sajtó** relief/coining press/mill, die-stamp; ~ **süllyeszték** coining die
domborodó embossed, bumped, swollen, convex; ~ **felület** swollen surface; **kifelé** ~ *[kazánfenék]* convex-dished
domború convex(ed), bossy, bumped, dowed, gibbous, outbowed, raised; ~ **alakmaró** convex milling cutter; ~ **betéttábla** raised panel; ~ **Connet-süllyeszték** bulging dies; ~ **erezet** *(fa)* raised grain; ~ **felület** embossed/raised surface, convexivity; ~ **filmpálya** convexed film track; ~**ra gyaluló berendezés** convex-shaping attachment; ~ **hegesztővarrat** reinforced weld; ~ **íveltség** convex camber; ~**ra kitöltött hegesztési varrat** convex fillet weld, reinforced weld; ~ **lejtő** convex slope; ~ **lencse** convex lens; ~**ra mintáz** emboss; ~ **sarokvarrat** *(hegesztésnél)* rounded weld, reinforced fillet weld; ~ **szíjtárcsa** crowned pulley; ~ **térkép** relief map; ~ **tükör** convex mirror; ~ **üregrezonátor** *(rád)* cavity resonator without reentrants; ~ **üveg** bunt; ~ **varrat** *(hegesztésnél)* reinforced/convex weld; ~ **végződésű** dish-ended; ~ **vésés** relief engraving
domborulat embossing, convex surface, camber, (outward) bulge, helly
domborúság embossment, convexivity
domborzat *(földt, geod)* relief, feature, accidence of the ground
domborzat-ábrázolás topography
domborzati: ~ **csapadék** orographic precipitation; ~ **formák** topographic forms; **kisebb** ~ **részletek** *(földt)* minor facts of form
domborzatregisztráló *(készülék; gépt)* talysurf
dombos *(földt)* hilly, colling, wavy; ~ **terepalakulat** hummock-and-hollow topography; ~ **ültetés** *(fa)* planting on mounts; ~ **vidék** hilly country
dombtető *(földt)* knap, hillcrest
domén *(fiz)* domain
doménelmélet *(fiz)* domain theory
doménfal *(fiz)* domain boundary
doménforgás *(fiz)* domain rotation
doménirányítás *(fiz)* domain orientation
doméri emelet *(földt)* Domerian stage
domeykit *(ásv)* domeykite
domináns *(hangt; öröklésben)* dominant; ~ **hullámhossz** *(fényt)* hue wavelength; ~ **rezgési mód** *(rád)* fundamental mode (of oscillation)
dómkötő szögvasgyűrű *(gőzgépen)* dome base angle-ring
dómnyílásmerevítő gyűrű *(kazánon)* dome-stiffening ring
donga *(ép, fa)* stave; **dongát farag** buck; ~**- és fenékillesztő gép** stave and head jointing machine
dongaboltozat *(ép)* trough/wag(g)on/annular/barrel/circular vault, barrel roof; **félkörkeresztmetszetű** ~ circular barrel vault
dongacsinvágó gép stave-crozing machine
dongaegyengető gép stave-dressing machine
dongafa cask/stave-wood
dongafej stave end
dongafékszárny *(rep)* plain flap
dongagyalu stave plane; **belső** ~ internal stave plane; **külső** ~ external stave plane
dongagyalu-gép stave-backing machine
dongagyalu-kés stave iron
dongahajlító búra *(fa)* trussing bell
dongahasító gép riving machine
dongahéjboltozat *(ép)* thin-shell barrel roof

dongahosszleszabó gép stave-shortening machine
dongaillesztő : ~ **fűrész** saw stave jointer ; ~ **gép** staving machine
dongalemez *(heng)* arched plate
dongatető *(ép)* barrel roof
dongavonó kés *(fa)* stave iron
dongolacserzés *(bőr)* dongola tannage
dongola-glaszé cserzés dongola-glacé tannage
donor *(at)* donor
doppelező *(cipő)* *l* **dopplizógép**
Doppler-effektus *l* **Doppler-hatás**
Doppler-eltolódás Doppler shift
Doppler-elv alapján meghatározott sebesség és helyzet *(csill)* Doppler velocity and position, Dovap
Doppler—Fizeau-hatás Doppler—Fizeau effect
Doppler-hatás Doppler effect ; ~ **okozta lebegési hang** Doppler beat note
dopplerit *(ásv)* dopplerite
dopplizás *(talpszélvarrás ; cipő)* outstitching
dopplizófonal *(cipő)* outsole stitching thread
dopplizógép *(talpszélvarró gép ; cipő)* lockstitch outsole stitcher
dorni *l* **tüske**
dorong *(fa)* pole, round billet, club, log, truncheon
dorongfa round billet wood
doronghíd log/pole bridge
dorongírású betűtípus *(nyomda)* Egyptian type
dorongmunkagép bar machine
dorongtűzifa small round billets (as firewood)
dorongút cordovan road, sprag ; ~ **rönkvontatáshoz** skidroad
doroszol nidge, scotch ; **faragott követ** ~ char an ashlar
doroszolás nigging, scotching
doroszoló *fn* bottom chisel ; ~ **kalapács** charing chisel, bush hammer
doroszolt bushed, scotched, midged, bossy ; ~ **kő** bushed stone
Dorr-agitátor Dorr agitator
Dorr-féle víztelenítő készülék *(iszap sűrítésére)* Dorr thickener
Dorr-keverőedény *v* **-tank** *(bány, koh)* Dorr agitator
Dorr-osztályozó *(koh)* bowl classifier
Dorr-sűrítő *(koh)* Dorr-concentrator, Dorr concentrating plant
Dorr-ülepítőtartály *(koh)* Dorr thickener
dór stílusú Dorian
dorzális tok *(földt)* dorsal cup
dotriakontán dotriacontane
douglasit *(ásv)* douglasite
downtoni emelet *(földt)* Downtonian stage
doziméter *l* **dózismérő**
dozimetria *(röntgen)* dosimetry
dózis dosage
dózismérő *(at)* dosimeter ; **egyéni** ~ individual/personal dosimeter
dózisteljesítmény *(at)* dosage rate
dögbőr fallen hide(s), dead-hide
döggyapjú *(tex)* morling, picures, deceased/felt/dead/fallen/plucked wool
döglött : ~ **cement** killed cement ; ~ **mész** dead lime
dőlés inclination, tilt(ing), obliquity ; *(földt)* dip, rake, slope, pitch, gradient, hang, reclination, inclination ; *(hossztengely körül ; gépk)* roll ; *(hajó)* heel ; ~- **és elfordulásjelző** *(hajó, rep)* bank-and-turn indicator; ~**ben felfelé haladó front** *(bány)* upwall ; ~ **hajlata** *(földt)* dip bending ; **kis** ~ *(bány)* low pitch ; ~ **középtől minden irányban** *(földt)* quaquaversal dip ; **látszólagos** ~ *(földt)* apparent dip ; ~ **mentén felfelé** up the dip ; **rendellenes** ~ *(földt)* abnormal dip ; **ülés** ~**e** *(gépk)* rake
dőlésfelvétel *(szeizmikus)* dip shooting
dőléshelyesbítés *(földt)* dip correction
dőlési : ~ **görbe** *(hajó)* rolling curve ; ~ **hiba** *(hajóradarnál)* heeling error ; ~ **irány** *l* **dőlésirány** ; ~ **sík** *(bány)* plane of incidence ; ~ **szög** *(földt)* angle of inclination
dőlésirány *(földt)* rise, point/line of dip ; ~**ban** *(bány)* to the pitch ; ~**ban felfelé** *(bány)* up the dip, to the rise ; ~**ban lefelé** *(bány)* retreating to the dip/pitch
dőlésirányú : ~ **fejtés felfelé** *(bány)* winning to the top ; ~ **front** *(bány)* wall-down
dőlésjelző *(földt)* (in)clinograph
dőlésmeghatározás *(szeizmikus)* dip shooting
dőlésmenti : ~ **hazafelé való fejtés** *(bány)* retreat up the rise ; ~ **vágat** *(bány)* hill
dőlésmérő *(földt, rep)* (in)clinometer, batter level ; **elektromágneses távleolvasású** ~ *(földt)* electromagnetic teleclinometer ; **ingás** ~ *(rep)* bank indicator of gravity type
dőlésmutató *(rep)* bank indicator, inclinometer ; **gömb alakú** ~ *(rep)* ball bank indicator ; ~ **leolvasási skálája** *(rep)* bank scale
dőléspróba *(gépk)* tilting test ; *(hajó)* inclining experiment
dőlésszög *(földt)* bedding angle ; *(hajó)* angle of heel ; ~ **diszkonformitása** *v* **diszkordanciája** *(földt)* clinounconformity
dőlésváltozás *(földt)* break of declivity
dőlt *l még* **ferde;** tilt(ed), inclined, slant, skewed, bias, prone, raking ; *(bány)* transversal ; *(ép)* sloping ; *(nyomda)* underlay ; ~ **antiklinális gyűrődések** *(földt)* reflexed folds ; ~ *(kurzív)* **betű** cursive, italic ; ~ **betűk álló betűk között** *(nyomda)* slanting writing between round ; ~ **betűsorozat** italic fount ; ~ **betűtípus** *(nyomda)* italic ; ~ **betűvel szed** italicize ; ~ **gabona** laid grain ; ~ **horony** skewed slot ; ~ **kas lejtősakna részére** *(bány)* incline bogie ; **oldalra** ~ *(hajó)* canted ; ~ **redő** *(földt)* inclined anticline ; ~ **telep** *(bány)* incline
dömper dumper, dump car
döngöl tamp, stamp, stick, rain, pack
döngölés ramming, stamping, tamping, sticking, packing
döngöletlen beton unrammed concrete
döngölő *fn* (paving) ram(mer), beetle, beater tamper, stamp, pummer ; ~ **kalapács** jackhammer ; **vasfejű** ~ *(hosszú nyéllel)* pike
döngölőbéka *(útépítéshez)* (bull) frog
döngölőforma stamping form
döngölő-formázó gép *(önt)* jar-ramming machine
döngölőgép stamping/compressing machine, ram ; **pneumatikus** ~ air rammer
döngölőlap stamping board
döngölőminta stamping form
döngölőpróba *(anyagv)* pounding test
döngölőrúd *(koh)* trowel ; ~ **feje** pan
döngölővas tamper
döngölővessző *(bány)* bulling rod
döngölt stamped, rammed, sticked, puddled, tamped, compressed ; ~ **agyag** puddled/stiff clay ; ~ **agyagfal** rammed walling ; ~ **beton** stamped concrete ; ~ **föld** *(ép)* pisé ; ~ **kemencebélés** *(koh)* rammed/monolithic furnace lining ; ~ **talaj** packed soil ; ~ **útalap** packing course ; ~ **vertfal** puddle wall
dönt tilt, cant, tipple, heel ; *(motorkerékpárt kanyarban)* heel over, bank ; **fát** ~ fall, lumber ; **hajót oldalra** ~ heel a ship ; **oldalt** ~ cant
döntés *(fa)* felling, cutting down ; ~**re érett** *(fa)* fellable, exploitable ; ~ **nedvkeringési időszakban** *(fa)* felling in the growing season
döntésérett *(fa)* fellable, exploitable
döntési : ~ **hulladék** *(fa)* logging waste ; ~ **magasság** *(bány)* discharge height, height of dump ; ~ **maradványok** slashings
dönthető inclinable, tilting, tiltable ; ~ **asztal** canting table ; ~ **oldalkocsi** *(mkpár)* banking sidecar ; ~ **tubusú mikroszkóp** microscope with hinged body
dönthetőség *(fa)* exploitability
döntő *fn* *(bány)* discharging/dumping place ; ~ **szerkezet** tilter
döntőfűrész *(fa)* fellsaw
döntőgarat *(bány)* mill (hopper)
döntőpad *(bány)* scaffold, loading ramp, strike-board
döntőpadozat *(bány)* scaffolding
döntött canted, tilted ; ~ **fa** felled timber ; ~ **kanyar** *(országúton)* superelevated curve/bend ; ~ **motor** *(oldalra ; gépk)* tilted engine ; ~ **tövön száradt fa** fallen dead wood ; *l még* **dőlt**
döntővizsgálati módszer referee method of test
dörgő visszhang *(ép ; hangt)* rattle echo
dörzs- friction
dörzsállóság rubbing fastness
dörzsanyag *(bány)* gouge
dörzsár reamer ; **állítható** ~ adjustable reamer ; **állítható betétkéses** ~ expanding/expansion reamer ; **csavarthornyú** ~ reamer with helical flutes ; **egyeneshornyú** ~ reamer with straight flutes ; **felfűzhető** ~ shell reamer ; **félgömb alakú** ~ *(gömbcsuklófészkek dörzsölésére)* ball reamer; ~ **fordulatszámhatárai** reaming speed range ; **hengeres szárú** ~ parallel-shank reamer ; ~ **hornya** flute ; **keményfémélű** ~ carbide tipped reamer ; **kettős** *v* **páros** ~ duplicate reamer ; **kézi** ~ hand reamer ; **kúpos** ~ tapered reamer ; **kúpos szárú** ~ taper-shank reamer ; **maglyuk-**~ rose reamer ; **Morse-kúpos** ~ socket reamer, Morse taper reamer ; **nagyoló** ~ (taper) roughing reamer ; **simító** ~ finishing reamer ; **sorjázó** ~ burring reamer ; ~**ral tágított** reamed ; **tokmányba**

fogható ~ chucking reamer; ~ **tüskéje** (reamer) arbor
dörzsáraz *l* **dörzsöl**
dörzsárazás *l* **dörzsölés**
dörzsár-betétkés reamer bit/blade
dörzsár-előtolás határai reaming feed range
dörzsár-fordulatszám reaming speed
dörzsárhajtó kulcs reamer wrench
dörzsárrúd reamer bar
dörzsártartó broach-holder
dörzsártokmány reamer chuck
dörzsárvezető készülék reaming jig
dörzsbreccsa *(földt)* founder/slip/friction breccia; *l még* **milonit**
dörzscsiszolás honing
dörzscsiszolt felület honed finish
dörzsdob friction drum
dörzsék friction/hollow/locking key
dörzselektromos *l* **dörzsvillamos**
dörzsfa skid, sill(s)
dörzsgerenda *(rakparthoz erősített)* shore baulk
dörzsgyújtó friction fuse/tube/primer
dörzsgyűrűs kapcsoló spreader clutch
dörzshajtás *(gépt)* friction drive/gear
dörzshajtású orsószekrény friction headstock
dörzskalander glazing calender
dörzskapcsolás friction/slip-joint coupling
dörzskapcsolatú fordulatszámláló friction revolution counter
dörzskapcsoló friction clutch/coupling; ~ **kúpja** clutch bevel; **kúpos** ~ bevel clutch; ~ **külső csészéje** friction clutch cup; **spirálrugós** ~ coil friction clutch
dörzskapcsoló-emelőkar friction lever
dörzskapcsoló-fék clutch brake
dörzskapcsolófék-alkatrész friction member
dörzskapcsolós előtéttengely friction countershaft
dörzskerék *(gépt)* friction/adhesion wheel/disc/gear; **ékhornyos** ~ wedge friction gear
dörzskerék-áttétel *l* **dörzskerékhajtás**
dörzskerékhajtás friction(al) gear(ing); **ékhornyos** ~ friction(al) groove(d) gearing
dörzskorong *l* **dörzskerék**
dörzskúpos hajtás friction-cone drive
dörzsléc *(hajó)* rubber
dörzslemez *(féké)* friction plate
dörzsmalom pug mill
dörzsnyomok *(fényk)* abrasion marks
dörzsöl rub, scrub, chafe, fray, grate; *(dörzsárral:)* reaming
dörzsölés rub(bing), scour(ing), friction, attrition; *(dörzsárral:)* reaming; **egytengelyű** ~ *(dörzsárral)* align-reaming; ~ **okozta sugárzás** triboluminescence
dörzsölésálló fast to rubbing/crocking
dörzsölési: ~ **breccsa** *(földt)* *l* **dörzsbreccsa**; ~ **ellenállás** *(anyagv)* abrasive resistance; ~ **fordulatszám** *(dörzsárazásnál)* reaming speed; ~ **kopásvizsgáló gép** *(anyagv)* attrition testing machine; ~ **próba** *(pa)* rubbing test
dörzsölő *fn* rubber; *[malomkő:]* abrasive; ~ **fúrókészülék** reaming fixture/jig
dörzsölődik *(anyagv)* wear (by rubbing)
dörzsölőél reaming edge/blade/bit
dörzsölőgép rubbing machine
dörzsölőgörgő muller
dörzsölőkendő levonatok készítéséhez *(nyomda)* rubber
dörzsölőkő rub
dörzsölőmunkás *(fa)* wiper
dörzsölőpárna *(vill)* rubber
dörzsölőszekrény: egytengelyű ~ align-reaming box
dörzsölőszerszám *l* **dörzsár**
dörzspapír scratchcard, coated abrasive paper
dörzspofa *(gépt)* friction pawl, rubbing piece
dörzspofás: ~ **megfogó szerkezet** friction catch; ~ **tengelykapcsoló** expanding ring clutch
dörzsszalag friction tape/band
dörzsszappan abrasive soap
dörzstárcsa clutch disc/plate, friction sheave/disc
dörzstárcsás lökésgátló *(gépk)* friction disc shock absorber, snubber
dörzsvászon abrasive (-coated) cloth
dörzsvillamos triboelectric, idioelectric; ~ **gép** electrophorus
dörzsvillamosság friction(al) electricity
drágakő: ~ **csapágycsésze** *v* **lyukaskő** *(óra)* jewel cup/hole
drágakőcsiszoló *(üzem)* lapidary's mill; ~ **gép** list mill; ~ **munkás** lapidary
drágakőszakértő lapidarist
drágakőutánzat paste/foil stone
drágakővésés lithoglyptics
drapéria *(tex)* drapery, curtain, hanging
drapp *(szín)* drab
drávit *(ásv)* dravite
drazsékészítő üst dragée pan
dréhgriff *(mkpár)* twist grip
drenázs *l* **alagcsövezés**
drencser *(vízfüggönykészülék)* drencher
dréncső *l* **alagcső**
D-réteg *(rád)* Chapman layer
drogáru *(vegy)* drugs
drót wire; *l még* **huzal**
drótbuga *(heng)* wire bar
drótkötél wire rope, cable; *(távíró-oszlop feszítéséhez)* stay wire
drótkötélbekötés *(szorítókengyelbe)* socketing
drótkötélbevonat rope dressing
drótkötélbilincs bulldog clip, cable clip
drótkötélhajtás cable rope drive
drótkötélhuzal rope wire
drótkötélillesztés clench
drótkötél-kapcsolófej head reinforced splicebar
drótkötél-kenőanyag rope lubricant
drótkötél-kenőzsír rope grease
drótkötélpálya aerial (wire rope) rail, funicular, cableway; *(sport)* air lift
drótkötélszorító bulldog clip
drótkötélvasút cable railway; *l még* **drótkötélpálya**
drótkötélverés cable spinning
drótnélküli *l* **vezeték nélküli**
drótsor *(heng)* bar mill
drumlin *(földt)* drumlin
Drummond-fény Drummond-light
drúza *(ásv)* druse
drúzás *(ásv)* drusy
dualizmus *(fiz)* duality; **hullám-részecske** ~ wave-particle duality
duáns elektrométer *(at)* duant electrometer
dublé doublet
dublé-szövet laminated material
dublet *(fényt)* doublet
dublett *(színk)* doublet
dublett-asztrográf *(csill)* astrographic doublet
dubliroz *(gumi)* double
dublőz *(film)* dummy, stand-in
duboisin *l* **hioszciamin**
Dubonnet-rugózás *(gépk)* Dubonnet suspension, swinging arm suspension
dúc *(ép)* (sub)strut, substage, back leg, prop, strutter, stanchion; *(nyomódúc)* plate; *(kas:)* hive; *(bány)* stoop; *(gépt)* block; **elektrolitikus** ~ electrotype plate; **felhajtóerő-felvevő** ~ *(rep)* lift strut; **húzott** ~ **függesztőművön** *(ép)* suspension stay; ~**okkal megerősített feszítőácsolat** *(bány)* reinforced stulls; **merevítés** ~**okkal** *(ép)* trussing; ~**okkal merevített repülőgép** strutted plane
dúcgerenda *(ép)* strut girder, prop
dúckeretes előrehajtott szádfal sheet-piling on wooden frame
dúcnyomás *(tex)* block printing; ~**ú** *(perrotin-nyomású)* **szövet** perrotine print
dúcnyomó gép *(tex)* copperplate printing machine
dúcol *(ép)* strut, underlay, timber, prop, back, bear, brace; *(bány)* strengthen
dúcolás *(ép)* propping, shore, timbering, backing up; **épület oldalfalának** ~**a** crippling; ~ **kőzet felőli oldala** *(bány)* back of timber; ~ **lebontása** *(ép)* breaking prop
dúcolatlan árok untimbered/unsheeted trench
dúcolóács timber framer
dúcolt: ~ **ácsolat** full framing; ~ **árok** sheeted/timbered trench; ~ **függő fedélszék** *(ép)* purlin roof with sloped struts; ~ **szárny** *(rep)* strutted wing
dúc-sor: épületfal-kitámasztó ~ **alsó dúca** back shore
dúc-süveg cushion
duda *(gépk)* horn; *(hangt)* bagpipe; *(pa)* (wooden) core; ~ **alakú mintavevő cső** *(bány)* whistle-pipe sampler
dudagomb *(gépk)* horn push
dudagyűrű *(kormánykeréken)* horn ring
dudál *(gépk)* hoot
dudalabda *(gépk)* horn bulb
dudálás *(gépk)* blast
dudgeonit *(ásv)* dudgeonite
dudli *(gumi)* soother
dudor swell, pug, ear, bulb, bulge, bead(ing), boss(age), pad, cam, cog, nose, tuber, scar, knob, gnarl, hog, hump; *(alakváltozási:)* buckle, hump bulge; *(öntvényhiba:)* buckle, boss; *(nyomási hiba a hanglemezen)* pimple; *(cipő)* beading, welting; *(fa)* bulb; *(földt)* scar, gnarl
dudorhegesztés projection welding
dudorhegesztő varrat projection weld
dudorító kalapács creasing hammer
dudorítóüllő creasing iron
dudorodás *(fán)* bulb; *l még* **dudor**
dudorodik swell, pouch
dudoros bossy, bossed
dufrenit *(ásv)* dufrenite, kraurite
dufrénoysit *(ásv)* dufrenoysite
dugarol *(hajó)* *l* **dugaroz**
dugaroz *(hajó)* ca(u)lk, chinse, stop the joints
dugarozás *(hajó)* ca(u)lking, chinsing, stopping the joints

dugarozóhézag *(hajó)* ca(u)lking joint

dugarozott varrat kitisztítása újradugarozás előtt ripping of seam

dugarozóvas *(hajó)* making/chinsing iron

dugasz stopple, tap, plug, stopper (head), tampion, obturator ; *l még* **dugó** ; *(telefonon)* key plug ; *(aljazat ; vill)* jack ; *(távk)* plug ; ~ **rézhegye** copper tip ; **dugasszal visszaállítható eső jelzőtárcsa** *(telef)* plug restored indicator

dugaszalj receptacle

dugaszhely *(vill)* receptacle

dugaszhüvely *(távk)* socket, jack, plug seat

dugaszillesztő *(vill)* plug adapter, adapter plug

dugaszkapcsoló-aljzat *(távk)* outlet box

dugaszkapcsoló-felsőrész *(távk)* plug

dugaszlyukfúró gép *(fa)* bunghole boring machine

dugaszol stop ; *(mérőzsinórt ; távk)* patch the test cord

dugaszolás plugging ; *(tiplizés ; ép)* plugging

dugaszolási pont plug-in point

dugaszolásos : ~ **rendszer** plug-in system; ~ **típus** plug-in type

dugaszolható : ~ **egység** *(rád, táv)* plug-in device/unit ; ~ *(cserélhető)* **tekercs** *(távk)* plug-in coil

dugaszoló *fn (hézagtöltő v -pótló)* stop gap ; *(munkás v gép)* plugger ; ~ **biztosító** *(vill)* plug cut-out ; ~ **csatlakozású** *(vill)* plug-in ; ~ **csatlakozó** *(vill)* plug connector ; *(csatlakozó aljzata)* receptacle ; *(villája)* cap ; ~ **kapcsoló** connector ; ~ **kapcsolótábla** *(távk)* plugboard

dugaszolóaljzat *(vill)* receptacle, socket, plug-socket holder ; *[távbeszélő készülék bekapcsolásához]* connection rose

dugaszológép *(palackozáshoz)* corking machine ; *(nagyolvasztó csapolónyilásához)* tap-hole gun, notch clay gun

dugaszolólap *v* **-lemez** plug plate

dugaszolómassza *(koh)* tapping clay

dugaszolós kapcsoló jack/plug switch

dugaszolószekrény plug box

dugaszos : ~ **átkapcsoló** *(távk)* plug/jack switch ; ~ **sínillesztés-áthidaló** plug bond ; ~ **távbeszélő kapcsolótábla** intercommunication plug switchboard

dugaszzsinór *(távk)* patching cord

dugattyú *(emelőn ; alak)* ram ; *(gépk)* piston, ; *(gépt)* piston, plunger ; *(tolattyú)* slider ; *(Diesel-adagolónál)* plunger ; *(szivattyúnál :)* bucket *is ; (láncos kútszivattyúnál :)* pallet ; ~ **alá engedett gőz** steam admitted below the piston ; ~ **alsó** *(nyitott)* **vége** skirt end of piston ; ~ **átmenő dugattyúrúddal** piston with double rod ; ~ **csapszegfurata** *(gépk)* cross-hole ; **domború fenekű** ~ dome(-)head piston ; ~ **előre irányuló lökete** fore stroke ; ~ **fölé engedett gőz** steam admitted above the piston ; ~ **gyűrű alatti palástrésze** skirt ; ~ „**harangozása**" piston slap ; ~**ra ható nyomás** piston thrust ; **kiegyensúlyozott** ~ balance piston ; ~ **merevítőbordákkal** piston with struts ; ~ **nélküli gőzszivattyú** piston less steam pump ; **nyomáskiegyenlítős** ~ balanced piston; ~ **visszatérő lökete** return piston stroke

dugattyúagypersely piston boss bushing

dugattyúbőrözés pack

dugattyúcsap piston/wrist pin ; *(gépk)* piston/gudgeon pin ; **hajtórúdban rögzített** ~ semi-floating piston pin ; **szorosan illesztett** ~ inserted gudgeon

dugattyúcsapágy piston-pin bearing

dugattyúcsapszeg *l* **dugattyúcsap**

dugattyúcsap(szeg)-biztosító : ~ **gyűrű** piston-pin circlip, circlip for piston pin ; ~ **rugós gyűrű** gudgeon pin circlip ring

dugattyúcsap(szeg)-csapágy gudgeon bearing

dugattyúcsap(szeg)-ék piston-pin key

dugattyúcsap(szeg)-furat bushing hole *(USA)*

dugattyúcsap(szeg)-persely *(hajtórúdban; gépk)* small end bush

dugattyúcsap(szeg)-rögzítő piston-pin retainer

dugattyúcsap(szeg)-szem piston-pin eye

dugattyúcsavar piston screw

dugattyú-derékszögbeállító piston aligner

dugattyú-derékszögelés *(gépk)* rod and piston alignment

dugattyúfej piston top/crown, crown of piston

dugattyúfenék *l* **dugattyúfej**

dugattyúgyűrű piston/packing ring ; ~ **átfedő nyúlványa** *(nyelve)* piston-ring tongue-piece ; ~**k közötti gallér** *v* **váll** ring land ; **spirális alakú** ~ coiled piston ring

dugattyúgyűrű-behelyező szerszám piston ring installing tool

dugattyúgyűrű-besülés *v* **-beragadás** sticking/gumming of piston rings, ring sticking ; ~**t gátló adalékanyag** anti-ringsticking agent

dugattyúgyűrű-falnyomás *(gépk)* wall pressure

dugattyúgyűrűfogó ring squeezer

dugattyúgyűrű-hasíték *(gépk)* ring gap

dugattyúgyűrűhézag ring-groove clearance

dugattyúgyűrűhorony piston ring groove/bed

dugattyúgyűrű-köszörülő gép piston ring grinding machine

dugattyúgyűrű-leszedő szerszám ring remover

dugattyúgyűrű-magasság (piston) ring width

dugattyúgyűrű-nyílás *v* **-rés** ring gap

dugattyúgyűrű-szélesség *(radiális irányban ; gépk)* radial thickness

dugattyú-gyűrűváll *(gyűrűk között)* (piston) ring land

dugattyúhézag piston clearance

dugattyúkopogás *v* **-kotyogás** piston slap/play

dugattyúlöket (piston) stroke, travel of piston; ~ **alsótól felső holtpontig** ascending stroke

dugattyúlöket-diagram cylinder diagram

dugattyúlöket-térfogat displacement volume

dugattyúmembrán *(hangt)* pistonphone

dugattyú-oldalnyomás compression thrust

dugattyúpalást piston skirt

dugattyúpalást-kitágító *(készülék)* skirt expander

dugattyúrúd piston rod ; ~ **elhajlási szöge** *(hengerközépvonaltól)* angle of obliquity ; ~ **forgattyúvége** big end

dugattyúrúd-karima piston-rod boss

dugattyúrúd-karmantyú piston-rod coupling

dugattyúrúd-kenőanyag rod grease

dugattyúrúd-keresztfej box end

dugattyúrúd-kötés *(szivattyúnál)* sucker-rod joint

dugattyúrúd-meghosszabbító *}(keresztfejjel vezetett)* crosshead beam

dugattyúrúd-váll piston-rod collar

dugattyús : ~ **anyagszivattyú** *(pa)* plunger stock-pump ; ~ **felvonó** *v* **emelőpad** ram lift ; ~ **fojtó tolattyú** piston throttle ; ~ **földszivattyú** pump dredger ; ~ **fújtató** piston/reciprocating blower ; ~ **fúrógép** *(bány)* piston machine/drill ; ~ **fúvó(gép)** *(koh)* reciprocating blower ; ~ **gép** piston reciprocating machine, positive-displacement machine ; ~ **gép forgattyúoldali holtpontja** inner dead centre ; ~ **gőzgép** reciprocating steam engine ; ~ **hajtás** piston drive ; ~ **légsűrítő** *v* **kompresszor** reciprocating compressor ; ~ **lengéscsillapító** *(gépk)* piston-type shock absorber ; ~ **mérő** piston meter ; ~ **motor** piston/reciprocating engine ; ~ **mozdony** *(vasút)* reciprocating locomotive ; ~ **olajszivattyú** piston oil pump ; ~ **prés** ram press ; ~ **rakodó targonca** ram lift truck ; ~ **sűrítő** *(rep)* piston supercharger ; ~ **szivattyú** piston(-type) pump, positive-displacement pump ; ~ **típusú előválasztó** *(távk)* plunger-type line switch ; ~ **ülepítőgép** *(bány)* piston jig ; ~ **vízmérő óra** reciprocating piston water meter

dugattyúsebesség *(gépk)* piston speed

dugattyúszem *(a csapszeg részére ; gépk)* piston boss eye

dugattyúszoknya *(gépk)* piston skirt

dugattyútalp piston shoe

dugattyútető piston crown ; *(lapos tető :)* flat crown

dugattyútető-nyúlvány *v* **-terelőlap** piston baffle

dugattyútömítő gyűrű (piston) packing (ring)

dugattyúvég small end

dugattyúverődés *(gépk)* piston slap

dugattyúzó gumi *(bány)* swab

dugázás *(halrekesztő)* garth

dugó plug, stopper, stopple, tap, tampion, peg, spigot, stop-gap, close nipple ; *(hordóba :)* bung ; *(vill)* plug ; ~ **alakú mérő hőelem** thermal plug ; **csavaros** ~ header cap ; ~**val fojtott lövés** *(bány)* plug shot ; **kezelő készülékének** ~**ja** *(telef)* operator's plug ; **peremes** ~ beaded plug ; ~ **szellőzőnyílással** *v* **-lyukkal** vented plug ; **távbeszélő** ~ (telephone) plug

dugócsap plug cock/cap

dugócsatlakozó doboz *(vill)* plug box

dugócsavar *(mkpár)* close nipple

dugócsavarkulcs *(acélhordóhoz)* barrel-bung spanner

dugógyűrű *(távk)* ring

dugóhegy *(távk)* tip

dugóhúzó plug extractor, corkscrew ; *(rep)* spin(ning dive) ; ~ **balra** *(rep)* left spin ; ~ **járó motorral** *(rep)* power spin ; ~**ból kijön** *(rep)* recover from the spin ; **rendes** ~ *(rep)* nose spin ; **repülőgépet** ~**ból kivesz** take out the aeroplane from the

spin; **repülőgépet ~ba visz** put the aeroplane into a spin; **szabálytalan ~** *(rep)* abnormal spin
dugóhúzóbiztos *(repülőgép)* spin proof, nonspinning
dugóhúzó-csavarodás *(fonási v cérnázási hiba; tex)* corkscrewed yarn
dugóhúzó-instabilitás *(rep)* spinning instability
dugóhúzó-kísérlet *(rep)* spinning test
dugóhúzó-kísérleti szélcsatorna *(rep)* free spinning tunnel
dugóhúzómentes *(rep)* spinproof, nonspinning
dugóhúzó-pörgés *(rep)* turn of a spin
dugóhúzó-szabály *(mat, vill)* corkscrew rule
dugóhüvely *(vill)* plug bush
dugóidomszer plug gauge
dugókulcs *(stekk-kulcs; gépk)* box/hexagon spanner
dugókulcs-készlet box spanner set
dugómag *(rád)* slug
dugómező *(távk)* plug shelf
dugónyél *(távk)* handle, cover
dugóprés cork squeezer
dugós: ~ csatlakozó *(vill)* plug connector; **~ érintkező** *(vill)* plug contact; **~ érintkező aljzata** *(vill)* plug socket; **~ idomszer** male/plug ga(u)ge; **~ menetidomszer** thread plug ga(u)ge; **~ olvadó biztosító** *(vill)* plug fuse; **~ vonalválasztó** *(távk)* plug selector
dugótest *(vill)* sleeve (of plug)
dukkó ducco
dukkózólakk dope
dukkózópisztoly air gun, aerograph
duktilis *(anyagv)* ductile
duktilitás ductility
dulcin dulcin, p-phenetylurea
dullbox *(bőr)* dull finished calf
dumontit *(ásv)* dumontite
dumortierit *(ásv)* dumortierite
dundasit *(ásv)* dundasite
duódióda *(rád)* double/twin diode
duódióda-pentóda *(rád)* double-diode-pentode, DDP
duódióda-trióda *(rád)* double-diode-triode, DDT
duográf *(fényk)* duograph
duóhengermű two-high mill; **~ állványa** two-high stand
duóhengersor duo/two-high mill; **kettős ~** Dowlais mill
duósor *l* **duóhengersor**
duotípia *(nyomda)* duotype
dupla *stb l* **kettős** *stb*
duplakötésű sávoly harvard/twill, harward
duplaszéles áruk doubled goods
duplex duplex; *(rád)* duplex, DX; **~ áramkör** four-wire circuit; **~ áramkör ismétlő berendezése** four-wire repeater; **~ eljárás** *(koh)* duplex process; **~ erősítő** four-wire amplifier; **~ esztergapad** duplex lathe; **~ gyertya(doboz)karton** *(pa)* duplex candle-board; **~ kábel** duplex cable; **~ kapcsolótábla** duplex switchboard; **~ karton** *(pa)* duplex (card/box) board; **~ működés** duplex operation; *(egyidejű működés ellentétes irányban:)* full-duplex operation; **~ összeköttetés** *(táv)* diplex transmission; **~ papír** *(fényk)* duplex paper; **~ rendszer** *(táv)* duplex system; **~ szivattyú** twin pump; **~ távírás** diplex telegraphy; **~ üzem** *(távk)* diplex/duplex operation/working/transmission
duplexer *(rád)* duplexer
duplexnyomás *(tex)* duplex printing/prints
duplexnyomó gép *(tex)* duplex printing machine
duplikátor *(vill)* doubler
duplópapír double paper
duporthit *(ásv)* duporthite
duprén *(vegy)* duprene
durabel: (vízhatlan) ~ marhabőr waterproof chrome side leather
durál *l* **dúralumín(ium)**
duralplat *(koh)* duralplat, alclad
dúralumín(ium) dural(umin)
durangit *(ásv)* durangite
durdefekt *(gépk)* burst
durdenit *(ásv)* durdenite
durén durene, 1, 2, 4, 5-tetramethylbenzene
durhsusz *(nyomda)* space/white line
durilsav cumylic/durylic acid
durométer *(anyagv)* durometer
duroszkóp *(anyagv)* durometer, duroscope
durranóezüst *(vegy)* fulminating silver, silver fulminate
durranógáz oxyhydrogen, electrolytic gas
durranógáz-hegesztés oxyhydrogen welding
durranógáz-hegesztő készülék oxyhydrogen blowpipe
durranóhigany mercuric fulminate
durranópor fulminating powder
durranósav fulminic acid
durrantyú smoke generator
durva rough, raw, tough, churlisn, coarse, rustic, rugged; **~ alapvakolat** *(ép)* scratch coat; **~ állítás** rough/coarse adjustment; **~ aprítás** *(bány)* coarse grinding; *(koh)* breaking; **durván aprító gép** preliminary breaker; **~ barkájú** *[bőr]* rough grained; **~ beállítás** coarse/rough adjustment; **~ burkolás** *(ép)* rock face; **~ csomagolóvászon** pack-duck; **~ dió** *(bány)* range coal; **~ elemiszál** *(tex)* coarse fibre; **durván elhangolt** *(rád)* badly mistuned; **~ előfonal** *(tex)* slab, slub, slubbing (sliver); **~ előfonás** *(tex)* slubbing; **~ előfonógép** *(forgókannás)* slubber, slubbing billy/frame/machine; **~ előreszelő** sharp file; **~ faragás** *(kőé; ép)* picked dressing; **durván faragott állványfa** upher; **~ felbontású televízió** low-definition television; **~ felület** *(hanglemez-galvanizáláskor)* treeing; *(öntési hiba:)* roughness; **~ fogást vesz** *(forg)* take a heavy cut; **~ fogazású egyirányú reszelő** float-cut file; **~ fogú maró** coarse-pitch milling cutter; **~ fonalszám(ú)** low count of yarn, coarse count; **~ gipszvakolás** first coat in plaster work; **~ gyapjú** braid (bucks/wool), brittle wool; **durván hámozódó** squarrose; **~ hangolás** *(rád)* coarse tuning; **~ háziszőttes anyag** *(len-gyapjú)* linsey-wolsey; **~ illesztés** rough fit; **~ kártoló(gép)** breaker card(ing machine); **~ kavicsos (mész)vakolás** *(ép)* harl(ing); **~ kendertörő (gép)** hemp breaker; **~ közelítés** *(mat)* coarse/crude approximation; **~ lenvászon** coarse linen; **~ lenvászon-nyomás** *(pa)* crask finish; **~ letapogatás** *(telev)* coarse scanning; **~ megközelítési szabály** rough and ready rule; **durván megmunkál** rough off; **~ nagyolókés** *v* **-szerszám** roughing tool; **durván nagyolt** roughed; **~ nemezfelület** *(pa)* pile; **~ osztályozás** preliminary sizing; **~ osztás** coarse pitch; **~ osztású (kötő)gép** *(kh)* coarse-ga(u)ged machine; **~ öltés** *(tex)* stitchery; **~ őrlés** *(pa)* roll crushing; **~ őrlésű malom** *(élip)* kibbler; **durván őrölt cserkéreg** coarse bark; **~ papír** rough surface paper; **~ platinaosztás** *(kh)* coarse pitch; **~ présnemez** *(pa)* coarse pressfelt; **~ reszelő** straw/rasp/float/rough file, float; **~ rostálás** raking; **~ rostú** coarse-grained; **~ sajtolás** rough-pressing; **~ sörét** buck shot; **~ start-stop torzítás** *(táv)* gross start-stop distortion; **~ szabályozás** coarse control/regulation; **~ szálú** *(anyagv)* coarse-threaded; **~ szálú fa** coarse-grained wood; **~ számozású** *(tex)* heavy; **~ szárú** *(növény)* rough-stalked; **~ szemcséjű** *(anyagv, koh)* coarse(-grained); **~ szemcséjű papír** coarse-grained paper; **~ szemcsézet** *(fényk)* granularity; **~ szemű függönyháló** *(tex)* cable net; **~ szemű homokkő** moor-rock; **~ szénrosta** *(bány)* lump screen; **~ szita** *v* **rosta** coarse screen, strainer; **~ textíliák** coarse textiles; **~ tolatás** *(vasút)* rough shunting; **~ törés** *(koh)* preliminary crushing; **~ vágás** *(reszelőn)* rough/middle cut; **~ vágású reszelő** packet file; **~ vakolás** *(ép)* rendering coat, parget-work; *(kavicsos habarccsal)* slap dash; **~ vákuum** rough vacuum; **~ vaslemez** *(heng)* *l* **durvalemez**; **~ vászon** sack cloth; **~ zsákszövet** gunny (cloth)
durvahenger *(heng)* cogging/bloom roll
durvahenger-állvány(zat) roughing stand, cogging-down stand
durvahengermű *l* **durvahengersor**
durvahengersor heavy/breaking/roughing mill; **~ első hengerpárja** muck rolls; **~ első kalibere** initial pass section; **~ padkája** fore plate
durvakaliber *(heng)* blooming pass of rolls
durvakristályos *(koh)* coarse-crystalline
durvalemez *(heng)* plate, thick sheet
durvalemez-szélező olló *(heng)* side shears for plates
durvalemezvágó olló muck shears
durvalyukú szita coarse-meshed screen, scalper
durvarost-tapéta *(pa)* rough-surface wallpaper
durvaság *(anyagv)* coarseness
durvaszemcsés coarse(-grained); **~ lőpor** *(bány)* pebble powder; **~ (öntött)vas** coarse-grained cast iron; **~ szerkezet** *(ásv)* fiery structure; **~ törés** *v* **töret** *(koh)* bright crystalline fracture, coarse-grained fracture; *(ásv)* fiery fracture
durvaszemcsésítés grain-coarsening
durvaszűrő *(gépk)* strainer, coarse filter
durvatörmelékes rudaceous
durvatörő gép preliminary breaker
durvít: falat ~ vakolat alá *(ép)* stab

dús *(bány, koh)* rich; *(növényzet:)* rank; ~ **érc** *(bány)* rich ore, high grade ore, singles; ~ **keverék** *(gépk)* rich mixture; ~ **salak** rich slag; ~ **termék** heads, concentrates, high grading; ~ **végsalak** rich fining slag
dúsércoszlop *(bány)* ore pipe
dúsércszakasz *(telérben)* ore chute
dúsít *(bány, koh)* dress, enrich; *(mos:)* wash; **ércet** ~ *(ülepítőszitán)* dress, hutch, fine, treat; **keveréket** ~ *(gépk)* enrich the mixture; **szénhidrogénnel** ~ *(vegy)* carburize
dúsítandó: ~ **érc** *(bány)* milling ore; ~ **ércrakás** *v* **-halom** *(bány)* fell heap
dúsítás *(bány, koh)* dressing, concentration, enrichment, cleaning, enriching, milling, separation; *(gépk)* enriching; *(gázgyártás)* carburizing; **flotációs** ~ enrichment by flotation; ~ **kis koncentrációig** ragging; ~ **nagy koncentrációra** high grading; ~ **nedves úton** wet cleaning/dressing; ~ **nehéz közegben** *(bány)* dense separation; **önműködő** ~ *(gépk)* autoenriching; **pneumatikus** ~ *(bány)* air cleaning; **tisztán flotálással dolgozó** ~ *(bány)* all-flotation process; ~ **ülepítőgéppel** *(bány)* screening, jigger work, skimping
dúsítási: ~ **folyamat** dressing/separation process; ~ **görbe** *(bány)* washability curve; ~ **hulladék** *v* **meddő** *v* **mosalék** tail(ing)(s), cuttings; ~ **ónérctermék** *(bány)* craze; ~ **szabvány** *v* **előírás** *(bány)* standard of preparation; ~ **termék** heads, concentrates; ~ **veszteség** loss due to dressing
dúsítatlan *(bány, koh)* raw, undressed, green
dúsíthatóság *(bány, koh)* washability
dúsító *fn (bány, koh)* dresser, thickener, mill, enricher; ~ **centrifuga** concentrator; ~ **fúvóka** *(karburátorban)* power jet, by-pass jet
dúsítóközeg *(bány)* separating medium
dúsítómű concentrating mill, wash-house, breaker, dressing works
dúsítószakasz *(bány)* enrichment cell
dúsítószelep enrichment valve
dúsítószér (concentration) table (classifier), slime table
dúsított dressed, enriched; ~ **érc** *(koh)* ore concentrate; ~ **érchalom** panel; ~ **salak** *(koh)* enriched slag; ~ **szén** *(osztályozással és mosással)* separation coal; ~ **termék** heads, concentrates, high grading; ~ **termékek kohósítása** concentration smelting; ~ **vízgáz** carburetted water gas
dúsítóüzem separating/concentration plant
dúsítvány *l* **dúsított:** ~ **érc**
dúsulás *l* **dúsítás**; *(csurgatással:)* eliquation
duzzad swell, bloat, bulge, heave, rise; *(bány)* creep up
duzzadás swell(ing), bulking, bulge, bloating, rising, bulb, inflation, flush; *(bány)* upheaval, squeeze; *(bőrmeszezésnél)* swelling; *(hidr)* heaving; *(hőhatás folytán; vegy)* intumescence; **agyag** ~**a** spreading of clay; **bőr ütemes** ~**a** rhythmic swelling; **láva** ~**a** *(földt)* tumefaction of lava
duzzadási: ~ **emelkedések képződése** *(földt)* warping movement; ~ **hő** heat of swelling, swelling heat; ~ **jelenség** swelling effect; ~ **nyomás** swelling pressure
duzzadó: ~ **agyag** *(ép)* effervescing clay; ~ **altalaj** *(mzg)* heaving bottom; ~ **képesség** swelling capacity/power; ~ **kőzet** swelling ground, heaving rock/formation; ~ **palaadalék** *(könnyűbetonhoz)* expanded slate aggregate; ~ **talaj** swelling ground; ~ **talp** *(bány)* heaving bottom
duzzadt swollen, bulged, blown, turgid, tumid; *(bőr)* swollen, stout; *(folyó:)* flush; ~ **felület** swollen surface; ~ **fonal** *(tex)* puff(y) yarn
duzzaszt bloat, upset, inflate; *(hidr)* impound; *(gumikeveréket oldószerben)* soak; *(kovácsolással)* gather
duzzasztás bulge, bulking, bulbing, inflation; *(alak)* gathering; *(hidr)* damming, pending, banking(-up), swelling; *(szivattyúé)* ca(u)lking of tubes
duzzasztási görbe *(hidr)* banking-up curve
duzzasztó *fn (pa)* breast box; ~ **keverék glaszécserzéshez** paste; ~ **kísérlet** *(anyagv)* gathering test; ~ **medence** reception basin; ~ **szerkezet** *v* **berendezés** *(hidr)* stowing arrangement
duzzasztógát *(hidr)* barrage, retainer clip, stank, (storage) dam, lasher, weir; *(merőlegesen vezetett:)* transverse dike; ~ **alapjának fogazása** *v* **lépcsőzése** supporting groove of a dam; ~ **felső víz felőli oldala** back of weir; ~ **koszorúgerendája** *v* **küszöbgerendája** *v* **koronája** curb/cornice timber of weir
duzzasztóhatás swelling effect
duzzasztólap *(csatornában)* check
duzzasztólé plumbing liquor
duzzasztólemez *(pa)* damboard
duzzasztómű *(hidr)* *l* **duzzasztógát**
duzzasztószer plumbing/swelling agent
duzzasztott: ~ **fejű idomvas** *(heng)* bulb section/steel; ~ **fejű laposvas** flat bulb iron; ~ **kiképzésű** bulbous; ~ **peremű sín** bulb rail; ~ **peremű T-vas** *(heng)* bulb tee, T-bulb iron; ~ **víz** *(hidr)* headwater, lasher, dammed water; ~ **vizek eliszapolódása** silting of back-waters; ~ **vízszint** *(hidr)* upper water, reach
dülöng *(hajó)* roll
dülöng(él)és *(hajó)* rolling (motion)
dülöngő és bukdácsoló mozgás *(hajó)* rolling and pitching motion
dűlőút earth(en) road, (by)lane, rut
dűna *(földt)* (sand) dune, down, coastal dune(s); **szélfútta** ~ blow-out (dunes/downs)
dűnahomok *(földt)* downsand
dűnamegkötő gátrendszer defence of downs
D-vas *(heng, koh)* D-iron
D_1-vitamin vitamin D_1
D_2-vitamin vitamin D_2, calciferol
D_3-vitamin vitamin D_3, anti-rachitic vitamin
dysluit *(ásv)* dysluite

E, É

ebédlőasztal *(fa)* dining table
ebédlőszekrény *(fa)* buffet
ebédszünet meal break
ébenfa ebon
ébenfekete ebon
éberségi kapcsoló *(vasút)* forestalling switch
ebonit solid/hard rubber, ebonite
ébresztőbillentyű *(távk)* bell key
ébresztő-mutató *(óra)* alarm-setting hand
ébresztőóra alarm-clock, watch clock
ébresztőóra-hajszálrugó alarm clock hairspring
ébresztőóraláb foot for alarm clocks
ebszőr *(gyapjúnál)* bristle, dog hair
„ebszőrös" gyapjúbunda fleece loaded with dog hair
ebulliométer *(vegy)* ebulliometer
ebullioszkópia ebullioscopy
ecet vinegar; **~ben elrakott** *v* **eltett** pickled
ecetágy mother (of vinegar), graduator
eceterjesztő kád *(élip)* mother
ecetes acetous; **~ erjedés** *l* **ecetesedés**; **~ uborka** pickled cucumber
ecetesedés acetification, acetous fermentation
ecetesedik acetify
ecetesít acetify
ecetesítés acetification
ecetes konzervárú-készítő pickler
ecetéter acetic ether
ecetképző *(élip)* (vinegar) generator
ecetsav acetic acid
ecetsavamid *l* **acetamid**
ecetsavanhidrid acetic anhydride
ecetsavas: **~ alumínium** alumin(i)um acetate; **~ ammónium** ammonium acetate; **~ baktérium** *l* **ecetsavbaktérium**; **~ erjedés** *l* **ecetesedés**; **~ etilészter** ethyl acetate; **~ ezüst** silver acetate; **~ higany** mercurous acetate; **~ izoamilészter** isoamyl acetate; **~ izobutilészter** isobutyl acetate; **~ izopropilészter** isopropyl acetate; **~ kalcium** calcium acetate; **~ kálium** potassium acetate; **~ ~ kallózás** acid milling; **~ króm** chromium acetate; **~ metilészter** methyl acetate, methylacetic ester; **~ nátrium** sodium acetate; **~ ólom** lead acetate; **~ propilészter** propyl acetate; **~ réz** copper acetate; **~ só** acetate; **~ vas** iron acetate
ecetsavbaktérium *(élip)* acetic bacterium
ecetsavmérő acetometer
echolot echo sounder
echo-mű *(orgonán)* echo
echo-zár echo suppressor/killer
écru *(színű)* cream-primose
ecset *(festéshez)* brush; *(öntőformák nedvesítésére)* swab; *(pamacs, rojt, bojt)* tassel; **fekecselő** *v* **svercelő ~** *(önt)* blackening brush; **finom ~** pencil
ecsetbarázda brushwork
ecseteléssel felhordott *(réteg)* brush-coated
ecsetkezelés brushwork
ecsetmázolás brushing coating
ecsetnyél paint brush handle
ecsetnyomok *(festésen)* ripples
edenit *(ásv)* edenite
edény pan, bowl, vessel, vase, pot, dish, jug; *(fa)* vessel; *(koh)* furnace pot; *(vegy)* recipient; **~ szája** *v* **csőre** spout; **tracheidaszerű ~** *(fa)* vasicentric tracheid
edény-beforrasztás sealing of vessel
edény-elem *(fa)* vessel-element
edényes barométer cup barometer
edényformáló: **~ gép** throwing engine; **~ korong** jolley
edénygyalu vessel plane; **~ nyéllel** cooper's plane with handle
edényhorog can hook
edénykiégető kemence égőfeje china kiln burner
edény-leforrasztás sealing of vessel
edénymosó gép dishwasher
edényperem *(forróvíz-kifutás felfogására)* hopper
edénypórus *(fa)* pore
edénysor *(fa)* pore chain
edényszekrény *(fa)* plate cupboard
édes sweet; *(cukros)* sugary; **~ cserzés** sweet tannage; **~ cserzőlé** sweet tan liquor
édesáru sweetmeat(s)
édesgyökér-kivonat extract of glycyrrhiza
édesítés sweetening
édesítőszer sweetening agent
édesköményolaj fennel oil
édesmandulaolaj sweet almond oil
édességcsomagoló: **~ dobozkarton** plain-shell board; **~ papír** confectionary wrapping
édesvíz sweet water, fresh-water; **tengerbe ömlő ~** freshet
édesvíz-betorkolás fresh-shot
édesvízi limnetic; **~ lerakódás** lake-bed placer; **~ mészkő** fresh-water limestone; *l még* **mésztufa**; **~ plankton** limnoplankton; **~ üledék** *(földt)* fresh-water deposit
édesvíz-torkolat fresh-shot
Edison-akkumulátor Edison storage cell, alkaline cell, caustic soda cell
Edison-foglalat *(vill)* Edison (screw) lampholder/cap
Edison-hatás *(rád)* Edison effect
Edison-lámpafoglalat *l* **Edison-foglalat**
Edison-menet Edison screw
edz *(hők)* harden; *(hirtelen hűt)* quench; *(ker)* temper; **betétben ~** *(koh)* case(-)harden; **felületileg ~** face-harden
edzés *(hők)* hardening, quenching; *(hirtelen lehűtés)* chilling; *(üvegé)* tempering; *(versenyre; gépk)* practizing; **bainites ~** *(hők)* austempering; **belső feszültség ~ következtében** hardening stress; **~ hegesztőpisztollyal** *(lángedzés; hők)* flame hardening; **helyi ~** spot hardening, selective/differential quenching; **indukciós ~** *(hők)* induction hardening; **izoterm(ális)** *v* **izotermikus ~** *(hők)* isothermal hardening; **kiválasztó ~** *(hők)* selective hardening; **~ közbeni hajszálrepedés** hardening crack; **lépcsőzetes ~** *(hők)* interrupted/graduated quenching; **~ levegőn** *(hők)* air quenching; **~ és megeresztés** *(nemesítés)* hardening with subsequent drawing/tempering; **~ meleg fürdőben** hot quenching; **~ olajban** oil quenching; **~ ólomfürdőben** patenting; **~ permetező hűtéssel** hardening by sprinkling; **~ sófürdőben** *(koh)* salt-bath quenching; **~ szénsavban** carbonic acid hardening; **teljes ~** full hardening
edzésgyorsítás hardening acceleration
edzési: **~ folyamat** process of hardening; **~ hűtési görbe** hardness-cooling-rate curve; **~ kéreg vastagsága** skin/case depth; **~ mélység** *(hők)* depth of case, hardness penetration; **~ mélység görbéje** hardness-depth curve; **~ méretváltozás** *v* **deformáció** hardening strain/distortion; **~ repedés** hardness/quench crack; **~ réteg vastagsága** depth of case; **~ tényezők** hardening factors
edzetlen unhardened, soft; **~ rugó** soft spring
edzett harden(ed); **~ acél** hardened steel; **betétben ~** case-hardened, C/Hnd; **~ felület** hardened face; **~ hengerpersely** *(gépk)* hardened steel liner
edzhetőség hardenability
edzhetőségi próba hardenability test, Jominy-test

edző *fn* *(koh)* quencher ; *(személy)* quencher, hardener ; ~ **kemence** hardening furnace ; *(cementáló)* carburizing furnace ; ~ **képesség** hardening capacity/power ; ~ **közeg** *(hők)* quenching agent ; ~ **medence** *(hők)* quenching tank ; ~ **vizsgálat** *(hők)* quenching test

edzőfürdő *(hők)* quenching bath ; *(sófürdő)* salt bath

edzőkád *(koh)* quenching tub

edzőműhely hardening plant

edzőolaj quenching oil

edzőpróba *(hők)* quenching test

edzőszén *(hők)* hardening carbon

edzőszer hardener, hardening agent

efedroid áttörés *(fa)* ephedroid perforation plate

effektcérna *(tex)* twisted effect yarn

effektcérnázó (gép) fancy doubling frame, fancy twisting frame

effekt-díszbefűzés fancy draft

effektfonal *(tex)* fancy yarn

effektív effective ; *(vill)* virtual *is (UK)* ; ~ **ampermenet** *(vill)* effective/virtual ampere-turns ; ~ **antennahosszúság** effective antenna length ; ~ **antennamagasság** effective aerial/antenna height ; ~ **áramerősség** *(vill)* effective (R. M. S.) virtual current ; ~ **ellenállás** effective resistance ; ~ **érték** effective value, root-mean-square value, r. m. s. value, R. M. S. value, virtual value ; ~ **feszültség** *(vill)* effective (R. M. S.) voltage, virtual voltage ; ~ **fűtő felület** *(kazánban)* useful grate area ; ~ **hengerközépnyomás** mean effective cylinder pressure, m. e. c. p.; ~ **középnyomás** *(motoré ; gépk)* mean effective pressure, M. E. P., m. e. p.; ~ **középteljesítmény** *(lóerőben)* mean effective horsepower, m. e. h. p.; ~ **lóerőóra** *(ékpadon mért)* brake horsepower-hour ; ~ **magasság** effective height ; ~ **nyílás** *(hangt)* effective area ; ~ **sávszélesség** *(távk)* effective band width ; ~ **teljesítmény** effective power/output

effekt-sodrás *(tex)* fancy twisting

effektus *l még* **hatás** ; effect ; **belső fényvillamos** ~ actinodielectric effect ; **Edison-féle** ~ *(vill)* Edison effect ; **felületi** ~ *(vill)* Kelvin effect ; **fényvillamos** ~ photoelectric/photovoltaic effect ; **Ferranti-féle** ~ *(vill)* Ferranti effect ; **Hall-féle** ~ *(vill)* Hall effect ; **Raman-féle** ~ Raman effect ; **reosztrikciós** ~ pinch effect ; **Schottky-féle** ~ *(vill)* shot/schrot effect ; **szkin** ~ skin effect

effloreszkálás *(koh, vegy)* efflorescence

effúzió *(földt)* effusion

effuzív *(földt)* effusive, extrusive ; ~ **kőzetek** *(földt)* effusive/extrusive rocks

effuzőr effuser

ég burn

egalizál straight, equalize

egalizálás *(bőr)* flatting

egalizálószer dumper, levelling agent

egalizált balanced, equalized

égbolt-fényképezés celestial photography

egeran *(ásv)* egeran

égerfakéreg *(bőr)* alder bark

egéríz *(élip)* mousiness

egérszürke Quaker colo(u)r

egérvédő papír cederized paper

égés combustion, burn(ing) ; ~ **által előidézett** combustial ; ~ **és expanzióütem** *(motoré)* combustion and expansion stroke ; **f**~**dított** ~ *(felülről lefelé)* back firing ; ~ **szétterjedése** *(motorhengerben)* spread of combustion ; ~**t tápláló anyag** comburent ; ~**t tápláló levegő** combustion air ; ~ **tartama** *(motorban)* duration of combustion

égéserősség burning power

égésgátló *(fabevonat)* fire retardant ; ~ **védőszer** *(fa)* fire retardant protective solution

égéshő combustion heat, heat of combustion, caloricity ; ~ **mértéke** calorific value

égéshőmérséklet combustion temperature

égési : ~ **folyamat** *(motorban)* combustion process ; ~ **füstgázcsatorna** combustion flue ; ~ **gázok** *(robbanás után ; bány)* afterdamp ; *(erőg, gépk)* combustion gases ; ~ **görbe** combustion curve/line ; ~ **jellemzők** combustion characteristics ; ~ **képesség** combustibility ; ~ **löket** firing stroke ; ~ **maradék(ok)** *v* **maradvány(ok)** residue(s) of combustion, combustion residue(s) ; ~ **nyomás** *(gépk)* combustion pressure ; ~ **övezet** combustion zone ; ~ **seb** burn ; ~ **sebesség** combustion rate, rate of burning ; ~ **tér** combustion chamber ; ~ **ütem** firing stroke ; ~ **veszteségek** ignition losses ; ~ **zsugorodás** burning shrinkage

égésidőtartam *(vill)* burning time/life ; ~ **vizsgálata** *(vill)* lamp burning test

égéskamra *l* **égéstér**

égéspont *(ol)* firing point

égésszag fire stink, fume

égéstér *(gépk, rep)* combustion chamber/space

égéstér-lerakódás *(gépk)* combustion chamber deposit

égéstermék(ek) combustion product(s) ; *(gáz alakú)* flue gas

égéstér-térfogat *(gépk)* clearance volume

égésvizsgálat *(ol)* burning test

egész *(szám)* integral, whole ; ~ **bőrkötés** full/calf binding, full shagreen ; ~ **csévemező** *(távk)* full leading section ; ~ **fülke** *(vasút)* ordinary compartment ; ~ **hangjegy** semi-breve ; ~ **hangú skála** equitonic scale ; ~ **hosszúság** overall length ; ~ **szám** *(mat)* whole number, integer ; ~ **számú rész** *(mat)* whole-number part ; *(logaritmusé)* characteristics ; ~ **számú többszörös** *(mat)* (integral) multiple (of) ; ~ **tag** *(távk)* full section ; ~ **tégla** whole brick ; ~ **vászonkötés** full cloth (binding)

egészfüggvény integer function

egészoldalas : ~ **cím** *(nyomda)* running title ; ~ **főcím** spread

egészséges *(jó ; nyersbőr)* sound ; ~ **ággöcs** *(fa)* sound/live knot ; ~ **állapot** soundness ; ~ **fa(anyag)** sound wood ; ~ **gyapjú** sound wool

egészségtelen unsound, insanitary, unhealthy, insalubrious

egészségügyi hygienic, sanitary ; ~ **berendezések** sanitary appliances ; ~ **bizonylat** *[importárúról]* sanitary certificate ; ~ **fajanszedények** sanitary ware ; ~ **kezelés** sanitation ; ~ **krepp-papír** toilet crape-paper ; ~ **öv** sanitary towel ; ~ **papír** toilet paper ; *(kreppeletlen)* flat toilet paper ; *(kreppelt)* craped toilet paper ; ~ **repülőtér** ambulance aerodrome ; ~ **szállítás** *v* **szállítmány** ambulance ; ~ **technika** sanitary engineering ; ~ **tekercspapír** toilet roll

egészségügyipapír-vágó és -perforáló gép toilet-roll cutter and perforator

éget burn ; *(perzsel:)* singe ; *(pirít, pörköl:)* toast ; *(pörköl:)* roast ; *(ker)* broil ; *(pörköl, kalcinál:)* calcin(at)e ; **(fa)szénné** ~ coal

égetés combustion, burn(ing), calcination ; *[boré]* distillation ; *(ker)* firing ; ~ **előtti téglarepedés** sand crack

égetési vizsgálat *(anyagv)* flame test ; *(rád, vill)* ag(e)ing test

égetetlen tégla green brick

égetett burnt, calcin(at)ed ; *(szárított)* dried ; ~ **anyag** *(terrakotta)* terra-cotta ; ~ **fehér mész** *(kötőanyag)* hydraulic lime ; ~ **gipsz** calcined gypsum ; ~ **karmin** burnt lake ; ~ **magnézia** calcined magnesia ; ~ **mész** quick/caustic/burnt lime ; **részben** *v* **rosszul** ~ **tégla** sandal brick ; ~ **sziénai föld** burnt sienna ; ~ **tégla** burnt brick/sone ; ~ **timsó** calcined/burnt/exsiccated alum

égető *fn* *(kauter)* cautery ; *mn* burning, pyretic ; ~ **kemence** combustion furnace ; *(ker)* kiln, stove ; ~ **kemencében zománcozott** stove-enamel(l)ed ; ~ **képesség** burning power ; ~ **pipetta** *(gázégetéshez)* combustion pipette

égetőcső ignition/combustion tube

égett burnt, adjust ; *(gumi)* scorched, scorchy ; *(vegy)* empyreumatic ; **barnára** ~ imbrown ; ~ **kőzet** quenched rocks

éggömb celestial globe

éghajlat climate

éghajlati climatic

éghajlattan climatology, climatography

éghetetlen incombustible, non-inflammable, combustion resistant, flameproof ; ~ **ácsolat** *(bány)* incombustible lining

éghetetlenség incombustibility

éghető combustible, burnable, inflammable, deflagrable ; ~ **anyag** comburent ; ~ **gáz** combustible gas

éghetőség combustibility, burnability, inflammability, deflagrability

égi : ~ **egyenlítő** celestial equator ; ~ **mechanika** *(csill)* celestial mechanics, gravitational astronomy ; ~ **térkép** celestial chart

egirin *(ásv)* aegirine, aegirite

égitest celestial body ; ~**ek befogása** capture ; ~ **elfedése** *(csill)* occultation ; ~ **fokmagassága** altitude ; ~**ek látszólagos ívpályája** orbital arc ; ~ **pályahajlása** inclination of orbit ; ~ **szögtávolsága** amplitude

égitest-korong *(csill)* disc

égitest-szögfelrakó *v* **-transzportőr** star plotter

égkéknyomat *(fot)* iron print

égő *mn* burning, aflame, firing, combustible, burnable, inflammable, conflagrant ; *fn* *(gáz, ol, vill)* burner ; **alsó** ~ *(koh)* base burner ; ~ **képes-**

ség burning power ; **kétlyukú ~** twin-hole burner, bat's wing burner ; **~ koronája** crown top of a burner ; **levegőt keverő ~** aerated burner ; **nyomással működő ~** blast burner ; **pillangólángú ~** bat's wing burner ; **~ robbanóanyag** burning explosive
égőcsúcs burner tip
égőfej burner (nozzle) ; *[forrasztólámpán]* burner head ; *(Diesel-motor)* burner ; **~ befúvó csővel** blowpipe burner ; **~ hegye** *v* **vége** mouth of a burner
égőfogó burner pliers
égőgáz combustible (gas)
égőkamra combustion chamber, combustor
égőkeverékes időzítőgyújtó composition time fuse
égőolaj burning oil, burner oil ; *(vasúti jelzőhöz)* signal oil
égőpala bituminous/bitumen/combustible shale, pyroshale, coal slate
egrenál *(tex)* gin, remove the seed from the cotton
egrenálás *(tex)* (cotton-)ginning
egrenálógép *(tex)* (cotton) gin
egrenálóüzem gin house, ginnery, ginning factory/plant
egrenált gyapot *(tex)* ginned cotton, lint (cotton)
égszínkék azure (blue), celestial blue, sky-blue, ceruleane
égtáj corner
egzakt *(mat)* exact
egy : ~ darabban öntött single-cast ; **~ darabból készült csavar** *(hajó)* solid propeller ; **~ főre eső** per caput/capita ; **~ irányban sugárzó antenna** unidirectional antenna ; **~ (tégla)sor** *(ép)* single course ; **1 : 1 áttételi viszonyra redukált** *(rád, táv)* reduced to unity turn ratio
egyadagolófejes gép *(tex)* single-feed machine
egyágas csatlakozó (cső)darab single junction
egyágú *(fonal)* single ; **~ dugós csatlakozó** *(vill)* single-pin connector ; **~ fonal** single yarn, singles, one-ply yarn ; **~ fonalból készített szövet** single woven fabric, single yarn cloth ; **~ lánc(fonal)** single warp ; **~ vetülék** single weft
egyaknás rendszer *(bány)* single-shaft system
egyalkotós *(koh, vegy)* unary
egyállású kapcsoló one-position switch
egyállványos : ~ hosszgyalugép side planing machine ; **~ kalapács** single-frame hammer ; **~ köszörűgép** single-bed/column grinding machine
egyáramkörös *(vill)* single-throw
egyarmatúrás áramátalakító single-armature converter
egyatomos mon(o)atomic
egybázisú *(vegy)* monohydric ; **~ sav** monobasic/monoatomic acid, monoacid ; **~ telített sav** monobasic saturated acid
egybeépít aggregate, compound, build together
egybeépített : ~ gépcsoport aggregate, integral machine group ; **~ lencsecsoport** *v* **-rendszer** lens cell
egybeépítve built together
egybeesés coincidence ; **~ foka** *(mat, mech)* coincidence rate
egybeesik coincide, harmonize, tally ; *(mat)* coincide ; *K* **pont egybeesik az** *F* **ponttal** *K* coincides with *F*
egybefolyás *(földt)* anastomosis ; **jelek ~a morzeszalagon** tailings
egybefolyik coalesce
egybefolyó : ~ A—N jel *(rep)* interlocked A—N signal ; **~ hang** *[iránysávban]* steady hum ; **~ jelsávirány** equisignal course ; **~ jelsávos rádióirányadó** equisignal beacon ; **~ jelút** equisignal path ; **~ pont-vonás** complementary dots and dashes
egybefon *(tex)* intertwine, interlace
egybefonás interlacing, intertwining ; **kötélvégződések** *v* **zsinegvégződések ~a** *(tex)* end fixture splice
egybeforr coalesce
egybeforraszt fuse, amalgamate
egybegyúrt clubbed
egybehangol coordinate, match
egybehangolás coordination, matching ; **~ hiánya** incoordination
egybehangzás congruence
egybeillesztés *(furniré)* matching ; *(kötélé)* splice
egybekapcsolt locked in with
egybekezdéses *[csavar]* simple/single thread
egybekötés attachment, juncture ; *(tex)* interlacing
egybeláncol interlink
egybenő intergrow
egybeolvad unite, merge, fuse
egybeolvadás fusing, coalescence
egybeolvaszt *(forgalmat ; távk)* common
egybeömlés *(földt)* anastomosis
egybeöntött cast solid, cast in one ; **~ lábító excenterek** *(tex)* solid-cast tappets
egybesodor splice
egybeszabott *[hengeren mozgó]* **törülköző** jack towel
egybeszorított coacted
egybeteker *(kötelet)* splice
egybetorkollás *(földt)* anastomosis
egybetorkolló gleccser confluent glacier
egybevág tally, coincide, register (with)
egybevágó identical, congruent
egybevágóság congruence, congruity, identity ; **~ hiánya** incongruity
egycellás unicellular, unilocular
egycélú szerszámgép single-purpose machine tool
egyciklusú monocyclic
egycsapos ácsolás *(bány)* single-horn framing
egycsatornás *(egyhornyos)* single-groove; *(távk)* single-channel
egycsonkos pupinfazék *(távk)* single-stub leading (coil) pot
egycsöves *(rád)* single-valve/tube ; **~ erősítő** *(távk)* one-stage amplifier ; **~ rendszer** *(központi fűtésnél)* single-pipe system ; **~ vevő** *(rád)* single-valver, single-valve receiver
egycsúszótalpas futómű *(rep)* single-skid undercarriage
egydobos : ~ aknaszállítógép *(bány)* single-drum hoist ; **~ szárító** *(tex)* single dryer ; **~ vitla** *v* **csörlő** single-drum hoist/winch
egyedi individual, unit ; **~ alkatrészek** single parts ; **~ gyártás** unit/piece production ; **~ hajtás** individual/single/unit drive ; **~ olajozó** single lubricator ; **~ öntvény** unit cast ; **~ rádiócsatorna** *(rep)* private line ; **~ rendszer** *(csatornánként tagolt ; távk)* singular system ; **~ vizsgálat** single test
egyedülálló *(gépt)* self-supported, detached ; *(mat)* solitary ; **~ fal** self-contained wall
egy-egy : ~ (1 : 1) szemfeltartás *(kh)* pineapple stitch ; **~ vetésű** *(tex)* picked l-and-l ; **~ vetésű (selyem) szövőgép** pick-and-pick (silk) loom
egyel *(mzg)* thin out ; *(beteg növényeket kiszed)* rogue
egyelektródos potenciál single-electrode potential
egyélű : ~ szerszám *(forg)* single-point (cutting) tool ; **~ fúróvéső** *(bány)* straight bit ; **~ maró** single-point cutter ; **~ vágószerszám** single-edged cutting tool
egyemelésű : ~ Jacquard-gép single-lift Jacquard ; **~ nyüstösgép** *(tex)* single lift dobby
egyemeletes single-staged/floor/storey
egyemeltyűs ellenőrző pénztár simple lever cash register
egyen- és váltakozóáramú *(vill)* all-mains, alternating-current-direct-current, universal
egyenáram continuous/direct current, d. c., D. C., c. c., C. C., steady/unidirectional current ; **~mal előmágnesezett tekercs** *(távk)* direct-current carrying inductance, polarized coil ; **~ elválasztása** *(rád)* blocking of continuous/direct current ; **~ váltakozóáramú összetevője** alternating component of a continuous current
egyenáram-forrás direct-current source
egyenáramlású *(kazán)* concurrent, uniflow
egyenárammérő direct-current ammeter
egyenáramú *(gőzgép)* uniflow, concurrent ; *(vill)* direct-current, D. C., DC, d. c., continuous-current, C. C., CC, c. c.; **~ áramátalakító** direct-current transformer ; **~ csatolású** direct coupled amplifier ; **~ csengő** direct current bell, battery/trembler bell, D. C. bell ; **~ elektromágnes** direct-current magnet ; **~ ellenállás** direct-current resistance, d. c. resistance ; **~ előmágnesezés** *(magnetofonnál)* direct current biasing, d. c. bias(s)ing ; **~ erősítő** direct-current amplifier, d. c. amplifier ; **~ erősítőcső** direct-current operated amplifier valve ; **~ fogyasztásmérő** direct-current meter ; **~ generátor** direct-current generator ; **~ gőzgép** uniflow steam engine ; **~ hálózat** direct-current mains ; **~ határoló** direct-current limiter, d. c. limiter ; **~ jel** *(távk)* direct-current signal, d. c. signal ; **~ kapcsoló-** *v* **műszertábla** direct current panel, d. c. p.; **~ mérés** direct-current measurement ; **~ mérőműszer** direct-current meter, d. c. meter; **~ motor** direct-current motor, d. c. motor, DC motor ; **~ oldal** direct-current side, d. c. side ; **~ összetevő** direct-current component, D. C. component ; **~ szárítás** parallel-current drying ; **~ táplálás** direct-current supply ; **~ távírás** direct-current telegraphy, d. c. telegraphy ; **~ teljesítmény** direct-current power ; **~ törlés** *(magnetofonnál)* direct-current erasing, d. c. erasing ; **~ túl-**

hevítő *(gőz)* parallel-flow superheater ; ~ **vevőkészülék** direct-current (operated) receiver ; ~ **vezető képesség** direct-current conductance, d. c. conductance
egyenerejű equipollent ; ~ **terhelések elve** *(mech)* principle of equipollent loads
egyenérték equivalent, adequation ; **elektrokémiai** ~ electro-chemical equivalent ; **vegyi** ~ chemical equivalent ; **vegyi** ~ **súlya** chemical equivalent weight
egyenértéknyílás *(bány)* equivalent orifice
egyenértéksúly *(vegy)* equivalent/combining/reacting weight
egyenértékszelvény *(bány)* equivalent orifice
egyenértékű equivalent, tantamount, equant ; ~ **antenna** *(rád)* phantom aerial ; ~ **antennamagasság** equivalent height of antenna ; ~ **bemeneti zajfeszültség** *(rád)* equivalent input noise ; ~ **feszültség** *(rád)* lumped voltage ; ~ **kapacitás** *(kristályé, távk)* equivalent capacity ; ~ **kapcsolás** *(két- v négypólus ; távk)* equivalent network ; ~ **magasság** *(ionoszférában ; rád)* virtual height ; ~ **nyílás** *(bány)* equivalent orifice ; ~ **szelvény** *(bány)* equivalent orifice ; ~ **sugár** *(nem körkeresztmetszetű vezetéké ; távk)* equivalent radius ; ~ *(egyenerejű)* **terhelések elve** *(mech)* principle of equivalent loads ; ~ **tömeg** *(rád, távk)* equivalent mass ; ~ **vezető képesség** molecular/equivalent conductivity ; *(ionok mennyiségével)* ~ **villamos töltés** equivalent charge ; ~ **zajellenállás** *(rád)* noise-equivalent resistance ; ~ **zavaró feszültség** *(távk)* equivalent disturbing voltage ; ~ **zavaróáram** *(távk)* equivalent disturbing current
egyenértékűség equivalence
egyenérvényű equipollent
egyenes *(vonal ; mat)* straight ; *(álló)* erect ; *fn* straight line ; ~ **alakú** linear ; ~**be állít** align, line up (with) ; ~**be állító csap** *(gépt)* aligning pin ; ~**be állító csavar** *(gépt)* aligning stud ; ~**be állító léc** *v* **rúd** *(gépt)* aligning bar ; **álló** ~ **képet adó okulár** *(geod, csill)* erecting eyepiece ; ~ **áramlású szelep** straightway valve ; ~ **arány** *(mat)* ordinal relation ; ~ **arányban** *(mat)* in ratio ; ~ **arányú** *(mat)* direct ; ~ **átkötés** *(távk)* straight connection ; ~ **átömlésű szelep** straight-through valve ; ~ **beintése** *(geod)* alignment ; ~ **bevezetés** *(rep)* straight-in approach ; ~ **boltív** *(ép)* straight arch ; ~ **cipőorr-borítás** straight toe ; ~ **csap** *v* **ereszték** *(fakötés)* straight tenon ; ~ **csatolású** *(rád)* directly-coupled ; ~ **csomó** *(hajó)* reef knot ; ~ **csoroszlya** fin co(u)lter ; ~ **élű precíziós vonalzó** straightedge ; ~ **elválás** *(geol)* linear cleavage ; ~ **emelkedés** *(csill)* right ascension, rectascension ; ~ **erősítés** *(rád)* straight amplification ; ~ **falú fazékkorong** *(köszörüléshez)* straight cup wheel ; ~ **felső övű halhasú tartó** inverted bar-and-chain girder ; ~ **fogas saroklapolás** *(ép)* straight dovetail ; ~ **fogazású** straight-toothed ; ~ **fogazású homlokkerék** straight spur/gear ; ~ **fogazású fogaskerék-koszorú** spur rim ; ~ **fogazású kúpkerék** straight bevel gear ; ~ **fogazású maró** straight-tooth milling cutter ; ~ *(gerenda)***illesztés** *(ép)* square joint ; ~ **gerendás szerkezettel áthidalt** trabeated ; **hajó** ~ **fedélzetvonallal** straight-sheered ship ; ~ **hátú horgas** *v* **nyelves tű** *(kh)* flat back needle ; ~ **homlokú munkahely** *(bány)* straight/continuous face ; ~ **horny(olás)ú fúró** farmer drill, straight-flute drill ; ~ **hornyú dörzsár** straight-fluted reamer ; ~ **illesztés** butt jointing, butt joint ; ~ **irány** *v* **vonal** *(mat)* straight ; ~ **irányú** *(egy vonalba állított)* straightaway ; ~ **irányú lemezes szállítószalag** slat longitudinal (conveyer) ; ~ **irányú telér** linear vein ; ~ **kábelkötés** continuity cable bond ; ~ **kapcsolású vevőkészülék** *(rád)* straight receiver ; ~ **karú forgattyú** *(gépt)* straight-arm crank ; ~ **karú lépcső** straight stair ; ~ **keskeny földnyelv** *(tengerparton)* straight spit ; ~ **kioltás** straight extinction ; ~ **kitűzés** *(geod)* ranging, alignment ; ~ **kötés** *(ép, fa)* straight joint ; ~ **kúp** *(mat)* normal/straight cone ; ~ **láncú polimer** linear polymer ; ~ **lapolás** *(fakötés)* straight halving, straight-halved joint ; ~ **lepárlású ásványolajtermékek** straight(-run) petroleum products ; ~ **lépcsőkar** *(ép)* flyer(s) **nem** ~**en álló** out-of-plumb ; ~ **növésű szálfa** straight-grown timber ; ~ **oldalú** straight-side ; ~ **oldalú profil** *(gépt)* straight-sided flank ; ~ **orrborítás** *v* **kapli** *v* **orr-rész** *(cipő)* straight toe ; ~ **polaritás** *(heg)* straight polarity ; ~**ben polarizált hullám** linearly-polarized wave ; ~ **rálapolás ferde ütközéssel** *(fakötés)* halved joint with oblique cut ends ; ~ **rendezőzsinór-fűzés** *(tex)* straight tie-up ; ~ **reszelő** straight/parallel file ; ~ **rostú** *(fa)* straight-fibred/grained ; ~ **saroklapolás** *(ép)* square-corner halving ; ~ **szálú** *(fa)* straight-grain(ed) ; ~ **szárú** *(forg)* straight-shank ; ~ **szélű** *(gumiabroncs)* beadless ; ~ **szög** *(mat)* flat/straight angle ; ~ **tengelyű dongaboltozat** *(ép)* straight barrel vault ; ~ **törzsű fa** straight timber ; ~ **ütközés** *(fakötés)* butt joint ; *(fecskefarkú ékelt betétdarabbal)* butt joint (with dovetailed table) ; ~ **ütközés betétdarabbal** *(fakötésnél)* butt joint (with inlet piece) ; ~ **ütközés fogas** *v* **kampós betétdarabbal** *(fakötésnél)* butt joint with splayed table ; ~ **ütközésű rátoldás** *(vasgyűrűvel és tüskével ; fakötés)* butt joint graft (with ferrule and dowel) ; ~ **vágóélű szerszám** *v* **kés** straight-faced tool ; ~ **vállcsap** *(ép, fa)* tusk tenon, trimmer joint ; ~ **véső** ripping chisel ; ~ **vevő** *(rád)* straight receiver, tuned radiofrequency receiver ; ~ **vezeték** *(gépt)* slide bar, parallel guide(s) ; ~**be vezető mozgású kinematikai lánc** *v* **szerkezet** straight-line motion ; ~ **visszaterelő görgő** *(emelőn)* plain return idler ; ~ **vonal** right line ; *(mat)* straight line, s. l. ; ~ **vonalakkal határolt idom** rectilinear figure ; ~ **vonalban működő daru** rectilinear crane ; ~ **vonalú** linear, lineal ; *(mat)* rectilinear ; ~ *(vonalú)* **elválás** *(földt)* line parting ; ~ **vonalú horgony** *(óra)* straight-line anchor ; ~ **vonalú letapogatás** *(telev)* straight/rectilinear scanning ; ~ **vonalú megközelítési módszer** straight-path approximation method ; ~ **vonalú mozgás** *(mech)* rectilinear motion ; ~ **vonalú összefüggés** *(mat)* linear law, straight-line law ; ~ **vonalú repülés** steady/straight flight ~ **vonalú vezetőrúd** *(gépt)* slide bar ; ~ **vonalú visszaadási görbe** flat-top response ; ~ **zsinórhegesztés** right string welding
egyenesbe-állítás *v* **-hozás** alignment aligning ; *(gépk)* flatting out
egyenesít even, flatten, straighten
egyenesítőlap straightening plate
egyenesség straightness, linearity
egyenetlen uneven, unequal, unstable, rough, bumpy ; ~ **járás** *v* **mozgás** *v* **fordulatszám** unstable running ; ~ *(karcolt)* **kőzet** scratched boulder ; ~ **sorbaállítás** *v* **kitűzés** misalignment ; ~ **szálhosszúságú gyapjú** mushy wool ; ~ **terep** *(geod)* broken terrain ; ~ **vágattalp** *(bány)* rough bottom ; ~ *(fűrészfogas)* **vonal** jogged line
egyenetlenség *(szintben)* dislevelment ; *(felületben)* unevenness, wrinkle ; *(széntelepben)* gawl ; *(vonalon ; távk)* irregularity ; ~ **a papír szélén** deckle edge of paper
egyenfeszültség direct (current) voltage, D. C. voltage ; **gyorsító** ~ acceleration/beam voltage ; ~**et leválasztó kondenzátor** stopping capacitor
egyenfeszültségvizsgálat direct-current test
egyenget (make) level, even, straighten, planish, efface, bring flush, align, true, smooth, dup, unbend ; *(alak)* even, straighten ; *(faanyag-felületet)* surface, smooth, level ; *[kivágó tőkét ; cipő]* plane ; *[lemezt]* flatten ; **formát** ~ *(nyomda)* plane ; **földtolással** ~ bulldoze ; **huzalt** ~ *(heng)* reflatten wire ; **kitöltéssel** ~ fur ; **talajt** ~ grade ; **utat** ~ regrade, drag
egyengetés *(alak)* planishing, trimming, straightening, flattening ; *(forg)* semi-finish cut(ting)/turning ; *(bőr)* taking off ; *(ép)* planation ; *(mángorlás, cipőtalpon)* levelling ; *(nyomda)* make-ready, beating, overlay ; ~ **papírdarabokkal** *(nyomda)* cutting of overlays
egyengetett meder *(hidr)* graded river
egyengető *fn (gépt)* trimmer, levelling block ; ~ **alátét papírral** *(nyomda)* packing ; ~ *(bevágó)* **fűrészlap** span web blade with fine teeth ; ~ **fasulyok** *v* **fakalapács** straightening wood block ; ~ **fogás** *(forg)* semi-finishing cut ; ~ **gyalugép** *(fa)* sizer, smooth planing machine ; ~ **hengergép** roll straightener ; ~ **kalapács** straightening/dressing/flattening/engineering hammer ; ~ **kalapácsolás** finishing blow ; ~ **kés** *(forg)* semi-finishing tool ; ~ **lapos kalapács** flatter, flat hammer ; ~ **reszelő** second-cut file

egyengetődeszka *(ép)* striking board
egyengetőgép (cross roll) straightening machine, leveller, reeler, straightener ; **ferde-** *v* **keresztthengeres** ~ cross (roll) straightening machine
egyengetőgolyó *(hajlított csövön való átnyomáshoz)* chaser ball
egyengetőgörgő *v* **-henger** mangle/ straightening roll
egyengetőív register sheet
egyengetőlap *(gépt)* levelling/adjusting plate ; *(nyomda)* planer ; **durva tömör** ~ *(gépt)* massive levelling plate ; **finom** ~ fine-planed surface plate
egyengetőlapát *(mzg)* grading blade
egyengetőléc *(gépt)* dresser
egyengetőolló trimmer
egyengetőpapír *(nyomáshoz ; nyomda)* underlay, overlay
egyengetőprés *v* **-sajtó** flatter, straightening press, stretching tool
egyengetőszerszám straightening tool ; *(simító ; nyomda)* burnisher
egyengetőtányér *(bőr)* moon/perching knife
egyenhatású equipollent
egyéni *l még* **egyedi** individual, independent ; ~ **együttható** *(időméresnél)* human factor ; ~ **leolvasás** *(geod)* individual reading
egyenidejű *(mat)* tautochrone ; ~ **görbe** *(mat)* tautochrone
egyenidejűség isochronism
egyenirányít *(áramot:)* rectify ; *(jelet:)* detect
egyenirányítás *(áramé:)* rectification ; *(demodulálás)* demodulation ; *(jelé)* detection ; **egyoldalas** ~ half-wave rectification ; ~ **együtthatója** detection coefficient ; ~ **előtti** *[fokozat, erősítő]* predetection ; ~ **jelleggörbéje** *(rád)* rectification characteristics ; **kétoldalas** ~ full-wave rectification
egyenirányítási tényező *(rád)* rectification factor ; *(távk)* (rectification) quality factor
egyenirányításszerű rectifierlike
egyenirányítatlan unrectified
egyenirányítható *(vill)* rectifiable
egyenirányító *fn* *(áramé:)* rectifier ; *(demodulátor)* demodulator ; *(forgógép:)* direct converter; *(jelé)* detector ; ~ **alállomás** rectifier substation ; ~ **berendezés** *(vill)* rectifying installation ; *(rád)* detector arrangement ; ~ **cella** rectifier cell ; ~ **cső** *(rád ; tápáramkörben)* rectifying/rectifier tube/valve ; *(jeláramkörben)* detecting/detector tube/valve, thermionic rectifier ; **egyoldalas** ~ halfwave rectifier ; ~ **egység** *(rád)* rectifier stack, power unit ; **egyutas** ~ *l* **egyoldalas egyenirányító** ; **elektrolitikus** ~ *(rád)* electrolytic/chemical rectifier ; **elektromágneses** ~ electromagnetic rectifier ; **elektroncsöves** ~ valve/electron/vacuum-tube rectifier ; ~ **elem** rectifier element ; ~ **elrendezése** *(rád)* detector arrangement ; **gáztöltésű csöves** ~ *(gazotron)* discharge-tube rectifier, gas-filled tube rectifier ; **gépi** ~ mechanical rectifier, permutator ; **Graetz-kapcsolású** ~ Graetz rectifier ; ~ **hatás** valve/rectifying action ; **hidegkatódos** ~ cold-cathode rectifier ; **hídkapcsolású** ~ bridge rectifier ; **higanygőzös** ~ mercury-arc rectifier ; **ioncsöves** ~discharge-tube rectifier ; **íves** ~ arc rectifier ; **izzókatódos** ~ hot-cathode rectifier, thermionic rectifier ; ~ **képes-ség** detectability ; **kétoldalas** ~ Graetz rectifier, full-wave rectifier ; **kétutas** ~ *l* **kétoldalas egyenirányító ; kétutas háromfázisú** ~ full-wave three-phase rectifier ; **kuprox** ~ cuprous oxide rectifier ; **Latour-féle** ~ voltage-doubler rectifier ; **lebegtető** ~ *(rád)* beat frequency detector, b. f. detector; **mechanikai (működésű)** ~ permutator, mechanical rectifier ; **nagyfeszültségű** ~ high-tension rectifier ; H. T. rectifier ; **rácsvezérlés nélküli** ~ straight rectifier ; **rácsvezérlésű** ~ grid-controlled rectifier, thyratron ; **rezgőnyelves** ~ *(vill)* pendulum rectifier ; **száraz** ~ contact/dry(-disc/ -plate) rectifier ; **szinkron-kommutátoros** ~ Ferranti's rectifier ; ~ **szűrője** *(rád)* rectifier filter ; ~ **tárcsa** *(távk)* rectifier disc ; ~ **teljesítménytényezője** degree of voltage rectification ; **többanódos** ~ multianode rectifier ; **töltő** ~ charging rectifier ; **üvegházas** ~ glass-tube rectifier ; **vasedényes higanygőzös** ~ mercury arc rectifier with steel tank ; **vibrátoros** ~ pendulum/vibrator rectifier ; **záróréteges** ~ barrier-layer rectifier
egyenirányítós mérőműszer *(vill)* rectifier-type meter ; ~ **műszer** rectifier instrument
egyenirányított *(vill)* rectified, detected; ~ **jelek** *(távk)* rectified signals ; ~ **visszacsatolás** *(távk)* rectified reaction
egyenirányú : ~ **marás** *(gépt)* climb/ down milling ; ~ **tárcsa(borona)** *(mzg)* harrow plough
egyenkénti : filmkockák ~ **megvilágítása** single work
egyenleg balance
egyenlet *(mat)* equation ; **alacsonyabb hatványkitevőre hozott** ~ depressed equation ; ~ **alacsonyabb kitevőre hozása** depression ; ~ **egy ismeretlennel** equation in one unknown quantity ; **elsőfokú** ~ equation of the first degree, linear equation ; **exponenciális** ~ exponential equation; **feltételi** ~ equation of condition ; ~ **foka** *(mat)* order of equation ; ~ **gyökei** roots of an equation ; **harmadfokú** ~ equation of the third degree, cubic equation ; **háromszögtani** ~ trigonometric equation ; **invariáns** ~ *(görbéé)* intrinsic equation; **karakterisztikus** ~ characteristic equation; ~ **másik oldalára átvisz** transpose, carry over ; **másodfokú** ~ equation of the second degree, quadratic equation ; ~ **polárkoordinátákban** polar equation ; ~**et szabályos alakba hoz** *v* **elrendez** throw the equation into the standard form ; **transzcendentális** ~ transcendental equation; **trigonometriai** ~ trigonometric equation
egyenletes uniform, even, steady, plane, stable, regular, constant ; *(járás)* steady, smooth, even ; *(hő)* uniform ; *(pa)* registered ; ~ **állapot** steady state ; ~ **áramlás** steady current/ flow ; ~**en eloszló feszültség** *v* **igénybevétel** steady stress ; ~**en elosztott vetés** *(mzg)* metered seeding ; ~ **élterhelésű fúrókorona** *(bány)* even-duty bit ; ~ **felfekvés** *(gépt)* even bearing ; ~ **felületű** flat ; ~ **fényelosztású fényforrás** uniform light source ; ~ **fonal** *(tex)* even/regular yarn ; ~ **fonalfeszültség** even yarn tension ; ~ **forgató nyomaték** *(mech)* uniform/even turning moment ; ~ **futás** *v* **járás** steady running ; ~ **gépműködés** steady running ; ~ **huzagolás** uniform twist ; ~**en ismétlődő mozgás** *(mech)* periodic(al) uniform motion ; ~ **járás** *v* **ütem** *(gépt)* stable running ; ~ **(kifonású) fonal** uniformly spun yarn ; ~ **megoldás** uniform solution ; ~**en megoszló terhelés** evenly-distributed load, uniform load ; ~ **mozgás** steady motion ; ~ **működés** regular working ; **nem** ~ nonuniform ; ~ **nyomásszabályozó** pressostat ; ~ **nyúlás** uniform extension ; ~ **osztású időtengely** *(oszcillográfé)* linear time base ; ~**en osztott** evenly divided ; ~ **rendszer** uniform system ; ~ **sebesség** uniform/constant velocity ; ~ **sebességű időtengely** *(távk)* linear time base ; ~ **sebességű letapogatás** *(telev)* linear scanning ; ~ **sodrat** balanced twist ; ~ **sugárzás minden hullámhosszon** equal-energy white ; ~ **szakadás-felület** smooth fracture ; ~ **szálhosszúságú pamut** *(tex)* even running coton ; ~ **szemcsézetű** equigranular ; ~ **szemcsézetű szerkezet** equigranular texture ; ~ **szilárdság** uniform strength ; ~ **színezés** level dyeing ; ~ **teljesítmény** constant power ; ~ **terhelés** even/ uniform load ; *(állandó:)* steady load ; *(kraruppozás ; távk)* continuous lading ; ~ **törés** *v* **töret** *(anyagv)* even fracture ; ~ **vonal** *(távk)* uniform line
egyenletesség uniformity, even(ness), equality, plainness, regularity ; *(frekvencia-karakterisztikáé)* flatness
egyenletességi : csillapítás *(távk)* regularity/structural return loss ; ~ **együttható** *(nech)* degree of uniformity ; ~ **fok** equality ratio ; ~ **visszaverődési tényező** *(távk)* regularity return current coefficient ; ~ **viszonyszám** *(földt)* uniformity coefficient
egyenletességmérő *(műszer ; tex)* evenness tester
egyenletmegoldó számológép *(vill)* resolver
egyenletredukálás *(mat)* reduction of equation
egyenletrendszer set/system of equations
egyenlítési vonal centre of equilibrium
egyenlítő equator ; **mágneses** ~ acline
egyenlítői equatorial ; ~ **eredetű levegőtömeg** equatorial air-mass ; ~ **front** *(met)* intertropical front
egyenlő uniform, equal ; ~ **alakú** equiform ; **csaknem** ~ *(mat)* subequal ; ~**en csomózott nyüstök** *(tex)* solid healds ; ~ **deklinációjú helyek görbéje** isogonal line ; ~ **eltérés** *[légnyomásban v hőmérsékletben]* isanomaly ; ~ **erejű** *v* **erősségű** tantamount, equipollent ; ~ **érvényű** equipollent ; ~ **frekvenciájú** equifrequent ; ~ **hajlatú** *(földt)* isoclinic ; ~ **haladási idők** equal travel(l)ing times ; ~ **hangközű skála** equitonic

scale; ~ **hangosság görbéi** equal-loundness contours; ~ **hatású** equipollent; ~ **hőváltozások görbéje** *(met)* isallotherm; ~ **jelek sávja** split; ~ **karú forgóhíd** symmetric wing bridge; ~ **légsűrű** *(met)* isoteric; ~ **méretű** equidimensional; ~ **mértékű** *(mat)* isometric(al); **mindkét végén** ~ double-ender; **nem** ~ **(mértékű)** nonuniform; ~ **nyomás(ú)** *(mech)* equipressure; ~ **nyomású felület** equipressure surface; ~ **oldalú** equilateral; ~ **oldalú háromszög** *(mat)* equilateral triangle; ~ **oldalú hiperbola** equilateral hyperbola; ~ **oldalú négycsuklós szerkezet** isosceles crank mechanism; ~ **potenciálú** equipotential; ~ **potenciálú felületek sorozata** series of (equi)potential surfaces; ~ **sebességű helyeket összekötő vonalak** *v* **görbék** *(hidr)* equivelocity contours, velocity contour-lines; ~ **súlyú** equiponderate; ~ **szárú** equicrural; ~ **szárú háromszög** isosceles triangle; ~ **szárú derékszögű háromszög** right-angled isosceles triangle; ~ **szárú L-acél** *v* **szögvas** equal angle iron; ~ **szögű** equiangular, isogonal; ~ **távolság** equidistance; ~ **távolságú** equidistant; ~ **teknőjű** *(földt)* equivalve; ~ **tengelyű** equiaxial; ~ **területek törvénye** law of equal areas; ~ **útkülönbség-felület** surface of equal retardation; ~ **valószínűség** equiprobability; ~ **vastagságú borda** parallel curve rib; ~ **vízsebességű felület** equipotential surface of velocity

egyenlőség *(mat)* equality

egyenlőtlen unequal, uneven, odd, irregular; *[áramsűrűség]* nonuniform; ~ **elhasználódás** spotty wear; ~ **értékek** *(mat)* scattering values; ~ **fogsűrűségű borda** *(tex)* bastard reed; ~ **fonal** *(tex)* irregular yarn; ~ **intrúzió** *(földt)* trangressive intrusion; ~ **iramú futás** fast-slow running; ~ **járás** *(motoré; gépé)* uneven running; ~ **kötés** *(kh)* sleazy knitting; ~ **lapátelosztás a hűtő ventillátoron**; *(gépk)* unequal spacing of the fan blades; **motor** ~ **járása** lopping; ~ **működés** *[gépé]* irregular working; ~ **működésű áruhenger** *(tex)* drag taking-up motion; ~ **oldalú**, *(mat)* inequilateral; ~ **oldalú gúla** *(mat)* scalene cone; ~ **oldalú háromszög** scalene triangle; ~ **övű T-szelvény** unequal T-section; ~**ül rétegeződő** *v* **fekvő** *(földt)* unconformable; ~ **sodratelosztás** irregular distribution of twist; ~ **sűrűségű** *(tex)* reedy; ~ **szárú gerenda** L--shaped beam, unequal-angle beam; ~ **szárú szögvas** unequal angle steel, L--bar; ~ **szemcsenagyságú** *v* **szemcséjű** *v* **szemcsézetű** inequigranular, unequigranular; ~ **színezésű** *(tex)* cloudy, ended; ~ **szövésű szövet** *(tex)* sleazy cloth; ~ **szövet** cockled fabric; ~ **teknőjű** *(földt)* inequivalve; ~ **településű** *(földt)* nonconformable; ~ **vastagságú** *[fonal; tex)* plucked

egyenlőtlenség nonuniformity, irregularity, inequality, lack of uniformity; *(selyemszálban)* knib

egyenlőtlenségi tényező degree of irregularity

egyenpotenciálú felület equipotential surface

egyensúly equilibrium, (equi)balance, (equi)poise; *[multivibrátoré; rád]* equilibrium; *[hídáramköré; távk]* balance; **bizonytalan** ~ unstable equilibrium; **biztos**~stable equilibrium; **dinamikai** ~ dynamic equilibrium; ~ **feltétele** condition of equilibrium; ~ **hiánya** unbalance; ~**ba hoz** counterbalance, equilibrate, steady; **instabil** ~ unstable equilibrium; ~**ból kieső** out (of equilibrium); ~**ból kimozdít** unbalance; **közömbös** ~ indifferent equilibrium; **labilis** ~ unstable equilibrium; ~**ban levő erők poligonja** equilibrium polygon; ~**ban levő rendszer** system at equilibrium; **mechanikai** ~ mechanical equilibrium; **nem teljes(en beállott)** ~ incomplete equilibrium; **semleges** ~ indifferent equilibrium; **stabil** ~ stable equilibrium; **statisztikus** ~ statistical equilibrium; **s(z)tatikai** ~ static equilibrium/balance; ~**ban tart** equiponderate, balance, equipoise; *(vegy)* poise; ~**ban van** equiponderate, float; **villamos** ~ electric balance

egyensúlyhelyzet *(sztatikai)* equipoise

egyensúlyi: ~ **állapot** (state of) equilibrium; ~ **diagram** *(koh)* constitutional/phase diagram; ~ **feltétel** condition of equilibrium; ~ **feszültség** equilibrium potential; **közömbös** ~ **állapotban levő** astatic; ~ **lepárlás** equilibrium distillation; ~ **magasság** *(léggömbé)* equilibrium height; ~ **nyomás** equilibrium pressure; ~ **rendszer** *(at, mech)* system at equilibrium; **repülőgépet levegőben** ~ **állapotba hoz** ease on; ~ **sebesség** *(vasút)* balancing speed, free-running speed; ~ **szög** *(rep)* angle of equilibrium/balance; ~ **töménység** equilibrium concentration; ~ **vonal** axis of equilibrium

egyensúlykocsi *(bány, vasút)* balance truck

egyensúly-középpont *(bány)* centre of equilibrium

egyensúlymérő műszer balance indicator

egyensúlyoz (equi)balance, poise, stabilize

egyensúlyozás (equi)balancing

egyensúlyozatlanság *(mech)* unbalance, lack of balance

egyensúlyozó *mn* balancing, equilibrant; *fn (rep)* balancer; ~ **erő** equilibrant force; ~ **kar** *v* **rúd** *v* **emeltyű** balancing arm/lever, compensating/weigh beam, balance; ~ **sík** *(mech)* balancing plane; ~ **szárnycsonk** *(rep)* sea wings

egyensúlyreakció balance reaction

egyensúly-valószínűség *(at)* equilibrium probability

egyensúlyvesztés off-balance, unbalance

egyenszilárdságú of uniform/equal strength/resistance; ~ **láncgörbe** *(mat)* catenary of uniform strength

egyeres *(kábel)* unifilar, one-strand, single-core/conductor; ~ **hajlékony zsinór** *(vill)* single flex; ~ **zsinór** single cord

egyérintkezős: ~ **feszültségszabályozó** *(gépk)* single contact regulator; ~ **kettős vonalkefe** single double-line brush; ~ **vizsgálókefe** *(vill)* single test brush

egyernyőjű szigetelő *(vill)* single-shed insulator

egyértékű *(mat)* unique; *[függvény]* single-valued; *(sav; vegy)* monohydric; *(egyvegyértékű)* monovalent; *(alkohol)* monoatomic, monohydric

egyértelmű univocal, unequivocal

egyértelműség *(mat)* uniqueness

egyerű *(kábel)* *l* **egyeres**

egyes *(egyetlen)* single; *(különálló)* detached; *(egyszerű)* simple; *(egyedi)* individual; ~ **antenna** simple antenna; ~ **fonal** single yarn, singles, individual strand; ~ **füstjárat** single flue; ~ **hajtás** individual drive; ~ **lencse** *(fényt)* single lens; ~ **selyemszál** brin; ~ **(elemi)szál** individual fibre, single strand; ~ **szalag** *(tex)* individual strand; ~ **szálak vizsgálata** single-end test; ~ **zsinór** *(távk)* single-ended cord circuit

egyesít unify, unite, aggregate, annex, combine, connex, conjoin, compact, run, coalesce, articulate; *(vill)* couple; **csappal** ~ match; **öntéssel** ~ join by casting; **(végtelen) szalaggá** ~ *(gumi)* band (out)

egyesítés joining, junction, combination, conjunction, coalescence, synthesis, conjuncture, union, interconnection; *(tex)* doubler winding, doubling; *(cérnázott fonalban)* ply; ~ **összefonással** *(tex)* splice joint; ~**ek száma** *(tex)* number of ends put-up

egyesített conjunct; *vö még* **egyesít**; ~ **díjszabás** joint rates; ~ **kondenzátor** *(vill)* gang condenser; ~ **központfúró és süllyesztő** combination centre drill; ~ **szabványos idomszer** combination standard ga(u)ge; ~ **szárnyrés- és csűrőlap-mozgatás** *(rep)* slot-and aileron control; ~ **szívó-kipufogó cső** *(gépk)* inlet-exhaust collector pipe; ~ **tárcsa és fékdob** combined beam-flange and brake ring

egyesítő connective; *vö még* **egyesít**; *(munkás, tex)* double operative, doubler

egyesítő-cérnázógép doubler twister

egyesítőgép *(tex)* doubler winder/winding frame, doubling machine/winder, doubling winder/winding frame

egyesítőkapocs shackle

egyeskép *(fényk)* frame

egyesszál-szakítógép single strand machine, single strand strength tester, single thread strength testing machine

egyesül unite, coalesce; *vö még* **egyesít**

egyesülés combination, coalition, coalescence, juncture, association, (re)connection

egyesülési: ~ **hő** combination/combining heat; ~ **reakció** *(vegy)* combination reaction

egyetemes universal, multi/general-purpose, all-purpose; *[műszer]* versatile is; ~ **asztal** *(gépt)* universal table; ~ **csavarkulcs** *(franciakulcs)* universal wrench/spanner; ~ **csipesz** bull nose pliers; ~ **csukló** *v* **tengelykapcsoló** universal/Hooke's joint; ~ **csuklós kötés** gimbal joint; ~ **ellenállás-** *v* **söntszekrény** universal shunt; ~ **erősítő** *(távk)* all-purpose amplifier (repeater); ~ **eszterga** universal lathe,

engine lathe ; ~ famegmunkáló gép variety woodworker ; ~ felületmérő idomszer universal surface ga(u)ge ; ~ fogó bull nose pliers ; ~ hengersor v hengermű universal mill ; ~ kulcs *(telef)* combination key ; ~ mérőhíd *(vill)* universal bridge ; ~ nyomólemezes nyomdai sajtó universal printing machine ; ~ orsófej universal spindle head ; ~ osztófej universal dividing head ; ~ ragasztó all-purpose adhesive ; ~ rendszerű general type ; ~ réselőgép *(bány)* longwall-shortwall cutter ; ~ satu universal vise ; ~ szerszám combination tool ; ~ szögmérő combination bevel ; ~ tapintókörző kihúzható szárakkal extension divider ; ~ tokmány universal chuck
egyetlen single ; *(mat)* solitary ; ~ alkotórészből álló *(vegy)* unary ; ~ antenna alkalmazása adáshoz és vételhez duplexing ; ~ huzal *(távk)* single wire ; ~ példányban gyártott unique
egyetrezgő záró oszcillátor single-swing blocking oscillator
egyezés coincidence, harmonizing
egyezik harmonize
egyezményes : ~ alapegység primary standard ; ~ jelkulcs *(térképen)* key words ; *(hírad)* code ; ~ művonal *(távk)* compromise network
egyező : ~ csatolás back-coupling ; nem ~ *[adatok]* inconsistent ; ~ (réteg)-dőlésű accordant
egyeztet adjust, confrom ; méretet ~ match, regulate
egyeztetés : hang és kép ~e *(hangosfilmen)* scoring
egyeztetett illesztés *[képmontázsnál]* correspondence setting
egyeztető : ~ darab master blank ; ~ hullám timing pip
egyfajta uniform
egyfalú szelvény *(hidépítésnél)* single-web section
egyfázisú single/one-phase, uniphase, monophase ; *(fényt, rád)* coherent *is* ; ~ áram *(vill)* single-phase current ; ~ áramkör single-phase circuit ; ~ diszkriminátor *(rád)* single-ended discriminator ; ~ egyenirányító single-phase rectifier ; ~ egysarkú *(kapcsoló)* single-phase single-throw, s.p.s.t. ; ~ elosztó hálózat *(vill)* single-phase distribution ; ~ fogyasztásmérő single-phase meter ; ~ generátor *(vill)* single-phase generator ; ~ háromvezetékes rendszer single-phase three-wire system ; ~ indukciós motor single-phase induction motor ; kondenzátorral indított ~ motor capacitor-start induction motor; ~ motor *(vill)* single-phase motor ; ~ rendszer single-phase system ; ~ szinkron generátor single-phase synchronous generator ; ~ transzformátor single-phase transformer ; ~ váltakozó áramú generátor single-phase alternator, monophase alternator ; ~ váltakozó áramú hálózat monophase mains, single-phase mains ; ~ váltakozó áramú tér *(vill)* single-phase alternating field ; ~ vezeték *(vill)* single-phase wiring
egyfedelű : ~ repülőgép monoplane ; ~ vitorlázó repülőgép glider monoplane
egyfedélzetű hajó single-deck vessel
egyféleképpen végezhető *(mat)* unique
egyfogalmú mutató jelző v **jelzés** one-position signal
egyfogas : ~ maró *(forg, ütőkés)* fly cutter ; ~ tekercselés *(vill)* monotooth winding
egyfogatú kordé hoy
egyfokozatú single-stage ; ~ elgőzösítő v evaporátor single-effect evaporator ; ~ erősítő *(vill)* one-stage amplifier ; ~ sűrítés *(erőg)* single-stage compression ; ~ tekercselés *(vill)* single-range winding
egyfolyadékos elem single-fluid cell
egyfonalas kelme *(tex)* single-bar cloth
egyfordításos zár single-turn lock
egyforgattyús mozdony-könyöktengely *(vasút)* single locomotive crank-axle
egyforma equiform, uniform, even, equable ; ~ anyagi tulajdonságú commaterial
egyfőtartós *(rep)* single/one-spar, monospar
egyfrekvenciás monofrequent, unifrequent ; ~ kisugárzás monofrequent radiation
egyfunkciós *(vegy)* monoatomic
egyfuratos *(gépt)* single-ported ; ~ fúvóka single-jet nozzle
egyfúvókás *(gépk)* single-nozzled, monojet
egyfürdős színezés *(tex)* one-bath dyeing, single-bath dyeing
egygépes kártrendszer single card system
egygerendás single-beam
egygombbeállítás *(rád)* single-knob control(ling), single-dial control
egygombhangolás *(rád)* single tuning, unituning, one-spot tuning ; *(több kör együttes változtatása ; rád)* ganged-circuits tuning
egygombkezeléses vevő *(rád)* one-knob receiving set
egygombvezérlés single button control
egyhajlású *(kristály)* monoclinal, uniclinal ; *(gépt)* single-taper ; ~ rendszer monoclinal/monocline/oblique system
egyhangfrekvenciás jeladás *(távk)* single-tone keying
egyhangoltkörös vevő *(rád)* single-circuit receiver
egyhangú monotone ; ~ adó *(rád)* tick ; ~ villamos kürt *(gépk)* single-note electric horn
egyharmados tetőhajlásszög third pitch
egyhasábos *(nyomda)* single-column
egyházas áramátalakító *(hegesztéshez)* one-body welding set
egyhengeres monocylindrical, single-cylinder ; ~ motor single-cylinder motor/engine ; ~ nyírógép single-cutter shearing machine ; ~ papírgép single-cylinder machine ; ~ saru *(hidépítésnél)* single-roller bearing ; ~ törő single-roll crusher
egyhornyú single-groove ; ~ fúró single-flute drill ; ~ spirálfúró single-twist drill ; ~ tárcsa v görgő single pulley
egyhullámhosszú *(rád)* uniwave, single-signal ; ~ rádióösszeköttetés uniwave signalling ; ~ vevőkészülék single-signal receiver
egyhullámú *l* **egyhullámhosszú**
egyhuzalos antenna single-wire aerial
egyhuzatú *[gőzgép]* uniflow
egyidejű simultaneous, isochronous, synchronous ; ~ adás *(keveréssel ; rád)* simultaneous transmission ; ~ adás több frekvencián *(rád)* compound signal; ~ elhalkulás *(rád)* synchronous fading ; ~ földelés *(távk)* simultaneous earthing ; ~ hang simultaneous voice ; ~leg keletkezett *(földt)* contemporaneous ; majdnem ~ *(földt)* paulopost ; ~ megmunkálás több maróval multiple milling ; ~ mozgás synchronous motion ; ~ mozgás kötőgépen movement en masse ; ~ műsoradás *(rád)* simultaneous broadcasting, s.b. ; ~ távbeszélés és távírás *(ugyanazon a vezetéken)* superposing ; ~ vétel *(rád)* simultaneous reception ; ~ vétel két antennán v két vevőn dual-diversity reception
egyidejűség synchronism ; *(mech, telev)* isochronism
egyidejűségi tényező *(at)* coincidence factor
egyiptomi : ~ gyapot Egyptian type cotton ; ~ kék *(ker)* Egyptian blue ; ~ pamutfonal Egyptian type yarn
egyirányban : ~ forgó választógép *(távk)* uniselector ; ~ teherbíró lemez *(ép)* one-way slab ; ~ végtelen *(távk)* semi-infinite
egyirányú unidirectional, one/single-way; ~ antenna unidirectional aerial/antenna ; ~ átömlésű szelep one-way valve ; ~ átvitel *(távk)* one-way transmission ; ~ csatorna *(távk)* one-way channel ; ~ erősítő *(táv)* one-way repeater/amplifier ; ~ forgalmú út single-way traffic road ; ~ forgalom traffic in one direction ; ~ forgás unidirectional rotation ; ~ hengersor non-reversing mill ; ~ kapcsoló *(vill)* single-way switch ; ~ közlekedés one-way traffic ; ~ marás *(forg)* climb/down milling ; ~ mikrofon unidirectional microphone ; ~ mozgású választógép *(távk)* uniselector ; ~ nyomó kísérlet *(talajmechanika)* unconfined compression test ; ~ repülés one-way flight ; ~ reszelő *(fa v lágy fémek reszeléséhez)* flat lead float file ; ~ tárcsa plough harrow ; ~ utca one-way street ; ~ üzem *(táv)* simplex operation ; ~ vezető képesség unilateral/unidirectional conductivity
egyjáratú füstcsatorna single flue
egyjegyű szám *(mat)* one-figure number
egyjelentésű univocal
egyjelzésű pipetta transfer pipet(te)
egykamrás *(gépt)* single-stage/chamber ; ~ fékhenger *(gépk)* single-chamber brake cylinder ; ~ gőztolattyú single steam chest valve ; ~ vízcsöves kazán egy gyűjtővel single-headed boiler
egykapájú v **egykapás horgony** *(hajó)* one-armed anchor, mooring anchor
egykarú *(gépt)* single/one-armed ; ~ emelő single-arm lever ; ~ jelző *(vasút)* single-arm/blade semaphore ; ~ lépcső *(ép)* single-flight stairs ; ~ szabályozó single-lever control ; ~ üllő single-arm anvil
egykasos szállítás *(bány)* single-cage winding
egykerekű futómű *(rep)* single-wheel undercarriage
egykeretes fűrész(telep) *(fa)* single mill
egykivezetéses pupinfazék *(távk)* single-stub loading case
egykormányú *(rep)* single-control

egykörös *(rád)* single-circuit

egyköteles single-rope, monocable; ~ **(csille)vontatás** *(bány)* single-rope haulage; ~ **kötélpálya** monocable ropeway, cableway with single rope

egykötélrendszerű *l* **egyköteles**

egykötéses: ~ **feszítőműves gerenda** *(ép)* king-post girder; *[lefelé fordított egyoszlopos függesztőmű]* inverted king post truss; ~ **függesztőmű** king post truss; ~ **függesztőműves fedélszék bak-dúccal és (taréj)szelemennel** *(ép)* purlin roof with king post and slanting studs

egykötésű *l* **egykötéses**

egykötőrendszeres kötőgép *(kh)* single-feed machine

egykristály monocrystal

egykúpos hangszóró single-cone loudspeaker

egykvantumos *(at)* uniquantic

egylakásos ház single house

egyláncos markoló single-chain grab

egylapú (görgeteg)kő *(földt)* one-edge pebble

egylemez-hangolás *(rád)* spade tuning

egylencsés mérőkamera *(fotogrammetriában)* single-lens camera

egylépcsős *(szivattyú)* single-stage; *(tex)* one-process; ~ **durva előfonó (gép)** slubber of one-process type; ~ **fogaskerék-reduktor** single-reduction gear; ~ **gyanta** *(műa)* one-stage resin; ~ **verés** *(tex)* single-process lapping/picking

egyleszedőhengeres: ~ **durva kártoló** single doffer breaker card; ~ **gyapjúkártoló** single cylinder woollen card

egylevelű rugó single spring

egylöketű: ~ **multivibrátor** *(rád)* start-stop multivibrator; ~ **szivattyú** one-shot pump

egylövetű *[puska]* single-shot

egylyukú *[fúvóka]* single-hole

egymagvas mononuclear

egymagvú *(vegy)* mononuclear

egymás: ~**hoz csatolt** *(rád)* meshed; ~**t fedő rétegek** *(bány)* superincumbent beds; ~ **felett fekvő telepek** *(bány)* superimposed seams; ~ **feletti áramlás** *(földt)* superimposed stream; ~**ba fogó zárt (szállító)lánc** grip lock chain; ~**ba fon** pleach; ~ **fölé helyezett emelőkések** *(sálszövő gépen; tex)* superimposed knives; ~**ba futó hullámokkal borított vízfelület** broken water; ~**ba futó színek nyomásnál** *(tex)* tailing; ~**ra halmoz** build up, bulk; ~**ba hatol** interpenetrate; ~**ba illeszt** butt; ~**ba kapaszkodik** *(gépt)* interlock; ~**ba kapcsolódó** *(gépt)* intermeshing, engaging; ~**t keresztező érctartalmú telér** cross spur; ~**ba keveredik** blend; ~**t kizáró ásványok** mineral antipathies; ~**ra következő** *(mat)* successive; ~**t követő** subsequent; ~**t követő sarabolók** *(bány)* tandem scrapers; ~ **közé hatolnak** *[a kondenzátor lemezei]* mesh; ~ **közötti korreláció** intercorrelation; ~ **mellett futó szabad vezetékpár** *(távk)* adjacent open wire pair; ~ **mögött elhelyezett húzó és toló légcsavarok** *(rep)* tandem airscrews; ~**ba nőtt szemcsék** interlocking grains; ~**ra nyíló ajtó** bellow-framed door; ~**ba olvadó** *(hangt)* interfluent; ~**ba olvadó színek** blending (colo(u)rs; ~**ba olvadó színhatások** *(tex)* rainbow effects; ~**ra rakódik** *(földt)* superpose; ~**ra rakott élek** super(im)posed ends; ~**ba szövődő kristályszerkezet** interlaced structure; ~**ra települ** *(földt)* superpose; ~**ba tolható** telescopic, telescoping; ~**ba tolható füstcső** *(kémény)* collapsible funnel; ~**ba tolható összekötés** *v* **csatlakozás** telescoped joint; ~**ba toló tám** *(bány)* expansion post; ~**ba tolódó futómű-dúc** *v* **-szár** *(rep)* telescopic undercarriage leg; ~**ra tolódott teleprétegek** *(földt)* fold carpet; ~**ba torkolló** *(földt)* inosculating; ~**ra torlódott rétegek** *(földt)* oversteepened beds; ~ **után elhelyezett sajtoló matricák** *(gépt)* tandem dies; ~ **után kapcsolt sarabolók** *(bány)* tandem scrapers; ~ **után következő** consecutive; ~ **után következő rétegek** *(bány)* successive layers

egymásba-akaszkodás *(gépt)* bite, engagement

egymásbaeresztés interlock

egymásbafogás *(gépt)* bite

egymásbaillesztéssel egyesít *(csöveket)* inosculate

egymásbanyúlás *(gépt)* bite, interpenetration

egymásrafutás *(furnir-illesztésnél)* overlap

egymásrahelyezés *(földt)* superposition

egymásrakövetkezés sequence, succession

egymásutáni: ~ **elhelyezés** *(gépt)* tandem; **letapogatás** *(relev)* sequential scanning

egymásután-következés succession, sequence

egymaximumú *[sugárzási görbe; rád]* single-lobe

egymenetes: ~ **csavar** *l* **egybekezdéses csavar**; ~ **eljárás** one-run process; ~ **keresőtekercs** *(rád)* single search coil; ~ **kondenzátor** *(gőzgéphez)* single condenser

egymikrofonos felvétel *(stúdióban)* single-microphone usage

egymolekulás *(vegy)* unimolecular, monomolecular; ~ **reakció** monomolecular reaction; ~ **réteg** monolayer

egymotoros single-motor/engine(d); ~ **hajtás** single-motor drive

egymozgású: ~ **kapcsológép** *(távk)* uniselector (switch); ~ **választógép** *(távk)* single-motion switch

egymutatós *(műszer)* single-needle

egynegyed *[periódus]* one-quarter

egynemű homogenous, similar, kindred; ~ **(bála)tétel** *(tex)* even-running lot; ~ **bélsugár** *(fa)* homogeneous ray; ~ **eljárás** kindred process; **nem** ~ inhomogeneous; ~ **pólusok** *v* **sarkok** *(vill)* analogous/like/similar poles

egyneműség homogeneity

egyneműsít unify, homogenize

egynevű *(mat)* correspondent

egynyílású: ~ **fúvóka** single-opening jet; ~ **(kovács)tűzifogó** single pick-up tongs

egynyírású *(mech)* single-shear, in single shear; ~ **juh** annually shorn sheep; ~ **kétsoros szegecskötés** single-shear double-rivet joint

egynyomkarimás kerék single-flange wheel

egynyomközű *v* **egynyomszélességű** single (-ga(u)ge); ~ **út** single way

egyoldalas *(ferde)* bias, skew(ed); ~ **egyenirányítás** *(vill)* one-half period rectification; ~ **egyenirányító** *[áramkör]* half-wave rectifier *[circuit]*; ~ **egyenirányító cső** half-wave rectifying valve; ~ **egyenirányított áram** half-wave rectified current; ~**an ferde illesztés** *(fa)* single-bevel joint; ~ **fűrészkeret** side log frame; ~ **idomszer** horseshoe ga(u)ge; ~ **karos felfüggesztés** *(felsővezetéké; vasút)* single-arm suspension; ~ **láncsévélő gép** *(tex)* single-faced warp winding frame; ~ **maró** half-side milling cutter; ~ **torzítás** *(táv)* bias, asymmetrical distortion; ~ **vezeték** *(gépt)* single guide

egyoldali *(meg nem fordítható)* irreversible; *l még* **egyoldalas** *és* **egyoldalú**; ~ **bevezetésű** *(távk)* single-end; ~ **megerősítés** *v* **támasz** side support; ~ **öltés** shot; ~ **ráhagyás** *(forg)* unilateral allowance; ~ **veremcsoportosulás** *(fa)* unilaterally compound pitting

egyoldalsávos *(távk)* single-sideband; ~ **adási rendszer** *(rád)* single-sideband system; ~ **adó** *(rád)* single-transmitter; ~ **átvitel** *(távk)* single-sideband transmission; ~ **rendszer** single sideband system; ~ **távbeszélő** single-sideband telephony; ~ **üzem** single-sideband operation

egyoldalsávú *l* **egyoldalsávos**

egyoldalt: ~ **bolyhozott** *(tex)* one-side napped; ~ **borított karton** *(pa)* single-lined board; ~ **hegesztett kötés** single welded joint; ~ **kaolinmázas karton** *(pa)* one-side claycoated board; ~ **mázolt** *(pa)* one-side coated; ~ **mázolt kemény postapapír** illustrated letter paper; ~ **mázolt papír** one-side coated paper, brush enamel paper; ~ **sima** *(pa)* machine-glazed/finished, single cylinder-glazed, onesided; ~ **sima antikpapír** antique glazed paper; ~ **sima dobozborító papír** box enamel-paper; ~ **sima papír** bright enamel paper, machine-glazed paper; ~ **sima papírt gyártó gép** machine for M. G. paper

egyoldalú unilateral, single-side; *l még* **egyoldalas** *és* **egyoldali**; ~ **bevezetés** *(gőzé)* single inlet/admission; ~ **elrendezés** *[utcai lámpáké]* single-side arrangement; ~ **hullámlemez** *(pa)* single-faced corrugated board; ~ **motolla** *(tex)* single reel; ~ **működésű** single-acting; ~ **nyomás alatt állott ásványok** stress minerals; ~ **rétegelhajlás** *v* **flexúra** *(földt)* one-limbed flexure; ~ **sarokvarrat** *(heg)* single-fillet weld; ~ **sarus fék** single-block brake; ~ **tűrési rendszer** unilateral tolerance system; ~ **vezérlés** *(gépt)* single guide

egyolvasztótégelyes kemence single-crucible furnace

egyorsós *(gépt, tex)* single-spindle; ~ **csavarmenetvágó gép** single bolt cutter

egyoszlopos *(gépt)* single-column; ~ **gép** single-upright/column machine; ~ **gyalugép** single-column planer

egyosztású: ~ **akna** *(bány)* one-compartment shaft; ~ **mintavevő készülék** single-split sampler

egyöntetűség evenness

egypados külfejtés *(bány)* single-bench quarrying

egypalástú hiperboloid *(mat)* single-shell hyperboloid

egypályás út single-lane road

egypászmás drótkötél one-strand rope

egypofás sínszék *v* **-saru** *(vasút)* single-jaw chair

egypólusú *(vill) l még* **egysarkú**; single-pole, monopolar, unipolar ; ~ **indukció** *(vill)* homopolar induction

egypontos szabályozó *(rád)* ladder attenuator

egypörgettyűs iránytű single gyrocompass

egypúpú görbe *(rád)* single-peaked/humped curve

egyrácsos cső *(vill)* single-grid valve, triode

egyrészes continuous, one-section, all-in-one-piece ; ~ **féktuskó** single-piece brake block ; ~ **főtartó** *(rep)* continuous spar ; ~ **süllyesztőlakat** *(tex)* single-stitch cam ; ~ **szűrő** one-section filter

egyrészű *l* **egyrészes**

egyréteges *l* **egyrétegű**

egyrétegű single-layer/ply, one-course/pass ; ~ **emulzió** *(fényk)* single-coated emulsion ; ~ **hegesztés** one-pass weld(ing); ~ **karton** *(pa)* single-ply/pulp board, cardboard made of single sheet, mill-blanc ; ~ **tekercs** *(vill)* single-layer coil ; ~ **tekercselés** *(rád)* single-layer winding ; ~ **vakolás** *(ép)* one-coat render

egyreteszű nyitható híd single-lock bridge

egyrétű *l* **egyrétegű**

egyrudas hangoló szerkezet *(rád)* single-stub tuner

egysarkú *(egypólusú)* single-pole ; ~ **biztosítódugó** *(vill)* single-pole fuse ; ~ **egyállású kapcsoló** single-pole single-throw switch ; ~ **fej** *(magnetofonnál)* single-pole piece ; ~ **földzárlat** *(távk)* simple earth ; ~ **kapcsoló** *(vill)* single-pole switch ; ~ **kétállású kapcsoló** single-pole double-throw switch, s. p. d. t. switch

egysavas bázis *(vegy)* uniacidic base

egység unit ; *(gépegység:)* set ; *[szerelvénylapra szerelt átviteli technikai készülék ; távk]* panel ; **abszolút** ~ *(vill)* absolute unit, ab-unit ; **abszolút elektrosztatikus** ~ absolute electrostatic unit, abstat unit ; **akusztikus** ~ acoustical unit ; **antennahangoló** ~ antenna-tuning unit ; **átalakító** ~ conversion unit ; **áthallási** ~ *(távk)* crosstalk unit ; **csatoló** ~ *(távk)* coupling unit ; **díjszabási** ~ *(telef)* charge unit ; **egybeépített** ~ integral unit ; **fiókos** ~ *(távk)* draw-out unit ; **fizikai** ~ physical unit ; **fűtő** ~ heating unit ; **Gauss-féle** ~ Gaussian unit ; **gyakorlati** ~ practical unit ; **Heaviside-féle** ~ Heaviside unit ; **időzítő** ~ timing unit ; **impulzusválasztó** ~ pulse-separator unit ; **indító** ~ initiating/triggering unit ; **irányszögmérő** ~ *(radar)* bearing unit ; **kettes számrendszerű** ~ *(mat)* binary unit ; **kihúzható** ~ *(távk)* drawout unit ; **kódoló** ~ *(távk)* coding unit ; **kristálydetektoros** ~ *(rád)* crystal kit ; **leszármaztatott** ~ derived unit ; **magasságmérő** ~ *(radar)* altitude-data unit ; **mágneses** ~ magnetic unit ; **mechanikai** ~ mechanical unit; **racionális** ~ rational unit ; **sorrendvezérlő** ~ programming unit ; **szabványos** ~ standard unit ; **szinkronizáló** ~ lock unit ; **szögkövető** ~ *(radar)* angle-tracking unit ; **távolságmérő** ~ *(radar)* range unit ; **természetes** ~ *(távk)* natural unit ; **tokozott** ~ metalclad unit ; **vezérlő** ~ *(vill)* control unit ; **zavarásszűrő** ~ *(rád)* antijamming unit

egységár cost per unit ; **bruttósúlyra vonatkoztatott** ~ gross unit value

egységáram *(vill)* unit current

egységáramerősség *(vill)* unit current

egységdoboz *[műszertáblán]* panel box

egységes : ~ **osztályozás** uniform grading; ~ **számrendszer** *(távk)* uniform (closed) numbering scheme

egységfeszültség unit voltage

egységgyertya standard candle

egységhiperbola *(mat)* unit hyperbola

egységhossz unit length ; ~**ra eső vonalszám ellenőrzése** *(telev)* pitch control

egységimpulzus *(vill)* unit pulse

egységkapcsoló *(vasút)* unit switch

egységköltség *(átlagos)* average unit cost

egységlökés *(távk, telev)* unit pulse

egységnyi unit ; ~ **feszültség** unit voltage ; ~ **mágnessark** unit magnetic pole ; ~ **nyomatékú erőpár** unit moment couple ; ~ **teljesítménytényező** unity power factor ; ~ **térfogatra eső erő** *v* **energia** volume power ; ~ **(vezeték)hosszra vonatkozó** *(távk)* per unit length

egységrendszer unit system

egységsáv line unit

egységtestszög unit solid angle

egységugrás *(táv, távk)* unit jump

egységvektor unit vector

egysejtes unicellular

egysejtű unicellular, single-cell(ed)

egysíkba-állítás *(nyüstszemeké ; tex)* level(l)ing the healds

egysíkú : ~ **elevátor** face-plate elevator ; ~ **keresztezés** *(távk)* point-type transposition

egysínű *(vasút)* single-rail ; *(gépt)* single-beam ; ~ **átszelés** *(keresztezések közt, csak pályasínnél ; vasút)* single-rail crossing ; ~ **daru** monorail crane ; ~ **futómacska** monorail (travelling) crab ; ~ **(függő)pálya** monorail ; ~ **(függő)vasút** runway ; *(rendszer)* overhead monorail system; ~ **mozgócsörlő** monorail hoist ; ~ **szállítólánc** monorail chain conveyor ; ~ *(görgős)* **szállítómű** monorail conveyor

egysodratú *[kötél]* unistrand

egysoros unilinear, monoline, single-row ; ~ **csillagmotor** *(rep)* single-row radial engine ; ~ **kabát** single-breasted coat ; ~ **lánc** single-bar chain ; ~ **pallóburkolat** single laying of plank covering ; ~ **szegecselés** single-row riveting ; ~ **szegecskötés** single-row rivet joint ; ~ **tompa illesztésű hevederes szegecskötés** single row/butt strap riveting

egyszájú csavarkulcs single-head spanner

egyszálas *(antenna)* single-wire, one-wire ; *(vill)* unifilar *is ; (te)* one-thread ; ~ **antenna** single-wire aerial/antenna ; ~ **fordítottan varró gép** one-thread turn shoe-sewing machine ; ~ **izzószál** single-wire filament ; ~ **lengőtekercsfelfüggesztés** unifilar suspension ; ~ **öltés** *(bőr)* sewing

egyszálú *l* **egyszálas**

egyszáras művelési mód *[paradicsomnál]* single-stem training system

egyszárnyas *l* **egyszárnyú**

egyszárnyú *(ép)* monopteral ; *(rep)* single-wing, monoplane ; *(ablak)* univalve, single-sashed ; ~ **ajtó** single door ; ~ **billenőhíd** single-leaf bascule bridge ; ~ **kefe** *(távk)* single brush ; ~ **lengőajtó** *(ép)* single door

egyszárú kétoldalas kefe *(távk)* single double-line brush

egyszékű fedélszék *(ép)* king roof

egyszelepes *(gépt)* single-valved

egyszemcsés (talaj)szerkezet single-grain structure

egyszemélyes : ~ **irányítás** *v* **vezetés** *v* **kezelés** *(gépt)* one-man control ; ~ **keskeny csónak** skiff ; *l még* **együléses**

egyszer : ~ **áthaladó** *[gőzkazánban]* single-pass ; ~ **áthúzott** *(heng)* single-pass ; ~ **behelyettesített** *(vegy)* monosubstituted ; ~ **mért vonal** *(hosszmérésnél ; geod)* single-run line ; *(szintezésnél ; geod)* single line ; ~ **nyírt** *(mech)* in single shear ; ~ **savanyú foszforsavas kalcium** secondary calcium phosphate, calcium hydrogen phosphate, calcium hydrophosphate ; ~ **selyemszigetelésű** *(vill)* single-silk-covered ; ~ **selyem-**, ~ **zománcszigetelésű** *(vill)* single-silk-enamel(l)ed ; ~ **zománc-**, ~ **pamutszigetelésű** *(vill)* single-cotton-enamel(l)ed

egyszeres : ~ **áramú üzemmód** *(táv)* single-current working ; ~ **díjszámlálás** *(vill)* single-fee metering ; ~ **érintkezésű** *(vill)* single-contact ; ~ **fogaskerék-áttételű** single-geared ; ~**en hangolt erősítő** *(rád)* simple tuned amplifier ; ~**en ionizált atomok** singly ionized atoms ; ~**en kiegyensúlyozott modulátor** *(távk)* single-balanced modulator ; ~ **lepárlás** *(egyensúlyi desztilláció)* flash distillation ; ~ **megszakítású kapcsoló** *(távk)* single-break switch ; ~ **működés** *(távk)* simplex operation ; ~**en összecsavart kötés** *(huzal stb)* simple twist joint ; ~ **palafedés** *(ép)* open slating ; ~ **pamutszigetelésű** *(vill)* single cotton-covered ; ~ **rácsozás** *(ép)* single web system ; ~ **rácsozású (gerenda)tartó** simple lattice work, single-intersection truss ; ~ **selyemszigetelésű** *(vill)* single silk-covered ; ~ **táplálású váltakozóáramú jelfogó** single-element relay ; ~ **tekercsrugó** single-coil spring ; ~ **term** *(szink)* singlet term ; ~**en törő** *(fényt)* simple/singly refracting/refringent ; ~ **üvegezésű** *(ép)* single-glazed ; ~ **vágású** *(gépt)* single-cut

egyszeri : ~ **bevonás** *v* **bevonat** single coating ; ~ **felöntés** *[ecetgyártásnál]* one-run process ; ~ **letapogatás** *(telev)* single-sweep ; ~ **lövéshez tartozó** *(geofon)* **terítés** *v* **(rezgés)terjedés** single-shot spread ; ~ **mérés** single measurement ; ~ **működésű** single-operation ; ~ **működésű multivibrátor** single-kick multivibrator ; ~

nyírás *(tex)* single clip ; **önírό készülék ~ feljegyzéssel** single-record recorder ; **~ őrlésből származó búzaliszt** straight (grade) flour ; **~ visszaverődés** *(rád)* one-hop ; *l még* **egyszeres** *is*

egyszerű simple ; *(közönséges, szokásos:)* common, ordinary ; *(nem összetett:)* simplex ; *(mat)* prime ; **~** *(peptonos)* **agar** plain agar ; **~ alátámasztású gát** *(hidr)* simply dam ; **~en alátámasztott** *(ép)* simply-supported; **~ antiklinális** *(földt)* single anticline ; **~ átlapolásos kötés** *(fa)* single-lap joint ; **~ áttörés** *(fa)* simple perforation ; **~ beépítés** *(gépt)* simple housing ; **~ beeresztés** *(fakötés)* skew notch ; **~ ciklus** plain cycle ; **~ cukor** *(vegy)* simple sugar, monosaccharide, mono(saccharo)se ; **~ csavarkulcs** single spanner ; **~ csomó** *(hajó)* thumbknot ; **~ csúcsos fűzés** *(tex)* simple point pass ; **~ deszkafal** *(ép)* single-plank wall ; **~ dipólus** simple dipole ; **~ emelő** single lever ; **~ erősítő** *(vill)* simple amplifier ; **~ eszterga** *(vezérorsó nélkül)* plain turning lathe ; **~ éter** *(vegy)* simple ether ; **~ fékszárny** *(rep)* simple wing/plain flap ; **~ ~ ferde beeresztés** *(ép, fa)* single skew notch ; **~ feszültség** *(mech)* simple stress ; **~ gép** *(mech)* simple machine ; **~ gerenda** *(ép)* simple beam ; **~ gyújtózsinór** *(egyrétegű szigeteléssel)* single-tape fuse ; **~ hajlítópróba** *(befogás nélkül; anyagv)* free bend test ; **~ (hajó)fenék** single bottom ; **~ hajtó-** *v* **szíjtárcsa** single drive pulley ; **~** *(tiszta)* **hang** simple tone ; **~ harmonikus mozgás** simple harmonic motion, s. h. m.; **~ hívás** *v* **beszélgetés** *(telef)* ordinary call ; **~ hosszláncrendszerű (felsővezeték)-felfüggesztés** *(vasút)* single catenary suspension ; **~ húsleves** *(vegy)* plain broth ; **~ ikerszivattyú** twin simplex pump ; **~ illesztés** plain fit ; **~ képtranszformátor** *(fotogrammetriában)* simple rectifier ; **~ keretantenna** magnetic(al) dipole ; **~ kötés** *(vegy)* single link(age)/bond ; **~ kötésű** *(vegy)* single-bonded ; **~ lánc(fonal)** ordinary warp yarn ; **~ lapolás** *(fakötésnél)* half lap ; **~ lapos (henger)-fenék** *(gőzgéphez)* single flat cover ; **~en legömbölyített peremű fürdőkád** plain roll tub bath ; **~ lencseantenna** unzoned metal lens system; **~ lobogócsat** *(csomózási mód ; hajó)* single band; **~mechanika iszövőgép** ordinary (power) loom ; **~ nádnyelvű fúvóshangszer** single-reed wind instrument; **~ nagyítóüveg** single magnifier ; **~ nyeregtető** *(ép)* couple roof ; **~ örvény** line vortex ; **~ összecsavart** *v* **összesodrott kötés** simple twist ; **~ párhuzamos tekercselés** *(vill)* simplex winding ; **~ párosítás** *(oltásmód)* whip grafting ; **~ rácsostartó** simple truss ; **~ rácsozás** *(ép)* single latticing ; **~ sávoly** *(tex)* simple/ordinary/regular twill ; **~ szakaszos lepárlás** simple batch distillation ; **~ szám** *v* **mennyiség** *(mat)* simple quantity ; **~ szinuszos változású mennyiség** simple-sinusoidal quantity; **~ szögmaró** single-angle milling cutter; **~ tekercselés** *(vill)* simplex winding ; **~ tűs indikátor** *(távk)* simplex needle indicator ; **~ vető** *(földt)* single fault

egyszerűsít simplify ; *(csökkent:)* attenuate ; *(kifejezést v törtet)* reduce

egyszerűsítés simplification ; *(kifejezésé v törté)* reduction

egyszerűsített : ~ helyettesítő kapcsolás *(rád, távk)* approximate/simplified equivalent circuit ; **~** *(sematikus)* **kapcsolási rajz** *(rád)* simplified scheme

egyszíjas nagynyújtás single-apron high draft

egyszíjváltásos reverzáló előtéttengely one-belt reversing gear

egyszínoldalas : ~ bársony *(tex)* Genoa velvet ; **~ kelme** *(kh)* Ferrot fabric; **~ kötés** *(kh)* Ferrot fabric

egyszintbe-hozás : tartók ~a aligning of girders

egyszintű kas *(bány)* single cage

egyszínű single-colo(u)red, monochromatic, unicolo(u)r(ed), self-colo(u)red, monotone, plain, isochroous ; **~ fény** homogeneous/monochromatic light ; **~re fest** *(bőr)* tone off ; **~ lánc** *(tex)* single-colo(u)red warp ; **~ minta** *(tex)* design in self-colo(u)r ; **~ nyomás** *(nyomda)* monochrome ; **~ papír** self-colo(u)red paper ; **~ sugárzás** monochromatic radiation

egyszínvonalbeli betorkollás *(szivattyún)* accordant junction

egytagú *(mat) fn* monome ; *mn* monomial ; *(gépt)* single-stage/section ; **~ szűrő** *(rád, távk)* single-stag/section/mesh filter

egytárcsás single-sheaved/pulley, monodisc ; **~ borona** single-cut disc harrow; **~ emelőcsiga** *v* **horogszerkezet** single-sheaved block ; **~ hajtás** single-pulley drive ; **~ olajos tengelykapcsoló** single wet-plate type clutch ; **~ orsószekrény** single-pulley headstock ; **~ száraz tengelykapcsoló** *(gépk)* single dry-plate clutch, s. d. p. clutch ; **~ tengelykapcsoló** single-disc clutch

egytartós *(ép)* single-beam

egytégelyes kemence *(ker, koh)* single-crucible furnace

egytéglás fal *(ép)* whole-brick wall

egytekercses gombolyítás *(vill)* unicoil winding

egytelepes vevő *(rád)* single battery receiver

egytengelybe-állító tövis *v* **rúd** *(gépt)* aligning bar

egytengelyű uniaxial ; **~ forgóállvány** *(vasút)* pony truck

egy-terelőlapos *(vasúti)* **hóeke** single-cheek snow plough

egytermes autóbusz single-deck bus

egytestű bepárló berendezés single-effect evaporator

egytizenhatod ívnagyság *(nyomda)* sextodecimo

egytörzsű *(rep)* single-fuselage

egytűs *(gépt, tex)* single-needle ; **~ iránytűrózsa** single compass card/rose

egytűsmezős : ~ szalagnyújtó gép *(tex)* gillbox, gilling machine ; **~ végnyújtó gép** *(tex)* finisher gill box

egytűsoros : ~ körkötő gép *(kh)* sinker top machine ; **~ kötés** *(kh)* jersey fabric ; **~ kötésű kelme** *(kh)* jersey stitch

egyujjas kesztyű mitten(s)

egyúszós (vízi)repülőgép single-float (sea)plane

egyutas : ~ egyenirányítás half-wave rectification ; **~ egyenirányító** *(rád)* half-wave rectifier, H. W. rectifier ; **~ feszültségkettőző** half-wave doubler; **~ kapcsolás** *(rád)* one/single-way circuit

együléses *fn* *(gép)* single-seater ; *mn* single-place ; **~ versenykocsi** monoposto

együtemű multivibrátor *(vill)* one-shot multivibrator

együtésű csengő single-stroke bell

együtközős *(vasút)* single-buffer

együtőkaros verőgép *(tex)* single scutcher

együtt : ~ haladó *(gépt)* parallel--running; **~ hangolódó áramkörök** *(rád)* ganging circuits ; **~ létező** co-existent

együttállás *(csill)* conjunction

együttcsatolás *(rád)* back-coupling

együttélés *(biol)* symbiosis

együttes simultaneous, co-operative ; **csatlakozó furatok ~ dörzsárazása** line reaming ; **~ ellenállás** *(vill)* joint resistance ; **~ forgás** co-rotation; **~ látszólagos ellenállás** *(vill)* mutual impedance ; **~ lepárlás** *(vegy)* condistillation

együttfutás *(rád, távk, telev)* synchronism, synchronous running ; *[párhuzamos vezetékeké:]* parallelism; *(hangolt köré:)* tracking ; **~** *(közös frekvenciára hangoltság)* **szabályozása** *(rád)* gang control

együttfutási : ~ frekvenciák *(szupervevőben ; rád)* cross-over frequencies ; **~ jel** *(telev)* phasing signal

együttfutás-kefe *[rádió-vevő állomásskáláján]* cross-over

együttfutás-szabályozás *(rád)* ganged control

együttfutó választógép *(táv)* selector--repeater

együttfuttatás *[hangolt köröké]* tracking

együtthangzás assonance, resonance

együtthatás simultaneous action

együttható coefficient, multiplier, factor; *l még* **tényező** ; **abszorpciós** *v* **elnyelési ~** coefficient of absorption, absorption coefficient ; **átszűrődési ~** permeability ; **belső súrlódási ~** coefficient of viscosity ; **diffúziós ~** diffusivity, diffusion coefficient ; **disszociációs ~** coefficient of dissociation ; **ellenállási ~** *l* **ellenállástényező** ; **fajlagos elnyelési ~** coefficient of mass absorption ; **felületi hőtágulási ~** coefficient of flat expansion ; **hangelnyelési ~** acoustic absorption coefficient ; **(hő)kiterjedési** *v* **hőtágulási ~** coefficient of (thermal) expansion ; **hősugárzási ~** coefficient of heat radiation ; **kihasználási ~** coefficient of utilization ; **kohéziós ~** coefficient of cohesion ; **koncentrációs ~** coefficient of concentration ; **lineáris hőtágulási ~** coefficient of linear expansion ; **mágnesezési ~** coefficient of magnetization ; **megegyezési ~** coefficient of agreement ; **oszcillációs ~** coefficient of oscillation ; **sebességváltozási ~** coefficient of speed variation ; **szélsötétedési ~** *(csill)* coefficient

of limb-darkening ; **teltségi** ~ *(hajó)* coefficient of fullness ; **térfogati hőtágulási** ~ coefficient of cubic expansion ; **terjedési** ~ propagation constant ; **ütközési valószínűségi** ~ probability coefficient for collision ; **vezetőképességi** ~ coefficient of conductivity ; **viszonossági** ~ coefficient of correlation ; **visszaverési** ~ coefficient of reflection
együttjárás beállítása *(rád)* gang adjustment
együttműködés coaction, interworking
együttműködő coacted, mating ; ~ **felület** *(gépt)* mating face ; ~ **hálózatok összekötése** *(vill)* grid connection ; ~ **profil** *(gépt)* mating profile
együttrezgő vezeték *(vill)* equifrequent conductor
együttülepedés coprecipitation ; ~ **szerint osztályozott termék** *(koh)* spigot product
együttzeng resonate
együttzengő resonator
egyvágányos *v* **egyvágányú** *(vasút)* one-track, single-line ; ~ **ereszke** *(bány)* single slope ; ~ **híd** single-track/line bridge ; ~ **pálya üzemvitele** *(vasút)* operation of single track ; ~ **üzem** *(vasút)* one/single-track/line working/operation/traffic; ~ **vasút** single-line railway ; ~ **vonal** *(vasút)* single line
egyvágóélű *(forg)* single-cut(ting) ; ~ **fúró** single-cutting drill
egyvájatos single-channel
egyvállas nyomócsapágy single-collar thrust bearing
egyváltozós függvény function of/with one variable
egyvégű : ~ **csúszókefe** *(telef)* single wiper ; ~ **villáskulcs** simple-ended spanner
egyvegyértékű univalent, monovalent, monad
egyvegyértékűség univalence, univalency
egyvetélős sima szövőszék single-box/-shuttle loom
egyvezetékes : ~ **átvitel** G-string transmission line ; ~ **átviteli rendszer** G-string transmission line ; ~ **keresztfej** single crosshead ; ~ **keresztfejpálya** single-slide bar guides ; ~ **távíróvonal** single-wire telegraph line ; ~ **vonal** single line
egyvezetékű *l* **egyvezetékes**
egyvezetős kábel *(vill)* single-core cable
egyvonalas ábra *v* **kapcsolási vázlat** *(távk)* one/single-line diagram
egyvonalba eső co(l)linear
egyvonalban *(hajó)* abreast ; ~ **elhelyezett** aligned ; ~ **elhelyezett antennarendszer** colinear array
egyvonal-menti fúrás *(forg)* line drilling
egyvonalú single-line, co(l)linear, unilinear
egywattos lámpa one-watt lamp
egyzárású szelep single valve
egyzsinóros központ *(távk)* single cord (switch)board
ehető edible
ehrenbergit *(ásv)* ehrenbergite
Eibisch-cukor marshmellow
eifeli emelet *(földt)* Eifelian stage
eikozán *(vegy)* eicosane, didecyl
Einstein—Bose féle statisztika *(at)* Einstein—Bose statistics

ejektor ejector, kick-out, kicker, eductor ; *(puskán:)* ejector
ejektoros légritkító vacuum ejector
éjhatás *(rádiónavigációban)* night effect
éjjeli : ~ **adási frekvencia** *(rád)* night frequency ; ~ **(akadály)jelzés** *(rep)* night marking (of obstruction) ; ~ **átvitel** *[ionoszférikus viszonyok ; rád]* night-time coverage ; ~ **csengő** night bell ; ~ **díjszabás** night tariff ; ~ **égboltfény** *(met)* airglow ; ~ **futópálya** *(rep)* night-operation runway ; ~ **iránymérési hiba** *(rád, rep)* night effect ; ~ **lámpa** night lamp, watch-light ; ~ **látcső** night glass ; ~ **leszállás** *(rep)* night landing ; ~ **munkás** night worker, nightman ; ~ **műszak** night-shift ; ~ **nyomjelző** *(kat)* night tracer, n. tr.; ~ **nyomjelző lövedék** night tracer bullet ; ~ **repülő-kiképzés** night-flying instruction ; ~ **repülőtérkép** *(rep)* night-flying chart ; ~ **terhelés** *(vill)* night load ; ~ **térhullám** *v* **hullámhossz** *(rád)* night wave ; ~ **(úszó)mécs** night/rush-light, watch-light ; ~ **váltás** *v* **műszak** night pair/shift/change ; *(bány)* backshift ; ~ **váltásban dolgozó** night worker, nightman ; ~ **vízmelegítés** *(vill)* domestic off-peak water heating
éjjeliőr-ellenőrző óra controller
éjjel továbbított mérsékelt árszabású rádiótávirat night letter
éjszakai *l* **éjjeli**
ejtés drop(ping); *(buktatással:)* tumbling
ejtő drop(ping); ~ **döngölő** drop stamp ; ~ **ellenállás** *(rád)* series resistor ; ~ **kalapács** *l* **ejtőkalapács** ; ~ **keménység** rebound/shore hardness ; ~ **kovácsolás** drop forging ; ~ **süllyeszték** drop die ; ~ **tartály** *l* **ejtőtartály**
ejtőakna fallway
ejtőcsiga drop(ping) worm
ejtőcső descent pipe, downcomer, chute ; *(lepárlás:)* down spout ; ~ **szellőzője** anti-syphonage pipe
ejtőék *(bány)* go-devil
ejtőernyő *(rep)* parachute, (air)chute ; ~ **combhevederei** leg straps ; ~**vel felszerelt világító lövedék** parachute-type starshell ; ~ **függesztőkötelei** shroud lines ; **gyűrű alakú** ~ annular parachute ; **hason hordott** ~ ventral parachute ; **háton hordott** ~ back pack parachute, back-type parachute, dorsal parachute ; ~ **kezelőkötele** central handling line ; ~ **kioldókötele** release/rip cord ; ~**vel ledobott utánpótlás** parachute supply ; **önműködő kioldású** ~ dripping-type parachute ; ~ **rántása kinyiláskor** opening shock ; ~ **szelelőnyílása** vent; **ülés-típusú** ~ chair (para)chute
ejtőernyő-bekötő : ~ **horog** snap hook ; ~ **zsinór** static line
ejtőernyő-burkolat *(rep)* parachute canopy
ejtőernyő-hajtogató *v* **-összerakó** *(személy)* parachute rigger
ejtőernyő-heveder (parachute) harness
ejtőernyőkészlet *(rep)* parachute set
ejtőernyő-kioldó kötél parachute release/rip cord
ejtőernyő-középnyílás parachute vent
ejtőernyőkupola *(rep)* calotte, canopy

ejtőernyő-rántás nyiláskor opening shock
ejtőernyős *fn* *(rep)* (para)chutist ; ~ **báb** parachute dummy ; ~ **bomba** parachute-bomb ; ~ **csapatszállító repülőgép** paratroopship ; ~ **kutatóléggömb** parachute ballon ; ~ **leszállás** (para)chute drop/descent ; ~ **ugrás** parachute drop/jump ; ~ **világítóbomba** *v* **fáklya** parachute flare ; ~ **világítógyertya** float-light
ejtőernyőtartó zsinórzat parachute shroud lines
ejtőernyő-tok travel(l)ing bag
ejtőernyőugrás (para)chute drop/jump ; **késleltetett** ~ delay drop
ejtőernyő-ugrótorony *(rep)* parachute beacon
ejtőernyőzsák *(rep)* parachute bag
ejtőernyőzsinór *(rep)* top cord
ejtőfék *(emelőn)* catching brake
ejtőfúró *(bány)* jumper
ejtőgolyós viszkoziméter falling-ball viscosimeter
ejtőkalapács lift/drop hammer, block-hammer ; *l még* **kalapács** ; **hevederes** ~ strap hammer ; ~ **súrlódódeszkája** *v* **súrlódólapja** board (of drop hammer); **súrlódódeszkás** ~ drop board hammer, board drop hammer
ejtőkeménységi próba *v* **vizsgálat** rebound/shore hardness test
ejtőlemez *(lánckötő gépen; tex)* fall plate
ejtőmű stamp, scull cracker
ejtőműves daru ram crane
ejtőolló : **fúró** ~ *(mélyfúráshoz)* drill jar
ejtőprés drop press
ejtőpróba *(anyagv)* drop test ; *(billentő:)* tumbler test
ejtőszelvény *(hidr)* gradient section
ejtőszér *(bány)* free-falling classifier
ejtőszilárdsági próba drop test
ejtőtartály *(gépk, rep)* overhead bin, gravity tank
ejtőtartályos adagolás gravity feed
ék *(ált)* wedge, spud ; *(hossznyirású ; gépt)* tapered gib, taper key ; *(keresztnyirású ; gépt)* wedge ; *(hengeres ék ; csap:)* pin ; *(orr:)* nose ; *(csapszeg:)* bolt pin ; *(ütköző:)* detent pin ; *(léc, kapocs:)* cleat ; *(összekötő:)* cotter ; *(kiugrás:)* cog ; *(tuskó:)* chock ; *(ékelés:)* wedging ; *(bány)* slip, block, brob ; *(nyomda)* slewer ; **ácsolt illesztések merevítésére szolgáló** ~ *(ép)* angle block ; ~ **alakú** *l* **ékalakú** ; **állító** ~ adjusting key ; ~ **behajtása** driving-in of a key ; ~**et bever** wedge, drive a wedge ; **csavarral állítható** ~ screw wedge ; ~ **és ellenék** gib and cotter ; **érintős** ~ Lewis/tangent key ; **fészkes** ~ inserted key ; ~ **gerendakötésnél** joggle ; **hornyos** ~ *(beverő)* driving key ; ~ **és kalapács** *(nagydarabos kőzet felaprózására)* plug and leather ; **kerek** ~ round key ; **keresztnyirású** ~ wedge ; ~ **kihajtása** driving-out of a key ; **körszelvényű** ~ circular key ; **lapos** ~ parallel key, key on/let ; ~ **lejtése** *v* **hajlásszöge** taper of key/wedge ; **lejtős** ~ taper key ; **matricarögzítő** ~ *(alak)* die-clamping dog ; **négyzetes** ~ Kennedy key ; **nyerges** ~ saddle key ; **orros** ~ gib-headed key ; **rugós** ~ coiled key ; **Woodruff**~semi-circular key, Woodruff key

ékalakú V/wedge-shaped, tapered, canted, cuneiform, cuneal ; *(biol)* cuneate, cuneiform ; *[zárvány ; ásv]* cuneiform ; ~ **befűzési rend** *(tex)* point pass ; ~ **befűző borda** *(tex)* V-wraithe ; ~ **csap(olás)** *(fa)* tapered tenon ; ~ **cséveállvány** *(tex)* open creel, V-shaped creel ; ~ **féksaru** *(vasút)* rim wedge ; ~ **forrasztóvarrat** gun welder ; ~ **fűzés** *(tex)* herring-bone drafting ; ~ **lépcsőfok** spandrel/winding step, winder ; ~ **nyakkivágás** *(kh)* V-neck ; ~ **rés** *(színk)* wedge slit ; ~ **rostélyrúd** wedge bar ; ~ **sávoly** *(halszálka ; tex)* turned/angled twill, herring-bone twill/weave ; ~ **sorvégző féltégla** *(ép)* king closer ; ~ **tégla** *(ép)* V/radial-shaped brick ; ~ **tömbökbe öntött foszfor** wedge phosphor(us)
ékalakzat *(rep)* Vee/V-formation
ékalátét *(szerszámgépen)* locking strip
ékbehajtó készülék *(gépt)* wedge driver
ékbetét *(gépt)* gib
ékbetörés *(bány)* wedge cut
ékbevágás key slot
ékbeverő kalapács drift hammer
ékdarab wedge piece
ékdeszkaburkolat drop siding
eke *(mzg)* plough ; **élesorrú** *v* **hegyes élszögű** *v* **hosszú kormánylemezű** ~ beak plough ; ~ **kormánylemeze** earthboard
ekeacél *(koh)* plough steel
ekebergit *(ásv)* ekebergite
ekeborona *(tárcsás)* plough harrow
ekecsoroszlya co(u)lter of a plough, slade
ekefej *(mzg)* sock
ekegerendely plough beam, share beam of plough
eke-keret carrier of plough
ékel wedge ; *l még* **ék**
ékelés wedging, keying ; *l még* **ék** ; ~ **gerendakötésnél** joggle
ékelési *l* **ékelő**
ékeletlen loose
ékelő : ~ **gépelem** wedge piece ; ~ **kalapács** *(bány)* ringer ; ~ **munkás** *(bány)* wedger ; ~ **nyomaték** *(mech)* wedging moment
ékelődő : ~ **görgő** *(szabadonfutóban ; gépk)* jamming roller ; ~ **illesztés** drive fit, drive/(medium-)keying fit
ékelőgép plug and leather
ékelt wedged, fixed, fast ; ~ **csapolás** foxtail wedging ; ~ **dob** fixed drum ; ~ **fecskefarkú csap** wedged dovetail tenon ; ~ **ferdefogas rálapolás** *(fakötés)* oblique scarf with wedge ; ~ **gerenda** joggle beam ; ~ **hüvely** *(gépt)* keyed bush ; ~ **kőkötés** joggle joint ; ~ **kötés** *v* **rúdcsatlakozás** *(gépt)* slot/cotter joint ; ~ **szíjtárcsa** working sheave ; ~ **tárcsa** *(gépt)* fast/tight pulley ; ~ **tartó** *(ép)* trussed beam
ékeltsoros falazás joggle work
ekemélység-szabályozó plough ga(u)ge
ekenád *(mzg)* spade
ékerősítés weedging
ékes : ~ **betörőlövések** *v* **robbantólyukak** *(bány)* key-cut holes ; ~ **fogó készülék** wedge grip gear ; ~ **kötés** *(fa)* cotter joint ; ~ **mechanizmus** *(gépt)* straight-wedge mechanism ; ~ **tolózár** plug wedge
ekeszarv *(mzg)* ploughtail
ekeszarv-fogantyú *(mzg)* staff
eketaliga plough fore-carriage
eketalp *(mzg)* sole
eketest stock, skife, plough bottom ; **mélyszántó** ~ deep tillage bottom
ekevas (plough) share, earthboard, sock, blade, jumper ; ~ **hátsó része** share wing ; **kis** ~ co(u)lter
ekevasköszörülő gép plough grinder
ekevas-orr share point
ekevas-szárny share wing
eke-vetőgép *(kombinált)* drill plough
ékfa lid
ékfelület wedge surface
ékferdeség *(mech)* taper/slope (of key/wedge/cotter)
ékfogazás *(gépt)* serration ; ~ **osztása** serration pitch
ékfogazású : ~ **furat** serrated bore/hole ; ~ **tengely** serrated shaft
ékfotométer *(csill)* wedge photometer
ékfúró chisel bit, drift
ekgonin *(vegy)* ecgonine
ékgyűrű tapered collar
ékhornyos keyslotted, featheredged ; ~ **lendkerék** grooved flywheel
ékhorony *(gépt)* key-seat/slot/way/groove/bed/hole, splineway
ékhoronyfúró cotter drill
ékhoronyfűrész key saw
ékhoronygyalu spline shaper
ékhorony-idomszer keyway/spline ga(u)ge
ékhoronyléc *(gépt)* key-seat rule
ékhoronymaró keyway cutter ; ~ **gép** slot/spline-and-keyway milling machine
ékhoronyvágó keyway chisel
ékhoronyvéső készülék keyway attachment
ékítmény ornament
ékkapocs wedge (action) clamp
ékkiverő : ~ **szerszám** key driver ; ~ **véső** drift punch
ékkötés *(ép, gépt)* keying, keyed joint
ékléc fillet
ekliptika *(csill)* ecliptic ; ~ **mozgása nyugati irányban** retrograde motion
eklogit *(földt)* eclogite
éknyílás *(gyalun)* mouth
ékoldal wedge surface
ékpálya *(gépt)* *l* **ékhorony**
ékpályahúzó tüske keyway/slot broach
ekrazit ecrasite
ekrü szín *(tex)* ecru
éksarkú *(cipő)* cosy ; ~ **fordított varrott házicipő** comfy
éksarok *(lapos alapzattal ; cipő)* ordinary wedge ; *(rövid:)* spring heel
éksarus fék *(vasút)* expanding wedge brake
éksatu taper vise
ékszelvény *(rep)* diamond profile
ékszercsatocska *(láncon v karkötőn)* snap (hook)
ékszerdoboz cabinet
ékszerészolló jeweller's snip
ékszerészsikattyú pin vise
ékszermérleg bullion balance
ékszertok jewel case
ékszerű *l* **ékalakú**
ékszíj V/vee(-)rope/belt(ing); **csuklós** ~ articulated V-belt ; **pikkelyes** ~ articulated V-belt
ékszíjhajtás vee-belt drive
ékszíjtárcsa V-belt sheave/disc/pulley ; *(hűtőventillátor hajtására ; gépk)* fan pulley
ékszög *(forgácsolószerszámé)* cutting angle, angle of keenness
éktámasz *(gépt)* knife-edge ; ~ **raktárnyílásponyva leszorítására** *(hajó)* hatchway cleat
éktégla concave brick ; *l még* **ékalakú tégla**
ektogán zinc peroxide (with an equal quantity of zinc oxide), ektogan
ektoplazma ectoplasm
éktömb wedge block
éktuskó *(ácsolt illesztések merevítésére)* angle block
ékutánállító *v* **-szabályozó felszerelés** *(gépt)* wedge-adjusting equipment
ékvágó tű *(cipő)* wedge ; *(hosszú:)* cross ; *(keskeny:)* narrow cross/wedge
ekvátor *l* **egyenlítő**
ekvatoriális : ~ **ágyazás** *(csillagászati távcsőé)* equatorial mounting ; ~ **tehetetlenségi nyomaték** equatorial moment of inertia
ékverő cotter driver
ékvezeték *(gépt)* slot guide, coulisse
ekvidenzit *(fiz)* equidensitic curve/line
ekvilenin *(vegy)* equilenine
ekvimolekuláris equimolecular
ekvipartíció equipartition
ekvipotenciál- *l* **ekvipotenciális**
ekvipotenciális equipotential ; ~ **felület** equipotential surface ; ~ **fűtésű katód** *(rád)* indirectly heated/equipotential cathode ; ~ **görbe** *(geod, mat)* equipotential curve ; ~ **vonal** *(hidr, mech)* equipotential line
ekvivalens equivalent, tantamount ; ~ **hígítás** equivalent dilution ; ~ **kapacitás** *(rád)* equivalent capacity ; ~ **tápvonaldarab** *(rád)* equivalent periodic line ; ~ **vezető képesség** equivalent conductivity
ékzsinór *(gépt)* vee rope
él edge ; *(szél, szegély:)* list ; *(borda, gerinc:)* spur ; *(ép)* arris ; *(fa)* edge ; *(levágott profil:)* batter ; ~**ével** edgewise ; ~**ére állít** set on edge, cant; ~**ére állított forduló** *(rep)* vertical turn, vertical bank(ed turn); **belépő** ~ *(rep)* leading edge ; *(erőg)* inlet edge ; ~**ben csatlakozó hornyok** sharp flutings ; **csonka** ~ *(fűrészárué)* wane ; **durva** ~ burr ; ~ ~ **ellen** *(malom)* sharp to sharp ; ~**lel előre** edgeways ; ~**et elvesz** disedge ; ~**ével felhegesztett** toe-welded ; **ferde** ~ bevel ; **ferdére vágott** ~ chamfer edge ; ~ **hát ellen** *(malom)* sharp to dull ; **hátsó** ~ back edge ; **hegyesszögű** ~ *(szerszámon)* bevel ; **kiálló** ~ *(ép)* bossage ; **kilépő** ~ *(rep)* trailing edge ; *(erőg)* outlet edge ; **kiugró** ~ *(ép)* arris ; **legjobban kiálló** ~ *(ép)* culminating edge ; **letompított** *v* **lesarkított** ~ *(ép)* bevel cant/edge ; ~ **mentén** edgewise ; ~ **nélküli varrótű** *(cipő)* cloth, round ; **talpkeret** *v* **ráma** ~**e** *(cipő)* seam
elágasodás *(fa)* ramification, spray
elágazás *(ált:)* ramification ; *(ág:)* branch ; *(kitérés:)* offset ; *(kétfelé:)* forking, bifurcation ; *(oldalvonal:)* branch. line ; *(bány, vasút)* junction, lye ; *(távk)* derivation wire ; *(vill)* arm (branch), junction ; *(csővezetéknél:)* tap joint ; **folyó** ~**a** divarication ; **ideiglenes** ~ *(vasút)* flying junction ; ~ **jobbra** *(vasúti*

vágányé) right turn-off ; ~ **kétfelé** bifurcation ; ~ **nélküli lánc** *(vegy)* linear chain
elágazási : ~ **frekvencia** *(távk)* *l* **váltófrekvencia** ; ~ **kör** *(rád)* tree circuit, branch-off circuit ; ~ **pont** point of divergence ; *(távk)* branch point ; ~ **váltó** diverging switch, branch-off switch ; ~ **veszteség** *(csővezetékben)* loss in bends
elágazásjelző *(vasút)* junction signal
elágazik ramify ; *(kétfelé:)* fork, (bi)-furcate ; *(vill)* branch out
elágazó ramifying, branching ; *(kétfelé:)* forked, furcate, (bi)furcating ; *(fa módjára:)* arborescent ; ~ **anyag** *(vill)* branching apparatus ; ~ **áramkör** forked circuit ; ~ **csatorna** diversion canal ; ~ **cső** branch/bifurcated pipe, pipe branch ; *(szivattyúhoz:)* branch (connecting) pipe; ~ **csőidom** forked tube ; ~ **csővezeték** *(szivattyúhoz)* branch passage ; ~ **doboz** *(vill)* distributor/junction branch/box, box junction ; *l még* **elosztó** ; ~ **feltörés** *(bány)* branch raise ; ~ **fúvóka** *(szivattyún)* branch nozzle ; ~ **gödörke** *(fa)* ramiform pit ; ~ **heveder** forked strap ; ~ **hüvely** *(távk)* branching jack ; ~ **kábel** branch cable ; ~ **lánc** *(vegy)* forked chain ; ~ **lejtő** *v* **lejtés** *(földt)* broken chute ; ~ **műszer-áramkör** leg ; ~ **szekrény** *(vill)* *l* **elágazó doboz** ; ~ **szénlánc** branched chain ; ~ **szerkezet** *(kristályban)* branch structure ; ~ **szívócső** *(gépk)* inlet manifold ; ~ **támoszlop** forked stanchion ; ~ **vágány** *(bány)* branch tunnel ; ~ **vágat** *(bány)* branch road ; ~ **vezeték** *(vill)* derivation/branch wire
elágazódás *l* **elágazás** ; *(földt)* skew, virgation, surcle
elágazódik *l* **elágazik**
elágaztat *l* **elágazik**
elaidinsav elaidic acid
elainsav oleic acid, oleine
elakad *(hiba miatt országúton ; gépk)* get stranded
elakadás *(gépt)* jamming
elállít *(gyújtótávolságot)* defocus
elállítható : ~ **lapát** *(gépt)* adjustable blade ; ~ **szegnyereg** *(gépt)* adjustable head (stock)
elállítódottlégcsavar out-of-pitch airscrew
eláraszt drench, deluge, flush (out), flood, drown, float ; **cementtel** ~ float in with cement ; **(cserző)-gödröt** ~ *(bőr)* fill the tanpit with liquor ; **fénnyel** ~ floodlight
elárasztás flushing, flooding, overrun-(ning), inundation, submersion ; *(mzg)* flooding
elárasztási rendszer *(bány)* flood system
elárasztható floodable, immersible ; ~ **hosszúság** floodable length
elárasztó : ~ **berendezés** deluge set ; ~ **csap** *v* **szelep** flood cock
elárasztott partvonal *(földt)* shore line of submergence
elasztikus *l* **rugalmas**
elaterit *(ásv)* elastic bitumen
elavul become obsolete
elavult épület obsolete building
elbomlás decomposition ; **spontán** ~ autodecomposition, spontaneous decomposition
elbont *(ép)* take/pull down ; *(vegy)* break down, decompose
elbontó készülék *(vegy)* decomposer
elborít *(folyadékkal:)* suffuse
elcukrosít *(vegy)* saccharify
elcukrosítás *(vegy)* saccharification
elcsattant *[billentyűt]* release
elcsattantó billentyű release trigger
elcsavar twist, distort, wrench, wreathe ; *(rádiót:)* turn off
elcsavarás torsion, twist ; ~ **szöge** *(rep)* angle of twist
elcsavarható hajlékony kapcsoló torsionally flexible coupling
elcsavarodás torsion(al) deflection ; *l még* **elcsavarás**
elcsavarodási szög angle of torsion
elcsavarodott : ~ **gyűrődés** *(földt)* contortion folding ; ~ **rétegek** *(földt)* contorted strata
elcsavart szárny *(rep)* twisted airfoil
elcsettent lövés hang-fire
él-csíkragasztó gép *(pa)* strip-and-edge-glu(e)ing machine
élcsiszolt faragott kőfalazás drafted (stone) masonry
elcsomagol embale, pack(et)
elcsúszás *(anyagv)* gliding ; *(földt)* detrusion ; *(rád)* wandering ; *(vill)* slip ; *[filmvetítésnél:]* misframe ; **lassú** ~ *(folyás ; mech)* creep ; **lejtős** ~ downhill creep
elcsúszásgátló kötés *v* **kapcsolás** *(gépt)* no-slip joint
elcsúszási : ~ **hasadás** *(földt)* strainslip cleavage ; ~ **sík** *(alak, ásv)* slip plane ; ~ **szög** *(anyagv, mech)* gliding angle
elcsúszásmentes *(illesztés)* friction tight
elcsúszás-vonalak előhívása maratással *(anyagv)* strain-line etching
elcsúszik slide, glide, creep
elcsúsztatható : ~ **bütyök** sliding cam ; ~ **dioptrakeret** *(geod)* sliding vane ; ~ **kocsiemelő** traverse lifting jack
eldörzsöl scuff, polish away
eldugaszol choke/block up, clog, obstruct
eldugul block up, obstruct, obturate, close ; *(gépk)* be clogged/plugged
eldugulás choking, fouling, closing, obturation ; *(bány)* sticking ; *(csőé:)* pipe choking
eldugult choked, closed, obturated ; ~ **folt a szitán** *(pa)* blind spot
elefántcsont ivory
elefántcsontfehér ivory white
elefántcsontkarton *(pa)* ivory cardboard, ivory-board/card
elefánt(csont)papír ivory(-board) paper
elefántcsontszerű eburnine
elefántcsontszín ivory ; *(tex)* ecru
elefántcsontutánzat-karton *(pa)* imitation ivory-card
elefántfül *(háromszögletű szellőzőablak ; gépk)* ventilating panel
elégés combustion, burn(ing) ; **tökéletes** ~ complete/ideal combustion ; **tökéletlen** ~ incomplete combustion
eléget burn ; **hirtelen** ~ *(deflagrál)* deflagrate
elégetés combustion, burn(ing) ; *(gyújtás:)* ignition ; *(kalanderhengeré ; pa)* burning ; *(agyonégetés, acélé:)* dead burning, perishing, scorching
elégetési fok *(atomreaktorban)* burn-up
elégetett : ~ **acél** burnt steel ; ~ **fém** burnt metal
elégető elemzés *(vegy)* combustion analysis
elégett *(koh)* burnt ; ~ **durvaszemcsés acél** fiery steel
éléggő : ~ **papír** combustible paper ; ~ **szivarkapapír** combustible cigarette paper
elégtelen insufficient, unsatisfactory, scanty, inefficient ; ~ **állékonyságú** *(vegy)* under-stable ; ~ **bakelizál(ó-d)ás** *v* **vulkanizálás** undercure ; ~ **betonvasalással készült** *(ép)* under-reinforced ; ~**ül cserzett bőr** hungry leather ; ~ **csillapítás** *(rád)* underdamping ; ~ **exponálás** *v* **megvilágítás** *(fényk)* under-exposure ; ~ **fedés** *(képtávirásnál)* underlap ; ~ **(fel)töltés** *[szivattyúé]* underpriming; ~ **gerjesztés** *(vill)* underexcitation ; ~ **hegesztés** lack of penetration ; ~ **írezés** *(tex)* under-sizing ; ~ **keverés** undermixing ; ~ **kezelés** *(cementé ; gumié)* undercure ; ~**ül kiegyensúlyozott** *[dugattyús gép]* out-of-balance ; ~ **kötegelés** *(klisztroné)* underbunching ; ~**ül melegített** underheated ; ~ **tartósítás** *[nyersbőré]* inadequate curing ; ~ **vágás** *(hangfelvételé)* undercutting
elegy composite, stock ; *(keverék:)* mixture ; *(koh)* burden, charge ; *l még* **adag** ; *(vasút)* train ; **korom alapú** ~ carbon black stock
elegyarány *(koh)* burden ratio
elegyberakó gép *(koh)* charger
elegyenget plain, trim, flatten, dress, strike, rase, level
elegyes promiscuous ; ~ **erdő** mixture by single trees
elegyfeldolgozás *(angol tolatásnál ;vasút)* varding-in transit
elegyfelvevő képesség *(koh)* charging capacity
elegyhozam *(koh)* burden yield
elegyít blend, compound, alloy ; *(koh)* burden
elegyítés blending, mixing ; ~ **egységesítés céljából** *(gumi)* blending
elegyíthetetlen immiscible
elegyítő *(gyúró ; gumi)* kneader ; ~ **berendezés** *(gumi)* bulking equipment ; ~ **készülék** commingler ; ~ **tartály** blending hopper
elegykeverő *(ép, vegy)* batch mixer
elegykristály *(ásv)* mixed crystal
elegynyersvas charge pig iron
elegyösszeállítás blending
elegyrész intermixture ; *(koh)* addition ; **járulékos** ~**ek** *(kőz)* accessories ; **jellemző** ~ *(ásv)* essential mineral
elegysugár *[gázelegy]* combined jet
elegysúly *(bruttó súly)* gross-weight ; *(elegy súlya ; vasút)* traction load
elegyszén *(bány)* rash
elegytérfogat *(koh)* charge volume
elegytoló kocsi *(koh)* charging barrow
elegytonnakilométer *(vasút)* gross ton-kilometre
elegyviszony *(koh)* burden ratio
eleje *(ruh)* front
elektoral *(merinó)* **gyapjú** saxony wool
elektroacél electric steel
elektroakusztika electro-acoustics
elektroakusztikai electro-acoustic(al)
elektroakusztikus electro-acoustic(al) ; ~ **átalakító** *(rád)* electroacoustic transducer

elektrobusz *(villamos autóbusz)* electrobus

elektród electrode ; *(elemben:)* half-cell *is* ; *[kristályon ; távk]* plating ; *(pólus:)* pole ; **begyújtó** ~ keep-alive electrode ; **bevont** *v* **burkolt** ~ coated electrode ; **cserélhető** ~ non-continuous electrode ; **csupasz** ~ bare electrode ; **elektroncsoportosító** ~ buncher ; **elektrongyűjtő** ~ target; **félkör alakú** ~ *(ciklotronban)* dee-electrode ; **földelő** ~ grounding electrode ; **gyorsító** ~ accelerating electrode ; **gyűjtő** ~ collecting electrode ; **indító** ~ trigger electrode ; **ívhegesztő** ~ arc-welding electrode ; **kisütő** ~ active/discharge electrode ; **kitérítő** ~ deflecting electrode ; **kötegelő** ~ *(rád)* buncher ; **~ok közti átvezetés** interelectrode leakage ; **~ok közti kapacitás** interelectrode capacitance ; **negatív** ~ negative electrode, cathode; **~nélküli** electrodeless ; **önkiégető** ~ self-baking electrode, Soederberg electrode ; **ponthegesztő** ~ point electrode ; **pozitív** ~ anode, positive electrode, anticathode ; **vezérlő** ~ control electrode

elektróda *l* **elektród**

elektród-alakzat configuration of electrodes

elektródáram electrode current

elektród-beégetés preburning of electrode

elektród-ellenállás electrode resistance

elektródfelület electrode surface

elektród-feszültségesés electrode drop

elektródfeszültség-növekmény electrod potential increment ; **~ek hányadosa** mu factor

elektródfogó *(hegesztéshez)* electrode holder

elektro-diagnosztika electrodiagnosis

elektród-impedancia electrode impedance

elektrodinamika electrodynamics

elektrodinamikus electrodynamic ; ~ **egység** electrodynamic unit ; ~ **hangszóró** dynamic loudspeaker ; ~ **mikrofon** dynamic microphone ; ~ **műszer** electrodynamic instrument ; *(rád, távk)* electrodynamic instrument ; ~ **pick-up** dynamic pick-up

elektrodinamométer electrodynamometer

elektródkar : ~ **kinyúlása** *(heg)* throat depth ; ~ **nyílása** throat opening

elektródkivezetés electrode terminal

elektródközi kapacitás *[vákuumcsőben]* inter-electrode capacitance

elektródláb *(rád)* stem, foot

elektródlengetés *(heg)* weaving

elektródmentes electrodeless

elektródpotenciál electrode potential

elektródrendszer *(rád)* electrode system

elektród-szór(ód)ás electrode dissipation

elektródtartó *(hegesztéshez)* electrode holder

elektródtávolság electrode spacing ; **~ot szabályozó készülék** *[ívlámpán]* electrode adjustor

elektrofonikus hatás electrophonic effect

elektrofor electrophorus

elektroforézis electrophoresis

elektroforézises electrophoretic

elektroformálás electroforming

elektrogalvanikus electrogalvanic

elektrohidraulikus electrohydraulic ; ~ **befogó készülék** electrohydraulic fixture ; ~ **emelő berendezés** electrohydraulic elevator

elektrokardiográf electrocardiograph

elektrokardiogram electrocardiogram, E. C. G.

elektrokémia electrochemistry

elektrokémiai electrochemical ; ~ **egyenérték** electrochemical equivalent ; ~ **(feszültség)sor** electrochemical (potential) series ; ~ **regisztrálás** electrochemical recording

elektrokinetika electrokinetics

elektrokord electrochord

elektrokorund alundum

elektrokultúra electro-culture

elektrolit electrolite, electrolyte, electrolytic conductor

elektrolitikus electrolytic ; ~ **ampermérő** electrolytic ammeter, Bastian meter ; ~ **analízis** electroanalysis ; ~ **bomlás** electrolytic decomposition, electrolysis ; ~ **cella** electrolytic cell ; ~ **egyenirányító** liquid/electrolytic rectifier, electrochemical valve ; ~ **fotocella** liquid cell ; ~ **fürdő** electrolysis bath ; ~ **képtávíró** telectrograph ; ~ **kondenzátor** electrolytic condenser ; ~ **lerakódás** *v* **bevonat** electrodeposit ; ~ **maratás** electrocautery ; ~ **redukció** electrolytic reduction ; ~ **szaggató** electrolytic/ Wehnelt breaker ; ~ **szétválasztás** electrolytic parting/separation ; ~ **túlfeszültség** electrolytic excess voltage, electrolytic vervoltage

elektrolit-kondenzátor electrolytic capacitor/condenser ; **nedves** ~ wet electrolytic condenser/capacitor ; **száraz** ~ *(rád)* dry electrolitic capacitor

elektrolitkondenzátor-papír electrolytic condenser tissue paper

elektrolitos *l* **elektrolitikus**

elektrolit-papír *(diafragmához)* electrolytic paper

elektrolitréz *(koh)* electrolytic copper

elektrolit-tartály electrolytic tank

elektrolitvas *(koh)* electrolytic iron

elektrolit-vörösréz cathode copper

elektrolizáló *(berendezés)* electrolyzer ; ~ **fehérítő oldatok előállítására** electrolyzer for bleach liquors

elektrolizátor electrolytic cell, electrolyzer ; ~ **mozgatható higanykatóddal** moving mercury cathode cell ; **üvegbúrás** ~ bell cell

elektrolízis electrolysis

elektromágnes electromagnet ; **behúzó** ~ sucking/plunger electromagnet ; **fazék alakú** ~ pot electromagnet ; ~ **fegyverzete** electromagnet armature ; ~ **gerjesztőtekercse** electromagnet coil; **háromoszlopos** ~ E-shaped electromagnet ; **húzó** ~ tractive electromagnet ; **köpenyes** ~ ironclad/jacketed electromagnet ; **nagylöketű** ~ long-pull/-stroke electromagnet ; **patkó alakú** ~ horseshoe electromagnet ; **pillanatműködésű** ~ momentary-duty electromagnet ; **reteszelő** ~ interlocking electromagnet ; **rögzítőcsapos behúzó** ~ stopped coil electromagnet ; ~ **szárnya** limb of electromagnet

elektromágneses electromagnetic(al) ; ~ **eltérítés** *(telev)* electromagnetic deflection ; ~ **erősáramú zaj** *(távk)* magnetic noise ; ~ **erővonal** electromagnetic line of force ; ~ **erővonalkapcsolás** *(rád, távk)* electromagnetic linkage ; ~ **fék** electromagnetic brake ; ~ **felvevő(fej)** *(rád)* electromagnetic record(ing) head ; ~ **gyújtó** (electro)magnetic cap ; ~ **hajtás** magnetic(al) gearing ; ~ **hallgató** *(távk)* moving-iron receiver, Bell receiver ; ~ **hangszedő** *(rád)* electromagnetic pick-up ; ~ **hullám** electromagnetic wave ; ~ **hullámok szór(ód)ása** scattering of electromagnetic waves ; ~ **jelfogó tekercs** relay coil ; ~ **kapcsolású forgatónyomaték-mérő** magnetic-coupled torquemeter ; ~ **kioldó(szerkezet)** *v* **kioldás** magnet cut-out, electromagnetic trip ; ~ **légréses nyúlásmérő** magnetic(al) strain ga(u)ge ; ~ **lencse** (electro)magnetic lens ; ~ **működtetésű súrlódófék** (electro)magnetic brake ; ~ **rendszer** electromagnetic system ; ~ **reteszelés** *(rád, távk)* electromagnetic locking ; ~ **sínfék** electromagnetic slipper brake ; ~ **spektrum** *v* **színkép** electromagnetic spectrum ; ~ **sugárzás** electromagnetic radiation ; ~ **szelep** magnet valve ; ~ **szolenoidfék** solenoid brake; ~ **szóródás** *(rád, távk)* electromagnetic leakage ; ~ **távolbahatás** *(távk)* magnetic induction ; ~ **(tengely)-kapcsoló** *(gépt)* electromagnetic clutch

elektromágnesretesz *(távk)* clutch lock

elektromágnesség electromagnetism

elektromágnesség-tan electromagnetics

elektromechanika electromechanics

elektromechanikai electromechanic(al) ; ~ **hajtás** electromechanical drive ; ~ **rezgésváltó rendszer** *(távk)* electromechanical converting system ; ~ **szintszabályozás** *(távk)* electromechanical level control ; ~ **szűrő** *(távk)* electromechanic filter ; ~ **teljesítmény** electrical horse-power, E. H. P. ; ~ **vezéroszcillátor** *(rád)* electromechanical drive

elektromechanikus *l* **elektromechanikai**

elektromérnök electrical engineer

elektrométer electrometer

elektrométer-szál fiber of an electrometer

elektrometria electrometry

elektrometrikus electrometric(al) ; ~ **mérés** electrometry

elektromobil electromobile

elektromos electric(al) ; *l még* **villamos** ; ~ **fehérítés** electric bleaching

elektromosság electricity ; *l még* **villamosság**

elektromotor electromotor ; ~ **elégése túlterhelés miatt** burn-out

elektromotoros electromotive ; ~ **erő** electromotive force, e. m. f. ; ~ **hajtás** electric (motor) drive

elektron electron ; ~ **kilépése** departure of electron ; **~ok kötegelése** *(klisztroncsőben)* electron bunching ; **kötött** ~ bound electron ; **~t leadó vegyszer** electronating agent ; **szabad** ~ free electron ; **~ok szétszóródása tértöltés miatt** *(rád)* space-charge debunching ; **~ok vándorlása** migration of electrons

elektron- electron, electronic

elektron-affinitás electron affinity

elektronágyú electron gun ; ~ **első lencséje** cathode lens

elektronáram thermionic current
elektronáramlás stream of electrons, electron stream(ing) ; *(rád)* electron flux ; **szűk, sugárszerű ~** electron jet
elektronáram-sűrűség electron current density
elektronarkózis electronarcosis
elektron-átcsoportosulás electron rearrangement ; **~ által előidézett tautomeria** electromerism
elektron-befogás electron capture
elektron-befogási tényező *[ionizált gázban]* recombination coefficient
elektronbombázás cathodic/electron bombardment, bombardment by electrons
elektronburok electron shell/cloud
elektroncsapda *(lumineszkáló anyagban)* electron trap
elektroncsatolás electron coupling, e. c.
elektroncsatolásos *v* **elektroncsatolású : ~ oszcillátor** *(rád)* electron-coupled oscillator ; **~ szabályozás** *v* **vezérlés** electron-coupling control, E. C. C.
elektroncsomó *[klisztronban]* bunch
elektroncsoportok *(távk)* bunches of electrons
elektroncsoportosító *(kötegelő)* **elektród** *(távk)* buncher
elektroncső (radio/electric) valve/tube, thermionic valve, vacuum tube, V. T., electron(ic) tube, ionic valve ; *l még* **cső** ; **egyrácsos ~** one-grid valve ; **gyorsulásmérő ~** *(rád)* accelerometer tube ; **~ illesztőcsapja** aligning plug ; **izzókatódos ~** hot-cathode tube ; **~ katódvillanása** flash ; **közvetett fűtésű ~** heater-cathode tube ; **közvetlen fűtésű ~** hot-cathode tube ; **lökés- és rázásbiztos elektroncső** *(rád)* rugged (ized) electron tube; **~ ohmos belső ellenállása** direct plate resistance ; **szabványfoglalatú kis búrájú ~** bantam tube ; **~ szárazelemhez** *(rád)* dry-cell tube ; **telepes fűtésű ~** battery tube ; **többrácsos ~** multigrid tube ; **visszatérítőlemezes ~** backing plate tube
elektroncső-árnyékoló valve shield
elektroncsőbúra envelope
elektroncsőfej valve base
elektroncsőfejelő gép *(rád)* basing machine
elektroncsőfoglalat valve socket
elektroncső-karakterisztika valve/tube characteristics
elektroncsöves valve, (vacuum-)tube, thermionic-valve ; **~ adó (készülék)** *(rád)* valve transmitter ; **~ egyenirányító** thermionic/valve/electron rectifier, vacuum-tube rectifier ; **~ erősítő** vacuum-tube amplifier, thermionic/valve amplifier ; **~ generátor** electron tube generator ; **~ hangolás** electronic tuning ; **~ hullámmérő** vacuum-tube wavemeter ; **~ jelfogó** *v* **relé** vacuumtube relay, valve/thermionic relay ; **~ kapcsoló** vacuum-tube switch ; **~ mérőműszer** electronic instrument ; **~ mikrométer** electronic micrometer ; **~ motorfordulatszám-szabályozó** electronic revolution number controlling device ; **~ műszer** electronic/thermionic instrument ; **~ számláló** *(rád)* electronic counter ; **~ vevő(készülék)** *(rád)* valve receiver ; **~ voltmérő** electronic voltmeter
elektroncsővizsgáló készülék valve tester
elektron-elhajlás electron diffraction
elektron-elmélet electron theory
elektronelvonó szer de-electronating agent
elektronemisszió electron emission ; *(rád)* thermionic emission, electron evaporation, emission of electrons ; **~ által létrejött áramvezetés** thermionic conduction
elektron-energiaszint electron energy level
elektronfelesleg excess electron, negative charge
elektronfelhő electron cloud, cloud/swarm of electrons
elektronfelvevő electron acceptor
elektron-fém electron (metal)
elektronfluxus electron flow
elektronfókuszolás electron focussing
elektronforrás *(rád)* electron source
elektrongáz electron gas, plasma
elektrongyorsító induction accelerator, betatron
elektronhéj (electron) shell ; **betöltött ~** closed shell ; **zárt ~** closed shell
elektronhiány electron defect
elektronhiány-mozgás hole migration
elektronhiány-mozgékonyság hole mobility
elektronhiány-vezetés *(félvezetőben)* hole conduction
elektronhiány-vezetőképesség hole conductivity
elektronhullámok electron waves
elektronika electronics, electronic engineering ; **repülő ~** avionics
elektronikus electron(ic), thermionic ; **~ akna-** *v* **fémkereső** *(műszer)* radio metal locator ; **~ átfutási idő** electron transit time ; **~ erősítő** electronic amplifier ; **~ grafikus számológép** electronic analogue computer ; **~ gyorsító** electron accelerator ; **~ helyzetdiagram** Applegate diagram ; **~ hőmérsékletszabályozási rendszer** thermautostat ; **~ impulzus-számláló** electronic pulse counter ; **~ jelfogó** *v* **relé** electron/thermionic relay ; **~ képkereső** electronic view finder ; **~ lencse** electron lens ; **~ műszer** electronic instrument ; **~ nedvességmérő** electronic moisture meter ; **~ önműködő kommutátor** electronic automatic switch ; **~ számolás** electronic counting ; **~ számológép** electron brain, (electronic) computer ; **~ szintszabályozás** *(távk)* electronic level control ; **~ vezérlésű** electronically controlled
elektron-izomeria electron isomerism
elektronjelfogó electron relay
elektronkapcsoló *(rád)* electronic switch
elektronkép electron image
elektronkihasítás de-electronation
elektronkisülés electron discharge
elektronkitérítés deflection of the electrons
elektronköd cloud of electrons
elektron-kölcsönhatás correlation/interaction of electrons
elektronkötegek *(távk)* bunches of electrons
elektronkötegelő buncher ; **többfokozatú ~** cascade buncher
elektronlavina electron avalanche
elektronlencse electron lens ; **mágneses ~** electromagnetic lens ; **villamos ~** electrostatic lens
elektronlencse-rendszer electron lens system
elektronmikroszkóp electron microscope; **~ lencséje** electron lens
elektron-mikroszkópia electron microscopy
elektronmozgás movement of electrons, electron movement
elektronmozgási törvények *(rád)* laws of electron behavio(u)r
elektronnyaláb electron beam/bundle, bundle/beam of electrons
elektronnyaláb-áramerősség beam current
elektronoktett electron octet
elektronoptika electron optics
elektronos electronic, thermionic
elektronötvözet electron (metal)
elektronpálya electron path/trajectory/orbit
elektronpályák *(számítási)* **módszere** *(at)* electron-orbit method
elektronperdület spin
elektronrelé vacuum-tube relay
elektronrezgés pendulum motion of electrons
elektron-sávok *(at)* electron bands
elektronsebesség speed/velocity of electrons
elektronsodródás electron drift
elektronsokszorozás electron multiplication
elektronsokszorozó electron multiplier ; **~ cső** electron-multiplier (tube) ; **fényvillamos ~ cső** multiplier phototube ; **~ fokozat** electron-multiplier stage ; **~ körben elrendezett elektródokkal** circular multiplier ; **~ számláló** electron multiplier counter
elektronsugár electron ray/beam/pencil, beam of electrons
elektronsugáráram cathode-ray current
elektronsugárcső cathode-/electron-ray tube
elektronsugár-energia electron-beam energy
elektronsugár-generátor electron-beam generator
elektronsugárzás electronic radiation
elektronsűrűség electron density
elektronszámlálás electron/negative counting
elektronszámláló *fn* electron counter ; **~ cső** electron-recording tube
elektronszerkezet *(at)* electronic structure
elektronszextett electron sextet
elektronszóródás electron dissipation, debunching ; **~ helyesbítése** debunching correction
elektron-tehetetlenség electron inertia
elektron-teleszkóp electron telescope
elektrontöltés electron charge, charge of an electron
elektrontöltés-tömeg-arány electron *charge/mass* ratio
elektronütközés *(at)* electronic collision
elektronvegyérték electrovalence
elektron-vezetőképesség *(félvezetőkben)* p-type conduction
elektron-volt electron-volt
elektro-nyersvas electric pig iron
elektrooptika electro-optic
elektro-ozmózis electroosmosis
elektro-ozmózisos electro-osmotical ; **kolloidok ~ dekantálása** electrodecantation

elektropneumatikus electropneumatic, E.P. ; ~ **fék** electropneumatic brake ; ~ **szelep** electropneumatic valve ; ~ **vezérlés** electropneumatic control
elektrosherardizálás electrosherardization
elektroszkóp electroscope
elektroszkóp-lemez electroscope leaf
elektrosztatika electrostatics
elektrosztatikai electrostatic
elektrosztatikus electrostatic ; ~ **áramerősségegység** statampere ; ~ **árnyékolás** *(rád)* electrostatic shielding ; ~ **csatolások** *(rád)* electrostatic couplings; ~ **csöves portalanító** pipe precipitator ; ~ **egység** electrostatic unit, E.S.U. ; ~ **ellenállásegység** statohm ; ~ **eltol(ód)ás** electrostatic displacement ; ~ **ernyő** Faraday/electrostatic screen/shield ; ~ **festékszórás** electrostatic painting ; ~ **feszültségegység** statvolt ; ~ **hangszedő** condenser pick-up ; ~ **hangszóró** condenser/ electrostatic loudspeaker ; ~ **hengeres ernyő** Faraday's wire cylinder ; ~ **induktivitásegység** stathenry ; ~ **kapacitásegység** statfarad ; ~ **kapcsolás** electrostatic coupling ; ~ **kitérítés** *(telev)* electrostatic deflection ; ~ **koncentráció** electrostatic focussing; ~ **lencse** electrostatic lens ; ~ **magasságmérő** *(rep)* capacity altimeter ; ~ **mérőműszer** electrostatic instrument ; ~ **mértékrendszer** electrostatic system of measurement ; ~ **mező** electrostatic field ; ~ **mikrofon** capacitor/condenser microphone ; ~ **műszer** electrostatic instrument ; ~ **rendszer** electrostatic system ; ~ **távolbahatás** *(távk)* electric induction; ~ **tér** electrostatic field ; ~ **töltésegység** statcoulomb ; ~ **töltésmennyiség** quantity of electrostatic charge ; ~ **visszacsatolás** electrostatic feedback ; ~ **voltmérő** electrostatic voltmeter
elektrosztenolízis electrostenolysis
elektrosztrikció electrostriction
elektrotechnika electrical engineering
elektrotechnikai electrotechnic(al) ; ~ **porcelán** electric porcelain ; ~ **réz** H.C. copper
elektrotechnikus electrician
elektroterápia electro-therapeutics
elektroterápiás kezelés electro-therapeutical treatment, medical ionization
elektrotermia electrothermics
elektrotíp electrotype
elektrotípia electrotype
elektrotípiai electrotype, cast (block)
elektrovas electric iron
elektrum electrum
élelmezési szakértő *v* **kutató** nutritionist
élelmiszer food(stuff) ; ~**ek** provisions, comestibles, victuals ; ~ **kalóriaértéke** fuel value in food
élelmiszercsomagoló : ~ **karton** food board ; ~ **papír** wrapper for provision, food wrapper
élelmiszerfagyasztó (gép) food freezer
élelmiszerfestékek food colo(u)rs
élelmiszergyártás food processing
élelmiszerhűtő (gép) food freezer
élelmiszeripari gumi foodstuff rubber
élelmiszerjegy-papír ration card paper
elem *(ált, vill)* element ; *(cella)* cell ; *(vegy)* element ; *(alap:)* principle ; *(egység:)* unit ; *(tag:)* member ; ~**ek** *(részletek)* details ; **emlékező** ~ *(számológépnél)* storage unit ; **ezüstkloridos** ~ *(vill)* chloride-of-silver cell ; **feltöltött** ~ *(vill)* charged cell, banked battery ; **földes** ~ earth cell ; **gázdepolarizátoros** ~ cell with gaseous depolarizer ; **kihúzható elektródos** ~ *(vill)* plunge cell ; **kisütött** ~ *(vill)* exhausted cell ; **krómsavas** ~ chromic acid cell ; *(bikromátos)* bichromate cell ; **lúgos** ~ *(vill)* alkaline cell ; **marónátronos** ~ *(vill)* caustic soda cell ; **mintázati** ~ *(futófelületen) (gumi)* block ; **normál** ~ *(vill)* standard cell ; Weston cell ; Clark cell ; ~**ekből összetett vascölöp** *(ép)* sectional steel pile ; **szalmiáksós** ~ *(vill)* sal-ammoniac cell ; **timsós** ~ *(vill)* alum cell ; **vas-cink** ~ *(vill)* oxide-of-copper cell ; ~ **vegyértéke** (active) valency ; ~ **vegyértéke adott vegyületben** actual valency
elemakna *(vill)* battery well
elemállvány cell insulator
elemelkedik *(repülőgép)* become airborne, get unstuck
elemes : ~ **kódrendszer** *(távk)* digital code system ; ~ **szállítószalag** pan conveyor
elemez *(vegy)* analyse, dissect, decompose ; **ércet mennyiségileg** ~ assay
elemgörgők *(szállítószalagon)* apron rolls
elemi elementary, elemental, prime ; ~ **analízis** *(vegy)* ultimate analysis ; ~ **antenna** elementary aerial/antenna ; ~ **dipól(us)** *(rád)* elementary doublet/ dipole ; ~ **felület** *(mat)* surface element ; ~ **hatáskvantum** quantum of action ; ~ **hullám** elementary wave ; *(részhullám ; rád)* partial wave ; ~ **jel** *(táv)* signal unit ; ~ **mágnes** molecular magnet ; ~ **összetétel** *(szerves kémia)* ultimate composition ; ~ **rács** *(ásv, koh)* elementary (crystal) cell ; ~ **részecske** particle, element(ary particle) ; ~ **sejt** unit cell ; ~ **szál** *(tex)* staple fibre ; *(selyem, műselyem)* filament ; *(drótkötélben)* wire ; ~ **szál érettsége** fibre maturing/maturity ; ~ **szál (fajlagos) feszültsége** unit fiber stress ; ~ **szál finomsága** *(tex)* fibre fineness ; ~ **szál hosszmérése** stapling ; ~ **szálköteg** *(tex)* staple ; ~ **szálszakadás** fiber fracture ; ~ **szál szakítószilárdság** fibre strength ; ~ **szál vizsgálata** fibre testing ; ~ **talajrészecskék** prime particles (of soil) ; ~ **térfogat** volume element ; ~ **térrács** *l* **elemi rács** ; ~ **töltés** *(at)* elementary charge
elemiszén-tartalmú carbonic
elemlemez *(száraz)* battery board
elempár *(vill)* couple
elemsor *(vill)* range, battery
elemsoros : ~ **kazán** sectional boiler ; ~ **radiátor** partitioned radiator
elemvizsgáló cell tester
elemzés analysis, analysing ; **izzítócsöves** ~ blowpipe analysis ; **kilúgzó** ~ analysis by elutriation ; **kvalitatív** ~ qualitative analysis ; **kvantitatív** ~ quantitative analysis ; **mennyiségi** ~ quantitative analysis ; **minőségi** ~ qualitative analysis ; **polarográfiai** ~ polarographic analysis ; **spektroszkópiai** ~ spectrographic analysis ; **térfogatos** ~ titration, titrimetry, volumetric analysis
elemzési minta assay, sample
elemző *fn* analyzer ; *(személy)* analyst
elenged *[jelfogó]* release
elengedés *(jelfogóé)* release ; *[távíróbillentyűé]* opening
elengedési : ~ **áram** *[jelfogóé]* releasing current ; ~ **feszültség** *[elektromágnesnél]* release voltage ; ~ **idő** *(távk)* releasing/release time
elengedett : ~ **kormányok** *(rep)* loose controls ; ~ **kormánnyal** *(rep)* hands-off
elengedő *(vill) l* **elengedési**
élénk *(szín)* vivid, bright ; *(ált:)* alive ; *(fény:)* intense ; *(fényes, izzó)* bright, glowing ; ~ **(el)égés** rapid combustion ; ~ **piros** bright red ; ~ **színű** *[színezék ; tex]* brilliant ; *(pa)* high-colo(u)red
élénkít vitalize ;
élénkítés *(tex)* avivage
élénkítő *(tex)* brightener
élénkség *(színé)* brightness
élénkvörös izzás *(koh)* bright red heat
elenyésző evanescent
eleolit *(ásv)* elaeolite
eleonorit *(ásv) l* **beraunit**
eleoptén *(ol)* el(a)eoptene
elér *(célt)* win, reach ; *(vhová)* arrive at ; *(mértéket)* amount ; **csúcsmagasságot** ~ *(rep)* hit the ceiling
elereszt release, set free, move down
eleresztés release
elérhetetlen out-of-reach
elérhető available ; *(bány)* amenable
elérhetőség availability, reach
elernyedés *(ált, gumi)* relaxation
elernyeszt relax
elért földrajzi hosszúság *(hajó)* longitude in
éles *(ált)* sharp ; *(hegyes)* pointed, copped ; *(forg)* keen *is ; (átható)* penetrant, penetrating ; *(hang)* penetrant, eager ; *(kanyar)* narrow, sharp ; *(szerszám)* sharp, acute, fine ; *(éllel bíró)* edge-type ; ~**re állítás** *(képé ; telev)* phasing ; ~ **bedőlés** sharp bank ; ~ **(csavar)menet** triangular thread ; V-thread ; ~ **fej** *(torpedón)* warhead ; ~ **forduló** sharp turn ; *(rep)* tight turn, sharp bank ; ~ **fül** sharp ear ; ~ **hajlás** *(fonalhullámon ; tex)* sharp kink ; ~ **hang** sharp tone ; ~ **hangolás** sharp tuning ; ~ **hangolású** sharply tuned ; ~ **huzat** *(tüzelésnél)* keen draught ; ~ **impulzus** *(távk)* spike pulse ; ~ **irányított-ság** *(rád)* high directivity ; ~ **ív** *v* **kanyar** *(útépítésnél)* narrow curve ; ~ **kanyar** *(gépk)* sharp/tight bend/ corner/turn, narrow/steep curve ; ~**re kopott** sharp-worn ; ~ **koronájú bukógát** sharp-crested weir ; ~ **körvonalú árnyék** sharp shadow ; ~ **levágás** *(rád)* sharp cut-off ; ~ **levágású cső** *(rád)* sharp cut-off tube ; ~ **lőszer** live ammunition ; ~ **lövedék** live shell ; ~ **menet** *(csavaron)* triangular thread ; V-thread ; ~ **nyomvonal** sharp trace ; **önműködő** ~ **hangolás** *(rád)* automatic tuning ; ~ **peremű (kiömlő) nyílás** sharp outlet, knife orifice ; ~ **sarkú** sharp edged ; ~ **sarkú épületfa** sharp timber ; ~ **sarok** sharp corner ; ~ **sugárkévé** *(fényt)* narrow beam ; ~ **szegélyű nyílás** sharp orifice ; ~ **szél** *(papíron)* feather edge ; ~ **szélű** sharp-edged ;

~ **szélű kanál** sharp scoop ; ~ **szemcséjű homok** sharp snad/grit ; ~ **szemcséjű homokkő** grit stone ; ~ **szemcséjű homokpor** gritty dust ; ~ **szemcséjű talajszerkezet** gritty consistence ; ~ **(színképvonal)sorozat** sharp series ; ~ **szöglet** *(mat)* sharp corner ; ~ **szögletű** sharp-edged ; ~ **szögű** sharp-set ; ~ **szögű hajófenék** sharp bilge ; ~ **taréj** *(gerincvonalon ; földt)* sharp crest ; ~**en tart** keep keen ; ~ **tőkére épített hajó** sharp-built vessel ; **töltények** service ammunition ; ~ **utcaforduló** sharp corner ; ~**en vágó szűrő** *(távk)* sharp-cut-off filter

élesít *(ált)* sharpen ; *(élez:)* edge ; *(fűrészfogat)* sharpen ; *(köszörül)* grind ; *(szerszámot)* dress, sharpen, whet, trim ; *(szíjon)* strop ; **bombát** ~ arm the bomb ; **hamvast** *v* **meszest** ~ *(bőr)* mend, sharpen (the lime)

élesítés sharpening ; *vö* **élesít**

élesítési : legkedvezőbb ~ **időköz** *(fa)* optimum trimming interval

élesített sharp(ened), whetted

élesíthető : nem ~ **fúrófej** throwaway bit

élesítő *fn* sharpener

élesítőgép *(cipő)* knife-grinding machine

élesítőszer *(bőr)* sharpening agent

élesítőtárcsa *(pa)* sharping burr

élesmenet triangular thread, V-thread

élesség sharpness, keenness ; *(ízé)* acerbity

élességi határok limits of sharpness

éleszt *(tüzet)* trim, inflate

elészterezés *(vegy)* esterification

elészterezési fok degree of esterification

élesztő yeast, barm ; **alsó-** *v* **fenékerjedésű** ~ bottom yeast ; **kórokozó** ~**k** disease yeasts

élesztő- yeast, barmy

élesztőadenilsav yeast adenylic acid

élesztő-főzet yeast decoction

életfenntartó takarmányadag *(mzg)* maintenance ration

élethű *(visszaadás ; rád)* high-fidelity

életképtelenné tesz devitalize

életközösség symbiosis

életlen *(szerszám)* dull, blunt ; *(kép)* blurred, out-of-focus ; ~ **oldal** *(szerszámé)* flat ; ~**né válik** dull

életmentő lökhárító *(vasút)* life-guard bumper

életrekeltés *(rajzfilm)* animation

életszint *(biol)* plane

élettan physiology

élettani physiological ; ~ **hatású magvak** vita-rays ; ~ **romlás** *(bot)* breakdown

élettartam *(forg)* durability, (working/service/useful) life ; *(gépt)* endurance, machine life ; *[áramköri elemé]* life ; **átlagos** ~ *(rádióaktív atomoké)* average life

élettartamcsökkenés loss of life

élettartamkísérlet length-of-life test

élettartamtényező life factor

élettartamvizsgálat life test

élettelen anyag dead matter

életveszély-elhárítási hívás *(távk)* call concerning the safety of life

elevátor elevator ; *l még* **emelő** *és* **felvonó** ; **burkolt** ~ casing elevator ; **gémes** ~ boom stacker ; **görgős** ~ ball elevator ; **gyorsjárású serleges** ~ centrifugal discharge elevator ; **hevederes** ~ belt elevator ; **láncos serleges** ~ chain and bucket elevator, chaplet elevator ; **nyitott hevederes serleges** ~ belt and bucket elevator without casing

elevátorserleg bucket

elevátorszalag elevator belt ; ~ **karja** elevator boom ; ~ **ürítőtölcsére** elevator hopper

elevátorszalaghajtó lánc elevator drag chain

elevátorszalagrakat *(bány)* elevator flight

eleven *(tűz)* active ; ~ **erő** *(mech)* kinetic energy, impetus ; ~ **fonal** *(tex)* lively yarn

elévült *[kéreg ; bőr]* from old mature trees

élez *(ált)* edge ; *l még* **élesít** ; *(bőr)* skive, feather ; *(fa) l* **szélez** ; *(forg)* grind, hone ; **követ** ~ *(útépítésnél)* pitch ; **újból** ~ *(forg)* regrind

élezés edge work, edging ; *l még* **élesítés** ; *(bőr)* skiving ; *(serfelés)* feathering ; *(forg)* grinding ; **ismételt** *v* **újbóli** ~ *(forg)* regrinding

élezési szög grinding/sharpening angle

élezőgép sharpening/edging machine ; *(cipő)* skiving machine ; *(pa)* machine for bevel shears, bevelling machine ; ~ **orr, kéreg és lágyék élezéséhez** *(cipő)* skiving machine for top caps, stiffeners and counters

élezőgyalu *(fa)* border plane

élfa *(kantfa)* canttimber

elfajulás degeneration

elfajult görbe *(mat)* degenerated curve

elfajzás *(mzg)* degradation

elfalaz wall (up) ; **égetőkemencét** ~ cut the kiln

elfalazás *(ép)* walling (up), immuration

elfáradás *(anyagv)* fatigue ; *(mágnesé)* maturing

elfásítás lignifying, lignification

elfásodás lignifying, lignification

elfásodik lignify

elfásodott len chaffy flax

elfátyolozódás *(távk)* masking

elfed *(rést)* blank off ; *(hangt, rád)* mask

elfedési : ~ **audiogram** masking audiogram ; ~ **hatás** *(rád)* blanket effect ; ~ **küszöb** *(hangt)* mask threshold ; ~ **színkép** masking spectra

elfedetlen hallás unmasked hearing

elfedett hang mask tone

elferdít distort

elferdítő réteg *(ionoszférában)* tilted (reflecting) layer

elferdült *(mat)* skew ; sheaved

élfeszültség *(mech)* edge stress

elfogadási tartomány *[mintavételnél]* region of acceptance

elfogadható acceptable, passable

elfogás *(adóállomásé ; rád)* trapping

elfoglal *(átviteli rendszert ; távk)* engage ; **vonalat** ~ *(távk)* busy a line

elfogy run out/short

elfogyaszt consume

elfojt quench, silence, stifle, smother ; *[lefojt]* throttle down ; *[szeleppel]* throttle ; *[tüzet]* damp ; *(tüzet vízzel)* drown, choke

elfojtás suffocation, suppression, damping, quenching, throttling, choking

elfolyás runnig/flow-off, leak, spillage, dribble

elfolyó flowing-off ; *(bány)* recess ; *[vezeték ; ol]* stream ; ~ **meddő** tailing ; ~ **salak** *(olvasztó kemencénél)* flue cinder

elfolyósít liquefy

elfolyósítás liquefaction

elfolyósodás *(vegy)* liquefaction, liquescency, deliquescence

elfolyósodik deliquesce

elfolyósodó deliquescent

elfolyt *(tex)* discharged

elfordít turn (off), shunt, fend, swerve, slew ; *(csapot, elosztó fejet)* turn off; *[kulcsot]* twist

elfordítás turning-off, shunt

elfordítási szög *(vésőfejé)* ram swivel ; *(gépk)* locking angle

elfordítható *(gépt)* swing(-aside); *(szögben elforduló)* angular ; ~ **forgóasztal** swing turntable ; ~ **kapocs** pivoted clamp ; **minden irányban** ~ slewable ; ~ **(szerszámgép)asztal** swing-aside table ; ~ **tolózár** *(gépt)* turn gate valve ; **vízdaru** ~ **kifolyó csöve** *(vasút)* swing jib of water crane

elfordíthatóság *(emelőnél)* swing, adjustment

elfordul turn (off), swerve, shunt, slew

elfordulás turn(ing)(-off), shunt, slewing; *(ágy felett ; gépt)* swing radius ; *(emelőnél:)* swing ; *(lemez elfordulása a kameratengely körül ; geod)* swing

elfordulási : ~ **hiba** *(fotogrammetriában)* error of swing ; ~ **ív** *(vill)* arc of rotation ; ~ **szög** *(szögeltolódás)* angular displacement ; *(fotogrammetriában)* angle of swing ; *(kormányzott keréké ; gépk)* locking angle ; *(vill)* angle of rotation ; ~ **tengely** *(gépt)* axis of swivel(ling)

elfordulásmérő *(rep)* yaw-meter

elfordulásmutató *(rep)* turn indicator

elforduló turning (off), swivelling, slewing, indexing ; ~ **kötés** *(gépt)* swivel joint ; ~ **szerszámtartó** swing holder

elforgácsolódik waste

elforgat swivel, turn (off); **meghatározott szöggel** ~ index

elforgatás turning(-off), swivelling ; ~ **90°-kal** *(rád, távk, telev)* quadrature

elforgatható tilting, swivel(ling); ~ **fej** *(gépt)* tilting/swivelling head ; ~ **fúrószárny** swinging arm ; ~ **kötés** *(gépt)* swivel joint ~ **pontonhíd** pontoon swing bridge

elforgathatóság *(gépt)* swivel feature

elforgatott turned off, skewed

elforog *(billegő mellett ; óra)* trip

elföldel earth, inter

elfúj blow out

elfulladt *(ol)* waterlogged

elfurnír edge veneer

elfuvaroz *(földet ; ép)* cart away

elfűzés *(tex)* false draft

elgátol dam ; *(bány)* stop off, dam

elgátolt vágat *(bány)* dammed entry

elgázol run over

elgázosít gasify ; *(karburál)* carburate ; *(légneművé tesz)* aerify

elgázosítás gasification ; *(gépk)* carburization; *(pa)* evolution

elgázosító *(gépk)* carburet(t)or

elgázosított gassed

élgerenda *(ép)* ridge beam

élgerinc *(ép)* arris

elgesztesedés *(fa)* change from sapwood to heartwood
elgombásodott *(fa)* fungous
elgörbít *(alak)* bend, curve; *(torzít)* distort; **kulcsot ~** force a key
elgörbül distort, cramp, crank; *(fa)* warp
elgörbülés *(fa)* buckling, casting
elgörbült distorted; **~ vetülékcsévehegy** *(tex)* fuzzy/ruffled nose of cop
elgőzölgés evaporation, vapo(u)rization, subtilization
elgőzölgő evaporative
elgőzölő *(besűrítő; pa)* vapo(u)rizer
elgőzölög evaporate
elgőzölögtet evaporate, steam; **hirtelen nyomáscsökkentéssel ~** flash
elgőzölögtetés evaporation, vaporization; *(illósítás)* volatilization; **~ hirtelen nyomáscsökkentéssel** flashing; **időegység alatti ~** *(100 C°-ra és 1 atm-ra átszámítva)* equivalent evaporation
elgőzölögtetési: ~ eljárás evaporation process; **~ hatásfok** evaporative efficiency; **~ hő** heat of evaporation/vapo(u)rization; **~ képesség** steaming/evaporating capacity; **~ kísérlet** evaporation test; **~ szám *v* sebesség** rate of evaporation
elgőzölögtethető evaporable
elgőzölögtető *fn* vaporizer; *(ol)* still vessel; **~ cső** vapour tube
elgőzölögtető-permetező spray evaporator
élgyalu *(furnírgyártásnál)* shooting/edge plane; *(gép:)* edge-planing machine
élgyalulás hegesztés előkészítésére chamfer planing for welding
elgyantásít resinify
elgyantásítás resinification
elgyantásító vizsgálat *(kenőolajnál)* gumming test
elgyantásodás resinification, gumming
elhagy *(tizedeseket)* neglect, discard; **futópályát ~** *(rep)* clear the runway
elhagyás *(számjegyeké)* omission, discarding
elhajlás declination, diversion, deflection; deviation; *(csill, fényt)* aberration; *(függőlegestől)* straddle; *(függőlegestől; bány)* underlay; **~ egyenes vonaltól** *(mat)* cant, diversion; **mágneses ~** (magnetic) declination; **mágneses ~ köre** circle of declination
elhajlási: ~ iránytű declination compass; **~ kép** diffraction pattern; **~ rács** *(fényt)* diffraction grating; **~ színkép intenzitás-maximuma** diffraction maximum; **~ szög** *(észak—dél iránytól; hajó)* deviation; *(mech)* deviation angle; *(rep)* angle of deflection/deviation; **~ tartomány** *(fényt)* diffraction region
elhajlásmérő: mágneses ~ műszer declination instrument, declinator; **~ műszer** *(rád, vill)* declinometer
elhajlásmutató *(geod)* deviometer
elhajlástérkép: mágneses ~ *(geod)* declination chart
elhajlik distort, inflect, digress, diffract; *(függőlegestől)* straddle; *[horganylemez; távk)* bow; *(nyomda)* flare
elhajlít deflect, inflect, bias, deviate; *(távk)* derive
elhajlítás deflection, deflecting, biassing
elhajózás shipment
elhajózási kikötő port of shipment
elhajt drive off
elhalad *(vmi mellett; jármű)* clear
elhaladás *(csill)* transit; **Vénusz ~a (a Nap előtt)** transit of Venus
elhalás *(hangt)* decay; **~ átlagos mértéke** *(hangt)* average decay rate; **~ foka** *(hangt)* rate of decay
elhalási idő *(hangt)* decay time
elhalkító *(rád)* silencer
elhalkul die-out/away; *(rád)* fade-out
elhalkulás *(hangt)* dying-out/away; *(rád)* fading; **~ függőlegesen polarizált hullámokra** *(rád)* vertical fading
elhalkulási terület *(rád)* silencing region
elhamusítás ashing
elhamvaszt ash, incinerate, cinder, cremate
elhamvasztás ashing, incineration, cremation
elhamvasztó csésze *(vegy)* incineration dish
elhangol *(rád, távk)* detune, tune off
elhangolás *(rád)* detuning
elhangolódás *(rád)* frequency drift, mistuning
elhanyagol *(mat)* neglect, discard
elhanyagolás *(mat)* neglect(ing), neglection
elhanyagolható *(mat)* negligible
elhárít fend, elude, clear, prevent, preclude; **akadályt ~** clear an obstacle
elhárítás suppression, prevention, preclusion; **baleset ~a** accident prevention
elhárító: összeütközést ~ *(rep)* anticollision
elhasználás consumption
elhasználódás waste, wear-and-tear, battering, tear(ing), wear(ing); **~nak ellenálló** tear-proof; **~ felülete** wearing surface; **rendellenes ~** *(gépt)* abnormal wear
elhasználódik tear off, waste, age, wear away; *(tex)* wear/rub away; **egyenlőtlenül ~** wear out of true
elhasznált outworn, foreworn, spent, used up, waste; **~ elektrolit** foul electrolyte; **~ gáz** exhaust gas; **~ levegő** vitiated/foul/stale air; **~ levegőt elszívó csatorna** foul air flue; **~ lúg** waste liquor; **~ olaj** scavenge oil; **~ oxid** *(vasérc tisztításánál)* spent oxide; **~ páclé** *(koh, vegy)* spent/waste pickling water/liquor; **~ sav** spent/waste acid; **~ víz** return water
elhatárol limit, circumscribe, terminate, define, march; *(geod)* abut; *(terület:)* lay off; **előre ~** prefine
elhatárolás (de)limitation, circumscription, *(elzárás)* barrage; *(geod)* stint
elhatárolhatatlan illimitable
elhatárolható (de)limitable
elhatároló berendezés *(bány, gépt)* interlock; **~ elem** *(dúsító berendezésben; koh)* baffle
elhatárolt (de)limited, circumscriptive, finite
élhatás *(rád)* edge effect
elhelyez inlay, set, si(tua)te, plant, accommodate; *(bizonyos távolságra)* space; **átviteli sávokat ~** *(rád, távk)* allocate the transmission bands; **egymástól távolabbra ~** space more widely apart; **töltetet ~** *(bány)* charge
elhelyezés placing, location, emplacement, spacing, setting; **rakomány ~e** stowage; **szoros ~** close spacing; **újra ~** relocation
elhelyezési: ~ (terv)rajz key map; **~ szög** *(forg)* entering/setting angle; **~ tűrés** location tolerance
elhelyezett: sakktábla alakban ~ checkered; **szögben ~** angular
elhelyezkedés arrangement
elhelyező munkás *(ép)* setter, dropper
elhomályosít opacate, haze, obscure, occult
elhomályosítás obfuscation
elhomályosodás chilling; *(met)* obscuration
elhomokosodik shoal, silt up
elhord *(ép)* remove; *(víz)* wash away
elhordás removal; *(földt)* ablation
élhossz *(ép)* edge length
elhullat shed
elhullott zebubőr dead kip
elhúz draw off; *(vmi mellett; jármű)* drive off; *(frekvenciát; rád)* att ract
elhúzás drawing off; *(fékezéskor; gépk)* deviation; *[frekvenciáé; rád, távk]* pulling
elhúzási: ~ erő *(puskánál)* firing force; **~ karakterisztika** *(távk)* pulling/locking characteristic; **~ tartomány** *(rád)* locking range
elhúzó: ~ feszültség *(távk)* pulling voltage; **~ frekvencia** *(rád, távk)* injected/control frequency; **~ rugó** *(gépt)* backward spring
elhúzódás distortion; **~ hő hatására** *(gépk)* distortion through heat
elhúzódási hőmérséklet distortion temperature
elhúzódásmentes nontwisting
elhúzódik *(vízszintes helyzetben)* fleet
elhúzódott: ~ áru *(tex)* distorted fabric; **~ felület** *(heg)* warped surface
eligazít dress, adjust
eligazítás *(vasút)* dispatch(ing)
elillan volatilize, escape, evaporate
elillanás subtilization, volatilization, escape
elillanó: ~ festőanyag fugitive pigment; **~ festőszer** volatile medium
elilleszt *(vill)* mismatch
elillesztett szűrőtag *(távk)* misterminated/mismatched filter section
elillósítás *(koh, vegy)* volatilization, subtilization
eliminálás elimination; *l még* **kiküszöbölés**
elindít *(gépt)* start, put/throw in action, set (running/going); *(vegy)* initiate, set off
elindítás *vö* **elindít**; *(óráé)* escapement setting; *(gépé)* setting-on
elindító szer *(láncreakcióhoz)* initiator
elindul *(jármű)* start/get off
elindulás departure, start(ing), going
eliszapolt silt-covered
eliszaposít silt up; *[csővezetéket]* choke
eliszaposodás silting up; *(vegy)* sludging; *(derítő medencében)* fouling; *(földt)* silting up; *(tavaké)* obliteration
eliszaposodik silt/mud up, shoal
eljárás process, treatment, procedure, system, manipulation; **bázikus ~** *(koh)* basic process; **kamrás ~** chamber process; **közvetlen ~** direct process; **savas ~** acid process; **szakaszos ~** batch process(ing); **színkontakt átviteli ~** *(fényk)* champlin

colo(u)r-process ; **színösszeadó** ~ *(színes fényképezésnél)* additive process
eljárásmód (method) of procedure
eljegesedés *(földt)* glaciation ; *[vezetéké ; rep, vill)* icing
eljegesedésbiztos *v* **-mentes** sleet-proof
eljegesedik *(rep, vill)* glaze, ice up
elkanyarodás veering ; ~ **szöge** angle of incurvature
elkátrányosodás asphaltization ; *(szigetelőolajban)* sludge formation
elkattint *(fényképező gép zárját)* release
elken wipe, malax(ate); *(agyaggal)* clog
elkenés wiping, smearing
elkenő wiper
elkenődés *(festéké)* crocking
élképző sablon *(ép)* radius tool
elkerít rail (off), fence, block ; **ráccsal** ~ grate
elkerítés fencing, closure, enceinte
elkerített : ~ **hely** paling ; ~ **rész** *(ép)* compartition
elkerítő lemez *[körfűrészen]* fence plate
elkerül *(vmit)* evade ; *[vihart ; rep]* outnavigate
elkerülés by(-)pass
elkésett blokkolás *[biztosító berendezésnél]* missed block
elkeskenyedő tapered ; ~ **kormányfelület** *(rep)* tapered rudder
elkészít finish, process, build, frame, turn out
elkészítés *vö* **elkészít** ; *(pa)* parcel
élkészítés *(élezés)* edging
elkeverés mixing, blending ; *(vízben, utána frakcionálás ; pa)* levigation
elkokszosodás *(mkpár)* sooting, gumming
elkopás wear(-and-tear), tear(ing), ageing, wearing
elkopik wear, tear, age, deteriorate, fret, rub away ; **egyenlőtlenül** ~ to wear out of true ; **külső behatásra** ~ chafe
elkopott worn, used up, battered
elkoptatás wear, tear
elkoptatott (out)worn, well worn
elkorhadt *(fa)* rotten
elkormosodás *l* **elkormozódás**
elkormozódás *(gyújtógyertyáé)* sooting, fouling
elkormozódik *[hengerfej]* carbon
elködösít haze ; *(kat)* lay a smoke-screen
elködösítő bomba smoke-screen bomb
elköltözés removal
élkötél *(hajó)* bobstay
élkötés *(heg)* edge joint
elkövesedés *(földt)* petrification
elkövesedett fa petrified wood
elkövesít *(geol)* petrify
elküldő állomás dispatch station
elkülönít discriminate, dissociate, detach, clear off, sift, split, rail off, isolate, disengage, sever, separate, insulate
elkülönítés removal, segregation, division, severance, sunder, separation, parting, sectioning, trapping, partition, insulation, detaching ; ~ **kézzel** separation by hand ; ~ **szívással** catching by suction
elkülönített detached ; *vö még* **elkülönít** ; ~ **csatorna** separate sewer ; ~ **(független tüzelésű) túlhevítő berendezés** independently-fired superheater ; ~ **terület** *v* **rész** delimitation

elkülöníthetetlen szervetlen alkatrész *(bány, vegy)* true ash
elkülöníthető hamutartalom segregated ash content
elkülönülés differentiation ; **gravitáció okozta** ~ *(földt)* differentiation due to gravity
elkülönülési pont point of divergence
ellágsav ellagic acid ; ~ **hamvas bevonata bőrön** bloom
ellapított fonal *(tölcséres csévélőn)* flattened thread
ellaposodás flattening ; **kezdőponti** ~ *(katódsugárcsőnél)* origin distortion
ellaposodik *v* **ellapul** flat
ellát endow, endue, fit (with), equip, furnish, fit out, supply, provide ; *(gőzzel, vízzel)* supply ; *(vill)* feed ; **ellensúllyal** ~ balance ; **faburkolattal** ~ panel, wainscot, board ; **géppel** ~ engine ; **gerincnyomással** ~ *(nyomda)* back-print ; **kiegyenlítő réteggel** ~ *(ép)* blind ; **klímaberendezéssel** ~ air-condition ; **korláttal** ~ hand-rail ; **peremmel** ~ bead ; **(szén)kefékkel** ~ *(vill)* carbon ; **vízzel** ~ water ; **zárótaggal** ~ crown
ellátás supply, supplies, attention, attendance, equipage, supplying service, board
ellátási *l* **ellátó**
ellátó : ~ **gyűrű** *(gépk)* supply ring ; ~ **körzet** area of supply ; ~ **raktár** supply depot ; ~ **terület** *(ép)* supply area, land used for food and other supplies
ellátott equipped, fitted ; **csapfogakkal** ~ *(kerék)* cogged ; **fogakkal** ~ toothed ; *(ékfogakkal)* serrated ; **hátfallal** ~ *(ép)* backed ; **páncéllal** ~ armo(u)r-cased, armo(u)red ; **réssel** ~ gapped, apertured ; **szárnnyal** ~ winged
ellátottság *(ép)* ratio of supply services to the number of users
éllemaró gép edge milling machine
éllemunkálás chamfering
ellenáll *[savnak]* resist ; *(kibír)* weather out, stem
ellenállás *(ált ; vill)* resistance ; *(bőr)* stand ; *(áramköri elem ; alkatrész)* resistor ; *(mech)* opposition ; *(reakcióerő)* reacting force ; *(mágneses köré ; reluktancia; távk ;)* reluctance ; **akusztikai** ~ *(távk)* acoustic impedance ; **akusztikai induktív** ~ acoustic inertance ; **akusztikai kapacitív** ~ acoustic capacitance ; ~ **az átbocsátási irányban** *(egyenirányítónál)* forward resistance; **belső** ~ *(rád)* internal/anode resistance ; **csillapító** ~ buffer resistance ; **egyenáramú** *v* **ohmos** ~ direct-current resistance ; **előfeszültségterhelő** ~ *(rád)* bias bleeder ; **fékező** ~ braking resistor ; **feszültségosztó** ~ bleeder resistance ; **folyadékos** ~ liquid resistance ; **~sal hangolható oszcillátor** *(rád)* resistance-tuned oscillator ; **hidraulikai** ~ hydraulic resistance ; **indító** ~ starting resistor ; **indukciómentes** ~ non-inductive resistance ; **izzító** ~ filament resistance ; **járulékos** ~ *(rep)* additional drag ; **kalibrált** ~ calibrated resistance ; **~on keresztül földelt** *(vill)* resistance-grounded ; **kiigazító** *v* **(be)szabályozó** ~ *(vill)* adjusting resistance ; **kimenő** ~ output resistance ; **kisfrekvenciás** ~ low-frequency resistance ; **kisütő** ~ shunt-breaking resistance ; **kohéziós** ~ cohesive resistance ; **koncentrált** ~ lumped resistance ; **látszólagos** ~ *(rep)* apparent drag ; *(vill)* apparent resistance, impedance ; **levezetési** ~ leakage resistance ; **mágneses** ~ reluctance, magnetic resistance ; **mellékáramköri** ~ *(galvanométeren)* Ayrton shunt ; **mezőgyengítő** ~ field resistance ; **nagyfrekvenciás** ~ high-frequency resistance ; **negatív fázissorrendű** ~ negative-sequence resistance ; ~ **nélküli** non-resistive ; **nyitott-áramköri** ~ open-circuit resistance ; **ohmos** ~ direct-current resistance, ohmic resistance ; **önindukciós** ~ *(vill)* inductive resistor ; **rétegek közötti** ~ interlamination resistance ; **~t rövidre zár** short-circuit the resistance ; **rövidzárlati** ~ closed-end impedance ; **~sal stabilizált oszcillátor** *(rád)* resistance-stabilized oscillator ; ~ **szélső határa** ultimate resistance ; ~ **szigetelőmagja** *v* **alapja** resistor core ; **tekercs és test közti** ~ *(vill)* resistance to case ; **terhelő** ~ *(vill)* ballast resistance ; **töltési** ~ *(akkumulátoré)* charging resistance ; ~ **túligénybevétellel szemben** *(anyagv)* resistance to overstress ; **váltakozó áramú** ~ *(impedancia)* impedance ; **világítást szabályozó** ~ *(vill)* dimmer ; **villamos** ~ electrical resistance ; **záró irányú** ~ *(rád)* back resistance
ellenállásanyag *(vill)* resistor/resistance material
ellenálláscsatolás *(rád, távk)* resistance/resistive coupling
ellenálláscsatolású *[erősítő]* resistance-coupled
ellenálláscsoport *v* **-lánc** *(vill)* resistor chain, bank of resistors
ellenálláscső *(rád)* ballast/control tube, plug-in resistor, barretter
ellenállás-csőhegesztő gép pipe welding machine
ellenálláscsökkentő : ~ **burkológyűrű** *(rep)* anti-drag ring ; ~ **hatás** *(vill)* rebuff
ellenállásdekád *(távk)* decade resistance box
ellenállásegység resistance unit
ellenálláselem *(vill)* resistor element
ellenállásellenőrző készülék *(sínösszekötéshez)* bond tester
ellenálláserősítő *(rád)* resistance amplifier, (direct) resistance-coupled amplifier
ellenállásérték *(vill)* resistance value, ohmage
ellenállásesés resistance drop
ellenállás-etalon *(vill)* resistance standard
ellenállásfék resistance brake ; ~ **lejtőn leereszkedésre** *(vasút)* coasting brake
ellenállásfékezés resistance braking ; **egyenáramú motor ~e** dynamic braking of a d-c motor
ellenállásfűtés resistance heating
ellenállásfűtésű kemence resistance furnace
ellenálláshatár-híd *(vill)* resistance-limit bridge
ellenálláshegesztés resistance welding ; **tompa** ~ resistance butt welding ; **villamos** ~ (electric) resistance welding

ellenálláshegesztő gép resistance welder
ellenálláshíd *(vill)* resistance bridge
ellenálláshőmérő *(vill)* resistance thermometer
ellenálláshuzal heating/resistance wire
ellenállási : ~ állandó *(vill)* resistance constant ; **~ együttható** resistance coefficient ; **~ erő** resisting force ; **~ fokozat** *(vill)* resistance step ; **~ munka** *(vill)* work of resistance ; **~ nyomaték** *(rep)* drag torque ; **~ összetevő** *(vill)* resistive component ; **~ tényező** *(rep)* drag coefficient ; *(vill)* modulus of resistance
ellenállás-kapacitás-csatolás *(rád)* capacitance-resistance coupling
ellenállás-kapacitás-erősítő resistance-capacitance coupled amplifier
ellenállás-kapacitás-hangolású oszcillátor *(rád)* capacitance-resistance oscillator, resistance-capacitance (RC)-tuned oscillator
ellenállás-kapacitás-szűrő *(rád)* resistance-capacitance filter
ellenállás-kapacitív csatolású oszcillátor *(rád)* resistance-capacitance oscillator
ellenálláskemence resistance/resistor furnace ; **kombinált ív- és ~** arc-resisting furnace
ellenállás-keményforrasztás resistance brazing
ellenálláskeret *(vill)* resistance frame
ellenállás-kondenzátor-csatolás *(rád)* resistance-capacitance-coupling
ellenállás-kondenzátor-rezgőkör *(rád)* resistance-capacitance circuit, RC-circuit
ellenálláslámpa *(rád, távk)* resistance lamp, lamp resistor/resistance
ellenállásmagasság *(hidr)* resistance head
ellenállásmérés resistance measurement
ellenállásmérő *(vill)* ohmmeter ; **~ műszer** resistance instrument
ellenállásmódszer *(vill)* resistivity method
ellenállás-négypólus *(távk, vill)* resistance network
ellenállásnövekedés increase of resistance
ellenállásnövekmény resistance increment
ellenállásos *(vill)* resistive ; **~ csillapító** *(vill)* resistive attenuator ; **~ feszültségosztó** resistive voltage divider ; **~ fotocella** photoconducting cell ; **~ hangolás** *(rád)* resistance tuning ; **~ indítás** rheostatic starting ; **~ kapcsolású erősítő** *(rád)* resistance-coupled amplifier ; **~ szabályozás** rheostatic control ; **~ tenzométerbélyeg** resistance strain ga(u)ge ; **~ terhelés** *(vill)* resistive load ; **~ vezérlés** rheostatic control ; **~ (villamos) fékezés** *(vasút)* rheostatic braking
ellenállásszabályozás resistance control
ellenállásszabvány *(vill)* resistance standard
ellenállásszalag *(vill)* resistance strip/tape
ellenállásszekrény resistance box/unit ; **dekádos ~** *(vill)* decade resistance box
ellenállásszekrény-híd *(vill)* box bridge
ellenállástényező *(gépk, vasút)* specific traction resistance ; *(hajó)* resistance factor, coefficient of resistance ; *(rep)* drag coefficient ; **alaki ~** *(rep)* form drag coefficient ; **felületi súrlódási ~** *(rep)* surface-friction coefficient ; **indukált ~** *(rep)* induced drag coefficient ; **káros ~** *(rep)* parasitic drag coefficient ; **vontatási ~** *(járműveké)* specific traction resistance
ellenállás-tompahegesztés resistance butt welding
ellenállásváltozás variation of resistance
ellenállásvezeték *[ohmos ellenállásokból álló művonal]* line of resistance
ellenállás-vezetés-dualitás *(távk)* impedance-admittance duality
ellenállásviszony *(vill)* resistance ratio
ellenálló resisting, resistant, hardy ; *(állékony)* stable ; **ecetsavval szemben ~** stable to acetic acid ; **~ képesség** (power of) resistance, fastness, hardiness, resistivity ; *(merevség)* rigidity ; *(állékonyság)* stability ; *(pa)* toughness ; **~ közeg** resisting medium
ellenállóképes incorruptible ; *l még* **ellenálló**
ellenállomás *(távk)* far station
ellenállóság fastness, resistance ; *l még* **ellenállás** *és* **ellenálló képesség**
ellenampermenetek *(vill)* back ampere-turns
ellenanya *(gépt)* safety/lock nut, counternut
ellenáram counter(-)current/flow, reverse stream, back/reversed current, backward flow
ellenáramjelfogó reverse-current relay, r.c.r.
ellenáramlás contraflow, backset, backward flow, counterflow
ellenáramú : ~ dekantálás *(vegy)* countercurrent decantation ; **~ fékezés** *(vill)* plugging ; **~ hűtő készülék** recooling plant ; **~ kondenzálás** counterflow condensation ; **~ kondenzátor** reflux condenser ; **~ szárító** reversed-current drier
ellenbókony *(hajó)* reversed frame
ellenboltív *(ép)* inverted arch
ellenboltozat *(ép)* inverted arch
ellenborda *(hajó)* reversed frame
ellencsatolás *(rád)* reverse coupling ; *(negatív visszacsatolás)* negative feedback
ellencsiga *(tex)* check scroll
ellendarab *(gépt)* reverse, counterpart ; *(egyengető kalapácsnál)* counter flatter
ellendugattyú opposed piston, counter-piston
ellendugattyús motor *(gépk)* opposed-piston engine
ellendűna *(földt)* anti-dune
ellenelektromotoros erő back-electromotive force, back e.m.f., b.e.m.f., B.E.M.F.
ellenemelkedés *(földt)* counterscarp
ellenerő counterforce
ellenfal *(ép)* end abutment, buttress, countermure, abutment wall ; **~ hátfalazata** parapet wall ; **~ párhuzamos szárnyfalakkal** U-abutment ; **rejtett ~** blind abutment ; **üreges ~** cellular abutment
ellenfázisú *(vill)* anti-phase
ellenfény counterlight, backlight
ellenfénymegvilágítás *(fényk)* backlighting
ellen-feszítőhuzalok *(rep)* anti-lift wires, flying wires
ellenfeszültség *(vill)* bucking voltage, countervoltage
ellenforgású (lég)csavarok contra-rotating propellers
ellenforgattyú fly crank ; **pótló ~** *(vasút)* return crank
ellenforgattyúrúd eccentric rod
ellenfurat counterbore
ellenfurnírozás counter-timber
ellenfutó-hengeres nyomógép *(pa)* reverse-roll coater
ellengörgő *(emelőnél)* roller for opposing pressure
ellengőz back/counter-steam
ellengyám *(ép)* counterfort
ellenhatás reaction, reacting force, counteraction, counter(-)effect ; **~t fejt ki** react ; **~ nélküli ütés** dead stroke
ellenhenger *(gépt)* countercylinder ; *(gépk)* return-cylinder ; *(pa)* counter-roll
ellenhullám *(robbantásnál)* return wave
ellenidomszer *(idomszerek ellenőrzésére)* setting ga(u)ge ; *(etalon)* control ga(u)ge
ellenirányban forgó tolókorongos vető szerkezet *(mzg)* reversed feed
ellenirányú : ~ áramlás counterflow ; *l még* **ellenáram** *és* **ellenáramlás** ; **~ marás** conventional/up milling ; **~ mázológép** *(pa)* contra coater ; **~ vetődés** *(földt)* reverse dip
ellenív *(ép)* invert
ellenjárat *(gépt)* back running
ellenkarima counterflange
ellenkatalizátor anti-catalyst, paralyst
ellenkező opposite, adverse ; **~ forgásirányú** contra-rotating ; **~ irányú indukáló** *v* **önindukciós hatás** counter-inductive effect ; **~ irányú lejtő** reverse gradient ; **~ irányú reakció** *(megfordítható folyamatoknál)* opposing reaction ; **~ irányú vízfolyás** *(hidr)* reflow of water
ellenkompaundált anticompound ; **~ ellenállásos fékezés** *(vasút)* stabilized rheostatic brake
ellenkónusz *(gépt)* female cone
ellenkötél *(ellensúlytartó kötél ; emelőn)* balance rope ; *(bány)* tail rope
ellenkúp female cone
ellenlábas antipode
ellenlejtésű csúszda *v* **(szén)garat** *(bány)* counterchute
ellenlejtő double incline, adversary grade
ellenlemez *[hajtásban ; távk]* back plate
ellenmágneses tér counter(-)magnetic field
ellenmenetes : ~ atlaszkötésű kelme double atlas fabric ; **~ egyugrásos trikó** *(kh)* tricot ; **~ feszítőanya** coupling box ; **~ feszítőcsavar** turnbuckle ; **~ trikófektetés** *(kh)* lock-knit
ellenmenetszabályozó ütköző *(vasút)* counter-buffer
ellenmenetű tekercselés opposing winding
ellenméreg antidote ; *(biol)* antitoxin
ellenméreghatású alexipharmic, antitoxic
ellenmerevítő counterbrace
ellenmozgás counter-motion
ellenmozgatás *(rád)* differential motion
ellenmunkahelyet hajt *(bány)* countermine
ellennyomás return/back pressure, counterpressure ; *(Widerdruck ; nyomda)* printing on back
ellennyomásnövelő return booster

ellennyomású : ~ **gőzgép** back-pressure steam engine ; ~ **lefejtő** *(töltő)* **berendezés** counterpressure racking apparatus ; ~ **turbina** back-pressure turbine
ellennyomó lyukasztó(fej) counterpunch
ellennyugtalap counterfoil
ellennyújtás counter-extension
ellenoldali *(met)* anti-crepuscular; *(rep)* reciprocal ; ~ **berepülési irány** *(rep)* reciprocal approach direction ; ~ **felszálló pálya** *(rep)* reciprocal departure path ; ~ **jelkapu** *(rep)* reciprocal marker ; ~ **leszálló pálya** *(rep)* reciprocal landing path
ellenoldószer anti-solvent
ellenőr controller, inspector, supervisor
ellenőr-idomszer inspection/factory acceptance ga(u)ge
ellenőriz inspect, test, control, check ; **csavarok meghúzását ellenőrzi** check bolts for tightness ; **gömbös és hengeres köszörülést** ~ *(szemüvegnél)* check the roundness and parallelism ; **helyes működést** ~ check for proper action/operation
ellenőrizhetetlen incontrollable
ellenőrzés inspection, check(ing), verification, control, supervision ; *(munkateljesítményé)* follow-up ; **fedélzeti** ~ *(rep)* cockpit check ; **szigorú** ~ close control ; ~ **szúrópróbákkal** sampling observations ; **záró** *v* **bekötő** ~ *(geod)* closing check
ellenőrzési : ~ **jegyzőkönyv** inspection record ; ~ **repülőtér** control airport
ellenőrző *mn* control(ling), check, monitoring, supervisory ; *[szabvány]* reference ; ~ **akna** inspection chamber ; ~ **alapvonal** *(geod)* check base ; ~ **állomás** control station ; ~ **asztal** *(távk, vill)* supervision table, control/monitoring/monitor's board/desk/panel ; ~ **bejelölés** *v* **bevágás** *(gépt, vill)* control notch, ga(u)ge mark ; ~ **csap** master cock, tell-tale cock ; ~ **csavar** check screw ; ~ **cső** inspection tube ; ~ **dob** *v* **henger** *(gépt)* master drum ; ~ **dobogó** control pulpit ; ~ **doboz** *v* **szekrény** *(vill)* inspection box ; ~ **dugó** *(akkumulátorcellán)* inspection plug ; ~ **egység** *(számológépen)* verifier ; ~ **erősítő** *(vill)* control amplifier ; ~ **érpár** *(távk)* pilot wire ; ~ **etalon** reference standard ; ~ **felszerelés** controlling device, registering equipment ; ~ **felügyeleti helyiség** *[műhelytől ráccsal elválasztva]* inspection crib ; ~ **gömb** *v* **golyó** *(gépt)* check ball ; ~ **grafikon** control chart ; ~ **hajtány** *(vasút)* inspection trolley ; ~ **hangfelvétel** *(rád)* reference recording ; ~ **hangsáv** *(hangt)* buzz track ; ~ **hangszóró** monitoring loudspeaker ; ~ **hullám** *(vill)* pilot wave ; ~ **huzal** *(vill)* pilot wire ; ~ **idomszer** *l* **ellenőr-idomszer** ; ~ **idomszer-tárcsa** *[tapintókörzők beállítására]* reference disc ; ~ **jegy** *v* **jel(zés)** check/reference mark; ~ **jelfogó** pilot/control relay ; ~ **jelzés** countermark ; *(távk)* supervisory indicator ; ~ **jelzőindex** *(távk)* tell-tale ; ~ **kaliber** *l* **ellenőr-idomszer** ; ~ **kapcsoló** *(vill)* control switch ; ~ **kapcsolódoboz** control box ; ~ **készülék** *(gépt)* control device ; *(távk)* monitorial device ; ~ **kísérlet** proof test ; ~ **könyvelőgép** automatic control tabulator ; ~ **központ** *(vill)* control central ; ~ **lámpa** *(gépk, gépt)* pilot/supervisory/warning lamp, tell-tale lamp ; ~ **lap** counter stock, inspection sheet ; ~ **leolvasás** check reading ; ~ **lombik** check flask ; ~ **mérés** check measurement ; ~ **mérőcella** *(vill)* pilot cell ; ~ **mérőműszer** check/control instrument ; ~ **mérőóra** test indicator ; ~ **minta** *(anyagv)* counter-sample, tally ; ~ **mintavétel** control sampling ; ~ **munkapad** inspection bench ; ~ **műszer** *(vill)* check/control instrument ; ~ **műszerasztal** control table ; ~ **műszertábla** control panel ; ~ **műszerterem** *(gépt)* control room ; ~ **nyílás** handhole ; ~ **nyomásmérő** *(gőzhőz)* test ga(u)ge ; ~ **óra** timer, tell-tale clock ; ~ **órafülke** clock house ; ~ **parcella** *(trágyázási kísérletnél)* check plot ; ~ **pénztár** recording counter ; ~ **pont** *(geod)* check/reference point, point of control; ~ **pontok berajzolása** *(térképre)* control plot ; ~ **pózna** *v* **rúd** *(távíró vezetéknél)* test pole ; ~ **prizma** ga(u)ge/gauging plate ; ~ **próba** approval/check test, retest ; ~ **síklap** *(gépt)* check plate ; ~ **szerszám** master tool ; ~ **szolgálat** service observation ; ~ **telep** monitor unit ; ~ **terem** control room ; ~ **torony** control tower ; ~ **üveg** *(gőzgépen)* sight glass ; ~ **vevő** *(rád)* monitor/check receiver ; ~ **vízmérték** control level ; ~ **vizsgálat** check, approval test ; *(távk)* supervisory enquiry ; ~ **vonalzó** (master) straight(-)edge ; ~ **vonásjel** *(gumiabroncs köpenyén)* guide line
ellenőrzőjegy-karton *(pa)* control checkboard
ellenőrzött checked, controlled, tested ; ~ **büretta** standard buret(te) ; ~ **forgalmú terület** *(rep)* control area ; ~ **légterű kemence** controlled atmosphere furnace
ellensúly counterweight, (back) balance, counterbalance, balance mass/weight, counterpoise ; *[forgattyútengelyen]* balance weight ; *(hidr)* ballast-pig ; *(rád)* artificial ground/earth, counterpoise ; *(szivattyún)* baby ; **beálló (mozgó)** ~ *(emelőnél)* adjustable balance weight ; ~ **egyenirányú ereszkeszállításnál** *(bány)* donkey ; ~ **kinyúlása** *(darunál)* counterbalance radius, counter-radius ; ~**ban tart** balance, counterpoise
ellensúlyakna counterweight/balance pit
ellensúly-antenna counterpoise aerial
ellensúlyberendezés szállítósiklón *(bány)* ground-hog
ellensúlycsille *(siklószállításnál)* dummy wagon
ellensúlyfék *(tex)* counterpoise weight brake
ellensúly-feszültség tension by counterweight
ellensúlygödör *v* **-kamra** counterweight/balance pit
ellensúly-kar counter-lever ; *(biztosítószelepen)* steelyard
ellensúlykocsi *(bány, vasút)* balance (truck-)car, dummy
ellensúlykötél counterweight cable, ballast line, rope for counterpoise
ellensúlylánc counterweight chain
ellensúlylemez counterweight tongue
ellensúlyos : ~ **emeltyűtámasz** fulcrum bracket ; ~ **fék** counterweight brake ; ~ **felfüggesztés** *v* **szerelés** counterweight fitting ; ~ **(gát)kapu** counterweighted gate ; ~ **konzolos híd** counterweight cantilever bridge
ellensúlyoz counterweight, (counter)-balance, counterpoise, equipoise, counterforce, offset
ellensúlyozó : ~ **emelőkar** counterbalance lever ; ~ **hatás** *(vill)* bucking effect
ellensúlyszekrény *(emelőnél)* balance/weight box
ellensúlytartó *fn* counterweight carrier ; ~ **lánc** counterweight chain
ellensúlytömb *(gépt)* counterweight block
ellenszél *(hajó, rep)* headwind
ellenszelence *(gépt)* bottom box
ellenszeptum *(földt)* counter-septum
ellenszupport *(forg)* counter-support
ellentámasz *(forg)* brace, outer support ; *(szegecseléshez)* dolly device ; *(gyámfa)* counterprop
ellentámasztó csavar *(szegecseléshez)* screw dolly
ellentárcsa *(gépt)* following pulley
ellentartás *(rep)* wind/drift correction
ellentartó *(szegecseléshez)* holding tool, dolly (device) ; *(marógépnél)* brace, outer support ; ~ **rúd** *[szegecseléshez]* dolly bar
ellenterhel counterweight
ellentét contradiction, interference, contrast, antagonism, reverse, discrepancy
ellentétes opposed, opposite, adverse, adversary, contradictory ; ~ **áramlás** *(hidr)* opposed current ; *l még* **ellenáram** *és* **ellenáramlás** ; ~ **átló** counter-diagonal ; ~ **csavarmenetű** opposite threaded ; ~**en egyenlő nyomatékok** opposite and equal moments ; ~ **előjelű** of opposed sign ; ~ **hatású** antagonistic ; ~ **irányban forgó** counter-rotating ; ~ **irányú erő** opposed force ; ~ **irányú folyam** *(földt)* obsequent river ; ~ **ívelésű laprugó** reversed camber spring ; ~**en kapcsolt feszültségű védelem** *(vill)* opposed-voltage protective system ; ~ **polaritás** *(vill)* opposed polarity ; ~ **sarkok** *v* **pólusok** *(vill)* reciprocal/opposite poles
ellentéthatás *(fényk)* adverse effect
ellentett *l* **ellentétes** ; **átmérősen** ~ diametral ; ~ **henger(elrendezés)es motor** opposed-cylinder engine ; ~ **irányú reakció** *(vegy)* reverse reaction
ellentmondás contradiction, discrepancy; *l még* **ellentét** ; ~ **nélküli** consistent ; ~ **nélküli egyenletrendszer** consistent equations
ellentmondó contradictory ; *l még* **ellentétes**
ellentűz *(erdőégésnél)* backfire
ellenütem *(rád, távk)* push-pull ; ~**ben** *(távk)* in push-pull circuit
ellenütemű *(rád, távk)* push-pull ; ~ **áramkör** reversed circuit, push-pull circuit ; ~ **egyenirányító** push-pull detector; ~ **erősítés** push-pull amplification; ~ **erősítő** push-pull amplifier ; ~ **erősítőcső** push-pull amplifier tube ; ~ **fokozat** push-pull stage ; ~ **frekvenciasokszorozó** push-pull multiplier/multiplicator ; ~ **kapcsolás** push-pull circuit/connection ; ~ **kaszkádfoko-**

zat push-pull cascade ; **kettős ~ erősítés** dual push-pull amplification ; **~ modulátor** *(távk)* balanced modulator ; **oszcillátor** push-pull oscillator ; **~ szénmikrofon** push-pull microphone; **~ takarékerősítő** quiescent push-pull amplifier, Q.P.P. amplifier; **~ transzformátor** push-pull transformer
ellenvágat *(bány)* counter-gangway
ellenvájl *(bány)* countermine
ellenvájat *(bány)* counterboring, counter-gangway
ellenző apron, blinker, flap(per), blind ; *[kályhádé]* screen ; *(önt)* splasher ; **elnyelő ~** baffle
ellenződeszka apron board
ellenzőlemez baffle plate ; *(kazán fűtőterében)* back plate of firebox
ellenzős pajzs *(ép)* hooded shield
ellenzőüveg moderating glass
ellenzsilip counter-sluice
éltompítás *(siné)* flare bevel
élletörés chamfering
élevágó *(gépt, nyomda)* edger ; **~ gép** *(gépt, nyomda)* edger
ellipszis *(mat)* ellipse ; **~ alakú** elliptic(al) ; **~ főtengelye** principal axis (of an ellipse) ; **~ kis tengelye** minor axis (of an ellipse) ; **~ nagy tengelye** major axis (of an ellipse)
ellipsziskeresztmetszetű akna *(bány)* elliptic shaft
ellipsziskörző ellip-sograph
ellipszispálya nagytengelye *(csill)* line of apsides
ellipszis-pályájú üstökös elliptic comet
ellipszográf ellipsograph
ellipszoid *(mat)* ellipsoid
ellipszoid-áramlás *(hidr)* ellipsoid flow
elliptikus elliptic(al) ; **~ fogaskerék** elliptical gear ; **~ polarizáció v polározás v sarkítás** elliptical polarization ; **~an polározott hullám** *(rád)* elliptically polarized wave ; **~ rugó** *(gépk)* elliptic spring ; **~ tolattyúdiagram** slide-valve ellipse
ellökés repulsion
elmállás *(földt)* wearing(-away), decay, weathering, slacking, aeolation ; **~ foka** rate of decay
elmállási homokpillér *(földt)* sand pinnacle
elmállaszt *(földt)* weather, disaggregate, erode, carve
elmállik *(földt)* weather, decay, disaggregate, chip away
elmállott *(földt)* weathered ; **~ kőzetek** *(földt)* decomposed rocks, land waste; **el nem mállott** unweathered
elmarad *[fázisban]* lag
elmaradás lag ; *(gázmérőé)* slippage ; **~ szöge** angle of lag
elmaradt fázis *(vill)* lagging phase
élmaró *(gépt)* bevel(l)ed milling cutter
elmélet theory ; *(elgondolás, felfogás, elképzelés)* conception ; **félmerev ~** *(rep)* semi-rigid theory ; **relativitási ~** *(fiz)* theory of relativity
elméleti theoretic(al) ; **~ csúcsmagasság** *(rep)* theoretic(al) ceiling ; **~ diagram** *(mat)* assumption diagram ; **~ igénybevétel** *(mech)* theoretical stress ; **~ keresztmetszet** fictitious/theoretical cross section ; **~ lejtő** *(mint esésveszteségi egyenérték)* virtual slope ; **~ méret** theoretical size ; **~ orsó-hatásfok** *(tex)* calculated spindle efficiency ; **~ tengely** principal axis ; **~ vételhatár** *(távk)* theoretical margin
elméletileg elérhető theoretically attainable
elmélyít *(árnyékolást)* sadden
elmélyül *(hangt)* flat
Elmendorf-készülék *(pa)* Elmendorf tester
elment lövés *(hatástalan ; bány)* spent shot
elmerítés immersion, submergence, submersion
elmeríthető submersible
elmerül immerse, engulf ; *(hajó)* founder
elmerülés sinking, submergence, merge, diving
elmerült submersed, immersed, sunken
elmeszesedés calcification
elmeszesít calcify
elmeszesítés calcification
elmetszés cutting(-off), severance
elmocsarasodás *(földt)* stagnation ; *(elárasztódás)* inundation
elmocsarasodott *(földt)* waterlogged ; *(víz:)* stagnant
elmos *(földt)* outwash, wash away ; **hullámzó vízzel ~** *[kőzetet]* abrade
elmosás *(földt)* ablation, abrasion, washing-off ; **~ vízsugárral** *(bány)* ablation
elmosódás *(fényk)* melting, slur
elmosódási jelenség *(félvezetőknél)* patch effect
elmosódott *(biol)* confused, diffused ; *(fényk)* blurred, washed out ; *(szín, minta)* obsolete ; **~ hatás** *(fényk)* washed-out effect; **~ kép** *(telev)* soft picture ; **~ másolat** *(fényk)* muddy print
elmosott szigetmaradvány *(földt)* consumed island
elmozdít dislocate, remove, displace, dislodge
elmozdítás displacement, removal, dislocation, dislodgement
elmozdíthatatlanság irremovability
elmozdítható removable, displaceable ; **~ csonkavágány** *(vasút)* kick-back ; **~ ütközőbak** *(vasút)* movable buffer
elmozdul move off, shift ; **hirtelen ~** start
elmozdulás displacement, dislocation, throw ; *(felvételnél ; fényk)* crab ; *(törési övezetben ; földt)* shift ; **érintőirányú ~** tangential displacement ; **~ok felcserélhetőségének elve** law of reciprocal displacement ; **lejtős ~** *(földt)* dip shift ; **sugárirányú ~** radial displacement ; **tengelyirányú ~** axial displacement ; **tényleges ~** *(mech)* actual displacement ; **~ok viszonossága** *(mech)* reciprocity of displacements
elmozdulásmérő *(műszer)* displacement meter/detector, motormeter ; **~ szeizmométer** displacement type seismometer
elmozdulásos : ~ geofon seismic detector of the displacement type ; **~ repedés** *(földt)* rent of displacement
elmozdult tömeg *(földt)* displaced mass
elmozgatható movable, slidable ; **~ (csapos) vég** *(széles szájú csőnél)* faucet end ; **~ központ** *(gépt)* movable centre
elnémítási idő *(rád)* blocking time
elnyálkásodás *(élip, vegy)* sliming, sludging
elnyel absorb, soak, occlude, engulf, drink in, resorb ; *(impulzust ; távk)* absorb ; **felületileg ~** adsorb
elnyelés absorbing, absorption ; *(elnyelő képesség)* absorptivity ; *(gázé)* occlusion ; *(reszorpció)* resorption ; *[ötvözetek alkotóiról]* merging
elnyeléses : ~ elemzés *(anyagv)* analysis by absorption ; **~ modulálás** *(távk)* absorption modulation
elnyelési : ~ csúcs *(távk)* absorption peak ; **~ együttható** absorption coefficient ; **~ felület** absorption plane *(UK)* ; capture area *(US)* ; **~ görbe** absorption curve ; **~ keresztmetszet** *(at)* absorption cross section ; **~ sebesség** absorption speed/velocity ; **~ szín** absorption colo(u)r ; **~ színkép** absorption spectrum ; **~ tényező** absorption factor, coefficient of absorption ; **~ vonal** *(szink)* absorption line
elnyelésmérő *(vill)* absorptiometer
elnyeletés *l* **elnyelés**
elnyelető absorptive, absorbing, absorption ; *(készülék)* soaker, absorber ; **~ berendezés** absorbing apparatus ; **lúgoldatos ~ torony** alkaline tower ; **~ olaj** stripping/absorption oil ; **~ olaj deszorpciója** oil denuding ; **savval öntözött ~ torony** acid tower ; **~ torony** absorbing/chemical tower/column
elnyelhetőség absorbability
elnyelő *fn* *(vegy)* adsorber ; **~ anyag** absorption mass, absorbing agent ; **~ cső** *(abszorpciós moduláláshoz ; rád)* losser tube ; **~ hűtője** absorber cooler ; **~ képesség** absorbability, absorptivity, absorption capacity ; *(festékre)* hiding power ; *(túlfeszültség-levezetőé ; vill)* absorbed striking energy ; **~ olaj** *l* **elnyelető olaj** ; **~ oszlop** *(vegy)* *l* **elnyelető torony** ; **~ pipetta** absorption bulb ; **~ tér** *(földt)* intake area ; **~ torony** *l* **elnyelető torony**
elnyelőképes capable of absorbing
elnyírás *(szerszámmal)* shear cut
elnyíródás shearing ; **~ következtében fellépett rétegdőlés** *(földt)* shear thrust faults
elnyíródó pecek *(gépt)* shear pin
elnyírt *(mech)* sheared
elnyom *(ált ; rád, távk, telev)* suppress
elnyomás *(ált ; rád, távk, telev)* suppression ; *(távk)* wipe-out, quenching ; *(telev)* deemphasis
élnyomás *(pa)* linear pressure
elnyomó *mn* suppressing, suppressive, quench ; **~ frekvencia** *(rád)* quench frequency
elnyomott : ~ fa dominated/suppressed wood ; **~ frekvencia** *(rád, távk)* stop frequency ; **~ vivő** *(távk)* suppressed carrier
elnyújtott prolate ; **~ ellipszoid** *(mat)* prolate ellipsoid
elnyúlt befecskendezés *(Diesel-motorban)* protracted injection
elnyűtt outworn
elolajozódás *(gépk)* oil covering/coating
elold *(kötelet)* unmoor, unfasten, unlash, detach
elólmosodott *(puskacső)* leaded

elolt quench, smother, extinguish, blow out, stifle; *(bányatüzet)* squander; *(világítást)* douse *is*
eloltás extinction, quenching, smothering
elolvad melt, founder; *l még* **olvad** *és* **megolvad**
eloszlás distribution;; **időbeni ~** distribution on time; **szélső értékek ~a** distribution of extremes
eloszlat disperse, spray, dissipate
eloszlató (szer) disperser
eloszlik dissipate, spray
eloszt distribute, spread, allot, space; **terhet ~** spread the load; **villásan ~** furcate
elosztás distribution, partition, spreading, sectioning; **egyenáramú ~** direct-current distribution; **egyenletes ~** equipartition; **elosztóvezetékes ~** lateral distribution; **párhuzamos ~** parallel distribution; **rendszertelen ~** random distribution; **szyabadtéri ~** outside distribution; **szárnyvonalas ~** lateral distribution; **váltakozó áramú ~** alternative-current distribution; **~ vékony rétegben** film distribution
elosztási : ~ ábra target diagram; **~ együttható** partition coefficient
elosztó *fn (ált)* distributor; *(Baudot-távírónál)* distributor; **~ akna** *[kábelnél]* distribution chamber; **~ alállomás** *(vill)* switching/distributing substation; **~ állomás** *(vill)* switching/distributing (electric) station; **~ berendezés** *(vill)* distribution/switch(ing) equipment/plant; **~ biztosító tábla** distribution fuse-board; **~ csatlakozó** *(vill)* branch connector; **~ csatorna** *(vízlevezető)* separate sewer; **~ csatornák** distributaries; **~ cső** header; **~ csőkötés** pipe header; **~ doboz** *(vill)* junction/joint/distribution box; **~ él** *(gőzgépen)* distributing edge; **~ erősítő** *(vill)* distribution/distributed amplifer; **~ fedél** *(gépk)* *l* **gyújtáselosztó fedél**; **~ fej** *(gépk)* distribution head; **fenékvízszívó ~ szekrény** *(hajó)* bilge distribution box; **~ fővezeték** *(hidr, vill)* distributor (mains); **~ fúvóka** *(gépt)* distributing nozzle; **~ hálózat** *(hidr, vill)* distributaries; *(vill)* distributor, distributing mains; *(erősáramú:)* supply system; **~ harang** *(koh)* distributing bell; **~ ház** *(gépk)* distributor case; *(vill)* switch hut; **~ hely** *(telef)* distributing/distribution frame; *(statisztikai gépen)* bus hub; **~ henger** *(pa)* distributing roller; **~ kábel** *(vill)* distribution cable; **~ kar** *(gépt)* distributor finger; **~ készülék** *(vill)* distributor, divider; **~ készülék kivezetése** *v* **kapcsa** *(vill)* distributor terminal; **~ körvezeték** *(vill)* ring distributing mains; **~ központ** *(távk)* distribution centre, distributing exchange; **~ lap** distribution panel; **~ lemez** *(pa)* baffle; **~ medence** *(hidr)* distributing basin; **nagyfeszültségű ~** high-tension distributor; **~ nyomó vezeték** *[légsűrítőnél]* pressure manifold; **~ oszlop** *(vill)* distribution pole; **~ pipa** *(gépk)* ignition distributor/rotor arm; **~ platina** *(tex)* divider; **~ pont** *(vill)* feeding/distributing point; **~ rács** *(tex)* distributing lattice; **~ rakodó** *(vasút)* distributing platform; **~ rendszer** distribution system; *(terhelésé)* straining system; **~ sáv** *(távk)* distribution panel; **~ sín** *(vill)* feeder/distributing bus-bar; **~ szekrény** *(pa)* distribution trough/box; *(vill)* switch cupboard; **~ szelep** *(gőzhőz)* manifold/regulating/operating valve; **~ szerkezet** *(telef)* selector; **~ tábla** *(hidr)* spreading/distributing baffle; *(vill)* distribution/distributing (switch)board, cross-connecting board; **~ tábla alaplemeze** *(vill)* switch panel; **~ tárcsa** *(gépt)* distributing disc; **~ tároló** *v* **tartály** *(ép)* distributing bucket; *(hidr)* header, service reservoir; **~ tengely** *(gépt)* timer/layout/distributing/regulating shaft; **~ tolattyú** *(gépt)* regulating slide valve; **~ tömb** distributor block; **~ transzformátor** distribution transformer; **~ vállalat** distribution company; **~ vas** *(vasbeton szerkezetben:)* spacer; **~ véső** *(metszésnél)* divider; **~ vezeték** *(hidr, vill)* distributor main(s); **~ vezetékek kapcsolótáblája** feeder switchboard
elosztott distributed, divided; **~ kapacitás** *(távk)* distributed capacity; **~ terhelés** *(mech)* train/continuous load(ing)
elosztottsági : cserzősav ~ finomsága dispersity of tanning matter
elosztóvezeték-hálózat *(vill)* distribution network
élő *mn* alive, vital; *(tűz:)* active; **~ anyag** live matter; **~ leltár** livestock; **~** *(nyomás alatt álló)* **vetődés** *(földt)* thrust fault
előadási próba *(hongt, rád)* rehearsal
előadó : ~ emelvény desk; **~ terem** *(ép)* lesson/lecture room/hall, auditory, auditorium
előágy *(puskáé)* forestock
előáll *[feszültség rezgőkörön]* be developed
előállás *[érintkezőé; vill]* projection (of contact shoe)
élőállatállomány (live)stock
élőállat-szállítás livestock transport
előállít produce, turn out, manufacture; *(áramot:)* generate; **kiadott jelet ~** *(távk)* reconstitute the signal; **újra ~** recreate; **vegytisztán ~** *(elkülönít)* isolate
előállítás making, production, manufacturing
előállítási : ~ eljárás *(vegy)* method of obtaining; **~ költségek** manufacturing cost(s)
előállott feszültség *(távk)* developed voltage
előaprítás *(koh)* preliminary crushing
előárboc *(hajó)* foremast
"előbb zár azután bont" érintkezők *(távk)* make before break contacts
elő-beállítás *(fényk)* pre-focussing
előbefecskendezés : nagysága ~ *(Diesel-motorban)* amount of injection advance; **~ önműködő szabályzójának háza** *(gépk)* injection timing housing
előbefecskendezés-szabályzó : ~ berendezés *(Diesel-motorban)* injection advance device; **~ kar** *(Diesel-motorban)* injection advance lever
előbefecskendező szabályzóhüvely *(gépk)* injection timing sleeve
előbeömlés *(gőzé)* pre-admission, admission lead
előbevágás *(bány)* approach cutting
előbevonat *[festékkel]* precoat
elő-bevonókötél *(hajó)* fore clew-garnet
előbolyhozó készülék *(tex)* previous raising device
előbontó *(gép; tex)* preliminary opener; **~ kártbevonata** *(tex)* licker-in clothing
előbukkanás *(földt)* emersion
előcsarnok *(ép)* antechamber, vestibule, (entrance) hall
előcsarnokfolyosó *(ép)* hallway
előcserez *(előcserző kádban)* colo(u)r, set the grain
előcserzett : ~ bőr crust; **~ keletindiai juhbőr** crust leather
előcserző *(bőr)* colo(u)ring
előcséve *(tex)* supply package
előcsíráztat *(mzg)* progerminate
előcsíráztatás *(mzg)* progermination; **vetőburgonya ~a** greening of seed potato
előcsíráztatott gabona sprouting grains
előcsiszol pregrind
előcsoport *(távk)* pre-group
elődarabol blank
elődérítés *(cu)* predefecation; **~ mésszel** *(cu)* preliming
elődérítő lé *(cu)* predefecation juice
elődeszkázás *(cseglyekarózási munkánál; bány)* piling wall
elődörzscsiszolás semi-finish honing
elődörzscsiszoló fej semi-finish honing head
előegyengető gép pre-straightening machine
előérlelés *(viszkózé: pa)* ripening; *(tex)* ageing
előerősítés *(rád)* preamplification
előerősítő *(rád)* input/head amplifier, pre-amplifier, „preamp"; **~ fokozat** pre-amplifier stage
elő- és utópárlat *(léip)* heads and tails
élőfa tree, live wood; **élőfából származó mézga** tree gum
élőfagyűjtemény arboretum
élőfakészlet stock capital
előfásítás *(városépítés)* preliminary planting with trees, afforesting
előfehérítés színezésre dyer's bleach
előfelfutó tartály *(pa)* preliminary liquor tank
előfeltétel precondition, reservation
előfenék *(hidr)* fore/upstream apron
előfeszít prestress
előfeszítés prestress, prestretch; *(tex)* pre-tension
előfeszítési terhelés initial load
előfeszített: ~ vasbetét *v* **vasalás** prestressed reinforcement; **~ (vas)beton** prestressed (reinforced) concrete
előfeszítő ellenállás *(rád, távk)* bias resistance
előfeszültség *(mech)* pretensioning stress; *(tex)* pre-tension; *(rád, távk)* bias (voltage), bias level; **~ az erősítőben ~** *(rád)* grid voltage; **katód-ellenállással előállított ~** *(rád)* automatic bias; **katódköri** *(rád)* **~** cathode bias; **negatív ~et ad** *(távk)* bias into the negative; **~ nélkül** *(rád)* zero bias; **~ nélküli** *(rád)* unbias(s)ed; **~ nélküli B-osztályú**

ellenütemű erősítő (áramkör) *(rád)* quiescent push-pull (circuit)
előfeszültség-állítás *(rád)* bias adjustment
előfeszültségejtő ellenállás *(rád)* bias resistor
előfeszültség-telep *(rád)* trigger battery
előfinomítás *(koh)* primary refining
előfinomító : ~ kavaró kemence *(koh)* primary refining mixer ; **~ kemence** *(koh)* primary furnace
előfizetés *(telef)* subscription
előfizető *(távk)* subscriber ; **~k csoportokba osztási rendszere** party-line system ; **~k hívásának vevőhelyzete** *(kézi kapcsolású központnál)* A-position
előfizetői : ~ állomás *(távk)* subscriber's station, substation ; **~ áramkör** subscriber's circuit ; **~ csatlakozás** *(kapcsok)* subscriber's terminal ; **~ főállomás** subscriber's main station ; **~ fővonal** direct exchange line ; individual line *(US)* ; **~ hálózat** local network ; **~ híváskereső** subscriber's line finder, primary line switch ; **~ hívókulcs** subscriber's key ; **~ hüvely** subscriber's jack ; **~ kapcsolótábla** *[telefonközpont]* A-switchboard ; **~ készülék** subscriber's set, subset ; **~ lebukás** drop wire ; **~ mellékállomás** subscriber's extension station ; **~ távbeszélő állomás** *l* **előfizetői állomás** ; **~ (távbeszélő) vonal** extension/party/subscriber's line
előflotáló cellák *(bány)* rougher cells
előfogatmozdony bank locomotive
előfokmodulálás *(rád)* low-power modulation
előfonal *l* **előfonat**
előfonás roving, first/preparatory spinning
előfonási hulladék roving waste
előfonat *(tex)* slubbing, roving, rove, foreyarn ; **durva ~** *(tex)* coarse roving ; **~ban festett fonal** slubbing-dyed yarn ; **~ finomsági száma** *(tex)* hank roving
előfonatcséve *(tex)* rove bobbin
előfonatcsévélő henger roving reel
előfonatorsó *(tex)* skewer
előfonó *(munkás)* rover
előfonógép flyer (frame), fly-frame, intermediate/spindle roving frame
előfordulás *[ércé, ásványé]* occurrence ; **~ elárasztása** *(bány)* inundation of deposit ; **telepes ~** *(bány)* bedded deposit, blanket formation
előfordulási érték *(bány)* prospective value
előforgácsolt rough-machined
előformál preform ; **abroncsköpenyt nyers állapotban ~** *(gumi)* shape
előformáz preboard, premo(u)ld
előformázás premo(u)lding, preboarding
előformázási forma *(üveggyártásnál)* parison mo(u)ld
előfőz *(élip)* blanche, scald
előfőzés *(élip)* blanching, scalding, preheating
előfrissítés *(koh)* preliminary/primary refining
előfrissítő : ~ kavaróedény *(kemence ; koh)* preliminary refining mixer ; **~ kemence** *(koh)* primary furnace finer
előfúr drill
előfúrás *(gépt)* drilling ; *(bány)* heading, sumping hole
előfúró *fn (gépt)* (rough) drill ; *(menetfúráshoz)* tap drill ; *(bány)* starter, pitching borer ; **~ betét** opening bit ; **~ mag** *(fúrt betoncölöpnél)* mandrel, mandril, driving core
előfúvatás *(koh)* foreblow
előfűtés preliminary heating
előgaucsoló henger *(pa)* squeeze roll
előgömbölyítő gép *(pékiparban)* hander-up
élőgyapjú *(tex)* live wool
előgyújtás *(gépk)* ignition/spark advance, advanced ignition, premature explosion, preignition, advance (sparking), lead ; **~t csökkent** retard ; **~ elősietése** lead of the ignition ; **~t fokoz** advance ; **~ mértéke** *(gépk)* ignition/spark lead ; **~ szélső helyzete** full-advance position
előgyújtásállító skála *(az elosztó alatt ; gépk)* octane corrector
előgyújtásbeállítás : önműködő ~ *(gépk)* automatic ignition advance
előgyújtás-szabályozási görbe *(gépk)* (ignition) advance curve
előgyújtásszabályzó *fn (gépk)* (ignition) advance mechanism ; **~ kar** (ignition) timing lever, (magneto) advance lever ; **önműködő ~** *(gépk)* automatic sparking advance ; **~ rés** *v* **horony** *(gépk)* advance slot ; **~ röpsúlyok** automatic advance weights ; **~ rugó** advance weight spring
előgyújtó kamra *(gépt)* preignition chamber
előgyulladás *(gépk)* precombustion
előhajlító henger preliminary bending roll
előhaladás advancing, advance ; **ciklusonkénti ~** *(bány)* advance per round ; **egy fogásra eső ~** *(táró- v aknahajtásnál ; bány)* advance per attack ; **~ emelkedésben** *(bány)* advance to the raise ; **~ pajzs segítségével** shield method
élőhaltartály *(élip)* (fish) stew
előhántó *fn [ekén]* jointer ; **~ eketest** skim coulter, skimmer
előhegység *(földt)* foot hills, head-land, foreland, submountain region
előhenger *(koh)* blooming roll ; *(láncirezésre ; tex)* back beam
előhengerel *(koh)* cog (down)
előhengerelt *(koh)* rough-rolled, cogged; **~ huzal húzott huzal készítéséhez** rolled wire ; **~ tuskó** rolled billet
előhengerlés *(heng)* cogging, breaking pass
előhengerlő : ~ állvány roughing stand ; **~ gép** blooming machine ; **~ hengersor** getting-down rolls, cogging train
előhengermű bloom rolling-mill, preliminary mill
előhengersor *(koh)* blooming/cogging/roughing mill
előhevítés preheating
előhevítő : ~ kamra *(koh)* preheating chamber ; **~ kemence** preheating furnace
előhív *(fényk)* develop
előhívás *(fényk)* development ; **festék ~a** *(tex)* development of dye ; **~t késleltető anyag** restrainer ; **~t nem kívánó fénymásoló papír** printing-out paper
előhívási : ~ energia *(fényk)* developing strength ; **~ folyamat** developing action ; **~ hőmérséklet** developing temperature ; **~ tényező** development factor
előhívásos festés *(tex)* development dyeing
előhívó *fn (fényk)* developer ; **~ fényképészeti papír** developing paper ; **~ fürdő** developing bath ; **~ gép** developing machine ; **~ hatóereje** power of developer ; **~ kád** developing bath ; **~ kamra** development chamber ; **~ levegő okozta oxidációja** autoxidation ; **maró hatású ~** caustic developer ; **~ por** developing powder ; **~szer** developing chemical(s)/agent(s), developer
előhívott festékek *v* **színezékek** *(tex)* raised colo(u)rs
előhullám preliminary wave
előhúzás *(heng, tex)* preliminary drawing
előhúzott huzal *(heng)* process wire
előhűt precool
előhűtés precooling, preliminary cooling, forecooling
előhűtési szakasz preliminary cooling section
előhűtő *fn* precooler ; **~ berendezés** precooling plant
előidézéses festés *(tex)* development dyeing
előidézett induced, caused, substantiated
előionizációs feszültség keep-alive voltage
előionizáló : ~ segédáram keep-alive current ; **~ segédelektród** keep-alive electrode
előirányzat rating, schedule, indication ; **~ összeállítása** computing
előirányzott estimated ; **~ költség** estimated cost
előírás specification, directive, regulation, requirement, order, disposition, prescription ; **felvető ~** *(tex)* card of warping particulars ; **repülőtér légterébe lépés ~ai** enter traffic pattern ; **~ szerinti szövés** routine weaving
előirezés *(tex)* preliminary sizing
előírt specified, prescribed ; *[hullámhossz]* stipulated ; **~ fordulatszám** *(gépt)* specified speed ; **~nál kisebb darabok** *v* **szemek megengedett mértéke** *(%-ban)* undersize tolerance ; **~ méretű** up to size ; **~ mozgás** *[filmfelvétel alatt]* planned motion ; **~ repülőút** standard flight path
előjegyzés *[hívásé ; távk]* booking
előjegyzett earmarked, booked
előjegyző : ~ áramkör *(távk)* record circuit ; **~ kezelő** *(távk)* recording operator
előjel *(mat)* sign, sense ; **azonos ~** *(mat)* same/like sign ; **ellentétes** *v* **ellentett** *v* **különböző ~** *(mat)* different sign ; **földrengés** *v* **kitörés ~ei** *(földt)* premonitory symptoms ; **~eket megváltoztat** *(mat)* reverse the signs
előjeladó *(külső jelkapu ; rep)* outer; fore marker
előjeles algebraic
előjelmeghatározás sense/sign finding
előjelszabály sign convention
előjelváltozás *(mat)* reversal
előjelzés *(forgalmi)* distant signal

előjelző *(vasút)* distant signal
előjövetel · külszíni előkészítése *(bány)* surface development
előkalkuláció preliminary calculation ; ~ **elkészítése** computing
előkamra *(Diesel-motorban)* precombustion chamber, antechamber ; *(szivattyúban)* forebay ; ~ **szájnyílása** *(Diesel-motorban)* communicating throat
előkamrás Diesel-motor precombustion/antechamber engine/Diesel
előkapcsolt ellenállás *(hegesztéshez)* resistor
előkártolás *(tex)* scribbling
előkártoló *(gép)* scribbler, scribbling machine, first breaker
élőkép *(mozgókép őse)* living pictures
előkereső preselector, allotter switch
előkert *(ép)* forecourt, frontage, front garden
előkészít make ready, dress, fettle, train, prepare ; *(bány)* dress, win, make ; *(ép)* prime ; **cipőalsórészt** ~ close upper ; **ércelegyet** ~ *(elegyít)* blend ores ; **ércet** ~ *(koh)* dress the ores ; **főzésre** v **tartósításra** ~ *(élip)* clean ; **könyvgerincet beakasztásra** ~ *(nyomda)* back
előkészítés preparing, preparatory process ; *(előkezelés:)* pretreatment ; *(feltárás:)* opening-up ; *(bány)* first working ; *(nyomda)* making ready ; *(ércé:)* dressing, concentration ; *(impulzus-modulációnál; rád)* recycle; **anyag** ~**e** *(nedvességben és hőfokban)* preconditioning ; ~ **hatásfoka** *(koh)* metallurgical efficiency ; ~ **nedves úton** water concentration, wet cleaning ; ~ **páros osztókkal és feltörésekkel** *(pillérfejtéshez ; bány)* double stall (system) ; ~ **rövid pillérekre** *(bány)* honeycombing ; ~ **szitálással** *(koh)* dressing by screening
előkészítési szakasz section/zone of preparation
előkészítetlen *(érc)* undressed
előkészített prepared ; *(érc)* dressed, concentrated ; ~ **állapot** fettle ; **felszállásra** ~ *(rep)* air-bound ; ~ **szén** *(bány)* developed coal
előkészíthető dressable ; **nehezen** ~ **érc** rebellious ore
előkészítő: ~ **anyag** *(bány, koh)* enricher; ~ **folyamatok** preparation/preparatory processes ; ~ **gépek** preparatory machinery ; ~ **munkahely** *(bány)* heading, shortwall ; ~ **munkahely szellőztetése** *(bány)* heading ventilation ; ~ **munká(lato)k** *(bány)* development/heading/solid work, opening, deadwork ; *(fejtés előtt:)* narrow work ; ~ **mű** *(koh)* concentrator mill, concentrating plant ; ~ **mű felügyelője** *(bány, koh)* dresser ; ~ **üzem** preparing/preparatory department ; ~ **vágás** *(fa)* thinning the suppressed trees ; ~ **vágatok** *(bány)* driving openings, advance/development workings, developing butt ; ~ **vágatok pillérfejtésnél** *(bány)* boards ; ~ **vizsgálat** *(ép)* preliminary investigation/examination
előkészület preparation
előkészületi zóna *(bány)* zone of preparation
előkeverék *(gumi)* stock, batch of rubber, master/mother batch ; **erősített** v **gyorsítóval készített** ~ accelerated stock, accelerator master batch
előkeverő *(gép)* premixer
előkezelés pretreatment, primary/preliminary treatment
előkezelő pretreater
előkiegyenlítés *(rád, távk)* pre-emphasis, pre-equalization
előkiemelés *(rád, távk)* preemphasis
előkikötő outport, outer basin
előkoagulált latex curd latex
előkondenzátor *(erőg)* preliminary condenser
előkovácsolás rough forging, preforging, *(süllyesztékbeverés előtt)* dummying
előkovácsoló : ~ **odor** preforging die ; ~ **üreg** *(odorban)* preforming/preforging impression
előkovácsolt rough-forged, preforged
előköszörül grind first/rough
előköszörülés first/rough grinding
előkutatás *(bány)* reconnaissance
elől : ~ **billenő csille** *(bány)* scoop car ; ~ **elhelyezett motor** *(gépk)* forward-mounted engine
előlap *(tex)* selvage
előlepárlás *(könnyű frakcióké)* predistillation
előérintkezős kapcsoló front connected switch
előfutó : ~ **kapcsoló** *(vasút)* pilot coupler ; ~ **mozdony** pilot engine
elölnézet front view/elevation, façade, face
előlyukasztott csőbuga rough-pierced tube blank
előmágnesezés *(magnetofon)* premagnetization, magnetic biasing ; **egyenáramú** ~ d. c. magnetization/biasing ; **váltakozóáramú** ~ a. c. magnetization/biasing
előmágnesezett premagnetized, magnetically biased ; ~ **transzformátor** transductor
előmaratás *(nyomda)* pre-etching
előmelegít preheat ; *(felmelegít:)* heat up
előmelegítés preheating, initial/preliminary heating
előmelegítő *mn* preheating ; *fn* preheater, forewarmer ; *(pa)* regenerative furnace ; ~ **csatornanyílás** *(termit-formában)* heating gate ; ~ **cső** heater pipe ; ~ **felfűtése** *(koh)* heating-up of stove ; ~ **fúvóka** *(heg)* cutting jet orifice ; **füstgázcsatorna-elágazásba kapcsolt** ~ economizer with by-pass flue ; ~ **kamra** *(gépk)* hot spot chamber ; *(koh)* preheating chamber ; ~ **kemence** *(koh)* preheating furnace ; ~ **lámpa** *[izzófejes motornál]* starting lamp ; ~ **lemez** *(hanglemezgyártásnál)* hot plate ; ~ **megcsapolt gőzzel fűtött** ~ bleeder heater ; ~ **pisztoly** *(aszfaltútépítésnél)* road heater
előmélység *(földt)* fore-deep, fore-trough
előméret(es kiírás) bill of quantity/quantities
előméretez take out quantities
előmodulálás *(távk)* premodulation
előmotolla *(tex)* standard reel
előmunkál rough
előmunkálatok *(bány)* advance workings
előmunkált rough-machined
előmunkás foreman, overman, charge hand, ganger ; *(bány)* forerunner ; *(koh)* fore-maker ; *(pa)* head workman
előnagyol *(alak)* preforge, shape ; *(forg)* rough
előnagyoló odor v **bélyeg** *(alak)* shaping die
előnagyolt *(alak)* preforged, shaped ; *(forg)* roughed, rough-machined
elönt *(hidr)* flood, flush, float, overflow
elöntés *(hidr)* flooding, overflow
előnyben részesített számok preferred numbers
előnyitás *(tolattyún)* lead ; *(szelepen ; gépk)* advanced opening
előnyom *fn* *(gépk)* gather, slay
előnyomás forepressure
előnyomellenőrző *(gépk)* wheel-setting ga(u)ge
előnyomó henger dandy roll
előnyomott vonal *(nyomda)* ruled line
előnyújtás *(heng)* blooming ; *(tex)* preliminary drawing ; *(vasbeton szerkezeté)* prestretch, prestress
előnyújtó : ~ **henger** *(bugasoron)* blooming roll ; *(lemezsoron)* slabbing roll; ~ **sor** *(heng)* big/breaking/cogging mill ; *(bugasor)* blooming mill ; *(lemezbugasor)* slabbing mill; ~ **üreg** roughing pass/calibre, blooming/slabbing pass
előnyüst *(Jacquard-gépnél)* common harness
előnyüst-felszerelés *(Jacquard-gépen)* pressure harness
előolvaszt premelt ; *(frittel)* frit
előolvasztott vas *(koh)* premelted iron
előöböl *(földt, hidr)* forebay
előötvözet *(koh)* hardener, master alloy
előpárlat forerun (of destillation), first running(s)
előpárló *(élip)* primary still
előplatina *(tex)* jack sinker
előpörkölés *(koh)* preliminary roasting
előprés *(pa)* primary press
előrajzol trace, set/line out, scribe, mark off ; ~ *(munkadarabot)* **központi furattól kiindulva** trace/locate from the centre hole ; ~ *(hengeres munkadarabot)* **külső átmérőtől kiindulva** trace/locate from the outside diameter
előrajzolás tracing/setting(-out), marking out ; ~ **krétázott vonallal** *(szabásmintáé ; tex)* lining out
előrajzoló *fn* marker-off, tracer ; ~ **asztal** laying-out table, marking-off board, surface table ; **bordás** ~ **lap** planed surface plate ; ~ **készülék** scribing apparatus ; ~ **körző** scribing compass(es) ; ~ **lap** v **pad** level bench, laying-out bench ; ~ **műhely** marking shop; ~ **rúdkörző** tram(mel points) ; ~ **szerszám** marking tool, scribble ; ~ **tömb** layout block
előre : ~ **beállított** pre-set ; ~ **behangolt áramkör** *(rád)* preadjusted/preset/pretuned circuit ; ~ **buktató saraboló** *(bány)* front dump scraper ; ~ **dönthető ülés** *(kétajtós gépkocsiban:)* tipping seat ; *(amelynek csak a háttámlája hajtható le:)* folding seat ; ~ **fordító kar** facing arm/lever ; ~ **formált (pászmájú) sodronykötél** *(terhet nem forgatja)* true-lay wirerope, locked-wire rope ; **hajló** prone ; ~ **hajló orrtőke** *(hajó)* raking stem ; ~ **hajt** propel ; ~ **hajtó**

propellent, propulsive ; ~ **hajtó erő** propelling force ; ~ **hajtó tárcsa** *(hosszgyalugépen)* forward driving pulley ; ~ **hajtó tolóerő** propulsive thrust ; ~ **haladó** *l* **haladó** ; ~ **ható szabályozó** *(távk)* forward-acting regulator ; ~ **irányított fényszóró** forward reflector ; ~ **küldött impulzálás** *(távk)* direct impulsing ; ~ **küldött impulzus** *(távk)* direct impulse ; ~ **küldött jel** *(távk)* forward signal ; ~ **meghatározott** predetermined ; ~ **menő jel** *(távk)* forward signal ; ~ **mozgó** propulsive ; ~ **néző letapogató** *(antenna)* forward-looking scanner ; ~ **nyúló hídrész** *(szabad szerelésnél)* semi-cantilever part ; ~ **nyúló tűzszekrény** *(vasút)* overhanging fire box ; **végével** ~ endwise
előrefutás *(letapogatásnál ; telev)* tracing, scan, trace
előrefutási : idő *(telev)* trace time ; ~ **intervallum** *(telev)* trace interval ; ~ **sor** *(telev)* trace line
elöregedett *(földt)* overmature
előregyártott prefabricated ; *(beton)* precast, premo(u)lded ; ~ **beton** precast concrete ; ~ **betonlemez** precast slab ; ~ **szerkezet** fabricated structure
előrehajtás propulsion
előrehaladás advance(ment), progression ; *(csill)* precession
előrehaladási : ~ fok *(légcsavaré)* advance ratio ; ~ **kimutatás** progress chart ; ~ **szög** advance angle
előre-hátra forward-reverse ; ~ **szintezés** *(geod)* fore-and-aft level
előreigazító *fn* *(reverzáló stb szerkezetnél)* advance lever
előreirányítás *(geod)* foresighting
előreirányzás foresight
előrejelzés forecasting, prognose, prognostics, prediction
előrekent csapágy prelubricated bearing
előrelátás *(geod)* foresight
előrelépcsőzés *(szárnyaké ; rep)* negative stagger
előremenet *(sebességváltóban)* forward gear/speed ; *l még* **előremozgás** *és* **előrehaladás** ; ~ **szöge** head angle
előremeneti excenter *(kulisszás vezérlésű gőzgépen)* fore/forward eccentric
előremetszés *(geod)* intersection
előremozgás advance(ment), forward motion/drive
előremozgási löket *(forg)* forward stroke
előremozgatás propulsion ; *l még* **előremozgás**
előrendező *(pa)* ready sorter
előrengés *(földt)* preliminary wave, for-shock, first/preliminary tremor
előre-nyilazás *(rep)* sweep-forward, negative sweepback
előrenyilazott *(rep)* swept-forward ; ~ **szárny** *(rep)* swept-forward wing
előrenyomás *(rep)* nosing-down
előresiet *(gépt, vill)* lead
előresietés *(gépt, vill)* forward slipping ; ~ **fázisszöge** lead angle
előresietéses tolattyú slide-valve with lead
előresietési szög advance angle
elôrész forepart, forehand, front ; **hajó** ~**e** fo'c'sle, forecastle
előreszelő *fn* bastard file
előretartás *(kat)* lead, allowance ; *(rep)* wind/drift correction
előretartási szög *(fényk)* angle of lead/allowance
előretol : dinamókeféket forgatás irányában ~ *(vill)* feed the brushes forward
előretolás *(távk)* downward stroke ; *(léptető szerkezetnél ; távk)* down drive ; **kefék** ~**a** *(vill)* lead of brushes
előrögzítés *(kh)* stitch setting
elősajtolás rough-pressing
élősdi parasite ; *(műsz)* *l* **káros** ; ~ **elleni** anti-parasitic
élősdipusztító szer parasiticide
elősegítő kapcsolás *(bizonyos rezgések fellépéséhez ; rád)* favouring circuit
elősietés *l* **előresietés**
élősúly live weight
előszárítás preliminary drying
előszárító *fn* preliminary dryer; *(pa)* receiving dryer ; ~ **gép** pre-dryer ; ~ **henger** *(pa)* baby dryer/press
előszegecselő szegecs stitch rivet
előszél prefrontal current
előszelekció *l* **előválasztás**
előszelekciós *l* **előválasztó**
előszerelés subassembly
előszikráztatás : **elektród** ~**a** *(szink)* preburning of electrode
előszoba *(ép)* anteroom, antechamber, prechamber
előszobafal hallstand
előszobafogas *(fallal)* hallstand
előszűrő *(gépk, vegy)* first filter ; ~ **réteg** *(szűrő felületén ; vegy)* precoat
előte *(koh)* iron receiver
előtekercselő *fn* *(pa)* reel
előtépő henger *(tex)* licker-in
előtér *(ép ; helyiség)* anteroom, hall, antechamber ; *(terület:)* foreground, foreland, area in advance ; *(földt)* foreland ; *(geod)* foreland, area in advance ; *(telev)* foreground ; **zárt** ~ *(vasúti kocsi végén)* enclosed platform
előtér-határfény *(rep)* apron taxi light
előterhelés pre(-)load ; ~**sel szerelt csapágy** preloaded bearing
előterhelt agyag precompressed clay
előterv project, preliminary drawing(s)
előtét adapter ; **elsötétítő** ~ *(gépk)* blackout cap
előtét-ellenállás *(vill)* series/additional/switch resistance
előtétes differenciálmű two-speed differential
előtét-fogasív intermediate gear quadrant
előtét-fogaskerék intermediate gear/wheel, countershaft drive gear, counter(-)gear
előtét-fogaskerekes hajtás parallel-gear drive
előtéthajtás backgear, countershaft unit
előtétjel *(távk)* prefix signal
előtétkerék *l* **előtétfogaskerék**
előtétkerekes áttételű mozdony *(Shay-rendszer)* geared locomotive
előtétlencse front lens
előtető *(ép)* fence/protecting roof, canopy, sun blind
előtétrostély *(kandallón)* fireguard
előtéttárcsa *(szíjhajtáson)* counter-pulley
előtéttengely countershaft (axle), backshaft, second-motion shaft, dummy shaft ; *(bány)* jackshaft ; *(sebességváltóé ; gépk)* layshaft, countershaft ; ~ **lépcsős szíjtárcsája** countershaft cone pulley
előtéttengelyes hajtás *l* **előtéthajtás**
előtét-tengelyház shaft feed-box
előtétturbina superposed steam turbine
előtét-zár *(fényk)* anterior shutter
előtisztítás *(koh)* primary cleaning, rough-cleaning
előtol *(gépt)* advance ; *(forg)* feed ; *(készdarabot:)* feed-out ; *(fogásvételhez:)* infeed
előtolás *(forg)* feed ; **adott szögű** ~ *(forg)* angular feed ; **beszúró** ~ *(forg)* plunge feed, infeed ; ~ **bütykös vezérlése** cam feed ; **dobos** ~ *(anyagé)* drum feed ; **dörzskerekes** ~ friction motion feed ; ~ **fogaskereke** feed gear ; **függőleges** ~ *(forg)* vertical feed ; **gépi** ~ automatic feed ; **gyors** ~ power (rapid) traverse ; **gyors kézi** ~ *(forg)* sensitive hand feed ; **hidraulikus** ~ *(forg)* hydraulic feed ; **hosszanti** ~ longitudinal feed ; **kényszerű** ~ *(forg)* positive feed ; **kerékkel történő** ~ wheel feed ; **keresztirányú** ~ cross feed ; **kézi** ~ manual/hand feed ; **kilincsműves** ~ ratchet feed ; **körirányú** ~ circular feed ; **lassú kézi** ~ *(forg)* regular hand feed ; **lefelé irányuló** ~ downfeed ; **oldalazó** ~ *(forg)* surfacing feed ; **önműködő** ~ automatic feed, automatic power traverse ; ~ **önműködő kikapcsolója** feed stop ; **szakaszos** ~ *(forg)* intermittent feed
előtolásállítás *(forg)* feed adjustment
előtolásállító kar *(forg)* feed lever
előtolásbeállító tárcsa *(forg)* feed dial
előtoláshatárok *(forg)* feed range
előtoláshatároló *fn* *(forg)* feed limiter
előtolási : ~ sebesség *(forg)* feed rate, traverse speed ; ~ **táblázat** feed index plate ; **tengelyirányú** ~ **módszer** axial feed method
előtolásjelző *(forg)* feed indicator
előtoláskapcsoló *fn* *(forg.)* feed clutch ; ~ **kar** traverse lever
előtolás(mélység)mérő *fn* feed depth gauge
előtolássebesség *l* **előtolási sebesség**
előtolásszekrény *(forg)* feed box
előtolástartomány *(forg)* feed range
előtolásválasztó *fn* *(forg)* feed selector
előtolás-váltás *(forg)* feed chan e
előtolásváltó : ~ berendezés feed-changing device ; ~ **fogaskerekek** feed change gears ; ~ **kar** feed-changing lever ; ~ **kerék** *fn* *(gépt)* feed tumbler gear
előtoló *mn* feeding ; *fn* feeder ; ~ **áttétel** feed gear ; ~ **berendezés** feed mechanism ; ~ **bütyköstárcsa** feed cam ; ~ **fogasléc** feed rack ; ~ **himba** *(gyalun)* feed link ; ~ **hüvely** feed sleeve ; ~ **kar** *(szerkezetben)* feed link; *(beállításhoz:)* feed lever; ~ **kerék** feed wheel; ~ **léc** feed rack ; ~ **mozgás** feed motion ; ~ **mű** feed box/mechanism ; ~ **orsó** feed spindle ; ~ **persely** feed sleeve ; ~ **rostély** *(tüzeléshez)* overfeed stoker ; ~ **szerkezet** feed motion, traverse gear ; ~ **szerkezet irányváltója** feed reverse ; ~ **tengely** *[képtávírón]* scanning helix
előtolórúd-konzol *(forg)* feed-rod bracket

előtoló-sebességváltó *(forg)* change--feed box
előtömörítés *(talajé)* preconsolidation
előtör *(víz)* well out
előtörés *(aprítás; bány, koh)* coarse crushing
előtörő gép *(bány, koh)* crusher
előtörzsvitorla *(hajó)* foresail
előtúlhevítő *(gőzhöz)* first-stage superheater, presuperheater
előtűnés *(földt)* showing; **kép lassú, fokozatos ~e** *(fényk, film)* fade-in
előtűz *ige* *(bány)* keep forward; *(cseglyekaróz:)* spill
előtüzelés prefiring; *(gőzkazánnál:)* furnace in front of the boiler
előtüzelő *(tüzelési előtér)* forehearth
előtűzés *(bány)* forepoling
előtűző : **~ ácsolat** *(bány)* catch props; **~ ácsolat tartógerendája** *(bány)* forepoling arm; **~ biztosítás** *(bány)* cantilever timbering; **~ deszkák** spilling laths; **~** *(ácsolati)* **gerenda** *(bány)* cantilever beam; **~ munka** *(bány)* keep forward, forepoling
előudvar *(ép)* (fore)court, (open) (outer) court
előugrás *(földt)* prosiliency
előugró hegygerinc *(földt)* spur ridge
elő-ülepítő *(hidr, vegy)* primary settling tank
elővágás *(bány)* (advance) head(ing), forewinning, headroom, headway; **~ hajtása** driving headways
elővágási : **~ berendezés** *(lejtősaknák és ereszkék részére)* helldiver; **~ berendezés szerelőkocsija** helldiver carriage; **~ ciklus** *(bány)* attack; **~ folyosó** *(bány)* *l* **elővágás**; **~ ívréselő gép** arc shearer; **~ jövesztőkombájn** helldiver carriage; **~ övezet** zone of preparation; **pneumatikus ~ kézifúró** *(bány)* air sinker; **~ réselőgép** arc-shearer; **~ vájár** hewer
elővágat *(bány)* *l* **elővágás**
elővágó *fn* *(pa)* carve; **~ menetfúró** taper tap
elővájás *(bány)* *l* **elővágás**
elővájat *(bány)* *l* **elővágás**
elővájó : **~ (bánya)kombájn** entry driving machine, entry driver; **~ berendezés buktatója** *(bány)* helldiver dumper; **~ munkálatokat végez** *(bány)* develop; **nehéz ~ gyalu** *(bány)* bullgrader; **~ övezet** *(bány)* zone of preparation; **~ réselőgép** *(bány)* tunneller
elővakolás *(durva; ép)* dubbing
elővákuum forevacuum, backing vacuum
előválasztó *(gépt)* selector; **~ fokozat** *(rád)* stage of pre-selection; **~ váltókapcsoló** *(vasút)* selective switchgear
előválasztós : **~ kapcsolás** *(gépk)* preselective gear change; **~ sebességváltási rendszer** *(gépk)* pre-selective system; **~ sebességváltó** *(gépk)* preselective gearbox, self-changing gear
előváros *(ép)* suburb
elővezérlés *(rád)* anticipatory control
elővigyázati rendszabály precautionary measure(s)
elővisszhang *(hanglemez-hiba)* pre-echo
elővulkanizálás *(gumi)* pre-curing, burning, setting-up; *(korai:)* premature vulcanization
előz *(gépk)* pass, overtake; *(vasút)* double
előzéklap *(pa)* flyleaf
előzékpapír *(nyomda)* end paper
előzés *(gépk)* overtaking
előzési : **~ jelzés** *(gépk)* overtake signal; **~ szög** advance angle; **viszonylagos ~ szög** angle of relative advance
előzetes forehand, introductory, preliminary, primary; **~ beállítás** *(gépt)* preset adjustment; **~ becslés** preliminary estimate; **~ égés** *(gépk)* precombustion; **~ égéskamra** *l* **előkamra**; **~ elosztás** predistribution; **~ elpárolgás** pre-evaporation; **~ érlelés** *(élip)* preliminary ag(e)ing; **~ felmérés** preliminary survey; **~ film** trailer; **~ frekvenciakiegyenlítés** *(hangt)* pre-equalization; **~ kiválasztás** *(távk)* preselection; **~ kutatási felvétel** *(bány)* exploratory survey; **~ masztifikálás** premastication; **~en megvizsgál** *v* **kivizsgál** preexamine; **~ méretezés** predimensioning; **~ osztályozás** preclassification; **~ öntőminta** *(szoborhoz)* proplasm; **~ öregítés** *(koh)* preliminary ag(e)ing; **~en pörkölt** *v* **kalcinált** precalcined; **~** *(főhullámokat megelőző)* **rengések** *(földt)* preliminaries, preliminary tremors; **~ telítés ammóniával** preammoniation; **~ terepbejárás** *(geod)* reconnaissance; **~ terv** preliminary drawing; **~ tisztítás** *(koh)* preliminary purification; **~ túlhevítő** *(gőzhöz)* presuperheater; **~ zúzás** *(bány, koh)* preliminary crushing
előzúzó gép *(bány, koh)* primary/preliminary breaker
elpalásodás *(földt)* schist-forming process
elparásodik suberize
elpárolgás evaporation; *(elforrás:)* boiling; *(illósodás:)* subtilization; *l még* **párolgás**
elpárolgásmérő készülék *(vegy)* evaporometer
elpárolgásos hűtés evaporation cooling
elpárolgó *(gőz)* evaporative; *(illó:)* volatile
elpárolog evaporate, escape
elpárologtat evaporate; *(illósít:)* volatilize; *[benzint]* vaporize; **forralással ~** boil down
elpárologtatás evaporation; *(illósítás:)* volatilization
elpárologtatási képesség vizsgálata *(gőzé)* evaporation test
elpárologtatható evaporable; *(illósítható:)* volatilizable
elpárologtató *fn* evaporator; **~ csőkígyó** evaporator coil; **~ olaj** vaporizing oil
elpasolit *(ásv)* elpasolite
elpidit *(ásv)* elpidite
elporladás *(földt)* wearing-away; *(szerves anyagé):* rot(ting), decomposition
elporlaszt disintegrate; *l még* **porlaszt**
elporlik *[kristály]* disintegrate
elposványosodás stagnation
elpusztít destruct, demolish, crush, kill, annihilate, destroy
elpusztítás *(földt)* devastation; *(szétzúzás:)* crushing, disintegration
elpusztíthatatlan indestructible
elragadás : **víz ~a a hengerbe áramló gőzzel** priming
elragadott : **~ víz(cseppek)** *(gőzben)* priming water
elrajzol *(fényk)* distort
elrajzolás *(fényk)* (motion) distortion; **kromatikus ~** chromatic distortion
elraktároz stock, stow, record, accumulate
elraktározott papír stabilized paper
élrátét *(forg)* built-up edge
élrefüggesztés *(prizmafelfüggesztés)* knife-edge suspension
elrekeszt block, rail off, coop
elrekesztés obstruction, trapping, fence
elrendez set up, order, fettle, arrange
elrendezés arrangement, setup, set(ting), layout, scheme, array, system; *(gépk)* layout; *(főleg belső építészetben:)* distribution; *(állomásoké; távk)* (station) layout; **~ háttal egymásnak** back-to-back arrangement; **vázlatos ~** diagrammatic(al) layout
elrendezési : **~ rajz** (general) arrangement drawing; **~ terv** (general) arrangement plan
elrendeződés arrangement; *l még* **elrendezés** *és* **rendeződés**; **csillag alakú ~** *(Laue-röntgenképen)* asterism
elrepül *(vmi mellett; rep)* clear
életekercselés *(tex)* edgewise winding
elreteszel block, fasten, portcullis
elreteszelés blocking, fastening, barrage; *(vasút)* blocking; **~t kiold** trip
elreteszelő *fn* stopper; **~ berendezés** interlocking device
elrobbantás *(bány)* blowing of mine
elromlik waste, spoil; *(hiba folytán)* break down
elromlott *[gép]* out-of-gear
elroncsol *(vegy)* break down, decompose
elrontott spoil(ed); **~ talaj** foul ground
elrothaszt rot
elsalakosít scorify, cinder
elsalakosítás scorification, scorifying
elsalakosító olvasztás *(koh)* smelting by scorification
elsalakosodás slagging
elsalakosodott scorious, slagged
elsárgult papír discolo(u)red paper
elsekélyesedik shoal, shallow
elsimít smooth down, screed, plain, strike (off), true; **dudort habarccsal ~** *(ép)* adjust the dints
élsisak *(forg)* built-up edge
elsivatagosodás *(földt)* desiccation
elsodor *(útirányból; hajót)* drive
elsodrás : **talajszemcsék ~a vízáramban** *(hidr)* drag
elsodródás *(hajó, rep)* (side) drift
elsodródik *(útirányból; hajó)* drive, drift
elsorvad *(mzg)* wilt
elsótalanodás desalinization
első first, fore-; **~ aktív sor** *(telev)* first active line; **~ anód** first anode; **~ appretúra** *(bőr)* bottom season(ing); **~ detektor** *(rád)* first detector; **~ emelet** *(ép)* main/first floor; **~ erősítő** *(rád)* prime amplifier; **~ évi csapolásból nyert fanedv** *[terpentin, gyanta]* virgin dip; **~ főirány** *(szögmérésnél; geod)* first set; **~ főtenyomás** *v* **megmozdulás** *(bány)* first weight; **~ hajóút** maiden voyage/trip; **~ hatvány** *(mat)* first power; **~ hengerüreg** *(kaliber)* leading pass section; **~ horizont** *(bány)* first row of deep level; **~ kefelevonat** *v*

korrektúra *(nyomda)* first proof; ~ **kiadás** *(nyomda)* first edition, princeps; ~ **középfrekvencia** *(rád)* primary intermediate frequency; ~ **lábak** *(prémbőrnél)* forelegs; ~ **lap** *v* **oldal** *(nyomda)* prima sheet; ~ **menet** *(heng)* breaking pass; ~ **nedvesprés** *(pa)* first main press; ~ **néma zóna** *(rád)* primary skip zone; ~ **nyiratú gyapjú** *(tex)* first cut; ~ **oldal** *(folyóiraté)* front-page; ~ **olvasztár** *(kemencénél; koh)* forehand puddler; ~ **osztályú** first-class; *(pa)* first retree; ~ **osztályú közlekedési út** highway; ~ **osztályú papír** perfect paper, P.; ~ **párlat** forerun of destillation; ~ **préselésű olaj** prime crude oil; ~ **préselésű zsír** *(élip)* prime steam lard; ~ **próbarepülés** initial test flight; ~ **repülés** *(gépé)* maiden flight; ~ **résznyújtás** *(tex)* draft break; ~ **sebesség** *(gépt)* first speed; ~ **sebességfokozat** *(gépk)* first gear; ~ **sodrat** *(tex)* first-time twisting; ~ **sorozat** *v* **kibocsátás** first pass; ~ **számjegy** *[automata telefonon]* A-digit; ~ **szúrás** *(heng)* breaking/leading pass; ~ **tengely** *(merev; gépk)* beam axle; ~ *(formáló)* **töltés** *(akkumulátoré)* initial charge; ~ **vakolatréteg** *(ép)* rough coat; ~ **végerősítő cső** *(rád)* first driver; ~ **vertikális** *(függélyes; geod)* prime vertical; ~ **vertikális kör** *(csill)* prime vertical; ~ **villa** *(nem teleszkópos, csővázas:)* girder fork

elsőbbséges berendezés *(távk)* privileged work

elsőbbségi: ~ **hívás** *(távk)* priority call; ~ **kizárás** *(távk)* preference lockout

elsődleges primary, primordial; *(kőzet:)* primitive, primary, fundamental; ~ **ásvány** original/host mineral; ~ **ásványolaj** protopetroleum; ~ **elem** *(vill)* primary cell; ~ **fa** primary wood; ~ **faszövet** *(bot)* primary wood; ~ **fekvésű** *(autochton)* **kőzet** in-place rock, autochthonous rock; ~ *(primer)* **feszültség** *(vill)* primary voltage; ~ **flotálás** preferential flotation; ~ **gnájsz** *(földt)* fluxion gneiss; ~ **hajtó(mű)** *v* **-gép** prime mover; ~ **háncs** *(fa)* primary phloem; ~ **hátszög** *(forg)* primary clearance (angle); ~ **hiteles frekvencia** *(rád)* primary frequency standard; ~ **hullám** *(földt)* primary wave; ~ **képződmény** *(földt)* primary formation, incipience; ~ *(durván zúzó)* **kőtörő (gép)** primary breaker; ~ **kőzet** primitive/primary/fundamental rock; ~ **levegő** main/primary air; ~ **levegő(adagolás)** *(tüzeléshez)* primary aeration; ~ **masztifikálás** premastification; ~ **mélységi változások** *(földt)* primary variations in depth; ~ **örvény** *(rep)* original vortex; ~ **ősmagma** *(földt)* parent magma; ~ **pala** *(földt)* fundamental schist; ~ **paraffin** *(amorf)* protoparaffin; ~ **szín** primary colo(u)r; ~ **színkép** *(elhajlási rácsszínképben)* primary spectrum; ~ **telep** *(vill)* primary battery; ~ **tényező** prime factor; ~ **tér** *(vill)* primary field; ~ **vállap** *(bány)* face cleat

elsőfajú: ~ **Bessel-függvény** Bessel function of the first kind; ~ **(teljes) elliptikus integrál** (complete) elliptic integral of the first kind

elsőfalú fényelem *v* **fotocella** front-effect cell

elsőfék *(mkpár)* fore brake

elsőfokú *(mat)* linear, of the first degree; ~ **egyenlet** equation of the first degree, linear equation; ~ **közelítés** *(mat)* first-order approximation; ~ **tag** *(mat)* first-order term

elsőfokúság *(mat)* linearity

elsőkerék *(gépk, vasút)* fore-wheel

elsőkerékagy *(mkpár)* forewheel hub

elsőkerék-féltengely *(gépk)* stub axle/spindle

elsőkerékhajtás *(gépk)* front-wheel drive; *l még* **mellsőtengelyhajtás**; ~ **kikapcsoló szerkezete** *(gépk)* throw-out gear of the front-wheel drive

elsőkerékhajtás-kapcsoló front gear control

elsőkerékhajtó féltengely *(gépk)* front-axle driving shaft

elsődleges *l* **elsődleges**

elsőrangú first-rate, A(-)one, first quality, high-class, tip-top

elsőrendű first-class, A(-)one; first quality, first-rate, high-class, tip-top; ~ **átvitel** *(rád)* high-grade service, primary service; ~ **differenciálegyenlet** differential equation of the first order; ~ **elem** *(vill)* primary cell; ~ **emelő** lever of the first kind/order; ~ **hipoklorit** high-test hypochlorite, H. T. H.; ~ **szintezés** *(geod)* first-order level(l)ing; ~ **tengely** *(gépt)* primary axis

elsősegély-állomás ambulance

elsősegély-láda first-aid case

elsőszámjegy-választó *[direktor-rendszerben; távk]* A-digit selector

elsőtengely *(gépt)* fore-axle; *(merev)* through axle

elsőtengelycsonk *(gépk)* front-wheel knuckle

elsőtengelymerevítő háromszög *(gépk)* front-axle radius rod

elsőtengelynyomás *(gépk)* front-axle charge

elsötétedés darking, black(-)out, obscuration

elsötétedési megvilágításmérő extinction meter

elsötétedett *(szín; biol)* infuscate

elsötétedik dark, gloom

elsötétít dark, obscure, eclipse

elsötétítés black(-)out, darking, obfuscation

elsötétített *(árnyékolt)* screened

elsötétítő *fn* dimmer; ~ **berendezés** darkening plant; *(fényk)* dimmer; *(fényszóróra)* black-out hood; ~ **búra** *(telev)* shadow box; ~ **papír** black-out paper; ~ **tolóka** dark screening slide

elsötétül dark, eclipse

elsötétülés darkening, eclipse; **közepes** ~ *(távk)* average shading

elsővilla-lengőkar front fork link

elsüllyed sink, merge, founder

elsüllyedés submergence, submersion, sinking

elsüllyedt sunk(en); ~ **vulkánkatlan** *(földt)* sunken caldera

elsüllyeszt (sub)merge, drown, bury, founder

elsüllyesztés immersion

elsüt *(puskát)* discharge, let off

elsütés *(puskáé)* discharge, firing

elsütő *(kat)* firing, discharge; ~ **billentyű** nab, release/rifle trigger, discharge key; *(géppuskán:)* fire-control lever, thumb piece; ~ **billentyű pecke** sear pin; ~ **gomb** *(repülőgép kormánybotján)* firing button; ~ **rugó** firing spring

elsütőbillentyű-rugó feather spring

elsütőbillentyű-védőkengyel trigger guard

elsütőkilincs-rugó karja *(kat)* fence

elszakad a földtől *(felszálláskor; rep)* clear the ground, lift off

elszakadt: szövés közben ~ **szálak** *(tex)* shorts; ~ **vetülékfonal** *(tex)* broken pick/course

elszakíthatatlan *(tex)* tear-proof

élszalag *(gépt)* land, lip

elszalagosodott *(bot)* fasciated

elszáll *(gőz)* escape

elszállít transfer, pass off, shift; **földet kitermel és** ~ *(ép)* excavate and cart away

elszállítás shifting, transfer; *(szállítószalagon)* conveying; ~**ra alkalmasan kiszárított** *(fa)* shipping dry; ~**ra kész** outbound

elszappanosít saponify

elszappanosítás saponification; **savas** ~ acid saponification

elszappanosítási: ~ **próba** soap test; ~ **szám** saponifying/saponification number/value

elszappanosíthatatlan unsaponifiable; ~ **maradék** *(vegy)* unsaponifiables; ~ **rész** unsaponifiable matter

el nem szappanosítható unsaponifiable

elszappanosítható saponifiable;

elszappanosító szer saponifying agent, saponifier

elszappanosodás *(tex)* saponification

élszaru(fa) *(ép)* hip (rafter)

elszegényedés *(vmiben; vegy)* impoverishment

elszegényít *(ércet)* dilute

elszegényítési: keverék ~ **határa** *(gépk)* lean limit

elszenesedés charring, carbonization, carbonizing

elszenesedési időszak carbonizing period

elszenesedik *l* **elszenesít**

elszenesít coal, char, carbonize

elszenesítés carbonization, coalification

elszéntelenedés *l* **elszéntelenítés**

elszéntelenítés decarburization

elszéntelenítő közeg decarburizing agent

elszennyeződés clogging, contamination

elszennyeződik contaminate; *(eliszapolódik)* mud up

elszigetel *[vezetéket]* insulate; *(területet:)* isolate; *(áramkört; távk)* disable

elszigetelés *(vill)* insulation, insulating; *(területé:)* isolation, isolating; *(bány)* sealing off, stopping

elszigetelő gát *(bány)* stopping

elszigetelt *(bány)* sealed, stopped; *(vill)* insulated; ~ **domb** *(földt)* island hill; **el nem szigetelt** *(bány)* unsealed; ~ **zárványok** *(ásv)* isolated patches

elszínező *fn* *(pa)* de-inker

elszíneződés discolo(u)ration

elszíneződött *(fa)* discolo(u)red ; **~ papír** discolo(u)red paper
elszíntelenedés discolo(u)ring, discolo(u)ration, decolo(u)ration, decolo(u)r(iz)ing, fading ; *(ásv)* parachrosis
elszíntelenedik discolo(u)r, fade
elszíntelenít discolo(u)r, decolo(u)r
elszíntelenítés discolo(u)ration, decolo(u)rizing
elszív *(hidr)* draw
elszivárgás ooze, fugacity, leakage
elszivárgó talajvíz *(földt)* losing streams
elszivárgott folyadék- v terménymennyiség ullage
elszivárog run off, leak
elszívás exhaustion, drawing-off ; *(határrétegé ; rep)* removal by suction, sucking-away ; **belülről történő ~** internal evacuation
elszívásos vetélőbefűzés *(tex)* kissing the shuttle
elszívat to pump off
elszívatás *[poré]* catching by suction
elszívó : ~ berendezés vacuum apparatus, exhauster ; *(tex)* suction cleaning apparatus ; **~ cső** suction tube, *(szivattyún)* relieving main; *(füsthőz:)* chimney ; **~ csővezeték** exhaust manifold; **~ egység** exhaust unit ; **~ gép** sucking fan ; **~ szellőző** *fn* air extractor
elszórt *(ásv)* scattered
élszög *(késé ; gépt)* sharpening/grinding angle
elszulfátosodás *(akkumulátorhiba)* sulfating
eltakar *(ép)* mantle, mask
eltakarás *(jeleké ; távk)* masking
eltakarít *(meddőt ; bány)* rid up, muck ; *(ép)* remove ; **törmeléket ~** scavenge
eltakarítás removal ; *(bány)* raking ; *(ép)* crumbling-away
eltakart *(burkolt:)* mantled ; *(lefedett:)* masked ; **~ pont** *[hullámterjedés szempontjából ; rád]* obscured point
éltámasz *(gépt)* knife-edge ; *(prizmás)* knee bearing
eltartott lakosság *(városépítés)* supported/dependent population
eltávolít remove, eliminate, clear off/away,expel, free, get/fetch off ; *(fedőt:)* detach, remove ; **csomókat ~** *(szövetből ; tex)* burl ; **egyenetlenséget ~** *(betűöntésnél ; nyomda)* dress the type ; **gyapjat ~** dewool ; **hús- és zsírmaradékot ~** *(bőr)* scrape off ; **kazánkövet v iszapot ~** fur ; **nyomás alatt ~** *(gépt)* force-off ; **rozsdát ~** unrust ; **seprőt ~** *(pezsgőgyártásnál)* disgorge ; **sorját ~** burr (off) ; **szegecset ~** spread the rivet ; **vezetékszigetelést ~** denude
eltávolítás removal, elimination, freeing, expulsion, evacuation ; *(kiásott földé ; ép)* casting
eltávolítható removable ; **~ szennyezés** *[gabonamagból]* dockage
eltávolító *fn* remover
eltávolított anyag *(nyomda)* paring, trimming, shaving
eltávolodik *(hajó)* clear, move off
éltégla *(ép)* brick on edge
éltéglasor *(ép)* brick-on-edge course, cant, upright course ; **dőlt ~** course of raking bricks
eltemetett : ~ árkok *(földt)* buried channels ; **~ lelőhely** *(földt)* buried placers

eltér differ, digress, fail short, disagree, deviate, depart, diverge ; **függőleges iránytól ~** recline; **függőleges tengelytől ~** straddle
elterel deflect, baffle, swerve, pass off, divert, shunt
elterelés baffling, deflection, shunt ; *(rep)* drift
elterelő szakasz *(városépítés)* by-pass road section
elterelt folyó *(hidr)* diverted river
eltérés declination, departure, discrepancy, difference, deflection, diversion, divergence ; *(fényt)* aberration; *(középértéktől ; mat)* deviation ; *(rep)* drift ; *(szabálytól:)* licence ; **átlagos ~** *(mat)* average deviation ; **biztonságos ~** *[pl nagyobb szilárdság felé]* error on the safe side ; **~ az egytengelyűségtől** misalignment ; **~ a függőlegestől** *(mat)* rake ; **gömbi ~** spherical aberration ; **~ a helyes szögbeállítástól** *(gépt)* angular misalignment ; **~ a középértéktől** *(mat)* deviation from the mean (value); **megengedett ~** permissible variation ; *(illesztésnél)* allowance ; **~ a merőlegestől** obliquity ; **~ a műszaki előírásoktól** deviation from specification ; **~ a normális szegecstávolságtól** pitch slip ; **~ a pontos vonalbeállítástól** disalignment ; **színi ~** *(fényt)* chromatic aberration ; **tűrt ~** permissible variation ; **útiránytól való ~ szöge jobboldalra** *(hajó)* starboard drift angle
eltérési : ~ együttható *(vill)* deviation factor ; **~ frekvencia sokszorozása** *(rád)* deviation frequency multiplication ; **~ jel-amplitúdó** *(távk)* sweep length ; **~ szög** *(mech)* deviation/deflection angle
eltérésmérés *(ol)* deviation measurement, verticality survey
eltérésmérő *(ol)* driftmeter, drift recorder, inclinometer
eltérésmutató deviometer
eltérít deflect, deviate, divert, vary, diffract
eltérítés deviation, deflection ; *vö még* **eltérít** ; *(rep)* drift ; *(telev)* deflection ; **elektrosztatikus ~** *(vill)* electric/electrostatic deflection ; **elektrosztatikus mágneses ~** *(vill)* (electro)magnetic deflection ; **nagy szögben való ~** *(vill)* wide-angle deflection ; **összegezett v eredő ~** *(rep)* accumulated drift ; **szögirányú ~** *(vill)* angular deflection ; **~ utáni gyorsítás** *(rád)* postdeflection acceleration ; **~ az útiránytól** side drift
eltérítéserősítő *fn* deflection amplifier
eltérítéses magnetométer deflection magnetometer
eltérítési : ~ elmosódás *(rád)* deflection defocus(s)ing ; **~ érzékenység** *(rád)* deflection sensitivity ; *(távk)* beam stiffness ; **~ frekvencia** *(rád)* timing frequency ; **~ polaritás v irány** deflection polarity ; **~ szög** *(vill)* angle of deflection ; *(fényt)* angle of deviation ; **~ tényező** deflection factor
eltérítés-megállapítás *(rep)* drift designation
eltérítésszámító *fn (rep)* drift computer
eltérítés-vonal *(műszerben ; rep)* drift line

eltérítő : ~ áramkör *(katódsugár-oszcillátornál)* sweep circuit ; **~ cső** *(klisztronban)* drift tube ; **~ egység** *(távk)* sweep unit ; **~ elektród** *(rád)* deflecting electrode ; **~ erősítő** *(telev)* deflection amplifier ; **~ feszültség** *(rád)* deflection/deflecting voltage ; *(távk)* sweep voltage ; **~ forgató nyomaték** deflecting couple; **~ híd** *(vill)* deflector yoke ; **~ jel erősítője** *(távk)* sweep intensifier ; **~ jel fázisa** *(távk)* sweep phase ; **~ jel visszafutása** *(távk)* sweep retrace ; **katódsugárcső ~ tekercse** deflecting yoke; **~ lemez** *(gépt, vill)* deflector/baffle plate ; **~ mágnes** *(rád)* deflector magnet ; **~ mező** *(vill)* deflecting field ; **~ rezgés alakja** *(távk)* scanning-wave form ; **~ tekercs** *(vill)* deflector/deflecting coil(s) ; **~ tekercs v szerelvény** *(letapogató ; távk)* scanning yoke
eltérítőjel-generátor *(távk)* sweep generator
eltérítőjel-oszcillátor *(rád)* timing/sweep oscillator
eltérítőjel-végerősítő *(rád)* sweep output amplifier
elterül *(földt)* spread, trend
elterülés *(földt)* spread(ing)
eltol *(gépt)* displace, shift ; **fázist ~** *(vill)* dephase ; **harántirányban ~** *(gépt)* displace axially, set off
eltolás displacement, shifting ; **egy lépésnyi ~** *(tex)* traversing one needle space ; **~ fázisban** *(vill)* dephasing ; **~sal nyitható tető** *(gépk)* slip cover
eltolási : ~ áram *(vill)* displacement current ; **~ áramhatás** *(vill)* displacement current effect ; **dielektromos ~ áram** dielectric displacement current ; **~ együttható** *(vill)* displacement factor ; **~ lehetőség** *(szíjhajtásé)* adjustment facility
eltolható sliding, slidable, displaceable ; **~ beszívó csőcsonk** *(szivattyún)* sliding windbore ; **~ bütyök** *(gépt)* sliding cam ; **~ fejezetlemez** *(pontraállításhoz ; geod)* shifting plate ; **~ fonalvezető-tartó** *(tex)* sliding steel guide holder ; **~ híd** roller bridge, pullback ; **~ kezdőkúp** *(felvetőn ; tex)* sliding cone ; **~ redőnyös szerkezet** *(ép)* sliding shuttering construction; **~ szerelőállás** *(daruval)* creeper-traveller ; **~ talpú csavaros emelő** swing jack, traversing screw jack ; **~ tengely** *(gépt)* sliding axle ; **~ vágókés** *(nyomda)* removable cutter **~** *(hangoló)* **vasmag** *(rád)* sliding iron core
eltolódás displacement, dislocation, shift ; *(földt)* dislocation, shove ; *(fázisé ; vill)* displacement ; *(csúszás)* creep ; **kis ~** inching ; **tengelyirányú ~** axial displacement ; **villamos ~** electric displacement
eltolódási : ~ távolság *(földt)* total displacement ; **~ törvény** *(szink)* displacement law
eltolódott shifted, offset, out-of-line ; **~ géphelyzet** *(rep)* running fix ; **~ mag a formában** *(önt)* misplaced core of mo(u)ld ; **a nagyobb frekvenciák felé ~** *(rád)* shifted to higher frequency
eltolt displaced, shifted, offset, out-of-line ; *(középponttól:)* discentred ;

~ csillagkapcsolás *(vill)* interconnected star connection; **~ élű kés** *v* **szerszám** offset tool; **~ fázis** *(vill)* displaced phase; **~ fázisú moduláció** *(vill)* outphasing modulation; **frekvenciában ~ csatorna** *(távk)* staggered channel band; **~ kezdő** *v* **nullapont** *(geod)* false zero; **~ letapogatás** *(telev)* staggered scanning; **~ osztású sor** staggered row; **~ osztású többsoros szegecskötés** staggered rivet joint; **~ paraboloid-metszet** offset paraboloid section; **~ (sín)illesztés** staggered joint; **~ szegecselés** lozenge riveting; **~ téglahézagolás** *(ép)* broken joint of brick masonry; **~ vízjel** *(pa)* staggered watermark
éltompítás chamfering
éltompító gép hemming machine
eltompított retuse, flat
eltorlaszol clog, cloy, dam/block (up), barricade, wreathe
eltorzít distort, wrench, blemish; *l még* **torzít**
eltorzított hívójel *v* **hívás** *(rád)* mutilated call
eltorzul *l* **eltorzít** *és* **torzul**
eltorzulás distortion
eltorzult kristályok distorted crystals
eltöm obturate, stop, clog, choke (up), block/gob up
eltömedékel *(bány)* fill (up)
eltömedékelt vágat *(bány)* filled opening
eltömés ca(u)lking, bung, choking, stopping, packing
eltömődés *(szivattyúban)* blanking off, obstruction, blocking up; **csővezeték ~e** clogging, engorgement
eltömődik block up, filled (up); **homokkal ~** *(olajkút)* sand up
eltömődött clogged; **~ szélfeszítő** *(tex)* choked temple
éltörés chamfering, burring
eltört: ~ kulcs forced key; **~ szeg** stub nail
eltúlzott távlat *(pszeudoplasztika; fényk)* exaggerated perspective
eltűnés disappearing, evanescence; **kép lassú ~e** *(fényk, távk)* fade-out
eltűnik a látótérből pass out of sight
eltűnő szálú optikai pirométer disappearing-filament optical pyrometer
eluátum *(vegy)* eluate
eluens *(vegy)* eluent
eluviális *(földt)* eluvial
elülső forward, front, frontal, fore(hand), anterior; *l még* **mellső**; **~ adagolás** *v* **betáplálás** forward feeding; **~ adagológörgő** *v* **etetőhenger** front feed roller; **~ antenna** forward aerial; **~ borda** *(rep)* nose rib; **~ csúcssín-összekötő rúd** head rod; **~ előtétkerék** front idler; **~ forgózsámoly** leading bogie; **~ főtartó** *(rep)* front/nose spar; **~ hajtás** *(gépt)* head/forward drive; **~- és hátulsó-köteles szállítás** *(bány)* main and tail rope haulage; **~ hengerfedél** cylinder front head; **~ hombár** *v* **raktár** *(hajó)* fore hold; **~ kapcsolórúd** front drawbar; **~ kerék oldallengés-csillapítója** *(gépk)* shimmy damper; **~ kerekek oldallengése** *(gépk)* shimmy; **~ kerékhajtás** front drive; **~ kereszttartó** front cross member; **~ kormányfelület** *(kacsarepülőgépen)* nose elevator; **~ kormányfelületek** *[kacsarepülőgépen]* forward tail group; **~ lámpa** *(mozdonyon)* headlamp; *(ütközőn; vasút)* headlight; **~ lap** *(műszeren, órán)* front plate/panel; **~ oldal** *(bőr)* grain side; *(pa)* odd page; **~ pajzs** *(ép)* front shield; **~ pillér** *(hídon)* forward pier; **~ rész** front end, forepart; **~ szalagmérő segéderő** *(geod)* head chainman; **~ szánvezeték** *(gépt)* front slide-way; **~ tengelyvizsgáló készülék** front-axle testing implement; **~ torony** *(kotrón; bány)* head tower; **~ váltócsúcssín-összekötő rúd** front rod
elütő színű víz *(torkolatnál)* discolo(u)red water
elüvegtelenedett *(ker)* devitrified
elvágó és összerakó gép *(tex)* cutting and piling machine
élvágó fűrész edging machine
elvágott pamutszál *(tex)* cut staple
elvakít blind
elvakolt vezetékek *v* **vezetékrendszer** *(vill)* buried wiring
elválás segregation, severing, claft, cleavage, parting, fracture; *(bány, földt)* cleavage, seam, joint, parting; **gömbös ~** ball-structure parting; **gömbös-fészkes ~** *(földt)* ball-and-socket joint; **~ nyomai** cleavage in traces; **réteges ~** aliquation
elválási: ~ lap *(csúszófelület)* sliding surface; *(földt)* joint plane; **~ repedés** *(földt)* breast heads; **rétegeződéssel párhuzamos ~ lap** *(földt)* back joint; **~ sík** *(földt)* joint (plane), wall
elválaszt separate, segregate, dissociate, uncouple, part/cut off, isolate; **léggáttal ~** *(bány)* wall; **válaszfallal ~** bar off
elválasztás separation, parting, splitting, severance, disjunction, cutting; **száraz ~** *(bány)* dry separation
elválasztási: ~ felület *(mat)* parting surface; *(földt)* division plane; **~ pont** cut point
elválaszthatatlan inseparable, inherent
elválasztó *(mat)* separator; **~ berendezés** *(bány, gépt, vegy)* separator; **~ (bukó)gát** *(hidr)* leaping weir; **~ csap** cutout cock; **~ ellenállás** *(rád, távk)* separating resistance; **~ erősítő** *(rád, távk)* masking/buffer amplifier; **~ fal** *(hidr)* cutoff wall; *(pépfelvezető berendezésnél; pa)* damboard; **~ felület** joint face, edge plane, parting surface/plane; **~ fokozat** *(rád)* buffer (stage); **~ fonal** *(tex)* draw thread; **~ képesség** *(rád)* resolving power; *(vegy)* separating capacity; **~ készülék** *(élip, vegy)* separator, retainer; **~ kondenzátor** *(rád, távk)* stopping/blocking condenser/capacitor; **~ korlát** inner bar; **~ köz** *(rád)* spacer interval; **~ lap** *(gépt)* baffle plate; **~ lemez** *(gépt)* division/baffle plate; *[kéregbeton készítéséhez]* baffle board; **~ pecek** separating lug; **~ perem** parting flange; **~ rúd** *(istállóban)* pole; **~ szelep** sectioning valve; **~ szigetelő** *(vill)* partition insulator; **~ tartány** separation/settling tank; **~ (ütköző)szakasz** *v* **-fok** *(földt)* buffer stage; **~ vágás** severance cutting; **~ vágat** *(ikerfrontok között; bány)* tail gate; **~ vonal** parting line
elválasztott futópálya lane
elválik get off, disjoin, spall; **lemezesen** *v* **pikkelyesen ~** *(földt)* laminate
elvált: ~ ág *(hidr)* throw-out sleeve; **~ kőzetdarab** flap
élváltó *(tex)* wedge shifter
elvándorlás *(rád)* wandering, drift
élvarrat *(hegesztésnél)* fillet weld
elvégzés performance
elvékonyít extenuate, attenuate, fine away; *(kovácsolva:)* neck
elvékonyítás attenuation, fining away, extenuation
elvékonyított kábelvég *(behúzáshoz)* dressed cable end
elvékonyodás *l* **elvékonyítás**
elvékonyodik *l* **elvékonyít**
élvéső sharp chisel
elvesz *(mat)* subtract
elveszt lose; **kristályvizet ~** *(ásv)* effloresce; **tájékozódást ~** *(rep)* lose one's bearings
elvesztett hő lost heat
elvet *(mzg)* seed
elvételi cső eduction pipe
elvetés szöge *(bány)* angle of throw
elvetett tömb *(bány)* heaved block
elvetődés *(bány)* trouble
elvezet clear away, drain, fork, deflect, derive; **gáttal vizet ~** dam out; **vizet ~** *(bány)* abstract
elvezetés outlet; *(szivattyún)* bypipe; *(töltésé; távk, vill)* drainage; **víz ~e** diversion of water
elvezető: ~ csatorna *(hidr)* by-wash, deferent, offtake; **~ cső** eduction pipe, offtake, bypipe; **~ csőcsonk** *(hidr)* exit/outlet branch; **~ görgő** *(gépt)* back roller
elvi kapcsolás *(rád, távk)* schematic circuit diagram
élvilágítású üvegskála *(rád)* edge-lit glass dial
elvizenyősít swamp
elvon abstract, drive off, detract; *(hőt)* dissipate; **vizet ~** abstract water, dewater
élvonal *(antiklinálison; földt)* apex
elvonás abstraction
elvont theoretic(al); *(mat)* abstract
elvontat drive off, veer, haule (away); **hajót ~** heave off the ship
elvonuló zsilipkapu tainter gate
elzár stop, obturate, close, block(up), bar, turn/stop off, obstruct; *(kemencét)* cut the kiln; *(kikapcsol; gépt)* throw out of gear; *[pórust]* occlude; *[szennyel]* choke up, clog; *[utat]* block; *[vizet; áramot]* stop; **fallal ~** wall up; **gáttal ~** dam; **gőzt ~** cut off the steam; **korláttal ~** bar off; **lerakódással ~** clog; **palackot ~** *(élip)* seal
elzárás stop, closure, occlusion, sealing, blocking, locking; **~ az áradás csúcsán** *(hidr)* stocking on float tip; **betétgerendás** *v* **ideiglenes ~** *(zsilipnél)* batardeau; **~ cementhabarccsal** grout seal; **időzített villamos ~** *(vasútbiztosításnál)* electric time locking; **kupolókemence csapolónyílásának ~a** tamping the tap hole of cupola; **~ tuskóval** *(biztosító berendezésen; vasút)* dog locking
elzárási terv *(vasút)* locking sheet

elzáró : ~ **berendezés** *(sorompószerkezet)* barring gear ; ~ **búvárdugattyú** locking plunger ; ~ **csap** stopcock, cutoff/shutoff cock ; *[légvezetékben v csővezetékben]* isolating cock ; ~-**csappantyú** *(szivattyún)* locking dog ; ~ **csavarmenetes kupak** stopper-cap nut ; ~ **elem** *(gépt)* stopper ; *(vasút)* locking dog/wedge/piece ; ~ **fej** *(elzáró szekrényen)* *(vasút)* locking head ; ~ **gép** *(élip)* sealer ; ~ **gyűrű** *(gépt)* retainer ; ~ **harang emelőrúdja** *(vonórúdja)* **nagyolvasztón** bell-lifting rod of blast furnace ; **íves** ~ **szerkezet** *(emelőn)* arc cut-off gate ; ~ **kar** check/shutoff lever ; ~ **kúp biztonságú rúdja** *(nagyolvasztónál)* bell safety rod ; ~ **lemez** *(gépt)* clack ; ~ **pecek** *(elzáró művön ; vasút)* locking stud ; ~ **retesz** *(vasúti biztosító berendezésen)* lock gear ; ~ **reteszelőgép** *(vasútbiztosításnál)* interlocking machine ; **száraz biztonsági** ~ *(hegesztéshez)* dry back pressure valve ; ~ **szekrény** *(vasút)* locking box ; ~ **szekrénykeret** *(biztosító berendezésen; vasút)* locking bed; ~ **szekrénytartó szerelvény** *(vasút)* locking bracket ; ~ **szelep** shut-off valve, intercept valve ; ~ **szerkezet** clough ; ~ **tolattyú** *(hidr)* isolating sluice valve ; ~ **tuskó** *v* **kilincs** *(biztosító berendezésen ; vasút)* dog and chain ; ~ **tuskótáblázat** *(vasúti biztosító berendezésen)* dog chart ; ~ **váltó** stopcock ; ~ **zsilip** sluice valve

elzátonyosodik shoal, choke up

elzsírosodott lardaceous

email enamel, email ; *l még* **zománc**

emailfehér *(festék)* lithopone

email-papír enamelled/enamelling paper

emanáció *(vegy)* emanation

emberi : ~ **hang** human voice ; ~ **teljesítő képesség** man-efficiency

embertömeg-terhelés *(ép)* load by human crowd

embolit *(ásv)* *l* **brómklórargirit**

emel lift, heighten, hoist, raise, wind, heave, elevate ; *(fokoz)* increase ; *[csavaros emelővel]* jack ; **daruval** ~ crane ; **építőállványt** ~ erect the falsework ; **feszítővassal** ~ crowbar ; **gátat** ~ *(ép)* bench ; **hatványra** ~ *(mat)* raise to a power ; **köbre** ~ cube ; **levegőbe** ~ *(rep)* put into the air ; **merőlegest** ~ *(mat)* erect a perpendicular ; **négyzetre** ~ *(mat)* square ; **terhet** ~ *(egyetlen kötélcsigával)* whip

emelés lift(ing), raising, elevating, rise, elevation, hoist(ing) ; **magas** ~**ű** *(egyputtonyos)* **kotrógép** high-lift shovel ; **terhelés** ~**e** boosting the load

emelési *l* **emelő**

emelet *(ép)* storey, floor, pair of stairs, flight ; *(szint)* stage, level ; *(földt)* stage ; *(szint)* horizon ; *(szelektorban ; távk)* level ; ~**ek száma** *(ép)* number of flights

emeletenkénti lifthívó gomb landing-call push

emeletes *(ép)* storied, tiered ; *(tex)* double-deck, storeyed ; ~ **autóbusz** double/twin-deck bus ; ~ **cérnázó(gép)** double-deck uptwister ; ~ **vasúti kocsi** shelved wagon

emeleti alaprajz *(ép)* floor plan

emeletkeresés *(távk)* level hunting

emeletközti : ~ **emelet** *(ép)* substage ; ~ **födém** insert ceiling, floor

emeletmagasság *(ép)* height between floors

emeletsor *(ép)* storey, float ; **legfelső** ~ attic

emeletszám *(ép)* floor number

emelkedés (up)lift, elevation, rise, raise, heave, heaving, ascension, ascent ; *(duzzadás)* swell ; *(rep)* climb(ing) *is* ; *(szögemelkedés)* angular elevation ; *(egybekezdésű csavarmenete ; légcsavaré)* pitch ; *(többbekezdésű csavarmenete)* lead ; ~ **és esés módszere** *(szintezett pontok számításánál ; geod)* rise system ; **leggyorsabb** ~ **állásszöge** *(rep)* best climbing angle of attack ; **meredek** ~ *[csavaré]* coarse pitch ; ~ **mérve** *v* **mértéke** rate of ascent, ascensional rate ; **szárazföld** ~**e** *(földt)* emergence; ~ **szöge** angle of rise ; *(rep)* angle of climb ; ~ **teljes gázzal** *(rep)* full-throttle climb ; **viszonylagos** ~ *(légcsavarhoz ; rep)* advance-to-diameter ratio

emelkedésgátló ütköző *(gépt)* lift stop

emelkedési : ~ **ellenállás** uplift resistance ; ~ **ellenállás** *(vasút)* grade resistance ; ~ **jelközvetítő** *(kat)* elevation selsyn ; ~ **partvonal** *(földt)* shore line of elevation ; ~ **sebesség** *(rep)* rate of climb ; ~ **szög** *(csavaré)* angle of pitch/inclination, helix angle; *(rep)* climb(ing) angle, angle of climb ; ~ **szöget biztosító zár** elevation-stowing lock ; ~ **szög szabályozása** *(légcsavarnál ; rep)* pitch control

emelkedésjelző *(vasút)* gradient board

emelkedéskülönbség difference in elevation

emelkedésmérő *(rep)* rate-of-climb indicator

emelkedésmutató *(rep)* climb indicator, vertical speed indicator ; *(met)* aneroid statoscope

emelkedésszabályozó *(légcsavaré)* pitch governor ; ~ **kapcsoló** *(kormánygépen ; rep)* elevation limit-switch

emelkedik (a)rise, raise, elevate, swell, ascent, mount/step up, climb ; *(rep)* climb, get height ; **körözve** ~ *(rep)* climb in turns ; **levegőbe** ~ *(rep)* take to air

emelkedő *mn* upraise, ascensional, acclivous ; *fn* grade, acclivity ; *(útszakaszon)* gradient ; ~ **boltív** *(ép)* ogive ; ~ **boltozat** *(ép)* rampant arch ; ~ **csőág** rising leg ; ~ **csővezeték** *(pa)* uptake ; ~ **forgószél** *(met)* rising whirl ; ~ **füstgázcsatorna** updraught flue ; ~ **ív** *(ép)* rampart arch ; ~ **íves dongaboltozat** helical barrel vault; ~ **képesség** *(rep)* rate of climb ; *(0-magasságról ; rep)* sea-level climb; ~ **légáram lehűlése** convective cooling, ~ **légáramlat** up-current of air ; **meredeken** ~ *(geod)* bluff ; ~ **mozgás** *(gépt)* upward motion ; *(kereszthullámokon ; hajó)* heaving ; ~ **padozatú nézőtéri ülések** *(ép)* ramped seating ; ~ **szakasz** *(úton)* incline ; ~ **teljesítmény** *(rep)* climbing performance ; ~ **tengelyű dongaboltozat** *(ép)* inclined barrel vault ; ~ **termelés** increased output ; ~ **út** *v* **pályaszakasz** rising gradient ; ~ **vágat** *(bány)* rise entry ; ~ **vezeték** *(hidr)* riser main

emelkedőáramlású porlasztó updraught/vertical carburettor

emelkedőorsós szelep lifting-spindle valve

emelő *fn* elevator, hoist, lever ; *l még* **felvonó** ; ~ **ácsolatkészítéshez** *(bány)* timber jack ; ~ **állványzat** frame hoist, lifting stage ; ~ **berendezés** lifting device, purchase, bent ; ~ **(berendezés) ütközője** elevating stop ; **csavaros** ~ screw-type jack; **csigás** ~ auger elevator ; ~ **csigasor** hoisting/lifting tackle/block ; ~ **csigaszerkezet** pulley assembly ; **egykarú** ~ *(mech)* single-armed lever ; **ellensúlyos** ~ *(hajtórudas szivattyún)* balance bob ; ~ **feje** nose ; ~ **fogasív** elevating arc ; **fogasrudas** ~ rack-type jack ; **folyadéknyomásos** *(hidraulikus)* ~ hydraulic ship jack ; ~ **heveder** lifting sling ; **horgos, körmös** *v* **lapos végű** ~ crowbar ; **ingás** ~ *(mech)* combination lever ; ~ **ívdarab** *(lábító excenteren ; tex)* riser ; ~ **karja** *(mech)* lever arm ; ~ **kecskeláb** claw-bar ; ~ **képesség** lifting capacity/power ; *(met)* buoyancy ; ~ **készülék keresztgerendán** crossrail hoist ; **kétkarú** ~ *(mech)* double-arm(ed) lever ; **kilincsnyelves** ~ click lever ; **kioldó** ~ *(mech)* disconnecting/disengaging lever ; ~ **légcsavar** lifting rotor ; ~-**lövettyű** lifting injector ; ~ **magasság** *l* **emelőmagasság** ; **megállító** ~ *(mech)* stop lever ; **ollós** ~ articulated jack ; ~ **rakodókocsi** lifting truck ; ~ **rakodószalag** elevator-conveyor ; *(rövid)* humper ; ~ **sebesség** lifting speed ; **súllyal terhelt** ~ *[biztonsági szelepnél]* weight lever ; ~ **szerkezet** lift(ing)/raising/elevating gear(ing)/mechanism, lifting device/set, lifter ; ~ *(fúróvésőnél)* bit-dressing crane ; *(gyűrűsfonón ; tex)* lifting motion ; ~ **szerkezet vezérlése** *[fúrógépen]* elevating control ; ~ **szivattyú** lift pump; ~ **szivattyú dugattyújába szerelt visszacsapó szelep** bucket valve ; ~ **támaszpontja** link fulcrum ; ~ **targonca** lift truck ; ~ **ütközője** *(mech)* lever dolly/stop ; **változtatható karú** *v* **áttételű** ~ *(gépt)* adjustable lever ; **villamos** ~ **berendezés** electric elevator/hoist ; **villás** ~ *(mech)* forked lever ; ~ **villaszerű vége** split lever end ; ~ **zúzómű** *(élip)* single-stamp mill

emelőállvány *(roncskiemeléshez)* lifting stage, frame hoist

emelőasztal *(gépt)* lifting/elevating/raising table

emelőbak *(fa)* ground jack, shear legs ; ~ **alsó emelőzsámolya** lifting foot ; ~**okkal ellátott segédhajó** *(árbocok beemelésére)* sheer hulk ; ~ **feje** lifting head ; **palack alakú csavaros** ~ bottle jack

emelőbika *(ép)* derrick pole

emelőbütyök (lifting) toe

emelőcsapos kiemelő berendezés *(formázógépen ; önt)* pin-lifting mechanism

emelőcsavar lifting screw, winch, jack-screw ; *(rep)* (lifting) rotor

emelőcsavaros repülőgép helicopter

emelőcsiga pulley ; **láncos** ~ (chain) pulley block ; ~ **lóvontatással** whip,

négykötélágas ~ *(darun)* double-pulley block; ~ **villája** pulley fork
emelőcsigás nyüstemelő szerkezet *(tex)* stock and bowl motion
emelőcső *(szivattyún)* rising pipe, riser main
emelőcsörlő lift winch
emelődaru lifting/hoisting crane; *(fúróvésőnél)* bit-dressing crane;
emelődob *(bány, gépt, tex)* gin, winch
emelőelem *(szállítószalagon)* elevating apron
emelőerő elevating/lifting power, raising force; *(rep)* lift force; ~**t kifejtő örvény** *(rep)* lifting vortex; ~ **középpontja** *(hajó)* centre of buoyancy
emelőfa hock-lever, cant-hook
emelőfőcső *(szivattyún)* riser main, rising pipe
emelőfülecs lifting lug/eye
emelőgép hoisting engine, elevator; **géphajtású csörlős** ~ belt hoist; ~ **kiürítő csöve** elevator discharge pipe; **pneumatikus** ~ air hoist
emelőgépburkolat elevator casing
emelőgéphajtás elevator gear
emelőgépheveder elevator canvas
emelőgépserleg elevator bucket
emelőgépvezérlés elevator control
emelőgörgő lifting roll; *(tex)* bowl of cam lever
emelőhatás *(szivattyúé)* uplift
emelőhenger *(gépt)* elevating/lifting cylinder
emelőhíd balance bridge, motor-car lifting platform
emelőhorog lifting/tackle hook; *(burkolaton)* casing hook; **(kengyelalakú) forgó** ~ shackle hook
emelőkar (raising) lever, pry, handspike, swipe, tiller, balance arm, prize; *(rep)* horn, pylon; ~ **forgáspontja** lever fulcrum; ~ **lökete** throw of lever; ~**t meghúz** pull the lever; **kiegyensúlyozott** ~ balance weight lever
emelőkaros: ~ **fogó** lever tongs; ~ **fúrógép** lever drill; ~ **géphajtású kalapács** lever trip hammer; ~ **irányváltó** *(vasút)* lever control; **kézi** ~ **lemezvágó olló** lever guillotine; ~ **nyüstfelszerelés** *(tex)* lever tackle
emelőkartartó rocker support
emelőkocsi *(önt)* lifting carriage
emelő-kötélcsiga-szerelvény *(teljes)* sheave block
emelőlakat *(kh)* clearing/welt/raising cam
emelőlap platform hoist
emelőmagasság *(szivattyúé)* delivery head, lift; *(aknaszállításnál; bány)* drawing height; *(darué)* stroke; *(gépt)* throw; ~ **csökkentése** reduction of lift; **tényleges** ~ *(erőg)* actual lift
emelőmágnes lifting magnet
emelőmozgás lifting motion
emelőmű raising/elevating/lifting mechanism/gear(ing); *(ol)* drawwork; ~ **kormányhengere** *(vill)* lifting controller
emelő-működtető kar jack operating lever
emelőorsó *(emelőn)* jackscrew; *(forg)* lifting/elevating spindle/screw
emelőpad raising platform; ~ **dugattyúja** *(hidraulikus gépen)* lift ram
emelőpadló *(csill)* rising/elevating floor
emelőpálca *(Jacquard-szövőgépen)* twilling bar
emelőpecek *(gépt)* lifter
emelőprés *(pa)* second-press, reverse/reversing/riasing press
emelőprizma *(fényk)* erecting prism
emelőrúd handspike, (dolly) bar, jack, lever, lever/pry bar; *(tex)* balk; ~**dal megemel** pinch
emelősajtó lifting press
emelősík *(horgonylapokon; óra)* lifting plane
emelőszárny *(hidé)* leaf
emelőszél *(rep)* up-current
emelőszerkezetes aljkocsi supported wag(g)on with lifting gear
emelőtartály-berendezés *(hajó)* camel
emelőtengely elevating shaft
emelővas crowbar
emelőveder *(bány)* collecting bucket
emelővilla fork-lift
emelővillás targonca tiering truck
emelővitladob lifting drum
emelőzsinór *(felvető kereten; tex)* lifting/heck cord; ~**ok dörzsölése** *(Jacquard-gépen; tex)* chafing of the cords
emelt *(ép)* surmounted; ~ **csúcsív** *(ép)* lamp arch; ~ **futópályafény** *(rep)* elevated runway light; ~ **gyalogjáró** foot-path platform; ~ **ív** *(ép)* broken/raised/stilted arch; ~ **járda** *v* **folyosó** raised footway; ~ **sikú munkahely** *(bány)* pace; ~ **vállú boltív** *(ép)* rising/rampant arch
emeltyű lever, horn, prize; *l még* **emelő**; **bekapcsoló** ~ *(gépt)* engaging lever; ~ **fogantyúja** *(gépt)* lever handle; **indító** ~ *(gépt)* starting lever; **kioldó** ~ *(gépt)* releasing/trip lever; **reteszelő** ~ *(gépt)* blocking lever; **rögzítő** ~ *(gépt)* clamping lever
emeltyűállás *(vasút)* lever position; ~ **visszajelentése** *(vasút)* lever indication
emeltyűállásjelző lámpa *(vasút)* lever light
emeltyűelzárás *(vasútbiztosításnál)* lever locking
emeltyűhatás leverage
emeltyűkar lever(-arm); ~**ok áttételi aránya** *(gépt)* advantage of the lever; **indító** ~ actuating arm
emeltyű-kicsappantó fogantyú *(vasúti biztosító berendezésnél)* handle latch lever
emeltyűkilincs lever latch
emeltyűrudazat compound lever
emeltyűs: ~ **áttétel** lever transmission; ~ **befogó tokmány** lever chuck; ~ **fék** lever brake; ~ **homlokcsípőfogó** lever cutting nipper; ~ **irányváltó** *v* **reverzáló-mű** lever reversing gear; ~ **lemezolló** lever/crocodile shears; ~ **rendszer** *v* **szerkezet** *(gépt)* lever system/mechanism, train; ~ **szegkihúzó** lever nail extractor/puller; ~ **vezérlés** lever control
emeltyűszerkezet lever mechanism
emeltyűvég *(gépt)* lever tail
emeltyűzár *(huzalvisszafutást gátló; vasút)* locking gear; **villamos** ~ *(vasútbiztosító berendezésben)* electric indication lock
emeltyűzáró szerelvény *(vasút)* lever blocking device, blocking lever device
emésztőgödör *(ép)* sink, bog hole, dumbwell, cesspit, cesspool
emésztőgödör-szivattyú sink/cesspool evacuator
emésztőtartány *(élip)* digestion tank
emisszió *(ált)* emission; *(sugárzás)* radiation; **hideg** ~ cold emission; **izzókatódos** ~ hot-cathode emission, thermionic emission; **sugárnyalábos** ~ *(rád)* beam emission
emisszió-áram *(rád)* emission current
emisszió-hatásfok emission efficiency
emisszió-karakterisztika *(rád)* emission characteristic
emisszióképesség radiating power
emissziós: ~ **görbe** *(rád, táv)* emission curve; ~ **színkép** emission spectrum
emittáló: ~ **anyag** *(rád)* emitter; ~ **felület** emitting surface; ~ **réteg** *(rád, táv)* emitting layer
emitter *(tranzisztoron)* emitter (electrode)
emlékezési idő *(vill)* memory time
emlékező: ~ **áramkör** *(vill)* memory circuit; ~ **szerkezet** memory device
emlékezőcső *(elektronikus számológépben)* storage/memory tube
emlékezőegység *(számológépben)* storage/memory unit
emlékmű *(ép)* memorial
emlékterem *(ép)* memorial hall
emmonit *(ásv)* *l* **kalciostrontianit**
emmonsit *(ásv)* emmonsite
empirikus *l* **tapasztalati**
emplektit *(ásv)* emplectite
emulgál *stb l* **emulgeál**
emulgátor emulsor, emulsifying agent; *(pa)* emulser; **centrifugális** ~ centrifugal emulsor
emulgeál emulsify
emulgeálás emulsification
emulgeálhatóság emulsifiability
emulgeáló *mn* emulsifying, emulsive; ~ **képesség** emulsifying power; ~ **szer** emulsifying agent, emulsor
emulg(e)ált emulsified
emulg(e)átor emulsifier, emulsor, emulgator
emulzin *(enzim)* emulsin
emulzió emulsion; ~ **alapanyaga** emulsion-fundament; ~ **megtörése** de-(e)mulsification; ~ **saját fényérzékenysége** *(fényk)* inherent emulsion sensitivity; ~ **vegyi alapanyaga** *(fényk)* film-dope
emulzióbontás emulsion breaking, demulsification
emulzióbontó: ~ **képesség vizsgálata** *(kenőolajnál)* demulsification compound test; ~ **szer** emulsion breaker
emulzióképző szer emulsifier, emulgator, emulsifying agent
emulziólepattogzás *(fényk)* frilling
emulziópróba emulsification test
emulzióréteg emulsion coating; **villamos töltésű** ~ electricity charged coating
emulziórögzítés *(filmre v üvegre; fényk)* emulsion anchoring
emulziós emulsive; ~ **szám** emulsion number
emulziószerű emulsoid
emulzió-szétválási pont *(vegy)* break(ing) point
enantiotrópia *(ásv)* enantiotropy
enargit *(ásv)* enargite
endlichit *(ásv)* endlichite
endociklusos *(vegy)* endocyclic

endofonoszkóp *(készülék telelő méhek megfigyelésére ; mzg)* endophonoscope
endogenetikus *(földt)* endogenetic
endoszkóp *(gépt, anyagv)* endoscope, internal tester
endoterm *v* **endotermás** *v* **endotermikus** endothermic, endothermal ; ~**reakció** endothermal reaction
endovibrátor *(rád)* rhumbratron, cavity resonator
éneklő : ~ **ívkisülés** *(vill)* singing arc ; ~ **láng** *(hangt)* singing flame ; ~ **szikra** singing/musical spark
energetika power engineering, energetics
energia energy, power ; **alakváltozási** ~ energy of deformation, strain energy ; ~ **egyenletes eloszlása** *(mech)* equipartition of energy ; ~ **egyenletes eloszlásának elve** law of equipartition of energy ; **elektrokinetikai** ~ electrokinetic energy ; **felvett** ~ *(anyagv)* absorbed energy ; **kinetikai** ~ kinetic energy ; **kis** ~ low energy/power ; **kölcsönhatási** ~ interchange energy ; **kötött** ~ bound energy ; ~ **megmaradásának elve** principle/law of conservation of energy; **mezőgazdaságban felhasznált** ~ farm power ; **mozgási** ~ kinetic energy ; **nagy** ~ high energy/power ; **potenciális** ~ potential/static energy ; **rendelkezésre álló** ~ available energy ; **rugalmas** ~ resilient energy ; **sugárzó** ~ radiant energy ; **szabad** ~ free energy ; **szükségelt** ~ energy requirement, power required ; **tárolt** ~ stored energy ; **törési** ~ energy absorbed in fracture, energy to failure ; **energiát újragyűjtő** regenerative ; **ütközési** ~ impact energy ; **veszendőbe menő** ~ energy waste/loss
energiaállapot *(at, szink)* energy state
energiaátalakítás energy transformation/conversion ; ~ **hatásfoka** efficiency of energy conversion
energiaátalakító *(hangt)* transducer ; **aktív** ~ *(hangt)* active transducer ; **akusztikus** ~ acoustical transducer ; **elektroakusztikus** ~ electroacoustic transducer ; **elektromechanikus** ~ electromechanical transducer ; **kétirányú** ~ *(hangt)* bilateral transducer
energia-átalakulás mutation/interchange/conversion of energy
energiaátvitel *(at)* transfer of energy ; *(vill)* power transfer/supply
energiaegység energy unit
energiaellátás supply of power, power supply ; **elektromechanikai** ~ electromechanical power supply ; **villamos** ~ electric supply
energiaelnyelő *fn* annihilator of energy
energiaeloszlás energy distribution
energiaelosztás energy distribution, distribution of energy
energia-félértékpont *(rezonanciagörbén.)* half-power point
energiafelesleg *(vill)* excess energy
energiafelhalmozódás energy store
energiafelhasználás power/energy consumption, consumption of energy
energiafelszabadulás release of energy
energiafelvétel power consumption, input
energiafogyasztás energy/power consumption
energiafogyasztási díjszabás *(vill)* power rates
energiafogyasztó *(vill)* power consumer
energiafokozat power stage
energiaforrás source of energy/power (supply) ; **kombinált** ~ **a fűtőanód- és rácsfeszültségek szolgáltatására** *(rád)* AB power pack
energiagazdálkodás power engineering, energetics
energia-hatásfok energy efficiency
energiaipar power industry
energiairány-relé power direction relay, p. d. r.
energia-kiegyenlítődés equalization of energy
energiakisugárzás radiation of energy
energiaközlés *(at)* transfer of energy
energiaközlő folyadék power fluid
energiakvantum *(at)* energy quantum
energiamegmaradás conservation of energy ; ~ **elve** principle of the conservation of energy
energiamegsemmisítő *fn* annihilator of energy
energianivó *(at)* term, energy state/evel
energiaösszekapcsolás : *(két központi állomásé ; vill)* tie-in
energia-összetevő energy component
energia-sajátértékek eigenvalues of energy
energia-sajátfüggvény *(at, mech)* energy eigenfunction
energia-sajátmegoldás energy eigensolution
energia-sáv *(mech)* energy band
energia-spektrum energy spectrum
energiasűrűség energy density, density of energy
energiaszint *(at, szink)* energy/power level, energy state ; ~**ek (elektronpályák) betöltése** *(at)* filling of levels ; **diszkrét** ~**ek** discrete energy levels ; ~ **jelleggörbéje** level characteristic
energiaszolgáltatás *(villamos)* power/electric(ity) supply ; **elektromechanikai** ~ electromechanical power supply
energiaszóródás dissipation of energy
energiaszükséglet power demand
energiatan energetics
energiatárolás power storage
energiatároló (berendezés) *(hidraulikus v lendkerekes ; gépt)* accumulator
energiatartalék reserve energy
energiatényező energy factor
energiatermelés power generation/production
energiatermelő *fn* power producer
energiaveszteség power/energy loss, loss of energy, dissipated power, power/energy waste/dissipation ; ~ **nélküli neutronfluxus** *(at)* virgin neutron flux
energiavezérlő berendezés *(vill)* power monitor
energiavezetés conduction of energy
energiavisszanyerő fékezés *(gépt)* energy storage braking
energikus elégés *(vegy)* lively combustion
enfleurage-eljárás *(vegy)* *l* **anflörázs-eljárás**
enged *(lazul)* slacken, take, unbend, yield ; **utána** ~ *(kötelet ; hajó)* ease off
engedékeny *(tám ; bány)* collapsible, adjustable ; ~ **ácsolat** *(bány)* yield timbering ; ~ **biztosítás** *(bány)* cushion support ; ~ **tám** *(bány)* collapsible stilt
engedékenység yield ; **akusztikus** ~ acoustical compliance
engedelmeskedés *(kormánymozdulatoknak ; rep)* response to the controls
engedély *(belépési)* admission, admittance ; *(leszállásra, felszállásra ; rep)* clearance ; **leszállási** ~ *(rep)* clearance to land ; „**leszállhat**"-~ **megadva** *(rep)* cleared to land
engedélyezetlen : ~ **akna** *(bány)* wild hole ; ~ **bánya** wild mine
engedélyezett *(bány)* approved ; ~ **lőszer** *(bány)* permissible explosive ; ~ **önsúly** *(rep)* licence empty weight
engedélyezhető *(bány ; gépt)* permissible
engedélykérés *[leszálláshoz ; rep]* request for clearance
engedélymódosítás clearance amendment
engedmény *(vmi után)* allowance (for)
Engel-féle eljárás *(vegy)* Engel method/process
Engler-lombik Engler flask
engobe *(ker)* engobe
enhidros *(ásv)* enhydros
enigmatit *(ásv)* enigmatite
enkefalográf (electro)encephalograph
enstatit *(ásv.)* enstatite
entalpia enthalpy
entázis *(ép)* entasis
entomológia entomology, insectology
entrópia entropy
entrópiaállandó entropy constant
entrópia-hőmérséklet-görbe entropy temperature curve
entrópiateljesítmény entropy power
entrópiatömegdiagram *(met)* emmagram
enzim enzyme, ferment ; ~ **ellen ható** *(enzimellenes)* antizymotic ; **sejten belüli** ~ endoenzyme ; **vércsoportanyagot bontó** ~ blood group enzyme
enzim- enzymatic
enzim-csésze bacteria vat
enzimes írtelenítés *(tex)* enzyme steep(ing)
enzimolitos enzymolytic
enyhe slight, easy, smooth, gentle ; ~ **bázis** *(vegy)* mild base ; ~ **bedöntés** *(rep)* gentle bank ; **enyhén dombos helyszín** gently rolling topography ; **enyhén dőlő erek** *(földt)* flats; **enyhén dőlő rétegek** *(földt)* flat-dipping beds ; **enyhén ferde tengelyű légi felvétel** *(láthatárt nem öleli fel)* low-oblique photograph ; **enyhén feszített lánc** *(fonal)* lightly stretched warp ; ~ **fuvalat** *v* **szellő** *(met)* light breeze ; ~ **görbületű hosszú ívcső** *(hidr)* long-sweep bend ; ~ **hajlat** *(ívdarab)* long-sweep bend ; **enyhén ívelt gyapjúfürt** flat lock ; ~ **lejtés** *(földt)* slight sloping; ~ **lejtésű** easy; **enyhén lejtősödő réteg** *(bány)* medium steep seam ; **enyhén lúgos reakció** faintly alcaline reaction ; ~ **oxidáció** mild oxidation ; **enyhén savanyú** weakly acid ; **enyhén (savas)** faintly (acid) ; ~ **szél** *(met)* loom ; ~ **tűz** *v* **láng** smooth flame
enyhít moderate, ease, attenuate, relax ; *(hozzákeveréssel)* contemper
enyv glue, size ; *(szobafestéshez)* claircolle ; ~ **tapadó képessége** *(pa)* size fastness
enyvbőr spetch
enyvcukor *l* **glikokoll**
enyves : ~ **edény** paste bowl ; ~ **festék** size/glue colo(u)r, distemper, size

paint ; ~ **mészfesték** *(ép)* size-and-lime white
enyvez size, glue, adhesive, gluish, imbue, gum, clam ; **újra ~** reglue, resize
enyvezés gluing, sizing ; **~ anyagában** *(pa)* engine sizing ; **~t felold** unglue
enyvezési : ~ elmélet *(pa)* theory of rosin sizing ; **~ fok** *(pa)* degree of sizing ; **~ fokmérő** *(pa)* sizing tester
enyvezetlen *[papír]* unsized ; **~ japán fényképpapír** Japanese tissue ; **~ lécbetétes bútorlap** strip board ; **~ papír** unsized/waterleaf paper
enyvezett glued ; *(pa)* glued, sized ; **~ címke** glued label ; **~ lemez** *(fa)* glued slab ; *(pa)* paste board ; **~ lemezekből álló faív** glued laminated timber arch ; **~ lemezekből készült padozat** glued slab flooring ; **~ papír** sized/glued paper ; **~ papírlemez** plaster board ;
enyvezettlemez-burkolat veneer shell
enyvezettség *(pa)* density of sizing
enyvező : ~ szorítóbak veneer-cramp ; **~ szorítóorsó** gluing clamp spindle
enyvezőgép *(pa)* gluing/sizing machine, machine for sizing
enyvezőhenger *(papírkikészítő gépnél)* gluing roll
enyvezőmunkás sizer
enyvezőprés glue/sizing press
enyvezőszalag splice
enyvfelhordó gép *(fa)* glue spreader, glueing machine
enyvfesték *l* **enyves festék**
enyvfőző *(pa)* size-boiler, size cooker ; **horganyzott ~** zinc-plated glue pot
enyvkád *(pa)* size vat
enyvkonyha *(pa)* size-room
enyvmelegítő készülék glue heating apparatus
enyvszappan paste soap, soap paste, soap not salted out
enyvszárító berendezés glue drying plant
enyvszerű gluish, colloid
enyvtartály *(pa)* size vat
enyvtelenít ungum
eocén *(földt)* Eocene epoch/series, Eocenic system
eol-hárfahang aeolian tone
eoli(kus) *(földt)* aeolian, atmogenic, air-deposited ; **~ agyag** air-deposited clay, aeolian clay ; **~ oszlop** hoodoo
eoszforit *(ásv)* eosphorite
eozin eosine
Eötvös-egység *(fiz)* eötvös
Eötvös-inga Eötvös (torsion) balance
ép sound, flawless, undamaged ; *[nyersbőr]* undamaged ; **~ élűen szélezett deszka** square-edged board ; **élű(re fűrészelt)** *(fa)* sharp edged ; **~ faanyag** sound wood ; **~ szél** *(kh)* hem ; **~ szélű** entire
epakta-szám *(csill)* epact
epefestőanyag(ok) *v* **epefesték(ek)** bile pigment(s)
epesav bile acid
epicentrális távolság *(földt)* epicentral distance
epicentrum *(földt)* epicentre ; **~ meghatározása** *(földt)* location of epicentre
epiciklikus mozgás planet(ary) motion
epicikloid *(mat)* *l* **epicikloisz**
epicikloisz *(mat)* epicycloid ; **hurkolt ~** curtate epicycloid ; **nyújtott ~** prolate epicycloid
epicikloisz-fog *(gépt)* epicycloidal tooth
epicikloisz-görbe epicycloid
epicikloisz-maró *(gépt)* epicycloidal cutter
epididimit *(ásv)* epididymite
epidiorit *(kőz)* epidiorite
epidot *(ásv)* epidote, pistacite
epigenetikus *(földt)* epigenetic, superimposed ; **~ áramlás** superimposed stream ; **~ folyó** inherited river ; **~ völgy** *(földt)* superimposed valley
epigenit *(ásv)* epigenite
epiklórhidrin epichlorohydrin
epiklorit *(ásv)* epichlorite
epikontinentális tenger(i medence) epicontinental sea
epimer *fn* epimer(ide) ; *mn* epimeric
epimerizáció *(vegy)* epimerization
epinefrin epinephrine, l-adrenaline
epirogenetikus mozgás *(földt)* epeirogenetic movement
epirogenezis *(földt)* epeirogenesis
episzkóp *(fényt)* episcope
episztilbit *(ásv)* epistilbite
épít build, construct ; **föléje ~** overbuild ; **újra ~** rebuild, reconstruct
építés building, construction ; **~ alatt** under construction ; **~ alatt álló** in process ; **~ alatt álló vonal** line in construction ; **~ függőállványról** erection by overhang ; **~ nyílt munkagödörben** construction in the open ; **~ vegyes anyagból** composite building
építéshely(szín) building site, construction scene
építési building, construction ; *(szerkezeti :)* structural ; **~ anyagtároló tér** building yard ; **~ ellenőr** quantity surveyor ; **~ engedély** building/construction permit/licence ; **~ felvonó** builder's lift ; **~ hely(szín)** *v* **munkahely** building ground/land ; *l még* **építéshely(szín)** ; **~ irányvonalak** construction lines ; **~ magasság** external height of buildings ; **~ magasság szabályozása** height zoning, limitation of the height of buildings ; **~ mélység** depth of work ; **~ munkanapló** building journal ; **~ övezet** building zone ; **~ rajz** working drawing ; **~ szabályzat** building code/bylaw/regulation/act ; **~ szerszámok** building implements ; **~ telek** building plot/site ; **~ telep** yard ; **~ tilalom** prohibition for erecting buildings, prohibited area for buildings ; **~ vállalkozó** building contractor ; **~ vállalkozó telepe** contractor's plant; **~ vonal** building line ; **~ vonalon belüli szabad terület** open areas within the building line
építésrendészet planning authorities/legislation
építésügyi szabályzat building acts/ordinance/rules
építésvezető building engineer ; **~ mérnök** resident engineer
építész architect, builder
építészet architecture ; **klasszikus ~** classical architecture ; **polgári ~** civil architecture
építészeti architectural, architectonic ; **~ akusztika** architectural acoustics ; **~ habarcs** masonry mortar ; **~ kapcsolat** *(városépítés)* visual links in space between compositional elements of development ; **~ kiképzés** *v* **kivitelezés** architectonics ; **kis ~ elem** small planning unit ; **~ tér** *(városépítés)* square formed by buildings (or parts of buildings)
építészi architectural
építészmérnök building engineer, architect
építkezés construction, building ; **~ helye** building site ; **~ területe** building ground
építkezési building ; *l még* **építési** ; **~ hely** building land ; **~ terület** building area
építmény construction, building, edifice, structure ;
építő *fn* builder ; **~ padozat** *(bány)* virgin site ; **~ papírlemez** fender/plaster/sheathing board
építőállvány (walling/timber) scaffold ; **mozgatható ~** cradle
építőanyag (building) material
építőanyag-felvonó clinker elevator
építőanyagtelep builder's yard
építőelem building unit
építőfa building/construction timber
építőkő building stone ; *(nagyméretű)* block ; **~ nagyolása** wasting
építőlap *(fa)* building board ; **különleges összetételű ~** *(fa)* composition board
építőlemez *(pa)* building/wall/panel board, fibre board sheathing
építőmester (master) builder
építőmunkás builder
építőművészet architecture
epizóna *(földt)* epizone
epoxid *(vegy)* epoxide
epoxigyanta epoxy/epoxide resin
epsomi só *(ásv, vegy)* epsomite, Epson salt
epsomit *(ásv)* epsomite, bitter salt
Epstein-keret *(vill)* Epstein square
épület building ; **~ beépített kőbtartalma** bulk of a building ; **~ félkör alakú része** apse ; **~ határvonala** building line ; **nagyobb, díszes kivitelű ~** edifice
épületacél mild-carbon steel
épületács timberman
épületállag *(városépítés)* building condition
épületállomány *(városépítés)* number and type of buildings (by which a development area is covered)
épületállvány staging ; *l még* **állvány**
épületállványozás erecting scaffold ; *l még* **állványozás**
épületasztalos building joiner
épületasztalosmunka joinery for buildings
épületbontó vállalkozó housebreaker
épületcsoport group of buildings
épületdaru building crane
épületelem piece
épületfa (building/construction) timber/wood, carpenter's wood, lumber, **épületfának alkalmas élőfa** timber tree
épületfa-elosztó telep concentration yard
épületfa-telep timber/carpenter's yard
épület-faváz *(téglakitöltéshez)* timber skeleton/frame
épületfestő house painter
épületgépészet sanitary engineering
épületgépészeti berendezés sanitary installation
épülethomlokszárny flank
épületkitűző deszkák batterboards

épületköz *(városépítés)* space between the external walls of two adjoining buildings
épületlakatos fitting smith
épületlakatos-munka ironwork
épületmagasság height of buildings from the soil to the roof, building height
épületoromfal building gable
épületrész part of a building; **homlokzatoldali** ~ avant-corps
épületsarok bevonása flashing
épületsáv *(városépítés)* ribbon of houses linked together
épületsor sweep
épületsűrűség building density
épületszárny (side) wing, outhouse, aisle, annex
épületszennyvíz-főcső soil pipe
épületszerelés *[vízvezetéki stb]* house plumbing
épületszerelő munka plumber work
épületszerelvény fixture
épületszerkezet(tan) building construction, tectonics
épületszerkezettani tectonic
épülettorony steeple
épülettömb group/block of houses
épületvas(anyag) building/structural iron
épületváz building frame, shell, carcass, skeleton; **gömbfából készült** ~ ballon frame
épületvázmunka carcassing
épületzár building lock
épülőfélben under construction, in course of construction
ér *(bány)* vein, dike, dyke, reef, seam, wythern, string, streak; *(fában, kőben)* cloud; *(kábelér)* core; *(távk)* conductor; *(vízér)* rill, rivulet; **kamarás** ~ *(bány)* chambered vein; ~ **nélküli kábelhálózat** plumbing; **puha agyagos** ~ doak, donk; **réteges** ~ *(bány)* blanket vein; **sávos** *v* **szalagos** ~ *(bány)* banded vein; **vékony** ~ *(bány)* fibre
erbium *(vegy)* erbium; ~ **tartalmú** *(ásv)* erbian
érc *(bány, földt, koh)* ore (stone); **agyagos** ~ clayey ore; **apró** *(porszerű)* ~ fines; **darabos** ~ coarse ore; **dúsítás nélkül kohósítható** ~ direct smelting ore; **dúsítatlan** ~ crudes, crude ore; ~ **felszállítása a külszínre** *(bány)* ore raising; **feltárt (és fejtésre előkészített)** ~ *(bány)* blocked-out ore; ~ **fémtartalma** *(bány)* grade of ore; **kiválogatott** ~ *(kézi kalapáccsal fejtett)* cobbed ore; **nyers** ~ crude ore, crudes; **réteges** *v* **sávos** *v* **szalagos** ~ banded ore; **száraz** ~ dry ore; ~ **zúzása osztályozásra** *(bány)* ore crushing, rag; ~ **zsugorodása pörkölésnél** clotting
ércadag *(koh)* ore charge
ércadagoló pódium *(koh)* ore bridge
ércaprítás ore crushing
ércaprító *fn* ore crusher/grinder; ~ **kalapács** bucker, rubber; ~ **és osztályozó (épület)** rock house
ércbánya ore mine(s)
ércbányászat ore/metal mining
ércbetüremlés ore fold(s)
ércesiszolat-megvilágító *(anyagv)* opaque illuminator
érccső *(bány)* ore pipe
érccsúszda *(bány)* ore/rock chute

ércdara *(bány)* smalls
ércdarab *(tiszta; bány)* prill
ércdúsítás ore dressing/cleaning/milling/separating; ~ **lejtős-** *v* **rázócsúszdán** rocking
ércdúsító: ~ **berendezés** *(bány)* separator; **elektromágneses** ~ *(bány)* electromagnetic separator; ~ **mű** dressing works; ~ **telep** concentrator
ércdúsulás enrichment; **másodlagos** ~ **öve** *(földt)* enrichment zone
ércel *(koh)* ore down
ércelegy *(koh)* ore burden/charge
ércelemzés ore assay
ércelőfordulás ore occurrence/deposits
ércelőfordulási nyomok *v* **jelek** ore hunting evidences
ércelőkészítés *(koh)* ore dressing/process; **száraz mágneses** ~ dry-magnetic dressing of ores
ércelőkészítő *(bány)* ore-dressing mill; *(munkás)* dresser; ~ **berendezés** *(szér)* table classifier; ~ **mű** dressing works; ~ **zúzdász** bucker
ércelővájás *(bány)* ore developing
ércelválasztó üzem *(koh)* separating plant
ércemelő vastartály *(bány)* ore bowl
ércérték csökkenése *(szállítás alatti veszteség leszámításával)* draftage
érces ore, quick, metallic; **kisméretű** ~ **lencse** ore pocket; ~ **kőzet** ore stone; ~ **vese** bunch; ~ **zagy** ore pulp; ~ **zseb** ore pocket
ércesedett *(bány)* mineralized
érceskürtő *v* **-oszlop** *(függőleges; bány)* pipe of ore, rib
ércfejtés breaking ore; ~ **feszítővassal** bar down
ércfejtő ék *(bány)* gad
ércfeladás *(koh)* ore take-up
ércfeldolgozás milling of ores
ércfelhalmozódás ore body
ércfészek *(bány)* (ore) bunch, group, bag/chamber of ore
ércflotálás *(bány)* ore flotation
ércgurító *(bány)* rock/ore chute/pass
érchozó *mn (bány)* ore-bearing; ~ **kőzet** *(bány, koh)* ore bringer
érchulladék *(bány)* nittings
ercinit *(ásv)* ercinite
érciszap *(bány)* ore slime, small ore
ércjavítás separating ores
ércjövesztés *(bány)* breaking ore
érckavaró rúd *v* **lapát** rabble
érckészlet ore reserves/stock
érckészletmunkás stocker
érckibukkanás *(hegy v domb formájában)* bank
érckincs *(fel nem tárt)* prospective ore
érckinyerési százalék *(koh)* recovery
érckitermelési omladék *(bány)* guag
érckutató prospector
érckürtő *(bány)* pipe (of ore), rib
ércleeresztés *(koh)* barring down
érclelőhely *(bány, földt)* ore deposits, orebody; ~ **enyhe dőlésű rétegben** blanket deposit; **erratikus** *v* **másodlagos** ~ erratic orebody
érclencse *(bány)* lens, squat; **kisebb** ~ pocket
ércmag ore bunch
ércmaradványokat fejt *v* **eltávolít** *(bány)* mop up
ércmarkoló *fn* ore grab
ércmentes *(bány, koh)* barren
ércmikroszkóp ore microscope

ércmosás *(koh)* ore washing, bucking; ~ **folyóvízben** streaming; ~ **kézi rostával** dilluing; ~ **mosó csatornában** trunking; ~ **ülepítéssel** jigging of ore
ércmosó: ~ **berendezés** ore washer/lavatory; ~ **csatorna** sluice; ~ **dob** washing drum, ore washer; ~ **kád** vat; ~ **teknő** hutch, streaming box; ~ **vályú** strake, strip, launder, cradle
ércnemesítés separating ores
ércnívó *(bány)* ore horizon
ércomlás *(bány)* ore caving
ércoszlop *(bány)* pipe of ore, **rib**; **gazdag** ~ gulf of ore
ércosztályozás ore sorting/classifying, sizing/jigging of ore(s)
ércosztályozó: ~ **berendezés** *(bány)* classifying apparatus; ~ **gép** classifier; **légáramlásos** ~ *(bány)* air classifier
ércőrlő malom *(bány)* (ore) grinder
ércpillér *(bány, földt)* ore pipe/chimney, cranch, bearing block; **ki nem fejtett** ~ stander
ércpillérmagasság lift
ércpörkölés ore roasting, burning of ore; ~ **befúvott levegővel** blast roasting
ércpörkölő: ~ **berendezés** *(koh)* roasting installation; ~ **halom** roasting bed; ~ **kamra** ore roasting chamber; ~ **kemence** ore roaster/furnace; ~ **tér** roast yard
ércpróba *(bány)* assay, ore-assaying; ~ **fémtartalma** *(tonnánként unciákban)* assay value
ércpróbavegyész *(bány, koh)* assayer
ércpróbavegyszerek *(bany, koh)* assay reagents
ércprovincia *(bány)* range
ércrakodó: ~ **pad** *(bány)* dock; ~ **vágat** *(bány)* ore plot
ércraktár *(akna mellett; bány)* paddock
ércréteg *(bány)* ore bed/folds
ércszállító: ~ **kosár** *v* **teknő** corf; ~ **sínpálya** ore hauling track
ércszeletfejtés *(bány)* bench-and-bench
ércszemelés *(koh)* parting
ércszint *(bány)* ore horizon
ércszublimáló edény aludel
érctároló *fn* ore bin; ~ **hely** *(bány)* ore yard
érctartalék *(bánya ércvagyona)* ore reserve
érctartalmú ore-bearing, quick; *(ásványosodott)* mineralized; *(fémtartalmú)* metalliferous; ~ **kőzet** ore (-bearing) rocks; ~ **redők** ore folds
érctartalom tenor of ore; *(%-ban)* unit, runs
érctartalombecslés szérelléssel vanning
érctartály *(bány)* ore bin/chute
érctasak *(bány)* ore bunch
érctekenő *(bány)* (ore) bowl
érctelep *(bány)* ore bed, measures; *(lelőhely)* ore deposits; ~ **csapása** course of ore; ~ **kalapja** capping
értelepkutatás prospecting; ~ **elektronikus műszerekkel** radio prospecting
értelepülési térkép *(bány)* areal map
értelér *(bány)* vein of ore, reef, roke, mineral vein; ~ **legdúsabb része** ore shoot
értelérkibúvás *(bány)* blow
értelérszakasz feltárása négy oldalról *(bány)* blocking-out
érctér *(koh)* lodge

ércterelő berendezés *(bány)* riffler
érctermelés emelőkkel *(régi, beomlott fejtésekből)* drawhole mining
érctermelő producer
érctest *(bány)* ore body
érctisztító cella *(flotáló berendezésen)* cleaner cell
érctölcsér *(bány)* pipe of ore, ore chimney
éretömzs *(bány)* ore body; *(elnyúlt)* shoot
érctörecs *(bány)* broken ore
érctörmelék *(koh)* fines
érctörő asztal *(laboratóriumban próbák megtörésére)* bucking table
ércúsztatás *(bány)* ore flotation
ércüreg *(bány)* skip pocket
ércvagyon *(feltárt és fejtésre előkészített)* blocked-out ore
ércvagyoncsökkenés *(bány)* depletion
ércválogatás ore sorting; *(kézi zúzással)* sledging; **kézi ~** picking
ércválogató *fn (bány)* pickler; **~ asztal** *(bány)* plane-table; **~ pajta** *(bány)* sorting shed; **~ teknő** *v* **vályú** picking chute
ércvezető *(bány)* ore-bearing; **~ mellékkőzet** *(bány)* kindly ground
ércvizsgálat *(bány)* assaying; **~ kézi széreléssel** *(bány)* van assaying
ércvonulat *(bány)* ore run
érczagy *(bány, koh)* ore pulp
érczárvány *(ásv, bány)* patch
érczúzás *(bány)* bucking, ore stamping/crushing
érczúzda *(bány)* stamp mill
érczúzó *fn* ore crusher/grinder, pebble mill; **~ berendezés** *(bány)* stamping mill; **~ gép** *(bány)* ore stamp; **~ mű** *v* **malom** ore mill; **~ verőkos** *(koh)* gravity stamp
érczseb *(bány)* ore bunch/pocket
érczsinór *(bány, földt)* stringer, cun; **vékony ~** band
érczsugor *(bány)* agglomerates, (ore) sinter
erdei: ~ barakk *(fakitermelők szállása)* logging bunk house; **~ fatermék** forest products; **~ iparvasút** forest railway; *(rönkszállításra:)* logging railroad; **~ iparvasúti mozdony** logging locomotive; **~ keresztfűrész** sweep-saw; **~ kunyhó** shanty; **~ magvak** forest-seeds; **~ nyiladék** vista; **~ ösvény** riding cut through a forest; **~ rönktároló** stock of felled timber; **~ vasút** forest railway
erdeifenyő-cellulóz *(pa)* pine pulp
erdeifűrész-reszelő forest saw file
érdes rough, harsh, husky; *(ásv)* rough; **~ barkájú** *[bőr]* harsh grained; **~ felület** *(litográfiai festékhengeren; nyomda)* nap; *(önt)* roughness; **~ fonal** *(tex)* grey yarn; **~ műnyomó papír** dull finished art paper, mat art paper; **~ nyüst** *(tex)* rough heald; **~ szél** *(hanglemezen)* burr
érdesít *[hengert]* roughen
érdesítés *(betonfelületé)* stippling; *(bőré)* crimp
érdesített lemez *(árulehúzó hengerhez; tex)* roughened sheet metal
érdesség (surface) roughness; **~ (símasági) mérőszáma** roughness value
érdességmagasság *(gépt)* roughness height; **~ mértani középértéke** *(gépt)* RMS roughness height value; **~ számtani középértéke** *(gépt)* average roughness height value
érdességmélység *l* **érdességmagasság**
érdességmérő *(gépt)* surface roughness tester, profilometer; **~ vizsgáló** *(gépt)* surface roughness tester, profilometer
erdész forester, woodward
erdészet forestry
erdészszemélyzet forest staff
erdő forest, wood; *(ligetszerű)* holt
erdőállomány (forest) crop, stand, body; **teljes** *v* **zöld ~** complete stand
erdőbecslés measurement of standing timber
erdőértékesítő egyesülés forestry association
erdőfelmérés forest survey
erdőfeltörő gép *(mzg)* brush plough
erdőfelújítás regrowth, reforestation, afforestation, restocking, regeneration; **~ pásztaszerű döntés útján** regeneration by strip felling
erdőfelújítási terület forest cultivation area
erdőgazdaság forest economy
erdőgyérítési rendszer open-wood system
erdőhasználat forest technology
erdőhatár bail
erdőipar *(faipar)* forest industry, woodworking industry
erdőipari terminológia forest terminology
erdőirtás clearance, deforestation; *(egyes fák kijelölésével:)* free felling
erdőirtó gép brush plough
erdőkerület *v* **-körzet** forest range
erdőkerülő woodward
erdőkezeléstan forest economy
erdőkihasználás forest utilization
erdőkitermelés tree felling
erdőkitisztítás removal of produce
erdőművelés silviculture, arboriculture
erdőöv *(fa)* fail
erdőparcella compartment
erdőpark *(városépítés)* wood with parkways near a town
erdőritkítás cleaning, thinning
erdősáv wood belt, coppice
erdőség wood land
erdősít forest
erdősítés afforestation, restocking
erdősített wooded
erdőszövetkezet forestry association
erdőtelepítés stocking, afforestation
erdőtermelési jog megváltása cantonment of forest rights
erdőterület forest area; **letarolt ~** cleared felling-area; **tarvágási ~** clear-area
erdőüzem forest/wood exploitation
erdővágás felling
erdővágási: ~ terület felvétele registration of the yield; **~ terület kijelölése** marking standards in coppice
erdő-védőövezet *v* **-védősáv** forest shelter belt, protective belt
erdőzáródás shelter
erecske veinlet
eredet origin, egress, rise, principle, genesis, derivation; *(hidr)* rise, head
eredeti original, genuine, virgin, authentic, fontal; **~ behajózási súly** original shipping weight; **~ felvételről készült negatív** *(hanglemezé)* original master; **~ fenék** *(földt)* true bottom; **~ folyó** *(földt)* original river; **~ kézirat** original script; **~ kőzet** original rock; **~ meteorológiai állomás** *(ahonnan a jelentés tovább megy)* initial meteorological office; **~ repülésesbejelentés** original flight plan; **~ rugalmassági határ** *(anyagv)* primitive elastic limit; **~ tartalékalkatrész** genuine part; **~ települési sorrend** *(bány)* original order; **~ üledékek** *(földt)* source sediments
eredmény result, total, effect, rendering, issue; *(mat)* result; **~ek egyezése** *v* **helyessége** consistency of serults
eredményez result, yield, effect
eredménygörbe *(mat)* resultant curve
eredményszámláló táblázat *v* **szerkezet** scoreboard
eredménytelen ineffective, inefficient
eredménytelenség inefficiency
eredményvonal (dash-and-)dot line
eredő *[erő]* resultant; **~ áram** *(vill)* joint current; **~ ellenállás** resultant resistance; **~ erő** *(mech)* resultant force; **~ forgás** *(mech)* resultant rotation; **~ görbe** resultant/summation curve; **~ gyorsulás** resultant acceleration; **~ hullám** resultant wave; **~ hullámalak** resultant waveform; **~ nyomás** resulting/resultant pressure; **~ nyomaték** resulting/resultant moment; **~ sebesség** *(mech)* resultant velocity; **~ torzítás** resultant distorsion; **~ vonal** *(mech)* generatrix
érelágazás *(bány)* dropper
erélyes *(keverés)* vigorous; **~ keverés közben** *(vegy)* while stirring vigorously; **~ kezelés** *(vegy)* drastic treatment
érem coin
éremverő szerszám coining die
erepszin *(vegy)* erepsin
eres veiny, sinewy, veined; **~ bőr** veiny leather; **~ fa** veined wood; **~ kőzet** vein matter
eresség *(öntvényhiba)* eruption(s), rattail
eresz *(ép)* eaves, fence roof, drip, hover, weather moulding, weathering, appentice, overhang
eresz(alj)deszka *(ép)* eaves board
ereszaljdeszkázás *(ép)* soffit board(ing)
ereszcsatorna *(ép)* rainwater gutter, fore-channel, chute; **ereszcsatornákkal levezetett esővíz** *(ép)* roof water; **V-alakú ~** arris gutter
ereszcsatornakampó *v* **-horog** gutter bracket
ereszcserépsor-magasító léc *(ép)* tilting fillet
ereszke *(bány)* incline(d drift/adit/winze) hoisting slope, dook, rake, slit, way/blind shaft, headway, raise, stone drift, plane, jackhead pit, bank, bord down, rising mine; **két szintet összekötő ~** inside slope, run; **láncpályás ~** chain brow; **~ lejtőszöge** dropping angle; **szélső ~** *(határnál)* end raise; **~ vájvége** raise face; **~ vízszintes vetülete** *v* **talpa** base of the slope
ereszkedő *(geod)* slant; **~ boltozat** *(ép)* inclined arch; **~ lejtés** downgrade
ereszkefej *(bány)* head of incline
ereszke-főtepásztalépcső brow
ereszkemélyítés *(bány)* dip working
ereszke-szállítószalag *(bány)* elevating belt/conveyor
ereszke-vitla incline hoist
ereszke-vontatógép *(bány)* jinny

ereszkonzol *(ép)* roof bracket
ereszpárkány *(ép)* eaves mouldings
eresz-sarokgyám *(ép)* angle bracket
ereszsátor *(ép)* cow
ereszszegély *(ólomból)* eaves lead
ereszt: **egymásba** ~ match; **gázt** ~ *(bány)* make gas
eresztartó támasz *(ép)* roof bracket
eresztek joining, joint, cleat, groove, (joint) tongue, juncture, coak, seam, cut, meeting, tenon, slide, splice bar; *(cvikli; cipőn)* gore; *(ruhában:)* gusset; **burkolt** ~ casing joint; **egyvállas** ~ barefaced tenon; **~- és horonyillesztés** tongue(-and-groove) joint; **~- és horonyillesztésű deszkapadló** *v* **deszkázat** tongued-and-grooved boarding; ~ **körüli váll** relish; ~ **válla(zása)** relish; **vízszintes** ~ bed joint
eresztékcsap feather
eresztékes *(fa)* matched, interlocking; ~ **ácsolat** *(ép)* shiplap sheathing; ~ **cipő** chelsea boot; ~ **csapolás** tonguing; ~ **deszkaillesztés** flashed joint; ~ **egyesítés** *v* **kötés** mortise joint; **~en illeszt** *[deszkát]* tongue
eresztek(váll)vágó *fn* cope cutter
eresztő *(épületbejárat felett)* marquise
eresztőbak *(fa)* jointer
eresztőgyalu jack/shooting plane, jointer; **kettős** ~ trying plane
eresztőháló drift-net; **háromrétű** ~ *(madár- és halfogó)* trammel
eresztőpad *(fa)* jointer
eresztőpadgyalu bench plane
éretlen: ~ **elemiszálak** immature fibres; ~ **fabél** greenheart; ~ **(nem színeződő) elemiszálak** neps; ~ **pamut** stringy/dead cotton
érett mature; ~ **elemiszál** mature fibre; ~ **fa** old timber/growth, mature tree/wood; ~ **faanyag** mature wood; ~ **folyó** *(földt)* mature river; ~ **pamut elemiszál** ripe cotton fibre
érettségi periódus *(eróziós ciklusban; földt)* maturity
erez *[fát]* engrain; *(bány)* vein
erezés vein; *(flóderezés)* marbling; **~sel felhőz** *(faanyagot)* cloud; ~ **fésűvel** combing
erezet *(fa)* graining
erezet-irány *(fa)* grain
erezett streaked, veined; ~ **bőrlemez** *(pa)* veined leather board; **felhőszerűen** ~ *[kő; fa]* cloudy; ~ **karton** *(pa)* grained board; **keresztben** ~ *(tex)* cross-grained; ~ **kőzet** veinstone; ~ **mintás felület** *(gumi, tex)* ripple; ~ **papír** buff paper; ~ **selyempapír** buff tissue paper; **simán** ~ *[fa]* flat grained
érezhető sensible, apparent
erg *(mech)* erg
erg-másodperc *(mech)* erg-second
ergodikus folyamat *(távk)* ergodic process
ergonomika ergonomics
ergoszterin ergosterol
ergotamin *(vegy)* ergotamine
ergotoxin *(vegy)* ergotoxine
erg-secundum *(mech)* erg-second
Erichsen-féle: ~ **lemezpróbagép** cupping machine; ~ **mélyhúzó próba** cupping test; ~ **(vizsgáló)szerszám** hemispherical cupping tool
erinit *(ásv)* erinite
érint touch, affect; *(mat)* be tangential (to); **oldalt** ~ flank

érintés touch, tangency
érintésbiztos *(vill)* shock-proof
érintési: ~ **pont** tangent point, point of tangency, p. t.; ~ **vonal** *(mat)* tangent line, line of tangency; *(két henger között; pa)* nip
érintetlen *(bány, földt)* virgin, solid, undisturbed; ~ **lábban** *(bány)* in solid; ~ **lábban levő** *(bány)* massive; ~ **pillérben végzett munkák** solid work; ~ **szén(telep)** virgin/unmined/whole coal; ~ **széntelepben végzett munka** *(bány)* virgin work; ~ **telepben** *(bány)* in solid; ~ **terület** *(bány)* unmined territory
érintkezés contact, tangency, connection, commissure; *(mat)* tangency; *(vill)* contact; **fémes** ~ metal-to-metal contact; **~be hoz** *(távk)* put in contact; **közvetlen** ~ close contact; ~ **rádió útján** radio service/connection; **~t szaggató kefe** contact-breaking brush
érintkezési: ~ **alkotó** *(gépt)* generatrix in contact; ~ **elektromotoros erő** contact electromotive force, contact e. m. f.; ~ **ellenállás** contact resistance; ~ **felület** contact surface; ~ **feszültség** *(vill)* contact voltage/potential; ~ **forrás** *(földt)* contact spring; ~ **goniométer** *(ásv)* contact goniometer; ~ **hatás** contact action; ~ **hely** joint place; ~ **ikrek** *(ásv)* contact/juxtaposition twins; ~ **ívhossz** *[köszörülésnél]* arc of contact; ~ **ív szöge** *(gépt)* angle of contact; ~ **pont** join; *(mat)* contact point; *[repülőgép kereke és föld között]* point of contact; ~ **sík** contact plane; ~ **szög** *(mat)* angle of contact; ~ **villamosság** contact electricity; ~ **vonal** *(földt)* contact line; *(gépt)* contact line/path; ~ **zavar** *(vill)* contact fault
érintkezik make contact, be in contact, touch, abut, communicate
érintkező *mn* mating, interlocking, adjoining; *fn (vill)* contact; *(rád)* whisker *is*; **állítható** ~ adjustable contact; **álló** ~ fixed contact; **áram átjárta** ~ live contact; **árammentes** ~ dead contact; ~ **átmeneti ellenállása** contact resistance; **bontó** ~ break contact; **dugós** ~ male/plug contact; **egymással** ~ **rétegek** *(földt)* contiguous seams; ~ **elektród** contact electrode; ~ **felület** surface in contact, contact sur(face); **függő** ~ *(vasút)* dependent contact; ~ **hegesztés nyomással** pressure contact welding; **hüvelyes** ~ female/jack contact; **ívoltó** ~ arcing contact; **kefés** ~ brush contact; **kenetlen** ~ dry contact; **kent** ~ wet contact; **kereső** ~ *(telef)* normal post contact; **kétmegszakításos** ~ bridge-type contact, twin break contact; ~ **kőzet** contact rock; **~k közötti légrés** contact clearance; ~ **letapogatás** *(telev)* contact scanning; **munkaáramú** ~ normally-open contact, make contact, **nyitó** ~ *(vill)* break contact; **nyugvóáramú** ~ *(relén)* break contact; normally-closed contact; **rossz** ~ poor contact; ~ **szaggató szerkezetben** *(távk)* interrupter contact; **támasztó** ~ back contact; **tartó** ~ retaining contact; **tekercses** *v*

szolenoid ~ coil contact; **üres** ~ dummy contact; **záró** ~ make contact; **zárt** ~ closed contact
érintkező-anyag *(vill)* contact material
érintkezőbontó *(vill)* contact breaker
érintkezőcsap *(vill)* contact pin/stud; *(csőfejen; rád)* feeler/base pin
érintkezőcsavar *(vill)* contact screw
érintkezőcsoport *(távk)* contact unit
érintkezőcsúcs *(vill)* contact point, tip; *(ívben; távk)* bank contact
érintkezőcsúszka *(vill)* contact skate
érintkező-elrendezés contact arrangement
érintkezőgyűrű *(nyomóhengernél; nyomda)* bearer
érintkezőhíd *(vill)* contact bridge
érintkezőhuzal *(felsővezetékes; vill)* contact wire
érintkezőhüvely *(vill)* contact bush/sleeve
érintkezőív *(vill)* bank
érintkezőkefe *(vill)* contact brush
érintkezőköz contact gap
érintkező-légrés *(távk)* contact clearance
érintkezőlemez *(kapcsolóhengeren; vill)* wafer, controller finger
érintkezőmező *(kapcsológépé; távk)* bank (contacts), contact bank
érintkezőnyomás *(vill)* contact pressure
érintkezőnyomás-mérő *(vill)* contact pressure meter
érintkezőpecek *(távk)* contact stud
érintkezőpofa *(vill)* contact clip/jaw
érintkezőrendszer row of contacts
érintkezőrugó *(vill)* joint/contact spring; *(kristálydetektoron)* cat's whisker; **~k csoportja** *(jelfogóban)* spring assembly
érintkezős: ~ **mikrofon** contact microphone; ~ **voltméter** contact voltmeter
érintkezősaru *(vill)* contact shoe, (current-)collector
érintkezősín *(vill)* contact bar
érintkező-sorozat *(vill)* bank (of contacts)
érintkezőszén *(vill)* carbon contact
érintkezőtárcsa *(távk)* contact disc
érintkezőtartó contact carrier
érintkező-tisztító *(távk)* contact cleaner
érintkezőtoldat *(vill)* contact tag
érintkezőtű *(kristálydetektorban)* (cat's) whisker
érintkezővég *(kefeé; távk)* wire-end
érintkezőzaj *(távk)* contact noise
érintő *(mat)* tangent; **kettős** ~ *(mat)* double tangent
érintőakna contact/mechanic(al) mine
érintő-beesés *(színk)* grazing incidence
érintőhossz *(két ív között; útép)* straight
érintőkör *(mat)* tangent circle
érintőleges tangential; ~ **alátámasztás** tangential support; ~ **beesés** *(fényt, rád)* glancing/grazing incidence; ~ **beömlés** *(közegé:)* tangential admission; ~ **görbeösszeköttetés** tangential connection of curves; ~ **kerék** tangential wheel; ~ **nyomás** *[gőzsugárnál]* peripheral pressure; ~ **sebességi komponens** peripheral component of velocity; ~ **szerszám** tangential tool; ~ **vetődéselmozdulás** *(földt)* tangential faults
érintőpont *(mat)* point of tangency
érintősík *(mat)* tangent-plane
érintős-kés *(forg)* tangential tool; *(menetvágáshoz)* tangential chaser

eriokróm-fekete *(festék)* eriochrome black
eriométer eriometer
erionit *(ásv)* erionite
erioszkóp erioscope
eritemális : ~ áramlás erythemal flux ; **~ tényező** erythemal factor
eritrin *(ásv)* erythrite
eritrit *(ásv)* *l* **eritrin**
eritrosziderit *(ásv)* erythrosiderite
erjed *(élip)* ferment, work, sweat
erjedés fermentation, zymosis, working, fret ; **csupaszfoltos ~** *(élip)* bare spots fermentation ; **ecetsavas ~** acetous fermentation, acetification ; **~ mesterséges feltartóztatása** *v* **lassítása** mutage ; **~t nem keltő** azymic ; **savas ~** acid fermentation
erjedéses *l* **erjedési**
erjedésfokmérő zymo(si)meter
erjedési : ~ amilalkohol fermentation amyl alcohol ; **~ folyamat** fermentation process
erjedéskémia fermentation chemistry
erjedéstan zymology
erjedéstani zymotechnical
erjedő musty, fermenting ; **nem ~** azymous
erjedőképes fermentescible
erjeszt leaven, ferment, work
erjesztés fermentation, fermenting ; **habos ~** *(élip)* bladdery fermentation
erjesztetlen unfermented
erjeszthető fermentescible
erjesztő zymogenic, barmy, zymotic, fermenting ; **~ folyamat** fermentation (process) ; **~ helyiség** *v* **pince** tun ; *(dohányhoz, kakaóbabhoz :)* sweating house ; **~ képesség** fermenting force
erjesztőanyag ferment(er)
erjesztőerő *v* **-hatás** fermenting force
erjesztőkád fermenting/fermentative tank, fermenter, fermentor
erjesztőpróba fermentation test
erjesztőszer leaven, fermentative (agent), fermenter
erkély balcony ; *(terasz)* terrace ; **fedett kiugró ~** oriel ; **nap felé tájolt ~** antesolarium ; **zárt ~** bay window
erkélyfolyosó *(ép)* passage gallery
erkenzátor *(pa)* Erkensator
érkezés arrival ; *(rep)* landing
érkezési : ~ görbe *(távk)* arrival curve ; **~ peron** *(ép, vasút)* in-track platform, arrival platform ; **~ sebesség** *(hidr)* velocity of approach; **~ súly** *[árué]* landed weight
érkező forgalom arriving traffic
érkitermelés *(bány)* reefing
Erlang *(a telefonforgalom sűrűségének egysége)* Erlang (unit)
érlel season, mature, age ; *(betont :)* cure ; *(komposztföldet v istállótrágyát)* digest
érlelés ag(e)ing, digestion, ripening ; *(betoné)* curing; **~ hő hatása alatt** *(vegy)* thermal ag(e)ing ; **~ időtartama** *(fényk)* time of digestion ; **~ levegőn** air seasoning; **mesterséges ~** *(bőriparban)* artificial ag(e)ing ; **vegyi ~** *(emulzióé ; fényk)* chemical ripening
érlelődés aging, ripening
érlelő készülék *(textilfesték beérlelésére)* ag(e)ing machine
„**érlelt**" **: olajban ~ gyapjú** *(tex)* ripening wool
Erlenmeyer-lombik conical/Erlenmeyer flask

érme coin ; *(automatához :)* slot coin ; **~ hátlapja** pile
érme-arany crown gold
érmebedobásos automata slot machine
érmebedobó rés *(automatán)* slot
érmebronz mint bronze
érmedoboz *(áramszámlálón)* coin collector
érmefelirat lettering
érmekölyű coining stamp(ing hammer)
érmeosztályozó és -csomagoló gép coin machine
érmesajtolás coining, coinage
érmesajtoló szerszám coining die
érmeszámláló *fn* coin counter
érmeszegély-recézés marking
érmeverés coinage, coining
érmeverő : ~ bélyeg coining punch ; **~ dúc** puncheon ; **~ matrica** coining die ; **~ prés** coining press
érnégyes *(távk)* quad
ernyedés slacking, relaxation
ernyedt flabby
érnyom *(összekeveredett kőzetben)* broil
ernyő *(ált)* screen, flap(per), blind, shield, parasol ; *[katódsugárcsőé]* (fluorescent) screen ; *(ép)* blind, cow ; *(szink)* diaphragm ; *(távk)* can, flap, screen ; **~ alakú antenna** roof-shaped antenna, umbrella antenna/aerial ; **átlátszó ~** *(telev)* translucent screen ; **báriumplatinacianür ~** *(vill)* barium-platinocyanide screen ; **fényt szóró ~** *(fényk)* diffusing screen ; **fluoreszcens ~** *(vill)* fluorescent screen ; **hosszú világítási idejű ~** *(vill)* slow screen ; **kétrétegű ~** *(radar)* double-layer screen ; **lumineszcens ~** *(vill)* luminescent screen ; **~ nélküli** *(rád)* unscreened ; **panoráma-rendszerű ~** *(vill)* panoramic screen ; **rendes világítási idejű ~** *(vill)* normal-speed screen ; **sötétsugaras ~** *(vill)* dark-trace screen ; **utánvilágító ~** *(vill)* afterglow/persistence screen ; **vetítő ~** *(telev)* projection screen ; **visszaverő ~** baffle
ernyőantenna umbrella antenna/aerial, roof-shaped antenna
ernyőáram *(világító ernyőre eső elektronok)* screen current
ernyőbeégés *(telev)* screen burning
ernyőfelület screen area
ernyőfeszültség *(rád)* screen voltage
ernyőhatás *(vill)* screening effect
ernyőpapír screen paper
ernyős fotométer candle balance
ernyőszigetelő umbrella insulator
ernyőtartó shade carrier
ernyőzés *(rád)* screening ; **villamos ~** *l* **árnyékolás**
ernyőzött : ~ szelep *(tányérszelep)* mask valve ; **~ világítás** masked light
erodál *(földt)* erode
erodálódott *(földt)* eroded
erodált *(földt)* eroded ; **erősen ~ felület** *(földt)* fretted upland ; **~ talaj megjavítása** *(mzg)* land reconstruction
erózió *(földt)* erosion, weathering, downcutting, degradation ; **~ síkja** waste line
erózióbázis *(földt)* base-level of erosion/stream
eróziófoltos terület *(földt, mzg)* erosion-scarred area

eróziós : ~ eredetű völgy *(földt)* erosion circus ; **~ forrás** depression spring ; **~ lemosás** *v* **beszakadás** loss by erosion ; **~ (meg)szakadás** *(későbbi rétegképződéssel)* erosional gap ; **~ oszlop** hoodoo
erozív erodent
erő *(ált)* strength, power, effort ; *(mech)* force ; *(teljesítmény)* power; **adhéziós ~** *(ágyazásé)* anchoring strength ; **behúzó ~** *(reléé)* pull force ; **~k billentő nyomatéka** *(mech)* tilting moment of forces ; **centrális ~** *(mech)* central force ; **centrifugális ~** centrifugal force ; **centripetális ~** centripetal force ; **csavaró ~** *(mech)* twisting/torsional force ; **együttható ~** *(mech)* coacting force ; **elektromotoros ~** electromotive force, e. m. f., E. M. F. ; **eleven ~** *(mech)* kinetic energy ; **ellenelektromotoros ~** *(vill)* back electromotive force ; **~ és elmozdulás felcserélhetőségének elve** *(mech)* principle of reciprocal deflections ; **emelő ~** *(mágneses)* portative force ; **~ értelme** *v* **iránya** *(mech)* sense of the force ; **fajlagos ~** *(mech)* pressure force ; **fékező ~** *(mech)* braking force ; **fényelektromotoros ~** *(mech)* photoelectromotive force; **~ fluxusa** *(mech)* flux of force ; **forgácsoló ~** *(mech)* cutting pressure force ; **gyorsító ~** *(mech)* accelerating force ; **hajlító ~** *(mech)* bending/transversal force ; **~ hatásvonala** line of action ; **hossztartó irányában ható ~** beam force ; **hőelektromotoros ~** *(mech)* thermoelectromotive force ; **húzó ~** *(mech)* tensile force ; **irányító ~** *(műszerben)* controlling force ; **kerületi ~** *(mech)* peripheral/tangential force ; **kitérítő ~** *(mech)* deflecting force ; **koercitív ~** coerci(ti)ve force, coerci(ti)vity ; **kohéziós ~** cohesive force ; **konzervatív ~** *(mech)* conservative force ; **külső ~** *(mech)* external/superposed force; **lassító ~** *(mech)* retarding force ; **mágneses ~** magnetic force ; **~ mérése** force measurement ; **mozgató ~** *(mech)* driving/motive force ; **működő ~** *(mech)* activity ; **nehézségi ~** *(mech)* force of gravity ; **nyíró ~** *(mech)* shear(ing) force ; **~ nyomatéka** moment of a force ; **nyomó ~** *(mech)* compressive force ; **perturbáló ~** *(mech)* perturbation force; *(aut)* driving force ; **potenciálos ~** *(mech)* conservative force ; **rákényszerített elektromotoros ~** applied electromotive force ; **~ támadáspontja** *(mech)* point of application of force, fulcrum ; **tehetetlenségi ~** *(mech)* force of inertia, mass force ; **törő ~** *(mech)* collapsing force ; **visszaállító ~** *(mech)* restore/righting force ; **vonzó ~** *(mech)* pull/attraction force
erőábra *(mech)* ray diagram ; **~ pólusa** pole of ray diagram
erőátvitel power transmission/transfer ; **~ fogaskerékkel** geared transmission; **kettős ~** double transmission ; **~ kötéllel** rope transmission ; **~ szög alatt találkozó tengelyek közt** angle drive ; **villamos ~** electric transmission
erőátviteli : ~ áramkör power circuit ; **~ berendezés** transmission machinery;

(vill) power-transmission equipment; ~ **fék** transmission brake; ~ **főtengely** transmission main shaft; ~ **frekvencia** power-line frequency; ~ **hajtás** transmission drive; ~ **hálózat** *(vill)* power network; ~ **kábel** *(vill)* power cable; ~ **lánc** (power) transmission chain; ~ **tengely** *(gépt)* countershaft, power shaft; *(gépk)* transmission drive shaft, propeller shaft; ~ **tengely burkolata** *(gépk)* cover of transmission; ~ **tengely burkolócsöve** *(gépk)* propeller shaft tunnel; ~ **tengelyek vonala** shaft line; ~ **transzformátor** *(vill)* power transformer; ~ **veszteségek** transmission losses; ~ **vezeték** power/transmission line/main(s)

„Erő"-csavarhúzó screwdriver „Goliath" pattern; **szigetelt** ~ screwdriver „Goliath" pattern with isolated blade

erőcsípőfogó strong-cutting nippers

erőcső *(mech, vill)* tube of force; **mágneses** ~ magnetic tube of force

erőfelbontás *(mech)* resolution/decomposition of force

erőfelhasználás expenditure of power

erőfeszítés effort, strain, endeavour

erőfluxus *(mech)* flux of force

erőfokozat power stage

erőfőzet *(baktériumtaptalaj)* broth

erő-függvény *(mech)* force function

erőgép power machine, engine, motor, prime mover

erőgépcsoport power plant

erőgépegység *(gépt)* power unit, p. u.

erőgép-generátor engine-driven generator

erőhatás power impulse/effect

erőimpulzus power impulse

erőirány *(mech)* direction of force

erőirány-relé *(vill)* l **energiairány-relé**

erőkifejtés effort, labo(u)r

erőleadó tengelycsonk *[traktoron]* power take-off

erőlemez strong fibre

erőleves *(baktériumtáptalaj)* broth

erőlökés impulse

erőltet *(gépt)* strain, stress, force; *(gépk)* burn *is*

erőltetés *(gépt)* strain, force, forcing

erőltetett *(gépt)* forced, strained; ~ **gerjesztés** *(vill)* field forcing; ~ **léghuzat** forced draft

erőmérés force-measuring

erőmérő *(gépt)* dynamometer, force meter; ~ **kocsi** *(vasút)* dynamometer car; **koercitív** ~ *(vill)* coercive force meter; **mérlegkaros** ~ balancing dynamometer

erőmérőműszeres fékpróba dynamometer test

erőmű *(vill)* power/generating station/plant, electric works

erőműcsatorna *(hidr)* power canal

erőműtan mechanics; *l még* **mechanika**

erőműtani mechanical

erőműtelep *(vill)* l **erőmű**

erőművi károsítás mechanical injury

erő-nyúlás görbe *(tex)* force-extension curve

erőpár *(mech)* couple (of forces); **asztatikus** ~ astatic couple; ~ **karja** *(mech)* arm of couple; ~ **karja asztatikus rendszerben** *(mech)* astatic arm; **kinematikai** ~ kinematic couple

erőparallelogram parallelogram of forces

erőpoligon *(mech)* l **erősokszög**

erőrajzoló gép *(tex)* dynamograph

erős strong, cogent, thick, rugged, intens(iv)e, forcible; *(ízű:)* biting; *[adóállomás]* strong; ~ **ammóniaoldat** strong aqua; ~ **áramlás** *(hidr)* strong current; **bántóan** ~ **fény** flare; ~ **bázis** *(vegy)* strong base; ~**en bordás henger** sharp corrugated roll; ~ **borulat** *(met)* ten-tenth; ~**en csillapított** *(vill)* heavily damped; ~ **csomagolópapír** basket cap *(UK)*; ~ *(teljesen disszociált)* **elektrolit** strong electrolyte; ~**en evakuált cső** *(rád)* hard vacuum tube; ~ **fagy** heavy frost; ~**en (f)eliszapolt** heavily silted; ~ **fényű** bright, intense; ~ **finomítás** *(ol)* strong treating; ~ **gyapjú** *(tex)* shafty wool; ~ **gyújtás** *(gépk)* hot spark; ~**sen hullámosított krepp-(anyag)** crepe-crepe; ~ **hullámzás** *(hidr)* violent undulations; **igen** ~ **vihar** *(met)* violent gale; ~ **igénybevétel(nek ellenálló)** heavy-duty; ~ **ingadozások** heavy fluctuations; ~**en kallózott** heavily milled; ~ **kanyar** sharp bend, narrow curve; ~**en kiálló** v **kinyúló** long-nosed; ~**en kiálló sarok** sharp corner; ~ *(maró)* **lúg** strong caustic; ~**en matt** *(fényű)* extra dull; ~**en megpörkölt** hard-burnt; ~ **metszés** *(gallylevágás)* severe pruning; ~ **mozdony** *[távközlő vezetékek vasúti veszélyeztetésénél]* large locomotive; ~ **mozgásokat regisztráló szeizmográf** strong-motion seismograph; ~ **munka** hard/sharp work; ~ **nagyítású** *(fényt)* high-magnification; ~**en nemezelt** *(tex)* heavily felted; ~ **nyújtás** *(tex)* high draft; ~ **oldalirányú dőlés** *(hajó)* heavy list; ~**en ötvözött** high-alloyed; ~**en ragyogó** *[fény]* splendent; ~**en sérült** *[nyersbőr]* severely damaged; ~**en simított papír** *(glaszépapír)* high-glazed paper; ~ **sodrat** *(tex)* hardt wist; ~ **szálú gyapjú** *(tex)* sound wool; ~**en száradó** v **szikkatívos olaj** strong drying oil; ~**en szennyezett agyag** poor lime; ~ *(fényes)* **szikra** *(gépk)* fat spark; ~ **talajreflexió** heavy ground-echoes; ~**en túlhevített gőz** steam gas; ~ **tűz** sharp fire; ~ **ütés** *(tex)* heavy pick; ~ **vihar** *(met)* severe gale

erősáram *(vill)* heavy/strong/power current

erősáramú power/heavy-current; ~ **biztosító** power-current fuse; ~ **hálózat** power network; ~ **készülék** heavy-current apparatus; ~ **technika** heavy-current engineering; ~ **vezeték** power line; ~ **vonal** power line; ~ **vonalakon működő vivőáramú rendszer** *(távk)* power line carrier (system); ~ **zaj** *(távk)* power induction/induced noise

erősebb *(biztosító; vill)* higher-rated, with a higher rating

erősít strengthen, reinforce, intensify, (in)fix; *(kh)* splice, reinforce; *(ép)* reeve, brace; *(gépk, vill)* boost; *(rád, távk, telev, vill)* amplify; *(táv)* repeat; *[tápanyaggal]* vitalize; **fával** ~ *(ép)* timber; **fejszét nyélre** ~ hang an axe; **meszest** ~ *(bőr)* sharpen

erősítés strengthening, reinforcement, reinforcing, boost, intensification, doubling; *(kh)* splicing, reinforcing; *(rád)* amplification, gain, multiplication; *(tex)* stitch; **A-osztályú** ~ *(rád)* class A valve operation; **biztosító** ~ backing; **egyenes** ~ *(távk)* straight amplification; **hangfrekvenciás** ~ *(rád)* audio gain; **kettős** ~ *(távk)* dual amplification; **keverési** ~ *(távk)* conversion gain; **kisfrekvenciás** ~ *(távk)* low-frequency amplification; **közvetlen** ~ *(távk)* straight amplification; **mikrohullámú** ~ *(távk)* ultrahigh-frequency amplification; **nagyfrekvenciás** ~ high-frequency amplification/gain; **regeneratív** ~ *(távk)* retroactive amplification; **szélessávú** ~ *(távk)* distributed/broadband amplification; **visszacsatolásos** ~ *(távk)* retroactive/feedback amplification; **vivőfrekvenciás** ~ *(távk)* carrier-frequency amplification

erősítés-gyorsszabályozás *(rád)* instantaneous volume control

erősítés-gyorsszabályozó *(rád)* instantaneous automatic gain control, I. A. G. C.

erősítés-indikátor *(rád)* volume indicator

erősítési tényező *(rád, távk)* gain, amplification/multiplication/mu factor; *(sávközépen mért érték:)* mid-frequency gain; *(teljes érték:)* forward gain; *(gáztöltésű fotocellánál:)* gas magnification

erősítésmérő *(távk)* gain (measuring) set

erősítés-stabilizálás *(rád)* gain stabilization

erősítésszabályozás *(rád, távk)* gain/amplitude/volume control; **időbeli** ~ time-varied gain control; **önműködő** ~ automatic gain control, AGC, automatic volume control, A. V. C.

erősítésszabályozó *(rád)* gain/amplification control

erősítetlen végződ(tet)és *(távk)* unrepeatered termination

erősített: ~ **abroncs** *(gépk)* reinforced tyre; ~ **áramkör** *(távk)* repeatered circuit; ~ **biztosítású akna** *(bány)* reinforced shaft; ~ **keverék** *(gumi)* reinforced stock; ~ **orr és sarok** *(kh)* spliced heel and toe; ~ **ripsz** *(tex)* stitched rib; ~ **szegély** *(kh)* (re)inforced welt; ~ **talp** *(kh)* double sole; ~ **végződ(tet)és** *(távk)* repeatered termination

erősítő *mn* reinforcing, strengthening; *(rád)* magnifying, amplifying; *fn (fényk)* replenisher; *(rád)* amplifier, magnifier; **AB-osztályú** ~ *(rád)* class AB amplifier; ~ **adalékanyag** v **töltőanyag** *(gumi)* reinforcer; **aktív** ~ *(gumi)* active filler; ~ **állomás** *(rád, távk)* booster/repeater (station); *(távk)* relay/repeater station; **A-osztályú** ~ *(rád)* A-amplifier, class A amplifier; ~ **áramkör** *(távk)* repeat(er) circuit; ~ **berendezés** *(rád)* amplifying equipment; **beszédfrekvenciás** ~ *(rád)* speech amplifier; **B-osztályú** ~ *(rád)* B-amplifier, class B amplifier; **cső nélküli** ~ *(rád)* valveless amplifier; **differenciáló** ~ *(rád)* differential amplifier; **egyenáramú** ~ *(rád)* direct-current amplifier ; **~kkel ellátott** *(távk)* repeatered ; **ellenütemű ~** *(rád)* push-pull/balanced amplifier ; **fázisfordító ~ fokozat** *(rád)* amplifier--inverter stage ; **feszültségutánhúzó ~** *(rád)* bootstrap amplifier ; **fojtótekercses csatolású ~** *(rád)* choke--coupled amplifier ; **~ fokozat** *(rád, távk)* amplifying/amplifier/amplification stage, stage of amplification ; **forgógépes ~** *l* **erősítőgép** ; **hangfelvevő ~** *(rád)* recording amplifier ; **hangfrekvenciás ~** *(rád)* audio--frequency amplifier, A. F. A. ; **hangolt ~** *(rád)* tuned amplifier ; **~ helyiség** *(stúdióban)* control room ; **~ heveder** *(gépt)* reinforcing rib ; **induktív csatolású ~** *(rád)* choke--coupled amplifier; **integráló ~** *(rád)* integrating amplifier ; **~ interferencia** constructive interference ; **~ kapcsolás** *(rád)* amplifier scheme ; *(távk)* repeater connection ; **~ karakterisztikájának mélyhangú része** bass response (of a loudspeaker) ; **katódbemenetű ~** *(rád)* grounded-grid *v* cathode-input amplifier ; **katódcsatolású ~** *(rád)* cathode follower, cathode-coupled amplifier ; **katódkimenetű ~** *(rád)* bootstrap amplifier; **képfrekvenciás ~** *(rád)* video amplifier ; **képváltó ~** *(telev)* vertical amplifier ; **keskenysávú ~** *(rád)* narrow-band amplifier ; **~ kivezetésének ellenkapcsolása a bevezetéssel** *(rád)* reverse feedback ; **közvetlen csatolású ~** *(rád)* direct-coupled amplifier ; **levágó ~** *(radar)* clipping amplifier ; **mágneses ~** *(vill)* magnetic amplifier ; *(visszacsatolt:)* amplistat ; **~ moduláció** *(rád)* amplifier modulation ; **nagyfrekvenciás ~ fokozat** high-frequency amplification stage ; **összegező ~** *(rád)* summing amplifier ; **párhuzamos ~** *(film)* bridging amplifier ; **rezonanciás ~** *(rád)* tuned amplifier ; **sorváltó ~** *(telev)* horizontal amplifier ; **szélessávú ~** *(rád)* broadband amplifier ; **~ szerelvények** *(távk)* repeater devices ; **~ széthangolt rezgőkörökkel** *(rád)* stagger amplifier ; **televíziós felvevő ~** *(rád)* head amplifier ; **torzításmentes ~** *(rád)* high-fidelity amplifier, quality amplifier ; **~ töltőanyag egyenértéke** *(gumi)* reinforcing value; **törlő ~** *(magnetofon)* erase amplifier; **~ trióda** *(rád)* amplifier triode ; **túlvezérelt ~** *(rád)* overdriven amplifier

erősítőacél *(ép)* reinforcing steel

erősítőanyag *(vegy)* reinforcing agent

erősítőborda *(ép, gépt)* reinforcing/reinforcement rib

erősítőcső *(rád)* amplifier tube/valve ; **nagyteljesítményű ~** power amplifier tube/valve

erősítődúc *(székoszlop mindkét oldalán ; ép)* princess post

erősítőegység *(rád)* amplifier unit

erősítőelosztás *(távk)* repeater spacing

erősítőelosztó keret *(távk)* repeater distribution frame, R. D. F.

erősítőernyő *(at)* intensifying screen

erősítőfonal *(kh)* splicing thread/yarn ; **~lal köt** *(kh)* splice, reinforce

erősítőgép *(vill)* rotary amplifier, amplidyne

erősítőgyűrű *(gépt)* strengthening ring

erősítőjel *(rád)* large signal

erősítőkapcsoló kulcsa *(távk)* incrementing key

erősítőklisztron klystron amplifier

erősítőkör *(rád)* intensifier circuit

erősítőlap *(ép, fa, gépt)* reinforcing panel, brace plate

erősítőmező *(távk)* repeater section

erősítő-oldat *(fényk)* intensifier

erősítőoszlop *v* **-pillér** *(ép)* stiffener post ; **falsíkból kiálló ~** *(ép)* batter

erősítőöltés *(bőr)* stay

erősítőpontok *(alapkötéspontokhoz ; tex)* additional dots

erősítőrész *(készüléké ; rád)* multiplier section

erősítőszakasz *(távk)* repeater section

erősítőszalag *(gumi)* reinforcing band/strip ; *(abroncsperemben:)* filler in bead core ; *(cipőfelsőrészen:)* stay tape

erősítőszer *(aktív töltőanyag ; gumi)* active filler

erősítő-szűrő-bejegyző berendezés *(vill)* amplifier-filter-recorder system

erősítő-teljesítménytényező *(rád)* gain factor

erősítőterem *(távk)* repeater room

erősítővonal *(távk)* repeater line

erősítőzörej *(rád)* amplifier noise

erősokszög *(mech)* force polygon/funicular, diagram of component forces ; **zárt ~** closed polygon of forces

erősség strength, intensity ; *(tex)* firmness ; **megvilágítási ~** illumination intensity ; **visszavert jel ~e** *(távk)* echo strength

erősségi : *(földrengési)* **~ fokozat** intensity scale ; **~ szint** intensity level

erősségszabályozás *[fényerőé]* intensity control

erőszakos bontás *(távk)* forced release

erőszükséglet *(gépt)* force demand, force required ; *(teljesítmény:)* power demand, power input rate, power need(ed for)

erőtartalék power reserve

erőteljes high-powered, vigourous

erőtényező force factor

erőtér *(mech, vill)* field (of force) ; **dielektromos ~** dielectric field ; **elektromágneses ~** electromagnetic field ; **elektrosztatikus ~** electrostatic field ; **gyorsító ~** *(rád)* accelerating field ; **~ iránya** field direction ; **váltakozó ~** *(vill)* alternating field ; **váltakozó áramú** *(rád, távk)* alternating current field ; **villamos ~** electric field ; **villamos ~ erőssége** electric field strength

erőtér-ábra *(vill)* field pattern

erőtér-egyenlet *(vill)* field equation

erőtér-energia *(vill)* field energy

erőtér-függvény *(mech)* force function

erőtérmegoszlás *(rád)* field arrangement /distribution

erőtérmentes *(vill)* field-free, fieldless; **~ tekercs** *(rád)* fieldless coil

erőtérmérés *(vill)* field measuring

erőtérsűrűség *(vill)* density of field

erőtér-torzulás *(rád, táv)* field distortion distortion of field

erőtlen *[bor]* flabby

erőtöbblet *(mech)* surplus force/power

erővektordiagram geometric power diagram

erővonal *(mech, vill)* line of force/flux, force line ; **mágneses ~** magnetic line of force, line of magnetic force ; **villamos ~** electric line of force, electric flux

erővonalcső : **villamos ~** tube of electric flux

erővonal-elhajlás *(szélhatásra; vill)* fringing

erővonal-eloszlás *(mech)* flux/field distribution ; *(vill)* field strength distribution *is*

erővonalirány *(mech)* direction of lines of force

erővonalkitérítő vasbetét magnetic shunt

erővonalsűrűség field density, magnetic flux density ; **valóságos ~** *(vill)* actual flux density

erővonalszám number of lines of force

erővonalszóródási tényező *(vill)* Carter/fringing coefficient

erővonal-út path of the lines of force

érpár *(távk)* pair ; *(kábelben páros sodrású:)* twin (wire) ; **szimmetrikus ~** *(távk)* balanced pair

ersbyit *(ásv)* ersbyite

erszény *(bőr)* purse

erszényes : **~ kerítőháló** purse seine, bagnet ; **~ medve** *(prémbőre)* wombat

érték value, amount, virtue ; *(mat)* value ; **abszolút ~** absolute value ; **átlagos ~** average value ; **biztonságos ~** safe/conservative value ; **dimenzió nélküli ~** non-dimensional value ; **effektív ~** effective value, root-mean--square value, R. M. S./apparent *(UK)* value ; **hivatkozási ~** base/reference value ; **közepes ~** average/mean value ; **momentán ~** instantaneous value ; **névleges ~** nominal/rated value ; **pillanatnyi ~** instantaneous value ; **szélső ~** extreme (value) ; **várakozási ~** expectation value ; **várt ~** expectation value ; **viszonylagos ~** relative value ; **visszaállítási ~** reset value

értékcikkpapír bond-loan paper, loans

értékel value, evaluate, estimate, assess

értékelés estimation, evaluation, appreciation, rating, rate, appraisal, assessment, evaluating

értékesít utilize, market

értékesítési egyesülés marketing board

értékjegypapír currency/stamp/security paper

értéknyomó papír book printing paper ; text paper *(US)*

értéksorábra diagram

értéktelen without value, waste ; **~ anyag** cast-off

értékűség *(vegy)* valency, valence

értékvám ad valorem duty

értelem *[irány ; mech]* sense ; *[kódolt jelé]* intelligence

érthetetlen áthallás *(távk)* unintelligible/inverted crosstalk

érthető *(beszéd)* clear, intelligible, articulate ; **~ áthallás** *(távk)* intelligible/uninverted crosstalk

érthetőség *(távk)* articulation, intelligibility, clarity of hearing

érthetőségi : **~ csillapítás** *(távk)* articulation loss ; **~ egyenérték** *(távk)* articulation reference equivalent, equivalent articulation loss ; **~ százalék** articulation score ; **~ tényező** *(távk)* articulation procent

érthetőség-tartalom *(frekvenciasávé; távk)* band articulation
érthetőség-vizsgálat *(rád)* articulation test(ing)
érthetőségvizsgálati mintaszöveg speech sample
erukasav eruc(id)ic acid
erupció *(földt)* eruption, outing, outbreak; **regionális ~k** areal eruptions
erupciós *(földt)* *l* **eruptív**
erupciótelér *(földt)* igneous plug
eruptív *(földt)* eruptive, igneous, pyrogenous; **~ kőzetek** igneous/eruptive rocks; **~ kőzetek likacsai** igneous interstices
érvényesség *(mat)* validity
érvénytelenített jelzés *(vasút)* rub-out signal
érzék sense
érzékel *(gépt, vill)* feel, sense
érzékelés *(gépt, vill)* perception, feel, input signal, sensing; *(hangt)* sensation
érzékelésegység *(hangt)* sensation unit
érzékelési: ~ küszöb treshold of feeling; **~ küszöb egysége** limenal unit; **~ sebesség** perception speed; **~ szint** sensation level
érzékelhető perceptible, sensible; **alig ~** faint
érzékelő: ~ elem *(vill)* sensing element; **~ képesség** detectivity, sense; **~ műszer** *(aut)* sensing-device; **~ reléjű tűzjelző készülék** smoke detector
érzékeltet render
érzékeny sensible, sensitive, receptive, quick, touchy; *[mikrofon]* sensitive; **~ cella** *[fényre]* sensitive cell; **~ elsütő billentyű** hair trigger; **~ ibolyaszín** *(ásv)* sensitive tint; **~ libella** *v* **felsőrendű szintező műszer** *(geod)* sensitive level; **~ mérleg** sensible/sensitive balance; **mindkét oldalán ~** *(kétszer itatott)* **film** double-coated film; **~ pontok** *(detektoron; rád)* sensitive spots; **~ szabályozás** *(gépt)* sensitive control
érzékenyít sensitize, sensibilize
érzékenyítés sensitization, sensitizing, sensibilization, sensibilizing; **fotocella ~e előmegvilágítással** priming illumination; **~ hőre** heat sensitising; **vegyi ~** *(fényk)* chemical sensitizing
érzékenyített sensibilized, sensitized
érzékenyítő-festék *(fényk)* sensitizer
érzékenység sensitivity, sensitiveness, sensibility, receptivity, detectivity; **ballisztikus ~** *(vill)* coulomb/quantity sensitivity; **~ csökkentése** *(fényk)* desensitization; **hangmagasságkülönbség iránti ~** differential pitch sensitivity; **kitérítési ~** *(vill)* deflection sensitivity; **mágneses ~** magnetic sensitivity; **nagy ~ű** highly sensitive; **~ rázással** *v* **rázkódással szemben** sensitiveness to shocking/tapping; **redukált ~** *(vill)* normal sensitiveness; **százalékos ~** *(vill)* sensitivity; **viszonylagos ~** *(vill)* sensitivity
érzékenység-állandóság sensitivity uniformity
érzékenység-állítás sensitivity adjustment
érzékenység-csökkentés *(rád)* muting sensitivity
érzékenység-feléledés *(rád)* suppression recovery
érzékenységhatár sensitivity limit
érzékenységi: ~ együttható *(távk)* sensibility coefficient; **~ határ** limit of sensibility; *(reakciónál:)* detection limit; **~ időszabályozás** *(távk)* sensitivity time control, S. T. C.; **~ pont** *[ezüsthaloid-kristályon]* sensitivity speck; **~ tényező** *(távk)* coefficient of sensitivity; *(vill)* factor of merit
érzékenység-szabályozás *(önműködő)* automatic sensitivity control; **időbeli ~** sensitivity-time control, temporal gain control
érzéketlen insensitive, dumb
érzéketlenség unsensitiveness; *(távk)* indifference, immunity; **~ foka** *[regulátornál]* coefficient of (un-)sensitive ness
érzékszervekkel meghatározható organoleptic
érzéktelenítés desensitization
érzéktelenség insusceptibility
érzésküszöb threshold of feeling
érzéstelenítés anaesthesia
érzéstelenítő szerek *(vegy)* anaesthetics
érzeti szint *(távk)* sensation level
Erzsébet-stílus *(ép)* Elizabethan style
eschwegi szappan Eschweg soap
eselék *(pa)* trash
esernyő(acélváz)huzal umbrella wire
esernyőantenna umbrella aerial *(UK)*; umbrella antenna *(US)*
esés fall, drop, lean; *(földt)* decline, incline, pendence; *(mat)* slope, gradient; *(feszültségé:)* drop; *(úté:)* descent; *(horgonykerék mozgásánál; óra)* drop; **átlagos ~** *(hidr)* average gradient; **~ben elhelyezve** *(ép)* laid to fall; **kihasználható** *v* **kiépíthető** *v* **rendelkezésre álló ~** *(hidr)* available head; **~ szöge** angle of gradient/slope; **vízlefolyást biztosító ~** *(bány)* water grade
esésgörbe *(mat)* dropping surface curve
esési: ~ mélység drop; **~ sebesség** velocity of fall; **~ vonal** line of fall
esésirány *(geod)* slope
esésjelző *[nyomásnál]* drop indicator
esésnövelő berendezés *(hidr)* head increaser
esésnyereség *v* **-növekedés** *(hidr)* gain of head
esésvonal *(mat)* line of fall
esetleges optional, incidental; **~** *(elméleti)* **terhelés** imaginary loading
esik fall, dro(o)p; *(hidr)* droop; **hirtelen meredeken ~** *[lejtő]* delve; **lefelé ~** decline
esmarkit *(ásv)* esmarkite
eső *fn (met)* rain, wet; **~ által elmosott anyag** *(földt)* rainwash; **szélsőségesen heves ~** *(met)* aeroprecipitation; **~ vájta barázdák** *(hidr)* rain rills
eső *mn:* **~ áramlású porlasztó** downdraught carburettor; **egy vonalba ~** collinear, aligned; **érintőbe ~** tangent(ial); **húr irányába ~** chordwise; **rétegződéssel megegyezően ~** *(földt)* bedding fault; **szabadon ~** *(mech)* (freely) dropping
esőálló *mn* rainproof
esőáram down-draught
esőáramú porlasztó *(gépk)* downdraught carburettor
esőárnyék *(met)* precipitation shadow
esőbiztos *mn* rain-tight, rainproof
esőcsatorna *(ép)* (rain) gutter, conductor, pipe duct, storm sewer; *(vasút)* rain channel; **függőleges ~** *(ép)* rain pipe, downcomer
esőcsatorna-bilincs *(ép)* holderbat
esőcsatorna-tölcsér *(ép)* rain pipe head
esőcsatorna-túlfolyó *(ép)* stormwater overflow
esőcsepp *(met)* rain drop
esőcsepp-lenyomat *(földt)* rain(-drop) impressions/imprints/print
esőcsík *(met)* rainband
esőcsősüllyesztő iszapfogója *(ép)* rain pipe sand trap
esődús *(met)* rainfull
esőfelhő rain cloud/sheet, nimbus
esőfüggöny *(met)* rain pillar
esőgolyós viszkoziméter falling-ball viscosimeter
esőgyűjtő medence *(ép)* catch basin
esőíró *(met)* recording rain ga(u)ge
esőjelző radarkészülék weather radar
esőkabát raincoat; **~hoz való fonal** *(tex)* raincoat yarn
esőkabátszövet raincloth, burberry
esőkamra *(gépk, tex)* rain chamber
esőkeltés *(mesterséges)* rain making
esőkeltési: ~ kísérlet *(met)* cloud transformation; **~ repülésforduló** *(met)* „seeding" run
esőkeltő: ~ repülőgép nucleating/seeding plane; **~ repülőgéppálya** seeding lane
esőköpeny *(tex)* raincoat, capote
esőléc *(ép)* weather mo(u)lding
esőlemez *(jelzőn; távk)* drop (shutter/indicator)
esőlemezes: ~ jelfogósáv *(távk)* drop mounting; **~ jelző** *(távk)* drop annunciator
esőmérő *fn (met)* pluviometer, rain ga(u)ge; **~ doboz** *(met)* rain box
esős: ~ évszak *(trópusokon)* rainy season; **~ film** rainy film
esősapka *(tex)* rain cap
esősáv *(met)* rainband
esősúly *(mech)* drop weight
esőszegény terület *(mat)* precipitation shadow
esővédő eresz *(ép)* rain shield
esővíz *(met)* storm/meteoric water
esővízcsatorna *(ép)* *l* **esőcsatorna**
esővíz-elvezető cső *(ép)* conduct pipe
esővíz-levezető cső *(ép)* rain leader, rain water pipe; *l még* **esőcsatorna**; **~ vége** shoe
eső-vízmosás *(földt)* rain channel
esőzés *(met)* rainfall
esőzörej rain clutter
esőztet *(tűzvédelem; mzg)* sprinkle
esőztetés *(mzg)* overhead irrigation; *(tűz ellen)* sprinkling:
esőztető öntöző (berendezés) *(tűzvédelem; mzg)* sprinkler, rainer, raining plant; **önjáró ~** *(mzg)* rain applicator
esslingeni redőny *(ép)* revolver/revolving shutter(s)
estélyi cipő court shoe
esti: ~ műszak night shift/change, backshift; **~ szürkület** *(met)* owl-light
estrich-gipsz *(ép)* estrich gypsum
észak-déli levegőszállítás *(met)* meridional circulation
északi north(ern), boreal; **~ félgömbi** *(met)* boreal; **~ fény** *(met)* north light, polar aurora; **~ fény hatására keletkezett mágneses vihar** *(met)*

auroral storm; ~ **megvilágítású** north-light; ~ **szélesség** *(csill, geod)* northing
északra tájolt *(radar)* north-stabilized
eszköz appliance, instrument, implement, utensil, tool, gadget, resort, medium, means
észlel observe, detect
észlelés observation; **~ek kiegyenlítése** data smoothing; **közelítő (pontosságú)** ~ approximate observation
észlelési: ~ **hely** *(geod)* station; ~ **mérés** observational measurement; ~ **pont** *(geod)* observer's point
észleléssorozat series of observations
észlelhetetlen imperceptible
észlelhető perceptible, sensible
észlelő *fn* observer; ~ **hibája** personal error
észlelőtorony *(rep)* observation tower
eszparto-cellulóz *(pa)* esparto pulp
eszpartópapír esparto paper
eszpartórost *(kárpitosmunkához)* alfa
észrevehetetlen inapprehensible, indiscernible, invisible, indetectible
észrevehető visible, apprehensible, discernible, detectible
észrevehetőség detectability, apprehensibility, visibility, discernibility
észrevétel observation
esszencia *(vegy)* essence
ésszerű reasonable, rational
ésszerűség rationality
ésszerűsítés rationalization
észter *(vegy)* ester; **klórral szubsztituált** ~ chloro-ester
eszterga *(gépt)* turn, lathe; *l még* **esztergapad**; ~ **ágya** lathe bed; ~ **ágyvezetéke** lathe ways; **asztali** ~ bench lathe; ~ **bütyköstengely megmunkálására** camshaft lathe; **daraboló** ~ slicing lathe; **egyetemes** ~ engine lathe; **egyszeres előtétes** ~ single-back-geared lathe; **fejtokmányos** ~ chucking lathe; **félautomata** ~ semi-automatic lathe; ~ **főorsója** lathe spindle; **gyors** ~ high-speed lathe; **hántoló** ~ roughing lathe; **hátraesztergáló** ~ backing-off lathe, relieving lathe; **hidas** ~ gap-bed lathe; **készülékgyártó** ~ jig-lathe; **kétorsós** ~ double-spindle lathe; **kovácsüzemi hántoló** ~ forge lathe; **lábhajtású** ~ foot lathe; **leszúró** ~ cutting-off lathe; **másoló** ~ copying/forming lathe; **menetvágó** ~ engine lathe, thread-cutting lathe; **mintaműhelyi** ~ pattern(maker's) lathe; ~ **orsófeje** headstock of lathe; **önműködő előtolású vezérorsós** ~ self-acting lathe; ~ **önműködő oldalazó mozgása** surfacing motion; **öntecshántoló** ~ ingot lathe; **pontossági** ~ high-precision lathe; **rúdhántoló** ~ bar-turning/-skimming machine; ~ **szegnyerge** tailstock of lathe; **szerszámműhelyi** ~ toolmaker's/tool lathe; ~ **széthúzható ággyal** extension lathe; **szíjhajtású** ~ belt-pulley lathe; **termelő** ~ manufacturing/production lathe; **többkéses** ~ multicut lathe; ~ **vezérorsója** leadscrew (of a lathe); **vezérorsós** ~ engine lathe; ~ **vonóorsója** feed bar/rack (of a lathe)
esztergaautomata automatic lathe, auto-lathe; **egyorsós** ~ single-spindle automatic (lathe); **hatorsós** ~ six-spindle automatic (lathe); **négyorsós** ~ four-spindle automatic (lathe)
eszterga-csavarkulcs lathe wrench
esztergacsúcs lathe centre; **~ok közötti megmunkálás** work between centres; **magassági irányban beállítható** ~ **elevating** centre
esztergaforgács turning chips, turnings
eszterga-főorsócsúcs live centre
eszterga-főorsó felfogó vége nose of main spindle
esztergafúrás boring
esztergafúró készülék boring fixture
esztergagép *l* **eszterga**
esztergakés turning/lathe tool; **balos** ~ left-hand (turning) tool; **beszúró** ~ recessing tool; **ferdén leélező** ~ chamfering tool; **furatfenékmegmunkáló** ~ end-cutting boring-bar cutter; **jobbos** ~ right-hand (turning) tool; **keményfémlapkás** ~ carbide-tipped tool; **könyökös** ~ bent tool; **leszúró** ~ cutting/parting-off tool; **menetvágó** ~ threading tool; **oldalazó** ~ facing/side tool; **sugaras** ~ radius tool; ~ **szánhoz** slide rest tool; ~ **vágóélének hajlásszöge** top slope of cutting edge of turning tool
esztergakészülék turning fixture
eszterga-kéziszán tool rest
esztergál *(hosszirányban:)* turn; *(keresztirányban:)* surface; **egyengetve** ~ semi-finish turn; **furatot** ~ bore; **hornyot** ~ recess, groove; **menetet** ~ thread; **nagyolva** ~ rough, rough-turn; **oldalazva** ~ surface; **recézést** ~ knurl; **sablonról** ~ turn from guide; **simítva** ~ finish, finish-turn
eszterga-lakatszekrény lathe apron
esztergálás *l még* **esztergál**; turning; ~ **fejpadon** *v* **síktárcsán** facing work; ~ **hosszesztergán** straight turning
esztergálási fordulatszám turning speed
esztergálóműhely milling shop
esztergált: ~ **alátét** turned/blank washer; ~ **csapszeg** turned bolt; ~ **csavar** turned/blank bolt/screw; ~ **kerékagy** nave-boss; ~ **menetfúró** cut-thread tap; **revolvergépen** ~ capstan-turned; **simára** ~ finish turned
esztergályos *fn* turner, lathe hand/operator
esztergályosáru turnery
esztergályos-faanyag *(fa)* cabinet wood
esztergályos-homorúvéső turning gouge
esztergályos-kanálfúró turner's spoon bit
esztergályos-munkadarab turnery
esztergályosműhely turnery
esztergályosság turnery
esztergályosvéső: homorú ~ turning gouge; **lapos** ~ turning chisel
esztergályozás turning
esztergályozóműhely turnery
esztergályozott *l* **esztergált**
eszterganyereg headstock, tail block
eszterganyeregszeg *(órásesztergán)* runner
esztergaorsófej lassító előtéttengelye backshaft
esztergapad *l* **eszterga**
esztergaszán slide of a lathe
esztergaszív (lathe) dog, driver heart; **egyenes szárú** ~ straight-tail dog; **hajlított szárú** ~ bent-tail dog
eszterga-szupport lathe carriage/saddle
esztergatartozék lathe attachment
eszterga-tengelybeállító készülék lathe axis indicator
esztergatokmány lathe chuck
esztergatüske mandrel, mandril, turning arbor
észterképződés *(vegy)* esterification
észter-kondenzáció *(vegy)* ester condensation
észterpolimerizáció *(vegy)* ester polymerization
észterszám ester number/value
esztuárium *(földt)* tidal river
etalon *(ált)* (reference) standard; *(gépt)* master pattern, reference ga(u)ge
etalon-ellendarab *(fényt)* master mould
etalon-idomszer *(gépt)* master ga(u)ge
etalon-lámpa comparison lamp
etalon-mérőműszer reference/standard instrument
etalon-mestermérő master ga(u)ge
etalon-vágólap *(gépt)* master die
etamin *(tex)* taminy
etán ethane
etanál *l* **acetaldehid**
etánamid *l* **acetamid**
etándisav *(vegy)* *l* **oxálsav**
etanol ethanol, ethyl alcohol, hydroxyethane
etánsav *(vegy)* *l* **ecetsav**
etazser *(fa)* tier stand
ételecet table vinegar
ételfelvonó dumb-waiter
ételkiadó *(félajtó; ép)* food hatch
ételzsír *(tésztához)* shortening
etén *(vegy)* *l* **etilén**
éter 1. *(egyszerű éter)* ether; **2.** *(dietiléter)* ether, (di)ethyl ether, ethyl oxide, sulfuric ether; **aromás** ~ aromatic oxide
éteraroma *(vegy)* *l* **gyümölcséter**
éteres: ~ **olaj** *l* **illó olaj**; ~ **olajkompozíció** compounded essential oil; ~ **szesz** ether alcohol
éterikus olaj *l* **illó olaj**
eternit *(ép)* asbestos slate
eternitlap *(ép)* asbestos cement sheeting
éterszám essential number
etet *(adagol, betáplál)* charge, feed
étet *(marat)* bite, pickle
etetés *(adagolás; gépt)* feed; **felülről történő** ~ overshot feed; **önműködő** ~ *(tex)* auto-feed, automatic feed
etetési sebesség rate of feed
etető *fn* *(gépt)* feeder; ~ **csatorna** feed chute/channel; ~ **csiga** *l* **etetőcsiga**; ~ **folyosó** *(mzg)* feeding platform; ~ **hengerpár** *(tex)* roller-feed gear, feeders; ~ **készülék előtörővel** *[csövestengeri-darálón]* crusher feeder; **önműködő** ~ **berendezés** *(tex)* auto-feeder, automatic feeder; ~ **szerkezet** *[emelőn]* main
etetőállás *(cséplőgépen)* feed plate
etetőasztal *(gépt, tex)* feed table/plate, feeder, dish plate
etetőcsiga worm feeder, feed worm/auger
etetőgarat *(élip)* feed hopper, feeding shoe
etetőgaratnyílás *(élip)* feed gate
etető-görgős: ~ **asztal** approach roller table; ~ **járat** *(heng)* live rollers
etetőgyűrű *(emelőn)* feed groove
etetőhenger feed roll(er)
etetőheveder *(tex)* bottom/delivery lattice

etetőjászol (*mzg*) cradle
etetőoldal (*gépt*) feed end
etetőrács (*mzg*) rack; (*tex*) delivery/creeper lattice
etetőrosta (*magtisztítón; mzg*) feeder screen
etetőszalag (*tex*) feeder band, feed-belt; (*kártológépen:*) feed sheet of card
etetőszán (*gépt*) feeding carriage
etetőszekrény feedbox; (*egrenálón:*) feeder hopper
etetőtengely (*tex*) feed shaft
etetőtölcsér feed hopper
etetővályú (*emelőn*) feeding trough/groove; (*cséplőgépen:*) feedboard; ~ **nedves takarmánykeverékhez** mash hopper
etetővályúrács (*mzg*) creep
etikettpapír label paper
etil (*gyök*) ethyl
etilacetát ethyl acetate
etilaldehid *l* **acetaldehid**
etilalkohol ethyl alcohol; *l még* **etanol**
etilbenzin (*gépk*) leaded fuel; (*ólomtetraetiles:*) ethyl gasoline
etilbromid ethyl bromide
etilbutirát ethyl butyrate
etilecetsav ethyl acetic acid, butyric acid
etilén (*gyök*) ethylene
etilénborostyánkősav ethylenesuccinic acid, 1, 2-cyclobutane-dicarboxylic acid
etilénbromid ethylene (di)bromide
etiléncianid ethylene (di)cyanide
etiléndiamin ethylenediamine, 1, 2-diaminoethane
etiléndibromid *l* **etilénbromid**
etiléndicianid *l* **etiléncianid**
etiléndiklorid *l* **etilénklorid**
etilénglikol (ethylene) glycol, *sym.*-dihydroxyethane; (*pa*) methyl cellosolve
etilénklorid ethylene (di)chloride
etilénoxid ethylene (ep)oxide
etilénsorozat ethylene series
etiléntejsav ethylene lactic acid
etiléter 1. ethyl ether; 2. ether, (di)ethyl ether, ethyl oxide, sulfuric ether
etilezett benzin lead(ed) fuel, ethylized gasoline
etilfolyadék (*motorkopogást gátló szer*) ethyl fluid
etilformiát ethyl form(i)ate
etilidéndiacetát *l* **acetaldehiddiacetát**
etilidénoxid *l* **acetaldehid**
etilidéntejsav ethylidene lactic acid
etilizovalerianát ethyl isovaleri(an)ate
etiljodid ethyl iodide
etilkénsav ethyl sulfuric acid
etilklorid ethyl chloride
etilmerkaptán ethyl mercaptan, mercaptoethane, thioethyl alcohol
etilnitrit ethyl nitrite; ~ **alkoholos oldata** sweet spirit of nitre
etiloxid ether, (di)ethyl ethyl oxide, sulfuric ether
etiluretán ethylurethane, ethylaminoformate
E-típusú kép (*telev*) type E display
etit (*ásv*) aetite
étkezési alimentary, culinary, edible; ~ **célokra alkalmatlan** inedible; ~ **minőség** (*olaj*) edible grade; ~ **olaj** edible oil; ~ **zsiradékok** edible fats and oils
étkező-helyiség (*ép*) messroom, wardroom
étkezőkocsi (*vasút*) restaurant/buffet car
etmolit (*földt*) ethmolith
étolaj edible oil
etoxiacetanilid acet-p-phenetidide, phenacetin
étszóda cooking soda
étterem messroom
eudialit (*ásv*) eudialite
eudidimit (*ásv*) eudidymite
eudiométer (*vegy*) eudiometer
eudnofit (*ásv*) eudnophite, euthallite
Eudoxus-féle kampilé (*mat*) kampyle of Eudoxus
eugenol (*vegy*) eugenol
eukairit (*ásv*) eucairite, aukairite
eukaliptuszolaj eucalyptus oil
euklász (*ásv*) euclase
eukolit (*ásv*) eucolite
eukolloid eucolloid, true colloid
eukriptit (*ásv*) eucryptite
eukroit (*ásv*) euchroite
Euler-spirális (*mat*) Euler's/Cornu's spiral, clothoid
eulitin (*ásv*) eulytite, eulytine
euralit (*ásv*) euralite
európium (*vegy*) europium
európium tartalmú (*ásv*) europian
euszinkit (*ásv*) *l* **descloizit**
eutallit (*ásv*) *l* **eudnofit**
eutektikum eutectic, cryosel
eutektikus eutectic; ~ **pont alatti** hypoeutectic; ~ **pont feletti** hypereutectic
eutektoid eutectoid; *mn* eutectoidal
euxenit (*ásv*) euxenite
evansit (*ásv*) evansite
evaporométer (*vegy*) evaporometer
evekció (*csill*) evection
évelő (*bot*) perennate, perennial
evez oar, row
evezés rowing, pull
evező (*lapát*) oar; ~ **alakú** oary; ~ **lapátja** peel, wash
evezőlapát wash, paddle, palm; ~ **tolla** blade of the oar
evezőlapát-nyak oar-shaft
evezőlapát-nyél (*villán belül*) loom (of an oar)
evezős *fn* rower, oarsman, sculler
evezős-csónak pulling boat, rowboat
evezős-nedence rowing tank
evezősport rowing
evezősvilla row fork, rowlock
evezősvillacsap thole
évgyűrű (*bot, fa*) ring, annual zone/ring; *l még* **gyűrű**; **kettős** ~ double annual ring; ~**kre merőlegesen** (*fa*) across the grain; **többszörös** ~ multiple annual ring
évgyűrű-alak (*fa*) annual ring formation
évgyűrűhatár (*fa*) pith; *l még* **növekedési gyűrűhatár**
évgyűrűrepedés (*fa*) (cup) shake(s)
évi annual; ~ **karakterisztika** [*ionoszféráé; rád*] seasonal characteristics; ~ **kilométerteljesítmény** (*mérföldben; gépk*) annual mileage; ~ **menet** (*met*) annual march; ~ **szokványvizsgálatok** (*távk*) yearly routine (tests)
E-vitamin vitamin E, α-tocopherol, anti-sterility vitamin, reproduction vitamin
évjelző szög (*talpjában széles fejű szög évszámmal; vasút*) dating nail
evolvens (*mat*) involute; ~ **fogazású (fogas)kerék** involute gear
evolvens-fog involute tooth
evolvens-fogaskerékmaró involute gear cutter
evolvens-függvény involute function
evolvens-hajtás involute gearing
evolvenskör (*gépt*) generating circle
evőeszköz cutlery
evőeszköztámasz knife rest
evőtányérlemez (*pa*) dishboard
évszázados gyorsulás (*csill*) secular acceleration
Ewart-rendszerű (*izületes*) **hajtólánc** link belt
exaltáció (*fényt*) exaltation
exaráció (*földt*) exaration
excelsiorlemez (*pa*) excelsior board
excenter (*gépt*) eccentric, cam; *l még* **bütyök**; ~ **bilincse** eccentric clip/strap; **kétbütykös** ~ double-lift cam; **oldó** ~ deflecting/release cam; **szorító** ~ clamping eccentric/cam; ~ **villája** eccentric fork
excenter- eccentric
excenterbilincs (*gépt*) eccentric clip
excenterbütyök short-throw cam
excenteres *l még* **bütykös**; ~ **fékállítás** eccentric brake adjustment; ~ (*holtponti*) **leállító berendezés** (*gépt*) off-center stop; ~ **nyüstemelő** (*szerkezet*) outside plate tappets; ~ **szádképző** (*szerkezet*) tappet motion, plain roller motion and tappets; ~ **szövőgép** (*tex*) tappet loom
excenterfej (*gépt, mzg*) pitman head
excentergyűrű eccentric strap
excenterhajtás eccentric drive
excenterhajtású lyukasztógép eccentric punch
excenterprés *v* **-sajtó** eccentric/crank/cam presss
excenter-szabályozás eccentric adjustment
excenterszivattyú eccentric pump
excentertárcsa wabbler, eccentric disc, sheave
excentertartó hevedercsavarok (*gépt*) eccentric strap-bolts
excentertengely camshaft
excentervilla (*gépk*) eccentric gab
ecxentricitás eccentricity; ~ **karja** (*gépt*) arm of eccentricity
excentrikus eccentric, out of centre, off-centre; ~**an ágyazott emelőkar** lever with eccentric fulcrum; ~ **ütés** (*gépt*) side blow
excentrométer eccentrometer
excesszus-kör (*szektánson*) arc of excess
exhausztor air exhauster, aspirator, suction blower, exhausting/sucking fan/apparatus; **centrifugális** ~ centrifugal exhausting fan
exkavátor *l* **kotró(gép)**
exkavátorkezelő shovelman
exlibris (*nyomda*) book-plate
exogén exogenous
exokinetikai repedések (*földt*) exokinetic joints
exomorfizmus (*földt*) exomorphism
exoszféra (*met*) exosphere
exoterikus (*földt*) exoteric
exoterm (*vegy*) exothermal, exothermic
exozmózis (*födlt*) exosmose
expandált sejtgumi expanded rubber

expander *(távk)* expander, expandor
expanzió expansion ; **adiabatikus** ~ adiabatic expansion ; **izentrópikus** ~ is(o)entropic expansion ; **politrópikus** ~ polytropic expansion ; ~ **tartama** *v* **üteme** expansion period
expanziógörbe *v* **-vonal** *(indikátordiagramon)* cutoff/expansion curve
expanziós expansive ; ~ **cső** expansion pipe ; ~ **fék** expanding brake ; ~ **fésű** *v* **borda** *(tex)* expanding raddle ; ~ **fúvóka** expanding nozzle ; ~ **gép** expansion engine ; ~ **kamra** expansion chambre ; ~ **kulissza** expansion link ; ~ **kulisszakő** *v* **csúszópofa** expansion sliding block ; ~ **munka** *(erőg)* expansion work ; ~ **szabályozó** expansion gear ; ~ **szalagfék** expanding band brake ; ~ **szelep** expanding valve ; ~ **szelepvezérmű** expansion valve gear ; ~ **támcsavar** expansion stay bolt ; ~ **tartály** expansion tank ; ~ **tolattyú** expansion slide valve
expanzió-ütem *(gépk)* expansion power stroke
expanzió-végnyomás final pressure of expansion
expanzióviszony expansion ratio
expedíciós mester *(pa)* forwarding clerk
explicit *(mat)* explicit
exponál *(fényk)* expose
exponálatlan *(fényk)* unexposed
exponenciális *(mat)* exponential ; ~ **csillapítás** exponential damping ; ~ **csökkenés** exponential decay ; ~ **egyenlet** exponential equation ; ~ **eltérítés generátora** exponential-sweep generator ; ~**an fogyó mennyiség** exponentially-damped quantity ; ~ exponential function ; ~ **görbe** exponential curve ; ~ **jelölés** exponential notation ; ~ **lengés** *v* **eltérítés** exponential sweep : ~ **tápvonal** *(rád.)* exponential(ly tapered) line ; ~ **tölcsér** *(rád)* exponential/logarithmic horn ; ~ **törvény** exponential law
exponens *(mat)* exponent, exhibitor
expresszáruk express goods
expressz-hízlalás *(mzg)* forcing fattening
expresszlakk coffin varnish
exszikkátor *(vegy)* desiccator, exsiccator
extra : ~ **láncfonal** whip thread.;. ~ **méretű** super ; ~ **nagy feszültség** extra-high tension, E. H. T.; ~ **nagy nyújtású fonásrendszer** super-high-draft spinning system
extradosz *(ép)* back of vault/arch
extrafinom superfine ; ~ **fésűsgyapjú fonal** botany (yarn)
extragalaktikus *(csill)* extragalactic(al); ~ **köd** island universe
extragyorsjáratú super-speed
extrahál *(vegy)* extract ; *l még* **kivon**
extrahálás *(vegy)* extraction ; *l még* **kivonás** ; ~ **elektrokémiai úton** electroextraction
extrahálóhüvely *(pa)* extraction thimble
extrahált frakció extraction cut
extrakció *(vegy)* extraction ; *l még* **kivonás** ; **alkoholos** ~ alcoholic extraction
extrakciós készülék *(vegy)* extractor ; *l még* **kivonó**
extrakt(um) *(vegy)* extract
extrapolál extrapolate
extrapolálás extrapolation
extruzív *(földt)* extrusive
ezredlambert *(mL)* millilambert
ezredohm milliohm
ezredrész *(mat)* millesimal
ezüst silver ; **finom** ~ fine/sterling silver; **kisfinomságú** ~ billon ; ~ **kiverése vékony lemezzé** silver beating ; ~**tel lemezelt** *v* **bevont** silver plated ; ~**tel ötvözött aranyfüst** pale leaf gold
ezüst- argentic
ezüstacél *(koh)* silver steel
ezüstacetát silver acetate
ezüstacetilenid silver acetylide/carbide
ezüstamalgám silver amalgam
ezüstammóniumbromid silver amminobromide
ezüstammóniumklorid silver amminochloride
ezüstarzenát silver arsen(i)ate
ezüstarzenid silver arsenide
ezüstarzenit silver arsenite
ezüstazid silver azide
ezüstbevonat silver plating
ezüstbevonatú kondenzátor *(rád)* silvered capacitor
ezüstbromát silver bromate
ezüstbromid silver bromide
ezüstcianát silver cyanate
ezüstcianid silver cyanide
ezüstcitrát silver citrate
ezüstdikromát silver bichromate/dichromate
ezüstditionát silver dithionate
ezüstelektród silver electrode
ezüstelektródos voltmérő silver voltameter
ezüstérc silver/argentiferous ore
ezüstfehér *(szín)* silver-white, argent(ic)
ezüstfényű argent(ic)
ezüstferricianid silver ferricyanide
ezüstferrocianid silver ferrocyanide
ezüstfluorid silver fluoride
ezüstfluoszilikát silver fluosilicate
ezüstfoglalat *(óra)* silver setting
ezüstfólia silver foil/leaf
ezüstfóliakészítés silver beating
ezüstfonal *(tex)* pirl thread
ezüstfonalcsipke bullion
ezüstfoncsor silver amalgam
ezüstfoncsorozás silver amalgamating ; **folyamatos** ~ boss process
ezüstforrasz silver solder
ezüstforrasztású silver soldered
ezüstfoszfát silver phosphate
ezüstfoszfid silver phosphide
ezüstfulminát silver fulminate
ezüst-füst *l* **ezüstfólia**
ezüstháló silver ga(u)ze
ezüsthártyaréteg *(festésen)* couch
ezüsthelyettesítés *(festékkel; fényk)* dye toning
ezüsthelyettesítő színezés *(fényk)* replacement toning
ezüsthidrokarbonát silver bicarbonate
ezüsthidroxid silver hydroxide
ezüsthipofoszfát silver hypophosphate
ezüsthipoklorit silver hypochlorite
ezüsthiponitrit silver hyponitrite
ezüstjodát silver iodate
ezüstjodid silver iodide
ezüstkarbid silver acetylide/carbide
szüstkarbonát silver carbonate
ezüstkicsapás *(visszanyerés)* silver reclamation
ezüstkicserélés *(fényk)* substituting for silver
ezüstkinyerés silver extraction
ezüstkitermelés silver extraction
ezüstklorát silver chlorate
ezüstklorid silver/argent(ic) chloride
ezüstkohász silver smelter
ezüstkohó silver works
ezüstkromát silver chromate
ezüstkülönzés *(koh)* desilverization
ezüstlaktát silver lactate ; *(pa)* lactol
ezüstlemez *l* **ezüstfólia**
ezüstleválasztás desilverization
ezüstmanganát silver magnanate
ezüstmérés argyrometry
ezüstmérő *(készülék)* silver weightmeter
ezüstmetafoszfát silver metaphosphate
ezüstmolibdát silver molybdate
ezüstműves-ötvös silversmith
ezüstnitrát silver nitrate ; *(megolvasztott:)* lunar caustic
ezüstnitrátoldat töménységét mérő műszer *(fényk)* argentometer
ezüstnitrátos titrálás argentometric titration
ezüstnitrid silver nitride
ezüstnitrit silver nitrite
ezüstortoarzenát silver orthoarsen(i)ate
ezüstortoarzenit silver orthoarsenite
ezüstoxalát silver oxalate
ezüstoxid silver oxide
ezüstös argent(al)
ezüstöz plate (with silver)
ezüstözés silvering, argentation ; **galvanikus** ~ electro-silvering, silver plating
ezüstözőfürdő silver bath
ezüstözőmassza *(kondenzátorgyártásnál ; távk)* silver paste
ezüstözőmunkás silverer
ezüstözött silver-faced/plated, silvered ; ~ **csillámlemez** *(távk)* silvered mica ; ~ **ékszer** plate jewelry ; ~ **huzal** silver-jacketed wire ; ~ **réz** plated copper
ezüstpapír tin foil, leaf tin ; *(papírra felhúzott fólia:)* silver paper, burnished tin-coated paper
ezüstpaszomány bullion
ezüstperklorát silver perchlorate
ezüstpermanganát silver permanganate
ezüstperoxid silver peroxide
ezüstpézsmaprém silver musk
ezüstpróba silver test/standard
ezüstrojt bullion (fringe)
ezüst-selyempapír silver tissue-paper
ezüstsó nélküli film *(fényk)* no-silver film
ezüstsujtás *(tex)* silver trimmings
ezüstszálas olvadó biztosító *(vill)* silver-wire fuse
ezüstszappan *(vegy)* silver soap
ezüstszemcse silver-grain
ezüstszulfát silver sulfate
ezüstszulfid silver sulfide
ezüstszürke silvergrey
ezüsttartalmú *(ásv)* argentiferous, argentian, argental, argentic ; ~ **érc** *(koh)* argentiferous ore
esüsttartalom aránya fineness
ezüsttükör silver mirror
ezüstvédő selyempapír antitarnish tissue
ezüst-voltaméter silver voltameter/-coulometer
ezüstzsinór bullion

F

fa *(élő:)* tree ; *(anyag)* wood, timber ; **abroncsolt** *v* **fémbetétes ~** armo(u)red wood ; **~ bélsugara** wood ray ; **elsődleges ~** primary wood ; **~ elszenesítése** charring/carbonization of wood ; **fülledt ~** choke wood ; **gombás ~** diseased tree with bracket fungus ; **hibátlan ~** clean timber ; **ipari ~** carpentry timber ; **kései** *v* **későn fejlődő ~** late wood ; **fából készített** wooden ; **korai ~** early wood; **~ koronája** top ; **levegőn szárított ~** air wood ; **magról termelt ~** artificially-grown tree ; **másodlagos ~** secondary wood ; **(partra) sodort ~** drift wood ; **sűrű rostszerkezetű** *v* **évgyűrűjű ~** close-grained wood ; **fában szegény terület** treeless tract ; **széles évgyűrűs** *v* **durva szálú ~** coarsely ringed timber; **szénné égett ~** charcoal ; **fából való** wooden, xyloid, ligneous

fa- wooden ; *(fához hasonló jellegű)* xyloid

faácsolat *(bány)* timber set/lining ; **~ kötése** timber joint

faág-alom *(mzg)* branch-litter

fa-ágy(azás) *[kábelfektetésnél ; távk]* wood-troughing

faalakú *(ásv)* dendritic, arborescent

faalany *(gyümölcsfáé)* understock

faalátét : magasító ~ *(nyomda)* block

faállomány stock (capital) ; **~ zöme** superior stand

faállomány-megállapítás *(országos)* (national) forest survey

faállvány *(ép)* timber frame-work, (timber) trestle/scaffold, wood stage

faállványzat *(ép)* *l* **faállvány**

faanyag wood, timber ; lumber *(US)* ; **hajlított ~** crooked bent wood ; **hajóépítési ~** ship timber ; **hibátlan ~** clear stuff ; **kátránnyal préselt ~** compregnated wood ; **méretelőírásra termelt ~** *(listafa)* dimension timber/lumber

faanyag-kiszárítás seasoning

faanyag-köszörülő *(pa)* wood-pulp grinder

faanyagmérés *(mérőkerettel)* framing

faanyagszárítás (timber) seasoning; **mesterséges ~** artificial seasoning

faanyagszárító kamra timber/lumber kiln

faanyagveszteség abatement, loss of wood

faapadás *l* **faanyagveszteség**

faaprító : ~ fejsze wood chopper ; **~ fűrészlap** buck saw web ; **~ gép** wood-splitting machine, chopping machine ; *(pa)* wood chipper/chopper ; **~ üzem** *(pa)* chip plant

faáru timber-wares, wooden articles

faátlaló *(rönkvastagságmérő)* wooden cal(l)iper

faátméret *(mellmagasságban mérve)* diameter at breast height, d.b.h.

faátültető gép transplanting machine

fabél pith ; **fekete ~** black heart

fabélsugár pith ray

fabélyegző kalapács range-hammer

faberakás inlaying, marquetry

faberakó munkás marquetry inlayer

fabeszáradás (air) shrinkage

fabeszerző *(pa)* wood purchaser

fabetétes wood-filled, inlaid

fabetétléc fillet

fabetét(rész) dowel, stop, plug, wooden brick, filler ; **~ ácsolt illesztések merevítéséhez** angle block

fabetű *(nyomda)* wood(en) type

fabilincs : kötélszorító ~ *(bány)* belaying pin

fabiztosítás *(bány)* timber lining

fabódé booth, shanty

faborda *(ép)* wooden rib ; **pallókból összerakott ~** *(ép)* laminated rib

faborítás *(ép)* timber/wood covering, panel, shell, boarding, (wood) sheathing ; *(fal alsó részének védelmére)* scrub board

fabunkó *(sulykoláshoz)* beetle

faburkolat *(ép)* *l* **faborítás**

faburkolatú *[ajtó]* panelled

fabútor : hajlított ~ bent-wood furniture

facellulóz *(pa)* wood cellulose/pulp

facement wood cement, cement-wood

fácies(z) *(földt)* facies

fácies(z)beli különbség *(földt)* facial difference

fácies(z)közi rétegek *(földt)* passage beds

facipő sabot, clog

facipő-készítő *fn* clog-maker

facipőszíj clog lace

facövek bearing picket

facukor wood sugar ; *(xilóz)* xylose

facukrosítás wood sacharification

facsap *(ép)* dowel, plug, tenon, coak, horn, pin, timber brick ; **~ot behelyez** *(fába)* dowel the holes ; **~ot falba helyez** *(ép)* plug a wall ; **~pal rögzít** dowel

facsapozás dowelling

facsapozó gép mortiser

facsarás *(bőr)* putting out ; *(tex)* wringing

facsaró berendezés *(mosógéphez)* wringer

facsarógép *(tex)* squeezer, wringer, extracting/squeezing/wringing machine

facsaróhenger *(tex)* quetch/squeezing/compression roll(er), squeegee

facsaróhengeres kalander squeegee calender

facsarósajtó *(bőr)* drying press

facsatorna stave pipe, trow, race course, timber culvert ; *(ércdúsítóhoz)* coller launder ; **parti ~** bench flume

facsavar (wood) screw, setscrew, screw nail ; **asztalos-gyalupad ~ja** end screw of joiner's bench ; **hatlapfejű ~** hexagon coach screw ; **közönséges ~** wood screw ; **négyzetfejű ~** square-head coach screw

facsavarvágó *(szerszám)* screw box

facsemete sapling

facsemetekert forest nursery

facséve (wooden) bobbin

facsigafúró auger bit ; **gépi ~ ritka csigával** machine bit ("Irwin" pattern) ; **gépi ~ sűrű csigával** machine bit ("Douglas" pattern)

facsille box

facsiszolás *(pa)* grinding

facsiszolat *(pa)* (mechanical) wood pulp, ground wood, M.W.P. ; **barna ~** *(pa)* brown ground wood; **~ poranyaga** *(pa)* flour

facsiszolat-fehérítés *(pa)* groundwood bleaching

facsiszolatgyár *(pa)* lignine works

facsiszolatláda *(pa)* woodpulp case

facsiszolatlap *(pa)* lap

facsiszolatpapír mechanical/groundwood paper

facsiszoló *(pa)* pulp grinder ; **~ kő** *(pa)* grinder stone ; **~ lánc** *(pa)* caterpillar grinder chain ; **~ üzem** *(pa)* grinding/pulp mill, grinder, groundwood mill

facsomó snag, knot

facsomor tree wart, rindgall

facsonk stump of tree

facső wooden tube, stave pipe ; *l még* **facsatorna**

facsúcs top, small end ; **~nál mért átmérő** diameter at small end

facsurgó timber culvert ; *l még* **facsatorna**

facsúsztatás timber slide

facsúsztató *fn* (timber) slide ; *(függőpályás)* log conveyor ; **~ lánc** bull chain

fadarab billot, billet ; **falba illesztett ~** dook ; *l még* **facsap**

fadarab-alátétek *[állványozásnál]* skids

fadaraboló gép slicer for wood

faderék *(bot)* trunk

faderékszög wood square

fading *(rád)* *l* **féding**

fadoboz wood(en) case/box
fadöntés (tree) felling
fadöntő *fn* *(munkás, gép)* wood cutter, tree-feller ; ~ **fejsze** felling axe ; ~ **fűrész** felling saw ; ~ **hajk** nick, notch
fadrót match-wood
fadúc *(bány)* biat, bayat(t) ; *(ép)* buttress ; *(nyomda)* wood(en) block
faduda *(pa)* (wooden) core ; *(facső)* box drain ; *l még* **facsatorna**
fadudor knag, snag, nob, tree wart
fadugó spill, trenail, dowel
faecet wood vinegar/acid, pyroligneous acid
faecetsavas vas(lé) *(vegy, bőr)* iron liquor
faedény *(termények kezeléséhez)* skep
faék peg, dowel, wood brick/pad, wooden wedge, plug ; *vö* **facsap** ; *(aláréselt szén megtámasztására ; bány)* brob ; ~**et behelyez** *(fába)* dowel the holes ; **hosszú** ~**ek** *(aknabiztosításhoz ; bány)* baff()ends
faél *(kantni)* cant
faeladás forest sale
faelágazás crotch
faelem wooden piece ; ~**et beköt** bond
faelemző *fn* timber tester
faelőkészítés *(pa)* wood preparation
faemelő fogó lifting tongs
faépítésű wooden(-construction), timber-built
faerezés *(festésen)* wood grain finish ; *(flóderezés)* flogging
faerezésű papír wood-grained paper
faerezet grain of the wood, graining, veining, cloud ; *(felületen)* beat ; ~ **utánzása** *(flóderezés)* flogging
faerezetátnyomó papír painter's transfer paper
faerezetű bevonó papír wood-grained transfer paper, veined wood paper
faerősítés counter-timber
faesztergályos wood-turner
faesztergályozás turnery
faesztergályozó műhely turnery
faeszterga(pad) (wood-)turning lathe ; *(csigás ekitményhez)* scroll lathe
fafajta *(élőfáé)* species of tree; *(anyagé)* kind of timber
fafaragás wood-carving, xylography
fafeldolgozás conversion of timber
fafelmérés tree-mensuration
fafeltárás *(pa)* pulping
fafelület-csiszolás brightwork
faféreg woodmite
festék wood dye
faféreg ~
faféreg
fafészer *(tárolásra)* wood shed
fafolyóka timber culvert ; *l még* **facsatorna**
fafonat wooden network ; ~**ot készít** cane
fafordító kampó cant hook/dog
faforgács waste wood, chip(ping)s, cuttings ; ~**ot előállító gyalugép** excelsior cutting machine
faforgácslap *l* **forgácslap**
faforgácsolás *(famegmunkálásnál)* wood cutting
faforgácsoló-gépkés chipping bit
faforma *(önt)* wood(en) mo(u)ld
faforszlató *(pa)* grinder ; *l még* **facsiszoló**
fafödém *(ép)* timbered ceiling
fafurdancs wood brace with spring ; *(fa minőségének megállapítására)* timber tester ; ~ **betétje** auger/brace bit
fafúrófej shell bit
fafúró gép wood/timber drill ; ~ **műszer** wall instrument

fafűrészelő bak jack
fafűrészelőgép-alváz tolókocsija bearer carriage
fagát *(bány)* wood brattice ; **A-keretű** ~ *(hidr)* A-frame timber dam
fagáz wood gas
fagerenda ba(u)lk (of timber), beam, timber (joist) ; ~ **felfekvőlapja** bearing edge ; ~ **szabad nyílása** bearing distance
fagerenda-ácsolat timber truss
fagerenda-szerkezet beam system
fagomb *(tex)* (wood) button
fagot *(hangt)* bassoon ; **kettős** ~ double bassoon
fagömbös *[faanyag]* waney-edged
fagőzölés steaming
fagőzölő *(pa)* digester for brown wood pulp
fagy *fn* freeze
fagyálló anti-freezing/freeze, noncongealable, nonfreezing, frost-/cold-resisting/-resistant ; ~ **hűtő folyadék** *(gépk)* anti-freeze solution/compound ; ~ **kenőanyag** anti-freezing lubricant ; ~ **képesség** cold-resistance ; ~ **keverék** *(gepk)* anti-freezing/-freeze mixture/compound/agent, nonfreezing mixture ; ~ **olaj** frost-resisting oil, noncongealable oil
fagyállóság freezing/frost/cold resistance, cold-resisting property
fagyállóság-vizsgálat *(ol)* testing of anti-freezing properties ; *(tex)* exposure to cold
fagyalugép buzz plane ; **egyengető** ~ panel planing machine ; **vastagsági** ~ thicknessing machine
fagyanta wood/tree resin/rosin
fagyapot packwool, wood-wool
fagyapotgép wood wool making machine
fagyás *(megfagyás)* freezing ; *(fagy)* frost ; *(károsodás)* frost-bite
fagyásálló *l* **fagyálló**
fagyásgátló *l* **fagyálló**
fagyási hőmérséklet *l* **fagyáspont**
fagyáspont freezing point, ice-point, point of congelation, f.p.
fagyáspontcsökkenés ice-/freezing-point depression, depression of the freezing point
fagyáspontcsökkenési állandó freezing constant
fagyáspontmeghatározó készülék cryoscope
fagyaszt freeze, frost, chill, ice ; **újból** ~ regelate
fagyasztás freezing (up), chilling ; *(bány)* cold ; *(kútsüllyesztésnél:)* baking ; *(talajmunkánál)* cold application, chilling ; **vízelvonással kombinált** ~ *(élip)* dehydrofreezing
fagyasztható congealable ; **nem** ~ uncongealable
fagyasztó *mn* refrigerating, freezing ; ~ **berendezés** freezing plant ; ~ **felület** refrigeration surface ; ~ **keverék** freezing mixture
fagyasztóanyag *(élip)* refrigerant
fagyasztógép freezer, refrigerating machine
fagyasztókamra freezing chamber
fagyasztópróba freezing/cold test
fagyasztósó *(hűtő keverékhez)* freezing salt
fagyasztótartály freezing tank
fagyasztott (élelmiszer)áru frozen food

fagyasztottáru-csomagolópapír frozen food paper
fagyasztottáru-karton *(pa)* frozen-food box board
fagyasztóüzem freezing establishment
fagyellenállóság *(bot ; mzg)* cold resistance, hardiness
fagyellenes *(met)* anti-frost
faggyú tallow, touch ; *(birkáé)* suet ; **orvosi** ~ axunge
faggyúmirigyek *(bőrben)* sebaceous glands
faggyúolaj tallow oleine
faggyúolvasztás fat/tallow rendering
faggyúolvasztó készülék fat/tallow melter
faggyús sebaceous
fagyhatár *(met)* frost line
fagyhatás frost action
fagykár *(mzg)* winter injury, shake
fagykenőcs anti-frost salve, killfrost paste
fagylaltgép *l* **fagylaltkészítő gép**
fagylaltkarton *(pa)* ice-cream board
fagylaltkészítő : ~ **gép** (ice-cream) freezer ; **szakaszosan működő** ~ *(gép)* batch freezer
fagylaltpult ice-cream cabinet
fagylaltvederkarton *(pa)* ice-cream pail board
fagyléc *(fa)* frost-rib
fagymentesítő *l* **fagyálló**
fagyolvasztás gőzfúvókával *(bány)* steam-point thawing
fagyott : állandóan *v* **örökké** ~ **talajréteg** *(földt)* everfrost, ever-frozen layer ; ~ **bél** *(fa)* faulty heart
fagypont *l* **fagyáspont**
fagypúp *(úton)* frost boil/heave
fagypúpképződés *(úton)* rising due to frost
fagyrepedés *(fa)* frost(-)crack, frost cleft
fagysérülés *(fa)* frost injury/crack
fagytalanító anti-freeze ; *l* **még fagyálló**
fagyűrűs aknabiztosítás *(bány)* crib tubbing
fagyvédő : ~ **ernyő** electric frost-protecting screen ; ~ **fedél** frost board ; ~ **ventillátor** *(gyümölcsösben)* frost fan
fahajlító : ~ **forma** bending block ; ~ **gép** wood-bending machine
fahalom lumber
fahamu wood(-)ash
fahamuzsír *(kétszer kalcinált fahamuból)* pearl ash
fahäncs fibre, fiber
fahäncstalanítás *(pa)* wood disbarking
fahántolás *(pa)* wood barking
fahántoló *fn* peeler ; ~ **gyalu** cabinet scraper ; ~ **üzem** *(pa)* preparation of logs, wood room
fahasáb *(mzg)* stub
fahasító : ~ **fejsze** wood cleaver ; ~ **gép** chopping machine
fahasznosítás wood utilization
faház woodhouse, timber house ; **ácsolt** ~ block house ; **előregyártott** ~ prefabricated timber house ; **ideiglenes** ~ booth
fahéj *(a fa kérge)* cortex ; *(fűszer)* cinnamon
fahéjalkohol cinnam(on)ic/cinnamon alcohol
fahéjbarna *(szín)* cinnamon brown
fahéjkéreg cinnamon bark

fahéjolaj cinnamon oil, oil of cinnamon/cassia
fahéjsav cinnam(on)ic acid
fahéjsavaldehid cinn(am)aldehyde
fahéjszesz cinnamon spirit
fahéjvíz cinnamon water
fahenger billet-wood, block
fahiba *(fa)* defect in wood
fahíd timber-work bridge
fahídláb trestle
fahordó wood barrel, kit
fahorog cog
fahossztolás scarf
Fahrenheit-fok degree Fahrenheit, F.
Fahrenheit-skála *(hőmérőbeosztás)* Fahrenheit scale
fahrt *(filmfelvevőgép körmozgása)* movie camera angling
fahulladék chip(s of wood), cuttings, paring
fahúzó csákány rolling-dog, cant dog
fahüvely *(pa)* wooden core/tube/centre
faille *(tex)* faille
failleszték tenon, match, wood joint
faillesztés *l* **failleszték**
faimpregnálás impregnation, treat(ing), treatment (of wood)
faipar timber(-)industry, forest industry; *(fafeldolgozó v famegmunkáló ipar)* wood working industry
faipari kutatás forest products research
faírás *(nyomda)* wooden type
fairfieldit *(ásv)* fairfieldite
fairtó *(gép v munkás)* tree-dozer
faiskola (forest/tree) nursery
faiskolai : ~ **csemete** nursery tree ; ~ **növény** plant of nursery
faismeret dendrology
faív : többrétű ragasztott ~ glued laminated timber arch
faj kind, race, breed ; *(biol)* species
fajánsz faience, glazed earthenware
fajárom *(hídon)* timber bent
fájdalomcsillapító (szer) analgesic
fájdalomérzet sensation of feeling
fájdalomküszöb threshold of feeling ; **normális** ~ normal threshold of feeling
fajelölő kalapács *l* **rönkszámozó kalapács**
fajelzés *(kéreg eltávolításával)* blaze
fajelző kréta marking chalk
fajhő specific heat
fajlagos specific(al) ; ~ **beépítés** *(városépítés)* ratio of total floor area (on all floors) to the site area ; ~ **ellenállás** specific resistance, S.R., sp.r. ; *(vill)* resistivity ; ~ **emelőerő** unit lift ; ~ **forgácsolóerő** cutting pressure; ~ **forgató képesség** *(vegy)* specific rotation ; ~ **induktivitás** *(vill)* specific inductivity ; ~ **ionizáció** *(at)* specific ionization ; ~ **kazánteljesítmény** specific capacity of boiler ; ~ **költség** unit cost ; ~ **légtér** *(teremben)* volume per person; ~ **lóerőteljesítmény** *(gépk)* power-to-volume ratio ; ~ **lökettérfogat** *(lit/ton/mile = 0,615 lit/t/km ; gépk)* specific displacement ; ~ **mágneses ellenállás** *(vill)* specific reluctance, reluctivity ; ~ **mechanikai alakváltozás** mechanic(al) compliance; ~ **nyomóerő** *(mech)* specific pressure ; ~ **nyúlás** *(mech)* unit/specific elongation ; ~ **poláros forgató képesség** optical rotatory power ; ~ **(szakító) szilárdság** *(tex)* specific strength ; ~ **szigetelési ellenállás** *(vill)* insulativity ; ~ **teljesítmény** specific (power) output ; *(LE/m² motor homlokfelülete)* power-per-unit area ; ~ **térfogat** specific volume ; *(bány)* tonnage factor ; *(pa)* apparent specific volume, bulk index ; ~ **terhelés** specified load ; ~ **töltés** *(at, vill)* specific charge ; ~ **törés** *v* **refrakció** *(fényt)* specific refractory power ; ~ **ütőmunka** *(anyagv)* impact strength ; *(hajlítással vizsgálva:)* impact bending strength ; ~ **védettség** *(állaté)* specific immunity ; ~ **vezető képesség** *(vill)* (specific) conductivity ; ~ **vízszolgáltatás** specifical yield
fájnsz *(kiszárított, besűrített lágy devulkanizált gumiüledék)* fines
fajsúly (relative) density, specific weight/density/gravity, sp. gr., unit weight ; ~ **szerinti osztályozás** *v* **dúsítás** *(bány)* specific gravity preparation, separating by specific gravity, gravity separation/concentration ; ~ **szerinti rétegeződés** *(bány, vegy)* gravitative adjustment ; ~ **szerint rétegezett Daniell-elem** gravity cell
fajsúlymeghatározás hidrosztatikus mérleggel hydrostatic weighing
fajsúlymérő hydrostatic level, densi(to)-meter, gravitometer, stereometer, hydrometer
fajta type, breed, kind, race, seed, form, grade, sort, size ; *(biol)* genus ; **darabos** ~ *[szén]* coarse size
fajtaazonos *(mzg)* true to a variety, true to a good name
fajtaazonosság *(mzg)* trueness to variety
fajtagyűjtemény *(mzg)* assortment
fajtáz size, pick, grade, (as)sort, classify
fajtázás sizing, classification, size-grading ; **durva** ~ *(rostával)* coarse screening ; **nagyság szerinti** ~ distributing of sizes, size-grading
fajtázatlan unsorted ; ~ **szén** *(bány)* altogether coal
fajtázó : elektrosztatikus ~ electrostatic separator ; ~ **elemzés** *(szitával)* mesh/screen analysis
fajtázógép sorting machine, sorter
fajtázóhenger sorting cylinder
fajtázómunkás sorter
fajtázóőrlés classified grinding
fajtázórosta sizing screen
fajtázott kőzet picked stone
fajtérfogat specific volume
fajtípus *(állaté)* species type
fajtiszta *(állat)* pure bred, thoroughbred
fakád wooden beck, tub, vat
fakadóvíz *(bány)* water of imbibition
fakalapács wooden hammer, batter, hard-wood hammer ; *(bőr)* fulling stock(s); *(kőfaragó)* mall (hammer); **nehéz** ~ maul
fakapocs timber spike, cog
fakarton *(pa)* wood board
fakártya *(nyüst ; tex)* lag
fakátrány wood(-)tar
fakazettás mennyezet boarded ceiling
fakelit *(ásv)* *l* **kaliofilit**
fakémia dendro-chemistry
fakémlelő fúró test borer for wood
fakéreg cortex, bark
fakéregtelenítés *(pa)* wood disbarking
fakereskedelem timber-trade
fakereskedő timber-merchant, wood dealer ; lumber-merchant *(US)*
fakerítés fancing
fakincs forest, resources
fakít decolo(u)r(ize), bleach
fakítás decolo(u)r(iz)ing, cleach(ing)
fakitermelés fell(ing), logging
fakitermelő szállás *v* **telep** logging camp, bunk house, lumber camp *(US)*
fakítószer bleach(ing) agent
fakivágás short cut billet
faklisé *(nyomda)* printing stamp for wood-printing
fáklya torch ; *(rep)* flare
fakó pale, fallow ; ~ *(kontraszt nélküli)* **negatív** *(fényk)* flat negative
fakocka *(útburkolathoz)* blockwood, wood block/brick, paving wood, wood paving block
fakocka-útburkolat wood paving
fakóérc *(ásv)* tetrahedrite, gray copper (ore), fahl ore
fakolit *(ásv)* phacolith
fakón száradó olaj *(szárítós kence)* pale drying oil
fakonzerváló (szer) wood/timber preservative
fakorhadás sap rot
fakorlát brattice
fakorona top (of a tree), leaf canopy
fakorona-ritkítás opening-out the leat canopy
fakorong wood(en) disc
fakoszorú *(ép)* timber set
faköbözés cubage
faköböző táblázat cubing table
fakörméret girth
fakörző wood divider
faköszörület *(pa)* *l* **facsiszolat**
fakötés joining of timbers, tenon ; **csapos** ~ mortise and tenon (joint);
fakszimile *(nyomda)* facsimile
fakszimile-átvitel *(távk)* facsimile transmission
faktisz factice, (rubber) substitute, oil rubber ; **barna** ~ black factice/substitute
faktizált *(olaj)* sulfur-treated
faktográf factograph
faktor *l* **tényező**
faktoriális *(mat)* factorial *(jele: !)*
faktorizálás *(mat)* factoring
fakul faint, fallow, discolo(u)r, give, tornish, fade (out)
fakulás fading, discolo(u)ration ; *(fénytől:)* fading on exposure
fakultság dullness
fakúp *(mintás kézi szövőszéken ; tex)* button
Fakutató Intézetek Nemzetközi Szövetsége International Union of Forest Research Organizations
faküllő wooden spoke
faküllőmásoló marógép spoke-copying machine
fal *(ép)* wall, mure ; *(lemezes:)* panel ; *(edényé:)* wall ; **csömöszölt** ~ *(ép)* beaten cob work, cast wall ; **döngölt** ~ *l* **csömöszölt** ~ ; **ferdehátú** ~ battering wall ; **hátszéli hosszú** ~ *(repülőtéri körözésnél)* downwind leg ; **homlokoldali** ~ *l* **homlokfal** ; **hordozó** ~ bearing wall ; **ív elleni** ~ arc deflector ; **kettős** ~ double wall ; **kettős vázas** ~ double wall ; **kiváltó** ~ relieving wall ; **kötésben épített** ~ bonded wall ; **lefelé vékonyodó** ~ battering wall ; ~ **merevítő hatása** *(ép)* wall action ; **öntött** ~ cast wall ; **rácsszerkezetű** ~ framed wall ; **rézsútos** ~ *(ép)* deflecting wall ; **rövid** ~ *(rep)* base leg ; **tehermentesítő** ~ relieving wall ; **terhet nem**

viselő ~ curtain wall; **tűzhely mögötti** ~ chimney back; **üreges** ~ cavity wall; ~ **vastagsága** *(ép)* wall thickness; **vékony, szabad alátámasztású** ~ *(ép)* curtain wall; **vert** ~ beaten/cob wall
faláda wooden chest/box/case, bowk
falanyag *(ép)* walling
falaz *(ép)* mason, wall (up); **eltolt hézagokkal** ~ *(ép)* break joints
falazás walling, masonry; **amerikai** ~ *(téglakötés)* american bond; **falkötővasas** *v* **-gerendás** ~ *(ép)* chain bond; **habarcs nélküli** *v* **száraz(on tartott)** ~ dry walling; ~ **hézaga** wall joint; **kötésben rakott** ~ bound masonry; **párkány feletti** ~ *(ép)* blocking
falazat *(ép)* walling, masonry, mure; **áttört** ~ checkerwork; **cementhabarcsba rakott** ~ cement masonry; ~ **csapolás nélkül** bare foot; ~ **első sora** base course; ~ **függőlegességét gondosan betartja** keep on the perps; **kitöltő** ~ backing; ~ **lejtős** *(ferde)* **sorai** tumbler courses; **nem rendszeresen fektetett** ~ random work; **téglával burkolt** ~ brick-lined masonry
falazatátvezetés *(bány)* brick overcast
falazatvédő cső *(kazánon)* screen tube
falazó *(ép)* bricklayer; ~ **kaloda** *(ép)* masonry guide
falazóállás *(ép)* scaffolding
falazókőbánya ashlar quarry
falazósablon strickle (-board)
falazótégla building brick
falazótest *v* **-tömb** *(ép)* slack block
falazott *(ép)* brickset; ~ **akna** *(bány)* masonry shaft; ~ **biztosítás** *(bány)* brick/masonry lining, steen; ~ **boltív** *(ép)* masonry arch; ~ *(szárazon rakott; nem beton)* **főtebiztosítás** *(bány)* wall piece; ~ **füstjárat** *v* **kürtő** *(ép)* masonry flue; ~ **gát** masonry dam; ~ **keresztezés** *(bány)* brick overcast; ~ **kút** well in masonry; ~ **léghíd** *(bány)* brick overcast; ~ **orsó** *(lépcsőé; ép)* solid newel; ~ **pillér zsaluzása** *(ép)* wall-pillar mo(u)ld; ~ **téglagát** stank; ~ **tömb** *(ép)* solid
falba ágyazott *(vill)* buried, concealed
falbélelés *(ép)* casing
falbetét *(tipli)* **téglafalba szegbeveréshez** nailing block; *l még* **facsap**
falbontó rúd *(koh)* trowel
falborítás *(ép)* *l* **falburkolás**
falburkolás *(ép)* wall covering, casing, hanging; ~**t készít** dado; **mintás** ~ diaper
falburkolat *(ép)* *l* **falburkolás**
falburkolat-készítés dadoing
falburkoló: ~ **lap** paving tile, wall flag; ~ **lapokat gyártó gép** dadoing machine
falc *(horony; ép)* rabbet, rebate; *l még* **horony**; *(behajtás; nyomda)* chase
falcgyalu *l* **ajgyalu** *és* **horonygyalu**
falclizás *(szalagra ragasztott lapokból készült könyvhát)* broken-over
falcol *(hornyol; ép, fa)* rabbet; *(farag, bőrt)* skive
falcolás *(peremezés)* horning, seam closing
falcológép *(peremezőgép)* staking tool
falcoló idomkés *(gépt)* moulding cutter
falcsempe *(ép)* wall flag

faléc *(ép, fa)* wood strip, slat; **téglahézagvastagságban beépített** ~ *(szegek beverésére)* slip
falécezés wood lathing
falégcső *(bány)* air box
falegyen *(ép)* capping
falekérgelő *fn* bark peeler
falemez *(fa)* laminated board; *[hegedűkészítéshez]* splint; *(pa)* wood/mechanical board, wood felt-board; ~ **forgácsközéprésze** *(fa)* chipcore; ~ **hámozott középrésze** *(fa)* laminated/veneered core; **kis** ~ *(gépt)* slat; ~ **középrésze** *(fa)* core; ~ **tömörfa középrésze** lumber core
falemez-belsőrész *l* **falemez középrésze**
falemez(papír) wood pulp board
falemezsajtoló gép *(fa)* slab mo(u)lding machine
falepárlás distillation of wood
falepárló telep wood-distillation plant
falépcső *(ép)* wood(en) stairs; ~ **hornyolt gyámpallója** bridgeboard; ~ **pofája** *(ép)* riser
falfesték *(enyves)* distember (paint)
falfestés *(ép)* wallpainting; **drapériát utánzó** ~ mock drapery
falfestmény wallpainting
falfog(azás) *(falkötésnél; ép)* joggle
falfog-kiugrás *(ép)* jog
falfúró wall chisel
falfülke niche
falgyalu „T" rabbet plane
falhatás *(hidr)* wall action
falhorog *(ép)* wall clamp
falhorony *(vezetéknek; vill)* chase
fali *(ép, gépt)* wall, bracket; *(biol)* parietal; ~ **átvezető szigetelő** *(rád, vill)* wall-entrance insulator; ~ **csapágy** wall bracket bearing; ~ **csapágytartó lemez** wall plate; ~ **csapágytok** wall box (frame); ~ **csatlakozó(doboz)** *(vill)* wall socket-butlet; ~ **csatlakozódugó** *(vill)* wall plug; ~ **doboz** *(vill)* cable box splice; ~ **emelőcsiga** bracket winch; ~ **fabetét** wall dowel/plug; *l még* **facsap**; ~ **forgódaru** wall slewing crane; ~ **fúrógép** bracket/wall drill(ing machine); ~ **fülecs** *(hegyes kapocsvas füleccsel)* wall eye; ~ **gyalu(pad)** *v* **-gép** wall planer; ~ **ingaóra** hanging pendulum clock; ~ **kábelvonal** *(távk)* wall mounted cable line; ~ **készülék** *(távk)* wall apparatus/instrument/set; ~ **konnektor** *l* ~ **csatlakozó**; ~ **kútkagyló** wall basin; ~ **kvadráns** *(csill)* mural quadrant; ~ **szellőző** *v* **ventillátor** wall fan; ~ **szövetkárpit** *v* **tapéta** wall tapestry; ~ **távbeszélő készülék** wall set; ~ **vezetékcsatorna** *(vill)* wall duct
faliakna *(házifűtésé)* dog house
falicsavar wall bolt
falicsempe wall tile
falicsörlő bracket winch/crab
falidaru wall crane
falifülke *(ép)* break of wall, niche
faligyám *(ép)* wall hanger
falihorog *(ép)* wall hook
falikampó wall hook
falikar wall bracket, console, overhung support, wall hanger; *(lámpához:)* (lamp) bracket; **ferde** ~ *(ép)* angle bracket; ~ **ampermérő** *(vill)* bracket-type ammeter; ~ **emelő szerkezet** *v* **csörlő** bracket winch; ~ **lámpa** bracket lamp

falikorong *(bány, ép)* wall plate, drop ear elbow
falinaptár sheet almanac
falióra wall clock
faliszekrény wall board
faliszőnyeg dorsal, wall carpet
faliszt wood flour/dust
falisztpapír oatmeal paper
falitábla (black)board
falitérkép suspension map
falkagyló *(ép)* concha
falkárpit-szövet wall cloth
falkárpitos paperer
falkárpitozás papering
falképzés középről kiásott anyaggal *(ép)* cut-and-fill method
falkeresztezés *(ép)* penetration of wall
falkiugrás *(ép)* ancon, batter; *(pillér:)* pilaster
falkivágás *(faék v betéttuskó számára; ép)* peg hole
falkoszorú *(bány)* capping of wall
falkötés *(ép)* bond
falkötéses falazás *(ép)* masonry in bond
falkötő vas *(ép)* clamp iron for walls, wall tie, tie bar, hasp; ~ **bekötő tüskével** *(ép)* hasps and staples; ~ **horgonya** *(ép)* iron-cramp anchor; ~ **összekötő éke** *v* **csapja** tie cotter
fallábazat *(ép)* wall footing
falléc *(fa)* skirting-board
falmélyedés *(ép)* chase, niche
falmező *(ép)* pan(el)
falnyílás *(ép)* void; ~ **(kiugró kő)-kerete** *(ép)* label; ~ **oldala** *(falvastagságban; ép)* reveal
falon belüli intramural
falon kívüli *(vill)* exposed
faloszlop *(ép)* wall pier
falparketta *(ép)* frame board
falpárta *(ép)* merlon
falpillér *(ép)* offset, wall pilaster
falragasz poster, broadsheet, mural advertisement
falragaszpapír poster paper
falsalétrom wall saltpetre, aphronitre
falsarok-idomtégla *(ép)* squint
falsarokkő *(ép)* quoin
falsík *(ép)* wall face; **alsó és felső lábazati párkány közti** ~ *(ép)* dado; **ferde** *v* **lejtős** ~ batter; ~ **iránya** *(ép)* wall line
falszárny *(szögben álló, rövid; ép)* return wall
falszegély *(ép)* (wall) edge; *[gipszből]* ruille
falszigetelő *(vill)* wall insulator
faltalálkozás *(ép)* penetration of wall
faltapasztás mud-walling
falterhelés *(ép)* mansonry ballast
faltisztító készlet *(ép)* bag and spoon
faltömb *(ép)* solid
faltörés *(ép)* brisure
falu *(ép)* village; ~ **villamosítása** rural electrification
faluközpontos települési rendszer nucleated village system
falunit *(ásv)* fa(h)lunite
falurendszerű: ~ **kéziközpont** *(távk)* rural manual exchange; ~ **(önműködő) távbeszélő központ** rural (automatic) exchange
falusias beépítési mód *(városépítés)* village-form development method
falüreg: kis ~ *(ép)* jog
falvastagítás *(ép)* offset; ~ **lépcsője** *(ép)* heel

falvastagság *(ép, gépt)* wall thickness; *(fazékkorongé:)* rim thickness
falvédő: ~ **függőleges deszka** *(padlóhoz csatlakozó; ép)* washboard; ~ **párkány** dado rail
falvégződés *(ép)* battlement
famáglya *(bány)* pigsty, cog; *(fa)* pile of wood
famaradvány *(pa)* slash
famaró gép wood milling machine
famatinit *(ásv)* famatinite
famegjelölés *(kéreglefejtéssel)* blazing
famegmunkálás woodworking
famegmunkáló: ~ **gép** woodworking machine; ~ **ipar** woodworking industry; ~ **késfej** woodworking cutter head; ~ **marógép** milling machine for woodworking; ~ **másoló eszterga(pad)** woodworking copying lathe; ~ **műhely** wood shop; ~ **telep** woodworking plant
famegóvó szer wood preservative
famellvéd *(vasút)* brattice
famenni emelet *(földt)* Famennian stage
famentes wood(-)free; *(pa)* pure, wood-free, free from mechanical wood, without wood pulp; ~ **írópapír** woodfree writing paper; ~ **karton** *(pa)* chemical board, wood-free cardboard; ~ **nyomópapír** woodfree/British printing; ~ **papír** woodfree paper
faméréstan *(erdőállomány-felméréstan)* forest mensuration; *(átló mérése:)* dendrometry
famérethiány shortage
faméretjegyzék tally sheet
famerevítés counter-timber
famérő: ~ **eszköz** dendrometer; ~ **léc** carpenter('s) rule, lumber ga(u)ge
fametszés wood carving/cutting; *(nyomda)* xylography
fametszet wood block/cut/engraning; ~**ről nyert próbanyomat** *(nyomda)* smoke proof
fametszetnyomat woodcut
fametszetnyomódúc *(nyomda)* printing stamp for wood-printing
fametsző carver, engraver
famézga wood/desert gum
faminősítés grading wood
faminősítő védjegy brand
faminta pattern
famozaik marquetry, (in)tarsia
famunka woodwork
famunkás wood worker, lumberjack, lumberman *(US)*
fánc *(öntési)* casting burr; *(kovácsolási:)* flash
fáncgyűjtő *fn* flash ring
fáncnyíró présszerszám trimmer die
fáncolás trimming
fanedv sap; **nyári csapolású** ~ *[terpentin, gyanta]* dip gum
fanedv-folyás sap flow
fanemesítés improvement of trees
fanerokristályos *(ásv)* phanerocrystalline
fanevelés arboriculture
fanövénytan dendrology
fantasztron *(rád)* phantastron
fantázia-árnyalatok *(nyomda)* fancy shades
fantázia-krepp-papír fancy crape
fantáziapapír fancy/fantasy paper
fantázia-selyempapír fancy tissue paper
fantom- *(távk)* phantom
fantom-áramkör *(távk)* phantom circuit; ~ **ágai** phantom wires
fantomcsoport *(távk)* phantom group
fantomkép *(távk)* echo image
fantomképzés *(távk)* phantomizing, phantomization
fantomkeresztezés *(távk)* phantom transposition, transposition of the phantom circuit
fantomkiegyenlítő tekercs *(távk)* phantom-balance coil
fantomoz *(távk)* phantomize
fantomtávírás *(táv)* simultaneous/phantom telegraphy
fanyereg timber saddle, panel
fa-nyomódúc *(nyomda)* wood block
faolaj wood oil; **kínai** ~ china wood oil, tung oil
faolajsavas mangán *(szikkatív)* manganese lignolate
faolajtelítés *(fa)* oil seasoning
faopál *(ásv)* wood opal, xylopal, agatized wood
faoszlop pole, timber stud
faosztályozó *(munkás)* bracker, grader
faőrlő gép wood grinder
fapác wood dye
fapácolás pickling the wood
fapajta *(fa)* shed
fapakli *(aláékelő fa)* blocking, wood brick/pad/plug
fapárkány *(ép)* wood mo(u)lding, grating
fapartfal *(hidr)* camp sheathing
fapecek coak, dowel, spill, plug; *l még* **facsap**; *(ólomcső behorpadásának kijavításához:)* drift plug
fapép (wood) pulp
fapiac timber market
fapillér chock; *(bány)* nog
fapolitúr polish
faporoló *(pa)* duster for wood
fapórus pore
far *(gépk)* tail; *(hajó)* stern, after-end; ~ **előtti leghátsó helyiség** *(hajó)* afterpeak
far- *(gépt)* after, rear
farablás *(bány)* draw(ing)
farabló *(bány)* timber drawer; ~ **feszíték** *(bány)* sylvester prop; ~ **lánc** *(bány)* sylvester chain; **láncos-emelős** ~ *(bány)* dog and chain; ~ **szerkezet** *(bány)* prop puller
farad *(vill)* farad, f.
fáradás *(anyagv)* fatigue
fáradásgátló anti-fatigue
fáradási: ~ **repedés** fatigue crack; ~ **vizsgálat** *v* **próba** *(anyagv)* endurance test
fáradásmentes fatigue-proof; ~ **gumi** fatigue-proof rubber
fáradásmérő készülék *(tex)* fatigue tester
fáradásvizsgálat *l* **fárasztóvizsgálat**
fáradásvizsgáló próbatest fatigue test bar
Faraday-állandó *(vegy)* Faraday's constant, F
Faraday-féle: ~ **sötét tér** *(kisülési gázcsőben)* Faraday's dark space; ~ **törvény** Faraday's law
Faraday-henger Faraday cylinder, Faraday ice pail
Faraday-kosár Faraday cage
faradizálás faradization
faradizálógép faradizer
faradmérő *(vill)* faradmeter
farados *(maximumú áram; vill)* faradic
fáradt used, exhaust, spent; *(anyagv)* fatigue(d); ~ **golyó** spent bullet; ~ **gőz** dead/exhaust/waste/indirect discharging steam; ~ **gőz kondenzvízleválasztója** exhaust-steam separator; ~ **gőz csővezetéke** exhaust-steam main; ~ **gőzzel fűtött kazán** exhaust-heat boiler; ~ **gőzzel hajtott turbina** exhaust-steam turbine; ~ **gőz** *v* **gáz hője** waste heat; ~ **gőzzel táplált fűtő készülék** exhaust-feed heater; ~ **homok** *(önt)* burnt sand; ~ **lé** *(meszes v cserző; bőr)* spent/mellow liquor; ~ **levegő** used air; ~ **olaj** used/spent/waste/refuse oil; ~ **repedés** fatigue crack; ~ **sav** *(ol)* spent acid; ~ **törés** endurance failure
fáradtgőz-injektor exhaust-steam injector
fáradtgőz-levezető cső evaporating pipe
fáradtgőz-síp exhaust whistle
farag *(fát)* hew, dress, trim, cut; *(vés:)* chisel; *(szobrász:)* sculpture; *(aprít:)* chip; *(falcol; bőrt)* skive; *(öntvényt:)* chip; *(hámoz, hántol:)* shave; **dongát** ~ buck; **durván** *v* **nagyolva** ~ *(követ; ép)* scab(ble), rough(-hew), hack; **követ** ~ *(ép)* trim; **rézsútolva** ~ *(fát)* bevel away; **simára** ~ dub
faragás cut(ting), shaving, trimming; *vö még* **farag**; **pác utáni** ~ *(bőr)* bate shaving; ~ **utáni súly** *(bőr)* shaving weight
faragasztás gluing of wood
faragasztó: ~ **anyag** wood glue; ~ **prés** *(fa)* (hot) press
faragatlan *(fa)* unhewn, churlish; *[kő]* undressed; ~ **épületfa** lumber wood
faragó *fn* *(fa)* (wood) carver
faragóbalta chip axe
faragócsákány scabbling pick
faragógép *(bőr)* shaving machine
faragókés *(fa)* carver; *(bőr)* currier's knife, shaver, shaving knife; **félkör alakú** ~ *(bőr)* paring knife
faragópenge *(fa)* carver
faragótőke *(bőr)* shaving beam
faragott *(fa)* dressed, trimmed, cut; *(bány)* truncated; **durván** ~ *(kő)* scabbled, quarry-pitched; ~ **ékítmény** fretwork; ~ **fa** hewn timber; ~ **gerenda** rectangular timber, hewn building timber; ~ **kő** *(ép)* figurate/square/worked stone, cutstone, ashlar (stone); ~ **munka** chisel work; ~ **szarufa** upher; ~ **talpfa** hewed/lopped sleeper
faragottkő-burkolat *(ép)* ashlar facing
faragottkő-szegélyezés chisel-draught
fárahúzó és orrfoglaló gép *(tekszmentes foglaláshoz; cipő)* pulling over and toe lasting machine for lasting without tacks
farák cancerous growth
farakás *v* **farakat** *(fa)* pile, stack of wood; ~ **homlokfala** *(fa)* butt of pile
farakodó tér *(fa)* piling place, place for storage, collecting depot, landing *(US)*
farakodótéri munka *(fa)* work in depot, landing *(US)*
farakó munkás *(pa)* lumber man
faraktár wood shed/yard, timber yard
farantenna *(rád)* after-aerial

faráspoly wood rasp ; **félkerek ~** half-round wood rasp ; **lapos ~** flat wood rasp
fáraszt *(anyagv)* fatigue
fárasztási próba *(tex)* endurance test
fárasztófeszültségek *(anyagv)* cyclic(al) stresses
fárasztógép *(anyagv)* endurance testing machine ; *(hajtogatás-szám-mérő ; gumi)* flexometer ; **csavaró ~** rotating-beam cantilever-loading fatigue-testing machine ; **forgó hajtogató ~** rotating-beam fatigue-testing machine ; **hajlító ~** flexing-beam/reversed-bending fatigue-testing machine ; **húzó-nyomó ~** direct-stress axial-loading fatigue-testing machine
fárasztópróba *(anyagv)* *l* **fárasztóvizsgálat**
fárasztó-próbatest endurance test specimen
fárasztóvizsgálat alternate stress test(ing), fatigue test(ing) ; **csavaró ~** *(anyagv)* torsional fatigue test ; **forgó hajtogató ~** *(anyagv)* rotating-beam fatigue test ; **hajlító ~** *(anyagv)* reversed-bending fatigue test, flexing-beam fatigue test ; **húzó-nyomó ~** direct-stress axial-loading fatigue test
farborda *(hajó)* after-frame, stern timber
farbőr *(bány)* back skin, miner's/protecting apron
farejtőernyő *(rep)* tail parachute
farevező *(hajó)* scull
farfa *(hajó)* (spanker) boom
fargerenda *(hajó)* keel girder
fargit *(ásv)* fargite
farhám *(mzg)* breeching
farhullám *(hajó)* stern wave
farkamra *(hajó)* afterpeak, peak tank
farkas *(tex)* willow, wolf, willeyer ; *l még* **farkasológép**
farkasfog *(fűrészlapon)* gullet (tooth); *(tex)* picot edge, rickrack
farkasfog-hegesztés split-head welding
farkasgödör *(kat)* trap hole
farkaska'apács *(alak)* helve/tilt hammer
farkasköröm(csomó) *(hajó)* waterman's/clove hitch, clout-hitch
farkasolás *(tépőfarkason ; tex)* willowing, deviling, shredding
farkasolódob *(tex)* willowing drun
farkasológép *(tex)* (carding) willow, willeyer, ragpicker, devil, wolf, fe(a)rnaught, shaker
farkasolt *(tex)* pickered, willowed
farkaspofafogó *(gépt)* wolf's jaw
farkasszájú tűzifogó *(alak)* black-smiths' tongs with wolf's jaw
farkasverem *(kat)* trap hole
farkosár *(hajó)* counter ; **felső része** *(hajó)* upper counter
farkos csiga *(hajó)* tail block
farkötél *(hajó, rep)* balance rope
farktő-gyapjú *(tex)* britch
farlámpa *(hajó)* tail light
farlapátkerekes gőzhajó stern-wheel steamer
farlobogó *(hajó)* stern flag
farmakolit *(ásv)* pharmacolite
farmakológia pharmacology
farmakosziderit *(ásv)* pharmacosiderite
farmerevítés *(hajó)* stern stiffening
farmerevítő saroklemez *(hajó)* stern knee
farmetszet *(hajó)* buttock
farmotor *(gépk)* rear(-drive) engine ; *(hajó)* outboard engine, kicker
farmotoros *(hajó)* aft-engined ; **~ csónak** motor-boat with outboard motor ; **~ gépkocsi** rear-engined car
farnehéz *(hajó)* stern-heavy ; **~ állapot** stern heaviness
farnehezék *(léghajó kikötésénél)* tail drag
Farnsworth-féle televíziós felvevő dissector multiplier, Farnsworth tube
farok *(bőr, rep)* tail
farokalátámasztó bak *(rep)* tail trestle
farokátesés *(rep)* tail buffeting
farokbojt *(prémbőrön)* tail tassel
farokburkolat *(rep)* tail fairing
farokcsúcs *(hajó)* stern point
farokcsúszó *(rep)* (tail) skid/slide/spur; **~ fékező hatása** *(rep)* tail skid drag ; **~ súrlódása** *(rep)* skid friction
farokcsúszó-forgócsap *(rep)* tail skid pivot
farokcsúszópapucs *(rep)* tail skid shoe
farokcsúszótányér *(rep)* rubbing plate of the tail skid shoe
farokfelület *(rep)* empennage, tail unit; **függőleges ~** *(rep)* vertical empennage/tail-surface ; **~ területe** *(rep)* tail area ; **vízszintes ~** *(rep)* horizontal empennage
farokgéppuska-torony *(rep)* tail turret, aft cabin ; **páncélüveges ~** *(rep)* armo(u)r-glass aft cabin
farokkerék *(rep)* tail wheel ; **önbeálló ~** *(rep)* castoring tail wheel
farokkerékburkolat *(rep)* tail wheel fairing
farokkeréktengely *(rep)* tail wheel spindle
farokkiegyensúlyozó szerkezet *(rep)* tail trimming gear
farokkivágás *(bőr)* cutting out of tail
farok- és lágyékrészgyapjú *(tex)* breech
faroklemez *(földt)* tailshield
farokleszállás *(rep)* one-point landing
farokmerevítés *(rep)* outrigger tail
faroknehéz *(rep)* nose-up, tail down ; **~ helyzet** *(rep)* tail-down position ; **~ repülés** cabrage
faroknehézség *(rep)* tail heaviness
faroknélküli repülőgép tailless aeroplane
farokrázkódás *(rep)* buffeting
farokrész *(bőr)* tail ; *(hajó)* stern ; *(rep)* tail ; *(gyapjúbundán ; tex)* cowtail wool
farokrezgés *(rep)* buffeting
farok-segédkormányfelület *(rep)* tail trimmer
farokszíjbőr crupper leather
faroktartó *(rep)* outrigger tail, (tail) boom
faroktoll *(madáré)* penna
faroktő-gyapjú britch, breech(es)
farokvégi helyzetlámpa *(rep)* tail light
farokvégkúp *(rep)* tail cup
farol swerve, skid
farolás *(gépk)* skidding, (tail) skid ; **~ kanyarban** *(gépk)* break-away when cornering
farolási igénybevétel *(gépk)* skid stress
farontó gombák wood-rotting fungi
farost wood(-)fibre, fibre ; fiber *(US)* ; **leköszörült ~** chipped grain ; **~ műanyaggal keverve** *(pa)* celolithe ; **rekeszes ~** wood parenchyma ; **~ téli rétege** late wood
farostfoszlató gép beater
farostgyökér fibrous root
farostirány : átlós ~ diagonal grain (direction)
farost-lehúzópapír wood-grained transfer paper
farostlemez *(pa)* fibre slab, board ; **~ kaucsukszerű felülettel** rubber-wood board *(US)* ; **könnyű ~** *(pa)* light-weight fibreboard
farostőrlés beating
farostőrlő gép *l* **farostfoszlató gép**
farostpapír veined woodpaper
farostpep *(pa)* mechanical wood-pulp
farostzúzó *l* **farostfoszlató gép**
farovarkár damage done by beetles
farölit *(ásv)* faröelite
farönk *(fa)* billet ; lumber *(US)*
farönkcsúsztató *(fűrésztelepen)* log slip
farönkszállítás *(pa)* handling of logs
farönkszállító vagon lumber wagon
fartőke *(hajó)* stern frame, (rudder) post, body/tail post ; *(egycsavaros hajón)* screw post ; **~ talpa** *(hajó)* sole piece
fartőkegerenda *(hajó)* stern-post
fartőkegyám *(hajó)* fase stern-post
fartőkeláb *(hajó)* shoe
fartőketámasz *(hajó)* inner post
fartükör *(hajó)* stern chock, archboard
farvitorla *(hajó)* mizzen
fás ligneous, dendroid, xyloid, wooden ; **~ növény** ligneous plant ; **~ ónérc** *(ásv)* wood tin ; **~ rész** *(lené)* boon ; **~ réteg** *(len- v kenderkóróban)* sap-wood ; **~ szerkezetű lignit** bituminous wood ; **~ tőzeg** wooden peat
fasarok *(cipő)* wood heel ; **~ felillesztése** *(cipő)* wood heel fitting
fasarok-felsőfoltszegező gép *(cipő)* top lift attaching machine for wood heels
fasarokfelszegező : ~ gép *(cipő)* wood heel attaching machine ; **~ kéziprés** *(cipő)* wood heel attaching press for hand
fasarokmásoló automata *(cipő)* copying lathe for heel manufacture
fásctille *(fa)* buggy
fasérülés *l* **hibásodás**
fasimító : ~ gép wood-scraping machine ; **~ kikészítő gép** wood-scraping machine
fasín *(bány)* tracking
fásítás afforestation
fáskamra wood shed, booth
fásli *(gumi)* strip
fásodás lignification
fásodott *[karalábé]* pithy ; **~ tőzeg** wooden peat
fasor *(ép)* avenue, alley, vista, walk
fassait *(ásv)* *l* **pirgom**
fasulykoló *(ép)* beetle
faszalagfűrész woodworking band-sawing machine
faszállító : ~ csille *v* **pőrekocsi** timber truck ; **~ felszerelés** hauling equipment ; **~ idény** hauling season ; **~ lánc** jack ladder ; **~ pálya** *(fűrészgyárban)* *l* **faszállító lánc**
faszárítás *(levegőn)* seasoning timber ; *(mesterséges)* kiln drying
faszcikulus-papír bundle of paper
faszeg (wooden) peg, nog, wooden nail, prick, dowel/timber spike, tree-nail ; **hajódeszkázat ~eit újakkal pótolja** retreenail ; **~gel összeköt** *(ép)* peg together
faszegbeverő gép *(cipő)* mooting machine, pegger
faszegezett *v* **faszegezésű** *(cipő)* pegged

faszegező gép *(cipő)* wood pegging machine
faszegkészítő *(munkás)* mooter
faszegkireszelő gép *(cipő)* peg-rasping machine
faszegleegyengető gép *(cipő)* peg float
faszekrény *(bány)* crib pigsty, clog pack
faszekrénymű *(hidr)* timber crib
fa-szellőzőcső *(bány)* air box
faszén (wood) (char)coal, xylanthrax, char(k), wood char ; ~ **tűlevelű fából** pine charcoal
faszénboksa charring mound
faszénégetés char(ring), scorching/carbonization of wood, charcoal-burning
faszénégető *fn* charcoal-mound burner ; ~ **gödör** coal pit
faszenesítés scorching of wood, carbonization
faszenesítő : ~ **kemence** carbonizing oven ; ~ **telep** carbonization plant
faszéngázgenerátor charcoal-gas producer
faszéngázmotoros jármű charcoal burner vehicle
faszenítés carbonization
faszénpor *(önt)* charcoal blacking
faszénpor-zacskó pounce
faszerkezet *(ép)* wooden construction, timbering ; **összecsavarozott deszkarétegekből álló** ~ brace timber ; ~ **rönkökből** *[szekrénymű]* logwork
faszerkezetű of wooden construction ; ~ **gát** *(hidr)* timber-deck weir ; ~ **ellenfal** *v* **támfal** *(hidon)* timber-bulkhead
faszerű dendroid, arboreous, arborescent, wood/tree-shaped/like
faszesz wood alcohol/spirit/napht(h)a, wood distillation methanol
faszobrász *l* **fametsző**
faszobrászat xylography
faszorító keret clamp
faszövet *(fa)* grain, texture
fatábla panel, slab ; ~ **oldalkerete** *[falburkolatnál]* panel stake
fatálca *(önt)* pallet
fataligaék wheelbarrow peg beam
fatalp wooden sole
fatalpú cipő clog
fatám *(bány)* tree-prop
fatárcsa *(gépk)* wooden rim
fatároló : ~ **fészer** drying shed ; ~ **medence gerebene** storage boom
fatartalmú ligneous ; *(pa)* with wood, woody, containing mechanical pulp ; ~ **hulladékpapír** blank news ; ~ **írókarton** writing board containing mechanical wood pulp ; *(pa)* ~ **lemez** *(pa)* board containing mechanical wood pulp ; ~ **nyomópapír** printing paper containing mechanical pulp ; ~ **papír** wood-containing paper, wood-pulp paper ; ~ **papír fehérítetlen cellulóztartalma** brown cellulose content, B.
fatartó *(ált)* wooden beam ; *(fa)* timber saddle
fatégla *(fa)* dook ; *l még* **facsap**
fatelep wood/timber(-)yard ; lumber yard *(US)*
fatelítés impregnation
fatelítő : ~ **berendezés** impregnating apparatus ; ~ **kazán** impregnating vessel
fatenyésztés arboriculture
fatermelés arboriculture
faterpentinolaj wood turpentine
fatiltó *(hidr)* wooden check
fatisztogató : ~ **gép** *(pa)* wood cleaning machine ; ~ **munkás** *(pa)* wood cleaner
fátlan *(terep)* bare
fatő butt, base, stump ; **hibás** ~ **eltávolítása** butting-off
fatőátmérő base-diameter
fatőke block
fatömb blockwood, (wood) block
fatömegfelbecsülés *(erdei)* forest valuation survey ; forest cruise *(US)*
fatömegfelvétel *(erdei)* estimate of standing crop
fatömeghozam *(fa)* volumetric yield
fatönk block(wood), truncheon, log, stub
fatörzs stem, block, bole, trunk, stock ; ~ **kiszélesedő alapja** root-swelling ; **kövült** ~ fossil log/timber
fatörzskorhadás dote
fatörzsmérő *(vasból)* trunk ga(u)ge
fatörzsvontató : horgos ~ chain dog
fatősarj stool-shoots
fatuskó clump, butt, stock, slash, wood block
fátyol *(tex)* pall, screen, veil ; *(kártológépről)* film of cotton ; **kártolt** *v* **kártolási** ~ *(tex)* card web, batt ; **kémiai** ~ *(fényk)* chemical fog
fátyolfelhő *(met)* veil cloud
fátyolképződés() *(fényk)* fogging, veiling ; **~t gátló anyag** *(fényk)* (fog) inhibitor
fátyolosodás *(fényk)* *l* **fátyolképződés**
fátyolosztó *(tex)* cone drawing box ; **szíjas** ~ **szerkezet** *(kártológépen)* tape condenser
fátyolozás *l* **fátyolosodás**
fátyolszalag *(tex)* sliver
fátyolszövet *(tex)* ga(u)ze, veil(ing), ga(u)zy fabric
fátyolszövet-takaró *(élip)* ga(u)ze cover
fátyoltovábbító karom *(tex)* nip
fátyoltölcsér *(kártológépen ; tex)* filling funnel
fattyaz *[kukoricát]* sucker
faujasit *(ásv)* faujasite
fauna fauna
fauserit *(ásv)* fauserite
faúsztatás flotage
faúsztató csatorna drift canal
fautánzó mázolás *(flóderezés)* combing
faültetés afforestation
faűrméret-ráhagyás excess height
faüzem wood work
favágás woodcutting, felling, cut
favágó *(aprító)* wood chopper ; *(döntő)* feller, wood cutter ; lumberer *(US)* ; ~ **fejsze** wood chopper
faválaszték wood-assortment
favályú timber culvert ; *l még* **facsatorna** ; **vízvezető** ~ *[vízikerékhez, ércmosóhoz]* bench flume
faváz *(ép)* (timber) framing
favázas *(és téglával kifalazott)* half-timbered ; ~ **építmény** wooden-frame house ; ~ **épület** *(deszkaborítású falakkal)* frame house *(US)* ; ~ **fal** *(ép)* studwork wall ; *(téglázott)* half-timbered wall ; *(kifalazása téglával)* (brick) nogging ; ~ **fal szerkezeti eleme** nogging piece ; ~ **ház** framework house ; ~ **szerkezet téglakitöltéssel** brick wood frame ; ~ **téglafal** half-timbered wall
favázgerenda frame timber
faváz-keresztgerenda frame crossbeam
favázszerkezet framework
favédő szer wood-preserving
favég : csatlakozó ~ butt joint ; **lebütüzött** ~ crosscut end ; **levágott** ~ butt-off
faverőléc cséplődobnál cylinder wood filler bar
favéső *fn* former, framing chisel ; *l még* **asztalosvéső** *és* **véső** ; ~ **gép** reciprocating chisel mortising machine
favétel a tövön buy on the stump
fa-vezetéklánc *(bány)* wood guide
favizsgáló *fn* timber tester
fayalit *(ásv)* fayalite
fazék pot, pan, vessel
fazekas *(ker)* potter, thrower
fazekas- *[agyag]* fictile
fazekasagyag earthenware clay, potter's earth, argil, fictile clay
fazekasáru pottery ware, crockery
fazekaskemence pottery kiln brick
fazekaskorong potter's wheel, throwing engine/wheel/lathe/disc ;
fazekaskorongoz throw
fazekasmesterség fictile art
fazekasműhely pottery
fazekas-olvasztókemence *(ker)* pot furnace
fazekasság potter's craft
fazékkorong cup (grinding) wheel
fazékkő *(ásv)* pot()stone
fazékmágnes *(rád)* pot magnet
fazékrezonátor *(rád)* pot resonator
fazékszigetelő *(vill)* pot insulator
fazetta facet, bevel ; *(bány)* bevel edge
fazettál bevel, cut facets
fazettáló készülék bevel grinding attachment
fazettált bevel(l)ed
fázis *(ált)* phase, stage, stadium ; *(fiz, vill)* phase ; **~ban** *(vill)* in phase/step ; **diszpergált** ~ disperse phase ; **folyékony** ~ fluid/liquid phase ; **kezdeti** ~ *(ált)* initial stage ; **~ból kiesett** *(vill)* out-of-phase ; **~t 90°-ra elforgató összetevők** quadrature components ; **~ban 90°-kal eltolt hálózat** *(vill)* quadrature network ; **kötegelt** ~ *(vill)* split phase ; **~ok láncolása** interlinking of phase ; **letapogatási** ~ *(telev)* sweep phase ; **~ban levő áram** in-phase current ; **~ban levő összetevő** active component, in-phase component ; **~ban levő üzem** *(vill)* in-phase operation ; **megosztott** ~ *(vill)* split phase ; **nincs ~ban** be out of phase ; **~ban sietés** lead (in phase); **~ban siető áram** leading current ; **szilárd** ~ solid phase ; **tetszőleges** ~ random phase ; **~ban van** be in phase ; **végső** ~ *(ált)* final stage
fázisállandó *fn* *(vill)* phase constant
fázisállító *fn* *[képtávírón]* phaser ; ~ **áramkör** *(rád)* phase adjusting circuit
fázisantenna *(rád)* phased aerial
fázisátalakító *(rád, vill)* phase transformer/converter
fázisátkapcsolás phase change
fázisbahozás phasing
fázisdetektorcső *(telev)* phase discriminator
fázisdiszkriminátor *(telev)* phase discriminator
fázisegyenlőség *(vill)* phase coincidence

fázisegyensúlyi diagram *(ol, vegy)* equilibrium phase, diagram
fázisegyezés *(vill)* phase coincidence
fáziselmaradás *(vill)* *l* **fáziskésés**
fáziselősietés *(vill)* *l* **fázissietés**
fáziseltolás *(vill)* phase displacement/shift; **90°-os ~** (phase) quadrature; **legkisebb ~ elve** *(rád, távk)* minimum phase-shift principle; **lineáris ~** linear phase shift; **~ szöge** angle of phase difference
fáziseltoló *l* **fázistoló**
fáziseltolódás *(vill)* *l* **fáziseltolás**; **~ nélküli erősítő** *(rád)* zero phase-shift amplifier
fáziseltolódási szög angle of phase displacement
fázisérzékeny *(vill)* phase-sensitive
fázisfeszültség voltage to neutral, Y/phase/star voltage
fázis-fókuszálás *(at)* phase focus(s)ing
fázisfordítás *(vill)* phase inversion/reversal, 180° phase-shift; **~sal működő oszcillátor** *(rád)* phase-shift oscillator, inverter oscillator
fázisfordításos modulálás *(rád)* outphasing modulation
fázisfordító *fn* *(vill)* phase inverter/reverser; **~ cső** *(rád)* inverter tube, phase-inverting tube; **egyirányú ~** one-way phase inverter/switcher; **~ erősítő** *(rád)* polarity inverting amplifier; **~ fokozat** inverter stage; **~ hangszóró** phase-inverter loudspeaker; **katódcsatolású ~** *(rád)* cathode(-coupled) phase inverter; **kétirányú ~** two-way phase inverter/switcher
fázisforgatás *(rád)* phase rotation; **~ szöge** *(rád)* angle of phase displacement
fázisforgató *fn* *(vill)* phase shifter, phase correcting equipment
fázisfrekvencia torzítás phase/frequency distortion
fázishullámzás *(rád)* phase swing
fázisillesztő *(rád)* phase adapter
fázisindikátor *(vill)* phase indicator
fázisíró (műszer) phase recorder
fázisjavító *fn* phase/impedance corrector/modifier/advancer, phase correcting stage; **~ forgógép** *(vill)* synchronous compensator; **~ kondenzátor** synchronous condenser, power-factor condenser
fázisjelfogó *(távk)* (poly)phase relay
fázisjelleggörbe *(vill)* *l* **fáziskarakterisztika**
fázisjelző *fn* *(vill)* phase indicator
fáziskarakterisztika *(távk)* phase characteristic
fáziskésés *(vill)* phase delay/lag; *(fiz)* retardation phase; **~ szöge** *(vill)* angle of lag signal
fáziskésleltetés *(vill)* *l* **fáziskésés**
fáziskiegyenlítés *(vill)* phase compensation
fáziskiegyenlítő *(vill)* phase equalizer/balancer
fáziskompenzátor *(vill)* *l* **fázisjavító**
fáziskorrekciós áramkör phase adjusting circuit
fáziskorrektor *(vill)* delay equalizer
fázisköz(ött)i *(vill)* interphase; **~ feszültség** *l* **láncolt feszültség**
fáziskülönbség *(vill)* difference in phase, phase difference; *l még* **fáziskésés**; **~ szögértéke** phase angle
fázislöket *(rád)* phase deviation
fázismegállapító elem *(vill)* phase-detecting element
fázismérés *(vill)* phase measurement
fázismérő *(vill)* phase-meter
fázismérték *l* **fázisállandó**
fázismoduláció *(rád)* phase/angle modulation, phase-shift modulation
fázismodulációs adó *(rád)* phase-modulation transmitter
fázismodulálás *(vill)* *l* **fázismoduláció**
fázismodulált phase-modulated; **~ adó** *(rád)* phase modulated transmitter; **~ hullám** *(rád)* phase-modulated wave; **~ jel** *(rád)* phase modulated signal
fázismodulátor *(rád)* frequency modulator
fázismutató *fn* *(vill)* phase indicator
fázisosztó *fn* *(vill)* phase splitter; **~ (áram)kör** phase-splitting circuit
fázisösszehasonlító *fn* *(vill)* phase difference indicator; **~ helymeghatározás** *(rád)* phase-comparison localization; **~ iránysávadó** *(rád, rep)* phase-comparison localizer
fázisrelé phase relay
fázisrezonancia *(vill)* phase resonance
fázissebesség *(fiz, vill)* phase velocity; *(távk)* wave/phase propagation velocity
fázissietés *(vill)* (angular) advance, leading (of) phase; **~ szöge** angle of lead/advance
fázissietési szög *(vill)* *l* **fázissietés szöge**
fázissiettető *fn* *(vill)* phase advancer, lead network; **~ szinkron motor szekunder körében** *(vill)* phase advancer
fázissorrend *(vill)* phase sequence
fázissorrend-relé phase-sequence relay
fázisszabály *(vill)* phase rule
fázisszabályozás *(vill)* phase control; **önműködő ~** automatic phase control, A. P. C.
fázisszabályozó *fn* *(vill)* phase shifter; *(telev)* phaser
fázisszembeállító modulálás *(rád)* phase opposition modulation
fázisszembenállás phase opposition
fázisszög *(vill)* phase/electric angle, angle of phase
fázisszög-megkülönböztetés *(rád)* phase-angle discrimination
fázistartó *mn* *(vill)* constant-phase
fázistekercs *(vill)* phase winding
fázistényező *(vill)* phase factor
fázistér *(at)* phase space
fázisterjedési idő *l* **fáziskésés** *(távk)*
fázisterületek tétele *(távk)* phase-area theorem
fázistolás *(vill)* *l* **fáziseltolás**
fázistoló *fn* *(vill)* (phase) shifter; **~ áramkör** shift circuit; **~ gipszlemez** *(fényt)* unit retardation plate; **~ kapcsolás** *(rád)* Helmholtz coil circuit; **~ mikrofon** phase shift microphone
fázistorzítás *(vill)* phase distortion
fázisugrás *(vill)* rapid phase change, phase whip
fázisválasztó *(vill)* phase selector
fázisváltás *(vill)* phase reversal
fázisváltási tényező *(vill)* phase-change coefficient
fázisváltó *fn* *(vill)* phase changer/converter/inverter/commutator; **180°-os ~** *mn* phase-reversing
fázisváltozási tényező *(vill)* phase-change coefficient
fázisvezeték *(vill)* outer (conductor)
fázisviszony *(vill)* phase relation
fazon form, shape, style; *(tex)* form; *l még* **idom**
fazon- *(gépt)* *l* **idom-**
fazonkialakítás *(fényt)* figuring
fazsindely *(ép)* wood(en) shingle, fur
fecskefark *(ép, fa)* dovetail, swallow tail; *(Bunsen-égőn)* wing top; **~ alakú betétlemez** *(fa)* dovetail key; **~ alakú csuklópánt** dovetail hinge; **~ alakú horony** dovetail slot, lewis hole; **~ alakú horonybetét** *(fa)* dovetail key; **~ alakú kötésű** dovetailed; **~ alakú lapolás** *(fa)* dovetail halving; **~ alakú lapos ék** dovetail key; **~ alakú rés** *(ép)* sole in dovetail groove; **~ alakú rögzítőköröm**
fecskefark-antenna *(hírad)* lobing antenna
fecskefark-csapkötés *(fa)* dovetail-joint
fecskefarkcsapozású *(fa)* dovetailed
fecskefarkcsapozó gép *(fa)* dovetailing machine
fecskefark-csúszósín dovetail guide
fecskefarkfűrész *(fa)* dovetail saw
fecskefarkhorony V-slot, female dovetail
fecskefarkhoronygyalu *(fa)* dovetail plane
fecskefarkhoronymaró *(forg)* dovetail milling cutter
fecskefarkillesztés *(fa)* dovetail joint; **~ csapja** pin; **süllyesztett ~** concealed dovetailing
fecskefarkkimunkáló gép dovetailing machine
fecskefarkkörfűrész dovetail cutter
fecskefarkkötés *(ép, fa)* dove; **gérelt v rejtett ~** *(fa)* dovetail mitre
fecskefarkkötésű szőnyeg dovetailed tapestry
fecskefarkmaró *(forg)* dovetail milling cutter
fecskefarkmérő nóniuszos idomszer dovetail vernier caliper
fecskefarkos *(ép, fa)* *l* **fecskefark alakú** *és* **fecskefarkú**
fecskefarkreszelő *(fa)* dovetail file
fecskefarktüskékkel kiképzett alap vakoláshoz *(ép)* splayed grounds
fecskefarkú: ~ berakás *(fa)* dovetail framing; **~ csap(olás)** common dovetail; **~ horony** dovetail groove; **~ illesztés** dovetail; **~ rálapolás** *(fakötés)* dovetail halving; **~ rovátka** dovetail furrow; **~ saroklapolás** *v* **sarokrovás** *(fa)* lap dovetail, dovetailed end cogging; **~ vállas rálapolás** *(fa)* shouldered dovetail halved joint
fecskefarkvágó: ~ kés dovetail knife; **~ láda** dovetail box
fecskefarkvéső lewising tool
fecskefarkvezeték *(gépt)* dovetail slide/guide
fecskefarkvezetékes állvány *(gépt)* dovetail frame
fecskefarok *(ép, fa)* *l* **fecskefark**
fecskendez sprinkle, spray, squiert, sputter spurt(le)
fecskendezés sprinkle, spray, spatter; *(gépk)* jetting; *vö még* **fecskendez**
fecskendező *fn* spray, sprinkler; *l még* **befecskendező**; **~ gázosító** spray

carbure(t)tor ; ~ **olajszelence** sprinkling can
fecskendezőfej *(dűzni ; pa)* spraying nozzle
fecskendő syringe, squirt, sprayer ; *(gépk)* shedder ; *(szivattyún:)* kicker, squirt ; **forgatható** ~ *(bány)* monitor ; **nagynyomású** ~ monitor ; ~ **szivattyú** squirt pump
fecskendőcső spray pipe
fecskendőfej sprayer nozzle ; **körben forgatható** ~ monitor nozzle
fecskendőkezelő *(munkás ; bány)* nozzle man
fecskendőrózsa jet rose
fecskendős nyomás *(tex)* spray printing
fecskendőszelep jet valve
fecskendőszerűen elhelyezett főtefa *(bány)* butt cap
fecskendő-tömlő water hose
fed *(ált:)* cover ; *(épületet:)* roof ; *(átlapol:)* lap ; *(árnyékol:)* screen, sheath ; **boltozva** ~ *(ép)* cope ; **cseréppel** ~ imbricate ; **mennyezettel** ~ ceil
fedél *(ált:)* cover ; *(épületé:)* roof ; *(eresz, ernyő)* hood ; *(búra, kupak)* cap ; *(csapófedél, kupak)* lid ; *(tex)* lid, clasp, cover piece ; *(fonógépen:)* clasp ; ~ **nélküli óra** open-faced watch; ~ **túlnyúló részét tartó fedélszékláb** barge couple
fedélbetétpapír carpet brown/felt
fedélcsavar *(gépt)* bonnet bolt/screw
fedélcsavarzat *(gépt)* cover screwing
fedeles tolattyú covered slide-valve
fedélfaváz *(ép)* roof skeleton
fedélhorog *(ép)* rafter nail
fedélkampó *(ép)* rafter nail
fedélkonty *(ép)* whole hip
fedélköz *(hajó)* steerage part of a ship, tween deck, between(-)decks
fedélközépszarufa *(ép)* intermedia.e jack rafter
fedélközi tér *(hajó)* between(-)decks
fedélléc *(pamutkártoló gépen)* flat
fedéllécezés *(ép)* roof skeleton
fedéllemez cover plate ; *(pa)* bookboard ; *(bitumenes:)* roofing felt ; **kerek** ~ cover disc ; ~ **rongypapírból** asphalt rag felt
fedéllemez-hintőanyag *(ol)* surfacing for (asphalt) roofing
fedéloromdísz *(ép)* hip knob
fedélprés *(nyomda)* arming press
fedélsík *(ép)* roof plane ; ~**ból kiugró konty** *(ép)* partial hip
fedélszék *(ép)* roof(ing) (bond), platform, trussing ; ~ **alsó része** *(ép)* heel ; **egyszékű torokgerendás** ~ collar roor with strut ; ~ **főgerendája** *(ép)* king truss
fedélszékgerenda *(ép)* roof beam
fedélszék-kötőgerenda *(ép)* roof tie
fedélszékrendszer *(ép)* frame of roof
fedélszék-szelemen *(ép)* side timber
fedélszékterv *(ép)* roof design
fedélszerkezet *(ép)* roof truss, platform ; ~ **főtartója** *(ép)* truss principal
fedélszorító csavar *(gépt)* cover screw
fedéltúlnyúlás *(a lapokhoz viszonyítva ; nyomda)* overhang
fedélvápa *(ép)* nook of two roof planes
fedélzet *(hajó)* board, platform, (bridge) deck ; **domború** ~ *(hajó)* arched deck ; ~ **felett magasan** *(hajó)* aloft ; ~ **keretlemezei** *(hajó)* stringer plates ; **legalsó** ~ *(hajó)* orlop ; ~ **nélküli** undecked
fedélzetalátámasztó acéloszlop *(hajó)* deck stanchion
fedélzeti *(hajó)* deck ; *(rep)* airborne ; ~ **antenna** *(hajó, rád)* ship's aerial ; ~ **azonosító felszerelés** *(rád, rep)* airborne identification equipment ; ~ **csörlő** *(hajó)* gypsy ; ~ **csöves beszélőkészülék** *(rep)* gosport tube ; ~ **daru** deck-crane ; ~ **gépek** deck machinery ; ~ **gerenda** *(hajó)* (deck) beam(s) ; *(nyílások mentén)* half-beam ; ~ **gerenda saroklemeze** *(hajó)* beam knee ; ~ **gumiszárító** *(hajó)* sqeegee ; **hátsó** ~ **nyílás** *(hajó)* afterhatch ; ~ **híd** *(hajó)* deck bridge ; ~ **lejáró** *(hajó)* vestibule ; ~ **leszállásra alkalmas repülőgép** ship--plane ; ~ **magasságmérő** *(rep)* airborne altimeter ; ~ **műszerek** board instruments ; ~ **nyílás** *(hajó)* hatch, porthole ; ~ **palánk** deck plank ; ~ **(radar)kereső** shipboard search radar, S. S. R. ; ~ **rakomány** deck (load) ; ~ **repülőgép** shipboard plane ; ~ **repülőgépjelző és tűzgépcélzó berendezés** airborne interception and gun direction radar, A. I. G. D. ; ~ **vízlefolyó nyílás** *v* **lefolyócsőr** scupper, wash port
fedélzetköz *(hajó)* lower deck, steerage
fedélzetmester *(hajó)* boatswain, bosun
fedélzetpárkány platform
fedélzetsúroló kefe *(hosszú nyelű ; hajó)* deck scrubber
fedélzet-támszerkezet *(hajó)* beam transom
fedélzettartó támoszlop *(hajó)* stanchion
fedélzetű : kettős ~ double-deck
fedélzug *(ép)* valley
féderes deszkaillesztés flashed joint
fedés *(ált)* coverage, covering ; *(ép)* cover, surface dressing ; *(heg)* prime coating ; *(távk)* mashing ; *(illesztésnél:)* negative allowance, interference; *(tex)* cover ; ~**ben nem lévő** *(nyomda)* out of register
fedési *(kötéspontok sűrűségét jellemző)* **tényező** *(tex)* cover factor
fedetlen uncovered, unsheltered ; ~ **fedélzet** *(hajó)* sun deck
fedett *(ált)* covered, coated ; *(orgonasíp:)* stopped ; ~ **bejáró** *(ép)* porch ; **boltozattal** ~ *(ép)* coom-ceiled ; **bronzzal** ~ bronze-sheathed/-coated ; **deszkával** ~ boarded ; ~ **ereszcsatorna** *(ép)* secret gutter ; ~ **hely** lee ; ~ **kocsi** covered cart ; ~ **kocsiátjáró** *(harmonika ; vasút)* flexible gangway bellows ; ~ **kocsifelhajtó** *(ép)* drive way ; ~ **kötés** *(fa)* coped joint ; *(gépt)* secret joint ; ~ **ládazár** coverplate lock ; ~ *(emeletes)* **légszárító** loft drier ; ~ **oszlopcsarnok** *(ép)* stoa ; ~ **rakodó** shipping shed ; ~ **teherkocsi** *(vasút)* box wagon/car ; ~ **teherszállító kocsi** *(gépk)* van ; ~ **uszoda** *(ép)* indoor pool, swimming bath ; ~ **varrás** overlocked seam ; ~ **vezérlőtábla** enclosed switchboard
fedett-ívű : ~ **hegesztés** submerged-arc welding ; ~ **kemence** smothered-arc furnace
fedezék blindage, coverage, entrenchment, shelter
féding *(rád)* fading, (radio) fadeout ; ~ **periódusa** *(rád)* fading-period ; **teljes** ~ Dellinger effect
féding-kiegyenlítés *(rád)* *l* **féding-szabályozás**
féding-szabályozás *(rád)* gain/volume/fading regulation/control ; **önműködő** ~ *(rád)* automatic volume control, A. V. C.
fedkő *(ép)* *l* **fedőkő**
fedlap *(ép)* *l* **fedőlap**
fedő *fn* cover piece, cap, blanket ; *(telep fedője ; földt)* baring ; *(bány)* roof, top wall, veil, capping, hanger, hanging layer/wall ; *mn* covering, capping, integumentary ; *(földt)* superincumbent, overlain ; ~ **cserréteg gödörcserzésnél** *(bőr)* cover (of the layers) ; **egymást** ~ **rácsok** *(sugárcsőben ; rád)* aligned grids ; ~ **erősítő** *(távk)* buffer/masking amplifier ; ~ **festőréteg** pigment finish ; ~ **fokozat** *(távk)* buffer stage/separator ; ~ **földréteg** top soil ; ~ **gerenda** *(fa)* coverbar ; ~ **képesség** *(festéké)* covering/spreading/hiding power, opacity ; **nem** ~ *(nyomda)* out of register ; ~ **szerkezet** *(statisztikai gépen)* masking device ; ~ **téglasor** *(ép)* coping ; ~ **tényező** *(tex)* cover factor ; **törésbe ment** *v* **összeomlasztott** ~ *(bány)* cave roof
fedőanyag *(földt)* muckle
fedőanyag-alapozás *(fényk)* basing coating material
fedőbazalt blanket basalt
fedőbőr *(nyersbőrbálán)* wrapper
fedődeszka *(fa)* covering board
fedőerő *(fényk)* reserve covering power
fedőfesték body colo(u)r
fedőfestés *(bőr)* coating
fedőfeszültség *(bány)* forces in roof
fedőfonal *(kh)* face/plating yarn, covering thread
fedőfonalas kötés *(kh)* plated knitting, plaited work
fedőfonal-fonalvezető *(kh)* plating finger
fedőfurnír top veneer, outer ply
fedőgumi *(tömlőn)* sheath
fedőhatás covering effect ; *(távk)* masking effect ; *(tex)* cover
fedőhenger *(forgó felső vízhenger ; hidr)* surface roll
fedőkeret *(pa)* deckle
fedőkísérő zsinór *(ércnyomokhoz főtében ; bány)* flaws
fedőkő *(ép)* drip cup, coping, overlier, cope(stone), slab, cap(-)stone ; *(óra)* end(-)stone, cap-jewel ; ~ **domború fedőlappal** *(ép)* segmental coping ; ~ **egyoldali vízlevezetéssel** *(ép)* feather-edge coping ; ~ **vízszintes fedőlappal** *(ép)* parallel coping
fedőkőcsatorna *(ép)* gorge
fedőkőfoglalat *(óra)* cover plate
fedőkönyök *(csőszerelvény)* drop elbow
fedőkősor *(ép)* capping of wall
fedőkőzet cap rock ; *(bány, földt)* top formation, superincumbent rocks ; **összetört** ~ *(bány)* cave roof
fedőkőzet-omlasztás *(bány)* *l* **főteomlasztás**
fedőlap *(ép)* slab, cope, cover ; *l még* **fedőkő** *és* **fedőlemez** ; *(pa)* bract ; *(könyvön:)* cover ; *(szivaron:)* wrapper ; *(vill)* switch-plate

fedőlapmárványozó munkás *(nyomda)* cover marbler
fedőlapos áteresz *(ép)* slab culvert
fedőléc *(ép)* tringle, fillet
fedőléces : ~ **hengeres kártoló(gép)** *(tex)* union card ; ~ **kártoló(gép)** (revolving) flat card(ing engine) ; ~ **lenkártoló gép** revolving flax card
fedőléc-hajtótárcsa *(tex)* flat driving pulley
fedőléc-hulladékok *(tex)* flat/card strips
fedőlemez cover plate, shield, crown sheet ; *(ép)* coping/tie plate ; *(gépt)* cover/butt plate ; *(rotoron ; távk)* clamp plate ; *(mikroszkópnál :)* glass cover, coverslip, cover slide/glass ; **állókazán ~e** roof sheet
fedőlemezcsipesz *(mikroszkóphoz)* glass cover forceps
fedőnád reed
fedőnövény catch crop
fedőnyomás *(tex)* cover printing
fedőoldal *(bány)* hanging (side/wall), hanger ; *l még* **fedő**
fedőpad *(bány)* top bench
fedőpala *(földt)* table/roofing slate
fedőpalló *(fa)* plank
fedőpapír pastings
fedőpor *(hegesztéshez)* flux
fedőréteg *(ált)* (setting/finish) coat, top/upper layer ; *(talajé :)* mantle ; *(bány, földt)* cover, top capping, overburden, superstratum, seal coat, upper bed ; *[gumiszalagon]* jacket ; *(festésnél :)* top dressing, top paint layer ; *(pa)* top dressing, outsides ; **~gel befed** overcrust ; ~ **elkülönített része** detached mass ; **földes** *v* **földszerű** ~ *(bány)* earth roof ; **közvetlen** ~ *(hasznos ásvány felett ; bány)* hat, adjacent stratum ; ~ **letakarítása** *(bány)* removal of overburden ; **utolsó** ~ *(lakkbőr-készítésnél)* varnish coat ; ~ **vastagsága** *(bány)* cover thickness
fedőrétegpapír liner
fedőrétegsimítás *(pa)* board-glazing
fedősín *(alsóvezetékes villamosvasútnál)* slot closing rail
fedősó *(koh, vegy)* flux, fluxing/protecting salt
fedősor *(legfelső ; ép)* capping
fedőszárny *(fényk)* working blade
fedőszelet *(földt)* *l* **fedőréteg** ; ~ **eltávolítása** baring
fedőszén(réteg) *(bány)* jay
fedő-T *(csőszerelvény)* drop tee/T
fedőtag *(bány)* roof limb
fedőtalaj *(ép)* kelly
fedőtalpbélés *(cipő)* sock(s of boot), sock lining
fedőtalpbélés-anyag *(cipő)* insoles covering linen
fedőtalpbélés-bevarró gép *(cipő)* sock sewing machine
fedőtalpbélés-fólianyomó : hidraulikus ~ gép *(cipő)* hydraulic stamping machine for stamping socks with foils
fedőtárcsa cover disc
fedőtégla *(ép)* copping/coping brick
fedőtéglasor coping
fedőtelep *(bány)* top seam, superstratum
fedőtű *(tex)* tickler needle, coverer, point of transfer
fedőüveg *(ker)* glass cover
fedővágat *(bány)* hanging adit
fedővarrat *(heg)* face/flush weld
fedő-varrógép *(tex)* flatlock machine
fedővas *(gyalukésen)* back/cover iron
fedü *(bány)* *l* **fedő**
fegyver arm, weapon ; **önműködő** ~ automatic (weapon) ; ~ **önműködő hüvelykidobóval** self-extracting weapon
fegyvercső (gun) barrel ; ~ **élettartama** accuracy/barrel life
fegyvercsőforrasztó barrel brazer
fegyvercsőrobbanás barrel bursting
fegyverkovács barrel forger, gun smith
fegyvermester (armament) artificer, gun smith, armo(u)rer
fegyvermesteri szerszámkészlet rifle tools
fegyvertáska weapon case
fegyvertisztító rúd ram rod
fegyverzet armament ; *(kábelé :)* armo(u)ring, armature, arming, armo(u)r ; *l még* **páncél** *és* **vértezet** ; *(kondenzátoron :)* armature, plate ; *(gépt)* armature
fehér white ; *(festetlen ; fényk)* blank ; ~ **agyag** white clay, terra alba ; ~ **arany** white gold ; ~ **arzénikum** *(ásv, vegy)* (vitreous) white arsenic ; ~ **bádog** tinned sheet iron, tinplate ; ~ **cserzés** *(timsós ; bőr)* tawing, alum tanning ; ~ **enyv** Russian glue ; ~ **facsiszolat** *(pa)* white-ground wood ; ~ **faktisz** white (India rubber) substitute ; ~ **falemez** *(papír)* white wood-pulp board ; ~ **fénymásolat** white print ; ~ **fénymásoló papír** ferrogallic prints ; ~ **fenyő** white pine ; ~ **fenyőfélék** *(fa)* spruce timber, whitewood ; ~ **fényű szén(pálca)** *(fényk)* white-flame carbon ; ~ **festék** white (pigments) ; ~ **föld** *(pa)* white clay ; ~ **gaucsolt karton mázoláshoz** *(pa)* unpasted board for coating ; **~re hántolt fa** *(pa)* white-barked wood ; ~ **homok** *(önt)* bleached sand ; ~ **izzás** white heat/glow ; ~ **izzásig hevített** white-hot ; ~ **izzítás** *(koh)* white-flame heat, white annealing ; **~en izzó** *mn* white-hot; **~en izzó hő** *(koh)* white heat ; ~ **(jel)szint** *(telev)* white level ; ~ **köles** *(takarmányozási célra)* dari ; ~ **krepp** *(legjobb kreppelt kaucsuk)* pale crepe ; ~ **lágyítás** *(hők)* white annealing, box-annealing ; ~ **lakk-kence** white lack varnish ; ~ **lakkozású** white-painted/-lacquered; **~lemez** *l* **~bádog;** ~ **lúg** *(pa)* white liquor ; ~ *(csiszolt)* **marhabőr** buff ; **~re meszel** white(wash) ; ~ **mészfesték** *(ép)* whit(en)ing ; ~ **nagy szilárdságú tégla** *(ép)* white bricks ; ~ **nyersvas** white (pig) iron ; ~ **olaj** white (mineral) oil, liquid petrolatum, paraffin oil ; ~ **oldalú gumiabroncs** *(gépk)* whitewall tyre ; ~ **ólomérc** *(ásv)* *l* **cerusszit** ; ~ **opálozás** *(fényk)* white opalescence ; ~ **paraffin** white wax ; ~ **penész** *[nyersbőrön]* white mo(u)ld ; ~ **precipitát** *(vegy)* white precipitate ; ~ **réz** German silver ; ~ **sáv** *[átjáró jelzésére]* white line ; ~ **sellak** white lac ; ~ **szén** *(vízi energia)* white coal ; *(erősítő hatású töltőanyag ; gumi)* white carbon ; ~ **szint** *(telev)* white level ; ~ **szörp** *(cu)* high-wash sirup ; ~ **telítődés** *(telev)* white saturation ; ~ **tempervas** white-heart malleable iron ; ~ **termékek** *(ásványolaj)* white products ; ~ **tölgy** white oak ; ~ **törés** *(boré ; élip)* white casse ; ~ **töretű temperöntvény** *l* **fehér tempervas** ; **~en túli tájék** *(telev)* ultrawhite region ; ~ **vazelin** *(gyógyászati)* petrolatum album ; ~ **világító petróleum** prime white oil ; ~ **zaj** *(telev)* white noise
fehéráru *(ol)* white product(s) ; *(tex)* white good(s), chiffon(s), bleached work(s) ; **~k** *(fehérített fonalból készített lenvászon-áruk)* blanchards ; ~ **lepárlása nyersolajból** topping
fehéráru-lepárló üzem *(ol)* skimming plant
fehéráruszövés *(tex)* weaving white goods
fehérbádog-edények tin-ware
fehéres whitish, albescent
fehér-fekete pamut- és gyapjúkeverék *(tex)* normal mixture
fehérfém Babbitt/white/antifriction metal
fehérfém-betétöntés Babbitt bearing lining
fehérgálic *(vegy)* white vitriol, salt of vitriol
fehérít whiten, blank, bleach, blench, blanch ; *(élip)* blanch ; *(pa)* bleach, pale, potch ; *(tex)* bleach, blanch, blench, chemic(k)
fehérítés whitening, cure, bleach(ing) ; *(film)* bleaching ; *(tex)* bleaching, blenching, blanching, whiting, chemicking ; *(viszkózé :)* bleach wash ; *(kénezéssel ; tex)* bleaching stoving ; *(mésztejjel ; tex)* bowking, bucking ; ~ **fehérárura** white bleach ; ~ **gázzal** gas bleaching ; ~ **meszes főzéssel** lime boil ; ~ **ólomcukorral és kénsavval** *(bőr)* lead bleach ; ~ **széles alakban** open-width bleaching ; ~ **után bőrt kimos** wash the leather after bleaching ; ~ **utáni savazás** grey sour
fehérítésállóság *(tex)* fastness to bleaching ; ~ **vizsgálata** dyed fastness to bleaching test
fehérítésálló színezék *(tex)* fast-to-bleaching colour
fehérítésfok *(tex)* amount/degree of bleaching
fehérítési : ~ **fok** *(pa)* brightness ; ~ **hibák** *(tex)* bleaching faults ; ~ **módszerek** bleaching techniques
fehérítetlen *(pa, tex)* unbleached ; ~ **cellulóz** *(pa)* unbleached wood pulp
fehérített cellulóz *(pa)* bleached (wood) pulp
fehéríthető *(pa)* bleachable ; ~ **cellulóz** *(pa)* bleaching pulp
fehéríthetőség *(pa, tex)* bleachability
fehérítő *fn (vegy)* bleacher ; ~ **folyadék** *(pa, tex)* bleaching bath/liquor/liquid/lye ; ~ **gyepterület** *(tex)* bleach field/green/ground ; ~ **hollandi** *(pa)* bleaching engine, potcher ; ~ **készülék** *(pa, tex)* bleacher, bleaching plant ; ~ **segédanyagok** bleaching assistances
fehérítőagyag fulling/bleach(ing) clay ; ~ **regenerálása** clay revivifying
fehérítőanyag bleach(ing) (material/agent), white ; *(színtelenítő :)* decolo(u)rizing agent
fehérítőanyag-felhasználás *v* **-szükséglet** bleach requirement
fehérítődob *(pa)* tumbler
fehérítőföld *(pa)* bleaching-clay/-earth
fehérítőfürdő *(tex)* kier

fehérítőgyep *(tex)* bleach green
fehérítőkád *(pa)* bleaching chest ; *(tex)* bleach(ing) tank, bleacher, kier
fehérítőkamra bleach chamber
fehérítőkrém vanishing cream
fehérítőlé *v* **-lúg** bleach(ing) lye/liquor/ liquid
fehérítőlúg-készítő üzem *(pa)* bleach mixing plant
fehérítőmész bleach(ing) powder
fehérítőmező *(tex)* bleach field/green/ ground
fehérítő(munkás) *(tex)* bleacher
fehérítőoldat *(tex)* *l* **fehérítő folyadék**
fehérítőoldat-erősség *(tex)* bleaching strength
fehérítőpor *(bőr, vegy)* bleach(ing) powder
fehérítőszer *l* **fehérítőanyag**
fehérítőtartály *(tex)* bleacher, bleaching tank
fehérítőtorony *(pa)* bleaching tower
fehérítőüzem *(pa, tex)* bleaching plant/ department/house, bleachery
fehérje protein ; **nem teljes értékű ~** incomplete protein ; **~ alapú szálasanyagok** *(tex)* natural protein fibres
fehérje-anyagcsere protein metabolism
fehérjebontás proteolysis
fehérjebontó *[enzim]* proteolytic
fehérje-egyenérték protein equivalent, P. E.
fehérje-hidrolízis proteolysis
fehérje-műszál albumin/protein fibre
fehérlemez-hengermű tin-plate mill
fehérnemű *(tex)* underwear, (body) linen
fehérneműbetét-karton *(pa)* laundry board
fehérneműkamra linen closet
fehérneműkereskedő draper
fehérneműkészítő draper
fehérneműmerevítő karton *(pa)* textile/ laundry/shirt board
fehérneműs szekrény linen closet
fehérneműszárító kötél clothes line
fehérneműzsák *(tex)* cabin bag
fehérségtartalom *(pa)* colo(u)r brightness/intensity, whiteness
fehérségtartalom-vizsgáló *(pa)* whiteness tester
fehértímár alum tanner, tawer
fehértörékeny *(koh)* hot-short
fehérvasöntvény *(koh)* chill(ed) casting, white iron casting
Fehling-oldat *(vegy)* Fehling's solution
Fehling-próba *(vegy)* Fehling's test
Fehling-reagens *(vegy)* Fehling's solution
Fehling-reakció *(vegy)* Fehling's reaction
fej *(ép)* cap (piece) ; *(gépt)* head(piece), cap, end, top ; *[izzólámpáé:]* lamp-cap/-base ; *[szerszámé:]* back ; *(vill)* socle ; **~re állított téglasor** brick-on-end course ; **~ feletti** *(bány, gépt)* overhead ; **~ feletti hegesztés** overhead welding ; **félgömbölyű ~** cup/round head ; **hatlapú ~** hexagon head ; **hengeres ~** fillister/cylindrical head ; **kész ~** *(szegecsen)* snap head ; **kúpos ~** conical/cone head ; **lencse alakú ~** half-countersunk head, ellipsoidal head ; **magas félgömbölyű ~** *[facsavaron]* piano head ; **négyzetes ~** square head ; **~ nélküli** *(nyersbőr)* headless, no-head ; **~ nélküli aprószeg** sprig ; **~ nélküli csavar** *(ászok:)* stud (bolt) ; *(hernyó:)* (headless) set screw, grub screw ; **~ nélküli szeg** brad (nail) ; **süllyesztett ~** flush/ countersunk/flat head ; **~ toldata** *(gépt)* added head ; **villás ~** fork(ed) head
fejácsolat *(bány)* top frame
fejadag *[jegyre]* ration
fejállomás *(vasút)* cul-de-sac station, terminus, head house
fejátvezetés *(rád)* base leakage
fejbeszélő *(távk)* head gear
fejbetű *(nyomda)* ornamental initial
fejbuktató *(bány)* tumbler
fejcím *(nagybetűs ; nyomda)* crosshead ; *(lapszélen ; könyv)* sidehead
fejcső *(szivattyún)* header
fejdúc *(ép)* headstock
fejel boss ; *[répát]* top
fejelő berendezés *[aratócséplőn]* heading attachment
fejelőfa butt cap
fejelőgép *(rád)* basing machine, footer
fejelőpánt *(cölöp- v árbochosszabbításhoz)* cap band
fejelőtégla *(ép)* heading (brick), header
fejelt fonalmotring *(tex)* knot
fejes headed, head-type ; **~ csapszeg** *(gépk)* clevis pin ; **~ csavar** bolt, screw ; **~ kormánycsap** *(kormánylapát kiemelésének megakadályozására)* lock pintle ; **~ tekercs** *(vill)* cap spool
fejesvéső head chisel
fejesvonalzó T-square
fejeszterga face/chuck lathe
fejetlen *l* **fej nélküli**
fejezés *[szegecsé]* heading
fejezet *(ép)* crown ; *(tétel:)* item ; *(nyomda)* chapter, break
fejezetcím *(nyomda)* half title
fejezetdísz *(nyomda)* chapter heading, headpiece
fejezetkezdő könyvoldal *(nyomda)* slur page
fejező *mn* heading ; *fn* header, heading die
fejezőcsúszka *(gépt)* header slide
fejezőgép heading machine
fejezőkalapács heading hammer
fejezőodor *(gépt)* heading die
fejezőszán *(gépt)* header slide
fejezőszerszám heading tool/die ; *(csavarhoz:)* bolt header
fejfa *(bány)* cap bar
fejgerenda *(ép)* (door) lintel, seal, cap ; *(forg, gépt)* cross brace
fejgömb ball finial
fejhallgató *(távk)* head(band) receiver, headpiece, earpiece, (radio) headphone; **kettős ~** double-head receiver
fejhallgatóhüvely headphone jack
fejhallgatós figyelés headphone monitoring
fejhang *(hangt)* head voice
fejhasítékbőr head split
fejhézag *(gépt)* radial clearance
fejhőmérséklet *(kolonnában ; ol)* top temperature
fejirat *(nyomda)* superscription
fejkendő *(tex)* coverchief. kerchief, (head) shawl
fejkép *(ásv)* build of the apex
fejkeret *(bány)* top frame
fejkivágás *(cipőfelsőrészé)* throat
fejkivezetés *(rádiócsövön)* top cap
fejkő *(ép)* cobble stone
fejkör addendum/tip circle
fejkörsugár *(gépt)* addendum/tip circle radius
fejkúp *(gépt)* addendum/tip cone ; **~ félnyílásszöge** addendum angle
fejkúpszög addendum-cone (vertex) angle
fejlámpa *(vill)* headlight, headlamp
fejléc *(nyomda)* heading, headpiece, crosshead, vignette, head of a page
fejlemez-szegecselés *(hídon)* cover plate-riveting
fejleszt develop, upraise ; **gázt ~** gasify ; **gőzt ~** generate/make steam ; **hevesen gázt ~** effervesce ; **vizet** *v* **gázt ~** *(szén- v kőzetréteg ; bány)* bleed
fejlesztés *(ált:)* development ; *(növelés:)* upgrowth ; *(képzés, termelés:)* generation
fejlesztési munkálatok *(bány)* development work
fejlesztett színezék *(tex)* raised colo(u)r
fejletlen underdeveloped
fejlődés evolution ; **~ egymás után következő alakjai** *(földt)* sequential forms ; **~ben elmaradt** underdeveloped ; **torzult ~** *(ásv)* anamorphosis
fejlődési : ~ állapot stadium, stage ; **~ fok** phase ; **~ irányvonal** *(statisztikában)* trend
fejlődésképtelen *(fa)* unthrifty
fejlődésmenet life-cycle history
fejlődő *(haladó:)* progressive ; **~ gáz** *[motorban]* evolved gas
fejnehéz *(rep)* nose-heavy
fejnehézség *(rep)* nose-heaviness
fejoldal *(érméé)* obverse
fejőcsésze *(fejőgépen)* teat cup
fejőedény *(mzg)* pail
fejőgép *(mzg)* milking machine, milker, tapper ; **~ fejő szerkezete** teat cup ; **tartályos ~** pail
fejőkehely *(fejőgépen)* teat cup
fejősajtár *(mzg)* pail
fejpályaudvar *(vasút)* passenger terminal
fejpárkány *(földhányás mellvéd szegélyén)* bonette
fejpárlat *(ol, vegy)* heads, overhead (distillate/product), tops
fejrész *(gépt)* cap, head(piece) ; *(cipő)* front part
fejrészfordító gép *(cipő)* front part turning machine
fejsajtolás *(csavaré)* heading
fej-sor *(nyomda)* headline
fejszalag *(gépt)* top land ; *(nyomda)* bookcloth headband
fejszámolás mental computation
fejsze (cleaving) axe, bill, adz(e) ; **széles élű rövid ~** chop hammer ; **széles fejű ~** block bill
fejszecsapás beat
fejszefok back, eye, axe head
fejszelyuk axe hole
fejszenyél axe handle, helve
fejszenyél-lyuk *v* **-rés** axe hole/eye
fejt *(bány)* strip, hack, hag, break out, (under)mine, bring down, dig, hew ; *(héjas termést:)* scale ; **követ ~** quarry ; **kőzetet ~** *(bány)* break ; **pásztát ~** *(bány)* draw a jud ; **pilléreket ~ hazafelé** *(bány)* drawback pillars ; **szenet ~** *(bány)* break coal
fejtám(asz) head rest ; *(vasúti kocsiban:)* cheek rest
fejtáró *(hidr)* advance heading
fejtáv headway
fejtermék *(lepárlásból)* *l* **fejpárlat**

fejtés *(bány)* mining, winning, ground breaking, stope, stoping, live workings; *(pillérfejtésben ; bány)* mining pillars ; ~ **alatt álló** *(bány)* broken ; ~ **alulról felfelé** *(bány)* raise stoping ; ~ **beomlasztása** *(bány)* block caving ; ~ **és berakás** *(bány)* getting ; ~ **csapásirányban** *(bány)* drift stoping ; **csapás(irány)ra merőleges** ~ *(bány)* cross measure(s), cross-pitch mining ; **csúcsíves** ~ *(bány)* herringbone ; ~ **dőlésben felfelé** *(bány)* working to the rise ; **eltömedékelt** *v* **berakott** ~ *(bány)* closed stope ; ~**re érdemes melléktelér** *(bány)* pay streak ; ~**re érdemes mellékzsinór** *(bány)* pay lead ; ~**re érdemes réteg** *(bány)* productive bed ; ~**re érdemes (réteg)-vastagság** *(bány)* workable thickness ; ~ **felülről lefelé** *(bány)* working downward ; ~ **határ felé** advance stoping, advancing ; ~ **hazafelé** *(határtól az akna felé haladva ; bány)* retreating ; **ki nem lyukadt** ~ *(bány)* blind room ; **láncvontatásos** ~ *(bány)* chain ; ~ **lapos dőlésű telepben** *(bány)* flate working ; **lépcsős** ~ *(bány)* bench stoping, benching ; ~**ben levált kőzet** *(bány)* slide rock ; ~ **munkapadról** *(meredek dőlésű vékony rétegnél ; bány)* battery method ; ~ **45° alatt** *(bány)* mitre half ; ~ **négyzetes kamrákkal** *(bány)* square-chamber system ; **omlasztásos** ~ *(bány)* caving(s method) ; ~ **osztatlan pillérekkel** *(bány)* widework ; ~ **az osztókból** *(bány)* sublevel stoping ; ~ **pásztája** *(bány)* benching bank ; **rendszertelen** ~ *(bány)* coyoting ; **réteges** ~ *(bány)* drift slicing ; ~ **rétegződés szerint** *(bány)* face on ; ~ **sugaras betörésekkel** *(bány)* radial slicing ; ~ **szabad felülete** *(bány)* free face ; ~ **széles munkahelyen** *(bány)* widework ; **szeletes** ~ **alulról felfelé** *(bány)* benching-up ; ~ **szintes szeletekben** *(bány)* level cutting ; ~ **szintes szeletekben lefelé** *(bány)* slicing and caving ; ~ **szintes telepben** *(bány)* first working ; ~ **tömedékeléssel** *(bány)* cut--and-fill method ; ~ **vízszintes rétegekben** *(bány)* scramming ; ~ **vízszintes szeletekben** *(bány)* horizontal slicing

fejtésbiztosító szénpillér *v* **annak fala** *(bány)* rib

fejtéshomlok *(bány)* forehead, side, heading, face of stope

fejtési : ~ **alaprajz** *(bány)* contour ; **amerikai** ~ **rendszer** *(bány)* block system ; ~ **ciklus** *(bány)* wall cycle ; ~ **előkészítés** *(bány)* productive development ; ~ **felület** *(bány)* area of face, live workings ; ~ **fogás** *(bány)* cut, bannocking ; ~ **folyosó** *(bány)* butt entry ; ~ **front** *v* **homlok** *(bány)* (stoping/wall/mine) face, bank, workface, head, forebreast, face of the bed/stope ; ~ **homlokra merőleges réteg** *(bány)* butt joint ; ~ **homlokvágat** *(bány)* face entry ; ~ **kamra** *(bány)* winning bord, stall ; ~ **kamra körülfalazása** *(bány)* shell ; **keskeny** ~ **munkahely** *(bány)* stre(t)t ; ~ **lépcső** *(bány)* stepped footing ; ~ **magasság** *(bány)* lift ; ~ **mező** *(bány)* set of workings, panel ; ~ **mező határa** *(bány)* panel barrier ; ~ **mező hossza** *(bány)* run ; ~ **munka** *(bány)* breakage ; ~ **munkahely** *(bány)* face of bed, long-face, wide/working place/face ; ~ **munkaütem** *(bány)* actual mining ; ~ **pad** *(bány)* bank ; ~ **pászta** *(bány)* bank, stope, bord gate ; ~ **pillér** *(bány)* panel ; ~ **szakasz** *(bány)* live workings ; ~ **szalag** *(bány)* face conveyer ; ~ **szélesség** *(bány)* breast ; ~ **szelet** *(bány)* slice, bench ; ~ **szint** *(bány)* (mining) level, bank, mining/working floor ; ~ **szintkülönbség** *(bány)* spacing of the levels ; ~ **szög** *(bány)* angle of draw ; ~ **tábla** *(bány)* strip ; *(egyszintes telepítésnél egysiklós és ereszkés mező :)* panel section ; ~ **talp** *(bány)* mining floor ; ~ **töménység** *(bány)* concentration of mining ; ~ **üreg** *(feneke ; bány)* pit ; **vállapsíkra merőleges** ~ **irány** *(bány)* bordway course

fejtett nyerskő *(ép)* quarrystone

fejthetetlen : ~ **kezdés** *(kh)* regular welt ; ~ **szél** *(kh)* hem

fejthető telep vastagsága *(bány)* minable width

fejtmény *(bány)* broken ore, rubble, muck ; ~**t csillébe rak** muck

fejtményrakodás *(bány)* muck loading

fejtménytérfogat fellazulása *(bány)* swell of broken ore

fejtő *[munkahely ; bány]* wide ; *(gép, mzg)* stripper ; ~ **munkahely** *(bány)* working place

fejtőcsákány *(bány)* pick mattock, gad-picker

fejtőék *(bány)* stob, stook and feather

fejtőeke *(bány)* mining/mechanic(al) plough

fejtőgép *(bány)* cutter/heading machine, burster ; ~ **két vízszintes és egy függőleges karral** *(bány)* slabbing machine

fejtőgödör *(bány)* strip pit

fejtőgyalu *(bány)* mining plough

fejtőhelyi felszerelés *(bány)* coal machinery

fejtőkalapács *(bány)* chipping hammer, coal pick, coal/acute hammer ; *(hegyes végű :)* pick hammer

fejtőkalapácsos vájár *(bány)* hewer

fejtőkés paring knife

fejtőpászta *(bány)* stope drift, stall

fejtőpásztafront *(bány)* face of working

fejtőrendszer : omlasztásos ~ *(bány)* cavings system

fejtősorok *(kh)* ravelling waste

fejtőszint *(bány)* extracting level

fejtővágat *(bány)* panel/butt entry, extraction drift/gallery ; **merőleges** ~ *(bány)* bord

fejtővájár *(bány)* coal hewer, getter, lodesman, stripper, breaker

fejtrágyázás *(mzg)* top dressing

fejvágás *(cipőfelsőrészé)* oxford shoe

fejvédő *fn* *(bány)* face shield ; ~ **törzsborda** *(átvágódás esetére ; rep)* overturn/turnover bulkhead

fék *(ált ; gépt)* brake ; *(fékezőelem :)* chock, skid, stopper ; *(tex)* brake, drag motion, damper ; **belsőpofás** ~ internal expanding brake ; **centrifugális** ~ speed brake ; **csavarorsós** ~ screw spindle brake ; **csavarrugós** ~ coil brake ; ~ **ékkerékkel** *(vasút)* V-groove brake ; **ellensúlyos** ~ counterweight/deadweight brake ; **feszítőékes** ~ expanding-wedge brake ; **kétkörmös** ~ clawshell brake ; **kétpofás** ~ double-block brake ; ~ **kézi emeltyűje** brake hand lever ; ~**et kiold** release the brake ; **a** ~ **ki van engedve** the brake is off ; **körmös** ~ cam brake ; **köteles** ~ rope brake ; **külsőpofás** ~ external contracting brake ; **lamellás** ~ multiple-disc brake ; **lassító** ~ slowing-down brake ; **megállító** ~ stopping brake ; ~**et megereszt** release the brake ; ~**et meghúz** pull the brake ; **ollós** ~ grip/clip brake ; **pofás** ~ shoe/block brake ; **sűrített levegős** ~ air/pneumatic brake ; **szalagos** ~ belt/band brake ; **tárcsás** ~ disc brake ; **üzemi** ~ service brake ; **visszafutás elleni** ~ *(emelőn)* back stop

fékakna *(bány)* gravity runway, drop shaft

fekália *(mzg)* fecal

fékállító *(önműködő ; gépk)* slack adjuster ; ~ **kengyel** *(gépk)* brake adjuster ; ~ **szerkezet** *(gépk)* brake adjusting mechanism

fékállomás *(függőpályán ; bány)* braking terminal

fekálzsír *(ol)* garbage grease

fékbak *(repülőgép kereke alá)* chock

fékbeállító dob *(a rendes fékdob helyett ; gépk)* dummy brake drum; skeleton drum *(US)*

fékbélés facing of brake

fékberendezés brake assembly, arresting/braking/brake gear/system/device

fékberezgés *(gépk)* brake judder/shudder

fékbetét *(gépk)* (friction/brake) lining, brake band lining ; **fer(r)odo** ~ ferodo brake lining ; **fonott** ~ *(gépk)* woven brake lining ; ~ **hasznos felülete** *(gépk)* working surface of friction lining ; **öntött** ~ *(gépk)* moulded brake lining ; ~ **pótlása újjal** *(gépk)* relining ; **ragasztott, nem szegecselt** ~ *(gépk)* bonded friction lining ; ~ **végeinek leélezése** *v* **elvékonyítása** *(gépk)* chamfering

fékbetétezés *(gépk)* relining of brakes

fékbetét-köszörű *(gépk)* brake lining grinder

fékbetét-ragasztó *(gépk)* brake adhesive

fékbütyköstengely brake camshaft

fékbütyök *(gépt)* arresting cam ; *(gépk)* brake cam

fékbütyök-emeltyű *(gépk)* cam(-)lever

fékbütyök-tengely *(gépk)* (brake) camshaft

fékcsat stopper

fékcsavarorsó brake spindle/screw, brake-staff

fékcsiga brake pulley

fékcsikorgás *(gépk)* brake squeal

fékcsomó *(hajó)* mouse of a stag, mousing

fékcső brake hose

fékcsörlő brake reel

fékcsővezeték *(hajlékony ; gépk)* brake flexible piping

fékdinamométer absorption dynamometer

fékdob *(gépk)* brake drum ; ~ **barázdálódása** *(kopás folytán ; gépk)* drum scoring ; **kúposra** *v* **harang alakúra kopott** ~ bell-mouth drum

fékdobbetét *(könnyűfém fékdobban, rendszerint öntöttvas ; gépk)* brake drum insert

fékdobcsiszoló v **fékdobköszörülő gép** brake drum grinding machine, brake drum grinder
fékdob-elhúzódás *(gépk)* (brake) drum distortion
fékdob-felszabályozás *(esztergálás v köszörülés ; gepk)* brake-drum refacing
fékdob-köszörü *(gépk)* brake drum grinding machine
fékdobos lassítómű *(bány)* brake drum retarder
fékdobtágulás *(gépk)* (brake) drum expansion
fékdorong *(vasút)* brake sprag, braking club
fékdugattyú *(fém ; gépk)* brake piston
fékdugattyú-visszatérítő rugó *(gépk)* brake piston return spring
fekecs *(önt)* (founder's) black, black wash, blacking
fekecsel *(önt)* (under)face the mo(u)ld, (wet-)black the mo(u)ld
fekecselés *(önt)* blacking
fekecselő ecset *(önt)* blackening brush
fékellenállás brake resistance ; *(villamosvasútnál)* brake rheostat
fékellensúly brake weight
fékelrendezés : belső ~ *(differenciálmű ket oldalán, mintLancia ; gépk)* inboard brake ; **külső** ~ *(kerékagynál ; gépk)* outboard brake
fékelzáró *(vasút)* brake stop cock
fékemeltyű *(kormányon ; mkpár)* brake lever
fékemeltyűs rendszer brake beams
fékerő *(gépt)* brake/braking force ; **tangenciális ~ a fékdobon** *(gépk)* drag at the drum
fékerőkiegyenlítő mű *(gépk)* brake equalizer
fékerőmegoszlás *(első és hátsó tengely között ; gépk)* brake drag ratio
fékes *fn (siklón ; bány)* brakeman ; *(vonaton ; bány)* train boy ; ~ **áttétel** v **hajtómű** brake gear ; ~ **kocsi** *(vasút)* brake van ; ~ **kocsin dolgozó munkás** *(vasút)* spragger ; ~ **vonszolóláncos szállítószalag** *(bány)* retarding chain conveyor
fekete black, inky ; ~ **aszfaltpapír** black waterproof paper ; ~ **(cipész)szurok** common pitch, cobbler'swax ; ~ **csomagolópapír** black wrapping paper, blacks ; ~ **csomókkal teleszórt** *(fa)* black-knotty; ~ **döntés** *(fa)* dark felling ; ~ **fabél** black heart ; **feketénél feketébb** *(fényt, telev)* infra(-) black, blacker than the black ; **feketénél feketébb tartomány** *(fényt, telev)* blacker than black region ; ~ **fémcsomagoló papír** black hardware-paper ; ~ **fényképészeti csomagolópapír** black photo-paper ; ~ **főzés** v **főzet** *(pa)* burnt cook ; **feketére futtatott kikészítés** *(koh)* heatblack finish ; ~ **fürtű** *(merinógyapjúbunda ; tex)* black-topped ; ~ **hőmérséklet** *(fényt)* brightness temperature; ~ **klinkertégla** terro-metallic clinker(s); ~ **lignit** *(bány)* straight coal ; ~ **lúg** *(pa)* black liquor ; ~ **negatív** *(fényk)* black negative ; ~ **oltóviasz** *(mzg)* mummy ; ~ **olvadékszóda** black ash ; ~ **pamutszatén fényesítése** *(finis-kalanderen ; tex)* Schreiner finish ; ~ **papír** black paper ; ~ **pauszpapír** black pattern-paper ; ~ **pozitív** *(fényk)* black positive ; ~ **precipitát** *(vegy)* black precipitate ; ~ **réz** *(koh)* black-copper, sooty copper ; ~ **rézérc** *(ásv)* l **tenorit** ; ~ **salak** *(koh)* oxidizing slag ; ~ **selyemszalag** armozeen ; ~ **spinell** *(ásv)* l **pleonaszt** ; ~ **szén** bituminous/black coal ; ~ **színérzékeny festék** *(fényk)* ink ; ~ **szint** *(telev)* black level ; ~ **szint alatti jelszint** *(telev)* infra-black region ; ~ **tábla** *(fa)* blackboard ; ~ **talp** *(bőr)* black bottom ; ~ **test** *(ideális)* black body, complete radiator ; ~ **test sugárzása** *(fényt)* blackbody radiation, cavity radiation ; ~ **turmalin** *(ásv)* l **schörl**
feketedés blackening ; *(koh)* carbonization ; **diffúz** ~ *(szink)* diffuse density ; ~ **törvénye** *(fényk)* density law
feketedési : ~ küszöb *(feketedés legalacsonyabb foka ; fényk)* treshold (of blackening) ; ~ **tényező** extinction factor/coefficient
feketedésmérés *(fényk, színk)* densitometry
feketedésmérő *(fényk, színk)* densitometer
feketedeszka-készülék *(szeriplán ; tex)* black sight board, seriplane
fekete—fehér black-and-white ; *(nyomda)* clare-obscure ; ~ **fénymásoló papír** black-line paper, black print paper ; ~ **kép** *(telev)* black- and white-picture ; ~ **televízió** black-and-white television ; ~ **televíziós vevő** black-and-white receiver
feketeföld-terület *(mzg)* chernozem belt
feketegálic *(mzg)* mixture of blue and white vitriol with charcoal dust
feketelemez *(heng)* black plate, (raw) sheet iron ; ~ **ónozáshoz** tin-mill black plate
feketemázas *(vörösagyag)* **edény** jetware
feketére-futtatás *(koh)* black finish
feketés blackish
feketeség blackness ; ~ **és színesség mértéke** chroma(ticity)
feketít black(en) ; *(szenesít :)* carbonify; *(szennyez :)* smut
feketítés blackening ; *(szenesítés :)* carbonization
fékez *(gépt)* brake, trig ; *(késleltet :)* retard ; *(lökést, sugárzást)* damp, deaden, moderate ; *(gépk)* (apply the) brake, put on the brake ; **motort ellenárammal** ~ *(vill)* plug
fékezés braking, restraint, damping, checking ; **áramvisszanyeréses** ~ back-current brake ; ~**re átállít(hat)ó légcsavar** *(rep)* reversible propeller/airscrew ; **erős** ~ heavy braking ; ~ ~ **motorral** motor braking ; **önműködő** ~ **beiktatása** *(vasút)* cut-in loop ; **önműködő** ~ **kikapcsolása** *(vasút)* cutout loop ; **rekuperációs** ~ *(vill)* back-current brake
fékezési : ~ együttható drag coefficient ; ~ **hatásfok** retardation efficiency ; ~ **nyomaték reakciója** *(gépk)* brake torque reaction ; ~ **raksúlyváltó** *(teherkocsin)* empty load device
fékezett braked, damped, moderated, retarded ; ~ **effektív középnyomás** *(gépk)* mean effective brake pressure ; *(effektív)* ~ **hatásfok** *(gépk)* brake horsepower efficiency ; ~ **lóerőóra** brake horsepower-hour ; ~ **szélmérő** *(met)* bridled anemometer
fékező *fn (vasút)* brakeman ; *(csillapítóanyag v berendezés)* deadener, moderator, damping agent/device ; ~ **berendezés** braking device ; *(arretáló :)* arrester ; ~ **gerenda** *(vasút)* snubbing post ; ~ **készülék** arrester ; ~ **kötéltárcsa** brake pulley ; ~ **nyomaték** drag/retarding torque ; **önmagát** ~ self-braking ; ~ **szerkezet** *(gépk)* stop motion
fékezőállás *(vasút)* brakeman's cabin
fékezőanyag *(atomreaktorban)* moderator
fékezőerő braking/brake force ; *(késleltető :)* retarding force
fékezőfülke *(vasút)* brakeman's cabin
fékezőgörgő jamming soller
fékezőhatás l **fékhatás**
fékezőhossz braking length
fékezőlánc chock chain
fékezőlemez *(gumi)* breaker plate
fékezőmezős cső *(rád)* brake-field valve
fékezőnyomás *(mech)* retardation pressure
fékezőperon *(vasút)* brakeman's cabin
fékezőpofa brake chock ; **kiálló** ~ bulge
fékezőrács *(vill)* suppressor/intercepting grid
fékezőrács-moduláció *(rád)* suppressor-grid modulation
fékezőrács-potenciál *(rád)* suppressor-grid potential
fékezőrúd brake scotch, trigger bar
fékezős szállítószalag szögállvánnyal open-angle conveyor
fékezőszárny *(rep)* damper wing
fékezőszelep brake application valve
fékezőtárcsa retarding dise
fékfa *(bány)* sprag
fékfelület facing of brake
fékfeszítő rúd brake tension rod
fékfogantyú brake cross lever
fékfolyadék brake/braking fluid/liquid ; *(gepk)* brake fluid
fékfolyadék-kieresztő dugó brake bleeder plug
fékfolyadéktartály brake supply tank
fékfolyadékvezeték brake conduit
fékfüggvas *(vasút)* brake hanger
fékgerendely cylinder lever shaft
fékgerendely-csap cylinder lever shaft fulcrum
fékgumi brake rubber
fékháromszög *(vasút)* brake truss bar, trussed beam
fékhatás braking/brake value/action/effect/efficiency
fékhatás-csökkenés *(melegedéstől ; gépk)* brake/temperature fade
fékhatásfok braking efficiency
fekhely couch
fékhenger brake cylinder ; *(dob :)* brake drum
fékhenger-emeltyű cylinder lever
fékhenger-gumidugattyú *(gépk)* rubber cup ; ~ **dagadása** *(gépk)* swell of the rubber cup ; ~ **pereme** *(gépk)* lip of the cup
fékhengertartó *(gépk)* brake carrier
fékhimba *(gépk)* brake beam
fékhuzal brake (control) cable
fékhúzó rúd brake control/pull rod
fékidő *(fékút megtételéhez szükséges idő)* stopping time
fékív brake quadrant
fékjelző lámpa *(gépk)* brake light lamp, stop(-tail) lamp
fékkábel *(gépk)* brake cable

fékkapcsolat braking contact
fékkapcsoló *(darun)* brake controller
fékkar brake lever
fékkarcsúszás brake skid
fékkaros rendszer brake beams
fékkarrögzítő : ~ **kilincs** brake lever pawl ; ~ **pecek** brake lever adjusting pin
fékkerék brake-wheel
fékkeresztrúd *(vasút)* brake(-)beam
fékkereszttengely *(gépk)* brake cross shaft
fékkezelő *fn* brakeman
fékkiegyenlítés *(gépk)* equalization of brakes
fékkiegyenlítő *(gépk)* equalizer
fékkilincs brake pawl
fék-kontroller *(vill)* brake controller
fékkorong brake support
fékköpeny brake housing
fékkötél *(hajó)* cross brace
fékkötélbog *(hajó)* stopper
fékközbetéttengely brake intermediate shaft
fékközlőtengely brake intermediate shaft
fékkulcs brake spanner/expander/clevis, brake adjusting lever
féklámpa *(gépk)* stop-light, stop lamp
féklámpakapcsoló *(gépk)* braking signal switch, stop light switch
féklánc brake switch chain, lock chain
féklánccsiga *(vasút)* brake chain worm
féklánctárcsa brake chain sheave
féklap *(rep)* split flap
féklazító brake magnet
féklégcsavar *(rep)* club propeller, braking fan
féklégtartály víztelenítése *(vasút)* bleed
féklevegőelosztó szelep *(rep)* brake control valve
féklóerő *(gépk)* brake horse power, b.h.p. ; **korrigált** ~ corrected brake horse power, BHP
féklóerő-óra brake horse power hour, B.H.P.H., b.h.p.h.
féklöket-állító *(vasút)* slack adjuster ; ~ **vonórúd** *(vasút)* slack adjuster pull rod
fékmágnes braking/brake magnet
fékmeghúzó erő braking effort
fékmérő készülék brake meter
fékmotolla drag reel
fékműves szállítószalag *(bány)* retarding chain conveyor
féknyom *(gépk)* brake/braking trace/mark
féknyomásfokozó *fn* brake pressure amplifier, brake booster
féknyomaték braking moment/torque ; *[számlálóban]* braking couple
fékolaj brake fluid
fékolajtartály *(gépk)* reserve fluid tank, brake fluid supply tank
fékoldás *(vasút)* unscotching
fékoldó : ~ **mágnes** brake magnet ; ~ **szelep** *(vasút)* (brake) release valve
fékorsó brake screw/spindle
fékpad test stand/bed ; *(motorhoz:)* block-testing stand ; ~**on mért hatásfok** brake horsepower efficiency ; ~**on mért hőhatásfok** brake thermal efficiciency
fékpadpróba bench test
fékpajzs *(gépk)* *l* **féktartó**
fékpálya *(bány)* sprag road, brow up
fékpedál *(gépk)* brake pedal ; ~ **útja** brake pedal travel
fékpedálütköző brake stop
fékpofa brake block/shoe, slipper ; *(gépk)* brake shoe ; *(a rögzítőcsaptól a forgásirányban kiinduló fékpofa:)* trailing shoe ; *(ellenkező irányú:)* leading shoe ; *(tex)* block ; ~ **rögzítőpontja** *(gépk)* brake shoe anchorage ; ~ **súrlódása** *(kioldva)* drag of the brake blocks
fékpofa-állító : ~ **bütyök** *(gépk)* brake/shoe adjusting cam ; ~ **csavar** *(gépk)* shoe adjusting screw ; ~ **villa** *(gépk)* swinging fork
fékpofabélés brake lining
fékpofaburkolat brake lining
fékpofacsap *(gépk)* anchor pin (of a brake), brake anchor pin, fulcrum pin
fékpofacsapszeg *(gépk)* brake shoe anchor pin
fékpofagyűrű brake block ring
fékpofahézag *(betét és fékdob között ; gépk)* (brake) shoe clearance
fékpofahézag-állító *(gépk)* slack adjuster
fékpofa-leszorító rugó brake shoe hold--down spring
fékpofasúrlódóbetét-csere *(gépk)* relining of brake shoes
fékpofa-szem *(gépk)* pivot eye
fékpofaszorító bütyök brake expander
fékpofavisszahúzó rugó *(gépk)* brake shoe pull-off spring, retracting spring, shoe return spring
fékpróbabizonylat brake-test sheet
fékrács *l* **fékezőrács**
fékreteszelő *(vasút)* trigger
fékrögzítő kar brake block arm
fékrövidítő kengyelcsavar turnbuckle
fékrúd *(gépt)* stopper rod ; *(hátsófékhez állítható ; mkpár)* rear brake adjustable rod ; ~ **villás csatlakozója** *(mkpár)* brake linkage clevis
fékrudazat brake beams/rigging, brake pull rod
fékrugó brake spring
féksaru brake shoe, chock ; *(vasút)* scotch (block), (grip) block, drag shoe ; *(guritólejtőn v -dombon ; bány, vasút)* car retarder
féksarutartó fej *(fékrúdvégen ; gépk)* brake head
féksikló *(bány)* gravity plane, balance bob plane, braking incline
féksúly braking load/weight ; *(tex)* drag weight
fékszabályozó *fn* brake governor ; ~ **szerkezet** brake-adjusting gear
fékszalag cheek/brake strap/band, friction band
fékszalagbefogó *fn* brake belt anchor clip ; ~ **kengyel** brake band clevis
fékszalagfeszültség *(gépt)* strap tension
fékszánkó brake slipper
fékszárny *(rep)* (wing) flap, landing flap ; **felületnövelő** ~ extension flap ; **hasított** ~ *l* **féklap** ; **kettős réselt** ~ double-slotted flap ; **közönséges** ~ plain flap ; **önműködő** ~ *(rep)* automatic flap ; **réselt** ~ slotted flap ; **zuhanásból kivevő** ~ *(rep)* (dive) recovery flap ; **zuhanó** ~ dive flap
fékszárnyállásjelző *fn* *(rep)* flap indicator
fékszárnyállásmérő *fn* *(rep)* flap meter
fékszárnyas repülőgép flapped aircraft
fékszárnyhasználat *(rep)* flapping
fékszárny-kitérítési szög *(rep)* flapping angle
fékszárnymozgató szerkezet *(rep)* flap--actuating gear
fékszárnyműködtető : ~ **dob** *(rep)* flap-operating drum ; ~ **henger** *(rep)* flap-operating cylinder ; ~ **szerkezet** *(rep)* flap gear, flap-operating mechanism
fékszárny-végálláskapcsoló *(rep)* flap--limit switch
fékszárnyvezérlés *(rep)* flap control
fékszárnyvonórúd *(rep)* flap control rod
fékszegmens brake quadrant
fékszelep brake application valve ; **nem önműködő mozdonyvezetői** ~ driver's additional brake valve
fékszerkezet *(gépk)* brake mechanism
fekszik *(földt)* bear, run ; **két kötéspont között lazán** ~ *(tex)* float ; **fekve marad** *[országúton, defekt miatt ; gépk]* get stranded ; **mellette** *v* **szomszédosan** ~ adjoin ; **nem egy vonalban** *v* **tengelyben** ~ misalign
fékszorító kengyel brake clip
féktárcsa brake support, retarding disc, brake(-)wheel, ruffle
féktárcsabetét lining of the brake disc
féktárcsás : ~ **ívlámpa** *(fényk)* brake arc lamp ; ~ **szállítószalag** retarding disc conveyor
féktartó *fn* *(gépt)* brake support ; *(fékpajzs ; gépk)* brake back-plate, brake anchor plate ; ~ **bak** brake bracket ; ~ **lemez** *(gépk)* brake backing/flange plate *(US)* ; ~ **lemez rögzítése** *(elfordulás ellen ; mkpár)* brake anchorage ; ~ **tárcsa** brake shoe plate ; *(mkpár)* brake flange
féktávolság *(gépk)* stopping distance
fékteljesítmény *(féké:)* braking efficiency ; *(motoré:)* brake horse-power
féktengely *(gépt)* brake shaft ; *(vasút)* brake axle
féktengelykar brake toggle lever
fékterhelés brake load
fektet place, lay ; *(ép)* bed ; **hajót sólyára** ~ lay a ship
fektetés placing, laying ; *(ép)* bedding ; ~ **nedves fűrészporba** *(bőr)* laying in sawdust ; ~ **tűre** *v* **tű fölé** *(kh)* overlap(ing) ; ~ **tű mögött** *(kh)* underlap
fektető(nő) *(pa)* stacker
féktömb brake block
féktömlő brake hose/rubber ; *(gépk)* hydraulic brake pipe
féktömlőkapcsolat *(vasút)* brake hose
féktuskó skid shoe, hub, slipper, (head-)-block, chock ; ~**kat elhúz** *(futókerekek alól, felszállásnál ; rep)* pull away the chocks ; **kétrészes** ~ braking clamp ; ~ **súrlódó része** *(vasút)* rubbing piece ; friction insert/lining ; ~ **támasztótárcsája** brake anchor plate
féktuskóbetét *(vasút)* brake shoe holder
féktuskófüggesztő rúd *(vasút)* block hanger
féktuskónyomás *(vasút)* strain on shoes
féktuskótartó *(gépk)* brake carrier ; ~ **kapocs** braking clamp ; ~ **lap** *v* **saru** brake backing plate
féktuskótőke brake head
fékújrabetétező gép brake reliner
fékút braking length/distance, slow(ing)--down path, stopping distance
fékutánállítás brake adjustment
fekű *(bány)* flat/bottom wall, base-(ment), foot, underside, substratum, seat/underlaying rock, footwall drift,

lying side, pavement, bottom/lower surface, floor, sill ; **~ben hajtott vágat** *(bány)* sill drift
fekű-alapkőzet *(bány)* underlying bedrock
feküháljás *(bány)* trough bend
feküközet *(bány)* basement, coal seat, bedrock ; *l még* **fekü** ; **kemény ~** rock bottom
feküoldal *(meredek telepnél ; bány)* lower wall, bottom layer
feküréteg *(bány, földt)* underlayer, lower seam/plane/bed, subjacent layer, sublayer ; *l még* **fekü** ; **~ átszakadása nyomás következtében** crump ; **közvetlen ~** adjacent strata
fekűsík *(bány)* lower plane ; *l még* **feküréteg**
feküalpvágat *(bány)* footwall drift
fekütelep *(bány)* underseam
feküvágat *(bány)* footwall drift
fekvemaradás *(vasút)* obstruction of the line
fekvés site, position, seat, lay(er), location, situation, station ; *(papirivé:)* spur ; *(földt)* attitude *is* ; *(mzg)* exposure ; *(kristályé ; rád, távk)* orientation
fekvésváltás *(hangt)* shift
fékvezeték *(gépk)* brake line ; *(gumiból ; vasút)* brake rubber
fékvilla brake yoke, brake-link
fékvisszahúzó rugó brake pull-off spring
fékvizsgálat brake test ; *(jelzőpisztolyos)* shot-mark braking road test
fékvizsgáló berendezés brake-testing device, brake testing equipment
fékvonórúd brake (pull/control) rod, pull-rod, truss bar of brake
fekvő *fn (bány) l* **fekü** ; *mn* laying, lying ; *(gép)* horizontal ; **~ ablak** *(ép)* lying window ; **~ alak** *(papirivé)* broadsheet ; **~ dobszárítók** *(tex)* horizontal dry cans ; **~ felvető keret** *(tex)* horizontal mill ; **~ hengerű motor** flat motor ; **~ ikerhengeres motor** flat-twin-type engine ; **~ keverőkád** *(pa)* horizontal mixing chest ; **közelben ~** circumjacent ; **magasan ~** high-seated/sited ; **mellette ~** adjacent ; **mélyen ~** deep-seated ; **~ motor** *(gépk)* horizontal engine ; **~ redő** *(földt)* rectum fold ; **~ redő alsó szárnya** *(földt)* underlimb ; **~ szárny** *(földt)* underside, trough line ; **~ tartály** *(ol)* horizontal tank ; **~ tengely** lay/horizontal shaft ; *(geod)* telescope axle, trunnion axis
fekvőhézag *(ép)* bed joint
fekvőszék *(fa)* deck-chair
fekvőtengelycsapágy *(geod)* trunnion bearing
fekvőzsilip *(ép)* bulkhead ; **~ osztott v osztással merevített homlokfala** buttressed bulkhead wall
fekvőzsilip-toldat *(alagútépítésnél)* lock extension
fél *(postai)* client, party ; *(fél iv ; pa)* demy ; **~ ajtókeret** *(ép)* half set ; **~ hangjegy** minim ; **hívó ~** *(telef)* calling party ; **hívott ~** called party ; **~ szám** *(cipő)* half size ; **~ V-varrat** *(heg)* single-bevel groove weld ; **~ V-varrattal hegesztett T-kötés** single-bevel T-joint
felabroncsozás *[hordóé]* staving
félabszolút volt *(vill)* semiabsolute volt
fél-acél semi-steel

félacetál *(vegy)* semi-acetal
félácsolat *(bány)* half set
feladás *(elküldés:)* dispatch ; *(koh)* feed, charge
feladat problem, scheme, task
feladó : ~ és hajtó állomás *[drótkötélpályán]* loading and driving station ; **~ karton** *(pa)* mailing board ; **~ készülék** feeder, feeding mechanism ; **~ raktár** *(pa)* dispatch room ; **~ szivattyú** *(ol)* charging pump
feladónyílás *(koh, vegy)* feeding funnel
felaggatás *(szárítandó láncfonalé ; tex)* festooning the yarn on rods
felakad *(szem ; kh)* bunch up
felakadt elegy *(koh)* scaffolding charge
felakaszt hang ; *(rúdra bőrt:)* stick ; *[hallgatót ; telef]* hang up
félaktív : ~ gázkorom *(gumi)* semireinforcing black ; **~ kemencegázkorom** *(gumi)* semireinforcing furnace black
felállít mount up, erect, rig up, rear, set up ; *(feldőlt járművet:)* right ; **újból ~** remount
felállítás erection, erecting (work), setting-up ; *(optikai rácsé ; szink)* mounting
felállítási idő *(fúrótoronyé)* rigging-up time
felállító szerszámok *(vasszerkezethez)* erecting tools
felállított *(végére állított)* endwise ; **~ mérték** standing measure
felállítva apeak
félamplitúdójú sugárkéve half-amplitude beam
félantracit semi-anthracite
félanyag *(pa)* half stuff, waste paper pulp
félanyaghollandi *(pa)* half-stuff engine, breaking engine, potcher, breaker
félanyaghollandi-dob *(pa)* breaker drum
félanyagkarton *(pa)* half-stuff cardboard
félanyagosztályozó *(pa)* halfstuff sorter
félanyagőrlés *(pa)* break(ing)
félanyagpép *(pa)* moist/pulpy half stuff; **száraz ~** *(pa)* dry half stuff
felaprít mince, disaggregate, crush, atomize
felaprítás disintegration, splitting up, chipping, disaggregation, atomization
felapróz disintegrate, split up, clip
felaprózható friable
felárbocozott hajótest masted hull
félárnyék *(csill, fényt)* penumbra, half-shade
félárnyék-polariszkóp half-shade polariscope
felás grub, dig, trench
fél-atlasz *(pa)* satinet(te)
félátlós semi-diagonal ; **~ keresztmerevítés** *(rep)* semi-diagonal incidence bracing
félátmérő *(mat)* semi-diameter, radius
félautomata *mn* partial automatic, semi-automatic ; *fn* semi-automatic machine, manual-automatic machine ; *(eszterga:)* semi-automatic lathe ; **~ központ** *(távk)* auto-manual exchange; **~ maró** circular continuous milling machine ; **~ önzáró jelző** *(vasút)* semi-automatic signal stick ; **~ rendszer** *(távk)* auto-manual system ; **~ szövőgép** semi-automatic loom
félautomatikus jelfogó manual-automatic relay

félaxiális fokozat *(erőg)* semi-axial stage
felbakol *(járművet)* put (a vehicle) on blocks
fél-ballon gumiabroncs semi-ballon tyre
felbarkáz *(bőr)* grain up
félbársony *(tex)* cotton/uncut velvet
felbecslés appraisal, appraisement, assessment
felbecsül survey, size up, quantify, rate, assess
felbecsült rated
félbehagyott bevezetés *(rep)* missed approach
félbeszakítás interruption
felbillent (over)tilt, pull down, upturn, tip up/over, reverse
félbitumenes szén semi-bituminous coal, subbituminous coal
félbog *(hajó)* half-hitch
félbókony *(hajó)* half-frame
felbomlás disorganization, decomposition, decay, desintegration ; *(fényt)* break-up
felbomlik decompose, disintegrate, part ; *(vegy)* break (up), decompose
felbomlott : szövet v kötél ~ vége fag-end
felbont disintegrate, disjoin ; *(kövezetet:)* take up ; *(kötést ; kh)* ravel ; *(csatornacsoportot ; távk)* break down ; *[képet]* resolve ; *(eloszt:)* divide ; *(vegy)* break down, decompose ; **csákánnyal ~** pick over ; **erőt ~** decompose a force
felbontás decomposition, disaggregation ; *(képé:)* resolution ; *(telev)* definition *(UK)* ; resolution *(US)* ; **függőleges ~** *(telev)* vertical definition *(UK)* ; vertical resolution *(US)* ; **~ határa** *(szink)* limit of resolution ; **~ résztörtekre** *(mat)* partial fraction expansion ; **tényezőkre ~** decomposition/resolution/expanding to factors ; **vízszintes ~** *(telev)* horizontal definition *(UK)* ; horizontal resolution *(US)*
felbontási torzítás *(telev)* aperture distortion
felbonthatatlan undecomposable; *(kép:)* irresoluble ; **~ és optikailag inaktív** *[vegyület]* indivisible inactive
felbontó : ~ henger *(ép, bány)* reduction roll ; **~ képesség** *(fényt)* resolving power ; *(telev)* definition
félborda *(hajó)* half-frame
felborít tip over, (over)tilt, upset, pull down ; **csillét ~** *(bány)* tilt a car
felborítás overturn, tilting, pulling down
felborul turn over ; *(hajó, rep)* capsize
felborulás *(ép, mech)* tilting failure
felborzolás *(bőr)* roughing ; **felsőbőr ~a** *(cipő)* upper roughing
felborzolásmentes *(fakezelés)* non-grain-raising
felbőr epidermis
félbőr *(oldalbőr)* side
félbőrkötés *(nyomda)* half-binding, half shagreen, quarter binding
felbrágázás emeléshez *(hajó)* strapping
felbújtás *(mzg)* tip layering
félcellulóz *(pa)* half cellulose
félcellulóz-lemez *(pa)* semi-chemical board
félciklikus v félciklusos kötés *(vegy)* semi-cyclic bond/link(age)
félcipő (low) shoe ; **női ~** women's shoe ; **pántos** *(spangnis)* **~** bar shoe
félcipő-felsőrész quarter
félcsapágy half-bearing

felcsapágyaz fit with bearings
felcsapható folding ; ~ **asztallap** table flap ; ~ **ülés** throw-back/flap-up seat, bracket seat ; ~ **vetélőtüske** *(tex)* hinged shuttle peg
félcsat *(hajó)* half-hitch
felcsatlakozás *(városépítés)* connection of the public utilities (of a new built--up area) to the existing supply and disposal services
felcsatolható sapka grommet
felcsavar *(műszert)* screw on/up, bolt ; *(felhúz:)* wind (up) ; *[mérőszalagot:]* roll up ; *(nyomda)* lap ; *(távk)* encircle
felcsavarás *(feltekercselés)* winding (up)
félcsavarmenetes csigafúróbetét half--twist bit
felcsavaró : ~ **berendezés** *(tex)* take--up mechanism ; ~ **henger** *(gumi)* take-up ; ~ **készülék** rolling device ; ~ **szalagdob** *[távíró készüléken]* take--up spool
felcsavarodás hossza *[emelőnél]* winding face
felcsavarodott levéldísz *(ép)* scroll
felcsavarozott bolted on
felcserél change, transpose, reverse ; **pólusokat** ~ reverse the poles
felcserélhető *(egymással)* interchangeable
felcserélhetőség interchangeability
felcserélhetőségi : Maxwell-féle ~ **tétel** *(mech)* Maxwell's theorem of reciprocity
félcsészés csapágy half-bearing
felcsévél wind (up), coil up, roll up ; *(emelővel:)* heave in, purchase
felcsévélés *(tex)* winding-up, respooling, batching ; *(szelfaktoron ; a kocsi befelé halad ; tex)* going/running-in
félcsévemező *(távk)* half loading section
félcsévés végződés *[pupinkábelnél ; távk]* mid-series termination
felcsövezés *(rád)* valving up ; *(csőcserével:)* revalving
félcsúcs half-centre
félcsúcsos tető half hip
feldagad swell, rise, blub, run up
féldagály-kikötő *(hajó)* half-tide harbour
feldarabol disintegrate, clip, carve, shred, shatter ; **pillért** ~ **vágatokkal** *(bány)* block out
feldarabolás disintegration, cutting up, shredding
féldekatálás *(tex)* semi-decating
félderékszög *(45° ; fa)* mitre (angle), mitre rule ; ~**ben vágó gép** mitreing machine
félderékszög-kötés *(fa)* half-mitre joint
félderékszögmérő *(fa)* mitre square
félderékszögű illesztő felület *(gépt)* mitre
felderítés *(bány, rep)* reconnaissance, observation, exploration
felderítő reconnoitring, explorating ; ~ **felmérés** *(geod)* exploratory survey ; ~ **fényképezés** photographic reconnaissance ; ~ **jellegű szeizmikus felvétel** *(földt)* reconnaissance shooting ; ~ **keresztszelvény** *(földt)* reconnaissance traverse ; ~ **radar** search tracking radar ; ~ **repülőgép** reconnaissance aircraft ; *(könnyű tüzérségi)* observation aircraft ; ~ **térkép** *(még nem térképezett területről)* exploration map; ~ **térképezés** *(geod, rep)* reconnaissance mapping
felderítő-radar search radar ; *(hajón:)* shipborne search radar ; *(repülőgépen:)* airborne search radar
fél-Diesel-motor semi-Diesel engine
feldobás *(ker)* throwing
feldolgoz work, process, dress ; *(ol)* refine ; **hátralékot** ~ clear up
feldolgozás processing, treating, treatment, milling ; *(ol)* refining ; *(mennyiség:)* intake
feldolgozási költségek process costs
feldolgozatlan raw, rough, undressed, unprocessed, unconverted
feldolgozható workable, precessible
feldolgozhatóság processibility, workability
feldolgozó : ~ **gép** *(pa)* converting machine ; ~ **üzemrész** *(pa)* screen room
feldolgozott manufactured, processed, dressed ; ~ **anyag** finished stock
féldombormű (bas-)relief
feldönt tip over, tilt, upturn
feldörzsöl *(forg)* ream(up)
feldörzsölés chafing ; *(forg)* reaming
féldrágakő semi-precious stone ; *(óra)* pebble
féldublé szövet *(tex)* backed cloth/fabric
félduplex : ~ **üzem** *(távk)* semiduplex operation/working, half-duplex operation ; ~ **vonalerősítő** *(távk)* half-duplex repeater
feldurvít *(seprővel betonfelületet)* broom
feldúsulás *(koh)* enrichment, segregation; **mélység felé irányuló** ~ *(földt)* downward enrichment
felduzzad bloat, rise, swell ; *(talp ; bány)* heave up
felduzzadt swollen ; ~ **talp** *(bány)* metal ridge
felduzzaszt run up, swell, bulk ; *(gáttal ;)* dam up, bank up ; *(pa)* bloat ; *(tex)* bunch up
felduzzasztás bulking, swelling, bloating
felduzzasztott *[víz]* banked up
félebonit semi-ebonite, semi-hard rubber
félecetsavas réz copper semiacetate
félegyenes half-line, radius, ray
félegyenesít erect
felékel *(kereket, tengelyt)* key, wedge up
felékelés *(gépt)* wedging-up, keying up
felelet *(telef)* answer(ing)
félellipszis *(mat)* semi-ellipse
félelliptikus rugó semi-elliptical spring
felelő : ~ **adó-vevő** *(rep)* responder beacon ; *(gépen)* transponder ; ~ **impulzus** *(radarnál)* responder pulse ; ~ **készülék** *(rád)* responder
féleltérítés módszere *(távk)* half-deflection method
felemás hybrid ; ~ **nyílfogazás** dissimilar double-helical gearing ; ~ **összetételű kőzet** hybrid rocks ; ~ **szerkezet** mongrel-type of construction
felemel lift/take up, elevate, (up)raise, rear, cock ; *(csörlővel)* wind up, purchase, hoist, pass up, relieve ; *(gépkocsit)* jack up ; *[telefonkagylót]* lift (phone receiver) ; *[gépkocsit emelővel]* jack up ; **épületet** ~ erect
felemelés rise, hoisting, elevating, elevation, erection, erecting
félemelet entresol, mezzanine, intermediate floor
felemelhető hídnyílás lift span
felemelkedés rise, ascension, uplift, upr(a)ise ; *(rep)* ascent, climb ; *(lávadugóé)* upheaval
felemelkedett láp *(földt)* emerged bog
felemelkedik (up)rise, arise ; *(rep)* climb, ascend ; **repülőgép orra** ~ cabre ; **újból** ~ remount
felemelkedő elevating, cocked, rising, ascensional ; ~ **vulkánikus felhő** explosion cloud
felemelt elevated, high ; ~ **köd** *(met)* high fog
felemészt scroch, waste, digest ; *(rád, távk)* dissipate
felengedett *(fagyott anyag)* thawed
felengedő tartály thawing tank
félenyvezett *(pa)* half/soft-sized
felépít *(ép)* set up, build (up), rear, construct ; *[kapcsolást ; távk]* set up, build up, establish *(connection)*
felépítés *(ép)* erection, erecting work, composition, build(ing up) ; *(szerkezet:)* structure ; *(építésmód:)* architecture ; *(útépítésnél:)* development work ; *(összetétel, szintezis)* synthesis ; *(kereteké ; távk)* (bay) layout
felépítési módszer *(ép)* pattern
felépített *[vegyület]* built-up ; ~ **part** *(hidr)* imbankment
felépítmény *(ép)* superstructure, appentice ; *(karosszéria)* body ; *(vasúti)* permanent way ; ~ **fedélzet felett** *(hajó)* superstructure ; **különálló fedélzeti** ~ *(hajó)* detached super structures ; **mellső** ~ *(hajó)* fo'c'sle, forecastle ; **nyitott hátsó** ~ *(gépk)* open flat platform body ; ~**nek nyomközön kívül eső része** *(vasút)* track shoulder
felépítményi : ~ **ágyazat** *(vasút)* railroad ballast ; ~ **anyag** *(vasút)* permanent way material, track material ; ~ **kalapács** *(vasút)* spike hammer, set ; ~ **kavicságy** *(vasút)* stone bedding
felépítmény-karbantartás *(vasút)* maintenance of the permanent way
felépítmény-toldat *(ép)* rider
felépítő műhely make-up room
felépül *[kapcsolat ; távk]* build up
felépülési idő *(átviteli jelé ; rád)* rise/build time
felerősít strengthen ; *(rád)* amplify ; *(rögzíti:)* attach, fasten, fix ; **klisét** ~ *(nyomda)* mount a block ; **rugalmasan** *v* **rázkódásmentesen** ~ mount elastically
felerősítés strenghening ; *(rögzítés:)* fastening, attaching, fixing ; *(vill)* amplification
felerősített *l* **felerősít** ; **csavarral** ~ bolted ; ~ **impulzus** *(távk)* reproduced pulse
felerősítő perem flange (for fixing)
feles : ~ **arány** 1 to 2 ratio, /one-in-two ratio ; ~ **(át)lapolás** half-lap joint, haling ; ~ **főtefa** plank-type crossbar ; ~ **nyersvas** mottled pig (iron); ~ **töretű** *(koh)* mottled
féleség assortment, kind, sort
felesleg overplus, excess, surplus, oddments ; **raktári** ~ overstock
felesleges : ~ **erő** *(mech)* redundant force ; ~**sé tesz** supersede ; ~**en vasalt** *[beton]* overreinforced ;
feleslegfőzet *(pa)* overhead digestion
fel- és lemenő vezetékvonal *(vill)* up-and-down line
fel- és leszálló mezőny *(rep)* combined take-off and landing strip
felesvas *(koh)* mottled (pig) iron

felez halve, mediate; **szöget ~** (*mat*) bisect an angle; **vonalat ~** (*mat*) bisect a line
felezési: **~ élettartam** (*at*) half-life; **~ idő** (*at*) half-period
felezett spektrumú hangszórórendszer (*hangt*) two-way loudspeaker system
felező *fn* (*mat*) median line, bis(s)ector; **~ merőleges** perpendicular/normal bisector
felezőpont (*mat*) midpoint, middle point
felezőréteg (*at*) half-value layer, HVL
felezősík (*mat*) median plane; (*lapszögé*) bissecting plane
felezővonal (*mat*) bis(s)ector
félfa (*fa*) half-balk, half-log; (*dipli:*) cripple timber; (*bány*) log
felfagyás frost penetration
felfagyási alátétlemez (*vasút*) track shim
felfalaz (*ép*) brick up, lay up
felfalazás laying up; **homlokív feletti ~** spandrel
félfecskefarkú sarokrovás (*fa*) corner cogging with oblique cog
felfed detect
felfedez discover, detect, invent
felfedezés discovery, finding invention
félfehér (*pa*) medium white
félfehérítés (*tex*) half bleach
felfejt (*kötést; kh*) (un)ravel; (*varrást v kötést*) undo; (*varrást*) unstitch
felfejtés (*kh*) back-winding, ravelling
felfekszik seat, abut; (*gépt*) bear up, bear against, be supported; (*szorosan; tex*) conform; (*az érintkezővég a forgókefére; távk*) the contact end rests flat against the rotor brush; **a kefevég teljes szélességében ~** (*távk*) the brush bears with its full width
felfekvés bearing, seat(ing); (*gerendáé v kőé falban:*) tailing; **csuklós ~** bascule bearing; **felületi ~** (*ép*) surface bearing
felfekvési: **~ felület** (*ép, gépt*) (area of) bearing, seat(ing), shoulder, laying surface; (*csavarfej v anya alatti*) spot face; **~ felületet készít** seat; **~ felület lemunkálása** (*forg*) spot facing; **~ hézag** (*ép*) abutment/abutting joint; **~ lap** (*bány*) abutment; **~ lemez** (*ép*) bearing plate; **~ terület** bearing area
felfekvő: **~ felület** (*ép, gépt*) *l* **felfekvési felület**; **~ sík** (*bány*) lying side
felfelé: **~ állít** erect; **~ hajt** (*vágatot; bány*) updrive; **~ halad** (*dugattyú a hengerben; gépk*) ascend; **~haladó** (*met*) anabatic; **~ haladó löket** (*gépt*) up(ward) stroke, upstroke; **~ irányuló etetés** *v* **előtolás** (*gépt*) upfeed; **~ irányuló széllökés** (*met*) rising gust; **~ lépcsőzött repülőalakzat** stepped-up formation; **~ menő** (*földt*) acclivous; **~ szívó porlasztó** updrift carbure(t)or; **~ tartó löket** (*gépt*) *l* **felfelé haladó löket**; **~ tartó meredekség** (*vill*) upward slope; **~ tört szárny** (*rep*) inverted gullwing
félfém (*ásv, vegy*) semi-metal, metalloid
félfémes submetallic; **~ fény** (*ásv*) submetallic lustre
félfényes (*pa*) semimat; (*csavar:*) semi-finished; (*tex*) demi-lustre, semi-dull; **~ műnyomó papír** semimat art-paper; **~ papírsimítás** English finish
félfényezett fésűsfonal (*tex*) demi-lustre worsted yarn
felfest (*pa*) lift
félfésűs (*tex*) semi/middle-worsted; **~ gyapjúfonal** (*tex*) mock/semi-worsted yarn
félfesztáv: **szárny ~a** (*rep*) semi-span
félfinom (*pa*) medium white
felfog entrap, intercept; (*rád*) pick up; (*távk*) receive; (*rögzít; forg*) clamp
felfogás [*szerszámé*] clamping
felfogható sikattyú clamp-on vice
felfogó *fn* (*gyűjtő*) receiver; *mn* (*szedő, befogadó, gyűjtő:*) receptive, collecting; (*rögzítő; gépt*) clamping; **~ áramkör** (*rád*) pickup circuit; **~ árok** (*ép*) collecting ditch, trap-trench; **~ berendezés érzékelőszerve** (*rád*) detecting head; **~ edény** (*vegy*) catch-all; **~ ernyő** intercepting screen; **~ gereb** (*faúsztatásnál*) grating for stopping, floating wood boom; **~ készülék** (*farg*) fixture; **~ lap** (*gépt*) bolster; **~ medence** (*hidr*) retaining reservoir; **~ rezonátor** catcher; **~ szerkezet** (*gépt*) clamping apparatus; **~ tál** saveall; **~ tartály** catch tank; **~ teknő** catch-all; **~ tüske** (*forg*) arbo(u)r
felfogott víz (*hidr*) retained water
félfolyamatos (*gyártás*) semi-continuous/batch
félfolyékony semi-liquid/fluid; **~ agartáptalaj** semi-solid agar; **~ aszfalt** semi-asphaltic flux; **~ kenőcs** runny paste, semi-fluid grease
felfordít upturn, reverse, heel
felfordítható csille (*bány*) tilting car
félfordító *fn* (*retesz; ép*) catch; **~ fogantyúja** (*ép*) catch handle
félfordulatos leszállás (*rep*) half-circle landing
félfordulatú (*bány; gépt*) swing
félforgás (*gézszövésnél; tex*) half-twist
félforgószálas kötés (*tex*) half cross gauze
felforr boil, effervesce
felforral boil, decoct
felforraszt (*lágyan:*) solder on; (*keményen:*) braze on
felföld (*földt*) highland, upland
felfőz (*élip*) boil down, process; **folyadékot ~** (*buborékpontig*) pearl
felfrissít refresh; **vakfejtést ~** (*bány*) brush
felfúj blow, bloat, bulge; (*gumiabroncsot:*) inflate, pump
felfújható [*csónak*] inflatable; **~ mentőcsónak** (*rep*) pneumatic raft; **~ ürítődugó** expanding plug
felfújt blown; [*gumiabroncs*] inflated
felfúr (*esztergán*) bore
felfúrás (*bány*) counterbore; (*forg*) boring
felfúró kés (*forg*) boring cutter
felfut run over/up; (*gyorsul*) accelerate; **~ a partra** beach; **~ teljes sebességre** (*gépt*) accelerate/run up to full speed
felfutás (*gépt*) running up, accelerating; (*papírgépen:*) forward end
felfutási felület (*bütyöké*) lift(ing flank)
felfutó: **~ kötélág** leading branch of a rope; **munkavezetéksín ~ szakasza** (*villamos vasútnál*) leading ramp; **~ nyelv** (*vasút*) ramp for climbing; **~ sín** (*vasút*) ramp for climbing, facing rail; **~ szíjág** leading branch of a belt; **~ védőrúd** (*pa*) nip guard
felfuttat (*gépt*) run up
felfúvás (*gepk*) inflation
felfúvódás expansion, blister
felfúvódik bloat, bunt, swell, inflate, intumesce; (*süléskor; szén*) swell
felfúvódott turgid
felfüggeszt hang (up), string, suspend, sling, fasten
felfüggesztés hanging (up), stringing, suspension, slinging; **csuklós ~** (*gépt*) articulated suspension; **forgáspontra való ~** fulcrumage; **gyalogjáró ~e** (*hídon*) suspension of gangway; **jármos ~** (*vasút*) bar suspension; **kétoldalas karos ~** (*felsővezetéké; vasút*) centre pole suspension; **kétszálas ~** (*vill*) bifilar(y) suspension; **láncos ~** chain link rigging; **rugós ~** spring suspension
felfüggesztési pont [*műszeré*] suspension point
felfüggesztett suspended, hinged, pendant, overhead, overhung; **~ csővezeték** overhead pipe; **~ hőtágulás-kiegyenlítő csőív** (*lira*) suspended expansion bend; **~ tüzelőajtó-szerkezet** suspended furnace-front; **~ váz** overhung frame
felfüggeszthető csigasor swing jack
felfüggesztő: **~ bak** (*ép, gépt*) suspension support/member, suspender; **~ csapszeg** suspension bar; **~ csavar** hanger bolt; **~ darab** (*ép, gépt*) suspension member/support, suspender; **~ gyűrű** suspension ring; **~ horog** suspension hook; **~ huzal** (*léggömbnél*) suspension iron; **~ kapocs** *v* **szorító** (*gépt*) supporting clamp; **~ kar** suspension arm; **~ karmok** (*rep*) suspension patch; **~ láncszem** *v* **heveder** (*kocsiszekrény felfüggesztéséhez*) suspension link; **~ oszlop** suspender; **~ rúd** suspending rod; **~ rugó** (*gépt, óra*) suspension/suspended spring; **~ sodrony** (*vasút*) (cross) span; **~ szerkezet** suspension device; **~ szigetelőlánc** suspension string
felfűrészel saw up; **rönköt ~** (*fa*) slab
felfűrészelés sawing up; (*rönkből:*) breaking-down
felfűrészelt fa converted/slash-jawn timber
felfűt stoke, heat up; **kazánt ~** heat up the boiler
felfűtési: **~ idő** (*rád*) heating time; **mozdony ~ helye** steaming stand
felfűz string, thread; [(*gyöngy*)*szemeket:*] bead
felfűzés stringing, threading, plait
félgerenda half-beam
felgerjedési idő (*vill*) time of recovery
felgombolyít (*tex*) reel (up), wind
félgömb (*mat*) hemisphere
félgömbfa (*ép*) plain boltel
félgömbfejű button-head(ed), half-round-head
félgömbfelületre eső gyertyafénymennyiség hemispherical candle power, h. c. p.
félgömbi légkörzés (*met*) hemispheric circulation
félgömbölyű (*félkerek*) half-round, semi-spherical; **alacsony ~ szegecs-**

fej truss rivet head; ~ **ék** half-round key; ~ **élű vágó** round nose chisel; ~ **fej** round head; ~ **fejű** *l* **félgömbfejű**; ~ **fúró** half-round drill; ~ **orrosfejű csavar** cup-nibbed head bolt; ~ **retesz** *(gépt)* whitney key; ~ **sapka** semi-spherical cap; ~ **simító** *(önt)* round/button sleeker; ~ **talpfa** half tie
félgömbvég radiused end
félgömbvégű szármaró rose milling cutter
felgöngyöl roll on/up, furl
felgöngyöl(ít)hető: ~ **redőny** *(roletta)* roll-up shutters; ~ **tető** *(gépk)* roller roof
felgöngyölítő berendezés *(tex)* rolling-up contrivance
félgudron reduced fuel oil
félgyapjas *(rövidgyapjas)* **juhbőr** half-wooled sheepskin
félgyapjú *(tex)* moiety wool; ~ **bélés(szövet)** Italian cloth; ~ **fonal** angola yarn; ~ **rongy** *(tex)* linseys
félgyártmány semi-product, semi-manufactured goods, semi-finished piece; *(pa)* half-finished goods
felgyorsít speed up, gear up, accelerate
felgyorsítás speed-up, gearing up, acceleration
felgyorsított geared up
felgyorsul *(motor)* speed up, gear up, pick up speed
felgyorsulás picking up speed, pickup, acceleration
felgyorsulási képesség accelerating ability
felgyújt light, fire; **újra** ~ relight
felgyújtás lighting
felgyullad flare up
felgyülemlés accumulation; *(bány)* raking
felgyülemlő accumulative
felhágó *(vasút)* mounting step, foot plank; *(gépkocsiszekrényen:)* ramp; ~ **deszka** *(kocsin:)* foot plank, step-board, step plate, range; **hátulsó** ~ **létra** end ladder; ~ **lámpa** *(gépk)* running board light; ~ **támasztéka** step support
felhágó-díszléc *(gépk)* running board strip
felhágó-lemezborítás *(gépk)* running board covering
felhágó-merevítő *(gépk)* running board support
felhágótámasz *(gépk)* running board bracket
felhágótartó kar step-iron
felhágóvédő sín azbesztből step rail of asbestos
felhagyott: ~ **bánya** gotten, guag; ~ **lyuk** *(ol)* abandoned well
felhajlít *(alak)* curl, bend, fold
felhajlítás *(alak)* camber, curling, folding, bending; *(szigetelőpapíre)* upturn; **vasbetonkengyel** ~**a** curling up the tie
felhajlítható folding
felhajló cocked
felhajt fold
felhajtás folding, doubling, over; *(met)* buoyancy
felhajtható back-folding, collapsible; ~ **hátsó sárvédő** *(mkpár)* pivoted rear mudguard; ~ **motorfedél** hinged cowl; ~ **ülés** throw-back seat

felhajtó *fn (vasút)* ramp; ~ **gáz** *(rep)* buoyant gas; ~ **út** drive way
felhajtóerő lift/upward/buoyant force, ascensional power, buoyancy, (up) lift, buoyant effect; **aerodinamikai** ~ aerodynamic lift; **aerosztatikus** ~ *(rep)* aerostatic/lift force; ~ **csökkenése** *(rep)* reduction of lift; **dinamikai** ~ dynamic lift; **hamis** ~ *(léggömbön)* false lift; ~ **hiánya** *(rep)* zero-lift condition; **látszólagos** ~ *(rep)* apparent lift; ~ **nélküli állásszög** *(rep)* zeor-lift angle; ~**t növelő szerkezet** *(rep)* high-lift device; ~ **nullavonala** *(rep)* zero-lift line; **rendelkezésre álló** ~ *(rep)* disposable lift; ~ **támadáspontja** *(hajó)* centre of buoyancy; *(rep)* centre of lift; **teljes** ~ *(rep)* total lift; ~ **tengelye** *(rep)* lift axis; **tényleges** ~ *(rep)* actual lift; **zérus** ~ no-lift, zero lift
felhajtóerő-ellenállás-viszony *(rep)* lift(-to-)drag ratio
felhajtóerő-eloszlás *(hajó)* distribution of buoyancy; *(rep)* lift distribution
felhajtóerő-tényező *(rep)* lift coefficient
felhajtóerő-veszteség *(rep)* loss of lift
felhalmoz accumulate, store, pile up, stack, bulk, build up, hoard, agglomerate, cluster; *[nedvességet, gázt]* trap; *[bányából kitermelt szenet]* bank out
felhalmozás accumulation, store, storing, storage, stacking, dumping, aggregation; *(bány)* stockpiling
felhalmozódás *l* **felhalmozás**
felhalmozott árukészlet hoard
felhám *(bőr)* pellicle
felhámtalanítás(i eljárás) *(tex)* assouplage
felhang overtone; *(felső harmonikus)* upper harmonic; **fülben keletkező** ~ aural harmonic
félhang semitone
félhangjáték *(orgonán)* aliquot register; ~**ok** mutations
félhangjegy half-note
felhangkiszűrő berendezés *(rád)* harmonic suppressor, suppressor of harmonics
felhangol *(hangszert:)* key up; *(rádiót:)* tune
felharmonikus *fn* overtone, upper harmonic; *(rád)* harmonic oscillation
felharmonikus-kiszűrő *(rád)* harmonic suppressor, suppressor of harmonics
felharmonikus-tartalom *(hangt)* harmonic content
felhasad spring; *(termés:)* dehisce; *(földt)* cleave; *[hajó oldalfala]* spring a leak
felhasadás *(ep)* spring
felhasadó dissilient
felhasít *(gept)* slit, slot; *(fa)* rend
felhasítás slitting, slotting
felhasított slitted, slotted; *(cipőfelsőrész:)* slashed; ~ **alátétgyűrű** „C"-washer; ~ **csapszeg** spring bolt; ~ **(Bergmann-)csőidom** *(vill)* split fitting; ~ **rugalmas persely** *(gept)* spring collet
felhasznál utilize, employ, use; *(elfogyaszt:)* consume; **újból** ~ recuperate

felhasználás use, using, utilization, employ; **visszavert jelek** ~**a** *(radar)* echo technique
felhasználható nyershulladék stock return
felhasználhatóság adaptability
felhasznált utilized, used-up
felhegeszt weld on, burn on, face, build up
felhegesztés welding on
felhegesztett talp *(gept)* pad
félhéjszerkezet *(rep)* semi-monocoque
félhenger semicylinder
felhengerel roll on; **csövet** ~ *(nagyobb méretre:)* expand the tube
felhengerelt lemez sheet in rolls
félhengeres antennatükör *(rád)* semi-cylindrical reflector
felhengerlés rolling on; *(csőtágítás:)* expanding; *(gumi)* batching; *(láncfonalat; tex)* beam, batching
felhengerlő: ~ **asztal** *v* **deszka** *(bőr)* boarding board; ~ **berendezés** *(tex)* beaming frame/machine/appliance, headway; ~ **készülék** *(dekatálásnál; tex)* batching device; ~ **szerkezet** *(tex)* (fabric) wind-up (device), beaming appliance, take/taking-up motion; *(szakaszos felvetőhöz)* section headstock
félhernyótalpas half-track
félheveder *(vasút)* half fish plate, single-butt strap
felhevít heat up, glow
felhevítés heating up, glow; **rövid ideig tartó** ~ flash heat
félhidrát *(vegy)* semi-hydrate
felhígít dilute
felhintázás *(oszcillációé; rád, távk)* building up
felhív *(telef)* call up, ring, phone
felhívás *(telef)* ring(ing)/call(ing) up; *(rád)* challenge; ~ **ajánlattételre** calling for tender; ~**ra jelentő helyek** *(rep)* on request reporting points
felhívó: ~ **billentyű** *(távk)* ringing key; ~ **mikrofon** *(rád)* ring microphone; **önműködő** ~ **berendezés** *(távk)* automatic call device
felhízott állatállomány finished stock
félhold half-moon, meniscus; ~ **alakú** crescent-shaped, meniscal, semilunar, demilune; ~ **alakú tárgy** crescent-shaped object
félholdas állítható pofás csavarkulcs crescent wrench
félholdkés: **bőripari** ~ saddler's round knife
felhólyagosodás bubbling
felhólyagosodik bubble, blister
felhólyagzott swollen, blistered
félhomály *(met)* twillight
félhomályos penumbral
felhord: **festéket** ~ apply the paint; *(nyomda)* roll the form
felhordás application
felhordó: ~ **henger** *(pa)* inking roller, spreader; ~ **szalag** belt elevator
felhorgosít barb
felhorzsol score, mar, skive, buff
felhorzsolás *(gumi)* scuffing, buffing
felhő cloud; *(szövethiba; tex)* weft bar; ~ **feletti magasság** *(rep)* on-top altitude; ~ **feletti repülés** ever-the-top flying/flight; ~ **teteje** *v* **csúcsa** *(rep)* top of the cloud
felhőalap *(rep)* ceiling

felhőátalakítás *(mesterséges esőhöz)* cloud modification/transformation
felhőáttörés *(leszállásnál ; rep)* penetration method (of landing)
felhőernyő *(met)* blanket
felhőfajták : felvonuló ~ *(met)* cloud sequence
felhőfényszóró ceiling light
felhőfizika cloud physics
felhőhenger *(met)* roll cloud
felhőhézag *v* **nyílás** cloud gap, window
felhőjelző radar radar cloud detector
felhőkarcoló *(ép)* skyscraper
felhőmagasságjelző *v* **felhőmagasságmérő készülék** ceiling height indicator, ceilometer
felhőmennyezet ceiling, cloud deck
felhőmérő *(felhők mozgási sebességét mérő készülék)* nephoscope
felhőnukleálás *(esőztetéshez)* seeding ; **~ kis adagokkal** underseeding ; **~ túladagolással** overseeding
felhőoszlatás cloud dissipation
felhőpad *(met)* bank (of clouds)
felhőpalást cloud pall
felhőrendszer cloud sequence
felhőrepülés cloud flight
felhőréteg cloud layer ; **~ magassága a föld felett** ceiling
felhős cloudy, nebulous ; *(pa)* cloudy, scraggy ; *[átnézetű ; pa)* wild ; *(tex)* cloudy ; **~ átnézet** *(pa)* wildness ; **~ díszítőfonal** *(tex)* cloud(y) yarn ; **~ fátyol** *(tex)* cloudy web ; **~ márvány-papírlemez** mist board ; **~ üveg** smoked glass
felhősapka *(gomolyfelhőnél:)* cloud cap
felhősödés *(met)* clouding ; *(festésé:)* floating ; *(hidegbehatás következtében a festésen:)* chilling
felhősödik cloud ; *(festés:)* chill, float
felhősség nebulosity, cloudiness; *(szövethiba ; tex)* weft bar, filling streaks, sleaziness
felhőszakadás cloud(-)burst; *(met)* downpour
felhőtakaró *(met)* cloud deck, blanket
felhőtaréj *(met)* bank (of clouds)
felhőtető cloud top
felhőtlen égbolt *(rep)* unlimited ceiling
felhőtlenség : teljes ~ korlátlan látási viszonyokkal *(met)* clouds absent visiblity unlimited, CAVU
felhőzászló *(met)* banner cloud
felhőzet sky cover ; *(rep)* overcast ; **~ felső határa** *v* **teteje** *(rep)* top of overcast ; **~ foka** amount of clouds ; **~ mennyisége** amount of clouds ; **szakadozott ~** detached clouds
felhullám *(hangt, rád, távk)* upper harmonic ; *(rád)* harmonic oscillation
félhullám *(rád, távk)* half-wave ; *(földt)* principal wave
félhullám-antenna half-wave aerial
félhullám-dipólus half-wave dipole, half doublet
félhullámhossz half-wavelength
félhullámhosszú : ~ antenna half-wave aerial/antenna ; **~ késleltető lemez** half-wave plate ; **~ tápvezeték** *(rád)* half-wave (transmission) line
félhullámhosszúság half wavelength
félhullámos egyenirányító cső half-wave rectifying valve
felhullám-szétválasztás harmonic separation
félhullámú : ~ antennaelem half-wave element ; **~ (cső)tápvonal** harmonic waveguide ; **~ dióda-detektor** half-wave diode detector ; **~ dipólus-antenna** half-wave dipole antenna ; **~ irányító antenna** harmonic wire projector ; **~ tápvonal** half-wave line ; **~ zónák** *(fényt)* half-wave zones
felhúz hoist, upraise, tuck, elevate, pass up ; *(épitményt:)* raise, build up, carry up, erect ; *(rugót:)* cockle, wind up ; *(fogaskereket tengelyre:)* pull up ; *(hajókötelet:)* heave up ; *(puskát:)* cock ; **csigával ~** bouse ; **csigasort csigaütközésig ~** hoist chock-a-block ; **horgonyt ~** *(hajó)* raise/weigh anchor, cat ; **ütőszeget ~** cock
felhúzás uplift ; *(rep)* pull-up ; *(szinezéké:)* pick-up ; *(megszorítás)* tightening ; *vö még* **felhúz** ; **~t és lejárást jelző mutató** *(óra)* up-and-down indicator
felhúzható : ~ csőkarima slip-on flange ; **~ híd** balance bridge
felhúzó : ~ emeltyű *v* **kakas** *v* **kar** *(puskán)* cocking lever ; **~ karton** *(pa)* mounting board ; **~ korona** *(zsebórán)* (winding) crown, knob, keyless button ; **~ kosár hajóárboca** bosun's chair ; **~ kötél** gantline, girtline ; *(tex)* bunt line ; **~ kulcs** *(óra)* clock key ; **~ négyszög** *(óra)* winding square ; **~nyílás** *(óra)* winding hole ; **~ rugó feszültségét szabályozó szerkezet** *(óra)* winding-up control ; **~ tengely** *(óra)* winding stem
felhúzókorona-maró *(óra)* crown-cutter
félhüvelyes kötés *(szabadvezetéken)* nib joint
félidomdarabban kötött *(fogyasztott és szabott)* **áruk** *(tex)* cut and covered goods
félidő *l* **felezési idő** *(at)*
félig : ~ áteresztő semi-permeable ; **~ átlátszó** *v* **áttetsző** *(fényt)* subtranslucent, semi-transparent ; **~ bázikus kőzetek** semi-basic rocks ; **~ behajtott perem** half-curled edge ; **~ burkolt** semi-shrouded, half-wrap ; **~ burkolt hajtás** *(gépt)* half-wrap drive ; **~ égetett tégla** medium baked brick ; **~ fehérített fonal** half-white yarn ; **~ folyamatos** semi-continuous ; **~ folyós** *(ol)* semi-fluid ; **~ hámtalanított** *(selyem)* mi-cuite, mezzo-cotto, souple(d) (silk) ; **~ hántott** *(fa)* incompletely barked ; **~ idomozottan kötött áru** *(kh)* cut and covered goods ; **~ izzasztott** half-sweated ; **~ kagylós törés** *(ásv)* subconchoidal fracture ; **~ kényszermozgású** semi-positive ; **~ keresztezett** *(gépt)* half-crossed ; **~ kövült** *(földt)* subfossil; **~ nyitott beömlés** *(turbinán)* half-gate opening/admission; **~ önműködő** semi-automatic ; **~ örvényes** *(rep)* semi-turbulent ; **~ pörkölt érc** *(koh)* sluds, slug ; **~ rögzített** semi-fixed/portable ; **~ simított** *(gépt)* semi-finished ; **~ süllyesztett** *[csavarfej]* half-countersunk ; **~ süllyesztett fejű** *l* **lencsefejű** ; **~ süllyesztett hídpálya** half-sunk roadway ; **~ száradó olaj** semi-drying oil ; **~ száraz jellegű** *(földt, met, mzg)* semi-arid ; **~ szilárd** semi-solid; **~ tisztított viasz** semi-refined wax ; **~ törmelékes kőzetek** semi-clastic rocks ; **~ végtelen vonal** *(távk)* semi-infinite line; **~ zárt** semi-enclosed ; **~ zárt drótkötél** half-lock rope ; **~ zárt sorú beépítési mód** *(ép)* building method with half-broken rows
félig-kérgelés *(fa)* partly barking
felilleszt fit on ; *(talpat ; cipő)* tack on
felírás *v* **felirat** heading, title
feliratkészítő gép *(fényk)* titler
felíró *(koh)* marker
felismerés discrimination, identification, detecting; *[hangzóé ; távk]* recognition
felismerhetőség detectability
felismerő rendszer *(távk)* recognition system
feliszapol *(ép)* flush, fill, silt up
feliszapolás filling, colmation, silting up
feliszapolódás meggátlása silt control
felitat blot, impregnate
felizzít heat up, glow, inflame
feljárat *(bány)* manway-up ; *(ép)* approach, gangway, rampart ; *(kocsihoz:)* carriage-drive ; *(parton:)* landing step, rampart
feljárati lépcső front steps
feljáró *(ép)* *l* **feljárat** ; **~ deszkázat** *(ép)* access board ; **lejtős ~** elevated approach; **~ lépcső** stairs; **~ palló** *(ép)* access board; *[fatelepen]* jackladder ; **~ rámpa** ramp ; **~ rézsűje** slope ramp ; **~ töltés** approach embankment ; **~ út** elevated approach, slope ramp, approach ramp/road ; **~ út lejtésszöge** inclination of ramp
feljavít *[talajt]* meliorate
feljavítás amelioration
feljebb fekvő rétegek *(földt)* superincumbent beds
feljegyez record, mark on, (en)register, minute ; *(tekercsre:)* scroll
feljegyzés record(ing), note, tally, memory, minute
feljegyzési : ~ görbe record diagram ; **~ sebesség** recording speed
feljegyzett *(műszerrel)* recorded
feljegyző *fn* *(impulzustartalékoló ; vill)* register ; **~ elektroncső** *(mat, vill)* electron-recording tube, E. R. tube ; **~ fordulatszámmérő** *v* **tachométer** recording tachometer ; **~ hőmérő** recording thermometer ; **~ író szerkezet** *v* **toll** recording pen ; **~ készülék** recording appratus ; **~ készülék tűje** *v* **tolla** recording stylus ; **~ lap** recording card/chart, scriber ; **~ műszer** recording instrument ; **~ papír** recording chart ; **~ szalag** *(távk)* transmission tape ; **~ tábla** *(hajó)* log board ; **~ vezérlő** *(aut)* register controller
felkampósít barb
felkapcsol clamp up ; *(gépk)* change up
felkapcsozott *[cipőfelsőrész]* stapled on
felkarimáz flange
felkárpitozás tapestry
félkarton *(pa)* slightly mechanical board
felkavar agitate, blur, churn
félkelelő maró *(fa)* semi-gutter cutter
félkemény half-/semi-hard, half-hardened ; **~ acél** half-hard steel ; **~ gumi** semi-hard rubber, semi-ebonite ; **~re húzott** semi-hard-drawn ; **~ sajt** semi-hard cheese

felkeményítés *(felrakó hegesztéssel)* hard--facing
félkémiai cellulóz *(pa)* semi-chemical pulp
felken *(festéket:)* apply ; *(gumit kalanderen szövetre:)* friction ; **gumioldatot ~** spread
felkent : ~ anyag smear ; **~ gumiréteg** skim
felkerekít *(számot)* round up/off
felkerekítés rounding off/up
félkész semi-finished, semi-processed ; **~ áru** raw goods, semi-finished products ; *(tex)* first stuff, semi-processed products, materials in process ; **~ gyártmány** intermediate (products), raw goods, half stuff ; **~ termék** stock, intermediate product ; *(tex)* semi-manufactured article ; **vegyi ~ termék** chemical intermediate
félkészáruraktár green-room
felkészít outfit ; *(kidöntött fát:)* log
felkever stir up, blur, churn, agitate ; *(meszest ; bőr)* plunge up
félkezes kalapács (single-hand) hammer
félkézfűrész bucksaw, slashers
felklórsav perchloric acid
felklórsavas kálium potassium perchlorate
félkoksz semi-coke
félkokszolás low-temperature carbonization
félkör *(mat)* semicircle ; **~ alakú** *(mat)* semi-circular, demicircular ; **~ alakú bőrfaragó kés** hollowing knife ; **~ alakú ék** *(gépt)* semi-circular key ; **~ alakú simítókanál** *(ép)* spoon tool ; **~ alakú szelep** *(szivattyún)* semi--circular flap ; **~ alakú véső** half--round chisel ; **~ alaprajzú fűtőház** *(vasút)* roundhouse
félkörantenna half-cheese aerial
félkör-hibázás semi-circular error
félkörív *(mat)* semi-circumference
félkörös : ~ ajtó feletti ablak *(ép)* lunette ; **~ fríz** *(ép)* torus ; **~ ívjárat** *(hangt)* semi-circular canal ; **~ üregelőtüske** half-round broach
félköszörülés undercut
félkövér *(nyomda)* medium faced ; **~ agyag** flaky clay
félközel *(fényk)* medium
félközvetlen : ~ ammóniavisszanyerés *(vegy)* semi-direct ammonia recovery ; **~ világítás** semi-direct lighting
félkristályos semi-crystalline, hemicrystalline
félkrómcserzésű bőr semi-chrome leather
felkunkorodó incurvate ; **~ orrú lábbeli** *[indiai papucs]* jester syle
felkupacol *(mzg)* mound
félkupola *(ép)* concha
felkúpozás *(mintaanyagé negyedelés előtt)* coning ; **~ és negyedelés** *(mintavételi eljárás)* coning and quartering
felkurbliz wind up
félláncsodratú *(fonal; tex)* medio twist ; **~ fonal** mock water
féllánctalpas *(gépk)* half-tracked
fellángol flare (up), kindle, flash, burst out
felláp *(földt)* highmoor, everglade
féllapos ráfektetés *v* **padlózás** *(ép)* half-lap scarf
féllátószögtér *(tárgylencséé ; fényk)* semi-angular field
fellazítás *(városépítés)* covering of the unchanged area by buildings of restricted size
féllen áru *(tex)* part linen weft
fellépő *(ép)* stair step ; **~ deszka** *(ép, gépt)* step
fellobban burst out, flare (up), flash
fellobbanás flare, flash, bursting out ; *(porlasztóban:)* backflash ; *(kipufogócsőben:)* torching
féllogaritmikus semilogarithmic(al) ; **~ koordinátarendszer** semilogarithmic coordinate system ; **~ papír** semilog paper
Fellows-féle : ~ fogvéső gép Fellows' gear shaper ; **~ metszőkerék** *(forg)* Fellows' cutter
Fellows-tárcsa *(metszőkerék)* Fellows' cutter
félmagas sarkú, kéreg nélküli cipő mule *(US)*
félmagasságú : ~ (csavar)anya half nut ; **~ válaszfal** half partition
felmáglyázás *(fa)* stacking, stratification
félmarha *(élip)* carcass
félmatt *(tex)* semi-dull ; **~ papír** *(fényk)* semi-matt paper
félmechanikai szövőszék dandy loom
felmelegedés heating, calefaction, baking ; **~ sűrítés következtében** dynamic heating
felmelegedési idő *(rád)* starting time
felmelegít heat, calefy, warm up
felmelegítés heating, calefaction, warming-up
felmelegítő heating, warming up, calefacient
félmélyágyas abroncs *(gépk)* eccentric base rim
felmenő ascendant, ascensional, rising ; **~ alsó pánt** *v* **bordapánt** *(hajó belsejében)* rising floor-timber ; **~ cső** *(ép)* stand-pipe ; **~ helyzet** *(horgas v nyelves tűnél ; kh)* tuck position ; **~ vezeték** *(ép)* riser main
felmér *(méretet megállapít)* size up, admeasure ; *(mennyiséget:)* quantify ; *(geod)* survey, bring up
felmérés *(méretmegállapítás)* measurement, mensuration; *(geod)* survey(ing) ; **~ gyorsmérő műszerrel** *v* **tahiméterrel** tachymetry, tacheometry, tachymeter method ; **~ légi fényképezéssel** *(geod)* aerial photographic surveying ; **~ méretaránya** *(geod)* scale of the survey ; **mérőszalagos ~** chain survey(ing) ; **~ tájolóval** *(geod)* magnetic(al) survey
felmérési : ~ jegyzőkönyv *(geod)* field book ; **~ jelzőzászló** *(fgeod)* vane ; **~ térképlap** *v* **szelvény** *(geod)* survey sheet
félmerev semi-rigid ; **~ léghajó** semi--rigid airship ; **~ szár** *(kultivátoron)* springrelease standard
felmérő *(geod)* surveyor ; *(felvázoló:)* delineator ; **~ felszerelés** surveying equipment ; **~ iránytű** surveying compass
felmerülés emersion
felmetszés *(bőr)* ripping/opening cut
félmetszet *(mat)* semi-section ; *(gépt)* semi-sectional view
felmetszett : ~ kefe *(távk)* split brush ; **rosszul ~** *(bőr)* incorrectly ripped
félmezős végződés *(távk)* midshunt termination
fél-mikromérleg semi-microanalytical bal-ance
felmond disengage ; **szolgálatot ~** *(gépt)* refuse
felmos *[hajófedélzetet]* swab
felmosó : ~ rongy swab ; *(nyélre erősített)* **~ ruha** mop
félnormál oldat *(vegy)* half/semi-normal solution
felnövekedési idő *(áramé: vill)* build (-up) time
felnövő áram *(távk)* swelling current
félnyereg- *(ép)* lean-to
félnyeregtető *(ép)* lean-to roof, shed, pent roof
félnyers *l* **félfényes**
felnyit open, disclose ; *(csapóhidat:)* draw ; *(bont:)* undo ; **tetőt ~** *(kabriolénál ; gépk)* erect the head ; **varratot ~** *(gépt)* ream the seam
felnyitás opening ; **kötés** *v* **vegyérték ~a** *(vegy)* opening of bond
felnyitható : ~ csévetartó *(tex)* hinged bobbin peg ; **~ hídnyílás** draw span
felnyitott száď *(tex)* shed semi-open type
felnyomás : gyári védjegy ~a *(talpra ; cipő)* trade mark embossing
felnyomó cső *(áep)* rising main
félnyüst *(tex)* half-heald ; *(forgókötés)* doup ; *(gézszövő széken)* link heald
felold *(kötést)* release, disengage ; *(oldószerben:)* (dis)solve, solute ; *(képet:)* resolve ; *(rostanyagot ; pa)* disintegrate ; *(tex)* uncord ; *(blokkolást ; vasút)* relieve
féloldalas : ~ egyenirányító *(vill)* half--wave rectifier ; **~ fűrészreszelő** *(fa)* blunt mill file ; **~ (jelleg)görbe** *v* **karakterisztika** *(rád)* single slope ; **~ kapálószerszám** *[kultivátoron]* planet junior sweep ; **~ maró** half-side (milling) cutter ; **~ vetélőcsúcs** *(tex)* side tip
féloldalsávos átvitel *(rád, távk)* *l* **egyoldalsávos átvitel**
féloldalú unilateral
feloldás *(oldószerben)* (dis)solving ; *(kötésé:)* releasing, relaxation; *(telev)* resolution
feloldási : ~ folyamat *(távk)* release operation ; **~ viszonyszám** resolution ratio
feloldható *(optikailag)* resoluble ; *(vegy)* soluble
feloldó *fn* solver ; *mn* resolving, releasing, tripping, freeing, unblocking ; **~ áramkör** *(távk)* clearing circuit ; **~ hollandi** *(pa)* breaker beater/engine, kneader for waste papers ; **~ jel** *(hangt)* natural, cancel ; **~ képesség** *(at, fényt, telev)* resolving power ; *(telev)* sharpness of definition ; *(pa)* dissolubility ; **~ mágnes** *(vill)* release magnet ; **~ szakasz jelfogója** *(távk)* relay of clearing section
feloldódás *(tex)* relaxation, recovery, release
feloldódik *(lazít, kötést bont)* loosen, release, relax ; *(oldószerben:)* (dis)solve
feloldott solute, dissolved ; **~ állapot** solution
felolvadt melted ; *(felengedett:)* thawed
felolvasztás melting, refusion, deliquescence

féloszlop (*falból kiálló*) engaged column
feloszt divide, scantle; (*pa*) slice; **arányosan** *v* **megfelelő részekre** ~ apportion, distribute proportionally; **munkát** ~ mark off; **telektömböt** ~ (*ép*) plot; **telektömböt újra** ~ (*ép*) replot
felosztás division, divide, distribution, (com)partition, sectioning, separation; **egyenletes** ~ equipartition; **további** ~ subdivision
félosztás-pont (*iránytűskálán*) demi-rhumb
félovális fűrészreszelő stave saw file
felölez (*fa*) stack
felöltő (*tex*) (great)coat, overcoat
felöltőszövet (c)overcoating, top-coating, cover cloth
fél-önhordó konstrukció (*gépk*) semi-chassisless construction
félörműködő semi-automatic, partial automatic, auto-manual; ~ **elsütő szerkezet** (*puskán*) rebourding cock; ~ **ívhegesztés** semi-automatic arc welding; ~ **központ** (*távk*) semi-automatic exchange; ~ **önzáró jelző** (*vasút*) semi-automatic signal
felöntés (*önt*) riser, rising, head, shrink bob; (*kész öntvényen:*) pad, boss; **tüzelőanyagtápszivattyú részére** ~ **a forgattyúházon** (*gépk*) crankcase mounting pad for fuel pump
felöntéses kontaktszűrő (*műa*) contact bed
felöntött fül *v* **szem** (*önt*) mo(u)lded-on lug
felparcelláz lot
felpattanás bouncing
felperemez (*gépt*) border up, flange
félperiódus (*vill*) half-period/cycle, semi-period/cycle
félpillangó-rezgőkör (*rád*) semi-butterfly circuit
félpillér (*ép*) parastas, respond
félpirites olvasztás (*koh*) semi-pyritic smelting
félpoláris semi-polar
félponton (*hajó*) demi-bateau
félportál (*emelőnél*) semi-gantry
félportál-daru semi-portal crane
félpozitív présforma semi-positive mould
felprésel press on; (*szövetre gumilemezt:*) coat
felpuffad bloat, swell, bulge, inflate, belly
felrágás (*önt*) (metal) penetration
felragaszt gum, glue; **gumilemezt** ~ (*szövetre, nyomás nélkül*) skim
felragasztható (gumi)talp stick-on sole
felrajzol trace; (*diagramot:*) plot
felrak (*terhet:*) load; (*felvázol:*) trace, plot; (*máglyába:*) stack; [*festéket:*] apply; [*vonatba:*) entrain; **adatokat** ~ (*geod*) plot; **padozatot** ~ (*bány*) bridge over; **színt** ~ (*nyomda*) stain
felrakás (*festéké*) application, appliance, spreading; (*ép*) layer; (*geod*) plotting; **tervre** *v* **rajzra** ~ (*szögátrakóval*) protraction
felrakó *fn* (*berendezés*) speeder; ~ **cséve** (*cséveállványon; tex*) creel bobbin; ~ **gép** (*bány*) surface shovel; (*tex*) spread board, spreading machine, spreader; ~ **hegesztés** surface-layer welding, deposit/build welding; ~ **készülék** (*tex*) hackling and spreading machine
felránt (*rep*) pull-up
felrántás pulling-up
felráz (*vegy*) shake up
felrepedés: (fúrórúd)cső ~**e** twist off
felrepedezik fringe out
felrepeszt spring
felrepesztés (*bány*) blowup
félreterel deflect; **bütyköt** *v* **pecket** ~ bowl off the cam
félrezgés (*vill*) half/semi-period/cycle
felrobban go off
felrobbant (*bány*) set off
felrobbantás (*bány*) blowup
felrönk (*fa*) half balk
félrugó (*gépk*) semi-elliptical leaf spring
felsajtol press on
felsajtolt kerékabroncs pressed-on rim
fél-sávszélesség half-band width
felségjel nationality mark
félselyem (*selyempamut-szövet*) silk and cotton stuff; ~ **szövet** half silk fabric, silk union fabric
félsertés (*élip*) carcass
felsikló: (*előnyomuló*) ~ **front** (*met*) active warm front
felsikló csapadék (*met*) prefrontal precipitation
félsimító reszelő second-cut file
félsivatagi (*földt, met, mzg*) semi-arid
félsorcsipkézetű szinkronozó impulzus (*telev*) serrated pulse
félsor-idő (*telev*) half-line time
félsor-intervallum (*telev*) half-line interval
felsorolási módszer (*hangt*) rank-order method
felső upper, (over)top; [*föld feletti*] overhead; ~ **adagolású önműködő tüzelő berendezés** overfeed stoker; ~ **és alsó befúvású pörkölő** (*koh*) up-and-down blast roaster; ~ **és alsó határméret** high and low dimensional limit; ~ **beömlő medence** (*hidr*) headbay; ~ **böge** (*duzzasztóműnél*) upper pond/water; ~ **böge vízszíne** (*hidr*) headwater elevation; ~ **csigasor** crown block; ~ **csörlő** (*emelőn*) top hoist; ~ **csúszda** (*koh*) top chute; ~ **delelés** (*csill*) upper transit; ~ **együttállás** (*csill*) superior conjunction; ~ **él** (*pa*) top edge; ~ **előtéttengely kétlépcsős szíjkoronggal** two-speed overhead countershaft; ~ **elrendezésű hajtás** (*gépt*) overhead gear; ~ **elrendezésű hajtócsiga** overhead worm; ~ **emelet** (*ép*) top storey; ~ **emeleti szoba** *v* **lakás** (*ép*) sollar; ~ **emelőkar** overarm; ~ **emelőrúd** (*tex*) top jack; ~ **erjedés** top fermentation; ~ **etetés** (*élip*) top feeding; ~ **fedélzet** (*hajó*) main/upper deck; (*kétfedélzetű hajón:*) tonnage deck; ~ **félgömbi fényáram** upper hemispherical flux; ~ **felület** face; ~ **forgóköves malom** upper-runner mill; ~ **formaszekrényfél** (*önt*) cope, top flask; ~ **frekvenciák hiánya** (*hangt*) not-top condition; ~ **fúrólyuk** (*repesztő; bány*) header; ~ **futású** (*görgős*) **szállítólánc** overhead chain conveyor; ~ **függöny** overdrape; ~ **füstjárat** *v* **huzat** overtop chamber; ~ **fűtőérték** gross calorific power; ~ **gém** overarm; ~ **gerenda** (*ép*) suspender beam; (*malom*) flour loft beam; ~ **gőz** (*gőzkalapácsnál*) top steam; ~ **gőztér** (*kazánon*) upper header; ~ **gyalufej** rail-head ram; ~ **hajlat** (*földt*) upper bend; ~ **hanghatár** upper pitch limit; ~ **hajtás** top feed; ~ **hajtású** overhead-drive type; ~ **hajtású fordulatszámmérő** overhead drive tachometer; ~ **határérték** upper limit (value); ~ **határméret** high limit; ~ **henger** (*pa*) top roll(er); (*tex*) top roll; ~ **holtpont** (*gépt*) top/upper dead centre, TDC, t. d. c.; **hosszláncrendszerű** ~ **vezeték** (*vasút*) catenary suspension contact line; **hosszláncrendszerű** ~ **vezeték tartóhuzala** catenary wire; ~ **hurok** (*frottírárunál; tex*) upper pile; ~ **huzat** (*tűz feletti légáram*) overdraft, overdraught; ~ **huzatú kemence** overdraft/overdraught kiln; ~ **ív** (*hídon*) head arch; ~ **kapacitású antenna** (*rád*) loaded-top aerial; ~ **kapcsolások** (*rácsostartók között; ép*) overhead bracing; ~ **kasszéken nyugvó kas** (*bány*) landing stage; ~ **kazán** upper boiler; ~ **keresztkötés** (*ep*) sway bracing; ~ **keresztkötés vízszintes rúdja** (*ép*) sway strut; ~ **késszán** (*gépt*) rail-head slide; ~ **késtartó** (*gept*) rail tool(-)head; ~ **késtengely** (*pa*) top cutter shaft, top slitting-bar; ~ **kezelő padozat** (*bány*) top landing; ~ **kezelőtér** (*bány*) pit head, high doors; ~ **kezelőtér berendezése** (*bány*) tipple equipment; ~ **kiegyenlítő téglasor** (*ép*) lacing course; ~ **kieresztő nyílás** (*szivattyún; emelőn*) rise; ~ **kivezetésű csőszerkezet** (*rád*) double structure; ~ **könyök** (*mágnesezési görbén*) upper knee; ~ **kötöttáru** (*tex*) knitted outwear; ~ **kőzetrétegek** supercrust rocks; ~ **kréta** (*földt*) cretaceous proper system, upper Cretaceous; ~ **kulcskerék** (*felhúzáshoz*) winding pinion; ~ **lánc** (*tex*) face ends/warp; ~ **lap** (*bány*) top leaf; (*gépt*) headboard, head-plate, upper plate; ~ **lemezsorok** (*hajó*) upper strakes; ~ **lerakódás** (*földt*) superstructure; ~ **magpont** (*mech*) extradosal kernel point; ~ **malomkő** runner-stone; ~ **manuál** (*orgonán*) choir organ; ~ **maró** (*fa*) vertical spindle mo(u)lding machine; ~ **megvilágítás** (*fényk*) scaffold lighting; ~ **mellgerenda** (*alagútácsolaton*) nipper sill; ~ **méreteltérés** (*gépt*) upper deviation; ~ **munkavezeték** (*vasút*) aerial contact-line; ~ **nemez** (*pa*) over felt, top-felt, pick-up felt; ~ **nyitású kocsiszekrény** (*gépk*) cabriolet body; ~ **nyomóhenger** (*irezőn; tex*) press roller; ~ **nyüstkiemelő** (*tex*) top jack; ~ **nyüstléc** (*tex*) top heald stave; ~ **oldal** (*pa*) right side, obverse; ~ **oldalfrekvencia** upper side frequency; ~ **oldalösszetevő** (*modulációnál*) upper side component; ~ **oldalsáv** (*rád, távk*) upper side band; ~ **öntés** (*önt*) top pour; ~ **öv** (*rácsostartón*) upper boom/chord; ~ **övlemez** (*hídon*) top-flange plate; ~ **pad** (*bány*) top layer/bench, upper leaf; ~ **pálya** (*em*) track above, upper track; (*hídon:*) upper deck; ~ **párkány** (*ép*) finishing cornice; ~ **rakodási állás** (*bány*) landing stage;

~ **repesztőlyuk** *(bány)* roof hole; ~ **réselőkar** *(bány)* roof-cutting jib; ~ **rész** head, top part, acme; ~ **réteg** *(bány)* top layer; ~ **rúdvezeték** *(forg)* overhead pilot bar; ~ **rugótányér** upper spring seat; ~ **ruha** coat; ~**ruházat** outerwear; ~ **sínpálya** overhead track; ~ **sor** *(tégla v kő; ép)* top course; ~ **süllyeszték** *(gépt)* upper die; ~ **szád** *(tex)* upper/top shed; ~ **szádág** *(tex)* tight shed side; ~ **szakaszról érkező víz** *(árapályos folyószakaszon)* upland water; ~ **szál** *(tűzésnél)* top thread; *(távcsövön:)* top hair; ~ **szánvezeték** *(forg)* slide top guide/ways; ~ **szárny** *(rep)* high wing; ~ **szárny középrésze** *(rep)* top-centre wing; ~ **szekrény** *(önt)* case; ~ **szél** *(nyomda)* head/top margin, head of a book; ~ **szelepemelő himba** *(hengerfejen)* overhead tappet lever; ~ **szelet** *(bány)* top leaf; ~ **szélrács nélküli nyomott tartó** *(hídon)* pony truss; ~ **szélrácsoszlop** *(ép)* sway strut; ~ **szélrácsozat** *(ép)* top lateral bracing; ~ **szélrácsrúd** *(ép)* top lateral bracing member; ~ **szélrácsrudazat** *(hídép)* top laterals, top lateral bracing; ~ **szerelőállvány** *(hídépítésnél)* upper falsework; ~ **szerkezet** *(ép)* superstructure; ~ **szint** *(bány)* rise level; ~ **szita** *(pa)* top wire; ~ **szövet** *(kettős szövetben; tex)* top cloth; ~ **szupport** *(gépt)* top rest; ~ **talajvízszintövezet** vadose zone; ~ **talp** *(bőr)* outsole; ~ **támasz** *(ép)* top brace; ~ **téglaburkolat** *(úton)* upper brick paving; ~ **telep** *(bány)* top seam; ~ **töltésű etető- v adagolódob** overshot rotary feeder; ~ **troposzféra** *(met)* second troposphere; ~ **ülés** *(emeletes járművön)* roof seat; ~ **ütésű szövőszék** overpick loom; ~ **vágás** *(reszelőé)* upper cut; ~ **vágat** *(bány)* top gate; ~ **vasbetét** top bar; ~ **vetés(ű)** *(tex)* overpick, cone/Blackburn pick; ~ **vetésű berendezés** *(tex)* overpick motion; ~ **vetésű szövőgép** *(tex)* overpick/Hattersby loom; ~ **vetülék** *(megerősített v bélelt szövetben; tex)* face weft/filling/picks; ~ **vezérlés** *(gépt)* overhead control, O. H. C.; *(gépk)* overhead camshaft, o. h. c.; ~ **vezeték** *(vill)* air/overhead conductor/wire; *(haránt felfüggesztő huzallal:)* compound catenary; ~ **vezetékelágazás** *(vill)* overhead frog; ~ **vezetékrendszer** *(vasút)* overhead system; ~ **világítás** *(ép)* top/ceiling light(ing), skylight; ~ **zárás** *(pa)* top mouthpiece

felsőbányit *(ásv)* felsöbanyite

felsőbb: ~ **fokú visszaverődés** *(rád)* superrefraction; ~ **réteg** *(földt)* upper bed

felsőbőr *(cipő)* upper (leather); ~- **és bélésbélyegző gép** upper leather and lining stamping machine; ~ **levágása** upper trimming

felsőbőráthajtó gép *(cipő)* beading machine

felsőbőrborzoló gép *(cipő)* upper leather roughing-up machine

felsőbőrélező gép *(cipő)* upper leather skiving machine

felsőbőrelőcserző szín shift

felsőbőrhasító gép *(cipő)* leather-splitting machine

felsőbőrkivágó gép *(cipő)* upper leather clicking machine

felsőbőrkörülvágó: ~ **gép** *(cipő)* upper leather trimming machine

felsőbőr-olajozás *(cipő)* oiling of upper leather

felsőbőrszélcementező gép folding edge cementing machine

felsőcsigás csigakerékhajtás *v* **hajtómű** overhead/over-type worm drive

felsőfolt *(cipő)* top lift; ~ **előfényezése** top lift smoothing

felsőfoltcsiszolás *(cipő)* top lift scouring

felsőfoltcsiszoló gép *(cipő)* slug-grinding machine

felsőfoltmaró gép *(cipő)* top lift trimming machine

felsőing *(tex)* day shirt

felsőkönyök-egyenirányítás *(rád)* top-bend detection

felsőköteles: ~ **kapcsoló készülék** *(emelőn)* coupling device with overhead cable; ~ **vontatás** *(bány)* haulage with overhead rope

felsőkulcsos *(puska)* upper lock type

felsőlégkörvizsgálat szelvény-módszere *(met)* slice method

felsőnézet *(ép)* top plane view

felsőöv-rúd *(ép)* top-boom member

felsőöv-szögvas *(ép)* top-flange angle

felsőpályás: ~ **elrendezés** *(hidépítés)* roadway above; ~ **futódaru** overhead travel(l)ing crane, travel(l)ing crane with upper trolley way; ~ **gerinclemezes híd** deck plate girder bridge; ~ **híd** top-road bridge, deck (girder) bridge; ~ **híd fesztávolsága** deck span; ~ **rácsos ív** *(hidépítés)* spandrel-braced arch

felsőperem-lövés *(bány)* hung shot

felsőrendű: ~ **háromszögelés** *(geod)* first order triangulation; ~ **szintezés** *(geod)* precise level(l)ing

felsőrész *(cipő)* upper; ~ **kaptafára húzása** pulling over; ~ **szárának szabása** forme; ~ **szárrésze** upper leg; ~ **szegélydíszítése** foxing

felsőrészbefűzés *(cipő)* interlacing

felsőrészbefűző gép *(cipő)* upper lacing machine

felsőrészbetét *(bőr)* gore

felsőrészbőr *(cipő)* upper (leather)

felsőrész-fárahúzó gép *(cipő)* pulling over machine

felsőrészkifordító gép *(cipő)* beading machine

felsőrész-sámfa *(cipő)* crimper, cramp

felsőrész-szélbehajtó gép *(bukkológép; cipő)* folding machine

felsőrésztisztító gép *(cipő)* upper cleaning machine

felsőrészvasaló gép *[kész cipőhöz]* ironing machine

felsőszárnyas *v* **felsőszárnyú** *(rep)* high(-)wing; ~ **repülőgép** high-wing monoplane

felsőszíj *(felsőrész-alkatrész; cipő)* top band

felsőtalp *(cipő)* outsole; *(hajó)* copper punt

felsőtermény *(bány)* top size

felsőtest upper body

felsővezetékes: ~ **áramellátás** *(villamos vontatásnál)* overhead-contact system; ~ **erőátviteli vonal** *(vill)* overhead transmission-line; ~ **kábeldaru** elevated cableway crane; ~ **komp** trail flying bridge; ~ **villamosmozdony** trolley-wire locomotive

felsővezeték-függesztő kengyel *(vill)* feeder ear

felsővezetékhuzalt kanyarban rögzítő szerelvény *(vill)* pull-off (armature)

felsővezetéki váltóhuzal frog wire

felsővezeték-karbantartó emelvényes kocsi *(vasút)* scaffold car

felsővezeték-rendszer *(villamos járműveknél)* trolley system

felsővezeték-szerkezet *(vill)* aerial structure

felsővezetéktartó: ~ **béka** *(vill)* ear, frog; ~ **kar** bracket; ~ **keresztkar** crossarm; ~ **oszlop** overhead pole

félstabil semi-stationary; ~ **gőzgép** over-type engine; ~ **kazán** semi-portable boilre

felsütő *(könyvkötésnél)* backlash liner

felszab: méretre ~ *(fa)* work up, convert

felszabadít set free, disengage, release

felszabadítás liberation, release, relief; *(elektronoké:)* release

felszabadítható hidrogén *(vegy)* replaceable hydrogen

felszabadító áramkör *(távk)* freeing circuit

felszabadított energia *(at)* released energy

félszabadon hordó *(mech, rep)* semi-cantilever

felszabadulás *(vegy)* releasing, liberation, disengagement

felszabadult: *(visszahúzódott vízfelülettől)* ~ **földsáv** derelict land

felszabályoz *[kommutátort]* true up

felszaggat *(felületet)* score

felszakad *(áramkör)* break down; *(víz:)* well out

felszakít rupture, rip; *(útburkolatot:)* lift

felszakító-vas *(köcömités kitisztítására)* ripping iron

felszáll ascend, climb; *(hajóra, repülőgépre:)* board; *(rep)* clear the runway; *[légbuborék folyadékból:]* globe; **meredeken** ~ *(rep)* take off in climb; **újból** ~ *(nem rep)* remount; *(rep)* restart

felszállás ascension; *(rep)* start, take-off, ascent; **anyahajó fedélzetéről végrehajtott** ~ *(rep)* deck start; ~ **előtti előkészületek** *(rep)* take-off preparations; ~ **előtti motorjáratás** *(rep)* preliminary run-up ~ **helyből** *(rep)* no-run take-off; ~ **időpontja** *(rep)* time of departure; **légbuborékok** ~**a** *(flotálásnál)* elevation; **meredek** ~ *(rep)* climbing take-off; **segített** ~ *(rep)* assisted take-off

felszállási: ~ **állásszög** *(légcsavaré)* take-off pitch; ~ **engedély** *(rep)* air traffic clearance, take-off clearance; ~ **idő** *(rep)* unstick time; ~ **légtér** *(rep)* departure area; ~ **magasság** *(léggömbé)* height of equilibrium; ~ **szívótérnyomás** *(rep)* take-off boost; ~ **távolság** *(rep)* take-off distance; ~ **teljesítmény** *(repülőmotoré)* take-off power; ~ **teljesítmény tengerszinten** *(rep)* sea-level take-off power (rating); ~ **tilalom** *(rep)* flying restriction; ~ **vonal** *(rep)* line of departure

felszálló ascendant, ascending, resurgent, ascensional ; *(met)* ascensional, anabatic ; ~ **cső** uprise, upstake, riser, stand-pipe, flow/rising/ascending pipe ; ~ **légáramlat** ascendant current ; ~ **pálya** *(anyahajón)* flight deck ; ~ **szél** *(met)* up-wind ; ~ **vezeték** uptake ; ~ **víz** *(központi fűtes csővezetekében)* water ashead
felszámol *[hátralékot]* clear up
felszántás *(földt, mzg)* plough
felszántatlan földdarab *(mzg)* skip
felszántott föld *(mzg)* tilling
félszappan *l* **félszínszappan**
félszáraz fonású *(fonal ; tex)* demi--sec, half-dry-spun
félszárnyú : ~ **kapálószerszám** *(mzg)* planet junior sweep ; ~ **művelőtest** *(kultivátoron)* half sweep
félszatén *(tex)* sateen
felszed take up, pick/clean up ; *(növényt v palántát:)* lift
felszedés pickup, picking ; **levegőből történő** ~ *(postáé ; rep)* airborne pick-up
felszedő : *(járműre szerelt)* ~ **bálarakodó** field bale loader, pickup baler ; ~ **fogai** *(mzg)* pickup tines ; ~ **horog** *(földről levegőbe ; rep)* pickup hook ; ~ **motolla** pickup reel ; ~ **szerkezet** *(földről levegőbe ; rep)* pickup device ; *(selyemgombolyításnál ; tex)* pickup device
felszedő-bálázó gép *(mzg)* pickup baler, field bale loader
felszegez nail (up)
felszegezés nailing (up)
félszélességre megrajzolt vízvonalmetszet half-breadth plan
felszeletel *(pa)* slice
felszenezés *l* **cementálás**
felszenít *(koh)* *l még* **cementálás** recarbon
felszenítés *(konverterben ; koh)* pig--back ; *l még* **cementálás**
félszer penthouse
felszerel equip, mount (up), gear, furnish, build up, fit (out), outfit, install, adjust, provide, assemble rig up, busk ; *(ép)* stem ; **állványt** *v* **falazóállást** ~ erect the scaffold ; **hajót** ~ trim ; **újból** ~ remount
felszerelés *(tárgy)* equipment, garniture, equipage, utensil, inventory, implement, set, outfit, furniture, supplies, arrangement, facilities, gear ; *(művelet:)* rig(ging), assembling, erection, equipping, fitting ; **fedélzeti** ~ deck fittings ; **láncos** ~ chain link rigging ; ~**t megelőző kipróbálás** preinstallation test ; ~ **műszerekkel** instrumentation; **robbanásbiztos** ~ approved apparatus; **új** ~**sel ellát** refit
felszerelési : ~ **cikk** supply item, equipment ; ~ **költség** installation cost ; ~ **napló** equipment performance log
felszerelt equipped, assembled, armed, mounted ; **jól** ~ well found ; **kívül** ~ *[fényszóró v csónakmotor]* outboard; ~ **robbanótöltény** *(bány)* bursting charge
felszerkezet *(hídépítésnél)* superstructure
felszerszámozás *(forg)* tooling-up, tool equipment
félsziget *(földt)* peninsula, head-land
felszín *(ált ; ép)* surface ; *(terület:)* area ; *(bány)* grass ; *(földt)* ground; *(mat)* superficies ; ~ **alatti** *(bány, földt)* subsurface ; *(hidr)* submerged ; ~ **alatti gázhólyag** *(önt)* subcutaneous blowhole ; ~ **alatti telérkiékelődés** *(bány)* sub-outcrop ; ~ **alatti úszó** subsurface float ; ~ **alatti víz** *(földt)* subsurface water ; ~ **alatti vízáramlás** *(földt)* subterranean stream ; ~**re hoz** *(bány)* wind up ; ~ **süllyedése** *v* **ülepedése** *(bány, ép)* subsidence ; **talaj** ~**én elfolyó** *(víz)* runoff water
felszínemelkedés *(földt)* rideau
felszínes superficial
felszínesség superficiality
felszíngörbület *(folyadéké)* meniscus
felszíni outward, superficial, surface ; *(víz ; földt)* vadose ; *(bány)* above--ground ; *(földt)* superficial ; ~ **fejtés** *v* **bányászás** mining by open-cast method ; ~ **feltárás** *(földt)* surface exposure ; ~ **fényvisszaverődés** surface reflection ; ~ **feszültség** *(ép, hidr, vegy, vill)* surface tension ; ~ **forrás** *(földt)* surface spring ; ~ **geológia** surface geology ; ~ **gyűrődés** *(földt)* surface folding ; ~ **hajóradar**seascan marine radar ; ~ **hártya** skim, scruff ; ~ **hordalék** *v* **üledék** superficial deposit ; ~ **hőmérséklet** surface temperature ; ~ **keménység** *(anyagv)* surface hardness ; ~ **lerakódások** *(földt)* phaneric series ; ~ **levegő** *(talajé)* surface air ; ~ **moréna** *(földt)* superglacial moraine ; ~ **mozgásban levő zóna** *(földt)* zone of flow ; ~ **párolgás** surface evaporation ; ~ **rendellenesség** *(földt)* topographic/ surface irregularity ; ~ **réteg** *(bány)* surface bed ; *(ép)* skim coat ; ~ *(könnyen termelhető)* **szén** free coal ; ~ **szerkezet** *(földt)* surface structure ; ~ **tágulás** *(anyagv)* superficial dilatation ; ~ **talajréteg** *(mzg)* surface layer ; ~ **(tároló)-tartály** *(ol)* above-ground (storage) tank ; ~ **vakolatréteget visz fel** *(ép)* skim ; ~ **víz** day water ; ~ **vízlevezetés** *(földt)* surface discharge ; ~ **víztelenítés** top draining
felszínomlasztás *(bány)* day fall
felszínsérülés *(filmen)* facial blemish
félszínszappan semi/half-grained soap
felszív absorb, soak, swab, suck, resorb
felszívás absorbing, absorption, suck, soaking
felszívhatóság absorbability
felszívó absorptive, absorbent ; ~ **képesség** absorbing capacity/power, absorptivity
felszívódás *(festéké)* sinking-in, absorption
félszívóképes *(pa)* semi-absorbent
felszólamlás claim
felszólamló claimant
felszolgáló asztal dumb-waiter
felszór *(fémet)* metallize
felszőr *(gyapjúban)* beard hair
féltag *(távk)* half-section
feltakarít cleanup
feltalaj-tűzcsap *(alsó orsórögzítéssel)* hydrant above ground level (with spindle supported below)
feltalál invent, contrive
feltaláló inventor, contriver
féltalp *(cipőn)* half sole, tap
féltámaszköz *(ép)* midspan
feltár disclose, discover, elicit, develop ; *(bány)* recover, open/dig up, bare, detect, exhibit, train ; *(cellulózt ; pa)* digest ; *(vegy)* attack ; **csapásirányban** ~ *(bány)* drift ; **telért** ~ *(bány)* dessue
feltárás display, opening up, reveal, exploration ; *vö még* **feltár** ; *(cellulózé ; pa)* digestion ; *(bány)* ore developing, chasing, baring, digging ; ~ **iránya** *(földt)* course of outcrop ; ~ **meddőben** *(bány)* deadwork
feltárási : ~ **eljárás** *(bány)* development method ; **első** ~ **munka** *(bány)* early development ; ~ **hely** *(bány)* exploring spot
feltárható *(bány)* recoverable
feltárhatóság *(pa)* pulpability
feltáró : ~ **fúrás** *(ol)* discovery well, prospecting hole ; ~ **kád** splitting tank ; ~ **közle** *(bány)* drive ; ~ **lyuk** *v* **furat** *(bány, ol)* pioneer well, test hole ; ~ **vágat** *(bány)* drift tunnel
feltáró-előfúró pajzs roof shield
feltart retard
feltárt : ~ **előfordulás** *(fejtésig; bány)* whole mine; ~ **érc** developed ore, ore blocked out ; ~ **ércvagyon** ore in sight
feltartás *(vonaté)* stop
feltartó lakat *(kh)* tuck cam
feltartott : ~ **kötés** *(kh)* tuck stitch, full cardigan stitch ; ~ **szem** *(kh)* retained loop, double stitch ; ~ **szemű kötés** *(kh)* *l* **feltartott kötés**
feltáskásodás *(fa)* blister
féltégla half bat, glut, half-stone/ brick ; ~ **vastagságú fal** half-brick wall
féltéglaréteg *v* **-sor** *(ép)* half-stone course
félteke hemisphere
felteker(csel) wind/coil/roll up, purl, spool, reel (up) ; **szövetet** ~ take-up the cloth
feltekercselendő tekercs *(pa)* reroll
feltekercselő : ~ **berendezés** *(pa)* reeling device ; ~ **dob** *(tambúr ; pa)* reel-up drum ; ~ **henger** *(pa)* delivery reel ; ~ **rúd hüvellyel** *(pa)* core
féltekercs-végződés *[pupinkábelnél ; távk]* mid-series termination
feltekerődzik *(rep)* ramp
féltengely *(gépk)* (rear) axle/half/differential shaft ; *(mat)* semi-axis
féltengely-hosszjáték *(gépk)* end float
féltengely-kúpkerék *(differenciálműben ; gépk)* differential wheel
féltengely-perem *(egy darabból a féltengellyel ; gépk)* upset flange
féltengelyrögzítő alátét *(gépk)* axle shaft retaining washer
feltép *(pa)* pull up ; **követetet** *v* **útburkolatot** ~ scarify, rip
feltépő szilárdság *(pa)* pulling resistance
félterhelés half-load
féltermék intermediate, semi-finished product/goods
féltermék-hengersor semi-finished rolling mill
feltétel condition, term, reservation ; **kedvezőtlen (munka)**~**ek** adverse conditions ; **kerületi** ~ boundary condition ; **nehéz üzemi** ~**ek** *(kenés)* heavy duty (conditions)
feltételes conditional ; ~ **entrópia** conditional entropy ; ~ **megálló(hely)** request stop

feltételezés assumption, admittance
feltételezett supposed ; ~ **átlag** presumed assets ; ~ **érc(készlet)** *(bány)* possible/expectant ore ; ~ **helyzetpont szélcsendben** *(rep)* no-wind position
feltételi egyenlet *(mat)* equiponderate of condition
feltétlen absolute ; ~ **pontos** dead true
féltető *(ép)* lean-to
féltetős építmény penthouse
feltett járom *(hídon)* frame trestle
feltevés admittance, assumption
feltolakodó dagály encroaching tide
feltolódás *(bány, földt)* striding, upcast
féltónus half-tone, interval
féltónusos kép half-tone picture
feltornyosulás *(földt)* raising-up
feltölt (re)charge, (re)fill, backfill, renew, implement, replenish ; *(ép)* embank ; *(heg)* face ; *[kondenzátort]* charge (up) ; *[tartályt]* fill up ; **alaptalajt** ~ *(ép)* make the ground ; **földdel** ~ *(mzg)* earth, mound; **hegesztéssel** ~ *(heg)* build up ; **kapás növényeket** ~ block ; **a tervezett szintig** ~ fill up to grade ; **üzemanyaggal levegőben** ~ *(rep)* refuel in mid-air
feltöltés fill(ing), replenishment, colmation ; *l még* **feltölt** ; *(kitermelt anyaggal ; útépítésnél)* backfilling ; *(koh)* loading ; *(szivattyúé:)* priming charge; *(motoré:)* supercharging; *(kis mértékű:)* boosting ; *(tartályé ; gépk)* filling/topping up; *(ép)* bank(ing), filling ; *(útépítésnél:)* embankment ; *(vill)* charging up ; ~ **desztillált vízzel** topping-up with distilled water ; ~ **kotrott anyagból** dredger fill ; ~ **nélkül induló szivattyú** self-priming pump ; ~ **süllyedése** settlement of fill ; ~ **üzemanyaggal** refuelling
feltöltéses bújtás *(mzg)* stool layering
feltöltési nyomás *(belső égésű motoré)* boost pressure, super pressure of internal combustion engine
feltöltő *fn* replenisher ; *(motoron ; gépk)* blower ; ~ **berendezés** *(gépk, rep)* refuelling device ; *(motor v szivattyú indítására:)* priming device ; ~ **csap** *(szivattyún)* priming cock ; ~ **cső** stand-pipe ; *(szivattyúhoz:)* priming tube ; ~ **kanna** *(gépk)* dope can ; ~ **légsűrítő** *(rep)* supercharger; ~ **szelep** *(szivattyún)* priming valve; ~ **szivattyú** refill/priming pump ; **tengelyen szállított** ~ **anyag** *[töltéshez]* car fill
feltöltődés *(földt)* accretion ; *(vill, fiz)* charging, charge build-up ; *(szívás ; gépk)* breathing ; **jó** ~**ről gondoskodik** *(motornál ; gépk)* provide for good breathing
feltöltődési : ~ **görbe** *[kondenzátornál ; vill]* building-up curve ; ~ **idő** *(vill)* building-up time (of a condenser)
feltöltődik *[kondenzátor]* charge up
feltöltött charged ; *l még* **feltölt** ; ~ **állapot** *(vill)* charged condition ; ~ **kavicságy** *(hidr)* tipped stone rubble ; ~ **terület** *(hidr)* filled area
féltönk *(fa)* half balk
feltör *(olaj v forrás)* appear, well ; **gyepet** ~ *(mzg)* rafter
feltörés opening, raise ; *(alagútban:)* shaft ; *(bány)* box/top hole, stall road, heading, rise (entry), (up)raise, upthrow, straight stall, bord-up, transfer raise, beat, ascending working, headway ; *(gurítóhajtás)* benching-up ; ~ **hajtása** *(bány)* raise work
feltörő irruptive, resurgent ; ~ **gázok** *[vulkánkitörésnél]* resurgent gases ; ~ **vágat** *(bány)* jitty ; *l még* **feltörés**
feltranszformál *(vill)* step up
feltranszformálás *(vill)* step-up transformation, voltage step up
feltranszformáló (al)állomás step-up substation, primary substation
feltranszformált feszültségű áramkör *(vill)* boosted circuit
feltúrázási készség *(motornál ; gépk)* pick-up
feltűnés *(láthatáron)* looming
feltüntetés az áru címkéjén *(adalékról)* label statement
feltűzhető dörzsár shell reamer
feltűző : ~ **állvány** *(tex)* creel ; ~ **kulcs** (tubular) box spanner
felújít renew, renovate, refresh, innovate, regenerate ; *(fa)* mend
felújítás *(városépítés)* periodical maintenance/upkeep ; *(visszaállítás:)* reinstatement ; *(javítás:)* improvement ; *(regenerálás:)* regeneration, rejuvenation, reclaim
elújítási : ~ **alap** replacement fund ; ~ **költségek** renewal costs ; ~ **munkálatok** *(bány)* recovery ; ~ **vágás** *(fa)* natural-felling ; ~ **vágás alatti parcella** *(fa)* compartment under natural felling
felújítható : ~ **elem** *(vill)* regenerative/regenerable cell ; ~ **épület** building worth to be reconstructed/rebuilt/upkeeped
felújító vágás improvement cutting
felújul renew
felújuló recurrent
felúszó salak *(önt)* sullage
félúszó hátsó tengely *l* **hátsó tengely**
félúton midways
felügyel control, watch, inspect
felügyelet watch, control, supervision, conservancy, surveillance, survey
felügyeleti : ~ **bizottság** supervisory board ; ~ **hatóság** supervisory authority
felügyeletlen állomás *(távk)* unattended station
felügyelő viewer, inspector, supervisor, overlooker, overman ; *(bány)* bankman ; *(tex)* supervisor, inspector, superintendent ; ~ **asztala** *(távk)* chief operator's desk
felügyelőség conservancy
felügyelt : ~ **alállomás** *(távk)* attended substation ; ~ **állomás** *(távk)* attended station
felül *ige;* **motorkerékpárra** ~ mount a motor cycle
felül : ~ **levágott kép** *(telev)* truncated picture ; ~ **nyitott katód** *(rád)* open cathode ; ~ **terhelt antenna** top-loaded aerial/antenna
felül-alul fejes sín *(vasút)* bullhead rail
felül-áteresztő *(rád)* high-pass ; ~ **kör** *(rád)* high-pass circuit ; ~ **szűrő** *(rád)* high-pass filter
felülcsapott vízikerék *(hidr)* overshot (water) wheel, high-breast wheel
felület surface ; *(felület területe:)* surface area ; *(terület:)* area ; *(mat)* superficies ; *(pa)* face ; **ágyazott** ~ *(ép)* bedded face ; ~ **alatti (talaj)réteg** subsurface layer ; **cementált** ~ *(hők)* case ; **domború** ~ convex surface ; ~ **egyengetése** *[kövezésnél]* finish facing ; **ekvipotenciális** ~ equipotential surface ; **emittáló** ~ emitting surface ; **érintkező** ~ surface in contact ; **erősen kúpos** ~ heavily tapered ; **felhajtó erőt nem adó** ~ *(rep)* no-lift area ; **felső** ~ *(rétegé ; földt)* superface of stratum ; **fényérzékeny** ~ photosensitive surface ; **fényes** ~ *(képé)* bright area ; **gördülő** ~ rolling/running surface ; **hasadási** ~ cleavage surface ; **hasznos** ~ available/useful surface ; **határoló** ~**ek** bounding surfaces ; **hatékony** ~ *(anyagv)* active area ; **ívelt** ~ curved/cambered surface ; ~**et készít** *(ép)* true off ; **kifejthető** ~ *(mat)* developable surface; **levegőnek kitett** ~ surface exposed to the air ; **megmunkálásra alkalmas** ~ *(gépt)* ready-for-machining surface ; **mérő** ~ measuring surface; **működő** ~ *(gépt)* active face ; **nyírt** ~ *(mech)* shear area ; **rézsútos** ~ *(gépt)* bevel face ; ~ **sík volta** planeness ; **síma vágási** ~ clean cut; **sötét** ~ *[képé]* dark area ; **súrlódó** ~ friction surface ; ~ **szabálytalansága** *v* **rendellenessége** *v* **egyenetlensége** *[Földé v Holdé ; csill]* accident ; **támasztó** ~ bearing surface, seat ; **törési** ~ fracture ; **vezető** ~ guiding surface
felületacélozás *(koh)* steel facing, acierage
felületágyazás bedding a face
felület-aktív *(vegy)* surface-active
felületberakás *(ép)* incrust
felületcsiszolás face grinding
felületegység surface unit ; ~**re eső terhelés** *(mech)* load rate, pressure (rate), load per unit surface ; ~**re számítva** per unit area
felületelem *(mat)* surface element
felületérdesedés roughening of surface
felületes superficial ; ~**en kijavít** patch up
felületesség superficiality
felületi superficial, external, outward, surface ; ~**leg aktív** *(vegy)* surface-active ; ~ **alakváltozás** *(mech)* areal deformation ; ~ **antenna** *(rád)* antenna curtain ; ~ **áramhatás** *(vill)* skin effect ; ~ **áramlás** *(hidr)* flux across surface ; ~ **(árasztó) öntözés** broad irrigation ; ~ **átvezetés** *(rád)* surface leakage ; ~ **bőnyék** *(nyersbőr húsoldalán)* superficial fascia ; ~ **(díszítő)borda** *(ép)* surface rib ; ~ **díszítőelemek** *(kagylóhéjakon ; földt)* surface ornamentation ; ~ **dózis** *(átható sugárzásból)* surface dose ; ~ **edzés** *(hők)* surface hardening ; ~ **egyenlőtlenség** surface irregularity ; *(önt)* scabbiness ; ~ **ellenállás** *(rád)* surface resistance ; ~ **elnyelés** adsorption ; ~ **elnyelési hő** adsorption heat ; ~ **elnyelési képesség** adsorptive capacity, adsorptivity ; ~ **előhívás** *(fényk)* surface development ; ~ **elszéntelenedés** *(koh)* surface decarburization ; ~ **energia** surface energy ; ~ **enyvezés** *(pa)* surface/top/vat/tub sizing ; ~ **enyvezésű papír** tub-sized paper ; ~**leg enyvezett** *(pa)* tub()sized ; ~**leg eny-**

vezett papír surface/tub sized paper, T. S.; ~ érdesség surface roughness ; fa ~ mérése (vastagsági méret nélkül) surface-measure ; ~ fényesség brightness; ~ festés (pa) padding ; ~leg festett (simítón; pa) calender-colo(u)red ; ~ feszültség surface tension, S. T. ; (mech) external/surface stress ; (vill) surface potential ; ~ görbe (mat) surface curve ; ~ gravitáció surface gravity ; ~ hatás (vill) skin effect ; [magnetofonnál] surface effect ; ~ hatású (vegy) surface-active ; ~ hegesztés overlaying welding ; ~ hegesztővarrat shallow weld ; ~ hiba (önt) surface casting defect ; ~ hullám (rád) direct/ground/surface wave/ray ; ~ hullámterjedés-vizsgálat diagramja (rád) ground-wave pattern ; ~ hűtő surface radiator/cooler ; ~ karcvizsgálat (anyagv) surface-scratching test ; ~ (kefe)-mázolás (pa) brush coating ; ~ keresztហullám (földt) surface shear-wave, Love wave ; ~ kezelés surface treatment ; ~ kezelésű papírgép sizing machine ; ~leg kezelt surface-treated ; ~ kiképzés v kezelés finish ; ~ kisülés (vill) surface discharge ; (kúszó) creeping discharge ; ~ kiterjedés superficial expansion ; ~ koncentráció surface concentration ; ~ kondenzáció condensation by contact ; ~ kondenzátor (gőz) surface condenser ; ~ kotrás (hidr) shallow dredging ; ~ kulcsszint (földt) surface key bed ; látszólagos ~ sebesség (földt) apparent surface velocity ; ~ markírozás (pa) bite ; ~ mázolás (olvasztott ; pa) castcoating ; ~ megmunkálás surface finish ; ~ moréna (földt) surface moraine ; ~ növekedés surface growth ; ~ nyomás (mech) surface pressure ; ~ nyomó (festő) gép (tex) surface printing machine ; ~ oldás surface solution ; ~ öntözés (mzg) surface irrigation ; ~ párolgás surface evaporation ; ~ porlasztó (gépk) surface carburetter ; ~ potenciál (vill) surface potential ; ~ radarletapogatás surface scanning ; ~ repedés (deszkán) surface check/crack ; ~ rétegek kémiája surface chemistry ; ~ rezgés (rád) surface oscillation ; ~ rezgés ellenőrzése (hangt) shading ; ~ rostkötegek (nyersbőr húsoldalán) superficial fascia ; ~ súrlódás (gépt) surface friction ; (folyadéké csőfalakon) skin friction ; (rep) friction drag ; ~ sűrűség surface density; ~ szakadás (önt) dent, scar ; szelepek ~ utánmunkálása refacing of valves ; ~ szimmetria symmetry of surfaces ; ~ szín (ásv) surface colo(u)r ; ~ teljesítmény (rep) power loading ; ~ terhelés (rep) wing loading ; (bány) surface bearing ; ~ torzítás [magnetofonon] distortion due to surface effect ; ~ torzulás surface distortion ; ~ töltés (vill) surface charge ; ~ tulajdonság (pa) surface quality ; ~ változás (földt) katamorphism ; ~ vezetés (vill) surface conduction ; ~ vezetőképesség (vill) surface resistivity/conductance ; ~ villám sheet lightning ; ~ vízválasztó (földt) surface watershed

felületi-feszültségmérő surface-tension apparatus

felületkezelés surface treatment

felületkezelési eljárás (fa) finishing operation

felületkiképzés surface dressing/finish

felületmaró húzótüske surface broach

felületmegmunkálás (forg) surfacing ; (csákánnyal ; ép) picked dressing ; homorú ~ dishing

felületnedvesítés (fiz) surface wetting

felületrezgés [rep] flutter

felületsimító hengersor skin (pass) rolling mill

felülettusírozás lapping, scraping

felületvédő burkolóréteg sealer, protective coating

felületvizsgálat surface check

felületvizsgáló (gépt) surface profilometer

felüljáró fn (ép) overpass, overcrossing, overbridge, overhead bridge/crossing; [gyalogos átkelésre] overbridge ; (utkeresztezés, ahol az utak nem metszik egymást:) fly-over bridge ; (ha nincs átkelési lehetőség egyik útról a másikra:) fly-over junction ; (vasút) crossover ; ~t kiképez bridge over

felülnézet top/plan view, plan

felülnyomás [bélyegen] overprinting

felülről : ~ hajtott (gépt) top-driven ; ~ lefelé ácsol (bány) timber downwards ; ~ világított top-lit

felülszelepelt motor overhead valve engine, OHV

felülúszó réteg supernatant layer

felülvágó szűrő (rád) high-stop filter, low-pass filter, harmonic suppressor

felülvarr (könyvkötő géppel kézi fűzőöltést utánoz) oversew

felülvezérelt (gépk) overhead-controlled ; ~ motor overhead camshaft engine

felülvilágító (ép) fanglight, abat-jour ; ~ ablak hopper ; (hajó) deck light ; ~ ajtó- v ablakszárny transom light ; ~ kupola (ép) fomerel

felülvilágítós (ép) top lit ; ~ ablak transom window ; ~ ajtótok loop frame ; ~ fedél (gépk) skylight hood ; ~ és felülszellőző tető (ép) louver roof

felülvizsgál supervise, revise, inspect, try

felülvizsgálás examination, inspecting, supervising

felülvizsgálat oversight, supervision, examination, inspection, verification

felülvizsgáló fn supervisor ; mn supervisory

felütközik (agy a tengelyen lévő vállon) butt on

félüzemi semi-plant, pilot plant ; ~ eljárás (semi-)pilot operations ; ~ ellenőrzés pilot control ; ~ méretű berendezés semi-plant scale equipment

felvág (aprít) shred, carve, slit, slice ; váltót ~ (vasút) burst open the switch

felvágás (bőr) ripping/opening cut

felvágó kés ruler

felvágott : ~ celofáncsíkok (fonási célokra ; tex) transparent film fibres ; ~ kordbársonyfonal (tex) cutting thread(s) ; ~ lánchurok (tex) cut loop ; (hosszában) ~ rönk (fa) juggle

félvalódi aranyfonal gilt wire

felvált (munkában) shift, spell

felváltó : egymást ~ alternat(iv)e

félvászonkötés (nyomda) half-binding

felvázol sketch, feature, touch, adumbrate, dash down

fél-vegyérték semi-valence

felvehető : könnyen ~ [tápanyag, trágya] ready-available

felver flange, jump up ; [habbá:] whip ; (pa) potch ; (harisnyaszegélyt felverőfésűre v kiesett kötést gép tűire ; kh) run on

felverés (őrlésnél ; pa) brush out, brushing, softening, potching ; (kh) running on, transfer line

felverő (pa) disintegrator ; ~ fog (kh) (looper) point, quill ; ~ sor (kh) loose/slack course

felvesz assume, take up, adopt, engage ; (távk) receive ; [egy pontot ; geod] adopt ; [zuhanórepülésből] flatten out ; [zajt ; távk] pick up ; gömbalakot ~ ball up ; terhelést ~ take the load ; újra ~ retake ; üzemi szenet v olajat ~ bunker

felvet (szalagban ; tex) beam ; (szélesen; tex) warp ; (keretre ; tex) lap the warp ; láncfonalat ~ (tex) beam, buckle ; láncot keretre ~ (tex) coil the warp upon the mill

felvétel upkeep ; (geod) surveying ; (fényk) shot, exposure ; (hangt) record(ing) ; (zuhanórepülésből) flattening-out ; ~ diktafonnal dictaphone reception ; ~ fényképezéssel photographic record ; kettős ~ (fényk) duplex ; ~ légi fényképezéssel (geod) aerial photographic surveying ; ~ szögének kiválasztása (fényk) choice of the angle ; ~ úsztatás közben (fényk) panning shot

felvétel-beállítás (fényk) position taking

felvételi : ~ adatok (fényk) picture information ; ~ bizottság trial board; ~ hangszínezés (magnetofonnal) preemphasis ; ~ időköz (légi fényképezésnél) exposure interval ; ~ pont (a tárgylencse elülső főpontjának térbeli helye ; geod) camera station ; ~ sebesség (fényk) camera speed ; ~ térképlap v szelvény (geod) survey sheet ; ~ vizsgálat qualification tests; ~ zaj [magnetofoné] ground noise ; ~ zörej (hangosfilmnél) shot-effect hiss

felvétel-sorozat (film) shot

felvételszámláló (fotogrammetriában) exposure counter

felvétel-visszajátszó hangleszedője (hangt) play-back head

felvetés (tex) batching ; (szélesen ; tex) warping ; (szalagban ; tex) beaming ; ~ csévékre (rövid hengereken; tex) warping on section blocks ; ~nél elszakadt, elálló láncfonalak sleepers ; közvetlen v angol ~ (tex) direct warping ; ~ lánchengerre (tex) beam warping ; ~ szakaszos felvetőn (tex) beam warping ; ~ szalagokban (tex) warping in sheets

felvetési : (egy) ~ menet (tex) porter, portee ; ~ rend (tex) warp pattern, repeat ; ~ szakasz (felvető hengeren ; tex) section block ; (szalagfelvetésnél) section of warp

felvetett : ~ szalag (tex) bear ; ~ teleprész (bány) upthrow

felvető *(munkás; tex)* beamer, creeler, warper (operative/tender); **~ állvány** *(tex)* warper/warping/jack creel, creel (frame); **~ borda** *(tex)* (spacing/back/lease) reed, wraithe; **~ cséve** *(tex)* creel spool, double flanged bobbin; **~ cséveállvány** *(tex)* warper's bank, bobbin frame; **~ deszka** *(tex)* hole board; **~ dob** *(tex)* (warping) drum; **~ előírás** *(tex)* card of warping, particulars; **~ gép** *(tex)* warping machine, warper; **~ gépek** *(tex)* beaming machinery; **~ gép tengelye** *(tex)* warping shaft; **~ henger** *(tex)* warping/warper's/back beam, warp roller, beam roll; *(szakaszos)* section beam; **~ henger fonalvezető gyűrűje** *(tex)* ring of warp beam; **hengeres (motollás, kis) ~ gép** *(tex)* swift; **~ (irányító)-borda** *(tex)* raddle; **~ kártya** *(tex)* warp order ticket; **keresztcsévés ~ gép** *(tex)* cheese warping machine; **~ keret** *(tex)* bobbin creel; **kézi ~ dob** *(tex)* chain beaming machine; **~ (lánc)henger** beam; **~ mester** *(tex)* foreman warper; **~ motolla** *v* **henger kúpos része** *(tex)* wood lath cone; **~ segédmunkás** *(tex)* creeler; **~ szalag** *(láncfonalakból; tex)* warp sheet; **~ üzem(rész)** *(tex)* warp preparation room, warping plant/department/mill; **zárt ~ borda** *(tex)* closed reed

felvetőborda-állvány *(tex)* lease stand

felvetőborda-tartó *(tex)* bracket, support

felvetődés *(földt)* upthrow

felvetőgépcsoport *(tex)* beaming machinery

felvetőhenger-állvány *(tex)* beam creel

felvetőhenger-tárcsa *(tex)* beam head/flange

felvett teljesítmény *(gépt)* power input

felvevés *(rád)* pickup; *l még* **felvétel**

felvevő: ~ áramkör *(rád)* acceptor/pickup circuit; **~ berendezés** *(hangt)* pickup unit; **~ cső** *(televízió)* camera pickup tube; *(szivattyúban)* receiver; **~ fej** *(hangt)* recording head; **~ gép** *(fényk)* camera; **~ gép fényingadozása** *(fényk)* camera-flare; **~ gép mozgatása felvételnél függőleges síkban** *(film)* vertical panning; **~ gép forgómozgása** *(felvételkor; fényk)* „pam"; **~ gép követési képessége** *(fényk)* mobility; **~ gép különleges éjjeli felvételekhez** *(fényk)* night camera; **~ gépet ráirányít** *(fényk)* pan on; **~ képesség** (saturation) capacity, receptivity; **~ készülék** *(gépt, hangt)* pickup mechanism; *(hangt)* recording instrument; **~ és lejátszó fej** *[magnetofoné]* recording and reproducing head; **~ mágnesfej** *(hangt)* magnetic recording head; **~ munkahely** *(távk)* record position; **~ olaj** absorption/stripping oil; **~ szerkezet** *(fényk)* camera movement; **~ szint** *(hangt)* recording level; **~ tekercs** *(rád)* pickup-coil; **~ tölcsér** *(hangt)* receiving hopper

felvevőgépdaru *(film)* camera-crane

felvevőgéptáska *(fényk)* carrying case

felvezetés *(papírgépen)* threading

felvezető: ~ csík *(pa)* tail; **~ henger** *(pa)* entering reel; **~ kötél** *(pa)* ductor, carrier rope; **~ létra** *(ép)* approach ladder; **~ rámpa** *(ép, vasút)* approach ramp; **~ sebesség** *(pa)* threading speed

félvezető *(vill)* semi(-)conductor

felvidék *(földt)* upland

felvigyázó *fn* overlooker, boss; *(bány)* bankman, ground boss, minder

felvilágosít *(festéssel; pa)* brighten

felvilágosító munkahely *(távk)* information desk

felvillan *(vill)* flash, glance, scintillate

felvillanás flash(ing); *(fluoreszkáló ernyőn)* scintillation

felvillanási: meteorok ~ zónája *(rád)* M-regions

felvillanásszámláló *(at)* scintillometer

felvillanó: ~ ernyő *(at)* scintillation screen; **~ fény** intermittent light; **~ fényreklám** sign flasher; **~ rádiójel** burst; **szabályosan ~ fény** *(világítótoronyé)* flashlight

felvillant *(vill)* flash (on)

felvillantás *(izzószálé)* flashing of filament

felvillanyozás electrization

felvillanyozott electrified

felvisz *(festéket)* apply; **írányagot ~ a láncra** *(tex)* apply the size to the yarn; **katódra emittáló réteget ~** coat the cathode

felvitt: térképbe ~ charted

felvon hoist, wind up, pass up; **horgonyt ~** weigh anchor

felvonás *(felemelés)* hoist(ing), heave

felvonó *fn (emelőgép)* elevator, lift, dolly; **~ csigasor** lift block; **~ emelőlapja** lift platform; **ferde ~** incline hoist; **~ fogókészüléke** lift grip gear; **~ földszinti kikapcsolója** landing-switch; **kis ~** *(ételfelvonó)* dumbcraft; **~ kormányzókötele** *(bány)* trailing cable; **~ lökhárítója** kick-down buffer; **serleges ~** chain elevator; **~ szerkezet** elevating gear(ing), lifting/drawing device/gear; **~ úszóhíd** *(pontonhíd)* float case; **~ ütközője** kick-down buffer (of the elevator); **vágóhídi ~** beef dropper; **~ végkikapcsolója** elevator (final) limit switch

felvonóakna *(ép)* lift shaft/well, elevator casing

felvonóállvány headframe

felvonóbak gin

felvonóberendezés *(bány)* bont; **hajóra beépített ~** ship elevator

felvonódob winding barrel

felvonófék lift brake

felvonógép elevator; **~ kiürítő csöve** elevator discharge pipe

felvonógép-burkolat elevator casing

felvonógéphajtás elevator gear

felvonógép-heveder elevator canvas

felvonógépserleg elevator bucket

felvonógép-vezérlés elevator control

felvonóhíd (vertical) lift bridge, drawbridge, pontlevis; **~ zárszerelvénye** drawbridge lock

felvonójárószék lift

felvonó-járószékvezeték lift-cage guide

felvonókabin cage lift

felvonókapu *(ép)* lift gate

felvonókas cage box; **~ felső járma** *(bány)* yoke; **kisegítő ~** chippy cage

felvonókezelő lift attendant/operator

felvonókötél winding/lift/hoisting cable/sling, gantline, girtline, bull rope

felvonóserleg elevator scoop

felvonószék *(ép)* elevator/lift car, cage

felvonószekrény-tetőgerenda cage beam

felvonóveder *(bány)* skip

felvonóvezeték *v* **-vezető sín** lift frame

felvonulás *(ép)* preparatory works; preamble works *(US)*; *(szereléshez)* initial task

felvonulási út main road for processions

félvulkanizált *(gumi)* semi-cured

felzáródik *(met)* occlude

felzavar stir up

felzetes papír heading paper

felzit *(kőz)* felsite

felzitporfír *(földt)* felsophyre

fém *(koh, vegy)* metal; **adalékolt ~** *(koh)* added metal; **~mel beszór** metallize; **~mel bevon** coat/plate with metal; **~mel bevont** metal coated/plated, metal clad; **~mel bevont üveg** *(ker)* metallized glass; **~mel bevont vetítővászon** *(film)* metal screen; **~ fehérítése** *(koh)* blanching; **~ek hegesztése** welding of metals; **hőkezeletlen ~** crude metal; **kiselejtezett ~** discarded metal; **nemesíthető ~** tempering-quality metal; **~et tartalmazó** *(bány)* metalliferous; **~mel vértezett falemez** metal-faced plywood

fémadalék *(koh)* added metal

fémalappapír metal base paper

fém-alkilvegyület metal alkyl(ide)

fémanyagvizsgáló mérleg assay balance

fémáru metal ware

fémáthatolhatatlan *(anyagv)* metal-tight

fém-azbesztszövet tömítés metal-asbestos (fabric-)gasket

fémbarométer *(met)* aneroid (barometer)

fémbetét metal insert; *(kemencében)* metallic charge

fémbetétes: ~ gipszvakolat *(ép)* stucco of metal; **~ mérőszalag** *(geod)* metallic tape; **~ tömlő** *v* **cső** metal-lined hose

fémbevonás *(koh)* metal-coating, plating; *(szórással)* metallization; *(bemártással)* hot dipping (process); **~ galvános úton** electroplating; **~ időszakonként átkapcsolt irányú árammal** periodic reverse plating

fémbevonat metal covering, coat of metal; *(hajó)* metal sheeting; *[elektroncsőé]* metallization; **~ot megújít** remetal

fémbevonatú *(elektroncső búrája)* metallized; **~ csillámkondenzátor** *(rád)* metallized mica capacitor; **~ ellenállás** *(vill)* metallized resistor; **~ papír** foil paper

fémbilincs: kötélszorító ~ *(bány)* belaying pin

fémbiztosítás pántja *v* **csuklója** *(bány)* articulation of steel set

fémborítás metal covering, metal-coating

fémborítású *(páncélzatú; fa, vill)* armo(u)red, metal-clad

fémbúra *(rádiócsőé)* metal envelope

fémburkolat metal case/covering; *(hajó)* metal sheeting; *(vill)* metal armo(u)ring

fémburkolatú metal-clad, metal cased, metal-sheathed; **~ léghajó** metal-clad airship

fémcső metal pipe/tube; *(tömlő)* metal hose; *(rád)* (all-)metal tube

fémdara *(koh)* metal in grains
fémdarab *(koh)* slug
fémdíszítés metal overlay
fémdoboz *(kondenzátor stb háza)* metal can
fémdomborítás *(kézzel)* chasing; *(szerszámban)* dishing, wrapping
fémdomborműves munkás *(óra)* metal chaser
fémdrót *l* **fémhuzal**
fémedény metal can/tub, **köblábtartalmú** ~ *(gázmérők ellenőrzésére)* cubic foot bottle
fémegyenirányító *(távk)* metal rectifier
fémelektródos: ~ **ívhegesztés** metal arc welding; ~ **ívvágás** metal arc cutting
fémelkülönítés *(nemesfémes elemekből; koh)* reduction
fémellenállás metallic resistance
féméredetű *(földt)* metallogenetic
fémes *[kapcsolat]* metallic; *(bány)* metalliferous; ~ **áramkör** *(távk)* metallic/loop circuit; ~ **ásvány** *(bány)* metallic mineral; ~ **bevonás** *(koh)* metallic coating; ~ **csatlakozás** *v* **illesztés** metallic connection; *(vill)* metallic contact; ~ **csörgés** *(gépk)* ping; ~ **ellenállás** *(vill)* metallic rheostat; ~ **érintkezés** metal-to-metal contact, metallic contact; ~ **fény** metallic luster; ~ **hangzás** *(hangt)* metallic sounding; ~ **jelleg** metallicity; ~ **kapcsolatban** *(távk)* in metal-through connection; ~ **kigőzölgés** metalliferous exhalations; ~ **külsejű** metalline; ~ **szigetelő** metallic insulator; ~ **vezető** metallic conductor; ~ **zárvány** *[öntvényhiba]* metallic inclusion
fémesít reduce to metal
fémesség metallicity
fémeszterga *l* **eszterga**
fémez metallize
fémezés metallization
fémezettpapír-kondenzátor *(rád)* metallized-paper capacitor
fémfegyverzet *(vill)* metal(lic) armature
fémfény *(ásv)* metallic luster
fémfesték metal varnish; *[alumínium és aranyvöröses bronzfesték]* metallic paint
fémfinomítás refining of metals; **elektrolitikus** ~ electrorefining
fémfinomság standard
fémfólia metal leaf/foil; **fémfóliára kasírozott papír** plate rolled paper, brilliant paper
fémfólia-alapkarton *(pa)* cardboard for metal foils
fémfólia-alappapír paper for metal foils
fémfóliahordozó papír metal foil bodypaper
fémfólia-papírkondenzátor foil-paper capacitor, F. P. capacitor
fémfonal *(tex)* tinsel yarn; **vékony** ~ *(brokátszövethez)* lametta
fémfonatos árnyékolt vezeték flexible-braided metal line
fémforgács scrapings, chips
fémforgácsolás metal cutting
fémforgácsoló *l* **forgácsoló**
fémforma *(önt)* metallic mo(u)ld
fémfurdancs: **kézi** ~ „Goodall"-pattern hand drill
fémfürdő *(heg)* metal bath; *(koh)* smelting bath
fémfűrész saw for metal, hack-saw
fémfűrészkeret hack-saw frame; **állítható** ~ adjustable hack-saw frame
fémfüst *l* **fémfólia**
fémfüstverés foliation, beating of metal foils/leaves
fémgyűjtő *(koh, önt)* iron receiver, forehearth
fémgyűrűbiztosítás *(bány)* circular closed support
fémháló wire ga(u)ze; *(ép)* wire lath
fémhálós borítósapka *(biztonsági lámpán)* gauze bonnet
fémhántoló: **háromszögletű** ~ triangular scraper; **kanalas** ~ spoon-shaped scraper; **lapos** ~ engineers' flat scraper
fémhártya *l* **fémfólia**
fémhengerlő üzem roll mill
fémhulladék scrap (metal), scissel, junk, waste metal, metal sweepings
fémhulladékbálázó prés scrap-baling press
fémhuzal metal wire; ~**lal körülfon.** *(vill)* metal-braided; ~**lal összesodrott azbesztfonal** *(tex)* metallic asbestos yarn; ~**lal szegezett** *(cipő)* loose nailed
fémhuzalporlasztó *fn* wire pistol
fémhuzalvarrású *[talp; cipőn]* wir sewn
fémikus *(ásv)* femic
fémillesztés metal joint
fémismerettan *(koh)* metallography
fémiszap *(koh)* slime, slick
fémív *(színk)* metallic arc
fémív-hegesztés metal-arc welding
fémizzószál *(vill)* metal filament, m. f.
fémjel hallmark
fémjelez hallmark
fémjelzés countermark, hallmark, mark of assay
fémkapocs metal clip
fémkarbonil metal carbonyl
fémkarc-eljárás: **vegyi** ~ chemigraphy process
fémkarosszéria *(gépk)* all-metal body
fémkatód metallic cathode
fémkefe metal brush
fémkereső berendezés *(vill)* metal detection kit
fémkeret metal frame/framing, collet
fémkészítmény *(koh)* metal work
fémkihozatal *(koh)* recovery
fémkimosás tossing
fémkinyerés *(bány, koh)* extraction, yield, winning; ~ **villamos úton** electrowinning
fémkiválasztás *[ércből]* reduction
fémkohászat metallurgy of non-ferrous metals
fémkörfűrész circular saw for cutting metal
fémkötések *(ép)* metal bindings, armatures
fémkrómozás *(koh)* metallochromy
fémkutató *[elektronikus készülék)* metal detector
fémláb nyomóformához *(nyomaa)* metal mount
fémlap metal plate, platen
fémlecsapoló nyílás *(koh)* metal notch
fémlemez sheet metal, metal plate; ~**zel borított** metal-clad; **ráccsá széthúzott** ~ expanded metal; **vékony** ~ *(fólia)* foil, leaf; *l még* **fémfüst**
fémlemezcséve *(tex)* sheet-metal tube
fémlemezhullámosítás *(heng)* channel(l)ing
fémlemeznyomó pad metal-spinning lathe
fémlemezredősítés *(heng)* channel(l)ing
fémlencse *(távk)* metal lens
fémlombfűrészkeret jeweller's saw frame
fémmag metal core
fémmágneses *(vill)* metallomagnetic
fémmaratás etching of metal
fémmeghatározó műszer metallometric balance
fémmegmunkálás metall working
fémmembrános indikátor metallic diaphragm indicator
fém-moáré *(tex)* metallic moiré
fémmunkás metal worker, metalman, metallist
fémnegatív *(vill)* metal negative; *(hanglemez)* master
fémnyomás *(alak)* metal spinning; *(tex)* metallic print
fémnyomótokmány spin chuck
fémnyüst(szál) *(tex)* slider wire heald
fémólom *(bány)* blue lead
fémoxid-egyenirányító *(távk)* metal-oxide rectifier
fémöntés metal casting
fémöntő *(munkás)* metal maker
fémöntőforma casting die
fémöntvény (metal) casting
fémötvözet *(koh)* metal alloy
fémpapír metal(lized) paper
fémpapírgyár metallic paper mill
fémpaszományszövő gép wire-braiding machine
fémpor powder metal
fémporlasztás metal pulverization
fémporlasztó *fn* metal pulverizator, metallizing burner
fémporpép metal paste; ~**pel bevont lámpaizzószál** *(vill)* pasted filament
fémrács metal lattice
fémregulus(z) regulus metal, metallic bead
fémreszelék swarf, grit, metal filings
fémréteg metallic layer
fémrúd (metal) bar
fémsaru metal shoe
fémsínes verőgép *(tex)* blade beater
fémsó metallic salt; ~**val nehezített** *v* **átitatott fonal** *(tex)* metallized yarn
fémsós előhívó *(fényk)* metallic developing agent, metal containing developer
fémszál *(tex)* metal filament/thread
fémszalag metal strap/strip/tape; ~**gal burkolt** *v* **páncélozott kábel** metal-taped cable; **repülőgépről leszórt radart zavaró** ~ airborne foils, chaff
fémszálas: ~ **lábastisztító** metal wire pot-cleaner; ~ **szövet** metallic woven fabric
fémszálú (szita)szövet wire ga(u)ze
fémszegélyező szalag *(heng)* metal edging strip
fémszegező gép *(cipő)* loose nailer
fémszem *(ásv)* beadlet
fémszemcse metallic grain
fémszerű metalline; *(koh)* metalliform; ~ **lakkbőr** gun metal leather
fémszínezés metal colo(u)ring
fémszivacs metallic moiré
fémszórás metal spraying, metallization
fémszóró *fn* metal splasher, metallizer; ~ **eljárás** Schoop process; ~ **pisztoly** *(koh)* metal spray gun
fémszövésű vezeték *(vill)* metal-braided wire
fémszövet *(tex)* metal cloth
fémszövettömítés metal-fabric gasket

fémtábla (metal) slab
fémtárcsabeforrasztású trióda *(rád)* disc--seal tube
fémtartalmú metalliferous
fémtestkereső készülék *(orvosi)* bullet locator
fémtiszta clean to metal
fémtisztító kemence *(koh)* almond furnace
fémtömb *(koh)* lump, metal block
fémtömegcikk metalware
fémtömítés metal packing
fémtömítőgyűrű *(gépt)* ring joint
fémtömlő armo(u)red/metal hose/line
fémtulajdonság metallic property ; **~okkal bíró** *(ásv)* metalliform
fémtükör *(fényt)* metallic mirror
fémtükrözésű ernyő *(telev)* metal-backed screen
fémüveg glass metal
fémüvegforrasztás glass-to-metal seal
fém-üveg-varrat glass-(to-)metal seal
fémvágás metal cutting
fémvágó körfűrész metal-slitting saw
fémváz metal frame
fémvég *(fűzőzsinóron)* tag
fémvegyület intermetallic compound ; **szerves ~** metallo-organic compound
fémveretek metal bindings
fémveretes armo(u)red
fémveszteség waste/lost metal, metal waste/loss
fémvetülék *(tex)* pile/looping wire, grooved pile wire ; **~et mozgató berendezés** *(tex)* pile wire motion
fémvizsgálat testing of metals
fémvizsgálati mérleg metallometric balance
fémvizsgáló (próba)tégely *(koh)* scorifier
fémzsinór bullion
fen hone ; **szíjon ~** strap
fenacetin phenacetin, acet-p-phenetidide
fenakit *(ásv)* phenacite
fenantrén phenanthrene
fenék *(edényé, lepárló toronyé)* bottom ; *(vég)* end ; *(talp)* sole ; *(alsó rész)* underside ; *(hajó)* bottom, cargo hold ; *(hidr)* ground ; **~ ferdesége** *v* **hajlásszöge** *(hajó)* bottom rake ; **homorú ~** dished bottom ; **kikövezett ~** *(elő-, utó- ; hidr)* apron ; **feneket kotor** *(hidr)* scrape ; **~ nélküli saraboló** *(bány)* scoop
fenékabroncs *(hordón)* laggin
fenékajtó bottom door
fenékanyag bottoming material
fenékátmérő bottom diameter
fenékbeöntés bottom pouring
fenékbiztosítás *(hidr)* scour protector
fenékbókony *(hajó)* floor frame
fenékboltív concave crown
fenékborda *(hajó)* floor frame ; **fenékbordák felső éle** floor heads ; **fenékbordák közti merevítés** floor riders
fenékbordázat a kettős fenékben *(hajó)* bracket floor
fenékburkolás *(hidr)* bottom cover
fenékcsapóajtó *(ép)* drop bottom
fenékcsapóajtós kocsi *(vasút)* trap-bottom wagon
fenékcsappantyú *(emelőn)* bottom flap
fenékcsatorna *(önt)* bottom flue
fenékcsatornavíz *(hajó)* bilge water
fenékdeszkázó *(bány)* bottom cager, bottomman
fenékdúgó *(szivattyún)* bottoming cap
fenékelszennyeződés *(hajó)* fouling
fenékerjedés *(élip, vegy)* bottom fermentation
fenékfedés bottom cover
fenékfelület *(repülőcsónaknál)* keel surface
fenékforrás *(földt)* pool spring
fenékfurat *(gépt)* blind hole
fenékgát *(hidr)* dam in river bed, submerged weir/dam
fenékgyalu router plane
fenékgyújtó *(lövedéken)* base burster/fuse
fenékgyűrű *(gépt)* bottom ring
fenékhajtogató gép *(pa)* bottoming machine
fenékháló trawl, dragnet, drawnet ; **~val halászik** trawl
fenékhálós halászhajó trawler ship
fenékhenger *(hidr)* toe roll
fenékhordalék *(hidr)* bed silt, bottomsets
fenékhorgos halászat long-line fishery
fenékhosszmerevítő *(hajó)* rider-keelson
fenékhúzó prés dishing press
fenékkábel sweeping cable ; **~lel kutat** *(horgonyt)* sweep
fenékkések *(hollandin ; pa)* bed knives
fenékkiürítés *(vasút)* bottom discharge
fenékkiürítéses *v* **fenékkiürítésű** bottom discharge ; **~ puttony** *v* **serleg** bottom dump
fenékkiürítő *(hidr)* bottom outlet
fenékkontrakció *(hidr)* bottom contraction
fenékkő *(kemencefenéken)* bed stone
fenékkövezés *(hidr)* apron
fenéklap *(gépt)* bottom/end plate ; *(koh)* bath plate ; *(nyomda)* bed, coffin, carriage ; **Bessemer-körte kiváltható ~ja** draw bottom of converter ; **fúvókás ~** *(koh)* tuyere plate
fenékleeresztő (zsilip) *(hidr)* undersluice, scouring sluice ; **~ csap** *(hidr)* bailer
fenéklemez bottom/base plate, bedplate; *(gépk)* *l* **padlólemez** ; *(hajó)* bottom plate
fenéklemezelés *(hajó)* bottom sheathing
fenéklépcső *(hajó)* chine angle step
fenéklerakódások *(kemencében)* hearth accretions
fenéklog *(hajó)* ground log
fenéklúg *(szappané)* spent lye ; **~on főtt szappan** *l* **színszappan**
fenékmassza bottom stuff
fenékmegvágás *(önt)* bottom gate
fenékmoréna ground/subglacial/basal moraine
fenéknyílástömítő *(hajó)* bottom hole packer
fenéknyomás *(hidr)* bottom pressure; *(ol)* bottom hole pressure
fenékólom *(koh)* bottom lead
fenékösszeköttetés *(gépt)* foot connection
fenékpad *(földt)* subterrane bank
fenékpárkányozó gyalu *(vassínnel)* stave border plane (with iron rails)
fenékpárlat *(vegy)* bottoms
fenékpersely *(tömszelencén)* taper ring
fenékplanktonszedő háló dragnet
fenékréteg *(földt)* subterrane layer
fenéksalakeljárás *(koh)* slag bottom process
fenéksapka *(szivattyún)* bottoming cap
fenékserpenyő *(ólomkamránál)* chamber pan
fenéksimító dörzsár bottoming reamer
fenéksúly *(hajó)* ballast (tank) ; **~t kirak** *(hajó)* unballast
fenékszelence *(gépt)* bottom box
fenékszelep *(hajó)* sea cock
fenékszelepes iszapmerítő kanál *(fúróiszap eltávolításához)* sludger
fenékszelet keresztirányú fejtésnél *(bány)* bottom slice
fenékszivattyú *(hajó)* bilge pump
fenékszívószelep bottom clack
fenéktégla bottom brick
fenéktér *(két tengely között ; gépk)* trough
fenéktermék *(olajlepárlási)* bottom product
fenéktöltet *(lövedéké)* base charge
fenéküledék *(bány ; földt)* bottom sediment
fenéküllő bottom socket
fenékűr *(hajó)* cargo hold
fenékürítés *(bány)* bottom-dumping
fenékürítésű : ~ csille *v* **kocsi** wag(g)on with hinged bottom, bottom-discharging car/wagon, hopper, drop/trap--bottom car ; **~ szkip** *(bány)* bottom--discharge skip
fenékürítő-ajtó tartója *(vasút)* drop girder
fenékvágó *(véső)* bottom chisel
fenékvíz *(hajó)* hold water
fenékvízelszívás *(hajó)* drainage
fenékvízkút *(hajó)* bilge suction well
fenékvízszívó : ~ cső *(hajó)* bilge suction well/pipe ; **~ elosztó szekrény** *(hajó)* bilge distribution box
fenékvíztartály-mérő rúd *(hajó)* sounding rod
fenék-vonóháló trawl, dragnet, drawnet ; **~val fogott hal** trawled fish ; **gerendás ~** beam trawl ; **~ kötele** trawl rope
fenék-vontatókötél *(hajó)* ground rope
fenékvonulat *(földt)* bottom line
fenékzsilip *v* **fenékzúgó** *(hidr)* outlet sluice, undersluice
fenés *(köszörűkövön)* honing, stoning ; *(szíjon)* stropping
fenilacetamid N-phenylacetamide, acetanilide, acetylaniline, antifebrin
fenilakrilsav phenyl-acrylic acid
fenilamin aniline, aminobenzene, phenylamine
fenilecetsav phenyl-acetic acid
feniletilbarbitursav ethylphenylbarbituric acid, phenobarbital, luminal
fenilszalicilát phenyl salicylate
fennakad hitch, hang (up)
fennakadás *(gépt)* breakdown, conk, jam(ming) ; *(mozgás közben)* hang ; *(aknakemencében)* hanging, scaffolding ; *[hajtóerőnél nagyobb ellenállás következtében]* refusal (of bolt, pile etc) ; **film ~a felvevő-** *v* **vetítőgépben** buckling
fennakadó jelfogó *(távk)* latching relay
fennakadt horgony foul anchor
fennmaradó remanent ; **~ áram** *(rád)* anomalous displacement current ; **~ feszültség** *(távk)* residual voltage ; **~ ív** *(vill)* sustained arc
fennsík *(földt)* plateau, highland, table
fennsíkredukció *(földt)* plateau reduction
fenntart *(vízen)* buoy ; *(tartalékol)* reserve ; *(jókarban)* keep, uphold ; **pályaszintben ~** *(vasút)* maintain at grade

fenntartás conservation, (up)keep, maintenance ; *(felhajtó erővel ; rep)* sustention ; *(gépt)* supporting ; ~ **nélküli állomás** *(távk)* unattended station

fenntartási : ~ **költségek** maintenance charge/costs ; ~ **telep** *(vasút)* hold yard

fenntartásos állomás *(távk)* attended station

fenntartó : ~ **munkás** *(bány)* metalman ; ~ **személyzet** *[postai]* staff, maintenance personnel ; ~ **szolgálat** conservancy ; ~ **vájár** *(bány)* top ripper

fenntartott : ~ **szakasz** *(vasút)* reserved compartment ; ~ **terület** reservation ; ~ **út** reserved road

fenol phenol, hydroxybenzene, carbolic acid

fenolát phenolate

fenolfiber phenol fibre

fenolftalein phenolphthalein

fenolgyanta phenoplast

fenológia phenology

fenolos phenolic

fenolplaszt phenoplast

fenolsav phenol(ic) acid

fenolszulfonsavas kálium potassium phenolsulfonate

fenoplaszt phenoplast

fenőacél whittle

fenőkő whetstone, grind stone, hone-(stone), emery stick, sharpener scythe-stone, sharpening stone ; **egyetemes** ~ general purpose stone ; ~ **kanalas véső javítására** gouge slip ; ~ **posztóvágó késhez** cloth cutter's stone

fenőkövez stone

fenőpala *(ásv)* oilstone

fenőszíj abrasive belt, strap

fény *(ált)* light ; *(világítás)* lighting ; *(ásv)* lustre *(UK)*, luster *(US)* ; *(pa)* sheen, brilliance, brilliancy, glance, finery, gloss(iness) ; *(telev)* brightness ; *(fényesség)* brilliance, brilliancy, gleam ; **déli** ~ *(met)* aurora australis ; **északi** ~ *(met)* aurora borealis ; **fémes** ~ metallic lustre ; **ibolyántúli** ~ ultraviolet/black light ; **igen erős** ~ *(ásv)* brilliant lustre ; **irányt adó** ~ *(rep)* bearing light ; **kis nyíláson átbocsátott** ~ **elhajlása** diffraction by aperture; **matt** ~ *[földes anyagé]* earthy lustre ; ~**étől megfoszt** buff off ; ~ **nélküli felület** *(pa)* flat finish ; **országúti** ~ *(gépk)* (main) driving beam *(UK)* ; upper beam *(US)* ; **sarki** ~ *(met)* aurora polaris ; ~**t szétszóró** light-diffusing ; **szórt** ~ diffused illumination ; **tompított** ~ *(gépk)* passing beam *(UK)* ; lower/traffic beam *(US)* ; **visszavert** ~ reflected light ; *(fényk)* catch light

fényaberráció *(csill)* aberration of light

fényálló light-resistant/resisting/proof/fast, fade-proof/-resistant, fast to light, photostable ; ~ **(ki nem fakuló) festék** *(nemcsak tex)* permanent/lasting dye

fényállóság light-resistance/fastness/proofness ; *(napfénnyel szemben)* sunlight resistance/proofness, fastness to sunlight, resistance to fading, photostability ; *(tex)* dye-fastness to light is ; *(olajé)* light stability

fényállóság-vizsgálat light fastness testing, fading test

fényáradat *(fényt)* bloom

fényáram *(fényt)* luminous flux

fényárammérő *(vill)* lumenmeter

fényárnyék-hangolásjelző *(rád)* shadow tuning indicator

fényárvilágítás *(vill)* floodlight

fényátbocsátás light transmission

fényátbocsátási : ~ **érték** *(fényk)* transmission number, „t"-number ; ~ **tényező** transmission factor

fényátbocsátó translucent ; ~ **képesség** light transmission

fényáteresztésvizsgáló *(pa)* opacimeter

fényáteresztő light-passing, permeable to light

fényáthatlan light-tight ; ~ **fehér (festék)** opaque white ; ~ **függöny** opaque curtain ; ~ **vetítővászon** *(film)* barn door

fényáthatolásmérő *fn* transmissiometer

fényátvivő képesség light-transmitting ability

fénybeállítás light adjustment ; *(fényk)* hang of the light, checking the light

fénybeesési határ ablakon keresztül *(fényk)* bracket

fénybehatolást gátló bevonat light restraint

fénybeiktatás *(fényk)* cut-in light

fénybiztos lencsetoldat *(fényk)* sleeve

fénycsapda *(kártevő rovarok ellen)* light(-) trap

fénycsíkok *(tex)* shining ends and picks

fénycső fluorescent lamp, neon tubing, electric discharge lamp/tube

fénycsőfoglalat fluorescent lamp holder

fénycsökkentő : ~ **rács** *v* **ernyő** *(fényt)* reducing screen ; ~ **vegyszer** gloss reducing agent

fénycsőszerelvény fluorescent lamp fitting(s)

fénycsöves ellenállás *(távk)* Koch resistance

fénycsővilágítás *(vill)* fluorescent light(ing)

fényelégtelenség felvételnél és vetítésnél *(fényk, film)* lack of glare

fényelektromos photo(-)electric ; *l még* **fényvillamos**

fényelektromotoros erő *[fotocelláé]* photo-electromotive force

fényelem photo-electric cell, P. E. C., light/photo cell, phototube ; **elektrolitikus** ~ electrolytic photocell ; **elsőfalas** ~ front-wall photocell ; ~ **érzékenysége** photocell response ; **gáztöltésű** ~ gas filled photocell ; **hátsófalas** ~ back-wall photocell ; **összsugárzást felvevő** ~ black-body photo cell ; **rézoxid** ~ photox cell ; ~ **sötétellenállása** dark resistance ; **talliumszulfid** ~ thallous sulfide photocell ; **vákuumos** ~ vacuum photocell ; **záróréteges** ~ *(vill)* barrier-plane/-layer (photo)cell

fényelemes expoziméter Photronic exposure meter

fényelem-relé *(vill)* selenium-cell relay

fényelhajlás *(fényt)* light diffraction/bending ; ~ **ultrahang okozta sűrűsödéseken** ultrasonic light diffraction

fényellenállás light resistance ; *(vill)* photoresistance

fényellenálló light resistant ; *l még* **fényálló**

fényellentét light contrast

fényellenző shade, screen shield ; *(gépk)* anti-dazzling screen

fényelnyelés light extinction/absorption

fényelnyelési : ~ **együttható** extinction coefficient

fényelnyelő light-absorbing

fényeloszlás *v* **-elosztás** light distribution, distribution of lightness/brightness ; **aszimmetrikus** ~ asymmetrical light distribution ; **szimmetrikus** ~ symmetrical light distribution

fényeloszlási görbe luminous intensity distribution curve

fényelőtőke négyzetes pályával plumber's anvil with one round corner

fényelőüllő socket

fényelzáró : ~ **berendezés** light shutoff device ; **önműködő** ~ *(fényk, film)* automatic shutter

fényenergia luminous energy

fényerő illumination power ; *(fényk, gépé)* relative opening ; *(fényé)* intensity ; *(lámpáé)* lamp power ; *(vill)* brill(iance) ; *(katódsugárcső)* brightness ; **nagy** ~ *(fényk)* highlight

fényerő-átvitel *(telev)* D. C. transmission

fényerő-határoló intensity gate

fényerő-különbség picture contrast

fényerőmérő *(fényk)* actinometer

fényerő-moduláció *(telev)* brilliance modulation

fényerős: ~ **lencse** *(fényk)* „fast"/rapid lens

fényerősítő *fn* light amplifier

fényerőskála *(csill)* polar sequence

fényerősség luminous/light intensity, intensity of illumination ; *(fényk ; lencséé)* speed ; **félgömbre számított** ~ hemispherical luminous intensity ; ~ **gyertyaegységekben** candle power

fényerősségingadozás light-intensity variation

fényerősségmérő *(fényt)* foot-candle meter

fényerősségszabályozó *(vill)* dimmer control

fényerőszabályozás *[katódsugárcsövön]* intensity modulation ; *(távk)* brightness control

fényerőszabályozó rács *(távk)* intensity grid

fényerőszabvány *[Hefner-gyertya]* primary luminous standard

fényérték light value

fényérzékeny light-sensitive, photosensitive, photoactive, sensitive to light ; ~ **cella** light-sensitive cell, cell sensitive to light, photosensitive cell ; ~ **cső** light-sensitive tube ; ~ **emulzió** light-sensitive emulsion ; ~ **felület** photosensitive surface ; ~ **halogénsó** photohalide ; ~ **lemez** *(fényk)* sensitized plate ; ~ **papír** sensitive/photogenic paper ; ~ **réteg** (photo)-sensitive layer, coating

fényérzékenyít sensitize

fényérzékenyítés sensitization, sensitizing ; ~ **jellege** nature of sensitization

fényérzékenyítő oldat photosensitizing solution

fényérzékennyé tesz *l* **fényérzékenyít**

fényérzékenység light sensitivity/sensitiveness ; *(fotocelláé)* luminous sensitivity ; *[Scheiner-fok]* sensitivity rating ; **emulzió** ~**e** emulsion speed

fényérzékenység-csökkentő szer desensitizer

fényérzékenységi : ~ **fok** *[Scheiner-fok]* sensitivity rating
fényérzékenységmérés sensitometry
fényérzéktelen fényképészeti papír unsensitized photographic paper
fényes brilliant, luminous, lucid, bright, lustrous, lustre, glossy, slick ; ~ **bőr** glossy hide ; ~ **cérna** glacé thread ; ~ **csavar** *(gépt)* finished/blank/bright bolt ; **~re csiszolt** *v* **munkált** bright finished, highly-polished ; ~ **fonal** glacé yarn ; **~re galvanizálás** bright (electro) plating ; **~re galvanizált fémréteg** bright (electro)plating ; ~ **gyapjú** brilliant wool ; **~re húzott** *(heng)* bright-drawn ; **~re húzott acél** *(koh)* bright steel ; **~en izzó katód** *(rád)* bright-emitting cathode, bright emitter ; ~ **kék lemez** *(koh)* polish blue sheet ; ~ **kikészítés** *(tex)* glaze finish ; ~ **kilágyítás** *(koh)* bright annealing ; ~ **korom** *(csőkorom)* shining soot ; ~ **kőszén** *(bány)* lustrous coal ; **különlegesen** ~ **lemez** *(heng)* bright-lustre sheet ; ~ **lemez** *(heng)* bright(-polished) sheet ; ~ *(emulziómentes)* **lemezoldal** *(fényk)* shiny-side ; **~re megmunkálás** bright finishing ; ~ **műselyem(szövet)** bright rayon, lustrous rayon fabrics ; ~ **műszál** *(tex)* bright rayon staple ; ~ **ruhaszövet** *(mohair)* permo, resilda, mohlaine ; ~ **selyem** glazed silk ; **~re simított** *(pa)* smooth calendered, S. C. ; ~ **szurok** glance pitch ; **~re taszító gép** *(bőr)* glazing buck/machine ; **~re taszító henger** *(bőr)* glazing roller ; ~ **és tompa fényű szénpadok** *(bány)* bright and dark bands ; ~ **töret** *(ásv, koh)* bright fracture
fényesít polish, burnish, brighten, shine, glaze, clean, calender, furbish ; *(poliroz)* polish ; *(bőr)* lay the grain *is* ; **görgőzéssel** ~ burnish ; **habkővel** ~ pumice
fényesítés polishing, lustring, planishing, smoothing, satining ; *(bőré)* sizing ; *(fésűsgyapjúé)* Dembergizing ; *(görgőzéssel)* burnishing ; *(koptató hordóban)* tumbling ; *(órásiparban)* brightening ; ~ **nyomással** *(gépt)* burnish ; **savas** ~ *(üvegé)* acid polishing
fényesített polished, glazed, glassed ; *vö még* **fényesít** ; ~ **hímzőfonal** flourishing thread
fényesítő *fn* polisher, furbisher ; ~ **hengersor** planishing mill ; ~ **mángorlás** satining
fényesítődob glazing/burnishing barrel
fényesítőgép *(gépt)* polishing machine ; *(bőr)* pendulum jigger, glazing/polishing machine ; **üveges** ~ *(bőr)* glassing jack ; ~ **végtelen szalaggal** belt polishing machine
fényesítőgörgő *(gépt)* burnishing roll
fényesítőhenger *(pa)* smoother
fényesítőkanál *(ker)* spoon tool
fényesítőkefe scrubbing brush
fényesítőkúp buffing cone
fényesítőpaszta polishing paste
fényesítőprés *(pa)* smoother
fényesítőszerszám *(alak)* burnisher ; *(forg)* polishing tool
fényesítőtárcsa polishing buff/wheel
fényesítőüveg *(bőr)* glass slicker
fényesség brightness, luminosity, gloss ; **kiegyensúlyozott** ~ *(fényk)* balanced brilliance
fényességi fok *(csill)* magnitude
fényességnivó intensity level
fényesség-periódus összefüggés luminosity-period relationship
fényév *(csill)* light-year
fényez brighten, polish (away), smooth, sleek, do bright work, shine, glaze, satine, japan, wax ; *l még* **fényesít** *és* **políroz** ; *(bőr)* size ; *(fát, políroz)* polish ; *(pa)* brighten ; **felületileg** ~ gloss ; **papírt** ~ *(meleg hengerléssel)* gill ; **préseléssel** ~ *[papírt]* plate
fényezés polish, burnishing, lustre, finish ; *(politúrral)* French polish ; *(gépk)* paintwork, finish ; *(polírozás ; cipőtalpé)* burnishing ; ~ **két színben** *(gépk)* two-tone body finish
fényezett polished, burnished, glazed, seasoned, lacquered ; *(pa)* glazed, calendered ; ~ **cérna** *(tex)* patent bobbin ; **erősen** ~ *(pa)* highly-glazed, supercalendered ; ~ **fonal** *(tex)* glazed/lust(e)red yarn ; ~ **karton** *(pa)* glazed board ; *(Jacquard-kártyákhoz ; tex)* satin paper for cards ; ~ **kasírozópapír** board glazed paper ; ~ **kikészítés** *(tex)* glacé/glazed/gloss/hard/silk/face/friction finish ; ~ **kikészítési eljárás** glazed finishing process ; ~ **kikészítésű szövet** glazed chintz ; ~ **lemez** *(pa)* press-glazed board ; **mattra** ~ *(pa)* dull glazed ; ~ **mázolt karton** *(pa)* enameled board ; ~ **metszés** *(nyomda)* burnished edges ; ~ **papír** gloss/flint/enamel(l)ed paper, (bright) enamels ; *(műnyomó v krétapapír)* glazed paper ; ~ **és préselt barkájú bőr** embossed leather ; ~ **selyemfonal** cheville silk (thread) ; ~ **selyempapír** small hands paper ; ~ **tégla** salt-glazed brick, buff brick
fényező *fn* polisher, planisher, glazer, furbisher ; ~ **hengerállvány** *(heng)* planishing stand ; ~ **hengerlés** *(heng)* burnishing ; ~ **kalander** *(mosodában)* laundry glossing calender, starch mangle ; ~ **keményítő lenárukhoz** brilliant starch for linen ; ~ **matrica** *(gépt)* burnishing die ; ~ **szúrás** *(heng)* planishing pass ; ~ **üreg** *(heng)* planisher, planishing pass
fényezőanyag polish(ing agent) ; ~ **szóró eljáráshoz** spray-polishing material
fényezőbőr strap polisher, buff leather
fényeződob polishing/tumbling drum
fényezőgép *(bőr)* glazing/seasoning machine ; *(élip)* polishing machine ; *(tex)* ironing machine ; **szíjas** ~ belt polishing machine ; **talpszínező és** ~ *(cipő)* bottom-staining and polishing machine
fényezőhenger *(heng)* smooth planing roller mill ; *(pa)* machine glazing cylinder, M. G. cylinder
fényezőhengerpapír polish drum coated paper
fényezőkorong *(bőr)* polishing disc
fényezőpapír dusting paper
fényezőprés *(nyomda)* burnishing die ; *(tex)* satin press
fényező-szorító polishing clamp
fényezőtinta *(cipő)* polishing ink
fényezőtüske *(gépt)* burnishing broach
fényezőviasz polishing wax
fényfelvillanás gleam
fényfolt (light) spot
fényfoltátmérő spot diameter
fényfolt-letapogatás *(táv)* flying spot method of scanning
fényfonográf light phonograph
fényforrás light/luminous source, source of light ; ~ **erősségének modulálása** arc modulation ; *(távk)* ~ **képe** *(színk)* image of source ; **önműködő szabályozású** ~ *(film másolásához)* printer light
fénygerjesztő luminiferous
fénygörbe *(változó csillagé)* light curve
fénygyűjtő képesség light-gathering power
fényhatás photoeffect, illumination (effect) ; **természetes** ~ *(furnírfelületen)* natural lustre
fényhatásfok *(lumen watt)* luminous efficiency
fényhatástávolság *(fényk)* brightness range
fényhullám light wave
fényidő *(csill)* light-time
fényigényes light-demanding
fényintenzitás light intensity
fényjáték *(földt)* schillerization
fényjel lamp/light signal ; **irányított** ~ *(rep)* directional light signal
fényjeladó *(rep)* beacon
fényjelenség luminous phenomenon
fényjelzés lamp/light/flash signal ; *(hajó)* flare
fényjelző *fn (vasút)* light signal ; ~ **állomás** *(távk)* visual station ; ~ **berendezés** flash signal gear
fényjelző-hívó berendezés *(táv)* luminous signalling installation
fénykép photograph, print, picture ; **falnagyságra felnagyított** ~ photomural ; **hosszúkás alakú** ~ panel (form) print ; **közelről felvett** ~ close(-)up (view) ; ~ **negatívja** negative picture ; ~ **nyomvonalának megszerkesztése** *(fotogrammetriában)* orienting the picture
fényképalbum photograph album
fényképes : ~ **felmérés** *(geod)* photographic surveying, photogrammetry, photo-surveying ; ~ **mérés** *(geod)* iconometry ; ~ **terepfelvétel** *(geod)* phototopography
fényképészemelvény *(filmműteremben)* shooting-tower
fényképészet photography ; **háromszínű** ~ three-colo(u)red photography, autochrome photography
fényképészeti photo-, photographic ; ~ **anyag keménységi száma** *v* **gradációja** contrast number ; ~ **csomagolópapír** photographic wrapping ; ~ **dombornyomás** photosculpture ; ~ **karton** *(pa)* photo board ; ~ **kőnyomat** photolithography ; ~ **lencse** photographic lens ; ~ **nyerspapír** (photo)-graphic base-paper, unprepared photographic paper ; ~ **papír** (sensitized) photographic paper ; ~ **sokszorosítás** photomechanical printing
fényképészkarton photomount board
fényképez photograph, shoot
fényképezés photography ; **~re alkalmas** photogenic ; **~sel felvett hang** photographically recorded sound ; **ipari** ~ industrial photography ; **színes** ~ colo(u)r photography ; **természetes színű** ~ chromotone process
fényképezési feladat *(geod, rep)* photographic mission

fényképezett feljegyzés *[hangkép]* photographic recording
fényképező photo-, photographic, photogenic ; ~ **repülés** photographic flight ; ~ **szögmérő** *(geod)* goniophotometer ; ~ **terepfelvétel** photo-surveying
fényképezőgép camera ; **kihuzatos** ~ bellows camera
fényképező-géppuska *(rep)* gun camera
fényképezőgép-tartószíj *v* **-nyakszíj** neckstrap
fényképezőlemez plate ; **száraz** ~ dryplate
fényképezőlencseszög angle of lens
fényképezőpapír photographic paper
fényképfelderítés photoreconnaissance
fényképfelderítő *(rep)* photoreconnaissance aircraft
fényképfelvétel shot, picture, photograph ; *l* **fénykép** ; ~ **fátyolosodása az ég fényessége miatt** *(csill)* sky-fog ; **ferde szögű** ~ oblique view ; ~**t készít** take a shot ; ~ **leolvasása** photoreading
fényképfelvevő *l* **fényképészeti**
fényképhelyzetmutató térkép *(geod)* index map
fényképkeret photograph frame
fényképkeret-karton *(pa)* photographic mount
fényképkiértékelés *(geod)* interpretation, exploitation
fényképkiértékelő *fn* photointerpreter
fényképkiszerelő karton *(pa)* photomount board
fényképkoordináta *(fotogrammetriában)* photographic/picture coordinate
fényképlemez plate ; ~ **fényudvarmentesítése** backing ; ~ **síkja** *(geod)* plate plane ; ~ **tengelyei** plate axes
fényképmásolat (black) print, photoprint
fényképmásoló *fn* printer
fényképmérő készülék *(geod)* photogrammetric apparatus
fényképmetszet *(Talbot-féle)* photoglyptic engraving
fényképmontázs montage
fényképmozaik *(geod)* photographic sketch
fényképmozaik-sáv strip mosaic
fényképnadírpont *(geod)* plate plumb point
fényképnyomat photographic print
fénykép-nyomvonal *(függőleges térképsikkal)* picture trace
fényképragasztó (anyag) photo mountant
fényképrámalemez *(pa)* scale board
fényképsarok *(pa)* photocorner
fényképtávirat wired photo
fényképtok photograph case
fényképtranszformálás *(geod)* restitution of aerial photographs
fénykerülés photophobia
fénykéve light beam/pencil, gleam, beam ; ~ **középpontja** beam centre
fénykévés : ~ **hangleszedő** light-beam pick-up ; ~ **letapogatású televíziós adó** light-beam transmitter, spotlight transmitter
fénykibocstáó *(anyag)* light emitting ; ~ **nyílás** *(fényt)* beam orifice
fénykihasználás efficiency of a source
fénykioltás *(fényt)* extinction, quenching (of light)
fénykioltó *fn (fényt)* quencher
fénykisugárzás radiation of light, emission
fénykoszorú aureole, halation, halo ring; *(biztonsági lámpán)* aureole, envelope
fénykoszorúhatás halation/halo effect
fénykvantum *(at)* photon, light quantum
fényle *(ásv)* glance ; *l még* **galenoid**
fénylemez enamel/fuller board ; *(presspán)* press-spa(h)n ; *l még* **prespán**
fénylemezpótló *(pa)* glazed pressboard
fénylés shine, aureole
fénylik shine, flame, glare, glitter, gleam
fénylő lustrous, luminary, radiant ; *(pa)* glossy ; ~ **festék** gloss paint ; ~ **gyapjú** brilliant wool ; ~ **hibafolt a papírban** shiner ; ~ **papír** glossy paper ; ~ **rész** *[hangolásjelző ernyőjén ; rád]* luminous area ; ~ **szőr** shining hair
fénymágneses hatás photomagnetic effect
fénymásolás blue print, copying by heliography
fénymásolat print ; *(kék másolat)* blue print
fénymásoló : ~ **alappapír** heliographic/ dye base-paper, heliographic raw paper, dye ; ~ **gép** photostat, heliographic printer ; *(kékmásoló)* blueprinting machine ; ~ **műhely** printing gallery ; ~ **papír** heliograph(ic) paper, printing-out paper, p. o. p.
fénymásolópapírgép machine for manufacturing heliograph paper
fénymáz polish(ing) paste, lacquer, varnish
fénymázas glazed ; ~ **húshasíték** *(bőr)* waxed split/flesh ; ~ **vasettabőr** *(bőr)* waxed kips
fénymázbevonat varnished envelope
fénymázoló glazer
fénymentes *[kamera]* light-tight
fénymentesítő : kettős ~ **szán** *v* **sín** *(nyomda)* double-dark slide
fénymennyiség light quantity, quantity of light, luminous output
fénymérés(tan) photometry
fénymérő *fn (fényk)* photometer, brightness meter, photoelectric exposure meter ; *(pa)* glarimeter ; ~ **pad** photometer bench ; ~ **szakasz** flash spotting section
fénymoduláció light modulation
fénymodulációs adó *(rád)* photophone transmitter
fénymodulátor light modulator/relay/ chopper
fénymutatós műszer mirror instrument
fénynyaláb light/luminous beam, beam of light ; ~ **megosztása** *(fényk)* splitting the beam
fénynyomat *(fényk)* print ; *(nyomda)* Albertype
fénynyomatos elektrotípia *(nyomda)* photogalvanography
fénynyomó papír phototype pader, collotype printing paper
fenyőágalak : ~**ban lefektetett alagcsövek** herringbone drainage ; ~**ban telepített kamrák** *(bány)* herringbone room arrangement
fenyőágfejtés *(bány)* herringbone, spearhead front
fenyőerdő *v* **-liget** pinery
fenyőfa fir(-tree) ; **gyenge minőségű** ~ *(ép)* white fir/deal ; **kanadai hemlok** ~ hemlock fir
fenyőfa-antenna(sorozat) pine-tree array
fenyő-fűrészáru coniferous/soft sawnwood
fenyőgyapot *(tex)* pine wool
fenyőkátrány pine tar
fenyőkátrányolaj pine (tar) oil, rectified oil of tar
fenyőkéreg pine bark
fenyőkéregkivonat pine bark extract
fenyőlevélolaj pine (leaf/needle) oil ; *(törpefenyőből)* oil of (dwarf) pine
fenyőolaj pitchy fir oil, pine oil
fenyőpalló *(3"×9")* deal
fenyőszálkázatú herringbone
fenyőtoboz pine cone
fenyőtű needle
fenyőtűolaj *(vegy)* pine (leaf/needle) oil, fir oil
fenyőtűrost *(tex)* forest wool
fénypamat *(jelző- v biztonsági lámpán ; bány)* blue cap
fénypapír cloth paper, flint-glazed paper
fénypárhuzamosító *(geod)* collimator
fénypislákolás light spilling
fénypolarizáció polarization of light
fénypont *(fényt)* luminous spot/point
fényredukció light reduction
fényrekesz *(fényk)* diaphragm, iris, orifice plate ; ~ **fényerőjelző** *v* **nyílásjelző száma** stopnumber
fényrekeszelés *(fényk)* diaphragmation
fényrekeszellenző *fn (fényk)* brake sack, blind
fényrekeszlemez *(fényk)* aperture plate
fényrekesznyílás méretszáma *(fényk)* stop number
fényrekesztő *(fényt)* dimmer
fényreklám luminous advertizing, illumination advertisement
fényrelé light relay/modulator
fényrend *(csill)* magnitude ; **abszolút** ~ *(csill)* absolute magnitude ; **bolometrikus** ~ *(csill)* bolometric magnitude
fényrés *(fényk)* blind brake sack ; *(színk)* slit
fényréses : ~ **diagragma** *(fényk)* slit diaphragm ; ~ **ívlámpa** slit arc lamp ; ~ **lámpa** *(vill)* slit lamp
fénysarkítás polarization of light
fénysáv *(ritkított levegőjű kisülési csövekben)* stria
fénysebesség velocity of light, light velocity
fénysokszorozó *(at, vill)* photomultiplier
fénysor : bevezető ~ *(rep)* approach line lane
fénysugár ray of light, (light) pencil, luminous ray, gleam ; *(kéve)* beam of light, light beam
fénysugarak útja path of ray(s)
fénysugaras indikátor optical indicator
fénysugárbontó *fn* ray-divider
fénysugáreltérés ray deviation
fénysugárfelosztó *fn* beam-splitter
fénysugárkúp light cone
fénysugárnyaláb beam of light, light beam, bundle of lightrays ; *(keskeny)* pencil of light ; *(sarki jelenségeknél ; csill)* streamer
fénysugártörő készülék refractor
fénysugárzás light radiation
fénysugárzó : ~ **katód** bright-emitting cathode ; ~ **képesség** luminous radiance
fénysűrűség brilliance, brilliancy
fényszabályozás *(telev)* brightness control

fényszabályozó *fn* (light) modulator; ~ **jelfogó** sun relay
fényszedőgép *(nyomda)* photo-composer
fényszelep *(Kerr-cella)* light valve
fénysziget-rács *(távk)* photo-island grid
fényszínkép light spectrum
fényszint *(fényk)* brightness level
fényszirena *(távk)* photoaudio generator
fényszórás light dispersion, scattering/straying of light; **csillag alakú** ~ **kristálylemezen** asterism; ~ **szöge** *(fényk)* stray angle
fényszóró *fn* searchlight, floodlight, projector, (spot)light, lamp; *(gépk)* head()lamp, headlight; **aszimmetrikus lencsés** ~ *(vill)* asymmetric refractor; ~ **felhő magasságának megállapítására** ceiling projector; ~ **iránya** *(gépk)* aim of the headlamp; **kettős tompítású** ~ *(lefelé és oldalra; gépk)* double-dip headlamp; **külön izzó nélküli, zárt betétes** ~ *(gépk)* sealed-beam lamp; ~ **lámpa** searchlight-lamp; ~ **parabolikus tükre** reflector; **rosszul beállított** ~ *(gépk)* wrongly-aimed headlight; **széles pásztájú** ~ broad-beam headlight; **távolsági** ~ distance headlamp; **villamos** ~ electric headlight
fényszóróállító csavar *(gépk)* lamp-setting adjustment screw
fényszóróbeállítás *(gépk)* headlamp setting/aiming
fényszóródás diffraction, light scattering
fényszóró-egység *(vasút)* reflector unit; ~ **egyszeri fénytöréssel** single-refraction reflector unit
fényszóróellenőrző lámpa országúti fényre *(gépk)* headlamp high-beam indicator light
fényszóróirányítás *(távk)* searchlight control, S.L.C.
fényszórókeret *(gépk)* headlight door, gloss rim
fényszórós mintájú váltólámpa *(vasút)* reflector type switch lamp
fényszórótartó headlamp bracket
fényszórótest headlamp shell
fényszórótükör *(gépk)* (headlamp) reflector
fényszóróvezérlés *(radarral)* searchlight (radar) control
fényszóróvezérlő radar searchlight radar
fényszűrés *(fényk)* absorption
fényszűrési: ~ **együttható** absorption coefficient, absorptance; ~ **spektrum** *v* **színkép** absorption spectrum; ~ **tényező** absorption factor
fényszűrő *fn* light filter; ~ **együtthatója** transmission coefficient
fényszűrőszövet *(fényk)* scrim
fénytan optics; **villamos** ~ electro-optics
fénytányér *(varázsszemen)* target
fénytartósság-vizsgálat *(tex)* exposure to sun
fénytávíró heliography
fénytelen mat, dull, lustreless, pale, blind, glare-free, unglazed, deadish; ~ **aranyozás** dead gilding; ~ **krómozás** dull chromium-plating; ~ **mázolt papír** dull coated paper; ~ **műnyomó papír** mat art paper; ~ **nyomópapír** mat printing-paper; ~ **papír** mat/dull paper; ~ **szén** dull coal; ~ **töret** *(anyagv)* lustreless fracture
fénytelenít depolish, mat, dull, dim, delustre; *(tex)* mat, delustre
fénytelenítés matting, dulling, tarnish, delustring; *(pa)* matting
fénytelenített mat(ted), dull(ed), delustred; *l még* **fénytelenít**; ~ **felület** dull/matted surface; ~ **porcelán** ivory porcelain
fénytelenítő anyag *(tex)* delustring agent, delustrant
fényteljesítmény luminous flux, light output
fénytompítás antiduzzling
fénytompító *mn* anti-dazzle/duzzle; ~ **felület** *(fényt)* reducing surface; ~ **festék** anti-glare paint; ~ **sapka** *(gépk)* anti-dazzle cap; ~ **szűrő** antiduzzle filter; ~ **üveg** glass dimmer, moderating glass
fénytompító-kapcsoló dimmer switch
fénytompított *(tex)* dull, delustred
fénytörés refraction (of light), refringence, ray deviation; **szem** ~**ének mérése** dioptrometry
fénytörési: ~ **szög** angle of refraction; ~ **veszteség** refraction loss
fénytöréstan anaclastics
fénytörő *(fényt)* refractive; ~ **képesség** refractive power, refractivity; ~ **lencse** *(fényk)* beam splitter; ~ **tükör** *(fényk)* beam splitter
fénytükrözés *(met)* mirage
fényudvar halo, halation, light spot, burr, crown, corona; *(fényk)* irradiation, light spot, burr; **kiterjedt** ~ *(fényk)* diffuse halation; **Napot körülvevő fehér** ~ *(csill)* aureole
fényudvarelhárító *mn* *(fényk)* antihalation
fényudvarképződés halation
fényudvarmentes bevonat *(fényk)* antihalation coating
fényudvarmentesítés *(fényk)* glare reducing, anti-halation
fényudvarmentesítő: ~ **lemezhátoldalbevonat** *(fényk)* anti-halation; ~ **rekesz** glare stop
fényűzési cikkek *(tex)* fancy-goods
fényváltó *(vill)* dip switch; ~ **lábkapcsoló** *(gépk)* dimmer pedal, antidazzle pedal
fényvédő: **kupak** *(mozivetítőgép lámpaházán)* goesover; ~ **papír** black positive paper
fényveszteség loss of light
fényveszteségi tényező *(fényk)* waste light factor
fényvetítő lemez *[nóniuszon]* reflector shade
fényvezetőképesség-hatás photo-conductive effect
fényvillamos photoelectric; ~ **ajtónyitó** photoelectric door opener; ~ **áram** photoelectric current; ~ **cella** photoelectric cell, P.E.C.; ~ **ellenállásváltozás** photoresistance effect; ~ **emisszió** photoelectric emission; ~ **emittáló képesség** photoelectric sensitivity; ~ **energiafüggvény** *(at)* photoelectric work function; ~ **expozícióméro** *(fényk)* photoelectric exposure meter; ~ **feketedésmérő** *(fényk)* photoelectric densitometer; ~ **fénymérő** photoelectric photometer; ~ **halszámláló berendezés** photoelectric ichthyometer; ~ **(hang)feljegyző készülék** photoelectric recorder; ~ **hatás** *v* **jelenség** photo-electric effect; ~ **jelfogó** light relay; ~ **kifáradás** *(fotocelláé)* photoelectric fatigue; ~ **koloriméter** photoelectric colorimeter; ~ **megvilágítás-időzítő** *(röntgenfelvételhez)* phototimer; ~ **nagyságrend** *(csill)* photoelectric magnitude; ~ **nyúlásmérő** *(anyagv)* photoelectric strain ga(u)ge; ~ **pormérő** photoelectric dust meter; ~ **reflektométer** photoelectric reflectometer; ~ **színképfénymérő** photoelectric spectrophotometer; ~ **vezető képesség** photoelectric conductivity
fényvillamos-galvanométeres regisztrálás photogalvanometric registration
fényvillamosság photoelectricity
fényvisszaverés reflection/reflexion (of light)
fényvisszaverési képesség reflectance
fényvisszaverésmérő műszer *(fényk)* reflection/reflexion meter
fényvisszaverő *mn* catoptric, specular; ~ **lemez** baffle plate; ~ **útsaruk** *[útkanyarban]* reflecting road studs
fényvisszaverődés reflection, reflexion; ~ **okozta fényudvar** *(fényk)* reflex-halation; **többszörös** ~ *(másodlagos effektus)* ghost (effect)
fényvisszaverődéscsökkentő *v* **-gátló bevonat** *(csill)* antireflection film/coating, T-layer/coating
férc *(tex)* basting
fércel *(tex)* baste, tack
fércelés *(tex)* basting; *(hegesztés)* tack welding
fércelő *fn* *(tex)* baster
fércelőcérna *(tex)* *l* **fércelőfonal**
férc(elő)fonal *(tex)* bastard/basting thread/yarn
fércpamut *(tex)* basting cotton
fércszegecs tacking rivet
fércvarrat *(heg)* tack weld
ferde skew(ed), oblique, cant, tilt, slant, ramp, angle, angular, out-of-square, bevel(l)(ed), sloping; **ferdén** askew, on bias, cantwise, aslant; ~ **alátámasztás** *(ép)* slanted strut; ~ **asztal** *(gépt)* canting table; ~ **boltozat** *v* **(bolt)ív** *v* **boltozás** *(ép)* rampant/skew arch; ~ **bütüs illesztés** oblique butt joint; ~ **cölöp** battered pile; ~ **csap** *(faköt.és)* tenon with bevelled shoulder; ~ **csapolás** *(ácsmunkán)* skew-scarf joint; ~ **csőhengersor** *(heng)* tube piercing mill, Mannesmann piercing mill, Stiefel piercing mill; ~ **csövű lepárló** *v* **besűrítő készülék** inclined tube evaporator; ~ **csúszda** *(bány)* slide; ~ **csűrőlap** *(rep)* skew aileron; ~ **dongaboltozat** *(ép)* skew barrel vault; ~ **dúc** *(ép)* raker; ~ **dúc jármon** *(hídra futó mozdony hosszirányú lökésének felvételére)* collision post; ~ **dúcolás** *(rep)* stagger bracing; **ferdén ékelt forgótárcsás motor** *(forgattyúszerkezet nélkül)* swash-plate engine; ~ **él** notch edge; **ferdére élező asztalosgyalu** chamfer plane; ~ **eloszlás** *(mat)* skew(ed) distribution; ~ **fal** *(visszhang kiküszöbölésére)* skew wall; **ferdén fekvő cséveállvány** *(tex)* inclined creel; ~ **felvonó** *(nagyolvasztónál)* skip bridge/incline, inclined lift; ~ **fenekű tartály** slant-bottom bin; ~ **fénybeesés módszere** *(fotoelasztikus vizsgálatnál; anyagv)* oblique-incidence method; ~ **fiókgerenda** *(ép)* skewed cross girder; ~ **fogas rálapo-**

lás *(fakötés)* oblique scarf (joint) ; ~ **fogazás** helical gearing ; ~ **fúrás** *(ol)* directional well drilling ; ~ **fúrólyuk** *(bány)* gripping hole ; **ferdére fut** *[hiddaru]* run off the straight ; ~ **gerendadúc** *(ép)* raking shore ; ~ **görgőjárat** *v* **görgőasztal** *(heng)* skew roller table ; ~ **gyám** *(ép)* skew back ; ~ **gyámfa** *(bány)* slanted strut; ~ **hengersor** skew-rolling mill, tube-piercing mill, cross-rolling mill ; ~ **(híd)nyílás** *v* **(híd)mező** skew span ; ~ **homlokfalazású fal** *(ép)* talus wall ; ~ **horony** skewed slot ; ~ **illesztés** *(fakötés)* oblique butt joint ; ~ **irányzás** *(geod)* inclined sight ; ~ **kitámasztás** *(ép)* slanted strut ; ~ **kitámasztó rúd** *(ép)* slanted strut ; ~ **kötés** oblique bond ; ~ **kúp-** *v* **hengerszelet** *(mat)* skew quartic ; ~ **láb** *(emelőnél)* sloping leg ; ~ **lapolás** *(ép)* scarf(ed half and half) ; ~ **lapolással hegeszt** scarf ; ~ **lapolással illeszt** *(fa)* sypher ; ~ **lapoló illesztés** *(fa)* sypher-joint, bevel joint ; ~ **lapvéső** cant chisel ; ~ **levágás** canting ; ~ **lökéshullám** oblique shock wave ; ~ **megközelítés** *(távk)* oblique approachment ; ~ **metsződésű falak** *(ép)* skew penetration walls ; ~ **négyzetű barka** *(bőr)* lozenge-shaped grain ; ~ **nyomott rúd** *(ép)* slanted strut ; ~ **oldalélű mérőlemez** knee edge angle block ; ~ **oldalú** lopsided ; ~ **osztású csapágybak** *(gépt)* oblique pillow block bearing ; ~ **osztású hajtórúdfej** diagonally-split big end ; ~ **összeeresztés** *(ép)* mitre joint ; ~ **rálapolás egyenes ütközéssel** *(fakötés)* oblique half joint with butt ends ; ~ **réteg** *(földt)* tilting stratum ; ~ **rétegeződés** *(földt)* oblique lamination ; ~ **revolverfej** *v* **revolveragy** *(gépt)* tilted turret ; ~ **rovás** *(ép)* oblique cogging; ~ **sarokcsap** *(ép)* mitre tenon ; ~ **sarokkötés** *(ép)* mitre joint ; ~ **saru** *v* **vállap átlós elemek felvételére** *(ép)* skewback ; ~ **sík** *(mech)* cant, slope, oblique/skew plane ; ~ **sík hajlásszöge** *(mat)* (angle of) inclination ; ~ **síkban osztott csapágy** *(gépt)* oblique plummer block bearing ; ~ **síkú** inclined, bevel ; ~ **síkú alátámasztás** *(ép)* inclined bearing ; ~ **síkú támasztás** *v* **támasztóelem** skewback ; ~ **szabályozás** *(távk)* slope control ; ~ **szárnyfal** *(ép)* splayed wingwall ; ~ **szélvédő** *(gépk)* raked windscreen ; **ferdén szimmetrikus determináns** *(mat)* skew determinant ; ~ **szita** *(pa)* oblique wire ; ~ **szög** oblique/bevel angle ; ~ **szögben** cantwise ; ~ **szög a'att levág** take an angular cut ; ~ **tám(fa)** face sprag, juggler, raker, battered prop ; ~ **támgerenda** *(ép)* raker ; ~ **támoszlop** *(bány)* juggler ; ~ **távolság** *(geod)* slope distance ; ~ **teherviselő cölöp** spur pile ; ~ **település** *(földt)* cross/oblique bedding ; ~ **terhelés** inclined load ; ~ **ütközés** *(mech)* oblique collision ; **ferdén vág** *(rámavéget ; cipő)* bevel ; ~ **vágás** *(gérvágás)* mitre, bevel ; **ferdén vágó gép** *(Moody ; pa)* Moody ; **ferdén vágott** *(pa)* angular/angle cut; **ferdére vágott perem** *v* **él** notched edge ; ~ **varrat** *(hegesztésnél)* oblique fillet weld ; ~ **végoszlop** *(ép)* inclined end post ; ~ **vetítés** *v* **vetület** oblique projection

ferdecsíkos fésűsszövet whipcord

ferdeélű : ~ **gyalukés** *(45° alatt álló hornyok készítéséhez)* mitre knife ; ~ **homorú véső** paring gouge

ferdefogazású : ~ **fogaskerék** helical gear ; ~ **kerék fogferdeségi szöge** helix angle ; ~ **kúpkerék** helical bevel gear ; ~ **maró** helical-tooth milling cutter

ferdelapú illesztés *(fa)* splayed jointing

ferdemérő *(fa)* sliding bevel ; **állítható** ~ **fából** wood bevel

ferdénymérő *l* **ferdemérő**

ferdepalástú mintaív *(ép)* camber slip

ferdepofás : ~ **fogó** crook tongs ; ~ **(kovács)tűzifogó** angle jaw tongs

ferdéremunkálás *(gept)* bevel(l)ing

ferderés-hatás *(magnetofonnál)* gap-tilt effect

ferdeség obliquity, skewness, sloping, skew running, angularity, cant, bevel

ferdeségmérték *(fa)* *l* **ferdemérő**

ferdesoros kövezés herringbone paving

ferdeszekrényes bányacsille *(ércszkeszállításhoz)* giraffe

ferdeszögű : ~ **áruvezetés** *(tex)* sloping ; ~ **áthatás** *(mat, ep)* skew penetration ; ~ **háromszög** *(mat)* oblique triangle ; ~ **koordinátatengelyek** *(mat)* oblique coordinate axes ; ~ **légifényképeket visszatorzító vetítőműszer** *(fotogrammetriában)* multiplex aeroprojector

ferdetámos ajtókötés *(bány)* splay-legged set

ferdetengelyű : ~ **fotogrammetriai fénykép** oblique photograph ; ~ **légi felvétel** *(rep)* oblique air photograph

ferdevágó : nyeles ~ oblique chisel-hammer

ferdevállú sarokrovás corner cogging with oblique notch

ferdevéső *fa* paring chisel

ferdít slant, skew

ferdül slant, skew

féreg alakú zárvány *(ásv)* wormy inclusion

féreghajtó *mn* anthelmintic

féreglyuk *(fán)* shot hole

féregmintás *(kőfelület)* vermiculate

féregrágta *(nyersbőr)* worm eaten/holed, wormy

féregűző szer vermifuge, anthelmintic

férfi *mn* *(órás)* gent's ; ~ **félcipő** Oxford shoe

férficipő : magas szárú fűzős ~ derby shoe ; **magas szárú gombos** ~ button shoe

férfióra gent's watch

férfizokni *(tex)* (men's) half-hose

férges *(mzg)* verminous

fergeteg *(met)* storm, twirl, whirlwind

fergusonit *(ásv)* bragite, tyrite

Ferguson-rendszer *(traktorra szerelt munkagépek)* unit principle

Fermat-féle spirális *(mat)* Fermat's spiral

fermentálás fermentation, curing

fermentálóedény fermenting tank, fermentor

fermentáló helyiség sweating house

fermentum ferment, enzyme

ferodobetétes dörzsfék *(gépk)* ferodo/fabric brake

férőség cubic capacity

Ferraris-féle : ~ **forgóteres mérőműszer** rotating field instrument ; ~ **tárcsás műszer** *(vill)* Ferraris instrument

ferri- *(ásv)* ferrian; *(vegy)* ferric

ferriacetát ferric/ironic acetate

ferriammóniumcitrát ferric ammonium citrate

ferriammóniumoxalát ferric ammonium oxalate

ferriammóniumszulfát ferric ammonium sulfate

ferriammóniumtartarát ferric ammonium tartrate

ferriarzenát ferric arsen(i)ate

ferribromid ferric bromide

ferriciánkálium potassium ferricyanide

ferricitrát ferric/ironic citrate

ferriferrocianid ferric ferrocyanide

ferriferrohidroxid ferriferrous hydroxide

ferriferroklorid ferriferrous chloride

ferriferrooxid ferriferrous oxide

ferriferroszulfát ferriferrous sulfate

ferriferroszulfid ferriferrous sulfide

ferriferrovegyület ferriferrous compound

ferrifluorid ferric fluoride

ferriformiát ferric/ironic form(i)ate

ferrifoszfát ferric/ironic phosphate

ferrigallát ferric gallate

ferrihidroxid ferric/ironic hydroxide

ferrihipofoszfit ferric hypophosphite

ferrijodid ferric iodide

ferrikáliumszulfát ferric potassium sulfate/alum

ferrikáliumtimsó *l* **ferrikáliumszulfát**

ferrikarbonát ferric carbonate

ferriklorát ferric chlorate

ferriklorid ferric chloride

ferrilaktát ferric lactate

ferrimalát ferric malate

ferrimetaszilikát ferric metasilicate

ferrinatrit *(ásv)* ferronatrite, gordaite

ferrinitrát ferric nitrate

ferrioxalát ferric oxalate

ferrioxid ferric oxide

ferrioxidhidrát ferric hydroxide

ferrioxihidroxid ferric oxyhydroxide

ferripirofoszfát ferric pyrophosphate

ferripiroszulfát ferric pyrosulfate

ferripirotioarzenát ferric pyrothioarsen(i)ate

ferrirodanát ferric rhodanate/rhodanide/sulfocyanate/sulfocyanide/thiocyanate/thiocyanide

ferrirubídiumszulfát ferric rubidium sulfate/alum

ferrirubídiumtimsó *l* **ferrirubídiumszulfát**

ferriszukcinát ferric succinate

ferriszulfát ferric sulfate

ferriszulfid ferric sulfide, iron sesquisulfide

ferriszulfocianát *l* **ferrirodanát**

ferriszulfocianid *l* **ferrirodanát**

ferrit *(ásv, koh, vegy)* ferrite

ferritannát ferric tannate

ferrit-botantenna ferrite rod aerial/antenna

ferrites ferritic ; ~ **rozsdamentes acél** ferritic stainless steel

ferritiocianát *l* **ferrirodanát**

ferritiocianid *l* **ferrirodanát**

ferrivas *(vegy)* ferric iron

ferrivegyület ferric compound

ferro- *(kétvegyértékű vas vegyülete)* ferrous ; *(ásv)* ferroan

ferroacetát ferrous acetate

ferroalumínium *(koh)* aluminium iron

ferroammóniumszulfát ammonium ferrous sulfate
ferroarzenid ferrous arsenide
ferrobór ferro-boron
ferrobromid ferrous bromide
ferrocart-cséve ferrocart coil
ferrociánhidrogénsav ferrocyanic acid
ferrociánkálium potassium ferrocyanide
ferrocirkónium ferro-zirconium
ferrodinamikus ferrodynamic
ferrodiszulfid ferrous disulfide
ferroelektromos *l* **ferrovillamos**
ferroferri- *l* **ferriferro-** *is*
ferroferricianid ferrous ferricyanide
ferroferrioxid ferroferric/ferriferrous oxide
ferroferrivegyület ferroferric compound
ferroferrocianid ferrous ferrocyanide
ferrofluorid ferrous fluoride
ferrofluoszilikát ferrous fluosilicate
ferrofoszfát ferrous phosphate
ferrofoszfor *(koh)* ferrophosphorus
ferrogallát ferrous gallate
ferrogoslarit *(ásv)* ferro-goslarite
ferrográf *(távk)* ferrograph
ferrohidrokarbonát ferrous bicarbonate, ferrous hydrogen carbonate
ferrohidroxid ferrous hydroxide
ferrokarbonát ferrous carbonate, iron protocarbonate
ferroklorid iron protochloride, ferrous chloride
ferrokloroplatinát ferrous platinichloride
ferrokobaltin *(ásv)* ferrocobaltine
ferrokróm *(koh)* ferrochrome, ferrochromium
ferrolaktát ferrous lactate
ferromágneses ferro(-)magnetic
ferromágnesség ferromagnetism
ferromangán *(koh)* ferromanganese
ferromolibdén *(koh)* ferro-molybdenum
ferronikkel *(koh)* iron/ferro-nickel
ferronitrát ferrous nitrate
ferrooxalát ferrous oxalate
ferrooxid ferrous oxide, iron protooxide
ferroötvözet ferro(-)alloy
ferroplatinklorid ferrous platinichloride
ferrorodanát ferrous rhodanate/sulfocyanate/sulfocyanide/thiocyanate/thiocyanide
ferroszelenid ferrous selenide
ferroszilícium *(koh)* ferrosilicon
ferroszilikát ferrous silicate
ferroszilikofluorid ferrous fluosilicate
ferrosztatikus *(önt)* ferrostatic
ferroszulfát ferrous sulfate
ferroszulfid ferrous sulfide, iron protosulfide/monosulfide
ferroszulfocianát *l* **ferrorodanát**
ferroszulfocianid *l* **ferrorodanát**
ferrotannát ferrous tannate
ferroterm acél ferrotherm steel
ferrotiocianát *l* **ferrorodanát**
ferrotiocianid *l* **ferrorodanát**
ferrotitán *(koh)* ferro(-)titanium
ferrovanádium *(koh)* ferro-vanadium
ferrovas *(vegy)* ferrous iron
ferrovegyület ferro-compound, ferrous compound
ferrovillamos ferroelectric ; ~ **jelenség** ferroelectric effect/phenomenon
ferrovolfrám *(koh)* ferrotungsten
fertőtlenít disinfect, decontaminate ; **füstöléssel** *v* **gőzzel** ~ fumigate, sterilize
fertőtlenítés disinfection, decontamination, desinfection, desinfestation, sterilization
fertőtlenített sterile ; ~ **víz** sterile water
fertőtlenítő *mn* disinfecting, antirot ; ~ **készülék** sterilizer, disinfectant, desinfector ; ~ **talajpermetezés** *(mzg)* ground spray
fertőtlenítőfülke *v* **-telep** disinfection plant
fertőtlenítőkamra fumigating chamber
fertőtlenítőpapír sterilization/sterilized paper
fertőtlenítőszappan medicinal soap
fertőtlenítőszer antiseptics, disinfectant
fertőtlenítővatta antiseptic cotton
fertőz infect, infest, contaminate, poison
fertőzés infection, contamination ; **általános** ~ *(az egész szervezetre kiterjedő)* systemic infection ; **baktériumos** ~ bacteria contamination ; **enyhe** ~ mild infection ; **levegő útján történő** ~ aerial contamination
fertőzésforrás source of infection
fertőzési góc herd of infection
fertőzésképes infective
fertőzésképesség infectivity
fertőzésmentes infection-free
fertőző infectious, infective ; ~ **képesség** virulence
fertőződés infection, contamination
fertőzött infected, septic, seeded ; ~ **iszap** seeded sludge ; ~ **vetőmag** infected seed
feslik *(tex)* ravel
feslő *(tex)* ravelling ; **nem** ~ *(tex)* nonravelling
fest dye, colo(u)r, paint, blot ; *(tex)* dye, colo(u)r ; **(bolyhozott szövetet) csak felszínén** ~ *(tex)* tip ; **feketére** ~ blacken ; **kékre** ~ blue ; *(bőr húsoldalát)* blue back ; **szálban** *v* **fonalban** ~ *(tex)* engrain
festék dye, colo(u)r, paint, dyestuff, colo(u)ring agent ; *(pa)* colo(u)ring matter ; *(bedörzsölt)* paste ; *(pigment)* pigment ; *(tex)* *(növényi)* natural dye ; *(szintetikus)* colo(u)r, dye(stuff), colo(u)ring agent ; *l még* **színezék** ; ~**et fog** *v* **felvesz** *(nyomda)* strike dye ; **közvetett** ~ *(tex)* adjective dyes ; **krómos** ~ chrome colo(u)r ; ~ **leadása** *(pa)* crocking ; **porlasztott** ~ airbrush colo(u)rs/spray; **savas** ~ *(tex)* acid dye ; ~ **sűrűsége** *v* **konzisztenciája** *(nyomda)* body of paint ; **szórópisztollyal felvitt** ~ air spray, airbrush colo(u)r ; **testessége** *(nyomda)* body of paint
festékadagoló *(nyomda)* fountain
festékalap undercoat
festékalapréteg dead colo(u)r
festékátütés a szöveten *(a hengerek nagy nyomása folytán ; tex)* pushing
festékbevonat coat pigment, paint coat
festékcsésze *(vízfestékhez)* tinting saucer
festékdaráló colo(u)r mill
festékdörzsölő kő muller, brayer
festékelosztó : ~ **henger** *(nyomda)* rider; **külön** ~ **henger** *(nyomda)* mouse roller
festékelőhívó szerek *(tex)* developing agents
festékelőkészítő (munkás) *(tex)* liquor man
festékeltávolító anyag paint remover
festékes inky ; ~ **írógépszalag** inking ribbon
festékescsésze *(lejtős fenekű)* china slant
"festékesfazék" *(színes iszapot tartalmazó pocsolya ; földt)* paint pot
festékez *(labdát, tampont ; nyomda)* ink, black the ball
festékezés *(nyomda)* inking
festékező gumihenger *(nyomda)* rubber feed roller
festékezőhenger *(nyomda)* ink form roller, ductor roller ; *(bukó)* drop roller
festékezőrongy *(nyomda)* dabber, canvas
festékezőtartály *(nyomdagépen)* duct(or)
festékfolt *(szövetben ; tex)* bleeding
festékföld *(vegy)* coloured earth
festékfúvató készülék paint blower
festékfürdő *(ezüst-helyettesítő ; fényk)* dye holder bath
festékhenger *(nyomda)* ink roller
festékhordozó anyag paint vehicle
festékkaparó *fn* paint scraper
festékkemence colo(u)r oven
festékkenő labdacs baren
festékkés ductor knife
festékkeverő (dob) colo(u)r mixer
festékkötő anyag colo(u)r agglutinant
festéklakk colo(u)r lake
festékleégető benzinlámpa painter's torch
festéklefogás *(tex)* bleeding
festéklemaró anyag paint remover
festékmaratás *(textilfestésnél és színes fotonál)* dye mordanting
festékmosó kefe paint scrubber
festékoldó anyag paint remover
festékőrlő (malom) colour mill, paint grinder/mill ; ~ **munkás** grinder ; ~ **műhely** colo(u)r mixing room
festékpárna ink-pad
festékréteg coat (of paint); ~ **megrepedezése** checking
festékrögzítés bottom
festékszalag ribbon
festékszilárdságmérő *(pa)* fadeometer
festékszilke saucer
festékszórás spreading, air spray spatter work, spray finishing
festékszóró *fn* paint/dye sprayer ; ~ **berendezés** paint spraying plant ; ~ **készülék** *v* **pisztoly** air-brush, paint/colo(u)r-spraying gun, spray gun, paint blower, spray thrower
festéktartály *(nyomógépen)* duct(or)
festéktörő kézi henger *v* **kő** *(nyomda)* brayer
festékvályúhenger *(nyomda)* ink fountain roller
festékvivő henger *(nyomda)* ink ductor roller
festés *(színezés)* colo(u)ring, dyeing ; *(olajjal)* painting ; *(csővezetéke)* coating ; *(bemártással)* dip ; *(festett árnyalat v szín ; pa)* hue ; *(vegy)* staining ; *(pácolással ; pa)* stuffing ; **elektrosztatikus** ~ electrostatic painting ; **feketére** ~ blacking ; ~ **hordóban** *(bőr)* drum dyeing ; ~ **kefével** *(bőr)* brush-dyeing ; **kékre** ~ *(fekete bőr húsoldalán)* blue back ; ~ **kollódiumos festékkel** *v* **kollódiumos** ~ dyeing with collodion dyestuff ; **krómos** ~ chrome dyeing ; ~ **lánchengeren** *(tex)* beam dyeing ; ~ **matringban** *(tex)* hank dyeing ; ~ **motollás edényben** paddle dyeing ; ~ **nyomással** *(meleg kezelés színelőhívással ; tex)* extract styles ; ~ **sok-kádas gyorsfestő gépen** *(tex)* pad-dyeing ; ~ **végben terítve** *(tex)* level dyeing ; ~ **viaszos festékkel** cerography

festésálló *(tex)* dye-fast
festési eljárás dyeing, colo(u)r process
festetlen uncolo(u)rated ; *(tex)* grey, colo(u)rless
festett colo(u)red, dyed ; ~ **beosztás** *(mérőeszközön)* marking ; ~ **karton** *(pa)* colo(u)red board ; **keresztül** ~ *(bőr)* colo(u)red through ; ~ **papír** colo(u)red paper ; ~ **üveg** stained glass
festhető colo(u)rable, dyeable
festhetőség colo(u)rability, dyeability
festmény picture ; *(kismeretű)* easel piece
festő *fn* painter ; *(mn)* colo(u)ring, dyeing ; *(tex)* dyer ; **lakmuszpapírt vörösre** ~ acid to litmus
festőállvány easel
festőállványlemez *(pa)* easel board
festőállványpapírlemez easelboard
festőanyag colour, dye, stain ; *(tex)* colo(u)ring principle
festőasztal studio-box
festőbot mahl-stick
festőcukor *(karamel)* couleur
festőde *(tex)* dyery, dye house
festődés colo(u)ration
festőecset paint brush
festőérték *v* **-erő** colo(u)ring value
festőfa dye-wood, dyer's wood
festőfakivonat dye-wood extract
festőfulárd *(tex)* pigment padder
festőgép *(pa)* machine for colo(u)r distributing
festőhenger *(pa)* ductor roller
festőkád *(tex)* dye beck/jig(ger), jig, colo(u)r pan
festőkarton(lemez) *(pa)* artist's card(board)
festőkés scraper
festőlemez *(pa)* painter's (card)board
festőmaláta *(élip)* caramel/colo(u)r malt
festőmunkás *(ép)* stainer ; *(tex)* dyer
festőmű *(pa)* dyeing house
festőműhely *(gépt)* paint room ; *(tex)* dye (—) house, dyery
festőpác *(tex)* (dyeing) mordant, base
festőszínezés dye toning
festőüzem *(tex)* dye(-)house, dyery
festővászon (artist's/painter's) canvas
festővászonfeszítő fogó canvas pliers
festvény *(vegy)* *l* **tinktúra**
fésű *(tex)* comb, reed ; *(gépt)* cockle ; *(impulzusfésű ; távk)* (pulse) comb ; ~ **alakú kés** rack-shaped cutter ; *l még* **fésűskés**
fésűfog *(tex)* split ; *(körkötő és láncológépen)* quill
fésűkovand *(ásv)* cockscomb pyrites
fésül *(tex)* comb
fésülés *(gépt)* cogging ; *(tex)* combing
fésülési : ~ **hulladék** *(tex)* combings ; ~ **kóc** sorter's tow ; ~ **munkaszakasz** nip
fésülködőkabát *v* **-gallér** *(tex)* peignoir
fésülő *fn* *(tex)* comber ; ~ **tűsléc** *(tex)* combing gill
fésülődob fésűgáttal *(tex)* combing roller with barbs/pricks
fésülőgép *(tex)* (Gegauff's) comb(er), combing machine
fésülőhenger *(tex)* combing cylinder
fésülőtű *(tex)* comber broach
fésült : ~ **anyag** *(tex)* combed material ; **csomó nélküli** ~ **szalag** *(tex)* clear top ; ~ **előfonal** *(tex)* combed sliver ; ~ **fonal** hackling yarn ; ~ **pamutfonal** combed cotton yarn ; ~ **szalag** combed material/top/sliver, top ; ~ **vakolás** *(ép)* combing
fésültgyapjú pamutfonal Alaska yarn
fésűosztás-idomszer *(tex)* comb ga(u)ge
fésűpehely *(tex)* comber fly
fésűs *(tex)* comb(ed); ~ **beépítési mód** *(városépítés)* scattered development method ; ~ **csap** *(gépt)* collar (thrust) journal ; ~ **csapágy** collar bearing, collar thrust/step bearing ; ~ **flanellszövet** botany worsted flannel ; ~ **juh bundaoldala** first combing wool ; ~ **menetkés** *(gépt)* thread chaser ; ~ **pamutszövet** combed fabric ; ~ **terelő** *(mzg)* red link deflector ; ~ **tömítőgyűrű** *(gépt)* serrated joint ring; ~ **túlfeszültséglevezető** comb lightning arrester, comb-type arrester ; ~ **villámhárító** discharger
fésűsfonal *(tex)* combing yarn ; *(olajtalan fonással)* dry-spun yarn ; **nyújtott** ~ *(kártolt és nyújtott szalagból)* carded worsted yarn
fésűsgyapjú *(tex)* combing/combed/worsted wool, combings ; *(rövid szálú)* baby combing wool ; **háton mosott** ~ backwashing worsted ; ~ **ruhaszövet** botany worsted suiting ; ~ **szövet** worsted cloth/fabric/tissue
fésűsgyapjúfestés *(mosás nélküli)* dyeing in the grease
fésűsgyapjú-fonal worsted (yarn); ~ **harangorsós fonógépről** cap-spun worsted yarn ; ~ **perzselése** *(tex)* denapping
fésűsgyapjú-fonalszámozás worsted yarn counts
fésűsgyapjúipar worsted industry
fésűsgyapjú-kártológép worsted card
fésűsgyapjú-szalag *(tex)* top(s), top wool
fésűsgyár *(tex)* combing plant
fésűshulladék *(tex)* comber waste, exhaust noil
fésűskés *(forg)* rack-shaped cutter
fésűskóc *(tex)* noil(s)
fésűskóc-leszedő fésülőgép *(tex)* noil stripping comb
fésűsszalagkészítő *(személy)* topmaker
fésűszerű *[levél ; bot]* pectinate
fésűtű *(tex)* comber needle
fészek *(ált)* nest ; *(tartóé a falban ; ép)* tailing ; *(nyereg, ülés)* saddle ; *(szelepfészek)* seat(ing); *(ékhez v lyukasztóhoz)* drift hole ; *(kábelé ; vill)* cable saddle ; *(láncszakadás vetélőhiba miatt ; tex)* smash ; *(nagyobb szövéshiba ; tex)* skip ; *(ültetésnél, vetésnél ; mzg)* hill
fészekbeillesztés *(gépt)* housing
fészekbevetés *(mzg)* space drilling
fészekbevető gép *(mzg)* spacing drill
fészekképződés folyékony salaknál *(koh)* honeycombing
fészekmélység *(földrengési)* focal depth, depth of earthquake
fészek-műtrágyázás fertilizer applied in the hill
fészekültetés *(mzg)* hill
fészer *(ép)* shed, lean-to, protecting/fence roof, hangar, haymow
fészertető couple roof, shed cover/roof
feszes tight, tense, close ; ~ **ág** *(láncé v kötélé)* tight side ; ~**re csévél** *(tex)* close wind ; ~ **ék** taper key ; ~ **kötés** *(tex)* tight stitch ; ~ **oldal** *(hajtószíjon v emelőláncon)* tight side
feszesség tightness
feszít stress, expand, string, strain, blow ; *(tex)* tenter, widen ; **(nyers)-bőrt rámára** ~ strain, tack, frame
feszíték *(bány)* propping, spurn, studdle, sprag hole
feszítés stretch, stress, tension, tug ; *(bány)* anchor ; *(emelőnél)* take-up; *(ép)* span ; *(heng)* drag ; *(tex)* tentering, widening
feszítéses fegyverzet guy anchor
feszítésgyengülés *(emelőnél)* bracing slackness
feszítéslazulás *(mech)* slack
feszítetlen szalagfűrész unset saw
feszített tense, expanded, stressed, strained ; ~ **héjazás** stressed skin ; **rámára** ~ *(bőr)* framed
feszítettség stretch, stress
feszítő *fn* stretcher ; *(tex)* (s)tenter, tentering machine ; *(szíjnál)* idler, stretcher ; *(támfaréselésnél ; bány)* gib ; ~ **alkatrész** *(tartószerkezeten)* straining piece ; ~ **berendezés** *(pa)* stretching apparatus, stretcher ; ~ **bordázat** stretcher ; ~ **gerenda** *(ép)* collar/straining/stringing beam ; ~ **készülék** stretcher, tenisoning apparatus ; *(ív alakú ; tex)* mycock expander ; **kettős** ~ **szerkezet** *(emelőé)* double-stretching gear ; ~ **kézi csigasor** tensioning hand tackle ; ~ **könyökemelő** pressure toggle ; ~ **szerkezet** *(kalanderen ; tex)* take-up gear, palmer unit/tenter/machine, stretching gear/device, tightening apparatus/gear ; *(vetélőcsévén)* spreader ; *(súlyos)* gravity tension(ing) gear ; ~ **szigetelő** *(vill)* tensioning/strain/strap insulator ; *(ívben)* pull-off insulator ; ~ **szíjtárcsa** jockey bearing-up/pulley
feszítőanya turnbuckle, coupling nut
feszítőbetét tensioning/cocking insert
feszítőbetétes befogó hüvely draw-in collet
feszítőborda *(önt)* chuck
feszítőcsap strain pin
feszítőcsapszeg *(marótüske meghúzásához)* draw-in bolt
feszítőcsavar tightening/coupling/adjusting screw/bolt
feszítőcsiga *(emelőn)* tightening pulley
feszítődrót *l* **feszítőhuzal**
feszítődúc *(ép)* angle brace
feszítőék *(ép)* tightening key ; *(gépt)* tightening/adjusting wedge, packing block ; *(osztott forgattyútengelyen)* crankshaft maneton ; **kerek** ~ circular wedge plate
feszítőerő *(mech)* stretch(ing force)
feszítőfej *(emelőn)* tension end
feszítőgép *(tex)* (s)tentering machine
feszítőgörgő *(gépt)* idler/stretcher roller/pulley
feszítőgyűrű spreader ; *(gumiabroncshoz)* fastening ring
feszítőgyűrűs vezérlés spring-ring control
feszítőhenger *(gépt)* stretch/strain roll ; *(pa)* hitch/stretch/stenting roll ; *(tex)* compensating roller
feszítőhorgony guy anchor
feszítőhorog (tenter) hook ; *(kötélverésnél)* loper
feszítőhuzal bowstring, stay/guy wire ; *(emelőn)* span wire ; ~ **áramvonalas burkolata** *(rep)* wire fairing ; **átlós** ~ *(rep)* diametral wire ; *(rep)* bracing (wire); *(szelfaktoron)* counter(-)faller (wire); ~ **belógása** *(rep)*

bracing wires' sag ; **földbe kihorgonyzott ~** *(vill)* earth stay ; **~ keresztkötése** *(rep)* wire diagonal ; **tengelyirányú ~** *(rep)* axial cable ; **vonóerőt közvetítő ~** *(rep)* drift wire

feszítőhüvely-csapágy adapter type bearing

feszítőjáromácsolat *(bány)* spread

feszítőkábel *(rep)* bracing cable

feszítőkalapács : egyoldalú ~ single-headed tinmen's planishing hammer

feszítőkengyel *(távk)* span bracket ; **kampós végű ~** clevis end/turnbuckle

feszítőkeret rack, stenter ; *(bőr)* straining frame ; *(tex)* (s)tenter, tentering frame

feszítőkilincs *(gépt)* tightening key

feszítőkorong *(gépt)* straining pulley

feszítőkötél (back-)guy, stay tackle, span/rock rope ; *(darugémé)* boom support guy ; *(hajó)* tack ; *[antennához]* guy wire/rope ; *(távíró oszlophoz)* guy

feszítőlánc *(ált)* stay/tensioning chain ; *(zablán)* curb chain ; *(tex)* straight warp ; *(vill)* strain string

feszítőlap *(gépt)* clip plate

feszítőmű *(ép)* truss ; *[árboc rögzítésére]* stays and guys ; *(szállítószalagnál)* take-up unit ; **kettős ~** *(ép)* double truss ; **~ végrúdja** *(ép)* tail arm

feszítőműves : ~ ácsolat *(bány)* wing stulls, knee timber ; **~ fedélszék oszlopa** *(ép)* queen post

feszítőoszlop *(függőhídnál)* strain tower

feszítőpecek *(hajó)* snatch cleat

feszítőpózna strain pole

feszítőráma *(iv alakú ; tex)* mycock expander

feszítőrúd jumping bar ; *(árbocon hosszirányban)* sheer batten ; *[hajóelemezek hajlítására]* set-bar ; *(kitámasztó)* strain/stay pole, guy rod, bar, ringer pinch

feszítőrugó spanner spring

feszítősodrony bowstring

feszítősúlykocsi *(drótkötélpályánál)* tension carriage

feszítősúlyszekrény *(emelőnél)* balance box

feszítőszálcsomó : kettős ~ *(hajó)* double wall-knot

feszítőszánvezeték *(emelőnél)* stretching-slide rails

feszítő-szárítógép *(tex)* (s)tenter, stretching/tentering machine, tenter dryer, tentering and drying machine

feszítőszerkezet : visszaforgató és fonalvezető ~ *(szelfaktornál ; tex)* easing motions

feszítőtag *(csavarorsó ; vezetékszereléshez ; távk)* spindle

feszítőtámfa *(bány)* divider, buntons

feszítőtárcsa idler/stretcher pulley/roller

feszítőtorony *(hídépítésnél)* strain tower

feszítőtuskó *(gépt)* packing block

feszítővas crow bar, lever, hand spike, chisel, pinch bar, wrenching iron ; **lapos végű ~** claw bar

feszítővéső calking chisel

feszítőzabla curb bit

feszítőzablás kantár curb bridle

feszítőzárhüvely *(rep)* barrel of turnbuckle

feszke *(bány)* divider, cleat, sprag hole, stringer, strut, straddle, anchor (line), set girt, bottom sprag, buntons, raker, bar stretcher, shaft bunton ; **~ U-vasból** *(bány)* channel end button

fészkes : ~ ék sunk key/feather ; **~ fecskefarkú lapolás** *(ép)* shouldered dovetail halved joint ; **~ grafit** temper graphite/carbon ; **~ szelep** seat valve ; **~ ültetés v vetés** *(mzg)* planting in the hills

feszkéz *(bány)* chock, sustain, sprag

feszkézés *(bány)* spragging, chocking

feszléc *(fa)* feather tongue

feszléces illesztés *(fa)* feather joint

feszmérő *(gépt)* pressure ga(u)ge, manometer ; **~ elzárócsapja** (pressure) ga(u)ge tap ; **~ szivornyacsöve** pressure ga(u)ge syphon

fesztáv *(ép)* unsupported length, span ; *(rep)* wing span/spread ; **effektív ~** effective span ; **egyenértékű ~** equivalent span ; **~ egyharmadáig terhelt** *(ép)* loaded at third ; **~ felezőpontja** mid-span ; **szabad ~** clear span ; **terhelés a ~ egyharmadában** *(hídépítésnél)* third-point load ; **vezérsík ~a** tailplane span

fesztáv-szárnyhúr viszony *(rep)* span-chord ratio

fesztávterhelés span loading

fesztelenít relax ; **ütőszeget ~** *(lövedéken)* uncock

feszül expand, be stretched, be stressed ; *(emelő lánca)* heave

feszülés tension ; **maximális ~** maximum stress/tension

feszült strained, stretched, stressed, expanded

feszültség *(mech)* stress, strain, tension; *(tex)* tension ; *(vill)* tension, potential, difference ; *(voltban)* voltage ; **aktív ~** *(vill)* active voltage ; **~ alá helyez** *(vill)* energize, apply voltage ; **~ és alakváltozás** *(anyagv)* stress-strain ; **~ alatt álló v levő** *(vill)* charged, (a)live ; **~ alatt álló hálózat** *(vill)* live circuit ; **~ alatti korrózió** *(anyagv)* stress corrosion ; **~ alatt nem álló vezeték** *(vill)* dead wire ; **átívelési ~** arcing/flashover voltage ; **átütési ~** breakdown voltage ; **axiális ~** *(mech)* direct/axial stress ; **begyújtó ~** firing/ignition voltage ; **bemenő ~** input voltage ; **~ biztosítása** *(szövésnél ; tex)* pacing motion ; **csapágyban fellépő ~** bearing stress ; **csavaró ~** *(mech)* torsional stress ; **~ csúcsértéke** *(mech)* amplitude of stress ; *(vill)* amplitude of voltage, peak voltage ; **csúsztató ~** *(mech)* tangential stress ; **deionizációs ~** extinction/deionization voltage; **~ dinamikus terheléstől** *(hídép)* advancing load stress ; **dokkolásnál hajótestben fellépő ~** docking stress ; **~ effektív értéke** *(vill)* root-mean-square voltage, R. M. S. voltage ; **egyenértékű ~** *(rád)* lumped voltage ; **elengedési ~** drop-out voltage ; **elsőrendű ~** *(mech)* first-order stress ; **eltűnő ~** *(vill)* evanescent voltage ; **~ből enged** *(húr v sodrony)* unbend ; **érintési ~** *(vill)* contact voltage ; **érintőleges ~** *(mech)* tangential stress ; **fárasztó ~** *(mech)* alternating/repeated stress, fatigue stress ; **fázisban levő ~** in-phase voltage ; **~gel felhúzott karmantyú** *(gépt)* stressed collar ; **formálási ~** *(vill)* formation voltage ; **~ a földhöz képest** *(vill)* voltage to ground ; **gerjesztő ~** *(rád)* driving voltage ; *(vill)* exciter/excitation voltage ; **gyorsító ~** *(vill)* accelerating (cavity) voltage ; **hajlító ~** *(mech)* bending/transverse stress ; **hitelesítő ~** *(vill)* calibration voltage ; **hőokozta ~** *(mech)* thermal stress ; **húzó ~** *(mech)* tensile stress ; **húzó-nyomó ~** *(anyagv)* alternating tension-compression stress, direct axial stress ; **igen nagy ~** *(100 kV-on felül)* extra-high voltage, E. H. T.; **indukált ~** induced voltage ; **ismétlődő ~** *(mech)* repeated stress ; **kapilláris ~** capillary tension ; **~ keltése** *(vill)* impulsing ; **kerületi ~** *(mech)* circumferential stress ; **készenléti ~** keep-alive voltage ; **kimenő ~** output voltage ; **kioldó ~** release voltage ; **kioltó ~** extinguishing/extinction voltage ; **kis ~** low voltage ; **kontakt ~** contact voltage ; **~ következtében beálló hasadás** *(nyíró)* strainslip cleavage ; **~ kV-ban** *(vill)* kilovoltage ; **láncolt ~** *(vill)* mesh/delta voltage ; **legnagyobb v maximális ~** *(vill)* maximum voltage ; **lengő ~** *(mech)* alternating stress ; **leültetési ~** *(távk)* bottoming voltage; **lezáró ~** black-out/blocking/non-conducting voltage; **lüktető ~** *(mech)* pulsating stress ; **magas ~** *l* **nagyfeszültség** ; **másodrendű ~** *(mech)* second-order stress ; **megengedett ~** *(mech)* admissible/allowable stress ; **~ megszűn(tet)ése** *(mech)* release of stress ; **működtető ~** operating voltage ; **nedves átívelési ~** wet flashover voltage ; **~ nélküli** *(vill)* tensionless ; **nem szabványos ~** off-standard voltage ; **névleges ~** rated voltage ; **névlegesnél nagyobb ~** overrating voltage ; **normális ~** *(mech)* normal stress ; **nyíró ~** *(mech)* shear stress ; **nyitott-áramköri ~** open-circuit voltage ; **nyomó ~** *(mech)* compressive stress ; **~ okozta repedés** *(anyagv)* stress crack ; **~ okozta repedezettség** *(földt)* tension joint ; **palástnyomó ~** *(mech)* bearing stress ; **primer ~** primary voltage ; **ráadott ~** applied/impressed voltage ; **rákapcsolt ~** *(vill)* *l* **ráadott feszültség** ; **roskadási ~** *(mech)* collapse stress ; **rövidzárási ~** *(vill)* *l* **zárlati feszültség** ; **száraz átívelési ~** dry flashover voltage ; **szekunder ~** secondary voltage ; **~ szélső szálban** *(mech)* extreme fibre stress ; edge tension ; **szerkezetekben fellépő ~** construction stress ; **tangenciális ~** *(mech)* tangential stress ; **tengelyirányú ~** *(mech)* axial stress ; **tényleges ~** *(mech)* actual stress ; **térfogati ~** volumetric stress ; **tiszta szinuszos ~** simple sinusoidal voltage ; **törő ~** *(mech)* crushing stress ; **üresjárási ~** floating voltage ; **váltakozó ~** *(anyagv)* alternate stress ; *(vill)* alternating voltage ; **vezérlő ~** control(ling) voltage ; cue voltage *(US)* ; **villamos ~** electric tension, voltage ; **visszatérő ~** recovery/restoring voltage ; **visszavezetett ~** *(rád)* back voltage ; **vonatkoztató ~** reference voltage ; **zárlati ~** short-circuit voltage ; **záró ~** *(kontaktoré)* pick-up

voltage; **zárt-áramköri** ~ closed--circuit voltage
feszültségábra *(mech)* stress sheet
feszültség-alakváltozási görbe stress--strain diagram
feszültségamplitúdó *(rád)* swing
feszültségarány *(vill)* voltage ratio
feszültségátalakító *(vill)* voltage changer
feszültségáttétel *[négypólus; távk)* voltage transfer factor; *(transzformálásé)* voltage ratio
feszültségáttételi viszony *(vill)* voltage ratio
feszültségátütés *(vill)* voltage breakdown
feszültség-csomópont *(rád, vill)* voltage/potential node
feszültségcsökken(t)és *(mech)* slack; *(vill)* loss of voltage
feszültségcsökkentő *(vill)* negative booster; ~ **áttétel** step-down ratio; ~ **transzformátor** reducing transformer, step-down transformer
feszültségcsúcs *(vill)* voltage peak
feszültségegyenlet *(vill)* voltage equation
feszültségejtő ellenállás *(vill)* voltage(-) dropping resistor
feszültségelemzés *(mech)* stress analysis
feszültségellátás *(vill)* voltage supply
feszültségeloszlás *v* **-elosztás** *(mech)* stress distribution, voltage distribution
feszültségemelkedés *(vill)* voltage rise/increase
feszültségemelő: ~ **áramforrás** electric booster; ~ **áttétel** step-up ratio; ~ **generátor** positive booster
feszültségerősítés *(vill)* voltage amplification/magnification
feszültségerősítési tényező *(vill)* voltage amplification factor
feszültségerősítő *fn (vill)* voltage amplifier; ~ **fokozat** voltage amplifier stage
feszültségérték *(vill)* voltage value
feszültség(-érték)határ *(tex)* tension range
feszültségérzékelő elem *(tex)* tension pick-up unit
feszültségérzékeny kör *(rád)* voltage--responsive circuit
feszültségérzékenység *(vill)* voltage sensitivity
feszültségesés *(vill)* voltage drop, drop of potential/voltage, voltage loss; *(ohmos)* resistance drop; *[időben; táv]* voltage-dip; ~ **anód és katód között** valve drop; ~ **az érintkezőn** contact drop; ~ **impedancián** impedance drop; **névleges** ~ nominal voltage drop
feszültségeséses mérési módszer *(hibakeresésnél)* fall-of-potential method
feszültségfagyasztási módszer *(fotoelasztikus vizsgálatoknál)* stress-freezing method
feszültségfokozás *(vill)* boost
feszültségfokozat *(vill)* voltage step
feszültségforrás *(vill)* voltage source, source of voltage
feszültséggát *(vill)* potential barrier
feszültséggerjesztés nyomásra *(vill)* piezoelectric effect
feszültséggerjesztő *(vill)* twister
feszültség-grádiens *(vill)* voltage gradient
feszültséghangátvitel *(vill)* transmitting voltage response
feszültséghāromszorozó *(vill)* voltage tripler
feszültséghaspont *(vill)* voltage/tension peak/amplitude point
feszültséghatár *(mech)* stress limit; *(vill)* limit voltage, tension/voltage limit
feszültséghiánykioldás *(vill)* undervoltage trip(ping)
feszültséghiánykioldó *(vill)* undervoltage trip
feszültséghiányrelé undervoltage relay
feszültséghullám *(vill)* voltage wave/surge, surge voltage
feszültséghullámalak *v* **-forma** *(vill)* voltage waveform
feszültségi: ~ **ábra** *v* **diagram** *(anyagv)* stress diagram; ~ **árnyékok** *(fényt)* strain shadows; ~ **átló** *(mérőhidban; vill)* tension diagonal; ~ **csúcs-amplitúdó** *(vill)* potential antinode; ~ **ellipszoid** *(mech)* ellipsoid of stresses; ~ **főirányok** *(mech)* principal axes of stress; ~ **görbe** *(vill)* curve of voltage; ~ **határok** *(mech)* stress range; *(vill)* voltage range; ~ **repedés** *(anyagv)* stress crack; ~ **vonalak** *(anyagv)* strain figure/pattern
feszültség-idő-átütés görbe *(kábelnél)* voltage time-to-breakdown curve, V. T. B. curve
feszültségimpulzus *(vill)* voltage pulse, surging
feszültségingadozás *(tex)* play in the tension; *(vill)* voltage spread/fluctuation, variation of voltage, ripple
feszültségingadozási: ~ **tényező** *(százalékban, lüktető egyenáramnál)* percent ripple; ~ **zörej** *(rád, vill)* fluctuation noise
feszültség-jelfogó *fn (vill)* voltage relay
feszültségjelleggörbe *(vill)* voltage characteristic
feszültségjelző neoncső *v* **neonlámpa** *(vill)* neon indicator
feszültségkeltő *fn (vill)* voltage generator
feszültségkétszerezés *(vill)* voltage doubling
feszültségkétszerező *fn (vill)* voltage doubler; ~ **áramkör** voltage doubler; ~ **egyenirányító** voltage-doubling rectifier; **egyoldalas** ~ half-wave voltage doubler; **kaszkádrendszerű** ~ *(rád)* cascade voltage-doubler; **kétoldalas** ~ full-wave voltage doubler
feszültségkettőző *fn (vill)* *l* **feszültségkétszerező**
feszültségkiegyenlítés *(mech)* adequation of stress; *(vill)* voltage compensation
feszültségkiegyenlítő: ~ **berendezés** *(keretfűrésznél)* tension apparatus; ~ **gyűrűvezeték** *(távvezetékek szigetelői körül; vill)* grading shield; ~ **horony** *v* **bevágás** *(gépt)* relief slot; ~ **szerkezet** *(tex)* tension compensator
feszültségkilengés *(vill)* voltage swing
feszültségkioldó (jelfogó) *(vill)* voltage cut-out (relay)
feszültség-koncentráció *(mech)* stress concentration
feszültségkorlátozó *fn (távk)* voltage/peak limiter; ~ **kapcsoló** discharge switch
feszültségköz *(mech)* stress interval; *(vill)* voltage range
feszültség-különbözet *(tex)* tension difference
feszültségkülönbség *(mech)* stress interval; *(vill)* difference of potential, potential difference
feszültséglépcső *(vill)* voltage gradient
feszültséglökés *(vill)* pulse, impulse, (inductive) surge
feszültséglökéses mágnesgyújtás impulse magnet ignition
feszültséglökés-gerjesztő *fn (vill)* (im-)pulse generator
feszültséglüktetés *(vill)* pulsation of voltage, ripple
feszültségmegoszlás *(mech)* stress distribution
feszültségmentes *(mech)* unstressed; *(vill)* no-voltage, dead; ~ **kikapcsolás** *(vill)* no volt(age) release; ~ **rácsrúd** *v* **tag** *(mech)* unstressed member; ~ **rudak** *[rácsos szerkezetben; mech]* redundant members; ~ **vezeték** *(vill)* dead line; ~ **vonal hangja** *(távk)* dead line tone
feszültségmentesít *(mech)* relief the stresses, put out of action; *(vill)* make dead
feszültségmentesítés *(hők)* stabilizing, stress-relieving, release of stresses
feszültségmentesített sodronykötél true--lay wirerope
feszültségmentesítő: ~ **lágyítás** *(anyagv)* stress-relieving annealing
feszültségmérő *(műszer; mech)* *l* **nyúlásmérő**; *(tex)* tension testing machine, tensiometer; *(vill)* voltmeter; *l még* **voltmérő**; **kiegyenlítő** ~ *(vill)* balancer; ~ **regisztrálóval** *(tex)* registering tensiometer
feszültségnégyszerező *fn (vill)* voltage quadrupler
feszültségnívó *(vill)* voltage level
feszültségnövekedés *(vill)* voltage increase
feszültségnövelő: ~ **autotranszformátor** *(vill)* booster transformer; ~ **transzformátor** step-up transformer
feszültségoldó *l* **feszültségmentesítő**
feszültségoptika stress optics, fotoelasticimetry
feszültségoptikai állandó *(optikai feszültségvizsgálatnál; anyagv)* stress--optic constant
feszültségosztás *(rád)* attenuation; *(vill)* voltage division
feszültségosztó *(rád)* attenuator, balancer, bleeder; *(vill)* potential/voltage divider, potentiometer; ~ **ellenállás** voltage divider resistor; **fokozatmentes** ~ analogue voltage divider; ~ **kapcsoló** *(radar)* ratio switch; ~ **kör** voltage-divider circuit; **neoncsöves** ~ glow gap divider; **parázsfénylámpás** ~ glow gap divider; ~ **típusú irányváltó gerjesztő ellenállás** reversible potentiometer-type field rheostat
feszültség-összehasonlítás *(vill)* comparison of voltage
feszültségösszetevő *(mech)* stress component; *(vill)* voltage components
feszültségpontosság *(vill)* voltage accuracy
feszültségpróba *(vill)* voltage/pressure test
feszültségregisztráló műszer *(anyagv)* stress recorder

feszültségrezonancia *(rád)* pressure/voltage resonance
feszültségsokszorozó *fn (vill)* voltage(-) multiplier
feszültségsor *(vegy, vill)* electromotive/electric series, chain/series of potentials, displacement series
feszültségstabilizálás *(vill)* voltage stabilization/regulation
feszültségstabilizáló *fn (vill)* voltage stabilizer; **~ áramkör** voltage stabilizer (circuit); **~ cső** *(rád)* stabilizer; **~ kör** voltage-stabilizing circuit
feszültségstabilizátor *(vill)* voltage stabilizer
feszültségszabályozás *(vill)* voltage/potential regulation/control; **~ transzformátorral** transformer regulation
feszültségszabályozó *fn (vill)* voltage adjuster/regulator/control, potential equalizer; *(gépk)* control box; **~ cső** voltage(-)regulator tube, VR tube; **~ egység** voltage regulator unit; **~ ellenállás** voltage rheostat; **~ fázisátalakító** voltage regulator phase adapter; **~ gázkisülésű cső** stabilivolt (tube); **gerjesztő tekercselésű ~** differential booster; **~ koronakisülés segítségével** *(rád)* corona tube regulator; **önműködő ~** *(transzformátoron)* automatic tap-changing equipment
feszültségszint voltage level
feszültségtartomány *(vill)* voltage range
feszültség-távmérő *(vill)* televoltmeter
feszültségtekercs *(vill)* voltage coil
feszültségtorlódás *(mech)* stress concentration
feszültségtranszformátor *(vill)* *l* **feszültségváltó**
feszültségutánhúzó kör *(távk)* bootstrap circuit
feszültségváltakozás *(mech)* stress alternation
feszültségváltás *(vill)* voltage inversion
feszültségváltó *fn (vill)* voltage/potential transformer, reductor; **egyenáramú ~** direct-current voltage-transformer, D. C. voltage transformer
feszültségváltoztató *(vill)* voltage changer
feszültségveszteség *(mech)* loss of tension; *(vill)* voltage loss
feszültségvisszacsatolás *(rád, távk)* voltage(-controlled) feedback
feszültségvisszatáplálás *(távk)* boosting
feszültségvisszatápláló áramkör *(telev)* booster circuit
feszültségviszony *(vill)* voltage ratio
feszültségvizsgálat *(vill)* voltage test
feszültségvonal *(vill)* voltage path
fiadzik *(állat)* drop
fiasodás *(mzg)* knobby tubers
fiatal *(bot)* young, sappy; *(földt)* young; **~ beton** *(ép)* green concrete; **~ erdő** thicket; **~ fa** seedling, sapling
fiber strong fibre/fiber
fiberalátét fibre washer
fiberlap fibre board
fiberpapucs *(távk)* fibre shoe
fibersaru fibre shoe
fibertömítés fiber gasket
fibrilla *(farostelem)* fibril
fibrillálás *(pa)* fibrillation
fibrillarepeszdarab *(pa)* fusiform units
fibroferrit *(ásv)* fibroferrite
fibrográf *(szakálldiagramkiértékelő műszer; tex)* fibrograph
fibroin *(hernyóselyemszál anyaga)* fibroin
fibrolit *(ásv)* *l* **sillimanit**; *(ép)* fibrolite
fichtelit *(ásv)* fichtelite
fiedlerit *(ásv)* fiedlerite
Field-kazán thimble-tube boiler
figura figure
figuráns *(geod)* staff man
figyel *(távk)* monitor
figyelem attention; **figyelmen kívül hagyás** inobservance
figyelés *(telev)* monitoring
figyelmetlenség inobservance, inadvertence
figyelmeztet warn
figyelmeztető *(bány)* warner; **~ helyzetlámpa** *(rep)* warning light; **~ hirdetmény** caution notice; **~ jel** attention/warning signal; **~ jelzés átjárónál** *v* **útkereszteződésnél** crossing signal; **~ tábla** caution board, warning notice
figyelő: **~ billentyű** *(távk)* listening key; **~ esőjelző** *(távk, vasút)* supervisory indicator; **~ jelfogó** *(távk)* supervisory relay; **~ kapcsolóhüvely** *(távk)* monitoring jack; **~ vevőkészülék** *(rád)* ether watcher, monitoring (radio) receiver
figyelőablak observation window, sight/inspection hole, inspection port, clear vision window, access hole, looking-hole; *(betonzsilipen)* bull's eye
figyelőakna inspection shaft; *(hidr)* access gully
figyelőcső observation tube
figyelőegység *(távk)* monitor(ing) unit, monitor (panel)
figyelőerősítő *fn (távk)* monitor amplifier
figyelőjelzés *(távk)* supervisory signal
figyelőkulcs *(távk)* monitoring key
figyelőnyílás *l* **figyelőablak**
figyelőrés *(koh)* sighting slot; *l még* **figyelőablak**
figyelőszűrő *(távk)* bridging filter
figyelőtekercs *(önálló; távk)* monitor coil; *(menetek más tekercsben)* monitoring winding
fikocianin phycocyanin
fikoeritrin phycoerythrin
fiktív *(rád, vill)* artificial; **~ antenna** artificial antenna; **~ hálózat** *(távk)* imaginary network; **~ rádióaktivitás** artificial radioactivity; **~ vonal** *(vill)* artificial line
filamentumok *[Napon]* filaments
filc *l* **nemez**
filcel *l* **nemezel**
filékészítő keret *(tex)* filet apparatus
fileta *(aranyozószerszám; nyomda)* back tool
filipstadit *(ásv)* philipstadite
fillit *(földt)* phyllite
fillowit *(ásv)* fillowite
film film; *(hártya)* pellicle, film; **acetilcellulóz ~** acetate film; **adszorpciós ~** adsorption film; **~re alkalmaz** screen; **~et befűz** *(fényk)* thread; **biztonsági ~** safety film; **celluloid ~** acetate film; **éghetetlen ~** acetate film; **~ érzékenysége** *(fényk)* film speed; **~en felvett** canned; **~ a felvett hanggal** sound(-)on film; **~ fényudvarmentesítése** backing; **~ forgalomba hozatala** film release; **hangos ~** talking/sound film; **35 mm-es** *v* **normális ~** standard film; **35 mm-nél szélesebb** *v* **széles ~** wide film; **háromdimenziós ~** three-dimensional film; **háttérvetítő ~** background film; **infravörös ~** infra-red sensitive film; **~re írt mű** screen-play; **~ játéka** *(felvevő gépben)* camera's scope; **keskeny ~** substandard film; **kétemulziós ~** sandwich film; **nem gyúlékony ~** safety film; **színes ~** colo(u)r film; **~ televíziós átvitele** film television; **térhatású ~** three-dimensional film; **tűzálló ~** *(fényk)* acetate film
filmaláfestés *(film)* montage
film-alapanyag film base; **átlátszó ~** clear film base; **éghetetlen ~** acetate base
filmbeállítás setting
filmbefűzés *(fényk)* threading
filmbevonó oldat *(fényk)* coating solution
filmcsatorna film-channel
filmcserélő:fénymentes ~ *(fényk)* changing-bag
filmcséve *(fényk)* bobbin
filmcsévélés *(fényk)* take-up
filmcsipesz film-clip
filmcsomag *(fényk)* pack; **~ sugárvédelmi méréshez** *(at)* film batch
filmdarab *(film)* screen-play
filmdíszlet movie-set
filmelőhívó: **~ dob** developing drum; **~ dobon dolgozó** *(munkás)* drummer
filmérzékenység (szélső értékei) latitude of film
filmes biztosító *(vill)* film cut-out
filmfelirat title
filmfeliratozás title lettering
filmfelületlencséző eljárás *(színes fényképezésnél)* lenticular film process
filmfelvétel shooting, shot; **~re alkalmas lencse** filmo-lens; **természet utáni ~** direct pick-up; **~ és vágás terve** editing
filmfelvevő: **~ állvány** tripod; **~ gép** (film) camera; **~ gép körmozgása** *(„Fahrt")* movie camera angling
filmforgató *fn* releasing
filmfüggesztő keret *(fényk)* hanger
filmgombolyító szerkezet take-up
filmgyártás (menete) film-processing
filmgyártó *fn* exhibitor
filmhang sound on film
film-hangfelvevő (szerkezet) film sound recorder
film-hanglejátszó (szerkezet) film reproducer
film-hanglemezváltó *fn* film-disc changeover
filmhang-rögzítés *(változó fényerővel)* movietone
filmhíradó news-reel, topical film
filmhulladék scrap film, cutout
filmhurok *(képvetítés és hangletapintás között)* (film) loop
film-járat film-channel
filmjelzés *[jelenetek jelzése]* notching
filmkamera (film) camera; **~ kocsija** truck, dolly
filmkapu film-door, bolt
filmkapu-ablak film trap
filmképátmenet transitions
filmkép-kocka (picture) frame
filmkézirat script
filmkidolgozás processing (of a film)
filmkocka (film) frame; **fekete ~** *(blankfilm)* black frame

filmkockaszámoló tárcsa frame counter
filmkópia film copy/print ; **első ~** master-print
filmkölcsönző *fn* renter
filmlassítás film-braking
filmlehallgató asztal film reader
filmlejátszó terem *(stúdióban)* viewing room
filmmásolat film copy/print ; **első ~** green copy ; **nyilvános előadásra készített ~** release print
filmmásolattekercs kifutója *(az utolsó tényleges képet követő kockák sora)* run-out
filmmásoló fényforrás printer light
filmméret *(lábban)* film-footage
filmműszerész serviceman
filmműterem (film) studio
filmoperatőr cameraman
filmorsó *(fényk)* (film) bobbin
filmötlet gag
filmperforálás sprocket holes
filmperforáló gép slotting machine
filmragasztó *fn* film-joiner ; **~ gép** film-splicing machine
filmréteg scum
filmréteglencsézés *(színes fényképezésnél)* lenticulation
filmsebesség sound speed
filmsiklás slipping
filmstatiszta extra
filmstúdió cinema studio
filmszalag rilm tape ; **~ hossza lábakban** footage ; **~ mozgatását leállító szerkezet** still-picture attachment
filmszalaghosszjelző *fn (lábakban)* footage-indicator
filmszalagragasztás okozta kattogás splice noise
filmszalagragasztó : ~ asztal splicing table ; **~ gép** splicing machine
filmszalagvezető kis fogaskerék guide sprocket
filmszcenárium scenario
filmszegély felhólyagzása frill
filmszínház cinema house/theatre
filmszorító lemez *(vetítőgépen)* pressure-plate
filmtekercs coil of film, reel
filmtekercs-adapter roll holder
filmtekercselő dob reel
filmtekercsvédő papír photopacking paper
filmtelevízió telecinematography
filmtorlódás *(fényk)* „film-jam"
filmtovábbítás *(fényk)* claw movement
filmtovábbító : ~ fogashenger sprocket ; **~ keret** claw carriage ; **~ köröm** *(fényk)* feed(ing) claw ; **~ orsó** feed(ing)/carrying spool ; **~ szerkezet** claw movement, film travel mechanism
filmvágó *fn* film cutter ; **~ és felvételirányító** editor
filmvédő papír photopacking paper
filmvetítés cinematographic(al) projection
filmvetítő *fn* film projector
filmvezeték *(fényk)* rail, claw
filtrál *l* **szűr**
finisel *(forg)* dress, finish
finom fine, minute, sensitive, smooth ; *(kender és len minősége:)* tear ; **~ adalékanyag** fine aggregate ; **~ állítású** *(skála)* microdial ; **~ aprítás** *(koh)* fine grinding ; **~ barkájú** *(bőr)* fine-grained ; **~ beállítás** delicate/fine adjustment ; *(rád)* slow motion, fine adjustment ; *(állandó jellegű ; rád)* trimming ; **~ beszabályozás** *l* **finom beállítás** ; **~ csavarmenet** *(gépt)* fine thread ; **~ csiszolás** fine grinding ; **~ csiszolás bőr barkaoldalán** velour finishing ; **~ díszítés** finery ; **~an elosztott** *(állapot)* fine aggregate ; **~ előfonó gép** *(tex)* fine flyer/jack frame, jack frame, dandy rover, fine roving (frame), finishing fly-frame ; **~ előtolás** *(gépt)* fine/slow feed ; **~ fehér** *(pa)* fine white ; **~ felbontású televízió** high definition television ; **~ fémszálas szita** *(bány)* fine cloth ; **~ fenőkő** *(pa)* hone ; **~ fésűsgyapjú** botany ; **~ fogás** *v* **megmunkálás** *(gépt)* light cut ; **~ fonal** *(tex)* finespun/delicate (yarn) ; **~ fúrás** fine/precision boring ; **~ fúróelőtolás** *(gépt)* sensitive down-feed ; **~ gaucsolt karton** *(pa)* pure white board ; **~ gereben** *(tex)* finishing hackle ; **~ra gyalul** *(fát)* smooth ; **~ gyapjú** *(tex)* fine wool ; **~ hallás** *(hangt)* sharp ear ; **~ hangolás** *(rád)* vernier/sharp/ fine tuning ; **~ra húzás** *(heng)* fine drawing ; **~ra húzott** thin-drawn ; **~ idomhengersor** small-section rolling mill ; **igen ~ gyapjú** *(4 A minőségű)* super wool ; **~ írópapír** fine writing paper, bath paper ; **~ kézi előtolás** sensitive hand feed ; **~ kézimunka** *(tex)* fancy-work ; **~ könyvpapír** fine book-paper ; **~ kötésű** *[szita]* fine-meshed ; **~ kristályú** close texture ; **~ (le)él(ezés)** featheredge ; **~ lehúzás** *(köszörűkoronggal)* trueing; **~ lenfonal** fine linen ; **~ magasságmérő** *(rep)* landing/sensitive altimeter ; **~an mar** *(gépt)* fine-mill ; **~ minőségű gyapjú** botany wool ; **~ műszaki papír** fine paper for technical purposes ; **~ nyomókarton** *(pa)* superfine printing-board ; **~ nyomópapír** fine printings ; **~ osztályozás** *(pa)* fine screening ; **~ osztású Jacquard-gép** *(Verdol)* fine pitch machine ; **~ osztású kötőgép** *(kh)* fine ga(u)ged machine ; **~ őrlésű ásványi por** flour ; **~ őrlésű cement** superfine cement ; **~an őröl** *(pa)* refine ; **~ra őrölt** *l* **finom őrlésű** ; **~ papírlemez** fine board ; **~ polírozás** brilliant polish ; **rendkívül ~ reszelő** superfine file ; **~ reszelő** mill file, smooth-cut file ; **~ rongypapír** fine rag-paper ; **~ síkszita berendezés** fine screening ; **~ szabályozás** close/fine control/check/regulation, minute adjustment ; **~ szabályozású kiegyenlítő kondenzátor** *(rád)* padding capacitor ; **~ szemcse** fine grain, F. G.; **~ szemcse-összetételű beton** fine concrete ; **~ szerkezet** *(szink)* fine structure ; **~ színárnyalat** *(tex)* delicate colo(u)r ; **~ szürkelemez** *(pa)* fine grey cardboard; **~ távolságmérő radar** fine-range scope ; **~ telérhálózat** *(földt)* interlacing vein ; **~ vágás** *(fa)* cut dead smooth ; **~ vágat** *(reszelőn)* supersmooth cut ; **~ vakolóhabarcs** *(ép)* fine stuff
finomállítás *(műszernél)* fine adjustment
finombarkájú borjúbőr glovey
finombársony panné, panné velvet
finombeállítású : ~ kikapcsoló pecek micrometer stop dog ; **~ kondenzátor** *(rád)* vernier condenser ; **~ osztókörző** hair compass
finombeállító *fn* vernier ; **~ csavar** micrometer screw ; **~ forgatógomb** *(rád)* vernier dial ; **~ gomb** *(rád)* fine regulating knob ; **~ kondenzátor** *(rád)* vernier trimming capacitor
finombordás serrated
finombőr luxury leather
finomcsiszolat finish
finomcsiszoló vászon finishing cloth
finomélű megtámasztás *(gépt)* mirror knife-edge
finomérc *(bány, koh)* dust ore
finomesztergálás fine turning ; *(gyémánttal:)* diamond turning ; *(keményfémmel:)* carbide turning
finomflyer-előfonó gép *(tex)* cotton roving-frame
finomfonó gép *(tex)* fine spinning frame
finomfúrás fine boring ; *(gyémánttal:)* diamond boring ; *(keményfémmel:)* carbide boring
finomgerebenezés *(tex)* fine hackle/heckle ; **len ~e** flax dressing
finomgerebenező gép finishing hackle, fine heckle
finomgyalulás fine planing
finomgyapjas fine woolled
finomhengersor *(koh)* small-section (rolling) mill ; **~ második előhengerlő hengerpárja** pony roughing stand
finomhulladékbontó gép *(tex)* roving waste opener
finomhullámú remegés *(földt)* fine tremor
finomhuzal fine(-ga(u)ge) wire
finomít fine (out), refine, purge, attenuate ; *(élip)* raffinate ; *(ol)* refine ; **agyaggal ~** clay ; **ércet ~** *(bány)* fine ; **ömlesztve ~** *[Martin v Bessemer eljárással]* melting-refine
finomítás refining, refinement, improving, subtilization, purification ; *(koh)* affinage, refining ; *(olajé:)* (oil) refining ; **derítőföldes ~** clay wash ; **~ hőkezeléssel** refining by heat treating ; **(kén)savas ~** *(ol)* acid treatment
finomítási : ~ fok *(ol)* refining degree ; **~ próba** *(koh)* refining assay ; *(ol)* refining test ; **~ veszteség** refining loss
finomítatlan unrefined, raw, crude
finomító *fn (koh)* finery ; *(élip, mzg)* refining plant, purgery ; **~ hengerpár** *v* **hengerszék** *v* **kőjárat** *(malom)* refiner ; **~ hengerszék** *(gumi)* refining mill ; **~ hőkezelés** *(koh)* thermal refining ; **~ kemence** *(koh)* finishing furnace ; **~ készülék** refiner ; **~ periódus** *(koh)* refining period ; **~ reakció** *(koh)* purifying reaction
finomítógáz *(koh)* refinery gas
finomítóhab *(koh)* refining foam
finomítókamra *(üvegolvasztó kemencéé)* refining chamber of glassmelting furnace
finomító(malom) *(pa)* refining engine, refinery mill
finomítómunkás *(koh)* refiner, refining man
finomítóműhely refinery
finomítónyersvas pigs for (re)fining
finomítónyújtás finishing draft
finomítósalak *(koh)* final/refining slag
finomítótelep refinery

finomított refined, treated ; ~ **acél** *(koh)* refined steel ; ~ **antimon** star antimony ; ~ **kátrány** refined tar ; **nem** ~ untreated ; ~ **nyersvas** *(koh)* refined pig iron ; ~ **olaj** refined oil ; ~ **ozokerit** ceresin ; ~ **öntöttvas** refined (cast) iron ; ~ **paraffin** refined wax/paraffin
finomítóüzem refinery
finomítvány *(élip, ol)* raffinate
finomkártoló gép *(tex)* finisher/finishing card, final carding engine
finomköszörülés *(kőipar)* ironing ; *(forg)* fine grinding
finomlemez *(koh)* (thin) sheet ; *(pa)* fine board, card
finomlemez-hengermű *v* **-sor** (thin) sheet(-rolling) mill
finommarás fine/finish milling
finommechanika precision mechanics
finommechanikai ipar precision--mechanical industry
finommenet *(gépt)* fine thread ; **metrikus** ~ metric fine thread
finommozgás-csavar *(szextánson)* tangent screw
finommozgás-fogaskerék *(csill)* slow--motion gear
finomöntvény fine casting
finomőrlés *(élip)* grind
finompapírgép fine paper machine
finompapírgyár fine mill
finomprésnemez *(pa)* fine press felt
finomraaprítás comminution
finomreszelő finishing/barette file, dead--smooth file
finomság fineness, purity, tenuity, standard, slenderness ; *(gépbe bekerülő terméké ; tex)* count of feed ; *(gépről lekerülő terméké ; tex)* count of delivery ; **felületi** ~ *l* **simaság**
finomság-egyenletesség *(selyemé)* soundness along the length
finomsági : fonal ~ **száma** *(tex)* count, denier, size of yarn ; ~ **szám mérése** *(tex)* testing for counts
finomsalak *(önt)* tap cinder
finomszálú *(fa)* fine zoned/grained/textured ; *(tex)* fine fibrous
finomszatén *(tex)* panne satin
finomszelvénysor *(koh)* small(-section rolling) mill
finomszemcséjű *l* **finomszemcsés**
finomszemcsés fine(-)graine(d), F. G.; *(anyagv)* finely-granular ; *(iszapszerű, pelites ; földt)* pelitic ; ~ **adalékanyag** fine inert material ; ~ **csiszolás** *(üveggyártásnál)* fining-up operation ; ~ **előhívó** *(fényk)* fine grain developer ; ~ **fényképlemez** process plate ; ~ **iszap** mud ; ~ **rács** fine-mesh grid ; ~ **szövet** *(koh)* dense structure ; ~ **töret** *(ásv)* fine granular fracture ; ~ **vas** fine--grain(ed) iron
finomszemcsésség fineness
finomszita fine-meshed screen ; ~ **kerete** bolting hutch
finomszűrő fine filter
finomtisztító *(mzg)* recleaner ; ~ **gépcsoport** *(mzg)* recleaner unit
finomzúzás *fn* closely-spaced fracturing
finomzúzó hengerpár finishing rolls
fiók drawer
fiókboltív *(ép)* branch
fiókboltozat *(ép)* Welsh/underpitch vault
fiókcsúsztató *fn* drawer-glide
fiókelválasztó falemez dust panel
fiókgerenda *(ép)* interjoist, false header, short tie beam, trimmer, dragon/secondary beam
fiókgerendás szerkezet *(ép)* beam and girder construction
fiókgerenda-térköz interjoist
fiókhúzó *fn* drawer pull
fiókív *(ép)* subarch
fiókműhely *(vasút)* branch works
fióknyelv *(tex)* swell, shuttle box swell, shuttle checking device ; ~ **kiszorítása** *(tex)* forcing-out of the swell
fiókos : ~ **állvány** cupboard ; ~ **pad** *(hajó)* locker seat ; ~ **szekrény** *(kommód)* chest of drawers, cabinet
fiókszaru(állás) *(ép)* intermediate rafter
fióktartó *(ép)* cross girder ; *l még* **fiókgerenda**
fiókváltó : ~ **berendezés** *v* **szerkezet** *(tex)* drop-box shuttle motion, change-box motion ; ~ **szövőgép** *(tex)* drop-box loom
fiókzár drawerlock
fiola vial, phiol
fiorit *(ásv)* fiorite
firenzei palack *(vegy)* Florence flask, Florentine receiver
firnhó *l* **csonthó**
firnisz *l* **kence**
fischerit *(ásv)* fischerite
fitáz *(enzim)* phytase
fitin *(vegy)* phytin
fitológia *l* **növénytan**
fitopatológia phytopathology
fitoszterin phytosterol
„fitting" fitting
fiúnadrág knickers
fix *(rögzített)* fixed ; *l még* **rögzített, merev, állandó** ; ~ **bálványfa** *(cölöpverőn)* stationary lead(s) ; ~ **bázisú műszer** *(geod)* subtense instrument ; ~ **érintkező** fixed/stationary contact ; ~ **erősítő** *(távk)* fixed gain amplifier ; ~ **kondenzátor** fixed capacitor ; ~ **költség** fixed charges ; ~ **méret** fixed size ; ~ **pont** *(geod)* landmark, datum mark ; *(magassági:)* bench mark
fixál *(ált ; fényk)* fix ; *l még* **rögzít**
fixálóanyag fixative ; **tompító hatású** ~ agglutinant
fixálófürdő *(fényk)* fixing bath
fixálóoldat *(fényk)* fixing solution
fixálószer *(fényk)* fixative
fixbordás szövőszék *(erős, nehéz áruk szövéséhez)* fast reed loom
fixír *(fényk)* fixing agent ; *l még* **rögzítőszer**
fixírfürdő *(fényk)* fixing bath ; **savanyú** ~ acid fixing bath
fixírsó *(fényk)* hypo, fixing salt
fixírsó-közömbösítő szer *(fényk)* hypo eliminator
fizélyit *(ásv)* fizelyte
fizetőbárca counter
fizika physics
fizikai physical ; ~ **adag** *(röntgentechnikában)* physical dose ; ~ **beszédsáv** *(távk)* physical circuit ; ~ **dolgozó** *v* **munkás** physical/manual worker ; ~ **előhívó** *(kolloid ezüst in statu nascendi)* physical developer ; ~ **földrajz** physiography ; ~ **hosszúság** *[dipólusé]* physical length ; ~ **mállás** *(földt)* physical weathering
fiziográfia physiography
fiziológiai konyhasóoldat physiologic(al) salt solution, physiological solution (of sodium chloride), normal saline
flamand : ~ **falazásmód** *(kötő- és futótéglák váltakozása)* Flemish bond ; ~ **kötésű fal éltéglákból** rowlock wall ; ~ **tégla** *(sárga padlótégla)* Flemish brick
flanell *(tex)* flannel ; ~**al bevont csiszolókorong** flannel buffing wheel
flanellszerű bolyhos pamutszövet flannelette
Fleischer-elem *(vill)* stumpy carbon cell
Fleming-cső *(vill)* Fleming valve
Flettner-féle rotor *(hajó)* Flettner's rotor mast
flexibel *(hajlékony ; cipő)* jointed
flexibelszandál-foglaló gép sandal lasting machine
flexibilis pliable ; *l még* **hajlékony**
flexométer flexometer
flexúra *(földt)* flexure, uniclinal folds
Fleysner-féle zümmögő lámpa singing lamp
flinkit *(ásv)* flinkite
flint *(ásv)* *l* **tűzkő**
flintkarton *(pa)* flint-glazed board
flintkő (rock/boulder) flint, chert
flintlencse flint lens
flintpapír flint-coated paper
flintüveg flint glass
flintüveg-csiszolópapír flintglass paper
flis(s) *(földt)* flysch
flitter *(tex)* tinsel
flitterarany Dutch metal
flobafén *(vegy)* phlobaphene
flóderozás *(faerezet utánzása)* flogging
flogopit *(ásv)* phlogopite, rhombic/amber mica
flokkuláció flocculation
flokkulál *(vegy)* flocculate ; *l még* **pelyhesít**
flór *(tex)* lisle thread
florencium florentium
florett *(selyem- és pamutkeverék fonal)* florett yarn
florett-selyem *(tex)* floret/bavella silk ; ~ **fonal** spun floret silk
flórfonal lisle (thread)
flórharisnya thread hose
floroglucin phloroglucinol, phloroglucin(e)
floroglucin-próba *(pa)* phloroglucinol test
flórpostapapír florpost paper, thin typewriting paper
flotáció flotation ; ~**ra alkalmas** flotative
flotációs : ~ **cella** *(bány)* flotation machine ; ~ **dúsítás** flotation ; ~ **hab** scum ; ~ **méreg** *(koh)* toxic agent ; ~ **vegyszer** sweetener, flotation agent
flotál *(koh)* float
flotálás *(bány, koh)* flotation ; **elválasztó** ~ differential flotation ; ~ **habban** froth flotation ; ~ **homokkal** sand flotation ; ~ **nagy mennyiségű olajjal** bulk oil flotation
flotálási koncentrátum *(szénnél)* skim
flotálható *(bány)* flotative
flotáló berendezés flotation machine
flotált érc *v* **szén** *(dúsítmány)* flotation concentrate
flotta *(hajó)* fleet ; *(tex)* bath
flottaarány *(tex)* length of bath

flotta-gőzgépolaj *(emulgeáló)* marine steam engine
flottaszén *[160—110 mm]* steamboat coal
flöc *(réteges széntelep)* fletz
flucht *(ép)* ashlar line
fluellit *(ásv)* fluellite
fluidális szövetszerkezet *(földt)* fluidal/flow structure/texture
fluiditásmérő *fn* fluidimeter
fluidizáció *(vegy)* fluidization
fluidizál *(vegy)* fluidize
fluktuáció fluctuation, pulsation
fluktuálás fluctuation, pulsation
fluktuáló *l még* **lüktető** fluctuating ; ~ **áram** pulsative/fluctuating current ; ~ **rezgés** pulsative oscillation
fluor fluor(ine) : ~ **tartalmú** *(ásv)* fluorian
fluorammónium *l* **ammóniumfluorid**
fluoreszcein fluorescein
fluoreszcencia fluorescence ; *(kék színben :)* blue-glow ; *(olaj visszavert színe :)* (oil) bloom
fluoreszcenciamérő fluorometer
fluoreszcencia-mikroszkóp fluorescence microscope
fluoreszcens fluorescent ; ~ **röntgensugarak** fluorescent X-rays
fluoreszkál fluoresce
fluoreszkálás fluorescence ; ~**t kioltó anyag** scotophor
fluoreszkálási jelleggörbe fluorescent characteristics
fluoreszkáló fluorescent ; ~ **anyag** fluorescent material ; ~ **anyag fényképezése** fluorography ; ~ **ernyő** fluorescent screen ; ~ **lámpa** *l* **fénycső**
fluorhidrogén fluorhydric/hydrofluoric acid, fluorine hydride, hydrogen fluoride
fluorid fluoride
fluorikon *(telev)* fluoricon
fluorit *(ásv)* fluorite, fluor()spar
fluorkalcium *l* **kalciumfluorid**
fluorkálium *l* **káliumfluorid**
fluornátrium *l* **nátriumfluorid**
fluoroform fluoroform
fluorométer *(szemcsenagyságmérő műszer)* fluorometer
fluoroszilikát *l* **fluoszilikát**
fluorűr subfluoride
fluoszilikát fluosilicate, silico-fluoride
fluotantalát fluotantalate
fluviális *(földt) l* **folyami** ; ~ **hordalék** talus trains
fluvioglaciális *(földt)* aqueoglacial
fluxál *(ol)* flux
fluxálás *(aszfalté)* flushing
fluxáló *(ol)* flux oil
fluxálószer *(ol)* flux, liquefier
fluxált aszfalt cut-back asphalt, oil asphalt
fluxolaj *(bitumen lágyításához)* flux oil
fluxus *(fiz, mat, vill)* flux ; **eltolási** ~ *(vill)* displacement flux
fluxus-eloszlás flux distribution
fluxuskapcsolódás flux linkage
fluxusmérő fluxmeter, fluxgraph
fluxussűrűség flux density
fluxusvonal line of flux
fluxus-zsilip *v* **-kapu** *v* **-rács** flux gate
flyer *(tex)* flyer ; ~ **előfonó gép** roving flyer frame
flyer-fonal *(tex)* roving
flyer-fonás *(tex)* spinning in fly
flyer-gép *(tex)* fly(er) frame

fodor *(tex)* crisp, curl, pleat, ruff(le), ruche, tier, frill
fodorítófa *(bőr)* pommel of cork, tool board
fodorított barkájú borjúbőr coze calf
fodormenta spearmint
fodormentacseppek mint alcohol
fodormentaolaj spearmint oil
fodros undulate ; *[farajzolat]* curled, curly-grained ; *(tex)* crinkled, crisped, curled, curly, wavy ; ~ **fa** speckled wood ; ~ **növésű** wavy grown
fodrosodás *l* **fodrozódás**
fodroz *(tex)* crisp, crinkle, pleat, curl, frill, pucker
fodrozódás *(vízfelszínen)* floating, ripple
fodrozódik pucker, cockle
fodrozógép *(tex)* crimping/ruche/pleating machine
fodrozott curly, crimped, goffered, pleated, quilled ; ~ **szövet** pleated fabric
fog *fn (ált ; gépt)* tooth ; *(csap csaposkeréken :)* cog ; *(gépt)* dent *is ; (villáé :)* tang ; *(ép)* dap ; ~ **alakú** tooth-shaped ; ~ **ékszöge** *(fűrészen)* angle of tooth point ; ~ **éltörése** bevelling the front edge of teeth ; ~ **fejéltompítása** tip relief ; **ferde** ~ *(gépt)* helical/skew tooth ; **forgácsolt** ~ *(gépt)* cut tooth; **Gleason-féle** ~ circular tooth ; **ívelt** ~ spiral tooth ; ~ **keskeny vége** *(gépt)* toe end of tooth ; **körív alakú** ~ *(gépt)* circular-arc tooth ; **nyíl alakú** ~ *(gépt)* double helical tooth ; **öntött** ~ cast tooth ; **palloid** ~ *(gépt)* involute-arc tooth
fog *ige* catch ; **horoggal** ~ hook ; **tüzet** ~ flame
fogadás *(rep, vasút)* reception
fogadási időpont *(rep)* acceptance time
fogadó *fn (távk)* acceptor ; ~ **pályaudvar** receiving yard
fogadószint *(bány)* cage landing
fogadószoba *(ép)* parlour, reception room, drawing-room
fogadóvágány *(vasút)* reception siding
fogalaktényező tooth form factor, Lewis factor
fogállomány *(vegy)* dentin(e)
fogalmazványkönyv *(pa)* waste book
fogalmi : ~ **nyomópapír** common foolscap printing paper ; ~ **papír** common foolscap paper, scribling paper ; draft paper *(US)*
fogantyú shaft, grasp, handle, (hand)-hold, handgrip, grab, lever, haft ; *(mint a kézitáskákon, fémből ; gépk)* grab rail ; ~ **agya** lug-boss ; **emelésszabályozó** ~ elevating control ; **hosszú** ~ stalk
fogantyúgyűrű *(gépt)* helve ring
fogantyúkar handle bar
fogantyúkarton *(pa)* handle board
fogantyúnyél graft
fogantyús veder *(emelőn)* grab bucket
fogápoló szer dentifrice
fogárok *(gépt)* tooth groove/space
fogárokszélesség tooth groove/space width ; **elemi** ~ uncorrected tooth groove/space width
fogas *mn* toothed, dentate(d), serrate, cogged ; *l még* **fogaskerék-, fogazott** ; ~ **áttétel** *l* **fogaskerékáttétel** ; ~ **csorbázás** *(félbehagyott falazaton)* tooth and bond ; ~ **fék** *(gépt)* prong brake ; ~ **gyalu** toothing plane ; ~ **hengersor** fluted mill ; ~ **hengertörő** *(bány)* pick breaker ; ~ **hüvely** *(forg)* quill gear ; *(gépt)* tooth(ed) sleeve ; ~ **illesztés** *(ép)* tabled joint ; ~ **ív** gear/tooth(ed) segment ; ~ **ívnegyed** gear quadrant ; ~ **saraboló** hoe scraper ; ~ **saraboló fogazata** hoe teeth ; ~ **saraboló ürítőpadja** hoe slide ; ~ **saraboló villája** hoe nail ; ~ **szegmens** *l* **fogas ív** ; ~ **talajnyeső gép** rake scraper ; ~ **toldás** indented joint ; ~ **üregfúró** *(fa)* slit nose bit ; ~ **veder** *(földkiemelő géphez)* toothed bucket ; ~ **véső-szemcsézés** *(ép)* tooth chiselling
fogas *fn (mzg)* harrow
fogás hold, knack, catch ; *(forg)* cut ; *(használatnál :)* catch ; *(a papíron :)* spur ; *(pa)* feel, handle, bulk, touch ; *(árué ; tex)* hand(le) ; **méretközelítő** ~ *(gépt)* approach cut ; **rideg** ~ *(tex)* boardy feel ; **szövet** ~**a** *(tex)* hand of fabric
fogásbakezdés *(gépt)* approach
fogásbog *(hajó)* reel knob
fogasborona spide-tooth harrow
fogáscsat *(hajó)* reef knot
fogasdob spike tooth cylinder
fogásfelvonó csiga *(hajó)* reef tackle
fogasív gear/tooth(ed) segment, segment rack
fogasíves : ~ **áttétel** segment(al) gear drive ; ~ **törőhenger** *(öntött fogakkal ; bány)* segment-tooth roll
fogaskerék gear (wheel), toothed wheel ; *(csaposkerék :)* cogged wheel, cogwheel; ~ **bejáratása** burnishing of gear teeth ; **fogaskereket bekapcsol** engage the gear ; **belső fogazású** ~ annular gear ; **betétfogas** ~ insert-tooth wheel; **egyenes fogazású** ~ spur gear ; **ellenőrző** ~ *(mesterkerék)* master gear ; **elliptikus** ~ elliptical gear ; **felemás fogazású** ~ dissimilar gear ; **ferde fogazású** ~ helical gear ; **fogasléccel kapcsolódó** ~ rack pinion ; **fogazott** ~ *(forg)* cut gear ; ~ **foghézaga** backlash of the gear ; **hajtó** ~ (driving) pinion ; **hajtott** ~ (driven) gear ; **hiperbolikus** ~ hyperbolical gear ; **ívelt fogazású** ~ spiral gear ; **kapaszkodó** ~ *(hegyi mozdonyon)* climber gear/wheel/pinion ; **fogaskerekek kapcsolódása** meshing, engagement; ~ **kapcsolóhossza** length of contact/engagement ; ~ **kapcsolóíve** arc of action/contact ; ~ **kapcsolószöge** pressure-angle ; **kis** ~ pinion ; **körívfogazású** ~ circular-arc tooth gear ; **kúpos** ~ bevel gear ; *l még* **kúpfogaskerék** ; **lépcsős** ~ *(Norton-kerék)* cone gear ; **lépcsőzött fogazású** ~ staggered-tooth gear ; **nagy** ~ gear ; **nyílfogazású** ~ double helical gear, herringbone gear ; **öntött** ~ cast gear ; **tömpefogazású** ~ stub gear
fogaskerék- gear(ed)
fogaskerék-alapkör base circle (of gear)
fogaskerékáttétel (tooth) gear (drive), (toothed) gearing, (geared) transmission, gear drive ; **kúpos** ~ bevel gearing
fogaskerékáttételes : ~ **(orsó)fej** geared head ; ~ **sajtó** geared press
fogaskerékátvitel *l* **fogaskerékáttétel**
fogaskerékburkolat gear case
fogaskerekes : ~ **hajtómű** gear drive ; ~ **láncos csiga** gear block
fogaskerékfog gear tooth

fogaskerékhajtás gear/pinion drive, gearing; **közvetlen ~** direct gear drive
fogaskerékhajtású geared
fogaskerék-hanggenerátor *(rád)* tone wheel
fogaskerékház gear case
fogaskerékkapcsolódás meshing/engagement of gears
fogaskerék-kapcsolóvilla striker clutch
fogaskerékkoszorú gear rim, tooth wheel rim; *(lendkeréken:)* flywheel gear rim
fogaskerék-lehúzó *fn* gear puller
fogaskerékmeghajtás *l* **fogaskerékhajtás**
fogaskerékmódosítás gear ratio, g. r.
fogaskerékmű tooth gear drive
fogaskerékmű-hajtó *(villamos)* **motor** gear motor
fogaskerék-osztókör pitch circle of engagement
fogaskerék-papír pinion paper
fogaskerék-sablon master gear
fogaskerék-sorozat gear set/train/chain, train of gears; **előtoló ~** feed train
fogaskerékszekrény gear case/box, gearbox, gearcase
fogaskerékszekrény-olaj gear oil
fogaskerékszivattyú (rotary) gear pump, geared pump
fogaskerekű: ~ mozdony rack locomotive; **~ vasút** rack railway; **~ vonalrész** *(vasút)* rack division
fogaskerékváltó emeltyű change gear bracket
fogaskerékvédő burok wheel guard
fogaskerékvizsgáló gép gear tester
fogaskorona *(ol)* toothed crown bit
fogaskorong fluted disc
fogaskoszorú *l* **fogaskerékkoszorú**
fogáskötő *(hajó)* reef-point
fogaslánc tooth(ed) chain
fogasléc (gear) rack, gear/toothed bar/rack; **csuklós ~** articulated rack; **egyenes fogazású ~** straight-tooth rack, common rack; **ferde fogazású ~** helical(-tooth) rack; **~cel kapcsolódó fogaskerék** rack pinion; **körkeresztmetszetű ~** circular rack
fogasléces: ~ áttétel *v* **hajtás** rack mechanism, rack-and-pinion gear; **~ csavaremelő** rack jack; **~ előtolás** *(szersz)* rack feed; **~ előtoló mű** rack-type feed gear/mechanism; **~ emelő** rack-and-pinion jack, rack(-)jack; **~ hajtás** rack drive/gear/motion; **~ karos emelő** rack-and-lever jack; **~ kormánymű** *(gépk)* rack-and-pinion steering gear; **~ zsilipkapu** *(hidr)* rack gate
fogaslécfogazó gép rack cutting machine
fogasléchajtás *l* **fogasléces hajtás**
fogasléchajtású: ~ harántgyalu geared shaper; **~ sajtó** rack press
fogaslécmaró *fn (forg)* rack milling cutter; **~ készülék** rack milling attachment; **~ szerszámgép** rack cutting machine
fogasléc-pofasín *(fogaskerekű vasúton)* cheek
fogásmélység *(gépt)* depth of cut
fogasol *(mzg)* harrow
fogasolókötél *(mzg)* halyards
fogáspont catch point
fogasrúd *(gépt)* *l* **fogasléc**
fogasrúdemelő *l* **fogasléces emelő**
fogasrúdhajtás *l* **fogasléces hajtás**
fogasszeg hook nail
fogasszegmens *(gépt)* *l* **fogasív**
fogastengely axle pinion, tooth(ed) shaft
fogastengelymérő *(idomszer; óra)* pinion ga(u)ge
fogastengelyreszelő *(óra)* (clock) pinion file
fogastokmány chuck with holdfasts
fogásvastagság *(talajgyalué)* digging depth
fogasvéső *v* **-vágó** *fn* indentation chisel
fogászati dental; **~ villamos készülék** electro-dental apparatus
fogat *(ló)* team; **parádés ~** equipage
fogatlovak: középső ~ centre-team
fogatos: ~ eke *(mzg)* walking plough; **~ kultivátor** *(mzg)* walking cultivator; **üléssel ellátott ~ eke** buggy plough
fogaz *(forg)* cut, tooth, dentate; *(megfogazással:)* serrate; *(fát:)* notch, dovetail
fogazás *(forg)* tooth cutting; *(gépt)* toothing, gearing; *(vállap mentén haladó művelés; bány)* ends; *(ép, hidr)* racking back, indentation; **balhajlású ferde ~** left-hand helical gearing/toothing; **belső ~** internal gearing/toothing; **ciklois ~** cycloidal gearing/toothing; **csapos ~** cogging; **durva ~** *(gépt)* coarse pitch, gear(ing); **egyenes ~** straight spur gearing/toothing; **evolvens ~** involute gearing/toothing; **felemás ~** dissimilar gearing/toothing; **ferde ~** helical gearing/toothing; **~ illesztéshez** *(gépt)* joggle; **jobbhajlású ferde ~** right-hand helical gearing/toothing; **kampós ~** *(horgonykeréken; óra)* club teeth; **külső ~** external gearing/toothing; **lefejtő ~** tooth generating; **lépcsős ~** staggered gearing/toothing
fogazatrudas tolózár *(hidr)* rack bar sluice valve
fogazott geared, toothed; *(csapfogas:)* cogged; *(kiugróan:)* corbel(l)ed out; **~ dísz** indentation; **~ él** notched edge; **~ fejtés** *(bány)* saw-tooth stoping; **~ féksúlytartó kar** *(csévélőn; tex)* notched brake lever; **ferdén ~ lapolás** scarf joint; **~ gerenda** *(ép)* joggle/joggling beam; **~ (gerenda)kötés** *(ép)* indented joint; **~ gyűrű** gear ring; *l még* **fogaskoszorú**; **~ hajtótengely** pinion; **~ henger** fluted/toothed roll; **~ hüvely** *(forg)* quill gear; **~ kapcsolás** *v* **illesztés** indented joint, table; **~ kerékkoszorú** toothed rim; **~ kerékpedál** rattrap pedal; **~ kiképzés** jag(g); **~ korong** serrated disc; **~ kötés** *(ép)* joggle joint; **~ küszöb** *(utófenékbiztosításra; hidr)* indented sill; **~ kvadráns** *l* **fogasív**; **~ lapolás** hook and butt scarf, table; **~ lemezhevederkötés ékkel** *(ép)* tabled scarf with key; **~ pofás csőkulcs** bulldog wrench; **~ rázócsúszdavályú** *(bány)* stepped conveyor trough; **~ sín** *(vasút)* rack (rail), toothed rail; **~ szelvény** serrate profile; **~ tárcsa** *(tárcsás borona)* notch blade, serrated disc; **~ tartó** *(ép)* split beam; **~ tengelykapcsoló** *(gépt)* toothed clutch; **~ verőhenger** *(pamutbontó gépen; tex)* toothed beater; **~ vezetőrúd** *(tex)* notched guide
fogazott-kör ábra *[oszcillográfé]* gear-wheel pattern
fogazóvas toothing iron
fogbetét *[fűrészen]* insert tooth
fogcsiszoló gép *(gépt)* *l* **fogköszörű**
fogékony suscept(ible), sensitive, responsive, receptive, quick
fogékonyság susceptibility, receptivity, sensibility; **~ hiánya** insusceptibility
fogélgömbölyítő gép *(forg)* tooth chamfering machine
fogélsarkítás tooth edge trimming
fogeltolódás *(fogazás v fogak kapcsolódásának korrigálására)* profile displacement
fogerő tooth load
fogfej *(fogaskeréké)* addendum, tooth tip/point
fogfejhézag *(gépt)* tip clearance
fogfejmagasság *(gépt)* addendum (height); **húr feletti ~** chordal addendum
fogfelület: dolgozó ~ *(fogaskeréké)* driving/working flank, conjugate profile; **nem dolgozó ~** coast side of tooth
fogfésű *(forg)* rack-type gear cutter
fogfúró gép *(orvosi)* dental engine
foggeneráló *(lefejtő)* gear generating
foggyalu *(fa)* raker
foggyalugép *(forg)* gear-shaping/-planing machine, gear shaper
foghajtogató *fn* wrest
foghántoló (gép) gear-shaving machine, gear shaver
foghengerlő gép gear roller
foghézag *(fogaskeréké)* backlash
foghíjak beépítése *(városépítés)* covering plots with existing basic services by scattered buildings (or groups of buildings)
foghossz *(gépt)* face width; **működő ~** effective face width
fog-indukció *(vill)* tooth induction
fogkaucsuk *(színezett ebonit protéziskészítéshez)* dental rubber, dentalite
fogkefe tooth brush
fogkoszorú gear/tooth(ed) rim
fogköszörű(gép) gear-grinding machine, gear grinder
fogkrém tooth/dental paste, dentifrice
fogláb dedendum
foglábkör *(fogaskeréké)* dedendum circle
foglábmélység *(fogaskeréken)* dedendum (height)
foglal *[drágakövet]* set; **fára ~** *(cipőfelsőrészt)* last a shoe; **forrást ~** dam off a spring; **magába(n) ~** enclose, embrace, entail; **pallókba ~** *(hajó)* batten
foglalás *(bány)* capture; *(óráé)* set
foglalat case, casing, bush, socket, housing; *(hidr)* beheading, capture, damming-off; *(libellán, lencse:)* cell, mounting; *(óráé)* set; *(vill)* (lamp) socket; *(rád)* panel; **~ nélküli** bodyless; **~ba tesz** *(ép)* set
foglalat-átalakító *(vill)* socket adapter
foglalat-kapacitás *(kristályé; távk)* plating/static capacity
foglalatlan *[lencse]* unmounted; **~ kút** *(ol)* wild well
foglalat-léc *(vill)* cap tray
foglalatos lencse *(fényt)* mounted lens
foglalatrögzítő kötődarab *(ép, hidr)* batten binding piece
foglalkozás employment
foglalkozási egészségügy vocational hygiene
foglalkoztat engage

foglalófogó *(cipő)* lasting pincers
foglalógép : flexibel fárahúzó és ragasztásos ~ *(cipő)* flexibel turning-over and glue lasting machine
foglalógyűrű *(gépt)* helmet, mounting ring ; *(vasút)* bow
foglalójel *(táv)* seizing signal
foglalószeg *(cvikkszeg ; cipő)* plug
foglalt *[ékkő]* chased ; *(telef)* busy, engaged ; **~ forrású folyó** beheaded river ; **„~" jelet küld vissza** *(telef)* return a busy signal ; **~ lencse** *(fényt)* mounted lens ; **~ lyukaskő** *(óra)* jewel hole in setting ; **~tá tevő jelzés** *(telef)* locking signal ; **~ vonal** *(távbeszélőn)* engaged line ; **~ a vonal** *(telef)* number engaged ; line busy *(US)*
foglalt-jel *(telef)* busy signal /tone
foglalt-lámpa *(távk)* engaged/busy lamp
foglaltsági : ~ hang *(távk)* busy tone ; **~ hüvely** *(távk)* busy jack ; **~ idő** *(kapcsológépé ; távk)* holding time ; **~ mértékegység** *(távk)* traffic unit, Erlang ; **~ vizsgálat** *(telef)* busy/ engaged test
foglaltságjelző lámpa *(távk)* *l* **foglalt-lámpa**
foglaltságoldó impulzus *(távk)* seize-back pulse
foglaltságvisszajelző áramkör *(táv)* busy-back circuit
foglaltságvizsgálatot végez *(távk)* test for busy condition, make a busy test
foglegömbölyítő : ~ gép gear-tooth chamfering machine ; **~ maró** tooth-rounding hob
fogmagasság *(gépt)* (whole) depth of tooth ; **elemi ~** uncorrected depth of tooth ; **elméleti ~** working depth of teeth
fogmángorló gép gear rolling machine
fogmaró *fn* gear-tooth milling cutter ; *(óra)* fraise ; **~ gép** gear-cutting machine, gear-milling/hobbing machine ; **lefejtő ~** gear hob, tooth-generating hob, gear-generating milling machine ; **~ lefejtő mozgása** generating motion
fogmélység *(forg)* depth of tooth ; **kis ~** shallow depth
fogó *fn l még* **fogantyú**; ear handle, hilt, catch(er), gripper, lug(-boss) ; *(szerszám:)* pliers, (pair of) tongs, catch(er), gripper, forceps ; *(csípőfogó:)* cutting pliers ; **áttűzött kerek csőrű ~** box-jointed short-nose round pliers ; **csőhajlító ~** tube-bending pliers ; **egyetemes ~** combination pliers ; **forrasztó ~** hawkill pliers ; **gyűrűvágó ~** *(ékszerész)* pliers for sawing rings ; **hajlított kerek csőrű ~** inlaid-jointed bent round-nose pliers ; **hegesztő ~** spot-welding pliers ; **kerekcsőrű ~** inlaid-jointed short-nose round pliers ; **kerek hosszúcsőrű áttűzött ~** box-jointed long-nose round pliers ; **~ készülék** *(élip)* retainer ; *(ol)* catcher ; *(fúrólyuk szivattyúzásánál:)* clevis for pumping ; **lapos ~** flat(-nosed) pliers ; **lecsupaszító ~** wire stripper ; **lemezhajlító ~** plate-binding pliers ; **lyukasztó ~** punch pliers ; **oldalt hajlított kerekcsőrű ~** side-bent inlaid-jointed round-nose pliers ; **~ pereme** shou'der ; **~ sarkantyú** *(uszadékfa felfogására)* groin
fogódzás *(óra)* gear
fogódzási : ~ körző *(óra)* depthing tool ; **~ pont** *(kerekek kapcsolódási pontja ; óra)* depth
fogódz(kod)ó *fn* handhold, hand-rail
fogóék grip pawl, gib-head key
fogófa wale piece, collar beam, wale ; *(cölöpjármon:)* sash brace
fogófej *(ol)* fang head
fogófék catching brake
fogófenék *(liftkasnál)* box of gripping gear
fogófül ear, lug, crook
fogógerenda *(ép)* wale piece
fogógomb knob
fogógörgő *(emelőn)* grip roller
fogóharang *(bány, ol)* bell socket
fogóhengerek *(fonalőrszerkezetben ; tex)* nip rollers
fogóhorog *(ol)* catch-hook
fogókapcsos csille *(bány)* grip car
fogókarom catch-hook
fogólakat catch-lock
fogólap *(hangt)* fingerboard
fogoldal *(gépt)* tooth flank ; **dolgozó ~** active/driving flank ; **működő ~** *l* **dolgozó ~; nem dolgozó ~** coasting flank/side
fogómunka *(ol)* fishing
fogónyílás *(gépt)* mouth of tongs
fogószál *(tex)* catch-thread
fogószegecselő gép tongs-riveting machine
fogószerszám *(béléscsövekhez és fúrókötelekhez)* grab iron
fogószíjkapocs *(tex)* check strap staple
fogosztás *(fogaskeréken)* (tooth) pitch ; **~ az alapkörön** base pitch ; **durva ~** coarse pitch
fogótag *(gépt)* catch nember
fogóvas *(emelőn)* dog iron ; *(tűzszerszám:)* dog ; **horgos ~** crow
fogóvilla prong
fogpor tooth powder, dentifrice (powder)
fogprofil *(gépt)* tooth profile/form ; *l még* **fogoldal**
fogprofil-vizsgáló gép gear tester
fogreszelő *(négyszögletes szelvényű ; óra)* equal(l)ing file
fogsor *(ép)* dentil course, course of raking bricks
fogszám *(gépt)* number of teeth, tooth number ; *(bordában ; tex)* number of dents
fogszerűen kiképzett *(gépt)* tooth-shaped
fogtámasz *(gépt)* tooth rest
fogtolómérce *fn* tooth caliper
fogtő *(fogaskeréken)* root (of tooth)
fogtőhézag *(fogaskeréken)* root/tip clearance
fogtőszelvény root section
fogtővastagság *(fogaskeréken)* root thickness
fogtővonal *(fűrészé)* bottom line of teeth
fogtükrösítő gép gear lapping machine
fogüregelő tüske surface gear broach
fogütköző *(gépt)* tooth rest
fogvágó szerszámgép tooth-cutting machine
fogvájó *fn* toothpick
fogvastagság *(gépt)* tooth thickness ; **~ az alapkörön** base thickness (of tooth) ; **állandó ~** constant chord (thickness) ; **~ húrmérete** chordal thickness (of tooth) ; **~ normálmetszetben** normal (tooth) thickness ; **~ az osztókörön** *(fogaskerékfogé)* thickness at pitch line, arc/circular thickness
fogy fall, diminish, subside, decrease
fogyás *(heng)* reduction ; **abszolút ~** *(heng)* linear reduction ; **százalékos ~** *(heng)* percentage reduction ; **~ szúrásonként** *(heng)* draught per pass
fogyási övezet *(gleccseré)* zone of waste
fogyaszt *[tüzelőanyagot]* consume ; *(szemek számát ; kh)* narrow ; *[mérőoldatot titráláskor]* require
fogyasztás *(elfogyasztás:)* consumption, consuming ; *(kiadás:)* expense ; *(csökkentés:)* reduction, diminution ; *(kh)* narrowing, pullback ; **~on alapuló árszabás** *(vill)* meter rate ; **kis ~** low consumption ; **napi átlagos ~** *(gőzé)* daily average send-out
fogyasztási : ~ adatok power consumption data ; **~ cikkek** articles of consumption, consumable stores, consumer's articles ; **~ görbe** consumption curve ; **~ javak** consumer's goods ; **~ szövetkezet** consumer's co-operative, consumer's co-op ; **~ tényező** *(vill)* demand factor ; **~ vízszükséglet** *(öntözéshez)* consumptive use
fogyasztásjelző *fn* consumption indicator
fogyasztáskorlátozó berendezés *(vill)* demand limiter
fogyasztásmérés consumption test
fogyasztásmérő *fn (vill)* kilowatt-hour meter ; **háztartási ~** *(vill)* domestic type meter
fogyasztható consumable
fogyasztó *fn (villamos áramé:)* consumer ; *(használó, vásárló:)* user ; **~ készülék** *(kh)* narrowing machine
fogyasztófésű *(tex)* top machine
fogyasztó-feszültség consumer voltage ; **~ a vonal végén** *(vill)* receiving-end voltage
fogyasztói : ~ bánya captive mine ; **~ főcsap** service cock ; **~ T-csőidom** service Tee ; **~ vezeték** *(vill)* service mains
fogyasztómunka *(tex)* narrow work
fogyasztósűrűség customer density
fogyasztóujj *(kh)* picker
fogyatékosság deficiency
fogyatkozás *(csill)* eclipse ; **gyűrűs ~** *(csill)* annular eclipse ; **~ok ismétlődése** *(csill)* recurrence of eclipses ; **~ok nagysága** *(csill)* magnitude of eclipses
fogyó terhelés *(rep)* consumable load/ weight
fojt choke, deaden ; *(fúrólyukat:)* tamp, stem ; *(gőzt, motort:)* throttle (down); *[szeleppel]* throttle
fojtás choking, choke, deadening, cutting ; *(bány)* stem(ming) ; *(gépk, hidr)* throttling ; *(rád)* rejection ; **~ nélküli** *(bány)* unstemmed
fojtásdöngölő rúd *(bány)* bulling rod
fojtási görbe *(gőzé)* throttling curve
fojtás-keresztmetszet *(gépk)* choke area
fojtásos choked ; **~ szabályozás** *(gőzé, motoré)* throttle governing
fojtásszabályozó *fn* throttling controller ; **önműködő ~** throttling governor
fojtástorok *(gépk)* choke
fojtó *mn* suffocative, asphyxiant, muggy; *fn (vill)* choke ; **~ csappantyú** *(gépk)* butterfly valve/gate/governor ; **~**

szagú mephitical ; ~ **szerkezet** *(hidr)* obturator
fojtóanyag asphyxiant
fojtóbemenetű szűrő *(vill)* choke-input filter
fojtócsap *(szivattyún)* choke
fojtócsatolás *(rád)* choke coupling
fojtócső throttle pipe
fojtógyűrűs vízmérő *(diafragma)* orifice meter
fojtókör *(vill)* choke circuit ; ~ *(nagyfrekvenciás)* **káros rezgések kiszűrésére** *(rád)* parasitic suppressor circuit
fojtómenetek *(vill)* choking turns
fojtómező *(vill)* choking field
fojtó-moduláció *(rád)* choke modulation, modulation due to iron saturation
fojtóretesz choker
fojtószelencés vízcsap *(gépt)* stuffing-box cock
fojtószelep throttle, throttling/choke valve, choke ; *(gépk)* throttle (valve) ; ~ **húzórúdja** choke rod ; ~ **üresjárási helyzete** *(porlasztóban)* idling position of the throttle
fojtószelep-állító kar *(gépk)* throttle lever
fojtószelep-emeltyű *(gépk)* throttle lever
fojtószelep-jegesedés *(gépk)* throttle icing
fojtószelep-lap *v* **-lemez** throttle plate
fojtószelep-mozgató rúd *(gépk)* throttle control rod
fojtószelep-nyitás throttle opening ; **kis ~sal jár a motor** *(gépk)* the engine is running on a small throttle opening
fojtószelep-pedál *(gépk)* throttle pedal
fojtószelep-tengely *(porlasztóban)* throttle spindle
fojtószelepzárás-csillapító *(porlasztóban)* throttle return damper
fojtószer asphyxiant
fojtótárcsás gázmérő orifice meter
fojtótekercs *(vill)* choke(-coil), reactor ; *(hegesztéshez:)* transformer-regulator; **betonmagos** ~ *(vill)* cast-in-concrete reactor ; **előmágnesezett** ~ *(vill)* direct-current controllable/saturable reactor ; **földelő** ~ earthing reactor ; **indító** ~ *(vill)* starting reactor ; **kétrészes** ~ *(vill)* two-section choke ; **kimenő** ~ *(vill)* output choke ; **kisütő** ~ *(vill)* discharging choke ; **középleágazásos** ~ *(vill)* centre-tap reactor ; **légmagos** *v* **vasmag nélküli** ~ air (core) choke/reactor ; **nagyfrekvenciás** ~ high-frequency choke ; **nagy önindukciójú** ~ retardation coil ; **olajszigetelésű** ~ *(vill)* oil-immersed reactor ; **simító** ~ *(vill)* ripple filter choke ; **szinkronozó** ~ *(vill)* synchronizing reactor ; **szűrőköri** ~ *(vill)* filter choke ; **telített vasmagos** ~ *(vill)* direct-current controllable/saturable reactor ; **változó indukciójú** ~ *(vill)* swinging choke ; **vasmagos** ~ *(vill)* gap choke, iron-core choke ; **védő** ~ *(vill)* protective choke
fojtótekercs-csatolású erősítő *fn* impedance-coupled amplifier
fojtótekercses : ~ **bemenetű szűrő** *[egyeniráyítóhoz]* filter (circuit) having series-inductance input ; ~ **csatolás** series-impedance coupling, choke/throttle coupling, ~ **csatolású** impedance-coupled ; ~ **csatolású erősítő** choke-coupled amplifier ; ~ **kapcsoló** damper switch(es) ; ~ **kimenetű szűrő** *(egyenirányítóban)* filter (circuit) having series-inductance output ; ~ **lánc** throttle chain ; ~ **modulálás** choke modulation, modulation due to iron saturation ; ~ **sínillesztés** *(vasút)* inductive rail connection ; ~ **villámhárító** choke-coil lightning arrester
fojtótekercs-kapacitáscsatolás choke-capacitance coupling
fojtótekercs-kapacitáscsatolású erősítő choke-capacitance coupled amplifier
fojtótekercs-kondenzátor-csatolás choke capacitance coupling
fojtott choked *stb, l* **fojt** ; ~ **gőz** dead steam ; ~ **gubó** *(tex)* stifled cocoon ; ~ **száraz gubó** *(tex)* dried cocoon ; ~ **töltet** *(bány)* stemming cartridge
fojtóvessző *(bány)* beater
fok degree, step, phase, point, extent, stage ; *(mat)* degree ; *(szerszámé)* back ; *(szögelhajlás mértéke)* degree ; *(földt)* promontory, ness, beak, cape, naze ; **fagypont alatti** ~ degree of frost ; **teltségi** ~ *(hajó)* coefficient of fineness ; *(hidr)* coefficient of fullness ; **villamos** ~ electric degree
fókabőr sealskin
fókaolaj seal oil
fókaprém sealskin
fókavadász sealer
fókavadászhajó sealer
fókazsír seal oil, dog fish oil
fokbeosztás *(mérőműszeren)* graduation, calibration, division into degrees; ~ **iránymérő asztal szélén** marginal protractor ; **~t készít** calibrate, graduate ; ~ **készítése** indexing in degrees
fokbeosztású *v* **fokbeosztásos :** ~ **iránytűrózsa** graduated card ; ~ **ív** graduated arch ; ~ **tárcsa** graduated scale
fokhagymaszag *(ásv, vegy)* alliaceous odo(u)r
fokoló *(szeszfokoló)* alcohol ga(u)ge, alcoholometer, alcoholimeter ; *(areométer)* hydrometer
fokos létra *(ép)* step-ladder
fokoz (up)raise, boost, intensify, develop, enhance, force ; **sebességet** ~ increase the speed ; **tüzet** ~ **tüzelőanyaghalmozással** bank the fire
fokozás rise, boost, intensification, intensifying ; *(rád, távk)* amplification ; **terhelés ~a** boosting the load
fokozat degree, class, order, gradation, grade, stage ; *[többfokozatú gépé]* stage ; *(rád, vill)* cascade, stage ; **axiális** ~ *(gépk)* axial stage ; **egyenáramú összetevőt beiktató** ~ *(telev)* direct inserter stage ; **katódcsatolású** ~ *(rád)* cathode follower, C. F. ; **képfrekvenciás jelről szinkronozó impulzust leválasztó** ~ *(telev)* clipper ; **nagyfrekvenciás** ~ high-frequency stage ; ~ **nélküli** infinitely variable, stepless ; ~ **nélküli sebességváltó** *(gépt)* speed variator ; ~ **nélküli sebességváltó kúpos szíjtárcsa** variable-speed belt cone ; ~ **nélküli szabályozás** *(gépt)* smooth regulation ; **~ok szerelése külön szerelőlapokra** *(távk)* panel mounting
fokozatcsatoló négypólus *(távk)* interstage/coupling network
fokozatfoglaltság *(távk)* stage engagement
fokozati : ~ **állomás** booster station ; ~ **szivattyú** booster pump ; ~ **terv** *(turbináé)* stage diagram
fokozatkapcsoló *(vill)* ratio switch ; ~ **kis hajtó fogaskereke** stepped pinion ; **n-állású** ~ *n*-position switch
fokozatköz(t)i : ~ **árnyékolás** *(rád)* interstage shielding ; ~ **csatolás** *(rád)* interstage coupling ; ~ **transzformátor** *(rád)* interstage transformer
fokozatmentesen szabályozható hajtás *v* **sebességváltó mű** *(gépt)* infinitely variable gear
fokozatonkénti *(kézi)* **indítás** *(vasút)* notching
fokozatos gradual, stepwise, step-by-step, progressive, graded *[lejtő]* gentle ; ~ **adagolás** *v* **előtolás** step-by-step feeding ; ~ **aprítás** *[ércelőkészítésnél]* stage crushing ; **~an átalakuló** anamorphotic ; ~ **átmenet** *(földt)* stepwise transition ; ~ **bomlás** stepwise decomposition ; ~ **egyirányú szelektor** *(távk)* step-by-step uniselector ; ~ **elhomályosulás** fade ; ~ **ellenállás** stepped resistance ; ~ **(előre)haladás** march ; ~ **erdőfelújítás** regular reafforestation ; ~ **erősítés** fade-in ; ~ **felbontás** *(rád)* straight scanning ; ~ **hangolás** *(rád)* step-by-step tuning ; **~an ható robbanószer** *(bány)* progressive explosive ; ~ **jelfogó** stepping relay ; ~ **kapcsoló** step switch ; ~ **kiválasztás** step-by-step selection ; ~ **közelítés** *(módszere ; mat)* try/trial-and-error method, cut-and-try method, successive approximation method ; ~ **megvilágítás** *(fényt)* progressive illumination ; **~an működő** *[gép]* step-by-step type ; ~ **reakció** *(vegy)* stair reaction ; ~ **rés** *(szink)* step-slit ; ~ **ritkításos rendszer** *(erdőben)* open stand system ; ~ **sebességvál(tozta)tás** stepped variation of speed ; ~ **sűrítés** stage compression ; ~ **szabályozó** step-by-step regulator ; ~ **színezés** gradated colo(u)r ; ~ **színkép** step spectrum ; ~ **szinkronozás** step-by-step synchronizing ; ~ **szűrő** *(hidr)* graded filter ; *(szink)* stepped filter ; ~ **töltés** *(akkumulátornál)* taper charge
fokozatprésmatricák tandem dies
fokozatszám number of stages/steps
fokozó *fn* augmenter, reinforcer
fokozódás reinforcement, rise
fokozódik rise, swell, step up
fokozódó progressive ; ~ **hatású fék** progressive brake
fokozott : ~ **biztonságú erősáramú vezeték** high-security power line ; ~ **érzékenységű** *[relé]* supersensitive ; ~ **léghuzat** *(tüzeléshez)* forced draft
fokskála graduated scale
fokszám *(mat)* order of equation
fókusz *(fényt, mat)* focus, focal point/spot ; **~ba állít** focus *l még* **fókuszol** ; **~ba irányító antenna** lens antenna ; **~ba irányító antenna hatásfoka** lens efficiency ; **vegyi** ~ *(fényk)* chemical focus
fókuszálás *l* **fókuszolás**
fókuszbaállítás focu(s)sing
fókuszbeállítás focus adjustment/control

fókuszmélység depth of focus
fókuszmérő *fn* *(fenyt)* focimeter
fókuszol focus
fókuszolás focu(s)sing ; **mágneses ~** magnetic focus(s)ing ; **sztatikus ~** electrostatic focus(s)ing ; **villamos ~** electrostatic focus(s)ing
fókuszoló *mn* focus(s)ing ; **~ anód** focus(s)ing anode ; **~ berendezés** focus set ; **~ elektród** focus(s)ing electrode ; **~ készülék** focalizer ; **~ lencse** focus(s)ing lens ; **~ mező** focus(s)ing field ; **~ tekercs** focus(s)ing coil
fókuszsík focal plane
fókuszszám F-number
fókusztávolság focal distance/length ; **~ elállítása** *(fenyt)* defocu(s)sing
fókusztengely focal axis
fólia *(koh)* foil, leaf
fóliahangszóró *(lemez alakú membránnal)* foil loudspeaker
fóliáns folio
folidolit *(ásv)* pholidolite
folt spot, dot, blotch, patch, blot, speck(le), stain, blemish, soil ; *(katódsugárcső ernyőjén:)* spot ; *(pecsét)* stain, mark, blotch ; *(ruhán:)* patch; *(bőr)* nick ; *(fehérítőanyagtól ; pa)* bleach scale ; *(tex)* speck ; **egyenlőtlen nyírás folytán keletkező ~ a szövetben** *(tex)* blot ; **kiégett ~** *(távk)* blind spot ; **~ a papíron** paper speck ; **~ szövetmintában** spot; **taplós ~** *(almán)* crinkle ; **zsíroktól eredő ~** *(tex)* blot
foltátmérő *(telev)* spot diameter
foltbenzin standard solvent, scouring petrol
foltfrekvencia *(telev)* spot frequency
foltletapogatás *(telev)* spot scanning
foltméret *(katódsugárnál)* spot size
foltos patchy, stained, blotched, sockled, marbled, chocked, spotty ; *(pa)* spotted, specky ; **~ felület** *(öntvényen)* washed surface ; **~ festődés** *(tex)* tippy dyeing ; **~ gyapjú** stained wool ; **~** *(sárgás)* **gyapjúbundarészek** stained pieces ; **~ keuper-agyag** mottled clay ; **~ kőzet** contaminated rocks ; **~ra mar** stain ; **~ pala** spotted schist ; **~ papír** retree (paper)
foltosít fleck ; *vö meg* **folt** *és* **foltos**
foltosodás taint ; *(fa)* stain ; *(fémeken mélyhúzás után)* alligator skin effect
foltosság mottle(d effect), spot ; *(szabálytalan:)* blotch ; *(nyomda)* mottling
foltoz *(ruhát)* clout, vamp, patch, mend, darn
foltozás *(tex)* bodging, mending, stitchery
foltozó *fn* *(kazáné)* patcher ; **~ aratás** *(mzg)* piecemeal harvest
foltozógumi patching rubber material
foltozólemez repair sheet
foltozópamut darning cotton
foltozószövet *(tex)* mending tissue
foltozott metszés *(nyomda)* sprinkled edges
foltozótű darning needle
foltozóvarga cobbler
foltpróba *(oldószeré)* spot test
folttisztítás *(nem festés! ; tex)* speck dyeing, scouring of blotches
folttisztító rúd *(tex)* scouring stick
foltudvar *(fényk)* clear-spot
foltvulkanizálás spot cure
foltvulkanizáló *fn* spot curer
folyadék liquid, fluid, liquor ; **~ felhajtó ereje** hydrostatic/hydraulic (up)lift ; **~ leeresztése** *v* **lecsapolása** running of liquids ; **~ok mechanikája** fluid mechanics, mechanics of fluids ; **~ba merített kondenzátor** *(vill)* submerged condenser ; **~ nyomó magassága** fluid head ; **~ok sztatikája** statics of fluids
folyadékabszorpciómérő *fn* *(fényvillamos)* absorptiometer
folyadékáramlási lökés rush of current
folyadékáramlásmutató *fn* liquid indicator
folyadékellenállás liquid/water resistance
folyadékellenállásos : ~ szabályozó *(vill)* liquid controller ; **~ világításszabályozó** *(vill)* liquid dimmer
folyadékfajsúlymérés areometry
folyadékfajsúlymérő *fn* areometer
folyadékfázisú krakkolás *(ol)* liquid-phase cracking
folyadékfék *(gépk)* hydraulic brake ; *(gépt)* cataract *is*
folyadékfeszültségek fluid stresses
folyadékfogó *fn* liquid trap
folyadékgyűjtő cső *v* **kamra** liquid header
folyadékhajtás hydraulic/fluid drive
folyadékhajtású hydraulic(-driven) ; **~ nyomatékváltó** *(gépt)* fluid torque converter
folyadékhártya *(fiz)* liquid film
folyadékház *(tájolón)* liquid chamber
folyadékhőmérő liquid-expansion thermometer ; **~ alacsony hőfokok mérésére** cryometer
folyadékindító *(gépt)* liquid starter
folyadékiránytű fluid/liquid compass
folyadékkapcsoló *(gépt)* fluid clutch
folyadék-katód liquid cathode
folyadékkiáramlás ütemét szabályozó szelep discharge valve
folyadék-kuplung fluid flywheel, torque converter
folyadékküvetta *(abszorpciós spektroszkópiában)* liquid cell
folyadéklencse *(fenyt)* liquid lens
folyadék-lengéscsillapító *(gépk)* hydraulic shock absorber
folyadékleválasztó *fn* liquid trap ; **ütközőfelületes ~** baffle separator
folyadékmeghajtás *l* **folyadékhajtás**
folyadékmegtörés *(élip)* breaking
folyadékmélységmérő *fn* depthometer
folyadékmentes(en záródó) fluid-tight
folyadékmennyiségmérő *(készülék)* liquid meter
folyadékmérő : ~ készülék liquid meter; **~ tartály** weighing tank
folyadéknyomásmérő *fn* liquid manometer
folyadéknyomásos hydraulic ; **~ fék** hydraulic brake ; **~ tengelykapcsoló** hydraulic clutch
folyadéknyomó tartály *(monte-jus)* egg, monte-jus
folyadékos : ~ akkumulátor fluid accumulator ; **~ elem** *(vill)* fluid cell ; **~ hűtés** liquid cooling ; **~ lengéscsillapító** liquid damper ; **~ prizmás tájoló** liquid prismatic compass ; **~ tengelykapcsoló** fluid flywheel, torque converter
folyadékoszlop *(hidr, ol)* liquid/pressure column, column of fluid/liquid
folyadékoszlop-magasság hydrostatic head
folyadékoszlop-manométer liquid column manometer
folyadékporlasztás légnyomással pressure atomization
folyadéksugár jet, stream, spurt ; **levegőnek kitett ~** aeration jet
folyadéksugaras : ~ legszivattyú jet air pump ; **~ tükrösítés** liquid honing
folyadéksugárhatás jet action
folyadéksurlódás *(hidr)* liquid friction
folyadéksűrítő *fn* liquid condenser
folyadéksűrűségmérő *(Baumé-féle)* (Baumé type) hydrometer
folyadéksűrűség-szabályozószelep- *(önműködő)* density control valve
folyadékszerű fluidal, liquiform ; **~ szövetszerkezet** fluidal texture
folyadékszint liquor level
folyadékszintjelző *v* **-mutató** *fn* fluid/liquid level ga(u)ge
folyadékszint-szabályozás liquid level control
folyadékszivornya liquid syphon
folyadéktájoló immersed compass
folyadéktároló tartály basin, liquid/fluid tank
folyadéktartályos kenési rendszer wet-sump lubrication
folyadéktengely-kapcsoló *(gépk)* fluid coupling/drive
folyadéktonna *(súlyegység = 32 köbláb tengervíz súlya)* fluid ton
folyadéktöltésű liquid-filled ; **~ kondenzátor** liquid-filled capacitor
folyadéktömítés liquid packing
folyadéktömítő szelence seal box
folyadékvezeték *(vegy)* launder
folyadékzár hydraulic/liquid seal
folyadékzavarosságmérő turbidimeter
folyam *(földt)* river, stream ; **antecedens** *v* **eredeti** *v* **elsődleges ~** antecedent river ; **~ régebbi időszaka** *v* **konfigurációja** old-age stage ; **~ sodra** streamline
folyamág *(hidr)* branch
folyamágy *(földt)* river-bed, runway, underlying beds, stream channel
folyamat process, procedure, running, course ; **~ban levő** in process ; **meg nem fordítható ~** irreversible process ; **szakaszos ~** batch process ; **~ban szereplő terhelésváltozás** *(vill)* process load change ; **~ban szereplő változó** *(vill)* process variable ; **vegyi ~ hozama** *v* **hatásfoka** chemical efficiency
folyamat-ábra flow diagram
folyamatellenőrzés procedure control
folyamatos continuous, nonstop, coherent, continuate, current, constant; **~ ágyazás** connected bed ; **~ aláfúvás** continuous blast **~ alagútszárító** continuous tunnel drier ; **~ csávaszínezés** *(tex)* pad-and-jig method ; **~ égető kemence** continuous kiln ; **~ ellátás** running maintenance ; **~ előtolású fúrófej** continuous-feed head ; **~ eltérítés** *(rád)* continuous sweep ; **~ évi növedék** *(fa)* current annual increment ; **~ facsiszoló** *(pa)* countinuous grinder ; **~ fehérítés** *(tex)* continuous bleaching ; **~ felülethúzó marógép** continuous surface-broaching machine ; **~ festés** *(tex)* continuous dyeing ; **~ filmfelirat** scroll title ; **~ filmfel-**

vétel process-shot ; ~ filmfutású rendszer (telev) continuous-film system ; ~ főzés (tex) continuous boil-off ; ~ fulárdszínezés (tex) pad-steam continuous dyeing process ; ~ gőzölő (tex) continuous steamer ; ~ gubóforrázás (tex) continuous cocoon boiling ; ~ hegesztés continuous welding ; ~ hibajelentő készülék (gépkapcsolású telefonközpontban) routiner ; ~ hollandi (pa) continuous beater ; ~ hőkezelés (koh) progressive heat-treatment ; ~ hullám (rád) continuous wave, type AO wave ; ~ hullámú (nem impulzusokkal adó) radar continuous-wave radar, C. W. radar ; ~ információ (távk) continuous information ; ~ írelés (tex) non-stop slashing ; ~ karbantartás running/current maintenance, permanent repair ; ~ kisfacsiszoló (pa) low-power caterpillar grinder ; ~ kisülés (vill) successive discharge ; ~ lepárlás continuous/flash distillation ; ~ lepárló készülék continuous still ; ~ lerakódás continuous sedimentation ; ~ letapogatás (telev) sequential/progressive scanning ; (radar) continuous sweep ; ~ mozgás constant motion ; ~ működésű fonógép continuous spinning machine ; ~ működésű számológép linkage computer ; ~ működésű szövetmosó continuous fabric washer ; ~ nagyfacsiszoló (pa) high-power caterpillar grinder ; ~ oldószeres kivonatolás continuous solvent extraction ; ~ pályafenntartás (vasút) maintenance lining ; ~ pozitív szövetfelhengerlő positively continuous taking-up motion ; rendes ~ munka run of job ; ~ rezgés steady-state vibration ; ~ sávú audiométer continuous-range audiometer ; ~ sávú szűrő (távk) continuous-band filter ; ~ sebességsorozat stepless range of speeds ; ~ serlegfelvonó continuous bucket elevator ; ~ sorátvitel (telev) line-sequential method ; ~ szabályozás (sebessége) stepless regulating ; (távk) continuous regulation ; ~ szabályozó (aut) continuous controller ; ~ szerelés progressive assembly ; ~ színezés pad-steam dyeing, continuous dyeing ; ~ színezés kötegben (tex) continuous rope dyeing ; ~ színezés szalagalakban continuous rope dyeing ; ~ színezőgép continuous dyeing machine ; ~ színkép continuous spectrum ; ~ szolgálat regularity of service ; ~ szövetfelhengerlés active taking-up ; ~ terhelés (emelőn) train load ; (vill) continuous load ; ~ termelés flow system ; ~an utánpótolt elektród continuous electrode ; ~ üzem continuous operation ; ~ üzemi ellenőrzés routine inspection ; ~ üzemi karbantartás routine maintenance ; ~ üzemű (alagút)kemence continuous type furnace ; ~ üzemű torlósugármotor (rep) continuous thermal duct, continuous ram jet ; ~an változtatható continuously adjustable; ~an változtatható késleltető vonal continuously-variable delay line ; ~ varrat (hegesztésnél) continuous weld; ~ vetés (mg) unbroken stream seed ; ~ vezérlés stepless control

folyamatosság continuity, flow ; ~ **hiánya** discontinuity

folyamatszabályozás (*vill*) process control

folyamatvezérlő berendezés sequence control

folyamhajózás river navigation

folyami (*földt*) fluviatile, fluvial, river; ~ **agyag** alluvial/river clay; ~ **(arany)-torlaszok** river-bar placers ; ~ **bárka** barge ; ~ **eredetű** (*földt*) fluviatile ; ~ **felmérés** (*hidr*) river surveys ; ~ **foszforit** river phosphate ; ~ **gyöngy** culture pearl ; ~ **hajó** river boat ; ~ **hidraulika** fluviatic hydraulics ; ~ **hordalék** river drift, load of river ; ~ **horgony** (*hajó*) stream anchor ; ~ **jég** flood ice ; ~ **kavics** river/bar gravel(s), pebble ; ~ **lerakódás** alluvium ; ~ **vontatóhajó** river tug ; ~ **zátonyok** river shoals

folyamkábel (*távk*) rivercable, river channel

folyamkanyar (*hidr*) bend, ancon, meander

folyammeder river-bed, basin ; (*hajó*) stream channel

folyam(meder)szabályozás regulation of a river

folyamtorkolat firth ; (*árapályos*) estuary

folyás pour, flux, stream ; *l még* **áramlás** ; (*anyage ; anyagv*) yield(ing) ; ~ **eltömése** sta(u)nching ; ~ **erőssége** rate of flow ; ~ **felső határa** (*anyagv, mech*) upper yield stress ; ~ **okozta törés** (*mech*) failure due to yielding ; **tartós** ~ (*mech*) creep

folyáshatár (*mech*) yield point, Y. P. ; (*vegy*) flow limit ; (*talajmechanikában*) liquid limit ; **húzó** ~ tensile yield point ; **nyomó** ~ compressive yield point

folyási : ~ **határ** (*mech*) *l* **folyáshatár** ; ~ **szög** (*C-oszt. erősítőben ; rád*) angle of flow ; ~ **szövetszerkezet** fluidal texture ; ~ **vonalak** (*anyagv*) flow lines

folyásirány (*földt*) set(ting) (of current) ; ~**ban** downstream

folyásmérő *fn* flow meter

folyásos szerkezet (*földt*) fluxion structure

folyáspont (*ol*) pour point

folyáspróba (*zsiradéké*) flow test

folyasztószer (*heg*) flux ; ~ **forrasztáshoz** soldering flux

folyékony liquid, fluid, fluent, liquiform, voluble ; ~ **állapotban sajtolt acél** liquid-compressed steel ; ~ **cement** (*bány, ép*) slurry ; ~ **fázis** (*fiz, koh*) liquid phase ; ~ **fázis határvonala** [*állapotdiagramban, likvidusz(vonal)*] liquidus (line/curve) ; ~ **fémpróba** (*koh*) molten test sample ; ~ **fényezőszer** liquid polish ; ~ **iszap** (*bány*) slurry ; ~ **kaucsuk** liquid rubber ; ~ **kivonat** liquid extract ; ~ **klórmész** (*fehérítőoldat*) liquid lime hypochlorite ; ~ **krém** liquid cream ; ~ **kristályok** liquid crystals ; ~ **levegő** liquid air ; ~ **marószóda** liquid caustic ; ~ **nehéz üzemanyag** heavy fluid fuel ; ~ **oxigénes robbanóanyag** liquid oxygen explosive, LOX ; ~ **salakképző** *fn* liquid slag producer ; ~ **szappan** liquid soap ; ~ **szigetelő** (*vill*) liquid insulation ; ~ **tüzelőanyaggal működő** **kemence** liquid furnace ; ~ **tüzelőanyagú rakéta** liquid-fuel rocket ; ~ **vas** (*koh*) hot iron ; ~ **viasz** fluid wax ; ~ **zománcot öntő munkás** swiller ; ~ **zúzmara** (*met*) horizontal precipitation, occult condensation

folyékonyság liquidity, fluidity

folyékonyságmérő (*reciprok viszkozitásmérő*) fluidimeter

folyik run, flow ; (*szivattyú*) leak, seep

folyó *fn* river, flume ; *mn* running, current, quick ; ~ **ága** arm, branch (of a river) ; ~ **alsó szakasza** lower river, tail ; ~ **dőlt írás** (*nyomda*) running hand writing ; ~ **elvezetése mesterséges mederben** (*hidr*) bypassing the river ; ~ **holtága** old river bed ; ~ **hordaléka** (*hidr*) bed load of river ; **hordalékot lerakó** ~ (*földt*) aggrading river ; ~ **javítás** running repair, maintenance ; ~ **költségek** running cost ; **könnyen** ~ free ; ~ **medre** (*hidr*) river bed ; ~ **partja** bank of the river ; **rétegek dőlését követő** ~ (*földt*) accordant river ; ~ **sekély vizű helyei** (*hidr*) shallows ; ~ **sodra** quick water ; **szabályozott** ~ regulated/improved/trained river ; ~ **víz** quick water ; ~ **(víz)hozama** discharge of rrver, stream flow

folyóág (*földt*) prong, arm, branch (of a river), indraft, distributary

folyócím (*nyomda*) running headline

folyócska (*földt*) rivulet

folyódelta (*földt*) delta (of a river) ; ~ **ága** sea inlet, arm of the sea

folyóeredet (*földt*) river-head

folyóhordalék (*földt*) river load, load/burden of river

folyóírásos cursive

folyóirat-tasak (*pa*) dispatch and catalogue bag

folyóka (*ép*) riffle, kennel, water gang, chase, spout, wasteway, trench ; **követett** ~ sink stone

folyókanyar (*földt*) bend, ancon, meander ; ~ **lefűződése** (*természetes átvágódással*) short cut

folyókanyarulat *l* **folyókanyar**

folyóláb (30,479 *cm*) running foot, foot run

folyómeder river-bed, stream bed, water-course ; ~ **alatti** (*alagút*) subfluvial

folyóméter running metre

folyópart river bank ; ~ **alámosása** washing away of a bank, eroding of a bank

folyós fluent, running, flowing ; ~ **állapotban összenyomott** (*anyagv*) fluid-compressed ; ~ **barka** (*készbőré*) pipey ; ~ **homok** running snad, bull's liver ;

folyósít deliquesce, flow

folyósítás (*ker, koh*) deliquescence, flow

folyósítható fluxible, solvable

folyósító *mn* (*koh*) fluxing ; *fn* flux ; ~ **bitumenadalék** flux ; **bázikus** ~ basic flux

folyósítóanyag (*koh*) fluxing material

folyósítófémek (*koh*) flux metals

folyósítószer (*koh*) flux

folyós-nyomós szerkezet (*földt*) flowage structure

folyosó (*bány*) gallery, alley, drive, adit, stret(t) ; (*ép*) corridor, alley, aisle ; (*gépek között*) alley ; (*két* *helyiséget összekötő)* passage ; **boltozatos** ~ *(ép)* arcade ; ~ **csővezeték számára** pipe passage ; **két érben haladó** *v* **kettős szelvényű** ~ *(bány)* double entry ; **párhuzamos** ~ *(bány)* counter-entry ; **szűk** ~ *(hajó)* alleyway ; **templomudvari** ~ cloister ; ~ **védőpillére** *(bány)* heading chain pillar

folyósodás deliquescence

folyosófenntartás *(bány)* level maintenance

folyosós személykocsi *(vasút)* corridor car

folyós-salakos gázgenerátor gas producer with liquid slagging

folyószabályozás *(hidr)* river control, regulation/harnessing/improvement of a river

folyószennyeződés *(szennyvízzel)* river pollution

folyószétágazás folyamata *(földt)* partition process

folyótorkolat *(földt)* firth, debouchure, lade, aber ; **szétágazó** ~ delta

folyótorkolati síkság delta plain

folyóvágány *(pályafenntartásra ; vasút)* running track

folyóvizes nedvesítés *v* **áztatás** *(lené v kenderé)* stream/river retting

folyóvölgy river valley

folyóyard *(0,9144 m)* running yard, yard run

folypát *(ásv)* *l* **fluorit**

folypátsav *l* **folysav**

folysav fluorhydric/hydrofluoric acid, hydrogen fluoride

folytacél *(koh)* ingot/mild steel

folytacélöntecs *(koh)* ingot (cast) steel

folytat : (vizsgálatot) az anyag töréséig ~ carry (the test) to failure

folytatólagos : ~ **adagolás** continuous feed ; ~ **fék** continuous brake ; ~ **film** cycle film ; ~ **hengersor** continuous rolling mill ; ~ **hengersor végállványa** bullhead of continuous rolling mill ; ~ **hídnyílás** continuous span ; ~ **lemez** continuous slab ; ~ **légnyomású fék** *(vasút)* train brake ; ~ *(szemnagyság szerinti)* **osztályozás** continuous grading ; ~ ~ **űrlapterelő** *(statisztikai gépen)* continuous form-feed guide

folytonégő kemence continuous furnace

folytonjáró *(mech)* stopless

folytonos continuous, continual, unremitting ; *l* még **folyamatos** ; ~ **ciklus** continuous cycle ; ~ **csatorna** *(távk)* continuous channel ; ~ **derivált** *(mat)* continuous derivative ; ~ **dongacső** continuous stave pipe ; ~ **felületi görbe** *(mat)* continuous surface curve ; ~ **fényforrás** continuous source ; ~ **függvény** *(mat)* continuous function ; ~ **hullámot adó rendszer** *(rád)* continuous-wave system, C. W. system ; ~ **kemence** *(koh)* straight-flow furnace ; ~ **keresés** *(távk)* continuous hunting ; ~ **kiemelkedő hegesztési varrat** continuous fillet weld ; ~ **lapú kemence** *(sütőiparban)* automatic travelling oven ; ~ **lerakódás** *(földt)* continuous sedimentation ; ~ **munkaműszak** continuous shift ; ~ **működésű dekatálógép** *(tex)* continuous finishing machine ; ~ **működésű kádkemence** continuous tank furnace ; ~ **működésű szárító kemence** progressive dry kiln ; ~ **(műselyem)szálból font fonal** filament (rayon) yarn ; **nem** ~ *(fiz)* discrete ; *(mat)* discontinuous ; ~ **papírfoszlató (gép)** continuous grinder; ~ **röntgen-színkép** continuous X-ray spectrum ; ~ **sínáramkör** *(vasút)* series track circuit ; ~ **távirányítás** *(rep)* continuous track guidance ; ~ **továbbítású filmfelvevő gép** non--intermittent camera ; ~ **töltés** *(vill)* permanent charging ; ~ **üzem** continuous operation ; ~ **üzemű vonatbefolyásolás** continuous control ; ~ **változó** *(mat)* continuous variable ; ~ **(víz)sugár** solid jet ; ~ **vonal** full line

folytonosság continuity, continuance ; ~ **megszakítása** *v* **megszakadása** discontinuity

folytonossági : ~ **elv** principle of continuity ; ~ **feltétel** continuity equation ; ~ **hiány** *(földt)* break in the succession, discontinuity ; ~ **hiány okozta feszültség** discontinuity stress ; ~ **kábelkötés** continuity cable bond ; ~ **próba** *(mech)* continuity test

folytonosságvizsgálat *(távk)* continuity test

folytvas *(koh)* *l* **folytacél**

folytviasz *(hanglemezhez)* flowed wax

folytviaszlemez *(hangt)* flowed wax

fon *fn* *(hangt, távk)* phon

fon *ige* *(pamutot ; tex)* spin, pirl ; *(befon)* plait ; *(sodor)* twist ; *(rokkával:)* whirl ; *(vesszővel:)* wattle

fonáció phonation

fonadék twine, rope, twist, wicker, wattle ; *(hajó)* sennit

fonák *(ép)* awry

fonákoldal *(bőr)* fleshings ; *(tex)* back (of cloth/fabric), back (texture), wrong side, underside, envers ; ~**on bolyhozott** napped on the back ; ~**on keményített** *(tex)* back-filled, back starched

fonákoldalbolyhozású gyapjúszövet balk back

fonákoldali : ~ **hurok** *(tex)* lower loop ; ~ **szem** *(kh)* back loop

fonákoldal-kötés *(tex)* back weave

fonákoldalú keményítés *(tex)* back-filling, back starching

fonáköltés *(tex)* backstitch

fonal *(tex)* thread, yarn ; *(tengeri mérték = 1,82 m)* fathom ; *(cukorszirupból húzott)* string ; *(többszálú kábelé)* strand ; ~**at áthúz** *[szomszéd hurokból]* rob yarn ; ~ **barchetszövethez** barchent yarn ; ~ **befűzése** point-draft ; ~ **bolyhozott pamutszövethez** barchent yarn ; ~**akat bordába fűz** sleave ; **cellulóz-alapanyagú** ~ cellulose yarn ; **durva** ~ coarse thread ; ~**at fektet** *(kh)* lap ; ~**ban festett szövet** yarn-dyed fabric ; ~ **gombolyítása** *v* **gombolyagba szerelése** balling ; **hibásan gyártott** *(szakadós)* ~ cockled yarn ; ~**akat jól láthatóvá tevő kikészítés** thready finish ; **kétágú kétszínű** ~ double twist ; **kettős, közepes sodratszámú** ~ double-mule twist ; **kettőzött** ~ *(cérnázáshoz)* double yarn ; ~ **kiugrik** *[vezetőből]* yarn rides over ; **különféle színű anyagból font** ~ *(tex)* mixture yarn ; ~ **külső képe** yarn appearance ; ~**ak lekötése** *(szövetben)* interlacing of the threads ; ~ **megakadása** *[fonalvezető csőben]* yarn sticking; **olajos szennyeződésű** ~ black thread ; ~ **összesodrása** *v* **összekötése** piecing the yarn ; ~**akra szakad** *(tex)* strand ; ~ **szakító szilárdsága** strength of yarn ; ~**ak száma** ga(u)ge of cloth ; ~**ban színez** dye in the yarn ; ~**ban színezett** *(tex)* spun dyed, yarn-dyed ; ~**ban színezett kötött-hurkolt áru** ingrain hosiery ; ~ **vágott szálból** *(tex)* discontinuous filament yarn ; ~ **végtelen szálakból** filament yarn

fonaladagolás *(tex)* yarn feed(ing)

fonaladagoló *fn* *(tex)* yarn feeder ; ~ **berendezés** *(kh)* feedwheel unit ; ~ **kerék** *(kh)* feed/furnishing wheel ; ~ **szerkezet** *(kh)* feeder, feed wheels

fonalakadás *(áruhiba sikkötésnél)* slurgalls

fonalankénti csépbefűzés *(tex)* crossing thread by thread

fonaláru *(tex)* threadware

fonalas : ~ **dorong** *(tex)* back rest ; ~ **dorong lengőmozgása** *(tex)* oscillation of back rest ; ~**an húzódó** stringy ; ~ **mikrométer** filar micrometer

fonalbála *(tex)* yarn bale

fonalballonképződés *(gyűrűsfonásnál ; tex)* ballooning

fonalban-színezés *(tex)* dyeing in the yarn

fonalbefűzés *(tex)* drawing, entry ; ~ **felvető bordába** *(tex)* drawing into the raddle

fonalbepermetezés *(vízzel)* dagging the yarn

fonalbetétes kátránylemez *(pa)* threaded felt board

fonalbevágódás *(felvető hengeren ; tex)* sinking of the threads

fonalbevetés *(tex)* pick

fonalcsapda *(lánchengeren ; tex)* clip

fonalcsavarulat *(tex)* coil of yarn

fonalcsép *(tex)* leese

fonalcsíptető *(tex)* trapper

fonalcsomagoló prés *(tex)* yarn-bundling press

fonalcsomó *(tex)* nap ; ~**k a lánc végén** *(tex)* tress

fonalcsomósodás *(hiba ; tex)* kink

fonalcsomózó munkás(nő) *(tex)* piecer

fonalcsúszás *(tex)* yarn slip

fonaldarab : szabad ~ *(két kötéspont között ; tex)* float

fonalegyenletesség *(tex)* yarn evenness, uniformity of the yarn

fonalegyenletesség-mérés *(tex)* testing the uniformity of yarn

fonalegyenletesség-mérő *fn* *(tex)* yarn evenness tester

fonalegyenletesség-regisztráló *fn* *(tex)* yarn-evenness recorder

fonalegyenlőtlenség *(tex)* yarn irregularity

fonalellenőr *(tex)* checker

fonalelosztó *fn* *(tex)* yarn distributor

fonalelszívó *(készülék ; tex)* suction thread trimmer

fonalerősség-meghatározó *fn* *(tex)* yarn--strength tester

fonaletető *fn* *(tex)* feeder

fonalfehérítő munkás yarn bleacher

fonalfék *(tex)* tension(er), (yarn) tension(ing) device, yarn brake, bent spring ; **tárcsás** ~ disc tension

fonalfékező berendezés *(tex)* *l* **fonalfék**

fonalfektetés *(kh)* lapping
fonalfektető *fn (kh)* guide bar
fonalfényesítő *fn (tex)* thread glazer
fonalfényezés *(tex)* yarn glazing
fonalféregölő szer nematicide
fonalfestés *(tex)* yarn/rope dyeing
fonalfeszítés *(tex)* strain on yarn
fonalfeszítő : **~ csiga** *v* **henger** *(tex)* yarn tension bowl ; **~ karika** *(tex)* washer for tension
fonalfeszültség *(tex)* thread tension, tension in the yarn
fonalfeszültségkiegyenlítő *fn (tex)* thread-tension equalizer, compensating device
fonalfeszültséglazító *fn (tex)* easer
fonalfeszültségmérő (szerkezet) *fn (tex)* thread tension meter, tensiometer
fonalfeszültségszabályozó *fn (tex)* thread tension regulator
fonalfinomság *(tex)* count (of yarn), yarn size, grist ; *(denierben)* denier (size) ; **~ meghatározása** determination of the count
fonalfinomság-átszámítás *(tex)* count conversion, conversion of counts
fonalfinomság-átszámítási kulcs *(tex)* yarn conversion factor
fonalfinomsági : **~ határ** *(tex)* count limit ; **~ szám** *(tex)* yarn counts, number/count of yarn ; **~ számskála** *(tex)* yarn scale
fonalfordításos fedőfonalas kötés *(kh)* reverse plating
fonalfordulat *(tex)* coil of yarn
fonalforgás *(tex)* twist in the yarn
fonalfüggesztő horog *(szakítógépen v fonalmérlegen)* yarn hook
fonalgombolyag *(tex)* clew of yarn, ball
fonalgombolyító *fn (tex)* yarn reeler, whisk
fonalhaladás *(tex)* running/passing of the thread
fonalhiányos szövet *(tex)* sleazy cloth
fonalhiba *(szálcsomók okozta vastagodás ; tex)* crackers
fonalhorog *(szakítógépen v fonalmérlegen)* yarn hook
fonalhozam *(tex)* yarn yield of spinning
fonalhulladék *(tex)* loss of/in yarn, thread waste
fonalhulladékbontó gép *(tex)* waste opener, thread picker
fonalhulladékláda *(tex)* waste container
fonalhurkolódás *(túlsodrás miatt ; tex)* snarl
fonalhurok *(tex)* kink
fonalhurokkés *(szőnyegszövésnél)* carpet knife
fonalhúzási próba *(cukrászatban)* string proof test
fonalhúzódás *(tex)* snag
fonal-jóságszám *(tex)* lea-skein product, strength factor
fonalkereszt *(tex)* cross ; *(csépen)* lease, leese, leesing, leasing ; *(felvető kereten)* head/top lease, thread-by--thread lease, drawer's lease (pegs) ; *(műszerben)* hair-cross, hairline, cross--hair, cross line/spider ; **alsó ~** *(felvetésnél ; tex)* bottom lease ; **~eket leköt** *(tex)* tie/secure the leases
fonalkeresztes *(geod)* crosswebbed
fonalkereszteződés *(tex)* interlacement, interlacing
fonalkeresztező vezetőtárcsa *(tex)* cam for crossing layer
fonalkereszt-szegek *(felvető kereten ; tex)* lease pegs ; **alsó ~** foot pegs
fonalkettőződés *(tex)* doubling : **készülék ~ megakadályozására** *(tex)* double preventer
fonalkiadó *(tex)* putter out
fonalkihajlás *(tex)* ballooning, balloon of the yarn
fonalkikészítés *(tex)* yarn finishing
fonalkikészítő anyag *(tex)* finishing agent, sowens
fonalkiosztdó munkás *(tex)* yarn distributor
fonalkiszerelés *(tex)* yarn package
fonalkiszerelési egység *(tex)* yarn package
fonalkondicionálás *(tex)* yarn conditioning
fonalkoptató készülék *(tex)* yarn-abrader
fonalköteg *(tex)* bundle (of yarn), skein, pad, yarn-strand
fonalköteg-prés *(tex)* bundle/skein press
fonalkötöző *[munkás ; fonalszakadáskor ; tex]* smash piecer/hand
fonalkúp *(tex)* (yarn) cone
fonalkúszálódás a cséve hegyén *(tex)* halching
fonalláda *(csévélőgépen ; tex)* bottom box for cops, case of yarn, yarn case
fonallánc *(tex)* single-yarn warp
fonallebegés *(kh)* float(ing)
fonallebegéses fedőfonalas *(kötés ; kh)* float-plated
fonallefejtés *(tex)* back-winding
fonallerakó (szerkezet) *(csévélőn)* traverse motion
fonallevágás *(tex)* cut(ting) down
fonalmarkok a lánc végén *(tex)* tress
fonalmatringkötözés *(tex)* binding yarn hank
fonalmatringoló gép *(tex)* rand machine
fonalmegereszkedés *(tex)* floating
fonal-megnyúlás *(tex)* yarn elongation
fonalmennyiség *(tex)* amount of yarn
fonalmérleg *(tex)* lever, yarn scale/quadrant/balance
fonalminőség-ellenőrzés *(tex)* yarn-quality control
fonalminőség-jelzés *(tex)* quality term for yarns
fonalmolekula filamentary molecule
fonalmutató *fn (műszeren)* hairline indicator
fonalnedvesítés *(tex)* yarn damping/soaking/steeping
fonalnedvesítő *fn (tex)* yarn soaker/steeper, bobbin soaker ; **~ gép** *(tex)* yarn-conditioning machine
fonalnyomató gép *(tex)* yarn-printing machine
fonalnyújtás *(tex)* drawing out the yarn
fonalolajozás *(tex)* ensimage
fonalolvasó *(tex)* counting glass, piece-glass
fonalorsó *(tex)* hasp
fonalőr *(tex)* (loom) drop wire/pin, detector pin, stop/protector motion, dropper ; *(kh)* (yarn) stop motion, yarn detector
fonalösszehasonlítási próba *(tex)* yarn test by comparison
fonalpászma *(tex)* strand
fonalperzselés *(tex)* gassing (the thread)
fonalpörkölő gép *(tex)* yarn-singeing machine
fonalprés *(tex)* bundle press
fonalraktár *(tex)* yarn store room
fonalrétegek csúszása *(tex)* slipping of thread layers
fonalrétegeződés *(tex)* layer
fonalsebesség *(tex)* yarn speed
fonalsodrat *(tex)* twist in the yarn
fonalsodratirány *(tex)* direction of twist in the yarn
fonalsodratszög *(tex)* angle of twist in the yarn
fonalsűrűség *(láncliengeren ; tex)* beam density ; **~ beállítása** setting
fonalsűrűség-számláló (nagyító) counting/shot glass, piece-glass
fonalsűrűség-vizsgáló *(tex) l* **fonalsűrűség-számláló**
fonalszakadás *(tex)* (yarn/thread) breakage, snapping of the yarn ; **~ elintézése** *v* **megszüntetése** repair ; **~t megszüntető (munkás)** smash piecer hand
fonalszakadékonyság *(tex)* (yarn) breakages
fonalszakító gép *(tex)* yarn tester, casse-fil
fonalszállító *fn (tex)* yarn carrier
fonalszám *(tex)* yarn count/size, count of yarn
fonalszámátszámítás *(tex)* conversion of counts
fonalszámellenőrző *(tex)* yarn counter
fonalszámláló *fn (tex)* cloth prover, piece/counting/web glass
fonalszámmegállapítás *(tex)* counting
fonalszárító henger *(tex)* tin
fonalszelektor *[csipkegépen]* jack thread selector
fonalszínezés motringban yarn dyeing in skeins, hank dyeing
fonaltárolás *(tex)* yarn storage
fonaltartó állvány *(karbonizáló- v nedvesítőgépé)* yarn hurdle
fonaltisztító *(tex)* thread/yarn cleaner, cleaning device, clearing plate/apparatus/attachment, thread cleaning apparatus, clearer guide-plate, slit plate
fonaltovábbító *fn (tex)* yarn carrier
fonaltölcsér *(tex)* yarn conductor
fonalvágó (készülék) *(tex)* thread cutter; **~ olló** *(tex)* filling cutter
fonalválogató *(csipkegépen)* jack thread selector, interceptor
fonalvastagodás *(hiba ; tex)* bead in the yarn, thick place in yarn, crackers, slubbing
fonalvédő *(szeljaktoron ; tex)* easer
fonalvég : **összefogott ~ek a lánc végén** *(tex)* tress ; **~ek összessége** *v* **sűrűsége a láncban** *(tex)* number of ends
fonalvég-hulladékok *(tex)* thrums
fonalvégtartó koszorú *(Northrop szövőszéken)* thread guide
fonalvékonyodás *(hiba ; tex)* twitty
fonalveszteség *(tex)* loss of yarn
fonalvezetés *(tex)* threading ; **önműködő ~** self-threading
fonalvezető *(tex)* thread/yarn carrier finger/guide/eye, yarn feed finger, guide, carrier, traverse guide/rod, traverse ; **~ csiga** runner bowl ; **~ cső** carrier tube ; **~ deszka** *(tex)* thread board/plate, lappet ; **~ fej** heck box ; **~ fék** *(kh)* friction box ; **hátsó ~** back guide ; **hátsó ~ rúd** back-bar ; **~ horog** *v* **hurok** pig-tail, wire thread--guide ; **~ kar** stripping finger ; **~ lap** thread lappet ; **~ lap tisztítóréssel** yarn clearer, clearer guide-plate, clearing/slit plate ; **~ lefelé-mozgása**

(tex) downward travel of thread guide; **porcelán ~** *(tex)* porcelain guide; **~ rúd** poker; **~ sín** *(tex)* chain of traverse rail; **~ szem** guide eye(let), thread-carrying guide, thread-guide eye(let); **~ tárcsa** thread-guide curve-disc; **~ tű oldalmozgás** *(kh)* side hog of eye needles; **üres ~k** *(tex)* empty guides; **~ ütköző** carrier attachment/stop; **~ vezérlése** control of the guide bar
fonalvizsgálat *(tex)* yarn testing
fonalvizsgáló *(tex)* *(számláló)* yarn counter; *(készülék)* yarn tester
fonás *(tex; pamutból)* spinning; *(fonási munka)* filature; *(befonás)* plaiting; **~t elősegítő műszál** scaffolding fibre; **~ harangorsón** *(tex)* capspinning; **~ közvetlenül kábelből** *(tex)* tow-to-top process; **~ szárnyas orsóval** spinning in fly; **~ utánsodrattal** *(szelfaktoron)* spinning with twisting at the head
fonási: ~ hozam *(tex)* yarn yield of spinning; **~ hulladék** spinner's sweepings/waste, spinning waste; **~ veszteség** loss in yarn
fonástechnika spinning behaviour
fonat braid(ing), plat, plait(ing), wicker, rope, set
fonatáru *(tex)* braiding
fonatkészítő munkás *(tex)* platter
fonatolt *(tex)* braided; **~ áru** *(tex)* braiding
fonatos: ~ arabeszkes szerkezet damascened texture; **~ áru** *(tex)* bobbin work; **~ gép** plaiting frame; **~ gép csévéje** lacer; **~ gumizsinór** braided rubber cord; **~ láva** *(földt)* Pahoehoe lava; **~ zsinór** braided cord
fonatosárukészítő gép *(tex)* braider
foncsor amalgam
foncsorasztal *(bány)* amalgamating table; **~ foncsorlemeze** *(bány)* apron plate
foncsorítás *(koh, vegy)* amalgamation
foncsorlemez *(aranykivonáshoz)* copper plate
foncsorleűző retorta *(koh)* amalgam retort/still
foncsorosítás *(koh)* l **foncsorítás**
foncsoroz amalgamate, mercurate
foncsorozás amalgamation, mercury plating, mercuration; **~ edényben** pan amalgamation; **~ ónamalgánnal** *(tüköré)* foliation
foncsorozott amalgamated, mercurated; *(ker)* foliated
fondant *(élip)* fondant
fonetikus beszédérősség *(hangt)* phonetic speech power
fonható *(tex)* spinnable; **~ anyag** *(tex)* spinning material; **jól ~ (gyapjú)** shafty
fonhatóság *(tex)* spinning properties/range, spinnability
fónikus *(távk)* phonic; **~ hívás** *(telef)* buzzer calling; **~ kerék** *(távk)* phonic wheel; **~ vétel** *(rád)* aural reception
fon-mérő *(hangt)* phon-meter
fonó *mn* spinning, braiding
fonócséve *(tex)* spinning bobbin, spun cop
fonócső *(tex)* scroll tube, spinneret, centrifugal box, spinning nozzle
fonoda spinning mill
fonodai hulladék *(sodratlan)* soft waste
fonófej *(tex)* spinner head
fonofor phonophore
fonógép *(tex)* spinner, spinning(-)frame, spinning machine
fonógépkezelő *(tex)* spinning tender
fonógép-nyújtás *(tex)* spinning draft
fonógépzsinór spinning tape, banding
fonográf phonograph
fonográf-felvétel phonogram
fonógyár spinning mill
fonógyűrű *(tex)* spinning ring
fonóhulladékból készült selyemfonal coarse-silk thread
fonókanna *(tex)* can
fonókanna-befogadóképesség *(tex)* can capacity
fonókannás: ~ előfonó gép *(tex)* can roving frame, canframe, billey; **~ gyapjúfésülő gép** can gill
fonókannatalp *(szalagrakónál; tex)* cantable
fonókerék *(tex)* (cord/saxony) wheel
fonókeret *(tex)* stock
fonolit *(földt)* phonolite, clinkstone, sound-stone
fonómester *(tex)* spinning master
fonométer phonometer
fonómunkás *(tex)* twister, plaiter
fonóműhely spinning department/room
fonónyílás *(műselyemfonásnál)* spinning nozzle
fonóolaj spike oil
fonóorsó *(tex)* spinning spindle
fonóorsószárny fly
fonópapír spinning paper
fonórokka spinning wheel
fonórózsa *(tex)* (cap on the) spinneret
fonórózsanyílás *(tex)* spinneret(te) hole
fonó-segédmunkás *(tex)* spinner helper
fonószivattyú *(műselyemfonáshoz; tex)* spinning pump
fonóterv spin-plan, processing details for spinning
fonott *(tex)* spun; *(fonatos áru:)* braided; **~ árnyékolás** *(rád)* braided shield; **~ cipő** plaited shoe; **~ kerítés** raddle, wattle; **~ kosár** *(mzg)* windle; **~ munka** *v* **áru** wickerwork; **~ orsózsinór** braided spindle band; **~ pamut** *(távk)* braided cotton; *(tex)* spun cotton; **~ selyem** spun silk; **~ szíj** *(gépt)* twist belt; **~ üveg** spun glass
fonóüzem(rész) *(tex)* spinning department
fon-skála *(hangt)* sound-level scale
font-atom *(vegy)* pound-atom
font-kalória pound-calorie, pound-centigrade unit
font-láb poundfoot, foot-pound
font-molekula *(vegy)* pound-molecule
fontúr *(kh)* division
forbesit *(ásv)* forbesite
forcherit *(ásv)* forcherite
fordít *(gépt)* turn; *(csap körül)* pivot; **~va arányos** inversely proportional; **ellenirányba ~** invert; **~va kapcsolt visszacsatoló tekercs** *(rád)* reverse tickler
fordító: ~ eljárás *(negatív-pozitív eljárás; fényk)* reversal process; **~ előhívású film** *(direkt pozitív)* reversal film; **~ erősítő** *(rád)* amplifier-inverter; **~ jelfogó** reverse relay, R. R.; **(kombinált) ~ és eltoló asztal** manipular for turning-over and shifting
fordítóablak *(ép)* swing(ing) window
fordítóasztalos rázó-formázó-gép *(önt)* jolt roll-over mo(u)lding machine
fordítócsiga reversible sheave
fordítóegység *(rád)* inverter unit
fordítófürdő *(fényk)* reversible bath
fordítóhenger *(tex)* crow, angle stripper, clearer
fordítóhengerhulladék *(tex)* crow waste
fordítókereszt *(gépt)* tumbler gear
fordítókorong *(vasút)* turntable, revolving bed plate, rotatable base; **~ talpgyűrűje** foundation ring
fordítókorong-alapgödör *(vasút)* turntable pit
fordítókötél *(hajó)* wind brace
fordítólapos formázógép *(önt)* roll-over mo(u)lding machine
fordítólemez *(bány)* (dump) plate; *(kotrónál)* upper turntable
fordítóprés *(pa)* reverse press
fordítóprésnemez *(pa)* reverse-press felt
fordító-prizma inverting prism
fordítóprizmás okulár *(csill)* reversible eyepiece
fordítóréteg *(rád)* inversion layer
fordítórúd turning bar
fordítószív *(gépt)* tumbler gear
fordító-szívóprés *(pa)* reverse suction press
fordítótárcsa reversible sheave
fordított *(ált)* inverse, invert(ed), reversed, converse; **~ áram** echo current; **~ arány** *(mat)* inverse proportion; **~an arányos** inversely proportional; **~ betű** *(nyomda)* turn; **~ billentyűzés** *(távk)* reversed keying; **~ boltív** *v* **boltozat** *(ép)* inverted arch; **~ cső** *(kapcsolás; rád)* inverted tube; **~ diszperzió** *(szink)* reciprocal dispersion; **~ fázissorrend** *(vill)* negative sequence; **~ fekvésű sáv** *(távk)* inversely allocated band; **~ függvény** *(mat)* inverse function; **~ (gurító)-lejtő** *(bány)* rear slope; **~ irányú betáplálás** *v* **előtolás** reversed feed; **~ irányú rácsáramkör** *(rácstól a katód felé; rád)* reversed grid circuit; **~ irányú reakció** *(vegy)* counter-reaction; **~ ív** *(ép)* reversed arch; **~ kapcsolásban nem működő elem** *(vill)* irreversible cell; **~ kapcsolású generátor** *v* **motor** *(vill)* inverted machine; **~ kép** *(telev)* inverted/reversed image; **~ kíma** *(ép)* reversed ogee; **~ kúp alakú** obconical; **~ kúpos tengelykapcsoló** reversed cone clutch; **~ kúposságú csap** inverted taper spigot; **~ kúpvonal** inverted-cone line; **~ metamorfózis** *(földt)* reversed metamorphose; **~ polaritású ívlámpa** inverted arc lamp; **~ pólus** *(hegesztésnél)* reversed polarity; **~ rácsáram** *(rád)* reverse grid current; **~ rádiópeleng** *(rep)* radio backbearing; **~ rétegeződés** *(bány)* inversion; **~ sávoly** *(tex)* reverse twill; **~ szamárhátú ív(görbe)** *(ép)* reversed ogee; **~ szemet köt** *(kh)* purl; **~ U alakú melegvízszolgáltató tartály** *(ép)* saddle boiler; **~ V alakú dúc** *(rep)* inverted V-strut; **~ V-állás** *(szárnyé; rep)* negative dihedral, anhedral; **~ V-állású motor** inverted V-engine; **~ V-állású repülőgépszárny** anhedral wing; **~an varró gép** *(Wendemaschine, cipő)* turn shoe sewing machine; **~ varrott**

cipő turn shoe; ~ **vető** *(földt)* reversed fault; ~ **viszony** *(mat)* inverse ratio; ~ **V-prizmás (szerszámgép)-ágy** inverted V-bed

fordítóvas : állítható ~ adjustable tap wrench; **kerek-menetmetsző** ~ circular die stock; **többlyukú** ~ *(nem állítható)* tap wrench for taps and reamers

fordul turn, revolve; *(csap körül)* pivot; *(vasút)* veer; **bedőléssel** ~ *(rep)* bank; **túldöntve** ~ *(rep)* turn overbanked

fordulás turning

fordulásirányjelző kar *(gépk)* signal arm

fordulásmutató *(rep)* rate-of-turn recorder

fordulat turn, tour, change, slewing; *(forgácsoló szerszámé)* cutting rotation; *(gépk)* revolution; *(tengelyé)* revolution; ~ **hüvelykenként** *(tex)* turn per inch, t. p. i.; **a motor percenként 300 ~tal jár** the engine is running at 300 r. p. m.

fordulatcsökkentő : ~ áttétel *v* **mű szerkezet** reduction gear; ~ **áttételezés** gearing down; ~ **áttételi viszony** reduction gear ratio

fordulati tér slewing area

fordulat/perc revolution per minute

fordulatszám number of revolution(s), revolution number, speed (of rotation) **~ot csökkent** speed down; ~ **csökken(t)ése** reduction, speed, dropping; **kis** ~ low speed of revolutions; **leggazdaságosabb** ~ best economy r. p. m.; **névleges teljesítményhez tartozó** ~ *(rep)* rated speed; **~-nyomaték-jelleggörbék** *(vill)* speed-torque characteristics; ~ **percenként** *(ford/perc)* revolutions per minute, r. p. m.; **100 ford/perc ~mal jár** run at 100 r. p. m.; **utazó** ~ *(motoré)* cruising r. p. m., cruising speed

fordulatszámállítás speed control

fordulatszámállító kar speed lever

fordulatszámbehatároló *fn* speed limiter

fordulatszámcsökken(t)és (speed) drooping/dropping/reduction, revolution drop

fordulatszámcsökkentő *fn* speed reducer; ~ **áttétel** (speed) reducing gear; ~ **fogaskerékáttétel** speed reducer; ~ **fogaskerékmű hajón** marine reduction gear; ~ **és irányváltó fogaskerékmű** reverse-reduction gear; **kétfokozatú** ~ double-reduction; **kétszeres** ~ **(áttétel)** double-reduction (gear), d. r. g.; ~ **szerkezet** (speed) reducing gear; ~ **szíjtárcsa** reducing pulley

fordulatszámegyeztető mérőhíd *(vill)* tachometer bridge

fordulatszámelmaradás *(vill)* slip

fordulatszámérzékelő szabályozás *(vill)* tachometer control

fordulatszámesés revolution drop

fordulatszámhatárok speed range

fordulatszámjelző *fn* revolution/speed indicator

fordulatszámkorlátozó *fn* speed limiter

fordulatszámláló *fn* speed indicator/ga(u)ge; *(gépk)* revolution counter; *(tex)* counter (mechanism); *(érzékeny)* kinemometer; **centrifugális** ~ inertia revolution counter; ~ **kúpkerekes hajtóműve** revolution indicator bevel drive

fordulatszámmérés tachometry

fordulatszámmérő *fn* tachometer, revolution counter; **elektronikus** ~ electronic tachometer; ~ **hajtása** tachometer drive; ~ **leállító szerkezete** tachometer stop gear; ~ **sztroboszkóp-tárcsa** stroboscopic pattern wheel; **villamos távleolvasású** ~ electrical teletachometer

fordulatszámmutató *fn* tachoscope

fordulatszám/perc *(gépk)* revolutions per minute, r. p. m., rev. p. m., speed

fordulatszámszabályozású : önműködő ~ **légcsavar** *(rep)* automatic-controlled airscrew

fordulatszámszabályozó *fn* (speed) governor; *(flyerorsón; tex)* differential motion; ~ **beállítása** governor adjusting; **súllyal terhelt** ~ weighted governor; ~ **szerkezet** readjusting gear

fordulatszám-tartomány *(motoré)* speed range

fordulatszámválasztó *fn* speed selector

fordulatszámváltó : ~ áttétel speed jack; ~ **berendezés** speed-changing device; ~ **kar** speed-changing lever

fordulatszámváltoztatás gerjesztés-szabályozással motor-field control

fordulékonyság *(motoré)* ease of steering; *(rep)* manoeuvrability

forduló *fn* turn; *(lépcsőn)* winding; *(versenypályán)* lap; *(rep)* turn; *(vonaté)* turn-around, turn round; **bedöntött** ~ *(rep)* banked turn; **befejezett** ~ runaround; ~ **csúszással** *(rep)* slip turn; **emelkedő** ~ *(rep)* climbing turn; **kifelé** ~ *(ép)* exposed; **lapos** ~ *(rep)* flat turn; ~ **lépcsőfok** *(ép)* turn tread, wheeling step; ~ **medence** *(hajó)* turning basin; **meredek** ~ steep turn; **merülő** ~ diving turn; ~ **stabilitás** *(rep)* turning stability; **180°-os** ~ *(repülésvigyázó jelzése)* one eighty; ~ **szélesség** slewing area; **túldöntött** ~ *(rep)* overbanked turn

fordulóhely turning place

fordulóhurok *(vasút)* forward loop

fordulókamra *(csőkemencében)* return band

fordulókör *(gépk)* turning circle

fordulókör-sugár turning radius

fordulópont *(ahonnan visszafordul)* point of reversal, reversal point; *(ahol fordul)* turning point, T. P.; *(szintezésnél; geod)* turning point; *(gépt)* pivot; *(mech)* return/reversal point

fordulósor *(kh)* return course

fordulósugár *(gépk, rep)* radius of turn

Forel-féle földrengési erősség-fokozat Forel scale

forgács chip(pings), swarf, shaving, end(s), splinter; *(hangvágáskor)* chip; *(pa)* clips, parings; **hosszú** ~ splint; ~ **nélküli alakítás** metalworking

forgácsaprító kés chopper

forgácscsatorna chute for shavings

forgácsdaraboló gép scrap cutter

forgácségető kazán fatelepen refuse burner

forgácselhárító pajzs sliver screen

forgácseltávolítás chip removal

forgácseltávolító berendezés chip extractor

forgács- és porelszívó berendezés *(pa)* exhaust plant for shavings and dust

forgácsfelfogó : ~ *v* **gyűjtő tartály** *v* **gödör** cuttings pit; ~ **tálca** *(munkagép alatt)* chip tray; ~ *v* **-gyűjtő vájat** *v* **csúszka** chip/cutting chute

forgácsfennragadás chip pick-up

forgácsgyűjtő tálca *v* **teknő** cuttings tray; *(szerszámgépasztalon)* pocket of a machine-tool table

forgácsívszög ~ *(forg)* contact angle

forgácsképződés chip formation, chipping

forgácskeresztmetszet chip area

forgácslap *v* **-lemez** *(fa)* chipboard

forgácslemunkáló vágó chipping chisel

forgácsleválasztás mennyisége *(időegység alatt)* rate of stock-removal

forgácsnyomás *(késre)* chip pressure

forgácsol *(fémet, fát)* cut chip, machine

forgácsolás cut(ting); *[szappané]* chipping; ~ **nélküli** *l* **forgács nélküli**

forgácsolási : ~ barázda toolmark; ~ **ellenállás** cutting/working resistance; ~ **folyamat** cutting action/process; ~ **igénybevétel** cutting pressure; ~ **sebesség** cutting/speed, rate of cutting; ~ **szilárdság** *(anyagv)* cutting strength

forgácsolható machinable; **jól** *(könnyen)* ~ free-cutting;

forgácsolhatóság machinability

forgácsoló *mn* cutting, chipping; ~ **betétvég** cutting tip; ~ **képesség** cutting ability/quality; **kerámiai** ~ **anyag** cemented oxide (material); ~ **megmunkálás** machining; ~ **megmunkálásra nem alkalmas** unmachinable; ~ **sebesség** cutting speed

forgácsolóbetét *(vége)* bit

forgácsolócsúcs cutting point/edge/tip

forgácsolódás *(földt)* virgation

forgácsolóél cutting edge/point/tip; ~ **egyenes része** flat

forgácsolóerő cutting force, force of cut

forgácsológép metal cutting machine; **durvanagyoló** *v* **hántoló** ~ billeteer, roughing machine

forgácsolókés *(bőr)* paring knife

forgácsolólapka cutting tip

forgácsolólöket cutting stroke

forgácsolóműhely machining shop

forgácsolósebességmérő *fn* cut-meter

forgácsolószerszám *(gépt)* cutting tool; ~ **forgácsolási iránya** hand of cutting tool; **tárcsás** ~ disc cutter

forgácsolóvég cutting end

forgácsolóvég-élező *fn* bit sharpener

forgácsolt chipped

forgácsos *(tex)* chippy

forgácsszög *l* **homlokszög**

forgácstálca *v* **-tepsi** chip tray/pan

forgácstekercs chip curl

forgácstekercselő chip former

forgácstér chip clearance

forgácsterelő chip deflector/ring

forgácstorlódási hely chip area

forgácstörő *fn* chip rupter/breaker, chip-breaker; ~ **horony** chip-breaker notch

forgácsvágásfelület *(fa)* separating surface

forgácsvédő (pajzs) chip guard

forgácsvétel : igen vékony ~ scraping cut

forgalmas időszak *(távk)* busy hours

forgalmi : ~ **áramkör** *(távk)* commercial circuit ; ~ **csomópont** traffic junction; ~ **elosztó** *(központban ; távk)* call allotter ; ~ **engedély** *(gépk)* licence document ; *(rep)* traffic clearance ; ~ **érték** circulation value ; ~ **indító** air starter ; ~ **iroda** station office ; ~ **jelzőlámpa** signal lamp, light signal, traffic lights ; *(oszlopos)* signal post ; *(háromszínű)* three-colour light signal ; *(gyalogjárók által működtetett)* pedestrian-operated signals ; ~ **kapacitás** *(távk)* traffic handling capacity ; ~ **minőségű beszéd** *(távk)* speech of commercial quality ; ~ **osztály** *(szállító vállalatnál)* traffic department ; **pótkocsi** ~ **engedélye** *(gépk)* trailer licence document ; ~ **rend** traffic order ; ~ **repülőgép** air liner, commercial aircraft ; ~ **sáv** *(gépk)* traffic lane ; **teljes** ~ **zárlat** absolute block ; ~ **teljesítmény** traffic achievement ; ~ **tér** *(ép)* traffic square, roundabout; ~ **terv** traffic plan, routing ; ~ **út** traffic road ; ~ **úthálózat** traffic road system ; ~ **volumen** traffic volume ; ~ **vonal** traffic line ; *(közúti)* traffic lane

forgalom traffic ; *(vasúti v hajó)* service *is* ; **forgalmat besorol** *(rep)* sequence the flow of traffic ; **erős** ~ heavy traffic ; ~**ba hoz** issue ; ~**ból kivont** *(hajó)* out-of-commission ; ~**ban levő** current ; *[ércpénz]* passable ; ~ **nagysága** *v* **mennyisége** *v* **volumene** volume of traffic ; **sűrű, torlódott** ~ congested traffic ; ~ **szabályossága** *(hajó, vasút)* regularity of service

forgalombesorolás sorting traffic

forgalombiztosság *(gépk)* roadworthiness

forgalomegység *(távk)* traffic unit

forgalomelterelő híd *(ideiglenes)* runaround (temporary) bridge

forgalomelzárás : villamos ~ *(vasútbiztosításnál)* electric traffic locking

forgalomirány current of traffic

forgalomirányítás *(gépk)* heading the traffic, traffic direction

forgalomirányító *fn* dispatcher ; ~ **fény** *(rep)* entrance-exit lights

forgalomképesség marketability

forgalomkorlátozás restriction in traffic

forgalomleállító berendezés stop(ping device)

forgalommérő *(távk)* traffic meter

forgalomnövekedés : duzzadásszerű ~ *(reggel a város felé, este a város felől)* tidal traffic

forgalomregisztráló *(telef)* analysis meter

forgalomszabályozás traffic regulation/arrangement, handling of traffic

forgalomszámlálás census of (road) traffic, traffic count

forgalomszámláló *(rád)* traffic-counter

forgalomszétválasztó járdasziget dividing island

forgalomterelő : ~ **oszlop** *(kb. 1,3 m magas, járdaszigeteken)* (refuge) bollard ; ~ **rendszer** *(városépítés)* road junction system where traffic circulates in one direction only on the same level ; ~ **sáv** *(úttesten)* guide line

forgalomtorlódás *(gépk)* traffic congestion/„jam" ; ~**ból eredő teljes mozgásképtelenség** traffic block

forgalomválasztó számjegy *(helyi és távolsági között ; telef)* transfer code digit

forgalomvezérlés traffic control ; **központi** ~ **kezelő készüléke** centralized traffic control machine

forgás turning, revolution, rotation, giration, swinging, circle, spin, run(-ning), autogiration ; **napi** ~ diurnal rotation ; ~ **nélküli erőtér** irrotational field ; **óramutató járásával ellentétes** ~ backing ; **önmagától** ~ autorotation ; **saját tengelye körüli** ~ axial rotation

forgáscsap *(gépt)* pivot

forgáscsapanya *(gépt)* pivot nut

forgásfelület *(mat)* surface of revolution;

forgási : ~ **ellenállás** rotational resistance ; ~ **ellipszoid** ellipsoid of rotation ; ~ **elnyelés** *(szink)* rotational absorption ; ~ **hiperboloid** hyperboloid of revolution ; ~ **irány** direction/sense of rotation, hand (of rotation), rotation sense ; ~ **középpont** centre of rotation ; ~ **sebesség** rotative/rotational velocity, speed of rotation ; ~ **sugár** *(darué)* swinging radius ; ~ **szinkép** rotation spectrum ; **színképelemzés** rotational analysis ; ~ **színképsávok** rotational bands ; ~ **tengely** *l* **forgástengely** ; ~ **test** *(mat) l* **forgástest**

forgásirányszabályozó *n* *(gőzgépen)* reversible controller

forgásirányváltó hajtószíj reversible belt

forgásközéppont centre of gyration

forgáskúp normal cone

forgásparaboloid paraboloid of revolution

forgáspont fulcrum, centre of rotation ; ~ **működése** fulcrumage

forgássebesség *l* **forgási sebesség**

forgástengely rotation/pivot(al) axis axis of rotation

forgástér *[forgattyúé]* disc area

forgástest body/solid of rotation/revolution

forgásvektor *(mat, mech)* spin/rotating vector

forgat turn, rotate, drive, twist, wheel, circle, spin ; ~**va működő kőzetfúró** rotary rock drill ; **szénát** ~ ted

forgatag *(hidr)* swirl, vortex, eddy

forgatás rotation, turning ; *l még* **forgás** ; *(darué)* swing

forgatási : ~ **előjel** *(vegy)* sign of rotation ; ~ **fék** *(emelőé)* slewing-gear brake ; ~ **sebesség** *[hanglemezfelvételkor]* recording speed

forgatásos (egyensúly)vizsgálat turning test

forgatható rota(ta)ble, turnable, rotary, revolving, pivoted, slewable, slewing, swinging ; ~ **antenna** rotable aerial ; ~ **billentő** *v* **buktató szerkezet** rotary tippler ; ~ **cölöpverő** swivelling pile driver ; ~ **és dönthető állványfej** *(fényk)* pan-and-tilted head ; ~**an egymáshoz erősített horogpár** *(gépt)* sister hook ; ~ **elosztó tölcsér nagyolvasztón** revolving top of blast furnace; **híd** swinging bridge ; ~ **híd nyílása** pivot span ; ~ **keret(antenna)** rotative loop, rotating-loop antenna ; ~ **szán** *(gépt)* pivoted slide rest ; ~ **(szerszámtartó) szán** swivel carriage ; ~ **tájolókorong** reverse card ; ~ **(többszerszámos) késtartó** turret toolpost ; ~ **ülés** swivel seat

forgató *mn* turning, rotative, rotary, swinging, rotatory, gyratory ; ~ **befogó fej** swivel head ; **darugém** ~ **gépezete** boom swinging gear ; ~ **dob (henger)** *(tex)* stripper ; ~ **erőpár** *(mech)* turning pair ; ~ **farúd** *[fúrórúd kiemelésére és forgatására]* brace head ; ~ **képesség** *(vegy)* optical activity ; ~ **nyomaték** torque, turning moment, rotative moment ; ~ **nyomaték diagramja** torque curve ; ~ **nyomaték karja** torque arm ; ~ **nyomaték megengedett eltérése** torque allowance ; ~ **nyomaték sebességi görbéje** torque-speed curve ; ~ **szerkezet** *(emelőn)* swinger, traverse gear ; *(fényk)* motion ; *(forg)* swivel gear

forgatóasztal *(ol)* rotary table, turntable

forgatócsap driving bolt

forgatógomb *(rád)* (turn) knob

forgatókar *(gépt)* crank, turnover

forgatókorong *(távk)* rotatable disc

forgatókönyv *(film)* shooting-script, continuity

forgatólemez *(bány)* turntable, turnsheet

forgatómű revolving gear ; ~ **gyűrűje** *(emelőn)* slewing ring ; ~ **kötele** *(bány)* swinger line

forgatónyomatékmérő (pad) torque balance

forgatónyomaték-tároló lendkerékrendszer flywheel storage system

forgatópecek *v* **-kar lyukas fejű csavarhoz** tommy

forgatórúd *(ol)* Kelly drill stem

forgatósaru *(forgó fúrófejes fúráshoz)* rotary-system drag shoe

forgatószeg *(szintezésnél)* turning pin

forgatószekrény *(cementhez)* converting chest

forgattyú *(gépt)* crank, handle ; *(gépk)* crank ; *(forgattyúkarok és forgattyúcsap együtt ; gépk)* crank throw ; ~ **derékszögben álló karokkal** right-angle crank ; ~**val ellát** crank ; ~ **felékelési szöge** crank displacement; ~ **forgató nyomatéka** crank turning moment ; **gömbvégű** ~ ball crank ; ~ **karja** *(gépt)* web of a crank ; ~ **két darabból** *(gépk)* two-piece crank ; **kézi indító** ~ *(gépk)* starting handle ; ~ **sugárhossza** throw of crank

forgattyúagy crank boss

forgattyúcsap *(gépk)* crank(-)pin ; *(szivattyún)* trunnion

forgattyú-csapágycsésze crank brass, shell for crankshaft bearing

forgattyú-csapágytok crank box

forgattyúcsap-eszterga crank pin lathe, crank pin turning machine

forgattyúcsap-köszörű *(gépk)* crank pin grinder

forgattyúcsap-kulissza crank guide

forgattyúcsapos lendkerék crank flywheel

forgattyúcsap-szintezővas crank level iron

forgattyúfej *(gépk)* big end ; ~ **kengyele** big-end cap

forgattyúfejcsavar *(gépk)* big-end bolt

forgattyúgödör crank pit

forgattyúhajtású gyalugép crank planer

forgattyúház *(gépt)* crank chamber/stand ; *(gépk)* crankcase ; **alagút-típusú** ~ barrel-type crankcase ; ~ **fele** *(mkpár)* transmission half casing; **főtengelyelrendezésű** ~ C-frame ; ~ **olajteknője** crankcase sump ; ~ **tartókarja** crank arm
forgattyúház-alsórész *(gépk)* lower crankcase
forgattyúházfedél *(csillagmotornál ; rep)* rear crankcase cover
forgattyúház-közbensőrész intermediate casing
forgattyúház-közfal *(gépk)* crankcase web
forgattyúház-oldalfedél *(mkpár)* casing cover
forgattyúház-öblítéses motor *(gépk)* crankcase-scavenged engine
forgattyúház-öblítő olaj crankcase flushing oil
forgattyúház-sűrítés *(kétütemű motorban)* crankcase compression
forgattyúkar *(gépt)* crank web/arm, body of crank, throw ; *(gépk)* crank web/arm ; *(induktoron ; távk)* crank handle ; ~ **hossza** throw of crank ; **könyökös** ~ *(gépt)* bob ; ~ **kúpos csapszege** crank cotter pin
forgattyúkaros furdancs crank auger
forgattyú-kézikar crank handle
forgattyúkönyök throw of crank, crank throw
forgattyúkör *(vasút)* slewing circle
forgattyús crank(ed) ; ~ **előtéttengely** *(többmotoros villamos mozdonyon)* jackshaft ; ~ **hajtómű** crank gear/drive ; ~ **kalló** *(bőr)* drum tumbler ; ~ **kerék** bull gear ; ~ **és kulisszás hajtás** *(gép)* slot-and-crank drive ; ~ **lemezolló** crank guillotine shearing machine ; ~ **olló** crank shears ; ~ **prés** *v* **sajtó** crank press ; ~ **szövőszék** crank loom ; ~ **tárcsa** *l* **forgattyútárcsa** ; ~ **tengely** *l* **forgattyútengely** ; ~ **típusú** cranking-type ; ~ **vésőgép** crank slotting machine
forgattyúsház *(gépk, mkpár)* *l* **forgattyúház**
forgattyúsugár *(gépk)* (crank) throw
forgattyúszekrény *l* **forgattyúház**
forgattyúszög *(az előgyújtás megadására ; gépk)* crank angle
forgattyútárcsa *(forg)* crank plate
forgattyútengely *(gépk)* crankshaft, crank axle ; **kétszer hajlított** ~ double-throw crankshaft ; **szétszedhető** ~ built-up crankshaft
forgattyútengelycsap *(gépk)* main crankshaft journal
forgattyútengelycsapágy *(gépk)* main/crank bearing, crankshaft (journal) bearing
forgattyútengelycsapágy-fedél *(gépk)* crankshaft journal bearing cap
forgattyútengely-eszterga(pad) crankshaft lathe
forgattyútengelykarom *(indítókarom)* crankshaft starting dog
forgattyútengelyköszörű crankshaft grinder
forgattyútengelytartó oszlop *(mélyfúrógépen)* jackspost
forgó *fn (csapé)* plug ; *(hidr)* swallow; *mn* turning, slewing, revolving, rota(to)ry, gyro-, rotating, swing(ing), rotatable ; *(rád)* *[antenna:]* rotating, rotatory, rotatable ; *[kondenzátor:]* turnable, variable, adjustable ; ~ **ablakszárny** *(ép)* swivel frame ; ~ **ágfogó** *(pa)* rotary sliver-screen ; ~ **alapzat** *(gépt)* rotatable base ; ~ **alkatrészek** rotating parts ; ~ **antenna** rotatable/rotary aerial ; ~ **áramátalakító** rotary converter ; ~ **áramszaggató** rotary interrupter ; ~ **átkapcsoló** *v* **kommutátor** gyrotrope ; ~ **áttünés** *(film)* whirling wipe ; ~ **buktató** *v* **billentő szerkezet** rotary dump ; ~ **csappantyú** flap shutter ; ~ **csavarmenetvágó pofatartó** revolving die holder ; ~ **csigasor** swivel block ; ~ **csomófogó** *(pa)* rotary/drum strainer, outward-flow strainer ; ~ **csúszdaválvú** *v* **surrantó** *(bány)* swivel chute ; ~ **dobkemence** revolving cylindrical furnace ; ~ **dobszárító** rotary drum drier ; ~ **dobszűrő** rotary drum filter ; ~ **dugattyú** rotary piston ; ~ **előválasztó** *(távk)* rotary preselector ; ~ **erősítő** *(rád)* rotary amplifier ; ~ **erőtér** *(vill)* rotary field ; ~ **esztergafej kettős csúszószánja** capstan (tool) rest ; ~ **evezővilla** swivel row fork ; ~ **exkavátor** rotary excavator ; ~ **fázisváltó** rotary phase changer ; ~ **fenekű kemence** rotary oven ; ~ **feszítő (szerkezet)** *(tex)* revolving expander; ~ **fogantyú** *(motorkerékpáron gázszabályozáshoz)* twist grip ; ~ **fonalas dorong** *(tex)* revolving back rest ; ~ **főzőüst** *(pa)* revolving boiler ; ~ **fúrófej** rotary bit ; ~ **fúrófejes fúrási rendszer** *(ol)* rotary system ; ~ **fúrófejes fúró berendezés forgató szerkezete** rotary rig ; ~ **fúrófejes gépi fúrás** rotary boring/drilling ; ~ **füstszabályozó** swivel damper ; ~ **gerjesztőmágnes** rotating field magnet ; ~ **gömbfőző** *(pa)* spherical revolving boiler ; ~ **görgőpálya** rotation roller pass ; ~ **hengerkoszorús (repülő)motor** rotary engine ; ~ **higanyos fordulatszámmérő** rotary mercury tachometer ; ~ **irányított jeladó** rotative directing beacon ; ~ **iránykereső** *v* **iránymérő** *(rád)* rotating direction finder ; ~ **kamerafej** *(fényk)* turret-front ; ~ **kaparó** *(tárcsás eken)* rotary-type scraper ; ~ **kapcsolat** *(gép)* turning joint ; ~ **kapcsoló** *(vill)* rotary/revolving switch ; ~ **kapcsolóhorog** *(bány)* swivel hook ; ~ **kefehenger** *(pa)* brush doctor ; ~ **kemence** rotary/rotative furnace, rotator ; ~ **képesség** verticity ; ~ **keresztvágó** *(pa)* rotary cutter ; ~ **készülék** *(gépt, ált)* rotary ; *(körasztal)* rotating fixture ; **kettős** ~ **kondenzátor** tandem capacitor/condenser ; ~ **kompresszor** rotary compressor ; ~ **kondenzátor** rotating plate condenser, rotary/rotatory capacitor, warbler, variable/vane condenser ; ~ **kondenzátor kapacitáskarakterisztikája** law of condenser ; ~ **koszorú** *(emelőé)* rolling ring ; ~ **koszorúlapát** *(szivattyúnál v kompresszornál)* impeller blade ; ~ **kúpostörő** *v* **zúzógép** rotary breaker ; ~ **külvilla** *(evezőshajónál)* swivel rowlocks ; ~ **légárammérő rácsozat** revolving register air grid ; ~ **légszivattyú** rotary air pump ; ~ **lövegtalp** *(kat)* swivel base ; ~ **mágneses befogó tokmány** rotary magnetic chuck ; ~ **maró reszelő** rotary burr ; ~ **medence** *(kemencében)* revolving hearth; ~ **meddőválogató asztal** *(bány)* revolving picking table ; ~ **megszakító** *(vill)* rotary interrupter ; ~ **mintavevő készülék** revolving sampler ; ~ **motorgenerátor** rotary transformer; **nem** ~ **csomófogó** *(pa)* half drum stationary ; ~ **orsófej** *(gépt)* rotary spindle head ; ~ **osztályozó** *(pa)* roll screen ; ~ **osztályozódob spirális kihordóval** revolving spiral classifier ; ~ **permetező (készülék)** fan atomizer; ~ **polarizációs síkú hullám** rotary wave ; ~ **pörkölő kemence** cylinder roaster ; ~ **rácsú cső** *(rád)* rotating-grid tube ; ~ **rakodófej** *(bány)* swinging loader head ; ~ **rendszerű** rotary-system ; ~ **rendszerű vetülékváltó láda** *(tex)* revolver ; ~ **sorompó** turnstile ; ~ **sugárzó kemence** *(koh)* rotator, rotative/rotatory furnace ; ~ **sulykológép** rotary beetling engine ; ~ **sűrítő** *(kompresszor)* rotary compressor ; *(kondenzátor)* *l* **forgó kondenzátor** ; ~ **szelep** rotary valve ; ~ **szélsebességmérő** rotary anemometer; ~ **szerelvény** *(távk)* rotor assembly ; ~ **szerkezet** traverse gear ; ~ **szerszámfej** *(hatszög-fej)* turret ; ~ **szerszámtartó** *(forg)* swivelling/rotary tool-holder; ~ **szikraköz** *(távk)* smooth disc discharger rotary (spark) gap ; ~ **szilánkfogó** *(pa)* rotary sliver-screen ; ~ **színszűrős tárcsa** *(mozgóképvetítő gépen)* rotating colour disc ; ~ **szórófejes öntözés** *(mzg)* sprinkler irrigation ; ~ **szórófejes öntöző berendezés** *(mzg)* rotating sprinkler ; ~ **szuperfoszfát-feltáró kamra** revolving superphosphate den; ~ **takácsmácsonya** *(tex)* rolling teasle ; ~ **tápvonal** *(távk)* rotating feed ; ~ **tekercselés** *[variométerben]* rotor coil(s) ; ~ **tolattyú** rotary piston valve, Corliss valve ; ~ **tolózár** *[füstgáz számára]* swivel damper ; ~ **toronydaru** rotary tower crane ; ~ **törőgép** gyratory breaker ; ~ **transzformátor** rotary transformer ; ~ **tűztér** *(kemencében)* revolving hearth ; ~ **vágógép** *(pa)* circular cutting machine ; ~ **választó (kapcsoló)** *(távk)* rotary selector/switch ; ~ **válogatóasztal** *(bány)* turntable ; ~ **váltóláda** *(tex)* revolving box of loom ; ~ **világítópéce** rotary beacon ; ~ **villamos erőtér** rotating field ; ~ **vízsugár** *(tűzijátéknál)* girandole ; ~ **vonalzógép** *(pa)* rotary ruling machine
forgóajtó revolving/swivel door, centre-wind
forgóajtó-csaptok crapaudine
forgóállvány *(vasút)* bogie, (radial) truck ; ~ **keresztgerendája** (bogie) bolster
forgóállványfék *(vasút)* bogie brake
forgóállványhimba *(vasút)* bogie/truck balance
forgóállványkeret *(vasút)* bogie frame
forgóállványos kocsi *(vasút)* pivoted carriage
forgóalváz *(vasút)* *l* **forgóállvány**
forgóanya *(gépt)* revolving nut
forgóáram three-phase alternating current

forgóáramú three-phase (current)
forgóasztal *(gépt)* rota(to)ry/rotating/revolving/circular table, turntable; ~ **szénmintavételhez** rotary docking table
forgóasztalos: ~ **előalakító sajtó** *(műanyaghoz v tablettákhoz)* rotary preforming press; ~ **sajtó** rotary table press; ~ **síkcsiszoló gép** rotary surface grinding machine
forgócsap *(gépt)* pivot, (joint/axle/link) pin, swivel stud/pin, fulcrum, trunnion, king bolt; *(orgonán)* roller; ~ **csapágya** pivot bearing; ~**ra felfüggesztett** pivoted, slung on a pivot; ~ **olajvető karimája** *v* **olajozógyűrűje** pivot collar
forgócsapgyűrű *[konverter-retortánál]* trunnion ring
forgócsapos: ~ **csapó-** *v* **billenőhíd** trunnion bascule bridge; ~ **daru** pivot slewing crane; ~ **felfüggesztés** *(gépt)* pivot suspension
forgócsapszeg swivel stud, pintle
forgócsaptányér *(vasút)* centre-plate
forgócsúcs *(gépt)* live/running/revolving centre
forgócsukló *(gépt)* swivel (joint)
forgócsuklós: ~ **csapóhíd mereven kötött ellensúllyal** simple trunnion bascule (bridge); ~ **csapszeg** swivel bolt
forgódaru swing/slewing crane, whirley
forgódob rolling/revolving drum, revolver
forgódobos: ~ **adagoló** rotary feeder; ~ **(cement)égető kemence** revolving tubular (cement) kiln; ~ **égető kemence** drum-type furnace kiln, rotary kiln; ~ **ellenáramú levegő-előmelegítő** rotary regenerative heater; ~ **kemence** revolving cylindrical furnace, drum-type furnace; ~ **keverő** rotary drum mixer; ~ **mészoltó berendezés** rotary slaker; ~ **mikrofilmkamera** rotary microfilm camera; ~ **prizmás letapogató** *(telev)* prism drum; ~ **rosta** revolving drum screen, rotary sieve
forgódugattyús szivattyú rotary pump
forgóerő *(mech)* rotary/rotating force
forgófej *(gépt)* swivel head; *(kamerán; fényk)* turret-front; *(fonógépen)* rotary head; ~ **csúszószánja** capstan
forgófejes szíjlyukasztó fogó revolving belt punch
forgófonalas kötés *(tex)* gauze weave
forgófőző *fn (pa)* rotary boiler
forgófúrással fúrt kút rotary well
forgófúvó *fn* rotary blower
forgófúvókás kondenzátor rotary jet condenser
forgófűrész rotary saw
forgógémes: ~ **daru** swing jib crane; ~ **futódaru** travel(l)ing crane with slewing jib; ~ **futómacska** crab with slewing jib
forgógépes: ~ **adó** *(rád)* alternator transmitter; ~ **egyenirányító** *(vill)* rotary rectifier; ~ **rendszer** *(távk)* rotary system
forgógyűrű swivel
forgógyűrűs lánc *v* **bilincs** swivel chain
forgó-hajtogató fárasztó-vizsgálat rotating-bar fatigue test
forgóharangos daru visor/helmet crane
forgóhengeres: ~ **fojtószelep** rotary barrel throttle; ~ **kemence** *(koh)* rotary kiln; ~ **magtisztító** rotary grain grader
forgóhíd turn/swing bridge, drawbridge; ~ **csapját alátámasztó pillér** pivot pier; ~ **zárszerelvénye** drawbridge lock
forgóhídpillér draw rest
forgóhíd-zár *(villamos)* (electric) drawbridge lock
forgóhordó *(bőr)* (milling) drum
forgóhorog *(emelőn)* swivel hook
forgóinga revolving/circular pendulum
forgókanna fejjel *(előfonat részére; tex)* head and coiler
forgókannás előfonó (gép) *(tex)* long-draft slubber
forgókapu swinging gate
forgókar *(gépt)* jointed/swivel arm
forgókaros toronydaru cantilever tower crane
forgókefe rotary brush, brush wheel
forgókefe-szerelvény *(vill)* brush carriage
forgókereszt *(ajtón)* turnstile, toll
forgókeresztelrendezésű hajlított dipólok *(rád)* turnstile folded dipoles
forgókeretes iránymérés *(rád)* rotating-frame direction-finding
forgókéses: ~ **altalajművelő gép** gyrotiller; ~ **fűkaszáló** rotary land mower
forgókilincs *(gépt)* rotary pawl
forgókorlát turnpike
forgókristályos eljárás *(kristályok röntgenvizsgálatánál)* rotating crystal method
forgókúpos törőgép gyratory cone crusher
forgólánc *(gézszövésnél)* leno warp
forgólap: **mellső tengelyre szerelt** ~ *(lófogatú kocsin)* bolster plate
forgólapát *[keverőben]* rotor
forgólapátkoszorú *l* **járókerék**
forgólapátos: ~ **hóeke** rotary (snow)plough; ~ **keverőtartály** *(pa)* stuff chest; ~ **motorkompresszor** vane-type supercharger; ~ **szivattyú** winding pump, vane-type pump; ~ **szívókotró** suction-cutter dredger
forgólemezek *(kondenzátorban)* moving/rotor plates
forgómágneses galvanométer moving-needle galvanometer
forgómező *(motoré)* rotating field, circuital vector field
forgómotor ellentétesen forgó két hengersorral *(rep)* differential engine
forgómozgás rotary movement/motion
forgónyílás *(forgóhídnál)* swing span
forgóorsó *(gépt)* live/revolving screw
forgóoszlop *(hidr)* heelpost
forgópánt hinge, band and gudgeon
forgópántcsap *v* **-pecek** hinge pin
forgópisztoly revolver
forgópisztolytáska *v* **-tok** revolver holster
forgóponttartó *fn* fulcrum bracket
forgórész *(gépt)* swivel, rotor; *(vill)* armature, anchor, rotor; *l még* **armatúra**; *(nagyfrekvenciás generátoré)* inductor; ~ **árama** rotor current; **áramkiszorításos** ~ *(vill)* throttling-type rotor; ~ **áramköre** rotor circuit; **csillag alakú** ~ *(vill)* armature spider; **csúszógyűrűs** ~ *(vill)* phase-wound rotor; ~ **feszültsége** *(vill)* rotor voltage; **hengeres** ~ *(vill)* distributed-polar rotor; **kalitkás** ~ *(vill)* cage rotor; **kétkalitkás** ~ *(vill)* double-deck rotor, double-wound rotor; **kiképzett pólusú** ~ *(vill)* salient-pole rotor; **mélyhornyú** ~ *(vill)* deep-bar rotor; **műszer** ~**e** moving element; **rézrudas** ~ *(kalitkás öntött)* copperspan rotor; **rövidrezárt** ~ *(vill)* short-circuited rotor; **széleshornyú** ~ *(vill)* throttling-type rotor; ~ **vasteste** rotor core
forgórész-fluxus *(vill)* armature flux
forgórész-fogaskerék *(vill)* armature pinion
forgórész-horony *(vill)* armature slot
forgórészrúd *(vill)* armature bar
forgórész-tekercs *(vill)* rotor coil
forgórésztekercselés *(vill)* rotor/armature copper/winding
forgórész-vezető *(vill)* armature conductor
forgórész-vizsgáló *fn (önindítónál; gépk)* armature growler; ~ **berendezés** armature tester
forgórosta rotary grain grader, revolving grizzly, rotary cleaner/grizzly
forgórostély rotary grate
forgórostélyos: ~ **aknakemence** rotary grate shaft kiln; ~ **burgonyaszedő gép** potato spinner; ~ **gázgenerátor** rotary grate gas producer; ~ **gépi tüzelő berendezés** roto-grate stoker; ~ **zsugorító** *(pörkölő)* **kemence** rotary sintering kiln
forgósarok *(gépt)* turning joint, hinge; ~ **furata** hinge eye
forgósaru *(gépt)* swinging shoe
forgósugár *(világítótoronyé)* movable beam
forgószálas: ~ **fűzés** *(tex)* gauze draft; ~ **kötés** *(tex)* gauze weave; ~ **kötés utánzata** *(tex)* imitation gauze
forgószárny *(rep)* rotor wing; ~ **döntése** *(helikopternél)* tilt
forgószárnyas: ~ **gázmérő** rotary gas meter; ~ **repülőgép** rotory-wing aircraft, helicopter, rotorcraft; ~ **szélsebességmérő** revolving (cup) anemometer
forgószegmens *(gépt)* rolling segment
forgószék *(repülőorvosi vizsgálathoz)* pilot's testing chair
forgószekrényes bálasajtó revolver press
forgószél *(met)* whirl(wind), tornado, twirl; **poros** ~ dust devil
forgószelep rotary valve
forgószélvihar *(met)* swirl
forgószínpad *(ép)* revolving/rolling/moving stage
forgószita *(liszt osztályozására)* rolling screen
forgószita-osztályozó *(pa)* rotary sieve
forgószivattyú *(műselyemfonáshoz)* spinning pot drive
forgószivattyús fonó eljárás *(műselyemfonásnál; tex)* spinning pot process
forgószuppert *(gépt)* pivoted slide rest
forgószűrő *(pa)* circular filter
forgótalpas satu swivelling-base vise
forgótányér *(gépt)* centre plate; **kúpsüveges** ~ bell-mouth centre plate
forgótányéros adagoló *(gépt)* revolving plate feeder
forgótárcsa *(emelőn)* slewing ring
forgótárcsás: ~ **csoroszlya** *(mzg)* revolving coulter; ~ **daru** curb ring crane; ~ **fénymérő** rotating-sector photometer; ~ **letapogató** *(telev)* rotating scanner; ~ **szikraköz** *(rád)* Marconi commutator; ~ **tolattyú** rotary slide/disc valve
forgótartályos: ~ **keverőgép** rotating-pan mixer; ~ **keverőgép excentrikus**

lapátkeverővel rotating pan with offset blades
forgótekercs *(rád, vill)* moving coil
forgótekercses: ~ **ampermérő** moving-coil ammeter; ~ **galvanométer** moving-coil galvanometer, D'Arsonval galvanometer; ~ **jelfogó** moving-coil relay; ~ **műszer** moving-coil instrument/meter
forgótengely *(gépt)* live spindle, mandrel, mandril
forgótengelycsap *(gépt)* pivot journal, swivel
forgótengelyes telefonberendezés rotary system
forgótér *(vill)* circuital vector field
forgótest rotary body
forgótokmány facing arm
forgótornyos mozgódaru revolving-tower travelling crane
forgótorony (gun) turret
forgótorony-löveg turret gun
forgótőke working capital
forgóülés pivot seat
forgóválasztó-rendszer *(távk)* rotary system
forgóváz *(vasút)* *l* **forgóállvány**
forgóvihar *(met)* cyclone, twirl
forgózár *(mozgófilmvetítő gépen)* rotary shutter
forgó-zúzó gép gyrating/gyratory crusher
forgózsámoly *(vasút)* bogie, rotatable base; ~ **ágya** transom bed; ~ **biztonsági lánca** check chain; ~ **csapja** *(gépk)* pivot shaft; **keresztrácsrudas** ~ diamond truck; ~ **kiegyenlítő himbája** truck equalizer
forgózsámolybölcső *(vasút)* cradle
forgózsámolycsap *(vasút)* perch bolt, fulcrum pin
forgózsámoly-középcsap *(vasút)* centre pin
forgózsámoly-középtányér *(vasút)* centre bearing
forgózsámolyos (fuvarozó) szántalp *(fa)* rocker (on a sled)
forma shape, form, style; *(önt)* mo(u)lding; *(alak)* die; *(vegy)* mo(u)ld; *l még* **alak**; *(műjéggyártáshoz)* ice can; ~ **abroncsvulkanizáláshoz** tyre mo(u)ld; ~ **fekecselése** *(önt)* mould facing, blacking; ~ **felső része** *(önt)* cope; **formában készült sárcipő** stamped overshoe; ~ **magja** *(önt)* core, dowel; ~ **megvágása** *(önt)* ingate; **optikailag ellentétes** ~ *(vegy)* antimer; **formába önt** found, cast, pour into the mo(u)ld; ~ **záróvonala** *(gumi)* spew line
formáció *(földt)* formation, system; *(csoport)* group; *(táj)* country; *(rétegek)* strata; ~**n belüli** intraformational; **előre nem várt** ~ *(ol)* stray; ~ **talpa** bottom of formation
formacsiszolás *l* **alakos köszörülés**
formacső sectional pipe
formadarab *(önt)* moulded piece
formadöngölő *(önt)* (mo(u)ld) rammer; **hegyes** ~ pegging rammer
formaellenállás form drag
formafaktor *l* **alaktényező** shape factor
formafekecs *(önt)* moulder's blacking
formagumitalp *(cipő)* mo(u)lder sole
formagyűrű *(erősítő; önt)* mo(u)ld-hoop
formagyűrű-osztályozó *(gumi)* base ring register
formahenger *(nyomda)* engraving cylinder; *(pa)* size roll
formahomok *(önt)* foundry/mo(u)ld-(ing) sand
formahomok-döngölő *(önt)* mo(u)lding rammer
formakenő(szer) *(gumi)* mo(u)ld lubricant/release
formakocsi *(öntőformák szállítására)* mould carriage
formakő *(koh)* checker brick
formaköpeny *(önt)* mantle, case
formál *(alakít)* form, shape; *(mintáz)* model; *l még* **alakít** *és* **formáz**; **elektrolitikus kondenzátort** ~ form the insulating film in an electrolytic condenser
formaláb *(kh)* shape
formálás *(alakítás)* formation, shaping; *(mintázás)* model(l)ing; *(akkumulátoré:)* formation, forming; *(fa)* shaping
formaldehid *(tiszta:)* formaldehyde, methane/formic aldehyde; *(vizes oldat)* aldoform, formol
formaldehides: ~ **cserzés** formaldehyde tannage; ~ **előcserzés** formaldehyde foretannage
formálható *(képlékeny)* plastic; *(agyag)* fictile
formálhatóság plasticity
formalin formol, aldoform
formalinozás formolation
formalintitrálás *(vegy)* formol titration
formáló *mn* forming, shaping
formálóprés *(nyomda)* forcer
formált akkumulátorlemez *(vill)* formed plate
formamag *(önt)* mo(u)ld core
formáns *(hangt)* formant
formánstartomány *(hangt)* formant range
formaöntés *(önt)* mo(u)ld casting
formárahozás *(bőr)* crimp
formasarok *(cipő)* mo(u)lded heel
formasimító *(önt)* lancet
formaszárítás *(önt)* mo(u)ld drying
formaszeg *(önt)* mo(u)lding pin
formaszekrény *(önt)* mo(u)ld box, (foundry) flask; ~ **alja** *(döngölőfenék)* flask/bottom board; **alsó** ~ drag/bottom flask/box, drag; ~ **felső része** top/upper flask/box, cope; ~ **füle** flask ear; ~ **kiverése** *(önt)* shaking-out, stripping
formaszekrény-alátét *(önt)* flask board
formaszekrényes öntés *(önt)* box/flask casting
formazekrény-fenék flask bottom board
formaszekrény-kapocs *(önt)* moulders' clamp
formaszekrényleemelő: ~ **formázógép** *(önt)* flask-lifting mo(u)lding machine; ~ **készülék** flask-lifting device
formaszekrénymerevítő borda *v* **rúd** *(önt)* flask bar, bar of mo(u)lding box
formaszekrény-nyomok *(önt)* feathers
formaszerkesztés *(gumi)* mo(u)ld design
formatégla shaped/mo(u)lded brick
formatényező *(vill)* form factor
formatisztaság clarity of form
formátlan shapeless, clumsy, lumpy
formátum size
formaűrpótló *(nyomda)* furniture
formáz *(alakít)* form (up), shape; *(önt)* mo(u)ld; *(harisnyát:)* board
formazárás *(nyomda)* locking up (of form)
formazáró ék *(nyomda)* quoin
formázás *(alakítás)* forming, formation, shaping; *(önt)* mo(u)lding; *(harisnyáé:)* boarding; ~ **alakzólappal** *(önt)* sweep moulding, strickle-board moulding; ~ **formaszekrénybe** *(önt)* flask moulding; **gépi** ~ *(önt)* machine moulding; ~ **gipszformába** *(önt)* plaster moulding; ~ **héjformába** *(önt)* shell moulding; **kézi** ~ *(önt)* hand moulding; **munkapadon való** ~ bench moulding; ~ **nyitható formaszekrényben** *(önt)* snap-flask moulding; ~ **sablonnal** *(önt)* sweep moulding, strickle-board moulding; ~ **talajformába** *(önt)* earth moulding
formázó *(munkás; önt)* shaper, mo(u)lder; ~ **eljárás** *(tex)* shaping process; ~ **feszültség** *(vill)* forming voltage; ~ **kalapács** *(önt)* mo(u)lder's hammer; ~ **munkapad** *(önt)* mo(u)lder's horse; ~ **reszelő** *(homorú felületű)* mo(u)lding file
formázóagyag-keverő gép *(önt)* loam mill
formázódeszka *(önt)* shaping/pattern plate
formázógép *(önt)* mo(u)lding machine; *(kalaptompgyártáshoz)* forming machine; ~ **lehúzó lapja** *(önt)* mo(u)lding stripping plate
formázóhomok *(önt)* foundry/mo(u)ld-(ing)/facing sand; **agyagos** ~ *(önt)* clayed sand
formázóhomok-előkészítő gép *(önt)* sand-preparing machine
formázókés *(önt)* mo(u)lding cutter
formázóműhely *(önt)* mo(u)ldery
formázónagyság *(tex)* board size
formázóolaj *(téglaprésekhez)* brick oil
formázóprés *(önt)* mould press; *(ált)* forming press
formázósablon *(önt)* strickle(-board), sweep templet, sweepboard
formázósajtó forming press
formázószeg *(önt)* moulder's nail
formázószekrény *(önt)* *l* **formaszekrény**
formázószerszám *(önt)* former, mo(u)lder's tool
formázó-szögsimító *(önt)* angle sleeker
formázott formed, shaped; *(önt)* mo(u)lded; *(cipőkéreg v -talp)* embossed; ~ **tégla** shaped brick
formázóvas *(ép)* mo(u)lding iron
formiát form(i)ate
formil *(gyök)* formyl
formiloz formylate
formogél-reakció formogel reaction
formolit-szám *(ol)* formolite number
formula formule; *l még* **képlet**
formulakocsi *(gépk)* grand prix car, formula car
forog turn (about), pivot, rotate, revolve, wheel, reel, circle, spin, swivel, gyrate, hinge; **egy helyben** ~ *(kerék)* skid; **körhagyón** ~ run untrue
foronómia *(mech)* phoronomics
forr boil, seethe; *(ásv)* bubble
forradás seam
forral boil, scald
forralás boiling; ~ **gőzzel** steam boiling
forraló *(készülék)* boiler
forralócső boiling tube
forralódob boiler drum
forralótartály boiling tank
forralt boiled

forrás *(jelenség)* boiling, bubbling; *(felforrás)* ebullition; *(földt)* spring, well, fount(ain), rise, riverine, head; *(eredet)* origin, source, resource, egress; **előtörő ~** *(földt)* surging well; **~ eredete** *(földt)* well head; **~ felbukkanási helye** *(földt)* intake of a well; **~ kezdete** *(buborékképződés)* ebullition; **~ban levő** *(fiz)* ebullient; **olvadt** rem **~a** *(koh)* wildness; **szénsavas ~** *(földt)* aerated spring; **természetes ~** *(földt)* earth spring; **vasas ~** *(földt)* chalybeate spring; **vízszint alatt feltörő** *(akvális)* **~** *(földt)* drowned spring
forrás- fontal
forrás-entrópia entropy of source
forrásérc *(ásv)* limnite
forrásfoglalás *(hidr)* catchment, beheading, closing spring
forrásfoglalási módszer *(hidr)* method of closing springs
forrásgazdagság *(földt)* springiness
forrási köz v **tartomány** *(fiz)* boiling range
forráspont boiling temperature/point, B. P., b. p., steam point; **kezdő ~** initial boiling point; **~ meghatározása** determination of the boiling point, boiling point test
forráspontbenzin special boiling point spirit
forráspontcsökkenés boiling point depression/lowering
forráspontemelkedés boiling point rise; **moláris ~** *(oldószeré)* boiling constant; **~ vizsgálata** ebullioscopy
forráspontemelkedés-meghatározó készülék ebulliometer
forrásponthatárok *(hőfoktartomány)* boiling/distillation range
forrásszáj *(földt)* seepage
forrástartomány *(fiz)* boiling (point) range/spread, distillation range; **széles ~** broad boiling range
forrásterület *(met)* surge
forrásvidék *(földt)* riverine
forrásvíz spring water; **~ben élő vízi szervezet** krenobiont; **~et kedvelő** krenophile; **~ben nem otthonos** krenoxene
forrasz solder; **hideg ~** *(hőelemen)* cold junction; **meleg ~** *(hőelemen)* hot junction
forraszt solder; *(fémlemezzel)* sweat; **keményen ~** braze; **lágyan ~** solder
forrasztás *(keményforrasszal)* brazing; *(lágyforrasszal)* soldering; *(üvegfém; rád)* seal; **~ gázlánggal** gas brazing; **~ indukciós fűtéssel** *(vill)* induction soldering; **~ nélküli kötés** *(vill)* solderless connection; **~ okozta elridegedés** soldering embrittlement
forrasztási: ~ hő sweating heat; **~ varrat** soldering seam
forrasztásmentes csőcsatlakozás solderless pipe joint
forrasztó *fn* solderer; **~ felszerelés** solder set; **~ folyadék** soldering liquid; **~ kemence** brazing furnace; **~ ónpálca** strip tin; **~ pisztoly** brazing burner
forrasztóanyag solder
forrasztócső soldering pipe, blowpipe, blowtube; *(ásv)* blowpipe
forrasztócsúcs tag, soldering tag/tab, terminal soldering pin
forrasztócsúcsléc terminal strip
forrasztócsúcssáv *(vill)* terminal strip
forrasztócsúcstábla *(kivezetéseknél)* terminal board
forrasztócsúcstömb terminal block
forrasztódrót solder (wire)
forrasztófogó soldering pliers, burning/brazing tongs
forrasztófül solder ear
forrasztóhegmentes braze free
forrasztóhuzal solder wire
forrasztókályha soldering iron stove
forrasztókanál plumber's ladle
forrasztókenőcs solder(ing) flux/paste
forrasztólámpa solderer's/soldering lamp, blowtorch
forrasztóláng blowpipe/narrow/tongue flame
forrasztómunkás solderer
forrasztóón tin for welding, tin-lead solder
forrasztó-ötvözet tin-lead solder; **nagy óntartalmú ~** rich solder
forrasztópáka soldering iron/bit/cup/tool/hammer; **~ hegye** copper bit; **villamos ~** electric soldering bit; **villamos ~ hengeres betéttel** round electric soldering iron
forrasztópákafej bit
forrasztópálca solder(ing) bolt/set
forrasztópaszta solder(ing) paste/flux
forrasztópipa *l* **forrasztócső**
forrasztópisztoly soldering/brazing torch/burner, blowtorch
forrasztópor soldering powder
forrasztóréz soldering copper
forrasztósatu brazing clamp
forrasztósav soldering acid, killed spirit
forrasztószer solder, flux; **~ keményforrasztáshoz** brazing flux
forrasztószerszám soldering tool
forrasztótégely plumber's ladle
forrasztott: ~ acélborda *(tex)* soldered steel reed; **~ fémnyüstszálak** *(tex)* soldered wire healds; **keményforrasszal** v **rézzel ~** braze-jointed; **~ kötés** soldered junction/joint, brazed joint; **lágyforrasszal ~** soldered
forrasztóvíz soldering fluid/liquid, flux
forraszvaslupa *(koh)* charcoal bar
forráz infuse
forrázat infusion
forrcső boiler tube, steam-generating tube
forrcsőkefe tube brush
forrcsőkivágó készülék boiler tube cutter
forrcsőprés tube expander; **egyszerű ~** simple-pattern tube expander; **kettős ~** double-pattern tube expander
forrcsöves kazán boiler with internal flues
forrcsúcs *l* **forrasztócsúcs**
forró *mn* hot; *(forrásban levő)* boiling; **~ csiszolat** *(pa)* hot-ground pulp; **~ égöv** torrid zone; **~ gázok tisztítása** hot gas purification; **~ gyertya** *(gépk)* hot plug; **~ írezőanyag** *(tex)* boiling size; **~ kilúgozás** *(cu)* hot work in the battery; **~ kokillasapka** *(koh)* hot top; **~ levegő fővezetéke** hot main; **~ mázolás** *(eljárás; pa)* hot-melt coating; **~ szél** *(met)* hot blast; **~ szikra** *(gépk)* hot spark; **~ szökőforrás** *(földt)* *l* **gejzír**; **~ vízű medence** *(földt)* hot pool
forrólégfujtatás *(koh)* hot blast
forróléghevítő *fn* hot air generator
forrólégszelep *(önt)* hot-blast valve
forrónszárítás *(ker)* heat drying
forróvas *(koh)* hot iron
forróvizes vulkanizálás (hot-)water cure
forrpont *l* **forráspont**
forrpontemelés boiling point elevation
forsterit *(ásv)* forsterite
foszfát phosphate; **asszimilálható ~ok** *(mzg)* available phosphates; **savanyú ~** acid phosphate, hydrogen phosphate, hydrophosphate
foszfátgyöngy *(vegy)* microcosmic bead
foszfátliszt *(mzg)* ground phosphate
foszfátozás *(transzformátor-lemezen)* phosphate coating
foszfáttrágya phosphate fertilizer; **finoman őrölt ~** float
foszfid phosphide
foszfin phosphine
foszfit phosphite
foszfor phosphorus; **kiégett ~ pótlása** *(koh)* rephosphorization
foszforbronz phosphor(us) bronze, p. b.
foszforeszcencia phosphorescence
foszforeszcenciacsökkentő anyag poison (to phosphorescence)
foszforeszkál phosphoresce
foszforeszkálás phosphorescence; *(utánvilágítás)* post-luminescence; *(rád)* persistence; **katódsugarak által keltett ~** cathodophosphorescence
foszforgyöngypróba *(vegy)* bead test
foszforhidrogén phosphine
foszforit *(ásv)* phosphorite, rock/land phosphate
foszforit-kavics pebble phosphate
foszforkalcit *(ásv)* phosphorocalcite, pseudomalachite
foszformentesít dephosphorate, dephosphorize
foszforossav phosphorous acid
foszforossav-anhidrid phosphorous anhydride, phosphorus trioxide
foszforoxid phosphorus pentoxide, phosphoric anhydride
foszforpentaklorid phosphorus pentachloride
foszforpentoxid phosphorus pentoxide, phosphoric anhydride
foszforproteid phospho-protein
foszforsav phosphoric acid
foszforsavas: ~ ammónium ammonium phosphate; **~ kalcium** calcium phosphate; **~ nátrium** sodium phosphate
foszforsó microcosmic salt
foszforsó-gyöngy bead of microcosmic salt
foszfortalanít *(koh)* wash, dephosphorize
foszfortalanítás *(koh)* dephosphorizing, dephosphorization, wash
foszfortartalmú phosphorous; *(ásv)* phosphorian; **nagy ~ vas** high-phosphorous iron
foszfortetroxid phosphorus tetroxide
foszfortriklorid phosphorus trichloride
foszfortrioxid phosphorus trioxide, phosphorous anhydride
foszforvolfrámsav phospho-tungstic/wolframic acid
foszfosziderit *(ásv)* phosphosiderite
foszfuranilit *(ásv)* phosphuranylite
foszgén phosgene, carbonyl chloride
foszlány shred; **gyapjúszövet ~ai** fash
foszlányköd *(met)* patchy fog
foszlányos: ~ felhők *(met)* ragged clouds; **~ fonal** *(tex)* shirey yarn
foszlat shred; *(pa)* beat, pulp
foszlatás shredding; *(pa)* grinding; *(tex)* chafing

foszlatási : ~ **fok** *(pa)* freeness; ~ **fok meghatározása** *(pa)* freeness test; ~ **próba** *(tex)* chew test
foszlató *(pa)* grinding mill, vat, devil; ~ **berendezés** *(pa)* pulping engine; ~ **hollandi** *(pa)* pulp machine, hollander; *l még* **foszlatógép**; ~ **hollandi vágókése** *(pa)* pulp-engine knife; ~ **kőhenger** *(pa)* pulping rolls
foszlatógép *(pa)* pulp machine, pulper, disintegrator, cone breaker, shredder
foszlatókés *(pa)* breaking knife; *(kenderkóró nyers feldolgozásához; tex)* stripping knife
foszlatott száraz pőre *(bőr)* hide substance
foszlott *(bot)* fibrate, fibrose
fosszilis fossil
fosszilizáció *(földt)* fossilization
foszt *(könnyen illó résztől; vegy)* strip; *(kukoricát:)* shell; *(libát:)* pluck
fosztó *fn (ol, vegy)* stripper; ~ **készülék** *(ol, vegy)* stripper (column)
fosztott *(vegy)* stripped; ~ **olaj** stripped/reduced oil; ~ **toll** plucked feather
fotikon *(telev)* photicon
fot-másodperc phot-second
fotoakvatinta photo aquatint
fotoáram *(fotocelláé)* photocurrent
fotocella photo-electric cell, P. E. C., phototube, photocell, photoelectric tube; *(melynél a katód a felső részen helyezkedik el)* head-on phototube; **határréteges** ~ barrier-film cell, barrier layer cell; ~ **sötét ellenállása** resistance in the dark; **száraz záróréteges** ~ dry photo-voltaic cell
fotocella-előerősítő preliminary amplifier for photocells
fotocella-katód photo-cathode
fotocellás : ~ **betörőjelző** photoelectric intrusion-detector; ~ **erősítő** photocell amplifier; ~ **fajtázó** *v* **osztályozó berendezés** photoelectric sorter; ~ **fedőképességmérő** *(festékvizsgálathoz)* photoelectric cryptometer; ~ **felületvizsgáló** *(készülék)* photoelectric scanner; ~ **hőmérő** photoelectric pyrometer; ~ **lámpasor** *(fényk)* trip-unit; ~ **minőségi ellenőrzés** photoelectric inspection; ~ **oldatzavarosságmérő** photoelectric turbidimeter; ~ **szabályozás** *v* **irányítás** *v* **vezérlés** phototube control; ~ **számlálóberendezés** photoelectric counter
fotoelaszticitás photoelasticity
fotoelasztikus photoelastic; ~ **fénytörési állandó** fringe constant
fotoelektrolitos *v* **fotogalván cella** photo (-electro)lytic cell
fotoelektromos *f* photoelectric; *l még* **fényvillamos**
fotoelektron photoelectron
fotoelektron-emisszió photoemission
fotoelektron-emissziós energiaküszöb *(at)* photoelectric threshold
fotoemisszió photo emission
fotoemissziós kamra emission cell
fotoforézis photophoresis
fotogén *(fényk)* photogene
fotogéppuska cine(ma)-gun, film gun
fotogoniométer *(fotogrammetriában)* photo-goniometer
fotogram photogram
fotogrammetria *(geod)* photogrammetry
fotogrammetriai photogrammetric; ~ **felmérés** *v* **felvétel** *(geod)* photogrammetric survey
fotogrammetrikus keresztszelvényfelrakó műszer *(geod)* photogrammetric cross section tracer
fotogravűr *(fényk, nyomda)* photogravure
fotoheliográf photoheliograph
fotoionizáció photoionization
fotokatód photo-cathode; **fényérzékeny** ~ light-sensitive photocathode
fotokémia photochemistry
fotokémiai photochemical; ~ **bomlás** photodisintegration; ~ **egyenérték törvénye** photochemical equivalence law; ~ **hatású sugarak** actinic rays; ~ **keményedés** *[krómzselatiné]* photochemical hardening; ~ **oldhatatlanná válás** *[krómzselatiné]* photochemical insolubilization; ~ **reakció** photochemical reaction, photoreaction
fotokemigráfia *(nyomda)* photoengraving
fotokerámiai berendezés photoceramic establishment
fotokikészítés photo-finish(ing)
fotokonduktív szigetelőanyag *(sötétben szigetelő, fényben vezető)* photo-conductive isolating material
fotokópia photocopy, photostat; *l még* **fénymásolat**
fotokópia-készülék photo-copying apparatus
fotolitográfia photolithography
fotolitopapír *(zselatinnal bevont)* photolitho-paper
fotolízis photolysis
fotolumineszcencia photo luminescence
fotomechanikai *(fototípiai)* **eljárás** photomechanical process
fotométer photometer; **kompenzációs** ~ balance photometer
fotométergömb globe photometer
fotométer-színszűrő photometric filter
fotometráló megvilágításmérő illumination photometer
fotometria photometry
fotometrikus : ~ **egyenérték** photometric equivalent; ~ **(látó)mező** photometric field
foton photon
fotoneutron *(at)* photoneutron
fotonyomási módszer *(tex)* foto-fab
fotopozitív *(vill)* photopositive
fot-óra phot-hour
fotoriporter cameraman
foto-só *(fényk)* photosalt
fotosokszorozó cső photomultiplier (tube)
fotoszféra *(csill)* photosphere
fotoszintézis photosynthesis
fototeodolit *(geod)* photo-theodolite
fototérkép *(fotogrammetriában)* air/photographic map/plan
fototípia *(nyomda)* phototype
fototípia-készítés *(nyomda)* phototypogravure
fototípia-papír phototyping paper
foto-topográfia phototopography
fototropizmus *(bot)* phototropism; **negatív** ~**t mutató** photonegative
Foucault-áram *(vill)* Foucault/eddy/parasite current
Foucault-féle fénysebesség-mérés Foucault's measurement of the velocity of light
Foucault-inga Foucault's pendulum
Fourdrinier-féle : ~ **hosszúszitás papírgép** Fourdrinier paper machine; ~ **papírszárító gép** Fourdrinier type drying machine
Fourier-együttható Fourier coefficient
Fourier-módszer Fourier method
Fourier-sor *(mat)* harmonic/Fourier's series
fowlerit *(ásv)* fowlerite
Fox-féle hullámos tűzcső *v* **lángcső** Fox's tube
főág *(ép, vasút, vill)* nain/trunk line
főakna *(bány)* winding shaft, working pit
főaknász *(bány)* (mine) foreman, overman, mining captain
főaknaszállítás *(bány)* main hoist
főaknaszállító gép *(bány)* main hoist
főalapközle *(bány)* sill; ~ **szintje** *(bány)* sill floor
főaldetermináns *(mat)* principal minor
főáramkör *(vill)* main/principal circuit; ~**be kapcsolt indító ellenállás** series starter
főáramkörű : ~ **dinamógép** series dynamo; ~ **generátor** series generator; ~ **gerjesztés** series excitation; ~ **jelleggörbéjű motor** series-characteristic motor; ~ **menetek** *(vill)* series turns; ~ **motor** series-wound motor; ~ **szabályozó** series regulator; ~ **tekercs** *(táv, vill)* series/main coil; ~ **tekercselés** *(vill)* series winding
főáramú olajszűrő *(gépk)* full-flow oil filter
főárboc(rúd) *(hajó)* main boom
főasztal *(gépt)* main table
főátló *(mat)* principal diagonal; *(sokszög köré írható kör átmérője:)* corner diameter; *(rácsrúd; ép)* main diagonal
főátlósvágat *(bány)* main angle
főbejárat *(ép)* portal
főbérleti lakás *(ép)* flat
főbiztosító *(vill)* principal fusible cutout, main fuse
főbókony *(hajó)* main/chief frame
főboltozat *(ép, koh)* principal arch
főborda *(hajó)* main/midship/chief frame; ~ **fedélzeti gerendája** *(hajó)* main/midship beam; ~ **fenékvonalának emelkedése** *(hajó)* deadrise; ~ **teltségi foka** *(hajó)* midship section coefficient
főborda-középmetszet *(hajó)* maximum cross section
főcím *(rajzos)* decorative title
főcsap *(gépt)* neck journal, master pin; *(vízvezetéken:)* master cock
főcsapágy *l* **forgattyútengelycsapágy** *is*; main/crank bearing
főcsapágycsésze shell for crankshaft
főcsapágyház *(gépt)* main box
főcsapágytengelycső *(kerékpáron)* fulcrum bracket
főcsatorna *(szennyvízhez)* collecting main; *(földt)* principal vent; *(mzg)* head ditch, main channel; *(füst v tűz)* mainflue
főcsavarkapocs *(vonószerkezeten)* principal coupling
főcsoport *(távk)* supergroup
főcső main pipe; *(ép, vill)* trunk line
főcsővezeték collecting main
föcstej beestings
födém *(ép)* ceiling, floor; ~ **alsó deszkázása** *v* **borítása** ceiling board(ing); **béléstestes** ~ *(előregyártott*

üreges testekből) block flooring; **boltozott ~** arched floor/covering; **~et készít** floor; **~ nélküli tető** open roof

födémgerenda *(ép)* floor beam, (timber/ bridging/floor) joist; **födémgerendákat összekötő hevederek** bridging piece

födémhorony *(huzalok részére)* ceiling duct

födémlemez *(ép)* floor plate

födémpadlózat *(ép)* deck floor

födémszerkezet *(ép)* floor

födémtalp-felfüggesztés *(ép)* top-bottom suspension

födémterület *(ép)* floor space

födémzsaluzás *(betonozásnál)* floor casing, ceiling

fődob *(kártolőgépen; tex)* main cylinder/ drum; *(kh)* main cylinder, control drum; **~ és leszedőhulladékok** *(tex)* cylinder and doffer strips

főél *(forg)* (main) cutting edge

főelosztó vezeték distributing/distributive mains

főelvezető gyűjtő csatorna *(hidr)* principal eduction canal

főelzárócsap *(gázvezetéken)* curb cock; *(házi)* disconnecter

főelzáró szelep *(gépt)* stop valve

főépület principal building, main

főereszke *(bány)* main deep

főerjedés *(élip)* primary/principal fermentation

főerősítő *(stúdióban)* common amplifier; **~ állomás** *(3- és 12-csatornás berendezést erősít; távk)* main repeater station

fő-E-sík *(rád)* principal E-plane

főfal *(ép)* head/bearing wall

főfázis *(földrengésnél)* long-wave phase; *[indukciós motornál]* main phase

főfedélzet *(hajó)* main deck; **~ig nem érő vízhatlan választófal** *(hajó)* partial bulkhead

főfékhenger *(gépk)* (brake)master/main cylinder; **légnyomásos ~** *(gépk)* air-pressure brake cylinder; **~ olajtartálya** *(gépk)* master cylinder reservoir

főfékhenger-dugattyúrúd *(nyomórúd; gépk)* brake (piston) push rod

főfékhenger-kiömlőszelep *(gépk)* master brake outlet valve

főfelsudárvitorla *(hajó)* royal, star-glazer

(fő)felügyelő *(tex)* superintendent

fő-feszítőrendszer *(rep)* main bracing

főfeszültség *(mech)* principal stress

főfeszültségi : ~ ellipszoid *(háromdimenziós feszültségtérben; mech)* index ellipsoid; **~ sík** *(mech)* principal plane; **~ trajektóriák** *(mech)* isostatic patterns

főfogaskerék *(gépt)* head/bull gear

főfojtószelep *(gépk)* main butterfly throttle

főfókusz *(mat)* principal focus

főfolyók *(földt)* river robbers

főfolyosó *(bány)* headway

főforgalmi : ~ út through street/way/ route, main traffic road; **~ úthálózat** main traffic road system

főfrekvencia *(rád)* master frequency

főfúvóka *(gépk)* main jet, receiving nozzle

főfüstcsatorna mainflue

fogát *(falazott; bány)* wall stopping

fogépvezető *(pa)* machine foreman

főgerenda *(ép)* main girder, principal beam, crossbeam

főgleccser *(földt)* trunk glacier

főgőzcső-tömítőgyűrű dry pipe ring

főgumizás *(szöveten)* body

főgyökér *(bot)* spur, tap root

főgyújtópont *(fényt)* principal focus

főgyűjtő *fn (csatorna)* service/collecting main, mains trunk sewer

főgyűjtősín *(vill)* main busbar

főhajó *(templom)* nave

főhajtás-tengelykapcsoló *(gépt)* speed clutch

főhajtókar *l* **főhajtórúd** *(gépt)*

főhajtórúd *(csillagmotoron)* master (connecting) rod

főhalom *(bány)* master batch

főhangerősség-szabályozó *(rád)* master gain control

főhangolókör *(rád)* master selector

főhasadási irány *(tömör kőzetnél)* rift

főhasználat *(erdei)* principal product

főhasználati termék *(erdőgazdálkodásban)* major produce, final/principal yield

főhengerész head roller

fő-hollandimolnár *(pa)* head beaterman, rag engineer

főhomlokzat *(ép)* street/principal front

főhorgony *(hajó)* bower (anchor)

főhorgonykötél *(hajó)* bower cable

főhorgonylánc *(hajó)* bower cable

főhurok *[sugárzási diagramban; rád]* first/major lobe

főirány *(távk)* main route; **~ok** cardinal points; **sugárzási ~ átkapcsolója** *(rád)* lobe switch

főjavítás heavy/capital repair, complete overhaul

főjeladó *(rád)* inner marker

főkamra *(bány)* key room

főkapcsoló *(vill)* power/master/main switch, m. s.

főkapcsolótábla *(vill)* feeder switchboard

főkapu *(ép)* main gate

főkazán main boiler

főkefeszerelvény *(vill)* main brush assembly

főkerék *(gépt)* master wheel

főkeret *(művelőtestek felvételére; mzg)* master frame; *(rep)* main frame

főkiválasztó impulzus *(távk)* main gate

főkompasz *(hajó)* standard compass

főkontaktor *(vill)* main contactor

főkontroller *(vasút)* principal controller

főkoordinátahálózat *(geod)* master grid

főkoszorú *(bány, ép)* collar

főkör *(mat)* great circle of sphere; **~ menti** *(terjedési)* **út** *(rád)* great circle route/path

főköri útvonal *(rep)* great track

főköríven mért távolság *(gömbfelületen; mat)* great circle distance

főkötő *(tex)* coif

főközlekedési : ~ hálózat *(városépítés)* main railway and road traffic system; **~ út** trunk; *l még* **főforgalmi út**

főközpont *(távk)* main exchange, main centre exchange standard; *(városépítésben)* city centre

főkürtő *(vulkáné)* principal vent

főkvantumszám *(at)* principal quantum number

föl *(vminek a föle)* skimmings

főlánchenger *(többlánchengeres gépen; tex)* main beam

föld earth, land, ground, soil; *(rád, távk, vill)* earth; ground *(US)*; *(oxidok; vegy)* earth; *(földt)* seat *is*; **agyagos ~** clay earth; **~ alatt folyó** *[búvópatak]* subterfluent; **~ alatti** *(bány)* miny, inside, subsurface; *l még* **földalatti**; **~ alatt képződött** *v* **kristályosodott** *(földt)* nether-formed; **~ belseje** *(földt)* entrails, core; **~től elszigetelt** *(vill)* unearthed; **~ fajlagos ellenállása** *(távk)* resistivity of the soil; **fekete ~** *(mzg)* black earth, black mould humus; **~be fektetett vezeték** underground line; **~ feletti** superterranean, overground, above(-)ground; *(vezeték)* aerial; *l még* **földfeletti**; **~ felszíne** surface of the earth; **~ felszíne alatt futó** *(távk)* placed below the surface of the ground; **~ forgásából származó** *(földt)* geostrophic; **~ görbülete** *(földt, rád)* earth's curvature, curvature of the earth; **~ hatása** *[hullámterjedésben; rád]* ground effects; **~be helyez** *(ép, vill)* bury; **~re hoz** *v* **kényszerít** *(rep)* down; **~ hőtana** *(földt)* geothermy; **~ről irányított repülés** vectored flight; **~et kiemel** *(ép)* trench; **~ magva** *(földt)* earth's core; **~et megkerülő (rádió-) jel** round-the-world (radio) signal; **~be mélyesztett formaszekrény** *(önt)* earth box; **~be rejtett lőszerraktár** buried dump; **~be süllyesztett tüzelőanyagtartály** underground petrol tank; **szikes ~** alkali(ne) land; **~ színe alatt fekvő** *(földt)* inframundane; *l még* **föld alatti**; **~ szintvonala** *(földt)* terrain line; **~ről való irányítás** ground control; **~ről vezérelt futódaru** travel(l)ing crane with floor control; **~höz viszonyított sebesség** *(rep)* ground speed; **~ről visszavert hullám** ground-reflex wave

föld- *(földből való)* earth(en); *(földi eredetű)* terranean

földalapozású ground-based

földalapzatú ground-based

földalatti *mn* subterranean, underground, buried; *fn* underground, subway, metro(politan); **~ bányatérség** working; **~** *(levezető)* **csatorna** underdrain; **~ csővezeték** duct bank; **~ felmérés** *v* **térképezés** *(geod)* undersurveying; **~ jelzés** *v* **pontállandósítás** *(geod)* subsurface mark; **~ kábel** *(távk)* subterranean/underground/buried cable; **~ kibúvás** *(teléré)* buried outcrop; **~ kisegítő szellőző** *(bány)* underground fan; **~ légvédelmi óvóhely** underground shelter; **~ (metro)-állomás** tunnel station; **~ munka-(erők)** *(bány)* underground labour; **~ munkás** *(bány)* inside worker; **~ tárolás** underground storage; **~ tömedéktermelés** *(bány)* underground quarry; **~ vágat** *(bány)* way; **~ vasút** underground railway/railroad; subway *(US)*; *(csőalagútban)* tube (railroad); **~ vezeték** *(ép)* subway, subterranean line; **~ vízér** *(földt)* swaller; **~ vízfolyás** *(földt)* subterranean stream; **~ víztartály** underground reservoir

földállandók *(rád)* earth constants

földantenna *(rád)* earth/buried/ground antenna

földáram *(vill)* telluric/earth/ground current; **~ok módszere** *(villamos talajkutatásban)* telluric currents method

földáramkör *(vill)* ground/earth circuit
földbecslő *(geod)* extander
földcsatlakozás *(vill)* earth connection
földcsík (land) plot
földcsuszamlás (earth)slide, soil slip/creep, landslide, land-fall, earthfall, land slip; ~ **felső szakasza** root of slide
földcsúszás *l* **földcsuszamlás**
földdöngölő *fn* rammer
földel *(vill)* earth, ground, put to earth, place at ground potential
földelektród ground/earth electrode
földelés *(vill)* earth(ing), ground(ing); ~ **bevert csövekkel** *(vill)* driven ground; **egypontos** ~ single-point earthing; **ellenállásos** ~ resistance earthing; **mesterséges** ~ *(rád)* artificial earth; **többszörös** ~ multipoint earthing
földelési: ~ **áramkör** earthing circuit; ~ **ellenállás** earth(ing) resistance; ~ **rendszer** earth(ing)/ground(ing) system; ~ **vezeték** grounding connection
földeléskapcsoló *(rád)* earth switch, E. S.
földelésvizsgáló *(vill)* earth tester
földeletlen *(rád, vill)* unearthed, ungrounded, off-ground; ~ **antenna** ungrounded antenna; ~ **csillagpont** insulated neutral
földellenállás earth(ing)/ground resistance
földellenállásmérő earthometer
földellenállásvizsgáló *fn (vill)* earthing resistance tester
földelő *mn (vill)* earthing, grounding; ~ **áramkör** grounding current; ~ **csatlakozás** *(vill)* grounding connection; ~ **csatlakozások átmeneti ellenállása** ground contact resistance; ~ **ellenállás** *(vill)* earthing resistor; ~ **ellensúly** *(rád)* counterpoise; ~ **fémcsík** *(lapos földelő vezeték)* earth strip; ~ **fojtó(tekercs)** *(vill)* ground-fault neutralizer, Petersen coil; ~ **hálózat** ground network; ~ **kapcsoló** earth/ground switch; *(rád)* lightning switch *is*; ~ **készülék** *(vill)* earthing device; ~ **kondenzátor** ground capacitor; ~ **szikraköz** *(vill)* earth arrester; ~ **szorító** *(vill)* earth terminal; ~ **vezeték** earth/ground wire/lead, grounding conductor
földelőbot *(vill)* earthing stick
földelőcövek *(távk)* earth rod/pin
földelődoboz *(rád)* earth-connection box
földelőháló *(vill)* earth mat
földelőkábel earth cable
földelőkapocs *(vill)* earth terminal, ground connection, body contact terminal, ground clamp
földelőlemez *(vill)* ground/earth plate, e. p.
földelőrendszer *(vill)* earth system
földelőrúd *(vill)* ground(ing)/earth(ing) rod
földelőrugó *(vill)* earth spring
földelősín *(vill)* earth bar
földelt *(vill)* earthed, grounded, earthy, connected to earth; ~ **anód** grounded plate; ~ **antenna** earth(ed)/grounded antenna; ~ **áramkör** grounded circuit; ~ **csillagpont** *(távk)* earthed neutral; ~ **csillagpontú hálózat** *(távk)* network with earthed neutral; ~ **elektród** grounding electrode; ~ **érintkező** grounded contact; ~ **rácsú** *(vill)* earth(ed)/ground(ed)-grid, grid-grounded/earthed; ~ **rácsú erősítő** grounded-grid amplifier; ~ **rácsú kapcsolás** *(rád)* grounded-grid circuit; ~ **rácsú trióda** grid-earthed triode, grounded-/earthed-grid triode; ~ **rendszer** *(vill)* earthed system; ~ **semleges-** *v* **nullapont** grounded neutral; ~ **szorító** *v* **kapocs** earthing terminal; ~ **vezető** *(távk)* earthed conductor
földérintkező *(vill)* earth/floor contact
földerődítmény *(ép)* earthwork
földes *(ásv)* earthy; ~ **húsoldal** *(nyersbőrnél)* earthy flesh; ~ **út** earthen road
föld feletti: ~ **építmény** *v* **építkezés** *v* **szerkezet** aerial structure; ~ **jelzés** *(geod)* surface mark; ~ **kábel** *(vill)* aerial cable; ~ **sebesség** *(rep)* ground speed; ~ **tartály** above-ground tank
földfelszín earth/ground/soil surface; ~ **átlagos magassága** *(geod)* mean line; ~ **egyszeri** *v* **időszakos lehajlása** *(földt)* earth tilting; ~ **keletkezésének tana** geomorphogeny
földfeltöltés *(ép, hidr)* bank(ing), earth backing
földfelület *(földt, rád)* earth's surface
földfémek *(vegy)* earth metals
földfémelem *(vegy)* earthy element
földfesték earth colo(u)r, colo(u)r(ing) earth
földfúró *(bány)* (earth) auger, trepan
földgát earth dam, dike, dyke, sconce; ~ **koronaszélessége** *(hidr)* top width of earth dam; **szárazon hengerelt** ~ *(hidr)* dry-rolled fill dam
földgáz natural gas; **benzinszegény** *v* **száraz** ~ dry gas; **nedves** ~ *(benzindús)* wet gas
földgázbenzin natural/casinghead gasoline
földgázforrás source of natural gas
földgázkút source of natural gas
földgázmező gas-field
földgömb globe, sphere
földgúlák *(földt)* earth pillars
földgyalu grader
földgyanta fossile rosine, enosmite
földgyüremlés *(földt)* ramp
földhányás *(ép)* bank(ing), banquette, side piling
földhasznosítás *(mzg)* land utilization
földhőmérséklet-növekedés mértéke *(földközpont felé)* geothermal gradient
földhullám *(rád)* ground wave
földi ground, land, earthy, terrestrial, telluric; *(ásványi)* mineral, rock, natural; *(területi)* territorial; ~ **alappont** *(geod)* ground control point; ~ **állomás** *(radar)* ground station; ~ **áramok** *(vill)* terrestrial currents; ~ **berendezés** *(rep)* ground facility, infrastructure; ~ **eredetű vas** *(ásv)* terrestrial iron; ~ **felszerelés** *(rep)* ground equipment; **finomított** ~ **viasz** ceresin; ~ **helyzetpont-rögzítés** *(geod)* ground location, G. L.; ~ **iránysáv-ellenőrző** *(vevő; rep)* field monitor (receiver); ~ **jelzés** *(rep)* ground mark(ing); ~ **jelző vászoncsík** *(rep)* ground strip; ~ **keresőradar** ground search radar; ~ **látjel-berendezések** *(rep)* visual ground aids; ~ **légcirkulációs rendszer** planetry circulation; ~ **légvédelem** ground defence; ~ **leszállásirányítás** *(rád, rep)* ground control of landing, G. C. L.; ~ **nadírpont** *(geod)* ground plumb-point; ~ **rádióállomás** *(rep)* ground (radio) station; ~ **repülőjelző** ground air marking; ~ **sellak** *l* **akaroidgyanta**; ~ **személyzet** *(rep)* ground crew/personnel; ~ **szervezet** *v* **szolgálat** *(rep)* ground organization/facility; ~ **szolgálati személyzet** *(rep)* ground personnel/crew; ~ **szurok** maltha, stone pitch; ~ **útvonal** overland route; ~ **vadászirányítás** *(rád, rep)* ground control of interception, G. C. I.; ~ **viasz** petroleum/earth wax, ozokerite, native paraffine; ~ **villanó fénycsoport** *(rep)* group flashing light; ~ **visszaverődés** *(rád)* land return; ~ **vonal** *(Nap színképében)* telluric line; ~ **zavaróadó** *(rád)* ground jammer
földimogyoró peanut, arachis
földimogyoró-betakarító gép *(mzg)* peanut harvesting machine
földimogyoró-dara *(élip)* peanut meal
földimogyoró-olaj groundnut/peanut/arachis/earthnut oil
földimogyoró-pogácsa peanut/groundnut (oil)cake
földimogyoró-szedő gép *(mzg)* peanut digger
földimogyoró-tisztító *v* **-rázó** *(betakarító gépen; mzg)* peanut shaker
földív *(vill)* arcing ground
földjáradék ground rent
földkábel *(vill)* (under)ground bus/cable; *(merevítőhuzallal; rep)* landing cable/wires
földkapacitás *(rád, távk)* earth capacity, capacity to earth/ground
földkapocs *(vill)* earth(ing) terminal
földkeletkezés(tan) geogenesis
földkéreg *(földt)* earth's crust, earth shell; ~ **áramlási** *v* **folyási övezete** zone of (rocks) flowage; ~ **duzzadása** crustal warping; ~ **emelkedése** uplift; ~ **felső rétege** *v* **héja** surface layer; ~ **gránitból álló héja** granitic layer; ~ **héja** layer; ~ **közbülső rétege** *v* **héja** intermediate layer; ~ **legfelső rétege** veneer of the crust; ~ **törési övezete** zone of fracture
földkéregmozgás *(földt)* earth/crustal movement
földkéregrengés *(földt)* warping movement
földkéreg-süllyedés *(földt)* subsidence
földkéreg-szerkezet *(földt)* crustal structure
földkéregszint *(földt)* sphere level
földkeverék soil shredding
földkiemelés *(ép)* dig(ging), excavation; ~ **lépcsőzete** excavation-ledge
földkiemelő *fn* digger
földkotró *(egyputtonyos)* dipper dredger
földközponti *(földt)* geocentric
földkúp *(ép)* cone of tail
földlabda *(mzg)* ball of soil, block
földlabdakészítés *(mzg)* block(ing)
föld-lég közötti hírváltás *(rep)* air-ground communications
föld-lemez *(távk)* earth plate
földlépcső *(ép)* excavation-ledge
földmágneses geomagnetic; ~ **erőtér** geomagnetic field

földmágnesség earth's/terrestrial magnetism ; ~ **tengelye** geomagnetical axis
földmágnesség-gerjesztésű stabilizált iránytű magneto compass
földmágnességi : ~ **tér állandó része** *(csill)* permanent magnetic field ; ~ **térkép** magnetic(al) chart
földmérés *(geod)* geodesy, surface-survey, (land) surveying, field measuring
földmérési geodetic
földméréstan geodesy
földmérő *(geod)* (land) surveyor, measurer, geometer, bound settler, agrometer ; ~ **busszola** circumferentor ; ~ **iránytű** surveying compass ; ~ **lánc** *(66 láb = 20,12 m)* land/surveyor's chain
földmorajlás *(földt)* earth-sounds
földmozgatás *(ép)* earthwork, muckshifting
földmozgató gép muckshifter
földmozgósítás *(ép)* shifting of earth
földmunka *(ép)* earthwork, muckshifting, formation ; ~ **keretszelvénye** section of earthworks ; ~ **kitűzése** alignment ; ~ **koronaszintje** *(vasút)* sungrade, formation level, surface of the formation ; ~ **pályaszint előkészítésére** sungrade preparation for a road ; **földmunkát végez** move earth
földmunka-egység *(18 v 20 négyzetláb területű, 1 láb mély)* floor
földmunkás digger, diker, muckshifter, navvy, shovelman
földmű *(ép)* earthwork
földművelés agriculture, tillage
földművelési agricultural
földnedves *[homok)* earth-moist ; ~ **beton** damp/moist concrete
földnyelv *(földt)* neck (of land), ness, isthmus, strait, head-land, tongue
földnyeső (gép) *(ép, mzg)* soil mover, scraper ; **kis** ~ earth mover
földnyomás *(ép)* earth pressure/thrust, thrust of earth ; ~ **eredőjének irányszöge** angle of wall friction
földnyomásmérő készülék earth pressure apparatus
földnyomástényező coefficient of earth pressure
földomlás *(földt)* éboulement ; *l még* **földcsuszamlás**
földöv *(földt)* geosphere
földpárnahatás *(rep)* ground effect
földpát *(ásv)* feldspar
földpátfélék *(ásv)* feldspathoids
földpátmentes feldspar-free
földpátosodás feldspathization
földpátpapír porphyritical paper
földpátpótló *(ásv)* feldspathoid
földpotenciál earth/ground potential, geopotential
földpotenciál-eltérés earth potential difference, e. p. d.
földrajz geography
földrajzi : ~ **dél** true south ; ~ **észak** *(geod)* true north ; ~ **fok** degree ; ~ **fokhálózat** *(térképen)* geographic(al) graticule ; ~ **főkörön mért távolság** *(geod)* great circle distance ; ~ **helyjel** *(rep)* position sign ; ~ **helyjeladó** landmark beacon ; ~ **hosszúság** longitude ; ~ **mérföld** geographical mile ; ~ **névtár** gazetteer ; ~ **övezet** *(földt)* band ; ~ **szélesség** latitude
földrengés (earth)quake ; ~**ek** seisms ; ~ **fészke** seismic focus ; ~ **kipattanási ideje** origin time ; ~**t kísérő hangok** earth-sounds ; **távoli** ~ distant earthquake ; **tektonikus** ~ dislocation earthquake
földrengésbiztos építkezés earth (quake)-proof construction
földrengéserősségi fokozat scale of seismic/earthquake intensity
földrengésfészek seismic focus
földrengési seismic ; ~ **haránthullámok** distortional waves
földrengésjelző *fn* seismic detector ; ~ **készülék** seismograph ; ~ **műszer** *(írószerkezet nélkül)* seismoscope
földrengéskutató *fn* seismologist
földrengés-megismétlődés (earthquake) repetition
földrengésmentes : ~ **terület** aseismic region ; *(ritkán megrázott)* peneseismic country
földrengésmérő *fn* seismometer
földrengésraj swarm earthquakes
földrengéstan seismology
földrengés-tektonikai seismotectonic
földrengéstudós seismologist
földrész continent ; *(kiugró:)* headland
földreszállás *(rep)* landing, land-fall
földrészlet *(geod)* share ; *(mzg)* lot
földrövidzárlat *(vill)* ground short (-circuit)
földsánc rampart, sconce
földsárga *fn (festék)* yellow ochre
földsüppedés (land) subsidence
földszaggatógép ripper
földszállító kocsi *(vasút)* ballast car
földszimmetrikus *(rád)* balanced-to-ground/earth
földszint ground floor, G. F., basement ; first floor *(US)* ; *(színházban)* parquet, ground ; ~**en** downstairs ; ~ **tervrajza** ground plan
földszinti downstairs ; ~ **oszlop** *(ép)* floor pillar
földszorító *fn (távk)* earth lug, ground joint/clamp
földszoros isthmus, neck
földtan geology ; **regionális** ~ areal geology
földtani geological ; ~ **ablak** geological window ; ~ **ágazat** geological province ; ~ **felvétel** *v* **felmérés** geological survey ; ~ **formáció** geological formation ; ~ **horizont** stratigraphic(al) level ; ~ **időszámítás** geochronology ; ~ **metszet** *v* **szelvény** geological section
földtartalmú earthy
földtávol *(csill)* apogee
földterítő gép *(ép)* spreader
földtestek *(kontinensek)* **elcsúszása** earth creep
földtoló lapát *(ép)* bulldozer ; *(ferdén állított lapáttal:)* angledozer
földtölcsér *(kiváj t; ép)* crater
földtöltés earth bank
földtömegmozgósítás *l* **földmozgósítás** *és* **földmozgatás** ; ~ **görbéje** mass-haul curve
földút earth/dirt road
földvezeték *(vill)* earth connection/return, e. r., ground/return wire/conductor
földvezetékkapocs *(vill)* ground terminal
földvezetékszelep *(szivattyún)* yard line valve
földvezeték-szorítócsavar *(vill)* ground screw
földvezető *fn (távk)* earthed conductor
földvezetőképesség *(távk)* ground/earth conductivity
földvisszatöltés *(ép, hidr)* back fill
földvisszavezetés *(vill)* earth return, return earth
földvisszavezetéses : ~ **áramkör** *(távk)* earth-/ground-return circuit ; ~ **rendszer** earth-return system ; ~ **vonal** single-wire line
földzárlat *(vill)* earth fault/leakage
földzárlati áram(veszteség) loss current to earth
földzárlatjelző *fn (vill)* leakage indicator, ground/earth detector ; ~ **lámpa** ground/earth (indicating) lamp
földzárlatkioldó *fn* earth leakage trip
földzárlatrelé *(vill)* ground relay
földzárlatvédelem *(vill)* ground protection
földzárlatveszteség *(vill)* ground leak-(age)
földzárlatvizsgáló *(vill)* earth leakage detector, ground indicator
fölébe helyez *(ép)* surmount, superpose
föléemelt *(ép)* surmounted
föléerősít *(ép)* surmount
főlégcsatorna blast main
főlégtartány *(légfékhez)* control reservoir
főlégvágat *(bány)* main airway, entry
főlégvezeték *(vasút)* brake train pipe
főlemez *(hidépítésnél)* head-plate
fölételepül *(földt)* superpose
főlökés *(földt)* principal shock
fölös : ~ *(túlszoros)* **felcsévélés** *v* **tekercselés** overwinding ; ~ **rácsrúd** *(ép, mech)* redundant member ; ~ **zsír** *(bőr)* currier's grease ; ~ **zsír kitaszítása zsírcserzésű bőrből** skimming
fölösít *(gumi)* cream
fölösítéssel sűrített latex *(gumi)* creamed latex
fölösödés *(latexé)* creaming of latex ; ~**t előidéző vegyszer** creaming agent
fölöződő : **magától** ~ *(gumi)* self-setting
fölözőtányér *(mzg)* disc
főmanométer master ga(u)ge
főmechanikus master mechanic
főmérce master ga(u)ge
főméretek *(mat)* principal dimensions
fő-merevítőrendszer *(rep)* main bracing
főmérnök engineer-in-charge
főmester foreman general
főmetszet *(ásv)* principal section
főminimum *(fedési kettős csillagoké)* primary minimum
főmotor main motor
főműhely principal works ; *(vasút)* head works
főművelet *(gépt)* master operation
főművezető head overlooker/master
főn *(met)* foehn
fönicit *(ásv)* melanochroite
fönikokroit *(ásv) l* **fönicit**
főnyomócső *(ép)* main pressure pipe
főnyújtás *(tex)* main draft
fő-olajvezeték *(motorban; gépk)* oil gallery
fő-oldalsáv *(telev)* main sideband
főóra master(-)clock, principal clock
főorsó *(gépt)* (main) spindle ; ~ **vége** spindle nose

főoszcillátor *(rád, távk)* master oscillator
főosztás-leolvasás *(geod)* scale reading
főpályaudvar *(vasút)* central station
főpárkány *(ép)* crown/principal mould(ing)/cornice ; ~ **szögletes tagozata** *(ép)* corona
főpillér principal post
főpont *(lencsében ; fényt, geod)* principal point ; *(fogazásé)* pitch point
főponthárornszögelés *(geod)* principal point triangulation
főpostahivatal general post office
főrácsozat *(ép)* primary truss
fördő *(koh)* l **fürdő**
főreakció *(vegy)* general reaction
főrengés *(földt)* principal earthquake/shock
főrepedés *(földt)* master fracture
főrész head, forehand, bulk
főrugó *(gépk, óra)* mainspring ; ~ **foglalata** *(gépk)* mainspring collet
főrugófelhúzó *fn* *(óra)* mainspring winder
fősav body acid
fősík *(fényt)* principal plane ; *(földt)* chief plane ; **vetődési** ~ *(földt)* chief thrust-plane
fősorozat *(színk)* principal section
fősugár *(fényt, vill)* principal ray
főszakasz *(bány)* main drive
főszállító : ~ **folyosó** *(bány)* mother entry ; ~ **rázócsúszda** *(bány)* mother shaker
főszállítójárat *(bány)* mother gate
főszállítóközle *(bány)* gangway
főszállítószalag *(emelőn ; bány)* trunk conveyer
főszállítótartó *(bány)* main fringe drift
főszállítóvágat *(bány)* gangway, (main) entry
főszaruállás *(ép)* principal rafter, (truss) principal, poop
fő-szarufa *(ép)* blade
főszelep *(gépt)* master valve
fő-szennyvízcsatorna outfall sewer
főszeptumok *(földt)* major septa
főszigetelés *(vill)* major insulation
főszivattyú head pump
főtáró *(bány)* large adit
főtartó *(ép)* principal (beam), spar, (main) beam, main girder ; *(hajó)* longitudinal, side girder ; *(rep)* longeron, (main) spar; ~ **gerenda** *(ép)* roof timber, main beam ; ~ **gerince** *(rep)* spar web ; **hajlított** ~ *(rep)* bent spar ; **íves vonalvezetésű** ~ *(ép)* arch truss
főtartóbekötés *(rep)* spar coupling/joint
főtartó-csatlakozás *(rep)* l **főtartóbekötés**
főtartóöv *(rep)* spar/beam flange
főtartórúd *[művelőtesthez kultivátoron]* carrying bar
főtartótengely *(rep)* spar axis
főtartóvasalás *(rep)* (main) spar fitting(s)
főtartóvezeték *(távk)* messenger cable
főte *(bány)* roof, top (wall), cover, hanger, upper bed, back ; ~ **behajlása** roof bend ; **behajló** ~ bent roof ; **főtébe(n) fúrt (robbantó)lyuk** roof/top hole ; **gyenge** ~ bad top/roof ; **főtében hagyott szén(pad)** roof/top coal ; **hamis** ~ false roof/cover ; ~ **kiácsolása** backing ; ~ **lemezes leválása** spalling of the roof ; ~ **meddője** roof rock ; ~ **megiövése** *v* **repesztése** shooting of the top ; **nemrég kinyitott** ~ green roof ; ~ **süllyedése** subsidence of the top ; ~ **szabaddátétele** roof exposure ; **főtéből származó víz** top water ; **főtét szed** rip ; ~ **tulajdonságai** roof conditions
főteácsolat *(bány)* roof timbering/propping/support, lofting, segment set
főtealátámasztás *(bány)* holding the top
főtebehajlás *(bány)* squeeze of top
főtebélelés *(bány)* l **főtebélés**
főtebélés *(bány)* roof timber/covering/lagging, set lagging, slabbing, lagging, lacing
főtebélésdeszka *v* **-palló** *(bány)* headboard, boarding
főtebesüppedés *(bány)* bent, subsidence (of roof)
főtebiztosítás *(bány)* roof propping/support ; ~ **dúcolással** ceiling hanger support ; ~ **főtegerendával** bar timbering
főtebiztosító : ~ **munkás** *(bány)* roofman ; ~ **szegecs** *(bány)* roof bolt
főtebontó rúd *(bány)* bar
főtebordafázás *(bány)* astel
főteborítás *(bány)* roof lagging/batten, astel ; *l még* **főtebélés**
főtecseglyekarózás *(bány)* roof forepoling
főtedeszka *(bány)* ceiling girder
főtedeszkázás *(bány)* ceiling girder
főteelőtűző ácsolás *(bány)* roof forepoling
főteereszkedés *(bány)* roof converge, give, subsidence
főteerősítés *(bány)* barring ; *l még* **főtebiztosítás**
főtefa *(bány)* back (timber), (cap) bar, stull, cap(-)piece, crossbeam, head tree, headpiece ; ~ **bütüje** flange of beam
főtefurat *(bány)* header
főtegerenda *(bány)* ceiling girder, end crib ; **ívelt** ~ arched/circular girder
főtegondozás *(bány)* roof control
főteirányítás *(bány)* roof control
főteív *(bány)* stilt
főtekercs *(táv, vill)* main coil
főtekiácsolás *(bány)* top timbering
főtekimosódás *(bány)* deroofing
főtekopogtatás *(bány)* roof tapping, drumming
főtelejáró leszedése *(bány)* handling of top material
főtelep *(bány)* mother-lode ; *(táv)* main battery
főtelépcsős fejtési rendszer *(bány)* rill system, stepping
főtelér *(bány)* champion load, mother-lode
főteleválás *(bány)* drawing slate ; ~ ~ **meddőjének eltakarítása** draw slate raking
főtengely *(fényt, mat)* principal axis ; *(ellipszisé)* major axis ; *(gépk)* *l* **forgattyútengely** ; *(gépt)* main()-shaft, arbo(u)r ; *(forgattyús)* crankshaft, crank axle ; *(szövőgépen ; tex)* mutator shaft, driving-side shaft ; *(szelfaktoron ; tex)* rim shaft ; ~ **csapágyainak egyszerre történő dörzsölése** *(forg)* align-reaming ; ~ **hajtóvége** *(mkpár)* main-shaft drive-side ; ~ **lendkerék felőli vége** *(mkpár)* main-shaft timing side ; **több részből álló** ~ built-up crankshaft
főtengelycsapágy-fúró készülék alignreaming box
főtengelykerék arbo(u)r wheel
főtengelysonkák *(gépk)* crankshaft flanges
főtenyomás *(bány, földt)* top/roof pressure, weight of roof, roof weight, superincumbent pressure of the ground
főteoldal *(bány)* back, arch ; *(meredek telepnél)* side wall
főteomlás *(bány)* roof caving/collapse/fall, break of roof, top failure, crop fall, bump, sit
főteomlás-szabályozás *(bány)* roof control
főteomlasztás *(bány)* cover/roof caving
főtepalló *(bány)* plank-type crossbar
főtepászta *(bány)* back stope, coffin, ascending step
főtepászta-fejtés *(bány)* longwall/overhead/overhand/back stoping, inverted steps working, saw-tooth stoping ; ~ **alsó lépcsője** stope heel ; ~ **felső lépcsője** stope toe ; ~ **tömedékeléssel** flat back stope
főtepászta-munkahely *(bány)* back stope, overhand stope face
főtepásztás frontfejtés *(bány)* longwall stoping
főtepásztáz *(bány)* back stope
főtepásztázás *(bány)* bench working, benching
főterés *(bány)* top kerf/cut, breaking of the top
főteréselés *(bány)* bannocking
főteréteg *(bány)* hanging layer
főteréteg-omlasztás kamrás fejtésnél *(bány)* top slicing by rooms
főtermék principal product
főtermény *(mzg)* staple
főterobbantó lyuk lépcső lefejtésére *(bány)* canch hole
főterovátka *(bány)* top kerf
főte-rögpont *(bány)* roof plug
főtesüllyedés *(bány)* roof/top converge/foundering, subsidence of the top, crup, swag
főtesüllyesztés *(bány)* break
főte-süvegfa *(bány)* master batch
főteszakadás *(bány)* break of roof
főteszedés *(bány)* roof/top brushing ; **ismételt** ~ **ácsolással** *(bány)* back rip
főteszeletelés *v* **főteszeletfejtés** *(bány)* top slicing/slice ; ~ **dőlés irányában** inclined top slicing ; ~ **tömedékeléssel** flat back strope
főtetartó *(bány)* headpiece ; *l még* **főtefa** *és* **főtegerenda** ; ~ **irányában** *(bány)* capwise
főtetörés *(bány)* bump
főteutánszedés *v* **-utánvét** ripping, (top) caunch, brush, conch
főteülepedés *(bány)* subsidence (of the roof/top), yield
főtevágat *(bány)* back entry, hanging adit, brattice way
főteviszonyok *(bány)* roof conditions
főtezáródmány : **kupola alakú** ~ *(bány)* bell
főtömeg *(koh)* master batch
főtt boiled ; *(konzervhal)* stewed ; ~ **olaj** boiled oil ; ~ **só** *(vegy)* pan/evaporated salt
Föttinger-féle hidraulikus erőátvitel fluid drive, hydraulic (torque) converter

főúszó (*rep*) main float
főút long-distance road
főútvonal main/road route, arterial road, highway, highroad
fővágány (*vasút*) parent track
fővágat (*bány*) major opening, winning, mainway, main (gate)
fővágóél *l* **főél**
fővállapirány (*bány*) basal cleavage
fővasalás (*vasbetonban*) longitudinal reinforcement, stress/main bar
fővasbetét (*ép*) *l* **fővasalás**
fővegyérték ordinary/chef/primary valence/valency
föveny sand, downs
fövenyes sandy
fő-vető (*földt*) dominant fault
fővetődés síkja (*földt*) major thrust-plane
fővezeték (*csatornáé*) collecting main; (*ép*) header pipe, trunk mains, main feeder; (*gázhoz v vízhez*) main; (*vill*) main(s)
fővezetékhálózat (*vill*) main network, mains
fővezetékkezelő (*vill*) mains man
fővezeték-meghosszabbítás main extension
fővilágítás (*vill*) main lighting
fővilágosító (*film*) gazzer, juicer
fővonal [*országos távbeszélő hálózatban*] main route; (*városi központi vonal*) city exchange line; (*közlekedési*) trunk/mean line; (*vasút*) principal line, trunk, main
fővonal-elágazás (*vasút*) mains branch
fővonali hívás (*távk*) exchange call
főz (*ált*) cook; (*forral:*) boil, seethe; (*sört*) brew; (*pamutot*) buckwash; (*olajat:*) boil; (*pa*) boil, cook
főzáróemeltyű (*vasút*) master lever
főzendő anyag (*pa*) cook
főzés (*ált*) cooking; (*forralás*) boiling; (*pa*) boiling, cooking; (*feltárás; pa*) cooking; (*cellulózé; pa*) pulping; (*tex*) boiling; ~ **gőzzel** steam cooking; ~ **nélküli mészkénlé** self-boiled lime sulfur
főzésálló (*tex*) boil-proof/-fast
főzésállóság (*tex*) fastness to boiling, boiling-proofness
főzésellenőrző készülék boiling control apparatus
főzési próba (*bőrnél*) boil test
főzésszabályozás (*tex*) control for boiling
főzet (*vegy*) decoction; (*sör*) brew; (*folyadék*) liquor; (*pa*) cook; **~et készít** (*vegy*) decoct
főző *fn* [*gázfőző*] cooker; (*pa*) digester, boiler, kier; ~ **egynyári növényekhez** (*pa*) fibre boiler; ~ **készülék** cooking apparatus; ~ **medence** boiling trough; **megcsapolt gőzzel fűtött** ~ bleeder heater
főzőbélés (*pa*) digester lining
főzőeszköz cooker
főzőfalazás (*pa*) jacket
főzőfülke (*ép*) cooking recess
főzőház (*pa*) digester house
főzőhő (*pa*) boiling heat
főzőkád (*pa*) drainer
főzőkályha cooking range
főzőkazán digester, boiler, boiling tank; (*tex*) boiling kier
főző-kifalazat (*pa*) digester lining
főzőláda cooking box/tin, self-cooker
főzőlap cooking/hot/heating/boiling plate; **villamos** ~ electric hot plate
főzőlefúvató tolattyú (*pa*) blow valve
főzőlúg cooking liquor, boiling/feed lye
főzőmester (*pa*) boiler master
főzőpohár (*vegy*) beaker
főzősav (*pa*) cooking acid
főzősiló (*pa*) digester silo
főzőtégla (*pa*) boiling plate
főzött (*tex*) boiled(-off); ~ **lenfonal** boiled linen yarn; ~ **lenolaj** boiled linseed oil; ~ **selyem** soft silk
főzőtűzhely range
főzőüst boiling pan/pot/kier, cooking kettle, digester; (*len- és pamutszövetek mosására; tex*) puffer
főzőüveg (*vegy*) beaker flask
főzőüzem (*cellulózhoz; pa*) digestery
Frahm-féle rezgőnyelves frekvenciamérő Frahm's reeds
frakció (*vegy*) fraction; (*ol*) fraction, cut
frakciókra-bontás (*vegy*) cut
frakcionál (*vegy*) fractionate
frakcionálás (*ol, vegy*) fractionation, fractionating; ~ **nyomás alatt** pressure fractionation
frakcionálási hatásfok fractionating efficiency
frakcionáló: ~ **lepárlás** (*ol*) cut; ~ **lombik** fractional distilling flask; ~ **oszlop** fractionating column; ~ **tányér** fractionating plate; ~ **üst** fractionating pot
frakcionált (*ol, vegy*) fractional; *l még* **szakaszos** *és* **szaggatott**; ~ **(el)-ég(et)és** fractional combustion; ~ **kristályosítás** fractional crystallization; ~ **lepárlás** *v* **desztilláció** *v* **desztillálás** fractional/differential distillation; ~-**an lepárló oszlop** fractional column
frakció-párlat (*ol, vegy*) fraction
fraktokumulusz felhő (*met*) fracto-cumulus
fraktonimbusz (*met*) fracto-nimbus
fraktosztrátusz (*met*) fracto-stratus
francia: ~ **ablak** (*padlóvonalig érő*) French window/door; ~ **ablakszárny** French sash; ~ **cérnázás(i eljárás)** (*tex*) French twining; ~ **cinóber** (*festék*) French vermilion; ~ **gubólefejtés** (*tex*) French reeling; ~ **kulcs** French key, monkey wrench, Swedish spanner; ~ **lehúzó papír** French folio paper; ~ **rendszerű csatornacserép** French gutter tile; ~ **rendszerű cserép** French tile; ~ **rendszerű fésülőgép** (*tex*) French comb; ~ **rendszerű fésűsfonó gép** (*tex*) French-type worsted spinning frame; ~ **rendszerű manzardtető** French roof; ~ **szegély** (*kh*) French welt; ~ **zár** stock lock
franckeit (*ásv*) franckeite
Franki-Bagon-féle vasbetonalj combination tie
Franklin-föld (*távk*) Franklin earth
franklinit (*ásv*) franklinite
franklinozás (*gyógykezelés sztatikus áramokkal*) franklinization
frasni emelet (*földt*) Frasnian stage
Fraunhofer-tartomány (*színk*) Fraunhofer region
Fraunhofer-vonalak (*színk*) Fraunhofer lines
freccsenési veszteség (*koh, önt*) sputter loss
freccsenésvédő *fn* splash guard
freccsenő víz ellen védett (*vill*) splash-proof
freibergit (*ásv*) freibergite
freieslebenit (*ásv*) freieslebenite
frekvencia (*ált; hangt, vill*) frequency, (*hangt*) pitch; ~- **és amplitúdó-moduláció azonos vivőhullámon** dual modulation; **antirezonáns** ~ anti-resonant frequency; **átlagos** *v* **közepes** ~ (*rád*) centre frequency; **impulzusismétlési** ~ pulse-recurrence frequency, recurrent frequency; **ipari** ~ power/commercial frequency; **kevert** ~ heterodyne frequency; **kijelölt** ~ (*rád*) allotted/assigned frequency; **kritikus** ~ critical frequency; **lebegési** ~ beat frequency; **leszakadási** ~ (*szuperregeneratív kapcsolásban*) quenched frequency; **letapogatási** ~ sweep frequency; **levágási** ~ cutoff frequency; **rendkívül nagy** ~ (*mikrohullám; rád*) extremely high frequency, E. H. F.; **saját** ~ natural/free frequency, eigenfrequency; **vivő** ~ carrier frequency; **vizsgáló** ~ (*teremhangtanban*) driving frequency
frekvencia-analizátor (*rád, távk*) *l* **frekvenciaelemző**
frekvencia-analízis frequency analysis
frekvencia-átalakítás frequency changing
frekvencia-átalakító (*rád*) frequency changer/transformer; ~ **cső** frequency-changer valve/tube, converter tube
frekvencia-átfogás (*rád*) frequency coverage
frekvencia-áttevés (*távk*) frequency translation; *l még* **modulálás**
frekvencia-csatolású távmérő készülék frequency-type telemeter
frekvencia-diszkriminátor (*rád*) frequency discriminator
frekvencia-dualitás (*távk*) frequency duality
frekvencia-egyenes kondenzátor (*rád, távk*) straight-line (frequency) condenser, SLF condenser
frekvencia-egyeztetés (*rád, távk*) frequency comparison
frekvenciaelemzés frequency analysis
frekvenciaelemző *fn* (*rád*) frequency analyzer, wave spectrum analyzer
frekvenciaelhúzás (*rád*) wandering, drift, pulling; ~ **bemelegedés alatt** (*rád*) warm-up drift
frekvenciaelhúzási effektus (*rád*) pulling effect
frekvenciaellenőrző (*készülék; rád*) frequency monitor
frekvenciaelosztás frequency allocation; [*készülékek között*] frequency distribution
frekvenciaelosztó egység (*vill*) scale unit
frekvenciaeltérés frequency deviation/drift/shift; (*tűrés*) frequency tolerance
frekvenciaérték: **lebegési** ~ (*rád*) beat note
frekvenciaérzékeny jelfogó frequency/discriminating relay
frekvencia-etalon frequency standard; (*berendezés*) standard frequency assembly
frekvencia-felező *mn* frequency halving
frekvencia-figyelő (*rád*) frequency monitor
frekvenciafüggés dependence of frequency

frekvenciafüggetlen *(rád)* independent of frequency, achromatic; ~ **erősítés** *(távk)* flat gain; ~ **rezgésátalakító** all-pass transducer
frekvenciafüggő *(rád, távk)* frequency-dependent, dependent on the frequency; ~ **visszaverődés** selective reflection
frekvenciagép *(távk)* frequency-supply machine
frekvenciagörbe *(rád)* frequency curve; *(aut)* frequency response, transfer function
frekvenciahang: **lebegési** ~ *(rád)* beat note
frekvencia-háromszorozás frequency tripling
frekvencia-háromszorozó *fn* frequency tripler; ~ **áramkör** *(rád)* tripler circuit
frekvenciahatás *(vill)* frequency influence
frekvenciahelyesbítő: **önműködő** ~ automatic frequency corrector
frekvenciahintázás *(rád)* wobbling; ~ **lengési frekvenciája** *(rád)* wobble frequency
frekvencia-ingadozás frequency swing/deviation, wobbling, frequency variation; *(lassú, ütemes; rád)* wow; *(lassú, szabálytalan; rád)* drift; *(gyors, ütemes; rád)* flutter
frekvencia-jelleggörbe *v* **-karakterisztika** frequency response/curve; *(erősítőben:)* response characteristic
frekvencia-kétszerezés doubling of frequency
frekvencia-kétszerező *fn* frequency doubler; ~ **fokozat** frequency doubler stage
frekvenciakettőző *(rád)* *l* **frekvencia-kétszerező**
frekvenciakeverék *(távk)* combination of frequencies
frekvenciakilengés *(rád, távk)* frequency swing
frekvencia-korrekció frequency correction
frekvencia-korrekciós kapcsoló *(rád)* deaccentuator
frekvencia-korrigált erősítő compensated amplifier
frekvenciakörzet frequency range
frekvenciaköz *(rád)* frequency spacing; *(a két határfrekvencia aránya 1:2)* octave
frekvencia-középérték *[frekvenciamoduláció]* mean frequency
frekvenciaküszöb threshold frequency
frekvencialemez *(hangfelvétel)* frequency record
frekvencia-letapogatásos generátor frequency-modulation sweep generator
frekvencia-lineáris *l* **frekvencia-egyenes**
frekvencialöket *(rád, távk)* frequency sweep/swing, double frequency deviation; *(modulációnál:)* frequency sweep
frekvencia-meghatározó jel *(rád)* frequency marker pip
frekvencia-megoszlás frequency distribution
frekvencia-megosztás *(rád)* frequency diversity
frekvenciamenet frequency response/characteristic; *(aut)* frequency response, transfer function; ~ **egy bizonyos sávra** *(rád)* band-pass response
frekvenciamenet-görbe frequency response curve
frekvenciamérés frequency measuring/check/measurement
frekvenciamérő *fn* frequency(-)meter, carpet checker; ~ **híd** frequency measuring bridge
frekvenciamoduláció frequency modulation, F. M.; **kis frekvencialöketű** ~ *(rád)* low-deviation frepuency modulation; ~ **mélysége** *(rád)* wobble rate
frekvenciamodulációs: ~ **jelgenerátor** *(rád)* frequency-modulation signal generator; ~ **zavarás** *(rád)* frequency modulation jamming
frekvenciamodulálás *l* **frekvenciamoduláció**
frekvenciamodulált frequency-modulated; *(periodikusan)* wobbulated; ~ **feszültség** frequency-modulated voltage; ~ **jel** frequency-modulated signal; ~ **rezgés vivő frekvenciája** centre-frequency; ~ **vétel** frequency-modulated reception, FM reception; ~ **vivő** frequency-modulated carrier, FM carrier
frekvenciamodulátor *(rád)* frequency modulator
frekvenciamonitor *(rád)* frequency monitor
frekvenciaosztás *(távk)* frequency division/splitting
frekvenciaosztó *fn* *(rád)* frequency divider, harmonic conversion transducer; *(impulzusszámlálón)* scaler; *mn* frequency-dividing, frequency-divider; ~ **kör** frequency-dividing circuit; ~ **lánc** chain of frequency dividers; ~ **moduláció** *(rád)* frequency-division modulation, F. D. M.; ~ **modulátorcső** *(rád)* modulator divider
frekvenciaösszetevő frequency component
frekvenciapontosság *(rád, távk)* frequency accuracy; *(tűrés)* frequency tolerance
frekvenciasáv frequency band/range, band/range of frequencies; ~ **kiemelése** *(erősítésnél)* accentuation
frekvenciasáv-átfogás *(rád)* frequency coverage
frekvenciasáv-korlátozás limitation of frequency band
frekvencia-sávszélesség frequency bandwidth
frekvenciasávszélesség-egység unit frequency bandwidth
frekvencia-sávszűkítés frequency compression
frekvenciaskála frequency dial/scale
frekvencia-sokszorozás frequency multiplication
frekvencia-sokszorozó *fn* frequency multiplier, harmonic conversion transducer, harmonic multiplier; ~ **fokozat** frequency-multiplying stage; ~ **generátor** harmonic generator; ~ **kör** frequency-multiplying circuit; ~ **modulátorcső** *(rád)* modulator multiplier
frekvencia-spektrum frequency spectrum
frekvenciaspektrum-felosztás *(távk)* frequency band repartition
frekvencia-stabilitás frequency stability
frekvencia-stabilizálás *(távk)* frequency stabilization/control; ~ **ellenálláshíd segítségével** *(rád)* resistance stabilization
frekvencia-stabilizáló vezetékcsonk *(magnetronon)* pulling stub
frekvencia-stabilizátor frequency monitor
frekvencia-standard *(rád)* frequency standard
frekvenciaszabályozás frequency adjustment/control; **önműködő** ~ automatic frequency control, A. F. C.
frekvenciaszabályozó *fn* frequency regulator; ~ **diszkriminátor** *(önműködő)* automatic frequency control discriminator, AFC discriminator
frekvenciaszétbontás *v* **-szétválasztás** mode-frequency separation
frekvenciaszűrő frequency filter
frekvenciatartomány frequency band/width/range, frequency range; **hallható** ~ *(hangt)* audible spectrum
frekvenciatorzítás frequency distortion, attenuation (frequency) distortion, nonuniform frequency response
frekvenciatorzításmentes művonal *(távk)* high-fidelity delay line
frekvencia-többszörözés frequency multiplication
frekvencia-transzponálás frequency inversion
frekvenciatűrés *(rád)* frequency tolerance
frekvenciaugrás *(rád)* frequency jumping, flip
frekvenciaválasztó: ~ **áramkör** *(rád)* frequency discriminator; ~ **szűrő** *(rád)* frequency discriminating filter
frekvenciaváltás *(rád)* frequency conversion
frekvenciaváltó *fn* *(rád)* frequency changer/converter
frekvenciaváltozás frequency change; *(Doppler-hatás következtében)* Doppler shift; ~**sal végigsepert frekvenciasáv** *(rád)* swept band
frekvenciaviszony frequency ratio
frekvencia-visszaadási görbe *(rád)* frequency response characteristic/curve
frekvenciavivő *fn* frequency carrier
frekvenciavizsgáló *fn* frequency analyser
frekvenciazavar *(rád)* frequency disturbance, hash
frenzelit *(ásv)* frenzelite, guanajuatite
Fresnel Fresnel *(1.10¹² Hz)*
Fresnel-féle lencse Fresnel lens
F-réteg *(ionoszférában)* Appleton layer
friedelit *(ásv)* friedelite
frikció *l* **súrlódás és dörzsölés**
frikcionál *(gumi)* friction, skim, proof
frikcionálás *(gumi)* friction(ating)
frikcionáló gumizás friction
frikcionált lemez *(pa)* friction board
frikciós *(gépt)* friction; *l még* **súrlódó**; ~ **arány** *(pa)* friction ratio; ~ **áttekercselő** *(pa)* friction winder; ~ **csavarsajtó** *l* **frikciós prés**; ~ **ék** *(gépt)* friction key; ~ **hajtás** *(gépt)* friction gear; ~ **kalander** *(gépt)* friction calender; *(pa)* friction-glazing calender; *(tex)* glazed calender; ~ **kalanderezés** *(tex)* friction finish; ~ **kalapács** friction hammer; ~ **kapcsolás** *(gépt)* friction (coupling/clutch); ~ **kapcsoló emelőkar** *(gépt)* friction lever; ~ **kerék** *(gépt)* ad-

hesion wheel; ~ **kikészítés** *(tex)* friction finish; ~ **kilincsmű** friction ratchet; ~ **prés** *v* **sajtó** friction/spindle screw/fly press; ~ **simítás** *(pa)* friction glazing; ~ **simítógép** *(pa)* friction (type) calender; ~ **szabályozó** *(gépt)* friction adjuster; ~ **tányér** *(gépt)* follower; ~ **(tengely)-kapcsoló** friction coupling/clutch; ~ **zárkapocs** *(gépt)* friction lock
friss fresh, crisp, cool; ~ *(még meg nem kötött)* **beton** *(ép)* green concrete; ~ **bőr** fresh hide; ~ **eljárás** *(koh)* bloomery process; ~ **gőz** direct/live steam; ~ **hamvas** *(lé; bőr)* fresh-lime liquor, live pit, strong lime; ~ **légáram** *(bány)* intake air; ~ **lúg** *(pa)* fresh liquor, feed lye; ~ **meszes** *(bőr) l* ~ **hamvas**; ~ *(tartósítatlan)* **nyersbőr** green hide; ~ **színezés** *(tex)* bloom; **~en tartó csomagolás** *(pa)* fresh-keeping wrapping; ~ *(fogyasztási)* **tej** fluid milk; **~en termelt** *(fa)* green; **~en termelt szén** fresh-air coal; ~ **töltés** *(gőzgép hengerében)* incoming charge; ~ **tűz** *(koh)* bloomery hearth, bloomary; **~en vágott fa súlya** *(fa)* greenweight; ~ **vakolat** *(ép)* freshly-set mortar; ~ **vas** *(koh)* bloomery iron; ~ **víz** fresh(-)water; *(pa)* excess water
frissít freshen; *(koh)* (re)fine, affine
frissítés *(koh)* refining, affinage, blowing, oxidizing reaction; **levegővel való** ~ air refining; ~ **martinkemencében** *(lángkemencében)* refining in low hearth
frissített: ~ **acél** *(koh)* converted steel; ~ **vas** *(koh)* refined iron
frissítő: ~ **eljárás** *(koh)* refining process; ~ **étel** *v* **ital** *(élip)* refreshment; ~ **italok** *(élip)* refreshment drinks; ~ **kemence** *(koh)* refining hearth, bloomary; ~ **kovácskalapács** shingling hammer; ~ **levegő** *(koh)* refining air
frissítőmester *(koh)* (re)finer
frissítősalak *(koh)* refining/finery cinder(s)
frissítőszél *(koh)* refining air/blast
frissítőtűzhely *(koh)* finery; ~ **salakja** *(koh)* refining-forge slag
frisslégbeeresztő nyílás fresh air inlet, F. A. I.
frisslevegős vágat *(bány)* intake working/entry
frisslúg-szivattyú *(pa)* fresh-liquor pump
frisslúg-tartály *(pa)* fresh-liquor box
frissvíz-ellátás fresh-water supply
frissvíz-szivattyú *(pa)* fresh-water pump
fritt *(ker)* frit
frittel *(ker)* frit
frittelődés *(ker)* fritting
frittporcelán fritted porcelain
fritzscheit *(ásv)* fritzscheite
fríz *l* **szegélyléc**
frízelt padló *(ép, fa)* framed floor
front *(bány)* face, long-face place; *(ép)* front, face; *(met)* front; ~ **(elő)haladása** *(bány)* advance of the face; ~ **előtti** *(met)* prefrontal; ~ **előtti csapadék** *(met)* prefrontal precipitation; ~ **mögötti felhőzet** *(met)* rear zone sky; ~ **szétoszlása** *(met)* frontolysis; ~ **utáni csapadék** *(met)* postfrontal precipitation; ~ **utáni légáramlás** *(met)* postfrontal current
frontális: ~ **légemelés** *(met)* frontal lifting; ~ **légnyomászsák** *(met)* frontal trough
frontátvonulás *(met)* frontal passage
frontciklus *(bány)* wall cycle
frontelemzés *(met)* front analysis
frontfejtés *(bány)* regular longwall, widework, longwall (tophole system), wall method; ~ **előhajtása dőlés mentén felfelé** longwall advancing to the rise; ~ **előhajtása dőlés mentén lefelé** longwall advancing to the dip; ~ **előhaladása** *v* **előhajtása** longwall advancing; **határ felé haladó** ~ *(bány)* advancing longwall; ~ **hazafelé** longwall retreating, retreating longwall; ~ **hazafelé pillérek visszahagyásával** retreating intermittent longwall; ~ **omlasztással** longwall with caving; ~ **széles homlokkal** broadwall
frontfejtésföte *(bány)* longwall stope
frontfejtési rendszer *(bány)* longwall method
frontfelhőzet *(met)* frontal cloud system
frontfelület dőlése *(bány)* frontal slope
fronthossz *(fejtésnél; bány)* head
frontképződés *(met)* frontogenesis
frontképződési zóna *(met)* frontal zone
frontművelés *(bány)* long-face system/mining, longwall stall system
frontológia *(met)* frontology
frontréselő gép *(bány)* bar longwall machine, longwall (under)cutter
frottíráruk *(tex)* looped fabrics
frottírkötés *(tex)* towel weave, weave for Turkish/terry towelling
frottírszövet *(tex)* terry-cloth
frottír-törülköző *(tex)* rough-towel, rubber
fröccsgolyók *(öntvényhiba)* cold drops
fröccsölés *(műanyagé)* injection moulding
fröccsöntés *(koh)* (pressure) die casting; *(műanyagé)* injection mo(u)lding
fröccsöntésű *(önt)* die-cast; *(műanyag)* injection-mo(u)lded
fröccsöntő: ~ **forma** casting die; ~ **gép** die-casting machine
fröccsöntvény *(koh)* die-casting
fröcsköl sprinkle, spurtle, sputter, splash
fröcskölés sprinkling, splash, spatter
fröcskölőecset *(ép)* sprinkling/stock brush
fröcskölővíz spray water
fröcskölt: ~ **akusztikus vakolat** *(ép, hangt)* spray-acoustic coating, fibrespray asbestos; ~ **felület** float surface
frugårdit *(ásv)* frugårdite
fruktóz *(gyümölcscukor)* fructose, laevulose, diabetin
fruktozán fructosan
F-szám *(f/d; fényk)* F-number
ftálsav phthalic acid
ftálsavészter phthalic ester
ftanit *(földt)* phthanite
fuchsit *(ásv)* fuchsite
fuga interstice, gain, recess, bed/wall joint
fugaléc *(fa)* reglet
fugáz *(ép)* point; **hézagot** ~ clip the joints
fugázás *(ép)* pointing
fugázógyalu *(fa)* hand planer
fugázósablon *(ép)* pointing template
fugázott: **falsíkkal szintben kitöltött** ~ **hézag** *(ép)* flush joint
fugázóvas *(ép)* jointer
fugázó vonalzó *(ép)* jointing rule
fuggerit *(ásv)* fuggerite
fúj blow, wind, blast; *(üveget:)* blow
fújtat blow, blast
fújtatás (air) blast
fújtató *fn* bellows; *(vasút)* fire fan; ~ **légvezetéke** *(koh)* blast main; **száraz** ~ *(fényk)* dry-blow; **szekrényes** ~ chest bellows
fújtatóégő *(forrasztólámpában)* blast/jet burner
fújtatómű *[orgonán]* blowing action
fújtatott blown; ~ **levegő** *(bány)* scavenging air
fukszin (carbol-)fuchsin
fulárd *(selyemszövet)* foulard; *(festő v impregnáló berendezés)* pad(der), padding machine/mangle; ~ **vegyi impregnálásra** chemical padder
fulárd-eljárás *(tex)* padding process
fulárdfürdő *(tex)* pad liquor
fulárdozás *(tex)* pad(ding)
fulárd-színezés *(tex)* pad dyeing
fulárd-teknő *(tex)* padder trough
fulgurácíó fulguration
fulgurit *(földt)* thunderbolt
fullad choke; **vízbe** ~ drown
fulladás choking
fullaszt choke
fullerföld Fuller's earth
fulminát fulminate
fulminsav fulminic acid
fulvén *(ol)* fulvene
fumaroli *(földt)* fumaroli
fumarolis lerakódások *v* **üledékek** *(földt)* fumarolic deposits
funkció *(ált; mat, vegy)* function; *l még* **függvény**
funkcionális *v* **funkciós** *(vegy)* functional; ~ **csoportot nem tartalmazó vegyület** nonfunctional compound; ~ **csoportot tartalmazó vegyület** functional compound
fúr *(ált; gépt, ol)* drill, bore; **alagutat** ~ drive a tunnel; **csavarmenetet** ~ tap; **előfúrt lyukat** ~ *(forg)* bore; **harangfúróval** ~ trepan; **magot** ~ *(bány, ol)* core; **nagyolva** ~ *(gépt)* rough-drill; **olajat** ~ drill, bore; **telibe** ~ *(forg)* drill
furadék *(ol)* cuttings
furán furane, furfurane
furánkarbonsav furan-carboxylic acid, furoic acid
fúrás *(ált; gépt, ol)* boring, drilling; **asztali** ~ *(gépt)* bench drilling; ~ **befejező mélysége** *(ol)* total depth of a well; ~ **esztergakéssel** boring; **felhagyott** ~ *(bány, ol)* abandoned well; ~ **fúróiszap-öblítéssel** mud scow drilling; ~ **gyémánttal** diamond boring; ~ **haladási** *v* **behatolási sebessége** *(bány)* bit penetration; **lépcsőzetes** *v* **teraszos** ~ *(bány)* bench drilling; ~ **(munka)padon** *(gépt)* bench drilling
fúrási: ~ **előhaladás** *(ol)* drilling progress/rate; ~ **forgács** bore chips, borings; ~ **iszap** *(bány)* slush; ~ **jegyzőkönyv** *v* **napló** (well/drill/boring) log, penetration/shaft record; ~ **kazán** *(ol)* oil field boiler; **legnagyobb** ~ **átmérő** *(forg)* drilling capacity; ~ **por** *(gépt)* bore dust;

~ szakasz *(ol)* bore section ; **~ szelvény** *(földt, ol)* bore log ; **~ talajminta** *(bány)* bore plug
fúrásirány *(alagúté)* drift
fúráskezdés *v* **fúráskezdet** *(bány, ol)* spudding the well, commencement of drilling, sump(ing) hole
fúrásmélység *(ol)* drilling depth, depth of boring
fúrásnapló *(ol)* *l* **fúrási napló**
fúrástechnika *(ol)* drilling (engineering)
furat *fn* *(gépt)* hole, boring, bore(-hole), opening ; *(ol)* bore/drill hole, (well) bore, boring ; *(motoré)* *l* **hengerfurat** ; **barázdás ~** serrated hole; **~ok elosztása** spread of holes; **kiegyensúlyozó ~** *(gépt)* balancing hole/pit ; **~ nélküli dugó** blank plug ; **süllyesztett ~** counterbore, C/bore
furatátmérő inside/bore diameter, i. d., drilling radius ; **szabad ~** clearway ; **~t tágít** open cut
furatátmérő-tűrés *(gépt)* hole tolerance
furatbővítés *(gépt)* counterbore
furateszterga *(gépt)* boring lathe
furatesztergakés *(gépt)* boring tool
furatesztergálás *(gyémánttal v keményfémmel)* diamond boring
furatesztergáló készülék boring fixture
furatfeljelölés *(bány)* collaring
furatfelület *(gépt)* bore surface
furathely-meghatározó *fn* centre punch
furatidomszer *(gépt)* internal/inside/hole/plug ga(u)ge ; **golyós ~** ball plug ga(u)ge
furatkés-fordulatszám *(gépt)* boring speed
furatkomparátor bore comparator
furatköszörű(gép) internal grinder ; **tokmányos ~** chucking internal grinder
furatköszörülő készülék internal grinding fixture
furat-löket viszony *(gépk)* bore per stroke ratio
furatlyuk-sorozat *(bány)* round
furatmaró *fn* *(gépt)* internal (milling) cutter
furatmélység *(gépt, ol)* boring depth
furatméret *(gépt)* size of hole, bore size
furatmérő *fn* *(gépt)* *l* **furatidomszer**; **~ körző** inside transfer caliper
furatmikrométer inside micrometer-ga(u)ge
furatnagyság *(gépt)* bore size
furatnyílás *(gépt)* clear bore
furatos : ~ biztosítólemez *(fúvásnál ; koh)* guard plate ; **~ esztergacsúcs** female centre
furatpor *(gépt)* borings, cuttings, drillings ; *(bány)* bore meal
furatrendszer *(gépt)* hole system ; **szimmetrikus ~** *(tűréseknél)* bilateral hole system
furatsüllyesztés *(gépt)* counterbore
furatszűkítő perselyezés reducer bushing
furattágító tüske opening bit
furdancs *(gépt)* hand-brace, breast drill, carpenter's auger, ratchet brace; *(márvány fúrására :)* wimble
furdancsfúró *fn* *(gépt)* brace bit, carpenter's auger ; **~ betét** gimlet bit
furfuraldehid *l* **furfurol**
furfurán furfurane
furfurilecetsav furfuryl-acetic acid
furfurin furfurine
furfurol (fur)furol, furfural
furgon *(csukott tehergépkocsi)* van, tumbrel
furgon-kocsiszekrény box van
furkó *(fa, hidr)* beetle
furkósbot *(fa)* club
furkós láva *(földt)* Pahoehoe-lava
furnér *(fa)* *l* **furnír**
furnír *(fa)* veneer ; *(réteges, keresztlemez, ragasztott)* plywood ; **fűrészelt ~** sawn veneer ; **hámozott ~** rotary cut veneer ; **késelt ~** carved veneer
furnírberakás *(fa)* overlay
furnírfedőlemez-szorító guillotine veneer clippers
furnírfolt *(fa)* patch, shim
furnírformázó prés caul
furnírfűrész board( )saw
furnírgyalukés fixed plane iron
furnírgyár veneer(ing) mill
furnírhámozó gép *(fa)* (veneer) peeling machine, rotary lathe
furnírhántoló gyalu *(fa)* veneer spoke plane/shave
furnírhasító fűrész *(fa)* veneer saw
furnírillesztő gép *(fa)* veneer splicer
furnírkéselő gép veneer cutting knife
furnírlap rétege *(fa)* ply
furnírlemez sheet of veneer ; *(réteges:)* plywood ; **~ vékony alumínium betétréteggel** plymetal
furnírlemezréteg : kettős ~ double ply, d. p.
furnírmezős falkiképzés *(ép)* cabinet finish
furnírolló *(fa)* veneer clippers
furníroz veneer
furnírozás veneering, overlay
furnírozó hengerprés veneering rolls
furnírozómunka veneering
furnírozott *(fa)* veneered
furnírpapírlemez veneer board
furnírprés *(fa)* *(gyártáshoz)* veneer press ; *(borításhoz)* veneering press
furnírragasztó szalag *(fa)* tape
furnírréteg *(fa)* ply ; **alsó ~** back ply
furnírrétegelés *(fa)* veneer crossing
furnírrönk *(fa)* veneer butt
furnír-selyempapír veneer tissue paper
furnírsimító gép *(fa)* veneer-smoothing machine
furnírszalag-ragasztó gép *(fa)* veneer-taping machine
furnírszárító gép *(fa)* veneer dryer
furnírszélező olló *(fa)* veneer-clipping machine
furnírvágó : ~ fűrész veneer saw ; **~ gép** *(fa)* veneer-cutter, veneer cutting machine/mill
fúró *fn* *(forg)* auger, borer, drill ; *l még* **csigafúró** ; **állítható ~** expanding drill ; **~ befogó hüvelye** bit stock ; **~ berendezés** *(ol)* drilling equipment/rig/machine/tackle, rig ; **~ berendezés átvontatása** *(ol)* skidding the rig ; **csapos ~** *(fa)* centre cock bit ; **egyélű ~** single-cutting drill ; **egyeneshornyú ~** straight-flute drill ; **egyetemes ~** *(négyszögletes tővel)* forstner's brace bit (with square shank); **egyhornyú ~** single-flute drill ; **~ egymásra merőleges vágóélekkel** star drill ; **ékfejű ~** arrow-head drill ; **~ éle** *(bány)* wing of bit ; **~ elhajlása a pontos iránytól** running out of the drill ; **fakémlelő ~** test borer (for wood) ; **~ felszerelés víz alatti munkára** submarine drilling outfit ; **~ fordulatszámhatárai** drilling speed range ; **göbözött ~** gimlet ; **gyűrűs ~** annular bit ; **~ haladása** *v* **behatolása** *(bány)* bit penetration ; **háromélű ~** three-lipped drill ; **~ H-betű alakjában elhelyezett élekkel** *(mélyfúráshoz)* H-drill ; **hosszú ~** *(forgatva működő, talaj v fa fúrására)* auger drill ; **kéthornyú ~** two-flute drill ; **kis átmérőjű ~** wire drill ; **kis emelkedésű ~** low-helix drill ; **koronás ~** annular (bit), crown drill ; **láncos ~** chain drill ; **nagy ~** *(ol)* auger ; **~ olajozó csatornákkal** oil drill ; **pneumatikus ~** *(gépt)* air drifter/drill ; **pneumatikus ~ kalapács** *(bány, ép)* air(-feed) stoper ; **~ puha szénben való fúráshoz** *(bány)* breast auger ; **(sodrony)köteles ~** *(bány)* churn (drill); **sűrítettlevegős ~** air drill ; **szabványméretű ~** standard size drill ; **~ személyzet** *(ol)* drilling crew/gang ; **~ szerkezet** *(ol)* boring rig ; **tokmányba való ~** chucking drill ; **üreges ~** hollow/core drill ; **~ vágóéle** lip of drill ; **vezetőcsapos ~** teat drill
fúróacél (rock-)drill steel
fúróakna *(bány)* bore pit
fúróállvány *(gépt)* boring/bore frame ; *(bány)* stand ; *(ol)* boring rig ; **asztali** *v* **hordozható ~** drill stands ; **gördülő ~** *(alagúthajtáshoz)* drilling carriage
fúróbehatolási napló *(ol)* penetration record ; *l még* **fúrási napló**
fúróbetét drill (point), drill/insert bit, boring cutter ; **függőlegesen állított vágótárcsás ~** *(olajfúráshoz)* disc bit
fúróbetétfej chisel bit
fúróbetétreszelő auger bit file
fúróborda drill flank
fúrócső drill pipe
fúrócsőbéklyó *v* **-bilincs** drilling clamp, boring pipe box
fúrócső-kiemelő *(bány)* pipe grab
fúrócsősaru *(ép)* cutting shoe
fúrócsőszűrő well tube filter
fúrócsúcs point of drill
fúróél bore-bit, point of drill, bit wing, boring bit, cutting end ; **~ szöge** bit face angle
fúróélesítés bit resharpening/dressing/reconditioning
fúróélesítő *fn* bit setter ; **~ gép** drill grinder ; **~ pad** *(bány)* mechanic(al) sharpener
fúróélezési szög *(bány)* wing angle
fúróélező *fn* sharpener ; *(gép:)* bit sharpener
fúróelőtolás *(telibe-fúrásnál)* drill feed ; **~ határai** drilling feed range
fúróelőtolási tartomány boring-feed range; *(telibe-fúrásnál)* drilling-feed range
fúróélvastagság wing thickness
fúróemulzió *(ol)* drilling fluid
fúróesztergapad boring and turning lathe
fúrófej bit/boring head, (jack) bit, drill boot ; *(fúróval:)* drilling head ; *(késes)* boring head ; **egyélű ~** carr bit ; **~ egyszeri használatra** throwaway bit ; **~ éle** bit edge ; **~ köszörülési szöge** bit cutting angle ; **~ ötvözött acélból** alloy bit ; **~ szélessége** *v* **átmérője** bit ga(u)ge
fúrófejasztal boring-head bridge
fúrófej-élesítés *(bány)* bit dressing
fúrófej-előtolás head feed
fúró-fordulatszám drilling speed

fúró-fordulatszámtartomány (*felfúrásnál*) boring-speed range; (*telibe-fúrásnál*) drilling-speed range

fúróforgács drillings

fúróforgóharang (*betört fúró kihúzására*) becne

fúrógép drilling/boring machine, borer; (*kis*) drill press; (*bány*) rock-drilling machine; *l meg* **fúrómű**; ~ **állásbahozatala** setup; ~ **asztala** drill-plate; **asztali** ~ drill press, bench drill(ing machine); ~ **beállító orsóháza** drill carriage; **fali** ~ wall drilling machine; **finom** ~ sensitive drilling machine; ~ **a fúró hosszelőtolásával** (*horonyfúró gép*) traverse drill; **konzolos** ~ bracket drilling machine; **lendkerekes** ~ centrifugal drill; **oszlopos** ~ (*gépt*) drill press; (*bány*) bar-rigged drifter; **pneumatikus** ~ close-quarter piston-air-drill; **radiális** ~ radial drilling machine; ~ **sarkok fúrásához** close drill; **sínfúró** ~ rail drilling machine; **többorsós merev** ~ gang drilling machine; **többorsós radiális** ~ multiple radial/beam drill; **zsinorhajtású** ~ cord-boring machine

fúrógépállvány (*gépt*) boring frame

fúrógépasztal (*gépt*) table

fúrógépsatu drilling machine vice

fúróhegy bit (prong), point of drill; **mellfurdancsba fogott** ~ brace bit

fúróhoronymaró drill fluting milling cutter

fúróigazítás bit reconditioning

fúróillesztés (*bány*) setting bit

fúróiszap (*ol*) mud, sludge, silt

fúróiszap-zagy (*ol*) mud flush

fúrókalapács jack(hammer), boring/bore hammer, rock-drilling machine; **hüvelyes** ~ chuck drill; **légvillamos** ~ electric air drill

fúrókalapács-állvány (*könnyű*) jackleg

fúrókaliber drill ga(u)ge

fúrókanálminta bailer sample

fúrókapcsoló: egymásba csúsztatható ~ **rudazat** *v* **hüvely** (*bány*) jar

fúrókerep ratchet brace

fúrókerepkengyel: állítható ~ adjustable brace

fúrókés (*fa*) bit

fúrókésfej boring cutter block

fúrókéstokmány boring cutter block

fúrókészlet set of drills; (*bány*) rig

fúrókészülék (*fúrógépre*) drill(ing) jig; (*esztergára:*) boring jig/fixture; (*ol*) rig, jig; **kerek** ~ flange (drill) jig; **lemezes** ~ drill plate; **levegővel működő** ~ pneumatic air jig; ~ **vezetőperselye** jig bushing; **zárt** ~ closed (drill) jig

fúrókiemelő (*mélyfúrásnál*) tool extractor

fúrókihúzó szerszám (*bány*) grappel

fúrókinyomó *fn* drill drift

fúrókocsi (*ol*) boring/drill(ing) rig/truck, rig; ~ **csilleállványa** (*bány*) jumbo truck; ~ **fúrótartó karja** (*bány*) jumbo column; ~ **karja** (*bány*) rig boom; ~ **keresztfeszítéke** (*bány*) jumbo arm; ~**t kifeszkéző támoszlop** (*bány*) jumbo jack; ~ **oszlopa** (*bány*) rig column

fúrókorona (*bány, gépt, ol*) (bore) crown, (bore-) bit, crown/boring bit; ~ **sörétfúrásra** drag shoe; ~ **(vágó)-éle** bit face/edge, wing of bit

fúrókorona-beültetés [*gyémánttal*] insert

fúrókoronagyémánt-berakó (*munkás*) bit setter

fúróköszörülő *l* **fúróélesítő**

fúrókötél (*ol*) drill rope

fúróközpontozó (*gépt*) drill locator

furol *l* **furfurol**

fúróláb kézi ütőfúráshoz (*bány*) spring-pole rig

fúrólap (*gépt*) plate jig

fúrólapka bore-bit

fúrólazító *fn* drill drift

fúróliszt borings

fúrólöket cutting stroke

fúrólyuk (*bány*) bore (hole), (bore-) hole; (*ol*) bore/drill hole, well (bore); **beomlott** ~ (*ol*) abandoned well; ~ **betömődése** (*ol*) well collapse; **el nem ment** *v* **el nem robbant** ~ (*bány*) blow-out, misfire hole; **előzetes** ~ churn drill hole; ~**ak elrendezése** (*bány*) spread of holes; ~ **feneke** (*bány*) point; **ferde** ~ (*bány*) angling hole; ~ **a homlokra merőlegesen felepítve** (*bány*) balanced hole; **ki nem dolgozott** ~ (*bány*) gun; ~ **kifalazása** (*téglával*) steening; ~ **kitisztítása** (*bány*) swabbing; **közel vízszintes** ~ flat hole; **lefelé irányuló** ~ (*bány*) downhole; ~ **lerepesztése** (*bány*) blast; ~ **lerobbantása** (*bány*) hole firing; **meddő** ~ dry hole; ~ **megtöltése** (*bány*) burden of the hole; ~**at mélyít** (*bány*) strip a hole, strip down; ~**ak párhuzamos kapcsolása** (*bány*) series hole connection; **repesztő** *v* **robbantó** ~ (*bány*) blast ga(u)ge; ~ **robbantás után megmaradt alja** (*bány*) socket; **sorozatosan robbantott** ~**ak** (*bány*) dependent shots; ~ **és szabad felület közötti fal** (*bány*) burden; ~ **szája** (*bány*) heel, hole collar; ~ **talpa** (*bány*) toe, bottom of borehole; ~**ak térképezése** (*bány*) bore-hole surveying; ~ **újratöltése** (*bány*) reloading; **vizes** ~ (*bány*) water hole

fúrólyuk-béléscső (*bány*) well tube

fúrólyukbővítés (*bány*) shaking a hole

fúrólyukbővítő (*szerszám; bány*) bit reamer; ~ **töltés** (*bány*) springing charge

fúrólyukcsoport: egyidejűleg elrobbantott ~ (*bány*) volley

fúrólyukegyengető (*szerszám; bány*) bit reamer

fúrólyukeltömés (*bány*) plugging

fúrólyukelzáró dugó (*ol*) plug hole

fúrólyukfejgáz (*ol*) casing head gas

fúrólyukfenék-bővítő robbanótöltet (*bány*) squib

fúrólyukfoglalás (*bány*) case

fúrólyuk-kanalazás (*ol*) spudding

fúrólyukkaparó vas (*bány*) fluke

fúrólyuk-kiiszapolás (*ol*) sludging

fúrólyukmélyítés (*bány*) deepening; (*ol*) sinking (of well)

fúrólyukmintázás (*ol*) well sampling

fúrólyukrobbantás (*bány*) shot firing, shooting

fúrólyukszelvényezés (*földt*) well logging

fúrólyukszelvényező *fn* (*földt*) well-logging truck apparatus; ~ **műszerkocsi** (*ol*) well logging truck apparatus

fúrólyukszelvény-jegyzőkönyv (*földt*) drill log

fúrólyukszivattyú bore-hole pump

fúrólyuktágítás lövéssel (*bány*) springing

fúrólyuktágító szerszám (*bány*) reamer

fúrólyuk-telepítés (*ol*) setting the holes

fúrólyuktisztító (*ol*) swab; ~ **kaparó** (*bány*) drag; ~ **pálca** (*bány*) swab stick, wimble

fúrólyuktömítés (*bány*) bottom hole packer; (*agyaggal:*) claying of a borehole

fúrólyukvédő fedél hole cover

fúrómag (*bány*) core (barrel), heart, drill core

fúró-marómű (*forg*) boring mill; **függőleges** ~ vertical boring mill; **vízszintes** ~ horizontal boring mill

fúróméret: szabványos ~ bit ga(u)ge

fúrómester (*bány*) master borer, boring master, drill runner; (*ol*) driller, boring master, operateur, tool pusher

fúrómódszer (*bány*) system of borings

fúrómunka: kézi ~ (*bány*) piercing

fúrómű *l* **fúrógép, fúrómarómű; alacsony-asztalú vízszintes** ~ floor-type horizontal boring machine

fúrónapló (*bány, ol*) *l* **fúrási napló**

fúrónyak shank

fúrónyél (*bány*) bull rod

fúrónyél-nyílás drift hole

fúrónyomás (*anyagv, ol*) drill thrust; ~ **szabályozása** (*ol*) drilling control

fúrónyomásmérő készülék (*ol*) drillometer, drilling meter, weight indicator

fúróolaj boring/cutting oil

fúróorr nipper

fúróorsó spindle; ~**k távolsága** *v* **osztása** (*többorsós fúrógépnél*) pitch of drills

fúróorsó-előtolás spindle feed

fúrópad (*vízszintes fúráshoz; bány*) highwall-drilling machine

fúrópajzs (*mélyépítésnél*) shield; ~ **alatt hajtott táró** *v* **alagút** shield-driven tunnel; ~ **elfordulása** (*ívben*) lead; ~ **előrebukása** (*bány*) diving

fúrópajzsvédő tető shield hood

fúróperem (*ol*) drill collar

fúrópor (*bány, ol*) rock dust

fúróprizma drill block

fúrópróba boring test

fúrópuska (*hidr*) drill gun, drifter

fúrópuskaállvány (*hidr*) drifter boom

fúrórúd boring bar; (*bány*) stem, bull/boring/bore rod, cutter/miner's bar; (*kőfejtéshez:*) bull point; (*melyhez a fúrókoronát erősítik; bány*) auger stem; ~ **kézifúráshoz** (*bány*) spring-pole; **menetfésűs** ~ chasing bar; ~ **merevsége** stem rigidity; **összetett** ~ (*talajmélyfúráshoz*) boring rod

fúrórudazat (*bány*) jackrod, steel stem; (*ol*) drill pipes, string of rods

fúrórudazat-átmenet (*ol*) drill pipe sub

fúrórudazatfogó ékek (*ol*) slips

fúrórudazat-kapcsoló (*ol*) tool joint; ~ **karmantyú** (*ol*) drill pipe coupling

fúrórudazat-kiemelő szerszám (*bány*) lifting dog

fúrórudazat-kulcs (*ol*) pipe/rotary tongs

fúrórudazat-menet (*ol*) drill pipe thread

fúrórudazat-összekötő (*ol*) tool joint

fúrórudazat-rakat (*ol*) stand of drill pipe

fúrórudazat-szállító szék (*ol*) drill pipe elevator

fúrórudazatvédő *(gumigyűrű ; ol)* drill pipe protector, rubber protector
fúrórúd-csatlakozóhüvely *(bány)* jar socket
fúrórúdcsavarozó kulcs *(ol)* hand dog
fúrórúddarab-vezető *(bány)* rodman
fúrórúd-elgörbülés *(ol)* stem deflection
fúrórúdfej *(esztergálófúráshoz)* head for boring bar
fúrórúd-összekötő hüvely boring bar sleeve
fúrórúdtartó *(bány)* drill steel retainer
fúrós *(szakmunkás)* borer
fúrósablon *(gépt)* drill jig, jig plate ; *(bány)* blaster log, boring template
fúrósaru *(bány)* drag/spudding shoe
fúrósebesség *(gépt)* boring speed ; *(tele anyagba:)* drilling speed
fúrósörét *(bány)* steel shot
fúrószár bore rod, bar ; *(ol)* drill/steel stem, (drill) rod
fúrószárnehezék *(ol)* drill collar
fúrószárny *(gépt)* arm ; ~ **magassági állítása** arm vertical stroke
fúrószár-nyél *(gépt)* drill stem
fúrószárny-emelés *(gépt)* arm elevating
fúrószárnygyűrű *(gépt)* arm sleeve
fúrószárnyrögzítés *(gépt)* arm clamping
fúrószárnyrögzítő szerkezet *(gépt)* arm clamping mechanism
fúrószárnysüllyesztés *(gépt)* arm lowering
fúrószárnysüllyesztő szerkezet *(gépt)* arm lowering mechanism
fúrószárnyvezeték *(gépt)* arm slide-way
fúrószár-rudazat drill rod
fúrószerszám *(gépt)* drilling/boring cutter/tool; *(ol)* drilling tool, auger; **ferde betétkéses** ~ splayed boring tool
fúrószerszámtartó *fn (gépt)* boring tool hold
fúrószerszámterhelés *(ol)* weight on the bit
fúrószonda *(ol)* sounding borer
fúrótartó *(gépt)* bit-holder, chuck
fúróterelő ék *(bány)* whipstock
fúrótokmány *(gépt)* drill chuck ; *(fafúrón)* pad ; *(jobb- és balmenetű csavarszorítással)* monitor chuck ; **önközpontosító** ~ self-centering drill chuck
fúrótorony *(ol)* boring tower/frame, cable rig
fúrótorony-állványzat (drilling) derrick
fúrótorony-vasszerkezet *(bány)* rig irons
fúrótömörítő gép drill upsetting machine
fúrótuskó *(ütőköteles mélyfúrásnál)* sinker bar
fúróváll *(bány)* (bit) shank
fúróvég *(szerszámnál)* drill bit
fúróvéső bore-bit, (boring) chisel, steel ; *(ol)* drill(ing) bit ; ~ **élszöge** bit cutting angle ; ~ **feje** bore bit ; ~ **gép** slot mortising machine ; ~ **koronaéle** chisel point ; ~ **nyaka** steel shank
fúróvésőfej rock-drill bit
fúróvésőkorona kőzetfúráshoz rock-drill bit
fúróvéső-lyukasztótövis *(bány)* bit punch
fúróvéső-perem *v* **-váll** steel collar
fúróvésőrúd moil
fúróvezető *fn (gépt)* drilling jig/fixture ; *(csaplyukak kifúrásához ; fa)* dowel(l)ing jig ; ~ **persely** jig bushing
fúróvízkeringető fej *(öblítéses fúráshoz)* hydraulic circulating head
fúrt : ~ **kút** driven/bore well, fountain ; ~ **lyuk** *(bány)* sunken well ; *(robbantólövéshez:)* pop hole ; ~ **lyuk kihasítása robbantás útján** *(bány)* burning
fúrva-süllyesztett kútalap drilled-in caisson
fusztik *(bőr)* fustic
fut *(gépt)* run ; **csoportválasztóra** ~ **a hívás** *(távk)* the call is extended to a group selector ; **partra** ~ *(hajó)* run ashore
futárgép *(rep)* liaison plane
futárvonat *(vasút)* express train
futás *(ált ; gépt)* run(ning); *(gépt)* course
futási : ~ **idő** *(gépt)* running time ; ~ **irány** *(gépt)* machine direction ; *(papírgépe:)* grained direction
futó *mn (gépt)* running ; *(alkatrész)* travel(l)ing ; *fn (gépk)* tread ; *(malom)* runner; *(fonógépen ; tex)* traveller, curser ; *(kendő ; tex)* back cloth/grey, runner ; *(számolólécen:)* runner ; ~ **ellenállása** *(tex)* pull of the traveller ; ~ **illesztés** medium fit, normal running fit ; ~ **javítás** *(gépt)* running repair ; ~ **karbantartás** *(gépk)* current/running maintenance ; ~ **kötélzet** *(hajó)* running rigging ; ~ **sor** *(ép)* stretching course ; ~ **száma** *(tex)* size of traveller ; ~ **terhelés** *(emelőn)* train load
futóárok *(ép)* trench, sap ; **futóárkok (alag)csövek számára** cuttings ; ~ **csatorna mélyén** *v* **mellett** coffer ; **fedett** ~ blind sap
futóbáb *(gépt)* travelling/following steady-rest
futócsiga *(emelőn)* running/movable pulley, runner tackle
futócsigasor *(emelőn)* runner and tackle
futódaru roof/overhead/travelling/bridge crane ; ~ **belső futású futómacskával** travel(l)ing crane with trolleyway inside ; ~ **futópályája** monkey gangway ; **villamos** ~ overhead electric travel(l)er
futófelület *(gépk)* tread, cover protector, running surface, face of roll ; *(vasút)* effective area ; ~ **felszíne** *(gumi)* crown ; **kettős** ~ *(gumi)* double tread ; ~ **kopása** *(gépk)* tread wear ; ~**et megújít** *(gumi)* retread, (re)cap ; ~ **megújítása** *(gumi)* regrooving ; ~ **mintájának mélysége** *(gépk, gumi)* nonskid depth ; ~ **mintázása** *(gumi)* patterning ; ~ **mintázata** *(gépk)* tread pattern/design ; **új** ~ *(gumi)* repair tread ; **új ~tel ellátott gumiabroncs** retreaded tyre ; ~ **vállrésze** *(gumi)* shoulder
futófelületi szalag *(pneumatikon)* tread band
futófelületjavító anyag *(gumi)* retreading compound
futófelület-megújítás *(gépk)* retreading
futófelület-megújító gép *(gumi)* regroover
futófénysor *(rep)* sequence flashing lights
futógörgő *(gépt)* (castor) wheel, idler, rolling pirn
futógyűrű *(gördülőcsapágyban)* live ring ; ~ **fonó- és cérnázógépen** *(tex)* travel(l)er
futógyűrűvezető váll *(gépt)* ring land
futóhenger *(pa)* carrying roller
futóhomok *(földt)* running/blown/dune/drift sand, quicksand, travel(l)ing dunes, anemoarenyte ; ~ **megkötésére szolgáló** *(növenyek)* sand binder ; ~ **okozta károk** *(mzg)* sand nuisance
futóhomok-bucka *(földt)* inland dune ; **tengerparti** ~ coastal dune(s)
futóhomok-talaj *(földt, mzg)* quick ground
futóhorony *(gépt)* raceway
futóirányban elhelyezett *[tégla]* outbond
futójavító szalag *(gumi)* camel back
futóka *(gyűrűs orsón ; tex)* rider
futókar *(gépt)* travelling arm
futókerék *(gépt)* runner, impeller, running wheel ; *(emelőnél)* truck wheel ; *(hidr)* blade wheel ; *(rep)* landing wheel ; *(vasút)* uncoupled wheel ; *(kocsimozgatáshoz:)* trailing wheel ; *(mozdonyon:)* leading wheel *(elöl)* ; trailing wheel *(hátul)* ; ~ **áramvonalas burkolata** *(rep)* wheel spat ; **kormányozható** ~ *(rep)* dirigible wheel ; ~ **nélküli típus** *(mozdony)* non-trailing truck type ; ~ **tapadása** *(talajhoz ; gépk)* adhesion of wheel ; *(„fogása" az úton ; gépk)* traction
futókerékburkolat *(rep)* spat
futókeréktengely *(vasút)* free carrying axle ; **hajlított** ~ *(rep)* bent landing-gear axis
futókocsi *(gépt)* carriage
futókő *(kőfalban)* rybat ; *(malom)* runner
futókör *(gépk)* tread
futókötél *(szállítókasnál)* runner
futó-kötő kötés *(ép)* in-and-out bond
futóláncos felvonó slat elevator
futólapátkerék *(turbinán)* runner
futóléc *(ép)* walkway
futómacska *(gépt)* (electric) trolley (hoist), running block, (crane) carriage, (travel(l)ing) crab/hoist ; ~ **drótköteles emelőművel** rope crab ; **egygerendás kivitelű kézi hajtású** ~ travelling pulley block ; **egygerendás kivitelű kézi hajtású** ~ **emelőszerkezet nélkül** travelling trolley ; ~ **láncos emelőművel** chain crab ; **mennyezeti** ~ ceiling crab ; ~ **nélküli kis támközű híddaru** tram crane ; ~ **ráakasztott csigasorral és emelőkötelekkel** crab with suspended pulley blocks and falls ; ~ **rendszerű szállító berendezés** telpher
futómacska-csörlő crab winch
futómacskamozgató motor crab-traversing motor
futómacskapálya crab rails
futómacskás egysínű markolókotró monorail bucket crab
futómű *(gépt)* running gear, carriage, travel(l)er ; *(rep)* landing gear, undercarriage ; ~ **alsó lökhárító hengere** *(rep)* landing-gear lower cilynder; **átmenőtengelyes** ~ *(rep)* cross-axle landing gear ; ~ **behúzott helyzetére figyelmeztető jelzés** *(rep)* undercarriage position warning ; ~ **behúzva** *(rep)* landing gear up ; **be nem húzható** ~ *(rep)* fixed landing gear ; **csúszótalpas** ~ *(rep)* skid landing gear ; ~ **felső lökhárító hengere** *(rep)* landing-gear upper cylinder ; ~ **hátsó dúca** *(rep)* landing-gear rear-brace-strut ; **hernyó-**

talpas ~ *(rep)* bogie undercarriage; **kétkerekű** ~ bicycle undercarriage; ~ **kézi kieresztő karja** *(rep)* landing emergency hand crank; ~ **kieresztve** *(rep)* landing gear down; **ledobható** ~ *(rep)* jettisonable landing gear; ~ **mozgató motorja** *(rep)* landing-gear motor; ~ **négyállású vezérlőszelepe** *(rep)* landing gear four-way control valve; ~ **nyomtávolsága** *(rep)* track of landing gear; **orrkerekes** ~ tricycle undercarriage; **sítalpas** ~ *(rep)* ski landing gear; **úszós** ~ *(rep)* *l* **úszómű**

futóműbehúzó: ~ **rudazat** *(rep)* landing-gear retracting strut; ~ **szerkezet** *(rep)* wheel-retracting gear

futóműburkolat: **nadrágszárszerű** ~ *(rep)* „pants"

futóműfék *(emelőn)* travel(l)ing/traversing gear brake

futóműjelző berendezés *(rep)* landing warning device

futóműkerék: **tárcsás** ~ *(rep)* disc landing wheel

futóműmozgatás-vezérlés *(rep)* landing-gear control

futóműrekesz *(rep)* undercarriage bay

futóműrögzítő *(rep)* landing latch control

futóműszekrény *(gép)* roller casing

futóműtag *(rep)* undercarriage leg

futóműzár *(rep)* landing safety latch

futópálya *(gépt)* race course, raceway, path, runaway, course; *(rep)* runway, runner, track; **lezárt** ~ *(rep)* blocked runway; ~ **szabadjele** *(rep)* green arrow; ~ **zárjel-fénye** *(vörös kereszt; rep)* flashing red cross

futópályagörgők *(gépt)* races

futópályakijelölő *(rep)* runway selector

futópálya-középvonaljelzés *(rep)* runway center line indicator

futópálya-küszöbfény *(rep)* runway treshold light

futópályás emelőcsiga runway hoist

futópálya-szakaszjel *(rep)* runway distance marking

futópróba *(gépk, gépt)* driving test

futóréteges néhány kötőréteggel bekötött kockakőfalazás *(ép)* parpoint work

futósín *(kúpos felvetőgépen; tex)* rail; *(fogaskerekű vasúton)* running rail; *(pa)* band

futósor *(ép)* course of stretchers, stretcher

futószalag *(gépt)* belt conveyor; *(gumi)* tread stock

futószalag-görgők apron rolls

futószalagos travel(l)ing; ~ **termelés** straight-line production

futószalagosítás *(gyártásé)* conveyerizing, stream lining of production

futószalag-rendszerű szerelés progressive assembly

futószerkezet *(járószerkezet a gátlóig; óra)* train; *(gépt)* running gear; *(rep)* *l* **futómű**; ~ **lefutása** *(gátló kiszerelése után; óra)* cours

futószerkezet-burkolat *(rep)* cowling

futószőnyeg carpet cloth, carpeting, stair carpet(ing)/pad, lobby carpeting

futószövet *(gumi)* liner; ~ **nyomógépen** *(tex)* leader; **új** ~ *(gumi)* reliner

futótégla *(ép)* (bull) stretcher

futótégla-falazás *(ép)* stretcher bond

futótengely *(gépt)* (free) carrying axle; *(vasút)* pony axle; **nem kapcsolt** ~ *(vasút)* non-coupled carrying axle

futózás *(köpenyé; gépk)* retreading, remo(u)lding, recapping

futózott gumiabroncs *(gépk)* recapped/remo(u)lded tyre

futtat *(koh)* temper-tint; **kékre** ~ *(koh)* blue; **zátonyra** ~ *(hajó)* beach

futtatás *(koh)* temper-tinting; *(szőrmefestésnél:)* blend; **kékre** ~ *(koh)* blue annealing; ~ **színe** *(hők)* temper tint

futtatási: ~ **hártya** *(koh)* tarnish film; ~ **kamra** sweater; ~ **szín** *(koh)* annealing colo(u)r, temper tint; ~ **színeződés** *(acélé)* temper tinting; ~ **színskála** *(koh)* blueing ga(u)ge

futtatónyereg *(bőr)* run saddle

futtatópác *(koh)* burnisher

futtatott: ~ **arany** rush gold; **kékre** ~ *(koh)* blued

fuvarforduló *(gepk)* trip

fuvarlevélpapír paper for bills of lading, freight note paper, railway buff

fuvaroskocsi camion, truck

fuvaroz transport, freight, carrier

fuvarozás transport, carriage; *(tengelyen:)* cartage

fuvartonna *(hajó)* freight ton

fúvás *(koh, vegy)* blow(ing), blast; *(üvegé:)* blowing

fúvat *(koh, vegy)* blow (in), blast; *(olajat, bitument:)* blow

fúvatás *(koh, vegy)* blast, blow; ~ **acélsöréttel** *(önt)* shot blasting; ~ **gőzzel** *(ol)* steam blow, steaming; ~ **homokkal** *(önt)* sand-blasting; ~ **szárított levegővel** *(koh)* dry blast

fúvatószemcse *(önt)* blasting grit

fúvatott blow; ~ **aszfalt** blown asphalt; ~ **bitumen** (air-)blown asphalt; ~ **levegő áramlása** *(gépk)* scavenge flow; ~ **standolaj** stand/blown oil

fúvó *fn* *(verő- v bontógépen; tex)* blower; ~ **helyiség** *(ker)* blowing room; ~ **készülék** *(tex)* blower; ~ **szellőző** *v* **ventillátor** blowing/blast/blow(er)/forcing fan, blower

fúvócső blast/jet/blower pipe, blowtube; *(rep)* nozzle (tube)

fúvócső-keresztléc exhaust-nozzle cross spreader

fúvócső-kúpszög jet angle

fúvócsőszáj nozzle pipe

fúvócsőtoldat *(szivattyún)* blast connection

fúvófej *(gépk)* injection cock, fanging nozzle; **kúpos** ~ *(koh)* cone

fúvófejes keverő nozzle mixer

fúvógép blowing fan, blower; **tolattyús** ~ blowing engine with slide-valves

fúvóhenger *(szivattyún)* blast cylinder

fúvóka nozzle, tuyère, twyer, neck; *(gépk)* nozzle, carburet(t)or, jet; *(égési:)* burner nozzle; *(porlasztóban:)* jet; *(kemencén:)* tuyère; *(fúvócső)* jet/blast pipe/nozzle; *(porlasztó:)* sprayer; *(hangszeren)* mouthpiece; **elágazó** ~ *(gépk)* adjustable mouthpiece; **elágazó** *v* **eltérítő** *v* **többfuratú** ~ *(gépk)* deflecting nozzle; **eldugaszolt** ~ *(koh)* blind tuyère; **elhajlított** ~ *(heg)* deflecting nozzle; **felhajtható** *v* **szabályozható** *v* **billenő** ~ *(gépk)* adjustable mouthpiece; **fúvókával** **hűtött** *(pa)* blower cooled; ~ **kalibrált furata** *(porlasztóban; gépk)* orifice; **lapos széles** ~ board flat nozzle; **lassújárati** ~ *(gépk)* slow--speed jet; **merített** ~ *(gépk)* submerged jet; ~ **összkeresztmetszete** *(többlyukú fúvókánál)* total orifice area; ~ **szája** *(koh)* mouth of blast pipe

fúvókabeállítás *(karburátorban; gépk)* jet setting

fúvókacső *(szivattyún)* nozzle pipe

fúvókadugulás *(gépk)* blocking of a jet

fúvókafej (blast) nozzle, nosepiece

fúvóka-keresztmetszet nozzle section

fúvóka-légáram blower stream

fúvóka-leszorító csavarzat *(Diesel-motoron)* nozzle cap nut

fúvókaperem *(gépk)* injector case retainer

fúvókas *(nagyolvasztón)* tuyère block blast box

fúvókás: ~ **fenék** *(konverteren)* needle bottom; ~ **porlasztó** jet carburettor, nozzle atomizer; ~ **véső** *(jet-véső; ol)* jet bit

fúvókasorozat set of cones

fúvókaszabályozó *(csavar)* jet adjuster; *(porlasztóban)* throttle screw

fúvókaszáj nozzle

fúvóka-szájnyílás *(szerszámgépen)* throat

fúvókaszög nozzle inclination

fúvókatartó jet carrier, fanging nozzle; *(Diesel-motorban)* nozzle holder/body

fúvókatok tuyère stock

fúvókatömb nozzle block

fúvókatű *(gépk)* nozzle needle; *(porlasztóban)* jet needle; *(Diesel)* nozzle pin

fúvóka-tűszelep *(Diesel-motoron)* nozzle (needle) valve

fúvólevegő-elosztó cső *(koh)* blast distributing pipe

fúvólevegő-mennyiség *(koh)* blast volume

fúvómotor *(szivattyúhoz)* blowing motor

fúvónyílás *(nagyolvasztón)* blast inlets, snifting hole

fúvónyílás-rács vent screen

fúvónyomás blast/fan pressure, blowing--off pressure

fúvópipa *(ker)* blowing pipe; ~ **által okozott hólyag** *v* **csomó helye üvegen** bullion

fúvóréses porlasztó slot atomizer

fúvóshangszer wind instrument; ~ **fúvókája** mouth of a wind instrument; **kettős nádnyelvű** ~ double-reed wind instrument

fúvóshangszer-tölcsér pavilion

fúvószekrény *(koh)* blast box

fúvószél *(koh)* (air) blast, blast air, fan wind

fúvószelep *(gépk)* blow valve

fúvószélnyomás *(koh)* blast/blow pressure

fúvótekercs *(távk, vill)* blow-out coil

fúvott blown; ~ **lyuk** blown hole; ~ **üveg** blown glass

fuzit fusain, mother-of-coal

függelék *(könyvben)* addendum, appendix, supplement; *(tárgy)* pendant, pendicle, attachment

függélyes *l* **függőleges**

függélyez plumb; *(bány)* sound

függélyezés plumbing; *(bány)* sounding

függélyező mérőón sounding plummet

függeszték *(emelőn)* carrying yoke ; *(kötélpályacsillén)* car suspension tackle

függesztett : ~ aknacsőbiztosítás *(bány)* suspended tubing ; **~ díszlet** flown stuff, soffit ; **~ fedélszék** *(ép)* suspension truss ; **~ féksaru** *(vasút)* suspension shoe ; **~ feszítőmű** *(ép)* communication truss frame ; **~ hangelnyelő anyag** suspended absorber ; **~ híd** cable bridge ; **~ kengyel** *[szegecselőpatkóé]* suspension bow ; **~ mennyezet** *(ép)* suspended ceiling ; **~ öv** *v* **elem** suspension boom ; **~ szállítószalag** overhead conveyor ; **~ tartó** suspension girder ; **~ tartórugó** *v* **hordrugó** suspension spring

függesztő : ~ gerenda *(ép)* suspender beam ; **~ heveder** hanging tie ; **~ szárító** *(pa)* feston dryer ; **~ szerkezet** *(ép)* hanger ; *(gépt)* suspension device ; *(fényképező készüléké repülőgépben)* suspensory mounting ; **~ vezeték** *(vill)* pendant

függesztőcímke tagticket

függesztődarab *(ép)* suspension post, hanger

függesztőgyűrű *(gépt)* suspension loop

függesztőháló *(rep)* suspension netting

függesztőhorog *[légkábelhez]* suspender

függesztőhuzal rod, support ; *(felső vezetéké)* dropper

függesztőkábel bearing cable ; **~ védő burkolata** cable wrapping

függesztőkengyel *(gépt)* suspension shackle ; *(emelőn)* carrying yoke ; *(lemezrugóköteghez ; gépk)* hanger

függesztőkeret bridle

függesztőkötél *(távk)* suspension strand messenger ; *(hajó)* bearer cable ; **függesztőkötelek** *(emelőn)* flying wires

függesztőmű *(ép)* hanging truss, hanger; *(pa)* bearer arm ; **egyszerű ~** *(ép)* hanging post truss ; **~vel ellát** *(ép)* truss

függesztőműves : ~ fedélszék *(ép)* suspension truss ; **~ rácsostartó** *(ép)* suspension truss, lattice suspension girder

függesztőoszlopos rácsostartó *(ép)* hanging post truss

függesztőpofa *(gépt)* suspension clamp

függesztőrész *(fül)* ear

függesztőrúd *(ép)* suspension bar/post ; *(hosszláncrendszerű felső vezetékhez)* trolley wire hanger ; **~ csavarkengyele** *(ép)* suspension (bar) clevis ; **~ oszlopfüggesztő művön** suspension rod

függesztős : ~ légszárító *(pa)* loft-drying machine ; **~ módszer előcserzésnél** *(bőr)* suspending vat method

függesztősín : görgős ~ *(tolóajtóhoz)* door-hanger

függesztve-szerelt motor *(vill)* nose-suspension motor

független independent ; *(elkülönített, külön)* separate(d) ; *(tetszőleges)* arbitrary ; *(egyéni)* individual ; **~ első rugózás** *(gépk)* independent front suspension ; **~ fékezőszelep** *(vasút)* independent brake valve ; **~ gerjesztés** separate excitation ; **~ül gerjesztett** *(vill)* separately excited ; **~ gyújtómágnes** *(egyidejűleg gyújtó párjától)* independent magneto ; **~ hátsó rugózás** *(gépk)* independent rear suspension, i. r. s. ; **~ (idő)-késleltetés** *(vill)* independent time lag ; **~ kettős kötések** *(vegy)* independent double bonds/links ; **~ kivezetésű katód** *(rád)* separated cathode ; **~ kormányfék** *(lánctalpas járműnél)* individual steering brake ; **~ másodpercmutató** *(óra)* independent seconds ; **~ működésű keréktengelykapcsolók** independent wheel clutches; **~ rugózás** *(gépk)* independent suspension ; **~ rugózású** *(gépk)* independently sprung ; **~ rugózott keréktengely** *v* **lengőtengely** *(gépk)* independent suspension axle ; **~ (szabad) süllyedés** *(bány)* independent subsidence ; **~ szellőzés** *(fűtéstől)* independent ventilation ; **~ teljes hűtőrendszer** *(gépk)* integral cooling system ; **~ váltódobos selyemszövő gép** pick-and-pick (silk) loom ; **~ váltós többvetélős szövőgép** loom pick at will ; **~ változó** *(mat)* independent variable, i. v.

függetlenített anyagzsilip *(pneumatikus keszonnál)* material lock

függetlenpofás tokmány *(valamennyi befogó pofa egymástól függetlenül állítható)* independent-jaw chuck

függő *mn* hanging, suspended, pendulous, pendant, pensile, aerial ; **~ antenna** *(rep)* weighted/drag/trailing aerial/antenna, aerial trailer ; **~ átkelő** *(hajó)* aerial ferry ; **~ boltozat** *(koh)* scaffold, suspended arch ; **~ cséveállvány** *(tex)* suspended creel ; **~ csilleemelő** trolley hoist ; **~ dugattyú** suspended piston ; **~ ereszcsatorna** hanging gutter ; **~ falikar** *(ép)* suspension bracket ; **~ fékemeltyű** dead lever ; **~ galéria** *(ép)* hanging gallery ; **~ hajólétra** gang ladder ; **~ kapcsoló** *(vill)* suspension switch ; **~ kupola** *(ép)* pendentive; **~ mennyezet** *(ép)* false ceiling ; **~ oldal(fal)** *(földt)* side wall ; **~ padozat a tróban beton-** *v* **téglafalazat készítésére** *(bány)* walling scaffold ; **~ rácsoshíd** lattice suspension bridge ; **~ rakodó szerkezet** ceiling folder ; **súlyponttól ~** centrobaric ; **~ szárító** *(tex)* loop drier ; **~ szellőző** *v* **ventillátor** swinging fan ; **~ szén** *(bány)* hanging coal ; **~ szigetelő** *(vill)* suspension insulator ; **~ szövetszárító** *(berendezés ; tex)* fabric loop dryer ; **~ tolóablakszárny** *(ép)* hung sash ; **~ vezeték** *(vill)* guy wire ; **~ vizsgálókocsi** inspection craddle

függőágy hammock

függőállás *(ép)* *l* **függőállvány**

függőállvány *(ép)* flying/hanging/suspended/swinging scaffold, hanging stage ; **~ hídja** *(ép)* rising scaffolding bridge

függőcímke tie-on label, tag

függőcímke-papír paper for tie-on labels

függőcsapágy overhung bearing, hanger box, hanger-bearing, drop(-hanger) bearing

függőcsapágytartó bearing hanger

függőcsepp hanging drop

függőcseppkő stalactite

függődísz *[fülbevaló]* drop

függőfelszínes viszkoziméter *(ol)* hanging-surface viscosimeter

függőgyám *(ép)* suspension bracket

függőhengeres : ~ soros motor inverted in-line engine ; **~ V-motor** inverted V-engine

függőhevederes támasz *(gépt)* suspension-link support

függőhíd hanging/suspension bridge ; **rácsos függesztőövű ~** braced-chain suspension bridge

függőhídkábel-lehorgonyzás suspension cable anchor

függőkábel *(rep)* trailing cable

függőkapocs U-strap

függőkengyel suspension rod

függőkocsi *(függővasútnál)* suspended car

függőkomp *(hajó)* aerial ferry

függőlakat padlock

függőlámpa *(vill)* swing lamp, pendant

függőlámpás világítás drop cord lighting

függőláncos puttonyos kotró *(bány)* hanging-chain excavator

függőleges vertical, plumb, plummy ; *(álló)* upright, erect ; *(merőleges)* perpendicular ; **~en** *[lógó horgony ; hajó]* aweigh ; **~ ajtó-** *v* **ablakkeretrész csuklóspánt felvételére** hanging stile ; **~re állít** *[evezőket]* peak ; **~ állítás** *(gépt)* raising and lowering ; **~ állítóorsó** *(gépt)* elevating/raising screw ; **~ állító távolság** *(gépt)* vertical stroke ; **~ antenna** vertical (wire) aerial/antenna/radiator ; **~ antennasor** tier array ; **~ asztalállítás** *(gépt)* table elevating ; **~en barázdált felszínű épület-kőtömb** tooled ashlar ; **~ beállító csavar** *(gépt)* vertical adjustment screw ; **~ csap** *(gépt)* vertical journal, king pin/pivot ; *(árbocdarun)* mast pin ; **~ csőrakat** *(bány)* stand-pipe ; **~ dúcheveder** *(ép)* soldier beam ; **~ dúcolás** *(ép)* bracing with verticals ; **~től elhajló** raking ; **~ elmozdulás** vertical displacement ; **~ előretartás** vertical deflection ; **~ elrendezésű szövőgép** *(tex)* high-warp loom ; **~ eltérítés** *(távk)* vertical deflection ; **~ eltérítésnél a visszafutási idő aránya** *(távk)* vertical retrace ratio ; **~ eltérítő lemezek** *(távk)* Y-plates ; **~ eltolódás** *(földt)* normal displacement ; **~ elválasztó rés** *(bányakombájnnál)* severing ; **~ elválasztó réselőkar** *(kombájnon ; bány)* severing jib ; **~ elvetési magasság** *(bány)* perpendicular heave ; **~ erő** vertical force, V. F. ; **~en eső pöröly** helve hammer ; **~ eszterga** vertical boring mill ; **~ falak palaborítása** *(időjárási behatások ellen ; ép)* slate hanging ; **~ faltámasztó dúc** *(ép)* vertical shore ; **~ felbontás** *(telev)* vertical resolution ; **~ felrántás** *(rep)* „zooming" ; **~ forgástengelyű** vertical-pivoted ; **~ fúró- és esztergagép** vertical boring and turning machine ; **~ fúrógép** vertical drill ; **~ grádiens** vertical gradient ; **~ gyalu** *(gépt)* slotter ; *l még* **vésőgép** ; **~ horony** *v* **vájolat** *(ép)* glyph ; **~ irányítócsavar** *(geod)* vertical tangent screw ; **~ irányú parallaxis** *(rep)* vertical parallax ; **~ irányzék** vertical sight ; **~ ív** *(geod)* vertical arc ; **~ (jel)-erősítő** *(rád)* vertical amplifier ; **~ képállítás** *(telev)* vertical centering ; **~ képszinkronozás tartása** *(telev)* vertical hold ; **~ keresztszál** *(geod)* vertical hair ; **~ keretfürész** vertical log frame ; **~ kerületi hártya** *(hidr)* vertical circumferential skin ; **~ ki-**

oltás *(fényt, vill)* vertical blanking ; ~ **kioltó impulzus** *(vill)* vertical blanking pulse, vertical pedestal ; ~ **kitérítés** *(fényt, vill)* vertical deflection ; ~ **kitérítő áramkör** vertical deflection circuit ; ~ **kitérítő feszültség** *(vill)* vertical deflection voltage ; ~ **kitérítő lemezek** *(vill)* vertical deflecting plates ; ~ **kitérítő tekercs** *(vill)* vertical deflecting coil ; ~ **kitérítő transzformátor** *(vill)* vertical deflection transformer ; ~ **kormány** *[vízmerőszárnyon]* vertical rudder ; ~ **kormányfelület** *(rep)* vertical tail surface ; ~ **kör** *(geod)* vertical circle ; ~ **kör libellája** *(geod)* vertical circle level ; **közel** ~ *(mat)* subvertical ; **közel** ~**en** apeak ; ~ **központosítás** *(telev)* vertical centring ; ~ **látószög** *(rep)* vertical angle ; **látszólagos** ~ *(mech)* apparent vertical ; ~ **légcsere** *(met)* vertical circulation ; ~ **letapogatás** *(telev)* vertical scanning ; ~ **marás** *(gépt)* vertical milling ; ~ **marógép** vertical milling machine, miller borer ; ~**re meghúzva** apeak ; ~ **mélység** *(bány)* vertical extent ; ~ **merevítés** *v* **keresztkötés** *(ép)* vertical-bracing ; ~ **metszet** *(földt)* sectional elevation, profile ; ~ **mozgás** *(gépt)* vertical motion ; ~ **multivibrátor** vertical multivibrator ; ~ **nagyoló vésőgép** *(szersz)* vertical shaper ; **nem** ~ *(ép)* out-of-plumb ; ~ **nézet** elevation view ; ~ **nyolcas** *(repülőmutatvány)* vertical figure of eight ; ~ **nyomásgradiens** *(met)* vertical pressure gradient ; ~ **nyomásszabályozó cső** *v* **nyomó vezeték** stand-pipe ; ~ **oldalvezérsík** *(rep)* side fin ; ~ **orrtőke** *(hajó)* forward perpendicular ; ~ **osztófej** *(gépt)* vertical dividing head ; ~**en osztott ház** *(gépk)* vertically-split casing ; ~ **öntőcsatorna** *(önt)* sprue, runner gate ; ~ **öntőcsatorna oldalelágazásokkal** *(önt)* sprue with side ingates ; ~ **összetevőt regisztráló szeizmográf** vertical component seismograph ; ~ **repülőgépantenna** strut antenna ; **repülőgép** ~ **tengely körüli elmozdulása** *(rep)* yaw ; ~ **rés** *(bány)* shear(ing) (cut) ; ~ **réselőgép** *(bány)* kerving machine ; ~ **réselőkar** *(bány)* shearing jib ; ~ **rétegeződés** *(széntelepben ; bány)* facing ; ~ **sarkítás** vertical polarization ; ~**en sarkított hullám** vertical wave ; ~**en sarkított villamos hullám** *(rád)* vertical electric wave ; ~ **sáv** *(színk)* perpendicular band ; ~ **sík** vertical plane ; ~**en sorozott antennarendszer** tier (-array), stack ; ~ **sugáreltolás** *(távk)* vertical centering ; ~ **sugárkévenyílás** vertical beam width ; ~ **sugárzási diagram** *(távk)* vertical coverage pattern, vertical plane directional pattern ; ~ **szál** *(geod)* vertical wire ; ~ **szán** *(karusszelgépen)* vertical slide ; ~ **szegélykő ajtó-** *v* **ablaknyíláson** jamb(e) stone ; ~ **szélcsatorna dugóhúzó vizsgálatra** vertical spin tunnel ; ~ **széllökéseket feljegyző műszer** *(met)* vertical gust recorder ; ~ **szelvény** *(földt)* columnar section, profile in elevation ; ~ **szórás** vertical dispersion ; ~ **talppontja** vertical point ; ~ **tám** *(bány)* stanchion, studdle ; ~ **tengely** *(gépt)* upright/vertical shaft ; *(mat)* vertical axis ; *(távk)* Y-axis ; ~ **tengelyű** *(gépt)* vertical-shaft ; ~ **tengelyű bontógép** *(tex)* Crighton opener, vertical opening machine ; ~ **tengelyű fénykép** *(geod)* vertical photograph ; ~ **tengelyű légi felvétel** *(geod)* pinpoint photograph ; ~ **ütközőlemez** *(tachiméteren ; geod)* vertical thrust washer ; ~ **vállap** *(bány)* vertical cleavage ; ~ **vető** *(90°-os dőléssel ; bány)* vertical fault ; ~ **vetődés** *v* **elválás magassága** *(földt)* perpendicular separation ; ~ **vezérsík** *(rep)* (vertical) fin/stabilizer ; *(szárnyvégen ; rep)* skid fin ; ~ **vezérsíktartó** *(rep)* fin post, girder keel ; ~ **vezérsík területe** *(rep)* fin area ; ~ **vezetékben fel-le tolható ablakkeret** *(ellensúllyal)* hanging sash ; ~ **vezetékű tolóablak** guillotine window ; ~ **vízoszlopgép** vertical water engine ; ~ **vonal** vertical line ; ~ **vonulat** *(földt)* normal shift ; ~ **zuhanórepülés** vertical dive

függőlegesség verticality ; ~**et ellenőriz** plumb-line ; **falak** ~**ének ellenőrzése** boning

függőlépcső hanging stairs/steps

függőmélység perpendicular depth

függöny *(tex)* curtain, hanging, pall ; *(kárpit)* tapestry ; *(ernyő)* shade, screen, blind ; ~ **a vakrepülés gyakorlására** *(kilátást megakadályozza)* blind/instrument flying hood

függönyantenna curtain aerial

függönyanyag *(tex)* shade cloth

függöny-csipkeverő gép *(tex)* curtain (-lace) machine

függönydrapéria pelmet

függönyfelhúzó csörlő curtain winch

függöny-hatás *(távk)* curtain effect

függönyhúzó berendezés curtain control

függönyrúd tringle ; ~ **konzolja** ear

függönyszövetverő gép *(tex)* bobbinet machine

függönytartó *fn* curtain clasp ; ~ **kötél** *v* **zsinór** tieback

függönytüll *(tex)* bobbin net

függönyzsinór *(tex)* curtain cord

függőólom *l* **függőón**

függőón plumb (line), plumb bob, nivelling plummet, lead ball, bob (-weight) ; ~**nal mérhető mélység** *(hajó)* hand depth

függőóncsúcs point of plumb

függőónnehezék plumb bob

függőónsodrony : középponti ~ *(bány)* centre wire

függőón-vonalzó *(ép)* plumb rule

függőpálya *(emelőnél)* tramrail ; *(berendezés ; vasút)* suspended railway plant ; *(hídon)* suspended floor ; **félönműködő** ~ *(távindítással ; bány)* automatic telpher ; ~ **leágazása** suspension-railway branch ; ~ **vágánya** suspension-railway track

függőpálya-futómacska telpher trolley

függőpályakocsi telpher

függőpályasín rail of suspension railway

függőpályás rendszer telpherage

függőpályaváltó *fn* suspension-railway points

függőpálya-vitla monorail hoist

függőpedál *(gépk)* pendant/hanging pedal

függőrész hanger

függőrúd *[sonkafüstölésre]* ham slipping tree

függőség functionality, dependence ; **kölcsönös** ~ interdependence

függőségi : ~ **elem** *(vasút)* lock ; ~ **görbe** *(mech)* influential curve ; ~ **kilincs** *(biztosító berendezésnél ; vasút)* tappet ; ~ **kilincs-áramkörkapcsoló** *(vasút)* tappet circuit controller ; ~ **tényező** *(aut)* interaction factor ; ~ **vonalbot-befogó** *(vasút)* staff catcher; ~ **vonalzó** *(biztosító berendezésnél ; vasút)* locking bar

függősín suspension rail ; ~ **futómacska számára** tram rail

függősúly steel plumb bob ; **körte alakú** ~ plumb bob ; *l még* **függőón**

függőszálas elektrométer fibre electrometer

függőszelep *(gépk)* overhead valve, o. h. v. ; **ferde** ~ *(gépk)* inclined overhead valve

függőtámasz *(ép, gépt)* suspension support

függőtető *(ép)* cable suspension roof

függőülés hammock seat

függővasút suspended/suspension railway, aerial (wire rope) tramway ; **egysínű** ~ *(futómacskás)* aerial conveyer of telpher type ; **villamos** ~ telpher

függővíz *(földt)* pendular water

függővonal *(ép)* plumb line

függvény *(mat)* function ; **algebrai** ~ *(mat)* algebraical function ; **analitikus** ~ *(mat)* analytical function ; **átviteli** ~ *(mat)* transfer function ; **Bessel-féle** ~ *(mat)* Bessel function ; ~**ekkel dolgozó számológép** analogue computer/computor ; **egyértékű** ~ *(mat)* single-valued function ; **egyváltozós** ~ *(mat)* function of a single variable ; ~ **első differenciálhányadosa** *v* **deriváltja** slope of a function ; **elsőfajú Bessel-féle** ~ *(mat)* Bessel function of the first kind ; **elsőfokú** ~ *(mat)* linear function ; **evolvens** ~ *(mat)* involute function ; **explicit** ~ *(mat)* explicit function ; **exponenciális** ~ *(mat)* exponential function ; **féllogaritmikus** ~ *(mat)* semilogarithmic function ; **folytonos** ~ *(mat)* continuous function ; **a frekvencia** ~**ében** *(távk)* plotted against frequency ; **harmadfokú** ~ *(mat)* cubic function ; **háromváltozós** ~ *(mat)* function of three variables ; **hiperbolikus** ~ *(mat)* hyperbolic function ; **implicit** ~ *(mat)* implicit function ; **integráljel alatti** ~ *(mat)* integrand (function) ; **inverz** ~ *(mat)* inverse function ; **kétváltozós** ~ *(mat)* function of two variables; **kifejtett** ~ *(mat)* explicit function ; **ki nem fejtett** ~ *(mat)* implicit function ; **kitevős** ~ *(mat)* exponential function ; **komplex változós** ~ *(mat)* function of a complex variable ; **kvadratikus** ~ *(mat)* second-degree function, quadratic function ; **lineáris** ~ *(mat)* linear function ; **logaritmikus** ~ *(mat)* logarithmic function ; **másodfokú** ~ *(mat)* second-degree function, quadratic function ; **megoszlási** ~ distribution function ; **monoton fogyó** ~ *(mat)* monotonic decreasing function ; **monoton növekvő** ~ *(mat)* monotonic increasing

function ; **négyzetes ~** *(mat)* second--degree function, quadratic function ; **nem folytonos ~** discontinuous function ; **összetett ~** *(mat)* composite function ; **periodikus ~** *(mat)* periodic function ; **racionális ~** *(mat)* rational function ; **saját ~** *(mat)* eigenfunction ; **~ saját-értéke** eigenvalue of the function ; **többértékű ~** *(mat)* multiple valued function ; **transzcendens ~** *(mat)* transcendental function ; **zérusrendű ~** *(mat)* function of the Oth order
függvényábra curve (of a function)
függvényábrázolás *(grafikus)* diagram
függvényviszony functionality
fűkaszáló : ~ dob knife cylinder ; **~ gép** grass cutter
fül *(áll)* ear ; *(fogó, akasztó, fülecs)* ear, lug, tab ; *l még* **fülecs** ; *[edényé]* ear (handle) ; **~lel ellátott** lugged ; **~ a horgonycsavar megerősítésére** anchoring lug ; **közepes normális ~** average normal ear
fül- aural, ear
fülbélyeg *(állaton)* earmark
fülbevaló eardrop, ear-ring
fülecs ear, eye(let), lug, loop, pink
fülecses csigafúró twisted eye bit
fülelő *fn (kat)* acoustic/sound detector ; **~ mikrofon** *(hangt)* sound distributor
fülesanya *(gépt)* butterfly nut
fülescsapszeg ring bolt, eyebolt
fülescsavar eye-/ring-boltscrew
fülescsavarkulcs lug wrench
fülescsavaros : ~ csapszeg eye-bolt screw; **~ fűrészlapfeszítő** *fn* screw tang
fülesfúró eye bit
fülesgyalu : kettős ~ cooper's double plane (with double handle)
füleshorog eye hook, hook thimble
fülesrúd eye bar
fülesszeg *(faliállványok beerősitésére ; ép)* grappler
fülestégla *(ép)* lug brick
fülesvéső coachbuilder's chisel
fülezőkarton *(őnizö ; pa)* board for eyelets
fülhallgató *fn* earphone ; *l még* **fejhallgató** ; *(behelyezhető ; nagyothallóké)* earpiece, insert earphone
füljelző *(állaton)* earmark ; **~ gomb** tag
fülkagyló *[kézi beszélőn ; távk]* earpiece
fülke cabin, stall, recess, camera, chase, kiosk, offset, subdivision, closet, tabernacle, shanty, compartment, alcove, cage ; *(emelőn)* cage ; *(bány)* chamber ; *[kotróé]* housing ; *(utcai pénzbedobós állomás ; telef)* (call office) kiosk ; **boltíves ~** civery, severy ; **~ boltozatos teteje** cop ; **~ feletti átboltozás** *(ép)* shallow arch ; **félkörü ~** apse ; **~ a munkahely homlokában** *(bány)* stable ; **vegyi ~** hood ; **zárt ~** *(rep)* closed cockpit
fülkés : ~ személykocsi *(vasút)* compartment car ; **~ tám-** *v* **ellenfal** hollow abutment
fülkeszerű box-type
fülketető canopy
fülledés decay
fülledő *(faanyag)* touched, (partially) decayed, pecky, punky
fülledt fusty, sultry, close
füllesztés *(bőr)* sweating
füllesztő helyiség *(bőr)* sweating room
füllungos ajtó *(ép)* framed and panelled door
fülöppit *(ásv)* fuloppite
fülparnacsillapítás *(zajvizsgálatnál)* cushion attenuation
fültölcsér : kombinált halló és beszélő ~ aerophone
fültükör otoscope
fülvédő tab, defenders, ear()piece, ear muffs
fűmagkeverék *(mzg)* grass mixture
fűnemű növények herbaceous plants
fűnyíró : ~ gép lawn mower ; **~ olló** grass shears
fürdet bathe, immerse, dip ; *(bőrt)* dip, immerse
fürdetés vegyi anyagban *(filmé)* dunking
fürdetett nyersbőr bathed hide
fürdetlen nyersbőr unbathed hide
fürdő bath ; *(zuhanyozó:)* wash-house ; *(bány)* change/bath house ; *(vegy)* bath, stew ; **~ alatt színező jigger** *(tex)* total immersion jig ; **nehéz szuszpenziós ~** *(bány)* dense medium bath house
fürdőarány *(tex)* length of bath
fürdőcipő *(gumi)* plimsoles
fürdő-folyadék *(vegy)* vat liquor
fürdőhely watering place, health resort
fürdőkád bath(tub), tub
fürdősó bay/bath salt
fürdőszoba bathroom
fürdőszoba-szerelvények bathroom fittings
fürdőtartály *(fémek hűtésére)* bosh
fűrész *(fa, gépt)* saw ; **állítóléces ~** ga(u)ge saw ; **csorba ~** snicked saw ; **daraboló ~** metal-slitting saw, nipping saw ; **finom ~** slitter ; **gérvágó ~** mitre saw ; **~ hajtogatása** *v* **terpesztése** *(srankja)* setting of a saw ; **hengeres ~** drum saw ; **homorító ~** concave circular saw ; **hosszúvágó ~** rip(ping)/crown saw ; **karos ~** armsaw; **keresztvágó ~** cross-cut saw ; **keretes ~** framed saw ; **~ kétirányú fogakkal** double saw ; **kétkézi ~** double--handed saw ; **kézi ~** hack saw ; **fűrésszel kivág** saw out ; **lengő ~** oscillating/pendulum saw ; **leszélező ~** trimming saw ; **súrlódótárcsás ~** friction saw ; **támasztott ~** backed saw ; **többtárcsás ~** gang saw ; **~ vágási szélessége** kerf of a saw ; **vékony ~** slitter
fűrészáramhullám *(vill)* saw-tooth current wave
fűrészáramkör *(vill)* saw-tooth circuit
fűrészáru (sawn) timber, sawn wood/ goods ; lumber *(US)*
fűrészbak saw bench/block, buck, sawing jack, sawhorse, horse-tree
fűrészbeállító *(munkás)* saw fitter
fűrészdeszka deal
fűrészel saw, jig ; **ferdén ~** bevel, mitre, miter ; **szál mentén ~** *(fa)* rip ; **vékony lemezre ~** *(fa)* laminate
fűrészelés sawing, cutting, jigging
fűrészelési : ~ felület cut surface ; **~ hulladék** sawmill refuse ; **~ irány** *(fa)* direction of cut ; **~ kapacitás** *(fa)* cutting capacity ; **~ (munka-) időtartam** cut(ting time) ; **~ rés** saw cut/kerf ; **~ teljesítő képesség** *(fa)* cutting ability
fűrészélesítő : ~ gép (saw) sharpening machine ; **~ korong** saw gummer, saw gumming wheel ; **~ satu** saw--sharpening vices
fűrészelő *(személy)* saw(y)er
fűrészelőgép slitter
fűrészelt : ~ élfa cant timber ; **~ fa** sawn timber, lumber *(US)* ; **~ faanyag** converted timber ; **~ felület** sectional surface ; **~ furnír** sawn veneer ; **~ gerenda** squared beam, sawn balk, rectangular timber ; **húrmetszetre ~** *(fa)* plain sawed ; **szabálytalanul ~** *(fa)* bastard cut
fűrészes : ~ (gyapot)magtalanító gép gin saw, saw gin ; **~ horonyvágó gép** dado headsaw machine
fűrészfa sawn timber, (sawn) lumber *(US)* ; **aprómunkára felhasználható ~** factory lumber
fűrészfeszültség *(távk)* saw-tooth voltage, sweep voltage
fűrészfeszültség-generátor *(távk)* saw--tooth voltage generator
fűrészfeszültség-hullám *(távk)* saw-tooth voltage wave
fűrészfeszültség-keltés *(távk)* saw-tooth voltage generating
fűrészfog *(fa, gépt, távk, vill)* saw(-) tooth ; **~ alakú** saw-tooth, serrated ; **~ alakú jel** *(távk)* saw-tooth signal ; **~ elülső szöge** lead ; **~ hátszöge** angle of back slope ; **szimmetrikus ~** *(távk)* back-to-back sawtooth ; **~akat terpeszt** set (the teeth of) a saw ; **~ak terpesztését ellenőrző idomszer** set ga(u)ge ; **~ vágószöge** angle at top
fűrészfogalak *(fa)* shape of teeth
fűrészfogantyú saw pad
fűrészfogáram *(távk)* saw-tooth current
fűrészfogas : ~ egrenáló- *v* **(gyapot-) magtalanító gép** *(tex)* huller/saw gin, gin saw ; **~ farkasolás** *(tex)* garnetting ; **~ fémszegély** *(iránymérő asztalon ; rep)* serrated metal border ; **~kártbevonat** *(tex)* saw-toothed card clothing, garnett clothing ; **~ szegmens** saw-tooth quadrant ; **~ tető** saw(-tooth) roof, shed roof ; **~ villámhárító** saw-tooth arrestor
fűrészfogazat : háromszög alakú ~ *(fa)* teeth with broad gullet
fűrészfogazó maró *(gépt)* saw-tooth hob
fűrészfogbeállító *(fa)* setter
fűrészfogbeosztás *(fa)* tooth pitch
fűrészfogegyengetés *(abstószolás ; fa)* jointing of teeth
fűrészfogegyengető *fn (fa)* jointer for tooth
fűrészfogélező gép gummer
fűrészfogfejtés *(bány)* ending
fűrészfogferdeség *(fa)* set
fűrészfogfeszültség *(távk)* saw-tooth voltage
fűrészfoggenerátor *(távk)* sawtooth generator, relaxation oscillator ; *(rád)* sweep circuit *is* ; **induktív ~** inductive sawtooth generator ; **kapacitív ~** capacitive sawtooth generator ; **~ katódcsatolású erősítője** bootstrap amplifier
fűrészfoggenerátoros áramátalakító *(egyenáramról váltakozóáramra)* relaxation inverter
fűrészfoggörbe saw-tooth curve
fűrészfoghajtogatás *(fa)* set
fűrészfoghajtogató : állítható ~ fanyéllel saw set with regulator and wooden handle ; **~ fogó** plier saw set, saw pliers ; **~ gép** saw-setting machine ; **~ kampó** *(fa)* saw set plier ; **~ szerszám** *v* **vas** swage, saw(-)set, saw

set key; ~ **vas-** *v* **fanyéllel** saw set with wooden or steel handle
fűrészfoghullám *(távk)* saw-tooth wave
fűrészfogjel *(távk)* saw-tooth signal
fűrészfogjel-követőáramkör *(távk)* saw-tooth tracking circuit
fűrészfogmaró gép toother
fűrészfogmélyedés *(fa)* gullet
fűrészfognyomok *(sorják a megmunkált darabon)* saw-tooth effect
fűrészfog-oszcillátor *(távk)* saw-tooth oscillator, squegging oscillator; ~ **időtengely kitérítéséhez** *(rád)* time-base sweep (oscillator)
fűrészfogrezgés *(távk)* saw-tooth(-shaped) vibration, relaxation oscillation
fűrészfogterpesztés *(fn)* setting saw-teeth
fűrészfogterpesztő *fn (fa)* saw set/pliers, wrest; ~ **gép** saw setting machine; ~ **pofa** setting jaw; ~ **szerszám** shaper, setting stake
fűrészfogtő *(fa)* root of saw-tooth
fűrészfog-üreg *(fa)* gullet
fűrészfogvágó gép tooth-sinking machine, saw-cutting machine
fűrészgenerátor *(távk)* relaxation/squegging oscillator, saw-tooth generator; *(katódsugár-oszcillográfban)* sweep generator, time-base generator; **vízszintes** ~ horizontal saw-tooth oscillator
fűrészgép sawing machine; ~ **rönkkocsis etetése** *(fa)* rack carriage feed
fűrészgödör saw pit
fűrészhulladék *(fa)* mill refuse; **aprított** ~ edging chips
fűrészhullám *(távk)* saw-tooth wave
fűrészhullámalak *(távk)* saw-tooth waveform
fűrészidomszer saw ga(u)ge
fűrészjavító satu saw vice
fűrészkengyelvas blade holder
fűrészkeret *(fa)* saw frame, bow, saw sash; *(gatter:)* log frame; ~ **középső rúdja** fender beam
fűrészkeretvezeték *(fa)* saw-frame guide
fűrészköszörülő: ~ **gép** saw grinding machine; ~ **korong** saw gummer, saw gumming wheel
fűrészlap saw web, (saw) blade; *(szalag)* saw band; ~ **élfogazása** pitch of blade; **kanyarító** ~ chair web blade; ~ **kifeszítése** fixing of the saw blade
fűrészlap-idomszer saw-blade ga(u)ge
fűrészlapkerület rim of the saw
fűrészlapvezeték *(fa)* sawing block
fűrészmalom sawmill
fűrészmenet *(gépt)* buttress (screw) thread
fűrészmoduláló generátor *(rád)* squegging oscillator
fűrészoszcillátor *(távk)* saw-tooth oscillator
fűrészpad saw bench
fűrészpánt tabbing
fűrészpenge *l* **fűrészlap**
fűrészpor sawdust, sawings; *(gépt)* scobs *is*; ~**ban nedvesít** *(bőrt)* sammy
fűrészporbrikett doll
fűrészporelszívó berendezés *(fa)* shaving suction plant, shaving exhaust installation
fűrészporleválasztó *(elszívó vezetékben; fa)* shaving separator
fűrészporozás *(bőr)* sammying
fűrészreszelő saw file; *(keskenyedő:)* taper saw file; **féloldalas** ~ blunt mill file; **háromszögletű** ~ triangular metal-saw file; **lapos** ~ mill saw file; **tompa végű** ~ gulletting file; **vékony** ~ slim taper saw file; **vékony hegyes végű háromszögű** ~ extra slim taper file
fűrészrezgés *(fa)* wobble; *(rád, távk)* saw-tooth wave; ~ **vízszintes komponense** horizontal retrace
fűrészrezgés-generátor *(távk) l* **fűrészfoggenerátor**
fűrészrezgéskeltés *(távk)* squegging
fűrészrezgéskeltő *fn (távk) l* **fűrészfoggenerátor**; ~ **oszcillátor** *(távk) l* **fűrészfog-oszcillátor**
fűrészrönk *(fa)* saw/plank log
fűrészrönkfa log
fűrészszalag saw band
fűrésszerű: ~**en fogaz** *(gépt)* serrate; ~ **korong** serrated disc
fűrésztárcsa *(gépt)* slitting saw
fűrésztelep *(fa)* sawmill, timber mill, lumber mill *(US)*
fűrésztelep-rakodórámpa *(fa)* dock
fűrésztengely(csap) *v* **-orsó** saw spindle
fűrésztüske *v* **-tengely** saw arbo(u)r
fürgeség *(gépkocsinál)* liveliness
fűrostok *(gyűjtőnév; tex)* fibronia
fürt cluster, bunch; *(hajfürt)* flock; *(tex)* staple
fürtös bunchy; *(tex)* bunchy; ~ **göcs** *(fa)* knot cluster
fürtösfelhő *(met)* cirrus
fürtszerű bunchy; *(bot)* racemose
füst smoke, reek, fume; ~ **elleni védekezés** smoke abatement; ~ *(kondenzációs)* **magja** smoke nucleus; ~ **nélküli** smokeless; **savas** ~ acid fume; **sűrű** ~ smother; ~**ön szárított** *(nyersbőr)* smoke-dry
füstakna stack flue, uptake
füstbomba smoke bomb/ball
füstcsappantyú butterfly damper
füstcsatorna flue, tunnel; ~ **oldalfala** string wall of pit
füstcsatorna-hőmérő flue pyrometer
füstcsatorna-salak *(koh)* flue cinder
füstcsík *(rep)* smoke band
füstcső *(füstelvezető)* chimney (pull), uptake, flue, smoke pipe/tube; *(kazánhoz:)* flue tube, fire-tube; ~ **belső kúpja** stack liner; ~ **füstszabályozója** chimney cap(ping)
füstcső-áthúzó *v* **-tisztító kefe** *v* **rúd** tube-running rod
füstcső-szegecs pan-head rivet
füstcsőtisztítás chimney sweep
füstcsőtömés chimney break
füstcsővágó olló stove pipe shears
füstcsöves kazán flue boiler, smoke-tube boiler
füstdob *(vasút)* smoke drum
füstelemzés examination of smoke
füstelvezető kémény *(fűtőházban; vasút)* flue
füstemésztés smoke burning/abatement, abatement of smoke
füstemésztő *mn* fumivorous; ~ **berendezés** fume scrubber; ~ **készülék** smoke consuming apparatus
füsternyő *(met)* smoke screen; *(kovácskohó v konyhai tűzhely felett:)* canopy
füstfejlesztő: ~ **anyag** *(füstfüggönyhöz)* screening agent; ~ **bója** *(nappali veszély jelzésére; hajó)* smoke buoy; ~ **bomba** smoke-screen bomb; ~ **fazék** smoke pot; ~ **jelzőpatron** smoke cartridge
füstfelhő *v* **-függöny** smoke cloud/screen
füstfelhőkilövő: vegyi ~ chemical smoke-gun
füstfelszívó nyílás üvegolvasztó kemencén linnet hole
füstfogó: ~ **csappantyú** smoke damper; ~ **sisak** *v* **ernyő** *v* **álarc** smoke helmet
füstfüggöny smoke curtain/screen/barrage
füstgát *(koh)* flue bridge, altar
füstgáz flue/waste/stack gas, gas fume; ~ **fűtötte felület** flue heating surface
füstgázelemző készülék smoke ga(u)ge
füstgázelszívó *v* **-szivattyú** flue-gas pump
füstgáz-exhausztor exhaust fan
füstgáz-exhausztoros kúpolókemence suction cupola
füstgázfűtésű tápvíz-előmelegítő steam economiser
füstgázmérés smoke ga(u)ge
füstgáznyílás throat of furnace
füstgázos előmelegítő waste-gas heater
füstgázterelő fal brick baffle
füstgáztisztító berendezés *l* **füstemésztő**
füstgáztolattyú damper
füstgáz-tolózár sliding flue damper, sliding fit
füstgázveszteség flue loss, waste-heat losses
füstgázvezeték flue of waste gases
füstgránát smoke shell
füstgyertya smoke candle
füsthatár *(Diesel-motornál)* clean-exhaust-limit, smoke-limit
füsthíd *(koh)* blue bridge, altar
füstírás *(az égre; rep)* sky-writing
füstíró: ~ **repülőgép** smoke-writing plane; ~ **repülőgép füstölőtartálya** smoke tank
füstjárat *(ép, gépt)* (boiler/chimney) flue, tunnel; *(hulladékhőt elvezető:)* waste-heat flue; **alsó** ~ down/bottom flue; **fal belsejében elhelyezett** ~ built-in chimney; **kazán** ~**ának téglaboltozata** smoke arch; ~ **szabályozó retesze** chimney lid/damper; **vízszintes** ~ baffle
füstjárat-hálózat flue system
füstjárat-szabályozó retesz smoke/flue/chimney slide/gate valve
füstjárat-tolózár *v* **-csappantyú** *l* **füstjárat-szabályozó retesz**
füstjelző *(hajó)* smoke-detecting; ~ **töltény** smoke cartridge
füstkamra *(koh, vegy)* smoke chamber/condenser, fume cupboard
füstkép *(nyomda)* engraver's/smoke proof
füstkivezető nyílás fumiduct, fumeduct
füstköd *(levegőszennyezés)* smoke fog
füstkvarc *(ásv)* bull/smoky quartz, cairngorm (stone)
füstlemezrugó *(óra)* dial washer, foil
füstlevezető kámzsa hood
füstmentes smokeless; ~ **elégés** *v* **tüzelés** smokeless combustion; ~ **kipufogás** *(Diesel-motoré:)* clean exhaust; ~ **olvasztó kemence** *(koh)* smoke-preventing furnace; ~ **üzemanyag** smokeless fuel
füstmentesítés smoke eradication
füstmosó *(torony)* smoke washer
füstnélküli lőpor smokeless powder
füstnyelő készülék smoke consuming apparatus

füstöl fume, reek, smoulder, smoke; *(élip)* smoke(-dry); *(gáz alakú növényvédő szert alkalmaz:)* fumigate
füstölés smoke, smoking; *(kezeles:)* cure; *(kipufogásé; gépk)* smoky exhaust; **dohánylevelek kezelése ~sel** fire-cure
füstölési határ *(motoré)* smoke limit
füstölgés smouldering, reek, smoking
füstölgő smoking, smoky; **~ kénsav** fuming sulfuric acid, fuming oil of vitriol; **~ salétromsav** fuming nitric acid; **~ sav** fuming acid
füstölő *fn* smoker; *mn* smoking; **~ helyiség** *(élip)* smoke- house; **~ tűz** *(repülőtéri széljelző)* smudge fire
füstölőfülke *(élip)* smoke-house
füstölög reek, smoke, smoulder
füstölőpapír fumigating paper
füstölt: **~ hús** smoked meat; **~ kaucsuk** smoked sheets
füstös smoky, smoked, smoking, fuliginous
füstpalást *(met)* smoke screen
füstpróba *(csatornázási csővezeték vizsgálatára)* smoke test
füstrekesztő (tolózár) *l* **füstjáratszabályozó retesz**
füstsűrűségmérő smoke ga(u)ge, capnoscope
füstszabályozó (retesz) *l* **füstjáratszabályozó retesz**
füstszekrény smoke condenser/box/drum, fume cupboard; **~ ajtó-gyűrűje** smoke-box ring; **~ homloklemeze** smoke-box front
füstszekrényajtó *(vasút)* smoke door
füstszennyezés smoke nuisance
füstszínű üveg tinted glass
füstszívó chimney aspirator
füsttartalom smoke nuisance
füsttelenítés smoke abatement
füstterelő *(harang v lemez)* smoke jack/deflector
füsttopáz smoky quartz
füstüveg smoked glass
füstvezető *fn* smoke slide
füstvizsgálat examination of smoke
füstvizsgáló és -regisztráló műszer combustion recorder
fűszercsomagoló papír grocery paper, shop-paper
fűszerzacskó *(pa)* spice bag
fűt heat, fire, stoke, chafe; *(rád)* heat; **kemencébe(n) ~** furnace
fűtés heating, firing, stoking; *(rád)* filament (supply), heating; *(elektroncsőnél:)* A-supply; **~ hulladékhővel** waste heating; **központi ~** central heating; **~ nagyfrekvenciájú árammal** diathermic heating; **~nélküli mélykemence** *(koh)* dead pit; **~ okozta búgás** *(rád)* filament hum; **telepes ~** *(rád)* battery heating
fűtési: **~ áramkör** heating circuit; **~ próba** stoking test; **~ rendszer** heating system
fűtéskapcsoló *(rád)* filament switch
fűtésszabályozás *(rád)* filament control
fűthető ruházat heated clothing
fűtő *(munkás)* stoker, fireman, fire tender, coal passer, stoveman, heater; **abszolút ~teljesítmény** absolute heating effect; **~ akkumulátor** *(rád)* filament accumulator; **~ berendezés** heating equipment/appliance/arrangement/facilities; *(gépk)* car heater; **~ csatorna** heating channel/flue; **~ csőkígyó** heating serpentine/coil; **~ csővezeték** heating conduit; **~ ellenállás** *(vill)* heating resistor; *(rád, táv)* filament rheostat/resistance; **~ felület** heat-delivery surface, generating/heating surface, h. s.; **~ felület tagonként** heating surface per section; **~ feszültség** *(rád)* filament/heater/heating voltage; **~ galéria** firing aisle; **~képesség** heating capacity, caloricity, calori(fi)c power/effect; **~készülék** heater; **önműködő ~ berendezés láncrostéllyal** chain grate stoker; **~teljesítmény** heating power; **~ terhelés** heating load; **~ transzformátor** *(rád)* heating (current) transformer, filament (supply) transformer
fűtőállás *(gőzgépnél)* firing floor/aisle
fűtőanyag fuel, combustible, feed, carburant; **~ot berak** stoke; **folyékony ~** fuel oil; *(égőtüzelésre:)* burner fuel; **~ utánpótlása** refuelling
fűtőanyag-ágy *v* **-réteg** *(koh)* body of fuel
fűtőanyagfogyasztási próba stoking test
fűtőáram *(rád)* heater/heating/filament current
fűtőáramellátás *(rád, távk)* filament power supply
fűtőáramerősség *(rád)* filament/heating current intensity
fűtőáramforrás *(rád)* filament current source, filament generator
fűtőáramkör *(rád)* filament (heating) circuit, heater circuit; **~be iktatott ellenállás** *(rád)* filament resistor
fűtőáramszabályozó cső *(rád)* ballast tube
fűtőcső radiator/heating tube/pipe; *(gőzkazánban, füstcső:)* smoke tube
fűtődrót *(elektroncsőnél)* filament wire
fűtőelem *(villamos ellenálláskemencében)* heating element
fűtőérték calori(fi)c/calorimetric/heat(ing)/thermal value, caloricity, c. v., calorific power, c. p.; **abszolút ~** absolute heating effect; **aktív** *v* **hasznos ~** available heating value; **~ alsó határa** net heating value
fűtőérték-megállapítás kalorimetrikus bombában calorimeter test
fűtőérték-tolerancia margin of calorific value
fűtőfelületegységként leadott hő heat liberation per unit heating surface
fűtőfeszültség-(áram)forrás *(rád)* filament supply, A-power supply
fűtőfokszám day-degree
fűtőfülke stove room
fűtőgáz heating/power/fuel gas
fűtőhatás heating/caloric effect
fűtőház *(vasút)* locomotive shop/terminal stokehold, running shed; *(kazánhoz:)* engine house/housing, boiler room
fűtőházi: **~ mozdonyállás** *(vasút)* stall; **~ vágány** locomotive shop track
fűtőhuzal *(rád)* heating wire, hot-wire
fűtőkamra heating chamber
fűtőkatód incandescent cathode
fűtőkígyó steam/heating worm/coil, coiled radiator
fűtőköpeny heating muff/jacket
fűtőköpenyes gőzhenger steam-jacketed cylinder
fűtőkör *(rád, távk)* filament circuit
fűtőközeg heating medium
fűtőlap heating/convector plate
fűtőolaj fuel oil, F. O.; *(égőhöz:)* burner fuel oil; *(maradék:)* residual fuel oil, residue; *(hajó)* bunker oil
fűtőolajpárlat fuel oil cut
fűtőrács heating grill
fűtőspirál heating filament
fűtőszál *(rád)* heater, filament, hot electrode, heating wire; **bevont ~** *(rád)* coated filament; **~ ellenállása** heater resistance; **~ felvillanása** flashing of filament
fűtőszalag *(vill)* heating ribbon
fűtőszál-aktiválás *(rád)* activation of filament
fűtőszál-ellenállás *(rád)* filament resistance
fűtőszálfeszültség *(rád)* heater voltage
fűtőszálhuzal *(rád)* filament wire
fűtőszál-kapacitás *(rád)* filament capacitance
fűtőszál-táplálás *(rád)* filament supply
fűtőszekrény *(kocsifűtésnél; vasút)* heating chamber
fűtőszoba *(ép)* stove room
fűtőtekercs *(vill)* heating spiral/coil
fűtőtekercselés filament winding
fűtőtelep *(ép, gépt)* heating plant; *(rád)* filament (supply) battery, A-(power) supply, A-battery
fűtőtér *(ép)* boiler room
fűtőtest radiator, heating body, heater, calorifer; **~ gőzfűtéshez** steam radiator; **közvetlen sugárzású ~** direct radiator; **~ töltőnyílása** radiator filling hole
fűtőtest-elem element (of a radiator)
fűtőtömlő air bag
fűtött heated; **~ aknakemence** *v* **mélykemence** *(koh)* live (soaking) pit; **~ reszíver** *[gőzgépnél]* reheater; **~ tranzisztor** *(vill)* filamentary transistor
fűtővezeték-kapcsolat *(kocsik között; vasút)* heating-hose coupling, heating jumper
fütty *(rád)* singing; *(lebegtető oszcillátorban:)* whistle, birdy
füttypont *(távk)* singing point
füttypontmérés *(távk)* determination of singing-point
füttypontmérő *(távk)* singing point test set
füttyponttartalék *(távk)* singing margin
füttyponttávolság *(távk)* singing margin
füttyszűrő *(rád)* interference filter
fütyül *(rád)* whistle, sing, howl
fütyülés *(rád)* singing, whistle, whistling, squeal, hiss, frying, howl
fütyülő hang *(rád)* *l* **fütyülés**
füvesít sward, grass
füvesítés sod revetment
fűz *ige* string; *(könyvet:)* sew, stitch; **csigasorba kötelet ~** *(hajó)* reeve; **csomóba ~** bundle; **láncba ~** catenize
füzér string, wreath, spike
füzérdísz(ítés) *(ép)* festoon, chaplet
füzéres *(mint a gyöngy; biol)* perlate, beaded, phalerated
füzérpapír garland/festoon paper
füzérvilágítás festoon lighting
fűzés *(könyvé)* sewing, stitching; *(pa)* whipstitch
füzet *(pa)* booklet; *[füzetes kiadványé]* part
füzettartó tábla portfolio
fűzfagyapot *(fűzfa magszőrei)* willow wool
fűzfaháncs willow wool
fűzfakéreg willow bark

fűzfakosár pannicr
fűzfavessző-hántoló kés brake
fűző *(bőr)* lace ; *(tex)* string, bodice, stays, corset, belt ; ~ **automata** *(pa)* automatic stitching machine
fűzőanyag *(női; tex)* corset cloth/ fabric, brassiere cloth
fűzőár *(nyomda)* sewing/stitching awl
fűzőasztal *[könyvkötésre]* sewing table
fűződerék *(tex)* bodice
fűződrót *(heng)* bundle iron ; *(pa)* stitching/sewing wire
fűzőfonal *(tex)* bride
fűzőgép tag/clasp/stitching machine, stitcher ; *(tex)* stitcher ; **villamos** ~ electric stitcher
fűzőhegy *(cipő)* tack
fűzőkapocs *(cipő)* lacing hook, clasp ; *(pa)* (paper) fastener/clip(s), staple stitching hook
fűzőkarika *(cipő)* eyelet ; *(vitorla szélén:)* grommet ; **fűzőkarikával ellátott fűzőlyuk** *(cipő)* eyelet hole ; ~- **és kapocsbeverő készülék** *(cipő)* hook-setting and eyeletting machine
fűzőkarika-beillesztő készülék *(cipő)* eyelet punch
fűzőkarika-besajtoló fogó *(cipő)* eyelet punch pliers
fűzőkarika-beverés *(cipő)* eyeletting
fűzőkarika-beverő *(cipő)* fastener setter; ~ **gép** eyeletting machine
fűzőkarika-erősítő-szíj *(cipő)* inside facing
fűzőkarika-erősítőszíj-tűző *(cipő)* eyelet stay-stitcher
fűzőkarika-lyukasztó és -beverő gép *(cipő)* punching and eyeletting machine
fűzőkarika-sortűző *(cipő)* eyelet row-stitcher
fűzőkarikaszíj *(cipő)* eyelet strap; **belső** ~ *(ringliszíj; cipőn)* inside facing
fűzőkötés *(tex)* lock stitch
fűzőlyuk *(cipő)* eye(let)
fűzőlyukerősítő szíj *(cipő)* eyelet strap
fűzőmerevítő *(vékony lémlemez v falemez)* busk
fűzőprés *[könyvfűzésre]* sewing press
fűzős cipő lace/tie shoe ; *(magas szárú)* lace boot
fűzősor-tűzés *(cipő)* facing stitch
fűzőszalag *(bőr)* lace
fűzőszegecs tack(ing) rivet
fűzőszem *(bőr)* eyelet
fűzőszemgyártó gép eyelet machine
fűzőszemkarika thimble
fűzött *(nyomda)* sewed, stitched (with paper cover) ; ~ **dobozkarton** *(pa)* tack board ; ~ **kiadású** *[könyv]* in paper covers ; ~ **könyvtest** *(nyomda)* served quires
fűzőtű *(nyomda)* stitching needle
fűzővarrat *(heg)* tack weld
fűzővessző osiere, wicker
fűzőzsinór *(tex)* lace ; *(női:)* corset trimming ; *(nyüstfelkötéshez:)* ridge band
F-vitamin *l* **B_1-vitamin**

G

gabardin *(tex)* gabardine
gabbró *(földt)* gabbro
gabona grain, corn, cereals ; **gabonára keresztben** *[fogasol]* across the grain; **megdőlt ~** down crop ; **üszögös ~** blasted corn
gabona- cereal
gabonaasztag *(mzg)* corn shock
gabonacefre *(élip)* ceral grain mashes
gabonaelőtétdeszka *(vasút)* grain door
gabonahántolás *(élip)* pearling
gabonahántoló gép *(élip)* dresser
gabonakalász *(mzg)* corn ear
gabonakávé *(élip)* corn coffee
gabonakeresztrakó gép *(mzg)* stooking machine
gabona-kévekötő aratógép *(mzg)* grain binder
gabonamérleg *(mzg)* grain scales/weigher ; **öníró ~** *(cséplőgépen)* grain register
gabonanövények *(mzg)* cereals, grains
gabonaraktár *(mzg)* granary, garner ; *(elevátoros:)* elevator
gabonarosta *(mzg)* winnower
gabonarostáló *fn* corn van
gabonasiló (spray and hopper) granary
gabona-sorvető gép grain drill
gabonaszalma *(mzg, pa)* cornstraw
gabonaszár *(mzg)* (corn) stalk
gabonaszárító *fn (mzg)* seed dryer
gabona-szelelő *fn (mzg)* (duo) aspirator
gabonaszem corn
gabonatárház *l* **gabonasiló**
gabonatartály *(arató-cséplő berendezésen)* bulk grain hopper
gabonaterelő *fn (mzg)* stripper
gabonatisztító *(munkás ; élip)* smutterman
gabonaválasztó *(aratógépen)* fender board
gabonavető csatorna *(mzg)* spout
gács *(izzasztatlan paraffin)* (paraffin) slack wax
gácsolaj *(ol)* foots oil
gadolinit *(ásv)* gadolinite
gadolínium gadolinium ; **~ tartalmú** *(ásv)* gadolinian
gádor *(hajó)* hatch
gádorkáva *(hajó)* hatch coaming
gádorrács *(hajó)* hatch grating
gahnit *(ásv)* gahnite, zinc spinel
gájzirit *(ásv)* *l* **geysirit**
galaktán *(vegy)* galact(os)an
galaktika *(csill)* galaxy
galaktikai *(csill)* galactic ; **~ egyenlítő síkja** galactic plane ; **~ fényelnyelés** galactic absorption ; **~ koncentráció** *(csillagok sűrűsödése a Tejút felé)* galactic concentration
galaktikus *(csill)* galactic ; **~ ablak** galactic window
galaktit *(ásv)* galactite
galaktométer *(vegy)* galactometer
galaktóz galactose
galalit *(műa)* galalith
galambdúc *(ép)* cote
galambszürke dove colo(u)r
galapektit *(ásv)* galapectite
galenit galena, galenite, lead glance
galenitkristály *(rád)* galena crystal
galenitkristály-detektor *(rád)* galena detector
galenobizmutit *(ásv)* galenobismuthite
galenoid *(ásv)* galenoid, glance
galéria *(ép)* portice, loft ; *(hidr)* advance heading ; **árkádos ~** *(ép)* arcade ; **nyitott ~** *(ép)* alure
galipot *(vegy)* galipot
gallát *(vegy)* gallate
gallér *(szelepvezetőn ; gépk)* collar ; *(gépt)* flange, collar; *(tex)* collar, ruff
galléranyag *(tex)* collar cloth
gallérdoboz *(pa)* collar case
gallérgomb *(tex)* stud
galléros anya *(gépt)* collared nut
gallérozás *(Jacquard-gépen ; tex)* cording
gallérpapír collar paper
gallium gallium; **~ tartalmú** *(ásv)* gallian
Gall-lánc *(gépt)* Gall's/roller/sprocket chain, flat(-)link chain ; **~ zárószeme** chain lock
galluszcsersav gallotannic acid
galluszpapír gallate paper
galluszsav gallic acid
gálma *(ásv)* galmei, galmey
galván- *(vill)* galvanic, voltaic
galvánacélozás steel-facing
galvánáram voltaic/galvanic current
galvánáramkihasználási tényező deposition efficiency
galvánaranyozás galvanic gilding, electrogild(ing)
galvánbevonatkészítő eljárás electroplating process
galvánelem primary/voltaic/galvanic cell/element ; *l még* **elem** ; **állandó elektromotoros erejű ~** constant e. m. f. cell ; **~ belső pohara** inner cell jar ; **~ egy elektródja** half-element, half-cell ; **~ szorítókapcsa** cell terminal ; **~ üvegedénye** battery jar
galvánelemoldat battery solution
galvánelemszigetelő *fn* cell insulator
galvánfürdő galvanic (electro-)plating bath, electroplater
galvanikus *(vill)* galvanic, voltaic; **~ csatolás** resistive coupling
galvanizál (electro)plate
galvanizálás (electro)plating ; **önműködő ~** automatic plating
galvanizálatlan unplated, bare
galvanizáló: ~ fényesítő adalék brightener ; **kis (kézi) ~** handiplater
galvanizált (electro)plated
galvánkapcsolás galvanic coupling
galvánklisé electrotype
galvánklisé-készítő *fn* electrotyper
galvánlánc *(vill)* *l* **galvánelem**
galvanográfia electrography
galvanométer galvanometer ; **asztatikus ~** *(vill)* astatic galvanometer ; **ballisztikus ~** *(vill)* ballistic galvanometer ; **demonsztrációs ~** *(vill)* lecture galvanometer ; **fali ~** *(vill)* vertical/upright galvanometer ; **fénymutatós ~** *(vill)* (light-)spot galvanometer ; **forgótekercses ~** *(vill)* Deprez-d'Arsonval galvanometer, moving-coil galvanometer ; **hajóhasználatra alkalmas ~** *(vill)* marine galvanometer ; **húros ~** string galvanometer ; **iskolai ~** *(vill)* lecture galvanometer ; **lágyvasas ~** *(vill)* twisted-strip galvanometer, moving-iron galvanometer ; **olajcsillapítású ~** *(vill)* oil-vessel galvanometer ; **rezgőnyelves ~** *(vill)* vibration galvanometer ; **tükrös ~** *(vill)* mirror/reflecting galvanometer ; **vasmag nélküli ~** Ayrton-Mather galvanometer
galvanoplasztika electro(-)plating, galvanoplastics, electroforming ; **galvanoplasztikával kialakított** electroformed
galvanoplasztikai galvanoplastic ; **~ másolatok** electrolytical reproductions
galvános *l* **galvanikus**
galvánosság galvanism
galvanoszkóp galvanoscope
galvánoszlop *(vill)* pile
galvanosztégia galvanostegy
galvanotaxia galvanotaxis
galvanotechnika *l* **galvántechnika**
galvanotrópia galvanotropism
galvánoz *l* **galvanizál**
galvántechnika electroplating technique
galvántelep wet/galvanic battery ; **~ bemerülő elektródokkal** dipping battery
gályhó *(fa)* log dog
gally *(fa)* twig, slip, spray, snub, sprig, stick, branch
gallyazófűrész *(mzg)* knife pruning saw, nest-off saw
gallyfa *(fa)* small spraywood, branchwood, branch timber

gallykéreg *(bőr)* twig bark
gambir *(cserzőanyag)* gambier
gamma *(egység; vill)* gamma
gamma-behelyettesítés *(vegy)* gamma substitution
gamma-függvény *(mat)* Gamma function
gamma-helyzet *(vegy)* gamma position
gammántúli sugarak *(at)* ultra-X-rays
gamma-oxidáció *(vegy)* gamma oxidation
gamma-sav gamma acid, 2-amino-8-naphthol-6-sulfonic acid, 7-amino-1-naphtol-3-sulfonic acid, γ-acid
gamma-sugarak gamma rays
gammasugárfelvevő berendezés gammograph
gamma-sugárzás gamma radiation
gamma-szénatom *(vegy)* gamma carbon; ~ **oxidálása** gamma oxidation
gamma-tér gamma-space, γ-space
gamma-vas gamma iron
gampi *(pa)* gampi, Japanese paper fibre
ganomalit *(ásv)* ganomalite
garat *(gépt)* throat, spout, chute, (loading/storage) hopper, gorge; *(nagyolvasztón:)* mouth, shaft top; *(tex)* sinker throat; **~ba döntött szén** *(bány)* milled coal
garat-kopogtató *v* **-koppintó** *fn* mill clack/clapper
garatmélység *(bány)* throat depth
garatmérleg weigh hopper
garatos művelés *(bány)* mill(ing) (system)
garatverő léc *(mzg)* clapper
garázs *(gépk)* garage, shed, motor-car storage room
garázsakna *(gépk)* grease pit
garázsemelő *[zsírzáshoz; gépk]* grease rack
garázsfelszerelés *(gépk)* garage equipment
garazsíroz garage
garnierit *(ásv)* garnierite
garnitúra *(készlet)* set
gastaldit *(ásv)* gastaldite
gát *(duzzasztó)* weir, river barrage; *(földsánc, útfeljáró)* rampart; *(párhuzamos védtöltés)* embankment; *(bány)* bulkhead, partition, baffle; *(víz ellen)* cutoff, barrier; *(önt)* gating, peg gate; **álló** ~ overfall dam; ~ **alsóvíz felőli lába** downstream toe; **boltozatos** *(völgyzáró)* ~ arch dam; **Chanoine-féle billenőtáblás** ~ Chanoine wicket dam (gate); ~ **előtti duzzasztott tér** upstream pond; ~ **előtti öböl** fore-bay; **falazott** ~ masonry dam; ~ **felső oldala** face of approach, upstream side/face; **fonott** ~ mat dam; **hengeres** ~ rolling gate; ~ **homlokfala** back (of dam); ~ **iszapolt agyagmagja** hydraulic-filled clay core; **íves** ~ arch dam; **mozgó** ~ movable gate; **nyerges** ~ bear-trap gate; **pilléres** ~ buttress dam; **rekeszes** ~ cellular cofferdam; **szegmens-típusú** ~ tainter gate; **szekrénylyműves** ~ cellular cofferdam; **szektor-típusú** ~ drum gate; **táblás** ~ vertical-lift gate; **támfalszelvényű** ~ gravity dam; ~ **vízoldala** back of dam; **völgyzáró** ~ river dam/barrage
gátal *(bány)* seal, bulkhead
gátalás *(bány)* bulkheading
gátaló *(bány)* bratticeman
gátbetétgerenda dam beam
gátépítés damming (works); ~ **iszapolással** flood flanking
gátfal storm bank
gátkerék *(óra)* vertical/escapement/escape wheel
gátkorona *(hidr)* crown/top of dam/weir
gátkoronamagasság *(legnagyobb vízszint felett)* freeboard
gátlás holdback, inhibition, restraint, damping, obstruction, interruption, clog; **kölcsönös** ~ antagonism
gátló *fn* inhibitor; ~ **áramkör** *(távk)* prohibitory circuit; **baktériumok szaporodását** ~ bacteriostatic; ~ **kapcsolás** *(távk)* prohibitory circuit; ~ **szerkezet** arrester (gear); ~ **tömbök** *(hidr)* baffle blocks
gátlóhatás impeding effect, countercheck; *(feszültségtorlódás:)* stress concentration
gátlómű *(gépt)* escapement
gátlónyomás *(tex)* resist printing
gátlószer inhibitor
gátmag *(hidr)* core wall
gátol inhibit, stem, trig, detain, clog, catch, arrest, obstruct, encumber, hinder, hamper, hold over, frein, retain; *(bány) l* **gátal**
gátőr *(hidr)* dam keeper
gátpárkány *(hidr)* berm, bench
gatter *(keretfűrész; fa)* log frame, frame saw
gatterfűrészfog-reszelő pit-saw file
gatterkeret mellgerendája *(fa)* frame crosshead
gatter-rönkkocsi saw carriage
gáttű *(hidr)* pin; **~k támasztó gerendája** pin support
gátudvar *(hidr)* afterbay
gátút causeway
gátzsilip dike drain
gaucs *(pa)* couch
gaucsállvány *(pa)* couch stool
gaucs-ellenhenger *(pa)* lump breaker
gaucshenger *(pa)* couch roll
gaucskádanyag-visszanyerés *(pa)* couch pit (re)covery
gaucskeverő kád *(pa)* couch pit
gaucs(manson)nyomás *(pa)* couch mark
gaucsol *(pa)* couch
gaucsoló *(pa)* coucher
gaucsolt: ~ **bristolkarton** *(pa)* mill/cylinder Bristol; ~ **karton** *(pa)* patent coated board, couched paper board, wet-pressed board, mill/vat lined board/carton; ~ **lemez** *(pa)* mill/couched board, patent-coated board; ~ **papírlemez** couched paperboard; ~ **triplexkarton** *v* **-lemez** double white patent-coated board; ~ **újságpapírkarton** solid news board
gaucsprés *(pa)* couch press
gaucsprés-ellenhenger *(pa)* lump breaker
gaucspréshenger *(pa)* couch-press-roll
gaucsvágó *(vízsugár; pa)* spray cutter
gaulteria-olaj gaultheria oil, checker berry oil
gauss *(egység)* gauss
Gauss-eloszlás *(mat)* Gaussian distribution
Gauss-féle: ~ **haranggörbe** *(mat)* Gaussian curve, normal curve of error frequency; ~ **középérték** root-mean-square value, r. m. s. value; ~ **számsík** complex-number plane, G-plane
gaylussit *(ásv)* gaylussite
gáz gas; **~t ad** *(gépk)* give gas, step on the throttle; ~ **eltávolítása** degas(s)ing; ~ **hirtelen keletkezése** *v* **kifújása** *(bány)* blower; **ideális** ~ *(vegy)* ideal/perfect gas; **inert** ~ *l* **nemes gáz**; **kevert** ~ Dawson-gas, mixed gas; **kézi** ~ *(gépk)* hand throttle control; **kis fűtőértékű** ~ poor gas; ~ **kiszellőztetése** *(bány)* blowing out of gas; ~ **környezeti nyomáson** zero gas; **nemes** ~ noble/inert/rare gas; **reális** ~ real gas, non-ideal gas; **ritkított** ~ rarefied gas; **sűríthető** ~ coercible gas; **távozó** ~ waste gas; **teljes** ~ *(gépk)* full throttle; **teljes ~zal** *(gépk)* on full throttle; **tisztítatlan** ~ foul gas; **tökéletes** ~ ideal/perfect gas; **~zal töltött** *l* **gáztöltésű**; **túlnyomás nélküli** ~ zero gas; **valós** ~ real gas, non-ideal gas; **veszendőbe menő** ~ *(fúrásnál)* waste gas; **világító** ~ illuminating gas; **~t visszavesz** *(gépk)* throttle down
gázadagoló emeltyűkar *(gépk, mkpár)* gas-control lever
gázadás *(gépk, mkpár)* throttling
gázalakú gaseous, aeriform; ~ **tüzelőanyag** *v* **üzemanyag** gaseous fuel
gázálarc gas mask/helmet, (breathing) mask, respirator
gázálarc-légzőbetét gas-mask respirator
gázálarc-mikrofon mask microphone
gázálarc-szűrőbetét filter box
gázálarctáska haversack
gázállandó *fn* gas constant
gázállapotú gaseous, gassy
gázáramlás gas current/flow
gázáteresztő képesség *(önt)* gas penetration, penetrability; ~ ~ **jelzőszáma** *(önt)* gas penetration index, G. P. I.; ~~ **vizsgálata** gas penetration test(ing)
gázátnemeresztő gastight, gas-proof; ~ **gumicsizma** gastight rubber boot
gázballon *(vegy)* gas bag
gázbenzin *(ol)* compression/natural/casinghead/absorption gasoline, gas spirit; *l* **még gazolin**
gázbeton aerated/gas/cellular concrete, honeycomb, aerocrete
gázbiztos felszerelésű mentőalakulat *(bány)* gas-protected rescue gang
gázbomba gas/chemical bomb
gázbuborék gas hole, bubble gas
gázbuborékfejlődés *(akkumulátorban)* gassing
gázbuborékos *(önt)* rimming
gázburkú csillag shell star
gázcementálás *(hők)* carburizing by gas
gázcsatorna *(bány)* piper
gázcsere *(gépk)* gas change
gázcsere-folyamat *(gépk)* gas change process
gázcsillár gaselier, gasolier; *(a függőhúrok közepén lévő gázégővel:)* harp pendant
gázcső gas pipe
gázcső-éleskönyök *(külső és belső gázmenettel)* gas block and bracket elbow
gázcsőfogó *fn* gas(-pipe) tongs, gas pliers
gázcsőföldelés *(vill)* gas-pipe earth
gázcsőhálózat gas distributing system
gázcsőmenet gas-pipe thread, British Standard pipe thread, B. S. P.

gázcsőmenetvágó szerszám pipe threading tool
gazdag : ~ dúsítvány *v* **koncentrátum** *(bány, koh)* heads; **szénben ~** coaly; **~ telér** *(bány)* strong vein
gazdálkodás *(mzg)* farming; **~ módja** *v* **rendszere** *(mzg)* pattern of farming; **száraz** *(öntözés nélküli)* **~** dry farming
gázdaru *(vasút)* post valve
gazdaság household, steading, grange, economics, economy, farm, ranch
gazdasági household, economic, agricultural, farm; **~ épület** farm building; **~ érték** economic value; **~ fejlődés** economic development; **~** *(gépi)* **felszerelés** farm machinery/equipment; **~ hatásfok** economic efficiency; **~ lépcső** *(ép)* service stair; **~ mellékcsatornák** farm laterals; **~ motor** *(mzg)* farm engine; **~ munkagép** *(mzg)* farm implement; **~ szerfa** agricultural timber; **~ teherkocsi** *(gépk)* farm truck; **~ udvar** farmyard; **~ vasvilla** agricultural fork
gazdaságos economic; **~ művelés alsó határa** *(mzg)* margin of cultivation; **~ termelés alsó határa** margin of manufacture
gázdinamika gas dynamics
gázdúsítás gas enrichment
gázdús olaj rich oil
gázégő gas burner; **fúvókás ~** blast (burner)
gázégő-elzáró *fn* gas-burner safeguard
gázégőfej *(koh)* gas-port block
gázégőfogó *fn* gas-burner pliers
gázégő-fúvóka nipple
gázégő-rózsa crown top of a gas burner
gázelegy gas mixture
gázelemző készülék gas analyzer
gázelnyeletés gas absorption
gázelnyelő *fn [vákuumcsőben]* getter; **~ szén** gas-absorbent carbon
gázelvétel *(gépk, mkpár)* throttling down
gázelvezetési rendszer *(bány)* flue system
gázelzáró gas check valve; **~ tolattyú** gas slide valve; **~ visszacsapó szelep** gas-check valve
gázemeltyű *(régi gépkocsikon)* accelerator; *(fojtószelepet működtető:)* gas lever
gázemeltyűtartó *(rep)* throttle box
gázerősítés gas amplification
gázerősítési tényező *(rád)* gas amplification factor
gázfajsúlymérő *fn* gas-weighing balloon
gázfehérítés *(pa)* gas bleaching
gázfejlesztés gas formation/liberation, development of gas
gázfejlesztő *fn* (gas) generator/producer; **~ kamra** producer; **~ készülék** producer furnace; **~ talpazata** producer base; **~ telep** gas plant
gázfejlődés gas formation; **heves ~** *(vegy)* effervescence
gázfelfogó henger *v* **tartály** *(vegy)* chemical cylinder
gázfelszabadulás liberation of gases
gázfelvigyázó *(bány)* fire boss
gázfény gas-light
gázfénypapír *(fényk)* gas(-)light paper
gázfertőtlenítő készülék *(mzg)* aerator
gázfeszmérő *fn* gas ga(u)ge
gázfogó *fn* gas trap
gázfogyasztásmérő *fn* gas meter
gázfojtószelep flap valve for gas
gázfővezeték gas main
gázfőző : ~ lap gas cooker; **~ tűzhely** gas-cooking stove, gas range
gáz-füstjárat *(bány)* flue
gázfutésu : ~ hevítő kemence *(koh)* gas-reheating furnace; **~ hősugárzó készülék** radiation gas appliance
gáz-fűtőanyag carburant
gázgenerátor (gas) generator/producer, producer furnace; **~ alapzata** producer base; **~ kézi hamueltávolítással** hand-ashed producer; **lefelé haladó légárammal működő ~** downdraft producer
gázgenerátor-berendezés *v* **-üzem** producer gas plant
gázgenerátoros gőzkazán combined gas-producer and boiler
gázgránát *(kat)* gas/chemical shell
gázgyár gas()works, gas plant
gázgyári : ~ kátrány gas()works (coal) tar; gas-house (coal) tar, (coal-)gas tar; **~ kátrányszurok** gas ()works (tar) pitch; **~ koksz** gasworks coke; **~ retortacsoport** retort bench
gázgyújtó *fn* gas(-)lighter; **villamos ~** electric gas-lighter
gázgyűjtő *fn* gas trap/catcher; **~cső** collecting main; **~ főcsővezeték** gas-collecting main; **~ harang** *(aknakemence felső részén; koh)* hat
gázhalmazállapot gaseous state
gázhalmazállapotú gaseous; **~ csillagködök** gaseous nebula; **~ szennyeződések** gaseous impurities
gázhálózat gas distributing system
gázharang *(vegy)* gas bell; *(gáztartályon:)* gas-holder bell
gázhatlan gas-proof/tight
gázhegesztés gas/torch/autogenous welding
gázhegesztő *fn* gas welder; **önműködő ~ készülék** automatic gaswelding machine
gázhidrát *(földgáznál)* gas hydrate
gázhólyag bubble gas, gas pocket/cavity; *(hegesztővarratban:)* blowhole; *[hengerelt lemezen; üvegben)* blister; *(önt)* gas cavity, blister
gázhólyagmentes blister-free
gázhozam gas yield
gázhőmérő *fn* gas thermometer
gázhűtés gas refrigeration
gázhűtő *fn* gas cooler; **~ felső része** upper gas cooler header
gázindikátor gas detector
gázionos fókuszolás *[katódsugárcsőben]* ionic focus(s)ing
gáz-ívoltású áramszakító expansion circuit-breaker
gázizzófény incandescent gas light
gázizzóháló mantle
gázizzóharisnya mantle
gázjelző *fn (bány)* gas detector; **katalitikus ~** *(bány)* catalytic detector
gázkályha gas oven
gázkar *(gépk)* throttle lever; **kézi ~** *(gépk)* throttle hand lever
gázkátrány gas tar
gázképző anyag blowing/inflating agent
gázkeverék gas mixture; **bányalégrobbanás utáni ~** chokedamp, afterdamp
gázkiáramlás blow
gázkibocsátás deflation
gázkieresztőnyílás-tömítés *(léggömbön)* gland
gázkifúvás *(bány)* blast, blower
gázkifúvó blow(er), bleeder
gázkilépés *(vákuumban lévő alkatrészekből)* liberation of gases
gázkisülés *(vill)* gas discharge; **~ fénye** *(vill)* glow
gázkisüléses *v* **gázkisülési** *v* **gázkisülésű : ~ berendezés** gas-discharge device; **~ cső** gas discharge tube
gázkiszökés *(tűztérből)* blow-by
gázkitódulás blow
gázkitörés liberation of gases, blow(er), blast, gas inrush/release/burst; *(bány)* outburst
gázkitöréses bánya instantaneous outburst mine
gázkiválás gas release, emission of gas
gázkoksz gas/retort coke; **~ vízszintes retortából** horizontal gas coke
gázkompresszor gas-compression pump
gázkorom furnace/carbon/gas black; *(kemencéből:)* furnace black; *(csatornából:)* channel black; *(porszínezék:)* carbon black
gázkoromgyártás : csatornás ~ channel process
gázkulcs alligator wrench
gázkút gasser
gázlámpa gas-lamp
gázlánghegesztés gastorch welding; *l még* **gázhegesztés**
gázlefúvató vezeték gas relief line
gázlehűtő cső *(koh)* baffle tube
gázleválasztó (készülék) gas separator
gáz-levegő-keverék gas-air mixture
gázló wade, fort, shallows; **~n átkel** ford
gázlóképesség *(gépk)* fording ability
gázlós hely shoal water
gázlövedék gas shell
gázlüktetés *(tűztérben)* surging of gas
gázmaszk *l* **gázálarc**
gázmassza *(pa)* sulfur-bearing residue
gázmenet gas (pipe) thread, gas-pipe thread, British Standard pipe thread, B. S. P.
gázmenetfúró *fn* tap for iron pipe
gázmenetvágó gép *(külső)* nipple threading machine
gázmentes *(gáz nélküli)* gas-free; *(gázt át nem eresztő:)* gas-tight/proof; *(bány)* sweet; **horony ~ tömítés alá** gas-check seat
gázmentesít outgas, degasify, degas
gázmérő *fn* gas meter; *(bány)* examiner; *(buborékszámláló:)* bubble counter; bubble gage *(US)*; **forgó ~** rotary displacement meter; **nedves ~** wet drum meter; **száraz ~** rotary displacement meter; **~ tartály** gasometer
gázmérőhitelesítő meter prover
gázmérőnapló meter book/log
gázmocsár gas sump
gázmolekulasúly-összehasonlító készülék effusiometer
gázmosás gas washing, scrubbing
gázmosó : ~ berendezés scrubber; **~ fülke** rain chamber; **~ olaj** stripping/scrubbing oil; **~ palack** *v* **üveg** gas (washing) bottle; **~ petróleum** wash oil; **Ströder-** *v* **Theisen-féle ~** disintegrator gas washer; **~ torony** gas scrubber
gázmotor gas engine; **~ral közvetlenül kapcsolt generátor** gas-electric drive; **~ral közvetlenül kapcsolt kompresszor** gas blowing engine; **~ral közvetlenül kapcsolt villamosgép** gas-electric engine

gáznemű gaseous, gassy, volatile, aeriform ; **~ek** *v* **~ anyag** volatile matter ; **~ vegyszerek** gaseous chemicals
gáznyelő edény gas-absorbing canister
gáznyílás *(geppuskacsövön)* gas port
gáznyomás gas pressure
gáznyomásmérő *fn* gas (pressure) ga(u)ge
gáznyomásos : ~ kábel *(ionizáció csökkentese céljából)* pressure cable ; **~ olajkút** gas lift well
gáznyomásszabályozó *fn* gas-pressure regulator
gáznyomó : ~ cső pressure gas pipe ; **~ telep** pressure gas plant
gáznyomok traces of gas
gázolaj *(gépk)* Diesel fuel, solar/gas oil ; *(vizgáz karburálására:)* carburetting oil ; *(motorhajtó:)* diesel fuel, automative gas oil ; gas oil *(US)*
gázolajcseppek áthatolása az égőtéren *(Diesel-motorban)* *l* **áthatolás**
gázolajszűrő betét *(szövetzsák ; Diesel--motorban)* cloth bag filtering element
gázolaj-tápszivattyú *(Diesel)* *l* **tüzelőanyag-tápszivattyú**
gáz-olaj viszony *(ol)* gas oil ratio
gazolin (natural/casinghead) gasoline, petroleum spirit
gazolinmentesített földgáz *(ol)* residue gas
gazolintelep natural gasoline plant
gazométer gasometer, gas receiver/holder
gázóra gas meter ; **száraz ~** dry-test gas meter
gázos gaseous, gassy ; **~ bánya** damp/wet/hot mine ; **~ egyenirányító** gaseous rectifier ; **~ levegő lövés után** *(bány)* vitiated air ; **~ telep** *(bány)* fiery seam ; **~ túlfeszültséglevezető** gas-type arrestor ; **~ vákuumcső** soft tube
gázosítás *(mzg)* fumigation
gázosító *(gépk)* carburetter ; *l* **még porlasztó** ; *(vegy)* gasificator ; **~cső** *(előmelegítő lámpán ; gépk)* burner tube ; **~ szer** *(mzg)* fumigant
gázosítóburkolat *(gépk)* cover lid
gázosodik gas
gázömlés blow(-by), gas blow-out, gas escape
gázömléses övezet *(bány)* troublesome zone
gázömlési rés *(bány)* piper
gázpalack (gas) pressure bottle, (gas) cylinder
gázpedál *(gépk)* throttle pedal, accelerator pedal; *(talplemezen rögzített:)* fixed pad accelerator pedal ; *(görgős:)* roller type accelerator pedal
gázpedálrudazat *(gépk)* carburet(t)or control rod
gázperzselő (gép) *(tex)* gassing frame, gas singeing machine
gázpiknométer gas (weighing) balloon
gázpróbapipetta gas-sampling tube
gázpróbavétel catching of gas (specimen), gas sampling
gázpulzáció *(tűztérben)* surging of gas
gázráadás *(gépk, mkpár)* *l* **gázadás**
gázrekesz szövetből *(léghajón)* fabric cell
gázretorta gas retort ; **~ főgyűjtőcsöve** hydraulic main
gázretortatöltő gép gas-retort charger
gázrobbanás gas burst
gáz-rudazat *(porlasztóhoz)* throttle linkage
gázsugár (gas) jet; **~ kiömlési sebessége** exhaust velocity
gázsugár-fúvócső exhaust nozzle
gázsugárhajtás jet propulsion ; **~ hatásfoka** jet propulsive efficiency
gázsugárhajtású *(rep)* jet-propelled, reaction-propelled
gázsugárhajtómű *(rep)* jet engine, jet propulsion unit ; **axiális ~** *(rep)* axial-flow jet engine ; **atodid ~** *(rep)* *l* **torlósugárhajtómű** ; **centrifugális ~** *(rep)* centrifugal-type jet engine ; **gázturbinás ~** *(rep)* turbine-type jet engine, turbo-jet engine ; **lüktető ~** *(rep)* pulse-jet engine ; **radiális ~** *(rep)* centrifugal-type jet engine ; **rakétás ~** *(rep)* rocket engine/motor ; **szakaszos üzemű ~** *(rep)* pulse-jet engine
gázsugármotor *l* **gázsugárhajtómű**
gázsúlymérő palack gas balloon
gázsűrűségíró készülék gas-density recorder
gázsűrűségmérés gas-density control/measurement
gázszabályozó *(mennyiségi)* pressure loader
gázszámláló *fn* gas meter ; **száraz rendszerű ~** dry gas meter
gázszegény olaj lean oil
gázszén light/gas coal
gázszerelvény gas fixture
gázszerű gaseous, aeriform, gassy
gázszerűség gaseousness
gázszivárgás gas escape/seeps
gázszívó generátorberendezés induction gas plant
gázszolgáltatás gas service
gázszórás gas spraying
gázszűrő *fn* gas filter ; **villamos ~** electro (gas) filter
gáztalanít *l* **gázmentesít**
gáztalanítás *[rádiócsőé]* degas(s)ing
gáztalanító *fn* degas(s)ing unit
gáztároló *fn* gas-accumulator ; **~ tartály** gas(-)holder
gáztartalmú gas-containing ; **~ kőzet** gas rock
gáztartály gas(-)holder, air chamber, gasometer, reservoir of gas, gas bag/tank, envelope ; *(emelkedő-süllyedő:)* telescope gas-holder ; **száraz ~** waterless gas holder
gáztartó *fn* *l* **gáztartály** ; *(kőzet:)* reservoir of gas, gas rock(s) ; **~ rekesz** *(léghajóban)* gas bag ; **~ réteg** *(földt)* gassy seam
gáztartórekesz-burok *(léghajóban)* gas--bag envelope
gáztartórekesz-kötélzet gas-bag wires
gáztérfogatmérő *fn* gas volumeter
gáztérfogatmutató *(léggömbburkolatban)* ful(l)ness indicator
gáztermelő kút *(ol)* gas producer
gáztetróda *(vill)* thyratron (tube)
gáztisztítás gas purification , scrubbing, gas clean-up ; **~ mésszel** lime gas purification ; **~ból származó** *(kéntartalmú)* **oltott mész** gas lime
gáztisztító *fn* *(gépk is)* gas purifier ; *(pa)* getter ; *(tüzelőgázhoz:)* rectifier ; **~ berendezés** scrubber, purification plant ; **dobos** *v* **hengeres ~** drum washer ; **~ olaj** scrubbing oil ; **~ szűrő** scrubbing filter ; **~ torony** scrubbing tower
gáztöltés gas filling
gáztöltésű gas-filled ; **~ cső** *(rád)* gas(--filled) tube ; **~ egyenirányító cső** gas-filled rectifier tube/valve ; **~ fotocella** gas (photo)cell ; **~ hőmérő** gas-filled thermometer ; **~ jelfogó** *v* **relé** gas-filled relay ; **~ kisülési cső** gas-discharge lamp ; **~ kondenzátor** gas-filled capacitor ; **~ lámpa** gas discharge lamp ; **~ magnetron** gas--filled magnetron ; **~ tetróda** gas tetrode, thyratron tube
gáztöltet gas filling
gáztöltő tömlővezeték inflation hose
gáztömítés gas packer(s)
gáztömlő gas hose
gáztörvény *(fiz)* gas law
gáztrióda gas-filled triode
gázturbina gas turbine ; *(sugárhajtómű:)* turbo-jet engine ; **axiál(is)-kompresszoros ~** axial-type gas turbine; **centrifugális-kompresszoros ~** centrifugal gas turbine ; **félaxiális-kompresszoros ~** semi-axial gas turbine ; **kétáramú ~** two-spool gas turbine ; *(szekunder levegővel:)* ducted fan-type gas turbine ; **kipufogó ~** Holzwarth--type gas turbine
gázturbinaégő gas turbine burner
gázturbina-hajtómű gas turbine engine
gáztüzelés gas firing
gáztüzeléses kemence gas-fired oven
gázüreg *(bány)* gas/methane pocket
gázvágó : félig önműködő ~ készülék semi-automatic gas cutting machine ; **önműködő ~ készülék** automatic gas cutting machine ; **~ pisztoly** cutting torch
gázváltás *l* **gázcsere**
gázveszélyes bánya gaseous mine, foul pit
gázvétel *(próbához)* catching of gas (specimen)
gázvezeték gas conduit/flue, pressure gas pipe ; **~ keskenyedő része** *(martinkemencénél)* gas neck
gázvezetékhálózat gas distributing system
gázvilágítás gas lighting
gázvisszacsapó szelep gas check
gázvisszanyomás gas recycling
gázvisszatáplálás *(olajmezőbe)* gas recycling
gázvíz gas(works) liquor
gázvizsgáló *fn* *(bány)* examiner
gázvulkanizálás gas cure/vulcanization
gázzárvány gas cavity, blister
gázzáválás gasification
gázzsák gas pocket/bag
gearksutit *(ásv)* gearksutite
gedinni emelet *(földt)* Gedinnian stage
gedrit *(ásv)* gedrite
gégecső *(gépk)* corrugated metal tube
gégemikrofon *(rád, távk)* throat transmitter/microphone, laryngophone
gégetükör laryngoscope
gehlenit *(ásv)* gehlenite
Geiger-Müller számlálócső Geiger counter, G—M tube, count detector
geikilit *(ásv)* geikielite
Geissler-cső Geissler tube
gejzír *(földt)* geyser
gél *(vegy)* gel, jelly ; *(élip)* jell(y)
gélállományú gelatinous
gélképződés gelling, gelation
Gellner-ventillátor cell blower
géltöltésű kondenzátor *(rád)* jelly-filled capacitor
gélváz *(vegy)* gel skeleton

gém *(emelőn)* jib, boom, cantilever, derrick; **~et behúz** *(emelőn)* pull in the jib; **~et felbillent** *v* **felhúz** *(emelőn)* pull up the jib; **~ felső csigája** *v* **horogszerkezete** *(emelőn)* jib head pulley; **kitolható ~** *(emelőn)* draw beam; **~ lábai** *(emelőn)* shear legs; **lemezszerkezetű ~** *(em)* welded/plate jib
gémágyazás *(emelőn)* saddle of a boom
gémbillentés *(emelőn)* derricking
gémbillentő: ~ csigasor *(kotrónál)* luff tackle; **~ dob** *(emelőn)* luffing drum, derrick barrel; **~ kontroller** *v* **kapcsolóhenger** derricking controller; **~ szerkezet** whipping gear
gémcsiga *(emelőn)* boom/jib sheave
gémeskút draw well, shadoff
gémes rakodó targonca crane-arm lift truck
gémfej *(emelőn)* jib head
gémfeszítő *fn (emelőn)* boom brace
gémgörgő *(emelőn)* jib sheave
gemkapocs clip binder, clips
gémkar *(darun)* jib/gib arm
gémkinyúlás *(emelőn)* (handling) radius
gémkötélgörgő *(emelőn)* jib/boom sheave
gémkötéltárcsa *(emelőn)* boom/jib sheave
gémláb *(emelőn)* shear leg
gémmozgatás *(darun)* jib motion
gémmozgató mű *(behúzó, billentő)* luffing gear
gémrögzítő szerkezet boom brace
gémrúd *(emelőn)* jibboom
gémtartó *v* **-feszítő kötél** derrick guy, guying; *(hajó)* outhaul cable, guying
gémterelő csiga *(emelőn)* boom sheave
gena *(földt)* cheek
generáljavít overhaul
generáljavítás (complete/general) overhaul(ing), capital repair; „kis" ~ *(hengerfejtisztítás, olajcsere stb; gépk)* top overhaul
generálséma *(ép)* master plan, master planning design
generátor *(ált; vill)* generator; **állandó áramú ~** *(vill)* constant-current generator; **állandó feszültségű ~** *(vill)* constant-potential/-voltage generator; **állandó teljesítményű ~** *(vill)* constant-power generator; **alulkompaundált ~** undercompounded generator; **aszinkron ~** *(vill)* induction generator; **egyenáramú ~** *(vill)* direct-current generator; **elektrolizáló ~** *(vill)* electrolytic generator; **elektrosztatikus ~** *(vill)* belt generator, van de Graaff generator; **feszültségszabályozó ~** *(vill)* buck--boost generator; **főáramkörű ~** series-wound generator; **galvánüzemi ~** *(vill)* plating generator; **gyorsító ~** *(vill)* acceleration generator; **heteropoláris ~** *(vill)* heteropolar generator; **homopoláris ~** *(vill)* *l* **unipoláris generátor**; **influenciás ~** electrostatic generator; **kétfázisú ~** two-phase generator; **kettős áramkörű ~** double generator; **kiálló pólusú ~** *(vill)* salient-pole generator; **kiképzett pólusú ~** *(vill)* salient-pole generator; **közvetlenül kapcsolt ~** *(vill)* direct-coupled generator; **lábhajtású ~** *(vill)* pedal generator; **~ legerjesztő berendezése** field suppressor; **motorhajtású ~** *(vill)* engine--driven generator; **nagyfeszültségű ~** high-tension generator; **nagyfrekvenciás ~** high-frequency generator; **repülőgépi ~** *(vill)* aircraft generator; **szélhajtású ~** *(vill)* wind generator, anemo-electric generator; **szinkron ~** *(vill)* synchronous generator; **unipoláris ~** *(vill)* acyclic/homopolar generator; **utántöltő ~** *(vill)* milking generator; **váltakozóáramú ~** alternator, a. c. generator; **változó fordulatszámú ~** *(vill)* variable-speed generator; **vegyes kapcsolású ~** *(vill)* compound generator; **vezérlő ~** *(vill)* control generator; **villamos ~** electric generator
generátor-aggregátum generating unit/set
generátorcsoport generator set/unit
generátor-ellenállás generator resistance
generátorfa *(gázhoz)* generator wood
generátorfeszültség generator voltage
generátorfüggvény *(mat)* generating function
generátorgáz producer gas; **vízgőzmentes ~** dry gas
generátorgáz-hajtású motor producer gas engine
generátor-gyűjtősín generator busbar
generátorkátrány producer tar; **alacsony hőfokú ~** low-temperature producer-tar
generátorkör *(vill)* generator circuit
generátor-tétel *(távk)* Thévenin's theorem
generátorvédelem generator protection
genthit *(ásv)* genthite, nickel-gymnite
génuai papír Genoa paper
geoantiklinális *(földt)* ge(o)anticline
geocentrikus geocentric
geoda *(földt)* geode
geodás telér *(bány)* hollow lode
geodéta surveyor, bound settler
geodézia surveying, geodesy
geodéziai geodetic, surveying; **~ azimut** geodetic azimuth; **~ felszerelés** surveying equipment; **~ felvétel** *v* **felmérés** geodetic survey; **~ szélesség** geodetic latitude
geodinamikus geodynamic; **~ magasság** geodynamic height
geofizika geophysics
geofizikai geophysical
geofon geophone, seismicrophone, seismic pick-up; **~ok hosszútávú elosztása** long spread of detectors; **~ok közeli elhelyezése** short spread of detectors
geognózia geognosy
geográfia geography; *l még* **földrajz**
geoid *(földalak)* geoid
geoizoterma isogeotherm
geokémia geochemistry
geokratikus mozgás geocratic motion
geokronit *(ásv)* geocronite
geológia *l* **földtan**
geológiai *l* **földtani**
geológus-kalapács bucking hammer
geometria geometry; *l még* **mértan**
geometriai geometric(al); *l még* **mértani**
geomorf *(földt)* geomorphic
geomorfológia geomorphology
geonómia geonomy
georgiai *(földt)* Georgian
geoszféra *(földt)* geosphere
geoszinklinális *(földt)* geosyncline, regional syncline; **~ ülepedési és szedimentációs állapota** stage of subsidence and sedimentation of a geosyncline
geosztrofikus szél *(mat)* geostrophic wind
geotektonikus geotectonic
geotermikus *(földt)* geothermic, geothermal; **~ grádiens** geothermal/geothermic gradient/degree
geotropizmus *(biol)* geotropism
geovillamos geoelectric
gép *(ált)* machine, engine; *l még típusonként*; *(tex)* frame; **~en gyártott papír** machine-made paper; **~ hátlapja** back side/plate; **~pel írott** typed; **~ járása** running; **~en kreppelt papír** machine-craped paper; **~ről lekerülő** *(tex)* delivered; **~ről lekerülő termék finomsága** *(tex)* hank delivered; delivery hank; **~pel merített papír** mo(u)ld-made paper; **~ oldala** cheek(s); **~en szárított papír** machine/cylinder-dried paper; **~pel szedett nyersgyapot** *(tex)* picked cotton; **~en szélezett** *(pa)* mill edge; **~ szerelési helye** bed; **tolólemezes ~** *(útépítési)* bulldozer
gépacél machine steel, m. s.
gépadás *(táv)* automatic sending
gépadó *(rád, táv)* machine/alternator transmitter
gépágy bed (frame), bed, bench; *(gyalugépnél:)* base; **egyállványos ~** *(forg)* single-standard frame, C-frame; **hegesztett ~** *(forg)* all-welded frame; **~ híddal** gap bed; **kétállványos ~** *(forg)* double-standard frame; **kétlábas ~** *(forg)* forked frame; **lemezes ~** *(forg)* all-welded frame; **szekrénylábas ~** *(forg)* leg-type bed
gépágyazat *l* **gépágy**
gépakna *(hajó)* engine casing
gépalap engine bearer/seat(ing), frame, base
gépalapcsavar anchor rod
gépalaplemez engine bedplate
gépalapozás engine base
gép-alapterület floor space
gépalapzat *l* **gépalap**
gépalkatrészek details
gépállás outage time, shutdown, standstill, dead lock; *(tex)* frame stop, machine-stoppage, machinery stoppage; **~ vetítőszöge** *(fényk)* camera angle
gépállási idő down/stoppage/waiting/standing time
gépállásveszteség megszüntetése adjustment of time loss
gépállvány framing of a machine, frame(work), trestle, engine platform; **~ tartója** frame girder
gépalváz bottom carriage
gépápoló *fn* engine attendant; **~ hangár** *(rep)* service shed; **~ hely** *(rep)* maintenance area
gépáram *(távk)* machine current
gépasztal table
gépátjáró(hely) alleys; *(szövődében:)* weaver's back-alley
gépátszállítás *(rep)* ferry
gépbeállítás setting/adjusting (of a machine); **~ előírása** tooling chart
gépberendezés machinery, engine plant
gépburkolat machine clothing
gépburok hood
gépcsarnok engine room/house/housing/compartment, hangar
gépcsomagoló-papír mill wrapper

gépcsoport aggregate, composition, plant, bank, attangement of machines ; **háziüzemi** ~ *(erőműben)* house service set ; ~ **kapacitása** aggregate capacity ; **több azonos egységből álló** ~ battery
gépegység machine unit/assembly
géperejű : ~ **bérkocsi** motor-cab ; ~ **emelő-** *v* **rakodókocsi** power-lift truck
gépesít mechanize, motorize
gépesítés mechanization, motorization
gépesített mechanized, motorized ; ~ **központ** *(távk)* dial centre exchange ; ~ **mezőgazdaság** mechanized farming ; ~ **rakodás** *(bány)* mechanical loading ; ~ **(szállítású) bányarész** mechanized section ; ~ **vasútbiztosító berendezés** power interlocking machine
gépész *(gépkezelő)* engine attendant/driver/man/runner ; *(mérnök:)* engineer
gépészet mechanical/machine engineering
gépészeti munka mechanical work
gépészfülke *(vasút)* cab
gépészgyakornok *(hajó)* assistant engineer
gépészmérnök mechanic(al) engineer, M. E.
gépészmester master mechanic
gépezet mechanism, gear, machinery
gépfaragás *(bőr)* shaving with machine ; **cseres** ~ *(bőr)* bark-tanned shaving with machine
gépfej head
gép-fej-hozam *(tex)* deliveries per head
gépfelállító szerelő erecting machinist
gépfelszerelés plant, machinery
gépfény *(pa)* mill finish
gépfinomság *(kh)* ga(u)ge, needles per inch ; *(angol rendszer ; kh)* cut
gépfinomsági szám *(kh) l* **gépfinomság**
gépforgásirány rotation sense (of a machine) ; ~**t megfordít** reverse the engine
gép-fűrész head part
gépfutási : ~ **irány** running direction ; ~ **irányban** with the machine run
gépgondozás attention, attendance, management
gépgörgő *(pa)* jumbo roll
gépgyár engineering/machine works
gépgyártás mechanical engineering, machine building
gépgyártó *fn* machine manufacturer, engine builder ; ~**anyag** engineering material
géphajtási oldal drive/driving side
géphajtású sajtó power press
géphajtó csonk power take-off
géphang *(távk)* random noise
gépház *(helyiség)* engine compartment, power room ; *(burkolat:)* case, casing
gépház-szád *(hajó)* engine hatch
gépháztető-leszorító csavar bonnet fastening clip
géphiba breakdown, failure ; *(gép okozta hiba:)* machine fault(s)
gépi mechanical, power ; ~ **adagolás** power feed ; ~ **adagolású tüzelésű** stoker fired ; ~ **befogó szerkezet** vice chuck ; ~ **befűzés** *(tex)* mechanic(al) twisting-in ; ~ **beindítás** mechanic(al) trip ; ~ **berendezés** machinery ; ~ **cölöpverő** *v* **döngölő** power rammer ; ~ **csengetés** *(távk)* machine/power ringing ; ~ **csigafúró** twisted bit for machine ; ~ **csipke** *(tex)* bobbin lace, machine made lace ; ~ **csiszolás** machine grinding ; ~ **dörzsár** machine reamer ; ~ **ellenőrző pénztár** control cash register ; ~ **előtolás** mechanical/automatic/power feed ; ~ **előtolás és vezérlés** power (cross-)feed and control ; ~ **enyvezés** *(pa)* engine sizing ; ~ **erő** mechanic(al) power ; ~ **felszerelés** mechanic(al) outfit ; ~ **felvetés** *(tex)* mill warping ; ~ **felvonó szerkezet** power lift ; ~ **fonás** *(tex)* frame spinning ; ~ **fonású** frame spun ; ~ **fonású fonal** mill spun yarn ; ~ **fúróelőtolás** automatic down-feed ; ~ **függőleges előtolás** *(karusszelgépen)* automatic down-feed ; ~ **fűrész** power saw ; ~ **fűrészfogvágó reszelő** jump saw ; ~ **fűrészlap** jig/jump saw ; ~ **gerebenezés** *(tex)* hackling ; ~ **gyorsállítás** power rapid traverse ; **gyorselőtolás** power rapid traverse ; ~ **hajtású** power-driven/actuated ; ~ **hajtású darabolófűrész** power hack saw ; ~ **hajtású targonca** power truck ; ~ **hamueltávolítás** *v* **salakmentesítés** mechanic(al) ashing ; ~ **hántolás** *(tex)* fibre decorticating/decortication ; ~ **hegesztővarrat** automatic weld ; ~ **kapa** soil miller ; ~ **kapcsolás** *(távk)* automatic/machine switching ; ~ **kavaró kemence** revolving puddling furnace ; ~ **keverő** mechanic(al) agitator ; ~ **kiemelő szerkezet**• *(traktoron)* lift-all ; ~ **kivetés** *(munkadarabé)* power ejection ; ~ **köszörülés** machine grinding ; ~ **mázolás** *(pa)* machine coating ; ~ **megmunkálás** machining, mechanical treatment/working ; ~ **mosású gyapjú** factory washed wool ; ~ **mozgatású szán** *(gépt)* power traversing saddle ; ~ **nyúzás** *(bőr)* mechanic(al) flaying ; ~ **olló** power shears ; ~ **(önműködő) előtolás** power traverse; ~ **papírgyártás** machine-made-manufacture ; ~ **rakodás** *(bány)* mechanic(al) filling ; ~**rakodó** power loader ; ~ **rakodó(lapát)** *(bány)* surface/mechanic(al) shovel ; ~ **sajtolás nélkül önsúlyától kifolyó lé** *v* **must** free-run juice ; ~ **sajtoló** *fn* power squeezer ; ~ **szedésű** *(gyapot)* machine picked ; ~ **szegecselés** machine/power riveting ; ~ **szénadagolású kazán** stoker fired boiler ; ~ **szénadagolású tüzelőberendezés** stoker furnace ; ~ **színezés** *(tex)* machine dye(ing) ; **szövőszék** power loom ; ~ **(távbeszélő) központ** automatic telephone exchange ~ **tovalapátoló berendezés** mechanical rabbling ; ~ **tömedékelés** *(bány)* mechanical stowage ; ~ **tüzelő berendezés** stoker ; ~ **tüzelő berendezés gőzmozdonyon** locomotive stoker ; ~ **vezérlésű** *v* **működtetésű** mechanically-controlled ; ~ **vontató berendezés** *(bány)* haulage plant
gépiesség automatism
gépírás typewriting
gépíró *(személy)* typewriter
gépív *(távk)* arc
gépjármű motor vehicle, auto(mobile) ; **csörlővel felszerelt** ~ automobile winch car
gépjárműabroncs auto tyre ; *l még* **abroncs**
gépjármű-adó motor vehicle tax
gépjárműforgalom motor (vehicle) traffic
gépjárműhajtási jogosítvány licence
gépjármű-pótkocsi automobile trailer
gépjárművezetői : ~ **jogosítvány** driving/driver's licence ; ~ **jogosítvány bevonása** revoke of driving licence ; ~ **jogosítvány ideiglenes visszavonása** suspension of driving licence ; ~ **korhatár** age limit ;
gépjárművezetőképző iskola driving school
gépjárművezető-vizsga driving test
gépjárművizsgáló állomás motor vehicle testing station
gépjáróművi *l* **gépjármű**
gépkád *(pa)* machine chest, headbox
gépkalapács power hammer
gépkalapácskezelő *fn* hammerman
gépkartengely arm shaft
gépkarton *(pa)* machine board, solid carboard
gépkefe *(pa)* machine brush
gépkenőcs grease
gépkeret *(gépt)* framework, bed frame ; *l még* **gépállvány** ; *(távk)* switch bay ;
gépkeretbak frame trestle
gépkés *(pa)* machine knife
gépkezelés attendance, attention
gépkezelő *(munkás)* attendant, tender, engineer, engine runner
gépkezelői fülke operation cabin
gépkezelő nyílás fedőlapja access plate (to a machine manhole)
gépkiszolgálás *(pa)* feed ; *l még* **gépkezelés**
gépkocsi auto(mobile), (motor-)car, automobile car ; **antennával ellátott** ~ car wired for radio ; ~ **belső berendezése** *(karosszéria stb)* bodywork ; **családi** ~ family car ; **csukott-nyitott** ~ *(időjárás szerinti használatra)* all-weather car ; ~ **eleje** car front end ; ~ **elöl elhelyezett motorral** front-engined car ; **farmotoros** ~ rear-engined car ; **locsoló** ~ watering truck ; **nyitott kiránduló** ~ charabanc; ~ **orra** nose of a car; ~**val szállítható** *v* **szállított** motor-borne ; ~**ba szerelt rádió** car radio; ~**t üzemben tart** to run a car ; **víz- és olajtöltő** ~ oil-and waterservicing truck
gépkocsi- auto(mobile), (motor-)car, automotive
gépkocsiabroncs motor tyre
gépkocsi-akkumulátor power car battery
gépkocsialkatrész- és szerelvény-ipar automobile parts and accessories industry
gépkocsiantenna car/auto aerial
gépkocsiápoló állomás service station
gépkocsibiztosítás automobile insurance
gépkocsi-(csavar)emelő car jack/elevator
gépkocsifuvarozó carman
gépkocsifűtő készülék *v* **berendezés** car heater
gépkocsi-fűtőtest car radiator
gépkocsi-gépháztető engine hood
gépkocsi-gumiköpeny motor tyre casing
gépkocsigyártás motor-car construction
gépkocsi-hűtőtest car radiator ; ~ **forró égövi használatra** tropical radiator
gépkocsiipar automotive industry ; ~ **és -közlekedés** automobilism
gépkocsijavító : ~ **és karbantartó szolgálat** service of cars ; ~ **műhely** auto-repair shop, car (repair) shop ; ~ **telep** car repair plant

gépkocsi-jelvény *(hűtőre v a hűtő elé)* car badge
gépkocsikábel automobile cable
gépkocsikarosszéria (motor-car) body
gépkocsikarosszéria-bőr motorcar upholstering leather
gépkocsi-kárpitszövet *(tex)* automobile cloaking
gépkocsikísérő *fn* driver's companion
gépkocsiköpeny (motor-car) tyre ; **gumiperemes ~** clincher tyre
gépkocsikürt horn
gépkocsi-leállóhely parking place
gépkocsi-mérnök automotive engineer
gépkocsimotor automobile engine
gépkocsi-óra car watch
gépkocsipálya *(gépkocsiközlekedési műút)* highway
gépkocsi-rádió car radio
gépkocsi-rádióvevő készülék automobile radio set
gépkocsisport automobilism, motoring
gépkocsiszállítás motor transportation
gépkocsiszállító komp car ferry
gépkocsiszekrény *l* **karosszéria**
gépkocsiszerelő auto mechanic ; **~ taliga** *v* **targonca** repair creeper
gépkocsiszerkesztés automobile design
gépkocsi-szerszám készlet auto tool kit
gépkocsiszín garage, motor-car storage room
gépkocsi-tető-antenna top aerial/antenna
gépkocsiügy motoring
gépkocsiütköző automobile bumper
gépkocsi-üzemanyag automotive fuel
gépkocsi-várakozóhely parking
gépkocsivezető driver ; *(aki saját kocsiját vezeti:)* owner-driver
gépkocsivezető-oktató *fn* driver's instructor
gépkocsi-vontató truck trailer
gépkocsizás motoring
gépkocsizó *fn* motorist
gépkönyvelő : ~ karton *(pa)* booking cardboard ; **~ papír** booking paper
gépközpont *(távk)* automatic switching exchange
gépláb *(gépt)* leg
géplakatos mechanic, engine/metal fitter; **beállító ~** setup man/mechanic ; **javító ~** repairman ; **szerszámbeállító ~** tool-setter
gépleállás *l* **gépállás**
géplemez *(pa)* grey/engine board
gépméretek main/overall dimensions of machine
gépmunka machine labo(u)r
gépműhely engineering shop, workshop
gépműhelyfőnök master mechanic
gépműszak *(gépt)* period of duty
gépolaj machine/engine oil
gépolló shearing machine
gépollókeret shearing frame
géposztály engine compartment
géposztás *(tex)* cut
gép-papír machine(-made) paper
gépporöly power hammer
gépróba machine/engine test (run) ; **~ tartós terheléssel** continuous-load (engine) test run ; **~ teljes terheléssel** full-load (engine) test run ; **~ üresjáratással** *(gépk)* idling/blank trial, no-load trial
géppuska machine gun ; **állványos ~** heavy machine-gun ; **dobtáras ~** drum-fed gun ; **forgatható ~** *(rep)* movable machine-gun ; **hevederadagolású ~** belt-fed machine-gun ; **iker ~** twin machine-gun ; **könnyű ~** light machine-gun; **közepes ~** medium (-calibre) machine-gun ; **légcsavarkörön áttüzelő ~** synchronized machine-gun ; **légvédelmi ~** anti-aircraft machine-gun ; **~ lőcsatornája** *(repülőgépben)* gun tube ; **merev ~** fixed machine-gun ; **nehéz ~** heavy machine-gun ; **szárnyba épített ~** *(rep)* wing/outboard machine-gun ; **szinkronizált ~** synchronized machine-gun ; **vezérelt ~** synchronized machine-gun
géppuskaállás gun post
géppuskaállvány gun adapter ; **~ kengyele** mounting yoke
géppuskafészek emplacement ; *(rep)* gun compartment
géppuskairányzék *(rep)* wind-vane sight
géppuskatorony *(rep)* gun turret ; **alsó ~** ventral turret ; **felső ~** *(repülőgépen)* dorsal turret
géppuskatöltényheveder feed belt ; **~ vezetéke** feed chute
géppuskatöltényheveder-töltőgép belt filling machine
géppuska-závárzat machine-gun block
géprajz mechanical drawing
gépreszelő strong file
gépsajtó *(nyomda)* mechanical press
gépsatu machine/jig vise ; **~ egy szilárd és egy mozgatható szorítópofával** machine vice with one sliding and one fixed jaw ; **forgatható ~ egy mozgatható és egy szilárd pofával** machine vice with swivel base one sliding and one fixed jaw ; **forgatható ~ központosan mozgó pofákkal** machine vice with swivel base and two sliding jaw ; **~ központosan mozgó szorítópofákkal** machine vice with two sliding jaws
gépselejt *(pa)* machine broke
gépsérülés breakdown, failure
gépsikattyú : ~ kovácsolt nehéz kivitelben forged heavy-duty hand vice ; **~ karja** vice crank
gépsima *(pa)* machine-glazed/finish(ed), M. G., M. F., dry-finished ; **~ könyvpapír** machine-finish book-paper ; **~ papír** machine-finished paper
gépsimított karton *(pa)* machine-glazed board
gépsor production line
gépsorszám identification number
gépszabályozó elemek *v* **szervek** engine controls
gépszáraz papír machine-dried paper
gépszárítás *(pa)* machine drying
gépszélesség *(pa)* machine width
gépszerelés adjustment
gépszerelő *l* **géplakatos**
gépszerkesztés machine design
gépszerkezet mechanism, mechanical construction, machinery
gépszíj driving belt
gépszíjanyag *(tex)* belt duck
gépszíjbőr belting leather
gépszíjbőr-mosás washing of the belting leather
gépszíjbőrnyújtás breaking of belting leather
gépszíjbőrrámázás tacking of belting leather
gépszíj-krupon *(bőr)* belting butt
gépszín engine shed, garage
gépszita *(pa)* machine wire-cloth, sieve, machine/Fourdrinier wire, wire cloth
gépszivattyú power pump
géptartozék machine accessory
géptávírás automatic telegraphy
géptávíró engine telegraph ; **~ parancsnoki híd és gépház között** *(hajó)* engine-room telegraph
géptelepítési rajz layout scheme, installation diagram
gépteljesítmény mechanical power
géptengely : ~ földi irányszöge *(csill, rep)* relative bearing ; **~ rádióirányszöge** relative radio bearing
géptengely-irányszög *(rep)* course (angle)
gépterem engine room, machine room, power room
géptervező engine designer
géptest machine frame/body
géptörés breakage, failure, breakdown, smash-up ; *(rep)* crack-up
géptörzslap rating plate
gépüzem engine plant
gépváz (machine) bed frame, body
gépvétel *(távirón)* autoreception
gépvezető *(pa)* machine tender, machineman
gépvontatású machine/power-hauled, power-traction type ; **~ szénaprés** *(mzg)* pull-power hay press
gépzaj *(film)* blimp
gépzavar breakdown, failure
gépzúgás hum
gépzsinór *(tex)* banding
gépzsinórozás *(tex)* banding
gépzsír albany grease, lubricating grease; batch grease ; **~ erős igénybevételre** heavy-duty grease
geránium-olaj (rose) geranium oil
Gerber-csukló *(ép)* Gerber's hinge
Gerber-tartó *(ép)* hinged cantilever girder
gérbe vág *(fa)* cut on the mitre 45°
gérbevágás *(fa)* mitre tenon ; *l* **még rézselés**
gereb *(ép, hidr)* rack, hack ; *(szennyvíztisztításnál)* drain grating
gereben *(tex)* comb, hackle, card ; *(durva tűosztással ; tex)* ten ; *(tutajozáshoz)* floating boom
gerebenez *(tex)* dress, comb, hackle ; **lent ~** *(tex)* dress the line, ripple
gerebenezés *(tex)* hackling, heckling, combing
gerebenezési kóc *(tex)* hackling tow
gerebenezett : ~ len *(tex)* dressed/hackled flax/line ; **~ szalag** *(tex)* top
gerebenező *fn* *(tex)* hackler, heckler
gerebenezőgép *(tex)* hackling machine, comber board
gerebenezőpad *(tex)* hackling bench
gereben-fésűsléc *(tex)* gill-bar
gerebenlécek *(tex)* faller gills
gerebentű *(tex)* *l* **gereben** ; **~k osztása** *(tex)* hackle/comb ga(u)ge
gerebentű-mező *(tex)* hackle bar
gereben-tűsléc *(gill-léc ; tex)* faller ; *(fonó- v előfonó gépen:)* pinbar
gerebentűsor *(tex)* ripple ; **durva ~on tisztít** *(tex)* ripple
gereb-fülke *(hidr)* bay of racks
gereblye rake ; *(gyapjúmosó gépen ; tex)* fork
gereblyekosár *(mzg)* rake basket
gereblyés : ~ aratógép raker mower ; **~ osztályozó** *(Dorr-osztályozó; koh)* drag/bowl classifier ; **~ szalmakazalozó gép** rake stacker
gereblyéz rake
gereblyézett vakolás *(ép)* combing

gérel *(fa)* cut on the mitre 45°; *l még* **rézsel**
gerenda beam, bar, log; *(ép)* rail; **gerendával burkolt** *(bány)* timber-lined; **csapos ~ az ácsolatok talpkoszorújában** *(bány)* bearer; **csónakfedélzeti ~** *(kis hajókon)* boat beams; **egyik végén beépített ~** encast(e)red beam; **ékelt ~** dowel(l)ed beam; **falkötő ~** chain timber; **falra felfekvő ~** *(ép)* wall beam; **hengeres ~** circular beam; **hosszában szétfűrészelt ~** flitch; **hosszú ~** boom; **hosszú lapos ~** boom sheet; **íves ~** bent rib; **karmos ~** claw beam; **gerendák közti boltív** interposed vault; **lemezszerkezetű ~** plated beam; **~ magassága** depth of beam; **malomkerék alatti ~** *(élip)* beam of the grinding loft; **motollát határoló ~** *(tex)* knee board; **gerendát rak** *(ép)* timber; **rövid vastag ~** *(bány)* billet; **szélső ~** *(ép)* angle course beam; **~ támaszköze** bearing distance; **~ támasztóvége** *v* **felfekvése** *(ép)* bearing edge; **terpesztett ~** *(ép)* bow beam; **üreges ~** cellular girder
gerendaágyazat *(ép)* spur
gerenda-alátétrúd *(ép)* beam bar
gerendaállvány *(ép)* scaffolding of girders
gerendaállványozó *(munkás; ép)* dogger
gerendaáthidalás trabeation
gerendaburkolattartó cölöp logged pile
gerendacsap *(ép)* beam pivot
gerendacsatlakozás *(ép)* joint of girders
gerendaék *(ép)* gib
gerendafa *(ép)* trace
gerendafal *(fa)* log wall
gerenda-felfekvés *(ép)* bedding
gerendafelfüggesztés bar suspension
gerendafészek *(ép)* beam aperture/seat, break-in, wall pocket
gerendafödém bridging floor, joist ceiling
gerendahajlító gép cambering machine
gerendaház block()house
gerendahomlok *(ép)* ending
gerendahosszabbító hevederlemez fish-plate
gerendaillesztés joint of girders
gerendaív *(ép)* archivolt
gerendakapocs *(bány)* timber dog
gerendakönyök *(ép, fa)* beam knee, bracket
gerendakötő vas *(ép)* beam tie
gerendaköz *(ép)* bay
gerendalapolás *(ép)* scarfed half and half
gerendamező *(ép)* mo(u)lding
gerendarendszer *(ép)* beam system
gerendarögzítő vas *(ép)* beam tie
gerendasín *(nehéz terhek mozgatásához; ép)* skid(s)
gerendás keret *(mozdonyon)* bar frame
gerendaszállító kocsi timber cart
gerendaszelvény-hengerüreg *(heng)* girder pass
gerendaszerkezet beam/balk structure
gerendatartó beam (girder), girder; **~ alapozása** beam footing; **álló ~** *(ép)* deep girder; **~ fogó** girder tongs; **~ gerinclemeze** *(heng)* girder web; **~ kengyel** *(falba v gerendára szerelve)* beam hanger; **~ szögvas** *(ép)* seat angle
gerendatoldás lengthening of timber
gerenda-út skids

gerenda-válaszfal *(ép)* timber-bulkhead
gerendavas *(ép)* balk iron
gerendavasalás balk/beam iron fitting
gerendavasszállító teherkocsi traverse truck
gerendavég joist head, butt; **ferdén levágott ~** *(illesztéshez)* scarf
gerendázat framework, framing, carcass, contignation; *(ép)* timber blocking
gerendely *(mzg)* beam
gerezd clove; *[narancs gerezdje]* plug
gerezdezett kővel díszített bossy
gérgyalu *(fa)* mitre plane
gerhardtit *(ásv)* gerhardtite
gerinc backbone, spine, spur; *(földt)* ridge; *(ép, mech)* web; *(bány)* rib; *(ép)* arris; *(evezőshajón:)* keelson; **~ alakú** *(földt)* carinate; **~ két barázda között** *(mzg)* rig; **~ melletti lemezsor** *(hajó)* garboard strake
gerinc-alátámasztó oszlop *(ép)* ridge pole
gerinc-alváz *(középső főtartóval; gépk)* backbone frame
gerincboltozat *(alagútszelvényben)* calotte
gerincborda *(ép)* ridge rib
gerinc-cönk *(hajó)* docking/keel block
gerinccserép *(ép)* crest/ridge(-head)/hip tile, crease
gerincfa corbel tree
gerincfedés *(ép)* ridge covering
gerincfedő anyag *(ép)* ridging
gerincfűrész stair builders' saw; **állítható ~** *(egy vagy két fallal)* adjustable stair builders' saw (with 1 or 2 walls)
gerincfűzés *(nyomda)* back band
gerincgyalu ridge plane; **egyenes ~** *(mélység- és szélességállító fallal)* adjustable ridge plane (with 2 walls); *(szélességállító fallal:)* adjustable ridge plane (with 1 wall); **ferde ~** *(mélység- és szélességállító fallal, elővágóval)* adjustable skew ridge plane (with 2 walls and carver); *(szélességállító fallal és elővágóval:)* adjustable skew ridge plane (with 1 wall and carver)
gerinchosszmerevítő *(egyszerű fenekű hajón)* centre keelson; *(kettős fenekű hajón)* centre girder; **~ kapcsoló szögvasa** keel angle iron
gerinckiképzés *(díszes)* cresting
gerinckitüremlés hogback
gerinclemez *(ép)* web (plate), stem; *(hajó:)* keel plate
gerinclemezes tartó plain web girder
gerinclemezillesztés *(ép)* web splice
gerincpala *(ép) l* **gerinccserép**
gerincsarokcserép *(ép)* ridge corner tile
gerincszegélycserép *(ép)* ridge starting tile
gerinc-székoszlop *(ép)* anti-sagbar
gerincszelemen arris/ridge beam/purlin
gerincszelemenfogó fa draft beam
gerincszerűen megtört mitred
gerinctartány *(hajózó csatornáé)* summit pond
gerinctorony *(ép)* ridge turret
gerincvonal top line, spur; *(falé:)* edge
gerjedékenység *(rád)* excitability; **~ kiegyenlítése** *(rád)* neutralization
gerjedészár *(távk)* singing suppressor, anti-singing device
gerjeszt generate, induce; *(gépet, vill)* excite; *[tekercset, relét:]* energize; **áramot ~** *(vill)* induce, generate

gerjesztés *(ált)* stimulus, incitement; *(gépé; vill)* excitation; *[tekercsé, reléé:]* energizing
gerjesztési módszer *(szink)* method of excitation
gerjesztés-megszakító *(vill)* field break-up switch; **önműködő ~** automatic field break switch
gerjesztés-megszűntetés de-energization, de-excitation
gerjesztés-szabályozás field adjustment/regulation
gerjesztés-szabályozó ellenállás field rheostat
gerjesztetlen állapot *(at)* ground level
gerjesztett forced, induced, excited; *(tekercs:)* energized; **~ lengés** *v* **rezgés** *(mech)* forced vibration; **~ reflektor** *(antennában)* feed reflector; **~ szerszámrezgés** *(forg)* forced chatter; **~ tag** *(antennában:)* driven element; **~ villamosság** induced electricity
gerjesztő *fn* inductor, exciter, energizer; *mn* exciting, energizing; **~ ampermenetek** field ampere-turns; **~ áramforrás** field power supply; **~ áramkör** *(vill* exciting circuit; *(rád)* driver/feed circuit; **ellenkompaundált ~** *(vill)* differential compound exciter; **~ erő** *(mech)* impressed force; **~ feszültség** exciting voltage, keep-alive voltage; **feszültségesés-kiegyenlítő ~** *(vill)* ohmic drop exciter; **~ gerjesztőgépe** *(vill)* pilot exciter; **kis telítésű ~** *(vill)* undersaturated exciter; **közvetlenül kapcsolt ~** *(vill)* direct-coupled exciter; **külön ~** *(vill)* separate/outboard exciter; **~ mezőerősítő** *(vill)* field amplifier; **nagyfeszültségű ~** high-tension/voltage generator; **~ nyomaték** impressed torque; **szabályozó ~** *(vill)* regulating exciter, relay exciter; **~ szikraköz** field gap, exciting spark gap; **~ tekercselés** field winding; **váltakozó áramú ~** alternating current exciter
gerjesztőáram excit(at)ing/field current
gerjesztőáram-kapcsoló field-break switch
gerjesztőcső exciter tube
gerjesztőgép exciter; *(rád)* driver
gerjesztőhurok *(rád)* exciting loop
gerjesztőmágnes field magnet
gerjesztőmenet-szám *(vill)* number of exciting turns
gerjesztőszonda *(rád)* exciting probe
gerjesztőtekercs *(gépé)* exciting/excitation/field coil; *(reléé)* energizing/operating coil; **~ek teljes rézmennyisége** field copper
gerjesztőtelep control battery
germanit *(ásv)* germanite
germánium germanium
germánium-dióda *(rád, távk)* germanium/crystal diode
germániumdioxid germanium dioxide
germánium-egyenirányítós kapcsolás germanium rectifier circuit
germániumhidrid germanium hydride
germániumklorid germanium chloride
germániumkristály germanium crystal
germániummonoxid germanium monoxide
germániumoxid germanium oxide
germániumszulfid germanium sulfide
germániumtartalmú *(ásv)* germanian

germániumtetraklorid germanic chloride, germanium tetrachloride
germániumvegyület germanium compound; *(kétvegyértékű germániumé:)* germanous compouod; *(négyvegyértékű germániumé:)* germanic compound
germanokloroform germanium chloroform
gersdorffit *(ásv)* gersdorffite
gérvágó : ~ **láda** *(fa)* mitrebox (gib); ~ **vonalzó** *(fa)* mitre rule
geszt *(fa)* heart(-wood), duramen; **~ig ható fatelítés** heart treatment; **~et tartalmazó talpfa** heart tie
gesztelválás cup/ring-shake
gesztenyefa chestnut wood
gesztenyeszínű auburn, chestnut (brown/colour), maroon; ~ **lemez** *(pa)* chestnut board
gesztes talpfa sap tie
gesztfa duramen, heart(-wood); **fekete** ~ blackheart
gesztkorhadás heart-shake/rot
gesztválás circular/cup/ring shake; **gyűrűs** ~ circular crevice
gesztválósság *(fa)* shakiness
getter *(rád)* getter
getteranyag elpárologtatása *(rád)* getter flash
getterpasztilla *(rád)* pellet (getter)
getterspirál *(rád)* coil getter
getter-tabletta *(rád)* getter pellet
gevirt *(nyomda)* M-quadrat
geysirit *(ásv)* geyserite
géz *(tex)* gauze; **karbolos steril** ~ carbolated (sterile) gauze
gézbrokát *(tex)* leno brocade
gézkötés *(tex)* gauze weave
gézkötésű leno
gézszegélydíszítő csipke *(tex)* gauze trimming
géz-szövés *(tex)* cross(-)weaving
gézszövet *(tex)* leno
gézszövetszűrő gauze strainer
gézszövő tárcsa gauze twisting disc
géz-utánzat *(tex)* mock leno
gibbsit *(ásv)* *l* **hidrargillit**
gidabőr kidskin; **növényi cserzésű** ~ vegetable tanned kid leather; **timsós cserzésű** ~ alum kid
gieseckit *(ásv)* gieseckite
gigantolit *(ásv)* gigantolite
gilbert *(magnetomotoros erő egysége)* gilbert
gilbertit *(ásv)* gilbertite
Gill-féle időzített jelfogó *(távk)* Gill selector
gillingit *(ásv)* gillingite
Gill-Morrel rezgések G. M. oscillation, Gill Morrel oscillations
gillosálás guilloche work
gillosáló gép rose engine
gillosminta rose engine pattern
gilsonit *(aszfaltásvány)* gilsonite
gimnit *(ásv)* gymnite, deweylite
giobertit *(ásv)* *l* **magnezit**
gipsz *(ásv)* gypsum, (fibrous) selenite; *(ép)* plaster; plaster of Paris, plaster stone; *(pa)* gypsum, plaster (of Paris), papermaker's plaster; *(szobrászati:)* gesso
gipszalapozás *(szoborműhöz)* gesso priming
gipszbánya alabaster quarry
gipszbeton gypsum concrete
gipszdíszítés *(ép)* parget
gipszégetés gypsum calcination
gipsz(építő) papírlemez gypsum wallboard
gipszfaragó véső plaster hatchet
gipszfőző üst gypsum kettle
gipszhabarcs *(vakolat; ép)* stucco; **zuzaléktartalmú** ~ badigeon
gipszkanál pointing trowel
gipszkőzet *(földt)* rock gypsum
gipszlemez *(válaszfalépítéshez)* plaster slab; **fáziseltoló** ~ *(ásv)* unit retardation plate
gipszmentes cement unsulfated cement
gipszminta plaster mo(u)ld
gipszöntő *fn* plasterer
gipsz-öntőforma plaster mo(u)ld
gipszöntvény plaster casting
gipszpadló gypsum floor
gipszprofil *(ep)* screed
gipsztábla gypsum plaster board
gipsztartalmú márga gypsum earth
gipszvakolás *v* **-vakolat** *(ép)* (gypsum) plaster, pargeting; **fa- és vászonbetétes** ~ *(ép)* stick-and-rag work
gipűr *(tex)* gimp, guipure
gipűrcsipke *(tex)* gimp/guipure lace
gír *(ásv)* symmetry axis
girland wreath
giroéderes hemiédria *l* **pentagonikozitetraéderes** *[kristályosztály]*
girolit *(ásv)* gyrolite
giromágneses gyromagnetic
giropilóta *(hajó)* automatic steering
giroszkóp gyroscope
giroszkóp-ház rotor casing
giroszkópikus frekvencia *(rád)* gyro frequency
giroszkópos stabilizáló berendezés *(hajó)* (gyro) stabilizer
girosztatika *(forgási sztatika)* gyrostatics
girosztatikus gyrostatic
gismondin *(ásv)* gismondite, gismondine
gitt *l* **kitt**
giveti emelet *(földt)* Givetian stage
glaciális *(földt)* (en)glacial; ~ **hegyalakulatok** glacial forms; ~ **völgy** *(földt)* glacial-carved valley
gladit *(ásv)* gladite
glaserit *(ásv)* glaserite
glaszébőr *(bőr)* alum kid, cheverel, grain leather
glaszécserzés *(bőr)* glove leather tannage
glaszédongola cserzés glacé-dongola tannage
glaszékesztyűbőr alum and salt tanned glove leather
glaszépapír *(erősen simított papír)* high-glazed paper
glauberit *(ásv)* glauberite
glaubersó *(ásv)* Glauber salt, mirabilite; *(vegy)* sulfate of soda
glaukodot *(ásv)* glaucodot
glaukofán *(ásv)* glaucophane
glaukokroit *(ásv)* glaucochroite
glaukolit *(ásv)* glaucolite
glaukonit *(ásv)* glauconite, green earth, celadon green
glaukonitos homokkő *(földt)* glauconitic sandstone, greensand
glazúrosodás *(csiszolókorongé)* loading, glazing
Gleason-féle körívfogazású kúpkerék Gleason spiral bevel gear
gleccser *(földt)* glacier; ~ **alatti vízfolyás-rendszer** subglacial drainage; **felújult** ~ recemented glacier; **~től (le)koptatott** ice-worked; **meredek lejtésű** ~ cliff glacier; **szétágazó** ~ dendritic glacier; **újból összefagyó** ~ *(földt)* recemented glacier
gleccserasztal *(földt)* glacier table
gleccserbreccsa *(földt)* rock-glacier breccia
gleccserhatás *(földt)* glacial action
gleccsermalom *(földt)* moulin
gleccsernyelv *(földt)* ice/glacier tongue
gleccserszakadék *(mély)* crevasse; *(hosszanti)* crack
gleccser-tápterület *(földt)* glacier reservoirs
gleccsertó tarn, ice-dammed lake, lakelet
gleccsertörmelék englacial detritus
gleiesedés *(földt)* gleization
gleiképződés *(földt)* gleization
glicerid gl yceride
glicerin glycerine, glycerol
glicerin-elvonás deglycerinizing
glicerinlepárló készülék glycerine still
glicerinszurok glycerine foots
glicerintrinitrát glycerol trinitrate
glicerinvíz sweet water
glicilglicin glycylglycine
glicin glycine, glycocoll
glikogén glycogen, „animal starch"
glikokoll glycocoll, glycine, aminoacetic acid
glikol (ethylene) glycol, *sym.*-dihydroxyethane
glikolalkohol *l* **glikol**
glimmlámpa *(parázsfénylámpa; vill)* glow (discharge) tube
glimmlámpás stabilizátor *(rád, távk)* glow-tube stabilizer
globoid *(gépt)* globoid(al); ~ **csiga** globoid(al) worm; ~ **csigahajtás** globoid(al) worm gearing
globozit *(ásv)* globosite
globulin globulin
glóbusz sphere, globe
glockerit *(ásv)* glockerite
Glover-torony *(vegy)* Glover's tower
glucinium beryllium, glucinum; *l még* **berillium**
glukóz *(vegy)* glucose
glukózanhidrid anhydroglucose
glutin *(vegy)* glutin; *(fa)* gluten
glukoproteid glucoprotein
glukozid glucoside
glukozidbontó enzim glucosidase
glükogén animal starch
glükozid glycoside
gmelinit *(ásv)* gmelinite
Gmelin-vizsgálat *(vegy)* Gmelin test
gnájsz *(kőz)* gneiss
gnomonikus *(vetítésű; geod)* gnomonic
gobelin tapestry
gobelinöltés *(ferde; tex)* satin stitch
góc nodule, centre
góckörzet *(távk)* zone, district
góckörzeti hálózat *(távk)* district network
gócközpont *(távk)* zone-exchange, head exchange
gócpont focus; *(vasút)* junction
goethit *(ásv)* goethite
goffríroz *(tex)* pleat
Goldschmidt-féle : ~ **eljárás** *(heg)* Goldschmidt alumothermic process; ~ **generátor** Goldschmidt alternator
góliát-menetes Edison-lámpafoglalat *(vill)* Goliath Edison screw-cap
gólyaláb stilt; **~akra helyez** stilt
golyó ball, bullet, buld; ~ **alakú** ball-shaped; ~ **alakú díszítés** *(ép)* pellet; **kiegyenlítő** ~ *(hanglemezfel-*

vételnél) advance ball; **továbbító ~** *(diktafonnál)* advance ball; **~ visszacsapó szelepben** check ball
golyóacél ball iron
golyóálló bullet-proof
golyóbiztos bullet-proof
golyócsap ball journal
golyócska blob, globule, pellet
golyócsukló *(gépt)* *l* **golyóscsukló**
golyóeszterga ball-turning lathe
golyóesztergáló ball-turning
golyófészek ball socket
golyófogó: ~ fal *(céltábla mögött)* bullet-proof butt; **~ gát** *v* **töltés** proof bank
golyókosár *(golyóscsapágyban)* (ball) cage/separator, ball retainer ring
golyóköszörűgép ball-grinding machine
golyólenyomat *(keménységmérésnél; anyagv)* ball impression
golyómaró *fn (forg)* ball/spherical cutter
golyóöntő forma bullet mo(u)ld
golyópálya *(csapágyban)* raceway
golyós: ~ csapágyazású (kötél)csiga patent block; **~ csatlakozás** *(rád)* bullet connection; **~ csatlakozódugasz** *(rád)* bullet; **~ hőmérsékletszabályozó** *(hőérzékeny betéttel)* bulb temperature controller; **~ iszapoló** *(fúráshoz)* sand punp; **~ regulátor** *v* **szabályozó** *fn* ball governor; **~ rektifikáló oszlop** *(vegy)* bulb fractionating column; **~ szakító készülék** *(tex)* ball burst attachment; **~ talpcsapágy** thrust ball-bearing; **~ ülés** *v* **felfekvési felület** spherical seat; **~ visszacsapó szelep** ball check valve; **~ zsámoly** *(rázócsúszdán; bány)* roller support
golyósajtoló gép ball-forming machine
golyóscsap ball (end) journal
golyóscsapágy ball bearing; **beálló ~** self-aligning ball bearing; **egyfelé ható tárcsás ~** single-acting ball thrust bearing; **egysorú gyűrűs ~** *(töltőnyílással)* single-row radial ball bearing (with filling slot); **ferde hatásvonalú gyűrűs ~** angular(-contact) ball bearing; **~ futógyűrűje** ring/race of a ball bearing; **gyűrűs ~** radial ball bearing; **kétfelé ható tárcsás ~** double-acting ball thrust bearing; **kétsorú ~** double-row ball bearing; **kúposfuratú ~** ball bearing with tapered bore; **mélyhornyú gyűrűs ~** deep-grove radial ball bearing; **négypont-tárcsás ~** four-point contact ball thrust bearing; **radiális ~** radial ball bearing; **szorítóhüvelyes ~** ball bearing with adapter sleeve; **tárcsás ~** thrust ball-bearing
golyóscsapágyas orsó ball-bearing spindle
golyóscsapágyazás ball-bearing block
golyóscsapágygyűrű ball race
golyóscsapágy-lehúzó készülék ball bearing extractor
golyóscsapágyrögzítő félgyűrű ball-bearing retainer half
golyóscsukló (cup-and-)ball joint, ball-and-socket joint; **~ forgócsapja** fulcrum ball
golyósfej ball finial
golyóshűtő *(vegy)* bulb condenser
golyósmalom ball mill/grinder/crusher
golyósörét pellet
golyósretesz ball catch
golyósszelep ball/bullet valve; **visszacsapó ~** ball clack valve
golyósszelep-fészek ball/clack seat
golyósszelepház clack (valve) box
golyósszelep-ülés ball/clack seat
golyóstoll ball point pen
golyószelep *(gépt)* *l* **golyósszelep**
golyóülés ball socket
golyvás tengely *(gépt)* cranked acle
gomb *(gépt)* button, stud; *(forgató; rád)* knob, control; *(cipő; tex)* button
gomba fungus, mushroom; **~ alakú** mushroom(-shaped); **~ alakú szellőztető** *(hajó)* mushroom ventilator; **gombától megtámadott** fungused
gomba- fungous, fungoid, mushroom
gombabetegség fungal/fungoid disease
gombacső *(rád)* doorknob tube
gombafejű: ~ csavar mushroom-headed screw; **~ emelő** *(vezérműben)* mushroom follower; **kettős ~ sín** *(vasút)* double rail; **~ pillérsoros** *(völgyzáró)* **gát** roundhead buttress type of dam
gombafödém *(ép)* mushroom construction
gomba-hangszóró *(rád)* mushroom loudspeaker
gombakártevő fungoid pest
gomb-alátét *(cipő)* button reverse
gombaölő *mn* fungicidal; **~ szer** fungicide
gombapor mushroom pulver
gombaszárítás drying mushrooms
gombatámadott fa fungous wood
gomberősítő *(cipőgombhoz)* button stay
gombfejű *l* **gombafejű**
gombfelhúzós szerkezet *(óra)* stem-winding gear
gombfogantyú knob
gombfoltok *(rongytól eredő; pa)* button specks
gombkilincs *(ép)* knob
gomblemez *(pa)* button board
gomblyuk button()hole
gomblyukcérna *(tex)* buttonhole twist
gomblyuk-elvarró *(bőr)* buttonhole finisher
gomblyukfedő lebeny fly
gomblyuk-lyukasztó: ~ fogó *(cipő)* buttonhole spring punch; **~ munkás** *(tex)* (buttonhole) marker
gomblyukmikrofon *(rád)* lapel microphone
gomblyukretesz *(varratot záró szegély)* bar
gomblyuk-selyem buttonhole silk
gomb-mikrofon *(rád)* button microphone
gombnyomásos: ~ rugóskörző button ga(u)ge; **~ sajtó** *v* **prés** pushbutton-controlled press; **~ vezérlés** press-button control; *(kis erőkifejtéssel)* fingertip control
gombolyag *(tex)* ball, clew
gombolyagcsévélő *(munkás)* ball winder; **~ gép** *(tex)* ball-winding frame/machine, balling frame/machine
gombolyagfelvető gép *(tex)* ball warp-beaming machine
gombolyít spool, reel, wind; *(tex)* reel; *(motringba)* hank
gombolyítás reeling, balling *(hurkolóárukhoz; kh)* rolling; *(vill)* *l* **tekercselés**
gombolyító *fn* reeler; **~ gép** *(tex)* ball winding frame/machine, balling frame/machine, reeler, reeling machine/frame; **~ készülék** *(tex)* ball winding frame; **~ motolla** *(tex)* hasp; **~ munkás** *(tex)* ball winder/reeler; **~ szerkezet** *(tex)* balling head
gombolyított *(huzal)* wound; **~ áru** roll stock; **rendetlenül ~** scramble-wound
gombos buttoned; **~ elzáró szerkezet** button-stop mechanism; **~ (fél)cipő** button shoe; **~ kárpitozás** buttoned upholstery; **~ végű kötőtű** knitting pin
gombostű (round) pin
gombostűhuzal *(vékony acélhuzal)* pin wire
gombtörő gép *(tex)* button breaker
gombvarró cérna button threads
gombvezérlés push button control
gombvezérlésű sajtó *v* **prés** pushbutton-controlled board press
gomolya cottage cheese
gomolyfelhő cumulus, cumuliform cloud, cauliflower clouds, woolpack clouds
gomolyos: ~ rétegfelhő strato-cumulus; **~ ültetés** *(fa)* planting with balls of earth
gondola *(repülőgépen:)* nacelle; *(léghajón:)* car; **léghajótestre szerelt ~** directly-attached car
gondolafüggesztés *(léghajón)* car suspension
gondolakocsi *(vasút)* cradle tip car
gondolaszerkezet *(rep)* nacelle structure
gondolatjel *(nyomda)* mark of suspension, score, break
gondoz handle; *(gépet:)* tend, maintain
gondozás *(gépé)* maintenance, tending, attendance
gondozó *fn (géphez)* attendant
gong-állvány gong stool
gongütő gong hammer
goniométer *(ásv)* goniometer; *(fényt, geod)* (optical) angle tester, angle ga(u)ge
gonnardit *(ásv)* gonnardite
Goodman-féle diagram *(anyagv)* Goodman diagram
goongarrit *(ásv)* goongarrite
gorc *(bány)* *l* **hányó**
gorcbánya *(bány)* refuse pile
górcső microscope; *l még* **mikroszkóp**
gordait *(ásv)* *l* **ferrinatrit**
Gordon-féle képlet *(oszlop teherbíró képességére; ép)* Gordon's formula
goromba rude, rough, raw; *l még* **durva**; **~ öltés** *(cipő)* cable stitching
goshenit *(ásv)* goshenite
goslarit *(ásv)* goslarite, zinc vitriol/sulfate, white vitriol
gót: ~ betűtípus *(nyomda)* gothic; *l még* **gótikus**; **~ stílus** *(ép)* pointed (-arch) style; **~ stílusú fedélszék** *(kötőgerendák helyett dúcolt nyeregfás kiképzéssel és torokgerendával)* hammer roof
gótikus *(ép)* gothic; **~ építőművészet** pointed architecture; **felemelt ~ boltozat** equilateral pointed arch; **~ ív** *(ép)* broken/equilateral arch, ogive; **~ íves ablak** *(ép)* lamp window; **~ mérmű** *(ép)* tracery; **~ stílus** pointed style; **~ tetőhajlás** *(60 fokos; ép)* gothic pitch
Gottschalk-féle kontinosztát continostat
Gould-kör *(csill)* Gould-belt
goyazit *(ásv)* *l* **hamlinit**
göb *(heg)* bead
göblyuk *(fa)* knot hole
göbös tubercular

göbü *(koh)* iron receiver
göcs *(fában)* knag, knurl, burl; *(tex)* burl; **elhalt** *v* **kieső ~** *(fa)* encased knot
göcscellulóz *(pa)* low-grade chemical pulp
göcsörtös bossed
göcsös *(fa)* snaggy, knurly, knurled, kneed; **~ fa** snag
göcsrózsa *(fa)* knot cluster
gödör pit (hole), hole, flow, socket; *(földt)* pit, swale; *(önt)* pit hole; **~ körülácsolása** *(ép)* cribbing
gödöráztatás *(tex)* hole retting
gödörcserzés *(bőr)* pit tannage
gödörformázás *(önt)* floor moulding
gödörformázó *(munkás; önt)* floor moulder
gödörke *(fa)* pit; **egyszerű ~** *(fa)* simple pit; **elágazó ~** *(fa)* ramiform pit; **vermes ~** *(fa)* bordered pit
gödörkecsatorna *(fa)* pit canal
gödörkegyűrű *(fa)* pit annulus
gödörkelemez *(fa)* pit border
gödörkemező *(fa)* pit field; **elsődleges ~** *(fa)* primary pit field
gödörkenyílás *(fa)* pit aperture
gödörkés *(korrózió folytán)* pitted
gödörkeüreg *(fa)* pit cavity
gödörke-verem *(fa)* pit chamber
gödörkézettség *(fa)* pitting; **alternált ~** *(fa)* alternate pitting; **lépcsős** *v* **létrás ~** *(fa)* scalariform pitting; **opponált ~** *(fa)* opposite pitting; **szitaszerű ~** *(fa)* sieve pitting
gödörkidúcoló deszka pitch boards
gödör-óvóhely surface shelter
gödöröntés *(önt)* pit work
gödörsalakozó *fn* *(kh)* cinder pitman
gödröcske scrobicule
gödrös *(ált)* cored out, pitted
gödrösödés *(anyagv)* pitting; *(földt)* swale; *(szelepé; gépk)* pitting
gömb ball, sphere, globe; **~ alakú** ball-shaped, spherical; *(önt)* globular, spheroidal; **~ alakú csavar-** *v* **szegecsfej** button-head; **~ alakú metszés** *[üvegen]* pearling; **~ alakú tengelycsap** *v* **-vég** spherical journal; **~ alakú test** spheroid; **~ felületén mért távolság** *(mat)* spherical distance; **~ főköre** *(mat)* great circle of sphere
gömb- spherical
gömbacél round steel (bar)
gömbacélbetét *(ép)* round bar reinforcement
gömbacélhajlító *(ép)* bender
gömbalakúság *(geod, mat)* sphericity
gömbantenna ballon antenna/aerial
gömbbenyomat *(Brinell; anyagv)* ball imprint
gömbboltozat *(ép)* spherical vault/dome, dome
gömbcsap ball pivot/gudgeon/journal; *(forgó kocsialvázban)* spherical centre pivot
gömbcsapszeg *(gépk)* ball pin; *(kormányrudazatban; gépk)* ball stud
gömbcsésze *(gépt)* spherical/globe shell
gömbcsukló *(gépt)* ball(-and-socket) joint; *l még* **golyóscsukló**
gömbcsuklócsésze ball socket/cup
gömbcsuklós: ~ csatlakozás ball-and-socket joint; **~ sebességváltó kar** *(gépk)* ball gear change lever; **~ tengelycsonkcsapszeg** *(gépk)* ball-type steering swivel; **~** *(záró)* **vályúkötés** *(bány)* conveyer ball joint; **~ vonó szerkezet** *(gépk)* ball-and-socket type trailer coupling/connection
gömbdiorit *(földt)* orbicular diorite
gömbesztergálás spherical turning
gömbesztergáló: ~ készülék spherical-turning attachment; **~ szán** *(forg)* ball-forming rest
gömbfa round timber/wood, log; *(állványépítéshez:)* scaffold pole; *(támokhoz; bány)* sticks; **5—10 hüvelyk átmérőjű ~** bank; **~ vastag vége** butt
gömbfa-burkolatú híd log bridge
gömbfahántoló gép *(pa)* log-barking machine
gömbfamáglya *(bány)* cog of round timber
gömbfatelep log yard
gömbfatisztító munkás scraper
gömbfedő *(ép)* dome
gömbfej *(gépt)* round/spherical dead
gömbfejű csapszeg round head bolt
gömbfélfa cripple timber
gömbfelfekvés spherical seat
gömbfelfekvésű karima flange with spherical seat
gömbfeltét *(lepárló oszlopon)* ball top attachment
gömbfelület *(mat)* spherical surface
gömbfelület-esztergáló berendezés spherical-turning attachment
gömbfelületű lencse *(fényt)* spherical lens
gömbfogó *fn* *(forg)* globe pliers
gömbfonal *(tex)* curl/bouclé/crinkle yarn
gömbfotométer sphere photometer
gömbfőző *(pa)* spherical digester/boiler
gömbfúró *(fa)* burr
gömbgrafit *(önt)* spheroidal/nodular/globular graphite
gömbgrafitos öntöttvas nodular/spheroidal/globular cast iron
gömbhalmaz *(csill)* globular cluster
gömbháromszög *(mat)* spherical triangle; **~ az égboltozaton** *(legnagyobb gömbi körök metszéséből)* astronomical triangle
gömbháromszögtan *(mat)* spherical trigonometry
gömbházas szelep globe/spherical valve
gömbhéj spherical shell
gömbhéj-alátét *(differenciálműben; gépk)* spherical thrust washer
gömbhengerlencse *(asztigmatikus)* spherocylindrical lens
gömbhullám *(hangt, rád)* spherical wave
gömbhűtő *fn* ball condenser
gömbi spherical; **~ eltéréstől mentes lencse** spherically corrected lens; **~ eltér(it)és** spherical aberration; **~ erőtér** *(vill)* spherical field; **~ helyesbítés** *(gömbi lencse korrekciója)* spherical correction; **kis ~ kör** *(mat)* small circle; **~ koordináták** *(geod)* spherical coordinates; **~ pörgettyű** *(szink)* spherical top; **~ szög** *(geod, mat)* spherical angle; **~ túllépés** *(geod, mat)* spherical excess
gömbkalapács ball hammer
gömbkondenzátor spherical condenser/capacitor
gömbkúp spherical cone
gömbkupola full centre calotte
gömblámpa *(rád)* doorknob tube
gömblencse globe lens
gömbmaró *fn* *(forg)* spherical cutter
gömbmikroszkóp *(anyagv)* ball stage microscope
gömböcske pellet, globule
gömbölyded round, globoidal, (sub)-rotund; **~ kő** *(bány)* pebble stone
gömbölyegfa round wood, log; *l még* **gömbfa**
gömbölyít conglobate
gömbölyítés conglobation
gömbölyítő kalapács top puller hammer
gömbölyödés conglobation
gömbölyödik conglobate
gömbölyödött élek *(ásv)* curved face
gömbölyű spherical, round, orbicular; **~ buga** *(koh)* round bloom; **~ csomó** *v* **göcs** *(fán)* burr; **~ farú** *(hajó)* round-aft; **~ fej** *(csavaron)* round head, buttem-head; **~ fejű csavar** round (head) screw; **~ fejű egyengető kalapács** cambered flatter; *(simító kalapács:)* rounded flatter; **~ fejű fúró** *(forg)* rose bit; **~ fejű tömőcsákány** rounded fuller; **~ fenekű palack** *v* **lombik** round-bottom(ed) flask, round flask; **~ fogó** *fn* *(forg)* round plier(s); **~ gyalu** *(fa)* spoon plane; **~ hidegvágó** *(forg)* round nose chisel; **~ kalapácsfej** peen; **~ konkréció** *(földt)* nablock; **~ lombik** bulb; **~ orrú fogó** *fn* *(forg)* round nose plier(s); **~ reszelő** *(forg)* round file; *(egész hosszában egyenletesen vágva)* blunt round file; **~ szíj** round belt; **~ talpú szelepemelő** *(gépk)* rounded bottom tappet; **~ ütköző** *(mozdony és szerkocsi között)* radial buffer; **~ végű** with round end; **~ véső** *v* **vágó** *fn* *(forg)* round chisel; **~ vezeték(huzal)** *(vill)* round wire; **~ zárójel** *(mat)* parentheses
gömbölyűpászmás kötél round strand rope
gömbös *(ásv)* spherical; **~ cementit** *(koh)* spheroidal cementite; **~ kristálycsoport** spherocrystal; **~ láva** volcanic dumplings; **~en szélezett** *(fa)* waney edged; **~ végű idomszer** measuring rod with spherical ends
gömböv *(mat)* spherical segment, zone
gömbpipetta *(vegy)* bulb pipette
gömbrezonátor *(rád)* spherical cavity resonator
gömbrúderdő *(7—12 cm átmérőjű)* poles yielding forest
gömbsűrítő *l* **gömbkondenzátor**
gömbsüveg *(mat)* (spherical) calotte
gömbszegmens calotte
gömbszektor *(mat)* spherical sector
gömbszemcse *(koh)* nodule; **lágyítás gömbszemcsére** *(koh)* spheroidizing
gömbszemcsés: ~ grafit nodular/spheroidal/globular graphite; **~ (grafitú) öntöttvas** spheroidal-graphite cast iron
gömbszerkezetű orbicular
gömbszerű globular, globoid, spheroidal; **~ ásványokat tartalmazó** *(földt)* orbicular; **~ forgásfelület** spheroid; **~ kisülés** globular discharge
gömbszerűség sphericity
gömbszigetelő lánc chain of egg insulators
gömbszíj round belt
gömbszíjhajtás *(gépt)* round-belt drive
gömbszikraköz *(vill)* ball arrester, ball/sphere gap

gömbszikraközös voltmérő *(vill)* sphere-gap voltmeter
gömb-talpfa round tie
gömbtükör spherical mirror
gömbvariométer *(rád)* ball variometer
gömbvas round (bar) iron
gömbvasbetét *[betonban]* steel reinforcement
gömbvasdúc *(ép)* brace rod
gömbvasháló *(ép)* mesh reinforcement
gömbvasköz *(távolság ; ép)* rod spacing
gömbvasmerevítő *(ép)* brace rod
gömbvégződés ball point
gömbvillám ball/globe lightning
göndör *(tex)* curly, frizzy, wavy, circinate ; ~ **bojt** crimping fringe ; ~ **gyapjú** curly wool
göndörít *(tex)* curl, crinkle, crimp, crisp
göndörítés *(tex)* crinkling, crimp(ing), curling, crisping
göndörített *(tex)* curled, crinkled, crimped, crisped
göndörítőhatás *(tex)* crimping effect
göndörítővas frizzling iron
göndörmintás szövet *(tex)* curl texture
göndörödés *(tex)* curling, crimp(ing), crinkling
göndörödik *(tex)* curl, purl, crisp
göndörödő *(tex)* crisp, curling ; ~ **szövetszélek** *(tex)* curling selvedges
göndörség *(elemi szálé ; tex)* wave of the fibre
göngyöleg tare, package ; ~ **nélkül** in bulk
göngyöleglemez *(pa)* draper's board
göngyölegsúly box/tare weight ; *(nyersbőr-szállítmánynál)* tare allowance ; ~ **visszaküldendő** packages returnable
göngyölegsúly-kiegyenlítés taring
göngyölegsúly-megállapítás checking the tare
göngyölet envelope
göngyölítve bálázó gép *[szénához]* rotary baler
göngyölődő : nem ~ **papír** noncurling paper
göngyölt súly *l* **göngyölegsúly**
göngysúly *l* **göngyölegsúly**
görbe *fn* curve (line), graph, plot ; *mn* bandy, curved, crooked, aduncous, askew ; *(fa)* prone ; **Agnesi-féle** ~ *(mat)* witch of Agnesi, versiera ; ~ **alakja** *(mat)* shape of curve ; ~ **alakú** curviform, lop-sided ; **anallagmatikus** ~ *(mat)* anallagmatic curve ; **egyenidejű** ~ *(mat)* isochronous/isochrone curve ; **egyenszilárdsági** ~ *(mat)* catenary of uniform strength ; ~ **esése** *(első deriváltja ; mat)* slope of curve ; ~ **fokszáma** *(mat)* degree of a curve ; ~ **fordulópontja** *(mat)* crunode ; **gyakorisági** ~ *(mat)* frequency/probability curve ; ~ **hámozókés** *(élip)* paring knife ; **Hippias-féle** ~ *(mat)* quadratrix of Hippias ; **horopter** ~ *(mat)* horopter ; **illeszkedő** ~ fitting curve ; **invariáns egyenlete** *(mat)* intrinsic equation of a curve ; ~ **iránytangense** *(mat)* slope of a curve ; **ív alakúan** ~ arcuate ; **izokron** ~ *(mat)* isochronous/isochrone curve ; **izoptikus** ~ *(fényt)* isoptic curve ; **kausztikus** ~ *(fényt)* caustic (curve) ; **keménységhűtési-sebesség** ~ *(anyagv)* hardness cooling-rate curve ; **kétszarvú** ~ *(mat)* bicorn, cocked-hat curve ; ~ **kidudorodása** *(mat)* convex side of curve ; **Lamé-féle** ~ *(mat)* storoid, Lamé's curve ; **lefelé lejtő** ~ *(mat)* drop-down curve ; **leggyorsabb esésű** ~ *(mat)* brachistochrone ; **legördülő** ~ *(mat)* roulette ; **lesikló** ~ *(mat)* glissette ; ~ **lyuk** *(ol)* crooked hole ; ~ **meredeksége** *(mat)* slope ; *(vasút)* knee ; **négylevelű** ~ *(mat)* quadrifolium ; ~ **osztálya** *(mat)* class of a curve ; ~ **pályájú** *(mech)* curvilinear; **racionális** ~ *(mat)* rational/unicursal curve ; ~ **rangja** *(mat)* rank of a curve ; ~ **sávoly** *(tex)* curved twill ; **síkbeli** ~ *(mat)* plane curve ; ~ **szélső értéke** *(mat)* extreme value of a curve ; ~ **szórásterülete** dispersion field of curve ; **talpponti** ~ *(mat)* pedal curve ; **terhelési** ~ load curve ; **térbeli** ~ *(mat)* space curve ; ~ **törési** *v* **diszkontinuitási pontja** point of discontinuity ; **valószínűségi** ~ *(mat)* frequency/probability curve ; ~ **vezetőléc** curved guides
görbecsalád *(mat)* set/class of curves
görbe-csúcs *(mat)* apex
görbeelemző *(műszer)* curve analyzer
görbeellenőrző mérce curve ga(u)ge
görbeíró radiométerhez *(szink)* recorder for radiometer
görbeközelítés(i eljárás) *(mat)* curve fitting
görbemaximum eltolódása a szimmetriatengelyhez képest *(mat)* skew
görbeáspoly *(forg)* crooked rasp
görbesereg *(mat)* set of curves
görbesor set of curves
görbesorozat *(mat)* series of curves
görbeszelet *(mat)* sector
görbetengely *(gépt)* cambered axle
görbevéső *fn (fa)* crooked chisel
görbevonal-hosszmérő fogaskerék *[rajzolt görbéhez]* stadiometer
görbevonalú curvilinear ; ~ **idomszer** curve ga(u)ge, template ; ~ **koordinátarendszer** curvilinear coordinate system ; ~ **lejtő** *v* **rézsű** curved batter
görbevonalzó template, bow, curve piece, curve(s), French curve ; *(ép)* architectural curve(s)
görbít bend, bow, buckle, curb, curl, flex, incurve, inflect ; *[lemezrugót]* scrag ; **ívben** ~ arcuate ; **kifelé** ~ splay
görbítés *vö* **görbít**
görbített szélvédő *(gépk)* curved windscreen
görbül bend, buckle, crumple ; *(fa)* get warped
görbülés flexure, stoop ; *(faanyagban)* casting
görbület bend, incurvation, elbow, ply, curving, crook, turn, cranking, camber ; *(ép)* long bend ; *(mat)* curvature
görbületi : ~ **ívszög** *(mat)* angle of curvature ; ~ **kör** *(mat)* circle of curvature ; ~ **összetevő** *(mat, mech)* curvature component ; ~ **sugár** *(mat)* radius of curvature ; ~ **tényező** curvature factor
görbült bossed, curved, distorted, crooked, cambered
görbültség *(mat)* degree of curvature
görcs *(fa)* wart ; *l még* **csomó** *és* **göcs**
görcsös *(fa)* gnarled
gördít trundle, roll
gördítés rolling ; ~ **tengelye** axis of rolling
gördíthető : ~ **kocsi** *(film)* dolly ; ~ **öntőüst** travel(l)ing pouring ladle ; ~ **szerelőtorony** *(ép)* gantry travel(l)er
gördítő szerkezet belső rugós csöve case inner spring
gördül revolve, roll
gördülési *l* **gördülő**
gördülő rolling, travelling, voluble ; ~ **állvány** *v* **kocsi** rack ; ~ **ellenállás** *(mech)* rolling resistance ; ~ **emelőkar** rolling lever ; ~ **érintkezésű emelőkar** lever with rolling contact ; ~ **érintkező** *(rád)* roller contact piece ; ~ **felület** rolling surface ; ~ **mozgás** *(mech)* rolling movement ; ~ **sugár** *(gumiabroncsé)* rolling radius; ~ **súrlódás** rolling friction ; ~ **terhelés** *(mech)* rolling load
gördülőabroncsos hordó rib-hooped barrel
gördülőajtó roll door
gördülőanyag *(vasút)* (carriage) (rolling) stock
gördülőanyag-állomány *(vasút)* fleet of rolling stock, wagon rolling stock
gördülőanyag-felszerelés *(vasút)* rolling-stock equipment
gördülőbütyök *(gépt)* rolling cam
gördülőcsapágy antifriction bearing, rolling(-contact) bearing ; *l még* **golyóscsapágy, görgőscsapágy ; axiális** ~ thrust antifriction bearing ; **ferde hatásvonalú** ~ angular-contact antifriction bearing ; ~ **futópályája** bearing race way ; ~ **golyó-** *v* **görgőkosara** *(gépt)* cage, separator ; **gyűrűs** *v* **radiális** ~ radial antifriction bearing ; ~ **szorítóhüvelye** adapter sleeve ; **szorítóhüvelyes** ~ adapter bearing ; **tárcsás** ~ thrust antifriction bearing
gördülőcsapágy-(futó)gyűrű race
gördülőhíd rolling bridge
gördülőkapu rolling gate
gördülőredőny *(ép)* revolving/roll(ing) shutter(s)
gördülőredőnyös hűtőzsalu *(gépk)* curtain (type) shutter
gördülősaru *(ép)* roller shoe
gördülősugár *(gumiabroncsé)* running radius
gördülőszán *(gépt)* roller slide
gördülőszegmenses csapóhíd roller-lift bascule
gördülőszegmens-pálya quadrant track
gördülőzsalu *(ép)* *l* **gördülőredőny**
görénybrém *(orosz)* Russian polecat
görget roll, revolve, trundle, wheel
görgeteg *(földt)* boulder stone, boulder, rubble, float, slide rock, hill waste
görgeteganyag *(kőfolyóban :)* avalanche material
görgeteg-érc *(bány)* pebble ore
görgeteg-kavics *(bány)* bank-run gravel
görgetegkő *(földt)* *l* **görgeteg**
görgetegkő-gát *(hidr)* boulder dam
görgő *(alakító)* roll ; *(vezető)* roller ; *(csiga, tárcsa)* pulley ; *(üresen futó)* idler ; **csésze alakú** ~ dish-pan pulley ; ~ **az ellennyomás felvételére** roller for opposing pressure ; **hengeres** ~ *(gépt)* cylindrical roller ; **hiperbolikus** ~ *(gépt)* hourglass roller ; **homorú** ~ *(gépt)* hourglass roller ; **hordó alakú** ~ *(gépt)* barrel-shaped roller ; **kettős kúpos** ~ double cone pulley ; **kúpos** ~ *(gépt)* taper roller ; **sodrott** ~

(*gépt*) spiral/wound roller; ~**kön továbbít** truckle; **vésett** ~ (*bőr*) engraved roller
görgőagy pulley/sheave boss/nave
görgőanyag (*pa*) broke
görgőasztal (*gépt*) roller table; **bevezető** ~ (*heng*) approach road; **nem emelhető** ~ (*heng*) stationary roller table
görgőbak pulley support, roller bracket
görgőfutókör (*fordítókorongnál*) live ring
görgőház pulley frame/case, block pulley
görgőjárat (*keverőgép*) edge-runner/mill, kollergang; (*koh*) *l* **görgőmalom** *is*; (*szállításra*) roll(er) table/way/bed/train; **irányváltó** ~ (*heng*) back mill table; ~ **kerete** (*hengerműben*) roller rack
görgőjárat-alapkő edge-mill bedstone
görgőjárat-kő runner
görgőkád (*pa*) breaker vat
görgőkerék truck wheel
görgőkeret (*csapóhídon*) carriage frame
görgőkocsi (*önt*) truck cart
görgőkocsis keretfűrész (*fa*) sliding-frame saw
görgőkosár (*gépt*) roller cage/separator
görgőkoszorú (*gépt*) rim of sheave/pulley
görgőkoszorús alátámasztás (*forgóhídon*) rim-bearing
görgőlábas rakodókocsi *v* **targonca** skid
görgőmalom (*koh*) edge runner, Chilean mill
görgőosztás (*gépt*) spacing of rollers
görgőpad roll table
görgőpálya roller path/raceway; (*forgózsámoly alátámasztásához*) rolling segment
görgős: ~ **adagolás** roller feeder; ~ **ajtókilincs** roller latch; ~ **áramszedő fej** trolley head; ~ **áramszedő rúd** rod collector; ~ **asztal** roller (gear) table; ~ **báb** (*gépt*) roller steady-rest; ~ **bakok** (*kazánhoz*) boiler cradle; ~ **csőtámasz** movable pipe support; ~ **csúcs** (*gépt*) anti-friction centre; ~ **csúszda** rolling slide; ~ **(dörzs)kapcsoló** (*gépt*) roller clutch; ~ **egyengetőgép** roll straightening machine, roll straightener; ~ **emelőkar** (*gépt*) roller lever/tappet; ~ **érintkezésű csukló** rolling contact joint; ~ **érintkező** (*vill*) roller contact; (*járművön*) trolley contact; ~ **felfüggesztésű ajtó** overhung door; ~ **fúrófej olajfúráshoz** roller bit; ~ **futómű** (*gépt*) roller running gear; ~ **hajtás** (*gépt*) runner and rollers; ~ **hegesztés** roller welding; ~ **hídsaru** swing bolster; ~ **hosszmérő** (*görbe vonalak hosszának mérésére*) rotameter; ~ **hűtőpad** roller cooling bed; ~ **kefe** (*vill*) brush roller; ~ **kenés** (*gépt*) roller lubrication; ~ **keverő** roller mixer; ~ **kilincsmű görgője** pawl roller; ~ **kormányműkar** steering rocker-shaft with roller; ~ **köldök** (*gépt*) roller-type follower; ~ **kötélvezető** open-roller chock; ~ **lánc** roller chain; ~ **lünetta** roller follower; ~ **nyomócsapágy** roller thrust bearing; ~ **rosta** (*bány*) roller picker; ~ **saru** (*ép*) rolling saddle; (*hídon:*) rolling contact bearing; ~ **szállítójárat** roller-type trackage, roller conveyer; ~ **szállítólánc** trolley conveyer; ~ **szelepemelő** (*gépt*) roller tappet; ~ **tábla** (*hidr*) roller gate; ~ **talpcsapágy** (*gépt*) roller thrust bearing; ~ **törés** (*bány, koh*) comminution by rolls; ~ **(varrat)-hegesztés** seam welding; ~ **vetélő** (*tex*) fly shuttle; ~ **villa** roller fork; ~ **villa csapágya** (*gépk*) roller fork bearing; ~ **villa csapja** roller fork pin; ~ **villa rugója** (*gépk*) roller fork spring; ~ **visszaterelő** roller turn; ~ **vonó szerkezet** (*mzg*) roller-type truck; ~ **zsiliptábla** (*hidr*) roller sluice
görgősaru (*hidr*) roller block; *l még* **görgős saru**
görgősarulemez roller plate
görgőscsapágy roller bearing, r. b.; **beálló kétsorú** ~ double-row self-aligning roller bearing; **egyfelé ható tárcsás** ~ single-acting roller thrust bearing; **egysorú** ~ single-row roller bearing; **homorúgörgős** ~ roller bearing with hourglass rollers; **kétsorú** ~ double-row roller bearing; **kúpos** ~ taper roller bearing; **meredek kúpszögű** ~ steep-angle taper-roller bearing; **négysorú** ~ four-row roller bearing; **osztott külső gyűrűs** ~ roller bearing with split outer race; **önbeálló kétsorú** ~ double-row self-aligning roller bearing; **rövid hengergörgős** ~ radial roller bearing; **sodrott görgős** ~ wound roller bearing; **tárcsás** ~ roller thrust bearing
görgőscsapágyas orsó roller-bearing spindle
görgőscsapágyazás roller-bearing block
görgőscsapágyazású (kötél)csiga patent block
görgőscsapágyház roller-bearing plummer block
görgősín roller path
görgősjárat *l* **görgőjárat**
görgősor roller conveyor/track/runway/bed; ~ **meleghengernél** hot-run table
görgősúrlódás roller friction
görgőtengely (*emelőn*) axle of the pulley; (*távk*) restoring/resetting roller
görgőütköző (*hajókikötésnél*) rolling fender
görgővezető tárcsa (*tex*) cam disc
görgővilla pulley fork
görgőz (*alak*) roll burnish, burnish by rolls; (*őröl; pa*) gobble, mill, sout, rumble
görgőzöttanyag-osztályozó (*pa*) half-stuff sorter
görkorcsolya roller skate
görkorcsolyapálya roller skating hall, rink
görlécgyalu reed plane
görög: ~ **betűk** (*nyomda*) Greek; ~ **oszloprend** (*ép*) Greek order
göröngy chunk of stone, clod, clump, cob, gobbet, lump, mammock; **kis** ~ nodule
göröngyös rugged, clumpy, slutted; ~ **felület** rugged surface
görredőny *l* **gördülőredőny**
gőz steam; (*gőzölgés, pára*) vapo(u)r, damp; ~ **alatt álló** under steam; ~ **áramlási irányának megfordítása** steam reversing; ~ **előmelegítése** steam preheating; ~**zel eltávolít** steam out; **fáradt** ~ exhaust steam; **friss** ~ live steam; ~**zel fűtött asztal** [*kenőgépen; gumi*] steam chest; ~**zel fűtött fűtőtest** steam-fed heater; ~**zel fűtött köpeny** steam jacket; ~**zel hajt** *v* **kezel** *v* **telít** steam; ~**zel hajtott** steam-driven; ~**t kienged** steam; ~**t kifúj** steam off; ~**t kifúvat** steam out; ~ **és levegő elegye** steam and air mixture; **megcsapolt** ~ bled steam; **nedves** ~ wet steam; ~**t rábocsát** *v* **ráad** put the steam on; **savas** ~ acid fume; **száraz** ~ dry steam; **telített** ~ saturated steam; **túlhevített** ~ superheated steam; ~**zel vizet visz a hengerbe** prime
gőzakkumulátor steam accumulator
gőzállapotban való nitrálás vapo(u)r-phase nitration
gőzálló damp/steam-proof; (*tömített*) steam-tight; ~ **tömítés** steam packing; ~ **tömszelence** steam stuffing box
gőzállóság (*tex*) damp-proofing; ~ **vizsgálata** dyed fastness to steaming test
gőzáramlás-irányváltó szelep steam-reversing valve
gőzarmatúrák (*gőzszerelvények*) steam supplies
gőz-ásógép (*mzg*) steam digger
gőzáteresztő (*tex*) permeable to vapo(u)r; ~ **képesség** water vapo(u)r permeability, vapo(u)r transmission
gőzbárka (steam) launch
gőzbebocsátás *l* **gőzbeömlés**
gőzbeeresztés *l* **gőzbeömlés**
gőzbeeresztő *l* **gőzbeömlő**
gőzbefúvásos tüzelő berendezés steam-fan furnace
gőzbefúvatás [*vízgenerátornál*] steaming
gőzbelépés admission of steam
gőzbeömlés (steam) admission; ~ **megszüntetése** steam cut-off; ~ **szakasza** zone of admission
gőzbeömlő: ~ **csap** steam cock; ~ **cső** steam inlet pipe; ~ **nyílás** steam-admission port; ~ **szekrény** inlet box; ~ **szelep** steam-admission valve; ~ **szerkezet** admission gear
gőzberendezés-szerelő *fn* steam fitter
gőzbevezetés (steam) admission
gőzbiztos steam-proof
gőzbuborék steam bubble
gőzbuborékoltató *fn* (perforated steam) spray
gőzbugyogtató *fn* steam douche
gőzburok [*kazán belső falán*] steam film
gőzcsap steam cock
gőzcséplőgép steam thrasher
gőzcső steam tube/pipe; ~ **bevezetési helye** up-steam end
gőzcsőfűtésű kemence steampipe oven
gőzcsőkígyó steampipe coil
gőzcsöves kemence steam-tube oven
gőzdaru steam crane
gőzdesztilláció steam distillation
gőzdesztilláló készülék steam still
gőzdiagram steam diagram
gőzdob steam drum
gőzdóm (steam) dome; ~ **búvónyílása** dome manhole
gőzdugattyú steam piston; ~ **rúdjára szerelt szivattyú** direct pump
gőzdugó (*üzemanyag-tápvezetékben*) vapour lock
gőz-ejektor steam ejector
gőz-ejektoros hamukiszóró steam-jet ash handling system
gőzeke steam plough
gőzellátás steam supply

gőzelosztás steam distribution
gőzelosztó : ~ **csatorna** *(vasút)* distributive main(s); ~ **szekrény** steam box; *(szelepes)* distributing valve chest; ~ **szelep** steam distribution valve; ~ **szelepfogantyú** turret valve handle; ~ **szelepház** *(mozdonyon)* (valve) turret
gőzeltávozás steam escape
gőzelvétel steam extraction; **közbenső** ~ bleeding of steam
gőzelvételes turbina steam extraction turbine, bleeder turbine
gőzelvezető cső steam discharge pipe
gőzelzárás steam cut-off
gőzelzáró : ~ **szelep** steam cut-off valve, steam stop valve; ~ **tolattyú** *v* **tolózár** steam gate valve
gőzemulziós próbával nyert érték *(ol)* demulsification value
gőzenergia steam power
gőzerő steam power
gőzerőmű steam power plant
gőzerőtelep steam(-power) plant
gőzfazék steam pot
gőzfázisú krakkolás *(ol)* vapo(u)r-phase cracking
gőzfejlesztés *(kazánban)* raising of steam
gőzfejlesztési hő steam-generating heat
gőzfejlesztő *fn* steam generator; ~ **képesség** evaporating capacity, steaming power; ~ **telep** steam plant
gőzfelhasználás fűtésre steam utilization for heating
gőz-felszállócső steam/vapo(u)r riser
gőzfelvétel steam consumption
gőzfelvevő tartály receiver
gőzfeszmérő steam ga(u)ge
gőzfeszültség *(ált)* vapour tension; *(vízgőzé:)* steam tension
gőzfeszültség-hőmérő vapour-tension thermometer
gőzfogyasztás steam consumption
gőzfőző-készülék steam-cooking apparatus
gőzfröcskölő *fn* steam spray
gőzfúvás *(gázgenerátornál)* (steam) run(ning)
gőzfúvási : ~ **szakasz** run period; ~ *(hideg)* **munkaszakasz gáza** steam-run gas
gőzfúvató rózsa steam rose
gőzfúvó csonk vapour nozzle
gőzfúvóka steam/vapo(u)r nozzle/jet; *(fagyos talaj felolvasztására; bány)* steam point
gőzfúvóka-kamra nozzle box
gőzfürdő steam bath; *(vegy)* stew
gőzfűrész (steam-)saw mill
gőzfűtés steam heating
gőzfűtésű : ~ **forrószűrő** *v* **szűrőtölcsér** steam funnel; ~ **kazán** steam-heating boiler; ~ **lepárló üst** steam still; ~ **melegítő** *(ol)* steam heater; ~ **retorta** *v* **lepárló készülék** steam-heated still; ~ **sajtolólapú prés** steam platen press; ~ **sütő kemence** steam baking oven
gőzfűtő-csőkígyó steam (heating) coil(s)
gőzfűtő-köpeny steam jacket
gőzfűtőtest steam heater
gőzgép steam engine; **egyenáramú** ~ uniflow steam engine; **egyhengeres kondenzációs** ~ single condensing steam engine; **ellennyomásos** ~ back pressure engine; **gőzelvételes** ~ extraction steam engine; **háromhengeres** ~ triple-expansion steam engine; **kettős** *v* **megosztott expanziójú** ~ double-expansion engine; **kompaund** ~ (cross) compound engine; **kompaund kipufogó** ~ compound saturated steam engine; **kompaund kondenzációs** ~ compound condensing steam engine; **megcsapolt** ~ extraction steam engine; **négyhengeres** ~ quadruple-expansion steam engine
gőzgéphajtás steam drive
gőzgéphajtású steam-driven; ~ **áramfejlesztő telep** steam-generating station; ~ **csörlő** steam winch; ~ **dugattyús fúvó** *fn* steam-piston blowing engine; ~ **felvonó gép** *v* **csörlő** steam hoist; ~ **gépkocsi** steam car; ~ **szivattyú** steam-driven pump; ~ **tápszivattyú** steam feed pump; ~ **teherkocsi** steam motor lorry; ~ **traktor** *v* **vontató** steam tractor; ~ **tűzoltó gép** *[szivattyú]* steam fire-engine; ~ **zúzó(malom)** steam stamp (mill)
gőzgéphenger : ~ **be-** *v* **kiömlő nyílása** cylinder port hole; ~ **töltése** *(százalékban)* cutoff of steam-engine cylinder
gőzgépvezérlés steam distribution
gőzgép-vezérlő tolattyú steam distributing valve
gőzgyűjtő *fn* steam chamber/dome/drum; ~ **cső** *(kazán gőzterében)* dry pipe; ~ **fedél** cover of dome
gőzhajó steam boat, steamship, steam vessel, steamer
gőzhajójárat steam line
gőzhajtású *l* **gőzgéphajtású**
gőzhenger *(ált)* steam cylinder; *(útépítésre:)* steam roller; ~ **csapadékgyűjtője** cylinder drainage receiver; ~ **töltési tényezője** coefficient of admission
gőzhengerköpeny steam-cylinder jacket
gőzhenger-olaj steam(-)cylinder oil, vapour oil; *(hajógőzgéphez)* marine engine oil
gőzhenger-tömszelence steam stuffing box
gőzhorgonycsörlő steam windlass
gőzhőmérséklet steam temperature
gőzhőtartalom *(lecsapódás előtt)* steam heat content
gőzhűtéses motor *(rep)* steam-cooled engine
gőzhűtő attemperator, steam cooler
gőzhűtő-berendezés steam-cooling device
gőzinjektor szabályozó tüskéje steam spindle
gőz-ívoltású áramszakító *(víz- v olajtöltéssel)* expansion circuit-breaker
gőzjárgány steam hauler
gőzkalander *(tex)* steam-heated calender
gőzkalapács steam hammer; ~ **alsó gőze** lifting steam of steam hammer; **egyállványos** ~ overhanging-type steam hammer; **egyszeres működésű** ~ single-acting steam hammer; **ívállványos** ~ arch-type steam hammer; **kétállványos** ~ arch-type steam hammer; **kettős működésű** ~ double-acting steam hammer; ~ **vezérlőműve** hammer valve gear
gőzkalapács-vezérlés steam-hammer gear
gőzkamra steam chamber/room
gőzkamrás vákuumbepárló calandria vacuum pan
gőzkazán (steam) generator/boiler; **belső tüzelésű** ~ integral-furnace-type (steam) boiler; **Cornwall-féle** ~ single-flue (steam) boiler, Cornish (steam) boiler; **dob nélküli** ~ uniflow boiler, once-through (steam) boiler; **elemkamrás** ~ sectional-header (steam) boiler; **ferdecsöves** ~ straight-tube (steam) boiler; **füstcsöves** ~ smoke-tube (steam) boiler; **hengeres** ~ drum (steam) boiler; **hosszdobos** ~ single-drum straight-tube (steam) boiler; **hulladékhő-hasznosító** ~ waste-heat (steam) boiler; **kényszeráramlású** ~ uniflow (steam) boiler, once-through (steam) boiler; **kényszerkeringtetésű** ~ assisted/forced circulation (steam) boiler; **külső tüzelésű** ~ external furnace-type (steam) boiler; **Lancashire-féle** ~ double-flue (steam) boiler, Lancashire (steam) boiler; **lángcsöves** ~ fire-tube (steam) boiler; **meredekcsöves** ~ stud-tube wall (steam) boiler; **osztatlan kamrás** ~ box-header (steam) boiler; **osztott kamrás** ~ sectional-header (steam) boiler; **sugárzócsöves** ~ radiant-type (steam) boiler; ~ **szerelvényei** (steam) boiler fittings; ~ **tápszivattyúja** (steam) boiler feed pump; ~ **teljesítő képessége** boiler capacity; ~ **tüzelő berendezése** steam-boiler furnace; **tüzelőcsöves** ~ single-flue (steam) boiler, Cornish (steam) boiler; **tűzszekrényes** ~ fire-box (steam) boiler, locomotive (steam) boiler; **Velox-típusú** ~ Velox (steam) boiler; **vízcsöves** ~ water-tube (steam) boiler
gőzkazánköpeny boiler case
gőzkazánlemez boiler plate
gőzkazán-napló steam log
gőzkazán-szénszemcsenagyság steam size
gőzkazán-szerelvények steam (boiler) fittings
gőzkémény vapo(u)r chimney
gőzkezelés vapo(u)r treating; *(simított papíré)* steam finish; *(betoné:)* steam-curing
gőzkiáramlás steam discharging/discharge/exhaust; *(véletlen)* steam escape
gőzkibocsátás *l* **gőzkiáramlás**
gőzkibocsátó : ~ **csonk** exhaust connecting branch/stub; ~ **cső** blast pipe; ~ **nyílás** steam-exhaust port
gőzkifúvás steam escape
gőzkígyó steam coil
gőzkiömlés *l* **gőzkiáramlás**
gőzkiömlő *l* **gőzkibocsátó**
gőzkipufogás steam exhaust
gőz-kipufogó csonk exhaust connecting branch/stub
gőzkondenzáció devaporation
gőzkonyha steam kitchen
gőzkotrógép steam digger
gőzköpenyes henger cylinder with steam jacket
gőzkúpfedél dome crown
gőzlecsapódás *(esőképződésnél)* devaporation
gőzleeresztés steam discharging
gőzlefúvatás exhaust the steam, steam discharging, blowing-off/down
gőzlefúvató szelep blow-down valve
gőzlefúvó cső blast pipe
gőz-lövettyű steam ejector
gőzmalom steam mill

gőzmanométer steam-pressure ga(u)ge
gőzmentes steam-proof
gőzmennyiségmérő *fn* steam(-)flow meter
gőzmosoda steam laundry
gőzmozdony steam locomotive
gőznaszád steam pinnace
gőznedvesség-leválasztó *fn* separator
gőznemű vaporous
gőznyomás vapour pressure *(ált, vegy)* vapour tension; *(vízgőzé:)* steam pressure; ~ **ellen szigetelt** damp-proof
gőznyomáscsökkentő *fn* steam-pressure reducer
gőznyomásesés (steam) pressure drop
gőznyomásfokozó *fn* steam intensifier/booster
gőznyomásmérő *fn* steam(-pressure) ga(u)ge
gőznyomáspróba steam-pressure test
gőznyomású szivattyú steam-pressure pump
gőzöl damp, reek, stew; *(élip, mzg, tex)* steam
gőzölés vapo(u)r treatment; *(pa)* steam(ing); *(tex)* steaming, damping; *(szöveté)* smoothing of cloth (by steaming)
gőzölgés vapo(u)rization, steaming
gőzölgési pont vaporization point
gőzölő *fn* sponger; ~ **készülék** *(vegy)* steamer; **szekrényes** ~ **kemence** chest steaming cottage
gőzölög reek, sweat, steam
gőzölőgép *(tex)* lustre shrinking machine, damping machine; *[szövetkikészítéshez]* steaming machine
gőzölögtető *fn* vaporator
gőzölőkamra steaming chamber
gőzölőkazán *(tex)* boiling kier
gőzölős tisztítógép *(tex)* steaming and brushing machine
gőzölő-szárítókamra *(tex)* ageing machine, ager
gőzölőtartály damping vat
gőzölőtelep steaming plant
gőzölt *(fa)* steamed
gőzös *mn* vaporous; *fn* steamer; *l még* **gőzhajó**
gőzpárna steam cushion
gőzpárolgás *l* **gőzölgés**
gőzporlasztó *fn* steam sprayer/atomizer/vaporizer
gőzpöröly steam hammer; *l még* **gőzkalapács**
gőzprés steam press
gőzpuffer steam cushion
gőzregulátor steam regulator
gőzréteg *(vékony)* steam film
gőzsíp steam whistle
gőzsíp-hangterelő *fn* whistle shield
gőzsterilizátor steam sterilizer
gőzsugár steam jet
gőzsugaras homokfúvó steam-jet sand blast
gőzsugárelszívó *fn* steam-jet exhaustor
gőzsugár-folyadék szivattyú steam-ejector pump
gőzsugárfúvó *fn* steam-jet blower
gőzsugárhajtású vízszivattyú *(mozdonyon)* Giffard injector
gőzsugárkeverő *fn* steam-mixing jet
gőzsugárkúp steam jet cone
gőzsugár-légszivattyú steam-jet air pump
gőzsugárporlasztó *fn* steam-jet atomizer/sprayer
gőzsugárszivattyú (steam) ejector pump, steam-jet pump; ~ **hajófenék kiszivattyúzásához** steam-jet bilge pump
gőzsugár-(táp)szivattyú steam injector
gőzszabályozó *fn* steam regulator; ~ **emeltyű** throttle lever; ~ **ívemeltyű** throttle quadrant; ~ **mozgatórúdja** throttle reach rod; ~ **orsó** steam spindle; ~ **szelep** *(vasút)* regulator (valve)
gőzszállítás steam supply
gőzszállító vezeték steam supply line
gőzszárító *fn (bőzé)* steam desaturator; water separator/trap; *(tárgyakhoz)* steam dryer/drier
gőz-szárítódob *(tex)* steam drying cylinder
gőzszelep steam valve
gőzszivattyú steam pump
gőzszükséglet steam requirement
gőztáblázat steam table
gőztároló *fn* steam accumulator/receiver, flash boiler; **változó nyomású** ~ steam-pressure accumulator
gőztárolós mozdony steam-storage locomotive
gőztartalék steam reserve
gőztéglagyár steam tilery
gőztelenít steam off
gőztér steam chamber/room/space; *(vegy)* vapour space
gőztermelés steam production
gőztermelési hő steam-generating heat
gőztisztító *fn* steam purifier; ~ **szűrő** steam strainer
gőztolattyú steam slide valve
gőztöltés admission
gőztömlő steam hose; ~ **összekötő karmantyúja** steam-hose coupling
gőztúlhevítést megszüntető készülék desuperheater
gőztúlhevítő *fn* steam superheater; ~ **kamra** superheater chamber
gőzturbina steam turbine; **akciós** ~ impulse/action/active steam turbine; **axiális** ~ axial-flow steam turbine; **egyenáramlású** ~ single-flow steam turbine; **egyházas** ~ single-case steam turbine; **ellennyomásos** ~ back-pressure steam turbine; **ellentétes áramlású** ~ double-flow steam turbine; **előkapcsolt** ~ super(im)posed/superposition steam turbine; **előremeneti** ~ *(hajó)* ahead steam turbine; **előtét** ~ superimposed/superposition steam turbine; **elvételes** ~ extraction steam turbine; **fáradtgőz-hasznosító** ~ exhaust-steam turbine; **friss és fáradt gőzzel dolgozó** ~ mixed-pressure steam turbine; **gőzelvételes** ~ extraction steam turbine; **háromfokozatú** ~ three-stage steam turbine; **háromházas** ~ three-case steam turbine; **hátrameneti** ~ *(hajó)* back/astern steam turbine; **háziüzemi** ~ house (steam) turbine; **kétházas** ~ two-case steam turbine; **kettős áramlású** ~ double-flow steam turbine; **kettős elvételes** ~ two-stage extraction steam turbine; **kis** ~ low-capacity/power steam turbine; **kisnyomású** ~ low-pressure steam turbine; **kompaund** ~ compound steam turbine; **kondenzációs** ~ condensing steam turbine; **közepes nyomású** ~ medium-pressure steam turbine; ~ **lapátkoszorúja** blade ring of steam turbine; **megcsapolt** ~ extraction steam turbine; **nagynyomású** ~ high-pressure steam turbine; **nyomásfokozatú** ~ steam turbine with pressure stages; **radiális** ~ radial-flow steam turbine; **reakciós** ~ reaction steam turbine; ~ **rendes menetsebességhez** *(hajón)* cruising turbine; **sebességfokozatú** ~ steam turbine with velocity stages; **szabályozott gőzelvételes** ~ controlled-extraction steam turbine; **többfokozatú akciós** ~ multistage action/impulse steam turbine; **többfokozatú reakciós** ~ multistage reaction steam turbine; **többházas** ~ divided steam turbine; **újrahevítéses** ~ reheat steam turbine; **vegyes rendszerű** ~ combined-flow steam turbine
gőzturbina-fúvó(gép) steam-turbine blower
gőzturbina-kenőolaj steam-turbine oil
gőzturbina-lapát steam-turbine blade
gőzturbinaolaj (steam)(-)turbine oil
gőzturbina-próbapad steam-turbine test bed
gőzturbinás mozdony steam-turbine locomotive
gőzturbokompresszor steam-turbine blower
gőzütés dash
gőzüzem steam operation/drive
gőzüzemű: ~ **berendezés** *v* **telep** steam-operated plant; ~ **cölöpverő (kos)** steam ram, steam pile driver; ~ **ejtő kalapács** steam drop hammer; ~ **homokfúvó berendezés** steam sandblaster; ~ **kanalas kotrógép** steam shovel; ~ **kátrányozó** *fn* steam pitching machine; ~ **kotró** *fn* steam dredger; ~ **kovácssajtó** steam-power forging press; ~ **sajtó** steam press; ~ **szegecselőgép** steam riveter
gőzvasalógép steam press
gőzveszteség steam waste
gőzvezeték steam conduit/line/piping; ~ **megcsapolása** steam main bleeding
gőzvezeték-szerelvények steam fittings
gőzvezető cső steam supply pipe
gőzvisszafúvás *(vízgázgenerátornál)* back run
gőzvisszatérítő csővezeték steam-return line
gőzvisszvezeték *l* **gőzvisszatérítő csővezeték**
gőz-víztelenítő *fn* steam scrubber
gőzvontatás steam traction
gőzvontató *fn* steam hauler
gőzvulkanizálás steam vulcanization
gőzzár *(porlasztóban; gépk)* vapour lock; fuel lock *(US)*
gőzzéválás vapo(u)rization; *(nem folyékony anyagé)* volatilization
gőzzsák steam pocket
graben *(földt)* trough/trenched fault
grádiens *(mat, met)* gradient; **lefelé mutató** ~ *(földt)* downward gradient; ~ **szél** *(met)* gradient/geostrophic wind; ~ **szél egyenlete** *(met)* gradient wind equation; ~ **szelvénymenti összetevője** *(földt)* profile component of gradients
Graetz-kapcsolású egyenirányító *(rád, távk)* full-wave bridge rectifier scheme
grafikai graphic(al)
grafikon graph, diagram, plot, curve
grafikonpapír plotting paper
grafikus *fn* graphic; *mn* graphic(al); ~ **analízis** graphical analysis; ~

erőösszetétel *(mech)* graphic(al) composition of forces ; ~ **számítás** graphic(al) calculation ; ~ **szemléltetés** *v* **ábrázolás** graphic(al) performance ; ~ **táblázat** graphic(al) chart
grafit *(ásv)* graphite, plumbago, pot/black(-)lead ; **földes** ~ black chalk ; **gömbszemcsés** ~ *(önt)* nodular/spheroidal/globular graphite ; **kolloid** ~ dag, colloidal graphite ; **lemezes** ~ flake/plate graphite ; **magvas** ~ temper/core graphite
grafitanód graphite anode
grafitbronz graphite bronze
grafitceruza lead pencil
grafit-ellenállás graphite resistance
grafitfekecs *(önt)* graphite blacking
grafitfém graphite metal
grafithab kish
grafitizáció graphitizing
grafitkenés black-lead lubrication
grafitkenésű : ~ **csapágy** graphite bearing ; ~ **csapágypersely** oilless bushing
grafitképződés grafitization
grafitkiválás *(koh)* graphitizing
grafitoid *(ásv)* graphitoid, graphitite
grafitos graphitic ; *(grafittartalmú)* graphitiferous ; *(grafitszerű)* graphitoidal ; ~ **faggyú** graphite grease ; ~ **kenőanyag** graphite lubricant ; ~ **kenőolaj** graphite-treated oil ; ~ **kenőzsír** graphite grease ; ~ **korrózió** *(anyagv)* graphitic softening ; ~ **nyersvas** graphitic pig iron ; ~ **rozsdavédő olajfesték** graphite paint ; ~ **szén** graphitic carbon ; ~ **víz** *(önt)* graphite water
grafitoz blacken
grafitozás *(vegy)* graphitization
grafitőrlő malom *(önt)* blacking mill
grafitpapír graphite paper
grafitpikkely dag, graphite flake
grafitpor-szuszpenzió *(kenésre) (vizes)* aquadag ; *(olajos)* oildag
grafitpormikrofon carbon powder microphone
grafitszerű graphitoidal
grafittapadék kish
grafittartalmú graphitic ; *(ásv)* graphitiferous
grafittégely graphite/plumbago crucible
grafitzsír graphite grease
grafosztatika graphostatics, graphic(al) statics
grafotípia *(nyomda)* graphotype
Graham-járat *(óra)* Graham escapement
Gram-féle : ~ *(festő)* **eljárás** *(mikroszkópiában)* Gram staining technique ; ~ **eljárással festődő** *(baktérium)* Gram positive ; ~ **eljárással nem festődő** *(baktérium)* Gram negative
gramicidin *(antibiotikum)* gramicidin
graminit *(ásv)* graminite, gramenite
gramm gram(me)
grammatit *(ásv)* *l* **tremolit**
gramm-atom *(vegy)* gram(me)-atom
Gramme-féle gyűrű(s armatúra) *(vill)* Gramme ring
grammegyenérték-súly *(vegy)* gram(me)-equivalent
Gramme-gyűrű flat ring armature
grammkalória gram(me)-calorie, small calory, cal.
gramm-molekula gram(me)-molecule
Gram-negatív *(baktérium)* Gram negative
gramofon gramophone, phonograph ; **villamos** ~ electric gramophone
gramofonadapter phono adapter
gramofoncsatlakozó *fn* *(erősítőnél)* phonograph connection
gramofonerősítő *fn* phonograph amplifier
gramofonlemez (phonograph) record
gramofontű (gramophone) needle/stylus/style ; *(eredeti hangfelvételhez)* play-back point ; ~ **sima futása** tracking ; ~ **vájata** track
Gram-pozitív *(baktérium)* Gram positive
granália shot
gránát *(ásv)* garnet
gránát(csiszoló)papír garnet paper
gránátpapír granate
grand-prix-kocsi *(gépk)* formula car, grand prix car
grängesit *(ásv)* grängesite
gránit *(földt)* granite ; **bázikus** ~ alkaline granite ; **bomlott** ~ after granite
gránit-burkolókocka pitcher
gránitdara *(földt)* granite-grus(h), disintegrated granite
gránitérezetű karton *(pa)* granite board
gránitkocka granite set
gránitlap *v* **-lemez** *(ép)* granite slab ; *(pa)* jaspe board
gránitmurva granite-gruss
gránitmurvás altalaj granitic subsoil
gránitos granitoid
gránitporfír *(kőz)* granite-porphyry
gránitszerű granitoid ; ~ **műburkolás** *(ép)* granitic finish
gránittörmelék growan
gránitzúzalékműkő *(ép)* granolith
granodizálás granodizing
granofír *(ásv)* granophyre
granulál granulate ; *l még* **szemcséz**
granulálás granulation, graining, closely-spaced fracturing ; *l még* **szemcsézés**
granuláló berendezés granulator
granulált granular ; *l még* **szemcsézett** *és* **szemcsés** ; ~ **salaktégla** granulated-slag brick
granulátor grainer ; *l még* **szemcséző**
granulit *(földt)* granulit
granulometrikus elemzés sizing test, grading/granulometric analysis
granum (0,0648 *g*) grain
graptolitok *(földt)* graptolites, graptozoa
grauwacke *(földt)* smoke/gry wacke, greywacke
graviméter gravi(to)meter ; **nem asztatikus típusú** ~ stable type of gravimeter ; **örvényárammal csillapított** ~ eddy-current damped gravimeter ; **villamos mérő berendezésű** ~ electric ga(u)ge type gravimeter
gravimetria gravimetry
gravimetriás elemzés gravimetric analysis
graviroz engrave, etch, hob, chase
gravírozás engraving, etching, hobbing
gravírozó : ~ **félautomata** geometric lathe ; ~ **paraffin** etcher's wax
gravírozógép engraving machine
gravírozószerszám (en)graver, engraving tool
gravitáció *(fiz)* gravity, (force of) gravitation ; **látszólagos** ~ *(mech)* apparent gravity
gravitációs gravitational ; ~ **állandó** *(mech)* gravity constant, constant of gravitation ; ~ **anomália** gravity anomaly; ~ **beállítás** *(csill)* gravitative adjustment ; ~ **cirkuláció** *v* **körforgás** gravity circulation ; ~ **elkülönülés** gravitational differentiation ; ~ **erő** force of gravity ; ~ **erőtér** field of gravity ; ~ **etetés** *v* **adagolás** gravity feed ; ~ **forrás** *(földt)* gravity spring ; ~ **fűtési rendszer** gravity return system ; ~ **görgős szállítómű** gravity roller conveyor ; ~ **inga** *(Eötvös-inga)* field pendulum ; ~ **kenés** *(gépt)* gravity-feed lubrication ; ~ **keverő** *fn* gravity mixer ; ~ **körvonal** *(földt)* gravity contour ; ~ **rakodás** *(bány)* gravity loading ; ~ **serleges szállítólánc** gravity bucket conveyor ; ~ **sikló** *(bány)* self-acting incline ; ~ **szolgálati medence** *(hidr)* gravity tank ; ~ **terhelés** *(mech)* gravity loading ; ~ **üzemanyagtartály** fuel gravity tank ; ~ **vonzás** pull of gravity ; ~ **völgyzáró gát** *(hidr)* gravity dam
gravitál gravitate
gréder grader, blade machine ; *l még* **útgyalu**
greenockit *(ásv)* greenockite
greenovit *(ásv)* greenovite
greenwichi: ~ **középidő** *(csill)* Greenwich mean time, GMT ; ~ **polgári idő** Greenwich civil time, GCT
greizen-képződés *(föld)* greisenization
Grenet-elem *(vill)* bichromate cell
grezs *(grège ; ex)* grege (silk), no-throw silk, raw silk ; ~ **egyenletessége** *(tex)* even condition of raw silk
grezsminősítés *(tex)* grading silk
Griffith-fehér *(festék)* lithopone
Grignard-féle vegyület Grignard compound/reagent,
griqualandit *(ásv)* griqualandite
grochauit *(ásv)* grochauite
grosszulár *(ásv)* grossularite
groteszk betűtípus *(nyomda)* grotesque
grothit *(ásv)* grothite
Grove-elem Grove cell, gas battery
Grover-gyűrű *v* **tárcsa** *(gépt)* check/spring washer
grünerit *(ásv)* grunerite
Grüner-tétel *(koh)* Gruner's theorem
grünlingit *(ásv)* gruenlingite, grünlingite
grünspan *(vegy)* verdigris
guajakfa pockwood, lignum vitae
guajakol guaiacol, catechol methyl ether, o-hydroxyanisole, o-methoxyphenol
guajakolkarbonát di-guaiacol carbonate, duotal
guanajuatit *(ásv)* *l* **frenzelit**
guanidin guanidine
guanin *(vegy)* guanine, 2-aminohypoxanthine, 6-hydroxy-2-aminopurine
guanit *(ásv)* *l* **struvit**
guánó guano
guanovulit *(ásv)* guanovulite
guarinit *(ásv)* guarinite
gubacs gall
gubacscsersav *l* **csersav**
gubacsiszap *(bőr)* gall mud
gubancol *(tex)* ravel
gubó *(selyemhernyóé)* cocoon ; *(gyapoté stb)* boll ; **elpusztult hernyójú** *(gyengébb selymű)* ~ cocoon chiques ; **kettős** ~ *(tex)* d(o)upion ; **laza** ~ *(tex)* cocalon(s) ; **le nem motollálható** ~ *(tex)* pique(s) ; ~ **szálhozama** *(tex)* fibre-yield of the cocoons
gubófellazító *(tex)* cocoon opener
gubóforrazás *(tex)* cocoon boiling
gubóhéj belső rétegei *(tex)* inside layers of the cocoon
gubókócselyem *(tex)* floss silk
gubóseprűzés *(tex)* brushing, beating

gubószál *(tex)* filament; *(egyes)* brin
gubószál-átcsévélés *(tex)* croissage
gubószál-hulladék *(tex)* outer floss of the cocoon, outside layers of the cocoon
gubószál-keverés *(ütögetéssel; tex)* beating of the cocoon
gubószárítás *(tex)* cocoon drying
gubószedés *(tex)* crop of cocoons
gubótermés *(tex)* cocoon crop
gubóverés *(tex)* beating, brushing
gubóverő farkas *(tex)* cocoon opener
gubóz *(lent stb; tex)* ruffle, ripple
gubózás(i eljárás) *(lennél stb; tex)* rippling, roughing, ruffling
gubózó *(tex)* hand ripple; ~ **gerebenezőfésű** *(tex)* striking/rippling comb
gubózógép *(leniparban; tex)* striking comb
gubózópad *(tex)* rippling bench
gudron residual asphalt, cutback, maltha, semi-asphaltic flux; petroleum tar *(US)*
gudron-aszfalt brown asphalt
gugora capstan, draw beam; **kötélerőket kiegyenlítő** ~ differential capstan
gugorafej drumhead (of capstan)
Guillery-féle: ~ **ütőmű** *(anyagv)* Guillery impact machine; ~ **üvegvonalzó** *(kéménységmeghatározáshoz)* Guillery ruler
guillochálás *l* **gillosálás**
guillotine-tényező *(fényt)* guillotine factor
guitermanit *(ásv)* guitermanite
gúla *(mat)* pyramid; *(ép, gépt)* tripod, A-frame; ~ **alakú** pyramidal; ~ **alakú fedél** pyramidal roof; ~ **alakú hangszóró-tölcsér** *(rád)* pyramidal horn; ~ **alakú tető** *(ép)* pyramidal roof; **csonka** ~ truncate(d) pyramid, pyramidal frustum; **egyenes** ~ right pyramid; **ferde** ~ clinopyramid, oblique pyramid; **hatoldalú** ~ pyramid with hexagon base; **négyzetes** ~ square pyramid; ~ **oldalmagassága** slant height of pyramid; ~ **rúdja** *(geod)* mast; **szabályos** ~ regular pyramid; **szabályos csonka** ~ frustum of regular pyramid
gúlalábrögzítő csap *(geod)* anchor bolt
gúla-műszerállvány *(geod)* observing stand
gúlás betörés *(robbantófúrásnál; bány)* pyramidal cut
gúlaszerű fejtés *(bány)* pyramidal stoping
gúla-szúrótest *(anyagv)* pyramid indentor
Guldin-tétel Guldin's theorem
Guldin-tételes felületszámítás centrobaric method
gumi (India) rubber, gum; *(benzingyanta)* gum; **arab** ~ acacia gum; ~**val bevont** rubbered; ~**val bevont szövet** proof fabric; ~**val impregnált szigetelőszalag** rubber tape; ~**val szigetelt** rubber-insulated; *l még* **gumiszigetelésű**; ~ **tökéletes kötése** *(idegen anyaghoz is)* rubber union; ~ **túl korai vulkanizációja elleni szer** antiscorch; ~**ból való** rubber
gumiabroncs *(gépk)* tyre *(UK)*; tire *(US)*; **acélkapaszkodós** ~ *(acélszeges, jégen való használatra)* steel studded tare; **acélfutóbetétes** ~ steel-cord tyre; **aderizált** ~ *(újramintázott, de nem futózott gumiabroncs)* regrooved tyre; **belső** ~ *(kettős keréken)* inside/inner tyre; ~ **betétje** ply; **bütykös peremű** ~ beaded tyre; ~**ot cserél** retyre; **csúszásgátló** ~ safety tyre, anti-skid tyre; **egyoldalt lekopott** ~ chafed tyre; **egyperemes** ~ single-bead tyre; **erősített** ~ fortified/reinforced tyre; **fogazott** ~ *(kapaszkodós)* studded tyre; **golyóálló** ~ shot-proof tyre, cellastic tyre; **helyreállítható** ~ treadable tyre; **kerékpár** ~ (bi)cycle tyre; **kétfutós** ~ duo tread tyre; **kétperemes** ~ dual/double-bead tyre; **kifogástalan** ~ sound tyre; **kilyukadt** ~ punctured tyre; **kipukkadt** ~ blown-out tyre; **kisnyomású** ~ low pressure tyre, balloon tyre; **kisnyomású extra nagy** ~ doughnut tyre; ~ **köpeny-betétváza** tyre carcass/carcase; **külső** ~ *(kettős keréken)* outside/outer tyre; ~ **leereszkedése** deflation; **leereszkedett** ~ collapsed/defected tyre; **légkamrás (féltömör)** ~ air-core tyre; ~**okat leszerel** *(gépk)* remove the tyres; **levágott peremű** ~ debeaded tyre; **másodrangú** ~ *(hulladékból)* clearance tyre; ~ **mérete** tyre size; **mezőgazdasági** ~ agricultural tyre; ~ **mocsaras talajra** marsh buggy tyre; **nagy légterű** ~ ballon; **nagynyomású** ~ high-pressure tyre; **nagy tapadóképességű** ~ adhesive tyre; **önjavító** ~ puncture-proof tyre; **öntömítő** ~ puncture-proof tyre; **peremes** ~ clincher/beader(-edge) tyre; **perem nélküli** ~ beadless tyre; **puha** ~ underinflated tyre; **rekeszes** ~ cellular tyre; **simafelületű** ~ smooth tyre; **simára kopott** ~ bald tyre; **sziklamászó** ~ rock tyre; **terepjáró** ~ ground-grip tyre, mud-and-snow tyre, off-the-road tyre; ~ **tömlője** tyre tube; **tömlő nélküli** ~ tubeless tyre; **tömör** ~ block/band tyre; **újrafutózott** ~ recapped/retreaded tyre; ~ **versenykocsihoz** high-speed tyre; **zajmentes** ~ silent tyre; **zömök** ~ doughnut tyre
gumiabroncs-csere *(a kocsi egyik oldaláról a másikra)* cross changing of tyres
gumiabroncs-csomagoló papír tyre-wrap paper, automobile tyre roll paper
gumiabroncs-futófelület protector
gumiabroncskészlet *(gépk)* tyre equipment; **első** ~ initial tyre equipment
gumiabroncskopás *(gépk)* tyre wear
gumiabroncsköpeny *(gépk)* tyre cover/shoe
gumiabroncsméret *(gépk)* tyre dimension/size
gumiabroncsnyomás *(gépk)* inflation-pressure; **túl kis** ~ underinflation
gumiabroncsos vontató *(gépk)* tractor with tyred wheels
gumiabroncsragasztó *fn* glue jointer
gumiabroncsszerelő: ~ **vas** tyre lifter; ~ **villa** tyre fork
gumiabroncstöltő palack tyre-filling bottle
gumiabroncstömlő *(gépk)* inner tube
gumiabroncs-tömlővédő szalag tube flap
gumiabroncs-végszövet *(perem sarkán, a tárcsával való érintkezés helyén; gépk)* tyre chafing strip
gumiadag *(egyszerre ill. együtt kezelt mennyiség)* batch
gumiágy *(gépk)* rubber block
gumialátét rubber washer
gumianyag rubber matter; ~ **gumicipőhulladékból** footwear reclaim; **peremben alkalmazott** ~ *(gépk)* bead filler
gumiarábikum acacia gum
gumibaba *(gumi)* dolly
gumibaba-levágó kés *(gumi)* scraper blade
gumiballon rubber bulb
gumibélyegző rubber stamp
gumibeszövéses: ~ **keskenyáru** *(tex)* garter webbing; ~ **szövet** *(tex)* elastic webbing
gumibetét rubber core, squeegee
gumibetétes: ~ **kalander** squeegee calander; ~ **magas szárú cipő** elastic boot
gumibevonat rubber coating/covering/lining; *(ép)* skim coat, rubber case
gumibevonatú rubber-covered/sheathed, rubber-coated, gummed
gumiborítás *l* **gumibevonat**
gumiburkolat *l* **gumibevonat**
gumicipőgyártó gépek machines for the manufacture of rubber footwear
gumicsapágy rubber bearing
gumicsapágypersely rubber bush
gumicsigatömlő spiral rubber hose
gumicsomag *(gumi)* batch
gumicső rubber hose/tube/tubing
gumicsővezeték cab-tyre sheathing
gumicsukló rubber coupling
gumidagasztó *(gumi)* banbury
gumidefekt *(gépk)* puncture
gumidörzsölődés *[rossz kerékbeállítás folytán; gépk]* tyre scrubbing
gumidugó rubber plug/stopper; *(nagy)* rubber bung; *(láncvédőn; mkpár)* rubber grommet
gumiékszíj rubber V-belt
gumifacsapoló folyóka talang
gumifanedv-csapoló csésze rubber-collecting cup
gumi-felerősítés *[különleges töltőanyagokkal]* reinforcement of rubber
gumifeloldás zárt keverőben welt mixing
gumifelragasztás *(idegen anyagra)* bonding
gumi-felsőfoltszegező gép *(cipő)* rubber heel pad attaching machine
gumifogantyú rubber handle-grip
gumifoglalat *(csapágyhoz)* bearing boot
gumifonal rubber/elastic yarn, round-elastic; **körkeresztmetszetű burkolt** ~ lastex
gumifonalas szőttárú *(tex)* elastic webbing
gumifonalvezető *(kh.)* elastic finger
gumiformadarab moulded rubber part
gumigyanta rubber resin
gumigyártmányok: **egészségügyi** ~ druggist's/rubber sundries
gumigyűrű rubber ring; **védő** ~ *(szivattyún)* ear muffs
gumihajtószíj rubber belt
gumiharisnya surgical hosiery
gumiharmonika *(gépk)* rubber boot *(US)*; **gumiharmonikához való leszorító szalag** rubber boot strap
gumihenger rubber(-covered) roll; *(írógépé)* rubber cylinder
gumihengerszék rubber sheeter (mill)
gumiheveder *(gépt)* rubber belting
gumihulladék rubber trimming
gumiipari: ~ **gépek** rubber machinery; ~ **hengerszék** rubber mill
gumikábel rubber cable
gumikalapács rubber mallet
gumikarika konzerves üvegekhez rubber

ring for preserve glasses
gumikenőoldat rubber dough
gumikesztyű rubber glove
gumikeverék rubber composition/mix ; ~ **adalékanyaga** rubber compounding ingredient ; ~ **levágása hengerről lemezekben** batching off ; **töltött** ~ charged rubber
gumikeverék-készítés rubber compounding
gumiklisé stereo rubber
gumikorong rubber disc ; *(alátét)* rubber washer
gumiköpeny *(gépk)* tyre casing ; ~ **belső vászonfelülete** casing liner ; ~ **futófelülete** shoe
gumiköpenyjavító folt *(gépk)* cover patch
gumiköpenyperem tyre casing bead ; ~ **huzalgyűrűje** *(gépk)* wire hoop
gumikötél-rugózás *(futóműben ; rep)* rubber-cord shoock absorber
gumilábszőnyeg rubber mat
gumilakk gum lac
gumiláncfonal-felvető *(tex)* rubber warper
gumilap rubber plate
gumilégpárna rubber air ring/cushion
gumilemez slab/sheet rubber, rubber sheet/slab
gumilemezelés *(alátétlemez és síntalp közt ; vasút)* rubber packings
gumilencse *(fényk)* zoom lens
gumilepel *(gumi)* cut sheet
gumilevevő henger *(pa)* baby rubber-covered press
gumilökhárító rubber shock absorber
gumimásolás *(fényk)* gum printing
gumimotor *(repülőmodellhez)* rubber motor
guminövény rubber plant
gumioldat *(gumijavításhoz)* rubber solution, tyre-repair cement ; **sűrű, viszkózus** ~ dough
gumi-ólomkábel lead covered rubber cable
gumipadló rubber floor (cover)
gumipadló-lap rubber tile
gumipapír rubberized paper
gumiperem *(gépk)* clincher
gumiperemes gumiabroncs *(gépk)* clincher tyre
gumiperselyes csapágy *(gépk)* rubber-bush(ed) bearing
gumipogácsa biscuit of rubber
gumipólya rubber bandage
gumipótanyag rubber substitute
gumiragasztás hideg folttal *(gépk)* cold patching
gumiragasztó *fn* rubber cement ; ~ **oldat** rubber solution/cement/adhesive
gumirétegkenő kés *(gumi)* doctor (knife)
gumirög rubber lump
gumirövidáru druggist rubber sundries
gumirugó rubber spring
gumirugó-ütköző rubber spring buffer
gumirugózás *(gépt)* rubber bumper ; *(gépk)* rubber suspension
gumisapka rubber cap
gumisarok *(cipő)* rubber heel
gumisarok-felsőfoltszegező gép *(cipő)* rubber heel pad attaching machine
gumisírás *(kanyarban ; gépk)* tyre screaming
gumis szövetáruk *(tex)* textile-rubber composites
gumiszakító gép *(anyagv)* rubber testing machine
gumiszál rubber strip
gumiszalag rubber/elastic band, tie gum, elastic tape/strip
gumiszalagkalander strip calander
gumiszárú tömlőszelep *(gépk)* rubber-stemmed valve
gumiszegély *(gépk)* rubber beading ; **üreges** ~ *(kéder; gépk)* hollow rubber beading
gumiszegélyes zokni *(kh)* slack hose
gumiszelep *(gumi szelepszárral ; gépk)* rubber valve
gumiszerelő vas *(gépk)* tyre remover ; *l még* **köpenyszerelő vas**
gumiszigetelés *(vill)* rubber insulation ; ~ **egyetemes fogókhoz** insulated handle for combination pliers
gumiszigetelésű (India) rubber insulated, i. r. i.; ~ **és befont** *(vill)* rubber-covered, braided, r. c. b.; ~ **fémszitaszövetvezeték** rubber insulated ga(u)ze ; ~ **huzal** India rubber wire ; ~ **kábel** rubber-covered/-insulated cable ; ~ **és kétszer befont** *(vill)* rubber-covered double braided, r. c. d. b.; ~ **vezeték** rubber(-insulated) conductor
gumiszivacs foamed latex, air-foam rubber ; ~ **sarokvédő** sponge-rubber pad
gumiszopóka *(cucli)* rubber teat
gumiszőnyeg rubber mat(ting) ; *(gépk)* rubber floor covering
gumiszövet *(tex)* rubber fabric
gumitalp *(cipő)* rubber sole
gumitalplemez rubber soling sheet
gumitárcsa rubber washer
gumitárcsás csukló rubber universal joint
gumitej latex
gumitejhab latex froth
gumitekercs bank of rubber
gumítlanít ungum
gumitömítés rubber packing/seal, rubber gasket
gumitömlő rubber hose ; **vörös** ~ antimonial tube
gumitömlő-felfúvó *fn* *(gépk)* inflator
gumitömlős kábelszigetelés *(gépk)* rubber sheathing
gumitömlőszorító *(pa)* pinchcock
gumitömlő-vulkanizáló forma *(gumi)* bag mould
gumiütköző *fn* rubber bumper ; *(csap)* rubber stud
gumiütközős szerelés *(gépt)* rubber-buffer mounting
gumivászon *(tex)* rubber blanket
gumivulkanizálás curing/vulkanization of rubber
gumiz rubberize ; *(tex)* proof
gumizaj *(gépk)* tyre noise
gumizás rubber coating/covering, gumming
gumizatlan papír ungummed paper
gumizógép *(pa)* machine for gumming, gumming/starching machine
gumizott rubbered ; *(pa)* gummed ; *(tex)* proofed ; ~ **boríték** *(pa)* adhesive envelope ; ~ **papír** gummed paper ; ~ **pecsétpapír** sealing-tape paper ; ~ **szigetelőszalag** rubber friction tape ; ~ **szövet** *(tex)* rubber(-coated/covered) cloth ; ~ **vászon** friction cloth ; ~ **vászoncikk** rubber and canvas article ; ~ **vászontömlő** rubber canvas hose
gumizsinór *(táv)* rubber-insulated cord ; **lökéshárító** ~ *(rep)* rubber shock-chord
gummigutti gambodge, gamboge
gummit *(ásv)* gummite
gumó *(csomó)* node, knoll, clove, bulb ; *(gyökérgumó)* root
gumócsírázásgátló *fn* *(mzg)* sprout inhibitor
Gunter-féle mérőlánc Gunter's chain
gurgulázás *(frekvenciamodulációs zavar ; rád)* spitting
gurhofián *(ásv)* gurhofian, gurhofite
gurít roll ; *(ércet csillébe ; bány)* draw ; *(kőzetre)* cog
gurítható görgőasztal travel(l)ing roller table
gurító *(vasút)* shoot, shank, plane, bank ; *l még* **gurítódomb** ; *(bány)* (up)raise, (raise) chute, pull hole, jackshaft ; ~ **berendezés** *(vasút)* running down plant ; ~ **döntőgarat garatos művelésnél** *(bány)* milling pit; ~ **(emelkedő) vége** *(bány)* end raise ; ~ **körszeletes elzárója** *(bány)* circular chute door ; ~ **művelés** *(bány)* branch raise
gurítódomb *(vasút)* bank, hump
gurítódombos rendező pályaudvar *(vasút)* hump yard
gurítógarat *(bány)* chute mouth
gurítóhajtás *(bány)* raise work
gurítókötél *[hordófelhúzáshoz]* parbuckle
gurítólejtő *(törmelék számára ; bány)* mullock chute
gurítóőrhely *(vasút)* humproom
gurítótelep *(bány)* gravity yard
gurítóvágány feje *v* **felső síkja** *(vasút)* bank head
gurítózik *(szenet)* buck
gurkráma *(bevont ráma ; cipőn)* beadings
gurtni *(heveder)* strap
gurulás : ~ **kiemelt tengelykapcsolóval** *v* **elzárt gyújtással** *v* **lejtős** ~ *(gépk)* coasting ; *(rep)* taxiing ; ~ **okozta terhelés** *(rep)* taxiing load
gurulási : ~ **határ** *(rep)* taxi-holding position *v* post ; ~ **nyomvonal** *(rep)* taxi lane
guruló rakomány *(hajó)* rolling load
gurulóasztal *(fa)* roller gear table
gurulómezőny *(rep)* neutral zone, movement area
gurulómezőny-forgalom *(rep)* airport surface traffic
gurulópálya *(rep)* taxi strip, taxiway
gurulópálya-fények *(rep)* taxi-track lights
gurulópályarend *(rep)* taxi pattern
gurulópálya-szegély fény *(rep)* taxi-guidance light
gurulópályatengely jelzése *(rep)* taxiway longitudinal marking
gurulópálya-várakozóhely *(rep)* taxi-holding position/post
gurulópálya-világítás *(rep)* taxiway lights
gurulósebesség *(rep)* taxiing velocity
gurulóülés *(evezőscsónakon)* slide ; ~ **sínje** *(csónakban)* runner
Gusztáv-márvány *(pa)* cocoa marble
guttapercsa gutta(-)percha
guvríroz *(tex)* fuller, gauffer
guvrírozó : ~ **kalander** *(tex)* gauffer calender ; ~ **mintahenger** *(tex)* fuller
guzsaly *(tex)* distaff
gúzsbak thole
gvajakfa *stb* *l* **guajakfa** *stb*

Gy

gyakoriság periodicity, frequency
gyakoriságeloszlási görbe *(mat)* frequency curve
gyakorisági : ~ **eloszlás** *l* ~ **megoszlás** ; ~ **görbe** *(mat)* probability frequency curve ; ~ **megoszlás** *(statisztikai értékeknél)* frequency distribution ; ~ **sokszög** frequency polygon
gyakorlás *(rep)* training
gyakorlat routine
gyakorlati practical ; *(tapasztalati)* empiric(al) ; *(valós)* real ; ~ **csúcsmagasság** *(rep)* service ceiling ; ~ **egység** practical unit ; ~ **hatótávolság** *(utasszállító repülőgépnél)* commercial range ; ~ **mértékegység** practical unit; ~ **mértékrendszer** practical (unit) system ; ~ **szabály** rule of thumb ; ~ **tudás** practical knowledge, know-how
gyakorlatlan untrained, unskilled, inexperienced
gyakorlatlanság inexperience
gyakorló : ~ **lövedék** practice shell ; ~ **repülés** training flight ; ~ **repülőgép** trainer ; *(iskolagép)* primary training aeroplane ; *(továbbképző gép)* basic training aeroplane ; ~ **vitorlázó repülőgép** secondary type slider
gyakorlófegyver-cső aiming tube
gyakorlott trained, skilled, practized, proficient ; ~ **mérőcsoport** *(távk)* trained crew ; ~ **munkaerő** *v* **munkás** skilled labo(u)r(er)
gyakorlottság routine
gyakorlottsági tényező *(távk)* practice/crew factor
gyalog-alagút footway tunnel
gyalogátkelő hely *(úttesten)* pedestrian crossing
gyalogeke foot-plough
gyalogfelüljáró raised footway
gyaloghíd footbridge, pathway ; *(futódarué)* foot-path platform ; *(hidr)* access board ; **keskeny** ~ footbridge
gyalogjárda footwalk, pavement, footway ; *(hidon)* side path, sidewalk ; ~ **hossztartója** *(hidon)* walking-way girder
gyalogjáró *(gyalogos)* pedestrian, foot passenger ; *(út)* *l* **gyalogjárda** ; ~ **vágat** *(bány)* walking thread
gyalogjáró- pedestrian
gyalogjárókonzol *(hidon)* cantilever for footway
gyalogjáró-tartó *(hidon)* parapet girder
gyalogjáró-védőkorlát curb girder
gyalogos *mn, fn* pedestrian ; ~ **átkelő hely** *(úttesten)* pedestrian crossing place, foot-crossing ; ~**forgalom szabályozása** pedestrian control
gyalogösvény pathway
gyalogsági csizma Wellington marching boot
gyalogút *(utcai)* footway, alley, walkway, trail, pad
gyalomháló seine
gyalu *(fa)* plane ; *(forg)* *l* **gyalugép** ; ~ **domború hengerfelületek gyalulására** forkstaff plane ; ~ **fecskefarkhorony megmunkálására** dovetail box plane ; **fémvázas** ~ *(gyalufejhez előretolt késsel)* bullnose plane ; ~**val simít** *(fa)* try up ; **univerzális** ~ bench plane
gyaluasztalhajtás *(forg)* planer table drive ; **spirálfogaskerekes** ~ Sellers' drive for planers
gyaluéklyuk *v* **-nyílás** *(fa)* mouth of the plane
gyalufej *(forg)* ram
gyalufejemelés *(forg)* ram/head elevating
gyalufejrögzítés *(forg)* ram/head clamping
gyaluforgács *(fa)* abatement, (wood-) shavings ; *(pa)* garnings
gyaluforgács-elszívó *fn* shaving exhauster
gyalugép *(fa, forg)* planer ; *l* **még harántgyalu, hosszgyalu** ; **álló asztalos** ~ *(forg)* travelling-head planer ; **csigahajtású** ~ *(forg)* spiral-geared planer ; **egyállványos** ~ open-side planer, single-standard planer ; **egyengető** *(fa)* surface-planing machine ; **fali** ~ *(forg)* wall planer ; **fogaskerékhajtású** ~ *(forg)* spur-geared planer ; **függőleges** ~ *(forg)* vertical planer ; ~ **hengeres felület gyalulására** cylinder planer ; **hidraulikus hajtású** ~ *(forg)* hydraulic planer ; **irányváltó motorhajtású** ~ *(forg)* reversing-motor planer ; **kétállványos** ~ double-standard planer ; **kovácsdarabokat nagyoló** ~ forge planer ; **marórendszerű** ~ *(forg)* rotary planer ; **mozgó-gyalufejes** ~ *(forg)* travelling-head planer ; **nagyoló** ~ *(fa)* rough planer ; **süllyesztett** ~ *(forg)* pit planer ; ~ **süllyeszthető asztallal** pit planer ; ~ **tárgybefogója** *v* **tokmánya** planer chuck ; ~ **ütközője** planer dog; **vastagsági** ~ *(fa)* thicknessing machine ; **villamoshajtású** ~ *(forg)* electric planer ; **zárt** ~ *(keskeny munkadarabok megmunkálására)* closed planer
gyalugép-emelő szerkezet *(tárgyak felállításához a gyaluasztalra)* planer jack
gyalugépkés: biztonsági ~ *(fa)* thin planing-machine knife ; **rövid** ~ chipping iron ; **vastagsági** ~ planing and thicknessing machine knife
gyaluképes faminőség planing quality
gyalukés *(fa)* bit, plane knife ; *(forg)* planer/planing tool ; **balos** ~ left-hand planing tool ; **beszúró** ~ recessing planing tool ; **egyenes** ~ straight planing tool ; **hajlított** ~ bent planing tool ; **hegyes** ~ diamond-point planing tool ; **jobbos** ~ right-hand planing tool ; **könyökös** ~ spring/swan-neck planing tool ; **nagyoló** ~ roughing planing tool ; **oldalazó** ~ side planing tool ; **simító** ~ finishing planing tool ; **széles** ~ round-nose(d) planing tool
gyalukésbefogó tömb *(gyalugépen)* abutment tool block
gyalukésélező gép grinding machine for plane irons
gyalukés-előtolástartomány *(forg)* planing feed range
gyalukés-fedővas cover iron
gyalukésköszörülő gép knife grinder, grinding machine for plane irons
gyalukésméret *(szabványos)* bit ga(u)ge
gyalukésszán *(forg)* planing-tool carriage
gyalukés-ütköző *fn* bit stop
gyalukészülék *(forg)* planing jig ; *(harántgyalun)* shaping jig ; *(nagy méretű)* planing fixture
gyalul *(fa)* plane, surface, dress, finish, trim ; *(harántgyalun ; forg)* shape ; *(hosszgyalun ; forg)* plane ; *(vertikálgyalun ; forg)* slot ; **pontosan síkban** ~ *(fa)* plane dead-true ; **simára** ~ *(fa)* planish ; **uborkát** ~ slice cucumber
gyalulás *l* **gyalul** ; **pontos méretre** ~ *(fa)* fine dimension planing
gyalulatlan *(„szőrös"; faanyag)* undressed, bearded ; ~ **deszka** rough board
gyalulóvágás planing cut
gyalult planed ; ~ **faanyag** planed timber ; ~ **faáru** flooring
gyalunyílás *(gyalutestben)* plane hole
gyalupad planing/carpenter's bench ; ~ **állványa** *v* **talapzata** support stock
gyalupad-előcsavar short wood bench screw
gyalupad-hátsócsavar long wood bench screw
gyalupad-üllő bench anvil, bickern
gyalupadvas bench dog
gyalus *(munkás)* planer
gyalusebességtartomány *(forg)* planing speed range
gyaluszerszám planer tool
gyalutest *(kézi gyalun)* plane-wood ; *(forg)* plane block

gyalutok plane-wood, stock
gyaluüzem *(fa)* planing mill
gyaluvas *(fa)* bit, frog, plane knife; ~ **fedőlemeze** (plane) back iron
gyaluvéső carpenter's smoothing chisel
gyám *(bány)* rance, stanchion ; *(ép)* shoulder, prop, footstone, strut ; *(gépt)* stay, bracket ; ~ **és talp-(gerenda)** *(bány)* prop and sill ; **ferde** ~ *(gépt)* angle bracket
gyámboltív *(ép)* arch buttress
gyámcsap *(gépt)* vertical journal
gyámcsavar screwed stay bolt
gyámdeszka *(bány)* strutting board
gyámfa *l* **gyám, támfa**
gyámfal countermure, abutment, shouldered/substaining wall
gyámgerenda propwood ; *(bány)* prop and sill *(ép)* supported girder
gyámív *(ép)* arch buttress
gyámívtámasz *(ép)* flying arch buttress
gyám(kő) corbel ; *(tartó v fedélszék alatt)* padstone
gyámkőtartó *(ép)* bracket support
gyámkötés *(fa)* abutment
gyámlyuk *(támfa részére bány)* post hitch
gyámlyukásó *fn (bány)* hitch cutter
gyámlyukrúd *(bány)* tram pushing device
gyámolít *(ép)* rance, sustain, support
gyámolított *(ép)* sustained, supported ; ~ **fal** *(ép)* buttressed wall ; ~ **lépcső** *(ép)* supported stair
gyámoszlop *(bány)* buttress ; *(ép)* back leg, abutment, supporting strut
gyámpárkány *(ép)* bracket
gyámpillér *(ép) l* **gyámoszlop**
gyámpillérkő *(ép)* abutment stone
gyámpont *(ép)* abutment
gyámrés *(bány)* hitch
gyámrésel *(bány)* notch
gyámtartó *(ép)* bracket ; **kettős** ~ double bracket ; **kisebb** ~ *(ép)* bragger
gyanta resin ; *(terpentin desztillációs terméke, kolofónium)* rosin ; *(ragadós)* gum ; **benzinben képződhető** ~ potential gum ; **benzinben képződött** ~ preformed gum ; **kikeményített** ~ cured resin ; **lágyított** ~ plasticized resin ; **megkeményedett** ~ cured resin; **savas** ~ *(fa)* acid tar
gyantaaminok resinamines
gyantacsapolás resin tapping
gyantadús *(fa)* firry
gyantaégető *fn* colophony/resin burner
gyantaenyv rosin size
gyantafény *(ásv)* resinous lustre
gyanta-írezés *(tex)* resin sizing
gyantajárat *(fában)* resin duct/canal
gyantaképződés *(benzinben)* gum formation
gyantakiválás *(pa)* pitch formation
gyantanehézség *(pa)* pitch troubles
gyantaolaj resin oil
gyantaolvasztás baking of resin
gyantaolvasztó *fn* resin burner
gyantapogácsa resin cake
gyantaragasztó *fn* rosin mastic
gyantás resin(ace)ous ; ~ **enyvezés** *v* **írezés** rosin sizing ; ~ **ólomtapasz** resin plaster ; ~ **tapasz** plaster of colophony ; ~ **táska** *(fában)* resin duct/canal
gyantasav resin(ic)/colophonic acid ; ~ **sója** resinate
gyantasavas : ~ **alumínium** aluminium resinate ; ~ **só** resinate
gyantásodás resinification; *(ol)* gumming
gyantásodó *(benzin)* gummy, gumming
gyantaszappan resin-soap, rosin(ate) soap
gyantaszerű resin(ace)ous, resinoid ; ~ **anyagok** resinous substances
gyantaszurok rosin pitch
gyantatartalmú resin(ace)ous, firry ; **dús** ~ higly resinous
gyantatáska *(fa)* pitch pocket, resin gall
gyantatej resin-milk ; *(pa)* size milk
gyantátlanított *[kaucsuk]* deresinated
gyantavillamosság *(negatív)* resinous electricity
gyantazseb *(fa)* pitch pocket
gyapjas woolly ; *(bőr)* fleecy ; *(igen finoman szőrös)* lanate, lanuginose, lanuginous ; *(szőrzet ; bot)* lanate(d) ; *(tex)* nappy ; ~ **bőr** fleece, wool-felt, pelt wool ; ~ **szőr** *(prémbőré)* underhair
gyapjasítás *(tex)* napping
gyapjatlanítás *(juhbőré)* dewoolling, wool pulling
gyapjú wool ; *(szőrzet)* fell ; ~ **hamutartalma** ash contents of wool ; **hibás színű** *v* **elszíneződött** ~ *(tex)* discolo(u)red wool ; **íveltség és rugalmasság nélküli** ~ *(majdnem egyenes szálú)* broad wool ; ~ **kézifonáshoz** fingering; **koloncos** ~ dung bits ; ~ **kötöttáruk** knitted wool fabrics ; ~ **nemezelhetősége** *(tex)* power of the wool to felt, felting power of wool ; **rosszul nemezelődő, közepes szálhosszúságú** ~ *(kötöfonal gyártására; tex)* down wool; **silány** ~ cast (wool) ; **sovány** ~ hungry wool ; ~ **szárítónemez** *(pa)* drier felt made of wool ; **szennyezésmentes** ~ clean wool ; **tépett** ~ artificial wool ; ~**ból való** wool(l)en
gyapjú- wool(l)en
gyapjúáru *(tex)* woollen cloth/fabrik ; *(nehéz, köpenyanyag)* cloaking
gyapjúbála wool pack
gyapjúbálasajtó dumping press
gyapjúbélés *(tex)* fleece lining
gyapjúbontó gép *(tex)* wool opener
gyapjúbundakészítő gép *(tex)* batting machine
gyapjúbundaosztályozó asztal *(tex)* classer's table
gyapjúcérnázás *(tex)* wool twisting
gyapjúdelén *(tex)* delaine (wool)
gyapjú-ebszőr *(tex)* kemp(y) hair(s)
gyapjú-epidermisz-sejt scale of the wool fibre
gyapjúfehérítés *(tex)* wool bleaching ; ~ **kéngőzzel** *(tex)* stoving
gyapjúfehérítő *(munkás)* wool bleacher
gyapjúfeldolgozó ipar wool manufacturing/textile industry
gyapjúfésülés *(tex)* combing of wool
gyapjúfonal *(tex)* wool thread/yarn ; ~ **kötöttárukhoz** *(tex)* Scotch fingering
gyapjúfonó : ~ **gép** *(önműködő)* wool-spinning mule ; ~ **gyár** wool spinning factory
gyapjúfürt flock (of wool), lock (of wool) ; **szennyes** ~ daglock wool
gyapjúhozam wool yield, output of shearing ; *(mosásnál)* clean content
gyapjúhulladék *(tex)* shoddy ; *(gyapjúrongyok)* wool rags ; *(fésülésnél)* noil; *(kárpitozáshoz)* flock ; **olajos** ~ *(tex)* creash
gyapjúhullámosságmérő *(tex)* crimp ga(u)ge
gyapjúíveltség *(tex)* curl crimps of the wool fibre ; ~**et mér** *(tex)* measure the crimps of the wool fibre
gyapjúíveltségmérő készülék *(tex)* curl ga(u)ge
gyapjúizzadmány *(tex)* yolk ; *l még* **gyapjúzsír**
gyapjúkallózó műhely *(tex)* wool-beating mill
gyapjúkarbonizálás *(tex)* carbonization of wool
gyapjúkártolás *(tex)* carding (of) wool
gyapjúkártolási hulladék fud
gyapjúkártoló (gép) *(tex)* wool-card
gyapjúkészlet wool stock
gyapjúkeverés *(tex)* blending wool
gyapjúkeverő : ~ **lazítógép** *(tex)* mixing picker ; ~ **munkás** wool blender
gyapjúkoloncok clottings of the wool
gyapjúkosár *(tex)* wool skep
gyapjúköteg *(tex)* pad
gyapjúlazító gép *(tex)* wool opener
gyapjúlemez *(pa)* felted woolen board
gyapjúlenyírás juhbőrről *(timárgyapjú nyerésénél ; tex)* fellmongering
gyapjúmennyiség *(egyszerre lenyírt ; tex)* clip
gyapjúminőség class of wool
gyapjúmosás *(tex)* scouring/decreasing wool, wool scouring ; ~ **hűtéssel** scouring refrigeration system
gyapjúmosó : ~ **gép** *(tex)* wool scouring/washing machine, wool washer ; ~ **gép kiemelő szerkezete** lifter ; ~ **üzem** *(tex)* scouring plant
gyapjúnemez (wool) felt
gyapjúnemezel(őd)és *(tex)* wool felting, felting of wool
gyapjúnemez-lemez *(pa)* felted woollen board
gyapjúnyiradék clipping
gyapjúnyírás *(tex)* sheep shearing ; *(juhbőrről)* fellmongery, fellmongering ; ~ **idejétől függő minőség** seasonal nature of wool
gyapjúnyíró : ~ **gép** sheep shearing machine ; ~ **olló** *(tex)* clippers
gyapjúosztályozás *(tex)* wool classing ; ~ **és -minősítés** sorting and grading the wool
gyapjúosztályozási : ~ **rendszer** wool classing system ; *(amerikai)* blood system
gyapjúpapír wool(len) paper
gyapjúpászma *(bundában ; tex)* staple ; ~**koloncos részei** *(rongyosztályozásnál)* skirting
gyapjúpikkely scale of the wool fibre
gyapjúportalanítás *(tex)* dusting/beating the wool
gyapjúrongy(ok) *(tex)* wool rag(s)
gyapjúsávoly *(tex)* cashmere twill
gyapjúszál *(tex)* wool fibre ; ~**ak épsége** soundness of the wool fibre ; **nagyon rövid** ~ flock
gyapjúszárító (gép) *(tex)* raw stock wool dryer, fugal ; ~ **keret** *(tex)* wool frame tenter
gyapjú-szelfaktor *(tex)* wool mule, wool-spinning mule
gyapjúszerű fleecy
gyapjúszínezés *(tex)* wool dyeing ; ~ **laza állapotban** *v* **szálban** loose, wool dyeing
gyapjúszínező gép *(tex)* wool dyeing machine ; ~ **szálban** loose wool dyeing machine
gyapjúszövet *(tex)* wool cloth ; *(angol)* cover(t) coat(ing)/cloth ; *(skót)* cheviot ; *(nehéz)* coating ; **hibásan festett** ~ **újrafestése** cobbling ; **puha nyíratlan fonákú** ~ balk back

gyapjúszövetkabát *(vízhatlan)* barrett
gyapjúszövetvágó és -hajtogató gép rigging and folding machine
gyapjúszövő *(tex)* woollen stuff weaver, wool weaver
gyapjúszükséglet *(tex)* wool consumption
gyapjútakaró *(pléd)* plaid ; **durva ~** rug
gyapjútépés *(tex)* deviling
gyapjútépő *(tex)* bur picker
gyapjútétel *(tex)* lot of wool ; *(feldolgozási egység)* batch of wool
gyapjútisztító *fn (tex)* bur picker
gyapjúujjas *(meleg ; tex)* sweater
gyapjúválogató *fn (tex)* wool picker
gyapjú-ványolás *(tex)* milling of wool
gyapjú-ványolhatóság *(tex)* milling power of wool, power of the wool to milling
gyapjú-vastagságmérő *fn (tex)* eriometer
gyapjúvizsgáló műszer *(tex)* erioscope
gyapjúzsák *(gránit mállási formája ; földt)* sheep backs
gyapjúzsír wool fat/grease/wax, suint, lanolin, wool scouring, (natural) grease
gyapjúzsír-készítmény *(tex)* suinter
gyapjúzsírszurok wool pitch
gyapjú-zsírtalanítás *(tex)* desuinting/degreasing (wool)
gyapjú-zsírtartalom amount of suint
gyapot *(tex)* cotton ; *l még* **pamut** ; **durva ~** duck ; **~ vegyi levéltelenítése** chemical defoliation of cotton
gyapotadagoló cső *(tex)* delivery funnel
gyapotbála *(tex)* cotton/flat bale
gyapotbálabontó *fn (tex)* cotton bale breaker, opener
gyapotbálatisztító *v* **-válogató** *(munkás ; tex)* cotton bale picker hand
gyapotbetakarító gép *(mzg)* cotton harvester/picker
gyapotbontás(i eljárás) *(tex)* opening the cotton
gyapotcellulóz *(pa)* gossypin, cotton cellulose
gyapotcsomók *(tex)* lumps of cotton
gyapotgöngyölegpapír cottonbatting paper
gyapothenger *(pa)* cotton roll
gyapothulladék *(pa, tex)* cotton waste ; *(kárpitozáshoz)* flock ; **tisztított és fehérített magtalanítási ~** *(tex)* chemical cotton
gyapotlazítás *(tex)* loosening the cotton
gyapotlombtalanító *fn (mzg)* cotton defoliant
gyapotmagfehérje-szál cottonseed protein fibre
gyapotmagliszt cottonseed meal
gyapotmagolaj cotton (seed) oil
gyapotmag(olaj)pogácsa cotton(seed) (oil) cake
gyapotmagpároló üst cooking kettle for cotton seed
gyapotmagpogácsa *l* **gyapotmag(olaj)-pogácsa**
gyapotmagszárító (berendezés) seed cotton dryer
gyapotmagtalanítás (cotton) enucleation, cotton ginning
gyapotmagtalanítási hulladék *(tex)* linters
gyapotmagtalanító gép *(tex)* (cotton) gin, cotton enucleation machine
gyapotmagtisztítás delinting the cotton seed
gyapotmagtok cottonseed capsule/case/hull, cotton pod
gyapotmező *(mzg)* field of cotton
gyapotminta-vétel cotton sampling
gyapotnövény cotton plant ; **~ magtokja** *(gubója)* cotton bolt
gyapotolaj *(margaringyártáshoz)* butter oil ; *l még* **gyapotmagolaj**
gyapotosztályozás *(tex)* selection of cotton
gyapotosztályozó *(tex)* cotton classer
gyapotpehely *(tex)* cotton-lint, (cotton) linters, delint
gyapotpihe *(tex) l* **gyapotpehely**
gyapotprés *(tex)* cotton (baling) press
gyapotraktár *(tex)* cotton stor(ag)e room/space
gyapotszedés picking of the cotton, picking the cotton crop, cotton harvesting/pick(ing) ; **~ ideje** picking season/time ; **~ kézzel** snapping
gyapotszedő gép *v* **munkás** cotton harvester/picker ; *(gép)* cotton-picking machine, cotton picker tenter
gyapotszerű *(biol)* tomentose
gyapotszűrő *fn (vegy)* wadding filter
gyapottermelés cotton breeding, culture of cotton
gyapottermelő *fn* cotton breeder
gyapottisztító gép cleaning and blending feeder, cleaner
gyapottoktörő *(mzg)* boll breaker
gyapotzsákolás cotton bagging
gyár work(s), factory, mill, plant ; **~on belüli szállítás** internal transport ;
gyárberendezés works outfit
gyárépítés works/factory construction
gyárfelszerelés works outfit
gyári : ~ berendezés *v* **felszerelés** plant equipment, manufacturing plant ; **~ bélyeg** *(védjegy)* trade-mark ; **~lag ellenőrzött** tested by mill, mill-tested ; **~ fonal** *(tex)* mill(-)spun yarn ; **~ jegy** *v* **jel(zés)** *v* **márka** (brand) mark, brand(ing), chop, mark of identification ; *(védjegy)* trade-mark; **~ jelzéssel ellát** brand ; **~ készítmények** industrial goods ; **~ kipróbálás** factory test ; **~ munkás(nő)** factory hand ; **~ szám** works/maker's number; **~ szennyvíz** industrial sewage ; **~ szövethossz yardban** *(tex)* mill yards
gyárigazgatás factory management
gyáripar manufacturing industry
gyárkémény chimney (stack), smoke stack, funnel
gyárkéményfej stack top
gyarmati nyersbőr colonial hide
gyáros manufacturer
gyárt produce, manufacture, turn out, fabricate
gyártás production, manufacture, making, manufacturing ; **egyedi ~** piece/unit production ; **~ra kész állapot** production stage; **kis-sorozatú ~** small series production ; **középsorozatú ~** medium-series production ; **nagy sorozatú ~** large-series production ; **tömeges ~** mass production
gyártásellenőrzés production testing
gyártáselőkészítő osztály production engineering department
gyártásfolyamat manufacturing process
gyártási : ~ együttható *v* **tényező** output factor ; **~ eljárás** manufacturing process ; **~ előírás** route sheet ; **~ év** year of manufacture ; **~ fogás** shop kink ; **~ hatásfok** output factor ; **~ hossz** *(heng)* mill length ; *(vill)* factory length ; **~ hulladékok** manufacturer's waste, comeback ; **~ irány** *(pa)* wire/long direction ; **~ költség** manufacturing cost ; **~ minta** *(pa)* outturn-sample ; **~ műveleti idő** production time ; **~ pontosság** fidelity of manufacture ; **~ pontosság görbéje** fidelity curve of manufacture ; **~ sorozat** run ; **~ szám** works/construction/factory number ; **~ számvetés** production estimate ; **~ technika** production technique ; **~ terv** production schedule, scheme of fabrication ; **~ tétel** production batch ; **~ tételszám** batch number ; **~ tűrés** accuracy of manufacture
gyártástechnológiai eljárás manufacturing process
gyártástervezés production planning
gyártásvezető production engineer, shop foreman ; *(film)* producer
gyártelep *l* **gyár**
gyártmány product, manufacture, produce, work, article
gyártmányjelvény trade mark shield
gyártmányminta *(pa)* supplier's sample, sample of mill
gyártó *fn* manufacturer, producer ; **~ üzem** maker
gyárudvari munkás yardman
gyárüzem works, industrial plant
gyárüzem-berendezés equipment of factory
gyárvezetés factory/works management
gyárvezető *fn* works/factory superintendent
gyárvezetőség works management
gyászjelentés-papír black-bordered paper
gyászpapír mourning (note-)paper, black edge paper
gyékény mat ; **~ből font kötél** rush rope
gyékényáru mat work
gyékényborítás mat (coating/covering)
gyékényszőnyeg rush/bast mat, matting
gyékénytakaró rush mat
gyémánt *(ásv)* diamond, adamant ; **fekete ~** black diamond ; **ipari ~** carbonado diamond ; **tükrösítő ~ szerszám** diamond lap
gyémántcsapágy *(óra)* diamond bearing
gyémántcsiszoló *fn* diamond-polisher, brightener
gyémántcsúcs *(forg)* diamond point
gyémántfény *(ásv)* brilliant/adamantine lustre
gyémántfúrás *(forg)* diamond (fine) boring
gyémántfúró *(forg)* diamond bore bit ; *(ol)* diamond drill
gyémántfúrógép diamond boring mill/lathe
gyémántfűrész diamond saw
gyémántgúla *(keménységmérő műszeren)* diamond pyramid
gyémánthasító *fn* diamond-cleaver
gyémánthegyű *(forg)* diamond-tipped/-pointed
gyémántkeménységű adamantine
gyémántkorong *(forg)* diamond (grinding) wheel
gyémántkúp *(keménységmérő műszeren)* diamond cone
gyémántpát *(ásv)* diamond spar
gyémántpor : finom ~ *(tükrösítéshez)* diamantine
gyémántreszelő *(gyémántporral)* diamond file
gyémántselyempapír diamond tissue paper

gyémánttű *(gramofonhoz)* diamond stylus
gyémántvágó *fn* diamond-cutter
gyenge *(gept, mech)* weak, frail, insufficiently strong; *(fényt)* faint; ~ **alapzat** *(ép)* shallow foundation; ~ **áram** *(vill)* weak current, small-current; ~ *(fagyérzékeny)* **cserje** tender shrub; ~ **enyvezés** *(pa)* slack size; ~ **fagy** light frost; ~ **főte** *(bány)* poor/yield roof; ~ **főzősav** *(pa)* first water; ~ **jel** *(rád)* weak signal; ~ **kötés** weak bond; ~ *(laza)* **kőzet** scall; *(beomlás-veszélyes)* hazardous rock; ~ **közvetlen főte** *(bány)* weak immediate roof; ~ **láng** slow flame; ~ **lúg** mild base; ~ **minőség(ű)** inferior, off sort, off-grade, substandard, low-class/-grade; ~ **negatív** *(fényk)* weak negative
gyengeáram *(vill)* light/weak/feeble current
gyengeáramú: ~ **elektrotechnika** weak-current engineering; ~ **kábel** weak-current cable
gyengéd fény *(tex)* bloomy luster
gyengén: ~ **csillapított rezgések** *(rád)* weakly-damped oscillations; ~ **égetett tégla** *(ép)* soft-burnt brick, medium baked brick; ~ **enyvezett** *[papír]* soft-/slack-sized, S. S.; ~ **evakuált cső** *(rád)* soft vacuum tube; ~ **feles szürkenyersvas** *(koh)* lightly mottled pig iron; ~ **fémes** submetallic; ~ **ötvözött acél** low-alloy steel; ~ **savanyú** *(vegy)* weakly acid; ~ **savas** *(vegy)* subacid; ~ **simított** *(pa)* low machine-finish; ~ **sodrott** *[fonal]* spun down; ~ **szárított** *(pa)* soft dryed
gyengeség weakness, feebleness, debility; *(anyagv)* frailty
gyengít *(keresztmetszetet)* weaken; *(lazít)* slack(en), relax; *(vegyítéssel)* contemper, attemper; *(fényk)* clear, reduce; *(vegy)* attenuate; *(vill)* attenuate, damp, decrease, reduce; **meszest** *v* **hamvast** ~ *(bőr)* mellow
gyengítés *vö még* **gyengít**; *(méretben)* thinning; *(távk)* reduction; ~ **hullámcsapdával** *(rád)* trap rejection; **magasabb harmonikusok** ~**e** *(rád)* higher-order attenuation
gyengített *(ép)* undercut
gyengítő *fn (fényk)* reducer, reductor; ~ **eljárás** *(fényk)* reduction
gyengítőerő *(at)* slowing-down power
gyengítőszűrő *(rád)* rejection filter
gyengítőtag *(rád)* attenuation pad
gyengül relax, slack(en), fade; *(jelfeszültség; távk)* fade away
gyengülés slackening, decrement, decrease, attenuation, reduction
gyengülő ácsolat felújítása *v* **kicserélése** *(bány)* relieving of timbers
gyepcsákány sod lifter
gyepesítés sod revetment
gyepesített rézsű *(ép, hidr)* tuf slope
gyepes terület *(ép)* grass plot
gyepfehérítés *(tex)* grass bleach, crofting
gyepfehérítő *fn (vászonhoz)* bleach field/green
gyepkaszáló gép lawn mower
gyeplő horse line
gyeplőszár rein, line, ribbon
gyepsáv grassy stretch
gyepszint sward
gyepszínvágó *(mzg)* skim coulter, skimmer
gyeptalaj sod
gyeptégla (clay) sod; **gyeptéglával kirak** sod
gyeptéglavágó *fn* sod cutter
gyeptörő eke *(mzg)* sod plow
gyepvasérc *(ásv)* meadow ore
gyér scattered; ~**en lakott** sparsely populated
gyérít thin
gyérítés *(fa)* select cutting
gyérítési növedék *(fa)* open stand increment
gyermekharisnya children's sock
gyermekkád baby bath-tub
gyermekkocsi perambulator, pram
gyermekkötény tier
gyermekruha *(tex)* children's/kiddies wear
gyermekszék *(fa)* baby/high chair
gyermektápliszt infant's meal
gyermektáska children's bag
gyertya candle, c.; *(fényerősségegység)* candlepower, cp.; *(függőlegesen emelkedő v fellőtt tárgy)* zoom; *(gépk) l* **gyújtógyertya**; *(repülőmutatvány)* chandelle; **angol** ~ British Standard candle; **metrikus** ~ metric candle; **nemzetközi** ~ international candle; **gyertyát repül** *(hirtelen emelkedik)* „zoom" off; **tizedes** ~ bougie decimal, b. d.
gyertyabél candle wick
gyertyabetétlemez *(pa)* candle board
gyertyacsatlakozó sapka *(gépk)* snap-on terminal
gyertyacsomagoló papír candle wrapping
gyertyafényerő: **közepes** ~ average candle power
gyertyagyújtás *(gépk)* spark plug ignition
gyertyahézag *(gépk)* spark plug gap
gyertyakábel *(gépk)* plug lead
gyertyakulcs *(gyújtógyertyához; gépk)* (spark) plug spanner
gyertyalámpa candle-lamp
gyertyalámpafej *(vill)* candelabre base
gyertyapapír candle paper
gyertya-repülés *(rep)* „zooming"
gyertyaszén cannel (coal)
gyertyatartó candlestick; **karos** ~ chandelier
gyertyavédő *(gépk)* spark plug protector
gyertyavizsgáló *(gépk)* spark plug tester
gyérül thin
gyógy- curative
gyógyáru drug
gyógyászati therapeutic; ~ **papír** medical paper
gyógycellulózvatta sanitary paper
gyógycukorka medical confectionery
gyógyfüvek simpe(s)
gyógyfűzacskó drug bag
gyógykenőcs salve
gyógynövény *(mzg)* drug/medicinal plant, herb
gyógyszer medicine
gyógyszercímke chemist's label
gyógyszercsomagolás chemist's packing
gyógyszerész chemist
gyógyszerészdoboz *(pa)* chemist's box
gyógyszerészet pharmacy
gyógyszerészeti csomagolás pharmaceutical packing
gyógyszerészmérleg pharmaceutical balance
gyógyszerész-súly apothecaries' weight
gyógyszerkönyv pharmacopoea
gyógyszertan pharmacology
gyógyszertár chemist's shop
gyógyszerüveg medical glass, glass vial
gyógyszerzacskó druggist's bag
gyógytárszekrényke medicine chest
gyomirtás eradication of weeds, weed control
gyomirtó *mn, fn* herbicide, weed killer/extirpator; ~ **ásó** spud; ~ **borona** twitch grass eradicator; ~ **fésű** weeder; ~ **kés** knife weeder blade; ~ **művelőtest** *(kés)* weeder blade; **penge alakú** ~ **kapa** blade-type shovel; ~ **permetező készülék** weed sprayer; ~ **rúd-kultivátor** rod-weeder; ~ **test** *(kultivátoron)* knife-weeder blade; *(tárcsás)* disc weeder; ~ **(vegy)szer** (chemical) weed killer
gyomirtótest-tisztító: **tárcsás** ~ *(kultivátoron)* disc weeder scraper
gyomlál weed
gyomláló *fn* weeder
gyomlálóborona weeding harrow
gyomlálókapa spud
gyomlenyomó rugó *(ekén)* trash spring
gyommagelválasztó *fn* weed seed remover
gyomormosó készülék stomach-pump
gyomorsav gastric acid
gyomortükör gastroscope
gyomtalanít weed
gyors rapid, quick, fast, flying; *(vasút)* express; ~ **áttűnés** *(film)* lap dissolve; ~ **átváltás** *v* **választás** *(rád)* split-second selection; ~ **egymásutánban** in rapid succession; ~ **elhasználódás** short life; ~ **ellenőrzés** snap check; ~ **előtolás** *(forg)* fast/quick/rapid feed; ~ **emelésű bütyök** *(gépt)* quick-lift cam; ~**an érő** *(mzg)* quick-maturing; ~ **erősítésszabályozás** *(rád)* instantaneous volume control; ~ **felfűtésű cső** *(rád)* instant-heating tube; ~ **fogásbakezdés** *(forg)* rapid approach; ~ **forgalom** fast traffic; **a frekvenciával** ~**abban változik** *(távk)* varies more rapidly with frequency; ~ **gépkocsi** speed car; ~ **gerjesztés** field forcing; ~ **harántirányú mozgáskapcsoló emeltyű** *(gépt)* rapid traverse lever; ~ **harántmozgás** *(gépt)* quick cross-sliding motion; ~ **hatású** fast-speed; ~**an ható katalizátor** *(vegy)* rapid accelerator; ~**an ható szabályozás** *(távk)* quickly/promptly acting regulation/control; ~ **hosszmozgás** *(gépt)* quick-traverse motion; ~ **hűtés** *(hők)* quenching; *(mágneses anyag hőkezelésénél; távk)* rapid cooling; ~ **kikapcsolás** *(gépt)* snapping out; ~ **kopás** short life; ~**an kötő** *(cement)* fast-setting, early-strength, high-speed; ~**an kötő nagy szilárdságú cement** early high-strength cement; ~ **letapogatás** *(telev)* fast scan(ning); ~**an markoló gépezet** *(emelőn)* quick-dogging devier; ~ **meghúzású (elengedésű)** *v* ~**an meghúzó jelfogó** fast to operate (release) relay, quick pick-up relay; ~ **mozgás** *(szerszámgépen)* quick/rapid traverse; ~**an mozgó** fast-moving; ~ **munka** sharp work; ~ **működésű befogókészülék** *(forg)* quick grip take-in; ~ **működésű jelfogó** instantaneous relay; ~ **működésű kalapács** rapid-action hammer; ~ **működésű kapcsoló(gép)** *(távk)*

high-speed switch ; ~ **működésű kikapcsolás** *(gépt)* snatching; ~ **működésű légfék** quick-action air brake ; ~ **működésű szelep** rapid action valve ; ~ **működésű szivattyú** express pump ; ~ **működésű vezérlőszelep** *(légféken)* rapid-acting triple valve ; ~ **működtetés** quick operation ; ~**an olvadó biztosító** *(vill)* quick-break fuse ; ~ **orsóállítás** *(fúrógépen)* quick spindle adjustment ; ~ **ponthegesztés** *(többelektródos)* ultra speed welding ; ~ **számvetés** dash-counting ; ~**an szétesõ emulzió** quick-breaking emulsion ; ~ **szintező** *(geod)* quick match; ~ **tehergépkocsi** fast truck ; ~ **üresjárat** *(gépk)* fast idling ; ~ **ütemű döngölő** *(ép)* jolt rammer ; ~ **visszaállítás** *v* **visszafutás** *(gépt)* rapid/quick return ; ~**an visszahúzódó emelő** quick-return lever ; ~ **visszmozgás** *(gépt)* quick return ; ~ **visszmozgás karja** *(gépt)* quick-return lever ; ~**an vulkanizálódó** *[gumi]* fast-curing ; ~ **záróemeltyűs tokmány** quick-closing lever action chuck
gyorsacél high-speed steel, h. s. s.
gyorsacél-dörzsár high-speed reamer
gyorsadás *(távk)* speedy transmission
gyorsállítás *(forg, gépt)* quick/rapid traverse
gyorsállítású high-speed
gyorsáru fast/through freight, express goods
gyorsárufeladási raktár dispatch shed
gyorsáruszállítás rapid transit
gyorsáruszállító teherkocsi express freight car
gyorsáru-teherhajó express cargo boat
gyorsaság celerity, quickness, swiftness, rate, speed, velocity ; *l még* **sebesség** ; ~ **fokozása** acceleration
gyorsasági : ~ **rekord** speed record ; ~ **verseny** *(gépk)* race
gyorsátvitel *(távk)* high-speed transmission
gyorsbeállító küllőskerék *v* **csillagkerék** *(gépt)* quick-motion turnstile
gyorsbefogó *(forg)* quick-action clamp
gyorscsákozó : biztonsági ~ *(cipő)* high-speed clicking machine ; ~ **gép** *(cipő)* rapid cutter
gyorscsavarkulcs speeder wrench
gyors-csavarszorító *fn* adjustable cramp
gyorscserzés *(bőr)* rapid tannage
gyors-csőfogó *fn* adjustable pipe tongs
gyorsecetgyártás *(élip)* quick (acetification) process
gyorselőtolás *(forg)* coarse/fast/quick/rapid feed ; *(gépt)* rapid power traverse
gyorseszterga *(forg)* (high-)speed lathe ; **keményfémkéses** ~ diamond tool lathe
gyorsfagyasztás quick-freezing
gyorsfelfűtésű cső *(rád)* instant-heating tube
gyorsfelvevő : La Cour-féle ~ La Cour quick-run recorder
gyorsfelvonó express lift
gyorsfolyás *(folyamé ; hidr)* race
gyorsforgácsolás high-speed cut
gyorsforgácsoló : ~ **acél** *l* **gyorsacél** ; ~ **ötvözet** super-high-speed alloy
gyorsforgalmi út speed traffic road
gyorsforgalom rapid service
gyorsforgású *(gépt)* fast-running, high-speed ; **fényezés** ~ **kalanderhengerrel** *(pa)* friction glazing
gyorsforraló kazán flash boiler
gyorsfőzés *(pa)* quick cook
gyorsfúró high-speed drill
gyorsfúrógép high-speed drilling machine; *(kézi előtolással)* sensitive drilling machine ; **asztali** ~ *(kézihajtásra)* bench drilling machine
gyorsfürdő *(hők)* quick bath
gyorsfűző *(pa)* paper file, file (cover), rapid binder, folder ; ~ **karton** *(pa)* cardboard for letter file
gyorshengersor *(koh)* high-speed rolling mill
gyorshűtő szárítás freeze-drying
gyorsíróblokk *v* **-tömb** *(pa)* shorthand log
gyorsíró szonográf *(távk)* stenosonograph
gyorsít accelerate, speed up, quicken ; *[elektronokat]* accelerate ; **szünet- és jeltartam rövidítésével adást** ~ *(távk)* curb
gyorsítás acceleration
gyorsítási : ~ **arány** speed-up ratio ; ~ **munka** *(mech)* acceleration work
gyorsító *(gépk)* accelerator, overdrive ; *fn (gumi, műa, vegy)* accelerator, accelerant ; ~ **áttétel** multiplier ; *(Schnellgang ; gépk)* overdrive ; ~ **áttételezés** gearing up ; ~ **berendezés** *(at)* cyclotron ; *(gépt)* speeder ; ~ **dugattyú** *(porlasztóban)* accelerating pump piston ; ~ **elektród** accelerating electrode ; *[katódsugárcsőben, ernyő-közelben]* intensifier electrode ; ~ **előtéttengely** *(gépt)* step-up countershaft ; ~ **feszültség** *(rád, vill)* accelerating (cavity) potential/voltage ; ~ **fogaskerék** multiplier (gear), overgear ; ~ **fogaskerékáttétel** step-up gear, multiplying gear/drive; ~ **fúvóka** *(gépk)* accelerator/pump jet/nozzle; ~ **hajtómű** step-up gear ; ~ **kiömlőszelep** *(porlasztóban)* accelerating-pump discharge valve ; ~ **rakéta** *(rep)* booster rocket ; ~ **szelep** *(karburátor gyorsító szivattyújában ; gépk)* (non-return) suction valve ; ~ **szivattyú** accelerator/accelerating pump
gyorsítóanód *(katódsugárcsőben)* accelerator, second/accelerating anode
gyorsítóanyag *(gumi)* hardener, accelerator, accelerant
gyorsítócső *(at)* accelerating cavity tube, acceleration tube
gyorsítóerő accelerating force
gyorsítólencse *(vill)* accelerator lens
gyorsítólöveg accelerator
gyorsítómező *(vill)* accelerating field
gyorsítómozgás supplemental motion
gyorsítónyomás *(gépk)* acceleration pressure
gyorsítópálya speeding path
gyorsítópedál *(gépk)* accelerator pedal
gyorsítórács *(vill)* accelerating/accelerator grid
gyorsítószelep *(gépk)* acceleration valve
gyorsítószer *(gumi, vegy)* accelerator, accelerant, hardener, booster
gyorsítótekercs *(vill)* accelerating coil
gyorsítótér *(vill)* accelerating field
gyorsítóteres televíziós adócső accelerating cavity field tube
gyorsított : ~ **előtolás** *(gépt)* rapid/quick/fast feed; ~ **mozgás** *(gépt)* quick motion
gyorsítóváltó *fn (gépk)* overdrive ; overdrive transmission ; cruising gear *(US)*
gyorsjárású : ~ **jármű** fast moving vehicle ; ~ **motor** high-speed engine; ~ **papírgép** fast-running paper machine
gyorsjárat quick motion
gyorsjárati sebességfokozat *(gépk)* indirect high/overspeed gear
gyorsjáratú fast/high-speed, express ; ~ **postahajó** express liner ; ~ **szalagfelvető gép** *(tex)* speed section beaming machine ; ~ **szivattyú** express pump ; ~ **szövőgép** fast running loom; ~ **teherhajó** express freighter ; ~ **tekercsvágó gép** *(pa)* ultraroller
gyorskapcsoló *(vill)* quick-break switch
gyorskazán express boiler
gyorskereső *fn (fényk)* direct vision finder
gyorskeresztvágó *(pa)* high-speed guillotine
gyorskeverő *fn (vegy)* flush mixer
gyorskikapcsoló *(vill)* quick-break cutout
gyorskioldó : ~ **heveder** *(rep)* quick-release harness ; ~ **szelepvezérlés** *(gőzgépnél)* trip valve gear
gyorskisütő akkumulátor highdischarge rate accumulator
gyorskiürítő szelep *(szükség- v vészszelep benzintartálynál ; rep)* dump valve, jettison gear/valve
gyorskópia *(fényk)* *l* **gyorsmásolat**
gyorslaboratórium express laboratory
gyorslágyítás flash annealing
gyorslámpa *(fényk)* speed lamp
gyorslöket *(gépt)* quick return stroke
gyorsmásolat *(fényk)* quick print ; *(a próba és a munkamásolat között ; fényk)* rush print
gyorsmásoló gép *(fényk)* rapid printer
gyorsmegszakító *(vill)* high-speed circuit breaker
gyorsmenet *(gépt)* quick motion
gyorsmérleg quick/Swedish balance ; *(pa)* steelyard
gyorsmérő műszer *(távolság- és szögmérésre ; geod)* tachymeter, tacheometer
gyorsmorzeadó *(távk)* high speed morse transmitter
gyorsmorzekulcs *(távk)* bug (key)
gyorsmozgás *(gépt)* quick motion, dash; *(szerszámgépen)* rapid/quick traverse
gyorsnyitó szelep *(hidr)* quick-release valve
gyorspácolás *(élip)* injection cure
gyorspapírvizsgáló *fn* rapid paper tester
gyorspasztőrözés *(élip)* high-short pasteurization, flash process/pasteurization
gyorspróba short-time test
gyorsragasztó *(áttekercselő gépnél ; pa)* flying paster
gyorsrakodási prémium *(hajó)* dispatch money
gyorssajtó *(nyomda)* mechanical press
gyorssatu quick-grip vise
gyorssebességváltó fogaskerékmű quick change gearst
gyorsszabályozás *(rád)* split-cycle control
gyorsszámoló *fn* ready reckoner
gyorsszedő gép *(nyomda)* rapid composing apparatus
gyorsszerelő brigád *(üzemzavarok elhárítására)* trouble gang
gyorstalpaló *fn* cobbler
gyorstávírás high-speed telegraphy

gyorstávíró *fn* high-speed telegraphy
gyorsteherkocsi line car
gyorstervezés dash
gyorstöltés *(vill)* rapid charge; ~ **üteme** rapid charge rate
gyorstüzelő *(puska)* quick-firing
gyorsul *(mech)* accelerate; *(gépk, gépt)* pick up speed
gyorsulás acceleration; *(gépk)* acceleration, pick up; ~ **alacsonyabb sebességfokozatokban** *(gépk)* acceleration in the gears; ~ **állandó sebességről** *(gépk)* acceleration from steady speed; ~ **állóhelyzetből** *(gépk)* acceleration from rest; **centrifugális** ~ *(mech)* centrifugal acceleration; **kerületi** ~ circular acceleration; **„lyuk" a ~ban** *(gépk)* flat spot
gyorsulásgörbe *(gépk)* acceleration curve
gyorsulási : ~ **állandó** acceleration constant; ~ **hiba** *[repülőgép helyzetének meghatározásánál]* acceleration error; ~ **idő** *(valamely sebesség eléréséig; gépk)* acceleration time; ~ **képesség** *(gépk)* accelerating ability; ~ **tényező** *(rep)* acceleration factor
gyorsuláskorlátozású indító *(vill)* time-limit acceleration starter
gyorsulásmérés *(gépk)* acceleration test
gyorsulásmérő *fn* accelerometer; ~ **görbéje** accelerogram; ~ **és -író készülék** accelerograph; ~ **műszer** *(mech)* acceleration instrument
gyorsuló : ~ **képesség** accelerating ability; *(motoré)* pick-up; ~ **mozgás** accelerating motion; ~ **repülés** accelerated flight
gyorsüresjárási csavar *(gépk)* fast-idle screw
gyorsürítő : ~ **csap** *(rep)* jettison switch; ~ **szelep** *(rep)* speed valve
gyorsvágás *(forg)* high-speed cut
gyorsvakolat dashcoat
gyorsváltás quick-change
gyorsváltású sebességváltó *(gépk)* quick-change gear
gyorsváltó (biztonsági) befogótokmány quick-change (and safety) chuck
gyorsvasút rapid-transit railway
gyorsvetélő *fn (tex)* flying shuttle
gyorsvetélős kézi szövőszék *(tex)* fly shuttle loom
gyors-visszafutásváltó *fn (gépt)* quick-return lever
gyorsvizsgálat short-time test
gyorsvonat express/fast train
gyorsvonati mozdony express locomotive
gyök *(mat)* root, radix; *(vasút)* heel; *(vegy)* radical; *(maradék)* residue; **keresztezési csúcssínek ~ felőli távolsága** *(vasút)* heel spread of a frog
gyökér *(mzg)* root;
gyökerestül kitép uproot
gyökéraprító gép root bruiser
gyökérfa(anyag) root timber/wood, rootwood
gyökérfogó horog *(tuskóirtáshoz)* root hook
gyökérkaucsuk *[kok-szagizból]* root rubber
gyökérkiemelő : ~ **gép** root puller/lifter; ~ **kapa** stub hoe
gyökérmetszet root section
gyökérvágó kapa spud
gyökérzet-kiszedés grub
gyökjel *(mat)* root sign; ~ **alatti mennyiség** *l* **gyökmennyiség**
gyökmenetben bejárt váltó *(vasút)* trailing-point switch
gyökmennyiség radical
gyökrész hossza *(vasút)* heel of length
gyöksúly *(vegy)* radical weight
gyökvonás *(mat)* extracting roots, extraction of a root
gyöngy bead; **~ökkel díszítve** fancy with pearl; **gyönggyel hímzett szövet** beaded material; **üvegszerű ~** blebby bead
gyöngybetű *(nyomda)* pearl
gyöngycsillám *(ásv)* *l* **margarit**
gyöngydísz beading
gyöngydíszes fonal spot yarn
gyöngydíszítésű fancy with pearl
gyöngyenyv pearl glue
gyöngyfehér *(festék)* pearl white; *(gyöngypor-festék)* pearl powder
gyöngyfényerősség *(mélység)* orient
gyöngyfénylámpa *(vill)* pearl lamp
gyöngyfonal *(tex)* bead thread/yarn
gyöngyfüzér alakú fafaragás nulled work
gyöngygolyó *(puskához)* pearl shot
gyöngygörbe *(mat)* pearl of luze
gyöngyház (mother-of) pearl; ~ **színű felhő** *(met)* iridescent cloud
gyöngyház- pearly
gyöngyházfény *(ásv)* pearly lustre
gyöngyházfényű nacreous
gyöngyházfesték peárl powder
gyöngyházgomb pearl nail
gyöngyházkagyló pearl shell
gyöngyház-kékesszürke *(festék v szín)* pearl blue
gyöngyházpapír nacreous/iridescent paper, mother-of-pearl paper
gyöngyházszerű nacreous
gyöngykoksz *(bány)* pearl coke
gyöngykötés *(tex)* half cardigan stitch
gyöngykötés-borda *(tex)* royal rib
gyöngylánc(fonal) *(tex)* bead warp
gyöngyléc *(ép)* bead
gyöngy-mozivászon glass-pearl screen
gyöngyosztályozó *(tex)* bead separator
gyöngyöltés *(tex)* pearl stitch
gyöngyösödés sweat
gyöngyösödik pearl
gyöngyöz pearl
gyöngyözés fizz; *(hidr)* weeping
gyöngyöz(ik) ooze
gyöngyözőcső *(nyomáspróbánál)* weeping pipe
gyöngypamut *(tex)* pearl (cotton)
gyöngypaszomány *(tex)* bead strings
gyöngyruhadíszek *(csillogó)* beadlets
gyöngysor bead; *(ép)* pearl beading; *(párkánydíszítési tagozat)* bead mo(u)ld
gyöngysordíszű léc *(bútoron)* cock bead
gyöngyszalag bead ribbon
gyöngyszegély *(tex)* ga(u)ging thread
gyöngyszemeket felfűz bead
gyöngyszerű pearly; **~en csillogó** *(bőr)* pearlescent
gyöngyszigetelő *(koaxiális kábel belső vezetékéé)* axial wire bead
gyöngyszín pearl
gyöngyszövés *(tex)* bead weaving
gyöngyszövet *(tex)* beaded material
gyöngytagozat *(ép)* bead
gyöngy-termisztor *(rád, távk)* bead thermistor
gyöngytimsó pearl alum
gyöngytű *(cipő)* diamond; *(jobbra csavart; cipő)* reverse twist spear
gyöngyvászon *(vetítőernyő)* glass-pearl screen
gyöngyvetülék *(tex)* bead weft
gyöngyvizsgálat *(óra)* bead test
gyöngyzománc enamel bead
gyufa match
gyufacsomagoló gép match-packing machine
gyufadobozkarton *(pa)* match box-board
gyufadoboztöltő gép match-filling machine
gyufa-fa match-wood
gyufafüzetkarton *(pa)* match-book cover-board
gyufamártó *fn* match dipper
gyufapapír match-box-paper
gyufaskatulya-dörzspapír match paper
gyufaszál *(fa)* match-wood/splint
gyufaszálgyaluló gép *(fa)* match-splint shaping machine
gyufaszál-köteg *(nem kész gyufa)* splint binding
gyufaviasz match wax
gyújt fire, ignite; *(bány)* explode; *(gépk)* ignite; **metánt ~** *(bány)* burn out methane; **a motor ~** *(gépk)* the engine fires
gyújtás firing, ignition; *(bány, gépk)* ignition, igniting; *(bány)* touch; *[ignitron-csőben]* firing; *[tirátronban]* starting; **akkumulátoros ~** coil ignition; **~t beállít v időzít** *(gépk)* time the ignition; **elektromágneses ~** electromagnetic ignition; ~ **elosztó bütyke** *(gépk)* ignition cam; ~ **előresietése** *(gépk)* lead (of the ignition); **a ~ a felső holtpontra van beállítva** *(gépk)* the ignition is set at top bead centre; **~t késleltető kar** *(gépk)* spark retard arm; **kettős ~** *[mágneses és akkumulátoros]* dual ignition; **kompressziós ~** compression-ignition, C. I.; **~t lassító v késleltető anyag v szer** ignition inhibitor; ~ **megszakadása** *(gyújtózsinórnál; bány)* spark failure; **megszakításos ~** make-and-break ignition; ~ **pillanata** *(gépk)* spark instant; **tekercses (nagyfeszültségű) ~** *(gépk)* coil ignition; **villamos ~** electric firing
gyújtásállítás *(gépk)* adjustment of ignition, ignition adjustment
gyújtásállító: ~ **kar** *(gépk)* timer handle; ~ **negyedíve** spark quadrant; ~ **kézikar** *(gépk)* spark hand lever
gyújtásárnyékolás *(gépk)* ignition shielding
gyújtásárnyékoló *(gépk)* ignition interference suppressor
gyújtásbeállítás *(gépk)* ignition timing, spark adjustment; ~ **határai** timing-adjustment range
gyújtásbeállítási tartomány *(előgyújtástartomány; gépk)* timing-adjustment range
gyújtásbeállító *(belsőégésű motorhoz)* ignition timer; ~ **kar** *(gépk)* spark lever
gyújtáselosztó *fn (gépk)* (ignition) distributor/timer, jump-gap distributor; ~ **álló érintkező tartólemeze** contact support; ~ **beállító lemeze** *(skálával)* timing plate; ~ **beállító mutatója** *(gépk)* timing pointer for distributor; ~ **bütyköstengelye** *(gépk)* contact breaker camshaft; ~ **bütyökkenő kanóca**

(nemeze) cam lubricating wick/felt; ~ **elektródjai** distributor electrodes ; ~ **fedél** *(gépk)* distributor cap ; ~ **fedél leszorító rugója** distributor cap spring clip ; ~ **hatsarkú bütyke** six-lobe distributor cam ; ~ **hézagállításának rögzítőcsavarja** distributor locking screw ; ~ **hézagállító csavarja** distributor adjustment screw; ~ **hüvelye** distributor sleeve ; ~ **megszakító kalapácsa** breaker lever ; ~ **megszakító zárási szöge** contact angle; ~ **pipa** moulded rotating arm, rotating distributor arm, distributor rotor arm ; ~ **röpsúlyai** distributor advance weights ; ~ **röpsúlyrugói** distributor weight springs ; ~ **szorítóhüvelye** (ignition) distributor clamp; ~ **tárcsája** distributor plate ; ~ **tengely** *(gépk)* distributor spindle

gyújtásgörbe *l* **előgyújtás-szabályozási görbe**

gyújtási : ~ **áram kikapcsolója** *(vill)* ignition cut-out ; ~ **feszültség** priming potential ; ~ **holtpont** *(gépk)* ignition dead-centre ; ~ **időpont** *(gépk)* moment of ignition ; ~ **időpont beállítása** *(gépk)* timing ; ~ **időpontot szabályozó koszorú** *(gépk)* timing collar ; ~ **időpont szabályozása** *(gépk)* timing adjustment ; ~ **időt beállít** *(bány)* time the ignition; ~ **jelleggörbe** *v* **karakterisztika** *(gépk)* firing characteristic ; ~ **késés** *(gépk)* ignition lag ; ~ **pont** ignition centre ; ~ **sorrend** *(gépk)* firing order ; ~ **veszteség** loss on ignition ; ~ **zavar** *(gépk)* misfiring ; ~ **zavarok** *(gépk)* ignition troubles ; ~ **zörej** ignition interference

gyújtás-időzítés *(gépk)* timing

gyújtás-időzítő *(gépk)* timer

gyújtásjelző lámpa *(gépk)* ignition lighting

gyújtáskésleltetés *(gépk)* spark retardation

gyújtáskihagyás *(gépk)* misfire

gyújtáskondenzátor *(gépk)* ignition condenser

gyújtáskulcs *(gépk)* ignition key

gyújtásmegszakító *(gépk)* ignition breaker ; ~ **nyitási ideje** dwell ; ~ **rúd** ignition push and pull rod

gyújtásszabályozás *(gépk)* ignition timing, spark control

gyújtásszabályozó *(gépk)* timer ; **akkumulátoros** ~ battery timer ; ~ **kar** distribution adjustment lever, spark retard arm ; ~ **karemelő** ignition lever ; ~ **regulátor súlyhordó lemeze** governor weight base ; ~ **súly-visszahúzó rugója** governor weight spring ; ~ **tárcsa** timing disc

gyújtásvezeték *(gépk)* ignition lead, sparkplug leads

gyújtás-zár *(gépk)* ignition lock

gyújthatóság inflammability

gyújtó *fn* match ; *l még* **gyufa** ; *(kat, bány)* igniter, fuse ; *mn* incendiary, sparking, igniting, firing ; ~ **berendezés** ignition set ; *(gépk)* ignition (system) ; *(lobbantó)* incendiary device ; **biztonsági** ~ **készülék** approved shot-firing apparatus ; ~ **elektród** ignition electrode, igniter; ~ **feszültség** *(rád)* firing voltage; *[parázslámpához]* striking voltage ; ~ **fúvóka** lighting-up sprayer ; **időzített** ~ *(óraszerkezetes)* clockwork fuse ; ~ **képesség** incendivity ; ~ **készülék** *(bány)* mine igniter, shot exploder ; ~ **keverék** *(bány)* priming composition ; ~ **lövedék** incendiary shell/bullet ; **mechanikai időzítésű** ~ clock-wheel fuse ; ~ **rakéta** incendiary rocket ; ~ **szerkezet** fuse,exploder, (blasting) cap ; ~ **transzformátor** ignition coil/transformer ; **villamos** ~ electric fuse

gyújtóanód ignition/starting anode

gyújtóáram *(bány, gépk)* ignition/firing current

gyújtóbeállítás mértéke fuse length

gyújtóbeállító készülék setter

gyújtóbetét *(gépk)* sparking paper

gyújtóbomba *(kat)* incendiary bomb ; **szétfreccsenő** ~ incendiary bomb of the scatter type

gyújtócsap *(gépk)* ignition pin

gyújtócsomag combustion unit

gyújtócső *(bány)* auget, header, reed ; *(gázizzó-égőn)* pilot jet

gyújtófa touchwood, spunk

gyújtófej *(gépk)* ignition head ; *(lövedéken)* cap

gyújtógép *(bány)* (volley) firing machine, blasting machine

gyújtógyertya *(gépk)* (spark(ing)) plug, ignition plug ; ~ **csatlakozófeje** plug terminal ; **csillámszigetelésű** ~ mica plug ; ~ **elektródjai** sparking points ; ~ **hézagbeállítása** plug gapping ; ~ **hőértéke** plug heat range ; ~ **kapcsai** spark plug terminals : **kis** *v* **alacsony hőértékű** ~ soft plug *(UK)* ; hot plug *(US)* ; ~ **középső elektródja** central/insulated electrode ; ~ **meghibásodása** spark plug fouling ; ~ **menethossza** reach of the plug ; **nagy hőértékű** ~ hard plug *(UK)*; long/cold plug *(US)* ; ~ **oldalelektródja** outer/earthed electrode ; **porcelánszigetelésű** ~ stone plug, porcelain insulator spark plug ; **gyújtógyertyák rövidrezárása** *(próbaképpen)* shorting-out ; **szétszedhető** ~ detachable plug ; separable type spark plug *(US)*

gyújtógyertya-alátét *(gépk)* (spark plug) gasket

gyújtógyertyababa *(gépk)* *l* **gyújtógyertya-szigetelőtest**

gyújtógyertya-foglalat *(gépk)* spark plug socket

gyújtógyertyafurat *(gépk)* spark plug bore

gyújtógyertyaház *(gépk)* shell

gyújtógyertyahüvely *(gépk)* spark plug hose

gyújtógyertya-kábelszorító csavar *(gépk)* plug terminal screw

gyújtógyertya-menetvágó *fn* spark plug tap

gyújtógyertyanyílás *(gépk)* spark plug opening

gyújtógyertyasor *(gépk)* spark plug row

gyújtógyertya-szigetelőtest *(baba ; gépk)* insulator ; ~ **alsó tömítőgyűrűje** lower insulator gasket ; ~ **felső tömítőgyűrűje** upper insulator gasket ; ~ **leszorító csavarja** insulator gland

gyújtógyertyatest spark plug body/barrel

gyújtógyertya-tisztító spark plug cleaner

gyújtógyertya-tömítés *(gépk)* spark plug gasket

gyújtógyertya-védősapka protector for spark plug

gyújtógyertya-vizsgáló készülék *(nyomás alatt vizsgál)* compression box tester

gyújtóhüvely *(bány)* cone, auget

gyújtókábel *(gépk)* spark plug wire, ignition cable/wire ; ~ **réz-saruja** *(gépk)* cable thimble

gyújtókamra *(gépk)* ignition chamber

gyújtókanóc smift

gyújtóláng *(bány)* breeding fire ; *(gázkályhában)* pilot (flame) ; *(ol)* ignition flame

gyújtólencse condenser, condensing/focussing lens ; ~ **fókusztávolsága** focal intercept of condenser

gyújtólyuk vent(-hole), auget, touch hole

gyújtómágnes *(gépk)* (ignition) magneto; ~ **önműködő gyújtásállítással** *(gépk)* automatically-timed magneto ; *l még* **mágnesgyújtó**

gyújtómágnes-armatúra *(gépk)* armature of magneto

gyújtómágneshajtás *(gépk)* magneto drive

gyújtómágnes-hajtólánc *(mkpár)* magneto chain

gyújtómágnes-hajtólánc-fedél *(mkpár)* magneto chain cover

gyújtómágneskengyel *(gépk)* magneto strap

gyújtónyílás *l* **gyújtólyuk**

gyújtópálca *(ioncsőben)* igniter (electrode)

gyújtópapír sparking paper

gyújtópont *l* **fókusz**

gyújtórész *(robbanóanyagé)* sparking piece

gyújtós(fa) light wood

gyújtósík *(fényk, fényt)* *l* **fókuszsík**

gyújtóspapír touch-paper

gyújtószeg (rifle) firing pin, bolt

gyújtószerszám *(vill)* striking device

gyújtószikra *(gépk)* incentive

gyújtótáv(olság) *(fényt)* *l* **fókusztávolság**

gyújtótekercs *(gépk)* ignition/sparking coil ; ~ **nagyfeszültségű sarka** high-tension terminal ; ~ **primer kivezetése az akkumulátorhoz** low-tension terminal to battery ; ~ **primer kivezetése az elosztóhoz** low-tension terminal to distributor

gyújtótekercsfej *(gépk)* ignition coil nut

gyújtótöltény *(bány)* priming/starting cartridge/charge ; primer/igniting composition ; **robbanó** ~ detonating primer

gyújtó-világító berendezés *(gépk)* dynamo-magneto unit

gyújtózsinór blasting/detonating cord/fuse, portfire, squib, tinder, ignition tube, priming line ; *(bádogosiparban)* touch ; **angol** ~ common fuse ; ~ **beszerelő nyílása** vent-hole ; ~ **fonata** squib wrapping ; ~ **gyutacsa** capping of fuse ; **gyutacsos** ~ capped fuse ; **késleltetett** ~ retarded/deferred fire fuse ; **készülék** ~ **egyidejű meggyújtására** fuse igniting tray ; ~ **meggyújtása** spit

gyújtózsinóros robbantó szerkezet ribbon exploder

gyújtózsinórvágó készülék *(időzítéshez)* fuse ga(u)ge

gyúlásgátló *(tex)* fire-retardant

gyúlékony (in)flammable, combustible, ignitable; ~ **keverék** combustible mixture; **nem** ~ noninflammable, nonignitable
gyúlékonygáz-kutató műszer combustible-gas detector
gyúlékonyság inflammableness, inflammability, ignitability, combustibility
gyúlékonysági határ *(ol)* flammable limit
gyulladás ignition
gyulladási : ~ **hő** ignition heat; ~ **hőmérséklet** ignition temperature/point, fire/flash(ing)/burning point, point of ignition; ~ **hőmérséklet meghatározása** burning test; ~ **késedelem** *(Diesel-motorban)* ignition lag/delay, delay period; ~ **pont** *l* **gyulladási hőmérséklet**
gyulladásmentes kikészítés *(tex)* flame proofing
gyulladáspont *l* **gyulladási hőmérséklet**
gyulladóképes keverék *(gépk)* explosive mixture
gyúló *mn l* **gyúlékony**
gyúpont *l* **fókusz**
gyúr knead, tew; **agyagot** ~ puddle, malax(ate), pug, mill
gyúrma dough
gyúrógép malaxator, kneader
gyúró-gumi kneaded rubber
gyúrt agyag *(ker)* milled clay, paste, pug
gyúszeg *l* **gyújtószeg**
gyutacs igniter, primer, priming/blasting fuse/cap; *(töltényfenék közepén)* cartridge primer; ~ **behelyezése** cap inserting, priming; ~**ot fúrólyukba helyez** cap a fuse; ~ **leszálló része** plunger; ~ **ráerősítése a gyújtózsinórra** capping; **szélkerekes** ~ *(bombán)* arming vane
gyutacseltávolító fogó primer extractor
gyutacsfej point (detonating) fuse
gyutacsfogó (blasting) cap crimper
gyutacshüvely *v* **-persely** vent bush
gyűjt accumulate, collect, hoard, store; *(mzg)* gather; **áramot** ~ collect current; **csomókba** ~ agglomerate
gyűjtés accumulation, collecting
gyűjtő *fn (tartály)* receiver, collector, accumulator; *(alagcsövezésnél)* transverse drain; *(bány)* main; *(pa)* gatherer; *(vezeték)* header; *mn* accumulative, collecting; ~ **alagcsatorna** catch drain; ~ **alapvágat** *(bány)* winning; ~ **állomás** collecting station; ~ **csatorna** intercepting channel, catch drain; *(füstgázhoz:)* collecting flue; ~ **elektród** collector electrode; ~ **folyosó** *(bány)* mother entry; ~ **hálózat** collecting main; ~ **kondenzátor** *(radar)* reservoir capacitor; ~ **medence** *(hidr)* collecting lake; *(hidr)* retaining reservoir; ~ **rakomány** consolidated cargo; ~ **rázócsúszda** *(bány)* gathering shaker; ~ **reagens** *(koh)* collecting reagent; ~ **(segéd)szivattyú** *(bány)* gathering pumps; ~ **szállítószalag** gathering conveyer; ~ **távolsági központ** *(távk)* tandem trunk exchange; ~ **törpeközpont** *(távk)* (Standard) tandem district exchange; tandem minor exchange *(UK)*
gyűjtőág *(szennyvízcsatornánál)* branch sewer
gyűjtőakna sunk basin
gyűjtőanód *[klisztronban]* collector
gyűjtőasztal *(cséplőgépen)* feed apron, grain/return pan; *(kaszálógépen)* dropper attachment
gyűjtőcsiga *(élip)* collecting worm
gyűjtőcső collecting main
gyűjtőforgalmi átrakó hely *(vasút)* railhead
gyűjtőgyűrű *(vill)* collecting ring
gyűjtőkocsi truck; *(vasút)* peddler car
gyűjtőközpont *(távk)* tandem exchange
gyűjtőláda *v* **-persely** collecting box
gyűjtőlencse condensing/collecting/convergent/focussing lens, condenser, burning glass
gyűjtőmenet *(statisztikai gépen)* tab
gyűjtőöv *(koh)* recipient
gyűjtőposta (hivatal) receiving house
gyűjtősín *(vill)* bus/collecting bar; *(akkumulátortelepen)* battery bar; ~**nel felszerel** *(vill)* bus
gyűjtősínelosztó rendszer *(vill)* busbar distribution system
gyűjtőszalag collecting band; *(bány)* trunk conveyer
gyűjtőszám *(távk)* collective number
gyűjtőtartály accumulator box, storage tank
gyűjtőtükör burning mirror, specular enlarger
gyűjtő-út *(városépítés)* (collecting) feeder road
gyűjtővágány *(vasút)* switching track
gyűjtővágat *(bány)* storage drift
gyűjtővagon *(vasút)* peddler car
gyűjtővagon-rakomány consolidated carload
gyümölcscukor *(vegy)* fructose, fruit sugar, levulose
gyümölcscsomagoló : ~ **papír** fruit wrapping (paper), fruit (tissue) paper; ~ **selyempapír** fruit tissue paper
gyümölcséter aromatous/fruit ether
gyümölcsgöngyölő papír apple and pear wrap
gyümölcshajtató ház *(mzg)* orchard-house
gyümölcsíz *(élip)* jam
gyümölcskocsonya *(élip)* jelly
gyümölcskonzerv tinned fruits
gyümölcskosár *(furnírból v háncsból)* punnet
gyümölcslé juice, squash
gyümölcslésajtoló gép *(élip)* brake
gyümölcsösborona orchard harrow
gyümölcsöző productive
gyümölcspulp (fruit) pulp
gyümölcsrekesz *(fa)* fruit-basket
gyümölcsszállító konténer hamper
gyümölcsvelő (fruit) pulp
gyümölcszacskó *(pa)* fruit paper bag
gyűr mo(u)ld; *(pa)* crumple
gyüremlés *(földt) l* **gyűrődés**; **kettős antiklinális** ~ anticlinorium
gyűrhetetlen *(tex)* crease-resistant/-resisting/-proof, anti-/non-crease, crinkle-/wrinkle-resistant; ~ **kikészítés** crease-resisting finish, wrinkle resistant finish, anti-crease finish
gyűrhetetlenség *(tex)* crumpling resistance, resistance to creasing
gyűrődés ply, fold, wrinkle; *(földt)* crease, riser, fold(ing), rock bend; *[benyomott sárvédő oldalán lévő kitüremlés; gépk]* kink; *(heng)* lap; *(önt)* casting lap; *(pa)* crinkle, pleat, back mark; *(tex)* creasing, fold, crease, crumple, pucker, crumpling, cockle; ~ **alsó övezete** *(földt)* root region of a fold; **antiklinális** ~ *(földt)* anticlinorium, arch, anticlinal folding; **aszimmetrikus** ~ *(földt)* asymmetrical fold; ~ **boltozatának hajlása** *(földt)* saddle bend; ~ **bordája** *(földt)* shank; **centroklinális** ~ *(földt)* centroclinal dip fold; **erős** ~ **redőtengelyének medencéje** *(földt)* basonic axis of a sharp-folded seam; ~ **gerincvonala** *(földt)* crest line; ~ **hasadása** *(földt)* virgation; ~ **homlokrésze** *(földt)* front of fold; **íve** ~ *(földt)* arch-limb; ~ **középső íve** *(földt)* middle limb; ~ **magassága** *(földt)* amplitude of fold; ~**től mentesítő** *(tex)* anticreasing; ~ **süllyedő teteje** *(földt)* sinking crown; ~ **szárnya** *v* **oldala** *(földt)* shank, limb; ~ **teteje** *v* **boltozata** *(földt)* roof; ~ **utáni kisimulás** *(tex)* wrinkle/crinkle/crease recovery, recovery from creasing
gyűrődésálló kikészítés *(tex)* crease--resisting finish
gyűrődéses *(földt)* plicate, folded; ~ **rétegek** contorted beds; ~ **vetődés** fold thrust
gyűrődésgátló *(tex)* anticreasing
gyűrődési : ~ **deformáció** *(földt)* flexural strain; ~ **ív** *(földt)* arc of folding; ~ **öv** *(földt)* zone of folding
gyűrődésmentes kikészítés *(tex)* crease--proof finish, wrinkle-resistant finish, anti-crease finish
gyűrődik *(tex)* cockle, crease, crumple, ruck up; *(pa)* crinkle
gyűrődő : ~ **lánc** *(tex)* crimp warp; **nem** ~ *(tex)* creaseproof
gyűrődött *(földt)* plicate, folded; **nem** ~ unfolded
gyűrő készülék *(műszer; pa)* creasing roll
gyűrött *(tex)* creasy, crumpled
gyűrt *(földt)* plicate, folded; **erősen** ~ *(földt)* acutely folded; ~ **hegység** *(földt)* folded mountain; ~ **mintájú szövet** *(mintás krepon)* figured crimp; ~ **terület** *(földt)* bow area
gyűrű *(ált)* ring; *(perem, karima)* rim; *(tömítés)* gasket, bush; *(átfogó karika)* collar; *(kis méretű)* circlet, ringlet; *(karmantyú)* cup; *(abroncs)* hoop; *(hurok)* loop, link; *(fa)* (growth/annular) ring; *l még* **évgyűrű**; *(kötés- v fonalhiba; kh)* ring; *(gépnél; pa)* hoop; *(érintkező távbeszélő dugón; távk)* ring; *(vegy)* ring, nucleus; ~**k** *(előfonalhulladék; tex)* roller laps; ~ **alakú** annular, ring-shaped, gyrate; *l még* **gyűrűs**; **beálló érintkező** ~ *(vill)* floating ring; **belső** ~ *(gördülőcsapágyé)* inner race; ~ **belső híddal** *(vegy)* bridged ring; ~**n belüli** *(vegy)* endocyclic; **biztosító** ~ guard ring; **csészehúzó** ~ *(alak)* drawing ring; **ernyőtartó** ~ *(vill)* shade (carrier) ring; **Fairbairn** ~ Bowling ring; ~**kből felépített oszlop** *(ép)* cyclostyle; **felzsugorított** ~ shrunk (-on) ring; **fogazott** ~ *(gépt)* annular gear; *(vill)* stud ring; **fokbeosztásos** ~ index ring; **„~ és golyó"** **készülék** *(ol)* ring-and-ball apparatus; **Gramme** ~ *(vill)* Gramme ring;

ívhúzó ~ *(vill)* arcing ring ; **kefetartó** ~ *(vill)* brash(-carrier) ring ; **kenő** ~ lubricating/drip ring ; **kiegyenlítő** ~ *(vill)* equalizing ring ; **kivágó** ~ *(alak)* die/cutting ring ; **~n kívüli** *(vegy)* exocyclic ; **~höz kötött hidrogén** *(vegy)* ring hydrogen ; **közel** ~ **alakú** penannular ; **külső** ~ *(gördülőcsapágyé)* outer/external race ; **~ben levő** *(vegy)* nuclear ; **~ben levő szénatom** *(vegy)* nuclear carbon; **merevítő** ~ stiffening ring ; *(szögvasból)* stiffening angle ring ; **Nobili-féle** ~ *(vegy, vill)* Nobili's/electric ring ; **örvényáram-csillapító** ~ *(vill)* damping ring ; **rögzítő** ~ check ring ; **rugózó** ~ spring ring ; ~ **súrlódási ellenállása** *[gyűrűsfonó gépen ; tex)* travel(l)er drag ; **szigetelő** ~ *(vill)* insulating ring, ring insulator ; **tartó** ~ carrier ring ; **távtartó** ~ distance ring ; **tisztított folt körüli** ~ *(tex)* aureole ; **toroidális** ~ *(vill)* torus ring ; **tömítő** ~ gasket (ring) ; ~ **vízszintes elmozdulás gátlására** *(gépt)* axle collar ; **zárt** ~ *(bány)* complete ring

gyűrű- annular

gyűrűácsolat *(zárt ; bány)* complete ring

gyűrűalakú *l* **gyűrűs** *és* **gyűrű alakú**

gyűrűarmatúra *(vill)* ring armature

gyűrűbővülés *(vegy)* widening of the ring

gyűrűcsatorna neck

gyűrűék tapered collar

gyűrűelválás *(fa)* ring shake

gyűrűfaragvány cincture

gyűrűfeszültség *(mech)* hoop stress

gyűrűfogó *fn* ring squeezer

gyűrűhajlító gép rim/ring-bending machine

gyűrűhasadás *(fa)* ring shake ; *(vegy)* ring scission

gyűrűhatár : növekedési ~ *(fa)* growth ring boundary

gyűrűhorony *(gépk)* neck

gyűrűhurok *(hajó)* half-hitch ; **kettős** ~ *(hajó)* bend clinch

gyűrűkamrás manométer ring ga(u)ge

gyűrűképzés *(vegy)* cyclization, ring formation

gyűrűképződés *(vegy)* *l* **gyűrűképzés**

gyűrű-kondenzáció *(vegy)* ring fusion

gyűrűkötés *(vegy)* cyclic(al) bond

gyűrű-lánc-izomeria *(vegy)* ring-chain tautomerism

gyűrűmérő rúd *(óra)* strick

gyűrűmérték *(óra)* ring sizes

gyűrűmodulátor *(rád)* ring modulator

gyűrű-nyílás *v* **-rés** ring gap

gyűrűpad *(tex)* (ring) rail, ring plate

gyűrűrögzítő csavar collar screw

gyűrűs annular, annulate, ring(-shaped); *(csill, gépt, vill)* toroidal *is ; (vegy)* cyclic(al) ; ~ **agy** *(gépt)* flange-cooled hub ; ~ **antenna fázisfrontjának kiegyenlítése** zoning ; ~ **antennarendszer** ring array, ring antenna system ; ~ **anya** *(gépt)* ring nut ; ~ **armatúra** *v* **forgórész** *(vill)* (flat) ring armature ; ~ **billentyűk** *(hangszeren)* ring keys ; ~ **biztosítás** *(bány)* mine tubing ; ~ **burkolat** *(motoron ; rep)* ring cowling ; ~ **csatolás** ring strapping ; ~ **csavar** eyebolt, eyescrew, ring bolt/screw ; ~ **csavaranya** eye nut ; ~ **csiszolókorong** ring wheel; ~ **csőkarmantyú** ring nipple ; ~ **elosztó vezeték** ring mains ; ~ **érc** *(ásv)* ring/sphere ore ; ~ **fedelű óratok** semi-hunting case ; ~ **fej** *[magnetofonon]* ring head ; ~ **fémlencse-antenna** zoned metal lens ; ~ **feszítő** *fn (gépt)* ring strainer ; ~ **foglalat** girdle ; ~ **forgásfelület** toroidal surface ; ~ **forgástest** torus ; ~ **forgócsap** *(gépt)* ring pivot ; ~ **fúvóka** *(gepk)* ring nozzle ; ~ **golyóscsapágy** radial ball bearing ; ~ **görgőscsapágy** radial roller bearing ; ~ **idomszer** *(csap részére)* ring ga(u)ge ; *(bordástengelyhez)* spline ring ga(u)ge ; ~ **irányzék** ring (back)sight ; ~ **irányzék célgömbbel** ring-and-bead sight ; ~ **iratrendező** ring binder ; ~ **kaliber** ring (ga)u)ge ; ~ **kapcsolás** *(vill)* ring circuit ; ~ **kapcsolású modulátor** *(távk)* reversing-switch modulator, ring modulator ; ~ **karima** ring flange; ~ **kenés** *(gépt)* ring lubrication ; ~ **kenésű csapágy** oil-bearing ; *(önkenő csapágy)* self-lubricating bearing ; ~ **kenőzsírtér** *(gépt)* grease ring ; ~ **keton** ring ketone ; ~ **kilincses kapcsolás** *(gépt)* ring buckle ; ~ **kivágó szerszám** ring blanking die ; ~ **kondenzátor** *(fényk)* luminous spot ring condenser ; ~ **légfúvó cső** *(nagyolvasztón)* bustle pipe ; ~ **lemez** eyeplate ; ~ **lencse** annular (dioptric) lens ; ~ **levegőcső** horseshoe main ; ~ **likacsú fa** ring-ropous wood ; ~ **mag** *(önt)* ring core ; ~ **mágnesfej** *(magnetofonon)* ring head ; ~ **mágnesvizsgálati módszer** *(vill)* ring method ; ~ **malom** *(élip)* ring mill ; *(gépt)* ring-roll pulverizer ; *(koh)* ring roll mill ; ~ **mikrofon** *(rád)* ring microphone ; ~ **motorburkolat** *(rep)* cowling ring ; ~ **notesz** *(pa)* ring note book ; ~ **olajcsatorna** *(gépk)* annular oil channel ; ~ **olajozó** *(gépt)* ring oiler ; ~ **osztályozó** *(nedves ; bány)* annular classifier ; ~ **perem** *(vasút)* collar rim ; ~ **próba** *(anyagv)* ring method ; ~ **rakat** *(ép)* ring course ; ~ **sajtoló** *(brikettezéshez)* ring roll press ; ~ **sugárlágyító** *fn (fényt, vill)* concentric light diffuser ; ~ **számláló** *(vill)* ring counter ; ~ **szárbefűződés** stem girdle ; ~ **szelep** *(gépt)* ring valve ; ~ **szélfeszítő** *(tex)* temple ring, ring(ed)/jaw/rotary temple, ring expansion ; ~ **szeparátor** *(bány, koh)* annular classifier ; ~ **szorító** *fn* flap ring ; ~ **szövetkoptató gép** *(tex)* ring wear testing machine; ~ **talpcsap** *(gépt)* ring pivot ; ~ **talpcsapágy** *(gépt)* ring step bearing ; ~ **tekercselés** ring winding, toroidal winding ; ~ **telér** *(földt)* ring dyke ; ~ **tokmány** *(gépt)* ring chuck ; ~ **toronybetét** *(vegy)* ring filling/packing; ~ **tömítés** ring packing ; ~ **tömítőhüvely** *(gépt)* sleeve packing ; ~ **törő** *fn* ring crusher ; ~ **úszó** *(porlasztóban)* concentric float ; ~ **üregrezonátor** *(rád)* toroidal cavity resonator ; ~ **vasalás** ferril ; ~ **vegyület** ring/cyclic(al) compound ; ~ **veret** eyeplate ; ~ **vetülékfonó gép** weft-spinning ring frame ; ~ **zúzógép** ring (roll) crusher

gyűrűscérnázás *(tex)* ring doubling

gyűrűscérnázó gép *(tex)* ring doubler/twister, ring doubling frame, ring (doubling and) twisting machine

gyűrűscsapágy *(gördülő)* radial bearing; *(sikló)* ring thrust bearing

gyűrűsfonás *(tex)* ring spinning

gyűrűsfonó : ~ **cséve** *(tex)* ring bobbin/package ; ~ **gép** *(tex)* ring (frame/spinner), ring spinning frame, ring-throstle ; ~ **gép asztaltartója** poker; ~ **gép csévéje** *(tex)* ring pirn ; ~ **gépen font** ring-spun ; ~ **gépen font fonal** *(tex)* ring yarn

gyűrűs-golyós módszer *(ol)* ring-and-ball method

gyűrűskés *(forg)* trepan(ing) tool ; **~sel kiszúr** trepan

gyűrűsrostélyos tüzelés annular furnace

gyűrűszakadás *(vegy)* ring cleavage

gyűrűszerű forgásfelület toroid

gyűrűtag *(kampós)* dog

gyűrűtekercsű átvivő *(vill)* hybrid coil

gyűrűvasmagos transzformátor ring transformer

gyűrűz ringle ; **fát** ~ girdle

gyűrűzáródás *(vegy)* ring closure

gyűrűzés *[cölöpfejen]* hoop

gyűrűzött cölöp hooped pile

gyűszű thimble

gyűszűcsöves kazán *v* **hőcserélő** thimble-tube boiler

gyűszűkamra *(at)* thimble ionization chamber

H

Haalck-féle gázgraviméter Haalck gas gravimeter
Haas-effektus *(vill)* Haas effect
hab foam, skim(mings), spume, froth, lather ; **~ot leszed** scum ; **~ot ver** whisk
habarcs *(ép)* mortar, temper ; **agyagos ~** clay mixer ; **durva ~** coarse plaster; **~ot kever** pat mortar ; **habarccsal kitöltött hézag** mortar joint ; **~ kötése** setting of mortar ; **~ot lövell** gunite ; **nedves falfelületre csapott finom ~** dash ; **~ba rakott fal** mortar wall ; **~ tűzálló falazathoz** ball stuff
habarcsadalék *(ép)* mortar admixture
habarcságyazat *(ép)* mortar bed
habarcsállvány *(ép)* mortar pillar
habarcsborítás *v* **-burkolás** *(vékony rétegű)* veneer of mortar ; *(úttesten)* mortar-paving
habarcscsúszda *(ép)* mortar funnel
habarcshézag *(két sor között ; ép)* coursing joint
habarcshordó saroglya *(ép)* hod
habarcskészítő telep mortar mill
habarcskeveréshez használt víz *(ép)* mixing water
habarcskeverő *fn (kanál)* mortar larry ; *(gép)* mortar mill/beater ; **~ deszkalap** mortar board ; **~ gép** mortar/pug mill, malaxator ; **~ láda** mortar trough/box
habarcskitöltés *(ép)* shouldering
habarcskötés mortar bond
habarcsláda *(horogra akasztva)* boss ; *l még* **habarcskeverő láda**
habarcslövellés *(ép)* guniting
habarcsmerő *fn* mortar ladle
habarcsmész borjúszőr és kóc keverékkel *(ép)* hair mortar
habarcsol *(ép)* lute in
habarcsréteg *(ép)* mortar bed ; *(téglasorok közt)* mortar layer
habarcsszilárdulás setting of mortar
habarcsterítő *fn* mortar cover ; **~ szerkezet** spreader
habarcstölcsér *(ép)* mortar funnel
habbeton aerocrete, honeycomb/cellular concrete
habbuborék *(élip)* bead
habelhárítás *(pa, vegy)* foam destroying
habfogó *fn* foam catcher
habfolt *(pa)* foam spot, bell
habgátló (szer) anti-foam agent
habgerenda *(hajó)* shelf piece
habgumi (air-)foam/honeycomb rubber ; **bordázott ~** *(cipőre)* pebbled foam *(US)*
habkaucsuk scum rubber ; *l még* **habgumi**
habképző (anyag) *(pa, koh)* frother, frothing agent ; *(vegy)* foaming agent ; **~ adalék** *(flotálásnál)* frother; **~ szer** foaming agent ; *(tex)* frothing agent, frothing
habképződés foaming, frothing ; *(flotációnál)* first breaking-up
habkosár *(koh)* scum basket
habkő pumice (stone); *(nyomda)* stage ; **~vel bevont csiszolókendő** pumice cloth ; **~ből való** pumiceous
habkőbeton *(ép)* pumice concrete
habködpermetező (gép) *(mzg)* atomizer, sprayer
habkőpor pumice powder
habkősalak *(kohóból)* pumice slag
habléc *(hajó)* shelf piece ; *(pa)* froth board, gate, dam, slice
hablefúvó csap foam cock
hableszedés scum off
hableszedő kerék *(salakfeldolgozásnál)* foaming wheel
haboltó *(vegy)* foam extinguisher
háborús kár war damage
habos foamy ; *(tex)* clouded, waved ; *(damasztos mintájú)* damask moiré ; **~ gipsz** *(vegy)* friable gypsum ; **~ szövet** *(tex)* clouded stuff/fabric/cloth ; **~sá tesz** *(selymet)* cloud
habosít *[moaréz ; tex]* cloud
habosítás *(betonban)* honeycombing
habosított *(tex)* clouded, watered ; **~ salakbeton** *(ép)* foamed slag
habosodás foaming power
habsalak *(ép)* foamed slag ; *(koh)* dross
habsalaktégla pumice slag brick
habszedő : ~ kanál scummer ; **~ tartály** skimming tank
habszilikát *(ép)* foam silica
habtalanító *(pa)* defoamer
habúsztató eljárás *(koh)* froth flotation
habvéd *(hajó)* bulwark
habvédállvány *(hajó)* bulwark stay
habvédborítás *(hajó)* bulwark plating
habvédburkolat *(hajó)* bulwark plating
habvéd-kötélcsúsztató *(hajó)* bulwark chock
habvédő *(hajó)* washboard
habverető *(vízsugár ; pa)* spray cutter
habverő whisk(er); **~ fecskendő** *(pa)* foam-destroying nozzle
habzárvány *(önt)* dirthole
habzás scum(ming), foaming ; *(olvadt fémé ; koh)* wildness
habzásgátló antifoam(ing); **~ adalék** *(kenőolajban)* anti-foam additive ; **~ szer** anti-foam agent ; *(pa)* anti-froth preparation, defrother
habzik foam, churn, effervesce ; *(szappan)* lather
habzó frothing, foaming ; **~ erjedéses** barmy
habzóbor sparkling/carbonated wine
haferl cipőnyelv: lyukasztott és bevagdosott ~ taws tongue
hafnium hafnium, celtium
hafniumoxid hafnium oxide
hafniumoxiklorid hafnium oxychloride, hafnyl chloride
hafniumtartalmú *(ásv)* hafnian
hágcsó ladder, footstep ; stoop *(US)*
hágcsódeszka running board
hágcsófok *(ép)* rundle, range
hágcsórakat *(bány)* run
hágcsós kémény ascendable chimney
hágó *(földt)* pass, clough, double incline, wind gap
hágóvas grappler, block step
hagyásfa *(fa)* hold-over tree, staddle, stand ; **hagyásfák kijelölése** marking of reserve trees
hagyma alakú oszlopfő *(ép)* bubble cap
hagymahéjpapír onionskin
hagymásvas *(heng)* bulb
hagymaszerű *(kiképzésű)* bulbous ; **~ szerkezet** *(távk ; vasporé)* onion skin structure
hagymatető *(ép)* onion dome
haidingerit *(ásv)* haidingerite
hajas hairy
hájas réteg *(bőr)* fleshy tissue
hajcsavaró papír hair-curling paper, curl/papilotte paper
hajecset *(borzszőrecset)* badger
hajít throw, dart, fling
hajítás throw(ing), dart, shot
hajítási szög (initial) angle of throw
hajító *mn* throwing, propellant ; **~ lőpor** propellant powder ; **~ robbanóanyag** burning explosive ; **~ tömedekelés** *(bány)* throwing, mechanic(al) stowage
hajítógép *(bány)* thrower; *(rep)* catapult ; **~ szalagja** *(bány)* thrower belt
hajítógépes indítás *(rep)* catapult launch(ing)
hajítólapát throw spade
hajítólapátos adagoló slinging loader
hajítótöltet propellant charge
hajítótöltet-anyag propellant
hajított tömedékelés *(bány)* throwing, mechanical stowage
hajk *(fadöntő)* nick, notch
hajkovand *(ásv)* *l* **millerit**
hajkrém hair cream
hajlam tendency, inclination, habit ; **gyantaképző ~** *(benzinnél)* ageing,

gumming ; **kopogási ~** *(benziné)* tendency to detonate/knocking
hajlamosság liability, susceptibility ; **~ hegesztési repedésre** susceptibility to welding cracks
hajlás bend(ing), crook, ply, flexure, incline, inclination ; *(ép)* sloping, splay ; *(földt)* flexure, buckling pitch ; *[felvétel iránya és a vízszintes által bezárt szög ; geod]* tilt ; *(karosszériavonalé ; gépk)* sweep ; *(mat)* slope ; **~t ad** *(ép)* give a batter ; **kevéssé észrevehető ~** *(földt)* end cleat ; 90°**-os ~** quarter bend ; **lefelé ~** decline ; **tompa ~** *(fonalhullámon ; ex)* blunt kink ; **~ töve** *(földt)* root of a fold
hajlásirányban end-on
hajlásmérő *(geod)* gradient board, clinometer, dip needle ; **~ görbéje** tiltgraph
hajlásmutató jelzés *(fényképen ; geod)* indicator of inclination
hajlásszög angle of inclination/obliquity/gradient ; *(hajlaté)* angle of bend, bending angle ; *(mat)* slope angle, angle of slope/obliquity ; *(optikai tengely vízszintes síkkal bezárt szöge ; geod)* angle of tilt ; *(impulzus homlokánál ; távk)* tilt angle
hajlásszög-távjelző *fn* tilt autosyn
hajlástengely *(geod)* declination axis
hajlat bend, camber, crook, curve, elbow ; *(ép)* curl, bend, valley ; *l még* **vápa** ; *(földt)* sinus ; *(gépt)* throw, bend, camber ; *(hidr)* convolution ; *l még* **hajlás** ; **íves ~** *(ép)* arc ; **íves ~ok** *(földt)* arched-up folds ; **köríves ~** circle bend ; **láb ~a** *(cipő)* arch of foot
hajlatcserép *(ép)* valley tile
hajlatszaru *(ép)* hip ridge
hajlékony flexible, pliable ; *(flexibel ; cipő)* jointed ; *[készbőr]* pliable ; *(ép, mech)* supple ; *(pa)* pliable ; *(tex)* limber *is* ; **~ átkötőhuzal** *(vill)* flexible jumper ; **~ bőrkötés** limp leather binding, yapp ; **~ cső** flexible pipe ; **~ csőtápvonal** flexible waveguide ; **~ fejhallgató-zsinór** tinsel cord ; **~ fémcső** flexible metal tubing ; **~ fémtömlő** corrugated metal tube ; *(vezetékhez)* flexible metal conduit ; **~ fogaskerék** flexible gear wheel ; **~ folyadéklehúzó lap** *(tex)* flexible stripper ; **~ (gumi)kábel** *(bány)* trailing cable ; **~ gumitárcsa** rubber joint plate ; **~ irányított antenna** flexible reflector curtain ; **~ kábel** flexible cable ; **~ leánykafélcipő** flats (fleets); **~ lemez** *(pa)* flexible/domino board ; **~ szürkelemez** *(pa)* grey flexible board ; **~ talpbőrhasíték** flexible split ; **~ tartókar** flex holder ; **~ tengely** flexible shaft ; **~ tengelykapcsoló** flexible coupling ; **~ tengelyű pofa** *(gép)* quill chuck ; **~ tömlő** flexible tube/hose ; *(szivattyúhoz)* trailing hosepipe ; **~ vezeték** *(vill)* pigtail ; **~ villamos zsinór** flex (lead); **~ vonalzó** pliant rule ; **~ zsinór** *(táv)* flexible cord
hajlékonyság flexibility, suppleness
hajletapasztó hajvíz fixature
hajlik *(görbül)* buckle, bend, deflect ; *(dől)* tilt, incline ; *(nyomda)* flare ; **kifelé ~** flare out ; **lefelé ~** decline ; **oldalt ~** bias
hajlít bend, bow, camber, curb, flex, fold, incurve, inflect ; *(heng)* curl ; **kettőbe ~** double ; **könyökösre ~** crank ; **szegélyt** *v* **peremet ~** *(alak)* flange, bead ; **tüske körül ~** *(alak)* bend around a mandrel
hajlítás bend(ing), curving, flexure, sweep ; **~ 1/8-körre** *(alak)* one-eighth bend ; **ferde ~** oblique bending ; **~ra igénybe vett elem** *v* **tag** member in bending ; **~ra igénybe vett rugó** flexion-spring ; **kettős ~** double bend; *(nehéz gerendáé ; alak)* bulldozing ; **összetett ~ és nyomás** combined bending and compression ; **~ra szilárd karton** *(pa)* bender
hajlításállóság *(tex)* resistance to flexing
hajlítási bending ; *l még* **hajlító** ; **~ berepedés** bend crack ; **~ határ** *(tex)* ultimate bending strength ; **~ ráhagyás** bend allowance
hajlításmérő (készülék) *(tex)* deflectometer
hajlítgató *(anyagv)* *l* **hajtogató** ; **~ vizsgáló** *(pa)* bending fatigue tester
hajlíthatatlanság inflexibility
hajlítható pliable ; *l még* **hajlékony** ; **~ csuklós csatlakozó** *(rád)* woggle joint ; **~ fémcső** flexible metal tubing
hajlíthatóság flexibility
hajlító *fn* bender ; **~ alakváltozás** bending/flexural/transverse strain ; **~ berendezés** bender ; **~ erő** bending force ; **~ feszültség** bending/flexural stress ; **~ igénybevétel** bending/transverse load/stress ; **~ kalapács** *(széles)* tinmen's rambling hammer ; **~ kemence** *(lágyításhoz)* bend furnace ; **~ készülék** *(alak)* bend fixture ; **~ kifáradási határ** bend fatigue limit, endurance limit ; *(tex)* resistance to flexing fatigue ; **~ kifáradási vizsgálat** *(anyagv)* fatigue-bending test, flexural fatigue test ; **~ középpont** flexural centre ; **~ merevség** flexural rigidity ; **~ nyomaték** bending/flexural moment ; **~ pont** flexion point ; **~ próba** *l* **hajlítópróba** ; **~ rugalmasság** flexural elasticity ; **~ sugár** bend radius ; **~ szerszám** *(alak)* bending die ; **~ szilárdság** *l* **hajlítószilárdság** ; **~ szög** *(anyagv)* angle of bend ; **~ tényező** bend coefficient ; **~ törés** flexural failure ; **~ vizsgálat** *l* **hajlítóvizsgálat**
hajlítóbak *(fa)* bend(ing) horse, bend trestle
hajlító-fárasztó : ~ gép *(anyagv)* bending fatigue tester ; **~ próba** *v* **vizsgálat okozta rezgések** *(anyagv)* alternate bending vibrations
hajlítófogó bend pliers
hajlítóforma *(fa)* bend block
hajlítógép bending/folding machine ; *(ép)* bender ; **~ nyomófeje** bend head
hajlítóhenger bend roll
hajlítókar bend beam
hajlítólengés flexural oscillation
hajlítónyomás *(mech)* deflection pressure
hajlítóodor *(alak)* bending die
hajlítópofa bend jaw
hajlítóprés bender ; *(lemezhez)* bend brake ; *(pa)* bending press ; **~ nyomófeje** bend head
hajlítópróba *(anyagv)* *(szilárdsági)* bending test ; *(technológiai)* bend test ; *(bemetszett próbatesten)* nick bend test ; *(hegeszthetőség megállapítására)* weldability bending test ; *(kovácsolásnál)* bend-over test ; *(tex)* deflection test ; **egyszeres ~** single bend test ; **kettős ~** folding test ; 180°**-os ~** close bend test
hajlítórezgés *[kvarclemezé ; vill]* bending/flexural vibration ; **~t végző kristály** *(vill)* bender type crystal
hajlítósablon *(alak)* bow piece
hajlítósajtó *(alak)* shaping press ; *l még* **hajlítóprés**
hajlítószerszám bending tool ; **~ matricája** bending die ; **~ tüskéje** bending mandrel
hajlítószilárdság bending/flexural/transverse strength
hajlítótömb bend block
hajlított bent, curved, crooked, crumped, incurvate ; *(íves)* arcuated ; **~ alátét** curved washer ; **~ antenna** bent antenna ; **~ bordafogak** *(tex)* bent dents ; **~ bútor** bentwood furniture ; **~ dipólus** *(rád)* folded dipole ; **~ dipólusok forgókeresztes elrendezésben** *(rád)* turnstile folded dipoles ; **~ esztergakés** cranked lathe tool ; **~ felvető keret** *(tex)* circular creel ; **~ fogantyús vasaló** *(tex)* cranked flat iron ; **~ forgattyúkar** curve crank; **ívben ~** arched ; **~ karra szerelt szíjtárcsa** curved arm pulley ; **~ kartámla** elbow ; **~ katód** *(rád)* wrapped cathode ; **~ kés** cranked tool ; **~ késtartó** offset hold ; **~ kézi üllő** bent socket ; **~ lyukreszelő** bow file ; **~ nagyolókés** cranked roughing tool ; **~ pályás kévéjű elektroncső** *(rád)* orbital-beam tube ; **~ reszelő** *(barázdák v mélyedések kireszelésére)* riffler ; **~ szelep** *(tömlőn ; gépk)* cranked valve ; **~ tartóvas** *(ép)* ramshorn ; *(szigetelőszereléshez ; távk)* J—I-bolt ; **~ tengely** *(gépt)* cambered axle ; **~ tengelyű kulcs** offset key ; **~ üreg** folded cavity ; **~ vetélő** *(tex)* curved shuttle ; **~ zárt csavarkulcs** short-elbowed box spanner
hajlítottcsöves dipólus *(rád, telev)* bent pipe dipole
hajlítottdoboz-kivágás *(pa)* bending chip
hajlítótüske bend mandrel
hajlítóvizsgálat *(szilárdsági)* bending/transverse test ; *(behajlásra)* deflection test
hajlott bent
hajlottcső bend (pipe); **nyolcados ~** *(22,5°-os)* eight bend
hajnövesztő (szer) hair restorer
hajnyíró gép hair clipper
hajó ship, vessel, boat ; *(bármilyen nagyságú)* craft ; *(varrógépben)* shuttle ; **~n** aboard ship ; **átlapolt palánkolású ~** clinker boat ; **bálnavadász ~** whaleboat, whaler ; **~ bal oldala** backboard, port ; **~ farán** abaft ; **fedélzettel épült ~** decker, decked boat ; **~ fedélzetének hosszirányú görbülete** sheer line ; **gyorsjáratú ~** clipper ; **~ hátsó részén** *v* **farán** *v* **mögött** astern ; **~ hosszában** *(orr és fartő között)* fore-and-aft ; **~ közepén** amidships ; **~ középső része** waist ; **lakásul szolgáló** *(lehorgonyzott, leszerelt)* **~** accommodation hulk ; **~ medre** bilge ; **~ megterhelése nem**

fizető rakománnyal ballasting ; ~ **osztályozása** rate of a ship ; ~ **és part közötti összeköttetés** *(rád)* ship--to-shore communication ; **parti** ~ coasting ship, coaster ; **~ra rak** ship ; **~ba rakva** aboard ship ; ~ **rakodótere** freight space ; **szénraktárul szolgáló** ~ coal hulk ; **teherszállító** ~ cargo ship/vessel ; ~ **tonnatartalma** tonnage of vessel ; ~ **tonnatartalmának mérése** tonnage measurement ; **vitorlás** ~ sailer ; ~ **vízbe merülő része** bottom of ship ; **vontató** ~ tug boat
hajó- ship, marine
hajóablak *(kerek)* porthole, air scuttle
hajóablakfedő deadish
hajóács shipwright
hajóadóállomás *(rád)* ship transmitter
hajóágy berth
hajóálláspénz demurrage
hajóberendezés equipment
hajóborda frame
hajóbordaszelvény frame profile/section
hajóbordázat készítésére alkalmas faanyag frame timber
hajóbőrönd cabin trunk
hajóburkolat *(belső)* ceilings
hajócsavar (marine/ship) screw (propeller); ~ **belső lapja** spoon of the propeller blade ; ~ **emelkedése** pitch ; ~ **mellső oldala** back of propeller blade ; ~ **sodra** propeller wake
hajócsavarakna propeller well
hajócsavarlapát propeller blade
hajócsavarnyílás *(fartőkén)* screw aperture
hajócsavartengely screw/marine shaft
hajócsavar-tengelybak propeller strut
hajócsónak *(kisebb)* cockboat
hajócsörlő capstan crab
hajócsúszda bilge ways
hajódeszkázás *(hornyolt deszkázás)* shiplap
hajó-Diesel-motor marine Diesel (engine)
hajóél beak
hajóemelő mű *(hidr)* ship elevator
hajóépítés shipbuilding, naval architecture ; **~re alkalmas faanyag** ship timber
hajóépítési célokra alkalmas acélanyag ship steel
hajóépítéstan naval architecture
hajóépítő : ~ **daru** slipway crane, ship--building crane ; ~ **dokk** (ship)building/construction dock ; ~ **telep** ship--building plant
hajóészlelés *(radarral)* vessel detection
hajófakorlát taffrail
hajófar stern ; ~ **alsó része** counter ; ~ **felé** backward ; **hegyes** ~ pink stern ; **~ irányában** abaft ; **~on (levő)** aft
hajófedélzet board of ship ; ~ **hosszirányú hajlása** sheer
hajófedélzeti : ~ **berendezés** *(radar)* shipborne equipment ; ~ **iránymérő** ship DF, ship direction finder
hajófedő papír ship bottoms
hajófeljáró gang board
hajófelmérés ga(u)ge of ship
hajó-felsőrész upper work
hajófelszerelés outfitting
hajófelvonó *fn* slip(way); ~ **berendezés** marine railway, ship elevator
hajófenék bottom of ship
hajófenék-faanyag ground timbers
hajófenékjavító telep careening wharf
hajófenékrész bilge
hajófenékszelep sea valve
hajófenéktisztító kefe hog
hajóforduló lay-by
hajófödémdeszka *v* **-léc** ceiling batten
hajófúró : ~ **féreg** marine borer ; ~ **kagyló** ship borer
hajófuvarlevél consignment
hajófuvarokmányok shipping documents
hajófuvarozási rakjegyzék shipping note
hajófülke alcove ; ~ **deszkaborítása** cabin lining
hajófűtő : ~ **olaj** bunker oil ; ~ **szén** steamboat coal
hajógépegység marine set
hajógépészet marine engineering
hajógerinc (centre-line) keel ; **több részből álló** ~ side-bar keel ; **tömör** ~ bar keel
hajógőzgép-olaj *(emulgeáló)* marine engine oil
hajógyalu : kettős simító ~ circular plane with double irons ; **simító** ~ circular plane with single iron
hajógyár shipyard, dockyard ; *(haditengerészeti)* naval yard ; *(javítással is foglalkozó)* building yard ; ~ **bárkája** *v* **uszálya** builder's barge
hajóhíd floating bridge
hajóhíd-úszótag bridge boat
hajóhimbálásból eredő szögmérési hiba rolling error
hajóhossz *(orr és fartő között)* fore-and--aft length
hajóilleték tonnatartalom után tonnage dues
hajóirányítás és -felderítés *(rád)* ship control and interception, S. C. I.
hajóirányító rádióállomás ship direction finding station
hajóiránytű marine compass
hajóiránytű-kompenzáló mágnesrúd heeling corrector
hajójavító : ~ **műhely** shipyard, dock ; ~ **telep** navy yard
hajókábel ship wiring cable
hajókamra cudy
hajókár average
hajókárbiztosítás marine insurance
hajókátrány pitch and tar
hajókazán marine boiler
hajókémény funnel
hajókerék paddle wheel
hajókeréklapát paddle board
hajókereső radar anti-surface vessel radar
hajókikötő quay ; ~ **hely** *(rakpart mellett)* berth
hajókirakó berendezés ship-discharging plant
hajókitérő *(csatornában)* garage
hajókonyha galley
hajókonyhaberendezés galley equipment
hajókormány helm
hajóköbözés ga(u)ge of ship
hajókötél transmission rope, ship cable ; **hajókötelet leszalaszt** slip the cable
hajókötélzet tackle
hajóközép *[léghajón is]* midship ; **~en** (a)midships ; ~ **bordája** midship frame ; **~ről kiadott keresztkötél** waist breast
hajóközépidő ship mean time, S. M. T.
hajóközépmetszet maximum cross section
hajókürt horn
hajolaj hair oil, scalp pomade
hajólánc ship chain
hajólegénység hands
hajólemez (ship) plate
hajólemezelés shell/skin plating
hajólépcső landing stairs ; **külső** *v* **leereszthető** ~ accommodation ladder ; ~ **nagy személyhajókon** gangway ladder
hajómenhely *(védett kikötő medence)* sheltered basin
hajómosdó tilting basin
hajómotor ship/marine engine
hajóműhely yard
hajónapló log(book)
hajóoldal : ~ **és fenék érintkező éle** chine ; ~ **kidudorodása a vízvonalnál** blister/bulge ; **~on kívül** outboard
hajóoldalmagasság freeboard
hajóorr rostrum ; **orrtőke elé kinyúló** ~ beak
hajóorrél cutwater
hajóorr-védő *(úszójég ellen)* bow grace
hajópadló strake plank ; *(ép)* deal/strip floor
hajópadlózás *(ép)* jointed flooring, tongued-and-grooved flooring
hajópalánk planking of ship, strake
hajópalánkolás outboard-work
hajópalánkszeg *(rézből)* plank nail
hajópalánktoldás *v* **-illesztés** plank butt
hajópalló *(fa)* flooring board ; *l még* hajópadló ; **hosszú** ~ longstrap floor ; **rövid** ~ shortstrap floor
hajópapírok marine documents
hajópárkány plank sheer
hajópárkánykorlát plank sheer rail
hajóradarállomás hajók észlelésére ship to surface vessel, S. S. V.
hajóraj *(flotta)* fleet
hajórakodási terv cargo plan
hajórakodó : ~ **kötélpálya** maritime cableway ; ~ **munkás** lumper
hajórakomány ship load, bulk
hajórakomány-kimutatás cargo manifest
hajóraktár ship's hold
hajóraktár-daru hatch crane
hajóroncs (ship)wreck ; **elsüllyedt** ~ **helyét jelző bója** wreck buoy
hajós shipper
hajóscsomó double-half hitch
hajósodor dead-water ; ~ **okozta áramlás** wake current
hajóssapka sea-cap
hajóstanuló deck boy
hajószeg detent pin
hajószélesség *(legnagyobb)* extreme beam
hajószemélyzet ship's crew
hajószemélyzeti jegyzék crew list
hajószén *(bány)* bunker coal
hajószerelő *fn* board mechanic
hajótengely propeller shaft ; ~ **iránya** propeller course
hajótengely-tönkcső propeller shaft tunnel
hajótest (ship) hull/body ; ~ **eleje** forebody ; ~ **hátsó félrésze** afterbody ; **leszerelt** ~ hulk ; **megfakott** ~ **vízvonal feletti része** *(hajó)* deadworks (of a ship) ; ~ **párhuzamos falú (középső) része** parallel body ; ~ **tervrajza** body plan
hajótest-gyámgerendák bilge shores
hajótőke *(vitorlás)* fin keel
hajótőke-ellenállás keel resistance
hajótömítő szer caulking compound
hajótörés (ship)wreck
hajótöröttek mentése repülőgéppel air--sea rescue

hajóturbina ship/marine turbine; ~ **hátramenetre szolgáló forgórésze** astern drum
hajóűr ship's hold
hajóváz stage; *(oldalborítás nélkül)* skeleton of a ship; ~ **felállítva** *(lemezelés v palánkolás előtt)* ship in frame
hajóvezető *fn* skipper
hajóvonat ship train, long tow
hajóvonatzsilip lock for long tows
hajózás navigation; ~**ra alkalmas** seaworthy; ~**ra alkalmatlan** unseaworthy; **partmenti** ~ coasting
hajózási navigational, nautical, naut.; ~ **napló** *(rep)* navigation log; ~ **táblázatok** nautical tables; ~ **térmérték** barrel bulk; ~ **útmérő fonal** log line
hajózható navigable; ~ **hídnyílás** fairy arch; **nem** ~ innavigable; ~ **út** fairway; ~ **utat jelző bója** fairway buoy
hajózik navigate; **part mentén** *v* **hosszában** ~ coast, range
hajózó *fn* navigator; ~ **csatorna** navigation canal; ~ **csatorna csúcsponti szakasza** *(hidr)* summit arc
hajózóműszer navigation instrument
hajózóút szűkülete narrows
hajózóútkijelölés bójákkal buoyage
hajózózsilip *(hidr)* *l* **hajózsilip**
hajózsilip *(hidr)* lock; ~ **felső kapuja** *(hidr)* head gate (of lock); ~ **(forgalmi) teljesítménye** lock capacity; ~ **hasznos szélessége** useful width of lock; **kétkamrás** ~ *(hidr)* double (twin) navigation lock, double (twin) ship lock; ~ **támkapujának csaposzlopa** *v* **forgóoszlopa** quoin/mitre post
hajózsilip-küszöb ship-lock sill
hajpomádé hair cream/pomade
hájréteg eltávolítása *(bőr)* fleshing
hajsó *(ásv)* *l* **alunogén**
hajszálas nedvességmérő *v* **higrométer** hair hygrometer
hajszálcső capillary tube
hajszálcsöves capillary
hajszálcsövesség capillarity; *(erő)* capillary attraction; **villamos** ~ *(felületi feszültség változása áramtól)* electrocapillarity
hajszálcsövességi: ~ **erő** capillary action/force; ~ **nyomás** seepage pressure; ~ **villamos áram** electro-capillary current
hajszálcső-viszkoziméter *(ol)* capillary viscosimeter
hajszálél *(forg)* featheredge
hajszálér *(ásv)* capillary
hajszáleres márvány *(pa)* Italian marble
hajszálfinom hangolás *(rád)* hairbreadth tuning
hajszálgyökér *(bőr)* rootlet
hajszálgyűrű *(óra)* collet
hajszálgyűrű-forgató szerszám *(óra)* hairspring turn tool
hajszálgyűrű-lenyomó szerszám *(óra)* hairspring-collet pushing tool
hajszálhigrométer hair hygrometer
hajszálkereszt reticle, cross-hair
hajszálkeresztes dioptra *(fényt)* cross-hair diopter
hajszál-pipetta *(vegy)* capillary pipette
hajszálrepedés haircrack, flake, check; *[betonban]* hair-check; *[hűtésnél; önt]* flaking; *(töltésben; hidr)* crevice; *(ker)* craze; ~**ek** hair crackings; **felületi** ~**ek képződése** checking; ~**t okoz** *(ker)* craze
hajszálrepedéses jointy
hajszálrugó *(óra)* balance-spring, hair (-)spring; gold spring; **antimagnetikus** ~ antimagnetic hairspring
hajszáltőke *(óra)* stud
hajszálvonal hairline; *(nyomda)* thin/hair stroke
hajszálvonalas mutató *(műszeren)* hairline pointer
hajszálvonalhálózatos lemez reticle
hajszárító hair drier, hairdryer
hajt *(kettőbe)* fold; *(előrevisz)* propel, drift, drive; *(fűrészfogakat stb)* cross-set; *(állatot, kocsit)* drive; **folyosót** ~ *(bány)* make an entry; **kocsit** ~ drive; **tárót** ~ *(bány)* run an adit, drive a heading; **vágatot** ~ *(bány)* make a drift; ~ **vmit vmilyen tengelyről** drive off a shaft
hajtány *(vasút)* draisine, rail car/cycle, hand car
hajtás *(kettőbe)* fold, plicature; *(tárnamenet; bány)* drift work; *(járműhajtás céljára; gépk)* propulsion; *(gépt)* drive; *(hajtómű)* driving gear; *(„falc")* plait; *(kh)* pleat; *(mzg)* surcle, shoot, scion, spring, sprout, sprig, prul, tuck, stem; *(falc; pa)* joggle, crease, ply, rebate, rack, doubling; ~**t csinál** *(ruhán)* pleat; **dörzstárcsás** ~ disc friction drive/gear; **elektromágneses** ~ electromagnetic drive; ~ **előtéttengelyről** *(gépt)* back gear drive; **ferde** ~ *(gépt)* angle drive; **kettős** ~ *(gépt)* dual drive; **kézi** ~ hand/manual drive; **közvetlen** ~ direct drive; **közvetlen egyenes vonalú** ~ *(gépt)* direct in-line drive; **láncos** ~ *(gépt)* chain drive; ~ **leadása** *l* **lehajtás**; **mágneses** ~ magnetic drive; ~ **nyitott hajtószíjjal** open-belt drive; ~ **rugalmas kötéssel** *(gépt)* cushioned drive; ~**t tartó képesség** *(tex)* pleat retention; **terepen való** ~ *(gépk)* cross-country driving; ~**ba tesz** *(pa)* drape; **villamos** ~ electric drive; **vonóláncos** ~ *(gépt)* catenary drive; ~ **zárt homlokú pajzzsal** *(alagútépítésnél)* blind driving
hajtásfa *(fa)* early wood
hajtási: ~ **hatásfok** *(gépt)* propulsive efficiency; ~ **irány** *(gépk)* driving direction
hajtatóház *(mzg)* conservatory, sprouter
hajthatódoboz-hajtogató gép *(pa)* box-folding machine
hajtó *mn* driving, operating, drive, propellent, power; ~ **áttétel** driving gear; ~ **berendezés** operating gear; ~ **energia** *(mech)* motive power; ~ **fogaskerék** *(kicsi)* pinion, driving gear; *(gyalugépen:)* bull gear; ~ **fordulatszám** driving speed; ~ **forgattyú** driving crank; *(gyalugépen:)* driving link; ~ **horonypálya** driving slot; ~ **kerékpár hordrugófüggesztő vasa** *(vasút)* driving spring hanger; ~ **kúpkerék** *(gépk)* driving bevel pinion, crown-wheel pinion; ~ **lánckerék** *(mkpár)* primary driving sprocket; *(traktoron:)* track sprocket; ~ **szerkezet** driving mechanism; ~ **szerkezeti elem** driving member; ~ **szíjtárcsa** driving pulley; ~ **tengelycsonk** *[elsőkerékhajtásnál; gépk]* driving stub axle; ~ **tokmánymenesztő szerkezet** driver chuck; ~ **Venturi-cső** *(rep)* power Venturi
hajtóanyag *(ált, ol; motor)* fuel oil; *(gyorsjárású Diesel-motorhoz)* high-speed diesel fuel, (automotive) gas oil, diesel engine road vehicle fuel; *(lassújárású Diesel-motorhoz:)* diesel fuel
hajtóáttétel-szerkezet driving gear
hajtócsap *(hanglemeztányéron)* drive-pin
hajtócsavar *(hajón)* (propelling) screw, (screw) propeller; *(gépen:)* drive/lead screw
hajtócsavar-irányváltó mű screw-reversing gear
hajtócsiga *(gépt)* drive worm; *(csévélőorsóhoz; tex)* band pulley, wharve
hajtócsukló(kapcsoló) drive joint
hajtóerő *(erő)* driving/propelling/motive force; *(teljesítmény)* motive/driving power; ~ **a futókerekeken** *(gépk)* driving effort at the road wheels; ~**t szolgáltató folyadék** *(hidr)* motive fluid; ~**t szolgáltató víz** *(hidr)* motive water
hajtófej driving head/end
hajtófogaskerékház pinion box
hajtóforgattyú-csap main crank pin
hajt(ogat) crimp, crease, flex, fold up, inflect, lap; *(nyomda)* fold; *[készárut; szövetet; tex]* plait; *[ruhát]* quill
hajtogatás *vö* **hajtogat** flexing; *(fűrészé:)* setting; *(kettőbe)* doubling; *(nyomda)* plait; *(pa)* folding, creasing; *(tex)* creasing, plaiting, folding
hajtogatási: ~ **élettartam** flexing life, folding strength/resistance; ~ **repedést gátló antioxidáns** *(gumi)* anti-flexcracking antioxidant; ~ **szám** *(pa)* folding endurance/strength; ~ **szilárdság** *(pa)* folding resistance
hajtogatható lemez *(pa)* fold board
hajtogató *mn* folding; *fn (nyomda)* folder; *(pa)* folder; *(nő:)* lay girl; *(tex)* lapper, plaiter; ~ **fárasztó vizsgálat** flexural endurance/fatigue test; **forgó** ~ **próba** rotating-beam flexural fatigue test; ~ **próba** reverse bend test; ~ **szerkezet** *(tex)* lapper
hajtogatóasztal *v* **-deszka** *(„falcoló"-asztal v -deszka; nyomda)* folding board
hajtogatóél *(pa)* creasing knife
hajtogató-enyvező gép *(pa)* folding and gluing machine
hajtogatógép flexing machine; *(„falcoló" gép; nyomda)* closing machine; *(pa)* folding machine, machine for folding; *(tex)* doubling/creasing machine, (cloth) plating machine, closing/folding machine, folder; *(szövetvizsgálathoz; tex)* folding tester; ~ **adagolólemeze** *(nyomda)* feedboard
hajtogatóhenger *(falcoló; pa)* creasing/folding cylinder
hajtogatókerék *(pa)* creasing wheel
hajtogatómérce *(sablon; fa)* setting gauge
hajtogató-mérő gép *(tex)* hooker, hooking/folding machine
hajtogatópróba *(anyagv)* folding test
hajtogatott folded, quilled; ~ **doboz** folding box; ~ **(fűrész)fog** swage set tooth; ~ **ív** *(nyomda)* fold; ~

papír creased paper ; ~ **szíj** *(gumi)* folded belt ; ~ **tojásdoboz-karton** *(pa)* egg-tray board ; ~ **tölcsér** *(hangt, rád)* folded horn
hajtogatottdoboz-gép *(pa)* machine for foldable boxe, folding box machine
hajtogatottdoboz-karton *(pa)* folding/bending box board
hajtogatottdoboz-ragasztó : önműködő ~ gép automatic folding-box pasting machine
hajtogató-ujj *(falcoló ; pa)* folding finger
hajtógáz power gas
hajtógép prime mover, engine, motor ; *l még* **motor**
hajtógörgő *(szállítószalagon)* driving/live roll
hajtóka *(cipő)* facing ; *(vasút) l* **hajtány**
hajtókar *(forgattyú)* crank ; *(hajtórúd:)* crank/connecting/driving rod ; *l még* **hajtórúd** ; ~ **forgattyúvége** connecting-rod crank/big end ; ~ **keresztfejvége** connecting-rod wrist-pin end ; ~**ral megindít** *(motort)* crank in/up
hajtókarbeállító készülék connecting-rod aligning jig
hajtókar-betétlemez connecting shim
hajtókar-derékszögelő készülék connecting-rod adjusting device
hajtókarfej (connecting-rod) end
hajtókaros hajtás connecting-rod drive
hajtókatűző *(cipő)* facing stitcher
hajtókerék drive/driving wheel/pinion ; *(vésőgépen ; forg)* stroke wheel ; *(lánchengeren ; tex)* beam wheel ; *(mozdonyon:)* driving wheel, driver ; ~ **kézi kötélverő gépen** travel(l)er
hajtókerékabroncs impeller rim
hajtókerékágy *(vasút)* driving box
hajtókerékellensúly *(vasút)* counterbalance
hajtókés *(pa)* folding knife
hajtókilincs *(kilincskerékhez)* driving paw ; **tompavégű** ~ *(távk)* driving pawl with deformed point
hajtóközeg propulsive medium
hajtólánc drive/driving chain, power transmission chain
hajtólöket *(motordugattyúé)* driving stroke
hajtómágnes driving/power magnet
hajtómotor driving motor ; *(rakétán:)* propelling engine
hajtómotor-csoport driving motor set
hajtómű drive, motion, gear ; *(közlőmű:)* transmission machinery ; *(gépk)* transmission ; *(óráé:)* movement ; *(rep)* power plant ; ~**vet bekapcsol** gear ; **csak fogaskerekekből összetett** ~ all-gear drive ; **eltolt forgattyús** ~ *(gépt)* desaxial/desaxe arrangement (of crank) ; ~**vel felszerel** gear ; **kifeszkézett** ~ *(bány)* anchored drive ; **láncos** ~ chain drive ; **olajjal működtetett** ~ oil gear ; **órarugós** ~ clock spring motor ; **óraszerkezetű** ~ *(műszeren)* driving clock (of an instrument
hajtóműalkatrész moving part
hajtómű-állító kar transmission control-lever
hajtómű-diagram diagram of gears
hajtóműház gear box
hajtóműolaj gear/transmission oil
hajtómű-rész *(szállítószalagon)* head section
hajtómű-retesz transmission lock
hajtóműszekrény drive box, gear case/box
hajtónyomatéki reakció *(gépk)* drive torque reaction
hajtóoldal driving/drive side ; *(papírgépen:)* back side
hajtópecek driving pin/lug
hajtórúd crank/connecting rod ; *[kaszálógépen]* pitman ; *(gépk)* connecting rod ; *(a csapszegbe fogott hajtórúdperselIyel ; gépk)* clamp-type rod *(US)* ; *(a főtengely irányában eltolt csapággyal ; gépk)* offset rod *(US)* ; *(csillagmotoron ; csoport-hajtórúd:)* articulated-type connecting rod ; *[mozdonyon]* main rod ; ~ **alsó csapágya** bottom-end bearing ; **belső** ~ *(V-motornál)* plain connecting rod ; ~ **csapágyfémbélésű csapágya** babbitt-lined connecting-rod bearing ; **csöves** ~ tubular connecting rod ; **csuklós** ~ articulated (connecting) rod ; **csuklósfejű** ~ hinged-type connecting rod ; ~ **dugattyúvége** (connecting-rod) small end ; **egyenes** ~ plain/straight connecting rod ; ~ **feje** *[kaszálógépen]* pitman head ; ~ **forgattyú-csapfurata** crank bore ; ~ **forgattyúvége** connecting-rod big end ; ~ **forgattyúvégének csapágya** big-end bearing ; ~ **golyóscsapágya** connecting-rod ball-seat ; ~ **kenő szerkezete** connecting-rod dipper ; ~ **lengésszöge** swing/angle of connecting rod ; ~ **olajmerítő kanala** connecting-rod scoop/dipper ; **osztott** ~ jointed connecting rod ; **összetett** ~ jointed connecting rod ; **többrészes** ~ jointed connecting rod ; **villás** ~ fork(ed) connecting rod ; ~ **villás vége** connecting-rod fork
hajtórúdbeállító készülék connecting-rod aligner/jig
hajtórúdcsapágy *(gépk)* (connecting-rod) big-end bearing
hajtórúd-csapágyfedél *(gépt)* cap of connecting-rod big-end
hajtórúd-csavaranya connecting-rod nut
hajtórúdcsavar-biztosító alátét *(gépk)* cap bolt nut lock washer
hajtórúdcsukló pitman coupling
hajtórúdfedél *(gépk)* (connecting rod) bearing cap
hajtórúdfej *(forgattyútengelyen ; gépk)* connecting-rod big end ; *(mzg)* pitman coupling ; **kengyeles** ~ box end
hajtórúd-hevederfej *(gépt)* straphead
hajtórúd-keresztfej main crosshead
hajtórúdperselyezés connecting-rod bushing
hajtórúdsorozat connecting-rod assembly
hajtórúdszár body/shank of connecting rod
hajtórugó *(gépt)* (moving) spring ; *(óra)* mainspring
hajtósaru driving shoe
hajtósúly *(óra)* driving weight
hajtószelep *(vízballaszt be- és kieresztésére ; hidr)* Kingston valve
hajtószer *(üreges v szivacsos gumi készítéséhez)* blowing agent, expander
hajtószíj driving/drive belt ; *(fogazott)* cogbelt ; ~ **átfogási szöge** belt contact angle ; **baláta** ~ balata (driving) belt ; **bőr** ~ leather belting ; **csúszó** *v* **visszamaradó** ~ backstand belt ; ~ **felfutó ága** driving side of belt ; **félig-keresztezett** ~ half-twisted/crossed belt ; **keresztezett** ~ oblique/crossed/twisted (driving) belt ; **kettős** ~ double compound (driving) belt ; **nyitott** ~ open (driving) belt ; **pamut** ~ canvas/cotton (driving) belt ; **teveszőr** ~ camel hair (driving) belt ; **textil** ~ webbing/textile (driving) belt; ~ **visszafutó ága** return side of belt
hajtószíj-átváltó kar *(gépt)* shipper
hajtószíjbőr belting leather
hajtószíj(kapcsoló *v* **-váltó) villa** belt shifter/fork, belt striking gear
hajtószíjkapocs alligator clips
hajtószíjvarrat lace
hajtótárcsa *(gépt)* drive/driving pulley/disc/sheave ; *(szállítószalagon:)* band pulley/wheel ; **lépcsős** ~ *(gép)* driving cone
hajtótengely driving/primary/live shaft ; *(független rugózású elsőkerékhajtásnál ; gépk)* transmission shaft ; ~ **hornya** recess in the driving shaft ; ~ **sebessége** input speed
hajtótengelyágy driving box saddle ; ~ **vezetékének állítóéke** driving wedge ; ~ **vezetékbélése** driving shoe
hajtótengely-ék drive key
hajtott : ~ elem *(gépt)* driven element ; ~ **fogaskerék** driven gear ; *(vezérműben:)* follower (gear) ; ~ **görgő** *(heng)* live roller ; ~ **görgősor** power-driven roller conveyor ; ~ **henger** *(heng)* live roll ; ~ **kerék** *(gépt)* driven wheel ; ~ **papír** folded paper ; **sűrített levegővel** ~ air-operated ; **sűrített levegővel ~ motor** compressed-air engine ; **sűrített levegővel ~ mozdony** compressed-air locomotive ; **szíjjal** ~ belt-driven ; ~ **szíjtárcsa** driven pulley ; ~ **tengely** driven/output shaft ; ~ **tengely fordulatszáma** output speed ; ~ **vég** *(tengelyen)* driven end
hajtóvas *(menetmetsző pofához)* tap wrench
hajtóvég *(gépt)* driving end
hajtóvíz *(bány)* pressure water ; *(hidr)* moving water
hajtű hairpin
hajtűcsöves kondenzátor bent-tube condenser
hajtűkanyar *(gépk)* hairpin bend
hajvíz lotion
halad advance, pass, move ; translate ; *l még* **jár** ; *(fonal:)* pass ; **dél felé** ~ *(csill)* descend ; **előre** ~ *l* **halad** ; **felfelé** ~ ascend ; **gyorsan** ~ *(gépk)* speed ; **hátrafelé** ~ return, withdraw ; **lefelé** ~ descend
haladás advancement, advancing, proceeding, progress, course ; *(fonalé ; tex)* passing ; **egyidejű** ~ *(bány)* advance in synchronism ; **felfelé** ~ moving-up ; ~ **lépése** *(bány)* web width ; ~ **mértéke** *v* **üteme** rate of progress
haladó advanced, progressive, advancing ; *[hullám:]* travelling ; **aknától munkahely felé** ~ *(bány)* inby(e) ; ~ **biztosítás** *(bány)* telescoping support ; ~ **fejtés** *(előkészítetlen mezőbe ; bány)* continuous mining ; ~ **forgómozgás** progressive rotation ;

~ hullám *(rád, vill)* travel(l)ing wave ; **kelet felé ~** eastbound ; **~ mozgás** *(mech)* translation, linear movement ; *(kétirányú)* alternating/reciprocating movement
haladóhullám-arány *(rád, vill)* travel(l)ing ratio
haladóhullámú : ~ antenna non-resonant aerial/antenna, travelling-wave aerial/antenna ; **~ cső** *(rád)* travel(l)ing(-wave) tube ; **~ oszcilloszkóp** travel(l)ing-wave oscilloscope ; **~ rácsos antenna** fishbone antenna/aerial ; **~ tápvonal** *(rád)* nonresonant line ; **~ üzem** *(tápvonalon ; rád)* nonresonant operation
haladómozgási energia *(mech* translational energy
haladvány *(ma)* progression ; **mértani ~** geometric progression ; **számtani ~** arithmetic progression
H-alakú csuklóspánt parliament hinge
hal alakú *v* **formájú** pisciform
halálfej *(festék)* caput mortuum
halálos : ~ adag *(vegy)* lethal dose, LD ; **~ sérülés** fatal injury
halálozási arány death rate
halálsugár death ray
halastó pond, fish-stew ; **szennyvízzel táplált ~** effluent pond
halászat fishing
halászbárka *(nyitott haltartóval)* trow
halászbog *(hajó)* anchor knot
halászcsáklya pole-hook
halászcsat *(hajó)* anchor knot
halászfelszerelés fishing implements/tackle
halászhajó fishing smack ; *(kétárbocos, hollandi típus:)* dogger ; *(újfundlandi típus:)* banker ; **úszó-** *v* **sodorhálós ~** drover
halászháló *(tex)* fishing net, fishnet, toil ; **nagy ~** *(egyik végén súllyal, másikon úszóval)* seine net ; **~ nehezéke** bullet
halászhorog hook
halasztókerék *(ütőóra-alkatrész)* attachment wheel
halbőr fish skin
halcsapda fish-trap
halcsont busk ; *(bálnából)* baleen
halelzáró gát *(hidr)* dike, causeway
halenyv fish-glue ; *(vizahólyag:)* isinglass
halfarkú : ~ fúró *(bány, földt)* fish-tail bit ; **~ maró** *(ékhoronymaráshoz)* fish-tail cutter ; **~ véső** *(ol)* fish-tail bit
halfogó : ~ (angolnafogó) gát *(hidr)* eel dam ; **~ kosárcsapda** *(vesszőből ; hidr)* trap ; **~ rács** *(hidr)* rack ; **~ zsilip** *(hidr)* hatch
halgereb *(hidr)* fish screen
halguánó fish guano
halhas(alak)ú tartó *(ép)* fish-bellied girder, lenticular girder/beam
halhólyag poke
halit *(ásv) l* **kősó**
halk *(mély hang)* low
halkító *(rád)* attenuator
halkulás *(rád)* fading ; *l még* **elhalkulás** *és* **féding**
halkuláskiegyenlítés *(rád)* automatic gain/volume control
hallás hearing ; **~ alsó határa** lower frequency limit of audibility ; **plasztikus ~** *(rád)* acoustic perspective ; **~ utáni táviratvétel** acoustic telegraphy ; **~ utáni vétel** *(távk)* reception by buzzer, aural/phonic reception ; **~ útján való összehasonlítás** aural comparison ; **zenei ~** ear for music
hallás- aural, auditory
hallásátfogás range of audibility
hallásbeli auditory
halláscsökkenés *l* **hallásveszteség**
hallásélesség hearing acuity
hallásélességmérő készülék acuometer
halláselmélet auditory theory
hallásérzékenység auditory sensitirity
hallásérzet sensation of hearing
hallásgörbe auditory response characteristic ; audiogram
hallásgyakorlat auditory training
hallási acoustical, aural ; **~ küszöb** *l* **hallásküszöb** ; **~ tartomány** *(távk)* range of audibility ; **~ távolság** ear-reach
hallásingerküszöb limit of audition
hallásjavítás hearing aid
hallásjavulás improvement of hearing
halláskarakterisztika auditory response characteristic
halláskifáradás auditory fatigue
hallásküszöb limit of audibility, threshold of hearing ; **~ alatti** infra-acoustic ; **~ alatti hang(rezgés)** infra-audible sound ; **normális ~** normal threshold of hearing
hallásmaradvány residual hearing
hallásmechanizmus lefolyási útja auditory pathway
hallásmérő audiometer
hallástan audiology
hallástartomány audible range
hallásterület auditory sensation area
hallásveszteség hearing loss ; **relatív ~** relative hearing loss
hallásvizsgálat hearing test ; **műszeres ~** audiometry
hallépcső *(hidr)* fish ladder/pass
hallétra *(pisztrángok számára)* salmon ladder
hallgató *(távk)* (telephone) receiver ; **~ készülék villája** hook of the receiver; **~t levesz** *(horogról)* remove the receiver ; **~ tokja** *(távk)* receiver case
hallgatófedél *(távk)* receiver cap
hallgatókagyló *(távk)* ear cap
hallgatóság auditory
hallható audible ; **~ akusztikus visszacsatolás** audible acoustic feedback ; **~ hívójel** *(távk)* audible ringing signal ; **nem ~** inaudible ; **~ riasztójel** *(távk)* acoustic alarm signal
hallhatóság audibility ; **~ alatti** subaudible ; **~ feletti** hyperacoustic ; **~ határa feletti frekvencia** *(rád)* ultrasonic frequency ; **~ küszöbértéke** limit of audibility
hallhatósági : ~ együttható audibility factor ; **~ küszöb** *l* **hallásküszöb**
hallisztrágya fish manure
hallit *(ásv)* hallite
Hallmann-Lüders-féle elcsúszási vonalak *(anyagv)* stretcher strains
halló- aural, auditory ; **~ képesség** hearing power ; **~ készülék** *(nagyothallók számára)* hearing/deaf aid
hallócső acoustic/listening tube
hallómező auditory area
hallótávolság (ear)shot, sound range/distance
halloysit *(ásv)* halloysite
halmájolaj codliver oil
halmaz aggregation ; *(mat)* assembly, set ; **korlátos ~** *(mat)* bounded set ; **véges ~** finite set
halmazállapot aggregate, state (of matter)
halmazos pörkölés *(koh)* heap/pile roasting
halmaz-változó *[csillag]* cluster variable
halmocska *(földt)* monticle
halmoz agglomerate, hill, heap
halmozás *(várakozás a repülőtér légterében)* stacking
halmozódás aggregation, stock ; *(mat)* accumulation
halmozódó hiba cumulative error
halmozott *(mat)* cumulative
háló net, web, mesh ; *(vill)* net(work) ; **~ alakú** net-shaped, netiform ; **méhsejtszerű ~** *(tex)* English net ; **széles háromszögletes szemű ~** wide triangular mesh
hálóállítás *(vadfogáshoz v halászathoz)* netting
hálóáru *(kh)* net fabric
hálóbeosztás definition of image
hálóbeosztásfedő scanning diaphragm
hálóboltozat *(ép)* reticulated vault
hálócsomó netting knot
hálócsomózás netting
hálófülke sleeping compartment ; *(ép)* cubicle, cabin
hálófülkés : ~ autóbusz sleeper bus ; **~ szalonkocsi** *(vasút)* sleeper saloon
halogén halogen ; **~ a magban** *v* **gyűrűben** *(vegy)* nuclear halogen
halogén-alkil alkyl halide
halogén-átvivő *(vegy)* halogen carrier
halogénezés *(vegy)* halogenation ; **~ a(z oldal)láncban** chain halogenation
halogénezett : ~ szénhidrogének halohydrocarbons ; **~ szerves sav** halogen organic acid
hálógéz *(tex)* net ga(u)ze
hálóhely berth
hálóhúzás haul ; *(sekélyvízi halászatnál:)* slack
haloid haloid
haloid- halide
haloidsav halogen/haloid acid
haloidsó halide
hálókészítő : ~ gép *(tex)* net machinery ; **~ huzal** netting wire
hálókifektetés helye shot
hálókocsi *(vasút)* sleeper, sleeping car
hálókocsifülke sleeping compartment
hálókötés *(tex)* net making
hálókötő : ~ cérna netting twine/yarn ; **~ gép** net making machine ; **~ huzal** netting wire ; **~ selyem** *(tex)* netting silk
halolaj marine/fish/banks oil, speck ; *(cetfajtákból:)* blubber oil
halom stack, pile, cank, barrow, bulk, clump, knoll, heap, hill(ock), swell ; **kerekded ~** *(földt)* knob ; **~ba önt** bulk ; **halmokban való pörkölés** *(koh)* heap roasting ; **~ban simított** *(pa)* bunched plated
halomba-gereblyézés *(bány)* stockpiling
halomrézsű *(ép)* flank
halomszerű felgyülemlés bunchy aggregation
hálórács *(rád)* mesh grid
hálórendszer *(halászatnál)* shot
hálóruha slumber-wear
hálós reticulate ; **~ mintájú díszítés** fret ; **~ rács** *(rád)* mesh grid ; **~**

rendszer netted structure ; ~ **szerkezet** *(ép)* mesh structure
hálószem mesh
hálószerű meshy, meshed, lacelike, reticulate, reticular, retiform ; ~ **áttörés** *(fa)* reticulate perforation plate ; ~ **kötés** *(kh)* open mesh ; ~**en kötözött** meshy ; ~ **szövetszerkezet** reticulate structure
hálószövet *(tex)* tulle
hálótakaró sleeping blanket
hálóterem dormitory
halotrichit *(ásv)* *l* **alunogén**
halott : ~ **gubó** *(tex)* dead cocoon ; ~ **gyapjúszál** brittle hair(s) ; ~ **hamvas** *v* **meszes** *(bőr)* dead lime
halotthamvasztó *fn (ép)* crematory
hálózat net(ting), network, reseau ; *(geod)* squaring ; *(tartón:)* framework ; *(út-, vasút-hálózat)* system ; *(erősáramú ; vill)* mains ; *(gyengeáramú ; vill)* network ; **alapvonalat fejlesztő** ~ *(geod)* base net ; **áramforrással bíró** ~ *(vill)* active network ; ~ **búgása** *(vill)* mains hum ; **egyfázisú váltakozó áramú** ~ single-phase alternating current main ; ~ **egyik ága** arm of network ; ~ **felépítése** *(távk)* trunking scheme ; ~ **fényképlemezen** *(csill)* reseau ; ~ **feszültség nélkül** *(vill)* passive network ; ~ **finomsága** *(telev)* definition of image ; **független** ~ *(a felmérés alatti ideiglenes használatra ; geod)* arbitrary grid ; **irányított** ~ *(vill)* beam system ; ~**ot készít** reticulate ; ~**ot kikapcsoló jelfogó** *(vasút)* power-off relay ; **légvezetékes** ~ *(vill)* aerial extension ; **nagyfeszültségű** ~ high-tension mains ; **szimmetrikus** ~ *(vill)* balanced network ; ~**ról táplált berendezés** *(rád)* mains-operated unit ; **több** ~**ból összetett rendszer** *(rád)* diversity system ; **váltakozó áramú** ~ *(vill)* alternating current mains ; **villamos** ~ electric network
hálózat-átkapcsoló jelfogó power transfer relay
hálózatbúgás mains hum
hálózatelemző (modell)készülék *(vill)* short-circuit calculator
hálózati : ~ **alaptételek** *(távk)* network theorems ; ~ **antenna** mains aerial *(UK)* ; light-line antenna *(US)* ; ~ **antennapótló** lamp-socket antenna ; ~ **antennapótló dugasz** aerial adapter ; ~ **áram** *(vill)* main current ; ~ **bekötő szennyvízcsatorna** lateral sewer ; ~ **bekötő zsinór** *(vill)* power cord ; ~ **búgás** *l* **hálózatbúgás** ; ~ **csatlakozás** *(vill)* mains(circuit) connection ; ~ **csomópont** junction point of network ; ~ **egyenirányító** *(távk)* mains rectifier ; ~ **észak** *(jelentő hálózat általában északnak mutató vonalai ; geod)* grid north ; ~ **feszültség** *(távk)* mains voltage ; *(gőzhálózatban:)* supply pressure ; ~ **feszültségingadozás** *(vill)* line voltage variation ; ~ **feszültségszabályozó** *(távk)* mains voltage stabilizer/regulator ; ~ **frekvencia** *(vill)* line/mains frequency ; ~ **kapcsoló** *(rád)* mains switch ; ~ **készülék** *(rád, távk)* mains-operated set ; ~ **morgás** *(rád, távk)* *l* **hálózatbúgás** ; ~ **rész** *(rád)* mains unit ; ~ **szakadás vizsgálata** *(vill)* continuity test ; ~ **szűrő** *(rád)* ripple filter ; ~ **szűrőtekercs** *(fojtó ; rád)* ripple-filter choke ; ~ **teljesítmény** *(vill)* input (power) ; ~ **transzformátor** mains/power transformer ; ~ **üzem** *(távk)* mains working, operation from mains ; ~ **védőeszköz** *v* **felszerelés** network protector ; ~ **vevő készülék** mains receiver (set) ; ~ **vonalakat készít** reticulate ; ~ **zúgás** power-line hum ; ~ **zsinór** *(vill)* power cord
hálózatkör-módszer *(rád)* mesh method
hálózatos *(ásv)* reticulated ; ~ **szerkezet** *v* **kiképzés** netted structure ; ~ **térkép** lattice chart
hálózatra-szerelés *(vill)* setting-up
hálózatvizsgáló berendezés *(vill)* network analyzer
hálózottság reticulation
hálózott vonalozású üveglemez *(nyomda)* screen
hálózsák sleeping bag
halpikkely fish scale
halrács *(hidr)* fish screen
halraj *(hidr)* shoal
halrekesztő *(hidr)* garth
halszálkakötés *(ép)* *(rácsozat:)* herringbone strutting ; *(beeresztés:)* herringbone bond
halszálkakötéses : ~ **parketta** herringbone parquet floor ; ~ **szerkezet** *(ép)* herringbone structure
halszálkamintázatú herringbone ; ~ **szövet** feather twill
halszálkás : ~ **hímzés** *(tex)* herringbone; ~ **kiképzés** *(ép)* zigzag mo(u)lding ; ~ **kötés** *(tex)* herringbone
halszálka-sávoly *(tex)* angled/diagonal twill, herringbone twill
halszálkavonalak *(anyagv)* herringbone marks
halszigony fish gig ; *(ágas:)* fish fork
haltartó medence *v* **tó** holding pond
haltej milt
halteleltető medence *v* **tó** holding pond
halvány *(tex)* dim, dingy, pale, blank ; ~ **festés** *(pa)* low colo(u)r ; ~ **színű papír** toned/tinted paper
halványít blank, bleach
halványítás bleach(ing), blanking ; ~ **a napon** *(bőr, tex)* sun bleach
halványító : ~ **ceruza** *(retushoz)* reducing pencil ; ~ **fürdő** *v* **pác** *(nyomda)* mordant fader ; ~ **szer** *(bőr)* bleach(ing) agent
halványodott faded (out) ; **nem** ~ **papír** unfaded paper
halványul fade, pale
halványulás fade, fading ; **vegyi** ~ *(fényk)* chemical fade
halzsír fish(-)tallow, marine/banks oil, speck ; *(cetfajtákból:)* blubber
hám *(lószerszám)* harness ; *(futókötelek szabadontartására ; hajó)* becket
hambergit *(ásv)* hambergite
hámfa whippletree, singletree
hámfavasalás clip
hámiga collar harness, horse collar
hámigabőr line/rein leather
hámigaszíj breast/coupling strap
hamis false, adulterate, dead ; *(tex)* mock ; ~ **arany** metal leaves ; ~ **áteresztés** *(rád)* spurious response ; ~ **azsúr** *(tex)* mock gauze/leno weave; ~ **borda** *(rep)* false rib ; *(nagy sűrűségű lánc szétválasztásához ; tex)* false reed ; ~ **csatolás** *(rád)* spurious coupling ; ~ **csatorna** *(rád)* spuriou channel ; ~ **drótozás** false wiring ; ~ **festés** *(pa, tex)* fugitive dye ; ~ **fogyasztás** *(kh)* mock fashion(ing) ; ~ **forgószálas géz** *(dreher ; tex)* imitation gauze ; ~ **forgószálas kötés** *(tex)* mock gauze/leno weave ; ~ **forgószálas szövet** *(tex)* mock gauze ; ~ **főte** *(bány)* false roof(ing); ~ **gyöngy** bugle ; ~ **hívásáramkör** *(rád)* false call circuit ; ~ **huzat** *v* **levegő** *(koh)* infiltrated/inleaked/false air ; ~ **jel** *(rád)* spurious signal ; ~ **jel elnyomása** *(távk)* false impulse suppression ; ~ **jelzés** *(távk)* signal imitation ; ~ **kapacitás** spurious capacity ; ~ **kő** *(ékkő)* paste stone ; ~ **mag** *(önt)* false core ; ~ **nyugalmi állapot** *(távk)* pseudo-idle circuit condition ; ~ **sodrat** *(tex)* false/trapped twist ; ~ **sodratot előállító gép** *(tex)* false-twist machine ; ~ **szegély** *(tex)* false selvedge ; ~ **szegés** *(tex)* mock seam ; ~ **varrás** *(tex)* mock seam ; ~ **varrású harisnya** *(kh)* mock-seam hose, seamless stocking ; ~ **vétel** *[rádióvevő]* spurious response ; ~ **visszájú** *(színoldaltól eltérő színű fonákoldalú ; tex)* fancy back ; ~ **visszaverődés** *(fényt)* false echo ; ~ **vízjel** *(pa)* plate water mark, dry imprint ; ~ **vízjelű papír** cameo ; ~ **vízszint** *(túl erős forrásnál, gőzkazánban)* false water (level) ; ~ **vonalak ellenőrzése** *(szink)* testing for ghosts
hamisít *(élip)* adulterate, load
hamisítás adulteration, loading, falsification
hamisítatlan sheer
hamisítószer adulterant
hamisított *(idegen anyag hozzákeverésével)* adulterate
hamisítvány adulteration
hámistráng swingle
hámkötél trace
hámlánc *(tartóhorog-felfüggesztés ; bány)* bridle chain
hámlás *(öntvényhiba)* wormy surface, dish, cup ; *(apró pontok:)* pitting, honeycombing ; **barka** ~**a** *(bőr)* peeling of the grain ; **lakkréteg** ~**a készbőrnél** peel-off
hámlaszt *(élip)* abrade
hamlinit *(ásv)* hamlinite, goyazite
hámlóhelyes *(önt)* pitted, honey-combed
hammarit *(ásv)* hammarite
hámor *(alak)* tilt mill
hámorkezelő hammerman
hámorkovács hammersmith
hámoz shell, peel, pare, skin, scale ; *(bőr)* shave ; *(fát:)* peel
hámozási minőségű furnír *(fa)* rotary veneer quality
hámozódikics *(élip)* paring knife
hámozógép *(élip)* scourer, stripping machine ; *(fa)* peeling machine
hampshirit *(ásv)* hampshirite
hámszerszám *(bőr)* harness
hámszerszámbőr harness leather
hámszíj harness strap
hámtalanít *(tex)* boil off, degum, discharge
hámtalanítás *(tex)* boiling-off, degumming, discharge ; ~ **szappanhabban** *(tex)* foam degumming
hámtalanítatlan selyem gum silk

hámtalanító *(szer; tex)* degumming (agent), boiling-off (agent); ~ **tisztítógép** *(tex)* scouring machine
hámtalanított *(tex)* boiled-off, degummed, discharged; **félig** ~ **selyem** mi-cuite silk; ~ **nehezítés nélküli selyem** *(tex)* pure dye silk; **nem** ~ in the gum; ~ **selyem** boiled-off silk, scoured/soft/degummed/cuite silk
hamu ash; *(bőr)* ashes; *(reve:)* cinder; ~ **olvadási hőfoka** ash fusion temperature; ~ **olvaszthatósága** ash fusibility
hamubunker cinder pocket
hamucsörlő *(koh)* ash hoist gear
hamueltávolító berendezés ash removing plant
hamufogó *fn* ash stop, cinder catcher
hamugödör (ash) cave, cinder pit
hamugödör-tisztító *fn* cinder pitman
hamuhányó *fn* ash dump
hamuhűtő *fn* ash cooler
hamukilökő készülék ash ejector
hamukilövellő *(gőzhajón)* ash ejector
hamukivonás de-ashing
hamukotró lapát ash pan scraper
hamukönnyű cinereous
hamukúp *(földt)* ash/cinder cone
hamuláda ash pan/bin
hamuládacsapóajtó-mozgató kar ash-pan door crank
hamuláda-légcsappantyú ash-pan damper
hamuláda-salakürítő csappantyú ash-pan dump
hamuláda-salakzsák ash-pan hopper
hamulocsoló berendezés ash-damper
hamulúg potash lye
hamumentes ashless; ~ **papír** ashless paper; ~ **szűrőpapír** ashless filter paper, quantitative (filter) paper
hamu-mérleg ash-scale
hamuréteg cinder sheet
hamuszegény low ash
hamuszekrény ash bin/cave/pit, cinder-box
hamuszekrényajtó ash pit door
hamuszerű cindery, cinereous, ashlike
hamuszínű ashy, ashen
hamuszürke ash-grey
hamutartalom percentage/quantity of ashes, ash content(s)
hamutartalom-megállapítás ash determination/testing
hamutartó *(gépk)* ashtray
hamutér ash dump
hamutlanítás de-ashing
hamutorlasztó ash bar
hamuüreg cave
hamuzsák ash pocket
hamuzsír potash (black-ash); **nyers** ~ black salt
hamuzsírolvadék *(szén tartalmú redukálóanyag)* black flux
hamvadoz smother, smoulder
hamvas *mn* cindery, pruinate; *fn (meszes; bőr)* lime; ~ **élesítése** *v* **erősítése** *(bőr)* sharpening; ~ **motollás kelepce** *(bőr)* lime wheel
hamvas-lé *(bőr)* lime liquor
hamvaszt ignite, incinerate
hamvasztás incinerating ignition
hamvasztó elemző készülék *(szerves elemzéshez)* combustion train
hamvasztókályha *(pa)* incinerator
hamvasztókemence incinerator
hanaui kvarclámpa Hanovian lamp
hancockit *(dsv)* hancockite
háncs *(fa)* bast, bass, liber, phloem; **belső** ~ *(fa)* internal phloem; **elsődleges** ~ *(fa)* primary phloem; **másodlagos** ~ *(fa)* secondary phloem; **zárt** ~ *(fa)* included phloem
háncscellulóz cuto cellulose
háncsfonadék bark plait
háncskötél bast-rope
háncspapír bast paper
háncsréteg *(fa)* bast()layer
háncsrost bass/bast/stalk/stem fibre
háncsrost-köteg bast fibre bundle
háncsrostkötél *(főleg pálmaháncsból)* bass rope
háncsrostsejt *(tex)* bast cell
háncsseprőkészítő gép *(hajó)* mop--making machine
háncsszőnyeg bast()mat
háncstalanított *[rami-kóró; tex]* stripped
háncszúzó malom *(pa)* bark-mill
hang *(általában)* sound; *(adott jellegű:)* note, tone; *(emberi:)* voice; ~**ot beállít** *(film)* dampen; **egész** ~ whole tone; **foglaltsági** ~ *(távb)* busy tone; ~- **és fülpróba** voice-ear measurement; **hangolási** ~ tuning note; *(emberi)* ~ **hatótávolsága** tongue shot; **hibásvonaljelző** ~ number-unobtainable tone; ~- **és képességvizsgáló gép** *(hangosfilm-stúdióban)* moviola; ~**nál kisebb sebességű** *(rep)* subsonic; **kombinatív** ~ difference/differential tone; **különbözeti** *(lebegő)* ~ difference/differential tone; **lemezre felvett idegen** ~ boil; **levegőáramlás okozta** ~ aeolian tone; **magasság nélküli** ~ unpitched sound; ~**gal modulált hullám** *(rdá)* tone modulated wave, sound-modulated wave, type A_3 wave; ~**gal működtetett jelfogó** *(vill)* voice-operated relay; ~**nál nagyobb sebességű** *(rep)* supersonic; **összetett** ~ complex sound; **számváltozásjelző** ~ *(telef)* changed-number tone; ~**ot szigetel** insulate acoustically; **szintetikus** *(elektrosztatikus v elektromágneses stb)* **úton keltett** ~ electronic music; **szubjektív** ~ subjective tone; **tárcsázási** ~ *(telef)* dial(ling) tone; **tiszta** ~ pure tone; ~**on túli sebességű** *(rep)* supersonic; **üvöltő** ~ warble tone; **váltakozó áramú** ~ *(zümmögés; vill)* alternating current hum; ~ **gal vezérelt vivőhullám modulálása** *(rád)* controlled carrier modulation; **zajszerű** ~ unpitched sound
hang- phonic, audio-, aural
hangadag sound-rate
hangadás phonation
hangadó *fn* sound transmitter; **televíziós készülék** ~**ja** aural transmitter
hangagyökér briar root
hangár shed; *(rep)* airshed, airplane shed, hangar; **trágyaelőkészítő** ~ composting shed
hangáram *(hangt)* streaming
hangár-előtér *(rep)* hangar apron
hangárnyalat timbre
hangárnyék *(ép)* acoustical/sound shadow; ~**ban levő** screened
hangárnyékolt *(rád)* acoustically shielded
hangározás housing
hangártalom acoustic trauma
hang-asszisztens *(film)* „clap-man"
hangátalakítás sound converting
hangátvezetés sound transmission
hangátvezetési együttható acoustic transmission coefficient
hangátvezető képesség acoustic transmittivity
hangátvitel *(ált)* transmission of sound; *(beszédé:)* speech transmission
hangátviteli: ~ **rendszer** sound transmission system; ~ **tényező** sound transmission coefficient; ~ **veszteség** sound transmission loss
hangátvivő: ~ **csatorna** *(telef)* voice channel; ~ **képesség** *(hangt)* acoustic transmittivity
hangbarázda *(hanglemezen)* (wavy-) groove; *(magnetofon)* sound-track
hangbeállítás *(film)* dampening
hangbehatolásmentes fülke sound-proof booth
hangberezgés growth of sound
hangcsapda sound lock, noise trap/ killer
hangcsatorna *(telev)* sound (signals) channel
hangcsatorna-sávszélesség sound channel bandwidth
hangcsík sound track
hangcsíkfilm sound track film
hangcsillapító közeg acoustic insulator/ absorber
hangcsillogás *(hangt, rád)* brilliance of sound
hangcsökkentés sound reduction
hangcsökkentési tényező sound reduction factor
hangcsúsztatás *(hangt)* slide
hangdiffúzor sound distributor
hangdinamika *(rád)* volume range
hangdinamika-emelés *(rád)* volume expansion
hangdinamikai szűkítő-bővítő *(rád)* audio compressor-expander
hangdiszkriminátor sound discriminator
hangdob sound drum
hangdoboz pick(-)up; *(lemezjátszón:)* pick(-)up, sound box; ~ **által keltett feszültség** *(vill)* pick(-)up voltage
hangegyenirányító *fn* sound demodulator
hangelemző *fn* sound analyzer
hangélesség *(távk)* asperity
hangelevenség *(hangt, rád)* brilliance of sound
hangelfedés aural masking
hangelhalkulás decay of sound
hangellenőrző készülék *(rád)* audio-monitor
hangelnyelés sound-absorbing, sound absorption; **levegőben történő** ~ atmospheric absorption
hangelnyelési együttható *v* **tényező** acoustic(al)/sound absorption coefficient/ factor
hangelnyelő sound-proofing/absorbing; ~ **képesség** acoustic absorptivity; ~ **kiképzés** sound-absorptive treatment; ~ **lemez** *(ép)* panel absorbent, acoustic panel; **lyukasztott azbeszt** ~ **lemez** acoustical panel assembly; ~ **műkő** acoustolith tile; ~ **nemez** felt deadener; *(lemeztányéron)* balsam wool felt; ~ **panel** acoustical panel; ~ **pokróc** blanket; ~ **vakolat** *(fröcskölt azbesztszálas)* asbestos spray
hangeloszlás sound distribution, distribution of the sound
hangenergia sound energy; **hangenergiával működő távbeszélő** *(telep v áramforrás nélkül)* sound-powered telephone

hangenergia-áramlás flow of sound energy
hangenergia-fluxus sound-energy flux
hangenergia-sűrűség sound-energy density
hangerő volume, sound intensity, loudness; *(beszédé:)* speech volume; ~ **csökkentése** *(rád)* volume contraction; ~ **növelése** *(rád)* volume expansion
hangerőcsökkentés *(hangszeré)* muting; **önműködő** ~ automatic volume contraction
hangerőegység *(távk)* volume units, VU
hangerő-expanzió *(rád)* volume expansion
hangerőfokozás *(rád)* volume expansion
hangerő-hatásfok loudness efficiency rating
hangerőjelző *fn* volume indicator, V. I.
hangerő-kontrakció volume contraction
hangerőmérő *(rád)* program(me) meter
hangerősítés sound amplification; *(újbóli lejátszáshoz, lemezé)* transscription
hangerősítő *fn* sound amplifier/intensifier; ~ **berendezés** sound-amplification system
hangerősség *l* **hangerő**
hangerősségmérő készülék phonometer
hangerőszabályozás gain/volume-control/adjustment; ~ **adás közben** *(rád)* ride gain (control); **önműködő** ~ *(rád)* automatic volume control, A. V. C.
hangerőszabályozó *fn* volume regulator, gain control, (sound) volume control/adjuster; *(hangosfilmhez)* fader, fade-box; **kézi** ~ manual volume control, M. V. C.; **önműködő** ~ *(rád)* automatic volume control, A. V. C.
hangerőszint loudness level, sound intensity level; **legnagyobb és legkisebb** ~ **viszonya** contrast
hangerőszint-görbe loudness contour
hangerőtágító *(rád)* volume expander
hangerőterjedelem volume range
hangerő-veszteség *(hangfelvételnél)* recording loss
hangerő-zsugorító *(rád)* volume compressor
hangérték value
hangérthetőség sound articulation
hangérzékelés tone perception; ~ **tisztasága** *(élesség)* definition
hangérzékeny *(rád)* microphonic; ~ **láng** singing/sensitive flame
hangérzékenység *(rád)* microphony
hangérzéketlen *(rád)* anti-microphonic
hangérzet sensation of hearing; *(hang)* sound
hangfal sound(ing) board, baffle; *(rep)* sonic barrier
hangfej *[gramofoné]* sound(-)head
hangfelfogás sound reception
hangfelfogó *fn* sound receiver/recorder
hangfeljegyzés *l* **hangfelvétel**
hangfelvétel sound recording, record; **azonnal visszajátszható** ~ instantaneous recording; **elektrokémiai** ~ *(hőhatással)* electrothermal recording; ~ **filmszalagra** sound-on-film recording; **intenzitásos** ~ variable-density recording; **keresztirányú** ~ variable-area recording; ~**t készít** record; **közvetlen** ~ direct recording; **lemezes** ~ disc recording; **mágneses** ~ magnetic recording; **mélyhornyú** ~ hill-and-dole recording; **oldalvágásos** ~ lateral(-cut) recording; **változó szélességű** ~ variable-area recording; **villamos** ~ electrical recording; **zörejmentes** ~ noiseless recording
hangfelvétel-ellenőrző készülék monitor receiver
hangfelvétel-erősítő recording amplifier
hangfelvételi: ~ **berendezés** sound recorder, sound recording apparatus; ~ **felszerelés** sound-recording equipment; ~ **hiba** *(filmen)* shadow scratch
hangfelvevő *fn l még* **hangfelvevő készülék**; *(mikrofon)* microphone; *(személy)* recordist; ~ **dob** recorder drum; ~ **doboz** pick(-)up (head); ~ **erősítő** recording amplifier; ~ **fej(e)** (sound-)recording head; ~ **forgóasztal** recording turntable; ~ **gép** sound camera; ~ **helyiség** studio; ~ **készülék** (sound) recorder/receiver, sound-recording device, sound pick-up; ~ **kocsi** sound truck; ~ **lámpa** recording lamp; **lemezes** ~ disc recorder; ~ **rendszer** sound recording system; ~ **tű** recording neddle; ~ **viasz** recording wax
hangfénykép sound-photo
hangfogó *fn* sound damper; *(gépk)* silencer; *(hangszeren:)* sourdine; ~ **edény** muffler; ~ **kamra** baffle chamber
hangfókusz sound focus
hangforrás acoustic generator; tone/sound source, source of sound; ~ **megállapítása** localization of sound; ~ **megerősítése** reinforcement of the source; ~ **teljesítménye** sound power of a source
hangfoszlány fuzz
hangfrekvencia *(hangt)* acoustical/musical/sound/voice frequency; *(rád)* low frequency, audio-frequency, A. F, a. f., a.—f.; *l még* **beszédfrekvencia**; ~ **nulla-sávja** *(iránymérőn)* aural null of demodulated frequency
hangfrekvencia-erősítési érzékenység pickup sensitivity
hangfrekvencia-erősítő *(rád)* speech-input amplifier, audio(-frequency) amplifier
hangfrekvenciás audio-, audio-frequency; ~ **áramkör** voice frequency circuit; ~ **átvitel** voice frequency transmission; ~ **csatolás** voice frequency coupling; ~ **csatorna** audio/voice-frequency channel, physical channel; ~ **csengetőegység** voice frequency (V. F.) signalling relay set; ~ **csengetőgép** voice-frequency ringer; ~ **erősítés** audio gain; ~ **erősítő** audio/low/voice-frequency amplifier, speech amplifier; ~ **fokozat** audio-frequency stage; ~ **fotogenerátor** photoaudio generator; ~ **generátor** *(forgógép)* low-frequency generator; *(rád)* tone oscillator; ~ **hívás** voice-frequency signalling; ~ **hullám** audio-frequency wave; ~ **impedancia-kiegyenlítő** low-frequency impedance compensator; ~ **kiemelő erősítés** low-frequency strengthening; ~ **mérés** voice-frequency measurement; ~ **mérőműszer** audio-frequency meter; ~ **rezgéskeltő** audio(-frequency) oscillator; ~ **szűrő** Doppler filter; ~ **tartomány** *(rád)* low/voice/audio-frequency range; ~ **távbeszélés** voice-frequency telephony; ~ **távírás** voice-frequency telegraphy; ~ **távíró berendezés** voice-frequency telegraph equipment; ~ **transzformátor** audio-frequency transformer; ~ **üzem** voice-frequency operation/(working)/transmission
hangfrekvencia-sáv *(rád)* tonal range
hangfrekvencia-szűrő note filter
hangfrekvencia-tartomány audio/audible range, register
hangfrekvencia-transzformátor *(rád) l* **hangfrekvenciás transzformátor**
hangfülke insulated cabinet
hanggátlás sound insulation, sound-proofing
hanggátlási tényező acoustical reduction factor
hanggátló *mn* sound-proof; ~ **közeg** sound barrier
hanggerenda soundboard
hanggyengülés volume decrease/contraction
hang-gyűjtőfelület *(ép, hangt)* focal area for sound
hanggyűjtő hely sound focus
hanghatás sound/acoustic(al) effect
hanghordozó *fn* sound/voice carrier
hanghullám acoustic/sonic/sound wave; ~ **futásideje** travel time; **közvetlen** *v* **elsődleges** *(nem visszavert)* ~ direct sound
hanghullám-hosszúság wavelength of the sound
hanghullám-interferencia interference of sound waves
hanghullám-regisztráló műszer phonoscope
hanghullám-transzformátor sound-wave changer
hanghullám-visszaverődés reflection of acoustic waves; ~ **középtávolsága** mean free path
hanghullámzás *(forgó lemeztányér hibájából)* rumble
hanghű orthophonic
hanghűség fidelity (of sound); *(nagyfokú:)* high-fidelity
hangingadozás sound variation; *(lemeznél:)* drift; *(rád)* flutter
hangintenzitás *(ált)* sound intensity; *l még* **hangerő**; *(távk)* calling intensity; *[hallgatóban; távk]* acoustic output; *[mikrofonban]* acoustic input
hangintenzitás-korlátozó *fn (rád)* audio peak limiter
hangintenzitásmérő *fn* sound-intensity meter
hangintenzitás-szint sound intensity level
hangismétlés *(hullámok föld körüli futásából)* echo
hangjegy note
hangjegyfüzet music book
hangjegyfüzet-papír music printing paper
hangjegykulcs clef
hangjegy-metszés music engraving
hangjegynyomda music-printing office
hangjegynyomó papír note/music printing(-)paper
hangjegypapír note/music paper
hangjegyszár stem
hangjel sound signal
hangjelvivő *(telev)* sound carrier
hangjelzés audible signal/warning, sound signal
hangjelzéses jeladó *(rep)* aural-type beacon
hangjelző *fn* sound detector; ~ **készülék** audible warning instrument

hangkapu sound gate
hangkar tone arm
hangkeltő *fn* sound-generating, soniferous
hangképzés phonation
hangkésés acoustic delay
hangkésési helyesbítés *(mech)* acoustic correction
hangkeverés (sound-)mixing, sound montage ; *(zenekari hangfelvételnél:)* blending of the groups of voices
hangkeverő *fn* mixer ; ~ **asztal** mixing table ; ~ **helyiség** *[stúdióban]* mixing chamber ; ~ **potenciométer** *(rád)* mixer ; ~ **szoba** sound box
hang-kihangsúlyozás sound augmentation
hangkitartó pedál *(zongorán)* loud/sustaining pedal
hangköz interval ; **bővített** ~ augmented interval ; **kis** ~ minor interval ; **nagy** ~ major interval ; **szűkített** ~ diminished interval
hangközépfrekvencia sound intermediate frequency, sound i.-f.
hangközépfrekvencia-erősítő sound intermediate frequency amplifier
hangközépfrekvencia-fokozat sound intermediate frequency stage
hangközépfrekvencia-vivő *fn* sound intermediate-frequency, carrier
hangközvetítés sound relay/transmission
hangkulissza sound screen
hangkülönbség-küszöbérték differential threshold
hangleadó tölcsér reproducing horn
hanglebegtetés shake
hangléc *(vonós hangszeren)* sound post
hanglehallgató készülék sound locator
hanglemez (gramophone) record, phonograph record ; ~ **befejező barázdája** eccentric spiral ; ~**re felvett hang** sound on disc ; **hangfelvétel készítése** ~**ről** rerecording ; ~ **hullámosodása** warping ; ~ **kiindulási barázdája** eccentric circle ; ~ **lejátszása** acoustic reproduction ; **mikrobarázdás** ~ microgroove record ; **normál** ~ normal speed record ; ~ **útján közvetített televíziós adás** phonovision ; **végleges pozitív** ~ *(nyomólemezek készítéséhez)* mother-record
hanglemezes hallásvizsgáló gramophone audiometer
hanglemez-felvétel gramophone record(ing) ; **finom felületi rétegű** ~ laminated record ; ~ **papírkorongra** paper surface record
hanglemezjátszó *fn* gramophone, phonograph ; ~ **pickup** *v* **hangdoboz** playback reproducer ; ~ **rádióvevő** radio-phonograph combination
hanglemezmásoló keverő rerecording system
hanglemez-nyomáshiba bedding fault
hanglemeztányér platter
hanglemezvágás record shaving ; ~ **hordó alakú tűvel** elliptoid shaving
hanglemezvágó : ~ **fej** recording head ; ~ **készülék** recorder ; ~ **tű** recording stylus
hanglemezváltó *(önműködő)* (auto)-record changer
hanglencse sound lens
hangleszedő *fn* gramophone/phonograph/ acoustical pick-up ; ~ **áramköre** pick-up circuit ; **elektrodinamikus** ~ electrodynamic pick-up ; ~ **kar** pick-up arm ; **kondenzátoros** ~ capacitor/ condenser pick-up ; **kristályos** ~ crystal/piezoelectric pick-up ; **mágneses** ~ magnetic pick-up ; **szénporos** ~ carbon pick-up
hanglétra scale
hanglökés pulse-tone ; *(időszaki süketséget okozó:)* acoustic shock
hanglyuk *(fúvóshangszeren)* keyhole, sound-hole
hangmagasság pitch (of the tone) ; **abszolút** ~ absolute pitch
hangmagassághitelesítő kondenzátor incremental pitch condenser
hangmagasságtartomány pitch range
hangmentes rész *(hangfelvételen)* hiatus
hangmérnök mixer, sound-supervisor, recordist
hangmérnöki tudomány acoustic engineering
hangmester *(film)* dubber
hangmező sound field
hangminimum *(hídáramkör hangolásánál ; távk)* silence, aural null/zero
hangminimum-beállítás aural-null presentation
hangminőség sound quality fidelity
hangmoduláció audio/sound/tone modulation ; *(távb)* voice control, speech modulation
hangmodulálás *l* **hangmoduláció**
hangmodulálatlan (rádió)távíró *v* **távírás** telegraphy without tone modulation
hangmodulált (rádió)távíró *v* **távírás** tone-modulated telegraphy
hangmontázs sound montage
hangnem keynote, mode
hangnemnélküliség atonality
hangnemváltoztatás modulation
hangnyelő *stb l* **hangelnyelő**
hangnyomás acoustic/sound pressure ; ~ **csúcsértéke** peak sound pressure
hangnyomásmérő *fn* sound-pressure meter
hangnyomásszint sound(-)pressure level
hangnyomvéső készülék *[hanglemezhez]* sound-track engraving apparatus
hangol *(hangszert)* key ; *(rád)* tune ; **rezonanciába** ~ align/tune to resonance
hangolás *(rád)* tuning ; **elektronikus** ~ electronic tuning ; **kézi** ~ *(rád)* manual tuning ; ~ **lépcsősen hangolt rezgőkörökkel** stagger tuning ; **önműködő** ~ autotune ; **tápvonalas** ~ line tuning ; **vasmagos** ~ slug tuning
hangolásélesség *(rád)* sharpness (of tuning)
hangolási : ~ **frekvenciagörbe** resonance curve ; ~ **módszer** *(rád)* method of tuning
hangolásjelző *fn (rád)* (cathode) tuning indicator, cathodic/magic eye ; ~ **cső** *(rád)* tuning indicator (valve), magic eye ; ~ **műszer** tuning meter
hangolás-szabályozó *fn* tuning-control
hangolatlan *(rád, távk)* untuned, non-resonant; ~ **antenna** untuned antenna/ aerial ; ~ **tápvonal** *(rád)* non-resonant feeder ; ~ **transzformátor csatolású** untuned-transformer coupled
hangolható *(rád, távk)* tunable, variable, adjustable ; ~ **oszcillátor** variable oscillator ; ~ **üregrezonátor** tunable/ variable cavity
hangolhatósági sáv *(rád)* tuning range
hangoló *mn* tuning ; *fn* tuner ; *(orgonasípban)* tuning wire ; ~ **csavarhúzó** *(nem mágneses)* aligning tool ; ~ **kapacitás** *(rád; távk)* tuning capacity ; ~ **kondenzátor** *(rád, távk)* tuning condenser/capacitor ; ~ **rudacska** *(hangt)* beard ; ~ **szerkezet** tuning device
hangolócsonk *(rád)* tuning stub
hangolóegység *(rád)* tuning unit; *(tekercseket tartalmazó forgó hullámváltó ; rád)* sentry box ; **kristályvezérlésű** ~ crystal-controlled tuning unit
hangolóelem *(rád)* means for tuning
hangoló-forgó *(kondenzátor)* variable tuning capacitor/condenser
hangológomb *(rád)* tuning control
hangológyűrű *(rövidre zárt)* doughnut
hangolókör *(rád)* tuning circuit, tuner ; **kristályvezérlésű** ~ crystal-controlled tuning circuit
hangolókulcs *(nem mágneses ; távk)* aligning tool ; *(hangszerhez:)* wrest, key
hangolómag *(rád)* tuning plunger
hangolópedál *(hárfán)* pedal
hangolórúd *(rád)* stub tuner
hangolósáv *(rád)* tuning band ; ~ **nagyfrekvenciás vége** high-frequency end of band
hangolósíp pitch-pipe
hangolótekercs *(rád)* search coil
hangolótengely *(rád)* tuning shaft
hangolóüreg *(rád)* tuning cavity
hangolóvasmag *(rád)* movable core
hangolt *(rád)* tuned ; ~ **anód** — ~ **rács** tuned-plate tuned grid, T. P. T. G. ; ~ **anódkör** tuned-anode circuit ; ~ **anódkörű oszcillátor** reversed feed-back oscillator, tuned plate oscillator ; ~ **anódterhelés** *(rád)* tuned plate load; ~ **antenna** tuned aerial/antenna ; ~ **csatolóhurok** *(rád)* resonance loop ; ~ **dipólus** tuned dipole *(UK)* ; tuned doublet *(US)* ; ~ **erősítő** *fn* tuned amplifier, resonance amplifier ; ~ **kör** *(rád)* resonant/tuned circuit ; *(távk)* selecting/selective/selector circuit ; ~ **rácskörű oszcillátor** *(rád)* tickler feedback oscillator, tuned grid oscillator ; ~ **rácsú** *(rád)* tuned-grid ; ~ **rádiófrekvencia** tuned radio frequency, t. r. f. ; ~ **reflektor** *[klisztronban]* tuned reflector ; ~ **rezgőnyelves jelfogó** *(távk)* tuned reed relay ; ~ **tápvonal** *(rád)* resonant feeder ; ~ **tápvonalas vezéroszcillátor** *(rád)* line-stabilized oscillator drive ; ~ **transzformátor** *(távk)* tuned transformer ; ~ **transzformátoros csatolású** tuned-transformer coupled ; ~ **V-antenna** *(rád)* resonant V antenna ; ~ **vevő** *(rád)* selective/tuned receiver ; ~ **vezeték** *(rád)* resonant line
hangolt—hangolatlan—hangolt *(rád)* tuned—aperiodic—tuned, T. A. T.
hangoltkör-előválasztó *(távk)* preselector
hangoltkörös vezéroszcillátor resonant circuit drive
hangolvasás *(táv)* sound reading
hangos : ~ **mozgóképek** sound motion-pictures ; ~ **pontok** *(rád)* loud dots ; ~ **rajzfilm** sound cartoon
hangosfilm talking picture(s), sound-picture(s), talkie(s) ; ~ **modulálatlan hangsávja** unmodulated track
hangosfilm-lejátszó fej sound-head
hangosfilm-vetítő végerősítője gain amplifier

hangosság audibility, loudness; *l még* **hangerő**; ~ **alapszintje** reference loudness
hangosságmérő *fn* phon-meter
hangosságnövelő *(rád)* expander
hangosságszint equivalent loudness, sound/loudness level
hangosságszintmérő *fn* sound-level meter
hangoszlop *(stadionban)* sound column
hangpróba sound test
hangradar *(kis távolságra)* sonar
hangrádió *(rep)* aural radio
hangradiométer *(fiz)* acoustical radiometer
hangregiszter range
hangremegés quaver
hangrés aperture
hangréslemez *(fényk)* aperture plate
hangrésvájat louver
hangrész *(telev)* sound section
hangrészecske-sebesség sound particle velocity
hangrezgés acoustical/sound vibration/oscillation; *(egyes)* sound pulse; ~**ek érzékelési tartománya** auditory sensation area
hangrezonancia acoustic resonance
hangrovátka *(hanglemezen)* groove; **két** ~ **közti terület** land; ~ **nyílásszöge** *(hang)* angle of groove
hangrögzítés *l* **hangfelvétel**
hangrögzítő anyag recording medium
hangrövidzárlat *(film)* acoustic feedback
hangrugó *(óra)* gong/sounding spring
hangrugós ütő szerkezet *(óra)* gong bell work
hangsáv *(hangosfilmen)* sound track; **A-osztályú ellenütemű** ~ class-A push-pull sound track; **képre helyezett** ~ picture track; **kétoldali amplitúdóírásos** ~ bilateral-area track; **osztott** ~ *(hangosfilmen)* push-pull sound track
hangsáv-retusálás *(film)* bloop
hangsáv-szakadás *(film)* optical scratch
hangsáv-szélesség sound bandwidth
hangsebesség *(fiz)* sound velocity/speed, velocity of sound; *(rep)* sonic speed; ~ **alatti** subsonic; ~ **feletti** supersonic; *(M = 3 felett)* hypersonic; *l még* **szuperszonikus**; ~ **feletti áramlás** *(rep)* supersonic flow; ~ **feletti áramlások aerodinamikája** supersonic aerodynamics; ~ **feletti repülés** supersonic flight; ~ **feletti sebesség** supersonic speed; ~ **körüli** trans(s)onic
hangsebességi határ sonic barrier
hangsebesség-különbség sound and film speed difference
hangsikkadás fading
hangsíp pitch-pipe
hangsor scale, gamut; *l még* **skála**
hangspektrum sound spectrum; ~ **erősségi szintje** pressure spectrum level; ~ **képe** sound spectogram
hangsugár sound ray; ~ **útja** sound trajectory
hangsugármérő *fn* acoustical radiometer
hangsugárnyomás *(fiz)* acoustical pressure
hangsugárzás sound radiation/emission, radiation of sound
hangsugárzásmérő *fn l* **hangsugármérő**
hangsugárzó *fn* acoustic/sound radiator; ~ **hatósugara** horn range; **közvetlen** ~ *(tölcsérközvetítés nélkül)* direct (acoustic) radiator
hangsúlyos: ~ **beépítés** *(városépítés)* stressed development on main squares and along main roads; ~ **városképi elem** prevailing town picture element
hangsűrűség acoustic concentration/density
hangszabályozó *fn* sound corrector; **önműködő** ~ *(audiométeren)* automatic mute
hangszalag *(film)* toneband
hangszalagretusálás *(film)* blooping
hangszaporaság musical frequency
hangszedő *fn l* **hangleszedő**
hangszegény helyek dead spots
hangszekrény sound-box
hangszer musical instrument; **elektronikus** ~ electronic instrument
hangszerelés instrumentation
hangszerfa(anyag) sounding board material
hangszétszórás acoustical scattering, sound dispersion
hangszigetelés *(jelenség)* sound absorption, acoustical reduction; *(eszköz)* sound insulation, sound-proofing
hangszigetelési tényező acoustical sound reduction factor
hangszigetelő sound-proof; ~ **anyag** sound-proofing material; *(válaszfalnál:)* plugging; ~ **ernyő** sound screen; ~ **fal** sound proof wall; ~ **födém** sound floor; ~ **lemez** *(pa)* acoustical/ceiling board, structural fibre insulation; *[hangosfilm-felvevő gépen]* jockey wall; *(hangosfilmfelvételnél)* sound tile; ~ **nemez** deadening felt; ~ **párna** (sound-proofing) cushion; ~ **rostlemez** *l* **farostlemez**; ~ **szövet** silence cloth
hangszigetelt sound-proof(ed); ~ **helyiség** sound-proofed/quiet room; **tökéletesen** ~ **helyiség** dead room
hangszín (tone) colo(u)r, timbre; ~**re kiegyenlített erősítésszabályozó** *(rád)* tone-compensated volume control
hangszínezés modulation
hangszínezet tonality
hangszínezeti tonal
hangszínkép sound spectrum
hangszín-kiegyenlítő *(rád)* tone equalizer
hangszínkompenzált hangerőszabályozó *fn* compensated volume control
hangszín-korrekció toning
hangszín-korrekciós hangerőszabályozó *(rád)* tone-compensated volume control
hangszínszabályozás *(rád)* audio fidelity control; **önműködő** ~ *(rád)* automatic bass compensation/control
hangszínszabályozó *(hangfelvételhez)* density modulator; *(rád)* audio fidelity control, tone switch/control
hangszint sound level
hangszintmérő *fn* sound level meter
hangszóró loudspeaker, megaphone, sound reproducer/radiator; ~ **akusztikai visszahatása** *(erősítőn át)* acoustic feedback; **asztalra szerelhető** ~ table-mounting loudspeaker; **dinamikus** ~ (electro)dynamic loudspeaker; **elektromágneses** ~ electromagnetic loudspeaker; **ellenőrző** ~ control/pilot/monitoring loudspeaker; ~ **gerjesztőtekercse** loudspeaker field winding; ~ **hatáskörzete** loudspeaker coverage; **indukciós** ~ induction loudspeaker; **irányított** ~ directional loudspeaker; **kettős** ~ *(mély és magas)* duocone/dual loudspeaker; **kiegyensúlyozott tekercselésű mágneses** ~ balanced-armature magnetic loudspeaker; **koaxiális szélessávú** ~ coaxial loudspeaker; **kondenzátoros** ~ electrostatic/capacitor/condenser loudspeaker; **külön dobozban elhelyezett** ~ cabinet speaker; ~ **lengőtekercse** loudspeaker voice coil; **lengőtekercses** ~ moving-coil loudspeaker; **lengővasmagos** ~ moving-iron loudspeaker; **mágneses** ~ magnetic loudspeaker; **mély hangokat kiemelő** ~ boomer; ~ **mélyhangú átvitele** bass response (of a loudspeaker); **mennyezetre szerelt** ~ floor-mounting loudspeaker; **piezoelektromos** ~ crystal/piezoelectric loudspeaker; **pneumatikus** ~ air-stream modulated loudspeaker, pneumatic loudspeaker; **tölcséres** ~ horn/cone loudspeaker
hangszóróbúgás-szűrő gyűrű shading ring
hangszóró-csoport cluster of horns
hangszóródás sound diffusion, acoustical scattering
hangszóró-díszrács *(gépk)* radio speaker grille
hangszóródoboz speaker case
hangszóró-erősítő loudspeaker amplifier
hangszóró-irányjelleggörbe directional characteristic (of a loudspeaker)
hangszóró-jelleggörbe loudspeaker response curve
hangszórókúp cone (of a loudspeaker)
hangszóróמembrán moving cone; ~ **mozgatótűje** vibrating pin
hangszórópapír radio-cone paper
hangszóró-rezgőkúp diffusing cone
hangszórós rádióbója radio-sono-buoy
hangszórótölcsér loudspeaker horn
hangtalan noiseless, atonic
hangtan acoustics; **építészeti** ~ architectural acoustics; **villamos** ~ electro-acoustics
hangtani *(közvetlen)* acoustic; *(közvetett)* acoustical
hangtartomány range
hangtávírás acoustic telegraphy
hangtávíró acoustic telegraph
hangtávlat acoustic/sound perspective
hangteljesítmény acoustic/sound power
hangteljesítményszint-indikátor audio power-level indicator
hangtényező sound factor
hangtér sound space; *(erőtér)* sound field
hangtér-egyenlőtlenség sound space irregularity
hangterelő *fn (szószék mögötti)* abat-voix; ~ **doboz** box baffle; ~ **fal** sounding board
hangterjedelem (sound volume) range, register
hangterjedés propagation of sound; ~ **középpontja** phonic centre
hangterjedési állandó sound propagation constant
hangtér-kitapogatás sound probing
hangtompítás sound absorption, attenuation, reduction of noise, silencing
hangtompító *fn* silencer, baffle chamber, sound lock/damper, silencing chamber; *[zongorán, hegedűn]* mute; *(gépk)* baffle(r), exhaust silencer;

(levegőszívásnál ; gépk) air silencer ; ~ **berendezés** sound-damping device ; *(gépk)* exhaust horns ; ~ **cső** *(gépk)* silencer tube ; ~ **dob** *(gépk, mkpár)* *l* **hangtompító edény** ; ~ **edény** *(gépk)* muffle(r) ; ~ **födém** sound floor ; ~ **függöny** baffle blanket ; ~ **kikapcsoló** *(gépk)* exhaust cutout ; ~ **pedál** soft pedal ; ~ **rezonanciatér** *(gépk)* resonance chamber
hangtorzulás *(hangosfilmnél)* flutter
hangtölcsér acoustic funnel/horn, trunk ; **csatornás** ~ cellular horn
hangtöredezés clipping
hangtörés sound diffraction ; *(közeg határán)* acoustical refraction
hangtörési veszteség acoustical refraction loss
hangtű gramophone needle
hangút sound route
hangvágó tű cutting point/needle/stylus
hangváltozás voice change
hangverő resonator
hangverődés resonance
hangversenyzongora concert grand
hangveszteség sound loss ; *(hangszalagmásolásnál:)* printing loss
hangvétel *(távk)* sound reception
hangvetítés sound projection
hangvetítési előtartás *(26 filmkocka)* sound start advance
hangvetítő kagyló *v* **fülke** shell
hangvető reflector ; *(szószék mögötti)* abat-voix
hangvezérlésű *(stabilizáló)* **készülék** voice-operated device
hangvezetés sound transmission
hangvezető *mn* soniferous ; *fn* carrier
hangvilla tuning(-)fork, fork(ed reed)
hangvilla-erősítő fork amplifier
hangvillás : ~ **áramkör-megszakító** tuning-fork circuit-breaker ; ~ **generátor** (tuning-)fork generator ; ~ **kapcsolás** (tuning-)fork coupling ; ~ **oszcillátor** (tuning)-fork oscillator ; ~ **stabilizálás** *v* **vezérlés** (tuning-)fork control/stabilization ; ~ **sztroboszkópos fordulatszámellenőrzés** *(távk)* tuning-fork-stroboscopic speed control; ~ **szűrő** *(távk)* fork-tuned filter ; ~ **vezéroszcillátor** *(rád)* tuning-fork oscillator drive
hangvisszaadás (sound) reproduction ; **elektroakusztikus** ~ electrical sound reproduction ; ~ **mágnesezett szalagról** magnetic tape sound-reproduction; ~ **minősége** *(rád)* quality of reproduction ; **villamos** ~ electrical reproduction
hangvisszaadási hűség foka tone quality, fidelity
hangvisszaadó *fn* sound reproducer, sound-reproducing device ; ~ **rendszer** sound-reproducing system ; ~ **tű** reproducing needle/stylus
hangvisszaverő *fn* sound reflector ; ~ **vakolás** hard plaster
hangvisszaverődés repercussion, resound, (sound) reflection ; **teljes ~t létrehozó kamra** echo chamber
hangvisszaverődési tényező sound-reflection factor/coefficient
hangvivő *fn* sound carrier ; ~ **hullám** sound-carrier wave ; **szomszédos** ~ adjacent sound carrier
hangvizsgáló készülék sound analyzer, tone tester

hangzáró fülke *(hangosfilm hangkeveréséhez)* "aquarium"
hangzás tone
hangzásegyensúly *(hangfelvételnél, közvetítésnél)* balance
hangzásegyensúlypróba *(hallásvizsgálatnál)* balance test
hangzásmagasság-hangzásegyensúly vizsgálati eljárás equal pitch method
hangzástan phonics
hangzat sound, chord
hangzavar dissonance, disharmony, discord ; **áthallásból eredő** ~ *(távk)* babble
hangzó *mn* soniferous
hangzóérthetőség sound articulation
hangzókapcsolás glide
hangyasav formic acid
hangyasavanhidrid formic anhydride
hanksit *(ásv)* hanksite
hannayit *(ásv)* hannayite
hant clod
hántol bare, strip, peel off, shell, scalp ; *(bőrt)* scarify, whiten ; *(élip)* abrade, skin, shell ; *(rizst:)* clean ; *(fa)* face roughly ; *(fakérget:)* decorticate ; *(cserkérget:)* strip ; *fogat ; forg)* shave ; *(sáberol)* scrape
hántolás *vö* hántol ; *(bőr)* whitening ; *(élip)* shelling, stripping ; *(fa, tex)* decortication ; *(sáberolás ; forg)* scraping ; *(fogaskeréké)* shaving ; *(pa)* (size) paring ; **kézi** ~ *(bőr)* hand whitening
hántolatlan *(élip)* undecorticated ; *(fa)* unbarked ; ~ **rizs** paddy
hántoló *fn* *(sáber ; forg)* scraper ; *(élip)* stripper, stripping machine ; ~ **eszterga** billet/bar lathe ; ~ **hengerpár** scalper ; **tárcsás** ~ *(pa)* disc barker
hántolócsiga *(forg)* shaving worm (cutter)
hántolódob *(élip)* scourer cylinder ; *(pa)* (wood) barking drum, drum barker, debarker
hántolóeke paring plough
hántolófésű *(forg)* shaving rack (cutter)
hántológép decorticator ; *(élip)* scourer, peeling machine, huller, sheller, shelling machine ; *(forg)* power scraper ; *(pa)* (wood) barking machine, (wood) barker, tumbler ; *(tex)* decorticating machine, decorticator
hántológyalu spoke shave ; ~ **egyenes fogantyúval** spoke shave with straight handles ; ~ **hajlított fogantyúval** spoke shave with bent handles
hántolójárat *(élip)* scalper
hántolókasza *(bőr)* buffing slicker
hántolókerék *(forg)* shaving cutter, shaver
hántolókés raker, plough ; *(fa)* parer, drawing/finishing knife ; *(forg)* scraper ; *(foghántoláshoz)* shaving cutter ; *(tex)* stripping knife
hántolómalom *(pa)* peeling mill
hántolórosta scalping screen
hántoló-sorozat *(forg)* scraper flight/set
hántolóvas scraping iron ; *(bőr)* whitening slicker/steel
hántolóvéső paring chisel
hántolt *[fa]* barked ; *(forg)* scraped, scrape-finished ; ~ **vezeték** *(forg, gépt)* scraped slide-way
hántótölgy-erdő *(bőr)* oak bark coppice
hányad quota fraction
hányados *(mat)* quotient, ratio

hányadosmérő *(logométer ; vill)* quotient meter, logometer
hányás *(bány)* kip
hanyatlás re(tro)gression, decrease, decline
hányó *(bány)* dump(ing place), heap, pit tip, burrow, barrow, stockpile ; **~ra dob** refuse ; ~ **lába** *(bány)* toe ; **~ra való kihordás** *(bány)* rock piling
hányóanyag cliff debris
hányódás *(hajó)* pitch, tossing
hányódó : tehetetlenül ~ *(hajó)* adrift
hányóeke *(bány)* spreader (plow)
hányóhasznosítás *(bány)* reclaiming
hányóhelyreállítás spoil reclaiming
hányókezelő *fn* *(bány)* stocker
hányókiképzés *(bány)* refuse disposal
hányómunkás *(bány)* heap keeper
hánytató emetic, vomiting ; ~ **borkő** *(vegy)* *l* **káliumantimoniltartarát**
hánytatógáz vomiting gas
hánytatószer vomitory, emetic
harang bell ; *(szivattyún)* cone ; *(hidr)* air chamber ; *(távk)* bell, gong ; ~ **alakú** bell shaped ; ~ **alakú magánalj** *(vasút)* pot sleeper ; ~ **alakú nyomáseloszlásgörbe** pressure bell ; ~ **alakú szigetelő** *l* **harangszigetelő**
harangcella *(vegy)* glocken cell
harangemelő szerkezet *(kemencetoroknál ; koh)* bell hoist
harangfedeles izzítótest hősugárzó acélcsövekkel *(koh)* radiant tube bell--type annealing furnace
harangfém *(koh)* bell metal
harangfúrás *(forg)* trepanning
haranggörbe *(mat)* bell curve, normal distribution curve
harangjáték campanette, glockenspiel ; *(óra)* chime
harangjáték-billentyű clavecin
harangkalapács *(óra)* bell hammer
harangkemence *(koh)* top hat furnace
harangláb belfry, yoke
haranglámpa lamp globe
harangmaró *(forg)* shell-type milling cutter
harangnyelv pike, bell-hammer
harangorsó *(tex)* cap
harangorsós : ~ **fonás** *(tex)* cap spinning ; ~ **fonású** cap spun ; ~ **fonógép** *(tex)* cap (spinning) frame ; ~ **fonógép automata leszedővel** *(tex)* cap selfdoffing frame ; ~ **fonógépen font** *(tex)* cap spun
harangöntöde bell foundry
harangőrlő *(bány)* bell crusher
harangszelep cup valve
harangszigetelő bell-shaped insulator, petticoat insulator ; **egyszerű** ~ single--cup insulator ; ~ **felső része** *(rád)* shed ; **kettős** ~ double-petticoat insulator ; **orros** ~ side-knob insulator, spur insulator
harangtokmány *(forg)* bell chuck
harangtorony belfry ; **külön álló** ~ campanile
harangvég *(cipőzsinóron)* bell tassel ends
harangvezetésű központozó *(forg)* bell centre punch
harangzár *(ol)* bubble cap
haránt *(mat)* transverse, transversal, cross ; ~ **vminek** *v* **vmin** *(hajó)* athwart
harántág *(távk)* shunt branch/arm
harántakadály caponier

haránt-alagcsövezés *(hidr)* cross drainage
harántárok *(fedett)* caponier
harántasztal *(gépt)* cross sliding table
haránt-áthallás *(távk)* transverse crosstalk
harántborda *(gépt)* transverse rib
harántbuktató *(bány)* crossover dumper
harántcsatolás *(távk)* transverse coupling
harántcsík lateral stripe
harántcsíkozású: ~ minta *(tex)* cross-over style ; **~ szövet** cross-overs
harántdőlés *(rept)* bank, lateral pitch
haránték *(gépk)* forelock
harántelhajlás *(földt)* lateral flexure bending
harántelőtolás *(forg)* cross/transverse feed ; *(körköszörűn)* in-feed, plunge feed
harántelőtolási zárókilincs cross feed pawl
harántelőtoló orsó *(gépt)* cross feed spindle
harántélű kalapács cross-peen hammer
harántelválás *(földt)* transverse jointing
harántér *(bány)* cross lode
haránt-erőtér *(távk)* transverse field
haránt-fasejt diagonal grain
harántfejtés *(bány)* butt heading
harántfeszke *(bány)* cross-bunton
harántfolyosó *(ép)* crossover ; *(bány)* cross entry
haránt-fonalvezető *(tex)* traverse/traversing guide
harántfűrész crosscut (saw)
harántgerenda *(ép)* inner bar
harántgyalu *(fa)* transverse planing machine ; *(forg)* shaper, shaping machine ; **hátralöket közben forgácsoló ~** drawcut shaper ; **kettős v kétkéses ~** double shaping machine ; **~n megmunkál** shaped ; **~ sikattyúja** shaper and planer vise
harántgyalulási *(ferg)* shaping
harántgyalu-szerszámkés shaping/shaper tool
haránthelyzetben a hajógerinchez képest abeam of
haránthullám *(földt)* shear wave ; **~ok** *(hajó)* cross sea
harántirányban osztott kerékkoszorú v -abroncs transversally-split rim
harántirányú transversal, cross ; *(hajó)* thwart ; **~ hajlás** *(földt)* crossfall ; **~ nyomás** *(ép)* transverse thrust ; **~ repedés** transverse fissure ; **~ szállítószalag** *(bány)* cross conveyer; **~ törés** cross breaking
harántkalapács *(alak)* cross-peen hammer
harántléc *(fa)* counter-lath
harántlengés *l* **harántrezgés**
harántlépték transverse scale
haránt-mágnesezés *(vill)* cross magnetization ; *[magnetofonszalagon]* transverse magnetization
harántmerevítés cross-bracing, transverse stiffening ; *l még* **harántmerevítő**
harántmerevített szerkezet cross-braced construction
harántmerevítő *(ép)* gusset, cross/transverse brace/stiffener ; **~ rúd v elem** *(ép)* crossbar
harántmező *(vill)* cross field
harántmozgás *(forg)* transverse motion, cross-feed motion, infeed motion
harántmű *(ép)* caponier
harántnyíró gép *(tex)* cross-cutting machine
harántolló *(nyírógép)* cross-shearing machine
harántos állóképek *(fényk, film)* oblique still picture
harántosztás transverse pitch
harántösszeköttetés *(távk)* junction circuit
hárántrepedés cross crack ; *(földt)* cutter *is*
harántrezgés *(mech, vill)* transverse/transversal oscillations/vibrations ; *(piezovillamos)* width oscillations/vibrations
harántrostos *(tex)* cross-grained
harántrostú *(fa)* cross-grained
harántszálas *(tex)* cross-grained
haránt-szállítószalagok: kölcsönös kiszolgálású ~ cross conveyers feeding one into the other
harántszán *(gépt)* cross slide ; *(elfordítható)* compound slide rest ; *(leszúró)* cutoff slide; *(kettős)* compound rest ; **~ felső késszánja** compound rest top slide ; **~ forgóasztala** compound rest swivel
harántszán-vezeték cross slide way(s)
harántszupport *l* **harántszán**
haránt-támfa raking shore
haránttekercselésű *(vill)* cross-wound
haránttengely cross/transverse axis
haránttöltés *(hidr)* cross-dike
harántütköző *(gépt)* cross stop
harántvágás *(forg)* cross cur , cutting across
harántvágat *(bány)* break-off, cross adit/measure, (butt) heading ; **kisebb ~** *(bány)* cross hole
harántválaszfal *(hajó)* cross bulkhead
harántvarrat cross seam
harántvetemedés *(fa)* transverse warping
harántvető *(földt)* cross fault
harántvölgy *(földt)* side valley
harántzátony *(tengeröböl előtt)* bay bar
harapófogó pincers (English pattern), snips, (cutting) nippers, crimping pliers, clipper(s) ; *(huzalvágó)* American wire cutting pliers ; **kis ~** pair of tweezers ; **~ pofanyílás(a)** jaw opening
harcgáz war/poison gas
harckocsi tank ; **gyalogsági ~** *(kisérő)* infantry/escort tank ; **kétéltű ~** amphibious/amphibian tank ; **könnyű ~** light tank ; **közepes ~** medium tank ; **lángszórós ~** flame-thrower tank ; **nehéz ~** heavy tank ; **páncéltörő ~** anti-tank tank
harckocsi-elhárító *l* **páncéltörő**
harckocsi-lánctalp tank tracks
harckocsi-páncél tank armo(u)r
harckocsivadász *(harckocsi)* tank destroyer
hardenit *(koh)* hardenite
Hardy-féle hajlékony tengelykapcsoló Hardy flexible coupling
Hardy-rendszerű tárcsa Hardy joint
hardystonit *(ásv)* hardystonite
Hardy-tárcsa *(gépk)* Hardy joint
hárfa alakú antenna *(rád)* harp aerial/antenna
harisnya *(hosszú ; kh)* stocking, hose, footwear ; *(rövid ; kh)* sock ; *(gázlángra)* mantle (gas) ; **~ egyszeres talpvarrattal** French foot
harisnyacsomagoló papír hosiery paper
harisnyafejelő gép *(tex)* footer (machine) *(egytűshengeres)* transfer hose machine
harisnyafélék *(kh)* hosiery
harisnyafonal *(kh)* stocking yarns
harisnyaformázás *(kh)* boarding
harisnyaformázó gép *(kh)* boarding machine
harisnyagép *(kh)* footwear machine
harisnyagyapjú *(finom fésűsfonal ; kh)* fingering
harisnyagyár hosiery mill
harisnyakötő *(női:)* garter ; *(férfi:)* sock-suspender ; **~ gép** *(kh)* hosiery/stocking frame/machine
harisnyakötő-szövet *(tex)* garter webbing
harisnyaorr *(kh)* toe
harisnyasarok *(kh)* heel
harisnyaszár *(kh)* leg fabric, boot, shank
harisnyaszegély *(kh)* (garter) welt, flare ; **önműködően készült kettős ~** automatic welt
harisnyaszegély-erősítés afterwelt
harisnyatároló állvány *(kh)* hose carrier
hárítólemez v -fal *(gépt, vegy)* baffler
hárítórács *(mozdonyon)* fender
hárítóvillás kasza *(gabonaaratáshoz)* cradle
harmadfokú *(mat)* third-degree, cubic ; **~ egyenlet** equation of the third degree, cubic equation ; **~ görbe** third--degree curve, curve of the third degree
harmadidő *(földt)* *l* **harmadkor**
harmadik third ; *(idegen, |külső)* tertiary ; **~ akna** neutral shaft ; **~ áramkörök** *(távk)* tertiary circuits ; **~ harmonikus** third harmonic ; **~ hatvány** *(mat)* cube, third power ; **~ sín** *(vasút)* middle/third rail ; **vetítés ~ képsíkra** *(mat)* third--angle projection
harmadiksínes áramszedő *(vasút)* third--rail collector
harmadkor *(földt)* Tertiary (era)
harmadkori *(földt)* tertiary
harmadlagos tertiary ; **~ spektroszkópiai sztandard** *(összehasonlító hullámhossz)* tertiary spectroscopic standard; **~ szín** *(másodlagos színekből kevert)* tertiary colo(u)r
harmadoló *(hajó)* reef-point
harmadolt reduced by three ; **~ spektrumú hangszóró rendszer** three-way loudspeaker system
harmados szürkevas lightly-mottled pig iron
harmadosztályú *(kisfokú)* **pontosság v minőség** plain quality
harmadrendű: ~ árú thirds, mends, third quality ; **~ fésűsgyapjú** *(bunda hátsó oldalrészéről ; tex)* third-combing wool ; **~ kreppkaucsuk** dark brown crepe ; **~ légelágazás** *(bány)* tertiary split ; **~ sokszögelési menet** *(geod)* third-order traverse ; **~ szintezés** *(geod)* third-order level(l)ing ; **~ táblakaucsuk** flat bark
hármas *mn* triple, three-parted, ternary; *fn* *(mat)* triad, tern, triplet ; **~ ablak** three-light window ; **~ csatlakozás** *(vill)* triple joint ; **~ díjszabású áramellátás** *(vill)* three-rate

supply ; ~ **dugaszoló kapcsoló** triple jack ; ~ **dugattyú** triplicate plungers ; ~ **elágazás** *(rád)* T-junction ; ~ **elektrolit** ternary electrolyte ; ~ **elosztó cső** tee pipe ; ~ **excenter** *(tex)* three-row cam ; ~ **fényszóró** triplex projector ; ~ **forgó kondenzátor** gang capacitor ; ~ **furatidomszer** trilock plug ga(u)ge ; ~ **gép** *(háromfokozatú gőzgép)* three-cylinder/stage engine ; ~ **hangoló kondenzátor** *(rád)* gang-tuning capacitor ; ~ **harmonikusok** *(távk)* tertiary harmonics ; ~ **hengerállvány** three-high (roll) stand ; ~ **hengersor** three-high (rolling) mill ; ~ **ikrek** *(ásv)* trillings ; ~ **kivágó gép** *(pa)* three-knife trimmer ; ~ **kommutátor** *(rád)* gang switch ; ~ **kondenzátorok** ganged capacitors/condensers ; ~ **kötés** triple/acetylene bond/link(age) ; ~ **működésű sajtó** *v* **prés** triple-action press ; ~ **osztófej** *(forg)* triple indexing centers ; ~ **ötvözet** trimetal, ternary alloy ; ~ **rétegződés** *(földt)* three-ply ; ~ **sajtolóforma** triple-action die ; ~ **szegecsvarrat** triple rivet joint ; ~ **szemzés** *(gumi)* three-storey grafting ; ~ **szemzésű** *(gumi)* three-component tree ; ~ **szíjtárcsahajtás** triple-pulley drive ; ~ **színnyomás** three-colo(u)r process ; ~ **szövet** *(tex)* three-ply cloth ; ~ **szubsztitúció-termék** trisubstitution product; ~ **tasak** *(pa)* threefold bag ; ~ **vágathajtás** *(bány)* three-heading system

hármasfogat tern

hármashangzat triad

hármaslencse *(fényt)* triplet

hármasszabály *(mat)* rule of three

hármasszelep cross valve

harmat dew ; ~**tal terhelt** *(met)* dew-bent

harmatáztatás *(tex)* dew/grass/field retting ; ~**ú len** *(tex)* dew-retted flax

harmatkúp *v* **-tó** *(met)* dew pond

harmatmérő *(met)* drosometer

harmatos dewy

harmatosít dew

harmatpont dew point

harmatpont-depresszió *(met)* dew point depression

harmatpont-meghatározó *(met)* wet-and-dry-bulb hygrometer

harmatpontsüllyedés *(met)* dew point depression

harmatsapka *(távcsövön ; csill)* dew cap

H-armatúra *(vill)* H-armature

harmónia harmony

harmonika accordion, concertina ; *(vitorlavászon légvezeték ; bány)* canvas air conduit ; *(gumi v bőr ; gépk)* bellow ; *(forg)* slide protector/guard; ~ **köpenye** concertina sheet

harmonika-ajtó bellow-framed door, folding/concertina door

harmonikacső *(gumi ; gépk)* corrugated rubber hose

harmonika-kapcsolat bellows joint

harmonikalemez *(pa)* concertina board

harmonikus *mn* harmonic, sweet-sounding ; *fn* harmonic (component) ; ~ **analizátor** *v* **rezgéselemző** *(gép)* harmonic analyser ; ~ **analízis** *(rád, távk)* harmonic analysis ; ~ **antenna** *(rád)* harmonic aerial/antenna ; ~ **átlag** harmonic average ; ~ **felhang** harmonic ; ~ **frekvenciák** *(rád)* harmonics ; ~ **frekvenciára rezonáló antenna** harmonic aerial ; ~ **generátor** *(távk)* harmonic generator ; ~ **gerjesztés** *(rád)* harmonic excitation ; ~ **görbe** harmonic curve ; ~ **hívójelzés** *(távk)* harmonic selective signalling ; ~ **kis szeptim** harmonic minor seventh ; ~ **kiszűrése** *(rád, távk)* harmonic reduction ; ~**ok mágneses gerjesztése** *(távk)* magnetic generation of harmonics ; **második** ~ second harmonic ; **második** ~ **csillapítás** *(távk)* second harmonic margin ; ~ **összefüggés** *(távk)* harmonic relation ; ~ **összetevő** harmonic component ; ~ **polinómok** *(mat)* harmonic polynomials ; ~ **rezgési módok** *(rád, távk)* harmonic modes ; ~ **sor** *(mat)* harmonic series ; ~ **sugárzás** *(rád)* harmonic ; ~ **szűrő** *(rád)* harmonic suppressor ; ~ **tartalom** *(rád, távk)* harmonic content ; ~ **tartalommérő** *(távk)* harmonic measuring set ; ~ **távírás** harmonic/multiplex telegraphy ; ~ **torzítás** *(rád, távk)* non-linear distortion, harmonic distortion

harmónium reed organ

harmonizál harmonize

harmotom *(ásv)* harmotome

három : ~ **egyenlő részre oszt** *v* **bont** trisect ; ~ **elemből álló csoport** *(mat, vegy)* triad ; ~ **fogalmú jelző** *(vasút)* three-position signal ; ~ **fogású szimmetriatengely** *(ásv)* triad ; ~ **gerendasorból álló fapillér** *(bány)* three-member bulkhead ; ~ **jelszín-átvitelű körképcső** *v* **térképcső** three-tone PPI (plan position indicator) ; ~ **mellékadóval dolgozó Decca-rendszer** *(távk)* three-slave Decca-system ; ~ **oldalra dönthető csilleszekrény** three way dump body ; ~ **párhuzamos vágattal kihajtott folyosó** *(bány)* triple heading ; ~ **részből álló** tripartite ; ~ **szempontból való osztályozás** three-way classification ; ~ **tizedes-fokozatú ellenállás** *(vill)* three-decade resistance

háromágú trifurcated, trident ; *(háromlábú)* three-legged ; ~ **csap** three-way cock ; ~ **csőelágazó** three-way pipe; ~ **díszítőcérna** *(tex)* chain yarn ; ~ **folyosó** *(bány)* triple heading ; ~ **fonal** *(tex)* three-threaded yarn ; ~ **kiöntő (csatorna)** three-way spout ; ~ **légcsavar** *(rep)* three-bladed (air)-screw ; ~ **levélgörbe** *(mat)* trifolium ; ~ **szigony** *(hajó)* trident

háromalkotós *(koh, vegy)* ternary ; ~ **ötvözet** ternary alloy ; ~ **rendszer** *(koh, vegy)* ternary system

háromállású three-position/way/throw ; ~ **csap** *[tüzelőszer-tartályon]* three-way cock ; ~ **jelfogó** three-position relay ; ~ **kapcsoló** *(vill)* three-position/way/throw switch ; ~ **kulcs** *(távk)* three-position key

háromáramforrásos mozdony three-power locomotive

háromáramkörös : ~ **kapcsoló** three-throw switch ; ~ **kapcsolóhüvely** triple-circuit jack

háromatomos *(vegy)* triatomic

hárombázisú *(vegy)* trihydric, tribasic ; ~ **sav** trihydric/tribasic acid

hárombekezdésű ~ **csavar** triple(-thread) screw ; ~ **csavarmenet** triple/triplex thread

hárombordás tricostate

hárombütykös tárcsa *(gépt)* tri-lobe cam

háromcsatlós kompaund mozdony six-coupled compound locomotive

háromcsatornás irányító állomás *(rád)* triple-modulation beacon

háromcsöves *(rád)* three-valve(d) ; ~ **erősítő** *(rád)* three-valve amplifier

háromcsövű *(kat)* three-barrelled

háromcsuklós ív *(ép)* three-hinged arch

háromdimenziós three-dimensional, spatial ; ~ **áramlás** *(hidr)* three flow ; ~ **érzékelés** three-dimensional perception ; ~ **film** three-dimensional film ; ~ **helyzetjelentés** *(rep)* three-dimensional position information ; ~ **indikáció** *(távk)* three-display ; ~ **másoló eszterga-marógép** three-dimensional profiling machine ; ~ **pantográf véső-** *v* **gravírozó gép** three-dimensional pantograph engraving machine

háromdobos felvonó triple-drum hoist

háromdúcos : ~ **farokcsúszó** *(rep)* tripod tail skid ; ~ **kétszárnyú repülőgép** three-bay biplane

háromégős csillár three-lamp fitting

háromékes illesztés *(gépt)* fine-ground/lapped fit/joint

háromelektródás cső *(rád)* three-electrode valve, triode

háromélű : ~ **fúrófej** *(bány)* three-wing bit ; ~ **gyalult tölgyfaléc** wainscot ; ~ **hántoló** cant scraper ; ~ **kavics** *(földt)* three-edge pebble(s) ; ~ **reszelő** cant file ; *(fűrészhez:)* gin saw file ; ~ **tű** *(balra csavart ; cipő)* triangular ; *(jobbra csavart ; cipő)* reverse triangular ; ~ **véső** *(nyomda)* scooper

háromemeletes three-floored, three-storied

háromeres : ~ **folyosó** *(bány)* triple entry ; ~ **kábel** *(emelőn)* triple cable ; *(vill)* three-core cable ; **körkörös vezetőkből álló** ~ **kábel** *(vill)* triple-concentric cable

háromértékű *(mat)* tervalent ; *(vegy)* trivalent

háromerű kábel *(vill)* three-core cable

háromfalas széláthurkoló gép *(tex)* interlock

háromfázisú three-phase, triphase ; ~ **áram** *(vill)* triphase current, three-phase current ; ~ **háromvezetékes rendszer** three-phase three-wire system ; ~ **motor** three-phase motor ; ~ **négyvezetékes rendszer** three-phase four-wire system ; ~ **övezeti talajvíz** *(földt)* suspended water ; ~ **rendszer** *(koh, vill)* three-phase system ; ~ *(vill)* three-phase field ; ~ **transzformátor** three-phase transformer ; ~ **váltakozó áram** three-phase alternating current ; ~ **vezeték** three-phase wire

háromfedelű repülőgép triplane

háromfedélzetű hajó three-decker

háromfokozatú triplex, three-step(ped), three-stage ; ~ **erősítő** *(vill)* three-stage amplifier ; ~ **gőzgép** triple-expansion steam engine ; ~ **kompresszor** three-stage compressor ; ~ **sebességváltó** *(forg)* triple(-ratio) change (wheel) gear ; ~ **sebességváltó szekrény** *(gépk)* three-speed gearbox ; ~ **turbina** three-stage turbine

háromfolyosós kamarapillérfejtés *(bány)* triple-heading room-and-pillar
háromfonalas sávoly(kötés) *(tex)* Genoa/foundation twill, three-leaved twill
háromforgattyúcsapos könyöktengely *(gépt)* three-throw crankshaft
háromforgattyútengelyes szivattyú three--throw pump
háromgyűrűs vegyület tricyclic compound
háromhajlású *(ásv)* triclinic
háromhajós *(ép)* three-bayed
háromhangú síp three-toned whistle
háromhasítékos dugattyú tri-slot piston
háromhengeres : ~ **csillagmotor** three--cylinder radial engine ; ~ **fulárd** *(tex)* three-roll pad ; ~ **gőzgép** triple steam engine ; ~ **kompresszor** triple-cylinder compressor ; ~ *(vályús)* **szárító kalander** *(tex)* three--bowl drier mangle
háromhornyos : ~ **csaprózsa** *(heng)* roll wobbler ; ~ **gépi dörzsár** three--groove(d) chucking reamer
háromhornyú fúró three-groove(d)/fluted drill
háromirányú : ~ **kikötés** *(hajó)* three--point mooring ; ~ **kiterjedés** *(mat)* three dimension ; *(mech)* triple expansion ; ~ **szelep** tee valve
háromjáratú : ~ **csap** three-way cock ; ~ **szelep** three-way valve
háromjegyű szám *(mat)* three-figure number
háromkábeles léghajó-lehorgonyzás *(rep)* three-wire mooring
háromkarú : ~ **forgattyú** three-arm crank ; ~ **szögmérő** *(grafikus hátrametszéshez; geod)* three-arm protractor
háromkefés dinamó third-brush dynamo
háromkerekű three-wheeled ; ~ **futómű** *(rep)* tricycle undercarriage, tricycle landing gear ; ~ **gépkocsi** cycle car ; ~ **jármű** three-wheeler, three-wheeled vehicle ; ~ **motorkerékpár** motor tricycle
háromkeretantennás rendszer *(kétsávos térosztóhoz ; rep)* three-loop array
háromkéses körvágó gép *(nyomda)* trimming machine
háromkettedes szabály *(vill)* three--halves power law
háromkiterjedésű three-dimensional ; *l még* **háromdimenziós**
háromkönyökű *[tengely)* three-throw
háromköperes szita *(pa)* triple warp
háromkörös vevő (készülék) *(rád)* three--circuit receiver
háromkötéltárcsás csigatömb triple block
háromközéppontos ívgörbe three-centred arch
háromláb tripod, trivet, trevet ; ~**ra szerelt** tripod-mounted
háromlábú : ~ **aknatorony** *(bány)* tripod; ~ **állvány** *(műszer részére)* tripod ; *(emelőcsiga felfüggesztésére:)* lifting spider ; ~ **állvány hosszabbítórúdja** tripod extension rod ; ~ **állvány kihúzható szára** extensible tripod leg ; ~ **(bakos) emelő** tripod jack ; ~ **(bak)támasz** *(ép)* three-leg(ged) support ; ~ **daru** three-leg(ged) crane ; ~ **emelőállvány** tripod ; ~ **emelőbak** triangle gin ; ~ **fúrótorony** *(bány)* tripod drill ; ~ *(háromszögelési)* **gúla** *(geod)* tripod signal for triangulation ; ~ **serpenyő** spider ; ~ **támasz** three-point support

háromlap *(mat)* trihedron
háromlapátú hajtócsavar three-bladed screw
háromlapos illesztés *(ép)* three-plate joint
háromlapú *(mat)* trihedral, trilateral
háromlépcsős three-step(ped)/stage, triple ; *l még* **háromfokozatú** ; ~ **kompresszor** *v* **sűrítő** three-stage compressor ; ~ **sebességváltó mű** *(gépt)* triple reduction gear ; ~ **szíjtárcsa** three-step(ped) cone
háromlevelű (lóhere)díszítés *(ép)* trefoil
hárommagvú *(vegy)* trinuclear
hárommedencés rendszer *(bőr)* three--pit system
hárommenetű *l* **háromállású, háromjáratú, hárombekezdésű**
hárommolekulás trimolecular
hárommotoros three-engined, triple--motor; ~ **futódaru** triple-motor travelling crane
háromműszakos munka three shift basis
háromnegyedes : ~**en hajlított szél** *(270°-ra görbítve)* three-quarter curled edge ; ~ **hidazás** three-quarter plate ; ~ **tégla** three-quarters, three--quarter bat
háromnyakú lombik three-necked flask
háromnyílású *[híd]* three-bayed ; ~ **tolattyú** three-port slide valve
háromnyírású *[szegecs]* triple-shear ; ~ **kétsoros szegecskötés** triple-shear double rivet joint
háromnyomatékos Clapeyron-egyenlet three-moment equation
háromnyüstös : ~ **láncsávoly** *(tex)* three--leaf warp twill ; ~ **vetülék-sávoly** three-leaf filling twill, three-shaft weft twill
háromoldalas billentő tehergépkocsi three-way tipper
háromoldalú *(mat)* trilateral
háromorsós : ~ **csavarvágó gép** triple bolt cutter ; ~ **eszterga** three-spindle lathe ; ~ **marógép** three-head milling machine
háromoszlopos : ~ **feszültségszabályozó** *(gépk)* three-unit control box ; ~ **transzformátor** three-legged transformer
háromosztású : ~ **ablak** Venetian window ; ~ **boltív** *(ép)* triple-articulation arch
háromösszetevős : ~ **gyorsulásmérő műszer** three-component accelerometer ; ~ **rendszer** *(mech, vegy)* ternary system ; *l még* **háromalkotós**
hárompályás three-way ; ~ **útburkolat** three-line pavement
hárompofás tokmány three-jaw(ed) chuck
hárompólusú *! még* **háromsarkú** ; three/triple-pole, t. p., tripole ; ~ **antenna** tripole aerial|antenna
hárompontleszállás *(rep)* three-point landing
hárompontos felfekvés three-point contact on the ground
hárompont-oszcillátor *(Collpits-féle)* tapped-condenser oscillator ; *(Hartley-féle)* tapped-coil oscillator, Hartley oscillator
hárompörgettyűs iránytű *(rep)* triple gyrocompass
háromprésés nagyfacsiszoló *(pa)* high--power three-pocket grinder

háromrácsú *(rád)* triple-grid
háromrészes three-parted/element ; *(szűrő)* three-section ; ~ **antenna** *(telev)* three-element aerial *(UK)* ; three-element antenna *(US)* ; ~ **féktuskó** *(vasút)* triple-combination brake shoe ; ~ **forgó antenna** superturnstile ; ~ **hátsó ablak** *(gépk)* three-section type back window
háromrét(eg)ű three-ply, t. p. ; ~ **enyvezett falemez** three-ply wood ; ~ **falemezszerkezet** three-ply construction ; ~ **papír** triplex paper ; ~ **sima vakolás** lay float and set ; ~ **szövet** *(tex)* treble cloth ; ~ **üveg** triplex (glass) ; ~ **vakolás** *v* **vakolat** render float-and-set, three-coat/skin work
háromsarkú triple-pole ; ~ **egyáramkörös kapcsoló** *(vill)* triple-pole single--throw switch ; ~ **faléc** three-edged fillet ; ~ **kapcsoló** *(vill)* triple-pole switch ; ~ **kétáramkörös kapcsoló** *(vill)* triple-pole double-throw switch ; ~ **olajmegszakító** *(vill)* triple-pole oil switch
háromsínszálas vágány triple-rail line
háromsínű átszelés *(vasút)* three-rail crossing
háromszámjegyes hívószámú központ *(telef)* three-figure exchange
háromszárnyas propeller *(hajó)* three--bladed screw
„háromszázötvenes" *(mkpár)* three-fifty
három-székoszlopos függőszelemenes fedélszék *(ép)* purlin roof with three posts
háromszelepes three-valved
háromszín-autotípia *(nyomda)* three--colo(u)r chromotypogravure
háromszín-eljárás three-colour method
háromszínnyomás three-colo(u)r printing, process printing
háromszínű *(fényk, nyomda, telev)* tricolo(u)r, trichromatic, three-colo(u)red ; ~ **fényszűrő** *(fényk)* tricolor filter ; ~ **képátvitel** *(telev)* three--colo(u)r transfer
háromszor : ~ **beszőtt** *(vill)* triple--braided, T. B. ; ~ **beszőtt vízhatlan** *[huzalszigetelés]* triple-braided weatherproof ; ~ **helyettesített** *(vegy)* trisubstituted
háromszori *(mat)* triplicate
háromszoros triplicate, triple(x), tern ; ~ **fényszóró** triple reflector ; ~ **folyosó** *(bány)* triple entry ; ~ **kötés** *(vegy)* *l* **hármas kötés** ; ~ **letapogatás** *(telev)* triple scanning ; ~ **mennyiség** *(mat)* treble ; ~ **szegecskötés** triple rivet joint ; ~ **szelvényű vágat** *(bány)* triple entry ; ~ **szuperfoszfát** treble superphosphate ; ~ **vágógép** *(pa)* triplex guillotine ; ~ **visszaverődés** triple reflection
háromszorozás *(feszültségé ; vill)* tripling
háromszög *(mat)* triangle, trigon ; *(kapcsolás ; vill)* delta; *(ütőhangszer:)* triangle ; ~ **alakú** triangular, V-form ; ~ **alakú rácsostartó** *(ép)* triangular truss ; ~ **alakú vezeték** *(forg)* vee slide ; **általános** ~ scalene (triangle) ; **derékszögű** ~ right-angled triangle, rectangular triangle ; **egyenlő oldalú** ~ equilateral triangle ; **egyenlő szárú** ~ isosceles triangle ; **gömbi** ~ spheri-

cal triangle; **ferde szögű ~** oblique-angled triangle; **hegyes szögű ~** *(mat)* acute-angled triangle; **~be kapcsolt tekercs(elés)** *(vill)* delta winding; **sebességi ~** *(mech)* velocity triangle; **tompa szögű ~** *(mat)* obtuse-angled triangle; **zárt v bekötött ~** *(geod)* closed triangle
háromszögantenna triangle aerial *(UK)*; triangle antenna *(US)*
háromszögel *(geod)* triangulate
háromszögelés *(geod)* triangulation; **~ fényképekről** triangulation from photographs; **~ a jelentő hálózatban** grid triangulation; **kiegészítő v helyesbítő ~** adjusting triangulation; **~ végpontja** end point intersection
háromszögelési: ~ álláspont *(geod)* triangulation station; **~ álláspontok megválasztása** *(geod)* selecting triangulation stations; **~ hálózat** *(geod)* triangulation net, net of triangulation; **~ pont** *(geod)* triangular point, trigonometrically-fixed point; **~ pont helyszínrajzi leírása** *(geod)* station description; **~ pontok kiszemelése** *(geod)* reconnaissance for triangulation scheme; **~ rendszer** *(geod)* triangulated system
háromszögelő *(geod)* triangulator
háromszögelt pont *(geod)* trigonometrically-fixed point
háromszögfeloldó *fn* triangle solver
háromszögfüggvény trigonometric function
háromszöghálózat *(geod)* triangulation net
háromszöghálózati pont *(geod)* point of triangulation
háromszöghálózatú: ~ rácsostartó *(ép)* triangulated girder; **~ rácsos tetőszerkezet** *(ép)* triangulated roof truss; **~ szerkezet** *(ép)* triangulated structure
háromszöghullám *(rád, távk)* triangular wave
háromszög-impulzus *(vill)* triangular pulse
háromszög-jelzés *(fékjel v pótkocsijel; gépk)* triangle sign
háromszög-kapcsolás *(vill)* delta/mesh connection; *(áramkör)* delta-connected circuit, mesh circuit
háromszög-kapcsolású áramkör delta-connected circuit
háromszög-kapcsolórudas hajtómű *(vasút)* scotch yoke drive
háromszög-keresztmetszetű: ~ véső *(vésnöki, metsző munkához)* sculper; **~ vezeték** *(gépt)* V-guide
háromszögletes *l* **háromszögletű**
háromszögletű triangular, trigonal; **~ alakzat** triangle formation; **~ bukó** *(Thomson-gát; hidr)* ga(u)ge notch; **~ csík** *(keskeny)* gore; **~ elhelyezkedés** triangle formation; **~ hántoló** cant scraper; **~re hegyezett faél** feather edge; **~ kendő** triangular bandage; **~ oromfal** *(ép)* tympan(um); **~ reszelő** cant file; *(fűrészfogazáshoz)* cant saw file; **~ sarokbetét** *(harisnyában)* gore of the heel; **~ sarokpillér v láb** *(bány)* triangular stump; **~ sávot szab** *(bőr)* gore; **~ szellőzőablak** *(elefántfül; gépk)* ventilating panel; **~ véső** burr; **~ vitorla** staysail

háromszögmegoldó: ~ készülék *(rep)* triangle (re)solver, plotter; **~ tárcsa** *(rep)* course and distance computer
háromszögmenet *l* **élesmenet**
háromszögmérés *(geod)* minor triangulation
háromszögreszelő cant/triangular file
háromszögtan trigonometry
háromszögtani trigonometric
háromszögű *l* **háromszögletű**
háromtag *(mat)* trinom(e)
háromtagú *(mat)* trinomial; *(gépt, vill)* three-element/member; **~** *(csuklós)* **falazat** three-member bulkhead; **~ gyűrű** *(vegy)* three-member ring; **~ lepárló készülék** *(vegy)* triple-effect evaporator
háromtárcsás: ~ csigaszerkezet threefold block; **~ szíjfeszítő** three-pulley idler
háromtekercsrendszerű transzformátor three-coil transformer
háromtengelyes *l* **háromtengelyű**
háromtengelyű *(mech)* triaxial; **~ forgóalváz** *(vasút)* six-wheel bogie/truck; **~ hajtómű** triple-shaft drive; **~ nyíró feszültség** octahedral shearing stress; **~ nyomó kísérlet** *(mech)* triaxial compression test
háromtestprobléma *(csill, mech)* problem of three bodies
háromtraktusos three-bayed
háromtűs felsőrészvarró gép *(cipő)* upper closing machine for three needles
háromtűzcsöves kazán triple-flue boiler
háromujj-szabály *(vill)* three-finger rule
háromüléses *(gépk, rep)* three-seater
háromváltozós *(mat)* tervariant; **~ függvény** function of three variables
háromvegyértékű trivalent, tervalent; **~ elem v gyök** *(vegy)* triad
háromvezetékes: egyenáramú ~ rendszer direct current three-wire system; **~ hálózat nullavezetéke** inner conductor; **~** *(nullavezeték nélküli)* **háromfázisú rendszer** three-phase three-wire system; **~ kapcsolórúd** *(távk)* three-way plug; **~ rendszer** *(vill)* three-wire line/system
harringtonit *(ásv)* harringtonite
harstigit *(ásv)* harstigite
hartit *(ásv)* hartite
Hartley-kapcsolás *(vill)* Hartley circuit/connection
Hartley-oszcillátor *(vill)* Hartley oscillator
Hartmann-Lüders-féle vonalak *(anyag)* Lüders lines, herringbone marks
Hartnell-féle centrifugális szabályozó Hartnell governor
hártya film, skin, membrane, lamella, pellicle; *(reve)* scale; *(oxid stb)* tarnish
hártyaállandóság *(kent felületen; gépt)* film strength/stability
hártyaképző *mn* film-forming; **~ eljárás** film process; **~ képesség** film-forming power
hártyaréteg scum
hártyás membran(ace)ous; **~ emulzió** *(fényk)* pellicle
hártyásodik skim
hártyaszerű nedvességbevonat *(met, vegy)* pellicular moisture
hártyaszita *(élip)* parchment sieve

Harvey-acél *(gázban cementált acél)* Harvey steel
Harvey-féle; ~ eljárás alkalmazása *(koh)* harveyizing; **~ gázcementáló eljárás** *(koh)* Harvey process; **~ megvilágításmérő** *(fényk)* Harvey meter
has *(kidudorodó rész)* belly; *(vitorlán:)* bunt; *(vonóshangszer felső lapja:)* belly
hasáb prism; *(ép)* column; *(fa)* billet; *(koh)* billet; *(nyomda)* slip; **~ alakú** *(mat)* *l* **hasábalakú**
hasábalakú *(mat)* prismatic, prism-shaped; **~ rostélyrúd** prismatic bar; **~ szemlencse-előtét** *(geod)* prismatic eyepiece
hasábfa split billet
hasáblakat *(Jacquard-cilinderen; tex)* lantern
hasáblevonatot készít *(nyomda)* pull in slips
hasábmaró *(forg)* prismy cutter
hasábos columnar, prismatic; **~ ék** *(gépt)* *l* **retesz**; **~ elválás** *(földt)* pillow cleavage; **~ forgórosta v dobszita** *(bány)* prismatic trommel; **~ kén** prismatic sulfur; **~ rendszer** *(ásv)* prismatic system
hasábszita *(élip)* centrifugal flour dresser, scalper, reel
hasábtartó *(tex)* cylinder bar/batten; **~ láda** *(Jacquard-gépen)* support of the cylinder
hasábtűzifa firewood billet
hasábvezető kulissza *(Jacquard-gépen; tex)* swanneck
hasad split, cleave, crack, sliver, spall; *(vegy)* decompose; **nem ~** *(ásv)* is uncleavable, cleavage none; **tökéletesen ~** *(ásv)* cleavage perfect
hasadás split, break, cleavage, cleft, chink, flaw, gap, rift, rip, tear; *(atommagé)* scission, fission; *(ásv)* cleavage; *(bány)* vug; *(földt)* fission, fracture, chop; *(kis mértékű eltolódással; földt)* strainslip; *(pa)* cleavage; *(vegy)* decomposition; **csapásirányú ~** *(földt)* back; **hajlított v hullámos ~** bent cleavage; **kristályos ~** crystallization cleavage; **~ nélküli** free from flaws; **~ nyomai** cleavage in traces; **~sal szembeni ellenállás** *(anyagv)* spalling resistance; **vállapirányra merőleges ~** *(bány)* end joint; **vékony lemezes ~** *(ásv)* slaty cleavage; **vízszintes ~** *(földt)* bathoclase
hasadási lapokra merőlegesen hajtott vágat *(bány)* face heading
hasadásos choppy; **~ törés** *(bány)* fracture cleavage
hasadék break, crack, fissure, gap, hiatus, leak, ravine, rupture, slash, slit, split; *(anyagv)* breach; *(bány)* seam; *(ép)* crevice; *(földt)* crevice, flaw; **~ menti forrás** *(földt)* fissure spring; **vetődési ~** *(bány)* cliff of displacement
hasadékkitöltés *(bány)* cease fillings
hasadékvíz crevice-water
hasadó *mn (at)* fissile; **~ antracitszén** *(bány)* slaty glance coal; **derékszögben ~** *(földt)* orthotomous; **hossz- és keresztirányban v kétfelé ~** diaschistic; **kissé ~** *(földt)* rather sectile; **könnyen ~** *(anyagv)* brittle; **palaszerűen ~** cleavable; **rosszul ~**

dystomic ; ~ **szerkezet** *(földt)* shear structure
hasadt cracked, split, chinky, leaky
hasas bellied ; *(pa)* baggy ; ~ **fűrész** cross cut saw ; ~ **körző** globe caliper ; ~ **pipetta** bulb pipette ; ~ **rugó** keg spring
hasasodás bulge
hasasodott bellied
hasejtőernyő *(rep)* chest-pack parachute
hasgyapjú *(tex)* bellies, skirting
hasheveder *(rep)* ventral strap
hasibárány *(bőr)* slunks ; ~ **bőre** unborn lamb skin
hasiborjúbőr slunk calf, slunks, stillborn calfskin
hasít chink, split, slot, cleave, rip, sliver, splinter, tear ; *(palát:)* flerry ; *(bőr)* skive ; *(ép)* spall ; *(fa)* cleave, quarter, split, rend ; **szál mentén** ~ *(fa)* rip ; **tömbökre** ~ *[szenet]* block
hasítás fissure, slitting, split, cleavage, cleaving, rip(ping), scission ; *(bőr)* splitting ; **hosszirányú** ~ *(fa)* felting ; **lúgos** ~ *(vegy)* alkaline splitting/decomposition ; **savas** ~ *(vegy)* acid decomposition/splitting ; ~ **vésővel** wedging
hasításellenállóság splitting resistance
hasítási : ~ **eljárás** *(vegy)* splitting process/method ; ~ **felület** *(fa)* cleavage face
hasítatlan *(fa)* unsplit
hasíték cleft, rent, slit(ting); *(fa)* rift ; *(gépt)* slot ; ~ **marása** slot milling, slitting
hasítékbőr split (hides), hide split ; **cseres** ~ bark-tanned split ; ~ **lábszárvédő célra** split for legging ; **növényileg cserzett** *(de kikészítetlen)* ~ bark-tanned split
hasítékcsatolású tápvonal *(távk)* slot-coupled cavity
hasíték-ékbőr *(cipő)* wedge splitting
hasíték-impedancia *(rád)* slot impedance
hasítékmaró *(forg)* (metal) slitting cutter ; ~ **gép** slitter
hasi teknő *(földt)* ventral valve
hasítékos : ~ **csatolás** *(távk)* slot coupling ; ~ **dioptra 90° és 45° kitűzésére** *(geod)* French crosshead ; ~ **köpenyű (búvár)dugattyú** spring plunger
hasítékos-csapos illesztés slit and tongue joint
hasítékreszelő *(forg)* featheredge file
hasítéktalpbőr flexible split
hasíték-üreg-rezonátor *(távk)* slot-and-hole resonator system
hasítékváltó *(tex)* slide shifter
hasítható cleavable, sectile ; *(at)* fissile
hasíthatóság cleavability, sectility, fissility
hasító : ~ **keretfűrész** *(fa)* gang saw; ~ **körfűrész** *(fa)* ripping circular saw
hasítóbalta *(fa)* cleaving axe
hasítóbárd *(fa)* cleaver
hasítóék *(fa)* (wood) cleaver
hasítófűrész *(fa)* (woodworking) rip/rift saw, pit/board/split saw
hasítógép *(bőr)* splitting machine ; *(fa)* splitter, rip saw, re-saw ; *(pa)* splitting machine, slasher ; **szalagos** ~ *(bőr)* banding splitting machine
hasítógyalu *(fa)* plane
hasítókés *(bőr)* splitting knife, splitter ; *(kádárszerszám)* riving knife
hasítómunkás *(fa)* wood cleaver
hasítópenge riving knife
hasítópróba splitting test
hasított *vö* **hasít, hasad** cleft, cloven ; *(gépt)* slotted, slit(ted); *[bőr]* wedge ; ~ **alátét** *(gépt)* slot washer ; ~ **anód** *(rád)* split anode ; ~ **anódú magnetron** *(rád)* split-anode magnetron ; ~ **anya** slit nut, split nut ; ~ **betét** slotted insertion ; ~ **csapos kötésű** *(gépt)* split-pinned ; ~ **csavarkulcs** splined spanner ; ~ **csévetölcsér** *(tex)* slit cup ; ~ **cső** slit pipe ; ~ **csőtápvonal** *(rád)* slotted/radiating wave guide ; ~ **deszka** rendered laths ; ~ **dobos keresztcsévélő gép** *(tex)* split-driven winder ; ~ **donga** *(fa)* riven stave ; ~ **dugattyúpalást** *(gépk)* slotted skirt ; ~ **fejű csavar** slotted bolt ; ~ **fonalvezető dob** *v* **tárcsa** *(tex)* split drum thread guide ; ~ **gerenda** lenticular beam ; ~ **gyűrű** *(gépt)* split bush ; ~ **gyűrűs (dörzs)-tengelykapcsoló** *(gépt)* split-ring clutch ; ~ **kondenzátor-forgórészlemez** *(vill)* serrated rotor plate ; ~ **magnetron** *(távk)* slot magnetron ; ~ **mintavevő fúrófej** split spoon ; ~ **palást** *(dugattyúé ; gépk)* slotted skirt; ~ **palástú dugattyú** *(gépk)* split skirt piston ; ~ **patron** *(gépt)* split collet ; ~ **számláló** split counter ; ~ *(bőr)* **sarokfolt** split lift ; ~ **szeg** *(gépt)* cotter pin ; ~ **szíj** split belt ; ~ **szoknya** *(dugattyún ; gépk)* split skirt ; ~ **talpfa** split tie ; ~ **tápvonal** slotted line ; ~ **tárcsa** *v* **korong** *(gépt)* slotted disc, slotted dished ring ; ~ *(vékony)* **tégla** *(ép)* splits ; ~ **tüskeszár** *(forg)* slotted shank ; ~ **vég** slit end ; ~ **végű érintkezőrugó** *(vill)* split contact spring ; ~ **végű rugó** *(jelfogón)* split contact spring
hasítóvágó *(forg)* chipping chisel
hasítóvas *(bány)* slice bar
hasítóvéső *(forg)* cleaving/chipping/ripping chisel
haslábgyapjú *(tex)* brokes
hasleszállás *(rep)* belly landing
hasmagasság *(járműé)* (ground) clearance
hasogat : lemezekre ~ *(palát)* sculp, flerry
hasogatás *(fa)* splitting ; ~ **ékbeveréssel** *(fa)* wedge-cleaving method
hasogatófejsze *(fa)* wedge axe
hasogatófog *[kultivátoron]* renovator
hasonló : ~ **felépítésű** *(de nem homogén)* homoplastic ; ~ **gyűrődések** *(földt)* similar folds ; ~ **tagok** *(mat)* like terms
hasonlóság *(mat)* similitude, analogy
haspont *(vill)* antinode, amplitude point
hasrész *(bőrön)* belly
hasrészhasíték *(bőr)* belly split
hasszél *(bőr)* flanks, bellies
hasszélbőr *(bőr)* belly
hasszelet *(bőr)* belly
hastámlemez *(kazánon)* waist sheet
hastám-szögvas *(kazánon)* waist sheet angle-plate
hastingsit *(ásv)* hastingsite
használati : ~ **cikk** commodity ; ~ **határérték** marginal utility ; ~ **minta** model for use ; ~ **próba** *(kenőanyagé)* service test ; ~ **utasítás** operating instructions, directions/instructions for use ; *(kézikönyv:)* instruction book
használhatatlan inapplicable, impracticable ; *(tönkrement:)* unserviceable ; ~ **terület jele** *(rep)* mark of unserviceable area
használhatatlansági statisztika *(távk)* statistics of non-utilization
használható available, adequate, usable, fit for use, serviceable ; ~ **állapotban** in serviceable condition ; ~ **látómező** *(csill, fényt)* useful field ; ~**vá tett hányó** *(bány)* reclaimed spoil
használhatóság availability, processibility, serviceability ; ~ **tartama** service life
használhatósági : ~ **fok** availability ; ~ **időtartam** useful life
használt used, worn ; **erősen** ~ heavily/well worn ; ~ **hamvas** *v* **meszes** *(bőr)* used lime ; ~ **homok** *(önt)* shake-out sand, burnt sand ; ~ **kocsi** *(gépk)* used car, second-hand car
hasznos useful, efficient ; ~ **áram** *(vill)* wattous current ; ~ **áram(erősség)** effective current ; ~ **beépített terület** net built-in area ; ~ **élettartam** serviceable life, useful life ; ~ **érték** effective value ; ~ **esés** *(hidr)* net head ; ~ **felület** *(tűzrostély levegőt átbocsátó felülete)* useful area ; *(asztalé, forg)* working surface ; ~ **fűtőfelület** *[kazánban]* effective heating surface ; ~ **gépteljesítmény** useful power (output); ~ **hangnyomás** effective sound pressure ; ~ **hangnyomásszintkülönbség** effective sound pressure level difference ; ~ **hossz** working length ; ~ **hőenergia** *v* **hőteljesítmény** net calorific power ; ~ **jel** *(rád, távk, telev)* signal ; ~ **keresztmetszet** net section, effective (cross-)section ; ~ **kinyúlás** *[darugémé]* useful radius ; ~ **löket** *(gépt)* working stroke ; ~ **magasság** effective/useful/working height ; ~ **oldalsáv** *(rád, távk)* useful/used/transmitted sideband ; ~ **oxidáció** *(előhívásnál ; fényk)* oxidation with use ; ~ **sugár** effective radius ; ~ **súly** net load ; ~ **teher** payload, useful load ; ~ **teljesítmény** effective output, useful power; *(gyáré)* available capacity ; *(rád)* effective signal radiated, E. S. R.; *(váltakozó áramé:)* effective/true power ; ~ **tér** *v* **terület** net area ; ~ **térfogat** working volume ; ~ **terhelés** work(ing) load ; *(vill)* wattous power ; ~ **út** *(gépt)* working path ; ~ **vágástér** *(bány)* net section ; **varrat** ~ **hossza** *(heg)* effective length of weld ; ~ **vastagság** working thickness ; ~ **víz** *(hidr)* power water
hasznosít utilize
hasznosítás utilization
hasznosítható available ; *l még* **hasznos** ; ~ **hulladékanyag** utility waste ; **nem** ~ waste
hasznosság serviceability
hasznothajtó productive
haszonfa rig timber, wood over 7 cm top
haszonfa-erdő timber wood
hat work, affect, exert effect, operate ; **kölcsönösen** *v* **egymásra** ~ interact, interfere
hát back, ridge ; *(könyvé:)* spine ; ~**on mosott gyapjú** fleece-washed wool

hát- rear, dorsal
hatágú pamutcérna six cord cotton thread
határ limit, boundary, border, end, terminal, abutment, abuttal(s); *(geod)* butting; **~ok** range; **~on belül dolgozó mérőhíd** limit bridge; *(vill)* **fejtési ~** *(bány)* boundary; **~ felé haladó** fejtés *(bány)* working out; **~tól határig** out to out; **~t kijelöl** mark out; **robbanási ~** explosive limit
határ- terminal, allowable, permissible, limit
határállapot critical condition; *(áramló és rohanó vízáram közt; hidr)* critical flow
határáram *(vill)* bias; *[még éppen átviszi a jelimpulzust]* marginal current; *(vegy)* limiting current
határátkelőhely border crossing point
határcső spacer
határellenállás critical resistance
határemelkedő *(adhéziós vontatásé; vasút)* limiting gradient
határerősítő *fn (telef)* frontier station
határérték *(mat)* limit (value); *(mérete)* limit size; **~kel rendelkező sorozat** *(mat)* regular sequence; **~ek viszonya** range ratio
határértékjelző *fn* limit indicator
határértékszabályozás *(vill)* range control
határeset *(mat)* limitation case
határfa *(erdőn)* boundary, lobstick
határfal close-wall
határfejtés *(bány)* abut winning
határfeltételek limiting conditions; *(mat)* boundary conditions
határfelület boundary surface; *(sík:)* parting plane
határfelületi interfacial; **~ energia** interfacial energy; **~ feszültség** interfacial tension; **~ potenciál** interfacial potential
határfény *(rep)* boundary light; **leszállási akadályt jelző ~** *(rep)* boundary obstruction light
határfeszültség *(mech)* limiting stress; *(vill)* breakdown voltage, cut(-)off voltage
határfolyosó *(bány)* gob entry
határfrekvencia limiting frequency, cut (-)off frequency, critical frequency
határ-furatidomszer limit plug
határgörbe limit/border curve
határhártya *(vill)* barrier layer
határhelyzet extreme (position); *(rád)* cutoff (condition)
határhullámhossz *(at, rád)* critical wavelength; *(rád)* cutoff wavelength
határ-idomszer limit ga(u)ge, „go—not go" ga(u)ge; **~ jó-oldala** „Go"side; **~ megy-oldala** „Go" side; **~ nemmegy oldala** „No(t)-Go"side; **~ selejt oldala** „No(t)-Go" side
határidő (specified) time, term, date of expiration; **~höz kötött** rated; **~t meghosszabbít** prolong the term
határidőszállítás future delivery
határjel landmark; *(geod)* peg, mark
határjelző: ~ fény *(rep)* boundary light; **~ oszlop** lobstick; **~ világítótorony** boundary marker beacon
határkaró pale
határkő markstone; *(bányatelek határának megjelölésére a külszínen)* march
határlejtésszög limiting gradient
határméret limit (measure)
határmérték-idomszer end ga(u)ge
határol limit, border, bound, confine, flank; *(bány)* locate
határolás *(rád)* clipping
határoló *fn* limiter, stop; *l még* **korlátozó**; **~ dióda** limiter diode; **~val ellátott kés** *(vágásmélység szabályozására; bőr)* ga(u)ge knife; **~ fokozat** limiter/limiting stage; **~ kapcsolás** *(rád)* limiter/limiting circuit; **~ kapcsoló** *(vill)* limit switch; **~ ütköző** *(gépt)* bit stop
határolócső *(rád)* limiter tube
határolóhatás limiting action
határolómű limiter
határolónyílás limiting aperture
határolószalag *(hordrugóé; gépk)* check strap
határolóvas *(gyalupadon)* fence (bar)
határolt limited, bound; **~ működésű jelfogó** marginal relay
határos adjacent, adjoining, abutting, bordering, conterminate; *(vmivel)* abut (upon)
határosság convicinity
határozatlan indefinite, unfixed; *(mat)* indeterminate; **~ egyenlet** *(mat)* indeterminate equation; **~ integrál** indefinite integral; **~ irányú rezgés** *(fényt)* random vibration; **~ méretarány** *(geod)* undefined scale
határozatlanság *(mech)* uncertainty
határozatlansági elv *(Heisenberg-féle reláció; at)* principle of indeterminacy/ uncertainty
határozókulcs key
határozott distinct, positive; *(mat)* definite, explicit; **~ integrál** definite integral; **~ rengéskezdet** *(földt)* impetus
határozottság positiveness, determinacy; *(hangé)* asperity
határpillér *(bány)* barrier (pillar)
határpont *(geod)* end
határrészek *(geod)* outbounds
határréteg boundary layer; *(fényk, fényt, rád, vill)* barrier layer
határréteges egyenirányító *(vill)* barrier-film rectifier
határréteghatás *(fényt)* boundary effect
határszabályozó: áramimpulzusokkal működő ~ over-and-under controller
határszeg *(óra)* banking-pin
határszegély linch
határszél limen; *(geod)* mere
határszög *(forg, gépt)* contact angle
határtalan unlimited
határtalanság infinity
határtartomány march
határterhelés limit load
határtolódás *[mágneses; távk]* boundary displacement, moving boundary
határütköző *(gépt)* stop ga(u)ge
határvágat *(bány)* boundary opening
határviszkozitás intrinsic viscosity
határviszonyok edge conditions; *l még* **határfeltételek**
határvíz *(kőolajat felsőbb rétegbe nyomó víz)* edge water
határvonal border/dead line, boundary, contour (line); *(ép)* dead line; *(földt)* encroachment line; *(geod)* outbounds; *(vill)* boundary circuit; **~ érintkezése** *(szomszédos határral; geod)* abuttal(s)
határvonal-görbe borderline curve
hatás action, effect, influence; **dinamikus ~** dynamic action; **hangelkenő ~** blurring effect; **ionoszféra nappali ~a** *(rád)* diurnal behaviour; **jellegzetes** *(szín)* **~** *(fényk)* characteristic appearance; **káros lúgos ~** alkali injury; **~t kifejtő** working
hatásábra *[nyomatéki]* influence diagram
hatásábra-ordináta *(mech)* influence ordinate
hatásdiagram *(mech)* influence diagram; **~ területe** influence area
hatás-ellenhatás elve principle of action and reaction
hatásfok efficiency, effectiveness, efficacy; **abszolút ~** absolute efficiency; **dinamikus ~** dynamic efficiency; **effektív ~** effective/actual efficiency; **egyezményes ~** conventional efficiency; **elektrolitikus ~** electrolytic efficiency; **elektronikus ~** electronic efficiency; **elektrotermikus ~** electrothermal efficiency; **emissziós ~** emission efficiency; **évi ~** all-year efficiency; **24-órás ~** all-day efficiency; **ipari ~** commercial efficiency; **látszólagos ~** apparent efficiency; **mechanikai ~** mechanical efficiency; **napi ~** all-day efficiency; **nyomatéki ~** *(vill)* torque efficiency; **relatív ~** relative efficiency; **teljes ~** overall efficiency; **tengelyen mért ~** shaft efficiency; **tényleges ~** actual efficiency; **térfogati ~** volumetric efficiency; **termikus ~** thermal efficiency; **tüzelő-olaj-kátrány ~** *(gázgyártás)* fuel-oil-tar efficiency; **üzemi ~** operating efficiency; **villamos ~** electrical efficiency; **viszonylagos ~** relative efficiency; **volumetrikus ~** volumetric efficiency
hatásfokcsökkenés loss in efficiency
hatásfok-jelleggörbe efficiency characteristic
hatásfokozás *(fényk)* progression
hatásfokveszteség efficiency loss
hatásfokviszony efficiency ratio
hatásgörbe line of influence
hatásjel *(vill)* output signal
hatásképes *[klórtartalom]* active
hatáskeresztmetszet *(at)* cross section
hátaskosár *(málhás állaton)* dosser
hatáskör sphere of action
hatáskörzet *(rep)* coverage area; *(rád vill)* sphere of action
hatásmód manner of action
hatásos effective, efficacious, efficient; **~ antenna** active aerial; **~ áram** wattous/active (component of the) current, in-phase component of the current; **~ átvitel** *(távk)* effective transmission; **~ feszültség** *(vill)* wattous/active (component of the) voltage, in-phase component of the voltage; **~ földsugár** *(rád)* effective radius (of the earth); **~ körzet** *(antennáé)* effective area; **~ lőtávolság** hitting range; **~ magasság** *[antennáé]* effective (radiation) height; **~ nyomás** effective pressure; **~ sáv** *v* **tartomány** effective range; **~ szállítólöket** *(Diesel befecskendező szivattyún)* effective delivery stroke; **újból ~sá tesz** reactivate
hatássugár *(kotrókar kinyúlása)* boom reach; *l még* **hatástáv(olság), hatásterület** *és* **hatótávolság**

hatásszög angle of action
hatástáblázat *(mech)* influence table
hatástalan inefficient, inactive, ineffective, inoperative ; ~ **töltőanyag** *[gumiban]* inactive filler
hatástalanít neutralize, inactivate
hatástalanítás inactivation, neutralization
hatástáv *(rep)* range
hatástávolság *(rád)* range
hatásterület influence area, coverage, spectrum
hatásvilágító fényszóró effect projector
hatásvonal *(mech)* influence line
hátbőr crop
hatchettolit *(ásv)* hatchettolite
hátdarab *(bőr)* crops
hátdugóhúzó *(rep)* inverted spin
hatékony active, efficient ; ~ **hígítás határa** *(vegy)* threshold of active concentration ; ~ **keresztmetszet** *(mech)* effective section ; ~ **lőtávolság** decisive range
hatékonyít activate
hatékonyítás activation
hatékonyítási : ~ **hő** activation heat ; ~ **szám** activation number
hatékonyító anyag activating reagent
hatékonyság activity, activeness, effectiveness
hatelektródos cső *(rád)* hexode
hatélű : ~ **dörzsár** six-blade reamer ; ~ **fúrófej** *v* **fúrókorona** *(bány)* six-point bit ; ~ **reszelő** six-cant file
háternyő *(rep)* back-type parachute
hatértékű *(vegy)* hexavalent ; *(sav)* hexabasic, hexahydric
hátfal *(ép)* back/rear wall ; *(hidr)* apron
hátfalas fényelem *(vill)* back wall cell
hátfalazás *(ép)* backing(-off)
hátfalazat *(boltozott hídé)* backing
hátfalgyalu back wall plane
hatfázisú six-phase, hexaphase ; ~ **egyenirányító** *(vill)* six-phase rectifier ; ~ **kapcsolás** *(vill)* six-phase connection
hátfénylámpa *(gépk)* rear light
hatfonalas : ~ **sávoly** (3/3 ; *tex)* six-end three and three twill weave ; ~ **selyematlasz** *(tex)* satin de la reine
hatfonatú *(tex)* six-strand
hátgyapjú *(tex)* spine/back wool
hatgyűrűs vegyület hexacyclic compound
háti dorsal ; ~ **bőrönd** knapsack ; ~ **permetező** *(gép)* knapsack sprayer
hátizsák knapsack, (back) pack
hatjegyű : ~ **logaritmustábla** six-place table of logarithmus ; ~ **szám** *(mat)* six-figure number
hatkarú motolla six-armed reel
hatkerékfék *(gépk)* six brake
hatkerekű *mn* six-wheel ; *fn* six-wheeler; ~ **gépkocsi** six-wheeler
hatkivezetéses dugaszolóaljzat *(vill)* six-pin connecting socket
hatlábas vágányköz *(helyiérdekű vasutak minimális vágányköze)* six-foot way
hatlap *(mat)* hexahedron, cube
hátlap back (panel); *(hátoldal)* reverse ; *(ép)* backboard ; *(nyomda)* back, verso ; *(szalagfűrészé)* back edge ; *(forg)* back ; *l még* **hátoldal**
hatlapfejű hexagon (head); ~ **csavar** hexagon (head) bolt
hatlapú *mn* hexagon ; ~ **anya** hexagon nut ; ~ **kalapanya** hexagon cap nut

hátlemez *(gépt)* back plate
hatlövetű *[revolver]* six-chambered
hat-munkahelyes six-station
hátnézet rear elevation
hátnyomás *(nyomda)* printing on back
ható *mn* operative, working
hatóanyag active ingredient ; *(vegy)* actor, agent, factor
hatod- subsextuple
hatodfokú görbe *(mat)* sextic curve
hatodosztályú fűrészáru *(fa)* sixths, 6ths
hatóerő *(mech)* applied load/force ; *(fényk)* carrying power
hatóképes active, effective, efficient, virtual
hatókör(zet) reach, range
hatóközeg agent
hátoldal reverse, back side ; ~**t nyomó forma** *(nyomda)* perfect(ing) form ; ~**t nyomó henger** *(nyomda)* perfect(ing) cylinder
hátoldal-mintázat *(tex)* back texture
hátoldal-nyomás *(nyomda)* second working, perfect(ing)
hátoldalú hexagon(al)
hátonrepülés inverted flight
hatósági mázsáló *v* **mázsaház** weigh house
hatos állás *(ép)* standard, tressel
hatósáv *[erősáramú befolyásé ; távk)* zone of approachment
hatósáv-szabályozás *(távk)* range control
hatósugár action|working radius, radius of action operation ; *(emelődarué)* handling radius ; *l még* **kinyúlás** ; *(tüzelőanyag-utántöltés nélkül ; gépk)* action radius ; *(rep)* radius (of operation); *(városépítés)* sphere of action of public and basic services ; **légi** ~ *(rád, rep)* airborne range
hatószer *(vegy)* agent, actor
hatótávolság range, coverage ; *(rád, távk)* transmission distance *is* ; *(vill)* striking distance ; **kis** ~ *(rád)* low coverage ; ~**on kívüli** out-of-reach ; ~ **vonala** range line
hatótávolságú : nagy ~ **rádióadó** *(állomás)* long-distance wireless station
hatótömeg *(vegyi reakcióban)* chemical mass
hatpászmás kötél *(hajó)* six-thread line
hátra back(ward); ~ **ható szabályozás** *(távk)* backward acting regulation
hátrabillentés *(bány)* rear/end dump
hátrabillentő tehergépkocsi end tipper, dumper
hátrabuktató saraboló *(bány)* rear dump scraper
hátracsúszás *(rep)* tail dive
hátradőlés *(ép)* back fall
hátraesztergál *(forg)* back off, relieve
hátraesztergálás *(forg)* backing-off, relief, relieving
hátraesztergálási szög *(forg)* relief angle
hátraesztergáló : ~ **eszterga** relieving lathe, backing-off lathe ; ~ **készülék** *(esztergán)* relieving attachment
hátrafelé-mozgás *(gépt)* backward motion
hátrafut *[lövegcső]* recoil
hátrafutás *(lövegcsőé)* recoil
hátragörbített *[szélvédő, lökhárító]* wrap-round ; ~ **lapát** swept-back blade
hátragörbülés *v* **-görbítés** recurvation
hátrahajlított lapát *(szellőzőn v turbinán)* swept-back blade

hátrairányított backward
hátrairányzás *(geod)* backsight ; *(irányvonalon, grafikus sokszögelésnél)* setting by the back
hátraköszörül *(forg)* relieve (by grinding), back-off (by grinding), relief-grind
hátraköszörülés *(forg)* backing-off grinding, relief grinding
hátraköszörült maró *(forg)* form-relieved milling cutter
hátraközvetítő fogaskerék idler reverse gear
hátrál recess ; *(járművel tolat)* reverse ; *(gépk)* back
hátrálás recess, regression, retrogradation ; *(tolatás ; gépk)* reversing
hátralépés backset ; *(városépítés)* withdrawal, retiring, retreating
hátráló erózió *(földt)* retrogressive erosion
hátráltat hinder, retard
hátráltatás retardation, set-back
hátramar *(forg)* relieve (by milling), back-off (by milling), relief-mill
hátramegy *(hajó)* go astern
hátramenet *(gépt)* back motion/running, moving back ; *(forg)* return/reverse motion ; *(gépk)* reverse gear ; ~ **előtétkereke** *(gépk)* reverse idler gear; **gyors(ított)** ~ *(forg)* accelerated return stroke ; ~ **hajtott kereke** *(gépk)* secondary astern wheel ; ~ **ikerfogaskereke** double reverse gear ; ~ **sebessége** reverse speed ; ~**re váltó bütyök** *(gépt)* rear return cam
hátramenet-hajtómű double back gear ; ~ **előtét-kerek perselye** *(gépk)* reverse idler bushing ;
hátrameneti : ~ **előtét-kerék tengelye** *(gépk)* reverse idler shaft ; ~ **gépegység** *(hajó)* astern unit
hátramenetkerék *(gépk)* reverse pinion ; *(sebességváltóban ;)* reverse wheel
hátramenetlámpa *(gépk)* reversing lamp-light
hátramenetzár *(szerkezeti biztosíték hegymenetben hátrafutás ellen ; gépk)* anti-backing lock
hátrametsz *(geod)* cut back, resect
hátrametszés *(geod)* back bearing, cutting-back, resecting ; ~ **három adott pontból** *(síkban ; geod)* three-point problem ; ~**sel meghatározott pont** resected point
hátramozgatás backing
hátramunkálás *(forg)* back-off, relief, relieving
hátranéző tükör *(gépk)* driving/reference mirror, mirrorscope
hátranyilazás *(rep)* sweep(-)back ; ~ **szöge** *(rep)* sweepback angle
hátranyilazott *(rep)* swept(-)back ; ~ **szárny** *(rep)* swept-back wing
hátrasiklás *(lövegcsőé)* recoil(ing); ~ **közben öntöltő fegyver** recoil loader ; ~ **nélküli** recoilless
hátrasiklás-fékhenger recoil cylinder
hátrasiklási : ~ **energia** recoil energy ; ~ **erő** recoil/repulsive force ; ~ **lökés** pull of recoil, recoil pull
hátrasiklás-kiegyenlítés *(lövegcsőnél)* counter-recoil
hátrasiklásnélküli löveg recoilless gun
hátrasiklás-szabályozó *fn* control of recoil ; ~ **ék** *v* **pecek** recoil wedge; ~ **készülék** recoil check ; ~ **szelep** recoil valve

hátrasiklik *[lövegcső]* recoil
hátratartó kötél spring
hátratekintő *l* **hátranéző**
hátra-turbina *(hidr)* astern turbine
hátravilágító fényszóró *(gépk)* rear reflector
hátrareflektor *(fényk)* dinky
hátrész *(cipőé)* back
hatsávos : ~ főútvonal *(gépk)* six-lane main street ; **~ út** *[„Autobahn", 3—3 egyirányú forgalmi sávval]* six-track road
hátsó aft, back, rear ; **~ ablak** *(gépk)* rear/back window/light ; *(háromrészes ; gépk)* three-section type back window ; **~ baloldali motor** *(rep)* rear port engine ; **~ bejárat** rear entrance ; **~ bordák** *(hajó)* fashion parts ; **~ csatlakozóvég** *(üregelőtüskén)* rear support ; **~ csomagpolc** *(hátsó ablak alatt ; gépk)* rear parcel shelf ; **~ él** *(erőg, rep)* trailing edge ; **~ épület** outhouse ; **~ fal** back plate ; **~ felépítmény válaszfala** *(hajó)* poop bulkhead ; **~ fiókfal** *(tex)* box end, back ; **~ fonalvezető** *(tex)* back guide ; **~ főtartó** *(rep)* rear spar ; **~ hajórész** *(töltelékfa nélkül)* run ; **~ henger** *(nyújtóműben)* back roll(er); **~ húzószíj** *(cipő)* backstrap loop ; **~ irányzék** backsight ; **~ jelzőlámpa** *(gépk)* tail light ; **~ jelzőtárcsa** *(vonat végén)* tail disc ; **~ jobboldali motor** *(rep)* rear starboard engine ; **~ kápa** *(bőr)* cantle ; **~ kefe lefutó éle** *(vill)* rear trailing brush edge ; **~ kereszttartó** *(a vonóhorog felerősítése ; gépk)* towing pick-up ; **~ kert** *(ép)* back garden ; **~ késtartó** *(forg)* back/rear tool-post ; **~ kihordó szalag forgása** *(bány)* rear conveyer swing ; **~ kormánymozgató szerkezetek** *(rep)* rear controls ; **~ köpenycső** *(összetett fegyvercsőnél)* rear cylinder ; **~ lánchajtó kerék** *(gépk)* rear-drive sprocket ; **~ láncheriger** *(tex)* back warp ; **~ lap** back( )plate ; **~ lencse** *(fényt)* rear lens ; **~ lökhárító** rear guard ; **~ motorágy** rear engine bearer ; **~ motortartó** *v* **motorfelfüggesztés** rear engine support ; **~ motortartó bak** rear engine bearer ; **mozdony ~ forgóállványa** *v* **futókerekei** trailing track ; **~ nyereg** *(mkpár)* rear saddle, pillion seat ; **~ nyereg kapaszkodó fogantyúja** *(mkpár)* pillion handle ; **~ rugóbak** *(gépk)* rear spring bracket ; **~ sarok** *[impulzusban]* trailing corner ; **~ szád** *(tex)* back part of the shed ; **~ szalagmérő segédmunkás** *(geod)* rear chainman ; **~ szánvezeték** *(forg)* rear slide-way ; **~ szíj** *(cipészvarrógépen v cipőn)* backstrap ; **~ tartótengely** *(gépk)* pivot shaft ; **~ tengelycsap** tail journal ; **~ vég** *(rep)* trailing end ; **~ vezetés** *(gépk)* rear guide ; **~ vezetőrész** *(üregelőtüskén)* rear pilot (part); **~ világítás** *(gépk)* tail lights ; **~ vonó kapcsolás** rear towing attachment ; **~ zárófedél** *(gépk)* rear cover
hátsófedélzet *(hajó)* afterdeck ; *(megemelt)* quarterdeck
hátsófény *(gépk)* rear light
hátsó-hajtás *(gépk, mkpár)* rear drive
hátsóhíd *(gépk)* axle housing ; *(osztott)* split type axle housing ; *(bendzsó)* banjo type axle housing
hátsóhíd-áttétel *(gépk)* axle ratio
hátsóhídcső *(gépk)* (rear-)axle tube
hátsóhíd-féltengely *(gépk)* rear-axle shaft
hátsóhídház *(gépk)* rear-axle casing ; *(osztatlan tokokkal ; gépk)* banjo axle
hátsóhíd-merevítő *(gépk)* rear-axle radius rod, lateral radius rod
hátsóhíd-stabilizátor *(gépk)* rear-axle stabilizer
hátsóhíd-„trombita" *(a differenciálházból kinyúló kúpos cső)* trumpet
hátsóhíd-vezeték *(gépk)* rear-axle guide
hátsóhíd-vonórúd *(gépk)* rear-axle tie-bar
hátsókéreg *(cipő)* stiffening
hátsókéregdomborító gép *(cipő)* stiffener mo(u)lding machine
hátsókéreg-elődomborító gép *(cipő)* stiffener rough mo(u)lding machine
hátsókéregkivágó *(cipő)* stiffening cutter
hátsókéregrovátkálás *v* **-cakkozás** *(cipő)* stiffener glimping
hátsókerékagy *(gépk, mkpár)* rear (wheel) hub
hátsókerékhajtás *(gépk)* rear wheel drive
hátsókerékvilla *(gépk, mkpár)* back/rear fork ; *(kerékpáron:)* rear cycle fork
hátsólámpa *(gépk)* tail/rear lamp ; *(hajó)* stern-light
hátsónézet rear view
hátsóoldal rear ; *l még* **hátoldal** ; **~on** *(nyomda)* on the turn
hátsóperem *(földt)* posterior end
hátsórész rear end
hátsószíj *(cipőfelsőrészen)* backstrap
hátsótengely *(gépk)* back/rear axle ; *(úszó megoldás)* fully-floating type *(a féltengely csak csavarásra van terhelve)* ; *(háromnegyed-úszó megoldás)* three-quarter floating type *(a féltengely a csavaráson kívül csak kanyarban kap hajlítást)* ; *(félúszó megoldás)* semi-floating type *(a féltengely csavarásra és hajlításra van igénybevéve)*
hátsótengelycső *(„trombitacső" ; gépk)* rear axle flared tube
hátsótengelyhajtás *(gépk)* back/rear axle drive
hátsótengelyház *(gépk)* rear-axle casing
hátsótengelyhíd *(gépk)* rear end
hátsótengely-tolócső *(gépk)* *(a tolóerőt külön erő viszi át az alvázkeretre, ezen belül fut a kardántengely)* torque tube ; **~ kitámasztó rúdjai** rear axle radius rods
hátsóülés *(gépk)* back/rear seat, pillion ; *(mkpár)* partner seat
hátsóürítéses csille *(bány)* end-dump car
hátsóvezetés *[szalagfűrészen]* back guide
hátsóvilágítás-ellenőrző lámpa *(gépk)* control tail-light lamp
hátsóvilágítás-kapcsoló *(gépk)* back-up light switch
hátsózár *(fényk)* rear shutter
hatsugarú *(fényt)* six-way
hátszalag *(nyomda)* joint
hátszél *(hajó)* following/tail wind, downwind
hátszíj *(bőr)* back-band
hátszivárgó *(támfalon ; ép)* back drain
hatszoros rendszer *(távk)* sextuple system
hátszög *(forg)* relief/clearance (angle)
hatszögacél hexagon (steel) bar
hatszögidomverő : nyeles ~ top swage for hexagon iron ; **~ üllőbetét** bottom swage for hexagon iron
hatszögkulcs belső kulcsnyílású csavarhoz hexagon spanner
hatszögletes *v* **hatszögletű** hexagon(al), sexangular ; **~ csavarkulcs** hexagon wrench ; **~ csillagos ékfúró** *(rozetta)* rose bit ; **~ fejű** *l* **hatlapfejű**
hatszögmérő hexagon gauge ; *(marófoghoz)* cutter clearance ga(u)ge
hatszögnyílású : *(belső)* **~ csavarfej** socket head
hatszögrevolver *(eszterga)* ram/sadle turret lathe
hatszögrevolverfej hexagon turret
hatszögű *l* **hatszögletes**
háttámasztás *(forg)* backing
háttámla-lemez *(pa)* buggy board
háttér background ; **~be beolvadó szélű (fény)kép** vignette ; **halvány ~** *(fényk)* background „fallaway"; **vonalak ~be szorítása** *(színk)* suppression of lines
háttéranyag *(fényk)* backdrop
háttéreffektus *(at)* background (effect)
háttérkiválasztás *(fényk)* background determination
háttérmegvilágítás *(fényk)* background exposure
háttérváltozás *(fényk)*. change in screen
háttérvetítés *(fényk)* backing
háttöltés *(hidr)* back fill, earth backing
hátul *(hajó, rep)* (ab)aft ; **~ beépített kihordó szalag** *(bány)* rear conveyor
hátulnézet rear elevation/view
hátulsó rear(ward), back ; **~ bemenet** *v* **bejárat** *(ép)* rear entrance ; **~ csapágy** tail bearing ; **~ épületszárny** *(ép)* retreating part ; **~ fal** rear wall ; **~ kiegyenlítő himba** rear equalizer ; **~ lejtő** rear slope ; **~ oldal** *(pa)* reverse side ; **~ rekesz** *v* **szekrény** rear body ; **~ ~ szállítókas** rear body
hátultöltés *(fegyveré)* breech loading
hátultöltő *[fegyver]* breech-loader
hátulürítő : ~ csille *(bány)* rear dumper; **~ kocsi** rear dump wagon
hátulvarró gép *(kh)* cup seaming machine
hatvanas alapú körosztás sexagesimal circle graduation
hatvannegyedrétű *(nyomda)* sixty-four-mo
hatvány *(mat)* power ; **~ra emelés** *(mat)* raising to power(s); **harmadik ~** cube, third power ; **második ~** square, second power ; **negatív kitevőjű ~** negative(-exponent) power ; **törtkitevős ~** fractional(-exponent) power
hatványfüggvény *(mat)* power function
hatványkitevő *(mat)* exponent
hatványmennyiség *(mat)* power (term)
hatványozás *(mat)* raising to power(s), involution
hatványpont *(mat)* radical centre
hatványsík *(mat)* radical plane
hatványvonal *(mat)*. radical axis
hatvegyértékű hexavalent, sexivalent
hattyúnyak *(gépt)* throat, gooseneck ; **~ alakú szellőzőcső** *(hajó)* gooseneck; **~ állványú sajtó** *v* **prés** gooseneck/C-frame press
hattyúnyakcső *(gépt)* goose-neck siphon, swan neck
hattyúnyak-szigetelő *(vill)* swanneck insulator

hattyúnyak-tartó *(gépt)* swanneck bearer
hattyúnyakú gooseneck
haube *(mkpár)* *l* **motoros sisak**
hauerit *(ásv)* hauerite
hausmannit *(ásv)* hausmanite
hauterivi emelet *(földt)* Hauterivian substage
haüyn *(ásv)* haüyne
havanapapír Havana paper
havana-pergamin *(pa)* glazed imitation greaseproof paper
havária *(hajó)* average
havas eső *(met)* sleet
havasi juh *(tex)* mountain sheep
havikötő *(pa, tex)* sanitary/lady towel
havikötő-tasak *(pa, tex)* bag for sanitary pads
havi szokványvizsgálatok *(távk)* monthly routine
Hawkins-elem *(vas-cink-elem)* Hawkins cell
haydenit *(ásv)* haydenite
Hay-híd *(távk)* Hay-bridge
haytorit *(ásv)* haytorite
ház *(ép)* house, building ; *(gépt)* body, case, casing, house, box ; *l* **még váz, test** ; ~ **a házban** *(hangszigetelés)* box within a shell ; **hengeres** ~ *(gépt)* barrel, drum ; **szabadon álló** ~ *(ép)* detached house ; **többlakásos** ~ *(ép)* apartment house
hazafelé *(bány)* outby ; ~ **haladó** *(bány)* retreating to the dip/pitch ; ~ **haladó fejtés** *(bányatelek határától az akna felé)* retreat(ing) mining ; *(vájvégtől az akna felé)* home mining ; ~ **haladó lépcsős pillérfejtés** *(bány)* stepped retreat line ; ~ **haladó munkahely** *(bány)* retreating face ; ~ **haladó művelés** *(bány)* outby work, bringing back ; ~ **haladó pillérfejtés** *(bány)* longwall retreating ; ~ **tartó** *[jármű]* home( )bound
hazafelé-fejtési módszer *(bány)* retreating system
hazai native
házajtó entrance/entry door
hazavontat haul home
házhely *(ép)* building plot, parcel, lot
házhely-elosztási terv *(ép)* plot plan
házhely-rendezési terv *(ép)* plot plan
házi domestic, indoor, household ; ~ **áramkör** domestic circuit ; ~ *(fűtő v világítási)* **berendezés** house installation ; ~ **csatornázás** house sewer ; ~ **csővezeték** *(víz v gáz)* service pipe ; ~ **eszközök** *v* **szerszámok** implements ; ~ *(kézi)* **fonás** *(tex)* domestic spinning ; ~ **lefolyó csatorna** house-drain ; ~ **(rádió)-vevő (készülék)** domestic radio receiver ; ~ **szennyvízlefolyó cső** flush pipe ; ~ **szennyvíztisztító** domestic sewage treatment plant ; ~ **szerszámok** house tools/implements ; ~ **szivattyú** yard pump ; ~ *(kézi)* **szövés** *(tex)* house/domestic weaving ; ~ **távbeszélő** residence telephone, interphone ; ~ **távbeszélő berendezés** domestic telephone installation ; ~ **távbeszélő központ** private branch exchange, P. B. X.; ~ **távíró** house telegraph ; ~ **vezetékek** *(vill)* house/residence wiring
házicipő slipper ; **éksarkú, fordított varrott** ~ comfy *(US)*
házicipővarró gép slipper sewing machine
háziipar craft/domestic/cottage industry/method
házikenyér *(élip)* cottage bread
házikó *(ép)* shanty
háziköntös *(tex)* dressing-gown
házközpont *(távk)* house exchange, discriminating satellite exchange
házimosás *(tex)* home washing
háziüzem *(erőg)* house services
háziüzemi gépcsoport *(erőműben)* house service set
házorom *(ép)* gable
háztartási household ; *[készülék]* domestic ; ~ **célokat szolgáló palackgáz** household fuel gas ; ~ **cikkek** *v* **eszközök** household goods ; ~ **gázkészülék** gas appliance for domestic use ; **hűtőtest** ~ **szekrényhez** domestic evaporator ; ~ **leágazó vezeték** domestic wiring ; ~ **lenáru** *(tex)* napery ; ~ **szén** household coal ; ~ **szövetáruk** *(tex)* domestics ; ~ **tárgyak** *(ált)* household articles ; ~ **textiláruk** household textiles ; ~ **vegyi cikkek** drugs ; ~ **villamos készülék** *v* **eszköz** household electrical appliances ; ~ **villamos konyhatűzhely** domestic electric range ; ~ **vízszükséglet** quantity of domestic water required, demand for domestic water
háztető *(ép)* roof, house top ; ~ **alakú antenna** roof-shaped aerial *(UK)*; roof-shaped antenna *(US)*
háztömb *(ép)* block/group (of houses)
háztömbtelevíziós rendszer „intra-video system"
H-csillapító *(rád)* H-pad
Heaviside-egységlökés átvitele *(rád)* indicial response
Heaviside-féle egységfüggvény Heaviside's unit function
Heaviside-réteg Heaviside layer
hedenbergit *(ásv)* hedenbergite
hedifán *(ásv)* hedyphane
Hefner-gyertya *(fény)* Hefner candle (unit)
heg *(heg)* seam
heganyag-próbatest all-weld-metal test specimen
hegedű violin, fiddle ; ~ **húrfeszítő csavarja** key stop
hegedűgyanta colophony
hegedűkulcs violin clef
hegedűprincipál violin diapason
hegedűtető soundboard
hegedűtok fiddle case
hegedűvonó bow
hegeszt weld
hegesztés welding; *(kötés)* welded joint; **atomi hidrogénes** ~ arcatom welding, atomic-hydrogen welding ; **autogén** ~ autogenous/gas welding ; ~ **benzinlánggal** oxy-gasoline welding ; ~ **benzollánggal** oxy-benzene welding ; **fedett ívű** ~ shielded-arc welding ; **fej feletti** ~ overhead welding ; **félönműködő** ~ semi-automatic welding; **felrakó** ~ hard-facing welding ; **feltöltő** ~ hard-facing welding ; **függőleges** ~ vertical welding ; **gépi** ~ machine welding ; ~ **hevederrel** bridge (seam) welding ; **hidrogéngázas** ~ oxy-hydrogen welding ; ~ **hőfokán levő** welding-hot ; **hűtött-elektródos** ~ zero welding ; **javító** ~ repair welding ; **kézi** ~ manual welding ; **kondenzátoros** ~ electrostatic percussive welding ; ~ **következtében keletkező feszültség** welding stress ; **lapos** ~ flat welding ; **leolvasztó** ~ fusion welding ; ~**nél lepergő anyaggolyócskák** welding pearl ; **nagyfrekvenciás** ~ high-frequency welding ; ~ **nélküli** weldless ; ~ **okozta elhúzódás** distortion by welding ; **oxi-acetiléngázos** ~ oxy-acetylene welding, autogenous/gas welding ; **ömlesztő** ~ fusion welding ; **önműködő** ~ automatic welding ; **öntő** ~ *(formába)* mo(u)ld welding ; ~ **lépésben** step-back welding ; **sajtoló** ~ pressure welding ; ~ **védőgáz alatt** shielded-arc welding ; **vegyi** ~ chemical welding ; **villamos** ~ electric welding ; **vízszintes** ~ horizontal welding ; **vízszintes** ~ **felülről** downhand welding
hegesztési : ~ **elhúzódás** *v* **vetemedés** welding distortion ; ~ **hatásfok** deposition efficiency ; ~ **idomszer** welding ga(u)ge ; ~ **próba** welding test ; ~ **repedési hajlam** sensitivity to welding cracks ; ~ **varrat** bead, seam, welded joint, weld ; ~ **varratgyök** root of weld ; ~ **varratgyök nyílása** root opening
hegesztett : ~ **acélvázas építmény** welded steel building ; ~ **kivitelű fartőke** *(hajó)* built sternframe ; ~ **kötés** welded joint ; ~ **sínillesztés** *(vasút)* welded joint ; **szegecseléssel kombinált** ~ **kötés** combined welded-riveted joint ; ~ **varrat** joint weld ; ~ **vas** sweat iron ; **végig** ~ all-welded
hegeszthető weldable ; ~ **acél** weld steel
hegeszthetőség weldability
hegesztő *fn* welder ; ~ **áramátalakító** arc welding set ; ~ **dinamó** welding dynamo/generator ; **egyesített** ~- **és vágópisztoly** combination of blow pipe and cutting torch ; **egymunkahelyes** ~ **áramátalakító** single-operator arc-welding set ; **egymunkahelyes** ~ **transzformátor** single-operator transformer ; ~ **elektród** *l* **hegesztőpálca** ; ~ **hengersor** blooming mill for welding ; ~ **kemence** *(heng)* mill furnace ; **külső gerjesztésű** ~ **dinamó** arc welding generator with independent/separate excitation; **többmunkahelyes** ~ **áramátalakító** multi-operator arc welding set ; **többmunkahelyes** ~ **transzformátor** multi-operator transformer ; ~ **transzformátor** (arc) welding transformer ; ~ **védőpajzs** welder's shield
hegesztőálarc mask protector
hegesztőáram-szabályozó csúszó ellenállás *(vill)* welding regulator
hegesztőfej : **önműködő** ~ automatic arc welding head
hegesztőfém weld metal
hegesztőhelyi vízzár welding outfit back pressure valve
hegesztőhuzal fill(er) rod/wire
hegesztőív welding arc ; ~ **villamos adatait regisztráló készülék** arconograph
hegesztőláng torch flame ; ~ **magva** cone
hegesztőpálca welding electrode/rod/wire ; **beles** ~ cored electrode/wire ; **csupasz** ~ bare electrode ; **elhajló** ~ deflecting electrode ; **leolvadó bevonatú** ~ shielded-arc electrode ; **vastagon bevont** ~ heavy-coated elec-

trode; **vékonyan bevont** ~ dust/thin-coated electrode, lightly-coated electrode
hegesztőpisztoly blow pipe, welding torch
hegesztőpisztoly-fúvóka tip orifice, welding tip/nozzle
hegesztőpisztoly-végcső finger pipe
hegesztőpor welding flux
hegesztőrúd fill rod
hegesztősajtó welding press
hegesztőszakasz weld time
hegesztőüllő boss
hegesztőüzem welding plant
hegesztővarrat weld(ed seam); ~ **árka** groove; **laposan kitöltött** ~ flat-filled weld
hegszakáll *(öntecsen)* seam of castings
hegvarrat *l* **hegesztési varrat**
hegy *(földt)* mount(ain); *(csúcs)* cusp, tip, spire; *(szerszámé:)* tip, bit; *[távbeszélő-dugó érintkezője]* tip; ~ **alakú** *(földt)* montiform; **heggyel ellát** *(forg)* tip; ~**nek felfelé** uphill; **kis** ~ hill; ~**ről lefelé** downhill; ~ **mögötti leáramlás** *(met)* leewave; ~ **oldala** *v* **lejtője** side
hegyalakulás *(földt)* mountain making
hegyalakulatok *(földt)* foot hills
hegybontó *(kotró)* face shovel
hegycsúcs tor, peak, summit; **gúla alakú** ~ diamond point
hegycsúcsú művelőtest *(kultivátoron)* spearbead shovel
hegycsuszamlás *(földt)* landslide
hegyes *(földt)* mountainous; *(csúcsos)* spiry, spiky, peakish, nibbed, cusped, copped, acuminate; *(mat)* acicular; *(szerszám)* pointed, acute, ragged; ~ **cipőorr-rész** toe's peak; ~ **csúcs** cusp; ~ **csúcsív** *(ép)* lanceolate arch; ~ **ecset** pencil; ~ **ék** *(gépt)* rag wedge; ~ **falszöglet** *v* **falvég** *(ép)* squint quoin of wall; ~ **fej** spiked head; ~ **forrás** *(koh)* wild heat; ~ **impulzuscsúcs** *(távk)* spike; ~ **kalapács** pointed (steel) hammer; ~ **keresztvágó** *(forg)* gouge; ~ **kés** *(esztergához)* point tool; ~ **kipúposodott nyom** *(katódsugárcsövön)* peaked trace; ~ **mandulakő** *(földt)* spike amygdale; ~ **orr** *(„kapli"; cipő)* peak toe; ~ **orrú kaptafa** pointed toe last; ~ **vég** point, peak; ~ **végű** pointed, cusped, copped; ~ **végű ékhoronyreszelő** *(kúpos)* cotter taper file; ~ **végű gubók** *(tex)* dropped cocoons; ~ **végű vetülékcséve** *(tex)* ridgy cop; ~ **villa** prong
hegyesedik taper, become pointed
hegyeskörző divider; **állítható** ~ **ívvel** wing compass; **rugós** ~ spring divider
hegyesség sharpness, cuspidity
hegyesszög *(mat)* acute angle, bevel; **felfelé csúcsos** ~ *(gépt)* cathedral angle; **síkok** *v* **vonalak által bezárt** ~ under bevel
hegyesszögű acute-angled, sharp-set; ~ **csúcs** *[rombuszantennán]* apex; ~ **háromszög** oxygon
hegyez sharpen, point, kenn, spike; *(kovácsolással)* swedge
hegyezés sharpening; *(forg)* pointing; *(csővégé, nyomással)* push-pointing; ~ **ellenálláshevítéssel** *(huzalhúzásnál, befűzéshez)* electropointing; ~ **kovácsolással** *v* **hengerléssel** swaging
hegyezett pointed, peaked, sharpened, tapered
hegyező *fn* sharpener; ~ **kalapács** swage hammer
hegyezőgép pointing machine
hegyezőhenger rolling mill for pointing wire
hegyezőszerszám *(süllyeszték)* swage
hegyfok *(földt)* peak, cape, naze, ness, promontory, reach, foreland
hegygerinc *(földt)* spine, crest, (mountain) ridge, chine, apex
hegy-gyűrű-test *(érintkezőkészlet; távk)* tip-ring-sleeve
hegyhasadás *(földt)* shake, cleft
hegyhát *(földt)* ridge, chine; *l még* **hegygerinc**; **izoklinális** ~ hogback
hegyhatás *(iránymérésnél; rep)* mountain effect
hegyháthomlok *(levágott hegyhátvégződés)* facet
hegyi *(földt)* mountainous, rock; ~ **betegség** mountain-sickness; ~ **bőr** *(ásv)* mountain leather; ~ **fa** *(ásv)* mountain wood, woodrock; ~ **felvonó** mountain lift; ~ **gomba** *(ásv)* agaric mineral; ~ **kék** *(festék)* mountain blue, blue verditer; ~ **kötélpálya** mountain lift, air lift; ~ **kötélpályacsörlő** mountain rope hoist; ~ **kristály** *(ásv)* rock crystal; ~ **len** *(ásv)* mount/fossil flax, earth( )flax; ~ **liszt** *(ásv)* rock-flour, mountain flour, fossil meal, bergmehl; ~ **mozdony** mountain locomotive/engine; ~ **nyersbőr** mountain hide; ~ **pálya** line with heavy gradients; ~ **parafa** *(ásv)* mountain/rock cork; ~ **patak** *(földt)* mountain torrent, ravine stream; ~ **patak szabályozása** damming of a torrent; ~ **szappan** *(ásv)* mountain soap; ~ **tej** *(ásv)* rock milk; ~ **út** mountainous road; ~ **út pereme** trail ridge; ~ **zöld** *(festék)* mountain green; ~ **zuhatag** mountain torrent
hegyivasút mountain railway
hegyivasúti mozdony locomotive for gradients
hegyképződés *(földt)* *l* **orogenezis**
hegyképző gyűrődés *(földt)* orogenic fold
hegykiszögellés cusp
hegyláb *(földt)* foot
hegylábi lerakódások *(földt)* piedmont deposits
hegylánc *(földt)* range, chain; ~ **alsó lejtői** foothold; **rögös** ~ basin range; **vetődéses** ~ basin range; **vízfolyással konkordáns** ~ bank chain
hegymaradvány *(földt)* lost mountain
hegymászás hill-climbing
hegymászó képesség *(gépk)* hill climbing (ability)
hegymenet *(járműé)* ascent, hill climb
hegynyereg *(földt)* hillock, saddle, col, horse back
hegynyomás *(bány)* rock pressure; *(ismételt)* roof weight
hegynyúlvány *(földt)* (off)spur(s)
hegyoldal *(földt)* downhill, fall; **építkezés** ~**ban** side-hill work
hegyoldalhát *(földt)* mountain spur
hegyomlás run of hill
hegyorom *(földt)* point, mountain ridge
hegyorr *(földt)* spur ridge, offspur, naze
hegyperem *(földt)* brow
hegyrengés *(földt)* bounce
hegység *(földt)* mountain; ~**ek keletkezése** mountain building; ~ **lába** piedmont
hegységgyűrődés *(földt)* mountain folding
hegységképző mozgások *(földt)* mountain-making movements
hegyszakadék *(földt)* chasm
hegyszerű *(földt)* montiform
hegyszoros *(földt)* defile, narrow(s), clough, ravine; **vízfolyás nélküli** ~ wind gap; ~ **vízfolyással** flume
hegyszűkület *(földt)* *l* **hegyszoros**
hegytámasz *(gépk)* sprag; *(kocsin)* dragstaff
hegytető *(földt)* knap
hegytömb *(földt)* massif
Heilmann-féle fésülőgép *(tex)* French/Heilmann comb
Heisenberg-féle határozatlansági elv *(at)* Heisenberg's principle of indeterminacy, Heisenberg (uncertainty) relation
Heising-féle (anód)moduláció *(rád)* choke/Heising modulation, constant-current modulation
héj shell, skin, peel, crust; *(at)* shell; *(tex)* slip; **lehámozott** ~ *(élip)* peelings
héjazat *(ép)* shell plating, shell roof; *(hajó)* shell
héjboltív *v* **héjboltozat** *(ép)* thin-shell arch, thin/shell vault
héjboltszerkezet *(ép)* thin-shell construction
héjdeszka *(fa)* flitch
héjeldörzsölés *(élip)* abrasion
héjeltávolítás *(élip)* abrasion
héjépítésű repülőgépszárny monocoque/shell wing, stressed-skin wing
héjfedés *v* **-tető** *v* **-tetőzet** *(ép)* shell roof
héjformázás *(önt)* shell moulding
héjformázó gép *(önt)* applicator
héjlemez *(hajó)* shell/outside plate
héjlemezelés *(hajó)* shell (plating); ~ **gerincsora** *(hajó)* flat/plate keel; ~ **hosszvarratai** *(hajó)* seams; ~**re keresztvarratai** *(hajó)* butts; ~**re merőlegesen álló borda** *(hajó)* cant frame
héjpalánkolás *(hajó)* outside planking; *l még* **héjlemezelés**
héjszárny stressed-skin wing, monocoque wing
héjszerkezet *(rep)* stressed-skin structure/construction, monocoque; *l még* **héjboltszerkezet**; ~ **hosszmerevítő szelvénye** *(rep)* stringer
héjszerkezetű: ~ **gépkocsiszekrény** *v* **repülőgéptörzs** shell body; ~ **szárny** *(rep)* stressed-skin wing, monocoque wing
héjtalanítógép sheller
héjtörzs *(rep)* stressed-skin fuselage, monocoque fuselage
hektár hectare, ha
hekto- hecto
hektográf hectograph
hektográfiai levonat *(nyomda)* manifold
hektográfpapír cyclostyle/hectograph paper, copying-press paper
hektoliter hectolitre
hektométer hectometer
hektowatt hectowatt
helikogír *(ásv)* spiral axis
helikogiró *(rep)* helicogyro

helikopter (heli)copter ; *l még* **forgószárnyas repülőgép** ; **átfedő rotorkörös** ~ intermeshing twin-rotor helicopter ; **egyrotoros** ~ single-rotor helicopter ; **ellentétesen forgó rotoros** ~ contra-rotating-rotor helicopter ; ~ **helybenrepülése** hovering of the helicopter ; **hosszanti kétrotoros** ~ tandem-rotor helicopter ; **keresztirányú kétrotoros** ~ side-by-side rotor helicopter ; **kétmotoros** ~ twin-rotor helicopter ; **koaxiális rotoros** ~ coaxial-type helicopter ; **kötött** ~ (captive) helicopter (screw) ; **négyrotoros** ~ four-rotor helicopter ; **rakétahajtású** ~ rocket-driven helicopter ; **torlósugárhajtású** ~ ram-jet helicopter

helikopter-felszállás direct take-off

heliográf heliograph

heliográf-eljárás *(fényk)* heliographic process

heliográfia *(fényk)* heliography

heliográfpapír heliographic paper

heliokrómpapír heliochromic paper

helioszkóp helioscope

heliosztát *(csill)* heliostat

heliotípia *(nyomda)* heliotypy

heliotróp *(ásv)* heliotrope, bloodstone ; *(geod)* heliotrope

heliotropin *(vegy)* heliotropin

heliotropizmus heliotropism

hélium helium

hélium-atommag helium nucleus, alpha particle

héliumtartalmú *(ásv)* helian

héliumtöltésű búvárharang helium diving bell

Hell-távírógép Hell telegraph apparatus

Helmholtz-féle elmélet *(hangzókeletkezésre)* steady-state theory

helmint *(ásv)* helminthe

helvéciai emelet *(földt)* Helvetian substage

helvetan *(ásv)* helvetan

helvin *(ásv)* helvine, helvite

hely *(pont)* spot ; *(tér)* space ; *(ülés)* seat ; *(rendszerben v szerkezetben)* station ; *(mat ; geometriai)* locus ; ~**et ad** *(kitér)* make way for ; ~**et vált** displace, move

helybenhagyás approval

helybenrepülés hovering flight

helycsere displacement, transposition ; **metaszómatikus** ~ *(földt)* alteration

helycsere-tartó *(távk)* transposition bolt

helycserézés *(távk)* transposition

helyenként csomókba kötve festett *(tex)* tied-and-dyed

helyes right, proper, fair, rational ; ~**en beállít** set right ; ~ **irányából kimozdult** out-of-line ; ~ **képmeglátási illúzió** *(fényk)* „orthoscopic" illusion; ~ **látó képesség** visual consciousness; ~ **szemszerkezetű adalék** *(ép)* well-graded aggregate ; ~ **színvisszaadású** *[film]* true-colo(u)r

helyesbít correct, rectify, set right, revise

helyesbítés correction, repair, revision, tru(e)ing ; ~ **kelte** *[térképen]* date of revision

helyesbítési : ~ **görbe** correction curve ; ~ **tényező** correction factor

helyesbített gőznyomás fugacity, f.

helyesbítő *mn* corrective ; ~ **elem** *v* **szerkezet** process-correcting device ; ~ **művonal** *(távk)* shaping network ; ~ **segédkeret(antenna)** *(rep)* corrector loop ; ~ **szemlencse** orthoscopic eyepiece ; ~ **táblázat** reduction table ; ~ **távirat** rectifying telegram

helyesbítőkör shaping circuit

helyesség correction, soundness

helyettesít replace ; *(vegy)* substitute ; ~**ve a magban** *(vegy)* nuclear-substituted

helyettesítés relay ; *(egyik alkatrészt másikkal)* replacement ; *(mat)* substitution ; *(vegy)* substitution ; ~ **aromás gyűrűben** *(vegy)* aromatic substitution ; ~ **a gyűrűben** *(vegy)* substitution in ring ; ~ **heterociklusos gyűrűben** *(vegy)* heteronuclear substitution ; ~ **oldalláncban** *(vegy)* substitution in side chain

helyettesítéses reakció *(vegy)* replacement/metathesis reaction

helyettesítési substitutive, substituting ; *l még* **helyettesítő** ; ~ **származék** substitution derivate ; ~ **termék** substitution product

helyettesített vegyület substituted compound

helyettesíthető replaceable ; ~ **hidrogén** replaceable hydrogen

helyettesítő *mn* substitut(iv)e, representative ; *fn (vegy)* substituent ; ~**k** *(koh)* proxies; ~ **anódáramkör** equivalent plate circuit ; ~ **áramkör** equivalent/simulative network/circuit; ~ **csoport** *(vegy)* substituting group ; ~ **eljárás** *v* **módszer** *(mat)* substitution method ; ~ **impedancia** *(vill)* equivalent impedance ; ~ **kapcsolás** *(távk)* equivalent circuit ; ~ **kétpólus** equivalent dipole ; ~ **közeg** *(vill)* substituting agent ; ~ **négypólus** equivalent/simulative network ; ~ **reakció** *(vegy)* substitution/displacement reaction

helyettesítőanyag *v* **-szer** substituting/substitute material/agent

helygörbe *(aut)* locus, polar frequency response locus, Nyquist diagram

helyhezköt fix

helyhezkötött stationary, fixed ; ~ **csomózógép** *(tex)* stationary warp tying machine ; ~ **fényjel** *(hajó)* fixed fire ; ~ **iránysáv-jeladó készülék** *(rep)* fixed course beacon ; ~ **jelző** *(vasút)* fixed signal ; ~ **kötözőgép** *(tex)* stationary warp tying machine

helyi local, areal ; ~ **adó** *(rád)* local transmitter ; ~ **aszimmetria** *(távk)* localized unbalance ; ~ **atmoszferikus zavar** *(met)* rocking ; ~ **bemérési adatok** *(rep)* local calibration data ; ~ **beszélgetés** *(távk)* local message ; ~ **csomó** *(hegesztési varraton)* pad ; ~ **csoportválasztó** *(távk)* local group switch ; ~ **eladás** *(előállítás helyén)* land sale ; ~ **elnevezés** local name ; ~ **érzékenység** *[visszhangzáré ; távk]* local sensitivity ; ~**leg foglalt** *[telefonvonal]* local-busy ; ~ **forgalmi út** *(ép)* local traffic road ; ~ **forgalom** local traffic ; ~ **hálózat** *(távk)* local network ; ~ **hang** *(távk)* side tone ; ~ **hüvely** *(távk)* local jack ; ~ **idő** local time ; ~ **idő(járás-elő)jelzés** *(me.)* single-station forecast ; ~ **ipar** local industry ; ~ **izomeria** *(vegy)* place isomerism ; ~ **jármű** local vehicle ; ~ **jelleg** local character ; ~ **jellegzetesség** local characteristics ; ~ **kapacitási index** *(kísérleti helyiség befolyását mutató szám ; vill)* room index ; ~ **kapcsolás** *(központok között ; távk)* (local) junction *(UK)* ; trunking *(US)* ; *(UK-ben ez távolsági !)* ; ~ **képerősítés** *(fényk)* local intensification ; ~ **kézbesítő és szállító vállalat** local delivery and haulage contractors; ~ **kisülés** *(vill)* local discharge ; ~ **körök** *(távk)* direct-current loops ; ~ **középidő** local mean time ; ~ **közintézmény** local public institution ; ~ **központ** *(távk)* local exchange ; local central office *(US)* ; *(városépítés)* local/secondary centre ; ~ **légtér** *(rep)* local flying area ; ~ **lökés** *(földt)* local shock ; ~ **mágneses vonzás** *(vastömeg, vasérc közelsége miatt)* local magnetic attraction ; ~ **normálidő** local standard time, l. s. t. ; ~ **nulla-vízszint** datum water level ; ~ **óraszög** *(csill)* local hour angle ; ~ **oszcillátor** *v* **rezgéskeltő** *(rád)* local oscillator ; *(rádióvevőben)* beat oscillator ; ~ **(összekötő) vonal** *(távk)* local junction line ; ~ **(rádióállomások) vétel(e)** local reception ; ~ **(repülőtéri) légtér** terminal area ; ~ **szoláris idő** *(csill)* local apparent time ; ~ **távbeszélő központ** local telephone exchange ; ~**telep** *(távk)* local battery, L. B. ; ~ **teleppel ellátott hálózati körzet** *(távk)* local battery area ; ~ **telepes készülék** *(távk)* LB (local battery) (telephone) set ; ~ **vezérlés** *(távvezérléssel ellentétben)* local control ; ~ **világítás** local lighting ; ~ **vonat** omnibus train, accommodation/local train ; ~ **(vulkanikus) kitörések** *(földt)* areal eruptions ; ~ **zápor** *(met)* air mass shower ; ~ **zavar** *(rád, távk)* local interference

helyiáram-eljárás *(villamos altalajkutatásnál)* local current method (of electrical prospecting)

helyiérdekű local, short-distance ; ~ **út** local road ; ~ **vágány** *(vasút)* runway; ~ **vasút** local/suburban/regional/district railway ; ~ **vasútvonal** secondary line ; ~ **vonat** local train

helyioszcillátor-frekvencia local-oscillator frequency

helyiség compartment, chamber, room ; *(elhelyezésre)* accomodation ; ~**ek akusztikája** acoustics of rooms ; **csatlakozó** ~ adjacent accommodation ; ~ **ipari felhasználásra** industrial occupancy ; **teljes hangvisszaverődésű** ~ echo room

helyi-távolsági átkapcsoló *(távk)* local-remote relay

helyjeladó *(rep)* marker beacon, Z-marker ; ~ **dipólusantenna** *(rep)* marker dipol

helyjelző péce *(hajó)* marker beacon

helykijelölés *(ép)* emplacement

helyközi point-to-point ; *(távk) l* **távolsági** ; ~ **navigáció** *v* **tájolás** *(rep)* point-to-point navigation ; ~ **szolgálat** *(rep)* point-to-point service ; ~ **vasút** interurban railway

helymegállapítás loca(liza)tion ; ~ **földről** *(rep)* ground location

helymegállapító berendezés *(távk)* locating device

helymeghatározás location, spotting, position finding ; *(pontkapcsolással)* dead reckoning ; **iránzméréses** ~ *(rád)* bearing location ; ~ **irány-**

zással és távméréssel *(geod)* locating by direction and distance ; ~ **tájolós irányzásokkal** cross-bearing
helymeghatározó *(radar)* position finder, P. F. ; **általános** ~ **adó** *(távk)* comprehensive beacon radar, C. B. R.; ~ **berendezés** *v* **elem** locator
helymegtakarítás economy of space, space saving
helyrajz topography
helyrajzi : ~ **állapot** topographical situation ; ~ **oszlop** *v* **cövek** *(ép)* bearing picket ; ~ **szintvonalas térkép** surface contour map ; ~ **térkép** topographic map
helyreállít recondition, set right, refit, regenerate, rehabilitate, reactivate, restore ; *(ép)* renew, rebuild, reconstruct, re-edify ; **talajt** ~ *(külfejtés után ; bány)* resoil ; **újból** ~ re-establish ; **utat** ~ regrade
helyreállítás recovery, reinstatement, resetting, repair, reparation, rehabilitation ; *(ép)* restoration
helyreállítási költségek reconditioning costs
helyreállító : ~ **munkálatok** *(bány)* reclamation work ; ~ **nyomaték** *[billenésnél]* righting moment
helyreállított reconstituted ; *l még* **helyreállít** ; ~ **metszet** restored section
helyreálló vetődés *(földt)* revived faulting
helyrehoz *l* **helyreállít**
helyrehozás *l* **helyreállítás**
helyrehúzó rugó retracting spring
helyreigazít straighten, set right, readjust ; *(gépk)* tune up
helyreigazító távirat rectifying telegram
helyresiklás *(lövegcsőé)* counter-recoil
helyretesz replace ; **kézi beszélőt** ~**i** *(távk)* replace the handset
helyretolás *(hátrasiklás után)* recuperation
helyretoló *mn* recuperative ; ~**henger** recuperator cylinder ; ~ **rugó** recoil spring, recuperator spring ; ~ **szerkezet** recuperator
helységnévtábla *(országúton)* place name plate
helyszín site, field, scene ; ~**en készített szegecs** field rivet ; ~ **készített útburkolat** mixed construction ; ~**en (munkahelyen) kevert** *(ép)* mixed in-place/situ ; ~**en öntött beton** in-situ concrete
helyszínel *(ép)* site
helyszíni : ~ **ellenőrzés** local control ; *(gépk)* spot check ; ~ **építésvezetés** field managing ; ~ **felmérés** place measure ; ~ **hegesztés** field welding ; ~ **közvetítés** *(rád)* outside broadcast ; ~ **munka** field work ; ~ **munkavezető** outside manager ; ~ **munkavezető mérnök** field engineer ; ~ **rádiófelvétel** field broadcast ; ~ **szemle** local control ; ~ **szerelés** erection at the site ; *(szabadban)* field assembly ; ~ **televíziós felvétel** field pick-up ; ~ **televíziós közvetítés** cross-country television transmission ; ~ **zaj** *(rád)* site noise
helyszínpróba field test
helyszínrajz plot, layout, layout/site plan
helyszínrajzkészítés *(ép)* plotting ; ~ **lépésmértékkel** step topography
helyszükséglet *(gépt)* space requirement
helytálló becslés consistent estimate
helytelen faulty, improper, incorrect, inexact ; ~ **ábrázolás** misrepresentation ; ~ **alkalmazás** misapplication ; ~ **arányú** out of scale ; ~ **beállítás** *[áramköré]* improper adjustment ; ~ **beállítású légcsavar** out-of-track airscrew ; ~**ül fűrészelt** *(fa)* bastardcut ; ~ **gyakorlat** malpractice ; ~ **illesztés** *(rád)* mismatching ; ~ **(lánc)adagolás** *(tex)* improper let-off ; ~ **működés** improper action ; ~**ül rendez** misarrange ; ~ **vágányú közlekedés** *(vasút)* running on wrong line
helyváltoztatás dislocation, translation
helyváltoztató képesség locomotiveness
helyzet *(állapot)* state, status, condition ; *(hely)* site, position, location, station, lay ; *(bány)* attitude ; **bedöntött** ~ *(rep)* banked position ; **kis emelkedésű** ~ *(állítható légcsavarnál)* low-pitch position ; **látszólagos** ~ *(csill, geod)* apparent position ; **nagy emelkedésű** ~ *(légcsavaré)* coarse pitch ; **normális** ~ **elhagyása** *(csill, fényt)* aberration ; **nyitott** ~ *(horgas-nyelves tűé ; kh)* clear position ; **térbeli** ~ position (in space), attitude ; **zárási** ~ *(gépt)* closing position
helyzetadatok *(rád, rep)* position data
helyzetbemérés *(rád)* localization
helyzetezőkör *(hajó)* mariner's pathfinder, navigation plotter
helyzeti position(al) ; *(mech)* potential ; ~**eltolódás** *(légifényképen a síkból kiemelkedő tárgyaknál)* lateral displacement ; ~ **energia** potential (energy) ; ~ **izoméria** *(vegy)* position isomerism ; ~ **stabilitás** *(rád)* positional stability
helyzetirányítás position control
helyzetjelentés *(ált)* situation report ; *(helyről)* position report
helyzetjelentő sík *(rep)* reference plane
helyzetjelző *(rep)* position indicator ; ~ **lámpa** control lever ; ~ **repülőgép számára** air marker
helyzetkör *(hajó, rep)* position circle
helyzetlámpa *(rep)* navigation light, headlight, tip light ; *(gépkocsi szélességét jelző)* side-light, cowl lamp ; ~ **alakzatrepüléshez** formation light
helyzetmeghatározás-kérés *(rep)* request for fix
helyzetmeghatározó : ~ **pecek** *(telefonnál)* tip ; ~ **pontos** *(műszer)* accurate position indicator, A. P. I.
helyzetpont position, location ; **bemért** ~ *(geod, rád)* fix ; ~ **csillagászati helymeghatározással** *(rep)* astro-fix ; **csillagászati tájékozódási** ~ celestial fix
helyzetpont-bemérés fixation
helyzetpontmeghatározás *(csupán iránytű és óra segélyével)* dead reckoning, D. R. ; ~ **tájolással és szögméréssel** fix by bearing and angle
helyzetszámító készülék szögfelrakója *(rep)* dead reckoning tracer
helyzetszögjelző elevation-position indicator, E. P. I ;
helyzettartó fakvadráns *(hajósebességmérő „log"-on)* log chip
helyzetváltoztatás locomotion
helyzetvektor *(mech)* position vector
helyzetvetítő *(rep)* plan position indicator, PPI ; ~**vel irányított berepülés** *v* **bevezetés** PPI-approach ; ~**vel irányított kirepülés** PPI-departure ; ~ **leképezés** *(rep)* PPI-display ; ~ **letapogatás** *(rep)* PPI-sweep
helyzetvonal *(rep)* line of position, LOP
hemachát *(ásv)* „hemachates"
hemafibrit *(ásv)* hemafibrite
hematit *(ásv)* hematite (iron ore), red iron ore, micaceous iron ore/hematite
hematolit *(ásv)* *l* **diadelfit**
hematosztibiit *(ásv)* hematostibiite
hematoxilin-kémlőpapír logwood paper
hemicellulóz *(pa)* hemicellulose, pseudocellulose
hemicellulóz-mentes nátronlúg *(pa)* hemi-free sodium hydroxide
hemimorf *(ásv)* uniterminal
hemimorfia *(ásv)* *l* **hexakisztetraéderes** *[kristályosztály]*
hemimorfit *(ásv)* hemimorphite, calamine
hemimorf-tetratoéderes *[kristályosztály]* *l* **trigonális piramisos**
hemiszféra *(földt)* hemisphere
hemlokkéreg *(bőr)* hemlock bark
hemoglobin hemoglobin
henger cylinder, roll ; *(dob)* drum ; *(görgő)* roller, reel ; *(tárcsa)* sheave, pulley ; *(gépk)* cylinder ; *(hollandidob ; pa)* roll ; *(tex)* sheave ; *(nyomda)* branner ; *(nyomottáru-festéshez ; tex)* shell ; **alakos** ~ *(heng)* grooved/forming roll ; former ; **álló** ~ *(gépk)* upright/vertical cylinder ; ~**t beállít** *(koh)* screw down a roll ; *(nyomda)* line the roll(s) ; **bombírozott** ~ camber(ed)/crown roll ; **bordás** ~ *(szélfeszítőn ; tex)* roller with spiral flutes ; **bütykös** ~ *(heng)* cam roll ; ~ **dolgozó része** barrel of roll ; **domborított** ~ crown roll ; **egybeöntött** ~ *(persely nélküli ; gépk)* cast-in-block cylinder ; **egyengető** ~ *(heng)* straightening roll; **élhajlító** ~ *(heng)* seaming roll ; **előnyújtó** ~ *(heng)* bloom/billet roll ; ~ **esztergályozása** *(heng)* roll turning ; **fekvő** ~ *(bukó alatt ; hidr)* eddy with horizontal axis ; **felülszelepelt** ~ *(gépk)* I-head cylinder ; **fényesítő** ~ *(heng)* burnishing roll ; ~ **futó felülete** cylinder face ; ~ **hasznos térfogata** *(gépk)* piston displacement ; **hengerfejjel egybeöntött** ~ *(gépk)* blind-end cylinder ; ~ **hengerlési szélessége** face length of roll ; **hengersori** ~ roll ; **hosszbordás** ~ *(gépk)* longitudinally ribbed cylinder ; ~ **kaliberürege** roll groove ; ~ **káros** *v* **holttere** cylinder clearance volume ; **kéregöntésű** ~ chill-cast roll ; **korcoló** ~ *(heng)* seaming roll ; **középső** ~ *[kalanderen]* centre roller ; ~**ek közötti nyílás** roll opening ; ~**ek közötti rés** *(heng)* roll opening/spacing ; ~ **munkafelülete** *(hengertest)* barrel/body of roll ; ~ **munkaszélessége** barrel length ; **működtető** ~ *(gépt)* actuating cylinder ; **oldalszelepelt** ~ *(gépk ; egyoldalas)* F-head/L-head cylinder ; *(kétoldalas)* T-head cylinder ; **osztatlan** ~**ek** *(egy öntvényben ; gépk)* all-in-one-piece cylinders ; **papírpépben forgó** ~ decker ; **pneumatikus** ~ *(gépt)* air cylinder ; **polírozó** ~ *(heng)* burnishing roll ; **profilos** ~ *(heng)* grooved/forming roll, former ; **simító** ~ *(heng)* finish-

ing roll; **súrlódó** ~ *(gépt)* friction roll; ~ **T-alakú fejjel** tee-head cylinder; **támasztó** ~ *(heng)* supporting roll; *(mozgó)* travelling roll; **terelőlemezes** ~ *(léghűtéses motorhoz)* baffle-enclosed cylinder; ~ **ütésének nyomai (lemezen)** shatter marks; **zárt végű** ~ closed-end cylinder
hengeragy *(gépt)* roll spider
hengerágy *(gépt)* cylinder bank
hengerágyazat *(heng)* roll housing
hengeralakmérő készülék *(gépkocsi-hengerekhez)* cylinder ga(u)ge
hengeralakú cylindrical; ~ **ágyazat** *[kazáné]* saddle; ~ **biztonsági zár** cylinder lock; ~ **bója** can buoy; ~ **kályha** cannon stove; ~ **párkány** *(ép)* roll mo(u)lding; ~ **ponton** cylinder pontoon
hengerállvány roll stand; ~ **beállítása** *(heng)* raise housing; ~ **beállító csavarja** housing screw; **csősimító** ~ rolling mill for smoothing tubes; **csőtágító** ~ *(heng)* radial rolling mill; **ferde** ~ *(Mannesmann)* slant rolling mill; ~ **hátsó** *v* **kifutó oldala** delivery side of rolls; ~ **kifutó oldala** delivery side of rolling mill; **sokhengeres** ~ cluster mill; **zárt** ~ closed-top type housing
hengerállványfedél rider of rolling mill
hengerátmérő roll(er)/cylinder diameter
hengerbeállítás *(heng)* roll adjustment; *(tex)* roll settings
henger-beállító csavar *(heng)* screw-down gear of rolling mill
hengerbelépő *v* **beömlő nyílás** *(gőzgépen)* cylinder port
hengerbélés *l* **hengerhüvely**
hengerbeszabályozás *(hengerlésnél a méretvastagsághoz)* roll adjustment
hengerbetét *(beüthető hengercsap; óra)* plug; *(gépt)* sleeve; *l még* **hengerhüvely**
hengerbetét-kiütő *(óra)* plug extractor
henger-betétrész *(hengerművön)* carrier-piece of rolling mill
hengerbevonat *(nyomda)* roller coating; *(pa)* cylinder covering/cleading, jacket
hengerblokk *(gépk)* bank of cylinders
hengerblokk-oldalzáró fedél *(gépk)* side cover
hengerborda *(gépk)* cylinder fin
hengerburkolat *v* **-burok** *v* **-köpeny** *(gőzgépen)* cylinder cleading/casing
hengercsap *(gépt)* roll neck, journal
hengercsap-görgőcsapágy roll pin roller bearing
hengercsapmaró gép roll wobbler milling machine
hengercsaprózsa *(három- v négyhornyos; heng)* wobbler
hengercsavar *(heng)* roll setting screw; ~**okat kezelő munkás** *(hengerköz állítását végzi)* screwer
hengercsavaros kiképzés *(ép)* cable mo(u)lding
hengercsere *(heng)* roll changing
hengercsillag *(nyomda)* reel star
hengercsiszoló: ~ **gép** roll grinder, drum grinding machine, drum sander; *(pa)* roll/cylinder grinding machine; ~ **mű** *(pa)* roll-grinding installation
hengerde rolling mill
hengerdei henger roll
hengerdob cylinder
hengerdobos (akna)szállítógép *(bány)* cylindrical drum hoist
hengeregyengető gép shaft straightener
hengerel roll, mill, mangle; *(lemezzé nyújt)* laminate; *(szövetet)* take-up; **bugát** ~ *(heng)* cog (down); **fényesre** ~ burnish; **hidegen** ~ *(heng)* cold-roll, roll cold; **karimát** ~ expand the flange; **keményen** ~ *(tex)* beam tightly; **készre** ~ finish(-roll); **melegen** ~ hot-roll, roll hot; **puhán** ~ *(tex)* beam soft; **simára** ~ *(heng)* burnish
hengerelhető *(heng)* rollable
hengerelhetőség *(heng)* attitude to rolling
hengerelrendezés *(gépk)* cylinder arrangement
hengerelt rolled, mill(ed), plate; *(pa)* milled; ~ **acél** rolled steel, r. s.; ~ **arany** rolled gold; ~ **áru** rolled stock; ~ **csavarmenet** rolled thread; ~ **cső** rolled tube; ~ **durvalemez** rolled plate; **egyszer** ~ **buga** *(heng)* muck bar; ~ **finomlemez** rolled sheet; ~ **gerenda** rolled beam/girder; ~ **idomvas** *v* **profilvas** rolled/structural section(s); ~ **I-tartó** rolled steel joist, R. S. J.; ~ **jegy** *v* **jel** rolling mark; ~ **kavicsburkolatú (út)** gravel-topped; **lágyra** ~ *(heng)* rolled strong; ~ **lemez** rolled plate/sheet; ~ **menet** *(csavaron)* rolled thread; ~ **menetű csavar** rolled-thread bolt/screw; ~ **mintás üveg** rolled glass; ~ **ólomáru** *(építkezéshez)* builder's lead; ~ **rúdanyag** *(heg)* rolled stock; ~ **sodronykötél** pressed stranded cable; ~ **szalag(anyag)** strip, flat stock; ~ **T-acél** tee/T-section steel; ~ **talpbőr** rolled leather; ~ **tartó** *(ép)* rolled beam; ~ **U-vas** rolled steel channel, R. S. C.; ~ **üveg** rolled glass
hengerenkénti gázolaj-adag *(Diesel)* fuel amount per cylinder
hengerérintkezési vonal *(tex)* bite
hengeres cylindric(al); *(fa)* full-boled; *(szálfa)* nontapering; ~ **adagoló** *(koh)* roll feeder; *(folyadékok számára)* loading well; ~ **alakú** cylindrical; ~ *(gömbölyű)* **aláverő csákány** smith's fuller; ~ **antenna** cylindrical antenna, sausage aerial; ~ **áramszedő** *(vasút)* roller current collector; ~ **bontógép** *(tex)* cylinder opener; ~ **csap** gudgeon: journal, pin, pivot; ~ **csapvég** spigot point; ~ **cséve** *(tex)* straight bobbin; ~ **csiszológép** *(fa)* drum sander; ~ **csomóbontó gép** *(tex)* cylinder opener; ~ **csőmenet** straight pipe-thread; ~ **dongafűrész** drum saw; ~ **dugasz** *(rád)* cannon plug; ~ **elektronlencse** cylinder lens; ~ **fa** block; ~ **farúdgyalugép** round rod planing machine; ~ **fedőléces kártoló (gép)** *(tex)* mixed carding engine; ~ **fej** cheese head; ~ **fejű csavar** cylindrical/cheese-head screw; ~ **felületet gyalul** plane round; ~ **felvető** *(tex)* reel; *(motollás, kicsi)* swift; ~ **furatesztergálás** straight boring; ~ **furatidomszer** internal cylindrical ga(u)ge; ~ **fúró fogas fúrókoszorúval** *(bány)* calyx drill; ~ **fűrész** *(hordódongavágáshoz)* cylinder saw; ~ **futómű** *(heng)* roller gear; ~ **gabonatisztító** scourer cylinder; ~ **gát** *(hidr)* rolling dam/gate, roller weir; ~ **gázmenet** British Standard pipe straight thread; ~ **gyűrűs idomszer** plain ring ga(u)ge; ~ **hajókazán** Scotch boiler; ~ **hullám** *(hangt)* cylindrical wave; ~ **hűtőpad** *(heng)* roller cooling bed; ~ **idomszer** plug ga(u)ge; ~ **intrúzió** *(meredek vetőben; földt)* ring dyke; ~ **írezőgép** *(tex)* cylinder sizing machine; ~ **kallózó** *(tex)* cylindrical milling machine; ~ **kapcsoló** *(vill)* controller; ~ **kártoló(gép)** *(tex)* roller(-top) card; ~ **katód** *(rád)* sleeve cathode; ~ **kazánköpeny** course; ~ **kefe** *(tex)* roller brush; ~ **keménypapírtartály** *(pa)* hard paper round container; ~ **keresztcséve** *(tex)* parallel cheese; ~ **kondenzátor** *(rád)* mansbridge capacitor, cylindrical condenser; ~ **középtörő** *(bány)* re-breaker rolls; ~ **kőzúzó gép** roller crusher; ~ **lemezegyengető gép** *(heng)* roller leveller; ~ **lisztkeverő** *(élip)* reel-type flour mixer; ~ **magtalanító-** *v* **egrenálógép** *(tex)* roller gin; ~ **marógép** cylindrical milling machine; ~ **mázológép** *(pa)* roll coater; ~ **menetszabályozó** *(kontroller)* cylinder controller; ~ **mestermérő** cylinder ga(u)ge; **nem** ~ out-of-round; ~ **nyomógép** *(pa)* cylinder printing-machine; ~ **palástköszörű** cylindrical external grinder; ~ **papírtartály** *(pa)* paper round-container; ~ **perzselőgép** *(tex)* rotary cylinder singeing machine; ~ **próbatest** cylindrical (rod) specimen; ~ **rosta** roller screen, shaft screen; ~ **rostély** roller grate; ~ **rotációs nyomdagép** cylinder printing machine; ~ **rúd** round rod/bar; ~ **saru** rocker bearing; ~ **süllyesztőszekrény** *(ép, hidr)* cylinder caisson; ~ **szalagú regisztráló készülék** roll chart recorder; ~ **szállító** *fn* roller conveyor; ~ **szappanpilírozó gép** roller mill for soap; ~ **szárító** *(koh)* cylindrical dryer; *(pa)* roller drier; ~ **szárú fúró** straight-shank drill; ~ **szélfeszítő** *(tex)* bush bearing temple, roller temple; ~ **szerszám-** *v* **késbefogó** *v* **késtartó** cylindrical tool box; ~ **szóró felületek** *(hangszórón)* polycylindrical diffusors; ~ **(szövet)-prés** *(tex)* rolling press; ~ **tekercs** cylindrical coil; ~ **tekercselés** cylindrical winding; ~ **tolattyú** piston valve; ~ **tömőcsákány** fuller; ~ **törés** *(bány)* comminution by rolls; ~ **törő(gép)** rolling/roller crusher, roll breaker, roll(er) grinder; ~ **vállék** cylinder cam; ~ **ványológép** *(tex)* rotary milling machine, cylindrical milling machine; ~ **vasmagos tekercs** cylindrical iron-core coil; ~ **végű idomszer** caliper ga(u)ge; ~ **vetülékcséve** *(tex)* rolling bobbin, revolving bobbin; ~ **vezetőcsúcsú kazánmenetfúró** straight boiler-tap; ~ **zúzó(gép)** *(bány)* roll crusher
hengerész *(heng)* mill-man
hengerészcsapat rolling-mill crew
hengeresztergа roll-turning lathe
hengeresztergályos roll repairer
hengeresztergályozás roll turning
hengerfal *(gépk)* cylinder wall
hengerfal-vastagság *(gépk)* cylinder wall thickness
hengerfedél-burkolat cylinder head casing
hengerfej *(gépk)* cylinder head; ~ **belső fala** dome; **egy darabban öntött**

~ integral cylinder head; **~ben elhelyezett szelep** valve-in-head
hengerfej-anya *(gépk)* cylinder head (fixing) nut
hengerfej-fedél *(gépk)* cylinder head cover
hengerfejfedél-tömítés *(gépk)* cylinder head cover gasket, valve rocker cover gasket
hengerfejlehúzó *fn* cylinder cover detaching tool
hengerfejrögzítő ászokcsavar cylinder head fixing stud
hengerfejtömítés *(gépk)* cylinder gasket
hengerfejtömítő lemez gasket
hengerfejzáró csavar cylinder head plug
hengerfekvésszög *(V-motornál)* cylinder angle
hengerfelület roll shell; **~et gyalul** plane circularly
hengerfelületérdesítés ragging of rolls
hengerfelület-gyalulás round planing
hengerfém cylinder metal
hengerfenék *v* **-fedél** cylinder end
hengerfogó bilincses rakodótargonca roll-grip upender lift truck
hengerfúrás *(forg)* straight boring; *(nagyjavításkor; gépk)* cylinder reboring
hengerfurat *(gépk)* (cylinder) bore; **ovális ~** out-of-round cylinder bore; **~ viszonya a dugattyúlökethez** bore-stroke ratio
hengerfuratmérő *fn (gépk)* cylinder (gau)ge
hengerfurat-tűrés *(újrafúrásnál)* reaming allowance
hengerfúró: ~ berendezés *(gépk)* cylinder-boring machine; **~ rúd külső szupportja** outer support for boring bar
hengerfüggvény *(mat)* cylindrical function
henger-gázkorom roller carbon-black
hengerget trundle
hengergörgős csapágy cylindrical roller bearing; *l még* **görgőscsapágy**
hengergyalu cylinder planer
hengerhibák nyomai shatter marks of sheets
hengerhüvely *(gépk)* cylinder liner/sleeve; **cserélhető ~** *(gépk)* renewable liner; **~t megújít** resleeve; **nedves ~** *(gépk)* wet liner; **száraz ~** *(gépk)* dry liner
hengerhüvelyes tengelykapcsoló cylinder coupling
hengerhüvely-kihúzó *(gépk)* cylinder sleeve puller
hengerhüvely-tömítő gyűrű *(gumiból; gépk)* packing ring, „O" ring
hengeridomszer cylinder ga(u)ge
hengerít *(földt)* cog
henger-ívesség *(mértéke) (heng)* roll camber, crown dimension of roll
hengerjárat *(heng)* mill/rolling train; *(óra)* horizontal escapement
hengerjel *(pa)* rolling mark
hengerkaliber *(heng)* roll caliber; **alsó ~** bottom pass
hengerkalibrálás roll dressing
hengerkaparó *fn* roll scraper
hengerkazán drum/cylindrical boiler; **~ első öve** boiler first course
hengerkéreg *(heng)* roll shell
hengerkerék *(óra)* horizontal wheel
hengerkeret roller frame
hengerkés *(pa)* fly bar
hengerkezelő *(munkás)* screwer
henger-ki- és beütő *(óra)* cylinder punch
hengerkifújtatás cylinder drainage
hengerkifúvó csap cylinder cock
hengerkocsi *(nyomdagépen)* roller carriage
hengerkoordináta *(mat)* cylindrical co-ordinate
hengerkopás *(gépk)* cylinder wear
hengerkorom roller black
hengerkorong cylinder printing wheel
hengerköpeny *(pa)* cylinder jacket
hengerköpenyes kazán shell boiler
hengerköpenyezés *(pa)* cylinder clothing
hengerköpeny-leeresztő csap jacket drain cock
hengerköszörű(gép) roll-grinding machine, roll grinder
hengerköz *(tex)* reach
hengerlazító szelep *v* **emeltyű** pressure-release lever
hengerlencse *(fényt)* cylindrical lens
hengerlés *(heng)* rolling; *(lemezé)* sheeting, lamination; *(kalanderezés)* calendering; **~ keresztirányban** *(heng)* across the grain; **~ kis nyomással** *(heng)* temper rolling; **~sel nyújt** *(heng)* roll; **talpbőr ~e** rolling; **~ tengelye** axis of rolling
hengerlési: ~ előírás *v* **terv** rolling schedule; **~ felület** rolling skin; **~ kettőzés** cold lap; **~ méret** roll caliber; **~ nyom** *(útépítésnél)* rolling/roller path; **~ nyomás** *(heng)* rolling load; **~ repedés** *(heng)* rolling crack; **~ reve** *(heng)* rolling scale; **~ salak** *(heng)* roll slag; **~ tűrés** *(heng)* rolling margin/allowance; **~ vastagságot beállít** *(heng)* screw down a roll
hengerlő: ~ előmunkás roll tenter; **~ hegesztés** *(heng)* roll welding; **~ kovácsolás** roll forging; **~ szegecselőgép** spinning riveter; **~ szélesség** body length of roll
hengerlőár *(alak, forg)* burnishing broach
hengerlőgép rolling machine; **asztali ~** *[fogtechnikus számára]* bench roller
hengerlőműhely roll shop
hengerlőprofil section of pass
hengerlőtüske burnishing broach; *(csőhengerléshez)* rolling plug
hengerlőüreg pass of roll; **csúcsíves ~** angular groove of roll
hengerlőüreg-tervezés roll pass design
hengerlőüzem rolling mill
hengermalom *(élip)* cylinder mill; *(élip, koh, vegy)* roll(er) mill, roll breaker
hengermarás *(forg)* roll fluting
hengermegmunkáló készülék *(forg)* cylindrical attachment
hengermű *(üzem)* roll(ing) mill; *l még* **hengersor**
henger-műanyag *(nyomda)* roller composition
hengerműemelő asztal *v* **emeltyűrendszer** porter of a rolling mill
hengerműmester head roller
hengernyak roll neck
hengernyomás *(tex)* roller printing
hengernyomatpapír paper for cylinder printing
hengernyomó: ~ gép *(tex)* roller block printing machine, cylinder printing machine,rotary print machine; **~ papír** roller-printing paper
hengernyomógép-prés large metal cylinder
hengerolaj cylinder oil; *(alapanyag v párlat)* cylinder stock; *(gőzgéphez)* steam cylinder oil
hengerolaj-alapanyag *(finomítatlan lepárlási maradék)* cylinder stock; *(finomított lepárlási maradék)* bright stock
hengerosztás *(tex)* reach
hengeröblítéssel működő motor *(rendesen kétütemű)* scavenging engine
hengeröntvény *(gépk)* (cast) block
hengerpalást cylinder jacket; **~ külsején végzett orsó** *(műrepülésnél)* outside roll
hengerpár rolls
hengerpár-áthidaló darab saddle
hengerpersely *l* **hengerhüvely**
hengerprofilmaró berendezés circular profiling apparatus
hengerrázás *(pa)* cylinder shake
hengerrés *(heng)* roll throat
hengerreve roll(ing) scale
hengerrosta *(élip)* rotary grain grader, riddle; *(pa)* sieve-drum
hengerrovátkolás roll fluting
hengersor *(heng)* mill/roll train, train of rolls; *(gépk)* bank cylinders; **~ állító csavaremeltyűje** spanner of rolling mill; **átkormányozható ~** reversing rolling mill; **~ bemeneti asztala** front mill table; **~ bemeneti oldala** entry side of roll; **duó ~** two-high rolling mill, twin rolling mill; **előnyújtó ~** cogging/blooming rolls; **~ hajtógépe** rolling mill engine; **~ hengere** roll; **kettősduó ~** double two-high rolling mill, Dowlais mill; **~ kezelő személyzete** rolling mill crew; **~ kilépő oldala** rear side/shoot of rolling mill; **~ kimeneti csatornája** shoot of rolling mill; **~ kimeneti oldala** rear side/shoot of rolls; **~ kormányosa** rolling-mill operator; **kvartó ~** four-high rolling mill; **lapító ~** flatting mill; **lyukasztó ~** piercing mill; **~ platinahengerléshez** slabbing rolls; **reverzáló ~** reversing rolling mill; **szextó ~** cluster mill; **támasztóhengeres ~** backed-type rolling mill; **trió ~** three-high rolling mill; **~ vezető-kése** scarper of rolling mill
hengersorhajtás rolling mill drive
hengersorhajtó: ~ gép *v* **motor** rolling mill engine; **~ mű** rolling mill drive
hengerszárító *(fa)* roller dryer
hengerszék *(malom)* (roller) mill; *(gumi)* bowl
hengerszék-oldalvezeték roll lead box
hengerszektorzsilip *(hidr)* drum sluice
hengerszelep throttle
hengerszita reel; *(élip)* rolling screen; *(pa)* roll/rotary screen, cylinder mo(u)ld
hengerszitanemez *(pa)* mo(u)ld felt
hengerszitás: ~ gépkarton *(pa)* cylinder board; **~ kézilemezgép** *(pa)* cylinder board machine; **~ papírgép** vat/cylinder machine
hengerszita-szakasz *(pa)* vat section
hengertalp cylinder foot
hengertárcsa *(gépt)* cylinder wheel; *(tex)* (beam) head; **hengertárcsák közötti távolság** distance between beam heads
hengertávolság size of nip

hengerteljesítmény *(egy hengerre eső teljesítmény; gépk)* cylinder output; *(gumi)* mill output
hengertérfogat cylinder capacity
hengertérfogatarány *(többhengerű megosztott expanziójú gépnél)* cylinder ratio
hengertest hossza body length of roll
hengertetróda *(rád)* cylindrical tetrode
hengertőke roll housing
hengertömb *(gépk)* (cylinder) block; **egybeöntött** ~ all-in-one piece cylinders
hengertömb-vizsgálat block test(ing)
hengertörő *(bány)* roll breaker; ~ **durva törésre** crusher rolls; ~ **finom törésre** *(bány)* boney rolls
hengertuskó billet
hengertükör cylinder face
hengerüreg roll groove/caliber/pass; **alsó** ~ bottom pass; **előnyújtó** ~ cogging pass; **hegyesszögű** ~ *(heng)* diamond pass; **lapos** *v* **négyszögletes** *v* **zárt** ~ *(heng)* box pass; **zárt** ~ closed pass
hengerüreg-kikészítés roll dressing
hengerüregterv roll design
hengerüreg-tervező *v* **-szerkesztő** roll designer
hengerűrszelvény *(heng)* section of pass
hengerűrtartalom *(gépk)* swept volume, cubic/cylinder capacity; *(gőzgépen)* volume of cylinder
hengerüzem roll shop
hengerváll cylinder jaw
hengerváltás roll changing
hengervetület *(geod)* Mercator projection
hengerzet roll(s)
henry *(vill)* henry, hy
Henry-féle olajozó *(gőzgéphez)* sight feed lubrivator
henry-mérő henrymeter
hentes-csomagolópapír butcher's paper
henwoodit *(ásv)* henwoodite
hepatit *(ásv)* hepatite
hepatopirit *(ásv)* *l* **májkovand**
heptadekán *(vegy)* heptadecane
heptán *(vegy)* heptane
heptén *(vegy)* heptylene, heptene
heptil *(vegy)* heptyl
heptóda *(rád)* heptode
heptóda-keverő *(rád)* heptode mixer
hercynit *(ásv)* hercynite
herderit *(ásv)* herderite
herélt bikaborjú bőre steer-hide
heringhalászhajó drifter
heringolaj herring oil
hermelinprém *(bőr)* ermine
hermetikus *l* **légmentes**
hernyó *(állat)* caterpillar, maggot; *(heg)* bead; *(tex)* caterpillar, worm
hernyócsavar grub screw, set screw
hernyóetető tálca *(tex)* feeding-tray
hernyó-fonal *(tex)* chenille
hernyóhajtás facsiszolóhoz *(pa)* caterpillar grinder drive
hernyólánc *(gépk)* caterpillar band; **hátsó** ~ *(kormánykerekes járművön)* end-type caterpillar chain
hernyóláncsapszeg endless steel band bolt
hernyólánctag catenary element; ~ **saruja** track shoe
hernyóláncvezető görgő track roller
hernyóselyem *(tex)* natural/true silk, mulberry fibre
hernyóselyemszál *(nyers, kettős; tex)* bave
hernyószalag *(gépk)* tread caterpillar
hernyótalp *l* **lánctalp**
hernyóvarratok felrakási sorrendje *(heg)* build-up sequence
Herschel-féle fényképező eljárás amphitype
herschelit *(ásv)* herschelite
hertz (Hz) cycles/periods per second *(rövidítései:* cps, c/s, pps, p/s)
Hertz-féle dipólus-antenna Hertz doublet
hessit *(ásv)* hessite
hessonit *(ásv)* (h)essonite
heterociklikus *v* **heterociklusos** heterocyclic; ~ **gyűrű** heteroatomic ring; ~ **gyűrű oxigén-atommal** oxygen heterocyclic ring
heterodin *(rád)* heterodyne; ~ **detektor** oscillation valve detector; ~ **hangforrás** *v* **oszcillátor** multifrequency heterodyne; ~ **hullámmérő** heterodyne wavemeter; ~ **oszcillátor** beat frequency oscillator; ~ **vétel** interference/beat/heterodyne reception; ~ **vevő** beat/heterodyne receiver/set
heterogén heterogeneous; ~ **egyensúly** *(több fázis jelenlétében)* polyphase equilibrium
heterogenit *(ásv)* heterogenite
heterotrópia *(földt)* directional property
heterozit *(ásv)* heterosite
hétfonalas selyematlasz *(tex)* satin merveilleux
heti : ~ **munkaidő** weekly working hours; ~ **szokványvizsgálatok** *(távk)* weekly routine
hetibér weekly pay/wages
hétjegyű : ~ **logaritmus** seven-place logarithm; ~ **logaritmustábla** seven--place table of logarithms; ~ **szám** *(mat)* seven-figure number; ~ **táblázat** seven-place tables
hétlap *(mat)* heptahedron
hétszeres *(mat)* septuple
hétszög *(mat)* heptagon
hettangi emelet *(földt)* Hettangian stage
hétvegyértékű heptavalent, septivalent
heulandit *(ásv)* heulandite
Heusler-ötvözet Heusler-alloy
heveder sling, brace, clamp; *(abroncs)* hoop; *(gurtni)* strap; *(bány)* tongue; *(bőr)* girt(h); *(emelő:)* lash, strap; *(ép)* rail; *(ablakon)* window--ledge; *(fa)* bar, small square, timber; *(gépt)* lug plate, butt joint strap, band; *(szíj)* belt; *(hídon:)* lap plate; *(vasút)* fish; **fedélzeti** ~ deck tie plate; **fedő** ~ cover strap; **vetélő-fékező** ~ *(tex)* check strap
hevedercsavar fish(-plate) bolt, track bolt
hevederes : ~ **akkumulátor-felerősítés** *(gépk)* girdle fixing (of batteries); ~ **ejtő kalapács** flexible-belt drop hammer; ~ **kapcsoló** *(gépt)* expanding band clutch; ~ **kötés** *(heg)* strap lap joint; ~ **lánc** sprocket/pintle chaim, flat-link chain; ~ **rálapolásos szegecselt lemezkötés** riveted lap joint with strap; ~ **sarokkötés** *(gépt)* bracket joint; ~ **sínillesztés** *v* **sínkötés** fish-joint; ~ **szegecskötés** rivet joint with butt strap; ~ **tompa illesztés** *(heg)* strap joint
hevederezés *(vasút)* lashing; **sínek** ~**e** fishing of rails
hevederfej *(emelőn)* enlarged end of link
hevedergerenda *(architráv)* epistyle, lintel, platband, architrave
hevederkamra *(vasút)* fish-plate pass
hevederkiképzésű hajtórúdfej strap end
hevederkötés fish-plate joint; *(vasút)* rail bond
hevederkötéses : ~ **gerenda** fished beam; ~ **sínütközés** fished joint
hevederlánc *(tex)* collar chain
hevederlemez cover plate, butt strap; **fedélzetet merevítő** ~ deck hook
hevederminta *(vasút)* fishing templet
hevederpánt locking bar; ~ **lakatszemmel** *[ládán]* hasp and staple
hevederszögvas boom angle
hevederszövés tape/strap/belt weaving
heveder-szövőszék webbing loom
hevenyészett offhand; ~ **antenna** random aerial
hévér car jack; **palack alakú csavaros** ~ bottle jack
heverő *fn* settee
heverőszék deck-chair
hevertetés *(koh)* natural ageing
hevertetett *(koh)* naturally aged; ~ **papír** *(simítás előtt)* bowl paper
heves quick, violent, forcible; ~ **erjedés** fretting; ~ **gőzképződés** violent formation of steam
hévforrás hot spring
hevít heat; *(ker)* broil
hevítés heating; *l még* **fűtés, melegítés**; **dielektromos** ~ dielectric heating; **helyi** ~ localized heating; **indukciós** ~ induction heating; **nagyfrekvenciás** ~ radio-frequency heating; **sugárzó-lemezes** ~ panel heating
hevítési veszteség *(aszfalté)* loss on heating
hevített : **izzásig** ~ incandescent
hevítő : ~ **kemence** *(üveggyártás közbeni felhevítésére)* gloryhole; **megcsapolt gőzzel fűtött** ~ **készülék** bleeder heater
hevítőkamra heating chamber
hevítőtekercs *(koh)* work coils
hevítőüst *(önt)* hot pool
hévíz-feltörés thermal spring
hexabrómszám *(vegy)* insoluble bromide number/value
hexadekán *(vegy)* hexadecane
hexaéder *(mat)* hexahedron, cubic
hexaéderes cubic, hexahedric
hexafluorkovasav silicofluoric acid
hexagonális hexagonal; *l még* **hatszögletes**; ~ **bipiramisos** *[kristályosztály]* hexagonal-dipyramidal; ~ **enantiomorf** *[kristályosztály]* *l* **hexagonális trapezoéderes**; ~ **hemimorf** *[kristályosztály]* *l* **dihexagonális piramisos**; ~ **paramorf** *[kristályosztály]* *l* **hexagonális bipiramisos**; ~ **piramisos** *[kristályosztály]* hexagonal-pyramidal; ~ **tetartoéderes** *[kristályosztály]* *l* **hexagonális piramisos**; ~ **trapezoéderes** *[kristályosztály]* hexagonal-trapezohedral
hexagonit *(ásv)* *l* **tremolit**
hexakiszoktaéderes *[kristályosztály]* hexoctahedral
hexakisztetraéderes *[kristályosztály]* hextetrahedral
hexametiléntetramin hexa(methylene tetra)mine
hexamminkobalti-sók luteocobalti salts
hexán *(vegy)* hexane

hexóda *(rád)* hexode, six-electrode tube; **önműködő féding-szabályozó ~** fading hexode
hexóda-keverőcső hexoda-mixer tube
hexódarész hexode portion
hexóz *(vegy)* hexose
hézag gap, opening, breach, space, interstice, interspace, leak; *(ép)* seam, joint; *(gépt; illesztési)* clearance; *(kapcsolódási)* backlash; *(lazaság)* slack; *(nyomda)* lacuna; *(távk, vill)* clearance, gap, air space; **boltozati ~** *(ép)* voussoir joint; **csatlakozó ~** *(ép)* abutment/abutting joint; **dilatációs v tágulási ~** clearance for expansion; **~ dugattyúpalást és hengerfal között** skirt clearance; **illesztési ~** clearance; **~okat kitöltő jég** interstitial ice; **lapátok közötti ~** clearance between blades; **~ nélküli** zero-/no-clearance, tight; **~ nélküli szelepemelő kar** *(gépk)* zero-lash valve lifter; **szelepszár és szelephimba közötti ~** valve-stem airgap/clearance; **vízszintes ~** *(ép)* bed joint; **zárási ~** *(fa)* cash joint
hézagbillentyű *(írógépen)* space key
hézagborító deszkázás *(ép, hajó)* overlap(ping) planks
hézagkikenő *fn* spatula
hézagkiöntés híg cementhabarccsal cement grouting
hézagkiöntő anyag *(aszfalt)* (joint) filler
hézagkitöltés *(fémszórással)* mellosing
hézagkitöltő *(útépítéshez)* joint filler
hézagkitömés *(bány)* cease fillings
hézagléc *(betonútban)* dowel bar; *(famáglyában)* stick; *l még* **máglyázóléc**; *(nyomda)* reglet
hézagléc-rakó *(munkás v gép)* sticker
hézaglemez *(sinütközésnél; vasút)* rail shim
hézagmentes *(padló)* jointless, cutless; *(földt)* imperforated; **~ elrendezés** continuous spread; **~ illesztés** tight fit, no-clearance fit; **~ kapcsolódás** *(fogé)* no-backlash engagement; **~ kötés** metal-to-metal joint; **~ padló** jointless/continuous floor; **~ padlóburkolat** floor without joints, composition flooring; **~ repülőgép-kormánylap** continuous rudder; **~ tompa illesztés** closed butt joint
hézagmérés *(forg)* probing
hézagméret clearance size
hézagmérő feeler (ga(u)ge), probe; *(gépk)* gauge/feeler strip *(UK)*; thickness gage *(US)*, feeler strip *(US)*; **~ dugattyúgyűrűkopás ellenőrzésére** piston clearance ga(u)ge; **~ gyújtógyertyához** *(gépk)* spark plug ga(u)ge; **~ készlet** feeler stock/set
hézag-műhelyreszelő warding file
hézagnyomás clearance pressure
hézagol *(ép)* shoot, slush
hézagolás *(ép)* joining; **ferde ~** *(be- és lefelé)* weather pointing, struck joint
hézagolókanál *(ép)* pointing trowel, sword
hézagolóléc ga(u)ge rod
hézagolópálcás hézagolás *(ép)* rodded joint
hézagolószerszám pointing template
hézagolóvas jointer; *(mintaasztalos számára:)* toothed plane iron

hézagolt *(ép)* jointed; **habarccsal ferdén lefelé ~** *(kötés)* weather struck; **~ kormánylemezes eketest** slat bottom; **~ lánctalp** *(mely nem hagy összefüggő nyomot)* skeleton track
hézagos cleared, cored out; *(tex)* cleared; **~ erdő** selection forest; **~ fogú fűrész** *(fa)* gap-tooth saw; **~ fűrészfogazás** interrupted tooth formation; **~ keretes beépítési mód** *(városépítés)* building development in unbroken block row with interspaces between the buildings; **~ sávos beépítési mód** *(városépítés)* ribbon development in broken row; **~ zárt sorú beépítési mód** *(városépítés)* building development in unbroken row along a street with interspaces between the buildings
hézagosztás *(ép)* slot pitch
hézagreszelő *(forg)* blade file; **pontossági ~** precisions warding file
hézagtakaró (dísz)léc *(ép)* (staff) bead
hézagtalan jointless; *l még* **hézagmentes**
hézagtartó: **~ léc** corner fillet; **~ persely** distance bushing
hézagtényező *(mech)* void ratio
hézagtérfogat voids volume; *(talajmechanikában:)* porosity, percentage of voids
hézagtöltő *fn* stop gap
hézagtömítő aszfalt *(ép)* asphalt of pitch groove joint
hézag-tűreszelő *(forg)* warding needle file
hézagzáró léc *(ajtón v ablakon)* rebate mo(u)lding, rabbet ledge, frame ledge (of door/window)
H-hálózat *(vill)* H-network
hiacint *(ásv)* hyacinth
hialit *(ásv)* hyalite
hialofán *(ásv)* hyalophane
hialosziderit *(ásv)* hyalosiderite
hialotekit *(ásv)* hyalotekite
hiány *(anyagban:)* lack; *(árucikkben:)* shortage; *(mat)* deficiency, genus
hiányos defective, faulty, short, void; **~ ellenálló képességű** under-stable; **~ fűrészfogazás** interrupted tooth formation; **~ neutralizálás** *(rád)* underneutralization
hiányosság defect, deficiency, fault, flaw
hiánypótlás supplies
hiányreklamáció claims for shortage
hiánytér *(földt)* barren ground
hiányzó missing, out; **~ adat módszere** *(statisztikában)* missing-plot technique
hiba *(tévedés)* error, mistake, fault, miss; *(minőségi:)* deficiency, defect, failure, flaw, trouble, blemish; *(beálló; rád, távk)* failure; *(működés eredményében; rád, távk)* error; *(szerkezeti; rád, távk)* fault, defect; **biztonságos ~** *[nagyobb szilárdság felé]* error on the safe side; **~ felfedezése** trouble shooting; **(fel)halmoz(ód)ott ~** accumulated error; *(szövési v egyéb)* **~ jele a szegélyen** *(tex)* break-mark; **hibát keres** *(vill)* trace the fault; **~ kiküszöbölése** *(távk)* clearance of fault; **kromatikus v színi ~** chromatic aberration; **összeadódó ~** *(mat)* additive error; **véletlen ~** accidental error
hibaáram *(vill)* fault current
hibabejelentő *(távk)* tell-tale; **~ áramkör** *(távk)* recording trunk for line fault service; **~ hivatal** *(távk)* service observation; **~ munkahely** complaint desk
hibacsillapítás *(távk)* balance attenuation, balance return loss
hibadetektor *(rád)* fault indicator
hibaegyenlet *(geod)* observational equation
hibaellenőrző automata *(távk)* automatic routiner
hibaeloszlási görbe *(mat)* curve of error frequency
hibaérzékelés *(vill)* detection of error
hibaérzékelő error-sensing, error-detecting; **~ készülék** *(vill)* error-detecting device
hibafelkeresés detection of error
hibaforrás source of errors
hibafüggvény *(mat)* error function
hibagörbe error curve
hibaháromszög *(iránymérésnél; rep)* cocked hat; *(hátrametszésnél; geod)* triangle of error
hibahatár limit/margin of error
hibahely-behatárolás *(rád, távk)* location of faults, fault localization
hibahelykereső *(vill)* fault finder
hibahelymegállapító készülék *(vill)* fault locator
hibahely-meghatározás *(vill)* fault locating
hibaintegrál *(mat)* error integral
hibajavítás error correction
hibajavító elem *(vill)* error-corrector device
hibajegyzék *(kefelenyomaton)* errata slip
hibajel error signal; *(a szegélyen; tex)* break-mark; **hitelesítő (mesterséges) ~** *(távk)* artificial error signal
hibajelentő: **~ készülék** *(távk)* routiner; **~ könyv** *(járműhöz)* vehicle-report book
hibajelző *fn* *(rád)* fault indicator; **~ hang** *(távk)* out-of-order tone; **~ lámpa** *(rád)* trouble lamp; *(távk)* fault indicating lamp
hibakeresés trouble shooting/hunting, test for fault; *(rád, távk)* fault finding/tracing
hibakereső *fn* trouble-finder; **~ készülék** *(anyaghibák felkutatására)* flaw detector; *(rád, vill)* fault detector/finder/tracer; **~ műszerész** *(távk)* faultsman; **~ műszerész (visszahívó) áramköre** *(távk)* faultsman's (ring--back) circuit
hibakészség *(távk)* fault liability
hibakiegyenlítés *(geod)* corrective equalization, adjustment of errors
hibakiküszöbölés elimination of errors
hibakiküszöbölési módszer *(geod)* method of failure
hibakörülhatárolás *(vill)* fault localization
hibalokalizáló híd fault-localizing bridge
hibamegállapítás trouble detection, test for fault
hibamentes *(gép)* trouble-proof; *[bőr]* without defects; **~ áru** *(tex)* fault--free fabric, faultless cloth; **~ fa** clean timber
hibamentesség *(tex)* faultlessness
hibanagyság extent of the error
hibapont *(vill)* bug
hibás *(téves)* erroneous, faulty; *(minőségi:)* damaged, defective, flawy, unsound; *(távk)* out of order, O. O. O.;

~ **alakú** misshapen, misshaped ; ~ **alkat** malformation ; ~ **beállítás** *v* **beigazítás** misadjustment ; ~ **beállítású légcsavar** *(rep)* out-of-alignment airscrew ; ~**an beállított feszültség** misalignment voltage ; ~ **befűzés** *(tex)* false draft, misdraw ; ~ **érintkezés** *(vill)* contact fault ; ~ **felső bálaív** *(pa)* outsides ; ~ **felvétel** *(hangt)* accidental printing ; ~ **gubó hulladékselyme** *(tex)* tarmate silk ; ~ **gyújtás** *(gépk, rád, vill)* misfire, misfiring ; ~ **hangolás** *(rád)* mistuning ; ~ **harisnya** *(kh)* menders ; ~ **hívás** *(telef)* false signal ; ~ **illesztés** *v* **párosítás** mismatch ; ~ **irányszög** *(rep)* „wild"-bearing ; ~ **keltezés** misdate ; ~ **kezelés** *(gépt)* misoperation ; ~ **kötés** *[minőségileg ; rád, távk)* poor joint ; ~ **megmunkálású** mismachined ; ~ **modulálás** *(távk)* defective modulation ; ~ **működés** *(gépt)* malfunction(ing) ; *(vill)* fouling ; ~ **nehezítésű** *(tex)* candied ; ~ **nyersbőr** defective (hide) ; ~ **olvasztás** *(koh)* off-heat ; ~ **öntés** *(önt)* off-cast ; ~ **papír** foul paper, retree (paper) ; ~ **számítás** miscalculation ; ~ **számot tárcsáz** *(telef)* dial a number in error ; ~ **szegélyű** *(szövet)* listed ; ~ **szövőgép** defective loom ; ~ **vetés** *(tex)* mispick

hibásodás *(faanyagban)* defectiveness

hibásvonal-átkapcsolás *(hibakeresőbe ; telef)* plugging-up

hibaszázalék percentage error, error percentage

hibátlan sound, flawless, faultless ; ~ **tiszta gyapjú** free wool

hibatörvény *(Gauss-féle)* error law

hibavizsgálat fault detection/test ; **mágneses** ~ magnetic flaw detection ; ~ **ultrahanggal** ultrasonic fault detection

hibrid hybrid ; *(távk)* hybrid coil, differential transformer ; ~ **áramkör** *(távk)* hybrid coil circuit ; ~ **ion** *(vegy)* hibrid ion

hibridizáció *(magmában ; földt)* contamination

híd bridge ; *(esztergán:)* gap bridge/block ; *(vegy)* bridge ; *(mérőhíd ; vill)* bridge ; **boltozott** ~ arch-bridge; **csatornát** *v* **vízvezetéket hordó** ~ water-conduit bridge ; **csőelemekből álló** ~ tubular bridge ; **dugaszoló** ~ *(vill)* dial-pattern bridge ; **egyensúlyban levő** ~ *(vill)* balanced bridge; **ellenállásmérő** ~ *(vill)* resistance bridge ; *(kis ellenállásokhoz:)* conductivity bridge; *(üzemi:)* resistance-limit bridge ; **ellenőrző** ~ *(gyártásban ; vill)* limit bridge, component bridge ; **„HÍD!" előjelző tábla** *(forgalmi jelzőtábla)* Bridge ahead! ; ~ **fahosszgerendája** balk ; **(fa)hossztartós** ~ stringer bridge ; ~ **felfekvése** bridge seat ; ~ **fesztávolsága** bridge opening ; ~ **hálózati** *v* **rácsozati rajza** bridge diagram ; ~ **hátfalazata** backing ; **hidat helyére betol** *v* **behúz** slide a bridge ; ~ **hőtágulása** bridge dilatation ; **impedanciamérő** ~ *(vill)* impedance bridge ; **induktivitásmérő** ~ *(vill)* Anderson bridge, inductance bridge ; ~ **ívelése** throw of a bridge ; *(pálya megemelése hídközépen:)* bridge camber ; **kapacitásmérő** ~ *(vill)* capacitance bridge ; **kiegyenlített** ~ *(vill)* balanced bridge ; **legfelső, kis** ~ *(gőzhajón)* flying bridge ; ~ **legyezőszerű tartó szerkezettel** radiated bridge ; ~ **lehorgonyzása** bridge anchorage ; **lemezosztályozó** ~ *(vill)* magnetic sorting bridge ; **molekulában hidat képező elemek** *(vegy)* bridge elements; ~ **szabad nyílása** bridge opening ; ~ **sztatikai számítása** calculation of bridge ; ~ **támaszköze** bridge opening; **Thomson-féle** ~ *(vill)* Thomson/Kelvin bridge ; **hidat ver** throw a bridge ; **Wheatstone-féle** ~ *(vill)* Wheatstone bridge, slide(-wire) bridge; **Wien-féle** ~ Wien bridge

híd- bridge(d), bridging

hídalátámasztás *(ép)* bearing of bridge

hídáramkör *(vill)* bridge circuit

hidas : ~ **csákozógép** *(bőr)* revolution press ; ~ **gépágy** gap bed ; ~ **légkalapács** bridge-type air hammer

hídáttétel *(vill)* bridge-ratio

hidazás *(óra)* upper plate

hídbetoló pálya *(ép)* traverser

hídburkolat *(ép)* floor

hídcölöp bridge pile

hídcsatlakozás bridge joint

hídcsatorna water-conduit bridge

hídcsavar bridge bolt

híd-csoport *(vegy)* bridged group

hídcsúcs *(vill)* bridge apex

híddaru roof crane, travel(l)ing/overhead/bridge crane ; ~ **vágánya** bridge rail

hiddenit *(ásv)* hiddenite

hídduplex : ~ **kapcsolás** *(távk)* bridge duplex circuit ; **rendszer** *(távk)* bridge duplex system

hideg cold ; ~ **akkumulátortöltő** cold charger ; ~ **alakítás** *(kovácsolás, sajtolás v hengerlés)* cold (metal-) working, cold deformation, work/strain hardening ; ~ **alakíthatóság** ductility ; ~**en alakított** cold-worked ; ~ **állapotban indít** *(motort)* start from the cold ; ~**en csiszolt fa** *(pa)* cold ground wood ; ~**en csomagoló tartósítás** *(forró dobozban v forró sziruppal)* cold-pack method ; ~ **elektród** *(vill)* cold electrode ; ~ **eljárás** cold process ; ~ **emisszió** *(rád)* autoelectronic emission ; *(rád)* auto-emission ; ~ **fehérítés** *(tex)* cold/Mohl bleach ; *(pa)* cold bleach ; ~ **fejezés** *(szegecset)* cold heading ; ~ **fény** *(vill)* fluorescent light ; ~ **folyás** *(varrat- v öntvényhiba)* cold shut, fold ; ~ **formázás** cold-form(ing) ; ~ **forrasztás** *(távk)* dry joint ; *(hőelemen:)* cold junction ; *(rézamalgámmal:)* cold soldering ; ~ **front** *(met)* cold front ; ~ **fúvószél** *(koh)* cold blast ; ~ *(200°—400°)* **fúvószéllel olvasztott faszenes nyersvas** cold charcoal pig iron ; ~**en fűrészel** *(fémet)* cold-saw ; ~ **füstölés** *(élip)* smoking ; ~ **gyújtógyertya** *(kis hőértékű)* cold plug ; ~**en hengerelt** cold-rolled ; C. R. ; ~ **hengersor** cold rolling mill, tempering mill ; ~**en húzott** cold-drawn, c. d. ; ~**en húzott varratmentes cső** cold-drawn weldless tube ; ~**en indít** *[motort]* start from cold ; ~ **indítás** *(gépk)* cold starting ; ~**en kalapál** cold-forge ; ~ **katód** *(rád)* cold cathode ; ~ **keményedés** *v* **keményítés** *(hők)* strain hardening ; ~ **kiegyengetés** *(vasúti sineké)* gagging ; ~**en kikészített** *(tex)* cold dressed ; ~ **kisülés** *(vill)* cold discharge ; ~**en kovácsol** cold-swage ; ~ **kovácsolás** peening, cold-swaging/forging ; ~**en kovácsolt** cold forged ; ~ **légbetörés** *(met)* cold wave ; ~ **levegővel működő hűtőgép** cold-air machine ; ~ **megmunkálás** cold-working ; ~ **műkaucsuk** cold rubber ; ~ **nemesítés** *(pa)* cold refining ; ~**en nyír** cold-shear ; ~ **nyomás** *(hanglemezhiba)* cold pressing ; ~ **oldal** *(rád, távk)* earth side ; ~**en ónoz** cold-tin ; ~ **ömlés** *(varrat- v öntvényhiba)* cold lap ; ~**en polírozó gép** *(cipő)* cold burnishing machine ; ~ **préselés** cold pressing ; ~**en préselt** *(pa)* cold pressed ; ~**en préselt olaj** cold-drawn oil ; ~**en rakott aszfaltburkolat** cold-laid asphalt pavement ; ~ **repedés** *(öntvényhiba)* cold tear ; ~**en sajtol** cold-press ; ~ **sajtolás** cold pressing, punching, cold stamping ; ~**en sajtolt** *v* **lyukasztott** punched, cold-stamped/pressed ; ~**en sajtolt olaj** cold pressed oil, cold drawn oil ; ~ **szegecselés** cold-riveting ; ~**gel szembeni ellenállás** cold-resisting property, cold resistance/stability ; ~ *(tavasszal későn felmelegedő)* **talaj** late soil ; ~ **tömörítőpróba** *(anyagv)* cold-jumping test ; ~ **utóhengermű** pinch pass rolling mill ; ~ **ülepítés** cold-settling ; ~**en való** *l* **hideg** ; ~**en viaszozott lemez** *(pa)* cold-waxed board ; ~**en vont** hard-drawn ; ~ **vulkanizálás** cold vulcanization/cure

hidegálló cold resistant/resisting

hidegellenállás próbája cold test

hidegenedzés hammer-hardening

hidegentörés cold break

hidegenyv cold glue ; *(facement:)* wood cement

hideg-fejezőgép cold-heading machine

hidegfűrész cold saw

hideghajlító próba cold-bead test

hideghullám cold wave

hidegindítási készség *(motoré)* cold-starting ability

hidegindító patron *(gépk)* power cartridge

hidegkamra-vizsgálat *(gépk)* cold room test

hidegkatódos cső *(rád)* cold(-)(cathode) tube/valve

hideg-menethengerlő gép cold thread-rolling machine

hidegpont *(hőelemen)* cold junction, c. j.

hidegpróba *(kenőanyagoké)* cold test

hidegszél *(koh)* cold blast

hidegszél-tolózár *(koh)* cold sliding-valve

hidegtömörítő gép cold-upsetting machine

hidegtörékeny *(koh)* cold-short

hidegtörékenység *(koh)* cold brittleness

hidegtű *(rézkarchoz)* dry point

hidegvágó *fn* cold cutter, chisel ; ~ **lemezfűrész** plate cold saw ; ~**val megmunkál** cold-chisel ; ~ **véső** cold chisel

hidegvizes áztatás *(tex)* cold water retting

hidegvíz-utántápláló tartály *(ép)* feed-cistern

hídegyenirányító *(vill)* bridge rectifier
hídellenfal *(ép)* (bridge) abutment, bulkhead
hídépítés bridge building/construction
hídérősítés *(ép)* bridge reinforcement
hídfa bridge ties/beams ; *(vasúti hídon:)* bridge sleeper
hídfeljáró elevated approach
híd-felszerkezet bridge superstructure
hídfeszültség *(vill)* bridge voltage
hídfő (bridge) head, end/land abutment, bank pier ; **rejtett** ~ blind abutment
hídfőerősítés barbican
hídfő-pillér buttress
hídgerenda bridge tie/beam/ba(u)lk ; *(vasúti hídon:)* bridge sleeper
hídív *(ép)* bay
hídívelés camber of bridge ; ~ **rajza** camber diagram
hídjelző *(vasút)* bridge signal
hídkapcsolás *(vill)* bridge circuit ; ~ **hibája** *(vill)* bridge error
hídkapcsolási szűrő *(vill)* lattice filter
hídkapcsolásos *v* **hídkapcsolású** : ~ *(soros-párhuzamos)* **átmenet** *(vill)* bridge transition ; ~ **egyenirányító** *(vill)* Graetz rectifier ; ~ **kiegyenlítés pushpull-erősítőben** *(vill)* bridge neutralizing ; ~ **szűrőnégypólus** *(vill)* bridge network ; ~ **tag** *(távk)* lattice section
hídkapuzat *(ép)* portal frame
hídkar *(vill)* bridge arm
hídképlet *(vegy)* bridge formula
hídképződés *(koh)* bridging
hídkonzol *(ép)* cantilever
hídkorlát *(ép)* bridge railings
híd-kötés *(vegy)* bridge bond/link(age)
hídláb *(ép)* foundation pier, bridge column
hídlábazat *(ép)* pedal pier
hídlakat *(kh)* dividing cam
hídlemez *(ép)* slab
hídmélység *(szerszámgépen)* gap depth
hídmérés *(vill)* bridge test/measurement
hídmérési módszer *(vill)* bridge method
hídmérleg bridge/platform scale/balance, weigh(-)bridge ; **rögzíthető hídlású** ~ dormant scale
hídmező *(ép)* panel ; ~ **behajlása** *(ép)* dip of the span
hídmezőhosszúság *(ép)* panel length
hídmező-tartóív ráfalazása *(ép)* field spandrel
hídmódszer *(vill)* balanced method
hídmodulátor *(távk)* bridge-modulator
hídnyílás span, aperture, bay ; *(esztergán:)* gap
hídoszlop bridge column
hídpadlózat bridge floor, platform
hídpalló *(fa)* bridge ties/beams
hídpálya bridge floor/deck/road
hídpillér bridge pier ; ~ **alsó oldala** downstream side of pier ; ~ **felső oldala** upstream side of pier
hídprovizórium spar bridge
hidráció *(pa)* aquation
hidrál *(hidrogénez)* hydrogenate ; *(vizet felvétet:)* hydrate
hidrálás hydr(at)ation
hidrálási hő *(hidrátvízfelvétel közben képződő hő)* heat of hydration
hidráló krakkolás hydroforming
hidrált kaucsuk hydrorubber
hidráns (pavement) hydrant, fire plug/valve
hidrargillit *(ásv)* hydrargillite, gibbsite
hidrát *(vegy)* hydrate
hidratáció hydrat(at)ion, aquation
hidratál hydrat(at)e, aquate
hidratált ion aquated ion
hidrátcellulóz *(pa)* cellulose hydrate
hidrátvíz *(vegy)* hydrate water
hidraulika hydraulics
hidraulikus hydraulic, water, hydro-; ~ **bálaprés** hydraulic baling-press ; ~ **berendezés** hydraulic equipment ; ~ **berendezés munkahengere** *(rep)* jack ; ~ **cement** hydraulic cement ; ~ **daru** single-power jigger ; ~ **előtolás** *(szerszámgépen)* hydraulic feed ; ~ **emelő** hydraulic jack ; ~ **emelődugattyú** thrust plunger ; ~ **emelőszerkezet** pipe elevator ; ~ **energiaátalakító** hydrotransmitter ; ~ **esés** hydraulic jump; ~ **esésvonal** hydraulic gradient ; ~ **fék** hydraulic/liquid brake ; *(gépk)* *l* **folyadékfék** ; ~ **felvonó** hydraulic/plunger elevator, jigger ; ~ **garázsemelő** *(gépk)* hydraulic hoist/lift ; ~ **gépberendezés** hydraulics ; ~ **gipsz** *(ép)* floriated plaster ; ~ **gőzsajtó** steam-hydraulic press ; ~ **hajtás** hydraulic/fluid drive; ~ **hajtómű** hydraulic drive unit ; *(gépk)* hydraulic gear ; ~ **hatásfok** hydraulic efficiency ; ~ **homloksajtó** *(fúrópajzson)* face jack ; ~ **homokdöngölő** *(öntőformák készítésére)* hydraulic squeezer ; ~ **iszaptömedékelés** *(bány)* hydraulic filling ; ~ **kocsiemelő** *(gépk)* hydraulic car lifter ; ~ **kos** water-ram ; ~ **kötő adalék** *(ép)* hydraulic addition ; ~ **közeg** hidraulic fluid ; ~ **légakkumulátor** compressed air ballasted accumulator ; ~ **lökés** hydraulic shock ; ~ **lökéscsillapító** *(hidraulikában)* dash(-)pot ; *(gépt)* dashpot-type shock absorber ; *(rep)* hydraulic shock absorber ; ~ **lökéscsillapító dugattyúja** dashpot piston ; ~ **lyukasztógép** hydropierce machine ; ~ **mageltávolító** *(önt)* hydro-blast, hydro-core-knock-out machine ; ~ **matricaprés** *(nyomda)* plunger jig ; ~ **mérőszelence** hydraulic capsule ; ~ **mész** *(ép)* water/hydraulic lime, calcareouos cement ; ~ **mészhabarcs** calcareous hydraulic binder ; ~ **működésű** hydraulic operating ; ~ **nyomatékmérő** hydraulic torquemeter ; ~ **nyomatékváltó** *(gépk)* hydraulic torque converter; ~ **nyomatékváltó alacsony fokozatú fékszalagja** *(gépk)* low-gear brake band of the torque converter ; ~ **nyomatékváltó alacsony fokozatú fékszalagműködtető szelepe** *(gépk)* low-gear band anchor valve of the torque converter ; ~ **nyomatékváltó bolygóműve** *(gépk)* planetary gear train of the torque converter ; ~ **nyomatékváltó első sztátora** *(gépk)* first stator of the torque converter ; ~ **nyomatékváltó felső fokozatának záró kapcsolója** *(gépk)* top-gear locking clutch of the torque converter ; ~ **nyomatékváltó hátramenet-fékszalagja** *(gépk)* reverse brake band of the torque converter ; ~ **nyomatékváltó magas fokozatú kuplungja** *(gépk)* high gear clutch of the torque converter ; ~ **nyomatékváltó második sztátora** *(gépk)* second stator of the torque converter ; ~ **nyomatékváltó primer szivattyúja** *(gépk)* primary pump of the torque converter ; ~ **nyomatékváltó rögzítőlakatja** *(gépk)* parking lock of the torque converter *(lejtőn való rögzítésre)* ; ~ **nyomatékváltó szekunder szivattyúja** *(gépk)* secondary pump of the torque converter ; ~ **nyomatékváltó turbina** *(gépk)* turbine of the hydraulic torque converter ; ~ **nyomómagasság** piezometric head ; ~ **olaj** hidraulic oil/fluid ; ~ **osztályozó** *(bány)* hydraulic classifier ; *(felszálló vízsugárban:)* siphon separator; ~ **prés** *v* **sajtó** hydraulic press ; ~ **regulátor** *(Diesel-befecskendező szivattyún)* hydraulic governor ; ~ **repesztőtöltény** *(bány)* hydraulic cartridge ; ~ **sajtó** hydraulic press ; ~ **sínhajlító** jim-crow ; ~ **szelep** *(hidr)* hydraulic valve ; ~ **szelepemelő** *(gépk)* self-adjusting tappet, hydraulic tappet, hydraulic valve lifter ; ~ **talajtörés** *(talajmechanikában)* failure by piping ; ~ **tengelykapcsoló** *(gépt)* hydraulic clutch, liquid coupling ; *(gépk)* *l* **folyadék-tengelykapcsoló** ; ~ **torlaszkifejtés** *(bány)* goosing ; ~ **tömedékelés** *(bány)* silting ; ~ **transzportőrrel való adagolás** fluming ; ~ **ütés** hydraulic shock/impact; **villamos hajtású** ~ electro-hydraulic ; ~ **zár** hydraulic closure
hidrazin *(vegy)* hydrazine
hidrazinhidrát hydrazine hydrate
hidroaromás vegyület hydroaromatic compound
hidrobarométer depth ga(u)ge
hidrobiotit *(ásv)* hydrobiotite
hidroboracit *(ásv)* hydroboracite
hidrocellulóz *(pa)* hydrocellulose
hidrocerusszit *(ásv)* hydrocerussite
hidrocianit *(ásv)* hydrocyanite
hidrociklon *(koh)* hydrocyclone, cyclone washer
hidrocinkit *(ásv)* hydrozincite
hidrodinamika hydrodinamics, fluid dynamics
hidrodinamikus hydrodynamic ; ~ **kapcsolás** *v* **kapcsoló** fluid coupling ; ~ **lendkerék** fluid flywheel
hidroelektromos hydroelectric ; ~ **erőmű** water-power station
hidrofán *(ásv)* hydrophane
hidrofeiner *(pa)* hydrofiner
hidrofób water-repellent, nonwetted, hydrophobic
hidrogél hydrogel
hidrogén hydrogen ; **aktív** ~ active hydrogen ; **fémmel helyettesíthető** ~ acid hydrogen ; **karburált** ~ *(lángvágáshoz)* carbohydrogen ; ~**t leadó** *fn* hydrogen donator ; **nehéz** ~ deuterium, heavy hydrogen ; ~ **tartalmú** *(vegy)* hidrogenous ; *(ásv)* hydrogenian *is*
hidrogénbomba H-bomb
hidrogéncianid hydrogen cyanide
hidrogéndonátor *(vegy)* hydrogen don(at)or
hidrogénelektród hydrogen electrode ; ~**hoz viszonyított normálpotenciál** standard electrode potential
hidrogénexponens pH-value
hidrogénezés *(olajé)* hydrogenation ; **roncsoló** ~ *(ol)* destructive hydrogenation
hidrogénferrocianid ferrocyanic acid

hidrogénfluorid fluorhydric/hydrofluoric acid, fluorine hydride, hydrogen fluoride

hidrogénfluoszilikát hydrofluosilicic/hydrosilicofluoric/silicofluoric/fluo(ro)silicic acid

hidrogénfluosztannát fluostannic acid

hidrogénfluosztannit fluostannous acid

hidrogénfoszfát phosphoric acid

hidrogénfoszfit phosphorous acid

hidrogén-gázpalack hydrogen cylinder

hidrogénhiperoxid hydrogen peroxide

hidrogénhipofoszfit hypophosphorous acid

hidrogén-hőkezelés hydrogen treatment

hidrogénhűtésű hydrogen-cooled

hidrogénion-koncentráció available acidity, pH-value, hidrogen ion concentration

hidrogénionkoncentráció-indikátor acid-base indicator, pH-indicator/detector

hidrogénjodid hydrogen iodide

hidrogénkitevő *(vegy)* pH-value

hidrogénklorid hydrogen chloride, hydrochloric acid

hidrogénkloroaurát aurichlorohydric acid

hidrogén-oxigén galvánelem oxyhydrogen cell

hidrogénperoxid hydrogen peroxide, peroxide of hydrogen; *(pa)* ozogen

hidrogénsztannifluorid fluostannic acid

hidrogénsztannofluorid fluostannous acid

hidrogénszulfát hydrogen sulfate

hidrogénszulfid hydrogen sulfide

hidrogénszuperoxid hydrogen peroxide

hidrogéntartalmú *(vegy)* hydrogenous; *(ásv)* hydrogenian *is*

hidrogeológia geohydrology

hidrográfia hydrography

hidrográfiai hydrographic

hidrohalit *(ásv)* hydrohalite

hidrohematit *(ásv)* hydrohematite

hidrokénessavas nátrium sodium hydrosulfite

hidrokinon hydroquinone

hidrolitikus hydrolytic; ~ **lebontás** *(pa)* hydrolytic decomposition

hidrolízis hydrolysis; **lúgos** ~ basic hydrolysis

hidrológia hidrology

hidrológiai hydrological; ~ **év** water year

hidromagnezit *(ásv)* hydromagnesite

hidromechanika hydromechanics

hidrometallurgiai eljárás hydrometallurgical process/method

hidrométer water poise, hydrometer

hidrometrálás *(talajmechanikában)* wet mechanical analysis, elutriation

hidrometria hydrometry; *l még* **hidrometrálás**

hidromonitor *(bány)* hydraulic giant, monitor spout

hidroperoxid *(vegy)* hydroperoxide

hidroplán seaplane; *l még* **vízirepülőgép**

hidropulper *(pa)* hydropulper, aqua pulper

hidropulperezés *(pa)* hydropulping

hidro-só acid salt

hidroszféra hydrosphere

hidroszkóp hydroscope

hidroszól *(vegy)* hydrosol

hidrosztatika hydrostatics, statics of fluids

hidrosztatikai hydrostatic; *l még* **hidrosztatikus**

hidrosztatikus hydrostatic; ~ *(kondenzációs)* **kenő szelence** hydrostatic lubricator; ~ **mérleg** Westphal balance, specific gravity balance; ~ **mérleg úszóteste** hydrostatic sink; ~ **nyomás** hydrostatic/directionless pressure; *(duzzasztott vízé:)* (pressure) head; ~ **nyomásnál nagyobb légnyomás** *(keszonban)* unbalanced air pressure; ~ **nyomó magasság** hydrostatic head; ~ **vízmérce** hydrostatic ga(u)ge

hidroszulfát hydrosulfate, hydrogen sulfate

hidroszulfid hydrosulfide, hydrogen sulfide

hidroszulfit hydrosulfite

hidrotalkit *(ásv)* hydrotalcite, völknerite

hidrotartarát bitartrate

hidrotechnika hydrotechnics

hidrotermális *(földt)* hydrothermal

hidrotroilit *(ásv)* hydrotroilite

hidrox *(bány)* hydrox

hidroxid *(vegy)* hydroxide; **bázikus** ~ basic hydroxide

hidroxilamin hydroxyl amine

hydroxilszám *(zsiradéké)* hydroxyl value

hidrox-repesztő *(bány)* hydrox blaster

hídsaru *(ép)* bridge shoe/bearing

hídsarucsap *(ép)* shoe pin

hídsín *(ép, vasút)* bridge rail

hídszárak *(duplex táviratozásnál)* arms

hídszék *(ép)* bridge seat

hídszerelés erection of bridge, bridge building

hídszerelő csavarkulcs bridge builders' wrench

hídszerkezeti: ~ **elem** bridge member; ~ **oszlop** bridge post

hídtag *(ép)* bridge member

hídtartó *(ép)* bridge girder/beam; ~ **oszlop** bridge standard

hídtípusú graviméter *(földt)* bridge gravimeter

hídvágány *(ép, vasút)* bridge rail

hídvám toll

hídvámos híd toll bridge

hídverés *(ép)* bridge building

hídvisszacsatolás *(távk)* bridge feedback

hieratit *(ásv)* hieratite

hietométer *(met)* *l* **esőmérő**

híg thin, lean, weak, long, light, liquid; ~ **beton** *(ép)* liquid concrete; ~ **cementhabarcs** *(ép)* neat; ~ **festőlé** *(tex)* long dye bath; ~**an folyó** *[tinta]* long; ~ **iszap** *(bány)* slurry; ~ **keverék** *(gépk)* lean/weak mixture; ~ **tejszín** light cream

higany quicksilver, mercury

higany- mercurial

higanycianid mercuric cyanide

higanycsésze *(met)* mercury cup

higanydugó mercury seal stopcock

higanyedény *(met)* mercury cup

higanyegyenirányító *fn (vill)* *l* **higanygőz-egyenirányító**

higanyelektróda *(csepp-elektród)* drop electrode/pin

higanyemulgeálás flouring of mercury

higanyérintkezés *(vill)* mercurial connection

higanyérintkező *(vill)* mercury contact

higany-fakóérc *(ásv)* mercurial fahlore

higanyfém mercurial metal

higanyfeszmérő *v* **-manométer** mercurial gauge

higanygőz-egyenirányító *(vill)* mercury (-vapour/arc) rectifier; ~ **cső** mercury vapour rectifying valve; **vezérelt** ~ controlled mercury-arc rectifier

higanygőzerőmű mercury-vapo(u)r power station

higanygőzkazán mercury boiler

higanygőzlámpa mercury vapo(u)r lamp, mercury-arc tube

higany-horizont *(csill, rep)* artificial horizon

higanyhőmérő *l* **higanyos hőmérő**

higanyív mercury arc

higanyjodür mercurous iodide

higanykapcsoló *fn (vill)* mercury switch/breaker, mercury cut-off

higanykatód *(vill)* mercury-pool cathode, mercury cup

higanykatódkamra mercury cathode cell

higanykatódos elektrolizáló cella mozgó lapátkerékkel scoop-wheel cell

higanykenőcs blue ointment

higanykezelés mercurification

higanyklorid mercuric chloride

higanyklorür mercurous chloride

higanykút *v* **-forrás** *(koh)* mercury wells

higanylégszivattyú mercury air pump

higanylerakás *(a rendes fémbevonás előtt)* quicking

higanymájérc *(ásv)* hepatic cinnabar

higanymegszakító *(vill)* mercury breaker; *l még* **higanykapcsoló**

higanynitrát mercury nitrate

higanynitrát-oldat *(aranyozáshoz)* quicksilver water

higanynyomás *(fiz)* mercury pressure

higanyos mercurial; ~ **barométer** mercury/mercurial barometer; ~ **fogyasztásmérő** *(vill)* Ferranti meter; ~ **fordulatszámmérő** rotary mercury tachometer; ~ **hőkompenzációs inga** *(csill)* mercurial pendulum; ~ **hőmérő** mercurial thermometer; ~ **kapcsolócső** *(gépt)* mercury tube; ~ **kapcsolódugasz** *(anyagv)* mercury-pool connector; ~ **kapcsoló késleltetéssel** *(vill)* mercury-delay cell; *l még* **higanykapcsoló**; ~ **légszivattyú** mercurial air pump; ~ **megszakító** *(vill)* mercury circuit-breaker; *l még* **higanykapcsoló**; ~ **nyomásmérő** mercury ga(u)ge; ~ **szaggató** *(vill)* mercurial breaker; *l még* **higanykapcsoló**

higanyoszlop mercury column

higanyoszlop-csőskála kiigazítása column correction

higanyoszlopnyomás berometric column

higanyoxid mercuric oxide

higanyoxidul mercurous oxide

higanyozás mercuration

higanysó mercurial salt

higanysó-oldatba márt *(galvanizálás előtt)* quicken

higanyszaruérc *(ásv)* mercurial horn-ore

higanyszikraköz *(vill)* mercury spark gap

higanyszivattyú mercurial air pump

higanytartály *(higanyos szabályozó része; vill)* mercury tank

higanytócsa-katód *(vill)* mercury-pool cathode

higanytöltésű mercury-filled; ~ **dióda** mercury-filled diode

higanyzár mercury valve/seal
hígfolyós high-fluid, thin-liquid
hígfolyósság fluidity ; *(önt)* castability
higiénikus hygienic, sanitary
hígít dilute, thin ; *(bitument illő anyaggal:)* cut back ; **keveréket** ~ *(gépk)* weaken the mixture
hígítás dilution, thinning, subtilization *(ritkítás:)* rarefaction ; *(bitumen keverése illő anyaggal:)* cutting back ; **erős** ~ high dilution ; **gyönge** ~ low dilution
hígítási : ~ **határ** dilution end-point ; ~ **hő** heat of dilution ; ~ **mérés** dilution metering ; ~ **tényező** *[oldaté]* dilution factor
hígító *fn* reducer, thinner ; *(nehezen illó, bitumenhez:)* flux oil ; *(ol)* cutting fluid/compound; *(lakk:)* diluent, thinner ; **ásványi** ~ petroleum/mineral spirit
hígított dilute(d); ~ **alkohol** *(49,24%-os)* proof spirit ; ~ **aszfalt** *(olajjal)* cut-back asphalt, oil asphalt ; ~ **sav** dilute acid
higrométer hygrometer
higrometria hygrometry
higroszkóp hygroscope
higroszkópikus *l* **higroszkópos**
higroszkópos hydroscopic, hygroscopic, water-absorbing ; ~ **anyag** hygroscopic agent ; ~ **nedvességtartalom** hygroscopic water content ; ~ **vatta** absorbent cotton
higroszkóposság hygroscopicity
higrosztát hygrostat
higrotermográf *(met)* hygro-thermograph
hillängsit *(ásv)* hillängsite
Hill-féle tükör *(met)* Hill's mirror
himba rocker (arm), balance/equalizing/sway beam ; *(harántgyalun)* connecting rod, link ; *(óra)* swing
himba-bak *(szelephimba-bak ; gépk)* rocker pedestal
himbacsap beam-gudgeon
himbacsapágy rocker-bar bearing
himbaemelő rocking lever
himbaemeltyű rocking lever
himbagyűrű rocker ring
himbahajtású hosszgyalugép shaping planer
himbakar balance bob/arm, rocker/swing(ing) arm, equalizing lever, bell/sway beam ; *(óra)* swing
himbakaros áttétel transmission by rocking lever
himbakő *(gépt)* rocker die
himbáló : ~ **kemence** *(koh)* rocking furnace ; ~ **készülék** rocking device
himbapersely balance-bush
himbás : ~ **csapágy** pin rocker bearing ; ~ **gőzgép** beam steam engine ; ~ **szállítólánc** pendulum conveyor ; ~ **szegecselőtőke** lever dolly
himba-szerelvény rocker gear
himbatengely rocker shaft
hímez *(tex)* embroider, work
himlőhely *(bőr)* pitting, pock-mark
hímzés *(tex)* embroidering, embroidery, broiding, purl, stipple, sewing, sampler, work ; ~ **tüllre** *v* **hálószövetre** *(tex)* embroidery on net
hímzett: ~ **áru** *(tex)* embroidery, crewel work ; ~ **bőr** lace leather ; ~ **organdi** *(tex)* embroidered organdy ; **ruha** ~ **szegélye** surple
hímzőborda *(tex)* embroidery lathe
hímzőcérna *(tex)* embroidery threads
hímzőfonal *(tex)* tambour thread, fillet silk ; *(hímzőládás szövőszéken)* whip thread ; **lazán sodort** ~ crewel
hímzőgép *(Schiffli ; tex)* schiffli (embroidery) machine
hímzőkarika *(tex)* embroidery hoops
hímzőkeret *(tex)* embroidery hoops
hímzőláda *(tex)* embossing batten, embroidery lathe
hímzőládás szövőszék *(tex)* lappet loom
hímzőpamut *(tex)* pearl (cotton)
hímzőselyem *(fonal)* embroidery/art/slack/floss silk (yarn)
hímzőszegés *v* **-szegőöltés** *(tex)* overcast stitch
hímzőtű *(tamburírozáshoz)* tambour needle
hímzővászon *(tex)* cross-stitch canvas
hináros mocsár *(földt)* quaking bog
Hindley-csiga *(globoid)* Hindley-worm
hintamozgás seesaw
hintázási frekvencia *(rád)* wobble frequency
hintó coach ; **fonott kasú** ~ basket carriage
hintófék screw brake
hintőliszt dusting flour
hintzeit *(ásv)* *l* **kaliborit**
hioszciamin hyoscyamine
hiperbola *(mat)* hyperbola ; **egyenlő oldalú** ~ equilateral hiperbola
hiperbola-térképhálózat *(rep)* lattice
hiperbolikus hyperbolic ; ~ **fogaskerék** hyperbolic gear (wheel) ; ~ **függvény** *(mat)* hyperbolic function ; ~ **lemniszkáta** *(mat)* hyperbolic/Bernoulli's lemniscate
hiperboloid *(mat)* *fn* hyperboloid ; *mn* hyperboloidal
hipereutektikus *(koh, vegy)* hypereutectic
hiperfelület *(mat)* hypersurface
hiperfinom szerkezet hyperfine structure
hiperfrekvencia extremely high frequency, e. h. f.
hipergeometria hypergeometry
hiperkénsav persulfuric acid
hiperkénsavas: ~ **ammónium** ammonium persulfate ; ~ **kálium** potassium persulfate ; ~ **nátrium** sodium persulfate
hiperkrómsav perchromic acid
hipermanganát permanganate
hipermangánsav permanganic acid
hipermangánsavas kálium potassium permanganate
hiperoxid peroxide
hiperoxidos fehérítés *(tex)* peroxide bleach(ing)
hiperozmiumsav perosmic acid
hipersík *(mat)* hyperplane
hiperszénsavas kálium potassium percarbonate
hiperszinkron hypersynchronous
hipersztén *(ásv)* hypersthene
hipnon *(vegy)* hypnone, methyl phenyl ketone, acetophenone
hipoborát hypoborate
hipobromit hypobromite
hipocentrum *(földt)* hypocentre, seismic origin, centre of origin, focus of earthquake ; ~ **mélysége** focal depression
hipocikloid *(mat)* *l* **hipocikloisz**
hipocikloisz *(mat)* hypocycloid ; **háromcsúcsú** ~ tricuspid ; **hurkos** ~ prolate hypocycloid ; **négycsúcsú** ~ astroid/tetracuspid hypocycloid ; **nyújtott** ~ curtate hypocycloid ; **Steiner-féle** ~ tricuspid
hipofoszfát hypophosphate
hipofoszfit hypophosphite
hipofoszforossav hypophosphorous acid
hipofoszforossavas : ~ **kalcium** calcium hypophosphite ; ~ **nátrium** sodium hypophosphite
hipofoszforsav hypophosphoric acid
hipoid : ~ **fogazású kúpkerék** *(nagy)* hypoid/skew bevel gear ; *(kis)* hypoid/skew bevel pinion ; ~ **kúpfogaskerék-hajtás** hypoid bevel drive ; ~ **kenőanyag** *(ol)* hypoid lubricant
hipokénessav hyposulfurous acid
hipoklorit hypochlorite
hipokloritos: ~ **fehérítés** *(tex)* hypochlorite bleach(ing) ; *(pa)* Hermite process ; ~ **kezelés** *(tex)* bleaching with hypochlorites
hipoklórossav hypochlorous acid
hiponitrit hyponitrite
hiposalétromossav hyponitrous acid
hiposav hypo-acid
hiposzulfit hyposulfite
hipotézis hypothesis
hipoxantit *(ásv)* hypoxanthite
Hippias-görbe *(mat)* quadratrix of Hippias
Hippokrátesz-féle félhold *(mat)* Hyppocratian lune
hippursav hippuric/benzoylaminoacetic acid, benzoylglycine
hipszometria *(földt, geod)* hypsometry
hipszometrikus *(földt, geod)* hypsometric
híradástechnika (tele)communication engineering/technique ; **villamos** ~ electrical telecommunication engineering
híradó : ~ **berendezés** signal(l)ing equipment ; ~ **eszköz** mean of communication ; ~ **felvétel** *(film)* news-reel shot ; ~ **központ** signal/message centre ; ~ **lövedék** message shell; ~ **mozi** news theater ; ~ **szolgálat** communication service
híradós *(katona)* signalman
hirdető : ~ **oszlop** advertisement pillar ; ~ **tábla** (notice) board, billboard
hírközlés *(távk)* communication ; ~ **látható jelekkel** optical telegraphy ; ~ **sávszélessége** intelligence bandwidth
hírközlési övezet communication zone
hírközlő : ~ **berendezés** *(rád, távk)* communication apparatus ; ~ **hálózat** *(távk)* reporting chain ; ~ **jel(zés)** intelligence signal ; ~ **központ** report centre ; ~ **vevő** *(rád)* communication receiver
hírközvetítés *(rádión)* news-cast
hírszórás *(rád)* broadcasting ; **közös hullámú** ~ chain broadcasting
hírszóró *fn* *(rád)* broadcast ; ~ **adás** *(rád)* radio broadcasting ; ~ **hullámok** *(rád)* broadcast waves ; ~ **közvetítés** *(rád)* broadcast relaying ; ~**(le)adás** *(rád)* broadcast transmission ; ~ **vétel** *(rád)* broadcast reception
hirtelen *(feszültségváltozás)* abrupt, sudden ; *[kanyar]* sharp ; ~ **esésű** abrupt, precipitous ; ~ **felmágnesezés** flash magnetization ; ~ **forralás gőze** flashed vapo(u)r ; ~ **gázkitörés** gas run ; ~ **hűt** *(hők)* quench ; ~ **kitörés** *(bány)* suction rush ; ~ **le-**

gömbölyödő abruptly rounded; ~ **levágás** *[átviteli karakterisztikáé]* sharp cut-off; ~ **lökés** surging shock; ~ **megállás** stock still; ~ *(fellépő)* **széllökés** *(met)* sharp gust; ~ **terhelés** sudden load
hírváltási napló communication log
hisingerit *(ásv)* hisingerite
hisztamin histamine
hiszterézis *(vill)* hysteresis; **dielektromos** ~ dielectric hysteresis; **elektronhangolási** ~ electronic-tuning hysteresis; **forgási** ~ rotary hysteresis; ~ **forgó térben** rotary hysteresis; **mágneses** ~ magnetic viscosity, viscous hysteresis; **rugalmas** ~ elastic fatigue/hysteresis; ~ **váltakozó térben** static/linear hysteresis
hiszterézisgörbe *(vill)* hysteresis curve; ~ **meredeksége a munkapontban** differential magnetic(al) permeability
hiszterézis-görbeíró *fn (önműködő)* hysteresigraph
hiszterézishurok *(vill)* hysteresis loop
hiszterézishurok-sereg *(vill)* family of hysteresis loops
hiszterézis-késés *(vill)* hysteresis lag
hiszterézistényező *(vill)* hysteresis factor
hiszterézis-veszteség *(vill)* hysteresis loss
hiszterézis-vizsgáló *fn (vill)* magnetic tester
hisztidin histidine, 1-amino-2-iminazolylpropionic acid, 2-[4-iminazolyl]-α-alanine
hiteles standard, calibrating, try, reference, test, calibrated, verified; ~ **antenna** standard antenna; ~ *(frekvenciájú)* **hullámhosszúság** *(rád)* standard wavelength; ~ **késleltető vonal** *(távk)* standard lag line; ~ **kondenzátor** *(rád)* reference capacitor; ~ **mérő szerkezet** test ga(u)ge; ~ **mérték** reference/try ga(u)ge; *(etalon)* calibrating standard; ~ **oszcillátor** *(rád)* reference oscillator; ~ **rezonátorüreg** *(távk)* reference cavity; ~ **térerősséget adó generátor** *(rád)* standard field generator
hitelesít calibrate, verify; **mintával** *v* **alapmértékkel** ~ ga(u)ge; **újra** ~ recalibrate
hitelesítés calibration, verification, ga(u)ging
hitelesítési: ~ **diagram** graph card; ~ **görbe** calibration curve; ~ **pontosság** calibration accuracy; ~ **próba** calibration test; ~ **távolságmérési jelzéskeltés** *(távk)* reference range marker
hitelesített standard, calibrated, normal; ~ **leosztó** *(rád)* calibrated attenuator; **nem** ~ **mérce** *(vill)* setup scale; ~ **skála** calibration scale
hitelesítő: ~ **ellenállás** *(vill)* calibrating resistance; ~ **érték** *(rád)* reference value; ~ **feszültség** calibration/reference voltage; ~ **generátor** *(vill)* calibrating/reference generator; ~ **impulzusok** *(rád)* calibration pulses; ~ **jel** *(rád)* standard signal; ~ **kábel** *(távk)* calibrating cable; ~ **kalapács** stamping hammer; ~ **készülék** calibration device; ~ **kondenzátor** *(rád)* calibration condenser; ~ **mérleg** test balance; ~ **mérőléc** *(távolságmérőhöz)* infinity bar; ~ **mértékjelzés** ga(u)ge point; ~ **műszer** calibration/reference instrument; ~ **televíziós adócső** phasmajector
Hittorf-sötét-tér Hittorf's dark-space
hiúz *(bőr)* lynx
hiúz-zafír *(ásv)* *l* **vizes-zafír**
hívás *(telef)* ring(ing), call(ing); *(távírásnál)* cadence; *(automata távbeszélő berendezésnél)* dialling; ~ **csengetőárammal** ringing operation; **félbeszakított** ~ abandoned call; ~ **felfüggesztése** *(telef)* delay working; ~ **jelkulcsa** ringing/calling code; **kimenő és érkező** ~ **összeütközése** clash; ~ **lámpavillogtatással** lamp call; ~ **láthatóvá tétele** call display; ~**ok számának középértéke** *(telef)* calling rate; ~**ok számának regisztrátuma** *(telef)* call-count record; **törölt** ~ abandoned call
hívás-átemelő *(távk)* ringing by-pass (device)
hívásegység *(távk)* subscriber's calling equipment
hívásellenőrzés *(távk)* supervision of calls
híváselosztó *fn (távk)* call receiving switch/allotter, call distributor
hívási bárca *(távk)* ticket
hívásindikátor *(távk)* call indicator
hívásjelző *(távk)* (call) indicator/annunciator; ~ **tárcsa** call indicator disc
híváskeresés *(távk)* finding action
híváskereső *(gép)* call/line finder
hívásmegfigyelés *(távk)* supervision of calls
hívásnyugtázó jel *(távk)* call-confirmation signal
hívás-regisztráló *(távk)* call meter
hívásszámlálás *(távk)* metering of calls
hívás-számláló *(távk)* call-count meter
hivatalos: ~ **bejegyzés** registration; ~ **bélyegző** official stamp; ~ **menetrend** *(vasút)* official guide; ~ **pecsét** official seal; **rányomja a** ~ **pecsétet** *v* **bélyegzőt** affix the official stamp/seal
hivatásos professional
hivatásszerű professional
hivatkozás reference
hivatkozási: ~ **adatok** reference data; ~ **csillapító hálózat** *v* **szűrőtag** *(vill)* datum smoothing network; ~ **egyenérték** reference equivalent; ~ **egység** data unit; ~ **feszültség** *(vill)* reference voltage; ~ **hang-szint** *(rád, távk)* reference sound level; ~ **irány** *(rád)* reference direction; ~ **jel** *(nyomda)* reference; ~ **modulálási index** *(telev)* reference modulation index; ~ **szint** *(távk)* reference level; ~ **szint impulzusa** *(távk)* pulse of reference height; ~ **szintnek megfelelő átvitel** *(távk)* data transmission; ~ **távbeszélő teljesítmény** reference telephonic power; ~ **távolsági összeköttetés** *(távk)* nominal maximum circuit; ~ **teljesítmény** reference power
hívó: ~ **áramjelző** *(távk)* ringing current indicator; ~ **berendezés** *(távk)* signalling equipment, calling device; ~ **billentyű** *(távk)* call key; ~ **csőlemez** *[jelfogó]* calling indicator, line/annunciator drop; ~ **előfizető** *(távk)* calling subscriber; ~ **hullámhossz** *(rád)* calling wave; ~ **induktor** *(távk)* calling magneto, ringer; ~ **jelfogó** *(távk)* ringing/line/call(ing) relay ~ **kapcsoló** *(távk)* call/challenge switch; ~ **kapcsológép** *(távk)* call switch; ~ **kapcsolóhüvely** *(távk)* home/calling jack; ~ **készülék** *(távk)* call signal apparatus; **a** ~ **terhére jegyzi a hívást** *(távk)* register a call against the calling subscriber/party
hívóáram *(távk)* signalling current
hívóasztal *(távk)* concentrating table
hívócsengő *(távk)* call bell
hívócsengős rendszer *(távk)* call-bell system
hívódugasz *(távk)* calling/inquire/answering plug
hívódugó *(távk)* *l* **hívódugasz**
hívóeszköz *(távk)* subscriber's calling equipment
hívófény *(távk)* call light
hívó-hullám *(rád)* calling wave
hívójel *(távk)* call(ing) signal; *(állomás betűi)* signal letters, call letters, inquiry call, C Q; seizing mark/signal, forward transfer signal
hívójel-törlés *(távk)* calling signal lock-out
hívókulcs *(távk)* call key
hívólámpa *(távk)* line/call(ing)(-in) lamp
hívólámpasáv *(távk)* calling lamp strip
hívómű *(távk)* impulse sending device, calling device
hívóoldal *[áramköré; távk]* outgoing end
hívóoldali: ~ **bontás** *(távk)* first-party release, subscriber's release; ~ **ellenőrző lámpa** *(távk)* answering control lamp; ~ **jel** *(telef)* answer signal
hívószám *(telef)* call/directory number
hívószám-megállapító szerkezet *(távk)* calling line identification equipment
hívótárcsa *(telef)* calling dial
hívott: ~ **előfizető** *fn (távk)* called subscriber; ~ **fél bontása** *(távk)* last subscriber's release; ~ **nem felel** *(távk)* number unobtainable
hívott-fizet telefonbeszélgetés *(távk)* reversed charge call
hívott-oldali bontójel *(távk)* clear back signal, on hook signal
hívózsinór *(távk)* answering/switchboard wire
hízlalótó *(hidr)* nursery pond
hízottborjúbőr veal
hjelmit *(ásv)* hielmite, hjelmite
hjortdahlit *(ásv)* hiortdahlite
H-keresztmetszetű forgórész *(vill)* girder armature
hócipő *(gumi)* footing
hódara *(met)* granular snow
hódfarkú cserép *(ép)* flat tile
hódgát *(hidr)* beaverdam
Hodgson-nyüstösgép *(tex)* Hodgson dobby
hodográf hodograph
hodométer *(geod)* hodometer, viameter, measuring wheel
hódprém beaver('s fur)
hódprémbőr beaver
hoeferit *(ásv)* hoeferite, hőferite
hóeke snow()plough
hóeke-reflektor snow-shovel reflector
hóesés mérése *(mat)* snowfall measuring
hófehér snow white
hófehérség snowiness
hófogó rács *(ép)* show fence/boarding
hófúvás *(met)* snowdrift; ~ **ellen védő élősövény** *(vasút)* snow-protection hedge
hófúvásos terület *(met)* snowdrift site
hógát snow hurdle

hóhatár snow-line
hókaparó snow scraper
hókotró *(vasút)* snow rake/plough
hólánc *(gépk)* anti/non-skid chain, snow chain
hold *(égitest)* lune ; *(területmérték)* yoke ; ~ **alakú színelővas** *(bőr)* moon knife ; ~**nál közelebb levő** *(csill)* sublunar ; ~ **napi változása** *(csill)* lunar diurnal variation ; ~ **okozta változás** *(csill)* lunar variation ; ~ **óraszöge** *(csill)* lunar hour
hold- lunar
holdas kép *(aláexponált ; fényk)* lunar-quality
holdciklus *(csill)* lunar/metonic cycle
holdcsúcs cusp
Holden-féle körfésülő gép *(tex)* Holden circular comb
holdfogyatkozás *(csill)* lunar eclipse
holdhónap *(csill)* tropical month
holdkeringés *(csill)* lunation
holdkor *(csill)* age of moon
holdkő *(ásv)* moonstone
holdleírás *(csill)* selenography
holdmozgás zavarai *(csill)* lunar perturbations
hold-nap-hatás *(csill)* luni-solar influence
holdnegyed *(csill)* quarter ; **növekvő** ~ crescent phase (of moon)
holdradar lunar radar
holdsarló meniscus ; **növekvő** ~ crescent
holdszarv *(csill)* cusp
holdtáblák *(holdmozgási táblázatok ; csill)* lunar tables
holdtávolság *(csill)* lunar distance
holdudvar *(csill)* burr
holdváltozás *(csill)* lunation
hólé *(met)* snow water
hollandi *(pa)* beating/rag-engine, beater (engine), pulp engine, hollander ; ~ **anya** union/flare nut ; ~ **cserép** *(ép)* flap pantile, imbrex ; ~**ban enyvezett** *(pa)* engine sized ; ~ **macska** *(pa)* breaking knife ; ~ **palló** Dutch timber ; ~ **szélmalom** tower windmill; ~ **tető** *(ép)* gambrel roof ; ~ **tetőfedő cserép** *(ép)* pantile
hollandialadalék *(pa)* beater additive
hollandialapmű *(pa)* beater (bed)plate
hollandianyás kötés *(gépt)* flare joint
hollandibehordás *(pa)* furnish, beater loading
hollandibetét *(pa)* beater filling
hollandidob *(pa)* beater roll, knife drum
hollandidob-kés *(pa)* bar, knife, tooth, roll(er) bar/blade
hollandienyv *(pa)* beater glue
hollandienyvezés *(pa)* beater sizing
hollandikád *(pa)* beater trough/tub/vat, engine trough
hollandikés *(pa)* beater knife/blade
hollandikésélés *(pa)* filling, tackle
hollandimolnár *(pa)* beaterman
hollandisapka *(pa)* beater hood
hollanditerem *(pa)* beater house
hollanditöltés *(pa)* chest-filling
hollanditöltet *(pa)* furnish
hollanditöltőanyag-beadás *(pa)* beater loading
hollandiürítés *(pa)* chest-full
Hollerith-papír Hollerith paper
hollócsillám *(ásv)* Rabenglimmer
holmesit *(ásv)* l **seybertit**
holmit *(ásv)* l **seybertit**
holmium holmium ; ~ **tartalmú** *(ásv)* holmian
holmquistit *(ásv)* holmquistite
holocellulóz *(pa)* holocellulose
holocén *(földt)* Holocene, Holocenic system
holoéderesség *(ásv)* holohedry
holoéder-formák *(ásv)* holohedral forms
holokristályos *(ásv)* holocrystalline
holométer *(magasságmérő műszer)* holometer
holonóm *(mat)* holonomic, holonomous
holt *(gépt)* dead, idle ; ~ **felület** dead square ; ~ **idő** *(vill)* deadtime ; ~ **időszak** dead interval ; ~ **légtér** *(rep)* dead air compartment ; ~ **leltár** deadstock ; ~ **sáv** *(rád)* silent area ; ~ **szakasz** *(vill)* dead zone; ~ **zóna** *(rád)* radio shadow/pocket, skip distance/region, zone of silence
holtág *(hidr)* back-water (swamp), dead-channel, spur
holtági tó *(hidr)* oxbow lake
holtág-meder *(hidr)* cutoff
holtfej *(önt)* riser, lost/dead/feeding sink head ; *(ingoton)* top discard, deadhead ; l **még felöntés**
holtfuvar dead freight
holtidény off season
holtjárat *(gépt)* *(üresjárat)* idling ; *(kotyogás)* back/end play, backlash
holtjáték *(gépt)* backlash clearance, slack, play ; **átmérőn mért** ~ diameter clearance ; ~**ot megszüntet** remove the play ; **tengelyirányú** ~ end clearance/play
holtjáték-utánállító *(fékhez)* slack adjuster ; *(ék, léc)* full length taper gib
holtmeder *(hidr)* crease
holtmenetek *(vill)* dead turns
holtmozgás *(gépt)* play motion ; ~**t megengedő tag** lost-motion link ; ~**t megszüntet** remove the play
holtpont *(gépt, mech)* dead centre, d. c., dead point ; **alsó** ~ bottom (dead) centre, **felső** ~ top dead centre, t. d. c.
holtpont-ellenőrző nyílás *(lendkerékházon ; gépk)* timing inspection hole
holtponti : ~ **gyújtás** *(gépk)* dead centre ignition ; ~ **helyzet** dead centre position ; ~ **helyzetből kimozdító kar** over centre action lever
holtsúly dead load/weight
holtsúlytartály ballast tank
holtsúlyú dead-weighted
holtszög *(rád)* blind/dead angle
holtteher dead weight/load
holttengely *(gépt)* dead axle
holttér *(gépt)* dead spot/area/space, shadow area ; *(be nem látható tér ; geod)* dead ground
holttó-meder *(földt)* saucer lake
holtvágány short dead end, cul-de-sac
holtvíz *(hidr)* slack water
hólyag bladder, blister, bulb ; *(anyagban)* blowhole ; *(ker)* boil, blowhole ; *(önt)* blowhole, pinhole ; *(kis méretű, pa)* bell, bubble, blister, bladder ; **öntőformától eredő** ~ mould blowhole; **öntőmagtól eredő** ~ core blowhole
hólyaghúzó *[gáz]* vesicant, vesicatory ; ~ **gáz** blister gas
hólyagmentes nonporous
hólyagocska *(öntvényhiba)* bubble
hólyagos bullate, blebby ; ~ **acél** *(koh)* rimming steel ; ~ **felszín** *(fényk)* mottled surface ; ~ **láva** blister lava ; ~ **öntvény** blown casting ; ~ **vulkáni kőzetek** bubble-rocks
hólyagosodik blister
hólyagosság bubble
hólyagozás *(lemezen, filmen v papíron ; fényk)* blister
hólyagpróba *(cukorkakészítésnél)* bubble test
hólyagszerű bullate
homály gloom, shade ; *(szürkület)* dusk
homályos hazy, shady, gloomy, mat ; *(bevonat)* cull ; *[víz]* turbid ; *(fényt)* blind ; *[fénykép]* blurred ; ~ **befuttatás** dull tarnish ; ~ **búrájú izzólámpa** frosted lamp ; ~ **felületet ad** *[homokfúvással v savkezeléssel ; ker]* depolish ; ~ **folt** dead spot ; ~ top
homályosít mat, cloud ; **üveget** ~ frost
homályosítás *vö* **homályosít** tarnish
homályoslemez *(heng, koh)* dull-finished sheet
homályosodás tarnish
homályosság dullness ; *(fényt)* opacity ; *[televíziós képé]* blurring
homályosságmérő *(fényt)* opacimeter
hombár barn, granary ; *(hajó)* cargo hold ; **hátsó** ~ *(hajó)* aft hold
hombár-hosszpántok *(hajó)* cargo battens
hombárszád *(hajó)* cargo hatch(way) ; **fő** ~ *(hajó)* main-hatch
hombárszádfedő *(hajó)* hatch cover
hómezőképződés *(met)* nivation
homilit *(ásv)* homilite
homlok face, front, brow ; *(bány)* butt end ; **ív alakú** ~ *(bány)* bent face ; ~**ot készít** square off ; ~- **és padkafejtés** *(bány)* breast and bench stoping
homlok- facial
homlokácsolat *(bány)* end frame
homlokajtó-zárófüggöny *(bány)* scraper apron
homlokátjáró *(híd ; személykocsik közt)* crossing step
homlokbuktatás *(bány)* endwise tipping
homlokbuktató *fn (bány)* end discharge tippler, end tilter, dump cradle
homlokbütyök *(homlokfelületi vezérgörbével)* face cam
homlokbütyökmaró készülék face cam milling attachment
homlokcsapágy front bearing
homlokdeszka *(fa)* barge board, facia
homlokdeszkázat breasting ; *(alagútépítésnél)* breastboard
homlokél *(távk)* leading edge
homlokellenállás *(rep)* head resistance, drag ; ~**t csökkentő burkolat** fairing
homlokellenállási tényező *(rep)* drag coefficient, d. c.
homlokeszterga head/surfacing lathe
homlokesztergálás facing work ; **mély** ~ cup-out
homlokesztergáló kés facing tool
homlokfal end plank, head plate ; *(ép)* wall face, head wall
homlokfelület *(lap)* end(sur)face ; *(terület)* frontal area ; **működő** ~ *(forg)* active face
homlokfogaskerék spur(-)gear/wheel
homlokfogaskerék-áttétel cylindrical/spur gearing
homlokfogaskerék-áttételes gyalugép spur-gear(ed) planer
homlokfogaskerék-hajtás spur-gear drive ; ~ **előtéttengelye** spur wheel countershaft

homlokfogazású maró faced cutter
homlokfúró lyuk *(bány)* slab hole
homlokhűtő *fn (rep)* nose radiator
homlokillesztés *(gépt)* butt joint ; **~t hevederrel erősít** *(ép)* fish
homlokkerék spur gear/wheel
homlokkerekes differenciálmű *(gépk)* straight-tooth differential gear, spur gear differential
homlokkerékvezető szalag front wheel guide band
homlokkeret end frame
homlokkirakó *(bány)* front delivery
homlokkiürítésű billenőkocsi end tip wagon
homlokköszörülés face grinding
homloklámpa *(bány)* cap lamp
homloklap end plate ; *(forg)* face ; **hajócsavar szárnyának ~ja** face of propeller blade ; **~jával illesztett** *(ép)* butted
homloklaphegesztés *(lapolt)* end lap weld
homloklapillesztés *(fa)* abutment
homlokmarás end/face milling
homlokmaró *fn (forg)* face milling cutter ; **~ egyenes sugárirányú vágó fogazással** centre-cut end mill ; **kombinált központozó ~ és automata** *(cipő)* combined automatic machine for the centering and grooving
homlokméret *(ép)* elevation
homlokmerevítő *(léghajón)* bow stiffener
homlokmetszet front section
homlokmező *(bolthídon)* filled spandrel
homlokmoréna frontal/push moraine
homloknézet front elevation ; **~tel párhuzamos metszet** front-sectional elevation
homlokoldal *(bőr)* grain side
homlokperem front flange
homlokrajz *(ép)* elevation
homlokrész front end ; **~ áramvonalas burkolata** *(rep)* nose fairing
homlokréteg *(földt)* before-breast
homloksajtó *(hidraulikus, pajzsnál)* face jack
homloksík *(gépt)* end plane
homloksüllyesztés counterboring, spot facing
homloksüllyesztő spot facing tool, counterbore
homlokszalag frontlet
homlokszélesség *(bány)* breast
homlokszíj frontal strap
homlokszög *(forg)* (true) rake angle, angle of back slope
homloktárcsa end disc
homloktér *(geod)* foreland
homloktokmány *(forg)* face chuck
homloktükör head()mirror
homlokürítő csille *(bány)* end gate car ; front tipper
homlokvágó fűrész deck saw
homlokvarrat *(lapolt illesztésnél)* fillet in normal shear
homlokzat *(ép)* front(age), crown, façade, facing, elevation ; **hátsó ~** back elevation
homlokzatburkoló tégla face-brick
homlokzatfesték distemper paint
homlokzati frontal ; **léc ~ kiképzés céljára** *(ép)* facing bar ; **~ munka befejezése** finish facing ; **~ téglaburkolat** brick veneer
homlokzatkiképzés *(ép)* face work
homlokzatvakoló kőműves *(ép)* plasterer
homlokzatvonal building line
homoatomlánc *(azonos atomokból álló)* homoatomic chain
homoatomláncú vegyület homogeneous chain compound
homociklikus *[vegyület]* homocyclic ; **~** *(csak szénatomokból álló)* **gyűrű** homoatomic ring, homocycle, homocyclic nucleus ; **~ vegyület** homogeneous ring compound, homocyclic compound
homodin vétel *(rád)* homodyne reception
homogén homogeneous ; **~ cél** *(távk)* isotropic target ; **~ egyenlet** *(mat)* homogeneous equation ; **~ egyensúly** monophase equilibrium ; **~ függvény** *(mat)* homogeneous function ; **~ megoldás** *(mat)* homogeneous solution ; **~ oldat** *(vegy)* uniform solution ; **~ rakomány** *(hajó)* homogeneous cargo ; **~ sókoncentrációjú** *[tó]* holomictic ; **~ sugár(zás)** monochromatic ray/radiation ; **~ test** homogeneous body ; **~ vonal** *(távk)* uniform line
homogenitás homogeneity
homogenizál blend ; *(hők)* homogenize
homogenizálás *(hők)* homogenization
homogenizáló készülék *v* **gép** homogenizer
homografikus diagram *(mat)* homographical diagramm
homok sand ; **~ által erodált kőzet** ventifact ; **~ által súrolt kavicsok** *(földt)* sandblasted pebbles ; **aranytartalmú ~** *(kaliforniai folyómedrekben)* blue lead ; **~kal beszórt felszínvakolás** *(ép)* sand-float finish ; **durva ~** gravel ; **eolikus ~** *(földt)* anemoarenyte ; **fekete ~** *(önt)* black sand ; **~kal lefojtott repesztőlyuk** *(bány)* sand-blast ; **~ban melegí** *(bány)* sandheat ; **parti ~ mosása** *(nemesjém kinyerésére)* beach combing ; **~ot szór** sand ; **~kal tömedékel** *(bány)* sand ; **~ból való** sabulous ; **~kal való simítás** *v* **csiszolás** *(fa)* sand finish
homokágyazás *(ép)* sand filling/ballast/packing
homokbánya sand pit
homokbevonat *(földt)* sand skin
homokbucka *(földt)* sand dune ; **sivatagi ~** barkhan
homokcukor *(élip)* sand sugar
homokcsapda *(hidr)* sand trap
homokdomb *(földt)* down, dune, sand flood
homokelőkészítés *(bány)* sand make-up
homokeltávolító kampó *(önt)* found lifter
homokfelújítás *(önt)* sand recovery
homokfészek *(öntvényhiba)* embedded grit, sand inclusion
homokfogó *(hidr)* sand catcher/box/trap/collector, sediment rap ; *(pa)* sand/button trap/table, riffler
homokforma *(önt)* sand mo(u)ld ; **homokformába öntött** sandcast ; **homokformába (való) öntés** sandcasting
homokformadöngölés *(önt)* ramming of sand mould
homokforma-simító lap *(önt)* strickle
homokformázás *(önt)* sand moulding
homokformázó : ~ hézagoló *(spatulya ; önt)* lifter ; **~ szekrény** *(önt)* sand flask
homokföldnyelv *(földt)* sand spit
homokfövény sands
homokfúvás sand blasting
homokfuvatag sand-blast
homokfuvatás sandblasting ; **felületmegmunkálás ~sal** sand-blast finish
homokfúvó *(önt)* sand blaster ; **~kamra** *(koh)* blast room ; **~ készülék** sand(-)blast ; **~ sugár** sand jet ; **~ sugárcsöve** sand jet nozzle
homokfúvóka sand jet pipe
homokfürdő *(vegy)* sand bath
homokgödör sand pit
homokgörgeteg *(földt)* sand avalanche
homokhalom *(földt)* sand flood
homokhordalék *(hidr)* entrained soil
homokhőmérséklet *(homokbányában)* sandheat
homokkészítő : ~ gép *(önt)* sand conditioner ; **~ műhely** *(önt)* sand conditioning plant
homokkotró *(hidr)* sand dredger
homokkő *(földt)* sand rock, sandstone ; *(durva, törmelék)* sandstone grit ; **agyagos ~** argillaceous sandstone ; **bitumenes ~** asphalt stone ; **földpátos ~** arcose ; **széntartalmú, durva szemcséjű ~** coal-grit
homokkőáru gritware
homokkő-beágyazás *(bány)* band sandstone
homokkőréteg *(földt)* sandstone band
homokkőüledék *(földt)* sand scale
homokkrepp *(tex)* sand crepe
homokkristályos ingrained
homoklefúvatás *l* **homokfúvatás**
homoklégfúvó sand blast
homoklencse *(földt)* sand pocket
homoklyuk *(pa)* pinhole(s)
homokmag *(önt)* sand core
homokmassza *(önt)* backing sand
homokmerő kanálvitla *(kútfúrásnál)* sand reel
homokmérő (láda) *(feneketlen, ép, önt)* sand ga(u)ge
homokmosó teknő *(aranymosáshoz)* sluice box
homoknehezék *(rep)* sand ballast
homok-nyerspapír sand-paper base
homokol sand
homokoló sand pit ; *(vasút)* sander ; **~ cső** sand pipe ; **~ edény** *(vasút)* sand pan ; **~ készülék** sanding gear ; **~ szelep** *(vasút)* sand valve
homokóra sandglass, hourglass ; **egyperces ~** minute glass
homokos sandly, arenous, arenaceous, sabulous ; **~ agyag** sandy clay ; **~ agyagút** sand-clay road ; **~ aszfaltburkolat** sheet asphalt ; **~ fenék** sand bed ; **~ gyapjú** *(tex)* gritty ; **~ iszap** sandy loam ; **~ kavicsút** sand-gravel road ; **~ márga** sandy marl ; **~ pala** *(bány)* rock bind, metal stone ; **~ tengerpart** strand
homokos-agyagos út top-soil road
homokosztályozó *(ép)* sand classifier
homokozó *fn* sander
homoköntvény sand-casting
homok-őrlemény crushed sand
homokpad shelf, shoal, banket, sand reef/ridge/bed/bank ; **~ feletti vizek** shoal water ; **~ teteje** shoal head
homokpapír *(csiszolópapír)* sand paper
homokpárna *(alátét)* sandbag

homok-próbaterhelés *(ép, rep)* sand test
homokráégéses öntvény *(önt)* sandburnt casting
homokrészecskék *(szilárd)* grogs
homokréteg *(földt)* sand layer; **fedő ~** sand packing
homokrosta *(önt)* sand riddle
homokröpítő formázógép *(önt)* sand-slinger moulding machine
homoksivatag *(földt)* sandy desert, sands
homokszappan sand (grit) soap, abrasive soap
homokszeg *(önt)* sand pin
homokszekrény *(vasút)* sand-box
homokszeparátor *(mágneses)* sand separator
homokszér *(bány)* sand table
homokszigetelés *(bány)* sand seal
homokszint *(nagy öntvények formázásánál)* floor
homokszivattyú *(mosókúphoz; bány)* Chace cone sand pump; *(kanalas fúróból iszap kitisztítására)* shell pump
homokszívó *(kotró)* sand sucker
homokszóró *(vasút)* sand gear; *(önt)* sand slinger, sand thrower; **~ berendezés** *(ép, vasút)* sand-spraying device; **~ készülék** free-jet blast; **~ láda** *(ép)* sand-box
homoktároló hely *v* **udvar** sand yard
homoktisztítás sand-blast
homoktorlasz *(mozgó; hajó)* quicksand
homoktöltés *(önt)* sand filling
homoktömedékelés *(bány)* sand packing
homokturzás *(földt)* sand ripples, ripple marks
homok-tűzoltó készülék sand cartridge
homokülepítő zsomp *(bány)* sand sump
homokürítéses süllyesztő szerkezet *(hídszerkezet beszereléséhez)* sand jack
homokverés *(dohányon)* sand-blast
homokverő *(önt)* flagger
homokvihar *(met)* sandstorm
homokzár *(önt)* sand seal
homokzárvány *(önt)* sand inclusion, dirthole
homokzátony *(hidr)* *l* **homokpad**
homokzátonysor *(tengeri)* downs
homokzátonyzóna *v* **-övezet** shelf zone
homokzuzalék crushed sand
homokzsák sandbag; *(rep)* ballast sack; **berakathoz használt ~ jutából** *(bány)* stowing gunny; **~kal körülvesz** sandbag
homokzsákfal *(bány)* sandbag pack
homológ *(mat, vegy)* homologous; **~ pont** *(geod)* homologous point; **~ sorozat** *(vegy)* homologous series; **~ vegyület** homologous compound; **~ vonalpár** *(szink)* homologous pair
homológia *(mat)* homology
homoloszin vetület *(geod)* homolosine projection
homorít hollow out, incurvate, concave
homorú concave, incurvate, hollow; **~ alakmaró** *(forg)* concave milling cutter; **~ élű penge** featheredge; **~ félhengeres támfelület** saddle; **~ felület kidolgozása gyalulással** internal circular planing; **~ fenekű dugattyú** concave-head piston; **~ fenekű dúsítógödör** *(finomra zúzott ércek dúsítására)* buddle; **~an hajlított** concave-dished; **~ hegesztővarrat** hollow weld; **~ horony** throat; **~ ívelés** concave camber; **~ kecskeláb-** *v* **vájóvéső** gouge; **~ kivágás** *[csomólemezen]* re-entrant cut; **~ köszörülésű hántolószerszám** hollow-ground scraper; **~ lapát** spit; **~ lekerekítés** filleted corner; **~ lencse** concave lens, divregent lens; **~ maró** *(fa)* gutter cutter; *(forg)* concave (milling) cutter; **~ra megmunkál** cup out; **~-metszés** pearling; **~ párkánytag** *(ép)* scotia; **~ párkánytagozat** *(ép)* hollow moulding; **~ part** eroded bank; **~ szemtükör** concave ophtalmoscope; **~ szonda** concave sound; **~ tagozatú párkány** *(ép)* fluted moulding; **~ tárgyüveg** *(mikroszkóphoz)* slide with a concave; **~ tükör** burning mirror; **~ varrat** *(heg)* concave weld
homorú-domború concave-convex
homorúfűrész sweep-saw
homorulat concavity, incurvature, gouge, throat, concave moulding
homorúság hollowness; *l még* **homorulat**
homöopoláris kötés *v* **kapcsol(ód)ás** *(at, vegy)* homopolar link(age)/bond
hónaljfa *(ép)* scantling, knee, angle brace
honállomás *(vasút)* home terminal
hónap: drákói ~ *(csill)* Draconi(ti)c month
hóningol *l* **hónol**
hónol *(dörzsköszörül; forg)* hone, hone (finish)
hónoló honing; **~ gép** honing machine; **~ szerszám** *v* **tüske** honing tool
hónolt felület honed finish
honos: ~ hüvely *(távk)* local jack; **~ munkahely** *(távk)* local position
hóolvadás *(met)* thaw
hópehely *(met)* snowflake(s)
hópehelyszerű csomó *(fonalhiba; tex)* snowflake(s)
hopeit *(ásv)* hopeite
hópihe *(met)* flake
hord bear, carry, support; *(bány)* sustain; *[csavarrugót a tányér]* seat; (a spring pan seats the coil spring)
hordágy barrow, stretcher
hordalék: alluviális ~ drift terrace; **alluviális homokos ~** blanket sand; **diluviális ~** drift beds; **görgetett ~** bed load; **homokos ~** downs; **~ot hozó víz** *(hidr)* drift water; **lebegtetett ~** suspended load; **nagyszemű durva ~** coarse material; **~kal telített** *(hidr)* saturated by silt; **természetes ~** silt
hordalék-delta *(hidr)* bay delta
hordalék-érc *(bány)* shode
hordalékfogó gát *(hidr)* check dam, shingle trap
hordalékfolyás *(hidr)* flow of solid matter
hordalék-garmada *(földt)* alluvial fan deposit
hordalékhomok drift sand
hordalékiszap roll mud; **~pal trágyázott föld** warp land
hordalékkavics run gravel
hordalékkőzet mantle rock
hordalékkúp *(földt)* talus
hordaléklebocsátó *(hidr)* bottom outlet; **~ zsilip** gravel door
hordaléklerakódás *(bány)* drift beds
hordalékmagasság *(földt)* capping thickness
hordalékos *(földt)* alluvial, drift, superficial; **~ arany** *(bány)* placer gold; **~ szerkezet** gregaritic texture; **~ talaj** innings; **~ településű agyag** secondary clay
hordalékpad *(folyómederben)* bar
hordalékszállítás *(hidr)* transport of detritus
hordalékszállító képesség *(hidr)* silt-carrying capacity
hordalékszivattyú scum pump
hordaléktalaj *(földt)* wash
hordalékviszonyok *(hidr)* silt regime
hordás carry(ing); *(alátámasztás)* supporting
hordcsapágy *(gépt)* radial bearing
hordfelület *(gépt)* bearing/supporting surface; *(rep)* lifting surface; **nyomást bíró ~** *(bány)* area of bearing
hordgyűrű *(koh)* carrier ring
hordkarika loar ring
hordképesség (load-)carrying/bearing capacity; *(bány)* bearing; *(ép)* bearing power; *(gépk)* carrying capacity; *(hajó)* burden; *(met)* buoyancy; *(vasút)* capacity; **~ felső határa** *(ép)* ultimate resistance; **rendelkezésre álló ~** *(gépk)* disposable lift
hordképességi tényező tonnage coefficient
hordkötél supporting cable, messenger strand/rope; **~ kikötése** stringing of messenger
hordközfal *(ép)* mid-feather
hordó barrel, tun, cask; *(élip)* puncheon, keg; *(textilfestéshez)* small vat; *(lemezből:)* drum; *(olaj-mértékegység)* 158,988 liter *(US)*; 182,5 liter *(UK)*; **~ alakú rugó** keg spring; **~ban forgat** *(bőrt)* mill; **~ hasa** bilge/bulge (of cask); **hengeres ~** barrel; **kis ~** keg, tub; **nagy ~** *(126 gallon)* butt
hordóabroncs hoop, stave; **~okat felver** truss up staves; **~ot összehúz** truss a cask; **szélső ~** chimb hoop
hordóabroncs-kötés tank hoop connection
hordóabroncsoló gép cask-trussing machine
hordóállvány scantling
hordóbatöltés casking
hordóbéléspapír barrel-liner paper
hordóbetét barrel liner
hordócsap faucet, spigot, spile, bib cock
hordócsapfúró pin drill
hordócsín chimb, croze
hordócsínozó gyalu croze iron
hordócsínvágó: ~ gép barrel crozing machine; **~ gyalu** croze iron
hordócska anker
hordócsomagolás barrel(l)ing
hordódonga (cask) stave/staff, barrel stave, barrelwood
hordódongaanyag *(fa)* lagging
hordódongaszorító stave cramp
hordódongázat shook
hordódugó (wooden) bung, vent peg
hordódugó-esztergapad *(fa)* bung-turning machine
hordóék *(fa)* spilepin
hordóereszték breeching
hordófa *(fa)* coopers' wood, stave
hordófenék *(fa)* cask heads
hordófenék-gyalugép *(fa)* head planing machine
hordófenék-jelző coopers' groundmarker
hordófenékvágó gép cask-head rounding machine

hordófúró piercer
hordógörgő *(gépt)* barrel(-shaped) roller
hordógörgős csapágy spherical roller bearing
hordógyalu barrel howel
hordógyalugép cleaning-off machine for casks
hordógyártás cask making
hordó-has *(fa)* bulge
hordóhorony groove of cask
hordókészítő gép cask-making machine
hordókefe barrel brush
hordókénező match
hordóközeg *(vegy)* carrier, vehicle, carrying agent
hordólegyalul6 gép cask-planing machine
hordónyilás bunghole
hordóöblítő készülék cask rinser
hordópalást cask body
hordórugó alátét *(nyerges; fa)* spring clip
hordós megmunkálás *v* **ványolás** *(bőr)* stocking
hordószád bunghole
hordószegecs tinman's rivet
hordószurkoló dauber
hordótisztító kefe barrel brush
hordótorzítás *(fényt)* barrel distortion
hordó-torzítású *(fényt)* barrel-distorted
hordott : levegő által ~ airborne
hordóürítő *fn* barrel emptying device
hordóüzem cooperage
hord(oz) wear, carry, support, convey; *(tulajdonságot:)* confer
hordozás conveyance
hordózás *(hordóbatöltés)* casking
hordozható portable, moving, removable, mobile; *(tex)* wearable, portable; ~ **adó** *(rád)* mobile/portable transmitter; ~ **adóállomás** *(rád)* mobile station; ~ **adó-vevő berendezés** Guidon radio set; ~ **akkumulátor** portable accumulator; ~ **antenna** mobile/portable aerial *(UK)*; movable antenna *(US)*; ~ **bányalámpa** floor lamp; ~ **berendezés** *(rád)* portable equipment; ~ **csomózógép** *(tex)* portable warp tying machine; ~ **csőkihúzó gép** *(bány)* portable pulling machine; ~ **emelő** *v* **csörlő** portable hoist; ~ **gyógyszertár** portable medicine chest; ~ **írógép** portable (typewriter); ~ **kézi eszterga** hand lathe; ~ **kitérő** *(vasút)* trail switch; **könnyen** ~ easily portable; ~ **kötélpálya** portable cableway; ~ **(lég)gát** *(bány)* removable stopping; ~ **lőfegyverek** portable firearms; ~ **mikrofon** transportable transmitter; ~ **műszer** portable instrument; ~ **összecsukható csősatu** portable folding pipe vice; ~ **radar** mobile radar (unit); ~ **rádióállomás** mobile radio unit, M. R. U.; ~ **rádióantenna** portable beacon; ~ **rádiótelefon** portable radiotelephone set, handie-talkie, walkie-talkie; ~ **rakodó** *(vasút)* movable ramp; ~ **rakodógép** *(bány)* mobile loader; **részben** ~ semi-portable; ~ **robbanótöltet** *(bány)* portable charge; ~ **röntgenkészülék** portable X ray apparatus; ~ **sötétkamra** *(fényk)* tent; ~ **szín** *v* **raktár** *v* **fészer** *v* **hangár** *(ép)* movable shed; ~ **(távbeszélő) adó-vevő** walkie-talkie; ~ **távbeszélő készülék** portable telephone set (for troublemen); ~ **távközlő berendezés** portable communication equipment; ~ **tűzhely** range stove; *(kis vitorlásokon)* caboose; ~ **vágány** *(bány)* movable tracks; ~ **váltó** *(bány)* Dutch drop; ~ **vevő** *(rád)* portable receiver, portable receiving set; ~ **vulkanizálógép** *(javításhoz)* spot curer; ~ **zsákrakodó** *(gép)* portable bag stacker
hordozhatóság portability
hordozó *fn* bearer, vehicle, carrier; ~ **felület** *(rep)* *l* **hordfelület**; ~ **frekvencia** *l* **vivő frekvencia**; ~ **képesség** *l* **hordképesség**
hordozóáram *l* **vivőáram**
hordozócölöp bearing pile
hordozócsap *(gépt)* (carrying) pivot
hordozóhullám *(rád, távk)* *l* **vivőhullám**
hordozókeret bear frame
hordozólemez carrying slat
hordozórúd *(gépt)* carry bar
hordózsírozás *(bőr)* drum stuffing
hordrugó *(gépt)* bearing/body/supporting spring; *(gépk)* road spring; ~ **deformációja fékezéskor** *(gépk)* spring curling; **egyfokozatú** ~ single-acting spring; ~ **fordított** *(felülről domború)* **ívelése** *(gépk)* reverse camber; ~ **ívmagassága** *(gépk)* spring camber; **kétfokozatú** ~ *(gépk)* two-stage spring; ~ **sztatikus behajlása** *(gépk)* static deflection of spring; ~ **teljes behajlási helyzete** *(gépk)* full bump position
hordrugóbilincs spring band
hordrugófüggesztő ék spring hanger gib
hordrugókengyel spring band
hordrugókötés spring band
hordrugó-nyeregtám driving box saddle
hordrugószekrény *(vasút)* spring box
hordszerkezet *(ép)* bearer
hordtáska carrying case
hordtávolság *(kat)* reach, range, scope
hordtengely *(gépt)* bearing/supporting axle
horgany *(koh)* zinc; *(vegy)* *l* **cink**; ~ **alapú fröccsöntő ötvözet** zinc-base diecasting alloy
horganybevonat zinc plating/sheathing/deposit
horganyfehér *(festék)* zinc white, white zinc, Chinese white
horganyfinomító retorta *(koh)* zinc refining retort
horganykohó zinc ore foundry
horganylemez zinc plate
horganylemezborítás *v* **-bélés** sheet-zinc lining
horganylepárló kemence zinc furnace
horganymentesítés dezincing
horgany-ólom-akkumulátor zinc lead accumulator
horganyolvasztó üzem speller works
horganyoz galvanize, zinc-plate
horganyozás galvanizing, galvanization, zinc plating; **elektrolitikus** ~ dip galvanization; ~ **hideg úton** cold galvanizing; **tüzi** ~ hot dip galvanizing
horganyozó kemence sherardizing furnace
horganytartalmú zincous, zinciferous
horganytépő *fn* scratcher for zinc
horganyveret *(koh)* zinc sheathing
horganyzott galvanized zinc-plated; ~ **fényes drótkötél** bright rope; ~ **vas** galvanized iron; ~ **vashuzal** galvanized iron wire, G. I. W.
horganyzöld *(festék)* zinc green
horgas barbed, hamular; ~ **facsavar** grab lag screw; ~ **fogú (lánckerék)** hook-tooth; ~ **törés** *(ásv)* hackly fracture; ~ **tű** *(kh)* bearded/spring needle; ~ **végű csákány** *(ép)* timber dog
horgastű-kampó *(kh)* beard
horgastű-láb *(kh)* butt
horgastűs kötőgép *(kh)* spring needle machine
horgászbot angle rod
horgászdugó *(csali)* plug
horgászfelszerelés tackle (gear)
horgászhorog fishhook
horgászzsinór fishing line
horgolás *(ép)* toe jointing, cross notching; *(tex)* crochet; **egyszerű** ~ *(faköté́s)* bridle joint
horgolócérna crochet twist
horgoló munkás *(tex)* crocheter
horgolótű *(tex)* crocher (hook/pin), barbed needle
horgolt : ~ **csipke** *(tex)* needle lace; ~ **lapolás** *(ép)* hook and butt scarf; ~ **mintájú géz** *(tex)* crochet gauze
horgony anchor, grab, grapple; *(óra)* anchor, lever; *(vill)* armature; *[jelfogóé]* armature (of relay); ~ **ágának hajlása** *(hajó)* trend of the anchor; ~ **beszabályozva tengellyel** *(óra)* lever pivoted regulated; ~ **magja** *(vill)* anchor core; ~ **útja** *(távk)* armature travel; **ütközőpeckes** ~ *(távk)* armature with stop pin
horgonyág anchor arm(s)
horgonybója *(hajó)* tombuoy, watch buoy
horgonycsavar anchor/foundation/roof bolt, fang/stone/jagg bolt; *(ólommal kiöntött)* lewis bolt; *(széles fekvésű alátéttel)* bridge bolt
horgonycsörlő *(hajó)* anchor windlass
horgonycsörlő-lábazat anchor-lifting stand
horgonydaru *(hajó)* fish-davit
horgonyejtő emeltyű *(hajó)* slipper handle
horgonyemelő anchor capstan; ~ **csigasor** cat fall/block/tackle; ~ **gép** *(hajó)* anchor windlass; ~ **gerenda** *(hajó)* cat-head
horgonyfal *(szád- és partfalaknál)* anchor wall
horgonyfelhúzó csörlő *(hajó)* winch capstan
horgonyfélszem *(hajó)* anchor ring; ~ **csapszege** *(hajó)* anchor shackle bolt
horgonyfelszerelés ground tackle
horgonyfelvonó gép *(hajó)* anchor capstan
horgonygerenda *(szád- és partfalaknál)* anchor beam
horgonygyűrű *(hajó)* anchor ring, jew's harp
horgonyhely *(hajó)* anchorage
horgonyjárat *(óra)* lever escapement
horgonyjáratú óra *(ankeróra)* lever watch
horgonykamra *(ép)* anchorage chamber
horgonykapa *(hajó)* anchor arm/palm
horgonykapa-támaszték *(hajó)* billboard
horgonykar *(hajó)* anchor; ~ **tőrésze** *(hajó)* throat
horgonykarom *(hajó)* fluke
horgonykerék *(óra)* lever wheel

horgonykereszt *(hajó)* cross

horgonykeresztrúd *(hajó)* stock

horgonykiemelő rakodóhajó anchor hoy

horgonykő *(óra)* pallet jewel; **kimenő** ~ *(óra)* discharging pallet jewel

horgonyköröm *(hajó)* palm

horgonykötél *(hajó)* riding cable, hawser, anchor line

horgonylámpa *(hajó)* anchor light

horgonylánc *(hajó)* (chain) cable; ~ **felső vége** *(a láncraktár fenekéhez erősítve)* bitter end

horgonylánccső *(hajó)* deck/hawse/chain pipe

horgonyláncjárat *(hajó)* hole

horgonyláncjárgány *(hajó)* anchor capstan

horgonylánc-lebocsátó nyílás *(hajó)* hawse; ~**t elzáró zsák** hawse bag

horgonylánc-nyílás *(hajó)* cat hole

horgonylánc-rögzítő *(hajó)* deck stopper

horgonylánc-szekrény chain locker

horgony-légrés *(távk)* armature-gap

horgonylemez *(ép)* gusset stay

horgonymű *(óra)* lever movement

horgony-nyomás *(távk)* armature pressure

horgonyon-állás *(rep)* anchorage

horgonyos gáztömítés *(bány)* gas anchor packers

horgonyoszlop *(csapóhidon)* anchor column

horgonyoz *(hajó, rep)* ride at anchor

horgony-pántlemez *(távk)* armature hinge

horgonypillér *(csapóhidon)* rear pier

horgonyszár *(hajó)* anchor stock/shank

horgonytartó *(hajó)* straight car

horgonytengely *(óra)* lever staff

horgony-út *(távk)* armature travel/stroke

horgonyvetés *(hajó)* anchoring

horgonyvezetés *(óra)* lift

horgonyvilla *(óra)* fork

horgonyzás *(hajó)* anchoring, anchorage

horgonyzási: ~ **zóna** *v* **terület** anchorage zone

horgonyzásilazulás bracing slackness

horgonyzó *mn* anchoring; ~ **berendezés** *(léghajóhangárban)* docking gear; ~ **kötélzet** *(léghajón)* mooring harness/guy

horgonyzóhely *(hajó)* anchorage, berth, roadstead

horgonyzóhely-változtatás *(hajó)* shifting

horgonyzókaró *(ép)* anchor post

horgonyzókötél *(ép)* anchor stay; *(léggömbé)* mooring band

horgonyzópózna *(rep)* anchor mast

horgos hooked, hook(-type); *l még* **horgas**; ~ **csap** sling bolt; ~ **csavar** hook/barb bolt, hook screw; ~ **csiga** *(felvonó gépen)* shoe block; ~ **fék** hook-type brake; ~ **fog** *[kilincsművön v fűrészen]* hook tooth; ~ **füles feszítőcsavar** hook and eye turnbuckle; ~ **fűző karika** *[ponyván]* hook thimble; ~ **kötélgyűrű** *[csigán]* thimble hook; ~ **kulcs** *(kerek, lyukas csavaranyához)* hook key; ~ **lánc** hook link chain; ~ *(ferde)* **lapolás** *(ép)* hook scarf; ~ **mérce** hook ga(u)ge; ~ **szeg** barbed nail; ~ **szíjkapocs** *(bőr)* hook belt fastener; ~ **vonó szerkezet** *(gépk)* hook-type trailer coupling/connection

horizont horizon; *(bány)* counter(-)level; **csillagászati** ~ celestial horizon; **látszólagos** ~ apparent horizon; ~**ok meghatározása** spacing of the levels; **mesterséges** ~ *(csill, rep)* artificial horizon; **optikai** ~ optical horizon; **vak** ~ blind level

horizontális horizontal; *(földt)* aclinal is; *l még* **vízszintes**; ~ **földrengés** inland earthquake; ~ *(földmágnességi)* **variométer** horizontal-intensity variometer, H-variometer

horizonttükör *(szextánson)* horizon glass

hornyol *(alak)* indent, score, recess; *(fa)* rabbet, scoop, mortise, intrench; *(forg)* notch, flute, channel, slot; ~ **és szádol** groove and tongue; 45° **alatt** ~ mitre

hornyolás *vö* **hornyol**; *(forg)* recess(ing), spline, slotting, fluting; *(fa)* rabbet, chanel(l)ing; *(ép)* cabling, gain; *(oszlopfőn v oszloplábon)* astragal; **bordákkal elválasztott** ~ *(oszlopon)* ribbed flutings; ~ **és csapozás** grooving and tonguing; **félgömbölyű díszítő** ~ *(rundstáb; fa)* beading, edge roll, round mo(u)lding; **félkörives** *(keresztmetszetű)* ~ **deszkaszegély mentén** *(fa)* edge roll; ~ **és szádolás** grooving and tonguing

hornyolat *l* **hornyolás**

hornyoló: ~ **idomszer** *(berakásos famunkához)* router ga(u)ge; ~ **kalapács** fuller hammer

hornyolófűrész *(fa)* rabbeting saw; *[csavarfej hornyolására]* slitting saw

hornyológép rabbeting/grooving machine, dopper; *(fa)* routing machine

hornyológyalu routing/tongue/mo(u)lding plane

hornyolókés *(fa)* notching/rabbet knife

hornyoló-orr *(pa)* folding-nose pieces

hornyolóvéső *(fa)* grooving/ripping chisel

hornyolt fluted, grooved, slit, slotted; *(ép)* channel(l)ed; *l még* **hornyos**; ~ **állító-** *v* **határolótömb** *(gépt)* slot-block stop; ~ **beállító tárcsa** *v* **szelektor** *(vezérlő szerkezetben)* slotted adjustment plate; ~ **cementlap** *(ép)* rebated cement slab; ~ **cserép** interlocking tile; ~ **deszka** furrowed/matched board, lining; ~ **deszkázat** *v* **deszkaborítás** *(ép)* novelty/rebated siding; ~ **dugattyú** scored piston; ~ **dugattyúpalást** *(gépk)* slotted skirt; ~ **és ékelt** *(fa)* grooved and tongued; ~ **fa vetülékcséve** *(pamut vetélőcsévéhez)* corrugated wood pirn; ~ **fejű csavar** *(gépt)* (slot-headed) screw; ~ **felsővezetékhuzal** grooved wire; ~ **gerenda** *(fa)* slotted pile; ~ **henger** *(tex)* fluted roll(er); ~ **illesztés** *(fa)* rabbet joint; ~ **kardántengelyvég** *v* **kerékagy** splined hub; ~ **kötés** *(gépt)* spline joint; ~ **padlózás** *(ép)* feather boarding; ~ **palló** *(ép)* match board; ~ **szádfal-cölöp** grooved pile; ~ **és szádolt deszkázat** grooved and tongued boarding; ~ **tárcsa** fluted/notched disc; ~ **tekercsnyújtó hengerek** *(tex)* fluted lap rollers; ~ **tengely** spline(d) shaft; ~ **tetőcserép** flap/gutter tile; ~ **tetőcserépből készült tető** *(ép)* roof in hollow tiles

hornyos notched, grooved, serrated, spline(d); ~ **anya** grooved nut; ~ **asztal** *(forg)* slotted table; ~ **csapágy** corrugated bearing; ~ **ék** sunk/groove(d) key; ~ **ékkötés** groove(d)/sunk key joint/fit; ~ **és eresztékes deszka** *(burkolat)* *(ép)* match-siding; ~ **felfogó asztal** grooved setting-up table; ~ **furatú orsó** *(gépt)* splined spindle; ~ **golyóvezetésű golyóscsapágy** notched-type bearing; ~ **henger** fluted roll(er); ~ **illesztésű fog** *[fogaskeréken v fogaslécen]* mortise tooth; ~ **kapcsolás** splined engagement; ~ **karima** *(hengeres cső illesztéséhez)* saddle flange; ~ **kötőkő falnyílás oldalán** rybat; ~ **retesz** sunk prismatic key; ~ **tárcsa** sheave; *[gömbszíjhoz]* grooved pulley; ~ **tégla** *(ép)* frog/notched brick; ~ **tengely** splined/castellated shaft; ~ **tömítés** labyrinth packing; ~ **tüskeszár** notched shank; ~ **vezetőtárcsa** *v* **-korong** sheave

hornyoz *l* **hornyol**

hornyozás *l* **hornyolás**

horog hook, hitch, grapple, clasp, dog, catch; *(bány)* ajar hook; *(ép)* crotchet; *(szíjon, fegyver részére)* chape; ~ **alakú** *l* **horgos**; ~ **a csónak felemelésére** boat hook; ~ **füllel** *v* **gyűrűvel** *v* **szemmel** hook thimble; **körmös** ~ claw hook; **mennyezeti** ~ ceiling hanger support; ~ **öble** *(beakasztó hajlata)* throat of hook; ~ **szakálla** barb; ~ **útja** travel of hook

horogátkapcsoló *(távk)* cradle switch, switch hook

horogcsap *v* **-nyak** *(emelőn)* hook shank

horogcsat *(hajó)* blackwall hitch

horogfül shackle

horogház *(emelőn)* hook casing

horoghurok *(hajó)* blackwall hitch

horognyelvterelő *(tex)* deflector

horognyitó *(horgas tűn; kh)* latch opener

horogorsó *(tex)* nib

horogrögzítés clinch

horogszáj opening of hook

horogszerkezet hoist(ing block), hook block, tackle (gear)

horogszerű földnyelv *(földt)* hook spit

horogvezeték *(motringlrező gépen; tex)* hook guide

horony *(ált, gépt)* notch, slot, recess, flute, cannelure, splineway, keyway, groove; *(armatúrán)* slot; *(ép)* check, rabbet, dap; *(fa)* recess head, groove, notch; *(hanglemezen)* (record) groove; *(hidr)* cut; *(pa)* furrow, nick; *(csavarfejen)* drive slot; *(vill)* slot; ~ **és csap** *v* **ék** tongue and groove; **csepp alakú** ~ *(vill)* dew-drop slot; ~ **és ékvágó gyalukés** slot and key iron; **horonynyal ellátott** slotted; *l még* **hornyolt** *és* **hornyos**; ~ **és eresztékkészítő gyalupár** match planes; **fecskefarkú** ~ dovetail groove; **félig zárt** ~ *(vill)* semi-closed/open slot; ~ **a forgórészben** *(vill)* rotor slot; **harántvágóval** *v* **közönséges vágóval metszett** ~ chisel cut; **háromszögletű** ~ chamfered groove; **helyesbítő** *(üres)* ~ *(vill)* hunting slot; ~**ban illeszkedik** register in the groove; ~**ba illeszt** *(ép)* splice; **íveit** ~ *(gépt)* cam groove; **hornyot kalapál** fuller; **hornyot készít** groove; **kitöltetlen** ~ *(vill)* dead slot; **kör alakú** ~ circular groove; **hornyok közti ép felület**

land; **lépcsőzetes** ~ *(vill)* graded slot; **nyitott** ~ *(vill)* open slot; ~ **a nyújtógéphengeren** *(tex)* cut of a roller; **párhuzamos falú** ~ *(vill)* parallel slot; **teljesen zárt** ~ *(vill)* totally closed slot; **trapézkeresztmetszetű** ~ *(vill)* taper slot; **üres** ~ *(vill)* dead slot; **hornyot vág** *(fa)* dado
horonyba illesztés housing
horonycsap *(fa)* feather, tongue; *(tex)* tongue
horonycsapos ploughed and tongued
horonyérzékenység *(anyagv)* notch sensitivity
horonyfenékgyalu kése old woman's tooth
horony-fesztléces illesztés *(nutféderezés; fa)* V-grooving and tonguing
horonyfrekvencia *(vill)* slot ripple frequency
horonyfúró slot/long borer; ~ **fej** ga(u)ge bit; ~ **gép** traverse drill; ~ **készülék** slot-boring attachment
horonyfűrész *(fa)* ripsaw
horonygyalu moving glass- and fillet plough, dado/grooving/rabbet plane; *(széles)* badger plane
horonyhossz flute length
horonyillesztek nyelve feather tongue
horonyillesztés *(fa)* rabbet-joint, dadoing
horonyillesztéses kötés *(fa)* feather joint
horonykényszerpályás gép cam-groove engine
horonykitöltési tényező *(vill)* slot space factor
horonyköszörűgép spline grinder
horonyléc *(faillesztek)* feather
horonyléces kiképzés rebate
horonymaró *(forg)* slot (milling) cutter; *(szerszámhoz)* fluting cutter; *(fa)* rebating/notching cutter; ~ **gép** *(fa)* mortiser; ~ **kés** tonguing cutter; ~ **készülék** slotting jig; ~ **lánc** chain mortising machine
horonymélyítő gyalu router plane
horonyosztás spline spacing; *(vill)* slot pitch
horonypálya cam track
horonyreszelő pillar/nicking file
horonyszám *(vill)* number of slots
horonyszélesség *(hanglemezen)* track
horonyszigetelés slot insulation
horonytag *(ép)* channel mo(u)lding
horonytekercselés *(vill)* slot winding
horonyvágó cope chisel; ~ **gép** slotting machine; ~ **gyalu** notcher; ~ **gyalukés** router iron; ~ **idomkés** moulding cutter; ~ **készülék** slotting attachment; ~ **körfűrész** *(szádoláshoz)* grooving saw
horonyvágókés-befogófej dado head
horonyvájat *(ép)* striga; *l még* **horony**
horonyvéső mortise chisel, groover; *(rombuszvéső)* diamond chisel; ~ **gép** mortising slot machine, key-seating machine
horonyvezeték guide groove; *(gőzgépen)* slot guide
horonyvezetékes vezérlőbütyök groove cam
horonyvezetésű kényszerpálya cam slot
horopter(-görbe) *(mat)* horopter
horpadás kink, hitch, indentation; *(földt)* bedplate; *(geod)* depression; *(mech)* buckle
horpadó vonalú bütyök *v* **bütyköstárcsa** inverse cam
horsfordit *(ásv)* horsfordite
horszt *(földt)* horst
hortonolit *(ásv)* hortonolite
horzsakő pumice (stone), holystone; *(nyomda)* stage; ~**vel dörzsöl** pumice; ~**ből való** pumiceous
horzsakőbeton pumice concrete
horzsakőpapír pumice stone paper
horzsakőpor pounce
horzsakő-szappan pumice soap
horzsakőszerű szerkezet *(földt)* pumiceous structure
horzsakőtufa pumice stone tuff
horzsléc *(gépkocsin, autóbuszon, hajón stb)* rubbing strake
horzsolás *(bőr)* buffing; *(fényk)* smudge
horzsolásnyom *(tekercsfilmen)* clinch mark
hósapka toque
hossz length; *l még* **hosszúság**; ~**ában osztott abroncs** *(gépk)* longitudinally split rim; ~ **szerinti elosztás** *(pamutszálaké)* blocking (of cotton fibres); **valóságos** ~ *(kitérőé)* actual lead
hosszabbítás extension, lengthening, elongation, padding
hosszabbítható szállítócsúszda extensible trough
hosszabbítócső extension pipe
hosszabbítóelem *(ép)* pad
hosszabbítóhuzal extension cord
hosszabbítókar extension arm
hosszabbítórúd extension/lengthening bar
hosszabbítósín *(vill)* extension bar
hosszabbítótag pad
hosszabbítótekercs *(rád)* lengthening/extension coil
hosszabbított *(habarcs)* long, hard, rich; ~ **habarcs** *(ép)* rich/long/hard mortar
hosszaljzat *(ép, vasút)* longitudinal sleeper, stringer
hosszaljzat gerenda longitudinal sill
hosszanégő ívlámpa enclosed lamp
hosszanjátszó lemez *(hangt)* long-play record, L. P. record
hosszantartó eljárás lengthy process
hosszant bordázott henger *(gépk)* longitudinally-gilled cylinder
hosszanti: ~ **alátétgerenda** *(ép, vasút)* longitudinal sleeper; ~ **áthallás** *(távk)* longitudinal crosstalk; ~ **csatolás** *(távk)* longitudinal coupling; ~ **csíkos szövet** Bedford cord; ~ **csiszolás** *(pa)* long grinding; ~ **elektromotoros erő** *(távk)* longitudinal induced voltage; ~ **előtolás** longitudinal feed; ~ **feszítő szerkezet** *(ép)* spreader; ~ **fiókgerenda** *(ép)* secondary longitudinal; ~ **fojtótekercs** *(távk)* longitudinal (retardation) coil; ~ **hullám** *(földt)* primary wave; ~ **irány** *(járműé)* fore-and-aft direction; ~ **középtengely** *(gépk)* longitudinal centre line; ~ **küszöb** longitudinal sill; ~ **lapszög** longitudinal dihedral; ~ **léggát** line brattice; ~ **mágnesezés** *(magnetofonon)* longitudinal recording/magnetization; ~ **merevítések** *(rep)* longitudinal stiffeners; ~ **nézet** *(hajó)* sheer draught/draft; ~ **nyúlás** *(pa)* longitudinal extension; ~ **oldalnyíláskeret** *v* **-káva** *(hajó)* side coaming; ~ **próbatest** longitudinal specimen; ~ **ránc** *(pa)* long fold; ~ **rezgés** longitudinal vibration/oscillation; ~ **rugalmasság** longitudinal elasticity; ~ **szétfűrészelés** *v* **szétvágás** length cutting; ~ **tartó szerkezet** *(rep)* longitudinal structural framing; ~ **tér** *(vill)* longitudinal field; ~ **válaszfal** longitudinal separation; ~ **vas** *(ép)* stress bar; ~ **zsugorodás** contraction in length
hosszantvágó fűrész *(fa)* resaw
hosszas utánizzás *v* **utánvilágítás** long afterglow
hosszasztal *(forg)* traversing table
hosszátjáratú vonat *(fedett kocsiátjárókkal)* vestibule train
hosszátlós rúd *(ép)* longitudinal diagonal
hosszbarázdás hornyos cserép *(marseillei cserép; ép)* long-stringed gutter tile
hosszbeállító rúd *(gépt)* length setting-rod
hosszbordarendszer longitudinal framing
hosszbordázás longitudinal framing
hosszcsapágy axial/thrust bearing
hosszcsapágyas tengely pivoting shaft
hosszcsatorna *(földt)* axial canal
hosszcsík longitudinal stripe
hosszcsíkos: ~ **kord** *(tex)* Bedford cord; ~ **minta** *(tex)* long strips pattern
hosszdarab length
hosszdaraboló körfűrész length-cutting circular saw
hosszdőlés *(rep)* pitch angle
hosszdőlésmérő *(rep)* fore-and aft (in)-clinometer; **golyós** ~ *(rep)* ball inclinometer
hosszdőlésmutató *(rep)* pitch indicator; longitudinal clinometer
hosszegységre számítva per unit length
hosszelem *(ép)* linear element
hosszellenőrző szalag *(felvetésnél; tex)* marking band
hosszelőtolás *(gépt)* traverse feed
hossz- és keresztvágó *(pa)* duplex cutter, in-line cutter/slitter
hosszeszterga slide/sliding/turning lathe
hosszesztergálás turning
hosszfa long-cut wood
hosszfacsiszoló *(pa)* lo(n)g grinder
hosszfa-szállítás *(pa)* logging
hosszfűrész *(fa)* pit/rip saw
hosszgerenda *(ép)* stringer; *(hídszerkezetben)* balk; *(a vágat fekűjén; bány)* stringer
hosszgömbfa *(fa)* log
hosszgyalu *(fa)* cooper's heading-knife; *(forg) l* **hosszgyalugép, gyalugép**
hosszgyalugép *(forg)* planer, planing machine; *l még* **gyalugép**; ~ **görbe felületek megmunkálására** radius planer; ~ **keresztgerendája** planer rail; **kétoszlopos** *v* **kétállványos** ~ closed planer; ~ **reverzáló villamos motorhajtással** reversible motor planer; ~ **tárgyasztala** planer table
hosszgyaluló készülék planing fixture
hosszhajtás longitudinal drive
hosszhegesztő varrat *(fedélzeti lemezen)* deck seam
hosszhullám longitudinal wave
hosszidomszer length gauge
hosszirány *(pa)* wire direction; ~**ban** lengthwise, longitudinally; ~**ban futó** *(víztől védett)* **híd** *(tartályhajón)* fore-and-aft road; ~**ban hasított** slitted; ~**ra merőlegesen hajtogatott** *(pa)* broad fold; ~**ban mért** linear

hosszirányítású antennarendszer end-fire array, staggered aerial, end-on directional antenna

hosszirányú longitudinal; ~ alakváltozás longitudinal strain; ~ árbocfeszítő kötél (hajó) stay; ~ csatorna [kenő csatorna] gallery hole; ~ csíkozottság (szövethiba; tex) lengthwise streaks; ~ dőlés (rep) fore-and-aft bulkhead; ~ egyensúly ("trim"; hajó) longitudinal trim; ~ elem v tartó (rep) fore-and-aft member; ~ előtolás (forg) longitudinal traverse motion, longitudinal feed; ~ féltéglasor (ép) split course; ~ gerenda aknában (bány) runner beam; ~ hasítás (fa) felting; ~ hézag (gépt) longitudinal clearance; ~ igénybevétel v feszültség longitudinal stress; ~ kalandernyomáscsík (pa) calender streaks; ~ kenőolaj csatorna oil gallery; ~ középvonal (mat) longitudinal center line; ~ mágneses hullám (rád) H/TE (transverse electric) wave; ~ mágnesezés longitudinal magnetization; ~ mázolás (pa) enfilade; ~ merevítő sprag; ~ metszés v vágás slitting; ~ mozgás lengthwise movement; ~osztás [fogaslécen v szegecssorban] longitudinal pitch; ~ rézsűpadkás kidolgozás gullet working; ~ stabilitás (gépk) longitudinal stability; ~ stabilizáció (rep) roll stabilization; ~ terjedési sebesség bar velocity; ~ vágóolló slitting shears; ~ vasalás (ép) longitudinal reinforcement; ~ villamos hullám (rád) E/TM (transverse magnetic) wave; ~ vonórúd reach rod

hosszjáték (gépt) longitudinal clearance

hosszláncrendszerű felfüggesztés (felső vezetéknél) catenary suspension

hosszlengőkar (futóműnél; gépk) radius/torque arm; (hátrafelé álló) trailing link; (előre álló) leading link

hosszlépték scale of length

hosszlyukfúró long/slot borer; egyélű gépi ~ (fához) machine mortise bit with one cutter; kétélű gépi ~ (fához) machine mortise bit with two cutters; ~ és vésőgép (fa) boring and mortising machine

hosszmaró: ~ gép planer-type milling machine; ~ horonymaró gép spline-milling machine

hosszmérés linear measure; ~ lánccal chaining

hosszméret linear/length measurement; átlagos ~ (rönké, fűrészárué) average length

hosszmerevítés (hajó) strongback; felső ~ (rep) dorsal stringer

hosszmerevítő (rep) stiffener; (fedélzet alatt, bordák között; hajó) carling(s); ~ fedélzeti keretiemez (hajó) stringer; ~ fedélzeti tartó (hajó) hog-frame, deck girder; ~ főgerendázat axial girder; ~ gerenda longitudinal roof stay, stringer; középső ~ (rep) central stringer; ~ tartó longitudinal stringer beam

hosszmérő length ga(u)ge; ~ gép (tex) measuring engine; ~ gépen dolgozó (munkás) yarder, measurer; ~ készülék map measurer

hosszmérték linear measure

hosszmetszet longitudinal section/view; (bány, földt) axial section

hosszmoréna (földt) longitudinal moraine

hosszmozgás (gépt) traversing motion

hossznézet longitudinal view

hossznövedék (fa) high-growth

hossznövés (fa) high-growth

hossznyírás longitudinal shear

hosszoldal long

hosszrepedés (fa) longitudinal shake

hosszripsz (tex) filling rib weave

hosszrost (pa) longitudinal fibre

hosszsodratú kötél long-lay rope

hosszsor (tex) wale

hossz-szán (forg) sliding/traversing saddle/carriage, table longitudinal slide; (marón) table (traversing) slide

hossz-szelvény longitudinal section; (bány, földt) (axial) section

hossz-szintezés level(l)ing along the line

hossz-szita (pa) flat screen, longish/Fourdrinier wire

hossz-szitán alkotott lap (pa) Fourdrinier sheet

hossz-szitás: ~ lemezgép (pa) board machine with endless wire; ~ papírgép Fourdrinier (paper machine), shaking-machine; ~ víztelenítőgép (pa) press plate

hossz-szita-szakasz (pa) Fourdrinier part/section

hossztalpfa (ép, vasút) longitudinal (sleeper)

hossztartó (ép) beam, spar; (hajó, rep) longitudinal; (rep) longeron; ~ gerenda (fahajón) shelf

hossztekercsvágó gép (pa) slitter

hossztengely longitudinal axis; (hajó, rep) fore-and-aft axis; ~ körüli elfordulás szöge angle of roll; ~ körüli labilitás rolling instability; ~ körüli nyomaték (rep) rolling moment

hossztengelysíkba eső keretantenna (rep) fore-and aft loop

hossztol (rönköt) log

hossztoldás (fa) end jointing

hossz-tömeg-idő mértékrendszer length-mass-time system, l.m.t. system

hosszú long; ~ alváz long carriage; ~ antenna long wire aerial (UK); long wire antenna (US); ~ bolyhú szmirna-szőnyeg (tex) long/deep pile Turkey carpet; ~ csőcsapágy v bölcsőcsapágy long bracket; ~ csőrű laposfogó long-nosed flat pliers; ~ élettartam longevity; ~ élettartamú long-wearing; ~ élettartamú cső (rád) long-life tube; ~ fa (pa) log; ~ hajópalló longstrap floor; ~ hálózású izzószál (vill) straight up-and-down filament; ~ időtartamú kísérlet (anyagv) long-duration test; ~ időtengely (távk) long-time base; ~ (flamand) illesztés (ép) long scarf; ~ ív (heg) long arc; ~ ívcső (hidr) long bend; ~ járatú hajó seagoing ship; ~ kamra (bány) stall; ~' és rövidhullámú vevő (rád) all-wave receiver; ~ lábú tű (kh) long butt needle; ~ lebegésű (tex) long-float(ed); ~ lebegésű kötés (tex) long-floated weaves; ~ lejáratú terv long-range plan; ~ löketű [motor] long stroke; ~ löketű szivattyúzótoldat (ol)* long-stroke pumping attachment; ~ menetfúró menetvágó pofák készítésére long-taper die tap; ~ munkahely (bány) longwall; ~ nemez (kartongépen; pa) top felt; ~ nyakú csővel ellátott lombik (vegy) tubulated flask; ~ nyakú lombik boiling flask; ~ nyelű fémöntő kanál hand ladle; ~ nyelű kaparó lute; ~ nyílású égő long slot burner; ~ra nyújtott lyuk slotted hole; ~ orrú törzs (rep) long-nosed fuselage; ~ öltés (tex) tack; ~ pálya (tex) long carriage; ~ pillérekre osztás rendszere (bány) long pillar method; ~ repesztőfúrólyuk-rendszer (bány) long-hole method; ~ résű háló (bány) long slot cloth; ~ rostú len (tex) common/fibre flax; ~ rostú papír long-fibred paper; ~ selyemcséve (tex) rocket; ~ sönt (vill) long-shunt; ~ szárnyú sarokpánt (ajtón) strap hinge; ~ szárú long-stemmed; ~ szárú ütőfúró (kőzetfúráshoz) long jumper; ~ szemű lánc long-link chain; ~ szőrű bársony (tex) long pile; ~ téli szőr (bőr, tex) long winter hair; ~ törzsű (fa) long-boled; ~ útgörbület long bend; ~ vezetékvonal okozta hatás (távk) long-line effect

hosszúgyapjas [bőr] long wooled

hosszúhullám (rád) long wave, LW; (1000—10,000 m hullámhosszal) kilometric waves

hosszúhullámoldali láthatósági határ (1600 Å; fényt) long-wave limit of vision

hosszúhullámú: ~ adó (rád) long-wave transmitter; ~ röntgensugár soft X-rays; ~ tekercs (rád) long-wave coil

hosszúkás oblong, prolate; ~ barka (készbőrön) long grain; ~ csaplyukkal ellátott rúdvég slotted end; ~ érctest (bány) pipe of ore; ~ (hegyes) gömb (fa) spike knot; ~ gyöngyszem fish-spine bead; ~ nyílás slot hole; ~ pálca alakú (nyújtott oszlopos) habitus (ásv) long columnar habitus

hosszúlábas (bőr) long-shanked

hosszúlángú: ~ össze nem sülő szén open-burning coal, long-flame coal; ~ szén free-burning coal, soft/kennel coal

hosszúlöketűség (gépt) crankiness

hosszúpilléres fejtés egy átlós munkahellyel (bány) half V-system

hosszúság length; (földrajzi:) longitude

hosszúsághitelesítés length-ga(u)ging

hosszúsági: ~ nutáció (csill) mutation at longitude; ~ túlméret overlength

hosszúságkülönbség (földrajzi) difference in/of longitude

hosszúságmérő és leállító berendezés (tex) measuring and knocking-off motion

hosszúszálú (tex) long-staple(d); ~ fésülési hulladékgyapjú (tex) robbings wool; ~ fésűsgyapjú supercombing wool; ~ gyapjú long/shafty wool; ~ jutafonal jute-line; (tex) ~ nyersanyag (tex) long fibred raw material; ~ pamut long-staple cotton; ~ I-a pamut bant/bony cotton

hosszvágó (pa) ripper, slitting machine/device; ~ rámája (pa) slitting supporting frame

hosszvágó-átállítás futó papírnál slitting-change without breaking the sheet

hosszvágó-tekercselő gép (pa) slitting and rewinding machine

hosszválaszfal *(hajó)* longitudinal bulkhead, centre line bulkhead
hosszvarrat *(heg)* longitudinal seam/fillet weld
hosszvarrathegesztő gép straight line seam welder
hosszvasbetét *(ép)* stress bar
hótakaró *(met)* snow cover
hótalp *(mkpár-hoz)* snow runner
Hotchkiss-féle magnetométer Hotchkiss super-dip
hóteher *(ép)* snow load
hóterhelés *(ép)* snow load
Hourdi-féle sűrűbordás födém *(ép)* Hourdi's ceiling
hóvágó lemez *(kiélezett; vasút)* snow flanger
hóvakság snow-blindness
hóvastagság mérése *(met)* snowfall measuring
hóvédő mű *(ép)* snow fence/hurdle/gallery
hóvihar *(met)* blizzard, snowstorm
Howard-féle tenzométer Howard strain ga(u)ge
howlit *(ásv)* howlite
hoz bring ; **egyenesbe ~** align ; **egyensúlyba ~** balance ; **magával ~** entail ; *[nehézségeket]* entrain ; **mozgásba** *v* **működésbe ~** actuate, activate
hozaganyag *(hegesztésnél)* filler metal
hozam yield, issue, output
hozamelemzés *(ol)* yield analysis
hozamképesség yield capacity
hozamszabályozás *(fa)* regulation of yield
hozamszámítás calculation of the yield
hozás : legnagyobb közös nevezőre ~ *(mat)* ascending reduction of fractions
hózivatar *(met)* buran
hozzáad *(mat, vegy)* add ; *(idegen anyagot)* adulterate
hozzáadás *(mat)* addition ; *(idegen anyagé)* adulteration, admixture ; *(öntéssel)* inpouring
hozzáakaszt annex, suffix
hozzáalakít *(vhez)* adapt (to), shape to fit
hozzáalakítás adaptation
hozzáalkalmazás adaptation, accomodation
hozzácsatol annex
hozzácsatolt adherent
hozzácsavaroz screw up/on
hozzácsavarozott screw-on/up
hozzácsiszolás lapping-in
hozzáépít annex
hozzáépítés *(ép)* secondary structure
hozzáépül *(ép)* accrue
hozzáérés *l* **érintés**
hozzáerősít attach, affix, adjoin, tack
hozzáerősítés attachment
hozzáértés workmanship
hozzáférés access, admittance
hozzáférhetetlen inaccessible, out-of--reach
hozzáférhetetlenség inaccessibility
hozzáférhető accessible, available, ready to hand ; *(bány)* amenable
hozzáférhetőség access(ibility), ready access ; *vö* **hozzáférhető**
hozzáfolyás afflux, indraft ; *(pa)* enter
hozzáfolyó *mn (földt)* affluent ; **~ csatorna** supply canal ; **~ cső** supply tube ; **~ víz** *(hidr)* inflow
hozzáfon *(tex)* lay on ends
hozzáforraszt solder/braze on
hozzáfűz annex, adjoin, attach
hozzáfűzés *(egyes lapoké ívekhez, bekötés céljából)* overcasting
hozzáhegeszt weld on
hozzáidomít shape
hozzáigazítás adjustment
hozzáilleszt *(vhez)* adapt (to) ; fit, accomodate, suit ; *(tex)* adjust
hozzáillesztés adjustment, fitting shaping
hozzáillesztett *(furat)* reamed
hozzáilleszthető adjustable
hozzáilleszthetőség adaptability
hozzájáró : ~ út approach road ; **~ utat lezáró kapu** *(mozgóhidon)* roadway gate
hozzájárul conduce, contribute
hozzájárulási : ~ blokk *(vasút)* cooperating block ; **~ mező** *(vasút)* cooperating field
hozzájutás access, admittance
hozzákapcsol adjoin, annex
hozzákapcsolt csille trailer
hozzákever admix
hozzákeverés admixture ; *(idegen v hamis anyagé)* adulteration
hozzákovácsol forge on
hozzáköt attach, adjoin
hozzáláncol chain
hozzánemillőség disconformity
hozzányomó prés *(pa)* jointing press
hozzányúl handle
hozzáragaszt bond
hozzárendezés adaptation
hozzásimítás adaptation
hozzásodró munkás *(tex)* twister-in
hozzászab *(tex)* adjust
hozzászegez tack
hozzászív *(pa)* inhaust
hozzátapad cling, clog, adhere
hozzátapaszt adhere
hozzátartozó appropriate, inherent
hozzátesz add, adjoin, suffix
hozzátétel addition
hozzátevés application
hozzátold annex, suffix
hozzáütődik clash, hit
hozzávaló *fn* material ; **~** *(gomb, csat stb ; ruh)* findings
hozzávetőleges approximate ; **~ becslés** *v* **számítás** lumping ; **~ költségelőirányzat** approximative estimate
hozzávezet feed
hozzávezetés admission
hő heat ; **adhéziós ~** heat of adhesion ; **adszorpciós ~** heat of adsorption ; **aktiválási ~** heat of activation ; **asszociációs ~** association heat ; **átalakulási ~** heat of transition ; **bomlási ~** heat of decomposition ; **dermedési ~** heat of solidification ; **disszociációs ~** dissociation heat ; **duzzadási ~** heat of swelling ; **égési ~** heat of combustion ; **~re érzékenyített keverék** heat-sensitized mixing ; **expanziós ~** expansion heat ; **hidratációs ~** heat of hydra(ta)tion; **hígítási ~** heat of dilution ; **ionizációs ~** heat of ionization ; **izomerizációs ~** heat of isomerization ; **keletkezési ~** heat of formation/combination ; **keverési ~** heat of admixture ; **kicsapási ~** heat of precipitation ; **kicsapódási ~** heat of condensation ; **koagulációs ~** heat of coagulation ; **kompressziós ~** compression heat ; **kondenzációs ~** heat of condensation ; **kristályosodási ~** heat of crystallization ; **~t leadó felület** heat-delivery surface ; **lecsapódási ~** heat of condensation ; **nedvesítési ~** heat of wetting ; **~ okozta (belső) feszültség** *(anyagv)* thermal/temperature stress ; **~ okozta deformáció** *v* **alakváltozás** *(anyagv)* thermal/temperature strain ; **~ okozta metamorfózis** *(földt)* *l* **termális metamorfózis** ; **~ okozta repedés** thermal/hot crack ; **oldási ~** heat of solution ; **olvadási ~** heat of fusion ; **párolgási ~** heat of evaporation/vaporization ; **~vel préselt lemez** *(pa)* hot press board ; **redukciós ~** heat of reduction; **rejtett ~** latent heat ; **robbanási ~** heat of explosion ; **semlegesítési ~** heat of neutralization ; **súrlódási ~** friction heat ; **sűrítési ~** compression heat ; **szublimációs ~** heat of sublimation ; **terjeszkedési ~** expansion heat ; **túlhevítési ~** heat of superheat ; **vegyülési ~** heat of combination ; **vezetéssel átadott ~** heat of conduction
hő- thermic, thermal, thermo-, calorific
hőállapot calorific condition
hőállékony heat-stable
hőálló heat-proof, heat resistant ; *(tűzálló)* refractory ; **~ acél** heat steel ; **~ cement** high-temperature cement ; **~ képesség** *l* **hőállóság** ; **~ ötvözet** heat-resisting alloy ; **~ védőanyag** heat resister ; **~ védőernyő** heat shield
hőállóság heat-proofness, heat resistance/stability ; *(vegyületé)* thermal stability
hőáram heat flux ; **kiégési ~** *(atomreaktorban)* burn-out flux
hőáramlás heat flow, convection ; **~sal átadott hő** convected heat
hőátadás heat transfer ; **~ áramlással** heat transfer by convection ; **~ sugárzással** heat transfer by radiation ; **~ vezetéssel** heat transfer by conduction
hőátadási : ~ együttható heat-transfer coefficient ; **~ veszteség** heat-transfer loss
hőátadó : ~ felület heat transfer surface ; **~ közeg** heat medium
hőátbocsátás heat transmission
hőátbocsátási : ~ képesség capacity of heat transmission ; **~ tényező** overall heat transfer rate
hőáthatlan athermanous
hőátszármaztatás transmission of heat
hőátvitel transmission of heat
hőbeáramlás ingress of heat
hőbefogadó képesség thermal capacity
hőbevezetés *(termodinamikai körfolyamatban)* heat addition
hőbomlás thermal decomposition
hőbontás *(ol)* thermal decomposition/cracking
hőbrikettezés caking
hőcsere heat exchange/(inter)change
hőcserélő heat exchanger, calorizator
hőcserementes adiabatic
hőcseremenfességi vonal *(met)* adiabatic curve
hőcserével járó *(nem adiabatikus)* polytropic
hőcsökkenés defervescence
hődetektor bolometer
hődiffúzió thermal diffusion
hődrót hot-wire
hődrótampermérő hot-wire ampermeter, hotwire ammeter

hődrótműszer hot-wire instrument, thermal instrument
hődrótos : ~ ampermérő hot-wire ammeter ; **~ fejhallgató** *v* **hangszóró** thermophone ; **~ mérő készülék** *v* **mérőműszer** *(rád, vill)* hot-wire meter ; **~ mikrofon** *(hitelesítési célokra)* thermal microphone, hot-wire microphone; **~ vákuum mérő** Pirani ga(u)ge ; **~ voltmérő** *(rád, vill)* hot-wire voltmeter
hőegyenérték thermal equivalent
hőegyenlet heat equation
hőegyensúly thermal equilibrium
hőegység heat/thermal unit
hőelektród thermoelectrode
hőelektromos *l* **hővillamos**
hőelektromotoros : ~ erő thermoelectromotive force, termo-e.m.f. ; **~ erőt mérő nyomásmérő (műszer)** thermoelectric manometer
hőelektron thermion
hőelem thermocouple, thermoelement, thermoelectric cell/pile ; **~ áramirányváltása** *(hőhatásra)* thermoelectric inversion ; **CrNi—AlNi ~** chromel-alumel-thermocouple ; **platina-platinaródium ~** platinum-platinum-rhodium thermocouple ; **réz-konstantán ~** copper-to-constantan thermocouple ; **vas-konstantán ~** iron-to-constantan thermocouple
hőelemes : ~ ampermérő thermogalvanometer ; **~ műszer** thermo(-)couple instrument ; **~ pirométer** couple pyrometer
hőelempár *l* **hőelem**
hőellátás heat supply
hőellenállás thermal/heat resistance ; *(gázé)* back pressure
hőellenálló *l* **hőálló**
hőellenző heat shield
hőelmaradás *(vill)* thermal lag
hőelnyelés heat absorption
hőelnyelő heat absorbent ; *(endoterm)* endothermic ; **~ üveg** heat absorbing glass
hőeltérés thermal anomaly
hőelvezetés dissipation of heat
hőelvonás heat extraction
hőelvonó *(endoterm)* **reakció** endothermic reaction
hőemelkedés temperature-rise
hőenergia heat/thermal energy
hőerőgép heat engine
hőerőgépcsoport heat engine set
hőerőgéptan heat-power engineering
hőerőmű thermal power-station
hőérték heat/thermal value, heat value, caloricity
hőérzékeny heat-sensitive
hőérzékenység heat sensibility
hőérzéketlen metszés kvarckristály *(rád)* zero-cut-crystal
hőérző cella heat cell
hőesés heat drop
hőfejlesztés development of heat ; **~sel kísért** exothermal, exothermic
hőfejlesztési képesség heat output
hőfejlesztő *fn* heat generator ; **~ képesség** calorific power, c.p. ; **~** *(exoterm)* **reakció** heat producing reaction
hőfejlődés heat evolution, development/liberation of heat
hőfesték the mocolo(u)r
hőfeszültség thermal stress
hőfogyasztás heat consumption/input
hőfogyaszt vegyület endothermic compound

hőfok temperature
hőfokegyüttható temperature coefficient, T.C.
hőfokemelkedés temperature rise
hőfok-entrópia diagram temperature-entropy diagram
hőfokérzékelő szorítóbilincs bulb clamp
hőfokesés decrease of temperature ; **adiabatikus ~ száraz változása levegőben** *(met)* dry adiabatic rate change ; **~ gázexpanziónál** Joule-Thomson effect ; **száraz adiabatikus ~** dry adiabatic lapse
hőfokfüggő ellenállás thermosensitive resister
hőfokingadozás variation of temperature
hőfokjelző festék thermocolour
hőfoknap *(met)* day-degree
hőfokösszeg *(met)* accumulated temperature
hőfokszabályozás temperature control ; *(hűtőn)* cold control
hőfokszabályozó temperature regulator, thermostat ; **~ nyitó-záró szelepe** thermostatic expansion valve ; **~ szekrény** *(fagypont alatti)* cryostat ; **villamos ~** electrical thermostat
hőgenerátor heat generator
hőgép heat engine
hőgyűjtő storage heater
hőhasznosítás heat utilization
hőhatárvonal *(met)* adiabatic curve
hőhatás heat/calor(if)ic efficiency/effect ; **~on alapuló ampermérő** thermo-ammeter ; **~ra keményedő** thermosetting ; **~nak kitett körzet** heat-affected zone ; **~ okozta alakváltozás** heat strain ; **~ okozta mechanikai igénybevétel** *v* **feszültség** heat stress
hőhatásfok heat/thermal efficiency
hőhatáskiegyenlítő ellenállás *(met)* thermistor
hőhordozó heat carrier ; **~ közeg** heat-carrying agent
hőhullám heat wave
hő-index *(csill)* heat index
hőingertünet caloric reaction
hőjelfogó *(távk)* thermo-relay
hőkapacitás heat/calorific/thermal capacity, caloric receptivity ; *(kaloriméteré)* water equivalent
hőképlékeny thermoplastic
hőképződés heat evolution, liberation of heat
hőkereszt *(vill)* thermal junction ; *l még* **hőelem**
hőkésés thermal lag
hőkésleltetésű túláramrelé thermal overload-relay
hőkezel temper
hőkezelés heat treatment/treating ; *(rétegeltlemez-gyártásnál ; fa)* tempering ; *(ker)* baking ; **edző ~** *l* **edzés** ; **~ kis hőmérsékleten** *(koh)* low-temperature heat-treatment ; **lágyító ~** *l* **lágyítás** ; **megeresztő ~** *l* **megeresztés** ; **mélyhűtéses ~** sub-zero heat-treatment, deep-freezing heat-treatment ; **nemesítő ~** *l* **nemesítés** ; **~ okozta repedés** heat-treatment crack ; **oldó ~** solution heat-treatment ; **~ ólomfürdőben** *(huzalgyártásnál)* lead-bath patenting ; **~sel öregített** heat aged ; **~sel rögzít** *(tex)* heat set ; **~ utáni (második) keménység** second hardness
hőkezeléses öregítés heat ageing

hőkezelési feszültség okozta repedés heat-treatment crack
hőkezelhető : ~ acél steel suitable to heat treatment ; **~ ötvözet** heat treatable alloy
hőkezelő *(munkás)* temperer ; **~ fürdő** tempering bath ; **~ kályha** furnace for heat treatment ; **~ kemence** annealing furnace
hőkibocsátás heat emission
hőkicserélő heat exchanger ; **~ készülék** recuperator
hőkicserélődés heat exchange
hőkiegyenlítő mélykemence *(koh)* pit (heating) furnace
hőkioldó *(vill)* thermoswitch, thermal cut-out
hőkisugárzás heat/temperature radiation, emission of heat
hőkisugárzó borda *(vegy)* radiating flange
hőkompenzációs inga *(csill)* gridiron pendulum
hőkompenzált thermocompensated
hőközlés dissipation heat transfer
hőközlő *fn* calorifer
hőkrakkolás *(ol)* thermal cracking
hőlabilis thermolabile
hőleadás heat loss/rejection, dissipation of heat
hőleadásmérő frigorimeter
hőleadó *(vegy)* exothermal, exothermic
hőlég- thermal
hőlégfúvó *(motormelegítésre ; rep)* winter jet ; **~ tömlője** *(rep)* vent-tube
hőlégfűtés heating by hot air, hot air heating
hőlégfűtő berendezés apparatus for hot air heating
hőléggép air engine
hőléghevítés hot-blast heating
hőlégkamra *(gumi)* hot-air chamber
hőlégmotor hot air engine
hőlégsugár-hajtómű *(gázturbinás)* turbo-jet engine
hőlégszárítás hot air/flue drying
hőlégszárító *(tex)* hotfluc ; **~ berendezés** hot drier
hőlégszárítós írező(gép) *(tex)* hot air (drying) slasher
hölgymenyét *(bőr)* ermine
hőlökés thermal shock
hőmágnesség thermomagnetism
hőmennyiség : füstgázokkal távozó ~ waste-gas heat
hőmennyiségmérés calorimetry
hőmennyiségmérő calorimeter
hőmérleg heat/thermal balance
hőmérő thermometer, temperature indicator/ga(u)ge ; **belső ~** *(barométerben)* attached thermometer ; **bimetall ~** bimetallic thermometer ; **borszeszes ~** alcohol thermometer ; **ellenállásos ~** resistance thermometer ; **~ az előhívó tartályhoz** *(fényk)* tank thermometer ; **fémhüvelyes ~** armo(u)red thermometer ; **folyadékos üvegházas ~** liquid-in-glass thermometer ; **~ folyadékoszlopa** thermometric column; **gőznyomásos ~** vapo(u)r-pressure thermometer ; **hangjelzéses ~** alarm thermometer ; **higanyos ~** mercury thermometer ; **hőelemes ~** thermocouple thermometer ; **kettősfémes ~** bimetallic thermometer ; **~ kiigazítása** *v* **helyesbítése** thermometric correction ; **kontakt ~** contacting thermometer ; **külső ~** *(barométeres*

mérésnél) air thermometer; **önírő ~** thermograph, recording thermometer; **regisztráló ~** thermograph, recording thermometer; **~ szára** stem of thermometer; **szilárd mérőelemes ~** solid-expansion thermometer; **távjelző ~** telethermometer

hőmérőbeosztás fix pontjai fixed points

hőmérőgömb bulb; **nedves ~** *(pszichrométeren)* wet bulb

hőmérőházikó thermometer shelter

hőmérő-nullapontsüllyedés depression of zero

hőmérős magasságmérés *(geod)* temperature survey

hőmérséklet temperature; *l még* **-pont**; **alacsony** *v* **kis ~** low temperature; **állandósult ~** steady temperature; **átalakulási ~** *(koh)* critical point; **edzési ~** hardening temperature; **egyenletes ~** uniform temperature; **éjszakai ~** night temperature; **feketetest ~e** black-body temperature; **~ határai** temperature range; **~ hatása** effect of temperature; **hevítési ~** heating-/warming-up temperature; *(edzéshez)* hardening temperature; *(lágyításhoz)* annealing temperature; *(megeresztéshez)* tempering temperature; **hitelesítési ~** reference temperature; **kezdő ~** initial temperature; **~re kiegyenlített** *(kompenzált)* **rendszer** temperature-compensated system; **magas** *v* **nagy ~** high temperature; **~et mér** take a temperature; **nappali ~** day temperature; **~ okozta elmozdulás** temperature displacement; **öngyulladási ~** self-ignition temperature; **tengeri ~** sea temperature; **üzemi ~** running/working temperature; **zavarosodási ~** cloud point

hőmérsékletcsökkenés temperature drop

hőmérséklet-entrópia-diagram tephigram

hőmérsékletfüggő ellenállás heat-variable resistor

hőmérséklethatás kiegyenlítése *v* **kompenzálása** temperature compensation

hőmérsékleti: adiabatikus ~ gradiens *(met)* adiabatic lapse rate; **~ együttható** temperature coefficient; **~ görbe** *(met)* thermoisopleth; **~ inverzió** *v* **visszásság** *(met)* inversion; **~ izanomális vonalak** *(met)* isanomalous temperature line; **~ javítás** *(barométeres magasságmérésnél)* correction for temperature; **~ kifáradás(i jelenség)** temperature cycling effect; **~ köz** *(határértékek közé eső)* temperature range; **nem ~ eredetű légkörzés** *(met)* thermal indirect circulation; **~ összeg** *(met)* accumulated temperature; **~ rétegződésből adódó szélugrás** thermal wind shear; **~ sugárzás** temperature radiation; **~ tényező** temperature coefficient; **~ viszonyok** thermal conditions

hőmérsékletindex *(fűtés)* degree-day

hőmérsékletingadozás temperature variation; **napi ~** *(met)* diurnal march of temperature

hőmérséklet-intervallum *(kritikus pontok közt; koh)* critical range

hőmérsékletíró thermograph; **~ szalagja** *v* **görbéje** *(met)* thermogram

hőmérsékletkiegyenlítő erősítésszabályozó pilot-wire regulator

hőmérsékletkülönbség temperature head/difference

hőmérsékletleolvasás temperature reading

hőmérsékletszabályozás temperature control; **önműködő ~** automatic temperature control

hőmérsékletszabályozó: ~ automata automatic temperature controller; **~ kar** *(fűtőkészüléken)* temperature control lever; **~ készülék** attemperator

hőmérsékletváltozás change of temperature; **~nak ellenálló** resistant against sudden changes of temperature; **~t jelző műszer** thermoscope

hőmérsékletvezetési tényező temperature conductivity

hőmozgás thermal agitation; *(vegy)* heat motion *is*

hőmozgási zaj *(rád, távk)* (thermal) agitation (noise)

hömpölygő holthullám *(hajó)* rolling swell

hőnfut run hot

hőnfutás *(gépt)* running warm/hot, overheating

hőnfutott: ~ csapágy hot box; **~ tengelycsap** heated journal

hőnlágyuló *l* **hőrelágyuló**

hőnkeményedő *l* **hőrekeményedő**

hőntartás *(koh)* soaking, holding

hőntartási idő *(heng, koh)* holding time, duration of heat

hőntartó (mély)kemence *(koh)* soaking hearth/pit

hő-öregedés heat ageing; **~t gátló szer** *(gumi)* heat resister

hőpalack thermos flask

hőpárna electric sheet

hő-polimerizáció heat polymerization

hőporméről thermal precipitator

hőpróba thermal test

hörcsög *(bőr)* hamster

hőregeneráló módszer (heat) regenerative method

hőrekeményedő *(vegy)* thermosetting

hőrelágyuló *(vegy)* thermoplastic

hőrelé thermal/temperature relay

hőrepedés heat crack/checks

hörgőszelep snuffle valve

hörnesit *(ásv)* hörnesite

hőrögzít *(tex)* heat(-)set

hőrögzítés *(tex)* -heat/thermo-setting, heat set, preboarding

hőrögzítő szerkezet *(tex)* heat-setting device, thermosetting device

hősemlegesség thermoneutrality

hőstabil thermostable; **nem ~** thermolabile

hősugár heat ray

hősugáráteresztő diathermanous; **~ képesség** diathermancy

hősugárzás thermal/heat radiation/emission

hősugárzási pirométer heat-radiation pyrometer

hősugárzásmérő *(met)* actinometer

hősugárzó *mn* heat-radiating; *fn* heat radiator, radiant heater

hőszabályozás heat control, manipulation of the heat; **~ termosztáttal** thermostatic control

hőszabályozó *fn* thermo-regulator, calorstat; **~ szelep** temperature valve

hőszekrény cabin-type incubator

hőszigetelés heat/thermal insulation

hőszigeteléses esőmérő *(met)* insulated rain ga(u)ge

hőszigetelési tulajdonság thermal insulating value

hőszigetelő *mn* heat-insulating; *fn* heat/cold insulator; **~ alakbeton** *(ép)* heat-insulating profiled concrete, foamed slag concrete; **~ anyag** thermal insulator; **~ burkolat** lagging; **~ hengerburkolat** cylinder lagging (case); **~ lemez** *(pa)* fibre thermal board; **~ tartály** heat-retaining container; **~ tégla** furring tile

hőszivattyú *(hidr)* heat pump

hőszóródás heat dissipation, thermal dispersion

hőszükséglet heat requirement

hőtágulás heat/thermal expansion; **~t kiegyenlítő cső** expansion/expanding pipe; **~t kiegyenlítő csőkanyar** *v* **csőlíra** expansion bend; **~t kiegyenlítő csőkötés** *v* **tömszelence** pipe expansion joint; **lineáris ~** linear expansion; **térfogati ~** cubic/volume expansion

hőtágulási: ~ együttható *v* **tényező** coefficient of thermal expansion; **~ repedés** expansion crack

hőtan thermodynamics

hőtani thermal, thermodynamic(al)

hőtárolás heat storage

hőtároló *fn* heat accumulator, storage heater; **~ képesség** heat-storage capacity

hőtárolós kemence *(koh)* regenerative reverberatory furnace

hőtartalom heat content; **tényleges ~** sensible heat

hőtechnika (heat) power engineering

hőtekercses jelfogó *(távk)* thermal relay

hőteljesítmény heat output

hőterelő *fn* *[katódsugárcsőben]* heat shield

hőterhelés thermal load

hőterhelési viszonyok thermal loading conditions

hőtermelés heat output

hőtermelő calorific

hőtorlódás heat build-up

hőtünemény calorescence

hőtűrő thermoduric

hőveszteség heat loss, lost heat, temperature/thermal loss, heat leak; **~ a hengerfalon** *(gépk)* loss of heat to the cylinder walls

hővezetés heat/thermal conduction

hővezetési tényező thermal conductivity

hővezető heat conductor/carrier; **~ képesség** thermal conductivity, conduction/conductivity of heat, heat release/conductivity/transmission

hővillamos thermoelectric; **~ emisszió** *(rád)* Richardson effect; **~ hatás** thermoelectric effect; **~ inverzió** thermoelectric inversion; **~ mérőműszer** *(hőelemes v hődrótos)* electrothermic instrument; **~ pirométer** thermoelectric pyrometer; **~ (Seebeck-féle) hatás** Seebeck effect; **~ sorozat** *(vegy)* thermoelectric series; **~ szintszabályozás** *(távk)* thermo-electrical level control

hővillamosság thermo-electricity

hővillamosságtan electrothermics

hővisszanyerés heat recovery

hővisszanyerő *fn* recuperator; *mn* recuperative; **~ levegő-előmelegítéssel** *(koh)* heat-regenerator

hővizsgálat thermal test
hőzaj *(rád)* thermal(-agitation) noise
hőzaj-feszültség *(rád)* thermal voltage
hőzivatar *(met)* air mass thunderstorm
H-szelvényű idomvas H-iron
H-szűrőlánc *(szimmetrikus; távk)* H--network
H-szűrőtag *(távk)* H-network
H-tag *(távk)* H-section, H-network
H-tartó *(heng)* H-iron; *(ép)* H-girder
H-tengely *(teodoliton; geod)* trunnion axis
H-típusú hullámok *(csőtápvonalban; rád)* H-waves
huanakó-kéreg Lima bark
huantajayit *(ásv)* huantajayite
Hughes-féle távíró készülék Hughes telegraph (apparatus)
hugyany *(vegy)* urea; *l még* **karbamid**
húgymarásos *(nyersbőr)* urine damaged
húgysav uric acid
hulladék waste (matter), wastage, garbage, spent residue, droppings, drops, rubbish, refuse, junk, debris, trash, trailings, chip, chaffing, cast-off, scrap; *(levágott)* clipping; *(vágásból eredő)* cutting(s); *[levágásból]* trim; *(megmunkálásból)* cutoff; *(bány)* shorts; *(élip)* peelings; *(pa)* trash, brake, cassie; *(tex)* cast-off, waste; *(leszedő henger alól; tex)* doffer strips/waste; *(tisztító henger alól; tex)* clearer strips/waste; *(lyukasztásból)* slug; **~ brikettezése** scrap briquetting; **~ba dob** *(forg)* scrap; **~ eltávolítása** refuse disposal; **~ból font fonal** *(tex)* condenser yarn; **jó minőségű ~ból font gyapjúfonal** condenser yarn; **~ és szállópihe** *(tex)* motes and fly; **szén tartalmú** *(dúsítási)* **~** carbonaceous refuse; **~ visszanyerése** waste recovering; **vulkanizált ~** cure scrap
hulladékacél steel scrap
hulladékanyag spent material; *l még* **hulladék**; **~ felhasználásával készült termék** *(tex)* shoddy
hulladékaprító gép *(pa)* chip crusher
hulladékbálázó prés *(tex)* baling press for waste
hulladékbőr offal
hulladékcellulóz *(pa)* knotter/waste pulp
hulladékcellulóz-kikészítés *(pa)* waste pulp preparation
hulladékcsomagoló prés *(tex)* packing press for waste
hulladékdaraboló gép scrap-shearing machine
hulladékégető: ~ berendezés destructor; **~ kazán** *(fa)* refuse burner; **~ kemence** refuse destructor furnace
hulladékeltávolító *(kártológépen)* fettler
hulladékelválasztó groat separator
hulladékenergia energy from wastes
hulladék-értékesítés salvaging
hulladékfa waste wood, refuse(-)wood, shaving
hulladékfa-aprító gép *(pa)* waste-wood chipper
hulladékfeldolgozás *(pa)* waste paper utilization
hulladékfeldolgozó gép *(bány)* tail mill
hulladékfelhasználó berendezés v üzem garbage-recovery plant
hulladékfelvágó bütüzőfűrész *(fa)* slasher
hulladékfém waste/scrap metal; **~ bálákba sajtolása** scrap baling
hulladékfilm „junk(ed)" film
hulladékfonású *(tex)* condenser; **~ pamutfonal** condenser cotton yarn
hulladékfonó gép *(tex)* condenser
hulladékgáz outgas
hulladékgumi shoddy, shred
hulladékgyapjú *(osztályozásnál)* dag(ging)s, crutchings, refuse wool
hulladékhő waste heat; **~ hajtotta gép** waste heat engine
hulladékhő-hasznosító kazán waste-heat boiler
hulladékhuzal scrap wire
hulladékkártoló *(gép, tex)* waste carding engine
hulladékkaucsuk scrap rubber
hulladékkiküszöbölés waste elimination
hulladékkőzet *(bány)* discard
hulladéklúg *(vegy)* waste lye/liquor
hulladékmelasz *(cu)* discard molasses
hulladékmeleg *l* **hulladékhő**
hulladékolaj *(finomítóban)* slop oil, slops
hulladékolvasztó: tiszta ~ eljárás *(koh)* all-scrap process
hulladékos szélrész *(bőr)* ribbon
hulladék-osztályozás waste classification
hulladékőrlő *(fa)* refuse grinder
hulladék-pamutfonal cotton shoddy yarns
hulladékpapír old-/waste-paper, paper waste; *(másodosztályú)* pams
hulladékpapíranyag old-paper stock
hulladékpapír-feldolgozó üzem waste paper dressing plant
hulladékpapírgyűjtés salvage of waste paper
hulladékpapírpép book stock
hulladékparafin slop wax
hulladéksav acid waste
hulladékselyem *(tex)* (s)chappe, florette, recotti, bourette, sleave/sleeve/ferret/ flock/bavella silk; **gubón maradt ~** cappadine silk; **~ lámtalanítása** discharging
hulladékselyemfonal silk waste yarn, bourette silk yarn; **~ból készült szövet** chappe silk cloth
hulladékszerű scrappy
hulladéktároló *(rádióaktív; at)* waste container
hulladéktermék residuary product
hulladéktüzelésű erőmű refuse power plant
hulladék-tüzelőanyag refuse fuel
hulladékválogató munkás *(tex)* waste hand
hulladékvas iron scrap, waste iron; **~ bálázása** scrap fagoting
hullaház *(ép)* charnel house
hullám wave; *[folyamatos; távk]* wave train; *(gyapjúszálon; tex)* curl; **~ alakja** *(rád, távk, telev, vill)* shape of (the) wave; **~ alakú** waveform/-shaped/-like, undular; **~ alakú jelet előállító oszcillátor** *(rád)* wave form generator; **beszéddel modulált csillapítatlan ~** *(távk)* A_3 waves; **centiméteres ~ok** *(rád)* centimeter waves; **csillapítatlan ~** *(távk)* A_0 waves; **csillapítatlan ~ modulált morzejelekkel** *(távk)* A_2 waves; **csillapítatlan ~ morzejelekkel** *(távk)* A_1 waves; **csillapított ~** damped/decadent wave; **direkt v felületi ~** *(rád)* direct wave; **elektromágneses ~** electromagnetic wave; **elhaló ~** decadent wave; **haladó ~ok az antennán** antenna travel(l)ing waves; **képtávíró jeleivel modulált csillapítatlan ~** *(távk)* A_4 waves; **keresztirányú ~** *(hajó)* athwart sea; **kettős maximumú ~** *(mech)* double-humped waves; **körben haladó mágneses ~** circular magnetic wave; **körkörösen sarkított ~** circulary-polarized wave; **napi ~** *(met)* diurnal wave; **~ok sorozata** *(földt)* train of waves; **szeizmikus ~** earth wave; **széttartó v eltérő periódusú ~** divergent wave; **visszavert ~** back wave
hullámalak *(rád, távk, telev, vill)* wave form/shape; **~ állandósága** consistency of wave form
hullámalakellenőrző *(rád)* waveform monitor
hullámalakerősítő waveform amplifier
hullámalakgenerátor waveform generator
hullámalaktényező *(vill)* waveform factor
hullámanalizáló (készülék) *(vill)* wave analyzer
hullámantenna wave Beveridge aerial *(UK)*, wave Beveridge antenna *(US)*
hullámáteresztő (lég)réteg *(rád)* duct
hullámáthelyezés *(kh)* rekinking
hullámbádog *(vakolás alá; ép)* ferroinclave
hullámbádoglemez corrugated iron
hullámbarázda *(rád)* trough of wave; *(hidr)* riffle
hullámciklon *(met)* wave cyclone
hullámcsapás chop
hullámcsapda *(hangt, rád)* wave filter/trap; *(rád)* trap circuit, rejector (circuit); **abszorpciós ~** *(rád)* absorption trap
hullámcsapdosás wash
hullámcsatorna wave duct; **atmoszférikus ~** *(rád)* atmospheric duct
hullámcsillapítás *(hidr)* stopping a surge
hullámcsillapodás sima földfelület mentén *(rád)* plane-earth attenuation
hullámcsomó *(mech)* wave packet
hullámcsomópont *(mech)* node
hullámcsoport *(mech)* wave packet
hullámcső *(rád)* (hollow) wave guide; **~ fémfala** *(távk)* sheath; **soktárcsás haladó ~** *(távk)* disc-on-rod type tube
hullámcsöves kazán boiler with corrugated flue tube
hullámdobozfedél *(„009" vastag; pa)* .009 test liner
hullám-egyenes kondenzátor *(rád)* strait-line wave length (SLW) condenser, square-law capacitor/condenser
hullámegyenlet wave equation; **időtől független ~** *(at, mech)* wave equation without time
hullámelemző *fn* *(rád, vill)* wave analyzer
hullámellenállás *(távk)* characteristic/surge/wave/natural impedance; *(rep)* wave drag; **lezárás ~sal** *(távk)* characteristic-impedance termination
hullámellenőrző *(távk)* wave-form monitor
hullámelmélet *(fényé)* wave/undulatory theory (of light)
hullámelnyelés absorption of waves
hullámelnyelő troposzféraréteg *(rád)* substandard surface layers

hullámeloszlás *(rád)* allocation of frequencies
hullámfark wave tail
hullámfázissebesség velocity of periodic wave
hullámfelület wave surface/front
hullámfogó : ~ **detektor** *(rád)* wave detector ; ~ **felület** *(hajó)* running surface ; ~ **lemez** *(szerkocsin)* splash
hullámforma waveform ; *l még* **hullámalak** ; **bemenő** ~ *(telev)* input waveform ; **ideális** ~ *(telev)* ideal waveform ; **kimenő** ~ output waveform ; **moduláló** ~ modulating waveform ; **televíziós** ~ television waveform ; **valóságos** ~ *(telev)* actual waveform
hullámforma-ellenőrzés *(rád)* checking waveforms
hullámforma-torzítás waveform distortion
hullámformaváltó : **torlaszos** ~ *(hullámvezetőnél)* baffle-plate converter
hullámforrás *(rád)* source
hullámfront *(rád)* wave-front ; ~**ra merőleges irány** wave normal
hullámgerinc peak of wave
hullámgerjesztő oscillator, wave producer
hullámhas antinode/loop of the oscillation
hullámhát ridge of wave
hullámhatás wave action
hullámhegy wave(-)crest
hullámhomlok wave(-)front ; ~ **hajlásszöge** *(távk)* tilting
hullámhossz *(távk)* wave()length ; **kritikus** ~ critical wavelength ; **legkisebb** ~ minimum wavelength ; **legnagyobb** ~ maximum wavelength ; **lezárási** ~ cut-off wavelength ; **mérvadó** ~ hue wavelength ; **minden** ~**ra alkalmas** *[antenna]* all-wave ; **sajátrezgési** ~ natural wavelength ; *(terheletlenül)* unloaded wavelength ; **segélyt kérő** *v* **veszélyt jelző** ~ distress wavelength ; **vágási** ~ cut-off wavelength ; ~ **zavarási sávja** *(rád)* interference range
hullámhossz-állandóság steadiness of the wave
hullámhossz-átkapcsoló *(rád)* change-band switch
hullámhosszbeállító gomb *(rád)* wave-band button
hullámhosszegyenes *[kondenzátor]* straight-line wavelength
hullámhosszkapcsoló *(rád)* band selector
hullámhosszkiosztás *(rád)* wavelength allocation
hullámhossz-komparátor *(szink)* wavelength comparator
hullámhossz-meghosszabbítás *(rád)* loading
hullámhosszmérés wave measurement
hullámhosszmérő *(rád)* wavelength meter
hullámhossztényező phase constant
hullámhosszúság wavelength ; *l még* **hullámhossz**
hullámhosszváltó *(rád)* wave changer
hullámhuroksor *(az áruban ; tex)* sinker wale
hullámimpedancia *l* **hullámellenállás**
hullámInterferencia wave interference interaction
hullámíró *(távk)* undulator
hullámjel *(földt)* wave mark
hullámjelző ködfénylámpa *(vill)* ondoscope
hullámkamra *(hidr)* staggered header
hullámkapcsoló *(rád)* wave change-switch
hullámkeltő *(vill)* wave producer
hullámkezdet *(földt)* onset
hullámkörzet *(rád)* wave range
hullámlemez *(heng)* concertina sheet, channel(l)ed plate ; *(pa)* corrugated/cellular (paper/card)board, corrugated paste-board ; *(0,009"; 150—140 g/m²; pa)* nine point corrugated board; *(0,6 mm vastag külső réteggel ; pa)* V3c. board ; ~ **dobozgyártáshoz** *(pa)* corrugated container board ; **horganyzott** ~ corrugated galvanized iron, C. G. I. ; ~ **vasúti láda** *(pa)* corrugated case for railway transport
hullámlemez-alapkarton *(pa)* corrugated base-board
hullámlemezbetét *(pa)* corrugated medium
hullámlemezborítás corrugated strap
hullámlemezborító karton *(pa)* test board
hullámlemezcső *(csőzsilíphez; hidr)* armature pipe
hullámlemezdoboz *(pa)* corrugated board-box
hullámlemez-feldolgozó gép *(pa)* corrugated converting machine
hullámlemezgép *(pa)* corrugated board machine
hullámlemezgyár *(pa)* corrugated board mill
hullámlemezgyártó gép *(heng)* shrinker
hullámlemez-hengermű corrugated-sheet rolling mill
hullámlemez-srencpapír common paper for corrugated board, low-quality paper for corrugated board
hullámlemeztartály *(pa)* corrugated paper board container
hullámlemeztekercs *(pa)* corrugated board roll(s)
hullámlemezüzem *(pa)* corrugated board mill
hullámlökés *(vill)* surge
hullámlökés-regisztráló mágneses műszer *(vill)* surge crest ammeter
hullámmaximum ridge of wave
hullámmechanika *(at)* wave mechanics
hullámmérő *(rád)* wavemeter, frequency meter, frequency identification unit, F. I. U., cymometer ; **abszorpciós** ~ *(rád)* absorption wavemeter ; **üregrezonátoros** ~ *(rád)* cavity resonator wavemeter
hullámmozgás undulatory movement/motion ; ~**t végez** undulate
hullámorom peak of wave
hullámos wavy, sinuous, waved ; *(vidék, táj)* rolling ; *[lemez]* corrugated; *(pa)* cockled ; *(tex)* crimpy, crinkly; ~ **felületű deszka** *(fa)* washboard ; ~ **felületű szövet** *(tex)* curl-surfaced texture ; ~ **fűzés** *(tex)* curved drafting ; ~ **hullámvezető** *(at)* corrugated wave-guide ; ~ **huzal** crimped wire ; ~ **karakterisztika** *(távk)* fluctuating characteristic ; ~ **kép** *(telev)* ragged picture ; ~ **kioltás** *(ásv)* undulatory extinction ; ~ **lángcső** expanding flue ; ~ **láva** *(földt)* dermolithic lava ; ~ **lemez** *(hibás ; heng)* fluted plate ; ~ **levéldísz** *(ép)* crotchet ; ~ **mintázatú** *(fafelület)* wavy-grained ; ~ **pálca** *(betonkészítéshez)* corrugated bar ; ~ **papír** streamer ; *(rossz szárítás miatt)* cockle finish *(US)* ; ~ **rajzolat** *(megmunkált fa felületén)* curly grain ; ~ **rétegeződés** *(földt)* sinuous lamination ; ~ **rovátkolás** washboard formation ; ~ **sávoly** *(tex)* curved twill ; ~ **sínkopás** corrugations on rails ; ~ **széi** *(pa)* ivory edge ; ~ **szerkezet** *(földt)* curved structure ; ~ **szőnyegalátétpapír** corrugated carpet lining ; ~ **talp** *(bány)* hogbacked bottom ; ~ **tekercselés** *(vill)* wave winding ; ~ **terep** rolling ground ; ~ **terepalakulat** hummock-and-hollow topography ; ~ **útfelület** corrugated road surface ; ~ **vonal** *[aláhúzáshoz]* wavy line
hullámos-bordás szegélykötésminta *(tex)* vandyke
hullámosít corrugate, gauffer, undulate; *(tex)* crimp, crisp, corrugate, crinkle ; **fonalat** ~ *(tex)* sink the loops
hullámosítás crimp ; *(pa)* cockling ; *(tex)* crimping, crimp(age), goffering
hullámosító : ~ **hengersor** *(heng)* corrugated-sheet rolling mill ; ~ **nyomóujj** *(tex)* sinker cam ; ~ **platina** *(kh)* jack/dividing sinker ; ~ **szerkezet** *(tex)* kinking motion
hullámosítóelem *(kh)* sinker
hullámosítógép *(tex)* goffering/embossing machine, crimper
hullámosítókerék *(kh)* sinker bur, loop wheel
hullámosítólakat *(kh)* clur cock, sinker cam
hullámosítószerszám crimper
hullámosított *(pa)* corrugated ; *(tex)* crimped, stretched, crinkled ; ~ **fonal** *(tex)* crimp(ed)/stretch(ed) yarn ; ~ **huroktető** *(tex)* head of the sinker loop ; ~ **műszál** *(kh)* crimped staple; ~ **nylon** nylon-mousse, crêpe-nylon, stretch-nylon
hullámosodás *(tex)* crimp(ing), crimpage
hullámosság *(sima felületen)* waviness; *[feszültségé ; vill]* ripple ; *(földt)* minute folding ; *(tex)* crimpiness, crimping effect, crimp(s), crinkliness; ~ **frekvenciája** *(rád)* ripple frequency
hullámosságcsökkentő *(távk)* harmonic reducer
hullámossághatároló *(anyagv)* waviness cut-off
hullámossági : ~ **arány** *(rád)* ripple ratio ; ~ **százalék** *(rád)* ripple percentage
hullámösszetevők *(rád)* wave components
hullámpapír crinkled/corrugated paper ; *(51 hullám, 3,2 mm magas, 1 láb hosszra)* B-flute ; *(5/32" magas és 42/láb hullámmal)* C-flute ; ~ **hullám**a flute
hullámpapírgép corrugating machine, machine for corrugated paper
hullámparaméterek *(távk)* image parameters/constants
hullámperiódus *(földt)* period of waves
hullámpolarizáció *v* **-sarkítás** wave polarization
hullámrajz *(vill)* oscillogram
hullámrajz-átmásoló készülék oscillotracer

hullámrajzoló *fn (vill)* (cathode-ray) oscillograph, C. R. O. ; ~ **jelíró** *(met)* undulator ; **tükrös** ~ mirror oscillograph
hullámredőnylemez *(heng)* corrugated sheet (iron)
hullámrészecske *(at)* wave-particle
hullámsáv *(rád)* frequency/wave()band, channel ; **lefoglalatlan** ~ *(rád)* empty band
hullámsávhatótáv wave band coverage
hullámsávkapcsoló *(rád)* band switch/ selector, range selector
hullámsávoly *(tex)* wave(d) twill
hullámsávosság *(ioncsőhiba)* streamers
hullámsávszélesség *(rád)* frequency bandwidth
hullámsávszűrő *(rád)* electric-wave filter
hullámsorozat wave train
hullámszám *(szink)* wave number
hullámszedő *[hullámcső végén ; rád]* pick up (device)
hullámszerű rétegződés *(földt)* wave-like lamination
hullámszűrő *(távk)* wave filter/screen ; **villamos** ~ electric wave filter ; *(be- és kimenő frekvenciák szétválasztására)* directional filter
hullámtag *(ép)* ogee
hullámtaraj *(hajó)* crest
hullámtartomány *(rád)* wave range
hullámtér *(hidr)* flood plain, beach, foreshore
hullámterjedés *(rád)* wave(-)propagation ; ~ **csőtápvonalban** wave-guide propagation
hullámterjedési : ~ **mód hullámvezetőben** waveguide mode ; ~ **tényező** *(rád)* pattern propagation factor
hullámtető *(hajó)* crest of wave
hullámtípus type of wave ; ~ **csőtápvonalban** transmission mode
hullámtörés surf ; ~ **hőmérsékletváltozás miatt** *(rád)* temperature refraction ; **szeizmikus** ~ *(földt)* dilatation
hullámtörési törvény *(szinuszok viszonya állandó)* Snell's law
hullámtörő *(hidr)* sea defence, jetty ; ~ **fal** *(hidr)* bulwark ; ~ **gát** *(hidr)* breakwater, bulwark ; ~ **gát rézsűje** *(hidr)* breakwater-glacis
hullámváltás *(rád)* wave change ; *(vevőben)* range change
hullámváltó *fn (rád)* wave selector/ changer ; *(vevőben)* range switch ; *(rövid-hosszú)* short-long switch ; ~ **kapcsoló** *(rád)* band/wave switch
hullámvályu *(vill)* wave trough
hullámvaslemez corrugated iron
hullámvasút *(vasút)* switchback
hullámvédő *(hajó)* dashboard, washboard
hullámverés surf, swash, stir ; ~ **parti nyoma** *(parti fövenyen ; földt)* ripple marks
hullámvető *(hajó)* wale
hullámvezeték *(vill)* l **hullámvezető, csőtápvonal**
hullámvezetés *(távk)* characteristic admittance
hullámvezető *(hidr, rád)* wave guide ; ~ **csillapító** *(rád)* waveguide attenuator ; **dielektromos** ~ dielectric waveguide ; ~ **gyorsító** *(rád)* waveguide accelerator ; ~ **hangolódugó** *(rád)* waveguide plunger ; ~ **képesség** *(hullámellenállás reciprok értéke)* surge admittance ; **körszelvényű** *v* **körkeresztmetszetű** ~ circular (wave)-guide
hullámvisszafutás *(hidr)* back sweep
hullámvizsgáló *(vill)* wave analyzer
hullámvonal wave line, undulating line; *(aláhúzáshoz)* wavy line
hullámvonalas streamed
hullámvonulat *v* **-csoport** wave group
hullámvölgy wave-trough ; *(hajó)* hollow ; *[szinuszgörbe legkisebb értéke]* minimum of a sine curve
hullámzás oscillation, wave ; *(ingadozás)* fluctuation, undulation ; *(tengeré)* surge ; **egymásba ütköző ellenkező irányú** ~ *(hajó)* cockling sea ; **erős** ~ *(hajó)* high sea ; **lökésszerű** ~ *(tengeré)* choppy ; ~ **magassága** *(hidr)* amplitude of swell ; ~ **tágassága** *(hidr)* amplitude of swell ; **vihar utáni** ~ *(hajó)* after-tossing
hullámzik undulate, wave, fluctuate, oscillate
hullámzó : ~ **mozgás** undulatory motion; ~ **változás** surging
hullaviasz *(vegy)* adipocire
hullit *(ásv)* hullite
hullócsillag shooting star
hulló falevél *(műrepülésfigura)* dead leaf
hullósáv *(hcsés közben elpárolgó csapadék ; met)* virga
humboldtilit *(ásv)* humboldtilite
humboldtin *(ásv)* l **oxalit**
humit *(ásv)* humite
Humphrey-féle gázszivattyú Humphrey gas pump
humusz *(földt)* humus, compost
humuszképződés *(földt)* humification
humuszos *(földt)* humic ; ~ **föld** *(földt)* mould, humus soil
humuszréteg *(földt)* top soil
huppanó *(útfelületen)* bump
húr *(hangt)* string ; *(mat)* chord ; **kitűzési húrhossznál kisebb** ~ *(geod)* sub-chord ; **közepes** ~ *(rep)* average chord
húr- chordal
huréaulit *(ásv)* hureaulite
húrfeszítő kulcs *[hegedűn]* pin
húrhorog *(óra)* gut-hook
húrín *(halászhálón)* gimp
húrirányú chordwise
hurkol *(tex)* snarl, loop ; **egymásba** ~ *(tex)* interlock
hurkolás slinging, kink ; *(tex)* snarl(ing), looping ; *(vill)* netting
hurkolócséve *(kh)* crochet spool
hurkolódás *(tex)* l **hurkolás** ; ~**t gátló mozgás** *(szelfaktoron ; tex)* anti-snarling motion
hurkolódási hiba *(tex)* buckling
hurkolódik *(tex)* kink up, snarl
hurkolódó *(tex)* curl(ing)
hurkolódott vetülék *(hiányos feszítéstől ; tex)* looped weft
hurkolófonal *(tex)* picot yarn
hurkológéptű *(kh)* knitting machine needle
hurkolólánc *(emelőn)* sling chain ; *(gézkötésnél ; tex)* crossing warp ; **kettős** ~ *(bársonyszerű szöveten)* double pile
hurkolómunkás *(tex)* knitter
hurkolószakasz *(tex)* one-stitch cycle
hurkolt : ~ **alapszövet** *(tex)* loop ground; ~ **áru** *(tex)* l **kötött áru** ; ~ **bársony** uncut velvet ; ~ **befejező szegély** *(csipkén)* purl edge ; ~ **felületű szövet** *(tex)* curl texture ; ~ **kapcsolás** *(vill)* mesh connection ; ~ **szövetek** *(tex)* looped fabrics ; ~ **vezetékrendszer** *(vill)* ring system
hurkos slinglike ; *(tex)* looped, kinky ; ~ **cérna** *(tex)* looped yarn ; ~ **díszítő-** *v* **effektfonal** *(tex)* loop yarn; ~ **felfüggesztés** *(vasút)* lug suspension; ~ **galvanométer** loop galvanometer ; ~ **hálózat** *(gyengeáramú)* mesh (type) network ; *(erősáramú)* loop (type) network ; ~ **láncfonalak** *(rossz szádképzés következtében ; tex)* staplings ; ~ **oszcillográf** loop oscillograph ; ~ **tekercselés** *(vill)* lap winding ; ~ **végű kötél** lariat ; ~ **vetülék** *(hiba)* kinky filling
hurkosít *(tex)* creap
húrmenti chordal
húrmetszetre fűrészelt *(fafelület)* flat grain/cut
húrmetszett *(fa)* plain-sawed
hurok loop, bight, bow, catch, sling, snare, strings ; *(cipő)* loop ; ~ *(fa)* (timber) hitch ; *(távk)* loop ; *(a kapcsolásban ; távk)* mesh ; *(tex)* loop, mesh, bow, mail, stitch, (slip) knot ; *(selymen, hiba)* ring ; *(vill)* mesh ; *[sugárzási diagramban]* lobe, ear ; ~ **alakú** slinglike ; **átbuktatott levert** ~ *(kh)* cast-off loop ; ~**kal csatolt körök** *(rád)* link-coupled circuits ; **kis** ~ *(antennadiagramon)* minor lobe ; **kis** ~ **nyílásszöge** *(antennasugárzási diagramon)* minor--lobe angle ; **sodort** ~ *(hajó)* catspaw; ~ **szára** *(kh)* loop bar
hurokáram *(távk)* loop current ; *(többhurkos hálózatban)* mesh current
hurokáram-egyenletek *(távk)* mesh equations
hurokáramkör *(távk)* metallic/loop circuit
hurokátrakás *(egyik tűről a másikra ; kh)* loop transferring
hurokcsatornapadló *(huzalhúzásnál)* looping floor
hurokegyenlet *(rád, távk)* loop equation
hurokellenállás *(távk)* loop resistance
hurokfej *(kh)* head of the needle loop
hurokfeszítő *(huzalhúzó hengeren)* looper
hurokfeszültség *(távk)* transverse voltage
hurokfonal *(tex)* loop yarn
hurokfülecske szeme hinge eye
hurokgátló *(berendezés ; tex)* anti--snarling (motion)
hurokinduktivitás *(távk)* loop-inductance
hurokkanyar *(úton)* loop ; ~ **nyaka** *(hidr)* meander belt
hurokképzés *(tex)* loop formation ; *(hiba)* formation of snarls
hurokkimaradás idomkötésnél *(kh)* fashioning holes
hurokkötés *(hajó)* throat seizing
hurokkötő csapszeg sling bolt
hurokláne *(bársonyszövésnél ; tex)* loop-/ snarl-warp
hurokleh úzó *(kötőgép tűin; kh)* knock-off
hurokletoló lemezkék *(kh)* knock-over bits
huroköltés *(kh)* loop

hurokpróba *(vizsgálat hibakereső hurokkal ; vill)* loop test
huroksor-összekapcsolás *(kh)* link(ing)
hurokszerű slinglike
hurokvágány *(vasút)* sweep reversion, reversible loop, loop line
hurokvágány-állomás *(vasút)* loop depot
hurokvezeték *(vill)* loop wire
hurokvezető *(vill)* loop
hurokvonal *(távk)* ring circuit
huronium *(földt)* Huronian/Huronic epoch/series
húros : ~ elektrométer *(elektrosztatikus feszültségmérő)* string electrometer ; **~ galvanométer** *(vill)* string galvanometer ; **~ hangszer** string(ed) instrument ; **~ oszcillográf** *(vill)* string oscillograph ; **~ pergőfúró** strap drill ; **~ tekercselés** *(vill)* chord winding
húrtartó *(hangt)* tail-piece
húrtekercselés *(vill)* drum winding with fractional pitch ; chord winding, short pitch winding
hús *(bőr)* flesh
húscsomagoló papír bacon/bloodproof paper ; *(szárazan simított)* butcher's dry-finished paper, butcher's D. F., dry-finish butcher's wrap paper
húsdaraboló kés carver
húsdaráló meat-chopper, hasher, mincer, mincing-machine, masticator ; meat-grinder *(US)*
húsfagyasztó üzem freezing establishment
húsfeldolgozó üzem meat-packing establishment
húsfeldolgozóüzemi (ausztráliai) bőrök meatwork hides
húsgöngyölő papír butcher's wrap
húshasíték *(juhbőrnél)* flesher
húshasító *fn* meat cleaver
húsipari melléktermék butcher's greaves
húskivonat *(élip)* beef tea
húskonzerv tinned meat ; canned meat *(US)*
húskonzervgyári szennyvíz meat packing waste
húslás *(bőr)* fleshings
húsleves *(táptalaj)* broth
húsliszt meat meal ; *(bőr)* meat guano, meat scrap
húslisztrágya meat guano
húsol *(bőrt)* (green)flesh, scour
húsolás *(bőr)* fleshing
húsoldal *(bőr)* flesh/reverse side, fleshings ; **~án csiszolt bőr** buffed leather; **~ lefaragása** *(bőr)* skive ; **tiszta, fehér ~** *(bőr)* clean white flesh
húsoldalas *(bőr)* meaty
húsoldali rész *(bőrfelület)* rough side
húsolóasztal *(bőr)* scouring table
húsológép *(bőr)* scouring/fleshing machine
húsolókasza *(bőr)* beam knife
húsolótőke *(bőr)* fleshing beam, stake
húsolt *(bőr)* meaty
húsrészektől megtisztított *(bőr)* fleshed
hússzelet *(élip)* fillet
hússzén *(vegy)* flesh charcoal
hússzín carnation
hússzínű nectarin, incarnadine, flesh colo(u)red
hústalanít *(bőr)* scour, flesh
hústejsav sarcolactic acid
húsvágó : ~ asztal carving table ; **~ bárd** *(élip)* splitter ; **~ deszka** cutting-board ; **~ kés** carving knife, carver ; **~ tőke** carving table, hacking block
huszártorony *(ép)* ridge turret
hutchinsonit *(ásv)* hutchinsonite
Huyg(h)ens elve *(hangt)* Huyg(h)ens' principle
húz drag, draw, tow, tug, trail, pull ; *(fodrot)* full ; *(vonalat)* draw ; *[a motor jól ~]* pull ; **érintőt ~ egy körhöz** *(mat)* draw a tangent to a circle ; **fára ~** *(cipőfelsőrészt)* pull over ; **ívet ~** *(vill)* arc over, strike an arc ; **merőlegest ~** erect a perpendicular ; **nyersbőrt tőkére ~** *(bőr)* beam ; **sugarat ~** draw a ray ; **vonalakat ~** rule, line ; **vonalat ~** run, draw, line
huzag *(puskán)* rifling ; **~ok köztávolsága** wide of land
huzagol twist, rifle
huzagolás rifling ; **~t felújít** recut the grooves
huzagolatlan smooth-bore, unrifled
huzagológép rifling machine
huzagolórúd rifling bar
huzagolt : cső ~ része main bore ; **~ csövű puska** rifle ; **~ fegyvercső** rifle(d) barrel ; **~ vezetés** *(fegyver csövében)* twisting guide
huzal wire ; *(emelőn)* cable wire ; *(vill)* wire, cord ; *l még* **vezető** ; **acél-réz ~** copper-covered steel wire, copperclad/copperweld wire ; **alakos ~** shaped wire ; **aranyozott ~** gold-clad wire ; **cellulózacetát-szigetelésű ~** *(vill)* acetate wire ; **csupasz ~** bare wire ; **félkörkeresztmetszetű ~** D-shaped wire ; **fűzőkapocs ~** stapling wire ; **gumiszigetelésű ~** rubber-covered wire ; **hajszálvékony ~** Wollaston wire, extra-light gauge wire ; **hegesztő ~** welding/filler wire ; **hidegfejező ~** cold-heading wire ; **hordozó ~** *(vill)* messenger wire ; **horganyzott lágyacél~** *(kábelpáncélozáshoz)* armo(u)r wire ; **keményre húzott ~** hard-drawn wire ; **kettősfém~** bimetallic wire ; **(kilágyított) ~ keményítése** *(padon, húzással)* bench hardening ; **kötöző ~** binding wire ; **~ok közötti kapacitás** *(vill)* wire-to-wire capacity ; **lágyított ~** annealed wire ; **lágyra húzott ~** soft-drawn wire ; **lakkszigetelésű ~** varnished wire, varnish-coated wire ; **lapos ~** *(heng)* flat wire, wire strip ; **lecsupaszított ~** skinned wire ; **litze ~** Litzen(draht) wire ; **munkavezetéktartó ~** catenary wire ; **nagy keresztmetszetű ~** heavy-gauge wire ; **ónozott ~** tinned wire ; **pamutszigetelésű ~** cotton-covered wire ; **pamut-zománc-szigetelésű ~** cotton-enamel covered wire ; **selyemszigetelésű ~** silk-covered wire ; **szakállas ~** barbed wire ; **szeggyártó ~** cold-heading wire ; **szigetelt ~** insulated wire ; **tekercselő ~** winding wire ; **tömör ~** solid wire ; **tüskés ~** barbed wire ; **tűzálló szigetelésű ~** slow-burning wire ; **vastag ~** heavy ga(u)ge wire ; **vékony ~** light-ga(u)ge wire ; **vonóerőt átadó ~** dragrope ; **zománcszigetelésű ~** enamel-insulated wire
huzaladagoló *mn* wire-feed
huzalalakító *(heng)* wire dresser
huzalantenna wire aerial
huzaláru wire ware ; **bevonat** *v* **szigetelés nélküli ~** *(vill)* bare ware
huzalátmérő diameter of wire
huzalátmérő-szabvány wire ga(u)ge
huzalbetét *(vill)* core-wire
huzalbetétes : ~ abroncs *(gépk)* wired-on rim ; **~ préselt üveg** ga(u)ze glass, wired rolled glass
huzalbevonat *(önt)* wire covering
huzalbevonó készülék wire coating apparatus
huzalbilincs *(ép)* cable shackle
huzalbuga *(koh)* wire bar
huzalcsatlakozás wire connection
huzalcsavaró *fn* wire twister
huzalcsiptető *(vill)* wire clip, toggle
huzalcsörlő pay-out reel
huzalcsupaszító *(vill)* (wire) skinner/stripper
huzalcsutak metal wire pot-cleaner
huzaldob *(heng)* rod reel ; *(alak)* wire drum/reel
huzalegyengető *(heng)* wire dresser
huzalellenállás *(vill)* wire(-)wound resistor ; **változtatható ~** wirewound rheostat
huzalérintkezés *(vill)* contact on line
huzalfeszítés *(légvezetéké)* stress
huzalfeszítő *(vill)* (wire)-stretcher ; **békacomb alakú ~** Dutch-pattern draw tongs ; **~ csigasor** pulley block ; **~ kulcs** come-along
huzalfog *(tüskés)* barb
huzalfogó wire pliers
huzalfonalbetétes tárcsa *v* **korong** wire web wheel
huzalfűzés *(nyomda)* wire-stitching
huzalfűző gép *(nyomda)* wire stitcher, (block) wire stitching machine, stapling machine
huzalgombolyító *fn* pay-out reel
huzalgyűrűbetétes gumiköpeny wired-on tire
huzalhajlító : ~ fogó round-nose pliers ; **~ gép** wire-crimping machine
huzalháló wire ga(u)ze/mesh/lath/mat
huzalhengermű *(drótsor)* rod(-rolling) mill
huzalhengersor *(finom drótsor)* small-section rolling mill
huzalhengertuskó wire bar
huzalhurkoló próba *(vill)* snarl testing of wire
huzalhurok staple
huzalhúzás wire-drawing
huzalhúzó *fn* drawplate ; *(heng)* wire dresser ; **~ berendezés** wire run ; **~ fogó** draw tongs ; **~ gép** draw bench ; **~ gyémántszerszám** clam ; **~ henger** wire run ; **~ kaliber** *v* **kő** wire-drawing die ; **~ pad** *(heng)* wire mill, drum bench
huzalkábel wire cable
huzalkalitka wire work
huzalkapcsozó gép *(klammergép ; cipő)* staple fastening machine
huzalkapocs terminal
huzalkefe wire brush ; **huzalkefével letisztít** wire-brush
huzalkeresztdió *(rep)* acorn wire
huzalkeresztezés-dió *(rep)* wire torpedo
huzalkezelés wiring
huzalkivezetés *(vill)* wire termination
huzalköteg *(bekötő ; vill)* drop
huzalkötél *l még* **drótkötél** ; steel wire rope, S. W. R.
huzalköteles : ~ fúrás *(bány)* cable system ; **~ sikló** wire gravity cable ;

~ **szállítás egyvégű rendszere** *(bány)* main-rope system ; ~ **(vonótárcsás) szállítóvályú** rope conveyor
huzalkötélkapocs bulldog clip
huzalkötélkarmantyú *(em)* cable clip
huzalkötélpálya *l* **drótkötélpálya**
huzalkötés wire jointing
huzalküllő *(gépk)* wire spoke
huzalküllős kerék *(gépk)* wire/spider wheel, wire spoke wheel
huzalmag *(vill)* wire core
huzalmérce wire ga(u)ge
huzalméret (wire) ga(u)ge
huzalmerevítésű szárny *(rep)* brace(d) wing
huzalmérő *(vill)* wire ga(u)ge
huzalos : ~ dobkosár *(cséplőgépen)* wire grate concave ; ~ **magnetofon** wire recorder
huzaloz *(vill)* wire
huzalozás *(vill)* (electric) wiring ; **merevítő** *v* **húros** ~ *(rep)* chord wiring
huzalozási : ~ kapacitás wiring capacitance/capacity ; ~ **rajz** *(vill)* diagram of wiring, wiring/connecting diagram ; ~ **vázlat jelképei** *(vill)* wiring symbols
huzalozásrögzítő hosszsodrony *(rep)* jackstay
huzal-összesodrás *(vill)* twisted joint
huzalperem *(gumi)* cable bead
huzalperemes köpeny *(gépk)* straight--side tyre
huzalperemgyűrű bead wire ring
huzalperemgyűrűs egyenes oldalú abroncs *(gépk)* straight-side tyre
huzalperemszalag bead wire tape
huzalpotenciométer wire-wound potentiometer
huzalpróba *(hajtogatással)* snarling test, fatigue bending test
huzalrács wire
huzalrövidáru small wire goods
huzalsajtó *(heng)* wire press
huzalsodrás wire stranding
huzalsodrat stranded wire
huzalszakadásjelző *(vill)* wire-splice detector
huzalszeg French nail ; *(nyomólemezek falapra-erősítéséhez ; nyomda)* pin
huzalszigetelő gép *(vill)* braiding machine
huzalszita *(koh)* woven wire screen/sieve
huzalszitaszövet wire mesh
huzalszorító *fn* terminal ; ~ **béka** wire stretcher/frog ; ~ **kengyel** frog clamp ; ~ **sikattyú** draw vise
huzalszövet wire cloth/fabric ; ~ **készítésére alkalmas huzal** *(heng)* weaving wire ; **széles háromszögletes szemű** ~ wide triangular mesh
huzalszövetes azbeszttömítés metallic--cloth asbestos packing
huzaltáblázat wire table
huzaltartó béka *(felsővezetéken)* frog
huzaltávolság *(vill)* wire spacing
huzaltekercs bobbin
huzaltekercselésű *(vill)* wire-wound, ww
huzaltekercselő : ~ dob coiling drum ; ~ **gép** wire-spooling machinery
huzaltörés failure/rupture of wire
huzaltuskó-előhengerlő roughing block
huzaltű *(kh)* wire needle
huzalüveg armo(u)r/wire glass
huzalvágó pair of nippers, sniper, clipper ; ~ **olló** snip for wire, wire shears, wire-cutting pliers
huzalvarrat wire joint
huzalvastagság ga(u)ge/diameter of wire
huzalvastagságmérő wire-ga(u)ge
huzalvég *(vill)* tag
huzalvégszigetelő *fn* *(vill)* terminal insulator
huzalvégszorító lemez *(vill)* tag block
huzalvezeték aerial wire
huzalvezetés szigetelő porcelángombokon cleatwork
huzalvonó dob *(heng)* drawing block
huzam *l* **huzat**
huzamosság duration
húzás pull, haul, draw, draft, draught ; *(alak)* drawing ; *(elvékonyítással)* ironing ; *(heng)* tension, drag ; *(a papírgép hajtócsoportjai között)* draw ; *(vonás, vontatás)* traction ; ~**ra élesített (amerikai) kézifűrész** sharp-back kitchen saw ; ~**ra igénybevett** in tension, tensile loaded ; ~**ra igénybevett elem** *[dúc]* tension member ; tie(rod) ; **magával** ~ entrainment ; **visszafelé** ~ *(heng)* backdraught, pull-back, back-pull
húzási tractive ; *l még* **húzó** ; ~ **ellenállás vetülékirányban** *(tex)* filling tear resistance ; **fonal** ~ **szöge** *[gyűrűsfonó gépnél ; tex)* angle of pull ; ~ **jelenség** *(vill)* coupling hysteresis effect ; ~ **szög** *(fonalé)* angle of pull
húzásszabályozás *(papírgépen)* tension regulation
huzat *(bevonat)* cover, integument ; *[ágyneműn]* casing ; *(füstelvezetés)* draft, draught, flue ; *(tex)* slip ; **gőzinjektorral létesített** ~ draft by steam jet ; **hátsó** ~ back draft ; **mesterséges** ~ *(bány)* artificial draft
huzatajtó ash pit door
huzatbiztosító berendezés antiflood device
huzatbúra blast hood
huzatcsatorna *(koh)* flue
huzatcső draft tube
huzatcsökkentő *(ablakon ; gépk)* draft deflector
huzatelzárós kályha register stove
huzatjelző *fn* blast indicator
huzatmentesítés *(gépk)* draught sealing
huzatmérés flue measure
huzatmérő draft indicator ; *(koh)* blast meter/indicator
huzatnyomás blast pressure
huzatrendszer flue system
huzatszabályozó air regulator, baffle ; ~ **csappantyú** chimney valve, draft check plate, butterfly governor, flue shutter ; ~ **fémlap a kéményben** register ; ~ **légrács** circular air grid ; ~ **lemez** fan shutter ; ~ **retesz** door ; **rostély alatti** ~ **tolózár** ash pit damper; ~ **tárcsa** draft regulating wheel ; ~ **tolóka** slide bar
huzatszekrény *(vegy)* fume cupboard
huzatterelő (lemez) smoke deflector
huzatzáró : ~ lemez damper plate ; ~ **lemez ellensúlya** damper weight
húzható *(heng)* ductile ; ~ **kábel** *(vill)* trailing cable
húzó *fn* tractor ; *mn* tensile, tractive ; *vö* **húz** ; ~ **berendezés** drawing device ; ~ **csatlakozóvég** *(üregelőtüskén)* pull end ; ~ **fárasztópróba** tensile fatigue test ; ~ **feszültség** tensile stress ; ~ **fogantyú** pull (handle) ; **(gumi)anyag viselkedése** ~ **igénybevételnél** tensile behaviour ; ~ **harmonika** *(hangt)* concertina, accordion ; ~ **igénybevétel** tensile load/stress ; ~ **igénybevétel okozta szakadás** tensile failure ; ~ **kaliber** *(heng)* bull block, drawing die ; ~ **kifáradási vizsgálat** endurance tension test ; ~ **szilárdság** *(anyagv)* tensile strength ; ~ **teljesítmény** tractive output ; ~ **terhelés** tensile load ; ~ **üregelőgép** pull broaching machine ; ~ **üregelőtüske** *(forg)* pull broach ; **vízszintes ~feszültség állapota** *(talajmechanikában)* active Rankine state
húzóár (pull) broach
húzócsavaros repülőgép tractor aircraft
húzódás *(bőr fárafoglalásánál)* stretching
húzódik *(földt)* trend
húzóék dive key
húzóerő tension, tensile load, pull force
húzófej *(szakítógépen ; anyagv)* drawhead
húzófeszültségi állapot tensile state
húzófiókos szekrény *(kommód)* chest of drawers
húzófogó dogs
húzógomb *(gépk)* pull knob
húzógyalu toothing plane
húzógyűrű *(heng)* bull block, draw(ing) die, whirtle plate
húzóháló seine
húzóhálókötél coil drag
húzóhatás draft effect
húzóhenger pulling cylinder
húzókilincs *(tex)* pulling pawl
húzókötél *(emelőn)* rack/trolley rope ; *(szelfaktor kocsijához ; tex)* drawing rope
húzólánc *(gépt)* drag/pull/hand chain
húzólöket pull stroke
húzómágnes *(vill)* pulling magnet
húzómarás *(forg)* broaching ; *l még* **üregelés**
húzómaró *l* **üregelő(tüske)**
húzómódszer draw-in system
húzó-nyomó : ~ feszültségek direct stresses ; ~ **kar** *v* **rúd** push-and-pull brace ; ~ **rugó** pressure-and-tension spring
húzópad *(alak)* drawbench
húzópofa bull block, draw(ing) die, drawplate, whirtle plate
húzópofalap drawplate
húzópofatárcsa drawplate
húzóprés crocodile press
húzópróba tensile test ; ~ **bemetszett** *v* **hornyolt próbatesten** notch tensile test
húzópróbagép tensile testing machine
húzórúd pull rod, tension bar
húzórúd-állítóanya pull rod adjusting nut
húzórugó tension/draw spring
húzósablon bull block
húzós felirat *v* **főcím** *(filmen)* rolling title
húzósík *(óra)* locking plane
húzósor *(heng)* coiler tension rolling mill
húzószalag *(tex)* drawband
húzószálat szabaddá tesz *(hajó)* underrun a tackle
húzószem *(heng)* drawplate, die
húzószerszám drawplate ; *(húzógyűrű és nyomófej)* drawing dies
húzószíj *(bakancson)* back strap loop
húzószög *(óra)* locking angle
húzótömb *(heng)* drawing block
húzott drawn ; ~ **elem** *(ép)* tie member; ~ **fa** *(pa)* tension wood ; ~ **fasejt** *(pa)* gelatinous fibre ; ~ **feszítőrúd** guy rod in tension ; ~ **és lágyított** *(koh)* drawn and annealed, d. a. ; ~ **minta** *(tex)* twig-and-leaf pattern ;

~ **öv** *(ép)* tension/tensile boom ; *(gépt)* tension flange ; ~ **papírlemez** mo(u)lded board ; ~ **profilacél** drawn steel section ; ~ **rácsrúd** *(ép)* tension diagonal, stay rod ; ~ **rúd** *(ép)* tension bar ; *(mech)* brace ; ~ **rúd** *v* **szerkezeti tag** *(ép)* tension member ; ~ **szélső szál** *(mech)* extreme fibre in tension ; ~ **vasalás** *v* **vasbetét** *(ép)* tensile reinforcement ; ~ **vasbetét** *(vasbetonban)* tensile reinforcement
húzótüske *(forg)* (pull) broach
húzóüreg *(heng)* (drawing) die ; *(csőhúzáshoz)* ga(u)ge plate ; ~ **furata** *(heng)* die hole ; **gyémánt** ~ diamond die
húzóvas drawplate
húzó-vonó rúd *(gépt)* reciprocating rod
húzózár zip/pull fastener, zipper
húzózsineg *v* **-kötél** *(ejtőernyőn)* middle line
húzózsinór *(távk)* rip/draw cord ; *(tex)* drawband
húzózsinóros kikapcsoló *(vill)* (pull) cord switch
húzózsír *(huzalhúzáshoz)* drawing grease
hübnerit *(ásv)* huebnerite
hüllőbőr reptile skin
hűt cool ; chill ; *(koh)* refresh ; **hirtelen** ~ *(edzéskor)* chill ; **jéggel** ~ ice ; **vízzel** ~ slake
hűtés *(ált)* cooling ; *(fagyasztás)* refrigeration ; ~ **befúvással** *(gépk)* ram cooling ; ~ **csövekkel** *(élip)* pipe cooling ; ~ **elpárologtatással** evaporative cooling ; **gyors** ~ quenching, chilling ; **hirtelen** ~ chilling ; *(hők)* quenching ; **hűtőkeverékes** ~ chemical refrigeration ; ~ **kemencében** furnace cooling ; **közbenső** ~ intercooling ; **közvetlen (csőbeni) párologtatású** ~ direct expansion cooling ; ~ **légellenállása** *(rep)* cooling drag ; ~ **léghuzamban** draft cooling ; **mesterséges** ~ forced cooling ; ~ **sólével** brine refrigeration ; ~ **sóoldatos csövekkel** brine pipe cooling ; **sugárzó** ~ cooling by radiation ; **száraz** ~ *[kokszé]* dry cooling; **szellőzős** ~ blow-over cooling, forced-blast cooling ; **természetes** ~ natural cooling, self-cooling ; **termoszifon**~ thermo-siphon circulation cooling, gravity-system water cooling ; **vízköpenyes** ~ water-jacket cooling ; **zárt körfolyamatú** ~ closed-circuit cooling
hűtési : *l még* **hűtő** ; ~ **folyamat** refrigeration ; ~ **görbe** cooling curve ; ~ **sebesség** cooling rate
hűtő *mn* cooling, refrigerant, refrigeratory ; *fn* refrigerator, cooler ; *(gépk)* radiator ; *(tex)* cold storage ; **abszorpciós** ~ **elnyelője** absorber ; **abszorpciós** *(elnyelető)* ~ **körfolyam** absorption cycle ; ~ **alsó vízszekrénye** *(gépk)* radiator bottom tank, base tank ; **ammóniumkloridos** *(szalmiáksós)* ~ **keverék** ammonia chloride refrigerant ; ~ **berendezés** cooler, cooling/refrigerating installation/plant ; *(forg)* cooling device ; *(termoszifonrendszer ; gépk)* thermal/natural/gravity circulation, thermo-siphon circulation ; *(kényszercirkulációs v szivattyús rendszer)* positive circulation ; *l még* **hűtőrendszer** ; ~**berendezés (meg)terhelése** cooling load ; ~**berendezésű teherhajó** refrigerating cargo boat ; ~ **bordázat** *(gépk)* radiator matrix, finning ; ~ **burkolású biztonsági robbantószerek** *(bány)* sheathed permissibles ; ~ **burkolású robbantószer** *(bány)* sheathed explosives ; ~ **burkolat** *(robbantószeré ; bány)* sheathing ; *l még* **hűtőburkolat** ; **celiás** ~ *(gépk)* cellular radiator ; ~ **csőkígyó** radiator coil ; ~ **csővezeték** refrigeration pipe line ; ~ **felület** cooling surface ; ~ **folyadék** cooling mixture, refrigerating fluid, (liquid) coolant ; *(gépk)* coolant ; ~ **folyadék hőmérséklete** coolant temperature; ~ **forgószivattyú** cooler turbine; ~ **gépberendezés** *(hajó)* refrigerating machinery; ~ **gépkocsi** refrigerating lorry; ~ **kalander** cooling calender ; *(tex)* chilling rolls ; ~ **kemence** *(üvegkezeléshez)* annealing furnace ; ~ **képesség** refrigerating capacity ; ~ **keverék** cooling/refrigerating/frigorific/freezing mixture ; ~ **kondenzátor** *(lecsapó berendezés)* primary cooler ; ~ **körfolyam** refrigeration cycle ; **közbenső** ~ intercooler ; ~ **kristályosító** *fn (vegy)* cooler crystallizer ; ~ **lábrésze** *v* **talpazata** radiator bracket ; ~ **légáramlat** cooling draught ; **lógó (típusú)** ~ *(rep)* beard type radiator ; ~ **medence** cooling pond ; ~ **raktárhelyiség** holding room ; **repülőgéptörzsbe épített** ~ body radiator ; ~ **rúdbetét** *(öntőformában)* chill rod ; ~ **tároló** cold charger ; ~**technika** refrigerating engineering ; ~ **teherkocsi** *(hűtőgép nélkül)* thermos-truck ; ~ **teljesítmény** refrigerating capacity ; ~ **teljesítő képesség** refrigerating output ; ~ **terelőlemeze** *(gépk)* radiator spreader ; ~ **terület** cooling area ; ~ **töltőnyílása** *(gépk)* radiator filling hole ; ~ **ventillátor** cooling fan ; *(gépk)* radiator fan ; ~ **vízköpeny** *(kemencén)* water box
hűtőállvány *(heng)* hotbed
hűtőanyag coolant, cooling medium/agent, refrigerating medium, cryogen
hűtőanyagtartály *(forg)* coolant tank ; *(gépk)* cooling fin
hűtőbárka *(sörgyárban)* cooling floor, surface cooler
hűtőborda radiating rib, (radiator) fin, (cooling) gill
hűtőborda-keresztmetszet cooling section
hűtőbordaosztás fin pitch
hűtőburkolat *(gépk)* radiator/front grille; air intake grille ; *(gépk, rep)* radiator cowling
hűtőburok *(gépk)* radiator cowl ; *l még* **hűtőburkolat**
hűtőciklus refrigeration cycle
hűtőcsiga cooling worm
hűtőcső cooling pipe ; *(gépk)* radiator tube
hűtődísz *(gépk)* (radiator) mascot
hűtőelegy frigorific mixture
hűtőelem *(gépt)* cooling section
hűtőeszköz refrigerating medium, refrigerant
hűtőfelerősítő : ~ **láb** *v* **bak** radiator bracket ; ~ **talp** *(rep)* foot of radiator
hűtőfeltöltő nyílás szűrője *(rep)* radiator inlet strainer
hűtőfolyadék-leeresztő csap *(gépk, rep)* radiator drain cock
hűtőfolyadékszivattyú coolant pump
hűtőfolyadéktartály *(gépt)* coolant/suds tank
hűtőfolyadékteknő *(gépt)* drainage pan
hűtőfolyadékvédő lemez *(gépk)* splashing plate
hűtőfolyadékvezeték coolant line
hűtőforma *(szappanhoz)* cooling frame
hűtőgallér *(gépk)* radiating collar
hűtőgép refrigerator, refrigerating machine ; **abszorpciós** ~ absorption (cooling) machine ; **adszorpciós** ~ adsorption refrigerating machine ; **elpárologtatásos** ~ vaporization refrigerating machine ; **háztartási** ~ household/domestic refrigerator ; **kompresszoros** ~ compression-type refrigerating machine ; **reszorpciós** ~ resorption refrigerating machine ; **sóleves** ~ brine cooler; **szakaszos üzemű abszorpciós** ~ intermittent absorption refrigerating machine ; **vízgőzzel dolgozó** ~ water-vapo(u)r refrigerating machine
hűtőgörredőny *(gépk)* radiator roll cover
hűtőhajó refrigerating (cargo) boat ; ~**ban szállított rakomány** refrigerated cargo
hűtőház ice house ; *(húshűtő és -csomagoló ház)* packing-house
hűtőhenger *(pa)* cooling drum/roll/cylinder, sweat roll
hűtőhőmérő *(gépk)* radiator thermometer
hűtőipar refrigerating industry
hűtőkamra cold-storage room, low-temperature cabin, refrigerator cabin, freezing chamber; *(koh)* cooling chamber
hűtőkarton *(pa)* frozen-food box board
hűtőkas *(gépk)* *l* **hűtőtömb**
hűtő-kenő anyag *v* **folyadék** *v* **közeg** *(gépt)* cutting lubricant/compound
hűtőkeret *(gépk)* radiator shell ; *(heng)* cooling rack
hűtőkészülék-nyomáscsökkentő *v* **-szabályozó** *(expanziós)* expander
hűtőkígyó cooling/chiller/evaporation coil ; *(lepárláshoz)* condenser coil
hűtőkitámasztó (rúd) *(gépk)* radiator tie rod
hűtőkocsi freezer ; *(vasút)* refrigerator car ; *(gépk)* refrigerating lorry
hűtőköpeny (coolant) jacket, cooling cap
hűtőköpenyes henger *(pa)* shell-cooling drum
hűtőköpenytér jacket space
hűtőközeg coolant, cooling/refrigerating medium/agent
hűtőlemez *(gépk)* radiating rib ; *(rád)* cooling plate/rib
hűtőlevegő-áramlás *v* **-befúvás** cooling blast
hűtőlevegő-szabályozó zsalu *(gépk)* radiator damper
hűtőmaszk *(gépk)* *l* **hűtőburkolat**
hűtőmerevítő *(gépk)* radiator tie rod
hűtőnyak *(gépk)* radiating collar
hűtőolaj *(vágáshoz)* coolant/cutting oil
hűtőpalást cooling jacket
hűtőpálya *(önt)* cooling conveyor
hűtőpermet cooling spray
hűtőrács *(gépk)* radiator grill
hűtőrácsozat *(gépk)* grille of autocar
hűtőredőny *(gépk)* radiator blind ; *(felcsavarodó ; gépk)* roller blind ; **rugós** ~ *(gépk)* spring roller blind

hűtőrendszer cooling system ; **közvetlenül működő** ~ direct expansion system
hűtőrések *(villamosgép álló- v forgórészében)* duct(s)
hűtőroló *(gépk)* *l* **hűtőredőny**
hűtőrögzítő fül *v* **tartó** *(amire a hűtőt felcsavarozzák ; gépk)* radiator mounting bracket
hűtősapka *(gépk)* radiator cap
hűtősapkatömítő alátét *(gépk)* radiator cap washer
hűtősugár cooling spray
hűtőszakasz *(ívhegesztésnél)* cool time
hűtőszárny *(gépk)* cooling wing/fin/gill
hűtőszekrény cooling/refrigerator box ; *(heng)* cooling rack ; ~ **belépő ajtóval** walk-in cooler ; **villamos** ~ electric refrigerator
hűtőszer *l* **hűtőközeg**
hűtőtakaró *(gépk)* radiator hood cover, radiator muff ; **rugós** ~ *(gépk)* spring roller blind
hűtőtálca *(gépt, vegy)* cooling pan
hűtőtartály cooling tank
hűtőtartó *(gépk)* radiator cross-member; ~ **konzol** *(gépk)* radiator support ; ~ **lemez** *(gépk)* radiator shelf
hűtőteknő *(üveggyártásnál)* tub
hűtőtelep cooling/freezing plant
hűtőtérfogat *(gépk)* water capacity
hűtőtest refrigerator ; *(gépk)* radiator corps ; *(rep)* radiator frame
hűtőtestszekrény radiator box
hűtőtisztító vegyszer *(gépk)* radiator cleaner
hűtőtorony cooling tower, cooler ; *(fa)* cooling stack ; ~ **kondenzvíz hűtésére** recooling tower ; **nyitott** ~ atmospheric cooling tower ; **természetes huzatú** ~ chimney cooling tower
hűtőtömb *(ált)* cooler block ; *(gépk)* radiator core
hűtőtömítő *(gépk)* radiator sealer
hűtőtömlő *(gépk)* radiator/water hose
hűtött cooled, chilled ; ~ **anódú adócső** *(rád)* cooled anode transmitting tube, C. A. T. T. ; ~ **köpeny** cooled jacket ; ~ **lánghíd** cooled bridge ; ~ **rakomány** *(hajó)* refrigerated cargo; ~ **szélcsatorna** *(rep)* refrigerated wind tunnel ; ~ **tárolás** cold storage
hűtőtúlfolyó (cső) *(gépk, rep)* radiator overflow (tube)
hűtővályú bosh, cooling bed
hűtővas *(koh)* chill iron ; **homoköntő formába helyezett** ~ chill for casting
hűtővédő *(gépk)* stone guard ; **alsó** ~ **lemez** *(gépk)* radiator protecting plate ; ~ **lökhárító rúd** *(gépk)* radiator bumper rod ; ~ **redőny** *(gépk)* radiator apron
hűtővíz cooling water ; ~ **felduzzasztása** backing up of cooling water
hűtővízcső *(gépk)* radiator water pipe
hűtővízfogyasztási díj cooling water rate
hűtővíz-kiömlőcsonk *(gépk)* outlet hose connection
hűtővíz-leeresztő csavar a hűtő alján *(gépk)* radiator drain cock
hűtővízszabályozó cooling water tenter ; *(gépk)* thermostat
hűtővízszivattyú *(forg)* coolant/suds pump, cooling water pump ; ~ **lapátjai** *(gépk)* vanes ; paddles *(US)*
hűtővíztartály *(kovácstűzhelyen a szerszámok hűtésére)* slake trough
hűtővíz-távhőmérő *(gépk)* radiator remote-action thermometer, water temperature gauge
hűtőzsalu *(gépk)* shutter ; *(rep)* radiator flap ; *(motorburkolaton ; rep)* cowl flaps
hüvely *(külső)* shell, socket, tube, case, sheath(ing), ferrule, hull, pod ; *(belső)* barrel, bush, sleeve, liner ; *(pa)* centre, tube ; *(távk)* jack ; *(szorítószelvényé ; távk)* cone ; *(tex)* tube, tubing, case ; **egyik végén zárt** ~ blank sleeve; **~be helyez** *[dugót; távk]* make connection with a jack ; ~ **redukált emelkedése** *[regulátornál]* reduced lift of sleeve ; **~be szerelt lövedék** fixed ammunition ; **tekercsösszekötő** ~ coil sleeve
hüvelyes husky ; ~ **anya** *(gépt)* sleeve nut ; ~ **csatlakozó** *(rád)* stack-mounting termina l; ~ **gyutacspatron** primer ; ~ **kapcsolás** sleeve joint ; ~ **kapcsoló** *(gépt)* sleeve coupling ; ~ **kötés** *(vezetéké ; távk)* sleeve joint ; *(kábelé ; távk)* wiped joint ; ~ **lengéscsillapító** *(gépk)* telescopic shock absorber, telescopic damper ; *(gyűrűs felerősítés)* ring type fitting ; *(rögzítés gumilemezek között)* sandwich type fitting
hüvelyezés *(távk)* sleeving
hüvelyezett *(gépt)* sleeved, bushed ; ~ **rugószem** bushed spring eye
hüvelyfelhúzó (szerkezet) *(tex)* (cop) tubing apparatus
hüvelyfogó zsák deflector bag
hüvelygöngyölítő gép tube wrapping machine
hüvelygyűjtő zsák *(géppuskán)* shell catcher bag
hüvelyk *(mérték)* inch ; **~ben mért higanyoszlopmagasság** inches of mercury ; **~ben mért vízoszlopmagasság** inches of water
hüvelykbeosztású mérőrúd inch rod, inch yard stick
hüvelyk-csavarmenet Whitworth thread
hüvelykenként inchmeal
hüvelykészítő gép tube wrapping machine
hüvelyk-higanyoszlop *(nyomás mértékegysége = 25,4 Hgmm)* in Hg = inch Hydrargyrum
hüvelykivető : ~ **nyílás** *(géppuskán)* case ejection chute ; ~ **ütközőlemez** cartridge case deflector
hüvelyknyílás *[papírzacskón]* thumb hole
hüvelyknyomásos olajkanna thumb-pressure oil can
hüvelykretesz thumb latch
hüvelykujj thumb ; **~al működtethető kapcsoló** thumb-operated switch
hüvelymező *(távk)* jack field
hüvelypapír *(elektrotechnikai)* paper sleeve
hüvelyrész *(gépt)* female
hüvelyszállító zsák *(tex)* shell bag
hüvelytekercselő gép *(pa)* corewinding machine
hüvelytok *(tex)* case
hüvelytorkolat case mouth
hüvelyvég *(gépt)* female end
hüvelyvonó *(puskán)* shell extractor
H-variométer *(földt)* H-variometer
H-vas *(heng)* H-iron

I, Í

I-acél *(ép)* I-beam
iberit *(ásv)* iberite
ibolyántúli ultra-violet ; ~ **fény** ultraviolet light ; ~ **fényt kibocsátó lámpa** ultraviolet lamp ; ~ **lámpa** artificial sunlight device ; ~ **sugarak** ultraviolet rays ; ~ **sugarakat átbocsátó üveg** ultraviolet glass ; ~ **tartomány** ultraviolet region
I-borda *(ép)* I-section
ichtioftalm *(ásv)* ichthyophthalmite
ideális ideal ; *(elméleti)* theoretic(al) ; ~ **átalakító** *(hangt)* ideal transducer; ~ **csatolás** *(távk)* unity coupling ; ~ **dielektrikum** perfect dielectric ; ~ **fehér** equal-energy white ; ~ **folyadék** non-viscous fluid, perfect/ideal fluid; ~ **föld** *(rád)* perfect earth ; ~ **gáz** ideal/perfect gas ; ~ **gázok állapotegyenlete** fundamental gas equation ; ~ **gőznyomás** fugacity; ~ **keresztmetszet** *(ép)* ideal section ; ~ **kondenzátor** *(rád)* no-loss condenser, perfect condenser ; ~ **körfolyamat munkája** work of ideal cycle ; ~ **transzformátor** *(vill)* ideal transformer
idegen foreign, separate, extraneous, advertitious ; ~ **alkatrész** *(földt)* derived circuit constituent ; ~ **gerjesztésű rezgéskeltő** separately excited oscillator ; ~ **hullámok** extraneous waves ; ~ **kőzetsáv egy rétegben** *(földt)* inlier ; ~ **szemcse** *(gumikeverékben)* grit ; ~ **szennyeződés** adventition impurity ; ~ **zárvány** foreign inclusion
idegműködés okozta áram voltage due to nervous action
ideiglenes provisional, temporary, interim ; ~ **ajtókeretácsolat** *(bány)* false set ; ~ **aládúcolás** *(ép)* falsework ; ~ **építési engedély** temporary building permit/license ; ~ **épület** shanty ; ~ **főtefa** *(bány)* false cap ; ~ **gépjárművezetői jogosítvány** provisional driving licence ; ~ **javítás** emergency repair ; ~ **jelzőfestés** *(tex)* fugitive tinting; ~ **keretácsolat** *(bány)* jacket set ; ~**en kijavít** patch up ; ~ **(kísérleti) letapogató** *(telev)* interim scanner ; ~ **lécpalánk** lattice boarding ; ~ **légajtó** *(bány)* sham/shell door ; ~ **munka** time work ; ~ **munkavágány** *(ép)* temporary way ; ~ **népesség** *(városépítés)* temporary population; ~ **sínpálya** *(bányában)* train road ; ~ **szabvány** tentative standard ; ~ **szállítóvágat** *(bány)* temporary roadway ; ~ **szerkezet** *(ép)* falsework ; ~ **színezés** *(tex)* fugitive tinting ; ~ **út** temporary roadway, service road ; ~ **vezeték** *(távk)* haywire
idejében megáll stop in time
identifikáló *(azonosító)* **rendszer** *(távk)* recognition system
idénydíjszabás *(táv)* seasonal tariff
idénydivatok *(tex)* season styles
idénymunkás season worker
idényszerű temporary
idényváltozások *(tex)* seasonal fluctuations
ide-oda back and forth ; ~ **járó** reciprocating ; ~ **leng** reciprocate ; ~ **mozgás** *(rezgő)* reciprocating/alternating motion ; *(lengő)* oscillating motion ; to-and-fro(m) movement ; rocking motion ; ~ **mozgató bütyök** rocking cam ; ~ **mozgó rostély** reciprocating grate ; ~ **mozgó rúd** v **kar** *(erőátvitelnél)* walking beam
idézőjel *(nyomda)* quotation mark ; ~**be foglal** v **tesz** *(nyomda)* put between quotation marks, quote
idiokromatikus idiochromatic
idokrász *(ásv)* l **vezuvián**
idom *(mat)* figure ; *(alak)* form, shape ; *(szelvényalak)* (profile) form ; ~ **bója** v **péce tetején** *(hajó)* top mark ; ~ **éle** side ; ~**ba kötött áruk** *(kh)* cleared goods ; **savanyú samott** ~ *(ker)* acid brick
idom- (section-)shaped, profile
idomacél rolled section (steel)
idomcsiszológép l **idomköszörű**
idomcső *(heng)* sectional pipe/tube
idomdarab *(cső)* fitting part ; *(heng)* l **idomacél** ; section material ; *(önt)* moulded piece
idomdeszka *(önt)* ga(u)ge board, template
idomeszterga copying lathe, contour-forming lathe ; *(famegmunkálásra)* shaping lathe
idomesztergálás contour-/form-turning
idomfém figured metal
idomgerenda *(heng)* section/profile girder, special iron
idomgyalu *(fa)* reed/moulding/beading plane ; *(fakorlát-szelvényhez)* hand plane ; *(forg)* contour/form shaper
idomgyalulás *(fa, forg)* form shaping ; *(hosszgyalugépen)* form planing
idomhengersor section/shape mill
idomhuzal *(heng)* profile wire
idomhuzal-vezetőjű kábel shaped-conductor cable
idomhúzás *(heng)* profile drawing
idomít *(vmihez)* fit, match
idomkalapács peen hammer
idomkeresztmetszetű rúd *(heng)* section rod/bar
idomkés *(forg)* form/profiling tool ; *(kh)* block knife ; **fecskefark-horonyvéső** ~ dovetail-forming tool ; **tangenciális** ~ *(forg)* skiving tool ; **tárcsás** ~ circular tool
idomkorong formed wheel
idomkő *(ép)* curved stone, form block
idomkőboltozat *(bány)* block arch
idomköszörű(gép) profile/contour grinding machine, profile/contour grinder
idomköszörűkorong forming stone
idomköszörülés profile grinding
idomkötésű ruhadarab *(kh)* cleared goods
idomléc sectional strip
idomlemez profiled sheet
idommarás *(forg)* form(-)milling
idommaró *(forg)* form(ing) (milling) cutter, profiling/profile cutter
idommarógép contour/profile milling machine
idomoz *(kh)* fashion, clear, shape
idomozás *(kh)* shaping, fashioning, clearing
idomozottan kötött *(kh)* fully fashioned, cleared
idomöntvény form casting
idomprofilhuzal *(heng)* profile wire
idomrész *(sajátos)* special piece
idomrúd *(heng)* section bar/rod
idomszer *(kaliber)* ga(u)ge ; *(sablon)* templet, template ; *(etalon)* standard ; **átvételi** v **átvevő** ~ acceptance ga(u)ge, purchase inspection ga(u)ge ; **beállító** ~ tool-setting ga(u)ge ; ~**rel bemért** ga(u)ge tested ; **dugós** ~ plug/male/internal ga(u)ge ; **egyoldalas** ~ solid ga(u)ge ; **élező** ~ grinding ga(u)ge ; **ellenőrző** ~ control ga(u)ge ; **furatmérő** ~ plug/male/internal ga(u)ge ; **gömbvégű dugós** ~ ball plug ga(u)ge ; ~ **gyártási tűrése** manufacturing tolerance on limit ga(u)ge ; **gyűrűs** ~ ring ga(u)ge ; annular plug ga(u)ge ; **hármas** ~ trilock gauge ; **hézagmérő** ~ feeler/clearance ga(u)ge ; **huzalmérő** ~ *(hasítékos)* angular wire ga(u)ge ; ~ **jó oldala** go-side ; **jó-oldali** ~ go(-side) ga(u)ge ; **kettős villás** ~ double-bowed caliper ; **légnyomással működő** ~ air ga(u)ge ; ~ **megy-oldala** go-side of a ga(u)ge ; **megy-oldali** ~ go(-side) ga(u)ge; **mélységmérő** ~ depth ga(u)ge; **menetes** ~ l **menetidomszer** ; **mérőórás villás** ~ indicating snap ga(u)ge ; **mutatós dugós** ~ indicating plug ga(u)ge ; ~ **nem-megy-oldala**

no-go-side of a ga(u)ge ; **nem-megyoldali** ~ no-go side ga(u)ge ; **selejtoldali** ~ no-go-side ga(u)ge ; ~ **szerint megmunkál** finish to ga(u)ge ; **szögmérő** ~ angle ga(u)ge ; **villás** ~ external/snap/caliper ga(u)ge

idomszerbeállítás adjustment of the ga(u)ge

idomszerel ga(u)ge

idomszerezés calibration, ga(u)ging

idomszerköszörülés ga(u)ge grinding

idomszerlap ga(u)ge plate

idomtalan shapeless

idomtárcsa cam disc ; *(dobszerű)* tappet drum

idomtégla shaped/profilated brick, purpose-made brick

idomüreg *(heng)* section/profile pass ; ~ **tartó hengerléséhez** girder-pass ; ~ **U-tartó hengerléséhez** channel-pass

idomvas *l* **idomacél**

idomvas-rakodó daru bar iron crane

idomvas-sajtoló berendezés structural shape punch

idomvastartó *l* **idomgerenda**

idomvezető *(kábelnél)* shaped conductor

idomvonal *(hozzávetőleges rétegvonal ; geod)* form line

idő *(tartam)* time ; *(időjárás)* weather; ~ **előtt elrobbant lövés** *(bány)* premature shot ; ~ **előtti** premature ; **feldolgozási** ~ clearing time ; ~**től független** *(mech)* time-free ; ~**től függő** time-dependent ; ~**ben koordinál** *(fényk)* time ; ~**ben labilis** *(vegyület)* tempolabile ; **leolvasott** ~ *(csill)* clockface ; ~**t mér** time ; *(munkaidőből)* **pihenésre engedélyezett** ~ allowed time ; **napállás szerint becsült** ~ apparent time, a. t. i.; **öntési** ~ pouring rate ; **számjegyek tárcsázása közti** ~ interdigital time ; ~ **szerint fizetett munka** time work ; ~ **szerinti derivált** time derivative ; ~- **és útregisztráló készülék** time and road registering recorder ; **ülepítési** ~ clearing time ; **valódi** ~ *(csill)* apparent time

időadat date

időállandó time constant

időállapotgörbe stage time curve

időbeli : ~ **késés** *(vill)* time delay ; ~ **sorrend** distribution in time

időbélyegzés *(gyárban)* clocking

időbélyegző *fn* time-marker ; ~ **óra** time-marking clock

időbér time wage/rate

időbéres : ~ **dolgozó** *(személy)* timer ; ~ **munka** time work

időbérezés time-rating

időcsillag clock star

időegyenlet *(csill)* equation of time, Eq. T.

időelem *(vill)* time element

időelemzés time study

időelemző *fn* timestudy man ; **termelési** ~ efficiency engineer

időellenőrző : ~ **áramkör** time check circuit ; ~ **szerkezet** time director

időfázis time phase

időfelvétel clockreading ; *(fényk)* time exposure/exposition

idő-gamma görbe *(megvilágítási időgörbe)* time-gamma curve

időgrafikon time curve

időhatárkapcsoló *(rád)* time-limit switch

időhitelesítő jel *(katódsugárcsövön)* timing pip

idő-intervallum time interval

időjárás weather ; ~ **behatása ellen védő berendezés** weather guard ; **derült** ~ clear weather ; ~ **elleni védelem** weather protection ; ~ **előrejelzése** *(met)* weather forecast/prognosis ; ~ **előrejelzése leszállásra** *(rep)* landing forecast ; ~ **okozta** weather-bound ; **rossz** ~ **ellen védett** *(ép)* weather-proof ; ~**sal szembeni ellenállás** fastness to weather ; ~**sal szembeni védelem** weather protection ; **tiszta** ~ **jelzése** clear weather signal

időjárás- meteorological

időjárásálló impervious to weather, weather-fast/proof/resisting

időjárásállóság resistance to weather

időjárásbiztos *l* **vízálló**

időjárásészlelő repülőgép meteorological aeroplane

időjárási : ~ **befolyás** *v* **behatás** weather effects ; ~ **frontváltozási előjelek** prefrontal symptoms ; ~ **jelenségek** weather phenomena ; ~ **kulcsjel** *(met)* weather symbol ; ~ **minimum** *(met)* weather minimum ; ~ **sáv** *(napfény színképében)* weather band; ~ **tájékoztatás** *(felszállás előtt)* briefing ; ~ **tényező** weather element ; ~ **térkép** meteo(rological)/weather chart ; ~ **viszonyok** weather/meteorological conditions

időjárásjelentés weather report

időjárásjóslás *(met)* weather forecasting ; ~ **hosszabb időre** *(több napra)* extended weather forecasting

időjárástan general meteorology

időjel time-mark ; *(távk)* timing pip

időjeladó berendezés chronopher

időjelentési kulcs weather code

időjel-generátor *(távk)* base-pulse generator

időjel-oszcillátor *(rád)* timing oscillator

időjelzés *(előrejelzés)* forecast ; *(pontos idő)* time signal ; ~ **számjegyekkel** numerical time

időjelzéstan *l* **szinoptikus meteorológia**

időjelző *(távk)* timing pulse ; ~ **állomás körzete** *(rep)* centre square ; ~ **gömb** time ball ; ~ **meteorológus** forecaster ; ~ **műszer** weather indicator ; ~ **szabályok** *(met)* forecasting precepts ; ~ **szolgálat** *(met)* weather service

időkapcsoló *(vill)* time switch ; **önműködő** ~ automatic time switch

időkapuzás *(távk)* time gate

időkésés *(ellenidő ; vill)* counter-time

időkésleltetés *(vill)* time delay

időkoincidencia-kapcsolás *(távk)* time gate

időkonstans time constant

időköz (time) interval

időközmérő intervalometer

időközös közlekedés *(vasút)* time interval traffic

időkülönbözeti : ~ **hatás** *(távk)* multiphase effect ; ~ **tényező** diversity factor

időkülönbözet-kiegyenlítés *(távk)* multiphase cancellation

időmegszabás timing

időmérés time measurement, T. M., chronometry, clock reading, timing

időmérő *fn* chronometer ; ~ **oszcillográf** stop watch

időmultiplex rendszer *(távk)* time division multiplex system

időmunkalap time sheet

időosztó csatornaelrendezés *(távk)* time-dividing channeling

időösszegező *(rád)* time totalizer

időpont instant, moment, time datum, phase

időregisztrálás chronography

időregisztráló chronograph

időrelé *(vill)* timing relay, time-element relay

időrögzítő óra *(munkaidő ellenőrzésére)* time stamp (control clock)

időskála time scale

idősorrendkésleltetés *(vill)* sequential time delay

idős vörös homokkő *(földt)* old red sandstone

időszabályozó : ~ **bütyök** *v* **ütköző** timing dog

időszak stage ; *(földt)* time range ; *(időjárási)* spell ; **tíznapos** ~ decade

időszaki periodical, seasonal

időszakos intermittent, periodic(al); ~ **fenntartás** periodic maintenance ; ~ **gáznyomású olajkútüzem** intermittent gaslift system ; ~ **karbantartási költség** periodical costs of maintenance/upkeep ; ~ **kisülés** intermittent discharge ; ~ **kitörési állapot** *(vulkáné)* paroxysmal state ; ~ **mérések** periodic tests ; **nem** ~ aperiodic ; ~ **rádióadó** intermittent transmitter ; ~ **széndioxid-telítés** intermittent carbonation; ~ **terhelésű** intermittent duty ; ~ **vízfolyások** *(földt, hidr)* temporary waters ; ~ **vizsgálat** periodic(al) test

időszakosság periodicity

időszámítás chronology ; **abszolút** ~ absolute chronology ; **hivatalos** ~ civil time ; ~ **nullazónája** *(csill)* zero (time) zone

időtanulmány timestudy

időtartam length of time, duration, term, run ; **előírt** ~ time-rating ; ~**tól függő érzékenység szabályozása** sensitivity-time control, S. T. C.; **világítási** ~ *(fényk)* charging time

időtartamkapcsoló *(vill)* timer

időtartamrepülés (long-)endurance flight

időtartamrepülési csúcs endurance record

időtartomány time range

időtengely time axis ; *(katódsugárcső ernyőjén)* time base, base line ; ~ **ingadozása** *(távk)* time flutter ; ~ **széthúzása** *(távk)* time magnifying

időtengelybejelölő kapcsolás *(távk)* baseline marker circuit

időtengelyirányban eltérítő frekvencia *(katódsugárcsőnél)* horizontal frequency

időtényező time factor ; *(időállandó)* time constant

időváltozás *(met)* frontal passage ; ~ **előtti** *(met)* prefrontal ; ~ **előtti szél** prefrontal current ; ~ **utáni** postfrontal

időváltozási frontoktól független *(met)* nonfrontal

idővesztés *(fényk)* time lag

időveszteség lost time, time loss, waste of time ; *(fényk)* time lag

idővonal *(földt)* time line

időzít time

időzítés timing, time setting ; ~**re és becsapódásra működő gyújtó** time and percussion fuse

időzítésbeállító mutató *v* **jel** timing index

időzítési : ~ **elem** *(fényk)* time element; ~ **sávszélesség** *(rád)* timing range
időzített time(d), timing ; ~ **áramkör** *(távk)* timing circuit ; ~ **bomba** time bomb ; ~ **frekvencia** *(rád)* timing frequency ; ~ **gyújtásbeállító gyűrű** fuse-timing ring ; ~ **gyújtó beállítása** fuse setting ; ~ **(gyújtó)-szikra** *(gépk)* timed spark ; ~ **gyújtó-(zsinór)** *(bány)* time fuse ; ~ **jelfogó** *(távk)* timing relay ; ~ **lövés** time--shell fire ; ~ **villamos gyújtózsinór** electric primer ; ~ **zár** *(távk)* time lock
időzítő *fn (vill)* timer ; ~ **alapfrekvencia** *(rád)* master timing frequency ; ~ **főkapcsoló** *(vill)* master timer, master timing switch ; ~ **impulzus** *(távk)* timing pulse ; **villamos** ~ electric timer
időzítőgyűrű *(kat)* time-setting ring
időzítőjel-erősítő *(távk)* timing-wave amplifier
időzítőzár *(fényk)* time shutter
iga *(vill) l* **járom**
igaerő yoke-power
igafelállítás *(távcsőveké)* yoke-type mounting
igás : ~ **forgalom** *(lóvontatású)* horse--drawn traffic ; ~ **szerszám** yoking harness
igásállat draft animal
igásló draft horse
igavonó *fn* draft animal
igazi *l* **tényleges, valódi**
igazít adjust, correct, regulate, set ; *(ruhát)* adjust for wear
igazítás (re)adjustment, regulation ; *(helyesbítés)* correction ; ~**t ad** gives one correction
igazítható adjustable
igazítócsavar check screw
igazítólap adjuster board
igazítólemez *(ép)* straightening plate
igazítórugó check spring
igazítótű *(geod)* adjusting pin
igazol prove, check, verify ; *[választ ; távk]* acknowledge
igazolás check, verification ; *(mat)* proof
igazolójegy witness mark
igazoltan : ~ **meglevő érc(vagyon)** *(bány)* proved ore ; ~ **meglevő érctartalék** *(bány)* proved reserve ; ~ **olajat tartalmazó terület** proved oil land
igen : ~ **áttetsző papír** supertransparent paper ; ~ **kis frekvencia** very low frequency, V. L. F.; ~ **könnyű terhelés** *(távk)* extra-light loading, XL ; ~ **nagy frekvencia** *(30—300 MHz ; rád)* very-high frequency, V. H. F.; ~ **sűrű lánc(fonal)** *(tex)* heavy warp
igény claim, demand ; **központosan** ~**be vett** *(mech)* centrally loaded ; ~**be nem vett** *(mech)* unstressed ; ~**be vesz** seize ; *(mech)* stress, load ; ~**be vett keresztmetszet** *(mech)* stressed section ; **villamosan** ~**be vett** electrically strained
igénybevehetőség *(mech)* bearing force/capacity
igénybevétel *(mech) (erő)* load ; *(feszültség)* stress ; *(vill)* load ; **dinamikus** ~ *(mech)* dynamic stress ; ~ **előjelváltozása** *(mech)* stress reversal ; **fárasztó** ~ *(anyagv)* fatigue load, fatigue stress ; **hajlító** ~ bending load, bending moment, bend(ing) stress ; ~ **ideje** duty period ; **megengedett** ~ *(mech)* permissible/allowable stress/load ; ~**t nem bíró ásványok** *(ásv)* anti-stress minerals ; **rugalmas** ~ elastic load/stress ; **szakító** ~ rupture/failure stress/load; **tényleges** ~ actual stress ; **váltakozó** ~ *(anyagv)* alternate stress ; **váltakozó húzó-nyomó** ~ *(anyagv)* alternate compression and tension stress
igénybevételeloszlás stress distribution
igénybevételi határ limiting stress range
igénybevétel-megállapító berendezés *(anyagv)* stress detector
igénybevételváltozás *(teljes)* stress cycle
igényel claim, require
igénylőlap order blank
igénypont : szabadalmi ~ claim of the patent
I-gerenda *(ép)* I-beam, I-girder, double Tee-beam
iglesiasit *(ásv)* iglesiasite
ignitron *(rád)* ignitron ; ~ **megszakító** *(heg)* ignitron control
ihatatlan impotable
iható potable
I-idomvas double-tee section, I-beam
íjas esztergapad oriental lathe
iker twin(ned), geminate ; **fecskefark alakú** ~ *(ásv)* arrow-head twin
ikerabroncs twin tyres ; ~ **összekötő szelepe** connecting valve for twin tyres
ikeralj *(vasút)* twin sleepers
ikerállomás *(távk)* party-line station
ikerbetűk *(nyomda)* joined letters
iker-cérnázó gép twin-doubling spindle *(tex)*
ikercsap double tenon
ikercsatorna *(gépt)* hairpin flue ; **iker-csatornák** *(hengerfejben ; gépk)* twin/siamesed ports
ikercsavar-gőzhajó twin-screw steamer, T. S. S.
ikercsiga shoe block
ikercső *(rád)* twin tube/valve
ikerdióda *(rád)* double diode
ikerdob *(emelőn)* twin drum
ikerelektród twin electrode
I-keresztmetszet double-Tee cross--section, I-shaped cross-section
iker-filmvetítő bi-film projector
ikerfojtószelep butterfly valve
ikerfront *(bány)* double-unit
ikergerenda double girder
ikergerendás keretszerkezet *(ép)* double-beam frame
ikergőzgép duplex steam engine
ikergubó *(tex)* double(-shaped) cocoon, doupion cocoon
ikergubó-grezs *(tex)* doupion raw silk
iker-gumiabroncs *(gépk)* twin/dual tyre(s)
ikerhangszóró *(rád)* twin (loud)speaker
ikerház *(ép)* semi-detached house
ikerházas beépítési mód *(városépítés)* semi-detached house development type
ikerhenger twin cylinders ; *(heng)* duo--rolls ; *[Puch ; mkpár]* bifurcated cylinder
ikerhengeres (gőz)gép side-by-side engine
ikerhengersor twin rolling mill
ikerkábel twin cable
ikerkerék *(gépk)* double/twin wheel ; **mellső** ~ *(sorművelő traktoron)* double front-wheels
ikerkeverő *(ép)* tandem mixer
ikerkristály *(ásv)* twin crystals ; *(rád, távk)* bimorph crystal
ikermotor double motor
ikeroldatos előhívó *(fényk)* twin-solution developer
ikerpentóda *(rád)* double-pentode
ikersík *(ásv)* twin plane
ikerszálas *(vill)* bifilar(y)
ikerszektor *(szính)* double sector
ikerszerelés *(rád)* coaxial mounting
ikerszerszám *(alak)* tandem dies
ikerszivattyú twin pump, two-throw pump
ikertartó *(ép)* double girder
ikertelefon *(távk)* two-party line
ikertelefon-rendszer *(távk)* shared service
ikertörvény *(ásv)* twinning law
ikertörzsű vízi repülőgép twin-hulled flying boat
ikertrióda *(rád)* double-triode
ikerturbina side-by-side turbine
ikervágat *(bány)* twin entry, double heading
ikervetődések *(földt)* conjugate faults
ikervillás siamesed, twin-fork(ed)
ikervonalak *(távk)* two-party lines
ikerzsilip *(hidr)* double lock
ikonoszkóp *(telev)* iconoscope, storage camera tube
ikonoszkóp-mozaik iconoscope mosaic
ikra spawn
ikrakő *(ásv)* roe-stone
Ikrek *(csill)* Twins
ikreződik ingeminate
iktat register ; *(áramkörbe)* insert
iktatás registration, entry
iktató *fn* register
iktatókönyv register book
illanó volatile ; **nem** ~ **anyag** non-volatile matter, N. V. M.
illanóság volatility
illat odo(u)r
illatintenzitás és -illékonyság mérése olfactometry
illatos odoriferous ; ~ **olaj** perfume oil
illatosít perfume ; **pézsmával** ~ musk
illatosítóanyag *v* **szer** flavo(u)r, odorant
illatosított szappan perfumed/scented soap
illatrögzítő *fn* perfume fixative
illat(szer) perfume, odorant, scent
illatszerész druggist
illatszer-esszencia perfumed base
illékony volatile ; **nem** ~ **anyag** non--volatile matter, N. V. M.
illékonyság *(vegy)* volatility, fugacity
illeszkedés *(gépt) l* **illesztés** ; *(nyomda)* register ; **jó** ~ **próbája** *(statisztikában)* testing goodness of fit
illeszkedési tűrés tolerance on fit
illeszkedik seat
illeszkedő coherent ; *(gépt)* fitting, matched ; ~ **jelfogó** *(vill)* rematching relay ; **szögben** ~ bevel(l)ed, angle--fitted ; **váltakozva** ~ *(küllő az agyon)* straddled
illeszt match, join(t), set ; *(vmibe)* seat ; *(gépt)* fit ; *(távk)* match ; *(deszkát)* trim, rabbet ; **fogazással** ~ joggle ; **horonyba** ~ *(fa)* dado ; **kúposan** ~ taper fit/seat ; **lapolással** ~ halve ; **rosszul** ~ misfit ; **tompán** ~ butt
illeszték *(fa)* rabbet ; *(nyomda)* register
illesztés bond, joint, junction ; *(ált, ép, gépt)* adaptation, assemblage ;

(falapok között) seam ; *(szabványos ; gépt)* fit, ease of fit, seating, snug ; *(vonalaké ; távk)* matching ; **akadó** ~ tunking/wringing fit, light keying fit ; **átmeneti** ~ transition fit, stationary fit ; **cementtel kiöntött lépcsős** ~ cement joggle joint ; **csapos** ~ *(fa ; gépt)* dowel(led)/pin joint ; **durva** ~ *(gépt)* coarse fit ; **egyenes** ~ *(fa)* abutment ; **egyszerű** ~ plain fit ; **ékelődő** ~ drive/keying fit ; **ferde (lapolású)** ~ bevel/chamfered joint ; **finom** ~ fine fit ; **futó** ~ medium fit, normal running fit ; **goromba** ~ coarse fit ; ~ **hántolással** scraped fit ; **hegesztett tompa** ~ closed butt welded joint ; ~ **helye** *(ép)* seam ; ~ **horonnyal és fészléccel** fillet and groove joint ; ~ **jellege** class of fit ; **kettős egyetemes** *v* **csuklós** ~ double universal joint ; ~ **klasszisa** grade of fit ; **könnyen futó** ~ free/easy/light running fit ; **kötő** ~ force/forcing fit, heavy keying fit ; **láthatatlan kötésű** ~ *(fa)* invisible joint ; **laza** ~ clearance fit ; ~ **mélyhűtéssel** expansion fit ; **mozgó** ~ *(főcsoport)* clearance fit, loose fit ; *(csoport)* easy push fit, slide/sliding fit ; **nemes** ~ extra fine fit ; **nyugvó** ~ transition fit, stationary fit ; **rejtett** ~ *(fa)* cash joint ; **sajtoló** ~ light drive fit, press fit ; **sajtolt** ~ drive fit ; **süllyesztett** ~ *(ép)* bedded joint ; **szerelés miatt szükséges** ~ *(ép)* erection splice ; **szilárd** ~ interference fit, tight fit ; **szilárd sajtoló** ~ heavy force fit ; **szoros** ~ close fit ; **szűk futó** ~ close running fit, easy slide fit ; *(csavaroknál)* fine snug fit ; ~**ek táblázata** *(gépt)* table of clearances and fits ; **tágan futó** ~ coarse clearance fit, loose running fit ; **toló** ~ push/slide fit ; **tompa** ~ end-on-end fit, abutment/abutting joint ; **zsugorodó** ~ *(hővel)* shrink (age) fit ; *(hideggel)* expansion fit

illesztési : ~ **csillapítás** *(távk)* non-reflection attenuation ; ~ **egység** *(IE)* unit of fit ; ~ **fedés** *(gépt)* negative allowance, oversize, interference ; ~ **fémszalagborítás** juncture fillet ; ~ **hely** fitting place, joint ; ~ **hézag** joint gap ; ~ **jelzés** marking cut ; ~ **pontosság** precision/accuracy of fit ; ~ **ráhagyás** fitting allowance ; ~ **rendszer** system of fits ; ~ **tömítés** joint packing

illesztetlenség *(távk)* mismatch

illesztetlenségi : ~ **csillapítás** *(távk)* transition/mismatch(ing)/reflection loss ; ~ **tényező** *(távk)* transition/mismatch(ing)/reflection factor

illesztett fitted, joint(ed); *(dörzsárazott)* reamed ; *(vill)* matched ; ~ **átvivő csévék** *(távk)* matched repeating coils ; ~ **csavar** *(gépk)* fitted bolt ; **egymáshoz** ~ butted ; **egymáshoz** ~ **végű** end-to-end fitted ; ~ **gerendázat** *(ép)* rafting ; ~ **kötő gerenda** joint tie ; ~ **lezárású** *(hullámellenállással lezárt ; rád)* properly terminated ; ~ **padló** *(ép)* rebated floor ; ~ **rész** make-up piece ; ~ **T-antenna** T-matched aerial *(UK)* ; T-matched antenna *(US)*

illeszthető adjustable, adaptable

illeszthetőség adaptability

illesztő *fn* adjuster, adapter ; ~ **anya** seating nut ; ~ **betétlemez** fit strip ; ~ **előtét** *(távk)* building-out network ; ~ **gyalugép** jointer ; ~ **gyalupad** *(fa)* jointing plane ; ~ **hegesztés** tack welding ; ~ **impedancia** *(távk)* stub ; ~ **kalapács** set hammer ; ~ **négypólus** *(rád, távk)* (impedance) matching network ; **nyeles** ~ *(alak)* square flatter ; ~ **transzformátor** *(rád)* (impedance) matching transformer

illesztőbetét *(gépt)* shim

illesztőcsap *(gépt)* dowel pin, locator (pin), mounting stud, joggle ; *(elektroncsövön)* aligning plug

illesztőcső fitting-pipe

illesztődarab adapter ; ~ **lámpafoglalathoz** lamp adapter

illesztődugó *(rád)* matching plug

illesztőék feather-piece

illesztőféltag *(távk, telev)* terminating half-section

illesztőfesték *(gépt)* bearing blue

illesztőfűrész slitting/tenon saw ; **állítható** ~ slitting saw with reversible handle ; ~ **(gerinccel,) egyenes nyéllel** straight slitting saw (with steel back); ~ **gerinccel, hajlított nyéllel** cranked slitting saw with steel back

illesztőgyalu *(fa)* jointer (plane)

illesztőív *(nyomda)* register sheet

illesztőkeret *(fa)* cask-making machine

illesztőkötés butt joint

illesztőlap adjusting plate ; *(ép)* float ; *(vasút)* adapter base

illesztőlemez *(hézagbeállításhoz)* shim

illesztőorsó *(gépt)* adjusting pin

illesztőpecek *(gépt)* dowel pin

illesztőperem flange

illesztőpont *(geod)* point of minor control

illesztőszeg *(gépt)* dowel (pin); **hengeres** ~ cylindrical pin ; **hornyos** ~ slotted/grooved pin ; **kúpos** ~ taper pin

illesztővarrat *(heg)* butt weld

illinium *(vegy)* illinium

illó *(vegy)* volatile, fugitive ; *(gőz:)* evaporative ; ~ **alkatrész** *(vegy)* volatile constituent ; ~ **anyag** volatile matter ; ~ **hígítóval vágott bitumen** cut back bitumen ; ~ **képesség vizsgálata** volatility test ; **nem** ~ **maradék** fixed residue ; ~ **olaj** ethereal/volatile/essential oil ; ~ **rész** *(olajban stb)* volatile matter ; ~ **sav** volatile acid ; ~ **tüzelőanyag** volatile fuel

illóolajkivonat extract with ethereal oil ; **oldóvízmentes** ~ absolute extract

illósítás volatilization

illósító klórozó pörkölés *(koh)* volatilizing chlorination

illusztráció illustration

illusztrációnyomás cutwork printing

illusztrációs : ~ **karton** *(pa)* illustration board ; ~ **nyomópapír** illustration printing paper, S. C. newsprint, half-tone paper, illustrated printings

illuviális szint *(földt)* illuvial horizon

ilmenit *(ásv)* ilmenite, titanoferrite

ilmenorutil *(ásv)* ilmenorutile

ilsemanit *(ásv)* ilsemannite

ilvait *(ásv)* *l* **lievrit**

imaginárius *(mat)* imaginary ; ~ **szám** imaginary number

imaszőnyeg *(tex)* praying carpet/mat

imbolygás *(hajó)* wobbling

imbolygó tárcsa *(gépt)* swash-plate

imely *(bögölylégy lárvája fúrta lyuk a bőrön)* warble hole

Immelmann-forduló *(rep)* Immelmann turn

immerziós : ~ **lencse** *(fényt)* immersion lens ; ~ **lencserendszer** *(fényt)* immersion lens ; ~ **mikroszkóp** dipping microscope ; ~ **refraktométer** immersion refractometer

impassz *(leszállásnál ; rep)* overshot

impasszol *(rep)* overshot

impedancia *(vill)* impedance ; **átviteli** ~ transfer impedance ; **beiktatott** ~ coupled/inserted impedance ; **bemeneti** ~ *(rád)* input impedance ; *(kétpólusé)* driving-point impedance ; **bemenő** ~ input impedance ; **illesztett** ~ matched impedance ; **illesztő** ~ matching impedance ; **karakterisztikus** ~ intrinsic/characteristic impedance ; **káros** ~ spurious impedance ; **kimenő** ~ output impedance ; **komplex** ~ vector/complex impedance ; **kölcsönös** ~ mutual impedance ; **látszólagos** ~ apparent impedance ; **mindkét irányban egyforma karakterisztikájú** ~ bilateral impedance ; **nyitott-áramköri** ~ open-circuit impedance ; ~ **ohmos és reaktív része** *(távk)* resistance and reactance components of impedance ; **rezgőköri** ~ loop impedance ; **vezetésirányú** ~ forward transfer impedance ; **záróirányú** ~ reverse transfer impedance

impedanciaáttétel *(távk)* impedance ratio

impedanciacsatolás impedance coupling

impedanciahíd *(távk)* impedance bridge

impedanciaillesztés *(távk)* impedance(-) matching

impedancia-kiegyenlítő *(szűrő)* *(távk)* impedance compensator/corrector

impedanciakötés *(önműködő vasútbiztosító berendezésnél)* reactance bond

impedanciamérő impedometer ; ~ **híd** *(vill)* impedance bridge, skeleton-type bridge

impedanciás erősítő choke-coupled amplifier

impedanciaszint *(távk)* impedance level

impedanciaszög *(vill)* impedance angle

impedanciatényező *(vill)* impedance factor

impedancia-transzformátor *(rád)* impedance transformer

impedancia-vektorháromszög impedance triangle

implicit függvény implicit function

import : ~ **áru** import goods ; ~ **gyapjú** foreign wool

impregnáció impregnation

impregnációs érctelep *(bány)* disseminated deposits

impregnál impregnate ; *(gumi)* spread, rubber ; *(vízhatlanná tesz)* render water-proof, pad ; *(víz, tűz ellen)* render proof (water-proof, fire-proof); *(tex)* proof ; **zsírral** ~ tallow

impregnálás impregnation, proofing ; ~ **vákuumban** vacuum impregnation

impregnálatlan unimpregnated

impregnálható impregnable ; ~ **papírlemez** plastic board

impregnálhatóság impregnability

impregnálógép *(pa)* impregnating/saturating/oiling machine, machine for impregnating
impregnálóteknő *(tex)* impregnation trough
impregnált impregnated, proofed; ~ **burkolat** proofed envelope; ~ **huzal** *[rendezőkereten átkötéshez — szakmai slang!]* jumpering wire; ~ **(magnetofon)szalag** (magnetic powder-) impregnated tape, dispersed magnetic powder tape; ~ **papír** waterproof paper; ~ **szövet** *(tex)* rubber-proofed fabric, rubbered fabric, fabric with impregnation
impulzál *(távk)* send impulses
impulzus *(mech)* momentum; *(távk, vill)* (im)pulse; ~ **alakja** *(távk)* pulse shape; **azonosító** ~ *(távk)* identification pulse; **billentyűző** ~ *(távk)* keying pulse; **bontó** ~ break impulse; **egyenáramú** ~ direct-current d. c. (im)pulse; **éles** ~ *(távk)* spike pulse, pointed-peaky pulse; **ellenőrző** ~ *(távk)* reference pulse; **feloldó** ~ *(távk)* antiparalyse/enabling pulse; **hegyes** ~ *(távk)* spike pulse, pointed-peaky pulse; **hivatkozási** ~ *(távk)* reference pulse; **indító** ~ *(távk)* driving/trigger(ing) pulse; ~ **ismétlési frekvenciája** *(távk)* pulse-recurrence frequency; ~**okkal jelzett** *(rep)* pulsed; **kalibráló** ~ *(távk)* calibration pulse; **kapuzó** ~ *(távk)* gate pulse; **káros** ~ *(telev)* ghost pulse; ~**t keltő áramkör** *(távk)* pulse-generating circuit; **képszinkronozó** ~ *(távk)* broad pulse, frame-synchronizing pulse; **kérdező** ~ *(távk)* interrogation pulse; **késleltetett** ~ *(vill)* delayed pulse; **kiegyenlítő** ~ *(távk)* equalizing pulse; **kikapcsoló** ~ tripping impulse; **kísérő** ~ *(telev)* ghost pulse; **kiváltó** ~ *(távk)* antiparalyze/enabling pulse; ~ **meghatározási pontossága** *(távk)* pulse-finding accuracy; **összefüggő** ~**ok módszere** coherent-impulse method; **sorszinkronozó** ~ *(távk)* line-synchronizing pulse; **számláló** ~ *(távk)* count pulse; **szinkronozó** ~ **egyenfeszültségének értéke** *(telev)* blacker-than-black level; ~ **tartama** *(távk)* pulse duration; **visszaállító** ~ *(távk)* reset pulse; **visszavert** ~ *(radar)* echo pulse; **záró** ~ *(távk)* blanking/blackout pulse
impulzusadó *fn (távk)* (impulse) sender, pulse transmitter; *mn* pulsing; ~ **jelfogó** *(távk)* pulsing relay; ~ **motor** *(távk)* pulse-generating motor
impulzusalak *(rád)* pulse shape
impulzusalakító *l* **impulzusformáló**
impulzusalap *(távk)* pulse base
impulzus-amplitudó-moduláció *v* **-modulálás** *(rád)* pulse-amplitude modulation, P. A. M.
impulzusáramkör pulsing circuit
impulzusarány *(távk)* (im)pulse ratio
impulzus-átvitel *(rád, távk)* pulse transmission
impulzus-átviteli karakterisztika *(távk)* pulse response
impulzuscsoport *(távk)* (im)pulse group
impulzusélesítő kondenzátor *(rád)* pulse sharpening condenser
impulzuselmélet *(mech)* momentum theory; **tengelyirányú** ~ *(légcsavarnál)* axial momentum theory
impulzuserősítő *(rád)* pulse amplifier
impulzus-fázismoduláció *(távk)* pulse position modulation
impulzusfelvevő jelfogó *(távk)* impulse accepting relay
impulzusformálás *(rád, távk)* pulse shaping
impulzusformáló *fn (rád, távk)* pulse shaper; ~ **áramkör** *(aktív)* pulse shaping circuit; *(passzív)* pulse shaping/forming network; ~ **kapcsolás** shaper circuit/scheme; ~ **tekercs** pulse shaping/forming coil; ~ **vonal** pulse forming/shaping line
impulzusfrekvencia pulse frequency, pulse repetition rate
impulzus-frekvenciaelosztó scaler; ~ **cső** tube scaler; ~ **kör** scaler circuit
impulzus-frekvencia-moduláció *(rád)* pulse-frequency modulation, P. F. M.
impulzus-frekvenciaosztó kapcsolás *(rád)* step divider circuit
impulzusgenerátor *(vill)* impulse generator; *(próbatermi)* lightning generator
impulzusgerjesztés *(rád)* (im)pulse excitation
impulzus-helyzetmoduláció *v* **-modulálás** *(rád)* pulse-position modulation, P. P. M.
impulzushomlok *(rád, távk)* pulse front
impulzus-hosszabbítás *(rád, távk)* pulse widening
impulzus-idő-moduláció pulse-time modulation
impulzus-időtartam duration of impulse
impulzusidőzítő egység pulse-timing unit
impulzusintegrátor *(távk)* pulse integrator
impulzus-irányadó *(rád)* radar beacon
impulzusiránymérő *(rep)* pulse direction finder
impulzusismétlési: ~ **frekvencia** (pulse) repetition frequency; ~ **frekvenciavezérlés** *(távk)* repetition-rate control
impulzusismétlő *(távk)* pulse repeater; ~ **szelektor** *(távk)* repeating selector
impulzusismétlődés *(rád, távk)* pulse recurrence
impulzusjel *(távk)* pip
impulzusjellegű zaj *(rád)* pulse noise
impulzuskeltő *(rád, távk)* pulse generator
impulzuskeverés pulse mixing
impulzus-kiválasztás *(távk)* pulse sampling; ~ **hibája** (pulse) sampling error
impulzus-kódmoduláció *v* **-modulálás** *(rád)* pulse-code modulation, P. C. M.
impulzusköz pulse spacing
impulzusköz-demoduláció *(rád)* time demodulation
impulzusköz-moduláció *(távk)* time modulation
impulzusküldés *(távk)* pulsing
impulzusküldő berendezés *(távk)* pulser
impulzuslemez *(telev)* mosaic
impulzus-magasságmérő *(távolsági; rep)* high-altitude pulse altimeter
impulzus-meghosszabbítás *(távk)* pulse widening
impulzusmegmaradás *(mech)* conservation of momentum
impulzus-meredekség *(távk)* pulse steepness
impulzusmérés *(távk)* impulse measurement
impulzus-moduláció *(távk)* pulse modulation, sampling
impulzus-modulációs eljárás *(távk)* sampling technique, pulse modulation process/method/technique
impulzusmodulált *(rád)* pulse-modulated; ~ **hullám** *(rád)* pulse-modulated wave
impulzus-modulátor *(rád)* pulse-network modulator
impulzusnyaláb (im)pulse packet/train
impulzusnyomaték *(mech)* moment of momentum
impulzusnyomaték-megmaradás elve *(mech)* principle of conservation of moment of momentum
impulzusonkénti törlés *(távk)* pulse-to-pulse cancellation
impulzusos: ~ **leszállási (rádió)rendszer** *(rep)* pulsed-landing system; ~ **magasságmérő** *(rep)* pulse altimeter
impulzus-oszcillográf *(telev)* synchro(no)scope
impulzus-oszcilloszkóp *(távk)* synchroscope
impulzus-periódus *(távk)* impulse periode, repetition interval
impulzus-pozíció-moduláció *(rád)* displacement modulation, pulse-position modulation, P. P. M.
impulzus-raktározás *v* **-felhalmozás** *(távk)* storage
impulzus-rejtjelező berendezés pulse coder
impulzusrelé impulse relay
impulzus-rövidítés *(távk)* pulse narrowing
impulzus-sor(ozat) *(távk)* (im)pulse train; ~**ok közti szünet** inter-digit pause
impulzus-sűrűség-modulálá *(távk)* pulse-distance modulation, PDM
impulzus-számlálás *(rád)* step-by-step (pulse) counting
impulzus-számláló *(rád)* pulse counter; ~ **detektor** pulse counter detector
impulzus-szélesítés *(rád, távk)* pulse widening
impulzus-szélesség *(távk)* pulse length/duration *(UK)*; pulse width *(US)*
impulzus-szélesség-modulálás *(távk)* pulse width modulation
impulzus-színképregisztráló ingasorozat impulse spectrum meter
impulzus-szünet *(rád, távk)* pulse interval/spacing
impulzus-szűrő *(távk)* gate
impulzustartam *(távk)* pulse duration/length/width; ~ **szerinti jeladás** *(távk)* pulse-signalling; ~ **szerinti rejtjelezés** *(távk)* pulse-width coding
impulzustartam-moduláció *(rád)* pulse-width modulation, P. W. M., pulse-duration modulation, P. D. M.
impulzustávolság *(távk)* peak separation
impulzustétel *(mech)* theorem of momentum
impulzus-transzformátor *v* **-átalakító** *(távk)* peak/pulse transformer
impulzus-választó *(távk)* pulse selector
impulzusváltozás *(mech)* momentum change
impulzus-vezérelt *l* **impulzusvezérlésű**
impulzusvezérlésű pulse-controlled; ~ **szervomotor** *(vill)* pulse-controlled follow-up motor

impulzusvezeték *(távk)* pulse lead

impulzusviszony *(távk)* impulse ratio

impulzusvisszaküldő kommutátor *(távk)* impulse reverting commutator

impulzusvisszaverődés *(rád, távk)* pulse reflection ; ~ **elve** *(rád)* pulse-reflection principle

impulzusvisszaverődéses vizsgáló készülék *(távk)* pulse echo meter

impulzusvivő *(távk)* pulse carrier

impulzus-voltmérő *(vill)* single-pulse voltmeter, S. P. V. M.

inaktív inactive, inert, idle ; ~ **anyag** inert material ; ~ **menet** *(vill)* idle turn ; ~ **töltőanyag** inert/inactive filler

inaktivitás inactivity, inertness ; **vegyi** ~ chemical inertness

indadísz *(ép)* meander ; **tekercsszerű gótikus** ~ *(ép)* crocket

index index, cursor ; *(mutató)* finger, pointer ; *(mat)* suffix, subscript

indexel *(oszt; forg)* index around

indexelés indexing

indexhiba *(geod)* sighting mark error, index error

indexhüvely index sleeve

indexkar *(forg)* index pin holder

indexlibella *(geod)* attitude/collimation level

indexszám index(-number)

indextárcsa *(forg)* index dial

indextükör *(csill)* index glass

indiai : ~ **csillám** *(távk)* ruby mica ; ~ **goromba gyapjas** *(szőrös)* **juhbőr** bastard ; ~ **vörös** *(festék)* Indian red

indianit *(ásv)* indianite

indigó indigo

indigó-alappapír indigo base-paper

indigófesték *(tex)* indigo (dyestuff)

indigolit *(ásv)* indigolite

indigónövény *(tex)* indigo plant/tinctoria

indigópapír indigo paper

indikál indicate ; **gépet** *v* **motort** ~ *(teljesítményét indikátorral megméri)* indicate an engine

indikálás indicating

indikálómű *(gépt)* indicator gear

indikált *(nyomás)* indicated ; ~ **effektív középnyomás** indicated mean effective pressure, I. M. E. P. ; ~ **hatásfok** indicated efficiency ; ~ **hőhatásfok** indicated thermal efficiency ; ~ **középnyomás** mean indicated pressure, m. i. p. ; ~ **lóerő(teljesítmény)** indicated horsepower, I. H. P., i. h. p. ; ~ **nyomás** *(gőzé)* indicated pressure ; ~ **sebesség** *(mech)* indicated speed

indikán *(vegy)* indican

indikátor *(gépt)* indicating apparatus, indicator ; indicating ga(u)ge ; *(vegy)* indicator ; **akromatikus** ~ achromatic indicator ; ~ **irónja** *v* **rajztűje** indicator pencil ; **katódsugárcsöves** ~ oscilloscope, cathode-ray tube indicator ; **kiegészítőszínes** ~ achromatic indicator ; **oldalszög szerint stabilizált** ~ *(távk)* azimuth stabilized indicator

indikátor-ásványréteg *(bány)* indicator

indikátor-bukótárcsa indicator drop

indikátorcsapadék *(vegy)* turbidity indicator

indikátorcsap(dugó) indicator boss(es)

indikátorcső *(rád)* indicator tube ; *l még* **katódsugárcső**

indikátordiagram indicator diagram ; **eltolt** ~ displaced indicator diagram ; ~ **felvétele** indicator test

indikátordob *(diagrampapír felvételére)* chart-bearing drum ; ~ **papírját leszorító rugó** *v* **kapocs** indicator clip

indikátor-ellenállás *(vill)* current-viewing resistor

indikátorfejes *v* **-mutatós mikrométer** indicating micrometer

indikátorfesték mérőhatára colo(u)r-indicator range

indikátorlap indicator card

indikátoróra *l* **mérőóra**

indikátorpapír *(gépt, vegy)* indicator/test paper

indikátor-papírhenger *(gépt)* paper cylinder of the indicator

indikátorpróba indicator test

indikátorszerkezet indicating mechanism

indikátorzsinór indicator cord

indirekt indirect ; *l még* **közvetett** ; ~ **festék** adjective dyestuff

indít start, commence ; *(gépt)* set (in motion), start up ; *(vegy)* activate ; **bányavágatot** ~ *(bány)* break the ground

indítás start, move ; *(motoré:)* starting ; ~ **betolással** *(mkpár)* push start ; ~ **lökéssel** starting by jerk

indítási : *l még* **indító** ; ~ **áram** *(vill)* starting current ; ~ **előmelegítő** heating-servo for starting ; ~ **forgató nyomaték** starting torque ; ~ **helyzet** starting position ; ~ **idő** *(rád)* starting time ; ~ **időköz** *(vasút)* headway ; ~ **művelet** *(motoré)* starting operation ; ~ **periódus** *[motoré]* starting period ; ~ **távolság** *(teljes sebesség eléréséhez)* starting distance ; ~ **út** *(gépk)* starting distance ; ~ **veszteség** starting loss

indító *fn* starter ; *mn* starting ; *l még* **indítási** ; *(gépk)* automotive starter ; ~ **akkumulátor** *(gépk)* starter battery ; *(gépk)* ignition accumulator ; ~ **áramkör** *(vill)* starting circuit ; *(rád)* trigger circuit ; ~ **autotranszformátor** impedance starter ; **autotranszformátoros** ~ *(vill)* auto-transformer starter ; ~ **berendezés** *(gépt)* starting-up mechanism ; *(porlasztón ; gépk)* starting device ; *(csúszógyűrűs motorhoz ; vill)* rotor starter ; ~ **elektród** *(rád)* trigger electrode ; ~ **ellenállás** *(mech)* starting resistance ; *(vill)* starting rheostat ; ~ **emeltyű** starter lever, shifter-lever ; ~ **feszültség** *(vill)* starting voltage ; ~ **fogantyú** set(ting)-on handle, crank, starter/starting handle, working lever ; ~ **fogantyú kapcsolóberendezése** clutch for starting handle ; ~ **fogaskoszorú** *(gépk)* ring gear ; *(lendkeréken ; gépk)* starter ring (gear) ; ~ **fokozat** starter step ; *(vasút)* starting position ; ~ **forgattyú(kar)** starting crank, cranking lever ; ~ **forgattyú körmös pofája** crank jaw ; ~ **fúrólyuk** *(bány)* snubber ; ~ **fúvóka** starting jet ; **gázpedállal működtetett** ~ *(gépk)* coincidental starter ; ~ **gyújtófáklya** *(Diesel)* starting torch ; ~ **gyutacs** priming cap ; ~ **impulzus** *(rád)* trigger/starting (im)pulse ; *(vill)* trip/make pulse ; ~ **és irányváltó ellenállás** starting and reversing rheostat ; ~ **jelfogó** *(rád)* trigger/starting relay ; *(vill)* make/trip relay ; ~ **kapcsolás** *(gépt, vill)* starting connection/scheme ; ~ **kapcsoló** starting witch ; *(gépk)* starter switch ; *(gázpedállal egybeépítve :)* coincidental starter ; *(mech)* „on„ handle ; **karos** ~ crank starter ; ~ **katapult** *(rep)* launching catapult ; ~ **készülék** starting gear ; ~ **kompresszor** starting compressor ; *(rep)* take-off blower ; ~ **és leállító kar** start and stop lever ; ~ **légfúvó** *(gázgenerátoré ; gépk)* starting blower ; ~ **légszelep** *(Diesel)* air starting valve ; ~ **nyomaték** *(mech)* starting moment ; *(motoré:)* starting torque ; **önműködő** ~ **ellenállás** *(vill)* automatic starter ; ~ **porlasztó** *(segédkarburátor ; gépk)* auxiliary starter carburettor ; ~ **rakéta** *(rep)* booster rocket ; ~ **reosztát** starting rheostat ; ~ **robbantótöltény** *(bány)* induction exploder ; **sűrített levegős** ~ **készülék** *(gépk)* (compressed-)air starter ; ~ **szerkezet** *(gépk)* starter ; *(gépt, mech)* actuator ; *(rep)* starting gear ; *(pilótaülésben)* cockpit starter ; ~ **szivattyú** starting pump ; ~ **teljesítmény** starting output ; ~ **töltény** starting cartridge ; ~ **töltés** *(hengerben)* priming charge ; ~ **töltet** *(robbantáshoz)* initiating/priming charge ; *(rakétában)* booster charge ; ~ **transzformátor** *(vill)* auto-transformer starter, starting transformer ; ~ **tüzelőanyagfúvóka** *(gépk)* starter jet ; ~ **ventillátor** *[gázgenerátoron]* starting fan ; **villamos** ~ electric starter

indítóállás *(vasút)* service/starting position/point

indítóanód *(rád)* ignition/starting anode

indítóáram starting/initial current

indítóbütyök *(gépk)* release cam

indítócső *(rád)* trigger tube

indítóellenállás-szekrény starting (rheostat) box

indítógomb *(vill)* start key ; *(műszerfalon ; gépk)* starter button/knob

indítóhorog *(vitorlázó repülőgépen)* tow/start(ing) hook

indítójel *(start-stop-gépen)* start signal/pulse

indítókar *(gépt)* actuator, trip/starting lever ; *(gépk)* crank, throw-in lever ; *(számológépen)* motor bar ; **kézi** ~ *(rep)* direct-cranking starter ; ~ **visszavágása** *(indításnál)* crank back-throw

indítókar-persely pull-bushing

indítókar-perselyezés *(gépk)* pull bushing

indítókar-támasz *(gépk)* bracket for starting crank

indítókatód *(vill)* starter cathode

indítóköröm *(gépk)* crankshaft starting dog

indítólövés *(bány)* sumping shot

indítómágnes *(gépk)* starting/booster magneto

indítómotor *(villamos)* starter/starting motor ; *(belsőégésű)* starter/starting engine ; *(gépk)* electric starter ; *(léptető)* barring motor ; *(működtető)* actuating motor ; **nyomórúd-kapcsolású** ~ *(gépk)* pushrod control starter motor

indítómozgás motion by impulse

indítópatron *(Diesel)* starting cartridge

indítópedál *(gépk)* starter pedal, foot-starter stud

indítórelé starter relay

indítósín *[start-stop-gépen]* trip bar
indítószelep *(szivattyún)* primer valve ; *(kompaund mozdonyon:)* intercepting valve ; *(gépk)* starting valve ; *(levegő-indításnál ; gépk)* starter valve
indítótekercs booster coil
indítótöltény *(bány)* starting cartridge
indítótöltet initiating/detonating charge
indítóvágány *(vasút)* dispatch/delivery track
indítózászló *(versenyen)* chequered flag *(„kockás zászló")*
indium *(vegy)* indium ; ~ **tartalmú** *(ásv)* indian
indukál *(vill)* induce
indukáló *(vill)* inducing ; ~ **katalizátor** inducing catalyst ; ~ **vonal** *(távk)* inducing line
indukált *(vill)* induced, inducing ; ~ **állásszög** *(rep)* induced angle of attack ; ~ **áram** induced current ; ~ **elektromotoros erő** induced electromotive force ; ~ **ellenállás** *(rep)* induced drag ; ~ **feszültség** *(vill)* induced voltage ; ~ **mágnesség** *(vill)* induced magnetism ; ~ **mező** *(vill)* *l* **indukált tér** ; ~ **rádióaktivitás** *(at)* induced radioactivity ; ~ **reakció** *(vegy)* induced reaction ; ~ **robbanás** *(bány)* induced detonation ; ~ **tér** *(vill)* induced field ; ~ **töltés** *(csill)* induced charge ; ~ **vezeték** *(rád)* induced wire ; ~ **villamosság** induced electricity ; ~ **vonal** *(távk)* induced line
indukció *(rád, távk, vill)* induction ; *l még* **fluxus-sűrűség** ; **belső** ~ intrinsic/ferric induction ; **elektromágneses** ~ electromagnetic induction ; **kölcsönös** ~ mutual induction ; **mágneses** ~ *(rád, távk)* *[fluxus-sűrűség]* flux density ; **maradó** ~ residual induction; ~ **okozta zavarok** *(rád)* inductive interference ; **szórt** ~ stray induction ; **telítési** ~ saturation induction ; **villamos** ~ electrostatic induction
indukciómentes *(vill)* non-inductive ; ~ **kondenzátor** non-inductive capacitor/condenser
indukciómentesítés *(távk)* balancing inductively
indukciómentesítési terv *(távk)* transposition plan
indukciómérő *(vill)* inductometer
indukciós *(vill)* inductive, induction ; ~ **ampermérő** rotary field ammeter ; ~ **árammérő** *(vill)* motor/induction meter ; ~ **busszola** earth induction compass ; ~ **edzés** induction hardening ; ~ **elem** element of winding ; ~ **felületi edzés** *(koh)* induction surface hardening ; ~ **feszültségszabályozó** *(vill)* induction (voltage) regulator ; ~ **fogyasztásmérő** *(vill)* induction/motor meter ; ~ **fűtés** *(vill)* high-frequency/induction heating ; ~ **generátor** *(vill)* asynchronous alternator ; ~ **gyújtógép** induction exploder ; ~ **hangszóró** *(rád)* induction/inductor loudspeaker ; ~ **hevítés** *l* **indukciós fűtés** ; ~ **híd** *(vill)* induction balance ; ~ **iránytű** *(vill)* induction compass ; ~ **jelfogó** *(távk)* induced-current relay ; ~ **kemence** *(vill)* induction furnace ; *(nagyfrekvenciás:)* high-frequency (induction) furnace ; ~ **keményforrasztás** induction brazing; **légmagos** ~ **tekercs** *(vill)* air reactor ; **mágneses** ~ **vonal** *(vill)* line of magnetic induction ; ~ **motor** *(vill)* induction motor ; *(háromfázisú:)* asynchronous motor ; ~ **műszer** *(vill)* induction-type instrument ; ~ **relé** *(vill)* induction relay ; ~ **robbantógép** *(bány)* firing machine ; ~ **szikra** induction spark ; ~ **szikragyújtó** *(vill)* induction-spark lighter ; ~ **szűrő** *(vill)* choke filter ; ~ **távjelzés** *(vill)* induction signalling ; ~ **tekercs** *(vill)* inductor, retardation/induction coil, choke ; ~ **tér** *(rád)* induction field
indukciótényező inductance
induktancia *(vill)* inductance
induktanciahíd *(vill)* inductance bridge/balance
induktanciamérő *(vill)* L-meter ; ~ **híd** *(vill)* inductance bridge/balance
induktív inductive ; *l még* **indukciós** ; ~ **áram** inductive/lagging current ; ~ **áthallás** *(távk)* magnetic crosstalk ; ~ **belső ellenállás** internal reactance ; ~ **csatolás** *(vill)* inductive/inductance coupling ; ~ **csatolású** *(vill)* inductively coupled ; ~ **csatolású erősítő** *(rád)* inductance amplifier ; ~ **csatolású (Meissner-féle) oszcillátor** *(rád)* tickler-coil oscillator ; ~ **ellenállás** *(vill)* inductance, inductive reactance ; ~ **feszültség** *(vill)* inductive tension/voltage ; ~ **feszültségcsúcs** *(vill)* inductive surge ; ~ **feszültségesés** *(vill)* inductive drop ; ~ **hangolás** inductive tuning ; ~ **hangoló szerkezet** *(rád)* inductive tuner ; ~ **kapacitás** *(vill)* inductive capacity ; ~ **kiegyenlítetlenség** *(távk)* inductive unbalance ; ~ **membrán** *(távk)* inductive iris ; ~ **reaktancia** *(vill)* inductance, inductive reactance ; ~ **sínkötés** *(vill, vasút)* inductive rail connection ; ~ **(sín)összeköttetés** inductive bond ; ~ **terhelés** *(vill)* inductive/lagging load ; ~ **védelem** *(vill)* anti-inductive protection ; ~ **vezető képesség** *(vill)* (inductive) susceptance ; ~ **visszacsatolás** *(rád)* inductance/inductive feed-back ; ~ **visszacsatolású oszcillátor** *(rád)* Meissner-oscillator
induktivitás *(vill)* inductance ; **effektív** ~ effective/apparent inductance ; **helyesbített** ~ true inductance ; **kölcsönös** ~ mutual inductance ; **látszólagos** ~ *(rád)* apparent/effective inductance ; **meghosszabbító** ~ lengthening inductance ; **nyitott-vasmagú** ~ aero-ferric inductance ; **primer** ~ primary inductance ; **rezgőköri** ~ tank inductance ; **soros** ~ series inductance ; **szekunder** ~ secondary inductance ; **telítési** ~ saturated inductance ; **utánhangoló** ~ trimming inductance
induktivitásmentes *(távk)* pure-resistive, induction-free
induktor *(vill)* inductor, (magneto-) generator
induktordob *(vill)* inductor drum
induktordoboz *(telef)* generator box
induktorgenerátor *(vill)* inductor alternator
induktoros : ~ **gyújtómágnes** *(vill)* inductor magneto ; ~ **hívás** *(telef)* magneto calling ; ~ **telefonkészülék** magneto telephone set
induktoroz *(távk)* turn the generator
induktortekercs *(vill)* inductor/field coil
induktorteljesítmény *(távk)* generator power
indul *(gépt)* start
indulás *(gépt)* start ; *(rep)* take-off ; ~**ra kész** ready to start *(személy)* ; ready for start *(jármű)*
indulási : ~ **körzet** *v* **övezet** zone of departure ; ~ **pályaudvar** departure yard ; ~ **peron** outtrack platform, departure platform
induló *mn [vágány]* outbound ; ~ **lépcső** *(bány)* cutting-out stope
indulóáram *(rád)* starting current
indulófok *(ép)* bottom step
inercia *(mech)* inertia ; *l még* **tehetetlenség**
inerciaerő *(mech)* force of inertia, mass force
inerciaindító *(gépk)* *l* **lendkerekes indító berendezés**
inercianyomaték *(mech)* moment of inertia ; **axiális** ~ axial moment of inertia ; **centrifugális** ~ moment of deviation, product of inertia ; **főtengelyre vonatkoztatott** ~ principal moment of inertia ; **poláris** ~ polar moment of inertia
inerciás szabályozó inertia governor
inerciasugár radius of gyration/inertia
inert : ~ **gáz** rare gas ; ~ **por** *(bány)* shale dust, preventive dust
inertancia acoustical mass
inesit *(ásv)* inesite, rhodotilite
infinitezimális számítás *(mat)* infinitesimal calculus
inflexió *(mat)* inflexion
inflexiós pont *(mat)* point of inflexion
influencia *(vill)* (electric) influence
influenciagép *(vill)* influence machine
influencia-villamosság influence electricity
információ-egység *(távk)* information unit
információ-elmélet *(távk)* information theory
információ-felesleg *(távk)* redundancy
információ-forrás *(távk)* information source
információ-mennyiség *(távk)* amount/quantity of information
infrahang infrasonic sound, infrasound
infrahang- infrasonic
infrahang-távírás subaudio/infrasonic telegraphy
infravörös infrared ; ~**re érzékeny** *(fényk, szính)* infrared sensitive ; ~ **fényforrás** *(szink)* infrared source ; ~ **film** *(éjszakai felvételre:)* infrared-sensitive film ; ~ **hő** infrared/dark heat ; ~ **hősugárzás** infrared heat radiation ; ~ **megvilágítással dolgozó mikroszkóp** infrared microscope ; ~ **sugár** infrared ray ; ~ **sugárzás** infrared radiation ; ~ **sugárzásmérő** resonance radiometer ; ~ **szárítólámpa** infrared heat lamp ; ~ **színkép** infrared spectrum ; ~ **tartomány** infrared region
infravörös-érzékeny foszforpor infrared powder
infúzió *(vegy)* infusion
infuzória-föld *(ásv)* desmid/infusorial earth, bergmehl, white peat
inga pendulum ; *(emelőn:)* tumbler ; **Eötvös-féle torziós** ~ Eötvös torsion

balance; **kettős torziós ~** double torsion balance
ingaajtó bascule/swinging door
ingadozás fluctuation, deviation, variation, oscillation, unsteadiness; *(rád, táv)* flutter (effect)
ingadozik fluctuate, deviate, vary, oscillate, flutter, flicker
ingadozó unsteady, labile, variable, fluctuating; **~ egyenáram** fluctuating direct current
ingafelfüggesztő: ~ görgő *(óra)* pendulum roller; **~ rugó** *(óra)* suspension spring; **~ rugókengyel** *(óra)* suspension spring chops
ingafűrész *(fa)* swing saw/frame, pendulum (circular) saw
ingafűrészelés *(fa)* swing cut-off
ingajárat shuttle-service
ingajelfogó *(távk)* pendulum relay
ingakapcsolás *(bány)* pendulum gear
ingakaros sajtó pendulum press
ingakerék *(óra)* pendulum
ingaláb *(emelőn)* sloping leg
ingalámpa-szerelvény ceiling pendant fitting
ingalencse *(óra)* pendulum ball, bob
ingalengés pendulum oscillation
ingamozgás *(mech)* rocking motion
inganyag *(tex)* shirt cloth
ingaóra pendulum clock
ingaoszlop *(ép)* socketed stanchion, rocker bar, hinged pier
ingarudas: ~ alátámasztás *(ép)* rocker-bar bearing; **~ csukló** *(ép)* eyebar rocker
ingarugó *(óra)* pendulum spring
ingás *fn* oscillation, rocking, swing(ing), pendulum motion; *(oldallengés; gépk)* side sway; **~ba hoz** sway
ingás *mn*: **~ áramszámláló** *(vill)* clock-meter; **~ ellensúly** *(motoron)* pendulum damper; **~ fényesítőgép** *(bőr)* pendulum jigger; **~ fogó készülék** *(felvonón)* pendulum grip gear; **~ fordulatszámláló** *(rep)* pendulum-type tachometer; **~ hajlásmérő** *(geod)* pendulum clinometer; **~ légsebességmérő** *(met)* pendulum anemometer; **~ magnetométer** pendulum magnetometer; **~ malom** *(koh)* pendulum mill; **~ szállítólánc** pendulum conveyor; **~ szintező** *(geod)* pendulum gradient indicator; **~ ütőkos** impact elasticity tester; **~ viszkoziméter** *(anyagv)* pendulum viscosimeter
ingási öv *(földt)* belt of fluctuation
ingás-lendkerekes gép *(anyagv)* fly-wheel-type impact machine
ingasúly *(óra)* (pendulum) bob
ingaszállítás *(bány)* swing haulage
ingaszár *(óra)* pendulum-rod
ingat poise, swing, swag
ingatag unstable, labile, unsteady, fickle
ingatámasz *(gépt)* suspension-link support
ingatartó *(villa; óra)* pendulum bearing
ingatest *(hídsarun)* rocker
ingatestes kettős saru *(ép)* double tumbler bearing
ingavágás *(fa)* swing cut-off
ingavándorforgalom oscillating traffic *(from the place of residence to the working area)*, "week-ending" traffic
ingavezérlésű szelep *(gépt)* pendulum valve gear
ingbatiszt *(tex)* cambric shirting
ingdoboz *(bőrből)* shirt case
ingerküszöb stimulation threshold, threshold of response/feeling
inggallér *(tex)* neck band, false collar
ingmell *(tex)* dick(e)y
ingmellbetét *(tex)* shirt cloth
ingnadrág *(tex)* combination
ingókád *(pa)* oscillating vat
ingósaru *(ép)* pivot bearing
ingot ingot, block; **csillapítatlan ~** rimming ingot; **csillapított ~** non-rimming ingot, killed ingot; **gázzárványos** *v* **hólyagos ~** bleb ingot; **kisméretű ~** billet; **kokillában megszorult ~** ingot sticking in the mould; **nem-nyugtatott ~** rimming ingot; **nyugtatott ~** non-rimming ingot, killed ingot
ingotfogó (block) tongs
ingothevítő akna ingot pit
ingovány *(földt)* moor, swamp, swallow, (quag)mire, marshland
ingoványos paludal; ~ talaj swampy ground
ingres-papír (drawing) Ingres paper
ingresszió ingression, ingress
ingvászon *(tex)* shirting, shirt cloth
inhaláló készülék inhaler
inhibitor *(vegy)* inhibitor
inhomogén inhomogeneous
iniciálé *(nyomda)* (ornamental) initial
iniciálé-dísz *(nyomda)* printer's flower, vignette
iniciál-gyújtó initial detonating agent
iniciálógyutacs initiator, detonator
iniciálótöltet *(bány)* detonating/initial/priming charge
injekció *(ép, földt)* injection; **kisebb ~** *(földt)* satellite injection
injekciós tű (hypodermic) syringe
injektor injector, steam jet; **~ fúvókája** injector blowpipe/nozzle
injektornyílás jet orifice
injektoros égő *(heg)* injector blowpipe
inklináció inclination, dip; **mágneses ~** dip of the needle
inklinációs szög *(vill)* angle of dip/inclination
inklinométer inclinometer, dip needle; **abszolút ~** absolute inclinometer
inkoherens incoherent
inkompatibilis *(vegy)* incompatible
inkompatibilitás *(vegy)* incompatibility
inkonzekvens (lerakódású) folyó inherited river
inkrusztáció scale formation, incrustation, crustification
inkrusztációs üledék *(földt)* sediment incrustation
inog swing, sway, waggle
inoximárvány Mexican onyx
"in situ" in place/situ, on the site
instabil unstable, labile; **~ egyensúlyi helyzet** unstable equilibrium
instabilitás instability, lability, unsteadiness
"in statu nascendi" nascent
inszert *(film)* intercutting, insert
int *(jelekkel irányít)* beckon
intarzia *(fa)* marquetry, intarsia, inlay; *l még* **berakás**
intarziakészítő: ~ fűrész inlay(ing) saw; **~ kalapács** inlay hammer
intarziás inlaid; **~ munka rajza** *(fa)* scroll work design
integráf *(mat)* integraph
integrál *fn* *(mat)* integral; **felületi ~** surface integral; **határozatlan ~** indefinite integral; **határozott ~** definite integral; **kerületi ~** contour integral; **kettős ~** double integral; **~ másolás** *[színes fényképezésnél]* integral printing; **térfogati ~** volume integral; **vonalmenti ~** line integral
integrál *ige* *(mat)* integrate
integrálandó függvény *(mat)* integrand
integrálás *(mat)* integration, quadrature; **~ villamos számológéppel** electrical integration
integrálási: ~ állandó *(mat)* integration constant; **~ idő(tartam)** *(műszeré)* integration period
integráldózis *(sugárzásból)* integral dose
integrálgörbe *(mat)* summation curve
integrálható *(mat)* integrable
integrális szabályozás *(aut)* integral control, floating action control
integráljel *(mat)* sign of integration
integráló *(mat, vill)* integrant, integrating; **~ áramkör** *(rád, telev)* integrator, integrating circuit/network; **~ frekvenciamérő** *(távk)* master frequency meter; **~ kapcsolás** *(rád, távk, telev)* integration circuit
integrálógép *(mat)* integrator, integraph
integrálókör *(rád)* integrator circuit
integrálóműszer summation/integrating instrument, integrating meter
integrálórész *[készülékben]* integrating section
integrált mennyiség integrated quantity
integrandusz *(mat)* integrand
integrátor *(mat)* integrator
intenzitás intensity, strength, rate; **~ küszöbértéke** threshold intensity; **sugárzási ~** radiation intensity
intenzitási skála intensity scale
intenzitásmoduláció intensity modulation; **negatív ~** *(katódsugárcsövön)* "CR-burn" method
interferencia *(fényt, mech)* interference; *(zavar; rád)* jam(b), jamming; **adó harmonikus sugárzása okozta ~** *(rád)* harmonic interference
interferenciaábra *(fényt)* interferogram, interference pattern
interferenciacsík interference fringe
interferencia-elfojtás interference suppression
interferenciaforrás source of interference
interferenciamentes interference-free; **~ vétel** *(rád)* interference-free reception
interferenciamentesítés interference elimination
interferenciás: ~ csillagátmérő-látószög-mérő stellar interferometer; **~ hullámmérő** *(rád)* heterodyne wavemeter; **~ komparátor** interference comparator
interferenciaszín *(polarizált fényben)* polarization colo(u)r
interferenciaszűrő *(rád)* interference filter
interferenciazavar *(rád)* beat interference
interferencia-zavartényező *(rád)* interference factor
interferométer *(hangt)* interferometer
interlock gép *(kh)* interlock machine; *(vill)* locking relay
intermedier *(ol)* intermediate
intermittens intermittent
interpoláció *(mat)* interpolation, mediation
interpolál *(mat)* interpolate
interpolálás *(mat)* interpolation

interpoláló oszcillátor *(rád, távk)* interpolation oscillator
interpolimer *(vegy)* interpolymer
interszeptális *(földt)* interseptal
interszertális szövet *(földt)* intersertal texture
intersztelláris *(csill)* interstellar; ~ **fényelnyelődés** *(csill)* interstellar absorption
interurbán *l* **távolsági**
intervallum *(tér)* interspace, interval; **függőleges kioltási** ~ vertical blanking interval
intonáció *(hangt)* intonation
intradosz *(ép)* intrados, soffit
intranukleáris *(at)* intranuclear
intrudált *(földt)* intruded
intrúzió *(földt)* intrusion, uptrusion; **szabálytalanul települt** ~ discordant intrusions
intrúziós: ~ **gnájsz** *(földt)* fluxion gneiss; ~ **képződmény** invaded formation; ~ **magma** invasive magma; ~ **réteg** intrusive sheet; ~ **tömeg** intruded body
intruzív *(földt)* intrusive; ~ **kőzet** penetrative rock
inulin *(vegy)* inulin
invar *(hőtágulásmentes vasnikkel-ötvözet)* invar; ~ **alapvonalmérő készülék** *(geod)* invar tape apparatus
invariábilis invariable
invariáns *(mat)* nonvariant, invariant
invert: ~ **cukor** invert sugar; ~ **gázgenerátor** downdraft producer
invertál *[cukrot]* invert
invertálás inverting
invertálódás inverting
invertáz *(vegy)* invertase, sucrase
inverter *(vill)* inverter
inverz inverse, reciprocal, inverted; ~ **anód-csúcsfeszültség** crest inverse anode voltage; ~ **csúcsfeszültség** *(rád)* inverse peak voltage; ~ **ellenállás** *(rád)* back resistance; ~ **erősítési tényező** *(rád)* inverse amplification factor; ~ **függvény** *(mat)* inverse function; ~ **időrelé** *(vill)* inverse time relay; ~ **impedancia** *(vill)* reciprocal impedance; ~ **impedancia meghatározása** *(vill)* reciprocation; ~ **kapcsolású keverő** *(rád)* inverted converter; ~ **metamorfózis** *(földt)* inverse metamorphism
inverzió *(mat, vegy)* inversion; ~ **centruma** *(mat)* point of inversion
inverziós: ~ **frekvencia** *(rád)* inversion frequency; ~ **pont** inversion point; ~ **szabály** inversion rule
involuciós involute
involut-függvény *(gépt)* involute function
involvál involve
inzulin *(vegy)* insulin
inzulit *(ép)* insulite, insulating board
ion *(at)* ion; **pozitív** ~ positive ion; **pozitív és negatív töltést hordozó** ~ zwitterion, dual/hybrid/amphoteric ion
ión *[stílus; ép]* Ionic; ~ **oszlopfő spirális volutája** roll mo(u)lding
ion- *(at)* ionic
ionáram ion current
ionáram-sokszorozás gas multiplication
ionbombázás ion bombardment, bombardment by ions
ionburok ion sheath/shell; ionic atmosphere; **hidratációs** ~ adsorption complex; **kettős** ~ electric double layer
ioncsapda *(telev)* ion trap
ioncsapda-mágnes ion-trap magnet
ioncső ionic tube
ioncsöves számláló ion counter
ion-egyensúlyi zóna *(kisülési csőben)* plasma
ionfolt *(telev)* ion spot
ionforgási frekvencia *(rád)* gyro frequency
iongyorsító *(berendezés)* ion accelerator
ionizáció ionization, electrolytic dissociation; **termikus** ~ thermal ionization
ionizációs: ~ **áram** ionization current; ~ **energia** ionizing power; ~ **erősítés** gas amplification; ~ **gáznyomásmérő trióda** ionization, manometer; ~ **hő** heat of ionization; ~ **hőmérséklet** ionization temperature; ~ **idő** ionization time; ~ **kamra** *(at)* ionization vessel; *(ködkamra:)* cloud chamber; *(levegővel szabadon érintkező:)* free-air ionization chamber; **levegőekvivalens-falú** ~ **kamra** *(at)* air-wall ionization chamber; ~ **mérő trióda** ionization ga(u)ge; ~ **nyomásmérő** ion meter; ~ **potenciál** ionization potential; *(begyújtáskor:)* firing potential
ionizál ionize
ionizálás ionization
ionizálási *l* **ionizációs**
ionizálatlan unionized
ionizálható ionizable
ionizáló: ~ **elő-** *v* **segédszikra** pilot spark; ~ **erő** ionizing power; ~ **feszültség** ionization voltage; ~ **hatás** ionization action; ~ **potenciál** ionization potential; ~ **réteg** ionized layer; ~ **segédkör** *(rád)* keep-alive circuit
ionizálódás ionization
ionizálódó *(rád)* ionizable
ionizált: ~ **állapot** ionization state; ~ **atmoszféra-réteg** atmospheric duct; ~ **közeg** ionized medium; ~ **levegő** *(rád)* conducting/ionized air; ~ **réteg** *(met, rád)* ionized layer
ionkiégés *(távk)* ion burn
ionkisülés discharge of ions
ionkoncentráció ionic concentration
ionkötés *(vegy)* ionic bond/link(age)
ionlavina *(vill)* avalanche of ions
ionmentesítés deionization; *[gázban]* scavenging *is*
ionmozgás movement of ions
ion-mozgékonyság mobility (of ions), ionic mobility
ionogén ionogen
ionométer ionometer
ionos ionic; ~ **vezetőképesség** ionic conductivity
ionoszféra *(rád)* ionosphere; inversion layer *is*; ~ **évszaktól függő viselkedése** *(rád)* seasonal behaviour; ~ **felső rétege** F-region; ~ **kezdőszintje** neutropause
ionoszféra-réteg layer of ionosphere
ionoszférás eredetű *(rádióvételi)* **zavar** ionospheric noise
ionoszféra-szondázás sounding of the ionosphere
ionoszféra-vihar *(rád)* ionosphere-storm
ionoszférikus: ~ **echomérés** *(rád)* sounding of the ionosphere; ~ **hullám** ionospheric/sky wave
ionotrópia *(vegy)* ionotropy
ionozás *l* **ionizáció**
ionpálya *(fiz)* ion orbit
ionpotenciál ionic potential
ionrádiusz ionic radius
ionrelé *(vill)* ionic relay
ionsugárkéve ion beam
ionsúly ionic weight
ionsűrűség density of ionization
ionszorzat *(vegy)* ionic product
iontöménység concentration of ions
ionütközés ions striking
ionvándorlás *(vegy)* ionic migration, motion of ions
iparcikkek commercial goods
iparfejlesztés industrial development
iparegészségügy industrial health
ipari industrial, commercial; ~ **alkalmazás** industrial application; ~ **betegség** industrial disease; ~ **fa** (carpentry) timber; ~ **gőz** process steam; ~ **gyártmányok** industrial goods; ~ **gyémánt** industrial diamond; ~ **mérték** commercial scale; ~ **munkatermelékenység** labo(u)r productivity in industry; ~ **olaj** inedible oil; ~ **selejt** *v* **hulladékanyag** industrial refuse; ~ **szálasanyagok** *(tex)* industrial fibres; ~ **szennyvíz** (industrial) waste; ~ **szennyvízlevezető** trade effluent; ~ **szövetkezet** trade society; ~ **teherjármű** industrial vehicle; ~ **termelékenység** industrial efficiency; ~ **termelőképesség** industrial capacity; ~ **terület** *(ép)* industrial area; ~ **textilanyagok** industrial textiles; ~ **tisztaságú** *(anyagv, vegy)* technically pure; ~ **város** *(ép)* industrial town; ~ **vízszükséglet** industrial water demand, quantity of industrial water required; ~ **vontató** industrial tractor
iparművészet applied/industrial art
iparosítás industrialization
ipartelep industrial plant
iparvágány side track
iparvasút factory/works railway
irány direction, course, trend, run; *(rep)* heading *is*; *(vétel-adás; távk)* (receiving, transmitting) path; *(rétegek fekvésénél; földt)* trend; **~t adó** *v* **jelző** directional; **~t betart** keep to (the) course; **~ból kitér** deviate, aberrate; **~t kitűz** run a line; **~t követ** run; **~t meghatároz** take the bearings; **~t mér** *[rádióval]* bear; **~t tart** *(rep)* keep a course; **~t változtat** veer; *(szelet ellenkező oldalról fogja; hajó)* tack; **~t vesz** *(geod)* take a bearing; *(rep)* take a course
irány- directional
irányadó *fn (rád)* (radio-)beacon; **A-N-övezeti rádiós** ~ *(rep)* A-N radio range; ~ **építési magasság** authoritative external height of buildings, height zoning; ~ **építési vonal** authoritative building line; ~ **rádióberendezés** wireless beacon
íranyag *(tex)* size; ~ **alkatrészei** sizing ingredients; ~ **lepattogzása** flaking of the size; **~ok minősítése** qualitative test for sizing materials
íranyag-adagoló cső *(tex)* size pipe
íranyag-áramoltató berendezés *(tex)* circulating size system
íranyag-főző kád *(tex)* size beck/kettle
íranyag-készítés *(tex)* size mixing
íranyagszint-szabályozás *(tex)* size level control

íranyagszint-szabályozó teknő *(tex)* level control box
irányantenna aerial director, directional antenna/aerial
iránybeállítás *(antennáé)* positioning
iránybeli eloszlás *(hangt)* angular distribution
iránybelövés shooting-in for line
iránybemérés *(rád)* bearings
iránycövek *(geod)* bearing picket
iránycsík *(nemezben; pa)* felt seam mark
iránydiagram *(rád)* directional pattern, polar characteristic
irányelhajlás *(rep)* course bend
irányeltérésjelző *(rep)* course deviation indicator
irányelv directive, norm, standard (principle)
irányelválasztásos erősítő *(távk)* two--way-two repeater, 22 type repeater
irányemeltyű reversing handle
irányérzék sense
irányérzékenységi görbe *(mikrofoné)* directive characteristic
irányfelület *(rep)* fin ; **függőleges ~** vertical fin ; **vízszintes ~** stabilizer, tailplane
irányfény beacon, aerophare, marker/directional light ; **légiforgalmi ~** air beacon ; **villanó ~** blinker
irányfüggő átvitel polar response
irányhatás-mentes nondirectional
irányhelyzet *(hajó, rep)* tack, bearing
irányhiba *(távk)* bearing error, directional error
irány-instabilitás *(rep)* directional instability ; *(bármelyik tengelyre)* weathercock instability
irányít guide, direct, control, manoeuvre, operate, steer, handle ; *(megadott helyre a vegyületben)* orient(ate)
irányítás direction (control), steering, guiding, guidance, routing, control, conduct, dispatching ; *(célzás)* laying; pointing ; **félönműködő ~** *(távk)* aided laying ; **~ foka** *(antennánál)* degree of directivity ; **oldalirányú ~** *(rep)* lateral guidance ; **szögbeli ~** *(rep)* azimuthal guidance
irányítási : ~ diagram directional diagram ; **~ pontosság** closeness of governing
irányításkereső *(rád)* sense finder
irányítatlan antenna omni-directional aerial/antenna, non-directional aerial/antenna
irányítható dirigible, manoeuvrable, controllable ; **~ antenna** steerable aerial *(UK)*/antenna *(US)* ; **nem ~** non--directional ; *(hibás)* out of control ; **~ omlasztás** *(bány)* controlled caving; **több-elemes ~ antenna** musa-antenna, multiple unit steerable antenna
irányíthatóság directivity
irányító *fn* leader, operator, director ; *mn* directive ; **~ állomás** *(távk)* subcontrol station ; **~ antenna** director antenna, broadside directional antenna ; **~ antennarendszer** directive array, beam aerial system ; **~ kulissza** slot guide ; **~ postahivatal** distributing post office, d. p. o. ; **~ rádióadó** directional transmitter, guiding/controlling transmitter, beacon ; **~ rádióadó antennája** monitoring antenna ; **~ rádióállomás** tracker station ; **~ rádióleadó** radiophare ; **~ rádiósugár** *(hajó)* guiding/radio beacon ; **~ szerkezet** control, guiding mechanism; **~ terelő az adagolóasztalon** *(heng)* entering guide of rolling mill ; **~ terelő antennasorozat** reflecting curtain ; **~ vezeték** *(hengersornál)* guard
irányítóborda *(felvetésnél ; tex)* leasing heck
irányítócsavar *(geod)* tangent screw, slow-motion screw
irányítócsoport *(vegy)* orient(at)ing group
irányítódrót *(tex)* l **irányítóhuzal**
irányítófej *(csatornás sínen ; vasút)* check
irányítófésű *(tex)* ravel
irányítóhatás *(rád)* directivity, directional effect
irányítóhely *(bány)* steering post
irányítóhenger *[írógépen]* pressure roller; *(tex)* carrier roller, carrying/guide roll, back-rest
irányítóhuzal *(szelfaktoron)* faller ; **~ tehermentesítő emeltyűje** *(szelfaktoron ; tex)* faller-relieving lever
irányítókábel *(fektetéshez)* leader cable
irányítóközpont *(távk)* central exchange
irányítólap diverter, deflector, flap
irányítóléc *(tex)* conductor bar
irányítólemez deflecting gate
irányítóoszlop guide post
irányítósugár guide ray
irányítótábla direction post
irányítótárcsa jockey pulley
irányítótelér *(földt)* guide
irányítótér *(betatronban)* guiding field
irányított directional, directive, controlled ; *vö* **irányít** ; **~ adás** *(rád)* directional/beam transmission ; **~ antenna** beam/directive/directional aerial/antenna ; **~ antennarendszer** aerial array, beam aerial ; **~ fúrás** *(ol)* directional well drilling ; **~ hangszóró** sound distributor ; **~ katód** *(rád)* beam cathode ; **kelet felé ~** eastbound ; **~ kristályosodás** *(koh)* scorch; **~ légiforgalmi övezet** control zone ; **~ lövedék** guided missile, remotely--controlled weapon ; **~ mikrofon** *(parabola-reflektorral)* parabolic microphone ; **nem ~ antenna** nondirection/-directive antenna/aerial, omnidirectional antenna/aerial ; **~ összeköttetés** *[sugárnyalábos ; rád, távk)* beam communication ; **~ repülés** controlled flight ; **telepréteg lefejtésének megfelelően ~** *(bány)* accordant ; **~ térhullámos adás** *(rád)* oblique-incidence transmission ; **~ vétel** *(rád)* directive reception ; **~ vevő** *(rád)* directional receiver ; **~ vevő antenna** antistatic aerial
irányítottság *(anyagv, ásv)* orientation ; **kitüntetett ~** *(ásv)* preferred orientation
irányítóvevő direction receiver
irányítóvonal directing line
irányjel *(pa)* felt-direction mark
irányjelleggörbe directivity diagram/pattern
irányjelzés *(rád, rep)* bearing indication
irányjelző *fn* track indicator ; *(gépk)* direction/turn indicator ; *l még* **karos** *és* **villogó** ; turn signal *(US)* ; *(rep)* directional (air)marker; **~ bója** marker bouy ; **~ ellenőrző lámpa** *(gépk)* trafficator warning light ; **~ időkapcsoló** *(gépk)* time switch for direction indicator ; **~ kapcsoló** *(gépk)* signal(l)ing /trafficator switch; **karos ~** *[radiálfúrógépen]* arm pointer ; **két ellentétes irányban adó ~ berendezés** *(rep)* back-to-back beacon display ; **önműködő ~** offset-course computer ; **~ péce** *(hajó)* location beacon ; **tübbingre v csőgyűrűre erősített ~ deszka** *(bány)* lead board ; **villogó ~** *(gépk)* flashing/flash-type, direction indicator, winker, blinker
iránykapcsoló *(vill)* direction commutator
iránykarakterisztika *(rád)* directional characteristic, radiation pattern
iránykaró *(geod)* aiming post
iránykeresés *(rád, rep)* direction finding, D. F.
iránykereső *(rád, rep)* direction finder ; **~ hibája** direction-finder deviation
iránykijelölő *fn (távk)* marker
iránykoszinusz *(mat, mech)* direction cosine
iránylat *(hajó)* bearing
irányléc *(ép)* screed
iránymagasság *(rep)* quadrantal altitude ; **~ot adó szög** *(rep)* quadrant angle
iránymeghatározás direction finding ; **~ hengervetületű (Mercator-)térkép szerint** *(rep)* Mercatorial bearing
iránymeghatározó *(rep)* direction--finding loop, D. F. loop ; **általános ~ adó** *(rád, rep)* comprehensive beacon radar, C. B. R.
iránymegjelölés *(hajó)* marking out the course
iránymérés *(rád, rep)* direction finding, D. F. ; *(távk)* sense finding/research
iránymérési : ~ eredménypont *(rád)* fix ; **~ oldaleltérés** *(rep)* lateral deviation
iránymérés-zavarás anti-direction-finding, anti-D.F.
iránymérő direction finder ; **~ antenna** direction finder aerial, D. F./direction--finding aerial/antenna ; **~ berendezés** *(radar)* direction-finding equipment; **~ ellenőrző lap** *(rep)* control bearing sheet ; **~ hálózat** *(rep)* direction--finding network ; **~ keretantenna** directional loop ; **~ kiértékelő** *(rep)* direction-finding plotter ; **~ kiértékelő szoba** *(rep)* plotting room ; **~ lap** *(rep)* bearing sheet ; **parti ~ állomás** *(rep)* coastal direction-finding station ; **~ rádióadó** radar beacon; **~ segédantenna** direction-finding vertical aerial ; **~ térkép** *(rep)* plotting chart ; **~ vevő** *(rád)* direction-finding receiver
iránymutató *(radar)* cursor ; *[távirányító ; rep]* direction controller ; **~ fényszóró** *(rep)* bearing projector ; **~ vevő** *(rád)* finder
irányoszlop *(geod)* direction post
irányoz point, aim (at) ; *(kat)* lay *is* ; *[műszerrel]* take a bearing ; *(geod)* sight
iránypont *(geod)* aiming point
iránypontosság *(távk)* bearing accuracy
irányrelé (current-)directional relay
irányrepülés cross flight
iránysáv *(rep)* beam, course, sector ; **azonos jelzésű ~** *(rep)* equisignal sector ; **bevezető ~** approach leg ; **hangjeles ~** aural course ; **követi az ~ot** ride „the beam" ; **~tól mért távolságjelzés** Y-guidance

iránysávadó *(rád, rep)* track transmitter; runway localizing beacon
iránysáv-bizonytalanság *(180°-os; rep)* course ambiguity
iránysáv-élesség *(rep)* (course) sharpness
iránysáv-ellenőrző vevő *(rep)* course detector
iránysávos bevezetés *(rep)* standard beam approach, SBA
iránysáv-szélesség *(rep)* course width
iránysáv-vevő *(rep)* track receiver
iránysík *(geod)* plane of direction
iránystabilitás *(gépk, rep)* directional stability
iránystabilizáló nyomaték *(rep)* restoring directional moment
iránysugár *(rep)* beacon; **~ral dolgozó tájolócső** range-azimuth tube; **~ vonala** beacon course
iránysugárzó : ~ adó állomás *(rád, rep)* beam transmitting station; **~ antennát magassági szögben elfordító motor** elevation-drive motor
irányszög *(geod)* azimuth(al angle), directional angle; *(rep)* bearing, course; **látszólagos ~** *(rep)* apparent bearing; **~ a térkép hálózatához képest** grid bearing
irányszög- *(geod)* azimuthal
irányszög-ellenőrző jelző *(rep)* calibration marker block
irányszög-indikátor *(távk)* bearing tube
irányszögjelző *(távk)* bearing meter
irányszögkereső gomb *(rep)* D. F. control knob
irányszög-meghatározás *(geod)* azimuth determination
irányszög-meghatározó : abszolút ~ kulcs *(rep)* direction-finding sense key
irányszögmérés *(vegy)* tracking
irányszögmérési hiba *(rep)* tracking error
irányszögmérő goniometer
irányszögmutató *(rep)* direction-finding pointer
irányszűrő *(távk)* directional filter
iránytábla *(éjjel beirányzott sarkcsillag-irány rögzítésére)* bearing plate
iránytárcsa *(vasút)* staff
iránytárcsás biztosítási rendszer *(vasút)* staff system
iránytáró *(bány)* pilot tunnel; *(hidr)* advance heading
iránytartás *(rep)* direction(al) control
iránytartó : nem ~ járás *(gépk)* road wander; **~ tengely** *(gépt)* axis of guide
irány- és távolságszámító *(háromszög-megoldó)* **tárcsa** *(rep)* course-and-distance calculator
iránytényező *(hangt)* directivity factor/index
iránytű compass; **~ beméréshez** bearing compass; **~vel bemért sokszögvonal** *(geod)* needle traverse; **~ évi mágneses változása** *(geod)* annual variation of compass; **~ kék színű** *(déli)* **sarka** blue pole; **lengésmentes** *(csillapított)* **~** aperiodic compass; **szélrózsás ~** card compass; **~ szerinti irányszög** *(rep)* compass course; **~ tokja** kettle
iránytűazimut compass azimuth
iránytűburkolat compass cap
iránytűház float chamber
iránytűhelyesbítő mágnesek corrector magnets
iránytűhiba-igazítás compass adjustment
iránytű-irányszög *(rep)* compass bearing
iránytűkiegyenlítő szerkezet *(hajó)* deviation compensator
iránytűlengést fékező folyadék damping fluid
iránytűrózsa compass card
iránytűs műszer *(geod)* needle instrument
iránytű-talpcsapágy compass cup
iránytű-úszó float
irányvágat *(bány)* front entry
irányválasztás *(távk)* bearing discrimination
irányválasztó *fn* *(rep)* azimuth selector; **~ berendezés** *(távk)* route discrimination equipment; **~ kapcsolás** *(távk)* *l* **differenciálkapcsolás**; **~ kapcsoló** *(távk)* direction-control switch; **~ számjegy** *(központ-kijelölő; távk)* office code digit
irányváltás directional change, reversal, reversion
irányváltó *fn* *(távk)* *(kapcsoló:)* reversing switch; *(szűrő:)* directional filter (set); **~ bütyök** return cam; **~ dörzskapcsoló** reversible clutch; **elektromágneses ~ (szerkezet)** electromagnetic reversing gear; **~ emeltyű** reversing/reverse lever; **~ emeltyű rögzítőretesze** reverse lever latch; **~ emeltyű vonórúdja** reverse lever reach rod; **~ fogantyú** reverse handle; **~ henger** *(gépt)* reversible cylinder; **~ hengerkapcsoló** *(vill)* reversing controller; **~ kapcsoló** channelling switch; **~ kar** reversing lever; **~ kontroller** *v* **kormányhenger** *(vill)* reversing controller; **~ motor** reversible motor; **~ relé** *(órához)* reversible relay; **~ szállítószalag** reversible conveyer; **~ szerkezet** *l* **irányváltómű**; **~ tárcsa ferde felvonón** curve sheave; **~ tolattyú** reversible (slide) valve; **~ ütköző** reversible dog; **~ vonórúd** reversible bar; **~ zsinór** reverse cord
irányváltómű reversing mechanism, reverse gear; **~ kapcsoló karmantyúja** reverse gear sleeve; **~ kapcsolóorsója** reverse gear spindle; **~ kapcsolórugója** reverse gear spring; **~ leállító rugója** reverse gear stop spring
irányváltómű-szekrény reverse box
irányváltómű-tengely reverse shaft
irányváltómű-zárólemez reverse gear lock plate
irányváltozás inversion
irányváltoztatás directional change, change in direction; **~ szöge** *(rep)* angle of directional change
irányváltoztató : ~ elem *(dúsító berendezésben)* baffle; **~ mozgás** supplemental motion
irányvonal direction/trend line, route, course; *(ásv)* transit line; *(ép)* line; *(geod)* ray, axis of sight; *(hajó, rep)* position line, course; *(rep)* line of bearing; *(puskáé:)* sighting line; **mesterséges ~** artificial line of sight
irányvonatképzés *(vasút)* direction traffic
irányzás *(geod)* *vö* **irányoz** pointing; **~ közbeeső pontokkal** *(geod)* intermediate sight; **~ műszerrel** *(geod)* sight
irányzék *(kat)* sight, aim; *(puskán:)* backsight; **eltérítést kiértékelő ~** *(rep)* drift pointer; **íves ~** arc sight; **legrövidebb ~** clearance; **oldalgást kiegyenlítő ~** drift sight
irányzékállító csavar cross-level(l)ing screw
irányzékbelövés sighting shot
irányzékbeosztás *(felső)* **határa** sight reach
irányzékkar sighting arm
irányzékkeret sight frame, backsight leaf
irányzéklemez leaf
irányzékmutató range indicator
irányzéknézőke peep sight, eyecup
irányzékrögzítő szorító sight clamp
irányzékrúd sight shank
irányzéksík plane of direction
irányzékszög angle of sight
irányzéktartó sight standard; **~ csap** sight mount/bracket/holder
irányzéktávolság length of sight
irányzéktoló fej traversing head
irányzékvédő lemez sight leaf
irányzó *fn* layer; **~ képbeállító** *(fényk)* view finder; **~ készülék** gun director, gun-laying equipment; **~ vonalzó** *(geod)* sighting rule, aiming rule
irányzóív elevating bracket
irányzókeret *(geod)* view finder
irányzórés a nézőkén sighting notch
irányzószál *(geod)* sighting wire
irányzószög angular sight
irányzótávcső aiming/reading/measuring telescope
irányzóvonal *(geod)* sight line, line of aim/sight, guide line
írás : rejtjeles ~ ciphered writing; **titkos ~** cryptography
írásérc *(ásv)* *l* **sylvanit**
írásgránit *(ásv)* graphic granite, Jewish stone
írásgránit-beágyazódás *(földt)* graphic intergrowth
írási sebesség *(műszeré:)* writing speed
iratboríték-karton *(pa)* plain coated board
iratborító *(pa)* folder
iratfedél-karton *(pa)* folio/wallet board
iratfedél-papír folder paper
iratgyűjtő *fn* file
iratkapocs paper clip
iratrendező *(pa)* folder
iratrendező-karton *(pa)* dossier covers, cover paper for documents, board for deeds
irattartó polc holder
írel *(tex)* *l* **írez**
írez *(tex)* size, dress, slash
írezés *(tex)* (warp) slashing, (warp) sizing, dressing, smoothing; **~ hengerről hengerre** *(tex)* beam-to-beam sizing; **~ kefék segítségével** dresser sizing; **~ lepattogzása** *(fonalról)* cracking of the size; **~ skót írezőn** *(tex)* Scotch dresser sizing
írezési : ~ hulladék *(tex)* sizer's waste; **~ művelet** *(tex)* sizing operation; **~ súlytöbblet** *(tex)* gain in sizing
írezés-szabályozás *(tex)* control of sizing process
írezetlen unsized, unslashed, undressed; **~ lánc** *(tex)* undressed warp
írezett *(tex)* sized, slashed, dressed

írező *(munkás; tex)* slasher (man), sizer, dresser
írezőanyag *(tex)* sizing agent/solution, (warp) size; **forró ~** *(tex)* boiling size
írezőgép *(tex)* dressing machine/frame, slasher (machine), (warp) sizing machine/frame; **~ kötegben** *(tex)* tape sizing machine
írezőhenger *(tex)* sizing beam
írezőkád *(tex)* sizing beck, sow box
írezőkefe *(tex)* dressing brush
írezőtartály *(tex)* sow box
írezőteknő *(tex)* size box
írezőterem *(tex)* slasher room
írezőüzem *(tex)* sizing department
írfelesleg *(tex)* surplus size
írfelvétel(i százalék) *(tex)* size regain
írfőzés size cooking
írfőző *(tex)* size-mixer; **~ berendezés** size cooking equipment
irha *(bőr)* chamois, pelt; *(állaté:)* pelage
irhabőr chamois leather
irhácserzés chamois dressing
irhácserzésű: ~ bőr leather chamois; **~ vadbőr-utánzat** nubuck
irhaválogatás *(bőr)* handling, handle
iridium iridium; **~ tartalmú** *(ásv)* iridian
iridozmium *(ásv)* iridosmine, iridosmium
írisz iris
írisz-fényrekesz iris diaphragm, diaphragm-iris
íriszpapír iris paper
irizálás *(fényt)* iridescent effect
irizáló iridescent; **~ díszüveg** *(ker)* tiffany; **~ futtatás** *(heg)* irized tarnish
irka *(pa)* exercise book
irkapapír exercise-book paper
írkészítő munkás *(tex)* size-mixer
írmassza *(tex)* sizing solution, (warp) size
író: ~ készülék chart-recording instrument; **~ lyukasztógép** alphabetical printing punch; **~ szerkezet** *(táv)* recording apparatus; **~ színkép-fénymérő** recording spectrophotometer
író-alátétpapír *(itatós kartonra ragasztva)* pasted/enamalled blotting paper
íróállvány *(irodai)* desk
íróasztal writing desk
írócső *(távk)* ink pipe
irodaház *(ép)* house for offices; house for bureaus *(US)*
irodai: ~ papír chancery/foolscap paper, short demy paper; **~ tasakpapír** bag chancery paper; **~ telefonátkapcsoló** interphone control box
irodaszerek stationery
írófüzet *(pa)* writing book, copybook
írógép typewriter; **~en** *v* **~pel ír** type(write)
írógépbetű type
írógép-betűkar type bar
írógépel type(write)
írógép-gumihenger feed roller
írógépkarton *(pa)* typewriter cardboard
írógépkocsi carriage
írógépkocsi-emeltyű carriage lever
írógépkocsi-rögzítő carriage lock lever
írógép-másolópapír typist duplicating paper
írógéppapír typewriting/typewriter paper, typewriting(s), T. W.
írógépszalag typewriter ribbon/cloth; **végig lefutott ~** unwound ribbon
írógépszalag-vezető *(szerkezet)* carbon ribbon feed
íróhenger *[távgépírón]* platen
íróhengeres regisztráló készülék roll-chart recorder
írókar *(regisztráló műszeren)* pen arm; **~ jegyzékelő kapcsolóhelye** typebar list entry hub; **~ vezetőléce** pencil guide
írókarton *(pa)* writing board
írókar-vezető *(regisztrálógépen)* pen carriage
írókeréktartó kar inking wheel support
írókorong *(távk)* ink(ing) wheel
írómágnes *(távk)* writing magnet
írómű print unit
íróműszer recording apparatus
irón pencil, style; **negatív-retusáló (koptató) ~** *(fényk)* abrasive pencil; **színes ~** colour pencil
irónbeles vég *(körzőn)* pencil point
írópapír writing paper; **szürke ~** bastard paper; **vékony ~** French fold
írószalagdob *(öníró szerkezeten)* paper drum
írószalaghenger paper drum
írótoll pen
írótollacél-hengerlő pen-steel roller
írótollmetsző pen point slitter
írótömb pad, scribbler
irracionális irrational
irradiáció irradiation
irreális kép unreal image
ír-recept *(tex)* size formula
irreverzibilis irreversible; **~ kolloid** irreversible colloid; **~ reakció** irreversible/complete reaction
irrigátor-edény douche can
irt: erdőt ~ deforest, disforest; **tuskót ~** root up
írtartalom az eredeti súly százalékában *(tex)* sizing per cent of original weight
irtás *(fa)* cutting down
írteknő *(tex)* size trough/vat/box
írtelenít *(tex)* desize, destarch
írtelenítés *(tex)* desizing, destarching, drenching, removing the size; **~ enzimekkel** *v* **enzimes ~** *(tex)* steeping in enzyme preparations, enzyme desizing
írtelenítési eljárás *(tex)* desizing process
írtelenítő: ~ anyag *(tex)* desizing agent; **~ oldat** *(tex)* desizing solution
irtókapa prong hoe
irtvány *(fa)* logged land
iserin *(ásv)* iserine, iserite
iserit *(ásv)* *l* **iserin**
iskolafüzet *(pa)* exercise book
iskolafüzet-boríték *(karton)* exercise cover (board)
iskolai: ~ rajzpapír school drawing-paper; **~ táska** satchel
iskolakönyv-borítékpapír pressing
iskolanyereg *(bőr)* pique saddle
iskolapad form
iskolatábla (black)board
iskolatáska school satchel
ismeretlen unknown; **~ függvény** unknown function; **~ mennyiség** unknown quantity; **~ szám** *(mat)* unknown number; **~ változó** unknown variable
ismert: ~ érctömeg positive ore; **~ szám** *(mat)* known number
ismertetőfüzet booklet
ismertetőjel *v* **-jegy** recognition signal, criterion, sign; *(hajó, rep)* recognition signal; **~lel ellát** earmark; **fülre erősített ~** *(állaton)* eartab; **külső ~** feature
ismertetőjelzés identifying mark
ismételt repeated, repetitive; **~en átdesztillált olaj** rerun oil; **~ dermedés** refreezing; **a kavics-homok arány ~ ellenőrzése** *(ép)* rega(u)ging; **~ lecsapás** reprecipitation; **~ lepárlás** redistillation; **~ megmunkálás** reworking; **~ osztályozás** reclassification; **~ öregítés** *(koh)* reaging; **~ próba** *(anyagv)* repetition test; **rosta az ~ rostáláshoz** *(bány)* rescreener; **~ sűrítés** recompression; **~ talp-** *v* **főteszedés** *(bány)* rebrushing; **~ terhelés** *(anyagv)* repeated/fatigue load(ing); **~ ülepítés** resetting; **~ ütőpróba** *(anyagv)* repeated impact test; **~ vizsgálat** *(anyagv)* repeated test
ismétlés *[számológépen]* repeat; *(mat)* repetition
ismétlési: ~ frekvencia *(távk)* repetition rate; **~ időköz** *(távk)* repetition interval
ismétlő iterative, repeat(ing), repetition; **~ áramkör** *(rád)* repeat circuit; **~ berendezés** *(távk)* repeater; *(a vevőhöz közvetlenül csatlakozva; rád)* direct-point repeater; **~ erősítő** *(távk)* direct-point repeater; **~ frekvencia** *(impulzussorozatnál)* repetition frequency; **~ jelfogó** transmitting relay; **légfékes ~** *(fegyveren)* air recuperator; **~ szerkezet** *(zongorán)* repetition action; **~ teodolit** *(geod)* repeating theodolite; *(magassági szögmérés nélkül)* railway transit; **~ térképcső** *(rád)* plan repeater indicator, R. P. I.
ismétlődés recurrence; *[ciklusé]* repetition; *(periodikusság:)* periodicity; *(mat)* repetition; *(tex)* repeat; **~ gyakorisága** repetition frequency; **rétegek ~e** *(földt)* reduplication
ismétlődési impedancia *(távk)* *l* **lánc-impedancia**
ismétlődő recurrent, repetitive, iterative; **~ bekapcsolás** *(gépt)* re-engagement; **kétévenként ~** biennial; **~ minta** motif; **~ munka** repetition work; **~ művonal** *v* **négypólus** *(távk)* iterative network; **~ terhelés** *(anyagv)* endurance/repeated/fatigue load(ing); **~ (vész)jelzés** repeating signal; **~ vizsgálat** *(anyagv)* repeated test
ismétlőgomb repeat key
ismétlőpont *(rád)* repeat point
ismétlőpuska repeating rifle
istálló *(ép)* barn, stable, stall
istállótrágya stable/livestock/farmyard manure
istráng *(bőr)* trace, tug
istrángláne trace-chain
istrángszíj *(bőr)* trace strap
iszák valise
iszap sludge, silt, sullage, slam, slurry, ooze, sew, mire, slab; *[bőrön]* mud, dirt; *(kenőolajban:)* engine sludge; *(koh)* slimes, dross, fine sand; *(mélyfúrásnál:)* mud, slush, slurry; *(pa)* mud, sludge, ooze; **aktív ~** activated sludge; **~ban dús** *[víz]* silt-charged; **~ elégetése** sludge incineration; **~pal nehezített**

öblítőfolyadék *(ol)* mud-laden fluid ; ~pal telített víz *(hidr)* burdened stream
iszapágy *(hidr)* sludge bed
iszapár *(pusztai ; földt)* bajada breccia
iszapbetörés *(bány)* mud rush
iszapcsap *(gőzgépen)* scum cock
iszapcsatorna *(mélyfúrásnál)* mud channel
iszapcsonk *(szivattyún)* sludge drain
iszapderítő *(bány)* depositing tank
iszapfogó desilter, sump, sludge pan, dirt/mud box/pocket/trap/settler ; ~ **berendezés** slime washer ; ~ **medence** catchpit ; ~ **pad** slime table ; ~ **süllyesztőszekrény** sink water trap
iszapfúrófej mud bit
iszapfúróhenger sludger
iszapgát vízelzáró deszkatorlasza *(bány)* rag frame
iszapgáz sludge gas
iszapgejzír *(földt)* mud pot
iszapgödör slime pit
iszapgyúró gép *(ker)* slabbing mill
iszapgyűjtő mud box/drum
iszaphígítás elutriation of sludge
iszaphorgony *(bójához)* mud anchor
iszapkanál *(bány)* bailer
iszapkitörés mudflow
iszapkosár *(centrifugán)* dirt cage
iszapkoszorú *(kazánon)* mud ring
iszapkotró mud dredger, clarifier
iszapkő moorstone
iszapláva *(földt)* mud lava
iszaplebocsátó *(hidr)* bottom outlet ; ~ **csap** *(hidr)* purging cock
iszapleeresztő : ~ **csap** blow-off cock, mud cock ; ~ **készülék** mud-discharging device ; ~ **nyílás** *[kazánon]* mud hole
iszaplefuvató fúvóka *(gőzkazánon)* mud nozzle
iszaplehúzó *(bány)* dirt carrier
iszaplerakódás dirt, silting
iszapleválasztási teljesítmény desilting capacity
iszapleválasztó berendezés *(hidr)* slime separator
iszaplyuk *(bány)* slab hole
iszapmosó *(bány)* slime washer
iszapnyelő akna sump gull(e)y
iszapnyílás *(pa)* manhole
iszapol elutriate, puddle, wash, slack
iszapolás silting, sliming, tossing ; *(hidr)* settling ; *(koh)* elutriation
iszapoló *(bány)* slime washer ; *(ércelőkészítéshez)* slime separator ; ~ **berendezés** elutriating apparatus, slimer ; *(bány)* sludge mill sludger ; ~ **elemzés** elutriation analysis ; ~ **medence** sedimentation/settlement tank ; ~ **szelence** *(fúráshoz)* sludger; ~ **tömörítés** compaction by watering
iszapolóasztal *(bány)* slime table
iszapolódás *(földt)* silting, sedimentation ; ~ **törvényszerűsége** law of silting
iszapolóedény *(bány)* dolly tub
iszapológép wet elutriator
iszapolóhenger elutriating cylinder
iszapolólombik elutriating flask
iszapolómunkás slimer ; *(bány)* cleanup man
iszapolónyílás záródugója mud plug
iszapolószekrény sludge box
iszapolószér *(bány)* slime table, sludge mill

iszapolt water-levigated ; ~ **agyag** *(ker)* washed clay ; ~ **arany** float gold ; ~ **kréta** whiting
iszapomlás debacle
iszapos lim(e)ous, slimy, oozy, claggy, muddy, silty ; ~ **agyag** loam ; ~ **homok** *(földt)* miry sand ; ~ **hús-oldal** *(bőr)* muddy flesh ; ~ **lé** scum juice ; ~ **(szenny)üledék** sullage; ~ **talaj** swampy ground ; ~ **üledékréteg** *(bány)* muck ; ~ **víz** slime/slop water
iszaposság sloppiness, sliminess, sludginess
iszapöblítő cső *(bány)* sediment tube
szapömlés mudflow ; *(vulkánkitörésnél)* mud lava
iszappehely floc
iszappróbavevő készülék *(ol)* mud sampler
iszaprothasztás sludge digestion
iszapsűrítés *(bány)* slurry concretion
iszapszállító : ~ **dereglye** mud scow ; ~ **vezeték** *(bány)* transportation pipe
iszap-szemcseeloszlás *(gradáció)* grading of silt
iszapszén coal washings/slurry
iszapszeparátor slime separator
iszapszér *(koh)* slime table
isapszínű muddy
iszapszivattyú mud/sand/scum/slime pump
iszapszűrő vászonkeret *(bány)* rag frame
iszaptalanítás desliming
iszaptalanító képesség desilting capacity
iszaptégla *(ép)* soft-mud brick
iszapteknő *(bány)* trunk
iszaptó *(bány)* standage ; *(koh)* dump, pond
iszaptömedékel *(bány)* flush
iszaptömedékelés *(bány)* slush(ing), inwash, silting, flushing, sand filling, hydraulic stowage
iszapuszály dredger barge
iszapülepítés mud clearing
iszapülepítő sludge box ; *(bány)* trough; ~ **berendezés** *(hidr)* slime washer ; ~ **gödör** mud-settling pit
iszapvezeték *(bány)* transportation pipe
iszapvisszavezetés recirculation of sludge
iszapvonó *(bány)* dirt carrier
iszapvulkán *(földt)* mud volcano/pot/lump ; ~ **krátere** mud cone
iszapzátony mud flat
iszapzsák *(földt)* mud leg
I-szelvény I-section, double T-section
iszkábahézag *(hajó)* ca(u)lking joint
iszkábakötés *(ép)* butt joint (with dovetailed table)
iszkábál *(hajó)* ca(u)lk
itakolumit *(ásv)* itacolumyte
I-tartó I-beam, double T-beam
itat *(tex)* blot, impregnate ; **bitumennel** ~ bituminate ; **gumival** ~ *(tex)* proof ; **viasszal** ~ cere
itatási kezelés dip treatment
itatóshenger *(pa)* roll blotter
itatóskarton *(pa)* blotting board
itatóspapír blotting/bibulous/drying paper, blotter
itatóspapír-henger roll blotter
itatóvályú fountain trough
iteráció *(mat)* iteration, trial-and-error method, successive approximation

iteratív impedancia *(távk)* l **láncimpedancia**
ittas *(gépk)* intoxicated
itterbium *(vegy)* ytterbium ; ~ **tartalmú** *(ásv)* ytterbian
ittnerit *(ásv)* ittnerite
ittrium yttrium ; ~ **tartalmú** *(ásv)* yttrian
ittriumbromid yttrium bromide
ittriumfluorid yttrium fluoride
ittriumhidrofoszfát yttrium hydrophosphate
ittriumhidropirofoszfát yttrium hydropyrophosphate
ittriumhidroszulfát yttrium hydrosulfate
ittriumkarbonát yttrium carbonate
ittriumklorid yttrium chloride
ittrotantalit *(ásv)* yttrotantalite
ittrotitanit *(ásv)* yttrotitanite, keilhauite
ív *(ált)* arch, arc, bow, sweep, curve, camber ; *(ívelődés, ívesség)* sinuosity ; *(ép)* arc, arch, ring, long bend ; *(mat)* arc ; *(körív)* circular arc ; ~ *(nyomda)* sheet ; ~ *(pa)* sheet ; *(folyamatos érintkező ; távk)* arc ; *(külön érintkezőkből ; távk)* bank ; *(úton, kanyar:)* bend ; ~**ben** *(pa)* in sheets ; ~ **alakú** arched, curved, cambered, arching, arcuate ; *l még* **íves, ívelt** ; ~ **alakú attika** *(ép)* round attic ; ~ **alakú elágazás** *(hidr)* long bend ; ~ **alakú gerenda(tartó)** *(ép)* curved beam ; ~ **alakú hegylánc** mountain arc ; ~ **alakú idomtégla** *(ép)* radial brick ; ~ **alakú keret** *(ép)* curved frame ; ~ **alakú kulissza** *(gépt)* sector link ; ~ **alakú vezetőér** *(földt)* bow-leader ; ~ **alakú vonal** curved/bow line ; **állandósult** ~ *(vill)* sustained arc ; ~ **amalgám-elektródok között** *(vill)* amalgam arc ; **antiklinális** ~ *(földt)* anticlinal bowing ; ~ **belső sínszála** *(vágánykanyarban)* low rail ; **díszítő** ~ *(ép)* false arch ; ~ **elleni fal** arc deflector ; **elliptikus** ~ elliptic arch ; ~**ben fekvő híd** curved bridge ; ~ **fennállásának ideje** *(vill)* arc duration ; ~ **hajtása** *(pa)* key of arch ; **hangfrekvenciával modulált** ~ *(vill)* speaking arc ; **háromcsuklós** ~ *(ép)* three-hinged/-pinned arch ; *(rácstartó)* three-hinged arch truss ; ~ **hatásának ellenálló** *(vill)* arc-resistant ; **igénybe vett v működő** ~ *(ép)* arch of effect ; ~ **I-tartóból** *(ép, bány)* I-arch ; ~**ben kasírozott srenckarton** *(pa)* sheet-lined chip board ; **kétcsuklós** ~ *(ép)* two-hinged/-pinced arch ; *(rácstartó)* two-hinged arch truss ; **kiegészítő** ~ *(mat)* complement of an arc ; **kóbor** ~ erratic arc ; ~ **külső felülete** *(ép)* extrados ; **lapos** ~ *(ép)* diminished arch ; **nyomott** ~ *(ép)* drop arch ; ~ **oldalnyomása** *(ép)* horizontal thrust ; ~**ben simított papír** sheet-calendered paper ; **tehermentesítő** ~ blank arch ; **többsarkú** ~ *(vill)* compound arc ; **vándorló** ~ *(vill)* erratic arc ; **villamos** ~ (electric) arc ; **zárt** ~ *(szink)* enclosed arc ; ~ **zsaluzása** cinter
ív- arched, arcual, cambered, arc
ivaarit *(ásv)* ivaarite
íválland óság *(heg)* arc stability
ívállvány *(szink)* arc holder

íváramátalakító arc rectifier
I-varrat *(hegesztésnél)* square butt joint, unchamfered butt ; **kétoldali ~** *(heg)* double T-groove weld
I-vas I-iron, double T-iron
ivásra alkalmatlan *[víz]* impotable
ívátmenetes irányváltozás curved turn
ívberakó: ~ deszka *(nyomda)* feedboard; **~val felszerelt gyorssajtó** sheet-fed press
ívbiztosítás *(bány)* arch(ed) support/lining ; **~ beépítése** *(bány)* arching ; **~t felállít** *(bány)* set a girder ; **~ zsaluzása** *(bány)* striking of arc
ívbolt *(ép)* spandrel ; *vö még* **boltív** ; **~ hátfalazása** *(ép)* spandrel wall ; **~ homlokfala** spandrel wall
ívboltheveder *(ép)* wall arch
ívboltozat *(ép)* cove
ívborda *(ép)* arched rib, bow member
ívburok *(kisülésnél)* sheath
ív-csomag *(pa)* lap
ívcső bend, bent pipe, bow piece ; **bővülő ~** expansion bend ; **elágazásos ~** bend with branch connection ; **tokos ~** male-and-female bend
ívcsúcs *(vill)* (arcing) terminal ; *(érintkezőcsúcs ; távk)* bank contact ; **érintkező ~** arc terminal
ívcsukló *(ép)* crown hinge
ívdarab *l* **ívcső**
ívecske *(ép)* foil
ívegyenirányító *(vill)* arc rectifier/converter
ível arch, bow, camber, arcuate
ívelés camber, arching, bow ; *(vill)* arcing ; **antiklinális ~** *(földt)* anticlinal bowing
ívellenállás *(rád)* arc resistance
ívelő arching
ívelődik *(tex)* curl
ívelődő *(tex)* curling
ívelőfűrész sweep-saw
ívelőgyalu *(fa)* circular plane
ívelőlap plain flap ; **réselt ~** slotted flap
ívélösszefűzés *v* **-kötés** leaf edge joint
ívelt arched, arching, arcuate, archy ; *l még* **ív alakú, íves** ; **~ alsóöves szegecselt tartó** girder with arched soffit ; **~en emelkedő rakodó** helicline ; **~ felsőövű tartó** *(ép)* hog-frame ; **~ fogazás** spiral gearing/toothing ; **~ fogazású maró** *(forg)* spiral milling cutter ; **~ fűrész** *(fa)* span saw ; **~ hasíték** curved slot ; **~ hátú bukó** *v* **árapasztó** *(hidr)* ogee-form spillway; **~ kalapács** Swiss pattern hammer ; **~ kristálylap** curved face ; **~ láb** *(cipő)* arched foot ; **~ láncfonalú szövet-hatás** *(tex)* ondule ; **~ laprugó** *(gépt)* spring arch ; **~ légcsavarszárnyszelvény** cambered blade profile; **~ rugó** *(vetélőben ; tex)* bow spring ; **~ szárnyszelvény** *(rep)* cambered (wing) profile/section ; **~ útkiszélesítés** crescent
íveltség *(rep)* camber ; *(tex)* **crimp** ; *(elemiszálé:)* wave ; **erős ~** deep camber ; **~ mélysége** *(rep)* depth of camber ; **~ szárnymetszet alsó részén** *(rep)* bottom camber
ívemelkedés *(ép)* arch rise
ívemelő : önműködő ~ *(pa)* sheet-feed gear
íves archy, arched, arch-type, arcuate ; *l még* **ív alakú, ívelt** ; **~ ablak** round-headed window ; **~ ablak boltozatban** *(ép)* lunette ; **~ (ajtó-** *v* **ablak)tok** curved frame ; **~ alaprajzú ablak** compass window ; **~ alaprajzú dongaboltozat** helical barrel vault ; **~ áramszedő** *(vasút)* bow collector/trolley ; **~ emelő** camber jack ; **~ érintkező** *(áramszedőhöz ; vasút)* bow contact ; **~ fedél** *(búvónyiláson)* arc gate ; **~ felhajtó** *(épületbejárathoz)* sweep ; **~ gát** *(hidr)* half-dike ; **~ gyalu** *(fa)* quirk router ; **~ idomtégla** *(ép)* curved brick ; **~ keret** *(ép)* bow frame ; **~ kisülés** *(vill)* arcing, flashing ; **~ körző** bow compass ; **~ kulissza** *(gépt)* curved link ; **~ lépcső** *(ép)* winding stairs ; **~ megszakítás** *(vill)* arc cutting ; **~ összekötő elem** curved link ; **~ pályájú vagonbuktató szerkezet** curved tip ; **~ papírlemez** sheet board ; **~ retesz** *(gépt)* Woodruff/segment key; **~ reteszhorony-maró** *(forg)* Woodruff keyseat milling cutter ; **~ sínmező** *(kisvasútnál)* curve frame ; **~ süvegfa** *v* **-gerenda** camber beam ; **~ tető-** *v* **fedélszerkezet** compass roof ; **~ tok** *(ép)* bow frame ; **~ újságnyomó papír** newsprint in sheet ; **~ vágású reszelő** curved cut file, vixen file ; **~ vetélő** *(tex)* bow shuttle
ívesvágó *(alak)* half-round chisel
ívfény arc(-)light, carbon light
ívfénycsúcs *(vill)* arcing tip
ívfényes : ~ kemence *l* **ívkemence** ; **~ vágógép** arc-cutting machine
ívfeszültség *(vill)* arc voltage
ívfojtó tekercs *(vill)* arc suppression coil
ívfúvás *(vill)* blow-out
ívfúvó *fn* *(vill)* blow-out (coil)
ívfűrész fret-saw
ívgát *(hidr)* curved dam
ív-gép *(pa)* sheet machine
ívgerenda *(hidon)* arched girder
ívgerjesztő *(heg)* oscillator ; **kombinált ~ állvány** *(színképelemzéshez)* arc and spark stand
ívgyaluló gép radius planer
ívgyám *(ép)* springer
ívgyújtás *(gépk, vill)* arc ignition
ívhajtvány *(bány)* arch supports
ívhegesztés arc welding ; **atomi hidrogénes ~** atomic hydrogen welding ; **szénelektródos ~** carbon-arc welding ; **villamos ~** electric arc welding
ívhegesztő *fn* electric welder ; **~ egyenirányító** arc-welding rectifier ; **~ gép** arc welding machine ; **~ gépállvány** frame of the automatic arc welding machine ; **~ gép egy fejjel** one-head automatic welding machine ; **~ gép két fejjel** two-head automatic welding machine ; **~ gép több fejjel** multihead automatic welding machine ; **~ transzformátor** arc(-)welding transformer
ívhíd *(ép)* arch bridge ; **~ ellenfala** *(ép)* arch abutment
ívhomlok *(bány)* arcwall
ívhorony curved slot
ívhosszúság *(heg)* length of arc
ívhúr *(ép)* chord of arch ; *(mat)* chord (of arc)
ívhúzás *(vill)* striking of arc ; *[szikrázásnál]* arcing
ívhúzó : ~ érintkezők *(vill)* arcing contacts ; **~ feszültség** *(vill)* striking potential ; **~ gyűrű** arcing ring/shield ; **~ szerkezet** *(vill)* arc-striking mechanism
ívidom bow piece
ívjelzés *(pa)* nick
ívjelző sor *(nyomda)* signature line
ívkasírozó gép *(pa)* sheet-lining machine
ívkemence arc furnace ; *(Héroult-kemence)* Héroult furnace ; **alumíniumolvasztó ~** Héroult/aluminium furnace ; **billenő ~** electric rocking arc furnace ; **buktatható ~** electric rocking arc furnace ; **fedett ívű ~** smoothered-arc furnace ; **forgó ~** Stassano (arc) furnace ; **kétfázisú ~** Stobie (arc) furnace ; **kombinált ~ és ellenálláskemence** *(vill)* arc-resistance furnace ; **közvetett ~** indirect-arc furnace ; **közvetlen ~** direct-arc furnace ; **vezetőfenekű ~** conducting--hearth arc furnace
ív-keményforrasztás arc brazing
ívképződés *(vill)* arcing
ívkeret *(furdancson)* bow frame
ívkeretes : ~ gerenda *(ép)* spandrel beam ; **~ rácsostartó** *(ép)* spandrel girder
ívkezdet *(ép)* spring of curve
ívkihúzó toll *(rajzhoz)* swivel pen
ívkiindulási vonal spring of curve
ívkirakó *(szerkezet ; nyomda)* flyer sheet deliverer
ívkisülés *(vill)* arc discharge, flashover
ívkitöltő fal(azat) spandrel walling
ívkitöltős boltív *(ép)* spandrel arch
ívkitűzés *(geod)* curve ranging/setting
ívkonverter *(vill)* arc converter
ívkoszorú *(távk)* contact bank
ívkő *(mozdonyon)* link block
ívkötés *(ép)* arch bond
ívköz *(ép)* (arch) span
ívlámpa arc lamp, arc-light ; **~ sípolása** roaring of the arc ; **~ szénelektródjai** flame carbons ; **szénelektródos ~** carbon-arc lamp ; **zárt ~** enclosed arc lamp
ívlámpa-egyenirányító *(vill)* arc lamp rectifier
ívlámpa-elektród carbon pencil ; **~ működő csúcsa** carbon point
ívlámpafény arc lamp light
ívlámpa-oszcillátor *(rád)* arc generator
ívlámpás adó *(rád)* arc transmitter
ívlámpaszén *(vill)* carbon
ívlap *(nyomda)* folio
ívleolvasó óra arc-reading watch
ívlépés *(heg)* arcing step
ívlerakó *(pa)* sheet feeder ; **~ gép** *(pa)* lay-boy machine
ívmagasság *(mat)* chordal height ; *(ép)* rise, camber height ; **~ és fesztáv viszonya** *(ép)* pitch of arch
ívmaró készülék *(forg)* cherrying attachment
ívmásodperc second (of arc)
ívmázoló gép *(pa)* sheet coater
ívméret *(pa)* size of sheet ; **~ és -súly** *(pa)* substance
ívmerevítő gerenda *(ép)* bow beam
ívmérleg *(pa)* quadrant/paper scale
ívmező *(telef)* terminal bank
ívnagyság *(pa)* size of sheet/paper
ívnedvesítő *(munkás)* *(pa)* sheet damper
ívnyílás *(ép)* (arch) span
ívnyomás sheet printing ; *(ép)* arch/side thrust
ívnyomó papír sheet paper

ívoltás *(vill)* arc suppression/quenching
ívoltásos biztosító *(vill)* non-arc(ing) fuse
ívoltó *(vill)* arc absorber/suppressor ; ~ **berendezés** *(vill)* arc-control device, arc arrester ; ~ **cella** *(vill)* arc chute; ~ **fojtótekercs** *(vill)* gap choke ; ~ **mágnes** *(vill)* blow-out magnet ; ~ **tekercs** arc suppression coil
ivópohárkarton *(pa)* drinking-cup cardboard ; ~ **és -papír** board and paper for drinking cups
ivópohárpapír (drinking) cup paper
ivóvíz drink/potable water
ivóvíz-tartályhajó *(kikötőben)* water boat
ívpapír flat/foil paper
ívpárkány *(ép)* archivolt
ívperc minute
ívpillér *(ép)* arch pillar
ívpillérköz *(ép)* arch span
ívpont *(távk)* (arc) terminal
ívpontkoszorú *(telef)* terminal bank
ívpontos : 200 ~ *(távk)* 200-point
ívragasztó (munkás) *(pa)* sheet-paster
ívrajzoló *fn* curve tracer
ívrakó *(pa)* paper feeder
ívrét *(nyomda)* folio
ívrétű kötet *(nyomda)* folio volume
ívsablon *(kitűzéshez)* railway curve(s)
ívsimító *(pa)* sheet calender, plate-glazing machine; ~ **hosszvágóval** *(pa)* sheet calender with slitting machine
ívsín *(vasút)* bent/curved rail
ívsín-keresztezés *(vasút)* bent rail crossing
ív-stabilitás *(heg)* arc stability
ívszabályozás *(vasút)* curve adjustment
ívszámláló *(pa)* sheet counting device
ívszár *(ép)* arch rise
ívszelő *(mat)* subtense
ívszénhegesztés carbon arc welding
ívszénlámpa carbon arc lamp
ívszerelvény *(távk)* arc assembly ; ~ **forrcsúcsa** *(távk)* terminal
ívszerkesztés curvature design
ívszerű arcuate
ívszínkép arc spectrum
ívtámasz *(ép)* arch buttress/bearing
ívtámpillér *(ép)* arch buttress
ívtartam *(vill)* arcing time
ívtartó *(ép)* arch truss/girder ; ~ **keret** *(nyomda)* frisket ; ~ **öve** *(ép)* arch boom ; ~ **váz** *(távk)* frame
ívtávolság *(földt)* arcual distance
ívterelő *(ivlámpában)* arc deflector
ívtetőponti nyomás *(ép)* thrust at crown
ívvágó *(pa)* sheet cutter
ívváll-emelkedés *(ép)* arch rise
ívváll-vonal *(ép)* springing
ívvédő tölcsér *(vasút)* arc chute
ívvonal *(mat)* bowline
ívzáradék *(ép)* crown of arch
ívzáró kő *(ép)* arch keystone
ívzsaluzás *(ép)* reinforcement for carrying the centering
ixiolit *(ásv)* ixio(no)lite
izallobár *(met)* isallobar
ízelt jointed
izentropikus *(met)* isentropic
ízesít flavo(u)r, season
ízesítés *(élip)* season(ing), flavo(u)ring
ízesített *(élip)* seasoned, flavo(u)red
ízesítő *(élip)* dressing, flavo(u)ring ingredient
izgatószer stimulant

ízjavító szer *(élip)* corrigent
izlandi (kettőző)pát *(ásv)* Iceland spar
izoabnormális vonalak *(földt, met)* isabnormal lines
izoamilalkohol isoamyl alcohol, fermentation amyl alcohol
izobár isobar ; ~ **felület** *(met)* barometric slope ; ~ **térkép** *(met)* pressure chart
izobár-párhuzamos időjárási front *(met)* shear line
izobát isobath ; ~ **görbesereg** depth contours
izobáz vonalak *(földt)* isobases
izobutilén isobutylene
izocentrum *(met)* isocentre
izocián isocyan
izociklikus gyűrű *(vegy)* isocyclic stem-nucleus
izodinamikus görbe *(vill)* isodynamic curve
izodiszperz *(vegy)* isodisperse
izodomon *(ép)* isodomon
izodózisgörbék ábrája *(at)* isodose chart
Izod-próba *(anyagv)* Izod impact test
Izod-próbatest *(anyagv)* Izod specimen
izodróm : ~ **szabályozó** *(aut)* proportional plus integral controller ; ~ **visszacsatolás** *(rád)* positive feedback
izoentata isoentatic line
izogamma *(fiz, földt)* isogam
izogenetikus isogenetic
izogír *(ásv)* brush
izogon *(mat)* isogonic
izogram *(háromváltozós görbesereges nomogram)* isogram
izohalin *(földt, hidr)* isohaline
izohidrikus *(vegy)* isohydric
izokeraunikus szint *(met)* isokeraunic level
izoklász *(ásv)* isoclasite
izoklin(a) *(anyagv)* isoclinic
izoklinális *(földt)* isoclinal ; ~ **görbe** *(földt)* isoclinal line ; ~ **redő** *(földt)* isocline ; ~ **vonal** *(földt)* isoclinic line
izokromatikus vonalak *(ásv)* colo(u)r curves, isochromatics
izokron isochronous ; ~ **modulálás** *(távk)* isochronous modulation ; ~ **start-stop torzítás** *(távk)* isochronous start-stop distortion ; ~ **torzítás** *(távk)* distortion of isochronous modulation
izolál isolate, segregate
izolálás isolation, segregation ; *(bány)* sealing off
izoleucin *(vegy)* isoleucine, 1-amino-2-methyl-N-valeric acid
izomaltóz isomaltose
izomer *mn (vegy)* isomeric ; *fn* isomer ; **balra forgató** ~ laevoisomer ; **jobbra forgató** ~ dextroisomer
izomerezés isomerization
izoméria isomerism
izomerizálási hő *(vegy)* heat of isomerization
izometrikus *(mat)* isometric ; ~ **ábrázolás** isometric drawing ; ~ **vonal** isometric line
izomorfia *(vegy)* isomorphism
izonaftol *(vegy)* *l* **béta-naftol**
izonéfa *(met)* isoneph
izoolefin *(ol, vegy)* isoolefin
izopachita isopachyte
izoparaffin *(ol, vegy)* isoparaffin
izopikus *(földt)* isopic

izopor *(földt)* isopor
izoprén *(vegy)* isoprene, methyl butadiene
izopropilalkohol isopropyl alcohol
izoptikus *(mat)* isoptic
izorachia *(hidr, met)* cotidal line
izoszeiszta *(földt)* isoseism
izosztatikus *(mech)* isostatic ; ~ **görbe** *(mech)* isostatic curve ; ~ **kiegyenlítődés** *(földt)* isostatic settling ; ~ **szabályozó** *(aut)* proportional plus integral controller
izosztázia isostasy
izotach vonalak *v* **görbék** *(hidr)* equivelocity contours, velocity contour-lines
izoterma *(met)* isotherm ; **izotermákat feltüntető térkép** *(met)* isothermal charts
izoterm(ális) edzés *(hők)* isothermal/hot quenching ; ~ **lágyítás** *(hők)* isothermal annealing
izotermikus isothermal ; ~ **állapotváltozás** isothermal change ; ~ **görbék** isothermal curves ; ~ **hatásfok** *(sűrítőnél)* isothermal efficiency
izotiocianát *(vegy)* isothiocyanate, isosulfocyanate, mustard oil
izotóniás isotonic
izotónikus isotonic
izotóp isotope ; **mesterséges** ~ artificial isotope ; **sugárzó** ~ radioactive isotope
izotópcsoport *(vegy)* pleiad
izotóp-súly *(vegy)* isotopic weight
izotróp *(mech)* isotropic ; ~ **pontok** *(mech)* isotropic points
izotrópia isotropy
izovajsav isobutyric acid
izovaleriánsav isovalerianic acid
izovariációs térkép isovariational chart
izovillamos ponton történő kicsapódás isoelectric precipitation
ízület knuckle (joint), node ; ~**es lánc** Ewart chain
izzad exude ; *(szivattyú:)* bleed ; *(bány)* leak ; *(koh)* become moist
izzadás perspiration, sweat(ing) ; *(szivattyúé:)* bleeding ; ~ **a vágat falán** *(bány)* sweat
izzadságálló *(tex)* fast to perspiration
izzás glow, incandescence, (wild) heat; **cseresznyepiros** ~ *(koh)* cherry-red heat ; ~**ba hoz** calefy ; ~**ba hozó** calefacient
izzási : ~ **állapot** incandescence ; ~ **hő** glowing heat ; ~ **hőfok** incandescent heat ; ~ **szín** *(koh)* heat colour
izzaszt sweat
izzasztás sweating ; *(bőr)* sweating
izzasztó *fn* sweatbox ; ~ **helyiség** *(bőr)* sweating room ; ~ **készülék** sweating apparatus
izzasztóbőr *(kalapban)* perspiration leather
izzasztódeszkák *(hajó)* cargo battens
izzasztókamra *(bőr)* sweat chamber
izzasztópapír *(cipészeti)* socking paper
izzasztott : **egyszer** ~ **nyersparaffin** paraffin scale wax ; ~ **nyersparaffin** ivory wax ; ~ **préselt paraffinviasz** scale wax
izzik glow, light
izzít heat, glow, chafe, calefy, ignite, incandesce ; **fehérre** ~ ignite ; **huzamosan** ~ *(koh)* soak ; **vörösre** ~ make red-hot

izzítás heating, ignition, calefaction; *(lágyítás, hők)* annealing; *(rád)* filament supply; **elektronikus** ~ electronic heating
izzításellenőrző lámpa heater test lamp
izzítási: ~ **szén** *(temperszén)* annealing carbon; ~ **teljesítmény** heater power-input; ~ **veszteség** *(vegy)* ignition losses; ~ **vizsgálat** flame test
izzításos fényezés *(olcsóbb lencsék gyártásánál)* fire polish
izzító: ~ **áramforrás** A-power supply; ~ **elemzés** combustion analysis; ~ **ellenállás** heater resistance; ~ **kapcsoló** *(gépk)* heater plug switch; ~ **kemence** annealing furnace; ~ **transzformátor** *(rád)* filament (supply) transformer
izzítóbúra *(koh)* annealing bell
izzítócsésze *(koh, vegy)* roasting dish/pot
izzítócsónak *(vegy)* combustion tray/boat
izzítócső *(vegy)* combustion tube
izzítócső-kemence combustion-tube furnace
izzítógolyó *(Diesel)* hot spot
izzítógödör *(koh)* pit (heating) furnace
izzítógyertya *(Diesel)* heater plug, glow plug; *(egypólusú:)* single-pole plug; *(kétpólusú:)* double-pole plug
izzítógyertya-ellenállás *(gépk)* heater plug resistance
izzítógyertya-ellenőrző *(Diesel)* heater plug indicator, glow warning light
izzítógyertya-előtétellenállás *(gépk)* ballast resister
izzítógyertya-kapcsoló heater-plug switch
izzítógyertya-összekötő sín *(Diesel)* bus bar
izzítógyertya-spirál *(gépk)* heater filament
izzítóharang *(koh)* annealing bell
izzítókámzsa annealing hood
izzítóláda *(koh)* annealing box/pot
izzítórostély heating grill
izzítószakasz *(ellenálláshegesztésnél)* heat time
izzítótégely *(önt, vegy)* annealing pot
izzítótekercs *(vill)* heating coil
izzítóteleppótló *(rád)* A-eliminator
izzlap *(tex)* dress preserver

izzó *mn* smouldering, hot, glowing, smouldry; *fn l* **izzólámpa**; ~ **elektród** hot electrode, thermoelectrode; **fehéren** ~ incandescent; ~ **fénysugárzó** bright emitter; ~ **kisülés** *(vill)* glow discharge; ~ **koksz** *[szegecsmelegítésre]* gleeds; ~ **kőzettörmelék** *(vulkáni kitörésnél)* incandescent detritus; **sötéten** ~ **katód** *(rád)* dull emitter; ~ **szén** *[szegecsmelegítésre]* gleeds; **villamos** ~ **bélyegző** electric brander
izzócsöves gyújtás hot tube ignition
izzóégő *(Auer-féle égő)* incandescent burner
izzófej *(gyújtáshoz)* ignition globe, heater bulb
izzófejes motor *(gépk)* hot-bulb engine, semi-Diesel engine
izzófény glow/incandescent light; **villamos** ~ electrical incandescent light
izzógömb *(Diesel)* ignition globe
izzógyertya *(Diesel)* glower/incandescent plug; *l* **izzítógyertya**
izzóharisnya *(gázlámpán)* incandescent mantle
izzóharisnyás: ~ **gázlámpa** incandescent gas lamp; ~ **petróleumlámpa** petroleum incandescent lamp
izzókatód *(vill)* hot/incandescent cathode
izzókatódos hot-cathode; ~ **cső** *(rád)* hot-cathode tube; ~ **egyenirányító** hot-cathode rectifier; ~ **(elektron-) emisszió** thermionic emission; ~ **higanygőz-egyenirányító** hot-cathode mercury vapo(u)r rectifier
izzólámpa *(vill)* incandescent lamp, electric bulb; **átlátszó üvegből készült** ~ clear lamp; **bébi** ~ baby (lamp); **belül homályosított** ~ pearl lamp, inside-frosted lamp; **díszítő hatású** ~ decorative lamp; **fémszálas** ~ metal-filament lamp; **festett búrájú** ~ sprayed lamp; **függönyvilágítási** ~ festoon lamp; **gáztöltésű** ~ gas-filled filament lamp; **gyöngyfényű** ~ pearl lamp, inside-frosted lamp; **homályos** ~ frosted lamp; **jelző** ~ signalling lamp, tell-tale lamp; **kétspirálos** ~ coiled-coil lamp; **kisfeszültségű** ~ battery lamp; **nitrogéntöltésű** ~ nitrogen-filled lamp; **opálfényű** ~ opal lamp; **rezgésálló** ~ mill-type lamp; **skálavilágító** ~ radio dial lamp; **szénszálas** ~ carbon-filament (incandescent) lamp; **színes** ~ coloured lamp; **többszálas** ~ multifilament lamp; **törpe** ~ midget/pygmy lamp; **vakításmentes** ~ anti-dazzle lamp; **városi** ~ *(fényszóróban; gépk)* pilot bulb; **vetítő** ~ projector/movie flood lamp; **volfrámszálas** ~ tungsten filament lamp
izzólámpa-csavarmenet electric lamp thread
izzólámpafoglalat lampholder, lamp socket; **csavaros** ~ centre contact socket; ~ **üzemi világítótestekhez** factory-fitting
izzólámpás: ~ **műtermi reflektorok** *(fényk)* inkies; ~ **világítás** incandescent lighting
izzólámpa-stabilizálás *(távk)* lamp stabilization
izzószál *(vill)* heater filament; *(gyújtóé)* bridge wire; **aktivált** ~ activated filament; **amiloid** ~ *(vill)* amyloid filament; **egysíkú** ~ *(vill)* monoplane filament; **egyszerű spirális** ~ *(vill)* coiled filament; **horogra függesztett** ~ *(vill)* anchored filament; **hurkos** ~ *(vill)* looped filament; **kettős spirális** ~ *(vill)* coiled-coil filament; **sajtolt** ~ *(vill)* colloidal filament; ~ **szétporlódása** *(lámpában)* disintegration of filament; **szilíciumborítású** ~ *(szén)* Helion filament; ~ **szinterelése** *(vill)* sintering of filament; **tóriumos** ~ *(vill)* thoriated filament; **zegzugos** ~ *(vill)* wreath filament, straight up-and-down filament
izzószálárnyékoló rács filament-screening grid
izzószálas: ~ **anemométer** *(rep)* hot-wire anemometer; ~ **gyújtás** hot-wire ignition; ~ **mérő készülék** *v* **mérőműszer** *(vill)* hot-wire meter; ~ **pirométer** luminous filament pyrometer; ~ **voltmérő** *(vill)* hot-wire voltmeter
izzószál-ellenállásos szeizmométer hot-wire resistance seismometer
izzószál-feszültség *(vill)* filament voltage
izzótest *(vill)* incandescent body; ~ **fénysugárzása** incandescence

J

jacksonit *(ásv)* jacksonite
Jacquard-áruk *(tex)* Jacquards
Jacquard-gép *(tex)* Jacquard machine ; ~ **osztása** index of Jacquard machine ; ~ **mintázó képessége** figuring capacity of Jacquard; ~ **osztott hasábbal** *(tex)* twilling Jacquard
Jacquard-hasáb *(tex)* Jacquard cylinder
Jacquard-kés *(tex)* lifting/lifter blade
Jacquard-kötés *(tex)* Jacquard construction
Jacquard-lemez *(pa ; tex)* Jacquard board
Jacquard-minta *(tex)* Jacquard design/pattern
Jacquard-mintás törülköző *(tex)* Jacquard woven towel
Jacquard-papír *(pa ; tex)* endless paper for Jacquards
Jacquard-platina *(tex)* lifter, lifting wires
Jacquard-súlyok *(tex)* Jacquard weights
Jacquard-szerelés *(tex)* heald and harness mounting
Jacquard-szövés *(tex)* fancy weaving
Jacquard-szövet *(tex)* Jacquard fabric/cloth ; ~**ek** Jacquards
Jacquard-szövő *(személy)* figured cloth weaver
Jacquard-szövőszék *(tex)* Jacquard loom, French draw-loom, fancy loom
Jacquard-tűk *(tex)* needles of the Jacquard
jadeit *(ásv)* jade(ite)
jade-kő *(ásv)* jade(ite)
Jäderin-féle alapvonalmérő szalag *(geod)* Jäderin wires
jakobsit *(ásv)* jacobsite
jalpait *(ásv)* jalpaite
jamesonit *(ásv)* jamesonite
jancsiszeg hobnail
japán : ~ **kámfor** Japan camphor ; ~ **kert** rock garden ; ~ **lakk** (black) japan ; ~ **papír** Japanese vellum/tissue ; *(eperfaháncsból)* yoshino, Japanese paper ; ~ **papíráru** Japan paper goods ; ~ **selyem-másolópapír** Japan copying-paper ; ~ **szimili-papír** imitation Japan-paper ; ~ **vellinpapír** Japanese vellum paper ; ~ **viasz** Japan tallow ; ~ **viaszpapír** Japan tallow paper
jár *(gépt)* work, run ; **egyenlőtlenül** ~ run heavily ; **kenés nélkül** ~ run dry ; **kifogástalanul** ~ run faultlessly; **kihagyásokkal** ~ run harshly ; **a motor** ~ *(gépk)* the engine is running; *n* **fordulattal** *v* **fordulatszámmal** ~ run at *n* r. p. m. ; **teljes gázzal** ~ run at full throttle ; **ütés nélkül** ~ run true ; **ütve** ~ *(gépt, óra)* run untrue ; **üresen** ~ *(gép)* idle, run idle/idling/empty/free
járás run, travel ; *(forgás)* rotation, running ; *(ép)* butting ; *(óra)* rate ; **kihagyásos** ~ *(motoré)* misfire, misrun
járásellenőrzés *(óra)* rate/working control
járástartam *(óra)* winding period
járat *fn l még* **járás** ; *(mozgás)* motion, run(ing) ; *(csatorna)* duct, channel ; *(bány)* heading ; *(közl)* run, line ; *(óra)* watch movement, escapement ; **hozzávezető** ~ access duct
járat *ige* operate, run ; *vö még* **jár** ; **gépet** ~ run a machine
járatkő *(óra)* balance jewel
járatrendszer *(óra)* escape system
járatrész *(óra)* escapement mechanism
járatsűrűség *(távolságban ; vasút)* headway
járattisztító *fn [kábelfektetéshez ; távk]* mandrel
járat-tömb *(távk)* multiple-way duct, conduit
járda sidewalk, pavement, platform, foot path ; *(mzg)* alley (way) ; ~ **felőli oldal** *(Angliában bal, Amerikában jobb)* near side ; *(ellentéte)* off-side
járdaburkolat foot-path paving
járdai kábelakna *(távk)* footway manhole
járdakő flag(stone)
járdakövezés foot-path paving
járdakövező *(munkás)* flag layer for foot-way
járdalemez *(gépt)* foot-plate, footstep/flooring plate ; *(mozdony oldalán)* run board
járdamenti vízcsap tűzoltáshoz sidewalk hydrant
járdapalló walkway plank
járdaszegély(kő) street curb
járdasziget traffic street refuge/island
járdatartó szögvas *(mozdony oldalán)* running board angle
járgány horse engine/drive ; *(mzg)* draw beam, tread mill ; *(hajó)* capstan ; ~ **talpcsapágya** *(hajó)* saucer
járgánydob *(hajó)* winding barrel
járgányhajtás lóval *(bány)* horse drive
járgányhajtású vitla *v* **csörlő** *(bány)* whim (gin)
járgányrúd *(hajó)* capstan bar
jargon *(ásv)* jargon
járhatatlan impassable
járhatatlanság impassability
járható passable ; *(bány)* available, amenable ; **nehezen** ~ *(út)* heavy
jármű vehicle, car ; ~ **baloldala** *(UK)* near side ; *(US)* far side ; **egyetemes** ~ all-purpose/service vehicle ; **hernyótalpas** ~ endless-track vehicle, tracked vehicle ; ~ **hordképessége** vehicle capacity ; ~ **jobboldala** *(UK)* far side ; *(US)* near side ; **kétéltű** ~ *(gépk)* amphibious vehicle ; **különleges** special purpose vehicle ; **lófogatú** ~ horse-drawn vehicle ; **lőszerszállító** ~ ammunition vehicle ; ~ **okozta rádiózavar** vehicle (motor) interference ; ~ **összsúlya** *(gépk)* gross (vehicle) weight, g. v. w. ; **páncélos** ~ armoured vehicle ; ~**re szerelt adóállomás** *(rád)* mobile transmitter/station ; ~**re szerelt betonkeverő** *(ép)* transit-mixer ; **teherszállító** ~ goods/cargo vehicle ; **univerzális** ~ all-purpose/service vehicle
járműállomány (existing) fleet of vehicles, vehicle stock
járműforgalom vehicular traffic
járműjavítás vehicle reparation
jármű-karaván convoy of vehicles
jármű-karbantartás vehicle maintenance
jármű-kordszövetbetét chafer fabric
jármű-okmányok vehicle certificates
jármű-osztályozó *(úttesten)* bay
járműszerkesztési szelvény *(vasút)* rolling stock clearance ga(u)ge
jármű-teljesítőképesség vehicle performance
járművizsgáló állomás *(gépk)* vehicle testing station
járó travel(l)ing ; ~ **feltörés** *(bány)* shoo(-)fly ; ~ **motor** engine on, running engine
járóakna *(bány)* way/climbing shaft, stair, ladderway
járódeszka board walk, foot plank ; *(hidszerű járópallók)* flying bridge ; *(rászegezett lécekkel)* duck board
járófelület *(cipő)* tread surface
járókelő pedestrian
járókerék rotor, runner, impeller ; *(első fokozaté)* entry impeller ; ~ **és vezető koszorú közötti hézag** impeller clearance; **zárt** ~ completely shrouded impeller
járókerékhajtás impeller drive
járókeréktárcsa impeller disc.
járom trestle, oxbow, yoke ; *(hidép)* bent, span, bay ; *(elektromágnesé)* yoke ; *(óra)* swing
jáGromácsolat *(bány)* barring
járomfa *(bány)* barring, yoke, wall plate ; *(rövid:)* butt cap

járomgép horse engine
járomiga hames
záromszeg shackle stud
járomszerű keret yoke
járomtörés *(bőr)* yoke mark
járomtörésmentes *[nyersbőr]* free from yoke marks
járómű running gear ; *l még* **jármű**
járóműszerkesztési szelvény *(vasút)* maximum moving dimensions, maximum equipment line
járóosztály *(bány)* footway, manway, stairway, ladder road/compartment
járópalló footway, footpath, footwalk, gangway, access/bringing board ; *(bány)* barrow way ; *(háztetőn)* running board
járópálya *l* **járópalló**
járórács *(hajó)* grating
járósáv *(munkahelyen, bány)* runway
jarosit *(ásv)* jarosite
járószék *(felvonóban)* cage ; ~ **mennyezete** cage ceiling
járószékes felvonó cage lift
járószékpadló cage bottom
járószéktámaszték cage support
járószék-vezetősín cage guides
járótalp *(cipő)* outsole
járóvágat *(bány)* going headway, manway, passageway
járulékos additional, accessory, attributive ; *(szuperponált)* superimposed ; ~ **áramkör** *(távk)* superimposed circuit ; ~ **ásványok** accessory minerals ; ~ **ellenállás** *(vill)* additional resistance ; ~ **feszültség** *(vill)* additional voltage ; ~ **mágnesezés** superposed magnetization ; ~ **víz** *(hidr)* make-up water
járvasilózó gép ensilage harvester
jaspachát *(ásv)* agate jasper
jáspis *(ásv)* jasper
jaspis-papír Jaspis-paper
jaspopál *(ásv)* jasp(-)opal, opal jasper
jászolgát *(hidr)* earth cofferdam, crib, batardeau ; ~ **fából** timber crib ; **kettős** ~ double-wall cofferdam
jászolrács hack
jászolsüveggerenda curb
játék *(játékszer)* toy ; *(gépt)* clearance, play ; ~ **biztosítása** relief ; **hosszanti** ~ *(gépt)* axial clearance, longitudinal play ; **illesztési** ~ clearance of fit, positive allowance ; ~**ot megszüntet** eliminate/remove the play ; **mérleg** ~**a** turn of scales ; **sugárirányú** ~ radial clearance/play ; **tengelyirányú** ~ *(gépt)* axial clearance ; ~ **a vezetőlapát-koszorú és a járókerék között** *(hidr)* blade clearance
játékasztal *[orgonán]* console
játékbeállítás *[orgonán]* registration
játékbekapcsoló *[orgonán]* touch ; **két állású** ~ double touch
játékkártya *(pa)* playing card
játékkártyakarton playing-card-board, board for playing card
játékkártyapapír paper for playing-cards, playing-card paper
játéktér *(ép)* court ; *(óra)* air
játékvezető *(telev)* technical operations manager *(UK)* ; technical director *(US)*
játszik *(gépt)* play ; **szabadon** ~ play free
játszóállás *(gramofonon)* playing position
játszóruha *(tex)* romper suit

játszószelep *[orgonán]* piston
játszótér playground, recreation area ; *(iskolai)* recreation ground
játszóterem *(iskolában)* playroom
Jáva-papír Jawa paper
javasol suggest, recommend
javít *(tökéletesít)* improve ; *(helyesbít)* correct ; *(kijavít)* mend, repair, restore ; *[talajt]* meliorate ; **újra** ~ *(levonaton v szedésen)* recorrect
javítandó *[***lemez***]***anyag** menders
javítás *(hibáé)* mending, repair(ing) ; *(helyesbítés)* correction, rectification ; *(tökéletesítés)* improvement, perfection ; *(talajé)* amelioration ; ~**ban** under repair ; ~ **alatt áll** be under repair ; ~ **előtti** *v* **utáni próba** repair test ; ~**ra szoruló** in want of repair ; ~**ra váró** awaiting repair
javítási : ~ **jegy** repair tag ; ~ **jelek** *(nyomda)* proof-correction marks ; ~ **költség** costs of repair ; ~ **munka** repair (work) ; ~ **szerszámok** service tools ; ~ **tartalék-** *v* **pótalkatrész** repair part/piece
javíthatatlan irreparable, unserviceable (beyond repair)
javítható reparable, serviceable ; ~ **kötöttáru** *(kh)* menders ; ~ **torzítás** *(távk)* distortion which may be corrected, corrigable distortion
javító *fn (üzem)* repair shop/works ; *(személy)* repairman; *(nyomda)* reader ; ~ **állomás** recovery station ; ~ **csatorna** *(távk)* correction channel ; ~ **gépkocsi** repair truck ; ~ **hegesztés** repair welding ; ~ **lakatos** *v* **szerelő** repairman ; ~ **láncszem** repair link ; ~ **műszerészek vonala** *(távk)* maintenance circuit ; ~ **és üzemanyag-ellátó térség** *(rep)* service apron
javítóbrigádok repair forces
javítócsoport *(távk)* repair gang
javítóeszköz *v* **-szer** corrective ; *(gépk)* repair equipment/outfit
javítókészlet repair kit
javítóméret repair size
javítómunkás patcher ; *(tex)* repairer, mender
javítóműhely repair (work)shop, service/salvage shop ; *(gépk)* service station
javítóosztag *(rep)* repair gang
javítópaszta *(cipő)* scar paste
javítószekrény *(pa)* box for repairs
javítótalaj selected soil
javított : ~ **futófelületű köpeny** recapped tyre ; ~ **habarcs** lime cement mortar
jávorszarvasbőr elk (leather)
Jeffcott-féle tachiméter *(geod)* Jeffcott tacheometer/tachymeter
jefferisit *(ásv)* jefferisite
jeffersonit *(ásv)* jeffersonite
jég ice ; ~ **által hátráltatott** frost-bound; ~**gel borított** *(földt, met)* ice-dressed, glazed ; ~**gel borított befagyott vízfolyás** *(hidr)* ice-covered stream ; ~ **közé szorult** *v* **visszatartott** *(hajó)* ice-bound ; ~ **okozta lerakódások** *(földt)* ice-born sediments
jégár *(földt) l* **gleccser**
jégbarlang *(földt)* ice pot
jégcella ice can
jégcella-buktató ice-dump
jégcsákány ice pick
jégcsáklya *(hajó)* grapnel ice hook
jégcsillogás blink

jégdaru ice hoist
jégecet *(vegy)* glacial acetic acid, radical vinegar
jegel ice
jeges icy, glacial ; ~ **köd** *(met)* frost mist ; ~ **öv** *(földt, mat)* frigid zone ; ~ **szél** *(met)* glacial breeze ; ~ **út** *(gépk)* ice-bound road
jegesedés icing
jegesedés-elhárítás *(rep)* ice-hazard prevention
jegesedésgátló *fn (rep)* de-icer, anti--icing device; **Dunlop-féle** ~ pneumatic de-icer ; **folyadékos** ~ liquid--type de-icer ; ~ **folyadéktartály** *(rep)* de-icer tank ; **kipufogó gázzal fűtött** ~ exhaust-heated de-icer ; **nyomólevegős** ~ pneumatic de-icer ; **pneumatikus** ~ pneumatic de-icer ; ~ **üveg** de-icing glass ; **villamos** ~ electric de-icer
jegesedési magasságszint freezing level
jegesedik *(rep)* ice (up)
jégfedő *(földt)* ice cap
jégfejlesztő *(kis)* ice pot ; ~ **spirálcsöve** ice tank coil
jégfelderítés *(hajó)* ice patrol
jégfesték *(tex)* ice/glacial dye/colo(u)r
jégfogó ice tackle
jéghárító fal *(földt)* ice-diverting wall
jéghegy *(földt)* (ice)berg
jégjárda graupel
jégjelzés *(figyelmeztető, hajó)* ice warning
jégkaloriméter *(anyagv)* ice calorimeter
jégkamra ice house
jégkaparó *(áramszedőhöz, vasút)* sleet brush/scraper
jégképződés frost, ice deposition
jégkéregolvasztó áramkör *(vasút)* sleet--melting circuit
jégkészítő vákuum-gép vacuum ice machine
jégkifejtés ice drawing
jégkiszedő *(munkás)* ice puller
jégkockafagyasztó tál *(hűtőszekrényben)* ice tray
jégkor *(földt) l* **jégkorszak**
jégkori *(földt)* (en)glacial ; ~ **agyag** glacial till ; ~ **homok- és kavicslerakódás** glacial sands ; ~ **horzsolások** glacial scours ; ~ **lerakódások** ice-laid deposits ; ~ **letarolás** glacial denudation, wedge work ; ~ **teknővölgy** glacial trough ; ~ **üledék** mantle of glacial drift
jégkorszak ice age/period, Great Ice Age ; ~ **előnyomulási korszaka** drift epoch ; ~ **előtti** preglacial ; ~ **utáni** post-glacial, superglacial
jégkor-teória *(földt)* glacialism
jégkő *(ásv) l* **kriolit**
jéglekaparó ice shaver
jégmentes free of ice ; ~ **víz** open water ; ~ **vízfelület** *(befagyott vízfelületen)* glade
jégmerevítés *(hajótesten)* ice strengthening
jégmező *(földt)* ice-bank ; ~ **alatti** subglacial
jégmozgás ice motion
jégpálya (ice) rink
jégpapír ice paper
jégpát *(ásv) l* **riakolit**
jégpince ice-cellar
jégpont *(fiz, met)* ice point
jégréteg ice layer

jégsapka *(földt)* ice carapace
jégsarok creeper, sponge
jégszeg *(kerékabroncson ; gépk)* non--slip(ping) block, ice nail ; *(lópatkóra)* frost stud
jégszekrény refrigerator box, ice chest
jégszemecskék *(met)* ice pellets
jégtábla *(hajó)* (ice) floe, drift ice
jégtálca *(hűtőszekrényben)* ice tray
jégtároló edény ice can
jégteher *(távk)* sleet-weight
jégtelenítő berendezés de-icer, anti-icer ; ~ **berendezés szórógyűrűje** de-icer slingering ; ~ **fűtő ellenállás** *(rep)* anti-icer rheostat ; ~ **gumitömlők** *(rep)* boots, overshoes, de-icer shoes
jégtorlasz *(hidr)* ice-barrier, ice jam
jégtorlaszos területrész *(hidr, mat)* pack-ice patch
jégtorlódás *v* **-zajlás** *(mat)* ice drift
jégtömb ice clew ; *(földt)* ice-pack, pig
jégtömörülés ice accretion
jégtörő *[pillér v hajó]* (ice)breaker ; *(hidláb előtt)* starling ; *(pilléren)* nose of pier ; *(hidr)* ice guard ; ~ **balta** *v* **fejsze** ice axe ; ~ **él** cut-water ; ~ **hajó** ice-breaker ship, ice breaker ; **hídoszlopot védő** ~ ice apron ; ~ **sarkantyú** *(hidr)* (ice) breaker ; ~ **szolgálat** *(hajó)* ice-breaker service
jégtű needle ice
jégtűfelhő szétoszlása *(met)* cloud sublimation
jégverem ice-cellar
jégvirág *(met)* ice-flower
jégviráglakk frozen lacquer
jégvirág-lakkozás crystalline finish, black-japanned finish
jégvirág-lakkozott dim-black japanned
jégvirágos : ~ **rajz** *v* **kikészítés** frosted finish ; ~ **üveg** frosted glass
jégvirágosít *(üveget)* frost
jégvirágozás *(hántolással)* check finish
jégvirágozott zománcú ripple-enamelled
jégvirágpapír ice paper
jégvisszfény blink
jégvitorlás ice boat
jégzajlás *(met)* ice motion/floe, break-up
jegy stamp, mark, billet, ticket ; *(csill)* sign
jegybélyegző gép *(vasút)* ticket-stamping machine
jegykiadó automata automatic ticket machine
jegylyukasztó ticket punch(er)/nipper ; ~ **fogó** ticket nippers
jegypénztár ticket office
jegyrendszer *(adagolás)* rationing
jegyzék register, schedule, list ; *(tájékoztató)* repertory ; ~**be vesz** *v* **beír** (en)register ; ~**be vett** registered
jegyzékbesorolás registry
jegyzékbevétel registration
jegyzékelő művelet *(statisztikai gépen)* list cycle
jegyzet annotation, note, abstract, remark, reference mark ; ~**et készít** minute
jegyzetbetű *(nyomda)* reference
jegyzetfüzet scrapbook
jegyzetjel *(nyomda)* reference mark
jegyzetkönyv *(pa)* table book, tablet
jegyzetlap *(pa)* scribbling slip
jegyzetpapírtömb block
jegyzettömb-alak *(5 1/2" × 7" és 8" × 6"; pa)* Emperor
jegyzőkönyvvezető *(geod)* recorder

jel sign(al), mark, symbol ; *l még* **jeladás** *és* **jelzés** ; ~**et ad** *(távk)* send „mark" ; **alapzajt áttörő** ~ *(rád)* break ; **egyezményes** ~ conventional sign/symbol, character ; ~ **elfedése erősebb jellel** *(rád)* blanketing ; **hallható** ~ aural signal ; **hamis** ~ *(távk)* blooming ; **haranggal adott** ~ *(vasút)* code bell ; ~ **képe** *(távk)* track ; **központozási** ~ centre mark ; **megkülönböztető** ~ character ; ~ **nélküli időszak** *(rád)* silent period ; **szaggatott** ~ cleft signal ; ~- **és szünetimpulzusok** *(távk)* mark and space signals ; ~ **terjedési sebessége** *(rád)* signal velocity ; **venni kívánt** ~ *(rád)* wanted signal
jeladás signal(l)ing
jeladási sebesség *(távk)* signal(l)ing speed/rate
jeladó *(ember)* signalman ; *(rád)* marker ; ~ **billentyű érintkezése lenyomáskor** *(távk)* mark contact ; ~ **irányított antennája** marker antenna
jeladóáram-érintkező *(táv)* marking contact
jelalakellenőrző *(távk)* wave-form monitor
jelalak-javítás *(rád, távk)* (pulse) shaping
jelalakjavító áramkör *(rád, távk)* shaping circuit
jelamplitúdó signal amplitude
jeláram *(távk)* signal/marking current
jelátalakító *(távk)* coder
jeláteresztés signal passing
jelátvitel *(táv)* signal transmission
jelbeütő szerszám staking tool
jelegyenirányító signal rectifier
jel-elem *(távk)* signal element, digit
jel-elemátvivő csatorna *(távk)* digital/discrete channel
jelelemzés *(távk)* signal analysis
jelellenőrző készülék *(távk)* signal testing apparatus
jelenetbeállítás *(film)* set
jelenkor *(földt)* *l* **holocén**
jelenkori *(földt)* contemporary, recent
jelenlegi ellátottság *(városépítés)* present state of public utilities, ratio of supply service to present number of users
jelenség phenomenon, effect ; **piezovillamos** ~ piezo-electric phenomenon
jelentéscsomag *(rep)* message bag
jelentésfelkapó horog *(rep)* message pick-up hook
jelentésledobás *(rep)* message dropping
jelentkezési : ~ **fény** *(rep)* recognition light ; ~ **jel** *(távk)* answer signal ; off-hook signal *(US)*
jelentkezik *(távk)* answer ; *(ellenőrző állomáson, túraversenyen ; gépk)* check in
jelentkeződugó *(távk)* answering plug
jelentkezőhüvely *(távk)* answering jack
jelentő hálózat *(térképen)* grid
jelentőhálózati : ~ **azimut** *(geod)* grid azimuth ; ~ **dél** *(geod)* grid south ; ~ **koordináta** *(geod)* grid coordinate ; ~ **vonal** *(geod)* grid line
jelentőhálózatos térkép *(geod)* gridded map
jelentőpont *(rep)* reporting point ; **kijelölt** ~ *(rep)* check point ; ~ **látvarepülésnél** contact reporting point

„jel"-érintkező *(távk)* marking contact
jelerősség *(rád, távk)* signal strength/intensity
jelerősségindikátor *(távk)* S-meter
jelérték: fekete ~ *(távk)* black region
jelez signal, indicate, denote ; *(veszélyt)* warn
jelfeszültség *(rád, távk)* signal voltage
jelfeszültségcsökkenés az antennán fade
jelfogó *(távk)* relay ; *l még* **relé** ; **bekapcsoló** ~ *(távk)* cut-in relay ; ~ **elenged** *v* **kiold** the relay releases ; ~ **elengedési ideje** relay releasing time ; **foglaltsági** ~ *(távk)* busy relay ; **hívó** ~ *(távk)* call relay ; **kereső** ~ *(távk)* drive-stopping relay ; **késélcsapágyazású** ~ *(távk)* knife-edge relay ; **kikapcsoló** ~ *(távk)* cut-off relay - **különbözeti** ~ differential relay ; **lassú elengedésű** ~ slow drop--away relay ; **lassú meghúzású** ~ slow pick-up relay ; **mechanikai reteszelésű** ~ *(távk)* latched relay ; ~ **megszólalása** *(távk)* pull-up of a relay ; ~ **(működési) jelleggörbéje** relay working diagram ; **reteszelő** ~ *(távk)* interlocking relay ; **sarkított** ~ *(távk)* biassed/polarized relay ; **számláló** ~ *(távk)* metering relay ; **számláló-kiiktató** ~ *(távk)* non-metering relay ; ~ **szerkezet** mark-sensing device ; **trönkvonali** ~ *(távk)* trunk relay ; **vezérlő** ~ *(távk)* pilot relay ; **vonalszakadási** ~ *(távk)* wire-break relay
jelfogóállvány *(távk)* relay rack
jelfogó-áramkör relay/auxiliary circuit
jelfogóbeállító : ~ **készülék** *(távk)* relay adjuster ; ~ **szerszámkészlet** *(távk)* relay adjusting tool set
jelfogóbúra *(távk)* relay housing
jelfogócső *(távk)* relay tube
jelfogódoboz *v* **-ház** *(távk)* relay box/case
jelfogó-érintkező relay contact
jelfogóhorgony *(távk)* relay armature
jelfogóidőzítő áramkör *(távk)* relay timing circuit
jelfogó-jelzés *(távk)* relay marking
jelfogókamra relay box
jelfogókeret *(távk)* relay bay/rack
jelfogólánc *(távk)* train of relays
jelfogómágnes *(távk)* relay magnet
jelfogós : ~ **adó(áramkör)** *(távk)* relay sender ; ~ **áramkör** *[távírótechnikában]* repeat circuit ; ~ **erősítő** *(távk)* relay amplifier ; ~ **időzítés** *(távk)* relay timing ; ~ **kioldás** *(aut)* relaying ; ~ **számjegyző** *(távk)* relay recorder ; ~ **védelem** *(vill)* relaying
jelfogósáv *(távk)* relay panel/strip
jelfogószekrény *(vasút)* relay cabinet
jelfogó-távolság *v* **-osztás** *(távk)* relay spacing
jelfogótekercs *(távk)* relay coil
jelfogóütköző *v* **-ütköztetés** *(vill)* stop of relay
jelfogó-védőburkolat *(távk)* relay housing
jelfordító *(rád)* signal inverter
jelforma *(rád)* wave shape ; ~ **szerinti szétválasztás** *(rád)* waveform separation
jelformáló egység *(távk)* shaping unit
jelfrekvencia *(rád, táv)* signal frequency ; *(táviratleadásnál)* dot frequency

jelfrekvencia-erősítő *(rád)* signal-frequency amplifier
jelgenerátor *(rád)* notch/signal generator
jelgyengülés : ~ **az árnyékzónában** *(rád)* shadow attenuation ; ~ **a céltárgy távolsága miatt** range attenuation
jelhangú : ~ **modulátor** *(távk)* mark-tone modulator ; ~ **üzem** *(távk)* mark-tone working
jelhomlok *(távk)* leading edge, front
jelhossz *(távk)* mark length
jelhullám *(távk)* signal wave, marking wave
jel-hullámhomlok *(telev)* signal-wave front
jelimpulzus *(távk)* notch pulses ; ~**t közvetítő határáram** marginal current
jelimpulzusgenerátor *(távk)* notch generator
jelismétlő *fn (távk)* repeater
jeljavító : ~ **áramkör** *(távk)* (signal) shaping network ; ~ **ismétlő** *(távk)* regenerative repeater
jelkapu *(távk)* marker gate ; **belső** ~ boundary marker ; **bevezető** ~ *(rep)* approach marker beacon
jelkapu-sugárzási görbe *(rep)* wedge-shaped vertical radiation
jelkép ideograph ; *(számtani :)* symbol
jelképes symbolic, emblematic(al) ; ~ **indikáció** *(rep)* symbolic display ; ~ **kifejezés** *(mat)* symbolic expression
jelkésleltetés *(távk)* signal delay
jelkészletmegőrzés *(emlékezőcsőben)* information storage
jelkeverő egység *(távk)* signal mixer unit
jelkifutás *(rád)* tail
jelkihagyás *(rád)* (radio) fadeout
jelkilengés *(rád)* signal swing
jelkönyv *(távk)* signal code
jelkövetkezés *(mat)* permanency
jel-köz *(távk)* dot-cycle
jelkulcs *(távk)* signal code
jelleg character(istic), feature, aspect, type
jellegállapot *(mech)* characteristic state
jelleggörbe characteristic curve ; ~ **igen nagy nyomáson** extreme pressure characteristics, E. P. characteristics ; ~ **könyökrésze** knee (of characteristic) ; ~ **linearizálása** *(rád)* flatting ; **nyitott-áramköri** ~ *(vill)* open-circuit characteristic ; ~ **törése** *(vill)* bend of the characteristic
jelleggörbe-könyök(pont) bend of the characteristic
jelleggörbe-mező *(rád)* total characteristic
jelleggörbesereg set/family of characteristics
jellegőrzés *(levegőfajtáknál)* conservativity
jelleg-pont *(mech)* representative point
jellegzetes distinctive, characteristic, typical, representative ; ~ **domborzat** *(geod ; földt)* marked relief ; ~ **domborzati formák** *(geod)* index forms ; **nem** ~ indistinctive ; ~ **tájékozódási pont** *(geod)* landmark
jellegzetesség distinction, distinctiveness, characteristic
jel-lemez *fn (ikonoszkópon)* signal plate, backplate
jellemgörbe *l* **jelleggörbe**
jellemvonás feature
jellemző *(műszaki) fn* characteristic ; *mn* typic(al) ; ~ **időpont** *(távk)* characteristic instant ; ~ **sajátosság** distinctive feature ; ~ **sáv** *[beszédhangé]* characteristic band ; ~ **sugárzás** characteristic radiation ; ~ **torzítás** *(rád)* characteristic distortion ; ~ **tűrés** basic tolerance ; ~ **vonás** (distinctive) mark/feature
jellevágás *(távk)* cutoff ; **rácsköri** ~ *(rád)* grid clamping
jelmagyarázat legend, chart of symbols ; *(rajzon :)* key words ; *(nyomda)* reference
jelmező *(rád)* signal field ; *(rep)* signal area
jelminimum *(rep)* minimum signal ; ~ **helye** *(rep)* minimum signal position
jelminimum-módszer *(rád)* minimum-signal method
jelminták *(távk)* samples
jelnivó *(távk)* signal level
jel-oldal *(távk)* „mark"-side
jelöl point out, mark, stamp ; **fát zsinórral** ~ line out timber ; **rovátkával** ~ dub
jelölés symbol, mark(ing), index(ing) ; **beégetett** ~ *(bőrön)* brand mark(s)
jelölési mód notation
jelöletlen unmarked ; ~ **vég** unmarked end
jelölő : ~ **es osztó készülék** *(forg)* indexing (and spacing) fixture ; ~ **rajztű** marking scriber
jelölőléc *(fa)* regulating bar
jelölőmérce *(bány)* tolly stick
jelölőszerszám marking tool
jelölt : körrel ~ circled ; **pontozva** ~ chain-dotted
jelösszehasonlító módszer *(rád)* signal-comparison method
jelösszetevő *(távk)* signal component
jelövezet : egyenletes ~ *(irányító földi rádióadónál)* beacon course
jelpolaritás *(vill)* signal polarity
jelregisztráló berendezés code recorder
jelrögzítési idő *(vill)* memory time
jelrögzítés sebessége *(vill)* memory rate
jelrögzítő : ~ **csatorna** *(távk)* recording channel ; ~ **cső** *(vill)* memory tube ; ~ **lámpa** *(távk)* recording lamp ; ~ **szalag** record chart, recording paper
jelrúd *(geod)* mast signal ; **huzalmerevítésű magas** ~ guyed mast signal ; ~**dal megjelöl** *(geod)* flag ; ~**at mozgató segédmunkás** flagman
jelsebesség *(távk)* signal velocity
jelsorozat *(távk)* signal/symbol sequence
jelsűrűség *(távk)* dot-frequency
jelszétválasztás *(távk)* separation of signals
jelszint *(távk)* signal/transmission level ; **fekete** ~ black level
jelszünet *(távk)* spacing (interval) ; ~ **alatti kisugárzás** *(távk)* back wave
jelszünethullám *(távk)* spacing wave
jelszüneti áram *(távk)* spacing current
jel-szünet-viszony *(távk)* mark-space ratio
jeltábla *(rep)* signal panel
jeltárcsás lakat plate puzzle lock
jeltárolás *(távk)* storage/recording/registration of signals
jeltér *(rep)* quadrant ; ~ **jele** *(rep)* zone signal
jeltér-azonosítás *(rep)* quadrant identification
jel-térerősség *(rád)* signal intensity, signal field-strength ; ~ **viszonya a zajszinthez** *(rád)* *signal/noise* ratio
jelterjedési sebesség *(távk)* signal velocity
jeltorzulás *(távk)* signal distortion
jeltöltés *(telev)* signal charge
jeltúlemelkedés *(távk)* overshot
jeltúllövés *[erősítőnél ; távk]* overshot
jeltűz *(rep)* beacon
jeludvar *(rep)* signal area
jeludvari tábla *(rep)* signal area panel
jelválasztó *(rád, távk)* signal selector ; ~ **impulzus** signal-selector patch
jelváltás *(iránysáv-átrepülésnél)* reversal of signals
jelváltó emeltyű *(írógépen)* sign type bar
jelvény badge
jelvétel *(távk)* code reception
jelvevő *(távk)* signal(ing) receiver ; ~ **meghúzási ideje** receiver response time
jel-zaj-viszony *(rád, távk)* *signal/noise* ratio, signal-(to-)noise ratio
jelzés stamp, mark, symbol, signal, note, signalling, stamping, branding, indicating ; *l még* **jel és jeladás** ; ~ **erőssége** *(távk)* signal intensity ; **figyelmet felhívó** ~ attentional signal ; ~ **hallhatósága** *(távk)* signal intensity ; **illesztési** ~ *(alkatrészen)* match mark ; ~ **megszűnése** clearing of signal ; **mérő** ~ *(mérőeszközön)* ga(u)ging notch ; ~ **nagy távolságra** distant transmission signal ; „**szabad**" ~ clear signal ; **szerelési** ~ *(szerkezeti elemeken)* crection mark
jelzési : ~ **forgalom** *(vasút)* signal indication ; ~ **határok** *(gépt)* indicating range ; ~ **kép** *(vasút)* signal aspect ; ~ **kép jelentése** *(vasút)* signal indication
jelzéskódex *(nyomda)* signal book
jelzésnyújtás *(rád)* notch expansion
jelzésszámláló *(vasút)* signal counter
jelzésvillantó *fn* sign flasher
jelzett atom tracer (atom), labelled atom
jelző *fn (személy :)* signaller ; *(műszeri)* indicator ; *(vasút)* semaphore ; *[rádiólokátorban]* marker switch ; *mn* indicating, signalling ; ~ **állomás** *(távk)* beacon ; ~ **bélyegző** marking punch ; ~ **berendezés** indicating device, signal(l)ing installation/device/equipment ; *(riasztó)* warning device ; *(számtáblás ; telef)* annunciator ; *(telef)* answering equipment ; *(fényk)* notcher ; ~ **feszmérő** alarm manometer ; ~ **frekvencia** *(rád)* marking frequency ; ~ **kalapács** marking/stamping hammer ; ~ **készülék** *l még* **jelző berendezés** ; *(tex)* cut-marker, detector ; **kétszeres** ~ *(vasút)* double signals ; **lengő** ~ **tárcsája** *(vasút)* banner ; ~ **nyomásmérő** alarm manometer ; ~ **rakéta** signal flare, rocket signal ; ~ **rovátka** *(hanglemezen)* marker groove ; **százas** ~ cent indicator ; ~ **szerkezet** indicating mechanism ; ~ **színezés** *(tex)* fugitive tinting ; ~ **szolgálat** *(vasút)* signal(l)ing ; **tárcsás** ~ *(vasút)* disc signal ; ~ **vászonlap** *(rep)* ground cloth/panel ; ~ **vezeték** *(vill)* pilot wire ; *[kézi központban ;*

távk] sleeve circuit, S-wire ; *(automata központban ; távk)* private-wire, P-wire ; ~ **világítópisztoly** flare/signal pistol
jelzőalap(ozás) *(vasút)* foundation
jelzőállás *(vasút)* signal position
jelzőállítás *(mechanikai ; vasút)* recoupling
jelzőállítás-számláló eszköz *(vasút)* signal counter
jelzőállító : ~ **bak váltócsúcssínzárral** *(vasút)* locking frame with point lock ; ~ **emelőkar** signal lever ; ~ **emeltyű ellensúlya** *(vasút)* tail lever counterweight ; **karos** ~ down rod ; ~ **zár** signal lock
jelzőáram *(vill)* controlling current
jelzőbódé *(vasút)* signal box
jelzőbója *(hajó)* marker buoy
jelzőbomba *(rep)* marker bomb
jelzőcövek *(hosszméréshez)* chaining pin
jelzőcsap *(puskán)* signal pin, indicator
jelzőcsavar register screw
jelzőcsengő (signal alarm) bell
jelzőcsík designation strip ; *(nyomda)* setting strip
jelzőcső *[varázsszem ; rád]* indicator tube
jelzőemeltyűzár *(vasút)* lock for signal lever, block (lever) latch
jelzőfa *(tájékozódásra ; geod)* landmark tree
jelzőfény flare, marker light, luminous signal ; *(hajó)* lantern ; **hátrafelé világító** ~ *(vasút)* back light ; **váltakozó** ~ *(rep)* alternating light
jelzőfesték *(koh, tex)* marking(-)ink ; *[tusirozáshoz]* marking compound
jelzőfonal *[kábelben v huzalban]* tracer
jelző-forgattyú *(vasút)* signal crank
jelzőgép marking machine
jelzőgomb signal button
jelzőgyűrű indexing ring
jelzőhang *(távk)* tone
jelzőharang knocker, gong, bell ; *(bány)* rapper ; ~ **kalapácsa** gong hammer
jelzőharang-mozgató kar bell ringer
jelzőharangtartó : igás ~ *(mozdonyon)* bell yoke
jelzőhíd *(vasút)* signal bridge
jelzőhídi jelzőárboc *(vasút)* bridge mast
jelzőhullám *(távk)* signal/marking wave
jelzőhuzal *(bány)* knocker line, bell rope ; *(betörés elleni készülékhez:)* guard wire
jelzőirón marking scriber
jelzőkar signal arm ; *(gépk)* index ; *(vasút)* hand, semaphore
jelzőkar-állvány *(vasút)* signal bracket
jelzőkaró *(geod)* marking/lining peg/pole, (surveyor's) stake ; ~**val megjelöl** stake
jelzőkezelés signal operation
jelzőkezelő *fn* signalman
jelzőkódex *(távk)* signal code
jelzőkorong *(távk)* annunciator disc ; *(céllövészetnél)* signal(l)ing disc
jelzőkő *[kábelvonal mentén; távk]* marker, marking post
jelzőkör *(távk)* warning curcuit
jelzőkötél *(bány)* bell line rope
jelzőközpont *(vasút)* report centre
jelzőkréta marking crayon
jelzőkulcs code
jelzőkürt howler, horn, hooter, bugle ; *(hajó)* warning horn
jelzőlámpa signal(ling)/alarm/pilot lamp, indicating/indicator lamp ; *(film)* marker lamp ; *(rep)* indicator light ; *(mozdony elején)* headlight ; **filmrendezői** ~ cue light ; **riasztó** ~ warning lamp ; ~ **telefonon** *(foglalt-lámpa)* busy-flash, delay lamp
jelzőlámpa-állvány lamp support
jelzőlámpa-olaj long-time burning oil, signal oil
jelzőlámpa-üveg *(vasút)* signal glass
jelzőmágnes application magnet
jelzőműszer indicating instrument
jelzőóra signal clock
jelzőoszlop *(geod)* stake ; *(távk)* marking post ; *(vasút)* signal post
jelzőpápaszem *(vasút)* spectacles
jelzőpatron : durranó ~ *(bány)* blasting cartridge
jelzőpéce *(hajó)* code beacon
jelzőpont : hangsávra festett fekete ~ *(film)* bloobing patch
jelzőponyva *(rep)* cloth strip
jelzőpózna mark pole, peg
jelzőrelé *(rád)* signal relay
jelzőrendszer : útátjáróknál alkalmazott önműködő ~ automatic interlocking
jelzőrés scanning slit
jelzőrúd peg
jelzőszál *(kábelek ereinek meghatározására)* identification tape
jelzőszalag marging strip
jelzőszám *(mat)* index, subscript
jelzőszárny *(vasút)* semaphore blade
jelzőszárnytartó horony *(vasút)* blade-grip
jelzőszeg *(úttesten)* metal stud
jelzőszem *(vill)* bull's eye
jelzőszerelvény-állvány *(távk)* signal(l)ing shelf/frame
jelzőszerszám *[betűbeütő]* marking die
jelzőszint *(földt)* index plane, marker horizon
jelzőtábla alarm table, indicator plate ; *(lőoktatáshoz:)* marking desk ; *(telef)* indicator drop disc/board, display panel ; *(távk)* signal/annunciator disc ; *(vasút)* banjo signal, semaphore disc
jelzőtelep *(távk)* signalling battery
jelzőtinta marking-ink
jelzőtorony *(távk)* beacon ; *(vasút)* signal tower
jelzőtöltény signal cartridge
jelzőtűz *(hajó)* lantern ; *(rep)* beacon
jelzőtűzlámpa beacon light lamp
jelzővas marking iron
jelzővevő *(rád)* warning receiver
jelzővonal *[mikrométer beosztott dobjához]* index line
jelzőzászló flag, waft ; *(vasút)* banner, marker
jelzőzászlósor *(hajó)* hoist
jelzőzászlózsinór *(pamutszövésű)* signal halyard
Jenny-fonógép *(tex)* spinning jenny
jeremejevit *(ásv)* jeremejewite
jersey-fonal *(tex)* jersey
jersey-szövet *(tex)* jersey
jet-fúró jet-bit
jigger *(tex)* dye(ing) jig(ger)
jigger-fulárdozás *(tex)* pad-jigger method
jigger-színezőgép *(tex) l* **jigger**
jó *(selejtmentes)* sound ; ~ **állapotban** in good shape/condition ; ~ **telér** *(bány)* strong vein ; ~ **vezető képességű talaj** *(vill)* good earth
jobb : ~ **állvány** *(gépt)* right-hand column ; ~- **és balmenetű** *[csavar]* right and left handed ; ~- **és balmenetű** *(kettős menetű)* **dob** twin drum ; ~- **és balmenetű feszítő csavaranya** right and left nut ; ~ **csapás** *(baloldalról kapott szél)* starboard tack ; ~ **(eszterga)kés** right tool ; ~**ra forgató** *(fényt, vegy)* dextrogyrate, dextrogyric, dextrorota(to)ry ; ~**ra forgató kristályok** right-handed crystals - ~**ra forgó** *[gézlánc ; tex)* right crossing ; ~**ra forgó homlokmaró** *(forg)* right mill ; ~**ra forgó polarizált hullám** *(rád)* right polarized wave ; ~**ra haladó** right-hand ; ~**ra lógó** *(rep)* right-wing heavy ; ~ **oldali** right(-) hand ; ~ **oldali munkagépes rendszer** right gang ; ~ **oldali sodrás** *(kötélnél)* right lay ; ~**ra tart** *(forgalomban)* keep to the right ; ~**ra vágó** *(forg)* right-cutting ; ~**ra vágó tű** *(cipő)* reverse twist ; *(meredek ; cipő)* reverse cross twist
jobbforduló *(rep)* turn to startboard
jobbfutású right-hand
jobbhajtású right-hand driven
jobbindítású szövőszék *(tex)* loom drive on right hand, right-hand loom
jobbirányú : ~ *(pozitív)* **nyomaték** *(mech)* right-handed moment ; ~ **sávoly** *(tex)* right twill
jobbkezes *(ép, gépt)* right-handed ; ~ **befelé nyíló ajtó** *(ép)* right open-in door
jobbkézszabály *(vill)* right hand rule
jobbmenet *[csavaron]* right-hand(ed) thread
jobbmenetes *v* **jobbmenetű** *[csavar]* right-hand(ed) ; ~ **csavar** right-hand screw ; ~ **csavarmenet** right(-hand) thread ; ~ **kettős közcsavar** hexagon nipple with right-hand thread ; ~ **tekercsrugó** *v* **spirálrugó** spring with right-handed helices
jobboldal *(gépk)* off-side ; *(hajó)* starboard ; *(tex)* face, upper side ; ~**on elrendezett gépcsoport** right-hand gang
jobbos zár right-handed lock
jobbraforgás right-hand(ed) rotation ; *(fényt)* positive rotation ; *(vegy)* dextrorotation
jobbrahajtás right driving
jobbrahegesztés backhand/back(-step)/backward welding
jobbsodrat *(tex)* regular/right twist, open-band twist ; *(pamutfonalnál:)* spinning twist
jobbsodratú : ~ **fonal** *(tex)* right-hand twisted yarn, open-hand yarn ; ~ **kötél** rope with lay to the right
jobbszárny-nehéz *(rep)* right-wing heavy
jobbváltó right turn-off
jód iodine *(vegyjele angol szövegben* I *és nem* J*)*
jódammónium ammonium iodide
jódargirit *(ásv) l* **jodirit**
jódbrómszám iodine-bromine number/value
jodembolit *(ásv) l* **jodobromit**
jódeozin tetraiodo-fluorescein
jódezüst *l* **ezüstjodid**
jódfestvény *l* **jódtinktúra**

jódhidrogén hydrogen iodide
jodimetria iodimetry
jodirit *(ásv)* iodyrite
jód-jódkáliumoldat iodine-iodide of potassium solution
jódkáli(um) *l* **káliumjodid**
jódkáliumkeményítő papír starch paper
jódkeményítő starch iodide
jódnátrium *l* **nátriumjodid**
jodobromit *(ásv)* iodobromite
jodoform iodoform, triiodomethane
jodometria iodometry
jódszám iodine number/value
jódtartalmú *(ásv)* iodian
jódtinktúra tincture of iodine
jodűr subiodide
jogtalan sokszorosítás *(nyomda)* infringement of copyright
johannit *(ásv)* johannite
Johansson-féle mérőhasáb (Johansson) ga(u)ge (block), Swedish block/gauge
johnstrupit *(ásv)* johnstrupite
„jó"-idomszer go ga(u)ge
jókarban in good repair/shape/condition ; ~ **tart** keep in good order
jól : ~ **átlátszó rajzpapír** high transparent drawing paper ; ~ **hasadó** *(ásv)* well sheared ; ~ **konzervált** *[nyersbőr]* well cured ; ~ **kormányozható hajó** handy vessel ; ~ **mosott posztó** *(tex)* fat-free cloth ; ~ **nyúzott** *[nyersbőr]* good flayed ; ~ **simított nyomópapír** supercalendered printing-paper ; ~ **tartósított** *(bőr)* well/thoroughly cured ; ~ **vezető** *(vill)* highly conductive ; ~ **zárt felület** *(pa)* well-closed formation
„jóméret"-idomszer go-ga(u)ge
jóminőségű (high-)quality, high-grade ; ~ **anyag** honest material ; ~ *(göcs- és bogmentes)* **építési faanyag** free stuff ; ~ **vevő készülék** *(rád)* high-fidelity receiver
Jominy-próba *(anyagv, hők)* Jominy/hardenability test
„jó"-oldal „go" side
jósági : ~ **görbe** figure-of-merit curve ; ~ **szám** figure of merit ; *(rep)* fineness ; ~ **tényező** figure/factor of merit , *(rád, távk)* power/quality factor, Q-factor
jóságmérő *(rád, távk)* Q-meter
jóságszabályozás *(aut)* end-point control
jóságszám *(rád, telev)* figure of merit, Q-value
jóságtényező *(rád, távk)* Q-factor
joseit *(ásv)* joseite
José-selyempapír José tissues, José tissue paper
jóslás *(statisztikai)* prediction
jótállás guarantee, warrant
jótállási idő guarantee period
joule *(vill)* joule
Joule-féle : ~ **hatás** Joule effect ; ~ **hatásfok** Joule efficiency ; ~ **hő** Joule(an) heat ; ~ **körfolyamat** Joule cycle ; ~ **törvény** Joule's energy law
Joule-Kelvin *v* **Joule-Thomson hatás** Joule—Kelvin effect
Joule-veszteség *(vill)* resistance loss
jóváhagyás approval, approbation, acceptance
jóváhagyott approved
jozefinit *(ásv)* josephinite
jövedelmezőség earning capacity
jöveszt *(bány)* win, dig, take, strip, break ; **kézifúrással** ~ beataway ; **kőzetet** ~ break
jövesztés *(bány)* stoping, break ; ~ **ékkel** beataway ; ~ **felülről lefelé** taking down ; ~ **robbantással** *(bány)* shooting on the tree ; **sűrítettlevegős** ~ air breaking ; ~ **vízsugárral** hydraulic mining
jövesztő *(bány)* breaker ; ~ **fúrólyuk** make hole
jövesztőlyuk *(bány)* third-row hole
jövevényszikla *v* **-tömb** *(földt)* desert/detached mass/stone
juh : ~ **fargyapja** say-cast ; ~ **gyapjúbundája** wool covering ; ~ **hasgyapja** bellies ; ~ **szakállgyapja** *(tex)* dewlap wool
juhbélés sheep lining
juhbőr sheep pelts ; **cseres** *(„natúr")* ~ *(bazánbőr, bélésbőr)* basil ; **keresztformára összevarrt** ~**ök** sheep crosses ; **krómcserzésű** ~ chrome sheep leather ; **nyers** ~ sheepskin ; **szárított** *(izzasztással gyapjatlanított)* ~ cuirot ; **szőrméjével cserzett** ~ housing
juhgyapjú bucks wool
juhnyírás *(tex)* sheep shearing
juhpőre : pikkelezett ~ pickle sheepskin
juhsajt *(élip)* cottage cheese
juhtenyészetben nyírt gyapjú *(tex)* range wool
jukka-rost *(tex)* Yucca fibre
Jupiter-lámpa *(film)* photo floodlamp
júra *(földt)* Jurassic period/system
jusztírozás *(geod)* adjustment
jusztírozógép adjusting machine
juta *(tex)* China hemp/pat, Chinese hemp/reet, jute ; **áztatott** *v* **olajban lágyított** ~ batch jute
jutaárugyártás *(tex)* jute manufacture
jutabontó gép *(tex)* jute opener
jutacellulóz *(pa)* bastose
jutaegyengető gép *(tex)* scutcher
jutafekete *(pa)* jute black
jutafonal *(tex)* jute yarn
juta-fonalszámozás *(tex)* jute and heavy linen yarn counts
juta-göngyöleg *(tex)* jute sacking
juta-gyékényszövet cable matting
jutahulladék *(tex)* jute butts
jutaipar *(tex)* jute manufacture
jutakarton *(nem jutából, szívós triplexkarton)* jute board
jutakócfonal *(tex)* jute-tow yarn
jutalágyítás *(tex)* batching
jutalemez *(pa)* jute board
jutamosás *(tex)* jute washing
jutaolaj *(vegy)* gunnery seed oil
jutapuhító gép *(tex)* jute softener
jutarongy *(pa)* jute jew's mallow
jutaszövő *(tex)* jute weaver
jutatextil-hulladék *(pa)* hessian
jutaválogató osztály *(tex)* batching-house
jutavászon *(tex)* (tar)paulin, hessian
jutavászon-szigetelés burlap sealing
jutazsák cocoa sack, burlap bag
juta-zsákszövet gunnery cloth, jute bagging/canvas
juvenilis *(földt)* juvenile, young ; ~ **állapot** infancy stage ; ~ **folyó** river at grade ; ~ **forrás** juvenile spring, deep-seated spring ; ~ **gáz** juvenile gas ; ~ **víz** water of magmatic origin, (internal) primitive water, connate flow ; ~ **völgy** immatur(at)e valley
juxtapozíciós ikrek *(ásv)* contact/juxtaposition twins
J-varrat *(heg)* single-J-groove weld

K

kabátfércelő *(tex)* coat baster

kabátkihajtás *(tex)* revers

kabátvarró *fn (tex)* coat stitcher

kábel cable; *(vill; zsinór)* cord; *(huzal)* wire; *(kábelhuzal)* cable thread; **acél-alumínium** ~ *(vill)* aluminium-steel cable; **árnyékolt** ~ *(vill)* H-type cable; **árnyékolt erű** ~ *(vill)* shielded-conductor cable; **befont** ~ braided cable; **bekötő** ~ *(vill)* junction/connecting cable; **biztonsági** ~ check cable; **csupasz** ~ *(vill)* bare cable; **csűrőkormánymozgató** ~ *(rep)* aileron cable; **egyeres** ~ *(vill)* single(-core) cable; **elosztó** ~ *(vill)* distribution cable; **elsütő** ~ *(vill)* shot-firing cable; **erőátviteli** ~ *(vill)* power cable; ~ **fényreklámokhoz** *(vill)* neon sign cable; **folyami** ~ *(vill)* estuary cable; **gáznyomásos** ~ *(vill)* gas-filled cable; **gyöngyszigetelésű** ~ *(rád)* beaded cable; **gyújtó** ~ *(vill)* shot-firing cable; **háziüzemi** ~ *(vill)* internal cable; **híradástechnikai** ~ *(vill)* telecommunication cable; **hitelesítő** ~ *(vill)* calibrating cable; **interurbán** ~ *(vill)* trunk/toll cable; **jutaborítású ólomköpenyű** ~ *(vill)* served lead-covered cable; ~ **kifejtése** *(távk)* termination of cable; **kis teljesítményű** ~ low/small-capacity cable; **kis veszteségű** ~ low-loss cable; **koaxiális** ~ *(vill)* coaxial cable; **koncentrikus** ~ coaxial cable; **koronamentes** ~ *(vill)* corona-proof cable; **kötegelt** ~ *(vill)* bunched cable; **krarupizált** ~ *(vill)* continuously-loaded eable; **légszigetelésű** ~ *(vill)* air space cable; **lóherelevél alakú** ~ clover cable; **mélytengeri** ~ *(vill)* deep-sea cable; **multiplex** ~ *(vill)* bank cable; *n*-**eres** ~ *(vill)* *n*-conductor cable; **nagyfeszültségű** ~ high-tension cable; **nagyfrekvenciás** ~ high-frequency cable; **négyes sodratú** ~ *(vill)* quadded cable, multiple-twin cable; **ólomköpenyű** ~ *(vill)* lead-covered cable; **osztott erű** ~ *(vill)* split(-conductor) cable; ~ **páncélozása** armo(u)ring; **páncélozott** ~ *(vill)* armo(u)r(ed) cable; **páros sodratú** ~ *(vill)* non-quadded cable, paired cable; **pupincsévés** *v* **pupinozott** ~ *(vill)* coil-loaded cable; **rostos anyaggal szigetelt** ~ fibre covered cable; **sodratlan (többeres)** ~ *(vill)* bunched cable; **szabad** ~ aerial cable; **szabadtéri** ~ *(vil)* external cable; **szalagos páncélozású** ~ *(vill)* band-armo(u)red cable; **szigetelőtárcsás** ~ *(vill)* disc-spaced cable; **tartó** ~ *(vill)* messenger bearer cable; **telített** ~ *(vill)* drained cable; **tengerentúli** ~ *(vill)* Atlantic cable; **többeres** ~ *(vill)* multicore cable; **tömlős** ~ *(vill)* cab-tyre cable; **túlnyomásos** ~ *(vill)* pressure cable; **vonszolt** ~ *(járműhöz)* trailing/land cable

kábelágyazás *(távk)* troughing

kábelakna *(távk, vill)* (cable) manhole

kábelalátámasztó nyereg *(hídon)* cable saddle

kábelállvány *(távk)* cable rack

kábelárok *(vill)* trenching

kábelátütési próba cable breakdown test

kábelbagger *(bány)* cable drag scraper

kábelbél cable core

kábelbelépés *(távk)* cable entry

kábelbemenő dugasz *(vill)* cable input plug

kábelbeszövés *(távk)* cable braiding

kábelbilincs cable clip/shackle

kábelborda *(távk)* MDF (main distribution frame) soldering tab/strip

kábelburkolat cable sheath/cover

kábelburkoló: ~ **gép** *(távk)* cable-covering machine/press; ~ **prés** cable-covering press

kábelcédula *(távk)* tag

kábelcsatlakozás cable joint

kábelcsatlakozó *fn* cable coupling

kábelcsatolás *(vill)* cable joint

kábelcsatorna (cable) duct; *(ép)* raceway, gallery, pocket

kábelcsatorna-végelzáró *(távk)* duct plug

kábelcsíptető *(távk)* cable clip/plier

kábelcsonk *(távk)* cable stub

kábelcsőkapocs *(távk)* cable duct clip

kábelcsörlő cable hoist/lifter, reel jack

kábelcsősaru *(távk)* cable duct clip

kábeldob *(távk)* (cable)drum/reel

kábeldobkocsi reel car

kábeldobos mozdony *(bány)* reel-and-cable locomotive

kábeldoboz cable box

kábeldobszállító kocsi *(távk)* reel carriage

kábeldrót *l* **kábelhuzal**

kábelegybefonás cable splice

kábelejtő *(tengeri kábel fektetéséhez)* cable dropper

kábelelágazás *(vill)* cable drop

kábelelágazó szekrény *(vill)* cable box splice

kábelelágaztató vezeték *(vill)* cable dropper

kábelelosztó: ~ **fej** *(távk)* cable splice/terminal box, cable distribution head; ~ **szekrény** *(vill)* cable terminal box; ~ **szerelvény** *(vill)* cable distribution head

kábelér *(távk)* (cable) conductor/core, core of a cable; **szalagszigetelésű** ~ banded vein

kábelérjelző papír cable-marking paper

kábelerősítő erősítése *(rád)* repeater gain

kábelérsodró gép laying-up machine

kábelérvég-kereső *(távk)* wire-finder

kábeles: ~ **ingakocsi** *(bány)* cable-reel shuttle car; ~ **vivőáram-berendezés** *(távk)* carrier-on-cable equipment

kábelez *(távk)* cable

kábelezés *(gépk)* wiring; *(távk)* cabling, cable system

kábelezési rajz *(vill)* wiring/cabling diagram

kábelfarok *(távk)* cable tail

kábelfegyverzet *(vill)* cable armo(u)ring; ~**et előállító gép** *(vill)* cable-armouring machine

kábelfej *(vill)* cable terminal/head

kábelfejcsatlakozó *(vill)* cable end connector

kábelfejkiöntő anyag *(távk)* cable compound

kábelfék *(gépk)* cable operated brake

kábelfektetés cable laying, cabling

kábelfüggesztő szerelvény *(vill)* cable hanger

kábelfogó *fn* cable plier

kábelfonal cable-yarn

kábelfonás spinning of cable

kábelfonó *fn (tex)* cable-plaiter; ~ **gép** cable-stranding machine; ~ **papír** cable spinning paper

kábelforma *(távk)* cable form, formed/laced cable

kábelformakészítő tábla *(távk)* braidboard

kábelforrasztás cable joint

kábelforrasztó sátor wireman's tent

kábelfüggesztés *(távk)* cable suspension

kábelfüggesztő *fn (távk)* cable suspender; ~ **gyűrű** *(távk)* cable ring; ~ **hurok** *(távk)* cable sling

kábelgyár cable factory/works

kábelgyártó *mn* cable-making; ~ **gép** cable-making machine

kábelhálózat *(vill)* cable system

kábelharisnya *(távk)* cable grip/clip

kábelhiba cable puncture/failure

kábelhíd rope/wire/cable (suspension) bridge

kábelhőállósági vizsgálat *(vill)* stability test

kábelhuzal cable wire

kábelhúzás csatorna-rendszerben duct rodding

kábelhúzó : ~ **fogó** split cable grip ; **kettős** ~ **fogó két akasztógyűrűvel** double-eye cable grip ; ~ **tömlő** *(heng)* cable grip
kábelhüvelyszorító fogó cable pliers
kábelillesztés *(vill)* cable joint
kábelistoly *(távk)* cable vault
kábeljárat *(távk)* (cable) duct/conduit
kábeljelző *fn* cable tracer ; ~ **szám** *(vill)* number sleeve for cable
kábelkamra junction box
kábelkapcsolási rajz *(vill)* cabling diagram ; *(telefonközponté)* trunking diagram
kábelkapocs cable clamp
kábelkarmantyú *(vill)* cable joint/sleeve
kábelkereső készülék cable locator
kábelkiegyenlítő művonal *(távk)* cable-balancing network
kábelkiemelő gép picking-up machine
kábelkikapcsolás *(darun)* cable release
kábelkioldás *(darun)* cable release
kábelkiöntő anyag *(vill)* cable compound
kábelkorong *(darun)* cable sheave
kábelkotró slack-line cableway excavator
kábelköpeny *(vill)* cable sheath
kábelköpeny-áram *(vill)* cable sheath current
kábelköpenyátkötés cross-cable bond
kábelkörülszövés braiding
kábelkörvezeték *(vill)* cable feeding ring
kábelköteg *(távk)* bundle of cables
kábelkötél laid/stranded rope
kábelkötélösszefonás cable splice
kábelkötéltartó cable carrier
kábelkötés cable joint/splice/bond ; ~ **folytonossága** cable bond continuity
kábelkötési kamra *(távk)* joint box/jointing chamber
kábelkötözés cable lacing
kábellazulás slack of a cable
kábelleágaztató vezeték *(távk)* cable dropper
kábellekötés cable shackle
kábellélek *(vill)* core-wire
kábellerakó hajó *(távk)* cable dropper
kábelleszorító *l* **kábelrögzítő**
kábellétrák *(távk)* cable rack, cablage support
kábellezárás *(távk)* *l* **kábelfej**
kábellezáró *(vill)* cable terminal ; **koncentrikus** ~ **csatlakozó** *(vill)* axial-tab terminal
kábelmag *(vill)* cable core
kábelmagpapír cable filler
kábelmassza *(vill)* cable filler/compound
kábelmegcsapolás *(vill)* cable derivation/tap(ping)
kábelmérföld *(távk)* mile of standard cable
kábelmorze-ábécé *(távk)* cable code
kábelmozdony *(bány)* cable locomotive
kábelnyaláb cable (core), core
kábelnyereg *(vill)* cable saddle
kábelnyílás cable-eye
kábelnyomjelző *(vill)* cable tracer
kábelnyomvonal *(távk)* cable route
kábelolaj cable oil
kábelösszekapcsolás cable splice
kábelösszekötő *(vill)* cable bond
kábelpáncél *(vill)* (cable) sheath/armo(u)r(ing)
kábelpapír cable paper
kábelrendező *(távk)* main distribution frame, MDF
kábelrendszer *(vill)* cable system
kábelrögzítő *(távk)* stay/cable clamp/cleat
kábelsablon *(szalagozáshoz ; vill)* lacing board
kábelsaru *(vill)* (cable) shoe/clip/grip/thimble, ferrule, cable eye/lug
kábelszem *(távk)* cable-eye
kábelszerelvények *(vill)* cable fittings
kábelszerű kötél cable-laid rope
kábelszigetelő : ~ **gép** *(vill)* cable-covering machine ; ~ **olaj** cable oil ; ~ **viasz** *(vill)* cable wax ; ~ **zsinór** *(tex)* bonding braid
kábelszorító cable grip/clamp ; ~ **csavar** *(vill)* cable grip
kábeltápgyűrű *(vill)* cable-feeding ring
kábeltartó *(emelőn)* cable carrier ; *(távk)* cable guide ; *(kéziközpontban ; távk)* cable shelf ; ~ **kábelnyomása** *(hídon)* saddle load ; ~ **oszlop** cable post ; ~ **saru** *(függőhídon)* tower saddle
kábeltávirat cablegram
kábeltekercs cable winding ; ~ **egy sora** *(vill)* flake
kábeltelítő anyag *(vill)* cable compound
kábelterv *(vill)* cabling diagram
kábeltok *(vill)* cable joint
kábelvágó *fn* cablecutter
kábelvédő cső *(gépk)* protecting hose
kábelvég *(távk)* cable butting
kábelvégcsatlakozó *fn* cable end connector
kábelvégelzáró *(vill)* cable terminal/box/termination, sealing-end/box/chamber
kábelvégződés *(távk)* *l* **kábelfej**
kábelvértező gép *(távk)* cable armouring machine
kábelvezeték *(vill)* conduit
kábelvezetés *(vill)* running of cables, cabling
kábelviasz *(távk)* cable wax
kábelvitla cable hoist
kábelvitlás villamosmozdony *(bány)* crab locomotive
kábelvizsgáló : ~ **készülék** cable testing set ; ~ **tű** *v* **tüske** *(vill)* pricker
kábelvonal *(távk)* cable line
kábelvonó : **bütyök** *(darun)* cable carrier ; ~ **csomó** *(darun)* cable carrier
kábelvontatású (csille)pálya cable railway
kábelzárlat *(vill)* cable puncture/short
kabin cabin
kabinetnagyság *(fényk)* cabinet size
kabinos csónak cabin boat
kabriolet-kocsiszekrény convertible body
kacor *(görbe szíjgyártókés)* curved saddler knife
kacsacsőr *(bány)* loader (gathering) head, duckbill ; ~ **szállítószalagja** *(rakodógép-kaparószalag)* loader front conveyor
kacsacsőr-forgó(vályú) *(bány)* duck swivel
kacsacsőrű fogó duck-bill pliers
kacsarepülőgép duck-type aeroplane
kacskaringósan kivágott scroll-cut
kád tank, tub, vat, bath, bosh ; *(pa)* pan, chest ; *(színező előcserzéshez)* colo(u)r pits ; **cseres** ~ *(bőr)* bark pit ; **edző** ~ quenching bath ; **elektrolizáló** ~ electrolyzer, cell ; ~**ban erjeszt** vat ; **galvanizáló** ~ plating bath ; **keverőszerkezetes** ~ agitation vat ; **ónozó** ~ wash pot, dip-tinning pot ; **pácoló** ~ pickling bath ; ~ **sűrűségszabályozóval** *(pa)* intermediate stuff box ; ~**ba tesz** vat
kádabroncskötés tank hoop connection
kád-alak *(molekuláké ; vegy)* boat form
kádár cooper, hooper, barrel maker
kádár-abroncshúzó coopers' puller
kádárbárd butt howel, hollow adz(e)
kádár-esztergapad cask-turning machine
kádárfa cask/stave-wood
kádár-faragókés cooper's carver
kádár-fejelőkés cooper's heading-knife
kádárfúró pin drill
kádárgyalu cooper's plane
kádár-hántológyalu cooper's spoke plane
kádármunka tubbing ; **kádármunkát végez** cooper
kádárműhely cooperage
kádár-simítógyalu : **kettős** ~ cooper's cleaning plane with double iron
kádárszekerce cooper's axe
kádár-taszítógyalu simítóvassal cooper's plane with single iron
kádárvéső cant chisel
kádár-vonókés *(egyenes)* cooper's drawing knife ; **görbe** ~ cooper's hollowing knife
kádcserzés tub tanning
kádfesték *(tex)* vat dye
kádhűtő *(ol)* tank cooler ; *(csőkígyós:)* coil-in-box cooler
kadinén *(vegy)* cadinene
kádkemence tank furnace
kádkész-anyag *(pa)* accepted stock
kádkezelő *(munkás ; pa)* drainerman
kadmium cadmium ; ~**mal bevont** cadmiated
kadmium-elem cadmium cell
kadmiumhidroxid cadmium hydroxide
kadmiumos *(koh)* cadmiferous
kadmiumoxid cadmium oxide
kadmiumsárga *(festék)* cadmium yellow
kadmiumszulfát cadmium sulfate
kadmiumszulfid cadmium sulfide
kadmiumszulfid-ellenálláscella *(vill)* cadmium-sulphide cell
kadmiumtartalmú *(ásv)* cadmian ; *(koh)* cadmiferous
kádnyílás *(pa)* vat hole
kád-prés *(pa)* vat-press
kádtalpazat bath socle
kádteknő *(gépt)* drainage pan
kádtöltő telep *(álló)* pillar battery for tubs
kaduceus *(Merkur-bot alakú díszítés ; ép)* caduceus
kaffein *l* **koffein**
kagyló shell ; *(távk)* earcap ; ~ **alakú** *v* **idomú** conchoid(al)
kagylógörbe *(mat)* conchoid ; **Pascal-féle** ~ *(mat)* limaçon of Pascal
kagylóhéj scallop
kagylómészkorszak *(földt)* Muschelkalk subdivision
kagylós conchoid(al), flinty ; ~ **kőzet** shell rock ; ~ **márvány** *(ásv)* *l* **lumachell** ; ~ **mészkő** *(földt)* shell rock/limestone, coquina ; *(réteg:)* Muschelkalk subdivision/series ; ~ **mészkőtalaj** *v* **tengerfenék** shelly ground ; ~ **szerkezet** shell-like structure, shelly texture ; ~ **tolattyú** D-slide valve ; ~ **törés** *(ásv)* shell-like fracture, flinty/conchoidal fracture
kagylós-egyenetlen törés *(ásv)* conchoidal-to-uneven fracture
kagylóselyem byssus
kagylószál *(tex)* Byssus fibre

kagylótenyésztés shell culture
kagylóvonalszerű bevágás *(ép)* scallop
kainit *(ásv)* kainite
kainozoikum *(földt)* Cenozoic/Kainozoic/Cainozoic era
kajakevező paddle
kajlakürt clarone
kajütös csónak cabin boat
kakaóbab cocoa bean
kakaómagbél nib
kakaómagbélzúzó gép *(élip)* nibber
kakaóvaj cocoa/theobroma oil/butter
kakas *(puskán)* hammer; ~ **feje** dog head; ~ **felhúzása** cocking
kakasülő *(ép)* perch, draft/top/traverse beam
kakodil *(vegy)* cacodyl
kakodilsav cacodylic acid
kakodilsavas nátrium sodium cacodylate
kakofónia *(hangt)* cacophony
kakoxén *(ásv)* cacoxen(it)e
kaktusztüskéből készült gramofontű cactus needle
kakukkóra cuckoo clock
kalács *(selyemiparban)* (spinning) cake
kalácsmosás *(selyemiparban)* cake wash
K-alak *(heg)* double-bevel
kalakata *(ép)* calacata
K-alakú: ~ **állvány** K-strut; ~ **hegesztés** double-bevel weld; ~ **merevítés** *(ép)* knee brace
kalamit *(ásv)* *l* **tremolit**
kalander calender; *(fényesítő; pa)* glazing calender, glazer; *(pa)* (roll) calender; ~**en festett** *(pa)* calender-dyed; ~**en festett papír** calender-dyed paper
kalanderállvány vízszintes henger részére *(pa)* open-face supercalender
kalandercsoport calender train
kalanderez calender; *(pa)* burnish *is*
kalanderezés calender (run); *(tex)* calendering, calender run/finish; **kettős** ~ chasing
kalanderezett calendered; ~ **papír** high machine finish paper
kalandergép-segítő *(pa)* calender man
kalander-gépvezető *(pa)* head calender man
kalanderhajtás *(pa)* calender drive
kalanderhatás *(gumi)* calender effect; *(pa)* mill grain, grain effect
kalanderhenger *(pa)* calender bowl/roll/press; *(tex)* calender roller/bowl, pressing roller
kalanderhenger-papír paper for calender rolls, calender (roll)paper, bowl/woolen paper
kalanderhenger-prés *(pa)* calender-bowl press
kalander-hengerszék *(tex)* pressing machine
kalanderjárat *(pa)* calender run
kalanderkenés calender grease
kalanderkezelő *(pa)* back tender
kalander-kikészítés calender finish
kalander-letépő papír tear-off calender paper
kalanderpor *(pa)* calender-stack crumbs, S-scales
kalanderszemcse-hatás mill grain
kalap hat; *(fedő cser-réteg, bőr)* hat; *(tex)* hat, head cover; ~ **formájú** pileate; **háromszögletű** ~ cocked hat
kalapács hammer, tup; *l még* **gőzkalapács**; *(bány)* acute hammer; *(nyomda)* block stamp; **cölöpverő** ~ dolly; **domborító** ~ paning/peening hammer; **domború** ~ belly hammer; **duzzasztó** ~ shingling hammer; **egyengető** ~ flat(ter) hammer, planish(ing) hammer; **excenteres** ~ cam hammer; ~ **félgömbölyű feje** ball peen (of a hammer); **főtekopogózó** ~ *(bány)* knocker; **frikciós** ~ friction hammer; **gépi** ~ mechanical hammer; **gömbfejű** ~ ball-peen hammer, dolly; **hegyes** ~ test pick; **karos** ~ helve hammer; **karos kioldású** ~ lever trip hammer; **kazánkőleverő** ~ scaling hammer; **keresztélű** ~ about-sledge hammer, cross-peen hammer; **kétkézi** ~ sledge/doublehand hammer; **kettős egyengető** ~ tinmen's flat hammer; ~ **kézifúráshoz** *(bány)* mallet; **korcoló** ~ bumping hammer; **körmös** ~ claw hammer; **lapító** ~ enlarging hammer; **nehéz** ~ ballast hammer; **peremező** ~ creasing hammer; **pneumatikus** ~ pneumatic/air hammer; **ráverő** ~ sledge hammer; **reszelővágó** ~ file hammer; **simító** ~ flat(ter)/planish(ing) hammer; **suhanó** ~ drop board; **szegecselő** ~ riveter, riveting hammer; **széles fejű** ~ cat-head; **szíjhajtásos** ~ belt hammer; **tetőlécező** ~ carpenter's roofing hammer; ~ **tompa vége** poll; **tömörítő** ~ caulking hammer; **trébelő** ~ paning/peening hammer; ~ **ütőfelülete** hammer face; **zömítő** ~ shingling hammer
kalapácsdaru cantilever tower crane, hammer crane
kalapácsemelő kerék *(ütőórában)* pin wheel
kalapácsfej peen of a hammer; *(csavaré:)* T-head
kalapácsfejű: ~ **csavar** tee bolt, T-bolt; ~ **daru** hammer-head crane; ~ **véső** *v* **vágó** hammer-head chisel
kalapácsfül hammer-eye
kalapácsjelzés az aknából *(bány)* knocker
kalapácskezelő hammer operator
kalapácskos hammer ram
kalapácsmalom beating/pug mill, (swing) hammer mill, beater
kalapácsnyél hammer handle/shaft
kalapácsos: ~ **aprítógép** sledge mill; ~ **kallózógép** *(tex)* milling stock, tub scouring machine; ~ **malom** *l* **kalapácsmalom**; ~ **szaggató** *(vill)* hammer/vibrating break; ~ **törő-** *v* **zúzógép** hammer crusher; ~ **törőmalom** sledge mill
kalapácssüllyeszték hammer die
kalapácstárcsa *(kalapácsos zúzón)* hammer disc
kalapácstörő *(koh)* *l* **kalapácsmalom**
kalapácsvezetékek hammer guides
kalapál hammer; *(talpat; cipő)* hobnail, pound up; **laposra** ~ flatten out; **szegecs-zárófejet** ~ form the tail
kalapálás *(alak)* swaging, peening; *(cipő)* pounding-up, beating
kalapálógép *(cipő)* (rotary) pounding-up machine
kalapált *(papírfelület)* hammer finish; **laposra** ~ hammered; ~ **papír** hammer-finished paper
kalapanya cap(ped)/cover/blind nut
kalapcsavar cap (bolt)
kalapcsomagoló papír tip-paper, cops, hatpaper, M. G. cap
kalapdoboz band()box, hat box
kalapforma *(tex)* form
kalapipar hatting industry
kalapkarima flap
kalapos hatter
kalapos-szalmalemez *(pa)* capmaker's straw board
kalapos-zacskó *(pa)* hat bag
kalapszalag gros grain
kalaptomp-fényező shaving machine
kalász *(pillér; bány)* cob
kalászemelő ujj *(aratógépen, dőlt gabona vágásához)* pickup guard
kalászfelszedő grain leader, stripper
kalászvágó *(kombájnon)* header
kalauz guide; *(villamoson, autóbuszon:)* conductor
kalauzhajó pilot boat
kalauzkocsi *(vasút)* van
kalauztáska *(pénzes táska)* money satchel
kalcedon *(ásv)* chalcedony
kalciferol *(vegy)* *l* **D_2-vitamin**
kalcinál calcin(at)e, roast
kalcinálás calcination, roasting
kalcináló: ~ **berendezés** calcinator; ~ **kazán** *(pa)* calcining oven; ~ **kemence** *(vegy)* calcining furnace
kalcinált calcined; ~ **anyag** calcinate; ~ **szóda** calcin(at)ed soda, fluff(y soda)
kalciostrontianit *(ásv)* calciostrontianite, emmonite
kalcit *(ásv)* calcite, calcspar, limespar
kalcium calcium; ~ **tartalmú** *(ásv)* calcian
kalciumacetát calcium acetate
kalciumacetilszalicilát calcium acetylsalicylate
kalciumaluminát calcium aluminate
kalciumbifoszfát *l* **kalciumdihidrofoszfát**
kalciumbiszulfit *l* **kalciumhidroszulfit**
kalciumciánamid calcium cyanamide, nitrolime
kalciumdihidrofoszfát primary calcium phosphate, monocalcium phosphate
kalciumfluorid calcium fluoride
kalciumfoszfát calcium phosphate
kalciumhidrid calcium hydride
kalciumhidrofoszfát calcium hydrogen phosphate, secondary calcium phosphate, calcium hydrophosphate
kalciumhidrokarbonát calcium bicarbonate
kalciumhidroszulfit calcium bisulfite
kalciumhidroxid calcium hydroxide
kalciumhipoklorit calcium hypochlorite, bleaching powder
kalciumjodát calcium iodate, calcinol
kalciumkarbid calcium carbide/acetylide
kalciumkarbonát calcium carbonate, carbonate of lime
kalciumklorid calcium chloride
kalciumklorid-oldat liquid calcium
kalciumlaktát calcium lactate
kalciummalonát calcium malonate
kalciumnitrát calcium nitrate
kalciumoxalát calcium oxalate
kalciumoxid calcium oxide
kalciumpermanganát calcium permanganate, acerdol
kalciumszilikát calcium silicate, siliceous lime
kalciumszulfát calcium sulfate
kalciumszulfid calcium sulfide
kalciumszulfit calcium sulfite
kalciumvolframát calcium tungstate/wolframate
kaldéra *(földt)* caldera

kaliber *l még* **idomszer** ; calibre, ga(u)ge
kalibercső template pipe
kaliberdugó plug ga(u)ge
kaliberes huzalhúzó gép *(heng)* bull block wire-drawing machine
kaliberfúró cylindrical reamer ; *(két koaxiális furathoz:)* aligning reamer ; ~ **tokmány** reamer holder
kalibergyűrű female ga(u)ge
kaliberkörző cal(l)iper(s)
kalibermérő piston meter
kaliberszabvány calibrating standard
kalibertervezés *(heng)* roll drafting
kalibertömb *(idomszer)* end block
kaliborit *(ásv)* kaliborite, hintzeite
kalibrál calibrate, scale, graduate, rate ; *l még* **méretez**
kalibrálás calibration, sizing ; *(hideg sajtolással:)* shaving
kalibrálási : ~ **feszültség** *(távk)* calibration voltage ; ~ **görbe** calibration curve ; ~ **impulzusgenerátor** calibration pulse generator ; ~ **lap** *(műszeré)* certificate of calibration ; ~ **próba** calibration test
kalibráló calibrating ; ~ **feszültség** *(vill)* calibrating voltage ; ~ **fúvóka** metering nozzle ; ~ **készülék** calibrating device ; ~ **mérőhíd** *(vill)* caliber bridge ; ~ **oszcillátor** calibrating oscillator ; ~ **szerkezet** sizing device ; ~ **szerszám** burnishing die ; ~ **ütköző** sizing stop
kalibrálóeszköz calibrator ; **légfúvókás** ~ *(rezgésmérő készülék hitelesítésére)* air-jet vibration calibrator
kalibrálófésű *(tex)* comb ga(u)ge
kalibrálófog sizing tooth
kalibrálósúly calibration weight
kalibrálósüllyeszték barnishing die
kalibrálótüske sizing broach
kalibrált calibrated, ga(u)ged, sized, tested ; ~ **cső** scaled tube ; ~ **fúvóka** calibrate nozzle ; ~ **lánc** pitch chain ; ~ **mérce** *(vízállás mérésére)* ga(u)ge rod ; ~ **mérő mikrofon** standard microphone ; ~ **mérőrúd** ga(u)ging rod ; ~ **vezeték** *(vill)* calibrated leads
kalicka *(kalickába rakott fa)* pile of wood stacked crosswise ; *(vill) l* **kalitka**
kálicsillám *(ásv) l* **muszkovit**
Kalifornia-cipő *(csúsztatott cipő)* slip lasted
Kalifornia-cipőgépek : különleges ~ special machines for slip lasted process
Kalifornia-cipővarró gép chain stitch sewer for slip lasted work
kaliforniai : ~ **cipőtalpbélés** California sock lining ; ~ **köztalpbevonót áthajtó gép** California platform cover-turning machine
káliföldpát *(ásv)* potash feldspar
kálihidrát *l* **káliumhidroxid**
kalikó *(tex)* calico, book (muslin), bookbinders'/binding cloth ; *(kötés:)* cloth-binding
kálilúg caustic lye of potash, potash lye
káliműtrágya potash/potassic fertilizer
kalinit *(ásv)* kalinite
kaliofilit *(ásv)* kaliophilite, phacel(l)ite
kálisalétrom potassium nitrate, swept salpetre
kálisó potassium salt
kálisóréteg *(kősó feletti ; ásv)* abraum salt(s)
káliszappan potash/green soap

kálitimsó *(ásv) l* **kalinit** ; *(vegy)* potash/potassium alum, potassium aluminium sulfate
kalitka *(vill)* (squirrel-)cage
kalitka-antenna *(rád)* (squirrel-)cage aerial
kalitka-forgórész *(vill)* squirrel rotor
kalitkás *[motor]* squirrel-cage ; ~ **forgórész** *(vill)* (squirrel-)cage rotor, short-circuited rotor ; ~ **forgórészű motor** *(vill)* squirrel-cage motor ; ~ **hevítő** squirrel-cage heater ; ~ **villámhárító** cage lightning protector
kalitkatekercselés *(vill)* squirrel-cage winding
kálium potassium ; ~ **tartalmú** *(ásv)* potassian
káliumacetát potassium acetate
káliumalkoholát potassium alcoholate/alkoxide
káliumaluminát potassium aluminate
káliumalumíniumszulfát *l* **kálitimsó**
káliumammóniumtartarát potassium ammonium tartrate
káliumantimonát potassium antimon(i)ate
káliumantimoniltartarát potassium antimonyl tartrate
káliumaranycianid *l* **káliumauricianid**
káliumaranycianűr *l* **káliumaurocianid**
káliumargentocianid potassium argentocyanide
káliumarzenát potassium arsen(i)ate
káliumarzenit potassium arsenite
káliumaurát potassium aurate
káliumauricianid potassium auricyanide, potassium auric cyanide
káliumaurocianid potassium aurocyanide, potassium aurous cyanide
káliumazid potassium azide
káliumbenzoát potassium benzoate
káliumberillát potassium beryllate
káliumbifluorid *l* **káliumhidrofluorid**
káliumbijodát *l* **káliumhidrojodát**
káliumbikarbonát *l* **káliumhidrokarbonát**
káliumbikromát *l* **káliumdikromát**
káliumbioxalát *l* **káliumhidrooxalát**
káliumbiszulfát *l* **káliumhidroszulfát**
káliumbiszulfit *l* **káliumhidroszulfit**
káliumbitartarát *l* **káliumhidrotartarát**
káliumborát potassium borate
káliumbromát potassium bromate
káliumbromid potassium bromide
káliumbutirát potassium butyrate
káliumcianát potassium cyanate
káliumcianid potassium cyanide
káliumcianoplatinit potassium platinocyanide
káliumcinkát potassium zincate
káliumcinkszulfát potassium zinc sulfate
káliumcitrát potassium citrate
káliumcsillám *(ásv) l* **muszkovit**
káliumdihidrofoszfát potassium dihydrogen phosphate
káliumdikromát potassium bichromate/dichromate, bichrome
káliumdiszilikát potassium disilicate
káliumezüstcianid potassium argentocyanide
káliumfenolát potassium phen(ol)ate/phen(ox)ide/phenylate
káliumferrát potassium ferrate
káliumferricianid potassium ferricyanide
káliumferriszulfát ferric potassium sulfate/alum
káliumferrit potassium ferrite
káliumferrocianid potassium ferrocyanide, yellow prussiate of potash

káliumfluorid potassium fluoride
káliumformiát potassium form(i)ate
káliumfoszfát potassium phosphate
káliumfoszfit potassium phosphite
káliumföldpát *(ásv)* potash feldspar
káliumhidrid potassium hydride
káliumhidrofluorid potassium bifluoride
káliumhidrogénkarbonát *l* **káliumhidrokarbonát**
káliumhidrogénszulfát *l* **káliumhidroszulfát**
káliumhidrojodát potassium hydrogen iodate
káliumhidrokarbonát potassium bicarbonate
káliumhidrooxalát potassium bi(n)oxalate
káliumhidropiroantimonát potassium hydrogen pyroantimon(i)ate, acid potassium pyroantimon(i)ate
káliumhidroszulfát potassium bisulfate, potassium hydrogen sulfate
káliumhidroszulfid potassium hydrosulfide
káliumhidroszulfit potassium bisulfite
káliumhidrotartarát potassium bitartrate/hydrotartrate, acid potassium tartrate
káliumhidroxid potassium hydroxide
káliumhiperkarbonát *l* **káliumperkarbonát**
káliumhiperklorát *l* **káliumperklorát**
káliumhipermanganát *l* **káliumpermanganát**
káliumhiperszulfát *l* **káliumperszulfát**
káliumhipobromit potassium hypobromite
káliumhipofoszfát potassium hypophosphate
káliumhipofoszfit potassium hypophosphite
káliumhipoklorit potassium hypochlorite
káliumhiposzulfát potassium hyposulfate
káliumhiposzulfit potassium hyposulfite
káliumjodát potassium iodate
káliumjodid potassium iodide
káliumjodomerkurát potassium mercuric iodide
káliumkakodilát potassium cacodylate
káliumkarbonát potassium carbonate
káliumklorát potassium chlorate/oxymuriate
káliumklorid potassium/potash chloride, chloride of potassium
káliumklorit potassium chlorite
káliumkloroplatinát potassium chloroplatinate/platinichloride
káliumkloroplatinit potassium chloroplatinite/platinochloride
káliumkobaltinitrit potassium cobaltinitrite
káliumkromát potassium chromate
káliumlaktát potassium lactate
káliummalát potassium malate
káliummanganát potassium manganate
káliummetaarzenát potassium metaarsen(i)ate
káliummetaarzenit potassium metaarsenite
káliummetabiszulfit potassium metabisulfite
káliummetaborát potassium metaborate
káliummetafoszfát potassium metaphosphate
káliummetaszilikát potassium metasilicate
káliummolibdát potassium molybdate

káliumnátriumtartarát potassium sodium tartrate, Rochelle salt
káliumnitrát potassium nitrate
káliumnitrid potassium nitride
káliumnitrit potassium nitrite
káliumortoarzenit potassium orthoarsenite
káliumoxalát potassium oxalate
káliumoxid potassium oxide
káliumozmát potassium osmate
káliumpentaszulfid potassium pentasulfide
káliumperborát potassium perborate
káliumperjodát potassium periodate
káliumperkarbonát potassium percarbonate
káliumperklorát potassium perchlorate
káliumperkromát potassium perchromate
káliumpermanganát potassium (hy)permanganate
káliumperoxid potassium peroxide
káliumperrutenát potassium perrhutenate
káliumperszulfát potassium persulfate
káliumpikrát potassium picrate
káliumpiroantimonát potassium pyroantimon(i)ate
káliumpiroarzenát potassium pyroarsen(i)ate
káliumpiroborát *l* **káliumtetraborát**
káliumpirofoszfát potassium pyrophosphate
káliumpirokromát potassium pyrochromate
káliumpiroszulfát potassium pyrosulfate/disulfate
káliumplatinklorid *l* **káliumkloroplatinát**
káliumplatinklorür *l* **káliumkloroplatinit**
káliumplatinocianid potassium platinocyanide
káliumplumbát potassium plumbate
káliumplumbit potassium plumbite
káliumpropilát potassium propoxide/propylate
káliumrodanát potassium rhodanate/sulfocyanate/thiocyanate
káliumrodanid *l* **káliumrodanát**
káliumsztannát potassium stannate
káliumszulfát potassium sulfate, lemery salt
káliumszulfid potassium sulfide
káliumszulfit potassium sulfite
káliumszulfocianát *l* **káliumrodanát**
káliumszuperkarbonát *l* **káliumperkarbonát**
káliumtartarát potassium tartrate
káliumtellurát potassium tellurate
káliumtellurit potassium tellurite
káliumtetraborát potassium tetraborate/pyroborate
káliumtiocianát *l* **káliumrodanát**
káliumtioszulfát potassium thiosulfate
káliumvanadát potassium vanadate
káliumvolframát potassium tungstate/wolframate
káliumxantogenát potassium xanth(ogen)ate/xanthonate
káliüveg hard/potash/potassic glass
kálivízüveg potassium water glass
kalkantit *(ásv)* chalcanthite, blue copperas/vitriol, copper vitriol
kalkodit *(ásv)* *l* **sztilpnomelán**
kalkofanit *(ásv)* chalcophanite
kalkofil elemek *(földt)* chalcophilic elements
kalkofillit *(ásv)* chalcophyllite, copper mica
kalkolit *(ásv)* *l* **torbernit**
kalkomenit *(ásv)* chalcomenite
kalkon *(vegy)* chalcon, benzalacetophenon
kalkopirit *(ásv)* chalcopyrite, yellow (copper) ore, copper pyrites, yellow copper/pyrite
kalkosziderit *(ásv)* chalcosiderite
kalkotrichit *(ásv)* chalcotrichite, plush/velvet copper ore
kalkozin *(ásv)* chalcocite, copper glance
kalkuláció rating, calculating, reckoning, price-fixing; *(mat)* figuring, computing, computation
kalkulagráf-óra *(távk)* calculagraph
kalkulál compute, reckon, rate, figure, calculate
kalkulátor calculator
Kalkutta-kender *(tex)* Calcutta hemp
kallait *(ásv)* *l* **türkisz**
kallantyú (locking) catch, catch bolt, fastener, finger, lock pin
kallantyúrögzítő szeg *(mérőasztalon; geod)* stirrup locking pin
kallitron *(rád)* kallitron
kalló *(bőr)* tumbler; **forgattyús ~** *(zsircserzéshez)* drum tumbler
kallócsík *(gyapjúszövethiba)* barry
kallómozgás *(tex)* rocking movement of the cloth
kallovi emelet *(földt)* Callovian stage
kallóz *(tex)* full(er), knead, mill, tuck; **gyapjúszövetet ~** bray
kallózás *(tex)* milling; **~nál keletkező gyűrődések** *[szövethiba]* mill wrinkles
kallózásállóság fastness to potting
kallózási: ~ gyapjúhulladék *(tex)* milling flocks; **~ gyűrődések** *(hiba)* mill rigs
kalló(zó)föld *(ásv)* *l* **smektit**
kallózógép *(tex)* milling machine/mill, felt fuller, crank fulling mill, walkmill
kallózóhordó *(kocka alakú; bőr)* fulling cube
kallózókocka *(bőr)* fulling cube, faller box
kallózóműhely fullery
kallózott: ~ áruk fulled goods; **~ gyapjúszövet** *(tex)* box cloth; **~ szövet** milled cloth
kálmosgyökér *(vegy)* cal(a)mus root
kálmos-olaj *(vegy)* cal(a)mus oil
kaloda *(ép)* stock
kalodakötés *(ép)* tabled joint
kalomel *(ásv)* calomel; *(vegy)* *l* **merkuroklorid**; **~ normál-elektród** *(táv)* normal calomel electrode, Ostwald electrode
kalomel-elektród calomel half-cell, calomel electrode
kalomelpapír calomel paper
kaloreszcencia calorescence
kalória (centigrade) thermal unit, caloric unit, calorie
kalóriaszükséglet calorific requirement
kalóriatartalom caloric value, caloricity, calorific power
kalorifer hot air generator, air stovel,/heater/oven
kalorikus thermal; *l még* **hő-**
kaloriméter calorimeter; **bombás ~** *l* **kalorimetrikus bomba**
kaloriméter-bomba *l* **kalorimetrikus bomba**
kaloriméteres módszer calorimeter method
kalorimetria calorimetry
kalorimetrikus calorimetric; **~ bomba** bomb calorimeter, calorimeter/calorimetric bomb; **~ (bomba)próba** calorimeter test
kalorizál *(hők)* calorize
kalorizátor calorizator
kalotípia calotyp(e) (paper process)
kaluszit *(ásv)* *l* **szingenit**
kályha oven, furnace, stove, calorifer; *l még* **kemence**
kályhacső(áru) hollow iron
kályhaellenző fender
kályhafűtő szén stove coal
kályhás *fn* stove setter
kályhás-vízszintmérő level for stovemaker
kályhavilla oven fork
kamacit *(ásv)* kamacite, camacite
kamara chamber; *(bány)* room; **~ bejárata** *v* **kezdővágata** *(bány)* room neck, mouth of the room; **~ biztosítása** *v* **ácsolata** *(bány)* room timbering; **~ csapásirányban** *(bány)* room on the strike; **~ emelkedésben** *(bány)* upraise room; **~ hossza** *(bány)* room depth; **kamarák kifejtése hazafelé** *(bány)* retreat room-mining system; **~ kihajtása** *(bány)* room-driving; **kamarák közti pillér** *(bány)* room fender; **~ és pillér** *(bány)* stall-and-breast; **~ rázócsúszda-szállításnál** *(bány)* shaker room; **~ vájvége** *(bány)* room face
kamarafejtés *(bány)* cross, forewinning, room mining; **~ elő-** *v* **behatoló vágata** *(bány)* neck of room; **~ készletezéssel** *(bány)* battery breast method
kamarafejtési *(bány)* cross
kamaragázok *(kénsavgyártásnál)* chamber gases
kamarahang *(hangt)* concert pitch
kamaraiszap *(vegy)* chamber deposit
kam(a)rakénsav *(vegy)* chamber (plant) acid
kamarakristály *(kénsavgyártásnál)* chamber crystals
kamarapillér *(bány)* buggy breast
kamarapillérfejtés *(bány)* room work; block system *(US)*; **~ egyszerű kamarákkal** *(bány)* single-entry system; **~ készletezéssel** *(bány)* battery breast method
kamarapillérfejtési: ~ rendszer *(bány)* straitwork, post-and-stall system, chute breast method, buggy breast method; **~ rendszer széles kamarákkal** *(bány)* long-face system
kamara-robbantás *(bány)* seam blasting
kamarás: ~ fejtés *(bány)* *l* **kamarafejtés**; **~ kénsavgyár** chamber plant; **~ kénsavgyártási eljárás** vitriol chamber process; **~ libella** *(geod)* bubble cell; **~ (magazinos) facsiszoló** *(pa)* store grinder; **~ szárító** cabinet/compartment drier
kamarasav *(vegy)* chamber acid
kamaraszellőztető *(bány)* room blower
kamaraszűrés *(gumi)* bagging
kamaravágat *(bány)* room
kamarazsilip *(hidr)* (lift) lock; **dokk bejárati ~je** entrance lock
kamarazsilipkapu tiltója *(hidr)* paddle hole
kamarazsiliptér *(hidr)* lock bay
kamarazsilip-tiltó *(hidr)* paddle valve
kamarecit *(ásv)* kamarezite

kambium *(fa)* cambium
kambrium *(földt)* Cambrian/Cambric period
kamera *(fényk)* camera ; ~ **látószöge** *(fényk)* angle (of the camera) ; **rugós** ~ *(fényk)* clock camera
kamerabeállítás *(telev)* camera line-up *(UK)* ; lining up the camera *(US)*
kameradöltés *(telev)* pan up/down *(UK)* ; tilting *(US)*
kameraelforgatás *(telev)* panning
kameraerősítő *(telev)* camera amplifier
kameraház *(telev)* camera housing
kamerajel *(telev)* camera signal
kamerakezelő *(film, telev)* cameraman
kamerakocsi *(film)* dolly
kameratalp : önműködő mozgó ~ *(asztrofotográfiában)* automatic carriage
kameratengely *(geod)* principal axis ; *(a képcsomóponton átmenő merőleges:)* camera axis
kámfor camphor
kámforgyanta enosmite
kámforos olaj camphor oil
kamgarn *(tex)* worsted ; *l még* **fésűs**
kamillaolaj *(vegy)* chamomille oil
kämmererit *(ásv)* kämmererite
kampány campaign
kampesfa *l* **kékfa**
kampilit *(ásv)* campylite
kampó crook, hook, clamp, dog, hasp, clench, becket, horn, catch ; *(mdszóvas:)* climbing iron ; ~ **fonalköteg felfüggesztésére** *(tex)* hook for hank ; ~**ról levesz** unhook
kampófogás : egyszerű ~ *(hajó)* blackwall hitch
kampópáros hordóemelő can hook
kampós hook(ed), crooked, barbed ; ~ **aranylemez** *(távk)* bracket ; ~ **betétvas** hooked bar ; ~ **csavar** hook bolt/screw ; ~ **horogszeg** hook(ed) nail ; ~**rúd** toggle ; ~ **támasztórúd** *(oszlopállításhoz)* deadman ; ~ **tartókar** slip bracket ; ~ **tetőcserép** nibbed tile
kampósfejű sínszeg *(vasút)* dog-headed spike
kampósszeg barbed/clasp/crooked/hook nail, log raft nail, crutch
kampóvas hitch iron
kamra chamber, cell, subdivision, compartment ; *(ép)* shanty *is* ; *(csövön:)* header
kamrarácsozat *(koh)* checker
kamrás kemence *(koh)* box/chamber-type furnace
kámzsás sugárzócsöves izzítókemence *(koh)* radiant tube hood-type annealing furnace
kanadabalzsam Canada/Canadian balsam/turpentine
kanadai : ~ **kender** *(tex)* American Indian hemp ; ~ **pajzs** *(földt)* Canadian shelf
kanaigre *(cserzőanyag)* canaigre
kanál spoon, scoop (vane) ; *(bány)* bailer ; *(gépkötőtűn ; kh)* latch spoon; *(formázószerszám; önt)* spoon ; *(öntőkanál:)* ladle ; *[turbinában]* vane ; **hosszú nyelű** ~ *(vegy)* deflagrator
kanalas : ~ **csaplyukfúró** *(fa)* dowel bit ; ~ **fafúró** *l* **kanálfúró** ; ~ **fehérítődob** *(pa)* paddle-drum bleacher ; ~ **fémhántoló** spoon-shaped scraper ; ~ **földfúró** ground auger ; ~ **fúró** *l* **kanálfúró** ; ~ **heveder** *(kotrógépen)* bucket line ; ~ **kerék** *(emelőn)* bucket wheel ; ~ **kotró** bucket excavator, scoop shovel/dredge ; ~ **kotró fogazott rúdja** dipper handle racks ; ~ **kotró forgatóműve** shovel swing engine ; ~ **lánc** *(kotróhajón)* bucket chain ; **lánctalpas** ~ **kotró** shovel crawler ; ~ **rakodógép** scoop shovel ; ~ **szélsebességmérő** cup anemometer ; ~ **tű** *(kh)* self-acting needle, latch/automatic needle ; ~ **vetőgép** cup-feed type drill
kanalazás *(lyukból ; ol)* bailing
kanálbiztosító *(kh)* latch guard
kanálfalazás *(ép)* blind bond
kanálfúró brace spoon bit, gouge/duckbill/spoon drill (bit) ; *(csak fához:)* pod drill ; *(bány)* auger, bailer, miser, wimble ; **dugattyús** ~ pump bit ; **négyszögletes tövű** ~ square-shank brace spoon bit ; **szelepes** ~ *(bány)* auger with valve
kanálhengerde spoon rolling mill
kanális *l* **csatorna**
kanális-áztatás *(tex)* channel ret
kanálnyitó *(kh)* latch opener
kanálpróba *(koh)* cup/spoon test ; *(próbatest:)* spoon test specimen
kanálpróbavétel *(bány)* panning
kanáltartó villa *(önt)* ladle barrow
kanálterelő *(kh)* latch guard
kanárisárga canary yellow
kanavász *(tex)* buckram canvas
kanavászpapír canvas paper
kandalló fireplace, hearth ; ~ **belső fala** chimney jamb ; **két helyiséget fűtő** ~ back-to-back fireplaces ; ~ **tűzterének padozata** back hearth
kandallópárkány mantle(-piece), chimney board
kandallópolc mantle-shelf ; **díszes** ~ overmantle
kandallórács fender
kandallóvas fire-dog
kandalló-vasbetét *v* **-vasállvány** hob
kandeláber sconce
kandelilla-viasz *(vegy)* gama/candelilla wax
kandiszcukor candy-sugar
kaneelkő *(ásv)* cinnamon stone
kanetta *(tex)* can(n)ette
kanna can, jug ; *(tex)* can ; **kis** ~ cannikin
kannakezelő *(tex)* can tender
kannás lerakó *(tex)* can coiler
kannasúlymérő *(tex)* weightboy tenter
kannatöltő fej *(kártoláshoz v nyújtáshoz ; tex)* coiler head
kannelúra *(ép)* channel
kannelúrás *(homorúan hosszhornyolt)* **oszlop** *(ép)* channel column
kanóc (candle) wick, match, spunk ; *(bány)* tinder
kanóchorog *(bányászlámpában)* pricker
kanócos : ~ **kenés** wick lubricator ; ~ **lámpa** wick-fed lamp ; ~ **olajozócsésze** siphon cup
kanóc-szén *(vill)* core-carbon
kanonikus : ~ **alak** *(mat)* canonical form ; ~ **mozgásegyenletek** *(mech)* canonical equations of motion
kantár *(bőr)* bridle, halter ; **zablás** ~ bit-bridle
kantárszár rein ; ~ **csatos része** *(bőr)* billet
kantárszerű kikötés *(hajó)* mooring harness
kantárszíj *(bőr)* collar rein
kantfa *(élfa)* cant(-)timber
kantilever-rugózás *(gépk)* overhang-suspension
kantin *(ép)* messroom
kantni *(él ; fa)* edge
kantonselyem *(tex)* Canton silk
kanttégla *(éltégla)* brick on edge
kanyar bend, curve, curvature, sweep, turn, winding, loop, curl, convolution, meander ; **bedöntött** ~ *(versenypályán)* banking ; **be nem látható** ~ blind bend ; **éles** ~ abrupt curve ; ~ **érintőpontja** tangent point ; **hirtelen** ~ quirk ; ~**t vesz** *(gépk)* negotiate a bend ; **veszélyes** ~ *(gépk)* dangerous bend
kanyarfényszóró *(gépk)* curve lamp/light
kanyargó sinuous, tortuous, meandering; ~ **folyómeder** sinuous channel of river ; ~ **homokpad** *(folyótorkolatnál)* looped bar
kanyarítófűrész sweep-saw ; *(finom munkához:)* scroll saw
kanyarítófűrészlap chair web blade
kanyarítógyalu : görbe ~ wheelmakers' plane
kanyarkitűzés setting curves
kanyarodás *l még* **kanyar** ; *(gépk)* cornering
kanyarodó *(rep)* *l* **forduló**
kanyarog crankle, crinkle
kanyarszög angle of curvature
kanyarulat *l még* **kanyar** ; sinuosity, whorl ; ~ **enyhítése** *(folyószabályozásban)* easing of a bend
kanyarulati ellenállás *(vasút)* curve resistance, resistance in curves
kanyon *(földt)* canyon
kaolin kaolin, white bole, bleaching/China clay ; *(ásv)* *l* **kaolinit**
kaolinit *(ásv)* kaolin(ite), China clay
kaolinmázas : ~ **dobozkarton** *(pa)* clay-coated boxboard ; ~ **karton** *(pa)* clay-coated board
kápa *(hegedűvonón)* frog
kapaciméter C-meter
kapacitás *(ált)* capacity, output ; *(vill)* capacitance, capacity ; *(alkatrész)* capacitor ; **feltöltési** ~ charging capacity ; **földhöz viszonyított** ~ ground capacitance ; ~ **nélküli** noncapacitive
kapacitás-egyenes kondenzátor *(rád, távk)* straight-line capacity (SLC) condenser
kapacitás-ellenállás condenser-resistance, C. R.
kapacitásérték *(vill)* capacitance/capacity value
kapacitás-híd *(távk)* capacity bridge
kapacitás-kiegyenlítés *(vill)* capacity balance
kapacitásmentes *(vill)* noncapacitive ; ~ **kapcsoló** *(vill)* anti-capacitance switch
kapacitásmérő *(vill)* faradmeter ; ~ **Wheatstone-híd** capacitance bridge
kapacitásszegény : ~ **kapcsoló** *(távk)* anti-capacity switch ; ~ **kulcs** *(távk)* anti-capacitance key
kapacitástényező *(vill)* capacity factor
kapacitív *(vill)* capacitive ; ~ **antenna** condenser antenna/aerial ; ~ **aszimmetria** *(távk)* capacitance unbalance ; ~ **áthallás** *(távk)* capacitive crosstalk; ~ **csatolás** *(rád)* capacitive coupling ; ~ **csatolású** capacity-coupled ; ~ **csonk** *(rád)* capacitive stub ; ~ **(elektrosztatikus) szeizmométer** capa-

city (electrostatic) seismometer ; ~ **elemző** *(vill)* capacitor analyser ; ~ **ellenállás** capacitance, capacitive/capacity reactance ; ~ **ellenállás-csatolás** *(rád)* resistance-capacity coupling ; ~ **feszültségosztás** *(távk)* voltage division by capacitors ; ~ **feszültségosztó** capacitive voltage divider ; ~ **földelés** *(rád)* capacity ground/earth ; ~ **graviméter** capacity type of gravimeter ; ~ **hangolás** capacitive tuning ; ~ **jelfogó** *(vill)* capacity relay ; ~ **kiegyenlítetlenség** *(távk)* capacitive unbalance ; ~ **magasságmérő** electro-capacitance altimeter ; ~ **reaktancia** *(rád, távk)* capacitive reactance ; ~ **szuszceptancia** *(vill)* capacitive susceptance ; ~ **terhelés** *(rád)* capacitive load ; *(rád)* capacitance loading ; ~ **terhelésű antenna** capacity-loaded antenna ; ~ **tető** *(antennán)* capacitive hat ; ~ **visszacsatolás** *(rád)* capacitive/capacitance feedback ; ~ **visszacsatolású oszcillátor** capacity feed-back oscillator

kapacsoló és töméklelő csákány *(vasút)* mattock

kapacsolófejsze *(fa ; vasút)* notching adze, addice

kapar scrap(e), scratch, scar, grate ; **vonókéssel** ~ *(fa)* scrape

kaparás scraping

kaparásnyom scar

kaparék scrape, abrasion

kaparó *fn* scraper, rabble(r), rake ; *(koh)* skimmer ; *(kés ; pa)* doctor, guardboard ; *(pa)* scraper ; *(szállítószalaghoz ; bány)* plough cleaner ; **~t kiszolgáló munkás** *(bány)* scraper hauler ; ~ **mészárostőkéhez** butcher's block scraper ; ~ **rendszerű felhordó** *[aratócséplőn]* undershot conveyor feed

kaparó-gépész *(bány)* chain runner

kaparógyalu scrub plane

kaparóhenger *(pa)* doctor roll ; *(tex)* scraper

kaparókanál *(fúrúshoz)* spoon

kaparókar *(rakodógépen ; bány)* loading arm

kaparókés draw(ing) knife/shave, scoring knife ; *(dobszárítón ; élip)* scraper ; *(rakli ; pa, tex)* doctor blade ; *(utántiloló ; tex)* flax-dresser's knife

kaparólánc scraper chain ; ~ **szeme** *v* **összekötő tagja** scraper link

kaparólap *(meddőréteg eltávolítására ércelőkészítésnél)* limp

kaparónyílás poke hole

kaparónyom slash

kaparópapír scraping/scrape(r) board/paper

kaparórúd rabbler

kaparóserleges szállító scraping bucket transporter

kaparós osztályozó *(bány)* rake classifier

kaparószalag drag(-link)/scraping/push conveyor ; ~ **kaparólapátja** belt tripper

kaparószalagos : ~ osztályozó rake classifier ; ~ **szállítóvályú** conveyer trough ; ~ **szállítóvályús szárító** conveyer trough drier

kaparószalagrakat *(bány)* loader conveyor flight

kaparószerszám *l* **kaparó**

kaparóvas *(ált)* *l* **kaparó** *és* **hántoló** ; *(bány)* hardy ; *(cipőtalp tisztítására:)* kick plate ; *(háromélű, kétfogantyús ; bőr)* pin ; *(sínütköző hézagok tisztítására:)* scraping iron ; **bolygatás ~sal** poking

kapart *[fafelület]* scraped

„kapásból" : fényképfelvétel ~ „pot"-shot

kapaszkodás *(felfelé vezető úton)* climb

kapaszkodó *(traktoré)* lug ; ~ **fogantyú** *(gépk)* assist loop, hand strap ; ~ **képesség** *(gépt)* climbing power

kapaszkodóerő *(fogaskerekű mozdonyé)* climbing power

kapaszkodófog fang

kapaszkodólánc nonskid chain

kapaszkodórúd handhold

kapaszkodószíj hand strap

kapaszkodóvas hand iron

kapcsol link, couple, connect, clip, clamp, catch ; *(vill)* join, connect, switch ; **adásra** ~ *(rád)* switch at send ; **csuklósan** ~ hinge ; **kisebb sebességre** ~ change down ; **második fokozatba** ~ *(gépk)* shift into second gear ; **nagyobb sebességre** ~ change up ; **szarufát kötőgerendához** ~ joint rafter to shift

kapcsolás bond, joint, joining, junction, coupling, fastening, clamping ; *(kombináció)* combination ; *(cséppálcáknál ; tex)* clasping ; *(gépt)* joint, coupling, fastening ; *(fogaskerekeké)* contact, engagement, meshing ; *(rád, vill)* circuit ; *(távk)* interconnection ; *(hálózat ; távk)* network ; *(vill ; áramkör)* circuit, connection, scheme ; *(kapcsolóval)* switching ; **autodin** ~ *(rád)* autodyne circuit ; **csuklós** ~ *(gépt)* articulation, hinged coupling ; **egyenes** *v* **közvetlen** ~ direct addition ; **ellenütemű** ~ *(rád)* balanced circuit ; ~ **fémpántokkal** *(bány)* metal lacing ; **frekvenciamodulációs** ~ *(rád)* Armstrong modulation ; **gömbcsuklós** ~ ball-(and-socket) joint ; **határoló** ~ *(rád)* clipping circuit ; **„~ kész"-jel** *(távk)* call connected signal ; **kohéziós** ~ cohesive hold ; **körmös** ~ claw coupling ; **központi** ~ central coupling ; **~t létesít** *(távk)* set up a connection, put through a call ; *(váltón)* interconnect ; **párhuzamos** ~ parallel connection ; **soros** ~ series connection ; **szimmetrikus** ~ *(rád)* balanced/symmetrical circuit ; **~t tiltó tábla** *(kapcsolón)* hold-off card

kapcsolási *(fogaskerékre)* *l* **kapcsoló-** ; ~ **ábra** *l* **kapcsolási rajz** ; ~ **díj** *(távk)* message rate ; ~ **elvek** *(távk)* switching principles ; ~ **fok** *(vill)* coupling degree ; ~ **helyzet** *(vill)* switch position ; ~ **idő** *(kapcsológépé ; távk)* operating time ; ~ **időt meghosszabbító mágnes** *(távk)* stepping magnet ; ~ **jellemzők** *(távk)* network parameters ; ~ **rajz** *(rád, vill)* circuit/connection diagram ; *(hálózaté v telefonközponté ; távk)* junction diagram ; *(elvi)* elementary/schematic diagram ; *(egyvonalas)* (single-) line diagram ; *(blokk)* skeleton/block diagram ; ~ **sorrend** *(vill)* order of connection ; *(kapcsolóké)* switching sequence ; ~ **szög** *(fogaskeréké)* *l* **kapcsolószög** ; ~ **vázlat** *l* **kapcsolási rajz** ; ~ **zaj** *(távk)* switching wire

kapcsoláslétesítési idő *(távk)* connection time

kapcsolásmód arrangement

kapcsolat conjunction, connection, liaison, relationship, association, interconnection ; *(mat)* relation ; **csuklós** ~ articulation, hinged/articulated joint ; ~ **elemek között** *(vill)* couple ; **gömbcsuklós** ~ ball-(and-spigot) joint ; **~ba kerül** *(gépt)* engage, mesh ; **rugalmas** ~ bellows joint ; **szoros** ~ close contact

kapcsolható : nem ~ *(telef)* unobtainable

kapcsoló *fn (gépt)* catch, clutch, coupling ; *l még* **tengelykapcsoló** ; *(járművek összekapcsolásánál)* hitch ; *(vill)* switch, circuit-breaker ; *mn (mat)* additive ; **adás-vételi** ~ *(távk)* T-R switch ; **akkumulátorszabályozó** ~ accumulator switch regulator ; ~ **állomás** *(vill)* (switching) station ; ~ **áramkör** *(rád)* tripping circuit ; ~ **berendezés** switchgear, switching gear ; **biztonsági fedéllel elzárt** ~ *(vill)* asylum switch ; **elektronikus** *v* **elektroncsöves** ~ *(vill)* electron switch *(UK)* ; electronic commutator *(US)* ; ~ **érintkező** connection contact ; ~ **fogaskerék** clutch pinion ; ~ **forgattyú** coupling crank ; **függő** ~ *(nyomógombos)* pendant switch ; ~ **henger** *(vill)* (drum) controller ; ~ **heveder** joint strip ; *(vonó készüléken)* shackle bar ; ~ **impulzus** *(rád)* tripping impulse ; ~ **impulzushullám** *(vill)* switching wave ; **irányítójelet adó** ~ *(távk)* director signal switch ; ~ **jelfogó** *(távk)* connecting relay, relay switch ; ~ **karmantyú** clamping sleeve ; **karos** ~ *(vill)* bat-handle switch ; ~ **készülék** *(gépt, gépk)* coupler ; *(vill)* switching device, switchgear ; **kétsarkú** ~ *(vill)* double-pole switch; **kiegészítő adás-vételi** ~ *(magnetron jobb illesztésére)* anti-T-R switch ; ~ **kivehető működtetőkulccsal** *(vill)* loose key switch ; **körmös** ~ *(gépt)* claw clutch ; ~ **lamella** *(érintkezőkeféhez)* strap for contact brush ; **légnyomásos** ~ air-pressure switch ; ~ **lépése** *(távk)* switch step ; ~ **nyomógomb** *(rád)* trip push-button ; **nyugtázó** ~ *(vasút)* acknowledger switch ; **nagyfrekvenciás** ~ *(kis káros kapacitású)* anti-capacity switch ; **önműködő** ~ automatic switch ; ~ **számtárcsa ütközője** *(távk)* finger stop ; ~ **szerkezet** *(gépt)* coupling gear ; *(sebességváltóban ; gépk)* striking gear ; ~ **tengelykar** *(gépt)* rockshaft ; ~ **tokozása** *(vill)* switch clad ; **tokozott** ~ *(vill)* armo(u)r-clad switch ; ~ **vakolat alatti szereléshez** *(vill)* flush/sunk switch ; ~ **vakolat feletti szereléshez** *(vill)* surface-switch

kapcsoló-aljazat *(vill)* switch base

kapcsolóállás *(vill)* switch position

kapcsolóállásrögzítő *(vill)* switch-stop

kapcsolóállvány *(távk)* switch rack

kapcsolóanya *(gépt)* connecting nut

kapcsolóasztal *(vill)* switch desk, switchboard

kapcsolóbetét(cső) nipple

kapcsolóbilincs *(többágú)* clutch spider

kapcsolóbillentyű *(vill)* switching key

kapcsolóbütyök *(gépt)* clutch cam

kapcsolócsap *(gépt)* engaging dog; *(vasút)* coupling cock
kapcsolócsapszeg *(gépt)* clutch pin
kapcsolócsonk coupling nipple
kapcsolódarab coupling/interconnecting piece
kapcsolódás *(gépt)* contact, engagement, meshing; *(erővonalak és tekercsmenetek között; vill)* linkage; **pozitív ~** *(gépt)* active catch
kapcsolódik gear, engage, mesh, catch, bite
kapcsolódó: ~ fogaskerekek meshing/mating gears; **nem ~** *(gépt)* out-of-mesh; **~ színképző anyagok** *(tex, vegy)* dye couplers
kapcsolódob *(írógépen)* escapement wheel
kapcsolódoboz *(vill)* distribution/junction/switch box
kapcsolódugasz *(vill)* *l* **kapcsolódugó**
kapcsolódugó *(távk)* switchboard plug; *(vill)* (connector/switch) plug
kapcsolóedény *(vill)* switch tank
kapcsolóegység *(vill)* switch unit
kapcsolóelem *(gépt)* interconnecting piece
kapcsoló-elosztó tábla interrupter panel
kapcsolóemeltyű catch/engaging lever
kapcsoló-érintkezőpofák *(vill)* switch jaw contacts
kapcsolófedél *(vill)* switch-plate
kapcsolófej *(gépt)* joint-coupling
kapcsolófog *(gépt)* engaging tooth
kapcsolófoglalat *(gépt)* clamping batten; *(vasút)* coupler support
kapcsolófül *(gépt)* coupling lug
kapcsológép *(távk)* switch; **~ vasváza** switch shelf
kapcsológép-léptető mágnes *(távk)* selector stepping magnet
kapcsológomb *(gépt)* (shift) knob; *(vill)* button, contact stud, switch knob
kapcsológyűrű *(gépt)* joint ring
kapcsolóhajtás switch drive
kapcsolóház *(vill)* switch hut
kapcsolóhely *(számológépen)* hub
kapcsolóhenger *(vill)* (drum) controller; *(pneumatikus vezérléshez)* shifter cylinder; **~ érintkezési állása** step of controller; **indító ~** drum starter
kapcsolóhenger-reteszelés controller lock
kapcsolóhorog *(gépt)* (coupling) hook; *(távk)* switch hook, receiver rest, cradle switch
kapcsolóhorony *(gépt)* coupling spline
kapcsolóhossz *(gépt)* contact length *(US)*; length of contact *(UK)*
kapcsolóhüvely *(gépt)* coupling sleeve; *(csőhöz)* coupling nipple, muff; *(forg; felhúzható)* quill driver; *(távk)* sleeve, (tip) jack, jack bush; **hívó ~** *(távk)* answering jack; **kisegítő ~** *(távk)* ancillary jack; **~ megszakító kulcsa** *(távk)* break jack
kapcsolóhüvely-csapszeg *(gépt)* clutch drive pin
kapcsolóhüvelyrugó *(távk)* jack spring
kapcsolóidom *(gépt)* union
kapcsolóív *(gépt)* arc of contact; *(vill)* switch segment
kapcsolójel *(nyomda)* brace
kapcsoló-kamó *(gépt)* engaging dog
kapcsolókar *(ált)* operating lever/handle; *(gépt)* coupling lever/arm, clutch operating rod; *(sebességváltó; gépk)* gear lever; *(vill)* switch lever/handle
kapcsolókarom *(tengelykapcsolón)* (coupling) claw, tooth
kapcsolókengyel *(gépt)* clevis
kapcsolókép *(fogaskeréké)* contact pattern
kapcsolóképesség *(vill)* making-capacity
kapcsolókerék *(vill)* switching wheel
kapcsolókés *(vill)* switch blade
kapcsolókezelő *(helyközi; távk)* trunking operator
kapcsolókiemelő (szerkezet) *(gépt)* coupling lifter; **~ emeltyű** clutch release fork lever *(UK)*
kapcsolókioldó kar *(gépt)* clutch-engaging lever; *(vill)* switch release gear
kapcsolóköröm *l* **kapcsolókarom**
kapcsolókötél *(heng)* slinger
kapcsolókúp *(gépt)* clutch cone; **belső ~** entering cone
kapcsolólamella *(gépt)* clutch disc/plate
kapcsolólemez *(ép)* clip; *(gépt)* *l* **kapcsolólamella**
kapcsolómágnes *(gépt)* clutch magnet; *(távk)* stepping magnet
kapcsolómező *(távk)* jack panel
kapcsolómotor *(vill)* switching motor
kapcsolómunkás *(bány)* gripman
kapcsolómű *l* **kapcsolóberendezés**
kapcsolónyitás *(kapcsoláskor megtett út)* length of travel
kapcsolóolaj *(vill)* switch oil
kapcsolóoszlop *(vill)* switch column
kapcsolópad *(vill)* switchboard
kapcsoló-pecek *(gépt)* engaging dog
kapcsolópedál *(gépk)* tread contact
kapcsolóperem *(gépt)* coupling flange
kapcsolópult *(vill)* (desk) switchboard
kapcsolórelé *(vill)* switch relay; *(kikapcsoló)* cutout relay
kapcsolórózsa *(heng)* clover-leaf journal/neck
kapcsolórúd *(gépt)* coupling/tie/joint rod *[rendrakó gereblyén]* turning bar; *(vill)* switch shaft/rod
kapcsolórudas vonó készülék *(gépk)* link and pin coupler
kapcsolórugó *(tengelykapcsolón)* clutch-disengaging spring
kapcsolószám *(gépt)* contact ratio/period, duration of contact
kapcsolószekrény *(vill)* switch cupboard, switchboard (box); *l még* **kapcsolódoboz**; **esőlemezes ~** *(távk)* drop switchboard; **villamos ~** electric switch box
kapcsolószem *(láncon)* connector
kapcsolószög *(gépt)* contact/pressure angle; **~ belépő része** angle of approach; **~ kilépő része** *(fogaskeréké)* angle of recess
kapcsolótábla *(vill, ált)* switch(-)panel, keyboard; *(érintkezőkkel)* contact panel, junction board; *(műszeres)* instrument/indicator board; *(elosztó berendezésben)* distribution switchboard; **cellás ~** *(vill)* cellular switchboard; **~ csengője** *(távk)* board bell; **esőlemezes ~** *(távk)* annunciator board; **nagyfeszültségű ~** high-tension switchboard; **~ szereléséhez használt kábel** *(vill)* switchboard cable
kepcsolótáblakábel *(vill)* switchboard cable
kapcsolótábla-kezelő *(vill)* switchboard attendant/operator
kapcsolótáblamező *(vill)* (switchboard) panel
kapcsolótábla-műszer *(vill)* switchboard/panel-mounted instrument
kapcsolótáblára szerelt *[műszer]* panel(-) mounted
kapcsolótábláról vezérelt panel/dash-controlled
kapcsolótáblasor *(táv)* suite
kapcsolótag *(gépt)* (coupling) member
kapcsolótárcsa *(gépt)* clutch disc; *(vill)* switching wheel
kapcsolótárcsa-agy *(gépt)* clutch disc hub
kapcsolótartály *(távk)* switch vessel
kapcsolótechnika *(távk)* switching arrangement
kapcsolótengely *(gépt)* clutch/engaging shaft; **~ hornya** coupling spline
kapcsolóterem *(telefonközpontban)* (switch-)apparatus room
kapcsolótest *(önműködő; vasút)* coupler body
kapcsolótok *l* **kapcsolóhüvely**
kapcsolóvilla *(gépt)* coupling fork
kapcsolóvonal *(gépt)* contact/pressure line
kapcsolózár *(gépt)* clutch lock
kapcsolózsinór *(távk)* connecting/jumper cord; **~ral kapcsolható kapcsolótáblamező** jumper field
kapcsolózsinór-áramkör *(távk)* cord circuit
kapcsolózsinóros központ *(távk)* separate cord (switch)board
kapcsolt: áttétel nélkül ~ *(gépt)* direct-connected; **~ gép** coupled engine; **~ (hangoló)körök** *(rád)* coupled circuits; **~ kőzetek** involved rocks; **(közvetlenül) ~ gőzgép** coupled steam engine; **párhuzamosan ~ tekercs** *(távk)* bridging coil; **~ rendszer** *(gőzgépeké)* compound arrangement; **szorosan ~** close-connected; **~ (sztereofilm-)vetítőgépek** coupled projectors; **(váltakozva) ~ szívgörbék** *(rep)* switched cardioids
kapcsos *(munkás; bány)* trammer, clipper; **~ rúd** *(gépt)* eye bar; **~ talpbélésfelillesztő gép** *(cipő)* staple tacker for insoles; **~ vég** *[doboz fedele]* box end; **~ zárójel** *(mat)* figure bracket
kapilláris capillary; *l még* **hajcsöves**; **~ elektrométer** capillary electrometer; **~ hatás** capillary action; **~ olajadagolás** capillary feed; **~ súrlódás** minute friction; **~ szövedék** capillaries; **~ víz** capillary water
kapillaritás capillarity
kapitälchen *(nyomda)* (small) capitals
kapkodó fényezőgép *(bőr)* glazing jack
Kaplan-turbina *(hidr)* adjustable-blade propeller turbine, Kaplan turbine
kapli *(orrborítéк; cipőn)* (toe) cap
kaplikeménység *(cipő)* blocked toe
kapnicit *(ásv)* kapnicite
kapocs fastener, buckle, clasp, clamp, link, clench, strap, catch; *(bány)* tongue; *(ép)* anchor, lock; *(fa)* socket; *(füles és horgos; óra)* locket; *(gépt)* cleat; *(különféle textilgépeken)* flap; *(őzni)* hook; *(szíjon fegyver részére)* chape; *(távk, vill)* terminal, clamp; *(zárójel)* parenthesis; **kapcsok jelzése** *(vill)* terminal marking; **(repedést) összefogó ~** *(fa)* dog hook; **~ szeme** hinge eye; **tetőcserép-rögzítő ~** clip; **~ zárócsapja** stirrup bolt

kapocsdeszka v **-tábla** *(vill)* terminal board
kapocselrendezés *[műszernél]* terminal arrangement
kapocsfeszültség *(vill)* terminal/output voltage
kapocsfűző gép *(pa)* stapling machine
kapocs-impedancia *(vill)* terminal impedance
kapocskarika *(bőr)* ear
kapocskötés *(gépt)* clasp joint
kapocsléc *(vill)* terminal/connecting strap
kapocsösszeillesztés *(gépt)* clamp joint
kapocspánt *(gépt)* gripple
kapocspár *(fa)* dog iron
kapocsrögzítés *(gépt)* clinch
kapocsszemhajtogató gép eye-bender
kapocsszerelő lap bekötő zsinórhoz *(távk)* patch()board
kapocstömb *(vill)* terminal block
kapocsvas cramp
kapok *(kapokfa szőre; tex)* kapok
kapok-mentőöv *(hajó)* kapok life jacket
kapokolaj *(vegy)* kapok oil
kapokszál *(tex)* kapok
kaporolaj dill oil
Kaposvári-féle huzalfeszítő *(vill)* Kaposvári-pattern draw tongs
káposzta *(facsiszolóból; pa)* tailings
káposztagyalu cabbage shredder
káposztamintájú díszítőelem *(ép)* cabbage palmetto
kapotnyakolaj *(vegy)* asarum oil
kapott keverék *(vegy)* resulting mixture
kappa-görbe *(mat)* kappa curve
kaprilsav caprylic acid
kaprinsav capric acid
kapron *(tex)* capronе
kapronsav capro(n)ic acid
kapronsavészter caproate
kaprubin *(ásv)* *l* **pirop**
kapszula capsule
kapszulapapír capsule paper
kaptafa *(bőr, fa)* (boot)last, (shoe) tree ; ~ **előkészítése** *(bőr)* assembling ; **kaptafára foglaló gép** *(cipő)* lasting machine ; **hegyes orrú** ~ pointed toe last ; **kaptafára húz** last a shoe ; **kaptafára húzó gép** *(cipő)* pulling over machine
kaptafaállvány last stands
kaptafakészítő *fn* last-maker ; ~ **gép** last-making machine
kaptafakihúzó gép last-slipping machine
kaptafamásolat (last) form
kaptafamodell *(cipő)* model of last
kaptafarátét *(alcni)* instep shover
kaptató *(gépk)* rising gradient
kapu *(ép)* port, gate, door ; *(rád)* gate, gating ; *(filmvetítő gépen)* gate ; **alsó** ~ *(hajózsilipen)* aft gate ; **ellensúlyos** ~ balance gate ; **filmleszorító** ~ *(objektív mögött)* pressure gate
kapuajtó *(ép)* postern
kapualj gateway, doorway
kapuáramkör *(rád)* gating/gate circuit
kapueresz *(ép)* hood, tilt
kapuernyő *(ép)* *l* **kapueresz**
kapufélfa *(ép)* heelpost
kapufészek *(ép)* hollow quoin
kapugyámfa *(ép)* portal strut
kapujel *(távk)* main gate (signal)
kapujelerősítő *(rád)* gate amplifier
kapukulcs *(ép)* house key
kapuoszlop *(ép)* gatepost, door pier
kapuoszlopszeg *(ép)* gatepost nail
kapuőrbódé *(ép)* gatehouse
kapupántcsavar *(fa)* carriage bolt
kapusín *(film leszorítására)* pressure guide
kapuvasalás ánd hinge
kapuveretek gate fittings
kar *(tartó)* arm, bracket, cantilever ; *(működtető)* lever, handle ; *(himba)* balance, lever, rocker ; *(fúrókocsié; ol)* boom ; *(kapcsológépen, kefe; távk)* metallic arm ; *(potenciométeré)* slider ; **kinyúló** ~ *(gépt)* arm ; ~ **nélküli áramkikapcsoló** v **árammegszakító** *(vill)* pivotless breaker
kár *(földt)* ka(h)r
karabély carabine
karabiner ripping lock
karácsonyfa *(olajkút zárószelepe)* Christmas tree
karácsonyi : ~ **csomagolópapír** Christmas wrapping-paper ; ~ **papír** Christmas paper
karakterisztika *(jelleggörbe)* characteristic (curve), characteristics ; *(logaritmusé:)* characteristic ; ~ **alsó könyöke** lower bend of the characteristic ; ~ **felső csúcsa** *(vill)* top bend ; **kardioid alakú** ~ *(vill)* cardioid pattern
karakterisztikacsúcs *(mat)* apex
karakterisztika-hajláspont flexion point
karakterisztika-rajzolás *[oszcillográfon]* curve tracing
karakterisztika-terület : **jelközi vezérlési** ~ *(táviróadás billentyűzésekor)* key-out region
karakterisztikus characteristic, distinctive ; *l még* **jellegzetes** ; ~ **impedancia** *(vill)* characteristic impedance ; ~ **torzítás** *(távk)* characteristic distortion
karaküljuh gyapja *(tex)* astrakhan wool
karambol *(gépk)* crash
karambolos *(összetört)* **jármű** smashed vehicle
karambolos *(gépk)* crash, smash (up)
karamelizálódás *(vegy)* caramel formation
karamella *(élip)* caramel, toffee
karát *(súly)* carat (0,259 195 68 g); *(finomság)* standard of the fineness
karátozás alligation of gold ; **fehér** ~ gold and silver alloy, alligation of gold and silver ; **vegyes** ~ alligation of gold with copper and silver ; **vörös** ~ alligation of gold and copper
karáttétel-arány *(gépt)* proportion of the lever arms
karavánkocsi van
karbamát *(vegy)* carbamate, urate
karbamid *(vegy)* urea
karbamid-(mű)gyanta urea-formaldehyde resin
karbamidsav *l* **karbaminsav**
karbaminsav carbamic acid
karbaminsavamid *(vegy)* *l* **karbamid**
karbaminsavas ammónium ammonium carbamate
karbaminsavészter carbamate
karbantart maintain, service
karbantartás maintenance, service, conservation, care, upkeep
karbantartási : ~ **eszközök** maintenance facilities ; ~ **költség** upkeep/maintenance/servicing cost
karbantartó (munkás) maintenance man; ~ **állomás** *(gépk)* service station ; ~ **személyzetet hívó áramkör** *(távk)* baulbsman's circuit ; ~ **szerszámok** service tools ; ~ **szolgálat** *(gépk)* car service ; ~ **telep** *(gépk)* service station
kárbecslő loss assessor
karbén carbene
karbid *(szénvegyület fémmel)* carbide ; *(kalciumkarbid)* calcium carbide
karbidégő acetylene burner
karbidizált katód *(rád)* carburized cathode
karbidlámpa acetylene flare light
karbidszemcse carbide grain
karbidszén *(koh)* combined carbon
karbinol *(vegy)* *l* **metilalkohol**
karbociklikus *[vegyület]* carbocyclic
karbolineum carbolic oil
karbololaj carbolic oil
karbol-papír carbolic paper
karbolsav carbolic acid
karbolszappan carbolated soap
karbon- *(vegy)* carbonic
karbonacél carbon/plain steel
karbonádó *(ásv)* carbonado, black diamond
karbon-alappapír carbon base-paper
karbonálóüst *(vegy)* carbonation pan
karbonát carbonate
karbonatáció carbonation
karbonátképző oszlop carbonating column
karbonát-kőzetek carbonate rocks
karbonátos érc carbonate ore
karbondús szén carbonaceous coal
karbonilklorid carbonyl chloride, phosgene
karbonizáció carbon(iz)ation ; ~**ra alkalmas acél** carburising steel
karbonizál carbonify, carbonate ; *(tex)* carbonify, carbonize, char
karbonizálás carbon(iz)ation, carbonizing
karbonizáló : ~ **berendezés** *(tex)* carbonizing stove/oven ; ~ **vegyszerek** *(tex)* carbonizing agents
karbonizálógép *(tex)* carbonizing machine
karbonizált *(tex)* carbonized
karbonizátor *(tex)* carbonizer
karbonkorszak *(földt)* coal age, carbonic period ; **produktív** v **felső** ~ carboniferous period
karbonkorszakbeli *(földt)* carbonic
karbon-nyerspapír carbon raw-paper, carbonizing paper
karbon-nyersselyempapír carbonizing tissue paper
karbonométer *(széndioxidtartalommérő készülék)* carbonometer
karbonpapír carbon paper
karbonpapírgép *(pa)* machine for carbon paper
karbonsav carboxylic acid ; **alifás** ~ aliphatic carboxylic acid
karbonselyempapír carbon tissue-paper
karbontartalmú *(vegy)* carbonic ; **kis** ~ low-carbon ; **nagy** ~ high-carbon
karbontartalom *(vegy)* carbon content
karborundum carborundum, silicon carbide ; ~ **(kristály)detektor** carborundum detector
karborundum-fenőkő carborundum stone
karborundumpapír carborundum paper
karboxiláz carboxylase
karboxil-gyök carboxy(l) group
karburál carburate

karburálás carburation ; *(gázé)* carburetting ; *(koh)* carburization
karburáló : (világító)gázt ~ készülék carburet(t)or
karburátor carbonizer ; *(gépk)* *l* **porlasztó**
karc *(rajz)* etching ; *(lenyomat)* impression ; *(ásv)* streak
karcinotron *(távk)* backward-wave tube, carcinotron
karcjelek score marks
karckeménység *(anyagv)* scratch/abrasive hardness
karckeménységmérő *(anyagv)* scratch hardness tester
karcnyomó festék etching ink
karcol scratch, score, scar
karcolás scratch, mar, scar ; *(bőr)* cut ; *(földt)* striation ; *(óra)* stippling ; **~sal megállapított keménységi szám** scratch hardness number
karcolásálló marproof
karcolási : ~ keménység *(anyagv)* abrasive hardness ; **~ szín** *(ásv)* streak
karcolópróba *(anyagv)* scratch test
karcolótű *(sáber ; nyomda)* scratch awl, scriber, scorper, (round/flat) graver, etcher's needle, burin
karcolt *(földt)* striate(d); **~ jelzés** scratch
karcolva-író nyúlásmérő *(anyagv)* scratch-recording strain ga(u)ge
karcos scarred, nicked ; **~ film** rainy
karcsúság slenderness ; *(rep)* aspect ratio ; **kis ~** *(rep)* low aspect ratio
karcsúsági tényező *(mech)* slenderness ratio
kardamomum-olaj *(vegy)* oil of cardamom
kardán *l* **kardáncsukló, kardántengely**
kardánáttétel *(gépt)* cardan gear
kardáncső *(gépk)* drive shaft tube, torque tube
kardáncsukló universal joint/coupling, cardan (joint), gimbal (joint); **állandó szögsebességű ~** constant-speed universal joint ; *(teljes ; gépk)* universal joint assembly ; **~ csúszóvillája** sliding yoke of universal joint ; **csúszóvillás ~** sliding universal joint ; **keresztcsapos golyós ~** trunnion-type universal joint ; **kettős ~** *(gépk)* double universal joint
kardáncsukló-agy *(gépk)* companion flange for the universal joint
kardáncsuklóház *(gépk)* cardan (cross) housing/casing
kardáncsuklós : ~ felfüggesztés gymbal (suspension); **~ kapcsolás** universal coupling
kardáncsuklóvilla *(gépt)* universal-joint fork
kardánfék *(gépk)* transmission brake
kardánfék-rudazat *(gépk)* transmission brake rigging *(US)*
kardánfelfüggesztés *(gépt)* cardanic/articulated suspension ; **~ belső gyűrűje** inner gimbal ring
kardánhajtás cardan drive/gear ; *(megkülönböztetésül a lánchajtástól ; mkpár)* shaft (final) drive
kardánház *(gépk)* cardan casing
kardán-illesztőperem cardan flange
kardánkereszt *(gépt)* universal-joint centre cross, trunnion cross ; *(gépk)* universal cross, spider
kardános felfüggesztésű mounted in gimbals
kardán-rögzítőperem cardan flange
kardán-szalagfék *(gépk)* transmission band brake
kardántengely *(gépt)* universal-joint shaft, cardan shaft ; *(gépk)* transmission shaft ; drive shaft *(US)* ; **~ állásszöge** *(gépk)* angle of drive ; **~ bordás csúszó csatlakozása** *(gépk)* splined slip joint ; **~ csatornája** *(gépk)* transmission tunnel ; **kétrészes ~** triple-jointed drive shaft ; **nyitott ~** open drive shaft ; **zárt ~** enclosed propeller shaft
kardán-tolócső *l* **kardántengely**
kardánvilla joint-fork
kardioid *(mat)* cardioid ; **~ alakú** heart shape ; **~ mikrofon** *(rád)* cardioid microphone
kardox *(bány)* cardox (cylinder)
kardox-gyutacs *(bány)* cardox blaster
kardox-patron *(bány)* cardox (blaster)
kardox-repesztés *(bány)* carbon dioxide breaking
kardox-töltény *(bány)* cardox blaster
kardreszelő featheredge file ; **pontossági ~** precision featheredge file
kard-tűreszelő featheredge needle file
karéj *(ép)* foil ; *(mat)* cantle, lobe
karéjos lobed
karéstift *(óra)* centre-staff
karfa banister, (back-)bar, elbow rest, hand guard/rail, balustrade, breast
karfahajlás kezdőpontja springing
karfakötő csavar dowel screw
karfaszegélyhajlat *(ép)* string wreath
karfolit *(ásv)* carpholite
karfosziderit *(ásv)* carphosiderite
karfosztilbit *(ásv)* carphostilbite
kárfülke *(földt)* corrie ; **kárfülkéből eredő gleccser** corric glacier
kariatid *(ép)* atlas, talamone(s)
karika ring(let), circlet, eye, loop
karika- annular
karikafa *(fa)* cordwood
karikahajlító gép rim-bending machine
karikahajó *(varrógépen)* central bobbin
karikás kötél rim cord
karima flange, border, brim, rim ; *(pa)* chime ; *l még* **perem** ; **~ hajlatszöge** angle of flange ; **karimáig tölt** brim
karimajáték *(gépt)* rim clearance
karimakötés *(gépt)* flange joint
karimakulcs *(gépt)* flange wrench
karimás flanged ; **~ átlapolt kötés** *(gépt)* single-flange lap joint ; **~ cséve** flange-cooled bobbin ; **~ cső** flange tube/pipe ; **~ csőkötés** *(hidr)* flange joint ; **~ féksaru** flange-cooled brake shoe ; **~ kötés** flange union ; **~ lemez** *(kazán elülső falán)* flange plate ; **~ tengelykapcsoló** flange coupling ; **~ tömítés** flange-cooled packing ; **~ zárólap** *(szivattyún)* flange--cooled end plate
karimaszögmérő border square
karimatámasz rim bearing
karimáz border, flange
karimázás bordering, flanging
karimázó *fn* flanger, borderer
karimázóprés flanging press
karimázóvas half moon stake
karintin *(ásv)* karinthin
kariocerit *(ásv)* caryocerite
karjelző *(vasút)* post ; **rövid** *v* **törpe ~** *(vasút)* doll post, dolly
karkasz *(gumi)* carcass
karkinyúlás *(hegesztőgépé)* gap depth, arm length
karkivágás *(ruh)* arm hole
karkötő-tájoló *(rep)* wrist compass
karlsbadi ikrek *(ásv)* Carlsbad twins
karlyuk *(ruh)* arm hole
karmantyú sleeve, cuff, muffle, muff, cup, box junction ; *(ol)* collar ; *(tex)* mitt(en); *(páncélcsőhöz ; vill)* plain coupler ; **~val ellát** muffle ; **kettős ~** *(csőkötéshez)* double socket ; **körmös ~** clutch sleeve
karmantyús *(gépt)* sleeved, socket(ed); **~ befogás** socketed grip ; **~ csőkapcsoló** threaded cuff/sleeve ; **~ csőkötés** threaded/cuff joint ; **~ illesztés** sleeve joint ; **~ kötés** sleeve/faucet joint, muff/box coupling ; **~ tengelykapcsoló** sleeve coupling ; **~ tömítés** sleeve packing ; **~ tömítőgyűrű** *(gépk)* (lip type) oil seal
karmantyúszorító borda *(gépt)* sleeve pressing rib
karmantyútartó sleeve support
karmantyúüreg *(csővezetékhez)* bell hole
karmazsin : savas ~ *(piros azoszínezék)* acid carmoisine
karmazsinvörös *(szín és festék)* carmoisine, crimson ; **~re fest** encrimson
kármentesítési ellenőr controller of salvage
karminit *(ásv)* carminite
kármin-pigment crimson lake
kárminpiros carmine red
karmos pronged, clawed ; **~ daru** claw crane ; **~ fonalfék** *(tex)* finger tensioner ; **~ végű** claw-ended
karnauba-viasz carnauba wax
karneol *(ásv)* carnelian
karni emelet *(földt)* Carnian/Karnic stage
karnis *(ép)* surbase ; *(függönyhöz)* cornice
karnisgyalu *(fa)* fillister (plane)
karó peg, pole, prop, stake, stick, stock ; **hegyes ~** picket
karóhetét *(geod)* peg stake
karobronz *(koh)* carobronze
karófa *(fa)* staddle
karókerítés picket fence, stockade
karom claw, catch, nip ; **billegő-lefogó ~** *(óra)* balance stopper yoke
karóra wrist watch
karóratok-fül *(óra)* loop
karos : ~ alátámasztás *(ép)* cantilever bracket ; **~ állvány** *(ép)* flying falsework ; **~ áttétel** *(gépt)* lever gear/transmission ; **~ bakdaru** cantilever crane ; **~ biztonsági szelep** lever safety valve ; **~ csavaros kötés** *(gépt)* lever and screw coupling ; **~ csőkulcs** *(gépt)* box wrench ; **~ ellensúly** *(kormányfelületen ; rep)* horn balance ; **~ fűrész** *(fa)* armsaw ; **~ irányjelző** *(gépk)* semaphore--type direction indicator, trafficator (arm); **~ jelző ellensúlya** *(vasút)* semaphore counterweight ; **~ jelző szárnya** *(vasút)* semaphore blade ; **~ kapcsoló** *(távk)* lever key/switch ; *(vill)* single-throw switch ; **~ kiegyenlítés** *(kormányfelületen ; rep)* horn compensation ; **~ kocsiemelő** lever jack ; **~ lengéscsillapító** *(gépk)* lever-type shock absorber ; **~ lengőkeret** *(nyomott ív leemelésére ; nyomda)* fly(er); **~ lyukasztó** lever punch ; **~ mérleg** scalebeam ; **~ réselőgép** *(bány)* bar longwall machine

káros deleterious, detrimental, injurious, harmful ; *(rep, vill)* parasitic ; ~ **áthatás** damaging penetration ; ~ **(be)hatás** *(távk)* adverse effect(s); ~ **ellenállás** *(rep)* parasite drag ; ~ **homlokellenállás** *(rep)* dead head resistance ; ~ **légkör** *(bány)* poison atmosphere ; ~ **modulálás** *(rád)* incidental/spurious modulation ; ~ **rezgések** *(rád)* parasites, parasitic harmonics ; ~ **szennyeződések** injurious impurities ; ~ **tér** dead/idle space ; *(gépk)* clearance volume ; ~ **(vegyi) hatás** detrimental effect
karósánc stockade
károsít (en)damage, degradate, deteriorate
károsodás damage, deterioration, degradation ; ~ **raktározás következtében** storing damage
karosszék easy chair
károstérnövelő toldat *(gépk)* clearance pocket
karosszéria *(gépk)* body(work), coachwork ; ~ **belső térfogata** internal body space
karosszéria-deréköv *(gépk)* waist rail *(UK)*; belt rail *(US)*
karosszéria-építő *(gépk)* body builder
karosszéria-felerősítés *(gépk)* body mounting
karosszéria-felerősítési pont *(gépk)* body mounting point
karosszériafelerősítő csavar *(gépk)* body holding-down bolt
karosszéria-felsőöv *(gépk)* cantrail *(UK)*; roof side rail *(US)*
karosszéria-felújítás *(gépk)* body renovation
karosszériakarton *(lemez ; pa)* auto panel board, body/carosserie board, K. B.-board
karosszériakészítés bodywork
karosszériakészítő *(gépk)* body/coach builder
karosszéria-lakatos body ironer
karosszéria-lemez *(gépk)* body panel ; *(heng)* autobody sheet ; *(pa)* carriage panel
karosszériamerevítő bordák *(fából)* (wooden) stiffening ribs for coachwork
karosszériamosó berendezés *(gépk)* vehicle body washer
karosszérianyikorgás *(gépk)* body squeak
karosszéria-oldallemezek *(gépk)* body side panels
karosszériapapír auto-panel paper
karosszéria-szerelvények *(gépk)* body fittings *(UK)*; hardware *(US)*
karosszériaváz *(gépk)* body framework
karotázsállomás electrical surveying unit for logging wells
karotinoid carotinoid
karóz pole, spike ; *(mzg)* tie to stakes
karózat palisade
karöltő *(ruh)* arm hole
karperec bracelet, circlet
kárpit drape, tapestry ; *(rövid lelógó)* valance
kárpit-ajtó *(ép)* flush door ; *l még* **lemezelt ajtó** *és* **tapétaajtó**
kárpithuzal *(távk)* push-back cable
kárpitosipar *v* **-műhely** upholstery
kárpitos-kalapács upholsterers' hammer
kárpitos-szeg (tin/wire) tack, coat nail
kárpitos-szeghúzó upholsterers' nail puller
kárpitoz upholster, stuff ; *(papírral)* paper
kárpitozás upholstery, lining ; **belső** ~ *(gépk)* trim
kárpitozóanyagok *(ép)* hangings
kárpitozott upholstered ; ~ **bútor** upholstered furniture ; ~ **ülés** settee ; ~ **üléspárna** upholstery pad
kárpitpapír *(pa)* facing paper
kárpitszövet *(tex)* seating
karragén-moha *(bőr, vegy)* carrageen, Ireland moss
karreszelő *(forg)* rubber (file), arm file ; **lapos** ~ flat rubber ; **négyszögletes** ~ square rubber
karszíj *(óra)* wrist strap
karszt *(földt)* karst
karszt-fennsík barren limestone plateau
karsztforrás *(földt)* tubular spring
karsztos *(földt)* karstic
karsztüreg *(földt)* cavern
karsztvíz *(földt)* cavern water
kárt *(tex)* card
kartács drum shell
kartácsfenéklökő lemez tompion
kartácshüvely case
kartácslemez *(pa)* ammunition board
kartácsszeg *l* **kárpitosszeg**
kartámasz *(járműv ön)* arm rest
kartámla *(kocsiszekrényben)* arm rest
kárt-beállítás *(tex)* card setting
kártbeállító *(tex)* card setter
kártbevonat *(tex)* card clothing/covering/fitting, clothing-wire setting, card installation, foundation ; ~ **tisztítása** *(tex)* stripping of the card
kártborítású *(tex)* covered with card clothing
kártcsiszolás *(tex)* card grinding
kártegység *(tex)* set/battery of cards
kartengely *(gépt)* arm shaft
karter *(gépk)* (lower) crankcase ; *(gépt)* case, casing
kártérítési : munkáltatók ~ **felelőssége** *(üzemi balesetekért)* employers' liability
karterkályha *l* **olajteknő-melegítő**
kartersűrítés *l* **forgattyúház-sűrítés**
karterszellőző *(gépk)* crankcase ventilator
kártfátyol *(tex)* web
kártgarnitúra *(tex)* (card) clothing, clothing-wire setting, card installation
kárthengerszabályozó *(gép ; tex)* card fixer
kártkefélő *(tex)* card brusher
kártköszörülés *(tex)* grinding of cards
kártköszörülő gép *(tex)* (card) grinding machine
kartográfia cartography
kártol *(tex)* card, hackle ; **durván** ~ *(tex)* scribble
kártolás *(tex)* carding
kártolási : ~ **bunda** *(tex)* fleece ; ~ **csomók** card neps ; ~ **eljárás** carding process ; ~ **hulladék** *(tex)* card strips/waste/fettlings/sweeps, waste at cards
kártoló *(munkás ; tex)* card tenter, carder ; *(berendezés :)* card ; ~ **berendezés** scribbling set/machine, carder ; ~ **felületek** facing-up ; ~ **gépcsoport** set/battery of cards ; ~ **gépelemek** *(tex)* carding organs ; **képesség** carding capacity
kártoló- *(tex)* card
kártolóbőr *(tex)* combing leather
kártolódob *(tex)* card cylinder
kártolófarkas *(tex)* card breaker, scribbler ; card willow/breaker, breaker card(ing machine)
kártolófedél-tisztítási hulladék *(pamutnál)* flat strips
kártolófog *(tex)* card staple/wire
kártolófődob *(tex)* (main) card(ing) cylinder
kártológép *(tex)* card frame, carder, carding machine ; ~ **fedele** top ; ~ **fődobja** swift ; **léces** ~ **fedélíve** card framing bend ; ~ **rostája** *(tex)* undergrind for cards
kártológép-etető *(tex)* card filler
kártológép-etetőasztal *(tex)* card feed sheet
kártológépkanna *(tex)* card can
kártológép-leszedő *(henger ; tex)* doffer
kártológép-tápszalag *(tex)* card feed sheet
kártológép-teljesítmény *(tex)* card production
kártolóhatás *(tex)* carding effect
kártolóhenger *(tex)* card roller, crow
kártolóhenger-bevonat *(tex)* card clothing
kártolóhuzal *(tex)* card wire
kártolómester *(tex)* carder
kártolómunkás *(tex)* card tender, carder
kártolóműhely *(tex)* card room, carding department
kártoló-(shed)műhely *(tex)* carding shed
kártolószalag *(gumi, tex)* card clothing (foundation)
kártolótű *(tex)* card staple
kártolótű-beállító munkás *(tex)* pin setter
kártolt : ~ **fátyol** *(tex)* card(ed) web ; ~ **fésűsfonal** carded worsted yarn ; ~ **fonal** card/condensed yarn ; ~ **gyapjú** plocage ; *(posztóipari :)* clothing wool ; ~ **gyapjúfonal** woollen ; ~ **gyapjúszövet** wool(l)en cloth ; ~ **pamutfonal** carded cotton yarn ; ~ **szalag** *(tex)* card sliver/end, carding
kártoltpamutfonal-szelfaktor *(tex)* self--acting mule for cotton yarns
kártoltpamutfonó gép *(tex)* billy
karton *(pa)* carto(o)n, mount, paper board ; *(lemez ; pa)* (card)board ; *(freskóhoz)* cartoon ; *(tex)* calico, print cloth ; **több rétegből gaucsolt** ~ *(pa)* combination board
kartonált *(kiadás ; nyomda)* in boards
kartonázsgép *(pa)* cardboard machine
kartonázsragszalag *(pa)* box pastings
karton-betétpapír (card) middles
kartondoboz carton, cardboard case, bag of pasteboards
kartongép *(pa)* board machine
kartonkeret-lemez *(pa)* passe-partout board
kartonlemez *(pa)* cardboard, pasteboard
kartonlemezgyár *(pa)* board mill
kartonmásoló tű *(freskórajzhoz)* agate point
kartonnyomás *(tex)* calico/cotton printing
kartonnyomó gép *(tex)* cotton printing machine
kartonpapír cardboard, carton
kartontekercsvágó gép *(pa)* cardboard reel cutter
kartonzacskó bag of pasteboards
kartoték card (index), record system

kartotékkarton *(pa)* index board/card, cardboard for card index
kartoték-katalógus card catalogue
kartotékpapír index paper, paper for card index
kártrend *(tex)* set/battery of cards
kártrendszer *(tex)* set/battery of cards
kártsorozat *(tex)* battery/set of cards
kártszalag *(tex)* card fillet(ing)/fitting, clothing-wire, fillet/sheet card, end, strand
kártszalag-felhúzás *(tex)* card settings
kártszalag-felhúzó *fn* *(tex)* card winder; ~ **gép** *(tex)* card mounting machine, card-lacing machine
kártszalagkészítő gép *(tex)* card-setting machine
kártszalagtisztító *fn* *(tex)* card stripper ; ~ **kefe** card wire brush
kárt(szalag)-tű *(tex)* point, card staple/wire
kártszalag-tűzdelés *(tex)* card wiring
kártszövet *(tex)* card cloth
kárttisztítási hulladék *(tex)* card strips/clearer
kárttisztító *fn* *(tex)* card brusher, fiddle; ~ **készülék** card stripper
kárttű *(tex)* card staple
kárttűbevonat *(tex)* clothing-wire
kárttűbevonat-köszörülő gép *(tex)* card-grinding machine
kárttű-osztás *(tex)* card settings
kárttűs bolyhozógép *(tex)* wire raising machine
kárttűző gép *(tex)* card setting
kártus *(ép)* cartouch(e)
kártveretbőr *(tex)* combing leather
kártya *(pa)* card ; *(tex)* chart, card
kártyabeállító *(tex)* card setter
kártyadrót *(tex)* *l* **kártyahuzal**
kártyafeliratozó gép automatic interpreter, check-writing interpreter
kártyafűző *(tex)* card lacer/pegger ; ~ **gép** *(tex)* (Jacquard) card-lacing machine
kártyahuzal *(tex)* card irons
kártyakészítő *(tex)* card puncher ; ~ **gép** *(tex)* card punching machine ; ~ **gép nyomófeje** *(tex)* stamp
kártyakímélő szerkezet *(tex)* card-saving motion
kártyakiverés-mintarajz *(tex)* peg(ging) plan, pattern for card cutting
kártyakiverő vas *(tex)* drift pin
kártyaleolvasó *(számológépen)* card--reading unit
kártyalyukasztó *(számológépen)* card--punching unit ; *(tex)* punching/lisage machine ; ~ **szerkezet** *(tex)* Jacquard card-punching machine
kártyamásoló gép *(tex)* Jacquard card repeater, Jacquard card repeating machine ; *(mat)* automatic reproducing punch
kártya-összefűzés *(tex)* lacing cards
kártya-rapport *(tex)* number of cards
kártyasorozat befűzése *(tex)* card-lacing
kártyaszámozás *(tex)* card numbering
kártyavágás *(tex)* card-cutting
kártyavágó *fn* *(tex)* card cutter ; ~ **gép** *(pa, tex)* card-cutting machine ; ~ **műhely** *(tex)* card cutting department
kártyaverő *(tex)* card puncher ; ~ **gép** *(tex)* (Jacquard) card-cutting machine, card punching machine
kártyavezető *(tex)* card cradle
karusszel *(forg, gépt)* turntable, rotary table
karusszeleszterga vertical boring and turning machine ; **revolverrendszerű** ~ (Bullard) vertical (turret) lathe ; ~ **síktárcsája** table
karusszelgyalupad rotary planer
karusszelpad *l* **karusszeleszterga**
karusszel-rendszerű turntable-type
karvel *(hajó)* carvel
karyinit *(ásv)* karyinite
karzat gallery, loft, sponson ; *(templomban)* overstory, clerestory ; *(koh)* charging gallery
kas cage, crib, hive ; *(bány, emelőn)* cage, cradle ; ~ **saruja** *(bány)* cage shoe ; ~ **túlemelése** *(egészen a kötéltárcsáig)* pulleying
kasa *(tex)* kasha
kása paste, squash, pulp
kásajég frazil/slush ice
kasajtó *(bány)* cage gate
kásás paste-like, squashy, pulpaceous ; *(önt)* buttery
kasemelési magasság *(bány)* cage lift
kasemelet *(bány)* cage deck
kasfedő *(bány)* cage bonnet ; ~ **pajzs** *(bány)* cage cover
kasfogó *(bány)* cage parachute ; ~ **készülék** *(bány)* grip block ; ~ **léc** bearing-up stop ; ~ **szerkezet** *(bány)* grip
kasíroz mount
kasírozás *(pa)* laminating
kasírozó : ~ **alaplemez** *(pa)* filler-board, foil-mounting board ; ~ **nyerskarton** *(pa)* foil-mounting board ; ~ **nyerslemez** *(pa)* filler board
kasírozógép *(pa)* covering/pasting/laminating machine, laminator, board liner
kasírozókarton *(pa)* lining board
kasírozópapír linings, liner, carton-liner paper
kasírozott : ~ **karton** *(pő)* laminated/combined board ; ~ **lemez** *(pa)* lined board ; ~ **papír** laminated paper ; ~ **(ragasztott) lemez** *(pa)* pasted board ; ~ **srenclemez** *(pa)* filled chip-board ; ~ **szürkelemez** *(pa)* filled chip-board ; **több rétegből** ~ **anyag** *(pa)* multiple sheet material
kasírpapír pasting paper, pastings
kaskikapcsoló : **biztonsági** ~ **horog** *(bány)* detaching hook
kasmentő készülék lánca *(bány)* bridle chain
kasmírgyapjú *(tex)* cashmere wool
kasmírszövet *(tex)* cashmere (cloth/twill)
kasolong *(ásv)* cacholong
kasosztály *(bány)* cage way
kaspofák *(aknafelvonón)* cage seats
kasseli barna Cassel brown
kasszállítás kötéltárcsája *(bány)* cage sheave
kasszállításos akna *(bány)* cage hoisting mine
kasszék catches, keep, bearing-up stop, chair, lander, cage seat/rest ; ~ **fogószarva** *(bány)* holding horn
kasszekrényfék *(bány)* catch
kasszékütköző fang
kasu *(bőr)* cashew, cashoo, cutch, Japan earth
kasualmaolaj cashew nut shell oil
kasvezeték *(emelőn)* cage guides, shaft guide
kasza scythe, shave
kaszafej *(kaszálógépen)* knife head
kaszafelerősítő gyűrű scythe ring
kaszafenő kő scythestone
kaszakés sickle knife
kaszakő scythestone
kaszál crop, reap, scythe, mow, clip ; **füvet** ~ hay
kaszálás moving, clipping, cutting
kaszáló *mn* mowing ; ~ **irányfény** *(rep)* oscillating beacon
kaszálógép mower ; **magánjáró** ~ automower ; ~ **pengéje** reaper/mower knife ; ~ **vágószerkezete** shickle bar
kaszálógépkés mower/reaper knife
kaszálógépkezelő mower driver
kaszanyél scythe stick, snath
Kaszás *(csill)* Orion
kaszaverő : ~ **kalapács** scythe's hammer; ~ **üllő** scythe's anvil
kaszkád *(vill)* cascade ; ~**ba kapcsolt** cascade(-connected)
kaszkád-átalakító *(vill)* cascade converter
kaszkádelem *(rád)* cascade battery
kaszkád-erősítő *(vill)* cascade amplifier
kaszkád-feszültségkettőző *(rád, távk)* tandem/cascade doubler
kaszkád-feszültségnégyszerező *(rád, távk)* tandem/cascade quadrupler
kaszkádgenerátor *(vill)* cascade multiplier
kaszkádkapcsolás cascade scheme/connection, cascading ; *(vill)* cascade/tandem connection
kaszkádos indítás *(vill)* starting up in cascade
kaszkád-röntgensugárcső cascade tube
kaszkád-sűrítőtelep cascade concentrating unit
kasszablokk *(pa)* cash-block
kasszia-fahéjolaj cassia oil
kassziope(j)um cassiopeum
kassziterit *(ásv)* cassiterite, tinstone
kasztanit *(ásv)* castanite
kasztor *(szövet)* castor, beaver
kasztorit *(ásv)* *l* **petalit**
katabolizmus catabolism
kataforetikus bevonás cataphoretic coating
kataforézis cataphoresis
kataklasztikus *(földt)* cataclastic [structure]; ~ **szerkezet** pressure texture
kataklázos *(földt)* *l* **kataklasztikus**
katalán : ~ **kohó** Catalan hearth ; ~ **márvány** brocatel ; ~ **olvasztás** *(koh)* bloomery process
katalitikus *(vegy)* catalytic ; ~ **bontás** *v* **krakkolás** *(ol)* catalytic cracking ; ~ **eljárás** contact process ; ~ **reformálás** *(benzinek oktánszámának emelése ; ol)* catalytic reforming ; ~ **zsírbontó** *(anyag)* contact saponifier
katalizál catalyze
katalizátor *(vegy)* catalyst, catalytic agent, catalyzer, contact (agent); *(gyorsító)* accelerant, accelerator ; ~ **helyreállítása** reactivation of the catalyst ; **készülék** ~ **redukálására** catalyst reducer
katalizátor-anyag contact substance
katalizátorgyorsító *(vegy)* promoter
katalizátor-hordozó *fn* catalyst/contact carrier
katalizátorkamra catalyst chamber
katalizátorméreg *(vegy)* catalytic/contact poison, paralyst, anti-catalyst

katalizátoros lebontás catalytic cracking
katalízis *(vegy)* catalysis; **lúgos ~** base catalysis
katalízises *(vegy)* *l* **katalitikus**
katalízistermék catalysate
katalógus catalogue, register, repertoir
katalóguspapír catalogue paper
katapleit *(ásv)* catapleite
katapult *(rep)* catapult; **~ról indít** *(rep)* launch from catapult
katapultbölcső *(rep)* starting cradle
katapult-indítás *(rep)* catapult launch(ing); **~ú repülőgép** catapult plane
katapultkocsi *(rep)* starting carriage
katapultszerkezet *(rep)* catapult launcher
katarakt(a) *(gépt)* adjustable oil brake
kataspilit *(ásv)* cataspilite
kataszteri *(geod)* cadastral; **~ felmérés** *(geod)* cadastral survey, field survey, land surveying; **~ (térkép)adatok** *(geod)* cadastral data
kataszterpapír land registration paper, engineer's lay-out paper, register book paper
katasztrófális árvíz severe flood
katazóna *(földt)* katazone
katazóna-kőzetek kata-rocks
katedra chair
katedrális *(ép)* cathedral
kategória grade; *[versenyen; gépk]* category
kateku *(bőr)* *l* **kasu**
kation cation, basic ion, positive carrier
kationcserélő cation exchanger
kationotrópia *(vegy)* cationotropy
katlan kettle, vessel, ca(u)ldron; *(földt)* ca(u)ldron, kettle (hole), trough; **~ alakú (gyűrűs) beomlás** *(földt)* ring cataclase; **~ alakú omladék** *(földt)* ca(u)ldron; **kifőző ~** *(fehérítés előtt)* bucking kier
katlantisztító nyílás manhole
katód cathode, negative electrode; *(rád)* cathode, emitter; **aktivált ~** *(rád)* activated cathode; **begyújtó ~** starter cathode; **~ dezoxidálása** cathode pickling; **ekvipotenciális ~** unipotential cathode; **izzó ~** hot/incandescent cathode; **képzetes ~** *(magnetronban)* virtual cathode; **korcolt illesztésű ~** lock-seam cathode; **közvetett fűtésű ~** indirectly-heated cathode; **közvetlen fűtésű ~** directly-heated cathode, filamentary cathode; **lapolt illesztésű ~** lap-seam cathode; **~ melegedési ideje** cathode heating time; **tóriumos ~** thoriated cathode; **varratmentes ~** seamless cathode
katód- cathodic, electropositive, noble
katódaktiválás activation of cathode
katódáram cathode current; *(rád, távk)* space current *is*; **~ visszavezetési köre** *[katódszűrő blokk]* cathode-return circuit
katódáramkör cathode circuit
katódáramsűrűség cathode density
katódbemenetű erősítő *(rád, távk, telev)* grounded grid amplifier
katódbevezető *(rád)* cathode lead
katódbombázás *(rád)* filament bombardment
katódcsatolású *(erősítő; rád)* cathode-follower; **~ fázisfordító** *(rád)* cathode phase inverter; **~ fokozat** cathode-coupled stage; **~ integráló kapcsolás** *(rád)* bootstrap integrator; **~ multivibrátor** *(telev)* cathode-coupled multivibrator; **~ multivibrátor-kapcsolás** cathode coupled multivibrator circuit
katódcsatoló *fn* *(rád)* cathode coupler
katódcső *(rád)* tubular/tube cathode; **felül összenyomott ~** pinched-top cathode
katódejtő ellenállás *(rácselőfeszültséghez)* cathode bias resistor, C. B. resistor
katódellenállás cathode resistance/resistor
katódelőfeszültség *(közvetlen fűtésnél)* heater bias
katódesés *(rád)* cathode(-)drop
katódfény negative glow
katódfolt *(rád)* cathode spot
katódfoltos egyenirányító *(rád)* mercury-pool rectifier
katódfolyadék cathode liquor, catholyte
katódháló *(rád)* cathode grid
katódhangolás cathode tuning
katódhüvely cathode sleeve
katódkamra cathode chamber
katódkapacitás *(rád)* cathode capacitance
katódkarakterisztika *(rád)* filament characteristic
katódkimenetű erősítő *(rád)* bootstrap amplifier
katódkivezetés cathode lead
katódködfény *(vill)* cathode glow
katódköri: ~ csatolás *(rád, telev)* cathode coupling; **~ ellenállás** *(rád, távk)* cathode resistor; **~ ellenálláson fellépő rácselőfeszültség** *(rád)* automatic grid bias; **~** *(önműködő)* **előfeszültség** *(rád)* cathode bias
katódkövető cathode follower; **~ fokozat** cathode follower stage
katódleképzés *(távk)* beam crossover
katódlemez negative plate
katódlumineszcencia negative glow
katód-moduláció cathode modulation
katódmodulálás cathode modulation
katódmodulált cathode-modulated
katódos cathodic; **~ sarkítás** cathodic polarization
katód-polarizáció cathodic polarization
katódporlasztás cathode spray/sputter(ing)
katódporlódás *(rád)* sputtering
katódpotenciálesés cathode drop/fall
katódrács collecting grid
katódrács-kapacitás *(elektroncsőé)* input capacitance (of the valve)
katódreakció cathodic reaction
katódrészecske cathode particle
katódrétegeljárás *(színk)* glimmschicht method
katód-sötéttér cathode dark-space
katódsugár cathode beam/ray, C. R.; **~ áramerőssége** cathode-ray current
katódsugaras iránymérő instantaneous direction finder
katódsugárcső cathode-ray tube, c/r tube, c. r. t., Braun's/oscillographic tube; *(radarnál)* scope; *l még* **képcső**; **elektrosztatikus kitérítésű ~** electrostatically-deflected cathode-ray tube; **~ ernyőrésze** bulb face; **~ fénypontjának mérete** *(távk)* spot size; **mágneses kitérítésű ~** magnetically-deflected cathode-ray tube; **panoráma-rendszerű ~** PPO-tube/scope; **televíziós ~** *(vevőcső)* cathode television tube; **villamos kitérítésű ~** electrostatically-deflected cathode-ray tube
katódsugárcső-ernyő kiégett helyei *(rád)* dead spots
katódsugárcső-nyak cathode-ray tube neck, c. r. t.-neck
katódsugárcső-oszcillogram cathode-ray trace
katódsugárerősség intensity of the electron beam
katódsugárfolt cathode-ray spot
katódsugárnyaláb cathode(-ray) beam
katódsugár-oszcillográf cathode(-ray) oscillograph/oscilloscope, C. R. O.; **ellenőrző kisfeszültségű ~** comparison oscilloscope
katódszennyeződés *v* **-mérgeződés** *(rád)* poisoning of cathode
katódtartó *(rád)* cathode leg
katódtér cathode space/chamber
katódterhelésű erősítő cathode-loaded amplifier
katódvédelem cathodic protection
katódvédőrács *(rád)* cathode grid
katódvezeték *(mint áramkör)* cathode lead
katódvillózás cathode glow
katódzsírtalanítás cathode cleaning
katoforit *(ásv)* catophorite
katolit cathode liquor, catholyte
katonai: ~ borjú *(szőrös borjúbőrből)* knap sack; **~ (egyen)ruházat** military equipage, army clothing; **~ felmérés** *(geod)* ordnance survey; **~ felmérő** *v* **térképész** military surveyor; **~ felszerelés** military equipage, army clothing; **~ helyrajzi térkép** ordnance sheet; **~ jármű** *(gépk)* military vehicle; **~ nyeregfelszerelés** military trappings; **~ paszomány** military braid; **~ térkép** *(UK)* ordnance survey map
katonakenyér ration bread
katonaköpeny *(tex)* soldiers watch-coat
katonaposztó *(tex)* army cloth
katonasávoly *(tex)* khaki twill
katonaszövet(ek) *(tex)* army and navy fabrics, army clothing fabrics
katoptrikus anamorfózis catoptric anamorphosis
kátrány tar, goudron; **hőálló** *v* **aromás ~** aromatic tar
kátránybontó gázgenerátor tar-destruction producer
kátrányfedőlemez asphaltic roofing-board
kátrányfestékek (coal) tar colo(u)rs
kátrányfogó *fn* tar extractor
kátrányfolt *(nyersbőrön)* tar stain
kátránygyűjtő *(edény)* tar well
kátrányhézagolás *(ép)* pitch filling
kátránykarbolsav *(nyers)* tar acid
kátránykicsapató *fn* detarring precipitator
kátránykiválasztás tar extraction
kátránylemez tar(red) board/brown, tarred (roofing-)felt
kátránylemezfedés roof felting
kátránylemez-szeg bullen nail
kátránylepárlási termék tar distillate
kátránylepárló: ~ retorta tar still; **~ üzem** tar distillery
kátránylevalasztó szűrő electric detarring precipitator, electro-detarrer
kátránymérgezés injury from tar products
kátrányolaj tar-(fat-)oil

kátrányos tarry ; ~ **fedőlemez** tar roofing ; ~ **jutafonattal szigetelt** tarred jute braided, t. j. b.; ~ **makadám(út)** tarmac(adam); ~ **ponyva** (tar)paulin; ~ **szalag** tar tape ; ~ **színezékek** *(tex)* coal-tar dyestuffs/colo(u)rs ; ~ **tőzeg** pitch peat
kátrányoz tar ; *(hajó)* pay (with tar)
kátrányozás tar(ring)
kátrányozó gépkocsi bitumen spreading truck
kátrányozott tarred ; ~ **felületű út** goudron highway ; ~ **huzal** asphalted wire
kátránypapír *l* **kátránylemez**
kátránypapírfedés felt/composition roofing
kátránypapír-tető paper roof
kátránypárlat tar distillate
kátrányszerű tarry
kátrányszurok tar pitch
kátrányszurok-koksz pitch coke
kátránytalanít detar
kátránytartalmú tarry, tar-yielding
kátránytüzelésű tar-fired
kátrányvíztelenítő retorta tar-dehydrating still
kattanás click(ing)
kattanó *fn* snapper
kattanózár *(ajtón)* clicket
kattintó *fn (fényk)* trigger
kattogás click(ing); **ragasztás okozta** ~ *(film)* bloop
kattogásmentes kulcs *(távk)* clickless key
kattogásszűrő *(távírójelzavarok ellen)* thump filter
kátyú *(úton)* pothole
kaucsuk caoutchouc ; *l még* **gumi** ; **ásványi** ~ elastic bitumen ; **ecetsavval koagulált** ~ acetic acid rubber ; **fakéregről lekapart** ~ *(„bark"-kaucsuk)* bark scraps ; ~ **kilágyítása** sweetening of rubber
kaucsukgyanta rubber resin
kaucsukhulladék caoutchouc breakage
kaucsukkeverék pihentetése rest of rubber
kaucsuk-koagulátum loaf
kaucsuklemez rubber sheet ; **burkoló** ~ hull rubber
kaucsukleválasztás *(elektroforetikus)* electrodeposition of rubber
kaucsukmagolaj rubber seed oil
kaucsuknyújtás *(„reckung")* racking of rubber
kaucsukpikkelyező gép caustic flaking machine
kaucsukrészecske *(latexben)* rubber particle
kaucsukszénhidrogén rubber hydrocarbon
kaucsukszerű rubbery
kaucsuktej rubber latex
kaucsuktermő : ~ **kúszónövények** rubber vines ; ~ **növény** rubber-yielding plant
kauper *(koh)* cowper, stove
kausztifikálás causticization, causticizing
kausztifikáló keverő *(készülék)* causticizing agitator
kausztifikáltság causticity
kausztika *(fényt)* caustic (curve)
kausztikus caustic, pyrotic ; ~ **görbe** *(fényt)* caustic (curve)
kausztobiolit *(földt)* caustobiolith, kaustobiolite
kausztolitok *(földt)* caustoliths
kausztozoolitok *(földt)* caustozooliths
kauterezés cauterization
káva edge, brim ; *(ép)* rabbet, reveal ; *(rád)* cabinet
kavar agitate, rabble, mix ; *(koh)* puddle
kavarás *(acélé)* puddle
kavaró *(ol. vegy)* stirrer ; *(frissítő kemencében)* paddle ; ~ **frissítés** puddling ; ~ **frissítési eljárás** *(koh)* puddling process ; ~ **frissítés salakos fürdőben** *(koh)* puddling on cinder bath ; ~ **frissítés szálas vasra** *(koh)* puddling of fibrous iron ; ~ **kemence** *(koh)* busheling/puddling furnace ; ~ **kemence salakja** *(koh)* mixer slag ; ~ **nélküli ülepítőedény** hollow-bowl clarifier
kavaró-erjesztő módszer *(vegy)* submerged growth
kavarógép stirring machine
kavarólapát hog ; *(koh)* rabbler ; *(frissítő kemencéhez ; koh)* paddle
kavarómunkás *(koh)* puddler
kavarórúd spurtle
kavaróüzem *(koh)* puddling works
kavart agitated, mixed, stirred ; *(koh)* puddled ; ~ **acél** *(koh)* puddled steel ; ~ **vas** *(koh)* puddled iron
kavartvas-hengermű puddle(d-iron rolling) mill
kávébab coffee
kávébabhántoló gép pulper
kávébevonás *(fényesítés)* coffee glazing
kávécserje coffee shrub/tree
kávédaráló coffee mill
kávéfőző *(villamos)* coffee-maker, electric coffee percolator
kávéhántoló coffee huller
kávékörte coffee pear
kávépótló coffee substitute
kávépörkölő *fn* coffee roaster
kaverna *(földt)* alveole ; **hullámverési** ~ *(földt)* blowhole
kavernás *(földt)* alveolar
kávéskanna coffee-pot
kávészacskó-papír *(pa)* coffeebag paper
kávészűrő papír coffee filtering paper
kavics gravel, gristle, grail, pebble, ballast, shingle ; **agyaggal kevert** ~ hoggin(g) ; **nagy** ~ cobble stone ; **zúzott** ~ ballast stone
kavics- pebbly
kavicságy ballast (bed), rubble filling, pebble bed, stone packing ; ~ **lejtése** slope of formation ; ~ **talpfavégeken kívül eső része** shoulder ballast
kavicságyazat *l* **kavicságy**
kavicságyeke ballast plow
kavicságyteknő water pocket
kavicságyterítő plough
kavicsaláágyazás underlayer of ballast
kavicsaláterítés underlayer of ballast
kavicsanyag *(feltöltéshez)* gravel fill material
kavicsbánya gravel pit
kavicsbányászat ballast digging
kavicsbeton gravel/ballast concrete
kavicsdrén rubble catch-water channel
kavicselválasztó mosógép *(lisztőrléshez)* gravel separator
kavicsérc *(bány)* pebble ore
kavicsfészek *(betonhiba)* honeycombing
kavicsfészkes beton honeycomb
kavicsfogó *(hidr)* gravel box
kavicsgereblye gravel rake
kavicshézag-vályú *(vasút)* furrow
kavicshintés gravelling
kavicshordalék *(földt)* gravel, pebble bed
kavicskitermelési berendezés detritus equipment
kavicskotró shingle dredner
kavics- és kőhordalék detritus rubbish
kavicsléc *(ép)* gravel fillet
kavicsmalom pebble mill
kavicsmenti lerakódás *v* **lelőhely** *(földt)* gravel plain placers
kavicsmosó berendezés *(ép)* pebble mill
kavicsol gravel, pack, pebble, ballast, sand
kavicsolás gravelling, ballasting, shingling, carpeting
kavicsolt pebbly ; ~ **út** gravel road
kavicsos pebbly, gravelly, rudaceous ; ~ **gyalogút** gravel walk ; ~ **vakolóhabarcs** pebble dash(ing)
kavicsosztályozó pebble mill
kavicsozás *l* **kavicsolás**
kavicspad *(bány)* bank gravel
kavicsprizma-térfogatképlet *(ép)* prismoidal formula
kavicsréteg channel deposits
kavicssáv *v* **-szalag** *(ép)* gravel fillet
kavicsszállító kocsi *(vasút)* gravel/ballast car
kavicsszűrő rubble filter
kavicstakaró ballast bed
kavicsterítés ballasting
kavicstorony furrow
kavicstöltelék gravel fill material
kavicstörő kalapács stonebreaking hammer
kavicszátony bar gravels
kavicszúzda crushed-stone plant
kavicszúzó *fn (bány)* pebble mill ; ~ **kalapács** ballast hammer
kavicszsák *(földt)* gravel pipe
kavitáció cavitation
kavitációs csattogás bump
kawa-kawa *(ásv) l* **punamukő**
kazalkötő kötél stack band
kazalozóvilla grapple fork
kazalrakó gép stacker
kazán boiler ; *(üst, katlan)* kettle ; *(kemence)* furnace ; *l még* **gőzkazán** ; ~ **alátámasztása** boiler setting ; ~ **(be)falazása** boiler setting ; **csoportos** ~ battery boiler ; ~ **feletti gőzgép** over-type engine ; ~ **felfűtése** priming of boiler ; ~ **felső hőszigetelése** boiler covering ; ~ **gőztere** boiler steam room ; **hengeres** ~ barrel boiler ; ~ **hőszigetelése** boiler lagging ; **kis** ~ pot ; ~ **középső köpenygyűrűje** middle course ; **magas elemsoros** ~ series high-type boiler ; **magas tűzterű** ~ high-type boiler ; ~ **téglabél(el)ése** boiler brickwork ; **teleszkópos dobköpenyű** ~ telescopic boiler ; ~ **teljesítő képessége** boiler capacity ; ~ **víznyomáspróbája** hydraulic boiler test
kazánágyazás boiler bearer
kazánalapzat boiler bearer
kazánalátámasztó láb boiler lug
kazánaljzat boiler brace
kazánbak boiler cradle/saddle
kazánbefalazás boiler set
kazánbélés lining
kazánbölcső boiler cradle
kazánburkolat boiler casing/clothing/lagging
kazánburkolatfoglaló pánt boiler jacket band

kazáncsoport bank/battery of boilers
kazáncső boiler tube
kazáncsődugó taper
kazáncsőfal boiler bank
kazáncsőnyaláb nest of boiler tubes
kazáncsőprés beader
kazáncsőrendszer boiler bank
kazáncsőszorító és-kilökő szerszám boiler cramp
kazáncsőtartó fal tube sheet
kazáncsőtisztító *fn* tube scaler
kazándob boiler drum/shell
kazándörzsár *(forg)* boiler/bridge reamer
kazánegység boiler unit
kazánfal: **hátsó** ~ back end plate
kazánfalazás boiler masonry/brickwork
kazánfalazat *l* **kazánfalazás**
kazánfaltisztító kefe boiler scaler
kazánfelfüggesztés boiler brace
kazánfenék boiler bottom; **hátsó** ~ back end plate
kazánfenéklemez boiler head; **domború** ~ dished end plate of boiler
kazánfoltozó csavar boiler patch bolt
kazánforrcső generating tube
kazánfúró gép boiler drilling machine
kazánfűtő trimmer; ~ **olaj** boiler oil
kazángőz boiler steam
kazángyár boiler works
kazángyűrű boiler shell ring, boiler strake
kazánház boiler and heating plant, boiler(-)house/room
kazánhenger *l* **kazándob**
kazánhomlokfal boiler face
kazánhuzamtolattyú *v* **-szabályozó** register of boiler furnace
kazánhuzam-választófal mid-feather wall
kazániszap fur
kazániszapképződés furring
kazánkészítő *fn* boiler maker
kazánkovács boilersmith, kettle-maker
kazánkovácsüzem boiler forge
kazánkő boiler scale/stone/incrustation/crust; **kazánkövet lever** scale the boiler
kazánkő-eltávolító szerszám scaling tool
kazánkő-kalapács scaler
kazánkőképző incrustant, scale-forming
kazánkőképződésgátló szer anti-incrustator, disincrustant
kazánkő-lepattogzás flaking
kazánkő-lerakódás fouling, crustification, incrustation
kazánkőleverő kalapács boiler scaling hammer
kazánkőoldó scale solvent, anti-scale fluid
kazánköpeny boiler barrel/drum; **külső** ~ boiler shell ring
kazánköpenylemez barrel sheet
kazánkötés boiler stay
kazánkőtisztító *l* **kazánkőleverő**
kazánláb boiler saddle
kazánlemez boiler plate
kazánlemez-berepedezés *(hőfokkülönbségek miatt)* grooving
kazánlemezgyalu boiler-plate edge-planing machine
kazánnyereg boiler bearer/saddle
kazánoldalfal *(vasút)* side plate
kazánöv boiler shell ring
kazánpróba boiler test(ing)
kazánrobbanás boiler explosion
kazánrostély boiler grate, firegrate; *l még* **rostély**
kazánrögzítés boiler brace
kazánsalak cinders; ~ **pályaágyazáshoz** ballast cinder
kazánszegecs boiler rivet
kazánszerelvények boiler fittings
kazántalapzat boiler stool
kazántámasz boiler stay
kazántámcsavar-tisztító szerszám stay-furring tool
kazántápberendezés boiler feed device
kazántápfej combined check and stop valve
kazántápfej-karima boiler check flange
kazántápfej-visszacsapószelep boiler check valve
kazántápszivattyú boiler-feed pump
kazántápvíz-előkészítő készülék feed-water treatment unit
kazántápvíz-légtelenítés deaerating/degassing of feed-water
kazántartó boiler support
kazántelep boiler plant; *(kazáncsoport:)* boiler bank/battery
kazánteljesítmény capacity of boiler, boiler duty/output
kazántér boiler(-)room
kazánterjeszkedés boiler breathing/expansion
kazántest boiler drum; ~ **középső tagja** middle shell ring
kazántest-szegecselés shell riveting
kazántető (hőszigetelése) boiler covering
kazántisztítás chimney sweep
kazántűztér boiler furnace
kazánüzem steam shop, boiler plant
kazánüzemi segédberendezés boiler plant auxiliary equipment
kazánvilla oven fork
kazánvizsgálat boiler inspection
kazánvizsgálati jegyzőkönyv boiler log
kazánvizsgáló szivattyú boiler proving pump
kazein casein(e)
kazeinenyv casein glue
kazeinmázú papír casein-coated paper
kazein-műselyemszövet cheese-cloth
kazeinos festés dyeing with casein dyestuff
kazein-papír casein paper
kazeinszál casein fibre/rayon
kazetta casket; *(nyomda)* double-dark slide
kazettás: ~ **boltozat** *v* **kupola** network dome; ~ **mennyezet** coffered/insert ceiling
kecskebak-állvány *(ép)* trestle bent
kecskebőr kid, bock, buck(skin); **krómos** ~ chrome kid
kecskebőrbélés lining kid leather; *(indiai:)* Madras lining
kecskegyalu jointer
kecskeláb trestle
kecske-nyersbőr kid
kecskesevró *(krómcserzésű fényesített kecskebőr)* glacé kid
kecskeszőr *(tex)* goat's hair
kecskeszőrszövet *(bélés)* camlet
kéder *(üreges gumiszegély; gépk)* hollow rubber beading
kéderezés *(gépk)* piping
kedvezményes preferential; ~ **díjszabás** *(vasút)* reduced tariff; ~ **viteldíj** *(vasút)* travel(l)ing warrant
kedvező szél *(hajó)* tail wind
kefe brush; *(forgógépen; vill)* brush; *(kapcsológépen; távk)* wiper; ~ **beállítási szöge** *(vill)* brush angle; **kefével fényezett mázolás** *(pa)* brush-finish coating; **lemezes** ~ graded brush; ~ **nélküli felületi mázolás** *(pa)* brushless coating
kefeállító szerkezet *(vill)* brush setting controller
kefebehúzó tekercs *(távk)* brush removing coil
kefeelektród *(vill)* brush electrode
kefeellenállás *(vill)* brush resistance
kefeeltolás *(vill)* shifting of brushes, brush lead
kefeeltolási szög *(vill)* angle of lead
kefeérintkező *(távk)* brush, wiper
kefefelemelés *(vill)* set-back of brushes
kefefényezés *(pa)* brush polishing
kefefeszültség *(vill)* brush potential
kefegörgő *(vill)* brush roller
kefegyártás brush-making
kefehát *(fa)* brush back
kefehenger *(pa; tex)* brush roller; *(fűrészes egrenálón:)* brush; *(irezéshez:)* brush roller
kefehíd *(vill)* brush holder traverse
kefekábel *(vill)* brush lead
kefekisülés *(vill)* brush discharge
kefekiváltó orsó *(távk)* trip spindle
kefekocsi *(távk)* brush carriage
kefekötő-fúró brush bit
kefél brush
kefelenyomat *(nyomda)* proof; ~ **nyomólemezről** plate proof
kefélés *(őrlésnél; pa)* brushing; *(gépi)* power brushing
kefelevonat *(nyomda)* pull, (galley/brush/negative) proof, slip, revise; **~ot készít** pull in slips
kefelevonatkészítő *(nyomda)* proof puller
kefelevonatpapír galley proof paper, engraver's paper
kefélőgép *(pa)* brushing machine
kefélő szerkezet *(tex)* brushing attachment
kefemarkírozás *(pa)* brush/bristle mark
kefenedvesítő *(pa)* brush damper
kefenyél *(fa)* brush handle
kefenyíró olló brush trimmer
kefenyomatpapír proofing paper
kefepermetező *(pa)* spray cutter
keferendszer *[Baudot-távírógépen]* spider
keferendszerű elosztó *(vill)* brush-type distributor
keferezgés *(vill)* brush vibration
keferost brush fibres
keferugó *(dinamóban)* brush spring
kefés: ~ **áram(le)szedő** *(vill)* brush collector; ~ **egrenálógép** *(tex)* brush-type gin; ~ **elosztó** *(vill)* brush-type distributor; ~ **érintkezős kapcsoló** *(vill)* brush contact switch; ~ **mázológép** *(pa)* brush coater
kefesaru *(vill)* brush clamp
kefeszán *(vill)* brush carriage
kefeszerelvény *(vill)* brush assembly
kefeszerkezet *(távk)* brush carriage
kefetartó *(vill)* brush(-)holder/carrier; ~ **csap** brush spindle, brush holder stud; ~ **híd** *(vill)* brush holder traverse; ~ **himba** *(vill)* brush rocker; ~ **járom** *(vill)* brush yoke; ~ **kar** *(vill)* brush holder arm; ~ **rúd** *(vill)* brush stud; ~ **szán** *(vill)* brush carriage
kefetartozékok *(vill)* brush gear
kefeveszteség *(vill)* brush loss
kefevisszaállítás *(vill)* set-back
kefézett *(pa)* brush finish
K-effektus *(csill)* K-term
kefir *(élip)* kefir

kehely crown, calyx
"keilbőr" *(kaptafához; cipő)* wedge splitting
keilhauit *(ásv)* *l* **ittrotitanit**
kéjgáz laughing/dental gas
kék *(szín v festék)* blue; ~ **csomagolópapír** fast blue; ~ **izzás** *(koh)* blue heat; ~ **kép** *(telev)* blue image; **lúgos** ~ *(trifenilmetánszínezék)* alkali blue; **meisseni** ~ blue verditer; ~ **nyomdafesték** printing blue; ~ **pauszpapír** blue print
kékbordás vízjeles papír blue-laid paper
kékbordázott *(pa)* blue-laid
kékes: ~ **írópapír** *(pa)* azure-laid paper; ~ **korhadás** *(fa)* blue sap, sap rot
kékesedés *(fa)* blueing
kékesedett felületrész *(fa)* blue spot
kékesfekete cold black
kékesszürke glaucous
kékfa campeachy wood, logwood
kékfény *(révkalauz hívására; hajó)* blue light
kékfolt *(fahiba)* blue spot
kékfuttatású *(koh)* blue finished
kékgálic blue copperas/vitriol, bluestone; *(ásv)* *l* **kalkantit**
kékgáz *(ol)* oil gas; *(vízgáz)* blue water gas
kékíró *(rádi tdv)* inker
kékít blue
kékítés *(tex)* blueing
kékített *(pa)* dyed white
kékítő *fn* starch/laundry blue
kékítőpác *(koh)* burnisher
kékítőpapír blueing paper, washing-blue paper
kék-komponens-jel *(telev)* blue-colo(u)r component signal
kékkő *(ásv, vegy)* *l* **kékgálic**
kékmásolás ferro-prussiate process
kékmásolat blueprint
kékmásoló: ~ **gép** blue-printing machine; ~ **papír** blue (tracing-)paper
kéknegatív másolópapír heliographic negative paper
kéknyomat blueprint, ferroprussiate print
kéknyomó gép textile blueing machine
kékpát *(ásv)* *l* **lazulit**
kékpenész-sajt *(élip)* blue-veined cheese
kékpozitív másolópapír heliographic positive paper
kékrefestés *(fekete bőr húsoldalán)* blue back
kékrefuttatás *(koh)* blueing
kékrefuttatott: ~ **acél** blue (annealed) steel; ~ **acéllemez** *(heng)* blue steel sheet
kékrevesedés *(fa)* blue sap
kékróka *(prémbőr)* blue fox
kéksav hydrogen cyanide, prussid acid
kéksavas káli *l* **káliumferrocianid**
keksz cake
kekszbetétlemez *(pa)* cake board
kekszbetétpapír cake-pan liner paper
kekszcsomagoló papír baker's wrap, cake wrapper
kékszín-csatorna *(telev)* blue channel
kékszínező anyagok *(tex)* blueing materials
kékszín-komponens blue component
kéktörékeny *(koh)* blue short, brittle at blue heat
kék-törékenység *(koh)* blue brittleness
kékülés *(fa)* sap stain
kékvirágú len *(tex)* blue flax

kelelés *(fa)* mo(u)lding
kelelőgép *(fa)* mo(u)lder, tenoner
kelelőgyalu hollowing plane
kelelőkés *(fa)* mo(u)lding cutter
kelelt *(fa)* mo(u)lded; ~ **léc** concave mo(u)lding; ~ **szegélyléc** fillet mould
kelendő marketable; ~ **minőség** good merchantable brand, G. M. B.
kelepce catch, faller-box; *(bőr)* reel, paddle; **kelepcében forgat** *(bőrt)* paddle
kelepcefűrész gin saw
kelepcés meszezőkád *(bőr)* lime paddle vat
kelés *(csill)* rise
keleszt *(élip)* raise, leaven
kelet felé megtett távolság *(hajó)* easting
keletbélyegző time/date stamp
keletel *(kelet felé tájol; ép)* orient
keleti: ~ **alabástrom** *(ásv)* oriental alabaster; ~ **helyzet** *v* **fekvés** eastward position, e. p.; ~ **hosszúság** east longitude, E. long.; ~ **irányban** eastward; ~ **iránysáv északi oldala** *(rád, rep)* north side of east leg
kelet-indiai: ~ **bablah előcserzésű kipbőr** Indian tanned kips; ~ **juh- és kecskebőr** persians; ~ **zebu** *(bőr)* Indian kip
keletkezés formation, genesis, incipience
keletkezési: ~ **állapot** nascent state, status nascens; ~ **hő** *(vegy)* heat of combination
keletkezett: **belül** ~ endogenous; **nem helyben** ~ *(földt)* allochthonous; **széltől** ~ *(földt)* atmogenic
keletkezik arise, rise, issue, break out
keletkező incipient; *(vegy)* nascent
keletlen unfermented
keletváltozás vonala *(csill)* date line
kelim-szőnyeg *l* **kilim-szőnyeg**
kellék ingredient, implement, appliance, kit, accessory; *(cipő)* fitting; *(fényk)* prop
kelléktáska kit bag
kellemetlenségi küszöb *(hangt)* threshold of discomfort
kellő proper, adequate, correct
kellősítő kalapács engineering hammer
kelme *(tex)* fabric, cloth; **bélelt** ~ backed cloth
kelmecsavaró készülék *(kh)* winding-up device
kelmefelcsavaró szerkezet *(kh)* (fabric) wind-up
kelmefestés *(tex)* piece dyeing
kelmehúzás *(kh)* drawing off
kelmehúzó: ~ **henger** *(kh)* drawing-off roller, take-up roll; ~ **készülék** *(kh)* draw off; ~ **szerkezet** *(kh)* draw(ing) off, (fabric) take-up
kelmenyomtató *(tex)* printer; ~ **gyár** *(tex)* printing works; ~ **műhely** *(tex)* printery
kelmerétegező gép *(kh)* cloth spreading machine
kelmetartó *(kh)* web holder
kelme-visszatoló tárcsa *(tex)* push-down wheel
kelt *(előidéz, gerjeszt)* generate
keltetőgép *(mzg)* incubatdr
keltezőgép dating machine
keltő generating, inducing
Kelvin-mérleg *(vill)* Kelvin balance
kelvinométer colo(u)r (temperature) meter
kelyphit *(ásv)* kelyphite

kémcső test tube/glass: **agar-agaros** ~ agar tube
kémcsőállvány test tube stand/support
kemence furnace, oven, stove; ~ **adagolási oldala** *(koh)* charging side of furnace; ~ **aknája** *(koh)* furnace shaft; **aknás** ~ shaft furnace; **begyújtás előtt álló** ~ *(koh)* black furnace; ~ **csapolóoldala** discharging/tapping side of furnace; ~ **csúsztatósíne** *(koh)* skid rail of furnace; **edző** ~ hardening furnace; **égető** ~ *(ker)* pottery kiln; **érctömörítő** ~ ore sintering furnace; **finomító** ~ purifying furnace; **forgó** ~ rotary furnace; **forrasztó** ~ brazing furnace; **gázcirkulációs** ~ gas-circulation oven; **gáztüzelésű** ~ gas (-fired) furnace; **gyűrűs** ~ ring furnace/kiln; **hosszabbított fenekű** ~ straight-line furnace; **indukciós** ~ induction furnace; **ipari villamos** ~ industrial electric furnace; **kalcináló** ~ calcining/roasting furnace; **kamrás** ~ chamber kiln; *[alumíniumgyártáshoz]* chamber furnace; **kihúzható fenekű** ~ car-bottom furnace; **kisajtolt cukornád tüzelésű** ~ bagasse furnace; **kis hőfokon dolgozó** ~ *(koh)* oven furnace; **kokszoió** ~ coke oven; **lefelé irányuló lángsugaras** ~ down-jet furnace; **légfűtéses** ~ cockle stove; **leszálló huzatú** ~ downdraft furnace; ~ **medencéje** *(koh)* hearth of furnace; **megeresztő** ~ temper furnace; **mészégető** ~ lime kiln; **nagyfrekvenciás** ~ high-frequency furnace; ~ **nyersérc pörkölésére** lump burner; **olajtüzelésű** ~ oil (-fired) furnace; **pörkölő** ~ pyrite furnace/roaster; **regenerátoros** ~ regenerating/regenerative furnace; **rekuperátoros** ~ recuperative furnace; **savanyú bélésű** ~ *(koh)* acid-lined furnace; **sófürdős** ~ salt-bath furnace; **szakaszos** ~ batch furnace; **szárító** ~ desiccator; **szinterelő** ~ sintering furnace; **természetes huzamú** ~ air furnace; **tokos** ~ muffle/retort furnace; **tolófenekes** ~ car-bottom furnace; **tolólemezes** ~ travelling furnace; **villamos** ~ electric furnace; **vízköpenyes** ~ water-jacket furnace; **zománcozó** ~ enamel furnace; **zsugorító** ~ sintering furnace
kemenceadag furnace charge; *(üresjárati)* bed charge
kemenceágy *(koh)* furnace hearth; ~ **teljesítő képessége** *(koh)* output of hearth area
kemencebélelés *(koh)* *l* **kemencebélés**
kemencebélés *(koh)* furnace lining; **bázikus** ~ *(koh)* basic lining; **savanyú** ~ *(koh)* acid furnace lining
kemencebélés-javítás *(koh)* fettling
kemencebélés-javító patcher
kemencéberakás setting-in
kemenceboltozat *(koh)* furnace roof/crown/top
kemencefal *(koh)* furnace jacket
kemencefenék *(koh)* hearth block; *(Cowper-kemence alapzata)* bottom of stove; **kihúzható** ~ car-bottom hearth; **savanyú** ~ *(koh)* acid hearth
kemencefenékanyag bottoming material
kemencefenékréteg *(koh)* bottom level
kemence-füstjárat stock

kemencegáz furnace gas
kemence-gázcsatorna *(koh)* furnace port
kemence-gázkorom furnace black ; **nagy nyúlást biztosító** ~ high-elongation furnace-black, H. E. F.
kemencehíd *(koh)* furnace bridge
kemencehorog fire hook
kemencehőmérő oven thermometer
kemencekezelő *fn* furnaceman
kemencekorom furnace black
kemenceköpeny furnace shell
kemencenyílás furnace mouth
kemencepadozat *(koh)* (furnace) floor
kemence-papír *(téglaégetőhöz)* paper for brick works
kemencesalak *(koh)* hearth cinder
kemencés vulkanizálás oven cure
kemencetapadék sow
kemencetér furnace chamber
kemencetérfogategységként felszabaduló hő heat liberation per unit furnace volume
kemencetér-teljesítmény *(koh)* effort of the furnace
kemencetorok furnace mouth
kemencetöltés *(koh)* burden
kemencetöltet-adalékok *(koh)* furnace addition
kemenceüledék *(maradék a csapolás után)* furnace residue
kemény hard, harsh, tough, brusque, brittle ; *(kőszerű)* petrous ; ~ **agyagdugó** *(csapolónyilás elzárására ; koh)* hard tap ; ~ **aszfalt** solid asphalt ; *vö* **keményaszfalt** ; ~ **barkájú** *[bőr]* hard grained ; ~ **betörés** *(bány)* hard cutting ; ~ **burkolat** hard packing ; ~ **cellulóz** *(pa)* low-boiled pulp ; ~ **csapágyfém** hard babbitt ; ~**re csévélt** *(tex)* close wound ; ~ **cső** *(elektroncső)* hard valve/tube ; ~**re égetett** hard-burnt ; ~**re égetett tégla** stock/hard brick ; ~**re égető kemence** *(ker)* hard kiln ; ~ **ezüstforrasz** hard silver solder ; ~ **farostlemez** hardboard ; ~**re felfújt** *[gépkocsitömlő]* pumped hard ; ~ **felrakó hegesztés** *(heg)* hard surfacing ; ~-**felületű futópálya** *(rep)* hard-surfaced runway ; ~ **fogású szövet** *(tex)* hard cloth ; ~ **főte** *(bány)* tight/fast roof, hard top ; ~ **gipsz(vakolás)** hard plaster ; ~ **göb** *v* **csomó** *v* **ághely** *(fa)* tight knot ; ~ **hamujú szén** *(bány)* hard-ash coal ; ~ **hó** *(met)* harsh snow ; ~ **hordó** *(pa)* hard container ; ~ **huzal** hard-drawn wire ; ~**re húzott** *(koh)* hard-drawn, H. D. ; ~ **járás** *(gépk)* rough/hard running ; ~ **kapli** *(cipőfelsőrészben)* toe puff ; ~ **kép** *(fényk, telev)* hard/harsh image ; ~ **kontrasztos megvilágítás** *(fényk)* hard lighting ; ~ **kopásálló réteg felhegesztése** *(lágyabb anyagból álló magra)* hard facing ; ~ **kőzet felső rétege** *(bány)* rockhead ; ~ **krómbevonat** hard chromium-plating ; ~ **mágneses anyag** *(távk)* hard magnetic material ; ~ **magvú** hard-grained/cored ; ~ **mangánérc** *(ásv)* *l* **braunit** ; **nagyon** ~ adamantine ; ~ **(nátron)szappan** hard soap ; ~ **paraffin** paraffinum durum ; ~ **rost** *(fa)* hard bast ; ~ **rostlemez** *(fa)* fibre-plate, fibre board ; ~ **salakcement** *(ép)* metallic cement ; ~ **sodrat** *(tex)* hard twist ; ~**en sodrott fonal** *(tex)* hard yarn ; ~ **sugárzás** *(röntgencsőé)* hard radiation ; ~**re száradt nyersbőr** flint-dry hide ; ~ **szemcséjű** hard-grained; ~ **szén** *(bány)* solid carbon, strong coal ; ~ **széntörmelék** *(bány)* hards ; ~ **tapintás** *(tex)* boardy feel ; ~**re tekercselt** *(pa)* tightly reeled ; ~ **tészta** *(élip)* tight dough ; ~ **tető** *(bány)* strong roof ; ~ **üveg** *(ker)* hard glass; ~ **üvegszerű** *(földt)* durovitreous ; ~ **vazelin** mineral butter ; ~ **víz** *(földt, vegy)* hard water ; ~ **zárvány** *(fémben ; koh)* shot ; ~ **zsír** solid fat
kémény chimney, (smoke) stack, flue, smoke pipe ; *(hajón)* funnel ; ~ **aknája** funnel shaft ; ~ **bevezető füstcsatornája** chimney intake at base ; ~ **füstszabályozója** chimney cap(ping) ; ~ **szabályozóretesze** chimney lid ; **üreges falú** ~ cavity chimney
kéményág flue offset
kéményakna keskenyebbik oldala *(ép)* hench
kéményalap chimney raft
keményaszfalt hard asphalt, asphaltene(s)
kéménybekötés flue offset
kéménybélés chimney casing
kéményburkolat chimney casing
kéménycsatlakozás *(ép)* flue offset
keménycsévetekercselő és -ragasztó gép *(pa)* cardboard tube winding and gumming machine
kéménycső chimney funnel, flue tube
kéménycsőnyílás *(ép)* flue opening
kéménycsőtoldat chimney funnel
keményedés hardening, induration ; ~**t gyorsító anyag** hardening accelerator ; **kiválásos** ~ precipitation hardening ; **öregedés okozta** ~ *(anyagv)* age hardening
keményedési folyamat *(betoné)* process of setting
kémény-elhúzás bend of chimney
keményfa hardwood ; *(általában ; pa)* iron wood ; **másodosztályon aluli** ~ cull
keményfadúc *(főtealátámasztáshoz ; bány)* hardwood chock
keményfakátrány hardwood tar
keményfakátrányszurok hardwood tar pitch
kéményfal jamb(e) wall
kéményfalazás chimney bond
keményfaléc közbeiktatott horonyléc-illesztéshez hardwood strip
keményfalemez hardboard
keményfamáglya meddőberakással *(bány)* hardwood pack
kéményfedél *(ép)* cowl
kéményfedő : ~ **kő** *(ép)* chimney cap-(ping) ; ~ **toldat** mitre
kéményfej chimney capital/can/cap, smoke-stack top, abat-vent
kéményfeltét chimney can
keményfém *(forg)* carbide
keményfémberakás carbide insert
keményfémbetét carbide insert
keményfémbetétes : ~ **korona** *(ol)* hard metal bit ; ~ **szerszám** (hard-metal) tipped tool
keményfém-elektród hard metal electrode
keményfém-fúróvég ; nem élesíthető ~ *(bány)* alloy throw-away bit
keményfémlapka hard metal tip ; **keményfémlapkával ellát** tip ; **keményfémlapkát kicserél** retip ; **keményfémlapkák felforrasztása** tip brazing
kéményforgó fejrésze *v* **sisakja** turn cap
keményforrasz brazing solder/metal ; *(sárgarézhez)* spelter
keményforrasztás brazing ; **villamos** ~ electric brazing
keményforrasztási varrat brazing seam
kéménygáz-veszteség flue loss
keménygumi hard rubber, ebonite, hardened caoutchouc
keménygumi-kaparó *(pa)* ebonite doctor
keménygumikötés *(köszörűkorongban)* rubber bond
kéményhorony gain
kéményhuzam *l* **kéményhuzat**
kéményhuzat chimney draught/pull
kéményhuzatszabályozó chimney cap(ping) ; ~ **tolóretesz** *v* **-zár** chimney register/board
keményít hard, toughen, harden ; *(tex)* starch ; **öregítéssel** ~ age-harden
keményítés hardening, toughening ; ~ **hideg alakítással** strain-hardening ; ~ **hőhatással** *(műa)* thermosetting
keményítési eljárás *(tex)* starching
keményített hardened ; ~ **fonal** *(tex)* iron yarn ; **krómréteggel** ~ *(koh)* chromium-hardened ; ~ **rost** *(pa)* horn fibre ; ~ **szövet** *(tex)* starched fabric ; ~ **zselatinlemez** *(háromszínű)* **nyomáshoz** *(fényk)* printer plate ; ~ **zsír** hardened fat
keményítő *fn* starch ; ~**vel kezel** starch ; **nátriumszulfátos** ~ **előfürdő** *(fényk)* prehardener
keményítő-cellulóz *(pa)* amylo-cellulose
keményítőcukor *(vegy)* grape-sugar, dextrose, d-glucose ; *(keményítőből főzött cukor)* starch sugar
keményítőegyenérték starch equivalent, S. E.
keményítőfoltok *(szövethiba ; tex)* starchy places
keményítőgumi dextrine, starch gum
keményítőkivonás destarching
keményítőliszt *(élip)* fecula
keményítő-mángorlógép *(tex)* stiffening mangle
keményítőmunkás *(tex)* starcher
keményítős starchy ; ~ **kikészítés** *(vékony kesztyűbőröké)* paste grain
keményítőszer hardener ; **savas** ~ *(fényk)* acid hardener
keményítőszerű amyloid, starchy
keményítőtej milk of starch
kéménykefe scrubber
kéménykeresztmetszet *(ép)* flue opening
kéménykitapasztás *(szőrhabarccsal)* parge-work
kéménykötés chimney bond
keménykrómoz hard-chromium-plate
keménykrómozott chromium-hardened ; ~ **felület** hard chromium-plated surface
keménylemez *(pa)* mill/fender/panel/hard/stiff/leather board ; ~ **ládákhoz** *(pa)* fibre board for container
keménylemezminta *(cipő)* junks *(US)*
kéménynyílás tewel
kéménynyúlvány smoke-stack extension
keményólom hard/antimonial lead
kéményoszlop chimney shaft
keménypapír hard paper

keménypapír-áruk hard-paper goods
keménypapírcséve hard-paper tube
keménypapírdoboz hard-paper box
keménypapír-edény hard-paper container
keménypapírgyűrű hard-paper ring
keménypapírhordó hard-paper barrel
keménypapírkanna hard-paper can
keménypapírlemez resin board
keménypapírtartály hard-paper barrel
keménypapírtekercs hard-paper bobbin/roll
keménypillér chimney breast
keménység hardness; *(szilárdság)* solidity; *(merevség)* rigidity; *(ásványoké)* hardness; *(anyagv)* hardness; *(vizé)* hardness (of water); ~ **Brinell szerint** *(anyagv)* ball/Brinell hardness, B. H. N.; **dinamikai** ~ *(anyagv)* dynamic hardness; ~ **foka** *(heng)* temper; **karcolási** ~ *(anyagv)* scratch hardness; ~ **Martens szerint** *(anyagv)* scratch hardness; ~ **Rockwell szerint** *(anyagv)* Rockwell hardness; ~ **Shore szerint** *(anyagv)* scleroscope/Shore hardness; ~ **Vickers szerint** *(anyagv)* pyramide/Vickers hardness, P. H. N.
keménységátszámító táblázat hardness conversion table
keménységellenőrzés inspection for hardness
keménység-hűtési-sebesség görbe hardness cooling-rate curve
keménységi: ~ **fok** *(anyagv)* (degree of) hardness; ~ **skála** *(anyagv)* hardness scale; ~ **szám** *(anyagv)* hardness number; ~ **vizsgálat** hardness test
keménységmérő *(anyagv)* hardness tester, indentor; ~ **benyomódó teste** *(golyó)* indentor; **Brinell-féle** ~ ball indentor, ball hardness tester; **ejtőkalapácsos** ~ durometer; **golyós** ~ ball indentor, ball hardness tester; ~ **gyémántcsúcs** hardness testing diamond; **gyémántgúlás** ~ diamond pyramide indentor; **gyémántkúpos** ~ diamond cone indentor; **ingás** ~ pendulum/Herbert hardness tester; ~ **műszer** *(fémekhez)* hardometer; **Rockwell-féle** ~ diamond cone indentor; **Shore-féle** ~ scleroscope; **Vickers-féle** ~ diamond pyramide indentor; **visszapattanó** ~ rebound/Shore hardness tester, scleroscope
keménységvizsgálat *(anyagv)* hardness test; **dinamikus** ~ *(anyagv)* dynamic indentation test; **ejtőgolyós** ~ rebound/Shore hardness test; **golyós** ~ *(anyagv)* ball (hardness) test; **gyémántgúlás** ~ pyramide/Vickers hardness test; **gyémántkúpos** ~ cone/Rockwell hardness test; **hitelesítődarabon végzett** ~ *(anyagv)* blank hardness test; **ingás** ~ pendulum/Herbert hardness test; ~ **Ludwik-féle kúppal** Ludwik's cone hardness test; **ütő** ~ pendulum/Herbert hardness test
keménységvizsgáló hardness tester; *vö még* **keménységvizsgálat, keménység**; **Brinell-féle (golyós)** ~ ball hardness testing machine; ~ **gép** *(anyagv)* hardness-testing machine; ~ **műszer** hardness tester; ~ **szerszám** indenting tool, indentor; ~ **test** *(anyagv)* indentor
kéményseprő chimney sweep(er)
kéményseprő-golyó sweeper's ball
kéményseprő-járda chimney board, cat walk
kéménysisak *(ép)* capital; *(vasút)* cowl
kéménysisaktoldat *(ép)* cowl
kéményszellőzés chimney ventilation
kéményszita *(vasút)* chimney-netting
kémény-terelősüveg mitre
kéménytest (chimney) shaft; **falazott** *v* **falsíkból kiugró** ~ chimney breast
kéménytisztító ajtó soot door
kéménytoldat *(ép)* capital; **forgó** ~ chimney cowl
kéménytömődés chimney break
kéménytörzs chimney shaft
kémhatás *(vegy)* reaction
kémiai chemical; *l még* **vegyészeti, vegyi, vegytani és vegy-**
kemigráfia *(nyomda)* chemigraphy, zincography
kemigráfiai *(nyomda)* chemigraphic(al), zincographic(al)
kemigráfikus *(nyomda)* chemigrapher, zincographer
kemipulper *(pa)* chemipulper
kemizálás chemical processing
kémlelőablak inspection port/box, peep hole/window
kémlelőakna inspection pit/shaft/chamber; *(hidr)* access gully
kémlelőcső inspection tube
kémlelőlyuk access/poke/sight hole, oculus; *(ajtós)* hatch, loophole
kémlelőnyílás inspection hole/port/opening
kémlelőüveg spyglass
kémlő- *l* **kémlelő-** *is*
kémlőpapír *(vegy)* test/reagent/reactive paper
kémlőpróba *l* **kémpróba**
kemolumineszcencia chemiluminescence
kemoterápiás chemotherapeutic
kemotrópia chemo-tropism
kémpróba random test; *(koh)* cupellation
kémpróbavétel control sampling
kémszer reagent
kémtekercs *(magnetofonon)* exploring loop
ken *(gépt)* grease, oil, lubricate
kén sulfur; **vízzel keverhető** *(kolloidális)* ~ wettable sulfur
kenáf *(tex)* kenaf, bimlipitam/mestha jute, bastard jute, Deccan hemp
kenáfrost *(tex)* ambari hemp
kénammónium *l* **ammóniumszulfid**
kénbaktérium sulfur (oxidizing) bacteria
kénbánya sulfur pit/well
kénbárium *l* **báriumszulfid**
kénbeágyazás *(bány)* band sulfur
kence varnish, boiled oil, daub; *(kenőcs)* smear, grease
kencefőző üst oil-boiling pot
kéncement *(kén-szurok-keverék; ép)* sulfur cement
kencézett nyüst *(tex)* varnished heald
kender *(tex)* (true) hemp; ~ **borítékpapír** hemp envelope paper; ~ **fogalmi papír** hemp scribbling-paper; ~ **postapapír** hemp note paper; **tört** *v* *(facsépekkel)* **csépelt** ~ beetled hemp; ~**ből való** hempen
kender- hempen
kenderáztatás *(tex)* retting
kenderáztató *(hely)* rettery
kenderbetét *(tex)* hemp insertion
kenderfonat *[tömítéshez]* hemp-cord
kendergerebenezés *(tex)* hemp dressing
kendergerebenező gép *(tex)* hemp comb
kendergerebenkóc *(tex)* hemp combings
kenderhulladék *(pa)* hemp wastes
kenderkóc *(tex)* hemp tow, hurds
kenderkötél *(tex)* hemp rope; ~**ből készült rost** *(pa)* oakum
kenderkötélbél hemp core of rope
kendermagolaj *(vegy)* hempseed oil
kendermorzsoló gép hemp-crushing mill
kenderolaj *(vegy)* *l* **kendermagolaj**
kenderpapír hemp paper
kenderpozdorja hemp sliver
kenderrost hemp fibre; **tiszta** ~ clean hemp
kenderszövő *(tex)* hemp weaver
kendertilolás *(tex)* hemp-dressing, swingling
kendertiloló (gép) hemp scutching machine; ~ **pad** *(tex)* brake
kendertömítés hemp insertion
kendertörek *(tex)* boon
kendertörés *(tex)* breaking
kendertörő *(gép)* hemp softener/braker, hemp softening machine
kendervászon hemp-linen
kenderzsák *(durva szövésű)* hessian
kéndioxid sulfur dioxide
kendő *(tex)* kerchief, face cloth, shawl
kendőpapír flock paper
kénégető kemence sulfur(-)burner
kenendő *(gépt)* (to be) lubricated
kenés *(gépt)* *(ált)* lubri(fi)cation; *(olajjal)* oiling; *(zsírral)* greasing; *(cipőé)* pasting; *(gumi)* spreading; **centrifugális** ~ centrifugal/banjo lubrication; **csepegtető** ~ drop lubrication; **ejtőtartályos** ~ gravity lubrication; **félfolyadékos** ~ semi-fluid lubrication; **félszáraz** ~ semi-dry lubrication; **folyadékos** ~ fluid/hydrodynamic lubrication; **folytonos** ~ continuous/stream lubrication; **géppel való** ~ *(gumi)* spreader frictioning; **grafitos** ~ black lead lubrication, graphite lubrication; **kényszerű** ~ force-feed lubrication; **keringető rendszerű** ~ circulation-system lubrication; **központi** ~ central(ized) lubrication; **nemezpárnás** ~ lubrication by felt pads; **olajfürdős** ~ oil-bath lubrication, submerged lubrication; **porlasztásos** ~ atomized lubrication; **szakaszos** ~ intermittent lubrication; **szappanos-vizes** ~ suds lubrication; **száraz** ~ dry lubrication; **vékonyrétegeges** ~ film lubrication
kénes: ~ **cserzés** *(bőr)* sulfur tannage; ~ **festék** *v* **színezék** *(tex)* sulfur dye/coulo(u)r; ~ **festés** *v* **színezés** *(tex)* sulfur dyeing; ~ **forrás** *(földt)* sulfur spring; ~ **fürdő** sulfur bath; ~ **gyufa** sulfur match, spunk; ~ **kátrányszappan** tar-and-sulfur soap; ~ **vulkanizálás** sulfur vulcanization
kenéselosztó doboz lubricator/dividing box
kenési: ~ **hatásfok** *(gépt)* efficiency of lubrication; ~ **minőség** lubrication quality; ~ **táblázat** oiling chart; ~ **tulajdonság** lubricating property; ~ **utasítás** lubrication chart/specification; ~ **vázlat** lubrication chart
kéneskő *(koh)* matte smelting
kéneskő-fürdő *(koh)* matte bath
kéneskőves üst *(koh)* matte ladle

kenésmentes *l* **önkenő**
kéneső *l* **higany**
kénessav sulfurous acid
kénessavanhidrid sulfurous acid anhydride, sulfur dioxide
kénessavas kálium potassium sulfite
kenet *(vegy)* unction
kénéter ether, (di)ethyl ether, ethyl oxide, sulfuric ether
kenetlen érintkező dry contact
kenetpreparátum film preparation
kénez sulfurize ; *[hordót ; gyümölcsöt] (élip)* match
kénezés sulfurization ; *(tartósítóiparban)* sulfuring, matching
kénezett : ~ **olaj** sulfur-treated oil ; ~ **papírlemez** sulfurized board
kénfehérítés *(tex)* sulfur bleach
kénfekete *(színezék)* sulfur black
kénfesték sulfur dye/colo(u)r
kénfonal *(vegy)* sulfur thread
kengyel bridle, clevis, stirrup, shackle, strap, bow, crossbar ; *(szaggató szerelvényen ; távk)* bracket ; *(vasbetonban)* tie, link ; **felfogó** ~ *(forg)* bridle ; ~ **alakú keret** stirrup frame ; ~**be fogott kötélcsiga** fork pulley ; ~ **rögzítőpecke** clevis bolt/pin ; **rögzítőpeckes** ~ clevis ; **vedertartó** ~ bale ; ~ **zárócsapja** clevis/stirrup bolt
kengyelcsapszeg clevis pin/bolt
kengyelcsavar shackle bolt, clip
kengyeldarab stirrup piece
kengyeles : ~ **csavartám** saddle jack ; ~ **szabályozókerék** *(óra)* stirrup link ; ~ **tengelytok** stirrup axle box
kengyelezés hooping ; *(vasbeton oszlopon)* lateral reinforcement
kengyelkapcsos lánctag shackle link
kengyelkötés clasp joint
kengyelmegakasztás *(gépt)* stirrup stop
kengyelnyílás *(emelőn)* yoke pocket
kengyelszerelés stirrup fitting
kengyelszíj stirrup strap
kengyelszorító *(bány)* stirrup ; *(ép)* saddle clamp
kengyeltartó *[lemezrugótámasz]* shackle bracket
kengyel-tőcsavar *(gépt)* shackle stud
kengyelvas U-strap
kengyelzár *(palackokra)* wire noose for stoppered bottles
kenhetőség lubricity
kénhíd *(vegy)* sulfur bridge
kénhidrogén hydrogen sulfide
kénhidrogéntartalmú bányavíz gout-water
kénkalcium *l* **kalciumszulfid**
kénkálium *l* **káliumszulfid**
kénkemence sulfur stove
kénkivirágzás sulfuring-up
kénklorid sulfur chloride
kénklorűrhatás megszüntetése *(gumi)* sweetening
kénklorűrös vulkanizálás sulfur chloride vulcanization
kénkovand *(ásv) l* **pirit**
kénkovandőrlő mű *(pa)* pyrites rolling-mill
kénkovandraktár *(pa)* pyrites store
kénkovandtörő *(pa)* pyrites crusher
kénmáj *(vegy)* sulfur liver
kénmeghatározás determination of sulfur (content) ; ~ **lámpában való elégetéssel** lamp test
kénmentes sulfur-free ; *(ol)* sweet
kénmentesít desulfurize
kénmentesítés desulfurization ; *(ol)* sweeting
kénnátrium *l* **nátriumszulfid**
Kennedy-féle ék Kennedy key
kennelszén *(bány)* horn coal
kénnyomat *(nyomda)* print in brimstone
kenozoikum *(földt)* cenozoic (era)
kenozoikus *(földt)* cenozoic, cenotypal
kenő *fn* wiper ; ~ **csővezeték** lubricating piping ; ~ **fecskendő** grease gun ; ~ **kalander** spreader calender
kenő- lubricating, oil(ing), grease
kenőanyag *(ált)* lubricant ; *(zsír)* grease, fat ; *(kenőcs)* smear, unguent ; ~ **erős igénybevételre** heavy duty lubricant
kenőanyagréteg lubricating film
kenőanyagszállító szivattyú lubricant pump
kenőanyagtartályos kenőberendezés tank lubricator
kenőbél lubricating wick
kenőberendezés *(cipő)* pasting apparatus ; *(gépt)* lubricator
kenőcs unction, unguent, paste, ointment *l még* **kenőanyag** *(csatlakozás tömítésére)* jointing paste
kenőcsalap cream base
kenőcsap grease/lubricator cock/tap
kenőcsmaradék coom(b)
kenőcsőrlő gép *(vegy)* paste mill
kenőcsszerű salvelike, salvy, buttery, unctious
kenődoboz grease box
kenőfolyadékvezető pálca *(forg)* dripstick
kenőfurat lubrication hole
kenőgép *(cipő)* pasting machine ; *(gumi)* spreader ; ~ **kése** *(„rakli")* spreading knife
kenőgépsisak spreading chest
kenőgyűrű oil(-)ring, oil-dip ring ; **forgó** ~ revolving oil-dip ring
kenőgyűrűs csapágy ring-oiling bearing
kenőhatás lubricating effect
kenőhenger *(gumi)* spreading roller
kenőhorony lubricating/oil groove ; **körbe futó** ~ circular oil groove
kenőhoronyvágó készülék *(forg)* oil-groove attachment
kenő-hűtő folyadék *(forg)* coolant
kenőkanóc lubricating wick
kenőképes lubrifying, oily
kenőképesség oiliness
kenőkés *(gumi)* spreader/spreading/doctor knife
kenőkészülék lubricator
kenőkeverék *(gumi)* friction compound
kenőlánc lubricating chain
kenőlapát *(ép)* spaddle
kenőlyuk lubrication hole
kenő-mázoló gép *(pa)* strip coater
kenőmunkás paster
kenőolaj lubricating oil ; *l még* **olaj** ; ~ **erős igénybevételre** heavy duty oil
kenőolajalapanyag lubricant stock
kenőolaj-befecskendezés oil injection
kenőolajedény oil cup
kenőolajhiány-vészjelző low oil alarms
kenőolajpárna oil pad
kenőolajszűrőház *(gépk)* filter screen frame
kenőolajvezető boat
kenőpárna lubricating pad
kenőrendszer lubrication system ; **olajtartály nélküli** ~ *(Diesel-motoron)* dry sump lubrication
kenőrétegszilárdság film strength
kenősajtó lubricating press
kenőszappan soft (potash) soap, soap paste
kenőszelence lubricator, grease cup/pocket ; *(golyós)* ball lubricator
kenőszer lubricant
kenőszivattyú lubrication pump
kenőzsír (lubricating) grease ; ~ **erős igénybevételre** heavy duty grease ; **repülő-minőségű** ~ aviation grease
kenőzsírszűrő grease filter
kenőzsírtartó grease retainer
kenőzsír-töltésű csapágy grease-sealed bearing
kénpároló kemence sulfur kiln
kénporozó készülék *v* **gép** sulfur treatment apparatus
kénrúd cane brimstone
kénsárga brimstone yellow. sulfur colo(u)red
kénsav sulfuric acid ; **aromás helyettesítésű** ~ aromatic sulfuric acid ; **száraz** ~ *[kovaföldbe itatva]* dry sulfuric acid
kénsavanhidrid sulfuric acid anhydride, sulfur trioxide
kénsavas vitriolic ; ~ **alumínium** aluminium sulfate ; ~ **ammónium** ammonium sulfate ; ~ **bárium** barium sulfate ; ~ **cink** zinc sulfate ; ~ **etilészter** ethyl sulfate ; ~ **ezüst** silver sulfate ; ~ **higanyoxid** mercuric sulfate ; ~ **higanyoxidul** mercurous sulfate ; ~ **kalcium** calcium sulfate ; ~ **kálium** potassium sulfate ; ~ **kinidin** quinidine sulfate ; ~ **kinin** (acid) quinine sulfate ; ~ **magnézium** magnesium sulfate ; ~ **mangánoxidul** manganous sulfate ; ~ **nátrium** sodium sulfate ; ~ **ólom** lead sulfate ; ~ **vasoxidul** ferrous sulfate
kénsavkamrafal curb
kénszeszkvioxid sulfur sesquioxide
kent: ~ lubricated ; ~ **érintkező** *(távk)* wet contact
kéntároló sulfur station
kéntartalmú *(ásv)* sulfurian ; ~ **heterociklikus gyűrű** sulfur heterocyclic ring
kéntartalom sulfur content(s) ; **nagy** ~ high sulfur
kéntartály sulfur stove
kéntej milk of sulfur
kéntelenít desulfurate, desulfurize
kéntelenítés desulfur(at)ing, desulfur(iz)ation ; *(ol)* sweeting
kéntelenítő *(berendezés) (vegy)* desulfurizer
kéntömb lump sulfur
kéntrioxid sulfur trioxide
kentrolit *(ásv)* kentrolite
kén-vegyület sulfur compound
kénvirág drop/sublimed sulfur, flowers of sulfur
kénzárvány *(bány)* band sulfur
kenyér : **formában sütött** ~ tin loaf ; ~**hez hasonló** panary ; **kovásztalan** ~ *(élip)* azyme bread
kenyérbél nyúlékonysága rope in the loaf
kenyércimke *(pa)* bread label
kenyércsomagoló : ~ **nyerspapír** base bread wrapping ; ~ **papír** bread wrapping
kenyérféle panary
kenyérhéj-struktúrájú kőgörgetegek *(földt)* bread-crusted boulders

kenyérkosár pannier
kenyérpirító *(készülék)* (bread) toaster
kenyérzacskó-papír bread-bag paper
kenyérzsák haversack
kényes *(készülék)* delicate; *(kritikus)* critical; ~ **beállítású jelfogó** *(távk)* marginal relay
kényszer force, compulsion; *(mech)* constraint, coerci(ti)vity
kényszer- forced, induced, coercive
kényszerátvitel positive transmission
kényszerbeszívásos motor forced-induction engine
kényszercirkulációs szeparátor entrainment separator
kényszerhajtás positive drive
kényszerhajtású positively-driven
kényszerhuzam blast, forced draft
kényszerhuzamú forced draft, f. d.
kényszerhuzat *l* **kényszerhuzam**
kényszerhűtésű: ~ **léghűtéses** *[motor]* fan-cooled; ~ **motor** forced-cooler engine
kényszerít (en)force, coerce; **leszállásra** ~ *(rep)* down; **végpontig** *v* **helyére** ~ force home
kényszerítés force, forcing
kényszerített forced, constrained; ~ **rezgés** *(rád)* forced oscillation(s)
kényszerítőerő *(mech)* constraint
kényszerkapcsol *(rád)* interlock
kényszerkapcsolású *(gépt)* positively-coupled; ~ *(kormányzott)* **forgóállvány** *(vasút)* steering bogie; ~ **sebességváltó szekrény** positive (speed) gearbox
kényszerkapcsolat forced/positive coupling, interlocking
kényszerkenés forced/mechanical/pressure lubrication; **keringő** ~ circulating forced lubrication; **közvetlen visszavezetésű** ~ dry sump lubrication; **sugárirányú** ~ banjo lubrication
kényszerkeringés forced circulation
kényszerkeringetés forced/induced circulation
kényszerleszállás *(rep)* forced/emergency landing; *(vízre)* forced alighting; ~**t végez** *(rep)* force-land
kényszerlöketű szivattyú positive-displacement pump
kényszermeghajtás *l* **kényszerhajtás**
kényszermozgás forced trajectory motion, positive/constrained movement/motion
kényszermozgású positive(ly controlled); ~ **áruhengerszabályozó** *(tex)* positively-controlled taking-up motion; ~ **Corliss-vezérmű** full Corliss gear; ~ **irányváltás** positive reversing; ~ **szelepvezérmű** positive valve gear; ~ **szelepzárás** controlled closing of valve
kényszerolajozás pressure lubrication, force feed lubrication
kényszeroldású ejtőernyő lift-off parachute
kényszerpálya *(mech)* forced trajectory; *(gépt, forg)* cam; **kényszerpályán vezet** guide positively
kényszerrezgés forced/induced oscillation/vibration
kényszerszellőztetés forced draft
kényszerszellőztetésű motor *(vill)* induced ventilation engine
kényszerszinkronozás *(gépk)* inertia lock synchromesh; *(távk)* forced synchronism

kényszertáplálás *(gépt)* geared feed
kényszerű coercive, forcible, forced, compulsory
kényszervágás compulsory slaughtering
kényszervágású bőr casualty calf
kényszervezérelt *(gépt)* positively-controlled
kényszerzárás positive closing
kép illustration, view, picture; *(film)* frame; *(radar)* display; *(telev)* image, frame *(UK)*; picture *(US)*; *(sorváltós letapogatásnál; telev)* frame; ~ **alatti szövegrész** *(nyomda)* legend line; **asztigmatizált** ~ *(csill)* astigmatized image; **áttetsző** ~ diaphane; **elektronikus** ~ electron image; **fehér-fekete** ~ *(telev)* black and white picture; ~ **felszíne** face; **fordítós** *v* **közvetlen pozitív** ~ *(fényk)* direct positive; **helyi reflexiók okozta kettős** ~ *(telev)* clutter; **kettős** ~ double image; **másodlagos** ~ *(telev)* double image; **a** ~ **szélességének és magasságának viszonya** *(telev)* aspect ratio; **szöveges** ~ *(film)* page layout; **tárgymegvilágítással készült** ~ chiaroscuro; **valódi** ~ *(fényk)* real/actual image
képablak *(film)* picture gate
képadó *(táv)* facsimile broadcast station; *(telev)* video/picture transmitter
képakasztó karika screw ring
képalátét-karton *(pa)* photomount board, melton cardboard, picture-backing board
képalátét-papír paper mount
képáram *(telev)* video current
képáramkör *(telev)* video circuit
képarány *(telev)* aspect ration
képátvitel image transmission *(UK)*; picture transmission *(US)*
képátvivő *v* **-adó** *fn* picture transmitter; **villamos** ~ *(fényk)* electrograph
képbeállítás *(telev)* framing
képbeállító: ~ **gomb** *(fényk)* framing knob; ~ **tekercs** picture control coil *(UK)*; frame coil *(US)*
képbontás *(telev)* scan(ning); *(távk)* analysing; **kis sorszámú** ~ *(telev)* low-definition scanning
képbontási elem *(telev)* scanning spot
képbontó *(telev)* scanner, analyser; ~ **elektronsugár** scanning electron beam; ~ **tárcsa** spiral disc
képciklus *(film)* picture cycle
képcsarnok picture gallery
képcsatorna *(telev)* video/picture channel
képcserélő *(fényk)* alternating device
képcső *(telev)* video/picture/viewing tube; *(radar)* scope, indicator tube; **A-típusú** ~ *(radar)* A-scope, type A indicator; **térképrendszerű** ~ *(radar)* PP-scope, type P indicator, Plan-Position-Indicator tube; **X-típusú** ~ *(radar)* X-scope, type X indicator
képdob *(távk)* picture holder/drum
képdúc *(nyomda)* block
képegyeztető távmérő coincidence telemeter
képelem *(telev)* picture/scanning element/spot
képelembontó pecek eccentric cam
képelemméret *(telev)* picture element size
képelemszám *(táv)* number of picture elements
képelemzés *(telev)* analysing

képélesség *(fényk)* definition
képéletlenség *(fényk)* breezing
képelsötétítés *(fényk)* wipe
képeltolódás *(telev)* image shift
képelválasztó vonal *(film)* frame line
képernyő *(telev)* picture screen
képerősítő *(telev)* video/picture amplifier; ~ **cső** video-amplifier tube
képesít qualify
képesítés qualification
képesítetlen unqualified
képesített qualified, licensed
képesítővizsga qualifying examination
képes kiadás *(nyomda)* illustrated edition
képeskönyvnyomó papír picture-book printing paper
képeslevelezőlap-karton picture postcard
képesség power, capability, capacity
képességvizsgálat ability test(ing)
képezőgép stooking machine
képfelbontás *(távk, telev)* picture resolution, scanning
képfelbontó *fn* *(telev)* vision pick-up, television camera; ~ **tárcsa** *(telev)* scanning disc
képfelirat legend
képfeloldás *(fényt, telev)* resolution, resolving power
képfeloldó: lencse ~ **képessége** *(fényt)* resolution of lens
képfelület picture area
képfelvétel *(telev)* image pick-up
képfelvevő *(távk)* facsimile recorder; ~ **cső** *(telev)* picture pick-up tube; ~ **kamera** *(telev)* electron camera
képfényenergia *(telev)* image-brightness energy
képfényesség *(telev)* image brightness
képfőpont *(fotogrammetriában)* nodal point
képfősík *(fotogrammetriában)* principal plane
képfővízszintes *(geod)* horizon line; ~ **sík** *(geod)* horizon plane
képfrekvencia *(telev)* video-frequency; *(képváltásé)* recurrence frequency; image frequency *(UK)*; *(telev)* picture frequency *(US)*; *(távolbalátó készülék képváltó frekvenciája)* field/frame frequency
képfrekvencia-egyenirányítás *(telev)* video(-)detection
képfrekvencia-keverés *(telev)* video(-)mixing
képfrekvenciás: ~ **áram** *(telev)* video-current; ~ **erősítő** *(telev)* video (-frequency) amplifier; ~ **jel** *(telev)* video signal; ~ **késleltetővonal** *(telev)* video(-)delay line; ~ **korlátozó** *(telev)* video-limiter; ~ **vonalerősítő** *(telev)* video-line booster
kép-függőleges *(geod)* principal line
képhalványító *fn* *(fényk)* fader
képhatárok limits of the image
képhatás effect of the image; **ellentétes** ~ *(fényk)* adverse effect
képhiba picture fault, image defect
képhullám image/picture wave; **lágy** *v* **gyenge** ~ *(telev)* black wave
képikonoszkóp image iconoscope
képimpulzus video/picture pulse
képinterferencia *(telev)* image interference, blooming
képirányú eltérítés *(telev)* vertical deflection
képismétlődés száma picture repetition rate

képjel *(telev)* video/picture(-)signal
képjeldetektor *(telev)* video-detector
képjelelektród *(ikonoszkópon)* signal plate
képjelerősítő *fn* *(telev)* video-amplifier
képjelfrekvencia image-signal frequency
képjellevágó *fn* *(telev)* video-clipper
képjel-vivő *(telev)* picture carrier
képjóság *(telev)* picture quality
kép-kártya *(pa)* court-card
képkereső *(fényk)* (view) finder ; **elektronikus beállítású** ~ electronic view finder
képkeret picture frame
képkeretléc *(fa)* picture-frame mo(u)lding
képkeretszél *(fa)* margin
képkisiklás *(fényk)* misframe
képkivágás picture gate
képkocka frame ; ~ **szinkron futása** frame synchronism
képkompozíció *(fényk)* composition
képkontraszt picture contrast ; ~ **hangsúlyozása** *v* **erősítése** image intensification
képkoordináta-tengelyek *(geod)* axes of the image
képkő *(ásv)* *l* **agalmatolit**
képközépfrekvencia picture intermediate frequency
képközéppont *(geod)* centre of image, image centre
képközlő cső *(telev)* kinescope, picture tube
képközvetítés picture transmission ; ~**re alkalmas** *(telev)* visiogenic
képléc *(falon ; fa)* batten
képlékeny plastic(al) ; ~ **agyag** soft/plastic/pure clay ; ~ **alakítás** plastic deformation ; *(alak)* metalworking ; ~ **alakváltozás** plastic deformation, permanent set ; ~ **folyás** plastic flow ; ~ **gumi** kneaded rubber ; ~ **műanyag** plastic ; ~ **szigetelés** plastic insulation
képlékenyít knead, masticate ; **kaucsukot** ~ break down
képlékenyítés *(gumi)* plasti(fi)cation, breakdown, mastication
képlékenyített kaucsuk worked rubber
képlékenyítő *fn*: **vegyi úton ható** ~ *(gumi)* peptizer ; *mn* ~ **gép** *(gumi)* plastizer ; ~ **szer** plasticizer
képlékenység plasticity ; **akusztikai** ~ acoustical compliance ; **hidegalakítási** ~ ductility ; **melegalakítási** ~ malleability
képlékenységi : ~ **határ** plastic limit ; ~ **mutató** plasticity index ; ~ **tartomány** plastic range
képlékenységmérő plastometer
képlemez-középpont plate centre
képlet formula, scheme, configuration ; *(mat)* formula ; **átlós** ~ *(benzolgyűrűé)* diagonal formula; **köbözési** ~ *(fa)* cubing formula
képletes symbolic
képmás image, picture
képmásolási eljárás *(fényk)* transfer process
képmegfordítás *(fényt)* erection of image
képmegfordulás *(fényk)* (Sabattier) reversal effect
képmelléklet inset illustration
képmélység *(fényk)* depth (of the picture)
képméret image/picture size
képméretarány *(geod)* image scale ; *(telev)* (picture) aspect ratio
képmező *(telev)* picture area ; ~**t rögzít** *(fényk)* locate a field ; ~**k száma** *(telev)* frame repetition rate
képmezőgörbület curvature of field
képmezős módszer *(sorváltó televíziónál)* framewise method
képminőség picture quality
képmoduláció *(telev)* picture modulation
képmozaik *(összeállítás)* mosaic assembly
képmozaiklemez mosaic plate
képnyílás *(fényk)* gate
képnyomás picture printing ; **krómzselatinos közvetlen** ~ artotype
képoktatás visual teaching
képoldali: ~ **csomópont** *(fotogrammetriában)* rear nodal point ; ~ **lencse** back lens
képortikon *(telev)* image-multiplier orthicon *(UK)*; picture orthicon *(US)*
képosztás *(film)* frame pitch
képosztásköz *(fényk)* image space
képösszerakás *(telev)* scanning at the receiving end, image reproduction
képösszerakó berendezés *(telev)* scanning device at the receiving end
képpár : **térhatású** ~ anaglyph
képpont *(fényt)* image-point ; *(telev)* scanning/picture element
képpontfényesség *(telev)* brightness of the spot
képrendező *v* **-osztályozó** *(fényk)* photo sorter
képreprodukálás reproduction of the image
képreprodukciós rész *(telev)* image reconstructor
képrészlet *(telev)* pictorial detail
képrögzítés *(film)* freezing ; **elektrokémiai** ~ *(hőhatással)* electrothermal recording
képsablon *(fényk)* cutout image
képsebesség *(film)* frame speed
képsík *(fényt)* image-plane ; *(telev)* picture plane ; ~ **egy negyede** quadrant
képsokszorosítás reproduction
képsor *(telev)* scanning line
képsorozat *(film)* picture cycle ; *(művészi:)* suite
képsorozat-papír serial picture paper
képsorrend picture sequence
képszalag *(fényk)* sequence strip
képszám *(film)* picture frequency
képszámláló *(film)* frame indicator
képszegély *(fotogrammetriában)* margin of image
képszél *(fényk)* space-confine
képszélesség-szabályozás *(telev)* width control
képszerű leképezés pictorial display
képszétválás *(telev)* tearing
képszínező *(oxidálódó)* **előhívó** *(fényk)* colo(u)r developer
képszinkronozás *(telev)* frame synchronization *(UK)*; picture synchronization *(US)*
képszinkronozó : ~ **impulzus** *(telev)* picture synchronizing impulse ; ~ **jel** frame synchronization/synchronizing signal
képszint *(telev)* video level ; **fekete** ~ *(telev)* black level
képszög angle of image
képtár (art/picture) gallery
képtartó függelék locket
képtartósság *(fényk)* permanency of image
képtávírás teleautography, facsimile (transmission) ; **plasztikus** ~ embossed-writing picture telegraph
képtávirat phototelegram
képtáviratozás *l* **képtávírás**
képtáviratvevő készülék recorder
képtávíró *fn* picture telegraph apparatus; ~ **adó** picture transmitter ; ~ **berendezés** facsimile telegraph equipment; ~ **eljárás** telepicture process ; ~ **hullám** type A_4 wave ; ~ **rendszer** telestereograph ; **vezeték nélküli** ~ **szolgálat** airgraph service
képtávolság *(fényk, geod)* principal distance ; *(telev)* image distance
képtér picture-area ; *(telev)* image space
képtorzítás image distorsion
képtorzulás *l* **képtorzítás**
képtovábbítás teleautogram
képtranszformálás *(fotogrammetriában)* rectification
képtranszformátor *(fotogrammetriában)* rectifier ; *(fényképet kívánt méretre átalakító készülék:)* transformer ; ~ **ferde tengelyű fényképekhez** *(geod)* oblique plotting machine *(US)*; **önműködő** ~ *(fotogrammetriában)* automatic rectifier
képvágó *(fényk)* cropper
képválasztó image/video selector
képváltás *(telev)* picture repetition
képváltó : ~ **cső** *(telev)* image converter tube, image-viewing tube ; ~ **jel** *(telev)* vertical synchronizing pulse
képvászon canvas ; ~ **hátának védő bevonata** backing of canvas
képvetítő : ~ **cső** *(telev)* projection tube; ~ **kamra** camera lucida
képvevő *(táv)* facsimile receiver
képvisszaadás reproduction of the image
képvisszaállítás *(telev)* erection/reconstruction of image
képvisszaverés reflection ; **mesterséges** *(tükrös)* ~ *(fényk)* artificial reflection
képvivő *(telev)* image carrier *(UK)*; picture carrier *(US)*
képvonalszám *(telev)* number of lines
képzeletbeli phantom ; ~ **szint** *[szeizmikus felvételeknél]* phantom horizon
képzelt imaginary, fictious ; *(elméleti)* theoretical ; ~ **keresztmetszet** fictive cross section ; ~ **teljesítmény** fictitious power ; ~ **terhelés** *v* **teher** *(mech)* imaginary loading
képzés formation
képzetes *(virtuális)* virtual ; *(imaginárius ; mat)* imaginary ; ~ **gyújtópont** *v* **fókusz** virtual focus ; ~ **katód** *(rád)* virtual cathode ; ~ **mennyiség** *(mat)* imaginary quantity
képzettségi vizsgálat qualification tests
képződés formation, forming
képződési : ~ **folyamat** forming process; ~ **helyén található agyag** *(földt)* primary clay ; ~ **hő** *(vegy)* formation heat
képződmény *(földt)* formation, country; **allúviális** ~ alluvium ; ~**ek** accumulative formations ; **akkumulatív** ~ **dőlése** slope of formation ; ~ **közti rétegek** interformational sheets
kerámia ceramic, pottery, stoneware ; **saválló** ~ chemical stoneware
kerámiacső ceramic tube

kerámia-gyöngy *(vill)* ceramic bead
kerámiai ceramic ; ~ **átvezető** ceramic bush ; ~ **csévetest** ceramic core ; ~ **festékek** glaze colo(u)rs ; ~ **kondenzátor** ceramic condenser/capacitor; ~ **kötésű csiszolókorong** vitrified grinding wheel; ~ **másolópapír** ceramic transfer paper ; ~ **szivattyú** stoneware pump
kerámiaipar ceramic industry
kerámiás *l* **kerámiai**
kerámiaszigetelés ceramic insulation
kerámiatest ceramic body
kerámia-trimmer *(rád)* ceramic trimmer
kerámikus *l* **kerámiai**
keramitkövezet *(döngölt alapon)* monolithic bottom
keramittégla road-brick, paving brick
kerargirit *(ásv)* cerargyrite, hornsilver
keratin *(vegy)* keratine
keratofir *(földt)* keratophyre
kerazin *(ásv)* kerasin
kerbfogazás *(forg, gépk)* serration
kerbfogazású tengely serrated shaft
kérdéses maradványok *(földt)* problematical remains
kérdező *fn* interrogator ; ~ **adó-vevő** *(rád)* interrogator ; ~ **frekvencia** *(rád)* challenge frequency ; ~ **impulzus** *(rád)* interrogation pulse
kerdométer *(távk)* gain measuring set
kérdő áramkör *(távk)* operator's circuit
kérdődugó *(telef)* answering plug
kérdőhüvely *(telef)* answering jack
kérdőkulcs *(távk)* answering key ; exchange key *(UK)*; office key *(US)*
kérdőzsinór *(távk)* answering/switchboard wire
kéreg case, crust, incrustation, outer layer, bark, skin, shell; *(bőr)* bark ; *(cipő)* stiffener ; *(fáé:)* bark, rind ; *(heng)* skin ; *(hők, koh)* case ; *(pa)* cortex ; ~**gel** *[mért v számított; fa]* including/with bark ; ~ **alatti** *(földt)* subcrustal ; *(koh)* underskin; ~ **alatti áramlás** *(földt)* subcrustal current ; ~ **alatti folyás** *(földt)* subcrustal flow ; ~ **bélsugara** *(fa)* phloem ray ; ~**gel bevon** (over)crust; ~ **és csat nélküli cipő** halterback style ; **elévült** ~ *(bőr)* bark from old mature trees ; ~**gel fedett** *(fa)* corticated ; **lerakódási** ~ accretion ; ~**gel mért faátmérő** diameter outside bark, d. o. b. ; ~ **nélkül** *[mért v számított fa]* exclusive of the bark ; ~ **nélkül mért faátmérő** diameter inside bark, d. i. b. ; ~ **nélküli félmagas sarkú cipő** mule *(US)*; **vastag** ~ *(fa)* coarse bark
kéregaprító *(fa)* bark cutter
kéreg-benövés *(fa)* bark fissure
kéregberagasztó, sarokformázó és béléshevasaló gép *(cipő)* automatic heel-cap glueing and side part shaping machine, ironing the lining
kéregcakkozás *(cipőkéregé)* gimping
kéregcakkozó gép *(cipő)* stiffener gimping machine
kéregcserzés *(bőr)* bark tanning
kéregcsiszoló gép *(cipő)* stiffener buffing machine
kéregdomborító gép *(cipő)* stiffener rough mo(u)lding machine
kéregedzés *(hők)* *(acélon)* case/surface hardening ; *(öntöttvason:)* chill
kéregélező és sarokkeretvágó gép *(cipő)* stiffener skiving and rand cutting machine
kéregelődomborító gép *(cipő)* stiffener rough moulding machine
kéregfoltok *(fa)* bark patches
kéregfoltosság : fagy okozta ~ *(fa)* winter sun scald
kéregformázó : ~ **gép** *(cipő)* stiffener mo(u)lding machine ; ~ **prés** *(cipő)* counter-mo(u)lding machine
kéreghántó kés *(fa)* spud
kéreghántoló *fn (gép)* bark-mill ; *(kés:)* bark-iron ; ~ **dob** barker ; ~ **gép** *(bőr)* disbarking machine, bark-mill, bark stripping machine ; ~ **pad** *(fa)* peeling machine ; ~ **vas** *(fa)* bark-peeling iron
kéreghéj *(fa)* bast, bass
kéregkaucsuk bark rubber
kéregképző incrusting
kéregképződés incrusting, incrustation ; *(kazánkő:)* scale formation
kéreglehúzó gép stripper machine
kéreglemez *(pa)* shank(ing) board
kéregleválásos törés *(anyagv)* peeling-type fracture
kéreglevonás *(fa)* allowance for bark
kéregmélység *(betétedzési)* case depth
kéregmérce *(fa)* bark ga(u)ge
kéregöntés chill casting
kéregöntésű : ~ **acél** hard-cast steel ; ~ **henger** chilled (cast iron) roll
kéregöntvény chilled cast iron, hard casting ; **faszenes** ~ charcoal hearth cast iron
kéregpapír (mill)board, cardboard, bark paper
kéregpapírgyártó gép board machine
kéregrész *(cipőfelsőrészé)* counter
kéregrovátkolás *(cipő)* nicking
kéregseb : fagy okozta ~ *(mzg)* frost canker
kéregszél-élező gép *(cipő)* skiving machine for toecaps
kéregszennyeződés *(papírban)* bark specks
kéregtelenít *(fát)* disbark
kéregtelenítés decortication, disbarking
kéregtelenítő gép *(pa)* bark peeling machine
kéregtörő *(bőr)* bark breaker
kéregvágó kés *(fa)* bark cutter
kéregványoló gép *(cipő)* counter mo(u)lding machine ; *(flexibel szandálhoz:)* counter mo(u)lding machine for flexible sandals
kéregvastagság *(fa)* bark thickness ; *(öntvényen:)* depth of chill ; *(acélon:)* case depth
kéregvászonbélés *(cipő)* counter lining
kerek circular, round, spheric(al), spheroidal ; ~ **ablak** round window ; *(hajón:)* bull's eye ; ~ **alakját vesztett** out-of-round ; ~ **baba** *[löszbaba ; földt]* spheroidal concretion ; ~ **bemélyedésű** cupped ; ~ **érem** roundel ; ~ **fogasrúd** *v* **fogasléc** rack cylinder ; ~ **hajóablak** bull's eye ; ~ **kavarótégely** *(csontból)* mixture annulus ; ~ **konkréció** *(földt)* spheroidal concretion ; ~ **rúdacél** *l* **kerekacél** ; ~ **sarok** *(kh)* round heel ; ~ **szita** *v* **rosta** griddle ; ~ **szűrőpapír** round paper filter ; ~ **üregelő** round broach ; ~ **vezeték** *[kábelnél]* circular conductor
kerék wheel ; **adhéziós** ~ adhesion wheel ; ~**kel állított szelep** wheel valve ; **betétfogas** ~ *(fa)* cogwheel ; **cellás** ~ *(ültetőgépben)* cell-plate ; **fogkoszorús** *v* **lánckoszorús** ~ crown wheel ; ~ **futó felülete** tread ; **kerekeken gördülő vákuumszivattyú** trolley exhaust ; **gyűrűs** ~ annular wheel ; **kéregöntésű** ~ *(Griffin-féle)* chilled iron wheel ; **kétnyomkarimás** *v* **hornyos talpú** ~ *(vasút)* channel wheel ; **két részből álló hegesztett** ~ compound wheel ; **kettős rendeltetésű** ~ *[gumiabroncsos traktorkerék, kihajtható kapaszkodókkal]* dual-purpose wheel ; **kis** ~ truckle, trendle ; **közbenső** ~ cock wheel ; **kúpkoszorús** ~ *(frikciós hajtáshoz)* bevel wheel ; ~ **küllői** radii of wheel; **mélyített abroncsú** ~ dropcentre wheel ; **nyílfogazású** ~ double helical gear ; **önbeálló** ~ *(rep)* castoring wheel ; **kerekek párhuzamos állása** wheel alignment ; **széles kis** ~ trundle, trendle; ~**re szerelt** wheel-mounted
kerékabroncs tyre, wheel()band, wheel rim ; **osztott** ~ *(gépk)* built-up rim ; **perem nélküli** ~ *(vasút)* blind tyre ; **síma** ~ blank tyre
kerékabroncs-eszterga tyre-turning lathe
kerékabroncs-felület *(gépk)* tread of tyre
kerékabroncs-lehúzó rim remover/extractor
kerékabroncsmélység depth of rim
kerékabroncsméret *(gépk)* rim size
kerék-abroncsozás tyring
kerékabroncs-tágító *v* **-feszítő szerkezet** rim expander
kerékabroncs-zárógyűrű *(lapos ágyazású abroncsnál ; gépk)* lock ring
kerekacél *(heng)* round steel bar
kerékagy wheel body/hub/centre, nave, hub ; *(fogaskeréken:)* wheel boss ; ~ **küllőkkel együtt** spider
kerékagybélés hub liner
kerékagybesajtoló prés wheel boxing
kerékagy-csapágy *(gépk)* hub bearing
kerékagycsapágy-rögzítő anya *(gépk)* hub bearing locknut
kerékagycsapszeg axle clamp bolt
kerékagyfék hub-brake
kerékagyfúró wheelers' borer ; ~ **gép** wheel boss boring mill
kerékagylehúzó wheel hub puller/extractor
kerékagyperselyező sajtó wheel-bushing press
kerékagyrögzítő : ~ **ék** hub drive key ; ~ **pecek** hub pin
kerékagysajtó arbor press
kerékagy-süveg wheel (hub) cap
kerékagyülés wheel fit/seat
kerékakasztó saru clog
kerékalátét *(féktuskó)* brake drag
kerékállvány wheel stand
kerékanya wheel nut
kerékanyakulcs *(gépk)* wheel nut spanner
kerékburkolat *(rep)* wheel fairing
kerékcsapágy-alaplemez *(óra)* plate
kerékcsapágykő *(óra)* wheel jewel
kerékcsapáson való haladás *(vezeti a kocsit ; gépk)* hunting
kerékcsavar *(gépk)* wheel bolt ; ~ **rovátkolt szára** serrated shank of the wheel bolt

kerékcsúszás (wheel) skid/slip
kerékcsúszásrelé *(vasút)* wheel slip relay
kerekded *l* **kerek**
kerékdob *(kerekes hajóé)* sponson ; *(gépk)* wheel drum/box
kerékdőlés *(gépk)* wheel camber ; ~ **szöge** camber angle
kerékdőlésmérő műszer instrument for measuring (wheel) play
kerékdőlésszög *(gépk)* camber angle
kerékellensúly : **kapcsolt** ~ *(vasút)* counterbalance
kerékelrendezés *(mozdonyon)* wheel arrangement
kerékérc *(ásv)* wheel ore
kerekes wheel-mounted ; ~ **alvázú szállítószalag** *(bány)* wheel-mounted conveyer ; ~ **barométer** wheel barometer; ~ **cipőállvány** *(cipő)* wheel rack ; ~ **csatornaásó kotró** wheel trench excavator ; ~ **futómű** *(rep)* wheel undercarriage ; ~ **kocsi** *(film)* dolly; ~ **kocsi közelítése felvevőgéphez** *(film)* dolly-in ; ~ **kocsi távolítása felvevőgéptől** *(film)* dolly-out ; ~ **kosár** skip ; ~ **kotró** wheel dredger ; ~ **lövegtalp** wheel carriage ; ~ **maró** *(süllyesztő ; óra)* wheel-sinker ; ~ **póttengely** dandy, trail extension ; ~ **saraboló** *(bány)* wheel(ed) scraper; ~ **szárazkotró-markológép** *(ép)* wheel(ed) scraper ; ~ **szivattyú** wheel pump ; ~ **tolókapa** wheel hoe ; ~ **tolószék** *(gördülőszék)* wheel chair; ~ **traktor** wheeled tractor
kerékeszterga *(vasúti)* wheel lathe
kerékfedő burkolat *(rep)* wheel pants
kerekfejű round-head ; ~ **cipőkapocs** lacing stud ; ~ **csavar** cheese-head screw ; ~ **lapos cipőkapocs** lacing stud
kerékfék wheel brake ; **ékes** ~ *(vasút)* chock ; **ékhornyos** ~ V-shaped wheel brake
kerékfékezés wheel braking
kerékfékhenger brake cylinder
kerékféktuskók wheel chocks
kerékfelerősítési mód *(gépk)* type of wheel fastening
kerékfelerősítő : ~ **keresztkulcs** *(gépk)* cross wrench for wheel ring ; ~ **kézi forgattyú** *(gépk)* wheel rim handle ; ~ **perem** wheel drive flange ; ~ **tárcsa** carrying sleeve
kerékfelfüggesztés *(gépk)* wheel suspension
kerékféltengely *(gépk)* axle-driving shaft
kerékfogantyú *(gépt)* handspike
kerékfogegyengető *(óra)* rounding tool
kerékfogmaró *fn (óra)* rounding cutter
kerékfordulatszámmérő *fn* cyclometer
kerékfuttató körző *(óra)* cal(l)iper(s)
kerékgörbe *l* **cikloisz** *(mat)*
kerékgyártó *fn* wheeler, wheelwright ; ~ **alakzó** wheelwright's gauge ; ~ **műhely** wheel shop
kerékhajtó tengely wheel drive shaft
kerékhárító *v* **-vető oszlop** *(ép)* corner jamb-stone
kerékhengermű wheel(-)rolling mill, becking mill
kerekidomverő : **nyeles** ~ top swage for iron rod ; ~ **üllőbetét** bottom swage for iron rod
kerékimbolygás *l* **kerékkígyózás**

kerék-karusszelfúrógép *(forg)* car-wheel boring machine
kerékkígyózás *(gépk)* wheel wobble
kerék-kipörgés *(gépk)* wheel spin
kerékkorong *(vasút)* spider
kerékkoszorú (wheel) felly/felloe ; *(a kerékpánt alatti koszorú ; gépk)* wheel felloe ; ~ **pereme** rim collar
kerékkő *(óra)* wheel jewel
kerékköpeny *(tömlővel ; gépk)* (air) tyre
kerékköszörű(gép) wheel grinder
kerékkötő *fn* lock, trig ; ~ **horog** skidding hook ; ~ **lánc** drag chain ; ~ **rúd** spoke ; ~ **saru** drag shoe
kerékkulcs *(gépk)* wheel()brace
kerékküllő wheel arm/spoke
kerékküllőcsapozó gyalu *(bokázógyalu)* pincut plane
kerékküllőzet spider
keréklánc tyre chains
keréklapát wheel blade
keréklehúzó *(gépk)* wheel puller/extractor
keréklészállás *(rep)* two-point/wheel landing
kereklyukasztó *(nyeles)* round punch
kerékmaró gép wheel-milling machine
keréknegyedelő fúrógép wheel-quartering machine
keréknyílás *[karosszérián ; gépk]* wheel opening
keréknyom wheel track/rut/path ; ~ **ívsugara** *(kanyarban ; gépk)* radius of wheel-path ; **~ot nem követi** *[kocsi]* quarter
keréknyomás wheel load/pressure
keréknyomásmérő *(gépk)* *l* **abroncsnyomásmérő**
keréknyom(fel)lazító *fn* wheel track remover, track sweep
keréknyomos *(út)* slutted
keréknyomsúrlódási igénybevétel *(gépk)* rut stress
kerékösszetartás *(gépk)* toe-in
kerékösszetartásmérő *(gépk)* ga(u)ge bar
kerékpánt *(gépk)* wheel rim
kerékpánt-ágy *(gépk)* rim well
kerékpánt-oldalkarima *(lapos ágyazású kerékpántnál ; gépk)* loose-flange
kerékpánt-perem *(gépk)* rim flange
kerékpár bicycle, pedal cycle ; *(vasút)* wheel set, mounted axle ; **beálló** ~ *(vasút)* bogie wheel ; **férfi** ~ gent's bicycle ; ~ **láncának celluloid burkolata** celluloid gear case; **női** ~ ladies' bicycle
kerékpárabroncsmérő *(műszer ; vasút)* circumferentor
kerékpárdaru walking/monorail crane
kerékpáreszterga *(vasúti)* car-wheel lathe
kerékpárgumi cycle tyre
kerékpárhajtány *(vasút)* cycle trolley
kerékpárhuzam-ellenőrző berendezés *(gépk)* wheel/axle aligner
kerékpárkocsi cyclecar
kerékpár-kónuszfogó pliers for bicycles
kerékpárkormány keresztrúdja handle bar cross-tube
kerékpárköpeny cycle cover
kerékpárköpeny-felépítő gép *(gumi)* monoband
kerékpárköszörű *(vasúti)* car-wheel grinder
kerékpáros *(személy)* pedal cyclist
kerékpárpedál toe clip

kerékpárút *(ép)* cycle track
kerékpárváz cycle frame
kerékpárvilla cycle fork
kerékrendszer *(futó szerkezet ; óra)* wheel work
keréksajtó *(vasút)* wheel (mounting and dismounting) press
keréksaru *(fogatos járművön)* block
kereksoros kezdés *(kh)* French welt
keréksorozat wheel train
kerekszámlapos műszer round-dial instrument
kerékszeg (hub) pin
kerekszemű lánc round-linked chain
kerékszéttartás *(gépk)* toe-out
kerékszintmagasság *(alsó vízszint felett ; hidr)* clearance for the water-wheel
kerékszitálás *(gépk)* wheel wobble
keréktakaró lemez *(gépk)* roadwheel covering sheet
keréktalp wheel tread/felloe ; ~ **sínnel érintkező része** *(vasút)* tread
keréktalp-alap base of rim
keréktalpas löveg truck gun
keréktalpperem tyre bead
keréktalppofa rim brake
keréktalpszélesítő karima extension rim
keréktalptámasz rim bearing
keréktámasz *[ék; gépk]* wheel block
keréktaraj *[mellső traktorkeréken]* skid ring
keréktárcsa wheel disc/body
keréktárcsa-hengermű disc-rolling mill
keréktartó villa wheel fork
keréktáv *(gépk)* wheel ga(u)ge ; *(gépk)* tread
keréktengely wheel spindle/axle/arbo(u)r
keréktengelycsap wheel spindle
kerékterhelés *(gépk ; vasút)* wheel(-) load
keréktömlőjavító táska *(gépk)* case for inner tubes
kerékvágás rut, groove ; *l még* **keréknyom**
kerékvető *(cölöp)* wheel guard, hurter, stub/safety/spur/fender post ; *(kő:)* guard/curb stone
kerékvezető alátét *(magas hóban)* side-tracking skate
kerékvilla wheel fork
kerep ratchet (motion)
kerepes : ~ **csavarhúzó** ratchet screwdriver ; ~ **csavarkulcs** ratchet spanner/wrench ; ~ **csavarkulcskészlet különböző méretű betéttel** multiple ratchet wrench ; ~ **furdancs** brace drill ; ~ *(kilincsműves)* **hajtás** ratchet drive ; ~ **szorító(kengyel)** ratchet clamp ; ~ **szorító kilincsmű** ratchet tightening gear ; ~ **ütköző** *v* **akadék** *[mikrométer-csavarorsón]* ratchet stop
kerepfúró ratchet brace, clack
kereplő *fn* clicker, rattle(r)
keres *(távk)* hunt (for) ; **fenékhálóval** ~ drag
keresés *(radarral)* search, survey ; ~ **kikapcsolója** *(távk)* search disconnect
keresési : ~ **sebesség szabályozása** *(távk)* search-speed control ; ~ **szög vezérlése** *(távk)* search angle control
keresett : ~ **fonalszám** *(tex)* count required ; ~ **pont** *(mat)* required point
kereskedelmi commercial ; ~ **acél** *(koh)* commercial steel ; ~ **alak** *(pa)* basic size ; ~ **áruforgalom** *(gépk)* commer-

cial goods traffic ; ~ **árutípusok** commercial frequency ; ~ **elnevezés** *(árué)* trade name ; ~ **értelemben** commercially ; ~ **jármű** *(gépk)* commercial vehicle ; ~ **minőség** commercial grade; ~ **osztályozás** *(tex)* commercial grading ; ~ **papír** shop paper ; ~ **réz** *(legalább 96% tiszta réztartalommal)* standard copper ; ~ **szállítás** *(gépk)* commercial haulage

kereső *fn (fényk)* view finder ; *(fényk, rád, távk)* finder ; *(telef)* group selector ; *(telev)* view finder ; ~ **antenna** search antenna ; ~ **berendezés** *(fényk)* viewing equipment ; *(távk)* searcher ; ~ **frekvencia** *(rád, távk)* search frequency ; ~ **letapogatás** *(radar)* search sweep ; **második- és harmadik-betűs** ~ *(telef)* B- and C-digit selector ; ~ **szálkereszt** *(fényk)* camera aiming sign ; ~ **távíró** *fn* seeker ; ~ **vevő készülék** *(rád)* ether watcher

keresőfényszóró-tartó *(gépk)* bracket for auxiliary headlight

keresőgép *(távk)* selector, searcher, finder ; **Strowger-féle** ~ **kettős állítópecke** *(távk)* double dog

keresőkulcs *(telef)* finder switch

keresőlámpa *(gépk)* spot lamp/light

keresőradar search radar

keresőtekercs search coil

keresőüveg spyglass

kereszt cross ; *[búza]* shock ; *(terhelés az antenna tetején:)* spider ; *(zene)* diesis ; ~**ben** crosswise ; ~ **alakú** cross/plus-shaped, cruciform ; *(bány)* criss(-)cross ; ~ **alakú forgatókar** *(gépt)* turnstile ; ~ **alakú ikerkristályok** *(ásv)* plus-shaped twins ; ~ **alakú rúdacél** cross-section bar ; ~**ben egymásra rakott** *(fa)* criss(-)cross ; ~**ben enyvezett furnír** cross veneer ; ~**ben fut** run across ; ~**ben futó hullámok** *(hajó)* cross sea ; **kettős** ~ *(zene)* double sharp ; ~**ben menő** transversal ; ~**ben vág** *(fát, rostra merőlegesen)* crosscut

keresztágak *(x-tagban ; távk)* lattice arms

keresztagglutinációs próba cross-matching test

kereszt-alaprajzú cruciform

keresztalj *(vasút)* crosstie, cross sleeper

keresztállás cross position

keresztantenna turnstile antenna/array

keresztáram cross-flow

keresztáramú : ~ **(haladóhullámú) cső** *(rád)* transverse travelling-wave tube; ~ **toronytálca** *(vegy)* cross tray

keresztárboc *(hajó)* trestle, yard

keresztárok *(állatok védelmére)* cattle guard

keresztátlós támasz *v* **dúc** *(ép)* cross strut

keresztbe-enyvezés *(fa)* plywood panelling

keresztbehorgonyzás *(hajó)* cross-anchoring

keresztbelapolás *(fa)* cross-halved joint

kereszt-beméréses *(rep)* cross bearing

keresztbeméréses bevezetés iránymérővel *(rep)* QDM/QGE procedure

keresztbevágás *(rostirányra merőlegesen ; fa)* cross break

keresztboltozat *(ép)* cross/quadripartite vault ; **kettős** ~ *(ép)* double-cross vaulting ; ~**ok vápája** *v* **gerincvonala** groin (point)

keresztborda *(ép)* cross rib, ledge ; *(csőgyűrűn v tübbingen)* cross flange

keresztbordarendszer *(hajó)* transverse framing

keresztbordázat *(rep)* transverse structural framing ; ~ **belső öve** *(rep)* transverse-frame inner ring

keresztcövek *(vezetékhez ; vasút)* cross stake

keresztcsap *(gépt)* toggle

kereszt-csavarkötés *(abroncs-kerékvázkoszorún ; vasút)* crossbolt

keresztcséve *(tex)* cheese, braiding bobbin, quick traverse bobbin, cross-wound spool

keresztcsévélés *(tex)* crossing, cross winding

keresztcsévélésű : ~ **matring** cross hank ; ~ **tekercs** *(rád)* cage coil

keresztcsévélő (gép) *(tex)* cross/cheese winding machine/frame, cross/cheesing winder

keresztcséveszerű lánchenger *(tex)* warp cheese

keresztcsík *(kh)* lateral stripe

keresztcsíkos : ~ **kötés** *(kh)* sleazy knitting ; ~ **minta** *(tex)* transverse stripe pattern

keresztdarab *(gépt)* crossbar, cross piece

keresztdőlés *(egy dőlésirányra merőleges ; földt)* cross dip

keresztdúc counterbrace ; **rövid** ~ butt cap

keresztég *(gépt)* forelock

keresztél *(fúrón)* chisel edge

keresztél-hajlásszög *(fúrón)* chisel (edge) angle

kereszt-előtolás *(forg)* in-feed, plunge feed ; *(esztergán:)* surfacing motion

keresztelőtolás-váltókar infeed lever

keresztélű : ~ **fúrókorona** *(bány)* cross bit ; ~ **réselőcsákány** *(bány)* rivelaine

keresztez (inter)cross, intercept, intersect, traverse ; *(egyik út a másikat:)* intersect ; *(hajó)* thwart ; *(ép)* grade ; *(nyomda)* cross ; *(távíró vezetéket áthallás ellen:)* transpose ; **láncfonalat** ~ *(csép behelyezésével ; tex)* lease

keresztezés traverse, cross(ing), intersection, cut ; *(távközlési és/vagy erősáramú vezetékeké)* transposition, crossing ; *(vasúti:)* railway crossing ; ~ **csúcsa** *(vasút)* tongue of a crossing; ~ **éle** *v* **hegye** *(vasút)* point of frog ; **hegyesszögű** ~ *(vasút)* diamond crossing ; ~ **könyökpontjainak távolsága** *(vasút)* throat of a frog ; **sínekből készült, csavarozott** ~ *(vasút)* clamp frog

keresztezési : ~ **csúcs** *(vasút)* frog point ; ~ **csúcsbetét** *(vasút)* frog, V-piece of crossing ; *(vágánymegszakítás nélkül:)* continuous railfrog ; ~ **csúcsbetét csúcs felőli vége** *(vasút)* toe end of a frog ; ~ **csúcsbetét gyök felőli vége** *(vasút)* heel end of a frog ; ~ **csúcsrész** *(vasút)* toe spread ; ~ **hely** zone of intersection ; ~ **index** *(távk)* transposition index ; ~ **minta** *(távk)* transposition pattern/scheme/diagram; ~ **oszlop** *(távk)* crossover/transposition pole ; ~ **öntvény** *(vasút)* track frog ; ~ **pont** junction/crossover point ; ~ **rendszer** *(mintázat ; távk)* transposition pattern ; *(módszer ; távk)* transposition twisting/system ; **sínekből összeállított** ~ **csúcsbetét** *(vasút)* built-up frog ; ~ **sínszék** *(vasút)* crossing chair ; ~ **szakasz** *(légvezetéken ; távk)* transposition section ; ~ **szigetelő** *(távk)* transposition insulator ; ~ **terv** *(távk)* transposition plan

keresztezetlen uncrossed ; *(hajtószíj:)* open

keresztezett crossed, bridged ; **áru** ~ **gyapjúból** *(tex)* cross-bred fabrics ; ~ **átkötés** *(távk)* inverted connection ; ~ **dipólus** *(telev)* crossed dipole, turnstile ; ~ **fésűsgyapjú szövet** *(tex)* cross-bred cloth ; ~ **hajtószíj** reversed belt ; ~ **juh gyapja** cross-bred wool ; ~ **matring** *(tex)* cross hank ; ~ **nikolok** *(fényt)* crossed nicols ; ~ **rendszerek** *(távk)* cross-connected systems ; ~ **szád** *(tex)* cross shed ; ~ **szíjhajtás** crossed belt drive ; ~ **vonal** *(távk)* transposed line

keresztezett-gyapjú fonal cross-bred yarn

keresztező *(bány)* transversal ; *(mat)* cross ; ~ **boltozatsor** *(ép)* intersecting arcade ; ~ **csuklós szorító** *(gépt)* swivel crosshead clip ; ~ **ér** *(bány)* rake vein ; ~ **erőterek** *(vill)* crossed fields ; ~ **frekvencia** *(rád)* crossover frequency ; ~ **hasadék** *(bány)* bar ; ~ **kitérő** *(vasút)* switch and crossing ; ~ **telér** *(bány)* counter-lode, counter vein, rack vein ; ~ **vetősorozat** *(földt)* intersecting series of faults

kereszteződés *l még* **keresztezés** ; *(lánc- és vetülékfonalé ; tex)* binding places, interlacing

kereszteződési pont crossing/crossover point

kereszteződő criss(-)cross ; ~ **szerkezet** *(földt)* decussate structure

keresztfa quarter timber, transom ; *(ép)* top brace, spread bar ; *(távk)* wooden crossarm ; *(vasút)* transverse sleeper

kereszt-facsiszoló *(pa)* cross grinder

keresztfal crosswall, transverse wall

keresztfej *(gépt)* slider, guide/slide block ; *(dugattyún:)* crosshead ; *(tex)* slide bar ; ~ **csapja** crosshead pin ; **egycsúszkás** ~ single-bar crosshead ; **hosszú-hornyos** ~ long-slotted crosshead ; **kétcsúszkás** ~ double-bar crosshead ; ~ **saruja** crosshead shoe ; **sima** ~ flat crosshead ; ~ **teste** crosshead beam ; **villás** ~ forked crosshead; **zárt** ~ box/closed crosshead

keresztfej-csap(szeg) *(gépt)* crosshead/wrist pin

keresztfej-csúszóvezeték *(gépt)* slide bar

keresztfejes : ~ **dugattyú** slipper piston ; ~ **gép** *v* **motor** crosshead engine

keresztfej-kampósék crosshead gib

keresztfejsaru *v* **-talp** crosshead shoe

keresztfejű kalapács aboutsledge (hammer)

keresztfejvezérlő kar *(vasút)* crosshead arm

keresztfejvezetékes motor engine with outside guide

keresztfejvezeték-tartó guide yoke ; ~ **merevítőkönyök** guide yoke knee

keresztfejvezető léc *(gépt)* slider guide

keresztfelfüggesztés *(felső vezetékhez ; vasút)* cross span

keresztfogantyú tiller
keresztfogazás *(forg)* staggered teeth
keresztfogazású maró *(forg)* staggered-tooth milling cutter
keresztfolyosós bányaművelés side benching
keresztfonás *(kötélen)* cross lay
keresztfonású kötél regular/ordinary lay rope
keresztfonatú kötél *l* **keresztfonású kötél**
keresztfödém *(ép)* tie-strip
keresztfurat transverse/cross hole/boring; *(tengelyben:)* shaft eye
keresztfuratos fúvóka jet with transverse holes
keresztfúró *[kőzetfúráshoz]* star drill; **~ vágóéle** *(bány)* wing
keresztfűrész buck saw; **kétkarú fadöntő ~** crosscut felling saw
keresztgát *(hidr)* wing dam
keresztgerenda *(ép)* crossrail, cross member/brace/beam/girder/transom, joist, traverse, transverse beam/bearer; *(gépt)* cross arm; *(karusszelgépen; gépt)* cross rail; *l még* **gerendakönyök**; **~ (fa)vázon** frame crossbeam; **fedélzeti ~** *(a hajó hátsó végén)* deck transom
keresztgerendaemelés *(forg)* arm elevating
keresztgerendakönyök *(hajó)* bracket knee
keresztgerenda-rögzítés *(forg)* cross-rail clamping mechanism
keresztgerenda-rögzítő mű *(forg)* cross-rail clamping mechanism; *(egyállványos karusszelen:)* arm clamping mechanism
keresztgerenda-süllyesztő mű *(forg)* cross-rail lowering mechanism; *(egyállványos karusszelen:)* arm lowering mechanism
keresztgerenda-szán *(karusszelgépen)* rail-head slide
keresztgombolyag *(tex)* crossball; **lánc ~ba rakása** *(tex)* cross-ball warping
keresztgöcs *(fa)* spike knot
keresztgörbe *(mat)* cross curve
keresztgyűrődések *(földt)* cross folds
kereszthajó *(ép)* transept
kereszthajtás *(pa)* parallel drive
kereszthasadék *(bány)* bar, slyne
kereszthevederkapocs *(ép)* crosshead clamp
keresztthímzés *(tex)* cross stitch
keresztthornyos: ~ fejű csavar crosscut head screw; **~ vezérlőbütyök** cross-grooved cam
kereszthoronymaró gép cross-grooving machine
kereszthullám *(földt)* secondary wave, S-/transverse wave; **~ finomlemezen** *(heng)* flopper
keresztthúros *[zongora]* cross-strung
keresztthuzal-merevítésű *(rep, vill)* cross-wired
keresztthuzalos merevítés cross wiring
keresztidomcső cross; **egyenlőszárú belsőmenetes ~** female even cross
kereszt-indukció *(vill)* cross induction
keresztirány *(pa)* against to machine run, cross direction
keresztirányú thwart; *(mat)* transverse; **~ alakváltozás** *(mech)* transversal strain; **~ antennarendszer** broadside array; **~ áramlás a szárnyon** *(rep)* lateral wing flow; **~ előtolás** *(forg)* cross motion, infeed, traverse feed; *(esztergán:)* surfacing feed; **~ előtolómű** *(forg)* traverse gear; **~ előtoló orsó** *(gépt)* cross fedd screw; **~ felfogó árok** *(hidr)* transverse drain; **~ ferde elmozdulás** *(földt)* oblique cross course; **~ feszültség** *(mech)* transverse stress; **~ forgalom** cross-traffic; **~ gerenda** *(jégnyomás felvételére; hajó)* ice beam; **~ kisülés** *v* **szikraképződés** *(vill)* cross firing; **~ léc(réteg)** *(ép)* counter-battens; **~ lengések** lateral oscillations; **~ lengések periódusa** *v* **lengésideje** *(hajó)* rolling period; **~ mágnesezés** cross magnetization; **~ merevítőelem** *(ép)* raker; **~ metacentrum** *(hajó)* transverse metacentre; **~ motorelhelyezés** *(gépk)* transverse engine arrangement; **~ piezo-hatás** *(rád)* transverse piezo-electric effect; **~** *(szálirányra merőleges)* **próba** transverse test; **~ repedés** *(ép)* cross break; **~ rost** *(fa)* cross grain; **~ rögzítőrúd** *(hátsó híd oldalirányú rögzítésére; gépk)* transverse stabilizing rod, Panhard rod; **~ szilárdság** transverse strength; **~ tágulás** *v* **terjeszkedés** lateral expansion; **~ terhelés** lateral load; **~ terítés** cross spread; **~ töltő csatorna** *(hidr)* cross culvert; **~ választófal** *(hajó, rep)* transverse bulkhead; **~ vasalás** *(betonban)* lateral reinforcement
keresztív *(ép)* cross springer
keresztkapcsolás *(ellenállásfékezésnél; vasút)* crossed field connection
keresztkar *(gépt, távk)* crossarm
keresztkeretes: ~ antenna crossed-coil antenna, crossed loops; **~ helymeghatározás** Bellini-Tosi system
keresztkikötő bak *(hajó)* cross bollard
kereszt-kormányzás transverse steering
keresztkorreláció *(távk)* cross correlation
keresztkörmös csavarhúzó *(keresztthornyos fejű csavarhoz)* crosspoint screw driver
keresztkötés cross-bonding/binding, cross brace/frame/joint; *(ép)* transverse joint, *(húzott)* cross stay; *(nyomda)* tie envelope; *(tex)* cross bond; *(vegy)* cross bond/link; **~ csavarja** crossbolt
keresztkötés-csatlakozás *(gépt)* strut attachment
keresztkötéstartó *v* **-gerenda** crosstie
keresztkötésű illesztés *(ép)* toggle joint
keresztkötő: ~ léc *(cölöpkerítéshez)* riband; **~ lemez** *(ép)* brace plate; **~ papír** newspaper wrapper; **~ rúd** cross brace
keresztkötöző papír cross paper for postbands
keresztlábító *(tex)* cross lath
keresztlapolás *(fa)* cross-halved joint
keresztléc *(hajítógép szalagján; bány)* rubber flight; *(nyomda)* cross; *(teher visszacsúszása ellen; emelőn)* stops; **szintező ~** *(geod)* boning rod
keresztlécezés *(lépcső helyett; ép)* gang boarding
keresztlemez *(furnír)* plywood
keresztlemezes váltó *(távk)* cross-bar switchboard
keresztlengőkar *(első futómű; gépk)* transverse link, radius arm; **háromszög alakú ~** *(gépk)* wishbone; **különböző hosszúságú ~ok** *(gépk)* unequal length wishbones
keresztlépték transverse scale
keresztlibella *(geod)* cross level
kereszt-mágnesezés *(magnetofonnál)* transverse recroding
keresztmerevítés cross/tie brace, strut, traverse, cross piece
keretmerevítő: ~ dúc *(rep)* intermediate radial strut; **~ elem** *(ép)* cross member; **~ huzalok** *(rep)* anti-drag wires; **~ rúd** spread bar; *(kombájnon)* push pole; **vízszintes ~** ledger
keresztmetszet cross/transverse section; *(rajz)* cross-sectional elevation/view; **~ igénybe nem vett része** *(mech)* dead area; **kilépési** *v* **kiömlési ~** discharge area; **szűk ~** bottleneck
keresztmetszetcsökkenés reduction in area, lateral contraction; **~ előtti nyúlás** elongation before reduction of area
keresztmetszeti (cross-)sectional; **~ elrendezés** *(ép)* cross-sectional layout; **~ felület** sectional surface; **~ modulusz** *(mech)* moment of resistance, section modulus; **~ rajz** profile drawing; **~ tényező** *(mech)* moment of resistance, section modulus; *(vill; kábelé)* core ratio; **~ terület** (cross-)sectional area, area of section
keresztmezős hegesztő dinamó armature-reaction welding set
keresztmoduláció *(rád)* cross modulation; *(telef)* cross talk, intermodulation
keresztmoduláció-effektus cross-modulation effect
keresztmodulálás *(távk)* cross modulation
keresztmodulálási tényező *(távk)* cross-modulation factor
keresztmotollálás *(tex)* cross-reeling, Grant's/diamond reeling
keresztnyereg *(fakötés)* graft(ing)
keresztnyílású four-lipped
keresztorsó *(forg)* cross-feed/surfacing screw; *(tex)* cheese
keresztorsózás *(tex)* Grant's reeling; *l még* **keresztcsévélés**
keresztöblítéses motor *(mkpár)* cross-scavenged motor
keresztöltés *(tex)* German/diamond stitch, „kreuzstich"; *(cipőfelsőrészvarrásnál)* cross stitch
keresztösszeköttetés *(távk)* direct link
keresztpászta *(bány)* side benching
keresztpásztázás side benching
keresztprofilacél *(heng)* cross iron
keresztrácsozású tartó *(ép)* Pratt truss
keresztrácsozat *(ép)* cross brace
keresztrecés cross-knurled
kereszt-rétegezett *(földt)* cross-bedded
keresztrétegezettség *(földt)* criss(-)cross schistosity
keresztrétegeződés cross lamination
keresztretesz crossbolt
keresztródalású reszelő crosscut file
keresztrost *(pa)* transverse fibre
keresztrovás *(fakötés)* square cogging
keresztrúd *l még* **keresztgerenda, keresztmerevítés**; *(kormányműben; gép)* track rod; *(sudárszár biztosítására; hajó)* fid
keresztrudas: ~ kapcsoló *(távk)* crossbar switch/selector; **~ rendszer** *(telef)* crossbar transition

keresztrúdmikrométer crossbar micrometer
keresztrugó : párhuzamos *(kettős)* **~k** *(gépk)* parallel transverse springs
keresztsávoly *(tex)* cross/reverse twill
keresztsín *[gyalugépé]* crossrail
keresztsor *(téglakötésben)* broken course ; *(tex)* course
keresztsraffozás crosshatching structure
keresztstabilizátor *(gépk)* anti-roll bar
keresztszád *(Jacquard-gépnél ; tex)* cross shed
keresztszál *(tex)* cross fibre/bond
keresztszán *(forg)* (table)cross slide ; *(késtartó)* cross tool carriage ; *(leszúró késsel)* cutting-off slide
keresztszánütköző *(forg)* diameter stop
keresztszánvezeték *(forg)* cross-rail slide-way
keresztszegecselés cross riveting
keresztszelep crossover valve
keresztszelvény transverse profile ; *(földt)* section ; **~ belső magterülete** *(mech)* core surface
keresztszelvénymag *(mech, ép, hidr)* core of section
keresztszelvény-szintezés *(geod)* cross level
keresztszögmérő cross square
keresztszupport *l* **keresztszán**
kereszt-tag *(távk)* lattice section
keresztaipas zacskó *(pa)* cross-bottom bag
kereszttáró *(bány)* crossway
keresztartó *l még* **keresztgerenda :** *(gépk)* spreader ; *(hidon)* transverse truss, needle beam ; *(távk)* crossarm ; *(szövőszéken ; tex)* arch end ; **merevítő ~** transverse brace ; **~ oszlop** *(vezeték felfüggesztéséhez; vasút, vill)* gantry column
keresztekercs cross coil
keresztekercses műszer cross-coil(ed) instrument ; *(aránymérő)* ratiometer, logometer
keresztengely *(súlyponton áthalad. harántengely)* lateral axis ; *(rep)* axis of pitch
kereszttűzcsöves kazán cross-tube boiler
keresztút crossway, crossroad
keresztutca cross street
keresztülfestett *[bőr]* colo(u)red through
keresztülfolyik flow through
keresztülfűrészel saw through
keresztülhatol permeate, penetrate
keresztülmásol *(geod)* calk
keresztülmegy pass, run through
keresztülsózott *(bőr)* well/thoroughly cured
keresztültörés *(földt)* protrusion
keresztülvág cut through; *(hidegvágóval)* chisel out
keresztülvágó tű *(cipő)* apear
keresztülvarrógép : gyorsjáratú, láncöltéses ~ *(cipő)* high speed chainstitch sole-sewing machine
keresztülvarrott cipő blake sewn shoe ; *(géppel ; cipő)* machine sewn
keresztvágás (a)cross cutting
keresztvágású reszelő crosscut file
keresztvágat *(bány)* cross adit/heading/work/drift/entry/gangway/tunnel ; **főtáróból kiinduló rövid ~** *(bány)* offset ; **~ meddőben** *(bány)* rock crosscut ; **~ tömedéken át** *(bány)* cross gate(way) ; **~ vájvége** *(bány)* tunnel heading
keresztvágathajtás előtűzéssel *(bány)* spilling of drift
keresztvágó *fn (forg)* cross chisel ; *(pa)* cross-slitting machine, cross-dog cutter ; *(forg)* chisel/crosscutting edge ; **~ fűrész** crosscut saw, double-handed crosscut saw ; **~ fűrészgép** crosscut frame saw ; **~ ívenkénti lerakással** *(pa)* cross cutter for single sheet delivery ; **~ keretfűrész** crosscut frame saw ; **~ körfűrész** circular cross-cut saw
keresztvágógépsegéd *(pa)* cutter assistant
keresztvágógépvezető *(pa)* cutterman
keresztvágó-késdob *(pa)* cross-cutting knife drum
keresztvágó-nemez *(pa)* cutter felt
keresztvájat *(bány) l* **keresztvágat**
keresztvarrat *(heg)* transverse fillet weld ; *(tex)* transversal seam
keresztvarratos hegesztés cross-welding
keresztvas *(ép) l* **keresztgerenda**
keresztvéső cross chisel ; *(bány)* cross bit ; **kis ~** sash chisel
keresztvésőfej *(bány)* X-bit
keresztvető *(földt)* crossfault
keresztvilágítás cross-lighting
keresztvitorlafordító kötél *(hajó)* brace
keresztvitorlarúd *(hajó)* mainyard ; **~ középső vasalása** *(hajó)* truss
keresztvölgy *(földt)* transverse/crosswise valley
keresztzsinór *(tex)* cross brace
keret frame(work), framing, mounting, skeleton, chassis ; *(diapozitívok számára ; fényk)* carrier ; *(ép)* framing; *(mint fogalom ; távk)* rack ; *(nyomda)* tympan ; *(szemüvegen)* frame, rim ; bow *(US)* ; *(szerelt ; távk)* bay ; *(vas ; távk)* frame ; *(vill)* carcass ; **A-alakú ~** A-frame ; **díszes ~** florish ; **~en szárított** *(nyersbőr)* framed ; **~ U-tartókból** channel frame ; **~ és vezeték** *(bány)* bale and guide
keretácsolat *(bány)* frame (set) ; **~ küszöbrésze** *(bány)* sill piece ; **~ süvegfája** *(bány)* set cap
keretalapozás *(ép)* foundation framework
keretállvány *(fedélzeti rakomány számára ; hajó)* cradle
keretantenna loop/frame aerial/antenna; **adó ~** transmitting loop (aerial/antenna) ; **hangolatlan ~** aperiodic loop/frame ; **kerek ~** circular loop ; **vevő ~** receiving loop (aerial/antenna) ; **zárt ~** closed loop
keretantenna-beállító nézőke *(rep)* metal frame holding diopter
keretantenna-berendezés loop array
keretantennaforgató szerkezet *(rep)* frame spindle
keretantenna-vételdiagram *(lemniszkátagörbe)* figure-of-eight diagram
keretbeosztás *(hidon)* bay division
keretbetét *(ép, fa)* panel filling
keretbeültetés *(távk)* bay layout
keretborda *(ép)* members ; *(pa)* cross pieces
keretdíszítés *(vonalas ; nyom)* border ; **~del ellát** frame with rules
keretellenállás *(vill)* frame resistance
keretes : ~ aknabiztosítás *(bány)* cribbing ; **~ beépítési mód** *(városépítés)* building development in unbroken row without spaces between the sides of the buildings ; **~ fűrészgép** *(fa)* gang mill ; **~ papírgép** chase paper machine ; **~ szerkezet** framed/mullion structure
keretez frame, case
keretezés framewrk, framing
keretezési eljárás *(diapozitívnál)* masking-process
keretezetlen unmounted
keretezett framed ; **~ fűrész** span web saw
keretező készülék *(tex)* framing device
keretfényképezés *(„keretezés")* framing
keretfeszítő *(tex)* cloth frame tenter
keretforrcsúcssáv *(távk)* bay terminal strip
keretfűrész frame/mill/gate/rim saw, timber/log frame ; **kétszintes ~** deep cutting deal frame ; **~ mellgerendája** frame crosshead; **~ rönktartó kocsija** bearer carriage
keretfűrészelés flitch cut
keretfűrészgép bow-frame saw
keretfűrészlap gang/mill saw(blade) ; **~ beállítása** setting gang-saw blade
keretgerenda clamping batten ; *(bány)* headstock
keretgyűrű foundation ring
keretirányzék *(kat)* leaf sight
keretjelek *(képfőpont meghatározásához ; geod)* collimating marks
keretkészítő *(pa)* mo(u)ld-maker
keretközi : ~ csatlakozás *(távk)* inter-bay connections ; **~ kábelforma** inter-bay cable form
keretlábas híd leg bridge
keretléc *l* **szegélyléc**
keretlemez *(mozdonyé)* frame plate
keretmegvilágítás *(fényk)* rimlight
keretmennyiség contingent
keretmező *(hidon)* panel
keretnyomás *(tex)* screen printing
keretnyomatéki ábra frame diagram
keretoszlop *(koh)* bearing column
keretosztás *(hidon)* panel spacing ; **~ pontja** panel point
keretöntvény frame (casting)
keretöntvény-kötővas frame pedestal binder
keret-rácstartó *(ép)* frame girder
keretrajz *(nyomda)* border drawing, ornamental border
keretrész *(ép)* member
keretrögzítő csavar *(rep)* frame spindle brake
keretsor *(távk)* bay-row
keretsor-elrendezés *(távk)* bay sequence
keretszél *(fa)* margin
keretszem *(bány)* guide opening
keretszerelésű *(távk)* rack-mounted
keretszerkezet *(ép)* frame construction/structure ; **~ sarokpontja** frame knee
keretszerkezetes híd frame bridge
kerettag *[kultivátorhoz]* rig
kerettár *(tex)* battery frame
kerettartó *(ép)* rail ; *(fényk)* frame shaft ; **~ gerenda** *(martinkemencén)* buckstay
kerettekercses keretantenna *(iránymméréshez)* crosscoil aerial
keretvágó kés sash knife
keretvas *(nyomda)* chase-bar
keretváz *(fa)* former
keretvevő *(rád)* loop receiver
keretvilágítást fokozó berendezés *(fényk)* kicker

keretvonal *(térképen)* border line
kérgeletlen *(fa)* unbarked
kérgelő *(szerszám; fa)* peeler
kérgelőgép *(fa)* barking machine; **hengeres** ~ barking drum; **kés** ~**hez** knife for barking machines
kérgelőkés *(fa)* barking iron, bark spud
kérgelőszerszám *(fa)* bark peeler
kérgelt *(fa)* barked; **fehérre** ~ clean barked; **félig** ~ *(fa)* partly barked
kérges crusted; *(ásv)* incrusting; ~ **üledékkitöltés** *(bány, földt)* crusted filling
kérgesedés incrusting, incrustation; *(bány)* crustification; *(ép)* accretion
kérgesedik crust
kérgesedő incrustant
kérgesít encrust
kérgesítő incrustant
kérgesítőszer *(koh)* case-hardening carburizer
kérgesség callosity
kérgez *(cipő)* counter; *(fát)* bark
kering circulate, circle, revolve; *(hidr)* whirl; *(csillag)* orbit
keringés circulation, revolution, rotation, orbiting; *(hidr)* whirl
keringési időtartam *(csill)* rotation period; ~ **összetevő** *(hidr)* whirl component
keringető: ~ **cső** circulating/circulation pipe/tube; ~ **csöves léghűtésű** *[motor]* pipe-ventilated; ~ **főző** *(pa)* vomiting boiler; ~ **kád** *(pa)* cycling chest; ~ **kazán** circulation boiler; ~ **szivattyú** circulating pump
keringő circulatory, circulating, circling; ~ **elektron** *(at)* orbiting/planetary electron
keringtetés *l* *l* **keringetés**
keringtető *l* **keringető**
kerít hedge
kerítés barrier, fence, railing(s), hedge, palisade, enclosure
kerítésanyag fencing
kerítésátjáró *(ép)* stile
kerítésdeszka *(ép)* planking timber
kerítésfal fencing/enclosing wall
kerítéskő *(ép)* fence stone
kerítésléc *(fa)* slat, pale, picket
kerítésmező *(ép)* panel
kerítésoszlop *(fa)* paling, (fence) post
kerítéstámaszfa fence stay
kerítéstüske spiked head
kerítőháló fishing sweeps, seine; ~ **halászhajója** seiner
kermesit *(ásv)* kermesite
kernit *(ásv)* kernite, rasorite
kerolit *(ásv)* cerolite
kerozin *(petróleum)* kerosine
Kerr-cella *(vill)* Kerr cell
kerrit *(ásv)* kerrite
kertesít park
kertészet horticulture
kertészeti terv gardening/horticulture plan
kertészkés pruning knife, billhook
kertész-krepp-papír crape paper for gardeners
kertészolló secateur
kertészpapír seed-germinating paper
kertgazdasági terület gardening area
kerti: ~ **borona** orchard harrow; ~ **csap** sidewalk hydrant; ~ **fecskendő** garden syringe; ~ **föld** (vegetable mould; ~ **fűrész** pruning saw; ~ **ház** *(ép)* kiosk, pavilion, summer house; ~ **kapa** plantation hoe; ~ **kapu** wicket; ~ **lapát** trowel; ~ **létra** garden ladder; ~ **öntözés** basin irrigation
kerület *(terület)* region, district, range, circuit; *(körvonal)* periphery, verge; *(mat; köré)* circumference; *(ált)* perimeter
kerületi regional, circumferential; *(mat)* peripheral; ~ **feszültség** *(mech)* peripheral stress; ~ **játék** peripheral clearance; ~ **közintézmény** district public institution, public institution of the district; ~ **örvlapok** *(rep)* peripheral gills; ~ **rúd** peripheral rod; ~ **sebesség** periphery/peripheral speed; *(forg)* surface speed; ~ **szög** *(mat)* periphery angle; ~ **terv** *(vill)* district/regional plan
kerülő tortuous; ~ **áramkör** bypass/auxil ary route; ~ **karmantyú** crossover coupling; ~ **mozdulat(ok)** *(rep)* „jinking"; ~ **vezeték** bypass line
kerülőösvény bylane
kerülőszelep bypass valve
kerülőút bypass road, detour
kerülőutas kapcsolás *(távk)* overflow connection
kerülővágat *(bány)* parting, bypass
kerülővezetékcsap bypass cock
kés knife, blade; *(szerszám)* tool; *l még* **esztergakés, gyalukés**; **állítható** ~ *(Jacquard-gépen; tex)* adjustable blade; **betétvégű** ~ bit tool; **bőripari egyenes élű** ~ saddlers' knife with straight edge; **bőripari egyenes hátú** ~ saddlers' knife with curved edge; **ferde** ~ *(ferde sikok gyalulására)* angle cutting tool; **horgas** ~ billhook; **keményfémlapkás** ~ carbide-tipped tool; **nagy** ~ whittle
késáru cutlery
késbeállító *fn* *(forg)* tool locator; ~ **idomszer** *v* **sablon** tool-setting gauge;
késbefogó *fn* bar tool holder
késbütyök *(pa)* slitting mandrel
késcsoroszlya plough-knife coulter
késcsúcs *(forg)* nose
késdob *(pa)* knife drum
kései fa summer/late wood
kés-él knife-edge
késél-alátámasztás *(forg)* knife-edge support
késélesítő gép knife grinding machine
késél-próba *(lencsénél; szink)* knife-edge test
késelt furnír *(fa)* sliced veneer
késélű reszelő featheredge file
késél-végződés *(csatlakozón; rád)* spade terminal
keserűföld *(ásv)* bitter earth
keserűmandulaolaj bitter almond oil; **szintetikus** ~ artificial almond oil
keserű-savanyú bitter-sour
keserűsó *(ásv)* *l* **epsomit**; *(vegy)* bitter salt, Epsom salt
keserűvíz bitter/aperient water
késes: ~ **átkapcsoló** *(vill)* *l* **késes kapcsoló:** ~ **egrenáló(gép)** *(tex)* Macarthy cotton gin, knife roller gin; ~ **gyomirtó művelőtest** *(kultivátoron)* knife weeder blade; ~ **hántológép** *(pa)* knife barker, knife barking-machine; ~ **henger** cutter drum; ~ **kapcsoló** *(vill)* knife(-edge/-break/-blade) switch, chopper switch; **kétállású** ~ **kapcsoló** *(vill)* double-throw switch; ~ **kikapcsoló** *(vill)* *l* **késes kapcsoló**; ~ **lemez** *[aratógépen]* ledger plate; ~ **mázológép** *(pa)* knife coater; ~ **nyírógép** *(tex)* blade shearing machine; ~ **tárcsa** *(aprítógépé; pa)* multiknife chipper
késés delay, lag, retard, go-slow; *(menetrendszerű járatnál)* late running; *(áramé)* lag; ~ **fázisban** phase lag; ~ **ideje** delay time, time lag; ~**sel járó óra** slow/losing clock
késési: ~ **idő** delay time, time lag; ~ **korrekció** *(mech)* correction for lag; ~ **szög** delay angle, angle of lag; *(rep)* trail angle *is*
késfej *(forg)* tool/cutter head; *(karusszelgépen)* ram; *(faipari gépen)* cutter block
késfejbefogás *(forg)* head clamping
késfejemelés *(forg)* head elevating
késfejköszörülő szerkezet *(forg)* (face milling) cutter-grinding attachment
késfejrögzítés *(forg)* tool box clamping
késfogantyú knife handle
késfűrész knife pruning saw
késhát *(forg)* back
keskeny narrow, thin; ~ **cipőráma** narrow welt; ~ **évgyűrűs** *(fa)* closely/fine ringed; ~ **farú** *(hajó)* pink-sterned; ~ **frekvenciasávú hullám** *(rád)* sharp wave; ~ **hangrés** *(film)* narrow gate; ~ **híd** narrow bridge; ~ **(lécvágó) fejsze** lathing hatchet; ~ **meder** *(hidr)* shallow blanket; ~ **munkahely** *(bány)* shortwall; ~ **nyomtáv** *(vasút)* narrow gauge; ~ **nyomtávú mozdony** light/small-ga(u)ge locomotive; ~ **nyomtávú vasút** light railway; ~ **nyomtávú vasúti kocsi** light railway car; ~ **öböl** *(földt)* tongue; ~ **papírtekercs** *(bobina)* small paper-reel; ~ **ráma** *(cipő)* narrow welt; ~ **rés** *(bány)* thin kerf; ~ **reszelő** slim file; ~ **sugárkéve** *(fényt)* narrow beam, light pencil; ~ **szárnyú légcsavar** narrow-blade propeller; ~ **szíj** strip; ~ **talpszél** *(cipő)* pump edge; ~ **talpú távvezetékoszlop** narrow-base tower; ~ **tekercs** *(pa)* side run; ~ **vágányú** *l* **keskeny nyomtávú**; ~ **vágat** *(bány)* jenkin; ~ **véső** cape chisel
keskenyáruk *(tex)* smallwares; **rugalmas** ~ elastics
keskenyedés acumen; *(gépkocsivázé)* insweep
keskenyedik diminish
keskenyedő attenuate, narrowed; ~ **éklyukreszelő** *(lapos)* taper cotter-file; **elől** ~ **alváz** inswept frame; **(felfelé)** ~ **rúd** *v* **csap** *v* **oszlop** diminished shaft
keskenyfilm *(16 mm-es)* small-film; *(35 mm alatti)* substandard film
keskenyfilmfelvevő gép „sixteen" motion-picture camera
keskenyfilmvetítő lámpa small-film lamp
keskenyít narrow, attenuate, diminish
keskenyítés narrowing
keskenymunkahelyi rakodógép *(bány)* shortwall loader
keskenypofás satu dog-nosed vice
keskenysáv *(rád)* narrow band
keskenysáv-szélesség *(rád)* narrow-band width
keskenysáv-szűrő *(rád)* narrow-band filter

keskenysávú *(rád)* narrow-band ; ~ **erősítő** *(rád)* narrow-band amplifier ; ~ **multivibrátor** *(vill)* narrow-gate multivibrator ; ~ **szűrő** *(távk)* narrow/small-band filter

keskenyszövőszék *(tex)* narrow fabrics loom

keskenytekercsvágó gép *(pa)* slitter for narrow reels

késkiemelő *fn (forg)* tool lifter ; ~ **szerkezet** *(forg)* clapper box

késkifutás *(forg)* tool) runout

késköszörülő gép knife grinder, knife-grinding machine

késláda *(tex)* griffe, gride ; *(Jacquard-gépen)* brander

késleltet delay, hold over, retard, set back, detain, inhibit ; *(fázist ; vill)* retard

késleltetés delay, lag(ging), retard(ation), backset holdback, inhibition ; *(beszédváltónál ; távk)* hang-over ; *(jelfogónál)* definite time(-lag) ; *(mint szerkezet ; távk)* delay feature/unit ; *l még* **fáziskésleltetés** ; **akusztikai** ~ *(hangt)* acoustic delay; **független** ~ definite/fixed time delay/lag ; **függő** ~ *(relé)* inverse-time delay/lag ; **kioldási** ~ tripping delay/lag ; **nagy** ~ long delay/lag ; ~ **nélküli** *l* **pillanathatású, gyorsműködésű**

késleltetési : ~ **idő** *(rád)* delay (time), (time) lag ; ~ **tényező** *(rád)* delay factor ; ~ **torzítás** *(távk)* (phase) delay distortion ; *(telev)* delay error

késleltetéskiegyenlítő *(távk)* delay/phase equalizer

késleltetett : ~ **biztosító** *(vill)* time fuse ; ~ **égés** retarded combustion ; ~ ~ **elengedésű** *(jelfogó)* slow-release; ~ **eltérítés** *(oszcillográfé ; rád)* delayed sweep ; ~ **folyás** *v* **áramlás** retarded flow ; ~ **gyújtás** retard(ing) ignition ; *(gépk)* retarded ignition ; ~ **hatás** delayed/retarded action, time-lag action ; ~ **hívás** *(távk)* delay call ; ~ **impulzusoszcillátor** *(távk)* delayed pulse oscillator ; ~ **jelfogó** slow-acting relay, time-lag relay ; ~ **kapcsoló** time-delay switch ; ~ **kioldás** *(távk)* time-lag trip ; ~ **kioldású jelfogó** *(vill)* slow-release relay ; ~ **letapogatás** delayed scanning *(UK)* ; delayed sweep *(US)* ; ~ **maradó alakváltozás** delayed non-recoverable deflection ; ~ **meghúzású** *[jelfogó]* slow to operate ; ~ **megszakítás** *(vill)* delay-action circuit-breaking ; ~ **megszakító** *(vill)* slow-speed interrupter ; ~ **mozgás** retarded motion ; ~ **működés** *l* **késleltetett hatás**; ~ **működésű biztosító** *(vill)* delay(ed)-action fuse ; ~ **működésű gyújtó** retarded-action fuse ; ~ **működésű multivibrátor** *(rád)* delay multivibrator ; ~ **működésű szelektív gyújtó** *(bány)* selective delay-action fuse ; ~ **nyilás** *(távk)* delay opening ; ~ **önműködő erősítésszabályozás** *(rád)* delayed/biassed automatic gain/volume control, D. A. V. C. ; ~ **potenciál** *(vill)* retarded potential ; ~ **regisztráló** *(telef)* lagged-demand meter ; ~ **rezgésű multivibrátor** *(rád)* delay multivibrator ; ~ **robbantás** *(bány)* hung shot ; ~ **rugalmas alakváltozás** delayed elastic deflection ; ~ **szabályozás** *(távk)* delayed regulation ; ~ **visszhang** long-delay echo ; ~ **zárás** *(szelepé)* retarded closing

késleltető *fn* decelerator ; *l még* **késleltetőszer** ; ~ **áramkör** *(jelfogós)* delay circuit ; *(jelformáló)* lag circuit ; *(passzív)* time delay network ; ~ **berendezés** retardation device, time-delay device/unit; ~ **fázistolás** lagging phase shift ; ~ **feszültség** lagging voltage ; ~ **gépelem** brake ; ~ **jelfogó** *(vill)* time(-delay) relay ; ~ **kapcsoló** *(vill)* delay switch ; ~ **műtonal** *(rád)* (phase) shifting/delay network ; ~ **négypólus** *(rád)* delay network ; ~ **nélküli gyutacs** non-delay fuse ; **reakciót** ~ **anyag** *(vegy)* depressor ; ~ **vonal** delay line

késleltetőcsap *(gépt)* detent pin

késleltetőcső *(rád)* time-delay tube ; ~ **áramköre** *(radar)* phantatron circuit

késleltetőerő retarding force

késleltetőgyűrű jelfogó vasmagján *(vill)* slug

késleltetőhatás inhibiting action

késleltetőpecek *v* **-tű** *(gépt)* baffle pin

késleltetőrugó retarder spring

késleltetőszer *(vegy)* delay element/composition, retarding agent, retarder; *(gátlószer)* inhibitor

késleltetőtag *(rád)* delay cell/element/pad

késleltetővonal *(rád, távk ; számológépen)* delay line

késműves cutler

késművespapír cutlery paper

késnyél-rátétlemez scale

késnyomás *(forg)* pressure of tool

késosztás *(szerszámon)* tool/blade pitch

késői late, backward ; ~ *(vörös színű)* **csillagok** late-type stars

későn alkalmazott sózás *[nyersbőrnél]* delay salting

késreszelő knife file ; **pontossági** ~ presicion knife file

késrögzítő *[fűnyíró gépen]* cutter clamp

kés-sor *(pa)* bank of knives

kés-sorozat bank of knives

késszán *(forg)* tool slide

késszánrögzítés *(forg)* saddle clamping

késszánsüllyesztő mű *(forg)* slide lowering mechanism

késszár hajlításszöge *(nem egyenes késnél)* shank angle

késszupport *l* **késszán**

késtámasz *(esztergán)* hand rest ; *(faesztergán)* turning rest

késtárcsa knife disk

késtartó tool post/box/head/block, cutter holder ; **billenő** ~ clapper box ; **forgó** ~ *[esztergán]* revolving slide rest ; **hajlított** ~ angle holder ; ~ **szán** tool rest ; ~ **szupport** tool rest ; ~ **szöge** toolholder angle

késtengely *(fa, forg)* cutterblock

kés-tűreszelő knife needle file

kész : ~ **állapot** *(koh)* refined state ; ~ **cérna** *(tex)* finishing yarn ; ~ **dúsérc** finished ore ; ~**re egyengető gép** finish-straightening machine ; *(gyárilag készült)* ~ **előhívó** *(fényk)* complex developer ; ~ **gazellabőr** gazelle-skin leather ; ~**re hengerlő hideghengersor** skin (pass) rolling mill ; ~**re kovácsol** ready forge, forge to shape ; ~**re mintázott** *v* **simított** *(a már beépített párkányon ; ép)* revalé ; ~ **paraffin** refined paraffin wax ; ~ **súly** cuttle weight ; ~ **vetülékcséve** *(tex)* finished cop

készanyag *(pa)* finished pulp, whole stuff

készanyaghollandi *(pa)* general purpose beater

készáru finished goods, finish product ; ~ **hengerlését szabályozó készülék** *(tex)* taking-up motion ; ~ **súlya** finished weight ; ~ **végső önköltsége** ultimate cost

készáru-hajtogatás *(tex)* cuttling, cuttle fold

készáru-levétel *(tex)* cloth removing

készáru-piac market for finished materials

készbetonkeverék *(ép)* ready-mixed concrete

készbőr leather ; ~ **hibái** defects of leather ; ~ **látszólagos fajsúlya** apparent specific gravity of leather ; ~ **porózitása** porosity of leather ; ~ **rugalmassága** elasticity/resilience of leather ; ~ **saválllósága** resistance of leather to acid ; ~ **szakítószilárdsága** tensile strength ; ~ **tulajdonságai** characteristics of leather

készbőrállomány leather substance

készbőrhozam yield of leather

készbőrhulladék *(lenyesési v stuccolási)* curried scrap leather

készenléti : ~ **feszültség** *(vill)* keep-alive voltage ; ~ **helyiség** ready room ; ~ **jel** *(távk)* proceed to send signal ; start dialing/pulsing signal *(US)* ; ~ **lakótelep** *(városépítés)* group of houses for workers indispensable to the continuous operation of the plant ; ~ **(nyomó)gomb** *(rád)* attendance button ; ~ **(vivőáramellátó) berendezés** *(távk)* stand-by (carrier supply) equipment

készgyártmány wholly manufactured goods ; *l még* **készáru**

készhengerlés finish rolling

készít produce, make, manufacture, fabricate ; **bélyegzőt** ~ *(edzett alakverővel)* clam ; **deszkaburkolatot** ~ board ; **domborművet** ~ boss ; **földpadot** ~ *(ép)* bench ; **intarziát** ~ inlay ; **kivonatot** ~ abstract ; **vájatot** ~ channel ; **vázlatot** ~ *(térképhez)* block

készítési díj make

készítmény product, produce, preparation

készítő *fn* manufacturer

készlemeztovábbító görgőjárat roller delivery bed

készlet set, outfit, furniture, stock ; *(bány)* stockpile ; *[bútor]* suite ; *[szerszámokból]* kit ; **előírt** *v* **megengedett** ~ allowance ; ~**et kiegészít** *v* **pótol** reload the fixture ; ~**en levő pamutáru** spot cotton ; ~**ben tart** store

készletez reserve, store

készletezés storage, storing ; *(bány)* stockpiling

készletfelvétel stock taking

készletrakodó battery

készletraktár stock-house, store

készlettartály *(bány)* loading bunker

készlettáska dressing case

készméretre dolgozó hengersor sizing (rolling) mill

keszon *(ép, hidr)* caisson ; *(alapozáshoz ; hidr)* float case ; **felhúzható** ~

American caisson ; ~ **légkamrája** *(ép)* air working chamber ; ~ **zsilipkamrája** hatch

keszon-alapozás *(hidr)* caisson foundation

keszonbetegség compressed-air illness, aeremia, caisson disease

keszonhíd bridge of air-proof cases

keszonmunka caisson operation

keszonmunkás pressure worker

keszonsüllyesztés caisson sinking

készremarás *(forg)* finish milling

készremunkálás *(forg)* second working

készruha confection

kesszon *(ép, hidr)* *l* **keszon**

készszövet *(tex)* finished cloth ; ~ **műszaki jellemzői** finished cloth particulars ; ~ **sűrűsége** finished count ; ~ **szélessége** finished (cloth) width

késztermék *(tex)* finished article/fabric ; *l még* **készáru**

kesztyű glove(s) ; ~ **tenyérrésze** palm

kesztyűáruk *(tex)* fabric gloves

kesztyűbőr gloving leather, alum kid ; *(bársonybőr)* chamois buff ; *(glasszébőr)* grain leather for gloves ; **puha** ~ cheverel

kesztyűcsuklórész gumifonalzárással sac wrist

kesztyűkelmekötő gép *(kh)* glove fabric knitting machine

kesztyűösszevarrás *(kh)* closing

kesztyűs *fn* glover

kesztyűsbőr gloving leather ; *l még* **kesztyűbőr**

kesztyűszegélyezés *(kh)* clasping

kesztyűtartó *(gépk)* cubby hole, glove box

készülék appliance, apparatus, device, gadget, setup, instrument ; *(nagyobb méretű, szerszámgépen)* fixture ; *(szerszámgépen)* attachment ; *(távk)* set, instrument, apparatus ; **befogó** ~ *(forg)* jig, fixture, clamping device ; **beirányozó** ~ *(kat, gépt)* sighting device ; **biztonsági** ~ *(forg)* safety device, guard, protector ; **bütyökmaró** ~ *(forg)* cam-milling attachment ; **célzó** ~ *(kat, gépt)* sighting device ; **csapágykiöntő** ~ *(forg)* babbitting jig ; **cserzőlé sűrűségét mérő** ~ *(bőr)* barkometer ; **csőhajlító** ~ pipe bender, hickey ; **csőtágító** ~ dudgeon, expanding mill ; ~ **dörzsárazáshoz** reaming jig ; **ékhoronygyaluló** ~ *(forg)* key-way attachment ; **emulgeáló** ~ emulsifier ; **esztergáló** ~ *(forg)* turning fixture ; **furatköszörülő** ~ *(forg)* internal grinding fixture ; **fúró** ~ *(forg)* boring fixture ; **fúró-süllyesztő** ~ *(forg)* countersinking fixture ; **hajlító** ~ *(alak)* bending fixture ; **hátraesztergáló** ~ *(forg)* relieving attachment ; **indító** ~ starting device ; **korongiehúzó** ~ *(forg)* trueing attachment ; ~ **(kőzet)fúró törött** *v* **kihullott fejének kihúzására** drill extractor ; **kúpesztergáló** ~ *(forg)* taper turning attachment ; **kúpkerékmaró** ~ *(forg)* bevel-gear hobbing attachment ; **kúpköszörülő** ~ bevel grinding attachment ; **leállító** ~ arrester gear ; **maró** ~ *(forg)* milling fixture ; **másoló** ~ *(forg)* duplicating attachment, copying attachment ; **menetvágó** ~ *(forg)* thread-chasing attachment ; **méretellenőrző** ~ *(forg)* gauging fixture ; **osztó** ~ *(forg)* indexing attachment ; ~ **önműködő végjelzéssel** *v* **szabad vonalat jelző** ~ *(telef)* automatic clearing indicator ; ~ **(ön)zaja** *(rád)* set-noise ; **polírozó** ~ *(forg)* buffing attachment ; **rögzítő** ~ *(forg)* catching device, catcher ; *l még* **befogó készülék** ; **szekrényes** ~ *(forg)* box jig ; **szintkiegyenlítő** ~ leveller ; **többmunkahelyes** ~ *(forg)* multiple jig ; **villamos** ~ *(háztartási)* electric appliance ; **víztisztító** ~ clarifier ; ~ **zöreje** *(rád, távk)* set noise

készülék-biztosító *fn* *(vill)* subscriber's protector

készülékdoboz *(vill)* box case

készülékház *(vill)* body, case, casing ; *(rád)* cabinet *is*

készülékkapcsoló *(vill)* apparatus switch

készülék-köszörűgép jig grinding machine

készüléksor battery

készüléktorzítás *(távk)* apparatus distortion

készülőben *(ép)* under construction

két : ~ **kereszt** *(zene)* double-diesis ; ~ **keverő fokozatú vevő** *(rád)* triple detection receiver ; ~ **menetben hajtott vágat** *(bány)* two-heading entry ; ~ **oldalon bolyhozott** *(tex)* napped both sides ; ~ **pont közötti** point-to-point ; ~ **részből álló öntőforma** *(önt)* two-division mould ; ~ **tekercselésű** double-wound ; ~ **vágóélű forgácsolószerszám** *v* **kés** double-bladed cutter ; ~ **vető közé eső rétegösszlet** *(földt)* inactive block

kétágú *(tex)* two-cord/-fold/-ply/-folding ; ~ **cérna** *(tex)* two-threads ; ~ **csákány** *(bány)* double pick ; ~ **csatlakozó (cső)darab** double junction ; ~ **dugós csatlakozó** *(vill)* two-pin wall plug ; ~ **fonalak** *(tex)* mate threads ; ~ **horgony** *(hajó)* iron-cramp anchor ; ~ **kreppsodratú fonal** *(tex)* bi-crèpe yarns ; ~ **légcsavar** two-bladed airscrew ; ~ *(szabadon felállítható)* **létra** pair of steps ; ~ **levélgörbe** *(mat)* double folium ; ~ **réteg** *(földt)* forking beds ; ~ **surrantó** two-way chute ; ~ **szelep** cross valve ; ~ **zsinór** *(vill)* double cord

kétágyas síkkötő gép *(kh)* two-bed straight machine

kétaknás fényképezőgép *(tükörreflexes)* twin-lens camera

kétállású : ~ **jelfogó** *(távk)* two-position relay ; ~ **jelző** *(vasút)* two-position signal ; ~ **kapcsoló** *(vill)* double-throw switch ; ~ **kulcs** *(távk)* two-position key ; ~ **szabályozó** *(gáz)* high-low governor ; ~ **vezérkapcsoló** *(vill)* two-position controller

kétállócsúcsos eszterga *(forgócsúcs nélkül)* pole lathe

kétállványos prés double arm/sided press

kétáramkörű kapcsoló *(vill)* two-throw switch

kétáramszedős rendszer *(kétsarkú felső vezetékhez)* double trolley system

kétárbocos *mn* two-masted ; *fn* two-master

kétárszabású fogyasztásmérő óra *(vill)* variable/double-tariff meter

kétatomos *(vegy)* diatomic, biatomic

kétbázisos *v* **kétbázisú** *(vegy)* bibasic ; ~ **sav** dihydric acid

kétbekezdéses *(csavar)* double-thread, duplex

kétbelsőmenetes csőszűkítő darab reducing bushing

két-betéttáblás ajtó *(fa)* two-panelled door

kétbordás radiátor *v* **fűtőtest** two-column radiator

kétbütykös tokmány union chuck

kétcsatornás *(távk)* dual channel ; ~ **hangszóró pár** *(rád)* woofer-tweeter ; ~ **oszcilloszkóp** dual-ray oscilloscope

kétcsavaros twin-screw

kétcsonkos pupinfazék *(távk)* two-stub loading case

kétcsörlős double-drum

kétcsöves *(rád)* two-tube/-valve ; ~ *(Liebig-féle)* **hűtő** *(vegy)* double-pipe condenser

kétcsövű *[puska]* double-barrel

kétcsúcsú bicuspid

kétcsuklós ív *(ép)* two-hinged/-pinned arch

kétdiffúzoros porlasztó double-barrel carburettor

kétdíjtételes díjszabás *(vill)* two-rate tariff

kétdimenziós *(mat)* two-dimensional ; *(sík[beli])* plane ; ~ **áramlás** plane flow ; ~ **feszültségi állapot** *(mech)* two-dimensional state of stress ; ~ **helyzetjelentés** *(rep)* plan-position information, P. P. I.

kétdobos double-drum ; ~ **futómacska** *(emelőn)* two-drum crab ; ~ **hajtás** dual drive ; ~ **vitla** *v* **aknaszállító gép** *(bány)* double-drum hoist

kétéltű *(szárazon és vízen járó jármű)* amphibious vehicle

kétélű : ~ **fejsze** double-bitted ax ; ~ **süllyesztőfúró** flat countersink ; ~ **szármaró** *(forg)* two-lipped end mill

kétemeletes *(ép, tex)* two-storey(ed), two-storied ; *(kétszintes)* double-deck; ~ **cérnázó(gép)** two-storey twisting frame ; ~ **kazán** double-storied boiler; ~ **prés** two-daylight press

kétemelkedésű bütyköstárcsa two-lobe cam

kéteres *[kábel]* twin-core

kétevezős csónak pair-oar

kétexpozíciós filmezés *(átlátszó sárga háttéren sárga megvilágítású lila hátteres mozgásfelvétellel)* dunning

kétfalú duoble/twin-wall ; ~ **öv** *(hídon)* boom of the open box girder type ; ~ **szekrényes gerenda(tartó)** tubular girder ; ~ **szelvény** *(szekrényes tartó)* double-webbed section ; ~ **szelvény átkötő lemeze** *(hídon)* brace plate ; ~ **szelvény összekötő rácsozása** *(hídon)* lacing bars

kétfaroktartós *(rep)* twin-boom

kétfázisos kaucsuk diphase rubber

kétfázisú *(vill)* two-phase, diphase ; ~ **áram** two-phase current ; ~ **egyenirányítás** full-wave rectification ; ~ **háromvezetékes rendszer** *(vill)* two-phase three-wire system ; ~ **motor** *(vill)* two-phase motor ; ~ **négyvezetékes rendszer** two-phase four-wire system ; ~ **öteres rendszer** *(vill)* five-wire two-phase system ; ~ **váltakozóáramú generátor** two-phase alternator

kétfedelű *(rep)* double-deck

kétfedélzetű hajó two-decker

kétfegyverzetes jelfogó *(vill)* double-armature relay
kétfejű : ~ **csavarkulcs** double spanner ; ~ **magtámasz** *(önt)* double chaplet ; ~ **sín** bullhead rail ; ~ **sín kalibere** *(heng)* bullhead pass
kétfényű *(lámpa)* double-light ; ~ **jelzőoszlop** *(rád)* double-modulation beacon
kétfeszültségű átkapcsoló *(vill)* two-voltage change-over switch
kétfogantyús fűrész trum saw
kétfogas tengelykapcsoló jaw clutch
kétfogú maró *(forg)* two-lipped milling cutter
kétfokozatú two-stage, double-stage, two-step ; ~ *(lépcsős)* **bütyök** double-lift cam ; ~ **(centrifugális) szivattyú** two-stage (centrifugal) pump ; ~ **előtét** *(emelőn)* duplex purchase ; ~ **erősítő** *(vill)* two-stage amplifier ; ~ **modulálás** *(távk)* two-stage modulation ; ~ **nóniuszos beállítás** dual-ratio control ; ~ **sebességváltó** two-speed/double-speed drive ; ~ **vákuumszivattyú** two-stage vacuum pump
kétfokú two-step
kétfókuszú bifocal
kétfolyadékos elem two-fluid cell
kétfonalas : ~ **galvanométer** *(vill)* strain galvanometer ; ~ **kelme** *(tex)* two-bar cloth ; ~ **ripsz** *(szövésnél ; tex)* two-plex rib ; ~ **széláthurkoló gép** *(tex)* overlock
kétfonatú préselt szövet *(tex)* lock-crimped cloth
kétfordítós zár double lock
kétforgattyús tengely two-throw crankshaft
kétforgóvázas mozdony double-bogie locomotive
kétfőtartós szárny *(rep)* two-spar wing
kétfrekvenciás : ~ **csengetés** *(távk)* two-frequency signaling ; ~ **jelküldés** *(távk)* double-frequency coding
kétfúvókás porlasztó double carburettor
kétfürdős : ~ **eljárás** *(krómcserzésnél)* two-bath process ; ~ **kezelés** *(tex)* two-bath treatment ; ~ **színezés** *(tex)* double-bath dyeing
kétfűrészlapos keretfűrész double-blade sawframe
kétfűtős *[mozdony]* double-manning
kétfűzős cipő twin-eyelet model
kétgépes kártrend *(tex)* double card(ing engine)
kétgörgős saru *(hidon)* two-roller bearing
kétgyűrűs *(vegy)* dicyclic ; ~ **vésőnyél** chisel handle with two ferrules
kéthajós gépcsarnok two-nave airshed
kéthangoltkörű vevőkészülék *(rád)* double-circuit receiver
kéthangú kürt *(gépk)* horn with harmony note
kéthasábos *(kettős emelésű)* **nyüstösgép** *(tex)* double-lift dobby
kéthegyű double-pointed ; ~ **csákány** *(bány)* flang, maundril ; ~ **kalapács** *(bány)* mash ; ~ **szeg** double tack ; ~ **véső** double chisel
kéthéjú *(földt)* bivalve
kéthelyzetű two-position
kéthengeres *(gépt)* twin-cylinder ; ~ **kalander** *(tex)* double-roller calender ; ~ **kompaund gép** cross-compound engine ; ~ **légszivattyú** double-barrelled air pump ; ~ **motorkerékpár-motor**, **egymás mellett elhelyezett fekvő hengerekkel** transverse flat twin engine ; ~ **nyírógép** *(tex)* double cutter shearing machine ; ~ **V-motor** *(mkpár)* vee-twin engine ; ~ **zúzómalom** two-roll crusher
kéthengerpáros ványológép compound milling machine
kéthevederes tompa lemezkötés double-cover butt joint
kéthornyos fúró two-flute drill
kéthullámos *(fekvő S-alakú)* **cserép** flap pantile
kéthurkos : ~ **elrendezés** *(vasbeton szerkezetnél)* double-loop arrangement ; ~ **rojtos törülköző** *(tex)* double-loop towel
kéthúros two-stringed
kéthuzalos : ~ **áramkör** *(távk)* two-wire circuit ; ~ **erősítő** *(távk)* two-wire repeater ; ~ **továbbkapcsolás** *(távk)* two-wire through connection
kéthuzamos kazán double-flue boiler
kétidőállandós szabályozás *(távk)* two-time-constants correction/regulation
kétirányú bi(-)directional, two-way, both-way ; *(távk)* duplex ; ~ **átkapcsoló** *(vill)* two-way switch ; ~ **átvitel** *(távk)* both-way transmission ; ~ **csatorna** *(távk)* two-way channel ; ~ **eke** two-way plough ; ~ **erősítés** *(rád)* dual amplification ; ~ **erősítő** *(távk)* duplex repeater ; *(egy erősítővel ; távk)* two-way-one repeater, 21-repeater ; *(két erősítővel ; távk)* two-way-two repeater, 22-repeater ; ~ **feszültségszabályozó** *(vill)* buck-and-boost regulator ; ~ **kötélpálya** cableway working in two directions ; ~ **közlekedés** two-way traffic/communication ; ~ **megszakító** *(vill)* double-throw circuit breaker ; ~ **rádióösszeköttetés** radio duplex-service ; ~ **szelep** two-way valve ; ~ **távbeszélő összeköttetés** two-way speech channel ; ~ **távközlés közös csatornán** diplex operation ; ~ **üzem** *(távk)* duplex operation ; ~ **vasalás** *(ép)* two-way reinforcement
kétíróhegyes feljegyző készülék two-pen recorder
kétizzószálas lámpa *v* **izzó** twin-filament lamp/bulb
kétjáratú : ~ **csap** two-way cock ; ~ **szelep** two-way valve
kétjegyű szám *(mat)* two-figure number
kétkádas eljárás two-bath process
kétkamrás : ~ **befecskendező porlasztó** *(karburátor)* two-barrel injection carburettor ; ~ **kemence** pair furnace
kétkanalas tű *(kh)* tandem latch needle
kétkarikás tűzhely two-hole range
kétkarú : ~ **emelő** two-armed lever/balance ; ~ **fúrókerep** *(forg)* double ratchet ; ~ **jelző** *(vasút)* double semaphore ; ~ **kalapács** trip hammer ; ~ **lépcső** *(ép)* two-flight stairs, double stairs ; ~ **mérleg skálával és tolósúllyal** Roman balance
kétkasos : ~ **szállítás** *(bány)* two-cage hoisting, tandem hoisting system ; ~ **szállítókötél-tekercselés** *(bány)* double-cage winding
kétkerekű two-wheeled, double-drum ; ~ **egyfogatú kocsi** gig ; ~ **futószerkezet** two-wheel undercarriage ; ~ **könnyű kocsi** trap ; ~ **pótkocsi** *(gépk)* *l* **kétkerekű utánfutó** ; ~ **szerszámkocsi** tool cart ; ~ **taliga** hurlbarrow, dandy ; *(fatörzsek vontatására)* skidder ; ~ **utánfutó** *(gépk)* two-wheel(ed) trailer, semi-trailer ; ~ **zsákoló talicska** two-wheel(ed) sack-barrow
kétkéses kapcsoló *(vill)* tandem knife switch
kétkezes two-handed, bimanual ; ~ **pöröly** two-handed hammer
kétkézfűrész double-handed crosscut saw
kétkézi kalapács sledge hammer, two-handed hammer
kétkivezetésű kerámiai kondenzátor *(rád)* double-cup ceramic capacitor
kétkommutátoros motor double commutator motor
kétkónuszú hangszóró *(rád)* double-cone loudspeaker
kétkormányos *(rep)* dual-control type
kétkönyökös tengely double-throw crankshaft
kétkörös antenna élesítése segédantennával *(rep)* vertical aerial phasing control
kétköteles markoló *(emelőn)* twin-rope grab
kétkötésű : ~ **feszítőműves gerenda** *(ép)* reversed queen post girder ; ~ **függesztőmű** *(ép)* queen-post truss ; ~ **függesztőműves fedélszék** *(ép)* purlin roof with queen post
kétközépfrekvenciás erősítőrendszer *(rád)* double intermediate-frequency amplifier system
kétkristályos detektor *(rád)* combination crystal detector
kétkúpos cséve *(tex)* cheese with tapered ends, biconical cheese
kétküllős *(gépk)* two-spoke
kétlábú : ~ **állvány** *(emelőhöz)* shears ; ~ **daru** shear-pole/-leg crane ; ~ **derrik-daru** shear-pole derrick ; ~ **pillér** *(ép)* two-legged support ; ~ **rézsű** half-pitch
kétlakásos ház *(ép)* twin-flat house, duplex house
kétláncos : ~ **felvonó** double-chain lift ; ~ **markoló** *(emelőn)* twin-chain grab
kétlángú hegesztőpisztoly double-jet burner
kétlapátos *(hűtő szellőző)* two-bladed
kétlégcsavaros *(rep)* double-screw
kétlengőtekercses : ~ **hangszóró** *(egy- v kétkónuszú)* double-coil loudspeaker ; ~ **jelfogó** *(távk)* jockey relay
kétlépcsős two-/double-stage/-step ; *(tex)* two-stage ; ~ **desztilláció** *v* **lepárlás** two-stage distillation ; ~ **erősítőgép** *(vill)* two-stage rotating amplifier ; *(Westinghouse)* two-stage rototrol
kétlépéses atlasz *(tex)* two-step sateen
kétleszedőhengeres durva kártoló *(tex)* double doffer breaker card
kétlovas fogat two-horse draught
kétmagvú twin-core, dinuclear, binucleate
kétmenetes double-wound ; ~ **keretantenna** two-turn loop
kétméretű *(mat)* two-dimensional ; *(ép)* bilateral ; *(gépt)* twin-size
kétmotoros *(rep)* twin-engined ; *(vill)* two-motor, double-motor ; ~ **hajtás** *(vill)* double-motor drive
kétmozdonyos vonat doubleheader
kétmozgású : ~ **kapcsológép** *(távk)* 2 (two) double-motion selector

(switch); ~ **választógép** *(távk)* two--motion selector
kétmutatós: ~ **indikátor** *(vill)* cross--pointer indicator; ~ **műszer** twin--needle/-pointer instrument, two-hand instrument
2/4-huzalos átkapcsoló *(távk)* 2/4-wire switch
kétnyalábos katódsugárcső *(rád)* double--beam tube
kétnyelű faragókés *(bőr)* spoil shave
kétnyílású *(hid)* two-span
kétnyírású *[szegecs]* in double shear; ~ **átlapoló szegecselés** double lap riveting; ~ **egysoros szegecskötés** double single-rivet joint; ~ **szegecskötés** double rivet joint
kétnyiratú gyapjú *(tex)* double clip (wool)
keto-alak *(vegy)* keto form
ketohexóz keto-hexose
kétoldalas double-sided, bilateral; ~ **áru** *(tex)* two-section goods; ~ **bársony** *(tex)* double-sided velvet; ~ **csavarkulcs** double spanner; ~ **egyenirányítás** *(rád)* double-wave detection; *(vill)* full-/two-wave rectifying; ~ **egyenirányító** *(vill)* full-wave rectifier; ~ **egyenirányító áramkör** *(távk)* full-wave rectifier circuit; ~ **egyenirányító cső** *(távk)* full-wave rectifying valve; ~ **egyenirányított áram** *(vill)* full-wave rectified current; ~ **film** *(színes felvételekhez)* ektachrome film; ~ **fotokópia** duplex record; ~ **hóeke** double-cheek snow plough; ~ **hullámlemez** *(pa)* double-faced corrugated board; ~ **láncsévélő gép** *(tex)* two-faced warp winding frame; ~ **lánckötött áru** *(kh)* double-knit; ~ **lapát középéle** *(hidr)* middle edge; ~ **lyukkés** *(forg)* double boring bar cutter; ~ **mázológép** *(pa)* two-side coater; ~ **motolláló(gép)** *(tex)* double bobbin reel; ~ **papír** twin-wire paper; ~ **szakaszos varrat** staggered weld; ~ **szárnyasfonó** *(tex)* double flyer spinning frame; ~ **szövet** *(tex)* backed cloth/fabric; ~ **tárcsamaró** straddle milling cutter; ~ **villakulcs** double (fork) spanner
kétoldali (am)bilateral, double-sided; *l még* **kétoldalas**; ~ **belső talajnyomás** inward pressure of sides; ~ **bolyhozású** *(tex)* double-napped; ~ **feljáró** approaches; ~ **fogaskerékhajtás** *(vasút)* twin gearing; ~ **furnírozás** *(fa)* veneering on both sides; ~ **határoló** *(távk)* slicer; ~ **hegesztés** double-scarf weld; ~ **illesztőkötés** *(heg)* double-welded butt joint; ~ **kikészítés** *(tex)* full-finish; ~ **kivezetésű magnetron** double magnetron; ~ **megfigyelés** cross observation; ~ **merített szél** *(pa)* double deckle; **kétoldalra nyíló ajtó** double-swing door; ~ **támasztókefe** *(távk)* double--floating dummy brush; ~ **váltottsoros sarokvarrat** *(heg)* staggered intermittent fillet welds
kétoldalsávos *(rád)* two/double side-band; ~ **átvitel** *(rád)* two/double--sideband transmission
kétoldalt: ~ **borított lemez** *(pa)* China board; ~ **borított srenckarton** *(pa)* railroad board; ~ **fényezett** *(pa)* double-sized/-glazed; ~ **gumizott ragszalag** *(pa)* gummed veneer tape paper; ~ **manilapapírral fedett karton** *(pa)* double manila-lined chip-board; ~ **mázoló gép** *(pa)* double-side coating machine; ~ **mázolt** *[papír]* double-coated; ~ **mázolt műnyomópapír** two-sided art paper; ~ **mázolt papír** two-side coated paper; ~ **merített szélű** *(pa)* double-deckled
kétoldalú bilateral; *l még* **kétoldalas**
keton ketone
ketonalkohol keto-alcohol
ketoncukor *(vegy) l* **ketohexóz**
ketonsav *(vegy)* ketonic acid
kétorrú üllő double-back anvil
kétorsós: ~ **emelőbak** two-spindle jack; ~ **vízszintes marógép** duplex horizontal miller
kétoszlopos feszültségszabályozó *(gépk)* two-unit control box
kétosztályos lejtősakna *(bány)* two--compartment slope
ketóz *(vegy)* ketose
kétpályás: ~ **bütyök** *(gépt)* double--track cam; ~ **országút** *v* **műút** two--lane highway
kétpárevezős *(hajó)* double-scull
kétpengés double-edge(d)
kétpofás *(gépt)* two-jawed; ~ **tokmány** box chuck
kétpólus *(rád, távk)* two-terminal network; *(vill)* doublet, dipole
kétpólus-elmélet *(távk)* theory of two--terminal networks
kétpólus-impedancia *(távk)* driving--point impedance
kétpólus-kiegyenlítő *fn (távk)* two-terminal equalizer/corrective network
kétpólusú *(vill)* bipolar, two-pole, double-pole; ~ **biztosító** *(vill)* two--pole fuse; ~ **csatlakozó** *(távk)* single--terminal pair; ~ **jelleg** *(vill)* polarity; ~ **mágnesfej** double pole-piece magnetic head; ~ **megszakító** *(vill)* double-pole circuit breaker, double--break switch
kétpontleszállás *(rep)* (two-)wheel landing
kétpontos térző *(8—28 ciceró hosszúságban; nyomda)* rule
kétpúpú: ~ **görbe** *(karakterisztika; rád)* double-humped/-peaked curve; ~ **szorító karmantyú** Sellers' coupling
kétrácsos *(cső; rád)* bigrid, two-grid
ketrec hutch, pen, coop, cage
kétrészes *[szűrő]* two-section; ~ **antenna** *(telev)* two-element aerial/antenna; ~ **csapágy** split bearing; ~ **féktuskó** *(vasút)* double combination shoe; ~ **forgattyútengely** two--piece crank; ~ **forma** *(önt)* two--piece mo(u)ld; ~ **formaszekrény** *(önt)* two-part flask; ~ **keréktengelycsapágytok** split axle box; ~ **kosztüm** *(tex)* twin set; ~ **köpeny** *v* **palást** *(gépt)* split skirt; ~ **mosogató és kiöntő** *(ép)* two-piece wash tub and sink; ~ **öntőforma** split mo(u)ld; ~ **süllyeszték** split die; ~ **szekrény** tall-boy; ~ **tömítőkúp** *(gépt)* two--part packing cone; ~ **tű** *(kh)* compound needle, bi-partite needle; ~ **záróék** *(Peet-tolattyún)* double wedge
kétrészű *l* **kétrészes**
kétrétegű double-layer, two-layer, render-and-set; *(ép)* double-course; ~ **acél** two-ply steel; ~ **dombornyomásos papír** duplex embossing paper; ~ **hangszigetelő vakolat** hushcote acoustic plaster; ~ **karton** *(pa)* duplex (box)board; ~ **kövezet** two--course pavement; ~ **papír** double--coated paper; *(duplex)* two-ply paper; ~ **rétegelt lemez** *(fa)* double ply, d.p.; ~ **szövet** *(tex)* laminated material/cloth; ~ **vakolás** *v* **vakolat** *(ép)* two-coat/-skin work
kétrétű *l* **kétrétegű**
kétsarkú *(vill)* bipolar, two-pole; *l még* **kétpólusú**; ~ **fej** *(magnetofonon)* double pole-piece; ~ **földzárlat** *(távk)* double earth fault; ~ **kapcsoló** *(vill)* two-pole switch
kétsarus ék *(gépt)* double-block brake
kétsebességű two-speed; ~ **hajtómű** two-speed gear
kétsíkú oldalkormány *(rep)* twin rudder
kétsínű átszelés *(vasút)* two-rail crossing
kétskálás voltmérő double range voltmeter
kétsoros *(ép)* double course; *[felvető lap; tex]* double row; ~ **csillagmotor** *(rep)* two-row radial engine, double--bank radial engine; ~ **eltolt szegecselés** semilozenge riveting; ~ **kabát** double breasted coat; ~ **máglya** *(bány)* two-member bulkhead; ~ **motor** two-bank engine; ~ **szárítóhenger--berendezés** *(pa)* double-deck dryer; ~ **szegecselésű kötés** double rivet joint; ~**an szegecselt** double riveted; ~ **tárcsás borona** tandem disc harrow
kétsorú *l* **kétsoros**
kétsugaras: ~ **katódsugárcső** double--beam cathode-ray tube; ~ **letapogatás** *(telev)* two-trace method; ~ **oszcilloszkóp** dual-ray oscilloscope
kétszakaszos double-stage
kétszalagos szalaglerakó *fn (tex)* bi-coil coiler
kétszálas double-wound, bifilar; ~ **antenna** twin-wire aerial/antenna; ~ **izzó** two-filament lamp, double-filament bulb; ~ **öltés** *(bőr)* stitching
kétszános asztal *(forg)* compound-slide table
kétszárnyas *l* **kétszárnyú**
kétszárnyú *(rep)* biplane; ~ **ablak** two-winged window; ~ **ajtó** two--leafed door; ~ **fejtés** *(bány)* double stope; ~ *(nyitható)* **felvonóhíd** double-draw-bridge; ~ **művelőtest** *(kultivátoron)* sweep
kétszárú reszelő double-tanged file
kétszarvú: ~ **görbe** *(mat)* bicorn, cocked-hat curve; ~ **üllő** two-horned/beak anvil
"kétszázötvenes" *(mkpár)* two-fifty
kétszélű double-edge(d)
kétszer: ~ **befont** *(vill)* double braided weather-proof, D.B.W.P.; ~ **desztillált** redistilled; ~ **domború** *(fényt)* biconvex; ~ **enyvezett** *(pa)* double--sized; ~ **festett** *(tex)* double-dyed; ~ **homorú** *(fényt)* biconcave; ~ **hullámos cserép** pantile; ~ **lepárolt** redistilled; ~ **normál** *(oldat; vegy)* twice normal; ~ **savanyú foszforsavas nátrium** sodium dihydrogen phosphate; ~ **savanyú kalciumfoszfát** primary calcium phosphate, monocalcium phosphate; ~ **selejtezett** *(nyersbőr)* double rejected; ~ **selyemmel szigetelt** *(vill)* double wound silk, D.W.S.

kétszeres : ~ **csőrózsa** floor and ceiling plate for pipes ; ~ **gumiszigetelésű** *(vill)* double pure rubber, D. P. R. ; ~ **kettőzés** *(tex)* double doubling ; ~**en kettőző gép** *(tex)* double doubling machine ; ~**en kiegyenlített** *v* **kiegyensúlyozott modulátor** *(távk)* double-balanced modulator ; ~**en koncentrikus** *v* **körkörös** double concentric, d. c. ; ~ **papírszigetelésű** *(vill)* double-paper covered, D. P. C. ; ~ **selyemszigetelésű** *(vill)* double-silk covered ; ~ **visszaverődésű jel** *(E-rétegről ; rád)* two-hop E

kétszeri : ~ **felöntés** *[ecetgyártásnál]* two-run process ; ~ **nyírás** *(tex)* double clip

kétszersültcsomagoló papír biscuit paper

kétszikrás : ~ **gyújtás** double-spark ignition ; ~ **gyújtómágnes** double-spark magneto ; ~ **kettős gyújtómágnes** two-spark dual magneto

kétszínnyomat *(nyomda)* two-colour print

kétszínoldalas *(tex)* double(-faced), two-sided, reversible ; ~ **kötés** *(tex)* backed weave ; ~ **sávoly** *(tex)* reversible/balanced twill, even-sided twill ; ~ **szövet** double-faced cloth, reversible cloth ; ~ **vetülékfedő kötésű szövetek** *(tex)* filling backed fabrics

kétszínoldalú *(tex) l* **kétszínoldalas**

kétszintes *(ép)* double-deck ; *(tex)* double deck, of two decks ; ~ **cérnázógép** *(első sodrathoz)* double-deck standard spinning frame ; *(második sodrathoz)* double-deck twister ; ~ **híd** double-level bridge ; ~ **kemence** *(kihúzható sütőlappal)* two-deck (drawplate) oven ; ~ **keresztezés** *(felül- és aluljáró)* elevated crossing ; ~ **prés** two-plate press

kétszínű two-colo(u)r(ed), of two colours, bicolo(u)r ; ~ **cérna** mottle; ~ **filmeljárás** vita-color ; ~ **filmtekercs-csomagoló papír** duplex photographic film paper ; ~ **fonal** jaspé ; ~ **televíziós cső** two-colour tube

kétszűrős eljárás *(színes fényképezéshez)* compensation system

kéttagú szűrő *(rád)* two-mesh filter

kéttámaszú tartó *(ép)* simple beam, two-support beam

kéttárcsás : ~ **csigasor** double pulley block ; ~ **oldalmaró** *(forg)* interlocking side milling cutter

kéttarifás *v* **kétárszabásos számláló** *(vill)* double-rate meter

ketteágazás bifurcation

ketteágazó forked

kettedszénsavas : ~ **kálium** potassium bicarbonate ; ~ **nátrium** sodium bicarbonate

kéttengelyes twin-shaft

kéttengelyű biaxial ; ~ **feszültségi állapot** biaxial stress conditions ; ~ **forgóalváz** four-wheel bogie

kettéosztás splitting, bisection

kettéosztott split, bipartite, bisected

kettes alapú *(mat)* binary

kéttest-probléma *(mech)* two-body problem

kettéválás *(színképvonalaké)* doubling of lines

kettéválasztás splitting/partition process

kéttónusú hatás *(tex)* two-tone effect

kéttörzsű repülőgép double-fuselage (aero)plane

kettős *mn* dual, double, duplex, twin(ned), bi-, duo- ; *(távk)* duplex, dyad ; ~ **ablak** *(ép, fa)* double window/casement ; ~ **abroncsú magtartó kerék** *(vetőgépen)* open press wheel ; ~ **ácsolás** *(bány)* rafter timbering ; ~ **ajtó** *(autóbuszon is)* double door ; ~ **ajtókötés** *(bány)* reinforced square set ; ~ **alapanyagú lőpor** double-base powder ; ~ **antenna** dual antenna ; ~ **áramú rendszer** *(telef)* double-current system ; ~ **áramú távírójel** double-current cable code ; ~ **áramú üzemmód** *(távk)* double-current working ; ~ **armatúra** *(vill)* double armature ; ~ **átcsévélési módszer** *(tex)* dual process winding system ; ~ **bársonykötés** *(tex)* double pile binding ; ~ **betű** *(nyomda)* ligature ; ~ **beverés** *(tex)* double beat ; ~**en biztosított késelés** *(pa)* double safety-locking ; ~ **bordabeütés** *(tex)* double beat(-up) ; ~ **cellakapcsoló** *(akkumulátortelephez)* double regulating switch; ~ **csákány** *(bány)* tubber ; ~ **csap(olás)** double tenon ; ~ **csillagsodrás** *(távk)* quad pair ; ~ **csillagsodrású kábel** *(távk)* quad-pair cable ; ~ **csomó** *(hálókötésnél)* bend knot ; ~ **cső** *(rád)* twin/duplex valve ; ~ **csövű permetezőcső** tube-in-tube boom ; ~ **csúcsfűzés** *(tex)* double point drawing/pass ; ~ **D(-alakú) tekercselés** *(rád)* double-D winding ; ~ **dióda** *(rád)* duodiode, double-diode ; ~ **dióda-pentóda** *(rád)* duodiode-pentode ; ~ **dióda-trióda** *(rád)* double diode triode, duodiode-triode ; ~ **ejtőernyő** compound parachute ; ~ **ék** gib and cotter ; ~ **ellenütemű modulátor** *(távk)* double-balanced modulator ; ~ **előfonal** *(tex)* double roving ; ~ **emelésű Jacquard** *(tex)* double-lift Jacquard ; ~ **emelésű kétsoros nyüstösgép** *(tex)* Keighley dobby, non-positive dobby ; ~ **emelőkar** compound lever ; ~ **emulziójú film** double emulsion film ; ~ **érintkező** *(távk)* twin contact ; ~ **érintkezőjű vizsgálókefe** *(távk)* double-contact test brush ; ~ **érintő** *(mat)* double tangent ; ~ **érzékenységű műszer** double-range instrument ; ~ **falú** double-walled ; *(kazán)* jacketed ; ~ **falú bepárló üst** *(vegy)* duplicator ; ~ **falú körülzárás** *(ép)* double-wall cofferdam ; ~ **fasor** double avenue of trees ; ~ **fecskefarkú kőkapocs** *(ép)* toggle ; ~ **fedelű zsebóra** hunter ; ~ **fedésű hullámlemez** *(pa)* double-faced corrugated board ; ~ **fenék** false/double bottom ; ~ **fenék keretlemeze** *(hajó)* margin plate ; ~ **fenék lemez-fenékbordája** *(hajó)* plate floor ; ~ **fenékhez támaszkodó bordatámlemez** *(hajó)* tank side bracket ; ~ **fenekű csille** wag(g)on with false bottom ; ~ **fénytörés** double-refraction, birefringence ; ~ **fogaskerék a II. és III. sebességhez a közvetítőtengelyen** *(gépk)* twin gears (II. & III.) ; ~ **fogazású kerék** double wheel ; ~ **forgó irányfény** *(rep)* rotating double-end beacon ; ~ **forgó kondenzátor** *(rád)* gang/tandem capacitor ; ~ **frekvenciamoduláció** double-frequency modulation ; ~ **frekvenciaváltozás** double-frequency changing, D.F.C. ; ~ **függőleges farokfelület** *(rep)* twin tail ; ~ **függőleges porlasztó** *(gépk)* vertical twin-carburet(t)or ; ~ **fűtőszál** *(vill)* twin-wire filament ; ~ **gombafejű** *[sín ; vasút]* bullhead(ed) ; ~ **gombafejű sín** bullhead rail ; ~ **gombafejű sín feje** *(vasút)* bullhead ; ~ **gumiabroncs** *l* **ikerabroncs** ; ~ **gyújtás** dual/double ignition ; ~ **hajlat** double bend, gooseneck, S-bend ; ~ **hajófenék** false bottom ; ~ **hajtogató** *(pa)* folding apparatus/tester, folding endurance tester ; ~ **hajtogató-vizsgáló gép** *(pa)* fold-testing machine ; ~ **hangolású** *(rád)* double tuned/tuning ; ~ **hangolású kör** double-tuned circuit ; ~ **hangolású vevő** *(távk)* double-tuned receiver ; ~ **hangoló kondenzátor** *(rád)* gang-tuning capacitor ; ~ **hangszóró** *(magas- és mélyhangú)* two-way speaker ; ~ **hatású** double(-) acting/action, d. a. ; ~ **hatású működés** dual operation ; ~ **hatású tisztítógép** *(tex)* double-acting brushing machine ; ~ **hegyű toll** *(rajzhoz)* parallel-line pen ; ~ **henger** double cylinder, d. c. ; ~ **hordozóhenger** *(pa)* double-drum wind ; ~ **hordozóhengerű rendszerű** *(pa)* two-drum type ; ~**en hornyolt** *(ép)* double-cannellated ; ~ **horog** double/clip hook ; ~ **hurokalakban elhelyezett** double-loop arrangement ; ~ **íveltségű szárnymetszet** *(rep)* double-cambered aerofoil ; ~ **járatú lángcsöves kazán** horizontal return tubular boiler, HRT boiler ; ~ **jellegű** *v* **jellemű** *(vegy)* amphoteric ; ~ **jelzés** *(vasút)* double signals ; ~ **kalander** *(tex)* chasing calender, cloth mellowing machine ; ~ **kalanderezés** *(tex)* chasing ; ~ **kanyar** *(úton)* doubled bend/curve ; ~ **kapcsolóhorog** shackle; ~ **kártrendszer** *(tex)* double card(ing) system ; ~ **kemence** twin/pair furnace/oven ; ~ **képű mikrométer** *(csill, fényt)* double-image micrometer ; ~ **keverésű szupervevő** *(rád)* triple-detection receiver ; ~ **kommutátor** *(rád)* gang switch ; ~ **kondenzátorok** *(rád)* ganged condensers ; ~ **kormány** *(rep)* dual control ; ~ **könyök** twin bend ; ~ **kötés** *(vegy)* double/ olefinic bond/link(age) ; ~ **kötésű** *(atom)* double bound/linked ; ~ **kötésű szénatom** *(vegy)* doubly linked carbon ; ~ **kráter** *v* **kaldéra** *(földt)* nested caldera ; ~ **kúp alakú tölcsér** *(sugárzó; rád)* biconical horn; ~ **kúpú cséve** *(tex)* pine-apple cone, biconical cone ; ~ **láncfonal** *(befűzési hiba ; tex)* twister ; ~ **lejtésű fedőkő** *(ép)* wall saddle ; ~ **lemezváltó** twin turntable ; ~ **leolvasású műszer** double-range instrument ; *(számláló)* dual meter ; ~ **lépcsős szíjtárcsás hajtás** *(gépt)* cone gear ; ~ **marógép** *(forg)* double-milling machine ; ~ **mintanyomás** *(tex)* duplex prints ; ~ **modulálás** *(távk)* dual/double modulation; ~ **működésű** double acting, d.a.; ~ **működésű gép** double-acting engine, duplex engine ; ~ **működésű gőzgép** double-acting steam engine ; ~ **működésű gyújtó** combination fuse ; ~ **működésű lyukasztó- és húzószerszám** double-action cutting and drawing die ; ~ **működésű sajtó** double-acting press ; ~ **nyereg** *(mkpár)* dual seat ; ~ **nyílfogazású kerék** *(gépk)* triple-helical gear ; ~ **nyomású sajtó** *(nyomda)* perfect(ing) machine ; ~ *(eltolódott)* **nyomtatás** *(nyomda)* shake ; ~ **nyomú váltó** *(vasút)* mixed ga(u)ge points ; ~ **oszlop** coupled columns ; ~ **öltésű keresztülvarró gép** *(cipő)* lockstitch sole-sewing machine ; ~ **palánkolás** *(hajó)* furring ; ~ **pamutszigetelésű** *(vill)* double cotton covered, d. c. c. ; ~ **pentóda** *(rád)* twin pentode ; ~ **pillért összekötő gyámfa** *(ép)* pedal strut ; ~ **platinamozgás** *(tex)* compound sinker movement ; ~ **prés** *(pa)* duplex press ; ~ **prizma** *(fényt)* optical cube ; ~ **rácsozású tartó** *(ép)* double latticework ; ~ **rácsú végerősítő cső** *(rád)* dual-grid power amplifier tube ; ~ **rendeltetésű cső** *(rád)* double-purpose valve ; ~ **rétegű** double-layer ; ~ **rétegű mázolás** double-coat painting ; ~ **rombuszmetszetű antenna** *(rád, telev)* double-diamond antenna ; ~ **sáv** *(rád)* dual range ; ~ **sávoly** *(négyfonalas ; tex)* Batavia twill ; ~ **sodratú cérnázógép** *(tex)* double-twist twisting machine ; ~ **sodratú fonal** *(tex)* double-throw yarn ; ~ **sodratú orsó** *(tex)* double-twist spindle ; ~ **spirál** *(vill)* coiled coil ; ~ **súlyú (gyapjú)bála** *(tex)* double-dump ; ~ **szád** *(tex)* double shed ; ~ **szádnyílású nyüstszerkezet** *(tex)* double shed dobby ; ~ **szál** *(hiba ; tex)* coarse, double ; ~ **szálú műszaki szövet** *(tex)* double filling duck ; ~ **számlapú** *[műszer, készülék]* double-dial ; ~ **számrendszerű** *(mat)* binary ; ~ **számrendszerű jegy** *(mat)* bit, binary digit ; ~ **szegély** *(kh)* double/inturned welt ; ~ **szigetelő** *(légvezetéken)* double-shed insulator ; ~ **(szigetelő)tartó** *(távk)* double-bolt ; ~ **szijács** *(fa)* false sap ; ~ **szíjhajtás** *(gépt)* duplex belt driving ; ~ **szimmetria** twofold symmetry ; ~ **színű** *(foltos ; bőr)* two-colo(u)red ; ~ **szorítású tokmány** double driver chuck ; ~ **szögmaró** *(forg)* double-angle milling cutter ; ~ **szőnyeg** *(tex)* ingrain carpet ; ~ **szövésű nemez** *(pa)* duplex felt ; ~ **szövet** *(tex)* double/compound fabric ; ~ **szövet alapkötése** *(tex)* back cloth weave ; ~ **találat** *(távk)* double connection ; ~ **talp** *(cipő)* clump ; ~ **támasz** *(ép)* two-legged support ; ~ **táplálású jelfogó** *(távk)* two-element relay ; ~ **tárcsa** *(óra)* double roller ; ~ **T-armatúra** *(vill)* H-section armature, shuttle armature ; ~ **tekerccsel ellátott** *(vill)* double-coiled; ~ **tollú kulcs** double-bit key ; ~ **tompítású fényszóró** *(lefelé és oldalra ; gépk)* double-dip headlamp ; ~ **torok** *(porlasztóban ; gépk)* double venturi system ; ~ **törés** *(ásv, fényt)* double refraction, birefringence ; ~ **törő** birefringent, birefractive ; ~ **trióda** *(rád)* double-/twin-triode ; ~ **tűsléc-(mező)** *(nyújtógépen ; tex)* intersecting ; ~ **ülésű szelep** double valve ; ~ **üvegezésű** *(ép)* double-glazed ; ~ **üzem** *(távk)* diplex operation ; ~ **vágány** *(vasút)* double line/way ; ~ **vágat** *(bány)* two-heading entry ; *[reszelőn]* double-cut ; ~ **varrat** *(földt)* composition plane ; *(heg)* double weld/seam ; ~ **vetülék** *(tex)* double shots/picks ; ~ **vevő** *(rád)* dual receiver ; ~ **vezérlés** *(gépt)* dual control ; ~ **vezető adóállomás** *(rád)* double-master station ; ~ **vízüveg** *(nátron—káli-vízüveg)* double water glass ; ~ **vontatás** *(vasút)* doubleheading ; ~ **zsinór** *(távk)* double-ended cord circuit

kettősdióda-egyenirányító *(rád)* double-diode rectifier

kettősdugattyús *(Mollcrup-féle)* **kenőszivattyú** duplex plunger lubricator

kettősék-szárny *(rep)* double-wedged wing

kettősék-szelvény *(rep)* double-wedge airfoil, diamond profile

kettősfém *(koh, vill)* bi(-)metal

kettősfémes bimetallic

kettősfémhuzal bimetallic wire

kettősfémszalagos jelfogó *(vill)* bimetallic strip relay

kettősfémvezeték composite conductor

kettőskúp-antenna biconical aerial *(UK)* ; biconical antenna *(US)*

kettőskúpos double-cone, bicylindroconical ; ~ **dörzskapcsoló** *(gépt)* double-cone clutch; ~ **fúrófej** *(forg)* double-taper bit ; ~ **tekercsrugó** *(gépt)* double cone spring

kettőskúpsugárzó *(távk)* biconical horn

kettőspát *(ásv)* *l* **kettőzőpát**

kettőspont *(nyomda)* colon ; *(mat)* double point ; *(görbén ; mat)* conjugate point ; *(kettes számrendszer „tizedespontja")* binary point

kettősség duplicity

kettős-spirál-izzólámpa *(vill)* coiled coil-filament lamp

kettős-T-híd *(távk)* parallel-T-null network

kettős-T-tag *(távk)* parallel-T network/section

kettős-T-tartó *(ép)* beam-girder

kettőz double, geminate, twin

kettőzés doubling

kettőző *fn (rád, távk)* doubler ; *(munkás ; tex)* doubler ; ~ **kalander** *(tex)* doubling calender ; ~ **mérő-hajtogató gép** *(tex)* cloth creasing machine ; ~ **motolla** *(tex)* doubling reel

kettőző-átnéző gép *(tex)* doubling and inspecting machine

kettőződik *(nyomda)* shake, sheer

kettőzőgép *(tex)* rigging/doubling machine, double(r) winder, doubling (winding) frame ; **nedves** ~ *(tex)* water-drop doubler

kettőzőpát *(ásv)* doppelspath

kettőző-szélejelző gép *(tex)* doubling and tacking machine

kettőzött : ~ **szegélyű** welted edge ; ~ **szövet** topped fabric

kéttűrás gyorssajtó *(nyomda)* two-revolution press

kéttűágyas mozgó nyelvtűs láncfonalas kötőgép *(kh)* two-bed needle warp machine

kéttűshengeres körharisnyagép *(kh)* Komet type machine

kéttűsoros : ~ **áttört kötés** *(kh)* eyelet stitch ; ~ **gépen készült láncfonalas kötöttáru** *(tex)* two-plex rib ; ~ *(nagy)* **körkötő gép** *(kh)* rib knitter ; ~ **kötés** *(kh)* rib knitting ; ~ *(Jacquard-felszereléssel ellátott)* **kötőgépen készült áru** *(kh)* Knopp work

kétugrásos trikó *(kh)* 2×1 warp knitting

kétúszós vízi repülőgép double-float seaplane

kétutas *(vill)* *(kapcsoló)* two-way ; *(egyenirányítás)* full-wave ; ~ **demodulálás** *(rád)* double-wave detection ; ~ **egyenirányítás** *(rád)* full/double-wave rectification ; ~ **egyenirányító** full-wave rectifier ; ~ **kapcsolás** *(ritkán)* full-wave circuit

kétüléses *fn (gépk, mkpár, rep)* two-seater ; ~ **repülőgép** two-place/seater-aircraft ; ~ **szelep** *(gépt)* double-seat valve

kétüreges klisztron *(rád)* double-cavity klystron

kétütemű *(gépt)* two-stroke/-cycle ; ~ **gázgép** two-stroke/-cycle gas engine ; ~ **motor** two-stroke/-cycle engine

kétütőkaros verőgép *(tex)* two-bladed beater

kétvágányú : ~ **híd** double track bridge ; ~ **önműködő térközbiztosító berendezés** *(vasút)* double track automatic block system ; ~ **vasút** *v* **pálya** double track ; ~ **vasútüzem** *v* **forgalom** double working

kétvágásos fejtési rendszer *(bány)* twin system

kétvágású *(pa)* double-edged

kétváltószemélyes vonatjárat double-manning train

kétváltozós *(mat)* bivariate ; ~ **függvény** function of two variables

kétvégű double-pointed ; ~ **esztergaszív** double dog ; ~ **fúrórúdkés** double boring bar cutter ; ~ **öntőüstvilla** double ladle shank

kétvegyértékű bivalent, divalent ; ~ **csoport** *v* **gyök** *(vegy)* dyad

kétvegyértékűség bivalence

kétvetülékes áru *(tex)* weft-backed fabric

kétvezértengelyű oldalvezérlésű motor T-head engine

kétvezetékes : ~ **áramkör** two-wire circuit ; ~ **aszimmetrikus vonal** *(telef)* asymmetrical two-wire system ; ~ *(egytekercses)* **autotranszformátor** *v* **kompenzátor** double-wire compensator ; ~ **hajlékony szigetelt huzal** *(vill)* double flex ; ~ **kulissza** *(gépt)* double bar link ; ~ **összeköttetés** *(távk)* two-way communication ; ~ **rendszer** *(vill)* two-wire system ; *(távk)* double trunk system ; ~ **tápvezeték az adóállomáshoz** *(rád)* twin feeder ; ~ **ütem** *(távk)* two-wire working ; ~ **vonal** *(vill)* double-line ; ~ **vonalerősítő** *(távk)* two-wire repeater

kétvillás dúc *v* **merevítés** *(rep)* double-fork(ed) strut

kétvízkamrás vízcsöves kazán double-headed boiler

kétvonalas üzem *(távk)* two-line service

kétzárlatos zár lock with two turns

kétzsinóros központ *(távk)* double-cord (switch)board

keuper *(földt)* Keuper subdivision/series

kévefelvágó *(kombájnhoz, állóüzemű cséplésnél)* vertical knife

kévegyűjtő : ~ **rács** *(aratógépen)* bundle carrier ; ~ **tológereblye** *(traktoron)* grain shock sweep

kévekötő : ~ aratógép reaper and binder, self-binder ; **~ gép** buncher

kever mix, stir, agitate ; *(olajakat)* blend ; *(ásványi olajat zsiradékkal)* compound ; *(gumi)* dolly ; *[szint]* blend ; *(nyomda)* amalgamate ; *(pa)* potch ; **felemelt dugattyúval ~** *(nyomás nélkül ; gumi)* mix with floating ram ; **festéket fehérrel ~** load ; **levegővel ~** aerify ; **polyvával ~** chaff ; **vizesen ~** *[agyagot habarcsba]* pug

kéverakodó *(kocsibarakáshoz)* bundle loader

keveredési zóna mixing zone

keveredés levegővel *(motorban a tüzelőanyag)* admixture with the air

keveredik mix, blend, mingle ; **etilalkohollal minden arányban ~** miscible in all proportions with EtOH

keverék mix(ture), blend, composition, compound, temper, stock, batch ; *(ép)* stuff ; *(porlasztóban)* mixture ; *(ellenállás-massza, kiöntő anyag ; vill)* compound ; **~ alkatrésze** ingredient ; **gyorsítót tartalmazó ~** *(gumi)* accelerated stock ; **kemény ~** *(hibás, nem eléggé képlékeny ; gumi)* boardy mix ; **kis kaucsuktartalmú ~** low-rubber compound ; **~ kötése** setup of mix ; **~ összeállít** *(tex)* blend ; **~ pihentetése** *(vegy)* storing of mix ; **~ százalékos aránya** mixing ratio ; **~et tartalmazó cső fűtőköpenye** *(vegy)* mixture heater ; **~ töltése adalékanyagokkal** charging of mix

keverékadagoló *(berendezés)* blending feeders ; **~ fúvóka** *(gépk)* mixture-delivery nozzle ; **~ szivattyú** *(gépk)* mixture pump

keverék-alkatrész ingredient

keveréka rányt szabályozó keverő proportioning mixer

keverékátdolgozás *(gumi)* recompounding

keverékdúsítás : önműködő ~ *(gépk)* autorichening

keverékeloszlás *(hengerek között ; gépk)* mixture distribution

keverékerősítő szer *(gumi)* stiffener

keverékfonal *(tex)* union yarn

keverékfonal-vetülékű inganyag union grey

keverékképzés *(karburátorban)* formation/constitution of mixture

keverékmentes torokgáz *(koh)* straight blast-furnace gas

keverék-minőség *(porlasztóban)* mixture strength

keverékösszeállítás *(tex)* blend(ing)

keverékösszetételjelző készülék *(gépk)* mixture indicator

keveréksugár *[gázelegyé]* combined jet

keverékszabályozás *(benzinmotornál)* mixture control

keverékszabályozó *fn (gépk)* mixture control ; **barometrikus ~** *(rep)* aneroid mixture control ; **~ emeltyű** *(gépk)* mixture control lever ; **önműködő** *(magasságtól függő működésű)* **~** *(rep)* automatic mixture control

keverékszegényítés: önműködő ~ *(gépk)* autoweak(ening)

keverés mixing, blend(ing), stir(ring), agitating, agitation, rabbling ; *(ásványolajé:)* blending ; *(modulálás ; rád)* frequency conversion/change ; *(vegy)* blending ; **~hez való víz** make-up water

keverés-erősítés *(rád)* conversion gain

keverési : ~ arány mixing ratio ; *(gépk)* mixture strength, air-to-petrol ratio ; **~ arány-görbe** *(gépk)* mixture strength graph ; **~ arány szabályozása** *(koh)* ratio governing ; **~ hang** note of pitch ; **~ hő** *(vegy)* mixing/(ad)mixture heat, heat of mixing/admixture ; **~ kondenzáció** quench condensation ; **~ meredekség** *(rád)* conversion conductance ; **~ recept** mixing formula ; **~ viszony** *(aut)* mixing ratio

keverhető miscible

keverhetőség miscibility ; *(tex)* blendability

keverő *fn* mixer, agitator ; *(melanzsőr ; élip)* chaser mill ; *(ép, fényk)* blender ; *(koh)* mixing machine ; *(pa)* paddle, agitator ; *(propeller ; pa)* pulp agitator/propeller, mixer ; *(rád)* adder, frequency changer ; *(hanghatásoké ; rád, távk)* mixer ; *(munkás)* mixer ; **~ adagoló** *(tex)* blending feeder ; **~ csaptelep** mixer, mixing battery ; **~ csatorna** *(távk)* mixer channel ; **~ dióda** *(telev)* mixer diode ; **~ erősítés** *(rád)* conversion gain ; **~ fakorong** *(ülepítőkádban)* dolly ; **~ fokozat** *(rád)* converter, first/heterodyne detector ; **~ fokozat zöreje** *(rád)* converter noise ; **~ folyamat** *(vill)* mixing cycle ; **~ frekvencia** *(rád)* conversion frequency ; **~ fúvóka** mixing/combining cone/nozzle ; **gépi ~** blunger ; **~ hengermű** mixing mill ; **~ hexóda** *(rád)* mixing hexode ; **~ hollandi** *(pa)* potcher ; **~ kártológép** *(tex)* mixing card (with rubbers) ; **~ készülék** commingler ; **~ kollerjárat** mixing runner ; **~ kondenzátor** *(ol)* jet condenser ; **kristályos ~** *(rád)* crystal mixer ; **lapátos ~** propeller/arm mixer/stirrer ; **~ lazítógép** *(tex)* mixing picker ; **légsugaras ~** air-lift agitator ; **~ lövettyű** injector mixer ; **~ meredekség** *(rád)* conversion conductance ; **~ oszcillátor** *(rád, távk)* beat-frequency oscillator ; **~ pentagrid** *(nem oszcilláló ; rád)* pentagrid mixer ; *(oszcilláló ; rád)* pentagrid converter ; **~ szerkezet** *(írfőzőben ; tex)* paddle mixer ; **~ tolattyú** *(gépk)* mixture slide valve ; **~ transzformátor** *(rád)* conversion transformer

keverőasztal mixing table

keverő-bontó gépegység *(tex)* opening-blending and cleaning equipment

keverőcsap mixing cock

keverőcsiga mixing worm, worm mill

keverőcső *(nem oszcilláló ; rád)* mixer ; *(oszcilláló:)* converter (tube) ; **kettős bemenetű ~** double-input mixer

keverődob *[betonhoz]* mixing drum

keverőecset blender

keverőedény *(ol)* agitator

keverőegység *(rád)* mixing/mixer unit ; *(oszcillátoros)* converter unit

keverőfa *(bány)* rubber ; *(lapát ; pa)* potching stick

keverőfej *(vegy)* propeller mixer

keverőgarat mixing/blending hopper

keverőgép mixer, mixing/stirring machine ; *(gyúrógép)* kneader, masticator, malaxator ; *(ép)* churn, mill; *(tex)* mixing willow ; *(fonás előtt ; tex)* blender ; **doboz alakú** *(billenődobos)* **~** cube mixer ; **lapátos ~** blade/paddle mixer ; **~ szárnya** *v* **lapátja** agitating vane ; **turbinalapátos ~** centrifugal impeller mixer

keverőgéplapát *(vegy)* beater

keverőhenger *(gépk)* mixing cylinder ; *(pa)* mixer ; **~ terelőlapja** mixing apron

keverőhordó *(bány)* dolly tub

keverőhűtő mixing condenser

keverőjel *(rád)* mixed signal

keverőkád *(pa)* blending/stirring/mixing chest/box

keverőkádas cserzés *(bőr)* paddling

keverőkamra mixing chamber ; *(tex)* blending room

keverőkar mixing arm, beater knife

keverőkör *(rád)* mixer circuit

keverőlapát stirring/mixing arm/blade

keverőmalom mixer

keverőmű *(pa)* (mechanical) stirring machine, hog, mashing machine, stirrer

keverőműhely compounding room

keverőnyílás stirring-hole

keverőoszlop column mixer

keverőosztály *(gumi)* compound department

keverőrács *(rád)* mixer grid

keverőrúd stirring rod ; *(koh)* stirring stick/pole

keverősalak *(koh)* mixer slag

keverőszekrény *(pa)* mixing tank-apparatus

keverőszelep mixture valve

keverőszita mixing sieve

keverőtál mixing bowl

keverőtartály mixing pan/vessel, blending hopper, tempering tank ; *(bány)* blending bin

keverőtelep : központi ~ *(ép)* central proportioning plant

keverőtengely mixer/tumbling shaft

keverőtorony : terelőernyős *v* **terelőlapos ~** baffle(-plate) column mixer

keverőtölcsér mixing hopper/funnel/cone

keverőüzem *(tex)* blending room

keverővályú : csavaros ~ auger box

keverővászon *(élip)* mixing cloth

keverővíz make-up water

kevert blended, mixed, compound, miscellaneous, combined ; **agyaggal ~** clayed ; **alapszínekből ~ szín** compound ; **~ állomány** *(fa)* mixture by single trees ; **~ anyagok színezése** *(tex)* cross dyeing ; **~ anyagú szövet** blended(-mixture) fabric ; **~ áramlás övezete** *(hidr, rep)* mixed-flow region ; **~ áru** miscellaneous goods ; **~ bázisú ásványolaj** hybrid-base petroleum ; **~ befőzés** *(tex)* combined drafting ; **~ egyfürdős színezésű szövetek** *(tex)* crossed dyed cloth ; **~ éter** *(vegy)* complex ether ; **~ fázisú** *(krakkolás)* mixed-phase ; **~ fonal** blended yarn ; **~ fonal kondicionált nedvessége** mixture regain ; **~ főzet** *(élip)* stock ; **~ gáz** combination gas ; *(félvízgáz)* semi-water gas ; **levegővel ~** *(élip)* aerated ; **~ polimer** *(vegy)* interpolymer ; **szárazon ~** dry mixed, d. m. ; **~ szín két alapszínből** *(nyomda)* compound binary composite colo(u)r ; **~ színű** *(tex)* blended-colo(u)r ; **~ világítás** cross-lighting

kevertgőz-turbina mixture turbine

kevés : ~ fonaltartalmú cséve *(tex)* skinny bobbin ; **~ helyet foglaló**

unobtrusive ; ~ **mész tartalmú cement** low-limed cement ; **kevesebbet mutat** *(műszer)* read low
kévetömörítő *(kévekötő aratógépen)* packer
Keystone-fúró *(bány)* key drill
kéz : ~hez álló handy ; **~zel csomagolt** hand-packed ; **~zel gyártott** hand--made ; **~zel hajtott** manually operated, hand-driven ; **~zel hasított** *(fa)* hand-cleft ; **~zel kevert beton** job--mixed beton ; **~zel kevert pörkölőgép** hand-rabbled roaster ; **~zel kifaragott talajminta** hand-carved sample ; **~zel merített minta** *(pa)* hand sheet ; **~zel motollált** *(tex)* hand-reeled ; **~zel működtetett** hand-operated, manually operated ; **~zel szedett gyapot** *(tex)* hand cotton ; **~zel szőtt** *(tex)* hand loomed/woven ; **~zel tömített** hand-tight ; **valódi ~zel merített papír** real hand-made (vat) paper ; **~zel válogatott** *[érc]* hand-picked ; **~zel varrott** *(cipő)* hand sewn
kézápolókészlet-táska manicure set
kézbesítőkocsi *(gépk)* delivery van
kezdeményezett hívás *(távk)* originated call
kezdeti initial ; ~ **érték** initial value ; ~ **keresztmetszet** starting section ; ~ **költségek** initial costs ; ~ **permeabilitás** *(távk)* initial permeability ; ~ **rövidzárlati áram** *(távk)* initial short-circuit current ; ~ **terhelés** *(mech)* initial load ; ~ **vákuum** initial vacuum
kezdő *mn* initial ; ~ **áramkör** *(távk)* start circuit ; ~ **csilleforgató hely** *(bány)* mid-door ; ~ **délkör** *(csill)* zero-prime meridian ; ~ **érték** *(limbuszon)* initial (value); ~ **feltörés** *(bány)* initial charge ; ~ **forráspont** *(ol)* initial boiling point, I. B. P., bubble point ; ~ **hengerüreg** *(heng)* initial pass section ; ~ **hurkok készítése** *(kh)* cast-on ; ~ **kapacitás** initial capacity ; ~ **kivágás** *(bány)* sumping ; ~ **lé** *(színező előcserzésnél ; bőr)* head liquor ; ~ **magasság(i pont)** *(geod)* zero altitude ; ~ **pontháromszögelés** *(geod)* principal point triangulation ; ~ **tépőszilárdság** *(pa)* initial tear ; ~ **vég** *(kábelé ; távk)* underleap end
kezdőakna *(nagy átmérőjű ; bány)* fore shaft
kezdőállás *(tűké ; kh)* lapping position
kezdőbetű *(nyomda)* initial
kezdődő incipient ; ~ **izzás halványvörös színe** nascent red ; ~ **permeabilitás** *(vill)* initial permeability ; ~ **repedés** incipient crack
kezdőfázis-vezérlő berendezés *(távk)* initiation control device
kezdőfogás *(bány)* inset
kezdőfúrás *(bány)* sumping hole
kezdőhurok készítése *(kh)* cast-on
kezdőjel : északi ~ *(forgó irányadónál ; rep)* starting north signal
kezdőkúp *(csévén ; tex)* cop bottom ; ~ **rézsűje** *v* **hajlásszöge** *(felvetőn ; tex)* taper of conical end
kezdőmássalhangzó-érthetőség *(távk)* initial consonant articulation
kezdőpont origin, start(ing point); *(geod)* beginning point ; *(keretjelek középpontja a fényképen, fotogrammetriában)* principal point
kezdőrés *(bány)* sump(ing cut)
kezdősebesség *(mech)* initial velocity speed ; *(kat)* muzzle velocity ; ~ **helyesbítése** velocity adjustment
kezdősor *(kh)* casting(-)on
kezdőszint initial level
kezdővágás *(bány)* initial cut
kezdővonal *(geod)* zero line
kezel treat, cure, process ; *(működtet)* operate, handle, manage, manipulate, work ; **bitumennel ~** bituminize, bituminate
kezelés treatment, cure, processing ; *(működtetés)* handling, operation, manipulation, management, work ; *(karbantartás)* maintenance, service ; ~ **aranyfürdőben** *(fényk)* gold toning; **derítőföldes ~** clay-contacting ; **hígítottsavas ~** souring ; **nagyfrekvenciás ~** high-frequency treatment ; **savas ~** acid treatment
kezelésbiztos : ~ dinamit permissible dynamite ; ~ **robbantószer** *(bány)* permissible
kezelési : ~ előírások service conditions ; ~ **kényelem** *(gépk)* operating comfort ; ~ **könnyedség** ease of handling ; ~ **utasítás** service instructions
kezeletlen untreated, uncured ; *vö* **kezel**
kezelhető *(ép, mech)* supple, manageable, manoeuvrable ; *(vegy)* treatable ; **egy ember által ~** one-man
kezelhetőség ease of handling, manageability, manoeuvrability
kezelő *fn* operator, attendant ; *(gépész)* serviceman ; *(távk)* manipulator ; *(telef)* operator ; ~ **áramköre** *(telef)* operator's circuit ; ~ **asztalka** *(statisztikai gépen)* posting table ; ~ **befigyelése** *(telef)* listening-in ; ~ **berendezés** handling facility ; ~ **dobogó** control pulpit ; **egy ~ által kezelt gépcsoport** single-operator set ; ~ **emeltyű** handle/operating lever, „joystick"; ~ **emelvény** control platform/pedestal; ~ **fogantyú** operating/working lever/handle ; ~ **folyosó** service gallery ; ~ **födém** operating floor/platform; ~ **helyiség** operating room; ~ **kapcsolóhüvelye** *(telef)* operator's jack ; ~ **padozat** *(bány)* landing stage ; ~ **segédszemélyzet** handling labo(u)r ; ~ **személyzet** handling crew ; ~ **szerelvény** *(távk)* manipulator
kézelő *(tex)* cuff
kezelőállás service/control platform, driver's/operator's stand
kezelőállvány control/service platform, operator's stage ; *(tornyon ; ol)* working/derrick platform
kezelőasztal operating table
kezelőbehívó jel *(távk)* forward transfer signal
kézelőfelhajtás *(tex)* cuff
kezelőfülke operator's/driver's cage ; *(emelőn)* cab
kezelőgomb attendance button ; *(tex)* sleeve link, stud
kezelőház driver's hut
kezelőhíd handling/operating bridge, walkway, gangway ; *l még* **kezelőállvány**
kezelői : ~ asztal operating board ; ~ **beszélőkészülék** *(távk)* *l* **kezelőkészlet** ; ~ **jelzőberendezés** *(rád)* operator indicator ; **közvetítő ~ készülék** *(távk)* attendant's station ; ~ **munkahely** *(távk)* answering position, operator's board ; ~ **számbillentyűzés** *(kézi távbeszélő központból önműködő központba)* A-position key-sending
kezelőjárda foot-path
kezelőkar lever control
kezelőkészlet *(távk)* service instrument set, operator's set
kezelőkosár cage
kezelőkosaras futómacska crab with driver's stand
kezelőlap operating panel
kezelőnyílás hand/access hole
kezelőoldal *(pa)* tending side
kezelőoszlop *(gépt)* control column
kezelőrúd handle bar
kezelőtér *(bány)* (landing) stage
kezelt treated, cured, processed ; **egy ember által ~** one-man-operated ; ~ **felület** processed surface ; **nem ~** untreated, uncured
kezeslábas overall, combination, union suit
kézhatás *(rád)* hand effect
kézi hand, manual ; ~ **ácsfúró** gimlet ; ~ **adagolás** *(koh)* hand feed ; ~ **adagolású gázgenerátor** hand-fed producer ; ~ **aknamélyítés** *(bány)* hand sinking ; ~ **aláverő** *(vasút)* hand beater ; ~ **alközpont** *(telef)* private manual exchange, PMX ; ~ **állítás** *(előtolás)* hand feed ; ~ **állítású iránymérő** *(nem önműködő ; rep)* manual direction finder ; ~ **állítású tokmány** hand chuck ; ~ **aranyszér** *(bány)* pan ; ~ **barkázás** *(bőr)* hand(-)boarding ; ~ **beállítás** *(pa)* manual adjustment ; ~ **befűzésű vetélő** *(tex)* hand-threading shuttle ; ~ **beszélő** *(rád)* transmitter--receiver, transceiver ; *(telef)* hand set/microtelephone, H. M. T.; ~ **bőrlemez** *(pa)* handmade leather-board ; ~ **cölöpverő** hand pile driver ; ~ **cölöpverő kos** commander ; ~ **csévélő** *(tex)* hand splitter ; ~ **csillézés** *(bány)* hand tramming ; ~ **csiszolás** free hand grinding ; ~ **csomózott szőnyeg** *(tex)* hand-knotted carpet ; ~ **döngölésű forma** *(önt)* hand-rammed mo(u)ld ; ~ **döngölő** mallet, ram, hand tamp ; ~ **egyengetőlap** hand plate ; ~ **előtolás** hand feed ; ~ **előtolású gyalugép** hand planer ; ~ **előtolású (gyors)fúrógép** hand feed drill ; ~ **előtolású marógép** hand miller ; ~ **előtoló kerék** *(forg)* hand feed wheel ; ~ **emelős (át)kapcsoló** *(gépt)* hand lever shifter ; ~ **emeltyűs indítóberendezés** lever starter ; ~ **emeltyűs zsírzóprés** hand-lever grease gun ; ~ **enyvezés** *(pa)* sizing by hand ; ~ **ércválogatás** ore hand picking/sorting ; ~ **erősítésszabályozás** *(rád)* manual gain control ; ~ **eszterga** *(óragyártáshoz)* throw lathe ; ~ **esztergálás** hand turning ; ~ **etetés** hand feed ; ~ **falemez** *(pa)* hand--made woodboard ; ~ **faragókés** *(bőr)* crutch stake ; ~ **féksaru** hand skid ; ~ **fogantyú** knob handle ; **fogantyús hajlított karú ~ forgattyú** bent crank with handle ; **fogorvosi ~ fújtató** chip syringe ; ~ **fonású fonal** *(tex)* hand spun yarn ; ~ **fonónő** *(tex)* spinster ; ~ **fonóorsófej** *(hegy v fonórész ; tex)* whorl ; ~ **forgattyúval indít** *(gépk)*

crank up ; ~ **forgattyús indító lendkerék** *(rep)* hand inertia starter ; ~ **fúróberendezés** *(ol)* hand drilling equipment ; ~ **fúróelőtolás** hand down-feed ; ~ **fúrógép** drill gun ; *(bány)* jap ; ~ **fúrószerszám** jumper ; ~ **gázmenetmetsző pofák és hajtóvasak** gas stocks and dies ; ~ **gereben** *(tex)* hatchel ; ~ **gyártmányú** hand-made ; ~ **hajtású** hand-propelled/-driven ; ~ **hallgató** *(telef)* hand receiver ; ~ **hamueltávolítás** hand ashing ; ~ **hántolás** *(bőr)* hand whitening ; ~ **hántoló** *(forg)* hand scraper ; ~ **hengerprés** *(pa)* hand cylinder-press ; ~ **hornyoló** *(alak)* hand fuller ; ~ **indítás** *(áramhatároló hatálytalanításával ; vasút)* bypass start(ing); ~ **indító** *fn* hand starter ; ~ **indító forgattyú** *(gépk)* crank handle, cranking lever ; ~ **indítókar** *(gépk)* hand crank ; ~ **irányítású** *v* **kezelésű** manual(-control) ; ~ **irányjelző kar** *(gépk)* hand direction indicator ; ~ **jelzőtárcsa** *(vasút)* hand disc-signal ; ~ **jövesztés** *(bány)* hand getting ; ~ **kalapács** *(ércválogatáshoz)* sifter ; ~ **kapcsolású házi alközpont** *(telef)* private manual branch exchange, P. M. B. X.; ~ **kapcsolású központ körzete** *(telef)* manual area ; ~ **kapcsolású távbeszélőhálózat** manual telephone system ; ~ **kapcsolású távbeszélőközpont** manual exchange ; ~ **kapcsolású (telefon)alközpont** manual substation ; ~ **kapcsolóasztal** *(telef)* manual board ; ~ **kapcsolótábla** *(telefonközpontban)* A-switchboard ; **kétkerekű** ~ **taliga** barrow truck ; **kettős működésű** ~ **szivattyú** *(hajó)* Downton pump ; ~ **kezelésű** hand, manual, non-automatic ; ~ **kezelésű kemence** hand-worked furnace ; ~ **kezelésű központ** *(telef)* manual exchange ; ~ **kokillaöntés** gravity diecasting process ; ~ **kovácsolás** uphand forging ; ~ **köszörülés** offhand grinding ; ~ **követés** *(radar)* hand tracking ; ~ **lapátolás** *v* **rakodás** *(bány)* hand mucking ; ~ **lapátolású kemence** hand-raked furnace ; ~ **(lemezvágó) olló** hand shears ; ~ **lengő simító** *(bőr)* hand jigger ; ~ **lentörő** *(tex)* flax hand brake ; ~ **lőfegyver(ek)** small arms ; ~ **(meddő-) válogatás** *(bány)* hand preparation ; ~ **megmunkálású** free-handed ; ~ **(morze)billentyű(zet)** sending key ; ~ **mozgatású szán** *(forg)* hand traversing saddle ; ~ **működésű** hand-operated ; ~ **nyomógép** *(nyomda)* hand-press; ~ **nyomógomb** *(orgonán)* thumb piston; ~ **osztályozás** *(bány)* hand dressing ; ~ **öntőkanál** bull ladle ; ~ **porozó** dust gun ; ~ **puhítás** *(bőr)* hand-staking ; ~ **sikattyú** pin vice ; ~ **síkkötő gép** *(kh)* hand flat machine ; ~ **sínhajlító** *fn* jim-crow ; ~ **szabályozás** hand/manual control ; ~ **szabályozású** hand-controlled ; ~ **szabályozó** hand regulator ; ~ **szakítópróba** *(tex)* thumb test ; ~ **szedésű gyapot** *(tex)* snapped cotton ; ~ **szintezőműszer** hand level ; ~ **szivattyú** hand pump ; ~ **szivattyú karja** pump brake/lever, swingle ; ~ **szivattyúzó berendezés** hand pumping device ; ~ **szövőszék** hand loom ; ~ **tányér-szér** *(bány)* prospector's pan ; ~ **targonca** hand truck ; *(sík rakodólappal)* platform hand truck ; ~ **taszítás** *(bőr)* hand(-)scudding ; ~ **távbeszélő alközpont** private manual exchange, P. M. X.; ~ **tekercselés** *(vill)* hand winding ; ~ **tiloló** *(tex)* stripper ; ~ **tömedékelés** *(bány)* hand gobbing/stowage ; ~ **válogatás** *(koh)* hand-dressing/-picking, sorting; ~ **vasalás** *(bőr)* hand-ironing ; ~ **verőkos** rammer (log); ~ **vezérlésű térközbiztosítás** *(vasút)* manual-controlled block system ; ~ **visszaállítású műszer** hand-reset instrument; ~ **vízjeles papír** hand paper

kézicsavar hand-screw

kézicsörlő jack roll, jenny ; **kis** ~ jenny winch

kézidarab *(bány)* trimming specimen

kézidörzsár hand reamer

kéziduda *(gépk)* bulb-horn

kézierő hand-power

kézifegyver small arm(s); ~ **lövedéke** bullet ; ~ **lövedékköpenye** bullet shell

kézifék hand brake ; *(gépk)* parking brake *is* ; ~ **forgatókarja** *(vasút)* brake crank

kézifékfogantyú hand brake handle

kézifék-kar *(gépk)* hand brake lever

kézifékoldó gomb *(bottipusnál ; gépk)* release thumb-button

kézifogó *fn* snips

kézifúrás *(bány)* jump drilling

kézifurdancs chest drill

kézifúró hand-drill/-brace, breast drill ; **nagy** ~ *(ép)* auger

kézifűrész hand/arm-saw ; *(puha kő darabolására)* grub saw ; *(rönkfűrészelésre)* whip saw

kézigyalu hand-plane ; *(angol típusú)* wooden jack plane

kézihajtány *(vasút)* handcar, trolley

kézihajtás *(gépt)* manual/hand drive

kézihajtású hand-driven ; ~ **darukocsi** hand trolley ; ~ **emelő** hand jack ; ~ **óráseszterga** throw (lathe); ~ **szellőző** *(bány)* fanners ; ~ **szerszámeszterga** dead-centre hand tool lathe

kéziidő handwork time

kézikar crank, hand lever, handle ; **szorító** ~ clamping lever

kézikaros sajtó lever press

kézikerék handwheel, pilot wheel ; **(be)-állító** ~ *(forg)* adjusting wheel ; **finombeállító** ~ fine-adjusting hand-wheel ; **kapcsolt** ~ clutched hand-wheel

kézikerék-vezérlés wheel control

kézikocsi hand car, barrow

kézikorlát handhold

kézikotró hand dredger

kézikovács anvil smith

kézikönyv handbook, manual, reference book ; *(tankönyv)* textbook

kézikürt *(gépk)* bugle, bulb-horn

kézilámpa hand/portable lamp/torch ; *(gépk)* car inspection lamp, grip lamp

kézilánc *(húzólánc)* hand chain

kézilátcső spyglass

kézilemez *(pa)* millboard, handmade board

kézilemez-alak *(pa)* board mo(u)ld

kézilemezgép *(pa)* board machine

kézilemezgyár *(pa)* board mill

kézilemezmunkás *(pa)* boardmaker

kézimalom quern

kézimártás *(csokoládéiparban)* hand-dipping

kézimérleg hand scales ; *(rugós mérleg)* spiral balance ; ~ **tológömbje** balance bob

kézimorze-üzem *(táv)* manual keying

kézimunka handwork ; *(tex)* needlework

kézimunka- handmade

kézimunkaalátét *(tex)* dolly

kézimunkafonal *(tex)* flourishing threads

kézimunkapapír paper canvas for needle work

kézinyírás *(tex)* shearing by hand

kézinyomás *(betűzés)* lettering by hand ; *(tex)* (hand) block printing

kézinyomású szövet *(tex)* hand-blocked print

kézinyúzás *(bőr)* hand flaying

kéziőrlő *fn* quern

kézipéldány hand specimen

kézipumpa inflator, tyre pump

kéziraktár service magazin

kézírásos cursive ; ~ **betűtípus** *(nyomda)* script ; ~ **film** *(a pozitívon meglátszó betűkkel)* autographic film

kézirat *(nyomda)* manuscript, matter ; **rossz** ~ bad matter

kéziratolló *(nyomda)* printer's shears

kéziratpapír *(fényképreprodukcióhoz)* aligning paper

kézirattartó *(pa)* copyholder

kézisajtó hand(-)press

kézisajtós formázógép *(önt)* hand-squeezer moulding machine

kézisatu hand vice, lockfiler's clamps

kéziseprő handbroom

kéziszán *(elfordítható)* compound slide rest

kéziszánlap *(esztergán)* base to compound rest

kéziszedés *(nyomda)* hand-set ; ~**hez való betűtípusok** jobber's fo(u)nts

kéziszelep *(rep)* hand valve

kéziszérke *(bány)* wash pan

kéziszerszámok hand tools

kéziszítású gázgenerátor hand-poked producer

kéziszövés *(tex)* hand loom weaving

kéziszövésű *(tex)* hand-woven

kézitáska bag, pouch, handcase ; **női** ~ *(retikül)* women's (hand)bag

kézitávcső hand glass

kéziüllő buck iron, swage

kéziüzemű pörkölőkemence hand-worked roaster

kézivágó cold chisel, jumper

kézivészfék emergency contracting brake

kézizuhany hand-shower

kézkapacitás *(rád)* hand capacitance ; *(jelenség)* body capacity effect

kézmeleg handwarm

kézmosó szer hand grit-soap

kézműipar handicraft

kézműipari handicraft

kézműiparos handicraftsman

kézműves *l* **kézműiparos**

kézművesség handicraftsmanship

kézpróba *(több műveletből álló helyszíni talajminősítő módszer)* shaking test

kéztámasz handhold

kézvédő hand guard ; *(kormányon ; mkpár)* handleguard ; ~ **muff** *(kormányon ; mkpár)* handlebar muff

khaki(ra színezett) *(tex)* khaki(-dyed)

khakisávoly *(tex)* khaki twill

kiácsol *(bány)* underset, timber, frame

kiácsolás *(bány)* timbering, framing, underset(ting)
kiácsolt: ~ **akna** timbered shaft; ~ **érccsúszda** *(bány)* cribbed chute; ~ **fejtési pászta** supported stope
kiad *(könyvet)* publish, edit, issue; *(jelet; távk)* emit, send (signal)
kiadagol dispense
kiadás *(költség)* expense; *(könyvé:)* edition, publication, issue
kiadó *(könyvé)* publisher; *(szerkesztő)* editor
kiadóhivatal publishing house
kiadói jogbitorlás infringement of copyright
kiadvány publication, issue
kiakaszt *(horogból)* unhook; *(kikapcsol)* disengage; *(kiemel; ajtót v ablakot)* unhinge; **könyvet a borítékjából** ~ *(nyomda)* strip a book
kiakasztó: ~ **fűrészlap** unhinging-chair web blade; ~ **kapocs** unhinging tang
kiaknáz *(bány)* win, exploit
kiaknázás *(bány)* working, winning, mining, exploitation, exploiting, deriving
kiaknázási: ~ **költségek** *(bány)* working expenses; ~ **számítás** calculation of the yield
kiaknázatlan előfordulás *(bány)* undisturbed territory
kiaknázható *(bány)* minable, workable, commercial, exploitable
kialakít shape, form, fashion, develop
kialakulás evolution, forming, formation
kialakulási folyamat forming process
kiáll lap, overhang; *(vhonnan)* protrude, stick out; **próbát** ~ pass a test
kiállítás exhibition, show; *(bemutató, bemutatás:)* display; *(darabé; film)* setting
kiállítási: ~ **csarnok** *v* **épület** *v* **helyiség** exhibition building; ~ **karton** *(pa)* show/fancy (card) board; ~ **lemez** *(pa)* display board; ~ **terem** show room
kiálló abutting, emergent, protruding, sticking out
kialszik die out; *(távk)* be extinguished
kialudt extinct; ~ **tűzhányó** *(földt)* dead/lost volcano; *(nem működő)* quiescent volcano
kialvás extinction
kialvási időszak *(vulkáné)* period of decrepitude
kianit *(ásv)* kyanite, cyanite, disthene
kianizálás *(telítésre)* kyanization
kianotrichit *(ásv)* cyanotrichite, lettsomite
kiapad run low/dry
kiárad flood, flare, disgorge, emanate, flux
kiáradás emanation, overflow
kiáradó magma *(földt)* superfluent magma
kiáramlás (out)flow, efflux, emanation, emission; **lassú** ~ ooze, seep(age)
kiáramlik flow out, effuse; **lassan** ~ ooze, seep
kiáramló nyílás *(hangt)* jet
kiáraszt *(sugarakat; at)* eradiate
kiárkol *(fát, faanyag egy oldalát)* groove
kiás dig (up/out), excavate, unearth, exhume, trench
kiásás excavation, dugout; *vö* **kiás**
kiásott: ~ **föld eltávolítása** teeming; ~ **gödör** excavation; ~ **tőzeg** spaded out peat
kiaszal emaciate
kiaszott barren
kibányász get, win, extract, mine out
ki-be-kapcsolás *(vill)* make-and-break
ki-be-kapcsoló: ~ **kapcsolóhenger** *(vill)* on-off controller, two-position controller; ~ **kar** engaging and disengaging lever
kibélel *l* **bélel**
kibelez *(élip)* gut, pluck, eviscerate
kibelezés *(élip)* evisceration
kibernetika cybernetics
kibetűz (de)cipher
kibillent swing/pull out
kibír *(terhelést, feszültséget)* stand, withstand
kiblokkolás *(bány)* blocking-out
kibocsát emit, issue, give out; **sugarakat** ~ radiate
kibocsátás emission, issue, eduction, outlet, bleeding off, discharge; *l még* **gyártás, termelés**
kibocsátó *fn* emitter; *mn* emissive; ~ **felület** emitting area; **fényt** ~ luminous, luminary; ~ **henger** *(tex)* delivery/discharging roll(er); ~ **nyílás** outlet; *(hidr)* snifting hole; ~ **oldal** *(tex)* outlet/delivery end; ~ **szelep** outlet valve; ~ **tolózár** outlet slide; ~ **vég** *(tex)* outlet end
kibogoz disentangle, disengage, untwine, extricate
kibogozás extrication
kibont uncover, strip, unlock, release, unlink; *[befúlt lövést; bány]* recover
kibontott kötéltekercs *(hajó)* open coil
kiborít tip over, topple, void
kiborítás dumping, tipping, tilting
kiborító *mn* tipping; ~ **szerkezet** *(vasút)* unstacker; ~ **talicska** *(bány)* tip barrow
kibővít enlarge, extend, widen; **fúrólyukat** ~ chamber; **vájatot** ~ *(bány)* break out
kibővítés *vö* **kibővít**; *(üzemé)* expansion
kibúvás *(földt)* flattening, emersion, blow, outcrop, outbreak; ~ **iránya** course of outcrop; ~ **követése bejárással** *(bány)* walking of the outcrop; ~ **megszakadása** lost record; ~ **nélküli lelőhely** concealed deposit; **vastag** ~ blow-out
kibúvik *(földt)* crop out, expose, reveal
kibúvó *vö* **kibúvás**
kicakkozás *(cipő)* scalloping; *(kéregé)* stiffener gimping
kicakkozó gép *(bőr)* scalloping machine
kicövekel *(geod)* peg out
kicövekelés *(geod)* pegging out
kicsap *(vegy)* precipitate, back; *(savval reagáltat)* kill; **újra** ~ reprecipitate
kicsapás *(vegy)* precipitation, precipitating
kicsapásos eljárás *(vegy)* precipitation process
kicsapató *fn* *(vegy)* precipitator
kicsaphatóság *(vegy)* precipitability
kicsapó: ~ **berendezés** *(vegy)* precipitator; ~ **szer** *(vegy)* precipitating agent; *(pelyhező)* flocculating agent; ~ **tartály** precipitation tank
kicsapódás precipitation, fall out; *(túrósodás, tömörülés)* aggregation
kicsapódási hő precipitation heat
kicsapódik *(gőz)* bleed; *(vegy)* precipitate, fall out
kicsapott kalciumkarbonát precipitated chalk
kicsatol unbuckle; *(rád)* couple (out); ~**ja magát** *(rep)* undo one's belt
kicsatolás *(rád)* output coupling
kicsatoló *fn* *(klisztronban)* catcher
kicsavar unfasten, twist off; *(csavart:)* unscrew, screw off
kicsengés *(fiz)* dying-out, attenuation
kicsepeg bleed, ooze
kicsepegés *vö* **kicsepeg**
kicsépelt lenkóró *(tex)* deseeded dry straw, deseeded flax
kicserél *(egymás között)* interchange; *(helyettesít)* replace; *(iont)* exchange; *(megújít)* renew; *(bélést v borítást)* repack
kicserélés replacement, (ex)change, renewal
kicserélhetetlen incommutable
kicserélhető removable, replaceable; ~ **(alkat)részek** interchangeable/removable parts; ~ **béléscső** *(lövegé)* loose liner; ~ **hengerhüvely** removable liner; **ki nem cserélhető** irreplaceable; ~ **tekercs** *(vill)* unit coil
kicserélhetőség interchangeability
kicsinyített lépték reduced/plotting scale
kicsinyítő *mn* diminutive; ~ **másoló** *(fényk)* midget printer; ~ **szerkezet** *(fényk)* stunt
kicsinyítőkörző reducing/reduction compass(es)
kicsinyítőtoldat *(fényk)* reducing attachment
kicsíp pinch
kicsipkéz indent
kicsírázik *(élip)* sprout
kicsiszol *(fa)* skive; *(belső felületet)* grind out
kicsomagol unpack; *(ládából)* uncase
kicsorbul chip
kicsorbulás beard, chipping
kicsövezetlen mélyfúrás untubed well
kicsurgat separate by fusion
kicsúszik *(vasút)* outslide
kicsűr *[botkormánnyal; rep]* stick outside, correct by aileron
kidagad bulge, swell
kidagadás *(gumi)* surging
kidagadó felület swollen surface
kidarabol piece out
kideszkáz lag on; **vágatot** ~ *(bány)* lace up
kidob *[tűzhányó]* eject; **mérőónt** ~ heave the lead; **a sebességváltó** ~**ja a sebességet** *(gépk)* the gear pops out of mesh
kidobás dejection
kidobó *fn* *(présen)* kicker rod, ejector pin; *(pa)* ejector; ~ **berendezés** knockout attachment; ~ **kapcsoló** *(rep)* jettison switch; ~ **lap** *(gépk)* throw-out shield; *(présen)* push-out plate; ~ **teher** *(rep)* dischargeable weight
kidobócsap *(alak, kat)* ejection/ejector pin
kidolgoz clean, finish; *(drágakövet)* trim out; *(dobban)* tumble; *(ép)* set out; **munkatervet** ~ map out
kidolgozás working out, finish, development; *(dobban)* tumbling
kidolgozatlan rude, unfinished, uncured
kidomborítás embossment; *(cipő)* beading, welting

kidomborodás bulge, bulking, bilge ; *(földt)* prosiliency ; ~ **talpduzzadás miatt** *(bány)* swineback
kidomborodik buckle, bulge
kidomborodó *vö* **kidomborodik**
kidőlés *[támfalé]* tilting failure
kidönt *(fát)* fell, cut down ; *(kocsit)* dump, void, tip over
kidöntés *vö* **kidönt** ; *(bány)* kick
kidörzsöl rub, scour ; *(forg)* ream (out) ; *(heng)* broach out ; *(összevarrott felsőrészt ; cipő)* rubbing down
kidörzsölés attrition
kidörzsölt *(forg)* reamed
kidudorított outbowed, bulging
kidudorodás *l még* **dudor** ; bump, bulge, bilge, swelling, boss(age), protrusion ; *(ép)* snug *is ; (fa)* bulb ; *(hajó ; vitorlán)* bunt ; *(hajótesten)* bulge
kidudorodik bulge, bulk, swell
kidudorodó bellied, outbowed ; *vö még* **kidudorodik** ; ~ **peremléc** roll moulding
kidugaszolás clear out a stoppage
kidugógerenda *(állványhoz)* putlog ; **falnyílás** ~ **számára** *(ép)* putlog hole
kidugógerendás és szálfás *v* **londinás állvány** *(ép)* scaffolding of poles and putlogs/pullocks
kiég burn off/out ; *(biztosító)* fuse, melt
kiégés *(csőé ; rád)* burn-out ; *(biztosítóé ; vill)* fusing, melting
kiégésjelző *(rád)* burn-out indicator
kiegészít make up, integrate, implement, complete ; *[készletet]* refill ; *(tele-tölt)* replenish
kiegészítés complement, supplement, admixture, addendum, addition, replenishment ; *(nyomda)* sorting again
kiegészített mennyiség integrated quantity
kiegészítő *mn* complementary, supplemental, accessory, auxiliary, additional ; *(mat)* complementary, supplemental ; *fn* coagent, accessory ; *(számológép ; vill)* complementor ; ~ **antenna** *(radar)* gap filler ; ~ **anyag** complement ; ~ **betűanyagot rendel** *(nyomda)* reorder sorts ; ~ **darab** make-up piece ; **egymást** ~ **szűrők** *(távk)* complementary filters ; ~ **elem** *(vill)* balancing cell ; ~ **energia** *(aut)* outside/auxiliary energy; ~ **felszerelés** *[szerszámgéphez]* optional equipment ; *(szabványon felüli)* extras ; ~ **halmaz** *(mat)* complementary set ; ~ **hangszórópár** *v* **-rendszer** *(rád)* multiple loudspeakers, woofer--tweeter ; ~ **jel** secondary mark ; ~ **kábel** *(távk)* booster cable ; ~ **kapcsoló** *(rád)* booster switch ; ~ **keret** *(ép)* supplemental frame ; *(gépt)* subframe ; ~ **kőzetek** complementary rocks ; ~ **műszer** auxiliary set ; ~ **oszlopfő** *(az abakusz felett)* dosseret ; ~ **összeg** complement total ; ~ **rész** *(gépt)* make-up piece ; ~ **szín** addition/complementary/contrast colo(u)r ; ~ **szög** *(mat)* complement of an angle ; *(180°-ra)* supplemental angle ; ~ **szűrő** *(pótszűrő ; távk)* supplementary/auxiliary filter ; ~ **tekercs(elés)** *(vill)* auxiliary winding ; ~ **telér** *(földt)* complementary dike
kiéget scorch, burn ; *[téglát]* bake ; *[téglát v meszet]* kiln ; **biztosítót** ~ *(vill)* blow a fuse ; **izzó vassal** ~ cauterize ; **sujtóléget** ~ *(bány)* burn out methane

kiégetés torrefaction, burn-out, scorching ; *(ker)* baking, curing, firing
kiégetetlen *[tégla]* unburnt
kiégetett burnt, baked ; **nem kellően** ~ *[agyag]* underfired ; **nem** ~ **tégely** *(koh)* green crucible ; **rosszul** ~ **tégla** pecking ; ~ **tégla** salmon brick
kiégető képesség burning power
kiégett *vö* **kiég** ; sear ; ~ **acél** *(hők)* burnt steel ; ~ **biztosító** *(vill)* blown fuse ; **félig** *v* **rosszul** ~ **tégla** under fired/samel brick ; ~ **huzal** burnt-out wire ; ~ **láva** *(földt)* scorise ; **teljesen** ~ **szén- és kokszsalak** *(koh)* furnace clinker
kiegyenesedik straighten
kiegyenesít straighten, unbend ; *(alak) l* **egyenget** ; *(vonalba állít)* align, range into line ; *(mat)* rectify ; *[szeget]* dress
kiegyenesítés straightening, alignment, tru(e)ing ; *(mat)* rectification
kiegyenesíthető *(mat)* rectifiable
kiegyenget dress, compensate, complanate, smooth out, plane, flatten ; *(„cúrichtol" ; nyomda)* make ready ; *(fúvott üvegrudat)* platten ; *(lefelé)* level down ; **furatot** ~ fine bore
kiegyengetendő *(földmunka)* out-of-face
kiegyengetés *vö* **kiegyenget**
kiegyenlít equate, equalize, equibalance, compensate, bring fluch, adjust, level (off), offset, balance ; *(ep)* make up, level off ; *(csillapítást ; távk)* compensate [attenuation] ; *[csillapítás-torzítást ; távk)* equalize ; *(híd-áramkört ; kábelt áthallásra ; távk)* balance ; *(impedancia-karakterisztikát ; távk)* correct ; *(szintingadozást ; távk)* compensate [level fluctuation] ; *(talajt)* even ; ~**ik egymást** *(áramok)* neutralize
kiegyenlítés offset, balance, balancing, equalization, compensation, damping ; *(geod)* adjustment ; *(rád)* alignment, trimming, padding ; *(átvitelé)* response correction/compensation ; *(számológépen:)* smoothing ; *(telev)* equalizing ; ~ **nélküli csűrőlap** *(rep)* non-compensated aileron ; ~ **szöge** *(rep)* angle of trim ; **útcsatlakozási ív** ~**e** approach easement
kiegyenlítési : ~ **csillapítás** *(távk)* **hibacsillapítás** ; ~ **érték** *(aut)* reciprocal of steady-state gain ; ~ **folyamat** *(aut)* transient recovery, recovery curve ; ~ **intervallum** equalizing interval
kiegyenlítésjelző (műszer) *(rád)* balance indicator
kiegyenlítésvizsgáló készülék *(távk)* balancing tester
kiegyenlítetlen : ~ **híd** *(vill)* unbalanced bridge ; ~ **hossz** *(távk)* non-compensated length ; ~ **modulátor** *(rád)* unbalanced modulator ; ~ **négypólus** *(rád)* unbalanced network
kiegyenlített compensated, even ; *vö még* **kiegyenlít** ; ~ **csűrőlap** *(rep)* compensated aileron ; ~ **mérőhíd** *(vill)* balanced-/equal-arm bridge ; ~ **modulátor** *(távk)* balanced modulator; ~ **motor** balanced armature unit ; **x-en belül** ~ *(távk)* flat within x
kiegyenlítő *fn* compensator, equalizer, evener ; *(kuplungrudazatban ; gépk)* compensator ; *(mech)* balancer ; *(távk)* compensating/corrective network, equalizer, corrector ; *(fehérítésnél ; tex)* J-box ; *mn vö* **kiegyenlít** ; *(szelfaktor-fonalvezetőn ; tex)* slackener ; ~ **akna** *(hidr)* surge shaft ; ~ **alátét** equalizing washer ; ~ **áruszabályozó** *(tex)* compensating motion ; ~ **berendezés** *(tex)* compensating device, scray ; *(vill)* balancer ; ~ **csatlakozások** *(rád)* compensatory leads ; ~ **csatorna** puff port ; ~ **csatornás tolattyú** *(szivattyúhoz)* valve with passage-way ; ~ **csigasor** differential pulley ; ~ **cső** *[két szívócsőrész között ; gépk]* balance pipe ; ~ **csűrőlap** *(rep)* compensating aileron ; ~ **ellenállás** balancing/compensating/steadying resistance ; ~ **feszültség** additional voltage ; ~ **földvezeték** ground equalizer ; ~ **fővezeték** *(vill)* equalizing mains ; ~ **fúvóka** *(gépk)* compensating jet ; ~ **(gáz)tartály** relief holder ; ~ **gépcsoport** compensation set ; ~ **gerenda** *(ép)* equalizing beam ; ~ **gerjesztés** differential excitation ; ~ **görgő** compensating roller ; ~ **hajtómű** differential gear ; ~ **hálózat** *(rád)* balancing network, duplex balance ; ~ **hatás** levelling effect ; ~ **henger** *(tex)* evener roller ; ~ **horony** *(gépt)* relief slot ; ~ **impulzus** equalizing pulse ; ~ **indukció** *(vill)* trimmer inductance ; ~ **jel** *(távk)* equalizing pulse ; ~ **kábel** *(távk)* booster cable ; ~ **kamra** *(hidr)* surge chamber ; ~ **kapcsolás** *(rád)* balancing network ; ~ **kar** *(gépt)* balance lever, equalizing beam ; ~ **keresztimba** *(vasút)* transverse equalizer ; ~ **keret** *(hajó)* compensating loop ; ~ **kocsi** balance car ; ~ **kondenzátor** *(rád)* equalizing/balancing/padding capacitor/condenser ; *(kétlemezes)* book capacitor ; ~ **kör** *(rád)* corrective network ; *(telef)* equalizer ; ~ **kötél** *(alsó ; bány)* trip rope , ~ **kötéltárcsa** compensating sheave ; **külső és belső nyomást** ~ **cső** barometric discharge pipe ; ~ **lap** *(rep)* trimmer (flap), (trimming/balance) tab ; ~ **lemez** *(fényt)* accessory plate ; *(rep)* tab ; ~ **medence** *(hidr)* surge tank/basin ; ~ **menesztő** compensating dog; ~ **módszer** *(rád)* balanced method; ~ **mű** *l* **kiegyenlítőmű, differenciál**; balance gear; ~ **nyomaték** *(rep)* trimming moment ; ~ **oldat** *(vegy)* buffer solution ; ~ **oszcillátor** alignment oscillator ; **önműködő** ~ *(tex)* self-compensating device ; ~ **összeköttetés** *(vill)* equipotential connection; ~ **penge** *(fényk)* balancing blade ; ~ **platina** *(tex)* measuring sinker ; ~ **potenciométer** *(vill)* balancing potentiometer ; ~ **rács** *(rád)* compensating grid ; ~ **rendszer** balancing/compensation system ; ~ **rugó** compensating spring ; ~ **rugótok** *(vasút)* counterbalance spring-case ; ~ **számítás** *(geod)* compensating computation ; ~ **szekrény** *(tex)* equational box ; ~ **szelep** flush-out valve, by-pass (valve) ; ~ **szer** *(tex)* dumper, levelling agent ; ~ **szerelvény** *(jelző v váltó vezetékhez)* compensator ; ~ **tápvezeték** equalizing feeder ; ~ **tárcsa** *(gépt)* relief plate ; ~ **tartály** *(szivattyún)* trimming tank; *(vegy)* surge tank; ~ **tekercs** alignment/

/compensating coil; ~ **tekercselés** compensated winding; ~ **telep** *(vill)* buffer battery; ~ **töltés** *(akkumulátortelepé)* equalizing charge; ~ **tömszelence** stuffing-box compensator; ~ **transzformátor** balancer transformer; ~ **vezeték** compensating lead; *(távk)* balancing wire; *(hidr)* equalizing bypass; ~ **vonórúd** *(járgányon)* equalizing beam
kiegyenlítődés equalization; *(mech)* transient effect
kiegyenlítőlap-állító *(rep)* trim tab control
kiegyenlítőmű *(gépk)* differential; *(gépk, ált)* equalizing gear, differential gear/motion; *(forg)* differential attachment; *(szelfaktoron; tex)* differential motion; **bolygókerekes** ~ *(gépk)* differential gear-train, differential epicyclic gearing; ~ **féltengelye** differential axle; ~ **hajtó fogaskereke** differential pinion; ~ **keresztcsapszege** differential cross-pin, diffrential spider; **kúpkerekes** ~ *(gépk)* bevel gear differential; **önzáró** ~ *(gépk)* differential gear with self-locking device; ~ **tányérkereke** differential ring gear
kiegyenlítőműház differential housing/case
kiegyenlítőmű-kereszt differential cross/spider
kiegyenlítőműves fék *(gépk)* differential brake
kiegyenlítőműzár *(gépk)* differential--locking device
kiegyensúlyoz (counter)balance, equilibrate, compensate, true
kiegyensúlyozás (counter)balancing, compensation, (equi)libration; *(forgó tárgyé)* tru(e)ing; *(hajó, rep)* trim
kiegyensúlyozási jegy balance mark
kiegyensúlyozatlan unbalanced, out-of--balance, skipping
kiegyensúlyozatlanság unbalance; ~ **hatása** out-of-balance effect
kiegyensúlyozó *fn* weight equalizer, equilibrant; *(kar v himba; gépt)* balancer, equalizer; *mn* balancing; *vö még* **kiegyensúlyoz**; ~ **emelőkar** (counter)balance lever; ~ **erő** balance force; ~ **felület** *(rep)* balancing plane; ~ **és fúró gép** combination balancing and drilling machine; ~ **gép** balancing machine; ~ **henger** *[kötélpálya tartó kötélzetén]* ballast cylinder; ~ **jelfogó** *(vill)* load-levelling relay; ~ **kerék** *v* **korong** balancing wheel; ~ **nehezék** balance weight; ~ **nyomaték** (counter)balance moment; ~ **pad** *(gépt)* balancing stand; ~ **transzformátor** automatic transformer; ~ **üreg** *v* **furat** balancing hole; ~ **vezeték** *(gépt)* balancing ways
kiegyensúlyozott compensated, balanced; *vö még* **kiegyensúlyoz**; **aerodinamikailag** ~ *[kormányfelület]* aerodynamically balanced; ~ **dugattyú** supported piston; ~ **hangfelvétel** well-balanced pickup; ~ **modulátor** *(távk)* balanced modulator; **rosszul** ~ poorly balanced; ~ **síktolattyú** relieved slide valve
kiejtő nyílás *(telef)* refund chute
kiékel key, wedge, pinch, splay
kiékelés wedging/keying up, splay, pecking; *[vasbeton gerendáé]* haunch
kiékelő: ~ **kés** riving knife; ~ **kődarab** spall; ~ **szerkezet** *(ép)* straight--wedge mechanism
kiékelődés *(földt)* pinch out, nip out, fray-out, raking, pinch
kiékelődik *(földt)* pinch/(s)play/peter/nip/wedge out, end off
kiékelt gerenda *(fa)* dowelled beam
kiékül *(földt)* *l* **kiékelődik**
kiékülés *(földt)* *l* **kiékelődés**
kielégíti a követelményeket meet the requirements
kielégítő satisfactory; **nem** ~ unsatisfactory, inefficient; **nem** ~ **termelékenység** unsatisfactory productivity
kiélesít *(forg)* *l* **élez**
kiélez point, fine away; *(forg)* *l* **élez**
kiélezés pointing; *l még* **élezés**
kiélezett pointed, sharp; *vö még* **élez**; **finoman** ~ featheredge(d)
kiemel lift out/off, extract; *(földből)* disinter; *[hangot hangfelvetelkor]* emphasize; *(hangsúlyoz; rád)* accentuate, emphasize, enhance; *(kábelt; vill)* grapple; **csigával** ~ bouse; **fát** ~ *(fűrészgépből)* pinch; **kábelt** ~ heave up the cable; **kötelet** ~ unreeve; **zárójelből** ~ *(mat)* factor out
kiemelés mounting, lift; *(bány)* crop opening; *(földből)* disinterment; *(mat)* factoring out; *(hangé; rád, távk)* (pre)emphasis; *(rugóé; távk)* follow (of spring); *(víz alatti kábelé; vill)* grappling; **késleltetett** ~ *(traktoros munkagépen)* delayed power lift; ~ **megszüntetése** *(rád, távk)* deemphasis; **mély hang** ~**e** *(rád)* bass control
kiemelkedés protuberance, prominency, boss, projection, embossment, emergence; *l még* **dudor**; *(földt)* knob; **viszonylagos** ~ *(geod)* elevation
kiemelkedik protrude, emerge, stand out, project
kiemelkedő emergent, outstanding, prominent, raising; ~ **bordázat** *(strukszon; tex)* raised line; ~ **csík** *v* **sáv** wale; ~ **csipkeminta** pin work; ~ **rész** projecting/projection piece; ~ **tető** *(ép)* monitor roof
kiemelő lifting, lift-off, releasing; *(csak bizonyos elemeket érintő)* elective; ~ **csap** *[tengelykapcsolón]* nog; ~ **erősítő** *(rád)* booster; ~ **fogantyú** lifting handle; ~ **henger** *(kártológépen; tex)* fancy (roller); ~ **kanál** *(szelepes; bány)* auger with valve; ~ **kanál szelepe** *(bány)* auger/dart valve; ~ **kés** digger/lifter blade; *(burgonyaszedő gépen)* shovel; ~ **kés cserélhető csúcsa** shovel point; ~ **kör** *v* **kapcsolás** *(rád)* accentuator; ~ **rudazat** *(traktorra szerelt munkagépen)* rockshaft; ~ **szerkezet** *(gépt)* release gear; *(mzg)* lift/puller unit
kiemelt föld *v* **talaj** cop, spoil, excavated earth/soil
kienged let out, release, relieve; *(meglazít)* slack away; *(ruhát)* let out; *(vill)* release; *(jelet; távk)* send out; *l még* **kibocsát**; **futóművet** ~ *(rep)* lower the landing gear; **levegőt** ~ disinflate, vent; **nyomást** ~ slack off the pressure, decompress
kiengedés slackening, let-off; *vö még* **kienged**
kiengedett futómű *(rep)* extended/lowered landing gear
kiépít *(fúrócsöveket; ol)* run out; **túlzottan** *v* **zsúfoltan** ~ overbuild
kiépítés *vö* **kiépít**
kiépítési vízhozam plant discharge capacity
kiépített gázló paved ford
kiereszt let out/off, tap, draw off; *l még* **kibocsát** *és* **kienged**; **levegőt légfékből** ~ *(vasút)* bleed; **vizet** ~ run off
kieresztés *vö* **kiereszt**
kieresztett: ~ **fékszárnnyal megengedett sebesség** *(rep)* maximum permissible speed with flaps lowered; ~ **futómű** *(rep)* lowered/extended undercarriage
kieresztheto hűtő *(rep)* retractable/pull-out radiator
kieresztő *fn* outfall; *(gépk)* evacuation flap/valve; ~**cső** *(szivattyún)* outlet tube; ~**lapát** *[vetőgépen]* discharge blade; ~ **nyílás** discharge (hole), bleed/drain hole, mouth, spout; **önműködő** ~ **nyílás** *(gépk)* automatic discharge opening; ~ **szelep** release valve; ~ **tömlő** discharge hose
kierez: **dohánylevelet** ~ unrib leaves of tobacco
kierezett dohánylevél strip leaf
kiérlel *(fát)* season *[timber]*
kiérlelt *(fa)* seasoned
kierősít *(cipőfelsőrészt)* reinforce
kierősítő anyag *(cipő)* plumper
kiértékel evaluate
kiértékelés evaluation, estimation
kiértékelő: ~ **berendezés** *v* **asztal** *(radar)* chart comparison unit; ~ **gép** *(geod)* plotting machine
ki- és befelé haladó mozgás in-and-out movement
ki- és bekapcsol *(áramot)* cut in and out, switch off and on, make-and--break
kieserit *(ásv)* kieserite
kiesés drop-out; ~ **a képmezőből** *(telev)* out of frame position; ~ **a szinkronizmusból** *(távk)* fall-out of synchronism
kiesett ággöcs *(fa)* dropped-out knot
kiesik: **egyidejűségből** *v* **szinkronizmusból** ~ fall out of step; ~ **az ütemből** be out of beat
kieső: ~ **ággöcs** *(fa)* loose knot; ~ **minta** *(pa)* outturn
kiesztergál bore (out)
kiesztergálás *l* **esztergafúrás**
kiesztergált bored; **gyémánttal** ~ diamond-bored; **keményfémmel** ~ carbide-bored
kietlen terület waste land
kifacsar squeeze out, wring
kifacsarás putting out, squeezing; *(zsíros cserzésű bőré:)* wringing
kifagyaszt *(parafint)* chill out
kifagyasztás freezing out; *(ol)* chilling
kifagyasztó készülék chiller
kifagyasztott *(sztearinmentes)* **olaj** winterized oil
kifagyó köd *(met)* freezing mist
kifakít discolo(u)r
kifakul discolo(u)r, fade
kifakulás *(tex)* decolo(u)r(iz)ing, decolo(u)ration; *(vegyi hatásra:)* bleach out; *(levegőn:)* fading on exposure
kifalazás *(koh, önt)* lining
kifárad *(mech)* fatigue

kifáradás *(fémeké)* fatigue; *(nemfémes anyagé:)* ageing; **~t okozó feszültség** fatigue stress; **~sal szembeni ellenállás** resistance to fatigue
kifáradási: ~ élettartam fatigue life, endurance; **~ feszültség** fatigue stress; **~ hajtogató vizsgálat** *(bemetszett próbatesten)* alternating notch bending test; **~ határ** endurance/fatigue limit; **~ határ csavaró igénybevételnél** torsional fatigue strength; **~ határ hajtogatópróba esetén** endurance/alternate bending strength; **~ határ ütve-fárasztás esetében** resistance to repeated impact; **~ határ váltakozó húzó-nyomó igénybevétel esetén** alternating tension-compression fatigue strength; **~ próba** fatigue/endurance test; **~ repedés** fatigue/endurance crack; **~ szilárdság** endurance strength; **~ törés** fatigue/endurance failure, repeated stress failure; **~ ütőpróba** endurance impact test; *(bemetszett próbatesten:)* endurance notch bar impact test; **~ vizsgálat** fatigue/endurance test; *(túlterheléssel:)* damage line test; **~ zóna** fatigue range
kifáradásvizsgálat állandó terhelés mellett static load fatigue test
kifáradásvizsgáló gép *(anyagv)* fatigue machine, endurance testing machine
kifarag adz(e); *(kőből:)* carve; **rézsútosan ~** *(fa)* bevel away
kifaragott: durván ~ *[kő]* rough-finished
kifarolás *(rep)* outside slip
kifecskendez jet
kifehéredés blanching
kifehérít bleach; *(pa)* fade
kifejez express; **számokkal ~** figure, express numerically
kifejezés *(mat)* expression, relation; *(tag)* term; **~ más (mérték)egységben** reduction
kifejező háttér *(film)* prop
kifejleszt develop
kifejlett átütés *(vill)* fully-developed breakdown
kifejlődés development, evolution, (up)-growth, spreading
kifejlődési: ~ idő *(áramnál; vill)* build-up time; **~ késedelem** *(vill)* reaction lag
kifejt shell off, hull, enucleate; *(erőt:)* exert; *(lóerőt:)* produce, develop; *(mat)* expand; *(kihüvelyez:)* peel; *(bány)* win, raise, recover, get; *(vill, tex)* uncoil; **kamarát ~** *(bány)* advance the room
kifejtés exposition; *(mat)* development; *(sorba:)* expansion; **görbe vonal** *v* **felület ~e** *(mat)* rectification; **új ~** *(mat)* restatement
kifejtett unfolded, developed; *(erő:)* exerted; *(mat)* explicit; *(sorbafejtett)* expanded; *(bány) vö* **kifejt**; **~ alak** *(mat)* explicit form; **~ erő** exerted force; **~ hossz** developed length; **ki nem fejtett alak** *(mat)* implicit form; **~ útkereszteződés** roundabout crossing
kifejthető *(bány)* recoverable; *(mat)* developable; **~ felület** *(mat)* developable surface; **~ pillér** *(bány)* recoverable pillar
kifelé outward(s); **~ hajló csőszerelvény** offset fitting; **~ induló** *v* **tartó** outward-bound, outbound; **~ irányuló** outward; **~ irányuló forgalom** *(vasút)* outward traffic; **~ lejtő** *(ép)* weathering; **~ nyíló ablakszárny** *(ép)* outswinging casement
kifelécsúszás *(rep)* *(földön:)* outward skidding; *(levegőben:)* outside slip
kifelesedik *(koh)* mottle
kifeszít span, extend, distend, rack, strut; *(kötelet:)* rope, crowd; *(vitorlát:)* fill, raise; *(bőrt:)* strain; *(szélességben:)* tenter; **árut szélességében ~** *(tex)* hold out; **kötelet ~** rope
kifeszítés extension, stretching, tightening; *(ép)* anchorage; *(rep)* bracing
kifeszítetlen unbraced
kifeszített *vö* **kifeszít**; **~ hártya** *(hangt)* loaded diaphragm; **~ membrán** *[dobon]* tympan; **~ szalag** *(szállítószalag)* paid-off belt
kifeszítő *l* **feszítő**
kifeszkéz *(bány)* underprop, shore up
kifeszkézés *(bány)* jacking
kifeszkéző tám *(bány)* anchor jack, jack column
kifinomít fine away
kifinomítás refinement
kifizető: ~ érc *(koh)* pay orebody; **~ érc-** *v* **aranytorlat** *(bány)* pay wash
kifizetődő workable
kifog *(hálóval)* entrap; *[darabot satuból]* unclamp; *(lovat:)* outspan; *(tokmányból:)* dechuck
kifogás *(szerszámgépen)* unclamping; **~ tokmányból** chucking out
kifogásol *(vmit)* object (to sg)
kifogásolható (minőségű) defective
kifogástalan irreproachable faultless; **~ pörkölés** good roasting
kifogy run low/short, peter out
kifogyás run(ning) out
kifolyás discharge, effluent, (out)flow, issue, effusion, seepage, flow-off; *(hidr)* outlet, efflux, break-out; *(pa)* discharge; *(szivattyún:)* discharge; **új ~** *(hidr)* reissue
kifolyat run off, bleed; *(hidr)* issue
kifolyik escape, effuse, flow out, discharge
kifolyó *fn* vent, effluent, outfall; *(önt)* nose bit; **~ csap** faucet, outlet cock; **csappal zárható ~ (nyílás)** turn-off; **~ csatorna** offtake; **~ cső** pouring spout; *(ivelt)* bib; **~ keverék** *(vegy)* spew; **~ nyílás** bleed/discharge hole, spout; *(fürdőkádon)* plug hole; *(szivattyún:)* snout, vent; *(hidr)* outlet orifice; *(pa)* mouth; **~ nyílás keresztmetszete** *(hidr)* outlet cross-section; **~ sugár** discharge jet; **~ szelep** bib valve; **~ vezeték** *(koh, önt)* exit guide
kifonhatóság *(tex)* count spinning limits
kifordít invert, turn (out); *(stircel, cipőfelsőrészt)* bead
kifordítás *(bány)* reversal
kifordítható szövet *(tex)* reversible fabric
kifordított minta *(tex)* converse pattern
kiformál shape, form
kiformálás shape, forming
kifőz boil off, buck, seethe; *(tex)* buck; **zselatint ~** *(csontokból)* degelatinize
kifőzés *(tex)* boil-out, bucking
kifőző edény *(gumi)* bosh
kifőzött cefre *(élip)* residuary liquid of spirits, slop, stillage
kifúj blast, flush out, blow off, scavenge; *[tömítésnél v csőkötésnél]* blow; *[villamos ivet]* blow out; **nagyolvasztót ~** blow out
kifújt lövés *(bány)* bootleg
kifúr bore, drill, pierce, hole; **kerék agyát ~ja** block
kifúró készülék boring fixture
kifut run out; *(folyadék:)* boil over; **~ja magát** *(gépk)* run down
kifutás run(ning) out; *(nyomda)* break; *(vasút)* coasting; **~ hossza** *(rep)* landing distance; *(szelfaktor-kocsié; tex)* length of the stretch; **menet ~a** *(csavaron)* thread runout; **~ nagysága** *(szelfaktor-kocsié; tex)* draw
kifutási: ~ alak *(jelé; rád)* (wave) tail; **~ idő** *(aut)* time required (for controlled variable), to reach the specified level, time required for a fullscale step change in controller output; **~ próba** *(vill)* retardation test; **~ út** *(vasút)* slow-down path
kifutás-leszállás *(rep)* landing run
kifutó *(személy)* messenger; *(tér:)* fowl run; **~ dombok** *(földt)* foot hills; **~ filmszalag** run out; **~ görgőasztal** *(heng)* runout roller table; **~ nyílás** outlet end; **~ oldal** exit side; **~ pálya** *(rep)* race(way)
kifúvás blasting, blow(ing); *[kopott dugattyúgyűrű mellett]* blow-by; *(robbantólövéskor; bány)* outburst; *(rossz tömítés miatt; gőz)* blowdown, escapement; *(szivattyún:)* vent; **mágneses ~** *(heg)* magnetic blow
kifúvat blow out/off, flush out
kifúvatás blowing, blow-off, blowdown; *(ívkioltásnál; vill)* expulsion; **~ gőzsugárral** steam blast; **~ a levegőbe** *(gőzé)* exhaust to atmosphere
kifúvatható retorta blowing still
kifúvató: ~ csap blow-off cock; *(próbavételhez:)* test/try cock; **~ csavar** bleeder screw; **~ kád** *(diffúzor; pa)* blow-out pit; **~ szelep** blow valve
kifúvó *fn* bleeder; **~ anyag** *[kohászatban krómérc]* blowing agent; **~ ciklon** *(pa)* blow-off cyclone; **~ csap** blow-off/cleaning cock; **~ csatorna** *v* **csővezeték** scavenging duct; **~ cső** exit pipe, blow-out/-off pipe; **~ elektromágnes** blow-out (electro)-magnet; **~ légkamra** delivery air chamber; **~ mágnes** *(vill)* blow-out magnet; **~ nyílás** *(fújtatón)* tewel; **~ szelep** *(gépk)* blow(-through) valve; **~ tekercs** *(vill)* blow-out coil; **~ vezeték** blow-off pipe
kifüggesztett oldalcsónak *(hajó)* quarter boat
kifűrészel saw out; *(fát kivág:)* cut; **kötött méretek szerint ~** cut to requirements
kifüstöl fumigate
kifűtés *(egyenirányítóé; vill)* bake-out
kigöngyöl unwind; *(tex, vill)* uncoil
kigöngyölt unfolded
kigörbülés vasúti sínen sweeping
kigőzöl steam out, evaporate; **hordót ~** steam a cask
kigőzölés steaming out
kigőzölgés evaporation, expiration, reek
kigőzölő *fn (ol)* stripper; *mn* **~ tartály** steaming-out tank; **~ torony** *(ol, vegy)* stripping tower
kigőzölög reek, evaporate
kigőzölögtetés *(ol)* evaporation

kigőzölt cukorszörp *(lé-lehúzás után; élip)* steaming
kigurul *(rep)* taxi
kigurulás *(rep)* taxiing
kigyártó osztály *(cipő)* making department
kígyóbőr snake (leather)
kígyócső coil(er), worm, serpentine
kígyócsőrendszer coiler/spiral pipe system
kígyófej cat-head
kígyógörbe *(mat)* serpentine
kígyórúdfúró carpenter's twisted auger
kígyós hűtő serpentine cooler
kígyósor *(heng)* serpent mill
kígyózás *(rep)* snaking, tailing motion
kígyózik crankle, crinkle
kígyózó tortuous, sinuous, serpiginous, winding; ~ **folyóáramlás** *(földt)* winding course; ~ **kanyar** winding bend; ~ **mozgás** snaking, crabbing, tailing motion; ~ **üreg** *(öntvényben)* serpiginous hollow
kigyullad burst into flames
kihagy *(elhagy)* eliminate, drop, skip; *(elmarad)* intermit, miss; *[gyújtásnál]* miss out; ~ **a gyújtás** *(gépk)* misfire; **a motor gyorsításkor** ~ *(gépk)* the engine misses on acceleration
kihagyás skip, intermission, omission, failure; *vö még* **kihagy**; *(motornál; gépk)* cutting out *(US)*; *(be nem fűzés a fonalvezetőbe; tex)* omitting; *(gyalukéstől érintetlen rész a deszkán:)* skip; *[gyújtásban]* miss; **szedési** ~ *(nyomda)* out
kihagyási jel *(nyomda)* caret
kihagyásos: ~ **járás** *(motoré)* bumpy running; ~ **motorszabályozás** hit-and-miss governing
kihagyó intermittent; ~ **vétel** *(rád, táv)* intermittent reception
kihajít shoot
kihajlás *(ált, mech)* instability; *(rúdé:)* side deflection, buckling; *(lemezé:)* buckling; ~**t előidéző terhelés** *(mech)* buckling load; ~**t okozó erő** *(mech)* buckling force
kihajlási: ~ **alakváltozás** *(mech)* buckling strain; ~ **együttható** deviation factor; ~ **feszültség** *(mech)* buckling stress; *(vill)* buckling voltage; ~ **próba** *v* **vizsgálat** *(anyagv)* buckling test; ~ **szilárdság** *(mech)* column strength, resistance to lateral bending, buckling resistance/strength; ~ **tényező** *(mech)* buckling factor; ~ **törés** column collapse/failure; ~ **vizsgálat** column stability test, buckling test
kihajlik overhang; *(mech)* buckle, collapse
kihajlít splay out, unfold, flare; *(mech)* bend laterally
kihajlító erő buckling load
kihajlított offset, overhanging; *(mech)* buckled
kihajló *l* **kihajlított**; ~ **vágat** *(bány)* butt
kihajol *(járműből)* lean out (of)
kihajóz disembark
kihajózás debarkation
kihajózási súly landed weight
kihajt drive/force out, expel; *(könnyű párlatot:)* skim, strip; *(bány)* draw, win, put forward, make
kihajtás *vö* **kihajt**; *(bány)* heading; *(vulkanizálási anyagfelesleg; gumi)* sprue; *(deszorpció; ol)* denuding; ~ **egy fogással** *(bány)* advance per attack; **fenyőág alakú** ~ *(kamráké; bány)* herringboning; ~ **kőben** *(bány)* stone head; ~ **megadott irányban** *(bány)* driving on line; ~ **süllyesztett biztosítással** *(bány)* shoe process
kihajtható kerékkapaszkodó *[traktoron]* offset lug
kihajtó készülék *(lepárlásra; ol)* stripper (column); ~ **szerszám** *(menetfúróhoz)* tap remover
kihajtott: ~ **bőrnyelv** *(cipő)* flare; ~ **sor** *(nyomda)* „nobbled" line
kihámoz *(élip)* scale, shell off
kihangol *[zavart; rád]* tune out
kihangsúlyozás accentuation; *(fényk)* stressing
kihangsúlyozott emphatic
kihántolás *(forg)* scraping-out
kihasasodás belly, bilge, bulge, flare, swelling
kihasasodik bulge, flare (out), swell
kihasznál utilize, exploit, use up
kihasználás utilization, exploitation; *(energia; vill)* current efficiency
kihasználási: ~ **fok** capacity factor; ~ **számítás** calculation of the yield; ~ **tényező** utilization factor; *(hálózati transzformátoré; rád)* utilization/utility factor; *(vill)* capacity factor
kihasználatlan waste; ~ **alapterület** *(ép)* lost area; ~ **felület** *[tűzrostélyon]* dead square; ~ **kapacitás** idle capacity
kihasználható useful; ~ **folyószakasz** power site
kihasznált spent, dead; ~ **cserzőlé** spent liquor/tan; ~ **folyószakasz** utilized river section; ~ **sav** spent acid
kihasználtság *(kábeleké; távk)* availability
kihegyez taper, tip, fine away
kihegyezett nibbed, acuminate, pointed, spiky
kihengerel flatten; *(lemezzé; gumi, heng)* roll out
kihengerlés rolling-out
kihézagol *(ép)* build/clip the joints, strike off; **cementtel** ~ run in with cement
kihézagolás *(ép)* pointing; **ferdére vágott** ~ raked joint
kihézagolt hézag *(mésszel festve)* stripped joint
kihomorít dish
kihordás delivery; *(koh)* discharge; *[szállítószalagon]* conveying
kihordó *fn (rakodógépé; bány)* boom; *mn vö* **kihord**; ~ **kocsi** *(kis tehergépkocsi)* delivery van; ~ **nyelv szállítószalagon** *(bány)* wing tripper; ~ **szalag** tail conveyer, collecting band
kihorgonyoz *(ép)* chain, anchor
kihorgonyzás anchor(age), grapple, stay; *[antennatoronyé]* end straining
kihorgonyzó: ~ **cölöp** *(ép)* anchor log; ~ **gerenda** *(ép)* anchor tie beam, longitudinal stay; ~ **karó** *(ép)* anchor jack; ~ **kötél** standing rope, stay; ~ **rúd** *(csapóhídon)* anchor strut; ~ **torony** *(ép)* anchor tower
kihozatal yield, recovery; *(bány)* capacity
kihullik fall out
kihulló göcs *v* **ághely** *(fa)* hollow knot
kihúsolt *(bőr)* fleshed out; **erősen** ~ *(bőr)* scooped
kihúz draw/dash/move/take out, extract, educe; *(rajzot:)* trace, ink in; *(bány)* stump out; *(támfát; bány)* withdraw; *(nyomda)* cross, delete; *(vill)* span; **fordulóból** ~ *(rep)* bring out
kihúzás drawing (off), extraction, stretch(ing); *vö még* **kihúz**; *(nyomda)* erasure
kihuzat *(fényk)* extension
kihúzgál *(bány)* stump out
kihúzható extension-type, adjustable; *(teleszkópos:)* telescopic; ~ **asztal** extension table; ~ **asztallap** *(fa)* slider; ~ **ék** pull spline; ~ **fiók** tiller; ~ **háromlábú állvány** sliding tripod; ~ **hűtő** extractable radiator; ~ **kemenceágy** *(koh)* mobile hearth of furnace; ~ **lencsefoglalat** *v* **tubus** *(mikroszkópon)* extension tube; ~ **olvadó biztosító** *(vill)* pull-out fuse; ~ **őrsárboc** *(hajó)* running bowsprit; ~ **szellőzőcső** telescopic uptake; ~ **szemlencse-csőfoglalat** eyepiece draw-tube; ~ **szitaszakasz** *(pa)* removable Fourdrinier part; ~ **tám** *(bány)* telescoping support; ~ **tengely** telescopic shaft; ~ **ülés** pull-out seat
kihúzó *(készülék v szerszám)* puller, extractor; ~ **akna** *(bány)* upcast (shaft), return/outtake shaft; ~ **cső** *(bány)* air channel; ~ **henger** *(heng)* withdrawal roller; *(nyújtógépen; tex)* drawing-off roller; ~ **légáram** *(légcseréhez; bány)* air return; ~ **légfolyosó** *(bány)* return slant; ~ **légvágat** *(bány)* return opening; ~ **padozat** *(akna külszíni padozata; bány)* open platform; ~ **szellőzőakna** *v* **légakna** *(bány)* *l* **kihúzó akna**; ~ **tus** drawing ink; ~ **vágány** *(vasút)* lead track
kihúzókar-csavar *(tirettcsavar; óra)* setting lever screw
kihúzókar-rugó *(tirettrugó; óra)* setting lever spring
kihúzós kemence *(sütőipari)* drawplate oven
kihúzott: **tussal** ~ drawn; ~ **vonal** full line
kihülés cooling; **lassú** ~ **öntőformában** *(acélöntvényé)* flask annealing
kihüvelyez *(élip)* scale, shale, shell, (un)husk
kihüvelyező gép *(élip)* shelling machine
kiigazít put right, correct, dress, true (up); *(csiszolókorongot:)* true up; *(fűrészfogazatot:)* fit a saw; *(geod)* set right, rectify; **besorolást** ~ readjust the sequence; **fűrészfogat** ~ *(srankol)* fit a saw
kiigazítás adjustment, repair, correction, aligning, reclaiming; *(műszeré; geod)* rectification; **ácsolatok** ~**a** *(bány)* realigning; ~ **mozgó célra** target offset
kiigazító corrective; ~ **csavar** adjusting screw; ~ **ellenállás** *(vill)* adjusting resistance; ~ **mágnes** correcting magnet; ~ **szög** *(hajó)* correction angle
kiigazított rectified; *vö még* **kiigazít**; ~ **iránymeghatározás** *(hajó, rep)* true bearing
kiiktat disengage, withdraw, ungear, out; *(áramkört)* disconnect, switch off

kiiktatás disconnecting, putting out, knockoff ; ~ **áramkörből** *(vill)* putting out of circuit ; **platinák ~a** *(tex)* casting-out

kiiktató *fn* cutout ; ~ **pecek** *(távk)* rod (for tripping/moving a gear) ; ~ **szerkezet** *(gépk)* cutout

kiiktatott *(gépt)* out-of-mesh, disengaged, out-of-gear ; ~ **állapot** *v* **helyzet** *(gépt)* release position ; ~ **tekercs** dead coil

kiindulás origin

kiindulási : ~ **anyag** starting material ; ~ **elegy** base mix ; ~ **érték** initial value ; ~ **időpont** *(távk)* zero-time reference ; ~ **körülmény** initial condition ; ~ **pont** starting point ; *(geod)* point of debouchment, reference centre ; *(mech)* point of departure ; *(mérésnél:)* reference point ; ~ **repülésvigyázó központ** initial air traffic control centre ; ~ **szint** *v* **magasság** *(geod)* initial level ; ~ **tényező** prime factor ; ~ **vonal** datum line ; *(előrajzolásnál, munkadarabok tájolásánál ; forg)* reference line ; ~ **zóna** *(csill)* zero zone

kiinduló initial, datum ; *[hajó v szállítmány]* outbound ; ~ **adatok** basic data (for programming) ; ~ **anyag** *(lepárlás ; koh, ol)* charge ; ~ **helyzet** starting position ; ~ **magasság(i pont)** *(geod)* zero altitude ; ~ **pont** start(ing point), origin ; ~ **pont ordinátája** *(mat)* first ordinate ; ~ **vonal** *(geod)* datum/reference/zero line ; *(mat)* initial line

kiirányítás *(vágányé ; vasút)* dressage

kiírás *(ajánlatban, kérésben, rendelésben, költségvetésben)* specification

kiirt kill, grub, extirpate, extinguish, eradicate

kiirtás extirpation ; *vö még* **kiirt**

kiizzad *(önt)* sweat

kiizzít *(hők)* anneal

kiizzítás *(hők)* annealing ; *l még* **lágyítás**

kiizzító kemence *(hők)* annealing furnace

kijárás nélküli *(ép)* passless

kijárat exit (opening), outlet, issue, way-out, egress ; *(autóbuszon:)* exit ; ~ **nélküli** blind

kijárati : ~ **jelző** *(vasút)* advance signal ; ~ **nyílás** outlet ; ~ **vágány** dispatch track, outgoing rail ; ~ **váltó** *(vasút)* runaway point

kijavít repair, refit, recondition, set right, readjust, renovate ; *(könyvet:)* revise ; **hibákat (levonaton)** ~ *(nyomda)* read

kijavítás repair, correction, refit, reinstatement ; *(ép)* restoration ; **~ra szoruló munkadarabok** menders

kijelöl mark out/off, trace, set (out) ; *(ép)* site ; **bójákkal** ~ buoy ; **helyet** ~ locate, trace, situate ; **méretre** ~ *(fát)* sketch down

kijelölés marking-out/off, tracing, location, setting-out, outlining

kijelölő marker ; ~ **áram** *(távk)* marker current ; ~ **vezeték-multiplikáció** *(távk)* marking multiple

kijelölt hullámsáv hivatalos *(légiforgalmi v hajózási)* **célra** *(rád)* service band

kijut *(hajó a tengerszorosból)* disembogue

kikalapál hammer out, flatten, planish

kikalapálás hammering, peening

kikapar rip, claw, scratch off ; *(ép)* erase

kikapás *(bőr)* gouges, nicks, scores, flat cuts

kikapásos *(bőr)* scooped

kikapcsol release, withdraw, relieve ; *(csapot)* turn off ; *(kiveszi a sebességet ; gépk)* disengage ; *(kapcsolódó részeket ; gépt)* disengage, ungear, put out of gear ; *(tengelykapcsolót)* unclutch, declutch ; *(kh)* idle ; *(vasút)* disjoin ; *(vill)* switch off, put out of action, make dead ; *(áramkört ; vill)* break ; *(áramot ; vill)* cut off ; **motort** ~ *(rep)* stop the engine ; **motor ~va** engine out ; **óraszerkezettel** ~ *(rád)* trip ; **sebességet** ~ *(gépk)* throw out of gear ; **vízvezetékszakaszt vakkarima beállításával** ~ blank off

kikapcsolás release, disengagement, disconnection ; *(jelfogóé)* drop-out ; *(vill)* cutoff, trip(ping), disjunction *is* ; **motor ~a** engine cut-off ; **önműködő** ~ *(gépt)* automatic disengaging ; *(tex)* automatic knocking(-off) ; *(vill)* automatic tripping, automatic cut-out

kikapcsolási : ~ **áram** *(jelfogóé)* drop-out current ; ~ **feszültség** drop-out voltage

kikapcsolható kilincsmű *(fonó- és szövőgépen ; tex)* release trigger

kikapcsoló *fn* *(vill)* cut-out, circuit-breaker, disconnector ; *mn* releasing, disengaging ; **adagolást** *(előtolást)* **önműködően** ~ **pajzs** throw-out shield ; ~ **billentyű** *(távk)* cancelling key ; ~ **emelvény** *(emelőn)* delivery platform ; ~ **horog** trip hook ; ~ **jelfogó** *(vill)* cutoff relay ; ~ **kampó** detaching hook ; ~ **kar** *(tengelykapcsolóé)* clutch-releasing lever ; ~ **készülék** *(gépt)* release gear ; *(vill)* contact-breaking device ; *(vasút)* tripper, backle ; ~ **kilincs** trip dog ; ~ **mágnes** *(vill)* tripping magnet ; **önműködő** ~ *(vill)* automatic cut-out ; **önműködően** ~ **csákozógép** *(cipő)* automatic eccentric clicking machine ; ~ **pecek** *(ép)* knockoff ; *(fonó- és szövőgépen ; tex)* knocking-off finger ; ~ **retesz** disengagement latch ; ~ **rugó** disconnecter spring ; ~ **spirál** *(hanglemezen)* throw-out spiral ; ~ **súly** stop weight ; ~ **szerkezet** release catch/mechanism, disengaging/trip gear ; *(vill)* trip mechanism ; ~ **szerkezet rúdja** knockout rod ; ~ **ütközőpecke** *(önműködő vonókészüléken ; vasút)* throw-out stop ; ~ **villás emelőkar** withdrawal fork

kikapcsolódási küszöb *(vill)* cutoff level

kikapcsolódásmentes *(rád)* trip-free

kikapcsolódik disengage, drop out of gear

kikapcsolós szelepvezérlés *v* **-vezérlő mű** releasing valve motion

kikapcsolt *(gépt)* out-of-gear, out-of-mesh ; *(gáz v villamos áram:)* turned-off ; *[motor ; rep]* power-off ; *(vill)* out-of-work ; ~ **állapot** *v* **helyzet** *(gépt)* released position ; ~ **cső** *(rád)* off-tube ; ~ **tű** *(kh)* idle needle

kikaptafázás *(cipőé)* last slipping

kikaptafázó gép *(cipő)* last slipping machine

kikaptázás *l* **kikaptafázás**

kikaróz *(geod)* stake, peg out

kikarózás *(ép, geod)* pegging out

kikefél *(tex)* brush out

kikeményedési idő *(faragasztásnál)* curing time

kikeményedik *(faragasztó anyag)* cure

kiken : habarccsal ~ grout ; **vályoggal** ~ mud up

kikénezés *(gumi)* bloom

kiképez develop, form ; **díszítőlécet** ~ *(ép)* bead ; **homlokzatot** ~ *(ép)* face ; **ívet** ~ arch ; **munkahelyet** ~ *(bány)* face ; **sarkot** *v* **élet** ~ *(ép)* edge

kiképzés formation, development, work(ing-)out ; **fésűs** ~ cogging ; **hangelnyelő** ~ absorptive treatment

kiképzetlen untrained, raw

kiképzett : ~ **keresztszelvény** *(ép)* profiled section ; **tompán** ~ *(ép)* blunt

kiképző *fn* serviceman

„kikérdező-válaszoló” *(azonosító módszer ; rád)* interrogator-responder

kikerekít round off

kikerekítés rounding(-)off

kikerekített round(ed-off)

kikészít process, train, finish ; *(cipő)* dress ; *(tex)* finish, prepare, calender, dress ; **bőrt** ~ *(zsírral puhít)* curry ; **csomózva** ~ *(tex)* friz(z) ; **szironybőrt** *v* **glaszébőrt** ~ taw ; **szövetet** ~ *(tex)* shrink

kikészítés finish, dressing ; *(bőr)* finish ; *(élip)* cure ; *(fa)* seasoning, trimming ; *(fényk)* make-up ; *(pa)* adjustment ; *(tex)* finish(ing), preparing, calendering, seasoning ; ~ **dörzsöléssel** *(fa)* rubbed finish ; **egy oldalon keményített** ~ *(tex)* dress-face finish ; **fonákoldalon telítő** ~ *(tex)* back-filled finish ; **~nél megsérült és visszatartott áru** damaged and kept, d. and k. ; ~ **nélküli** *(tex)* unfinished ; **rugalmas** ~ *(batiszté és muszliné ; tex)* elastic finish ; **száraz** ~ *(tex)* dry finishing ; *(effektszöveteké)* blast blowing ; ~ **töltőanyaggal** *(tex)* filled finish ; **vizes** ~ *(tex)* water finishing

kikészítési : ~ **eljárás** *(tex)* finishing process ; ~ **eszköz** *v* **felszerelés** finisher

kikészítetlen raw ; *(tex)* undressed, unfinished, rougher, grey ; ~ **bőr** undressed skin ; ~ **cserzett bőr** rough tanned leather ; ~ **gyapjúszövet** unfulled cloth ; ~ **szövet** *(tex)* grey cloth/fabric

kikészített seasoned, finished, dressed ; **félig** ~ semi-/rough-finished ; ~ **gazellabőr** gazelle skin leather ; ~ **gyíkbőr** tanned lizard skin ; ~ **halbőr** tanned fish skin ; ~ **papír** mill finished paper ; ~ **vadbőr** suede

kikészítő *(munkás ; bőr)* dresser *(bőr)* ; currier ; *(tex)* finisher ; *mn (bőr ; tex)* finishing ; ~ **anyag** *(bőr)* seasoning, glaze ; ~ **berendezés** make-up machinery ; ~ **gép** *(cipő ; tex)* finishing machine ; ~ **gép dobja** *(tex)* finishing drum ; ~ **gép szövetfonákoldalhoz** back filling machine ; ~ **gyár** *(tex)* finishing plant ; ~ **helyiség** make-up room ; ~ **hengerállvány** finishing (roll) stand ; ~ **hengersor** finishing mill ; ~ **hengersor utolsó előtti állványa** *v* **ürege** leader ; ~

ipar *(tex)* finishing industry; ~ **műhely** *(bőr)* finishing department; *(önt)* cleaning shop; ~ **üzem** *(tex)* finishing house
ki-kialvó *[fényjel; rep]* occulting
kikísérletezés development by experimentation
kikompenzáló rendszer *(távk)* bucking-out system
kikopás *(kemencefalazaté)* scouring
kikopott (out)worn; ~ **üreg** *(heng)* worn-down hollow/calibre
kikormozás *(hengerfejé; gépk)* decoke, decarbonizing
kikotor *(bány)* scrape; *(ép, hidr)* dredging; *(hidr)* scoop
kikovácsol forge out, beat
kikovácsolt finish forged
kiköt *(feltételt)* specify; *(lovat:)* hitch; *(szétbont; kábelt)* disconnect, uncouple; **bakra** ~ bitt; **kötéllel** ~ *(hajó)* belay
kikötés specification, condition; *(lehorgonyzás:)* track anchoring; *(hajó)* tie-down, berthing; ~ **árbochoz** *(léghajóé)* mast mooring; ~ **horgonnyal** *(hajó)* anchor mooring
kikötő *fn* port, harbo(u)r, yard; ~ **árboc** *(rep)* mooring tower/mast; ~ **bak** *(hajó)* cleat, bitt, bollard, dead bead; ~**be futó** *(hajó)* inbound; ~ **berendezések** *v* **felszerelések** port facilities; ~ **cölöp** *(hajó)* bollard, bitt; ~ **cölöpnyaláb** cluster pile; ~ **daru** quay crane; *(felső portálrésze:)* gantry; ~ **hely** *l* **kikötőhely**; ~ **híd** *l* **kikötőhíd**; ~ **idő** establishment of a port; ~ **karó** *(hajó)* anchor stake; ~ **kötél** *(hajó)* (mooring/warping) hawser, guy rope, docking line; *(evezőcsónakhoz:)* painter; *(hajó farán:)* stern fast; *(hátrafelé tartó:)* afterspring; ~ **kötelek** *(sodronyok, láncok)* moorings; ~ **kötélzet** *(hajó)* mooring tackle; ~ **medence** dockyard; ~ **oszlop** *(ép)* anchor post; *(hidr)* anchor picket; ~ **ponton** floating bridge; *(hajó)* landing stage; ~ **pózna** *(fa)* mooring post; *(rep)* anchor mast; ~ **rúd** *(távíróoszlophoz)* stay rod; ~ **tömb** *(távíróoszlopon)* stay block; ~ **és vasútállomás** rail and water terminal; ~ **zsinór** *(nyomda)* page cord
kikötődíj *v* **-illeték** *(hajó)* port charges
kikötőgát *(hajó)* (quay)pier, mole; **rézsűs** ~ water slip
kikötőhely *(hajó)* landing place, stage; **úszó** ~ landing stage
kikötőhíd *(hajó)* landing bay, float; **kis** ~ *(hajó)* hard
kikötői: ~ **jelzőfény** *v* **-lámpa** harbo(u)r light; ~ **kirakodóhely** discharging berth; ~ **rakodó berendezés kocsiemelő szerkezettel** *(hajó)* staith; ~ **vasútvégállomás** port terminal
kikötőmóló : cölöpös ~ skeleton pier
kikötőmunkás docker
kikötőműhely yard
kikötött : ~ **rész** contingent; ~ **szedés** *(nyomda)* take; ~ **terhelés** stipulated load; ~ **torony** *(rád)* guyed tower
kikövez *(ép)* stone, pave
kiközelít *(fa)* haul, skid, bring
kiközvetít *(városi hívást; telef)* transfer
kikristályosodik crystallize (out)
kikutat discover
kiküszöböl eliminate, discard, remove; **földmágnesesség hatását** ~**i** *(vill)* astatize
kiküszöbölés elimination, suppression, discarding, removal; **hiba** ~**e** fault clearing
kiküszöbölő : egymást kölcsönösen ~ **hibák** compensating errors; ~ **készülék** eliminator; **kettős helyi visszaverődéseket** ~ *(távk)* anti-clutter
kilágyít *(koh)* anneal, soften
kilágyítás *(hők)* annealing; *l még* **lágyítás**; **teljes** ~ full annealing
kilapátol *(hidr)* scoop
kilaposodik *(bány)* flatten out
kilátás perspective, outlook, lookout, vista, view; *(karosszéria-konstrukció szempontjából; gépk)* visibility
kilátóhely *(ép)* lookout
kilátópont *(ép)* spot affording good view
kilátó- *v* **társaskocsi** *(autóbusz)* sight-seeing car/bus; *(vasút)* lookout/observation car
kilátótávcső lookout telescope
kilátótorony outlook
kilátóút road affording good view (on the settlement/surroundings)
kilazít release, disengage
kilazító vas *[répakiemelő gépen]* share
kilazulás *(kötésé)* dislocation
kilebegtet *(rep)* flatten out; **nagy repülősebességgel** ~ „balloon-in"
kilebegtetés *(leszállás előtt; rep)* flattening out
kilenc időszakonként ismétlődő enneatic
kilenclencsés mérőkamra *(kilenc egyidejű fotogrammetriai felvételhez)* nine-lens camera
kilencszög *(mat)* enneagon
kilenc-tárcsázó hívás *(telef)* 9-level call
kilencven : ~ **fokkal eltolt fázisú fűtés** *(rád)* quadrature arrangement for filament heating; ~ **fokos fáziseltolás** *(vill)* quadrature
kilengés elongation; *(hidon:)* sway; *(ingáé:)* amplitude; *(óra)* banking; **legnagyobb** ~ *(fiz, rád)* maximum amplitude; **legnagyobb** ~ **helye** *(álló hullámoknál)* antinode; **mérleg** ~**e** turn of scales; ~ **teljes nagysága** *v* **terjedelme** *(mech)* range
kilengés-amplitúdó amplitude of beat
kilengési : ~ **csúcsérték** amplitude; ~ **görbe** *(mech, vill)* amplitude curve; ~ **szög** angle of deflection
kilengő : ~ *(forgópont körül kifordítható)* **fogaskerék** slew gear; ~ **kötés** *(gépt)* swivel joint
kilép emerge, protrude, step out, egress; *(folyadék)* issue, discharge; *(kezelő; telef)* (operator) removes her plug from the jack
kilépés emersion, egress; **optikai tengely** ~**e** emergence of optical axis
kilépési: ~ **energia** *(mech)* escape energy; *(rád)* work function; ~ **munka** *l* **kilépési energia**; ~ **sebesség** exit/outlet velocity; *(gravitációs:)* escape velocity; ~ **szög** angle of emergence, exit angle; *(fényt)* angle of departure; ~ **veszteség** discharge loss
kilépő emergent, leaving; ~ **csonk** outlet junction; ~ **csőcsatlakozás** outlet; ~ **hőmérséklet** outlet temperature; ~ **keresztmetszet szűkítése** *(hidr)* throttling; ~ **nyomás** outlet pressure; ~ **perdület** *(hidr)* kinetic exit head; ~ **pupilla** *(fényt)* exit pupil; ~ **rés** exit slit; ~ **sebesség** exit velocity; ~ **szög** angle of emergence, exit angle; ~ **vezeték** *v* **nyílás** outlet
kilépőél *(rep)* trailing edge; ~**en leváló örvény** *(rep)* trailing-edge vortex
kilim *l* **kilim-szőnyeg**
kilim-szőnyeg Kelim carpet
kilincs handle, latch; *(gépt)* click, trip, clench; *(kilincskerékhez:)* detent, (ratchet) pawl, catch (pawl); *(távk)* pawl; **előtolást kikapcsoló** ~ feed trip trigger; **mindkét forgás irányában működő** ~ reversible pawl; **súrlódó** ~ friction detent/pawl
kilincscím *(ép)* handle rose
kilincsdió hub
kilincs-érintkező *(biztosító berendezéshez)* tappet circuit controller
kilincses : ~ **rögzítő fogasrúd** ratchet bar/rack; ~ **zár rugója** handle latch spring
kilincsfék snatch brake
kilincskerék ratchet/stop/click/dog wheel, catch pulley; *(óra; távk)* ratchet wheel; ~ **beakasztó kilincse** detent, ratchet pawl; ~ **retesze** pallet; ~ **zárókilincse** locking ratchet (pawl)
kilincskerék-csigamaró ratchet hob
kilincskerékfog ratchet tooth
kilincskerékmű *l* **kilincsmű**
kilincskerék-szerkezet *l* **kilincsmű**
kilincsmű ratchet motion/mechanism, arrester gear, click-and-ratchet wheel; *(távk)* ratchet gear
kilincsműház *v* **-tok** jackbox
kilincsműrúd ratchet stock
kilincsműves : ~ **állvány** *(bány)* latch jack; ~ **emelő** ratchet jack; ~ **hajtó szerkezet** ratchet wheel gear/drive; ~ **kapcsoló** ratchet coupling; ~ **menesztőhengerek** pawl-type skid; ~ **olajozó** tickler; ~ **záró szerkezet** ratchet closing device
kilincsmű-zárórugó *(tex)* ratchet spring
kilincsretesz grip pawl
kilincsrózsa *(ép)* handle rose
kilincsrugó pawl/catch/detent spring
kilincsszeg cotter
kilincsszerkezet *(szaggató szerelvénynél; távk)* retaining pawl assembly
kilincsütköző *(távk)* overthrow stop
kilincszáras fogantyú rudazata *(állítókaron)* locking bar rodding
kilindrit *(ásv)* cylindrite
killinit *(ásv)* killinite
kiln *(koh)* kiln
kilociklus kilocycle
kiloelektronvolt *(at)* kilo electron volt, kev
kilogramm-kalória *l* **kilokalória**
kilohertz Kc/s = kilocycles per second
kilokalória kilocalory, large calory
kilométerek : megtett ~ kilometers covered; **repült** ~ kilometers flown
kilométerkő kilometre stone; *(mérföldkő:)* milestone
kilométermérő cyclometer
kilométerórahajtó spirál *(gépk)* speedometer cable
kilométeroszlop distance-post
kilométerpénz distance money
kilométerszámláló *(gépk)* hodometer, distance recorder
kilométerteljesítmény *(gépk)* mileage *(mérföldekben adják meg)*; *(évi mér-*

föld-teljesítmény:) annual mileage
kilós maradék *(tex)* rents, scraps, clippings
kilovar kilovar, kvar
kilovarmérő kilovarmeter
kilovoltamper kilovolt-ampere
kilowattóra kilowatt-hour
kilowattóra-mérő kilowatt-hour meter
kilowattóra-szám number of kilowatt-hours
kilő shoot ; **újra ~** *(nyomda)* reimpose
kilök chuck ; *(at)* dislodge
kilökés *(bány)* blowup ; *(bordaládából ; tex)* outward forcing ; *(megmunkált darabé:)* kicking up, ejection
kilökhető keresztrúd ajtóelzáráshoz *(ép)* knockoff joint
kilökő *fn (gépt)* kicker rod, ejector pin ; **~ berendezés** knockout attachment ; **~ csap** ejector/knockout pin; **~ gép** shedder ; **~ készülék** kick-out ; **~ szerkezet** knockout ; **~ szerkezet rúdja** knockout rod
kilövell eject, spurt ; **sugárban ~** jet
kilövellés ejection, outrush
kilövellési sebesség spouting velocity ; *(rakéta:)* ejection speed
kilövés *(puskából)* discharge ; **újbóli ~** *(nyomda)* reimposition
kilövési pont origin of fire
kilövő *mn* firing, shooting ; **~ berendezés** catapult ; **~ töltet** separate loading bag
kilúgoz extract, leach, lixiviate, buck (wash), steep in lye ; **hevítéssel ~** *(vegy)* digest
kilúgozás leaching, extraction ; *(pa)* leaching, lixiviation ; **~ semleges oldószerrel** neutral leach ; **utolsó ~** **~** *(cserzőanyagé ; bőr)* tail leach
kilúgozási : ~ eljárás leaching/scalding process ; **~ hőfok** leaching temperature ; **~ szint** eluvial horizon ; **~ üregek** *(földt)* weather pits
kilúgozó : ~ berendezés extractor ; **~ edény** *(élip)* diffuser ; **~ elemzés** analysis by elutriation ; **~ folyadék** scalding juice ; **~ kád** *(bőr)* leach (pit), tap
kilúgozódás *(talajé)* leaching
kilúgozódik leach
kilúgozott : ~ cserkéreg spent bark ; **~ cserzőanyag** spent material ; **~ cserzőanyagot kisajtoló prés** (spent) tan press ; **~ fa** *(pa)* leached wood
kilyuggat pink, punch, perforate ; **lemezt ~** pounce
kilyukaszt prick, stave ; *(stancol:)* punch (out) ; *(bőrt:)* perforate, punch
kilyukasztott csillámlemez punch mica
kimagasló pontok *(geod)* ruling points
kimagoz *(élip)* core, stone, enucleate
kimállasztás fret
kimar shear, etch, attack, corrode
kimaradt : ~ szemek bekötése *(kh)* closing of the holes ; **~ vetés** *(tex)* lost pick
kimarás *(földt)* *l* **korrózió**
kimarat sear, etch
kimart pitted
kimászó : ~ ablak *(ép)* trapdoor ; **~ létra** *(ép)* approach ladder
kimélyít recess ; *(hidr)* delve
kimenet exit *(rád, távk)* output ; *(kapcsok ; távk)* output terminals
kimeneti *l* **kimenő**
kimenetszabályozó *(rád)* output control
kimenettengely *(sebességváltón ; gépk)* (transmission) tail shaft
kimenetváltozás *(teljesítményé)* change in output
kimenő outgoing, output ; **~ admittancia** *(rád)* output admittance ; **~ áramkör** output circuit ; **~ átcsatolás** *(rád)* output conductance ; **~ cső** output valve ; **~ csúcsáramerősség** peak output current ; **~ csúcsfeszültség** peak output voltage ; **~ elektródok közti kapacitás** *(rád)* output interelectrode capacity ; **~ ellenállás** *(rád)* output resistance ; **~ erősítő** *(rád)* output amplifier ; **~ érték** *(aut)* output value/variable ; **~ feszültség** output voltage ; **~ feszültségosztó** *(vill)* output attenuator ; **~ fokozat** *(rad)* output stage ; **~ henger** *(heng)* withdrawal roller ; **~ hengerjárat** *(heng)* roller delivery bed ; **~ impedancia** *(vill)* output impedance ; **~ impulzus** *(rád)* outgoing pulse ; **~ jel** *(rád)* output/outgoing signal ; **~ jel torzulása** *(rád)* output signal distortion ; **~ kapacitás** *(vill)* output capacitance/capacity ; **~ kapcsok** *(vill)* output terminals ; **katódkövető ~ fokozat** cathode-follower output stage ; **~ képjel** *(távk)* video output ; **~ kör** *(rád)* output circuit ; **~ nyomás** exit pressure ; **~ oldal** *(heng)* exit side ; **~ összekötő vonal** *(távk)* outgoing junctions ; **~ program** *(rád)* outgoing program ; **~ rakomány** *(hajó)* outward cargo ; **~ rés** exit slit ; **~ sebesség** output speed ; **~ szint** *(távk)* output level ; **~ teljesítmény** *(vill)* power output ; **~ tengely** output shaft ; **~ transzformátor** output transformer ; **~ üregrezonátor** *(rád)* output cavity ; **~ és visszatérő vezeték** *(vill)* go and return line ; **~ vonal kérdő kapcsolója** *(távk)* trunk answering jack ; **~ zajszint** output noise level
kimenőjel-feszültség output-signal voltage
kimenőteljesítmény-mérő *(rád, távk)* output (power) meter
kimer scoop, empty, lade
kimér admeasure ; *[folyadékot]* tap ; *(földet:)* locate
kimereget bail
kimérés mensuration
kimerevítés anchor, spragging, bracing
kimerevített braced ; **~ orr-rész** *(rep)* stiffened bow
kimerevítő : ~ fa counter-timber ; **~ falburkolatbetét** *(ép)* lock stile ; **~ lánc** stay chain ; **~ lemez** stay plate
kimerít bail, droop ; *(fáraszt)* exhaust, fatigue
kimerítés depletion, emptying, exhaustion
kimerített *(bány)* drawn
kimeríthetetlenség inexhaustibility
kimeríthető exhaustible
kimerítő kivonatolás *(vegy)* exhaustion
kimérő : ~ automata measuring engine ; **~ dugasz** *(gépk)* metering plug
kimért : ~ futópálya lane ; **~ távolság** *(geod)* laid-out distance
kimerül run out
kimerülés exhaustion ; **mágnesek ~e** *(vill)* maturing of magnets
kimerülő tartalék dwindling supply
kimerült spent ; *[akkumulátor]* run down ; **~ akkumulátorcella** exhausted cell, discharged battery ; *[bánya]* exhausted ; **~ sósavas forrasztóvíz** killed hydrochloric acid
kimetsz *(nyomda)* trim
kimetszés cutout
kimetszett cut away
kimmeridgei emelet *(földt)* Kimmeridgian stage
kimodulált *(rád)* modulated ; **nem ~** *(rád)* undermodulated
kimos wash away, underwash, erode ; flush out ; *(földt)* abrade, outwash ; *[feliszapolódást ;vegy]* scour ; **mellékterméket ~** scrub
kimosás elution, washing-off ; *(cserzett bőröknél)* washing out ; *(földt, hidr)* ablation, erosion, overwash, backwash ; **~ ellen biztosított utófenék** *(hidr)* scourproof tumble-bay ; **~ elleni védőmű** *(hidr)* scour protector ; **~sal kombinált cölöpverés** combined flushing and ramming
kimosási : ~ padka *(földt)* rock bench ;
kimoshatatlan : ~ kikészítés *(tex)* durable/permanent finish ; **~ tinta** indelible ink ; **~ völgy** *(földt)* apron-plain
kimosó dugó(csavar) *(kazántisztításhoz)* wash-out plug
kimosódás wash-out
kimosott alföld *v* **síkság** *(földt)* outwash plain
kimozdítás removal ; **~ (hossz)mértéke** displacement
kimozdított helyzet *(kulcsé, tárcsáé ; távk)* off-normal position
kimunkált faél *(profil)* mo(u)lding
kimutat indicate, point out ; *(vegy)* detect ; *(mat)* prove
kimutatás display ; *(vegy)* detection
kimutathatósági határ *(vegy)* detection-limit
kiművelt üreg betömedékelése *(bány)* gob stowing
kínacsersav cinchotannic acid
kínaezüst alfenide, white metal, pakfong
kínafakéreg *(vegy)* cinchona
kínafű *(tex)* China grass
kinagyol rough (out)
kinagyolás *(ép)* boasting ; *(forg)* *l* **nagyolás**
kinagyolt kő *(ép)* rough ashlar
kínai : ~ cinnóber Chinese vermilion ; **~ ezüst** *l* **kínaezüst** ; **~ faolaj** china wood oil, tung oil ; **~ fehér** *(cinkoxid)* zinc oxide, Chinese white ; **~ kék** *v* **lazúr** *(fakó párizsi kék)* Chinese blue ; **~ papír** rice/Chinese/India paper ; **~ papírfa** China shrub ; **~ viasz** Chinese wax
kínaolaj *l* **kínai faolaj**
kinematika kinematics
kinematikai kinematic ; **~ lánc** kinematic chain/scheme
kinematikus kinematic
kinemométer kinemometer
kinetika kinetics
kinetikai kinetic ; **~ energia** *(mech)* kinetic energy ; **gázok ~ elmélete** kinetic theory of gases
kinetikus kinetic
kinetofon *(film)* kinetophone
kinetoszkóp kinetoscope
kinhidron *(vegy)* quinhydrone
kinhidron-elektród quinhydrone half-cell

kinidinszulfát *(vegy)* quinidine sulfate
kininhidroklorid quinine hydrochloride
kininhidroszulfát quinine sulfate
kininklorid quinine hydrochloride
kininszulfát quinine sulfate
kinizarin *(vegy)* quinizarine
kinolin quinoline
kinon quinone
kinon-cserzés *(bőr)* chinon tannage
kinövés *(öntvényhiba)* rat-tail, eruption
kinyer gain, win, yield, take ; *(bány)* obtain, recover, withdraw
kinyerés recovery, yield
kinyit open, turn on, uncover, unlock ; **benzincsapot** ~ *(mkpár)* turn on the petrol
kinyom squeeze (out), press out ; *(szivattyú)* discharge ; *(tengelykapcsolót)* disengage, throw out
kinyomat *[könyvet]* print ; *újból* ~ reprint
kinyomatási engedély imprimatur
kinyomó extrusive ; ~ **előtoló szorítórúd** *(kotrógépen ; bány)* scraper chaser ; ~ **henger** *(irezőgépen ; tex)* cloth clearer
kinyomódás detrusion
kinyomódik : felszínre ~ *(földt)* flare
kinyomott példányszám *(nyomda)* print ing number
kinyomulás detrusion
kinyújt *(kiterjeszt)* extend, expand ; *(meghosszabbít)* elongate, stretch (out), strain ; *(nyersbőrt)* set/strike/pin out, redraw ; **gémet** ~ let out the jib ; **vékonyra** ~ bray
kinyújtás expansion ; *(tex)* extension
kinyújtható ülés pull-out seat
kinyújtó *(bőr)* softener ; ~ **kő** *(bőr)* scouring stone ; ~ **vas** *(tompa, háromélű ; bőr)* pin
kinyújtott prolate ; ~ **középső redőszárny** *(földt)* stretched-out middle limb
kinyúlás *(forg, gépt)* overhang, swing ; *(gémé)* (out)reach ; *(ép)* projection
kinyúlik project, extend, reach, overhang, elongate ; ~ **vmiből** *(ép)* butt out
kinyúló spreading ; *(ép)* bearing-out (masonry); *[téglasor ; ép]* oversailing ; ~ **darugém** gibbet ; ~ **gémes csörlő** gib hoist ; ~ **gerenda** *(ép)* extension arm ; ~ **rész** projection piece
kiold relieve, release, unlock, set free, relax, disentangle ; *(tex)* uncord ; *(vegy)* dissolve, leach, elutriate ; *(vill)* release ; **csavart** ~ unscrew ; **tengelykapcsolót** ~ declutch, unclutch
kioldás decoupling, declutching, relief, release, dissolution ; *[rugóé]* letting-off ; *(óra)* discharge ; *(rád)* triggering ; *(vill)* trip(ping); ~ **főzéssel** *(tex)* boil-out ; ~ **késleltetése** *(fényk)* release retardation ; **önműködő** ~ automatic cut-out
kioldási : ~ **feszültség** *[elektromágnesnél]* release voltage ; ~ **jelleggörbe** *(rád)* cut-out characteristic ; ~ **üregek** *(földt)* weather pits
kioldáskésleltetés *(rád)* trigger delay
kioldó *fn* cutout, release ; *(fn (óra)* disconnector ; *fn (rád)* trigger ; *(rep)* release ; *fn (vill)* trip, release ; *mn* releasing ; ~ **áram** releasing current ; ~ **áramkör** *(rád)* trigger/tripping circuit ; **automata** ~ *(vill)* auto-cut-out ; ~ **billentyű** *(távk)* cancelling key ; ~ **bütyök** tripping/trigger cam, release cam ; ~ **csap** detent pin ; ~ **csavar** disconnector screw ; ~ **elektród** *(rád)* trigger electrode ; ~ **emeltyű** disengagement lever ; ~ **feszültség** *(rád)* trigger voltage ; ~ **fogantyú** release handle ; **fogaskerekes** ~ cogwheel escapement ; ~ **gépelem** detent ; ~ **gomb** *(vill)* catch button ; **hajlékony** ~ *(fényt)* antinous release ; ~ **horog** *(hajó)* slip hook ; ~ **impulzus** *(rád)* trigger pulse/pip ; ~ **jel** *(rád)* trigger ; ~ **jelcsúcs** *(rád)* trigger pip ; ~ **jelfogó** *(vill)* cutout/tripping relay ; ~ **jelválasztó** *(távk)* trigger selector ; ~ **kapcsolás** *(fűtővezetékhez ; vasút)* release coupling ; *(vill)* triggering scheme ; ~ **kapcsoló** cutoff switch ; *(gépt, vasút)* release clutch ; ~ **kar** disengagement lever ; *(forg)* unclamping lever ; *(óra)* detent ; *(vill)* disconnecting/releasing lever ; ~ **karmantyú** *(gépk)* releasing sleeve ; ~ **karrugó** *(óra)* detent spring ; ~ **készülék** releasing mechanism ; *(vasút)* tripper ; ~ **kilincs** disengagement pawl/catch ; ~ **kötés** *(rep)* pull cord ; ~ **kvarckristály** *(rád)* trigger crystal ; ~ **mágnes** *(vill)* tripping magnet ; ~ **perem** *(tengelykapcsoló csúszóhüvelyén)* shifter collar ; ~ **rúd** *(bány)* trip rod ; ~ **rugó** release spring ; *(óra)* disconnector spring ; ~ **szerkezet** releasing mechanism/gear ; *(forg)* unclamping mechanism, release ; *(távk)* trip(ping) gear ; *(vill)* trip mechanism ; ~ **tekercs** *(vill)* trip coil ; ~ **tolóretesz** disengagement latch ; ~ **tőkemozgató kar** *(vasút)* uncoupling bell crank ; ~ **villa vége** declutching knuckle end ; ~ **zsineg** *(ejtőernyőn)* rip cord
kioldóimpulzus-erősítő *(rád)* trigger amplifier
kioldójel-generátor *(rád)* trigger generator
kioldójel-késleltetés *(rád)* trigger delay
kioldójel-visszaverő *(távk)* trigger reflector
kioldott *(gépt)* out-of-gear ; *(vegy)* solute ; ~ **rugó** *(gépt)* cut spring
kiolit *(ásv)* chiolite
kiolt extinguish, quench, put out ; *(GM-csövet)* quench ; *(ivet)* suppress, quench ; *(tüzet)* blow out ; *(jelzőlámpát, tirátront)* extinguish
kioltás quenching ; *(ásv, fényt)* extinction ; *(távk, telev)* blanking
kioltási : ~ **helyzet** *(sarkított fényben)* extinction position ; ~ **idő** *(távk)* blanking time ; *(vill)* decay time ; ~ **pont** *(színk)* extinction point ; ~ **szélesség** blanking width ; ~ **szint** *(távk)* blanking level ; ~ **szög** *(sarkításkor)* extinction angle
kioltó : ~ **egység** *(rád)* blackout unit ; ~ **feszültség** *(színk)* extinction voltage ; *(távk)* blanking voltage ; *(vill)* black(-)out voltage/point ; ~ **frekvencia** *(rád)* quench(ing) frequency ; ~ **impulzus** *(távk)* blanking pulse ; ~ **interferencia** *(rád)* wipe-out ; ~ **jel** *(távk)* blanking signal *(UK)* ; black-out signal *(US)* ; ~ **oszcillátor** *(távk)* blanking oscillator ; ~ **szint** *(távk)* blanking level ; ~ **tekercs** quenching choke
kioltott extinct
kiolvad melt out ; *(biztosító)* blow (out)
kiolvadás melting out, eliquation ; *(biztosítóé)* blowing ; ~**t jelző** *fn* fuse indicator
kiolvadási áramerősség *(vill)* blowing/fusing current
kiolvadó biztosító *(vill)* cut-out, fuse
kiolvadt : ~ **biztosító** *(vill)* blown fuse ; ~ **csapágy** burnt-out bearing ; ~ **hajtókarcsapágy** *(gépk)* run big-end bearing
kiolvasási szám *(kötéspontok kijelölési szabálya ; tex)* progressive number
kiolvaszt separate by fusion, fuse run
kiolvasztás melting out, eliquation, fusing
kioszk *(ép)* kiosk
kioszt *(ép)* space
kiosztás *(térben)* spacing ; *(frekvenciáé :)* (frequency) allocation
kiöblít rinse, flush out, scavenge
kiöblösödés flare, bay ; *(földt)* lateral deflection
kiömlés outflow, flow-off, effusion, effluent, efflux, overflow, seepage, spillage ; *(folyékony fémé)* break-out ; ~ **előnyitása** *(gőzgépen)* inside lead
kiömlési *(földt) l* **effuzív** ; ~ **ellenállás** outflow resistance ; ~ **fedés** *(tolattyúnál)* exhaust lap ; ~ **háromszög** *(hidr)* outlet diagram ; ~ **késedelem** *(gőzgépen)* exhaust lag ; ~ **kőzetek** vulcanites ; ~ **nyomás** exhaust pressure ; ~ **sebesség** discharge velocity
kiömlik run (out), flow out, issue, effuse, well out, discharge
kiömlő : ~ **fúvóka** discharge nozzle ; *(lapos, széles)* board flat nozzle ; ~ **gőz** discharging steam ; ~ **szerelvény** outlet fitting ; ~ **végfokozat** *(turbókompresszorba)* terminal stage
kiömlőcsatorna spout ; **agyagbélésű** ~ clay-dabbed spout
kiömlőcső discharge/exhaust pipe ; *(gőzgéphengeren)* eduction pipe ; *(gázgenerátornál ; gépk)* discharge pipe
kiömlőél *(hidr)* outlet edge
kiömlőlyuk discharge hole
kiömlőnyílás outlet/exhaust (port), discharge opening ; *(gépk)* outlet ; ~**t elzáró dugasz** tapping/gate pin ; **gyűrűs** ~ annular nozzle
kiömlőszelep delivery flap ; *(gépk)* escape valve
kiömlőszög *(turbinánál)* outlet angle
kiömlőtér delivery space
kiönt discharge, diffuse, flood, shoot, tip ; *(folyó)* disburden, disgorge ; *(öntőformát :)* pour, cast ; **cementtel** ~ *(ép)* cement in ; **csapágyat** ~ *(fehérfémmel)* pad/line a bearing ; **híg habarccsal** ~ grout
kiöntés discharge ; *vö még* **kiönt** ; *(hidr)* inundation, flow, flood
kiöntő *fn* sheeder, spout, channel chead ; ~ **anyag** *(fugákhoz)* (joint) filler ; *(vill)* compound ; ~ **asztal** pouring table ; ~ **csatorna** spout ; ~ **forma** form ; ~ **kagyló** sink basin ; ~ **nyílás** *(hajó)* discharge ; *(koh)* pouring bay
kiöntőcső pouring spout ; *(pa)* discharging hole, escape pipe
kiöntőcsőr nose bit ; *(edényé :)* nose
kiöntőnyak spout
kiöntött : habarccsal ~ **falazat** grouted masonry ; ~ **hézag** *(ép)* poured

joint ; **ólommal ~** leaded ; **~ sárgarézpersely** lined brass
kiőrlés *(lisztté ; élip)* reduction
kiőrlő berendezés reduction mill
kip *(bőr)* kip ; **bevont ~** plastered kip
kipalázott slated
kipányvázott guyed
kipárnázás stuffing ; *(fedőtalpbélésé ; cipő)* padding
kipárol distil off
kipárolgás steam, reek
kipbőr kip ; **mázolt ~** plastered kip
kipeckel *(ép)* key
kiperemez flange/flare out
kiperemezett flanged, flared up
kiperselyez bush ; **csapágyat ~** bush a bearing
kiperselyezett : ~ csiga bushed sheave
kipirosodik *(anód)* run hot
kipontoz dot, spot, point, punctuate ; *(forg)* locate, trace
kiporol dust
kiporzás dusting out
kipödör *(kh)* curl
kipper *(vasút)* rear dump wagon
Kipp-féle gázfejlesztő Kipp gas producer
kippgenerátor *(rád)* *l* **fűrészgenerátor**
kipprezgés *(rád)* *l* **fűrészrezgés**
kiprésel squeeze (out)
kipréselt *(gyűrődés v redő magjából ; földt)* detached ; **~ szűrési maradék** *v* **szűrőlepény** cake
kipróbál try, test, probe
kipróbálás trial, test, proving run
kipróbálatlan untested
kipufogás *(gőzé)* discharge ; *(gépk)* exhaust ; *(kétütemű motoré)* exhaust blowdown ; **~ előnyitása** *(gépk)* exhaust lead ; **füstmentes ~** clean exhaust ; **~ hangtompítója** *(gépk)* muffler ; **~ üteme** exhaust schedule ; **zajos ~** back-shot
kipufogási : ~ ellenállás *(gépk)* exhaust resistance ; **~ fedés** *(tolattyúnál)* exhaust lap ; **~ sebesség** exhaust velocity
kipufogáskésés *(gépk)* exhaust lag
kipufogó : ~ bütyök *(vezértengelyen ; gépk)* exhaust cam ; **~ csonk** exhaust stack/stub ; **~ cső** *l* **kipufogócső** ; **~ csővezeték** discharge piping ; **~ edény** exhaust pot, silencer ; **~ fék** *(gépk)* exhaust brake ; **felülvezérelt ~szelep** overhead exhaust valve ; **~ forgódob** *(gőz)* exhaust tumbling barrel ; **~ füst** *(gépk)* exhaust smoke; **~ gáz** *l* **kipufogógáz** ; **~ löket** exhaust/ejection stroke ; **~ nyílás** exhaust port/passage ; *(kétütemű motoré)* exhaust opening ; **~ nyomás** *(gépk)* exhaust pressure ; **~rés** *[kétütemű gázgépnél]* exit slot ; **~ sebesség** exhaust velocity ; **~szelep** *(gépk)* exhaust valve ; *(gépt, erőg)* escape/outlet valve ; **~ és szívó csővezeték(ek) a motoron** manifold(s); **~ ütem** *(gépk)* exhaust stroke ; **~ végcső** *(a gépkocsi hátsó részén)* exhaust tailpipe ; **~ vezeték** *(erőg)* blow-off pipe ; *(gépk, rep)* exhaust manifold
kipufogócső *(motoron ; gépk)* exhaust manifold ; *(alvázon)* exhaust pipe ; *(erőg, gépt)* outlet/blast pipe, exhaust-steam main ; **~ tartókengyele** exhaust pipe-band/-strap
kipufogócső-csatlakozóperem *(a gyűjtőcsövön ; gépk)* off-take flange for the down-pipe joint
kipufogócső-ellenző *(terelő, a cső nyílásánál ; gépk)* exhaust fin
kipufogócső-felszorító gyűrű *(hengeren ; mkpár)* exhaust ring
kipufogócső-kémény stack
kipufogócső-tartókengyel *(gépk)* exhaust pipe-band
kipufogódob *(gépk)* silencer
kipufogódob-ellennyomás *(gépk)* silencer back pressure
kipufogóedényes hangtompító exhaust pot silencer
kipufogógáz *(gépk)* exhaust gas ; *(erőg)* waste gas(es); **~ kiáramlási sebessége** *(gépk)* exhaust velocity
kipufogógáz-elemző *(készülék)* exhaust (-gas) analyser
kipufogógáz-kompresszor exhaust supercharger, exhaust-driven blower
kipufogógáz-turbina *(gépk)* exhaust (gas) turbine ; **kipufogógáz-turbinával hajtott kompresszor** exhaust-driven (turbo) supercharger
kipufogógáz-turbinás : ~ feltöltő *(gépk)* exhaust turbine supercharger ; **~ sűrítő** exhaust-gas turbine supercharger
kipufogógáz-turbókompresszor *(gépk)* exhaust(-driven) turbo-compressor
kipufogó-gyűjtőcső *(gépk)* exhaust manifold/collector
kipufogó-hangtompító edény *(gépk)* exhaust pot silencer ; muffler *(US)*
kipufogóhenger ejecting cylinder
kipufogókürt *(gépk)* exhaust alarm
kipufogó-lángtompító exhaust flame damper
kipufogósíp *(gépk)* exhaust whistle/alarm
kipufogószelep *l* **kipufogó : ~ szelep**
kipufogószelephimba exhaust rocker arm
kipufogószeleprúd exhaust valve rod
kipufogószelep-vezérlés exhaust gear
kipufogózaj *(gépk)* exhaust noise
kipukkad *[gumiabroncs]* burst
kipukkadás *[gumitömlőé]* blow-out
kipúposodás outward bulge
kirabló csapat *(bány)* demolishing party
kirabol *(ácsolatot ; bány)* reclaim, withdraw
kirabolható *(bány)* removable
kirabolt *(bány)* robbed out ; **~ fa** *(bány)* reclaimed timber ; **~ régi bányafa** *(bány)* salvage
kirág erode
kiragasztás bill-posting *v* bill-sticking
kirajzol : tussal ~ ink in, trace
kirajzoló : ~ készülék scribing apparatus; **~ szerszámkészlet** marking scriber
kirak handle, disembark, unload ; *(árut hajóból :)* clear ; *(hombárt :)* clear a hold ; **pécéket ~** *(hajó)* beacon ; **téglával ~** brick
kirakat exhibition case
kirakati csomagolás *(pa)* dummy
kirakatponyva tilt
kirakatvilágítás shop window lightning
kirakható súly *(vasút)* dischargeable weight
kirakó : ~ asztal *(nyomda)* front table ; **~ gém** *v* **árboc** *(emelőn)* distributing boom ; **~hely** *(vasút)* detraining station ; **~ jel** *(rep)* marker ; **~ és kötélfeszítő állomás** *(kötélpályánál)* unloading and tension station ; **~ mellékvágány** unloading siding ; **~ oldal** *(gépen)* discharge side, delivery end
kirakodás unloading, discharge ; **~ repülőgépből** deplanement ; **~ vonatból** detraining
kirakodási díj *v* **illeték** discharge fee
kirakodik debark, unload, disburden
kirakodó : ~ daru gémjének kitámasztója *(hajó)* derrick outrigger; **~ daru gémtartókötele** *(hajó)* derrick pendant ; **~gép és felszerelés** *(hajó)* cargo gear ; **~hely** emptying point ; **~ kaparólapát** *(bány)* unloading plow/plough ; **~ szalag** *(bány)* tail conveyor ; **~ szerkezet** unloader ; **~vég** *(gépen)* discharge end
királycsap king bolt/journal/pin, centre pin/pintle, pivot (axle) ; *(forditókorongokon)* slewing journal
királycsapágy centre support
királykék *(festék)* cobalt blue/ultramarine, Thenard's blue
királykő *(anyagv)* runner core
királyoszlop *(felfüggesztő ; ép)* king post
királysárga *(auripigment)* king's yellow, orpiment ; *(krómsárga)* chrome yellow
királytengely *(gépt)* king journal
királytengelyes bütyköstengely overhead camshaft (OHC)
királyvíz nitrohydrochloric/nitromuriatic acid, aqua regia, chloro-nitric acid, chloronitrous/chlorazotic acid
kiránduló : ~ autóbusz sight-seeing bus ; **~ forgalom** excursion/tourist traffic ; **~ jármű** outing vehicle
kirepülés outward flight ; **~ időpontja** time out
kireteszel unbolt, unlock
kirezgési rezonancia displacement resonance
kirézsútolás szöge *(ablaknál ; ép)* angle of splay
„kirner" *(pontozó)* center point ; **önműködő szabályozható löketű ~** automatic adjustable-stroke center punch
kirnerez *(pontoz)* center()punch/dot
kirnerező *l* **kirner, pontozó**
kirner-jel centre mark
kirobban burst out, explode
kirojtosodás *(cölöpé)* scuffing, fringing
kirostál sift/screen out, harp
kirrolit *(ásv)* cirrolite
kirugózik *(rugó kinyúlik)* feather out
kis small ; *(mennyiség)* low ; *(méret)* small-dimension, low-diameter ; *(szabályozás)* fine ; *(mérték)* low-rate, minute ; *(teljesítmény)* low-power, small-capacity ; **~ alakú** *(nyomda)* small paper ; **~ arányú** low-rate ; **~ keresztmetszetű** small-section ; **~ teljesítményű** low-power, small-capacity ; **~ veszteségű** low-loss
kisajátít expropriate
kisajátítás expropriation
kisajtol squeeze, extrude, force out ; **csigaprésen ~** extrude
kisajtolás *(nyíláson át)* extrusion
kisajtoló extrusive ; **~ gép** extruder
kisajtolt extruded, squeezed ; *(gyümölcshéj)* mure ; **~ gyümölcslé** squeeze
kisámfázás *(sámfára húzás)* jemming ; *(sámfáról lehúzás)* last slipping, delasting
kisámfázott cipő last shoe
kisbetű *(nyomda)* minuscule, lower-case letter
kisbolygó *(csill)* asteroid

kisbőgő *(hangt)* violoncello

kisdob *(hangt)* side drum

kisebbedik diminish

kisebbít reduce, lessen, diminish, slack

kisebbítendő *(mat)* minuend

kisebbítés diminution, reduction, degradation ; ~ **aránya** *(rajzban)* scale of reduction

kisebbítési méretarány *(geod)* reducing scale

kisebbített : ~ **kép** reduced image ; ~ **méretarány** *(geod, mat)* reduced scale

kisebbítő karmantyú reducing adapter coupling, reducer

kisefa swing(le) tree, doubletree ; ~ **beakasztó füle** loop of a swing(le)-tree clasp

kisegítő auxiliary ; ~ **adó** *(rád)* booster transmitter ; ~ **anyagok** auxiliary products, auxiliaries ; ~ **cél** referring point ; ~ **hajó** tender ; ~ **helyzetlámpa** *(rep)* courtesy/passing light ; ~ **jelfogó** *(távk)* relief relay ; ~ **kormányzás** *v* **vezérlés** *(rep)* emergency control ; ~ **mikrofon** secondary microphone ; ~ **mozdony** pilot locomotive ; **munkahelyi** ~ *(bány)* auxiliary face labo(u)r ; ~ **munkás** stander, auxiliary hand ; ~ **pác** *(tex)* by-mordant ; ~ **repesztőlyuk** *(bány)* outer hole ; ~ **repülőtér** auxiliary field ; ~ **szárnyvonal** *(vasút)* refuge siding ; ~ **telefonközpont** *(automata főközponttal összefüggő)* fill satellite exchange ; ~ **tömítés** swab packing ; ~ **turbina** secondary/auxiliary turbine ; ~ **üzem(ek)** auxiliary shop(s) ; ~ **vezetőülés** *(rep)* auxiliary position for controls ; ~ **világítás** *(fényk)* booster light, fill-in

kiselejtez scrap, reject, discard

kiselejtezés scrapping, rejection

kiselejtezett rejected ; ~ **alkatrészek** scrapped parts ; ~ **betűanyag** *(nyomda)* old metal ; ~ **gyapjú** *(tex)* off-sorts

kiseprüsödik *(teler ; bány)* blow out

kíséret *(hajó)* escort

kísérlet experiment, trial, attempt, tentative, probation, test ; **elméleti** ~ *(mat)* essay ; ~ **folyamata** procedure of experiment ; **maketten végzett** ~ mock-up test ; **modellen végzett** ~ model test ; ~ **teljes méretű darabon** full-scale test ; ~**ek tervezése** design of experiments ; **üzemi** ~ plant mill test

kísérletez test, try, experiment

kísérletezés experimentation

kísérletezési technika experimental technique

kísérletező *fn* experimenter, tester ; ~ **készülék** experimental unit

kísérleti test, experimental, testing, trial, probative ; ~ **aerodinamika** experimental aerodynamics ; ~ **állat** laboratory animal ; ~ **állomás** *(rád, távk)* development station ; ~ **arány** *v* **adagolás** test ratio ; ~ **belövő pont** *(kat)* trial-shot point ; ~ **eljárás** experimental test procedure ; ~ **ellenőrzés** experimental check ; ~ **eredmények** experimental results ; ~ **értékek szórása** spread of testing values ; ~ **fa** sample tree ; ~ **felépítés** *(makett)* mock-up ; ~ **font** *(súlyegység nemesfém vizsgálatahoz)* assay pound ; ~ **fúrás** *(bány, ép)* trial boring ; *(ol)* test/first well ; ~ **fúrólyuk** *(bány)* trial bore hole ; ~ **fűrész** *(fa)* test saw ; ~ **fűrészelés** *(fa)* test sawing ; ~ **gazdaság** experimental farm ; ~ **jegyzőkönyv** test log ; ~ **kamra** experiment chamber ; ~ **karosszéria** testing body ; ~ **készülék** testing/experimental unit, tester ; ~ **kisminta** experimental model ; ~ **kivitelező műhely** design development shop ; ~ **kocsi** *(vasút)* testing car ; ~ **költségek** experimental charges ; ~ **laboratórium** experimental testing laboratory/department/room ; ~ **medence** trial tank ; ~ **megállapítás** findings of the experiments ; ~ **minta** *v* **próba** testing sample ; ~ **modellvontató medence** *(hajó)* model basin ; ~ **módszer** trial method ; ~ **motor kopogásvizsgálathoz** knock test engine ; ~ **rádióadó** developmental broadcast station ; ~**repülés** test flight ; ~ **rúd** *(anyagv)* test/proof bar ; ~ **táró** *(bány)* testing gallery ; ~ **telep** trial plant ; ~ **terem zajerősségi vizsgálatokhoz** silence room ; ~ **üzem** *v* **telep** pilot plant

kísérletképpen tentatively, experimentally

kísérő attendant, guide ; ~ **anyag** *(vegy)* accompanying substance ; ~ **ásvány** tributary/guest mineral ; ~ **bárca** docket ; ~**ér** *(bány)* secondary veins ; ~ **hajó** consort ; *(kat)* escort vessel ; ~ **jegyzék** schedule ; ~ **kőzet** secondary rocks ; ~ **kőzetben előforduló ásvány** gangue mineral ; ~ **telér** *(bány)* secondary veins ; ~ **telérág** branch ; ~ **telérzsinórok** dike swarm ; ~**vonal** *(szink)* satellite line

kísérőérces zsinór *(bány)* streak

kísérőlap-rendszer *(szállításnál)* through system

kísértet(kép) *(távk, telev)* ghost (image)

kisfeszültség *(vill)* low tension/voltage

kisfeszültségű low-voltage/-tension ; ~ **akkumulátor(telep)** low-voltage battery ; ~ **áramforrás** low-potential source of supply ; ~ **generátor** low-voltage generator ; ~ **gyújtás** *(vill)* low-tension ignition ; ~ **röntgencső** soft-ray (X-ray)-tube ; ~ **táplálás** *(távk)* low-tension supply ; ~ **telep** *v* **berendezés** low-voltage installation

kisfrekvencia low frequency, l. f.

kisfrekvencia-erősítés audio-frequency amplification

kisfrekvencia-erősítési kiigazítás *(vill)* low-note correction

kisfrekvencia-fázistolás low-frequency phase shift

kisfrekvencia-kompenzálás low-frequency compensation

kisfrekvencia-kompenzáló kör low-frequency compensation circuit

kisfrekvenciás : ~ **előtét** *(művonalban ; távk)* low-frequency impedance corrector ; ~ **erősítés** bass boost ; ~ **erősítő** low-frequency amplifier ; ~ **fojtótekercs** *(rád)* low-frequency choke ; ~ **fokozat** audio-frequency stage ; ~ **hívás** *(távk)* low-frequency signalling ; ~ **indukciós tekercs** low-frequency inductance ; ~ **műszer** audio-frequency meter ; ~ **torzítás** low-frequency distortion ; ~ **transzformátor** audio-/low-frequency transformer ; ~ **vasmagos önindukciós tekercs** low-frequency iron core inductance, l. f. i. c. i. ; ~ **villamos kemence** core-type induction furnace ; ~ **zavar** *(rád)* low-frequency disturbance

kisfrekvencia-veszteség low-frequency loss

kisfuratú small-bore

kisháromszögelés *(geod)* minor/subsidiary triangulation

kishíd runway

kisiklás *(vasút)* derailment, outslide, skid

kisiklasztó : ~ **saru** *(vasút)* (scotch block) derail(er) ; ~ **szerelvény** derail

kisiklik *(vasút)* derail, disjoin, slide out

kisimít smooth (out), sleek, strike, plane, flatten (out) ; *(nyersbőrt)* set/strike/pin out ; *(utat)* efface

kisimítás smoothing, flattening, planishing, refinement ; *(bőr)* slating out

kisimított szelvény *(földt)* smooth profile

kisimul *(redőzet ; földt)* flatten out

kisipar small industry ; *(kézi)* handicraft

kisipari műhely workshop

kiskabát reefer ; **kötött** ~ cardigan

kiskalória gram(me)-calorie, small calorie, cal

kiskapu *(ép)* stile

kiskerék *(gépt)* pinion

kiskereskedelmi ár retail price

kiskocka *(ép)* small-stone set(t)s

kiskockás mintájú *(tex)* tessellated

kiskocsi *(bány)* buggy

kiskör *(földrajzi)* small circle

kisközpont *(manuális ; távk)* switchboard

Kis Medve *(csill)* Little Bear

kisméretű *(ált)* small(-dimension scale), low-diameter ; *(fúró)* small-bore ; ~ **anyagok** smalls

kismértékű low-rate, minute

kisminta (reduced scale) model ; ~ **gipszből** plaster model

kisminta-kísérlet model test ; ~ **medencében** model tank test experiment; ~ **szélcsatornában** wind tunnel (model) test

kisminta-kísérleti medence experimental model basin

kisnyomású low-pressure, l. p. ; ~ **fokozat** low-pressure stage ; ~ **főző** *(pa)* low-pressure boiler ; ~ **gőzfűtés** vapour heating ; ~ **(gumi)abroncs** balloon-/low-pressure tyre ; ~ **henger** *(pa)* low-pressure cylinder ; ~ **henger forgattyúja** *(gőzgépen)* low-pressure crank ; ~ **turbina** low-pressure turbine

kisodor *(huzalkötelet ; hajó)* pay out ; *(tex)* untwist

kisodrás *(tex)* detorsion

kisodródó untwisting ; **ki nem sodródó kötél** nonspinning rope

kisorozó vágány váltója *(vasút)* diverging faults switch

kisóz *(vegy)* salt out

kisózás *(szappané)* (soap) graining ; **erős lúggal történő** ~ strong change

kisöbű *(puska)* small-calibre

kispatulyáz *(ép)* knot

kispuska small-calibre rifle

kissorozat small series/lot, short run

kissorozat-gyártás small-scale/-series production, short-run production
kisugároz eradiate, emit, beam; **hullámokat ~** *(rád)* send out, beam
kisugározható *(fényt)* radiable
kisugárzás emanation, radiation; **~ diszkrét frekvenciákon** selective radiation; **~ okozta fagy** *(met)* radiation frost
kisugárzási: ~ érték radiation value; **~ irány stabilizálása** *(rád)* beam stabilization; **~ jelleggörbe** radiation pattern; **~ minimumhőmérséklet** *(met)* grass temperature; **~ pont** *(csill)* radiant; **~ szög** *(rád)* beam angle
kisugárzó *fn* emitter; *mn* radiant, radiative; **~ dipólantenna-sorozat** radiating curtain; **~ felület** emitting area; **~képesség** radiating power
kisugárzott *vö* **kisugároz**; **~ teljesítmény** radiated power
kisülés *(vill)* discharge; **átütéses ~** disruptive discharge; **csúcsok közötti ~** *(vill)* point discharge; **felületi ~** creeping discharge; **~t fenntartó feszültség** *(neoncsőben)* maintaining voltage; **~ higanygőzben** mercury arc; **kúszó ~** creeping discharge; **~ nyomvonala** discharge path; **periódikus ~** *(vill)* alternating discharge; **pillanatnyi ~** *(vill)* abrupt discharge; **sugaras ~** brush discharge; **szélen fellépő ~** *(vill)* marginal discharge; **~ tere** *(vill)* discharge space; **~ vezetőn át** conductive discharge; **~ vezetőn keresztül** conductive discharge
kisülési: ~ áram discharge/discharging current; **~ áramerősség** rate of discharge, discharging amperage/current; **~ áramkör** discharge circuit; **~ cső** *(neoncső)* discharge tube/lamp; *(védő, radar)* ATR tube; **~ fénynyaláb** *(vill)* aigrette; **~ frekvencia** discharge frequency; **~ számlálócső** *(at)* discharge counter
kisülésíró *(met)* klidonograph
kisüst pot still
kisüt bake; *(vill)* discharge
kisütés baking; *(villamos)* discharge; *(műanyagé:)* baking
kisütési: ~ áramerősség rate of discharge; **~ feszültség** *(vill)* discharge voltage; **~ görbe** *(telepé)* discharge curve
kisütő: ~ cső discharge tube; **~kamra** *(vill)* discharge chest; **~készülék** *[szikrakör; vill]* discharger; **korongos ~** *(vill)* disc discharger; **~ kör** discharge circuit; **~ tompahegesztés** percussive welding
kisütött: ~ cella *[akkumulátorban]* exhausted cell; **~ telep** exhausted battery, run-down battery
kisüzem *(ipari)* small works
kisüzemi hűtőberendezés commercial refrigerator
kisváros small town
kisvasút light railway
kisvasúti: ~ kocsi light railway car; **~ talpfa** short sleeper
kisvevő *(rád)* midget receiver
kisvíz low-water
kisvízi meder minor bed
kiszab *(gépt, tex)* cut out; **méretre ~** ga(u)ge

kiszabadít disengage, free, release; **zátonyról hajót ~** float the vessel
kiszabadítás release, disengagement, freeing, liberation
kiszabó fűrész *(fa)* fret-sawing machine
kiszaggatás *(gyökerestől; fa)* evulsion
kiszakít pluck, tear out/away/off; *(at)* dislodge; *(sütőiparban)* throw out
kiszalad run out; *l még* **kifut**
kiszáll *(hajóból:)* disembark; *(repülőgépből:)* disemplane; *(vonatból:)* detrain
kiszállás *(hajóból:)* disembarking; *(repülőgépből:)* disemplaning; *(vonatból:)* detraining
kiszállít haul, move out; *(bány)* draw, raise, get out; *(aknán)* wind up
kiszámít reckon, compute, calculate, rate, evaluate; **előre ~** predetermine
kiszámítás figuring, estimate, computation, calculation
kiszámíthatatlan *(mat)* incomputable
kiszámító *fn* computer
kiszámított computed, estimated, calculated, rated; **előre ~** precomputed; **~ magasság** *(rep)* prearranged height
kiszántás *(jégártól; földt)* exaration
kiszárad run dry, desiccate
kiszáradás desiccation; *l még* **kiszárítás**
kiszáradó folyó *(földt)* misfit river
kiszáradt *(hidr)* sunned; **ki nem száradt** *(fa)* unseasoned; **~ tám** *(bány)* seasoned prop; **~ tó** extinct lake
kiszárít desiccate, dry, drain, scorch; *(fát:)* season; *(hidr)* empty; **magas hőfokú levegővel ~** bake
kiszárítás desiccation, exsiccation, drying, baking; *l még* **szárítás**; *(mzg)* reclamation
kiszárított *(fa)* seasoned; **~ épületfa** seasoned timber; **~ föld** reclaimed land
kiszed pick; *(bány)* stump out; *(szöveget, betűt; nyomda)* compose; **újból ~** recompose, reprint
kiszedés: fúrásnál leesett szerszámok ~e *(bány)* fishing
kiszedett *(bány)* knockdown
kiszedhető *(bány)* recoverable
kiszélesedés flaring out; *(heng)* widening; **~ szöge** *(mech)* angle of flare; **tölcsérszerű ~** *(vágaté)* bell out
kiszélesedik widen, flare; **tölcsérszerűen ~** flare/bell out
kiszélesedő flaring; *(heng)* widening; **~ alaptest** spread footing; **~ csővég** *(tok)* socket; *(felső vízvonalnál)* **~ hajóorr** flaring bow
kiszélesít widen, flare/neck out; **tölcsérszerűen ~** bell out
kiszellőztet aerate, sweep; *(bány)* dash; **pillérfejtéseket ~** *(bány)* sweep the pullar line
kiszenel *(bány)* strip, loosen
kiszenelt *(bány)* loose
kiszerel *(szétszerel:)* dismount, disassemble; *(leszerel:)* strip, demount; *(kicsomagol:)* finish; **mozdonyt szénnel ~** coal (up) the engine
kiszerelés disassembly, stripping, dismounting; *(kicsomagolás:)* make-up; *(pa)* finish(ing), wrapping, furnish of paper; **~, jelzés és csomagolás** *(tex)* making-up; **nagy méretű ~** *(tex)* big package

kiszerelési: ~ egység *(tex)* (yarn) package; **~ méret** *(tex)* bobbin capacity
kiszereletlen *(olaj)* (oil) in bulk, bulk (oil)
kiszerelhető removable
kiszerelő: ~ műhely compounding room; **~ papír** overlay/finish paper; **~ papíráruk** fancy paper goods; **~ terem** *(pa)* finishing-room
kiszínel *(barkahibát; bőr)* pare, perch
kiszitál sift/screen out
kiszitált: ~ anyag *v* **szennyeződés** *(élip)* siftings; **~ szén** *(50 mm alatt)* small coal
kiszív draw off, evacuate
kiszivárgás seep(age), leak(age); *(földt)* exosmose
kiszivárog escape, leak, bleed
kiszívás sucking, aspiration, seep(age)
kiszivattyúz unwater; *(zsompot; bány)* fork
kiszivattyúzás pumping out, exhaustion; *(rád)* evacuation
kiszivattyúzott: ~ bura *(vill)* evacuated bulb; **~ lombik** *(vegy)* exhausted bulb/flask
kiszívott pumped out, exhausted; **~ füst** *(bány)* exhaust smoke
kiszolgál *(gépet)* operate, tend, handle, service
kiszolgálás *(gépé)* attendance, handling, tending, attention; *(ellátás)* service; **~t nyer** *(távk)* is handled
kiszolgálási: ~ ipar local industry; **~ népesség** resident population engaged in public and basic services; **~ távolság** *(városépítés)* sphere of action of the public and basic services; **~ terület** *(városépítés)* area of the public and basic services
kiszolgáló attendant; *(bány)* service; **~asztal** benchboard; **~ folyosó** *(bány, gépt)* service gallery; **~kamra** *(bány)* chamber; **~nyílás** *(ép)* serving hatch; **~oldal** *(gépnél)* tending side; **~pad** *(gépnél)* change floor; **~ személyzet** attendance
kiszór throw out, spread
kiszorít displace, extrude; *(hidr)* sew
kiszorítás *[vízé]* displacement
kiszorítási ellenállás *(vill)* skin-effect resistance
kiszorítható displaceable
kiszorító extrusive; **~löket** displacement stroke; **~ szerkezet** displacement mechanism
kiszorított térfogat immersed volume, volume displacement
kiszóródás spillage
kiszórt homok *(önt)* shake-out sand
kiszögellés *(ált)* projection, protrusion, toe, nose; *(sarok)* angle; *(perem)* flange, ledge; *(ép)* break, jut, snug, boss(age) *is*; *(csiszolókorongon)* offset; **lépcsőzetes ~** *(ép)* echelon; **vízszintesen futó ~** *(ép)* cordon
kiszögellik project, protrude
kiszögellő rész *l* **kiszögellés**
kiszökés escape
kiszúr blank, part off; **gyűrűskéssel ~** trepan
kiszúró: ~fog trepan tooth; **~gép** trimming-off machine
kiszűr filter/sift out, smother
kiszűrés *(távk)* suppression, elimination; *(adott frekvenciáké)* suppression

kiszűrt : ~ **oldalsáv** *(rád)* suppressed/vestigial side band ; ~ **vivő(frekvencia)** *(távk)* suppressed carrier frequency
kitágít enlarge, expand, neck/flare out ; *(dörzsöléssel; forg)* ream up ; *(bőr)* redraw
kitágítás *vö* **kitágít**
kitágított *vö* **kitágít**
kitágul expand ; **tölcsérszerűen** ~ bell out
kitágulás expansion, flare ; *(hőhatásra)* dilatation ; **térfogati** ~ *(anyagv)* cubic dilatation
kitáguló flaring
kitakarít scrape, clean, cleanse ; **vágatot** ~ *(bány)* rid up
kitakart és elmállott kőzet *(bány)* sap
kitámaszt brace, stay, prop up, sustain ; *(ékkel)* chock
kitámasztás *vö* **kitámaszt** ; *(fával)* spragging
kitámasztható lövegtalp stay carriage
kitámasztó back stay ; *[ablaknál]* casement stay ; ~ **darab** stay piece; ~ **dúc** *(rep)* strut, outrigger ; ~ **fa** crippling board ; ~ **kar** arm brace ; *(emelőnél)* outrigger ; ~ **lemez** gusset stay ; ~ **pózna** stay pile
kitámasztott sustained, outrigged ; **nem** ~ unbraced
kitapint feel
kitapintás fingering, feeling
kitaposott : ~ **ösvény** *(csapás)* runway ; ~ **út** tread road
kitárálás calibration
kitart endure ; **hangot** ~ sustain
kitartás endurance, persistence ; ~ **a mélység felé** *(érce ; bány)* persistence in depth
kitaszít *(nyersbőrt)* set/strike/pin out ; *(juh- és báránybőrt)* slime ; *(zsírt bőrből)* skim ; **húsoldalról** ~ *(bőr)* green flesh ; **kővel** ~ *(bőrt)* scud, jack, clean, slate, stone ; **ököllel** ~ *(bőrt)* punch off with the fist, flay with the fist ; **zsírt** ~ *[bőrből]* remove blubber
kitaszítás expulsion ; *(bőré:)* setting-out ; **fölös zsír** ~**a zsírcserzésű bőrből** skimming
kitaszító *(bőr)* softener ; ~ **gép** *(bőr)* setting machine ; ~ **kő** *(bőr)* scouring stone ; ~ **tábla** *(bőr)* scouring table
kitemperálás *(koh) l* **bainites edzés**
kitépdes : csomókat ~ *(szövetből ; tex)* burl
kitépés harl ; *(gyökerestől)* evulsion ; *(a nyomott ív hátán ; pa)* snapping out
kitépett szőrök *(tex)* harl
kitépő : ~ **mintalap** *(négyzetmétersúly-meghatározáshoz ; pa)* template ; ~ **szilárdság** *(pa)* pick(ing) resistance, surface bonding strength
kitépőszilárdság-vizsgálat *(pa)* pick resistance testing
kitér turn off, evade, elude ; ~ **az útból** go out of the way
kitereget *(bőr)* spread
kitérés shunt, jink ; *[műszeré]* amplitude, deflection ; *vö még* **kitér** ; **hirtelen** ~ *(vill)* kick ; **legnagyobb** ~ *(bolygópályánál ; csill)* elongation
kitérési : ~ **csúcs(érték)** amplitude of deflection ; ~ **szög** angle of deflection
kitérésjelző *(rep)* yaw-meter
kitérít *[elektronsugarat]* deflect
kitérítés deviation, swing, divergence, deflection ; *(katódsugárcsőnél)* deflection ; *l még* **eltérítés** ; **mágneses** ~ magnetic deflection ; **villamos** ~ electric deflection
kitérítéserősítő deflection amplifier
kitérítési : ~ **amplitúdó** deflection amplitude ; ~ **áram** deflection current ; ~ **erő** deflecting force ; ~ **erősítő** deflecting amplifier ; ~ **érzékenység** deflection sensitivity, sensitivity of deflection ; ~ **feszültség** deflection voltage *(UK)* ; sweep voltage *(US)* ; ~ **frekvencia** deflection frequency ; ~ **mező** deflection field ; ~ **szög** angle of deviation/deflection ; ~ **tényező** deflection factor ; ~ **vizsgálat** deflection test
kiterített outspread ; *(mat)* developed ; ~ **hossz** developed length
kitérítő : ~ **áram** deflecting current ; ~ **áramkör** deflecting circuit ; ~ **elektród** deflecting electrode ; ~ **erősítő** deflection amplifier ; ~ **feszültség** deflecting voltage ; ~ **frekvencia** sweep frequency ; **függőleges** ~ **erősítő** vertical deflection amplifier ; **függőleges** ~ **kör** vertical deflection circuit ; **függőleges** ~ **lemez** vertical deflector/deflection plate, Y-plate ; ~ **generátor** deflection generator ; ~ **lemez** deflecting/deflection/deflector plate ; ~ **mágnes** deflector magnet ; ~ **mező** deflecting field ; ~ **nyomaték** *(mech)* deviation torque ; *(vill)* deflecting torque ; ~ **rendszer** deflection system *(UK)* ; sweeping system *(US)* ; ~ **tekercs** deflector/deflecting coil *(UK)* ; deflection coil/yoke, sweeping coil *(US)* ; ~ **tekercsáram** deflection-coil current ; ~ **tér** deflecting field ; **vízszintes** ~ **erősítő** horizontal deflection amplifier; **vízszintes** ~ **kör** horizontal deflection circuit ; **vízszintes** ~ **lemez** horizontal deflector/deflection plate, X-plate
kitérítőlemez-rendszer deflector plate system
kitérítőtekercs-rendszer deflector coil system
kiterjed extend, broaden, enlarge, stretch, expand, reach, range
kiterjedés extent, extension, expansion, dilatation, range, reach, sweep, spread(ing), stretch ; development, dimension ; *(geod)* scope ; **aszimptotikus** ~ *(földt)* asymptotic expansion ; ~ **nélküli** nondimensional
kiterjedéses szerkezet *(földt)* expansion structure
kiterjedési (nyomás)hullámok *(földt)* dilatational waves
kiterjedő spreading
kiterjedt ample, extensive, widespread
kiterjeszkedés *l* **terjeszkedés**, **kitágulás**
kiterjeszkedik *l* **terjeszkedik**
kiterjeszt expand, extend, distend, enlarge, broaden, stretch out
kiterjesztés *vö* **kiterjeszt**
kiterjesztett : ~ **cél** extended target ; ~ **részleges indikáció** *(radar)* expanded partial-indication display ; ~ **robbantótöltés** *(bány)* extended charge
kitermel produce, get, win, exploit, work ; **anyagot kotróval** ~ excavate ; ~ **és elszállít** *(földet)* excavate and cart away ; **erdőt** ~ lumber
kitermelendő szakasz *(fa)* working section
kitermelés exploitation, yield ; *(mennyiség)* output ; *(fa)* clearing ; ~**re érdemes** *(bány)* pay ; ~**re érdemes kőzet** pay rock ; ~**re érett** *(fa)* exploitable ; **lépcsőzetes** ~ *(bány)* bench working ; **valóságos** ~ *(bány)* actual mining
kitermelési : ~ **jog** grant of labo(u)r ; ~ **kiadások** working expenses ; ~ **költségek** working costs ; ~ **rendszer** *(bány)* method of operation
kitermelhető : ~ **erdő** productive forest ; ~ **fa** ripe wood
kitermelhetőség exploitability
kitermelő extractive
kitermelt *(bány)* drawn ; ~ **anyag számbavétele** *(fa)* registration of the felling produce ; ~ **erdőterület** *(fa)* logged land ; ~ **tőzegföld** emerged bog
kitérő *fn (vasút)* shunt, turnout, (passing) siding ; *mn (mat)* crossed ; *(bány)* double parting, lye ; *(tárnában:)* recess ; *(vasút)* shunting/passing place ; ~ **hossza** *(váltócsúcstól a keresztezésig ; vasút)* lead ; ~**re irányít** switch ; ~ **íve** crossover bend ; ~ **repülőtér** auxiliary/satellite field ; ~ **szelep** by(-)pass ; ~ **út** by-pass (rod) ; ~ **vágány** passing/switch(ing) track ; ~ **vágányzat** switch junction-line ; *(váltógyök és keresztezés között)* closure rails ; ~ **vágat** *(bány)* parting, by-pass
kitervez project, plot, mark out, plan, devise ; *(geod)* trace
kitesz expose ; *(értéket)* amount (to) ; **levegő** *v* **gázok hatásának** ~ aerate
kitétel *(könyvben)* passage
kitett : légköri behatásoknak ~ exposed to elements ; **szélnek** ~ *(met)* bleak
kitettség *[levegőnek]* exposure
kitevő *(mat)* exponent
kitevős *(mat)* exponential
kitin *(vegy)* chitin
kitisztáz do bright work
kitisztít furbish, clean(se), clear
kitisztulás clearing
kitódulás outrush
kitolható : ~ **hűtő** *(rep)* draw-out radiator ; ~ **oldalhűtő** *(rep)* projecting side radiator ; ~ **szerszámorsó** quill
kitoló : ~**gép** shedder ; ~**kezelő az aknánál** *(bány)* lander; ~ **szeg** drift bolt ; ~ **szerszám** driver
kitölt fill up/out ; *(sort ; nyomda)* fill ; **apró kővel** ~ clip ; **béléssel** ~ line out ; **cementtel** ~ *(ép)* cement in ; **hézagot** ~ flush ; **kittel** *v* **anyaggal** ~ lute; **színnel** ~ *[rajzot ; nyomda]* stain
kitöltés fill, pad ; *(spachtlizás ; ép)* stopping ; *(betonanyaggal ; ép)* encasement ; ~ **betétlécekkel** *(fa)* wood panel(l)ing ; **boltív öblének** ~**e** spandrel ; ~ **kátránnyal** *(ép)* tar filling ; ~ **kis méretű kövekkel kevert habarccsal** *[kettős v üreges falban ; ép]* packing ; ~ **kővel** *(bány)* stow ; *(hidr)* stone filling ; **ólommal** ~ leading ; ~ **süllyedése** settlement
kitöltésbeverő szerszám packing stick
kitöltési tényező *(vill)* space factor
kitöltetlen blank, void, unfilled

kitöltő filling, expletive ; ~ **anyag** *(vegy)* extender ; ~ **darab** fill-up ; *(hajóbordák alatt)* filling timber ; ~ **elem** *(ép)* pad ; ~ **fal** *(ép)* filling work, packwall ; *(nem teherhordó)* panel wall ; ~ **lemez** filler plate ; ~ **lerakódás** *(földt)* filling deposit ; ~ **massza** *(vill)* compound ; ~ **sámfa** *(mintacipőhöz)* shoe filler ; ~ **tégla** backer brick ; *(koh)* filling brick ; ~-**tömb** *(fedélzetgerendáknál ; hajó)* pad ; ~ **vonal** run on
kitöltődés *(magmával ; földt)* replacement
kitöm *(ép)* pad
kitömés stuffing
kitör burst out, gush ; *(ép)* break ; *[tűzhányó]* eject ; **felszínre** ~ flare ; **fülkét** ~ *(bány)* niche
kitöredezés *(hajszálrepedés:)* flaw(s) ; *(kipattogzás:)* pitting
kitörés burst, explosion, gush ; *(földt)* extrusion, outbreak ; *(tűzhányóé:)* eruption ; *(folyékony fémé ; önt)* break-out ; *(hangfelvételen:)* chafing ; ~ **előtti időszak** *(földt)* pre-eruption period; ~ **a külszínre** *(bány)* upset ; **láva kiömlése a** ~ **befejezése előtt** *(földt)* subterminal outflow
kitörésgátló *fn (ol)* blow-out preventer ; ~ **bélészcső** casing
kitörési : ~ **kráter** crater of eruption ; ~ **szelvény** *(bány)* rock section
kitörlés wipe-out ; *(magnetofonon)* erasing, wash-out
kitörő fúrólyuk *(bány)* spouter
kitöröl delete, dash out, blot, erase
kitörölhetetlen vegytinta indelible ink
kitt putty, cement, paste ; *(zsíros v olajos agyagragacs)* fat lute
kittelés lute
kittfalc glazing rabbet
kitűnő : ~ **hasadás** *(ásv)* perfect cleaving/cleavage ; ~ **minőségű** high quality, H. Q.
kitüntetett : ~ **irány** *(at, ásv)* preferred orientation ; ~ **mozgásirány** *(csill)* preferential motion
kitüremkedés *l* **kitüremlés**
kitüremlés bulge, protrusion, swelling, hogback ; *(bány)* flange ; *(földt)* creep, knob ; *(összenyomás közben ; gumi)* drift ; **antiklinális** ~ *(földt)* anticlinal nose
kitüremlő *vö* **kitüremlés**
kitűz locate, mark (out), situate, stake, trace ; *(geod)* set/lay/peg out ; **egyenest** ~ range out, range into line, align ; **irányt** ~ **térképen** plot course on chart ; **ívét** ~ *(geod)* curve ; **központokat** ~ locate centres ; **nullapontot** ~ *(hidr)* establish the zero point ; **osztópontot** ~ divide ; **szelvényt** ~ *(ép)* bring to grade
kitűzés layout, aligning, setting/marking-out, location ; *(geod)* pegging out, tracing ; *(tájékozódásnál ; hajó)* beaconing ; *(városépítés:)* pegging out of boundaries and building lines
kitűzési : ~ **jegyzőkönyv** field book ; ~ **terv** setting plan
kitűző : ~ **cövek** *(geod)* plug, spad, peg, stake ; ~ **csoport** *(geod)* plotting unit ; ~ **karó** *(ép)* boning board ; *(geod)* peg, marking pole ; ~ **kereszt** *(irányzáshoz)* cross ; ~ **rajzoló** layout draftsman ; ~ **rúd** *(geod)* survey(ing) stake/rod, ranging/aligning pole ; ~ **zsinór** surveying line
kitűzött : ~ **egyenes** *(geod)* ranged line ; ~ **szintbe hoz** *v* **feltölt** *(ép)* bring up to grade
kiugrás *l* **kiszögellés** ; *(rep)* jump ; **trolley-áramszedő** ~**a** deviation of trolley
kiugráscsökkentő *(grafikoné ; vill)* despiker
kiugrásos corbel(l)ed out
kiugrik *l* **kiszögellik** ; **repülőgépből** ~ abandon the aircraft, jump ; **a sebességváltó** ~ **a sebességből** *(gépk)* jump out of gear/mesh
kiugró *mn* flaring, outstanding, abutting, exposed ; *(ép)* bearing-out [masonry] ; ~ **állvány** *(ép)* flying falsework ; ~ **épületrész** jetty ; ~ **gyám** *(ép)* console ; ~ **helyeket megtalál** *(tusírozásnál)* locate high spots ; ~ **kő-** *v* **téglasor** *(ép)* oversailing course ; ~ **léc** *(ép)* embossing ; **nem** ~ *(ép)* built-in ; ~ **nyelv** *v* **pecek** *v* **csap** piece tongue ; ~ **párkány** *(ép)* reach-over edge ; ~ **rész** *(ép)* stub, shoulder ; ~ **sor** *(ép)* corbel course ; ~ **sziklafok** *(földt)* nose
kiülepedés setting, sedimentation
kiülegedő setting ; **magától** ~ *(gumi)* self-setting
kiüregel hollow out ; *(tüskével)* broach (out)
kiüregelés *(forg)* broaching ; *(hengeres)* tunnel
kiürít scoop, clear, disburden, empty, unload, deflate, evacuate, void, bleed, drain ; *(járművet)* empty
kiürítés discharge, depletion, dumping, emptying, exhaustion, evacuation
kiürítő : ~ **csap** discharge jet ; ~ **cső vákuumbiztosító szelepekkel** barometric leg ; ~ **csőcsonk** *(kipufogó csőé)* discharge branch (from manifold) ; ~ **csőrész** *(bányaszivattyún)* hogger-pipe ; ~ **csúszda** delivery chute ; ~ **hely** emptying point ; ~ **készülék** relief arrangement ; ~ **kötél** discharge/emptying rope ; ~ **munkás** *(bány)* striker ; ~ **nyílás** *[géppuskán]* release slip ; ~ **szelep** emptying valve ; ~ **szerkezet** emtying device, relieving gear ; ~ **tartály** discharge casing ; ~ **vég** discharge end ; ~ **vezeték** drain duct ; *(gépk)* outlet header
kiürül *l* **kiürít**
kiürülés *l* **kiürítés**
kiürülő térfogat volume of discharge
kiüt knock out ; **éket** ~ knock the key out
kiütés knockout ; *(önt)* rat-tail
kiütő *(nyomda)* block stamp ; ~ **ék** *(ép)* striking wedge ; ~ **gép** *(stancgép ; cipő)* clicking machine ; ~ **kés** *(cipő)* press/cutter knife ; ~ **kulcs** knockout key
kiütőtőke-egyengető gép *(cipő)* smooth planing machine
kiűz expel ; **gázt** ~ outgas
kiűzés expulsion ; **illó alkatrészek** ~**e** *(ol, vegy)* stripping
kivág cut (out) ; *(fa)* stump, pick ; *(fejszével:)* hew ; ~**ja a biztosítót** *(vill)* blow a fuse ; **erdőt szénégetésre** ~ coal ; **hidegvágóval** ~ chisel out ; **hornyot** *v* **vájatot** ~ slot, recess ; **illesztéshez** ~ *[I-tartó talpából lekanyarít]* cope ; **krupont** ~ *(bőr)* crop
kivágás *(művelet)* cutting, cutoff ; *(horony, lyuk)* cutout, lip, slot, sector ; *(alak)* blanking, cutting off ; *(bány)* excavation, sculpture ; *(szabászati)* slit ; *(tex)* bribes, clippings ; ~ **kőzetben** rock excavation
kivágási bőrhulladék leather offal
kivágó : ~ **bélyeg** blanking punch ; ~ **gép** *(alak)* blanking machine ; *(stancoló)* clicking machine ; *(pa)* slotting machine ; ~ **ív** *(pa)* picture sheets for cutting out ; ~ **karton** *(pa)* Jacquard board ; ~ **kés** *(nyomda)* stamp cutter ; ~ **készülék** punching fixture ; ~ **lap** *(nyomda)* single-leaf cancel, two-page cancel, leaflet ; ~ **lyukasztó** cutting punch ; ~ **nyomófej** *(forg)* cutting slide ; ~ **papír** construction paper *(US)* ; ~ **rúd** cutter bar ; ~ **sablon** template ; ~ **sajtó** blanking press ; ~ **szerszám** *(stancoláshoz)* blanking/shearing die; *(pa)* cutting rules
kivagonírozás detraining ; *l még* **kirakodás**
kivágott cut()away ; ~ **alátétlemez** *(utólagos megmunkálás nélkül)* punched washer ; **egy darabból** ~ *(kistancolt)* punched out of the solid ; ~ **főtartó** *(rep)* cutout spar ; ~ **lépcsőpofa** *(ép)* open string ; ~ **palástú dugattyú** slipper piston
kiváj hollow, scoop, peck, excavate, rout ; *(bány)* gain, cave ; *(meddőréteget)* ; rip ; *(ép)* erase ; *(fa)* pick, gouge out ; *(forg)* slot, groove
kivájás rabbet, routing, gouge, excavation ; *vö még* **kiváj** ; *(földt)* apron cut-off
kivájó gyalu routing plane
kivájt cored ; *vö még* **kiváj** ; ~ **éksarok rövid sarokfelülettel** *(cipőn)* jump wedge ; ~ **éksarok hosszú sarokfelülettel** *(cipő)* scoop wedge ; **munkahely** ~ **része** *(bány)* loose end ; ~ **üreg** *(földt)* excavation
kivakar *(nyomda)* erase
kivakarás rabble ; *(nyomda)* erasure
kiválás fall-out, segregation, eliquation, emanation, precipitate ; *(koh, hők)* precipitation ; *(önt)* segregation, liquation ; *(vegy)* separation, deposit(ion); *(kristályé)* generation ; **együttes** ~ co-precipitation ; **gázhólyagos** ~ blowhole segregation; **golyós** ~ *(öntvényhiba)* blowhole segregation ; **nyomás alatti** ~ *(öntvényhiba)* blowhole segregation ; ~ **szabad állapotban** liberation
kiválási vonalak *(önt)* liquation/segregation lines
kiválásos keményedés *(gyorsacél megeresztésekor)* precipitation hardening
kiválaszt pick, choose, select, elect, exude, eliminate ; *(bány)* recover ; *(földt)* back ; *(vegy)* educe ; ~ **hányóra való kihordásra** *(bány)* remove for disposal
kiválasztás *vö* **kiválaszt** ; *(vegy)* eduction
kiválasztási elv *(at)* selection principle
kiválasztó selective, selecting, secretory ; ~ **edzés** selective hardening ; ~ **oldószer** selective solvent ; ~-**szerkezet** *(irodagépen)* class selector ; ~ **védelem** *(vill)* selective system
kiválasztódik segregate
kiválasztott select(ed)

kiválik fall/settle out, segregate, emanate, exude ; *(bány)* release ; *(földt, vegy)* separate out
kiváló high-grade ; ~ **finom** extrafine ; ~ **minőségű** high-quality/grade
kiválogat select, separate, sift/single out ; *(bány)* poke out ; **kézzel** ~ pick out ; **meddőt** ~ *(bány)* waile
kiválogatás selection ; ~ **átlapátolással** shovel sampling
kiválogató selective
kiválogatott : ~ **érc** *(bány)* singles ; ~ **meddő** *(bány)* picking refuse
kiváltás *(bány)* turnout ; *(ép)* trimming ; *(nyomda)* brattice ; *[ütéskioldás ; óra]* discharge ; *(rád)* triggering
kiváltó *fn (billentyűs hangszeren)* fly ; *[orgonán]* setter ; ~ **fal** *(ép)* relieving wall ; ~ **gerenda** *(ép)* trimmer joist, bearer, jumper, (false) header ; ~ **gerendába kötött gerenda** *(ép)* tail beam ; ~ **konzol** *(ép)* disengagement bracket (under stanchions) ; ~ **kulcs** *(távk)* trip releasing catch ; ~ **labda** *(fényk)* bulb ; ~ **orsó** *(távk)* trip spindle ; ~ **oszlop** *(ép)* adjacent mullion ; ~ **tartó** *(ablak- v ajtónyílás felett)* iron lintel
kiváltott : ~ **gerenda** *(ép)* trimmed joist/beam ; ~ **letapogatás** *(radar)* slave sweep
kívánalom requirement
kívánatra felszerelt *(gépk)* optional
kívánság szerinti vizsgálat request test
kívánt required ; ~ **érték** *(aut)* reference input, set point, desired value ; ~ **méretek szerint munkálva** machined to the required dimension
kivarr *(tex)* embroider ; *[appretúrában]* renter
kivarrás *(javítás ; tex)* mending ; *(szegéllyel ellátott mintáé ; tex)* border hem
kivarró *(hibajavító ; tex)* darner ; ~ **öltés** overcast stitch
kivarrott : ~ **áru** *(tex)* embroidery ; ~ **fej** *[cipőfelsőrészen]* stitched forepart ; ~ **gomblyuk** worked button hole
kivastagodás *(ércen)* blow
kivehető removable ; ~ **háttámla** falling back
kivékonyodó középszárny *(földt)* drawn/squeezed-out middle limb, reduced middle limb
kiver knockout ; *(éket, szeget :)* drive out ; *(formát :)* incuse ; *(ötvösmunkát :)* hammer ; **éket** ~ unwedge, drive out a wedge ; **motringot** ~ shake the hank ; **öntecset** *v* **öntvényt** ~ shake out ; **szegekkel** ~ nail
kiverés knock-off/out ; *(éké)* unwedging, driving out ; *(kalapáccsal :)* swaging, hammering
kiverő : ~ **fa** *(matringbontáshoz ; tex)* hank hook ; ~ **gép** knockout machine ; ~ **kulcs** knockout key ; ~ **lemez** *(pa)* stamp board ; ~ **rúd** *(szegecs kiveréséhez)* knockout rod ; ~ **szeg** recoil spindle ; ~ **szemölcs** boss ; ~ **vas** *(tokmányból fúrókiütéshez)* angle drift
kivert : ~ **ácsolat** *(bány)* knockdown ; ~ **munka** relief work
kivérzés *(festési hiba)* flushing, bleeding
kivérzési próba *(festésé)* bleeding test
kives mortise/chisel out, pick, coin, engrave ; *(ép)* broach out ; *(kőből :)* carve
kivésés chiselling, mortising, undercut ; *(bány)* sculpture ; *(fában :)* gaining ; *(földt)* apron cut-off
kivet shoot, eject
kivétel : ~ **dugóhúzóból** *(rep)* spin recovery ; ~ **formából** knockout, demoulding ; stripping off from the form ; ~ **sebessége** *(rep)* recovery speed ; ~ **zuhanó repülésből** *(rep)* pull-out
kivételező : ~ **rész** *(átemelő regiszteré ; távk)* outstepping part ; ~ **számlánc** *(távk)* outstepping counting *(UK)*. impulse train
kivetés cast, kickout, ejection
kivetít project
kivető *fn (gépt)* kicker rod, ejector pin ; ~ **berendezés** *v* **lemez** knockout attachment ; ~ **csap** *(alak)* ejection/ejector pin ; ~ **pánt** *(ép)* parliament hinge ; ~ **szerkezet** *(rep)* ramp ; *(fegyveren)* ejector ; *(matricán)* (kicker-type) knock-out ; ~ **ülés** *(rep)* ejection seat
kivezérelhetőség *(rád)* dynamic range
kivezérlés *(rád)* dynamic modulation, drive
kivezérlésjelző *(rád)* volume indicator
kivezérlő : ~ **fokozat** *(rád)* driver ; *(katódcsatolású fűrészrezgésgenerátoré)* bootstrap driver
kivezet move out, educt, tap, bleed, drain ; **hajót dokkból** ~ undock
kivezetés outlet, eduction, tap ; *(vill)* terminal ; *(rád)* cap, outlet ; ~**ek összessége** *(vill)* terminal assembly
kivezetés-megjelölés *(rád)* terminal reference
kivezető : ~ **cső** exit pipe ; *(szivattyún)* outlet ; *(hidr)* fairlead ; ~ **füstgázcsatorna** discharge flue ; ~ **gyűrű** exhaust ring ; ~ **huzal** *(távk)* terminal wire ; ~ **kapocs** *(vill)* terminal outlet ; *(dobozon :)* case terminal ; **közös** ~ **kapocs** *(vill)* common terminal ; ~ **nyílás** outlet ; *(szivattyún :)* spout ; *(hidr)* eduction port ; ~ **rovátka** *(hanglemezen)* lead-out groove ; ~ **sapka** *(rád)* cap ; ~ **sugár** *(rep)* back beam
kivihetetlen inpracticable, unfeasible
kivihetetlenség inpracticability
kivihető practicable, feasible, exigible
kivilágítás lighting up, illumination
kivilágított : ~ **leszálló pálya** *v* **leszállási hely** *(rep)* flare path ; ~ **mutatólap** *v* **számlap** illuminated dial ; ~ **szélzsák** *(rep)* lighted wind cone
kivilágosító impulzus *(távk)* brightening pulse, marker-gate pulse
kivirágzás *(vegy)* bloom, efflorescence ; *(bőrön; ellágsav-kiütés)* bloom ; *(csokoládén)* bloom
kivirágzik *(vegy)* effloresce
kivitel execution ; *(szerkezeti)* construction ; **részletes** ~ detail construction
kivitelez carry out, construct, build
kivitelezés operation ; *l még* **kivitel** ; ~ **alatt álló** in process ; ~**re előkészít** set out ; ~ **módja** workmanship
kivitelező *fn* manufacturer ; *(ép)* building contractor ; ~ **építészmérnök** building engineer
kiviteli : ~ **engedély** export permit ; ~ **helyszínrajz** working map ; ~ **tervek** *(városépítés)* short-term plans to build up the original development plan ; ~ **vám** export duty ; ~ **zárlat** embargo
kivizsgál examine, prove, investigate
kivizsgálás investigation, trial ; ~ **terve** *(ép)* probationary plan
kivizsgálatlan untested
kivon extract, educe, detract, abstract ; *(bány)* win ; *(mat)* subtract ; ~ **a forgalomból** *(járművet)* withdraw (a vehicle) from operation ; **gyantát** ~ *(olajból, papírból)* degum ; **szericint** ~ *(selyemből)* degum
kivonandó *(mat)* subtrahend
kivonás extraction, deduction, abstraction ; *(cserzőanyagé)* extraction ; *(mat)* subtraction, deduction ; *(visszanyerés)* recovery ; ~ **elnyelő anyagból** elution ; ~ **ércmosalékból** *(bány)* ; ore retirement ; **savas** ~ acid leach ; **szeszes** ~ alcoholic extraction
kivonásjel *(mat)* sign of subtraction
kivonat abstract, extract ; *(esszencia)* essence ; *(cserzőanyagé)* extract ; *[könyvből]* extract (from) ; **alkoholos** ~ *(élip, vegy)* alcoholic extract, alcoholature
kivonatanyag *(vegy)* extract(ed matter)
kivonatol extract
kivonatolás extraction ; **savas** ~ acid extraction
kivonat-oldal *(nyomda)* short page
kivonatoló extractive
kivonatolt tartalom extract content
kivonattartalom extract content
kivonó extractive, subtractive ; ~ **kerék** *(számológépen)* subtract cam ; ~ **készülék** extractor ; **savas** ~ **lé** acid liquor ; ~ **szerkezet** *(bány)* withdrawing gear
kivontat *(hangárból)* bring out
kívül outside ; ~**ről borított** jacketed ; ~**ről irányítható** externally operable ; ~**ről vibrált** *(ép)* surface-vibrated
kívül-belül *(tex)* outwards and inwards
kizár block, eliminate, rule out ; *(gépt)* unlock, ungear ; *(mat)* discard ; *(sort ; nyomda)* fill
kizárás elimination ; *(nyomda)* space ; *(művelet)* filling
kizáró *fn (nyomda)* spacer
kizáróéktartó szekrény *(szedőgépen)* quoin chase
kizsaluz *(ép)* dismantle, strip the forms, strip
kizsaluzást megkönnyítő faék *(ép)* releasing key
kizsigerel *(élip)* eviscerate, gut
kizsilipelő nyílás *(hidr)* sluice outlet
Kjeldahl-lombik *(vegy)* Kjeldahl flask
kjerulfin *(ásv)* kjerulfine
klammeres talpbélésfelillesztő gép *(cipő)* staple tacker for insoles
klammergép *(huzalkapcsozó gép ; cipő)* staple fastening machine
klaprothit *(ásv)* klaprothite
klarinét clarinet
klavecin clavecin
klavicsembaló clavicembalo
klavikord clavichord
klidonográf *(vill)* klydonograph, surge recorder
klíma climate
klímaberendezés (air-)conditioning plant
klimatizál climate

klimatizáló berendezés air-conditioning plant; **~sel ellát** air-condition
klimatizált papír mellow paper
klimatológia climatology
klinker *(ép)* clinker
klinkerburkolat *(ép)* brick pavement
klinkermentes cement *(ép)* metallic cement
klinker-padló clinker floor
klinker-réteg clinker bed
klinkertégla *(ép)* blue/hard/vitrified brick, clinker
klinoedrit *(ásv)* clinohedrite
klinoensztatit *(ásv)* clinoenstatite
klinohumit *(ásv)* clinohumite
klinoklá(s)zit *(ásv)* *l* **abichit**
klinoklor *(ásv)* clinochlore
klinométer *(geod)* angle meter
klipper clipper
klirr *(távk)* *l* **torzítás**
klirrfaktor *(távk)* *l* **torzítási tényező**
klisé plate, block; **galván-úton készült ~** electro(type); **~t készít** *(galváneljárással)* electrotype; **rézzel bevont ~** copper electrotype block; **vegyi úton előállított ~** chemitype
klisé-alátét *(stég; nyomda)* footstick
klisébevonás acélréteggel *(nyomda)* acierage
kliséélek elvékonyítása *(fazettálás; nyomda)* peeling
kliséfelerősítő készülék *(nyomda)* mounting apparatus for blocks
klisékészítés fényképezés útján typographic(al) photo-engraving
klisékészítő *(nyomda)* zinkographer, chemigrapher; **~ műhely** *(nyomda)* zincography
klisévágó *(fényk)* router
klisírozó felszerelés *(nyomda)* plate-making plant
klisztron *(rád)* klystron, drift tube; **~ első rácsköre** buncher; **~ első üregrezonátora** buncher resonator; **kétüreges ~** double-resonator klystron; **reflex ~** reflex klystron; **szalagnyalábos ~** Heil-tube; **~ üzemi viszonyait jellemző adat** bunching parameter
klisztron-gyorsító drift tube accelerator
klisztron-oszcillátor klystron oscillator/generator
klisztron-paraméter *(rád)* bunching parameter
kloantit *(ásv)* chloanthite
klockmannit *(ásv)* klockmannite
klokéanyag *(tex)* cloky, cloqué fabric, blister cloth
klór chlorine; **aktív ~** available chlorine; **~ral gyártott cellulóz** *(pa)* chlorine pulp; **gyűrűn kötött ~** chlorine in ring; **oldalláncban kötött ~** chlorine in side-chain; **~- és savmentes selyem-csomagolópapír** chlorine and acid free wrapping tissue
klorál chloral
klorálalkoholát chloral alcoholate
klorálhidrát chloral hydrate
klórállóság fastness to chlorine
klórammónium *l* **ammóniumklorid**
klórantimon *l* **antimonklorid**
klórargirit *(ásv)* *l* **kerargirit**
klórbárium *l* **báriumklorid**
klórbenzol (mono)chloro-benzene
klórcink *l* **cinkklorid**
klórcink-jódoldat iodo-zinc chloride solution
klórdioxid chlorine dioxide
klór-durranógáz chlorknallgas
klórecetsav chloracetic acid
klóréter chloro-ether
klóretil ethyl chloride
klórezüst *l* **ezüstklorid**
klórezüstpapír chloride of silver paper
klórfejlesztő chlorine still
klórgáz chlorine gas
klórhidrát chlorine hydrate
klórhidrogén hydrogen chloride, chlorine hydride
klórhidrogén-gáz hydrochloric gas
klorid chloride
kloridfürdő: előzetes ~ *(fényk)* salting
klorid-másolópapír *(fényk)* chloride paper
klorinszál *(tex)* Pe-Ce-fibre
klorit *(ásv, vegy)* chlorite
kloritoid *(ásv)* ottrelite
klórkalcium *l* **kalciumklorid**
klórkalcium-csövecske *(vegy)* calcium chloride tube, witness
klórkálium *l* **káliumklorid**
klórkaucsuk chlorocaoutchouc
klórmagnézium *l* **magnéziumklorid**
klórmangán *l* **mangánklorid**
klórmeghatározó készülék chlorometer, Berthollet's tester (tube)
klórmentes papír chlorine-free paper
klórmérő chlorimeter, chlorometer
klórmész chloride of lime, bleach(ing) (powder), chlorinated lime, calcium hypochlorite
klórmészkamra bleach chamber
klórmészoldó *(pa)* chloride of lime dissolver
klórmészpor *v* **-púder** bleach(ing) powder
klórmetil methyl chloride
klórnátrium *l* **nátriumklorid**
"klorofán" *(ásv, ékkő)* chlorophane, pyro-emerald
klorofill chlorophyll, leaf green
klorofillit *(ásv)* chlorophyllite
kloroform chloroform, trichloromethane
kloroform-szesz chloroform spirit
klorokalcit *(ásv)* chlorocalcite
kloromagnezit *(ásv)* chloromagnesite
klorométer *(vegy)* chlorometer, Berthollet's tester (tube)
kloropál *(ásv)* chloropal
klorоprén chloroprene
klóros: ~ fehérítőoldat *(tex)* chemic; **~ feltárás** *(pa)* chlorine digestion; **~ víz** chlorine water
klorospinell *(ásv)* chlorospinel, magnesia-iron spinel
klorotionit *(ásv)* chlorothionite
klóroz chlor(in)ate
klórozás chlor(inat)ing, chlorination; *(fehérítésnél; tex)* chloring; *(vízfertőtlenítés hipoklorittal)* javellization; **~ láncban** *(vegy)* chain chlorination
klórozó: ~ anyag chlor(in)ating agent; **~ edény** *(pa)* chlorinator; **~ pörkölés** *(koh)* heap chlorination
klórozott chlor(in)ated; **~ fonal** *(tex)* chlorinated yarn; **~ gyapjú** *(tex)* chlorinated wool; **~ gyűrű** *(vegy)* chlorinated ring; **~ paraffin** chlorinated paraffin, chlorocosane
klórpikrin chlor(o)picrin(e), vomiting gas
klórsavas: ~ bárium barium chlorate; **~ kálium** potassium chlorate
klórszám *(pa)* chlorine number
klórsztirol chlorostyrene
klórtartalmú chlorous; *(ásv)* chlorian is
klorűr subchloride
klórvíz *l* **klóros víz**
klórvízszivattyú *(pa)* bleach-water pump
klothoid *(mat)* Euler's/Cornu's spiral, clothoid
klozett (water)closet
klozetthúzó cistern-pull
klozett-lefolyótölcsér closet hopper
klozettöblítő (tartály) closet flushing-tank
klozettpapírtartó paper rack for W. C.
klozett-szerelvények toilet fittings
klozettülés toiler seat
klöplizett tömlő *(gumi)* braided hose
klöplizőfn *(tex)* plaiting frame
klöplizőgép *(tex)* spindle loom, lace machine; **~ csévéje** *(tex)* lacer
K-(merevítő)dúc *(ép)* K-strut
knebelit *(ásv)* knebelite
knopit *(ásv)* knopite
Knowles-féle nyüstösgép *(nyitott száddal; tex)* Knowles' dobby motion, Knowles' head
Knudsen-rendszerű vákuummérő Knudsen (vacuum) ga(u)ge
koacerválás coacervation
koacervátum coacervate
koaguláció coagulation; **villamos ~** electrocoagulation
koagulációs: ~ fürdő coagulation bath; **~ kád** coagulating agent basin
koagulál coagulate, flocculate, coalesce, caseate, curdle
koagulálás *l* **koaguláció**
koagulálásgátló szer anti-coagulant
koagulálási: ~ hő coagulation heat; **~ pont** coagulation point
koagulálható coagulable; **nem ~** incoagulable
koagulálhatóság coagulability
koaguláló coagulant; **~ kád** *(gumi)* churn; **~ képesség** coagulability; **~ szer** coagulating agent, coagulator
koagulálódik coagulate, caseate, squat, shrink
koagulálódott selyemszál *(tex)* coagulated filament
koaguláns *[latex-alvasztó szer]* coagulant
koagulátor *l* **koaguláló szer**
koaxiális coaxial; **~ antenna** coaxial antenna; **~ csatlakozó** *(dugós)* concentric plug and socket; **~ csőtápvonal** *(rád)* concentric (tube) feeder, concentric tube transmission line; **~ dugasz** *(távk)* concentric plug; **~ érpár** *(távk)* coaxial pair; **~ fúrás** line boring; **~ hullámmérő** *(rád, távk)* coaxial wave meter; **~ hüvely** *(rád, távk)* concentric socket/jack; **~ kábel** *(távk)* coaxial tube, coaxial/concentric cable; **~ kábelhálózat** concentric wiring system; **~ kábelrezgőkörös oszcillátor** concentric-line oscillator; **nem ~** out-of-line, misaligned; **~ pillangó rezgőkör** *(rád; távk)* coaxial butterfly circuit; **~ rendszer** *(távk)* coaxial system; **~ sugárzó** *(rád)* sleeve dipole; **~ tápvonal** *(rád)* concentric/coaxial feeder; **~ tölcsérsugárzó** *(rád)* coaxial horn; **~ üregrezonátor** *(rád)* coaxial cavity; **~ vezető állomás** *(távk)* coaxial control station; **~ vonal** *(rád, távk)* concentric/coaxial line; **~ vonaltípusú frekvenciamérő** *(rád)* transition type of frequency meter; **~ vonalú oszcillátor** coaxial-line oscillator

kobalt cobalt
kobaltaluminát cobalt aluminate
kobalt-bevonás cobalt-plating
kobalt-fémeskő cobalt speiss
kobalti- *(ásv)* cobaltian
kobaltin *(ásv)* cobaltite, cobaltine, cobalt glance
kobaltit *(ásv)* *l* **kobaltin**
kobalti-vegyület cobaltic compound
kobaltkék *l* **azúrkék**
kobaltklorűr cobaltous chloride
kobaltnikkelkovand *(ásv)* nickeliferous sulfide of cobalt
kobalto- *(ásv)* cobaltoan
kobaltohidroxid cobaltous hydroxide
kobaltoklorid cobaltous chloride
kobaltokobaltioxid cobalto-cobaltic oxide
kobaltomenit *(ásv)* cobaltomenite
kobaltonitrát cobaltous nitrate
kobaltooxid cobaltous oxide
kobalto-vegyület cobaltous compound
kobaltozás cobalt-platin
kobaltsárga *(festék)* cobalt yellow
kobaltszemcse cobalt regulus
kobalttartalmú *(koh)* cobaltiferous
kobalt-ultramarin *(festék)* cobalt ultramarine
kobaltüveg cobalt glass
kobaltzöld *(festék)* cobalt green
kobellit *(ásv)* kobellite
koblenzi emelet *(földt)* Coblentzian stage
kóbor : ~ **elektron** *(rád)* stray electron; ~ **hullámok** *(rád)* stray waves ; ~ **ív** *(heg)* erratic arc
kóboráram *(vill)* stray/creeping/sneak/leakage current ; ~ **ellen védő kapcsolás** *v* **berendezés** *(vill)* leakage protecting system
kóc *(tex)* rug scutching, (scutching) tow, hards ; *(tömítéshez)* oakum
kóccsomó wad
kócfonal *(rövidszálú anyagból ; tex)* tow yarn
Koch-féle sav Koch's acid
Koch-sterilizátor steam sterilizer
kocka cube, die ; *(mat)* hexahedron ; *(film)* frame ; ~ **alakú** cubic(al), cubiform
kockaantenna cubic(al) antenna
kockaérc *(ásv)* *l* **farmakosziderit**
kockaház *(ép)* cubiform house ; ~ **beépítési mód** area covering by cubiform houses
kockakő paving block, set(t) ; **kis (útburkoló)** ~ small-stone block
kockakőburkolat block pavement, set(t) paving
kockakövezet square-dressed pavement
kocka-másodperc *(film)* frame per second
kockaminta *(tex)* check pattern
kockamintás *(tex)* checkered, wide-meshed
kockapróba *(anyagv)* cube test
kockarács *(ásv, at)* cubic(al) grating/lattice ; **felületen középpontos** ~ cubic face-centered lattice ; **lapközpontos** ~ cubic face-centered lattice ; **térben középpontos** ~ cubic body-centered lattice ; **térközpontos** ~ cubic body-centered lattice
kóckártoló (gép) *(tex)* tow carding engine
kockás *(tex)* check(ed), checkered ; ~ **beosztás** *(nyomda)* square ruling ; ~ **mintázat** *(tex)* check ; ~ **papír** squared/checked paper, paper ruled in/with squares , *(tex)* design/point paper ; ~ **struksz** *(tex)* check bock fabric ; ~ **szövet** *(tex)* check, highlander ; ~ **szövetminta** check(ed) pattern ; ~ **zeolit** *(ásv)* *l* **chabazit**
kockaszén range/round/dice coal, cobbles, rakes
kockaszerű cuboid
kockaszilárdság *(anyagv)* cube strength
kockázás *(papiré)* check/square/quadrille ruling
kockázott felület *(bány)* meshy surface
kócnemesítő készülék *(tex)* flax tow finisher card
kócpuhítás *(töres)* tow breaking
kócrázó gép *(tex)* tow shaker
kóc-selyem bourette, ferret/sleeve silk, silk wadding ; **gubón maradt** ~ husks, ricotte, galettame silk
kóc-selyemfonal spun floret silk
kóc-selyemfonás coarse silk spinning
kocsi carriage, car(t), vehicle, coach, truck ; *(kicsi)* barrow truck ; *(távgépíróé)* carriage ; **akkumulátoros** ~ *(vasút)* accumulator car ; ~**k beállítása** *(rakodáshoz)* spotting ; **csuklósan kapcsolt** ~ *(vasút)* articulated car ; **iparvasúti** ~ **kapcsolóhorga** *v* **-lánca** hitch chain ; **közvetlenül kapcsolt** ~ directly-attached car ; **(lazán kapcsolt)** ~ **felfutása** closing-up of carriage ; ~**ra szerelt** wheel-mounted ; *(vasút)* wag(g)on-mounted ; ~**ra szerelt fúrógép** drill truck ; ~**ra szerelt nagyfeszültségű kapcsoló** *(vill)* truck-type switchgear ; ~**ra szerelt öntőüst** *(koh)* truck ladle ; ~**ra szerelt tűzoltó berendezés** wag(g)on fire engine ; **vonatról lekapcsolt** *v* **kisorozott** ~ *(vasút)* drop carriage
kocsi-adagoló *v* **-indító** *(kötélpályán)* bucket spacer
kocsiajtó zárrudas része cross-barred end
kocsiállás outage time ; *[üzemen kívül ; javítás miatt ; gépk]* idleness
kocsiálláspénz demurrage
kocsiállomány *(vasút)* rolling stock ; *[szállító vállalaté]* fleet
kocsialváz *l* **még alváz** ; chassis, undercarriage ; *(gépk)* chassis, (car) frame ; *(vasút)* carriage (under)-frame ; **kétkerekű** ~ bicycle undercarriage
kocsialvázas mozgódaru portable truck crane
kocsi-áramvezeték *(vasút)* car cable
kocsiátadás *[határállomáson]* interchange switching
kocsiátjáró harmonika *(vasút)* gangway flexible bellows
kocsibehúzás *(szelfaktoron ; tex)* drawing-up (motion)
kocsibehúzó : ~ **csiga** *(szelfaktoron ; tex)* drawing-in/up scroll ; ~ **dörzskapcsoló** drawing-up friction ; ~ **tárcsa** drawing-up pulley
kocsi-biztosítás *(gépk)* car insurance
kocsibiztosító *(vill)* carriage fuse
kocsibuktatós rakodó tipping stage
kocsibuktató szerkezet dump, tipover
kocsicsatoló szerkezet *(vasút)* buckle
kocsicsoport lot, cut, rake
kocsielőtér platform, bay
kocsiemelés csavaremelővel *(gépk)* jacking
kocsiemelő (carriage) jack ; **csavaros** ~ screw jack ; **fogasléces** ~ *(gépk)* rack jack ; ~ **híd** *(garázsba)* car/vehicle hoist ; **ollós** ~ scissors-type screw jack
kocsiemelőpont *(az emelő beillesztésére ; gépk)* jacking point
kocsiemeltyű *(írógépen)* carriage lever
kocsifedélbőr carriage leather
kocsifedélzet *(villamoskocsin, autóbuszon)* upper decktop
kocsifékező *(vasút)* rider ~ **berendezés** *(gurítópályán ; vasút)* retarder
kocsifelíró *(vasút)* car accountant
kocsifeljáró *(ép)* drive
kocsifelvonó wag(g)on lift
kocsi-fonalszárító *(tex)* truck yarn-dryer
kocsi-forgózsámoly *(vasút)* bogie (truck)
kocsifutás *(vasút)* run(ning)
kocsifüggöny *(vasút)* side awning
kocsifűtés car heating ; *(a motor hűtővizével)* engine heating-device
kocsifűtő : ~ **készülék** car heater ; ~ **radiátor** car radiator
kocsigyár carriage works
kocsigyártás car building
kocsigyártó : ~ **fa** cartwright's/wheelwright wood ; ~ **ipar** carriage/vehicle industry
kocsihágcsó footing piece
kocsijavító : ~ **műhely** car(riage) repair shop ; ~ **szín** car repair shed
kocsikapcsolás *(vasúti)* car coupling
kocsikapcsoló (munkás) *(vasút)* (car) coupler, ("hook-on") ; ~ **horog** *(vasút)* coupling shackle ; **önműködő** ~ **beállító szerkezete** *(vasút)* coupler centering device ; **önműködő** ~ **kapcsolófeje** *(vasút)* coupler head ; ~**t tartó karmantyú** *(vasút)* coupler receptacle
kocsikapocs car coupling
kocsikarosszéria-váz *(gépk)* framework of car body
kocsikenőcs carriage/wheel grease ; **elhasznált** ~ coom(b) ; **sűrű** ~ dope
kocsikerék cart(-)wheel, wheel
kocsikeréktengely axletree
kocsikeret *(vasút)* underframe
kocsikifutás *(járműé)* coasting distance ; *(szelfaktoron ; tex)* outward run of the carriage
kocsikihúzás *(szelfaktoron ; tex)* drawing out of the carriage
kocsikihúzó csiga *(szelfaktoron ; tex)* drawing-out scroll
kocsikiürítő *(vasút)* car dumper ; ~ **billentő szerkezet** *(vasút)* tilter
kocsileakasztás *(tolatásnál ; vasut)* cut
kocsilemez *(pa)* carriage board
kocsilépcső *(vasút)* foot plank
kocsimelegítő *fn* car radiator
kocsimérföld car-mile
kocsimérleg wag(g)on weighing machine
kocsimosó *fn* *(gépk)* car washer ; ~ **berendezés** *(gépk)* car washing facilities ; ~ **szín** cleaning shed ; ~ **szivacs** *(gépk)* car washing sponge ; ~ **üzem** *(gépk)* car washing plant
kocsiműhely *(vasút)* car shop
kocsinyújtás *(szelfaktoron)* carriage draft, stretch
kocsioldalfal side of car
kocsiöntés *(önt)* buggy casting
kocsi-összekötő rúd sway bar
kocsipálya carway, carriageable road (strip) ; *(hídpályán teherforgalomra fenntartott rész)* wag(g)on way
kocsipark car park ; *(kocsiállomány)* rolling stock ; *(vasút)* wag(g)on rolling stock
kocsiponyva wag(g)on sheet

kocsirakomány wag(g)on-load, car load
kocsirendező *(vasút)* former, coupler
kocsiretorta car retort
kocsirúd draft bar, limber, perch, (carriage) beam ; *(kétágú)* thill
kocsirúd-csapszeg limber/perch pin
kocsirúdkampó *v* **-horog** *(járomlánc v szíj beakasztására)* thill rail
kocsirúdszeg perch/limber pin
kocsirúdtartó pole holder
kocsirúd-vasalás perch plate
kocsirugó *(lemezes ; vasút)* carriage spring
kocsirugó-összefogó pánt *(vasút)* buckle, strap
kocsirugózás car suspension
kocsisbak coach-box
kocsisposztó livery cloth
kocsiszakasz *(vasút)* compartment
kocsiszekrény wag(g)on/carriage body ; *(gépk)* body ; **~ befogadó képessége** capacity of body ; **~ padlólemeze** floor pan
kocsiszekrényépítés bodywork
kocsiszekrény-felsőtér headroom
kocsiszekrény-lakatos body ironer
kocsiszekrénylemez *(heng)* autobody sheet
kocsiszekrényoldalfal *(gépk)* body side panel
kocsiszekrénytartó *(gépk)* body bracket/bearer ; **~ cső** *(gépk)* tubular body bracket
kocsiszekrényváz body frame ; *(vasút)* superstructure
kocsiszerkezet car structure ; *(szelfaktoron ; tex)* carriage ; **~ teljes kihúzása** *(tex)* carriage out
kocsiszín car/wag(g)on shed, remise
kocsiszőnyeg *(gépk)* floor carpet
kocsitámaszték *(koh, önt)* truck bolster
kocsitartózkodó hely coach yard
kocsitelep *(személykocsik számára ; gépk)* coach yard
kocsitengely carriage axle ; *(szelfaktoron ; tex)* backshaft
kocsitengelyvég-alátéttárcsa linch washer
kocsitérköz distance between wagons
kocsitest wag(g)on body
kocsitető carriage deck
kocsiút carriageway, drive
kocsi-ütköző *(vasút)* railway buffer
kocsi-ütközőrúd *(írógépen)* recoil rod
kocsiváltó *(távírógépen)* carriage return, CAR. RET.
kocsivasalás carriage fittings
kocsiváz car frame
kocsivázmerevítő *(gépk)* strainer
kocsiveret carriage fittings
kocsiveszteglés *(szelfaktoron ; tex)* dwell
kocsivezető *(vasút)* motorman, driver, carman
kocsivisszaemelő saru *(vasút)* car replacer
kocsivonó horoglemez *(vasút)* follower
kocsivontatás car haul
kocsonya gelatin(e), gel ; *(élip)* (broth) jelly
kocsonyás gelatinous ; **~ kovasavgél** silica jelly ; **~ üledék** *v* **csapadék** gelatinous precipitate
kocsonyásít gelatinate, gel
kocsonyásító : ~ anyag gelling agent ; **~ képesség** jelly-forming capacity
kocsonyásodás jellification, gelling, pectization
kocsonyásodási képesség jellying power, coagulability
kocsonyásodik congeal
kocsonyásodó coagulable, coagulant
kód *(távk)* code
kód-adó *(távk)* code-sender
kódelem *(távk)* digit
kódfejtés *(távk)* decoding, translation
kodíroz *(távk)* *l* **kódol**
kódjel *(távk)* symbol
kódjel-adó *(rád)* code transmitter
kódmoduláció *(távk)* code modulation
kódmodulálás *(távk)* code modulation
kódol code
kódolás *(rád, távk)* (en)coding
kódoló *(rád, távk)* (en)coder ; **~ bütyök** *(rád)* coding cam
kódoz *(távk)* *l* **kódol**
koefficiens *l* **együttható**
koenzim *(vegy)* coenzyme, coferment
Koepe-tárcsa *(bány)* Koepe pulley/reel
Koepe-tárcsás : ~ aknaszállítás *(bány)* Koepe lift/hoist system ; **~ aknaszállító gép** Koepe hoist
koercitív erő *(rád, távk)* coercive force ; *(telítéshez tartozó érték)* coercivity
koercitivitás *(vill)* coerci(ti)vity
kofermentum *(vegy)* coenzyme
koffein caffeine
koffeinnátriumbenzoát caffeine sodium benzoate
kohász metallurgist
kohászat *(koh)* metallurgy
kohászati *(koh)* metallurgical ; **~ eljárás** metallurgical process ; **~ kezelés** metallurgical treatment ; **~ salak** slag, scoria, cinder; **~ üzem** metallurgical works
koherencia *[hullámoké]* coherence
koherens *(szink)* coherent ; **~ sugárzás** *(szink)* coherent radiation
kohérer *(vill)* coherer ; **Branly-féle ~** *(rád)* responder
kohérer-kopogtató *(rád)* tapper
kohérer-meglazítás decoherence
kohérer-megszakítás decohering
kohérer-megszakító decoherer
kohézió cohesion, coherence, cohesive attraction , *(rideg szakítószilárdság)* cohesive strength
kohézióképes cohesive
kohézióképesség cohesiveness
kohéziós nyomás intrinsic pressure
Kohlrausch-féle szolenoid *(vill)* magnetic balance
kohó *(kemence)* furnace, oven ; *(nagyolvasztó)* blast furnace ; **~** *(nagyolvasztó)* **kő-** *v* **téglaépítménye** body of hearth ; **közvetlen tüzelésű ~** Catalan hearth ; **üzemben levő ~** in blast
kohóadagoló kocsi blast furnace car
kohóakna furnace shaft
kohófém *(koh)* virgin metal
kohógáz furnace/kiln gas, metallurgical waste gas
kohókátrány blast furnace tar
kohókoksz blast furnace coke
kohóközéprész *(koh)* belly
kohómérnök metallurgical engineer
kohómű *(koh)* ironworks
kohóólom work/bullion lead
kohó-padlószint mill floor level
kohósalak blast furnace cinder ; **finomra őrölt ~** slag sand
kohósalakcement blast furnace slag cement
kohósalak-koksztörmelék keverék *(betonadalék)* pan breeze
kohósítás *(koh)* smelting ; **~ előtt dúsítás útján nyert termésréz** *(bány)* stamp copper
kohószint iron mill floor
kohó-szúrás *(csapolás)* blast furnace tapping
koincidál coincide
koincidencia coincidence
koincidencia-beállítás *(geod)* coincidence adjustment
koincidencia-cső *(rád)* coincidence tube
koincidencia-gomb *v* **-csavar** *(geod)* coincidence knob
koincidencia-impulzus *(rád)* coincidence impulse
koincidencia-kapcsolás *(vill)* lock-on coincidence circuit
koincidencia-számláló *(rád)* coincidence counter
kokárdaérc *(ásv)* crust ore
kokárdás szerkezet *(bány)* cocarde structure
kokilla *(ingothoz)* ingot mould ; *(önt)* permanent mo(u)ld, casting die ; **csoportos alsó öntésű ~** *(koh)* cluster bottom mo(u)ld ; **fröccsöntő ~** *(önt)* pressure-casting die ; **közönséges ~** *(önt)* gravity-casting die ; **présöntő ~** *(önt)* pressure-casting die
kokilla-alátétlap *v* **-asztal** *(önt)* ingot-mo(u)ld stool
kokillafekecs ingot-mo(u)ld varnish
kokillalehúzó: ~ berendezés ingot stripper ; **~ csarnok** ingot-stripping bay ; **~ daru** stripper ; **~ fej** stripper ram ; **~ fogó** stripper tongs
kokilla-máz *(koh)* ingot mould-coating/dressing material, ingot mould wash
kokillaöntés *(közönséges)* gravity die casting ; *(nyomásos)* die casting
kokillaöntvény die casting
kokillatöredék scrap of ingot moulds
kokkolit *(ásv)* coccolite
kokscharowit *(ásv)* koksharovite
koksz coke ; *(ásványolajból)* petroleum coke ; **lepárlás ~ig** running to coke ; **méhkaskemencéből nyert ~** beehive coke ; **morzsolt** *v* **tört ~** crushed coke ; **~ törési próbája** shatter testing of coke
kokszadagoló *(gépi berendezés)* coking stoker
kokszagíz *(gumi)* kok-saghyz
kokszdara coking duff ; *(bány)* cinder
kokszgáz-motor coke gas engine
kokszgyár coking plant
kokszkátrány coke tar
kokszkemence coke oven ; *(melléktermékek felfogásával)* by-product oven, recovery oven
kokszkemenceblokk range of coke ovens
kokszkemenceürítő coke pusher
kokszkeménység kipróbálása forgódobban tumbler test for coke
kokszkilökő gép coke pusher
kokszkitoló coke ram ; **~ gép** coke-pushing machine
kokszlerakódás *(ol)* carbon deposit ; **~ letisztítása** decoking
kokszmaradvány olajlepárlás után carbon residue
kokszol coke
kokszolás coking ; **kis hőfokú ~** low-temperature carbonization
kokszolási maradék coke/coking residue
kokszolásos lepárlás *(hőbontással)* coking distillation
kokszoldal *(gázgyárban)* discharging side

kokszolható coking ; **nem ~ szén** mill coal ; **~ szén** *(bány)* metallurgical coal
kokszolhatóság coking capacity
kokszoló : ~ kemence coke oven ; **~ lepárlás** *(ol)* coking distillation ; **~ melléktermékkinyeréssel** by-product coking plant ; **~ retorta** *(vegy)* coking retort
kokszolódás running to coke, carbonization ; *(olajé)* gumming up
kokszolódási idő coking time
kokszolódik coke
kokszolódó coking ; **~ szén** close-burning coal
kokszolókamra coking chamber
kokszolókemence-gáz coke-oven gas
kokszolókocsi quenching car
kokszolóüzem coking plant
kokszolótorony coke tower
kokszoltó: ~ tömlő coke hose ; **~ vagon** coke-quenching car
kokszosít coke
kokszosítás carbonization, coking
kokszosztályozó coke grading plant
kokszpor breeze
kokszporfűtéses kupolókemence breeze oven
kokszrakodó coke feeder
kokszrakterület *(kemencénél)* coke wharf
kokszsalak coke dross
koksz-szám coking value
kokszszárazoltó kamra coke cooling chamber
kokszszén coking coal
kokszszita coke riddler
koksztároló bunker coke-storage bin
koksztöltésű mosótorony *(vegy)* coke(-packed) scrubber
koksztöltő coke feeder
koksztörés coke crushing
kokszttüzelésű égető kemence coke kiln
kokszttűzhely coke heater
kokszüzemű nagyolvasztó coke blast furnace
kókuszdió coco(a)nut
kókuszdió-olaj coco(a)nut oil
kókuszdiórost coir/coco(a-nut) fibre
kókuszdiótej coco(a)nut milk
kókuszfonal coco(a)/coir yarn
kókuszkötél coir rope
kókuszolaj *v* **zsír** coco(a)(nut) oil
kókuszrost coir/coco(anut) fibre
kókusz-szappan marine soap
kókuszszén coco(a)nut charcoal
kókuszvaj *l* **kókuszolaj**
kolbásztöltő gép *(élip)* sausage stuffer
koleszterin cholesterol, cholesterine
kollagén collagen ; **~ duzzadása** *(bőr)* swelling of collagen
kollagénrost hide fibre
kollekció *[cipőmintagyűjtemény]* range
kollektor *(gyűjtő elektród)* collector ; *(forgógépen)* commutator ; *(elektrosztatikus gépen)* comb ; *l. még* **kommutátor**
kollektorgyűrű collector ring
kollektorlemez collector plate
kollektoros *l* **kommutátoros**
kollerjárat edge runner/mill, miller, Chilean/chaser mill
kollermalom *l* **kollerjárat**
kollimátor *(geod)* collimator ; **~ irányvonala** *(geod)* collimator sight line
kollimátoros irányzék collimator sight
kollineációtengely *(mat)* axis of homology
kollineáris collinear
kollirit *(ásv)* collyrite
kollódium collodion ; **tisztított ~** celloidine
kollódiumgyapot collodion cotton
kollódiumpapír collodion paper
kolloid *(vegy) fn* colloid ; *mn* colloidal ; **~ arany** colloidal gold ; **~ grafit** *(felső kenőanyag ; gépk)* colloidal graphite ; **~ oldat** colloidal solution
kolloidgrafitos kenés colloidal graphite lubrication
kolloidhordozó *fn* colloid bearer
kolloidmalom *(vegy)* colloid mill ; **kalapácsos ~** beater colloid mill
kolloidvándorlás villamos térben cataphoresis
kolluviális üledékek *(földt)* colluvial deposits
kolmáció *(hidr)* colmation
kolofonit *(ásv)* colophonite
kolofónium colophony, rosin
koloncos gyapjú *(tex)* dungy locks, dung bits
kolonna *(vegy) l* **oszlop**
kolonnád *(ép)* colonnade
koloriméter *(vegy)* colorimeter, chromoscope, chromometer, tintometer
kolorimetria colorimetry
kolorimetriai : ~ diagram chromaticity diagram ; **~ egyensúly** colo(u)r match; **~ kísérlet** colorimetric test
kolostorboltozat *(ép)* cloister vault
kolumbit *(ásv)* columbite, niobite
kolumbium *(koh, vegy) l* **nióbium**
kóma *(fényt)* coma ; **anizotróp ~** *(távk)* anisotropic coma
kombájn combine, harvester-tresher ; **~ vágórész szállítószalagja** draper ; **~ vásznának görgője** draper roller
kombájnvezető combiner
kombináció combination
kombinációs : ~ frekvencia combination frequency ; **~ hang** combination tone; **~ hangtorzítás** *(rád)* combination tone distortion ; **~ kristályosodás** confused crystallization ; **~ kulcs** *(telef)* combination key ; **~ mérce** *v* **idomszer** combination-ga(u)ge ; **~ rekesz-pillanatzár** *(fényk)* effect shutter ; **~ tartomány** *(rád, távk)* combination range ; **~ zár** *(számra v betűre)* puzzle lock
kombinált : ~ állvány multiple support ; **~ antenna** multi-band antenna ; **~** *(tengelyirányú és radiális)* **átömlésű turbina** combined-flow turbine ; **~ bányagép** cutter-loader ; **~ befűzés** *(tex)* special harness tie ; **~ bőr** semi-chrome leather ; **~** *(vegyes)* **cserzés** combination/mixed tannage ; **~ cső** *(rád)* multiple(-unit) tube ; **~ fehérítés** *(hipoklorit és peroxid)* combined bleach ; **~ fejtés** *(bány)* combination stoping ; **~ fék** combination brake ; **~ fogó** universal plier ; **~ folyadék-légfék** compressed air and hydraulic brake ; **~ forgalom** *(vasút)* joint traffic ; **~ golyós- és csőmalom** combination mill ; **~ helyi és távválasztó** *(telef)* combined local and toll selector ; **~ henger- és síkszitás gép** *(pa)* cylinder mo(u)ld cum, Fourdrinier machine ; **~ jelleggörbe** *(rád)* composite characteristics ; **~ kikészítő gép** *(tex)* universal finishing machine ; **~ kocsikapcsoló** *(vasút)* combination coupling ; **~ kötés** *(tex)* multi-ply weave ; **~ központfúró** combination drill and countersink ; **~ kulcs** coach wrench ; **~ lánchengerfék** *(tex)* swinging-lever weighting ; **~ műtrágya** compound manure ; **~ papírgép** multivat machine, twin-wire paper-machine ; **~ réselő- és rakodógép** *(bány)* combined cutter loader ; **~ sávoly** *(tex)* combine/double twill ; **~ szedő- és nyomógép** *(nyomda)* printer and typesetter ; **~ szűrőkör** *(rád)* rejector-acceptor circuit ; **~** *(középfrekvenciásés oszcillátor)* **tekercs** communication intermediate frequency coil ; **~ vezérlő berendezés** duplex benchboard ; **~ visszacsapó és zárószelep** combined check and stop valve
kombinát combine
kombinátor *(távk)* combiner
kombiné *(tex)* combination
komlóbálasajtoló hop press
komlóélesztő barm
komlókaró *(fa)* hop-pole
komlókóró-lemez *(pa)* hop-vine board
komlóliszt *(élip)* lupulin
komlós cefre *(élip)* hopped wort
komlószárító *fn* oast ; **~ berendezés** cockle
komma *(81/80 rezgésszámeltérés)* comma
kommenzurábilis commensurate
kommód *(húzófiókos szekrény)* chest of drawers
kommunális létesítmény *(ép)* public institutions of the local community/ municipality
kommunikátor communicator
kommutáció *(vill)* commutation, commutating ; **~ jelleggörbéje** *(vill)* curve of normal magnetization
kommutációs : ~ feszültségingadozás commutator ripple ; **~ készülék** switch ; **~ mágneses erőtér** commutating field ; **~ veszteség** *(vill)* commutator losses
kommutál *(vill)* commutate
kommutálómező *(vill)* reversible field
kommutátor *(vill)* commutator, collector ; *(kapcsoló)* change-over switch
kommutátor-agy *(vill)* commutator sleeve
kommutátorbevonódás *(vill)* brush film
kommutátor-csőagy commutator sleeve
kommutátorfedél commutator cover
kommutátorfeszültségvizsgáló kefe exploring brush
kommutátorgyűrű commutator ring
kommutátorkefe commutator brush ; **kommutátorkefék visszatolása** *(szikrázás csökkentésére)* backward lead
kommutátorkefehuzal commutator brush wire
kommutátorkulcs *(billenő ; vill)* rocking key
kommutátorlemez commutator segment/ strip
kommutátormotor *(vill)* commutator motor
kommutátoroldali szorítótárcsa commutator end core-head
kommutátoros : ~ egyenirányító synchronously rotating rectifier, commutator rectifier ; **~ forgórész** *(vill)* commutator armature ; **~ motor** commutator motor ; **~ számláló** commutator motor meter
kommutátorosztás commutator pitch
kommutátorpatina *(vill)* brush film

kommutátorszegmens commutator segment/bar
kommutátor-szegmens-betét commutator lug
kommutátorszorító gyűrű commutator collar
kommutátortekercs exploring coil
kommutátortengely commutator shaft
komp ferry(boat) ; ~ **állatok átszállítására** horse boat ; ~**on átszállít** ferry ; **vasúti** ~ car float/ferry
kompandor *(távk)* compander, compandor
komparál *(geod)* calibrate
komparálás *(geod)* calibration
komparátor comparator
komparátor-asztal comparator table
komparátor-feketedésmérő *(színk)* comparator-densitometer
kompasz (surveying) compass
kompaszazimut compass azimuth
kompatibilis *(vegy)* compatible
kompatibilitás *(vegy)* compatibility, compatibleness
kompaund compound, cpd. ; ~ **generátor** compound generator ; ~ **gerjesztés** compound excitation ; ~ **(gőz)gép** compound (steam) engine ; ~ **gőzmozdony** compound locomotive ; ~ **kapcsolás** compound scheme ; ~ **motor** compound-wound motor ; ~ **olaj** compound oil ; ~ **rendszer** compound expansion/arrangement ; ~ **szerelvény** compound train ; ~ **tekercs** compound coil ; ~ **tekercselés** cumulative winding ; ~ **tekercselésű dinamó** compound-wound dynamo ; **telítő** ~ *(vill)* cable compound
kompaundál *(ol, vill)* compound
kompaundálás *(vill)* compounding
kompenzáció *l* **kompenzálás**
kompenzációs : ~ **cső** expansion pipe ; ~ **csőkígyó** *v* **-könyök** expansion coil ; ~ **dugattyú** *(fúvós hangszeren)* compensating piston ; ~ **eljárás** *(mérési módszer ; távk)* measurement by compensation ; ~ **inga** *(óra)* compensation pendulum ; ~ **mérőműszer** compensation test apparatus ; ~ **tekercs** bucking coil ; *(transzformátoron)* tertiary winding
kompenzál compensate, counterbalance; **feszültségcsökkentésre** ~ buck
kompenzálás compensation, balancing ; *(távk)* peaking ; ~ **elve** *(távk)* compensation theorem
kompenzálatlan uncompensated
kompenzáló compensating ; *(erősáramú zavarvédelemben) l* **árnyékoló** *és* **védő**; ~ **áramkör** compensating/compensation circuit; ~ **dinamó** direct-current balancer; ~ **ellenállás** balancing/compensating resistance; ~ **feszültség** bucking voltage ; ~ **fűrészfeszültség** sawtooth compensating voltage ; ~ **hatás** *(vill)* bucking effect ; ~ **kondenzátor** *(rád)* balancing condenser ; ~ **kör** *(rád)* compensating circuit; ~ **menesztő** *(osztási hibák kompenzálásához)* compensating driver ; ~ **rúd** compensating bar/stub ; ~ **tekercs** *(vill)* compensated/compensating coil ; ~ **tekercselés** compensated winding ; ~ **ütközők** *(orsóbeállításhoz)* compensating stops
kompenzált compensated ; ~ **áramváltó** compensated current transformer ; ~ **billegő** *(óra)* compensation balance ; ~ **inga (fém)szalagja** *v* **pálcája** compensation strip ; ~ **keretantenna** compensated loop ; ~ **motor** compensated-winding motor ; ~ **rádiógoniométer** compensated-loop direction-finder ; ~ **súly** *v* **egyenlet** equiponderate
kompenzátor *(gépt)* balance gear, compensator ; *(tax)* compensating motion
kompenzátorlemez *(fényt)* accessory plates
kompenzátor-mérleg balance
kompetens folyó *(földt, hidr)* competent river
komphajó ferry boat ; **kocsiszállító** ~ car ferry
komphíd ferry bridge
kompkabin ferryhouse
kompkikötő ferry dock
komplementaritás *(mech)* complementarity
komplementer additional ; *(mat)* supplemental ; *l még* **kiegészítő** *és* **pót-**
komplex complex ; **ammóniás** ~ **vegyület** ammoniate ; ~ **áram** *(rád)* vector current ; ~ **belső ellenállás** internal impedance ; ~ **csatolás** *(rád, távk)* complex coupling ; ~ **dielektromos állandó** complex permittivity ; ~ **egység** *("i" v "j")* complex unity ; ~ **ellenállás** *(rád, távk)* impedance ; ~ **ércelőfordulás** *(bány)* complex deposit ; ~ **fejtés** *(bány)* communication work ; ~ **gyűrődés** *(földt)* complex folds ; ~ **hálózat** *(távk)* complex network ; ~ **harmonikus mennyiség** complex harmonic quantity ; ~ **hullám** *(távk)* complex wave ; ~ **operátor** complex operator ; ~ **műtrágya** complete fertilizer ; ~ **szám** *(mat)* complex number ; ~ **változó** *(mat)* complex argument/variable ; ~ **vezetés** *(rád, távk)* admittance ; ~ **vezetőképesség** *(vill)* vector admittance
komponens component ; *(mech)* component force ; *(vegy)* constituent ; *l még* **összetevő** ; **kapcsolt** ~ associated constituents
kompound *l* **kompaund**
kompozíció compound, composition
kompozíciós : ~ **elem** *(városépítés)* composition unit ; ~ **tanulmány** study of composition ; ~ **tényezők** factors of composition (determining the character of composition)
kompozit : ~ **áramkör** *(távk)* composite circuit ; ~ **átvitel** composite transmission ; ~ **(fő)párkány** *v* **attika** *(ép)* composite entablature ; ~ **hírközlő összeköttetés** composite communication link ; ~ **kábel** *(távk)* composite cable ; ~ **összeköttetés** *(távk)* composite communication link
kompressz ; ~ **szedés** *(nyomda)* solid matter
kompresszió *l* **sűrítés**
kompressziógyűrű *(gépk) l* **sűrítőgyűrű**
kompresszióviszony *l* **sűrítési viszony**
kompresszor *l* **sűrítő**
komprimál *l* **sűrít**
kompviteldíj ferriage
koncentráció *l* **töménység**
koncentrációs tekercs *(vill)* concentration coil
koncentrál *l* **összpontosít** *és* **töményít**
koncentrált *(vill)* lumped ; *(vegy) l* **tömény** ; ~ **állandók** *(négypólusban ; távk)* lumped constants ; ~ **elemekből álló rendszer** *(távk)* lumped system ; ~ **terhelés** concentrated load, knife-edge load ; *(vonalban ; távk)* lumped loading
koncentrátor *(bány)* flotation machine
koncentrátum *(koh)* (ore) concentrate
koncentrikus concentric, c/c. ; *l még* **koaxiális** *és* **körkörös** ; ~ **antenna** coaxial antenna ; ~ **kábel középső ere** inner conduct ; ~ **kagylós elválás** *(földt)* concentric jointing ; ~ **körökön mozgó** *(kormányzott járműkerekek)* positive ; ~ **tölcsérekkel bíró** cone-in-cone
koncept-lemez *(pa)* scribbling board
kondenzáció *(vegy)* condensation ; **molekulán belüli** ~ endocondensation
kondenzációs gyűrűképződés *(vegy)* nuclear condensation
kondenzál *(vegy)* condense
kondenzálás *(vegy)* condensation, condens(at)ing
kondenzálási hő heat of condensation
kondenzáló berendezés condensing works
kondenzálódó gőzzel fűtött fűtő készülék induced-flow heater
kondenzált : ~ **cserzősavak** condensed tanning matters ; ~ **mag** *v* **gyűrű** *(vegy)* fused/condensed nucleus/ring
kondenzátor *(rád, vill)* capacitor, condenser ; *(olaj, gőz kondenzálására)* condenser ; **antennahangoló** ~ *(vill)* aerial tuning capacitor ; ~ **átütése** *(vill)* breakdown/bursting of condenser ; **búgásgátló** ~ *(vill)* antihum capacitor ; **csatoló** ~ *(vill)* coupling capacitor ; **csöves** ~ *(vegy)* shell-and--tube type condenser ; **differenciális** ~ differential capacitor/condenser ; **differenciáló** ~ differentiating condenser ; **egyenáramú keverő** ~ *(erőg)* parallel--flow jet condenser ; **elektrolitos** ~ electrolytic capacitor ; **elhangoló** ~ *(vill)* detuning capacitor ; **ellenáramú keverő** ~ *(erőg)* counter-current jet condenser ; **erősáramú** ~ *(vill)* power capacitor ; **felületi** ~ *(erőg)* surface condenser ; **feszültségosztó** ~ *(vill)* voltage-divider capacitor ; **finomhangoló** ~ *(vill)* padding/trimmer capacitor ; ~ **forgólemezei** rotor plates ; **hangoló** ~ tuning condenser/capacitor; **hitelesítő** ~ *(vill)* reference/calibration capacitor ; **hullámegyenes** ~ *(vill)* square-law capacitor ; ~ **jósági tényezője** *(vill)* recoil percentage ; **kábelcsatoló** ~ *(vill)* cable-coupling capacitor ; **kerámiai** ~ *(vill)* ceramic capacitor ; **kétfordulós** ~ *(erőg)* two--pass condenser ; **kettős** ~ *(vill)* tandem capacitor ; **keverő** ~ *(erőg)* direct-contact condenser, jet condenser ; **kiegyenlítő** ~ differential condenser ; **kis méretű** ~ *(rád)* peanut capacitor ; **léghűtéses** ~ *(erőg)* air-cooled condenser ; **légszigetelésű** ~ *(rád, vill)* air capacitor/condenser ; **lezáró** ~ *(vill)* countercurrent capacitor ; **lineáris** ~ *(vill)* square-law capacitor ; **logaritmikus** ~ *(vill)* logarithmic/midline capacitor ; **miniatűr** ~ *(vill)* button capacitor ; **nullázó** ~ *(vill)* zero-adjusting capacitor ; **nyomással változtatható kapacitású** ~ *(rád)* compression condenser ; **osztott** ~ dovetail condenser ; **papírházas** ~ *(rád)* cardboard-case capaci-

tor ; **primer oldali** ~ *(vill)* primary capacitor ; ~ **reaktanciája** capacity reactance, capacitance ; **rossz** ~ *(vill)* leaky capacitor ; **söntölő** ~ *(vill)* bridging/shunting capacitor ; ~ **süllyesztett hűtő csőkígyóval** *(gőzhöz)* submerged coil condenser ; **szárazelektrolitos** ~ dry(-)electrolytic capacitor ; **szekunder oldali** ~ *(vill)* secondary capacitor ; **szűrő** ~ *(vill)* filter capacitor ; **tároló** ~ *(radar)* reservoir capacitor ; **tekercselt** ~ *(vill)* roll(-type) capacitor ; **többleágazású** ~ *(vill)* multiple-unit capacitor ; **töltő** ~ *(vill)* charging capacitor ; **vegyi** ~ *(elektrolit-kondenzátor ; rád)* chemical condenser ; **vízhűtéses** ~ *(erőg)* water-cooled condenser ; **vízsugaras** ~ *(erőg)* jet condenser ; **zárt edényes** ~. *(vill)* potted capacitor ; **zavarszűrő** ~ *(vill)* anti-interference capacitor

kondenzátor-állórész persely *(rád)* condenser bushing

kondenzátorantenna capacitor antenna

kondenzátorátvezetési ellenállás *(rád, távk)* condenser leakage resistance

kondenzátor-bemenetű : ~ **rendszer** *(egyenirányító szűrő ; rád)* capacity/condenser-input system ; ~ **szűrő** *(egyenirányítóban)* filter circuit having shunt-condenser input, capacity input filter

kondenzátor-bemérő *(vill)* capacitor analyser

kondenzátor-csatolás *(rád)* capacitive coupling

kondenzátorcsatolású oszcillátor *(rád)* Colpitts-oscillator

kondenzátorcsoport *(rád)* multiple capacitor

kondenzátor-elektroszkóp condenser electroscope

kondenzátorfegyverzet *(távk, rád)* condenser armature/plate/coating

kondenzátorhangolás *(rád)* capacitive tuning

kondenzátorhangszóró electrostatic/condenser/capacitor loudspeaker

kondenzátorkamrás doziméter *(at)* condenser r-meter

kondenzátor-kimenetű szűrő *(egyenirányítóban ; rád)* filter (circuit) having shunt-condenser output

kondenzátorkisülés discharge of a condenser

kondenzátor-kör *(vill)* condenser circuit

kondenzátorlemez condenser/capacitor plate

kondenzátormikrofon *(rád)* electrostatic/capacitor/condenser microphone

kondenzátormikrofon-előerősítő *(rád)* bullet amplifier

kondenzátoros : ~ **bemenetű szűrő** *(rád)* *l* **kondenzátorbemenetű szűrő** ; ~ **betörésjelző** *(vill)* capacitance-operated intrusion detector ; ~ **csatolás** *(rád)* condenser coupling ; ~ **hangolás** *(rád)* condenser tuning ; ~ **hangszóró** condenser loudspeaker ; ~ **pick-up** condenser pick-up ; ~ **villámhárító** condenser arrester

kondenzátorpapír condenser/capacitor paper

kondenzátorpickup capacitor pick-up

kondenzátorrelé *(vill)* capacitance relay

kondenzátorrendszerű végszigetelő *(vill)* condenser-type terminal

kondenzátor-selyempapír condenser tissue paper

kondenzátorszekrény condenser box

kondenzátorszivattyú *(hajó)* brine overboard pump

kondenzátortárcsa condenser disc

kondenzátortelep capacitor bank

kondenzátortelepes kisütő ponthegesztés electrostatic energy-storage spot welding

kondenzátortengely capacitor/condenser spindle

kondenzcsík *(rep)* *l* **kondenzsáv**

kondenzcső drain pipe

kondenzedény steam dryer, air/bucket trap, steam separator/trap, condensing vessel ; **úszószelepes** ~ ball-float trap

kondenzedény-szelep steam trap valve

kondenzfazék *l* **kondenzedény**

kondenzkígyó condensing worm

kondenzsáv *(rep)* condensation/vapo(u)r trail

kondenzvíz waste/return water

kondenzvízgyűjtő (tartály) *l* **kondenzedény**

kondenzvízszivattyú *(forró)* hot well pump

kondenzvízülepítő edény *l* **kondenzedény**

kondicionál *(levegőt)* condition, temper

kondicionálás *[levegőé]* conditioning

kondicionálási idő *(koh)* conditioning time

kondicionáló : ~ **berendezés** conditioning equipment ; ~ **kamra** *(tex)* conditioning room, textile conditioning oven ; ~ **kemence** air oven ; ~ **készülék** moisture testing oven ; ~ **szekrény** *(tex)* conditioning cabinet

kondicionált conditioned ; ~ **nedvességtartalom(felvétel)** *(tex)* commercial moisture regain ; ~ **nettó súly** *(tex)* net conditioned weight ; ~ *(kereskedelmi)* **súly** *(tex)* commercial weight

kondrin chondrin

kondritok *(meteoritokon)* chondrules

konduktancia *(vill)* conductance ; *(váltakozó áramnál)* effective conductance

konfekció *(tex)* confection

konferencia-kapcsolás *(távk)* omnibus operation, conference call

konfetti *(pa)* confetti

konfigurációs tér *(mech)* configuration space

konform leképezés conformal transformation

konfort comfort

konglomerátum *(földt)* conglomerate ; **arany tartalmú** ~ auriferous banket, banket ; **kőzettörmelékből álló** ~ crushed conglomerate

kongó *[terem]* „boomy"

kongó(kék)-papír congo(blue) paper

kongó-papír *(vegy)* Congo-paper

kongóvörös *(tex, vegy)* congo red

kónikus conical ; *l még* **kúpos** *és* **kúp alakú**

koninckit *(ásv)* koninckite

konjugált *(mat)* conjugate ; ~ **ágak** *(egy kapcsolásban ; távk)* conjugate branches (of a network) ; ~ **impedancia** *(távk)* conjugate impedance ; ~ **irányok** conjugated directions ; ~ **kettős kötés** *(vegy)* conjugated double bond ; ~ **komplex** *(mat)* conjugate complex; ~ **távolság** *(fényt)* conjugate (distance)

konkáv *l* **homorú**

konkolykiválasztó *fn (gépt)* rotary cleaner

konkolyozó *fn (gépt)* sifter ; **tárcsás** ~ disc separator

konkolytriőr rotary cleaner

konkordáns *(földt)* concordant ; ~ **dőlésű** hading with the dip ; ~ **település** regular bedding ; ~ **völgy** strike valley

konkréció concretion ; *(földt)* associated constituents *is* ; **kerek** ~ nodule ; **meszes** ~ *(szénben)* coal-balls

konkrét definite, given ; ~ **szám** *(mat)* denominate number

konnektor *(vill)* *l* **érintkező, kapcsoló** *és* **dugasz(oló)**

konoszkóp *(ásv)* conoscope

konstantán *(koh)* constantan

konstantánhuzal constantan wire

konstitutív víz *(vegy)* water of constitution

konstrukció design ; *l még* **szerkezet** ;

konstrukciós elv design principle

konstruktőr design engineer

konszolidációs görbe *(talajmechanikában)* settlement curve

kontakt contact ; *l még* **érintkezési** ; ~ **anyag** contact substance ; ~ **eljárás** contact process ; ~ **finomítás** contacting ; ~ **finomítás derítőfölddel** clay contacting ; ~ **goniométer** *(ásv)* contact goniometer ; ~ **hegesztés nyomással** pressure contact welding ; ~ **hőmérő** contact thermometer ; ~ **katalizációs berendezés** catalyst unit ; ~ **kemence** catalyst furnace ; *(ol)* contact still ; ~ **kénsav** contact (plant) acid ; ~ **készülék** catalyst chamber ; ~ **kőzet** fritted rocks ; ~ **másolat napfényen** *(fényk)* solar print ; ~ **másolólámpa** *(fényk)* printing lamp ; ~ **metamorf terület** *(földt)* metamorphic aureole ; ~ **metamorfózis** *(földt)* juxtaposition/contact/local metamorphism/metamorphose ; ~ **műszer** *(vill)* meter-relay ; ~ **potenciál** *(rád)* *l* **érintkezési feszültség** ; ~ **szűrés** *(ol, vegy)* contact filtration ; ~ **torony** *(ol, vegy)* contact column

kontaktkemencés gázgyártási eljárás retort contact method

kontaktor *(vill)* contactor ; **fékoldó** ~ reset contactor ; **időzítő** ~ timing contactor ; **irányváltó** ~ directional contactor ; **készenléti** ~ acknowledging contactor ; **legerjesztő** ~ suicide contactor ; **mezőgyengítő** ~ field-economy contactor ; **többérintkezős** ~ multifinger contactor

kontaktus *l* **érintkező** *és* **érintkezés**

konténer *(ép)* container

kontinens *(földt)* continent, main ; ~ **tagozódása** fragmenting of continent

kontinensképződés *(földt)* crustal movement

kontinentális continental, terrestrial ; ~ **küszöb** continental shelf ; ~ **talazat** continental shelf ; ~ **tömb** land mass ; ~ **üledék** land sediments

kontinuitás *l* **folyamatosság** *és* **folytonosság**

kontrabefűzés *(nyüstbe visszafelé ; tex)* broken point draws

kontrafagót *(hangt)* contrabassoon

kontrafék *(kerékpáron)* back-pedal(l)ing brake, coaster brake

kontrafékes kerékpáragy back-pedalling hub
kontrafurnír *(fa)* counterveneer
kontrafurníroz *(fa)* counterveneer
kontrahál *(anyagv)* contract, neck down
kontrahálás *(anyagv)* contraction, contracting
kontrahált próbatest *(anyagv)* contracted specimen
kontrakció *(anyagv)* contraction, contracting, reduction of area; *(elegyedéskor)* shrinkage; ~ **a folyékony fázisban** *(koh)* liquid contraction
kontrakciós törés *(anyagv, koh)* „cup--and-cone" fracture
kontraszt contrast; ~ **nélküli negatív** *(fényk)* flat negative
kontrasztarány contrast ratio
kontraszt-átviteli arány *(távk)* gamma
kontrasztbeállító *fn (képtávvevőn; rád)* contrast control
kontrasztcsökkentés contrast reduction
kontrasztdús *(papír; fényk)* hard
kontrasztgrádiens contrast gradient
kontraszt-maximum *(fényk)* gamma infinity
kontraszt-szabályozás contrast control
kontraszt-szint contrast level
kontraszt-viszony contrast ratio
kontroller *(vill)* controller; **átkapcsolós** ~ change-over switch controller; **bütykös** ~ cam controller; **egyetemes** ~ universal controller; **elektropneumatikus** ~ electropneumatic controller; **félmágneses** ~ semi--magnetic controller; **hengeres** ~ drum controller; **kétállású** ~ two--position controller, on-off controller; **kézi** ~ manual controller; **kommutátoros** ~ commutator controller; **kontaktoros** ~ contactor controller; **mágneses** ~ full magnetic controller; **menetsebesség-szabályzó** ~ speed controller; **nyomatékszabályzó** ~ torque controller; **soros-párhuzamos** ~ series-parallel controller
kontroller-állás *v* **-fokozat** notch (of a controller)
kontúr outline, delineation
kontúr-fényképező gép cyclograph
kontúrhímzés *(tex)* etching embroidery
kontúrnyomás *(tex)* outline printing
kontúrpauza counterdrawing
kontúrrajzoló szerkezet cymograph
kontúrvéső outline knife
kontúrvetítő *(fényt)* shadowgraph
kontúrvonal *(mat)* object-line
konty *(ép)* hipped end
kontygerinc *(ép)* conical hip
kontyolás *(ép)* hipped end
kontytető *(ép)* hipped/Italian roof
kónusz taper, cone; *l még* **kúp**
kónuszcsévélő *(tex)* cone winder
kónuszmembrán *(rád)* diffusing cone
kónuszolás *(tex)* coning
kónuszolóüzem *(tex)* coning room
kónuszos taper(ed), conic(al)
konvekció convection
konvekciós: ~ **áram** convection current; ~ **hűtés** convective cooling
konvekciótér *(kemencében)* convection section
konvergencia *(mat)* convergence
konvergencia-kritérium *(mat)* criterion of convergence
konvergencia-próba *(mat)* test of convergence
konvergenciaszög *(geod)* angle of convergency
konvergens convergent; *l még* **összetartó**; ~ **fényszóró** focus(s)ed projector; ~ **sorozat** *(mat)* convergent series
konvertál *(koh)* bessemerize
konverter *(vill)* converter, convertor, dynamotor; *(rád)* first detector; *(koh)* converter; **bázikus bélésű** ~ *(koh)* basic/Thomas converter; **Bessemer-féle** ~ *(koh)* acid/Bessemer converter; **dob alakú** ~ *(koh)* barrel-type converter; **nagy** ~ *(koh)* large-capacity converter; **savanyú bélésű** ~ *(koh)* acid/Bessemer converter; **Thomas-féle** ~ *(koh)* basic/Thomas converter
konverteracél converter steel
konverteradag converter charge; ~ **készrefúvása** *(koh)* full blowing of converter smelt
konverter-buktató *(munkás; koh)* converter leverman
konverter-eljárás *(koh)* converter process; **savas** ~ acid converter process
konverterközéprész *(koh)* belly
konverternyak *(koh)* neck of converter
konverter-szájdarab *(koh)* mouth bear of converter
konverterszórvány *(koh)* spittings of converter
konverter-tapadék *(koh)* converter mouth kidney
konverter-vas *(koh)* converter iron
konverzió conversion
konvex convex; *l még* **domború**
konzerv preserve(d food)
konzervál can, pot, preserve, tin
konzerválópapír preservative paper
konzervált tinned, canned; **jól** ~ *[nyersbőr]* well cured
konzerváru tinned/canned goods
konzervátor conservator
konzervbontó tin/can-opener
konzervborsó cannery pea
konzervcímke label for conserves
konzervdoboz *(élip)* (tin) can(ister)
konzervdobozlezáró gép squeezer, tinning machinery
konzervdoboz-peremező gép can flanging machine
konzervgyár cannery
konzervkulcs tin/can-opener
konzervnyitó tin/can-opener
konzervüveg preserve jar; ~ **gumigyűrűje** jar ring
konzisztencia consistence; **vizes** ~ aquosity
konzisztenciahatárok *(talajmechanikában)* Atterberg limits
konzisztens: ~ **(gép) kenőcs** *v* **zsír** consistent, cup/lubricating grease; ~ **kenésű orsóház** *(forg)* permanently lubricated head
konzol (supporting) bracket, cantilever, console; *(hídon)* semi-beam; *(marógépen)* knee; ~ **csúszótalpa** *(forg)* arm support slide; **kis** ~ consolette; **lépcsőzetes** ~ *(ép)* corbel; ~ **mozgása** *(forg)* knee travel; **párkány-oszloptartó** ~ *(ép)* ancon
konzolbak bracket pole
konzolcsapágy (wall) bracket bearing
konzoldaru bracket crane
konzol-emelőorsó *(forg)* knee elevating screw
konzolfesztáv cantilever span
konzolgerenda cantilever beam
konzolgerenda-bilincs *(állványzathoz)* putlog clip
konzolhossz overhanging length
konzolkiugrás bracket projection
konzolméret *(gépt, forg)* overhang
konzolóra bracket clock
konzolos cantilever, overhanging; *(marógép)* knee-type; ~ **alátámasztás** *(ép)* bracket support; ~ **állvány** *(ép)* flying/outrigger scaffold(s); ~ **ampermérő** bracket-type ammeter; ~ **bakdaru** cantilever crane; ~ **boltozat** corbel vault; ~ **csapágy** overhanging bearing; ~ **főtartó** *(bány)* overhanging beam; ~ **főtefa** stemple; ~ **gyalogjáró** *(hídon)* overhanging footway; ~ **híd** cantilever/overhanging bridge; ~ **jelzőárboc** cantilever mast; ~ **kar** *(ép)* cantilever bracket; ~ **lemez** corbel back slab; ~ **marógép** knee-type milling machine; ~ **nyílás** *(hídon)* cantilever span; ~ **rácsostartó** cantilever truss; ~ **rugó** *(gépt)* cantilever spring; ~ **süvegfa** *v* **főtefa** *(bány)* socle beam; ~ **szellőző** bracket arm fan; ~ **támasz** cantilever support; ~ **támpillér** hanging buttress; ~ **tartó** cantilever beam/girder; ~ **tartókon nyugvó állvány** *(ép)* needle scaffold; ~ **tető** cantilever roof; ~ **túlnyúló falszakasz** cantilever wall
konzolszerűen befogott rugó *(gépk)* cantilever spring
konzoltámasz console support, cantilever bracket; *(marógépen)* knee bracket; **tetőgerinchez erősített** ~ *(tetőjedéshez)* cripple
konzoltartó *l* **konzolos tartó**
„konyha" *(keverőműhely)* compound department
konyhaasztal dresser
konyhabútor kitchen-furniture
konyhafelvonó plate hoist
konyhahulladék *(földt)* kitchen midden
konyhai: ~ **lefolyó** *v* **kiöntő** (kitchen) sink; ~ **reszelő** grater; ~ **tűzhely** cooking range/stove; ~ **tűzhely oldallemeze** side rest of a kitchen range
konyhaóra kitchen clock
konyhapapír cookery paper
konyharuha kitchen linen, tea-towel
konyhasó *(vegy)* common salt, sodium chloride
kooperáció *(vill)* power pool
kooperációs vezeték *(vill)* tie line
koordináció co-ordination
koordinációs szám *(vegy)* co-ordination value
koordinál coordinate
koordinált coordinated, sister; ~ **síkok** *(mat)* coordinated planes
koordináta *(mat)* co-ordinate;
koordináta-fúrógép jig borer
koordinátageometria *(mat)* analytic geometry
koordinátaháló(zat) grid lines; ~**t felrak** *(geod)* lay off, plot
koordinátameghatározás data determination
koordinátarendszer system of axes, coordinate system; ~ **fix pontja** *(mat)* fix; ~ **kezdőpontja** *v* **origója** origin of coordinates
koordinátatengely *(mat)* datum line

kopaiva-balzsam copaiba/copaiva (balsam)
kopál *(gyanta)* copal (resin)
kopálkence oil copal varnish
kopás wear, abrasion, attrition, scuffing, tear-and-wear ; *(dörzsöléstől)* abrasive wear ; *(földt)* attrition ; *(tex)* tear ; **~ból eredő pontatlanság** inaccuracy due to wear ; **~ felülete** wearing surface ; **~t kiegyenlítő gyűrű** *(gépt)* wearing ring ; **~ következtében meglazult** *v* **meggyengült** wear loose ; **megengedhető** *v* **tűrt ~** admissible wear ; **rendellenes ~** *(gépt)* abnormal wear ; **~ sebessége** rate of wear ; **~sal szembeni ellenállás** resistance to wear
kopásálló wear-resisting/resistant, enduring, fast to wear ; **~ alátét** wear strip ; **~ felület** hard-wearing surface; **~ képesség** *l* **kopásállóság**
kopásállóság abrasion/abrasive resistance, endurance, resistance to abrasion/wear ; *(tex)* crocking fastness, wear resistance
kopásállóság-vizsgálat *(pa)* abrasion (resistance) test
kopásellenállás *l* **kopásállóság**
kopás-ellenőrzés *(gépk)* check for wear
kopásfok meghatározása gauging the effects of wear
kopási : ~ ellenállás *(pa)* *l* **kopásállóság**; **~ felület** wear surface ; **~ keménység** *(mech)* wear/passive hardness ; **~ szilárdság** *(anyagv)* abrasion hardness ; **~ tűrés** wear allowance
kopáspróbagép *l* **koptatógép**
kopásutánállítás adjustment for wear
kopásvédő folt *(gumi)* chafing patch
kopásvizsgálat abrasion testing
kopásvizsgáló készülék *l* **koptatógép**
kopasz bőr *(nyírás utáni birkabőr)* shearlings
kopaszt pluck, unhair
kopasztás plucking, unhairing ; *(tépés ; pa)* pecking
kopasztógép *(bőr)* unhairing machine
kopasztóteknő scalder
kópia *l* **másolat**
kopik wear away/off, abrade ; **egyenlőtlenül ~** to wear out of true
kopír- *l* **másoló**
kopíroz *l* **másol**
koplanáris coplanar ; **~ rezonátor** *(megafonban)* light(-house) cavity
kopog knock, clack, chatter ; *(motor)* knock
kopogás chatter, clatter, knock ; *(motorban)* hammering, knock(ing) ; **elleni szer** *l* **kopogásgátló** ; **korom okozta ~** carbon knock ; **~ meghatározása** knock testing ; **túl nagy előgyújtás okozta ~** spark knock
kopogás-állóság *(gépk)* anti-knock quality
kopogáscsökkentő(szer) *(gépk)* knock reducer ; **~ keverék** knock-sedative dope
kopogásgátló *fn* antiknock (agent/dope/substance), anti-detonant/knock medium/dope/substance; **~ alkatrész** *(ol)* anti-knock component
kopogási jellemző *v* **tulajdonság** *(benziné)* knocking/detonating characteristics (of petrol)
kopogásmentes *(gépk)* knock-free ; **~ üzemanyag** nondetonating fuel
kopogásmentesítő *l* **kopogásgátló**
kopogásmentesség *(gépk)* non-detonating properties ; **~ mértéke** *(gépk, ol)* anti-knock rating
kopogásmérő *(gépk)* knock-meter ; **~ készülék** knock pickup unit
kopogásos járás *(gépk)* hard running
kopogásszűrő click filter
kopogásvizsgáló motor *(tüzelőanyag vizsgálatához)* knock test engine, C. F. R. engine
kopogó *(távírónál)* sounder
kopogójelfogó sounder/sounding relay
kopogóz *(bány)* sound, jowl, knock
kopogózás *(bány)* knock(ing), tapping
kopogtató *(ép)* rapper, knocker ; **~ kalapács** *(orvosi)* percussion hammer; **~ rúd** *(bány)* sounding rod
kopolimer *(vegy)* copolymer
kopolimerizáció *(vegy)* copolymerization, interpolymerization
kopolimerizál(ód)ás *l* **kopolimerizáció**
kopolimerizátum copolymer
"koporsófedél" *(bány)* bell
kopott outworn ; **~ betűk** *(nyomda)* old type ; **erősen ~** heavily/well worn
koppanás *(távk)* click, thump
koppit *(ásv)* koppite
koprolit *(földt)* fossil dropping
kopsz *(tex)* cop ; **~on színezett fonal** cop dyed yarn
kopszgőzölő kamra *(tex)* cop-steaming box
kopszhüvely *(tex)* cop tube/warp
kopszorr *(tex)* cop nose
koptat abrade, attrite, wear, fray ; *(dobban)* tumble
koptatás abrasion, rubbing, attrition ; *(koptatóhordóban)* (barrel) tumbling; **~ hajlítással** flex abrasion ; **~ sík felülettel** plane abrasion
koptatási : ~ ellenállás *v* **szilárdság kopásállóság** ; **~ keménység** abrasive hardness ; **~ kísérlet** abrasion test(ing)
koptató *fn* rubber ; *mn* abrasive ; **~ felület** *(gép)* abrasive surface ; **~ készülék** abrasion tester ; **~ szerkezet** abradant ; *(koptatógépen ; tex)* fatigue motion
koptatóanyag *(gumi)* abrader
koptatódob tumbling/scouring barrel
koptatógép abrader, abrasion tester, abrasion (testing) machine ; *(élip)* detrition apparatus ; *(tex)* attrition testing machine
koptatóhatás *(gumi)* scuffing action
koptatókorong abrasive disc
koptatólemez wearing plate
koptatópróba wear(ing)/abrasion/attrition test(ing)
koptatórátét *(rep)* chafing patch
koptatószalag *(nadrág alsó szélén ; tex)* fraying band
koptatott kavics *(földt)* soled pebble
kopula *[orgonán]* coupler
kor age, stage ; *(földt)* time (range) ; **nyugodt ~** *(földt)* age of stand
koragyúlás *(motorban)* pre-ignition
korai gyújtás *(gépk)* preignition
korallérc *(ásv)* coral ore
korall-fal *(atollok körül)* barrier reef
korallgát *(szárazföldtől csatornával elválasztva)* barrier reef
korallmészkő coral-rock
korallmészkő-takaró reef cap
korallzátony barrier reef
koraszülött állat bőre slink
korcol *(ép)* seam, fold, roll the edge
korcolás (flat-)folded seam, edge rolling ; **~on túlnyúló bádogsáv** overcloak
korcolófogó folding tongs
korcológép seaming machine
korcolt : ~ illesztés *(tetőlemezborításnál)* folded joint ; **~ perem** folded edge ; **~ varrat** *(ép)* folded seam ; *(tex)* fell
korcsolyacipő skating boot
kord cord ; *(-szövésű anyag, bársony)* corduroy
kordabroncs cord tyre
kordbársony *(tex)* corduroy
kordbetét *(gépk)* cord layer
kordbetétes abroncs cord tyre
kordbetétváz *(gépk)* cord carcass/carcase
kordé tumbrel, trap
kordel *(távk)* string
kordelszigetelésű kábel *(távk)* string-insulated cable
kordeltűzés *(zsinegtűzés ; cipőfelsőrészen)* pintucking
kordfonal *(gépjármű-köpenybe)* tyre yarn
kordonnet-fonal *(tex)* cordonnet yarn
kordonnet-selyem *(tex)* cordonnet silk
kordovánbőr cordovan (leather)
kordréteg *(gumi)* cord ply
kordszövet cord fabric/tissue
kordszövő gép *(tex)* tyre-cord loom
kord-tapasz *(javításhoz ; gumi)* cord patches
korhadás : fehér ~ *(fa)* white rot ; **mély** *v* **előrehaladott ~** *(fa)* advanced decay ; **raktári ~** *(fa)* storage decay; **~tól sérült** *(fa)* dotted ; **vörös ~** *(fa)* red rot
korhadás-ellenálló *(fa)* rot-resistant
korhadásellenes *(fa)* *l* **korhadásgátló**
korhadásgátló *(fa)* anti-fouling, antiseptic
korhadási repedés season cracking
korhadásmentes rotproof, free from decay
korhadásmentesség imputrescibility
korhadásos folt *(fa)* rotten spot
korhadó *(fa)* punky; doty *(US)*
korhadt rotten, decayed, putrid ; **~ ággöcs** drux(e)y knot ; **~ bél** rotten heart ; **~ csomó** *v* **ághely** *v* **göb** decayed knot ; **~ talpfa** *(vasút)* doty tie
korianderolaj coriander oil
korinthusi oszloprend *(ép)* Corinthian order
korlát (hand-)rail(ing), banister, barrier, bar, fence, hedge, balustrade ; *(mat)* limit ; *(úton)* blocking ; *(hídon)* breast ; **~tal körülvesz** *v* **elzár** cancel, bar off ; **~ oszlopai** *(hajó)* rail stanchions ; **tömör ~** blind balustrade; **útelzáró ~** road bar(rier)
korlátbáb baluster, banister
korlátbálvány *l* **korlátbáb**
korlátfa baluster
korlátkarfa guard-bar
korlátolt limited
korlátoz restrict, limit, confine, narrow
korlátozás restriction, limitation, restraint, constraint ; *(rád)* clipping
korlátozatlan légáramlás unobstructed airflow
korlátozó *fn* limiter ; *(áramkör ; rád)* clipper, limiter (circuit)
korlátozóáram limiting current

korlátozott *vő* **korlátoz** ; ~ **használatú zöld terület** green space with limited use ; ~ **légtér** *(rep)* restricted area ; ~ **sebesség** restricted speed
korlátpillér newel
korlátrúd rail bar, capping beam
korlátsüveg ledger
korláttartó mellvédoszlop rail post
korlátvas fence/rail bar/iron
kormány steer ; *(hajó)* rudder ; *(rep)* control ; **fordítva bekötött ~ok** *(rep)* crossed controls ; **~ok kiegyensúlyozása** *(rep)* compensation of controls; ~ **legnagyobb kitérítési helyzete** *(rep)* full top rudder ; **magassági** ~ *(rep)* elevator ; **mélységi** ~ *(hajó)* depth rudder
kormányállásmutató *(hajó)* rudder indicator
kormányállásszög *(hajó)* rudder angle
kormányállító lap *(rep)* control tab
kormánybeállítás *(rep)* rudder bias
kormányberendezés *(rep)* control assembly
kormánybot *(rep)* (joy)stick ; **~ból és lábkormányból álló kormányberendezés** *(rep)* stick-and-pedal control
kormánybotgomb *(rep)* rudder knob
kormányburkoló cső *(gépk)* *l* **kormánycső**
kormánycsap *(hajó)* chalder ; *(fartőkén)* rudder pintle
kormánycsiga *(gépk)* steering worm
kormány-csillapító *(gépk)* steering damper
kormánycső *(gépk)* steering column mast jacket, mast ; steering-gear jacket tube, steering post jacket *(US)* ; *(mkpár)* handlebar
kormánycsukló steering knuckle ; *(rudazatban)* ball-and-socket joint ; ~ **forgócsapja** steering-knuckle pivot
kormány-dörzskapcsoló *[lánctalpas járművön]* steering-clutch
kormány-dörzskapcsoló-kioldó villa steering-clutch release yoke
kormány-dörzskapcsoló-vezérlés steering-clutch control
kormányemeltyű steering lever
kormányemeltyűkar *(gépk)* spindle arm
kormányerőcsökkentő lap *(rep)* servo tab
kormányérzékenység steering response
kormányfék *[lánctalpas járművön]* steering brake
kormányfelület *(rep)* control surface ; *(hajó)* rudder plane ; ~ **emelőkarja** *(rep)* control horn ; **kiegyensúlyozott** ~ *(rep)* balanced control surfae ; **magassági** ~ elevator (surface), horizontal control surface ; ~ **területe** *(rep)* area of control surface
kormányfelületcsukló *(rep)* rudder hinge
kormányfogantyú *(mkpár)* handlebar grip
kormányfőkapcsoló *(gépt)* principal controller
kormányfülke *(hajó)* wheel house ; ~ **feletti fedélzet** control deck
kormánygallér *(hajó)* rudder coat
kormány-geometria *(gépk)* front-end geometry
kormánygép steering engine ; *(rep)* robot pilot, autopilot
kormányhatárolás *(gépk)* steering lock
kormányház *(gépk)* steering box ; *(hajó)* wheelhouse
kormányhívás *(távk)* government call
kormányhuzal *(rep)* control cable
kormányív *(hajó)* (tiller) quadrant
kormányjárom *(hajó)* tiller ; ~ **kötele** tiller rope ; ~ **vonóeleme** tiller line
kormányjáromfa *(hajó)* yoke of boat-rudder
kormánykapcsoló *(kapcsolókar a kormányrúdon ; gépk)* steering-column gearshift control ; *(rudas kábeles)* cable and rod hook-up ; *(kétrudas)* double-rod hook-up ; *(kétrudas rendszernél szelektorrúd)* gearshift selector rod ; *(kapcsolórúd)* gearshift control rod ; ~ **kereszttengelye a sebességváltóban** selector shaft; transmission cross shaft *(US)* ; ~ **tengely** *(a kormányrúd mellett ; gépk)* gearshift control shaft
kormánykar steering arm ; *(hajó)* tiller; ~ **gömbfeje** steering-arm ball
kormánykerék steering wheel ; *(szélmalomé)* directing wheel ; *(gépk)* steering wheel ; *(hajó)* guide/pilot wheel ; *(rep)* control wheel ; **forgatóküllője** *(hajó)* rung
kormánykerékagy steering-wheel hub ; *(gépk)* core of the steering wheel *(US)*
kormánykerékfogantyú spoke
kormánykerék-koszorú *(gépk)* steering-wheel rim
kormánykerékzár steering-wheel lock
kormánykészülék power steering ; ~ **motorja** *(hajó)* rudder motor ; **önműködő** ~ *(hajó)* automatic steering
kormánykiegyenlítő lap *(rep)* rudder trim
kormánykitérítés *(rep)* rudder deflection
kormány-körnegyed *(hajó)* rudder quadrant
kormánykötél-vezeték steering guide
kormány-lánc steering-chain
kormánylánc-vezeték steering guide
kormánylap *l* **kormányfelület**
kormánylapát rudder ; **áramvonalas** *v* **köpenylemezes** ~ double-plate rudder ; ~ **kiegyensúlyozási viszonya** *(hajó)* balance ratio ; **kiegyensúlyozott** ~ *(hajó)* balanced rudder ; ~ **és kormányszár összekötése** *(hajó)* rudder coupling ; **külső kiegyensúlyozású** ~ externally-balanced rudder; ~ **nyomatéka** *(hajó)* rudder torque
kormánylapátcsap *(hajó)* pintle
kormánylapátkeret *(hajó)* rudder frame
kormánylemez *(ekén)* breast(board)
kormánylemezes töltögető *(mzg)* mo(u)ldboard hiller
kormánymintaidom *(hajó)* rudder mo(u)ld
kormánymozdulat control movement ; ~ **követése** *(rep)* response to the controls
kormánymozgató csigasor steering tackle
kormánymű steering device ; *(gépk)* steering gear ; ~ **áttétel aránya** steering ratio ; **csigás-fogasíves** ~ worm-and-sector steering (gear) ; ~ **lökéscsillapító tárcsája** steering-gear damper disc ; ~ **önbeálló tulajdonsága** *(gépk)* self-centring property ; ~ **ütközője** steering stop
kormánymű-áttetel *(gépk)* steering-gear ratio
kormányműcsiga steering worm, steering screw
kormányműcsillapító steering damper
kormányműemeltyű steering drop-arm
kormánymű-fogasív steering(-gear) sector
kormánymű-fogasléc steering rack
kormányműgörgő steering roller
kormányműhajtó rúd steering-gear connecting rod
kormányműház steering-box, steering-gear case
kormányműházfedél steering-box cover
kormányműháztartó bak steering-box bracket
kormánymű-tengely steering(-gear) shaft
kormányműzár steering-gear lock
kormány-nyak *(amiben a villa elfordul ; mkpár)* steering tube
kormány-nyakcsapágy *(mkpár)* *(alsó)* steering-tube lower bush ; *(felső)* steering-tube upper bush
kormányoszlop *(gépk)* steering post/column ; ~ **dőlése** rake of the steering column
kormányoszlop-rögzítő steering-column bearer
kormányoszlop-vezérlés steering-column control
kormányoz steer, control ; **jól** ~ *[a hajó]* answer the helm
kormányozható controllable, steerable ; ~ **kapa** steerage hoe ; ~ **léghajó** dirigible (airship) ; **nehezen** ~ *[repülőgép]* heavy-handed ; **nem** ~ out-of-control
kormányozhatóság steerability, controllability, response to controls ; ~ **a földön** *(rep)* ground handling property ; **jó** ~ ease of control
kormányozhatósági szög *(gépk)* (angle of) lock
kormányösszekötő rúd steering connecting-rod
kormányrögzítő *(mkpár)* steering damper ; ~ **huzal** *(rep)* rudder stop cable
kormányrúd steering arm/rod ; *(hajó)* rudder tiller ; *(kerékpáron)* handle bar ; *(rep)* control column ; ~ **markolója** *(hajó)* tiller handle
kormányrudazat steering/control rods/linkage
kormánysarkantyú *(hajó)* rudder heel
kormánysúlyzsák *(sárkányléggömbön)* lobe
kormányszár *(hajó)* rudder head/spindle
kormányszár-nyílás *(hajó)* helm port
kormányszarv control yoke/horn
kormányszegmens *(hajó)* tiller quadrant
kormányszelep *(légfékénél ; vasút)* triple valve
kormányszerkezet steering mecanism/gear, steerage ; *(hajó)* helm ; **kettős** ~ *(rep)* dual control ; ~ **tengelye** control shaft
kormányszerv control part ; **~ek érzékenysége** *(rep)* control feel
kormánytájoló steering compass
kormánytelegráf *(hajó)* rudder telegraph
kormánytengely *(ennek a végén van a kormánykerék ; gépk)* worm shaft *(US)*
kormánytengelyágyazás *(hajó)* gudgeon
kormánytengely-anya steering nut

kormánytolórúd *(gépk)* drag link
kormánytőke *(hajó)* rudder post
kormányütköző tie-arm stop, lock-stop; *(hajó)* rudder stope
kormányváltó *(gépk)* *l* **sebességváltó kar**; ~ **kapcsoló szerkezete** *(a kormányrúd alsó végén; gépk)* selector mechanism
kormányvezérlés steering control
kormányvezérlési szög steering angle
kormányvezérlő steering control-rod
kormányvezeték: ~ **összekötő lánca** *(hajó)* wheel-chain; ~ **összekötő rúdja** *(hajó)* wheelrod
kosmányzár *(gépk)* steering lock; *(mkpár)* headlock
kormányzás steering, steerage, governing, control; *(gépk)* steering; ~ **kerékkel** *(rep)* wheel steering; **kettős** ~ *(rep)* dual control; ~ **kormányrúddal** *(hajó)* tiller steering; **könnyű** ~ *(gépk)* ease of steering; ~ **pörgettyűs kormánygéppel** *(rep)* gyro control; ~ **tengelykapcsolóval és fékkel** clutch brake steering
kormányzsinór *(hajó)* yoke of boat-rudder
kormoz soot, crock, smudge, smut, smoke
kormozás smoking; *(csill, fényt)* black coating
kormozó: ~ **gázok** green gases; ~ **láng** green fire; **nem** ~ **láng** sootless flame
kormozott: ~ **papír** smoked paper; ~ **üveg** dark glass
kornélit *(ásv)* kornelite
kornerupin *(ásv)* *l* **prizmatin**
kóróeltávolító gép *(élip)* viner
korom soot, black, carbon deposit/black, smut; *(bány)* tailing; *(csatornában gyártott)* channel black; *(kemencében gyártott)* furnace black; *(gázból v olajból gyártott)* carbon black; **főzőedényre** *v* **kéményfalra lerakódott** ~ crock
korom-akna soot pit
koromfekete *(festék)* carbon black
koromfogó soot collector/catcher/arrester
korom-gödör soot pit
koromgyűjtő soot/carbon collector
koromkamra flue-dust chamber
koromkaparó carbon scraper
koromképződés soot formation; *(hengerben; gépt)* carbon formation
koromkeverék *(gépk)* black stock
koromlefúvató cső soot pipe
koromlerakódás sooting
korommentes láng sootless flame
korompehely smuts
koromréteg *(gépk)* soot layer
koromszén soot coal
koromszerű fuliginous
koromtalanító és portalanító berendezés soot and dust extractor
koromüledék coom(b)
koromzacskó-papír carbon-black bag-paper
korona *(ált)* crown; *(ép)* corona, arris, crown; *(fúrón; forg)* bit; *(hidr)* crest; *(óra)* keyless button; *(vill)* corona; **egy(vágó)élű** ~ *(bány)* chisel bit; **pormentes** ~ *(órán)* dust-proof keyless button; **vízmentes** ~ *(óra)* waterproof keyless button
koronabak *(olajfúró tornyon)* crown block
koronabetétkészítő *(munkás)* bit setter

korona-falfúró wall drill, hollow wall borer
koronafelhúzás *(óra)* stem winding
koronafelhúzású óra stem-winding watch
koronafelhúzós szerkezet *(óra)* stem-winding gear
koronafény *(vill)* corona glow/light
koronafúrás trepanning
koronafúró *fn* trepanning/crown bit, tube saw; **gyémánt** ~ *(bány)* diamond drill
koronafűrész *(fa)* crown saw
koronahatás *(vill)* corona effect
korona-jelenség *(vill)* corona (phenomenon)
koronakalapács bush hammer
koronakerék face gear; *(óra)* crown gear
koronakerékgyűrűalátét *(óra)* crown wheel cap
koronakisülés *(vill)* corona break-out, brush/corona discharge; ~ **megakadályozása** corona prevention
koronakisüléses veszteség corona loss
koronalencse *(fényt)* crown lens
koronalencsés: tárgyoldalon ~ **objektív** crown-in-front objective
koronamaró hollow mill(ing cutter)
koronapapír crown (paper)
koronás castellated; ~ **anya** castle/castellated nut; ~ **dugó** crown cork; ~ **köszörűkő** face grinding wheel; ~ **struktúra** *v* **szerkezet** *(földt)* corona texture
koronasárga *(festék)* chrome yellow
koronaszőr *(prémbőrön)* crown hair
koronatartó *(felhúzó; óra)* crown-holding tool
koronaújraélezés *(bány)* regrinding of bit
korona-üveg *(fényt, ker)* crown-glass
koronavastagság *(ép)* crown thickness
koronavéső *(bány)* rose bit
korona-voltmérő corona voltmeter
koronáz *(ép)* top, crown
koronázópárkány *(ép)* crown mo(u)ld, principal mo(u)lding/cornice; *(klasszikus; ép)* cymatium
korong wheel, disc, spool, sheave, cake; *(jéghokkihoz)* rubber; *(forg)* *l* **köszörűkorong**; *(rád)* reed; *(távk)* disc; **szóródási** ~ *(fényt)* Airy spurious disc
korongcséve *(keresztcsévélésnél; tex)* flat conical cheese
korongecset *(ép)* mason's brush
korongelhasználódás *(forg)* wheel wear
korongfék disc brake
korongkerék plate wheel
korongkiegyensúlyozó: ~ **készülék** wheel balancing equipment; ~ **szorító szerkezet** *(köszörűkorongagyon)* balancing wheel collet
korongkopás wheel wear
korongolás *(ker)* throwing
korongorsófej *(forg)* grinding-wheel head
korongos *(ker)* thrower; ~ **csiszolás** *(bőr)* perching; ~ **huzalkefe** *(önt)* scratchbrush
korongozógép jigger
korongozóminta *[edényformáláshoz]* jigger
korongszán *(köszörűn)* grinding-wheel slide
korongszupport *l* **korongszán**
korongtekercs *(lapos; rád)* disc coil
korongtörés wheel breakage/failure

korpakefélő *(élip)* bran finisher
korpapác *(bőr)* drench
korpás búzakenyér whole-wheat bread
korpatisztító *fn* *(élip)* bran duster; ~ **gép** *(élip)* branning machine
korpatömeg *(élip)* rubble
korpuszkula *(at)* corpuscle
korpuszkuláris elmélet *(at)* corpuscular theory
korrázió *(földt)* corrasion
korrekció correction; *l még* **helyesbítés, javítás** *és* **igazítás**
korrekciós: ~ **görbe** correction curve; ~ **lencse** *(fényt)* correcting lens; ~ **tényező** correction factor, coefficient of correction
korrekciótényező *l* **korrekciós tényező**
korrektor *(nyomda)* (proof) reader; *(vill)* corrector
korrektor-szűrő *(telef)* equalizer
korrektúra *(nyomda)* proof, correction
korrektúra-foglalat correction mount
korrektúraív *(nyomda)* proof sheet
korrektúrajelek *(nyomda)* proof/correction marks
korrektúra-olvasás *(nyomda)* reading
korrektúra-papír paper for proofs
korreláció correlation; ~**ba hoz** correlate; ~**ban levő** *(mat)* correlate(d)
korrelációs: ~ **diagram** correlogram; ~ **hányados** correlate ratio; ~ **index** correlation index; ~ **szeizmikus felvétel** correlate shooring
korrelátor *(távk)* correlator
korrelogram correlogram
korreszpondencia-elv *(at)* correspondence principle
korridor passage; *l még* **folyosó**
korrigálási tényező correction factor
korrigáló: ~ **áramkör** corrective/peaking circuit; ~ **fáziseltolás** correcting phase shift; ~ **kör** *(rád)* corrective network; ~ **lencse** correcting lens; ~ **tekercs** *(vill)* correcting/peaking coil
korrigált fogazás corrected toothing/gear
korrodál corrode, fret
korrodáló(dó) corrodible; **nem** ~ non-corrodible
korrodálószer corroding agent
korrózió corrosion, fret; ~ **által kimart üregek** solution cavities; **elektrokémiai** ~ electrochemical corrosion; ~ **elleni védelem** anti-corrosive protection; **feszültség alatti** ~ stress corrosion; ~ **gázközegben** gas corrosion; **grafitos** ~ graphitic corrosion; ~ **iránti érzéketlenség** inoxidability; **kifáradási (hajszálrepedéses)** ~ *(anyagv)* fretting corrosion; **kóboráram okozta** ~ electrolytic corrosion; **látszatra száraz** ~ apparently dry corrosion; **légköri** ~ atmosphere corrosion; ~ **meggátlása** inhibition of corrosion; ~ **nedves** *(vizes)* **közegben** wet corrosion; ~**t nem okozó** noncorrosive; ~**t okozó** corrosive; ~**t okozó tényező** corrosive agent; **szemcseközi** ~ intergranular corrosion; **szerkezeti** ~ microcorrosion; ~ **tengervízben** seawater corrosion; **vegyi** ~ chemical corrosion; ~ **veszélye** risk of corrosion
korrózióálló corrosion-proof/resisting, corrosion resistant, incorrodible; ~ **burkolat** corrosion-resisting serving; ~ **ötvözet** corrosion resistant alloy
korrózióállóság corrosion resistance

korrózióellenállás *l* **korrózióállóság**
korróziógátló anti-corrosive, corrosion preventive, slushing ; ~ **bevonat** anticorrosion coating ; ~ **vegyszerek** corrosion inhibitors
korróziómentes corrosion-proof
korróziós : ~ **kamra** *(vegy)* corroding chamber ; ~ **kifáradási határ** *(anyagv)* resistance to corrosion fatigue ; ~ **közeg** corrosive agent
korrózióvédő corrosion preventive, anti--corrosive
korrózióvizsgálat sópermet-kamrában *(anyagv)* salt spray test
korrozív kén *(ol)* deleterious sulfur
korszak *(földt)* time, age
korszerű up-to-date, recent, modern
korszerűsít bring up to date, modernize
korszerűsítés modernization, bringing/making up-to-date
korszerűtlenség *(ép)* obsoleteness, diminution of economical use
korszerűtlenségi fok *(ép)* measure of obsoleteness
korund *(ásv)* corundum, emery, adamantine/diamond spar
korundpapír *(csiszoló)* corundum (abrasive) paper
kórus *(ép)* choir, quire, chorus
kórusülés *(ép, fa)* choir, stall
korvett *(hajó)* corvette
kosár basket ; *(csapágyé)* cage ; **gyümölcsös** ~ fruit-basket
kosáráru wicker-work
kosárbútor osier furniture
kosárfonás basket/wicker-work/weaving
kosárfonó *fn* basket-wicker/wearer
kosárszék wikcer-chair
koszekáns *(mat)* cosecant
koszinusz *(mat)* cosine ; **természetes** ~ natural cosine
koszinuszos *(mat, vill)* cosin(us)oidal
koszinusz-szabály *(mat)* cosine formula; ~ **szerint változó** *(mat, vill)* cosinoidal
koszorú *(ép)* crown(ing) ; *(kútalapozáshoz)* curb (timber/frame) ; *(párkány ; ép)* cornice ; *(aknában ; bány)* shaft curving/curb(ing)/frame ; *(ácsolat ; ép)* timber set ; *(üstön kifutás ellen)* curb ; *(dobkoszorú, selyemfelvető gépen ; tex)* crown of cylinder ; *(keréken)* crown, rim ; *(fényudvar)* crown, halo ; ~ **alakú** corollaceous, corolliform ; **tartó** ~ *(bány)* curb
koszorúácsolat *(bány)* curb(ing)
koszorúalapozás *(bány)* crib bed
koszorúfa *(ép)* cross-beam
koszorúgerenda *(bány)* headstock ; *(ép)* gird, girt(h) ; **felső** ~ *(ép)* crown bar
koszorúív *(ép)* curb-plate
koszorújelenség *(vill)* corona brushing
koszorúkisülés *(vill)* corona(l)/crown discharge ; ~ **megakadályozása** corona prevention
koszorúkisüléses feszültségszabályozó *(rád)* corona tube regulator
koszorúkisülési veszteség *(vill)* corona loss(es)
koszorúléc *(ép)* corona, drip, larmier, label, weather-mo(u)lding/table ; *(oszlopfőn)* tringle ; *(bány, ép)* curb(ing), crib
koszorúmerevítés *(bány)* shaft curving
koszorúpárkány *(ép)* belt, edge, cornice, crown mo(u)ld
koszorús : ~ **biztosítás** *(bány)* crib tubbing ; ~ **kerék** *(fog- v lánckoszorús ; gépt)* rim wheel ; ~ **szerkezet** *(földt)* corona structure
koszorú-szegecsvarrat *(kazánon)* girt(h) rivet seam
koszorúszint *(bány)* curb level
koszorúvarrat *(kazándobon)* girt(h) joint
kotangens *(mat)* cotangent
kotonin *(tex)* cotonin
kotonizál *(pamutosít ; tex)* cottonize
kotonizálás *(pamutosítás ; tex)* cottonization, cottonizing
kotonizált len- *v* **kenderrost** *(tex)* cotonin
kotor scoop, scrape, dredge, sweep
kotrás *(hidr)* dredging, dredge
kotró(gép) excavator, dredger, bagger ; **egy kotróedényes forgó** ~ revolving--frame single-bucket excavator ; **egy kotróedényes úszó** ~ single-bucket floating dredger ; **egyetemes forgó** ~ universal excavator ; **hegybontó** ~ face/power shovel; **kábeles** ~ slack-line cableway excavator ; **közúton járó** ~ travelling excavator ; **lépő** ~ walking dragline excavator ; **markoló** ~ clamshell excavator ; **marófejes** ~ drum dredger ; **marókerekes** ~ bucket-wheel dredger ; **mélyásó** ~ back--acter/trencher excavator, backhoe excavator ; **simító** ~ skimmer ; **száraz** ~ excavator ; **szívó** ~ suction dredger ; **teljes fordulatú** ~ circle-swing excavator/dredger ; **terepjáró** ~ caterpillar excavator, excavator on caterpillar track ; **úszó** ~ floating dredger ; **vágányon járó** ~ excavator travelling on rails ; **vederlétrás** ~ ladder bucket dredger ; **vederlétrás úszó** ~ floating--ladder bucket excavator ; **vonóvedres** ~ dragline excavator
kotróhajó dredging-boat, dredger ; ~ **uszálya** mud-boat
kotróháló creeper
kotróvas scrubber, scratcher
kottaállvány *(fa)* music desk/stand ; *(zongorán)* music-rest
kottapapír music-paper
kottatartó *(fa)* music-case
kotyogás *(gépt)* *l* **játék**
kova *(ásv)* flint ; ~**val simított karton** *(pa)* flint-glazed carton board
kovács (black)smith
kovácsfelszerelés blacksmith's fire outfit
kovácsfogó forge-tongs ; **hosszú** ~ tew
kovácsfogószár rein
kovácsfrissítés *(koh)* shingling
kovácsfújtató *fn* forge bellows ; ~ **harmonika** Swedish bellows ; ~ **lengőkarja** swipe
kovácshegesztés hammer/forge welding ; **hasított illesztésű** ~ cleft weld
kovácsipar smithcraft
kovácskalapács smith's/sledge hammer ; **gömbvégű** ~ ball-peen hammer, backing hammer ; **kétkézi** ~ sledge/twohanded hammer ; **kétsíkú** ~ double-face blacksmith's hammer ; **simító** ~ flattener, smith's fuller
kovácslyukasztó drift punch
kovács-menetfúró blacksmith's tap
kovácsmesterség smithcraft
kovácsmunka forge work, forging ; *(kézi :)* blacksmithing work
kovácsműhely smith(er)y, forge
kovácsnyersvas forge pig
kovácsol forge, hammer ; **hegyesre** ~ swage ; **laposra** ~ drift ; **melegen** ~ forge hot ; **simára** ~ flatten, planish
kovácsolás forging, (black)smithing ; ~**sal alakítható** malleable ; ~ **alakos kalapáccsal** peening ; **forgó** ~ rotary swaging ; ~ **hidraulikus kalapáccsal** hydraulic forging ; **méretre** ~ finish/size forging, forge sizing ; ~**sal nem alakítható** unmalleable ; ~ **odorhengerléssel** forge rolling, roll forging ; ~**sal simított** finish forged ; **süllyesztékes** ~ die/drop forging ; **zömítő** ~ upset forging
kovácsolási : ~ **munka** forge work ; ~ **próba** hammer test
kovácsolható malleable, forgeable ; ~ **acél** forge steel ; ~ **vas** soft iron
kovácsolhatóság forging property/quality, forgeability, malleability
kovácsolhatósági próba forging test
kovácsológép swaging/forging machine
kovácsolóhenger gap/forging rolls
kovácsoló-hengerlő gép forging rolls
kovácsolósajtó hammering press
kovácsolósüllyeszték forging die, swage
kovácsolószerszám swage
kovácsolóüllő impact anvil
kovácsolt forged, hammered, wrought ; ~ **acél** forged steel ; *(hegeszthető acél:)* wrought steel ; ~ **áruk** smithery; ~ **darab** forging, forge piece ; ~ **hegesztés(i varrat)** forged weld ; **nyersen** ~ rough-forged ; ~ **vas** forged/hammered iron ; *(hegeszthető vas)* wrought iron, W. I. ; ~ **vasszeg** locksmith nail
kovácsoltvas *l* **kovácsvas**
kovácsprés forging press
kovácsreve forge/hammer scale/cinder, flake
kovácssajtó forging press ; ~**n megmunkál** press-forge
kovácssatu bench vice ; *(Steyr)* forged leg vice
kovács-simítókalapács square flattenin hammer, fuller
kovácssüllyeszték forging die, swage ; **kettős** ~ **kerete** *v* **alapja** duplex die stock
kovácsszén blacksmith coal
kovács-szénlapát firing slice
kovácsszerszám smith's tool
kovácstűz forge-fire
kovácstűz-fújtató cső tew
kovácstűzhely smith's earth, forge ; **közönséges** *v* **egyszerű** ~ smith's hearth ; **tábori** ~ field forge
kovácstűzhely-kürtő forge bonnet
kovácsüllő smith's anvil ; *(vágáshoz:)* cutting block ; ~ **sík lapja** crown
kovácsvágó anvil chisel
kovácsvas wrought-iron, W. I.
kovácsvasbuga forging grade ingot
kovácsvasrúd puddle bar
kovácsvéső forge chisel
kovafolypátsav silicofluoric acid
kovafolysav silicofluoric acid
kovaföld (kiesel)guhr, fossil meal/flour, ceyssatite, diatomaceous/silicon/siliceous earth, tellurine, earth silicon, bergmehl, tripoli(te)
kovaföldlécek *(földt)* blades of silica
kovakő *(ásv)* flint, silex
kovakőtartalmú siliceous
kovalencia *(vegy)* covalence, covalency
kovalens kötés *(vegy)* covalent bond
kovamalachit *(ásv)* *l* **krizokolla**
kovand *(ásv)* pyrite
kovandos pyritic
kovandpörkölő *(koh)* pyrite roaster

kovapala siliceous schist, flinty slate
kovar *(ötvözet)* covar
kovarézérc *(ásv)* l **krizokolla**
kovás siliceous, flinty ; ~ **érc** siliceous ore ; ~ **tűzszerszám** strike-a-light
kovasav silicic acid ; ~ **kilúgozódása** *(földt)* desilicification
kovasavanhidrid silicic acid anhydride, silica, silicon dioxide
kovasavas siliceous ; ~ **nátrium** sodium silicate ; ~ **szól** silica sol
kovasav-váz silica skeleton
kovásodás silic(ific)ation
kovásodott silicified
kovász leaven, ferment, barm ; ~ **nélküli tészta** straight dough
kovaszerű silicious
kovászol *(élip)* sponge, leaven
kovászos barmy
kovásztalan unfermented ; ~ **kenyér** unleavened bread
kovatufa *(ásv)* l **geysirit**
kovaváz *(ásv)* framework of silica
kovazsugorék silica gel
kovolumen *(gázkinetikában)* covolume
kozimáz *(vegy)* cozymase
kozmaolaj *(vegy)* grain oil, fusel oil
kozmás *[olaj]* empyreumatic ; ~ **olaj** fusel oil
kozmetikai cosmetic ; ~ **készítmény** cosmetic ; ~ **olaj** white oil
kozmikus cosmic ; ~ **eredetű zavar** *(rád)* interference of interstellar origin ; ~ **hullámok** *(rádiófrekvenciás)* cosmic noise ; ~ **rádiózavar** Jansky-noise ; ~ **sugarak** cosmic rays, cosmic radiation ; ~ **zaj** v **zörej** *(rád)* cosmic noise ; *(Tejútról származó:)* galactic noise ; ~ **zápor** *(at)* cosmic shower
kozmogónia cosmogony
kozmográfia cosmography
kozmológia cosmology
kozmonautika l **asztronautika**
kozmotron *(at)* cosmotron, bevatron
kő stone ; **alaktalan** ~ chunk of stone ; **doroszolt** v **érdesített** ~ bossage ; **durván faragott** ~ *(ép)* chipped stone ; ~ **felfekvése** *(ép)* bed of a stone ; **hengeres** ~ *(ép)* drum ; ~- **és kavicsrosta** *(ép)* rock and gravel screen ; **simára dolgozott** ~ rubbled stone ; **vágott** v **faragott** ~ dimension stone
kőagyagáru stoneware
kőagyagcső stoneware drain, S. W. D.
kőagyag-csővezeték earth conduit
kőagyaglemezminta *(tetőcserép készítésere)* clay plate mo(u)ld
kőágyazat stone packing, rock bed
kőalap rock bed
kőalapmű *(hollandinál ; pa)* stone bedplate
kőalátét template
kőanyagcsomó *(ker)* bob
kőaprítás stone breaking/crushing ; *(bány)* stone granulating
kőaprító *(gépt)* stone breaker/crusher
kő-archivolt *(ép)* ring stone
kőasztalok *(földt)* earth pillars
köb *(harmadik hatvány ; mat)* cube
köb- *(mat)* cubic, cube
kőbálvány *(földt)* mushroom rock
kőbánya quarry, stone/strip pit ; **kézi szállítású** ~ barrow pit
kőbányacsille quarry car
kőbányász quarryman, rockman
kőbányászat quarry operation
köbcentiméter cubic centimetre, cc., millilitre
kőbekötés *(ép)* bond
köbgyök *(mat)* cube/cubic root
köbgyökös arányú *(mat)* subtriplicate
köbhüvelyk cubic inch
köbláb cubic foot, c. ft.
köbméter cubic metre
kőboltív *(ép)* stone arch ; ~ **homlokíve** *(ép)* ring stone
kőboltozás *(ép)* stone arching
kőboltozat *(ép)* masonry vault, ashlar arch/vault ; ~ **falazása** *(ép)* stone arching
kőborítás *(ép)* stone packing
köböz *(fát)* cube
köbözés *(fa)* cubage
köbözési képlet *(fához)* cubing formula
köböző vízmérő *(hidr)* volume meter
köbszám cubic number
köbtartalom cubature, cubic capacity/contents, bulk, volume ; ~ **csúcsméret alapján** *(fa)* technic(al) cubic contents
köbtartalommérés *(mat)* cubing
kőburkolás *(bány)* rock face, talus ; *(ép)* stone surfacing
kőburkolat *(ép)* stone surfacing/plaster, chemise, rubble pitching ; **szárazon rakott ékelt** ~ riprap
kőburkolólap *(ép)* stone flag
kőcsap *(ép)* stone dowel
kőcsavar *(ép)* rag bolt
kőcsere *(pa)* changing stone
kőcsiszoló *fn (ép)* hewer ; ~ **gép** *(pa)* stone-grinding machine
„**köcsög**" *(motorhenger ; rep)* can
köcsögmag *(rád)* pot-core
kőcsúszda *(bány)* rock chute
köd fog, mist ; *(csill)* nebula ; **belső** ~ *(met)* air mass fog ; **gyűrűs** v **planetáris** ~ *(csill)* annular nebula
kődarab : betonba ágyazott nagy ~ plum ; **kis** ~**okból rakott** *(ép)* set-in broken stones
ködfelhő *(met)* „soup"
ködfénycső *(vill)* neon lamp/tube
ködfény-jelzőlámpa *(rád)* neon-indicator, N. I.
ködfény-lábkapcsoló *(gépk)* foot-operated anti-dazzle switch
ködfénylámpa semi-incandescent lamp, glow-discharge lamp ; **fotokatódos** ~ photoglow lamp
ködfényszóró *(gépk)* fog lamp
ködfolt *(csill)* nebula ; **diffúz** v **szabálytalan** ~ diffuse nebula
ködfoszlányok *(met)* mist streaks
ködgránát *(kat)* smoke shell
ködhalmaz *(csill)* cluster of nebulae
ködhang *(gépk, hajó)* fog signal
ködhipotézis *(csill)* nebular hypothesis
ködjelzés *(hajó)* fog signal
ködkamra expansion chamber ; **Wilson-féle** ~ *(at)* Wilson fog/cloud chamber
ködképz(őd)és *(met)* fogging
ködkürt *(hajó, rep)* foghorn
ködlámpa *(gépk)* l **ködfényszóró**
ködlecsapódás *(met)* fog precipitation
ködleválasztó *(borderítéshez)* entrainment separator
ködmagasság *(rep)* haze top
ködmérő *(met)* damposcope ; ~ **műszer** fogmeter
kődob *(hollandihoz ; pa)* stone roll
ködoszlatás *(met)* fog dispersion ; *(repülőtéren:)* fog dehydration
ködoszlató berendezés damp dispersion plant, dispersal of fog
ködöngölő *(bány)* stone batter
ködös hazy, foggy, misty, nebulous ; ~ **látóhatár** haze horizon
ködpad *(met)* fog
ködpermetező mist sprayer
ködporlasztó *(bány)* mist atomizer/spray
ködrepülés *(rep)* fog flying
ködréteg szintje haze horizon
ködsíp *(hajó)* fog-alarm whistle
ködszeparátor mist separator
ködszerű permetezés mist spray
ködsziréna fog-horn
ködszóró (gép) mist blower
ködtelenítés anti-fogging
ködtelenítő berendezés devaporizing plant
kőedény *(ker)* stoneware, earthenware ; **ónmázas** ~ delft-ware ; **széles szájú** ~ jar ; **zsengélt** ~ biscuit
kőedényáru flintware
kőedényes lepárló készülék *(vegy)* stone still
kőélesítés *(pa)* trueing stone
kőélesítő gép *(pa)* stone-trueing machine
kő-előnagyolás *(ép)* rock face
kőemelő kapocs v **kabala** *(fecskefark alakú)* lewis
kőfal *(ép)* stone/ashlar wall ; **habarcsba rakott** ~ *(ép)* absolute block
kőfalazás *(ép)* stone/ashlar walling ; ~ **alapkoszorúja** *(bány)* walling curb ; **faragott** ~ *(ép)* ashlar masonry ; ~ **futósora** stone runner ; ~ **hézagainak kitöltése zuzalékkal** garreting ; ~ **megszakítása** hacking
kőfaragás *(ép)* stone cutting
kőfaragó *fn* stone-cutter, hewer, lapidary, stone dresser ; *(bány)* „nigger" ; ~ **kalapács** boss/spalling hammer ; **lapos** ~ **véső** tooler ; ~ **munkás** *(ép)* scabbler ; ~- **és téglamunka** *(ép)* stonework ; ~ **véső** puncheon, quarrel, claw chisel
kőfejtés quarry operation ; ~ **pásztája** *(bány)* benching bank
kőfejtési hulladék quarry-rid
kőfejtő quarry, stone pit ; *(„riccelő":)* chipper ; ~ **ék** gad ; ~ **gép** rock channeler ; ~ **kalapács** stone axe ; ~ **munkás** barman ; **nehéz állványos** ~ **fúró** stoper ; ~ **pászta** bench ; ~ **pászta rézsűje** *(bány)* slope front ; ~ **telep** quarry
kőfelület stone (sur)face ; **régi** ~**et felfrissít** v **újraszemcséz** regrate
kőfényező gép *(pa)* stone-polishing machine
kőfoglalat bezel
kőfoglalatnyitó *(óra)* jewel setting opener
kőfoglalatzáró *(óra)* jewel setting closer
kőfogó stone catcher/trap
kőfolyás *(földt)* stone river, rock-glacier
kőforgács spall
kőfúró rock-drill jumper
kőfúró rock-drill jumper ; ~ **acél** *(bány)* rock-drill steel ; ~ **kalapács-oszlop** rock-drill mounting
kőgát *(bány)* masonry, stone dam ; *(hidr)* rock-filled dam
kőgerenda *(ép)* stone lintel
kőgörgeteg *(földt)* boulder, rubbly, rock glacier, stone river
kőhalom *(geod)* enrockment, cairn

kőhányás enrockment, riprap ; *(bány)* drop fill rock ; *(hidr)* rubble mound, stony talus ; **~sal készült vezetőmű** *(hidr)* rubble mound ; **~ vegyes kőből** *(hidr)* random rubble
kőhányás-hullámtörő *(hidr)* mound breakwater
kőhányó *(bány)* rock dump ; *l még* **meddőhányó**
kőhíd masonry bridge
kőhorgony *(ép)* anchor
kőhornyolás *(ép)* table
kőkapocs *(ép)* tie, anchor
kőkapu *(földt)* rock arch
kőkarton *(pa)* carton pierre
kőkemény gyapotcsomó *(tex)* bump cotton
kőkitt *(ép)* mastic cement
kőkiugr(at)ás *(falból ; ép)* tailing ; *(kifaragásra szánt, nyers:)* bossage
kőkocka *(ép)* broad stone, die, set(t)
kőkonzol *(ép)* stone corbel
kőlap *(ép)* flag(stone) ; **~pal burkol** *(ép)* flag ; **kis nyílást áthidaló ~** bridge stone ; **nyílásfedő ~** closing-up stone
kölcsönhatás interaction, interference, retroaction
kölcsönhatási : ~ anizotrópia interaction anisotropy ; **~ ellenállás** *(rep)* interference drag ; **~ tényező** *v* **együttható** *(távk)* interaction factor
kölcsönhatású sópár *(vegy)* reciprocal salt pair
kölcsönös mutual ; **~ adagolású vezetékrendszer** *(szivattyún)* cross system ; **~en átalakítható** interconvertible ; **~ beékelődés** *(földt)* interdigitation ; **~en cserélhető** interchangeable between each other ; **~ diffúzió** interdiffusion ; **~ ellenhatás** *(mech)* reciprocal reaction ; **~ impedancia** *(vill)* mutual impedance ; **~ indukció** *(vill)* mutual induction/inductance ; **~ indukció-együttható** mutual inductance ; **~ induktivitás** *(távk)* mutual inductance ; **~ kapacitás** *(vill)* mutual capacity ; **~ keveredési képesség** intermiscibility ; **~en megfelelő** *(mat)* converse ; **~ megközelítés** *(erős- és gyengeáramú vezetékek között ; távk)* approachment ; **~ modulálódás** *(rád, távk)* intermodulation ; **~ oldódás kritikus hőfoka** consolute temperature ; **~en oldódó** consolute ; **~ összefüggés** interconnection ; **~ reakció** interreaction ; **~ tájolás** *(hajó)* reciprocal bearing ; **~ televízió** two-way television ; **~ viszony** correlation, interrelation ; **~ vonzás** inter-attraction
kölcsönösség reciprocity ; **~ elve** reciprocity theorem ; **~ nélküli** irrelative
kölcsönösségi tétel reciprocity theorem
köldök *(gépk)* follower ; *(szivattyún:)* plunger ; **görgős ~** roller-type follower
köldökcsap tenon
köldökközés *(talpfáé)* plugging of sleepers
köldökzött talpfa *(vasút)* tapped tie
kőlefaragás *(ép)* scapple
kőlépcsőpofa *(ép)* stone string board
kőliszt *(ásv)* *l* **kovaföld**
kölönc clog ; *(óra)* driving weight
költözik remove
költözködés removal
költöztetés move
költség charges, expense, cost ; **legkisebb gazdaságos termelési ~** marginal cost
költségelés *(ép)* systematical display of costs
költséghatár margin of expense
költségkeret *(ép)* estimate of costs for the master plan
költség(ki)számítás cost calculation
költségvetés estimate, computation, calculation
költségvetéskiíró quantity surveyor
kölyűz *l* **kivág**
kőmagos gát rock-filled dam
kőmálladék detritus
kőmaró *fn* fraise
kőmellvéd *(ép)* stone balustrade
kömény-olaj caraway/cumin/fennel oil
kőmeteor aerolite
kőmeteorit stone-meteorite
kőmetsző *l* **kőfaragó**
kőmunka stone work ; **bordás ~** *(gótikus ablak díszítésénél)* bar tracery
kőműves (brick-)mason, bricklayer
kőművescement masonry cement
kőművescsákány bricklayer's pick
kőművesecset *(ép)* mason's broom, stock brush
kőműveskalapács bricklayer's hammer
kőműveskanál trowel, spoon
kőműves-kenőkés brick trowel
kőművesmunka *(ép)* masonry
kőművesség masonry
kőművesserpenyő mortar vessel
kőműves-simító *(ép)* mason's float
kőműves-szerszámláda *(ép)* slaking basket
kőművesvéső *(ép)* mason's (flat ended) chisel
kőműves-vízszintmérő builder's level, wood level with single plumb and level ; **megvilágított ~** enlighted wood level with single plumb and level
kőművesvonalzó *(ép)* mason's rule
könenin *(ásv)* *l* **koenenit**
könnyen : ~ forgácsolható free-cutting ; **~ futó illesztés** easy running fit ; **~ járó** running light ; **~ kezelhető** manageable, handy ; **~ (meg)munkálható** easy to work ; **~ olvadó** fusible ; **~ robbanó gáz** sharp gas
könnyezés exudation, guttation
könnyfakasztó *mn* tear-exciting ; **~ gáz** lac(h)rymator, tear gas
könnyített : ~ biztosító-alátét *(gépt)* light lock washer ; **~ bókony** hollow frame/rib
könnyítőfuratos főtartó *(rep)* hollowed-out spar
könnyítőlyukak *(alvázban ; gépk)* lightening holes
könnyű *(súlyban)* light, light-weight ; *(kezelésre:)* easy ; *(bor:)* light-bodied ; *(jelentéktelen:)* minor ; *(gép)* light-duty ; **~ járású** running light ; **~ típusú** light-duty
könnyűbenzin gasoline
könnyűbenzin-elnyelő berendezés gasoline absorber
könnyűbeton *(ép)* light(weight) concrete ; *(sejtbeton:)* cellular concrete
könnyűfém light metal ; **~ hengertömb** *(motor ; rep)* light metal cylinder block ; **~ ötvözet** light alloy
könnyűflint-prizma *(fényt)* prism of light flint
könnyűipar light industry
könnyűlemez light plate
könnyűolaj light oil ; **~ savgyantája** green acid
könnyűpárlat *(ol)* light distillate, top(s)
könnyűség : vezetés *v* **kormányzás ~e** *(gépnél)* ease of control
kőnyomás *(nyomda)* lithographic printing ; **színes ~** chromolithography
kőnyomat litograph ; **színes ~** chromolithograph
kőnyomdai sajtó lithographic press
kőnyomó : ~ karton *(pa)* lithographic board ; **~ papír** lithographic paper, (coated chromo) litho paper ; **~ sajtó** litho(graphic) press
kőnyomtatás lithography
könyök elbow, knee ; *(cső:)* bend, angle piece ; *l még* **könyökcső** ; *(tengelyen:)* throw ; *(ép)* knee brace ; *(tápvonalban ; rád)* bend ; *(mérték:)* ell ; **~ alakú gyűrődés** *(földt)* knee fold(s) ; **angol ~** *(mérték)* cubit ; **~ a folyók összetalálkozásánál** *(földt)* elbow of capture
könyök- angular, bend, knee, angle-type
könyökcső bent pipe/tube, angle piece, (quarter) bend, elbow (pipe) ; **kettős ~** double-elbow pipe ; **talpas ~** base/duck bend
könyökcsöves csatlakozás knee joint
könyökcsukló toggle (joint)
könyökcsuklós kötés *(gépt)* toggle joint
könyökdarab *l* **könyökcső**
könyök-elvezetés swanneck
könyökemelő *(gépt)* toggle lever, bell crank
könyökemelős : ~ gumiabroncsszerelő berendezés toggle tyre setting machine ; **~ kapcsoló** *(gépt)* toggle clutch ; **~ rúdtokmány** toggle-type bar chuck
könyökemeltyű *l* **könyökemelő**
könyökemeltyűs : ~ fogó készülék toggle lever grip gear ; **~ prés** toggle (lever) press
könyökfa sprag, bracket, knee timber, gib arm ; **~ alatti váll** cleat
könyökhajlat bend elbow
könyökkar *(gépt)* *l* **könyökemeltyű**
könyökkonzol *(ép)* knee bracing
könyöklemez *(gépt)* knee
könyöklő *(ép)* window ledge, elbow board
könyökmerevítő *(ép, hajó)* knee rider
könyökös cranked, angular, kneed, bent ; **~ emelő(kar)** cranked lever ; *l még* **könyökemelő** ; **~ forgattyú** *(forgattyútengelyen)* (inside) crank ; **~ sín** *(vasút)* knuckle rail ; **~ szárú szerszám** *(forg)* goose-neck(ed) tool ; **~ tengely** crank axle, crankshaft
könyökpárna *(gépk)* arm rest
könyökpillér *(ép)* knee brace
könyökrugó *(óra)* yoke-holder spring
könyök-sarokkő *(ép)* kneeler
könyöksín *(vasút)* knuckle rail ; **~ behajlított vége** *(vasút)* wing toe ; **~ek távolsága a keresztezés csúcs felőli végén** *(vasút)* toe spread of a frog
könyökszerű crumped ; *l még* **könyökös**
könyöktámasztó elbow rest
könyöktengely *l* **könyökös tengely**
könyöktengely-nyak crank journal/pin
könyökvédő armlet ; **~ ujjak** *(tex)* wings
könyökveszteség *(hidr)* loss in bends
könyv book ; **fűzött kis ~** booklet ; **~ hátának előkészítése beakasztásra** backing ; **illusztrált ~** book of plates

könyvaranyozás book gilding
könyvboríték book wrapper
könybborítékpapír book cover paper
könyvborító lap *v* **tábla** (book) jacket
könyvcsat *(nyomda)* clasp
könyvelési papír accountbook paper
könyvelőgép bookkeeping/accounting machine
könyvelőgép-papír paper for bookkeeping machines
könyvelőkarton *(pa)* index board
könyvelőpapír *(kék vonalozású)* ledger
könyvfedél book cover; ~ **gerince** saddle, rootlet
könyvfedél-enyvező *(nyomda)* book-cover liner
könyvfedéllemez *(pa)* card for cover, dobby board
könyvfűzés *(pa)* whipping
könyvfűző gép book stitching machine
könyvgerinc *(nyomda)* rootlet, saddle, spine (of book)
könyvhátgömbölyítés *(nyomda)* forwarding
könyvhátlemez *(pa)* book dorsal board
könyvhátpapír back lining paper
könyvjel *(nyomda)* book-plate
könyv-körbevágó *(pa)* plough
könyvkötészet bookbinding
könyvkötő *fn* bookbinder; ~ **bőr** bookbinding leather; ~ **fonal** book thread; ~ **hulladék** *(pa)* book shavings; ~ **karton** *(pa)* luggage binder's board; ~ **lemez** *(pa)* (book)binder's board, tips; ~ **papír** binder's paper; ~ **papírlemez** wet machine board; ~ **prés** pressing machine; ~ **prés deszkalapja** pressing board; ~ **ragasztószalag** binding tape; ~ **vászon** bookbinder's/binding cloth
könyvnyomda printing house
könyvnyomdász book printer, typographer
könyvnyomó gyorssajtó printing fly press
könyvnyomtatás typography; **színes** ~ chromotypography
könyvnyomtató papír book paper
könyvpapír ledger paper, (blank) book paper
könyvsarokborítás sticking-in
könyvsarokdísz *(rajz v dombornyomás)* corner piece
könyvszekrény *(fa)* bookcase
könyvtábla cover, case
könyvtáblamező panel
könyvtámasz bookend
könyvtok case
könyvvágó gép book shears
kőolaj *l* **ásványolaj**
kőomladék *(földt)* run of hill; *l még* **kőfolyás** *és* **kőgörgeteg**
kőpadok *(földt)* flags
köpeny *(gépt)* shell, case, casing, jacket, mantle, cover (piece), wrapper; *(gépk)* tyre, pneumatic, cover; *(rád)* bond; *(kábelé; távk)* sheath; *(tex)* (over)coat, cloak; ~ **benyomódása** *(gépk)* tyre deflection; ~ **felfekvő felülete a talajon** *(gépk)* ground-contact area of the tyre; **leengedett** *(nyomású)* ~ *(gépk)* blown-out tyre; ~ **oldalfala** *(gépk)* tyre flank/wall; **peremes** ~ *(gumi)* beaded tyre; ~ **peremorra** *(gépk)* tyre bead toe; **köpennyel védett** *[motorhenger]* jacketed
köpenyanyag *(gumi)* tyre stock
köpenyáram *(vill)* sheath current
köpenyborda *(gépt)* casing rib/lug
köpenycső pipe liner
köpenycsöves *(kondenzátor v hűtőtest)* shell-and-tube type, double-tube/pipe; ~ **hőcserélő** double-pipe exchanger; ~ **hűtő** shell-and-tube cooler
köpenyfal *(hidr)* apron; *(gépt)* shell cover; **első víz felőli** ~ *(vasbeton völgyzáró gátnál)* downstream apron
köpenyfelépítő: ~ **dob** *(gumi)* building drum, flat drum tyre building machine; ~ **pad** *(gumi)* drum tyre-building machine
köpenyfeszítő gép *(gumi)* spreader
köpenyfolt *(tapaszjavításhoz; gumi)* cover plaster
köpenyfutózás *(gépk) l* **futózás**
köpenykapacitás *(vill)* sheath capacity
köpenykígyós *(kondenzátor v hűtőtest)* shell-and-coil type
köpenykonverter *(vill)* sheath-reshaping converter
köpeny-kordszövet *(gumi)* breaker fabric
köpenymag *(vill)* shell-(type) core
köpenymotor shell-type motor
köpenyperem *(gumi)* bead
köpenyperem-alap *(gumi)* bead heel
köpenyperem-levágó *(gumi)* debeader
köpenyperemmag gumiból clincher bead core
köpenyposztó *(katonai)* army cloth
köpeny-regenerátum *(gumi)* whole-tyre reclaim
köpenyrétegelő gép *(gumi)* fabric puller
köpenyretesz *(gépk)* bonnet catch
köpenyszerelő vas *(gépk)* tyre lever
köpenyszigetelő *(vill)* shell insulator
köpenyszínusz *(földt)* pallial sinus
köpenyszövet *(tex)* cloakings
köpenytranszformátor *(vill)* shell(-core) transformer
köpenyveszteség *(távk)* sheathing loss
köper *(tex)* bird's eye
köperbélés *(cipő)* twill
köperkötés *(kh)* pineapple stitch
köperpapír twill paper
köperszita *(pa)* long crimp
kőpor rock flour
kőporadagolás *(bány)* stone dusting
kőporfüggöny *(bány)* rock-dust barrier
kőporgát *(bány) l* **kőporfüggöny**
kőporgátas légkeresztezés *(bány)* rock-dust-protected overcast
kőporhintés *(bány)* dust spreading
kőporos gát *(bány) l* **kőporfüggöny**
kőporozás *(bány)* rock dusting
kőporozott *(bány)* dust laden
kőporpolc *(bány)* shelf-rockdust barrier
kőporréteg *(semlegesítő; bány)* blanket of inert dust
kőporszóró *(bány)* stone duster; ~ **gép** *(bány)* rock-dusting machine
köpper *l* **köper**
köpűfenék *(bány, koh)* raggle, stamping shoe, boss
kör circle, ring, round; *(versenypályán:)* lap; *(mat)* circle; *(vill)* circuit; ~ **alakú** round, circular, orbicular, gyrate; ~ **alakú dombormű** patera; ~ **alakú nyílású** *(rosta)* round-meshed; ~ **alakú robbantás** *(szeizmikus)* ring shooting; ~ **alakú vízgyűjtő** round water collector; **aperiodikus** ~ *(rád)* aperiodic circuit; **azimutális** ~ *(szögmérő műszer; geod)* azimuth dial; **feszültségi** ~ circle of stress, Mohr circle; ~**ben forgatható állványfej** *(fényk)* panorama-head; ~**ben forgó** *[kotró]* circle swing; ~**ben forgó letapogatás** *(telev)* round-looking scan; **görbületi** ~ circle of curvature; ~**ben mozgó** *l* **forgó**; **párhuzamos** ~**ök** *(csill)* diurnal circles; ~ **sugara** *(mat)* radius of a circle; **törési** ~ circle of rupture; ~**be vág** *(pa)* cut down; **zárt** ~ *(vill)* closed chain
kör- cyclic(al), circular; *l még* **kör alakú**
kőrács *(szellőzésre; ép)* stone lattice
kőrajzolás *(nyomda)* petrography
kőrajzoló *fn* lithographic writer, lithographer
kőrakás stone heap; *(bány)* riprap; *(geod)* cairn
kőrakat *(ép)* stone pitching; **száraz** ~ dry stone pitching, drop fill rock
kőrakatgát rock-filled dam
köralakúság circularity
kör-alaprajzú fűtőház round locomotive shed
körantenna circular aerial
körantenna-rendszer circular array
köráramlás circuit
köráramú *(zárt)* **szélcsatorna** *(rep)* return-flow wind-tunnel
körasztal *(forg)* radial/circular table
körasztal-adagolású sajtó dial-feed press
körasztalos marógép *(karusszelmaró)* rotary milling machine
körben-elrendezés circumposition
körbengördülés circumvolution
körbenkotró *fn* bucket wheel excavator
körbeosztás circular gradiation, dial
körbeosztásos tárcsa dial plate
körbeszélgetési díjszabás conference rates
körbuktató whipper, tippler
körcélgömb circular foresight
körcikk *(mat)* sector; ~ **alakú tölcséres sugárzó** *(rád)* sector horn (radiator)
körcsiszoló gép *l* **körköszörű(gép)**
körcsővezeték circulating pipe
kördiagram circle diagram; *(gőzgép-vezérléshez:)* circle of distribution
kőrecéző kalapács *(ép)* dresser
körégő collar/ring burner
kőréteg stone layer; **fedő** ~ coating stone
körfalazat ring wall
körfésülő gép *(tex)* circular comber
körfolyam circuit, circular flow, circulation; *l még* **körfolyamat**; ~**ba visszavezet** recirculate
körfolyamat cycle; *(erőg)* (working) cycle; **abszorpciós** ~ absorption cycle; **állandó hőmérsékletű** ~ *(erőg)* constant-temperature/Carnot cycle; **állandó nyomású** ~ *(erőg)* constant-pressure cycle, Brayton cycle; **állandó térfogatú** ~ *(erőg)* constant-volume cycle, Otto cycle; **Brayton-féle** ~ *(erőg)* constant-pressure cycle, Brayton cycle; **Carnot-féle** ~ *(erőg)* constant-temperature/Carnot cycle; **Diesel-féle** ~ *(erőg)* Diesel cycle; **elvételes** ~ *(erőg)* bleeding/regenerative cycle; **Ericsson-féle** ~ *(erőg)* Ericsson cycle; **eszményi** ~ *(erőg)* ideal cycle; **expanziós** ~ *(atomreaktorban)* flash-steam cycle; **félig zárt** ~ *(erőg)* semi-closed cycle; **forróvizes** ~ *(atomreaktorban)* boiling-water cycle; **gőzelvételes** ~ *(erőg)* bleeding/regenerative cycle; ~ **hatásfoka** air standard efficiency; **hőkicserélős** ~ *(erőg)* heat-exchange

cycle ; **Humphrey-féle ~** *(erőg)* Humphrey cycle ; **hűtési ~** *(erőg)* refrigeration cycle ; **ideális ~** *(erőg)* ideal cycle ; **iparilag hasznosított ~** *(erőg)* industrial cycle ; **izotermás ~** *(erőg)* isothermic cycle ; **Joule-féle ~** *(erőg)* Joule cycle ; **kettős ~** *(atomreaktorban)* dual cycle ; **kombinált ~** *(atomreaktorban)* dual cycle ; **közbenső hűtéses ~** *(erőg)* intercooling cycle ; **nyitott ~** *(erőg)* open cycle ; **nyomóvizes ~** *(atomreaktorban)* pressure-water cycle ; **Otto-féle ~** *(erőg)* Otto cycle ; **Rankine-féle ~** *(erőg)* Rankine cycle ; **Stirling-féle ~** *(erőg)* Stirling cycle ; **szabványos** *(összehasonlító)* **~** *(belső égésű motor hatásfokának összehasonlítására)* air standard cycle ; **újrahevítéses ~** *(erőg)* reheat cycle ; **zárt ~** closed cycle

körfolyamú : ~ lemezes szállítószalag slat caroussel (conveyer) ; **zárt ~** closed-circuit

körfolyás *l* **körfolyam**

körforgalmi rotary ; **~ útkeresztezés** rotary (crossing)

körforgalom traffic circus, roundabout

körforgás *(körmozgás)* revolution, rotation, gyration ; *(keringés:)* circulation ; *(körfolyam:)* circuit ; **~ban lévő** circulating ; **~ban van** circulate

körforgó rotating, circulatory, rotary ; *l még* **forgó** ; **~ gép** *(nyomda)* rotary (machine) ; **~ gyorssajtó** *(nyomda)* web-fed press ; **~ másológép** rotograph ; **~ mosógép** rotary scrubber ; **~ szivattyú** rotary pump

körfrekvencia *(rád, távk)* angular/radian frequency

körfüggöny *(fényk)* festoon

körfűrész rotary/disc/circular saw(ing machine) ; **~ asztala** saw table ; **asztali ~** bench()saw ; **átlós vágású ~** circular mitre saw ; **daraboló ~** circular saw for trimming ; **homorú ~** dished circular saw ; **hosszdaraboló ~** circular saw for cutting to length ; **keresztvágó ~** circular cross-cut saw ; **kettős ~** double circular saw ; **kis ~** burr ; **kúpos ~** bevelled circular saw ; **lécvágó kettős ~** double circular saw ; **~ 45° alatti vágáshoz** circular mitre saw ; **~ tárgytartó asztallal** table circular saw ; **zsindelyvágó ~** circular saw for roof shingles

körfűrészasztal circular saw bench

körfűrészlap disc, blade ; **~ fához** circular saw for wood

körfűrészvédő : ~ burkolat saw clap ; **~ lemez** fence plate

kör-fűtőház *(vasút)* circular shed

körgát *(földből)* (earth) cofferdam ; **szekrényműves ~** crib cofferdam

körgyalu *(fa)* circular/compass plane

körgyűrű *(mat)* annulus, circular ring ; *(ép)* ring ; **~ alakú** annular

körhagyó *fn* eccentric, cam ; *(nyüstmozgatásra ; tex)* tappet ; *mn* excentric, eccentric, off-centre ; *l még* **excenter(-)** ; **ékelt ~** fixed eccentric ; **fékállító ~** *(gépk)* brake-adjusting cam ; **~ sajtó** eccentric press ; **~ szivattyú** eccentric pump ; **~ tárcsa** disc cam/eccentric, eccentric sheave/disc/cam ; *(vetítőn ; film)* eccentric cam ; **~ tárcsa ellensúlya** *[gőzgép-vezérléshez]* eccentric balance-weight

körhagyós-rudas hajtás *(gépt)* eccentric rod gear

körhálózat *(távk)* circular (type) network

körhántoló : ~ gyalugép *(fa)* edger ; **~ kés** scoring knife

körharisnyagép circular footwear machine

körhorizont *(ép)* cyclorama

körhullám circular electric wave

körhurkoló gép circular spring-needle machine, spring-knitting machine, Perrot machine ; *(francia rendszerű :)* sinker wheel machine ; *(angol rendszerű :)* loop wheel machine

körirat *(érmén)* marginal inscription

kőrisfa ash-wood

kőris-ütőkar *(tex)* ash picking stick

körít dress, garnish ; *(ép)* skirt

körív circular arc ; *(ép)* arch

köríves : ~ billentyűsor concave keyboard ; **~ vágányátszelés** curve crossing

körívfog circular-/circle-arc tooth

körívfogazású fogaskerék gear with circular-arc teeth

körjelzés *(hengeren)* collaring

körkavaró *fn* circular mixer

körkefe brush wheel

körkemence ring furnace/kiln, annular/circular kiln ; *(boltíves tetővel, téglaégetésre :)* cupola

körkép panorama, cyclorama

körkeresztmetszet circular cross-section

körkeresztmetszetű round, circular-section, of circular section ; **~ díszítőléc** *(ép)* return bead ; **~ repülőgéptörzs** round fuselage ; **~ rúdvas** round bar iron

körkerület circle perimeter, circumference

körkés *(forg)* circular form(ing) cutter, disc cutter ; *(pa)* circular knife, slitter ; **alakos ~** forming circular tool ; **~ a hosszvágón** *(pa)* slitting band ; **leszúró ~** cutting-off circular tool ; **menetvágó ~** circular thread chaser ; **rosszul beállított ~** cocked circular form tool

körkéstartó *(forg)* circular form(ing) tool holder

körkivágó gép circle cutting machine

körkörös *(mat)* concentric ; **~ jelzés** *(hengerlés előtt)* collar marks ; **~ polarizáció** *v* **sarkítás** circular polarization

körköszörű (gép) cylindrical grinder, cylindrical grinding machine

körköszörülés cylindrical grinding

körkötés *(kh)* circular knitting

körkötő: ~ gép *(kh)* circular knitter/frame/machine, circular (latch-needle) knitting machine ; **rugóstűs ~ gép** circular spring-needle machine

körkötött : ~ áru *(kh)* circular web ; **~ harisnya** seamless/circular hose

körlap disc, round(el)

körlapdiagramos regisztráló készülék round chart recorder

körléghűtő closed air cooler

körlet *(vill)* sector ; **működési ~** circuit of action

körmaró *fn* *(gépt)* annular milling cutter ; **~ gép** circle-cutting milling machine

körmenti circumferential

körmérés cyclometry

körméret *(fa)* girt(h)

körmozgás circular movement/motion ; **~tól eltérő** paracentric(al) ; **külpontos ~ sugara** *(gépt)* arm of eccentricity

körmös claw-type ; **~ emelőrúd** *(kerékátemeléshez ; vasút)* pinch ; **~ fogó** *(súlyos cölöpök emelésére)* devil's claw dogs ; **~ fonalfék** *(tex)* finger tensioner ; **~ kapcsoló** claw clutch ; *(elosztófej hajtásához ; gépk)* dog coupling/clutch ; **~ karmantyú** *(gépt, tex)* claw clutch sleeve ; **~ kiképzésű lánc** lug-type chain ; **~ tengelykapcsoló** claw coupling/clutch

körnegyed quadrant

körnegyedosztó gép quartering machine

környék *(városépítés)* neighbourhood, vicinity, surrounding country (of a town/settlement)

környéki forgalom *(ép)* short-distance traffic

környékrendezés *(ép)* regional planning

környezet environment, surrounding, atmosphere, ambiency ; **~ hőfoka** *v* **hőmérséklete** ambient temperature

környezeti environmental, ambient ; **~ hőmérséklet** *(rep)* ambient temperature ; **~ irányszöghiba** *(rád, rep)* site error ; **~ tényezők** environmental factors

környezetvilágítás *(telev)* ambient light

környező *l* **környezeti** ; **~ fény** ambient light ; **~ kőzetek** *(bány)* environment, **~ levegő** *(met)* ambient/surrounding air ; **~ vidék** surroundings ; **~ zaj** ambient noise

környezőfény-szűrő ambient light filter

környílású rosta round-hole screen

környíró doboz *(talajmechanikában)* ring shear apparatus

környolcad *(mat)* octant

körolló circle shears ; *(konfekciós üzemben :)* rotary shears

körosztás *(műszeren)* circular division, circle graduation ; **centezimális** *v* **százas ~** centesimal circle graduation

körosztó gép graduator

kőrovátkolás furrow

kőrózsa *(ép)* finial

köröm *(gépt)* claw, bit ; *(forg)* engaging dog ; *(csonkafa ; hajó)* throat

körömcipő court shoe, pumps

körömfal *v* **-fog** *(gátalap szélén ; hidr)* root edge

körömfali fog *(gátalapban ; hidr)* root

körömfényesítő paszta nail polish paste

körömlakklemosó nail polish remover

körömolló nail-scissors

körömreszelő nail-file

körömtartó felszerelés *(réselőgépen ; bány)* setting of pick

körömvágó olló nail-scissors

köröz circle

körözésmérő műszer *(rep)* orbit meter

körözö repülés circling flight, orbiting

körözvényhangszóró-berendezés paging

körözvényhangszórózás paging

körözvény-hívás *(távk)* conference call

körözvénykulcs *(távk)* conference key

körözvénymunkahely *(távk)* conference switchboard

körpálya circular orbit

körpályás sugárcső *(rád)* orbital beam tube
körpolarizáció *(fényt)* circular polarization
körpontok circular points
körrács circular grating
körrajz outline
körrepülés circuit
körrezonátorüreg circular cavity
körsáv-irányadó *(rád, rep)* omnidirectional radio range
körskála circular scale
körsugárzó *(rád)* symmetrical radiator; ~ **antenna** equi-radial aerial/antenna, omni-directional aerial/antenna
kör-számoló *(személy, a lefutott köröket számolja versenyeken; gépk)* lap--scorer
körszegecsvarrat girt(h) rivet seam
körszegélygép *(kh)* hosiery ribber, rib top machine
körszektor sector (of a circle)
körszektorkivágás *(rugórögzítésre; gépt)* slot quadrant
körszelet *(mat)* circular segment; ~ **íve** *(mat)* segmental arch
körszelvényű *l* **körkeresztmetszetű**; ~ **huzal** round wire
körszér *(koh)* round table, round--buddle; *(aranymosásra:)* sperry buddle
körszövő gép *v* **szék** *(tex)* cylinder/circular loom, circular weaving machine
körtárcsa circular disc
körtáviratok leadása rádión broadcasting telegraphy
körte alakú pear-shaped
körtefecskendő *(gumi)* bulb
körtegörbe *(mat)* pear-shaped quartic
körtekapcsoló *(vill)* suspension/pear switch
körtelefon conference call/connection
körtemutató *(óra)* spade hand
körterület *(mat)* disc area
körtolattyú rotary slide valve
körtörő *(koh)* gyratory crusher
körtűz *(vill)* sparking
körutazás *(gépk)* circular tour
körüláramló circumfluent
körülárkol entrench, moat
körülborítás *(cipőfelsőrészen)* galosh, ornament
körülborításos cipő balmoral boot
körülburkol circumvolve
körülcsavar wreathe
körülcsévél reel
körüldeszkázás planking
körülépített: ~ **udvar** court enclosed by surrounding buildings; ~ **udvaros beépítési mód** *(városépítés)* plot covering method by buildings enclosing courts
körülfalaz *(ép)* set in brickwork, wall, circummure
körülfarag *(fát)* scrape
körülfejt truncate
körülfekvő circumjacent
körülfog engird(le); *(mat)* enclose
körülfogás embayment
körülfogási szög *(szíjhajtásnál)* angle of contact
körülfolyó circumfluent; ~ **csatorna** pressure equalizing passage; ~ **szelep** bypass valve
körülfon *(tex)* intwist, twine, enlace, whip; *(vill)* (em)braid
körülfonás *(huzalé)* braiding, covering
körülfordul turn round, rotate
körülfordulás turn-around, rotation
körülforgat turn; *(keverőt:)* circumagitate
körülforog *l* **körülfordul**
körülfutó: ~ **csatorna** *(hidr)* peripheral passage, lateral flow spillway; *(hajózsilipnél:)* culvert; *(völgyzárógát-építésnél:)* spillway tunnel; **földet** ~ *(rád)* round-the world; ~ **füstjárat** bypass flue
körülhajóz circumnavigate
körülhalad pass round
körülhatárol encircle
körülhatárolás circumambiency
körülhornyol *(alak, forg)* neck, groove
körülhurkol *(tex)* wrap
körülír circumscribe; *l még* **leír**
körülírás circumscription, description
körülírható circumscriptible
körülírt circumscribed; ~ **kör** circumscribed circle; ~ **sokszög** *(mat)* circumscribed polygon
körüljár encompass
körüljárás circuity, by-pass
körüljárási idő *(tex)* patrol time
körüljáró vágány by(-)pass
körülkalapácsolás swaging
körülkerít hedge, fence
körülkerítés circumclusion
körülkorcol curl/roll over
körülkovácsolás swaging
körülkötés circumligation
körülkötöz *(huzallal)* wire
körülnyír trim
körülövez gird, wreathe
körülpántolás embayment
körülrésélt széntömb *(bány)* jud
körülsáncolás banking
körülsáncolt circumvallate
körültekercselés *(szigetelőszalaggal)* taping
körültekercselt húr *(hangt)* overspun wire
körülvág pare; *(bőrt:)* trim; *(nyomda)* cut the margin; *(pa)* cut edge; **könyvet** ~ *(nyomda)* trim; **sarkot** ~ *(cipőn)* round the seats; **szabályszerűen** ~ *(nyomda)* face straight
körülvágatlan *(pa)* mill-cut
körülvágó pad asztala edge table
körülvágott: ~ **papírlemez** trimmed board; ~ **példány** *(nyomda)* cut copy
körülvarrott cipő sowround boot
körülvesz (en)circle, encase, gird(le), enclose, fence; **fákkal** ~ embower; **fallal** ~ mure, wall up; **gáttal** ~ *(hidr)* embank; **kerítéssel** ~ pale; **korláttal** ~ list; **töltéssel** *v* **sánccal** ~ bank
körülvevő circumambient; *vö még* **körülvesz**
körülzár interlock, enclose
körülzárás circumclusion, enclosure
körülzárt hely enclosure
körvágó *fn* *(forg)* circle cutter
körvágóolló-penge circular shear blade
körvarrat circular/circumferential seam/joint
körvarratos lyukhegesztés ring welding
körvasút girdle/circular railway, belt line railroad
körveszteség *(rád)* circuit loss
körvezeték *(cső)* ring duct; *(vill)* ring mains
körvonal *(kör)* circle; *(kontúr)* outline, contour, cutout; *(alak)* shape, configuration, silhouette; *(ép)* circuit; *(fényk)* skeleton outline; **szerkesztési** ~ design profile
körvonalas: ~ **színházi díszlet** profile; ~ **térképvázlat** contour map; ~ **vázlat** outline sketch
körvonalaz outline, design, shape
körvonalazás delineation, outline, sketch
körvonalhímzés etching embroidery
körvonalkép silhouette
körvonallágyítási eljárás *(fényk)* edge softening process
körvonalrajz outline drawing; *(vasút)* clearance chart
körvonalzó karton *(pa)* contour board
körzet region, territory, zone, district, range; *(ép)* circuit; *(földt)* tract
körzetenként *(bány)* in sections
körzetfelvigyázó *(bány)* unit foreman
körzetfűtés district heating
körzeti regional, zonal, circumferential, peripheral; ~ **adó** *(rád)* regional station; ~ **csatornázás** *(ép)* district disposal service; ~ **díjak** *(szállító vállalatnál)* zonal charges; ~ **hálózat** *(távk)* regional network; ~ **közintézmény** public institutions of a district; ~ *(távbeszélő)* **központ** zone center; ~ **vigyázó** *(rep)* area control; ~ **vízszolgáltatás** district water supply
körzetvezető *(bány)* section foreman
körző caliper, compass(es); **mikrométercsavaros** ~ micrometer screw caliper; ~ **szabályozókulcsa** compass key; ~ **szára** leg
Körző *(csillagkép)* Circinus
körzőhegy-alátét (szaruból) horn centre
körzőkészlet set of compasses
körzőszár caliper(s) leg
kősó *(ásv)* halite, native/common salt, rock-salt
kőszállítás *(bány)* casting
kőszállító talp *(bány)* (stone)boat
kőszekrény *(ép)* stone casing
kőszén mineral carbon, stone coal; *l még* **szén**
kőszénbánya coal mine, coalery
kőszénformáció *(földt)* carbonic rock/formation
kőszéngáz coal gas
kőszénipar coal industry
kőszénkátrány coal tar
kőszénkátránylepárló berendezés coal tar still
kőszénkátránypárlat coal tar naphtha
kőszénkátrányszurok coal(-)tar pitch
kőszénkoksz coal coke
kőszénlepárlási termékek coal by-products
kőszénlerakódás *v* **-település** coal deposit
kőszénmedence coal field/basin
kőszénporbrikett coal-dust brick
kőszénréteg coal measure/seam; ~ **fejtése ék alakú fejtési munkahellyel** V-system of working coal
kőszénszurok coal-tar pitch
kőszéntörmelék breeze
kőszéntörmelékhányó *(bány)* culm dump
kőszerű lithoid(al)
kőszirt *(földt)* scar, tower rock, stack
kő-szivárgó *(hidr)* rubble catch-water channel
kőszórás *(hidr)* stony talus
köszörűállvány floor stand grinder
köszörűbak floor stand grinder; *(géprész)* grinding wheel spindle
köszörű(gép) grinding machine, grinder; **asztali** ~ bench grinder; **automata méretbeállítású** ~ automatic sizing

grinder, automatic sizing grinding machine ; belső ~ internal grinder, internal grinding machine ; csúcsbefogású ~ centre(-type) grinder ; csúcs nélküli ~ centreless grinder, centreless grinding machine ; egyetemes ~ universal grinder; élező ~ cutter grinder, cutter grinding machine ; félönműködő ~ semi-automatic grinding machine ; ~ flexibilis v hajlékony tengellyel flexible shaft grinder ; függőleges orsójú ~ vertical-spindle grinder, vertical-spindle grinding machine; hántoló ~ (forg) snagging grinder ; késélező ~ knife grinder, knife grinding machine ; kézi ~ hand grinder ; központ nélküli ~ centreless grinder, centreless grinding machine ; leszúró ~ abrasive cutting-off machine ; tokmánybefogású ~ chucking grinder, chucking grinding machine ; többkorongos ~ multiwheel grinder, multiwheel grinding machine ; villamos ~ electric grinder

köszörűgépszán grinding rest

köszörűkészülék (csiszolásra is) buffing and grinding attachment

köszörűkorong abrasive disc, grinding wheel ; alumíniumoxid ~ aluminium oxide grinding wheel ; alundum ~ aluminium-oxide grinding wheel ; bakelitkötésű ~ resinoid-bond grinding wheel ; durva ~ coarse grinding wheel; egyenes ~ straight grinding wheel ; egyenes, két oldalon mélyített ~ straight grinding wheel recessed on two sides ; egyenlő vastag ~ saucer grinding wheel ; fazék alakú ~ straight cup grinding wheel ; finom ~ fine grinding wheel ; ~ fogásvétele (behatolása) wheel penetration/infeed ; hengeres ~ cylinder-type grinding wheel ; igen kemény ~ very hard grinding wheel ; igen lágy ~ very soft grinding wheel ; karborundum ~ silicon carbide grinding wheel ; kemény ~ hard grinding wheel ; keménygumi kötésű ~ rubber-bond grinding wheel ; kerámiai kötésű ~ vitrified-bond grinding wheel ; két oldalon kúpos ~ two-side tapered grinding wheel ; korund ~ aluminium-oxide grinding wheel ; közepes ~ medium grinding wheel ; kúpos fazék alakú ~ flaring cup grinding wheel ; lágy ~ soft grinding wheel ; műanyagkötésű ~ resinoid-bond grinding wheel; ritka szemcséjű ~ open(-structure) grinding wheel ; sellakkötésű ~ shellac-bond grinding wheel ; sűrű szemcséjű ~ dense(-structure) grinding wheel ; szilíciumkarbid ~ silicon-carbide grinding wheel ; szilikátkötésű ~ silicate-bond grinding wheel ; tányér alakú ~ dish grinding wheel

köszörűkorong-egyengető fn l köszörűkorong-lehúzó

köszörűkorong-igazítás wheel trueing

köszörűkorong-lehúzás wheel dressing/trueing ; (morzsolással:) wheel crush dressing

köszörűkorong-lehúzó (készülék) grinding wheel dressing attachment ; gyémánthegyű ~ diamond trueing/dressing attachment ; morzsológörgős ~ crush dressing attachment

köszörűkorongszán grinding-wheel slide

köszörűkorong-szupport grinding wheel slide

köszörűkő abrasive stick/stone, grindstone ; ~ anyaga v szemcséje abrasive grit ; egyetemes ~ general purpose abrasive stone

köszörűkő-állvány grindstone trough

köszörűkő-igazító véső racing bar

köszörűkőpor swarf

köszörűkő-vályú grindstone box/trough ; ~ iszapja slip

köszörűkővédő rács stone protectin ggrill

köszörül grind ; (élez) keen, sharpen ; állócsúcsok között ~ grind on dead centers ; durván ~ coarse/rough-grind ; finoman ~ fine-grind ; homorúan ~ grind hollow ; nagyolva ~ grind first/rough ; szárazon ~ grind dry ; újra ~ regrind

köszörülés grinding ; (élezés) sharpening ; áteresztő ~ through-feed grinding ; beszúró ~ infeed grinding ; leszúró ~ cutoff grinding ; ~ okozta repedés grinding check

köszörülési: ~ idomszer grinding ga(u)ge; ~ nyomás grinding pressure ; ~ próba grinding test ; ~ ráhagyás grinding allowance

köszörület grindings

köszörülő : ~ és fényesítő készülék grinding and buffing attachment ; ~ készremunkálás grinding finish ; ~ készülék grinding apparatus

köszörülőanyag abrasive

köszörülőgép l köszörűgép

köszörülőhenger grinding roll, drum grinding wheel

köszörülőszalag grinding/sanding belt

köszörülőszerszám (korong, henger stb) grinding/abrasive tool

köszörült : ~ darabolófűrész ground cutoff saw ; ~ fogaskerék ground gear ; ~ gyémánt wrought diamond ; ~ vezeték (gépt) ground slide way

köszörűlünetta grinder(-)rest

köszörűmunkás grinder operator

köszörűnyomás grinding pressure

köszörűorsónyereg (grinding) wheel head

köszörűpad grinding lathe

köszörűrúd [dörzsköszörüléshez] abrasive stick

köszörűs (munkás) grinder (operator)

köszörűsműhely grinding department

köszörűszán (grinding) wheel carriage/slide

köszörűtárcsa l köszörűkorong

köszörűtüske (tükrösítéshez) grinding arbour, plug lap

köt link, bond, couple ; [gipsz] harden, set ; (harisnyát) knit ; (vegy) link, bond, bind ; (vill) couple ; cementtel ~ cement ; csomóba ~ bundle ; csuklósan ~ articulate ; fürtbe ~ cluster ; gáttestet alaphoz ~ (hidr) bond ; láncba ~ catenize

kőtábla slab ; lapjára fektetett ~ (ép) ledger

köteg (csomag) pack(age), pile, parcel, band ; (nyaláb) bunch, bundle, cluster ; [egyszerre hengerelt lemezköteg ; heng] pack ; (nyomda) nest ; (vezetéké ; távk) group ; (tex) bundle, cut, tuft, bunch, bale, cluster ; ~ alakú (tex) rope form; ~be köt l még kötegel shook ; ~ nélküli hollandidob (pa) bandless beater roll ; ~ben préselő gép (tex) mangle for cloth in rope form

kötegel bundle, bunch, bale ; (tex) bundle

kötegelés (klisztronnál ; rád) bunching

kötegelési jelleggörbe (rád) bunching characteristics

kötegelő (rád) buncher ; ~ frekvenciája (rád) buncher frequency ; ~ rezonátor (hírad) buncher resonator

kötegelőhuzal (heng) bundle iron

kötegelőpánt (heng) band iron

kötegelőrács (rád) buncher grid

kötegelt : ~ áram (rád) bunched current ; ~ elektronsugár (rád) bunched beam ; ~ furnír (fa) shook ; ~ kábelek (vill) bunched cables ; ~ ládarészek (fa) shook ; ~ parketta (fa) shook ; ~ tűzifa cordwood

köteges bunched

köteg-magnetron (rád) stripped magnetron

kötegmosó gép (tex) rope scouring/washing machine, rope scourer/washer; slack-washing machine

kötegprés (fonalhoz) bunching/bundling/bundle press

kötegpróba (tex) skein test

kötegszakító : ~ gép (tex) hank tester ; ~ próba (tex) bundle strength testing

kötél cable, rope, cord, hawser, twist, string ; (kötéláru:) cordage ; (emelőn:) cable ; (hajó) cable, rope ; ballaszt-ledobást szabályozó ~ (rep) ballast control line ; kötelet (keskeny kátrányos vitorlavászonsávokkal) beburkol v bepólyál (hajó) parcel ; kötelet befejel (tex) point ; ~ belógása (hajó) bight of a rope ; biztonsági ~ check cable ; kötelek egymáshoz erősítése (körülgyűrűzött vékonyabb fonallal) round seizing ; ~lel elkerít v elzár rope off ; ~lel felhúz (hajó) trice ; halászhálókat összekötő ~ balk ; ~re kapcsoló szerkezet fogója (bány) engaging dog ; két lapos ágból sodrott ~ double-flat stranded rope ; lapos ~ (tex) band rope ; ~lel működő csilletoló (bány) rope cager ; kötelet összesodor lay/close a rope ; ~en száll le (aknába ; bány) run the tow ; ~ ütközőcsomókkal check cable; végtelen felső ~ (szállításhoz ; bány) endless over-rope

kötélág (rope) strand ; ~ iránya spin of the rope ; két ~ two falls of rope

kötélág-nyújtó (összesodrás előtt ; tex) crab

kötélállvány cable rig

kötéláru (tex) cordage, twines

kötélátvezető görgő v **tárcsa** (gépt) sheave pulley

kötélbak (bány) belaying pin ; (hajó) cleat

kötélbefűző lyuk (vitorla szélein) cringle

kötélbekötés rope anchorage, rope-reeving

kötélbelógás cable bent/bight

kötélbika a hajó farán stern cleat

kötélbilincs (bány) cable clamp

kötélblokk (emelőn) bloc, sheave

kötélblokkhorog (csigasornál ; hajó) car-hook

kötélbog (kötélágak összefonásával ; hajó) fox

kötélbontó : ~ tövis fid ; ~ vas (hajó) marline spike

kötélbrága rope strap

kötélbújtatás (hajó) splice

kötélcsatlakozás joint

kötélcsiga rope/cable pulley; **egyszerű ~** gin block
kötélcsigaagy pulley boss
kötélcsigasor (rope) pulley-block; *(hajó)* tackle
kötélcsomó cable/rope knot; **~ horograerősítéshez** *(bány)* cat's paw knot; **összetőrözött egyenes ~** crown knot
kötélcsúsztató *(öntvény; hajó)* chock
kötélcsülök rope cappel/dead-eye
kötéldaru cable crane; *(állandóan megfeszített terhelt kötelű)* balance cable crane
kötéldob cable wheel/drum; *(csörlőn)* drum
kötéldob-barázda *(gép)* dale
kötéldobgyűrűk *(emelőgépen)* drum ring;
kötéldob-oldalkoszorú spider
kötéldobos: ~ hajtás *(gépt)* drum drive; **~ Prony-fék** rope brake
kötélegyensúlyozó csiga rope balancing sheave
kötelék fastening; *l még* **kötél**; *(rep)* formation; *(sebre:)* bandage (roll); *(tex)* ligament
kötelékrepülés formation flight
köteles: ~ csillerakodó *(gép)* rope cager; **~ emelőgép** rope haulage hoist; *(bány)* cable dragging device; **~ facsúszda** gravity cable for wood; **~ felvonógép** rope haulage hoist; *(bány)* cable dragging device; **~ ütőfúrás** *(bány)* cable drilling; **~ ütőfúró gép** rope chopper
kötelező: ~ (hajó)kalauzolás compulsory pilotage; **~ időszaki vizsgálat** *(gépk)* compulsory periodic inspection; **~ járművizsgálat** *(gépk)* compulsory vehicle testing
kötélfék rope catch; *(hajó)* check rope; *(tex)* rope brake
kötélfelvevő: dob ~ hossza winding face
kötélfelvonó *fn* rope hoist
kötélfeszítő *(hajó)* turnbuckle; **~ állomás** rope-stretching station; **~ csavar** *(hajó)* rigging screw; **~ erő** *(emelőn)* funicular force; **~ pecek** *(hajó)* snatch cleat
kötélfogó *fn* rope grabs
kötélfonal rope/cable yarn
kötélfonat stranded bond
kötélfúrás *(bány)* line/rope boring
kötélfúró *(bány)* churn drill; **~ rudazatfogó készüléke** *(bány)* stem straightener; **~ szabványos felszerelése** cable rig
kötélfutó *(hajó)* chock
kötélfüge *(hajó)* kink
kötélfülecs cord eye
kötélgöcs *(hajó)* kink
kötélgörbe *(mat)* chain/funicular curve, catenary; **~ alakú** funicular
kötélgörgő cable/rope roller/sheave/pulley
kötélgyártó: ~ motolla ropemaker's reel; **~ üzem** rope work
kötélgyűrű grommet; *(hajó)* kink, fake
kötélgyűrűszem running noose
kötélhágcsó jackladder, strom ladder; *(révkalauz számára; hajó)* pilot ladder; **~ felső foka** *(hajó)* rung head
kötélhajtás rope drive
kötélhajtómű rope drive, rope driving gear
kötélhálózat *(léggömbé)* cord netting
kötélhíd cable bridge, rope suspension bridge
kötélhorgonyzás rope anchorage
kötélhorog clevis
kötélhorony *(emelőn)* channel
kötélhurok rope sling/strap, bight, hitch
kötélhurokrendszer *(teheremeléshez)* rope strap
kötélkampó *(bány)* clevis
kötélkaparó kés rope knife
kötélkapcsoló: ékgyűrűs ~ *(emelőn)* annular wedge coupling; **~ karmantyú** rope coupling; **szállítókosár ~ horga** *(bány)* knockoff hook
kötélkapocs *(hajó)* cable joint
kötélkarmantyú *(emelőn)* splice box
kötélkerék rope/cable wheel/pulley
kötélkerék-kengyel sheave fork
kötélkorong cable pulley, sheave
kötélkorongagy pulley boss
kötélkorongállvány *(bány)* sheave support, pulley frame
kötélkötés *(hajó)* seizing
kötéllakat *(emelőn)* catch-lock
kötél-lemezfedél *(pa)* manila cover
kötéllenyomó szerkezet *(emelőn)* depression device
kötélleszorító tárcsa *(bány)* knuckle sheave
kötélmag *(tex)* heart
kötélmeghajtás *l* **kötélhajtás**
kötélmosó gép rope washing machine
kötéloszlop *(hajó)* crab
kötélösszefonás rope splice
kötélpálya cableway, wire-rope way, funicular line; *(bány)* cable road; **kétköteles ~** bicable ropeway; **~ kiinduló tornya** head tower; **~ nyomvonala** shape of cableway; **~ sólyatéren** shipyard cableway; **~ váltója** *v* **elágazása** aerial frog; **~ vonalvezetése** guiding of the line; **~ vonókötele** track cable
kötélpálya-berendezés cableway plant
kötélpályacsille ropeway/cableway car
kötélpályakocsi-kikapcsoló clip opening ramp
kötélpálya-oszlop rope support
kötélpányva *(hajó)* guy
kötélpapír rope/jute paper, ropes
kötélpászma strand
kötélpoligon *(mech)* *l* **kötélsokszög**
kötélrekapcsolás *(bány)* coupling to rope
kötélrelakatolás *(bány)* coupling to rope
kötélrés *(hajó)* mooring pipe
kötélrögzítés rope-reeving
kötélrögzítő *fn* *(hajó)* stopper; **~ szarv** *(hajó)* belaying pin
kötélsodrás *(tex)* laying, closing/laying the rope
kötélsodrat cable twist
kötélsodratirány *(tex)* lay of rope
kötélsodrattömítő fonal *(hajó)* worming
kötélsodró gép stranding machine
kötélsokszög link/funicular/catenary polygon
kötélszakasz: üres ~ *(bány)* back haul cable
kötélszál rope yarn
kötélszár shank
kötélszerű funiform
kötélszív heart-shaped dead-eye
kötélszolga *(bány)* belaying pin
kötélszorító *fn* rope catch/cramp, cable clamp; **~ bilincs** rope clip; **~ fa-** *v* **fémbilincs** *(bány)* belaying pin
köteltárcsa rope/cable pulley/sheave; *(kötélfúrásnál; bány)* spudding pulley
köteltárcsás lendkerék rope pulley flywheel
köteltartó görgő rope roller
köteltoldás splice; **láthatatlan ~** blind splicing
köteltorony *(bány, ol)* cable rig
kötélutánzat *(díszítésen; ép)* rudenture
kötélvég tail; *(szem-kiképzéssel:)* shackle; **~et eldolgoz** tuck; **felbomlott ~** cow's tail; **~eket összekötő** *v* **biztosító fémgyűrű** wire ferrule
kötélvégbefogó kengyel socket
kötélvégburkolat *(hajó)* cap
kötélvégösszefogó lemez splice plate
kötélvégszorító hüvely splicing clamp
kötélvégtartó kötélverésnél *(munkás; tex)* follower
kötélverés rope laying/closing
kötélverő: ~ cséve *(tex)* cordage bobbin, rope whirl; **~ gép** stranding and laying machine, rope layer/machine, twisting/cording/closing machine; **~ gép kihúzó szerkezete** travel(l)er; **~ kerék** ropemaker's reel; **~ mester** cord maker, ropemaker; **~ munkás** stringmaker, ropemaker, roper; **~ pálya** *v* **szín** (rope) walk
kötélvezeték *(emelőn)* fairlead; *(kasvezeték kötélből)* rope guide; *(hajó)* clew
kötélvezető: ~ futógyűrű rope race; **~ görgő** *v* **korong** rope/wire-guide pulley, rope jockey pulley; **görgős ~ keret** dolly; **~ gyűrű** guide eye
kötélvilla *(hajó)* belaying cleat
kötélvitla rope winch
kötélvontatás *(emelőn)* cable working; *(bány)* cable road; **csillék ~a** car haul
kötélvontatású: ~ csilleszerelvény rope trip; **~ kotróveder** rope reeve excavating bucket; **~ sikló** rope incline; **~ üzem** cable working; **~ vonszoló** *v* **saraboló** scooter
kötélzár catch-lock
kötélzet rigging; *(léggömbé:)* cord netting; *[árbocon]* stay tackle; **vonóerőt átadó ~** dragrope
kötélzetfelszerelés *(hajó)* cordage
kötélzetösszefogó gyűrű *(léggömbön, ejtőernyőn)* concentration ring
kötélzetrögzítő sínveretek *(árboctövön; hajó)* fife rails
kőtenger *(földt)* rock stream
kötény apron
kötényanyag *(tex)* apron cloth
kötényfalazat skirting
kötés bond(ing), binding, band(age), joint, joining, tie, fastening; *(ép)* catena, truss, bond; *[cementé]* set; *(kh)* knitting; *(harisnyáé:)* needling; *(mech)* coherence; *(távk)* joint; *(tex)* cloth construction, weave, binding, tying, mesh; *(vill)* coupling, meeting, buckle; **alsó szövet ~e** *(tex)* bottom cloth weave; **átlós ~** *(gépt)* diagonal (joining/bond); **~ befejezése** *(nyomda)* casing in; **béta-gamma telítetlen ~** *(vegy)* beta-gamma insaturation; **cementtel való ~** *(ép)* cementation; **cement ~ét gátló** *v* **lassító szer** *(ép)* retarder; **csuklós** *v* **csuklópántos ~** *(gépt)* articulated joint; **csúszásgátló ~** no-slip joint; **csúszásmentes ~** no-slip joint; **ferde lapolású ~** bevel joint; **gömbcsuklós ~** *(gépt)* ball-and-socket joint; **gyűrűt áthidaló ~** *(vegy)* endocyclic bond; **homeopoláris ~**

(vegy) atomic bond ; **~be hoz** *(téglát v követ)* engage ; **karmos kötősaru ~hez** claw traverse ; **kétékes ~** *(gépt)* double wedge joint ; **kétoldalt hegesztett lapolt ~** double lap joint ; **kettős ~** *(vegy)* double bond/link(age) ; **kettős hevederes ~** *(ép)* double lap joint ; **~ kezdődik** *[betoné]* setting occurs ; **kis mintájú ~** *(tex)* armure ; **~ laza lemezbetétekkel** *(gépt)* joint with loose tongue ; **~ a molekula végén** *(vegy)* terminal bond ; **rombuszmintás ~** *(tex)* diamond work ; **sima feltartott ~** *(kh)* cardigan stitch, double rib ; **süllyesztett ~** *(angol téglakötési mód ; ép)* blind bond ; **~ szilárdsága** *(ép)* bond resistance ; **~ tömítetlensége** *(gépt)* joint leakage ; **tört vonalú ~** *(ép)* bevel tie ; **váltakozó ~ek** *(vegy)* alternate bonds ; **X-varratos ~** *(heg)* double V-joint

kötésábrázolás *(tex)* designing

kötésburkolat *(nyomda)* wrapper

kötéselmélet *(tex)* theory of interlacing

kötéserősség bond strength

kötésfajták *(tex)* kinds of weave

kötésgyorsító szer *(betonhoz)* hardening accelerator

kötéshasadás *(vegy)* bond scission

kötéshiba *(szövetben)* broken pattern

kötéshíd *(vegy)* valence bridge

kötéshurok *(tex)* mesh

kötési : ~ feltételek *(cementé)* set conditions ; **~ folyamat** *(cementé)* process of setting ; **~ idő** *(cementé)* setting time, time of setting ; **~ képesség** *(ragasztószeré)* adhesive capacity ; **~ minta** *(nyomda)* pattern for binding ; **~ szilárdság** *(cementé)* setting strength ; *(gépt, vegy)* bond strength ; **~ táblára alkalmazott díszítés** *(nyomda)* paste-on panel ; **~ tautoméria** *(vegy)* bond tautomerism

kötésidő *(faragasztáskor)* curing

kötésismétlődés *(tex)* repetition/repeat/ round of pattern/weave, unit of design, course

kötéskeménység *(köszörűkorongé)* grade

kötéskezdés *(kh)* running on

kötéslemez *(pa)* dressing board

kötésminta *(tex)* design, figure, pattern, tie ; **kötésmintát készít** figure ; **középső kötésminták** *(Jacquard-szöveten ; tex)* centre patterns

kötésmintaelem-sorozat *(tex)* *l* **kötésismétlődés**

kötés-mintarajz *(tex)* plan of weave

kötésmód bonding form

kötéspont *(tex)* crossing point, point of intersection, interlacing (point); **~ok eltolása** transposing the interlacing points

kötéspontjelző *(tex)* interlacing dot

kötésrajz *(tex)* sketch of interlacing

kötéssorozat *(kh)* rack

kötésszem *(tex)* stitch

kötéstan *(tex)* principles of interlacing, principles of cloth construction

köthely *(nyomda)* inner/back margin

kötő *mn* astringent, binding ; *fn (kapocs, bilincs ; gépt)* buckle ; *(személy v gép ; kh)* knitter ; **~ alkatrész** *(ép)* truss ; *(gépt)* fastening ; **~ gerenda** *(bány)* lacing ; *(ép)* main beam, balk, bond timber, tie (bar), tiebeam ; **~ gerendákra behelyezett koszorúgerenda** *(ép)* pole plate ; **~ gerendázat** *(hidon)* racklashing ; **~ hegesztés** joint welding ; **~ heveder** *(ép)* crossbar ; **~ illesztés** medium forcfit ; **jól ~** *(ép)* readily cementing ; **~ képesség** *(ép)* setting strength, cementing power ; **~ keverék** *(ép)* bonded mix

kötőanyag binder, binding material, bond, adhesive, jointing material, cement ; *(nyomda)* vehicle ; **aszfaltos v bitumenes ~** asphaltic cement ; **~gal készült** bonded

kötőanyag-ágyazó anyag matrix

kötőbak *(hajó)* mooring post

kötőcérna *(kh)* knitting threads

kötőcsavar joint screw ; *[műszeren]* clamp ; *[teodoliton]* central fixing screw

kötőék *(gépt)* locking key

kötőerő bond (strength), adhesive power; *(ép)* setting strength ; *(vegy)* bond strength

kötőfa crosstie

kötőfék tie strap, halter, snaffle

kötőfékgomb *(bőr)* bridoon button

kötőfonal *(tex)* skein/tie/binding yarn/ thread, intermediate yarn ; *(kh)* sweater/knitting yarn

kötőfonalas bélelt kelme *(kh)* elastic fleece

kötőgép *(kh)* knitting frame/machine, knitter ; **durva osztású ~** coarse-ga(u)ged machine ; **~ lemezei** latch plates ; **~ tárcsás platinával** burr-wheel machine

kötőgépkilincs *(kh)* fly

kötőgéptű *(kh)* knitting machine needle

kötőgerendás tető *(ép)* couple roof

kötő-hurkoló ipar hosiery trade

kötőhurok *(tex)* stitch

kötőhuzal tie/binding wire

kötőhuzal-feszítő connective wire-stretcher

kötőhüvely *(távk)* jointing sleeve

kötőjel *(nyomda)* dash ; *(zenei)* tie

kötőkő *(ép)* leader stone, bonder

kötőkősor *(ép)* bond

kötőlánc *(tex)* binding warp

kötőlap *(gépt)* fish-plate

kötőlemez *(nyerskőfalazatban, legalább két sor széles ; ép)* shiner ; *(gépt)* anchor/tie plate

kötömb block (rubble), stoop ; **hengeres ~** *[oszlop egyik köve]* assize ; **~öket összefogó vascsap** *(ép)* gudgeon

kötőoldat *(tex)* bonding solution

kötőoszlop principal post

kötőpont *(szintezésnél ; geod)* rod/ turning point

kötőrendszer *(kh)* feeder, division, section

kőtörés stone breaking/crushing

kőtörmelék breakstone, debris, quarry spalls ; *(úttöltéshez)* blinding

kőtörmelékes rudaceous ; **~ vakolóhabarcs** *(ép)* pebble dash(ing)

kőtörő *fn* stone breaker/crusher, sledger, alligator, cracker mill ; **~ kalapács** stone crusher, sledge (hammer); *(hosszú nyelű)* knapping hammer ; **~ mozsár** percussion mortar ; **~ munkás** quarrier, burster

kötőrúd joint bar, knuckle rod

kötősor *(ép)* string course, inbond bricks

kötőszíj belt lace

kötőszíjbőr belt-laces leather

kötőszövet *(bőr)* connective tissue

kötőszöveti sejt *(bőr)* cell of the connective tissue

kötőszurok *(bány)* pitch binder

kötőtégla *(ép)* bonder, inbond brick

kötőtéglasor *(ép)* header bond/course ; **nagyobb térközzel elhelyezett ~** *(ép)* flying bond

kötött bound(ed); *(tapadó:)* adherent ; *(talaj)* heavy, cledgy ; *(kh)* knit(ted); *(vegy)* fixed, combined ; **~ ammónia** fixed ammonia ; **~ áru** *(kh)* hosiery, hosiery fabrics, knit goods, knit(ted) fabric/textures, knitwear, knitwork ; **~ blúz** *(kh)* jumper; **~ cserzősav** *(bőr)* combined tannin in leather ; **~ építési magasság** limited height of buildings ; **~ építésvonal** settled building line ; **~ fehérnemű** *(kh)* knit underwear ; **~ felső ruházat** *(kh)* knitted outerwear ; **~ fény** fixed light ; **~ gáz** *(ol)* fixed gas ; **~ háló** stocking net ; **~ hamu** *(bány)* true/inherent ash ; **~ kelme** *(kh)* circular knit ; **~ kiskabát** *(kh)* cardigan ; **~ léggömb** *(rep)* tethered/ captive balloon ; **~ léggömb vezérsíkja** aerostat stabilizer ; **~ mellény** *(kh)* cardigan ; **~ mész** combined lime ; **~ minta** *(kh)* knitted pattern ; **~ nitrogén** fixed nitrogen ; **~ sav** combined acid ; **~ szén** combined carbon ; **~ szén átalakulása szabad grafittá** graphitizing ; **~** *(vízátnemeresztő)* **talaj** impermeable soil ; **~ talajvíz** attached ground water ; **területhez ~** areal ; **~ villamosság** dissimilated electricity ; **~ víz** combined water ; **~ zsák** *(viszkózkalácshoz)* cake cover

kötőtű *(kézi)* knitting pin/needle

kötőüzem *(kh)* knitting room

kötővas *(ép)* tie (brace), chain

kötöző lashing, binding ; **~ lágyvashuzal** *(vasbetonszereléshez)* annealed tying wire ; **önműködően ~** *[szénabálázó gép]* self-tying ; **~ szerkezet** *[aratógépen]* knotter

kötözőanyag ligament

kötöződoboz *(pa)* band box

kötözőfonal *(tex)* binding thread, binder (threads)/twine, cord

kötözőfűz *(fa)* band-willow

kötözőgép *(tex)* tying machine, twine-tying

kötözőhely dressing station

kötözőhuzal tie/binding/lashing wire

kötözőlánc *(emelőn)* sling chain

kötözőpapír paper for tying

kötözőpólya roller bandage

kötözött : ~ kábel *(távk)* formed/laced cable ; **~ újság** *(remittenda ; pa)* baled news

kötözőzsineg binder, pack/binding thread, binder twine

kötözőzsineg-papír thread paper

kötözőzsinór *(tex)* pack thread, ferret

kötpont *(tex)* interlacing ; **kör alakú ~** *(tex)* dot

kötpontnégyzet *(tex)* small square

kötszalag *(pa)* bill band

kötszer bandage (roll)

kötszerdoboz dressing drum

kötszertáska dressing case

kötszövés hosiery knitting

kötszövő gyár tricot-weaving mill

kötszövött : ~ áru *(tex)* hosiery ; **~ áru leszegése** *(kh)* cast off

kötszövöttáru-göngyölítő *v* **-tekercselő gép** knit-cloth rolling machine
köttigit *(ásv)* köttigite
kőtükör *(földt)* slip cleavage
kővágó *fn* stone-cutter
kővájár *(bány)* rockman
kővályú : ércmosó ~ *(bány)* abacus
kövecses stony ; **~ salak** stone slag
kővelő *(ásv) l* **nakrit**
kövér fat(ty); **~ agyag** rich/unctuous/fat/soapy clay ; **~ antikva** *(nyomda)* bold Roman type ; **~ beton** *(ép)* rich concrete ; **~ betűtípus** *(nyomda)* heavy/bold/fat/fully-faced type ; **~ habarcs** rich mortar ; **~ mész** fat lime ; **~ talaj** fat soil
köves stony, rocky, petrean, calculous ; **~ beágyazás** *(földt)* stone bedding ; **~ csapágy** *(óra)* jewelled bearing ; **~ kulissza** *(gépt)* link/sector with block
kövesedés *(földt)* petrifaction, petrifying
kövesedési *(földt)* petrifactive
kövesítő *(földt)* petrifactive
kővéső *(ép)* drove
követ *(földt)* train ; *(kat, vill)* trace, follow
követés tracking, following, tracing ; **önműködő ~** *(távk)* automatic tracking/following
követési : ~ távolság *(gépk)* spacing ; **vonatok ~ rendje** train succession
követő follower, tracking unit ; **önműködő ~ készülék** *(távk)* auto-tracking unit
követőadó *(rád, rep)* track transmitter
követőrendszer *(gépt)* follow-up system; *(rád)* tracker
követővevő *(rád)* track receiver
kövez *(ép)* pave, stone, pitch, pebble
kövezet *(ép)* stone plaster, pavement, paving ; **~ alatti módszer** *(földalatti-vasút-építésnél)* cut-and-cover method; **~ egyenetlenségeit felrajzoló készülék** viagraph ; **sávosra koptatott ~** washboard
kövezetdöngölő *(ép)* paving-beetle
kövezetfeltépő gép *v* **tüskesor** *(kat)* scarifier
kövezetkocka road-brick
kövezetlen unpaved
kövezetsimító lap *(ép)* float
kövezet-szegélykő *(ép)* gitter
kövezett : ~ árok *v* **csatorna** stone channel ; **~ átjáró** *v* **gázló** *(ép)* paved crossing ; **~ lefolyó árok** *v* **folyóka** paved gutter *(ép)*
kövező *fn* paver ; **~ döngölő** *(ép)* cobble ; **~ (kocka)kalapács** paver's hammer
köveződorong *(ép)* cobble
kövezőkapa *(ép)* paver's hoe
kövezőkő *(ép)* flagstone
kövezősulyok *(ép)* paving rammer
kövezőtégla paving brick
kövülés *(földt)* petrification, petrifaction, petrifying, lithification
kövület *(földt)* fossil, petrification ; **fiatalabb rétegbe került ~ek** derived fossils ; **másodlagos lelőhelyű ~ek** drifted fossils ; **~eket nem tartalmazó kőzetek** unfossiliferous rocks ; **~eket tartalmazó** fossiliferous
kövülethéj *(földt)* cast
kövületmaradvány *(földt)* fossil remains
kövületváz *(földt)* cast
kövült *(földt)* fossil ; **~ fatörzs** fossil log ; **~ gyanta** fossil resin
köz interval, space, lane, reach ; *(ép)* alley, space ; *(távk)* interval
közállító : ~ csavar distance(-adjusting) screw ; **~ cső** distance tube ; **~ darab** distance bar/piece
közbeágyazás *(földt)* intergrowth, interbedding ; *(szén)* coal shed
közbeágyazódik *(földt)* intergrow
közbeágyazott telepek *(bány)* interstratification beds
közbeékelődött réteg *(földt)* sheet
közbefolyik interflow
közbefolyó interfluent
közbefon interlace
közbefűz interknit
közbehelyez interpose
közbehelyezés interposition
közbeiktat interpose, insert, intercalate, interpolate
közbeiktatás *(mat)* mediation, interpolation
közbeiktatott *vö* **közbeiktat** ; **~ boltozat** *(ép)* interposed vault ; **~ jelenet** *(film)* intercut scene ; **~ keresztgerenda** *(ép)* intermediate transverse ; **~ lencse** *(fényt)* intervening lens ; **~ övek vize** *(földt)* intermediate water
közbeilleszt interlace
közbeköt interknit
közbelépő : ~ áramkör *(távk)* interception circuit ; **~ dugó** *(távk)* answering plug
közbélés *(cipőfelsőrészen)* interlining
közbenövés intergrowth
közbenső intermediate ; **~ akadályfény** *(rep)* intermediate light ; **~ alkatrész** intermediate piece ; **~ állomás** road station ; *(kettős hajtással, szállítószalagon)* divide station ; **~ áramkör** intermediate circuit, i. c.; **~ áttétel** intermediate gearing ; **~ csapágy** neck bearing ; **~ csillekitérő** *(bány)* inside parting ; **~** *(erőátviteli)* **csőtengely** *(gépk)* intermediate shaft tube ; **~ égtájak** *(északkelet, délkelet, délnyugat, északnyugat)* half-cardinal points ; **~ elem** intermediate member; **~ elosztó** *(vill)* intermediate distribution frame ; **~ érintkező** *(vill)* intermediate contact ; **~ erősítő** *(távk)* buffer/through/intermediate repeater ; *(négyáramkörös)* four-wire repeater ; **~ fedélzet** *(hajó)* tween deck ; **~ filmfelvételes televíziós rendszer** intermediate film method ; **~ fogás** *(simítás és nagyolás között)* middle cut ; **~ fogaskerék** *l* **előtétfogaskerék** ; **~ fokozat** intermediate stage ; **~ gerenda** interjoist ; **~ (gőz)henger** intermediate cylinder ; **~ hosszmerevítő** *(hajó)* secondary longitudinal ; **~ hőfokszabályozó** *[sörerjesztésnél]* inserted attemperator ; **~ húzókaliber** *(alak)* second die ; **~ hűtő** intercooler ; **~ kamara** *(bány)* key room ; **~ kamarás előkészítési rendszer** *(bány)* key-room system ; **~ kiegyenlítő gőztároló** intermediate receiver ; **~ kör** *(rád)* intermediary/intermediate circuit ; **~ központ** *(távk)* tandem office ; **~ közvetítő adó** *(rád)* transmitting station ; **~ lépcsőfok** *(ép)* intermediate step ; **~ lépcsőpihenő** *(ép)* half-landing ; **~ leszállás nélkül(i)** *(rep)* nonstop ; **~ meddőborda építése** *(bány)* midwall building ; **~ mező** *(többtámaszú tartónál)* intermediate member ; **~ moduláció** *(rád)* mid-level modulation ; **~ oszlop** *v* **támasz** *(rácstartónál)* intermediate post ; **~ pillér** *(hídon)* standing pier ; **~ réteg** *(ásv)* shim ; **~ sínszék** intermediate chair ; **~ szállítószalag** *(bány)* cross conveyer ; **~ szint** *(bány)* midshaft, sublevel ; **~ szint aknarakodója** *(bány)* shaft inset ; **~ szűrőtag** *(távk)* intermediate (filter) section ; **~ tárcsa** *l* **előtéttárcsa** ; **~ tartóelem** *(ép)* intermediate bearer ; **~ táv** *(tér)* interspace ; **~ teljesítményerősítő** *(rád)* intermediate power amplifier ; **~ tengely** *l* **előtéttengely** ; **~ tér** *(vill)* buffer space ; **~ termék** intermediate product ; *(dúsításnál)* rewash ; **~ termék keringetése** rewash recirculation ; **~ torony** *(ólomkamrák között, kénsavgyártásnál)* inter-chamber tower ; **~ tömb** *(bány)* spacing block; **~ tömedékbordák** *(bány)* intermediate packs ; **~ transzformátor** adaptor/interstage transformer ; **~ túlhevítés** intermediate superheating ; **~ túlhevítő** *(gőzturbinán)* reheater ; **~ vágat** *(bány)* subdrift, main gate ; **~ vegyértékű oxid** intermediate oxide ; **~ vivős rendszer** *(rád)* intercarrier system ; **~ vonalbiztosítás** *(vasút)* intermediate blocking ; **~ vonalerősítő** *(távk)* through-line repeater
közbensőréteg-képzés *(csévén ; tex)* binding
közbeönt interfuse
közberétegez interpose
közberétegeződik *(földt)* intercalate
közbeszór intersperse
közbeszúr interpose, intercalate
közbetelepül *(földt)* intergrow, interlay
közbetelepülés *(földt)* band, runs, interbedding
közbetelepült *(földt)* interstratified ; **~ kőzet** disjunctive/intermediate rocks
közbetét fill piece, spacer, separator ; *(réteg)* intermediate layer
közbetétgyűrű ring joint
közbezárt : ~ szerkezet *(földt)* interlocked texture ; **~ telep** interstratification seam
közbülső *l* **közbenső**
közcélú : ~ építési terület area to be covered by public buildings ; **~ vízszükséglet** water demand of public institutions and for irrigation
közcsatorna (inter)channel ; **~** *(kiszélesített)* **tere** delivery space
közcsavar joint screw
közcső *(hidr)* distance piace
közdarab distance piece ; *l még* **közbetét**
közeg *(szer)* agent ; *(fiz)* medium ; **~ fajsúly szerinti osztályozáshoz** *(bány)* specific gravity medium
közegellenállás resistance of medium, drag
közegészségtan public hygiene
közegészségügy public health
közegsűrűség density of medium
közéhelyez interpose
közékever intermix
közeledés approach, access ; **~ kieresztett fékszárnnyal** *(leszálláshoz ; rep)* flap-down approach
közeledik approach

közelfekvő telepek *(bány)* superimposed seams
közel-felvétel *(fényk)* close-up
közeli : ~ **földrengés** neighbouring earthquake ; ~ **halkulás** *(rád)* short-range fading ; ~ **ibolyántúli tartomány** near ultra-violet region ; ~ **infravörös tartomány** near infra-red region ; ~ **szelektivitás** *(rád)* adjacent-channel selectivity ; ~ **visszaverődés** *(radar)* near echo
közelítés *(mat)* approximation ; *(fa)* haulage, hauling ; **sorozatos** ~ *(mat)* successive approximation, trial-and--error
közelítési : fokozatos ~ **eljárás** *(mat)* (successive) approximation method ; ~ **költségek** *(fa)* skidding costs
közelítésmérő *(rád)* proximity meter
közelítő approximate ; *[beállítás ; rád]* coarse ; ~**en betájolt** *[mérőasztal]* roughly oriented ; ~ **érték** *(mat)* approximate value ; ~ **görbe** approximate curve ; ~ **navigálás** approach navigation ; ~ **nyomjelzés** preliminary survey ; ~ **pontosságú felvétel** *v* **felmérés** *(geod)* rough survey ; ~ **számítás** approximate calculation
közelkörzet *(rep)* airport control area
közelkörzeti radar *(rep)* terminal radar
közellátási intézmény institution for public supply
közelségi : ~ **gyújtó** proximity fuse ; ~ **hatás** *(vill)* proximity effect
közelségmérő *(rep)* proximeter
közelvégi : ~ **áthallás** *(távk)* near-end crosstalk ; ~ **csatolás** *(távk)* near--end coupling
közénő intergrow
közép *fn* medium, mean, average ; ~**en csapott kerék** *(hidr)* middleshot wheel, breast wheel ; ~**en felfüggesztett** *(utcal)* **lámpák** centrally-suspended lights ; ~**re hangolt** *(frekvenciamodulációban ; rád)* centred ; **közepet képez** take the mean ; ~**re zárt sor** *(nyomda)* break-line
közép- central, medium, centre, median, mean, middle, mid-
középállás *(gépt)* mid-gear (position)
középállású milliampermérő *(vill)* mid--position/-zero milliammeter
középállomás *(távk)* repeater station ; *(több kötélpálya összefutása)* central station
középanomália *(csill)* mean anomaly
középaprítógép intermediate crusher
középarányos *(mat)* mean proportional ; *l még* **középérték**
középátmérő mean diameter ; *(csavaron)* effective/pitch diameter
középátmérő-tűrés *[csavarmeneten]* (extreme) pitch-diameter tolerance
középbetörés *(bány)* middle cutting
középcsapágy intermediate arbour bearing
középcsiszolás *(kristályé ; rád, távk)* centre grinding
középdél *(csill)* mean noon
középdeszka *(fa)* middle plank
középdombormű mezzo-relievo
közepel average (out)
közepelés averaging
középélesség *(fényk)* central definition
közepelő *(rád)* averager ; ~ **egyenirányító** *(rád)* average-reading detector
középérc *(bány)* medium-grade ore
középerdő composite-forest, coppice with standards
középerősítő *(távk) l* **közbenső erősítő**
középérték average/mean (value) ; **logaritmikus** ~ logarithmic mean (value) ; **mértani** ~ geometrical mean (value) ; **súlyozott** ~ weighted mean (value) ; **számtani** ~ arithmetical mean (value) ; **tényleges** ~ actual mean (value) ; ~**et vesz** take the average/mean (value)
középértékel *l* **közepel**
középértéktétel : centrális ~ central limit theorem
középértékű *l* **közép-**
közepes *(átlagos)* medium, average, mean ; *(mérsékelt)* moderate ; ~ **antennamagasság** average aerial height; ~ **bombázó** medium bomber ; ~ **csatornaszelvény** *(hidr)* mid-channel section ; ~ **darabolású érc** medium size ore ; ~ **dugattyúsebesség** mean piston speed ; ~ **durvaságú reszelő** middle file ; ~ **esésű** *(hidr)* medium--head/pressure ; ~ **fehér** *(telev)* equal--signal white ; ~ **félgömbi fényerő(sség)** *(vill)* mean hemispherical candle power, m. h. c. p. ; ~ **fényerősség** *(fényt)* mean candle power ; *(távk)* brightness ; ~ **fesztáv** *(rep)* mean span ; ~ **fordulatszámú gép** medium--speed engine ; ~ **forgalmú légtér** *(rep)* medium-density area ; ~ **frekvencia** *(jelező)* mid-frequency; *(telev)* centre frequency ; *(rád)* *(300 kHz-3 MHz)* medium frequency, M. F. ; ~ **görbe** mean curve ; ~ **hatótávolság** medium range ; ~ **hatótávolságú** *(rep)* medium-range ; ~ **hatótávolságú repülőgép** medium-range aircraft ; ~ **igénybevétel** mean load ; ~ **illékonyságú tüzelőszer** *(fűtőolaj)* medium-volatile fuel ; ~ **keménységű** *(bány)* medium-hard ; ~ **keménységű papír** *(fényk)* medium--paper ; ~ **kötésidejű cement** medium -setting cement ; ~ **löveg** medium--calibre gun ; ~ **méretű** medium--size(d) ; *(lemez, cső)* medium-ga(u)ge; ~ **nagyságú göb a fában** *($\frac{1}{2}$—$1\frac{1}{2}$" átmérőig terjedő csomó)* standard knot in lumber *(US)* ; ~ **oldalszórás** *(kat)* mean lateral error ; ~ **rezgésszámú hang** middle-frequency sound ; ~ **sodratú** *[fonal]* medio twist ; ~**en sós** *(hidr)* mesohaline ; ~ **súlyú szövet** medium fabric ; ~ **szakadási hossz** *(pa)* average rupture length ; ~ **szárnyhúr** mean chord ; ~ **szemcsefinomságú** medium grained ; ~ **széntartalmú acél** medium(-carbon) steel ; ~ **széntörő** *(bány)* merchant rolls ; ~**en szennyesvízi szervezet** *(hidr)* mesosaproby ; ~ **szint** *(telev)* mean--level ; ~ **tartósságú** *v* **élettartamú** medium-lived ; ~ **teherbírású híd** medium bridge ; ~ **teljesítményű** *v* **teherbírású** *(gépt)* medium-duty ; ~ **tömörségű iszap** stiff mud ; ~ **tüzérség** medium artillery ; ~ **ülepedési sebesség** mean settling velocity ; ~ **űrméretű** *(kat)* medium-calibre ; ~ **vivő frekvencia** *(frekvenciamodulációhoz ; rád)* centre-frequency
középeurópai idő Central European Time, C. E. T.
középfedélzet *(hajó)* intermediate deck
középfelépítmény *(hajó)* bridge deck
középfinom : ~ **csomagolópapír** medium quality packing ; ~ **fonógép** *(tex)* intermediate frame ; ~ **gerebenhengerek** *(tex)* tening rolls ; ~ **kártológép** *(tex)* intermediate card(er) ; ~ **nyomópapír** medium printing paper, brown print paper
középfonalszám *(tex)* medium count
középfrekvencia *(rád)* intermediate-frequency, I. F., i. f., i-f. ; **első** ~ first intermediate frequency ; **frekvenciamodulált** ~ frequency-modulated intermediate frequency ; **széles sávú** ~ wide-band intermediate frequency
középfrekvencia-erősítés *(rád)* intermediate-frequency amplification ; *(tényező)* midfrequency gain
középfrekvencia-erősítő *(rád)* intermediate-frequency amplifier, i-f amplifier
középfrekvencia-görbe *(rád)* intermediate frequency curve, i-f curve
középfrekvencia-hangolókör *(rád)* intermediate-frequency tuned circuit, i-f tuned circuit
középfrekvenciás : ~ **erősítő** *(rád)* intermediate-frequency amplifier ; ~ **frekvencialöket** *(rád)* intermediate--frequency deviation, I. F. deviation ; ~ **kemence** medium-frequency furnace ; ~ **segédvivő** *(távk)* intermediate subcarrier ; ~ **távíró berendezés** supra-acoustic telegraphic equipment
középfrekvencia-sávszélesség *(rád)* intermediate frequency bandwidth, IF bandwidth
középfrekvenciaszűrés *(rád)* intermediate-frequency filtering
középfrekvencia-transzformátor *(rád)* intermediate-frequency transformer
középfrekvenciavivő *(rád)* intermediate--frequency carrier
középfúró *(bány)* medium borer
középgót stílus *(ép)* middle pointed style
középgörbület *(geod)* mean curvature
középhajó *(ép)* nave, pace
középhang *(hangt)* mean
középhely *(csill)* mean-place
középhelyzet mid-position, centre position ; *(műszeren :)* zero-position ; *(távbeszélő kulcsé)* mid-position, normal position
középhengersor *(koh)* intermediate rolls train
középhiba *(geod)* mean error
középhosszúságú *(tex)* medium [fibre]
középhullám *(rád)* medium-frequency wave, medium frequency, M. F., medium wave
középhullámú adó *(rád)* medium-wave transmitter
középhúr *(rep)* mean chord ; **aerodinamikai** ~ mean aerodynamic chord, MAC
középi median
középidő *(csill)* mean time
középidőmérő csillagászati óra mean-time clock
közép-ion hybrid ion
középkalória mean calory
középkemény medium-hard ; ~ **acél** medium steel ; ~ **kátrányszurok** medium pitch
középkerék centre wheel
középközpont *(távk)* minor exchange
középlakat *(kh)* centre cam

középleágazás *(távk)* centre-point, mid--tap ; *(szekunder)* centre tap, C. T.
középleágazású *[tekercs]* centre-tapped ; ~ **transzformátor** *(rád)* centre-tapped transformer
középléc *(nyomda)* cross
középmagas felhők *(met)* middle clouds
középmásodpercmutató *(óra)* centre seconds (hand)
középmélyen szántó eketest semi-digger skife
középméret medium size ; *(főméret)* mean size
középminőségű : ~ **fenyő** *(ép, fa)* yellow deal ; ~ **gyapot** *(tex)* middling
középmoréna *(földt)* medial/median/ interlobate moraine
középnagyfrekvencia *(rád)* medium high frequency, M. H. F.
középnagyságú kavics *(ép)* pebble roundstone
középnap *(csill)* mean day
középnehéz midweight ; ~ **borjúboxbőr** middle calf ; ~ **terhelés** *(távk)* medium heavy loading, MH loading
középnullás műszer centre-zero instrument, mid-0 position meter
középnyomás : **effektív** ~ brake mean effective pressure, B. M. E. P., b. m. e. p.
középnyomású intermediate-pressure ; ~ **henger** intermediate pressure cylinder; ~ **motor** semi-Diesel engine
középolaj middle oil/petrol
középoszlop *(ép)* mullion
középosztású *(Jacquard ; tex)* medium pitch
középpályás híd through (girder) bridge
középpárlat *(ol)* middle runnings/distillate
középpillér *(ép)* medium pier
középpont centre, heart ; ~**tól** ~**ig** centre to centre ; **anallatikus** ~ centre of anallatism ; **görbületi** ~ *(mat)* centre of curvature ; **hasonlósági** ~ *(mat)* centre of similitude ; ~**on kívüli** noncentral ; **lengési** ~ *(mech)* centre of oscillation ; ~ **nélküli** *(gept)* centerless ; **nyomatéki** ~ *(mech)* centre of moment ; **rezgési** ~ *(mech)* centre of oscillation ; **találati** ~ *(kat)* mean impact point
középponti *(mat)* central, centric
középpontosít *(geod)* centre
középrepedés *(fa)* heart check
középrés *(bány)* centre cut(ting)
középródalás *(reszelőn)* bastard cut
középrövid szőr short medium hair
középsáv medium band ; *l még* **középhullám**
középsebesség average velocity
középsík *(mat)* medium plane
középső central, mean, intermediate ; ~ **csukló** *(háromcsuklós vashídon)* top hinge ; ~ **elrendezés** *[utcai lámpáké]* central arrangement ; ~ **fedélzet** *(hajó)* waist ; ~ **fenékhosszmerevítő** *(hajó)* middle line keelson ; ~ **forgattyúszekrényrész** *(csillagmotorban)* front-rear crankcase ; ~ **formaszekrény** *(önt)* middle box ; ~ **fúrólyuk** *(bány)* breast hole ; ~ **henger** middle roll ; ~ **jelkapu** *(rep)* middle marker, MM. ; ~ **kerék** middle wheel ; ~ **köpenygyűrű** middle shell ring ; ~ **kötésminták** *(tex)* central patterns ; ~ **lap** *v* **tábla** *v* **mező** *(fa)* middle flap, mid-flap ; ~ **légkör** *(met)* mesosphere ; ~ **metamorf öv** *(földt)* mesozone ; ~ **sorjelző** *(vetőgépen)* middle marker ; ~ **szárnymerevítő dúc** middle strut ; ~ **szint** *(bány)* mean level ; ~ **szövet** *(tex)* central web ; ~ **találati pont** mean impact point ; ~ **váltókerék-rögzítő csavaranya** *(gépt)* middle gear bolt ; ~ **vízszintes szál** *(geod)* middle horizontal wire
középszád *(tex)* central/centre shed
középszád-berendezés *(tex)* centre-shed mechanism
középszád-képzés *(tex)* central/centre shedding
középszárny *(földt)* common limb ; *(háromsíkúrepülőgépen)* centre/middle wing/plane
középszárnyú repülőgép midwing monoplane
középszegélyszövő készülék split motion
középszéles ráma *(cipő)* medium welt
középszerű middling
középszint *(geod)* mean level
középtag medium term
középtámasz *(ép)* belly guy
középtámfa *(bány)* centre studdle
középtáró *(bány)* centre heading
középtávolság mean distance ; *(tengelytáv)* centre distance
középtávú rádiószolgálat *(200—500 km)* medium-distance radionavigational aids
középteljesítményű erősítő *(rád)* intermediate-power amplifier, I. P. A.
középtengerszint *(geod)* mean sea level
közép-terjedési sebesség bulk velocity
középtermék *(koh)* middlings
középtöretek *(derce és dara ; élip)* middlings
középút *l* **középtávolság**
középület public building
középvágat *(reszelőn)* bastard/middle cut
középváros town of medium size (up to 60 000 inhabitants)
középvastag fúró medium borer
közép-vetülékvilla *(tex)* centre (weft) fork motion, centre weft fork
középvízállás *v* **-vízszint** *(hidr)* middle/ mean water (level)
középvonal centre/middle/central line, c. l., C. L., midline ; *(mat)* median ; ~**ból ki-** *v* **elmozdul** throw out of line
középvonalú horgas tű *(tex)* centre hook needle
középzárt szádképzés *(tex)* centre-closed shedding
közétetegeződés *(földt)* interbedding
közészorít clamp between
kőzet *(földt)* rock ; *(ol)* formation ; **agyagos** ~ *(bány)* clay media/rock, clunck ; **alátelepült** ~ *(bány)* basement rock ; ~ **aprózódása** *v* **mállása** rock desintegration ; **átalakult** ~ metamorphic rock ; ~ **bányanedvessége** rock moisture ; **bázikus** ~ basic rock(s) ; **beomlott** ~ caved ground ; **éghetetlen, organikus eredetű** ~ akaustobiolites ; **elmosott** ~ **lerakódása** *(bány)* accretion ; **elülső** ~ before-breast ; **eolikus** ~ anemoclastic rocks ; **fekvő** ~ basement rock ; ~ **folyóssága** *(bány)* rock flowage ; **genetikailag összefüggő** ~ allied rocks ; **hasznosítható ásványt fedő** ~ baring ; ~ **kifejtése** *(bány)* rock lifting ; **kötött** ~ cement deposit ; **lefejtett** *v* **lerobbantott** ~ *(bány)* dirtied rock ; **mállott** ~ avalanche material ; **meddő** ~ (barren) gangue, barrow ; **savas** ~ acid(ic) rocks ; **szegény érctartalmú** ~ *(bány)* attle ; **szénbe ágyazott vasas** ~ carbonaceous ironstone ; **szilárd** ~ coherent rock(s) ; **telítetlen bázikus** ~ basic rock(s) ; **törmelékes** ~ (anemo)clastic rocks ; **üledékes** ~ aqueous sedimentary rock ; *(lösz)* anemoclastic rocks ; ~ **vékony érccérrel** dredgy ore
kőzet-agglomerátum agglomerates
kőzetágy *(földt)* bed
kőzetalkotó *(földt)* rock-forming ; *(ásv)* rock constituent ; ~ **ásványok** rock constituents
kőzet-asszimiláció *(földt)* assimilation (of rocks)
kőzetasztal *(földt)* mushroom rock
kőzetátalakulás *(földt)* alteration
kőzetbeágyazódás *(földt)* rider
kőzetcsiszolat *(földt)* rock section
kőzetcsoport (rock) tribe(s) ; **arktikus** *v* **boreális** ~ arctic suite
kőzetcsúszás *(földt)* rock-slide
kőzetdialízis demorphism
kőzetellenállás *(robbantáskor)* burden
kőzetfajta *(földt)* breed (of rock)
kőzetfejtés *(bány)* breaking rock
kőzetfúró stone bit ; ~ **állvány** *(háromlábú)* rock-drill tripod ; ~ **gép** rock--boring machine ; ~ **kalapács** rock--drill hammer ; ~ **légkalapács** *(bány)* sinker drill ; ~ **véső** rock-drill bit
kőzetgorc *(bány)* refuse dump
kőzethalmaz rock debris
kőzethalom rock heap
kőzethasadás clearage (of rocks) ; ~**ra merőleges irány** hardway
kőzethasadék *(bány)* slyne
kőzetipar rock products industry
kőzetjövesztés *(bány)* breaking rock
kőzetkeletkezési lithogeneous
kőzetkeletkezéstan lithogenesy, petrogeny
kőzetkeménység *(bány)* rigidity of rock
kőzetképző *(földt)* rock-forming, petrogenic
kőzetképződés rock formation, petrogenesis ; ~**sel egyidejűleg keletkezett erek** contemporaneous veins
kőzetkibúvás *l* **kibúvás**
kőzetkilökés blow-out
kőzetkipergés a vágat falaiból *(bány)* slacking of the walls
kőzetkopás : szélfúvás okozta ~ deflation
kőzetlecsákányozás *(robbantás után ; bány)* pick-down
kőzetlencse *(földt)* lentil rock
kőzetlépcső *(földt)* rock step
kőzetlerakódás üregekben *(földt)* open--space deposits
kőzetliszt rock flour, stone powder
kőzetlövés *(bány)* burst
kőzetmagtörő gyűrű *(ol)* core breaker
kőzetminta specimen rock
kőzetmintavizsgálat *(földt)* touch
kőzetnyomás *(bány)* rock pressure ; ~ **miatt keletkezett rétegelválás** *(bány)* contraction joint
kőzetomlás *(bány)* rock (out)burst
kőzetoszlop *(földt)* stalk
kőzetpillér *(fötetartó ; bány)* building
kőzetpor *(bány)* rock dust
kőzetpusztulás *(földt)* rock decay ; ~ **fagyás következtében** rock-breaking by freezing

kőzetrakodó gép (*bány*) rock-loading machine
kőzetrégió (*bány*) range
kőzetrepedés: ásványi anyaggal kitöltött ~ (*bány*) veinlet; **~eket kitöltő lerakódások** interstitial deposits
kőzetréteg (*földt*) stratum; (*vízszintes*) rock blanket; **~ek éles elkülönülése** sharp contact of strata; **vékony ~** lamina
kőzetrétegeződés (*földt*) rock stratification
kőzetrobban(t)ás (*bány*) blow(up)
kőzetromlás (*földt*) rock rot
kőzetsáv lode rock, strip of rock
kőzetsüllyedés rock subsidence
kőzetszármazékok (*földt*) derivates
kőzetszerkezet manner of aggregation
kőzetszöv(ez)et (*földt*) texture
kőzettan petrology, petrography
kőzettani tulajdonságok rock characteristics
kőzettermékipar rock products industry
kőzettömb block, rock mass; **~ repesztése robbantással** (*bány*) blockholing
kőzettömörség (*bány*) impermeability
kőzettörmelék (*bány*) burrow; (*földt*) arenes
kőzettörmelékágy *v* **-feltöltés** (*bány*) rubble filling
kőzettörmelékes detrital
kőzetutánszedés (*bány*) rock lifting
kőzetváltozási folyamat (*földt*) anamorphism
kőzetvizsgáló szerszám (*bány*) verifier
kőzetvonulatok (*földt*) rock trains
kőzetzavargás (*földt*) rock disturbance
kőzetzsugorodás (*bány*) rock contraction
közfal partition/separation wall, screen, apron; (*pa*) mid-feather; **terelő ~** (*fényt, hangt*) baffle
közfalas vízkamra (*gőzgéphez*) header with partition
közfogyasztási cikkek articles of general consumption
közforgalmi: ~ repülőszolgálati engedély B-certificate; **~ repülőtér** public airport; **~ út** public highway
közforgalom public traffic
közgyűrű (*gépt*) distance ring
közhasználatú: ~ jármű commercial vehicle, public service vehicle, p. s. v.; **~ rádiótávírás** commercial radiotelegraphy; **~ személyszállítás** (*gépk*) public passenger transport; **~ zöld terület** (*városépítés*) green area/space of common use
közigazgatási: ~ bejárás (*ép*) location survey; **~ határ** boundaries of public administration; **~ terület** area of public administration
közintézmény public institution
közkerék (*gépt*) third wheel
közkút fountain
közle (*bány*) road, gallery, connecting hole
közlekedés communication, traffic, transport; **~re alkalmas** roadworthy
közlekedési: ~ baleset traffic accident; **~ biztonság** traffic safety, security of service; **~ eszközök** communication facilities; **~ hálózat** traffic system; **~ létesítmény** traffic establishment; **~ módok** means of communication; **~ rend** order of traffic; **~ sáv** communication zone; **~ szabályzat** traffic rules/regulations; **~ terület** (*városépítés*) area of traffic; **~ vonal** traffic line
közlekedik traffic, communicate, travel
közlekedő *fn* (*ép*) corridor; **~helyiség** communication hall; **~padlózat** (*ép*) access board
közlekedőakna (*keszonban*) shaft
közlekedőcsövek intercommunicating tubes
közlekedőedények communicating vessels
közlekedőtáró (*bány*) gangway
közlemény publication; (*távk*) message
közleménykészlet (*távk*) set of messages
közleménysorozat (*távk*) message sequence
közlés publication, communication, dispatch, transmission, transfer; **~ kezdetét jelző jel** (*telef*) clear-down signal; **~ végét jelző jel** (*telef*) clear-back signal
közléselmélet (*távk*) communication theory
közlésmegoszlás (*távk*) communication pattern
közlésregisztráló (*telef*) calculagraph
közlésszámláló (*telef*) director meter
közléstárolás (*távk*) information storage
közléstartam-összegező berendezés (*telefonközpontban*) group-occupancy time meter
közlőcsatorna (*távk*) communication channel
közlőlánc (*gépt*) power transmission chain
közlőmű transmission, gear, counterdrive; **~ főtengelye** transmission main shaft; **~ függő ágyazása** shafting hanger; **~ hajtott tengelye** transmission driven shaft; **~ hatásfoka** transmission efficiency; **szíjas ~** belt gearing
közlőmű-bekapcsolás throwing-in the countershaft
közlőmű-folyadék (*hidraulikus*) hydraulic fluid
közlőmű-kenőolaj shafting oil
közlőmű-tengely transmission shaft
közlőtengely power take-off shaft
közmunkák public works
közmű public works; **~vek** public services; **vegyesüzemű ~** combination utility (plant)
közműhálózat system of public utilities, public services
közműrendszer type of the public utilities required
közművesítési terv part of the master plan referring to the supply and disposal services required
közművi fővezeték public supply mains
közöl communicate; (*hőt*) transfer; (*mozgást*) transmit
közölhetetlen incommunicable
közölhetetlenség incommunicability
közölt terhelés (*ép*) transferred load
közömbös neutral, indifferent, inert; **~ alkatrészek** [*tüzelőanyagban*] inert constituents; **~ egyensúly** heterogeneous equilibrium; **~ gáz** inert/inactive gas; **~ kémhatású oldat** (*vegy*) neutral solution; **~** (*nem sóképző*) **oxid** indifferent oxide; **~ töltőanyag** (*gumi*) inert filler; **~ zselatin** (*fényk*) inert gelatine
közömbösít (*vegy*) neutralize; **cserzőanyagot ~** detan
közömbösítés neutralization; (*gumi*) sweetening
közömbösítő: ~ gyűjtőtartály neutralizing well; **~ mosás permetezéssel** (*fehérítésnél*) degging
közönséges common, ordinary, simple(x); **~ csomagolópapír** ordinary wrapping paper; **~ differenciálegyenlet** ordinary differential equation; **~en felfekvő** (*ép*) simply-supported; **~ háromrétű karton** (*pa*) filled (wood) pulpboard; **~ hívás** (*telef*) ordinary call; **~ itatóspapír** common blotting-paper; **~ jutavászon** ordinary hessian; **~ logaritmus** common logarithm; **~ minőségű** (*anyag*) common; **~ papír** ordinary paper; **~** (*ötvözetlen*) **szénacél** straight carbon-steel; **~ szürkekarton** (*pa*) non-test chip board; **~ távbeszélő üzem** ordinary telephony; **~ téglakötés** (*ép*) old English bond; **~ tört** vulgar/common fraction; **~ vatta** cotton batting; **~ víz** (*lágyítatlan*) plain water; **~ zár** stock lock
közönségvédelem (*forgalmi szempontból*) public protestion
közös common, mutual, general; **~ ág** (*távk*) common/mutual branch; **~ antennán egyidejűleg történő adás** *v* **vétel** common aerial working; **~ csatlakozás** (*távk*) party line; **~ csatorna okozta zavar** (*rád*) common-channel interference; **~ érintő** (*mat*) common tangent; **~ fázisú** co-phasal; **~ fókuszú** (*mat*) confocal; **~ frekvenciás átvitel** (*távk*) both-way-identical frequency band transmission; **~ hajtás** common drive; **~ hálózat** (*telef*) common trunk; **~ ható** concurrent; **~ hullámú adás** (*rád*) single-wavelength transmission, shared-channel broadcasting; **~ hullámú segédadó** (*rád*) satellite transmitter; **~ jelleggörbe** (*összekapcsolt gépegységeknél; vill*) mutual characteristics; **~ katódú** (*rád*) common-cathode; **~ középpontú** concentric, c/c; **~ mérték nélküli** (*mat*) incommensurate; **~ mértékű** (*mat*) commensurate; **~ nevezőre hozás** (*mat*) reduction; **~ nevezőjű tört** homologous fraction; **~ nyitószerkezetű ablakok** continuous lights; **~ osztó** (*mat*) common factor/divider; **~ pontban találkozó** concurrent; **~ síkú** (*fényt, mat*) coplanar; **~ telep** (*vill*) common battery; **~ telepű központ** (*telef*) common-battery central office; **~ tengelyű** coaxial; **~ többszörös** (*mat*) common multiple; **~ vezérlés** group operation; **~ vezérlésű jelzőtáblák** (*vill*) repeating signal boards; **~ visszatérő áramkör** common return circuit; **~ zöld terület** (*városépítés*) green area/space of common use
közöscsatorna-zavar (*rád*) common channel interference
közösfrekvencia-csatorna (*rád*) common-frequency channel
közösített (*távk*) commoned; **~ vezeték** (*távk*) strapped wires
közpark town park
központ centre; (*távk, telef*) exchange; *l még* **telefonközpont** *és* **középpont**; **~ felé haladó vonat** up-train; **~**

felépítése *(távk)* layout of exchange ; **~ból kimozdult** out of centre ; **~on kívül** eccentrically ; **~on kívüli** *l* **külpontos** ; **körzeti ~** *(telef)* district exchange ; **~ok közötti áramkör** *(távk)* junction circuit *(UK)* ; trunk circuit *(US)* ; **~ok közötti összeköttetés** *(távk)* junction communication *(UK)* ; trunk communication *(US)*; **~ok közötti üzem** *(távk)* junction line *(UK)* ; inter-exchange working *(US)*
központbahozás *(gépt)* aligning
központbetét *(gépt)* centre insert
központfúró *fn* centre(-)drill/bit/bore ; **állítható ~** expansive bit ; **~ fához** centre bit for wood; **körmös ~** claw-type centre bit
központhagyó *mn (külpontos)* off-centre, eccentric, *(centrifugális)* centrifugal
központhívó kulcs *(távk)* exchange-calling key
központi central; *(mat)* centric(al) ; *(vasút)* nodal *is* ; **~ csatornázás** *(városépítés)* central disposal plant of a settlement ; **~ fűtés** central heating ; **~ kenés** central lubrication ; **~ közműberendezések** *(városépítés)* central supply and disposal service plants (without conduits and cables) ; **~ olajozás** *(gépt) l* **központi kenés** ; **~ orsó** *(tex)* central bobbin ; **~ reléóra** relay master clock ; **~ rengésterület** *(földt)* focal region ; **~ szabályozás** central control ; **~ szabályozó berendezés** central control device ; **~ szerelvények** *(távk)* exchange equipment ; **~ szerepkör** *(városépítés)* central sphere of activity; **~ telep** *(vill)* central/common battery; **~ telepes készülék** *(távk)* common-battery (telephone) set ; **~ villamos vezérlőóra** master clock
központkereső erő centripetal force
központkijelölő : ~ pontozó *(forg)* locating centre punch ; **~ számjegy** *(távk) l* **irányválasztó számjegy**
központmeghatározó *fn (forg)* centre/centering ga(u)ge
központos *(vasút)* nodular ; **~ futás** true running ; **nem ~** out-of-round ; **nem ~ futású** run out of truth ; **~ tokmány** concentric-jaw chuck
központosít centralize, centre, true up, align
központosítás centralization, centring, aligning, centre adjusting ; *(képé ; telev)* framing, centring
központosító *fn (fúró kalapácson)* centralizer ; *mn* cent(e)ring ; **~ készülék** cent(e)ring device
központosítócsap spigot, king bolt, locating pin
központosítócsavar centring screw
központosítócsésze *(forg)* bell centre
központosítógép centering machine
központosítógörgő concentrator pulley
központosítólencse szálkereszttel *(fényt)* centring lens with ruled cross
központosítópecek locating/centring pin
központosítóperem *v* **-váll** spigot edge
központosítópofa *(forg)* centering jaw
központosítópofás tokmány *(forg)* concentric jaw chuck
központosítórugó centering spring
központosítótengely centring spindle
központosítótokmány *(forg)* centring chuck

központosított centred, centralized ; *(központi csúcshoz igazított)* centre matched, c. m., ctrm. ; **~ erő** *(mech)* single force
központosság concentricity
központoz centre-punch/dot
központozás centring, centre punching/dotting, locating ; *(vill)* balancing ; **vízszintes ~** *(telev)* horizontal centring
központozó *fn* locator, centre punch ; **~ csésze** *(gépt)* bell centre ; **~ csúcsszöge** *(forg)* angle of centre ; **~ gép** centring machine ; **harangvezetésű ~** bell centre punch
központozójel centre mark/dot
központozókés *v* **-szerszám** spotting tool
központozókörző divider calipers
központozólyuk centre bore/mark/dot
központraállítás *(gépt)* centre adjusting
központ-szögmérő *fn (forg)* centre square
központválasztó *fn (telef)* discriminating selector
közrefog encircle, encase, embed, sandwich
közreható contributory
közreműködés : kezelő ~e nélkül *(távk)* without the intervention of operator
község *(ép)* rural community, independent rural settlement, village ; **~ kertje** *(ép)* village green
községfejlesztés *(városépítés)* community/village development
községi : ~ csatornázás rural sewerage ; **~ közintézmény** public institution of a town/village
községrendezés proposed future development of an existing community
községtervezés proposed future land use development of a community
közszolgálat public service
közszükségleti cikkek articles of general consumption, consumer's goods
köztalp *(cipő)* middle sole
köztalpbevonó *(elülső ; cipőn)* rand ; *(hátulsó ; cipőn)* cover
köztartó *fn (gépt)* spacing piece, spacer; *(antennabevezetésen)* distance terminal ; **~ ék** *(gépt)* spacing wedge ; **~ gyűrű** *(gépt)* spacing bush
közterület *(ép)* area/space of common use
köztes *l* **közbenső**
köztulajdon public property ; **~ban lévő** publicly owned
közút public road, highway, highroad
közúti : ~ állomás way station ; **~ forgalmi jelzések** street-traffic markings; **~ forgalom** street/public traffic ; **~ forgalomszabályozás** street-traffic control ; **~ híd** road/highway bridge; **~ jármű** road vehicle ; **~ kereszteződés** highway crossing ; **~ pályaburkolat** road metalling ; **~ szállítás** road transport ; **~ váltóállító készülék** tramway point setting device ; **~ vasút** tramway ; **~ és vasúti híd** combined bridge ; **~ vasúti kocsi** streetcar ; **~ vasúti sín** tram rail ; **~ vasúti villamoskocsi** tramcar ; **~ villamosvasút** (electric) tramway ; **~ zúzottkő** road ballast
kőzuzalék breakstone
kőzuzalékos beton stone concrete
kőzúzás stone breaking/crushing
kőzúzó *(bέp)* rock/stone breaker/crusher ; **~ henger** stone roll ; **~**

kamra crushing cavity ; **~ telep** crushed stone plant
közüzem *(városépítés)* public works for local supply ; **~ek** public utility works
közüzemi fiók branch establishment of public works
közvágóhíd abattoir
közváltás *(vill)* interval change
közvetett indirect, intermediate, oblique; **~ áthallás** *(távk)* indirect crosstalk ; **~ főzés** *(pa)* indirect cooking ; **~ fűtés** *(rád is)* indirect heating, I. H. ; **~ fűtésű** indirectly-heated ; **~ fűtésű katód** *(rád)* heater/equipotential cathode ; **~ hatású** indirect acting ; **~ hullám** indirect wave ; **~ hűtés** indirect cooling ; **~ irányzás** indirect pointing ; **~ izzítás(ú)** *l* **közvetett fűtésű** ; **~ letapogatás** *(telev)* indirect scanning ; **~ másolás** *(fényk)* indirect printing ; **~ mérő készülék** indirect ga(u)ging apparatus ; **~ működtetésű fék** servo-brake ; **~ tésztavezetés** *(sütőiparban)* sponge process ; **~ vezérlésű rendszer** *(távk)* ; revertive impulse control of selection; **~ világítás** indirect/concealed/second light(ing)
közvetít intermediate, relay ; **hívást ~** *(távk)* transfer (call) ; **rádión ~** broadcast
közvetítés intermediation ; *(rád, távk)* relaying
közvetített áthallás *(távk)* interaction crosstalk
közvetítő *fn* relay ; **~ adóállomás** *(rád)* relay transmitter/station ; **~ berendezés** *(rád, távk)* transmission equipment ; **~ dugaszoló** *(vill)* adapter (plug) ; **~ elosztó** *(vill)* intermediate distribution frame ; **~ fogaskerék** idler, intermediate gear ; **~ munkahely** *(telef)* through position ; **~ rádióállomás** *(telef)* radio relay exchange ; **~ szállítószalag** *(bány)* cross conveyer ; **~ vonal** *(rád)* relay link
közvetítőadó *(rád)* relay sender/station
közvetítőelem intermediate member
közvetítőhenger carrier
közvetítőhuzal *(távk)* pickup line
közvetítőközeg *(hangt, fényt, vill)* (transmitting) medium
közvetítőközpont *(távk)* transfer exchange
közvetítőszalagos szállítórendszer *(bány)* cross conveyer system
közvetlen direct, immediate, straight-(forward) ; *(vasút)* endlong ; *(lepárlás:)* straight-run ; *(kocsi v vonat)* through ; **~ áthallás** *(távk)* direct crosstalk ; **~ áttétel** *(gépt)* high/top gear ; **~ csatlakozás** *(vill)* common-impedance coupling, direct coupling ; **~ csatlakozású műszer** direct-couple instrument ; **~ csatolás** *(vill)* direct coupling ; **~ csatolású erősítő** *(rád, távk)* direct-coupled amplifier ; **~ egyenes hajtás** *(gépt)* straight drive ; **~ emelés** *(gépi segédeszköz nélkül)* dead lift ; **~ érthetőségi hányad** *(távk)* immediate appreciation percentage ; **~ esőképződés** *(met)* non-Bergeronic precipitation ; **~ fedű** *(bány)* roof stone ; **~ fedű beomlása** *(bány)* ripping of immediate roof ; **~ felvétel** *(hanglemeznél)* direct pick-

-up ; *(változatlan leadásra ; rád)* instantaneous recording ; ~ *(beállítás nélküli)* **fényképezés** candid photography ; ~ **forgalom** through service; ~ **földelésű** *(vill)* directly-grounded ; ~ **földzárlat** *(vill)* dead ground ; ~ **főzési eljárás** *(pa)* direct cooking ; ~ **fűtés** *(rád is)* direct heating ; ~ **fűtésű** directly-heated, D. H. ; ~ **fűtésű cső** *(rád)* filament(ary)-type tube ; ~ **fűtésű katód** *(rád)* filament-type emitter/cathode ; ~ **fűtésű katód újraaktiválása** *(rád)* reactivation of filament ; ~ **gerjesztésű fényszóró** feed reflector ; ~ **gőzhajtású szállítógép** *(bány)* steam winding engine ; ~ **hajtású** *[motor]* ungeared ; ~ **hajtású orsószekrény** *(gépt)* direct-drive headstock; ~ **hatású** direct acting, d. a. ; ~ **hívás** *(automata távbeszélő berendezésnél)* direct dialling ; ~ **hívású rendszer** *(rád)* direct-challenge system ; ~ **hullám** *(rád)* direct wave ; ~ **hűtés** direct cooling ; ~ **indító forgattyú** *(„kurbli")* hand direct-crank-starter ; ~ **kapcsolás** *(vill)* conduction coupling ; ~ **kapcsolású** *(mech, vill)* direct-coupled, d. c., DC ; *(vill)* direct-connected *is* ; ~**ül kapcsolt gőzgép** direct-acting engine ; ~ **leolvasás** *(műszerről)* direct reading ; ~ **leolvasású műszer** direct-reading instrument ; ~ **lepárlás** straight(-run) distillation ; ~ **lőtávolság** point-blank range ; ~ **másolás** *(fényk)* contact printing ; ~ **megvilágítás** *(film)* direct lighting/illumination ; ~ **motorhajtás** direct motor drive ; ~ **nyomat** *(fényk)* player-type print ; ~ **párlat** straight-run distillate ; ~ **rácselőfeszültség** *(rád)* direct grid bias ; ~ **sugárzási diagram** free-space pattern ; ~ **szabályozó** *(aut)* self-operated controller ; ~ **szádképzés** *(tex)* positive shedding ; ~ **szállítmány** through freight; ~ **vétel** *(távk)* direct reception ; ~ **vezérlés** *v* **szabályozás** direct control ; ~ **világítás** direct lighting ; ~ **vonal** *(hajó, vasút)* through line ; *(rád)* direct circuit ; *(telef)* private line, direct exchange line ; ~ **vonalas közlés** *(távk)* private-line communication ; ~ **vonat** nonstop train ; ~ **zörej-erősítő** *(rád)* dina, direct noise amplifier

közvetlen-vétel-hatás *(rád)* pickup effect

közvilágítás public/street lighting

közzététel publication

kraccolókefe *(korongkefe acélhuzalból)* brush wheel, wire wheel-brush, scratchbrush

K-rácsozás *(ép)* K-strut

kraft-borítópapír kraft-liner paper

kraftcellulóz *(pa)* kraft pulp

kraftcellulóz-fehérítés *(pa)* kraft bleaching

kraft-csomagolópapír paper for kraft-wrapping

kraftlemez *(pa)* kraft board

kraftpapír extra strong (packing) paper, kraft paper/brown, stout wrapping

kraft-szulfitcellulóz *(pa)* kraft sulfite-pulp

kraftutánzatpapír imitation kraft-paper

krakk-benzin cracked gasoline

krakk-gáz cracking gas

krakkol *(ol)* crack

krakkolás *(ol)* cracking

krakkolási : ~ **szénmaradék** *(ol)* solid carbon ; ~ **termékmennyiség munkafolyamatonként** *(ol)* cracking per pass

krakkoló : ~ **berendezés** cracking plant ; ~ **kemence** cracking still ; ~ **klórozás** split chlorination

krampácsoló *(vasút)* beater

krapp *(festék)* krapp, madder ; **világos** ~ crimson madder

krapplakk *l* **krapp**

krarupozás *(távk)* continuous loading

krarupozott kábel continuously-loaded cable

kráter *(földt)* crater ; *(heg)* crater ; *(felületi mázolásnál ; pa)* crater

kráteresedés *(jelfogón ; vill)* hotpoint effect

kráterfal *(földt)* crater wall

kráterképző szakasz *v* **emelet** *(földt)* crater-forming stage

kráter-lámpa crater lamp

kráterperem *(földt)* crater lip/rim

kráterszáj *(földt)* crater bowl

kraurit *(ásv)* *l* **dufrenit**

kreittonit *(ásv)* kreittonite

krém *(szín)* cream

krematóriumkemence crematorium furnace

krémbordázott papír creme laid paper

krennerit *(ásv)* krennerite

kreozin *(vegy)* paraffin oil

kreozot creosote ; ~**tal telített** *(fa)* creosoted

kreozotolaj creosote oil

krepdesin *(tex)* China/chine crepe/cripe, crepe-de-Chine

krepp *(tex)* crepe (fabric), crape ; ~ **kötésminta** *(tex)* granite weave

krepp- *(tex)* crapy

krepp-csomagolópapír crape packing/wrapping paper

kreppel *(tex)* crape, crepe, creap

kreppelés *(tex)* creping, craping, crapage

kreppelőgép craping machine

kreppelőmunkás *(tex)* cripser

kreppelt *(tex)* pebble, creped ; ~ **egészségügyi papír** crape toilet paper; ~ **papír** crinkled paper, crape ; ~ **papírszalvéta** crape paper-napkin ; ~ **selyempapír** crinkled tissue paper ; ~ **szalvétapapír** craped napkin-paper

kreppesség *(tex)* crepiness, crepy effect

kreppez *l* **kreppel**

kreppfonal *(tex)* crepe yarn, georgette twist

kreppgép *(tex)* *l* **kreppelőgép**

kreppgumi crepe

kreppatás(ú) *(tex)* crepe/crepy effect, crepiness, pebble(d)

kreppkaucsuk crepe (rubber) ; **gyengén színeződött prima fehér** ~ off-latex crepe

kreppkötés *(tex)* crape/crepe weave

kreppkötésű szövet *(tex)* crape

krepp-műselyem crepe rayon

krepp-nylon *(tex)* crepe/stretch-nylon, nylon-mousse

krepp-papír crinkled/crepe/crape paper

krepp-papírszalvéta crape paper napkin

krepp-papírzsák crape-paper sack

krepp-selyempapír crape tissue-paper

kreppsodrás *(tex)* crepe/crepe-twist(ing)

kreppsodrat *(tex)* crepe/crepe twist

kreppsodratú fonal *(tex)* crepe yarn

kreppszatén *(tex)* satin crepe, crepe-satin

kreppszerű *(tex)* crapelike, crapy

kreppszövés *(hullámos kötésminta ; tex)* crepe weave

krepputánzat *(tex)* mock crepe

krepp(utánzó) kötés *(tex)* simulated crepe weave

kreppvetülék *(tex)* crepe filling

kréta chalk ; *(kőzet:)* chalkstone

krétaformáció *(földt)* Cretaceous system

krétakikészítő papír chalk overlay paper

krétakor *(földt)* Cretaceous period

krétalemez *(pa)* scraper-board

krétapad *(földt)* chalk bench

krétapapír coated paper, make-ready paper

krétás chalky, cretaceous

krétaszuszpenzió *(pa)* white water

krétázás *(pa)* chalking, coating

krétázott : ~ **papír** chalk (coated) paper; ~ **rajzpapír** chalk(-coated) drawing paper

kreton *(nyomott pamutszövet)* cretonne

krezidin *(vegy)* cresidine, 3-amino-*p*-cresol methyl ether

krezol cresol

krikli *(élip)* butcher's iron

kriofillit *(ásv)* cryophyllite

kriofor *(fiz)* cryophorus

kriohalit *(ásv)* *l* **hidrohalit**

kriohidrát *(fiz, vegy)* cryohydrate, cryosel

kriohidrátpont *(vegy)* cryohydric point

kriokémia cryochemistry

kriolit *(ásv)* kryolith, cryolite, ice spar

kriolitüveg *(ker)* cryolite glass

kriptohalit *(ásv)* cryptohalite

kriptokristályos *(ásv)* cryptocrystalline

kriptolit *(ásv)* cryptolite

kriptolkemence *(vill, koh)* kryptol (resistance) furnace

kripton *(vegy)* krypton ; ~ **tartalmú** *(ásv)* kryptonian

kripton izzó *v* **-égő** *v* **-lámpa** *(vill)* krypton lamp

kriptopertit *(ásv)* cryptoperthite

kristály crystal ; ~**ok atomrácsának elemi síkjai** atomic planes ; ~**on belüli** intracrystalline ; ~ **borította falú üreg** *(földt)* hollow druse ; **csupasz** ~ *(rád)* unmounted crystal ; ~ **habitusa** crystal habit ; **kimerült** ~ *(rád)* dead crystal ; **kompenzált** ~ *(hangt)* bimorph crystal ; **lehűlési** ~ *(koh)* chill crystal; **lemezes** ~ bladed crystal ; ~ **megolvadása saját kristályvízében** aqueous fusion ; ~ **megsüketülése** *v* **kiégése** *(rád)* crystal burn-out ; **mesterséges** ~ artificial/synthetic crystal ; **rezgéskeltő** ~ oscillating crystal ; **szereletlen** ~ *(rád)* unmounted crystal ; **szerelt** ~ mounted crystal ; **szintetikus** ~ artificial/synthetic crystal ; **szintetikus piezovillamos** ~ synthetic piezoelectric crystal ; **szögletes** ~ faced crystal ; **szűrő** ~ filter crystal ; **üreges** ~ cavernous crystal

kristály- crystalline

kristály-alaplap *(ásv)* end face

kristálybázis *(ásv)* end face

kristálybefogás *(rád, távk)* crystal mounting

kristálycukor sand/granulated sugar

kristálycsíra *(vegy)* seed crystal, crystal nucleus

kristálycsomagoló papír crystal tissue wrapping-paper
kristálydetektor *(rád)* crystal/contact detector
kristálydetektoros : ~ **erősítő** *(rád)* crystal amplifier ; ~ **vevőkészülék** *(rád)* crystal receiver/set
kristálydiffrakciós röntgenkép *(szink)* X-ray diffraction pattern
kristálydióda *(rád)* crystal/germanium/ transistor diode
kristálydrúzák *(ásv, földt)* drusites
kristályegyenirányítós reflexkapcsolás *(rád)* interflex scheme
kristályegyüttes *(rád)* crystal assembly
kristályfizika physical mineralogy
kristály-goniométer *v* **-lapszögmérő** crystal goniometer
kristálygyűjtő *(vegy)* batea
kristályhangszedő *(rád)* crystal/piezoelectric pick-up
kristályhangszóró *(rád)* crystal/piezoelectric loudspeaker
kristály-hullámmérő *(rád)* crystal cymometer
kristálykályha *(termosztát)* crystal(-) (-)oven
kristályképződés *(ásv)* crystallization, graining
kristálykeverő *(rád)* crystal converter
kristály-kloroform chloroform of crystallization
kristálykorrózió embayment
kristályközi intercrystalline
kristálylap *(ásv)* (crystal) face, plane ; ~**ok paramétere** coefficient of crystal faces
kristálylap-indexek *(ásv)* indices of crystal faces, crystalline indices
kristálylapszög interfacial angle
kristálylemez *(távk)* crystal plate
kristály-lemezvágó *(hangt)* crystal cutter
kristálymag *l* **kristálycsíra**
kristálymetszet crystal cut
kristálymikrofon *(rád)* crystal/piezoelectric microphone
kristálynövekedés crystal growth
kristályos crystalline ; ~ **homok** sharp sand ; ~ **mészkő** granular limestone ; **rejtett** ~ cryptocrystalline
kristályosítás crystallizing, crystallization ; *(kristályok előállítása iparilag:)* crystallurgy ; *(átkristályosítás:)* rejuvenation of crystals ; ~ **tartályban** tank crystallization
kristályosítatlan uncrystallized
kristályosíthatatlan uncrystallizable
kristályosítható crystallizable ; **nem** ~ incrystallizable
kristályosító *fn* crystallizer ; **keverős** ~ agitated crystallizer
kristályosítócsésze crystallizing dish/pan/ tank
kristályosítótál crystallizer pan
kristályosodás crystallization ; **akkumulatív** ~ accumulative crystallization
kristályosodásgátló szer crystal poison
kristályosodási : ~ **folyamatok technikája** crystallurgy ; ~ **góc** grain of crystal ; ~ **hő** heat of crystallization; ~ **palásság** *(földt)* foliation due to crystallization
kristályosodó crystallizing, crystallizable; **nem** ~ incrystallizable
kristályosodott crystallized, crystalline ; **gyengén** ~ *(ásv)* dyscrystalline

kristályoszcillátor *(rád)* crystal oscillator, resonating piezoid
kristályparaffin white wax
kristályparaméter *(ásv)* parameter (of a crystal)
kristály-pick-up *(hangt)* crystal pick-up
kristályrács *(ásv)* (crystal) lattice ; ~ **elemi síkjainak térköze** lattice spacing/parameter ; **felületen középpontos** *v* **lapközpontos** ~ face-centred lattice ; **térben középpontos** *v* **térközpontos** ~ body-centred lattice
kristályrácspontok közötti helyzet interstitial position
kristály(rács)-spektrográf crystal spectrograph
kristályrendszer *(ásv)* crystallization system
kristályrepedés hevítés következtében *(ásv)* decrepitation, popping
kristályrezgőkör *(rád)* piezoelectric resonant circuit
kristályrezonancia *(távk)* crystal-resonance
kristályrezonátor *(távk)* piezo-electric resonator
kristály-röntgenogram *(anyagv)* crystallogram
kristálystabilizált vezéroszcillátor *(rád)* crystal(-oscillator) drive
kristályszemcse crystal grain ; **kristályszemcsék közötti korrózió** *(anyagv)* intercrystalline corrosion ; **kristályszemcsék közötti zsugorodás okozta repedések** *(anyagv)* intercrystalline shrinkage cracks
kristályszemcsehatár (crystal) grain boundary
kristályszerelvény *(rád)* crystal unit
kristályszerű crystalloid
kristályszóda sal/washing soda
kristályszűrő *(rád)* crystal filter
kristálytan crystallography
kristálytartó *fn* crystal holder/cup
kristálytengely *(ásv)* crystal axis ; **abszorpciós** ~ *(ásv)* absorption axis
kristályvevő *(rád)* crystal receiver
kristályvezérlés *(rád, távk)* crystal control/drive ; ~ **nélküli oszcillátor** *(rád)* noncrystal oscillator
kristályvezérléses *v* **kristályvezérlésű** *(rád, távk)* crystal-checked/-controlled; ~ **oszcillátor** crystal-controlled oscillator, Pierce oscillator ; **piezovillamos** ~ **óra** crystal clock ; ~ **vezéroszcillátor** *(rád)* quartz/master oscillator
kristályvíz *(vegy)* crystal water ; **kristályvizet tartalmazó só** hydrous salt
kristályvizsgáló készülék *(ásv)* crystal checker
kristályzóna *(ásv)* crystal zone
krisztallit crystallite
krisztalloblasztos *(ásv)* crystalloblastic
krisztallográfia crystallography
krisztallográfiai analízis crystal analysis
krisztalloid crystalloid
krisztobalit *(ásv)* christobalite
kritikus critical ; ~ **állandó** *(mat)* critical constant ; ~ **állásszög** *(rep)* critical angle of attack ; ~ **áram** critical current ; ~ **átmérő** *(csőtápvonalé ; rád)* cut(-)off diameter ; ~ **behatolási frekvencia** critical penetration frequency ; ~ **csatolás** *(rád)* critical coupling ; ~ **csillapítás** *(rezgőköré ; rád)* critical damping ; ~ **elfedősávok** *(hangt)* critical bands ; ~ **értéktartomány** critical range ; ~ **esés** *(hidr)* critical gradient ; ~ **feszültség** *(szink)* critical potential; ~ **frekvencia** *(távk)* critical frequency ; ~ **frekvencia alatt alkalmazott csőtápvonal** evanescent waveguide ; ~ **hő** critical heat ; ~ **hőfokok** *v* **pontok** *(koh)* change/critical temperatures/points ; ~ **hőoktartomány** *(koh)* transformation range ; ~ **hűlési sebesség** *(koh)* critical cooling rate ; ~ **magasság** *(rep)* critical altitude ; ~ **mélység** *(hidr)* critical depth ; ~ **molekuláris állapot** *(ütközés előtt ; mech)* critical constellation ; *(ütközés után ; mech)* final constellation ; ~ **nyomás** critical pressure; ~ **pont** critical/arrest/transition point; ~ **sebesség** critical speed ; *(hidr, mech)* whirling speed ; ~ **sodrat** *(tex)* critical twist ; ~ **tartomány** *(statisztikában)* critical region/zone ; ~ **térfogat** *(vegy)* critical volume ; ~ **terhelés** *(mech)* critical load
krizén *(vegy)* chrysene
krizoberill *(ásv)* chrysoberyl
krizofán *(ásv)* *l* **seybertit**
krizokolla *(ásv)* chrysocolla
krizolit *(ásv)* *l* **olivin**
krizoprász *(ásv)* chrysoprase
krizotil *(ásv)* chrysotile
krokidolit *(ásv)* crocidolite
krokodilcsipesz *(vill)* alligator clip
krokoit *(ásv)* crocoite, red lead ore
krókuszpapír crocus cloth paper
krókuszszövet *(tex)* crocus cloth
króm chrome, chromium ; ~ **tartalmú** *(ásv)* chromian
króma chroma
krómacél chrome/chromium steel
kromát chromate
kromatikus chromatic ; ~ **félhang** chromatic semitone ; ~ **skála** chromatic scale
krómbevonás chromium-plating
krómbevonatú chrome-plated
krómborjúbőr box calf
krómbőr chromium/chrome leather ; ~ **verőszíj** chrome picking band
krómbőrforgács chrome shavings
krómcserzés chrome tannage ; ~ **elmélete** chrom tannage theory
krómcserzésű *(bőr)* chrome-tanned ; ~ **juhbőr** chrome sheep leather
krómcserző : ~ **kivonat** *(bőr, vegy)* chrome tanning extract ; ~ **lé** chrome liquor
krómcsillám *(ásv)* *l* **fuchsit**
krómdiopszid *(ásv)* chrome diopside
krómfelsőrészbőr chrome-side upper leather
kromioxid chromic oxide
kromit *(ásv)* chromite, chrome iron ore
kromittégla *(ker)* chromite brick
kromi-vegyület chromic compound
krómkidbőr chrome kid
krómkipsz *(bőr)* chrome kips
krómlé *(bőr)* chrome liquor ; **bázikus** ~ basic chrome liquor
krómmangánacél *(koh)* chrome manganese steel
krómnikkelacél chrome-nickel steel
krómnikkelhuzal chrome-nickel wire
kromofór chromophore
kromogén gyapjúfesték chromogen colo(u)rs

kromokarton *(pa)* chromo (card)board
kromolitográfia lithochrom(at)ics
kromo-nyerskarton *(pa)* chromo baseboard
kromo-nyerspapír chromo base-paper
kromopapír chromo-paper
kromopapír-gép machine for chromo-paper
kromopótló : ~ **karton** *(pa)* imitation chromo (card)board ; ~ **papír** imitation chromo-paper
kromoproteid chromoprotein
krómos: ~ **bőrpor** chromed hide powder; ~ **cserzőlé** chromtanning liquor ; ~ **kecskebőr** *(sevróbőr)* glacé/glazed kid ; ~ **textilfestékek** chromate colo(u)rs
kromoszféra *(a Nap fotoszférájára következő réteg)* chromosphere
kromotípia chromotype
kromotróp *(krómos azo-színezék)* chromotrope
kromo-vegyület chromous compound
krómoxid chrome oxyde
krómoxidzöld viridian
krómozás chroming, chrome/chromium plating
krómozógép chroming machine
krómozott chromed, chromium-/chrome-plated ; ~ **dugattyúgyűrű** chromium-plated piston ring
krómpác chrome mordant
krómpapír *(fényk)* chromo-paper
krómsárga *(citromsárga)* chrome lemon; *(ólomkromát:)* chrome yellow
krómsav chromic acid ; *l még* **krómsavanhidrid**
krómsavanhidrid chromium trioxide
krómsavas : ~ **fürdő** *(a kétfürdős krómcserzés első fürdője)* chromic acid bath ; ~ **kálium** potassium chromate
krómspinell *(ásv) l* **picotit**
krómtalpbőr chromesole leather ; ~ **hasrésze** chrome sole leather belly ; ~ **hátrésze** chrome sole leather butt/crop ; ~ **nyakrésze** chrome sole leather shoulder
krómtartalom meghatározása *(bőr)* determination of the chromic oxide contents
krómtégla chrome brick
krómtimsó chrome alum
krómtrioxid chromium trioxide
krómutáncserzés chrome retannage
króm-vanádiumacél chrome-vanadium steel
krómvasettabőr chrome-tanned split hide
krómvaskő *(ásv) l* **kromit**
króm-vasötvözet chrome iron
króm-volfrámacél chrome tungsten steel
krómvörös *(festék)* chrome/Chinese red, Australian cinnabar
krómzöld *(festék)* chrome green
kronográf chronograph
kronométer chronometer, chronoscope, timekeeper ; ~ **járása** *(csill)* rate of chronometer
kronométerjárat *(óra)* detent/chronometer escapement
kronometria chronometry
kronotaximéter *(telef)* chargeable-time indicator
krotonolaj croton oil
krotonsav crotonic acid
kröhnkeit *(ásv)* kröhnkite
kröhnkit *(ásv) l* **kröhnkeit**
krugit *(ásv)* krugite
krupon *(bőr)* bend leather, chrome sole leather butt/crop ; **hibátlan és hajlékony** ~ *(lószerszámhoz)* bridle back/butts
kruponál *(bőr)* crop
kruponálás *(bőr)* cropping ; **gépszíjbőr** ~**a** cropping of belting leather
Krupp-acél Krupp steel, K. S.
„K"-típusú : ~ **kép** *(telev)* K-type display ; ~ **letapogatás** *(telev)* K-scan ; ~ **szűrő** constant K-filter
kubafa fustic
kubikos digger, diker, pick-and-shovel man ; *(csatornaépítésnél:)* banker
kubikos-anyagnyerő hely *(ép)* barrow pit
kubikoskordé trolley
kubikos-taligafuvar cartload
kucsma *(bőr)* fur cap
kueszta *(földt)* cuesta
kukás *(dohánymunkás)* wrapper stripper
kukázás *(hajó)* kedge
kukázóhorgony *(hajó)* grappling/kedge/stream anchor
kukorica corn, maize
kukorica(csíra)olaj corn/maize oil
kukoricacsőfosztó : ~ **gép** husker ; ~ **és -morzsoló gép** corn husker-shredder
kukoricacsőtörő és -fosztó gép picker-husker
kukoricacsuma corn husk
kukoricafosztás cornhusking
kukoricafosztó és -morzsoló gép corn husker and shredder
kukoricaháncs husk
kukoricakeményítő corn/maize starch
kukoricalekvár *(vegy)* corn steep liquor
kukoricaliszt corn/maize flour/meal
kukoricamorzsoló gép maize/corn sheller/shredder
kukoricaolaj maize oil
kukoricapehely flaked maize
kukorica-protein maisin
kukoricasilózó gép *(traktorvontatású)* ensilage harvester
kukoricaszár maize/corn stalks, corncob
kukoricaszár-cellulóz *(pa)* maize straw pulp
kukorica-száronfosztó gép corn-picker husker
kukoricaszártépő *fn* corn shredder
kukoricatörő-betakarító gép corn snapper
kukoricaültető : négyzetes ~ **gép** check row planter
kulcs *(távk is)* key ; *(puskáé:)* lock ; *l még* **csavarkulcs** ; ~ **alsó érintkezője** *(táv)* anvil ; **horgos** ~ C-spanner ; **húros hangszer** ~**a** peg ; ~ **tolla** web
kulcs- basic
kulcsadó *(rád)* key station
kulcsbőség *(csavarkulcsé)* span, distance between flats, opening
kulcscím(er) key-plate, excutcheon
kulcscső key-pipe
kulcsdió hub
kulcsfazon bit
kulcsfényforrás *(fényk)* key light
kulcshorony keyway
kulcsipar basic industry
kulcsjel key-letter
kulcsjeladó *(rep)* code light/beacon
kulcsjelvezérlő *(rep)* code beacon flasher
kulcskarika keyring
kulcskerék : alsó ~ *(mutatóállításhoz ; óra)* clutch wheel
kulcslap key-plate
kulcslyuk key()hole ; ~ **alakú bemetszés** *(anyagv)* keyhole notch
kulcslyukfedő *l* **kulcslyukpajzs**
kulcslyukkép *(fényk)* peephole-picture
kulcslyukpajzs key-plate/-drop
kulcsmező *(telef)* key shelf
kulcsos óra key-winding watch
kulcsrajz *(rajzfilmen)* key cell
kulcsreszelő key file
kulcssorozat *(távk)* bank of keys
kulcsszakáll edge
kulcsszeg *(szabályozókar hajszálrugó-befogóján ; óra)* curlpin
kulcstábla *(vasút)* locking sheet
kulcstoll key beard/bit, feather, edge
kulcsváltozatok key-changes
kulcsvariációk *v* **-fazonok** key-bit shapes
kulcsvezető borda ward
kulcsvilágítás *(fényk)* key light
kulíroz *(kh)* sink the loops
kulissza *(gépt)* link (motion) ; *(Jacquard-gépen ; tex)* batten spring ; ~ **hasítékos része** slotted lock ring; **himbás** ~ bar link; ~ **holtpontja** centre position of the link ; **íves** ~ curved link ; **kétrudas** ~ bar link motion ; **kétvezetékes** ~ double-bar link ; **lengő** ~ bar link ; **rudas** ~ bar. link ; **szekrényes** ~ box link ; **szögemelős** ~ bell crank link motion ; **zárt** ~ closed link
kulisszacsapágy *(gépt)* link fulcrum
kulisszakeret *(gépt)* slotted frame
kulisszakő *(gépt)* slide/link block ; *(forg)* crank pad/slide ; *(mozdonykormányműé:)* link block ; ~ **csúszótalpa** slide-block slipper ; ~ **kettős vezetéke** double bar link
kulisszamű *(gépt)* link motion ; *(hajtás:)* link mechanism
kulisszás : ~ **emelőkar** *(tolattyún)* rocker arm ; ~ **hajtómű** link drive (mechanism) ; ~ **könyökemelő** link bar ; ~ **mechanizmus** link motion ; ~ **szelep-** *v* **tolattyúvezérlés** link motion valve gear ; ~ **választó** *(távk)* Ericsson selector ; ~ **vezérlés** link motion ; ~ **vezérmű** *v* **hajtómű** link gear ; ~ **vezeték** slot guide ; ~ **vezetés** *(vasút)* radius link
kulisszaszerű : ~ **felépítés** *(földt)* echelon structure ; ~ **gyűrődés** *(földt)* echelon folding
kulisszaterelő ellenforgattyú drag-link
kulisszatol(ogat)ó *fn (színház)* scene shifter
kulisszavezeték link guiding
kulisszavezetés guide link motion
kulisszavezető sín *(vasút)* radius link
kullancsrongálta *(bőr)* ticky
kulm *(földt)* culm
kulminál culminate
kulminálás culmination
kulm(szén)rétegek culm measures
kulőr couleur
kulőrpapír colo(u)red paper
kultivál cultivate
kultiválás *(mzg)* rear, cultivate
kultivátor cultivator, grubber, extirpator, field tiller ; **vető szerelvénnyel ellátott tömörítő** ~ cultipacker seeder
kultivátorfog cultivator tine/tooth
kultivátor-művelőtestek ground tools
kultúra *(mzg, vegy)* culture
kultúrmérnök civil engineer, C. E.
kultúrnövény domesticated plant
kultúrpark *(városépítés) l* **művelődési park**

kumet horse collar (harness)
kumuláns *(mat)* cumulant
kumulatív cumulative ; ~ **egyenirányítás** *(rád)* cumulative rectification ; ~ **rácsegyenirányító** *(rád)* cumulative grid rectifier
kumuluszfelhő *(met)* cumulus, cauliflower cloud
kúnhalom *(geod)* cairn
kunkorodott *(pa)* crooked
kunzit *(ásv)* kunzite
kunyhó log cabin, hut
kúp cone, conus ; *(kender, len:)* bart; *(kettőskúp egyik fele:)* half cone ; ~ **alakú** cone-shaped, flaring, conical, coniform, tapered ; *l még* **kúpos** ; **aszimptotikus** ~ *(mat)* asymptotic cone ; ~ **csúcsszöge** vertex angle ; ~ **fél nyílásszöge** half-vertex/-cone angle ; **hátsó** ~ *(forg)* body clearance ; **kis** ~ conelet ; ~ **nyílásszöge** vertex angle ; **Seger-féle** ~ Seger cone ; ~**ban végződő** dishended
kupa cup, goblet
kupac cop, heap
kupacos égetés *v* **pörkölés** *(koh)* roasting in piles
kupa-festés *(tex) l* **csávafestés**
kupak cover, cap, helm, hood, lid, tab, bonnet, bowl ; ~ **alakú** capsular ; ~ **nélküli abroncsszelep** *(gépk)* capless tyre valve
kupakcserép flap tile
kupak-felerősítő *fn* capsule fixer
kupakolás *(élip)* capping
kupakozógép *v* **-munkás** capper
kupakzáró gép automatic capping machine
kúpantenna cone aerial *(UK)*, cone antenna *(US)*
kúpbahalmozás coning
kúpcserép *(ép)* ridge (head) tile, Italian tile
kúpcsévélés *(tex)* taper/cone winding, coning
kúpcsévélő : ~ **berendezés** *(tex)* conical build ; ~ **gép** *(tex)* cone winding machine, coning machine, cone winder
kúpeszterga coner ; ~ **készülék** taper-turning mechanism
kúpesztergálás taper-turning ; ~ **teljes hosszúságú vezetőléce** full-length taper gib
kúpesztergáló *(munkás)* coner ; ~ **készülék** taper-turning attachment
kupfferit *(ásv)* kupfferite
kúpfogaskerék bevel gear/wheel ; *(kis)* bevel pinion ; **egyenes fogazású** ~ straight bevel gear ; ~ **fejkúpszöge** addendum angle ; **ferde fogazású** ~ helicoidal bevel gear; **hipoid** ~ hypoid/skew bevel gear ; **ívelt fogazású** ~ spiral bevel gear ; **90°-os** ~ mitre wheel ; **kis** ~ bevel pinion ; **körívfogazású** ~ circular-arc bevel gear ; ~ **kúpszöge** cone angle ; ~ **lábkúpszöge** dedendum angle ; **nagy** ~ bevel (crown) wheel/gear ; **nem 90°-os** ~ angular bevel gear; **palloid** ~ involute-arc bevel gear
kúpfogaskerék-áttétel bevel-system gear; *(több kúpkerékkel:)* bevel gear train
kúpfogaskerekes irányváltó szerkezet bevel wheel change gear
kúpfogaskerékgyalu bevel gear planer
kúpfogaskerékhajtás bevel gearing; *(több kúpkerékkel)* bevel gear train
kúpfogaskerék-hajtómű *l* **kúpfogaskerékhajtás**
kúpfogaskerék-köszörű bevel gear grinding machine
kúpfogaskerékmaró *fn* bevel gear cutter; *mn* ~ **készülék** bevel gear hobbing attachment
kúpfogaskerékpár : ~ **kisebbik kereke** bevel pinion ; ~ **nagyobbik kereke** bevel gear, crown wheel
kúpgörgő taper roller
kúpgörgős : ~ **axiális csapágy** taper-roller thrust bearing ; ~ **csapágy** taper(ed)-roller bearing ; ~ **csapágy szorossága** *(beállítása)* nip ; ~ **radiális csapágy** radial taper-roller bearing ; ~ **verés** *(gyorsjáratú szövőszéknél)* cone pick
kúpingás szabályozó conical pendulum, pendulum governor
kúpkerék *l* **kúpfogaskerék** ; *(differenciálmű ; gépk)* main drive pinion, crown-wheel pinion ; **hajtónyeles** ~ *(hátsó hídban ; gépk)* bevel drive pinion ; ~ **osztókúpsugara** pitch-cone radius
kúpkerék-állító alátét *(gépk)* pinion adjusting shim
kúpkerék-áttétel bevel gear assembly, bevel gearing
kúpkerékcsapágyak távtartó hüvelye *(differenciálműnél)* pinion bearing spacer
kúpkerékcsapágy-állító menetes hüvely *(gépk)* pinion-bearing adjusting sleeve
kúpkerekes : ~ **darálógép** gyratory breaker ; ~ **differenciálmű** *(gépk)* bevel gear differential
kúpkerék-gyalugép bevel gear planer
kúpkerékhajtás bevel gear drive, bevel gearing ; **hegyesszögű** ~ acute-angle bevel gearing
kúpkerékhajtású bevel-driven
kúpkerékmaró gép *(lefejtő)* bevel gear generator
kúpkerékpár bevel gear pair ; *(1:1 módosítású:)* mitre bevel gear
kúpkerék-sorozat bevel gear train
kúpkeréktartó *(gépk)* pinion carrier
kúpköszörülés cone grinding
kúpköszörülő : ~ **henger** cone grinding roll ; ~ **készülék** bevel grinding attachment
kupler *(emulziós alapanyag, vegyi hatásra festő)* coupler
kuplung *(gépk) l* **tengelykapcsoló**
kúpmélyedés *(keménységmérésnél)* cone imprint
kúpmembrános hangszóró cone loudspeaker
kúpmetszet *(mat)* conic section ; **csomóponti** ~ *(mat)* nodal conic
kupola *(ép)* cupola, spherical vault, bell, dome, bowl ; *(főteomlasztásnál ; bány)* kettle ; *(koh) l* **kúpoló** ; ~ **alakú** arched ; ~ **alakú térszínemelkedés** *(földt)* surface doming ; ~ **fekete palában** *(bány)* black hat ; ~ **tetőnyílása** *(ép)* eye
kupolaboltozat cupola dome, domical vault
kupolaborda *(ép)* rib of dome
kupoladob *(ép, gépt)* drum
kupolaerősítő szalag *(ejtőernyőn)* reinforcement strip
kupolafúvó *(önt)* cupola blower
kupolakapcsolás *(bány)* bell
kupolaképződés *(földt)* doming
kupolarés *(csill)* astro-hatch
kupolás *(földt)* arched
kupolasoros gát *(hidr)* multiple-dome dam
kupolaszerű : ~ **dőlés** *(földt)* quaquaversal dip ; ~ **gyűrődések** *(földt)* quaquaversal folds
kupolatető *(ép)* dome/bell roof
kupoló(kemence) cupola furnace ; ~ **adagfelvonója** cupola hoist ; ~ **adagolószintje** charging platform of a cupole ; **előaknás** ~ receiver-type cupole ; ~ **feneke** cupole bottom ; ~ **fenéklemeze** cupole bottom plate ; ~ **fenéktartó rúdja** cupole post/prop ; ~ **fúvógépe** cupola blower ; ~ **fúvókaöve** tuyere zone of cupola ; **kis** ~ cupolet ; ~ **köpenye** cupole shell/mantle ; ~ **medencéje** hearth ; ~ **oszlopa** cupole leg ; ~ **szélvezetéke** blast duct of a cupole ; ~ **torka** cupole top ; ~ **vasgyűjtője** cupole receiver ; **vasgyűjtős** ~ receiver-type cupole
kupolókémény cupole chimney
kupoló-szélkas cupole wind box
kupoló-szikrafogó cupole spark arrester/catcher
kupon *(pa)* coupon
kúpos conic(al), cone, taper(ed), flaring, conoid, bevel(l)ed ; ~ **alátét** conical washer ; ~ **antenna** cone/conical antenna ; ~ **befogóhüvely** *(forg)* taper socket ; ~ **csap** *(gépt)* taper pin ; ~ **csapágy** taper/cone bearing ; ~ **cséve** *(tex)* cone, tapered-end package, conical tube, cop ; ~ **csévélő automata** *(tex)* Foster cone winder ; ~ **csévélő szerkezet** *(tex)* tapering motion gear ; ~ **csigamaró** *(forg)* tapered hob ; ~ **csiszolókorong** cone(d) grinding wheel ; ~ **csőmenet** taper pipe-thread ; ~ **csőmenetfúró** taper pipe-tap ; ~ **daráló** cone crusher ; ~ **dob** conical drum ; ~ **dörzsár** taper/conical reamer ; ~ **dörzsáttétel** cone friction gear ; ~ **dörzskapcsoló** friction cone clutch ; ~ **dörzskapcsoló súrlódóbetétje** cone clutch facing ; ~ **dörzskerék** friction bevel gear ; ~**ra dörzsölt** *(forg)* taper-reamed ; ~ **dugó** taper plug ; ~ **ék** *(gépt)* fox tail ; ~ **elcsavarodás** conical lobing ; ~ **elzárócsap** taper-plug cock ; ~ **ernyővel szerelt világítás** cone-mounted light ; ~ **esztergatüske** taper mandrel ; ~ **fazékkorong** flaring cup wheel ; ~ **fejű szegecs** steeple-head rivet ; ~ **felvető gép** *(tex)* cone warping machine ; ~ **fémnyomó szerszám** conical spinner ; ~ **fenekű lövedék** boat-tail bullet ; ~ **feszítőhüvely** conical grip ; ~ **fészkű szelep** conical seat valve ; ~ **forgórosta** conical rotating screen ; ~ **furat** taper bore, female cone/taper ; ~ **fúvókatű** *(karburátorban)* taper jet needle ; ~ **gázmenet** British Standard pipe taper thread ; ~ **golyósmalom** conical ball mill ; ~ **gumipersely** *(lengéscsillapító felerősítéséhez ; gépk)* conical rubber bush ; ~ **gyűrű** *(gépt)* taper ring ; ~ **gyűrűs idomszer** *(kúpos tengelyek mérésére)* taper-ring ga(u)ge ; ~**hajtódob** *(fokozatnélküli áttételhez)* continuous speed cone ; ~ **hegy** *(földt)* kip ; ~ **illesztés** taper/conical fit ;

~ **inga** *l* **kúpinga** ; ~ **kaliber** taper ga(u)ge ; ~ **karmantyú** conical sleeve ; ~ **keresztcséve** *(tex)* tapered cheese ; ~ **keresztcsévélés** *(tex)* coning ; ~ **keresztcsévélő gép** *(tex)* cone winder ; ~ **keresztorsó** *(tex)* cone (winder) ; ~ **kés** *(pa)* cone bar ; ~ **késeshenger** *(pa)* cone bar roll ; ~ **kifúvócső** *(mozdonykéményben)* petticoat pipe ; ~ **kilincskerekes kapcsoló** cone ratchet clutch ; ~ **kőtörő** *(körtörő ; koh)* gyratory crusher ; ~ **légcsavaragy-burkolat** conical spinner ; ~ **lendkerékburkoló lemez** conical flywheel sheet ; ~ **letapogatás** *(radar)* conical scanning ; ~ **lombik** conical flask ; ~ **malom** cone mill ; *(pa)* perfecting engine, Jordan refiner ; ~ **malom forgórésze** *(pa)* plug ; ~ **mélyedés** conical depression ; ~ **membrán** cone diaphragm ; ~ **menetfúró** taper tap ; ~ **mosó keverője** *(bány)* Chance cone agitator ; ~ **nyaláb** *(elektronoké)* cone-shaped beam ; ~ **nyílás** *l* **kúpos furat** ; ~ **orsófurat** *(gépt)* taper-bored spindle nose ; ~ **osztályozó** settling cone, cone separator ; ~ **övű kazán** conical boiler ; ~ **papírcséve** tapered paper tube ; ~ **pecek** tap ; ~ **peremű tárcsa** bevel face wheel ; ~ **réteges intruzív kőzetek** cone sheets ; ~ **rosta** *v* **szita** conical screen ; ~ **rögzítésű furatidomszer** taper-lock plug ga(u)ge ; ~ **rögzítőgyűrű** cone chucking ring ; ~ **saraboló** *(bány)* V-cut scoop ; ~ **sarkcsap** conical pivot ; ~ **siklócsapágy** cup-and-cone bearing ; ~ **süllyesztés** *(forg)* countersinking ; ~ **süllyesztő** countersink (drill) ; ~ **szabályozó** cone governor ; ~ **szájú cső** cone-mouthed pipe ; ~ **szárú** taper-shank ; ~ **szeg** taper dowel (pin) ; ~ **szegecsfej** pointed rivet head ; ~ **szelep** mitre plug valve ; ~ **szelepék** *(két darabból ; gépk)* split tapered collet ; ~ **szelepülés** conical valve seat(ing) ; ~ **széliránymutató** conical streamer ; ~ **tágító** conical expander ; ~**an tágított csővég** flare ; ~ **tányérszelep** *(45°-os kúpossággal)* mitre valve ; ~ **tekercsrugó** conical spring ; ~ **tengely** taper shaft ; ~ **tengelykapcsoló** *v* **kuplung** *(gépk)* cone clutch ; ~ **tengelyvégződés** *(láncfelhengerléshez ; tex)* tail spindle ; ~ **tölcsér** *(gőzvezetéken)* petticoat ; *(sugárzó ; rád)* conical horn ; ~ **tömítés** cone ; ~ **törés** *(szakítási próbánál)* halve-cup fracture ; ~ **törő** cone/spindle breaker/crusher ; ~ **tüske** *(forg)* arbo(u)r, mandrel ; ~ **ülepítő** settling cone ; ~ **ülésű szelep** mitre-faced valve ; ~ **üllőbetét** taper-iron for ancil ; ~ **ütőgörgő** *(tex)* cone ; ~ **ütőszeg** tapper ; ~ **vágat** conical cut ; ~ **végű** cone-point ; ~ **végű cölöp** conical pile ; ~ **vetélőtüske fából** *(tex)* wooden conical peg ; ~ **vezetőgörgő** hat roller ; ~ **vezetőléc** taper-turning attachment; ~ **vulkános kitörés** conical pile ; ~ **zárómű** *v* **ütköző** cone stop

kúposdobos akna-szállítógép cylindro-conical drum hoist

kúposít bevel, cone ; *(hegyez : alak)* swage

kúposító kalapács swage hammer ; ~ **szerszám** *v* **süllyeszték** swage

kúposított bevel(l)ed

kúpos-körmös tengelykapcsoló cone-claw clutch

kúposodás flare

kúposra-fúrás *(forg)* countersinking

kúposság taper, conicity ; *(mértékez* amount of taper ; **hátsó** ~ *(forg)* back taper ; **meredek** ~ coarse taper ; **minta** ~**a** pattern draw ; ~ **szöge** taper angle

kúpprofilminta *(felvetőhöz ; tex)* bevel ga(u)ge

kupri- *(ásv)* cuprian ; *(vegy)* cupric

kupriacetát cupric acetate

kupriamminszulfát cuprammonium sulfate

kupriarzenit cupric arsenite

kuprihidroxid cupric hydroxide

kupriklorid cupric chloride

kuprinitrát cupric nitrate

kuprioxid cupric/copper oxide

kuprioxiklorid basic cupric chloride

kupriszubacetát cupric subacetate

kupriszulfát cupric sulfate

kupriszulfid cupric sulfide

kuprit *(ásv)* cuprite, red copper ore

kupri-vegyület cupric compound

kupro- cuproan ; *(vegy)* cuprous

kuproacetilenid cuprous acetylide

kuprodescloizit *(ásv)* *l* **mottramit**

kuproklorid cuprous chloride

kupro-kupri-vegyület cuprocupric compound

kupromagnezit *(ásv)* cupromagnesite

kupron-elem *(vill)* cupron cell

kuprooxid cuprous oxide

kuproscheelit *(ásv)* cuproscheelite

kuprotungsztit *(ásv)* cuprotungstite

kupro-vegyület cuprous compound, cupro-compound

kuproxegyenirányító cuprox/copper rectifier ; ~ **cella** copper-oxide cell

kuproxegyenirányítós mérőműszer *(vill)* rectifier instrument

kuproxfényelem copper photovoltaic cell

kuproxmodulátor *(rád)* copper (oxide) modulator

kuproxtárcsa *(távk)* copper oxide rectifier disc

kúpsorozat set of cones

kúpsüllyesztés *(forg)* countersinking

kúpszelet quadric, conic section ; ~**ek** conics

kúpszelet-forgástest conoid

kúpszög bevel/cone angle

kúpszögállító kar *(felvetőn ; tex)* bend lever to operate the cone

kúptárcsa angle washer

kúptölcséres csévélőgép *(tex)* cup-winding machine/frame

kúpvájat *(töltényűrben)* forcing cone

kúpvégződésű anya spigot(ted) nut

kúpvetület conical projection

kúpzáros kapcsoló conical latch clutch

kurák *(tex)* bolly cotton

kurbli *(gépk)* *l* **kézi indító forgattyú**

kurbliköröm *(gépk)* *l* **indítóköröm**

kurkuma *(bőr, vegy)* turmeric

kurkuma(-kémlő)papír turmeric paper

kurrens current ; *(nyomda)* minuscule

kurtítóbog *(hajó)* sheep-shank

kurtítóolló *(rúdvashoz)* crop shears

kurzív cursive ; ~ **betűtípus** *(nyomda)* italic

kuszált entangled, intricate ; *(tex)* knotty, pickered ; ~ **gyapjúbunda** *(tex)* cotted fleeces/wool ; ~ **kőzetszerkezet** pell-mell structure ; ~ **matring** *v* **köteg** *(tex)* entangled hank ; ~ **pamut** tailed cotton ; ~ **rostos szerkezet** *(földt)* felted texture

kúszás creep

kusza szálirányú *(fa)* curly-grained

kúszik creep

kúszó : ~ **kisülés** *(vill)* creeping discharge ; ~ **levezetés** *(vill)* creepage

kúszóáram *(vill)* leakage/stray current

kúszóáram-út *(vill)* leakage/leaking path

kúszójárat *(gépé)* creeping run, inching

kúszószikra *(vill)* jump spark

kúszóvas stirrup, block step

kút well ; *(csapos:)* waterpipe with tap ; *(gödör, akna:)* pit; *(forrás:)* fount ; *(bány)* sump ; *(hidr)* fountain ; **abszorpciós** ~ *(hidr)* absorbing well ; ~ **beomlása** well collapse ; ~ **kifalazása** steaning ; **kutat megnyit** start a well ; **negatív** ~ *(vízszintsüllyesztésnél)* absorbing/bleeder well

kútakna *(ép)* shaft

kútalap *(ép)* well

kútalapozás ring/well foundation

kútalapozású pillér dumb pier

kutat explore, inquire, research, investigate ; **vízmélységet** ~ *(hajó)* sound

kutatás study, research, investigation, enquiry, inquiry ; *(bány)* prospecting, exploration ; *(hajó)* sounding ; ~ **árkolással** *(bány)* trenching ; ~ **elektromágneses műszerekkel** *(bány)* electromagnetic prospecting ; ~ **ellenállás-módszerrel** *(bány)* resistivity prospecting ; ~ **kutatóaknával** *(bány)* sounding ; **rendszertelen** ~ *(bány)* coyoting ; ~**t végez** *(bány)* explore ; ~ **villamos módszerekkel** *(bány)* electrical prospecting

kutató *fn* tracker, explorer, examiner, research fellow ; ~ **bevágás** *(bány)* trenching ; ~ **ereszke** *(bány)* exploratory raise ; ~ **felszállás** *(met)* aerological sounding ; ~ **intézet** research institute ; ~ **iroda** research bureau ; ~ **laboratórium** research laboratory ; ~ **léggömb** pilot/sounding balloon ; ~ **mélyítések** *(kis mélységig ; bány)* diggings ; ~ **rakéta** *(met)* sounding rocket ; ~ **repülőgép** research aircraft; *(időjáráskutatásra:)* weather-research aircraft ; ~ **távíró** seeker ; ~ **vasmacska-csáklya** *(hajó)* grappler

kutatóakna test hole, prospecting/exploring shaft

kutatóakna-veder *(bány)* striker

kutatóárok *(bány)* trunk, channel, trench

kutatócsákány *(bány)* test pick

kutatócsoport *(bány)* exploration crew

kutatófúrás *(bány)* test/proving hole ; *(ol)* discovery well, prospecting hole

kutatógödör *(ép)* prospect hole

kutatóhorgony *(hajó)* grappling anchor, grappler ; ~ **kötele** *(hajó)* grappling rope ; **láncos** ~ chain grappler

kutatókábel sweep

kutató-mentő repülőgép rescue-search aircraft

kutatómérnök research engineer

kutatómunka *(tudományos)* research work

kutatóműszer *(bány, ol)* detector

kutatóvágat *(bány)* exploring opening/drift ; **keskeny** ~ *(bány)* monkey drift

kutatóvegyész research chemist

kútbenzin pump gasoline
kútcső well tube/pipe
kútcsörlő well windlass
kútfedő lap pit cover plate
kútfej *(ol)* casinghead, trench; **~ből csapolt gazolin** casinghead gasoline
kútfejgáz casinghead gas
kútfejgazolin casinghead gasoline
kútfejkiképzés *(hidr)* casing round a wellhead
kútfúrás *(olajra v ártézi kútra)* well drilling; **~t megkezd** start a well
kútfúró well sinker/borer; **~ mester** well sinker; **~ munkás** well driller; **~ szerszám** well drill
kútgém sweep
kútgyűrű cylinder caisson
kúthenger well cylinder
kútkáva head round a well
kútkoszorú curb
kútmellvéd curb
kútszivattyú well pump
kutter *(hajó)* cutter
kutter-evezők *(egy padhoz két evező)* double-banked oars
kútvitla well windlass/winch
kutyabőr dogskin; *(kész:)* dogskin leather
kutyagörbe *(mat)* curve of pursuit
kutyanyelv *(nyomda)* slip
kutyaszíj *(bőr)* lime
kutyaszőr *(tex)* dog's hair
kutyaürülékpác *(bőr)* puer
külalak shape, form; *(kristályé:)* habitus; **pikkelyes v lemezes ~** *(kristályoknál)* bladed habitus
küldemény consignment; **~ bruttósúlya** *(feladás helyén és időpontjában)* domestic shipping weight
külfejtés *(bány)* openwork, open cut, surface mining, excavation, excavating plant; **~ betöltése** *(bány)* refilling of trench; **leművelt ~** *(bány)* barrow pit; **~sel leszedhető meddő** *(bány)* overburden; **~sel művelhető szén** *(bány)* strippable coal; **~ széle** *(bány)* ridge; **~t végző gép** *(egyúttal letakarítást is végez; bány)* stripping machine
külfejtéses bányászat open-cut mining
külfejtési: ~ eljárás *(bány)* open-cut method; **~ hányad** *(bány)* stripping ratio
külfelvigyázó *(bány)* heap keeper
küllő *(ált, gépt)* spoke, radius; *(gépk)* spoke; *(mat)* *l* **sugár**; **berakott ~** dowelled spoke; **csapozott ~** dowelled spoke; **ferde hajlított ~** bent spoke; **osztott ~** split spoke
küllőborda spoke rib
küllőcsap spoke dowel
küllőcsaplyukfúró spoke auger
küllőfeszítő csavar *(kerékpáron)* spoke nipple
küllőkar swingle
küllős *(gépt)* spoke(d), radial; **~ agy** wheel spider; **~ kapa** *(mzg)* rotary hoe; **~ kapálógép** *(mzg)* rotary weeder; **~ karima** spoke flange; **~ kerék** spoked/spoil wheel; **~ kerékagy** spoked/radius hub; **~ kézi forgató** *(forg)* handspoke
küllőskapa-művelőtest rotary hoe blade
külméret external dimension, outside measure
külön distinct, individual, extra, separate, additional; **~ díjak** extra charges; **~ egyenirányító nélküli kapcsolás** *(rád)* self-rectifying circuit; **~ gerjesztés** extra-excitation; **~ gerjesztett hangszóró** energized speaker; **~ hajtás** individual drive; **~ rendeltetésre készített** purpose made; **~ tartozék** *(gépk)* special equipment; *(forg)* extra accessory
különálló discrete, detached, distinct; **~ alapozás** *(ép)* single foundation; **~ alkatrész** loose part; **~ hengerű motor** individual-cylinder engine
különbözés *vö* **különbözik**
különbözet discrepancy, difference
különbözeti differential; **~ frekvencia** frequency difference; **~ indukció** *(vill)* intrinsic induction; **~ koercitív erő** intrinsic coercive force; **~ mérőműszer** differential instrument; **~ nyomás** differential pressure; **~ védelem** *(vill)* differential protection
különbözik differ, vary, distinguish
különböző dissimilar, different; **~ eredetű v fajú** heterogeneous; **~ színű** varicolo(u)red; **~ tengelyirányú** *(ásv)* polytropic
különbözőség discrepancy; *(mat)* disconformity
különbség difference, deviation
különbségi: ~ frekvencia beat/difference frequency, heterodyne frequency; **~ frekvenciás kapcsolás** *(rád)* subtractive combination
különféle miscellaneous
különfrekvenciás átvitel *(távk)* two-way different frequency band transmission
különjárat *(alkalmi autóbuszjárat)* occasional bus service; *(rep)* non--scheduled flight
különleges special, specific; **~ alakú** odd-shape; **~ foglalat** special mount; **~ fonal** *(tex)* speciality yarn; **~ hívás** *(távk)* supernumerary call; **~ keménységű** extra-hard; **~ kikészítés** *(tex)* functional finish; **~ kivitel** special design; **~ kivitelű** custom-built; **~ könyvkötő papír** special paper for binding books; **~en lágy** extra-soft steel; **~ méretű (nyers)anyagok** off materials; **~ minőségű cement** super cement; **~ munka** odd work; **~ nátronpapír** kraft specialty; **~en szilárd** *(pa)* extra strong; **~ terület** *(ép)* area of special use
különlegesség particularity
különlenyomat reprint
különmunka extra-work
különnemű heterogeneous
külön-oszcillátorcsöves keverő *(rád)* separate heterodyne
különösen nagy sebességű *(mech, rep)* super-high speed
különösség *(cipőnél)* gimmick
különválaszt detach, insulate, abstract, sort (out), separate, segregate
különválasztás segregation
különvezérelt sugárzórendszer *(hangt)* split projector
különvonal *(távk)* direct exchange line
különvonalú víz alatti mikrofonrendszer split hydrophone
különvonat *(menetrenden kívüli)* conditional train
külpontos eccentric, off-centre, out-of--centre; **~ terhelés** *(mech)* eccentric/non-axial load(ing)
külpontosság eccentricity; **~ helyesbítése** *(geod)* reduction to center
külpontossági hiba *(iránymérő-telepítésnél; rep)* lack-of-symmetry error
külpontosságmérő *(lövedékvizsgálatnál)* eccentrometer
külső exterior, external, extraneous, outside, outward; *(ép)* aerial, surface; *(földt)* exoteric; *(külseje vminek:)* outside; *(házon kívüli, szabadtéri:)* outdoor; **~ ablakzsalu** Venetian shutter; **~ ajtó** *(ép)* anteport; **~ antenna** outdoor/exterior/elevated aerial; **~ áramkör jósági tényezője** *(rád)* external Q; **~ aszimmetria** *(távk)* external unbalance; **~ átmérő** *(ált)* outer diameter, o. d.; *(csavaré:)* full/major/outside diameter; **~ ballisztika** exterior ballistics; **~ és belső rész** *(tex)* outwards and inwards; **~ beömlésű centrifugális osztályozó** *(pa)* inward-flow rotary-screen; **~ beömlésű tolattyú** outside-admission valve; **~ beömlésű turbina** *(hidr)* peripheral-admission turbine; **~ betörő lövés** *(bány)* rib snubber; **~ borda** surface rib; **~ borítás** *(bány)* outer shell; **~ bőr** *(sportlabdán)* case; **~ burkolat** *(bány)* outer shell; **~ burok** *(léghajón)* outer cover; **~ cipőtalp** outsole; **~ csapágy** outboard/outside bearing; **~ csapágytok** outside box; **~ csavarmenet** male thread; **~ csavarmenetű karmantyú** male union; **~ csavarmenetvágó** *(menetmetsző)* outside screw cutting tool; **~ csőmaró** pipe-outside reamer; **~ csuklóház** *(gépt)* outer casing of joint; **~ csűrőlap** *(rep)* external aileron; **~ díszletháttér** *(film)* outdoor background; **~ dokk** outer dock; **~ él** *(rep)* outboard end; **~ elégésű hőerőgép** external--combustion engine; **~ ellenőrzés** outer inspection; **~ előfeszültség nélkül** *(rád)* zero-external bias; **~ építési vonal** *(ép)* external building line; **~ épületbővítés** *(ép)* external extension; **~ épületmagasság** external building height; **~ eredetű** exogenous; **~ eredetű keresztmoduláció** *(rád)* external cross modulation; **~ erő** external force; **~ erők munkája** externally-applied work; **~ erőtér** *(mech, vill)* extraneous field; **~ fal** outer wall; **~ fal külső kidúcolása** side shoring; **~ falsík** *(ép)* ashlar line; **~ fedél** *(csak díszítő)* false cover; **~ fékpofás összehúzófék** external contracting brake; **~ fékszárny** *(rep)* outer wing flap; **~ felület** face, skin, outside (surface); **~ felületméretek** facing dimensions; **~ filmfelvétel** outdoor filming/shooting; **~ fogazású hengeres fogaskerék** spur gear; **~ főméret** overall dimension; **~ furnír** outer ply; **~ fűtés** indirect heating; **~ gabonaválasztó** *(mzg)* outside divider; **~ gerjesztés** *(rád)* independent/separate excitation; **~ gerjesztésű** separetely-excited; **~ gőzdóm** external dome; **~ gyűrű** *(vegy)* external ring; **~ gyűrűs idomszer** external cylindrical ga(u)ge; **~ hajtású (burkolatlan) kompresszor** open compressor; **~ hálózati áram** external current; **~ használatra** externally; **~ hatás** external action; **~ (ható)erő** superposed force; **~ és házi vezetékhálózat csatlakozópontja** *(vill)* wiring

point ; ~ **holtpont** outer dead-centre ; ~ **homlokzat** *(ép)* exterior face ; ~ **homoktorlasz** *(folyamtorkolatban)* outer bar ; ~ **huzalmerevítés** *(rep)* external drag bracing ; ~ **huzalokkal merevített vezérsík** *(rep)* externally-wired fin ; ~ **húzómarás** *(forg)* external/surface broaching ; ~ **impedancia-aszimmetria** *(távk)* external impedance unbalance ; ~ **indikátor** *(folyadék titrálásánál)* external/outside indicator ; ~ **irányadó** *(rep)* outer locator ; ~ **iránytűfelfüggesztő kardángyűrű** *(rep)* outer gimbal ring ; ~ **ívsugár** *(ép)* outer radius ; ~ **jelkapu** *(rep)* outer marker, OM ; ~ **jelleggörbe** external characteristics ; ~ **kar** *(evezőlapáton)* shank ; ~ **kép** appearance ; ~ **kikötő** *(hajó)* outer dock, outport ; ~ **kompresszor** *(belső égésű motorhoz)* external supercharger; ~ **köpeny** *(gumiabroncson)* outer cover ; ~ **közvetítés** *(rád)* outside broadcast(ing), O. B. ; ~ **kúp** *(gépt)* outside cone, external taper ; ~ **kupola** *(ép)* outer dome ; ~ **lépcső** *(ép)* front steps ; ~ **levegő** outer air ; ~ **menet** *(csavaré)* external thread ; ~ **menetfésű** outside screw chaser ; ~ **méret** external dimension, outside measure ; ~ **merevítődúc** *(rep)* outer/outboard strut ; ~ **merevítőhuzalok** *(rep)* external drag wires ; ~ **mikrométer** outside micrometer caliper ; ~ **munka** external work ; ~ **nézőpont** *(ép)* external spot (beyond a built-up area) affording a good view ; ~ **nyomóforma** *(nyomda)* outer form ; ~ **oldal** *(„Schöndruck" ; nyomda)* right page ; ~ **oldalon gumizott szövet** topped fabric ; ~ **övrácsozat** *(rep)* outer ring girder ; ~ **pont** *(mat)* external point ; ~ **rács** *(rád)* outer grid ; ~ **recézésű biztosítóalátét** *(gépk)* outer-teeth washer ; ~ **recézésű kúpos biztosító alátét** *(gépk)* outer toothed conical lock washer ; ~ **réteg** outer layer ; ~ **rézsű** *(ép)* exterior slope ; ~ **sarok** *[épületé]* cant ; ~ **sín túlemelése** *(ívben ; vasút)* superelevation of the outer rail ; ~ **sorjelző** *(ültetőgépen)* outer marker ; ~ **szaggatás** *(szuperregeneratív vevőben ; rád)* separate quenching ; ~ **szalagfék** contracting band brake ; ~ **szárnyrész** *(rep)* outer wing ; ~ **szél** *(nyomda)* outside margin, foredge ; ~ **szerelő** service mechanic ; ~ **szikraköz** *(gépk)* outer gap ; ~ **szinkron tárcsa** *(gépk)* outer synchro-mesh disc ; ~ **szinkronozó berendezés** *(rád)* externally-pulsed system ; ~ **szög** external angle ; ~ **tájolás** *(légifénykép térbeli helyzete felvétel pillanatában)* exterior orientation ; ~ **tájolási adatok** *(geod)* data of the outer orientation ; ~ **talp** *(bőr)* outsole ; ~ **támasztóvilla** *(marógépen)* outer support ; ~ **távbeszélő mellékállomás** external extension ; ~ **tekercselés** outer winding ; ~ **televíziós közvetítés** mobile television ; ~ **tengely** outrigger shaft ; ~ **térre érzéketlen** *(rád, távk)* immune to external fields ; ~ **tok** outer case ; ~ **tömítőgyűrű** working ring ; ~ **túlfedés** *(gőzgépvezérlésnél)* outside lap ; ~ **tüsketámasz** *(marógépen)* outer arbor support ; ~ **tüzelés** external firing ; ~ **tüzelésű kemence** external furnace ; ~ **vágány** outline ; ~ **vakolás** *(ép)* stucco, rendered work ; ~ **városkép** town picture, perspective of the town from a spot beyond the built-up area ; ~ **védő deszkázás** *(ép)* weather-board ; ~ **vég** *(rep)* outboard end ; ~ **vegyérték-** *v* **valenciaelektron** *(at)* peripheral electron; ~ **vezérlés** external control ; ~ **vezeték** *(vill)* surface wiring; ~ **vulkánikus ülepedés** external subsidence ; ~ **zöld terület** *(városépítés)* green belt beyond the built-up area

külső-belső menetes közcsavar male and female adaptor

külső-csavarmenetvágó gép external screwing machine

külsőkarimás tübbing *(bány)* outside-flange tubbing

külsőleg externally

külsőlevegő-hőmérő free-air thermometer

külsőpofás fék external(-cheek) brake

külsősarokfelerősítő gép *(cipő)* heel attaching machine for outside nailing

külsőséges formal

külszín appearance ; *(bány)* daylight, grass ; ~ **biztosítása** *(bány)* support the surface ; ~**re lyukadó vágat** *(bány)* day hole ; ~ **megrongálódása** *(bány)* surface damage ; ~ **süllyedése** *(bány)* surface damage

külszíni external, exposed, outside ; *(bány)* aboveground, overhead, aerial ; ~ **aknacsatlós** *(bány)* top()-lander ; ~ **aknarakodó** *(bány)* bank ; ~ **ásványtelep** *(bány)* surface deposit ; ~ **bánya** *(bány)* open pit ; ~ **berendezés** *(bány)* surface arrangement ; ~ **fejtés** *l* **külfejtés** ; ~ **és földalatti munkások** *(bány)* surface and underground workers ; ~ **kőzet** *(bány)* soil ; ~ **mérés** *(bány)* survey line on surface ; ~ **mérési fix pont** *(bány)* ground stake ; ~ **munka** *(bány)* brush dutting ; ~ **munkás** *(bány)* topman, surface-man ; ~ **munkásság** *(bány)* surface labour ; ~ **művelés** *(bány)* strap mining, surface stripping ; ~ **művelet** *(bány)* day work ; ~ **rakodógép** *(bány)* surface shovel ; ~ **rakodópad** *(bány)* bracket ; ~ **szállítószalag** surface conveyor ; ~ **szénréteg** *(bány)* day coal ; ~ **tűz** *(bány)* superficial fire

külszínkár *(bány)* surface damage

külszínsüllyedés öve *v* **területe** *(bány)* subsidence area

külszög external angle

kültelki forgalom suburban traffic

külterjes extensive

külterület outer area ; *(városépítés)* area situated between the residential area and the confines of a town, suburb, outskirt

külterületi lakott hely detached group of houses situated between the residential area and the confines of a town (or in the outskirt of a town)

külváros *(ép)* suburb, outskirts

külvilla *(evezős csónakon)* outrigger

külvillás evezős csónak outrigger

kürt trumpet ; *(gépk)* horn ; **egyhangú villamos** ~ *(gépk)* single-note electric horn ; **kettőskúpos** ~ *(rád)* biconical horn ; **kézi** ~ *(gumilabdás)* bulb horn ; **többhangú villamos** ~ *(gépk)* multiple-note electric horn ; **villamos** ~ *(gépk)* electric horn ; **villamos** ~ **lengőtárcsája** resonator plate

kürtgomb *(gépk)* horn button

kürtnyomó gomb *(gépk)* horn button

kürtő chimney (stack), (smoke) stack, tunnel, trump, (smoke) flue ; *(vulkáni)* slot ; *(famáglyában)* flue ; *(kovácskohó v konyhai tűzhely felett)* canopy; *(bány)* duct ; *(koh)* trumpet ; **gyémánttartalmú** ~ *(földt)* diamond pipe ; **vulkáni** ~ chimney

kürtőcsatorna bypass flue, breeching

kürtőcsoport belső válaszfala *(ép)* withe

kürtőcső *(ép)* smoke flue

kürtőkefe flue brush

kürtősüveg smoke-stack top

kürtőtisztító kefe flue brush

kürtőveszteség stack loss

küszöb treshold, sill, limen, doorstep ; *(zsiliphez, gáthoz ; hidr)* sill ; ~ **alatti** *(hangt)* subliminal ; ~ **feletti szint** *(hangt)* level above threshold ; **fogazott** ~ *(hidr)* dentated sill ; **magas** ~ *(hordalék visszatartására ; hidr)* raised sill ; ~ **nélküli ajtó** cut-through door ; **számlálási** ~ *(at, vill)* counting treshold

küszöbáram *(vill)* threshold current

küszöb-effektus threshold effect

küszöbeltolódás *(hangt)* threshold shift

küszöbérték treshold/liminal value

küszöbérzékenység threshold

küszöbfa (transverse) sleeper, crosstie

küszöbfény *(rep)* threshold light

küszöbfeszültség *(at, vill)* threshold voltage

küszöbfrekvencia critical frequency

küszöbgerenda *(ép)* mud/cap sill, sub-sill ; *(hidon)* socle girder

küszöbhatás *(vill)* threshold effect

küszöbhullámhossz *(at, rád)* critical wavelength

küszöbjelző kúp *(rep)* range cone

küszöbléc *(ép)* stop

küszöbmagasság *(hidr)* elevation of sill ; ~**ban** *(hidr)* at sill level

küszöbpalló *(ép)* patand

küszöbsín *(ép)* sill rail, door track

küszöbváltozás *(hangt)* threshold shift

kváderfalazat *(gondosan megmunkált ; ép)* block in course

kváderkő *(ép)* broad stone

kváderkőfaragó (munkás) ashlar breaker

kvadráns quadrant ; *(szelfaktoron ; tex)* winding regulator, sector ; *(fonalszámmérésre)* quadrant balance/scales ; ~ **hajlásszöge a szelfaktoron** *(tex)* bend angle

kvadráns-elektrométer quadrant electrometer

kvadráns-gömbháromszög *(mat)* quadrantal triangle

kvadratikus szövet *(tex)* square/balanced cloth

kvadrátozógép *(bőr)* measuring machine

kvadratúra *(mat)* quadrature

kvadrillió quadrillion

kvadrupólus *(vill)* quadrupole

kvadrupólus-sugárzás *(vill)* quadrupole radiation

kvalitás quality

kvalitatív qualitative

kvantál quantize

kvantálás quantization

kvantálási zaj *(távk)* quantizing noise

kvantált jel *(távk)* quantized signal

kvantáltság quantization
kvantitatív szűrőpapír quantitative (filter)paper
kvantum quantum
kvantumállapotok közti átmenet quantum transition
kvantumegyenlet *(at)* commutator equation
kvantumelmélet quantum theory
kvantumfeltételek quantum restrictions
kvantumhatár quantum limit
kvantum-kibocsátás és -elnyelés quantum jump
kvantum-kihasználás quantum yield
kvantumkihasználási tényező quantum efficiency
kvantumkorlátozások *(mech)* quantum restrictions
kvantummechanika quantum mechanics
kvantummechanikai *(mech)* quantum-mechanical ; ~ **fogalmazás** *(mech)* quantum formulation ; ~ **helyesbítés** quantum correction
kvantummérő *(at)* quanti-meter
kvantumszám quantum number ; **azimutális** ~ angular quantum number
kvarc *(ásv)* quartz
kvarc- quartzy
kvarcballonos adócső *(r[illegible]* [illegible]ica valve
kvarchomok siliceous sand, quartzsand
kvarc-hullámmérő *(rád)* quartz-wavemeter

kvarcit *(ásv)* quartzite ; ~ **tartalmú** quartzitic
kvarckavics flint, pebble
kvarc-kondenzátor *(rád)* quartz condenser
kvarckő quartz rock
kvarc-kősó összetett lencse *(fényt)* quartz rock-salt lens
kvarckristály *(rád)* quartz crystal ; ~ **Y-tengelye** mechanical axis
kvarckristály-nyerstömb *(rád)* slab (of quartz)
kvarckristályos : ~ **fényszelep** *(távk)* supersonic light valve ; ~ **sávszűrő** *(távk)* quartz-crystal band (pass) filter, band filter employing quartz crystal elements ; ~ **vezérlés** *(rád)* quartz-crystal control
kvarckristály-oszcillátor *(rád)* crystal oscillator
kvarclámpa quartz lamp
kvarclemez quartz plate
kvarcos *(földt)* quartzy, quartzose, cherty
kvarcosodás silicification
kvarc-oszcillátor quartz (crystal-controlled) oscillator
kvarcpala *(földt)* quartzose schist
kvarcporfír *(földt)* quartz porphyry
kvarcrúd quartz rod
kvarc-szál *(földt)* quartz fibre
kvarcszálas horizontális magnetométer quartz horizontal magnetometer

kvarcszint quartz reef
kvarctartalmú quartzy, quartzose, quartziferous
kvarctelér quartz reef
kvarcüveg *(ker)* quartz/silica glass
kvarcüvegburájú cső *(rád)* silica valve
kvarcvezérlésű oszcillátor quartz (crystal-controlled) oscillator
K-varrat *(heng)* double groove weld, K-joint
kvart quaternion ; *(hangköz)* fourth
kvarter *(földt)* *l* **negyedkor**
kvartó-állvány *(heng)* four-high rolling mill
kvaterner quaternary; ~ **aminok** quaternary ammonium compounds ; ~ **ammóniumhidroxid** tetra-alkyl ammonium hydroxide ; **ammónium-vegyület** *v* **ammóniumsó** quaternary ammonium compound
kvaternió quaternion
kvázilineáris quasi-linear
kvázirezonancia *(rád)* quasi-resonance
kvázi-stacionárius *v* **-stacioner** quasi-stationary, fransient-free
kvebracso *(cserzőanyag, iszapnehezítő anyag)* quebracho
kvebracso-forgács quebracho chip
kvercitron *(bőr)* quercitron
„kvill" *(gépt)* *l* **segédorsó**
kvintillió quintillion *(UK)*

L

láb *(ált, gépt)* foot; *(ép)* pedestal, socle; *(gépt)* leg, stand; *(készbőrön)* foot lug; **erősen boltozatos ~** *(cipő)* hollow foot; **~ hajlata** *v* **íve** *(cipő)* arch of foot; **~ra illő** *(cipő)* fit a foot; **ívelt ~** *(cipő)* arched foot; **~ külső oldala** *(bőr)* outer side of foot; **~ percenként** feet per minute, f. p. m.
lábas *fn* pan; **~ talp** *(bőr)* bottom leather side; **~ talpbőr** sole leather shank
lábazás *(bány)* bringing back, blocking, stump drawing/recovery
lábazat socket, foot, socle, plinth, leg; *(cipő)* outsole; *(ép)* foot-stall, pedestal, subbase *is*; **~ szélesítése** *(ép)* footing
lábazati : ~ burkolás *(ép)* wall footing; **~ burkolat fája** *(ép)* skirting board; **~ párkány** *(ép)* cornice of the pedestal, plinth; **~ párkányzat** *(ép)* cap; **~ rész** *(gépt)* leg piece; **~ (tégla)sor** *(ép)* footing course
lábbeligyártás bootmaking
lábbillentyűzet *[orgonán]* pedal
lábboltozat *(cipő)* arch of the foot
labda ball; **festékkenő ~** baren
labdacs pellet
labdacskészítés balling
labdafecskendő bulb
labdakürt *(gépk)* bulb horn
labdavágó kés gépeken *(nyomda)* plough
lábdeszka running/step board, footboard
lábemeltyű pedal; *[orgonán]* toe piston
lábfej foot; *[cipőn v harisnyán]* instep
lábfej-felsőrész *(harisnyán)* instep
lábfejfogyasztás *(kh)* foot narrowing
lábfejtartó toe clip
lábfék pedal/foot brake
láb-férőhely *(ülésnél; gépk)* leg room
láb-font *(mech)* foot(-)pound
lábgyapjú *(tex)* breech, britch
láb-gyertyafény foot-candle *(10,76 lux)*
lábhajtás treadle/pedal operation/drive
lábhajtású : ~ eszterga foot lathe; **~ fujtató** foot blower; **~ köszörűgép** foot grinder; **~ szövőszék** *(tex)* treadle loom; **~ varrógép** foot-treadle sewing machine
lábhenger *(szövőszéken)* foot roller
lábhézag *l* **fejhézag**
lábikra *(kh)* calf
labilis instable, labile; *(hajó)* crank; **~ egyensúlyi állapot** unstable equilibrium, lability; **~ szabályozó** *fn* unstable governor; **~sá tesz** labilize; **~ vázszerkezet** imperfect frame
labilitás lability, instability
labilitási pont instability point
lábindító *(gépk, mkpár)* foot starter; *(tex)* footboard
labirint-olajtömítés *(gépt)* labyrinth oil trap
labirint-tömítés labyrinth packing/seal; **~ sűrű kenőanyaghoz** labyrinth grease seals
labirint-tömítésű dugattyú labyrinth piston
labirint-tömítőgyűrű labyrinth ring
labirint-tömszelence labyrinth box
labirintus-hangsugárzó *(hangt, rád)* acoustic labyrinth
lábítás : belső ~ *(tex)* central treading
lábító treadle, pedal; **~ játéka** pedal clearance; **~t lenyomja** work the treadle
lábítódeszka floor push/plate
lábítókar *(gépk)* foot lever
lábítós : ~ adagolás-szabályozó *(tex)* pedal feed motion; **~ adagoló berendezés** *(tex)* piano feed motion/regulator; **~ excenter** *(tex)* harness cam; **~ hajtó szerkezet** treadle mechanism; **~ sajtó** kick press; **~ tengely** *(szövőgépen)* bottom (drive) shaft, second motion shaft; **~ vezérlésű szelep** treadle valve
láb-ív *(cipő)* arch of the foot
lábizombetét-anyag *(cipő)* bottom filler
lábizombetétkitöltés parafasöréttel *(cipő)* bottom filling with cork
lábizület *(cipő)* joint; **hátsó ~** hind shank
lábjegyzet *(nyomda)* footnote
lábkapcsoló *fn* floor/foot switch, pedal contact; *(gomb)* toe button
lábkar *(gépk)* pedal lever
lábkezelésű *(gépt)* pedal operation
lábkormány *(rep)* pedal
lábkör *(fogaskeréken)* dedendum/root circle
lábkúp *(kúpkeréken)* dedendum/root cone
lábkuplung *(mkpár)* pedal clutch
lábkúpszög *(kúpkeréken)* dedendum cone angle
láblágyékrész *(cipő)* waist
láb-lambert *(fényt)* foot-lambert
lábmelegítő *fn* foot-warmer
lábmérce *(cipő)* size stick
lábműködtetésű : ~ érintkező *(vasút)* tread contact; **~ kapcsoló** *l* **lábkapcsoló**
lábnyom (foot)step, print
laboráns laboratory assistant
laboratórium laboratory, test room
laboratóriumi : ~ asztal laboratory bench; **~ ellenőrzés** laboratory control; **~ kiöntő** laboratory sink; **~ kísérleti adatok** laboratory findings; **~ kutatás** laboratory investigation; **~ kutatómunka** office study; **~ méret** laboratory size; *(kísérleté)* laboratory scale; **~ műszerek** laboratory instruments; **~ oszcillátor** *(rád)* laboratory oscillator; **~ színezőfürdő** *(tex)* experimental dye bath; **~ szűrőpapír** round paper filter; **~ vizsgálat** laboratory test
lábprés treadle press
labradorit *(ásv)* labradorite
lábrész *(készbőrön)* foot lug
lábsor *(ív és könyvcím az ívek első oldalán; nyomda)* direction line
lábszár *(bőr)* leg
lábszárvédő gaiter; *(kamásli)* uppers; **~kellékek** legging fittings; **~ pólya** *(tex)* puttee
lábszelep foot valve
lábszivattyú pedal-operated pump
lábszög *(kúpkeréken)* dedendum angle
lábszőnyeg *(gépk)* mat
lábtámasz toe guard; *(asztal v szék lábai között)* footrail; *(taposóléc)* footrail; *(csónakban)* stretcher footboard; *(előrecsúszás ellen; gépk)* footrest
lábtárcsa *(fotogrammetriai műszer alkatrésze; geod)* foot wheel
lábtartó *fn l* **lábtámasz**; **~kar** *(függőleges kar, amelybe a gumi-lábtartót becsavarják; mkpár)* footrest hanger; **~ szíj** *(csónakon)* clogs
lábtörlő *(szőnyeg)* door(floor) mat, rug; **~ vas** foot/door scraper
lábujjerősítés *(kh)* toe reinforcement
lábvédő lemez *(mkpár)* legshield
láda box, case, chest, kist, bin, crate; *(utazó)* trunk; *(koh)* container; **~ bélése** casing liner; **~ nélküli csomagolás** bareback packing
ládaácsolás box-making
ládaalkatrész-készlet *(garnitúra)* boxes in shooks
ládabélelés caseliner
ládabontó : S-alakú ~ case opener with hollow and flat claw; **szorítókörmös ~** round-head nail puller
ládacsomagoló papír casing paper
ládadeszka box board; **ládadeszka-beégető gép** *(jelzéségető)* box-board branding machine
ládadeszkanyomó gép box-board printing machine; *(kombinált)* box-board printing and branding machine
ládaelevátor box elevator

ládaemelő fül casing lug
ládafogantyú case lug
ládafogó *(emelőn)* box tongs
ládagyártás boxmaking
lándahántoló : nyeles ~ box scraper
ládahorgony : kővel töltött ~ Chinese anchor
ládajelzés case marking
ládaláb lay sword
ládaméret box measurement, size of case
ládanyitó *fn l* **ládabontó**
ládapántoló *fn* case binder
ládapapírlemez board for case
ládaszegező gép box nailing machine
ládaszignó case marking
ládaszorító pánt box cramp
ládáz crate, case
ládazár *(fedett)* cover-plate lock
ládázott súly *(fa)* crated weight
ládikó *(kazetta)* casket
ladini emelet *(földt)* Ladinian/Ladinic stage
Lagrange-függvény *(mat)* Lagrangian function
lagúna *(földt)* lagoon
lágy soft, sleek, supple, mure ; *(tex)* mellow *is* ; **~ acél** *(lágy)* soft steel ; *(kis szén tartalmú)* mild steel ; **~ agyagpép** *(földt)* pug ; **~ anyag** *(pa)* soft stuff ; **~ aszfalt** pit asphalt ; **~ cső** *(rád)* soft valve ; **~ ezüstérc** *(ásv) l* **argentit** ; **~ ezüstforrasz** softsilver solder ; **~ farostlemez** softboard, insulting board ; **~fedés** *(ép)* composition roofing ; **~ fém** *[ólom]* soft metal ; **~ fogás** *(tex)* mellow handle, mellowness ; **~ fogást adó kalanderezés** *(tex)* palmering ; **~(ra főzött) cellulóz** *(pa)* high-boiled pulp ; **~ gyertyaparaffin** paraffin butter ; **~ hordrugó** *(gépk)* soft spring ; **~ hullámlemez** *(pa)* cushion board ; **~ra húzott** soft drawn, s. d. ; **~ járás** *(motore)* smooth running ; **~ kaucsuk** *v* **gumi** soft rubber ; **~ képhatású** *v* **rajzú fényképező lencse** soft-focus lens ; **~ konzisztenciájú szappan** soft-bodied soap ; **~kőzet** *(bány)* auger ground ; **~ mágnesanyag** soft magnetic material ; **~ másolópapír** *(fenyk)* soft-paper ; **~ pala** *(bány)* cash ; **~ paraffin** soft paraffin ; **~ petróleumbitumen** semi--asphaltic flux ; **~ röntgensugár** soft X-rays ; **~ rugó** soft spring ; **~ sodrat** *(tex)* soft twist ; **~ sugárzás** soft radiation ; **~ sugárzású röntgencső** soft-ray tube ; **~ szappan** soft soap ; **~ tapintás** *(tex)* softness of feel ; **~ tartású** *(pa)* phozy ; **~ ütés** dab ; **~ vazelinos kenőcs** soft petroleum ointment ; **~ víz** fresh/soft water
lágyék *(cipő)* joint, waist
lágyékbetét *(cipő)* waist pad
lágyékbőr *(cipő)* shank
lágyékélező gép *(cipő)* waist-skiving machine
lágyékfelerősítés *(cipő)* shank attaching
lágyékfényezés *(cipő)* waist finishing
lágyékfogó *(cipő)* waist pincers
lágyékmaró gép *(cipő)* waist-trimming machine
lágyékrész *(oldalrész ; bőrön)* flank
lágyforrasz soft solder ; **~ ötvösmunkához** fake
lágyforrasztás sort soldering
lágyít soften, fuse, soak ; *(koh)* anneal, temper ; *(hőn tart)* soak ; *(tex)* contemper, soften, mollify ; *(aszfaltot)* flux ; **fényesre ~** anneal blank ; **részlegesen ~** anneal low ; **teljesen ~** anneal fully
lágyítás softening ; *(jutáé)* batching ; *(bőr)* abating ; *(koh)* annealing, tempering, soaking ; *(vízé)* softening ; **fekete ~** black annealing ; **fényes ~** bright annealing ; **~ kötegben** *(hők)* pack anneal ; **részleges ~** process/low annealing ; **szorbitos ~** sorbitization ; **teljes ~** full annealing
lágyítási hőfok *(hők)* annealing temperature
lágyító *(pa)* plasticizer ; *(tex)* softener ; *l még* **lágyítószer** ; **~ hőkezelés** *(fémé)* annealing ; *(nem fémé)* softening treatment ; **~ kemence** *(heng)* annealing furnace ; *(hőntartó)* soaking pit
lágyítóanyag *l* **lágyítószer**
lágyítóedény *(önt)* annealing pot
lágyítógudron *(aszfalthoz)* asphalt flux
lágyítószer plasticizer, softener, softening agent ; *(aszfalthoz)* flux ; *(bőr)* dubbing ; *(irkészítéshez ; tex)* deliquescent
lágyított *(hők)* annealed ; **~ aszfalt** *(hígítással)* cut-back asphalt ; **~ juta** batched jute ; **~ lemez** *(heng)* process-annealed sheet
lágyporcelán soft-paste porcelain
lágyság *[készbőré]* mellowness
lágyul soften ; *(koh)* temper, draw ; *(pa)* poach
lágyulás softening
lágyulásgátló anyag anti-softener
lágyulási : ~ ellenállás *(műa)* crumbling--away resistance ; **~ hőmérséklet** *l* **lágyuláspont**
lágyuláspont softening point ; **gyűrűs-golyós módszerrel mért ~** ring--and-ball softening point ; **~ vizsgálata** *(tűzálló anyagoké)* squatting test
lágyvas mild/ductile iron/steel
lágyvasas *(vill)* soft/moving-iron type ; **~ ampermérő** moving-iron ammeter ; **~ mikrofon** moving-iron microphone ; **~ műszer** *(vill)* moving-iron instrument
lágyvasmag soft-iron core
lágyvasmagú *l* **lágyvasas**
lajstrom register
lajstromjel *(rep)* registration mark
lajstromoz register
lajstromozási : ~ jel *(rep)* mark of indentification ; **~ kikötő** *(hajó)* home port
lajstromozott registered
lajtorja *l* **létra** *és* **hágcsó**
lakás flat, compartment, quarter, domicile ; *(többszobás)* apartment ; **~ra alkalmatlan** untenantable
lakás- housing
lakásajtó front-door
lakásépítés housing
lakásépítő szövetkezet housing trust
lakássor sweep
lakás-távbeszélő residence telephone
lakat *(gépt)* lock ; *(kh)* cam, needle cam ; **csatornarendszerű ~** *(kh)* channel camming
lakatanya *(gépt)* feed screw nut, lock/split nut
lakatcsatorna *(kh)* cam race
lakatház *(kh)* (cam) carriage, cambo
lakatillesztés socketing
lakatkészítő padlock smith
lakatköpeny *(kh)* cambo
lakatlan vacant
lakatleállító : önműködő ~ szerkezet *(kh)* automatic stitch-cam adjustant
lakatos locksmith, fitter, mechanic
lakatosáru ironmongery
lakatoskalapács fitter's/bench hammer
lakatos-mellfurdancs brace for mechanics
lakatosmunka metal work
lakatos-szarvasüllő extinguisher stake
lakatosvágó bench chisel
lakatpánt cops
lakatszekrény *(forg)* apron
lakattok lock casing
lakhatatlan untenantable
lakható habitable
lakhely residence
lakk lacquer ; *(zománc)* enamel ; *(kence)* varnish ; **~ hólyagosodása** cissing, blistering ; **repedő ~** brittle lacquer
lakk-alapanyag varnish base
lakkbeégetés baking of varnish
lakkbeégető üzem japanning works
lakkbenzin white spirit
lakkbevonat lacquer sheathing ; **~ csiszolása csiszolópapírral** lacquer sanding
lakkbőr japanned/patent/enamel(l)ed leather, patent
lakkbőrgyár japanning works
lakkbőr-hulladék patent leather trimmings
lakkburkolatos falkiképzes *(ép)* cabinet finish
lakkfesték varnish paint
lakkfőző üst varnish kettle
lakkhanglemez lacquer disc ; **~ eredetije** laquer original
lakkhasítékbőr patent split
lakkhuzal varnished wire
lakklemez lacquer disc
lakklemez-hangfelvétel lacquer recording
lakklenolaj varnish linseed oil
lakkműbőr patent plastic
lakkolit *(földt)* laccolith, laccolite
lakkorr-csiszoló gép *(cipő)* patent--leather toe-cap scouring machine
lakkoz *(lakkol)* lacquer, japan, varnish; *(zománccal)* enamel ; *(rep)* dope
lakkozás lacquering, varnishing ; *(zománccal)* anamel(l)ing ; *(bőr)* varnishing, enamel ; *(rep)* doping
lakkozási előírás *(rep)* doping scheme
lakkozógép *(pa)* lacquering machine, machine for varnishing
lakkozómunkás varnisher
lakkozóműhely *(rep)* dope room
lakkozott lacquered, varnished ; *(zománcozott)* ename(l)led ; **fényes feketére ~** bright black japanned ; **~ lemez** *(pa)* lacquered board ; **~ papír** varnished/lacquered paper ; **~ papírlemez** lacquered board ; *(szigetelő)* varnished paper board ; **~ tárcsa** *(hangfelvételnél)* lacquer disc
lakkpapír varnish paper
lakkpetróleum lacquer petroleum
lakkréteg lacquer coat ; **lakkbőrkészítésnél kefével felrakott második ~** brush coat
lakkszárítás : ~ kályhában baking of varnish ; **~ vörösön inneni sugarakkal** infrared lacquer drying

lakkvasetta *(bőröndös-lakkbőr)* enamelled hide
lakmusz litmus
lakmuszkék *(vegy)* turnsol(e)-(blue)
lakmuszkivonat litmus tincture
lakmuszoldat litmus liquor/solution
lakmuszpapír *(vegy)* litmus (test) paper
lakóbárka house boat
lakócsónak water house
lakodalom *(nyomda)* double
lakóépület residential building
lakóház residential building, dwelling house; **~ udvara** *v* **telke** curtilage
lakóház-építészet domestic architecture
lakóhely residence, dwelling place, domicile
lakókocsi *(utánfutó; gépk)* house/home trailer, caravan; *(munkásoknak)* shelter van
lakókocsi-utánfutó *(gépk)* caravan *(UK)*; house trailer *(US)*
lakókonyha kitchen-living room
lakóköz *(városépítés)* short street bounded by buildings having direct access to it
lakónegyed *(városépítés)* residential quarter/district/area
lakószárny *(ép)* residential wing
lakosztály apartment, suite (of rooms)
lakótelek *(városépítés)* building plot
lakótelep residential settlement, habitation
lakótér area of sleeping and living rooms (without housing accessories, services and amenities)
lakóterület residential area/district; *(házban)* living space
lakóterületi egység residential area unit
lakott terület *(forgalmi szempontból)* built-up area
lakóút *(városépítés)* residential street
lakóváros *(ép)* residential town
lakóvárosnegyed residential section/district
laksűrűség *(városépítés)* residential density
laktalbumin lactalbumin
laktát lactate
laktáz lactase
laktiltejsav lactyl-lactic/lacto-lactic acid
laktoflavin lactoflavin
laktóz lactose, milk sugar
L-alakú hálózat *(távk)* L-network
Lalande-elem Lalande cell
lámagyapjú-szövet llama shirting
lámaszőr *(tex)* llama hair
lambéria *(ép)* wainscot, feather boarding
lambert *(fény; (fényt)* lambert
Lambert-féle területtartó kúpvetület *(térképekhez)* Lambert conformal projection
lambert-láb *(fényt)* foot-lambert
Lamb-féle sikkötő gép *(kh)* Lamb's hand flat knitting machine
Lamé-féle görbe *(mat)* storoid, Lamé's curve
lamella lamella, sheet, disc; *(ép)* slide; *(rád)* reed; *(szövőgépen)* drop pin/wire, dropper
lamellaberakó *(munkás; tex)* drop wire operator; **~ gép** *(tex)* dropper pinning (machine)
lamellák *(tex)* warp stop motion droppers
lamellás lamellar, laminar; *(gépt)* multiple-disc type; **~ elosztó** *(távk)* segmented distributor; **~ fék** multiple-disc brake; **~ tengelykapcsoló** multiple-disc friction clutch
lamellaszerkezet *(tex)* warp stop motion
lamé-szövet *(tex)* lamé cloth
lamináris laminar; **~ áramlás** *(hidr, rep)* laminar flow/stream; **~ áramlásviszonyok** laminar conditions
lámpa lamp, lantern, light; *l még* **izzó(lámpa), cső**; **akkumulátoros kézi~** *(bány)* battery torch; **biztonsági ~** safety lamp; **ellenőrző ~** control lamp; **forrasztó~** brazing torch; **hátsó ~** tail light/lamp; **jelző~** signalling-/tell-tale lamp; **kézi~** torch, flashlamp; **lánggal égő ~** *(bány)* midges; **lehorgonyzást jelző ~** *(rep)* anchor light; **vakításmentes ~** anti-dazzle lamp
lámpaállomás *(bány)* lamp station
lámpaállvány lamp support/bracket
lámpabél (lamp)wick
lámpabéltakarító csipesz *v* **horog** wick snuffer
lámpabura *(üvegből)* illuminating glassware
lámpaellenállás *(távk)* lamp resistance
lámpaemelő csörlő lamp winch
lámpaernyő lamp shade/hood
lámpaernyőkarton *(pa)* opaline board
lámpaernyőpapír és -karton lampshade paper and cardboard
lámpaernyőtartó rózsa *(vill)* gallery
lámpafalikar pajzslemeze wall/fastening plate
lámpafedélvédő lamp cap guard
lámpafej *(gépk)* lamp housing; *(rád) l* **csőfej**
lámpafoglalat lamp/bulb holder/socket, lighting fixture; *(tetőlámpáé)* lamp bezel; *(rád) l* **csőfoglalat**; **csavaros ~** *(vill)* Edison screw (lamp) holder; **fali ~** batten/backplate lamp holder; **Góliát ~** Goliath lamp holder; **középcsapos ~** central contact lamp holder; **rugós ~** cushion socket; **szuronyzáras ~** bayonet lamp holder
lámpagyújtó állomás *(bány)* relighting station
lámpaház *(vetítőgépen)* lamphouse
lámpahorog lamp bracket/support
lámpajelzés *(távk)* lamp signal(l)ing
lámpakamra *(bány)* lamp room/cabin
lámpakapcsoló *(gépk)* lamp switch
lámpakar lamp bracket
lámpakezelő *(bány)* lamp tender
lámpakorom gas/lamp/Paris/(hydro-) carbon black
lámpakoromfekete *(festék)* lamp black
lámpa-módszer *(kénmeghatározásra; ol)* lamp method
lámpaolaj lamp oil
lámpaoszlop lamp post/standard; **~ lámpafejének benyúlása** *(úttest fölé)* overhang of the lantern; **úttest szélén elhelyezett ~** roadside/kerbside standard
lámpariasztás *(távk)* visual alarm
lámpas *l* **lámpa**
lámpasáv *(távk)* lamp strip
lámpaszekrény *[iránytűvilágító]* lamp box
lámpaszerelvények *(vill)* lamp fittings
lámpaszoba *(vonatkísérő személyzeté)* lamp room
lámpatár *(vasút)* lamp room
lámpatartály *(égőanyag számára)* lamp basin
lámpatartó lamp bracket/support, lantern holder/carrier; *(gépk)* lamp carrier/bracket; **karos ~** chandelier; **~ kengyel** *v* **villa** *(gépk)* lamp yoke
lámpatestemelő szerkezet *(vill)* lamp hoist
lámpatisztogató lamp-trimmer
lámpatok *(több izzó fényét szóró, üveglapos)* boat
lámpaüveg lamp glass/chimney/tube
lámpavédő háló *(bány)* lamp guard
lámpavilágítás *(felső; ép)* lantern light; **párkányra helyezett ~** cornice lighting
lámpáz *[tojást]* candle
lámpazár *(bány)* lamp key
lámpazsinór *(vill)* lamp cord
Lampén-malom *(pa)* Lampén mill
lamprofír *(földt)* lamprophyre
lanarkit *(ásv)* lanarkite
lánc chain; *(négypóluskapcsolás)* ladder-type network; *(tex)* warp; **~ alakú csillapítótag** *(távk) l* **csillapítólánc**; **átviteli ~** *(távk)* (transmission) path; **~ot bordába befűz** *(tex)* slay; **csapszeges ~** bolt chain; **csigán futó ~** block chain; **csuklós ~** block chain; **elektroakusztikus ~** *(távk)* channel; **~ előfutó szeme** *(horgonyfélszem és rendes lánctagok között)* fore-ganger; **erőátviteli ~** power-transmission chain; **~ felső (terhelt) ága** top run of the chain; **földelő ~** *(vill)* ground chain; **Gall-féle ~** roller/Gall's chain; **görgős ~** roller chain; **gyűrűs ~** round-linked chain; **hajtó ~** *l* **hajtólánc**; **hevederes ~** roller/Gall's chain; **hosszú szemű ~** long-link chain; **húzó~** pull chain; **~ot írez** *(tex)* dress the yarn; **izületes ~** hook-link chain, ladder chain; **kalibrált ~** pitch chain; **kalibrált csapos ~** pintle chain; **~ba kapcsolt négypólusok** *(távk)* (four-terminal) networks connected in cascade/tandem; **kerek szemű ~** round-linked chain; **keresztszemű ~** hand-in-hand chain; **kiegyensúlyozó ~** *(felvonón)* compensating chain; **~ kihorgonyzása** chain anchoring; **lapos ~** band chain; **német ~** long-link chain; **nyitott szemű ~** open-link chain; **~ban nyomott szövet** *(tex)* warp-printed fabric; **~ rángása** *(tex)* tugging of the warp; **rövid szemű ~** close-link chain; **szigetelő ~** *(vill)* insulator chain; **teheremelő ~** load chain; **többsorú ~** multiple-strand chain; **Vaucanson ~** hook-link chain, ladder chain; **(vedernyitó) kilincses ~** *(exkavátor vedreinek nyitására)* dipper latch; **~- és vetülékfonalak kereszteződése** *(tex)* interlacing the warp and weft threads; **~ és vetülék kétféle színezése** *(tex)* cross-colo(u)ring; **vezérlő ~** control chain; **zajtalan ~** silent chain; **zárt ~** *(vegy)* closed chain
láncadagolás *(gépt)* chain feed; *(tex)* delivering the warp, let off the warp
láncadagoló: ~ berendezés *(szövőgépen)* (warp) let-off motion, pacing/delivery motion; **önműködő ~** *(tex)* automatic warp let-off motion; **~ szerkezet** *(szövőgépen; tex)* warp governing motion, (warp) let-off motion
láncág *(gépt)* chain side
láncakna chain race

Lancashire : ~ **kazán** Lancashire boiler ; ~ **kemence** Lancashire hearth
láncatlasz *(tex)* warp satin
láncáttétel chain drive/gear(ing)/transmission
láncbársony *(tex)* button velvet, warp pile fabric
láncbedolgozás *(tex)* warp contraction/crimp, warp take-up
láncbedolgozási arány *(tex)* warp ratio
láncbefűzés *(tex)* looming
láncbefűző *(személy ; tex)* warp gaiter, warp-hanger ; ~ **gép** *(tex)* ingiver machine
láncbelógás chain slack
láncbeszerelő *(tex)* loom gaiter
láncbeugrás *v* **-rövidülés** *(tex)* shrinking/shortening of the warp
láncbordázás *(tex)* warp ribs
láncborona *(mzg)* spike-chain harrow, link harrow
láncbrága hordórakodáshoz *(hajó)* barrel sling
láncbütyök *(tex)* chain bowl
láneccsap link/chain pin
lánccsévélő *(munkás ; tex)* warp winder/spooler ; ~ **gép** *(tex)* warp-spooling machine ; **kétoldalas** ~ **gép** *(tex)* double warp winding frame
lánccsiga chain fall
lánccsík *(műselyemszövetben)* barry
lánccsíkos sávoly reeded twill
lánccsíkozású szövet cloth with warp stripes
lánccsillapítás *(távk)* iterative attenuation
lánccsomózó gép *(tex)* warp-tying machine, binding-off machine
lánccsörlő chain pulley winch
lánccsukló beállítása *(réselőgépen)* chain lacing
láncdió sprocket (wheel)
láncdob chain sheave/drum
láncelcsúszás *(tex)* warp slippage
lánc-elevátor chain elevator
láncelőkészítés írezés nélkül *(tex)* dry beaming
láncemelő chain jack
láncerősítő *(rád)* chain amplifier
láncfejlődés *(vegy)* chain propagation
láncfék chain brake ; *(hajó)* controller, stopper
láncfelfüggesztés chain suspension, catenary hanger
láncfelhengerlő gép *(tex)* warp-beaming machine
láncfelvetés *(tex)* constructing a warp ; *(szalagfelvető gépen)* mill warping
láncfelvető : ~ **állvány** *(tex)* warping creel ; *(szalagszövéshez)* brank ; **kézi** ~ **fakeret** *(tex)* bartrees
láncfeszítő *fn* chain adjuster/drawer/tenisoner ; *(szövőszéken ; tex)* pace ; *(mkpár)* chain adjuster ; *(lánctalpas járműé)* track tensioner ; ~ **csavar** *(mkpár)* chain adjusting screw ; ~ **cső** *(kúpos felvető gépen ; tex)* warp tension rod ; ~ **(fogas)kerék** *(vezérmű ; gépk)* tensioning idler gear ; *(gépt)* jockey sprocket ; ~ **szerkezet** *(vezérmű ; gépk)* chain tensioning device ; *(tex)* tenter chain, chain tightening motion
láncfeszültség-kiegyenlítő *(tex)* gate tension device
láncfeszültség-szabályozó *(tex)* warp weighting arrangement, let-off motion, pacing motion
láncfogas fűrész link (plate) tooth saw
láncfogaskeréktengely chain pinion axle
láncfonal *(tex)* warp (thread), chain, (warp) end ; *(szövetben)* twist ; **~akon áthalad** *(tex)* shoot ; **~akat beolvas** *(tex)* cross the warp threads ; **gyengén írezett** ~ *(tex)* soft warp ; ~ **haladási sebessége** pace ot the warp ; **kettős** ~ *(egy nyüstszemben)* double ends (in a dent) ; **kihagyott** ~ *(hiba)* scob ; ~ **kötésmintája** pattern of warps ; **láncolt** ~ chain warp ; ~ **nyomása** *(tex)* printing of the warp
láncfonaladagolás *(tex)* pacing/delivery of the warp
láncfonaladagoló mozgás *(tex)* let-off motion
láncfonaladogató *(személy)* reacher-in, passer
láncfonalbeállítás *(tex)* gaiting/looming up the warp ; **ritka** ~ clear set (of warp threads)
láncfonalbedolgozás *(tex)* warp take-up
láncfonalbefűzés *(tex)* warp gaiting/drawing/replenishment/entry ; ~ **nyüstbe** loom draft
lánc(fonal)befűzési művelet *(tex)* operation of drawing-in
láncfonalbefűző (munkás) *(tex)* warp drawer
láncfonalbeszerelés *(tex)* mounting of the warp
láncfonalcséve *(felvetésnél ; tex)* twist cop
láncfonalcsomózás *(tex)* chain twisting
láncfonalcsomózási mód *(tex)* dog knot
láncfonalfékezés *(tex)* warp weighting
láncfonalfelhengerlés *(tex)* beaming
láncfonalfelvető tárcsa *(tex)* chain bowl
láncfonalfeszültség *(tex)* warp tension, tension of the warp
láncfonalgombolyag *(tex)* ball warps
láncfonalhiány *(szövetben; tex)* ends down
láncfonalirányító henger *(felvetőgépen ; tex)* yarn rest
láncfonalismétlődés *(tex)* repeat of warp threads in weave
láncfonalkopsz *(szelfaktorhoz ; tex)* warp cop
láncfonalköteg *(felvetésnél ; tex)* porter, group of threads ; *(számítási egység ; tex)* beer, bier
láncfonalkötözés *(tex)* joining the warp threads
láncfonalkötöző (munkás) *(tex)* hand twister
láncfonal-mintaelem *(tex)* repeat of warp threads in weave
láncfonalosztás *(tex)* pitch of warp threads
láncfonalőr *(tex)* (automatic) warp stop motion, warp protector (motion)
láncfonalösszesodrás *(tex)* joining the warp threads
láncfonalrövidülés *(tex)* contraction of the warp
láncfonalsúly *(tex)* chain/warp weight
láncfonalsűrűség *(tex)* set of warp ; ~ **hüvelykenként** ends per inch
láncfonalszakadás *(tex)* broken warp thread/end(s), end/warp breakage, warp breaks ; ~ **megszüntetése** mend warp break
láncfonalvégződések *(tex)* ends
láncforgó *(csatlakozáshoz)* chain swivel
láncfűrész chain saw, link tooth saw
láncgombolyag *(tex)* ball warps
láncgörbe *(mat)* catenary, chainette, tautochronous curve ; **egyenszilárdságú** ~ *(mat)* catenary of uniform strength
láncgörbeív catenary arch
láncgörbés ív *(ép)* catenarian arch
láncgörgő chain pin, link roller
lánchajtás chain drive/motion/transmission ; *(megkülönböztetésül a kardánhajtástól ; mkpár)* chain (final) drive ; **kettős** ~ double-chain drive
lánchajtás-szekrény *(gépk)* chain box
lánchajtású chain-driven
lánchajtó : ~ **fogaskerekes tengely** *(gépk)* jackshaft ; ~ **fogaskerék** track sprocket
lánchatást adó szövésmód *(tex)* chain weave
lánchenger *(tex)* (warp) beam, beam (roll), beamer, yarn-beam/-roller, loom/weaver's beam ; **~lánca** *(tex)* loom chain ; **~en színezett vetülékfonal** warp-dyed weft ; **~en színező gép** *(tex)* beam dyeing machine ; **~ek tárolása** storage of warp beams ; **üres** ~ *(tex)* empty beam ; **a** ~ **üt** *(tex)* beam runs untrue
lánchengerágy *(tex)* beam bearing
lánchengerállvány *(tex)* weaver beam frame
lánchengercsap *(tex)* beam pivot/pike
lánchengercsapágy *(tex)* beam bearing
lánchengercsapágyszán *(tex)* beam carrier slide
lánchengeremelő rúd *(tex)* beam pike
lánchenger-fékberendezés *(tex)* warp beam weighting motion
lánchenger-féktárcsa *(tex)* draghead/ruffle of beam
lánchenger-felvetés *(tex)* beam-warping, beaming
lánchenger-kötélfék *(tex)* rope let-off motion
lánchengerleszedő készülék *(tex)* beam doffer
lánchengermozgató szerkezet *(tex)* let-off motion
lánchengerprés *(tex)* yarn-beam press
lánchengerszállító kocsi *(tex)* runner (for carrying beams), warp beam jack
lánchengertapintó készülék *(tex)* beam feeler
lánchengertárcsa *(tex)* beam head/flange, warp yarn-beam flange
lánchengertartó *(tex)* beam carrier
láncheveder chain link
lánchíd suspension/chain/hanging bridge ; ~ **függesztőrúdja** drop bar ; ~ **rácsos merevítőgerendája** hog chain truss
lánchordozó munkás *(tex)* warp hauler
lánchurkoló gép *(kh)* warp loom (tricot machine), tricot machine
lánchurkolt *(kh)* warp knit ; ~ **háló** warp lace net ; ~ **kelme** tricot ; **keskeny** ~ **szalag** warp loom tape
lánchurok *(tex)* chain loop ; **felvágott** ~ *(bársonyszövésnél)* cut loop
láncimpedancia *(távk)* iterative impedance
láncindítás *(vegy)* chain initiation
lánciràny *(tex)* warp line ; **~ban** warp-wise
láncirányú : ~ **csíkosság** *(szövethiba)* warp streaks/streakiness ; ~ **keresztmetszet** section through warp ; ~ **sűrűség** *(tex)* warp texture ; ~

szakítószilárdság warp tear resistance
láncírezés *(tex)* warp dressing, warp/beam sizing
láncismétlődés *(kötésmintában; tex)* repeat of warp threads
láncív *(függesztő; ép)* catenary
láncizomeria *(vegy)* chain isomerism
lánckamra *(hídon)* anchorage chamber
lánckapcsolás *(tranzit; távk)* tail eating circuit
lánckapcsolású szűrő *(szűrőlánc; távk)* ladder-type filter
lánckapcsoló *fn* chain joint; ~ **szem** chain joint, chain lug/eye
lánckerék chain pulley/sprocket, pintle/sprocket wheel; *(gépk)* chain wheel, sprocket; **fogazás nélküli** ~ chain pulley; **hajtó** ~ drive sprocket
lánckerékfog sprocket tooth
lánckerékhajtás *l* **lánchajtás**
lánckeréklehúzó *(mkpár)* sprocket puller
lánckerékmaró sprocket-wheel cutter
lánckerékserleg chain bowl
lánckeréktengely sprocket shaft
láncкihúzó kötél chain rope
lánckioldó (szerkezet) *(hajó)* cable release
lánckorong chain sheave; **láncszemhez simuló** ~ grip disc
lánckötő gép *(kh)* (latch needle) warp loom, warp-knitting machine
lánckötött áru *(kh)* warp-knit(ted) fabric, warp knitting, warp loom fabric
lánckötöző állvány *(tex)* twisting-in frame
lánclap *(tex)* loom check
lánclemez *(hídon)* eye bar; *(réselőgépen)* chain connector
lánclemezes lánchíd eyebar chain bridge
láncminta *(tex)* warp pattern
láncmintás szövet *(tex)* cloth with warp effects
láncmozgást szabályoz *(tex)* regulate the letting-off
láncmozgató szerkezet *(tex)* chain feed motion
láncnyomó gép *(tex)* chain printing mill
láncol *(kh)* loop
láncolás catenation; *(kh)* looping; *(vill)* meshing
láncolat *l* **lánc**; **sokszögelési** ~ chain of polygons
láncolódó *(rád)* meshed
láncológép *(kh)* linking/looping machine, linker, looper
láncolókerék *(kh)* looping wheel
láncolósor *(kh)* loopers/slack course
láncolt: ~ **feszültség** *(vill)* phase-to-phase voltage, mesh voltage; ~ **láncfonal** *(tex)* chain warp
láncos: ~ **csőfogó** *(ol)* pipe grip; ~ **emelőrúd** *(bányafarabláshoz)* pole and chain; ~ **feszítő** *(befogókkal; tex)* clip stenter; ~ **feszítő-szárító (berendezés)** *(tex)* straight tenter; ~ **kaparó-** *v* **kotrószalag** scraper-chain conveyor; **megtámasztható** ~ **fogó** back-up chain tongs
láncosztás chain pitch
láncöltés *(cipő, tex)* chain stitch
láncöltéses: ~ **keresztülvarró gép** *(cipő)* chain-stitch sole sewing machine; ~ **varrás** chain stitch seam
láncpálya chain race/road; *(futó szerkezet)* chain railway; *(bány)* chain tramway

lánc-paraméterek *(távk)* iterative parameters/constants
láncpecek chain pin/stud; *(merevítőcsap)* stay pin
láncrázó *(burgonyaszedőn)* shaker
láncreakció *(vegy)* chain reaction; ~ **megindítója** trigger
láncripsz *(tex)* warp ribs
láncrostély chain grate; ~ **önműködő adagolással** automatic feed grate
láncrostélyos kazán chain-grate boiler, stoker-fired boiler
láncrövidülés *(tex)* shrinking of the warp
lánc-sávoly *(tex)* warp (face) twill; 2/1 ~ *(tex)* twill 2-and-1 warp face; 3/1 ~ *(tex)* whipcord
lánc-struksz *(tex)* twill weft back cloth
lánc-sűrűség *(tex)* pitch
láncszabály *(mat)* chain rule
láncszakadás chain failure; *(vegy)* chain breaking
láncszalagírező gép *(tex)* tape/ball-sizing machine
láncszekrény chain case; *(hajó)* chain well
láncszelfaktor *(tex)* twist cop mule
láncszem chain link; **golyvás** ~ bent chain link; **hevederes** ~ flat chain link; **kerek** ~ round chain link; **nyitott** ~ open chain link; **ovális** ~ long chain link; **zárt** ~ closed chain link
láncszemdíszítés *(ép)* chain mo(u)lding
láncszerelés chain lacing
láncszigetelő *fn (vill)* insulator chain
láncszínezés *(tex)* dyeing of warps
láncszivattyú chain pump
lánc-szűrő *(távk)* ladder(-type) filter/network
lánctag (chain) link; *(távk, vill)* ladder network
lánctagpersely link bush
lánctalp chain track, caterpillar band; ~ **feszítő szerkezete** track adjuster; ~ **hordozógörgői** track-carrier roller; ~ **kapaszkodókarma** spur; ~ **kapaszkodókarmok nélkül** shoeless track; ~ **lánctagja** track link
lánctalpas: ~ **alvázú** track-type mounting; ~ **daru** crawler crane; ~ **jármű** tracked vehicle; ~ **lapátológép** *(bány)* crawler shovel; ~ **pótkocsi** crawler trailer; ~ **rakodógép** *(bány)* crawler loader; ~ **réselőgép** *(bány)* crawler cutter; ~ **tehergépkocsi** tracked lorry; ~ **traktor** *v* **vontató** caterpillar/crawler tractor, caterpillar
lánctalp-felfüggesztés catenary mounting
lánctalphajtás track/catenary drive
lánctalp-nyomfelület catenary tread
lánctalp-rugó track spring
lánctalpszélesség shoe width
lánctáplálás chain feed
lánctekercs *(tex)* warp ball
lánctekercselés chain winding
lánctekercselő *v* **-tekercsberakó gép** *(tex)* warp balling machine
láncterhelés chain load
lánctok *(gépt)* chain case
lánctoldó félszem shackle
lánctovábbítás kulcsszáma *(szövőgépnél)* dividend of loom take-up
lánctört *(mat)* chain/continued fraction
láncút chain path
láncvágó olló *(tex)* chain snip
láncvarrat *(varrógépen)* chain stitch

láncvédő (burkolat) *(mkpár)* chain cover, chainguard
láncvedres kotró bucket-chain dredger
láncvégszem shackle
lánc-vegyület chain (compound)
láncvezető *(gépt)* chain guide; ~ **csiga** chain fall; ~ **kerék** chain pulley
láncvisszakereső szerkezet *(tex)* end-finding device
láncvitla chain pulley winch
láncvonal *(tex)* warp line
láncvonalboltozat *(ép)* catenary arch
láncvonalvezetés chain path
lánczáró lemez link plate
lándzsaív *(ép)* lanceolate arch
lándzsaszerű *v* **alakú** lanceolate
láng flame; *(lobogó)* blaze; ~**ra lobban(t)** catch fire, light (up), ignite; ~**ra lobbantó** inflammatory; **lebegő** ~ floating flame; **magától** ~**ra lobbanó** spontaneously inflammable; ~ **nélküli** flameless; ~ **nélküli füstös égés** smouldering; ~ **nélküli lőpor** flashless powder; ~ **nélküli repesztés** *(bány)* nonflame blasting; **visszacsapó** ~ backflash
lángálló flame-proof, fire-retardant
lángállóság flame proofing, flame-tightness
lángbaborul burst into flames
lángbanit *(ásv)* långbanite
langbeinit *(ásv)* langbeinite
lángbiztos flame-resistant/proof, flame-tight
lángbolt *(kemencében)* flame arch; ~ **merevítőrúdja** roof stay
lángbolt-tartó cső arch tube
lángcsappantyú flame trap
lángcső flue tube, boiler/furnace flue
lángcsőbehengerlő prés flue expander/beader
lángcsöves: ~ **kazán** (cylindrical) flue boiler; ~ **olvasztó kemence** *(koh)* flue furnace
lángedzés *(hők)* flame/torch hardening
lángfal *l* **lángfront**
lángfestési vizsgálat *(vegy)* flame test
lángfogó flame trap
lángfrissítés *(koh)* refining in low hearth
lángfront flame front
lánggerjesztés flame excitation
lánghíd flame bridge; ~ **forró levegő számára** hot bridge; ~ **levegőhozzávezetéssel** split bridge
langit *(ásv)* langite
lángív flame arc
lángjárás: **visszacsapó** ~ backflash
lángkamra-pernyefogó fal combustion chamber slag baffle
lángkemence *(koh)* reverberatory furnace; *(természetes huzattal)* air furnace; ~ **feneke** sole; ~ **tűztere** hearth
lángkéve jet of flame
lángmentes(ített) combustion resistant, flameproof, anti-flame
lángmikrofon flame microphone
Langmuir-féle törvény Langmuir law
lángnyílás furnace throat
lángoló flaming, aflame
lángoltó berendezés flame arrester
lángpest *(koh)* *l* **lángkemence**
lángralobbanás inflammation
lángralobbanásgátló kikészítés *(tex)* flame proofing
lángralobbantás ignition, inflammation
lángreakció *(vegy)* flame reaction/test

lángrejtő flame killer
lángseprés sweep of flame
lángsugár jet of flame
lángszínkép flame spectrum
lángszóró flame-thrower, liquid fire gun ; ~ **sugara** liquid fire
lángszórós gyomirtó *(mzg)* weed burner
lángterelés flame baffling
lángterelő *fn* flame trap, baffle
lángterjedés propagation of flame ; ~ **sebessége** rate of spread of flame, flame propagation velocity
lángvágás flame/oxygen cutting
lángvágó : ~ **pisztoly** *(heg)* cutting torch ; ~ **pisztoly víz alatti vágáshoz** underwater cutting burner/torch ; ~**val vág** flame-cut
lángvisszacsapás back-firing ; ~ **a fúvókáig** *(heg)* backfire ; ~ **a keverőkamráig** *(motorban)* flashback
lángvisszaterelő szekrény *(kazánba)* reversing chamber
lángvisszaverődés back firing
lanital *(tex)* casein wool
lanka *(földt)* flat gradient, downhill, declinity, hang
lankás gentle
lanolin lanolin(e), wool fat
lanometer *(tex)* lanometer
lansfordit *(ásv)* lansfordite
lantán lanthanum
lantánacetát lanthanum acetate
lantánbromát lanthanum bromate
lantánbromid lanthanum bromide
lantándiszulfid lanthanum disulfide
lantánfluorid lanthanum fluoride
lantánhidrid lanthanum hydride
lantánhidropirofoszfát lanthanum hydropyrophosphate
lantánhidroszulfát lanthanum hydrosulfate
lantánhidroxid lanthanum hydroxide
lantánjodát lanthanum iodate
lantánjodid lanthanum iodide
lantánkarbonát lanthanum carbonate
lantánklorid lanthanum chloride
lantánmetafoszfát lanthanum metaphosphate
lantánmolibdát lanthanum molybdate
lantánnitrát lanthanum nitrate
lantánortofoszfát lanthanum ortophosphate
lantánoxalát lanthanum oxalate
lantánoxid lanthanum oxide, lanthana
lantánszulfát lanthanum sulfate
lantánszulfid lanthanum sulfide
lantántartalmú *(ásv)* lanthanian
lantántartarát lanthanum tartrate
L-antenna gamma-type aerial, bend aerial
lanthanit *(ásv)* lanthanite
lap sheet, card, plate, foil ; *(asztal)* panel, table ; *(sík)* plane ; *(bútoron)* panel filling ; *(mat)* face, surface ; *(nyomda)* page, leaf ; *(pa)* foil, folia ; *(tex)* slab ; *(széles oldal fűrészelt faanyagnál)* side ; ~**pal** flat long, flatwise ; ~ **alakú** slab-shaped ; ~**okból álló** foliated ; **csuklósan megerősített** ~ flap ; ~**ra író készülék** *(távk)* page printing apparatus ; **kocsirugóra szerelt** ~ clip plate ; ~ **mentén** flat long ; ~**jára tekercselt** flat-wound ; **vékony** ~ lamina
láp marshland, slough, suds, fen
lapály plain, flat ; **tengerpartmenti** ~ coastal lowlands
laparany-felrakó kés polisher

lapát blade, shovel, scoop ; *(evező)* paddle ; *(élip)* peel ; *(gépt)* blade, vane ; *(rep)* *l* **légcsavarlapát** ; *(üregrezonátorban ; rád)* (tuning) paddle ; ~ **alakú támasztólemez** *[gyalugépen]* toe dog ; **állítható** ~ adjustable blade ; ~**ok beerősítése** *(turbinakeréken)* rooting-in of blades ; ~ **csúcsa** blade tip ; ~ **domború oldala** face of blade ; **hátlapján vastagított** ~ *(hidr)* bulged--on-backside blade ; **hátragörbített** ~ *(hidr)* backward-bent blade ; **kerékkel egybeöntött** ~ cast-in blade ; ~ **nyaka** root ; **olajkanalazó** ~ oil scoop ; **Pelton-kerékre szerelt serleges** ~ *(hidr)* bucket ; **szögben beállított** ~ *(mzg)* angled blade ; **téglaegyengető homorú** ~ cuckhold ; ~ **töve** *(hidr)* blade root ; ~ **végződése** root ; ~**tal vett minta** scoop sample
lapát- bladed
lapátállás *(gépt)* blade angle/incidence
lapátbefogó tömb *(turbinán)* blade base block
lapátcsoport *(turbinán)* blade bank
lapátél *(turbinán)* blade edge
lapátelcsavarás *(rep)* blade twisting
lapátelem *(hidr, rep)* blade element
lapáterő *(rep)* blade force
lapátfelület *(rep)* blade surface
lapátfrekvencia *(szellőző készülék zajában)* blade frequency
lapáthát *(hidr)* baffle of vane
lapátház *(hidr)* wheel pit/casing
lapátházköpeny discharge ring
lapáthúr blade chord
lapáthüvely *(rep)* blade sleeve
lapátkerék vane/paddle wheel ; *(kh)* bladed wheel ; ~ **dobköpenye** *(kerekes hajón)* paddle box ; ~ **küllője** *(hajó)* paddle arm
lapátkerekes paddle-wheel ; ~ **ércmosó teknő** *(bány)* logwasher ; ~ **gőzös** paddle steamer ; ~ **hajó** paddle boat ; ~ **kukoricaszállító** corn thrower ; ~ **repülőgép** cyclogyro
lapátkeverő *fn* paddle stirrer
lapátkotró : villamos ~ electric shovel
lapát-lap shovel blade
lapátlapbeállítás szöge *(Kaplan-vízturbinán)* blade setting angle
lapátmetszet *(rep)* blade section
lapátnyél shank of shovel
lapátnyomás *(hidr)* blade pressure
lapátolás shoveling ; *(emelőre)* loading
lapátológép shoveling machine
lapátolómunkás shovelman
lapátoló-rakodó gép *(bány)* excavator--type shovel
lapátos bladed ; ~ **kerék** *(emelőn)* bucket wheel ; *(hajón)* paddle wheel ; ~ **keresztkötés** *(emelőn)* spatular strut ; ~ **keverő(gép)** paddle mixer ; ~ **rakodógép nyomó szerkezete** *(bány)* thrusting engine
lapátosztás *(turbinában)* vane/blade pitch ; *(Pelton-turbinában)* bucket spacing
lapátozás *[turbináé]* blading
lapátöntvény(tömb) blade block
lapátrögzítés *(hidr)* blade retention
lapátrögzítő anya *(hidr)* blade-retaining nut
lapátszám *(rep)* number of blades
lapátszárnyas *l* **szárnylapátos**
lapátszélesség *(rep)* blade width
lapátszög blade/vane angle

lapáttag *(rakodógépfején ; bány)* loading trough
lapáttengely *(rep)* blade axis
lapátterület *(rep)* blade area
lapáttő *(hidr)* blade root
lapátvastagság *(rep)* blade thickness
lapátveszteség *(rep)* blade loss
lapátvibrátor spud vibrator
lapburkolat *(ép)* flooring tile
lapfektető (munkás) *(ép)* flagger ; *(pa)* layer, lifter, lay boy
lapfelület és mélység aránya *(csiszolt drágakőnél)* spread
lapilli *(földt)* lapilli, rapilli
lapis : ~ **crucifer** *(ásv)* lapis crucifer ; **lazuli** *(ásv)* *l* **lazurit**
lapít flatten, plate, clout, bead ; *(kovácsolással)* squeeze
lapítás *(alak)* flatt(en)ing, squeezing
lapítási vizsgálat *(alak)* flatting test
lapító kalapács flattener
lapítópróba *(csöveken)* tube-flattening test
lapított flattened ; *(földt)* reduced ; ~ **csővég** *(gépt)* palm ; ~ **dobvég** *(mkpár)* fish-tail ; ~ **rúdvég** *(gépt)* palm
lapka face ; *(keményfémből)* tip ; *(érmesajtoláshoz)* planchet
lapkaöntés planchet casting
lapkás *(forg)* tipped
lapképzés *(pa)* formation of sheet
lápképződés *(földt)* formation of marsh
lapközpontos rács *(ásv)* face-centred lattice
Laplace-függvény *(mat)* potential function
Laplace-transzformált : ~ **függvény** Laplace transform of function ; ~ **változójának tartománya** Laplace domain
lapol overlap, splice ; **ferdén** ~ *(gerendát)* scarf
lapolás overlapping, flat scarf ; *(gépt, heg)* lap(ped) joint ; *(fakötésnél)* joggle ; **ferde** ~ chamfered joint ; **ferdén ékelt** ~ joint with skew scarf and key ; **ferde fogazott** ~ bevel(l)ed halving ; ~**sal illeszt** *(fa)* cypher, sypher ; **kettős** ~ *(ép)* double rabbet ; **közönséges** ~ *(fa)* half lap
lapolási szélesség width of lap
lapoló illesztés *(ép)* notching
lapológyalu adz-plane
lapolt : ~ **deszkaborítás** *v* **-burkolás** *(ép)* lap-jointed sheeting ; ~ **félfa** *v* **tokoszlop** rebated jamb ; ~ **illesztés** (joggle) lap joint
lapos flat, plain ; ~ **acélnyüst** *(tex)* healds of flat steel wire ; ~ **boltív** *(ép)* jack/flat(tened) arch ; ~ **csákány** flatter ; ~ **csavarkulcs** sheet--arm spanner ; ~ **csavarmenet** *l* **laposmenet ;** ~**ra csiszol** *(drágakövet)* tabulate ; ~ **dőlés** *(bány)* medium gradient/pitch ; ~ **dőlésű** *(bány)* light pitching, easy, flat ; ~ **dugóhúzó** *(rep)* flat spin ; ~ **edény** flatware ; ~ **ék** flat key ; ~ **ellenállás** *(csillámlemezre tekercselt ; rád, távk)* mica-card type resistor ; ~ **ellenző** shallow shade ; ~ **ellipszoid** *(mat)* oblate ellipsoid ; ~ **ernyőjű katódsugárcső** flat-faced tube ; ~ **fedés** *v* **födém** coping ; ~ **fejű** flat--head(ed) ; ~ **feketedési görbe** *(fényk)* soft gradation ; ~ **felületet ad** *(drágakőnek)* tabulate ; ~ **felületű vízszintes telér** *(földt)* vein blanket ;

~ **fenekű** *(hajó)* flat-bottom(ed); ~ **fenekű csónak** flatboat; ~ **fenekű tartály** flat-bottom bin; ~ **fenekű uszály** pram; ~ **fenekű vitorlás** scooter; ~ **forduló** *(rep)* flat turn; ~ **furatidomszer** flat plug ga(u)ge; ~ **fúró** flat drill; ~ **hajógerinc** plate keel; ~ **hajtószíj** flat belt; ~ **(hódfarkú) cserép** plane-tile; ~ **horonyreszelő** flat chanelling file; ~ **hosszvezetékes keresztfej** flat long--slotted crosshead; ~ **huzal** *(magnetofonhoz)* flattened wire, wirelike tape; ~ **illesztés** *(gépt)* butt to butt; ~ **irattartó** *(pa)* note paper case; ~ **ívelésű** low-arched; ~ **jelleggörbe** *(távk)* flat/uniform characteristic/response; ~ **jelleggörbéjű erősítő** *(távk)* flat amplifier; ~ **készbőr** flat; ~ **korcolás** *(ép)* flat seam; ~ **kötél** *(tex)* flat rope; ~ **kötélfonat** flatten strand; ~ **láng** tongue flame; ~ **lángú égő** slit/slot burner; ~ **medencéjű** *(kemence)* flat-hearth; ~ **menet** *l* **laposmenet**; ~ **munkadarab** *(nyers)* flat blank; ~ **nyaláb** *(rád, távk)* sheetlike beam; ~ *(vékony)* **nyersbőr** thin hide; ~ **oldal** flat; ~ **öltés** *(tex)* flat-stitch, seam; ~ **öltésű hímzés** flat-stitch embroidery; ~ **papírdoboz** *(pa)* tray; ~ **part** flat; ~ **pászmás kötél** flat strand rope; ~ **pilotfrekvencia** *(távk)* „flat" pilot frequency; ~ **rakfelületű kocsi** flat car; ~ **reszelő** flatfile; ~ **röppálya** flat trajectory; ~ **sarkú papucscipő** flatties *(US)*; ~ **sávoly** *(vetülékirányban; tex)* reclining/straight/flat twill; ~ **sikattyú** plain vice; ~ **sikló repülés** shallow glide; ~ **spiráltekercs** *(induktancia-tekercs; vill)* slab coil; ~ **szíjhajtás** flat-belt drive; ~ **szíjtárcsa** flat pulley; ~ **talpú szelepemelő** *(gépk)* flat-bottom tappet; ~ **tányér** flatware; ~ **tartály** *(üvegből v fémből)* flask; ~ **tekercs** flat/doughnut coil; ~ **tekercselésű** flat-wound; ~ **terület** *(földt)* pan; ~ **tetejű antenna** flat-top antenna; ~ **tető** flat roof; ~ **tetőfedő cserép** $(10\frac{1}{2}" \times 6\frac{1}{2}" \times \frac{3}{8}-\frac{1}{2}")$ plain(-)tile; ~ **ülésű szelep** flat-seat valve; ~ **vágás** *(bőr)* gouges, nicks, scores, flat cuts; ~**sá válik** flat(ten); ~ **varrat** *(heg)* normal weld; ~ **végű** with flat end; ~ **végű állítócsavar** flat-point set screw; ~ **végű cső** *(rád)* flat-ended tube; ~ **végű esztergakés** flat-pointed tool; ~ **végű forrasztópáka** hatchet iron; ~ **vezeték** *(gépt)* flat slide-way; ~ **zárnyelv** *(rekesztő; óra)* plate tumbler

lápos marshy; ~ **síkság** marshy plain

laposacél flat steel; *(széles)* band steel

laposágyas abroncs *(gépk)* straight-side rim

laposanya plain nut

laposbuga flat billet, slab

laposfogó flat-nose pliers (with short nose); **áttűzött** ~ box-joint type flat-nose pliers (with short nose); **hosszú csőrű áttűzött** ~ box-joint type flat-nose pliers with long nose; **huzalvágópofás** ~ American wire--cutting pliers; ~ **az írógép betűkarjainak igazítására** type-adjusting pliers

laposhalmájolaj halibut liver oil

lapósít *l* **lapít**

laposkőburkolás flagstone covering

laposmenet *(gépt)* square thread

laposmenetű csavar square-threaded screw

laposrugó flat/plate spring

laposság flatness

lapostégla-padló flat brick paving

laposvágó *(forg)* cold chisel; *(pa)* guillotine (cutting machine), slitting--machine; ~ **kés** *(pa)* guillotine blade/knife

laposvas flat (bar) iron/steel

laposvasrácsozás *(hidon)* flat trellis work, flat lacing

laposvassín plate rail

laposvéső *l* **laposvágó**

lappangás latency

lappangási idő incubation period, period of latency

lappangó latent; ~ *(elő nem hívott)* **kép** *(fényk)* latent image

laprugó leaf/plate/laminated spring; ~ **ívmagassága** camber of spring; ~ **lapjai közötti súrlódás** *(gépt)* interleaf friction; ~ **rugólapjai közötti súrlódást gátló betét** *(gépk)* spring insert; ~ **a tengely alatt felerősítve** *(gépk)* leaf spring underslung below the axle; ~ **a tengely felett felerősítve** *(gépk)* leaf spring overslung over the axle

lápszakadás *(földt)* bursting bog

lapszámozás *(nyomda)* pagination

lapszámozó *(pa)* pager

lapszámozott *(nyomda)* foliated

lapszél-aranyozás *(nyomda)* gilt top

lapszimmetria symmetry of surfaces

lapszög *(mat)* plane/dihedral angle

lapszögmérő goniometer

lápterület marshy flat

lapult *[kristály; ásv]* flattened

lapultság: Föld ~**a** oblateness of the earth

lapvezető *(nyomda)* paper guide

lapvibrátor *(ép)* platform vibrator

larderellit *(ásv)* larderellite

lardolaj *(sertészsírból)* lard/grease oil

lármagép *(hangt)* buzzer

larnit *(ásv)* larnite

Larsen-effektus acoustic feedback

larsenit *(ásv)* larsenite

Larssen-profil *(vasszádpallón)* top hat section

lárvamarás *(bőr)* honeycomb

lárvaölő szer larvicide

lassan: ~ **kikapcsoló** slow-breaking; ~ **működő** *v* **ható** slow-acting; ~ **megtörő** *(emulzió)* slow-breaking; ~ **reagáló** *(vegy)* slow-reaction

lassít decelerate, slow down, retard; *(gátol)* check, impede

lassítás *(mech)* deceleration; *vö még* **lassít**

lassítási: ~ **arány** speed-reduction ratio, slow-down ratio; ~ **hatásfok** retardation efficiency

lassító *fn* decelerator; ~ **átvétel** (speed) reducer; ~ **áttétellel hajtott** geared down; ~ **berendezés** retardation device; ~ **előtétfogaskerékpár** *(forg)* quill gear; ~ **(erő)tér** *(vill)* retarding field; ~ **erőteres** *(rád)* retarding--field; ~ **fogaskerékhajtás** reducing train/gear, reducer; **vulkanizálási** ~ cure retarder

lassítójel *(vasút)* speed-slackening signal

lassítónyomás *(gépt)* retardation pressure

lassítóteres oszcillátor *(Barkhausen-féle)* retarding-field oscillator;

lassított retarded, slow; *(áttételezett)* geared-down; ~ **előtolás** *(gépt)* slow feed; ~ **film** slow-motion film; ~ **menet** slow-drive; ~ **mozgás** *(gépt)* slow motion

lassú slow, low-rate; ~ **égésű gyújtózsinór** smift; ~ **előhívó** *(fényk)* low-energy developer; ~ **földrengési mozgás** bradyseismical movement; ~ **hajtás** slow-drive; ~ **járás** slow running; ~ **járású Diesel-motor** low--speed compression ignition engine; ~ **járat** low speed; ~ **járatú** low-speed, slow-running; ~ **jármű** slow-moving vehicle; ~ **letapogatás** *(telev)* low--velocity scanning; ~ **mozgású elektron** low-velocity electron; ~ **működésű megszakító** *(vill)* slow-break interrupter, low-speed interrupter; ~ **szabályozás** *(vill)* slowly-acting regulation/control, response regulation/control; ~ **tűz** slow fire; ~ **víz** *(hidr)* slack water

lassul slack, decelerate

lassulás *(mech)* deceleration, retardation

lassulási: ~ **diagram** retardation curve; ~ **zóna a gázáramban** decelerating zone of gasflow

lassulásmérő *fn* decelerometer

lassuló mozgás decelerating/retarded motion

lassúság slowness

lát- és hangjelzéses kétsávos térosztó *(rep)* visual-aural two-course range

látás vision; ~ **élessége** *(fényt)* visual acuity; ~ **két szemmel** two-eyed vision

látási *(vizuális)* visual; ~ **határ** limit of visibility; ~ **méret** *(fényk)* view-size; ~ **távolság** *(fényk)* visual distance; *(gépk)* seeing distance; ~ **viszonyok** *(rep)* visibility; ~ **viszonyokat mérő készülék** *(met)* visibility meter; ~ **vonal** *(rád, távk)* line of unobstructed sight

látásszög *(fényk)* viewing angle

látástávolság *l* **látótávolság**

látásvizsgálat sight testing

látásvizsgálati tábla test-type chart

látcső telescope; *(színházi)* viewing glass

látcsőtok telescope case, viewing-glass case

látens latent; ~ **állapot** latency; ~ **hő** latent heat; ~ **vegyérték** latent valency

laterit *(ásv)* laterite

laterna *(ép)* louver, lantern

laternás kupola *(ép)* fomerel

latex *(gumi)* latex, sap; ~ **adalékanyaga** latex ingredient; ~ **föle** latex cream; ~**ből húzott gumifonal** latex thread; ~**szel való bevonás** latex proofing

latex-albumin-ragasztóoldat latex-albumen cement

latexfölösödés cream formation

latexgyűjtő edény latex vessel/cylinder

latexhab latex froth

latexhabosító gép latex froth building machine

latexhártya latex film

latex-karton *(pa)* latex board

latexkaucsuk latex rubber
latexkeverék latex compound
latexkiegyenlítődés building (of latex)
latex-lemez *(pa)* latex board
latexleválasztással nyert gumicikk latex--deposited article
latexöntési eljárás moulded-latex process
latexsűrítés latex thickening
latexsűrítő berendezés latex concentrator
latextároló berendezés latex bulking equipment
láthatár *l* **látóhatár**
láthatatlan invisible, blind ; ~ **fény** dark light ; ~ **hősugarak** invisible heat ; ~ **kép** *(fényk)* sympathetic image ; ~ **sugarak** invisible/obscure rays
látható : *l még* **vizuális** ; ~ **adagolású (henger)olajozó** sight feed lubricator ; ~ **beszéd** *(távk)* visible speech ; ~ **csepegő olajozás** visible-drop lubrication ; ~ **csepegő olajozó** visible-drop oil cup ; ~ **diszkordancia** *(földt)* evident disconformity ; ~ **feljegyzés** *(távk)* visible record ; ~ **hangolás** *(rád)* visual tuning, V. T. ; ~ **horizont** *(csill)* offing ; ~ **írású írógép** visible typewriter ; ~ **kövű horgony** *(óra)* pallet with exposed jewels ; **nem** ~ invisible, blind, out-of-sight ; ~ **riasztójel** *(távk)* visual alarm signal ; ~ **sugárzás** *(fényt)* luminous radiation ; ~ **sugárzási energia** visible radiant energy ; ~ **színkép** luminous spectrum ; ~ **varratú cső** open-seam tube
láthatóság visibility ; ~ **tartománya** range of visibility
láthatóvátétel *(nyomási mintáé ; tex)* sightening
laticel *l* **habgumi**
latin betűk *(nyomda)* latin
látjel *(rep)* signal aspect
látjelzéses : ~ **iránymérő** *(rep)* visual indicating direction-finder ; ~ **iránysáv** *(rep)* visual course ; ~ **körsáviranyadó** *(rep)* visual omnidirectional range, VOR ; ~ **rádió-térosztó** *(rep)* visual radio range ; ~ **vezetés** *(rep)* visual guidance
látjelző *(távk)* indicator key
látkép general view, vista, panorama ; *(városé)* town picture, view/perspective of a town
látmező *l* **látómező**
látmezővilágítás *(távcsőben)* illumination of the field of view
látóbíbor *(vegy)* visual purple
látóhatár horizon, eyeshot, verge ; **látszólagos** ~ apparent horizon ; **mesterséges** ~ *(csill, rep)* artificial horizon
látóhatármutató *(rep)* horizon bar
látóhatárpótló fénysor *(rep)* horizon light
látóképesség power of seeing, sight potency
látókör vision circle, eyeshot, scope ; ~ **látszólagos süllyedése** *(csill)* apparent depression (of the horizon)
látómező field of view/vision, visual field, sight
látópont *(met)* visibility marker
látósugár *(geod)* visual ray
látószög visual angle, angle of sight ; *(csill)* parallactic angle
látószöghatár *(geod)* angular limit of visibility
látótávolság visual/sight/optical range, visibility distance
látótelefon television-telephone system
látótengely optical axis
látótengelyvizsgáló tárcsa axis test disc
látótér *l* **látómező**
látótérrekesz field stop
látrajz eye sketch
latrobit *(ásv)* latrobite
látszat aspect
látszat- dummy
látszerész optician
látszólagos apparent, virtual ; ~ **antiklinális** *(földt)* buried hills ; ~ **asszociáció** *(statisztikában)* illusory association ; ~ **aszimmetria** *(távk)* apparent unbalance ; ~ **ellenállás** *(vill)* impedance, apparent/virtual resistance ; ~ **fajlagos sűrűség** bulk density ; ~ **hatásfok** apparent efficiency ; ~ **induktivitás** *(vill)* apparent (a. c.) incremental inductance ; ~ **kettős csillag** optical double ; ~ **magasság** *(rád)* virtual height ; ~ **mozgás** apparent motion ; ~ **rétegezettség** *(földt)* false bedding ; ~ **sebesség** apparent velocity ; ~ **teljesítmény** apparent power ; ~ **terhelés** apparent load ; ~ **veszteség** apparent loss
lattorfi emelet *(földt)* Lattorfian substage, Sannoisian stage
látvány view
látva-repülő *(nem vakrepülő)* contact--flying
Laue-diagram Laue pattern
laumontit *(ásv)* laumontite
laurinsav lauric acid
laurionit *(ásv)* laurionite
laurit *(ásv)* laurite
lautarit *(ásv)* lautarite
lautit *(ásv)* lautite
láva *(földt)* lava
lávaár volcanic flow, lava flood
lávadomb tumulus
lávadugó (lava) plug
lávadugó-képződmény volcanic obelisc
lávafolyam torrent of lava
lávafolyás surface flow
lávaforrás *(földt)* lava fountain, goblet of lava
lávagolyók lava-balls
lávakiömlő csatorna channel of ascent
lávakitörés irruption
lávakúp driblet/blowing/lava cone, hornito
lávakupola lava dome, bulge
Laval-cső *v* **-fúvóka** Laval (jet) nozzle
lávaoszlop lava-column
lávaömlés lava flow
lávaréteg lava bed/sheet
lávateke driblet cone
lávató spurs/goblet of lava
lavendula-olaj lavender oil
låvenit *(ásv)* låvenite
lavezkő *(ásv)* pot stone
lavina *(földt)* avalanche, snow slide
lavinaalagút avalanche gallery/shelter
lavinafogó fal baffle
lavinakarzat avalanche gallery
lavinamenedék avalanche shelter
lavinatartomány *(at, rád)* avalanche region
lavinatető avalanche shelter
lavinatörő fal *v* **mű** avalanche baffle works
lavíroz *(hajó)* ply
lawrencit *(ásv)* lawrencite
lawrowit *(ásv)* lavroffite, lavrovite
lawsonit *(ásv)* lawsonite
laza loose, free, slack, untight, incompact, incoherent, noncohesive ; *(bány)* incompetent ; *l még* **ömlesztett** ; ~ **ág** *(szíjé)* slack side ; ~ **állapotban** *(szálban)* **színezett fonal** *(tex)* fibre--dyed yarns ; **lazán beeresztett** *v* **kitöltött** loose-filled ; ~ **beton** *(ép)* heaped concrete ; ~ **bőr** hungry leather ; ~ **csarnakzat** *(hajó)* slack rigging ; ~ **csatolás** *(rád)* loose/weak coupling ; ~ **csomó a fonalban** *(tex)* slub ; *(effekt-fonalban ; tex)* loose knot ; ~ **fekü** *(bány)* soft bottom ; **lazán feszített lánc** *(tex)* lightly stretched warp ; ~ **fojtás** *(bány)* loose stemming ; ~ **fonal** *(tex)* soft end ; ~ **fonalcsomó** *(hiba)* slugs ; ~ **homok** *(önt)* free open-textured sand ; ~ **hurkolólánc** *(frottiráruban ; tex)* slack pile/terry warp ; ~ **huzat** *(papírgépen)* slack ; ~ **illesztés** clearance fit ; ~ **kötésű** *(kh)* slack--knit ; ~ **lánc** *(mkpár)* slack chain ; ~ **lánc(fonal)** *(tex)* loose warp ; ~ **melléktengely** *(gépt)* pony axle ; ~ **nyüstszálak** *(tex)* lecked healds ; ~ **oldal** slack side ; ~ **öntőhomok** open sand ; ~ **pala** *(földt)* buck slate ; ~ **selyemgubó** cocoons faibles ; ~ **sodrat** *(tex)* slight/loose twist, open wind ; ~ **sodratú fonal** *(tex)* soft-twist yarn ; ~ **sodratú műselyem** flat rayon ; **lazán sodrott** *(tex)* slack twisted ; **lazán sodrott hímzőfonal** *(tex)* crewel yarn ; ~ **szemcse** loose grain ; ~ **szemsor** *(kh)* loopers course ; ~ **szerkezet** *(bány)* looseness ; ~ **szerkezetű bőr** hungry leather ; **lazán színezett** *(gyapjú ; tex)* dyed in the wool, wool-dyed, ingrain ; ~ **szövésű** *(tex)* sleazy ; ~ **szövetszegély** slack selvedge ; ~ **talaj** fitchery ground ; ~ **tárcsa** dead/loose/idle pulley ; ~ **tekercselő** *(pa)* French curling ; ~ **térfalú beépítés** *(városépítés)* building development in unbroken row with interspaces as long as the façades between the buildings ; ~ **tűzőkapocs** loose key
lazacpiros salmon pink
lazac-pisztráng szintája *(hidr)* salmonids' region
lazacszín(ű) salmon
lazacvörös salmon pink
lazac-zsír salmon oil
lazacsomós díszítőfonal *(tex)* slub yarn
lazakarimás kötés *(gépt)* swivel joint
lazaköteles kábelkotró slackline cableway
lazakőzet-összesülés cooking of rocks
lazaság looseness, low (bulk) density ; *(gyapjúé)* loft (of wool)
lázcsillapító antipyretic, antifebrile
lazít loosen, slack(en), relax ; **kötelet** ~ *(hajó)* veer
lazítás easing, slackening, reduction, loosening ; *(kőzeté ; bány)* hoeing ; **kötés ~a** *(ép)* slacking
lazító *(bány)* ripper ; ~ **kultivátor** *(mzg)* scuffler
lazítófog *(tárcsásborona tárcsasorai között)* centre tooth attachment, deer tongue
lazítógép *(bány)* rooter ; *(tex)* beater opener
lazítókar releasing lever

lazítólövés *(bány)* standing shot
lazított térfalú beépítés *(városépítés)* building development in unbroken row with interspaces smaller than the façades between the buildings
lazul slack(en), relax, release
lazulás slack(ening), relaxation ; *(fonalhiba ; tex)* slug ; **kötés ~a** *(ép)* slacking
lazulit *(ásv)* lazulite
lazúrfesték transparent colo(u)r
lazurit *(ásv)* lazurite, lapis-lazuli
lazúrkék *(festék)* blue verditer
lazúrkő *(ásv)* *l* **lazurit**
LB-készülék *(távk)* LB set
L-csillapító *(vill)* L-pad
lé liquor, lye, juice ; *(bőr)* liquor ; **diffúziós ~** crude beet juice ; **szaturáit ~** carbonated liquor/juice
lead *(küld)* transmit, pass, send ; *(eredményez)* yield ; **vizét ~ja** bleed
leadás *(rád)* communication
leadási : ~ raktár *(vasút)* receiving shed ; **~ sebesség** *(távk)* signal(l)ing speed
leadhillit *(ásv)* leadhillite
leadó : ~ állomás *(távk)* sending office ; *(huzalkötélpályán)* discharge station ; **~ berendezés** *(rád)* sending outfit ; **~ dob** *(emelőn)* delivery drum ; **~ fej** *(magnetofonon)* reproducing head ; **~ hely** *(emelőn)* throw-off point
leadott teljesítmény power output
leágazás branching, tap(ping), take-off ; *(vasút)* turnout ; *(vill)* arm branch ; **~ csatlakoztatása** *(vill)* branching ; **~sal csatolt oszcillátor** tapped-down generator ; **~sal hangolható rezgőkör** tapped-tuned circuit
leágazási : ~ csatlakozás *(vill)* branch joint ; **~ csatlakozódoboz** *(vill)* branch terminal (box); **~ kapcsoló** *(vill)* branch switch ; **~ pont** *(vill)* branch joint
leágazó *(vasút)* turnout ; **~ áram** *(vill)* derived current ; **~ áramkör** *(vill)* derived circuit ; **~ cső** *(szivattyúhoz)* branch ; **~ doboz** *(vill)* connection/connecting box ; **~ kapocs** *(vill)* shunt terminal ; **~ karmantyú** *(vill)* branch sleeve ; **~ pont** *(vill)* tapping point ; **~ szekrény** *(vill)* dividing box ; **~ szorító** *(vill)* shunt terminal ; **~ út** *(ép)* branch road ; **~ vágány** *(rendes forgalom nélkül)* spur
leágaztat derive ; *(vill)* branch off
leágaztatás *(vill)* branching
leakaszt unhang
leáll run/break down ; *(gépk)* stop, stall
leállás stoppage, pause, stand(still); *(géphiba miatt)* failure ; *(motoré ; gépk)* stalling ; **gép ~a hirtelen terhelésnél** shock stall
leállít stop, arrest ; *(kh)* idle ; **felvételt ~** *(fényk)* pull down ; **~ja a motort** *(gépk)* stop the engine
leállítás stopping
leállító : átmérőre beállított ~ szerkezet diameter stop ; **~ berendezés** arrester catch/gear, catcher ; *(tex)* cutout device, (warp) stop(ping) motion, detector ; **~ fogantyú** *v* **emeltyű** *v* **kar** stop lever ; *(tex)* stopping handle ; **~ kar** *(Diesel)* stop lever ; *(tex)* catch (pawl), knocking-off bracket ; **~ kilincs** *(tex)* catch pawl ; **~ köröm** *(gépt)* catch pawl ; **önműködő ~ berendezés** *(tex)* automatic stop motion ; **~ pecek** check piece ; **~ rúd** stop rod ; **~ szerkezet** stopping mechanism ; *(tex)* stop motion, detector ; *(szövőszéken)* frog; **~ ütköző-sorozat** multiple stops
leállított *(gép)* off ; *(motor ; rep)* power off ; **~ fúvatású** *(koh)* out-of-blast ; **~ motor** dead engine ; **~ üzem** *v* **telep** plant at rest
leállóhely *(gépk)* parking
leállt *(motor)* dead, stopped
leankerolás *(ép)* anchor
leánykafélcipő flap(pers)
leánykompasz steering repeater
leány magasszárú cipő girls' boot
leányvállalat subsidiary company
leapad *(hidr)* settle down
leáramlás downflow, swoop ; *(szárny mögött ; rep)* downwash
leáramlási szög downwash angle, angle of downwash
leás dig ; **kitűzési profilmélységre** *v* **szintre ~** cut down to grade
lebeg *(közegben)* hover, float ; *(leng)* swing, fluctuate, flutter
lebegés *(vízen)* floating ; *(levegőben)* soaring, hovering ; *(lengés)* *vö* **lebeg** ; *(forgó tengelyé)* float; *(hangt)* beat(s); *(rád)* interference, beating ; *(egy periodus)* beat ; **~ amplitúdója** *(rád)* amplitude of beat ; **egy füllel észlelt ~** *(hangt)* monaural beat ; **~ frekvenciája** frequency of beat ; **~ nélküli vétel** *(rád)* zero-beat reception
lebegési : ~ amplitúdó amplitude of beat ; **~ frekvencia** *(rád)* (Doppler) beat frequency ; **~ képesség** buoyancy ; **~ periódus** period of beat ; **~ sebesség** stalling speed, minimum flying speed
lebegésjelző *(rád)* beat indicator
lebegő *(léggömb)* floating ; *(helikopter)* hovering ; *(vitorlázógép)* soaring ; *(vegy)* in suspension, suspended ; **~ állás** *(ép)* swinging scaffold ; **~ anyag** *(földt)* river load ; *(földt, vegy)* suspended matter ; **~ cölöp** *(ép)* friction/compaction pile ; **~ hang** flutter tone ; **~ katalizátoros hőbontás** *(ol)* fluid catalytic cracking ; **~ képesség** floatability ; **~ láng** floating flame ; **~ lépcső** *(ép)* cantilever stairs ; **levegőben ~** *(met)* airborne ; **~ padozat** *(bány)* hanging stage ; **~ repülés** *(helikopteré)* hovering flight ; **~ ruhadísz** *(tex)* pan ; **~ tartály** *(bány)* suspension bunker
lebegőfonalas színmintás kötés *(tex)* float stitch
lebegőfrekvenciás oszcillátor *(rád)* beat note oscillator
lebegtet *(rád)* heterodyne
lebegtetés flutter, suspension ; *(rád)* beat, wobbling
lebegtetéses vétel *(rád)* heterodyne reception
lebegtetési : ~ együttható *(rád)* wobble factor ; **~ módszer** *(rád)* beat method
lebegtetett : ~ anyag suspended substance ; **~ hordalék** *(hidr)* suspended silt ; **~ hordalékszemcse** *(hidr)* sedimentary particle in suspension ; **~ részecskék** suspended particles ; **~ vivőhullám-vezérlés** floating carrier control
lebegtető : ~ frekvenciamérő heterodyne frequency meter ; **~ oszcillátor** *(rád)* beat frequency oscillator ; **~ tüzelés** suspension burning
lebélyegez stamp
lebeny lobe
lebernyeg lap, lobe
lebillen *[mérleg serpenyője]* sway
lebillenthető droppable
lebillentyűz *[hívószámot ; távk]* key *[call number]*
lebiztosít *l* **biztosít**
Leblanc-szóda dense soda ash
Leblanc-szódakemence *(forgó)* black-ash revolver
leblendéz *(fényk)* iris-in
lebocsát lower, chute, run off ; *(bány)* land
lebocsátás *vö* **lebocsát** ; **~ csúszdán** chuting-down
lebocsátkozik *(bányába)* trip down
lebocsátó : ~ csap purging cock ; **~ cső** outlet tube ; **~ nyílás záródugója** outlet end stud ; **~ vályú** shoot
lebont *(ép)* take/pull/tear down, remove ; *(szövetet, fonalat)* fag; *(vegy)* decompose, degradate ; **zsaluzást** *v* **állványt ~** dismantle falsework
lebontás *(ép)* pulling-down, removal ; **katalizátoros ~** catalytic cracking
leborít *(tetőt)* unroof
leborítás *(rep)* half-roll
lebuktat topple
lebütüzött favég crosscut end
léc lath, slat, stave, batten, tringle ; **félkörös ~** *(fa)* beading fillet ; **géppel megmunkált ~** stuck mo(u)lding ; **gyöngysordíszű ~** *(bútoron)* cock bead ; **~ homlokzati** *v* **belső kiképzés céljára** *(ép)* facing bar ; **kiugró gömbölyű ~** *(ép)* bead ; **~cel lehúz** lath ; **~cel rögzít** batten ; **vékony ~** *(fa)* mo(u)lding
lécajtó *(kereszt- v szegélylécekkel megerősítve)* batten door
lécbetétes : ~ enyvezetlen bútorlap strip board
lécbordázat *(ép)* rib lath
lécborítás *(ép)* lagging
lécdob *(irezőgépen ; tex)* skeleton cylinder
lécdobos osztályozó *(élip)* slat grader
lécecske *(ép)* riglet
léces : ~ etető *(tex)* lattice (feeder); **~ gát** *(hidr)* wicket dam ; **~ henger** *(tex)* ribbed roller ; **~ kártológép** *(tex)* flat card ; **~ szállítószalag** slat-type conveyer ; *(tex)* feed lattice
lécezés polings, lathing ; *(cserépfedés alá ; ép)* battening ; **~ vakolat alá** studding
lécezett slatted ; **~ vakolású mennyezet** lathed ceiling
lécfal batten wall
lécfazonírozó gép *(fa)* fillet mo(u)lding machine
lécfűrészelő gép circular gang mill
lécgyalu fillet plane
léchasító gép riving machine
lechatelierit *(ásv)* lechatelierite
Lecher-vezeték *(rád)* Lecher wire
Lecher-vezetékes oszcillátor *(rád)* resonant-line oscillator
lecitáz *(vegy)* lecithase
lecitin *(vegy)* lecithin
léckelelő gép *(fa)* beading machine
léckereszt *(szintezéshez)* cross staff
léckeret *(bálacsomagoláshoz)* skeleton frames ; **~tel ellát** *(nyomda)* frame with rules

léckerítés *(ép)* espalier
léciáda crate
Leclanché-elem Leclanché cell
lécleolvasás *(geod)* rod reading
lécmérés *(geod)* measuring by stadia
lécmintázó gép *(fa)* beading machine
lecontit *(ásv)* lecontite
lécpalló *l* **hajópalló**
lécparkettpadló ribbed parquet floor
lécpont *(geod)* rod point
lécrács *(ép)* rib lath, espalier
lécrekesz crate
lécszárítás splint drying
lécszerkezet lathing
léctag platband
léctartó figuráns *(geod)* rodman
lécvágó keretfűrész *(fa)* slitting mill
lecsákányoz *(bány)* pick, hew
lecsap *(gőzt)* condense ; *(bány)* converge ; *(vegy)* precipitate ; *(iszapol)* slam
lecsapás swoop ; *(vegy)* precipitation, precipitating ; **~sal szétválasztott** *(vegy)* separated by precipitation
lecsapató *(hűtőgépen)* condenser
lecsapható collapsible, folding ; **~ csappantyú** hinged flap ; **~ hátsó fal** *(gépk)* tail gate ; **~ háttámla** falling back ; **~ irányzék** folding sight
lecsaphatóság precipitability
lecsapódás *(gőzé)* condensing ; *(bány)* convergence ; *(vegy)* precipitate ; **réteges ~** banded precipitation
lecsapódási veszteség loss due to condensation
lecsapódik condensate, precipitate
lecsapol drain ; *(hidr)* empty ; *(koh)* let down/out, tap ; **gázt ~** degasify ; **nedvet ~** *[fából]* sap ; **telepet ~** *(bány)* tap a seam ; **vizet ~** tap
lecsapolás outlet, tapping ; *(gumi)* bleeding (off); *(hidr)* drain(age); *(mzg)* land drainage/reclamation
lecsapolási terület *(hidr)* drainage area
lecsapoló : ~ árok drain ditch ; **~ csap** purging cock ; **~ csatorna** *(hidr)* drainage canal ; *(tőzegkitermelésnél:)* moor canal ; **~ gödör** drain sump ; **~ medence** *(gőzgépen)* blow-off basin ; **~ nyílás** outlet, tap hole ; *(gumi)* bleed hole ; **~ szennyvízcsatorna** waste ditch ; **~ szivattyú** drainage pump ; **~ zsilip** drainage and irrigation sluice/lock
lecsapolt : ~ adag *(koh)* tap ; **~ terület** *(mzg)* reclaimed land
lecsapó szer *(vegy)* precipitant
lecsapott *(ép)* bevel(l)ed ; *(vegy)* precipitated ; **~ alsó élű kő** *(ép)* bull's nose ; **~ alsó élű kötőkő** *(ép)* bull-header ; **~ kalciumfoszfát** precipitated (calcium) (super)phosphate ; **~ kréta** precipitated chalk ; **villamosan** *v* **galvánosan ~** electrodeposited
lecsatolható detachable
lecsavar screw off, unwind, unscrew, detach ; **láncot ~ a felvető keretről** *(tex)* withdraw the warp from the mill
lecsavaroz bolt/screw down
lecsengés *(ált, fiz, távk)* decay ; *(távíró jelé)* trailing edge
lecsenget *(távk)* ring off
lecsengetési jel *(távk)* ring-off signal
lecsengetésjelző lámpa *(távk)* clearing lamp
lecsengető rendszer *(távk)* ring-off system

lecsepeg *[sólé ; bőr]* drain
lecsepegés *[sóléé ; bőr]* draining
lecsepegtet *(bőrt)* drain
lecsévél unwind, unspool, unreel, run off ; **fejen át ~** *(tex)* unwind over end
lecsévélés *(tex)* end winding ; **~ fejen át** *(tex)* unwinding over-end
lecsévélhető *(tex)* reelable
lecsévélődik run down
lecsillapít *l* **csillapít**
lecsíp nip (off/out), pick
lecsípés nip
lecsiszol buff/emery off, sand, abrade, polish off/away ; *(bőrt)* glass ; *(fa)* skive
lecsiszolás *vö* **lecsiszol** ; *(hanglemezen)* shaving
lecsiszolódás *(földt)* degradation
lecsiszolt domborzatú *(földt)* subdued in relief
lecsonkít *(kúpot)* obtruncate
lecsonkol *(fa)* stump
lecsökkentő *(helyesbítő)* **áramkör** de-emphasis circuit
lecsukható tető *(gépk)* hood
lecsupaszít *(vezetéket ; vill)* bare
lecsurgás *(háztetőről)* downpour
lecsuszamlik *(földt)* founder
lecsúszás *(tex)* sluffing-off, slipping/sliding down
lecsúszik *[hajó a sólyáról]* slide off
ledeburit *(koh)* ledeburite
léderítés *(cu)* juice liming
ledesztillál distil ; *(könnyű részt ; ol)* top ; *l még* **lepárol**
ledob drop, cast off, fell
ledobás dropping
ledobható droppable ; *(rep)* jettisonable, droppable
ledobó : ~ fej *(emelőn)* throw-off end, tipping end ; **~ hely** *(emelőn)* throw-off point ; **~ kocsi** *(emelőhöz)* throw-off car ; **~ lakat** *(kh)* clearing course cam ; **~ oldal** *(szállítószalagé)* side of delivery
ledolgozatlan él *(heg)* root face
ledolgozott kaucsuk worked rubber
ledöngöl tamp, ram
ledöngölés agyaggal *(szivárgó réseknél)* plugging
ledönt break down, demolish ; *(fa)* stump, fell
ledöntött fa felled timber
ledörzsöl rub off, abrade
ledörzsölés abrasion, scrubbing
ledörzsölő *(gépt)* abrasive ; *l még* **dörzsölő** ; **~ gép** *(csákozótőkéhez ; cipő)* abrasion machine
Leduc-féle törvény Leduc's rule
leégés burn-off ; *(heng)* scaling loss ; *(önt)* melting loss ; **~ sebessége** burn-off rate
leéget burn/blaze off
leegyszerűsít *(képletet)* simplify, shorten, condense
leejt drop
leékelés *(bány)* notching
leélez chamfer, face, deburr ; *(bőr)* debuzz
leélezés *(cipő)* feathering ; *(fa)* canting ; *(forg)* chamfering, edge clipping ; *(heg)* edge preparation ; *(heng)* *l* **leszélezés**
leélezési szög *(heg)* groove/bevel angle, angle of chamfer
leélezett *(forg)* chamfered ; *(bőr)* bevelled ; *(fa)* canted ; **~ lemez** *(pa)* double leather-edged board ; **~ papírlemez** double feather-edged board
leélező : ~ asztalosgyalu chamfer plane ; **~ gép** plate-edger, clipper, trimmer, trimming machine ; **~ kés** feathering knife
leemel detach, lift off, remove ; *(kézi beszélőt ; távk)* remove ; **fedelet ~** *(ép)* unroof
leemelő lap *(famintàk kiemeléséhez ; önt)* stripping plate
leenged lower, let down ; *[kábelt v kötelet ; hajó]* pay out ; **főtét ~** *(bány)* break down
leengedhető ablak *(gépk)* dropped window
leépítés *(hidr)* degradation
leereszkedés descent, let-down
leereszkedési partvonal *(földt)* shore line of depression
leereszkedik *(rep)* descend
leereszt move down ; *(folyadékot)* drain (off), bleed ; **csúszdán ~** chute ; **futóművet ~** lower the undercarriage
leeresztés emptying, bleeding ; *(gépkocsitömlőé)* deflation
leereszthető : ~ kocsiablak *(vasút)* drop window ; **~ kocsirakodó szalag** wag(g)on-loading boom conveyor
leeresztő : ~ csap drain/purge/run off cock/tap ; **~ csappantyú** escape ; **~ csatorna** *(szivattyúhoz)* diverter ; **~ csavar** bleed screw ; **~ cső** discharge/exit pipe ; *(pa)* blast pipe ; **~ dugó** drain plug ; **~ ék** *(állványon ; ép)* striking wedge ; **~ henger** *(felvetőn ; tex)* drop roller ; **~ medence** *(gőzgépen)* blow-off basin ; **~ nyílás** escape, outlet ; *(gőzkazánon)* mud leg ; **~ rostély** dump grate ; **~ surrantó** delivery chute ; **~ szelep** bleeding/vent/drain valve ; **~ tölcsér** drain cup ; **~ vitla** pay-off reel ; **~ zsilip** outlet sluice
leeresztőkapus zsilip *(hidr)* drop gate sluice
leesési : ~ határ *(jelfogóé)* critical limit ; **~ idő** *(jelfogóé)* releasing time
leeső : ~ kilincs falling pawl ; **~ kilincs beakadása** *(kilincskeréken)* falling-in of pawl
leesztergál *(forg)* turn ; **átmérőre ~** turn to diameter ; **vállat ~** *[nyakcsapon, tengelycsapon]* recess a shaft
lefarag shave ; *(fa)* bevel away ; *(önt)* chip
lefaragás chipping ; **ferde kettős ~** *(fa)* double-bevel
lefed : lencsét ~ *(fényk)* cap the objective
lefedés *(hajófenék vörösréz borítása)* sheathing
lefedő : falazatot ~ habarcsréteg *(ép)* upper bed ; **~ papírlemez** *(pa)* felt brown
lefejt *(bőrt)* skin, rip ; *(folyadékot)* rack ; *(legördít ; forg)* roll, generate ; *(mat)* evolve ; *(tex)* unwind ; *(üvegbe)* bottle ; *(szenet ; bány)* fall
lefejtés *(bány)* extraction, working ; *(élip)* racking ; *(forg)* generating (process)
lefejtési szög *(evolvens foggörbén)* evolvent generating angle
lefejtett *(bány)* broken, hewed ; *[talp ; bány]* silled out
lefejtő : ~ csap *(élip)* racking cock ; **~ eljárás** *(forg)* generating process ;

~ **fogaskerékmaró gép** automatic gear-hobbing machine ; ~ **készülék** *(élip)* racking apparatus ; ~ **maró** *(forg)* hob ; ~ **menetmegmunkáló szerszám** *(forg)* thread generator ; ~ **pince** *(élip)* racking cellar ; ~ **szelep** *(szivattyún)* regulator valve
lefejtődés *(tex)* running down
lefékez brake, arrest, slow down
lefékezés catch ; *vö még* **lefékez**
lefékező horog *(rep)* arresting hook
lefektet : billenőtáblát ~ *(hidr)* house
lefektetés *(csőé)* lay-in
lefektetett hossz *(vezetéké)* laid length
lefelé downward ; ~ **állított csűrőlapok** *(rep)* drooped ailerons ; ~ **halad** *(dugattyú a hengerben)* descend ; ~ **haladó** downward ; ~ **irányított világítás** downlighting ; ~ **irányított világító berendezés** downlight ; ~ **irányuló légáramlás** *(met)* katabatic wind ; ~ **irányuló löket** down(ward) stroke ; ~ **lépcsőzött repülő alakzat** stepped-down formation ; ~ **menő kötélág** fall line ; ~ **tartó löket** down-(ward) stroke
lefelémozgás lowering
lefen strop
lefest *(bőr)* strip the colo(u)r, mark off
lefestődés bleeding
lefeszeget *(kőzetet, ércet)* bar down
leffentyű *(lelógó darab szövet)* flap
lefog clamp, dog down ; *(kivesz ; forg)* unclamp
lefogás arrest ; *(szerszámgépen)* unclamping ; *(színezéké ; tex)* bleeding
lefoglal engage, detain, take ; *(választót ; távk)* busy [a selector]
lefoglalási idő *(táv)* holding time
lefogó : ~ csavar *(kalapácsfejű ; forg)* bunter dog ; ~ **heveder** *v* **kengyel** strap clamping ; ~ **nyelv** *(árutartón ; tex)* hold-down nib ; ~ **rúd** *(forg)* stripper lever ; ~ **satu** vice clamp ; ~ **szerkezet** hold-down
léfogó juice catcher
lefogy run down
lefogyás előtti vetélőcsere *(tex)* catching cop
lefogyó cséve *(tex)* wind off spool
lefogyott *(tex)* exhausted, emptied
lefojt subdue, smother, suppress, wad
lefojtás smothering, suppression, damping
lefojtó rúd *(robbantáshoz használt ; bány)* tamper
lefojtott : ~ fúrólyuk *(bány)* stemmed hole ; ~ **motor** idling engine, throttled-down engine
lefokozás *(mat)* degradation
lefolyás running/bleeding off, downflow, outlet ; *(hidr)* run off ; *(szivattyún)* drain, vent ; **~ok** *(mázoláson)* runs
lefolyási : ~ tényező *(hidr)* runoff coefficient ; ~ **vizsgálat** *(anyagé)* flow test
lefolyatás bleeding off, drawing off, draining
lefolyó *fn* water gang, runnel, sinker, waste, outlet ; *(emelőn)* tipping chute ; *(padlóban)* trap ; *(tartályon)* drain(age); *(bány)* recess; *(ol)* stream ; ~ **akna** drainage shaft, drain pit ; ~ **csap** outlet cock ~; **csatorna** waterspout, leader pipe ; ~ **cső** waste/drain/rain pipe, fall tube, spout ; ~ **gödör** well drain ; ~ **lyuk** sink-hole ; ~ **nyílás** bleeder/exhaust port ; *(önt)* escape hole ; ~ **szelep** blow-off valve ; **szelepes fenekű** ~ **láda** *(hidr)* bailer
lefolyócső-csatlakozás drain connection
lefolyócső-szellőzőkürtő anti-syphonage pipe
lefolyóka *(hidr)* trench
lefolyó-kiürítő *fn* sink evacuator
lefolyórács discharge grating
leforgatás reeling ; *(mat)* rotation
leforraszt *(elektroncsövet)* seal off ; *(vezetéket ; vill)* disconnect (the wire from)
leforrasztás *[elektroncső lezárása ; rád]* sealing off
leforrasztott : ~ cső sealed tube ; ~ **szűrő** *(doboz ; rád)* sealed filter (can); ~ **vég** sealed end
leforráz scald
leforrázás scald
lefoszlik scale
lefoszt strip
leföldel *(földel)* earth, ground ; *(földet kivesz)* unearth
lefölöz skim, decant ; **salakot** ~ *(koh)* separate the dross
lefölözetlen tej whole milk
lefölöző kanál skimmer
lefölözött : ~ latex *(gumi)* skim latex ; ~ **tej** separated milk
lefőzés *(tex)* boiling-off, scouring ; ~ **szappanhabban** *(tex)* foam degumming ; ~ **széles alakban** open width boil-out, open-width scour
lefőzetlen selyem *(tex)* unboiled/gum silk
lefúj *[kazán biztosítószelepe]* blow off
lefutás running off/down ; *(kh)* laddering *is*
lefutásbiztos run-proof
lefutási pont *(szíjé tárcsáról)* runoff point
lefutó : ~ cséve *(tex)* wind-off spood ; ~ **kötél vitlája** uncoiler ; ~ **sín** *(vasút)* trailing rail
lefutott *[gumi]* worn-down ; ~ **gumiköpeny** *(gépk)* bald tyre ; ~ **szem** *(kh)* ladder(ing)
lefuttat *(kötelet v sodronyt ; hajó)* pay away
lefúvás blow-off
lefúvási energia blowdown energy
lefúvat blow off ; *(kazán)* blow out ; *(koh)* blast ; *(tüzet)* blast ; **homokfúvó készülékkel** ~ sandblast ; **(kazán)habot** ~ despumate
lefúvatás blowing off, blowdown ; *(acélsöréttel)* shot blasting ; *(nemezről a papíré)* blowing ; ~ **homokkal** sandblasting
lefúvató : ~ ciklon blow-off cyclone ; ~ **csap** try/purge cock, blow-off cock ; ~ **csavar** bleeder screw ; ~ **cső** blow-off pipe ; ~ **készülék** *[öntvény tisztítására]* blasting equipment ; ~ **pisztoly** cleaning gun ; ~ **szelep** blow-off valve, flush-out valve, unloader valve; ~ **szellőző** blowdown fan ; ~ **szivattyú** *(pa)* dump pump
lefúvó *l* **lefúvató**
leüggőz *(geod)* plumb-line
lefűrészel saw off
lefűrészelés *(levágás)* **helye** *(fa)* cutting point
lefüvez *(ép)* sward
lefűződött tengermedence *(földt)* enclosed sea-basin
lég- air, aero-, pneumatic ; *vö* **levegő-**
légabroncs pneumatic tyre ; ~ **szelepe** pneumatic valve
légajtó *(bány)* air gate, stiffener, weather door ; **kettős** ~ *(keszonnál)* air-lock door
légajtókezelő *(bány)* trapper
légajtó-nyitogató *(bány)* door tender
légajtó-szabályozó *(bány)* door regulator
légakkumulátor pneumatic accumulator
légakna *(bány)* air duct, bypass pit, air/tender shaft ; *(irezőgéphez ; tex)* shaft
légállapotgörbe *(met)* aerogram
legalsó fejtési szint *(bány)* plan
legallyaz *(fa)* snag
legallyazás *(elhalt ágaké)* dry-pruning
légáram air current/flow, draft, draught ; *(erős)* blast ; **hirtelen** ~ whisk ; **lefelé irányuló** ~ downdraft ; **megfordított** ~ *(bány)* backdraught ; **~ok okozta fényvisszaverődés** convective refraction ; ~ **sebességének csökkentése** slowing-down of the air
légáramelválasztó *(bány)* splitter
légáramjelző lámpa *(bány)* deflector lamp
légáramlás air current/flow/stream, blast; *(met)* atmospheric motion ; **felszálló** ~ *(rep)* ascending air-current ; **leszálló** ~ downward/downdraft current ; **mesterséges** ~ blast ; **~ok okozta eső** convectional rain ; **vízszintes** ~ advectional current
légáramlási sebességmérő *(met)* airometer
légáramlásjelző *fn* draft indicator
légáramlat *(met)* *l* **légáramlás**
légáramválasztó *(bány)* canvas line brattices
légáteresztő permeable to air ; ~ **képesség** air permeability
légáteresztőképesség-vizsgáló *(műszer ; pa)* densimeter, air permeability tester ; *(Potts ; pa)* Potts tester
légáthidalás *(bány)* overcast air bridge, crossing
légátnemeresztő air-proof, airtight
légáttörés *(kamrák között ; bány)* break-through
légázoló cső *(pa)* delivery pipe
legázosítás *(pa)* degasification
legázosító *(pa)* degasser
légbeeresztő berendezés intake
légbeszívás *(gépk, rep)* air intake ; *(zivatarba ; met)* entrainment ; **sivatagi** ~ *(gépk)* desert-type air intake
légbeszívó nyílás *(gépk)* air intake
légbetörési : előnyomuló ~ front *(met)* active cold front
légbuborék *(ker, koh)* air bubble ; *(önt)* gas hole ; *(papíron)* air bell ; *(üvegben v vízben)* bleb
légbuborékos *[beton]* vesicular
légbuboréksor *(üvegben)* skim
légbúra *(szivattyún)* air vessel
légcsákány *(ép)* pneumatic pick
légcsapda air lock/trap
légcsappantyú air valve
légcsatorna air duct/passage/channel, ventilating duct ; *(önt)* air gate ; *(tűzhelyhez v alapozáshoz)* air drain ; **axiális** ~ *(villamos gépben)* axial duct
légcsavar airscrew, propeller ; *(hajtás nélkül)* windmill ; **aeromechanikus** ~ aeromechanical propeller ; ~ **állás-**

szögét negatívra változtató áttétel propeller reversing gear ; állítható ~ controllable-pitch propeller ; ~ által felvett teljesítmény power absorbed by airscrew, propeller input power ; ~ által súrolt felület airscrew swept area ; balra forgó ~ left-handed propeller ; beállítható ~ adjustable-pitch propeller ; ~ effektív vonó teljesítménye airscrew effective power ; egyágú ~ single-blade airscrew ; egy darabból kifaragott ~ solid-block airscrew ; ~ élbetétje metal clip ; ellentétesen forgó ~ contra-rotating propellers ; ~ elméleti hatásfoka ideal efficiency of airscrew ; ~ emelkedése pitch ; ~ emelkedését mutató műszer blade pitch indicator ; ~ fordulatszámát csökkentő áttétel propeller reduction gear ; ~ forgatása *(indításhoz)* throw of the propeller ; földön beállítható emelkedésű ~ adjustable-pitch propeller ; ~ hajtó áttétele propeller gear ; háromágú ~ three-bladed propeller ; ~ jégtelenítő berendezése airscrew de-icing control ; jobbra forgó ~ right-handed propeller ; kétágú ~ two-bladed propeller ; ~ kiegyensúlyozása nyers állapotban dry balance of propeller ; koaxiális ~ coaxial propellers ; ~ közepes valódi emelkedése *(légcsavar egy fordulat alatt megtett tengelyirányú útja)* experimental mean pitch ; ~ látszólagos vonóereje apparent thrust ; merev ~ fixed-pitch propeller ; ~ mértani emelkedése geometric pitch ; négyágú ~ four-bladed propeller ; ~ nélküli repülőgép légellenállása free drag ; ~ nyomatéka propeller torque ; ~ nyomatékeloszlási görbéje torque distribution curve ; önműködően állandó fordulatszámú ~ constant-speed propeller ; ötágú ~ five-bladed propeller ; ~ szárnyainak együttes felülete blade area ; ~ szárnymetszete airfoil of propeller blade ; ~ szárnyvégének kerületi sebessége tip speed ; toló ~ pusher propeller ; ~ üresjárata windmill ; ~ védő bevonata propeller protection ; vonó ~ tractor propeller ; ~ vonóereje propeller thrust ; ~ vontatási teljesítménye airscrew thrust output ; ~ zászlóállása propeller feathering position ; zászlóállásba állítható ~ feathering airscrew
légcsavaragy propeller boss/hub/nave ; ~ hátsó karimája rear hub flange ; ~ hátsó része rear half of hub ; ~ körüli örvény hub vortex
légcsavar-agyburkolat propeller cone
légcsavaragy-felerősítés propeller hub retention
légcsavaragy-karima airscrew flange
légcsavarállító : ~ szerkezet airscrew pitch control ; ~ szivattyú *(zászlóálláshoz)* feathering pump
légcsavarátmérő propeller diameter
légcsavar-berántó *fn* propeller puller
légcsavarbilincs propeller cuffs
légcsavarcsapágy futógyűrűje propeller race
légcsavarcsusz(aml)ás airscrew slip
légcsavarelem blade element
légcsavarelmélet propeller theory
légcsavar-elrendezés *(toló v vonó légcsavar)* airscrew disposition
légcsavar-emelkedés propeller/airscrew pitch
légcsavaremelkedés-hiba propeller out-of-pitch
légcsavar-fedettség airscrew solidity
légcsavarfedettségi tényező airscrew solidity factor
légcsavarfelület-maratás propeller etching
légcsavar-fémélezés leading edge strip
légcsavar-fordulatszám propeller speed
légcsavarhajtású sorozatos kamera *(geod)* serial camera with wind motor
légcsavar-jégtelenítő *(rep)* propeller de-icer
légcsavar-jelleggörbék propeller characteristics
légcsavar-kiegyensúlyozó : ~ pad propeller balancing stand ; ~ szerkezet airscrew balancing apparatus
légcsavarkör airscrew circle/disc ; ~ terhelése airscrew disc load ; ~ területe airscrew disc area
légcsavarkör-terhelés propeller disc area loading
légcsavarkup(ak) propeller (nose) spinner
légcsavarlapát airscrew blade ; ~ alaprajza blade plan form ; ~ állásszöge incidence of airscrew blade ; ~ előregörbítése leading sweep of a propeller blade ; ~ hátragörbítése trailing sweep of a propeller blade ; ~ oldalviszonya *v* méretviszonya blade-width ratio ; ~ töve shank ; ~ vetületi területe *(rep)* projected blade area
légcsavarlapátcsúcs blade tip
légcsavarlapátszelvény blade section
légcsavarlemezek lamina
légcsavarnyomaték propeller torque ; ~ eloszlási görbéje torque-grading curve
légcsavaros : ~ gázturbina propeller-turbine, turbo-prop engine ; ~ hajtómű engine-propeller ; ~ szán snowmobile
légcsavarpálya propeller path
légcsavarperemvasalás blade edge tipping
légcsavarpergetési próba propeller whirling test
légcsavarpróbapad airscrew test stand
légcsavarrádiusz propeller radius
légcsavar-rezgés propeller flutter
légcsavar-sebességi tényező speed ratio (of the propeller)
légcsavar-síkbafejtés blading surface development
légcsavarsugár (propeller) slipstream
légcsavarszabályozás propeller/airscrew control
légcsavarszabályozó propeller/airscrew governor
légcsavarszárny airscrew/propeller blade ; ~ agyhoz csatlakozó vége propeller blade butt end ; ~ állásszöge airscrew blade incidence ; ~ak állásszögét vezérlő szivattyú propeller feathering pump ; ~ beállítása airscrew blade setting ; ~ beállítási szöge propeller blade angle/pitch ; ~ beállítási szögének vezérlése propeller control ; ~ elcsavarása propeller twist ; ~ előredöntése *(forgási síkból)* forward tilt ; előre haladó ~ advancing blade ; ~ méretviszonya propeller blade aspect ratio ; ~ rezgése airscrew flutter ; ~ területe airscrew blade area ; ~ töve propeller blade root ; ~ ütközőgyűrűje blade locking annulus
légcsavarszárnycsúcs propeller blade tip; ~ok utáncsiszolása propeller tipping
légcsavarszárnyfelület síkbafejtése blading surface development
légcsavarszárnyrezgés flutter of propeller
légcsavarszárnyszelvény íveltségi aránya propeller camber ratio
légcsavarszárnytő blade shank/root
légcsavarszárnyvég airscrew blade tip ; ~ vasalása end fixing for blade tip
légcsavarszél slipstream ; ~ elcsavarodása twist of slipstream ; ~ eltérítő hatása slipstream effect ; ~ (felkavart) áramlási tere slipstream field ; ~ forgómozgása spiral movement of the slipstream ; ~ körforgása rotation of slipstream
légcsavarszélsebesség : legnagyobb ~ maximum velocity of slipstream
légcsavarszlip airscrew slip
légcsavarszlip-viszonyszám airscrew slip ratio
légcsavar-talpcsapágy airscrew thrust bearing
légcsavartányér airscrew disc
légcsavarteljesítmény airscrew power
légcsavartengely *(mértani)* airscrew/propeller axis ; *(géprész)* airscrew/propeller shaft
légcsavarút airscrew path
légcsavarüzem propeller state
légcsavarvédő-burkolat airscrew cover(ing)
légcsavar-védőkorlát propeller protective bars
légcsavarvég airscrew tip ; ~ fémbevonata metal tipping
légcsavarvégörvény blade tip vortex
légcsavar-vonóerő airscrew thrust
légcsavarzaj aircraft noise
légcsere perflation
légcsillapító *fn* air cataract
légcső *l* **légcsatorna**
légcsőcsonk air conduit
légcsőkampó *(orv)* trachea retractor
légcsőrakat *(bány)* ventilation tubing
légcsőtágító tracheal dilator
légcsöves hűtő air-tube cooler
légcsövezés aerial drainage
légdielektrikumú kondenzátor air capacitor/condenser
légdob air-drum
légdugó *(iszapfazékban)* simple air plug
légdúsabb keverékhez szükséges beállítás *v* **helyzet** *(gépk)* full-rich position
légecset *(porlasztó)* air impactor/knife/brush
légedzés *(koh)* air hardening
legegyszerűbb szervómechanizmus zeroth order servomechanism
légejektor air ejector
légelfolyás air leak
légelhárító *l* **légvédelmi**
légelillanás air leak
légellátás aeration
légellenállás air resistance/drag ; *(gépk)* wind/air resistance ; **kis ~ú** low-drag
légelosztó *fn* anemostat ; ~ cső *(koh)* bustle pipe
legelő grass, herbage, pasturage
legelőerdő grazing forest
legelőmelegítő recuperator
legelőterület pasture land

légelszívó air exhaustor, suction blower, aspirator
légelválasztó *fn (szivattyún)* air trap ; ~ **közfal** *(bány)* sollar
légelvezető nyílás *(öntőformán)* vent of mo(u)ld
légelvonó berendezés air extractor/ exhaustor
légelzáró : ~ **ajtó** *v* **retesz** strangler ; ~ **berendezés** *(bány)* air trap ; ~ **csap** air cock ; ~ **retesz** damper
légembólia *(keszonmunkánál)* bends, aeroembolism
légemelő *(koh)* air lift
legénység crew ; **fedélzeti** ~ deck hands
legénységi lakó helyiség *(hajó)* crew--space
legerjesztés *(vill) (tekercsé)* de-energization; *(motoré)* de-excitation
légerőnyomaték aerodynamic moment
legerősebben megrázott terület *(földt)* meizoseismic area
légerőtan aerodynamics
légerőtani aerodynamic(al)
légerőterhelés aerodynamic load
légfegyver air gun
légfék pneumatic brake, air (pressure) brake ; ~ **biztonsági szelepe** *(gépk)* safety valve ; ~ **dugattyús munkahengere** *(gépk)* piston-type brake cylinder ; ~ **fékezőnyomása** *(gépk)* braking pressure ; ~ **fékhatás-korlátozó szelepe** limiting valve ; ~ **fékkamrája** *(membrános munkahenger ; gépk)* brake chamber ; ~ **fölégtartálya** *(gépk)* main air tank, main reservoir ; ~ **gyors-tehermentesítő szelepe** *(gyorsabb fékoldáshoz ; gépk)* quick release valve ; ~ **kompresszort bekapcsoló nyomása** *(a tartályban ; gépk)* cut-in pressure ; ~ **közvetítőszelepe** *(gépk)* relay valve ; ~ **lefúvó szelepe** *(gépk)* unloader valve ; ~ **maximális üzemi tartálynyomása** *(gépk)* cut-out pressure ; ~ **membrános munkahengerének membránja** *(gépk)* brake chamber diaphragm ; ~ **munkahengere** *(gépk)* air brake cylinder ; ~ **munkahengerének dugattyúrúdja** *(gépk)* piston/push rod ; ~ **munkanyomásmérője** *(gépk)* working pressure ga(u)ge ; ~ **munkavezetéke** *(gépk)* service line ; ~ **nyomásszabályzója** *(gépk)* air brake governor ; ~ **olajfogója** *(gépk)* oil trap ; ~ **önműködő feltöltése** *(vasút)* self-cocking of brake ; ~ **pótkocsi--biztonsági közvetítőszelepe** *(pótkocsi leszakadásakor befékez ; gépk)* relay emergency valve ; ~ **pótkocsi-légtartálya** *(gépk)* trailer reservoir ; **a** ~ **pöcögteti a fékpedált** fan the brake valve *(US)* ; ~ **segédtartálya** *(pótkocsin ; gépk)* auxiliary tank ; ~ **szabályozószelepe** *(gépk)* control valve ; ~ **tartálynyomásmérője** *(gépk)* tank pressure ga(u)ge ; ~ **utántöltési ideje** *(légkompresszornál ; gépk)* replenishment period ; **vészjelző** ~ *(kis tartálynyomást jelzi ; zümmögővel v lámpával van ellátva ; gépk)* low pressure indicator ; ~ **vezérlőszelepe** *(gépk)* brake application valve *(US)*; ~ **vezérlőszelepének nyomásszabályozó rugója** *(gépk)* pressure regulating spring
légfékes dinamométer air-brake dynamometer
légfék-fővezeték main brake pipe
légfékszelep brake (application) valve
légfelesleg *(gépk)* excess air
légfeleslegtényező : öblítési ~ scavenging air excess factor
legfelső : ~ **akadályfény** *(rep)* top light ; ~ **fedélzet** *(hajó)* sun deck ; ~ **henger** *(mángorlógépé)* top roll ; ~ **lemezsor** *(hajón)* sheer-strake ; ~ **lépcsőfok** top step ; **sorozat** ~ **robbantólyuka** *(bány)* top hole
légfeltöltés *(bány)* upset
legfényesebb képrész *(fényk)* highlight
légfeszmérő air ga(u)ge
legfinomabb : ~ **búzaliszt** *(46,5—54% kiőrléssel)* short patent flour ; ~ **előfonó gép** *(tex)* jack frame ; ~ **nyomópapír** high-grade printing paper; ~ **por** ultra-fine dust ; ~ **vágat** *(reszelőn)* superfine cut
légfogyasztó képesség *(gépk)* comburent power
légfolyosó *(bány) l* **légvágat**
lég-földáram air-earth current
légfújtató bellows ; *l még* **fúvó, szellőző**
légfúró *(bány)* plugger, air drifter
légfúvás (air) blast
légfúvó (air) blower ; ~ **berendezés** *(koh)* blast apparatus ; ~ **cső** blower/ blast pipe ; ~ **gép** blast/blowing machine, blower
légfúvóka (air) nozzle ; *(bány)* ventilation nozzle ; *(gépk)* air nozzle/jet ; *l még* **fúvóka**
légfúvós homokszóró pneumatic sand--strewing device
légfüggöny *(bány)* air partition/brattice
légfürdő air bath
légfűtés hot-air heating
légfűtéses jégtelenítő hot-air de(-)icer
légfűtő : ~ **berendezés** air oven/stove, air-heating plant ; ~ **test** air-heating battery
léggát *(bány)* ventilation dam, air brattice ; **egyszerű** ~ *(bány)* brattice stopping ; **(vitorla)vászon** ~ *(bány)* check curtain
léggömb aerostat, balloon ; ~ **burka** balloon envelope ; ~ **gondolája** balloon basket ; **kis** ~ *(felhőmagasság mérésére)* ceiling balloon ; ~ **kosara** balloon basket ; ~ **kötélzet** balloon rigging ; **kötött** ~ tethered/kite/captive balloon ; ~ **légzsákkal biztosítható emelkedési magassága** ballonnet ceiling ; ~ **mozgató kötele** handling guy ; ~ **repedési magassága** height of bursting pressure ; **szabad** ~ free balloon ; ~ **szakító felülete gázkibocsátásra** ripping panel ; ~ **szakítókötele** ripping line
léggömbburkolat balloon envelope/cover/ hull
léggömb-burokmező envelope panel
léggömbcsörlő balloon winch
léggömb-emelkedés balloon ascent
léggömbfürt balloon cluster
léggömb-gázzsák balloon gas bag
léggömbháló balloon net
léggömbkikötő hely balloon bed
léggömbkosár balloon basket
léggömb-kosárgyűrű basket ring
léggömb-légzsák balloon gas bag
léggömblehorgonyzó kötélzet ground tackle
léggömbrepülés ballooning
léggömbszonda *(rád)* sounding balloon
léggömbszonda-kutatás balloon sounding
léggömbtartó kötél releasing rope ; *(kötött léggömbön:)* balloon flying cable
léggömbtöltő állomás inflating plant
léggömbvonat *(met)* balloon cluster
léggömbzár air/balloon barrage/apron
léggömbzár-vonal barrage line
léggurító *(bány)* air funnel
leggyorsabb esésű görbe *(mat)* brachistochrone
léggyűjtő air tank ; ~ **kamra** air-storage chamber
léghajó airship ; ~ **állandó súlya** *(üzemanyag nélkül)* fixed weight ; ~ **egyensúlyba hozása** ballasting up ; ~ **felső része** *(háta)* airship back ; ~ **függőleges vezérsíkja** airship keel ; **kormányozható** ~ dirigible ; **merev** ~ rigid airship ; ~ **tartókötele** handling guy ; ~ **vezérsíkja** airship stabilizer
léghajóburkolat airship hull
léghajóburkolat-lakk airship dope
léghajó-feltöltés *(gázzal)* topping up
léghajógondola airship car ; **oldalsó** ~ wing car ; ~ *(feltöltés alatt használt)* **tartószerkezete** docking gear
léghajógondola-átjáró access trunk
léghajókikötő airship base ; ~ **árboc** airship-mooring mast ; ~ **torony** airship-mooring mast
léghajókosár *l* **léghajógondola**
léghajó-orrsapka airship bow cap
léghajótörzs airship body/hull
léghajózás aeronavigation ; *l még* **repülés**
léghajtás *(bány, gépt)* air drive
léghajtásos air-driven, pneumatic ; ~ **hamueltakarítás** pneumatic ash removal
léghang *(hangt)* airborne sound
léghevítő *fn* air heater ; *(koh)* Cowper stove ; *(légnyomásos erőátvitelnél:)* reheater ; ~ **kályha** air heater/stove
léghevítő-átváltó önműködő készülék *(koh)* automatic hot-blast stove reversing device
léghézagtényező *(mech)* air-space ratio
léghíd *(bány)* air bridge, overcast ; ~ **alsó vágata** *(bány)* subway, undercast ; ~ **felső vágata** *(bány)* air bridge
léghíjas (tér) *l* **vákuum**
léghólyag *(ent)* gas bubble/hole ; *(pa)* (air) bubble
leghosszabb repülés dőtartam maximum endurance
léghőmérséklet *(száraz pszichrométer-gömbnél)* dry bulb temperature
léghőmérsékleti grádiens *(met)* lapse rate
léghullám *(met)* air wave
léghuzam draft, draught ; *l még* **léghuzat** *és* **huzat**
léghuzammérő wind ga(u)ge
léghuzat air current/draft ; *(mesterséges:)* forced draft ; **erős** ~ *(met)* blast draft ; **természetes** ~ chimney ventilation/draft
léghűtés air cooling ; *(ritkábban:)* direct cooling
léghűtéses *v* **léghűtésű** air-cooled ; ~ **cső** *(rád)* air-cooled tube ; ~ **henger** air-cooled cylinder ; ~ **transzformátor** *(természetes)* self-cooled transformer ; *(kényszerhűtésű:)* air-blast/ cooled transformer
léghűtő air radiator
légi aeronautic(al), aerial, air, aero- ; ~ **beporzás** *(mzg)* aerial crop dusting ;

~ **bombázás** aerial bombing; ~ **felderítés** aerial reconnaissance; ~ **felszerelés** *(rep)* air equipment; ~ **felvétel** aerial photograph; ~ **fényképes mérés** *(geod)* aerial photographic surveying; ~ **fényképezés** aerial photography; ~ **fényképezőgép** aerial (survey) camera; ~ **fényképfelvétel** air photography; **ferdeszögű** ~ **felvétel** oblique(-axis) aerial photograph; ~ **forgalom** *l* **légiforgalom**; ~ **fotogrammetria** aerophotogrammetry; ~ **haderő** *l* **légierő**; ~ **háromszögelés** *(geod)* aerotriangulation; ~ **kikötő** *l* **légikikötő**; ~ **közlekedés** air/aerial transportation, air traffic; ~ **közlekedési hálózat** airway system; ~ **megfigyelés** air/aerial observation; ~ **navigáció** aeronavigation; ~ **permetezés** *(mzg)* aerial drop spraying; ~ **radar-segédberendezés** airborne radar attachment; ~ **rádióállomás** airborne radio installation, A. R. I.; ~ **rádiószabályzat** aircraft radio regulations, A. R. R.; ~ **sokszögelés** *(geod)* bridging; ~ **terepfelmérés** *(fotogrammetriai úton)* aerotopography; ~ **térkép** air/aerial map; ~ **térképészet** aerosurveying; ~ **térképezés** *(fényképezés útján)* air survey; ~ **topográfia** *(geod)* aerotopography; ~ **turisztika** *(rep)* air touring; ~ **tüzérfelderítés** air/aerial spotting; ~ **úton szállított** *(kat)* airborne; ~ **útvonal** aerial route, air track/lane, airway; ~ **útvonalsáv** *(rep)* air route; ~ **útvonalszakasz térképe** *(rep)* sectional air map; ~ **vonat** air/aerial train; ~ **zár** aerial/air barrage
légibázis air base
légibeteg air-sick
légierő(k) air force, arm
légifelvételi alapvonal *(rep)* air base line
légifénykép aerial photograph
légifénykép-átfedés *(repülési irányban)* forward overlap
légiflotta *l* **légierő**
légiforgalmi: belföldi ~ **útvonal** domestic airline; ~ **hálózat** airway system, airline network; ~ **meteorológia** air-line meteorology; ~ **pilóta** airline pilot; ~ **repülőgép** airliner; ~ **szárazföldi rádiószolgálat** aeronautic fixed radio service; ~ **térkép** airway map; ~ **útvonal** air(-)line; ~ **útvonaljel** airway marking; ~ **világítótorony** air lighthouse
légiforgalom air traffic/transport
légiforgalom-irányító központ airway traffic control centre
légihaderő *l* **légierő**
légihíd *(légi úton történő tömegszállítás)* air lift
légijárat *(rep)* airline, route
légikikötő airport, aerodrome
légipostaboríték-papír airmail envelope paper
légipostapapír airmail paper, onionskin
légiriadó(-jelzés) air alert
légitámadás air raid; ~ **anyahajóról** carrier-borne attack
légiút airway; ~**on szállított** *(met)* airborne
légiveszély *(rep)* air danger
légvonal *(rep)* aerial line; ~ **földi jelzése** airway ground mark; ~ **navigációs fénye** airway light

légivonat aerial train
légizár aerial barrage
légjárat flue; *(ép)* hole; **lefelé irányuló** ~ downtake
légjárat-válaszfal *(bány)* ricket
légjármű aircraft
légjárta felület surface exposed to the air
légjavítás air conditioning
legjobb minőségű rész *(élip)* prime
légkábel aerial cable; *(rep)* flying wire
légkábelfüggesztő: ~ **acélkötél** *(távk)* steel suspending wire; ~ **huzal** *(vasút, vill)* messenger wire
légkábel-vonal *(távk)* aerial cable line, cable pole line
légkalapács compressed-air/air-forging hammer; **tömörítő** ~ pneumatic caulker
légkamra air cap/chamber/sluice/lock; *(tojásban; élip)* air cell; *(hengerfejben v dugattyúban; gépk)* air-storage chamber; *(Diesel)* air cell/chamber; *(hangt, rád)* air chamber; ~ **toroklemeze** *(gépk)* baffle/diffuser plate
légkamrás: ~ **ajtóütköző** *(gépk)* pneumatic door bumper; ~ **Diesel-motor** air-cell engine
légkapcsolat *(bány)* air connection
légkapcsoló *(vill)* air switch
légkatarakt(a) *(szivattyúban)* air cataract
légkazán *(szivattyúhoz)* receiver; *(sűrítettlevegős mozdonyon:)* air bottle
legkedvezőbb optimum; ~ **állásszög** *(rep)* optimum angle (of incidence); ~ **élességbeállítás** optimum focus; ~ **érték** optimum (value); ~ **siklószög** *(rep)* minimum gliding angle; ~ **üzemi frekvencia** *(rád)* optimum working frequency, O. W. F.
légkemence air oven
légkémény air stack; *(bány)* air funnel
légkeresztezés *(bány)* *l* **léghíd**
légkeringés air circulation
legkésőbbi geológiai képződmény geological high
légkibocsátó csap air-escape cock
légkihúzó vágat *(bány)* air-endway
legkisebb: ~ **árapály** neap tide; ~ **ellenállás irányvonala** line of least resistance; ~ **emelkedés** minimum elevation; ~ **energiájú állapot** *v* **szint** ground level; ~ **érték** *(mat)* minimum (value); ~ **határfeszültség** *(mech)* limiting minimum stress; ~ **játék** minimum clearance; ~ **közös nevező** lowest common denominator, l. c. d.; ~ **közös többszörös** *v* **többes** *(mat)* least/lowest common multiple, l. c. m.; ~ **négyzetek módszere** *(mat)* method of minimum/least squares; ~ **rezonáns frekvencia** *(hangt, rád)* natural frequency; ~ **(túl)fedés** minimum interference; ~ **vegyérték** minivalence; ~ **zavarókorong** *(fényt)* disc of least confusion
légkitörés *(bány)* air hole
légkiválasztás elimination of air
légkompresszor air compressor; **injektoros** ~ *(koh)* air-injection compressor; ~ **tehermentesítő szerkezete** *(gépk)* compressor unloading mechanism
légkondenzátor *(rád, távk)* air capacitor/condenser
légkondicionálás conditioning of air
légkondicionált air-conditioned

légköbméter-költségvetés *(ép)* cubing
légköpeny air jacket
légköpenyes *(gépk)* air bagged
légkör atmosphere, air; ~ **állapotának** *v* **változásainak megfigyelése** aeroscopy; ~ **elegyösszetevője** *(met)* atmospheric constituent; ~ **hőátbocsátó képessége** *(met)* atmospheric diathermancy; ~ **legalsó rétege** *(met)* peplum; ~ **magasabb rétegei** upper air; ~ **planetáris cirkulációja** general circulation of the atmosphere
légköri atmospheric; ~ **árapály** *(met)* atmospheric tides; ~ **behatás** atmospheric influence; ~ **csapadék** *(met)* atmospheric condensation; ~ **depresszió** atmospheric depression; ~ **elnyelődés** *(rád)* atmospheric absorption; **függőleges** ~ **övezet** *(met)* atmospheric region; ~ **kisülés** *(rád)* atmospheric discharge; ~ **nyomás** atmospheric pressure; ~ **nyomással működő szélcsatorna** *(rep)* atmospheric tunnel; ~ **nyomás vonala az indikátordiagramban** atmospheric line; ~ **rétegeződés** *(met)* atmospheric stratification; ~ **sugártörés** atmospheric refraction; ~ **szenny** *(met)* atmospheric pollution; ~ **vételzavar** *(rád)* interference; ~ **villamosság** atmospheric electricity; ~ **zaj** *(rád)* atmospherics; ~ **zavarok** *(rád)* atmospherics, static; ~ **zavarszint** *(rád)* static level; ~ **zóna** atmospheric belt
légkörkutatás *(met)* aerological sounding, aerology; **léggömbszondás** ~ radio sounding; ~ **repülőgépről ledobott műszerekkel** downward sounding
légkörkutató műszerek aerological instruments
légkörnyomás *l* **légköri nyomás**
légkörtan physics of the atmosphere; *l még* **meteorológia**
légkörzés *(met)* atmospheric circulation
légkürtő *(bány)* flue
léglavina *(met)* air avalanche
léglökés (air) blast
léglökhárító *(fojtószelepes; vasút)* air buffer
léglövettyű air ejector
léglyukasztás *(bány)* bolt hole
légmag *(rád, rep)* air core
legmagasabb *l még* **legnagyobb**; ~ **duzzasztási szint** *(hidr)* hidrostatic amplitude of swell; ~ **pont** peak, vertex, zenith
légmagos *[tekercs]* air-core(d); ~ **fojtótekercs** air-core choke/reactor; ~ **keret** *(antennáé)* air-cored loop; ~ **tekercs** air-core(d) coil; ~ **transzformátor** air-core transformer
légmelegítő reheater
légmentes airless, sealed, air-impermeable, airtight, airproof; ~**en elzárt jelfogó** sealed relay; ~ **gát** *(bány)* sealed stopping; ~ **lezárás** *(rád, távk)* hermetic seal; ~**en lezárt szűrő** *(távk)* sealed filter; ~**en záró villámzár** pressure-sealing zipper; ~**en zárt** *l* **légmentes**
légmentesség *vö* **légmentes**
légmennyiség air allowance, amount of air
légmérés ventilation survey
légmotor air motor
légmozgási cella *(met)* cell

légmozgástan *met)* anemology

légmozgású cella air circulation cell

legnagyobb : ~ állásszög *(rep)* maximum angle of incidence/attack ; **~ darabmagasság** *(harántgyalun)* under-ram height ; *(karusszelgépen:)* under-rail height ; **~ deformáció elmélete** maximum strain pressure ; **~ dugattyúsebesség** *(gépk)* peak piston speed ; **~ emelkedő képesség** *(rep)* maximum vertical speed, maximum climb ; **~ fogaskerék** *(óra)* great wheel ; **~ fordulatszám** maximum speed ; **~ használható frekvencia** *(rád)* maximum usable frequency, m. u. f. ; **~ (ható)távolság** maximum range ; **~ játék** maximum clearance ; **~ keresztmetszet** maximum cross-section; **~ középvonal-íveltség** *(rep)* maximum centre-line camber ; **~ közös osztó** highest common factor/divisor ; **~ lejtés** *(ép)* main dip ; **~ megmunkálható átmérő** *(kétszeres csúcsmagasság ; forg)* maximum swing ; **~ mélység** *(bány)* inmost depths ; **~ nyílás** *(satué)* opening capacity ; **~ nyíró igénybevétel elmélete** *(mech)* maximum shear theory ; **~ regisztrált kitérés** *(földt)* maximum recorded amplitude ; **~ sebességet adó áttétel** *(gépk)* top gear ; **~ szemnagyság** *(bány)* top size ; **~ tartós üzemi teljesítmény** maximum continuous rating ; **~ teljesítmény** maximum output; **~ teljesítményű keveréket adó helyzet** *(robbanómotor keverékszabályozójánál)* rich best-power position ; **~ terhelés** *(rep)* full-load condition ; **~ töltőnyomás** *(gépk)* maximum supercharging pressure ; **~ (túl)fedés** maximum interference ; **~ vízszint** *(folyóké)* maximum high-water

légnedvesítés *(pa)* air moistening

légnedvesítő *fn* air saturator/moistener/humidifier ; **~ berendezés** damp air blower ; **~ készülék** air humidifying-plant

légnedvesség atmospheric humidity

légnedvességmérés hygrometry

légnedvességszabályozó *fn* air conditioning device/equipment

légnemesítő *mn* air conditioning ; **~ berendezés** air conditioner

légnemű aeriform

légnyereg *(gyűrődésben ; földt)* air saddle

légnyílás air gap ; *(szivattyún:)* ear

légnyomás air/barometric pressure ; **~sal működő pillanatzár** *(fényk)* pneumatic shutter ; **~ szerinti magasság** *(met)* pressure height

légnyomáscsökkenés (air) depression

légnyomáscsökkentés *[keszonban]* decompression

légnyomáscsökkentő berendezés air-pressure reducer

légnyomásgörbe barogram

légnyomási : ~ alakulat *(met)* pressure pattern ; **~ egyenlítő** *(met)* barometric equator ; **~ gradiens** baric gradient, gradient of pressure ; **~ hátság** *(két anticiklon között)* col ; **~ magasságíró** *(met)* aneroid altigraph ; **~ térkép** *(met)* pressure chart

légnyomásíró *fn* barograph, recording barometer ; **~ szalagja** barogram chart

légnyomásjelző szolgálat *(bány)* colliery warnings

légnyomásmérő *fn* barometer, weather ga(u)ge ; *(légfékhez ; gépk)* air pressure ga(u)ge ; *(gépkocsiabroncshoz:)* air-pressure tester, tyre ga(u)ge

légnyomásmutató *fn* baroscope

légnyomásos : ~ alapozás *(hidr)* caisson foundation ; **~ billenő kocsiszekrény** *(gépk)* compressed-air tipper ; **~ csörlő** pneumatic winch ; **~ fék** compressed-air brake ; **~ fékezés** pneumatic braking ; **~ megszakító** *(vill)* pneumatic circuit-breaker switch ; **~ ragasztóprés** *(cipő)* pneumatic gluing press ; **~ tokmány** pneumatic chuck

légnyomáspróba air-pressure test

légnyomásszabályozó *fn* air governor

légnyomású : nagy ~ terület *(met)* high-pressure area

légnyomásugrás *(met)* bopping

légnyomásváltozás : hirtelen ~ *(met)* bopping

légnyomó szivattyú inflator

légoltalmi : ~ óvintézkedések air-raid precautions ; **~ óvóhely** air-raid shelter

légoltalom civil air defence

legombolyít uncoil, unreel, unwind, unspool, run off, develop

legombolyítás *vö* **legombolyít** ; *(szelfaktoroknál:)* backing-off

legombolyítási hulladék *(selyemszál)* reeling waste

legombolyító *(tex)* backing-off ; **~ dob** *(kábelhez)* paying-out drum ; **~ kúpfogaskerék** *(tex)* backing-off cone clutch/wheel ; **~ szerkezet** *(tex)* backing-off motion ; **~ tál** *(tex)* reeling basin, reeler's trough, tray

legombolyodás *(tex)* running down/off

légoszlop air column ; **~ egyensúlya** column balance ; **~ vízgőztartalma** *(met)* precipitability water

légosztályozó *(bány)* air-elutriat..

légosztó *fn* split ; **~ fal** *(bány)* partition wall ; **~ gát** *(bány)* blowing line brattice

legömbölyít round off, chamfer

legömbölyítés rounding-off, chamfering ; *(éles lejtőtörésnél ; ép)* easing ; *(fa)* canting

legömbölyítési sugár bend radius

legömbölyített round(ed-off), chamfered ; *(ép)* blunt ; **~ átmenet** *(ép)* fluting ; **kissé ~** subrounded ; **~ sarkú tégla** bullnose brick ; **~ sarok** *v* **szöglet** round corner ; **~ szél** rounded edge ; **~ szélű** round-edged ; **~ támasztópárkány** *(ép)* rounding-off shoulder ; **~ végű** *v* **csúcsú** round-pointed

legömbölyítő : ~ maró *(forg)* rounding (milling) cutter ; **~ reszelő** round-off file ; **~ szerszám** rounding tool

legöngyöl *(kábelt v kötelet ; hajó)* pay out

legörbít : bevert szeg kiálló hegyét ~i clinch a nail

legördít roll on ; *(fogaskereket:)* generate

legördítő : ~ eljárás *(fogaskerék megmunkálásánál)* generating method ; **~ eljárással készített fogak** *(gépt)* generated teeth

legördül roll (along), revolve

legördülés rolling ; **~ pályája** *(hajó)* rolling path

legördülő : ~ emeltyű *(gőzgépvezérlésnél)* rolling lever ; **~ görbe** *(mat)* roulette ; **~ ívdarab** rolling segment

légörvény atmospheric vortex, air eddy ; *(motorhengerben:)* air swirl ; *(rep)* bump ; **sark körüli ~** circumpolar vortex

légörvényes porlasztás *(gépk)* air-turbulence atomizing

légörvénylés air eddy/turbulence

légösszekötő *(bány)* spout ; **~ feltörés** *(bány)* box hole ; **~ vágat** *(bány)* air connection

légösszeköttetés omláson keresztül *(bány)* gutter

légpangás *(bány)* dead air

légpárhuzamos keresztvágat *(bány)* shoofly

légpárna *(gépt)* air cushion, pneumatic spring ; air pocket/buffer ; *(rep)* air bag ; *[betegnek]* invalid ring ; *(rep)* ground „cushion" ; **~ ülés** *(gépk)* air-cushioned seat

légpárás *(köszörű)* air-cushion type

légpermetező *(pa)* aerograph

légporlasztásos *(gépk)* air-carburetted

légporlasztós mázolás *(pa)* air brush coating

légpórus air pore

légpótló : fúvóshangszerre szerelhető ~ aerophore

„legrádolás" trimming

legrégibb geológiai képződmény geological low

légrekedés *(bány)* air stopping

légrés air space/slot ; *(bány)* bolt hole ; *(nyitott féknél ; vasút)* air lift ; *(érintkezők között ; vill)* (contact) clearance ; *(vasmagban ; vill)* airgap ; *(motornál ; vill)* armature gap ; **~ meghúzatlan állapotban** *(jelfogóban)* unoperated gap ; **~ meghúzott állapotban** *(jelfogóban)* operated/residual gap ; **tekercsvasmagok közti ~** interferric space

légrésbeállító mágneslemez *(vill)* shim

légrésbővítési együttható *(vill)* extension coefficient

légréses túlfeszültséglevezető lightning arrester air gap, plain gap

légrésmérő *(hézagmérő)* feeler/thickness ga(u)ge

légréteg air space/layer ; **fal ~e** shell space ; **köráramlásban levő ~** circulation layer

légrétegvastagsági térkép *(met)* thickness chart

légrezonátor *(hangt)* air cavity

légritkítás depression

légritkítási együttható tenuity factor

légritkításmérő vacuum ga(u)ge

légritkításos flotálás vacuum flotation

légritkító készülék vacuum apparatus

légritkított : ~ ballon *v* **körte** *(rád, vill)* evacuated bulb ; **~ tér** circulated, exhausted space

légritkulásmérő elatometer, vacuometer, vacuum ga(u)ge

légritkulat atmospheric depression

legrövidebb : ~ hullámhossz minimum wavelength ; **~ idő elve** *(fiz, földt)* brachistochronic principle

légsebesség air velocity/speed

légsebességmérési hitelesítő táblázat *(rep)* air-speed calibration card

légsebességmérő *fn* *(met)* anemometer

légsugár air blast/jet ; **erős ~** *(met)* blast draft

légsugár-kondenzátor ejector condenser

légsugár-szivattyú ejector (air pump)

légsugár-wattmérő *(rád)* air-flow wattmeter
légsúlymérő barometer ; **öníró ~** barograph
légsúrlódás air friction ; *(vill)* windage
légsúrlódásmérő készülék airpoise
légsűrítéses fúrópajzs compressed-air tunnelling shield
légsűrítő air compressor, air pump, blower ; **centrifugális ~** centrifugal blower ; **~ henger dugattyúja** air piston ; **~ olaj** compressor oil ; **~ szivattyú** compression pump ; **tányérdugattyús ~** disc piston blower
légsűrűségmérés aerometry
légsűrűségmérő (szerkezet) densometer
légszabályozó *mn* air-conditioning ; *fn (bány)* regulator ; **hűtő és fűtő ~** all-year air conditioning ; **~ tolóajtó** *(bány)* ga(u)ge door
légszállítás air delivery
légszáraz air-dry/dried/seasoned ; **~ állapot** air-dry condition ; **~ égetetlen tégla** brick clay ; **~ fa** *(pihentetett)* seasoned wood ; **~ méret** air-dried size ; **~ nyers (apró) bőr** air-dried skin ; **~ papír** air-dry paper ; **~ szerfa** yard lumber ; **~ tám** *(bány)* seasoned prop
légszárítás air drying ; *(fa)* natural seasoning/drying ; *(tex)* loft drying *is*
légszárítási repedés *(fa)* season cracking
légszárító *fn* air/atmospheric drier ; *(tex)* flue dryer ; **~ írezőgép** *(tex)* hot-air slasher, drying slasher ; **~ kamra** air-drying machine ; *(fa)* air kiln ; *(tex)* hotflue ; **~ kamra recirkulációval** air-lay drying machine; **~ készülék** *(pa)* air-drying apparatus;
légszárított *(pa)* loft/air-dried ; *(karton ; pa)* hot fine ; *l még* **légszáraz** ; **~ lemez** *(pa)* air-dried board ; **~ papír** air/loft-dried paper
légszekrény *(hajó)* buoyancy tank ; *(mentőcsónakban:)* air chamber
légszelep air valve/cock ; *(féknél, kazánnál:)* clack valve
légszeleplemez *(gépk, rep)* air-valve plate
légszennyezés *(met)* atmospheric pollution
légszeparátor *(koh)* air elutriator/classifier/separator
légszér *(bány)* air separator/jig
légszérelés *(bány)* dry separation/concentration/flotation
légszigetelés *(vill)* air insulation
légszigetelésű : ~ hullámcső *(rád)* air-dielectric wave-guide ; **~ kábel** *(vill)* air-space/core cable, dry-core cable ; **~ kondenzátor** *(rád)* air-dielectric condenser, air capacitor
légszigetelő *fn (rád)* air dielectric ; **~ hézag** air gap
légszivárgásmérő air meter
légszívásos berakó készülék *(nyomda)* pneumatic feeding arrangement
légszivattyú air/pneumatic pump ; *(bány)* air ejector ; **~ szívócsöve** wind bore
légszivattyúbúra petticoat
légszivattyúhenger blowing cylinder
légszivattyús ignitron *(vill)* pumped tank ignitron
légszivattyúzó nyílás air-ejector gap
légszívó *fn* air aspirator, sucking fan ; **~ csatorna** *(bány)* air sluice; **~ csonk** air feeder ; **~ cső** air-supply tube ; **~ süveg** ventilating cowl ; **~ szűrő** air strainer
légszívós páramérő (készülék) aspiration psychrometer
légszolgáltatás megszakítása air break
légszökés air leakage ; *(túlnyomás miatt pneumatikus keszonnál:)* blow-out
légszűrő air filter/strainer/cleaner ; *(traktormotoron:)* dust remover ; *(gépk)* air intake filter, air cleaner ; **~ betét** air-filtration element ; **~ csőcsonk** *(gépk)* air-cleaner elbow ; **~ dugulása** *(gépk)* air cleaner clogging ; **~ könyökcső** *(gépk)* air--cleaner elbow ; **olajtöltésű ~** *(gépk)* oil-washed air cleaner ; **~ szekrény** air strainer
légtan aerography
légtáplálás air feed
légtáró *(bány) l* **légvágat**
légtartály air receiver/reservoir/tank/holder ; *(kis:)* air bottle
légtelenít deaerate, expel the air ; **~i a féket** *(gépk)* bleed the brake ; **~i a fékvezetéket** *(gépt)* bleed the lines
légtelenítés deaeration, air expulsion, bleeding, elimination of air ; **~ getterrel** *(rád)* chemical exhaust
légtelenített : ~ beton vacuum concrete ; **~ cső** hard tube
légtelenítő *fn* de-aerator ; **~ berendezés** deaeration plant ; **~ csap** bleeder, air--discharge cock, air vent ; **~ csatorna** *(önt)* air funnel ; **~ csavar** bleeder screw ; *(gázolajszűrőn ; Diesel)* air--vent screw, air release bleeder ; **~ cső** *(olajféken ; gépk)* brake bleeder tube; *(elektroncsövön:)* exhaust tube ; **~ készülék** deaerator ; **önműködő úszós ~ szelep** automatic air escape valve with float ; **~ szelep** air/purging valve, air vent, bleeder, evacuation flap/valve ; **~ szivattyú** priming pump ; **~ tömlő** purging hose ; **~ üreges csavar** *(folyadékféknél ; gépk)* bleeder hole screw
légteljesítmény *(bemenő)* air input ; *(kimenő)* air output
légtér air space ; *(rep)* zone, area ; *(városépítés)* space between two façades of opposite situated buildings ; **~ (foglaltsági) állapota** *(rep)* status of airspace ; **kisforgalmú ~** *(rep)* low-density area
légtérarány *(városépítés)* quotient of the heights and distances of two or more opposite situated buildings related to the higher building
légterelő lap *(rep)* air deflector/baffle
légtérfogat air volume/capacity
légtérrész *(rep)* airspace sector ; **repülőtérvigyázó illetékessége alá tartozó ~** airport control sector
légtérszakasz *(rep)* airspace block
légtest-köd *(met)* air mass fog
légtisztítás air cleaning ; **villamos ~** electric clean-up
légtisztító *fn* air cleaner ; **vizes ~ berendezés** water air clarifier
légtorok *(karburátoré)* choke (tube), venturi
légtölcsér *(met)* spout
légtömeg *(met)* air mass/body, body of air ; **~ átalakulása** *(met)* air mass modification ; **lebukó ~** *(met)* air avalanche
légtömeg-átvonulás *(met)* air passage
légtömlő air hose/tube ; *(gumiabroncsé:)* tube
légturbina air-turbine
legurulás runaway
légút *(vill)* air line distance
légüreg *(ép)* air cell ; **~ öntvényben** air hole
légüres evacuated, vacuum, airless ; **~ izzólámpa** vacuum bulb ; **~ kamra** evacuated chamber ; **~ tér** vacuum, void ; **~ térbe zárt próbaszelep** vacuum-enclosed probe valve
légüst dashpot, wind box/chest ; *(hidr)* pressure tank
légvágat *(bány)* air head(ing)/course way/opening ; **~ eldeszkázása** *(bány)* brattice ; **felső ~** *(bány)* air level ; **hajtánnyal biztosított ~** *(bány)* arched air way ; **kihúzó ~** *(bány)* air way ; **kis szelvényű ~** *(bány)* monkey entry
légválasz *(bány)* air partition
légválasztó *(bány)* (line) brattice, curtain wall ; **~ függöny** *(bány)* ventilating curtain ; **~ ponyva** *(bány)* brattice cloth ; **~ vitorlavászonból** *(bány)* cloth brattice
légváltó *(felső vezetéken)* overhead frog (switch)
légvédelem air defence
légvédelmi anti-aircraft, A.A.; **~ lőelemképző** A. A. fire director/predictor ; **~ lőszer** anti-aircraft ordnance ; **~ lövedék** anti-aircraft shell ; **~ távmérő** anti-aircraft range finder ; **~ térkép** *(rep)* anti-aircraft map ; **~ üteg** anti-aircraft battery ; **~ zár** anti-aircraft barrage
légveszteség air leakage/loss
légvezeték *levegőt vezető cső ; bány)* air channel/conduit/duct/pipe ; *(vill)* overhead/aerial line/wire/conductor ; **~ vászonból** *(bány)* canvas tubing
légvezeték-bevezetés *(vill)* aerial (line) lead-in
légvezetékes vonal *(vill)* open-wire line, overhead line
légvezeték-feszítő készülék *(vill)* wire--draw tongs
légvezeték-hálózat *(vill)* aerial network
légvezetés *(tüzelésnél)* course ; **~ iránya** *(bány)* air course
légvezető : ~ csatlakozás *(szivattyún)* blast connection ; **~ csatorna** *(bevágott v fából épített ; bány)* fang ; **~ tömlő** *(szivattyúhoz)* blast connection
légviszonyok atmospheric conditions
légvitla compressed-air winch
légvonal *(távolság)* beeline ; *(vill) l* **légvezeték**
légvonaltáv crow-fly distance
légvonat *l* **léghuzat** *és* **huzat**
légzáró *l* **légmentes**
légzárvány blister ; *(öntvényben:)* gas hole/trap ; *(vezetékben:)* air lock
légzés respiration; **~re alkalmatlan** irrespirable
légzési respiratory ; **~ veszteség** *(kőolajtartálynál)* breathing loss
légző *(szerelvény)* vent ; *(öntvényen)* vent hole ; **~ fermentum** respiratory enzyme ; **~ kiszúrása az öntőformán** venting of moulds
légzőkészülék respiratory/breathing apparatus/equipment, inspirator ; **~ csöve** *(rep)* breathing pipe ; **faszén- v csontszénbetétes ~** charcoal respirator;

vegyszerbetétes ~ chemical cartridge respirator ; ~ **zsákja** breathing bag
légzőnyílás *(bány)* aspirating mouth ; *(szivattyún:)* vent-hole ; *(önt)* vent (hole)
légzőtartály box respirator
légzsák air buffer/pocket/lock/bag, dead air compartment ; *(léggömb belsejében:)* ballonet
légzsák-búvónyílás *(rep)* ballonet manhole
légzsákfeltépő : ~ **szelvény** *(rep)* ballonet rip panel ; ~ **zsinór** *(rep)* ballonet ripping cord
légzsák-szelepzsinór *(rep)* ballonet valve cord
légzsák-telítettségjelző *(rep)* ballonet fullness indicator
légzsilip *(bány, hidr)* air lock/sluice/lock ; *(önműködő ; gépt)* air-release valve
légzsilipajtó-elzáró lengőretesz bridged track
légy alakú horog fly
legyalul *(hosszgyalun)* plane off ; *(harántgyalun)* shape away
legyalulás *(fa)* planing off
legyárt fabricate, build
legyengít weaken
legyezés *(rep)* yaw(ing) ; ~ **jobbra** positive yawing ; ~ **tengelye** *(rep)* axis of yaw
legyező fan ; ~ **alakú** *l* **legyezőalakú** ; **repülőgép** ~ **mozgása** *(függőleges tengely körül)* yaw(ing motion)
legyezőalak fan form/shape
legyezőalakú fan-shaped, radial ; ~ **gyűrődés** *(földt)* fan fold ; ~ **jelkapu** *(rep)* fan marker ; ~ **sugárkéve** *(rád)* fan beam ; ~ **szétterülés** *(sugaraké)* fanning ; ~ **vágánycsoport** sheaf ; ~ **W-motor** *(rep)* fan-type engine
legyezőantenna fan/harp antenna
legyezőboltozat *(ép)* fan/trumpet vault ; ~ **tagozása** *(ép)* fan tracery
legyezőív *(ép)* trumpet arch
legyezőmozgás *(rep)* yaw(ing) ; ~ **síkja** *(rep)* yaw plane ; ~ **szöge** *(rep)* angle of yaw ; ~ **tengelye** *(rep)* axis of yaw
legyezőskála *(műszeren)* fan dial
legyezőszerű fan-type/shape(d) ; ~**en szétterülő jelleggörbe-sereg** *(távk)* fan-like spread
legyezőtagozás *(ép)* fan tracery
légyfogó papír fly-catcher paper
légyirtó por fly powder
legyőz *(ellenállást)* overcome
légypapír fly paper
lehabzószelep foam valve
lehajlás inclination,dip, descent ; *(anyagv, mech)* *l* **behajlás** ; **mágneses** ~**t meghatározó készülék** *(geod)* dip circle ; ~ **szöge** angle of dip/inclination
lehajlási *l* **behajlási**
lehajlásmérő inclinometer, dip ga(u)ge ; **mágneses** ~ absolute inclinometer
lehajlik deflect, ply ; *(mech)* *l* **behajlik**
lehajlít ply, bend, turn
lehajlítható folding
lehajló oldal downdip side
lehajt *(lepárol)* top
lehajtás *(puskáé)* breakdown ; *(traktoron:)* power take off (drive)
lehajtható inclinable, drop ; ~ **asztallap** *v* **székülés** *(fa)* leaf ; ~ **fenék** *(emelőn)* bottom flap ; ~ **kémény** *(hajó)* hinged funnel ; ~ **lapú asztal** gate-legged table ; ~ **oldalfal** *(gépk)* hinged body side ; ~ **tető** *(gépk)* drop head
lehajtó *(gépk)* power take-off ; ~ **hornyos tengelycsonk** power take-off spline shaft ; ~ **olaj** absorption/stripping oil ; ~ **tengely** *(gépk)* power take-off drive shaft
lehallgat *(távk)* intercept, monitor
lehallgatás *(távk)* interception, monitoring
lehallgató : ~ **állomás** monitoring/listening station ; ~ **asztal** *(hangosfilmnél)* sound-table, reader desk ; ~ **berendezés** *(hangfelvételhez)* listening equipment, monitoring/intercepting equipment ; ~ **földrengésjelző** seismophone; ~ **hangszóró** *(táv)* pilot loudspeaker ; ~ **helyiség** *(rádióstúdióban)* listening room ; ~ **kapcsolódugasz** listening/monitoring jack ; ~ **készülék** *(stúdióban)* listening apparatus ; *(kat)* sonic/aural detector, detectophone ; *(távk)* monitoring/intercepting apparatus
lehámlás scaling ; *(földt)* desquamation
lehámlik peel/flake/scale off
lehámoz peel (off), shale, strip, decorticate
lehántcsol *(fa)* bark, decorticate
lehangolás *(hangt)* detuning ; *(rád)* alignment
lehangoló : **antennát** ~ **berendezés** *(rád)* aerial syntonizer
lehangolódott *[hangszer]* out-of-tune
lehangolt : ~ **tápvezeték** *(rád)* resonant feeder ; ~ **töltő fojtótekercs** *(rád)* resonant charging choke ; ~ **vezeték** *v* **vonal** *(távk)* resonant line
lehánt peel (off), strip, skin ; *[kérget]* disbark
lehántol decorticate ; *l* még **lehánt** ; *(bőr)* scrape off ; *(fa)* pick ; *(forg)* scrape ; *(durván:)* skim
lehasadás splitting-off
lehasít *(vegy)* split off ; **metilgyököt** ~ demethylate
lehasító szer *(vegy)* eliminator
lehéjaz *l* **lehámoz**
lehengerel roll down
lehengerlő állvány *(tex)* running off frame
lehívásos megrendelés make and hold
lehord *(földt)* erode
lehordás *(ép)* removal ; *(földt)* ablation
lehorgonyoz anchor, guy ; *(csavarokkal:)* stay ; **bóját** ~ buoy ; **pécéket** ~ *(hajó)* beacon
lehorgonyzás anchorage, anchoring
lehorgonyzási hely *(hajó számára)* berthage
lehorgonyzó : ~ **csavar** foundation bolt; ~ **lap** anchor plate ; ~ **oszlop** *(ép)* spud ; ~ **rúd** stay rod ; ~ **szerelvény** *(léghajón)* parking harness ; ~ **végoszlop** *(vill)* dead-end tower/pole
lehorgonyzott : ~ **fenékháló** set ; ~ **póznajelzés** *(hajó)* spar buoys ; ~ **világítóhajó** *(úszó világítótorony)* lightship
lehorzsol abrade
lehorzsolás abrasion
lehuntit *(ásv)* lehuntite
lehúsol *(bőr)* flesh, break
lehúsolt *(bőr)* fleshed
lehúz withdraw, draw off/over ; *(csiszolókorongot gyémánttal)* dress, true ; *(vágószerszámot)* hone, strop ; *(bőrt az állatról)* flay ; *(palackba ; élip)* rack ; *(ép)* screed off ; *(habarcsot a fugákban ; ép)* strike off ; *(rostot ; tex)* strip ; *(szint ; tex)* decolo(u)r-(ize) ; *(rami feldolgozásánál ; tex)* strip ; *[szigetelést ; vill]* strip off ; **festéket papírral** ~ *(nyomda)* ease colo(u)r while printing ; **habot** *v* **salakot** ~ *(koh)* skim (off) ; **köszörűkorongot** ~ dress/true the grinding wheel ; **salakot** ~ slag ; **timárgyapjút arzénes sóval** ~ *(tex)* loose the wool by arsenic
lehúzás withdrawal ; *(bány)* raking ; *(salaké v habé)* skimming ; *(palackozás ; élip)* racking ; *(önt)* pattern draw ; *(kaptafáról)* last slipping ; ~ **gyémánttal** diamond dressing ; **szín** ~**a** *(festett fonalról v szövetről ; tex)* stripping
lehúzó *(nyomda)* proof puller ; *(lemezsajtoló gépen)* stripper ; ~ **berendezés** *(pa)* device for withdrawal ; ~ **csapszeg** puler bolt ; ~ **dugattyú** *(öntecslehúzó berendezésen)* stripper plunger ; ~ **emelő** *(koh)* stripper lever ; ~ **fogó** *(koh)* stripping tongs ; ~ **gereblye** *(bány)* plough unloader ; ~ **ív** *(pa)* tympan paper ; ~ **kefe** *(szállítószalagon)* brush cleaner ; ~ **készülék** pulling-off device ; ~ **papír** duplicator/transfer/stripping/mimeograph/multiplyer paper ; ~ **szerszám** *(forg)* dressing tool ; *(gépt)* puller tool, extractor ; ~ **üreg** *(alak)* stripping die
lehúzóacél scraper file ; **gömbölyű** ~ round scraper file
lehúzóbőr friction cleaner
lehúzócsap *(élip)* racking cock
lehúzódásmentesítő készülék *(frissen nyomott ívek közé helyezve ; nyomda)* set-off device
lehúzódeszka *v* **lap csempézésnél** *v* **betonozásnál** *(ép)* screed
lehúzófésű *(tex)* fly comb
lehúzóhenger *(tex)* sand/emery roller, sand beam
lehúzókép transfer picture, decalcomania (picture)
lehúzóképes képátvitel *(kerámiában)* transfer printing
lehúzókép-papír metachromatype/decalcomania paper
lehúzókés *(nyomda)* ductor knife
lehúzókő : ~ **posztóvágó késhez** cloth cutters' stone ; **vizes** ~ *(fenéshez)* water stone
lehúzókötél *(kötött léggömbhöz)* guy line
lehúzólap *(forg)* stripping plate
lehúzóléc floating rule ; *(önt)* thickness board
lehúzónyílás *(koh)* slagging/eduction/scum port
lehúzónyüst *(tex)* lowering harness, falling shaft
lehúzópenge cabinet scraper
lehúzópofa : **alsó** ~ *(fésülőgépen)* nipper knife
lehúzóprés *(nyomda)* proof planer
lehúzóvas *(fa)* cooper's drawing scraper
lehűlés cooling, defervescence ; **expanzió következtében előálló** ~ *(adiabati-*

kus) dynamic cooling; **szél okozta** ~ *(met)* advective cooling
lehülési: ~ **alakváltozás** cooling strain; ~ **feszültség** cooling stress; ~ **görbe** *(koh)* recalescence curve; ~ **kritikus pont** *(koh)* recalescence point
lehülésmérő katathermometer; **száraz** ~ *(nagygolyós borszesz-hőmérő)* dry katathermometer
lehűt cool (down), chill, refrigerate; *(hirtelen)* quench; *(bőrt)* cool
lehűtés cooling, chill(ing), refrigeration, quenching; **fokozatos** ~ *(hők)* stepped quenching; ~ **jéggel telt úszóval** *(erjesztőkádban)* attemperator refrigeration
lehűtött *vö* **lehűt**
leideni: ~ **kék** *(festék)* cobalt blue/ultramarine, Thenard's blue; ~ **palack** Leyden jar; ~ **palack kapacitása** *(vill)* jar capacity
leint *(vonatot)* flag a train
leíró: ~ **ásványtan** mineralography; **kört** ~ circular
lejár expire; *gép* run down
lejárás running down
lejárat expiration
lejáró: ~ **fedőréteg** *(bány)* following; ~ **nyílás** *(hajó)* companion hatch; ~ **rész** *(önt)* loose piece
lejárt szabadalom expired patent
lejátszás *(hangfelvételről)* reproduction, play-back
lejátszási: ~ **hangszínezés** *(magnetofonnál)* post-emphasis; ~ **sebesség** play-back speed
lejátszik enact; *hanglemezt* play back
lejátszó: ~ **fej** *(magnetofonon)* reproducing head; ~ **kristály(tű)** reproducing stylus
lejelentő: ~ **billentyű** *(távk)* clearing key; ~ **esőlemez** *(távk)* ring-off indicator; ~ **jel** *(távk)* clearing signal
lejön *(réteg)* flake off
lejt slope, cant, tilt, incline, slant; *(ép)* recede
lejtakna *(bány)* inclined (adit), slope; *(kőbányában)* rock slope; ~ **gyűjtőtere** slope tipple; ~ **külszíni előtere** *(bány)* bank head
lejtakna-felvonó gép *(bány)* incline hoist
lejtalap *(rézsű alapja; geod)* base of a slope
lejtés tilt, slope, droop, dip, descent, slant, cant(ing); *(pályaszinvonal hajlása)* gradient; *(földt)* pitch; **kis** ~ *(vasút)* favo(u)rable good gradient; ~**t változtat** *(vasút)* regrade
lejtésgörbe *(geod)* sweep
lejtési viszonyoknak megfelelő *(földt)* consequent
lejtésirány *(geod)* slope
lejtéskitűző karók *(geod)* slope stakes
lejtésmérés *(geod)* survey of fall
lejtésmérő *fn* declinator, angle meter; *(ép)* bevel square; *(forg)* sight clinometer; *(geod)* incline level, gradient meter
lejtésmutató: ~ **ívjelző tábla** *(vasút)* board spot; ~ **tábla** *(vasút)* gradient post
lejtésszög angle of depression slope
lejtéstörés *(geod)* break in grade
lejtésvonal grade line
lejtirány *l* **lejtésirány**
lejtmérés *l* **lejtésmérés**
lejtmérő *l* **lejtésmérő**
lejtmutató *l* **lejtésmutató**
lejtő *fn* bank, grade, hang, slant, slope, hillside, inclination, ramp, descent, declivity; *(hosszszelvényben)* run off; *mn* tilting, sloping, descending; ~ **alapja** *(földt)* base of a slope; **dőlésirányú** ~ *(földt)* dip slope; **enyhén** ~ *(földt)* declivate; ~**n felfelé** upslope, uphill; ~ **lefelé** downgrade, downhill; **szalagszállítós** ~ *(bány)* belt slope
lejtőátmenet *(geod)* break-in grade
lejtőhossz *(bány)* slope distance
lejtőirány droop, slope
lejtőkiképzés grading
lejtőkitűző műszer grad(i)ometer
lejtőkúp spur
lejtőláp hangmoor
lejtőmérce battering rule
lejtőprofilozó gép *(ép)* slope grader
lejtős sloping, sloped, prone, cant, slant; ~ **akna** *(bány)* inclined shaft *l még* **lejtakna**; ~ **állítóléc** *(szerszámgépvezető holtjáték-utánállítására)* taper gib; ~ **árokpart** scrap; ~ **bányatér** *(bány)* slope; ~ **bukógát** *(hidr)* inclined weir; ~ **(csille) pálya** *(bány)* jinny road; ~ **csúszda** slant chute; ~ **ér** *(földt)* underlay lode; ~ **fal** *(ép)* slope wall; ~ **fenekű csille** *(bány)* inclined-bottom car; ~ **fenekű tartály** slanting-bottom bin; ~ **görgősor** gravity (roller) conveyor; ~ **helyzetű** tilt(ed); ~**re készít** taper; ~ **mélyítés** *(bány)* way shaft; ~ **ösvény** slade; ~ **pásztafejtés** *(bány)* rill stoping; ~ **rostély** inclined grate; ~ **rostélyú tüzelőberendezés** sloping furnace; ~ **sasbérc** *(földt)* tilted block; ~ **szállítóvágat** *(bány)* inclined haulageway; ~ **terület** *(földt)* slope; ~ **tető** slanting roof; ~ **útszakasz** slope ramp; ~ **vágat** *(bány)* incline cut; ~ **vasúti felüljáró** inclined overbridge; ~ **völgy** *(földt)* ramp valley
lejtősík *(mech)* slope
lejtősít scarp
lejtősítés *(ép)* sloping
lejtősség slope, acclivity, incline, canting; ~ **miatti helyesbítés** *(geod)* slope correction
lejtőszög angle of gradient/slope/obliquity
lejtőtörés *(geod)* change in slope, gradient change
lejtőtörési terelőcsiga hump pulley
lejtőtörmelék *(földt)* piedmont deposits, scree, slide rock
lejtőszög *l* **lejtőszög**
lejttörés *l* **lejtőtörés**
lék leak; ~**et kap** (spring a) leak, stave
lekalapál hammer down, peen off; **kazánkövet** ~ scale-off the boiler
lekalapálás *(cipőalsórészé)* punding up
lekapar abrade, scrape off; *(kazánkövet)* scale
lekaparás *vö* **lekapar**
lekapcsol *(ált, vill)* switch off, disconnect, uncouple; *(pótkocsi; gépk)* uncouple; *(vasúti kocsit)* knock off, slip; *(vonalról; távk)* disconnect
lekapcsoló horog *(vasút)* knockoff hook
lékbiztos leak-proof
leképez form; *(mat)* transform
leképezés *(geod)* projection; *(mat)* transformation; **konform** ~ *(mat)* conformal transformation
lekérdezés *(rád)* challenge
lekérdezési határolás *(rád)* overinterrogation gate
lekerekít round (off)
lekerekítés rounding-off; *(tengelyvállé)* fillet; *(mat)* scaling/rounding down; **belső sarok** ~**e** corner fillet; **beömlőnyílás élének** ~**e** rounding-off the inlet
lekerekítési: ~ **mélység** depth of rounding; ~ **sugár** bend radius
lekerekített: ~ **alsó élű kő** *(ép)* bull's nose; ~ **belső sarok** filleted corner; ~ **élű kés** *v* **szerszám** *(forg)* round-nose(d) tool; ~ **élű laposvas** round-edged flat; ~ **hegy** *(földt)* subdued mountain; ~ **sarok** *v* **szeglet** rounded-off corner; ~ **váll(perem)** *(gépt)* rounding-off shoulder
lekérgel *l* **lekérgez**
lekérgez *(fa)* disbark, peel (off), decorticate
lekérgezési hulladék *(fa)* waste from bark peeling
lekérgezett: ~ **fa** barked timber; **teljesen** ~ clean barked
lekérgező gép *(fa)* bark-stripping machine
lekerülő szalag finomsági száma *(tex)* hank sliver delivered
lekeskenyít narrow down
lékinyerés *(élip)* sweeting
lekopás *(széltől; földt)* wearing-away
lekopaszt bare
lekopogás *(bány)* sounding
lekopogóz *(főtét; bány)* tap
lekopott: **erősen** ~ heavily worn
lekoptat abrade, scour
lekotor draw off
lekotró eke *[gumiszalagról]* discharge plough
leköszörül grind off
leköszörülés *(fa)* abrasion; *(forg)* grinding (off)
leköt bind, tie, anchor, fix; *(ép)* trammel, reeve, bind; *(szemet; tex)* mesh; *(szövésnél)* stitch; *(vegy)* bind, catch
lekötés *vö* **leköt**; *(lehorgonyzás; ép, gépt)* anchorage
lekötési idő *(fa)* *l* **kikeményedési idő**
lekötő: ~ **deszkázat** lashing; ~ **fonal** *(tex)* binding thread
lekötött vágány(mezők) *(vasút)* mounted lines
lékponyva *(hajó)* collision mat
lelakatol padlock
lelapítás flattening
lelapított fej *[szegecsé]* riveted-over head
lelapolás *(fa)* flattering
lelapoz *(leváló kőzetet)* slab down
lelapul *(levegő eltávozása folytán)* flatten; *(gumitömlő)* disinflate
lelassít slow (down), decelerate, retard, ease down; **csónakot** ~ *(élére állított evezővel)* hold water
lelassítási út slow-down path
lelassul stall; *vö még* **lelassít**
lelassulás *l* **lassulás**
lelassulási idő(tartam) slowing-down time
lelátó (grand)stand
lélegzés *(szelep rossz zárása miatt)* breathing

lélegző készülék *l* **légzőkészülék**
lélegzőcső breather pipe
lélegzőgömb pulsating sphere
lélegzőnyílás *(gépk)* breather hole
lélegzőszűrő breather screen
lélek *(vonós hangszeren)* sound post
lélekvastagság *(fúrón)* web thickness
lelép *[távolságot]* step
lé-leszivattyúzás juice draught
lelet finding
lelóg hang; *(belóg)* sag
lelógó: *(szövési hibákat okozó)* ~ **láncfonalak** *(tex)* lappers; ~ **szegély** *v* **szél** *(tex)* slack list
lelőhely *(bány)* site, locality
leltár inventory, register
leltári: ~ **növekedés** *v* **szaporulat** inventory increment; ~ **tárgyak** inventory
lemágnesezés degaussing, demagnetization; ~ **folytonos térirányváltással** demagnetization by continuous reversals
lemágnesezési: ~ **görbe** *(vill)* demagnetization curve; ~ **tényező** demagnetization coefficient/factor; ~ **torzítás** *(rád)* distortion due to demagnetization
lemágnesező *fn* *(vill)* demagnetizer; ~ **tér** demagnetizing/degaussing field
lemágneseződik lose magnetism, demagnetize
lemállásos rárakódás *(földt)* gain
lemállik peel, run
lemar *(bány)* slab; *(forg)* mill off
lemarat *(nyomda)* etch/corrode off
lemélyít countersink
lemélyült meder *(hidr)* depressed basin
lé-menet *(bőr)* colo(u)r pits
lemér measure, scale; *(súlyt)* weigh; *l még)* **mér, megmér**
lemérés measuring; *(súlyé)* weighing
lemerülés submersion, diving
lemerült sunk(en), submerged
lemetsz nip, part, cut; *(lágy anyagot)* strike off; **ferdén** ~ bevel away
lemetszés cutoff
lemez plate, sheet, panel, lamina, slab, board; *(ép)* strip; *(fa)* veneer; *(membrán)* membrane, diaphragm; *(kristálylemez; rád)* plate; *(vasmaglemez; vill)* lamination; ~**zel borít** *l* **lemezel; domborított** *v* **homorított** ~ *(alak)* dished plate; **durva** ~ *(heng)* steel plate; **ék alakú** ~ *(ép)* bevel(l)ed plate; **elektrotechnikai** ~ electrical grade sheet; ~ **előrajzolása** setting-out/marking-off of the plate; **fekete** ~ *(heng)* black plate, black sheet iron; **fényterelő** ~ baffle; **finom** ~ *(heng)* steel sheet; **hullámosított** ~ corrugated/channel(l)ed plate; **kontrázott léces** ~ *(fa)* counter-battens; **merevítő** ~ *(ép)* brace plate; **ónozott** ~ tin plate; **perforált** ~ perforated sheet; ~**ből sajtolt nyüstszem** *(tex)* stamped eye; **toló** ~ *(bulldózeren)* blade; **tükörfényes** ~ *(heng)* high mirror-finished sheet; **vastag** ~ plate; **védő-elválasztó** ~ *(kőtörőhöz)* crusher protector; **vékony** ~ sheet; *(fólia)* foil, lamella
lemezacél plate steel
lemezadagoló dugattyú *(fényk)* (feed) plunger
lemezalapozás *(ép)* mat/raft footing/foundation
lemez-aszfalt plate asphalt
lemezbevonat plate-coating
lemezbilincs plate shackle
lemezborda plate floor
lemezbordakapcsoló szögvas *(héjazatnál; hajó)* plate floor frame; *(kettős fenék belső lemezelésénél; hajó)* plate floor reversed frame
lemezborítás *(vékony)* sheet lagging/skin; *(vastag)* plate lagging/cover, cover plate
lemezbuga slab
lemezbuga-henger slab mill
lemezburkolat plating; *(ép)* lining, sheeting; *(kazánon)* boiler lagging
lemezcsavar tinner-screw, sheet screw
lemezcsomag sheet pack
lemezdugó plate plug
lemezegyengető plate dresser; *(nyomda)* planisher; ~ **gép** plate-levelling machine, (roller/sheet) leveller; ~ **sajtó** level(l)ing jack
lemezel plate, laminate; *(fa)* veneer
lemezelektródos parázslámpa flat-plate lamp
lemezelés (metal) cladding, laminating, plating; ~ **arannyal** gold-plating; **fedélzeti** ~ *(hajó)* deck plating
lemezélgyalu plate-edge planer, plate-planing machine
lemezelhúzási módszer *(rezgésfeljegyzéshez)* dropping plate method
lemezél-lemunkálás *(varratvájathoz)* edge preparation
lemezelő plating; ~ **hengermű** plating mill
lemezelőfém plating/finishing metal
lemezelőhenger plate roll
lemez-előmelegítő *(hangfelvételhez)* hot plate
lemezélrézsüző gyalu plate-edge bevelling machine
lemezelt plated, foliated; *(gépt, vill)* laminated; ~ **ajtó** flush door; *(sima)* flat-surfaced door; ~ **áruk** plated goods; ~ **fatábla** plywood; ~ **mágnes** *(vill)* lamellar magnet; ~ **vasmag** *(vill)* laminated core; ~ **vasmagos transzformátor** laminated iron-core transformer
lemezerősítéses gerendahosszabbítás fished joint
lemezes lamellated, lamellar, laminar, laminiform, foliated; ~ **adagoló(szalag)** plate feeder; ~ **alátámasztás** plate bearing; ~ **antracit** *(bány)* plate coal; ~ **biztosító** *(vill)* strip fuse, fuse strip; ~ **csillám** *(ásv, vill)* scale/sheet mica; ~ **elegyrészek** *(földt)* laminated constituents; ~ **elektród** plate electrode; ~ **grafit** *(koh)* flake graphite; ~ **homokkő** *(földt)* sand flag; ~ **hűtő** finned radiator; ~ **kapcsoló** *(gépt)* lamination coupling; ~ **kerethíd** slab portal-frame bridge; ~ **kondenzátor** disc capacitor; ~ **lánc** *(hidr)* laminated chain; ~ **szállítószalag** pallet/platform conveyer; ~ **szállítószalagos kemence** travel(l)ing plate oven; ~ **szerkezetű elrendezés** lamination; ~ **tartó** *(ép)* web girder; ~ **teherkocsiszekrény** *(gépk)* panel body; ~ **túlfeszültséglevezető** plate lightning arrester; ~ **túlhevítő** plate superheater; ~ **varrat** *(szállítószalagon)* plate joint; ~ **villámhárító** plate lightning arrester
lemezfelhajlítás flanging
lemezfeszültség *(mech)* membrane stress
lemezfogó *v* **-markoló** *(heng)* plate-gripping tongs
lemezforgató: önműködő ~ *(sztereofotogrammetriában)* automatic „inverseur"
lemezfőpont optical centre of the plate
lemezgép-nemez *(pa)* cardboard felt
lemezgerinces gerenda *v* **tartó** plate beam, web girder
lemezhajlító: ~ **fogó** plate pliers; ~ **gép** plate-bending machine/brake; *(ónozott lemezek hajlítására)* forming machine; *(burkolólemezekhez; hajó)* joggling machine
lemezhártya flake, membrane
lemezhengerlés sheet/plate rolling
lemezhengermű plate/sheet mill
lemezhengersor sheet roll(ing mill), plate mill
lemezhitelesítés *(szink)* plate calibration
lemezhulladék sheet clippings, plate scarp
lemezhúzás *(gumi)* sheeting
lemezhúzó kalander *(gumi)* sheeter, sheeting calender
lemezidomszer template, templet
lemezizzító kemence plate-heating furnace
lemezjátszó record player
lemezkazetta: két irányban eltolható ~ *(fényk)* double-slide plate-holder
lemezke shive
lemezkefe foil brush
lemezkenő gép *(akkumulátor; vill)* pasting machine
lemezkerék *(telef)* gear
lemezkés tabular krife
lemezkészítés plating
lemezkivágó *fn* tinmen's hollow punch; ~ **gép** nibbling machine
lemezkoordináták *(lemez-főpontból húzott koordináták; fotogrammetriában)* plate coordinates
lemezkorong *(pa)* board disc
lemezköteg-melegítő test *(koh)* pack heating furnace
lemezlakatos body ironer
lemezleélezési próba *(anyagv)* edging testing of sheets
lemezleélező gép bevel(l)ing machine
lemezlyukasztó *fn* *(forg)* nail set; ~ **gép** plate-punching machine
lemezmag *(vill)* laminated core
lemezmegmunkáló műhely plate shop
lemezmoraj *(karosszérián; gépk)* panel drumming
lemeznyomás *(nyomópadon)* metal spinning
lemezolló alligator shears; **satuba fogható** ~ lever shears for using in vices; *l még* **lemezvágó**
lemezperemezés *(hajó)* joggle
lemezperemező: ~ **gép** sheet-bordering machine; ~ **és -hajlító prés** press brake
lemezránc *(heng)* flopper
lemezrugó leaf/plate spring; *(többlapú)* laminated spring; *(gépk) l* **laprugó**; *(távk)* reed spring; ~ **fülecse** scroll; ~**ra szerelt kilincs** *(távk)* reed spring and pawl
lemezrugóköteg laminated spring
lemezrugós szelep lame-spring valve
lemezsajtolás sheet metal pressing, cold stamping
lemezsimító *(pa)* plate calender/glazer

lemezskála *(csill)* plate-scale
lemezsor *(hajó)* strake
lemezszárító *(pa)* board drying apparatus ; ~ **polc** " **állvány** *(fényk)* plate rack
lemezszárny-elválasztók *(felvetőn ; tex)* sheet-metal flanges
lemezszekrény *(fényk)* adapter
lemezszelep *l* **tányérszelep**
lemezszélgyalu plate-planing machine
lemezszélvágó gép plate-edger
lemezszerelvény *(légszigetelésű kondenzátorban ; rád)* plate assembly
lemezszerű platelike
lemeztalp plate bearing
lemeztalpfa slab tie
lemeztányér *(lemezjátszón)* (record) turn(-)table
lemeztartó keret *(a keretnél kisebb méretű lemezekhez ; fényk)* plate carrier
lemeztartós híd plate-girder bridge
lemeztégla : burkoló ~ *(ép)* checker brick
lemeztest *(vill)* lamination, laminated core
lemeztető *(ép)* slab roof
lemeztisztító hengerkefe plate sweeper
lemeztuskó *(koh)* slab ; ~**t hengerlő üreg** slabbing pass of rolls
lemeztuskóhevítő kemence slab-heating furnace
lemeztuskóöntő gép *(önt)* slab-moulding machine
lemeztű gramophone needle
lemezvágó *(hangt)* cutter ; **egyenes** ~ **olló** Vienna pattern tinmen's shears ; **egyetemes** ~ **olló** universal snip ; ~ **gép** *(hanglemezhez)* disc recording machine ; *(heng, forg)* plate-shearing machine/shears ; **görbe** ~ **olló** tinmen's circle shears ; ~ **kés** *(heng)* mill knife ; ~ **készülék** *(hangt)* disc recorder ; ~ **olló** plate shears ; *(kézi)* metal snips ; ~ **olló párnája** shearing die
lemezváltó *(hangt)* record changer ; **önműködő** ~ automatic record changer
lemezvas plate iron
lemezvasbetét *(betonútban)* mattress
lemezvastagságmérő *fn* sheet ga(u)ge ; **mikrométeres** ~ micrometer caliper ga(u)ge for measuring sheet metal ; ~ **óra** dial sheet ga(u)ge
lemezváz plate carcass
lemezvékonyság gauge/fineness (of a sheet)
lemezzaj *(hangt)* surface noise
lemezzárfogó *fn* *(forg)* sealing pliers for steel seals
lemezzörej *(hangt)* *l* **lemezzaj**
lemniszkáta *(mat)* lemniscate ; **Bernoulli-féle** ~ *(mat)* hyperbolic/Bernoulli's lemniscate ; **hiperbolikus** ~ *(mat)* hyperbolic/Bernoulli's lemniscate
lemnoszi föld *(ásv)* Lemnian earth, sphragidite, terra lemnia
lemorzsol attrite ; *(csiszolókorongot)* crush
lemorzsolódás degradation ; *(bány)* slacking ; *(földt)* downcutting
lemorzsolódik *(földt)* founder, run
lemorzsolt fogaskerék stripped gear *(US)*
lemosás lotion ; *(földt)* ablation ; ~ **hígított savval** *(nyomda)* counteretching
lemosható tapéta *(pa)* washable wall-paper
lemosó szer wash
lemotollál *(tex)* reel off
lemunkál work off ; **esztergálással** ~ turn, remove by turning ; **forgácsolással** ~ machine off ; **gyalulással** ~ plane off ; **köszörüléssel** ~ grind off ; **marással** ~ mill off ; **vésésssel** ~ *(kézzel)* chisel off ; *(gépen)* slot
lemunkált hegesztési varrat finished weld
lemüvelt *(bány)* worked/robbed out ; ~ **bányamező** old territory ; ~ **bányarész** worked-out section
len flax ; *(tex)* line ; **balti** ~ Baltic flax ; ~ **fehérítése** *(tex)* linen bleaching ; **kék virágú** ~ *(tex)* blue flax ; ~**ből készült** linen ; **nyersen eldolgozott** ~ touch'im flax ; **orosz** ~ Baltic flax
lenabrosz *(tex)* linen table cloth ; **fehérített mintás** ~ patron d'Hollande
lenagyol rough off
lenáruk *(tex)* linen fabrics
lenáztatás *(tex)* (dam) retting
lenbatiszt linen-cambric, linen (batiste), (sheer) lawn, mousseline-laine
lenborda-számozás *(tex)* linen reed count
lencse *(fényt)* lens ; **akromatikus** ~ achromatic lens ; **akusztikus** ~ sound lens ; ~ **alakú** lenticular, lentiform ; ~ **alakú átrétegeződés** *(földt)* interlensing ; ~ **alakú rétegeződés** *(földt)* lenticularity, lensing ; ~ **alakú település** *(bány)* spotty deposit ; **apokromatikus** ~ apochromat(ic) lens ; **asztigmatikus** ~ astigmatic lens ; **elektromágneses** ~ electromagnetic lens ; ~ **felbontó képesség** *(fényk)* resolving power of a lens ; **gyűjtő** ~ collecting lens ; **kapcsolt lencsék** *(fényk)* doublet lenses ; **kinematográfiai** ~ cine lens ; **kis nyílású** ~ (small-) aperture lens ; **kromatikus hiba nélküli** ~ apochromat(ic) lens ; ~ **leképezési hibája** aberration of lense ; **nagyító** ~ magnifying lens ; *(telev)* zoom lens ; **nagy látószögű** ~ wide-angle lens ; ~ **nélküli célzócső** dump telescope ; ~ **nélküli fényképező gép** *(fényk)* lensless/pinhole camera ; ~ **optikai tengelye** lens axis ; **összetett** ~ compound lens ; **ragasztott** ~ cemented lens ; **recézett** ~ stippled lens ; ~ **redukált vastagsága** reduced thickness of lens ; **reflexiómentes** ~ coated lens ; **sajtolt** ~ moulded lens ; ~ **szabad nyílása** free aperture of a lens ; **színhibától mentes** ~ achromatic lens ; **szóró** ~ spread lens ; **tárgyoldali** ~ front lens ; **többrészes** ~ compound lens
lencse-antenna *(hirad)* metal lens
lencse-árnyékoló lens-shade
lencsebeállítású távmérő lens-coupled range finder
lencsebeállító gyűrű *(fényt)* screw collar
lencsecserélő foglalat *(fényk)* panadaptor
lencsecsiszolás lens grinding
lencseérc *(ásv)* *l* **lirokonit**
lencsefej *(csavaré)* countersunk oval head *(UK)* ; round-top countersunk head *(US)*
lencsefejű csavar *l* **lencsefej, csavar**
lencsefoglalat lens seating
lencsefősíkok *(fényk, fényt)* nodal planes
lencsehajlítás lens bending
lencsehiba lens error
lencsekeresztmetszetű jelkapu lenticular beam
lencsekoszorús letapogató tárcsa *(telev)* lens scanning disc
lencseközi zár between-the-lens schutter
lencsenagyítás *(fényt)* factorial magnification
lencsepapír lens paper
lencséplés *(tex)* de-seeding (of) the flax
lencséplő (gép) *(tex)* de-seeding machine
lencsepolírozás lens polishing
lencsés : ~ képbontó dob lens drum ; ~ **lerakódás** *(földt)* strint of deposits
lencsesorozat *(fényt)* optical train
lencsetengely *(fényt)* axis of a lens
lencsetényező *(fényk)* F-number
lencsetokcsipesz capsular forceps
lencsetorzítás lens distortion
lencsevédő : ~ ernyő lens hood ; ~ **sapka** lens cap
lencsevizsgáló asztal lens-testing bench
lendamaszt *(tex)* linen damask, damask linen
lendít swing
lendítés swing(ing), throw, hurl ; *(mech)* flywheel effect
lendítő : ~ nyomaték *(mech)* flywheel moment, moment of gyration ; ~ **szíjkerék** belt pulley flywheel
lendítőerő driving/propelling force ; *(ütközésből)* force of impact
lendítőkerék *l* **lendkerék**
lendítőmozgás motion by impulse
lendítősúly flyweight
lendítőszárny *(tex)* flier, flyer
lendítőtárcsa disc flywheel
lendítőtömeg inertia mass
lendítőtömeges szabályozó inertia shaft governor
lendkerék flywheel, balance wheel; **fogas** ~ cogged flywheel ; ~ **kis hajtó fogaskereke** flywheel pinion ; **nyomatékváltós** ~ fluid flywheel ; ~**re szerelt gyújtómágnes** flywheel magneto
lendkerék-abroncs flywheel rim
lendkerékakna flywheel race
lendkerekes : ~ indító berendezés *(gépt)* flywheel starter ; *(gépk)* inertia starter ; ~ **kötélkorong** fly sheave ; ~ **sajtó** flywheel press ; ~ **szíjtárcsa** fly pulley ; ~ **váltakozó áramú generátor** flywheel alternator
lendkerék-fogaskoszorú *(gépk)* flywheel ring gear
lendkerékfogazás flywheel cogging
lendkerékforgató kar flywheel handle
lendkerékgödör wheel pit
lendkerékhajtó gép barring engine
lendkerékház *(gépk)* flywheel housing/case
lendkerék-jelzés *[gyújtásbeállításhoz ; gépk]* timing marking on the flywheel
lendkerék-kapcsolás *(vill)* flywheel circuit
lendkerékküllő flywheel arm/spoke
lendkerékmágnes *(gépk)* flywheel magneto
lendkerékszabályozó flywheel governor
lendület swing, sway, sweep, impetus ; *(mech)* kinetic energy
lenfehérítés *(tex)* bleaching of linen
lenfeldolgozó üzem *(tex)* flax factory
lenfonal line(n)flax yarn, linen ; **lefőzött** ~ boiled linen yarn
lenfonalszámozás *(tex)* linen thread counting

lenfonó gép *(tex)* flax spinning frame

lenfőzés *(tex)* scalding the flax

leng swing, sway, bob, pivot ; *(mech)* oscillate, vibrate

lengenbachit *(ásv)* lengenbachite

lengés swing(ing), sway ; *(mech)* oscillation, vibration ; *(műszermutatóé)* dancing ; *(óra)* vibration ; *(vill ; gépé)* hunting ; *(szinkron generátoré ; vill)* surging ; ~ **alapharmonikusa** fundamental oscillation ; **bólintó** ~ *(rep ; gépk)* pitch(ing oscillation) ; **csavaró** ~ torsional vibration ; **csillapítatlan** ~ self-sustained/continuous oscillation ; **csillapított** ~ damped oscillation ; **divergens** ~ divergent oscillation ; **gátolt** ~ constrained vibration ; **gerjesztett** ~ forced oscillation ; **hajlító** ~ bending vibration/oscillation ; **hosszirányú** ~ longitudinal vibration ; **kapcsolt** ~ coupled oscillation ; **káros** ~ spurious/parasitic oscillation ; **keresztirányú** ~ transverse vibration ; **legyező** ~ *(rep)* yaw(ing oscillation) ; **növekvő amplitúdójú** ~ divergent oscillation ; **orsózó** ~ *(rep)* roll(ing oscillation) ; **rezonanciás** ~ resonant/sympathetic vibration ; **szabad** ~ free/natural oscillation ; **szél okozta** ~ *(vill)* aeolian vibration

lengés-amplitúdó amplitude of beat/vibration/oscillation

lengéscsillapítás vibration damping, amortization ; *(gépk)* shock absorption

lengéscsillapító *fn (gépk)* shock absorber, damper ; *(forg, gépt)* vibration/surge damper ; *(hajó, vasút)* oscillation absorber; *mn* absorptive, amortizing, shock absorbing, damping ; ~ **berendezés** *(gépt) l* **lengéscsillapító ;** ~ **borda** *(a hajófenék és -oldal közötti átmenet helyén)* bilge keel ; ~ **csavaros gumilemezbetétes felerősítése** *(gépk)* sandwich-type end fitting ; **dobozos** *v* **lapátos** ~ *(gépk)* vane-type shock absorber, vane-type damper ; **dugattyús** ~ *(gépk)* piston-type shock absorber, piston-type damper ; ~ **folyadék** *(gépk)* shock absorber fluid ; ~ **gyűrűs felerősítése** *(gépk)* eye/ring-type end fitting ; **hüvelyes** *v* **teleszkópos** ~ *(gépk)* telescopic shock absorber, telescopic damper ; **légpárnás** ~ *(futó szerkezeté ; rep)* air-cushioned damper

lengésgátló áramkör *(vill)* anti-hunt circuit

lengésidő *(mech)* period/duration of oscillation

lengési folyamat oscillating process

lengés-ív swing

lengésmérő *(hajó)* wobble meter

lenget swing, wave, flap

lengetés *(vasút)* seel

lengő *(gépt)* swivel(ling), swing(ing), tilt(ing) ; *(önbeálló)* floating ; *(rezgő)* vibratory, oscillating, pendulum-type; ~ **adagoló berendezés** swinging/reciprocating feeder ; ~ **csapágyazású fogóhenger** *(fonalőrszerkezetben ; tex)* independently-mounted nip roller ; ~ **csapolóajtó** *(tartályon)* swinging gate ; ~ **csatlakozás** *(gázvezetéken)* swing connection ; ~ **darugém** swinging boom ; ~ **emeltyű** *l* **himba ;** ~ **fonalvezető** *(tex)* traverse guide, oscillating/traversing thread guide ; ~ **fordítókorong** *(vasút)* swing turntable ; ~ **hátsó kerék** swivel rear wheel ; ~ **irányzék** oscillating sight ; ~ **irányítóhenger** *(tex)* vibrating/oscillating back rest, rocking beam, whip roll ; ~ **kalapács** *(alak)* helve/helving hammer ; *(lábhajtású)* w(h)ipple hammer ; ~ **készülék** *(gépt)* tilting/swivelling fixture ; ~ **körfűrész** pendulum circular saw ; ~ **kulissza** *(gépt)* swing/swivel link, link bar ; ~ **munkapad** *[aknafalazásnál ; bány]* swinging platform ; ~ **platina** *(tex)* rocking sinker, jack ; ~ **rész** *(műszeren)* moving element ; ~ **sínillesztés** *(vasút)* suspended rail joint ; ~ **szalagcsiszoló gép** *(cipő)* oscillating band-fluffing machine ; ~ **szállítóhenger** *(tex)* back bearer ; ~ **szállítószalag** swinging conveyer ; ~ **szellőző** pivoting fan ; ~ **szerszám** *(forg)* swing tool ; ~ **szórólapát** swinging shovel ; ~ **szövetsűrűségmérő** *(tex)* traversing counting glass ; ~ **tésztagyúró henger** swinging dough cylinder; ~ **transzportőr** jigging conveyer ; ~ **ütközés** *(síneké ; vasút)* suspended joint ; ~ **ütőmű** pendulum-type impact-testing machine ; ~ **visszacsatolás** *(rád)* superregeneration ; ~ **vitorlarúd** swinging boom

lengőablak *(ép)* swinging window

lengőajtó double-acting door, double/swing door

lengőállvány *(ép)* hinge pedestal; *(gépt)* swinging/swivel frame

lengőasztal *(gépt)* swinging/swivelling table

lengőbilincs swing latch

lengőborda *(tex)* loose/drop/fly/swivelling reed

lengőborda-berendezés *(tex)* spring reed release motion, loose reed mechanism

lengőbordás szövőszék *(tex)* loose reed loom

lengőbütyök *(gépt)* rocking/oscillating cam

lengőcsap *(gépt)* swivel pin, king pin, pivot ; *(gépk) l* **tengelycsonkcsapszeg ;** ~ **mosogatóhoz** sink tap with swing arm

lengőcsapágy floating bearing

lengőcsapszeg *(gépk) l* **tengelycsonkcsapszeg**

lengőcsapszegdőlés *(gépk) l* **csapterpesztés**

lengőcsap-tengelycsonk steering-swivel journal

lengőcsavar swivel screw

lengőcsévés *[pick-up ; rád]* moving-coil

lengőcsuklós : ~ **csőcsatlakozás** swivel pipe joint ; ~ **tömlőcsatlakozás** swivel hose union

lengőcsúszda traversing/shaking/swinging chute, vibrating conveyor, oscillating through

lengődió rocker die

lengődob tilting drum

lengőeke swing plough

lengő-forgó dobkeverő wobbling drum mixer

lengőfűrész oscillating saw

lengő-görgő *(tex)* pendulum roller

lengőhenger *(gőzgépen)* rocking cylinder; *(kh)* tension bar ; *(fonalvezetőé ; tex)* rocking beam

lengőív *(vasút)* radius link

lengőívcsap *(vasút)* link trunnion

lengőívcsapágy *(vasút)* link support

lengőívkő *(gőzgépen)* rocker die ; *[mozdonykormányműben]* (tumbling) block

lengőív-oldalív link cheek

lengőív-rúd *(vasút)* radius rod

lengőkalapács *(alak)* tail/tilt/trip hammer ; **rugós** ~ w(h)ipple hammer

lengőkalapácsos: ~ **malom** swing-hammer mill ; ~ **ütőpróba** *(anyagv)* pendulum impact test

lengőkar swinging/reciprocating/rocking lever/arm, balance beam/bob, radius link, pivoted/swivel arm, rocker ; *(futóműben ; gépk)* radius rod ; ~ **forgáspontja** *(gépk)* pivot centre of link

lengőkarcsap *(gépk)* pivot (fulcrum) pin

lengőkarcsapágy rocker bearing

lengőkarkengyel link stirrup

lengőkaros : ~ **csévélőorsók** *(tex)* spindles in swivelling bobbin carriers ; ~ **első villa** *(mkpár)* swinging-arm front fork ; ~ **fúrógép** swing drill ; ~ **hátsó felfüggesztés** *(mkpár)* swinging-arm rear suspension ; ~ **kefetartó** *(vill)* lever-type brush-holder ; ~ **köszörűgép** swing-bar grinding machine

lengőkeret rocking/tumbler bracket, swing/swivel frame ; ~**re szerelt fűrész** swing saw

lengőkonzol tumbler bracket

lengőkulisszás vezeték swing link guide

lengőlakat *(kh)* flopper/swinging cam

lengőmágnes *(vill)* movable/moving magnet

lengőmalom pendulum mill

lengőmozgás oscillating/vibratory motion ; *(lineáris)* reciprocating movement ; *(gépt)* swinging/swivel(ling)/rocking motion

lengőmozgású gép *(tex)* reciprocating machine

lengőnyelves *(rád)* moving-iron , ~ **hangszóró** *(rád)* moving-iron reed loudspeaker ; ~ **tölcséres hangszóró** *(rád)* reed horn

lengőpöröly tail/tilt hammer

lengőrácsos adagoló reciprocating-grid feeder

lengőretesz *(óra)* pallet

lengőrosta *(bány)* rocking/shaker/swinging screen/sieve ; *(élip ; mzg)* swinging/reciprocating sieve

lengőrostély rocking grate

lengőrúd sway rod

lengősaru *(hídon)* pendulum shoe

lengőszelep rocker valve

lengőszér *(bány)* shaking table

lengőszita *l* **lengőrosta**

lengőtámasz *(ép)* pendulum stanchion, rocking pier

lengőtányéros felvonó swing tray elevator

lengőtárcsa *(villamos kürtben ; gépk)* resonator plate

lengőtekercs *(rád, távk)* swinging/moving coil ; *(hangszóróban)* voice coil

lengőtekercses *(vill)* moving-coil ; ~ **hangszóró** *(rád)* moving-coil loudspeaker ; ~ **mikrofon** *(rád)* moving-coil/inductor microphone ; ~ **műszer** *(vill)* moving-coil instrument

lengőtengely floating/rocking shaft/axle ; *(gépk)* swing axle

lengőtölcséres antennatáplálás Robinson feed

lengőtükör tilting mirror

lengőválvú *l* **lengőcsúszda**

lengővilla *(mkpár)* pivoted fork, swinging arm

lengővillás hátsó felfüggesztés *(mkpár)* pivoted-fork rear suspension

lenhozam *(tex)* flax output

lenipar *(tex)* linen/flax industry

lenkéreg-papír linen croster

lenkikészítés *(tex)* flax preparing

lenkóc *(tex)* hackling tow, (scutched) flax tow

lenkócfonal *(tex)* flax tow yarn

lenkócfonás *(tex)* flax tow spinning

lenkóchulladék *(tex)* flax noils

lenkóró marokbakötése *(tex)* tippling-up

lenkupacoló *(aratógépen)* flax buncher

lenlemez *(pa)* flaxboard

lenmag linseed, flax seed

lenmagfőzet linseed mucilage

lenmaglepény linseed cake

lenmagliszt linseed meal

lenmagolaj flax seed oil, linseed oil

lengmagolajlakk *(kence)* linseed oil varnish

lenmagolajpogácsa flax seed/linseed oil cake

lenmagpogácsa linseed cake

lennilit *(ásv)* lennilite

lennyaláb *(tex)* dollop

lennyomás *(pa)* lawn finish

lennyűvés *(tex)* pulling (flax), flax pulling

lennyűvő gép *(tex)* flax(-)puller

lenolaj linseed oil, flax seed oil

lenolajkence linseed oil varnish, boiled linseed oil

lenolajsajtó clodding press

lenolajsav linol(e)ic acid

lenolajsavas mangán *(szárító)* manganese linoleate

lenpapír linen paper

lenpausz *(pa)* tracing cloth

lenpergament *(pa)* linen parchment

lenpostapapír linen note-paper

lenpozdorja *(tex)* flax shive, bun

lenrongy-papír linen-rag paper

lenrost *(tex)* flax; *(pa)* flaxstraw fibre

lensávoly linen crash/drill

lenszalag *(tex)* linen (twist) tape

lenszalma *(pa)* flax straw

lenszár *(tex)* flax stalk/stem

lenszösz *(tex)* *l* **lenkóc**

lenszövés *(tex)* linen weaving

lenszövet *(tex)* line(n cloth/fabric)

lenszövő *(tex)* flax/linen weaver

lentilolás *(tex)* flax scutching/swingling

lentiloló : ~ **bárd** *v* **kalapács** *(tex)* bat, beater knife, scutch(er) ; ~ **fa** *(tex)* strickle ; ~ **gép** *(tex)* flax scutching machine/mill, flax breaker ; ~ **pad** *(tex)* brake

lentörek *(tex)* boon

lentörés *(tex)* (flax) breaking, flax-dressing

lentörő *(tex)* *l* **lentiloló**

lenutánzó kikészítés *(pamuté ; tex)* Irish finish

lenvászon linen (cloth), plain/flax(en) linen ; **durva** ~ coarse linen ; ~ **irópapír** linen-embossed writing-paper; ~ **levélpapír** linen-embossed writing-paper

lenvászonnyomás *(pa)* linen finish

lenvászonnyomású papír linen-grained/-faced paper

lenvászonpapír cloth linen paper, linen-embossed paper

lenverő *(tex)* *l* **lentiloló**

Lenz-féle törvény Lenz's law

lényeges vital, significant, essential

lényerés juice extraction

lenyes nip ; *(csonkit)* truncate ; *(bőr)* scalp, trim, cut ; *(fa)* lop, snub, stump ; *(földet:)* scrape

lenyesés *vö* **lenyes** ; *(bőr)* trimmings, cuttings

lenyír shear, trim ; *(bőr)* scalp

lenyírás shearing ; *(bőr)* trimming ; *(mech)* shearing off

lenyírt sheared ; ~ **gyapjúbunda** *(tex)* fleecings ; ~ **hulladék** trimmings ; ~ **juhbőr** shearling

lenyitható : ~ **tető** *(gépk)* drop head ; ~ **tető fémváza** *(gépk)* foldable framework ; ~ **tető gépi működtetéssel** *(gépk)* power-operated head

lenyitható-tetős karosszéria *(gépk)* drop-head body

lenyom tread, print ; *[pedált, gombot]* depress

lenyomás *(távíró billentyűé)* closing

lenyomat print ; *(anyagv)* indentation ; *(nyomda)* (im)print, impress, copy ; ~**ot készít** stamp ; **új** ~ *(nyomda)* reprint

lenyomatpapír reprint paper, litho retransfer paper

lenyúz *(bőrt az állatról)* flay, skin, strip, scalp

lenyúzás *(bőr)* flaying

lenyúzott futóhulladék *(gumi)* peelings

leold *(horgonyról ; hajó)* slip

leólmoz stamp

leolvadási sebesség *(hegesztésnél)* melting rate, rate of deposition

leolvas *(műszert)* read (off), take the reading

leolvasás *(skálán)* reading, indication ; ~**t végez** *(műszeren)* take the readings

leolvasási : ~ **érzékenység** sensitiveness of reading ; ~ **határ** limit of reading ; ~ **hiba** reading error ; ~ **vonal** *(rád)* reference line

leolvasó : ~ **berendezés** reading device ; ~ **dob** reading drum ; ~ **léc** *(geod)* reading rod ; ~ **mikroszkóp** reading microscope ; *(mérő)* micrometer microscope ; ~ **nagyító** reading glass ; ~ **prizma** reading-off prism ; ~ **távcső** reading telescope

leolvasott elhelyezkedés *(kristályoké)* reading position

leolvaszt *(heg)* melt down ; **gyorsan** ~ flash off

leolvasztás flashing-off

leolvasztó : ~ **tompa hegesztés** flash butt welding ; ~ **tompa varrat** flash butt weld

leomlás tearing away of bank, breakdown, collapse

leomlaszt *(bány)* cave

Leonard-kapcsolás *(pa)* Leonard scheme

leonhardit *(ásv)* leonhardite

leonit *(ásv)* leonite

leopoldit *(ásv)* leopoldite

leosztás *(rád)* attenuation ; *(radar)* scaling *is*

leosztási arány *(rád)* attenuation rate

leosztó : ~ **ellenállás** *(rád)* potentiometer, bleeder resistance ; **előfeszültségterhelő** ~ *(rád)* bias bleeder

leöblít *(bőrt)* rinse

leönt : **salakot** ~ slag out

leöntés decantation ; *(vmivel)* fount

leöntött *(ont)* cast (to shape)

lép : **egymással vegyületbe** ~ enter into compound

lepallózás *(bányarobbantás előtt)* floor boards

lepárlás *(vegy)* (di)stilling, distillation ; **bontó** ~ destructive distillation ; **destruktív** ~ destructive distillation ; **elemző szakaszos** ~ analytical distillation ; **fa száraz** ~**a** distillation of wood ; ~ **a finomítóban** refinery distillation ; **frakcionált** ~ differential/fractional batch distillation ; **ismételt** ~ cohobation ; **kokszoló** ~ coking distillation ; **könnyű rész** ~**a** *(ol)* topping ; **közvetlen** ~ straight-run distillation ; **második** ~ doubling ; **roncsoló** ~ destructive distillation ; **szakaszos** ~ differential/fractional/batch distillation ; **száraz** ~ carbonization ; **szekunder** ~ *(ol)* re-running ; **túlnyomás alatti** ~ distillation under pressure ; ~ **vákuumban** vacuum distillation

lepárlási : ~ **elemzés** distillation test ; ~ **gáz** distillation/carbonization/still/refinery gas ; ~ **maradék** *v* **maradvány** distillation residue, tail ; *(ol)* cut-back, (naphtha) residue, residual oil, (long) residuum ; ~ **maradványként nyert kenőolajanyag** residual stock ; ~ **maradványként nyert fűtőolaj** residual fuel oil ; ~ **tartomány** *(forráspont-határok köze)* distillation range ; ~ **végpont** dry point ; ~ **veszteség** distillation loss

lepárló : ~ **berendezés** distillation/distilling plant, distillery ; ~ **edény** *v* **kazán** distillation vessel, distilling pot/tank, retort, pan ; ~ **edényben sűrített folyadék** still liquor ; ~ **egység** distillation unit ; ~ **fej** distilling head ; ~ **feltét** (fractional) distillating/distillation tube, still head ; **gőzfűtéses** ~ **készülék** steam-heated still ; ~ **kamra** distillation chamber ; *(gázgenerátoré)* coking space ; ~ **készülék** reducing still, distiller, distillator, distillation apparatus ; ~ **készülék kondenzátora** distiller condenser ; ~ **lombik** distilling flask ; ~ **oszlop** fractionating column ; *(ol)* flash tower ; ~ **oszlop alján beömlő göz** bottom steam ; **szakaszos** ~ batch still ; **szakaszosan működő** ~ **berendezés** discontinuous rectifying plant ; **szakaszos** ~ **oszlop** batch-fractionating tower ; **szakaszos** ~ **torony** batch-fractionating tower ; ~ **szedő** receiver ; **szekrényes** ~ **kemence** chest steaming cottage ; ~ **személy** distiller ; ~ **torony** column distiller, tower still ; ~ **torony buborékoltató tálcákkal** bubble-plate tower; ~ **torony legalsó tányérja** bottom plate; ~ **torony teteje** distilling head ; ~ **üst** *l* **lepárló edény** ; ~ **üzem** distillation plant ; ~ **vizsgálat** distillation test

lepárló-őr *(munkás)* distiller

lepárol distill, still, steam/force out ; *(ol)* cut back *is*; *(könnyű részt ; ol)* skim, top ; **egyensúlyban, hirtelen** ~ flash , **fehérárut** ~ **nyersolajról** skim, strip, top ; **többszörösen** ~ rectify

lepárolható distillable

lepárolt distilled

lepattan splinter off
lepattanás peeling off ; *(ép)* spall
lepattint splinter off
lepattogzás peeling off, cracking, dusting out ; *(gépt)* pitting, spalling ; *[gépkocsi fényezése]* chipping
lepattogzik spall, scale off, chip ; *[lakkbőr]* peel off ; *(irezőanyag ; tex)* dust out, crack
lepattogzott *vö* **lepattogzik**
lépcső stair(-case), scale, stage ; *(nyílt fejtésnél ; bány)* bank ; *(vasút)* mounting step ; **akna nélkül épített ~** *(ép)* dog-legged stair ; **~ alakú** step-shaped ; *(szamárhátívről szerkesztett)* **fordulókaros ~** *(ép)* balanced stairs ; **~ illesztőhornya** *(ép)* back joint ; **~ ki- és beszálláshoz** *(vasú)* landing step ; **negyedrészében kanyarodó ~** stair with winding quarter ; **~ nélküli kémény** unascendable chimney
lépcsődeszka step-board
lépcsőfal *(ép)* wall string
lépcsőfellépő stair tread, riser
lépcső-fogantyú *(autóbuszon)* step handle ; *(hosszú fogantyú:)* handrail stair rail
lépcsőfok step, stair (tread), footstep, rundle, rung, grade ; **~ befalazott vége** *(ép)* step tail ; **~ felső lapja** *v* **fellépője** *(ép)* tread ; **induló legömbölyített élű ~** curtail(ed) step ; **kiegyenlítő ~** *(a feljárat szintjéig ; ép)* balance step ; **legalsó ~** *(ép)* bottom step ; **~ magassága** *v* **függőleges oldala** stair riser ; **~ orra** *(gumiból)* stair nosing ; **~ szélessége** stair step
lépcsőfokkitűző léc *(ép)* going rod
lépcsőfok-lap stair tread
lépcsőfok-legömbölyítés nosing
lépcsőfokmagasságmérő léc *(ép)* story rod
lépcsőfokos létra step ladder
lépcsőfokszél vasalása stair nosing
lépcsőforduló flight
lépcsőgyám step bracket
lépcső-gyámolító fal *(ép)* string wall
lépcsőház stairway, staircase, flight of stairs
lépcsőház-akna *(ép)* staircase well ; **~ határolófala** *(ép)* skirting
lépcsőházfal *(ép)* string wall
lépcsőházi pihenő *(ép)* landing
lépcsőházszerelvények *(ép)* staircase fittings
lépcsőhomloklap *(ép)* riser
lépcsőhomloklap-burkolat *(ép)* riser board of a staircase
lépcsőhorony step groove
lépcsőkar flight of stairs ; **egyenes ~** flyer ; **~ lejtése** *(ép)* ratio of rise and tread
lépcsőkarpofa *(ép)* string
lépcsőkonzol stair bracket
lépcsőkorlát stair railing ; *(kanyarban)* gooseneck ; **~ íves része** wreath
lépcsőköz flight
lépcsőmagasság *(autóbuszon)* step height
lépcsőmellvéd stair railing
lépcsőmérés *(geod)* stepping
lépcsőoldaldeszka *(ép)* wall string
lépcsőorsó *(ép)* newel
lépcsőpalló *(fa)* newel post
lépcsőpihenő stairhead, landing base, broadstep ; **~ gerenda** *(ép)* landing joist ; **~t tartó keret** *(ép)* landing carriage ; **~ váza** *(ép)* landing frame
lépcsőpofa *(ép)* notch/string board ; stringer ; **~ borítása** *v* **felülete** string face
lépcső-pofafa horse
lépcsős *(bány, gépt)* staggered, step(ped), in steps, cone ; *l* *még* **lépcsőzetes** ; **~ antenna** stacked antenna/aerial ; **~ befecskendezés** *(Diesel)* pilot injection ; **~ befűzési rend** *(tex)* stage pass ; **~en bővített cső** staggered tube ; **~ bütyök** *(befecskendező szivattyún ; gépk)* two-stage cam ; **~ csap** *(ép, fa)* tusk tenon ; **~ csillapító-(tag)** *v* **elosztó** *(vill)* ladder attenuator ; **~ csorbázat** *(ép)* racking back ; **~ díjszabás** *(távk)* diminishing tariff ; **~ duóhengersor** staggered two-high rolling train ; **~ elhelyezés** *(oldalsávoké ; távk)* staggered (sideband) allocation ; *(antenna-rendszeré)* stacking in tiers ; **~en elosztott** staggered ; **~en elosztott betétek** *(gumi)* graded ply ; **~ elrendezés** *[utcai lámpáké]* staggered arrangement ; **~ elrendezésű csöves** *[hűtő]* staggered-tube ; **~en eltolt** *(ép)* staggered ; **~ ércér** *(bány)* ladder vein ; **~ ereszték** *(ép, fa)* tusk tenon ; **~ fényrekesz** *(színk)* step diaphragm ; **~ feszültségszabályozó** step voltage-regulator ; **~ fogaskerékcsoport** stepped gear set ; *(Norton-szekrényen)* cone gear ; **~ fogazás** *(gépt)* staggered gearing/toothing ; **~ furat** shoulder hole ; **~ furatidomszer** step ga(u)ge ; **~ fúró** step drill ; **~ fúrólyuk** stepped bore hole ; **~ függvény** step-function ; **~ hangolás** *(távk)* stagger tuning ; **~ hengerek** stepped rolls ; **~ hengeres dugós furatidomszer** progressive cylindrical plug ga(u)ge ; **~ hengersor** staggered rolling train ; **~ hűtő** stage cooler ; **~ illesztés** stepped joint ; **~ kapcsoló** *(vill)* step switch ; **~ kémény** ascendable chimney ; **~ kéménybádoggallér** stepped flashing ; **~ láncfonalrétegek** *(felvetésnél ; tex)* stepped warp layers ; **~ lapolású illesztés** joint with scarf and joggle ; **~ lebontás** *(vegy)* stepwise decomposition ; **~ menetfúró** step tap ; **~ mosás** *(pa)* fractional washing ; **~ működésű jelfogó** step-by-step relay ; **~ művelés** *(bány)* stage working ; **~ műveléssel kitermelt** *[érc]* stoped-out ; **~ művelés tömedékeléssel** *(bány)* stoping and filling ; **~ művonal** *(távk)* ladder-type balancing network ; **~ optikai ék** optical step wedge ; **~ oromfal** corbie gable ; **~ oromzat** stepped gable ; **~ rostély** story grate, step grate ; **~ rostély oldalsó hossztartója** step(-)grate side bearer ; **~ rostélyú gázgenerátor** step-grate producer, inclined step-grate producer ; **~ sávoly** *(tex)* step twill ; **~ szabályozás** *(vill)* step control ; **~ szelep** step valve ; **~ szíjdob** speed cone ; **szíjhajtású orsó(szekrény)** cone-pulley headstock ; **~ szíjtárcsa** cone/stepped pulley, **~ szíjtárcsás eszterga** cone lathe ; **~ szűrő** *(távk)* graded filter ; **~ támfal** stepped abutment ; **~ tárcsa** *l* **lépcsős szíjtárcsa** ; *(ütőóra-alkatrész)* snail ; *(színk)* stepped sector ; **~ tárcsás orsónyereg** cone headstock ; **~ tárcsás szíjhajtás** cone pulley drive ; **~ tekercselés** *(rád)* banked winding ; **~sé tesz** set off ; **~ tokmány** step chuck ; **~ út** *(bány)* footway ; **~ üzemmód** *(távk)* split working ; **~ végű dugattyúgyűrű** *l* **átlapolt dugattyúgyűrű** ; **~ vetődés** *(földt)* step fault ; **~en visszaugrat** *(ép)* stagger
lépcsőskerék *(forg)* gear cone
lépcsősor flight of stairs
lépcsősödés *(földt)* shelving
lépcsőszám *(emeletenként)* notch number
lépcsőszárny flight (of stairs), flyer
lépcsőszegély wall string
lépcsőszerkezet staircase
lépcsőszerű talp- *v* **főteemelkedés** *v* **-esés** *(bány)* caunch
lépcsőtámasz *(falból kiugró)* stair bracket
lépcsőtartó fal *(ép)* staircase wall
lépcsővezetés felépítése *(vonalválasztó rendszeré ; távk)* grading
lépcsőz step, echelon, set off, stagger
lépcsőzés stepping off/up, echelon(ing), grading ; *(kétszárnyú repülőgépnél)* stagger ; **~ nélküli** *(rep)* unstaggered ; **~ szöge** *(rep)* angle of stagger
lépcsőzet terrace, set-off, steps
lépcsőzetes gradual, stepwise ; *l még* **lépcsős** ; **~ ácsolatcsapozás** *(bány)* step-down framing ; **~ alapozás** stepped foundation ; **~ átlapolt illesztés** step splice ; **~ befalazás** *(ép)* step-down framing ; **~ bütyök** stepped cam ; **~ dugattyú** stepped piston ; **~ elrendezésű hengerek** staggered cylinders ; **~ fagyasztás** step freezing ; **~ falazás** stepping off ; **~ fejtés** *(bány* stepped-face stope ; *(Hansen-féle)* **~ fényrés** *(színk)* step weakener ; **~ flotáció** stage flotation ; **~ fogazású kalapács** *(kalapácsdarálóhoz)* step-cut hammer ; **~ főtepásztafejtés** *(bány)* stepped-face overhand stope ; **~ furat** stepped hole ; **~ gyűrődések** *(földt)* step folds ; **~ kábelelrendezés** *(távk)* grading ; **~ művelés** *(bány)* notching; **~ összekötés** step connection ; **~ pásztafejtés** *(bány)* mining by level workings ; **~ szádfalazás** staggered piling ; **~ szűrő** *(rád)* graded filter ; **~ talppásztafejtés** *(bány)* stepped-face underhand stope ; **~ telep(ülés)** *(bány)* stepped bed ; **~ tető** *v* **fedélszék** *(ép)* stepped roof ; **~ ugrás az alapozásban** stepping of fundation
lépcsőzetesség *(földt)* gradation
lépcsőzött : ~ dugós furatidomszer stepped plug ga(u)ge ; **~ ellenfal** stepped abutment ; **kétoldalt ~ kerék** double-recessed wheel ; **~ kocsiszakasz** stepped compartment ; **~ munkahely** *(bány)* stepped face ; **nem ~** *(szárnyak ; rep)* unstaggered ; **~ szárny** *(rep)* staggered wing
lepecsételhető csap sealed cock
lepedék incrustation ; **fehér ~** *(téglák szárításánál)* drier white
lepedőanyag *(tex)* sheeting
lepedőcsipesz *(cserebogár)* towel clamp
lepedősávoly *(tex)* sheeting twill
lepedővászon *(tex)* (bed) sheeting
lepel blanket, shroud, sheet
lepelfelhő *(met)* stratus ; **magas ~** *(met)* alto-stratus
lepény *(koh, élip)* biscuit ; *(vegy, ol)* cake
lepereg run ; *(festés)* peel off
lépés step, pace ; *(vill)* pitch ; *(kötéspontok kiolvasási száma ; tex)* rising

number; **átlós** ~ *(tekercselésnél; vill)* diametral pitch, D. P.; **mintázó** *v* **dolgozó** ~ *(tex)* active step
lépésenként: ~ **működő** step-by-step (type); ~ **működő kapcsológép** *(távk)* stepping switch; ~ **működő keresőgép** *(távk)* step-by-step selector
lépéses kapcsológép *(távk)* step-by-step switch
lépéshossz pace
lépésmérő *fn* pedometer, odometer
lépésszámláló *l* **lépésmérő**
lépfa *(rovarok összegyűjtésére fekve hagyott ledöntött fa)* trap-tree
lepidoblasztos szövet *(földt)* lepidoblastic texture
lepidokrokit *(ásv)* lepidocrocite
lepidolit *(ásv)* lepidolite, lithia mica
lepidomelán *(ásv)* lepidomelane
lepidomorfit *(ásv)* lepidomorphite
lepikkelyez scale(-off)
lepikkelyezett *(élip)* scaled
lepke *(dinamikus hangszóró lengőtekercsrögzítője)* spider; ~ **formájú reflektor** *(távk)* snow-shovel reflector
lépkedő kotró(gép) walking excavator
lepkeszárny alakú rezgőkör *(rád)* butterfly circuit
lepkeszárnyantenna bat-wing antenna
leplombál stamp
lepolit *(ásv)* lepolite
leporol dust out, whisk
lepörköl blaze off
leppol *(tükrösít; forg)* lap
leppolás *(forg)* lapping
leppológép lapping machine
lépték scale; *(vonalzó)* measuring rule; ~ **szerinti** to scale
léptékes: ~ **nomogram** abac(us); ~ **térkép** scale map; ~ **vonalzó** scale rule
léptékhatás *(mech, rep)* scale effect
léptékhű true-to-scale
léptékkülönbség difference of scale
léptékvonalzó scale
léptet *(előtolást; forg)* inch
léptető: ~ **előtolás** *(forg)* inching; ~ **jelfogó** *(távk)* accelerating relay, stepping(-type) relay; ~ **szerkezet** *(távk)* stepping mechanism assembly; ~ **vezeték** *(távk)* stepping line
léptetőcső *(rád)* step tube
léptetőcsöves számláló step-tube counter
léptetőgép *(távk)* selector switch
léptetőkör *(távk)* step circuit
léptetőmágnes *(távk)* drive magnet
léptetőrendszer *(távk)* step-by-step system
leptoklorit *(ásv)* leptochlorite
lepuhít *(kaucsukot)* break down
leragasztó gép *(pa)* taping machine
lerakás: **rakomány** ~**a** stowage
lerakási díj charges for unloading
lerakat store, deposit
lerakó: ~ **állvány** *(tex)* roll-off stand; ~ **asztal** *(pa)* stage; ~ **gép** *(tex)* folding machine, plaiter; ~ **hely** dumping ground, stowage; **önműködő** ~ *(pa)* automatic delivery; ~ **rámpa** unloading bank
lerakodás unloading
lerakódás scale, sediment(ation), encrustation, sullage, settlings, bed, blanket, crust, sludge; *(motorteknőben, karburátorban)* deposit, sediment; *(ásványolajtartályban)* tank sludge; *(kaucsuk-oldatban)* nigre; *(vegy)* deposit *is*; ~ **csepegő vízből** sinter deposit; **jégkori** ~ *(földt)* drift; **megülepedett** ~ *(bány)* bottom sediment; **partmenti** ~ beach placer; **rádióaktív** ~ active deposit; **teraszos** ~ bench-gravel; **vízi eredetű** ~ aqueous deposits
lerakódásálló dirtproof
lerakódásgátló szer deincrustant
lerakodik *(járműről)* unload
lerakódik deposit, depose, settle down
lerakodó: ~ **csúszda** *(ép)* mullock chute; ~ **hely** throw-off end
lerakódott: ~ **anyagok** incrustant substances; ~ **és effúziós vulkánikus kőzetek** supercrust rocks; ~ **fém** deposited metal; ~ **korom** contact/impingement black
lerakott hossz *(vezetéké)* laid length
lerázás shaking-down
lerepeszt *(bány)* loosen, take down; **szegecsfejet** ~ start a rivet
lerepesztett kőzet *(bány)* loose rock
lerepesztő fúrólyuk *(külső övben; bány)* third-row hole
lereszel file off; *(csorbát v sorját)* barb
lerézselés szöge *(gépt)* chamfer/scarfing angle
lerobbantott tömb *(bány)* slab coil
lerombol demolish, cut down
lerombolás breakdown; *vö még* **lerombol**
leromlás ageing; *(gépt, távk)* impairment
lerögzít *l* **rögzít**
lerögzítés *l* **rögzítés**
lésajtolás juice extraction
lesalakol deslag, scorify
lesalakozás *(koh)* slagging-out, deslagging
lesarkazás *(bány)* bevel edge
lesarkazott *(bány)* bevel(l)ed off
lesarkít edge, bevel, chamfer, cant
lesarkítás *vö* **lesarkít**
lesiklás slipping, sliding; *(rep)* gliding, descent
lesikló: ~ **felület** surface of subsidence; ~ **görbe** *(mat)* glissette
lesimít edge/clear off, sleek, even; *(ép)* screed off; *(forg)* smooth off; **vágással** ~ cut flush
lesimítás fining away; ~ **acél vakolókanállal** steel-troweling
lesimított: ~ **bolyh** *(tex)* fast/laid pile; ~ **felületű eresztték** faced joint
lesmirgliz sandpaper
lesorjáz *(bőr)* debuzz; *(alak, forg)* trim off, chip, deburr
lesorjázás *(alak)* trimming, deburring
lesorjázó: ~ **dörzsár** burring reamer; ~ **sajtó** cropping die
lesúrol scour
lesúrolás scrubbing
lesüllyedt sunken; ~ **terepen keletkezett tó** *(földt)* plunge basin lake
lesüllyeszt lower (down); *(forg) l* **süllyeszt**; *(vízbe)* immerse
lesüpped *(földt)* clod, cake, work down
leszab *(fa, forg)* cut to length, cut up
leszabó: ~ **fűrész** *(fa)* cut-off saw, cross-cut saw; buck saw *(US)*; ~ **kés** roughing knife
leszabott: ~ **furnírlemez** *(fa)* sliced veneer; ~ **léc** *(fa)* slat
leszakad *(vill)* branch out; *(oszcilláció; rád)* cease, decay; *(regiszter; távk)* release disconnect; **köteleiről** *v* **horgonyáról** ~ *(hajó)* go adrift
leszakadás *(földt)* tearing away of bank; *(rád)* blocking, bluff; **pótkocsi** ~**a** *(gépk)* trailer break-away
leszakít *(mágnesről; vill)* tear off
leszakító: ~ **tekercs** *(pa)* tearing-off apparatus, counter reel; ~ **tömb** *(pa)* date block
leszaladó: le nem szaladó hurkolás *(kh)* nondrop stitching; **le nem szaladó szemek** *(kh)* nondrop stitches; ~ **szem** *(kh)* drop stitch
leszaladt szem *(kh)* ladder(ing), dropped stitch
leszáll descend; *(járműről)* get off; *(rep)* let down, descend, land; **szél ellen** ~ *(rep)* land into the wind
leszállás *(bány)* way down, hatch(ing); descent, let-down, landing; ~ **álló motorral** *(rep)* powerless landing; ~ **anyahajó fedélzetére** deck landing; ~ **behúzott kerekekkel** *(rep)* belly landing, wheels-up landing; **durva** ~ *(rep)* bumpy landing; ~ **előtti rövid fal** *(a repülőtéri körözés egyik oldala)* base leg; ~ **fedélzetre** *(repülőgépanyahajón)* deck alighting; **földről irányított** ~ *(rep)* ground-controlled approach, GCA; ~ **„gázzal"** *(rep)* power landing; ~**nál használt reflektor** *(rep)* landing floodlight; ~ **hátszéllel** *(rep)* downwind landing; ~ **húzott helyzetben** *(rep)* tail-landing; ~**t irányító rádióállomás** *(rep)* landing beacon; ~**t jelző sugáradó** *(rep)* landing transmitter; ~ **leállított motorral** dead-engine landing; ~ **lógó farokkal** *(rep)* tail-down landing; ~ **nélküli repülés** continuous flight; ~ **nyomott helyzetben** *(rep)* tail-high landing; ~ **oldalszélben** *(rep)* cross-wind landing; **pontos** ~ *(rep)* accuracy landing; **szóval irányított** ~ *(rep)* aural controlled landing
leszállásfékező huzalháló *(anyahajón; rep)* landing net
leszállási: ~ **eljárás** *(rep)* let-down procedure; ~ **fék** *(rep)* landing brake; ~ **fényszóró** *(rep)* landing light(s); ~ **helyzet** *(rep)* landing position; ~ **irányfény** *(rep)* landing direction light; ~ **irányjelző** *(rep)* landing triangle; ~ **iránymutató** *(rep)* landing direction indicator; ~ **iránysáv** *(rep)* landing beam; ~ **jelzőfény** approach light(ing); ~ **korlátozások** landing limitations; ~ **művelet** *(rep)* let-down procedure; ~ **nyíl** *(rep)* landing tetrahedron; ~ **siklószög** *(rep)* landing slope; ~ **szög** *(rep)* landing angle; ~ **távolság** *(rep)* landing distance; ~ **távolságmérő** *(rep)* distance measuring equipment landing beacon, DME landing beacon; ~ **terhelés** *(rep)* landing loads; ~ **tűz** *(rep)* landing flare; ~ **út** *(rep)* approach/landing path; ~ **utasítás** *(rep)* landing instruction; ~ **útvonal** *(rep)* descent path
leszállásirányító berendezés(ek) *(rep)* landing aids; *(repülőgépanyahajón)* carrier-controlled approach, C. C. A.
leszálló downward; *l még* **leszállási**; ~ **ág** *(röppályán v görbén)* descending branch; ~ **áramlat** down current; ~ **csomó** *(csill)* descending node; ~ **fáklya** *(rep)* landing flare; ~ **fedélzet** *(hajó, rep)* flying-on deck;

~ **fény** *(rep)* set down light ; ~**hely** *(rep)* landing ground ; *(vasút)* detraining station ; ~**hely** *v* **sáv fényszórója** *(rep)* landing area floodlight ; ~**jel** *(rep)* landing direction indicator ; ~ **légáramlások körzete** *(met)* region of downward currents ; ~**mező** *(rep)* landing path ; ~ **mozgás** *(met)* subsidence ; ~ **szél** katabatic (wind) ; ~ **széláramlás** windfall ; **szivornya** ~ **ága** downcast leg of siphon ; ~ **talajvízszint** reduced level of subsoil water ; ~ **tér** *(rep)* landing strip ; ~ **tér küszöbfénye** *(rep)* landing strip threshold light ; ~ **zsilip** *(hidr)* air-lock
leszállókör *(repülőtéren)* landing circle
leszállólap *(rep)* landing flap
leszállónyíl *(rep)* landing triangle, wind tetrahedron
leszállópálya *(rep)* landing path ; ~ **világítása** *(rep)* landing strip light
leszállópálya-küszöb *(rep)* field border
leszállósúly : megengedett legnagyobb ~ *(rep)* maximum permissible landing weight
leszámít *(mat)* subtract, take off
leszármaztatás derivation
leszármaztatott egység derived unit
leszed fetch/slide off, take off, dismount; *l még* **leválaszt** ; *(szerkezetet ; ép)* clear away ; *(fonodai gépeken ; tex)* doff ; *(rostot kóróról ; tex)* strip ; *(szövetet, fonalat)* fag ; **habot** ~ *(olvasztott fémről)* skim ; **nyomás alatt** ~ *(gépt)* force-off ; **sorját** ~ burr
leszedés *(kész csévéké ; tex)* doff(ing) ; *(kóróról ; tex)* stripping ; *vö még* **leszed**
leszedett gyapot *(magtokkal együtt)* snapped cotton
leszednető *(bány)* loose
leszedő *(munkás ; tex)* doffer ; ~ **berendezés** *(tex)* doffing arrangement, doffer-comb arrangement ; ~ **fátyol** *(tex)* doffer web ; ~ **fésű** *(tex)* stripping-/doffer-comb, doffing comb; ~ **hely** *(szállítószalagon)* take-off point ; ~ **henger** *(kh)* lap roller ; *(tex)* doffer (roll), taking-off cylinder, doffing cylinder, stripper ; ~ **kaparó** *v* **simítókés** doctor ; ~ **nemez** *(pa)* board felt, take-up felt ; ~ **szalag** *(tex)* doffer band ; ~ **tárcsa** *(gyapotarató gépen)* doffer
leszedőhulladék *(tex)* doffer strips/ stripes
leszegés *(kötszövött árué)* cast-off
leszélez edge, trim ; *(fa)* cant *is ; (forg)* chamfer *is*
leszélezés *(bőr)* feathering ; *(ép)* backing-off ; *vö még* **leszélez**
leszerel disassemble, dismount, dismantle, detach, strip, cut down ; *[kereket]* slide off ; *(gépet)* dismantle, disassemble; ~**ve** *(szállításhoz)* knocked-down; **hajót ideiglenesen** ~ lay up a ship
leszerelés *(gépé)* dismantling, disassembling, stripping
leszerelhető removable, detachable ; ~ **fogantyú** free handle ; ~ **fúrófej** *(bány)* detachable bit ; ~ **lemezekből képzett bütyök** removable strap cam ; ~ **szárny** *(rep)* detachable wing
leszerelt *[hajó]* laid-up
leszínez *(bőr)* tone off
leszíneződés *(festéké ; tex)* bleeding
leszívás exhaustion, removal by suction
leszívatás *l* **leszívás**
leszívó : ~ **csatorna** *(pa)* culvert ; ~ **cső** exhaust pipe ; *(pa)* drain ; ~ **nemez** *(pa)* pickup felt ; ~ **WC-tartály** siphon-action cistern
leszorít clamp, fasten, fix
leszorítás clamping, holdfast, arrest, fastening, fixing
leszorító : ~ **kampó** holdfast ; ~ **kapocs** clip ; ~ **kengyel** strap ; ~ **köröm** dog ; ~ **lemez vasaljon** *(vasút)* rail clip ; ~ **papucs** *(famegmunkáló gépen)* holddown shoe ; ~ **párna** clamping pad ; ~ **szerkezet** hold-down ; ~ **vas** *(tex)* hold-down iron
lé-szulfitáló állomás sulfitation plant
leszúr *(forg)* part/cut off ; *(geod)* stick ; **pontot** ~ *(geod)* prick a point
leszúrás parting-off, cutting-off
leszúró : ~ **eszterga** cutting-off lathe ; ~ **kés** parting-off tool ; ~ **köszörű** parting-/cut-off grinder ; ~ **szán** cut-off slide ; ~ **szerszám** parting-/ cutting-off tool ; ~ **szupport** *l* **leszúró szán**
leszúrókéstartó cutting-off tool post
letakar *(famáglyát)* finish off
letakarás dodging ; *(bány)* burden removing
letakarít strip (off), uncover, unearth ; *(fedőréteget külszíni művelésnél ; bány)* strip
letakarítás *(bány) l* **letakarás**
letakarító *(bány)* stripper ; ~ **kábelkotró** *(bány)* stripper dragline ; ~ **kanalas kotrógép** *(bány)* stripper shovel
letapint *l* **tapint, letapogat**
letapogat feel ; *(telev)* scan, sweep
letapogatás *(telev)* scan(ning), sweep ; **A-típusú** ~ *(radar)* A-scan ; **durva** ~ coarse scan(ning) ; **egyenletes sebességű** ~ constant speed scan(ning) ; **elhúzott** ~ expanded sweep ; **finom** ~ fine scan(ning) ; **futósugaras** ~ flying-spot scan(ning), indirect scan(ning) ; **gyors** ~ short/fast/rapid scan(ning) ; **képeltérítéses** ~ scan(ning) by the deflection of the image ; **körben futó** ~ *(telev)* circular scanning ; **közepes sebességű** ~ medium-fast scan(ning)/sweep ; **kúpos** ~ conical scan(ning) ; **lassú** ~ slow/long scan(ning) ; ~ **nyomvonala** *(ernyőn)* sweep trace ; **oldalszög szerinti** ~ azimuth sweep ; **önműködő** ~ **és követés** *(távk)* automatic scan and follow ; **pontonkénti** ~ point-by-point scan(ning) ; **sorkihagyásos** ~ interlaced/intermeshed scan(ning) ; **soronkénti** ~ line scan(ning) ; **soros** ~ progressive/sequential scan(ning) ; **sorváltásos** ~ staggered scan(ning), alternate-line scan(ning) ; **spirális** ~ helical scan(ning) ; ~ **stabilizálása** sweep stabilization ; ~ **széthúzása** sweep expansion; **színváltó** ~ *(telev)* sequential/progressive scanning ; **trapéz alakú** ~ keystone scan(ning) ; **vezérelt** ~ driven/slave sweep ; ~ **visszavert fénnyel** *(telev)* reflected-light scan(ning); *X*-**típusú** ~ *X*-scan
letapogatási : ~ **(alap)elem** scanning element ; ~ **frekvencia** *(telev)* sweep frequency ; ~ **idő percekben** minute per scan ; ~ **jel-amplitúdó** sweep length ; ~ **linearitás** scanning linearity ; ~ **mező** scanning field ; ~ **mód** scanning pattern ; ~ **nyom** trace ; ~ **rendszer** scanning pattern ; ~ **sebesség** scan rate, scanning velocity ; ~ **sor** scan(ning) line ; ~ **szögsebesség** angular scanning rate ; **teljes** ~ **ciklus** run-down ; ~ **veszteség** scanning loss
letapogató *fn (telev)* scanner ; ~ **antenna** scanner, scanning antenna; ~ **antenna-állvány** scanning antenna mount; **célkövető** ~ **antenna** follow scanning ; ~ **diafragma** scanning diaphragm ; **dipólusrácsos** ~ **antenna** lattice-work scanner ; ~ **elektronsugárkéve** scanning electron beam ; ~ **elem** scanning spot ; ~ **fej** scanning head ; ~ **fénysugár** scanning pencil of light ; ~ **jel** sweep generator ; ~ **jel fázisa** sweep phase ; ~ **motor** scanning motor ; ~ **műszer** *(aut)* sensing-device ; **nagy látószögű** ~ **antenna** wide-angle scanner ; ~ **stabilizálás** scanner stabilization ; ~ **sugár** scanning beam ; ~ **szerkezet** scanning unit ; ~ **szinkronozó berendezése** lock system of scanner ; ~ **tárcsa** disc/follow scanner; **villamos** ~ electrical scanner ; ~ **vonal** scanning line
letapogatójel-végerősítő *(rád)* sweep output amplifier
letapogatott terület *(telev)* critical area
letarol *(fa)* disafforest ; *(földt)* denude; **dombtetőt** ~ scalp
letarolás *(földt)* denudation, devastation, rock exposure ; ~ **folyó által** river erosion
letarolt térszín *(földt)* till plain
letekercsel develop, unreel, unwind, uncoil ; *(pa)* wind/reel off
letekercselő *(pa)* unwinding reel ; ~ **állvány** *(pa)* unroll stand ; ~ **gép** *v* **berendezés** *(pa)* winding-/rolling-off apparatus, unwinding device ; ~ **hely** *(pa)* rear party
letelepít plant, settle ; *(állomást)* locate, site
letelepítés *vö* **letelepít**
letépő : ~ **naptárpapír** calendar-pad bond paper ; ~ **tekercspapír** tear-off reel (for shop counter)
letérés *l* **eltérés**
leterhel load (up) ; *(tehermentesít)* unload, drop the load
leterhelés *l* **terhelés** ; *(tehermentesítés)* drop/loss of load
létesít *(hívást, kapcsolást ; távk)* set up a connection/communication (between two), establish a call
létesítés erection
létesítési költség construction costs of a building
létesítmény *(városépítés)* establishment
létesítményállag *(városépítés)* establishment condition
létezik : egyidejűleg *v* **együtt** ~ *(mat)* co-exist
letisztít clean/clear off, rub up ; *(fa)* pick ; **homokfuvatással** ~ sandblast ; **sorját** ~ *(koh)* (de)burr, trim
letisztítás *vö* **letisztít**
letoló él *(árutartón ; tex)* knockout surface
letompít *(élt)* disedge, chamfer ; *[élt, szögletet, tükörszegélyt]* break corner ; *(hangot)* dampen, stifle ; *(fényt)* dim
letompított *vö* **letompít**
letompult *(forg)* worn

letör : **kaucsukot ~** break down
letöredezés peeling off
letöredezik chip, peel off
letörés *(ált, gumi)* breakdown ; *(bány)* chipping out
letöröl whisk, rub over, scour, scratch off
letörő szerszám breaking tool
letört truncated, chamfered
létra ladder, tressel ; *(bány)* stair; *(ép)* scale ; *(tex)* guide bar ; **létrát oldalirányban elmozdít** *(tex)* shog ; **~ oldalirányú elmozdulása** *(tex)* lapping movement ; **létrán végzett munka** *[mázolóé]* ladder work
létraelmozdulás *(kh)* lapping movement
létraelugrás *(tex)* shogging movement
létrafok ladder round step/rung, range
létragyám *v* **-dúc** *(fa)* stalk
létra-kameraállvány *(fényk)* ladder-tripod
létramozgató kerék *(kh)* traverse wheel
letranszformál *(vill)* step down
letranszformálás step down transformation
letranszformálási viszony step-down ratio
letranszformáló alállomás step-down substation
létraosztály *(bány)* stairway
létrás : **~ kotró** *(hidr)* ladder dredge ; **~ széktámla** *(fa)* ladder back ; **~ tűzoltókocsi** ladder truck
létra-szűrő *(távk)* ladder filter
létravágány *(bány)* movable track
létravezérlő kerék *(láncburkoló gépen ; tex)* pattern wheel
létrehoz produce, generate, establish
lettsomit *(ásv)* *l* **kianotrichit**
letűz quilt ; *[karót]* set ; *[térképen ; geod]* punctuate
letűző szeg chaining pin
leuchtenbergit *(ásv)* leuchtenbergite
leucin leucine, 1-aminoisobutylacetic acid
leucit *(ásv)* leucite
leugrás *(szíjé, kábelé)* run(ning)-off, jumping-off
leukaugit *(ásv)* leucaugite
leukobázis *(vegy)* leuco base
leukociklit *(ásv)* leucocyclite
leukofán *(ásv)* leucophan(it)e
leukokrát *(földt)* leucocratic
leukopirit *(ásv)* leucopyrite
leukotil *(ásv)* leucotile
leukovegyület leuco compound
leukoxén *(ásv)* leucoxene
Leuna-salétrom *(ammóniumszulfátnitrát)* Leuna saltpetre
leutánzó rezgéskeltő *(rád)* simulative generator
leülepedés precipitation, settling, deposition ; *(földt)* sediment, silt, capping, atteration, accretion
leülepedési folyamat sedimentary process
leülepedett *(földt)* sedimentary
leülepedik precipitate, deposit, set, settle (down)
leülepít depose, recover ; *(földt)* sediment, precipitate ; **szállóport ~** *(bány)* allay the dust
leülepítés settling (down), deposition, precipitation ; *(vegy)* sweating *is*
leülepített széniszap *(bány)* sedimentation coal slurries
leülepszik *l* **leülepedik**
leülés *(aláreselt széné)* sit
leülő főte *(bány)* friable top
leültetés *(rep)* touch-down
leültetési feszültség *(távk)* bottoming voltage
leürítés emptying, discharge
leürítő cső discharge pipe
leürült vetülékcséve *(tex)* finished cop
leüt knock/strike off
leűzés *(koh, vegy)* cupellation
leűző csésze *(koh)* cupel
levág part/cut off, nip, hew, truncate ; **ferdén ~** chamfer, scarf, bevel ; **hengerről ~** *(kész anyagot ; gumi)* batch off ; **megszabott méretre ~** cut to length/size ; **sarkot ~** corner ; **sorját ~** clean off, burr ; **széleket ~** edge, trim
levágás clip(ping), cutoff, severing, parting, shearing off ; *(csúcsoké ; rád)* clipping ; *(vasút)* cutting ; *(vill)* cut(-)off ; **ferde ~** bevel, chamfer ; *(tex)* backing-off ; **ferde ~ szöge** angle of splan ; **~ helye** *(fa)* cutting point ; **~t jelző vonal** cutting line ; **kúpos ~** bevel
levágási : **~ feszültség** cut-off voltage ; **~ frekvencia** cut(-)off frequency ; **~ határ** *(vill)* cut(-)off limit ; **~ pont** cutoff-point ; **~ rácselőfeszültség** cut(-)off bias ; **~ szint** *(vill)* cut(-)off level, clipping level ; **~ szög** *(vill)* cut-off angle
levágat *fn (nyomda)* cutoff ; *ige vö* **levág**
levagdal *(forg)* trim off
levágó *l még* **leszúró** ; **~ bélyeg** blanking punch ; **~ bélyeg és matrica** shearing dies ; **~ dióda** *(rád)* clamping diode ; **~ jelfogó** *(rád)* cut(-)off relay ; **~ körfűrész** nipping circular saw ; **~ prés** *(bőr)* kick()press ; **~ sajtó** *(forg)* blanking press ; **~ sajtolószerszám** blanking/cutoff die(s) ; **~ szűrő** *(rád)* suppression filter
levágott truncate(d), topped, clipped ; *[vég]* cut-away ; **~ darab** cutting; **ferdén ~** bevel(l)ed off ; **~ hegynyúlványok** *(földt)* faceted spurs ; **~ rész** cutoff, cutting ; **~ sarkú tégla** bull-nose brick ; **~ szélű** trimmed, edged ; **~ vég** *(ép)* butt end
levakar scale, scrape ; *(bőr)* scarify, scud, abrade
levakarás *vö* **levakar**
leválás *(földt)* rift ; *(koh)* peel(ing)-off ; *(rep)* flow separation ; **az anyag ~a a hengerről** *(gumi)* skimming (from the roll)
leválási : **~ állásszög** *(rep)* stalling incidence ; **~ feszültség** *(vegy)* deposition voltage ; **~ övezet** *v* **zóna** *(rep)* separation/burbling zone ; **~ pont** *(rep)* separation point
leválaszt disengage, detach, separate ; *(forg)* cut, remove by cutting ; *(hibás vonalat ; távk)* disconnect ; *(vegy)* isolate, separate, precipitate
leválasztás partition, separation ; *(vill)* isolating, disconnecting ; **kettős ~ elektrolízissel** bielectrolysis ; **terelőlapos ~** baffle separation
leválasztó *mn* isolating ; *(berendezés)* separator ; **elektromágneses ~** electromagnetic separator ; **elektrosztatikus ~** electrostatic precipitator ; **~ henger** *(tex)* detaching/bottom roller ; **~ kondenzátor** *(rád)* blocking condenser ; **~ kör** *(rád)* separator/separating circuit ; **~ kulcs** *(távk)* splitting key ; **~ osztófésű** *(tex)* blinker separator
leválasztódás segregation
leválasztott detached ; **fogásonként ~** *(forg)* removed per cut ; **galvános úton ~** deposited ; **villamosan** *v* **galvánosan ~** electrodeposited
leválik become detached, work off, disjoin ; *(réteg)* flake off ; **levelesen ~** *(ép)* peel off ; **rétegenként ~** delaminate, disaggregate
leváló kőzetdarab flap
leváltás *(bány)* parting
levált darab fragment
levarrt : **~ kárpitozás** sown upholstery ; **~ párnázat** quilt work
levasal iron down
levegő air ; **~ben** *(rep)* aloft ; **~ alapmennyisége** main air ; **~t át nem eresztő** air-impermeable/-tight ; **~ beeresztése** *(gépk)* air admission ; **befúvott ~** blast ; **~ behatolása** aeration ; **behúzó ~** *(bány)* intake air ; **bemenő ~ előmelegítője** *(gépk)* air-intake heater ; **~ benyomása** *(teleprétegbe ; bány)* air drive ; **bevitt ~ mennyisége** air input ; **cseppfolyós ~** liquefied air ; **~ előmelegítése a kiáramló égéstermékekkel** regenerative heating of air by the exhaust ; **~ eltávolítása csővezetékből** bleeding, deareation ; **hamis ~** *[porlasztásnál]* air leak ; **hideg ~ levezetése** *(met)* air drainage ; **holt ~** *(bány)* black damp ; **~ jellemzői** air characteristics ; **~t kienged** *(gépk)* deflate ; **~ kiszorítása szivattyúnál** ramming ; **kondicionált ~** artificial atmosphere ; **~nél könnyebb légi jármű** lighter-than-air aircraft ; **környező ~** ambient air ; **~n megbarnul** *(vegy)* turns brown on exposure to air, turns brown in air ; **meleg ~ vezetéke** air flue ; **~vel működtetett** air-operated ; **~nél nehezebb légi jármű** heavier-than-air aircraft ; **~n szárított** *(bőr)* sun-dried ; **~n szárított tégla** *(nem égetett)* sun-dried brick ; **~ telítettsége** saturation of the air ; **~ből történő ülepedés** *(földt)* subaerial deposition ; **~ben utántölt** *(rep)* refuel in mid-air
levegő- *l még* **lég-** *is*
levegőadagolás air supply
levegőadagolásszabályozó *fn (gépk)* air (supply) governor
levegőadagoló tartály air feeder
levegőálló-képességi próba weathering test
levegőáram air stream, air flow
levegőáramlási irány *(met)* coursing
levegőáteresztő air-permeable, permeable to air ; **~ képesség** air permeability
levegőátömlésgátló *(magassági kormányon ; rep)* seal
levegőbefúvás *(gépk)* air injection ; *(koh)* air blast
levegőbeömlés : **gyűrűs ~** *(rep)* annular air scoop
levegőbeszívás *(gépk)* air admission ; *(szivattyún)* snifting
levegőbevezetés air admission/inlet
levegőbevezető cső air-induction pipe
levegőbevitel input air
levegőbuborék air bubble ; *(üvegben)* air bell
levegőcsap air cock
levegőcsappantyú air flap

levegőcsatorna air duct/channel ; *(koh)* blast (supply) line ; **~ a porlasztóhoz** *(gépk)* air duct serving the carburettor
levegőcsavar : üresjárati ~ *(porlasztóban ; gépk)* *l* **üresjárati levegőcsavar**
levegőcseppfolyósítás air liquefaction
levegőcsonk air flue/stub
levegőcső air-vent tube, air pipe
levegőcsővezeték *(nyomó)* air-pressure line
levegődepresszió air depression
levegődózis *(at)* air dose
levegőekvivalens *(at)* air-equivalent
levegőellátás air supply
levegőellenőrző *(at)* air monitor
levegőelőmelegítő air preheater ; *(koh)* Cowper blast heater, Cowper stove ; **~ dob** *(porlasztásnál)* hot drum
levegőelszívás air suction/exhaust(ion)
levegőelvezető csatorna *(öntőformában)* air vent
levegőfajta átalakulása *(met)* air mass modification
levegőfékezés *(vasút)* air-braking
levegőfelesleg excess air
levegőfelesleg-tényező air excess factor
levegőfelvevő edény *(szivattyúnál)* receiving vessel, receiver
levegőfogyasztás air consumption
levegő-fojtószelep air throttle
levegőfújtatású wind-blown
levegőfúvás air blast
levegő-gáz-keverék *(elgázosítóit)* air gas
levegő-gőz-keverék air-steam mixture
levegőgyűjtő dob air (collector) drum
levegő-hozzávezető cső air-supply tube
levegőhőmérséklet air temperature
levegőhűtő air radiator
levegőindítás *(motoré)* air-starting
levegőjárat air duct/conduit
levegőkaloriméteres vizsgálat *(vill)* air calorimeter test
levegőkamra *(hidr)* air lock
levegőkibocsátó szelep air-evacuation flap, air-release valve
levegőkieresztő : ~ csap air tap ; **~ nyílás** air-bleed hole
levegőkiszorítás air displacement
levegőkiszorítási képesség *(hajszálcsőből)* wetting-out
levegőkiválasztó (de)aerator
levegőkondicionálás air conditioning
levegőkörfolyamat *(erőgépben)* air cycle ; **szabványos ~ szerint dolgozó belső égésű motor hatásfoka** air standard efficiency
levegőkürt *(gépk)* air horn
levegőmelegítő kamra *(porlasztásnál)* heating chamber
levegőmentes airless
levegőminta *(bány)* sampling of air
levegőmintavevő *fn* air sampler
levegőmosó berendezés air washer
levegőmozgás *(met)* air motion
levegőnedvesség air(-)humidity
levegő-nedvességtartalom *(met)* atmospheric humidity
levegőnívó *(bány)* air level
levegőnszárítás airing, air/sun drying
levegőnyílás air port ; *(önt)* (air) vent ; *(porlasztón)* air-bleed
levegőnyomás *(koh)* blow pressure
levegőnyomásos befecskendezés *(Diesel-motorban, ahol a gázolajat sűrített levegő porlasztja el)* air injection (method)
levegő-olaj-fék *(kombinált)* air over hydraulic brake
levegőöblítés *(Diesel)* air scavenging
levegőpótlás air supply
levegőrés *(porlasztón)* air-bleed
levegőretesz air damper/throttle/flap
levegő-rugó *(gépk)* air/pneumatic spring
levegő-rugózás *(gépk)* air/pneumatic suspension
levegősegédcsap ventilating relief cock
levegősűrítő löket air-compression stroke
levegőszabályozó *(bány)* air regulator ; **~ csappantyú** air damper ; **~ kar** *(indításhoz ; mkpár)* air lever ; **~ szelep** air regulator valve ; **~ tolattyú** *(gépk)* air shutter
levegőszállítás air delivery ; **vízszintes ~** advection
levegőszelep air-vent valve, choke valve, breather
levegő-szélhatároló a papírgépen air deckle
levegőszivattyú air pump
levegőszúró *fn* *(öntőformához)* pricker, venting wire
levegőszükséglet : elméleti ~ theoretical air (consumption)
levegőszűrő air filter/strainer ; **~ hangtompítója** *(szívónyílása)* air-filter intake silencer
levegőtartalom *(papiré)* air fraction
levegőtartály air-storage tank, air chamber ; *(sűrített)* delivery air chamber ; *(légféké ; gépk)* (brake) air reservoir
levegőtérfogat air volume
levegőtisztító készülék air filter
levegőtolattyú air slide-valve
levegőtöbblet excess air
levegőtöltés *(gépk)* air charge
levegőtöltő állomás *(abroncsok részére ; gépk)* air tower
levegőtömítés *(rep)* aero-seal
levegő-tüzelőanyag-viszony *v* **keverési arány** *(gépk)* air-fuel ratio
levegőülepítő készülék air jig
levegőütközés *(met)* air concussion
levegőveszteség air loss ; *(szellőzőben)* fan slip
levegővezeték air duct/line
levegővezetés air supply
levegővezető cső air pipe
levegőzárvány *(tüzelőanyagcsőben ; gépt)* air lock ; *(önt)* gas hole
levegőzés airing, venting
levegőző *fn* aerator, vent hole
levegőztet aerate
levegőzsilip *(keszonnál ; hidr)* air lock
levehető removable, detachable ; **~ ablaktábla** *v* **ajtótábla** take-down shutters ; **~ fedél oldala** *(gépk)* curtain ; **~ fogantyú** free handle ; **~ gátgerenda** *(hidr)* stop log, dam beam ; **~ hengerfej** *(mkpár)* detachable head ; **~ lángkemence-boltívtartó** *(koh)* removable ring of reverberatory furnace ; **~ pajzsellenző** *(ép)* detachable bit hood ; **~ váltó fogaskerék** *(forg)* pick-off gear
levél : Descartes-féle ~ *(mat)* folium of Descartes
levélborítékpapír envelope paper
levéldísz *(ép)* leaf work ; **gótikus ~** *(ép)* foil
levéldíszítés *(ép)* foliation
levéldobozkarton *(pa)* stanionery box
levélérc *(ásv)* *l* **nagyágit**
leveles *(földt)* lamellated, laminated, foliated ; *(pa)* lamellar, laminate(d) ; **~ agyag** book clay ; **~ eltolás** *(vetődés ; földt)* tear fault ; **~ eltolás síkja** *(földt)* wrench plane (of tear fault) ; **~ elválás** *v* **hasadás** *(ásv)* foliation ; **~ pala** *(ásv)* papery shale ; **~ papír** paper for leaves ; **~ szén** paper coal ; **~ szerkezet** leaf-like structure ; *(földt)* book structure; **~ szerpentin** *(ásv)* *l* **antigorit** ; **~ talaj** laminated soil; **~ tőzeg** *(bány)* paper peat
levelesedés *(öntvényfelületen)* scaling
levelesgyufakarton *(pa)* match-book cover-board
levelezőlapkarton *(pa)* postcard board, postal cardboard
levelezőlapnagyság *(pa)* decimosexto
levelezőlap-papír postcard paper
levélgörbe *(mat)* folium ; **Descartes-féle ~** *(mat)* folium of Descartes, trident of Newton ; **egyszerű ~** *(mat)* single folium ; **háromtagú ~** *(mat)* trifolium ; **kétágú ~** *(mat)* double folium ; **négyágú ~** *(mat)* quadrifolium
levélhordó hüvely *(csőpostán)* carrier
levélpapír note/post/letter paper ; **kis ~** handbill-paper
levélpapírcsomagolás compendium
levélpapírdoboz writing-letter case
levélpapírdoboz-papír stationery box paper, papeterie paper
levélpapírtömb note paper pad
levélrendező *(pa)* letter file, box folder
levélréteges talajszerkezet linear foliation
levélrost leaf fibre
levéltelenítés : vegyi ~ *(tex)* chemical defoliation (of cotton)
levélzöld leaf green, chlorophyll
levendulakópia *(dubnegatív készítéséhez)* lavender copy/print
levendulaolaj lavender oil
lever strike off ; *(önt)* knock off ; *[karót]* set ; *(szemet ; kh)* knock over, cast off (the loop) ; **kazánkövet ~** descale the boiler ; **szedést ~** *(formában ; nyomda)* plane (down)
leverőfésű *(tex)* jack
leverrierit *(ásv)* leve"rierite
levérző *(tex)* bleeding ; **le nem vérző színezés** *(irezésnél ; tex)* fastness to slasher sizing
levés chisel off
levesestál *(ker)* tureen
leveskocka *(élip)* portable soup
levestészta soup stick
levesz strip off ; *l még* **leválaszt** ; **fedőt ~** uncover ; **gázt ~** *(gépk ; mkpár)* shut off ; **meddőt ~** *(fejtéből ; bány)* brush down; **nyomott ívet ~** *(nyomda)* fly
levétel *(kész cseréjé ; tex)* doffing
levetett : ~ rétegoldal *(földt)* thrown side ; **~ szárny** *(bány)* wall-down throw
levetített lezáró feszültség *(rád)* projected cut-off
„**levetkőzés**" *(kh)* load up
levető *(földt)* throw ; **~ amplitúdó** *(földt)* vertical separation
levetődés *(földt)* down-dip
levetődött tömb *(földt)* downthrown block
levezet derive, deduce, deduct, divert ; *(folyadékot)* drain ; *(kötést ; tex)*

derive ; **középértéket ~** *(mat)* average; **olvasztást ~** *(koh)* run a melt/charge

levezetés outlet, take-loff, drainage ; *(adagé ; koh)* run ; *(mat)* derivation, deduction ; *(vill)* leakage, leakance, leak conductance ; **~ a földhöz** *(rád)* ground leakage ; **víz ~e** diversion of water

levezetésgátló *(vezető ; vill)* Price's guard-wire

levezetési : ~ áram leakage current ; **~ ellenállás** leakage resistance ; **~ impedancia** *(oszlopé)* tower-footing impedance

levezetett inferential, deduced, derived ; **~ atlaszkötések** *(tex)* sateen derivatives, extended sateen weaves ; **~ egység** derived unit ; **~ képlet** *(mat)* derived formula

levezető : ~ csatorna *(ép)* emissary, drain pipe ; **~ cső** fall/drainage tube, emissary ; **~ ellenállás** *(telev)* bleeder resistor ; *(párhuzamosan kapcsolt)* discharge resistance ; **~ kondenzátor** block/bypass capacitor ; **~ kör** *(rád)* leak circuit ; **sztatikus villamosságot ~** anti-static ; **~ tekercs** *(távk)* drainage coil ; **~ vezeték** *(hidr)* outlet conduit

leviathan-mosógép leviathan washer

levisz : fúrást ~ *(a termelő rétegig ; bány)* bring in a well

levon deduct, take off ; *(mat)* subtract ; **következtetést ~** deduce

levonat impression ; *(nyomda)* pul ; **címek (kéziszedés) nélküli ~a** *(nyomda)* proof before letters ; **~ot készít** *(nyomda)* pull, run ; **második ~ot készít** *(nyomda)* redraw

levonatkészítés kézi sajtóval *(nyomda)* pulling on a hand press

levonatkészítő gép *(nyomda)* dabbing machine

levonatoló kefe *(nyomda)* beating brush

levonatpapír *(nyomda)* proof paper

levonó : ~ gép *(nyomda)* jig ; **~ kép** *(pa)* transfer picture ; **~ kés** knife ; **~ matrica** *(nyomda)* drawing die

levonókép-nyerspapír transfer base-paper

levonókép-papír simplex decalcomania paper

levonulás *(ép)* finishing works

levulóz *(vegy)* levulose, fructose, fruit sugar

levyn *(ásv)* levyne

lewisit *(vegy)* lewisite

lezár seal, close, block ; *(távk)* terminate ; *[utcát a forgalom elől]* block a street ; **deszkázattal ~** *(hajó)* batten down ; **lánccal ~** chain

lezárás seal, closing, blocking, cutoff ; *(befejezés ; ép)* crowning ; *(heg)* seal ; *(távk)* blocking ; *(elektroncső anódáramáé)* cut-off ; *[vonal és oszcillátor felé ; távk]* termination

lezárási : ~ idő *(rád)* blocking time ; *(visszhangzáré ; távk)* hangover time; **~ jelleggörbe** *(rád)* blocking characteristic, cut-off characteristic

lezáró *(rád)* blocking, cut-off ; **~ csúcs** *(rombusz-antennán)* terminating apex; **~ dugó** *(távk)* terminating plug ; **~ fal** *(hidon)* apron-wall ; **~ féltag** *(távk)* terminal half-section ; **~ feszültség** *(csőé)* cut-off potential, stopping potential; **~ kondenzátor** bypass/block/stopping capacitor ; **~ oszcillátor** *(távk)* blocking oscillator ; **~ papír** cap paper ; **~ prés** *v* **sajtó** seal press ; **~ szádfal** sheet-piling bulkhead ; **~ szerszám** *(konzervdoboz lezárására)* seaming die; **~ szűrő** *(rád)* suppression filter ; **~ talpfa** *(vasút)* locking sleeper ; **~ terhelés** *(rád)* termination

lezárt sealed, closed; **le nem zárt** unsealed ; **~ cső** *(rád)* biassed to cut-off tube; **~ végű vonal** *(állóhullámmentes ; távk)* terminated line

lezökkenés *(földt)* downcast fault, normal shift

lezökkent völgykatlan *(földt)* fault basin

lezuhan *(rep)* crash

lián-kaucsuk liana rubber

liász *(földt)* Lias

liászkori agyag lias clay

libatop-olaj chenopodium oil, American wormseed oil

libegő lánggal ég flare

libella level indicator, bubble glass/level ; **~ érzékenysége** *(geod)* sensitiveness of the level ; **(kerek)-szelencés ~** circular level

libellabuborék level bubble

libellacső level vial

libellaigazító csavar level adjusting screw

libellakereszt *(geod)* cross-levels

libellanéző prizma *(mindkét buborékvég egyidejű szemlélésére)* level prism

libellás : ~ kvadráns bubble quadrant ; **~ szintezés** *(geod)* spirit level(l)ing ; **~ szintező** bubble level ; **~ teleszkóp** *(csill)* bubble telescope

libellatok bubble casing

libella-üvegcső level tube

libellavizsgáló *(műszer)* bubble trier

libetenit *(ásv)* libethenite

libráció *(csill)* libration

liddit *(robbantószer)* lyddite

lidit *(földt)* lyd(d)ite, Lydian stone

L-idomacél angle steel

liebenerit *(ásv)* liebenerite

Liebig-féle hűtő *(vegy)* double-wall(ed) cooler

lievrit *(ásv)* ilvaite

lift *l* **felvonó** *és* **emelő**

liget *(városépítés)* grove/park (for common use)

lignin lignin(e), lignone, lignose

lignit lignite, wood/earth coal ; **fás szerkezetű ~** bituminous wood

lignites lignitiferous ; **~ szén** lignitic/lignitous coal

lignitkátránybenzol lignite tar benzene

lignitkátrányolaj lignite tar oil

lignitlepárló telep lignite coking plant

lignitszén lignitic/lignitous coal

lignittelep lignite bed

ligno-cellulóz *(pa)* ligno-cellulose

lignocerinsav lignoceric acid

ligroin ligroin(e), petroleum naphtha/spirit

ligurit *(ásv)* ligurite

likacs pore, interstice, void

likacsmentesség imporosity

likacsos mushy, porous ; *(bány)* meshy, alveolar ; *(ép)* vesicular ; *(földt)* pumiceous ; **~ armatúra** *(vill)* perforated armature ; **~ elmállás** fretwork ; **~ elmálló (kőzet)szerkezet** *(bány)* mesh structure ; **~ kőzetek** reservoir rocks ; **~ láva** scoria(e) ; **~ részek** *(kőzetben)* vesicular spaces ; **~ (szövet)törlő** *v* **tisztítóruha** sponge cloth ; **~ tégla** porous brick

likacsosság porosity

likacsosságvizsgáló készülék pinhole detector

liker *(élip)* sugaf liquor

likker *(zsírlé ; bőr)* fat-liquor

likkerezés *(bőr)* fat-liquoring

likváció *(koh)* sweating, liquation, segregation

likvidusz-vonal *(koh)* liquidus (line)

lila-karmin violet carmine

liliom-mutató *(óra)* butterfly hand

lillianit *(ásv)* lillianite

lillit *(ásv)* lillite

limán-part shore line of submergence

limán(y) *(hidr)* eddy

limburgit *(földt)* limburgite

limbusz *(geod)* horizontal limb, lower plate ; **~ irányítócsavarja** *(geod)* lower clamp tangent screw ; **~ kötőcsavarja** *(geod)* lower clamp screw

limbuszcsavar *(geod)* tangent screw for azimuth

limbuszkör *(geod)* horizontal limb, azimuth circle/disc

limbuszmozgás *(geod)* lower motion

límesz *(mat)* *l* **határérték**

limnikus *(földt)* lymnetic, lacustrine

limonit *(ásv)* limonite, brown iron ore, brown ironstone, swamp ore

limuzin *(gépk)* limousine

linarit *(ásv)* linarite

lincolnit *(ásv)* lincolnite

lindsayit *(ásv)* lindsayite

lindströmit *(ásv)* lindstromite

lineáris *(mat)* linear ; **~ alakváltozás** linear deformation ; **~ antennarendszer** collinear array ; **~ áramlás** *(hidr)* filamentary flow ; **~ átvezető** *(távk)* linear transducer ; **~ egyenirányítás** *(rád)* linear detection ; **~ elnyelési együttható** linear absorption coefficient ; **~ előnyitás** *[gőzgépnél]* steam lead ; **~ elrendezés** *(mat)* collinear array ; **~ energia-átalakító** *(távk)* linear transducer ; **~ erősítés** *(rád)* linear amplification ; **~ erősítő** *(vill)* linear amplifier ; **~ frekvencia-moduláció** linear frequency modulation ; **~ frekvenciaváltozású** *(rád)* straight-line-frequency, S. L. F. ; **~ gyorsulás** linear acceleration ; **~ hálózat** *(távk)* linear network ; **~ hálózatelmélet** *(távk)* linear-network theory ; **~ hullámhosszváltozású** *(forgókondenzátoros rezgőkör ; rád)* straight-line wavelength, S. L. W. ; **~ kapacitásváltozású kondenzátor** straight-line-capacity condenser ; **~ kiterjedés** *(anyagv)* linear expansion ; **nem ~** non-linear ; **~ nyílás** *(szink)* linear aperture ; **~ perspektíva** line perspective ; **~ polarizált** *v* **sarkított** linearly-polarized ; **~ polimerizáció** linear polymerization ; **~ rotátor** *(szink)* linear rotator ; **~ szabályozás** linear control ; **~ tágulás** linear dilatation ; **~ torzítás** linear distortion ; **~ törvény(szerűség)** *(mat)* straight-line law ; **~ zsugorodás** linear shrinkage

linearitás *(mat, vill)* linearity

linearitásszabályozás *(távk)* linearity control ; **durva ~** coarse linearity control

linin achromatin

linkruszta falburkolás *(ép)* lincrusta

linneit *(ásv)* linn(a)eite

linoleát linoleate

linolénsav linolenic acid
linóleum linoleum, oil cloth
linolsav linol(e)ic acid
lintersz *(pa, tex)* bull fibres ; **tisztított és fehérített magtalanítási** ~ *(tex)* chemical cotton
lintonit *(ásv)* lintonite
liofil kolloid lyophilic colloid
liofób kolloid *(vegy)* lyophobic/irreversible colloid, suspensoid
liolízis *(vegy)* lyolysis
liotróp sorozat *(vegy)* lyotropic series
lipáz lipase
lipcsei sárga *(festék)* chrome yellow
lipoid *(vegy)* lipoid
Lira-csillagkép Harp
lírás áramszedő *(vasút)* bow collector
líra-szkunk *(bőr)* civetcat
lirokonit *(ásv)* liroconite
liskeardit *(ásv)* liskeardite
Lissajous-ábra Lissajous figure
Lissajous-féle görbe *(mat)* bowditch/Lissajous curve
listafa *(méretelőírásra termelt faanyag)* dimension timber
Lister-féle : ~ **fésülőgép** *(tex)* Lister's/nip comb ; ~ **körfésülő gép** *(tex)* Lister circular nip comb
liszt flour ; **durván őrölt** ~ *(élip)* seconds ; **kevert** *v* **vegyes** ~ cockle *(US)* ; ~**té őröl** *(élip)* flour ; **zamatosított** ~ *(élip)* aromatized meal
lisztcsomagoló gép *(élip)* flour sacker
liszt-csúszda flour chute
lisztes mealy ; *(élip)* farinaceous ; ~ **felület** *(festésen)* mealy surface
lisztesláda meal-tub
liszteszacskó-papír flour-bag paper
liszteszsák-címke label for flour sack
lisztfecsengedő garat *(malom)* flour chute
lisztpor *(malomban)* stive
lisztraktár flour (storage) room
lisztszerű mealy
lisztszita flour dresser/bolt ; **centrifugális** ~ centrifugal flour dresser
liszttartály meal bench
liszt-típus flour grade
lisztvizsgáló kamra proofing cabinet, proof box
liter per óra litre/hour, l/hr
literteljesítmény *(gépk)* output-/power--per-litre
litertérfogat *(gépk)* litre capacity
litiofilit *(ásv)* lithiophilite
lítium lithium
lítiumacetát lithium acetate
lítiumalkoholát lithium alkoxide
lítiumbromát lithium bromate
lítiumbromid lithium bromide
lítiumcianid lithium cyanide
lítiumcsillám *(ásv)* lepidolite, lithium mica
lítiumdiszilikát lithium disilicate
lítiumetil lithium ethide
lítiumetilát lithium ethoxide
lítiumfluorid lithium fluoride
lítiumhidrid lithium hydride
lítiumhidroszulfát lithium hydrogen sulfate
lítiumhidroxid lithium hydroxide
lítiumhipofoszfát lithium hypophosphate
lítiumkarbid lithium carbide
lítiumkarbonát lithium carbonate
lítiumklorát lithium chlorate
lítiumklorid lithium chloride
lítiumoxid lithium oxide
lítiumtartalmú *(ásv)* lithian

litofil elemek *(földt)* lithophilic elements
litofon *(festék)* *l* **litopon**
litografáló (tinta)festékező tampon
litográfia lithography
litográfiai : ~ **átnyomás** transfering ; ~ **karton** *(pa)* medioboard
litográfkő *(ásv)* lithographic stone, adhesive slate
litográfkő-csiszoló lithographic dresser/pouncer/jigger
litográfpala *(ásv)* *l* **litográfkő**
litográfpapír litho(graphic) (printing) paper
litografus lithographer
litografus-ceruza crayon
litológia lithology
litológiai lithologic(al) ; ~ **jelleg** rock characters
litomorf(ikus) *(földt)* lythomorphic
litopon *(ásv)* lithopone; *(festék; ásv)* Griffith/Charlton white
litorális : ~ **öv** *(földt)* littoral region ; ~ **üledékek** terrigenous deposits
litoszféra *(földt)* lithosphere, rock sphere ; ~ **alatti** subcrustal
litotipográfia lithotypography
litoxil *l* **faopál**
Litze-huzal *(távk, vill)* litze wire, Litzendraht conductor/wire
liveingit *(ásv)* liveingite
livingstonit livingstonite
lizéna *(ép)* apron, engaged column, alette
liziméter *(élip)* lysimeter
L-keresztmetszetű üregrezonátor *(rád)* L-shaped cavity
llandeiloi emelet *(földt)* Llandeilo stage
lóállás *(ép)* stall
lóbavonal *(földt)* septa, line of junction
lobban flash, flame, flicker
lobbanás flash(ing) ; ~ **nélküli** flashless
lobbanásgátló flame retardant
lobbanási : ~ **hőfok** *v* **hőmérséklet** *v* **pont** *l* **lobbanáspont**
lobbanásmentes flashless
lobbanáspont flash point, f. p. ; ~ **meghatározása** flash/fire test ; ~ **nyílt tégelyben** open cup flash (point)
lobbanáspontmérő flash point apparatus; **zárttéri** ~ *(Pensky—Martens szerint)* closed cup tester
lobbanáspontú : alacsony ~ low-flash ; **magas** ~ high-flash
lobbanáspontvizsgálat flash test
lobbanáspontvizsgáló készülék flash point tester
lobbanékony (in)flammable ; **nem** ~ **gáz** inert gas
lobbanékonyság inflammability, inflammableness
lobog flare
lobogócsat *(hajó)* sheet-bend ; **kettős** ~ *(hajó)* double-bend
lobogófelvonó kötélzet *(hajó)* flag halyards
lóbőr horse hide ; ~ **far-** *v* **tükörrésze** shell
locsoló *fn* sprinkler ; ~ **gépkocsi** watering truck
locsolókanna sprinkle
locsolórámpa coking plant
locsolórózsa spray pipe
lóden *(tex)* loden
lóerő horse power, HP ; **angol** ~ British horsepower, B. H. P.
lóerő-hengertérfogat-viszony power-to--volume ratio

lóerő-óra horsepower-hour
lóerőszám *l* **lóerőteljesítmény**
lóerőteljesítmény : tényleges ~ effective horsepower, E. H. P.
lófogatú jármű horse-drawn vehicle
lofoit *(ásv)* lophoite
Loftin-White-kapcsolás *(rád)* Loftin--White circuit
loganit *(ásv)* loganite
logaritmikus logarithmic ; ~ **dekrementum** logarithmic decrement ; ~ **derivált** *(mat)* logarithmic derivative; ~ **forgókondenzátor** logarithmic capacitor ; ~ **hálózatú diagram(papír)** logarithmic chart ; ~ **hangolókondenzátor** *(rád)* mid-line capacitor, logarithmic capacitor ; ~ **időtengely** *(távk)* logarithmic time base ; ~ **megvilágítás** *(fényk)* logarithmic exposure ; ~ **papír** logarithm paper ; ~ **spirális** *(mat)* logarithmic/logistic/equiangular spiral ; ~ **tölcsér** logarithmic horn
logaritmus logarithm ; **Briggs-féle** ~ common/Briggsian logarithm ; **e--alapú** ~ hyperbolic/natural/Napierian logarithm ; **közönséges** ~ common/Briggsian logarithm ; **Napier--féle** ~ hyperbolic/natural/Napierian logarithm ; ~ **numerusa** anti-logarithm, numerus logarithmi ; **természetes** ~ hyperbolic/natural/Napierian logarithm ; **tízesalapú** ~ common/Briggsian logarithm
logaritmustábla table of logarithms
logarléc slide rule ; **hajózó** ~ flight calculator
logarléc-tolóka cursor
lógás hang ; **kötelek** *v* **vezetékek** *v* **szíjak** ~**a** whipping
lógáskiegyenlítő lap *(rep)* aileron tab
logatom *(távk)* logatom ; ~ **érthetőség** logatom articulation
lógereblye *(mzg)* self-dumping horse rake
logkötél *(hajó)* log line
logkötél-dob *(hajó)* log reel
log-log skála *(mat)* log-log basis
lógó *l* **függő**
lógóhengeres motor inverted engine
logtábla *(hajó)* log slate
log washer *(koh)* log washer
lóheremagfejtő gép *(mzg)* clover sheller
lóhere-útkereszteződés clover-leaf flyover junction
lóistálló *(ép)* stable
lójárgány *(bány)* horse whim
lokális areal ; *l még* **helyi**
lokátor *l* **rádiólokátor**
lokomobil locomobile
lokomobil-kazán portable boiler
lokomotív *l* **mozdony**
lókörömráspoly horse rasp
loktálfoglalat *(vill)* loctal base
lólábbőr horse shank
lombdísz *(ép)* foliaceous ornaments, foliage
lombföld mould
lombfűrész fret/jig/inlaying saw ; **íves** ~ fret-saw
lombfűrészgép fret-cutting machine
lombhervasztó vegyszer defoliant
lombik *(vegy)* flask, alembic ; **lepárló** ~ distilling flask; *(tök alakú)* cucurbit ; ~ **pereme** flask ridge
lombos : ~ **fa** broad leaf tree ; *(faanyagé)* leaf wood ; ~ **fűrészáru** broadleaved sawnwood

lombosfa-cellulóz *(pa)* chemical leafy wood pulp
lombosfa-csiszolat *(pa)* mechanical leafy wood pulp
lombtalanítás : vegyi ~ chemical defoliation (of cotton)
lomha sluggish ; **~ biztosító** *(vill)* time-lag fuse ; **~ folyó** *(hidr)* heavy current ; **~ megszakítású** *(vill)* slow-break ; **~ mozgású levegőtömeg** sluggish air
londina *(ép)* scaffolding standard
londoni emelet *(földt)* *l* **yprézi emelet**
longitudinális longitudinal ; *l még* **hossz-, hosszanti** *és* **hosszirány(ú)** ; **~ áramkör** *(távk)* longitudinal circuit ; **~ áthallás** *(távk)* longitudinal crosstalk ; **~ csatolás** *(távk)* longitudinal coupling/couplage ; **~ elektromotoros erő** *(távk)* longitudinal induced voltage ; **~ fojtótekercs** *(távk)* longitudinal choke ; **~ hullám** *(földt)* primary wave ; *(vill)* longitudinal wave
longrén *(bőr)* long-grained Russian leather
longwall-fejtés *(bány)* broadwall, longwall stoping
lonzs-szár longing rein
lónyakbőr horse front
lopó *fn* thief (tube) ; *(pincészetben)* plunging siphon
lopó-író *(távk)* siphon recorder
lópokróc *(tex)* horse blanket
lorandit *(ásv)* lorandite
lóré *(bány)* lorry, buggy
Lorenz-féle : ~ főiránysávadó *(rep)* Lorenz main beacon ; **~ sávirányvevő** *(rep)* main beacon receiver
lósevró *(bőr)* glazed horse
lósörényzsír horse grease
lószállítás *(bány)* horse haulage ; **~ú vágat** *(bány)* horse road
lószállító kocsi *v* **rekesz** *(vasút)* horse box
lószerszám harness, horse appointments/gear ; *(csillevontatáshoz ; bány)* belt ; **díszes ~** *(bőr)* trappings
lószőr *(tex)* horse's hair
lószőr-szitaszövet *(tex)* rapatelle
lótakaró horse blanket
lotharingiai emelet *(földt)* Lotharingian stage
„lótozó" *(hajó)* leadsman
lótükör *(farbőr)* horse butt/batt, crop, shell
lovaglócsizma riding boot
lovaglónadrág-sávoly *(tex)* cavalry twill
lovaglóút *(ép)* ride
lóvakaró horse comb/duster
lovarda *(ép)* riding hall
lovas *fn (gépt)* jockey ; *(mérlegkaron)* balance rider, jockey weight ; *(tex)* drop/detector pin, drop wire, dropper; *(szelfaktoron ; tex)* locking faller arm ; *(szövőgép önműködő leállításához)* loom drop wire
lóvasaló kaloda trave
Love-hullám *(földt)* surface shear wave
lóversenytér *(ép)* race course
lóvontatás horse drive/traction
lóvontatású : ~ járgány horse gin/capstan/run ; **~ saraboló** *(bány)* team shovel ; **~ vitla** gin
loxodróm(a) *(hajó, rep)* loxodrome, rhumb line
loxodróm-görbe *(délköröket azonos szögben metsző vonal)* loxodromic curve
loxodróm-hajózás loxodromics
loxodróm-repülés *(repülés állandó irányszöggel)* Mercator flying
loxodróm-távolság *(hajó)* rhumb-line distance
loxoklász *(ásv)* loxoclase
lőcs *(fa)* car-stake, key bar
lőcsatornalyukasztótű *v* **nyárs** *(bány)* shooting needle
lőelemképző gun director, predictor ; **~ lövegirányzék** computing gunsight ; **villamos ~** electrical predictor
lőelemkiszámítás prediction
lőfegyver gun
lőgyapot gun/collodion cotton, pyroxylin
lőhatár range
lökés blow, buffet, jolt, hit, impact, impulse, knock, percussion, shock, thrust, toss ; *(főzéskor ; pa)* bumping ; **hidraulikus ~** hydraulic ram effect ; **hirtelen ~** jerk ; **rugalmas ~** elastic impact ; **távoli ~** *(földt)* distant shock
lökésbiztos shock-proof
lökéscsillapító *fn* shock damper/absorber; *mn* anti-bounce ; **~ alátétpárna** shock-absorbing pad ; **~ dugattyú** damping piston ; **~ gumikötél** shock-absorber cord ; **~ henger** buffer cylinder ; **~ kitámasztó kar** shock strat/strut ; **~ rugó** damping/cushioning spring ; **~ szerelvény** shock mount
lökésenyhítő *l* **lökéscsillapító**
lökéses : ~ adagolás feed in jerks ; **~ szél** gusty air
lökésesség *(szélé)* gustiness
lökésfelfogó elem cushion
lökésgátló *fn* damper ; *(gépk)* *l* **lengéscsillapító**
lökésgenerátor *(vill)* surge generator
lökésgerjesztés *(rád)* impulse/impact/shock excitation
lökésgerjesztésű oszcillátor *(rád)* shock-excited oscillator
lökésgerjesztő áramkör *(rád)* impulse circuit
lökéshárító légfék *(lövegen)* pneumatic buffer
lökéshullám *(rep)* shock wave ; **ferde ~** *(rep)* oblique shock wave ; **késleltetett ~** *(rep)* delayed shock wave ; **merőleges ~** *(rep)* normal shock wave; **normális ~** *(rep)* normal shock wave; **sűrűsödési ~** compression shock
lökéskiegyenlítő *fn* shock equalizer ; *(vasút)* counterbuff
lökésmentes free from shock ; *(gépk)* shock-proof
lökésmérő *fn* bumpometer
lökésszerű : ~ adagolás *v* **betáplálás** jerky feed ; **~ mozgás** shock motion ; **~ terhelés** impulsive load ; **~ ugrás** bumping ; **~en változó mennyiség** *(aut)* undulating quantity
lökéstompítás *(mech)* buffer action
lökéstompító *fn* *l* **lökéscsillapító**
lökésvédő gyékényfonat collision mat
löket stroke; **~ alsó határa** bottom end of stroke ; **alsó holtpont felé haladó ~** back(ward) stroke, return stroke ; **egyenletes nyomású ~** uniform-pressure stroke ; **felfelé haladó ~** up(ward) stroke ; **felső holtpont felé haladó ~** forward stroke ; **~ és furat(átmérő) aránya** *(dugattyús gépnél)* cylinder ratio ; **gázkompressziós ~** gas-compression stroke ; **kettős ~** double stroke ; **kipufogó ~** exhaust stroke ; **kompressziós ~** compression stroke ; **~ közepe** mid-stroke ; **~ek közötti időtartam** *v* **időszakasz** between-strokes period ; **lefelé haladó ~** downward stroke ; **~ legalsó pontja** bottom of stroke ; **légkompressziós ~** air-compression stroke ; **öblítési ~** scavenging stroke ; **sűrítési ~** compression stroke ; **szívó ~** admission stroke ; **üres ~** idle stroke ; **visszafelé haladó ~** back(ward) stroke, return stroke
löketcsökkentés *(tex)* reduction of throw
löketfrekvencia *(gépk)* firing frequency
löket-furat-arány stroke-bore ratio
lökethatár stroke end
lökethatároló ütköző stroke-end stop
lökethelyzet-beállítás adjustment for position of stroke
lökethossz stroke (length), travel
lökethossz-beállítás stroke setting/adjustment
lökethossz-beállító anya *(présé)* stroke-adjustment nut
lökethosszhatároló *fn* length trip
lökethosszmérő skála *(harántgyalun)* stroke scale
löketkiegyenlítő *fn* stroke compensator
löketkorlátozó *fn* stroke limiter
löketmérséklő antenna bumper antenna
löketnagyság *l* **lökethossz**
löketszámláló *(gépt)* stroke counter
lökettérfogat (piston) displacement, swept volume
löketvas *(forg)* offset adapter
löketvég stroke end
löketvégi ütköző stroke-end stop
lökhajtás *(rep)* *l* **sugárhajtás**
lökhajtásos *(rep)* *l* **sugárhajtású**
lökhárító *fn* cushion, dash, buffer ; *(gépk)* bumper (bar), fender ; **fojtószelepes ~** air buffer ; **~ folyadék** shock absorber fluid ; **~ gumizsinór** rubber shock cord ; **~ hevedersín** *(ütközőn)* impact rail ; **~ mellgerenda** *(vasút)* buffer beam ; **pneumatikus ~** *(futóművön ; rep)* air buffer ; **~ rugó** absorber spring ; **~ tömítés** *(rep)* buffer gland packing
lökhárítódísz *(lovas ; gépk)* bumper rider
lökő *fn* thrower ; *mn* percussive ; **~ feszültség** *(vill)* shock voltage, surge ; **~ transzformátor** *(vill)* peaking transformer
lökőerő impulsive force
lökőfej *(alak)* ram
lökőfej-befogás *(gépt)* ram clamping
lökőhatás shock action
lökőkar *(sajtóé)* radius arm
lökőmozgás motion by impulse
lökőrendszerű kivető *(kivágó szerszámon)* pusher type knock-out
lökőrúd *(sajtón)* radius rod
lökött szér *(bány)* percussion table
lőkupak *(bány)* priming tube
lőlap range card
löllingit *(ásv)* loellingite
lőmester *(bány)* blaster, chargeman, firer, igniter
lőnyílás shot hole
lőpor powder ; **fekete ~** black powder, gunpowder ; **füst nélküli ~** smokeless powder ; **~ vaktöltéshez** blank powder
lőporbeles gyújtózsinór *(bány)* powder-core squib
lőrés *(ép)* gun loop, embrasure, vent
lősánc *(ép)* stop butt

lösz *(földt)* loess, aeolian soil
lőszabatosság *(puskáé)* shooting accuracy
löszbaba *(földt)* loess doll, loesskindchen, lime nodule(s)
lőszer ammunition
lőszeres : ~ láda ammunition case ; **~ pótkocsi** *v* **félkocsi** trailer caisson
lőszergyártó szerszámgép ordnance machine tool
lőszerkamra ammunition box
lőszerkocsi tumbrel
lőszerrakasz ammunition rack
löszmosó *(bány)* loess washer
lőtáblázat elevation/range table
lőtámasz stop butt
lőtávolság gun reach/range, shot distance ; **~nak megfelelő emelkedés** range elevation ; **~on túl** out-of--range
lőtávolsághelyesbítés range correction
lőtávolsági táblázat *l* **lőtáblázat**
lőtávolságkiszámító berendezés ranging computer
lőtávolságú : igen nagy ~ extreme-range; **kis ~** low-range
lövedék projectile, missile, shell ; **aknahatású ~** high-explosive shell ; **~ becsavart gyújtóval** fused shell ; **elködösítő ~** smoke shell ; **fel nem robbant ~** blind shell ; **gyújtó ~** incendiary shell ; **irányított ~** guided missile ; **nyomjelző ~** marker/tracer projectile ; **páncéltörő ~** armour--piercing shell ; **púpos fenekű ~** boat-tail bullet ; **robbanó ~** high-explosive shell ; **~ szél okozta eltérítése** windage ; **szélsisakos páncéltörő ~** armo(u)r-piercing capped shell ; **~ szétporlása** *(becsapódáskor)* bullet splash ; **tüzérségi ~** artillery shell ; **vaktöltetű ~** blind shell ; **vegyi ~** chemical shell ; **világító ~** illuminating shell
lövedékadogató asztal projectile table
lövedékátmérő-idomszer calibre ga(u)ge
lövedékbiztos shell-proof
lövedékcsúcsív ogive
lövedékfenék shell bottom
lövedékfenékhüvely base
lövedékfogó és -szállító horog *(hajó)* shell hook
lövedékgyújtó fuse
lövedékhüvely-eszterga shell-lathe
lövedékidőzítő kábel *(lőelemképzőtől a löveg melletti időzítő készülékhez)* fuse cable
lövedékmozgástan ballistics
lövedékmozgástani ballistic
lövedékrepesz shell-splinter
lövedékröppálya travel, trajectory
lövedéksajtoló gép projectile press
lövedéksebesség projectile velocity
lövedékszétvető *(nyomjelzés végén)* shell-destroying device
löveg cannon, gun, piece ; *l még* **ágyú** ; **gyorstüzelő ~** quick-firing gun ; **könnyű ~** light gun ; **közepes ~** medium gun ; **légvédelmi ~** anti-aircraft gun ; **messzehordó ~** long-range gun ; **nehéz ~** heavy gun ; **páncéltörő ~** antitank gun ; **partvédő ~** coastal(-defence) gun ; **tábori ~** field gun ; **toronyba épített ~** turret gun
lövegacél *(koh)* ordnance steel
lövegalapzat base
lövegállás (artillery) emplacement
löveg-beirányzás gun laying
lövegbronz gun brass
lövegcső barrel ; **~ hátrasiklása** barrel recoil ; **~ hátsó lapja** breech plate ; **huzaltekercseléses erősítésű ~** coil gun
lövegcsőáthúzó csigasor *(szállítóbölcsőről lövegtalpra v vissza)* gun tackle
lövegcsőbölcső gun cradle
lövegcsőbronz gun metal
lövegcső-fargyűrű breech ring
lövegcső-farrész breech end
lövegcsőhuzagoló gép gun-rifling machine
lövegcsőöntő gödör gun pit
lövegcsővakaró rammer ; **~ mosó** *(rúddal)* rammer and sponge
lövegékzár wedge breech-block
lövegirányító radar gun-laying radar
lövegirányzék gun sight
lövegmellvéd gun epaulement
lövegpajzs splinter screen
lövegszállító kocsi ordnance truck
löveg-szögmérő gun arc
lövegtalp gun carriage chassis ; **~ felső része** top carriage ; **felső szögcsoportú ~** high-angle mounting ; **~ fogantyúja** trail handle ; **középtalpcsapos ~** central pivot carriage ; **~ oldalirányzó sínköve** traverse circle
lövegtalpágyazat gun platform
lövegtalpkitámasztó *jn* flask
lövegtalpoldal carriage side
lövegtalptest felső része carriage body
lövegtorony *(hajó)* barbett
lövegzár breech block, gun breech mechanism ; **~ gázmentes tömítése** gas check
lövegzárcsúsztató görgő translation roller
lövegzárforgató kar translation crank
lövegzártartó keret lock frame
lövegzártömítés : csavaros ~ checking
lövellt beton shotcrete, gunite
lövés shot (hole), shooting ; *(bány)* blast, blowup ; **kifújt ~** *(bány)* blown-out shot ; **nem robbant ~** *(bány)* misfire ; **~ vaktölténnyel** blank shot
lövéssorozatszámláló *(rep)* ammunition rounds counter
lövészárok-periszkóp altiscope
lövészfülke *(rep)* gunner's compartment
lövészgödör rifle/shelter pit, prone trench
lövész-jelzőberendezés *(rep)* gunner's call
lövészteknő *l* **lövészgödör**
lövészülés *(rep)* gunner's cockpit
lövettyű steam injector/jet, ejector
lövettyűcső ejection pipe
lövettyűfej injection jet
lövettyűház injector body
lövettyűindító szelep injector starting valve
lövőszög angle of elevation/departure
löweit *(ásv)* löweite
lőzsák *(bány)* dead hole
L-szűrőtag *(távk)* L-network
L-tag *(távk)* L-section/network
L-típusú : ~ kép *(telev)* type L display ; **~ letapogatás** L-scan
lucfenyő spruce ; **északi** *(balti)* **~** white wood
lucfenyő-cellulóz *(pa)* spruce wood pulp
lucfenyőgyanta spruce gum
luciferáz *(vegy)* luciferase
lucinit *(ásv)* *l* **variscit**
luckit *(ásv)* luckite
ludi emelet *(földt)* Ludian stage
lúdláb-kötés *(tex)* crow-foot weave
lúdláb-szatén *(tex)* crowfoot satin
ludlamit *(ásv)* ludlamite
ludlowi emelet *(földt)* Ludlow stage/group
ludwigit *(ásv)* ludwigite
lúg *(vegy)* *(sav ellentéte)* base, caustic solution, alkali ; *(technológiai)* liquor, lye ; *(erős sós lé)* strong brine ; *(pa)* steep, lye ; **fáradt** *v* **használt ~** spent lye ; **visszanyert ~** alkali reclaim
lúgálló alkali-proof, alkali(ne-)resisting ; **~ szappankarton** *(pa)* alkali-proof soap box board
lúgállóság alkali(ne) resistance, fastness to alkalis ; **~ vizsgálata** dyed fastness to alkalis test
lugas *(ép)* kiosk, summer house
lúgbiztos *l* **lúgálló**
lúgdúsító *v* **-beállító tartály** lye-graduating tank
lúgelőkészítés *(pa)* liquor preparation
lúgfém base metal
lúgkád lye vat ; *(pa)* leach
lúgkáló alkali waste
lúgképző : ~ elem *(vegy)* basylous element ; **~ fém** basic metal
lúgkészítésre szolgáló hamu buck ashes
lúgkészítő *(pa)* lye maker
lúgkő *(rúd alakú)* caustic stone/stick ; *l még* **marónátron**
lúgleszívató szivornya *(lopó)* lye lever
lúgmaradvány waste lye
lúgmérés alkalimetry
Lugol-(féle jód)oldat Lugol's solution
lúgos alkaline, basic ; **~ elridegedés** *(koh)* caustic embrittlement ; **~ elszíneződés** *(pa)* alkali staining ; **~ fehérítő(üst)** *(tex)* kier ; **~ feltárás** *(pa)* alkaline digestion/process ; **~ főzés** *(tex)* kier/lye boil, lye-boiling, kiering ; **gyengén ~** alkalescent ; **~ hámozás** *(élip)* lye peeling ; **~ mosás** alkali/alkaline wash(ing) ; **~ mosófolyadék** alkaline wash ; **~ mosókezelés** alkaline wash ; **~ nemesítés** *(pa)* alkaline refining ; **~ oldat** caustic solution ; **~ reakció** alkaline reaction ; **~ töltőanyag** *(pa)* alkaline filler ; **~ üledék** vat waste
lúgosít alkalize
lúgosság alkalinity, basicity ; **titrálható ~** basic capacity
lúgoz *(élip)* digest
lúgozás *(ásványolajé)* alkali washing/treatment ; **~ folyamatos fehérítéskor** *(tex)* continuous kier
lúgozó folyadék lye liquor, lixivium
lúgozókád keeve
lúgregenerálás *(pa)* soda recovery
lúgszivattyú lye pump
lúgtartály lye tank/vat
lúgtorony lye tower
lúgváltás *(tex)* lye change
lúgzás *l* **lúgozás**
lumachell *(ásv)* lumachelle (marble), fire-marble, shell marble
lumen *(fényt, vill)* lumen
lumen-másodperc lumen-second
lumen-óra lumen-hour
lumen-watt lumens per watt, low
luminál *l* **feniletilbarbitursav**
luminál-nátrium soluble phenobarbital
lumineszcencia luminescence ; **~ csökkenése** decay of luminescence ; **katódsugarak keltette ~** cathodoluminescence ; **vegyi ~** chemiluminescence ; **villamos ~** electroluminescence

lumineszkál luminesce
lumineszkáló luminescent ; **~ anyag** luminescent substance
Lummer—Brodhun-féle fotométer Lummer—Brodhun photometer
lunáció *(csill)* lunation
luniszoláris precesszió *(csill)* luni-solar precession
lunker *(koh)* shrinkage cavity/hole
lunométer *(tex)* lunometer
lupa *(koh)* ball, loop ; *(kovácsvastömb)* puddle ball
lupakemence *(koh)* balling furnace
lupatűz *(koh)* bloomery fire
lupavascsomag *(koh)* fag(g)ot iron
lupe single microscope
lupulin *(élip, vegy)* lupulin
lusitani emelet *(földt)* Lusitanian stage
lutéciumi emelet *(földt)* *l* **párizsi emelet**
lux *(fényt)* lux
Luxemburg-effektus *(rád)* Luxemburg/Téllegen effect, interaction of radio-waves
luxmérő *fn* luxmeter
luxméter *l* **luxmérő**
luxus *mn* de-luxe
luxusbőr luxury leather
luxusdoboz *(pa)* fancy cardboard box
luxus-papíráru fancy stationary
luzonit *(ásv)* luzonite
Lüders-féle vonalak *(anyagv)* flow/Lüders' lines
lüktet pulse, pulsate, fluctuate
lüktetés pulsation, fluctuation, beat(ing); *(rád, vill)* ripple *is*
lüktetéserősítő berendezés *(vill)* ripple amplifier
lüktető : ~ áramkör *(távk)* pulsing circuit ; **~ áramlás** pulsating flow ; **~ egyenirányított áram** pulsating rectified current ; **~ feszültség** *(vill)* pulsating voltage ; *(egyenirányítás után)* ripple voltage ; **~ forgó erőtér** *(vill)* pulsating rotating field ; **~ gerjesztés** *(vill)* pulse excitation ; **~ húzó szilárdság** pulsating tension fatigue strength ; **~ igénybevétel** *(mech)* pulsating stress ; **~ jelfogó** pulsing relay ; **~ kisülési-cső** *(szink)* pulsed discharge tube ; **~ mágneses erőtér** pulsating magnetic field ; **~ szilárdság** pulsating fatigue strength ; **~ szivattyú** jerk pump ; **~ szívó** *(fejőgépen)* pulsator
lüktetőáram *(vill)* fluctuating/beating/pulsating/pulsatory current
lüktetőfény undulating light
lüktetőhullám pulsating wave ; **adás ~mal** *(rád)* pulsatory wave transmission
lüktetőmozgás jerking motion
lüktetőrezgés pulsative oscillation
lüktetőszivattyú-telep jerking plant
lüneburgit *(ásv)* lüneburgite
lünetta *l* **báb**
lüszter *(szövet)* lustre cloths
L-végű égőkamra *v* **égőtér** L-headed combustion chamber

Ly

lyuggatófésű *(pa)* perforating comb

lyuggatógép *(pa)* perforating machine

lyuggatott : ~ **cső** perforated tube ; ~ **felborítás** *(cipő)* punched galosh(e) ; ~ **fékszárny** *(rep)* perforated wing flap ; ~ **lemez** perforated plate ; ~ **papír** perforated paper ; ~ **szalag** pierced tape

lyuggató vonalzó *(pa)* perforating rule

lyuk hole, opening, gap ; *l még* **furat** ; *(táviróadásvezérlő szalagon)* hole ; *(vasút)* fish pass ; **főtébe fúrt** ~ *(bány)* back hole ; **fúrt** ~ bored hole ; „~" **a gyorsulásban** *(gépk)* flat spot ; **kis átmérőjű** ~ pin hole ; **lehorgonyzó csavarhoz készült** ~ anchor hole ; ~ **a pilléren keresztül** *(bány)* block hole ; ~ **a számtárcsán** *(ujj részére ; telef)* fingerhole ; **száraz (eljárással fúrt)** ~ dry hole ; **talajba fúrt** ~ bore-hole ; ~ **az üllőben** pritchel hole

lyukacs pock-hole ; *(önt)* pinhole

lyukacska a papírban bee's stig

lyukacsos porous ; ~ **beton** *(ép)* porous concrete ; ~ **ér** *(földt)* bunch ; ~ **kötés** *(kh)* lace stitch ; ~ **merítőkanál** sieve shovel ; ~ **nyersvas** porous pig iron ; ~ **öntvény** porous casting ; ~ **tégla** multi-hole brick

lyukacsosság porosity

lyukadásálló *[abroncs]* puncture-proof

lyukas *[bőr]* holed ; ~ **dob** *(táv)* hole drum ; ~ **hibás hely** *(kötszövött árun)* pinhole ; ~ **reszelő** perforated file ; ~ **tű** *(kh)* guide

lyukastábla *(kovács)* swage block

lyukaszt pierce, hole, perforate ; *(alak)* punch, pierce ; *(bány)* break through; *(szalagot táviróadáshoz)* punch ; *(mintakártyát ; tex)* read

lyukasztandó : nem ~ *[mintakártyában ; tex]* unread

lyukasztás piercing, holing, perforation ; *(alak)* punching ; *(bány)* branch heading, jack hole, breakthrough ; *(cipőfelsőrészen)* perforating ; ~ **csapásirányban** *(bány)* strike breakthrough ; ~ **feltöréssel** *v* **fúrással** *(bány)* box-hole raise ; ~ **meddőben** *(bány)* rock hole ; ~ **nélküli** imperforated ; ~ **nélküli kártya** *(tex)* blank card

lyukasztó *fn* (drive-pin) punch ; *(alak)* punching die ; ~ **alaplemez** *(tex)* matrix ; ~ **alátét** counterpunch, die ; **billentyűs** ~ *(mat)* keyboard perforator ; ~ **blokkszerszám** block punch ; ~ **és fűzőkapocsbeverő gép** *(cipő)* punching and hook setting machine ; ~ **és hasítékoló gép** *(cipő)* punching and notching machine ; ~ **kalapács** jackhammer, drift ; ~ **és kapocsbeverő gép** *(cipő)* punching and hook-setting machine ; ~ **kártyakarton** tabulating cardboard for electric accounting machines ; ~ **készülék** punching apparatus ; **kézi** ~ *(dörni)* drift ; ~ **sajtolószerszám** punching/piercing die

lyukasztóár puncher, bradawl

lyukasztó-daraboló szerszám punch and shears

lyukasztófej *(perforátorban ; távk)* punch block

lyukasztófogó *(bőr)* punch pliers

lyukasztógép puncher, perforator ; **kézi** ~ **másoló szerkezettel** duplicating punch ; **pneumatikus** ~ air-punching machine

lyukasztóhengersor *(Mannesmann)* piercing mill

lyukasztólemez *(bőr)* punch plate

lyukasztólövés *(bány)* holing

lyukasztómunkás *(stancoló)* puncher

lyukasztópeeck *(távk)* punch

lyukasztóprés *(forg)* punching press

lyukasztópróba drift/punching test

lyukasztórendszerű feljegyző *v* **felvevő** *(távk)* punching recorder

lyukasztósajtó *(alak)* punching press ; **kézi** ~ bear ; ~ **süllyesztéke** punching-press die

lyukasztó-sajtolási hulladékok punchings

lyukasztószerszám (piercing) punch, perforating die ; ~ **csúcsa** punch-center ; ~ **illesztőcsapja** punch locator

lyukasztószerszám-befogó alkatrész punch carrier

lyukasztószerszám-készítő punch cutter

lyukasztott pierced, punched ; *l még* **lyuggatott** *és* **lyukacsos** ; ~ **felsőrész** *(cipő)* punched galosh ; ~ **lemez** screen plate ; ~ **rejtjelező-szalagos gyorstávíró gép** tape transmitter ; ~ **reszelő** perforated file ; ~ **szalagos adás** *(távk)* perforated tape transmission ; ~ **szalagos vevő** *(távk)* reperforator ; ~ **szegecslyuk** punched hole

lyukasztótüske perforating/piercing mandrel/punch/puncheon

lyukasztóvas *(alak)* pinking iron, knockout

lyukasztóvéső drift/puncher chisel

lyukasztva-vágó présszerszám *(lemezdaraboláshoz)* ripping punch

lyukazó kerék *(bőr, geod)* pricking wheel

lyukbeállító szerkezet *(kh)* stop motion

lyukbefejező berendezés well completion outfit

lyukbőség *(szitán)* (size of))mesh ; *(rostán)* screen aperture, opening space ; *(pa)* hole width ; **tű** ~**e** *(kh)* needle mesh

lyukbővítő *fn* *(ol)* rotary under-reamer

lyukdörzsölő gép reaming machine

lyukelzáró *fn* stopper head

lyukfúrás *l* **fúrás**

lyukfúró *fn* *l* **fúró**

lyukfűrész compass/piercing/keyhole saw ; ~ **gömbölyű fogantyúval** compass saw with round handle ; ~ **rókafark-markolattal** compass saw with carved handle

lyukhasíték-rezonátor *(rád)* hole-and-slot resonator

lyukhegesztés false rivet welding

lyukkalapács drift hammer

lyukkaliber plug ga(u)ge

lyukkártya punched card

lyukkártyaértelmező : villamos ~ **gép** electric punched-card interpreter

lyukkártyás : ~ **gép** *[könyvelőgép v szövőszék]* punch-card machine ; **villamos** ~ **könyvelőgép** electric punched-card accounting machine

lyukkártyaválogató : villamos ~ **gép** electric punched-card collator

lyukképződés *(sajtgyártásban)* eye-formation

lyukkör centre circle ; *[csőkarimán]* pitch circle

lyukkörátmérő pitch circle diameter

lyukkörző transfer caliper

lyukletapogató *(Wheatstone-féle morzekészüléknél)* pecker

lyukmélyítés *(bány)* subdrilling

lyukméret size of hole

lyukmérő idomszer measuring rod

lyuknagyoló gyaluvas cut round-nose plane

lyukolló hole cutting shears

lyuksajtó ollóval punch and shears

lyuksor *(kh)* slack/loose course

lyukszűrő *(távk)* *l* **keskeny sávú szűrő**

lyuktágító *fn* hole/bore expander ; ~ **kalapács** drift hammer

lyuktárcsás szaggató *(táv)* chopper disc

lyuktisztító *(ácsm)* carpenter's axe

lyukütő fogó punching tongs

lyukvágó olló hole-cutting shears

lyukvarrat *(heg)* slotted/plug lap joint

lyukverés a véglegesnél kisebb lyukátmérővel *(szegecsek számára)* subpunch

lyukverő vas knockout

lyukvéső *fn* mortise chisel

lyuk-vezető *(at)* p-type conductor

lyuk-vezetőképesség *(félvezetőkben)* p-type conductivity

M

maar *(földt)* maar
maastrichti emelet *(földt)* Maastrichtian substage
maceráció *(vegy)* maceration, macerating
macerál *(vegy)* macerate
Mach-kúp *(rep)* Mach cone
Mach-szám *(rep)* M-number, Mach number; **kritikus ~** *(rep)* critical Mach number
Mach-számmérő *(rep)* Mach-meter
maconit *(ásv)* maconite
macska *l* **futómacska**
macskafogó *(pa)* thread catcher
macskakő *(ép)* cobble stone, cobstone
macskanyérc: amerikai ~ *(prémbőr)* American ringtail; **ausztráliai ~** *(prémbőr)* Australian ringtail
macskapálya-kábel *(kábeldarunál)* track cable
macskaprémbőr catskin
macskaszem *(ásv)* cat's eye; *(gépk)* red/rear reflector, reflex lens; *(kerékpáron)* cat's eye (button), bull's eye
macskaszem-fényelzáró *fn (fényk)* bull's eye light cut-off
madárnyelv-reszelő cross(ing) file, rat-tail file; *(óra)* cross-file; **pontossági ~** precision crossing file; **vastag ~** thick crossing file; **vékony ~** slim crossing file
madárnyelv-tűreszelő crossing needle file
madársörét dust shot
madárszem-kötés *(tex)* bird's eye weave
madárszem-minta: színes~ *(tex)* bird's eye colo(u)r effect
madártávlati kép bird's eye view
madártrágyapác *(bőr)* *l* **madárürülékpác**
madárürülékpác *(bőr)* bird dung bate
mag *(at)* nucleus; *(ásv, koh)* nodule; *(hők)* heart, core; *(mat, mech)* core; *(önt)* core, kernel; *(vill)* core; *(vegy)* ring, nucleus; **~on belüli** *(at)* intranuclear; **ciklon ~va** *(met)* cyclon eye; **~ban halogénezett** *(vegy)* ring-halogenated; **~ban helyettesített** *(vegy)* ring-substituted; **két végén elvékonyodó ~** *(önt)* belly core; **kiégetlen ~** *(ker)* black centre; **kihúzó ~** *(önt)* drawback; **~ körüli** *(at)* circumnuclear; **~tól megtisztít** *(gyapotot; tex)* gin; **~ nélküli** *(önt)* coreless; **~ nélküli indukciós kemence** *(koh)* coreless induction furnace; **~ tájolása** core orientation; **tektonikusan kipréselt ~** *(földt)* detached trough core
mag- *[fizika]* nuclear

magábaszív absorb, imbibe, suck
magábaszívás *vö* **magábaszív**
magajáró *mn l* **magánjáró**
magalakozó *(önt)* core strickler
magánalj *(vasút)* monoblock sleeper
magánautó *l* **magángépkocsi**
magánbeszélgetés *(távk)* ordinary/private call
magánépítész civil architect
magánforgalmi útátjáró farm crossing
magángépkocsi private car
magánhasználati jármű private vehicle
magánhívás *(távk)* *l* **magánbeszélgetés**
magánjáró *mn* self-propelled; *(motoros jármű)* automotive
magánkezelésű alközpont *(távk)* private telephone branch exchange, PBX
magánvasúti csatlakozóvágány *(vasút)* private siding
magas high, elevated; *l még* **nagy**; **~ antenna** outdoor antenna; **~ beépítési jelleg** *(városépítés)* high-building type; **~ boltozatú** *(ép)* deep-vaulted; **~ dombormű** high relief; **~ra emelt farok(kal)** *(rep)* tail-high; **~ hang** high-pitch note; **~ hangszínű** *(rád)* high-pitched; **~ hangú hangszóró** *(rád)* tweeter (loudspeaker); **~ helyzetű** overhead; **~ nyomóvíztartány** elevated tank; **~ ötvözetű** *l* **erősen ötvözött, finom**; **~ rakodó** *(állvány)* trestle-work; **~ szárnyú** *l* **felsőszárnyú**; **~ szárú** *l* **cipő**; **~ szintű ciklonok** *(met)* high-level cyclones; **~ támlájú pad** settle; **~ tető** *(ép)* high-pitched roof; **~ vágányú szárazkotró** trestle track excavator
magasépítés building construction
magasépítésű H-antenna elevated H-aerial
magasföldszint entresol
magasház *(ép)* tower house
magasít heighten, raise
magasító alátét raising block
magasítódeszka *(gát tetején)* flash board
magasított: ~ ív *(ép)* raised/stilted arch, high-crowned arch; **~ sarokerősítés** *(kh)* high splicing, high spliced heel; **~ vállú félkör** *(ép)* surmounted arch
magaslat height, eminence
magaslati betegség mountain-sickness
magasnyomás *(nyomda)* relief print(ing); **~sal nyomó gép** *(nyomda)* relief press
magasnyomó *fn (nyomda)* typographer; **~ gyorssajtó** printing fly press

magasság height, elevation; *[hangé]* pitch; *(tengerszinttől számítva)* altitude; **alapszint feletti ~** height above datum; **barometrikus ~** *(geod)* barometric altitude; **~ elérésének ideje** *(rep)* time to altitude; **híd alatti szabad ~** clear headway; **látszólagos ~** apparent altitude; **legkisebb engedélyezett ~** *(rep)* minimum height clearance; **legnagyobb teljesítményhez tartozó ~** *(rep)* maximum power altitude; **negatív ~** *(geod)* depression; **szabad ~** clear height; **~ szerinti besorolás** *(rep)* vertical spacing; **~ szerinti változás** vertical gradient; **szerkezeti ~** *(ép)* clearance; **~ot tart** *(rep)* keep level; **tengerszint feletti ~** height above sea level; **~ot veszít** *(rep)* lose altitude; **~ot villamos adattá változtató készülék** *(rád)* altitude converter
magasságátvivő *(rád)* altitude-transmitting
magasságbeállító: bombacélzó készülék ~ karja altitude setting lever; **~ rúd** height setting-rod
magasság-erősítés-összefüggés *(rád)* height-gain function
magassághelyesbítő *fn (önműködő; rep)* altimetric corrector
magassági: ~ alappontmeghatározási módszer *(geod)* vertical control method; **~ beirányzás** laying for elevation; **~ dúc** *(geod)* control stand; **~ felmérés** *(geod)* survey of heights; **~ feltöltés** *(sűrítős motornál; rep)* altitude supercharging; **~ gázkar** *(rep)* altitude control; **~ helyesbítés** altitude correction; **~ helyzetjelző** elevation-position indicator; **~ helyzetmeghatározás** elevation position-finding; **~ idomszer** height gauge; **~ irányítócsavar** elevation tangent screw; **~ irányszög** elevation angle; **~ irányszöghatározás** elevation bearing; **~ irányzás** laying for elevation; **~ irányzás pontossága** elevation accuracy; **~ irányzás szöge** *(geod)* angle of elevation; **~ irányzék** elevating sight; **~ irányzékbeosztás** elevation scale; **~ irányzógépet hajtó motor** elevation-drive motor; **~ irányzógép kezelője** elevation operator; **~ ív** *(geod)* vertical arc; **~ jel** *(geod)* bench mark, B. M.; **~ jelek közti szintezés** *(geod)* bench level(l)ing; **~ kamra** *(rep)* pressure/altitude/vacuum chamber; **kézitükrös ~ szögmérő műszer** *(geod)* Abney level; **~ kormány** *(rep)* elevator; **~ kor-**

mány beállítójele *(rep)* elevator alignment index ; ~ **kormány himbatengelye** *(rep)* elevator rocking shaft ; ~ **kormány húrhossza** *(rep)* elevator chord ; ~ **kormánykiegyenlítés** *(rep)* longitudinal trim ; ~ **kormány kiegyenlítő lapja** *(rep)* trimming/elevator balance/tab ; ~ **kormány kiegyenlítő lapjának mozgatókarja** *(rep)* elevator trimmer ; ~ **kormány kitérítése** *(rep)* elevator displacement ; ~ **kormány kitérítésszöge** *(rep)* elevator angle ; ~ **kormánylap állását követő mutató** *(kormánygépen)* elevator follow-up index ; ~ **kormánylap tömegkiegyensúlyozása** *(rep)* elevator mass balance ; ~ **kormány működtetése** *(rep)* elevator control ; ~ **kormány nyomatékát felvevő csőtengely** *(rep)* elevator torque tube ; ~ **kormányrúd** *(rep)* elevator push-and-pull rod ; ~ **kormányzás** *(rep)* longitudinal control ; ~ **kör** *(csill)* altitude circle ; ~ **kör nóniusza** *(geod)* vertical circle vernier ; ~ **légcsavar** altitude airscrew ; ~ **lépcső** *(rep)* altitude separation ; ~ **lépték** scale of height ; ~ **levegőszelep** *(rep)* altitude air valve ; ~ **libella** *(geod)* altitude level ; ~ **lőelemképző** elevation calculator ; ~ **lőelemtovábbító** *(lőelemképzőn)* altitude transmitter ; ~ **méret** *(ép)* level ; ~ **motor** *(rep)* supercharged engine ; ~ **pont** *(háromszögé)* orthocentre ; *(geod)* spot height ; ~ **pontjel** *(geod)* height mark ; ~ **porlasztó** *(rep)* (high-)altitude carburettor ; ~ **repülés** altitude flight ; ~ **repülőöltözet** strato-suit ; ~ **réteg** *(rep)* lamina ; ~ **rétegek szerinti elválasztás** *(rep)* lamina segregation ; ~ **és süllyesztő gépbeágyazás** *(fényk)* altazimuth mounting ; ~ **szabályozás** *(rep)* altitude control ; ~ **szabályozó** *(rep)* regulator for altitude ; ~ **(szabályozó)szelep** *(rep)* altitude valve ; ~ **szélcsatorna** *(rep)* altitude tunnel ; ~ **színezés** *(térképen szintenként változó színnel)* layer tints ; ~ **szintek egyezése** *(földt)* accordance of summit levels ; ~ **szintjel** elevation mark ; ~ **szög** angle of elevation ; *(geod)* vertical angle ; ~ **szögmérő** *(met)* alidade ; ~ **vizsgálókamra** *(rep)* altitude test chamber ; ~ **zóna** *(városépítés)* height zoning

magassági-keverék-szabályozó *(rep)* altitude mixture control

magasságíró műszer barograph

magasságjegy *(geod)* bench mark, B. M. ; *(szintezésnél)* altitude

magasságjelző készülék *(rep)* height warning device

magasságkiosztás *(repülőgépek között)* altitude assignment

magasságkülönbség difference in elevation ; *(ferde laprugó alsó és felső szeme között)* drop

magasságlégkörtan *l* **aerológia**

magasságmérce *(rep)* altitude slide

magasságmérés height measurement ; *(geod)* altimetry ; *(radar)* height finding ; **barometrikus** ~ barometric pointer ; ~ **deciméteres hullámokkal** decimetric height finding ; **önműködő** ~ automatic elevation measurement

magasságméréses vezérlés *(aut)* altimeter control equipment, A. C. equipment

magasságmérési : ~ **felvétel** *(geod)* level(l)ing survey ; ~ **kör** level circuit

magasságmérő *fn* *(forg, gépt)* height ga(u)ge ; *(geod)* hypsometer ; *(teodolit)* altometer ; *(met)* orometric barometer ; *(radar)* height finder ; *(rep)* altitude indicator/meter, altimeter ; **barometrikus** ~ barometric altimeter ; **centiméter hullámú** ~ *(távk)* centimeter height finder ; ~ **eszközök** *(geod)* altitude instruments ; **kapacitív** ~ *(rep)* electric capacity altimeter ; ~ **késése** *(rep)* altimeter lag ; ~ **készülék** *(forg)* height gauge attachment ; **kis magasságokban érzékeny** ~ *(rep)* low-level altimeter ; **rádiós** ~ radio altimeter ; **regisztráló** ~ *(met, rep)* barograph, recording altimeter ; ~ **tolómérce** height ga(u)ge ; ~ **tömb** height block

magasságmérő-beállítás megadott alapra *(rep)* altimeter setting

magasságmérő-beállító *fn* *(rep)* altimetric corrector

magasságmérő-hiszterézis *(rep)* altimeter hysteresis

magasságtartás *(rep)* maintaining of altitude

magasságtűrő képesség *(rep)* altitude tolerance

magasságveszteség *(rep)* loss of height/altitude

magasságvonal *[háromszögé]* altitude

magasvasút overhead/elevated railway

magasvasúti kocsi aerial car

magátmérő *(csavaron)* minor/root/core diameter

magávalragadás carrying with, entrainment

magazin *l* **tár**

magazinfejtés *(bány)* shrink/back stoping ; ~**sel kombinált főtepásztafejtés** *(bány)* substoping ; **szakaszos** *v* **tömbös** ~ *(bány)* boundary shrinkage stoping

magazinfejtési rendszer *(bány)* shrinkage system

magazinnyomó papír carbonate paper

magazinpapír magazine paper

magbesülés *(önt)* burning-in-core

magcsavar *(laprugón)* spring-centre bolt

magcsavarfej *(laprugó)* spring centre-bolt head

magcsavarfurat *(laprugón)* centre-bolt cup hole

magcsévélő papír corepaper

magcső *(mélyfúráshoz)* core shell/barrel; **kettős falú** ~ double core-barrel

magdugó *(önt)* core plug ; Welsh plug *(US)*

magelevátor *(cséplőgépben)* clean elevator ; *(cséplőgépben)* bulk grain elevator ; *(cséplőgépben, kombájnban)* grain carrier

magenergia *(at)* nuclear energy

magesztergа *(önt)* core lathe

magfelhordó *fn* *(mzg)* bulk grain elevator, grain carrier

magfertőtlenítő szer *(mzg)* seed disinfectant

magfészek core recess

magfizika *(at)* nuclear physics

magfizikai *(at)* nuclear

magfogazás serration

magfogó *(ol)* core extractor/lifter ; ~ **gyűrű** *(ol)* core catching ring ; ~ **hüvely** core shell

magforma *(önt)* core mo(u)ld

magformázó gép *(önt)* core-making machine

magfotoeffektus *(at)* photodisintegration

magfúrás *(forg)* trepan(n)ing ; *(bány)* core drilling ; **villamos** ~ *(bány)* electric coring

magfúrási módszer *(bány)* core-drill method

magfúró *(bány)* core bit/drill ; *(forg)* trepan ; ~ **gép** trepanning machine ; **kettős** ~ **gép** *(bány)* double-core barrel drill ; ~ **korona** *(ol)* core bit/drill

magfúvás *(önt)* core blowing

magfúvó *mn* *(önt)* core-blowing

maggyűrű *(vegy)* stem-nucleus

maghangolás *(rád)* slug(-)tuning

maghántoló gép *(mzg)* scouring mill, seed huller

maghasadás *(at)* fission ; ~**kor fellépő gamma-sugárzás** *(at)* prompt gamma-radiation ; ~**ra képes** *(mat)* fissile

magház *(gyapoté ; tex)* boll

maghéj pellicle, seed coat, shell ; *(tex)* mote

maghéjas pamut *(tex)* seedy cotton

maghéjszál *(tex)* hull fibre

mag-hidrogén *(vegy)* ring hydrogen

maghintő rosta bucks screen

maghomok *(önt)* core sand

maghuzal *(vill)* core-wire

magidom *(mech)* section core ; ~ **(határ)vonala** *(mech)* core line

magindukció *(vill)* core induction

magizomeria *(vegy)* ring/nuclear isomerism

magjegy *(önt)* core pring/mark

magjel *l* **magjegy**

magkaszkád *(at)* nuclear cascade

magkeret *(önt)* core frame

magkészítő műhely core room/shop

magkiemelő gyűrű *(bány, ol)* core lifter

magkinyerés *(bány)* recovery of core

magkitoló *(önt, koh)* core knockout

magkötő anyag *(önt)* core binder/gum

maglen *(tex)* seed flax

maglenszalma *(pa)* seed flax straw

máglya *(at)* reactor, pile ; *(bány)* crib, cog ; *(fa)* stack, pile ; ~ **homlokfala** *(fa)* butt of pile ; **meddővel behányt** ~ *(bány)* waste crib ; **omlásba került** ~ *(bány)* packed cog ; **máglyába rak** *(pa)* planish ; **máglyára szerelt szállítószalag** *(bány)* cribbed conveyer ; **szétnyomódott** ~ *(bány)* crushed cog

máglyaácsolat *(bány)* crib timbering ; **kővel kitöltött** ~ crib pigsty

máglyabiztosítás *(bány)* cog timbering/pack ; ~ **éke** *(bány)* chock wedge

máglyaépítés *(bány)* crib building

máglyaépítő *(munkás ; bány)* packer

máglyafa *(bány)* box beam

máglyahomlokzat *(farakatnál)* butt of pile

máglya-légjárat *(fa)* *l* **szélcsatorna**

máglyás biztosítás *(bány)* crib protection

máglyatér *(fa)* piling place, place for storage

máglyatetőzet *(fa)* pile cover

máglyáz hill, stack

máglyázóléc *(spándli ; bány)* gobb ; *(fa)* (stacking) stick, crosser

maglyukdörzsár *(forg)* rose reamer

maglyukfúró trepan(ning bore)

magma *(földt)* magma; **aktív** *v* **intenzív** *(benyomuló)* ~ agressive magma
magmadifferenciációs intrúziók complementary rocks
magmaemanáció igneous emanation
magmafészek bulk magma
mag-magneton *(at)* nuclear magneton
magmamaradék *(földt)* rest magma
magmamennyiség supply of magmatic material
magmatartály *(földt)* reservoir of magma
magmatikus *(földt)* magmatic; ~ **eredetű érc** ore of igneous origin
magmatömeg *(földt)* supply of magmatic material
magmavíz *(földt)* juvenile water
magminta *(bány, ol)* core sample
magmintavétel fúrással *(bány)* pipe sampling
magnálium *(koh)* magnalium
mágnes magnet; *l még* **elektromágnes**; *(gépk) l* **gyújtómágnes**; **állandó** ~ permanent magnet; **állandó előgyújtású** ~ *(gépk)* fixed-timing magneto; ~ **biztonsági szikraköze** *(gépk)* magneto safety gap; **fékező** ~ retarding/drag magnet; **kiegyenlítő** ~ compensating magnet; **lemezelt** ~ laminated/built-up magnet; **patkó alakú** ~ horseshoe magnet; *(egyik pólusán tekercseléssel)* club-foot electromagnet; **permanens** ~ permanent magnet; **rózsába beépített** ~ *(iránytűn)* card magnet; **rúd alakú** ~ bar/axial magnet; ~ **szára** limb of magnet; **természetes** ~ natural magnet; **váltakozóárammal gerjesztett** ~ alternating electromagnet; **visszaállító** ~ reset magnet; **zárólapos** ~ clapper-type magnet
mágnesacél magnet steel
mágnescsoport set of magnets
mágnesellenlap keeper of a magnet
mágneserő magnetic strength
mágneses magnetic; ~ **akna** magnetic mine; ~ **alakváltozás** magnetic strain; ~ **anizotrópia** *(rád)* magnetic anisotropy; ~ **áram** magnetic current; ~ **áramlás** magnetic flux; ~ **árnyékolás** magnetic screen/shield; ~ **átmásolás** *(magnetofonon)* magnetic printing, ghosting; ~ **azimut** *v* **oldalirányszög** *(geod)* magnetic azimuth; ~ **befogó készülék** magnetic holding device; ~ **befogó tokmány** magnetic chuck; ~ **csatolás** *(rád)* magnetic coupling; ~ **csatolású** magnetically-coupled; ~ **dipólus** magnetic dipole; ~ **dúsítás** magnetic separation; ~ **egyenlítő** *(geod)* magnetic equator; ~ **elhajlás** *(geod)* magnetic declination; ~ **elhajlás ingadozása** *(geod)* variation of (magnetic) declination; ~ **elhajlás napi változása** daily variation in declination; ~ **elhajlástérkép** *(geod)* variation chart; ~ **ellenállás** magnetic resistance, reluctance; *(légrésé)* gap reluctance; *(fajlagos)* specific reluctance, reluctivity; ~ **előfeszítésű tranzisztor** *(rád)* magnetically biased transistor; ~ **eltérés** magnetic deviation/variation; ~ **eltérítés** magnetic deflection; ~ **eltérítő tekercs** *(katódsugárcsövön)* magnetic yoke; ~ **eltolás** magnetic displacement; ~ **ércdúsítás** *(bány)* magnetic concentration; ~ **ércosztályozó** magnetic grader; ~ **erőátvitel** magnetic transmission; ~ **erősítő** magnetic amplifier; ~ **erőtér** magnetic field; ~ **erőtér méretváltoztató hatása** magnetostriction; ~ **erővonal** magnetic line of force, line of induction; ~ **erővonalábra** magnetic field pattern; ~ **erővonalsűrűség** magnetic intensity; ~ **feszültség** magnetomotive force; ~ **fluxus** magnetic flux; ~ **fluxuskapcsolódás** magnetic (flux) linkage; ~ **fluxusmérő** maxwellmeter; ~ ~ **fókuszolás** *(katódsugárcsőnél)* magnetic focus(s)ing; ~ **fókuszolású** *(távk)* magnetically-focus(s)ed; ~ **folyam** magnetic flux; ~ **fonalfék** *(tex)* magnetic device; ~ **géptengelyirányszög** *(rep)* magnetic course; ~ **gerjesztés** magnetic inductivity; ~ **gerjesztésű rezonátorrúd** magnetostrictive resonator; ~ **gyújtás** *(gépk)* magneto ignition; ~ **hangdoboz** magnetic pick-up; ~ **hangfelvevő** magnetic recorder; ~ **hangleszedő** magnetic pick-up; ~ **hangrögzítés** magnetic recording; ~ **hangrögzítő** magnetophone; ~ **hiszterézis** magnetic hysteresis; ~ **indukció** magnetic induction, magnetic flux density; ~ **inklináció** magnetic inclination; ~ **intenzitás** magnetic force, magnetic field strength; ~ **irányszög** *(rep)* magnetic bearing; ~ **ívfúvás** magnetic blowout; ~ **kapcsoló** *l* **mágneskapcsoló**; ~ **kereső** magnetic detector; ~ **kés(leltet)és** magnetic retardation/lag; ~ **kör** magnetic circuit; ~ **kutatás** *(bány)* magnetic(al) prospecting/survey; ~ **kvantumszám** *(at)* magnetic quantum number; ~ **lehajlás** magnetic dip/inclination; ~ **lehajlást mérő műszer** inclinometer, inclination compass; ~ **lejátszó** *(rád)* magnetic recording reproducer; ~ **lemezvágó** *(hangfelvételhez)* magnetic cutter; ~ **lengéscsillapítás** magnetic damping; ~ **letapogatás** *(telev)* magnetic scanning; ~ **leválasztás** magnetic separation; ~ **megfordulás** magnetic reversal; ~ **mérleg** magnetic balance; ~ **mértékegység** magnetic unit; ~ **mező** magnetic field, *l még* **tér**; ~ **modulátor** magnetic modulator; **nem** ~ non-magnetic; ~ **nyalábolás** *(távk)* magnetic focus(s)ing; ~ **nyomaték** magnetic moment; *(egysége)* magneton; ~ **olajtisztító** magnetic strainer; ~ **orsó** *(telev)* magnetic capstan; ~ **öregítés** magnetic ageing; ~ **peleng** *(rep)* magnetic bearing; ~ **pólus** magnetic pole; ~ **póluscsere** magnetic reversal; ~ **porvizsgálat** *(anyagv)* magnetic powder testing method; ~ **rádiópeleng** magnetic radio bearing; ~ **relé** *(vill)* magnetic relay; ~ **remanencia** *(vill)* retentivity, remanence; ~ **rendellenesség** magnetic anomaly; ~ **renyheség** magnetic inertia; ~ **repedésvizsgáló** magnetic crack detector; ~ **robbantógép** *(bány)* magneto exploder; ~ **sark** *(geod)* magnetic pole; ~ **sarkítás** magnetic polarization; ~ **sarkosság** magnetic polarity; ~ **síkra vonatkozó jelleggörbe** magnetic-plane characteristics; ~ **sínfék** *(vasút)* magnetic track brake; *(villamoskocsin;)* magneto rail brake; ~ **sönt** magnetic shunt; ~ **súrlódás** magnetic friction; ~ **szelvény** *(földt)* magnetic profile; ~ **szeparálás** *(koh)* magnetic separation; ~ **szeparátor** *(koh)* magnetic cobber/grader/separator, magnetic cobbing machine; ~ **szigetelés** magnetic insulation; ~ **szóródás** magnetic leakage; ~ **szóródási tényező** *(vill)* leakage coefficient; ~ **szuszceptibilitás** *(vill)* magnetic susceptibility; ~ **taszítás** *(vill)* magnetic repulsion; ~ **telítési határ** *v* **telítettség** magnetic saturation; ~ **tengely** magnetic axis; ~ **tengelykapcsoló** magnetic clutch; ~ **terelés** magnetic deflection; ~ **térerő(sség)** magnetic field strength; ~ **térerősségíró** *(műszer)* fluxgraph; ~ **térképirányszög** magnetic track; ~ **tokmány** magnetic chuck; ~ **törlőfej** *(magnetofon)* magnetic erasing head; ~ **tulajdonságok** magnetic properties; ~ **útirányszög** magnetic track; ~ **vezetőképesség** *(vill)* permeance; ~ **vihar** magnetic storm; ~ **vonzás** magnetic attraction; ~ **zavar** magnetic perturbation/disturbance; ~ **zenit** *(csill, földt)* magnetic zenith
mágnesesség *l* **mágnesség**
mágnesez magnetize
mágnesezés magnetization; ~ **erőssége** intensity of magnetization; ~ **szolenoiddal** circuital magnetization; ~ **terjedési sebessége** velocity of propagation of magnetization
mágnesezési: ~ **ciklus** magnetic cycle; ~ **görbe** magnetization curve, B—H curve; ~ **késleltetés** magnetic retardation/lag; ~ **körfolyamat** magnetization cycle; ~ **telítési határ** magnetic saturation; ~ **veszteség** magnetic loss
mágnesezhető magnetizable, susceptible; **nem** ~ **acél** nonmagnetic steel
mágnesező: ~ **áram** magnetizing current; ~ **erő** magnetizing force; ~ **közeg** magnetic agent; ~ **tekercs** magnetizing coil
mágnesfegyverzet *(vill)* anchor, armature
mágnesfej *[magnetofonon]* magnetic head
mágnesfék magnetic brake
mágnesgyújtás *(gépk)* magneto ignition
mágnesgyújtó *(gépk)* (ignition) magneto
mágneshajtás *(gépk)* magneto drive
magnesia usta *(vegy)* calcined magnesia
mágnesjárom magnetic yoke
mágneskapcsoló *(vill)* contactor; *l még* **kontaktor**; **mágneses reteszelésű** ~ magnetic lock-out contactor
mágneskapcsolós kormányzás contactor control
mágneskerék magnetic rotor
mágneskészlet set of magnets
mágneskoszorú field frame/yoke
mágneskovand *(ásv) l* **pirrhotin**
mágnesköpenyes huzal *(hangt)* magnetic plated wire
mágneskör magnetic circuit
mágnesmag *(vill)* core of a magnet
mágnesmező *l* **tér, mágneses**
mágnesoptika magnetooptics
mágnespatkó horse-shoe magnet
mágnespólus *(vill)* magnetic pole

mágnesporos szalag magnetic powder-impregnated tape
mágnesrács *(pa)* magnet rake
mágnesrendszer magnet system
mágnessarkok field poles
mágnessaru magnet leg
mágnesség magnetism ; ~ **eltűnésének hőfoka** magnetic transition temperature, Curie-point ; ~ **gyengülése** decay of magnetism ; **kötött** ~ bound magnetism
mágnességjelző *(műszer)* magnetoscope
mágnességtan magnetics
mágnesszerelvény *[keverőgépé ; távk]* clutch assembly
mágnestartó *fn* magnet holder
mágnestekercs solenoid, magnet coil ; *(távk)* power coil of clutch
mágnestelenítés *l* **lemágnesezés**
mágnestokmány *(forg, gépt)* magnetic chuck
mágnestű magnetic needle ; **függőleges tengelyű** ~ declination needle ; ~ **lehajlása** dip of the needle
mágnestű-galvanométer galvanometer with moving magnet
mágnesvas magnetic iron
mágnesvasérc *l* **magnetit**
mágnesvaskő *(ásv) l* **magnetit**
mágnesvillamosság magneto-electricity
mágnes-zár keeper of a magnet, anchor, armature
magnetikus *l* **mágneses**
magnetit *(ásv)* magnetite, magnetic iron ore
magnetitelektródos ív (fény) magnetite arc
magnetoelektromos *(rád)* magneticelectric, M. E.
magnetofon magnetophone, (magnetic) tape recorder
magnetofonhuzal magnetic wire
magnetofonszalag magnetic tape
magnetokristályos magnetocrystalline
magnetométer magnetometer ; **tekercses** ~ coil magnetometer
magnetomotoros erő magnetomotive force, M. M. F.
magnetopirit *(ásv) l* **pirrhotin**
magnetosztatikus magnetostatic
magnetosztrikció *(vill)* magnetostriction
magnetosztrikciós magnetostrictive ; ~ **berendezés gerjesztőtekercse** stricture coil ; ~ **jelenségek** magnetostriction phenomena ; ~ **megnyúlás** magnetic elongation ; ~ **oszcillátor** *(táv)* magnetostriction oscillator ; ~ **rúd** magnetostrictive bar/rod
magnetron magnetron ; **egykimenetű** ~ single-ended magnetron ; „**felkelőnap**" ~ rising-sun magnetron ; **gyűrűzött** ~ strapped magnetron ; **hangolható** ~ tunable magnetron ; **hasított** ~ slot magnetron ; **hasított anódú** ~ split anode magnetron ; **kalitkás rezonátoros** ~ donutron ; **kétkimenetű** ~ double-ended magnetron ; **nem-hangolható** ~ fixed-tuned magnetron ; **nyolcüreges** ~ eight-segment magnetron ; **többüreges** ~ (multi) cavity magnetron ; **turbátor** ~ interdigital magnetron
magnetronhatás magnetron effect
magnetron-oszcillátor magnetron oscillator
magnetron-rezgésmód magnetron mode
magnetron-rezonátorüreg magnetron cavity
magnetronszegmensek *(rád)* segments of magnetron
magnetton *(villamos hangszer)* magnetton
magnézia magnesia, magnesium oxide
magnéziacement magnesia cement
magnéziatégla magnesia brick
magnéziatej milk of magnesia
magnezioferrit *(ásv)* magnesioferrite
magnezit *(ásv)* magnesite, giobertite
magnezittégla magnesite brick
magnézium magnesium
magnéziumacetát magnesium acetate
magnéziumalkoholát magnesium alkoxide
magnéziumaluminát magnesium aluminate
magnéziumammóniumfoszfát magnesium ammonium phosphate
magnéziumammóniumkarbonát magnesium ammonium carbonate
magnéziumarzenát magnesium arsen(i)ate
magnéziumarzenid magnesium arsenide
magnéziumborát magnesium borate
magnéziumbromát magnesium bromate
magnéziumbromid magnesium bromide
magnéziumcianid magnesium cyanide
magnéziumcitrát magnesium citrate
magnéziumcsillám *(ásv) l* **flogopit**
magnéziumdikromát magnesium bichromate
magnéziumditionát magnesium dithionate
magnéziuméhezés *(mzg)* magnesium-hunger
magnéziumetilát magnesium ethoxide/ethylate
magnéziumfluorid magnesium fluoride
magnéziumfluoszilikát magnesium fluosilicate/silicofluoride
magnéziumformiát magnesium form(i)ate
magnéziumfoszfát magnesium phosphate
magnéziumfoszfid magnesium phosphide
magnéziumhidrid magnesium hydride
magnéziumhidroarzenát magnesium hydrogen arsen(i)ate
magnéziumhidrofoszfát magnesium hydrogen phosphate
magnéziumhidrokarbonát magnesium hydrogen carbonate, magnesium bicarbonate
magnéziumhidroszulfát magnesium bisulfate, magnesium hydrogen sulfate
magnéziumhidroxid magnesium hydrate/hydroxide, caustic magnesia
magnéziumhiperoxid *l* **magnéziumperoxid**
magnéziumhipofoszfit magnesium hypophosphite
magnéziumhiposzulfit magnesium hyposulfite
magnéziumizopropilát magnesium isopropoxide
magnéziumjodát magnesium iodate
magnéziumjodid magnesium iodide
magnéziumkarbid magnesium carbide
magnéziumkarbonát magnesium carbonate
magnéziumklorát magnesium chlorate
magnéziumklorid magnesium chloride
magnéziumkromát magnesium chromate
magnéziumlaktát magnesium lactate
magnéziummalát magnesium malate
magnéziummetaborát magnesium metaborate
magnéziummetaszilikát magnesium metasilicate
magnéziummetilát magnesium methoxide/methylate
magnéziummolibdát magnesium molybdate
magnéziumnitrát magnesium nitrate
magnéziumnitrid magnesium nitride
magnéziumnitrit magnesium nitrite
magnéziumortoborát magnesium orthoborate
magnéziumortofoszfát magnesium orthophosphate
magnéziumortoszilikát magnesium orthosilicate
magnéziumoxalát magnesium oxalate
magnéziumoxid magnesia, magnesium oxide
magnéziumoxidhidrát *l* **magnéziumhidroxid**
magnéziumperhidrol *l* **magnéziumperoxid**
magnéziumperklorát magnesium perchlorate
magnéziumpermanganát magnesium permanganate
magnéziumperoxid magnesium peroxide
magnéziumpirofoszfát magnesium pyrophosphate
magnéziumpropilát magnesium propoxide/propylate
magnéziumrodanát magnesium rhodanate
magnéziumszelenát magnesium selenate
magnéziumszilicid magnesium silicide
magnéziumszilikát magnesium silicate
magnéziumszilikofluorid magnesium silicofluoride/fluosilicate
magnéziumszulfát magnesium sulfate
magnéziumszulfid magnesium sulfide
magnéziumszulfit magnesium sulfite
magnéziumszuperoxid *l* **magnéziumperoxid**
magnéziumtartalmú *(ásv)* magnesian
magnéziumtartarát magnesium tartarate
magnéziumtioszulfát magnesium thiosulfate
magnéziumtitanát magnesium titanate
magnéziumvolframát magnesium tungstate
magnitúdóhatár *(távcsőé)* limiting magnitude
magnolit *(ásv)* magnolite
magnyomaték *(at)* spin ; *(mech)* core moment
magolaj seed/kernel oil
magorsó *(önt)* core barrel/spindle
magosztályozás *(mzg)* seed sorting
magpergető telep *(fa)* seed-husking establishment
magpont *(mech)* core/kernel point
magponti nyomaték *(boltozatelméletben)* core moment, kernel point moment
magrafőzés : szappan ~e boiling of soap grain
magreakció *(at)* nuclear reaction
magreaktor *(at)* nuclear reactor
magrögzítő : ~ **keret** *(önt)* spider ; ~ **szeg** *(önt)* dabber
magrúd *(önt)* core bar ; ~ **bevonása szalmasodrattal** strawing of core bar
magsablon *(önt)* core template
magsugár *(mech)* radius of the core
magszál *(tex)* seed fibre/hair
magszappan *l* **színszappan**

magszár *(mzg, tex)* seedstalk ; **~ba szökik** shoot to seed
magszárító *fn* seed dryer ; **~ kemence** cool oven
magszedő gép *(mzg)* seeder
magszeg *(önt)* moulder's/core nail
magszekrény *(önt)* core box
magszekrénygyalu *(önt)* core-box plane
magszelelő rosta *(mzg)* seed winnower
magszigetelés *(vill)* core insulation, c. i.
magszőr *(pa)* hair fibre
magszpín *(at)* nuclear spin
magtalanít *(lent v kendert ; tex)* ripple ; **lent ~** dress the line
magtalanítógép : kettős bordás ~ *(tex)* double-rib gin
magtalanítókés lint doctor
magtalanítópad *(tex)* rippling bench
magtalanított gyapot *v* **pamut** *(tex)* ginned cotton, lint
magtámasz *(önt)* chaplet ; **kettős ~** *(önt)* double chaplet
magtár granary, barn
magtartály *(kombájnban)* grain tank ; **osztott** *(kétrészes)* **~** *(ültetőgépen)* double-seed hopper
magtartály-felépítmény grain box
magtartó szár *(önt)* stalk
magtávolság *(vetési sorokban)* seed spacing
magtelítődés *(vill)* core saturation
magtisztító *fn (mzg)* seed dresser, (grain) separator ; *(forgó)* rotary cleaner, riddle ; *(tex)* roughing-out machine
magtok *(lené ; tex)* boll
magtöltés *(at)* nuclear charge
magtömeg *(at)* nuclear mass
mag-triőr *(mzg)* seed winnower
magüreg *(önt)* core hole
magvágó gép *(önt)* core cutting-off machine
mag-vas *(önt)* core arbor/iron
magvas *mn* granulous ; **~ gyapot** *(nem egrenált gyapot ; tex)* raw/seed cotton
magvető repülőgép seeding plane
magvizsgáló mikroszkóp seed microscope
magvonal *(mech)* core line
magzacskó *(mzg ; pa)* seed bag
magyarázó (terv)rajz key map
mahagoni *(faanyag)* mahogany ; **~ szín(ű)** mahogany
Majevszkij-szám *(rep)* *l* **Mach-szám**
májkovand *(ásv)* hepatic pyrites
majolika majolica, maiolica
majomprémbőr monkey skin
majorbasszus *(hangt)* major bass
makadám *[út]* gravel-topped
makadámút gravel-topped road, metal road
makett model
makettkarton *(pa)* form board
makettpapír paper for display specimen
makkanya *(gépt)* cap nut
makkcső *(rád)* door-knob tube, acorn tube
makkolaj acorn oil
mákolaj poppy-seed oil, maw oil
makrocsiszolat *(anyagv)* macrograph
makrofelvétel macro(photo)graph
makrokorrózió macrocorrosion
makrokristályos macrocrystalline
makromolekula macromolecule
makrostruktúra makrostructure
makroszerkezet macrostructure
makroszkópikus *v* **makroszkópos** macroscopic

makulatúra *(pa)* refuse, mackle, maculature, waste paper
makulatúra-karton *(pa)* chip board
makulatúra-papír maculate/bogus paper
„malacfarok" *(fonalvezető ; tex)* pig(-)tail (guide)
malachit *(ásv)* malachite
malakolit *(ásv)* malacolite
malakon *(ásv)* malacon
M-alakú : ~ alátét M-washer ; **~ cső** M-pipe
malát *(vegy)* malate
maláta *(élip, vegy)* malt ; **dobban csíráztatott ~** drum malt ; **sötét ~** black malt
malátaaszaló *fn* malt kiln
malátacukor *(vegy)* malt sugar, maltose
malátacsíra *(élip)* acrospire
malátafesték *(sörkulőr)* caramel malt
malátaforgató lapát malt oar
malátagyár malt-house
malátakészítő : ~ munkás maltoter ; **~ üzem** malt dressing plant
malátakivonat malt extract
malátaszárító *fn* malt-drier
malátaszérű *(élip)* malt floor
malátázás *(élip)* malting
malátázó berendezés maltery installation
maldonit *(ásv)* maldonite
Maley-féle fék Maley brake
málhakocsi *(vasút)* baggage-mail car
málhakosár *(málhásállaton szállításhoz)* pannier
málhanyereg pack-saddle
málhásállat pack (animal), packer
málhásállat-vonatoszlop pack train
málhaszíj *(bőr)* back-band
málhavonat pack train
málház pack
mallardit *(ásv)* mallardite
mállás *(földt)* wearing-away ; *(szemcsésedés ; földt)* granulitization ; *(kivirágzás, kristályon)* efflorescence
mállási övezet *(földt)* belt of weathering
mállik *(bány, földt)* weather away ; *(dekrepitál, szétpattogzik)* decrepitate ; *(kivirágzik, kristály)* effloresce
málló : ~ főte *(bány)* gowl ; **gyorsan ~** *(bány)* readily slacking ; **~ kőzet** *(földt)* cleaved rock ; **~ pala** *(földt)* buck slate
mállott : ~ földes vasérc *(bány)* friable iron ore ; **~ kőzet** seamy/rotten rocks, slump scaps ; **~ réteg** *(földt)* weathered layer ; **~ vasérc** weathered iron ore
malm *(földt)* malm
malom mill ; *(élip)* flour mill ; **centrifugális ~** centrifugal disintegrator ; **finomőrlő ~** pulverizer (mill) ; **~** *(felső)* **forgóköve** runner ; **~ gépi berendezése** millwork ; **golyós ~** ball mill ; **hántoló ~** scourer ; **hengeres ~** roller mill ; **köves ~** attrition mill ; **szitás-görgős ~** Chilean mill ; **verőpálcás ~** rod mill
malomárok *(élip)* mill-race, flume ; **~ alsó szakasza** *(hidr)* tail
malomcsatorna *l* **malomárok**
malomépítés millwrighting
malom-felsőgerenda flour loft beam
malomfolyóka *(élip)* mill-race
malomgarat mill hopper, milling pit
malomhengerjárat pályája *(élip)* run
malomkarton *(pa)* mill board

malomkerék mill wheel ; **~ barázdaközének szélessége** width of land
malomkő grindstone, millstone ; *(aprítógépben)* edge stone ; **alsó** *v* **nyugvó ~** *(élip)* bed (stone), bedder ; **~ barázdálása** *(élip)* dress(ing) ; **~ durva őrlésre** rough-grinding stone ; **~ közepére erősített vasdarab** rhind
malomkőbarázda millstone furrow
malomkőkalapács grindstone pick
malomkőlyuk millstone eye
malomkő-mészkő *(élip)* millstone rock
malomkőpersely millstone box
malomkő-rovátkoló *fn* dresser
malomkőtengely stone spindle
malomkővágó *fn (forg)* millstone dresser; **~ szerszám** millstone cutter
malompor mill dust
malomszitaszövet *(selyemből ; tex)* bolting silk
malomszita-tisztító *fn* cloth cleaner
malomtervező *fn* millwright
malomtó mill pond
malonilhugyany *l* **malonilureid**
malonilureid malonurea, malonylurea, barbituric acid
malonsav malonic acid
Malpighi-réteg *(bőr)* Malpighian layer
máltai hajtómű *v* **kereszt** *(gépt)* Geneva gear
máltaikeresztes : ~ hajtás *(gépt)* Geneva-type gearing ; **~ hajtómű** Geneva movement/gear
maltáz *(vegy)* maltase
malter *(ép)* *l* **habarcs** *és* **vakolat**
maltóz *l* **malátacukor**
mályvagyökér alth(a)ea
mályvaszínű mauve
mammut-szivattyú mammoth pump, air lift
mandula alakú zárványok *(ásv)* subglobular nodules
mandulabél almond meat
mandulakő *(kőz)* mandelstone, amygdale, amygdule
mandulaköves kőzet amygdaloid(al) rocks
mandulaolaj almond oil
mandulasav amygdalic/mandelic acid
mandulatej milk of almonds
mandzsetta *(gumiabroncsban)* boot ; *l még* **karmantyú, gallér**
manebachi: ~ ikertörvény *(ásv)* Manebach law ; **~ ikrek** *(ásv)* Manebach twins
mangán manganese
mangánacél manganese steel
mangánbarna *(festék)* manganese/velvet brown
mangánbronz manganese bronze/copper
mangándioxid manganese dioxide/peroxide
mangánérc manganese ore
mangánhab *(ásv)* manganese bog/wad
mangánheptoxid manganese heptoxide
mangánhiperoxid *l* **mangánperoxid**
mangani- *(ásv)* manganian ; *(vegy)* manganic
manganihidroxid manganic hydroxide
manganin *(vill)* manganin
manganinhuzal manganin wire
manganioxid manganic oxide, manganese sesquioxide
mangániszap manganese mud
manganit *(ásv)* manganite, brown manganese ore ; *(vegy)* manganite
mangani-vegyület manganic compound
mangánklorid manganic chloride
mangánklorür manganous chloride

mangánlinoleát manganous linoleate
mangano- (*ásv*) manganoan ; (*vegy*) manganous
manganoborát manganous borate
manganofillit (*ásv*) manganophyllite
manganohidroxid manganous hydroxide
manganokarbonát manganous carbonate
manganoklorid manganous chloride
manganomanganioxid mangano-manganic oxide
manganometaborát manganous metaborate
mangánossav manganous acid
manganosztibiit (*ásv*) manganostibiite
manganoszulfát manganous sulfate
mangano-vegyület manganous compound
mangánoxidhidrát manganic hydroxide
mangánoxiduloxid mangano-manganic oxide
mangánpác manganese mordant
mangánpát (*ásv*) *l* **rodokrozit**
mangánperoxid manganese peroxide
mangánsav manganic acid
mangánsavas kálium potassium manganate
mangán-szilícium-acél silico(n)-manganese steel
mangánszuperoxidhidrát metamanganous acid
mangántartalmú mangan(es)iferous
mangántimsó (*ásv*) *l* **apjohnit**
mangántrioxid manganese trioxide
mangánvas manganese (cast) iron
mángorlás calendering, flatting, sleeking ; (*alak*) (die) rolling ; (*egyengetés, cipőtalpon*) levelling ; (*tex*) calandering, calender run, mangling
mángorló *fn* calender, flatwork ironer ; (*mosáshoz*) mangle ; ~ **fahenger** (*fa*) rolling stick ; ~ **hengerszék** bowl mangle ; ~ **kikészítés** (*tex*) beetle finish ; ~ **pofa** (*alak*) thread rolling die ; ~ **szerszám** (*menetmángorláshoz*) trhead rolling die
mángorlóasztal (*bőr*) boarding board
mángorlódeszka (*bőr*) boarding board, pommel
mángorlógép (*tex*) pressing machine ; (*kikészítésnél ; tex*) beetle, beet(l)ing machine/engine
mángorlógép-asztal (*tex*) bucking table
mángorlóhenger pressing roller ; (*tex*) calender roller/bowl
mángorlótömlő (*tex*) (rub) apron, rubber, condenser leathers
mángorol calender, mangle ; (*menetet ; alak*) roll ; (*talpat ; cipő*) level bottom
mángorolt : ~ **csavar** rolled-thread screw; ~ **csavarmenet** die-rolled thread
mangrove-kéreg (*bőr*) mangrove bark
mangrove-kéregkivonat (*bőr*) cutch
manila (*pa*) manil(l)a ; **manilával kétoldalas szürkelemez** (*pa*) double manila-lined dup board ; **manilával kétoldalas újságpapírlemez** double manila-lined news board
manilafű abaca, Siam-hemp, manil(l)a-hemp
manilaírópapír canary writing
manilakábelpapír antiacid manila paper
manilakarton (*pa*) manila (card)board, document manila
manilakender (*tex*) abaca, Cebu/Davao/Manila hemp
manilapapír manila paper
manilarost (*pa*) manila fibre
manila-selyempapír manila tissue paper
manipulátor (*heng, koh*) manipulator
mankókeréktengely (*mzg*) stub axle
mankós kasza (*bőr*) crutch
mannacukor *l* **mannit**
mannán (*vegy*) mannan
Mannesmann-rendszerű : ~ **lyukasztóhengersor** piercing mill, slant rolling mill ; ~ **pilgersor** (*heng*) pilger mill of the Mannesmann type
mannit mannitol
manográf manograph
manométer *l* **feszmérő**
manometrikus manometric ; ~ **emelő magasság** (*hidr*) net pressure head ; ~ **nyomás** ga(u)ge pressure ; ~ **szállító magasság** manometric lift
manőverez (*járművel*) manoeuvre
manőverezés manoeuvring ; (*vasút*) shunting
manőverezővitla (*bány*) trip-spotting hoist
manson (*szívattyún*) jacket ; (*nyomda, pa*) (felt) jacket
mansonkefe (*pa*) jacket brush
mantissza (*mat*) mantissa
mantisszatáblázat (*mat*) table of mantissa
manuál (*hangt*) manual ; **felső** ~ chair organ
manuális *l* **kézi**
manzardablak dormer window
manzardpárkányfríz mansard cornice moulding
manzardtető (*ép*) mansard, knee/curb roof ; ~ **alsó része** curb ; ~ **felső** (*tört*) **szakaszának szarufái** curb rafters ; **megtört síkú** ~ gambrel roof
manzard-tetőablak mansard dormer window
mar *ige* (*forg*) mill ; (*kézi előtolással, alakos felületet*) route ; (*fa*) fraise, shape ; (*vegy*) attack, stain, corrode ; **ékhornyot** ~ (*forg*) spline a keyway ; **kőmaróval** ~ (*ép*) fraise ; **lefejtéssel** ~ generate, cut/mill by generating ; **sablon** *v* **minta szerint** ~ (*forg*) mill to template
mar *fn* (*lábbeliméret*) instep
maradandó perdurable, permanent ; *l még* **maradó** ; ~ **hatású jegesedési magvak** (*met*) permanent nuclei
maradék rest, residue, remain(der), remnant, deposit ; (*koh*) returns ; (*tex*) shorts ; (*dúsítás után*) tailings ; ~ **az x-nyílású rostán** retention on x screen
maradék- residual
maradék-affinitás (*vegy*) residual affinity, affinity residue
maradékanyag (*földt*) residual clay
maradékáram (*vill*) residual current
maradékcsillapítás [*áramköré ; csatornáé ; távk*] overall attenuation, net loss, (circuit/channel) equivalent
maradékfeldolgozás (*bány*) retreat
maradékgáz (*elektroncsőben*) residual gas
maradékhiba residual error
maradéklevegő residual air
maradéksugár (*szink*) residual ray
maradékszag (*ol*) residual odor
maradéktelep (*földt*) residual placers
maradéktöltés (*vill*) residual charge
maradéküledék (*földt*) residual deposits
maradékveszteség [*vasban ; távk*] residual loss
maradó residual, remanent, permanent ; ~ **alakváltozás** (*anyagv*) permanent deformation/strain/set ; ~ **berakás** (*tex*) durable pleats ; ~ **csillapítás** *v* **csillapodás** (*vill*) overall attenuation ; ~ **nyúlás** (*anyagv*) permanent elongation/extension ; ~ **sodrat** (*tex*) permanent twist ; ~ **zsugorodás** (*tex*) residual schrinkage
maradvány remain(der), balance, waste matter ; *l még* **maradék**
maradványáram (*távk*) residual current
maradványfeszültség (*távk*) residual voltage
maradványfolyadékok connate fluids
marás (*fa*) shaping ; (*forg*) milling ; (*vegy*) eating, attacking, corrosion ; **alakos** ~ form milling ; **egyenirányú** ~ (cut-)down milling, climb milling ; **ellenirányú** ~ (*forg*) conventional/(cut-)up milling ; **ferde** ~ angular milling ; **forgóasztalos** ~ (*forg*) circular milling ; ~ **keményfémbetétes szerszámmal** carbide milling ; **körirányú** ~ circular milling ; **lefejtő** ~ milling by the generating process ; (*fogaskeréké*) gear hobbing ; ~ **osztással** index milling ; ~ **többpozíciós marógépen** (*forg*) station milling
marási eljárás (*forg*) milling process
marat etch, bite, stain, pickle, attack ; **lemezt** ~ (*nyomda*) attack the plate ; **savval** ~ cauterize ; **újra** ~ re-etch; **villamos úton** ~ electro-etch
maratás etching, mordanting ; *vö még* **marat** ; (*tex*) discharge, discharging ; **galvanikus** ~ cautery ; ~ **gyapjún** (*tex*) discharges on wool ; ~ **pamuton** (*tex*) discharges on cotton ; **precíz** ~ (*nyomda*) close etching ; **villamos** ~ electrocautery
maratási : ~ **ábra** (*anyagv*) etch figure/pattern ; ~ **próba** etching test
marató *fn* etcher ; ~ **csiszolás** etch--polish ; ~ **színezés** (*tex*) discharge dyeing ; **villamos** ~ electric etcher
maratóanyag etching medium/agent, stain
maratóoldat etching solution
maratószer etchant, mordant
maratott etched, stained ; ~ **karc** etching ; **mélyen** ~ **kép** deep-etch image
maratótű (*villamos*) electric etcher
marcelin (*ásv*) marceline
mareogram (*hidr, met*) marigram
márga (*földt*) marl, chalky clay ; **agyagos** ~ clay marl
margarin margarine
margarinsav margaric acid
margarit (*ásv*) margerite, pearl mica
margarodit (*ásv*) margarodite
márgás marly, marlaceous ; ~ **pala** slaty marl
márgaszerű marlaceous
márgáz marl
marginális [*sugár*] marginal ; ~ **jelfogó** (*távk*) marginal relay
margó (*nyomda*) margin(als), edge
marhaboxbőr chrome-side leather
marhabőr : **krómos** ~ chromed neat's leather ; **vörös cserzésű** ~ (*cipőfelsőrészhez*) bark-tanned side leather

marhaepe-kivonat oxbile extract
marhafaggyú beef tallow/fat
marhafaggyú-olaj tallow oleine
marhafelvonó *fn* beef dropper
marhalánc cattle chain
marhapataolaj neatsfoot oil
marhaszállító : ~ **jármű** *(gépk)* cattle truck, cattle transport vehicle ; ~ **kocsi** *(vasút)* stock car
marhaszőr cattle(-)hair
marhaterelő korlát *(vasúti átjárón)* stock guard
marialit *(ásv)* marialite
mariníroz *(élip)* marinate, pickle
marinírozott *[hal]* pickled, marinated
márka mark, stamp
markáns domborzat *(földt)* marked relief
márkáz mark, stamp
márkázás marking, branding, rating ; *(betűkkel)* lettering
markazit *(ásv)* marcasite, white (iron) pyrite
márkázóhelyiség marking shop
markerkapu *(távk)* marker gate
márkiz *(ép)* sun blind, canopy
markol catch, grasp, grip
markolás grab, grasp, clench, grip
markolat grip, carrying handle, staff, haft ; *[puskáé]* grip, grasp
markolatrúd tiller
markoló *fn* grab, gripper, clamshell, crampo(o)n(s), dredger ; ~ **berendezés** clamshell attachment ; ~**t nyitó kötél** holding rope ; **önműködő** ~ automatic grab ; **pofás** ~ clamp cheek gripper ; ~ **rakodó** grader elevator ; ~ **szájnyílása** width of grab jaws ; ~ **szerkezet** gripper, catch
markolódaru bucket crane
markolófogó carrying tongs
markológép bagger, dredger
markolókanál scoop clamshell, bucket
markolókotró clamshell excavator
markolópajzs *(bány)* clamshell scoop
markolópofa grab jaw, grip cheek
markolós : ~ **kotró** grab-dredger ; ~ **rakodóhíd** travel(l)ing transporter with grab ; ~ **szállító** *fn* grab transporter
markolószán *(forg, gépt)* gripper carriage
markolóveder clamshell bucket/scoop ; **kétkagylós** ~ clamshell bucket
markolóvilla grapple fork
Markov-folyamat *(távk)* Markoff process
Markov-lánc *(távk)* Markoff-chain
marmairolit *(ásv)* marmairolite
mármarosi gyémánt *(ásv, ékkő)* Marmarosch diamond ; *l még* **hegyi kristály**
marmatit *(ásv)* *l* **christophit**
marmolit *(ásv)* marmolite
maró *mn (forg)* cutting, milling ; *(vegy)* caustic, biting, pyrotic, corrosive, erodent ; *fn (forg)* mill(ing cutter) ; **alakos** ~ form (milling) cutter ; **betétkéses** ~ inserted-blade (milling) cutter ; **durva** *v* **ritka fogú** ~ coarse-teeth (milling) cutter ; **egyfogú** ~ *(ütőkés)* fly cutter ; **feltűzhető** ~ arbor-type (milling) cutter ; ~ **festék** *(bőr)* acid colo(u)r ; **fogazó** ~ gear cutter ; **gyorsacéllapkás** ~ high-speed steel tipped (milling) cutter ; ~ **hatás** *(vegy)* causticity ; ~ **hatású** *(festék ; bőr)* caustic, corrosive ; ~**hatású előhívó oldat** *(fényk)* corrosive developing solution ; **hátra esztergált** ~ *(forg)* form-relieved cutter ; **hengeres** ~ cylindrical cutter; **keményfémlapkás** ~ carbide-tipped (milling) cutter ; **keresztfogazású** ~ staggered-tooth (milling) cutter ; ~ **készülék** *(forg)* milling attachment/fixture/jig ; **kétfogú** ~ two-lip cutter ; **kúpos** ~ cone(d)/taper(ed) cutter ; **lefejtő** ~ generating cutter ; *(fogazó)* gear hob ; **lekerekítő** ~ corner-rounding cutter ; **mart fogazású** ~ non-form relieved (milling) cutter ; **(rönkdaraboló) láncos** ~ *(fa)* chain tooth saw
maródás *(földt)* erosion ; *l még* **korrózió**
maródásnyomok seizing marks
maróelőtolás *(forg)* milling cutter feed
maróelőtolási tartomány *(forg)* milling feed range
marófej *(forg)* cutter/milling head ; *(fa)* cutter block ; *(függőleges:)* facing head ; *(vízszintes:)* milling head ; **forgatható** ~ angular milling head
marófej-középpont spindle centre
marófejvezeték *(forg)* head slide-way
maró-fordulatszám *(forg)* milling speed
maró-fordulatszámtartomány *(forg)* milling-speed range
marófúró *(bány)* claw
marógép *(forg)* milling machine, miller ; *(fa)* shaper ; **asztali** ~ bench milling machine ; **egyetemes** ~ universal milling machine ; **egyorsós** ~ single-spindle milling machine, simplex milling machine ; **fogazó** ~ gear generating milling machine ; **függőleges** ~ vertical milling machine ; **kétorsós** ~ double-spindle milling machine, duplex milling machine ; **konzolos** ~ knee-and-column/knee-type milling machine ; **kovácsdarabokat nagyoló** ~ forge milling machine; **lefejtő** ~ gear generating milling machine ; **merev** ~ bed-type/manufacturing milling machine ; **önműködő** ~ automatic milling machine ; ~ **szánja** cutter carriage/slide ; **szerszámkészítő másoló** ~ mould-and-die copying machine ; **vízszintes** ~ horizontal milling machine
marógyám *(forg)* knee
marógyámtartó *fn (forg)* knee bracket
marok palm ; *(len v kender ; tex)* strick ; ~ **len** *(mérték ; tex)* handful/handle of flax
marókáli caustic potash ; **lencsés** ~ caustic in flakes
marókáli-lencsézó gép caustic flaking machine
marókálioldat caustic potash solution ; **szeszes** ~ alcoholic potash
marokcsapágyas *(villamosvasúti)* **motorfelfüggesztés** nose suspension
marokénbőr morocco (leather)
marókésélesítő gép *(bőr)* cutter grinding machine
marókésfej *l* **marófej**
marokgyűjtő toldalék *(fűkaszálóhoz)* buncher attachment
marokkörző *(fa)* outside caliper ; **központkereső** ~ hermaphrodite caliper
maroknyi kender *(tex)* shot ; *l még* **marok**
marokrakó aratógép reaper
marólánc *(forg)* cutting chain, chain cutter
marólápisz *(vegy)* corrosive stick
marólúg caustic lye/alkali, alkali lye
marólúg-keverő *fn* caustic treater
marólúgosítás causticization
marólúgömlesztő üst caustic pot
marómunkás *l* **marós**
maróműhely *(forg)* milling shop
marónátron caustic soda ; **darabos** ~ detached caustic soda ; **lencsés** ~ caustic in flakes
marónátron-lencsézó gép caustic flaking machine
marónátron-ömlesztési maradék caustic bottoms
marónyomás *(tex)* discharge printing
marónyomásos eljárás *(tex)* discharging method of printing
maróorsó *(forg)* (main)spindle
maróorsófej *(forg)* milling cutter head
marópác kipréselése *(pamutból festés előtt ; tex)* nipping
marós *fn (forg)* miller hand/operator
marószer caustic agent, corrodent
marószerszám *(forg)* milling tool
marószóda caustic soda ; **folyékony** ~ caustic liquor
marótengely *l* **marótüske**
marótest *(betétkésekkel ; forg)* cutter holder/block
marótüske (milling cutter)arbor
maróvédő *fn (forg)* milling cutter guard
marseillei szappan *(vegy)* (olive) castile soap
Marshall-féle *(ívelt kulisszás)* **gőzgépvezérlés** Marshall valve gear
marshit *(ásv)* marshite
Marsh-készülék *(vegy)* arsenic apparatus
Marsh-próba *(vegy)* Marsh's test
mart szél *(forg)* milled border
mártási : ~ **keverék** *(gumi)* dipping mix ; ~ **modell** *(gumi)* dipping form
Martell-keménység *(anyagv)* dynamic hardness
martinacél *(koh)* open-hearth steel, Siemens-Martin steel ; **bázikus** ~ *(koh)* basic open-hearth steel ; **savas** ~ *(koh)* acid open-hearth steel
Martin-eljárás *(koh)* pig-and-scrap process, open-hearth process
martinit *(ásv)* martinite
martin-kemence *(koh)* open-hearth furnace ; **bázikus (bélésű)** ~ basic open-hearth furnace ; ~ **felszálló gázcsatornája** gas uptake of open-hearth furnace ; ~ **leszálló gázcsatornája** gas port of open-hearth furnace ; **savanyú bélésű** ~ acid open-hearth furnace
martinüzem *(koh)* open-hearth plant
martit *(ásv)* martite
mártó : ~ **berendezés** dipping plant ; ~ **eljárás** *(festésre)* dip(ping) method/process ; ~ **lágyforrasztás** dip-soldering
mártóforma dipping form
mártófürdő dip
mártógép *(mártás általi bevonatkészítésre)* skin-making machine ; *[csokoládéiparban]* enrober
mártókád dipping bath
mártóminta dipping model
mártópróba dip/stripping test
mártott : ~ **áruk** *(gumi)* seamless articles ; ~ **sárgaréz** dip brass ; ~ **varratmentes (gumi)áru** dipped article

márvány (*ásv*) marble; **márvánnyal borított** marmorate; **tűzi ~** (*ásv*) *l* **lumachell**
márványbánya marble quarry
márvány-berakás (*ép*) encrustation
márványbevonó papír marble pasting paper
márványerezés (*ép*) stria
márványfaragás marble cutting
márványfehér (*festék*) marble-white
márványfejtő *fn* marble quarry
márványfelhős papír cloud paper
márványimitáció marezzo
márványkarton (*pa*) marble board
márványlap marble flag
márványmegmunkálás marble cutting
márványmész marble lime
márványmetszés (*nyomda*) marbling
márványmintázat (*gumi*) graining
márványos marbled; **~ metszés** (*nyomda*) marbled edges
márványoz marble
márványozás marble; (*ép*) marmoration
márványozott marbled, marmorate; (*nyomda*) flourished *is*; (*pa*) marbled; **~ papír** marbled/scratted paper
márványozottság (*nyomda*) mottling
márványpapír marble paper, Dutch marble
márványszappan marble(d) soap; (blue) mottled soap
márványszerű marbled; **~ barka** (*készbőrön*) marbled grain; **~en színezett** marmorate
márványtábla marble
márványtelep marble deposits
márványutánzat marezzo
márványüveg margbled glass
márványzuzalék marble chips
Marvin-féle úszós csapadékmérő Marvin float ga(u)ge
mascagnin (*ásv*) mascagnite, mascagnine
másfajta keltezésű (*földt*) heterogenetic
másfélfedelű repülőgép sesquiplane
másfél-téglás fal fourteen-inch wall
maskelynit (*ásv*) maskelynite
másodetalon secondary standard
másodfajú: ~ Euler-féle integrál (*mat*) Gamma function; **~ teljes elliptikus integrál** (*mat*) complete elliptic integral of the second kind
másod-felvevő *fn* [*magnetofon*] re-recorder
másodfokú (*vágat; bány*) cross; (*mat*) quadr(at)ic; **~ egyenlet** equation of the second degree, quadratic equation; **~ részarányosság** (*kristályé*) twofold symmetry; **~ rétegeződés** (*földt*) butt cleat; **~ tag** *v* **kifejezés** (*mat*) quadratik term
második: ~ alakjában létező (*földt*) deuteromorphic; **alulról a ~ fedélzet** (*hajó*) tonnage deck; **~ főirány** (*geod*) second set; **~ füstjárat** (*koh*) return fire tube; **~ hangolási pont** (*rád*) repeat point; **~ és harmadik számjegyválasztó** (*távk*) B(and) C digit selector; **~ harmonikus** (*hangt*) second harmonic; **~ hatvány** (*mat*) square, second power; **~ kihasználás** (*ötös-abc-ben; távk*) the secondary; **~ kijárat** (*bány*) second opening; **~ lakkréteg** (*lakkbőrkészítésnél*) brush coat; **~ levonat** (*nyomda*) revise(d) proof; **~ menetfúró** plug/second tap; **~ műszak** second shift; **~ műveletet végző gép** second-operation machine; **~ nyílás** (*bány*) second outlet; **~ rezgési mód** (*rád*) second-order mode; **~ telítés** (*cu*) second carbonation; **~ vakolatfelhordás** brown coat; **~ visszhang** (*hangt*) reecho
másodkapcsoló (*vill*) contactor
másodlagos secondary, tributary; (*bány*) cross *is*; **~ antiklinális** (*földt*) subsidiary anticline; **~ kihasználás** (*áramköröké*) secondary utilization (of circuits); **~ breccsa** dislocated/fault breccia; **~ breccsaövezet** (*földt*) shatter zone; **~ cellulózacetát** (*pa*) cellite; **~ depresszió** (*mat*) secondary low; **~ dúsulás** (*bány*) secondary enrichment; **~ emissziós viszonyszám** (*rád*) secondary-emission ratio; **~ expanzió** re-expansion, secondary expansion; **~ fagyás** refreezing; **~ galvánelem** (*vill*) secondary cell; **~ gőz** second steam; **~** (*kis*) **gyűrődések** (*földt*) underfolds; **~ hátszög** (*forg*) secondary clearance; **~ hátszögmérő** (*maróhoz*) cutter clearance ga(u)ge; **~ lelőhelyek** (*földt*) replacement deposits; **~ lerakódás** (*ásv*) secondary affection; **~ levegőadagolás** secondary aeration; **~ megvilágítás** second light; **~ röntgensugár** fluorescent X-ray; **~ sajtolású olaj** choice oil; **~ sugárzás** secondary radiation, reradiation; **~ sugárzás okozta hatás** reradiation effect; **~ szelektor** (*telef*) BC-digit selector; **~ szín** (*két alapszínből kevert szín*) secondary colo(u)r; **~ tartóelem** (*ép*) secondary truss; **~ települési talaj** transported soil; **~ vállap** (*bány*) butt cleat
másodmérték secondary standard
másodnyírás (*tex*) second cuts
másodnyiratú merinógyapjú (*tex*) fribs wool; fall wool (*US*)
másodosztályú second-class, secondary; (*pa*) second retree; **~ faanyag** seconds, 2nds
másodöntésű: ~ alumínium secondary alumin(i)um; **~ fém** secondary metal
másodpercenként per second, p. s.
másodpercenkénti: ~ átfolyás *v* **átömlés** flow rate per second; **~ felvillanások száma** flashes per second, F. P. S.; **~ fordulatszám** revolutions per second; rps, r. p. s.; **~ mérés** second-by--second measurement; **~ periódusszám** (*vill*) cycles per second, c. p. s., *c/s*; **~ rezgésszám** cycles per second, c. p. s., *c/s*
másodpercinga (*óra*) seconds pendulum
másodpercjelzés second mark
másodperckerék (*óra*) fourth wheel; **~ tengelyére ékelt kis fogaskerék** (*óra*) fourth pinion
másodpercmérő *fn* time check
másodpercmutató (*óra*) trotting second, seconds hand (of a watch); **középső ~** sweep second-hand
másodpikkelfürdő (*bőr*) falling solution
másodpilóta (*rep*) second pilot
másodpilótaülés (*rep*) second-pilot seat
másodrangú second-grade; **~ út** secondary road; **~ (vasút)vonal** secondary line; **~ vetők** (*földt*) branch faults
másodrendű secondary, second-class; (*mat*) second-order; (*pa*) second-choice, retree, imperfect; (*bundaoldal- és vállrészről származó gyapjú*; *tex*) prime; **~ átvitel** (*rád*) low--grade service, secondary average; **~ delta** (*földt*) subsidiary delta; **~ differenciálegyenlet** (*mat*) differential equation of the second order; **~ elem** (*akkumulátor*) secondary cell; **~ érc** (*bány*) seconds; **~ ferde rácsrúd** (*ép*) subdiagonal; **~ gát** (*hidr*) second dike; **~ gleccser** glacieret; **~ hossztartó** (*ép*) intermediate/subsidiary longitudinal girder; **~ ív** (*ép*) minor arch; **~ légjárat** (*bány*) secondary split; **~ magma** (*földt*) submagma; **~ minőség** second grade/quality; **~ nyomaték** (*mech*) moment of inertia; **~ reakció** second-order reaction; **~ oszlop** (*ép*) prick post; **~ szén** (*bány*) seconds; **~ talpfa** (*vasút*) substitute tie; **~ tartó** (*ép*) subsidiary girder; **~ tengely** (*mat*) secondary axis; **~ vízválasztó** subdivider; **~ vulkáni kürtő** (*földt*) subordinate vent
másodrezonancia (*rád*) secondary resonance
másodszínkép secondary spectrum
másodszori: ~ leszerelés refile; **~ próbavétel** resampling
másodtermék afterproduct
másol copy, reproduce, duplicate; (*rajzot*) trace; (*képet v nyomatot*) image; **rajzvászonra ~** counterdraw
másolás copying, reproduction, duplication; (*fényk*) printing; **háromszínű ~** (*fényk*) „carbro" printing
másolási: ~ eljárás (*film*) copying process; **~ időtáblázat** (*fényk*) copying index; **sötét ~ hatás** (*fényk*) black tone; **~ trükk** (*fényk*) printing trick; **~ veszteség** (*hangfelvételnél*) printer loss
másolat copy, duplicate, replica, reprint; (*fényk*) print; (*nyomda*) image; (*pa*) carbon (copy), paper-copy; (*hangfelvételről*) pressing; **fekete-fehér ~** (*fényk*) black-and-white print; **galván-úton készült ~** electro(type); **~ot készít** (*galván-eljárással*) electrotype; **~ot készít másolatról** rereproduce
másolatminőség (*fényk*) print quality
másolatminőségi görbe (*fényk*) print--quality curve
másolatvágás (*fényk*) crop
másolatvédő szer (*fényk*) defender
másoló *fn* copier, dupler, tracer, reproducer; *mn* copying; *vö még* **másol**; **~ berendezés** (*forg*) copying/duplicating attachment; **bikromátos ~ eljárás** (*fényk*) carbon printing; **~ bütyökmarógép** forming and profiling machine for cams; **~ eszterga** copying/duplicating/jig lathe; **~ fogás** tracer pass; **~ folyadék** posting fluid; **~ készülék** (*forg*) duplicating/copying attachment, tracer; **~ köszörű(gép)** profile/contour grinder, contour/profile grinding machine; **~ köszörülés** contour/profile grinding; **~ marás** (*forg*) contour/template milling; **~ marógép** copying/duplicating milling machine; (*nagy felületekhez*) router; (*vésnöki*) engraving machine; **~ összeglyukasztó gép** duplicating summary card-punching machine; **~ selyempapír** copy(ing) tissue(-)paper; **~ szán** (*forg*) copying/tracing/profiling slide; **~ távíró** *fn* copying tele-

graph ; ~ **vonalzó** template, master form/ruler
másolódoboz *(film)* contact printer
másológép duplicator, hectograph, multigrapher ; *(forg)* duplicating/reproducing machine
másológörgő *(tex)* pattern-wheel roller
másolóhenger *(fényk)* print-roller
másolóidom *(forg)* template, duplicating templet
másolóidomtartó asztal *(forg)* tracing table
másolókeret *(fényk)* printing frame
másolópapír tracing/copy(ing) paper, carbon paper, contact/transfer paper ; *(fényk)* printing paper ; ~ **tekercsben** copying paper in reels
másolószerkezet *(forg)* duplicating/reproducing mechanism
másolóvezető *(forg)* master cam
masonit *(ásv)* masonite
masonit-eljárás *(pa)* masonite process
mássalhangzó-érthetőség *(hangt, távk)* consonant articulation
Massey-papír Massey paper
massicot *l* **ólomglét**
mászás climb ; *(magnetronnál)* seasoning
maszatolódás *(nyomda)* picks
mászható kémény *(ép)* internally accessible flue
maszk *(film)* mat
maszkírozás *(ionoké)* masking
maszkol mask
mászóvas climbing iron, climbers, grappler(s), crampo(o)n(s) ; **erdei** ~ forest climber
massza mass, body, composition, stuff ; *(ker)* body ; **agyagos** ~ clay slip ; **öntött** ~ *(gipsz)* cast plaster ; **masszával töltött mezők** *(akkumulátorlemezben ; rád, táv)* pasted squares, pastilles
masszaellenállás *(vill)* composition-type resistor
masszaöntvény *(mintás)* cast plaster
masszív compact, massive
masszívum *(földt)* massif, block
masztborjúbőr *(hizottborjúbőr)* veal
masztik *(masztix ; bitumenragacs)* mastic
masztikál masticate, knead, break
masztikálás breakdown
masztikált kaucsuk broken rubber
masztikátor masticator, mixer, kneader
masztix *(vegy)* mastic
masztix-dióolaj mastic tree nut oil
masztixgyanta mastic gum
masztixkence mastic varnish
matematika mathematics
matematikai : ~ **jelek** mathematical signs ; ~ **kézikönyv** mathematical handbook ; ~ **táblázatok** mathematical tables
matematikus mathematician
materializáció *(at)* materialization
matildit *(ásv)* matildite, schapbachite
matlasszé-szövet *(tex)* matelassé
matlockit *(ásv)* matlockite
matrachuzat-anyag bed-tick
matrica *(lehúzó kép)* transfer picture, decalcomania (picture), matrix; *(alak)* die ; *(nyomda)* jig, bed die, mat(rix) ; metachromotype ; *(pa)* matrix, dry mat
matricabála *(pa)* bale of flongs
matricalemez *(pa)* matrix board, flong
matricanyomó sajtó matrix striking press
matricapapír matrix/flong paper,(stereo-) flong, roller matrix
matricapapírlemez stencil board
matricatömb swage block
matring *(tex)* hank, bundle, skein
matringírezés *(tex)* skein/hank sizing
matring-kiszerelésű fonal *(tex)* skein yarn
matringlefőző (gép) *(tex)* hank scouring machine
matringmérleg *(tex)* skein balance
matringolás *(tex)* skeining, skein winding
matringológép *(csévéről ; tex)* cop bobbin reel
matringos fonal *(tex)* yarn in hank
matringszárítás *(tex)* skein drying
matringszínező gép *(tex)* skein/hank dyeing machine
matrix *(mat)* matrix ; **lineáris szimmetrikus** ~ *(mat)* dyadic matrix ; ~ **reciprokját képezi** *(mat)* invert matrixes
matrix-elemek *(mat)* matrix elements
matt dull, lustreless, mat ; *(fényt)* blind ; *(simítatlan)* unglazed ; ~ **festék** anti-glare paint ; ~ **gyapjú** *(tex)* stringy wool ; ~ **papír** dull paper ; ~**á tesz** depolish ; ~ **üveg** blind/clouded/frosted glass
mattíroz delustre, mat
mattírozás *(tex)* delustring ; ~ **masszában** *(tex)* external delust(e)ring
mattírozóanyag delustrant, delustring agent
mattírozófürdő frosting mixture
mattozás flatting ; *l még* **mattírozás**
maturus folyó *(földt)* mature river
maucherit *(ásv)* maucherite, temiskamite
mauzeliit *(ásv)* mauzeliite
maximális maximum, peak ; *l még* **legnagyobb** ; ~ **anódfeszültség** peak (forward) anode voltage ; ~ **anód-visszfeszültség** peak back anode voltage ; ~ **áram** *(vill)* critical current *is* ; ~ **befogadó képesség** *(tetézve ; bány)* heap capacity ; ~ **emelkedési szög** *(kat)* maximum elevation ; *(rep)* maximum angle of climb ; ~ **forráspontú azeotróp keverék** *(vegy)* positive azeotrope ; ~ **frekvenciakülönbség** *(rád)* peak-frequency deviation ; ~ **gyártható szélesség** *(pa)* trim ; ~ **határfeszültség** *(mech)* limiting maximum stress ; ~ **játék** *v* **hézag** *(gépt)* maximum clearance ; ~ **jel módszere** *(rád)* maximum-signal method ; ~ **kimenő teljesítmény** *(rád)* peak power output ; ~ **nyomás** top/maximum pressure ; ~ **nyomaték** *(motoré)* breakdown torque ; ~ **terhelés határa** *(vill)* stalling point ; ~ **terhelhetőség** loading capacity ; ~ **valószínűség módszere** method of maximum likelihood ; ~ **vegyérték** maximum valence/valency, maxivalence ; ~ **visszfeszültség** *(vill)* maximum peak inverse voltage
maximum maximum, peak, summit
maximumhőmérő maximum thermometer
maxwell *(vill)* maxwell
Maxwell-egyenletek Maxwell's equations
Maxwell-féle : ~ **felcserélhetőségi tétel** *(mech)* Maxwell's principle of reciprocal displacements ; ~ **sebességmegoszlási törvény** Maxwell's distribution law for velocities ; ~ **törvény** Maxwell's law
Maxwell-híd *(vill)* Maxwell bridge
máz paint, varnish, coat pigment ; *(ker)* vitrifiable colo(u)r, glaze ; *(pa)* coating ; ~ **alatti festék** *(ker)* underglaze (colo(u)r) ; ~ **feletti festés** *(ker)* overglaze colo(u)r
mázalapanyag *(kőedényáruhoz)* putty
mazapilit *(ásv)* mazapilite
mázas agyagedény glazed earthenware/ stoneware
mázatlan unglazed
mázbeégető kemence glost oven
mázbevonat *(festett felület bevonására)* glazing colo(u)r ; **kétszeri** ~ *(ker)* double-glazing
mázégetés *(agyagiparban)* great fire
mázfestékek glaze colo(u)rs
mázkészítés sóval *(ker)* salting
mázol paint
mázolás paint, daub, finish ; *(pa)* coating ; ~ **alaprétege** *(ép)* priming paint
mázolási hiba *(kefefelvitel miatt ; pa)* skipped coating
mázolat coat of paint
mázoló *fn* painter ; ~ **alappapír** *(pa)* coating tasepaper ; ~ **kalander** *(pa)* coating calender
mázolóanyag coating material
mázolóecset paint brush
mázológép *(pa)* coater, coating/sizing/ varnishing machine
mázolókefe *(pa)* spreading brush
mázolópép *(pa)* coating mixture
mázolóprés *(pa)* coating press
mázolóüzem *(pa)* coating room
mázolt painted, lacquered ; *(pa)* coated; ~ **alappapír** *(pa)* coated base-paper ; ~ **dobozlemez** *(pa)* coated boxboard ; ~ **hajtogatott dobozkarton** *(pa)* coated folding boxboard ; ~ **karton** *(pa)* coated/coating/enameled (card)board; ~ **kipbőr** plastered kip, kips coated with a lime paste ; ~ **kromopapír** coated chromotype paper ; ~ **műnyomó karton** coated art cardboard ; ~ **nyerspapír** coated raw stock paper; ~ **offszetkarton** coated offset cardboard ; ~ **papír** coating/stained/enamelled/coated paper, track way
mázoltpapír-üzem *(pa)* coating plant
máztalanítás *(homályos felületképzés)* deglazing
mazúrium masurium
mazut refuse/black oil, masut, cutback, fuel-oil/naphtha residue, boiler oil
mázsa metric centner
mázsál weigh, balance
mázsálás weighing
mázsáló *(személy)* weigher
mazsoláz *(bány)* gut
M-dúc *(rep)* M-strut
meander *(ép)* meander ; *(folyóé)* winding bend
meanderdíszű párkány crenel(l)ated moulding
meanderkanyar nyaka *(hidr)* meander belt
mechanika mechanics ; *(hangszer belső berendezése)* action ; **alkalmazott** ~ applied mechanics ; **analitikai** ~ analytical mechanics ; **égi** ~ celestial

mechanics; **elméleti ~** theoretical mechanics; **műszaki ~** engineering mechanics; **szerkezeti ~** structural mechanics
mechanikai mechanical, power; *l még* **gépi**; **~ állítóközpontok** *(vasút)* mechanical interlocking machine; **~ átnéző gép** *(tex)* power perch; **~ biztosító berendezési rendszer** *(vasút)* interlocking gear system; **~ csillapítás** mechanical damping; **~ egyenérték** mechanical equivalent; **~ előkészítés** mechanical preparation; **~ fék** power/mechanical brake; **~ feszültség** stress; **~ hatásfok** mechanical efficiency; **~ kezelés** mechanical treatment; **~ megmunkálás** machining; **~ szűrő** *(távk)* mechanical filter; **~ tapintó** *(tex)* mechanical feeler motion; **~ tengely** mechanical axis; **~ tengelykapcsoló** mechanical clutch; **~ tisztítás** *v* **dúsítás** mechanical cleaning; **~ vasútbiztosító berendezés** mechanical interlocking machine; **~ vegyi hegesztés** chemico-mechanical welding
mechanikus *fn* mechanic, artisan; *mn* mechanic(al); *l még* **mechanikai**; **~ fék** *(gépk)* mechanical brake; **~ hangfelvevő** phonautograph, mechanical recorder; **~ hátrametsző készülék** *(geod)* stationary pointer; **~ képpontletapogatású távolbalátó rendszer** mechanical television system; **~ letapogató** *(telev)* mechanical scanner; **~ mosó berendezés** mechanical washer/scrubber; **~ nyomásmérő** mechanical pressure ga(u)ge; **~ (oldal)deszka-leválasztó** *(vasút)* unstacker; **~ osztályozó** *v* **fajtázó** *(bány)* mechanical shaker; **~ papírfelvezetés** mechanical lead-in; **~ raksúlyváltó** *(vasút)* mechanical de vice for braking the load; **~ rostély** mechanical grate; **~ vezérlés** mechanical control; **~ vezérlésű** *v* **működtetésű** mechanically controlled; **~ zörejgenerátor** *(rád)* confuser
mechanikus-villamos graviméter mechanical-electrical gravity meter
mechanizál mechanize
mechanizált mechanized; **~ sólya** marine railway
mechanizmus mechanism, motion; *l még* **szerkezet**; **bütykös ~** cam-operated gear/mechanism; **forgattyús ~** crank mechanism; **könyökemelős ~** toggle-lever mechanism; **kuliszszás ~** link mechanism/motion
meddő *mn (bány)* rocky, barren, dead; *fn (bány)* impurity, bone, (rock) refuse, rubbish, matrix; *(vill)* reactive, idle; **~ áram** *(vill)* reactive/wattless/idle current; **érces ~** *(bány)* boose; **~ feszültség** *(vill)* reactive/wattless/idle voltage; **ércbe keveredett ~** *(bány)* chats; **~ fúrás** *(olajra v gázra)* duster; **~ben hajtott vágat** *(bány)* stone drift; **kiszérelt ~** *(bány)* cleaning reject; **~ kiválogatása** *(bány)* barring; **~ munkahely** *(bány)* hard heading; **~ összetevő** *(vill)* wattless component; **~ből rakott falazat** *(bány)* packwall; **~ takaróréteg** *(bány)* burden; **~ telér** dead lode; **~ teljesítmény** *(vill)* reactive/wattless power; **~ vállapja** *(bány)* rock cleavage; **~ben végzett munka** *(bány) l* **meddőmunka**; **~ visszadobása külszín helyreállítására** *(bány)* overburden recasting
meddőanyag *(bány)* dead/inert material
meddőbányász mullocker
meddőbeágyazás *(bány)* (stone) band, swell, middleman, rock intercalation; **~ kiréselése** *(bány)* middleman disposal
meddőbuktató *(bány)* refuse tipple
meddőcsille *(bány)* rock wagon
meddőcsúszda *(bány)* rock/slate chute
meddőelfolyás *(bány)* tailings
meddőeltakarítás *(bány)* refuse disposal, ridding, handling of impurities
meddőérc *(bány)* refuse ore
meddőfal *(bány)* road pack
meddőfogyasztásmérő *(vill)* var-hour-meter
meddőfúró *(bány)* rock anger
meddőgurító *(bány)* rock chute
meddőhányó waste rock pile, refuse pit heap, hillock, hump yard, refuse dump
meddőhányó-kötél *(bány)* dumping cableway
meddőhányó-kúp *(bány)* burrow
meddőidő *(vasút)* idle time; *(órában)* idle hours
meddőjárat *(forg)* non-cutting stroke
meddőkihordás nélküli feltárás *(bány)* course stacking
meddőkihordó szalag *(bány)* picking conveyer
meddő-kiválogató *(bány)* slate picker
meddőkőzet *l* **meddő**
meddőkőzetes medence *(bány)* waste-filled basin
meddőkőzettömb *(bány)* jamb
meddőkőzetzárvány *(bány)* horse
meddőmunka *(bány)* rockwork, stonework, rock excavation
meddőpillérek *(bány)* rock pillars
meddőrakodás *(bány)* muck loading
meddőrakodó gép *(bány)* dirt loader, mucking machine; *(aknában)* shaft mucker; *(markolós)* clamshell mucker
meddőréteg *(bány)* dirt bed; **ércréteg feletti ~** *(bány)* burden
meddőrobbantás *(bány)* rock blasting
meddősáv *(bány)* midwall
meddősávos berakás *v* **tömedékelés** *(bány)* midwall construction
meddőség *(bány)* barrenness
meddőszalag *(bány)* refuse conveyor
meddőszállítás *(bány)* refuse/rock handling, casting
meddőszállító: ~ szalag *(láncos; bány)* chain table; **~ vágat** *(bány)* gullet
meddőszekrény *(bány)* hardwood pack
meddősziget *(bány)* vacant place
meddőtartány *(bány)* refuse bin
meddőtelér *(bány)* poor lode
meddőteljesítménymérő *(vill)* varmeter, reactive volt-ampere meter
meddőtömedékelés *(bány)* rock fill
meddőtörecs *(bány)* spoil
meddőtörmelék *(bány)* deads, goaf
meddővágat *(bány)* rock heading/tunnel
meddőválogató munkás *(bány)* wailer
medence basin, bed; *(tó)* pond, pool; *(edény)* vat; *(lefolyóval)* hopper; *(ép)* lobe; *(földt)* basing, recess, indentation; *(koh)* hearth; **~ mélysége** *(koh)* depth of the hearth; **sarkantyú határolta ~** *(hajó)* basin of jetty; **szinklinális ~** *(földt)* basin fold; **tektonikus ~** centroclinal dip fold
medenceáztatás *(lené; tex)* water/channel ret(ting)
medencebélés *(koh)* hearth lining
medencecsap sill cock
medencefenék *(nagyolvasztón)* hearth bottom
medenceszint *(koh)* hearth level
medencetisztító szerszám *(koh)* hearth-cleaning scraper
medencevértezet *(nagyolvasztón)* hearth casing
meder *(hidr)* bed, channel, runway; **~ emésztő képessége** *(hidr)* conveying capacity; **kilépés a ~ből** inundation; **kiszáradt ~** blind creek
mederbevágódás *(hidr)* scour
mederelzárás *(gátépítésnél)* river-closure operation
mederérdességi tényező *(hidr)* bed/channel roughness value
mederfenéken: ~ fekvő hajóvontató kötél immerged rope; **~ levő** subfluvial
mederhajlás *(földt)* trough bend
mederhíd river bridge
mederhosszmerevítő *(hajó)* chine bar
mederkanyar *(földt)* trough bend
mederkimosás *(hidr)* excavation
mederkotrást végez *(hidr)* scrape
mederpillér *(ép)* river pier
mederrétegeződés underlying beds
mederrövidülési folyamat *(földt, hidr)* short-cut process
medersor-hosszmerevítő *(hajó)* bilge stringer
medersor-lemezelés *(hajó)* bilge plating
mederszurdok *(földt)* coulee, coulée
mederszűkítő sarkantyú *(hidr)* contracting dike
medertisztogató munkás *(hidr)* river cleaner
medián *(mat)* median
medinál *(vegy)* barbital sodium
medió *(balsodratú (S) pamutfonal) (tex)* medio twist
medió-láncfonal *(tex)* mule warp/twist
mediterrán kőzetek *(földt)* Mediterranean (rock) tribe
medve *(kalapácson)* tup, ram; *(megdermedt fémtömb)* pig, caked mass, (furnace) sow, bear
medvebőr bearskin
medvefék *(alak)* ram brake
medvefókakölyök-bőr greypup skin
medvelöket *(alak)* ram stroke
megabazit *(ásv)* megabasite
megaciklus *(vill)* megacycle, mc.
megadott érték *(mat)* datum, fixed/given value
megadyn megadyne
megafon *l* **hangszóró**
megafon-erősítő *(rád)* public-adress amplifier
megahertz megacycle per second
megakadályoz inhibit
megakadás *(vetélőé; tex)* trapping (of the shuttle)
megakadt vetélő *(szádban; tex)* trapped shuttle
megakaszt *(kereket:)* skid; *(leeresztést fékez; emelőn)* snub
megakasztó *fn (gépt)* hitcher; **~ kilincs** *(gépt)* pawl
megáll *(gépk)* make a stop; *(gépt)* become inoperative, come to a standstill; *[járművel]* stop, pull up

megállapít establish, detect, endow, determine, fix ; **vetődést ~** *(földt)* solve the fault

megállapított fixed, rated ; *vö még* **megállapít** ; **~ lőtávolság** record range

megállapodott *(állandósult)* stationary, established, nontransient, settled; **meg nem állapodott** transient, unsettled; *(fa)* unseasoned

megállás standstill, stop ; *(hirtelen)* chock ; **~ fordulattal** stop-turn ; **~t előíró jelzés** stop signal ; **~t jelző vonal** *(úttesten)* transverse „stop" line ; **~ nélküli** nonstop, th(o)rough ; **~ nélkül megy** *(gépk)* run non-stop ; **~ a végpontokon** *(alternáló mozgásnál)* terminal delay

megállási idő *(fékezéskor)* stopping time

megáll-helyzet *[távbeszélőkulcsé]* locking position

megállít stop, arrest, fix, bring to rest

megállítás stop(ping), stoppage, arrest, knockoff

megállító *fn* arrester ; **~ berendezés** *(gépt)* stop motion ; **~ gomb** stop key/button ; **~ köröm** claw stop ; **~ kioldóelem** *(gépt)* stop link ; **~ pofa** *(gépt)* stop limiter ; **~ szerkezet** stopping mechanism ; **~ tuskó** *(vasút)* stop-block

megállj-jelzés stop signal ; **~ váltókarja** stop lever

megállóhely *(autóbuszé)* stop(ping place) ; *(vasút)* stop, flag station

megállóhelyjelző tábla stop sign

megalszik *l* **megalvad**

megalvad curdle, coagulate, quail

megalvadás agglutination, gelation ; *vö még* **megalvad** ; *(gumi)* coalescence, agglomeration

megalvaszt *[tejet]* set

megalvasztás *(tejé)* setting ; *l még* **megalvadás**

megaparszek *(csill)* megaparsec

megaszeizmus megaseism

megaszkóp *(fényt)* megascope

megatron *(rád)* light(house) tube/valve

megatron-trióda *(rád)* lighthouse triode

megavarméter *(vill)* megavarmeter

megavolt *(vill)* megavolt

megawatt *(vill)* megawatt

megawattóra *(vill)* megawatt-hour

megbénítás de(s)activation

megbízhatatlanság *(a vett jel helyességének bizonytalansága ; távk)* equivocation

megbízható és valószínű *[bányabecslés]* known and probable

megbízhatóság *(gépt)* dependability, reliability

megbízhatósági : ~ együttható reliability/confidence factor/coefficient ; **~ ellenőrző repülés** confidence manoeuvres ; **~ határok** confidence intervals ; **~ övezet** confidence belt

megbokrosodik *(gépk)* buck

megbolygat disturb

megbont *(áramkört)* break/cut(off) ; *(emulziót)* break ; *(bány)* strip

megbontott *(bány)* broken ; **~ áthajlás** *(bány)* broken flexure ; **~ szén** loose coal

megcsapol bleed, tap, run off ; **fákat ~** hack trees ; **kemencét ~** tap the furnace

megcsapolás *(lepárlótornyon)* side-draw; *(vill)* tapping

megcsapolási pont *(hidr)* bleeding point; *(vill)* tap point

megcsapolásos turbina extraction turbine

megcsapoló vezeték bleeder

megcsapolt tekercs *(vill)* tapped coil

megcsillan flash

megcsiszol *[üvegdugót]* grind

megcsonkít truncate, dismember, mutilate

megcsonkítás *vö* **megcsonkít**

megcsuszamlás slippage

megcsuszamlik slide, slip

megcsúszás slip(page), sliding ; **~ forgásirányban** forward slipping ; **~ra hajlamos terület** slipping area ; **~ okozta** *(féloldali)* **igénybevétel** *(gépk)* skid stress

megcsúszási feszültség *(mech)* slip tension/stress

megdagad swell, bloat

megdagadás swelling, inflation, bloating

megdagadt blown, bellied, swollen

megdarál bruise

megdermed set solid, freeze, settle, congeal

megdermedés (cong)elation, solidification, set

megdermeszt *l* **megdermed**

megdermesztés *l* **megdermedés**

megdolgoz dress ; *(fa)* cultivate ; **bőrt bakon ~** work over the beam

megdolgozatlan felületű *[kő]* rock-faced

megdolgozható workable

megdől *(hajó, kémény)* rake

megdőlés *(süppedés folytán)* list ; *(rakomány szél alatti oldalra csúszása folytán)* lee-lurch

megduzzad bloat, swell

megduzzasztott blown, swollen

megédesít sweeten

megégés burn ; *(gumi ; koh)* scorch

megéget burn

megégett keverék *(gumi)* scorched rubber, burnt stock

megelőző : ~ karbantartás protective/preventive maintenance ; **~ rezgések** *(földt)* preliminaries

megemel elevate, lift ; *(ép)* pitch ; *(aládúcolással ; bány)* stilt ; **oldalt ~** tip up

megemelkedett part elevated shore

megemelt : ~ buktatósín elevated discharging track ; **~ hátsó fedélzetű gőzös** quarterdeck steamer

megenged *(kötést)* ease off, loosen

megengedett permissible, allowable ; **~ feszültség** *(mech)* permissible stress ; **~ frekvencia-eltérés** *(rád)* frequency tolerance ; **~ határ** *(anyagv)* permissible limit ; **~ hiba** permissible error ; **~ igénybevétel** *(mech)* permissible stress/load ; **~nél kevésbé igénybevett** understressed ; **~ kopás** permissible wear ; **~ kopási tűrés** wearing depth ; **~ legnagyobb áram** *[termokeresztnél]* maximum safe current ; **~ legnagyobb dugattyúhőfok** *(gépk)* maximum permissible piston temperature ; **~ legnagyobb feszültség** *(vill)* maximum safe voltage ; **~ legnagyobb összsúly** *(közúton ; törvényes előírás)* allowable maximum legal gross weight ; **~ legnagyobb repülősúly** maximum all-up weight ; **~ legnagyobb sebesség** *(gépk)* permissible speed limit ; *(rep)* terminal speed ; **~ legnagyobb terhelés** maximum permissible loading ; **~ lökésszerű** *v* **ütőterhelés** impact allowance load ; **~ meddőtartalom** *(bány)* impurity limitations ; **~ melegedés** *(vill)* thermal rating ; **~ méreteltérés** permissible variation in size ; **~ nedvességtartalom** amount of moisture allowed, normal amount of moisture ; **~ terhelés** permissible/stipulated load ; **~ többletterhelés** *(hajó)* load allowance

megengedhetetlen inadmissible ; *[zavarás ; rád]* prohibitive

megengedhetetlenség inadmissibility

megengedhető permissible, allowable, acceptable ; *l még* **megengedett** ; **még ~ berepülési pálya** *(rep)* worst flight path ; **~ terhelés** load/rating capacity

megereszkedés loosening, relaxation ; *(mázolásé)* floating

megereszkedett szeleprugó lame valve-spring

megereszt *(koh)* temper, draw, *(kötelet)* slack away ; *(vitorlát szél kifogására)* flow

megeresztés *(koh)* drawing, temper(ing); *(lágyítás)* annealing ; **alacsony(hőfokú) ~** low-temperature tempering, tempering at low temperature ; **magas(hőfokú) ~** high-temperature tempering, tempering at low temperature

megeresztési : ~ elridegedés *(koh)* temper brittleness ; **~ hőfok** tempering/drawing temperature ; **~ ridegség** *(koh)* temper embrittlement/brittleness ; **~ szín** *(koh) l* **futtatási szín**

megeresztett *(koh)* drawn, tempered ; **kékre ~** *(koh)* blued, blue-tempered ; **magasan ~** *(acél)* high-temper ; **vésőkeménységre ~** *(acél)* chisel-tempered

megeresztő kemence *(koh)* drawing furnace

megerg *(vill)* megerg

megerősít strengthen, anchor, brace, tackle, fix, make fast, fasten, consolidate, secure, reinforce, key ; *(ép)* underpin, string *is* ; **kapoccsal ~** clamp up ; **lánccal ~** chaim ; **oldalról ~** flank ; **szeggel ~** peg

megerősítés *(bizonyítás, igazolás)* verification, approval, approbation ; *(erősít) vö* **megerősít** ; *(kötött árun; kh)* reinforcing ; **bilincses ~** *(vill)* clip support ; **fix ~** *(bány)* anchor ; **kitámasztó ~** backing ; **~ módja** manner of fastening ; **rudas ~** bar reinforcement

megerősített reinforced, armed ; **~ ácsolat** *(bány)* intensive supports ; **~ abroncs** *(gépk)* super balloon tyre ; **~ atlaszkötés** *(tex)* campbell twill ; **~ bakácsolat** *(bány)* square-set reinforcement ; **~ kötszövött áru** *(kh)* reinforced hosiery ; **~ lécajtó** *(fa)* battendoor ; **~ oszlop** *(ép)* reinforced pier ; **~ ripsz(kötés)** *(tex)* stitched rib ; **~ sávoly(kötés)** *(tex)* twill whip-cord ; **~ szegély** strengthened edge ; **~ szerkezeti kivitelű** *(vill)* ruggedized ; **~ szigetelés** *(vill)* reinforced insulation

megerősödés consolidation, reinforcement

megerősödött : újra ~ *(folyó ; hidr)* revived

megfagyott congealed, solidified, glazed, frozen ; **~ ónoseső-bevonat** glazed frost

megfarag *(fa)* trim, fettle ; **durván ~** rough out
megfaragott *[fa]* axed, hewn
megfarolás *(gépk)* swerve
megfejt *(mat)* solve ; *(távk)* decipher
megfejtés *(mat)* solution
megfeketít burn, blacken
megfékezés *l* **fékezés, megállítás**
megfelelés *(vmilyen célra)* aptitude, suitability, suitableness
megfelelő *(alkalmas)* fit, suitable, serviceable, appropriate, adequate ; *(analóg)* analogous, corresponding ; *(mat)* correspondent ; *(mat, vegy)* homologous ; **~ jelleg** *(mat, vegy)* homology ; **követelményeknek ~** adequate ; **mintának ~** conforming to sample ; **nem ~** inappropriate, inadequate, misfit
megfelelőség adequacy ; *(analógia)* homology
megfen *(kövön)* hone ; *(szíjon)* strop
megfeneklett *(hajó)* run aground, stranded
megfeneklik *(hajó)* strand, run aground
megfest stain
megfestődés *(szövethiba)* bleeding
megfeszít tighten, span ; *l még* **meghúz; laza szíjat ~** take up the slack ; **túlságosan ~** overstrain
megfeszülő fék *(gépk)* loading brake
megfeszült fényes szál *(szövetben)* shiner
megfiatalodás : domborzat ~a *(földt)* rejuvenation
megfiatalodott folyó *(hidr)* rejuvenated river
megfigyel observe
megfigyelés observation, supervision
megfigyelési zóna *(rep)* flight information region, F. I. R.
megfigyelhető perceptible
megfigyelő *fn* observer ; *(rep)* navigator; **~ állomás** *(met)* observatory, recording station ; *(tűzoltó)* watch station, control station ; **~ asztal** *(telef)* monitor desk ; **~ ház** *(met)* shelter ; **~ házikó** *v* **állomás** *(met)* exposure ; **~ hely** *(vasút)* station ; **~ léggömb** *(rep)* observation balloon ; **~nyílás** check gate ; **~ pont** lookout ; **~ sárkány** *(rep)* man-carrying kite ; **~ telep** monitor unit ; **~ tükör** *(gépk)* mirrorscope ; **~ ülés** *(rep)* observer's cockpit
megfilmesít picturize
megfog catch, bite, grip, grasp, handle, hitch, take ; *(csapdával)* entrap ; *(hengerekkel)* nip ; **horoggal ~** hook; **munkadarabot ~** clamp the work
megfogás grip, grasp, hold(ing), clamp(ing) ; *(hengerelt darabé)* biting
megfojt *(selyemgubót)* suffocate the chrysalis/pupa
megfojtás suffocation
megfoltosodik *[papír]* fox
megfolyik *(alak)* flow, yield
megfolyósodik fluidize, liquefy
megfordít invert, turn about/over, reverse
megfordítás reversal ; *(mat)* inversion
megfordíthatatlan irreversible, nonreversible ; **~ reakció** *(vegy)* irreversible reaction
megfordíthatatlanság irreversibility
megfordítható reversible ; **~ átalakító** *(hang)* reciprocal transducer ; **~ folyamat** reversible process ; **~ forgásirányú szellőző** reversible fan ; **~ galvánelem** reversible cell ; **~ körfolyamat** reversible cycle ; **meg nem fordítható** irreversible, nonreversible, nonreturn ; **~ reakció** reversible reaction ; **~ szellőztetés** *(bány)* reversal ventilation ; **~ tokmánypofa** reversible chuck jaw
megfordíthatósági : akusztikai ~ elv acoustical reciprocity theorem
megfordított : ~ mozgás reverse motion, r. m. ; **~ negatív** *(fényk)* reverse negative ; **~ szellőző** *(bány)* inverted fan
megfordulás *(élip)* turn ; **bor ~át okozó mikróbák** turn bacteria
megforraszt *l* **forraszt**
megfosztás *(ol)* stripping
megfosztott : külső elektronjaitól ~ atom stripped atom
megfúr drill
megfutás *[motoré]* runaway
megfutási sebesség *v* **fordulatszám** runaway sped
megfúvott felület *(rep)* swept/wind area
megfüstöl *(élip)* bloat, smoke
megfüstölődött smoky
megger *(vill)* insulation tester
meggörbít bend, stoop, crank
meggörbül *(fa)* twist
meggörbülés *(fa)* warpage
meggyalul plane (off) ; *(fafelületet)* dress
meggyorsít accelerate, intensify
meghágott gát *(hidr)* overtopped dam
meghagyott pillér *(bány)* stub
meghajlít camber, bend, ply, curve, incurvate
meghajlítás stoop ; *vö még* **meghajlít** ; **~ Z-alakban** joggling
meghajlott bent ; *(fa)* prone
meghajt *(gépt)* *l* **hajt**
megháromszoroz *(mat)* treble, triple
meghatároz *(kijelöl)* specify, state, define, indicate ; *(megállapít)* determine, detect ; **előre ~** predetermine ; **helyet méréssel ~** *(geod)* locate by measuring ; **munkamenetet ~** route ; **teljesítményt ~** *(gépk)* rate
meghatározás *(definíció)* definition, term, designation, determination ; *(előírás)* specification ; *(mérés)* measurement, detection ; **~ érzékenysége** *(szink)* sensitivity of detection ; **~ határa** *(szink)* threshold of detection
meghatározhatatlan undeterminable ; *(mat)* indeterminable, indefinable
meghatározható definable
meghatározó *fn* detector
meghatározott distinct, determinate, absolute ; **~ célú zöldterület** *(városépítés)* green area with fixed special destination ; **~ finomságú selyemfonal** sized silk yarns ; **~ irány** *(hajó)* laid course
meghibásodás failure, breakdown, drop-out
meghibásodik *(gépt)* fail, break down
meghívásos telefonbeszélgetés personal call
meghívó kártya *(pa)* invitation card
meghonosít acclimatize ; *(közhasználat céljára)* generalize
meghosszabbítás *[áramköré]* extension *[of circuit]*
meghosszabbított : ~ antenna extended aerial ; **~ dugattyúrúd** piston-rod with tail rod ; **~ gém** *(kotróé, darué)* high-lift boom ; **~ hajtótengely** extension drive shaft ; **~ kameratengely** *(fotogrammetriában)* produced camera axis ; **~ T-antenna** extended T-shaped aerial ; **~ tolattyúrúd** extended slide-valve rod
meghosszabbodás elongation
meghúz draw (on), raise ; *(jelfogó)* operate ; **csavart ~** draw a screw home, tighten ; **féket ~** drag ; **gyengén ~** under-tighten ; **túlságosan ~** overstrain
meghúzás *(reléé)* pull(ing), operation
meghúzási : ~ idő *[jelfogóé]* operate time ; **~ késés** operation delay
meghúzató : ~ áram *[jelfogóhoz]* operating current ; **meg nem húzató áram** *(jelfogóban)* non-operating current
meghúzó áramkör operating circuit
meghúzós kézi fék pull-on hand brake
meghúzott : erősen ~ tight
megifjodás : erózió ~a *(földt)* rejuvenation of erosion
megigazít put right, mend, adjust
megigazítás *vö* **megigazít**
megindít throw/put in action, start up, initiate trigger, activate, play off ; **nagyolvasztót ~** *(koh)* blow in ; **sajtót ~** trip the press ; **újra ~** *[motort]* relight
megír *[rajzot]* letter a drawing
megirányoz : nyersen ~ *(geod)* point roughly
megirányzás *(bány)* guide line
megismételhetőség reproduceability
megismételt : ~ felvétel *(fényk)* retake ; **~ helymeghatározás** replotting
megismétlés *[adásé ; rád]* relaying
megismétlődés *(földt)* repetition
megjavít repair, mend, adjust, fettle, set right ; *[talajt]* reclaim
megjavítás *vö* **megjavít**
megjavíthatatlan unserviceable beyond repair
megjelöl mark off, define, score, trace, label, denuate ; **fát ~** *(kéreg lefejtése helyén)* blaze ; **hajóhelyzetet ~ (térképen)** prick the ship off ; **kereszttel ~** *(nyomda)* cross ; **szúrással ~** *(rajzlapon)* prick a point
megjelölés marking, designation, indication, note ; *(jegyzékben, „pipa")* tick
megkampózás hitch
megkékül blue
megkékülés *(fa)* timber becoming blue
megkeményedés hardening, solidification, consolidation, induration
megkeményedett congealed, solidified, set, hardened
megkeményedik steady, solidify, set, harden
megkeményít rigidify, indurate, solidify; **fagyasztás útján ~** bake
megken grease, lubricate, besmear ; *(ragasztószerrel)* dab over
megkérgesedett bőr brawn
megkerül elude ; *(hajó)* double ; **~i a sarkot** *(gépk)* round a corner
megkerülés by(-)pass
megkerülő *mn* circuitous ; *(vezeték)* by-pass ; **~ akna** *(bány)* by-pass pit ; **~ (áram)út** by(-)pass ; **~ csatorna** *(hidr)* by-pass channel ; **~ cső** by-pass pipe ; **~ csővezeték** by-pass flue ; **~ lefolyó** by-pass flue ; **~ szállítás** *(bány)* side tracking ; **~ vágány**

by(-)pass ; ~ **vágat** *(bány)* runaround; ~ **vezeték** by(-)pass (pipe)
megkésett robbanás *(bány)* hang-fire
megkettőz (re)duplicate, redouble, ingeminate
megkettőzés *(földt)* duplication
megkeverés shaking-down
megkezd : kotrási munkát ~ *(hidr)* break ground
megkopogtatás : a minta ~a *(kivétel előtt ; önt)* rapping of pattern in the mo(u)ld
megkovásodott fa *(földt)* silicified wood
megköt clamp, fasten, fix ; *(anyagot)* bind, catch ; *(cement)* set, consolidate ; *(ép)* string ; *(kötelet ; hajó)* seize ; **szállóport** ~ *(bány)* allay the dust ; **zsinórral** ~ tape
megkötés *vö* **megköt** ; *(korlát)* limitation ; ~ **pányvával** *(hajó)* guying
megkötő vegyszer fixing agent
megkötöz tie ; **szíjjal** ~ *[bocskort]* strap
megkövesedés *(földt)* lithification, petrification
megkövesedett *(földt)* lithoid(al), petrous ; ~ **fa** petrified wood
megkövesedik *l* **megkövül**
megkövül *(földt)* fossilate, petrify
megkövülés *(földt)* fossilization
megközelít approach, approximate
megközelítés approach(ing), access ; *(mat)* approximation ; *[erős- és gyengeáramú vezetékek között]* exposure, approachment ; **sorozatos** ~ *(mat)* successive approximation ; ~ **villamos lezárása** electric approach locking
megközelítési : ~ **módszer** cut-and-try method ; ~ **sáv** *(távk)* zone of approachment ; ~ **szakasz** *(távk)* section of approachment, approach section ; ~ **távolság** *(városépítés)* sphere of action of the public and basic services
megközelíthetetlen inapproachable
megközelíthető *(bány)* available
megközelítő *l* **közelítő**
megkülönböztetett : betűjelleggel ~ *(nyomda)* distinguished by character of the printing ; **kiállítás stílusa által** ~ *(nyomda)* distinguished by style of production ; **külalak szerint** ~ *(nyomda)* distinguished by external appearance
megkülönböztető *mn* distinguishing, distinctive, discriminating ; ~ **hang** *(távk)* discriminating tone ; ~ **jel(zés)** (distinctive/head) mark ; *(távk)* discriminating signal
meglágyulás emollescence
meglátás view
meglazít slacken off, slake, undo, unfasten, loosen, release ; *(rugónyomástól)* unclamp ; **szegecset** ~ start a rivet
meglazul slake, flag ; *vö még* **meglazít**
meglazulás *vö* **meglazít, meglazul**
meglazult szálak *(felvetésnél ; tex)* slack yarns
meglocsol water, sprinkle
megmaradó residual, permanent ; **igazítás után** ~ **hiba** residual error ; ~ **nedvességtartalom** *(met)* regain
megmarkol grasp, grip, clutch
megmér *(mérőszalaggal)* tape ; *(mérőónnal)* plumb
megmerevedés congelation, solidification, rigidification
megmerevedett földtani lerakódás stratified drift
megmerevedik *l* **megdermed**
megmérhető ponderable, measurable
megmozdíthatatlanná tesz *(ép)* immobilize
megmozgat *(rudakon függő bőröket)* rock
megmunkál process, treat, dress ; *(fát)* convert ; lumber *(US)* ; *(forg)* machine ; **felületet durván** ~ face roughly ; **forgácsolással** ~ machine ; **gépileg újból** ~ remachine ; **hidegen** ~ peen ; **követ nagyolva** ~ boast ; **marógéppel** ~ mill ; **üreget** ~ chamber; **véget** ~ end ; **vésővel** ~ chisel off
megmunkálandó tárgy piece, work, job
megmunkálás processing, treatment, working ; *(forg)* machining ; **forgácsoló** ~ machining, cutting, chip-removing process ; ~ **kézzel** handwork ; ~ **lángvágással** oxygen machining ; ~ **másoló-marógépen** form milling ; ~ **minősége** fineness ; **nehezen végezhető** ~ difficult-to-machine job; ~ **sablon szerint** jig work ; ~ **sebessége** work speed ; ~ **timártőkén** *(bőr)* beamwork ; **több munkadarab egyszerre való ~a** *(forg)* gang cutting ; ~ **tüskén** *(forg)* mandrel work ; **~ra vonatkozó részletek** working data
megmunkálási : ~ **mód** processing method ; ~ **nyom** toolmark ; ~ **ráhagyás** allowance ; **teljes** ~ **idő** *(gépidő és mellékidő összege)* floor-to-floor time
megmunkálatlan raw, rough, coarse, unmachined, untreated, undressed, crude
megmunkálható workable ; **jól** ~ *(forg, koh)* free-cutting ; **nehezen** ~ churlish ; **meg nem munkálható** unworkable
megmunkált worked, processed, wrought, manufactured, machined ; ~ **anyag** finished stock ; ~ **darab** *[kőzet, érc]* trimming specimen ; **durván** ~ rough-finished ; ~ **felület** processed surface ; ~ **felületű** surface-finished ; **kalapáccsal** ~ hammer-dressed ; ~ **öntvény** finished casting
megnedvesít moisten, poach, moisten, dew, wet
megnedvesített watered, wetted
megnégyszerez fourfold
megnemesítés refining
megnövelt : ~ **expanzió** *(gépk)* prolonged expansion ; ~ **feszültség** *(rád)* boosted/boosting voltage ; ~ **terhelés** increment load
megnyomó fecskendő squeeze
megnyugtat *(acélt)* kill, desoxidize
megnyugtatás *(acélé)* killing
megnyugtatott acél killed steel, non-rimming steel
megnyújt *(gumi)* stretch, lengthen, elongate
megnyújtott : ~ **huzal** *(heng)* strained wire ; ~ **szem** *(kh)* held stitch
megnyúlás *(mech)* tensile strain, elongation
megnyúlik lengthen, elongate, become stretched
megnyúlt *(kristály ; ásv)* elongated, prolate
megnyúz *(bőr)* skin
megohm *(vill)* megohm ; **ezer** ~ = **1 milliárd ohm** *(vill)* begohm
megohmmérő híd *(vill)* megohm bridge
megold release, clear ; *(kérdést)* extricate ; *(mat)* solve, work out ; *(csavart)* slack, loosen ; *(rögzítést)* unclamp, unfasten ; **egyenletet** *x*-**re** ~ *(mat)* solve an equation for *x* ; **háromszöget** ~ solve a triangle
megoldás *(művelet)* extrication, resolution, solving; *(eredmény)* issue, result, solution ; *(mat)* solution, answer
megoldatlan maradványok *(földt)* problematic remains
megoldhatatlan irresolvable
megoldható solvable
megoldó készülék *(vill)* (re)solver ; *(szögekhez)* angle resolver
megolvad fuse, smelt, melt ; *(jég)* run
megolvadás fusion ; *(koh, önt)* smelting
megolvadt anyag *(koh)* wild
megolvaszt *(önt)* fuse, melt ; **egy adagot** ~ *(kemencében ; koh)* run a melt
megolvaszthatatlan infusible
megolvasztott fused, molten
megoszlás distribution
megoszlási törvény *(mat)* distribution law
megoszlásos kromatográfia *(vegy)* partition chromatography
megoszt distribute, split ; *(tekercselést)* sectionalize, tap
megosztás distribution, partition, splitting ; **villamos** ~ *(influencia)* (electric) influence
megosztó *mn* partitive
megosztott : ~ **erősítés** *(rád)* distributed amplification ; ~ **expanziójú (gőzgép)** compound (engine) ; ~ **expanzió(jú rendszer)** compound expansion ; ~ **folyó** *(földt)* dismembered river ; ~ **(hullámosító) platina** *(tex)* dividing sinker ; ~ **modulálás** *(rád)* compound modulation ; ~ **terhelés** *(mech)* distributed load ; *(emelőn)* train load
megóvó nyomás *(tex)* resist/cover printing
megömlési : ~ **hőfok** fusion temperature; ~ **salak** slag of liquation
megömleszt *(önt)* melt ; *(vegy)* fuse
megömlesztés (s)melting, fusion
megömlesztési hőfok *(önt)* *l* **olvadáspont**
megömlesztett molten, fused
megömleszthető *(önt)* meltable
megömlesztő kemence *(koh)* melting furnace
megőröl grind, break down, mill
megpörgés *(gépkocsikeréké)* spinning of a wheel
megpörkölődött fire-fanged ; **lövéstől** ~ *(bány)* blasted
megrak load, handle ; *(teherrel)* burden, lade ; **ballasztal** *v* **fenéksúllyal** ~ *(hajó)* ballast
megrakás loading, handling ; *(emelőé)* packing
megrakott loaded, laden ; **teljesen** ~ fully laden
megrázott terület *(földt)* shaken area
megrekedés stagnation ; *(forg)* sticking
megrendelési szám order number
megrendelő lap order blank
megreped burst, crack ; *(fa)* chap
megrepedt varrat *(heg)* sprung seam
megrepeszt spring, crack, burst
megrogyás *(földt)* buckle

megrongál (en)damage, deface, trouble
megrongálódás scathe, failure, breakdown
megrongálódik get damaged, fail
megrozsdásodik rust, corrode, stain
megrozsdásodott rusted, stained
megrögzít *l* **rögzít**
megrövidít shorten ; **hajtószíjat** ~ take up the belt shorten the belt
megsavanyít acid(ul)ate
megsavanyítás *(savazás)* acid(ul)ation
megsavanyodó *(élip)* rank
megsavanyodott írezőanyag *(tex)* sour size
megsemmisülési : ~ **pont** *(retus-vegyhatási fok ; fényk)* obliteration point ; ~ **sugárzás** *(at)* annihilation radiation
megsérül get hurt/damaged
megsérülés mutilation, damage
megsérült szövetvég *(tex)* bribes
megsüketülés *[kristályé ; rád)* burn-out
megsüketült kristály(detektor) *(rád)* dead crystal
megsűrűsödik thicken, condense, concentrate, densify
megsűrűsödött clotty, caked
megszab *l* **meghatároz**
megszabott *l* **meghatározott**
megszakít interrupt, break/cut off ; *(összeköttetést ; gépt)* disengage, unclutch, throw out of gear ; *(pontozással :)* punctuate ; *(kapcsolást ; vill)* disconnect, switch/cut off, break; **áramkört** ~ *(vill)* break a circuit
megszakítás interruption, cutoff, break; *(távk)* cutting ; *(összeköttetésé ; távk)* interruption, cutoff ; *(vill)* break, disconnection, disjunction ; **kétsarkú** ~ *(vill)* double break ; ~**okkal működő** intermittent ; ~ **nélküli** uninterrupted, continuous ; ~ **nélküli átkapcsoló** *(távk)* transfer switch ; ~ **nélküli fasor** continuous row of trees ; ~ **nélküli járat** non-stop run ; ~ **nélküli játékidő** *(magnetofonnál)* total recording time
megszakítási : ~ **áram** break-induced current ; ~ **frekvencia** critical frequency ; ~ **ív** *(vill)* interruption/breakage arc ; ~ **szikra** *(vill)* break spark ; ~ **táv** *(vill)* break distance, length of break ; ~ **teljesítmény** *(vill)* interrupting capacity
megszakításos discontinuous, intermittent ; ~ **élettartamvizsgálat** intermittent life test ; ~ **fúvószél** *(koh)* intermittent air blast
megszakító *(vill)* circuit breaker, interrupter switch ; *(gépk)* contact breaker ; *l még* **kapcsoló** ; *[berendezés v szerkezet]* releasing ; ~ **alaplemez** *(gyújtáselosztóban ; gépk)* contact-breaker base-plate ; **bekapcsoló** ~ making/closing switch ; ~ **berendezés** *(vill)* switchgear ; ~ **billentyű** *(távk)* break-key ; ~ **bütyök** *(vill)* contact-breaker cam, breaker-point cam ; ~ **dugasz** *(vill)* breakdown plug ; **egysarkú** ~ single-pole switch; **elágazási** ~ branch switch ; ~ **érintkező** *(vill)* contact-breaker point, interrupter contact ; ~ **érintkezőket összenyomó erő** *(gépk ; vill)* contact-point pressure ; ~ **érintkezők távolsága** *(vill)* breaker gap ; **fokozatos** ~ *(vill)* resistance breaker ; **gázfejlesztős** ~ hard-gas switch/breaker ; **gyors működésű** ~ quick-break switch ; *(igen gyors)* ballistic breaker /switch ; ~ **hézag** *(vill)* contact-breaker gap ; ~ **kalapács** *(vill)* contact breaker (lever) arm, bumper ; ~ **kalapács forgócsapja** *(vill)* contact-breaker arm pivot ; ~ **kalapács rugója** *(vill)* contact-breaker arm control spring ; ~ **kapcsoló** *(vill)* *l* **megszakító** ; ~ **kapcsolóhüvely** *(vill)* break jack ; **karos hajtású** ~ lever switch ; **késes** ~ knife switch ; **késleltetett kioldású** ~ time-limit switch/breaker ; **keresztfúvásos** ~ cross-jet switch/breaker ; ~ **kioldója** *(vill)* trip/release gear ; ~ **kioldó tekercse** *(vill)* tripping coil of circuit-breaker, breaker trip-coil ; **kis olajterű** ~ oil-minimum breaker/switch ; **könyökemelős** ~ elbow-operated switch ; **légnyomásos** ~ air-blast switch/breaker ; **lomha működésű** ~ slow-speed interrupter ; **nagy olajterű** ~ bulk-oil(-volume) switch/breaker ; **nyomólevegős** ~ air-pressure switch ; **olajszegény** ~ oil-minimum breaker/switch ; **önműködő** ~ *(aut)* automatic circuit-breaker ; **önműködő visszakapcsoló** ~ auto-reclose breaker/switch ; ~ **relé** interruption relay ; ~ **rugó** *(vill)* cutout control spring, break spring ; **sínáthidaló** ~ bus-tie switch ; **szabadonfutós kézihajtású** ~ free-handle switch/breaker ; **száraz** *(légszigetelésű)* ~ *(vill)* air-break switch ; **szénkefés** ~ *(vill)* carbon break switch ; ~ **tárcsa** *(vill)* chopper/interrupter disc ; **távvezérlésű** ~ remote-controlled switch ; ~ **tekercs** *(vill)* cutout solenoid ; ~ **teljesítmény** *(vill)* interrupting capacity ; **többszörös visszakapcsoló** ~ multiple-reclosing breaker/switch ; **vészkioldó** ~ emergency/breakdown switch ; **zárt** ~ box/enclosed switch
megszakítóhézag-állító kulcs *(gépk)* distributor adjustment spanner
megszakítószekrény *(vill)* junction/disconnecting box
megszakított intermittent, interrupted ; *[áram]* interrupted ; ~ **áramkör** open circuit ; ~ **edzés** *(koh)* interrupted quenching ; ~ **hézagok** *(ép)* breaking joints ; ~ **vetület** *(térképen)* interrupted projection
megszalad : a gép ~ the engine races, the engine runs away
megszaladás *(gépé)* overspeed, racing, runaway
megszaladási sebesség *(gépt)* runaway speed
megszedett talp *(bány)* taken bottom
megszemlélés survey, examination, inspection
megszerkeszt *(gépet)* design ; *(görbét)* plot
megszerkesztés composition
megszilárdulás *(dermedés)* solidification, set, congelation ; *(szilárdulás)* hardening
megszilárduló : könnyen ~ readily cementing
megszilárdult : láva solidified lava ; ~ **oldat** solidified solution ; ~ **üledék** consolidated sediment
megszólalási : ~ **áram** *[jelfogóhoz]* tripping/operating/pickup current ; ~ **feszültség** tripping/operating/pickup voltage
megszólaltat *(kürtöt ; gépk)* sound the horn
megszólaltatás *(hangt)* intonation
megszorít grip, clutch, clamp, make fast, fasten, tighten
megszoroz vmivel multiple by
megszorul sieze, get stuck ; **pajzs** ~ *(csőgyűrűben kanyarodáskor)* get iron-bound
megszorulás *(dugattyúé ; gépk)* seizure
megszorult fúrórudazat *(ol)* stuck drill pipe
megszökés : *(sűrített levegőé)* escape
megszűnés *(vill)* die away/out
megszűnik : működése ~ become inoperative
megszüntet eliminate, take up, extinguish, suppress
megszüntetés elimination, suppression, extinction
megtámad attack, affect, infast, invade ; **szénpillért alulról** *v* **oldalról** ~ *(bány)* bear in
megtámaszt stay, tackle, support brace
megtámasztás *(ép)* support, abutment ; *l még* **támasz, oszlop** ; *(önt)* back-up ; **A-alakú feszítőműves** ~ *(ép)* A-frame
megtámasztó állvány *(ép)* lagging jack
megtámasztott supported, stayed ; **hátoldalán** ~ backed
megtart : pontos alakját ~**ja** keep true to shape
megtartás conservation ; **pontos** ~ *(méreté)* strict adherence
megterhel load, charge, burden, lade
megterhelés load(ing), burden ; *(műveIet)* application of load
megterhelhetőség loadability
megterhelt loaded, laden ; ~ **állapot** load-up condition
megtervez lay out, design
megtervezés *vö* **megtervez**
megtett út hossza travel(l)ed distance
megtisztít clear away, trim ; *(élip)* dress ; **habtól** ~ despumate ; **kazánt kazánkőtől** ~ descale/clean a boiler ; **szennyeződéstől** ~ decontaminate
megtisztítás clearance ; **homályos üveg** ~**a** *(műszeren stb)* de-fogging
megtízszerez decuple
megtold *(ép)* graft ; *(gépt)* extend
megtorlódás : jég ~**a** *(hidr)* packing, piling up
megtorlódik *[jég]* pile up
megtölt fill, charge, replenish ; *(telít)* saturate ; *(léghajó- v léggömbburkot ; rep)* inflate (the envelope) ; **kast** ~ *(bány)* cage ; **teljesen** ~ brim ; **üzemanyaggal** ~ fuel up
megtöltés charge, filling, replenishment ; *(szivattyúé)* priming
megtöltött replete ; ~ **térfogat** *(desztillációs toronyban)* packed space ; ~ **torony** *(vegy)* packed reaction tower
megtör *(hullám)* bruise ; *(ellenállás)* break down ; *(mozsárban)* pulverate, pestle ; *(fénysugarat)* refract, diffract ; *(emulziót)* break
megtörik *(fény)* break, refract
megtörő *l* **törő**
megtört broken ; ~ **alapvonal** *(ép)* broken base ; ~ **fény(sugár)** refracted light (beam) ; ~ **hullám** *(fényt)* refracted wave ; ~ **lejtő** *(földt)* broken chute ; ~ **tető** *(ép)* curb roof

megtűz stitch
megugrás *[vésőé]* springing away
megújulóképes recuperative
megütés : **víztartó szint ~e** *(bány)* tapping an underground reservoir
megüvegesedett salak *(önt)* vitrified float
megüvegesedő vitrescent
megvágatlan reszelő blank file
megváltozás : **folyó ágyának ~a** *(földt)* rejuvenation of river
megváltozott : **hőhatásra ~ szövetszerkezeti övezet** *(anyagv)* temperature-affected zone
megvasal shoe, arm ; *[vasbetont]* reinforce
megvasalt iron-bound ; **~ tartó** *(ép)* reinforced beam
megvastagodás : **gyűrűs ~** *(tengelyé)* collar swell
megvetemedés *(fa)* warpage, spring, casting
megvetemedett *(fa)* out of square, warped
megvetemedik warp, spring
megvilágít (en)light(en), irradiate, clean up, clarify, illuminate ; *(fényk)* expose ; **ütemesen ~** *(távk)* strobe
megvilágítás illumination ; *(fényk)* exposure to light, exposition ; **egyenkénti ~** *(film)* single work ; **~ fényszóróval** floodlighting ; **~ foka** *(fényk)* optical exposure ; **hátsó ~** *(fényk)* backlighting ; **~ intenzitása** *(vill)* illumination intensity ; **~ mértéke** *(fényk)* rate of exposure ; **szórt sugarú ~** diffused illumination
megvilágítás-erősség intensity of illumination
megvilágítási : **~ egyensúly** light-balance; **~ idő** *(fényk)* exposure time ; **~ időmérce** exposure timer ; **~ jelleggörbe** light characteristic ; **~ kísérlet** exposure test ; **~ táblázat** exposure guide ; **~ terjedelem** exposure latitude
megvilágításmérő illumination meter, luxmeter ; *(fényk)* expometer, exposure-meter
megvilágítatlan *(fényk)* unexposed
megvilágított *(fényk)* exposed ; **~ pont** *(fényk)* luminous point ; **~ skála** illuminated scale
megvilágítottság illumination intensity
megvizsgál examine, try, survey, inspect; *(jelenséget, problémát)* investigate
megvizsgálás *vö* **megvizsgál**
megvizsgáló *fn* examiner
megvizsgált tested
megvonalaz rule
megzavar upset, disturb ; *(földt)* dislocate
megzavart fejlődés *(földt)* inexact parallelism
megzsíroz *(gépk)* pack with grease
megyei műút county road
méhkaskemence beehive oven
méhsejt-hűtő *(gépk)* multitubular/cellular/core radiator ; *(gépk, rep)* honeycomb (element) radiator
méhsejtmintájú selyemszövet *(hímzés alapszövete)* mail cloth
méhsejttekercs *(rád)* cage/honeycomb coil, stagger-wound coil
méhviasz bee's()wax ; **fehér ~** bleached beewax
Meidinger-elem *(vill)* Meidinger cell
mejonit *(ásv)* meionite
MEK *(metiletilketon)* methyl ethyl ketone
mel *(hangmagasság egysége)* mel
melafir *(földt)* melaphyr(e)
melakonit *(ásv)* *l* **tenorit**
melánfény *(ásv)* *l* **stefanit**
melanit *(ásv)* melanite
melanocerit *(ásv)* melanocerite
melanoflogit *(ásv)* melanophlogite
melanokrát *(földt)* melanocratic
melanokroit *(ásv)* *l* **fönicit**
melanotallit *(ásv)* melanothallite
melanotekit *(ásv)* melanotekite
melanterit *(ásv)* melanterite, green/iron vitriol
melanzs fonalfestés *(tex)* random dyeing
melasz molasses, blackstrap ; **~ cukortalanítása** recovery of molasses
melaszhártya molasses film
melaszképző molassigenic
melaszszivattyú molasses pump
melaszszörp sirup of molasses
meleg hot, warm, thermal, thermo- ; **~ bánya** hot mine ; **~ extrahálás vákuumban** *(vegy)* (method of) vacuum hot extraction ; **~ fehérítés** *(pa)* warm bleach ; **~ fejezés** *(szegecsé)* hot heading/setting ; **~en felhúzott** *(abroncs v gyűrű)* shrunk-on ; **~ források** hot springs ; **~en fűrészelő gép** hot metal-sawing machine ; **~-hajlítási próba** hot bending test ; **~ hengerlés** *l* **meleghengerlés** ; **~ horganyozás** hot galvanization ; **~en képlékeny** thermoplastic ; **~en mázolt papír** cast-coated paper ; **~ megmunkálás** hot metalworking ; **~ módszer** *(útburkolásnál)* heater method ; **~ nemesítés** *(pa)* hot refining ; „**~**" **oldal** *(rád, távk, vill)* „live" side ; **~ ónozás** hot tinning ; **~ polimerizálással előállított műgumi** heat-polymerization rubber ; **~ préselés** hot moulding ; **~ ragasztó tömlőfolt** *(gumi)* hot patch ; **~en reped** *(heg)* redsear ; **~ repedés** hot tear, heat crack ; **~en rideg vas** hot-short/brittle iron ; **~ sajtolt olaj** hot pressed oil ; **~ szakítópróba** hot tensile test ; **~ szikra** *(gépk)* hot spark ; **~ színezés** *(anyagv)* hot tinting ; **~ sztratoszféra** *(met)* second stratosphere ; **~en tartó** *l* **hőntartó** ; **~en törik** *(heg)* redsear ; **~ úton előállított szappan** full-boiled soap ; **~en való megmunkálás** *l* **alakítás** ; **~ vízű medence** *(földt)* hot pool ; **~ vulkanizálás** heat/hot cure ; **~ zóna** *v* **tér** hot zone
melegcsákány-rendszer *(bány)* bank-to-bank method/system
melegedés calefaction, fervescence ; *(alkatrészeké)* warming up, heating ; **szél okozta ~** *(met)* advective warming
melegenfutás heat run
melegenkovácsolás hot forging
melegen-tartás *(koh)* soaking
melegforrás thermal spring ; **~ok** thermae
meleghengerlés hot rolling
meleghengersor hot-rolling mill
melegít calefy, toast, warm/heat up
melegítés heating, warming, calefaction ; **~ sebessége** rate of heating ; **~ világítógázzal** luminous gas heating
melegítő *mn* calefacient, heating, warming, calorific ; *fn* heater, warmer ; **cukorgyári ~** calorizator ; **~ füstgázjárat** heating flue ; **~ henger** *(gumi)* warmer ; **~ hengerszék** *(gumi)* warming mill
melegítőakna heating pit
melegítőbúra cuveuse
melegítőcsésze *(izzófejes motoron)* warming cup
melegítőedény chafer
melegítőkígyó heating coil
melegítőlap *(gumi)* platen
melegítőpárna : **villamos ~** electrically-heated pad
meleglevegős szárító(kamra) *(tex)* hot-flue drying chamber
melegpont a szívócsőn *(gépk)* hot spot
melegsajtolás hot pressing
melegsodronyhúzó gép *(heng)* hot wire-forming machine
melegszik warm, heat (up)
melegszilárd acél heat-resisting/resistant steel
melegtörékeny hot-short
melegtörékenység hot-shortness
melegtörés *(koh)* hot crack/tear
melegvíz gravitációs körforgása hot-water gravity circulation
melegvíz-áztatás *(tex)* tank retting
melegvizes eljárás *(pigmentnyomásnál)* wash-off relief process
melegvízfűtés hot-water heating
melegvízfűtési : **esőáramú ~ rendszer** downfeed system
melegvíztároló storage water-heater
melilit *(ásv)* mel(l)ilite
melinit *(ásv)* melinite
melinofán *(ásv)* melinophane
melisz-rajzpapír melis drawing-paper
melisszilalkohol melissyl alcohol
melisszinsav melissic acid
mellbeszélő *(távk)* operator's set
mellbőség bust measurement
mellék- accessory, ancillary, auxiliary, additional, supplementary
mellékág offset
mellékállomás secondary station; *(távk)* extension ; *(iránysávadónál ; rep)* slave station ; **~ok multiplikációs mezője** extension multiple section
mellékállomás-előfizető extension subscriber
mellékállomási : **~ kapcsolótábla** *v* **-asztal** extension board ; **légvezetékes ~ vonal** *(távk)* aerial extension
mellékáram *(vill)* side current, bias
mellékáramgerjesztő *fn (vill)* bias generator
mellékáramkör shunt/side/branch circuit, by-pass ; **~ ellenállása** branch resistance ; **~t létesít** *(söntöl)* shunt ; **~ nélküli** unshunted
mellékáramköri : **~ ellenállás** shunt resistance ; **~ szabályozó** shunt regulator
mellékáramkörű : **~ dinamó** shunt dynamo ; **~ egyenáramú gép jelleggörbéje** shunt characteristic ; **~ egyenáramú motor** direct-current shunt-wound electric motor ; **~ fék** shunt brake ; **~ gerjesztőmező** shunt field ; **~ motor** shunt motor, shunt-wound (electric) motor ; **~ szabályozó** parallel regulator ; **~ tekercs** bypass coil ; **~ tekercs(elés)** shunt winding, shunt(-wound) coil
mellékáram-szelep *(ol)* bypass valve
mellékáramú olajszűrő *(gépk)* by-pass oil filter, partial-flow oil filter

mellékasztal auxiliary table
mellékátló *(mat)* subdiagonal
mellékátvágás *(erdőben)* secondary ride
mellékcsatorna canal branch, bypass canal
mellékél *(forg)* secondary cutting edge ; ~ **elhelyezési szöge** *(forg)* ECEA = end cutting edge angle
mellékér *(bány)* dropper
mellékérczsinór rider
mellékes *l* **mellék-** ; ~ **hullámpálya** *(rád)* spurious course
mellékfeszke *(bány)* cross brace
mellékfeszültség *(anyagv)* subsidiary stress
mellékfolyamat side reaction
mellékfolyó *(földt)* affluent/influent river, tributary ; **főfolyó által befogott** ~ captured river
mellékhajtórúd *(gépk)* articulated rod
mellékhasználati termék *(fa)* secondary product
mellékhatás secondary effect, by-effect
mellékhold *(csill)* paraselena
mellékhurok *[hiszterézisgörbében]* re-entrant loop ; *[sugárzási diagramban]* minor lobe
mellékízt ad taint
mellékjelenség secondary phenomenon/ effect, by-effect
mellékkapcsolótábla *(vill)* subswitch-board
mellékkapu postern
mellékkötés *(vegy)* auxiliary bond
mellékkőzet country rock ; **agyagos** ~ clay band/course ; **ércbehintéses** ~ *(bány)* boose
mellékközpont *(távk)* minor/satellite exchange ; *(városépítés)* secondary centre
mellékkráter *(főlat)* subsidiary neck
mellékkvantumszám *(at)* subordinate quantum number
melléklépcső *(ép)* service stair
melléknap *(csill)* parhelion, mock sun
mellékóra : közös vezéróráról vezérelt ~ *(vill)* secondary clock
mellékoszlop *(ép)* subvertical
mellékpálya *(pa)* offcut, side-run
mellékpárlat *(ol)* side stream
mellékrácsrúd *(ép)* secondary member
mellékragasztó papír *(nyomda)* guard
mellékreakció side/secondary reaction
mellékrezgési módok *(magnetronban ; rád)* spurious modes
mellékszávoly *(tex)* twill alongside
mellékszekrény *(rávk)* by-box
mellékszelep jockey valve
mellékszigetelés *(vill)* minor insulation
mellékszög *(mat)* adjacent angle
mellékteiér *(földt)* vein accompaniment, secondary vein, associated/complementary dike
melléktengely *(gépt)* secondary/dummy shaft ; *(mértani)* secondary axis
melléktermék by-product, residual product
melléktermék-gázgenerátor by-product recovery gas producer
melléktermék-kemence by-product oven
melléktermék-kokszoló kemence by-product coke oven plant
mellékút secondary road ; *(kerülő)* byroad, bylane, bypass road ; ~**on vett képek** *(távk)* spurious images
mellékutca bystreet, lane
mellékútvonal subsidiary road
mellléküzem auxiliary shop
melléküzemág side line
mellék-üzemanyagáramlás-szabályozó fuel by-pass regulator
mellékvágány side track, shunt, approach ; **kisegítő** ~ refuge siding ; ~**ra tolat** shunt
mellékvágat *(bány)* by(-)pass
mellékvágóél *l* **mellékél**
mellékvegyérték secondary/subsidiary/ residual valence/valency
mellékvető *(földt)* lag fault
mellékvezeték *(vill)* branch wire ; *(városépítés)* branch wires/pipes
mellékvonal *(vasút)* feeder/branch line, by-line, secondary railway
mellékzár by(-)pass, shunt
mellékzár-kondenzátor *(vill)* shunt/by-pass capacitor
mellékzörej *(hangosfilmnél)* parasitic noise ; *(rád)* additional noise
mellékzsinór branch, dropper
mellényhátvarró munkás vest backer
mellényszövet *(mintás fésűsszövet)* waistcoating
mellényzseb-vevő *(rád)* vest-pocket receiver
mellérendelt coordinated, coadjunct, sister
mellérendeltségi tagozódás lateral integration
mellészórás *(magnetofonnál)* trailing effect
mellette : ~ fekvő adjoining, adjacent ; ~ **fekvő szög** *(mat)* contiguous angle
mellfa *(mintaiven)* brace
mellfurdancs breast brace/drill
mellfurdancs-tokmány brace jaw
mellfúró breast drill ; ~ **forgattyúja** drill crank ; **zárt házú** ~ *(forg)* "Xillo" pattern breast drill
mellgerenda *(ép)* breast/summer beam ; ~ **alagútácsolaton** *(ep)* byat(t)
mellgerenda-támasztódúc *(ép)* sill prop
mellhenger *(pa)* breast roll ; *(tex)* breast beam, front rest
mellit *(ásv)* mellite, honey-stone
mellkő *(olvasztóban, koh)* tymp
mellkővértezet *(nagyolvasztón)* tymp sheet iron
mell-lap *(mellfurdancson v hordozható villamosfúrón)* breast plate
mellmikrofon breastplate microphone
mellre csatolt ejtőernyő ventral parachute
mellrész *(ingé, ruháé :)* bosom
mellső front, forward ; ~ **fal** *(kazáné)* front end plate ; ~ **felépítmény** *(hajó)* forecastle, fo'c'sle ; ~ **fiókfal** *(tex)* box front, front of shuttle box ; ~ **fonalvezető** *(kötőgépen)* front guides ; ~ **fonalvezető rúd** front-bar ; ~ **főtartó** *(rep)* front spar ; ~ **görgőpálya** *(heng)* front feed roller ; ~ **kerék** *(vasút)* fore wheel ; ~ **kereszttartó** breast beam ; ~ **késtartó** *(forg)* front tool-post ; ~ **lábak** *(prémbőrnél)* forelegs ; ~ **lánchenger** *(tex)* front warp ; ~ **oszlop** *(szélvédő két szélén ; gépk)* front post *(UK)* ; front body pillar *(US)* ; ~ **öntöttvas fiókfal** *(tex)* iron box front ; ~ **szénvezeték** *(forg)* front slide-way ; ~ **tengely** *(gépt)* fore-axle ; ~ **vezetőrész** *(üregelőtüskén)* front pilot
mellsőtengelyhajtás *(gépk)* front wheel drive, f. w. d.
melltámasz *(furdancson)* palette
mellvéd balustrade, breastwork, fender wall, parapet, plank rail(ing) ; *(hajó)* bulwark ; *(kemencén ; koh)* breast wall ; **alacsony** ~ *(ép)* dwarf wall ; ~ **alatti fülke** shelter recess
mellvédbáb *(ep)* balustrade
mellvédfal breast/parapet wall
mellvédkorlát *(ép)* breast rail
mellvéd-kötélcsúsztató *(hajó)* bulwark chock
mellvédoszlop *(ép)* baluster
mellvédő deszka apron board
mellvéd-párkányzat *(ép)* sill course
mellvédtámasz *(hajó)* bulwark stay
mellvértezet *(vájatnál ; bány)* breast-board
melnikovit *(ásv)* melnikovite
melonit *(ásv)* melonite
melopsit *(ásv)* melopsite
mély deep, low ; ~ **ágyazású köpeny** *(gépk)* drop-center tire *(US)* ; ~ **cementálás** *(koh)* deep cementing ; ~ **dermedéspontú olaj** low-freezing/ pour oil ; ~**en fekvő nyüstös szövőszék** low-warp loom ; ~ **fészkű földrengés** deep-focus earthquake ; ~ **hang** low-pitched note ; ~ **intrúzió** *(földt)* buried-igneous intrusion ; ~ **korhadás** *(fa)* advanced decay ; ~- **és magasépítés** *(hidak, epületek, gátak stb tervezése és építése)* structural engineering ; ~- **és magasépítő mérnök** structural engineer ; ~ **maratás** deep etch(ing) ; ~ **repedéses ér** *(földt)* true fissure vein ; ~ **színezés** *(pa)* engrain ; ~ **tál** terrine ; ~ **ülés** *(gépk)* well seat
mélyásó *fn* dipper dredge(r)
mélybarázdáló fej lister bottom
mélyedés recess, hole, indentation, depression, dip, dent, cup ; *(ep)* astragal, socket ; *(földt)* recess ; **boltozatos** ~ arcuate recess ; **kis** ~ dimple ; **tégelyszerű** *v* **katlanos** ~ *(földt)* dish ; ~ **tengelye** *(földt)* trough axis
mélyedésképződés *(tűzálló téglában, salakmarástól, vegy)* pitting
mélyesztett vonal indented line
mélyföld lowland, flat, low (country)
mélyfúrás deep drilling, well drilling
mélyfúrási : ~ felvonó gép deep-well elevator ; ~ **hajlásmérő** teleclinometer ; ~ **szivattyú** sludger
mélyfúrásszelvényezés *(bány)* logging of well
mélyfúró *fn* deep/well borer ; ~ **akna mélyítése** sinking of well ; ~ **berendezés** drilling rig ; ~ **betét** centre-bit ; ~ **folyadék** drilling fluid ; **gyémántokkal berakott ~ korona** diamond impregnated bit
mélyhang *(rád)* low-pitch note
mélyhang-hangszóró *(rád)* woofer
mélyhanghelyesbítéses szekrényes hangszóró peridynamic loudspeaker
mélyhangkiegyenlítés *(rád)* bass compensation
mélyhangkiemelés *v* ~**szabályozás** *(rád)* bass control
mélyhangkiemelő kapcsolás *(rád)* bass-boosting circuit
mélyhang-magashang páros hangszóró *(rád)* woofer-tweeter
mélyhang-süketség low-tone deafness
mélyhangszabályozás *v* **-kiemelés** *(rád)* bass control
mélyhornyú golyóscsapágy deep-groove (radial) ball bearing
mélyhúz cup, deep-draw

mélyhúzás (deep-)drawing ; *(sekély)* cupping ; *(elvékonyítással)* ironing ; **első ~** first draw ; **hengeres ~** cylindrical (deep-)drawing ; **kúpos ~** tapered (deep-)drawing ; **második ~** redraw ; **méretcsökkentő ~** reducing (deep-)-drawing ; **tégla alakú ~** rectangular (deep-)drawing
mélyhúzási eljárás deep-drawing process
mélyhúzhatóság deep-drawing quality
mélyhúzó : ~ acél deep-draw(ing) steel ; **~ bélyeg** deep-drawing punch ; **Erichsen-féle ~ próba** *(anyagv)* Erichsen cupping test ; **Erichsen-féle ~ próbagép** *(anyagv)* Erichsen ductility test machine ; **~ matrica** deep-drawing (lower) die ; **~ próba ékszerszámmal** *(anyagv)* wedge-draw cupping test ; **~ráncfogó** blank holder ; **~ sajtó** deep-drawing press ; **mozgó asztalú ~ sajtó** bottom-slide drawing press ; **~ szerszám** *(alak)* deep-drawing die, cupping die ; **~ tüske** deep-drawing punch
mélyhúzóképességi vizsgálat cupping test
mélyhűtés *(fiz)* undercooling ; *(élip)* quick-freezing, low freezing ; **~re alkalmas** *(élip)* superfreezable
mélyhűtő : ~ berendezés low-temperature cooling p ant ; **~ hőkezelés** sub-zero treatment
mélyít deepen ; *(ol)* sink, deepen ; **aknát ~** *(bány)* sink a shaft ; **kutat ~** deepen a well ; **kotróval kikötőt ~** clean a harbour
mélyítés *l* **mélyedés**
mélyített sunk(en), dished ; **~ esztergaágy** gap bed ; **~ (habarcs)kihézagolás** *(ep)* recess pointing ; **~ négyzet** *[falkiképzésben]* recess square ; **~ rajzú** encaustic ; **~ rakfelületű kocsi** well wagon ; **~ szád** *(Jacquard-szövésnél)* lower shed ; **~ tárcsáskerék** *(gépt)* cupped wheel
mélyíthetőségi mérték *(anyagv)* cupping ductility (value)
mélyítő : ~ állványzat shaft-sinking head ; **~ fúró kalapács** *(bány)* sinker drill ; **~ kalapács** deepening hammer ; **~ szivattyú** *(bány)* sinking pump
mélyítőbödön *(bány)* sinking, bucket, hoppet
mélyítőfúró *l* **süllyesztő**
mélyjárat *(hajó)* draft, draught ; *(heng)* underfloor way
mélyjáratú deep-draught
mélykemence soaking pit, pit furnace ; **rekeszes ~** *(koh)* cell-type soaking pit
mélykotró gép deep dredger
mélylyukfúró deephole drill
mélynyomás *(nyomda)* photogravure, heliogravure, intaglio printing ; **rotációs ~** rotogravure
mélynyomó : ~ karton *(pa)* high-relief printing board, intaglio cardboard ; **~ papír** intaglio (printing) paper, copper printing paper, etching paper
mélypest *(koh)* *l* **mélykemence**
mélypestdaru ingot drawing crane
mélypiros deep-red
mélyplatós utánfutó *(gépk)* low platform trailer
mélyrepülés low flying ; *(kat)* ground strafing ; *(repülőtér felett)* scooping the field
mélység depth ; **~ érzékeltetése** *[festésnél]* model(l)ing ; **kis ~ben végzett munkálatok** *(bány)* shallow workings ; **~et mér** *(bány)* take soundings ; **part felé egyenletesen csökkenő ~** shoaling
mélységbeállító depth mechanism
mélységbeli *(földt)* abyssal ; **~ víz** juvenile water
mélységbomba anti-submarine bomb
mélységélesség depth of focus
mélységérzékelés : két szemmel "two-eyed" depth
mélységhatároló *(fafúrón)* bit stop/ga(u)ge ; **~ saru** *(mzg)* ga(u)ge foot/shoe ; **~ tárcsa** *(tárcsásborona-alkatrész)* Auburn type disc
mélységhatároló fűrész ga(u)ge saw
mélységi plutonic, intratelluric, abyssal, intrusive ; **~ betörési kőzet** subjacent intrusive rocks ; **~ forrás** *(földt)* deep-seated spring ; **~ idomszer** depth gauge ; **~ juvenilis feltörő víz** *(földt)* internal resurgent water ; **~ kitörés** *(vulkáné)* subjacent eruption ; **~ körzet** depth range ; **~ kőzetforma** plutonic plug ; **~ látás** *(fényt)* depth perception ; **~ oldaltagozás** echelon ; **~ szintvonalak** *(földt)* depth contours; **~ szórás** ranging, longitudinal dispersion ; **~ üledék** *(földt)* bathyal deposits ; **~ ütköző** *(fúrógépen)* depth stop
mélység-mágnesezés *(magnetofonnál)* perpendicular recording
mélységmérés depth finding ; *(hajó)* sounding
mélységmérő depth gauge ; *(mutatós)* depth indicator ; *(ón)* sounder ; *(visszhangos)* depth finder ; **~ idomszer** *v* **kaliber** depth ga(u)ge ; **~ készülék** sounding device ; **~ kötél** *(hajó)* lead line ; **~ ón** sounding plummet ; **~ óra** *(gépt)* dial depth ga(u)ge ; **~ rúd** *(hajó)* sounding rod ; **~ szalag** tape depth ga(u)ge ; **számlapos ~** depth manometer ; **villamos ~** electric depth-finder
mélységminta *(fényk)* depth pattern
mélyszántó eke deep plough
mélyszárnyú *l* **alsószárnyú**
mélyszíni bányaművelés mining by deep mine
mélyszint deep level
mélyszintbányászat deep level mining
mélyszintű ingovány low-level bog
mélyszivattyú deep-well pump, air lift
mélyteknős porgát *(bány)* V-through barrier
mélytengeri : ~ fáciesz *(földt)* pelagic facies ; **~ kábel** deep-sea cable ; **~ mélységek** ocean deeps
mélytenyészet *(vegy)* submerged culture
mélyút sunken road
mélyvágású felvétel *(hanglemezen)* hill-and-dale record(ing)
mélyvízi : ~ aknarakó szerkezet depth projector ; **~ bomba** depth bomb ; **~ üledék** *(földt)* deep sea deposits
membrán membrane, diaphragm, lamella ; **domború ~** dome-shaped diaphragm ; **zárt ~** closed diaphragm
membrán-csomófogó *(pa)* diaphragm screen
membrán-fedél *(távk)* diaphragm cap
membránfeszültség *(ép)* membrane stress
membránkúp *(rád)* cone
membrán-manométer diaphragm ga(u)ge
membrános : ~ fújtató *(vegy)* membrane bellows ; **~ gyorsító szivattyú** *(karburátoron)* spring-loaded diaphragm-type accelerating pump
membrán-potenciál *(vegy)* membrane potential
membránszivattyú pulsating pump
menaccanit *(ásv)* menakanite
mendipit *(ásv)* mendipite
mendozit *(ásv)* mendozite, sodium/soda alum
menedékes *l* **ferde, lejtős**
menedékfülke *(bány)* cove ; *(vasútvonal mentén v alagútban)* refuge bay
menedékvonalzó *(fa)* angle bevel
meneghinit *(ásv)* meneghinite
menekülőajtó *(bány)* relief door ; *(hajó, rep)* exit hatch
menekülőakna *(bány)* escape/emergency shaft
menekülővágat *(bány)* escape way, bleeder
menesztés entrainment, drive
menesztő *fn* *(gépt)* dog, drive clamp/dog/catch, work driver ; *(fa esztergálásához)* pinch dog ; **~ csap** *l* **menesztőcsap** ; **~ kapcsoló** dog coupling/clutch; **~ kapcsolóhüvely** *(forg)* quill driver ; **szorítós (kétrészes) ~** clamp dog
menesztőcsap *(gépt)* dog, driving tongue/bolt/pin
menesztőgyűrű carrying ring
menesztőhüvely *(gépt)* carrier ; **~ hornya** carrier slot
menesztőpecek *(gépt)* *l* **menesztőcsap**
menesztőrúd *(gépt)* carrier rod
menesztős síktárcsa dog face-plate
menesztőszív : hajlított szárú ~ bent-tail dog
menesztőtárcsa *(gépt)* driving/catch/carrier plate, work carrier
menet *(járás)* run, course, working, travel ; *(fordulat)* turn, wind, tour, cycle, round ; *(gépt)* *l* **csavarmenet** ; *[tekercsé ; vill]* turn ; **aktív ~** *(vill)* active wire ; **durva** *v* **nagy emelkedésű ~** coarse thread ; **egy ~** *(csavaron)* one full thread ; **egy felvetési ~** *(tex)* beer ; **fésűskéssel vágott ~** chased thread ; **hátrafelé ~** *(hajó)* cruising astern ; **~ek közötti kapacitás** *(vill)* turn-to-turn capacity ; **~ek közötti szigetelés** *(vill)* turn-to-turn insulation ; **szalagfelvetésnél egy ~** *(tex)* cheese; **~ek száma egy hüvelykben** *(tex)* layers per inch ; **tájolós ~** *(geod)* cruising with compass
menetállás *(vasút)* running notch
menetátmérő *[csavaron]* full/major/outside diameter
menetcsap *(fa)* closing screw
menetcsiszoló tüske third/bottoming tap
menetcsizma *(kat)* Wellington marching boot
menetcsökkentő tárcsa reducing pulley
menetdiagram *(vasút)* run curve
menetellenállás-diagram *(gépk)* resisting-force graph
menetelőcsizma marching boot
menetelzárás *(vasút)* automatic stop device
menetemelkedés *(gépt)* *(egybekezdésű csavaron)* pitch ; *(több-bekezdésű csavaron)* lead ; *(aránnyal megadva)* geometrical pitch ratio
menetemelkedési tűrés pitch/lead tolerance
menetemelkedésmérő idomszer pitch gauge

menetes *(gépt)* threaded; ~ **állítótömb** *(gépt)* slot-block stop; ~ **csap** threaded/screw bolt; ~ **dugó** screw plug; ~ **horgonycső** *[gőzkazánban]* stay tube; ~ **idomszer** *l* **menetidomszer**; ~ **merevítő** *v* **kitámasztó** screw stay; ~ **orsó** screw spindle; ~ **orsófurat** threaded spindle bore; ~ **persely** *(gépk)* screw-type bush; ~ **rögzítőcsap** screwed dowel ~ **rugócsapszeg** *(laprugón; gépk)* threaded spring shackle bolt; ~ **tüske** screw arbor; ~ **tüskeszár** threaded shank; ~ **ütköző** screw buffer; ~ **végű cölöp** *(ép)* screw pile; ~ **végű rúd** screwed rod

menetfésű *(forg)* thread chaser

menetfésű-köszörűgép chaser-grinding machine

menetfúrás tapping, female screw cutting

menetfúrási: ~ **fordulatszám** tapping speed; ~ **sebességtartomány** tapping speed range

menetfúró *fn* tap (drill); *fn (menetmetsző pofák készítésére)* die tap; **állítható** ~ adjustable tap; ~ **berendezés** tapping mechanism; **csavarthornyú** ~ spiral-flute(d) tap; **durva** *v* **nagyoló** ~ coarse pitch tap; **egyeneshornyú** ~ straight-flute(d) tap; **elővágó** ~ taper/first tap; **első** ~ taper/first tap; ~ **fordulatszáma** tapping speed; ~ **furdancshoz** bit-brace tap; ~ **gép** tapper; ~ **hajtóvasa** tap wrench; **harmadik** ~ third/bottoming tap; **háromhornyú** ~ three-flute(d) tap; **kazánjavító** ~ patch screw tap; ~ **készlet** serial taps; **készrevágó** ~ third/bottoming tap; ~ **készülék** tapping attachment/fixture; **kéthornyú** ~ two-flute(d) tap; ~ **kézifúróba** brace tap; **második** ~ second/plug tap; **menetmetsző** ~ die tap; **nagyoló** ~ taper/first tap; ~ **önkioldó hüvely** releasing tap hold; **önnyitó** ~ collapsing tap; ~ **támcsavar és horgonycsavar részére** staybolt tap; ~ **tartó** tap holder; **tisztító** ~ second/plug tap; ~ **toldata** tap extension; **utánvágó** ~ second/plug tap; ~ **vezetőperselye** tapping bushing

menetfúró-kihajtó tap remover

menetgörbe *(mech)* drift line

menethengerlés thread rolling

menethengerlő: ~ **henger** threading roll; ~ **szerszám** threading roll(er)

menethorony groove, slot

menetidomszer thread gauge; **dugós** ~ plug (screw) thread gauge; **élező** ~ tool thread gauge; **fésűs** ~ screw pitch gauge; **gyűrűs** ~ ring screw-thread ga(u)ge

menetidő running time

menetirány itinerary, course

meneirányheállítás course set

meneirányheállító nézőke *(hajó)* course sight

menetiránybemérő *fn* course setter

menetirányítás *(vasút)* dispatch, guiding

menetirányító *(vasút)* train dispatcher; ~ **áramkör** *(vasút)* conference circuit; ~ **iroda** *(vasút)* control room; ~ **központ** *(vasút)* control centre

menetirányjelző kar *(vasút)* track lever

menetirány-kallantyú *(vasút)* traffic lever

menetiránymeghatározó tájolás *(hajó)* course sight

menetirányszámító *(hajó, rep)* course calculator

menetirányú elkülönítés longitudinal separation

menetirányváltó: ~ **berendezés** *(vasút)* reversor; ~ **tengely** reversing shaft

menetirányzék *(vasút)* board spot

menetjegykarton *(pa)* railway tickets board

menetjegy-lyukasztó ticket punch

menetjegy-tekercskarton *(pa)* ticket board in reels for slot machines

menetjelzés route-indicating signal

menetkaliber *l* **menetidomszer**

menetkés *(forg)* threading tool; **fésűs** ~ chaser; **körfésűs** ~ circular chaser

menetkés-idomszer *(köszörüléshez)* thread-tool ga(u)ge

menetkész *(gépk)* ready for driving

menetkörkés *(forg)* circular thread chaser

menetköszörülés thread grinding

menetközben: ~ **lekapcsol** *(vasút)* slip a railway carriage; ~ **lekapcsolt** *v* **lekapcsolható vasúti kocsi** slip carriage; ~ **oldható vasúti kapcsoló** slip coupling

menetlevél *(gépk)* way-bill

menetlezárás *(vasút)* automatic stop device

menetmagasság *l* **menetemelkedés**

menetmángorlás *(alak)* thread rolling

menetmángorló pofa thread-rolling die

menetmaró *fn* thread-milling cutter; ~ **készülék** thread-milling attachment

menetmarógép thread-milling machine

menetmélység *(csavaron:)* (full) depth of thread

menetmetszés screw cutting

menetmetsző *mn* screw-cutting; **hasított** ~ **pofa** circular split die; ~ **pofa** circular die; ~ **szorítógyűrűje** spring die clamp

menetmutató *(esztergán)* chasing dial, thread indicator

menetnapló *(járműnél)* log()book (of motor vehicles); *(vasút)* train ticket

menetpróba *(gépk)* *l* **úti vizsgálat**

menetrend timetable, (time) schedule; *(könyv)* railway guide; **óralap alakú** ~ clock chart; ~ **szerint közlekedő** running to schedule; ~ **szerinti vonat** regular train

menetrendpapír paper for timetable

menetrendszerű: ~ **(fogadási) időpont** *(rep)* scheduled (acceptance) time; ~ **repülés** scheduled flight; ~ **utazási sebesség** *(vasút)* schedule speed

menetsablon *(forg)* thread templet

menetsebesség running speed

menetsodrás *(alak)* thread rolling

menetsor *(drótkötélen)* wrap

menetszabályozó *(vasút)* power drum controller

menetszám *(vill)* number of turns; ~ 1"-re threads per inch

menetszámáttétel *(vill)* turn ratio

menetszelvénygerinc *(csavaron)* crest

menetszelvényszög *(csavaron)* angle of thread

menetszelvénytő *(csavaron)* root

menetszigetelés *(vill)* interturn insulation

menettérti jegy return-ticket

menetvágás thread/screw cutting; ~ **fésűskéssel** thread chasing

menetvágási tartomány thread-cutting range

menetvágó *mn* screw-cutting, threading; ~ **berendezés** thread-cutting mechanism; **durva** ~ **készülék** coarse-threading attachment; ~ **előtéthajtás** threading box; ~ **eszterga** threading lathe; **fésűs** ~ **kés** *l* **menetfésű**; ~ **gép** thread-producing machine; ~ **kés** threading tool; ~ **készülék** screw/thread-cutting attachment; ~ **pofa** threading die; ~ **sebesség** threading speed; ~ **szerszám** threading tool

menetvágógép-kezelő screwer

menetvágópofa-befogó stock

menilit *(ásv)* menilite

meniszkusz meniscus; **akromatikus** ~ *(csill)* achromatic meniscus

meniszkusz-lencse *(opt)* meniscus lens

mentaolaj peppermint oil

mentében: **part** ~ *(hajó)* endlong

mentes: **légköri zavaroktól** ~ clear of strays; **szennyezéstől** ~ pure, free from impurities

mentés rescue, salvage; *(ol)* fishing

mentési munkálatok rescue/emergency operation

mentesít unload, relieve; **külső irányító-erő befolyásától** ~ *(vill)* astatize; **szilíciumtól** ~ *(vegy)* desiliconize

mentesítés clearance, release, relief

mentő *(fúrásnál)* catcher; ~ **állomás** life-saving station; ~ **felszerelés** *(bány)* rescue apparatus; ~ **gépkocsi** ambulance (car); ~ **készülék** *(bány)* rescue apparatus; *(ol)* catcher; ~ **legénység** *(bány)* mine rescue crew; ~ **ruházat** *(rep)* life vest

mentőbója life-buoy

mentőcsáklya *(elszakadt kötél kiemelésére; mélyfúrásnál)* spud spear

mentőcsapat *(bány)* relief crew

mentőcsónak lifeboat

mentőcsoport *(bány)* rescue party

mentődaru salvage/breakdown crane

mentőeszközök rescue facilities

mentőfej *(fúrólyukhoz, ol)* spud bit

mentőhajó salvage ship/boat; **daruval felszerelt** ~ salvage crane ship

mentőharang *(bány)* boot jack, biche, socket

mentőhorog *(bány)* bit hook, crowfoot

mentőkamra *(bány)* refuge chamber

mentőkocsi *(bány)* rescue car; *(vasút)* breakdown wagon

mentőkötél life-line

mentőláda medicine chest

mentőlétra fire/ladder escape

mentőosztag breakdown gang

mentőöv life-belt, life preserver, cork jacket/vest

mentőszerszám *(bány)* fishing tool

mentőtőr *(ol)* fishing tap

mentőtutaj life raft

mentőtüske *(ol)* fishing tap

mentővonat breakdown van train

mentőzsilip emergency lock

menzúra *(vegy)* graduated cylinder

mennyezet *(ép)* ceiling, plafond; *(baldachin)* dais; *(tűzszekrényen; vasút)* crown plate; ~ **alsó deszkázása** *v* **borítása** ceiling board(ing); ~**en elhelyezett** *(gépt)* overhead; **(fa)-kazettás** ~ boarded ceiling

mennyezetborító deszkák ceiling planks

mennyezetburkolat ceiling lining

mennyezetépítő test ceiling block

mennyezetfoglalat *(függőlámpához)* ceiling pendant fitting
mennyezetfűtés overhead system of heating
mennyezeti : ~ gerenda bar ; **~ közlőmű** overhead transmission (gear) ; **~ lámpa** roof lamp ; **~ szerelés** *v* **felfüggesztés** ceiling suspension
mennyezetkanál trowel
mennyezetkapcsoló ceiling switch
mennyezet-kazetta *(ép)* coffer
mennyezetlámpa roof/ceiling lamp
mennyezetlemez *(ép)* deck/flooring slab
mennyezetmező *(bordás mennyezeten)* panel
mennyezetrózsa ceiling rose
mennyezetsimító *(ép)* ripping chisel
mennyezet-szellőző *fn* roof ventilator
mennyezet-tégla ceiling block
mennyezetvilágítás roof light, ceiling lighting ; *(alagsorhoz)* pavement light
mennyezetvilágító (ablak) *(ép)* lay light
mennyiség quantity, amount, lot ; *(nagy)* bulk ; **kiindulási ~** datum/reference quantity ; **lüktető ~** pulsating quantity ; **~et meghatároz** quantify ; **nagyság szerint osztályozott ~ek** array ; **skaláris ~** scalar quantity; **szakaszos ~** periodic quantity ; **szinuszos ~** sinusoidal quantity ; **~ tonnában** tonnage ; **váltakozó ~** alternating quantity ; **változó ~** variable quantity ; **vektoriális ~** vector quantity
mennyiségi quantitative ; **~ átvevő és számvizsgáló** quantity surveyor ; **~ elemzés** *(vegy)* quantitative/ponderal analysis ; **~ gázszabályozó** pressure loader ; **~leg kifejez** quantify ; **~ mérés** *(tex)* metering
mennyiségkimutatás schedule of quantities
mennyiségtan mathematics ; **alkalmazott ~** applied mathematics ; **felsőbb ~** higher mathematics
mennyiségtani mathematical
mér measure ; **irányt ~** *(hajó, rep)* take bearings ; **mélységet ~** *(bány, hajó)* sound ; *(függőónnal)* plumb ; **súlyt ~** weigh ; **szalaggal ~** *(geod)* chain ; **vízmélységet ~** *(hajó)* sound
Mercalli-féle földrengési erősségi fokozat Mercalli scale
Mercator-vetület *(geod)* Mercator projection
mérce ga(u)ge, scale, measuring staff/rod/rule ; **csuklós ~** folding rule ; **léptékes ~** *(ép)* architects' scale ; **osztással ellátott ~** grid iron divider
mercerez *(tex)* mercerize
mercerezés *(tex)* mercerization, merceriz(at)ing
mercerezésállóság *(tex)* fastness to mercerizing
mercerezett : ~ gyapjú mercerized wool ; **~ pamut** mercerized cotton
mercerezőgép *(tex)* merceriz(at)ing machine
mercerizál *l* **mercerez**
mércerovátka gauging notch/mark
meredek steep, precipitous ; *(huzagolás)* rapid ; *[part]*, bold ; *(földt)* acclivous ; **~en bedöntött forduló** *(rep)* steep(ly banked) turn ; **~ bordázású sávoly** *(tex)* high-angled twill ; **~ domborzat** steep relief ; **~ dőlés** *(bány)* steep dip ; **~ dőlésű réteg** *(bány)* seam of high dip ; **~ dőlésű széntelep** *(bány)* steeply pitching coal, edge seam ; **~ dőlésű telep** *v* **réteg** *(bány)* pitching seam ; **~ dugóhúzózás** *(rep)* spinning nose dive ; **~ emelkedésű csavarmenet** coarse thread ; **~ emelkedő** steep hill/gradient ; **~ ereszke** *(bány)* steep slope ; **~ esés** sharp incline ; **~ esésű** abrupt ; **~en eső karakterisztika** *(mat)* rapidly declining characteristic; **~ falú** *(földt)* hanging ; **~ hajlású** *(ép)* high-pitch ; **~ homlokú impulzus** *(távk)* steep-fronted pulse ; **~ impulzus** *(vill)* steep pulse ; **~ (ívelésű) tető** high-arched roof ; **~ jelhomlok** *(rád)* steep front ; **~ lejtés** *v* **dőlés** *(földt)* high dip(ping) ; **~ lejtő** steep/heavy gradient, hanger ; **~ levágású** *(rád)* sharp-cutoff ; **~ menetemelkedésű csigafúró** steep spiral drill ; **~ menetű csavar** coarse-pitch screw ; **~ merülőspirál** *(rep)* sharp spiral glide ; **~ oldalú bütyök** steep-sided cam ; **~ siklás** steep glide ; **~ sikló** *(bány)* hard heading ; **~ szűrő** *(távk)* sharp-cut-off filter ; **~ telep** *(bány)* steep seam ; **~ telér** *(bány)* rake ; **~ tető** high-pitched roof
meredekítő erősítő *(impulzushomlok kiemelésére ; rád)* sharpener
meredekség incline ; *(ép)* gradient ; *(rád)* transconductance, mutual conductance ; *[csillapításgörbéé ; rád)* (attenuation) slope ; **nagy ~** *(rád)* high transconductance
meredély sheer
méreg poison, venom
méregközömbösítő *mn* antidotal
méregliszt *(vegy)* poison flour
méregtelenítés detoxication
mérendő *(távk)* unknown
mérés measurement, libration ; *(művelet)* measuring, metering, ga(u)ging ; *(súlyé)* weighing ; **~ dőlésmérővel** clinometry ; **éles ~** *(rep)* spot bearing ; **~ híddal** *(vill)* bridge measurement ; **kis teljesítményű ~** *(rád, távk)* low-power measurement ; **~ mérőszalaggal** taping ; **~ mikrosúlyokban** microweighing ; **~ nyugalmi** *v* **kivezérlés nélküli beállításnál** *(vill)* static test
méréshatár measuring limit ; **több ~ú műszer** *(vill)* multi-range meter
méréshatárkiterjesztő *(vill)* range multiplier
mérési measuring ; **~ adatok** *(geod)* survey data ; **~ eljárás** measuring method ; **~ eredmények súlyozása** *(geod)* weighting of observations ; **~ eredmények térképe** *(bány, geod)* measurement chart ; **~ értékek állandósága** consistency of measuring values ; **~ fixpont** *(bány)* spud ; **~ határok** measuring limits, range of measurement ; **~ jegy** *(bány)* sight ; **~ körzet** *v* **határ** *(geod)* scope of measurements ; **~ pontjelölő facövek** *(bány, geod)* wood plug ; **~ pontosság** accuracy of measurement ; **~ sáv** effective part of scale ; **~ tartomány** *(műszeré)* measuring/indicating range; **~ terjedelem** measuring range
méréssorozat *(geod)* set
méréstartomány measuring range/region
méret dimension, size, measurement, extend, ga(u)ge, caliber ; **~re alakító szerkezet** *(kötőgépen)* fashioning mechanism ; **~en aluli** undersize ; **~ek beírása rajzon** *(kottázás)* figuring ; **~től eltérő** off-ga(u)ge ; **~en felüli** oversize ; **~re forgácsol** cut to size ; **~re hengerlő** *v* **készelőhengerek** *(heng)* sizing rolls ; **~en kívül** out of size ; **~re kötött harisnya** full-fashioned hosiery ; **~ légszáraz állapotban** air-dried size ; **~re munkáló szerszám** sizing tool ; **nem szabványos ~** bastard size ; **~ szerint tároló fakészlet** dimension stock ; **~ szerinti** up to size ; **~re vág** cut to size, trim ; *[gerendát]* scantle ; *[furnért]* trim to size
méretadat datum
méretállandóság *(tex)* boardsetting, dimensional stability ; **kötöttáru ~ának biztosítása** *(tex)* boarding ; **~ rögzítése** *(tex)* setting for dimensional stability
méretállandósítási eljárás *(tex)* board-setting process
méretarány *(lépték)* scale, proportion ; module of design ; *(geod)* representative fraction, R. F. ; *(telev)* aspect ratio ; **választott ~** *(geod)* adopted scale
méretarányheli eltérések *(geod)* scale errors
méretbeállítás adjustment to size
méretcsökkentés size reduction ; **~ szúrásonként** *(heng)* reduction per pass
méretcsökkentő kúpos betét reduction cone
méretellenőrző *fn* ga(u)ger ; **~ berendezés** ga(u)ge tester ; **~ gép** ga(u)ging machine
méretelőírásra termelt faanyag *(listafa)* dimension timber
méreteltérés *(gépt)* (size) deviation ; **alsó ~** lower deviation ; **felső ~** upper deviation
méretez dimension, calibrate ; *[terhelésre, igénybevételre]* rate ; *(szilárdságra)* stress
méretezés dimensioning, sizing ; **szilárdsági ~** stressing, strength calculation
méretezett : bőven ~ liberally proportioned ; **nagy igénybevételre ~** heavy-duty
méretező ütköző *(forg)* ga(u)ge stop
méretfa dimension-timber
mérethatár size/dimension limit
mérethatároló tömb ga(u)ge-block
mérethatárolótömb-tartó ga(u)ge-hold
mérethibás out-of-size
mérethű true/accurate to dimension ; **~ modell** scale model ; **~ rajz** ichnography ; **tárgyak ~ fényképezése** geometrical photography
mérethűség dimensional accuracy ; **~re ellenőrzött légifényképekből összeállított térkép** controlled mosaic
méretingadozás dimensional variation
méretjegyzék specification ; **~ felállítása** taking-off
méretjegyzék-vezető *(fa)* tally-man, marker
méretkimutatás *(ép)* bill of quantity/quantities ; **~t készít** take out quantities
méret-kóta dimension figure
méretkótavonal dimension line
méretközelítő fogás *(forg)* approach cut
méretlánc *(gépt)* dimensional chain

méretmegállapítás dimensioning
méretmutató nyíl *(kóta)* crowfoot, arrow-head
méretnagyság size
méretnövelő elem *(ép)* pad
méretnyíl arrow-head, crowfoot
méretpontos accurate to dimension
méretpontosság accuracy to ga(u)ge
méretrehengerlés rolling-out
méretrekészítés sizing
méretreköszörülés size grinding
méretszabvány dimensional standard
méretszám ga(u)ge
méretszámítás dimensioning
mérettartás dimensional stability
mérettartó dimensionally stable; ~ **film** *(fotogrammetriához)* non-shrink film
mérettartóság *(szöveté)* dimensional stability
mérettömb ga(u)ge block
mérettűrés (size) tolerance
mérettűrési rendszer dimension-limit system
méretvágó *[furnírhoz]* cut-size
méretváltozás dimensional change
méret-visszaállíthatóság *(tex)* dimensional restorability
merev rigid, fix, unyielding; *(rideg)* brittle, stiff; *(tex)* brittle, stiff, wiry; ~ **állvány** *(gépt)* stationary column; ~ **asztal** *(gépt)* stationary table; ~ **beállítású** *(vill)* fix; ~**en beépített** rigidly mounted; ~ **biztosítás** *(bány)* rigid support; ~ **bordázatú huzalháló** *(vakolat alárácsozásához)* stiffened wire lath; ~ **cipészlemez** *(pa)* stiffeners for boots; ~ **csomó** builder's knot; ~ **en ékel** fix firmly, key; ~ **felfüggesztés** *(gépt)* rigid suspension; ~ **fog** *(kultivátoron)* stiff tooth, rigid tine; ~ **fogású** *(tex)* boardy feel; ~ **fogú borona** peg-tooth harrow; ~ **fogú kultivátor** fixed-tine cultivator; ~ **földelési rendszer** *(rád)* solidly-earthed system; ~ **fűrészlapú harántrönkfűrész** woodworking drag sawing machine; ~ **gyapjú** *(rex)* harsh wool; ~ **kapcsolás** *(gépt)* rigid coupling; ~ **kar** *(gépt)* stationary arm; ~ **keret** *v* **váz** rigid frame; ~**en kitámasztott hordfelület** *(rep)* rigid supporting plane; ~ **kötés** *(ép)* rigid connection; ~ **lábú billenődaru** stiff-leg derrick; ~ **légcsavar** *(rep)* rigid airscrew; ~ **megerősítés** *(ép)* stiff/rigid reinforcement; ~ **megtámasztás** rigid support; ~ **művelőtestszár** *[kultivátoron]* non-adjustable standard; **nem** ~ nonrigid; ~ **és nyers állapot** *(vegy)* stiff-raw state; ~ **nyomható papírlemez** blanks; ~ **orsó** *(fúróművön)* fixed-centre type head; ~ **(orsó)fej** *(gépt)* stationary head; ~ **palástú dugattyú** *(gépt)* solid/full skirt piston; ~ **papír** crisp paper; ~ **rudazatú fúró** pole drill; ~ **rugó** stiff spring; ~ **salak** stiff slag; ~ **sarok** *(keretszerkezeten; ép)* rigid joint; ~ *(nem rugalmas)* **szál** *(tex)* stiff fibre; ~ **szárnyrés** *(rep)* fixed slot; ~ **szárnyú légcsavar** fixed-blade propeller; ~ **szárnyú repülőgép** fixed-wing aircraft; ~ **szerelés** *(gépt)* rigid mounting; ~ **szerkezet** *(ép)* rigid construction; ~ **szerkezeti csomópont** *(gépt)* rigid joint; ~ **teknőrakat** *(bány)* rigid line of trough; ~ **tengely** *(gépt)* rigid axle; ~ **tengelykapcsoló** *(gept)* rigid coupling; ~ **tengelytáv** *(vasút)* rigid wheel base; ~ **test** *(mech)* rigid body; ~ **testek sztatikája** statics of rigid bodies; ~**ebbé tesz** *(ép)* reinforce; ~ **ütközés** *(sínillesztésnél; vasút)* supported joint; ~ **ütköző** *(gépt)* dead stop; ~ **vasalás** stiff reinforcement; ~ **vasbetét** *(ép)* rigid reinforcement; ~ **vezeték** rigid guide
merevcsuklós szelemen *(ép)* rigid pin-jointed purlin
merevedési pont *(műa) l* **dermedéspont**
merevít rigidify, stiffen, strengthen, stay, guy, brace, strut, reinforce, truss; *(ép)* prop, brace; *(hajó)* guy; *(kalapkészítésnél)* proof; *(rep)* brace, strut (up); **bordával** ~ rib
merevítés stiffening, stay, propping, brace, strut, fixing, fixation, reinforcement; **átlós** ~ diagonal reinforcement; **átlós** ~ **deszkából** *(ép)* angle board; **fekűácsolatok közti** ~ *(bány)* bottom sprag; **helyi** ~ **a fedélzeten** *(veretek felerősítésére; hajó)* deck chock; **húrirányú** ~ *(rep)* chordwise stiffener; ~ **kötéllel** rope bracing; ~ **nyomott dúcokkal** *v* **rudakkal** strut bracing; **tengelyirányú** ~ *(rep)* axial bracing
merevített reinforced; *(ép)* armed; ~ **íves gerenda** *(ép)* stiffened arch girder; ~ **konzol** *(ép)* knee-braced bracket; ~ **szárnylemez** *(ép)* knee bracing; ~ **válaszfal** *(rep)* frame bulkhead
merevítő *mn* reinforcing; *fn* strut, stiffener; *(karosszérián)* stiffening member; *(ép)* brace; ~ **ácsolat** *(bány)* stull; **átlós** ~ *(ép)* angle brace; **belső** ~ **kitámasztás** boiler stay; ~ **bordázat** *(ép)* bracing; ~ **gerenda** tie beam, bracing boom; ~ **hevederlemez** *(hajó orrában)* breast hook; ~ **kötő gerenda** tie brace; ~ **köztartó** *(gépt)* cross brace; ~ **rácsozat** *(ép)* bracing; ~ **rácstartó elemek** strength members; ~ **sarokvas** stiffening angle; ~ **sodronykötél** *(ép)* storm cable; ~ **szerkezet** stay work; ~ **válaszfal** *(rep)* stiffening diaphragm; ~ **vasalás** *(ép)* rigid reinforcement
merevítőabroncs stiffening band
merevítőanyag stiffener
merevítőborda strengthener, strengthening rib; *(gépk)* rib, web; *(gépt)* reinforcing rib; *(tex)* corrugation
merevítőbordás *(gépt)* ribbed
merevítőcső *(rep)* brace/bracing tube
merevítődarab *[kétfalú szelvényen]* stay piece
merevítődúc stiffening brace; *(ép)* brace/bracing strut; **hátsó** ~ *(rep)* afterstrut
merevítőelem *(gépt)* stiffener; **vízszintes** ~ *(ép)* crosshead
merevítőgerendás függőhíd stiffened (cable/chain) suspension bridge
merevítőgyűrű *(nyílás körül)* curb
merevítőhuzal guy/stay wire; ~ **burka** *(kárpitozáshoz)* slip
merevítőléc *(pa)* buckrum
merevítőlemez *(ép)* stiffener
merevítőoszlop *(ep)* stiffener post
merevítőpillér *(bány)* winged stull
merevítőrendszer: axiális (huzalos) ~ *(rep)* axial wiring
merevítőrúd steadying bar, strut, stay (transom), brace, bracing; **csuklós** ~ *(rep)* articulated strut
merevítősín crossrail
merevítőszer rigidity agent
merevítőszögvas web stiffener
merevítőszövet stiffening cloth
merevítőtámasz *(ép)* bracing strut
merevítőtartó *(ép)* stiffening girder; *(tex)* girt(h)
merevítővászon *(gyapjúfonalból; tex)* bocasine
merevség stiffness, inflexibility; *(mech)* rigidity; *(tex)* stiffness; **akusztikai** ~ acoustical stiffness; **csavaró** ~ torsional rigidity/stiffness; **fajlagos dielektromos** ~ elastivity; **hajlító** ~ bending stiffness/rigidity; **húzó** ~ tensile rigidity/stiffness
merevségi : ~ **Coulomb-féle modulusz** modulus of rigidity; ~ **tényező** stiffness factor
mérföld óránként miles per hour
mérföldjelzés mileage
mérföldkő milestone
mérföldóra *(gépk)* mileometer
mérföldszámláló *(gépk)* mileage indicator/recorder/counter
mérges toxic, poisonous; ~ **gáz** poison gas; ~ **gázfelhő** gas cloud
mérgez : **gázzal** ~ gas
mérgezett : **gázzal** ~ gassed
mérgező toxic, poisonous; ~ **anyag** intoxicant
mérhetetlen immeasurable; ~ **mélységű** unfathomable
mérhető measurable, ga(u)geable, weighable
meridián *(csill)* meridian
meridiánív *(csill)* arc of meridian
meridiánkör *(csill)* transit circle
meridiánmenti zenit-magasság *(csill)* meridional zenith distance
meridiánsebesség *(gépt)* meridian velocity
meridiánsík *(geod)* meridional plane; *(gépt)* meridian plane
meridionális *(csill)* meridional; ~ **sebesség** *(csill)* meridional velocity
merinó *(juhfajta, gyapjú)* merino
merinó-fésűsgyapjúfonal botany yarn
merinó-fonal saxony
merinógyapjúfonal merino knitting yarn
merinó(gyapjú)-kosztümszövet saxony woollen suiting
merinó-szövet saxony texture
merít immerse, scoop, dip, ladle; **vízbe** ~ flood
merítéklétrás kotró elevator dredger
merítés scooping; *(pa)* mo(u)lding; ~**sel lapban való festés** *(pa)* sheet-colo(u)ring, padding; ~ **útján bevont** dip-coated
merítési próba dipper sampling
merített : ~ **karton** *(pa)* deckle/feather-edged board; ~ **lap** *(pa)* handmade sheet; ~ **levélpapír** handmade letter paper; ~ **nyomópapír** handmade printings; ~ **okmányfedél** *(pa)* handmade document-cover; ~ **papír** (real) handmade/Dutch/vat/dipped/mo(u)ld paper, mould-made paper; ~ **rajzpapír** handmade drawing-paper; ~ **szélű papír** deckle-edged paper
merítő *fn* scoop, skimmer; *(önt)* dipper, *(munkás; pa)* dipper, vat-man;

~ **eljárás** (*pa*) dipping method; ~ **keverék** dip compound; ~ **refraktométer** dipping refractometer
merítőcső (*mozdonyon megállás nélküli vízfelvételhez*) scoop tube, siphon
merítőedény bailing ladle
merítőhenger (*nyomda*) dipping cylinder; (*pa*) fountain/dip(ping) roll; (*irezőgépen; tex*) immersion roller
merítőkád (*pa*) dipping vat, stuff chest with bucket wheel; (*pa*) small vat; **kézi** ~ (*pa*) hand vat
merítőkanál scoop, skimmer, ladle; (*ép*) kicker; **fenékszelepes** ~ (*olajmerítésre fúrólyukból*) bailer; ~ **fogója** (*bány*) bailer bail/grabs
merítőkerék (*emelőn*) bucket wheel; (*hidr*) scoop wheel; (*pa*) scoop wheel, lifter
merítőkeret (*pa*) deckle, vat/mo(u)ld frame; (*tex*) dipping frame
merítőlap (*nyomda*) dipping plate
merítőlapát (*láncos kúton*) bucket board
merítőoldat (*ragasztószer*) dip cement
merítőpróba cup test
merítőputtony (*kotrógépen*) scoop vane
merítőráma (*pa*) mo(u)ld
merítőszekrény (*pa*) tub-size vat
merítőszita (*pa*) mo(u)ld
merítőterem (*pa*) vat-room
merítőveder bail scoop, bucket
merkaptán (*vegy*) mercaptan
merkuri- (*ásv*) mercurian; (*vegy*) mercuric
merkuriamidoklorid mercuric ammonium chloride
merkuriammóniumklorid *l* **merkuriamidoklorid**
merkuricianid mercuric cyanide
merkurifulminát mercuric fulminate
merkurijodid mercuric iodide
merkuriklóramid *l* **merkuriamidoklorid**
merkuriklorid mercuric chloride
merkurioxid mercuric oxide
merkuriszulfid mercuric sulfide
merkuri-vegyület mercuric compound
merkuro- (*ásv*) mercuroan; (*vegy*) mercurous
merkurojodid mercurous iodide
merkuroklorid mercurous chloride, subchloride of mercury, mild chloride of mercury
merkuronitrát mercurous nitrate
merkurooxid mercurous oxide
merkuroszulfát mercurous sulfate
merkuro-vegyület mercurous compound
Mérleg (*csill*) Libra
mérleg balance, scale(s); **analitikai** ~ analytic balance; **himbakaros** ~ beam balance/scale(s); **kétkarú** ~ bascule; ~ **méréshatára** range of balance; ~ **nyelve** tongue of scale; **önműködő** ~ weigher; **számlapos és mutatós** ~ dial balance; **tolósúlyos** ~ beam scale(s)
mérlegbárca weight bill
mérlegbarométer balance barometer
mérlegbódé scale house
mérlegcsésze scale pan
mérlegcsésze-arretáló pan-stop
mérlegel weigh, scale, balance, poise
mérlegelés weighing, scaling; ~ **mozgás közben** (*vasút*) motion weighing
mérlegelő ellenőr (*bány*) check weighman
mérleges adagoló scale feeder
mérlegkar balance beam/arm, balancing arm, swing bar; ~ **késél-alátámasztása** knife-edge suspension
mérlegkarton (*pa*) weight-ticket board
mérlegkártya (*pa*) ticket for scales
mérlegkézelő *fn* weigher, scale operator
mérlegkocsi (*vasút*) scale car
mérleglovas rider
mérlegmutató *fn* balance pointer
mérlegnyelv balance pointer/cock/tongue
mérlegrögzítőkar-fogantyú balance handle
mérlegrúd *l* **mérlegkar**
mérlegserpenyő scale/balance pan
mérlegserpenyő-arretáló *v* **-rögzítő** *fn* (balance) pan arrest
mérlegsín (*vasút*) live rail
mérlegskála balance indicator
mérlegsúly scale weight
mérlegsúlysorozat balance weights
mérlegsúlysorozat-szekrény *v* **-doboz** *v* **-tok** weight box
mérlegtányér *l* **mérlegserpenyő**
mérlegtok balance case
mérmű (*ép*) fan/plate tracery
mérműosztás (*ép*) foil
mérműves: ~ **boltív** (*ép*) arch in trellis work; ~ **díszítés** (*ép*) foiling; ~ **rozettaablak** (*ép*) wheel window
mérnök engineer; **általános** ~ civil engineer, C. E.
mérnökgeológia geology for engineers
mérnöki engineering, of engineers; ~ **acél mérőszalag** surveyor's steel tape; ~ **szeizmológia** engineering seismology; ~ **teodolit** surveyor's transit
meromiktikus meromictic
meroxén (*ásv*) meroxene
mérő *mn* measuring; *fn* scales, meter(ing instrument); (*mat*) reckoner; ~ **adagoló berendezés** metering device; ~ **áramkör** (*vill*) measuring circuit; **asztatikus** ~ (*földt*) astatic meter; ~ **berendezés** measuring system; (*pa*) counting machine; (*vill*) measurement unit; ~ **csatlakozó** (*szivattyún*) ga(u)ging nipple; ~ **elektród** (*vill*) control electrode; ~ **ellenállás** (*vill*) measuring resistance; [*műszerhez*] meter-shunt resistance; ~ **feszültség** (*rád, táv*) measuring voltage; ~ **hajtogatógép** (*kh*) cloth folder, cloth measuring and lapping machine; ~ **helyiség** (*rád, táv*) measuring room; ~ **készülék** meter, measuring instrument; ~ **leolvasása** meter reading; ~ **motolla** (*tex*) wrap/measuring reel; ~ **szállítószalag** weight belt; ~ **szerkezet** (*tex*) measuring motion; ~ **vonalzó** measuring rule
mérőasztal (*geod*) surveyor's table; ~**on kihúzott vonal** (*geod*) ray; ~ **rajzsíkja** (*geod*) plate
mérőasztalfelvétel (*geod*) survey with plane table
mérőasztal-felvételi szelvény (*geod*) plane-table survey sheet
mérőasztal-fotogrammetria (*geod*) photogrammetry by intersection
mérőasztallap (*geod*) topographic map, planchette, scetching board
mérőbukó (*hidr*) measuring weir
mérőcsap ga(u)ge/measuring pin
mérőcsavar (*mérőműszeren*) measuring screw
mérőcsoport (*távk*) measuring crew/team
mérődob micrometer drum
mérődrót measuring wire
merőedény bale scoop
mérőedény graduated jar; (*benzinkútnál*) measuring tank
mérőeszköz (measuring) ga(u)ge; (*adagoló*) meter, metering device
mérőfej (*felületvizsgálón*) pick-up box
mérőfésű (*fényk*) perforation comb
mérőfülke (*vill*) meter house
mérőhajó (*geod*) surveying vessel
mérőhasáb ga(u)ge block
mérőhenger graduated cylinder, glass test jar
mérőhíd (*vill*) measuring bridge; ~ **ágainak doboza** (*vill*) ratio-arm box; ~ **átlója** (*vill*) diagonal of the bridge; ~ **indikátorerősítője** (*vill*) bridge amplifier; ~ **kiegyenlítése** *v* **kiegyensúlyozása** (*vill*) bridge balance; **kiegyenlített** ~ (*vill*) balanced bridge; ~ **szomszédos ágai** (*vill*) ratio arms; **villamos** ~ [*Wheatstone-híd*] electric bridge
mérőhidas hurokvizsgálat (*vill*) Varley loop-test
mérőhuzal *l* **mérődrót**
mérőgát (*hidr*) weir meter
mérőgép (*kalibráláshoz*) measuring machine; (*tex*) measuring engine
mérőjel (*rád*) standard signal
mérőjel-erősítő (*rád*) notch amplifier
mérőjel-generátor (*rád*) notch generator
mérő-jelző berendezés marking motion
mérőkábel measuring cable, test lead
mérőkaliberes faesztergakés sizing chisel
mérőkamera surveying camera
mérőkamra (*hidr*) meter chamber
mérőkanál ladle, spoon
mérőkefe (*vill*) control brush
mérőkerék (*geod*) surveyor's wheel, perambulator; (*hidr*) stream wheel
mérőkeretes faanyagmérés framing
mérőkocsi testing car; (*vill*) test trolley
mérőkörző bow compass, caliper
mérőkötél nehezékkel depth ga(u)ge
mérőkúp-roskadás (*betonvizsgálat*) slump
mérőláda weigh/meter box; (*cipő*) size stick
mérőlánc (*geod*) pole/land chain; ~**ot vivő második figuráns** (*geod*) follower
mérőlánc-beosztásjel (*geod*) tally
mérőláncletűző szeg (*geod*) arrow
mérőlap gauging/bench plate
mérőlap-rács (*rád*) reference grid
mérőléc measuring lath/rod/rule/staff; **beosztással ellátott** ~ rule scale; ~ **munkaátvételhez** (*bány*) judge; ~ **tárcsája** target
mérőléctávolság (*geod*) stadia distance
merőleges *fn és mn* perpendicular, normal; ~ **asztal** (*gépt*) right-angle table; ~ **beesés** (*fényt, szink*) normal incidence; ~ **eltolás** (*földt*) perpendicular slip; ~ **erő** (*mech*) normal force; ~ **gyorsulás** (*mech*) normal acceleration; ~**re levág** square off; ~ **mágnesezés** [*magnetofon-szalagon*] perpendicular magnetization; ~ **összetevők** (*vill*) quadrature components; ~ **robbantás** (*földt*) cross shot; ~ **sebesség** (*mech*) normal velocity; ~ **tengely** (*mat*) normal axis; ~ **tűnyomás** (*hanglemezen*) vertical stylus force; ~ **vmire** perpendicular to, square with
merőlegesség (*mat*) perpendicularity

mérőlombik *(vegy)* measuring/volumetric flask
mérőmembrán metering diaphragm
mérőmódszer measuring method
mérő-mutató *fn* indicator finger
mérőműszer measuring instrument, indicator ; *l még* **műszer** ; **egyenáramú ~** direct-current meter ; **egyetemes ~** multi-purpose instrument ; **~ érzékenysége** *(vill)* meter sensitivity ; **~ leolvasása** reading ; **számlapos ~** dial instrument ; **~ számláló szerkezete** counter of a meter ; **~ szorzóállandója** *(vill)* meter multiplier
mérőműszertábla *(vill)* ga(u)ge board
mérőnyílás *(gépt)* metering hole ; *(hidr)* check gate
mérőón sounding plummet, sinker, fathom line ; **kivetett ~** cast sinker
mérőónos hajósebességmérő ground log
mérőóra dial indicator/gauge
mérőóra-alapállás standard metering base
mérőórás : ~ furatidomszer internal dial ga(u)ge ; **~ tapintókörző** indicating caliper(s)
mérő-osztályozó gép *(tex)* measuring and examining machine, fabric measuring and inspecting machine
mérőpad bench
mérőpálca *(forg)* measuring pin ; *(folyadékszint mérésére)* dip stick
mérőperem metering/measuring orifice
mérőpofa *(forg)* jaw
mérőpohár graduated jar
mérőprizma *l* **mérőhasáb**
mérőpróba *(kanalas ; bány)* dip sample
mérőrács *(geod)* parallactic grid ; *(fényt)* optical grate
mérő-relé metering relay
mérőrovátka gauging notch
mérőrúd survey stake, pole ; *l még* **mérőpálca** ; *[textiláru-méréshez]* measuring bar
mérőszalag measuring tape ; *(geod)* band chain ; **önműködően feltekercselődő ~ rugója** wind tape spring ; **tokos acél ~** spring-rule
mérőszalagkezelő *fn (geod)* chainman
mérőszalagtekercs measuring reel
mérőszemély *(távk)* observer
mérőszint *(távk)* test level
mérőszoba *(rád, táv)* measuring room
mérőszög *(kúpos felvetőhöz ; tex)* square ga(u)ge
mérőtárcsa *(tex)* spur wheel ; **~ bütyke** *(tex)* projection on spur wheel
mérőtartály measuring bin/tank
mérőtávcső *(geod)* measuring telescope
mérőtekercs *(goniométerben)* measuring/search coil
mérőtömb *l* **mérőhasáb**
mérőtúlfolyó *(hidr)* measuring weir
mérő-ütköző *(forg)* measuring ga(u)ge
mérőüveg graduated jar
mérővessző taper rod, dividing rule ; *l még* **mérőpálca** ; **összehajtható ~** *(collstok)* folding rule
mérővonal bemetszése valamely pontból *(geod)* range line
mérőzsinór *(rep)* string ; *(vill)* test cord
mérsékel moderate, ease, abate, temper, relax
mérsékelt moderate, medium ; **~ illékonyságú tüzelőanyag** moderately-volatile fuel ; **~ köélesítés** *(facsiszolónál ; pa)* dull stone surface ; **~** *(30°-ot meg nem haladó)* **lejtés** *(ép)* moderate dip ; **~en száraz jellegű** *(földt)* semi-arid ; **~en tűzbiztos építmény** slow-burning construction
mérséklés moderating, moderation, abatement
mért : ~ egység *(vill)* measured unit ; **~ érték** *(aut)* measured variable ; **ívben ~** arcual
mértan geometry
mértani geometric(al); **~ ábra** geometrical figure ; **~ arány** geometrical proportion ; **~ emelkedés** *(rep)* geometrical pitch ; **~ fénytan** geometrical optics ; **~ haladvány** geometrical progression ; **~ haladvány hányadosa** *(ma)* ratio of a geometrical progression ; **~ hely** *(mat)* locus ; **~ idom** geometrical figure ; **~ középarányos** geometric mean ; **~ középtávolság** geometric mean distance ; **~ tengely** *(mat)* axis ; **~ torzulás** geometric distortion
mérték measure, scale, dimension, amount, rate, grade, degree, measuring ga(u)ge, standard ; *(fa)* solid measure ; **~en felüli** above-grade ; **~en kívüli** off-size ; **~ után készült** made-to-measure ; **~et vesz** take a measure
mértékadó standard ; **~ emelkedés** *(geod)* ruling gradient ; **palástnyomásra ~ felület** *[kötő gépelemeknél]* effective bearing area ; **~ szemnagyság** *(mech)* effective size ; **~ teherállás** *(mech)* most unfavourable position of load, prejudicial position of load
mértékarány scale
mértékegység (measuring) unit ; **elektromágneses ~ek** electromagnetic units, E. M. U. ; **leszármaztatott ~** derived unit
mértékegységviszony *(vill)* unitary ratio
mértékenfelüliség overgrowth
mértékhitelesítési közeg standard officer
mértékhitelesítő *fn* sealer
mértékjelzés ga(u)ge mark
mértékrendszer unit system ; **abszolút ~** absolute system ; **angol ~** English system of units ; **elektromágneses ~** electromagnetic system of units ; **elektrosztatikus ~** electrostatic system of units ; **Gauss-féle ~** Gaussian system of units ; **metrikus ~** metric system of units ; **racionális ~** rational system of units ; **szabványos ~** standard system of units
mértékrúd yard
mértékszabó *fn* bespoke tailor
mértékvonal dimension line
merül *(hajó)* draw
merülés *(hajó)* draft, draught ; *(rep)* sinking, shallow dive ; **mély ~** *(hajó)* deep draught ; **~t mutató jelzés** *(hajó)* stock-line ga(u)ge
merülési : legnagyobb ~ vonal *(hajó)* load water line ; **üres hajó ~ vonala** light waterline ; **~ vonal** *(hajó)* flotation line ; *(adott terhelésnél)* load line
merüléskülönbözet *(elől-hátul)* trim
merülésváltozás *(hajó)* change of draught/trim
merülő : ~ dugattyú plunger ; **~ elektród** dipped electrode ; **~ jelfogó** *(távk)* dipper relay ; **mélyen ~** *(hajó)* deep-draught
merülőcső *(porlasztóé ; gépk)* dip tube
merülőcsőkígyós hűtő *(ol)* coil-in-box cooler
merülőfal *(hidr)* skimmed/submerging wall ; *(szivattyún)* baffle
merülőforduló *(rep)* gliding turn, spiral glide ; **meredek ~** *(rep)* steep gliding turn, sharp spiral glide
merülőhenger *(pa)* dip/fountain roll
merülőkormány *(hajó)* diving rudder
merülőmérce depth ga(u)ge
merülőszél okozta veszteség *(rep)* windfall loss
merülőveder plunger bucket
mérvadó standard ; **~ eltérés** *(mat)* standard deviation ; **~ forgalom** *(rep)* essential traffic ; **~ szórás** *(mat)* dispersion
mesabit *(ásv)* mesabite
mesgye boundary, abutment ; *(geod)* mere
mesgyekaró landmark
mesgyekő hoarstone
messelit *(ásv)* messelite
mesterbélyeg *(alak)* master punch
mesterdarab template
mesterfogaskerék *(gépt)* master wheel
mesterforma *(önt)* master mould
mestergerenda main/principal beam, boarding joist ; **~ lapja** soffit of a girder
mestergerenda-főtartó *(ép)* main girder
mestergerendás : ~ födém *(ép)* open floor ; **~ mennyezet** *(ép)* timbered ceiling
mesterlevonat *(nyomda)* artist's proof
mestermérő *l* **idomszer**
mesterminta *(önt)* master pattern
mesterséges artificial, synthetic, man-made, forced ; **~ basszusképzés elve** *(rád)* synthetic-bass principle ; **~ cél-antenna** *(rád)* phantom-target antenna ; **~ cirkulációs bepárló üst** forced-circulation evaporator ; **~ cserzőanyagok** synthetic tanning materials ; **~ csillám** built-up mica ; **~ eső** *(met)* induced precipitation ; **~ esőcsinálás** inducing of precipitation ; **~ fény** artificial light ; **~ huzat** forced/induced draft, mechanical draft/draught ; **~ huzattal szellőztetett** ventilated by forced draught ; **~ huzatú** forced draught, f. d. ; **~ hűtés** artificial cooling ; **~ kapcsolatok létesítése** *(vill)* phantoming ; **~ köd** mock fog ; **~ kristály** *(távk)* synthetic crystal ; **~ légző készülék** resuscitation apparatus ; **nem ~** inartificial ; **~ öregítés** preageing ; **~ rádióaktivitás** artificial radioactivity ; **~ szellőztetés** induced ventilation ; **~ színezék** *(tex)* artificial dyestuff ; **~ üzemanyag** synthetic fuel ; **~ vonal** *(vill)* artificial line
mestersor *(ép)* sheer-strake
mész lime ; **döglött ~** air-slaked lime ; **~ oltása** slaking of lime ; **oltott ~** slaked/caustic/drowned lime
mész- calcareous, lime
mészadalék *(pa)* addition of lime
mészammónsalétrom calcium ammonium nitrate
mészáros-bárd butcher's cleaver
mészárosbőrök butchers
mészároscsizma butcher boot
mészáros fenővas butcher's steel
mészárosfűrész butcher's saw

mészároskés whittle
mészárospapír butcher's manila
mészbeton lime concrete
mészcsillám *(ásv) l* **margarit**
mészcsillámpala calcareous mica schist
mészdús rich in lime
mészégetés lime kilning
mészégető *fn* lime burner ; ~ **kemence** lime(stone) kiln ; ~ **kemence gáza** lime-kiln gas ; ~ **kemencét tisztogató munkás** scarrer ; ~ **szén** lime coal
meszel lime, whiten, whitewash ; *(bőr)* paint
meszelés *(ép)* lime whit(en)ing, wash-work, lime coating ; *(szőrlazításnál ; bőr)* paint
meszelő *fn* brush
meszelőecset lime brush
meszes claciferous, limy ; **bőrgyári** ~ **műhely** beamhouse ; ~ **cement** *(ép)* calcareous cement ; ~ **desztilláló** *(vegy)* lime still ; ~ **enyves festék** calcimine ; **erősen** ~ **salak** extra-limy slag ; ~ **fogó** *(bőr)* tanners' tongs ; ~ **gödör** lime bin/pit ; ~ **hordó** *(bőr)* liming tub ; ~ **kazánkő** calci-sinter ; ~ **motolla** *(bőr)* lime wheel ; ~ **műhely** *(bőr)* lime yard ; ~ **szinter** calci-sinter ; ~ **víz** lime water
meszes *fn (hamvas ; bőr)* lime
meszesítés calcification
meszeszsákpapír lime-sack paper
meszez lime ; *(bőr)* soak (in lime), steep
meszezés *(bőr)* liming ; ~**nél felhasznált mész** *(bőr)* (slack) lime ; **hordós** ~ *(bőr)* drum liming
meszezési foltok *(készbőrön)* liming stains
meszező *(mzg)* lime spreader ; ~ **kelepce** *(bőr)* liming paddle
meszezőgép lime distributor
meszezőkád *(bőr)* liming tub
meszezőkamra liming chamber
meszezőmenet *(bőr)* round
mészfehér *(festék)* lime white
mészfénylámpa Drummond light
mészfesték lime water colo(u)r
mészfestés *(ép)* distemper
mészfolt *(bőr)* lime blast/stain ; *(ép)* shading
mészgödör lime pit
mészhabarcs lime mortar ; **cementtel javított** ~ compo ; **híg** ~ grout ; **javított** ~ cement and lime mortar
mészhomok *(ép)* lime-sand ; ~ **tégla** lime(-sand) brick
mésziszap caustic/lime sludge/mud ; **cukorgyári** ~ defecation mud
mészkád *(pa)* lime bin
mészkályha lime kiln
mészkénlé lime sulfur solution
mészkezeléssel nyert döggyapjú *(tex)* slipe wool
mészklorid-oldat liquid lime chloride
mészklórozó kamra *(vegy)* bleach chamber
mészkóros gubó *(tex)* calcined cocoon
mészkő *(ásv)* limestone, lime rock ; **bitumenes** ~ bituminous limestone ; **bolitos** ~ ballstone ; **darabos** ~ ballstone ; **durvaszemcsés** ~ coarse limestone ; ~ **folyósítóanyag** limestone flux ; **homokos** ~ arenaceous limestone ; **karsztos** ~ cavern limestone ; **üreges** ~ cavern limestone
mészkőbánya lime pit
mészkőcsoport limestone group
mészkőmorzsa chicken grit
mészkőpor limestone dust
mészkősorozat limestone series
mészkőtelep limestone deposit
mészlé *(bőr)* lime liquor
mészlecsapás széndioxiddal *(cu)* carbonatization
mészlé-menet *(bőr)* round, shift (liming)
mészlerakódás calci-sinter
mészmárga lime/calcareous marl
mészmezotip *(ásv) l* **skolecit**
mésznitrát lime nitrate
mésznitrogén nitrolime, calcium cyanamide, lime nitrogen
mésznyom *(bőrön)* lime blast
mészoltás lime slaking/hydration
mészoltó *fn* lime slaker ; ~ **berendezés** liming apparatus ; ~ **dob** slaking drum
mészpát *(ásv) l* **kalcit**
mészpép *(bőr)* lime paste, paint
mészraktár *(pa)* lime storage
mészsalak frissítő reakciója *(koh)* lime boil
mészsalakcement blast-furnace (slag) cement, grappler cement
mészsalétrom *(ásv)* nitrocalcite ; *(vegy)* calcium/lime nitrate
mészszaccharát sugar lime
mészszám lime module
mészszappan lime soap
messzehordó long-range/distance ; ~ **ágyú** long-range gun
mészszerű calcar
mészszóró *fn (mzg)* lime distributor ; ~ **gép** lime spreader
mészszulfátos habarcs *(ép)* ga(u)ge stuff
mésztartalmú calciferous
mésztartó fészer lime bin
mésztej lime milk/cream, limewash ; *(cu)* temper *is*
mésztelenít decalcify, delime, unlime
mésztelenítés decalcification, deliming, unliming
mésztelenítőszer lime catcher ; *(bőr)* deliming agent
mésztöltény *(bány)* lime cartridge
mésztufa *(földt)* (calc) sinter, calci-sinter, travertine, calctuff, calcareous sinter, tufaceous limestone
mészuráncsillám *(ásv) l* **autunit**
mészüveg lime (silicate) glass
mészvakolás whitewash
mészvakolat whitewash
mészvíz lime water
metaaluminát meta-aluminate
metaalumíniumsav meta-aluminic acid
metaantimonát meta-antimon(i)ate
metaantimonit meta-antimonite
metaantimonossav meta-antimonous acid
metaantimonsav meta-antimonic acid
metaantimonsavas ólom lead meta-antimon(i)ate
metaarzenát meta-arsen(i)ate
metaarzénessav meta-arsenous acid
metaarzénessavas réz copper meta-arsenite
metaarzenit meta-arsenite
metaarzénsav meta-arsenic acid
metaborát metaborate
metabórsav metaboric acid
metacellulóz *(pa)* meta-cellulose
metacentrikus magasság metacentric height
metacentrum metacentre, shifting centre ; *(hosszirányú dőlésre vonatkoztatva ; hajó)* longitudinal metacentre
metacinnabarit *(ásv)* metacinnabar(ite)
metafoszfát metaphosphate
metafoszfit metaphosphite
metafoszforilklorid metaphosphoryl chloride
metafoszforossav metaphosphorous acid
metafoszforsav metaphosphoric acid
metafoszforsavklorid metaphosphoryl chloride
metagabbró *(földt)* subgabbro
metaindiumsav metaindic acid
metakovasav metasilicic acid
metakril(át)gyanta methacrylic resin
metakromotíp papír metachromotyping paper
metakrómsav metachromic acid
metallofon *(hangt)* metallophone
metallogen(et)ikus *(földt)* metallogen-(et)ic
metallográfia metallography
metallográfiai metallographic ; ~ **mikroszkóp** ore microscope
metalloid *(vegy) l* **félfém**
metallurgia metallurgy ; *l még* **kohászat**
metamangánossav metamanganous acid
metamolibdénsav metamolybdic acid
metamorf *(földt)* metamorphic ; ~ **alapkőzetcsoport** fundamental complex ; ~ **ásvány** allothimorphic mineral ; ~ **zóna** venue
metamorfizált agyag converted clay
metamorfózis *(földt)* metamorphism ; **diszlokációs** ~ dynamic metamorphism
metán *(bány)* fire damp, pit gas ; *(vegy)* methane
metanal methanal, formalin, formaldehyde solution
metánelszívárgás *(bány)* methane escape
metánerjedés methane fermentation
metán-indikátor *(bány)* firedamp detector, methane tester/detector
metánjelzés *(bány)* firedamp alarm
metánjelző *(bány)* methanophone ; *l még* **metán-indikátor** ; ~ **lámpa** *(bány)* warning lamp ; ~ **tábla** *(bány)* fire board
metánkifúvás *(bány)* bleeding
metánkifúvó *(bány)* methane blower
metánkiválás *(bány)* issue of firedamp
metanol wood/pyroxylic spirit, methane alcohol, hydroxymethane, methanol
metánsorozat methane series
metánüreg *(bány)* methane pocket
metaólomsav metaplumbic acid
metaónsav metastannic acid
metaplumbát metaplumbate
metasav *(vegy)* meta-acid
metastabilis *(mech, vegy)* metastable ; ~ **állapot** metastable state
metaszénsav metacarbonic acid
metaszilikát metasilicate
metaszomatikus *(földt)* metasomatic ; ~ **érctest** *v* **ércelőfordulás** replacement orebody ; ~ **telepek** replacement deposits
metaszomatózis *(földt)* metasomatism
metasztibnit *(ásv)* metastibnite
metatitanát metatitanate
metatitánsav metatitanic acid
metavanadát metavanadate
metavanádiumsav metavanadic acid
meta-vegyület meta-compound
metavolframát metatungstate
metavolfrámsav metatungstic acid

metavoltin *(ásv)* metavoltine
metaxit *(ásv)* metaxite
métely *(bőrhiba)* warble hole
meteorcsóva *(csill)* meteor-train
meteorhullás ionkeltő hatása meteoric ionization
meteorikus *(csill)* meteoric; ~ **vas** *(ásv)* meteoric iron
meteorit *(földt)* meteorite, meteorolite, meteoric stone
meteorkő *(csill)* *l* **meteorit**
meteorográf aerometeorograph, aerograph
meteoroid *(csill)* meteoroid
meteorológia meteorology
meteorológiai meteorologic(al); ~ **ejtőernyő** meteorological parachute; ~ **híradás** meteo message; ~ **jelek** meteorological symbols; ~ **jelentés** meteorological report; ~ **körvonalas térkép** contour chart; ~ **kutató repülés** aeroplane sounding; ~ **repülés** met flight; ~ **számolóléc** aerological slide; ~ **szolgálat** weather service
meteorológus meteorologist
meteorraj *(csill)* (meteor) shower
meteorvas cosmic/meteoric iron
meteorzápor *l* **meteorraj**; ~ **kisugárzáspontja** shower radiant
méter meter; ~**ben kifejezett hossz** meterage
méter- metric
méteráruk *(tex)* yardage goods
méteres hullámok *(rád)* metric waves
méter-gyertya meter-candle
méterhullámok *(rád)* metric waves
méterlépték meter scale
métermenet *(gépt)* metric thread
métermérték metric ga(u)ge
méterrendszer metric system; ~**ben felrakott lépték** meter scale
méterrendszerű metric; ~ **és angol beosztású** graduated in metric and English, M. & E.
méterrúd meter rule
metil *(gyök)* methyl
metilacetát methylacetic ether, methylacetate
metilalkohol *l* **metanol**; ~**lal denaturált alkohol** *(vegy)* methylated spirit
metilamin methylamine
metilamidofenol methylamidophenol
metilbutadién methylbutadiene, isoprene
metilbutanol methylbutanol, methylisopropylcarbinol
metilén *(gyök)* methylene
metilén-ibolya *(színezék)* methylene violet
metilén-kék methylene blue
metilénklorid methylene chloride
metilén-zöld *(színezék)* methylene green
metiletilketonos paraffintalanítás *(ol)* MEK dewaxing
metilezés methylating, methylation
metilfenilketon methyl phenyl ketone, acetophenone, hypnone
metilfenol cresol
metilglikokoll sarcosine
metil-ibolya *(színezék)* methyl violet
metiljodid methyl iodide
metilkarbinol ethyl alcohol, ethanol, hydroxyethane
metil-kaucsuk methyl rubber
metilklorid methyl chloride
metilkovasav silicoacetic acid
metilmerkaptán methyl-hydrosulfide
metilmetakrilát-műgyanta methyl methacrylate resin
metilnarancs methyl orange
metilnarancsfesték *l* **metilnarancs**
metiloranzs *l* **metilnarancs**
metiloranzs-indikátorpapír methylorange test paper
metilpiridin methylpyridine, picoline
metilpropanol (primary) isobutyl alcohol, isopropylcarbinol
metilszalicilát methyl salicylate
metilszulfhidrid methyl-hydrosulphide
metilszulfonál methylsulfonal, trional
metilvörös methyl red
metionin methionine, 3-methylmercapto-1-aminobutyric acid
metol *(fényk, vegy)* metol, methylamidophenol
metol-hidrokinon előhívó *(fényk)* metol-quinone, M. Q.
Meton-ciklus *(csill)* metonic cycle
metoxilgyök methoxy group
metrikus metric; ~ **csavarmenet** metric (screw) thread; ~ **fonalszámozás** *(tex)* metric count/No.; ~ **lépték** metric scale; ~ **lóerő** *(75 mkg/mp)* metric horsepower; ~ **menet** *l* **metrikus csavarmenet**; ~ **méret** metric measure; ~ **modulus** *(fogaskerékosztásnál)* metric module pitch; m. m. p.; ~ **órásmenet** Thury thread; ~ **tonna** metric ton
metronom metronome
metsz cut away; *(csavarmenetet)* cut; *(vés)* engrave; *(mat)* intersect, meet, cut; *(pa)* slice; **egymást** ~**i** *(mat)* intersect; **egymást** *P* **és** *Q* **pontban metsző** *(mat)* intersecting in *P* and *Q*; **ferdén** ~ *(ép)* scarf; **keresztalakban** ~ decussate; **menetet** ~ cut a trhead; **a vonalat** *M* **pontban metsző körív** *(mat)* an arc cutting the line in *M*
metszék *(mat)* intercept, segment
metszés (inter)section, cut, scission, engraving, slash; *(óra)* stippling; *(könyvön)* edge; *[kristályé; távk]* cut; **egyszerű** ~ *(könyvön)* cut edges; **fésűvel készített márványozott** ~ *(könyvön)* edges marbled with (the use of) a comb
metszésfényesítő *fn* burnisher
metszéspont *(mat)* (point of) intersection; *(geod)* fix; **több sík** ~**ja** summit
metszésvonal line of intersection
metszet section, (cut) away; *(réz-, fa-)* cut, engraving; ~**ben ábrázol** profile; **alapvonallal párhuzamos** ~ basal section; **főtengelyre merőleges** ~ basal section; ~**et készít** section; ~ **síkja** section plane; **tengelyen átmenő** ~ *(gépt)* axial plane; **vázlatos** ~ diagrammatical section; **X-Y** ~ section through X—Y
metszetes ábrázolás outaway view
metszetnyomó *fn* steel printer; ~ **festék** engraving ink
metszetnyomtatás die stamping
metszetrajz sectional drawing/view, cutaway view
metszett: ~ **fog** *(forg, gépt)* cut tooth; ~ **menet** *(forg)* cut thread; ~ **nyomólemez** *(nyomda)* stamp; ~ **vékony lapos parafadugó** shive
metszetvágó kés *(mikroszkóphoz)* section rasor/cutter
metsző *mn* cutting; *(mat)* intersecting; *fn (fa, film)* cutter; *(mat)* secant; ~ **alsóvágó** bottom chisel; **egymást** ~ intersecting
metszőcsúcs cutting stylus
metsződés crossing, intersection
metszőél cutting edge/lip
metszőér *(bány)* counter-lode
metszőgép *[metszet készítésére]* microtome
metszőkerék *(forg)* pinion cutter
metszőkés *(mzg)* pruning knife
metszőkorong lap
metszőpofa *(forg)* incisor
metszőpont *(földt)* tye; *(mat)* point of intersection
metszősík *(földt)* cleavage plane; *(mat)* section plane, plane of truncation
metszőszög *(forg)* true cutting angle *(UK)*; cutting angle *(US)*
metszőtárcsa *[üvegvágáshoz]* friction saw
mexikói onix *(ásv)* *l* **onixmárvány**
meymacit *(ásv)* meymacite
mezei: ~ **út** rural road; ~ **vasút** field railway
mezei-nyúlbőr hareskin
mézga *(fa)* gum; **arab** ~ acacia gum
mézgásodás *(fa)* gummosis
mezitit *(ásv)* mesitite
mézkő *(ásv)* *l* **mellit**
mezo- *(vegy)* meso-, ms
mezoborkősav mesotartaric acid
mezoklíma mesoclimate
mezokratikus *(földt)* mesocratic
mezolit *(ásv)* mesolite
mezoméria *(vegy)* mesomerism
mezometilénszén *(vegy)* mesomethylene carbon
mezon *(at)* meson
mezoszféra *(met)* mesosphere; ~ **felső határa** mesopause
mezosztázis *(földt)* interstitial material
mezotermális *(földt)* mesothermal
mezotórium mesothorium
mezotron *(rád)* mesotron, dynatron
mezozoikum *(földt)* Mesozoic era
mezozoikus *(földt)* mesozoic; ~ **korszak élővilága** intermediate life; ~ **kőzetek** meso rocks
mezozóna *(földt)* mesozone
mező *(bány)* territory; *(ép)* bay, slide; *(ép, fa)* panel, pane; *(mzg)* plain; *(nyomda)* step; *(telev)* frame; *(erőtér; vill)* field; ~**ben** afield; ~**be befelé haladó művelés** *(bány)* full advance; ~ **beomlasztása** *(bány)* block caving; **célrepülést irányító** ~ bearing field; **csillapított** ~ *(vill)* attenuated field; **fejtésre előkészített** ~ *(bány)* block; ~**be haladó fejtés** *(bány)* working out; ~ **határa felé haladó fejtés** *(bány)* following-up system; **keskeny** ~ strip; ~**kre oszt** *(ép, fa)* panel, pane; ~**kre osztott rácsostartó** *(ép)* panel girder; **szélső** ~ *(ép)* end bay; **üres** ~ *(film)* blank film; **váltakozó áramú** ~ alternating current field
mezőegyenlet *(vill)* field equation
mezőeloszlás *(vill)* field strength distribution
mezőeltérés korrekciója *(távk)* anti-barrelling
mezőgazdasági agricultural; ~ **épület** barn; ~ **gépek** agricultural machinery; ~ **gépészet** agricultural engineering; ~ **hulladék** *(pa)* agricultural residue; ~ **központ** *(városépítés)* agricultural centre; ~ **technika** agricultural engineering; ~ **város** agri-

cultural town (with more than 50% of the population engaged in agriculture); **villamos ~ berendezés** electrical agricultural equipment; **~ vontató** farm tractor
mezőgörbület *(vill)* curvature of field
mezőgyengítés *(vill)* field weakening/reduction
mezőkiválasztás *(vill)* field selection
mezőmágnes *(vill)* field magnet
mezőny-határjel *(rep)* strip marker
mezőny-küszöbfény *(rep)* range light(s)
mezőségi : ~ talaj grassland soil; **~ talaj** *(mesterséges beavatkozással)* **megzavart állapota** agropedic state
mező-szétbontás *(vill)* class selection
mezőtorzításból eredő hiba *(iránymérésnél)* field alignment error
mezőváros agriculturral town
mezőzöld *(festék)* *l* **schweinfurti zöld**
mézpergető gép *(élip)* honey extractor
mezzotintó *(nyomda)* mezzotint
miargirit *(ásv)* miargyrite
micarell *(ásv)* micarelle
Micsagin-féle réselés *(bány)* burnt cut
miersit *(ásv)* miersite
miesit *(ásv)* miesite
migmatitok *(földt)* migmatites
mikanit moulded mica, micanite
mikanit-cső *(vill)* micanite tube
mikanit-vászon *(vill)* micanite linen
mikarta micarta
mikrát *(fényk)* micrate
mikro- micro-, mu-
mikroamper *(vill)* microampere
mikroampermérő *(vill)* microammeter
mikroanalízis *(vegy)* microanalysis; **~hez alkalmas vegyszer** microanalytical reagent, M. A. R.
mikrobar *(hangt)* microbar
mikrobarográf *(met)* microbarograph
mikrobüretta *(vegy)* microburet(te)
mikrocelluláris talplemez *(cipő)* microcellular soling sheet
mikrocurie *(at, fiz)* microcurie
mikrocsapadék *(met)* microprecipitation
mikrodiakamera *(fényk)* microslide camera
mikroégő microburner
mikroelemzés *(vegy)* microanalysis
mikro-érdesség *(gépt)* micro-roughness
mikrofarad *(rád)* microfarad, μ F, μF
mikrofelvevő gép *(fényk)* micro camera
mikrofelzites *(földt)* microfelsitic
mikrofényképészet microphotography
mikrofényképészeti berendezés photomicrographic apparatus
mikrofényképező : ~ gép micro camera; **~ gép film-nyersanyaga** micro film
mikrofénymérő *(szính)* microdensitometer
mikrofilm-diapozitív microfilm slide
mikro-filmezés motion photomicrography
mikrofilm-felvevő gép microfilm camera
mikrofilmkép microcopy
mikrofilm-olvasó microfilm reader
mikrofilm-tartó doboz pill box
mikrofilm-vetítő *fn* microfilm projector
mikrofolyás *(anyagv)* micro-flow
mikrofon microphone, (telephone) transmitter; **elektronikus** *(vákuumcsöves)* **~** electronic microphone; **ellenütemű ~** push-pull microphone; **gyűrűs ~** ring microphone; **hődrótos ~** hot-wire microphone; **irányított ~** directional microphone; **~ irányítottsága** microphone direction; **kétoldali irányított ~** bidirectional microphone; **kettős irányított ~** cardioid microphone; **kondenzátoros ~** condenser microphone; **kontakt ~** carbon/contact microphone; **kristályos ~** crystal microphone; **lágyvasas ~** moving-iron microphone; **lengőtekercses ~** moving-coil microphone; **nyakba akasztható ~** *(rád)* breast transmitter; **piezovillamos ~** piezoelectric microphone; **száj előtti ~** close-talking microphone; **szalagos ~** ribbon/band microphone; **szénporos ~** carbon granule microphone; **~on továbbít** microphone
mikrofon-adapter microphone adapter
mikrofonállvány microphone holder/stand/boom
mikrofonáram microphone current
mikrofonáramkör microphone/microphonic current/circuit
mikrofonárnyékolás microphone screening
mikrofonátvitel-jelleggörbe microphone response
mikrofonberregő *fn* microphone buzzer
mikrofon-csatlakozó *fn* microphone adapter
mikrofoncsatoló traszformátor microphone transformer
mikrofon-csoport line microphone
mikrofondugattyú *(szénmikrofonban)* plunger
mikrofonegység *(rád)* microphone unit
mikrofon-előerősítő *fn* microphone preamplifier
mikrofonemelő állvány microphone elevator
mikrofonerősítő *fn* microphone amplifier, speech amplifier
mikrofonfedő *fn* mouthpiece
mikrofonhatás microphone effect
mikrofonhibás *(rád)* microphonic
mikrofónia *(rád)* *l* **hangérzékenység**
mikrofóniamentes *(rád)* anti-microphonic
mikrofonicitás *(rád)* *l* **hangérzékenység**
mikrofonikus *(rád)* *l* **hangérzékeny**; *(cső; rád)* microphonic (tube)
mikrofonitás *(rád)* *l* **hangérzékenység**
mikrofon-jelleggörbe *(hangt)* microphone response curve
mikrofonkábel microphone cable
mikrofonmembrán microphone diaphragm
mikrofonosság *(rád)* *l* **hangérzékenység**
mikrofon-rendszerű geofon-felvevő microphone detector
mikrofonsuhogás *(rád)* microphone hiss
mikrofonszénszemcse *(rád)* granular carbon
mikrofontápláló áramforrás speaking current supply
mikrofontartó *fn* microphone holder/stand/boom; **~ rúd** microphone boom
mikrofon-tengelyvonal microphone axis
mikrofon-tok microphone housing, diaphragm case
mikrofontölcsér mouthpiece
mikrofonzaj frying, transmitter noise, burning
mikrofonzavar microphone disturbances
mikrofonzümmögő *fn (rád)* microphone hummer
mikrofotográfia micro(photo)graphy, photomicrography
mikrofotográfiai eljárás micro-work
mikrofotogram photomicrograph
mikrofotométer microphotometer
mikrográf micrograph
mikrográfiai micrographic
mikrohenry *(vill)* microhenry, μH, *uH*
mikrohullám microwave, ultra-high frequency
mikrohullám-frekvenciamérő interferometer
mikrohullám-spektroszkópia microwave spectroscopy
mikrohullám-tartomány microwave region
mikrohullámtechnika micronics
mikrohullámú : ~ adó micro-wave transmitter; **~ adó trióda** micro-ray oscillator tube; **~ csatorna** *(rád)* microwave channel; **~ sávhelyzet-indikátor** microwave zone position indicator, M. Z. P. I.; **~ sávirányadó** *(rep)* microwave localiser
mikroidőmérő micro-chronometer
mikrokamera *(fényk)* micrograph
mikrokapcsoló *(vill)* microswitch
mikrokemence micro-furnace
mikrokeménység *(anyagv)* microhardness
mikrokeménység-vizsgálat *(anyagv)* microindentation tests
mikrokémiai : ~ (analitikai) készülék microchemical apparatus; **~ kicsapás** microprecipitation
mikroklin *(ásv)* microcline
mikroklinalbit *(ásv)* *l* **anortoklász**
mikrokondezátor *(vill)* billi-condenser
mikrokorrózió *(anyagv)* microcorrosion
mikrokozmikus microcosmic
mikrokozmosz microcosm
mikrokristályos microcrystalline; **~ paraffin** *(képlékeny)* amorphous wax
mikrokutatás microexamination
mikroleolvasó készülék *(film)* micro slide reader
mikrolit *(ásv)* microlite, microlith
mikromanipulátor *(vill)* micromanipulator
mikromanométer micropressure-ga(u)ge
mikromásolási eljárás *(fényk)* micro printing process
mikromásolat *(fényk)* microprint
mikromax hőszabályozó micromax controller
mikro-meghatározás microdetermination
mikromérleg microbalance
mikrométer screw gauge, micrometer (caliper); **csőfuratmérő ~** *(fúrórúd eltávolítása nélkül)* over-the-bar inside micrometer; **fogmérő ~** gear-tooth micrometer; **furatmérő ~** inside micrometer; **~ holtmenete** run of the micrometer; **ívskálával ~** clock dial micrometer; **külső ~** outside micrometer; **mérőórás ~** micrometer with dial indicator; **~rel szabályozott szikraköz** *(vill)* micrometer spark gap; **tengelymérő ~** outside micrometer; **~ (vékonylemez és) papír méréséhez** micrometer caliper paper ga(u)ge
mikrométer beállítás micrometer adjustment
mikrométer-beállítású : ~ feszítő hengertok *(forg, gépt)* micrometer spacer; **~ köz** *(vill)* micrometer gap
mikrométercsavar micrometer/micrometrical screw, tangent screw

mikrométeres : ~ beállító *(gépt)* microadjuster ; **~ előtolás** *(forg)* micrometer feed ; **~ fej** micrometer head ; **~ idomszer** micrometer caliper ga(u)ge ; **~ mérő szerkezet** micrometer ga(u)ge ; **~ ütköző** *(forg, gépt)* micrometric/micrometer stop
mikrométer-kaliber-állvány micrometer caliper hold
mikrométer-körskála micrometer dial
mikrométer-leolvasás micrometer reading
mikrométer-mélységmérő *fn* micrometer depth ga(u)ge
mikrométer-okulár micrometer eyepiece
mikrométer-szikraköz *(vill)* micrometric(al) spark discharger
mikrométer-tűmérték micrometer caliper ga(u)ge
mikrometszet *(mikroszkópba)* microsection
mikromho *(vill)* micromho
mikromikron micromicron
mikromódszer micromethod
mikro-mozgófényképezés cine-micrography
mikron *(mérték)* micron *(jele ; μ)*
mikroohm *(vill)* microohm
mikropertit *(ásv)* microperthite
mikropetrográfia micropetrography
mikropipetta *(vegy)* micropipet(te)
mikropórusos *(gumi)* microporous ; **~ éksarok** *(cipő)* porocrepe
mikro-redőzöttség microplication
mikrorepedés *(anyagv)* tiny crack
mikroröntgenográfia microradiography
mikrosiemens *(vill)* micromho
mikro-síkfilm micro sheetfilm
mikrosommit *(ásv)* microsommite
mikrospektrográfia microspectrography
mikrostruktúra fine texture, microstructure
mikro-sugár micro-ray
mikroszeizmikus *(földt)* microseismic ; **~ rengés** microseism
mikroszféra *(földt)* microsphere
mikroszínképelemzés microspectrography
mikroszkóp microscope ; **iskolai ~** class microscope ; **~ látómezeje** microscopic(al) field ; **~ mikrométeres tárgyasztala** micrometer stage
mikroszkópállvány alatti gyűjtőlencse condensing sub-stage
mikroszkóp-asztal microscope stage
mikroszkópcső neck
mikroszkóp-fedőlemez cover-glass
mikroszkópfényképészet photomicrography
mikroszkópikus microscopic(al) ; **~an fluidális szövetű** microfluidal ; **~ kicsinységű meteorit** micrometeorite ; **~ mozgóképfelvétel** microcinematography ; **~ piritzárványok** *(ásv)* microscopic(al) pyrite ; **~ vizsgálat** microscopic examination
mikroszkóp-kondenzor (lencse) substage condenser
mikroszkóp-oldalcső side neck
mikroszkóp-segédalátét substage
mikroszkóp-szemlencse microscope ocular
mikroszkóp-tárgylemez microscope slide
mikro-szövetszerkezet *(anyagv)* microstructure
mikrosztát *(fényk)* microprint
mikrosztátvetítő *fn* *(fékyk)* microstat camera reader
mikrotelefon microtelephone, transmitter-receiver
mikrotóm *(mikroszkóphoz)* microtome, section cutter
mikrovetítő gép *(fényk)* microslide camera
mikro-vizsgálat micro(-)examination
mikrovolt microvolt, μV
mikrovolt-mérő microvolt(met)er
mikrowatt microwatt
milarit *(ásv)* milarite
Miller-effektus *(rád)* Miller effect
millerainizált szövetek *(tex)* millerainized fabrics
Miller-hatás *(rád)* Miller effect
millerit *(ásv)* millerite, capillary pyrites
Miller-mérőhíd *(rád)* Miller bridge
milliárd *(mat)* milliard ; billion *(US)*
milliamper milliampere
milliampermérő *(vill)* milliammeter
millibar millibar
millicurie *(at)* millicurie
millidarcy millidarcy
millifot *(fényk)* milliphot
milligal *(fiz)* milligal
milligramm milligram(me)
millihenry millihenry
milliliter millilitre
millimásodperc millisecond
milliméter millimeter
milliméter-nyomópapír sectional printing-paper
milliméterpapír millimeter/scale/graph/coordinate paper
millimikron millimicron
milliohm milliohm
milliomod hüvelyk microinch'
millivolt millivolt
millivolt-amper-mérő *(vill)* millivoltammeter
millivoltmérő *(vill)* millivoltmeter
milliwatt *(vill)* milliwatt
Millon-féle bázis *v* **kémszer** *v* **reagens** *(vegy)* Millon's base
milpoén minta *(tex)* mille point
milonit *(földt)* mylonite
milonitos szerkezet *(földt)* pressure texture
miloschin *(ásv)* miloschite
mimetezit *(ásv)* mimet(es)ite
mimetikus *[iker ; ásv]* mimetic
mimetit *(ásv)* *l* **mimetezit**
mimózakéreg *(bőr)* mimosa/wattle bark
minasragrit *(ásv)* minasragrite
mindel *(földt)* Mindelian ; **~ eljegesedés** *(földt)* Mindelian glacial stage
minden : ~t áteresztő *(rád)* all-pass ; **~ irányú antenna** non-directional/directive antenna ; **~t iszapoló eljárás** *(koh)* all-sliming process ; **~ vagy semmi rugó** *(ütőórában)* all-or--nothing piece
mineralizáció mineralization ; **~ előtt keletkezett** premineral ; **~ után keletkező** postmineral
mineralógia mineralogy
mineralógus mineralogist
minette *(ásv)* minette (ore)
miniatűr miniature, midget ; **~ csatlakozó** *(rád)* baby net-connector, B. N. C. ; **~ cső** *(rád)* miniature tube ; **~ fényképészet** candid photography ; **~ hordozható adó-vevő készülék** *(rád)* handie-talkie, walkie-talkie set ; **~ kapcsoló** *(vill)* microswitch ; **~ száraztelep** *(rád)* compact battery ; **~ vákuum-kondenzátor** *(rád)* walnut capacitor
minikolor eljárás *(fényk)* minicolour process
minimális minimum, zero ; *l még* **minimum-** ; **~ feszültségű jel vétele** *(rád)* minimum reception ; **~ nyomás** blank--off pressure ; **~ űrszelvény** *(vasút)* minimum fixed structure
minimál-kioldó *l* **feszültséghiánykioldó**
minimálwatt-kioldó *(teljesítményhiánykioltó)* underload/no-load release
minimum *(mat)* minimum ; **~ra csökkent** minimize
minimumáram *(vill)* valley current
minimum-beállító *fn* *(rád)* nodalizer
minimum-élesítés *(rád, rep)* zero sharpening/cleaning
minimum-inga *(fiz)* minimum pendulum
minimum-jellemzők *(mat)* minimum characteristics
minimumkereső iránymérő *(rep)* zero-/null-type direction finder
miniszterpapír chancery/official/royal paper
minium *(ásv, festék)* minium, red lead
miniumkészítő *fn* drosser
minor *(mat)* minor
minőség quality ; *(acélé)* grade, type ; *(fajta)* kind, sort ; *(osztály)* class ; *(fok[ozat])* grade ; *(illesztésnél)* grade of fit ; *(aktív értelemben ; rád)* performance ; *(1 sodrat hossza angol hüvelykben ; tex)* quality ; **~ csökkenése** lowering of quality ; **~ javítása** refinement ; **~ meghatározó** qualitative ; **szabványostól kissé eltérő ~ú** *(tex)* nominal ; **~ szerinti osztály** standard
minőségi *(minőségbeli)* qualitative ; *(kiváló minőségű, finom)* high quality, high-grade, fine, refined ; **~ elemzés** *(vegy)* qualitative analysis ; **~ előírás** speoification of quality ; **~ eltérés** *(műszaki követelményektől)* deviation of quality ; **~ kifogás miatti kártérítési igény** warranty claim for defect ; **~leg meghiányolt fűrészfa** refuse timber ; **~ mérés** observational measurement ; **~ mutatószám** quality index, figure of merit ; **~ osztály** *(ol)* grade ; **~ tényező** factor of merit ; **~ veszteség** off-quality loss
minőségjavító adalékanyag *(koh)* curative agent
minőség-romlás falling off in quality
minőségvizsgáló kemence *(koh)* assay furnace
minősít qualify, assort, class(ify)
minősítés qualification, rate, degree, grade
minősítetlen unqualified
minősítő *fn* *(tex)* classer
minősül qualify
minta sample, standard ; *(alak)* shape, form ; *(modell)* model, replica, norm ; *(sablon)* template, templet ; *l még* **mintadarab** ; *(anyagv)* assay *is* ; *(önt)* pattern ; *(tex)* pattern, sample ; **~ benyomása az öntőhomokba** *(önt)* rapping-in of pattern ; **~ felosztása** *(tex)* doing up the sketch ; **jellemző ~** representative sample ; **kiváló ~** *(bány)* high assay ; **kockás ~** check pattern ; **kötélfúrással nyert ~** bailer sample ; **~ lejáró része** *(önt)* loose part of pattern ; **mintának megfelelő** *[bőr]* true to type ; **~ nélküli sima szövet** *(tex)* plain cloth ; **nyomott ~**

(tex) embossing; ~ **szerint kialakított** shaped to pattern; **találomra vett** ~ *(anyagv)* random sample; **talpfakapacsoló** ~ adzing ga(u)ge; **többszörös** ~ *(önt)* multiple pattern; **mintát vesz** sample
mintaállvány *(ép)* scaffolding, formwork, false work; *(bány)* arch centre
mintaasztalos *(önt)* patternmaker; ~ **esztergapad** patternmaker's lathe; ~ **műhely** pattern shop
mintaasztalosság *(önt)* *(szakma)* pattern making; *(üzemrész)* wood pattern shop
mintababa mock-up
mintabefűző (munkás) *(tex)* reader-in
mintaberendezés replica plant
mintabeszegő készülék cipőfelsőrészmintához *(kézi)* binding machine
mintabeütő szerszám pattern punch
mintacipő sample shoe
mintacsíkosság *(tex)* pattern streak
mintadarab specimen, sample piece
mintadeszka *(ép, önt)* profile board, template
mintadísz design
mintaelem *(tex)* (pattern/weaving) repeat, design element/unit, motif; ~ **nagysága** *(tex)* size of repeat; ~**eket összekötő szál** *(csipkében)* pillow-bar
minta(elem)-rajzoló *(tex)* draughtsman, fabric stylist
mintaelemsorozat *(tex)* round of pattern
mintaerdészet instruction forest
mintaesztergályos *(önt)* pattern turner
mintafelosztó hálórajz *(tex)* trace of the sketch
mintafelragasztó *(tex)* sample maker-up
mintaferdülés *(tex)* bow
mintaformázás *(önt)* pattern mo(u)lding
mintagép prototype, machine sample
mintagyár replica plant
mintagyűjtemény assortment, sample collection
mintahordó edény *(bány)* sample container
mintaismétlődés *(tex)* repeat of design, round/repeat of pattern
mintaív *(ép)* centering, stringer, template; **útkorona-domborító** ~ backsloper
mintaív-leszerelés *(ép)* incentering
mintakarton *(pa)* model/pattern board
mintakarton-papír paper for pattern cards
mintakártya *(tex)* pattern card; **mintakártyák száma** *(tex)* number of cards to a pattern
mintakártyakarton (card)board for sample cards
mintakártya-továbbító bütyök *(Jacquard-gépen; tex)* Jacquard transfer cam
mintakártyapapír paper for sample cards
mintakészítés *(önt)* pattern-making; *(vegy)* master batching; **faanyag** ~**hez** *(önt)* pattern lumber
mintakészítő *fn* modelist; *(önt)* pattern maker
mintakiemelő horog *(önt)* draw-nail, draw-hook, lifting iron
mintakihúzás *(önt)* pattern draw
mintakönyv specimen
mintakúposság *(önt)* taper of pattern
mintakvartálás sample quartering
mintalap *(önt)* mo(u)lding plate
mintalazítás *(önt)* rapping of pattern in the mould
mintalazító kalapács mo(u)lder's hammer
mintalemez *(kivágott rajzú)* stencil
mintalevonatkészítő *(nyomda)* prover
mintamásoló gép *(tex)* card-repeating machine
mintaméret *(önt)* pattern size
mintamező *(kh)* pattern area, patterning capacity
mintaműszer reference instrument
mintanegyedelés sample quartering
mintanyomat *(fényk)* master-print
mintanyomó : ~ **dúc** *(nyomda)* pattern-printing block; ~**gép** *(tex)* printing machine; ~ **henger** dessinier rolling mill
mintaoldal *(nyomda)* specimen page
mintaoldatkészítés *(vegy)* master batching
mintaosztás *(bány)* sample reducing
mintaosztó lemez *(önt)* splitting plate
mintaőrlő malom *(bány)* sampling mill
mintaösszeállítás set
mintapálca *l* **próbapálca**
mintapapír *(tex)* point/cartridge paper; ~ **vastag vonalai** *(tex)* bars of the point paper
mintapéldány proof sample, specimen; *(gépé)* prototype; *(nyomda)* advance sheets
mintarajz *(tex)* (point paper) design
mintarajzoló *v* **-tervező** *(tex)* designer, desinier, sketcher
mintarajzpapír *(tex)* graph chart/paper square design paper
mintaraktár *(önt)* pattern store
mintaredukálás sample splitting
mintás figured, fancy; *[kötés, szövés]* fancy; ~ **áruk** figured goods; ~ **befűzés** *(tex)* fancy pass; ~ **csipke alapszövete** *(tex)* treille; ~, **egytűsoros kötés** *(kh)* fancy jersey; ~ **fa** veined wood; ~ **festés sima hengernyomással** slop padding; *(tex)* ~ **furnír** figured veneer; ~ **(Jacquard-) szövet** fancy cloth; ~ **kötés** *(tex)* figured weave; ~ **lenszövet** figured linen; ~ **nyomás** *(nyomda)* goffering; ~ **préskerék** *(tex)* tuck presser; ~ **rajzolatú faanyag** figured wood; ~ **szövés** *(tex)* pattern/fancy weaving; ~ **szövet** figured cloth/fabric; ~ **téglakötés** *(ép)* decorative bond; ~ **törtsávoly** *(tex)* interlocking twill; ~ **üveg** figured/hammered glass
mintasablon template
mintasajtoló lemez *(bőr)* grooved plate
mintasorozat-készítés *(cipőfelsőrészé)* grading
mintásprés *(tex)* jack presser
mintástüll-szövőszék fancy net machine
mintaszámozás sample indexing
mintaszedő *fn* tester; ~ **fúró** *(bány)* sample cutter; ~ **vályú** *(bány)* sampling channel
mintaszerszám master tool
mintatervező *fn* *(tex)* fabric stylist
mintaüzem representative plant
mintavágó olló *(bőr)* pattern shears
mintavédelem copyright in design, design protection
mintavétel sampling; ~ **árkokkal** *(bány)* trench sampling; ~ **átlapátolással** shovel sampling; ~ **a fekűből** *(bány)* floor sampling; ~ **a fúrólyukból** *(bány)* subsurface sampling; ~ **fúróval** borings sampling; ~ **kutatóárokból** *(bány)* trench sampling; ~ **kutatóaknából** pit sampling; ~ **a külszínen** *(bány)* surface sampling; ~ **lapáttal** grab sampling; ~ **szénből** coal sampling
mintavételező sampler; ~ **cső** *(koh)* sampler tube/pipe
mintavételi hiba sampling error
mintavevő *fn* sampler, prover; *(bány, koh)* sampler, riffle, cutter; *(ol)* thief (tube); ~ **fúrófej** sampling spoon
mintáz mo(u)ld, model, fashion, shape; **nyomtatással** ~ *(tex)* print
mintazacskó *(pa)* sample bag
mintazacskó-papír sample bag paper
mintázás model(l)ing, design, forming, figuring; ~ **bélelőfonallal** *(tex)* ornamenting by the backing thread; **rombusz alakú** ~ *(recézésnél)* diamond pattern; ~ **talajban** *(önt)* floor work
mintázat *l* **mintázás, minta**; **domború** ~ **préselése** *(gumi)* embossing; **eltolt** *v* **sakktáblaszerű** ~ checkerwork; **felületi** ~ *(gumi)* bossing; **ismétlődő** ~ *(tex)* diaper
mintázatlan plain
mintázatos fa figured wood
mintázó *fn* shaper, modelist, former, modeller; *(mintaasztalosé)* knife scriber; ~ **gumihenger** *(pa)* patterned rubber-roller; ~ **kalander** *(pa)* embossing/gauffering machine/calender, embosser; *(tex)* embossing calender; ~ **kalapács** pane hammer; ~ **simítógép** *(pa)* embossing calander; ~ **vetülék** *(tex)* figuring weft
mintázódob *(kh)* pattern drum
mintázógép *(nyomóhenger készítéséhez; tex)* figuring/thrilling machine, stuffer
mintázóhenger *(tex)* pattern/thrilling drum; ~ **villás tartója** *(tex)* thrilling tool
mintázóhenger-előírás *v* **-kiírás** *(kh)* writing of a pattern wheel set-up
mintázókerék *(kh)* trick/pattern/design wheel
mintázókeret *(önt)* pattern frame
mintázókés plasterers' tool
mintázólánc *(tex)* binding/pattern warp/chain
mintázólap pattern plate
mintázónemez *(pa)* ribbing/marking felt
mintázópapír stitching paper
mintázószék *(tex)* simple loom
mintázott *l* **még mintás**; ~ **futófelület** *(gumiköpenyé)* patterned tread; ~ **láncripsz** *(tex)* broken rib; ~ **pikészövet** toilet cloth; ~ **papír** pattern-(ed)/designed paper; ~ **selyempapír** patterned tissue
mínusz *(mat)* minus
mínusz-előjel negative sign
mínuszjel *(nyomda)* minus
mínusz-plusz *(mat)* minus or plus
miocén *(földt)* Miocene epoch/series/system
miogén *(vegy)* myogen
mioglobin *(vegy)* myoglobin
miozimáz *(vegy)* myozymase
miozin *(vegy)* myosin
mirabilit *(ásv)* *l* **glaubersó**
mirbánolaj *(vegy)* oil of Mirbane, nitrobenzene, mirban essence

mirialiter myrialiter
miriaméter myriametre
miricilalkohol myricyl alcohol
mirisztinsav myristic acid
mirmekit *(ásv)* myrmekite
mirrhafűolaj *(vegy)* oil of chenopodium, American wormseed oil
mirtusz-zöld *(festék)* myrtle green
misenit *(ásv)* misenite
Mitis-zöld *(festék)* Mitis green
mitnémer *l* **menesztő**
Mitscherlich-cellulóz *(pa)* Mitscherlich pulp
Mitscherlich-eljárás *(pa)* Mitscherlich process
mixit *(ásv)* mixite
mixtúra *(hangt)* mixture, furniture
mizzonit *(ásv)* mizzonite
M-jelű tábla *(vasút)* stop sign
moaré *(nyomda)* interference pattern; *(nedvesített és préselt; tex)* watered; *fn (tex)* clouded stuff; ~ **kikészítés** *(tex)* water finishing
moaré-karton *(pa)* moiré board
moaré-kikészítés *(tex)* water marked finish, moiré finish
moaré-minta *(tex)* water design
moaré-papír moiré paper
moarészalag *(tex)* clouded ribbon
moaré-színezés *(tex)* moirée
moaré-szövet clouded stuff, moiré
moaréz *(tex)* cloud, water, moiré
moarézás *(tex)* watering, moireing
moaríroz *(tex)* *l* **moaréz**
mobil *l* **hordozható** *és* **mozgó**
mocsár moor, fen, bog, marshland, suds, slough, sump, swamp
mocsaras boggy, marshy, paludal; ~ **hely** *l* **mocsár**; ~ **holtág** *(hidr)* oxbow swamp; ~ **mélyedés** slashes; ~ **talaj** slough, everglade; ~ **terület** moorland, slew
mocsárérc *(ásv)* bog iron ore, swamp/morass ore
mocsárérctest *v* **-tömeg** *(ásv)* bog body
mocsárgáz methane; *l még* **metán**
mocsárjáró traktor marshland tractor, marsh buggy
mocsárló vizek *(hidr)* stagnant waters
mód *(mat, mech)* mode; **magasabb rezgési** ~ higher-order mode
modális *(mat)* modal; ~ **elemi-szálhossz** *(tex)* modal staple
modell model, style, pattern; *l még* **minta, kisminta**
modell-állás *(fényk)* posing
modellgipsz Paris plaster
modellkarton *(pa)* form board
modellkísérlet model test
modell-lemez *(pa)* mo(u)ld board
modellraktár *(önt)* pattern loft/store
moderátor *(gépt)* moderator
modifikálás *(koh)* *l* **módosítás**
„módli"-nyomás *(tex)* hand-block printing
módlinyomású áruk *(tex)* hand-blocked fabrics
módosít modify
módosítás modification; *(változat)* version, variant, mark; *(gépt)* gear ratio; **gyorsító** ~ gear-up ratio; **lassító** ~ gear/step-down ratio, reduction ratio
módosító reagens *(vegy)* modifyer, modificator, modifying reagent
módosított angol téglakötés *(ép)* modified English bond
módosulat modification
moduláció *(fényt, vill)* modulation; *l* **frekvenciaáttevés** *is*; **abszorpciós** ~ *(rád)* absorption modulation/control; **fázisszabályozó** ~ outphasing modulation; **fojtótekercses** ~ choke modulation; ~ **foka** degree of modulation; ~ **hatásfoka** modulation efficiency; **Heising-féle** ~ constant-potential modulation; ~ **hiánya** absence of modulation; **kis teljesítményű** ~ *(rád)* low-level modulation; **kis szintű** ~ *(rád, távk)* low-level modulation; ~ **mélysége** *(rád)* modulation depth; *(frekvencia-modulálásban)* wobble rate; ~ **nagy energiaszinten** *(rád)* high-level modulation; ~ **rácselőfeszültség-változtatással** grid-bias modulation; ~ **sávszélessége** *(rád)* modulation bandwidth; **szaggató** ~ chopper modulation; ~ **százaléka** *(rád)* percentage modulation; ~ **terhelő impedanciával** *(rád)* load impedance modulation; ~ **vastelítéssel** *(rád)* modulation due to iron saturation
moduláció-ellenőrző (műszer) *(rád)* modulation monitor
modulációfeszültség modulation voltage
modulációfok depth of modulation
modulációfokmérő *fn (rád)* modulation meter
modulációfrekvencia modulation frequency
modulációhiány absence of modulation
modulációjelző *fn* modulation monitor
modulációmélység degree of modulation
modulációmennyiség *(rád)* percentage modulation
modulációmérő *fn (rád)* modulation factor meter
modulációnélküliség *(rád)* absence of modulation
modulációs: ~ **burkológörbe** *(rád)* modulation envelope; ~ **eljárás** *(rád, táv)* method of modulation; ~ **energia szóródása** *(rád)* spread of the modulation energy; ~ **fojtótekercs** *(rád)* modulation reactor; ~ **fok** *v* **mélység** *(rád)* modulation index; ~ **frekvencia** modulation frequency; ~ **frekvencia és vivő-frekvencia viszonya** *(rád)* modulation-frequency ratio; ~ **index** modulation index; ~ **jelleggörbe** *v* **karakterisztika** modulation characteristic; ~ **köz** *(rád)* modulation gap; ~ **mélypont** *(rád)* modulation trough; ~ **mélység** *(vill)* depth of modulation; ~ **mélységmérő** *fn (rád)* percentage modulation meter; ~ **mérés** *(rád)* modulation measurement; ~ **rendszer** *(rád)* modulation system; ~ **sávszélesség** *(rád)* modulation bandwidth; ~ **százalék** *(rád)* modulation percentage; ~ **szorzat** *(rád)* modulation product; ~ **tényező** *(rád)* modulation factor/index; ~ **termékek** *(rád)* modulation products; ~ **torzítás** *(rád)* modulation distortion; ~ **transzformátor** *(rád)* modulation transformer; ~ **ütem** *(rád)* modulation rate; ~ **zaj** *(rád)* modulation noise
modulációzaj modulation noise
modulál modulate
modulálás *l* **moduláció**
modulálatlan *(rád)* unmodulated; ~ **hullám** *(rád)* unmodulated wave, type AO wave; ~ **vivő** *(táv)* unmodulated carrier
modulálhatóság *(rád)* modulability; *(torzításmentesen %-ban)* modulation capability
moduláló *mn (rád)* modulating, modulation; ~ **áram** *(rád)* modulating current; ~ **feszültség** *(rád)* modulating voltage/force; ~ **fojtótekercs** *(rád)* modulating choke; ~ **frekvencia** *(rád)* modulation frequency
modulálófrekvencia-tápfeszültség *(rád)* modulation-frequency supply voltage
modulálójel *(rád)* modulating signal
modulálótárcsa interrupter disc
modulálótekercs *(rád)* modulation reactor, modulating choke, modulator coil
modulált: ~ **csillapítatlan hullámok** *(rád)* modulated continuous waves, M. C. W.; **hangfrekvenciával** ~ **fény** modulated light; ~ **impulzus-erősítő** *(rád)* modulated pulse amplifier, M. P. A.; ~ **impulzusú erősítő** *(rád)* modulated pulse amplifier; ~ **nagyfrekvenciás energia** modulated high-frequency energy
moduláris modular; ~ **vetítés** *(fényk)* modular design
modulátor *(rád)* modulator; **ellenütemű** ~ balanced modulator; **kis nyugalmi csillapítású** ~ *(távk)* space-tone modulator; ~ **működése** modulator firing; ~ **utáni fokozat** modulated stage
modulátorcsillapítás *(rád)* conversion/modulation loss
modulátorcső *(rád)* modulator/control valve/tube
modulátor-elektród *(rád)* modulating electrode
modulátorerősítés *(rád)* conversion/modulation gain
modulátorfokozat *(rád)* modulator stage
modulátorkör *(rád)* modulator circuit; *(hangé)* tone circuit
modulátorsávszűrő *fn (rád)* modulator band filter, MBF
modulátor-transzformátor *(rád)* modulation transformer
modulátor-végerősítő *(rád)* modulator driver
modul-fogazás *(forg)* modulus toothing
modulmaró *(forg)* involute gear cutter
modulosztású fogaskerék *(gépt)* metric modull gear
modulusz *(mat)* module; **csúsztató** ~ shear(ing)/transverse modulus, modulus of rigidity; **hajlító (rugalmassági)** ~ bending modulus; **(húzó) rugalmassági** ~ *(mech)* Young's modulus of elasticity; **nyíró** ~ shear(ing)/transverse modulus, modulus of rigidity; **nyomó rugalmassági** ~ modulus of compressibility/compression; **tangenciális** ~ shear(ing)/transverse modulus, modulus of rigidity
moduluszos modular
modul(usz)-rendszer *(ép)* modular system
modus *(mat)* *l* **mód**
moellon *(zsírozóanyag; bőr)* moellon
mofetta *(földt)* effervescent spring
mogyorószén granulated carbon
mohachát *(ásv)* moss agate
mohagumi foam latex, moss rubber
mohair *(tex)* angora, mohair
mohair-szövet *(tex)* mohair

mohaláp highmoor
moher *(tex)* *l* **mohair**
Mohr-féle : ~ **kör** *(mech)* Mohr's circle of stress ; ~ **só** *(vegy)* ammonium ferrous sulfate
Mohr-kapocs *v* **-szorító** *(gépt)* Mohr's clip
Mohs-féle : ~ **(ásvány)keménységi skála** Mohs' hardness scale ; ~ **(karcolási) keménységi szám** *(ásv)* scratch hardness
mokett-szőnyeg *(tex)* moquette
mokkakő *(ásv)* mocha stone
mól *(vegy)* mole
moláris mol(ecul)ar ; ~ **csökkenés** molecular lowering ; ~ **fénytörés** molecular refraction ; ~ **forráspontemelkedés** molecular (boiling point) elevation; ~ **hő** molar heat ; ~ **hőkapacitás** molar heat capacity ; ~ **polarizáció** molar polarization ; ~ **refrakció** molar refraction ; ~ **vezető képesség** molar conductivity
molaritás molecular concentration, molarity, molality
molekula molecule ; **molekulán belüli** intramolecular ; **molekulán belüli átrendeződés** (intra)molecular rearrangement ; **molekulán belüli vándorlás** intramolecular migration ; **elektronhiányos** ~ *(vegy)* acceptor ; **elektronfeleslegés** ~ donor ; ~ **energiaszintje** molecular energy level ; ~ **képződéshője** molecular combining heat ; **molekulák közti** intermolecular ; **molekulák közti átrendeződés** intermolecular rearrangement ; **molekulák közti vándorlás** intermolecular migration ; ~ **term-jelölése** *(szink)* molecular term symbol ; **molekulák vonzása** molecular attraction
molekulaáram molecular current
molekulaátrendeződés molecular transformation
molekuláris molecular ; ~**an diszperz** molecular disperse ; ~ **egyesülési hő** molecular combining heat ; ~ **energia** molecular energy ; ~ **fajlagos vezető képesség** molecular/equivalent conductivity ; ~ **hatás** molecular action ; ~ **kötés** molecular bond/link ; ~ **mágnes** molecular magnet ; ~ **szivattyú** molecular pump ; ~ **tömegmozgás** molecular motion
molekulasúly molecular mass/weight
molekula-szerkezet molecular architecture/structure, molecular make-up
moleszkin *(tex)* moleskin
molett-henger *(pa)* marking roll
mólhő *(fiz, vegy)* molar heat
molibdén molybdenum
molibdenit *(ásv)* molybdenite
molibdénokker *(ásv)* molybdic ochre
molibdénsavas ammónium ammonium molybdate
molibdéntartalmú *(ásv)* molybdenian
molibdéntrioxid molybdenum trioxide
molibdomenit *(ásv)* molybdomenite
molizit *(ásv)* molysite
molnár *(cserzőanyagőrlő ; bőr)* mill man
móló (quay-)pier, mole jetty ; ~ **leponkolt vége** scare end
móltört mole/molar fraction
molyálló mothproof ; ~ **kikészítés** moth-preventive finishing, mothproof finish
molyállóság mothproofing
molyirtó vegyszerek moth repellents
molymentesítő szerek moth-proofing agents
molypapír moth-proof paper
molyrágta *[nyersbőr]* moth-eaten
Momen-féle szám heat number
momentum *l* **nyomaték** ; ~**ok módszere** *(mat)* method of moments
momentum-generátor-függvény moment generating function
monacit *(ásv)* monazite
monacithomok *(ásv)* monazite sand
mona-viasz mona wax
mondat-érthetőség *(távk)* discrete sentence intelligibility
Mond-gáz Mond gas
Monel-fém *v* **-ötvözet** *(koh)* Monel metal
monetit *(ásv)* monetite
Monier-födém *(ép)* Monier's reinforced concrete ceiling
Monier-ív *(ép)* Monier's arch
monimolit *(ásv)* monimolite
monitor *(szivattyú)* hydraulic giant ; *(vízágyú)* hydraulic excavator ; *(hajó ; képellenőrző ; telev)* monitor
monoblokköntvény monoblock casting
monobrómetán ethyl bromide
monocentrikus szemlencse monocentric eyepiece
monofil *(tex)* monofilament
monofil-fonal *(tex)* monofilament yarn
monogén *(földt)* monogene, monogenetic
monogiroszkópikus tájoló mono-gyro compass
monojódetán ethyl iodide
monokalciumfoszfát monocalcium phosphate, primary calcium phosphate
monokli *(fényt)* monocle
monoklin *(ásv)* monoclinal ; ~ **rendszer** oblique system
monoklinális *mn* *(földt)* monoclinic ; *fn* monocline ; **aszfaltlerakódástól eltömődött** ~ asphalt-sealed trap ; ~ **dőlés** homocline ; ~ **redő** *(földt)* monocline
monoklórbenzol (mono)chloro-benzene
monoklóretán ethyl chloride
monoklórmetán methyl chloride
monokristály single crystal, monocrystal
monokróm-aláfestés *(színes)* abbozzo
monokromatikus monochromatic ; ~ **fény** monochromatic/homogeneous light ; ~ **jellegű hullám** sharp wave ; ~ **sugárzás** monochromatic radiation
monokromátor *(szink)* monochromator
monokuláris *(fényt)* monocular
monolit monolithic ; ~ **pillér** *(ép)* unit pier
monolitikus alap *(ép)* monolithic bottom
monomikt *(földt)* *l* **monogén**
monomolekuláris unimolecular ; ~ **reakció** monomolecular reaction ; ~ **réteg** *v* **hártya** *(anyagv)* monofilm, unimolecular film, monolayer
monopakk *(fényk)* monopack
monoszaccharid monosaccharide, mon(osacchar)ose, simple sugar
monoszkóp *(távk)* monoscope
mono-szubsztitúció *(vegy)* monosubstitution
monotionossav hyposulfurous acid
monotíp *(nyomda)* monotype ; ~ **betűöntő gép** monotype casting machine ; ~ **papír** monotype paper ; ~ **szedő** *fn* monotype setter/operator ; ~ **szedőgép** monotype (setting) machine
monoton : ~ **függvény** *(mat)* monotonic function ; ~ **függvénymennyiség** *(mat)* monotonic quantity
monotróp *(vegy)* monotropic ; ~ **átalakulás** monotropic change ; ~ **módosulat** monotropic form
monradit *(ásv)* monradite
monroelit *(ásv)* *l* **sillimanit**
monszun *(met)* monsoon ; **nyári** ~ centripetal monsoon ; **téli** ~ centrifugal monsoon
montanit *(ásv)* montanite
montán-viasz mountain/montan(in) wax
montázs *(fényk)* mounting ; *(gépt)* erecting work ; *(vill)* connection lay-out
montázs-hangfelvétel montage record
montázs-keret *(fényk)* film horse
montázspróba-kópia *(fényk)* first answer print
monte-jus *(vegy)* blow(-)case ; **savas** ~ acid egg
monticellit *(ásv)* monticellite
montmorillonit *(ásv)* montmorillonite
montroydit *(ásv)* montroydite
Mooney-féle viszkozitás *(gumi)* Mooney viscosity
Moore-féle cső *v* **lámpa** Moore lamp
Moor-féle ácsolat *(bány)* Moor timbering system
mór : ~ **ív** *(ép)* horseshoe arc ; ~ **stílusú** Moresque
Morehouse-féle gyűrűs dinamométer *(anyagv)* Morehouse proving ring
moréna *(földt)* moraine
morénaagyag *(földt)* boulder clay
morénaanyag *(földt)* englacial detritus/material
morénabreccsa *(földt)* scree breccia
morénahordalék *(földt)* morainic debris
morénás : ~ **gleccser** *(földt)* rock glacier; ~ **tó** drift-dammed lake
morénatörmelék morainic debris
morenozit *(ásv)* morenosite, nickel vitriol
morfológia morphology
morganit *(ásv)* morganite
morgás *(rád)* hum
morinit *(ásv)* morinite
morotva *(földt)* dead channel, oxbow lake
moroxit *(ásv)* moroxite
Morse- *l* **morze-**
morvenit *(ásv)* morvenite
morze-abc *(távk)* Morse code
morze-adó *(távk)* code-sender
morze-billentyű *(távk)* Morse key, tapper, transmitting/tapping key
morze-felvevő *(távk)* Morse recorder
morze-írógép *(távk)* Morse printer/inker
morze-jelzőzászló *(távk)* Morse flag
morze-kód(ex) *(távk)* Morse/dot code, dot-and-dash code
morze-kónusz *(gépt)* *l* **morze-kúp**
morze-kopogó *(távk)* *l* **morze-billentyű**
morze-kulcs *(távk)* *l* **morze-billentyű**
morze-kúp *(gépt)* Morse taper/cone
morze-kúpos szárú fúró *(forg)* Morse taper shank drill
morze-módszer *(távk)* dot-and-dash technique/method
morze-pont *(távk)* Morse dot
morzetáviratozás technikája dot technique
morzevonal Morse dash

morzézés hang utáni olvasása *(távk)* sound reading
morzsadaráló bread crumber
morzsagumi crumb rubber
morzsakaucsuk crumb rubber
morzsaképződés aggregation
morzsalék crumble
morzsalékony friable ; ~ **főte** *(bány)* friable top
morzsol shred, granulate ; *(köszörűkorongot)* crush ; **porrá** ~ triturate
morzsolás shredding ; *(korongé)* crushing
morzsolódott repedés *(földt)* shattery fracture
morzsológép disintegrator, shredder
morzsológörgő *(forg)* crushing roller
mos wash, scour ; *(gyapjút ; tex)* scour, degrease ; *(mosodában)* launder ; **aranyat** ~ pan ; **ércet** ~ wash, jig, buddle ; **gázt** ~ scrub ; **homokot** ~ *(ép)* pan ; **lúgban** ~ *(pamutot)* buck(wash) ; **üledéket** ~ elutriate
mosadék *(bány)* *l* **mosalék**
mosalék *(bány)* washery refuse, tailings, cleaning plant reject ; **széntartalmú** *(dúsítási)* ~ carbonaceous refuse
mosalékakna *(bány)* sump shaft
mosalékszuszpenzió *(bány)* waste suspension
mosandrit *(ásv)* mosandrite
mosás wash, clean(s)ing ; *(földt)* ablution ; *(ércé)* wash, puddle ; *(lúgos)* bucking ; *(mosodai)* laundering ; *(gyapjúé)* scouring ; ~ **kötegben** *v* **szalagalakban** *(tex)* rope washing, washing in the rope ; **lúgos** ~ alkali(ne) wash ; ~ **szűrőn** filter washing ; ~ **vízsugárral** *(bány)* flush
mosásálló washing-resistant, wash-proof; ~ **kikészítés** *(tex)* laundering fast finish, wash-proof finish, starchlike/durable finish
mosásállóság fastness to laundry/washing, washing fastness
mosásállóságmérő készülék *(tex)* launderometer
mosási : ~ **hulladék ürítővályúja** *(bány)* tail race ; ~ **meddő** *(bány)* feigh
mosatlan *(tex)* crude, greasy, unscoured; ~ **gyapjú tényleges súlya** clean equivalent weight
mosdó *fn* *(helyiség)* toilet, lavatory, change house ; ~ **medence** *(lefolyóval)* hopper ; **oszlopos** ~ basin on pedestal ; ~ **szerelvény** lavatory fitting
mosdó-állócsap lavatory standing tap
mosdókagyló lavatory basin
mosdókút *(csoportos)* wash fountain
mosdó-szagelzáró lavatory siphon
mosható washable, launderable, washing-resistant, wash-proof ; ~**an tartós festésű** *(tex)* dyed in the grain
moshatóság launderability, washability
moslék *(szeszgyártásban)* slop, stillage
moslékégető kemence *(élip)* furnace for distiller's wash
moslékosláda swill box
mosléktörköly draff
moslékvíz slops
mosó *fn* scrubber ; ~ **berendezés** washing engine, washer, flushing-out apparatus ; *(bány)* washery ; ~ **centrifuga** *(tex)* centrifugal scrubber ; ~ **folyadék** *l* **mosófolyadék** ; ~ **hatás** *(mosószeré)* detergency, detergent power ; ~ **hollandi** *(pa)* washing engine, washer, potcher ; ~ **kemence** *(bőr)* wash wheel ; ~ **szivattyú** *(pa)* washing pump ; **terelőlapos** ~ baffle washer
mosóárok *(bány)* channel
mosóbőr chamois, oil/wash leather
mosoda laundry, washery, wash-house
mosódeszka washboard
mosódézsa wash tub
mosódob drum (washer), wash(ing) cylinder/drum, cylinder-washer, bucket-wheel washer
mosódob-kivezetés *(pa)* eyes of the drum
mosóedény wash pot
mosófolyadék wash liquor ; **agyagos** ~ *(bány)* clay media ; **lúgos** ~ alkaline wash ; **savas** ~ acid liquor
mosogató *fn* sink
mosogatóasztal rinsing table
mosogatókonyha scullery
mosogatóvíz slop water, middings, slops
mosogatóvizes edény slop bowl
mosógép washing machine, washer, scourer ; **önműködő** ~ automatic washer ; **villamos** ~ electric washing machine
mosóhatás scouring/detergent power
mosóhenger *(pa)* covering damping roll
mosókád *(koh)* rinsing vat ; *(pa)* drainer, washing vat ; *(tex)* washing tank, scouring bowl
mosókefe cleaning brush
mosókonyha laundry
mosókúp iszaplebocsátója *(bány)* Chance cone silt skimmer
mosólúg *(tex)* buck ; ~**gal áztatott** *v* **főzött ruha** *(tex)* buck
mosómeddő *(bány)* launder refuse
mosómunkás washer
mosómű *(bány)* washing apparatus
mosóolaj absorbent/absorption/wash/scrubbing oil
mosópor soap/washing powder
mosószer *(tex)* detergent (agent), detergency (agent), scour(ing) agent/assistant
mosószér *(bány)* washing table, rocker
mosószóda laundry/washing soda, soda crystals
mosótorony *(koh, vegy)* washing tower, scrubber, tower washer ; **terelőlapos permetező fúvókás** ~ baffle spray tower
mosótömlő cleaning hose
mosott : ~ **appretúra** *(tex)* pure finish ; ~ **arany** bullion, float gold ; ~ **gyapjú** *(tex)* washed/scoured/clean wool ; ~ **szén** washed coal, coal washings
mosóüzem washery
mosóvályú *(bány)* tie
mosóvíz washery water ; *(koh, vegy)* wash water ; ~**ből kivett hulladék** *(gyapjúmosásnál)* swimmings ; ~ **lezúdulása** flush of water
mosóvízderítés water settling
mossit *(ásv)* mossite
mósusz-keton musk ketone
moszkitókkal szemben ellenálló pamutszövetek mosquito-resistant cotton fabrics
moszkvai emelet *(földt)* Moscovian stage/subdivision
mosszkrepp(-kötés) *(tex)* moss crepe weave
motalkó mixed spirit
motívum pattern, motif, motive
motívumkeresés *(fényk)* pick of motive
motolla reeler, reeling/spooling machine, windle, winch, coiler ; *(ványolóhordóban ; bőr)* paddle wheel ; *(meszes ; bőr)* lime reel ; *(hajó)* reel, capstan ; *(pa)* reel, skeleton/spar drum ; *(tex)* capstan, reel ; *(kádban ; tex)* wince, winch ; **dobos** ~ *(tex)* drum winder ; ~ **köpenye** swift ; **rögzített küllőjű** ~ racer with fixed arms/spokes
motollaagy *(tex)* hub of swift
motollaállvány reel stand
motollafékezés reel braking
motollaküllő lever
motollál reel ; *(hajó, tex)* reel up ; *(tex)* wind, hank, cross reel
motollálás reeling ; *(tex)* Grant's reeling, grant, skein winding
motollaléc *[rendrakó gereblyén]* turning bar
motollálhatóság *(tex)* reelability
motolláló *fn* *(tex)* reeler ; ~ **eljárás** *(tex)* reeling process
motollálógép *(tex)* reeler, skein reel, hank-winding frame, reeling frame
motollálóterem *(tex)* reeling room
motollált *vö* **motollál** ; ~ **selyemszál** *(tex)* singles
motollás : ~ **kád** *(bőr)* paddle-vat ; ~ **kádfestés** *(tex)* wince/winch dyeing; ~ **keresztvágó** *(pa)* crosscutter with reel ; ~ **színezés** *(tex)* wince/winch dyeing ; ~ **színezőkád** *(tex)* reel/winch/wince dyeing machine
motollatengely reel spindle
motollaterelő léc *(aratógépen)* reel bat; *(tex)* reel slat
motor motor, engine, power unit ; *(vill)* motor ; **állóhengeres** ~ vertical engine ; ~ **általános felépítése** general engine design/construction ; **aszinkron** ~ *(vill)* asynchronous motor ; **beépített** ~ built-in motor, integral motor; **belsőégésű** ~ interna combustion engine ; **benzinüzemű** ~ gasoline engine ; **egyenáramú** ~ *(gépk)* uniflow engine ; *(vill)* d. c. motor, direct-current motor ; **egyhengeres** ~ one-cylinder motor ; **egy lóerőnél kisebb teljesítményű** ~ fractional horse-power motor ; **egyszelepes** ~ monosoupape engine ; **előkamrás** ~ antechamber compression-ignition engine; ~ **eltolt tengelyű hengerekkel** offset engine ; **emelő** ~ *(felvonón)* travel motor ; **fekvő** ~ flat engine ; **félig zárt** ~ semienclosed motor ; **feltöltött** ~ supercharged engine ; **felújított** ~ reconditioned engine ; **felül szelepelt** ~ overhead-valve engine ; **fojtótekercses indítású** ~ reactor-start motor ; **fokozatmentesen szabályozható** ~ variable-speed motor ; **fokozat nélküli sebességváltós** ~ adjustable-speed motor ; ~ **fordulatszámszabályozása a gerjesztés változtatásával** *(vill)* armature voltage control ; **forgóhengeres** ~ rotary engine ; **főáramkörű** ~ series(-wound) motor ; **gépágyús** ~ *(rep)* cannon motor ; ~ **gyorsulási karakterisztikája** *(gépk)* acceleration characteristics of the engine ; **hathengeres** ~ six-cylinder engine ; **helyhez kötött** ~ industrial/stationary engine ; **hengerátmérővel egyenlő löketű** ~ square engine ; **hengerblokk-típusú** ~ block-cast (type) engine ; ~ **hengerűrtartalma** swept/

litre volume, capacity of engine; **hurokötlítéses ~** loop-scavenging engine; **indukciós ~** *(vill)* induction/asynchronous motor; **indukciós ~ beépített Scherbius-féle fázissiettetővel** *(vill)* all-watt motor; **izzófejes ~** glow-plug ignition engine; **kéthengeres ~** double-cylinder engine; **kétsoros ~** double-row engine; **kétütemű ~** two-stroke engine; **a ~ kihagy** *(gépk)* motor cuts out; **kis teljesítményű ~** low-powered motor; **kommutátoros ~** commutator motor; **kompaund ~** compound-wound motor; **kompressziós gyújtású ~** compression-ignition engine, C. I. engine; **kompresszor nélküli ~** direct-injection engine, airless-injection engine; **kompresszor nélküli befecskendezéses ~** airless injection (oil) engine; **kondenzátoros indítású ~** capacitor-start motor; **konzervált ~** inhibited engine; **leállított ~** dead engine; **léghűtéses ~** air-cooled engine; **légkamrás ~** air chamber diesel engine; **légmentesen zárt ~** hermetic motor; **legyezőhengeres ~** broad arrow engine; **~ litertérfogata** litre volume/capacity of engine; **lógóhengeres ~** inverted engine; **marokcsapágyas ~** *(vasút)* axle-hung motor; **mellékáramkörű ~** shunt-wound motor; **~ munkaciklusa** cycle of action of an engine; **működtető ~** actuating motor; **nagy sűrítésű ~** high-compression engine; **négyütemű ~** four-stroke engine; **nyolchengeres ~** eight-cylinder engine; **oldalszelepelt ~** side-valve engine; **önindítós ~** automatic starting motor/engine; **önszinkronozó ~** autosynchronous motor; **öntött hengerblokkos ~** block-cast (type) engine; **örvénykamrás ~** swirl-chamber diesel engine; **peremes ~** flange-type motor; **pneumatikus ~** air engine; **porlasztós ~** carburet(t)er engine; **reduktoros ~** geared motor; **repulziós ~** repulsion motor; **rövidlöketű ~** short-stroke engine/motor; **rövidre zárt** *(forgórészű)* **~** squirrel-cage motor; **sántakerekes ~** disc engine; **sebességcsökkentővel ellátott ~** back geared motor; **soros ~** in-line engine; *(vill)* series(-wound) motor; **sűrítős ~** supercharged engine; **~ szabálytalan működése** sputter; **szellőzős ~** ventilated motor; **szeszhajtású ~** alcohol engine; **szikragyújtásos ~** spark-ignition engine; **talpas ~** floor-mounted motor; **tolattyús ~** sleeve-valve engine/motor; **toronyállító ~** *(kat)* turning motor; **törpe ~** fractional-horsepower motor; **tramway-felfüggesztésű ~** *(vasút)* axle-hung motor; **túlnyomásos ~** pressurized motor; **~ V-alakban elhelyezett hengerekkel** two-bank engine; **~ral való fékezés** *(gépk)* compression braking; **váltakozóáramú ~** *(vill)* alternating-current motor, a. c. motor; **villamos ~ indító-** *v* **vezérlőhengerének tokja** motor control box; **villamos ~ vezérlése** motor control; **vontató ~** traction engine/motor; **zárt ~** *(vill)* enclosed-type (electric) motor

motorágy *(gépk)* engine bed; *(rep)* engine cradle

motorágylemez engine bedplate

motorakadozás *(gépk)* sputter

motoralaplemez motor support/baseplate

motorápolás engine maintenance

motoráramkör motor circuit

motorarmatúra *(vill)* motor armature

motorbak *(gépk)* engine mounting; *(két fémalkatrész által közrefogott gumibak:)* metal-interleaved bonded rubber sandwich pad

motorbeépítés engine mount(ing); *[motorbeépítés rendszere]* type of engine installation, engine layout

motorbeépítési szög *(hosszanti síkban; gépk)* engine installation angle

motor-beindítás starting-up of the motor; *(kézikarral)* cranking

motorbemelegítés *(indításkor)* initial running

motorbenzin motor gasoline/petrol

motorbenzol motor benzol

motorberendezés *(teljes; vill)* motor set

motorberregés *(gépk)* drone

motorburkolat engine cowling/hood/shield; *(áramvonalas)* cowl; **gyűrűs ~** *(rep)* annular cowl; **~ szellőzőrése** cowl slot

motorburkolat-örvlap-helyzetmutató *(rep)* cowling-gill position indicator

motorburkolat-tartókeret cowling support

motorburkolatváz cowling former

motorburkoló gyűrű *(rep)* engine ring cowling

motorcsónak power/motor launch/boat; **~ vízi repülőgép kiszolgálására** seaplane tender

motorcsörgés *(nyomáshullámok hangja; gépk)* pinking

motordarus teherkocsi *(vasút)* motor crane truck

motordinamó dynamotor

motoreke moto-plough

motorellenőrző készülék motor control gear

motorfék engine/motor brake; **szárnyas ~** *(fékpad-fajta) gépk)* fan brake

motorfékpad engine test stand; *(gépk)* test bench *(a teljes berendezés)*; *(maga a fékező- és mérőegység:)* (engine) dynamometer

motorfelerősítés motor/engine mounting/suspension

motorfelfüggesztés motor/engine suspension

motorfelgyorsulási képesség pickup of engine

motorfordulatszám-esés revolution drop

motorfordulatszám-szabályozó *(gépk)* engine speed regulator

motorfordulatszám-tartomány *(gépk)* engine-speed range

motorforgásirányt megfordít reverse the engine

motorforgórész *(vill)* rotor, armature

motorfűrész power saw; **sűrített levegővel hajtott ~** pneumatic power saw; **villamos ~** electric power saw

motorfűrészes *fn (fa)* power saw operator

motorgenerátor *(vill)* motor generator/converter

motorgenerátoros: ~ alállomás *(vasút)* motor-generator substation; **~ mozdony** *(vasút)* motor-generator locomotive

motor-géppuska *(rep)* synchronized machine-gun

motorgondola *(rep)* (engine/power) nacelle; *(léghajón:)* engine car; **hátsó ~** *(léghajón)* after-centre-line engine car

motorgyámpolc motor bracket

motorgyár motor works

motorgyújtási zaj *(rád)* ignition noise

motorhajtás engine/motor drive; *(vill)* motor drive

motorhajtásos engine/motor/power-driven; *(vill)* motor-driven; **~ elosztó** *(vill)* motor-driven distributor; **~ megszakító** *(vill)* motor interrupter

motor-hajtóanyag engine fuel; *(olaj általában; motor)* fuel oil; *(gyors járású)* (automotive) gas oil; *(gyors járású Diesel-olaj)* high-speed diesel fuel; *(lassú járású Diesel-olaj:)* diesel fuel; *(benzin)* engine spirit; gasoline *(US)*; *(benzol)* motor benzol/benzene; *(gáz)* motor gas; *(kerozin)* power kerosene; *(petróleum)* power kerosene, vaporizing oil; engine distillate *(US)*

motorház engine/motor case; *l még* **forgattyúház**; *(gépk)* engine compartment, bonnet, motor hood/cowl; **~ hátsó fala** *(gépk)* engine bulkhead; engine fire wall *(US)*; **~ leszorító szalagja** *(gépk)* motor bonnet strap

motorházfedél *(gépk)* motor bonnet

motorházmelegítő *(gépk)* motor hood heater

motorháztető *(gépk)* bonnet, hood; **~ biztosítókapcsa** *(felcsapódás ellen; gépk)* safety catch; **~ csuklója** bonnet hinge; **~ feltámasztója** *(gépk)* bonnet rest; **~ kitámasztója** *(gépk)* (bonnet) prop; **levehető ~** *(gépk)* detachable bit hood; **~ oldalfala** *v* **szárnya** *(gépk)* hood-bonnet side piece

motorháztető-kapocs *(gépk)* bonnet fastener

motorháztető-kioldó *(gépk)* hood/bonnet release trigger

motorháztető-lefogó szíj *v* **heveder** *(gépk)* bonnet protecting belt

motorháztető-leszorító kapocs *(gépk)* bonnet clip, hood fastening clip

motorháztető-oldalrész bonnet side piece

motorháztető-oldókapcsoló *(a vezetőülésben; gépk)* bonnet release

motorháztető-súrlódásgátló szalag *(gépk)* anti-chafing strip

motorháztető-zörgésmentesítő szalag *(gépk)* hood rest strip, bonnet sealing

motorháztető-zörgésmentesítő szegély hood lacing *(US)*

motorház-világítás *(gépk)* under-bonnet light

motorhiba engine breakdown

motorhűtő-burkolat shield hood

motorhűtő-takaró *(gépk)* motor hood heater

motorikus *l* **motoros**

motorindító *mn* motor-starting; **~ berendezés** engine/motor starter; *(vill)* motor-starting device; **~ rendszer** motor-starting system; **töltényes ~** cartridge starter

motorizált motorized; *(kat)* mechanized *is*

motorjavítás motor overhaul

motorkapcsolás *(vill)* motor connection

motorkapocs-tábla *(vill)* motor terminal board
motorkenés motor lubrication
motorkerékpár motor()cycle ; **~ dőlése** body lean ; **~ elsővilla-lengéscsillapítója** *(súrlódásos, állítható)* adjustable friction damper ; **~ láncának celluloid burkolata** celluloid gear case
motorkerékpárállvány pivoted crutch
motorkerékpárlánc motorcycle chain
motorkerékpármotor motorcycle engine
motorkerékpár-oldalkocsi motorcycle side car
motorkerékpározás motor cycling
motorkerékpár-szélvédő handlebar windscreen
motorkerékpártömlő cycle tube
motorkerékpárvezető *fn* (motor cycle) rider
motorkezelő *fn* motorman
motorkocsi self-propelled car ; *(vasút)* motor-coach/wagon ; *(vontatógépkocsi)* drawing/towing vehicle ; *(nyerges vontató tehergépkocsi)* tractor-truck, prime mover ; **~ utánfutóval** *(vasút)* car and trailer
motorkocsivezető *(vasút)* motorman
motor-kompresszor motor compressor
motorkonzol motor bracket
motorkopogás motor knocking/detonation
motorlap *(naplózáshoz)* engine log sheet
motorleállító túlterhelési nyomaték *(vill)* stalling torque
motor-lökettérfogat engine displacement, swept volume
motormeghibásodás engine breakdown
motorműszerek *(rep)* powerplant instruments
motorolaj motor oil
motorolaj-párlat motor-oil distillate
motoros *l még* **motor-** ; **~ áramátalakító** *(vill)* motor converter ; **~ csörlő** motor cable-winch, motor crab ; **~ eke** moto-plough ; **~ ellenőrző gép** motor-driven verifier ; **~ fúvógép** *(koh)* motor blower ; **~ fűkaszáló** power scythe, motor mower ; **~ hajó** motor boat, motor ship, M. S. ; **~ hajtány** *(vasút)* autonomous car, go-devil ; **~ hordágy** motor stretcher ; **~ jármű** power-driven vehicle, self-propelled vehicle ; **~ jelfogó** *(vasút)* motor-type relay ; **~ kasza** *(rézsűtisztításhoz)* motor scythe ; **~ kocsi** *l* **motorkocsi** ; **~ kocsiváltó** *(írógépen)* motor return carriage ; **~ légszivattyú** *[kerék felfújásához ; gépk]* power tyre pump ; **~ permetező** *fn* power sprayer ; **~ porozógép** *(mzg)* power dusting apparatus ; **~ repülés** power flight, engine(-on) flight ; **~ segédhajó** motor tender ; **~ siklócsónak** scooter ; **~ szám- v szövegellenőrző gép** electric verifier ; **~ személykocsi** *(vasút)* passenger motor car ; **~ talajgyalu** power scraper ; **~ targonca** autocar ; **~ tolólétra** motor extension ladder ; **~ töltögetőeke** motor scooter ; **~ tűzi fecskendő** motor fire-engine ; **~ útépítő gépek** motorized road machinery ; **~ úthenger** motor-roller ; **~ vitla** winch lorry ; **~ vonat** *l* **motorvonat** ; **~ vontató** *(hajó)* motor tug
motoros-kesztyű *(mkpár)* gauntlet, cycling glove
motoros-öltözék *(mkpár)* riding gear
motoros-sisak *(„haube", bőrből ; mkpár)* leather helmet
motorozás motoring
motoröblítő engine-scavenging
motorpálya motor way
motorpetróleum vaporizing oil, power kerosene
motorpróba *(hajtó- v kenőanyagé)* engine test
motorpróbázik *(rep)* run up the engine
motorrekesz *(rep)* power bay
motorselejtező *(vasút)* cutout
motorsport motoring
motorszán motor sleigh, power sledge
motorszemüveg *(mkpár)* goggles
motorszerelő *fn* engine mechanic/fitter ; **~ pad** engine stand
motorszerkesztő *(konstruktőr)* engine designer
motortartó *fn* motor bracket ; **~ állvány** bearer frame ; **~ bak** engine bracket ; **~ fülek** engine-mounting lugs ; **~ gumiágy** rubber engine support ; **~ vulkanizált gumibetéttel** rubber metal connection
motorteknő *(gépk)* motor sump ; **száraz ~** dry sump
motorteljesítmény engine power/output; **felszálló ~** *(rep)* take-off power/rating ; **névleges ~** engine rating ; **utazó ~** *(rep)* cruising power
motortér engine space/compartment ; **~ hátsó fala** *(gépk)* fire wall (dash) *(US)*
motortömb-vízleeresztő *(gépk)* cylinder block water drain
motortűzfal *(rep)* engine bulkhead
motorüzem motor works
motorüzemanyag *l* **motorhajtóanyag, üzemanyag**
motorüzemóra running hour
motorüzemóra-számláló *fn* engine hour meter
motorvédő kapcsoló protective switch, contactor, thermal cutout
motorvizsgálat *(javítás után)* block test(ing)
motorvizsgáló próbapad block-testing stand
motorvonat multiple-unit train
motorvonategység motor driven unit
motorzaj *(gépk)* engine noise
motorzúgás *(nagy fordulatszámnál)* swissing
motring *(tex)* hank, skein, bundle, cut; **~ban festett selyem** skein-dyed silk ; **~ot motollára helyez** put the hank on the reel ; **~ot (motollán) kiterít** spread out the hank
motringalakra motollált nyersselyem docken silk
motringbefonó *v* **-fejező** *v* **-csomózó** *(munkás ; tex)* knotter
motringfestés hank/rope dyeing
motringírezés *(tex)* hank sizing, ball (warp) sizing
motringírező gép *(tex)* ball sizing machine
motringkötöző szál *(tex)* hank tie
motringszárító skein dryer
mottramit *(ásv)* mottramite, cuprodescloizite, psittacinite
mozaik *(ép)* inlaid pieces ; *(ikonoszkópban)* mosaic
mozaik- inlaid
mozaikberakás *(ép)* encrustation
mozaikcsempe mosaic flag
mozaik-elektród *(távk)* mosaic electrode
mozaiklap *(ép)* tile, abaculus
mozaiklap-padló *(ép)* tile floor
mozaiklemez *(ép)* abaculus
mozaikos fotókatód *(távk)* mosaic plate
mozaikpadló mosaic parquet floor/pavement, inlaid/tiled floor
mozaikpapír mosaic paper
mozaikszerű falazat rubbled marshalling
mozdony *(vasút)* locomotive, engine ; **akkumulátoros ~** accumulator/battery locomotive ; **csuklósan tagolt ~** articulated locomotive ; **Diesel-elektromos ~** diesel-electric locomotive ; **Diesel-hidraulikus ~** diesel-hydraulic locomotive ; **Diesel-mechanikus ~** diesel-mechanical locomotive ; **Diesel-motoros ~** diesel locomotive ; **Diesel-villamos ~** diesel-electric locomotive ; **~ elülső kereszttartója** breast beam ; **fogaskerekű ~** rack-rail locomotive ; **hajtott forgóállványos~** *(Garratt-mozdony)* bogie engine; **~ hátsótengelye** trailing axle ; **ívben beálló ~** articulated locomotive ; **kábeldobos ~** electric cable-reel locomotive ; **minden tengelyén hajtott ~** all-adhesion locomotive ; **oldalsó víztartányos ~** side-tank locomotive ; **ötcsatlós ~** *(vasút)* decapod locomotive ; **sűrített levegővel hajtott ~** *(bány)* air locomotive ; **személyvonati ~** passenger locomotive ; **tehervonati ~** freight locomotive ; **tenderes ~** articulated tank locomotive ; **tolató ~** switching locomotive ; **villamos ~** electric locomotive
mozdonyállás emplacement ; **~ a fűtőházban** engine bay
mozdonydaru crane locomotive
mozdonyemelő *fn* railroad jack ; **~ bak** locomotive heaver
mozdonyépítés locomotive engineering
mozdonyfordító korong turntable
mozdony-forgózsámoly engine truck ; **~ tengelyágyvezetéke** engine truck pedestal
mozdonyfutás running (of a locomotive)
mozdonyfüstszekrény fúvócső jumper-top blast pipe
mozdonyfűtő : ~ berendezés forgólapátos szénadagolással shovel stoker ; **~ berendezés önműködő láncrostéllyal** chain grate stoker ; **~ munkás** stoker
mozdonygyár engine works
mozdonyház locomotive shed
mozdonyhóeke pilot plough
mozdonyirányító *fn* engine dispatcher
mozdonykazán engine/fire boiler ; **~ a tűzszekrény tetejéig magasított köpennyel** wag(g)on-top boiler
mozdony-kerékabroncs locomotive tire
mozdonykerékpár locomotive wheel set
mozdonykeret locomotive frame ; **~ közlemeze** *(kettős lemezkeretnél)* locomotive frame filling plate
mozdonykísérleti állvány locomotive testing bed
mozdonylökhárító *fn* cattle guard
mozdonymenet no-load run
mozdonyműhely engine shop
mozdonypróbapad locomotive testing bed
mozdonysalak engine cinder(s)
mozdonysátor engine cabin/cab
mozdonysátor-feljárat biztonsági lánca gangway safety chain
mozdonysátorjelző cab signal ; **hangjelzést adó ~** audible cab indicator ;

önműködő ~ rendszer automatic cab signal system
mozdonysátortető cab roof
mozdony-segédgázgép auxiliary locomotive
mozdonysorozatjelző tábla type plate
mozdonyszállítási szint *(bány)* motor haulage level
mozdonyszemélyzet engine crew
mozdonyszín locomotive/engine house/shed/depot
mozdonytároló *fn l* **mozdonyszín**
mozdonyteljesítmény *(lóerőben)* thrust horsepower
mozdonytengely oldaljátéka *(kanyarban)* lateral traverse
mozdonytisztító gödör engine pit
mozdonytoló pad locomotive traverser
mozdonytöltő kút water crane
mozdony-tüzelőanyag railroad fuel
mozdony-tűzszekrény boltozata crown
mozdonyvezető *fn* engine driver, motorman ; **~ helye** *(láblap)* foot-plate
mozdonyvontatás locomotive traction ; **akkumulátoros ~** *(bány)* battery traction
mozdulatkövető felvétel *(fényk)* follow-panning shot
mozdulatlan immobile, motionless, immovable, dead ; **~ gleccser** dead glacier ; **~ tengely** dead axle
mozdulatsebesség *(fényk)* action speed
mozgás movement, motion, move, travel, run(ning) ; *(mech)* movement ; *(elektroné ; rád)* travel ; **~ban** on the move/run ; **~ ciklusa** *(rajzfilmen)* walking cycle ; **előre tartó ~** *(égitesté)* direct movement ; **emelkedő v felfelé haladó ~** *(mech)* ascensional motion ; **hátrafelé (irányuló) ~** *(gépt)* back motion ; *(hajó)* astern running ; **~ba hoz** set in motion, set going ; *l még* **hajt** ; **ide-oda ~** *(mech)* alternating motion ; **látszólagos ~** *(mech)* apparent motion ; **~ban lévő rétegek hangja** *(bány)* growl ; **~t mutató jel** follower index ; **örvénylő ~** eddying ; **sablonnal irányított ~** *(gépt)* movement from copy; **szakaszos ~** discontinuous motion ; **váltakozó (irányú) ~** *(mech)* reciprocating/alternating/alternate motion ; **~ visszafelé** back motion
mozgásáttétel gear(ing), transmission; **~ fogasrúd útján** rack movement
mozgásátvitel *l* **hajtás**
mozgásátvivő rúd tappet
mozgásbahozás actuation
mozgásegyenlet equation of motion
mozgáselemzés motion analysis
mozgásfényképezés action photography
mozgáshatároló ütköző *(gépt)* counterstop
mozgási : ~ csúcspont *(fényk)* peak of action ; **~ ellenállás** resistance to motion ; **~ energia** kinetic energy ; **~ idő** *(távk)* transit time, time of armature travel; **~ impedancia** motional impedance ; **~ képéletlenség** *(távk)* motion displacement ; **~ pálya** path of motion, trajectory ; **~ szabadság** *(fényk)* mobility ; **~ szabadságfok** degree of freedom ; **visszanyert** *(nyomássá visszaalakult)* **~ energia** restored kinetic head
mozgásindikátor motometer
mozgásirány direction of movement, set
mozgásmegállító gépelem stop piece
mozgásmennyiség *(mech)* momentum
mozgásmennyiség-raktározás *(távk)* momentum storage
mozgásmérő műszer motometer
mozgásrögzítés *(fényk)* blur
mozgásszámláló *fn* operameter
mozgástan kinematics
mozgástani kinematic
mozgástér range ; *(gépnél)* elbow room/space
mozgástörvények laws of motion
mozgásveszteség lost motion
mozgat move, propel, drive, manoeuvre; **anyagot ~** handle
mozgatható movable, mobile, moving, manoeuvrable ; **~ betűk** *(monotip gépen)* movable types ; **~ cséveállvány** *(tex)* travel(l)ing creel ; **~ fenéksúly** shifting ballast ; **~ hang- v fényvető** movable reflector ; **~ híd** *l* **mozgóhíd** ; **~ irányzék** trunnion sight ; **~ irodai faválaszfal** movable office partition ; **~ kémény** movable flue ; **~ lencsetár** *(fényk)* turret head; **~ munkaállvány** *(ép)* sliding platform ; **~ tájolótárcsa** *(rep)* movable bearing plate
mozgathatóság mo(va)bility
mozgató moving, actuating, motive, propellent, driving ; **~ berendezés** *(tex)* traverse mechanism ; **~ hajtómű** drive, moving gear ; **~ szerkezet** movement
mozgatóerő *(mech)* propelling force ; *(gépt)* motive power
mozgatógomb driving knob
mozgatóközeg moving medium
mozgatórúd *(váltó- v jelzőállító emeltyűhöz ; vasút)* down rod
mozgatott gépelem follower
mozgatótű *(Jacquard-gépen ; tex)* transfer needle
mozgékony mobile
mozgékonyság mobility ; **elektrolit ionjainak ~a** electrolytic ion mobility
mozgó movable, moving, travelling, manoeuvrable, ambulatory, walking ; **~ adagolótölcsér** travel(l)ing feed hopper ; **~ adóállomás** *(rád)* transportable transmitter ; **~ alkatrész** moving part ; **~ áruhengercsapágy** *(tex)* floating cloth roller bearing ; **~ átlagok módszere** *(mat)* methods of moving average ; **~ báb** *l* **mozgóbáb** ; **~ csúcstartó nyereg** *(forg)* movable poppet ; **csuklósan ~** articulated, floating ; **~ dilúvium** *(földt)* creeping waste ; **~ ellensúly** traversable counterweight ; **~ emelőcsiga** travel(l)ing block ; **~ érintkező** *(vill)* moving/movable contact ; **~ erőtér** *(vill)* moving field ; **~ fénypont** flying spot ; **~ fényrekesz** *(fényk)* travel(l)ing diaphragm ; **~ fogópofa** *(forg)* movable jaw ; **~ forgódaru** portable slewing crane ; **~ fuvardíjtétel** sliding scale ; **~ gőzdaru** locomotive steam crane ; **gyorsan ~** *(kat)* mechanized, motorized ; **~ háttér** *(fényk)* float ; **~ illesztés** *(gépt)* slide fit ; **~ kaparó** *(pa)* reciprocating doctor ; **~ kazánrostély** sliding grate ; **~ (tábori) kovácsműhely** portable smith's forge ; **~ kötélgörgő** movable pulley ; **~ kötélzet** *(hajó)* running gear ; **~ közeg** medium in motion ; **~ közvetítés** *(külső v helyszíni ; rád)* remote pickup ; **~ lünetta** *l* **mozgóbáb** ; **~ magasságbemérő** *(rep)* mobile height-finder ; **magától ~** automotive ; **~ motor kábele** *(vill)* trailing cable ; **~ mutatóütköző** *(gépt)* observation stop ; **~ műhelydaru** travel(l)ing workshop crane ; **~ permetező berendezés** *(hidr)* travel(l)ing distributor ; **~ (rádió)szolgálat v rádióösszeköttetés** *(rep)* mobile (radio) service ; **~ rakodógép** portable loader ; **~ rakodószerkezet** *(vasút)* travel(l)ing tripper ; **~ súrlódás** *(mech)* friction of motion ; **~ szemcse** loose grain ; **~ szerelőállvány** *(ép)* moving stage ; **~ szerszám** moving die ; **~ terhelés** *(mech)* travel(l)ing load, sliding/rolling weight, moving/live/rolling/traffic load ; **~ tömítés** running packing ; **~ ütköző** *(gépt)* movable stop ; **~ világítótelep** lighting car
mozgóállás *l* **mozgóállvány**
mozgóállvány *(ép)* flying buttress, travel(l)ing scaffold ; *(gépt)* travel(l)ing/movable column ; **~ hídja** *(ép)* travel(l)ing cradle
mozgóanódos cső *(rád)* movable-anode tube
mozgóasztal travelling table
mozgóasztalos húzóprés *(alak)* slide drawing press
mozgóbáb *(forg)* follower/travel(l)ing steady/rest
mozgócélkövető : ~ impulzusadó rendszer moving-target-indicator-type pulse system ; **~ jelző** moving target indicator
mozgócél-szelektor moving-target selector
mozgócsiga movable pulley, runner
mozgócsörlő runway crabs, travel(l)ing hoist
mozgócsúcsos vizsgálókészülék free-point tester
mozgócsukló *(ép)* movable hinge
mozgódaru runway crabs, movable/bogie crane, creeper derrick
mozgóelem *(elemes szállítószalagon)* travel(l)ing apron
mozgófenék *(elevátoré)* movable shoe
mozgófénykép motion picture
mozgófénykép- cine(-)
mozgófényképezés cinematography
mozgófényképfelvétel motion picture operation
mozgófényképfelvevő gép cine camera
mozgófényképmásoló eljárás processing
mozgófilmmásoló gép printer
mozgógát *(hidr)* movable dam ; **kéttáblás medermélyítő ~** *(hidr)* bear trap leaf
mozgóhíd leaf/movable bridge ; *(széttolható)* traversing bridge ; **~ szétnyíló része** draw
mozgóhullám *(mech)* travelling/moving wave
mozgóhurok *(tex)* running noose
mozgójárda moving platform/sidewalk
mozgójel *(geod)* floating mark
mozgókefe *(pa)* traverse/movable brush
mozgókép motion picture, movie
mozgóképkerék *(fényk)* „wheel of life"
mozgókép-korong zootrope
mozgóképszínház cinematograph, cinema
mozgókocsi *(írógépé)* travel(l)ing carriage

mozgókocsis fonógép *(tex)* jenny
mozgólánc *(kotrógépen)* swinging chain
mozgólécek *(kártológépen)* revolving flats
mozgóléces kártolóaép *(tex)* revolving-flat carding machine
mozgólépcső escalator, moving floor, moving/travel(l)ing staircase
mozgólépcsőkorlát walking rail
mozgólépcsős lejtősakna escalator tunnel
mozgómágnes *(vill)* moving/movable magnet
mozgóműhely repair car
mozgópad *(aknakasnál; bány)* junction platform
mozgópofa *(forg, gépt)* moving jaw
mozgóponton *(hajó)* moving stage
mozgóposta *(vasút)* mail van
mozgórács *(bány, koh)* rocking grate; *(sztereofotogrammetriai műszerben)* measuring grid
mozgórekesz *(fényk)* travel(l)ing diaphragm
mozgórosta *(kis méretű; bány)* reciprocating riddle
mozgórostély travelling/mechanical grate
mozgósaru *(ép)* free (end) bearing, shifting bearing, swinging/running shoe, expansion bearing/shoe
mozgósarugörgő *(ép)* expansion rollers
mozgósarus: hídszerkezet ~ vége free end; **~ tartó** expansion girder
mozgósaru-talplemez *(ép)* roller path
mozgósít mobilize; **földet ~** *(ép)* move earth
mozgóskála movable scale
mozgószalagú rendszer *(távk)* moving-tape system
mozgószálas mikroszkóp *(geod)* micrometer microscope
mozgószán *(geod)* movable slide
mozgószínház *l* **mozgóképszínház**
mozgószítás ülepítőgép *(koh)* percussion jig
mozgótáblás gát *(vízép)* suspended-frame weir
mozgótalpas köteles kotrógép *(bány)* walking dragline (excavator)
mozgóteher rolling load
mozgótekercs *(vill)* moving coil, m. c.
mozgótekercses *[megafon]* moving-conductor
mozgótölcsér slack hopper
mozifilm cinematograph film
mozigépész cinema operator
mozigépház projection-room
mozipapír weatherproof posters for cinemas
mozisítás cinemafication
mozivászonra kivetített televíziós kép large-screen television
mozivetítő gép cinematographic projection apparatus
mozog move; *(forogva)* turn, rotate; **simán ~** sleek; **szabadon ~** float
mozsár mortar, pounder; *(bány)* coffer
mozsártörő beater, mallet; **kézi ~** pestle
mozsárüreg chamber
M-típusú szűrő *(vill)* M-derived filter
mucin mucin
muff *(tex)* mitt; *l még* **karmantyú**
muflon-juh mufflon
mule-fonógépen font pamutfonal mule twist
Mullen-készülék *(pa)* Mullen tester
mullit *(ásv)* mullite

mullpapír mullpaper
mullszövet mull
multifil *(tex)* multi-filament
multiplex: ~ hálózat *(rád)* divided network; **~ rendszer** *(távk)* multiplex system
multiplicitás *(mat)* multiplicity
multiplikáció *(távk)* multiple
multiplikációs: ~ műhely *(távk)* subscriber's multiple jack; **~ központ** *(távk)* multiple switchboard; **~ mező** *(távk)* multiple field, full multiple
multiplikált vonal *(távk)* multiple-line
multivibrátor *(rád)* multivibrator; **kapacitív visszacsatolású ~** capacitive-feedback multivibrator; **szimmetrikus ~** *(rád)* balanced multivibrator
multivibrátor-oszcillátor multivibrator oscillator
múmiabarna *(festék)* mummy
mungó *(tex)* mungo, regenerated wool
munka work, working, run, operation, labo(u)r; *(mech)* work; **bevezetett ~** input work; **domborított ~** chased work; **fejlesztési ~** development work; **gyorsító ~** work for/of acceleration; **~ hatásfoka** *v* **intenzitása** rate of work; **hibás ~** defective work; **~ hőegyenértéke** thermal equivalent of work; **~ idejének megfigyelése** timing; **indikált ~** indicated work; **ismétlődő ~** repetition work; **kézi ~** manual labour; **kompressziós ~** energy absorbed in compression; **súrlódási ~** work of friction, work due to friction; **visszanyert ~** recuperated work
munkaállás *(bány)* studdle
munkaállvány *(óra)* movement holder
munkaáram *(vill)* work/operating current
munkaáramú: ~ érintkező normally-open contact; **~ relé** normally-open relay; **~ riasztó berendezés** open-circuit alarm system; **~ üzemmód** open-circuit working
munkaasztal (file) bench
munkaátvevő inspector
munkabeosztási táblázat duty list
munkabér-költség labo(u)r cost
munkabrigád gang
munkaciklus work(ing) cycle, run
munkacsapat gang
munkacsoportvezető chargeman
munkadarab work (piece), job, piece; **~ befogása** clamping; **ledarabolt ~** blank; **~ megengedett szélső méretei** extreme workpiece dimensions; **~ végét merőlegesen megmunkálja** square the end
munkadarab-adagoló *fn* feed magazine
munkadarab-átmérő diameter of work
munkadarab-befogó clamping; **~ fej** work-carrying head; **~ készülék** clamping fixture
munkadarab-támasztó él *(csúcs nélküli köszörűgépen)* work-rest blade
munkadíj labo(u)r charge
munkadugattyú *(gépt)* power piston
munkaegyenes *(rád)* load line
munkaegyenlet *(mech)* work equation
munkaelemzés job analysis
munkaelemző *(szakember)* analyst
munkaellenállás *(vill)* loading/repeating resistance, load
munkaellenőrzés process/procedure control

munkaelosztó: ~ központ *(távk)* traffic distribution exchange; **~ rendező** *(távk)* intermediate distribution frame
munkaelőtolás *(fúrónál)* down(ward) feed
munkaelőtoló mű *(karusszelen)* down-feed mechanism
munka-érintkező *(jelfogón)* main contact
munkaerő labo(u)r
munkaerőfelesleggel rendelkező over-manned
munkaerőgazdálkodás man-power control
munkafeltételek operating/running conditions, labo(u)r conditions
munkafelügyelet procedure control
munkafelügyelő supervisor, chargeman, overseer
munkafelület active/bearing surface
munkafeszültségre emel *(vill)* bring up to voltage
munkafolyamat operation, (work) cycle, process; **~ ellenőrzése** process control
munkafüggvény *(szabad energia)* work function
munkagép machine (tool); *l még* **szerszámgép**; *(mzg)* implement; **kapcsolt ~** *(traktorhoz)* direct-connected implement; **könnyű típusú ~** light-duty machine
munkagödör *(ép)* trench, open/working pit
munkagörbe working curve
munkahely work/job site; *(bány)* forehead, forebreast, (coal) face, setup, fall; *(ép)* construction scene, building land; *(gépt)* operating position, station; *(távk)* position; **~ ácsolata** *(bány)* face timber; **~ aláréselt sávja** *(bány)* web of face; **átlós irányú ~** *(bány)* angle face; **~ beácsolt főtéje** *(bány)* timbered back; **fejtés alatt álló ~** *(bány)* active face; **felhagyott** *v* **kiművelt ~** *(bány)* abandoned place; **~ haladása** *(bány)* wall advance, advance of the face; **~ homloka** *(bány)* working/wall face, breast; **~ homlokát alátámasztó tuskó** *(bány)* face sprag; **ív alakú ~** *(bány)* circular face; **ívhomlokú ~** *(bány)* arcwall face; **~en készített** *[beton]* job-poured; **kettős ~** *(bány)* double-unit; **~et kiszellőztet** *(bány)* sweep the face; **~ magassága** *(bány)* working height; **~ munkatere** *(bány)* area of face; **működő ~** *(bány)* active working (face); **~ széléig** *(bány)* abut to face; **szenelő ~** coal face; **vállapra merőleges ~** *(bány)* end-on working; **~ vékony telepben** *(bány)* low place
munkahelycsoport unit
munkahelyi: ~ dolgozó *(bány)* face man; **~ szállítószalag** cross conveyer; **~ termelés** *(bány)* setup production
munkahelyszellőzés *(bány)* face-airing
munkahelyzet operating position; *(távíró áramköré)* marking condition
munkaidény campaign
munkaidomszer working ga(u)ge
munkaidő work time
munkaidőellenőr timekeeper, timer
munkaidőellenőrző óra time-recorder
munkaigényes highly-fabricated
munkaíró *fn* indicator
munkajelentés report

munkajellegzetesség method of operation
munkakamra *(keszonban)* working shaft/chamber; **pneumatikus ~ víztelenítőcsöve** *(ép)* blow-out pipe; **visszanyerhető ~** *(ép)* American caisson
munkakiértékelés job evaluation
munkakiesés loss in work
munkakör working range
munkakörfolyamat *(gépt)* work(ing) cycle
munkaközvetítés employment exchange
munkaközvetítő : ~ hivatal employment office; **~ iroda** employment bureau
munkalánc *(munkáscsapat)* team
munkalap job/time ticket/card; **~ száma** job number
munkálat work; **előkészítő ~** *(bány)* advance workings; **robbantási ~ok** *(bány)* blasting
munkaléc *(gépt)* boss, fillet, tongue; **~ öntvény szélén** *(illesztéshez)* chipping strip
munkaléces karima collar flange
munkaléchegesztés pad weld
munka-leterhelés *(tex)* jobload, work-load
munkalöket *(ált)* working stroke; *(forgácsológépen)* cutting stroke; *(gyalugépen)* push stroke; *(gépk)* expansion/firing/explosion/ignition stroke
munkáltató employer
munkáltatói szervezet employers' organization
munkamegosztás division of labo(u)r
munkamegszakítás interruption of work
munkamenet work(ing) process, run; **~ ideje** running time
munkamenet-diagram progress chart
munkaminőség : jó ~ good craftsmanship
munkamódszer method of procedure/work, working method
munkamódszerátadás passing-on working methods
munkaművelet operation, manipulation
munkanap working day
munkaóra man-hour
munkaorsó *(forg)* work spindle
munkapad (file/work) bench; *(satupad)* vice bench
munkapad-üllő planishing stake
munkapad-satu bench vice
munkapalló *(hajó oldalán)* stage (plank)
munkapont *(rádiócsőé)* work(ing)/operating point
munkaraszter *(nyomda)* taking screen
munkarend duty list
munkarezonátor *[klisztronban]* catcher; **~ feszültsége** catcher voltage
munkaruha working clothing/dress
munkás workman, worker, hand, operator, labourer; **alkalmi ~** casual labourer; **nehéz testi ~** heavy worker
munkásbakancs work boots
munkásbarakk *(ideiglenes; építkezés színhelyén)* bunkhouse
munkásbrigád crew, gang
munkásfőiskola worker's faculty
munkás-hetijegy *(menetjegy)* weekly workers ticket
munkáskocsi buggy
munkáslaktanya *(vasút)* section house
munkaszabvány rate
munkaszám job number
munkaszélesség working side
munkaszerződés labo(u)r agreement/contract
munkaszint horizon; *(bány)* pair of stairs; **~ek közti magasság** *(ép)* lift; **legalacsonyabb ~** *(bány)* bottom
munkaszükséglet *(teljesítmény)* (amount of) energy needed
munkaszünet idle hours, working interval, outage; **~ bányában gázrobbanás veszélye miatt** barometer holiday
munkatároló *fn* *(forg)* feed magazine
munkatelep yard
munkateljesítmény production
munkateljesítő képesség capacity
munkatér *(ép)* building area
munkatermelékenység productivity of labour
munkaterület working range
munkaterv working plan
munkatest *(termisztoré)* body
munkatorlódás pressure of work
munkatöbblet extra job
munkaturbina *(gépt)* power turbine
munkautalvány job order/ticket
munkaüreg *(heng)* roll caliber
munkaütem *(ált)* pace, rate; *(erőgépen:)* expansion/power stroke
munkavégző közeg working substance/medium
munkaveszteség loss of work, work(ing) loss
munkavezeték overhead/contact wire; **~ keresztezése** aerial cross-over; **~ váltója** *v* **elágazása** aerial frog
munkavezeték-felfüggesztő *fn* contact-wire hanger
munkavezetéki váltóvédő *v* **vezető** frog guard
munkavezetékváltó szív trolley frog
munkavezető *fn* gang boss, foreman; **~ nő** forewoman
munkaviszonyok working/running/operating conditions; **~ tanulmányozása** job analysis
Munk-féle szeivény *(rep)* M-section
Munsell-féle színértékelési rendszer *(fényk)* Munsell colo(u)r system
Muntz-fém Muntz metal
murchisonit *(ásv)* murchisonite
murexid-próba *(vegy)* murexide test
Murray-féle kábelsérülés-vizsgálat *(vill)* Murray loop test
murva *(ép)* crushed gravel, shingle, ratchel, grit, grail
murvás calculous; **~ talaj** gravel ground
muskotálydióolaj myristica oil, oil of nutmeg
muskotályzsályaolaj clary sage oil
mussit *(ásv)* *l* **alalit**
mustár-arany *(festék)* mustard gold
mustárgáz blister/mustard gas, yperite, lewisite
mustármagliszt mustard flour
mustárolaj oil of mustard, mustard oil
must-cukorfokmérő *(élip)* stem
mustrázónemez *(pa)* marking felt
muszkovit *(ásv)* muscovite, potash/common mica, muscovy glass
muszlin *(tex)* muslin
muszlinpapír muslin paper
muszlinsodrat *(tex)* chiffon twist
muszlinszűrő ga(u)ze strainer
muszlinüveg muslin glass
mutarotáció *(vegy)* mutarotation
mutat show, indicate, mark, point
mutatás *vö* **mutat**
mutatási tartomány *(műszeré)* indicating range
mutató *(skálás műszeren)* pointer, needle, hand, cursor; *(műszer)* detector, reader; *(óra)* hand; **~ beállása** balancing-out of pointer; **csűrőkitérést jelző ~** *(rep)* aileron follow-up index; **~ hegye** tip/end of a pointer; **~ kilengése** beat/throw of the pointer
mutatóállás indicator/pointer position
mutatóállítás *(óra)* setting of the hands
mutatóállító : ~ gomb *(óra)* hand setter; **~ kerék** *(óra)* set stem wheel; **~ tengely** *(óra)* hand setting stem
mutatócsap index pin
mutatócsúszka *(rádióiránymérő szögtárcsáján)* pointer in annular slot
mutatóhegy arrow point
mutatójel *(nyomda)* reference
mutatójelzés *(műszeren)* reading, indication
mutatókönyv register finder
mutatókörlap index dial
mutatólap index plate
mutatóleemelő *(óra)* hands remover
mutatóleolvasás reading of a pointer; **~ rögzítése nyomással** printer-reading
mutatólevevő *(óra)* hand remover
mutatóműszer indicator, indicating/pointer instrument
mutatónyak *(óra)* pointer support/base
mutatós indicating, pointer-type; **~ frekvenciamérő** *(vill)* pointer frequency meter; **~ hőmérő** index thermometer; **~ írógép** *(egykarú)* pointer typewriter; **~ mérőműszer** *(gépt)* indicating ga(u)ge; **~ műszer** *(vill)* pointer instrument
mutatószám index
mutató-számlap dial
mutatószerkezet *(óra)* minute work
mutatótengely *(óra)* setting square, centre staff
mutatótűhordozó index pin holder
mutatvány display
mutatványszám *(nyomda)* specimen number
mutáz *(vegy)* mutase
mű work; **~re nem fogható** *(bány)* unworkable; *l még* **szerkezet**
mű- artificial, synthetic, man-made
műantenna artificial/mock/mute aerial, dummy antenna
műanyag plastic/synthetic material; *(mesterségesen előállított anyag)* synthetic product; **~ból való** plastic
műanyagbélés plastic lining
műanyagbevonat *v* **-burkolat** plastic housing
műanyagcsapágy plastic bearing; *(textilbetétes)* composition bearing
műanyagfogaskerék composition gear *(US)*
műanyag-kötés *(köszörűkorongban)* resinoid bond
műasztalos cabinet-maker, ebonist
műbarkáz *(bőr)* print
műbarkázó henger *(bőr)* memel
műbélalap-papír base-paper for sausage casing
műbélpapír sausage-skin paper
műbőr leather substitute, leatheroid, imitation/artificial leather; *[gumizott szövetből]* leather cloth
műbőrlemez *(pa)* artificial leatherboard
műbőrlemez-nyersanyag *(pa)* artificial leatherboard base

műbőrpapír artificial leather-paper, leatherette paper ; ~ **fényképezőgép-kihuzathoz** leatherette paper for cameras
műbőrtalpbélés compo leather for insoles
műbútorasztalos cabinet-maker
műcsarnok *(ép)* art gallery
műcsatorna *(hidr)* pentrough
műcserzőanyag artificial tanning material
műcsillapítás *(távk)* pad, attenuator
műcsont *(csontvezetésvizsgálathoz)* artificial mastoid
műcső *(rád)* dummy tube
műesztergálás turnery
műfa prepared timber ; *(pa)* cast wood
mű-fém mumetal
műfény artificial light
műfényfelvétel photo taken by artificial light
műfogás artifice
műföldelés *(rád)* artificial ground
műfül *(távk)* artificial ear
műgége *(hangt)* artificial throat
műgumi synthetic rubber
műgyanta synthetic/artificial resin ; **műgyantával ragasztott** *(fa)* resin-bonded
műgyanta-alapú talpragasztó *(cipő)* synthetic resin composition
műgyanta-fürdő resin bath
műgyanta-kötésű csiszolókorong plastic-bonded grinding wheel
műgyantatelítés *(fa)* impregnation with resin
műhang *(távk)* artificial voice
műhely (work)shop ; **cseres** ~ *(bőr)* barkery ; **gépkocsira szerelt** ~ car shop
műhelycsarnok oldalhajója aisle of shop
műhelyfa joinery timber
műhelyfelszerelés workshop equipment
műhelyfőnök foreman
műhelygépkocsi truck-mounted workshop
műhelyház *(ép)* workshop building
műhelyi : ~ **berendezés** shop equipment; ~ **szerelés** shop assembly
műhelyidomszer shop gauge
műhelykocsi repair car, mobile workshop
műhelymikroszkóp shop microscope
műhelyoktatáson alapuló iskola work school
műhelyrajz shop drawing
műhelyrajzmásolat workprint
műhelyrajzpapír workshop/common drawing paper
műhelyrendszerű gyártás trade-shop system
műhelyreszelő : **félkerek** ~ half-round file ; **háromszögletű** ~ three-square file ; **kerek** ~ round file ; **lapos** ~ hand file ; **négyszögletes** ~ square file
műhelyutasítás shop instruction
műhelyüllő *(nyéllel)* anvil stake
műhímző *fn* art embroiderer
műhorizont *(csill, rep)* artificial horizon
műjég manufactured ice
műjégforma ice mould
műjéggyártás pure ice making
műjégtömb can ice
műkapcsolás *(távk)* simulating network
műkaucsuk artificial rubber
műkifejezés term
műkorund alundum
műkovácsműhely fine-art forge
műkő cast/artificial stone
működés operation, action, performance, working, running, function(ing); ~**ben** on the run/move ; **boltozatnyomás** ~**e** *(bány)* arch action ; ~ **ellenőrzése** functional inspection ; ~**be hoz** start, set running, put in action, operate ; **injektort** ~**be helyez** prime the injector ; ~**re kész állapotban** in running order ; **kettős** ~ double action ; ~**en kívül** out-of-operation ; ~ **módja** *v* **módszere** method of operation ; ~ **terjedelme** scale of operation
működésbehozás activation
működési functional, working ; ~ **adat(ok)** *(rád)* performance ; ~ **áram** operating current ; ~ **biztonság** reliability/security of service ; ~ **diagram** working diagram ; ~ **elv** principle of operation ; ~ **feszültség** *(vill)* pickup voltage ; ~ **helyzet** *(vill)* running position ; ~ **idő** *(visszhangzáré)* operating time ; *(távíró jelfogóé)* operation time ; ~ **kör** sphere of action, reach ; ~ **küszöb** *(vill)* operating threshold ; ~ **magasság** *(rep)* operating height ; ~ **mód** *(gépé)* manner of working ; ~ **periódus** *(vill)* cycle of operation ; ~ **pont** operating point ; ~ **sebesség** operating speed ; *(jelfogóé)* speed of response ; *(aut)* floating rate, rate of motion of final control element per specified deviation ; ~ **sugár** *(rep)* radius of action ; ~ **távolság** *(fényt)* working distance ; *(rep)* operating distance ; ~ **terület** operating/working range ; *(gépé)* scope ; ~ **zavar** bug
működéskör reach, sphere of action
működésmód manner of action, operating method
működik operate, work, function, run; *(keje ; vill)* make ; **nem** ~ *(gépt)* fail ; *(távk)* out of order, O. O. O. ; **rosszul** ~ give trouble ; **teljes gázzal** ~ run at full throttle
működő operative, running, active, working, in work ; *(gépt)* alive *is* ; ~ **felület** working surface ; ~ **fogaskerék** operating gear ; ~ **keresztmetszet** effective area/section ; **közvetlenül** ~ direct-acting ; **nem** ~ inoperative ; *(gépt)* out-of-gear ; **varrat** ~ **hossza** *(heg)* effective length of weld ; ~ **világítópéce** *(hajó)* operation beacon ; ~ **víz** *(hegesztésnél)* decomposition water
működtet operate, actuate, work, drive ; ~**i a féket** *(gépt)* apply the brake
működtetés actuation, operation
működtető : ~ **áram** action current ; ~ **áramkör** control circuit ; ~ **berendezés** operating device ; ~ **emeltyű** operating lever ; ~ **fogantyú** working lever ; ~ **henger** *(olaj- v légnyomásos)* actuating cylinder ; ~ **kar** actuating arm ; ~ **motor** actuating motor ; ~ **rendszer** actuator ; ~ **szelep** *v* **tolattyú** manoeuvring valve ; ~ **szerkezet** actuator
mű-kötő *(tex)* cuff knitter
műkő-tömb artificial stone block, cast stone block ; ~ **gyártási hibája** *(repedés, kavicsfészek)* blockfaulting
műközép *[feszültségeké]* artificial midpoint
műlégy *(horgászáshoz)* hackle
műleírás *(ép)* specification
műlen *(pa)* artificial linen
műlevegő artificial atmosphere
müllerin *(ásv)* müllerine
műmárvány *(ép)* stucco
műnyelv *(távk)* artificial language
műnyelv-tervezés *(távk)* language engineering
műnyomó : ~ **karton** *(pa)* art printing board, art cardboard ; ~ **papír** (coated/fine) art paper, surface coated paper, enamelled paper
műnyomópapír-gép coating machine for art-printing paper
műnyomópótló papír *l* **műnyomóutánzat-papír**
műnyomóutánzat-papír imitation art paper, art paper imitation
műolaj artificial crude (oil)
műöntő minta mo(u)ld of gut
műpala asbestos slate
műporcelán artificial porcelain
műre-érdemes *(bány)* *l* **műrevaló**
műrefogott *(bány)* exploited
műrepülés aerobatics, stunt flying ; ~**re alkalmas** fully aerobatic
műrepülés-mutatványok aerobat manoeuvres
műrepülhető aerobatic ; **korlátozás nélkül** ~ fully acrobatic
műrepülő stunt pilot, aerobat
műrepülő-mutatvány *(rep)* stunt
műrevaló *(bány)* workable, minable, commercial ; ~ **előfordulás** *(bány)* minable deposit ; ~ **érc** *(bány)* pay-ore ; ~ **ércelőfordulás** *(bány)* make of ore ; ~ **ércszakasz a telérben** *(bány)* ore shoot ; ~ **érc-** *v* **szénbeágyazás** commercial bed ; ~ **kavicstorlasz** pay gravel ; ~ **melléktelér** *(bány)* pay lead ; **nem** ~ **érc** *(bány)* unpayable ore ; ~ **telep** *(bány)* productive plant/seam *is*
műrost *(tex)* *l* **műszál**
műselyem artificial silk, rayon ; *(viszköz)* viscose ; ~ **acetonpróbája** rayon acetone test ; ~ **azonosítása** rayon identification ; ~ **kötöttáruk** knitted rayon fabrics ; **üreges szálú** ~ *(tex)* aerated yarn
műselyemáru *(végtelen szálú fonalból)* rayon fabrics
műselyemcérna twisted rayon yarn
műselyem-cérnázott fonal combination yarn
műselyemfehérítés bleaching of rayon
műselyemféleségek kinds of rayon
műselyem-fényesfonal lustre rayon
műselyemfonal *(végtelen szálú)* rayon yarn/filament
műselyemfonal-hulladék rayon waste
műselyemfonoda *(tex)* rayon plant
műselyemgyár rayon factory/plant
műselyemipar rayon (producing) industry
műselyemírező gép rayon slasher
műselyemkord rayon cord
műselyemkrepp rayon crepe
műselyemszál *(tex)* rayon fibre
műselyemszámozás *(tex)* rayon counts
műselyemszövés filament rayon weaving
műselyemszövet brushed rayons
műselyemszövő gép rayon filament loom
műsenit *(ásv)* müsenite
műsoradás *(rád)* broadcast transmission ; broadcast(ing)
műsoráramkör program circuit

műsorhangszóró program amplifier
műsorkábel *(stúdió és adó között)* studio-to-transmitter line
műsorközvetítés broadcast transmission
műsorközvetítő csatorna broadcast channel
műsormérő program meter
műsorpapír (concert) programme paper
műsorszint program level
műsorszórás *(rád)* broadcast
műsorszóró : ~ **adó** broadcast transmitter ; ~ **rádióadás** radio broadcasting ; ~ **rádióállomás** broadcast transmitter/station
műsorvétel *(rád)* broadcast reception
műsorvevő készülék home receiver
műszáj *(távk)* artificial mouth
műszak shift, change, yoke ; **~ban dolgozó** shift/day labo(u)rer ; **két ~ban folyó munka** double shift ; ~ **tartama** run of the shift ; **~ban való munka** shift working
műszakbeosztás shifting
műszakbéres bányász contract miner
műszakeredmény *(bány)* output
műszakforduló tour
műszaki technical, engineering ; ~ **adatok** technical/engineering data ; ~ **alkalmasság** mechanical fitness ; ~ **csapatok** army engineer troops ; ~ **ellenőrzési osztály** technical inspection department ; ~ **előfeltételek** engineering preliminaries ; **~lag ép állapot** sound mechanical condition ; ~ **fejlesztés** technical development ; ~ **felszerelés** mechanical outfit ; ~ **feltétel** specification ; ~ **felügyelet** technical supervision/control ; ~ **főiskola** technical high school, polytechnical school; ~ **gumiáruk** mechanical rubber goods ; ~ **hulladék** mechanical waste ; ~ **jártasság** mechanical skill ; ~ **jellemzők** technical characteristics ; ~ **képzés** technical training ; ~ **képzettség** technical skill ; ~ **leírás** *(ajánlatban, rendelésben)* specification ; ~ **matematika** engineering mathematics ; ~ **mechanika** applied mechanics ; ~ **mérleg** counter balance ; ~ **meteorológus** industrial meteorologist ; ~ **nemez** felting for technical purpose ; ~ **osztály** engineering department ; ~ **papírok** technical papers ; ~ **rajz** engineering/technical drawing ; *(tex)* lifting plan ; ~ **rajzpapír** technical drawing-paper ; ~ **sajátosság** engineering/technical feature ; ~ **segélykocsi** breakdown lorry ; ~ **selyempapír** technical tissue ; ~ **szakember** technician ; ~ **szolgálat** *v* **segélynyújtás** engineering service ; ~ **szövet** mechanical/heavy fabric ; ~ **tervező** *v* **szerkesztő** designer ; ~ **tudományok** engineering science ; ~ **vezető** works manager ; ~ **záróöv** *(kat)* zone of obstacles
műszakmunkás shiftman
műszak-művezető *(pa)* subforeman
műszakváltás shift-changing
műszakváltási felügyelő shift boss
műszakvezető shift engineer ; *(pa)* time-keeper
műszál *(tex)* artificial/synthetic fibre, man-made fibre ; *(vágott)* spun rayon, staple fibre/rayon, rayon (cut) staple ; **~ból készített szövet** spun rayon fabric/cloth ; **~ból készült fonal** spun rayon yarn
műszálhulladék spun rayon waste
műszalmaszálpapír paper for artificial drinking straw
műszaru galalith
műszén *(állati v növényi)* charcoal
műszer instrument ; ~ **állása** reading ; **detektoros** ~ rectifier instrument ; **egyenirányítós** ~ rectifier instrument ; **~ek elhelyezése** instrument layout ; **ellenőrző** ~ control instrument ; *(műszerellenőrzésre)* reference instrument; **eltolt nullapontú** ~ suppressed-zero instrument, setup-scale instrument ; **fali** ~ wall instrument ; **forgótekercses** ~ moving-coil instrument ; **hátul bekötött** ~ *(vill)* back-connected instrument ; **hitelesítő** ~ calibration instrument ; **hordozható** ~ portable instrument; **hosszúskálás** ~ long-scale instrument ; **hődrótos** ~ hot-wire instrument ; **ingadozásokat kiegyensúlyozó regisztráló** ~ sweep-balance recorder ; **kétmutatós** ~ cross-pointer instrument ; **középnullás** ~ centre-zero instrument ; **közvetlen feljegyző** ~ direct-acting recording instrument ; **közvetlen leolvasású** ~ direct-reading instrument ; **lágyvasas** ~ moving-iron instrument ; ~ **lengés nélküli beállításának módszere** zero-beat method ; **~rel leolvasható szintezőléc** *(geod)* self-reading staff ; ~ **méréshatára** instrument rating ; **mérő** ~ *l* **mérőműszer** ; ~ **mutatója** hand, pointer ; **mutatós** ~ indicating instrument ; **önírό** ~ (chart-)recording instrument ; **profil-típusú** ~ edgewise instrument ; **ráakasztható** ~ hook-on instrument ; **rezgőnyelves** ~ vibrating-reed instrument ; **süllyesztett** ~ flush-type instrument ; ~ **számlapja** dial ; **távjelző** ~ remote-indicating instrument ; **tükrös** ~ mirror instrument ; **vakrepülő** ~ blind-flying instrument ; **~rel való felszerelés** instrument equipment ; **vetítettskálás** ~ projected-scale instrument
műszeracél hard steel
műszerállandó *(fiz)* constant of measuring instrument, instrumental constant
műszerállás reading ; *(geod)* station, stand, stadium ; **~on felállított szintezőléc** *v* **kitűző rúd** *(geod)* station staff ; **~t központosító műszer** *(geod)* vertical collimator ; **külpontos** ~ *(geod)* eccentric station
műszerállásjelző lámpa control light
műszerálláspont *(geod)* stand/station point
műszerállvány instrument rack/column, shelf, stand, spider
műszerasztal instrument table
műszerbeállítás *(felállásonként ; geod)* temporary adjustment
műszerbeépítés installation of instruments
műszercsoporttábla *(villamos)* electric bay
műszerellenőrzés instrument check
műszerellenőrző jelzővonal guide line
műszerelrendezés instrument layout
műszerernyő *(geod)* surveyor's umbrella
műszereskocsi *(földt)* well-logging truck appartus
műszeres léggömb *(met)* registering balloon
műszerész-csavarhúzó mechanician's screwdriver ; ~ **műanyag nyéllel** mechanician's screwdriver with plastic handle
műszerész-csavarmenet instrument maker's thread, Thury thread
műszerészcsipesz tweezers
műszerész-eszterga precision lathe, bench lathe ; **finom** ~ microlathe
műszerészmenet Thury thread
műszerészsatu parallel bench vice
műszerész-sikattyú hand vice
műszerezés instrumentation, instrument equipment
műszerezettség degree of instrumentation
műszerfal instrument panel ; *(gépk)* facia board, dashboard *is*
műszerfal-lámpa *(gépk)* dash lamp
műszerfal-világítás *(gépk)* panel light
műszerfalvilágítás-kapcsoló *(gépk)* panel light switch
műszerfelállítás setup of the instrument
műszerfelszerelés instrument equipment
műszerhelyesbítési tényező instrument/meter correction factor
műszerhiba instrumental error
műszerjelzés instrument reading
műszerkamra *(rep)* instrument bay
műszerkapcsoló tábla huzalozása control wiring
műszerkészlet set of instruments
műszerleolvasás reading (of an instrument)
műszermagasság *(geod)* height of instrument, H. I.
műszermegakasztó mű instrument check
műszermegvilágítás instrument light
műszermutató dial pointer
műszermutató-beállítási hiba pointer error
műszeroszlop support ; **fekvőtengelyt tartó** ~ standard
műszeroszlopfa support
műszerpad *(vill)* benchboard
műszerpontosság accuracy/precision of the instrument
műszerpult *(vill)* benchboard
műszerrepülés blind/instrument flight
műszerrögzítés falon wall mounting
műszersebesség *(rep)* indicated air speed, I. A. S.
műszersokszorozó *(vill)* instrument multiplier
műszersönt *(vill)* instrument shunt
műszerszámlap instrument dial
műszertábla instrument board/panel, dashboard ; *(vill)* meter board
műszertábla-lámpa dashlamp, lamp for instrument
műszertábla-világítás dash-light
műszertalp *(geod)* level(l)ing
műszertartó : ~ **állványsor** *(távk)* bay ; ~ *v* **-hordozó fogantyú** transfer holder
műszerterem auto-room
műszertípusú relé meter-type relay
műszertranszformátor instrument transformer
műszervizsgálat dial test
műsziklacsoport *(ép)* rockwork
műszó term
műtalpbőr leather board
műtanrendőri bejárás examination by authority

műtárgy *(művészeti)* article of virtue; *(ép)* engineering structure
mű-tér mu/μ-space
műterem study
műteremablak *(műv)* artist's donkeys
műterhelés *(vill)* artificial/dummy load; *(tápegyenirányítón)* bleeder resistance
műtőálarc operating mask
műtőasztalpárna operating cushion
műtőcipő operating boot
műtőkesztyű *(gumi)* surgeon's gloves
műtőlámpa surgical lamp
műtömeg artificial mass
műtömés *(tex)* fine darning
műtőszék operating stool
műtrágya fertilizer; **ammóniumfoszfátos** ~ ammophos; ~ **asszimilálhatósága** availability of fertilizer; **műtrágyák keverési aránya** fertilizer ratio; **kis tápanyagtartalmú** ~ low-analysis fertilizer; **vegyi** ~ chemical manure
műtrágyagyár manure works
műtrágyakeverék összetételi aránya fertilizer formula
műtrágyaszórás fertilizer broadcast
műtrágyaszóró: ~ **gép** fertilizer distributor; ~ **szerkezet** fertilizer attachment
műtrágyaszórós sorbavető gép fertilizer drill
műtrágyázó csoroszlya *(mélyen járó)* deep fertilizer applicator
műút highway; **elsőrendű** ~ primary/arterial highway; **harmadrendű** ~ tertiary highway; **másodrendű** ~ secondary highway
műúti repülőjelző highway air marker
műút-padka way side
műválasztás *(távk)* artificial selection
művel *(bány)* strip, work, win, mine; **hazafelé** ~ *(bány)* bring back
művelés exploitation, mining; ~ **alávájással** *(bány)* subdrift caving; ~ **állócsúszdás szállítással** *(bány)* sheet-iron work; ~ **alulról felfelé** *(bány)* ascending method; ~ **bakácsolattal** *(bány)* square-set caving; ~ **bakácsolattal és tömedékeléssel** *(bány)* square set and back filling method; ~ **a bányatelek határán** *(bány)* marching; **befelé haladó** ~ *(bány)* advance; **befelé haladó** ~ **csapásban** *(bány)* advancing on strike; **befelé haladó** ~ **dőlésben felfelé** *(bány)* advancing to the rise; **befelé** *v* **érintetlen mezőbe haladó** ~ *(bány)* advance workings; **beomlott** *v* **omlasztott** ~ *(bány)* chocked opening; ~ **dőlt szeletekben** *(bány)* inclined slicing; ~**re érdemes** paying; *l még* **műrevaló**; ~ **a fejtési mező határa felé haladva** *(bány)* advancing mining; **felhagyott** ~ *(bány)* abandoned working; **felülről lefelé haladó szeletes** ~ *(bány)* descending horizontal; ~ **határ felé** *(bány)* advancing mining; ~ **hazafelé** *(bány)* coming/taking back; **lejtős** ~ **dőlése** *(bány)* acclivity; **lépcsős** ~ *(bány)* bench stoping; **mezőbe befelé haladó** ~ *(bány)* advancing mining; **pados** ~ *(bány)* bench mining; **rendszertelen, apróaknás** ~ *(bány)* coyoting; **rövidpilléres** ~ checkerboard; **szeletes** ~ *(bány)* ascending horizontal slicing; **tölcséres** ~ *(vasérctelepnél, alulról felfelé)* bell work
művelésfejlesztés *(bány)* expansion
művelési: ~ **mező** *(bány)* taking; **omlasztással járó** ~ **mód** *(bány)* block caving; ~ **rendszer** *(bány)* mining system, system of extraction; ~ **rendszer bakácsolattal** *(bány)* square system; ~ **szint** *(bány)* mining level
művelet operation, action, work, procedure; *(bány)* *l* **művelés**; **egy** ~**ben** *(tex)* in one machine/step; ~ **időtartamát önműködően szabályozó készülék** timer; ~**ek sorrendje** sequence of operations; **telepbeli** ~ *(bány)* coal work
műveletfolyamatos munkaciklus *(bány)* continuous cycle
műveletkövetkezés *(önműködő; számológépen)* automatic sequence
műveletlap planning sheet
műveletterv tooling chart, flow sheet
művelettervezés (operation) planning
művelettervező osztály production-planning department
műveletterv-lap operation sheet, process chart
művelhető *(bány)* workable; *l még* **műrevaló**
művelődési park *(városépítés)* town park with amusement place
művelőtest *(mzg)* implement tool (bar); **ék alakú** ~ *(kultivátoron)* diamond-point(ed) tool; **fordítható** ~ *[kultivátoron]* double shovel; **két tengely közé szerelt** ~ *(mzg)* mid-mounted implement; **lúdtalp alakú** ~ *[kultivátoron]* duckfoot; **tömpe orrú** ~ *(mzg)* stub-nose knife
művelőtestkeret *(mzg)* mounting frame; **két tengely közé szerelt** ~ *[traktornál]* mid-mounted tool bar
művelőtesttartó keret *(mzg)* universal mounting frame
művészeti: ~ **kiadvány** art publication; ~ **vezető** *(film)* art director
művészfesték artist's paint
művészi artistic; ~ **formázás** *v* **dombormű** artistic mo(u)lding; ~ **kerámia** art ceramics; ~ **porcelán** decorative porcelain
művész-rajzpapír artist's drawing paper
művezeték *(távk)* line building-out network, line simulator, artificial line
művezető *fn* foreman
művirágpapír paper for artificial flower
művonal *(távk)* artificial (transmission) line; *(kétpólus)* balancing network; *(négypólus)* line simulating network, artificial line; *l még* **művezeték**
művonalkeret *(távk)* balancing rack
művonaloldal *(távk)* network side
művonaloldali: ~ **szűrő** *(távk)* balance filter; ~ **vonaltoldalék** *(távk)* padding balance
M-vidékek *(a Napon; csill)* M-regions on Sun

N

nádarató gép reed destroyer
nádáruk rush reed goods
nádazás *(ép)* lathwork
nádazócövek sting
nádazott *(ép)* reeden
nádcukor cane sugar, saccharose ; **nyers ~** raw cane sugar
nádcukorgyár sugar mill
nádfedél *(ép)* reed roof(ing) ; **~ alaprétege** *(ép)* flaking
nádfedés reed roof(ing)
nádfonat cane weave, wickerwork, webbing ; **~ széküléš számára** seat cane plaiting
nádfonatú szék(ülés) rattan seat
nádfonó munkás reed plaiter
nadír *(csill)* nadir
nadírpont *(geod)* plumb point
nadírpont-háromszögelés *(geod)* plumb point triangulation
nádkihúzó gép reed destroyer
nádlap *(hangt)* reeds
nádlé *(cu)* cane liquor
nadorit *(ásv)* nadorite
nadrágdarab *(gépt)* T-bend, breech pipe/piece
nadrágfelhajtás *(tex)* cuff
nadrágkoptató *(tex)* fraying band
nadrágszár *(tex)* leg (of trousers)
nadrágszorító *fn* *(tex)* trousers clip
nadrágszövet *(tex)* trousering
nadrágtalpaló *(tex)* footing piece
nadrágtartó-szalag *(tex)* elastic webbing for braces
nádsíp *(hangt)* reed
nádvágó kés matchet
nádzsúpos *(ép)* reed-thatched
nafta *l* **ásványolaj** *es* **olaj**
naftacetol naphthacetol, 4-acetamidonaphthol
naftalán decahydronaphthalene
naftaldehid naphthalenecarbonal, naphthoic aldehyde
naftalin naphthalene, white tar, tar camphor
naftálsav naphthalic acid
naftamid naphth(o)amide, naphthalenecarbonamide
naftén *(ol)* naphthene, cycloalcane
naftenát *(ol)* naphthenate
naftén-bázisú nyersolaj naphthenic crude oil
nafténes jellegű naphthenic
naftén-jelleg *(ol)* naphthenicity
nafténsav *(ol)* petroleum/naphthenic acid
nafténszappan naphthene soap
nafténszénhidrogén naphthene (hydrocarbon)
naftol naphthol
naftol-nyomás *(tex)* naphtnol printing
naftolos bőrcserzés naphthol tannage
nagelfiue *v* **nagelfluh** *(földt)* nagelflue
nagy : ~ alak *(nyomda)* large size ; **~ állásszög** *(rep)* high incidence ; **~ átmérőjű henger** large diameter roll ; **~ átmérőjű huzal** heavy-ga(u)ge wire ; **~ áttételű transzformátor** high-ratio transformer ; **~ barkájú** *[bőr]* gross grain ; **~ belső ellenállású áramforrás** high-resistance power supply ; **~ cukortartalmú cukorrépa** high-sugar beet ; **~ ellenállás** *(vill)* high resistance ; **~ ellenállású** *(vill)* high-resistance ; **~ emelkedés** *(helyzet az állítható légcsavarnál)* high-pitch position ; **~ emelkedésű spirálmenet** *(hanglemezen)* fast spiral ; **~ erősítésű** *[elektroncső]* high-mu ; **~ erősítésű erősítő** *(rád)* high-gain amplifier ; **~ értékű ellenállás** high-ohmic resistance ; **~obb fajsúlyú** of higher specific weight ; **~ fajsúlyú oldat** *(ásványok megkülönböztetésére)* gravity solution ; **~ felbontású színképelemzés** high-resolution spectroscopy ; **~ fény** *(simaság ; pa)* super-finish ; **~ fényérzékenységű** *(emulzió ; fényk)* rapid ; **~ fényű papír** high-glazed paper ; **~ feszültség** *(jelé ; távk)* high voltage ; *l még* **nagyfeszültség** ; **~ finomságú aprítás** comminuting ; **~ fogó** *(buga üllőre emelésére)* shinting tongs ; **~ fordulatszámú** high-speed ; **~ fordulatszámú csatlakozó** *(hullámvezetékátmenet rádiólokátornál)* high-speed joint ; **~ fordulatszámú motor** high-speed engine ; **~ fordulatszámú orsó** high-speed spindle, fast spindle ; **~ gépsimaság** *(pa)* high machine finish ; **~ gumitartalmú keverék** high rubber mixing ; **~ hamutartalmú papír** heavily loaded paper ; **~ hangköz** major interval ; **~ hatósugár** *(rep)* high range of action ; **~ hatósugarú bombázó repülőgép** long-range bomber ; **~ hatósugarú radar** long-range radar ; **~ hatósugarú vadászrepülőgép** long-range fighter; **~ hatótávolságú** *v* **hatósugarú** long-range ; **~ hatótávolságú rakéta** long-range rocket ; **~ időállandójú szabályozás** *(távk)* high-time-constant correction/regulation ; **~ igénybevételű** heavy-duty ; **~ illó tartalmú szén** high-volatile coal ; **~ írósebességű oszcillográf** high-speed oscilloscope ; **~ javítás** major repair ; **~ jósági tényezőjű** *(rád)* high-quality, hi-Q ; **~ jóságú üregrezonátor** *(rád)* high-Q cavity ; **~ kanyar** long bend ; **~ képélességű** *(telev)* high-definition ; **~ keresletnek örvendő** *(tex)* merchanting ; **~ keresztmetszetű** large-/heavy-section ; **~ kiszerelésű varrócérnák** *(tex)* long-length threads ; **~ kiterjedésű** large-extension, wide ; **~ körkötő gép** *(kh)* sweater machine ; **~ látószögű fényképező gép** panoramic camera ; **~ látószögű lencse** panoramic/pantoscopic lens ; **~ látószögű tábori látcső** wide-angle field glass ; **~ légritkítású** *[elektroncső]* hard ; **~lyukú** *[rosta]* wide-meshed ; **~lyukú szita** cribble ; **~ meredekségű** *(rádiócső)* high-slope ; **~ méretarányú térkép** large-scale map; **~ méretű** *l* **nagyméretű** ; **~ merülésű hajó** heavy-draft ship ; **~ molekulájú polimer vegyület** high-molecular polymer, high-polymeric compound ; **~ nyílásszögű fényképezőgép** wide-angle camera ; **~ nyomás** high pressure, h. p. ; **~ nyomású** *l* **nagynyomású** ; **~ nyugalmi csillapítású modulátor** mark/tone modulator ; **~ nyújtás(ú)** *(tex)* high/long draft ; **~ oktánszámú benzin** high-octane(-number) gasoline ; **~ őrlésfok** *(pa)* low freeness ; **~ Q-jú** *(jóságú)* **rezgőkör** *(rád)* resonant circuit having high Q ; **~ rendszámú harmonikusok** *(távk)* high-order harmonics ; **~ rezgésszámú** high-frequency ; **~ sebességű** *l* **nagysebességű** ; **~ sodratú** *(tex)* hard-twist(ed), highly-twisted ; **~ sodratú cérnázó(gép)** *(tex)* uptwister ; **~ stabilitású** *(rád)* high-stability, H. S. ; **~ sűrűségű szövet** *(tex)* high-count cloth ; **~ szakítószilárdságú** high-tensile ; **~ szemcséjű** *l* **durvaszemcsés** ; **~ szemű** *l* **durvaszemcsés, nagyszemű** ; **~ széntartalmú** *(koh)* high-carbon ; **~ szilárdságú** *l* **nagyszilárdságú** ; **~ szórású porlasztó** high-dispersion nozzle ; **~ szóró képességű prizma** *(fényt)* prism of high dispersion ; **~ távolságról táplált üzemvitel** *(távk)* long-distance supply work ; **~ távolságú** *l* **nagytávolságú** ; **~ teljesítményű** *l* **nagyteljesítményű** ; **~ teljesítő képességű** high-power ; *l még* **nagyteljesítményű** ; **~ térfogatú** capacious, bulky, bulked ; **~ terhelésű üzem** *(gépt)* forced working ; **~ tömegű** *l* **nagytömegű** ; **~ töménységű** *[oldat]* high titre ; **~ tűzgyorsaságú** *(kat)* of high rate of fire ; **~ utánvilágítású** *(rád)* long-persistence ; **~ ürméretű** *(kat)* heavy ga(u)ge/calibre ; **~ vákuum** *(rád)*

high/hard vacuum ; ~ **vetüléksűrűségű** *(tex)* high-pick(age) ; ~ **viszkozitású** viscous, high-viscosity ; ~ **zsírtartalmú gyapjú** sappy wool
nagyadó *(rád)* high-power broadcast(ing) station, high-power transmitter
nagyágit *(ásv)* nagyagite
nagyalakú large-formate
nagybani : ~ **ár** wholesale price ; ~ **folyadékszállítás** carriage of liquids in bulk ; ~ **fuvarozás** bulk haulage
nagybetű *(nyomda)* capital, initial letter
nagybetűváltó *(írógépen)* shift key for capitals
nagyfeszültség *(vill)* high tension/voltage
nagyfeszültségbiztos *mn* protected against high tension
nagyfeszültség-indikátor high-tension indicator
nagyfeszültségjelző high-tension indicator
nagyfeszültség-kapcsoló high-tension switch
nagyfeszültségű high-tension/-voltage ; ~ **elosztó** high-tension distributor ; ~ **gyújtás** *(gepk)* jump-spark ignition ; ~ **kábel** *(vill)* high-tension cable ; ~ **kábelszigetelő papír** insulating paper for high-tension cables ; ~ **telep** high-voltage battery ; ~ **villamos energiaellátás** high-tension supply
nagyfilm *(legalább 2000 m hosszú)* feature (film)
nagyfogaskerék *(gépt)* gear (wheel) ; *(gyalugépen)* bull gear
nagyfogú fűrész *(deszkahasításra)* rip saw
nagyfokú high, high-grade ; ~ **csillapítás** high damping ; ~ **vákuum** hard/high vacuum
nagyfrekvencia *(3—30 MHz)* high frequency, h. f., radio-frequency, r. f.
nagyfrekvencia-ellenállás high-frequency resistance, H. F. resistance
nagyfrekvencia-erősítő high frequency amplifier
nagyfrekvencia-fáziseltolás high frequency phase shift
nagyfrekvenciájú *l* **nagyfrekvenciás**
nagyfrekvencia-kompenzálás high-frequency compensation
nagyfrekvenciás high-/radio-frequency ; ~ **áram** high-frequency current ; ~ **diatermia** radiothermy ; ~ **edzés** induction hardening ; ~ **ellenállás** high-frequency resistance ; ~ **előfeszültség** *(magnetofonon)* high-frequency bias ; ~ **erősítés** high-frequency amplification ; ~ **erősítő** high-frequency amplifier ; ~ **erősítő pentóda** high-frequency pentode ; ~ **fojtótekercs** high-frequency choke ; ~ **generátor** *(forgógépen)* high-frequency alternator ; ~ **hegesztési módszer** radio-frequency sealing technique ; ~ **hegesztőfej** *(műanyaghoz)* radio-frequency sealing head ; ~ **hevítés** high-/radio-frequency heating ; ~ **irányító állomás** *(távk)* high-frequency sub-control station ; ~ **kemence** coreless-type induction furnace ; ~ **mérőhíd** *(vill)* high-frequency bridge ; ~ **motoros fúróorsó** *(gépt)* high-frequency (drilling) head ; ~ **sebészkés** *(sebvágásra, stb)* radio knife ; ~ **technika** high-frequency electrical engineering ; ~ **tekercs** high-frequency coil ; ~ **torzítás** high-frequency distortion ; ~ **transzformátor** high-frequency transformer ; ~ **tűzhely** *(élip)* radio(-frequency) range ; ~ **veszteség** high-frequency loss ; ~ **vezető állomás** *(távk)* high-frequency control station; ~ **vivőhullám** high-frequency carrier ; ~ **vulkanizálás** radiovulcanization
nagyfrekvenciasáv high-frequency band, H. F. band
nagyipar large-scale industry
nagyít enlarge, magnify, increase, augment ; *(fenyk)* blow-up *is*
nagyítás magnification, enlargement, enlarging, amplification ; *(művelet ; fényk)* projection-printing ; *[elektronoptikában]* magnification ; **abszolút** ~ *(földt)* absolute amplification
nagyítási tényező magnification factor
nagyító *fn* viewer ; *(órás)* eyeglass ; **asztali** ~ table eyeglass ; ~ **kereső** *(lencse)* magnifying viewer ; **kézi** ~ "pick-sharp" ; **szemüvegre szerelhető** ~ *(órás)* eyeglass adjustable to spectacles ; ~ **szemüveglencse** spectacle magnifier
nagyítógép *(fenyk)* enlarger
nagyítólencse magnifying lens ; **számlapbeosztást leolvasó** ~ dial lens
nagyított *(fényk)* enlarged, magnified, blown-up ; ~ **méretarány** *v* **lépték** increased/expanded scale
nagyítóüveg magnifying-glass, eyeglass, magnifier
nagyjavítás general/major overhaul
nagykalapács boss hammer
nagykalória large calory, Cal.
nagykerék *(fogas)* gear (wheel)
Nagy Medve *(csill)* Great Bear
nagyméretű large-size, large-scale ; *(terjedelmes)* bulky, voluminous, extensive ; ~ **gyapotbála** box bale ; ~ **tégla** large-shape brick ; ~ **tömlővetülékcséve** *(hulladékfonalból ; tex)* jumbo cops
nagynyomású high-pressure ; ~ **anyagfelfutó szekrény** *(pa)* pressure headbox ; ~ **fúvó** pressure blower ; ~ **gázgenerátor** high-pressure producer ; ~ **henger** high-pressure cylinder ; ~ **kenőanyag** extreme pressure lubricant, heavy-duty lubricant ; ~ **szelep** pressure-seal valve ; ~ **szivattyú** high-lift pump ; ~ **zsírzóprés** high-pressure grease gun
nagyobbít increase
nagyobbítás increase
nagyobbodás growth
nagyohmos *(vill)* high-resistance, high-ohmic ; ~ **ellenállás** high-ohmic resistance
nagyol *(fa)* face roughly ; *(forg)* rough ; *(idomkéssel)* rough-form ; *(kovácsolással)* preforge ; *(követ)* dress ; **fát** ~ rough-hew ; **hengersoron** ~ cog down
nagyolás *(forg)* rough-cutting, roughing ; *(heng)* cogging (down)
nagyoló roughing, rough-cutting ; ~ **csiszolókorong** fettling wheel ; ~ **dörzsár** *(négy egyenes horonnyal)* shell drill ; ~ **eszterga** roughing lathe ; ~ **esztergakés** roughing lathe tool, rough-turning tool ; ~ **fogást vesz** *(forg)* take a roughing cut ; ~ **fúrás** rough boring ; ~ **gyaluvas** round-nose plane iron ; ~ **hengerlés** cogging, break-down ; ~ **hengermű** cogging/preliminary mill ; ~ **hengersor** rougher, roughing train ; ~ **kártoló(gép)** *(tex)* breaking card ; ~ **kés** roughing tool ; ~ **marás** rough milling ; ~ **megmunkálás** *l* **nagyolás** ; ~ **nyújtógép** *(tex)* first drawer ; ~ **reszelő** middle-cut file ; ~ **üregelés** rough broaching ; ~ **üregelőtüske** roughing broach
nagyolófog roughing tooth
nagyológyalu scrub plane, single round-nose iron plane, boaster, jackplane
nagyolóhenger *l* **előnyújtó henger**
nagyolókés roughing rool
nagyolórosta *(bány)* rake
nagyolóvágás *(reszelőn)* rough cut
nagyolt *(forg)* roughed, rough-machined; *(fa)* roughly-faced ; ~ **dugattyú** *(előmunkálva)* rough-turned piston ; ~ **kő** hewn stone
nagyolva köszörül grind first
nagyolvasztó blast furnace ; ~ **állványzata** blast furnace framework ; ~ **befulladása** choking of blast furnace ; ~ **elzáró harangja** bell of blast furnace ; **faszenes** ~ charcoal blast furnace ; **kamrás** ~ blast furnace with chamber hearth ; ~ **megindítása** *v* **üzembehelyezése** blowing-in of a blast furnace ; **nyitott medencéjű** ~ blast furnace with open breast ; ~ **páncélzata** steel jacket of a blast furnace, casing of a blast furnace ; ~ **torokhídja** blast furnace charging bridge ; ~ **toroknyílása** mouth of blast furnace ; ~ **üzeme** blast furnace operation ; **zárt medencéjű** ~ blast furnace with closed breast
nagyolvasztóadag burden
nagyolvasztóadagoló-felvonó blast furnace hoist
nagyolvasztó-adagolópódium charging column of blast furnace
nagyolvasztó-adagolószint blast furnace platform
nagyolvasztó-adagolótölcsér blast furnace hopper
nagyolvasztóágy blast furnace harth
nagyolvasztó-bélésfalazat blast furnace inwall
nagyolvasztó-fúvóka blast furnace tuyere
nagyolvasztó-gátkő dam stone of blast furnace
nagyolvasztógáz blast furnace gas
nagyolvasztó-habsalak blast furnace foamed slag
nagyolvasztó-hordgyűrű blast furnace ring
nagyolvasztó-hűtőköpeny blast furnace jacket
nagyolvasztójárat run of a blast furnace
nagyolvasztó-leállítás cold-blowing of blast furnace
nagyolvasztó-lefojtás blast furnace damping-down
nagyolvasztó-léghevítő hot stove
nagyolvasztó-nyugvó hajlásszöge angle of bosh
nagyolvasztó-páncél shell of blast furnace
nagyolvasztósalak blast furnace slag/cinder
nagyolvasztó-szállópor blast-furnace flue dust
nagyolvasztó-tapadék iron bear of blast furnace
nagyolvasztó-torok blast furnace top/throat

nagyolvasztó-torokgáz throat/waste gas
nagyolvasztó-toroklépcső top stairs of blast furnace
nagyolvasztó-torokszint blast furnace platform
nagyolvasztótöltés burden, charge ; ~ **levonulása** bringing-down of blast furnace charge
nagyóra clock
nagyság amount, size, bulk, magnitude; *(fiz)* magnitude ; *(nyomda)* formate; ~ **ingadozása** variation in size
nagyságrend order, scale ; *(mat)* order of magnitude ; **üzemi** ~ factory scale
nagyságszám-jelölés size marking
nagysebességű high-speed, fast-moving ; ~ **motorcsónak** speedboat ; ~ **repülőgép** high-speed aircraft, speedplane
nagyszemű rudaceous, heavy ; *l még* **durvaszemcsés** ; ~ **sörét** swan shot, buckshot
nagyszilárdságú high-strength ; ~ **acél** high-tensile steel ; ~ **gyapjú** *(tex)* strong wool ; ~ **nyersvas** high-grade cast iron ; ~ **tégla** engineering brick
nagyszögű kardánkötés *(gépk)* wide--angle type joint
nagytávolsági *(távk)* long-distance ; trunk *(UK)*; toll *(US)*; ~ **áramkör** long-haul toll circuit, long-distance circuit ; ~ **erőmű** supply plant for long distances ; ~ **fényképezőgép** telecamera ; ~ **kábel** trunk cable *(UK)*; toll cable *(US)*; ~ **központ** *(távk)* long-distance exchange ; trunk exchange *(UK)*; toll exchange *(US)*
nagytávolságú long-distance/range ; ~ **felderítés** long-range detection ; *(kat)* long-range reconnaissance ; ~ **forgalom** *(távk)* long-distance traffic ; ~ **próbaút** *(gépk)* long-distance trial
nagyteljesítményű heavy-duty, high--output/-power/-capacity, powerful ; *(rád)* power-type ; ~ **adó** *(rád)* (super)power station ; ~ **bevezető fénysor** *(rep)* high-intensity approach light ; ~ **cső** *(rád)* high-power tube, superpower tube ; ~ **detektor** *(rád)* power detector ; ~ **egység** power unit; ~ **erőmű** high-power station ; ~ **facsiszoló** *(pa)* high-power (pocket-)grinder ; ~ **folyamatos facsiszoló** *(pa)* continuous high-power caterpillar grinder ; ~ **földi radar** high-power ground radar ; ~ **hajtás** *(gépt)* heavy-duty drive ; ~ **kötélpálya** heavy-capacity ropeway ; ~ **légszivattyú** *(gépk)* garage-type air pump ; ~ **marás** heavy-duty milling ; ~ **modulálás** *(rád)* high-level modulation ; ~ **motor** high-powered motor ; ~ **mozdony** high-capacity locomotive ; ~ **pentóda** power pentode ; ~ **rácsegyenirányító** *(rád)* power grid detector ; ~ **szerszám** heavy-duty tool ; ~ **tekercsvágó** *(pa)* reel supercutter ; ~ **tetróda** power tetrode
nagytömegű bulky ; *(fiz)* high-mass
nagyüzemi : ~ **gyártás** bulk manufacture ; ~ **termelés** bulk production
nagyváros *(ép)* large town
nagyvízszabályozás flood control
nakrit *(ásv)* myelin
namuri emelet *(földt)* Namurian stage
nano- *(mértékegységek* 10^{-9} *része)* nano-
nanofarad *(vill)* nanofarad
nantokit *(ásv)* nantokite

nap *(időtartam)* day ; *(égitest)* sun ; ~**ból eredő zörejek** *(rád)* solar noise ; ~**on megégett** *[nyersbőr]* sunburnt ; ~**on szárított** *[nyersbőr]* sun-dried ; **valódi szoláris** ~ *(csill)* apparent day
napállandó *(csill, fiz)* solar constant
napálló sunproof
napbesugárzás *(met)* sun exposure
napciklus *(csill)* solar cycle
napég(et)és sunburn, sunscald
napéjegyeni viharok *(met)* equinoctial storms
napéjegyenlőség *(csill)* equinox
napéjegyenlőségi equinoctial
napellenző sun vizor/shield, blinker ; *(ép)* sun blind ; *(geod)* sunshade ; *(gépk)* sun vizor ; *[lemez a gépkocsivezető előtt]* anti-glare shield ; ~ **berendezés** *(rep)* dimmer arrangement ; ~ **ponyva** tent, canopy, sun protection roof ; *(függő ; hajó)* awning curtain
napenergia solar (heat) energy/power
napernyő *(geod)* sunshade
naperőmű solar power station
napfáklyák *(csill)* faculae of the sun
napfehérítés *(tex)* sun bleach
napfény sunlight, daylight, sunshine
napfényálló sunfast, sunproof
napfényállóság resistance, to sunlight, sunfastness
napfénybesugárzás insolation
napfényelőhívás tank development
napfény-fehérítés *(pa)* grass bleaching
napfény-felvétel *(film)* daylight photo
napfényhatásgátló anyag *(tex)* antisun material
napfényizzó *(vill)* *l* **napfénylámpa** ; ~ **gázlámpa** *[acetiléngáznál]* sun burner
napfényképezés *(csill)* heliography
napfényképező műszer heliograph
napfénylámpa daylight lamp ; *(fényk)* sun-spot ; *(film)* sun arc
napfénymérő *(csill)* heliometer
napfénypapír *(fényk)* printing-out paper
napfénypolarizáló prizma polarizing sun prisma
napfénytartammérő *(met)* sunshine recorder
napfényvizsgálat sun exposure test
napfizika solar physics
napfogyatkozás solar eclipse
napfogyatkozás-hatások *(rád)* solar eclipse effects
napfolt *(csill)* (sun-)spot
napfoltciklus *(csill)* sun-spot cycle
napfoltgyakoriság *(csill)* sun-spot frequency
napfoltmag *(csill)* umbra of sun-spots
napfoltperiódus *(rád)* sun-spot cycle
napfoltszám *(rád)* sun-spot number
napfordulók *(csill)* solstices
napgyűrű *(csill)* halo
napi : ~ **aberráció** *(csill)* diurnal aberration ; ~ **adás időtartama** *(rád)* day range ; ~ **átlag** daily mean ; ~ **forgalomsűrűség** daily traffic density ; ~ **hozam** day output ; ~ **időjárási térkép** daily weather map ; ~ **karakterisztika** diurnal characteristics ; ~ **számok** *(csill)* day numbers ; ~ **szokványvizsgálatok** *(távk)* daily routine tests ; ~ **teljesítmény** turnout/output per day, daily capacity ; ~ **termelés** day/daily output/production
napibéres datal, day labourer, day worker
napidíjas day-wage man

Napier-féle logaritmus *(mat)* natural/ Napierian/hyperbolic logarithms
Napier-körző Napier's compass
napkamera solar camera
napkelte-hatás *(rád)* sunrise effect
napkerék *(gépt)* sun gear ; *(differenciálműben ; gépk)* differential (side) wheel, differential gear ; *(bolygóműben ; gépk)* sun wheel
napkitörés *(csill)* solar eruption/flare ; ~ **okozta zavarok** *(rád)* solar-flare disturbances
napkorona *(csill)* solar corona
napkorona-fényképező berendezés coronograph
napkoronanyúlvány *(csill)* plume
napkorong solar disc
napkő *(ásv)* sunstone
napló day book, log, journal ; **öntödei** ~ melting log
naplóvezetés logging
napmagasság *(csill)* sun's altitude
napmikrométer heliomicrometer
napmikroszkóp solar microscope
napmotor sun engine
napnyugta sunset ; *(met)* set
napolaj sunburn cream
nápolyi : ~ **sárga** *(festék)* Naples yellow; ~ **zöld** *(festék)* chrome/cinnabar green
naponszárítás sun drying, sunning
napóra sun dial
napóramutató gnomon, pin, style ; ~ **irányának megfelelő vonal** substyle
napozó *fn* *(hely)* solarium ; *(ruha)* sun-bath/romper suit
napozóterasz *(ép)* antesolarium
nappabőr nappa-leather
nappal—éjjel átkapcsoló jelfogó sun relay
nappali *fn* *(ép)* sitting room ; ~ **adás hatótávolsága** *(rád)* day range ; ~ **akadályjelzés** *(rep)* day marking ; ~ **átvitel** *(rád)* daytime coverage ; ~ **bombázó** day bomber ; ~ **fény** daylight ; ~ **fényjelzés** daylight signal ; ~ **fényű villamos izzó** *l* **napfénylámpa** ; ~ **földrész** *(csill)* sunlit hemisphere ; ~ **futópálya** *(rep)* day-operation runway ; ~ **hatásfok** *(rád)* all-day efficiency ; ~ **hatótávolság** *(rád)* daytime coverage ; ~ **hullám** *(rád)* day wave ; ~ **jelzőberendezések** *(rep)* day marking aids ; ~ **műszak** day shift ; ~ **műszakos (szövő)** *(tex)* day (weaver) ; ~ **műszakpár** day shift pair ; ~ **nyomjelző lövedék** day tracer bullet ; ~ **repülés** dayflight; ~ **tárgyalhatóság** *(rep)* daylight object visibility ; ~ **televíziós adó** daylight television transmitter ; ~ **világítás** daylight
nappalifény- daylight
nappalifény-lámpa daylight lamp
napperzselés sunburn, sunscald
napraforgómag-olaj sunflower (seed) oil, turnsol(e) oil
napraforgó-pogácsa sunflower cake
naprepedés *(fa)* sun-crack
napsugár sunbeam
napsugároszlop *(met)* sun pillar
napsugárzás *(met)* sunshine
napsugárzásmérő pyrheliometer ; *(regisztráló)* radiograph
napsütés *(met)* sunshine
napszám day rate/wage
napszámos day-wage man, shifter, batcher ; ~ **munka** day labo(u)r ; *(bány)* tune work
napszárított sunned

napszemüveg sun glass
Nap-színkép solar spectrum
napszínkép-fényképező készülék spectroheliograph
naptájolás insolation
naptájoló sun compass
naptár-hátkarton *(pa)* calendar-back board
naptári év calendar year ; *(csill)* artificial year
naptár-karton *(pa)* calendar board
naptáróra calendar watch
naptár-papír calendar stock
naptár-tömbkarton *(pa)* calendar-pad bond board
naptávíró *(fényt)* heliograph
naptávol *(csill)* aphelion
naptevékenység *(rád)* solar activity
napvédő *(geod)* sunshade ; **~ ponyva** sun protection roof ; **~ üveg** *[szemüveg]* tinted glass
napvilág sunlight, daylight
napvizsgáló *fn* helioscope ; **~ okulár** *(csill)* solar eyepiece
narancscsomagoló papír orange wrapper
narancshéj (sweet) orange peel
narancsmagolaj orange seed oil
narancsolaj sweet orange oil
narancssárga *(festék)* orange yellow ; **~ színű tégla** *(ép)* buff brick
narancs-sellak orange lac
nátrit *(ásv)* *l* **szóda**
nátrium sodium
nátriumacetát sodium acetate
nátriumaluminát sodium aluminate
nátriumammóniumhidrofoszfát sodium ammonium biphosphate
nátriumantimonát sodium antimon(i)ate
nátriumaranyklorid gold sodium chloride
nátriumarzenát sodium arsen(i)ate
nátriumarzenit sodium arsenite
nátriumazid sodium azide
nátriumbenzoát sodium benzoate
nátriumberillát sodium beryllate
nátriumbifluorid sodium bifluoride
nátriumbikarbonát sodium bicarbonate ; *(sütőporhoz)* baking soda
nátriumbikromát *l* **nátriumdikromát**
nátriumbiszulfát sodium bisulfate
nátriumbiszulfit sodium bisulfite
nátriumborát sodium borate
nátriumbromát sodium bromate
nátriumbromid sodium bromide
nátriumbutilát sodium butoxide/butylate
nátriumbutirát sodium butyrate
nátriumcellulóz-eljárás soda process
nátriumcianid sodium cyanide
nátriumcinkát sodium zincate
nátriumcitrát sodium citrate
nátriumcsillám *(ásv)* *l* **paragonit**
nátriumdhidrofoszfát sodium dihydrogen psohphate
nátriumdikromát sodium bichromate/dichromate
nátriumdioxid sodium dioxide
nátriumditionát sodium dithionate
nátriumfenolát sodium phenolate/phenylate
nátriumferrit sodium ferrite
nátriumferrocianid yellow prussiate of soda, sodium ferrocyanide
nátriumfluorid sodium fluoride
nátriumformiát sodium form(i)ate
nátriumfoszfát sodium phosphate
nátriumfoszfid sodium phosphide
nátriumgermanát sodium germanate
nátriumgőzlámpa sodium-vapour lamp
nátriumhidrát *l* **nátriumhidroxid**
nátriumhidrofluorid sodium bifluoride
nátriumhidrogénkarbonát sodium bicarbonate, sodium hydrogen carbonate
nátriumhidrogénszulfát *l* **nátriumhidroszulfát**
nátriumhidrogénszulfit *l* **nátriumhidroszulfit**
nátriumhidrokarbonát sodium bicarbonate, sodium hydrogen carbonate
nátriumhidroszulfát sodium bisulfate, sodium hydrogen sulfate
nátriumhidroszulfit sodium bisulfite
nátriumhidroxid sodium hydroxide/hydrate
nátriumhiperborát sodium perborate
nátriumhiperkarbonát *l* **nátriumperkarbonát**
nátriumhiperoxid *l* **nátriumperoxid**
nátriumhiperszulfát *l* **nátriumperszulfát**
nátriumhipobromit sodium hypobromite
nátriumhipofoszfit sodium hypophosphite
nátriumhipoklorit sodium hypochlorite
nátriumhipoklorit-oldat bleaching water, eau-de-Javel(le)
nátriumhiposzulfit sodium hyposulfite
nátriumhuzal-sajtó sodium wire press
nátriumjodát sodium iodate
nátriumjodid sodium iodide
nátriumkaprilát sodium caprylate
nátriumkarbid sodium carbide
nátriumkarbonát sodium carbonate
nátriumkaucsuk sodium rubber
nátriumklorát sodium chlorate
nátriumklorid sodium chloride
nátriumklorit sodium chlorite
nátriumkloroaurát sodium chloroaurate
nátriumkromát sodium chromate
nátriumkrómtimsó chromic sodium alum/sulfate
nátrium-lámpa sodium discharge/vapour lamp
nátriummetaarzenit sodium metaarsenite
nátriummetaborát sodium metaborate
nátriummetafoszfát sodium metaphosphate
nátriummetaperborát sodium metaperborate
nátriummetaszilikát sodium metasilicate
nátriummetasztannát sodium metastannate
nátriummetavanadát sodium metavanadate
nátriummezotip *(ásv)* *l* **nátrolit**
nátriummolibdát sodium molybdate
nátriumniobát sodium columbate
nátriumnitrát sodium nitr(at)e, nitrate of soda
nátriumnitrid sodium nitride
nátriumnitrit sodium nitrite
nátriumortoarzenit sodium orthoarsenite
nátriumortofoszfát sodium orthophosphate
nátriumortoszilikát sodium orthosilicate
nátriumortotioantimonát sodium orthothioantimon(i)ate
nátriumortovanadát sodium orthovanadate
nátriumoxalát sodium oxalate
nátriumoxid sodium oxide
nátriumoxidhidrát *l* **nátriumhidroxid**
nátriumparavolframát sodium paratungstate
nátriumpentaszulfid sodium pentasulfide
nátriumperborát sodium perborate
nátriumperjodát sodium periodate
nátriumperkarbonát sodium percarbonate
nátriumperklorát sodium perchlorate
nátriumpermanganát sodium permanganate
nátriumperoxid sodium peroxide/dioxide
nátriumperszulfát sodium persulfate
nátriumpikrát sodium picrate
nátriumpiroantimonát sodium pyroantimon(i)ate
nátriumpiroarzenát sodium pyroarsen(i)ate
nátriumpiroborát sodium pyroborate/tetraborate
nátriumpirofoszfát sodium pyrophosphate
nátriumpiroszulfát sodium pyrosulfate
nátriumpiroszulfit sodium pyrosulfite
nátriumplumbát sodium plumbate
nátriumplumbit sodium plumbite
nátriumpoliszulfid sodium polysulfide
nátriumrodanát sodium rhodanate
nátriumszalicilát sodium salicylate
nátriumszeszkvikarbonát sesquicarbonate of soda
nátriumszilikát sodium silicate
nátriumsztannát sodium stannate
nátriumsztearát sodium stearate
nátriumszubszulfit sodium thiosulfate
nátriumszulfantimonát sodium sulfantimon(i)ate/-thioantimon(i)ate
nátriumszulfát sodium sulfate
nátriumszulfát-kemence salt-cake furnace
nátriumszulfátlepény salt cake
nátriumszulfid sodium sulfide
nátriumszulfit sodium sulfite
nátriumszuperkarbonát *l* **nátriumperkarbonát**
nátriumszuperoxid *l* **nátriumperoxid**
nátriumtallid sodium thallide
nátriumtartalmú *(ásv)* sodian
nátriumtartarát sodium tartrate
nátriumtellurát sodium tellurate
nátriumtellurit sodium tellurite
nátriumtetraborát sodium tetraborate/pyroborate
nátriumtetrationát sodium tetrathionate
nátriumtioantimonát *l* **nátriumszulfantimonát**
nátriumtiocianát sodium thiocyanate
nátriumtioszulfát sodium thiosulfate
nátriumtriszulfid sodium trisulfide
nátriumuranát sodium uranate
nátriumvanadát sodium vanadate
nátriumvolframát sodium tungstate/wolframate
nátriumxantogenát sodium xanth(ogen)ate/-xanthonate
natrofilit *(ásv)* natrophilite
natrokalcit *(ásv)* natrocalcite
nátrolit *(ásv)* natrolite, natrium mesotype
nátroncellulóz *(pa)* soda pulp/cellulose, kraft-pulp, sodium wood pulp
nátroncellulóz-papír sealings, soda cellulose paper, soda fibre paper
nátron-csomagolópapír sulfate/kraft (packing) paper, sulfate/kraft wrapping
nátroneljárás *(pa)* soda process
nátron-fonópapír kraft spinning paper
nátronföldpát *(ásv)* soda feldspar
nátronhidrát sodium hydroxide
nátron-kenőzsír fiber grease
nátronkeverék-zsákpapír part-sulfate sack-paper
nátronkraftpapír-zsák soda kraft paper-sack
nátronkrepp-papír sulfate/kraft crape-paper

nátronlemez *(pa)* kraft board
nátronlúg caustic lye of soda
nátronmész soda lime
nátron-mészüveg soda-lime glass
nátronmikroklin *(ásv)* *l* **anortoklász**
nátronortoklász *(ásv)* soda orthoclase
nátronpapír kraft (sulfate) paper
nátronpapír-zsák kraft-bag
nátronsalétrom soda nitre/niter, nitratine, sodium/soda nitrate
nátronselyempapír sulfate/kraft tissue paper
nátronszappan sodium/soda soap
nátronszigetelő : ~ **papír** sulfate insulating paper ; ~ **selyempapír** kraft insulating tissue paper
nátrontimsó *(ásv)* *l* **mendozit**
nátronüveg soda glass
nátron-zsákpapír sulfate sack-paper
natúrbarna : ~ **csomagolópapír** natural brown paper ; ~ **papír** natural unbleached paper, unbleached (brownish) paper
natúrgumi-lemez cut sheet
natúrkarton *(pa)* unbleached cardboard, Fourdrinier Bristol
natúr-pauszpapír natural tracing-paper
natúrsárga nyomópapír buff printings
natúrszínű *(tex)* grey ; ~ **zsíros cserzésű vikszos borjúbőr** waxed calf
naumannit *(ásv)* naumannite
Navier-féle hajlítási elmélet *(mech)* Navier's theorem of bending
navigáció navigation ; *l még* **hajózás** ; **csillagászati** ~ astronavigation ; ~ **látással** visual navigation ; ~ **radarirányítással** radar navigation ; ~ **rádióirányítással** radionavigation ; **háromjel-egyeztető** ~ triple coincidence navigation, tricon ; **kapcsolási** ~ *(rep)* dead reckoning
navigációs : ~ **célzótávcső** *(rep)* navigation pendant ; ~ **fülke** *(hajó)* pilot house ; ~ **irányzó készülék** *(hajó)* course sight ; ~ **műszer** navigation instrument ; ~ **számolótárcsa** *v* **-léc** *(rep)* navigation computer ; ~ **tiszt** navigator
navigátor navigator
N-ducos *(rep)* N-strutter
nebuláris elmélet *(csill)* nebular hypothesis/theory
nedves wet, humid, moist, damp ; ~ **csiszolás** *(pa)* wet grinding ; ~ **defekáció** *(cu)* wet liming ; ~ **dekatálás** *v* **gőzölés** wet steaming ; ~ **dörzsölési próba** *(pa)* wet rub test ; ~ **dúsítás** *(bány)* refining by the wet way ; ~ **dúsítás ülepítéssel** *(bány)* jig washing ; ~ **elektrolit-kondenzátor** wet (type of) electrolitic capacitor ; ~ **elem** wet cell ; ~ **eljárás** *(koh)* wet/hydrometallurgical process ; ~ **előkészítés** *(bány)* wet/water/gravity concentration ; ~ **(érc)kiválasztás** *(bány)* wet parting ; ~ **fonású** *(tex)* wet spun ; ~ **formázás** *(önt)* green sand mo(u)lding ; ~ **foszlatás** *(pa)* wet grinding ; ~ **gáz** *(ol)* wet gas ; ~ **gázmérő** wet drum meter ; ~ **gáztisztító** wet scrubber ; ~ **gőz** damp/moist/wet steam ; ~ **grafit** *(önt)* watery graphite ; ~ **hengerhüvely** *(gépk)* wet liner ; ~ **kezelés(i eljárás)** *(tex)* wet-processing ; **kissé** ~ subhumid ; ~ **kollódiumos eljárás** *(fényk)* wet collodion process ; ~ **köszörülés** *(forg)* wet grinding ; ~ **köszörülés** **vízálló csiszolópapírral** wet rubbing operation ; ~ **közbülső réteg** *(földt)* moistened intermediate layer ; ~ **krepp-papír** water-craped paper ; ~ **légáram** *(bány)* mist flow ; ~ **légsűrítő** wet-air-compressor ; ~ **légszűrő** wet air filter ; ~ **mágneses ércelőkészítés** wet magnetic dressing of ores ; ~ **másolás** *(fényk)* wet negative printing ; ~ **nemez** *(pa)* wet/board felt ; ~ **nyúlás** *(pa)* wet expansion, damping torque/elongation/stretch ; *(tex)* wet elongation ; ~ **osztályozás** *(pa)* wet picking ; ~ **öntőhomok** green sand ; ~ **papír** *(pa)* damp(ed) paper ; ~ **prés** *(pa)* wet press, damper, intermediate/nip rolls ; ~ **préshenger** *(pa)* wet press roll ; ~ **présszelet** *(cu)* wet cossetes ; ~ **próba** wet assay ; ~ **réselés** *(bány)* wet cutting ; ~ **simító** *(pa)* intermediate calender, nip rolls, damper ; ~ **sodrás** *v* **cérnázás** *(tex)* wet doubling ; ~**en sózott nyersbőr** green salted hide ; ~ **szakasz** *(pa)* wet-end ; ~ **szakasz hulladékelvezető csatornája** *(pa)* sheet pit ; ~ **szakítószilárdság** *(tex)* wet (breaking) strength, tensile strength of wet fibre ; ~ **szilárdság** *(pa)* wet strength ; ~**en szitált** *(élip)* strained ; ~ **telep** *(rád)* wet battery ; ~ **tisztítás** *(bány)* wet cleaning ; ~ **tőzegtalaj** slime peat ; **túl** ~ **beton** wet mix ; ~ **úton végzett kémiai elemzés** wet assay ; ~ *(emulziójú)* **üveglemez** *(fényk)* wet plate ; ~ **vágat** *(bány)* wet place ; ~ **zúzómű** wet mill ; ~ **zsírkiolvasztás** *(élip)* wet rendering
nedvescérnázó gép *(tex)* wet twister
nedvesedő képesség *(tex)* wettability
nedvesfonás meleg vízben *(tex)* hot-water spinning
nedvesít wet, moisten, humidify, damp(en), soak, wah, spray ; *(fiz)* wet
nedvesítés humidifying, wetting, soaking, dampening, moistening
nedvesítési hő heat of wetting ; ~ **illeszkedési szög** contact angle
nedvesített : ~ **(beton)keverék** retempered concrete ; ~ **felület** *(rep)* wetted surface ; ~ **keresztszelvény** *(hidr)* wet cross area ; ~ **kerület** wetted perimeter; ~ **nyersbőrkikészítés** set-out
nedvesíthető *(tex)* wettable, wetted ; **nem** ~ nonwettable, nonwetted
nedvesíthetőség *(tex)* wettability, wetting power
nedvesítő *mn* wetting ; *fn* sponger ; *(pa)* reel damper, moisture applicator; ~ **berendezés** moistener ; ~ **készülék** humidifier (unit)
nedvesítőanyag moistener
nedvesítődeszka *(nyomda)* wetting board
nedvesítőgép *(pa)* (spray) damper, moistening/damping machine/apparatus ; *(tex)* damping/sponging machine(ry)
nedvesítőhenger *(tex)* damping roller
nedvesítőkamra *(tex)* conditioning chamber, damp storage closet
nedvesítő képesség wetting power
nedvesítőrész *(hosszúszitás papírgépen)* Fourdrinier part
nedvesítőszekrény *(kh, pa)* moistening box
nedvesítőszer wetting agent, damper, humidifier
nedvesítőteknő *v* **-vályú** *(kh)* water box
nedvespréshenger-gumibevonat *(pa)* rubber covering for wet-press rolls
nedves-ragadós *(pa)* clammy
nedvesség humidity, moisture, dampness; *(földt)* aquosity ; *(met)* springiness ; *(pa)* damp ; *(tex)* moistness *is* ; ~ **egyensúlyi állapota** moisture equilibrium ; ~ **felszívódása** *(ép)* moisture movement ; ~ **foka** degree of wetness ; **lecsapódott** ~ *(met)* deposit of moisture
nedvességálló non-hygroscopic, damp-proof ; *(tex)* moisture-proof, moisture-resistant, moisture-repellent ; ~ **enyv** hydraulic glue
nedvességáteresztő moisture-permeable
nedvességellenálló moisture-repellent
nedvességelvonás dehumidification, dehumidifying
nedvességfelszívás *v* **-elnyelés** moisture absorption
nedvességfelszívódás damp penetration
nedvességfelvétel *(tex)* moisture regain
nedvességfelvevő képesség hygroscopicity, moisture capacity
nedvességfok *(gőzé ; tex)* degree of dampness
nedvesség-indikátorpapír hygrometric paper, cobalt chloride test-paper
nedvességíró *(met)* hygrograph, humidity recorder ; ~ **görbéje** *(met)* hygrogram
nedvességi súlytöbblet-engedmény *(bány)* wet (wash) allowance
nedvességkisajtoló gép moisture expeller
nedvességleválasztó *fn* moisture trap
nedvességlevezető csatorna *(ép)* sweating gutter
nedvességmentes moisture-free
nedvességmérés humidity measurement
nedvességmérő *fn* hygrometer, humidimeter, psychrometer
nedvességszabályozó készülék hygrostat
nedvességszázalék percentage of moisture, p. c. m.
nedvességszigetelés damp-proofing
nedvességszigetelő : ~ **fal** *(ép)* retention wall ; ~ **réteg** *(ép)* damp(-proof) course, D. P. C.
nedvességtartalom moisture/water content, (degree of) humidity
nedvességtartalommérő *l* **nedvességmérő**
nedvességtartalomvizsgáló *(pa, tex)* moisture tester
nedvességvizsgáló szekrény hygrostat, sweatbox
nedves-szoba állapota *(25° C hőmérsékletű helyiség 75% páratartalomnál)* moist room condition
nedvesszilárd wet-strength
nedvesülő képesség *(pa)* wettability
nedvfelszívó : ~ **anyag** absorber ; ~ **képesség** hygroscopicity, moisture capacity
nedvszívó hygroscopic, water-absorbing ; ~ **képesség** moisture capacity, hygroscopicity
nedvtartalom *l* **nedvességtartalom**
nedvzöld sap green
nefelejcskék *(festék)* forget-me-not blue, nyosotis, mazarin
nefelin *(ásv)* nephelite, nepheline
nefrit *(ásv)* nephrite
negatív *fn* *(fényk)* negative ; *mn* negative, minus, non-positive ; ~ **állásszög** *(rep)* negative incidence ; ~

áru(henger)szabályozó *(tex)* negative take-up (motion) ; ~ **átvitel** *(távk)* negative transmission ; ~ **bólintó nyomaték** *(rep)* negative yawing moment ; ~ **bütyök** *(gépt)* inverse cam ; ~ **csoport** *(vegy)* negative group ; ~ **elektród** negative electrode, cathode ; ~ **előfeszültség** *(rád)* negative bias ; ~ **előjel** *(mat)* negative/minus sign ; **első** ~ *(lemez ; hangt)* original master ; ~ **homlokszögű szerszám** negative-rake (cutting) tool ; ~ **hőfokkarakterisztikájú ellenállás-egység** negative temperature coefficient unit, N. T. C. unit; ~ **hőmérsékleteltérésű terület** *(met)* negative area ; ~ **hőmérsékleti együttható** negative temperature coefficient, N. T. C. ; ~ **impulzus** *(rád)* negative pulse, inverted pulse ; ~ **ion** negative ion, cation ; ~ **irányú forgás** *(polarizációs síknál)* negative rotation ; ~ **kalória** refrigerating unit ; ~ **kapocs** *(vill)* negative terminal ; ~ **katalizátor** *(vegy)* stabilizer ; ~ **kép** negative (image) ; ~ **korlátolás** negative limiting ; ~ **láncadagoló berendezés** *(tex)* negative (type warp) let-off motion ; ~ **lemez** *[akkumulátorban]* negative plate ; ~ **másoló alappapír** negative tracing base paper ; ~ **modulálás** *(rád)* negative/downward modulation ; ~ **nyomás** *(met)* negative pressure ; ~ **nyomaték** *(rep)* negative rolling moment; ~**ról pozitívokat készít** *(fényk)* print ; ~ **rácsáram** negative grid current ; ~ **rácsú** *(rád)* negative-grid ; ~ **rácsú oszcillátor** *(rád)* negative-grid oscillator ; ~ **sorozat** *v* **sorrend** negative sequence ; ~ **sorrendű impedancia** *(vill)* negative phase-sequence impedance ; ~ **szádképzés** *(tex)* negative shedding ; ~ **szárnyelcsavarás** negative decalage ; ~ **(szövet)felhengerlő szerkezet** *(tex)* negative take-up motion, negative uptake motion ; ~ **tápvezeték** *(vill)* negative feeder ; ~ **a termoelektromos feszültségi sorban** thermonegative; ~ **töltés** negative charge ; ~ **töltéshordozó** negative carrier ; ~ **vésés** reverse ; ~ **vésést készít** reverse ; ~ **vezeték** *(vill)* return wire ; ~ **videojelfeszültségi állapot** negative picture phase ; ~ **villamosságú** electronegative; ~ **visszacsatolás** *(rád)* inverse/degenerative/negative feedback ; ~ **visszacsatolású erősítő** negative feedback amplifier

negatív-kiértékelő *(fényk)* negatoscope

negatívmásolás *(fényk)* negative printing

negatívvizsgáló *(fényk)* negative viewer

négy : ~ **egybefolyó jelsávos adó** *(rep)* four-course range ; ~ **expanziófokozatú gép** quadruple-expansion engine ; ~ **fogópofájú** four-jawed ; ~ **irányban vasalt vasbeton gombafödémszerkezet** *(ép)* four-way system ; ~ **jelzési képet mutató jelző** *(vasút)* four-position signal ; ~ **körívből összetett csúcsív** four-centered arch ; ~ **lyukból álló betörés** *(bány)* square shoot ; ~ **részre fűrészelt** *(rönkfa)* quarter-sawed ; ~ **részre oszt** quarter ; ~ **tagból álló mozgócsuklós mechanizmus** four-bar motion

négyágú four-way ; *(kötélpászma)* four-stranded ; ~ **cérna** *(tex)* four-cord sewings/thread, four-hold yarn ; ~ **hajócsavar** *v* **légcsavar** four-blade propeller ; **levélgörbe** *(mat)* quadrifolium ; ~ **sugárcső** quadruple jet ; ~ **villa** *(forgatásra)* pilot wheel

négyajkú four-lipped

négyajtós *(gépk)* four-door

négyalkotós : ~ **acélötvözet** *(koh)* quaternary steel ; ~ **ötvözet** quaternary alloy

négyállású four-position ; ~ **csap** four-way cock ; ~ **jelző** *(vasút)* four-position signal

négybázisú *(vegy)* tetrahydric, quadribasic

négybekezdésű *(gépt)* four-start ; ~ **csiga** four-start worm

négycsúcsú four-point

negyed *(ép)* block ; *(városnegyed ; ép)* section, quarter ; *(90°-os eltérés ; csill)* square ; **üzleti** ~ city

negyedállás *(csill)* quadrature

negyedbotgyalu boulten cutter

negyedelés quartering

negyedelőfűrész *(fa)* quartering saw

negyedelt : ~ **fűrészelésű** quartersawed ; ~ **talpfa** *(vasút)* quartered tie

negyed-enyvezett *(pa)* quarter sized

negyedescső *(óra)* cannon pinion

negyedescső-leemelő *(óra)* cannon pinion pliers

negyedfokú *(mat)* fourth-degree

negyedfordulat *(gépt)* quarter turn/revolution

negyedhangjegy crotchet, quarter

negyedhullám *(rád)* quarter-wave

negyedhullám-antenna quarter-wave antenna

negyedhullámhossz quarter wave-length

negyedhullámhossznyi fáziseltérés *(térben ; vill)* space quadrature

negyedhullám(hossz)ú antenna quarter-(-wave) aerial ; ~ **hangoló vonalcsonk** *(rád)* quarter-wave slug/stub ; ~ **illesztővonal** *(rád)* quarter-wave-length line, quarter-wave coupling line

negyedhullám-lemez *(fényt)* quarter-wavelength plate

negyedidő *(földt)* *l* **negyedkor**

negyedik : ~ **osztályú fűrészáru** fourths, 4ths ; ~ **sín** *(villamos vontatásnál)* fourth rail

negyedív *(pa)* quartern

negyedkor *(földt)* Quaternary period/era/system

negyedkori *(földt)* quaternary ; ~ **képződmény** quaternary formation

negyedkör *(mat)* uarter cycle

negyedkörszelvényű párkánytagozat *(ép)* quarter-round moulding

negyedlő quadrant

negyedlős irányzék quadrant sight

negyedperiódus *(vill)* quarter period ; ~**nyi időeltérés** time quadrature

negyedrendű : ~ **háromszögelés** *(geod)* fourth-order triangulation ; ~ **sokszögvonal** *(geod)* fourth-order traverse

negyedrész fourth (part), quarter

negyedtégla *(ép)* quarter bat

negyedütő óra quarter clock

négyelágazású *l* **négyes**

négyelektródos cső tetrode

négyélű *(forg)* four-blade/-point ; ~ **dörzsár** square/four-fluted/four-blade reamer ; ~ **fúró** four-blade bit ; ~ **hántoló** four-square scraper ; ~ **tű** *(cipő)* stay ; ~ **ütőfúró** four-lipped jumper drill

négyeres *v* **négyerű** *(vill)* quadrifilar, four-wire/-conductor ; *l még* **négyes** ; ~ **összesodrás** *(kábelé)* quad pairing

négyes *fn (mat)* quaternion ; *(érnégyes ; távk)* quad ; *mn (mat)* quaternary ; ~ **csőcsatlakozó** four-way union ; ~ **kábelelágazó doboz** four-way box ; ~ **rendszer** *(mat)* quaternary system

négyfázisú *(vill)* four-phase

négyfiókos boltozat *(ép)* quadripartite vault

négyfokozatú four-stage ; ~ **fúvó(gép)** four-stage blower ; ~ **kompresszor** four-stage compressor/supercharger

négyfonalas : ~ **kétszínoldalas sávoly** *(tex)* even twill weave, harvard twill, haward ; ~ **2/2 sávoly** *(cirkasz ; tex)* four end two-and-two twill weave, common twill

négyforgású *(ásv)* tetragonal

négyforgattyús tengely *(csak vasút)* quarter crankshaft

négyfúrókalapácsos fúrókocsi *(bány)* quadruple rig

négyhengeres *(gépk, rep)* four-cylinder ; *(heng)* four-high ; ~ **szalagnyújtó gép** *(tex)* compound drafting machine

négyhornyos : ~ **csaprózsa** *(heng)* wobbler (of roll) ; ~ **fúró** four-fluted drill

négyhuzalos : ~ **áramkör** *(távk)* four-wire circuit ; ~ **átvitel** *(távk)* four-wire transmission ; ~ **erősítő** *(távk)* four-wire repeater ; ~ **jellegű áramkör** *(távk)* four-wire character/basis circuit ; ~ **továbbkapcsolás** *(távk)* four-wire through connection ; ~ **végződés** *(távk)* four-wire terminating set

négyjáratú *l* **négyállású**

négyjegyű : ~ **logaritmustábla** four-place table of logarithms ; ~ **szám** *(mat)* four-figure number

négykerékfék four-wheel brake

négykerék-hajtás four-wheel drive

négykerekű : ~ **forgóalváz** four-wheel bogie ; ~ **járgány** *(vasút)* quadricycle

négykéses quadruple-tool ; ~ **késtartó** *(esztergán)* four-way tool block, quadruple tool holder

négykönyökös *[főtengely]* four-throw

négykörfűrészes fűrészgép *(fa)* tie mill

négykötélágas : ~ **csigasor** double-pulley block ; ~ **horogszerkezet** *(darun)* double-pulley block

négylapátos four-blade

négylapfejű *(gépt)* square-head

négylapú *(gépt)* square ; *[test:]* tetrahedral

négylemezes szekrénytartó *(ép)* four-plate box girder

négylépcsős *(gépt)* four-stage ; ~ **szíjtárcsa** four-stepped cone

négyleveles sávoly four-leaf twill

négylevelű : ~ **görbe** *(mat)* quadrifolium ; ~ **lóhere díszítés** *(ép)* quaterfoil

négymagvú gyűrű *(vegy)* tetracyclic ring

négymezős boltozat *(ép)* four-part vault

négymolekulás quadrimolecular

négy-munkahelyes four-station

négynyüstös sávoly *(tex)* four-harness twill, four leaf(ed) twill

négyoldalú quadrilateral, quadrangular ; **~ra kifarag** *[gömbfát]* square off
négyorsós csavarmetsző gép quadruple bolt cutter
négyoszlopos hidraulikus sajtó four--column hydraulic press
négypengés four-blade
négyperiódusos four-cycle
négypofás *(tokmány)* four-jaw
négypólus *(vill)* quadripole, four-terminal network, two-terminal pair network ; **~ induktív kapacitív összetevője** quadrature network
négypóluselmélet *(vill)* theory of four--terminal networks
négypóluskiegyenlítő *(vill)* four-terminal equalizer/corrective network
négypólusú áramkör *(vill)* *l* **négypólus**
négypont-azonosítási eljárás *(geod)* four--point method
négyrekeszes táblázat *(mat)* tetrachoric table
négyrészes : ~ állítható csapágy(ház) quarter box ; **~ keretácsolat** *(bány)* four-stick set
négyrét-hajtogatás *(tex)* dress fold
négyrudas (csuklós) mechanizmus *(gépt)* four-bar motion
négyrugós vetélőtüske sisakkal *(tex)* four-spring peg with shoulder
négysarkos four-cornered
négyszárnyú four-blade(d) ; **~ légcsavar** four-blade(d) airscrew
négyszeres quadruple(x) ; *(mat)* four-fold ; *(nyomda)* quad ; **~ Baudot-készülék elosztója** *(távk)* quadruplex distributor ; **~ behelyettesítési termék** *(vegy)* tetrasubstitution product ; **~ expanziójú gép** quadruple-expansion engine ; **~ távíró rendszer** quadruplex telegraphy
négyszög *(mat)* quadrilateral, tetragon, quadrangle ; **~re vág** squar (off)
négyszögácsolat fogazott kötéssel *(bány)* rocker stepdown set
négyszögalakzat square
négyszögesítés *(mat, távk)* squaring
négyszögfa *(vékony ; kantfa, szarufa)* small square timber
négyszögfejű kéziüllő square socket (anvil stake)
négyszöggenerátor *(rád)* square-wave oscillator/generator
négyszöghullám *(rád)* square/rectangular wave ; **~ túlrezgése** horn on square wave
négyszöghullámfeszültség square-wave voltage
négyszöghullámgenerátor square-wave generator/oscillator
négyszöghullámú rácsfeszültség square--wave grid voltage
négyszögidomverő : nyeles ~ top swage for square iron ; **~ üllőbetét** bottom swage for square iron
négyszögimpulzus *(vill)* square(d)/rectangular pulse
négyszögjel-formáló *(távk)* *fn* squarer
négyszögjel-generátor *(távk)* square--wave generator
négyszögkeresztmetszetű rectangular (section) ; *(négyzetes)* square ; **~ fagerenda** *(ép)* quarter timber ; **~ gerenda** *(4×12"-nél nagyobb méretű)* flitch ; **~ lépcsőfok** *(ép)* square step ; **~ párkánytartó konzol** *(ép)* mutule ; **~ repülőgéptörzs** rectangular body ; **~ szegélyléc** *(fa)* square staff ; **~ tekercsrugó** square-bar spiral spring ; **~ (vas)rúd** square bar(iron)
négyszögletes rectangular, four-angled/cornered, quadrangular ; *(négyzetes)* square ; **~ akna** *(bány)* square shaft ; **~ csatorna** *(ép)* trough gutter ; **~ csőtápvonal** *(távk)* rectangular waveguide ; **~ csövű radiátor** square-tube radiator ; **~ fagerenda** cant timber ; **~ fogazás** *(ép)* square denticulation ; **~re fűrészelt** *(fa)* square-edged ; **~ gerenda** *(ép)* square tie ; **~ háztömb** square ; **~ henger** *(tex)* foursided beam ; **~ impulzus** *(távk)* square(d) pulse ; **~ kamarafejtés** *(bány)* Staffordshire square-chamber work ; **~ keresztmetszetű kötél** square cable/rope ; **~ lánchenger-tengely** *(tex)* square beam shaft ; **~ lefolyó** *(fából)* square shoot ; **~ menesztő** *(forg)* square tang ; **~ orsó** square spindle ; **~ orsóvég** *(elzárócsapon)* key-top , **~ parcella** pane ; **~ reszelő** mill file; square file, square stick ; **~ szárú csapszeg** square-shank bolt ; **~ szelvényű léc** *(ép)* reglet ; **~ tér** *(ép)* square ; **~ terület** *v* **felület** square area ; **~ udvar** square ; **~ végű egyenes illesztés** *(ép)* square butt joint ; **~ zárt udvar** quadrangle
négyszögletesítés squaring
négyszögletű *l* **négyszögletes**
négyszögmenesztő *(forg)* square tang
négyszögrevolverfej square turret
négyszögrezgésképző kapcsolás *(távk)* sine squaring circuit
négyszögszelvényű : ~ akna *(bány)* rectangular shaft ; **~ hengerelt anyag** square stock
négyszögű *l* **négyszögletes**
négytagú *(mat)* quadrinomi(n)al ; **~ csuklós szerkezet** four-bar mechanism
négytengelyű : ~ háromcsatlós mozdony eight-wheel six-coupled locomotive ; **~ kétcsatlós személyvonati mozdony** eight-wheel four-coupled passenger locomotive
négytestes bepárló készülék *v* **besűrítő** four-effect evaporator
négyüléses kerékpár quadruplet
négyütemű *(motor)* four-stroke/-cycle ; **~ elven működik** operate on the four cycle principle ; **~ körfolyamat** four--stroke cycle ; **~ motor** four-cycle/-stroke engine
négyvégű four-point
négyvegyértékű tetravalent, quadrivalent
négyvegyértékűség tetravalence, tetravalency quadrivalence, quadrivalency
négyvezetékes : ~ árameloszto hálózat four-wire system ; **~ áramkör** four--wire circuit ; **~ háromfázisú rendszer** three-phase four-wire system ; **~ kétfázisú rendszer** two-phase four-wire system
négyvonalú *l* **négyállású**
négyzet square, quad(rate) ; *(idom)* square ; *(második hatvány)* square, second power ; **~ alakú** *l* **négyzetes** ; **~re emel** square ; **m-betű szélességű ~** *(nyomda)* mutton ; **~ sarkain és középpontjában történő elrendezés** quincunx
négyzetacél *(heng)* square steel (rod)
négyzetbordás cső square-fin tubing
négyzetes quadrate, square ; *[kristályrendszer]* tetragonal ; *(mat)* quadr(at)ic ; **~ ácsolat süvegfája** *(bány)* square-set girt ; **~ alaptest** square footing ; **~ bakácsolat** *(bány)* square--set framing ; **~ bejárat** *(ép)* square--cornered entrance ; **~ egyenirányítás** *(rád)* parabolic detection, square--law detection ; **~ fényerőszámozás** *(fényrekeszen)* uniform system ; **~ hálózat** square grid ; **~ hengerüreg** square groove ; **~ huzal** square--section wire, bus-bar wire ; **~ keresztmetszet** square cross-section ; **~ keretantenna** square-loop antenna ; **~ középérték** *(mat)* quadratic mean, root-mean-square value, RMS/r. m. s. value ; *(vill)* effective value ; **~ középhiba** *(mat)* mean-square error ; **~ mezejű hálórács** *(rád)* square-mesh grid ; **~ modulálás** *(rád)* square-law modulation, small-signal modulation ; **~ nyílású rosta** *(bány)* square-hole sercen ; **~ összeadás** *(távk)* quadratic addition ; **~en összegező műszer** *(rád)* full-wave square-law instrument; **~ toldat** *(csapvég)* square spigot ; **~ törvény** square law ; **~ üregelőtüske** square broach ; **~ űrpótló** *(nyomda)* M-quadrat
négyzetfa scantling
négyzetgyök *(mat)* square root
négyzetgyökvonás *(mat)* square root extraction
négyzethálózat square net
négyzethálózatos térkép squared map
négyzethüvelyk square inch
négyzetkeresztmetszet square cross-section
négyzetkeresztmetszetű : ~ horony square groove ; **~ idomacél** square steel
négyzetkilométer square kilometer
négyzetmétersúly *(pa)* square weight, gsm. substance
négyzetmétersúly-mérleg *(pa)* quadrant scale
négyzetmutató *(geod)* reference card
négyzetre-metszett squaring
négyzetvas *(koh)* quadrant iron
négyzetyard square yard
nehéz : ~ agyag *(földt)* heavy clay ; **~ borjúboxbőr** heavy calf ; **nehezen csúszó szén** heavily rolling coal; **~ elektron** heavy electron ; **nehezen érthető** intricate ; **nehezen észrevehető** inconspicuous ; **~ folyadék** *(bány)* heavy liquid ; *(ol)* heavy loam ; **nehezen folyó** viscous ; **nehezen folyó nyersolaj** sticky oil ; **~ födém** *(ép)* solid floor ; **nehezen főző** *v* **forró** hard-boiling ; **~ fűtőolaj** reduced fuel oil ; **~ gyapjúáru** cloaking ; **~ gyapjúszövet** coating; **nehezen gyulladó** slow-burning ; **~ hidrogén** deuterium, heavy hydrogen ; **~ hidrogénmag** deut(er)on ; **~ indítás** *(gépk)* hard starting; **nehezen járható** heavy ; **~ jármű** heavy vehicle ; **~ kabátszövet** castor beaver ; **nehezen kezelhető** *v* **kormányozható** unhandy ; **~ közeg** *(dúsításhoz ; bány)* heavy medium ; **~ krakkolási kátrány** *(ol)* pressure still tar ; **~ löveg** heavy gun/piece ; **nehezen megmunkálható** hard-to-machine ; **~ motorolaj** heavy motor oil ; **~ nyersbőrök** heavy hides ; **nehezen olvadó** *(koh)* stubborn ; **~ tehervonati mozdony** heavy-goods locomotive ; **~ terhelés** heavy loading ;

~ **testi munkás** (very) heavy worker; ~ **üzemviszonyok közötti próba** severe test; ~ **végpárlatok** *(ol)* heavy ends; ~ **víz** *(vegy)* deuterium oxide, heavy water
nehézáru heavy goods
nehézbenzin heavy petrol/gasoline
nehezék ballast; *(ellensúly)* counterweight; ~ **kidobása** throwing-out the ballast; **kiegyensúlyozó** ~ balance weight; **ledobható** ~ *(rep)* dropping ballast
nehezék-henger ballast cylinder
nehezékhomok *(hajó)* ballast sand
nehezéktartály *(rep)* ballast trunk
nehézfém heavy metal
nehézfémsó heavy metal salt
nehézipar heavy industry
nehezít weight, load, weft, dynamize
nehezítés weighting, loading; *(tex)* weighting, loading, dynamiting; ~ **nélkül színezett selyem** pure dye silk; **selyemszövetek** ~**e** weighting of silk fabrics
nehezítési súlytöbblet *(tex)* loading
nehezítetlen tisztaselyem *(tex)* net silk
nehezített weighted, loaded; ~ **fonal** loaded yarn; **ólommal** ~ leaded; ~ **selyem** *(tex)* loaded silk yarn, weighted silk
nehezítőanyag *(vegy)* loading/weighting material/agent; *(töltőanyag)* filling, extender
nehezítőszer *(tex)* weighting; ~ **nélküli íranyag** light size; ~**rel írelt** *(tex)* heavy-sized; ~**ek nélküli írezés** *(tex)* pure sizing
nehezítőszeres appretúra *(tex)* heavy size
nehézkovácsolás heavy forging
nehézolaj heavy oil
nehézségi *(mech)* gravitational; ~ **erő** force of gravity; ~ **erőegység** gravity unit; ~ **erő meghatározására szolgáló inga** gravity pendulum; ~ **erő rendellenessége** gravity anomaly; ~ **erőtér** gravitational force field, gravity field of force; ~ **erővektor** gravitational vector; ~ **erővel működő** *l* **súlyhajtású**; ~ **gyorsulás** gravitational acceleration, acceleration due to gravity; **kiegyenlített** ~ **erőkülönbség** adjusted gravity difference
nehézsúlyú zebubőr overweight kip
nehéz-szuszpenziós: ~ **dúsítás** *(bány; koh)* heavy-media process
nehéztípusú heavy-duty
nehézvíz heavy water
nekifekvő oldal *(ép)* lying side
nekifutás racing, runaway; *(rep)* take-off run; ~ **hossza** *(rep)* starting distance, length of take-off run; ~ **nélküli felszállás** *(rep)* no-run take-off
néma: ~ **film** mute/silent film; ~ **hangolás** *(rád)* quiet/silent tuning; ~ **hangoló berendezés** *(rád)* tuning silencer; ~ **környezet** *(rád)* deap spot; ~ **kúp** *(rád)* cone/zone of silence; *(rep)* zero-signal area; ~ **sáv** *(rád)* skip region; ~ **sáv szélessége** *(rád)* skip distance; ~ **vájat** *(hanglemezen)* unmodulated groove; ~ **zóna** *(rád)* dead-zone
némafilm-felszerelés silent equipment
némafilmfelvétel mute shot
nemcserélhetőség *(gépt)* non-interchangeability
nemegyezés misfit, lack of coincidence/fit
nemes *(anyag)* noble, rare, inert; **nem** ~ **fém** basic metal
nemesacél high-alloy steel, special steel
nemesbronz fine bronze
nemesfém precious/noble metal
nemesfémelválasztás ólomtól cupellation
nemesfémelválasztó *v* **-űző edény** *(koh)* cupel assay
nemesfémérintkező precious metal contact
nemesfémfinomító üzem precious metal refiner
nemesfémgolyó *(fémpróbánál)* bead
nemesfémhitelesítő jel mark of assay
nemesfém-hőelem noble-metal thermocouple
nemesfémszemecske *(fémpróbánál)* bead
nemesgáz rare/noble/inert gas
nemesgáz-konfiguráció rare gas configuration
nemesgázos biztosító *(vill)* rare-gas cartridge/cut-out
nemesgáztöltésű cső rare-gas tube
nemesít refine, improve; *(ércet)* treat; *(hők; acélt)* harden and draw/temper; *(könnyűfémet)* age, precipitation, harden
nemesítés refining, improving, refinement, improvement; *(hők; acélé)* hardening and tempering/drawing; *(könnyűfémé)* precipitation hardening, ageing
nemesített: ~ **acél** tempered steel, hardened and tempered/drawn steel; ~ **anyag** *(pa)* processed pulp; ~ **áruk** improved goods; ~ **cellulóz** *(pa)* refined/textile pulp
nemesíthető acél temper-grade steel
nemes-vakolat *(ép)* scratch coat
német: ~ **bucító eljárás** *(Krupp-eljárás; koh)* native forge process; ~ **kulcs** *(üreges szárral)* piped key
nemez *(tex)* hair felt(ing); ~ **fényezőkorong** felt polishing disc; ~**zel markírozott papír** felt marked paper; ~**ek papírgéphez** clothing; ~ **tömítőgyűrű** *(gépk)* felt sealing ring
nemezalátét felt pad; *(bélyegzéshez)* marking felt
nemez(el) felt, full
nemezelés *(tex)* felting, fulling
nemezelhetőség *(tex)* feltingness, felting (property/quality)
nemezelő *(munkás; tex)* fuller, felter; ~ **bolyhozógép** double-action napping machine; ~ **hengerprés** felt rollers press
nemezelődés felting
nemezelődésgátló antifelt(ing); ~ **kikészítés** anti-felt finishing
nemezelődési; ~ **képesség** felting (power); ~ **képesség hiánya** lack felting property
nemezelődött felted; *(bunda; tex)* pickered; ~ **gyapjú** *(tex)* stringy wool
nemezelőgép *(tex)* felt fuller, fulling machine/mill, felting loom
nemezelt *(tex)* felted; ~ **gyapjúbunda** *(tex)* cotted wool/fleeces; ~ **gyapjúlemez** *(pa)* felted woolen board; ~ **posztó** rolled cloth; ~ **szövet** *(tex)* felt(ed cloth)
nemezes rostos szerkezet *(földt)* felted texture
nemezfeszítés *(pa)* felt stretch
nemezfeszítő támhenger *(pa)* doubling roll
nemezgyártó gép *(tex)* jigger
nemezgyűrű felt ring
nemezkalap felt hat
nemezkaparó *(pa)* guard board
nemezkarbantartó *(pa)* felt conditioner
nemezkarika *(tömítéshez)* felt ring
nemezkészítés felt making
nemezkészítmények felters, felts, felt goods
nemezkészítő *(munkás; tex)* feltmaker
nemezkorong *(alátét)* felt washer; *(fényező)* buffing disc, bob
nemezlemez *(pa)* felt board
nemez-lökhárító felt buffer
nemezmarkírozás *(pa)* felt/blanket mark/finish
nemezmosó *(pa)* felt washing/cleaner; ~ **gép** *(pa)* felt washing machine; ~ **szer** *(pa)* felt washing lotion
nemeznyúlás *(pa)* skewing of felt
nemezpapír *(pa)* felt paper
nemezpárna felt pad
nemezposztó felt cloth
nemezszárító *(pa)* felt dryer
nemezszívó henger *(pa)* felt suction roll
nemezszövet felt cloth
nemeztakaró felting coat
nemeztárcsa *l* **nemezkorong**
nemeztömítés felt pad/gasket; **porvédő** ~ felt dust packing; ~ **szorítótartója** felt press cover
nemeztömlő jacket
nemezványoló *(munkás; tex)* feltmaker, fuller
nemezvezető henger *(pa)* felt-guid(ag)e/carrying roll
nem-fém *(ásv, vegy)* non-metal
némító kapcsoló *(csendes hangoláshoz; rád)* muting switch
nemzeti: ~ **adási rendszer** *(távk)* national sending system; ~ **vételi rendszer** *(távk)* national receiving system
nemzetközi: ~ **forgalom** international traffic; ~ **kód** *(távk)* continental code; ~ **ohm** legal ohm; ~ **sárga** *(rep)* international yellow; ~ **távbeszélő áramkör** *(távk)* international telephone circuit; ~ **távbeszélő vonal** *(távk)* international telephone line; ~ **világ-idő** *(csill)* universal time
neodím neodymium; ~ **tartalmú** *(ásv)* neodymian
neogén *(földt)* Neogene system/period
neoklasszikus *(ép)* neoclassic
neokon emelet *(földt)* Neocomian stage
neolit-kor *(földt)* Neolithic stage
neon neon
neoncső neon tube/lamp
neoncsöves: ~ **feszültségszabályozó** *(vill)* neon-tube voltage regulator; ~ **hullámmérő** glow-tube indicator wavemeter; ~ **kondenzátoros rezgőkör** neon oscillator
neongáz neon gas
neontartalmú *(ásv)* neonian
neopentán *(tetrametilmetán)* neopentane
neoprén *(gumi)* neoprene
neotokit *(ásv)* neotocite
neovulkáni kőzet fresh volcanic rocks
Nepál-papír Nepal paper
néper *(távk)* neper
nép-gázálarc people's gas mask
népgazdaság national/people's economy

népgazdasági szerepkör economic sphere of activity

néprádió people's receiver

neptunikus *(földt)* neptunian

neptunit *(ásv)* neptunite

népvevő *(rád)* people's receiver

Nernst-lámpa Nernst lamp

neroliolaj neroli oil, orange flower oil

nesquehonit *(ásv)* nesquehonite

Nessler-féle : ~ kémszer *v* oldat Nessler's reagent ; **~ reakció** *(vegy)* Nessler's reaction

nettó net ; **~ építési terület** summary of the dwelling areas without services and amenities ; **~ hasznos teljesítmény** *(gép)* net brake horsepower ; **~ lakófelület** net dwelling area ; **~ lakóterület** summary of the housing areas with inclusion of the ways gardens and courts ; **~ laksűrűség** *(városépítés)* net residential density ; **~ súly** net weight ; **~ szövethossz** *(yardban)* net yards

neutrális *l* **semleges**

neutralizál *stb l* **semlegesít** *stb*

neutrino *(at)* neutrino

neutrodin : ~ kapcsolás *(rád)* neutrodyne circuit ; **~ vevő** *(rád)* neutrodyne receiver

neutron *(at)* neutron ; **~ által létrehozott** *(at)* neutron-induced

neutronáram *(at)* neutron flux

neutronbefogás *(at)* neutron capture

neutronbefogási gammasugárzás capture gamma-radiation

neutronfluxus *(at)* neutron flux

neutronforrás *(at)* neutron source

neutronhatásfok neutron yield

neutronlassító *(at)* moderator

neutroszféra neutrosphere

Neuwieder-zöld *(festék)* Neuwieder green

név : ~vel beszőtt cipőfül *v* cipőhúzó lettered loopings

névadó *(távgépíró)* answer book unit

nevező *[törtben ; mat]* (de)nominator ; **közös ~re hoz** *(mat)* reduce to a common denominator

nevjanszkit *(ásv) l* **ozmirídium**

névjegydoboz *(pa)* card case

névjegykarton *(pa)* visiting-card-board

névjegytartó cardcase

névleges nominal ; *(vill)* rated ; **~ állandó** *(mérőműszeré)* nominal constant ; **~ áram** rated current ; **~ átmérő** *(gépt)* nominal diameter ; **~ dugattyúközépnyomás** *(gépk)* mean rated piston pressure ; **~ emelkedés** *[légcsavaré]* nominal pitch ; **~ érték** nominal/face value ; *(aut)* reference input, set point ; **~ fázisfeszültség** rated phase voltage ; **~ feszültség** rated voltage ; **~ frekvencia** nominal/rated frequency ; **~ frekvenciasáv** *(rád)* service band ; **~ gerjesztés** rated excitation ; **~ határfrekvencia** *(távk)* nominal cut-off frequency ; **~ hullámellenállás** *(távk)* nominal characteristic impedance ; **~ jellemző** rating ; **~ jellemzők meghatározása** rating ; **~ jellemzőt megállapít** rate ; **~ keresztmetszet** rate cross-sectional area ; **~ lóerőteljesítmény** rated horsepower ; **~ magasság** *(rep)* rated altitude ; **~ méret** nominal/basic size ; **~ motorfordulatszám** rated engine speed ; **~nél nagyobb feszültség** overrating voltage ; **~ sebesség** rated speed ; **~ szelvény** *(hidr)* nominal section ; **~ tartós üzemfeszültség** *(vill)* rated continual-working voltage, r. c. w. v. ; **~ teljesítmény** rating, rated power/output ; *(gyári adattábla szerint)* name-plate rating ; **~ teljesítménynek megfelelő terhelés** *(emelőé)* specified rated load ; **~ vételhatár** *(távk)* nominal margin

név-vízjeles papír name(d) paper

newberyit *(ásv)* newberyite

Newton-féle tömegvonzás Newtonian attraction

Newton-gyűrű *(fényt)* Newton ring

nézet(rajz) view, sight ; **alaprajzi ~** plan view ; **alsó ~** bottom view ; **elülső ~** front view/elevation ; **hátsó ~** rear view, back elevation ; **homlokoldali ~** front view/elevation ; **oldalirányú ~** side view/elevation, end elevation ; **vázlatos ~** diagrammatic view ; **vég felőli ~** end view

nézőablak inspection hole

nézőernyő *(távk)* viewing screen

nézőke *(geod)* sight ; *(dioptrán)* sighting slot ; *(lőfegyveren)* backsight ; **~ az alhidádé szintező vonalzóján** *(geod)* vane

nézőke-kerettalp *(kat)* backsight bed

nézőkés függőón *(bány)* lining sight

néző készülék *(színes fényképhez)* chromoscope

nézőnyílás lookout

nézőpont view(point) ; *(városépítés)* spot affording a characteristic view over the town

nézőraszter *(fényk)* viewing screen

nézőrés eye slit

nézőszekrény look box

nézőszög looking angle

nézőtér *(ép)* auditorium, auditory

nézőüveg *[olajozón]* sight glass

Nicol-prizma *l* **nikol**

nielló *(ötv)* niello

Niethammer-csomófogó *(pa)* Niethammer sliver screen

Ni-Fe-akkumulátor *l* **vas-nikkel-akkumulátor**

nife-zóna *(földt)* nife-zone

nigrescit *(ásv)* nigrescite

nigrin *(ásv)* nigrine

nigrozin *(színezék)* nigrosine

n-ik : ~ gyök *(mat)* nth root ; **~ hatvány** *(mat)* n-th power

nikkel nickel

nikkelacél nickel steel

nikkelbevonat nickel plating

nikkelbronz *(koh)* nickel bronze

nikkeles kéneskő *(koh)* raw nickel matte

nikkelez nickel-plate

nikkelezés nickel plating ; **~ dobban** drum nickel-plating

nikkelezett nickel-plated ; **~ kivitel** nickel-plated finish

nikkelfekete *(festék)* nickel black

nikkelfürdő *(vill)* nickel bath

nikkelfüst nickel foil

nikkelgálic *(ásv) l* **morenozit**

nikkelgimnit *(ásv) l* **genthit**

nikkelhuzal nickel wire

nikkelihidroxid nickelic hydroxide

nikkelin *(ásv)* copper nickel ; *(koh)* nickeline

nikkelioxid nickelic oxide

nikkeli-vegyület nickelic compound

nikkel-kadmium-akkumulátor nickel--cadmium accumulator

nikkelkarbonil nickel carbonyl

nikkelkarbonilos eljárás *(koh)* nickel carbonyl process

nikkelmentesítő fürdő denickelling bath

nikkelohidroxid nickelous hydroxide

nikkeloklorid nickelous chloride

nikkelooxid nickelous oxide

nikkeloszulfát nickelous sulfate

nikkelo-vegyület nickelous compound

nikkelszulfát blue salt, nickel sulfate

nikkeltartalmú nickeliferous; *(ásv)* nickelian *is*

nikkeltetrakarbonil nickel tetracarbonyl

nikkeltömítés *(túlhevített gőzhöz)* nickel seat ring

nikkolit *(ásv) l* **nikkelin**

nikol *(fényt)* (polarizing) nicol ; **elemző ~** *(fényt)* analysing nicol

nikol-prizma *(fényt) l* **nikol**

nilvár *(ötvözet)* nilvar

nimbosztrátusz *(met)* rain cloud

nióh *l* **nióbium**

niobát niobate

niobit *(ásv) l* **kolumbit**

nióbium niobium. columbium ; **~ tartalmú** *(ásv)* columbian

nióbiumpentoxid columbium pentoxide, columbic anhydride

nióbiumsav columbic/niobic acid

nióbiumsavanhidrid columbic anhydride, columbium pentoxide

Nipkow-tárcsa *(telev)* apertured/Nipkow/exploring disc

nippli *(gépt)* nipple

niton *(vegy)* radon

nitrál nitrate ; *(hők) l* **nitridál**

nitrálás nitrating, nitration ; *(hők) l* **nitridálás**

nitráló : ~ berendezés nitrator ; **~ keverék** nitration mixture

nitrálóbenzol pure benzole for nitration

nitrálópapír nitrating paper

nitrált nitrated ; *(hők) vö* **nitridál** ; **~ krepp** *(pa)* nitrated crape ; **~ papír** nitrated paper

nitranit *(ásv) l* **nátronsalétrom**

nitrát nitrate ; **~ redukciója** denitrification

nitrát-film *(fényk)* cellulose nitrate

nitrátselyem *(tex)* collodium/nitrocellulose rayon

nitridál *(hők)* nitride

nitridálás *(hők)* nitriding

nitridálható acél *(hők)* nitriding steel

nitrifikáció nitrification

nitrifikáló baktériumok nitrifying bacteria

nitrobenzol nitrobenzene, oil/essence of Mirbane

nitrocellulóz nitrocellulose, soluble cotton, cellulose nitrate, collodion cotton/wool

nitrocellulózlakk cellulose-nitrate dope, duco, nitrocellulose lacquer

nitro(cellulóz)-selyem nitrocellulose/collodion/chardonnet silk

nitrocementál *(hők)* carbonitride, cyanide

nitrocementálás *(hők)* nitrocementation, carbonitriding, cyaniding

nitrofenol nitrophenol

nitrogén nitrogen

nitrogéndioxid nitrogen dioxide

nitrogénegyensúly nitrogen balance

nitrogénelőállító berendezés nitrogen plant

nitrogéngyűjtő baktériumok nitrogen-fixing bacteria

nitrogénhidrogénsav azoimide, hydronitric acid
nitrogénív nitrogen arc
nitrogénlámpa nitrogen lamp
nitrogenmonoxid nitrogen monoxide
nitrogénműtrágya nitrogen(ous) fertilizer
nitrogénoxidul nitric oxide, laughing/dental gas
nitrogénpentoxid nitrogen pentoxide
nitrogénpróba nitrogen content test
nitrogéntartalmú nitriferous ; *(ásv)* nitrogenian *is*
nitrogéntartalom-meghatározás determination of nitrogen
nitrogéntetroxid (di) nitrogen tetroxide
nitrogéntrágya *l* **nitrogénműtrágya**
nitrogéntrioxid (di)nitrogen trioxide, nitrous anhydride
nitroglicerin nitroglycerol, fulminating/blasting/explosive oil ; **faszénporban abszorbeált** ~ carbodynamite
nitroglicerines : ~ **biztonsági lőszerek** *(bány)* gelatinous permissibles ; ~ **robbantószer** *(bány)* nitroglycerine explosive
nitrogyapot nitro-cotton
nitrokalcit *(ásv) l* **mészsalétrom**
nitrokeményítő *fn* nitro-starch
nitrolakk nitro-varnish, nitrolacquer
nitrométer *(analizáló eszköz)* nitrometer
nitroműselyem Chardonnet rayon
nitroprusszidhidrogénsav hydrogen nitroprussiate/nitroprusside/nitroferricyanide
nitroprusszidkálium potassium nitroprussiate/nitroprusside/nitroferricyanide
nitroprusszidnátrium sodium nitroprussiate/nitroprusside/nitroferricyanide
nitroselyem nitro silk/rayon, tubize silk
nitro-szénhidrogén nitrohydrocarbon
nitro-toluol nitro-toluene
nitrovegyület nitro-compound
nitrozilgyök nitrosyl group
nitrozilkénsav nitrosyl/nitroso sulphuric acid
nitrozilklorid nitrosyl chloride
nitrozobenzol nitroso-benzene
nitrozokénsav nitroso-sulfuric acid
nitrozselatin gelatin dynamite
nivellálás *(ép)* planishing
nivenit *(ásv)* nivenite
nivó *(ép)* bench
nivófelület *(vill)* equipotential surface
nivószabályozás *(aut)* liquid level control
Noble-féle fésülőgép Noble's comb
nomenklatúra nomenclature
nominális *l* **névleges**
nomogram nomograph, nomogram, chart, graph, calculator ; **léptékes** ~ abac ; **pontsereges** ~ alignment chart ; **vonalsereges** ~ parallel chart
nonadekán *(vegy)* nonadecane
nonán *(vegy)* nonane
nonil *(gyök)* nonyl
nóniusz *(beosztás)* vernier
nóniuszbeosztás vernier scale
nónius-igazító csavarok *(teodolit magassági körén)* clip screws
nóniuszindex *v* **-nullapont** *(geod)* vernier zero
nóniuszkapcsoló vernier coupling
nóniuszleolvasás vernier reading
nóniuszos vernier ; ~ **fogtolómérce** *(gépt)* vernier-gear-tooth ; ~ **körtárcsa** vernier dial ; ~ **kúpos szögfelrakó** *v* **szögmérő** vernier bevel protractor ; ~ **magasságmérő** vernier height ga(u)ge; ~ **mélységmérő idomszer** vernier depth ga(u)ge; ~ **tolómérce** vernier caliper
nóniuszskála vernier scale ; ~ **limbuszon** slow-motion dial
nóniusztárcsa vernier
non-lineáris non-linear ; ~ **ingadozás** *(rád, távk)* flutter ; ~ **torzítás** *(rád, távk)* non-linear distortion
nonpareille *(nyomda)* nonpareil
nontronit *(ásv)* nontronite
nopp *(tex)* nop
noppolás *(tex)* cloth burling
noppoló *(tex)* nopster
noppos fonal *(tex)* nop yarn
noralit *(ásv)* noralite
norbergit *(ásv)* norbergite
nordenskjöldin *(ásv)* nordenskiöldine
nordenskjöldit *(ásv) l* **tremolit**
nordhauseni kénsav *l* **füstölgő kénsav**
nori emelet *(földt)* Norian/Noric stage
norleucin *(vegy)* norleucine, 1-amino-n-caproic acid
norma norm ; *(üz)* rate ; *(nyomda)* signature/direction line
normál- normal ; *vö még* **normális** ; ~ **iratfedél** standard file-cover ; ~ **oldat** normal solution ; ~ **papírméret** paper ga(u)ge ; ~ **primer butilalkohol** *l* **butanol** ; ~ **(szén)lánc** *(vegy)* normal carbon chain, straight chain ; ~ **(szén)láncú vegyület** *(vegy)* straight chain compound ; ~ **vegyület** *(egyenes láncú)* normal compound
normálalkatrész standard part
normálatmoszféra *(met)* normal atmosphere
normálbenzin *(olajvizsgálati kicsapó kémszer)* precipitation naphtha
normálelektród *(táv, vill)* comparison/normal electrode
normálelem *(vill)* normal/standard cell
normálfehérítés *(nem festendő árunál ; tex)* market bleach
normálfeltételek *(0°C és 760 mm nyomás)* standard conditions
normálfilm standard film
normálfrekvencia *(hangt)* frequency standard
normálfrekvencia-generátor *(távk)* frequency standard generator
normálgenerátor *(távk)* reference generator
normálgőz *(i = 640 kal/kg)* equivalent steam
normálgyertya unit/standard candle
normálhomok *(cementvizsgálatnál)* standard sand
normália *(mérés)* standard
normális *fn (mat)* normal ; *mn* normal, standard, regular ; *(mat)* normal ; *l még* **szabványos** ; ~ **adag** normal dose ; ~ **azimutmegjelölés** *(csill)* normal azimuth picture ; **beesési** ~ *(fényt)* incidence normal ; ~ **eloszlás** normal distribution ; ~ **eloszlási görbe** Gaussian curve, normal distribution curve ; ~ **fénykibocsátó képesség** normal emissivity ; ~ **feszültség** *(mech)* normal stress ; ~ **főfeszültség** *(mech)* principal normal stress ; ~ **hangsáv** standard track ; ~ **igénybevétel** *(mech)* normal load/stress ; ~**nál kisebb terjedési távolság** *(rád)* substandard range ; ~ **lánc** *(vegy)* linear chain ; ~ **lerakódás** *v* **rétegződés** *(földt)* normal position ; ~ **módú rezgés** *(rád)* normal-mode ; ~ **nyomás** normal pressure ; ~ **pólus** *(heg)* normal polarity; ~ **próbatest** *(anyagv)* standard specimen ; ~ **színkép** normal spectrum ; ~ **szórás** standard deviation ; ~ **teljesítmény** normal output/power ; ~ **terhelés** off-peak load ; ~ **(terjedési) viszonyok** *(rád)* standard conditions ; ~ **termelés** regular production ; ~ **üzemi nyomás** *(gőzé v levegőé)* service pressure ; ~ **vetődés** *(földt)* normal shift ; ~ **vízszint** *(hajó)* natural level of water
normalitás normality ; *(folyadékoké kilogrammsúlyban)* weight normality
normalizál norm, normalize, standardize ; *(hők)* normalize
normalizálás standardization, normalization, norming ; *(hők)* normalizing, normalization
normálkondenzátor *(rád)* calibration condenser, capacity standard
normállámpa *(vill)* normal lamp
normálláncú vegyület linear compound
normálméret standard/normal size ; ~**en aluli** undersize
normál-mérőperem *(hidr)* standard orifice
normálnyomás *(met)* standard pressure
normáloldat *(vegy)* normal solution
normálpapír standard/normal paper ; *(fényk)* medium-paper
normálparaffin *(ol)* normal paraffin (hydrocarbon)
normálpotenciál normal electrode potential
normálsav normal acid
normáltartozék *(gépk)* standard equipment ; *(forg)* standard accessory
normáltégla *(ép)* stock brick
normamegállapítás rating, rate fixing
normamegállapító *v* **normás** *fn* rate fixer, task setter
normaszesz *(élip)* proof spirit
normatív : ~ **ásványok** *(analízis alapján számítva)* computed minerals ; ~ **elegy** *(bány)* norm ; ~ **szabványásványok** *(az elemzésből számítva CIPW szerint)* standard minerals
normázás rating, rate fixing
northupit *(ásv)* northupite
Norton-kúp gear cone
Norton-kút driven well
Norton-szekrény *(forg)* quick-change gear
nosean *(ásv)* nosean
notesz *(pa)* scrapbook, pocket book ; *(tömb)* note/memo block, pad (block)
noteszbetét *(pa)* notebook-filler
noteszpapír notebook paper
noumeait *(ásv) l* **garnierit**
nova *(csill)* temporary/new star
novokain novocaine, ethocaine, β-diethyl-aminoethyl p-aminobenzoate, procaine
női *mn* ladies' ; ~ **alsó ruházat** *v* **fehérnemű** *(finom)* lingerie ; ~ **félcipő** women's shoe ; ~ **kabátszövet** ladies' coating ; ~ **kézitáska** *(retikül)* women's handbag ; ~ **magasszárú cipő** ladies's boot ; ~ **nadrág** pantee ; ~ **nyereg** ladies' saddle ; ~ **óra** ladies' watch ; **pántos** ~ **cipő** bar shoe ; ~ **ruhaszövet** (ladies') dress fabric/material ; ~ **zokni** ladies' hose
növedék accretion ; *(fa)* increment

növekedés increase, increment, (up) growth, augmentation, gain, rise
növekedési : ~ **görbe** curve of growth ; ~ **gyűrűhatár** *(fa)* growth ring boundary ; ~ **idő** *[berezgés ; rád]* build-up period ; ~ **zóna** *(fa)* growth layer
növekedés-többlet growth increment
növekedő *l* **növekvő**
növekmény *(mat)* increment ; **végtelen kis** ~ differential increment
növekszik increase, augment, grow, swell ; **gömb alakúra** ~ ball up
növekvő increasing, incremental ; ~ **(menet)emelkedés** increasing pitch ; ~ **meredekségű huzagolás** gaining/increasing twist ; **monoton** ~ *(mat)* monotonously-increasing ; ~ **sor** increasing series
növel augment, increase, enlarge, aggravate, raise, magnify ; **magasságot** ~ heighten ; **partot** ~ *(hidr)* make land
növelés increasing, augmentation, rise, accretion
növelő *fn* augmenter
növendékfa early wood, stand, staddle
növendékfa-cellulóz *(pa)* sap-peeled pulp
növendék-hagyásfa stander
növendékkecske-bőr heifer goatskin
növendékmarha-bőr runner, kips
növénygyűjtő papír herbarium paper
növényhamu-szóda vegetable soda
növényi vegetable, plant ; ~ **(albumin) fehérje** vegetable albumen ; ~ **anyag** vegetable matter ; ~ **cserzés** *(bőr)* bark tanning ; ~ **cserzésű gidabélésbőr** vegetable-tanned kid leather ; ~ **cserzésű hasítékbőr** bark split ; ~ **cserzésű juh-bélésbőr** vegetable-tanned sheep leather ; ~ **cserzésű talpbőr** vegetable-tanned sole leather ; ~ **cserzésű zsíros bőr** greased bark leather ; ~ **cserzőanyagok** vegetable-tanning materials ; ~ **cserzőkivonat** vegetabletanning extract ; ~ **enyv** vegetable glue/size ; ~ **eredetű kőzetek** phytogenic rocks ; **gyenge minőségű** ~ **olaj** off oil ; ~ **kátrány** vegetable tar ; ~ **maradvány** plant debris/detritus/residues ; ~ **műszén** vegetable charcoal ; ~ **nyálkaanyag** *(pa)* mucilage ; ~ **okmánypergament** art vegetable parchment ; ~ **papír** plant paper ; ~ **plankton** *(hidr)* phytoplankton ; ~ **rostok** vegetable fibres ; ~ **szennyeződés** *(gyapjúban)* vegetable admixtures ; ~ **szterin** phytosterol ; ~ **tápanyag** plant nutrient ; ~ **zsír** vegetable fat
növénykémia vegetable chemistry
növénykórtan phytopathology
növénymérgező hatás phytotoxic effect
növényminta plant sample
növénynedv sap
növényolaj vegetable oil
növénytakaró vegetation
növénytan botany, phitology
növényvédő : ~ **papír** mulch paper, brushing kraft ; ~ **szer** plant protective ; *(rovarirtó :)* insecticide ; ~ **szer magvak számára** seed protective
növényviasz berry wax
növényzöld *(vegy)* chlorophyll, leaf green
növényzsír vegetable tallow
nubuk *(bőr)* nubuck
nucs-szűrő *(vegy)* nutsch filter
nukleáló készülék *(esőmegindításhoz ; met)* nucleating generator
nukleáris energia nuclear energy
nukleoprotein nucleoprotein
null- *l* **nulla-**
nulla zero, nought, cipher ; ~ **nélküli mérőműszer** *(vill)* suppressed-zero meter
nulla-állás *(középnullás mérőműszeren)* zero/neutral position
nullaáram-automata *(vill)* no-load switch
nullaáram-erősítő *fn* null-balance amplifier
nullaáram-kioldó *fn (vill)* no-load release/trip
nullaáram-megszakítás underload circuit breaker
nullaenergia *(mech)* zero energy
nullafeszültségkioldó *(vill)* no-voltage cut-out, no-voltage trip
nullafeszültségrelé no-voltage relay
nullafok : abszolút ~ absolute zero
nullafrekvenciájú lebegés *(rád)* equal heterodyne
nullahelyzet-leolvasásos készülék zero-reading instrument
nullajelző műszer *(vill)* zero-indicator
nullakörző bow pen
nulla-leolvasás *(mérő készüléken)* zero reading
nullapont zero point ; *(vill)* neutral/star point ; **rögzített** ~ (absolutely-) fixed zero ; **tényleges** ~ **(magassága)** *(hidr)* actual zero point
nullapont-eltolódás *v* **-elvándorlás** *(műszeren)* zero creep
nullapont-földelés *(vill)* neutral grounding
nullaponthiba *(rád, vill)* zero error
nullapont-műszer zero instrument
nullára-állítás *(műszeren)* zero setting, zeroing
nullára-redukálás módszere zero method
nulla-sáv : hangfrekvenciás ~ *(iránymérőn)* aural null/zero
nullás helyzetbe hozott lépték set-back scale
nullaszint *(geod)* 0-datum
nullaterhelés *(gépt, vill)* no-load
nullatöltés *(gőzé)* zero admission
nulla-vegyérték zero valence
nullavezeték *(vill)* neutral, neutral/return wire ; *(sin)* neutral bar ; *(háromfázisú vezetékrendszerhez)* fourth wire *is*
nulla-vízállás zero water level
nullavonal *(geod)* dead line ; *(mat, vill)* zero/reference line
nullavonal-hullámzás *(katódsugárcső ernyőjén ; rád)* bobbing
nullavonalrögzítő cső clamping tube
nullavonal-visszaállító *fn (vill)* direct current restorer ; ~ **áramkör** clamping circuit
nullawatt-kioldó *fn (vill)* no-load switch
nullázó : ~ **módszer** *(vill)* zero/null (-shift) method ; ~ **műszer** *(vill)* null-reading instrument, zero detector
numerikus numerical ; ~ **integrálás** *(mat)* numerical integration ; ~ **magasság** *(rád)* numerical height ; ~ **számológép** *(távk)* digital computer ; ~ **távolság** *(rád)* numerical distance
nussierit *(ásv)* nussierite
nutáció *(csill)* nutation
nutációs állandó *(csill)* constant of nutation
nuttalit *(ásv)* nuttalite
nuttgyanta *l* **akaroidgyanta**
N-vizsgálás *(tex)* perching
nylon-acetonpróba *(tex)* nylon aceton test
nylon-ejtőernyőszövet parachute nylon fabric
nylonfonal nylon yarn
nylonmonofil nylon monofilament
nylonnemez *(pa)* nylon felt
nylonszál spun nylon, nylon staple
nylon-viszkóz-keverék nylon-viscose blend

Ny

nyak *(gépt)* collar, neck ; *(bőrön:)* neck ; *(pengén:)* tang ; **~at sajtol** neck
nyakal *(alak)* indent, score, recess, neck (down)
nyakalás *vö* **nyakal**
nyakalja *(prémbőré)* dewlap
nyakalt *(alak)* necked-down, indented, recessed ; **~ csavar** necked-down bolt
nyakas facsavar pinched-head screw
nyakbavaló *(anyag, áru)* neckwear, neckerchier
nyakbőr collar leather ; **~t lehasít** *(bőr)* neck
nyakcsap *(gépt)* neck journal
nyakkendő *(tex)* tie, cravat
nyakkendőszövet *(tex)* material for ties, tie fabric
nyakkendőtű scarf-pin
nyákos mucous
nyakrész throat, neck
nyakszalag collar
nyakszíj throat band
nyaláb bunch, bundle, beam, band, cluster, packet
nyalábáram *(rád)* beam current
nyalábátkapcsolás *(rád)* lobing
nyalábbafoglalás *(hangt)* beam effect ; *(távk)* bunching
nyalábelektród communication electrode
nyalábképző gép tűshevederes etetővel *(kócselyemhez)* filling with needled feed lattice
nyalábolás *(fényt, rád)* beaming, focus(s)ing, bunching
nyalábolό *(rád)* buncher ; **~ toldalék** *(fűkaszálóhoz)* buncher attachment
nyalábos fascicular, bunchy
nyálanyag *(vegy)* mucin
nyálka slime, mucilage
nyálkás mucilaginous, mucous, slimy ; **~ anyag** glutinous substance ; **~ anyagot leszed** *v* **letisztít** slime ; **~ erjedés** ropy/slime fermentation ; **~ tőzegláp** slime peat
nyálkásság *(élip)* sliminess ; *(pa)* slowness
nyaraló *(ép)* summer house
nyaralóhely summer residence
nyaralótelep *(városépítés)* health resort, holiday resort
nyárfabimbó-olaj poplar buds oil
nyárfagyapot poplar wool
nyári *(minőségű)* summer (grade); **~ bőr** summer hide; **~ faanyag** summer wood ; **~ fúvóka** *(gépk)* jet for summer use ; **~ időszámítás** summer time ; **~ kenőcs** *(gépk, ol)* summer grease ; **~ nyúl** *(bőr)* summer hare ; **~ olaj** *(gépk)* summer oil ; **~ szőr** summer hair ; **~ zsír** summer grease
nyárigát *(hidr)* summer dike
nyárilak *(ép)* summer house, pavilion
nyárs prick, prod ; **rövid ~** skewer
nyél handle, (hand) staff, handgrip, tang, haft, stick ; **~be illő vég** tang end
nyélbeerősítés *(pengéé)* rooting-in of blade
nyélbehelyezés *(fejszéé)* fitting the handle
nyeles : ~ hidegvágó *fn (alak)* cutter ; **~ kalapács** shaft hammer, sledge hammer ; **~ kerék** *(sebességváltóban ; gépk)* (driving) pinion gear, clutch gear ; transmission pinion *(US)* ; **~ öntőüst** *v* **öntőveder** shank ladle ; **~ serpenyő** skillet ; **~ tengely** *(sebességváltóban ; gépk)* primary/drive shaft, gearbox driving shaft ; **~ üllő** stock anvil ; **~ vágó** *fn (alak)* cold chisel
nyeletlen shankless
nyélgyűrű *(forg)* helve ring
nyelő *(padlóban ; ép) l* **nyelőakna** ; *(energia nyelő:)* sink (of energy) ; **~ áramkör** *(billentyűzött adónál ; rád)* absorber circuit
nyelőakna drain well, catchpit
nyelőkút *(hidr)* absorbing/inverted well
nyelősáv *(színképben)* absorption band
nyélteknő *(földt)* ventral valve
nyéltoldat *(gépt)* lengthening rod
nyelv tongue, tang, blade, tenon ; *(cipőfelsőrészen)* tongue ; *(hangszerben)* reed(s) ; *[vibrátorban]* reed ; **kettős ~** *(hangszerben)* double reed ; **zárt ~** *(békanyelv, cipő)* watertight tongue
nyelvalakú : ~ medence *(földt)* tongue-like basin ; **~ véggel ellátott** *(forg)* tanged
nyelvcsap *(gépkötőtűn)* rivet
nyélvég tail of a shaft
nyelves : ~ alátét *(gépt)* tongued-and-grooved lock washer ; **~ cipő** slipper ; **~ frekvenciamérő** *fn (vill)* (vibrating-)reed frequency meter ; **~ karima** *(gépt)* tongued flange ; **~ (kötő)tű** *(kh)* latch needle ; **~ tolattyú** plate slide valve ; **~ tű** *(kh)* automatic/latch needle ; **~ váltó** *(vasút)* split switch
nyelvhorony *(ép)* check
nyelvjáték *[orgonán]* reed stops
nyelvsíp *(hangt)* reed (pipe)
nyelvsípos hangszer reed instrument
nyer gain, win ; **földet ~** *(hidr)* make land ; **magasságot ~** *(rep)* win height
nyereg *(különféle értelemben)* saddle ; *(ívelés)* arching ; *(bány)* apex ; *(a telérben v telepen ; bány)* knuckle ; *(földt)* saddle ; *l* **antiklinális** *is* ; *(dombok közt:)* slack; *(mkpár)* saddle; *(hollandi-kádban ; pa)* back fall ; **~ alatti izzasztóbőr** housing
nyeregalakú : ~ alátét *(gépt)* saddle ; **~ ér** *(földt)* saddle reef
nyeregállvány *(tetőkéményjavításhoz)* straddle scaffold
nyeregbőr saddle leather
nyeregcsúcs *(forg)* tailstock centre
nyeregdarab saddle, piece
nyeregfa *(ép)* traverse beam, bolster, cap, saddle ; *(kötőgerenda helyettesítésére gótstílű épület fedélszékén)* hammer-beam
nyeregfedél *(ép)* couple/span roof, saddle
nyeregfenék *(földr)* saddle bottom
nyeregforduló *(földt)* upper bend
nyereggerenda *l* **nyeregfa**
nyereghajlat *(földt)* arch/saddle bend
nyereghát *(földt)* back saddle
nyereghüvely tailstock sleeve
nyeregizzasztó saddle felt
nyeregkamra saddle room
nyereglap *(bőr)* panel
nyereglemez saddle plate
nyereglemez-fabetét fascia
nyeregnyom *(bőr)* saddle mark
nyeregöv cingle
nyeregpárna saddle cushion/pad/panel
nyeregpersely *(gépt)* poppet sleeve
nyeregrögzítő *fn (gépt)* tailstock clamp
nyeregrugó *(mkpár)* seat spring
nyeregszappan *(vegy)* harness oil
nyeregszárny *(bőr)* flap
nyeregszárny-bőr skirting leather
nyeregszeg *(forg)* tailstock, tail centre, back(-)rest ; **~ csőesztergáláshoz** pipe centre ; **~ fúráshoz** *(órás esztergán)* drilling capacity tailstock
nyeregszegállító kerék tailstock pinion
nyeregszegcsúcs *(forg)* tailstock centre ; *(golyóscsapágyas)* anti-friction centre
nyeregszeghajtás tailstock gear drive
nyeregszeghüvely tailstock sleeve
nyeregszegorsó *(forg)* tailstock spindle barrel
nyeregszegorsórögzítő *fn* tailstock spindle clamp
nyeregszegszán *(gépt)* tailstock slide
nyeregszegvezeték tailstock guide
nyeregszerű hajlás *(földt)* saddle bend
nyeregszíj sabbot
nyeregtakaró shabrack, housing
nyeregtámasz *(kerékpáron)* seat tube ; **~ motorkerékpáron** saddle pillar

nyeregtartó támasz *(mkpár)* saddle bracket
nyeregtáska *(egy pár ; mkpár)* pannier set
nyeregtekercs *(vill)* saddle coil
nyeregtető *(ép)* double-pitched roof, couple roof ; **45°-os dőlésű** ~ square roof
nyeregtömés *(bőr)* set
nyeregtörés *(bőrön)* saddle mark
nyeregtörésmentes *(bőr)* free from saddle marks
nyeregváz *(bőr)* saddle frame
nyereség *(teljesítményben* gain
nyerges *fn* harnessmaker ; ~ **ék** *(gépt)* saddle/friction key ; ~ **gát** bear-trap gate ; ~ **pótkocsi** semi-trailer ; ~- **és szíjgyártó bőr** tallowed/saddle leather; ~ **tartálykocsi** *(gepk)* articulated tanker ; ~ **utánfutó** *(gépk)* semi--trailer ; ~ **vontató** *(gepk)* semi--trailer tractor, saddle tractor ; ~ **vontató és pótkocsi** *(gépk)* tractor and trailer, articulated vehicle ; ~ **vontató tehergépkocsi** *(motorkocsi)* tractor-truck, prime mover
nyergesár *(bőr)* awl, pricker
nyergesbak *(bőr)* saddler's horse
nyergesbőr rein/line leather
nyergesék *(gépt)* friction/saddle key
nyergeskés *(bőr)* saddler knife
nyers coarse, crude, raw, rough, rude, untreated, unmachined, impure ; *(ol)* crude, unrefined; *(önt, homok)* green; *(tex)* grey, raw, crude ; ~ **adalék** *(koh)* crude flux ; ~ **agyag** *(ép)* green clay ; ~ **alappapír** raw paper ; ~ **alátét** unfinished/black washer ; ~ **állapotban** *(tex)* in the grey ; ~ **alumíniumszulfát** cake of alum ; ~ **ammóniavíz** *(vegy)* virgin ammonia liquor ; ~ **anya** *(gépt)* unfinished/black nut ; ~ **ásványolaj** petroleum crude ; ~ **bányakő** rubble ; ~ **bányatermék** mine run ; ~ **benzin** raw gasoline/petrol ; ~ **cellulóz** mechanical wood-pulp ; ~ **csavar** unfinished/black bolt ; ~ **csont** green bone ; ~ **darab** *l* **nyersdarab** ; *(bány)* live wood ; ~ *(vakolatlan)* **falú épület** rustic masonry ; ~ **fedéllemez** *(pa)* unimpregnated roofing felt, cap sheet, roofing board, roofing-felt paper ; ~ **fém** *(koh)* pig metal ; ~ **flotáció után maradó meddős rész** *(bány)* rougher tallings ; ~ **fűrészelt** *(fa)* rough-sawn ; ~ **gáz** rough gas ; ~ **gazolin** unstabilized/wild/casinghead gasoline ; ~ **gázvíz** crude gas liquor ; ~ **gubó** *(tex)* green cocoon ; ~ **gubószál** *(tex)* single silk ; ~ *(vulkanizálatlan)* **gumiabroncs** green tyre ; ~**en gyalul** *(fa)* rough-plane ; ~ **gyapot** *(magtalanítás előtt ; tex)* seed(y)--wool ; ~**en hengerelt** rough-rolled ; ~ **homokforma** *(önt)* green sand mould ; ~ **homokkő** green sandstone ; ~ **izzasztott paraffin** paraffin-sweated wax ; ~ **juta-** *v* **lenfonal** *(tex)* green yarn ; ~ **karton** *(pa)* base board ; ~ **karton kasírozáshoz** *(pa)* card middles ; ~ **kartonáru** *(pa)* ordinary carboard boxes ; ~ **kénsav** raw oil of vitriol ; ~ **kerék** wheel blank ; ~ **kézi válogatás** *(bány)* rough cobbling; ~ **konyhasó** freezing salt, crude rock salt; ~ **krakkpárlat** pressure distillate, crude crack distillate ; ~ **krezol** crude cresylic acid, crude cresol ; ~ **kvarc** *(rád)* lump quartz ; ~ **lánc** *(tex)* grey warp ; ~ *(áztatás nélküli)* **lenből készült szövet** *(tex)* green linen ; ~ **lenvászon** brown linen ; ~ **lepedővászon** brown sheeting ; ~ **magasság** *(bány)* working height ; ~ **manilapapír** rope brown paper ; ~ **másolópapír** rough paper ; ~**en megmunkált** rough-machined ; ~ **nátriumszulfát** cake of salt ; ~ **osztályozás** *(malomban, sikszitával)* rough sizing ; ~ **öntvény** unmachined/rough casting ; ~ **papírlemez** crude board ; ~ **paraffin** *(pikkelyes)* scale wax ; *(sajtolt és egyszer izzasztott)* crude scale ; ~ **pirit** *(koh)* lump pyrite ; ~ **ragasztópapír** gumming paper ; ~ **rönk** *(fa)* rough log ; ~ *(éretlen)* **sajt** green cheese ; ~ **salak** poor slag ; ~ *(nem hámtalanított)* **selyem** hard silk ; ~ **súly** rough weight ; *(kidöntés utáni fasúly)* green-weight ; ~ **szélű papír** rough-edged paper, handmade paper ; ~ *(nem égetett)* **tégla** green brick, glut ; *(légszáraz)* air-dried brick ; ~ **tehénbőr** cowhide ; ~ **terv** rough draft ; ~ **tőzeg** muskeg ; ~ **vázlat** rough draft/sketch ; ~ **vég(áru)** *(tex)* bolts of goods ; ~ **viasz** crude wax
nyersacél raw/crude steel
nyersanyag raw material/stock ; *(pa)* body stock *is* ; *(feladás ; koh)* feed ; **kiinduló** ~ basic raw material ; ~**ban való festés** *(tex)* stock dyeing
nyersanyag-keverés *(tex)* stock blending
nyersanyagkeverő gép *(tex)* blender
nyersanyag-költségek direct material charges
nyersanyag-összeállítás *(tex)* batch-setting
nyersanyagraktár stock room
nyersanyagszárító *fn* raw stock dryer
nyersanyag-színezés *(tex)* dyeing the raw stock
nyersanyag-tartalékok reserve stocks
nyersanyagtartály service tank
nyersanyagtermelő ipar extractive industry
nyersáru *(tűzálló áru kiégetés előtt)* green ware ; *(tex)* grey good(s)
nyersáru-osztályozó *(tex)* cut looker
nyersáruszövés *(tex)* weaving white goods
nyersbenzol solvent naphtha, benzole
nyersbőr raw/fresh/undressed/green hide, pelt ; *(kisebb állatról)* skin ; *(helyszínen, készpénzért, azonnali szállításra eladott)* spot hide ; ~**ök adás-vételi szerződési egysége** contract unit for hides ; **apró** ~ skin ; ~ **fejjel** hide with head ; ~ **hátrésze** crop hide ; **hegyi** ~ mountain hide ; **megkeményedett, sószáraz** ~ hard cured hide ; ~ **nemzetközileg elfogadott** *v* **szokványos osztályozása** standard classification of hide ; **sólében tartósított** ~ brined hide ; **sószáraz** ~ salt-dried hide ; **sózottan szárított** ~ dry-salted hide ; **száraz** ~ dried hide ; ~ **zöld súlya** green weight
nyersbőrállomány *(nyersbőrtartalom a bőrben)* hide substance
nyersbőranyag pelt substance
nyersbőranyagállomány hide substance
nyersbőr-átlagsúly average pelt weight
nyersbőraukció hide auction
nyersbőrbedolgozás input of hide
nyersbőrbeszáradási megengedett határérték franchise
nyersbőrgyűjtő hely pelt/hide collecting station
nyersbőrkalapács rawhide hammer
nyersbőrkészlet supply of hides
nyersbőrnyiradék *(zselatin alapanyaga)* skins clipping
nyersbőrosztályozás pelt/hide classification
nyersbőrrakás *(sózásnál)* pile
nyersbőrrost hide fibre
nyersbőrsúly *(fölös só eltávolítása után)* cured weight of hide
nyersbőrtartósítás : **arzénes** ~ arsenic curing of hide/pelt
nyerscukor brown/coarse/raw sugar
nyerscsillám natural mica
nyersdarab blank ; *(kisméretű)* billet ; *(fogaskeréké)* gear blank ; *(idomszeré)* master blank ; *l még* **nyerstárcsa**
nyersérc *(koh)* crude ore ; **dúsítóműbe feladott átlagos** ~ *(bány)* mill run (ore)
nyersfa (sappy) wood ; ~ **nedvességtartalma** moisture content as green
nyersfilm film-stock
nyersfonal *(tex)* grey yarn
nyersgáz primary/crude/raw gas
nyersgázelvezető *fn* raw gas off-take
nyersgumi crude rubber ; **előformált** ~ blank
nyersgumibetét runner
nyersgumidarab thimble
nyersgumilemez-tekercs roll
nyersgumiszalag tape rubber
nyersgumitermelő telep rubber producing plant
nyersgumitömb pig ; **kerek lapos** ~ biscuit of rubber
nyersgyapot cotton wool
nyershomok *(bány)* green sand
nyerskaucsuk raw rubber
nyerskaucsuk-hulladékdarabok *(bálába összepréselt)* cuttings
nyerskő *(ép)* ratchel
nyerskőív *(ép)* rough arch
nyerskőfalazás rustic masonry
nyerskrepp-selyempapír craping tissue paper
nyerskulcs key blank
nyerslé *(cu)* raw juice
nyerslemez *(pa)* base/raw board
nyersmag *(önt)* green core
nyersméret raw size ; *(asztalosmunkáé)* ripping size ; *(kikészítés előtt ; tex)* course count
nyersolaj *(nyers ásványolaj)* crude oil/petroleum, crude ; *(növényi)* raw oil ; **aszfaltalapú** ~ asphaltic-base oil ; **kevert alapú** ~ paraffine-asphalt oil ; **nafténalapú** ~ naphthanic-base oil ; **paraffinalapú** ~ paraffine-base oil ; **repülő** ~ aviation crude oil ; **víztelenített** ~ gross oil
nyersolaj-égő fuel oil burner
nyersolaj-fajsúlymérő oil gauge
nyersolajkút-gáz casinghead gas
nyersolajlepárlás crude distillation
nyersolaj-maradék-üzemanyag fuel oil residue
nyersolajmotor (heavy-)oil engine
nyersolajmozdony diesel locomotive
nyersolajtartalmú *(kőzet)* oil-bearing, petroliferous
nyersolajtüzelésű kemence oil-fired furnace

nyers-ólom *(koh)* pig lead
nyersöntvény unfinished/raw casting
nyerspapír body/base/backing paper; **~ impregnáláshoz** saturating paper
nyersréz blister copper
nyerssalak *(koh)* refining slag
nyersselyem *(tex)* grege/raw/ecru silk
nyersselyembála fangot
nyersselyemköteg *(tex)* book
nyersselyem-szál *(tex)* pel silk
nyerssín *(heng)* muck bar
nyerssínköteg *(heng)* fag(g)ot
nyersszerelvény rough fittings
nyersszínű szövet natural-tinted fabric
nyersszódaömledék ball of black-ash
nyersszövet *(tex)* grey fabric; **~ szélessége** grey cloth width
nyersszövettisztító gép cloth brushing machine
nyerstárcsa *(alak, forg)* blank round(el); *(fogaskeréké)* gear blank
nyerstéglafalazás *(ép)* rough brickwork, all-rowlock wall
nyerstéglaszállító targonca hackbarrow
nyerstermék raw product
nyersvágás *(fényk)* rough-cut
nyersvas *(koh)* pig (iron); **faszenes ~** charcoal pig iron; **fehér ~** white pig iron; **feles ~** mottled pig iron; **finomszemcsés ~** fine/close-grained pig iron; **kifehéredett ~** chilled pig iron; **kokszüzemű nagyolvasztóban készült ~** coke iron; **melegen fúvatott ~** hot-blast pig (iron); **nagy foszfortartalmú ~** basic pig iron; **öntödei ~** foundry pig iron; **szürke ~** gray pig iron; **tisztán ércből nyert ~** *(koh)* all-mine pig iron
nyersvasadag *(koh)* (pig-)iron charge
nyersvas-betét *(koh)* pig-iron charge
nyersvas-buzgatás pig boiling/puddling
nyersvascipó iron pig
nyersvaskavaró *(koh)* active (hot metal) mixer; **~ kemence** hot-metal mixer/receiver; **kocsira szerelt ~** *(koh)* mixer-type hot-metal car
nyersvaslemez *(faszénnel kohósított)* charcoal sheet
nyersvasöntő : ~ ágy *v* **árok** pig bed; **~ forma** *(koh)* pig mould; **~ gép** pig-casting/moulding machine; **~ üst** hot-metal ladle
nyersvastömb iron pig
nyersvászon *(tex)* holland; **durva ~** *(tex)* crash
nyert keverék *(vegy)* resulting mixture
nyes cut away clip, crop, trim; **ágat** *v* **lombot ~** shroud; **partot rézsűben ~** *(hidr)* escarp
nyesedék trash
nyesés cut(ting), crop(ping), clipping
nyesési hulladék crops
nyesett ág- *v* **gallyfa** lop and top
nyeső-felrakó elevating grader
nyesőolló averuncator
nyestprémbőr marten
nyikorgás *[kenés hiánya miatt]* squeal; **~ elleni nemez** *(gépk)* *l* **zajcsökkentő nemez**
nyíl arrow; *(jel)* finger
nyiladék *(erdőben)* opening, alley, clearance
Nyilas *(csill)* Archer
nyilas zúzómű *(bány)* stamp mill
nyílás aperture, opening, orifice, slit, slot, gap, vent, hole; *(lencsénél)* aperture; *(hídon)* bay; *(tölcséres sugárzón; rád)* mouth; **~ ajtaja** *(ép)* hatch; **~ árvízi vizek lecsapolására** flood opening; **belső ~** *(fa)* inner aperture; **beömlő ~** inlet opening; **keskeny ~** slot; **kilépő ~** mouth, exit opening; **külső ~** *(fa)* outer aperture; **legnagyobb ~** *(satué)* opening capacity; **~ oldala** *(ép)* jamb(e); **~ a padlóban** *(áru ömlesztésére)* fallway; **szabad ~** clear span/opening, clearing width; **tölcsérszerű ~** *(hidr)* end bell; **viszonylagos ~** *(fényt)* aperture ratio
nyílásarány aperture ratio
nyíláscsappantyú cap shuttle
nyílásfedél hatch cover
nyílásfedő cap shuttle
nyilasfog *l* **nyílfog**
nyíláshidalás *(ep)* door lintel
nyíláskeret *(hajó)* coaming
nyíláskeretgerenda brace beam
nyíláskeret-koszorú coaming angle bar
nyíláskoszorú *(nyílások sorozata)* ring of ports
nyílásköz *(duzzasztón)* sluiceway
nyílásméret *(szitán)* mesh
nyílásszabályozós vederfenék *(bány)* controlled bucket door
nyílásszakasz *(hídon)* span-segment
nyílásszélesség breadth
nyílásszög angular subtense, corner angle; *(antennán)* aperture; *(fényt)* aperture angle; *(körcikke; varázsszemen)* angular spread; **kis hurok ~e** *(antennasugárzási diagramon)* minor-lobe angle
x-**nyílású tömbcsatorna** *(távk)* *x*-way cable conduit
nyílásviszony aperture ratio
nyilazott : ~ kerékfog *l* **nyílfog**; **~ szárny** *(rep)* swept wing
nyílemelő *(zúzóműben)* stamp lever
nyílfog *(gépt)* herringbone tooth, double helical tooth
nyílfogaskerék herringbone gear, double helical gear; *vö még* **nyílfogazás**
nyílfogazás *(gépt)* double helical gearing/toothing; **egybevágó ~** double helical gearing; **felemás ~** dissimilar double helical gearing; **lépcsős ~** staggered double helical gearing; **zárt ~** continuous double helical gearing
nyílfogazású *vö* **nyílfogazás**; **fogaskerék** herringbone gear; **~ hajtás** *(gépt)* herringbone gear drive, double helical gear drive
nyílfolyam *(erősokszögnél; mech)* sequence of arrows
nyílhegy arrow point
nyílik : egymásba ~ communicate with; *(vhova)* issue
nyílmagasság *(ívé, hídon)* rise (of span); **(bolt)ív ~a** rise of arch
nyílnyél *(zúzóműben)* stamp stalk
nyíló ablak(szárny) *(ép)* movable window
nyílsaru *(koh)* stamp shoe
nyílt open(ed), explicit, plain; **~ adagolás** *(olajozásnál)* sight feed; **~ égéstér** *(Diesel)* open combustion chamber; **~ erkély** *v* **emelvény** *(ép)* open platform; **~ hengeres égőtér** *(Diesel-motornál)* open-cylinder combustion chamber; **~ ívű hegesztés** open-arc welding; **~ kábelpáncélzat** *(külső burkolat nélkül)* open armouring; **~ kiírású tervpályázat** official submission; **~ kút** *(ép)* open well; **~ láncú észter** linear ester; **~ láng** free flame; **~ lángú lámpa** naked-flame lamp; **~ lángú tűz** *(bány)* conflagrant fire; **~ lángú világítás** *(bány)* naked light; **~ nyersolajömlés** *(bány)* free flow; **~ rácsozat** *(nem tömör falú tartón)* open web; **~ rakodó** loading platform; **~ síp** *(orgonán)* open; **~ süllyesztőszekrény** *(hidr)* open crib; **~ szénláncú vegyület** open-chain compound; **~ tenger** open/high sea; **~ terep** open country; **~ terület** open field; **~ turbinakamra** *(hidr)* open flume; **~ tüzelésű üst** open-fire kettle; **~ üreg** *(bány)* open pit; **~ víz** free open water
nyíltárkos lecsapolás open-cut drainage
nyílttengeri : ~ *(nagy)* **mélységek** *(földt)* ocean deeps; **~ repülőgép** seagoing seaplane
nyílttéri lobbanáspont open cup flash (point)
nyilvános : ~ csarnok *(ép)* concourse; **~ forgalmú adóállomás** *(rád)* commercial transmitting station; **~ garázs** public garage; **~ hangszóró berendezés** public address system; **~ hangszórós közvetítés** public address; **~ rádiótávírás** commercial radiotelegraphy; **~ távbeszélő állomás** public station, public call-office; *(pénzbedobós)* pay station
nyilvántartási rendszer register system
nyilvántartó *fn* register, record, repertory; **kartotékrendszerű ~** card-index; **~ rendszer** record system
nyír shear, nip, clip, shave; **birkát** *v* **gyapjat ~** fleece
nyírás clip(ping), nip(ping), shearing; *(mech)* shearing action; **~ra igénybevett elem** member in shear; **~ra igénybevett keresztmetszet** section of shear; **~ra igénybevett szegecs** rivet in shear; **~ okozta törés** *(anyagv)* shear failure; **tiszta ~** pure shear; **~ után mosott gyapjú** *(tex)* tub wool; **~ után nőtt rövid gyapjú** *(gyapjú osztályozási csoportja; bőr, tex)* shearing wool
nyírásfolt *(tex)* blot
nyírási : ~ felület shearing area; **~ keresztmetszet** *(mech)* shearing section; **~ modulusz** *(mech)* modulus of shear; **~ övezet** *(földt)* shear zone; **~ sík** *(mech)* shear plane; **~ szög** angle of shear; **~ vágás** *(juhbőrön)* shearing cut; **~ vonal** shear(ing) line
nyírásos vágás shear cut
nyírás-pehely *(tex)* cutting flocks
nyíratlan jerke *(tex)* ewe hog
nyírfakátrány birch tar
nyírfakátrányolaj birch tar oil
nyírfakéreg birch bark
nyírfaolaj birch oil
nyírkéreg birch bark
nyirkos damp(y), moist, muggy; **egészségtelenül ~** *(ép)* dank
nyirkosít *(bőrt)* moisten, dampen
nyirkosságfolt damp patch
nyíró : ~ alakváltozás *(mech)* shearing strain; **~ áramlás** *(rep)* shear flow; **~ feszültség** *v* **igénybevétel** shear(ing) stress; **~ kísérlet** *(anyagv)* shearing test; **~ középpont** *(ép)* shear centre; **~ modulusz** *(mech)* modulus of transverse elasticity, modulus of shear; **~ rugalmasság** *(mech)* shear elasticity;

~ **szilárdság** shearing resistance/strength
nyírócsap shear pin
nyíródik shear
nyíródoboz direct shear apparatus, box-shear
nyíróél *(olló)* shear blade
nyíróerő *(mech)* shear force ; ~ **támadási szöge** *(mech)* shear angle
nyíróerő-ábra *(mech)* shear (force) diagram
nyírófázis *(földt)* shearing phase
nyírófolyam *(mech)* shear flow
nyírógép shearing machine ; *(alak)* trimming machine ; *(tex)* cutting machine, cutter (machine)
nyíróhatás shearing action
nyírókés shear cutter ; *(tex)* cross cutting/shearing machine
nyíróolló shearing machine ; *(juhnyiráshoz)* crop shears
nyírópenge shear blade
nyíróprés shearing/trimming press
nyírópróba *(anyagv.)* shear test
nyírórezgés *(piezovillamos)* shear oscillation/vibration ; ~**t végző kristály** shear crystal
nyírószeg shearing pin
nyírószeges tengelykapcsoló shear-pin coupling
nyírószerszám shearing die, trimming/shaving die
nyírószilárdságvizsgáló készülék shearing strength tester
nyírótárcsa cutting disc
nyírott sheared, shorn ; ~ **báránybőr** shearling ; ~ **felület** shear zone; ~ **gyapjú** clipping ; ~ **hurok** *[mágnességé]* sheared loop ; ~ **keresztmetszet** section of shear ; ~ **szövet** shorn cloth
nyírtapló touchwood
nyit open, set free ; **bányát** ~ break the ground ; **érintkezőket** ~ *(vill)* break contacts ; **frontot** ~ *(bány)* establish the face ; **szelepet alig** ~ crack a valve
nyitás *(vasút)* block up ; *(vill)* breaking, interruption, cut ; ~ **és zárás** *(vivő frekvenciáé)* keying of carrier frequency
nyitási : ~ **idő** *(távk)* break portion ; ~ **képesség** *(legnagyobb nyitás)* capacity of opening ; ~ **nyomás** *(gépk)* opening pressure ; ~ **sebesség** rate of opening ; ~ **szakasz** *(heg)* off--time ;
nyitás-zárás *(impulzus alatt ; távk)* break-make
nyitható : ~ **csiga** *(hajó)* snatch block ; ~ **tetős gépkocsi** cabriolet
nyitó *(vill)* *l még* **bontó** ; ~ **áramkör** *(távk)* line-freeing circuit ; ~ **előfeszítés** *[egyenirányító ; távk]* forward bias ; ~ **feszültség** *(nyugvóáramú relénél)* drop-out voltage ; ~ **képesség** *(gépé)* opening capacity ; ~ **szivattyú** starting pump
nyitott : ~ *(mélyített)* **ágy** *(szerszámgépen)* open gap bed ; ~ **alátét** *(patkó alakú)* horseshoe washer ; ~ **áramlás** open pass ; ~ **armatúrahorony** *(vill)* open slot ; ~ **befűzési rend** *(Jacquardon ; tex)* open tie-up ; ~ **csapágy** half-bearing ; ~ **deltakapcsolás** *(vill)* V-connection ; ~ **edény** *(vegy)* loom ; ~ **fejtőgödör** *(bány)* opencast; ~ **fenekű földgyalu** open-bottom scraper ; ~ **folyamatú szabályozás** *(vill)* open-cycle control; ~ **formázás** *(önt)* open sand moulding; ~ **hátsó felépítmény** *(gépk)* open-flat platform body ; ~ **helyzet** *(kh)* clear position ; ~ **(henger)üreg** *(heng)* open pass ; ~ **híd** trough bridge ; ~ **hintó** clash ; ~ **homokforma** *(önt)* open-sand mould ; ~ **homoköntés** open-sand casting ; ~ **horgú bányamérési pontrögzítő** open-hook spad ; ~ **horog** open-hook ; ~ **hősugárzó** open radiator ; ~ **hurkú központi rendszer** *(távk)* „open-loop" central system ; ~ **ívkirakó** *(nyomda)* open--sheet delivery ; ~ **kanalas szemfeltartás** *(kh)* tucking in the hook ; ~ **késleltető vezeték** *(rád)* open-circuited delay line ; ~ **kétüléses kocsi** *(gépk)* open two-seater ; **kissé** ~ ajar ; ~ **kis vasúti kocsi** wag(g)onette; ~ **kör** *(rád)* open circuit ; ~ **rács** *(rád)* open grid ; ~ **rakfelületű kocsi** lorry ; ~ **segédajtóácsolat** *(bány)* open set ; ~ **síp** open pipe ; ~ **sokszögmenet** *(geod)* open traverse ; ~ **sportautó** roadster ; ~ **szád** *(tex)* plain/clear/open shed ; ~ **szájú csavarkulcs** open-end wrench ; ~ **szélű** *(felsőrész ; cpő)* plain edge ; ~ **szem** *(kh)* open loop ; *(lánckötésnél)* open mesh ; ~ **szemű lánc** open-link chain ; ~ **szíjhajtás** open belt drive ; ~ **színezőkád** *(tex)* open vessel ; ~ **tehergépkocsi** platform lorry ; ~ **tehergépkocsi-felépítmény** platform body ; ~ **tépőgép** *(tex)* open teaser ; ~ **tér** *(városépítés)* open place ; ~ **tetejű burkolat** open-topped housing ; ~ **tompa varrat** *(heg)* pen-butt weld ; ~ **tűz** naked/free flame ; ~ **uszály** skute ; ~ **uszoda** outdoor swimming pool ; ~ **utazókocsi** calash ; ~ **ülés(ű)** open-seat ; ~ **vágat dúcoló ácsolattal** *(bány)* open-stulled stope ; ~ **vezetőüléses kocsiszekrény** town body
nyitva maradó szelepek *[szelephézag hiánya miatt ; gépk]* valves holding open
nyolcad *(mat)* suboctuple, eighth
nyolcadhullámhossz one-eighth wave-length
nyolcadkörös hiba octantal error
nyolcas *(ásv)* octahedron ; *(kerékben ; gépk)* *l* **oldal-ütés** ; ~ **alakban csévélt tekercs** D-coil ; ~ **alakú** figure--of-eight shape/form ; ~ **alakú antennasugárzási jelleggörbe** figure-of-eight characteristic ; ~ **alakú görbe** *(lemniszkáta)* figure-of-eight curve ; **fekvő** ~ *(rep)* cuban eight ; ~ **kötés** spica ; **póznák körül repült** ~ *(rep)* eight around pylons ; ~ **tekercselés** *(vill)* figure(-of)-eight winding
nyolcas-görbe *(mat)* *l* **piskótagörbe**
nyolcaskulcs nut wrench
nyolccsapos csőfoglalat *(rád)* octal socket
nyolccsatornás távíró rendszer octuplex telegraphy
nyolcevezős *(csónak)* eight
nyolcfejű eight-headed
nyolchengeres *(motor)* eight-cylinder ; ~ **egysoros motor** straight-eight engine ; ~ **V-motor** *(két sorban négyesével)* twin-four, eight-cylinder V-engine
nyolcjegyű : ~ **logaritmustábla** eight--place table of logarithms ; ~ **szám** *(mat)* eight-figure number
nyolckerekű eight-wheel(ed) ; ~ **jármű** eight-wheeled vehicle
nyolclakatos kötőgép *(kh)* eight-lock (knitting) machine
nyolclap octahedron
nyolclapú octahedral
nyolc napig járó óra eight-day clock
nyolcnyüstös atlasz *(tex)* common satin
nyolcórás munkanap eight-hours (work) day
nyolcszög octagon
nyolcszögletű octangular, octagonal ; ~ **acél** octagon steel
nyolcszögű octangular, octagonal, eight--angle
nyolcszövőgépes gépcsoport *(tex)* eight--loom system
nyom *ige* press, thrust, bear on ; *(nyomda)* print ; *(alak)* spin ; **sablonnal** ~ *(tex)* stencil ; **többet** ~ out-balance
nyom *fn* track, trace ; *[katódsugárcső ernyőjén]* trace, scan ; **elmosódott** ~ *(katódsugárcső ernyőjén)* blurred trace; ~**ot hagy** mark ; **láncolatos** ~ chain--track ; **megmunkálási** ~ *(forg)* feed mark(ing) ; **ütéssel ejtett** ~ batter
nyomás pressure, thrust, squeeze, load ; *(alak)* spinning ; *(bány)* squeeze ; *[hónyomás]* load ; *(nyomdai)* presswork, print ; *(dombornyomás)* embossing ; ~ **alá került terület** *(bány)* compression area ; ~ **alatt** *(bány ; mech)* in compression ; ~ **alatt álló tartály** pressure tank ; ~ **alatti adagolás** pressure feed ; ~ **alatti felület** *(mech)* surface under pressure ; ~ **alatti kristályosodás** piezocrystallization ; ~ **alatti metamorfózis** *(földt)* load metamorphism ; ~ **alatti tárolás** pressure storage ; ~ **alatti tüzelés** pressurized combustion ; ~ **alatti vízsugár** jet of pressure water ; ~ **alatti zsírkiolvasztás** pressure rendering ; ~ **alatt lepárolt párlat** pressure distillate ; ~ **alatt leszed** *(gépt)* force-off ; ~ **alatt működő elpárologtató készülék** pressure evaporator ; ~ **alatt tart** pressurize ; ~**t állandó értéken tartó berendezés** pressurestat ; **alsó henger** ~**a** bottom roll pressure ; **antiklinális** ~**nak ellenálló réteg** *(földt)* competent layer ; **barometrikus** ~ barometric pressure ; **beömlési** ~ admission pressure ; ~ **csávaszínezékekkel** *(tex)* enlevage style of printing ; **egyenletes megoszló** ~ uniformly distributed pressure ; ~ **elzárt vezetékben** shut-in pressure ; **engedélyezési** ~ authorized pressure ; ~ **fametszetről** wood printing ; ~**t felvevő párna** *v* **blokk** pressure pad ; **fokozott** ~ *(gőzé)* boost pressure ; ~ **hatására keletkezett vetődés** *(földt)* compressional shift ; ~**ra igénybevett elem** member in compression ; ~**ra igénybevett szárnyborda** *(rep)* compression wing rib ; ~**ra igénybevett tám** *(bány)* compression strut ; ~ **irányvonala** line of thrust ; **kerületi** ~ circumferential pressure ; ~**ba került** *(bány)* compressed ; ~ **kézi sajtóval** printing on a hand press ; ~**t kikapcsoló berendezés** *(nyomda)* cylinder trip ; **kiömlési** ~ exhaust

pressure ; **kipufogási ~** exhaust pressure ; **~ kliséről** *(nyomda)* printing from plates ; **kohéziós ~** cohesive pressure ; **~ következtében előálló alakváltozás** compressive strain ; **központos ~** centric compression ; **külpontos ~** *(mech)* eccentric compression; **lefelé irányuló ~** downward pressure ; **~t létesít** pressurize ; **~ maratással** *(tex)* discharging/discharge (method/style of) printing ; **~ marató színezékkel** *(tex)* rongeant/decolouring style of printing ; **~sal működő kapcsoló** pressure-operated switch ; **~sal működő üregelőtüske** push broach ; **~ra nem folyósodó gáz** persistent gas ; **~ okozta** *(vill)* piezo-*is* ; **~ okozta földkéregrepedések** piezoclases ; **~ pedálhajtású géppel** printing on a treadle machine ; **pillérre** *v* **támfalra** *v* **oszlopra** *v* **gyámfalra nehezedő ~** *(bány)* abutment pressure ; **~ raszteres eljárással** autotype ; **rendkívül nagy ~** *(gőzé)* superpressure ; **~ réz-** *v* **acéllemezről** plate printing ; **szabályozott ~** *(gőzé)* controlled pressure ; **szétfolyt ~** *(tex)* discharge prints ; **sztatikus ~** static pressure ; **szűkítő ~** *(alak)* necking ; **~t tart** *[kazánban]* keep up pressure ; **~ a telepben** *(bány)* reservoir pressure; **telítési ~** saturation pressure ; **~- és teljesítményszabályozó** *(kompresszornál)* unloader ; **tengelyirányú ~** *(gépt)* thrust, axial pressure ; **~ra történő zárás** *[szelepnél]* positive closing ; **~ útján keletkezett redők** *(földt)* compressive folds ; **~sal való simítás** *(pa)* bunch-plater finish ; **vegyi ~** *(maratás)* chemigraphy

nyomásálló pressure-tight ; **~ palack** pressure bottle ; **~ tartály** pressure vessel

nyomásamplitúdó pressure amplitude

nyomásbiztosan elzárt hermetically sealed

nyomásboltozat *(bány)* pressure vault/arch ; **~ felfekvése** *v* **válla** arch abutment ; **~ működése** *(bány)* arch action

nyomáscsökkenés decrease of pressure, pressure loss/relief/drop

nyomáscsökkentés decompression, reduction/relief of pressure

nyomáscsökkentő *fn* pressure reducer ; *(gépk)* decompressor ; *(acetilénhez)* acetylene pressure regulator ; **~ akna** *(hidr)* head-breaking chamber ; **~ aknamedence** *(hidr)* break-pressure reservoir ; **~ bütyök** compression-relief cam ; **egykamrás ~ szelep** one-step pressure regulator ; **~ emeltyű** compression-relief lever ; **főszelep a ~höz** *(heg)* central pressure regulator ; **munkahelyi ~ szelep** *(heg)* welding outfit pressure regulator, cylinder pressure regulator ; **~ nyílás** pressure-relief vent ; **oxigén ~ szelepe** *(heg)* oxygen pressure regulator ; **~ szelep** reducer, pressure-reducing valve, release valve ; *(heg)* pressure regulator ; **többkamrás ~ szelep** multistep pressure regulator ; **turbina ~ kamrája** reducing chamber of turbine

nyomásellenállás pressure resistance

nyomásellenőrzés *(gázvezetéken)* pressure survey

nyomáselosztó *fn* pressure distributor ; **~ lemez** *(ép)* packing plate

nyomásemelés (pressure) boost

nyomásemelkedés *(motorhengerben)* presure rise ; **~ sebessége** *(gépk)* rate of pressure rise

nyomásemelő (pressure) booster

nyomásesés pressure drop

nyomásfelület *(mech)* area of pressure

nyomásfokozás *(szivattyúban)* boost

nyomásfokozat pressure stage ; **~ok diagramja** diagram of stages

nyomásfokozó *fn* pressure intensifier/booster ; **~ berendezés** pressure-intensifying device

nyomásgörbe pressure curve

nyomásgrádiens pressure gradient

nyomásgrádiens-mikrofon pressure gradient microphone

nyomáshomlok front of thrust

nyomáshőmérő manometric thermometer

nyomáshullám *(rep, hidr)* pressure wave; *(anyagban)* compression wave; **~ haladása** *(Diesel-nyomócsőben)* travel of pressure wave

nyomáshullámlassulás pressure deceleration

nyomási : : amplitúdó *l* **nyomásamplitúdó** ; **~ együttható** compression coefficient ; **~ eljárások** *(tex)* styles of (fabric) printing; **~ határ** compression limit ; **~ hullám** *l* **nyomáshullám** ; **~ repedés** *(a földkérgen)* pressure fissures

nyomásindikátor pressure indicator

nyomásingadozás pressure fluctuation

nyomásjelző *(statisztikai gépen)* pressure adjustment indicator ; **~ harang** pressure bell

nyomáskiegyenlítő *fn* pressure equalizer ; **~ berendezés** pressure-compensating device ; **~ csappantyú** relief clack ; **~ kamra** *v* **tér** plenum chamber; **~ medence** *(hidr)* regulating head chamber ; **~ nyílás** *(hidr)* pressure-equalizing passage ; **~ oszlop** *(bány)* surge column ; **~ rugó** relief spring ; **~ szelep** pressure-balancing valve ; **~ tartály** pressure-equalizing reservoir; *(féken)* brake-valve air reservoir

nyomáskiegyenlítődés *(bány)* pressure relief ; *(gépt)* pressure equalization/compensation

nyomáskorlátozó túlfolyó cső stand-pipe

nyomásköz(ép)pont centre of pressure ; **~ vándorlása** *(rep)* shift/movement of the centre of pressure

nyomásközvetítő szerkezet pressure gear

nyomáskülönbség differential pressure ; **~ a mérőperemen** *(hidr)* orifice differential

nyomáskülönbségmérő *fn* differential pressure ga(u)ge, head meter

nyomáslépcső pressure differential/gradient

nyomásmagasság *(met, rep)* pressure altitude

nyomásmegszüntetés pressure release

nyomásmentesítés release of pressure

nyomásmérés pressure measurement, piezometry, barometric control

nyomásmérő *fn* manometer, pressure indicator ga(u)ge ; *(koh; fuvószélhez)* blast ga(u)ge ; *mn* piezometric ; **~ csatlakozócsöve** pressure tube ; **~ elem** pressure element ; **író** *v* **feljegyző ~** manograph ; **írószerkezetes** *(elektronikus)* **~** pressuregraph ; **membrános ~** *(Schäffer-féle)* diaphragm pressure ga(u)ge ; **~ mérce** *(hidr)* head ga(u)ge

nyomásmérő-hitelesítő *(vizsgáló)* **szivattyú** pressure-ga(u)ge test pump

nyomásmikrofon pressure microphone

nyomásnövelő szivattyúállomás booster station

nyomásos : ~ kenés forced lubrication ; **~ olajozás** force(d)-feed oil system ; **~ vető** *(földt)* compression fault

nyomáspróba *(kazánnál)* hydraulic test; *l még* **benyomáspróba**

nyomásredukáló *l* **nyomáscsökkentő**

nyomássalejt *(nyomda)* misprint

nyomásszabályozás pressure control/regulation ; *(gépk)* boost control

nyomásszabályozó *fn* pressure regulator/governor ; *(szívótérnyomásé)* boost control ; **~ csap** pressure tap ; *(statisztikai gépen)* pressure-adjusting knob ; **~ harang** pressure bell ; **önműködő ~** pressure controller ; **~ szelep** pressure-regulating valve ; *(légfék ; gépk)* *l* **lefúvó szelep** ; **~ tartály** *(hidr)* regulating head chamber

nyomásszint pressure level

nyomásszűrő pressure filter

nyomástalanító berendezés *(pa)* pressure-relieving plant

nyomástartó utasfülke *(rep)* pressure-tight cabin, pressurized cabin

nyomástényező compression coefficient

nyomástér pressure space

nyomástöbblet gain of head

nyomásugrás pressure jump

nyomásveszteség pressure loss

nyomásviszony pressure ratio

nyomásvizsgálat hydraulic/pressure test

nyomásvonal pressure line ; *(gépt)* thrust line ; **~ esése** hydraulic gradient

nyomat *(nyomda)* print ; **elpiszkított** *v* **elmázolt ~** monk ; **fekete ~** black print ; **~ felszíne** face ; **~ természetes színekben** autochrome

nyomatágy *(fényk)* bed

nyomatcsipesz *(fényk)* print tongs

nyomaték *(mech)* moment ; *(erőpár)* couple ; **állandó ~ tengelye** *(rep)* axis of constant moments ; **~ a befogott végen** moment at fixed end; **billenő ~** tilting moment ; **bólintó ~** *(rep)* pitching moment ; **centrifugális tehetetlenségi ~** product of inertia, centrifugal moment of inertia ; **csavaró ~** twisting moment ; **forgással ellentétes ~** anti-torque moment ; **forgató ~** torque, driving moment ; **hajlító ~** bending moment ; **ható ~** applied moment ; **indító ~** starting torque ; **~ karja** moment arm ; **legyező ~** *(rep)* yawing moment ; **lendítő ~** flywheel moment, moment of gyration ; **orsózó ~** *(rep)* rolling moment ; **súrlódó ~** moment of friction ; **támadó ~** *(mech)* applied moment ; **tehetetlenségi ~** moment of inertia ; **villamos ~** electric moment ; **visszaállító ~** restoring moment

nyomatékátalakító *fn* torque converter

nyomatékerősítő *(távk)* torque amplifier

nyomaték-felvevő rúd *[gépkocsik hátsótengelyét rögzíti elfordulás ellen]* torque arm/rod
nyomatékgörbe *(mech)* moment curve
nyomatéki : ~ **ábra területe** *(mech)* area of moments ; ~ **egyenlet** momental equation ; ~ **görbe** *(a fordulatszám függvényében)* torque(-speed) curve ; ~ **terület** moment area ; ~ **területekkel számító eljárás** *(mech)* moment-area method
nyomatékjelző csavarkulcs torque-indicating wrench
nyomatékkiegyenlítő farokcsavar *(helikopteren)* anti-torque rotor
nyomatékkorlátozó *fn* torque limiter
nyomatékkulcs torque spanner
nyomatékmérő *(műszer)* torquemeter
nyomatékszabályozó szerkezet torque-controlling device
nyomatékváltó *fn* torque converter
nyomatékváltós lendkerék fluid flywheel
nyomatékvektor *(mech)* moment vector
nyomatlan : ~ **oldal** *(pa)* blank page ; ~ **újságpapír** blank news
nyomatminőség print quality
nyomatóedény *(monte-jus)* blow case
nyomatszél sérülése *(fényk)* bleed
nyombaállító vonórúd steering pole hitch
nyombővítés *(vasút)* amplification
nyombővülés *(vasút)* slacking of the ga(u)ge
nyomcsatorna *(vasút)* side gutter, flare
nyomdaérett fit to print
nyomdafesték printer's/printing ink, black
nyomdagép printing machine
nyomdahiba printer's fault, misprint
nyomdai typographic(al) ; ~ **betűtípus** printer's type ; ~ **gépmester** printer ; ~ **jel** impression, imprint ; ~ **költség** printing expenses ; ~ **léniagyalu** rule shoof board ; ~ **léniagyaluló készülék** rule drawing frame ; ~ **szakmunkás** printer journeyman
nyomda-kék printing blue
nyomdakész fit/ready for press
nyomdaművészet typography
nyomdászat typography
nyomdászati typographic(al)
nyomdatermék press/printed product
nyomdokol *(ép)* set out, trace
nyomdokolás *(ép)* setting
nyomdokvíz *(hajó)* dead-water, wake
nyomelem trace(r) element ; *(mzg)* micronutrient
nyomfém trace metal
nyomhagyás *(felületen)* tracking
nyomhatóság *(tex)* printability
nyomhiba tracking error
nyomjel print
nyomjelez trace, lay/peg out, locate ; *(vegy)* label, tag
nyomjelzés *(ép)* tracing/determining the form ; *(úté)* layout ; *(geod)* surface-survey, tracing; *(vasút)* marking out the course, laying out a line
nyomjelző *fn (at)* tracer ; *(mzg)* marker, row guide ; ~ **anyag** tracer substance ; ~ **barázda** *(geod)* spit ; ~ **csoport** *(ép)* party on line work ; ~ **elem** *(at)* tracer element/isotope ; ~ **lövedék** tracer projectile/shell ; *(kis kaliberű)* tracer bullet ; **tárcsás** ~ *(mzg)* disc marker
nyomkarima *(vasút)* (wheel) flange
nyomkarima-eszterga double-wheel-type lathe
nyomkarima-kenő flange lubricator
nyomkarima-ütközés *(vasút)* gauge-concussion
nyomkereső anyag tracer substance
nyomkitűzés location
nyomkör *(gépk)* *l* **fordulókör**
nyomköz track/railway ga(u)ge
nyomkőzet *(bány)* key rock
nyomközigazító *(szerszám)* gauge-setting device
nyomköztágító szerkezet *(vasút)* spreader
nyomó *(hidr)* pressure(-) ; *(mech)* compressive, compression(-) ; ~ **alakváltozás** compressive strain ; ~ **alátét** *(sajtón)* thrust washer ; ~ **berendezés** *(irezőn ; tex)* pressure arrangement ; ~ **csappantyú** pressure flap ; ~ **eszterga** *(alak)* spinning/bulging lathe ; ~ **felület** pressure face ; ~ **feszültség** *l* **nyomófeszültség** ; ~ **fővezeték** rising main ; ~ **fúvóka** delivery/discharge cone ; ~ **golyóscsapágy** thrust ball bearing ; ~ **hálózat** pressure line ; ~ **hangfelvétel** *(vágás nélkül)* embossed groove recording ; ~ **igénybevétel** compressive stress/load ; ~ **kísérletsorozat** compression set; ~ **kompresszor** charge compressor; ~ **löket** pressure stroke ; ~ **matrica** spinning die ; *(hanglemezé)* stamper; ~ **modulusz** modulus of compression ; ~ **olajozás** pressure lubrication; ~ **olajozó** pressure oiler ; ~ **próbatest** compression test piece ; ~ **szegecselő** squeeze riveter ; ~ **szellőző** forcing/pressure fan; *(bány)* axial fan for inbye ventilation ; ~ **szellőztetés** forced/pressure ventilation ; ~ **szerkezet** pressure mechanism ; *(nyomda)* printing mechanism ; ~ **terhelés** compression/compressive load ; ~ **üregelőgép** push-broaching machine ; ~ **vasalás** compression reinforcement
nyomó- compression(al), compressive, pressure(-), piezo-
nyomóablak *(fényk)* pressure plate
nyomóbillentyűs kapcsolósáv *(távk)* key strap
nyomócsapágy thrust bearing ; **fésűs** ~ collar thrust bearing ; **ütköző karimás** ~ collar stop hearing
nyomócsapágygyűrű thrust bearing disc/ring
nyomócsapszeg clamping bolt
nyomócsatorna *(hidr)* *(zárt)*, delivery duct ; *(nyitott)* head race
nyomócsavar thrust/pressure screw/spindle
nyomócsiga delivery worm
nyomócsonk pressure connection/stub
nyomócső discharge/delivery pressure tube/pupe ; riding/lifting/force tube/pipe ; *(hidr)* conduit, penstock *is* ; *(központi fűtéshez)* flow pipe; *(Diesel)* delivery pipe, pressure/injection line ; ~ **tehermentesítése** *(Diesel)* pressure release
nyomócsőcsatlakozó *(befecskendező szivattyún ; Diesel)* fuel-discharge connection
nyomócsőhálózat pressure pipework
nyomócsőkészlet delivery pipework/piping
nyomócsőtoldat pressure connection/stub
nyomócsővezeték lifting/rising main(s), pressure piping/pipeline
nyomódarab pressure piece
nyomódúc *(nyomda)* block
nyomódúc-beállító lap registration-board
nyomódugattyú pressure piston/plunger
nyomóérintkező pressure contactt
nyomóerő *(mech)* compressing/compressive force ; *(gépt, rep)* thrust ; **törő** ~ crushing force/load
nyomófej *(alak)* ram ; *(bélyeg)* punch, stamp, upper die ; **alsó** ~ bottom stamp
nyomó-festék printing colo(u)r ; **krómos** ~ chrome printing colo(u)r
nyomófeszültség compressive stress
nyomófolyadék pressure fluid ; *(víz)* pressure water
nyomóforma *(nyomda)* form, cliché, die plate
nyomóformafedél *(nyomda)* tympan
nyomóformás henger *(nyomda)* plate cylinder
nyomófőcső rising main
nyomógép press ; *(anyagv)* compression-testing machine ; *(nyomda)* printing machine/press ; *(tex)* extracting machine, squeezer, squeezing machine ; ~ **adagolólemeze** *(nyomda)* feedboard
nyomógomb *(hívó)* call button, bell push ; *(cipőn)* spring button ; *(gépk)* press button ; *(ruhán)* snap fastener; *(távk)* stud, push-button
nyomógombbeállítású vevő készülék *(rád)* push-button receiver
nyomógombos : ~ **ajtózár** *(gépk)* press-button lock, push-button release(r); ~ **ceruza** repeater pencil ; ~ **érintkező** push contact ; ~ **hangolás** *(rád)* push-button tuning ; ~ **kapcsoló** *(vill)* push-button switch
nyomógombtelep push-button box
nyomógombvezérlés push-button control
nyomógörgő pressure/jockey pulley
nyomógyűrű thrust ring/collar
nyomó-hajlító görgő *(lemezhajlító gépen)* bend roll
nyomóhenger pressure roller/cylinder ; *(pa)* impression cylinder ; *(tex)* calender (roller), compression roll, jockey pulley, pressing/printing roller; *(facsaró)* squeezer roll/roller ; ~ **vésése** *(tex)* engraving of print roller
nyomóhengeres mázológép *(pa)* print-roll coater
nyomóhengerfelugrás *(nyújtógépen ; tex)* jumping
nyomóhengervésés villamos úton *(tex)* electrography
nyomókar *(ép)* push brace
nyomókarton *(pa)* printing cardboard
nyomókendő *(gumi)* printer's blanket
nyomókenés *(gépt)* force-feed lubrication
nyomó-kenő fecskendő shot lubricator
nyomókerék *[távirógépen]* impression wheel
nyomókerék-hengerkerék *(vetőgéphez)* gang press wheel
nyomókeret *(fényk)* chase
nyomókés *(rakli ; tex)* doctor blade, knife

nyomókilincs pressing pawl ; *(gépollón, kötőgépen)* pressure pitman
nyomókő szilárdsági próbája crumbling test
nyomókúp *(mozdonyon)* delivery nozzle
nyomólap pressure/clamp(ing) plate ; *(nyomda)* tympan
nyomólapos és keretes szűrőprés plate-and-frame filter press
nyomóléc *(hámozógépen ; fa)* pressure bar
nyomólégcsatorna forced-air duct, delivery air duct
nyomólégfék *(gépk)* air-pressure brake
nyomólég-kapcsoló *(vill)* air switch
nyomólégtartály compressed-air tank
nyomólégüst discharge air chamber
nyomólemez stencil/engraving plate(n) ; **galván eljárással készült ~** electrotype plate ; **negatív ~** *(hanglemezgyártáshoz)* backed stamper
nyomólöket (air/gas) compression stroke; *(befecskendező szivattyúé)* delivery stroke
nyomómagasság hydraulic/pressure/discharge/delivery head ; **dinamikus ~** dynamic head ; **esési ~** fall head ; **rendelkezésre álló ~** *(hidr)* available head
nyomómagasság-különbség *(hidr)* differential head
nyomómagasság-veszteség *(hidr)* loss of head
nyomómedence regulating head chamber forebay
nyomóolaj-égő pressure jet burner
nyomóoldali zsilipkapu delivery gate
nyomópapír paper for printing, printing paper, print-paper ; **vékony ~** thin printing paper, Oxford India paper
nyomópapírgyár printing-paper plant
nyomópapucsos fonalfék *(tex)* balancing tensioning device
nyomópaszta *(tex)* printing paste
nyomópecek pressure pin
nyomópép *(tex)* printing paste
nyomóprés stamp(ing press)
nyomópróba *(anyagv)* compressive/compression test
nyomórúd pressing/push bar ; *(tölcséres csévélőn ; tex)* weight stalk
nyomórúdvezérlésű önindító motor *(gépk)* pushrod-control starter motor
nyomórugó compression spring
nyomórugós búvárdugattyú press-spring plunger
nyomórugótányér pressure disc
nyomósín *(film)* pressure guide ; *(tűk horgainak lenyomására kötőgépen)* presser bar
nyomószél forced blast
nyomószelep pressure/compression valve; *(dieselmotoron)* delivery valve ; *(szivattyún)* discharge/delivery valve ; **golyós ~** ball compression valve
nyomószelepkosár delivery valve cage
nyomószerkezet-motor *(lapátos rakodógépen)* thrusting motor
nyomószilárdság compression/compressive strength ; **felületi ~** bearing strength
nyomószivattyú lift/force/pressure pump; **~ szívócsöve** intake leader
nyomószivattyús táplálás force-feed
nyomótárcsa *(gépt)* pressure/thrust disc ; *(tex)* impression wheel ; *(kötőgépen)* presser wheel ; *(forgattyú tengelyen)* thrust plate
nyomótartály pressure tank/vessel ; **gömb alakú ~** pressure bulb
nyomótengely *(hajó)* thrust shaft
nyomótér pressure/delivery chamber
nyomótömlő discharge/pressure hose
nyomótönk set block
nyomott : ~ áruk *(tex)* print works ; **~ áruk szappanozása** *(tex)* soaping print ; **~ átlós rácsrúd** *(ép)* compression diagonal ; **~ boltív** *(ép)* flat(tened)/jack arch ; **~ borda** compression rib ; **~ felület** surface under pressure ; **~ gerenda** compression beam ; **~ gyűrődések** *(földt)* constricted folds ; **~ ív** *(ép)* segmental/depressed arch ; **~ jelzés** print ; **~ kalikó** print calico ; **~ mintás pamutszövet** *(tex)* print ; **~ öv** *(tartón)* compression flange ; **~ övtartó** *(ép)* compression boom ; **~ pamutszövet** chintz ; **~ plüss** *(tex)* embossed plush pile fabric ; **~ rúd** *v* **oszlop** *(ép)* strut ; **~ szalag** *(heng)* matrix band ; **~ szélső szál** *(mech)* extreme fibre in compression ; **~ szövet** *(tex)* print cloth, textile print ; **~ telér** *(bány)* compression vein ; **~ vasbetét** compression reinforcement; *(betontübbingnél)* push bar
nyomótuskó set block
nyomótű *(tex)* driver needle
nyomóütem pressure stroke
nyomóüzem *(tex)* cloth-printing factory
nyomóüzemű gázgenerátor pressure producer
nyomó-vágó automata *(pa)* automatic printing and punching press
nyomóventil *(hangszeren)* piston
nyomóvezeték delivery conduit/duct
nyomóvíz pressure water, headwater
nyomóvízkamra *(hidr)* head chamber
nyomozható vető *(földt)* traceable fault
nyomózsír *(gépk)* compression grease
nyomózsírzó *fn* lubricating gun ; **~ szelence** compression grease cup
nyomtat (im)print, impress
nyomtatás presswork, print, impression ; **~ra alkalmas** impressible ; **ezer példány ~a** printing of a thousand ; **~ folyamata** printing process ; **~ tömöntvényről** stereotypography
nyomtatásos : ~ vétel *(táv)* printing reception ; **~ vevőkészülék** *(táv)* printing receiver
nyomtató eljárás printing process
nyomtatógép festékezőhengere inker
nyomtatókorong *(távk)* printing disc
nyomtatómágnes *(távk)* printer magnet
nyomtatott : ~ áramkör *(rád)* printed (electronic) circuit ; **~ áramkörű erősítő** printed amplifier ; **~ betűt ír** print ; **~ értesítés** print note ; **~ kapcsolás** printed circuit ; **~ karton** *(pa)* printed cardboard ; **~ kiszerelő papír** *(pa)* fancy printing-paper
nyomtatvány printed matter, print sheet/leaflet
nyomtatványetető szerkezet automatic bill feed
nyomtatványtovábbító szerkezet automatic carriage
nyomtáv *(gépk)* wheel track, tread ; *(vasút)* track distance/ga(u)ge
nyomtávbiztosító : ~ lemez *(vasút)* ga(u)ge plate ; **~ rúd** ga(u)ge bar, base tie-rod
nyomtávigazítás *(vasút)* adjustment of the ga(u)ge
nyomtávmérce *(vasút)* platelayer's ga(u)ge, rail ga(u)ge template
nyomtávmérő *(vasút)* *l* **nyomtávmérce**
nyomtávrúd *(gépk)* track rod ; tie rod *(US)* ; **osztott ~** *(gépk)* divided track rod
nyomtáv-rúdfej *(gépk)* track rod end
nyomtávtartó *(darab)* rail brace ; **~ kormányrúd** steering tie-rod
nyomtáv-tengelytáv arány *(gépk)* track-wheelbase ratio
nyomvonal track, trace, trajectory ; *(távk)* primary route
nyomvonal-alakzat *(rep)* track pattern ; **elválasztott ~** *(rep)* discrete track pattern
Nyquist-diagram *(rád)* Nyquist diagram
nyugalmi : ~ állapot standstill, rest/static condition ; *[összekötött távgépíróké]* idle circuit condition ; **~ állapotban levő** motionless ; **~ anódáram** anode/plate rest current ; **~ áramú üzemmód** *(távk)* closed-circuit working ; **átmeneti ~ helyzet** *(mech)* dwell ; **~ energia** *(at)* rest energy ; **~ érintkező** *(távk)* back contact ; **~ érték** *(vill)* quiescent value ; **~ feszültség** *(elemnél)* rest potential ; **~ helyzet** off/rest/neutral/home position, standstill, repose ; *[áramköré]* resting condition ; *[távgépíróé]* space condition ; **~ időszak** spell, dwell ; **~ periódus** *v* **időszak** period of repose ; **~ pont** Q/quiescent point ; **~ súrlódás** *(mech)* friction of rest ; **~ súrlódás szöge** *(mech)* angle of repose ; **~ szakasz** repose period ; **~ tömeg** rest/stationary mass
nyugalom repose ; **~ban** *(alapállásban ; gépt, vill)* in home position ; **~ban lévő rétegösszlet** *(földt)* inactive block
nyugasz *(koh)* bosh
nyugaszgyűrű *(nagyolvasztón)* bosh band
nyugaszköpeny *(nagyolvasztón)* shell of bosh
nyugasz-vasgyűrűk *(koh)* bosh band
nyugati mágneses eltérés westerly variation
nyugat-keleti levegőáramlás *(met)* zonal circulation
nyugodt quiet, undisturbed, even, uniform ; **~ felületű olvadék** *(koh)* quiet melt ; **~ ív** *(heg)* stable arc ; **~ járás** *(gépt)* quiet running ; **~ nap** *(mágnesesen)* quiet-day ; **~ település** *(földt)* linear foliation ; **~ településű telep** *(bány)* uniform seam/bed ; **~ üzem** smooth working
nyugtalan unquiet, erratic, turbulent ; **~ ív** *(heg)* erratic arc ; **~ légtömeg** *(met)* bumpy air
nyugtatás *(hők)* release of stress
nyugtatókamra *(vegy)* quiescent chamber
nyugtatószer sedative, soothing
nyugtázó : ~ jel *(távk)* acknowledgement signal ; **~ kapcsoló** *(távk, vasút)* acknowledger/forestalling switch

nyugvó *fn (koh)* bosh ; *l még* **nyugasz** ; *mn* quiescent, resting, inert ; ~ **állapot** quiescent stage ; ~ **állapotban levő** out-of-operation ; ~ **érintkező** *(vill)* rest contact ; ~ **feszültség** static stress ; ~ **illesztés** transition fit ; ~ **közeg** medium at rest ; ~ **súrlódás** *(mech)* resting friction ; ~ **terhelés** *(mech)* static/quiescent load ; ~ **vulkán** quiescent volcano
nyugvójárat *(óra)* dead escapement
nyugvókar *(kronométer-járatú óra járatrésze)* detent
nyugvópad *(bány)* pallet, sollar
nyugvópont *(vegy)* stagnation point
nyújt elongate, stretch, extend, expand ; *(heng)* draw ; *(alak)* swage, stretch ; *(rúdra feszítve:)* perch
nyújtás stretch(ing), extension, expansion, elongation, strain ; *(alak, heng)* drawing, stretching ; *(bőr)* grimping ; *(tex)* stretch(ing), draft(ing), drawing, draught ; *(szelfaktoron ; tex)* gain(ing of the carriage), drag ; ~ **finom előfonó gépen** *(tex)* fine frame draft ; ~ **foka** *(tex)* ratio of drawing, degree of draft ; ~ **forgókovácsolással** swaging ; ~ **hengerléssel és kovácsolással** breaking by rolling and forging ; ~ **az írezőgépen** *(tex)* slasher tension ; ~ **kalapáccsal** peening, forge drawing ; **kaucsuk ~a hevítéssel és lehűtéssel** racking ; **kis ~(ú)** *(tex)* low(-)draft ; ~ **melegen** hot drawing
nyújtási : ~ **állandó** *(tex)* draft constant; ~ **és egyesítési eljárás** *(tex)* drawing out and doubling ; ~ **hulladék** *(tex)* drawing waste ; ~ **hullámok** *(tex)* drafting waves ; ~ **mező** *(fonásnál)* field of drafting
nyújtás-kezdet *(tex)* draft break
nyújtásszabályozás *(tex)* control for stretch
nyújtás-számítás *(tex)* draft calculation
nyújtható extensible, stretchable ; *(anyagv)* ductile ; *[bőranyag]* stretchy *(US)* ; *(tex)* expansible, elastic ; **nem** ~ inductile
nyújthatóság *(anyagv)* ductility ; *(tex)* stretching property, expansibility, extensibility, elasticity
nyújtó : ~ **hengerlés** *(heng)* stretching, stretch/breakdown rolling ; ~ **hengerpár** *(tex)* line of rollers, drafting/drawing roll(er)s ; ~ **hengersor** *(idomsoron)* stranding rolls ; ~ **kalapács** stretching/chasing/embossing hammer ; ~ **kemence** *(ker)* flatting oven/kiln ; ~ **készülék** *(tex)* drawing box/mechanism, drawer, draw box ; **kombinált ~ és szalagegyesítő gép** *(tex)* draw frame and lap machine (combined) ; ~**szerkezet** stretching device
nyújtódob *(tex)* draw-through drum, expanding drum
nyújtódobhenger draw-through drum
nyújtófa *(bőr)* draw beam
nyújtófej *(tex)* drawhead
nyújtógép stretching machine, stretcher, sheeter ; *(bőr)* breaking machine; *(tex)* drawing frame ; ~ **hengerállványa** *(szelfaktoron ; tex)* roller beam ; ~ **kettős tűslécmezővel** *(tex)* intersecting (gill drawing frame) ; **tűs-hengeres** ~ *(tex)* circular drawing (machine)
nyújtógépegység *(tex)* set of drawings
nyújtógépkezelő *(tex)* drawer
nyújtógörgő sheeting/expanding roll(er)
nyújtógyűrű pull ring
nyújtóhenger *(tex)* expanding drum, drawing roller ; ~ **mozgatóasztalhoz** *(nyújtógépen ; tex)* loos boss roller
nyújtóhengerbevonat-felhúzó munkás *(tex)* roll coverer
nyújtóhengerpár-osztás *(tex)* setting centres
nyújtókasza *(bőr)* breaking iron
nyújtókorong *(bőr)* moon knife
nyújtólemez *(pa)* mo(u)lded board
nyújtómező *(tex)* field of drafting
nyújtómódszer draw-in system
nyújtómű *(tex)* stretcher, stretching frame, draw(ing) box/mechanism, drawer ; *(szelfaktoron:)* stretching motion
nyújtóoszlop *(bőr)* stake
nyújtó-puhító gép *(tex)* breaking machine
nyújtószerszám *(üllőhöz)* swage
nyújtótábla *(bőr)* scouring table
nyújtott extended, stretched, drawn ; *(mat)* prolate ; ~ **ácsolás tömedékeléssel** *(bány)* stull set method ; ~ **epiciklois** *(mat)* prolate/stretched epicycloid ; ~ **fonal** *(tex)* stretch(ed) yarn ; **lemezzé** *v* **fémhártyává** ~ *(heng)* foliated ; ~ **orr-részű** *(cipő)* toes-extended ; ~ **pamutfonal** carded cotton yarn ; ~ **sodrott fonal** carded ply yarns ; ~ **süvegfa** *(bány)* overhanging beam ; ~ **szalag** *(tex)* sliver, draw(ing) (-frame) sliver ; ~ **szalag finomsági száma** *(tex)* hank drawing ; ~ **szalagot tartó kanna** *(tex)* sliver can
nyújtva-fonás *(műselyemnél)* stretch spinning
nyúlás stretch(ing), strain ; *(anyagv)* elongation ; *(tágulás:)* dilatation ; *(készbőrnél:)* stretch ; *(ép)* yield ; *(pa)* distension, elongation, natural elasticity ; *(tex)* stretch, elongation, extensibility ; **abszolút** ~ *(anyagv)* absolute elongation ; **fajlagos** ~ *(anyagv)* relative/specific elongation ; **hőfokváltozás következtében előálló** ~ elongation due to change of temperature ; **kritikus** ~ *(anyagv)* ultimate elongation ; **maradó** ~ *(mech)* permanent set/elongation ; ~ **mértéke** *(bitumennél)* ductility ; **rugalmas** ~ elastic elongation ; **szakadásnál mért** ~ elongation at rupture ; **százalékos** ~ *(anyagv)* percentage elongation ; **teljes** ~ elongation at rupture ; **törésnél fellépő** ~ *(anyagv)* breaking elongation
nyúlási : ~ **együttható** *(pa)* coefficient of elongation ; ~ **görbe az idő függvényében** *(anyagv)* time-elongation curve ; ~ **határ** *l* **folyáshatár** ; ~ **sebesség** extension speed/rate
nyúlás-meghatározás *(tex)* determination of elongation
nyúlásmérési *(tex)* extensometric
nyúlásmérő *fn* (ex)tensometer, strain ga(u)ge ; ~ **bélyeg** strain gauge ; **Huggenberger-féle** ~ Huggenberger extensometer ; **induktív** ~ inductance strain ga(u)ge ; **kapacitív** ~ capacitance strain ga(u)ge ; ~ **rozetta** *(anyagv)* strain rosette ; **villamos** ~ electric strain ga(u)ge
nyúláspróba *(tex)* elongation test
nyúlásszám *(anyagv)* elongation number
nyúlásvizsgálat az idő függvényében *(anyagv)* time-yield test
nyúlbőr hare ; **mezei** ~ *(prémbőr)* hareskin
nyúlékony elastic ; *[készbőr]* stretchy
nyúlékonyság *(fáraloglalásnál ; bőr)* stretch
nyúlik elongate, lengthen, extend, expand, yield, strain
nyúló *l* **nyúlékony** ; ~ **képesség** *(pa)* dilatability
nyúlós viscous, tough, ropy, slimy ; ~ **állapotban lévő vas** *(koh)* pasty iron ; ~ **félfolyékony bitumen** viscous bitumen ; ~ **folyadékok fotoelasztikus viselkedése** *(anyagv)* photoviscous effect ; ~ **láva** ropy lava ; ~ **tej** slimy milk
nyúlósodás *(élip)* ropy fermentation
nyúlósság *(élip)* sliminess ; *(kenyéré:)* rope
nyúlszőr *(finom)* hare wool
nyúlvány nose, tongue, extension, appendage ; *(földt)* off-shoot, spur, outlier ; *(gépt)* stud, boss, projection ; **csapszerű** ~ dummy journal ; **fogásra** *v* **befűzésre alkalmas** ~ ear
nyúz *(bőrt)* flay
nyúzás flaying ; **gépi** ~ mechanical flaying
nyű *ige:* **lent** ~ *(tex)* pull the flax
nyűhetetlen *(tex)* indestructible
nyüst *(tex)* headle, shaft ; ~**- és bordabefűzési ábra** *(tex)* draft and sleying plan ; ~**ök Jacquard-rendszerű mozgatása** shaft lashing ; ~**ök nyugalmi helyzete** dwell of healds, dwell-up
nyüstbefűzés *(tex)* healding, draft, drawing in ; **ék alakú** ~ angled draft
nyüstbefűzési rend *(tex)* entering draft
nyüstbeszerelés *(tex)* heald drafting
nyüstbojt *(mzg)* swab
nyüstbojtkészítő gép *(hajó)* mop-making machine
nyüstemelés : ~ **lábítós rendje** *(tex)* lifting plan ; ~ **rendje** tappet plan
nyüstemelési : ~ **ábra** *(tex)* dobby plan ; ~ **hiba** *(tex)* mislift
nyüstemelő *fn* *(tex)* wizard ; ~ **félhold** *(tex)* half-moon ; ~ **szerkezet** *(tex)* (lift) dobby, witch ; ~ **szövőszék** dobby loom, Dobby ; ~ **zsinór** *(tex)* harness cord
nyüstfelszerelés *(tex)* weaving harness
nyüstfonal *(tex)* heald yarn
nyüstgép *(tex)* dobby ; ~**pel készített törülköző** dobby-woven towel
nyüsthasáb *(tex)* dobby barrel
nyüsthorog *(tex)* heddle/heald hook
nyüsthúzó : ~ **himba** *(tex)* spring shaft; ~ **kés** *(tex)* draw knife ; ~ **segéd** *(tex)* drawboy ; ~ **zsineg** *(Jacquard-szövésnél)* draw cord
nyüstkalkuláció *(tex)* calculation of healds
nyüstkampó *(tex)* harness/shaft hook
nyüstkártya *(fából ; tex)* lag
nyüstkártya-falécek *(tex)* dobby lags
nyüstkártya-szegek *(tex)* dobby pegs
nyüstkeret *(tex)* heddle/heald frame
nyüstkészítés *(tex)* heald knitting

nyüstkészítő *(tex)* heddle/heald knitter/ maker, harness builder; **~ berendezés** heald knitting frame/machine; **~ gép** *(tex)* harness building machine
nyüstlánc *(tex)* harness chain
nyüstléc *(tex)* stave, heald lath/shaft
nyüstmozgatás *(tex)* harness motion
nyüstmozgató *(berendezés)* parallel/harness motion
nyüstös : ~ kötés *(tex)* dobby weave; **~ szövet** *(tex)* dobby fabric; **~ szövőgép** dobby(-head) loom, loom dobby; **~ szövőszék tárcsás nyüstmozgató szerkezettel** wheel dobby
nyüstösgép *(tex)* dobby, dobbie, index machine, little Jacquard; **~en készített orlon-szövetek** orlon dobbies; **~ kétféle kötéshez** *(tex)* double-decked dobby
nyüstpálca *(tex)* shaft stave, slider rod
nyüstrend *(szövőszéken)* tie up
nyüstrendező léc *(tex)* harness board
nyüstsín *(tex)* heddle ribbon
nyüstsűrűség knitting healds; **~ krefeldi mértéke** *(tex)* Crefeld rate of knitting; **~ mértéke** *(tex)* rate of knitting
nyüstszabályozó szerkezet *(tex)* heald levelling motion
nyüstszál *(tex)* head, heald, heddle; **~ak összessége** *(tex)* course
nyüstszálfeszítő sulyok *(tex)* lingoes
nyüstszár *(tex)* leaf
nyüstszem *(tex)* heald/heddle/lease eye, camb, mail(le) (heald), guide/warp eye; **kettős ~** *(tex)* double strand; **~ x-nyílással** x-decken mail
nyüstszerelés *(tex)* harness mounting
nyüstszerkezet *(tex)* harness, cambs
nyüstszerszám *(tex)* harness mounting
nyüsttartó : ~ fakeret *(kézi szövőszéken)* couper; **~ huzal** *(tex)* harness wire; **~ sín** ridge bar
nyüsttisztító *(tex)* harness cleaner
nyüstvezérlő berendezés connecting gear
nyüstzsinór *(tex)* harness strap/twine/cord, neck twine/bend, tinsel cord, leash; **~ csoportos (be)fűzése** *(tex)* compound tie-up; **~ok soros (be)fűzése** ordinary harness tie
nyüstzsinór-bekötés *(Jacquard-gépen)* Jacquard tie-up
nyüstzsinórnyaláb *(tex)* bunch of harness cord
nyüstzsinórozás *(tex)* cording
nyüstzsinór-rendezés *(Jacquard-gépen)* harness mounting
nyüstzsinórverő gép *(tex)* heald braiding machine
nyüstzsinórzat *(tex)* dobby harness

O, Ó

obeliszk *(ép)* obelisk, spine, needle
objektív *fn (fényt)* objective, object glass ; **~ főpontja** *(fényt)* nodal point; **~ látómezeje** field of vision of the objective ; *(szögben:)* angular field of the objective ; **~ mérés** objective measurement ; **nagy fényerejű ~** high-power/fast objective ; **~ nyílásszöge** *(fényk)* aperture angle of the lens; **tárgyoldalon flintlencsés ~** flint-in-front objective
objektívszán *(fényk)* objective sledge
obszervatórium *(met)* observatory
obszidián *(ásv)* obsidian
óceán *(földt)* ocean
óceáni *(földt)* neptunian, oceanic
óceánjáró *fn* transocean steamer/ship ; *mn (hajó)* ocean-going
oceánográfia oceanography
ochran *(ásv)* ochran
oculus mundi *(ásv) l* **hidrofán**
ócskafém scrap
ócskavas iron scrap, broken iron ; **~ közé dobás** scrapping ; **~ közé tesz** scrap
ócskavas-érték scrap value
ócskavas-hányó scrap heap
ócskavas-nyersvas-eljárás *(koh)* pig-and-scrap process
ócskavas-udvar scrap yard
ócskavas-zúzó daru scrap drop crane
odacsavar screw up
odaég burn on
odaégés burn(ing), gumming up
odaerősít attach, fix, secure, fasten
„oda" -irányú áramkör *(távk)* go-path
odakozmásodik burn on
odarepülés outward flight
odasülés gumming up
odasülő *[szén]* close-burning
odatűz *(tex)* tack
odatűzés needling, tacking
odavezető afferent, leading to
oda-vissza back-and-forth, forward-reverse, to-and-fro(m) ; *(távk) l* **kétirányú** ; **~ löket** *(gépt)* go and return stroke ; **~ mozgás** reciprocating movement ; **~ mozgó** reciprocating
odontográf *(gépt)* odontograph
odor *(alak)* forging die/stamp ; *(bány)* bug hole, rock cavity ; **~ban kovácsol** drop-forge, swage ; **~ban kovácsolt keresztrudas vontatófülecs** swaged crossbar traction-eye ; **~ban kovácsolt munkadarab** drop/swaged forging ; **~ba sajtoló prés** die press
odorba-sajtolás die stamping/pressing
odorkalapács drop/swage hammer
odorkészítő die maker
odorkovács-kalapács drop/swage hammer
odorkovácsolás drop/die forging/stamping
odor-kovácsszerszám swaging tool, drop forge die
odorlap *(alak)* plate die
odormarás die-sinking
odormaró gép die-sinking milling machine
odormélyítés *(alak, forg)* die-sinking ; *(hidegen:)* die hobbing, cold die-sinking
odorreszelő die-sinker's file
odortartó die holder
odortömb die/swage block
odorvésés die engraving/slotting
odvasodás *(önt)* shrinkage cavity/porosity
oellacherit *(ásv)* oellacherite
oersted *(vill)* oersted
óezüst old silver
offszet *(nyomda)* offset
offszet-gumikendő *v* **-gumilap** offset blanket
offszethenger offset roller
offszetnyomás offset printing
offszetnyomtató offset printer
offszetsajtó offset press
ogivál ogival
ógyapjú *(tex)* regenerated/reused/reconditioned/reclaimed wool, wool recovered from torn-uprags
ohm *(vill)* ohm ; **akusztikai ~** acoustical ohm ; **angol ~** *(0.9866 nemzetközi ohm)* British Association ohm, B. A. ohm
ohm-érték ohmic value
ohmikus *(vill) l* **ohmos**
ohmmérő *(vill)* ohmmeter, megger
ohmméter ohmmeter, megger
ohmos ohmic, resistive, active ; **~ csillapítás** resistive padding ; **~ ellenállás** ohmic resistance ; **~ ellenállás értéke** ohmage ; **~ gyengítőtag** *(távk)* resistance pad ; **~ négypólus** resistance network ; **~ összetevő** active component ; **~ terhelés** active/resistive load ; **~ veszteség** *(vill)* resistance loss
ohmszám *(vill)* ohmage
oisanit *(ásv)* oisanite
okenit *(ásv)* okenite
okiratgyűjtő *fn (pa)* dossier
okiratpapír document paper, deed/share/bank paper
okker ochre, ocher
okkeres ochr(ac)eous
okkerföld yellow-earth
okkerlimonit brown ochre
okkludál occlude
okklúzió *(koh, met)* occlusion
okklúziós front téli típusa *(met)* warm-front-type occlusion
okmánypapír *l* **okiratpapír**
okmánypergament art parchment
okmányrendező *(pa)* file cover
okmányszekrény cabinet
okmánytár archives
oktadekán *(vegy)* octadecane
oktaéder octahedron
oktaédrit *(ásv) l* **anatáz**
oktál csőfej *(rád)* octal base
oktán *(vegy)* octane
oktáns *(szögmérő műszer)* octant
oktánshiba *(rád, rep)* octantal error
oktánszám octane number/value, anti-knock value ; **~ megállapítása** knock rating ; **~ meghatározására szolgáló benzinmotor** C. F. R. motor
oktánszám-emelő *fn* anti-detonant ; *l még* **kopogásgátló**
oktánszám-meghatározás knock rating/testing
oktánszám-szükséglet octane requirement
oktató *(berendezést szállító cégtől)* service()man ; **~ erdészet** instruction forest ; **~ nélküli repülés** solo flight ; **~ pilóta** flight instructor
oktatófilm educational film
oktatói jogosítvány instructor rating
oktáv *(hangt)* octave ; *(nyolcad)* eighth; *(távk)* octave ; **~ papírméret** octavo
oktávharmónia unison
oktávkapcsoló *(klaviatúrás hangszeren)* octave coupler
oktil *(gyök)* octyl
oktilalkohol octyl alcohol, octanol
oktilén oct(yl)ene
októda *(rád)* octode
oktoidális evolvens kúpfogaskerékfog octoid bevel-gear tooth
okulár *(fényt)* eyepiece, ocular
okulárkereszt *(fényt)* cross-hairs (of the eyepiece)
olaj oil ; *(tüzelésre, fűtésre:)* fuel (oil) ; **abszorbens ~** absorbent oil ; **~at cserél** reoil ; **derített ~** bleached oil ; **~ban edzendő acél** oil-quenching steel; **~ban edzett** quenched in oil, oil-quenched ; **~ ellen tömített** oil-tight ; **éteres** *v* **éterikus ~** essential/ethereal oil ; **fakón száradó ~** pale-drying oil ; **forgácsoló ~** cutting compound ; **fúvatott zsíros ~** blown oil ; **illó** *v* **illatos ~** *(nem ásványolaj-termék)* essential oil; **~jal impregnált szövet** oil cloth ; **~jal itatott csévepapír** oil-drenched winding paper for coils ; **kisajtolt ~**

expressed oil ; **kis lobbanáspontú ~** low-flash oil ; **kis viszkozitású ~ok** *(tex)* loom and spindle oils ; **~ban lágyított juta** batched jute ; **magával ragadott ~** *(mozgó géprészektől)* entrained oil ; **~ba merített** *(gépt)* oil-immersed ; **~jal működtetett szivornya** oil siphon ; **885-ös ~** spindle oil ; **~ban oldható** oil-soluble ; **polimerizált ~** bodied/polymerized oil ; **~ savtalanítása** acid extraction ; **sötét ásványi ~** black oil ; **~at talál** *(ol)* be striking oil ; **~jal újra meg- v feltölt** reoil ; **viaszos ~** *(művészeti)* cerate
olajadagolás oil supply/feed
olajadagoló : ~ dárda *(óra)* oil-pike ; **~ szelep** *(szervómotoron)* pilot valve
olajadalék(anyag) oil admixture
olajalja oil foots
olajállásmutató oil-level indicator/ga(u)ge ; *l még* **olajmérő pálca**
olajálló oil-resisting, oil(-)proof
olajáramjelző *fn* oil-flow indicator
olajáteresztő gyűrű *(gépk)* (oil) slot ring
olajáthatlan oil-tight, oil(-)proof
olajátnemeresztő oil-tight, oil(-)proof
olajbefúvó *fn* oil atomizer
olajbeöntő : ~ cső *(gépk)* oil filler pipe **~ nyílásfedele** *(felcsapható ; gépk)* snap-action oil filler cap
olajbetápláló *fn* oil feeder
olajbetöltő nyílás *v* **-cső** oil-filling pipe
olajbevezető *(gépt)* oil inlet ; **~ cső** oil inlet pipe
olajbitumen residual asphalt
olajbontó üzem *(élip)* oil-splitting plant
olajcsatorna oil passage/duct
olajcsepegés oil drip(p)ing
olajcsepp oil drop
olajcsere *(gépk)* oil change
olajcserzés *(bőr)* oil tannage
olajcsiszolás oil grinding
olajcsomagoló papír oil packing
olajcső oil tube
olajcsöves fúró oil-tube drill
olajcsővezeték oil pipeline
olajderítő *(gép)* oil clarifier
olajdesztilláló üst oil still
olajdoboz oil box
olajedény oil jar/vessel/tank
olajedzés oil hardening/quenching
olajedző acél oil-quenching steel
olajégő oil burner
olajelosztó *(kenőrendszerben)* oil header; **~ horony** *(csapágy hosszában)* spreader groove
olajelőfordulás oil field
olajfajsúlymérő oleometer
olajfecskendő kanna squirt can
olajfehér *(festék)* oil white
olajfék oil brake, amortisseur ; **beállítható fojtásos ~** adjustable oil brake
olajfékező *fn* oil buffer
olajfék-légtelenítő cső (csatlakozóval) *(gépk)* hydraulic brake drain tube (with connection)
olajfeldolgozó *(üzem)* oil refinery
olajfelhígulás oil dilution
olajfeltöltő *fn* oil filler
olajfelújítás oil regeneration
olajfelújító készülék oil-regenerative apparatus
olajfenőkő oilstone
olajfesték oil paint/colo(u)r
olajfesték-alapozás oil priming
olajfilm *(kenésnél)* oil film
olajfinomítás petroleum refining
olajfinomító oil/petroleum refinery
olajflotálás oil process
olajfogó oil trap/catcher/drip/interceptor ; **~ csésze** oil pan ; **~ gyűrű** oil-catch ring ; **~ tálca** drip pan ; **~ tárcsa** oil-retainer
olajfogyasztás oil consumption ; **fajlagos ~** specific oil consumption
olajfokoló oleometer, oil ga(u)ge
olajfolt *(hengerlésnél v húzásnál)* alligator-skin effect
olajfoltos oil-stained
olajfrakció *(ol)* oil cut/fraction
olajfúrás petroleum well ; **felhagyott ~** abandoned well ; **~ fúrótornya** oil derrick
olajfúró : ~ kutak szerelő berendezése rig builder's outfit ; **~ lyukak kitörését gátló szerkezet** blow-out preventer
olajfúrógép *l* **fúrógép, fúróállvány**
olajfúrólyuk-gáz casinghead gas
olajfürdő oil()bath ; **megeresztés ~ben** *(hők)* oil tempering
olajfürdő-kenés oil-bath lubrication
olajfürdős légszűrő *(gépk)* oil-bath air filter
olajfűtésű oil-fired ; **~ kemence** oil furnace ; **~ kovácstűzhely** oil forge
olajgáz oil/petroleum gas
olajgeológia oil geology
olajgyűjtő teknő *(gépk)* sump
olajhártya *(kenésnél)* oil film ; *(flotációs eljárásnál:)* oiler
olajhatlan oiltight
olajhiány *(csapágyban v motorban)* oil starvation
olajhidrogénezés *(élip)* oil hydrogenation
olajhígulás *(motorteknőben)* oil dilution
olajhorony oil/lubricating groove
olajhőfok-szabályozó *fn* automatic oil temperature regulator
olajhőmérő oil temperature ga(u)ge
olajhőmérséklet-mutató oil temperature indicator
olajhűtés oil cooling
olajhűtésű oil-cooled ; **~ transzformátor** oil transformer
olajhűtő oil cooler ; **~vel egybeköltött olajtartály** tank cooler
olajhűtő-helyzetjelző *(rep)* oil-cooler position indicator
olajillékonyságmérő készülék vaporimeter
olajindító oil starter ; **~ ellenállás** *(vill)* oil-cooled starter
olajiszap oil sludge ; *(gépkenésből:)* engine sludge
olajkábel oil-filled cable
olajkamra *(csapágyházban)* oil chamber
olajkapcsoló *(vill)* oil-break switch, oil circuit breaker
olajkármentő oil pan
olajkartonlemez *(művészeti)* oil sketching board
olajkatarakta oil buffer/cataract
olajkeményítés *(élip)* oil hardening
olajkence boiled oil
olajkenés oil lubrication, oiling
olajkenőcs *(viaszos)* cerate
olajkeringés *(kenő)* oil circulation
olajkicsapó *fn* oil expeller
olajkigőzölés oil stripping
olajkitt oil putty
olajkiválasztó *fn* oil expeller
olajkoksz oil coke
olajkoksz-lerakódás varnish coatings
olajkokszosítás coking of oil
olajkondenzátor *(vill)* oil capacitor/condenser
olajkonzervátor oil conservator
olajkorom petroleum black ; *(kemencéből:)* furnace black ; *(csatornából:)* channel black ; *(porfesték:)* carbon black
olajkő *(órás)* oil stone
olajköd *(gépt)* oil mist/fog
olajköpeny oil jacket
olajköpülés *(ellenállás az olaj kavarásából ; gépk)* oil-churning
olajkrakkolásból származó gáz oil gas
olajkút oil/petroleum well ; **~ teljesítőképessége** rating of well
olajkutatás search for oil, oil prospecting
olajkutató *fn* prospector
olajkútfej-szerelvény *(„Karácsonyfa" ; ol)* Christmas tree
olajkút-kanalazás *(ol)* oil-well pumping
olajkút-szivattyúzás *(ol)* oil-well pumping
olajlakk oil varnish
olajlámpa-tartály lamp receptacle
olajleeresztés oil draining
olajleeresztő : ~ csap oil cock ; **~ csavar** *v* **dugó** *(gépk)* oil-drain plug
olajlefoly(at)ó *fn* oil drain
olajlehúzó *fn* oil wiper/drip ; **~ gyűrű** scraper ring, oil-retaining ring ; **~ kő** carborundum stone
olajlelőhely oil field
olajlemez *(pa)* oil board
olajlerakódás oil deposit
olajleválasztó *fn* oil expeller ; *(légféknél ; vasút)* oil-intercepting device
olajlevezető cső oil-drain pipe
olajlökhárító *fn (gépk, rep)* oil buffer
olajmaradékok residue of oil
olajmegszakító *(vill)* oil circuit-breaker, oil-break switch
olajmentes oilless, oil-free ; *(földt)* barren of oil ; **~ csapágy** oilless bearing
olajmentesítés deoiling
olajmérő pálca oil (level) dipstick
olajmező *(ol)* oil field ; **~t kísérő sósvíz** oil-field brines
olajmotor oil engine
olajnívó oil face/level
olajnívópálca *(gépk) l* **olajmérő pálca**
olajnyomás *(gépt)* oil pressure ; *(nyomda)* oleography
olajnyomásbiztosító szelep *(gépk)* oil pressure relief valve
olajnyomásellenőrző lámpa *(gépk)* oil warning light
olajnyomásjelző *fn (gépk)* oil pressure indicator ; **~ érzékelőfeje** *(gépk)* oil pressure switch
olajnyomásmérő *(gépk)* oil (pressure) ga(u)ge/indicator
olajnyomás-szabályozó *(gépk)* oil pressure regulator
olajnyomású fék oil-pressure brake, oleo-brake
olajnyomat-átvitel *(fényk)* oil-transfer process
olajnyomat-papír paper for oleographs, oil colo(u)r printing paper
olajos oily, fat, adipic ; **~ aszfalt** oil asphalt ; **~ fenőkő** oil whetstone ; **~ flotálás** *(bány)* oil flotation ; **~ fotométer** grease(-spot) photometer ; **~ gyújtóbomba** oil bomb ; **~ hulladék** *(tex)* oily sweepings ; **~ lökéscsillapítás** *(gépk)* oil shock absorption ; **~ mag** oilseed ; **~ pala** *l* **olajpala** ; **~ pauszpapír** *(oleáta)* fat tracing pap-

er for pencils; ~ **permetezőszer** oil spray, ~ **szénpor** *(fűtőanyag)* colloidal fuel; ~ **tapasz** *v* **kitt** oil putty
olajoshordó oil drum
olajoskanna oil can
olajosság *l* **kenőképesség**
olajóvó (edény) *(vill)* oil conservator
olajoz oil, lubricate
olajozás oiling, lubrication, oil supply; **centrifugális** ~ banjo/centrifugal lubrication; **csepegtető** ~ drop lubrication; **folyamatos** ~ continuous lubrication; **gyűrűs** ~ ring lubrication; **kanócos** ~ wick lubrication; **kényszerű** ~ force feed lubrication; **központi** ~ central lubrication; **olajfürdős** ~ flood lubrication; **porlasztott** ~ atomized lubrication; **szóró** ~ splash lubrication
olajozó *fn* oiler, oil cup/feeder, lubricator; **centrifugális** ~ banjo oiler; ~ **farkasológép** *(tex)* oiling willow; **lengő** ~ oiler and wiper; ~ **nyomófecskendő** oil/compressor gun; **önműködő** ~ automatic oiler; ~ **rongytépő** *(pa)* oiling willow; ~ **szelence** oil cup; ~ **vezeték közcsavarja** lubricator fitting
olajozóbél oiler/siphon wick
olajozódoboz oil box
olajozófurat oil hole/bore
olajozókanál oil scoop
olajozókanna oil flask/can, oiler; *(rugalmas fenekű:)* oil ejector
olajozókanóc siphon wick
olajozókefe oil brush
olajozónyílás-záró dugó *(menetes)* oil-hole screw
olajozóprés oil gun
olajozószemölcs *(gépk)* oiler *(US)*
olajozott oiled; ~ **lemez** *(pa)* oiled board; ~ **papír** oiled paper
olajpala bituminous/oil shale, pyroshale
olajpapír oil/transparent paper
olajpapírlemez oiled board
olajpapír-szigetelésű *(kábel)* straight-type
olajpára oil dust; *(gépk)* oil mist
olajpárlat *(még nem finomított)* distillate oil; *(fa- és vászontelítésre:)* cloth oil; **kétszer paraffintalanított** ~ double-pressed stock
olajpausz-alappapír oil tracing base-paper
olajpauszpapír oil tracing-paper
olajpigmentes eljárás *(fényk)* bromoil process
olajpogácsa oil (seed) cake
olajpogácsadara *v* **-liszt** oil (cake) meal
olajporlasztás *(gázba)* oil fogging
olajporlasztó *fn* oil atomizer
olajpóttartály conservator
olajprés *(élip)* oil mill
olajráégés oil deposit/crust
olajregenerálás oil regeneration
olaj-regenerátor oil purifier
olajréteg oil film; *(bány)* lake oil
olajrugó *(rep)* oleo damper, oleo-hydraulic spring/damper
olajrugós futóműtag *(rep)* oleo-hydraulic leg
olajrugózású futómű *(rep)* oleo-hydraulic undercarriage
olajsajtoló (üzem) *(élip)* oil mill, oilery
olajsav oleic acid, oleine
olajsavas glicerinészter glyceryl oleate
olajsűrűségmérő *fn* el(a)eometer

olajszállító: ~ **nyomócső** *(gépk)* oil delivery tube; ~ **vezeték** oil delivery/supply line
olajszármazék oil product
olajszennyezett fonal *(tex)* black thread
olajszennyeződés *(gépk)* oil contamination
olajszerűség oiliness
olajszigetelésű oil-insulated; ~ **transzformátor** oil transformer
olajszint oil face/level
olajszintellenőrző ablak *v* **üveg** oil-ga(u)ge glass
olajszintjel oil-level mark
olajszintjelző oil pointer; *(gépk) l* **olajállásmutató** *és* **olajmérő pálca**; ~ **zárócsavar** oil level plug
olajszint-megjelölés *(gépt)* oil-level mark
olajszintmérő *(gépk)* oil content ga(u)ge
olajszintmutató oil ga(u)ge
olajszivárgás oil drip(p)ing; *(talajba; ol)* seepage
olajszivattyú oil pump; *(kenőrendszerben:)* lubricating pump; *(fogaskerékszivattyú)* gear-type pump; *(forgódugattyús)* rotary-type pump; ~**-és gyújtáselosztó-hajtó fogaskerék** *(gépk)* oil pump and distributor drive gear
olajszivattyú-fogaskerék *(gépk)* pump gear
olajszivattyú-hajtó: ~ **fogaskerék** *(gépk)* oil pump drive gear; ~ **kerék** *(forg)* lubricator drive gearo
olajszivattyúház *(gépk)* pil pump casing
olajszivattyú-szűrőszita *(gépk)* oil pump strainer
olajszivattyútengely szíjtárcsája lubricator shaft pulley
olajszivattyútengely-hajtó csiga lubricator shaft worm
olajszívó: ~ **cső** oil inlet pipe; ~ **szűrő** oil-suction filter
olajszolgáltatás oil supply
olajszóró *(gépt)* slinger; ~ **csövecske** *(forgattyúkar alsó végén)* dipper; ~ **fogaskerékszerkezet** oil-thrower gear; ~ **gyűrű** *(gépk)* oil slinger/thrower ring, splash ring; ~ **kanál** *v* **nyúlvány** *(a hajtórúd alján; szóró olajozásnál; gépk)* oil scoop/slinger/dipper; *(amibe belenyúlik:)* oil trough; ~ **tárcsa** *(gépk)* oil thrower disc
olajszurok oil-pitch
olajszűrés oil filtration
olajszűrő oil filter/strainer; **betétes** ~ cartridge oil filter; **durva** ~ *(gépk, rep)* oil strainer; **finom** ~ *(gépk, rep)* oil filter; **főáramú** ~ *(gépk)* full-flow oil filter; **mellékáramú** ~ *(gépk)* by-pass oil filter; ~ **szita** *(gépk)* oil screen; ~ **vászon** oil-press cloth
olajszűrő-betét *(gépk)* filter cartridge
olajtalanít unoil, deoil
olajtalanítás deoiling
olajtáplálás oil feed/supply
olajtápszivattyú oil-feed pump, lubricating, pump
olajtartalmú *(gépt)* oil-containing/-retaining; *(ol)* oleiferous, oil-bearing; ~ **homok** *(ol)* oil-bearing/producing sand
olajtartalommérő oil content ga(u)ge
olajtartály oil tank/well/reservoir; *(adagoló)* oil supply tank
olaj-tartálygépkocsi oil-tanker
olajtartályhajó (oil-)tanker

olajtartálykocsi *(gépk)* oil-tanker
olajtartánykocsi *(vasút)* petroleum car
olajtartány-szerelőlyuk oil-tank vent
olajtartó kőzet *(ol)* (oil) reservoir rocks
olajteknő oil sump/pan; ~ **felfekvő felülete** *(gépk)* oil-sump joint-face
olajteknő-fenéklemez *(gépk)* oil-sump bottom plate
olajteknő-leeresztő csavar *(gépk)* oil-pan drain plug
olajteknő-melegítő *(gépk)* oil-sump heater
olajteknős gépalapzat *(forg)* trough base
olajteknő-tömítés *(gépk)* oil-sump face joint washer
olajteknő-tömítés *(gépk)* oil-sump gasket
olajtelepülés pool
olajtelítés *(fa)* oil seasoning
olajtepsi *(olajleeresztéshez; gépk)* drain pan
olajterelő: ~ **gyűrű** slinger; ~ **lemez** *(gépk)* (oil-)deflector plate, oil baffle; ~ **menet** *(gépk)* oil-guiding thread
olajtermék oil product
olajtisztító *fn* oil purifier/clarifier; ~ **berendezés** oil-bleaching apparatus, oil-refining/-treating plant
olajtölcsér *(csapágyakon olaj tartására; óra)* oil-sink
olajtöltés *(motor olajtartalma; gépk)* oil capacity
olajtöltésű *[gyújtótekercs; gépk]* oil-filled; ~ **biztosító** *(vill)* oil-break fuse; ~ **légszűrő** *(gépk)* oil-washed air cleaner
olajtömítés oil gasket/seal
olajtömlő oil hose
olajtrafó *l* **olajtranszformátor**
olajtranszformátor oil(-cooled/-immersed) transformer
olajtúlnyomás-szelep *(gépk)* oil pressure relief valve
olajtüzelésű oil-fired/-burning; ~ **kályha** fuel oil stove; ~ **kemence** oil furnace
olaj-tüzelőanyag oil fuel
olajutántöltő készülék oil-refilling device
olajüledék (oil) sludge, bottom sediment
olajülepítő *fn* oil tray/well
olajürítő oil-drain(ing)
olajütő *fn (élip)* churn; ~ **üzem** oilery
olajüzemanyag oil fuel
olajvezeték *(gépt)* oil duct/line; *(ol)* oil (pipe)line
olajvezeték-egyenesítő *(ol)* swage
olajvezeték-főcső trump pipe line
olajvezeték-szűrő *fn* oil-line strainer
olajvezető csatorna oil channel
olajvidék petroliferous/oil country, oil-bearing region
olajvisszanyerési eljárás mosóvízből *(chamois bőrgyártásnál)* raising
olajvisszatartó gyűrű obturating ring
olajvisszavezető: ~ **csatorna** oil return way; ~ **menet** *(főtengely végén; gépk)* oil return scroll/thread
olaj-víz határfelület *(ol)* oil-water surface
olajzár oil seal/gasket, grease box
olajzöld oil-green
old *(lazít; kötést)* loosen, release, unfasten; *(tengelykapcsolót:)* disengage; *(vegy)* dissolve; *l még* **felold** és **megold**; **csavart** ~ screw/back off, unscrew; **kötelet** ~ cast a rope;

összeköttetést ~ *(vill)* disconnect; **tengelykapcsolót** ~ disengage the coupling/clutch
oldal side, flank, cheek; *(part)* coast; *(dombé, szakadéké:)* bank; *(könyvé:)* page; *(síkidomé: mat)* side; *(rombusz-antennában:)* leg (of the rhomboid); *(földt)* banking; *(antiklinálisé:)* leg; **alsó** ~ *(völgyzáró gáté)* downstream side (of a dam); **belső ~ak nyomása** *(nyomda)* backing-up; **~ra billenő kocsi** *v* **csille** *(vasút)* side-dump car, side tipper; **~ra billenő tehergépkocsi** side tipper; **fordított** ~ back; **hátsó** ~ back (end); **a keskeny ~on** *(fa)* on the narrow side; **kirakodó** ~ *[gázgyárban]* discharging side; **~ra terelés** *(lefúrás törött rész mellett; ol)* sidetracking; **traktor ~ára szerelt** *(kaszálógép)* side--mounted; **üres** ~ *(nyomda)* blank page; *[kötélpályán]* empty side; **vetődés felemelkedő ~a** *(földt)* high side
oldalablak *(gépk)* side light
oldalabroncs side rint
oldalág lateral branch
oldalágas helyesbítés *(kat)* train correction
oldalalátét-papír page paper
oldalállvány *(gépt)* cheek
oldalanyag *(fűrészárué)* slab
oldaláram *(lepárlási)* side stream/draw
oldalárok *(vasút)* side gutter/ditch
oldalas *fn* *(élip)* flitch
oldalaz *(forg)* surface; **egyenesre** ~ *(forg)* (sur)face straight; *(fonalvezető; tex)* gait
oldalazás *(forg)* siding, surfacing; *(rep)* outward skidding
oldalazási munka *(forg)* surfacing work
oldalazó: ~ **kés** *(forg)* surfacing tool; ~ **készülék** *(forg)* (sur)facing attachment:; ~ **tárcsás borona** *(mzg)* offset disc harrow
oldalazófej *(forg)* (sur)facing head
oldalazómaró *fn* *(forg)* side mill
oldalazóvéső cant/side chisel
oldalbeállítású horgony *(óra)* side anchor
oldalbefogós gyalugép side-planing machine
oldalbefúvásos konverter side-blown converter
oldalbélelés *(bány)* slabbing
oldalbélés *(cipő)* side lining
oldalbeosztás *(nyomda)* signatures
oldalbeömlésű turbina lateral-flow turbine
oldalbillenés szöge heeling angle
oldalbillentés side/lateral tipping
oldalbillentő és továbbító asztal *(heng)* side-guards manipulator
oldalborítás *(bány)* side lacing
oldalbőr *(félbőr)* side
oldalbukós árapasztó *(hidr)* flank escape
oldalbuktatás tipping sideways, lateral/side tipping
oldalburkoló lemez *(gépk)* side-cover plate
oldalcsap *(fakötésnél)* side tenon
oldalcsatorna canal branch, canal by--pass, by-wash
oldalcsípőfogó: **ferdefejű** ~ diagonal side-cutting nippers; **német** ~ diagonal side-cutting nippers; **svéd** ~ Swedish-pattern side-cutting nippers
oldalcsuszamlás *(földt)* side slip
oldalcsúszás *(rep)* sideslip, glissade
oldalcsúszótámasz a forgóállványon truck side bearing
oldaldepónia *(vasút)* spoil bank, side piling
oldaldeszka sideboard, cheek boards
oldaleltérés *(kat)* lateral deflection/deviation
oldaleltérés-számító *fn* deflection computer
oldalélű *l* **oldalvágó**
oldalerő *(ép, mech)* lateral/side force
oldalerőátvitel középső hajtása *(gépk)* outer transmission middle gear
oldalerősíték *(szárnybélés, überstemm; cipő)* side linings
oldalerősítés flank
oldalerősítő kapocstűző gép *(cipő)* staple-fastening machine
oldalfal *(bány)* side wall; *(ép)* aisle wall, cheek; *(gépk)* quarter panel; *(gépt)* side-piece/wall, cheek; **~ak dőlése** *v* **dőlésszöge** *(hajó)* side rake; **~ak és fedélzet metszővonala** *(hajó)* deck line; **gödör ~a** string wall of pit; **~akban megerősített főtefa** *(bány)* stemple
oldalfalas alulcsapott vízikerék shrouded undershot wheel
oldalfedél side cover
oldalfegyverek side arms
oldal-fejcím *(nyomda)* sidehead
oldalfék *(gépk)* side brake
oldalfélbőr side
oldalfelcserélődés *(távk)* lateral inversion
oldalfelező *(mat)* median
oldalfelület *[hajóraktaré]* wings
oldalfenék-hosszmerevítő *(hajó)* bilge keelson
oldalfeszíték spreader
oldalfoglaló gép *(cipő)* staple-lasting machine
oldalforgópántú ablak *(ép)* side-hinged window
oldalfrekvencia side frequency
oldalfrekvenciájú side-frequency
oldalfüggöny *(gépk)* side curtain
oldalfüstjáratos kályha *v* **kemence** side--flue oven
oldalgás *(kat)* range/longitudinal deviation; *(lövedéké:)* derivation; *(rep)* sideslip; **~t kiegyenlítő lövegirányzék** compensating sight
oldalgereblye side-delivery rake
oldalgerinc *(földt)* mountain spur
oldalgó: **tűhorgok** *v* **nyelvek** ~ **mozgása** *(kh)* side swiping
oldalgombos szigetelő *(távk)* side-knob insulator
oldalgörgő *(szállítószalagon)* troughing pulley
oldalgyalu facing plane; ~ **kése** facing tool
oldalhajó *v* **-szárny** *(ép)* side aisle; *(templomban:)* aisle
oldalhajtás *(fa)* off-shoot; *(gépt)* lateral/side drive
oldalhatás-fokozás *(rádióiránymérésnél)* cardioid phasing
oldalhelyesbítés *(irányzásnál)* lateral pointing correction
oldalhiba *(rep)* line error
oldalhomlokzat side elevation/face, flank front
oldalhorgonyos jelfogó *(távk)* side-armature relay
oldalhosszúság side length
oldalhozzáfolyások *(földt)* side-stream tributaries
oldalhullámfrekvencia *(rád)* side frequency
oldalhuzat side flue
oldalhuzatos kemence side-flue oven
oldalirány *(távk)* azimuth bearing
oldalirány-beállító *fn* trainer
oldalirány-eltérés ground error
oldalirány-eltérésjelző *(rep)* differential left-right meter
oldalirányú: ~ **alakváltozás** lateral strain/deformation; ~ **átfedés** *(geod)* side/lateral overlap; ~ **ellenállás** lateral resistance; ~ **előtoló csavarorsó** cross screw; ~ **eltérés** lateral divergence; *(mélyfúrásnál)* side tracking; ~ **erő** lateral force; ~ **görbülés** lateral flexure; ~ **holtjáték** side clearance; ~ **igénybevétel** lateral stress; ~ **kőzetnyomás** thrust; ~ **lánckilengés** *(mkpár)* sideways chain whip; ~ **megdőlés** *(hajó)* list; ~ **nyírás** *(mech)* lateral shear; ~ **nyomás** side/lateral pressure; ~ **összehúzódás** *(anyagv)* lateral contraction; ~ **rezgés** lateral vibration; ~ **sebesség** lateral velocity; ~ **terhelés** side/lateral load; ~ **üt(kö-z)és** lateral impact; ~ **verődés** *(gépt)* side lashing; ~ **vonzás** lateral attraction
oldalirányzás traversing
oldalirányzási határszög angle of traverse
oldalirányzék *(körben elforgatható)* dial sight
oldalirányzó gép training gear
oldaljárda side path
oldaljáték *(gépt)* side play; *(kanyarban; vasút)* lateral traverse
oldaljelfogó *(távk)* side-armature relay
oldalkarimás fogaskerék shrouded gear
oldal-kereső *fn* *(fényk)* side-viewer
oldal-keresztmetszet side sectional elevation
oldalkert side garden
oldalkéses párkánygyalu *(fa)* side rabbet plane
oldalkésszán *(forg)* side-head slide
oldalkilengés side oscillation, lateral deviation/amplitude
oldalkisülés *(vill)* side/lateral discharge
oldalkiürítő buktató *fn* side-discharge tipper
oldalkiürítős malom peripheral discharge mill
oldalkocsi sidecar
oldalkocsilámpa side-car lamp
oldalkocsis fitted with sidecar; ~ **motorkerékpár** side-car outfit, cycle with side-car
oldalkocsi-szélvédő *(mkpár)* side-car screen
oldalkormány *(rep)* rudder
oldalkormány-emeltyű *(rep)* rudder lever
oldalkormányhuzal *(rep)* side-rudder cable
oldalkormány-kiegyenlítés *(rep)* directional trim
oldalkormány-kiegyenlítő lap *(rep)* rudder tab/flap
oldalkormánylap csőtengelye *(rep)* rudder tube
oldalkormány-tömegkiegyensúlyozás *(rep)* rudder mass balance
oldalkormányzás *(rep)* direction control

oldalkötél : árbocfeszítő ~ *(hajó)* backstay
oldalkőzet *(bány)* wallrock
oldallágyék *(bőr)* flank
oldallámpa *(gépk)* side/fender lamp ; *(hajó)* side-light ; *(menet közben használt ; hajó)* side running light
oldallánc *(vegy)* side chain ; **~ halogénezése** side-chain halogenation
oldallánc-elmélet *(vegy)* side-chain theory
oldalláncú vegyület side-chain compound
oldallap side ; *(mat)* lateral face ; **~ nélküli** *(mat)* anhedron
oldalleágazás *(vill)* radial lead
oldallégcsavar *(rep)* side airscrew
oldallégvágat *(bány)* side gutter
oldallejtés *[töltésé]* side slope
oldallemez side plate
oldallevezetés *(vill)* radial lead
oldalmagasság *(mértanban)* slant height; *(hajó)* depth ; *(bordázat élvonalán mérve ; hajó)* moulded depth
oldalmarás *(forg)* side/straddle milling
oldalmaró *fn* *(forg)* side-/straddle-milling cutter
oldalmeghatározás *(rep)* sense determination
oldalmeghatározó : ~ berendezés *(QDM-QDR iránymérésnél ; rep)* sense unit ; **~ kapcsoló** *(rep)* sense switch , **~ keret** *(rep)* sense loop
oldalmegrakás *(koh)* charging aside
oldalmerevítő *fn* side stringer ; **~ huzal** *(rep)* side bracing wire ; *(vill)* bridle
oldalmetszés *(bány)* side thrust ; *(geod)* cutting-in
oldalmetszet lateral section
oldalmoréna flank/lateral/marginal/ridge/border moraine
oldalmotoros csónak boat with outboard motor
oldalmozgás *(fonalvezetőé ; tex)* lateral movement
oldalnézet side elevation, side-view ; **~ben** *(profilban)* **ábrázol** profile ; **~ egy részlete** partial elevation
oldalnézeti diagram elevation diagram
oldalnyílás side hole
oldalnyílásfedél *(hajó)* port lid
oldalnyomás side/lateral thrust, lateral pressure ; **ív (vízszintes) ~a** transverse thrust ; **terhelt talajtömegre ható ~** confining pressure
oldalozás *l* **oldalazás**
oldalpalánk *(hajó)* wale
oldalpalánkolás *(hajó)* side planking
oldalpáncélzat *(hajó)* side armour
oldalpárlat *(ol)* side stream/draw
oldalpásztafejtés *(bány)* side stoping
oldalpengés fűrészkeret *(fa)* side-blade saw frame
oldalperemes kis hajtó fogaskerék shrouded pinion
oldalpillérek flanking pillars
oldalrabillentés *(hajó)* careen
oldalradőlés *(hajó, rep)* listing ; *(hajó)* heeling
oldal-ráncfogás *(cvikkolás ; cipő)* side lasting
oldalreflux *(ol)* side-reflux
oldalrepedés *(fa)* edge-crack
oldalrés *(bány)* drawcut, side cut
oldalrész cheek ; *(lágyékrész ; bőrön)* flank ; *(gépt)* side-piece
oldalrezgés lateral/side oscillation/vibration

oldalrost *(száliràny a kantnin ; fa)* edge grain
oldalsáv *(rád)* sideband ; **felső ~** upper sideband
oldalsáv-áthallás *(rád)* chirping
oldal-sávelnyomás *(rád)* sideband suppression
oldalsáv-energia sideband energy
oldalsáv-erősítő *(rád)* marginal/sideband amplifier
oldalsáv-frekvencia sideband frequency
oldalsáv-gyengülés *(rád)* sideband trimming
oldalsáv-interferencia *(rád)* sideband interference
oldalsáv-levágás *(rád)* sideband cutting
oldalsáv-szűrő *(rád)* sideband filter
oldalsáv-teljesítmény *(rád)* sideband power
oldalsík lateral plane/surface
oldalsó *mn* lateral, side ; *(élirányú)* edgewise ; *(ferde)* oblique ; **~ alátámasztás** side support ; **~ állványfa** side standard ; **~ alvázhossztartó** *(gépk)* side rail ; **~ áramszedő görgő** lateral trolley ; **~ csavartengelyek** *(többcsavaros hajón)* wing shafts ; **~ fenékhosszmerevítő** *(hajó)* sister keelson ; *(egyszerű fenekű hajón:)* side keelson ; **~ függőleges vezérsík** *(rep)* lateral fin ; **~ füstjárat** side flue ; **~ gyalufej** side-head ram ; **~ hosszmerevítő** *(kettős fenékben ; hajó)* side girder ; **~ hossztartó** side member/longeron ; **~ húzómaras** *(forg)* side/straddle broaching ; **~ késtartó** *(forg)* side tool-head ; **~ koronagerenda** *(alagútépítésnél)* side bar ; **~ légcsavar** *(rep)* outboard propeller ; **~ léghajógondola** wing car ; **~ menetirányváltó fogaskerék** side idler ; **~ motorgondola** *(leghajón)* side car ; **~ vágás** *(forg)* *l* **oldalazás**
oldalsugárzó antennarendszer broadside array
oldalszakadék *(földt)* marginal crevasse
oldalszám *(nyomda)* page number
oldalszámozás *(nyomda)* paging, page numbering
oldalszám-szedő *(nyomda)* pager
oldalszán *(hosszgyalugépen)* side- head
oldalszár *(könyökcsövön)* side leg
oldalszelepelt motor side-valve engine, L-head engine
oldalszeletelő fejtés *(bány)* side slicing
oldalszeptum *(földt)* alar septum
oldalszög *(távk)* azimuth ; *(sugárzási diagramban:)* azimuth/bearing angle ; **~ és emelkedési szög követő egysége** *(távk)* azimuth and elevation tracking unit ; **~ és emelkedési szög leolvasott értékei** *(távk)* azimuth and elevation output ; **~ túlszabályozását gátló berendezés** *(távk)* azimuth antihunt ; **~ változási sebessége** *(távk)* azimuth rate
oldalszög-aszimmetria *(távk)* azimuthal asymmetry
oldalszög-beállító bolygókerekek *(távk)* azimuth planetary gears
oldal-szögbefogás terjedelme *(távk)* azimuth coverage
oldalszög-beirányítás *(távk)* azimuth bearing
oldalszög-beosztás traversing dial
oldalszög-hitelesítő *fn* *(távk)* azimuth calibrator

oldalszög-kioltó cső *(távk)* azimuth -blanking tube
oldalszög-méréshatár *(távk)* azimuth range
oldalszög-osztókör *(távk)* azimuth circle
oldalszög-potenciométer *(távk)* azimuth potentiometer
oldalszögrögzítő kapcsoló *(távk)* azimuth-stowing switch
oldalszögszámító berendezés *(távk)* azimuth computer
oldalszögvezérlő feszültség *(távk)* azimuth-control voltage
oldalszupport *(forg)* side-head
oldalszűkítés nélküli bukógát *(hidr)* suppressed weir
oldalszűkítéses bukó(gát) *(hidr)* contracted weir
oldaltámasz *(parkoláshoz ; mkpár)* prop stand, side leg
oldaltámasztó dúc *(ép)* shore
oldaltartó *fn* side stringer/beam
oldalterelő görgő side-guide pulley, side idler, edge roll
oldaltető *(oldalbejáratnál ; ép)* side awning
oldaltfordítás canting
oldalt hajló slant, lopsided
oldaltolás *(bány)* side thrust
oldaltöltés *(hidr)* side embanking
oldalutánvét *(bány)* entry brushing, scallop
oldalürítés *(gépk, vasút)* side discharge
oldalürítéses : ~ buktató side-discharge tipp(l)er ; **~ buktatókocsi** *(vasút)* side-dump car ; **~ csille** *(bány)* (scoop) side-dumping car ; **~ kocsi** revolving dump-car
oldalürítő *l* **oldalürítéses**
oldalütés *(gépt)* runout, axial play ; *(nyolcas ; futókeréken ; gépk)* wheel wobble, wheel run-out
oldalütésmérő *(futókerék ellenőrzésére ; gépk)* wheel wobble ga(u)ge
oldalvágány branch track
oldalvágású horony készítése *(gramofonnál)* side-to-side recording, lateral cutting
oldalvágat *(bány)* side drift/cutting gallery/tie
oldalvágó *fn* *(forg)* side chisel ; **~ csípőfogó** side cutting pliers
oldalvágóél *(forg)* side cutting edge ; **~ hátszöge** side clearance
oldalvándorlás *(földt)* lateral migration
oldalvarrat *(heg)* side/lateral weld
oldalvarratos átlapolt hegesztés side-lap weld
oldalvéd flank guard
oldalvetődés *(földt)* heave
oldalvezérlés *(gépk)* side-mounted camshaft
oldalvezérlésű motor *(egy vezértengellyel)* L-head engine
oldalvezeték *v* **-vezetés** side guidance
oldalvezetékág *(vill)* side line
oldalviszony *l* **karcsúság** *(rep)*
oldalvölgy *(földt)* branch ravine
oldalzsaluzás *(ép)* side form
oldandó *[anyag]* solvend
oldás (dis)solution, dissolving ; *(önt)* merging *is*
oldási : ~ hő solution heat ; **~ képesség** solvent power ; **~ üregek** solution cavities
oldástenzió solution pressure ; **elektrolitos ~** electrolytic solution pressure

oldat solution, liquor ; (*ép*) temper ; **ammóniumkloridos** (*szalmiáksós*) ~ (*hűtéshez*) ammonium-chloride refrigerant ; ~ **elnyelési együtthatója** extinction coefficient ; ~ **fagyáspont-csökkenése** freezing-point depression ; ~ **felfrissítése** solution rejuvenation ; **hígított** ~ dilute solution ; **lúgos** ~ caustic solution, alkali(ne) liquor ; ~ **okozta köd** (*kémiai fátyol ; fenyk*) solvent fog ; **pépes halmazállapotú** ~ dough ; **timsós** ~ (*bőr*) aluminous water ; ~ **vezetőképességét növelő sók** conducting salts
oldatállandósító szer stabilizer
oldatvisszanyerési módszer solution--reclaiming method
oldékonyság (*vegy*) solubility
Oldham-féle tengelykapcsoló (*gépt*) Oldham coupling
oldhatatlan insoluble, irresolvable ; (*gépt*) non-releasable ; ~ **kötés** (*gépt*) permanent joint ; ~**ná tesz** insolubilize
oldhatatlanná-tétel insolubilizing
oldhatatlanság in(dis)solubility
oldható (dis)soluble ; ~ **csatolású ajtópánt** loose butt hinge ; ~ **hamu meghatározása** determination of the soluble ashes ; ~ **hidraulikus kapcsoló** hydraulic draw coupling ; **ismét** ~ resoluble ; ~ **keményítő** soluble starch ; ~ **kötés** (*gépt*) loose/releasable joint/fastening ; ~ **nem-cserző savak meghatározása** determination of the soluble non-tanning matters ; ~ **olajok** soluble oils ; ~ **szárnybekötés** (*rep*) movable wing attachment ; ~ **szerves anyagok meghatározása** determination of the soluble organic matters ; ~ **tengelykapcsoló** clutch ; **vízben** ~ **fa(színező) pác** water stain
oldhatóság solubility
oldhatósági : ~ **együttható** solubility number/coefficient ; ~ **görbe** solubility curve ; ~ **kitevő** solubility exponent ; ~ **szorzat** (*vegy*) solubility product ; ~ **tényező** solubility factor
oldó solvent ; (*gépt*) releasing, loosening ; (*vill*) *l* **kioldó** ; **baktériumokat** ~ bacteriolytic
oldóbenzin solvent/industrial naphtha, petroleum solvent
oldócsapágy (*gépk*) withdrawal bearing
oldódás *l* **oldás**
oldódási képesség solvent power
oldódik be soluble
oldódó soluble ; **citromsavban** ~ citric soluble ; ~ **keményítő** (*pa*) soluble starch, erythrodextrin ; **nem** ~ insoluble ; ~ **olaj** [*fúróolaj*] soluble oil ; ~ **só** dissolving salt ; **zsírban** ~ fat--soluble
oldófény (*kiegyensúlyozott világítás ; fényk*) balanced lighting
oldógyűrű (*gépk*) carbon-block thrust bearing
oldóhatás solvent action
oldóképes solvent
oldóképesség solution power
oldóközeg (*vegy*) solving agent, vehicle, solvent (medium)
oldómágnes (*vill*) release magnet
oldósó dissolving salt
oldószer (dis)solvent ; **ásványi** ~ petroleum/mineral spirit ; solvent naphtha; ~**rel finomított olaj** solvent-refined oil, selective solvent-processed oil ; ~**rel finomított termék** (*ol*) solvent-raffinate
oldószerálló solvent-resistant
oldószerbenzin special boiling-point spirit, S. B. P. gasoline, petroleum solvent
oldószeres : ~ **finomítás** solvent-refining process ; ~ **finomított olaj** solvent--refined oil ; ~ **gyapjúmosás** scouring solvent system ; ~ **kezelés** solvent treatment ; ~ **kivonás** solvent extraction ; ~ **regenerálási eljárás** (*gumi*) solvent process
oldószervisszanyerés solvent recovery
oldószervisszanyerő berendezés solvent--recovery plant
oldótartály dissolving vat
oldott : ~ **anyag** (*vegy*) solute ; ~ **cserzőkivonat** (*bőr*) liquid extract ; ~ **sárgacukor** remelt sugar ; ~**an szállított anyag** (*földt*) river-dissolved load
oleáta transparent/tracing paper
olefin-kötés (*vegy*) olefinic/double bond/link(age)
olein oleic acid, oleine
oleinsav oleic acid, oleine
oleofil kolloid oleiphilic colloid
oleofób oleophobic
oleomargarin oleomargarine, oleo oil
oleum (*vegy*) oil of vitriol
oligocén (*földt*) Oligocene epoch/series; Oligocenic system
oligodinamikus hatás oligodynamic effect
oligoklász (*ásv*) oligoclase
oligonit (*ásv*) oligonite
olíva-magolaj olive kernel oil
olíva-olaj olive oil ; (*zöldolaj*) choice green oil ; **első sajtolású** ~ prime crude oil ; ~ **utolsó sajtolásokból, ú. n. szulfurolaj** sulphur olive oil
olivenit (*ásv*) olivenite
olivin (*ásv*) olivine, peridot
olívzöld olive-green
olló shears, scissors ; (*esztergán*) quadrant ; (*tex*) trimmer ; ~ **alakú útkereszteződés** scissors ; **él felfelé haladásakor vágó** ~ up-cut shears ; **gépi hajtású** ~ alligator shears ; ~**val kivág** shear-out ; **le- és felfelé menetnél is vágó** ~ downcutting and upcutting shears ; **szájnyílás nélküli tárcsás** ~ throatless rotary shearing machine ; ~ **vágóélének görbülete** shear line ; ~**hoz vezető görgőpálya** (*forg*) shear approach table ; **vezetőréses lemezvágó** ~ gap shears
ollókés (*forg*) shear blade
ollós : ~ **áramszedő** (*vill*) pantograph collector/trolley, collecting pantograph ; ~ **billenő öntőüst** tilting shank ; ~ **daru saruöntvénye** shear--pole casting ; ~ **fogó** (*darun*) shingling tongs ; ~ **kampó** (*rönkbefogáshoz*) crotch ; ~ **mentőharang** (*mélyfúráshoz*) side-jar socket ; ~ **távcső** scissors telescope ; ~ **vetődés** (*földt*) rotary faults
ollótok (*bőrből*) scissor case
ollózás (*nyomda*) crib
ólmos eső (*met*) brash
ólmoz (plate with) lead, run in with lead
ólmozás lead plating ; [*kábelkötés*] plumbing
ólmozási jel (*távk*) plumber's black
ólmozott leaded ; ~ **vaslemez** lead--coated steel sheet
ólom lead ; **antimonos** ~ antimonious lead ; ~**mal bevont** *l* **ólmozott** ; ~ **raffinálása** *v* **finomítása** softening of lead ; ~ **tartalmú** plumbiferous, lead--bearing ; (*ásv*) plumbian *is* ; ~ **tömítőgyűrű** lead (joint) ring, lead gasket ; **vegytiszta** ~ (99.9%) chemical lead
ólomacetát lead acetate
ólomakkumulátor lead accumulator, lead (storage) battery
ólomalátét(lemez) lead washer
ólomalkil lead alkyl(ide)
ólomantimonát plumbous antimoniate
ólomantimonfény (*ásv*) *l* **zinckenit**
ólomaril lead aryl(ide)
ólomarmatúra lead fittings
ólomarzenát lead arsen(i)ate
ólomazid lead azide
ólombélés lead lining, leadwork
ólombélésű lead-lined
ólombetét lead filler
ólombevonás lead plating
ólombiztosító (*vill*) lead fuse
ólomborítás lead coating
ólomborítású lead-coated
ólomburkolat lead sheath(ing)
ólomburkolatú kábel lead-sheathed cable
ólom-cink akkumulátor lead-zinc accumulator, lead-zinc storage battery
ólomcukor lead sugar, plumbous acetate
ólomcsap lead tap
ólomcsík (*üvegezéshez*) lead strip(s)
ólomcső lead pipe
ólomcsőegyengető szerszám dummy
ólomcsőforrasztás blow joint (of lead pipes)
ólomcsőhajlító rugó lead-pipe bender
ólomcsőkötés lead pipe/joint
ólomcsőtágító fogó (*kúpos*) lead-pipe inside pliers
ólomcsővágó *fn* (*forg*) plumbers' lead--pipe cutter
ólomdietil lead (di)ethide/(di)ethyl
ólomdimetil lead (di)methide/(di)methyl
ólomdioxid lead dioxide
ólomedény lead pan
ólomék (*alátétkalapácshoz*) bat
ólomérc lead ore
ólomérc-halom fell heap
ólomércpörkölő kemence slag furnace
ólomérzékenység (*benziné*) response to lead tetraethyl, lead susceptibility
ólomfehér (*festék*) flake/London/Cremnitz white, white lead
ólomfehérkamra (*vegy*) corroding chamber
ólomfólia lead foil
ólomforrasz lead solder
ólomforrasztó égő solder-lamp burner
ólomfüst lead foil
ólomglét litharge, massicot
ólomgumi (*röntgensugár ellen*) opaque rubber
ólomhamu (*koh*) scoria lead
ólomhidroxid lead hydroxide
ólomhidrokarbonát lead bicarbonate
ólomhüvely (*távk*) lead sleeve
ólomidomítás (*szabálytalan felület fedéséhez*) bossing
ólomidomító (fa)kalapács bossing mallet
ólomizzadás (*öntvényhiba*) lead sweat
ólomjodid lead iodide
ólomkábel lead-sheathed cable
ólomkamra (*kénsavgyártáshoz*) lead chamber

ólomkamraeljárás *(kénsavgyártásnál)* lead-chamber process
ólomkamraiszap mud of the lead chamber
ólomkamrás eljárás lead chamber process
ólomkarbonát lead carbonate ; *l még* **ólomfehér**
ólomkarbonát-papír white-lead paper
ólomkarmantyú *(ólomköpenyes kábel toldásához)* lead grip
ólomklorid lead chloride
ólomköpeny *(vill)* lead sheath(ing)
ólomköpenyes kábel lead-sheathed cable
ólomkromát lead chromate
ólomlecsapolás *(koh)* lead tap
ólomlemez lead plate, sheet lead
ólomlemezbélés lead filler
ólomlemezes akkumulátor lead accumulator
ólomlemezhajlító szerszám step turn
ólommáz *(ker)* lead/plumbiferous/plumbic glaze
ólommentes máz leadless glaze
ólommérgezés plumbism
ólom-mész-üveg lime lead glass
ólomminium red lead
ólomnehezék plumb
ólomnehezékes búváröv diving breast-lead
ólomnitrát lead nitrate
ólomolvasztó : ~ **kályha** plumbers' stove ; ~ **üst** plumbers' pot
ólomoxid lead oxide
ólomoxidos keverék *(gumi)* litharge stock
ólomöntő kanál lead ladle
ólompác lead mordant
ólompáncélzat *(vill)* (lead)shield/sheath(ing)
ólomrács lead grid/grill
ólomreszelő lead file
ólomsalak grey slag, slag lead
ólomstég *(nyomda)* metal mount
ólomsúly *(rep)* lead mouse
ólomszuboxid lead suboxide
ólomszulfát lead sulfate
ólomszulfid lead sulfide
ólomtapasz lead plaster ; **egyszerű** ~ diachylon plaster
ólomtartarát lead tartrate
ólomtellurid lead telluride
ólomtetraacetát lead tetraacetate
ólomtetraalkil lead tetraalkyl, plumbane
ólomtetrabromid lead tetrabromide
ólomtetraetil lead tetr(a)ethide/tetraethyl, tetraethyl lead, TEL
ólomtetraetiles benzin lead-doped petrol
ólomtetraetilmentes benzin unleaded gasoline
ólomtetraetiloldat *(benzinadalék)* ethyl fluid
ólomtetraetil tartalmú üzemanyag leaded fuel
ólomtetraklorid lead tetrachloride
ólomtetrametil lead tetramethide/tetramethyl
ólomüveg lead glass
óloműző tégely *(koh)* scorifier
ólomvanadát lead vanadate
ólomvédőrács *(röntgensugarak ellen)* Potter-Bucky grid
ólomvolframát lead tungstate
ólomzár *(plomba)* lead seal ; ~ **alatt** under leads ; ~**ral lezár** seal ; ~**ral lezárt csap** sealed cock
ólomzárfogó sealing pliers (for lead seals)
ólomzárol seal, put under lead
olt *(tüzet)* extinguish, quench ; *(metszet)* slake, slack ; *(tejet)* curdle
oltás *(tűzé)* extinguishing, extinction, quenching ; *(mészé)* slaking ; *(tejé)* curdling ; *(kristállyal)* inoculating, inoculation
oltatlan mész free/lump/unslaked lime
olthatatlan inextinguishable
oltó *l még* **ívoltó** ; ~ **áramkör** quenching circuit ; ~ **feszültség** extinguishing voltage ; **szénsavval működő** ~ **készülék** carbon dioxide extinguisher ; ~ **szikraköz** *(vill)* quenched gap ; ~ **transzformátor** arc suppression transformer
oltódobos eljárás slaking-drum process
oltóhab *(tűzoltó)* fire foam
oltókristály inoculating crystal, seed
oltósalak slaking slag
oltótekercs *(távk)* arc-suppression coil
oltótorony *(kokszolótelepen)* quenching tower
oltott : ~ **mész** slaked/caustic/slack/hydrated lime, lime hydrate ; ~ **szikra** *(vill)* quenched spark ; ~ **szikrás adó** *(rád)* quenched-spark transmitter, quenched gap transmitter
olvad melt, fuse ; *(hó v jég)* thaw
olvadás melting, fusion ; *(kristályé saját kristály vizében)* false fusion
olvadáshő fusion/melting heat
olvadási melting ; ~ **állapot** melting stage ; ~ **fajhő** specific heat of fusion ; ~ **határ** *v* **övezet** fusion zone ; ~ **hő** heat of fusion, fusion heat ; ~ **hőfok** *l* **olvadáspont** ; ~ **hőmérséklet** *l* **olvadáspont** ; ~ *l* **olvadáspont**
olvadásmentes jég *(met)* minus ice
olvadáspont fusion/melting point/temperature ; *(met)* thaw point ; **határozott** ~ definite melting point
olvadáspontú : alacsony ~ low-melting ; **magas** ~ high-melting
olvadék (cake of) fusion ; *(önt)* melt
olvadékelektrolízis electrolysis in the dry way
olvadékony : ~ **ötvözet** fusible alloy ; ~ **üveg** *(zománcozáshoz)* flux
olvadékonyság fusibility
olvadékvíz *(met)* melting water
olvadó meltable, fusible ; ~ **biztosíték** *(vill)* fusible/safety cut-out, (safety) fuse ; ~ **biztosítóval sorba kötött ellenállás** *(vill)* fuse-resistor ; ~ **biztosító dugó** *(vill)* plug fuse
olvadóbetét *(vill)* fuse link, fusing element ; *(kazánban)* lead plug ; ~ **elégésének mutatója** *(vill)* fuse indicator
olvadódugó *(tűzszekrénymennyezetbe)* fusible plug
olvadókúp fusible cone
olvasó *fn (nyomda)* reader ; ~ **berendezés** *(elektroncsöves)* electronic reading aid ; ~ **szemüveg** reading spectacles
olvasógép *(távk)* letter-reading machine
olvaszt fuse, (s)melt, flux, found ; **adagot** ~ *(koh)* make a heat
olvasztár furnaceman, melter, founder
olvasztás (s)melt(ing), fusion, fusing ; *(önt)* founding *is* ; **bucatűzhelyes** ~ direct-iron process ; **első** ~ *(martinkemencében)* wash-out heat ; **katalánkemencés** ~ direct-iron process ; **kénesköves** ~ matrix smelting ; ~ **légáramban** blast smelting ; **villamos** ~ electrosmelting
olvasztási : ~ **adag** load, burden ; ~ **elegy** fusion mixture ; ~ **fogyatékviszonyok** melting-loss conditions ; ~ **hő** melting heat ; **keverékgázfűtéses** ~ **eljárás** mixed-gas melting process ; ~ **közeg** fusing agent ; ~ **maradék** cake ; ~ **salak** *(önt)* fusion slag ; ~ **veszteség** *(önt)* melting loss
olvasztáspróba smelting trial
olvaszthatatlan *(koh)* infusible, churlish
olvasztható flusible, meltable
olvaszthatóság fusibility, meltableness
olvasztó *fn* smelt, fusing plant ; *mn* fluxing, melting, fusing ; ~ **berendezés** melting unit ; ~ **kamra** *(koh)* melting chamber/compartment ; ~ **kemence** *l* **olvasztókemence** ; ~ **teljesítmény** *(koh)* melting capacity
olvasztóadag *(koh)* (iron) charge
olvasztóadag-szintmutató *(koh)* stock indicator
olvasztócsarnok (s)melting house
olvasztó-folyósító adalék fusing agent flux
olvasztókályha melting stove
olvasztókatlan *(önt)* melting tank
olvasztókemence (s)melting furnace/hearth, smelter ; ~ **csapolónyílása** bleeder tap ; **elzárófedeles** ~ closed melting hearth
olvasztókúp melting cone
olvasztóláda *(önt)* melting box
olvasztómáz *(koh)* smelter
olvasztópad *[mikroszkópon]* melting stage
olvasztótégely fusion/(s)melting pot/crucible ; *(kis üvegadagokhoz)* monkey ; ~**t előkészít** *(önt)* bring up the crucible
olvasztóteknő smelting pan
olvasztótér melting hearth ; **savanyú falazatú** ~ acid melting hearth
olvasztótöltés *(nagyolvasztóban)* charge
olvasztott molten, fused ; ~ **fém** smelt ; ~ **mázolópép** *(pa)* melt coating ; ~ **vas** molten pig
olvasztóüst *(önt)* melting tank/ladle
oman-olaj ajowan oil
ombrográf *(met)* recording rain ga(u)ge
ombrométer *(met) l* **esőmérő**
omfacit *(ásv)* omphacite
omladás *(földt)* slide
omladék *(földt)* slide rock, detritus ; **katlan alakú** ~ *(földt)* ca(u)ldron
omladékanyag *(földt)* avalanche material
omladékkúp *(földt)* slum(p) scraps
omladékkupola *(földt)* cove
omladékony *(bány)* collapsible
omladékos part *(földt)* eroded bank
omladékterhelés *(ép)* collapse load
omladozik decrepitate, slab
omladozó *(bány)* crazy
omlás rubbish, rush ; *(bány)* break, cave, suction rush, ripping ; ~**ban fenntartott vágat** *(bány)* scouring ; ~**sal határos oldal** *(szénpilléren ; bány)* loose-end
omlásfőte *(bány)* bad roof
omlási : ~ **boltozat** *(földt)* rock cavity ; ~ **breccsa** founder breccia
omlástölcsér *(földt)* pit crater
omlaszt *(kőzetet v szenet ; bány)* break off ; *[kőzetet főtéről ; bány]* tear down ; **főtét** ~ *(bány)* run/break the top/roof

omlasztás *(bány)* break, ripping, collapse, taking-down ; ~ **aláréseléssel** *(bány)* undercut caving ; ~**ban hagy** *[ácsolatját ; bány]* bury
omlasztásos ércfejtés ore caving
omlasztócsapat *(bány)* demolishing party
omlasztómunkás *(bány)* back brusher
omlasztó műveletek *(bány)* caved workings
omlatag *l* **oml(ad)ékony**
omlékony kőzet *(ol)* caving/cavey formation
omlik run, founder, well
omlós *(bány)* weak, loose ; *(élip)* crisp ; ~ **főte** *(bány)* loose/yield/collapsible/hazardous roof
omnibusz omnibus
ón *(koh, vegy)* tin; ~ **tartalmú** *(ásv)* stanniferous ; *(koh)* tinny
ónalkil tin alkyl
ónaril tin aryl
ónbádog sheet tin
ónbánya stannary
ónbányász tinner
ónbevonatú papír tinfoil paper
óndioxid tin dioxide, stannic oxide
ondulátor *(jelvevő készülék)* siphon recorder
ónedények tin-ware
onegit *(ásv)* onegite
óneltávolítás detinning
ónfólia tin foil/leaf
ónforrasz tin solder
ónföl(ö)zék *(koh)* cap-tin
ónfüst tin foil/leaf
óngranulálás graining of tin
óngyár tin works
ónhártya leaf tin
onix *(ásv)* onyx
onixmárvány *(ásv)* onyx marble, Mexican onyx
ónizzadás *(öntvényhiba)* tin sweat
ónklorid tin (tetra)chloride, stannic chloride
ónklorür tin dichloride, stannous chloride
onkofilit *(ásv)* oncophyllite
ónkompozíció tin-lead solder
ónkovand *(ásv)* *l* **sztannit**
onkozin *(ásv)* oncosin
ónkő *(ásv)* *l* **kassziterit**
ónlemez sheet tin, metallic paper
ónmáz *(ker)* tin glaze
ónmentesít untin, detin
ónművek tin works
onofrit *(ásv)* onofrite
ón-ólomötvözet tin-lead alloy
ónos tinny ; ~ **eső** *(met)* sleet, brash
ónossavas só stannite
ónoz tin ; **vasat** ~ *(koh)* blanch *is*
ónozás tinning, blanching ; ~**t eltávolít** untin
ónozó *fn* tinman ; ~ **kád** wash pot, dip-tinning pot ; ~ **kemence** *(koh)* tinning stack
ónozó-forrasztócső hod
ónozógép tinning machinery
ónozópest *(koh)* tinning stack
ónozott tinned ; ~ **acéllemez** *(tetőfedésre v dobozkészítésre)* tinplate ; ~ **bádog** tinplate ; ~ **konzervdoboz** conserve tin box ; ~ **lemez** tinplate ; **melegen** *v* **tűzben** ~ fire-tinned
ónozottlemez-hengermű tin-plate mill
ónozóüst tinning pot/vat
ónöntő *fn* tin founder
ónpác tin mordant
ónpestis *(koh)* tin pest/plague

ónreszelő : **félkerek** ~ half-round tin file ; **lapos** ~ hand tin file
ónréteg eltávolítása detinning
ónsav stannic acid
ónsavas só stannate
ontariolit *(ásv)* ontariolite
óntetraetil tin tetraethyde/tetraethyl, tetraethyl tin
óntisztítás tossing
ónvakarék *(koh)* tin dross
oolit *(ásv)* oölite
oosit *(ásv)* oösite
O-osztályú szigetelés class-O insulation
opaciméter turbidimeter
opál *(ásv)* opal
opaleszcencia opalescence
opaleszcens *l* **opalizáló**
opalin-karton *(pa)* opaline board
opalizálás opalescence
opalizáló opalescent
opálizzó *fn* *(vill)* inside-frosted lamp
opálosság opalescence
opálüveg opal/white/milk glass
operátor *(mat)* operator
operátorszámítás *(mat)* operator/operation calculus
ópiummézga gum opium
oppozíció *(csill)* opposition
optifon *(távk)* optiphone
optika optics
optikai optical ; ~**lag aktív szénatom** optically active carbon ; ~ **aktivitás** optical activity ; ~ **csalódás** optical illusion ; ~ **ék** optical wedge ; ~ **ellenőrző iránymérés** *(rep)* visual check bearing ; ~ **előjel** *(ásv)* optical sign ; ~ **érzékenység** *(rád)* photographic sensitivity ; ~ **fehérítőszerek** *(tex)* optical bleaching/whitening agents ; ~ **feketedés** *(színk)* optical density : ~ **felbontóképesség** optical resolving power ; ~ **felszerelés** optical setup/equipment ; ~ **fonalvastagságmérő** *(tex)* magnifier ; ~ **forgatás** optical rotation ; ~ **forgató képesség** optical rotatory power ; ~ **függélyező** optical plummet ; ~ **hangfelvevő** optical sound recorder ; ~ **hanglejátszó** optical sound reproducer ; ~ **harmatmérő** *(met)* optical drosimeter; ~ **inverzió** optical inversion ; ~ **izomer** *(vegy)* optical isomer ; ~ **izoméria** *(vegy)* optical isomerism ; ~ **jelzőkészülék** optical indicator ; ~ **kardáncsukló** *(műszeralkatrész)* optical cardan link ; ~ **kép vetítése** projection of optical image ; ~ **készülék tengelybeállítása** optical line-up ; ~ **kisminta** *(teremhangtani vizsgálathoz)* optical scale model ; ~ **komparátor** *(színk)* optical comparator ; ~ **középpont** optical centre ; ~ **központosítás** *v* **beállítás** *(műszerfelállításnál)* optical centering ; ~ **látótávolságon belül** *(kat)* within visual range ; ~ **látóhatár** *(rád)* optic alhorizon ; ~ **magasságmérő** optical altimeter ; ~ **menetmérő** optical thread caliper ; ~ **mutató** visual indicator ; ~**lag negatív kristály** *(ásv)* repulsive crystal ; ~ **pad** optical bench ; ~ **pirométer** optical pyrometer, pyroscope ; ~ **rács** optical grating ; ~ **rácsokat készítő osztóvonalas gép** ruling engine ; ~ **rendszer** optical system ; ~ **rés** optical slot ; ~ **síküveg** optical flat ; ~ **sűrűség** optical density ; ~ **színszűrő** optical filter ; ~ **szögmérő** optical angle tester ; ~ **szövetsűrűségmérő** *(tex)* lunometer ; ~ **tárcsa** optical disc ; ~ **távközlés** visual communication ; ~ **távmérés** optical distance measurement ; ~ **távolság** *(egyenes látás távolsága)* optical range ; ~ **távolságmérő** visual range finder ; ~ **tengely** optical axis ; ~ **tengelyekkel bezárt szög** optical angle ; ~ **tengelytáv** interocular distance ; ~ **úton létrejött minta** optical pattern, Christmas-tree pattern ; ~ **üveg** optical glass
optikomechanikus televízió Scophony system television
optima *(finomított szintelenített ásványolaj)* water white oil
optimális : ~ **csatolás** *(rád)* optimum/critical coupling ; ~ **csoportosítás** *(elektronoké vákuumcsőben)* optimum bunching ; ~ **fókusztávolság** optimum focus ; ~ **víztartalom biztosítása** *(ép)* moisture content control
optofon *(fényt)* optophone
óra *(idő)* hour ; *(időmérő)* clock, timepiece ; *(precíziós)* chronometer ; *(zseb- v kar-)* watch ; **feketeerdői** *(schwarzwaldi)* ~ "black-forest" clock; **időjeladó** ~ annunciator clock ; **központi** ~ master/primary clock ; **önfelhúzó** ~ self-winding clock ; **szinkronrendszerű** ~ synchronous clock ; **vezérelt** ~ secondary/slave clock ; **világító** ~ luminous clock ; **villamos** ~ electric clock
órabérben fizetett föld alatti munka *(bány)* shiftwork
órabérezés paying on hourly basis
órabillegő-reszelő balance file
órafelhúzó : ~ **gép** watch winding machine ; ~ **kulcs** watch-key
órafigyelő készülék watch rate recorder
óraidőtérkép synchronoscope
órajárással ellentétes irányú forgás left-handed rotation
órajárat motion
órakarkötő watch bracelet
órakerék hour wheel
órakör *(csill)* hour circle
óraközpont central-clock installation
óraláb *(ébresztőórán)* clock foot
óralánc watch-chain/guard
óralap clock dial
orália *(földt)* orals
orális lemezek *(földt)* orals
óramutató (watch) hand/pointer ; *(kismutató)* hour-hand ; ~ **járásával egyező irányban** clockwise, in clockwise direction ; ~ **járásával ellenkező irányban** counter-clockwise, in counter-clockwise direction
óramű clockwork, movement
óraműhajtó rugó movement mainspring
óraműrögzítő rugó case spring
óraműves : ~ **időzítő** *v* **kioldó szerkezet** time-release clockwork ; ~ **sorozatkamera** *(fényk, földt)* serial camera with clockwork
orangit *(ásv)* *l* **torit**
oranienburgi színszappan Oranienburg grained soap
óránkénti per hour ; ~ **teljesítmény** output per hour
órarugó clock/movement mainspring
órarugótok going barrel
órás *fn* watchmaker, clockmaker ; ~ **csavarhúzó** watchmakers' screwdriver; ~ **csavarmenet** watch-screw thread ; 24 ~ diurnal

óráseszterga watchmaker's lathe, microlathe
óráskerék *(óramutató mozgatásához)* hour wheel
óráskerékmaró hourwheel cutter
órásműhely watchmaker's workshop
órás-satu bench vice
órás-sikattyú Lancashire-pattern pin vice
órasúly bob-weight
óraszámlap clockface
óraszámlapdiagram clockface diagram
óraszámos *fn* casual labourer
óraszekrény cabinet ; *(mérőké)* meter cupboard
óraszerkezet clockwork, movement ; **villamos ~** counting train
óraszerkezetes mérőműszer clock-meter
óraszög *(csill)* hour angle
óratábla *(vill)* meter panel
órateljesítmény one-hour rating
óratisztító : ~ bodzabél watch-cleaning pith ; **~ gép** watch-cleaning machine
óratok watch case/collet ; **~ középrésze** rim of a case ; **pormentes ~** dust-proof watch case ; **vízmentes ~** water-proof watch case
óratokfül *(záró)* bow-closing plier
óratokfülnyitó *(leemelő)* bow-opening plier
óratokgomb pendant
óratokigazító *fn* watch-case tool
óratokkészítő *fn* casemaker
óratoknyitó watch opener ; **vízhatlan ~** case-key opener
óratok-rugó case-spring
óraüveg watch(-)glass ; **törhetetlen ~** unbreakable watch glass
óraüveg-foglalathorony bezel lock
óraüvegkeret bezel
óravédő tok outer case
oravicit *(ásv)* oravitzite
óravizsgáló készülék watch-testing instrument
orda *(élip)* dried cheese whey
ordináta *(mat)* ordinate
ordináta-tengely *(mat)* axis of ordinates
ordináta-tengelymetszet intercept
organikus *l* **szerves**
organizáció *(városépítés)* organization of settlements
organizációs terv *(ép)* site plan ; *(városépítés)* development plan
organoleptikus organoleptic
organtin *(tex)* book muslin, organdie
organtin-papír linen faced paper, cloth lined paper
organzin *(tex)* orsey silk
organzin-lánc(fonal) *(tex)* organzine gum state
orgona *(hangt)* organ ; **akusztikus basszussal ellátott ~** baroque organ ; **~ főmanuáléja** great organ
orgonaácsolat *(bány)* battery stulls
orgonaemelvény organ loft
orgonahangú gőzsíp organ-tune steam whistle
orgonaház *(hangt)* pipe work
orgonakórus *(ép)* organ loft
orgona-nyelvsípok *(hangt)* reed stops
orgonapont *(hangt)* organ-point
orgonaregiszter organ stop
orgonasíp organ pipe ; **~ nyelve** organ reed ; **~ száján**ak **felső ajka** wind cutter
orgonasíp-behangolás voicing
orgonatám *(bány)* breaker timber
óriásadó *(rád)* superpower station
óriásdaru Goliath crane
óriás(i) giant, mammoth ; **~ feletti csillagok** supergiants ; **~ gumiabroncs** giant-tyre ; **~ gumiabroncsköpeny** giant cover
orientál *(vegy)* orient
origo *(mat)* origin
Orion *(csill)* Orion
orkán *(met)* hurricane, gale
orkán-hangszóró compressed-air loudspeaker, throat loudspeaker
ormány *(forg, gépt)* snout
ormánycsarnakkötél *(hajó)* guy
ormos crowned
ornamentális ornamental
orogenezis *(földt)* orogenesis
orográfia *(földt)* orography
orológia *(földt)* orology
orom acme, comb, crown, pinnacle, head, spire ; *(földt)* summit, top, peak ; **kiugró ~** *(cserépfedélen)* barge course
oromfal attic, spandrel wall, fronton ; **~ háromszögletű záróköve** apex stone ; **~ lépcsős kiképzése** *(ép)* cat ladder
oromfalas nyeregtető *(ép)* ridge roof
oromfal-konty *(ép)* jerkin head
oromfallépcső crownstep
oromkő coping
oromkötő rúd coping bar
orompárkány *(ép)* cap sill, rake cornice
oromszaruzat *(kiugró)* barge couple
oromszegés *(nyomda)* flashing, headband
oromtető *(ép)* gable roof, crown
oromzat *(ép)* attic, pediment ; **~ alatti gyámkő** kneeler
oromzati tetőfelépítmény gablet
oropion *(ásv)* oropion
orosz : ~ barna *(festék)* manganese/velvet brown ; **~ görénysprém** Russian polecat
oroszkürt *(hangt)* Russian bassoon
Oroszlán *(csill)* Leo ; **Kis ~** *(csill)* Leo Minor
oroszolaj Russia oil
oroszországi : ~ görény *(prémbőr)* Russian polecat ; **~ mókus** *(prémbőr)* Russian squirrel ; **~ pézsmaprém** Russian musk
orr nose ; **antiklinális ~** *(földt)* anticlinal nose ; **~ és száj körüli rész** *(prémbőrön)* snout
orr-antenna forward aerial
orrárboc alsó feszítőkötele *(hajó)* bobstay
orrbehúzó gép (flexibel szandálhoz) toe-lasting machine (for flexible sandals)
orrborítás *(rep)* nose cowling
orrborítók *(kapli ; cipőn)* (toe) cap ; **hegyes ~** *(cipő)* peak toe
orrburkolat *(rep)* nose cap, nose cowling
orrcvikkolás *(orr-részfoglalás ; cipőn)* toe lasting
orr-fényképezőgép *(rep)* nose camera
orrfoglaló és -behúzó gép *(cipő)* toe lasting and bracing machine
orr-futómű *(rep)* nose gear
orrhullám *(hajó)* bow wave
orrhűtő *(rep)* bow/head radiator
orrkajüt *(uszályban)* cuddy
orrkamra *(hajó)* peak tank ; **~ határoló-fala** collision bulkhead
orrkerék *(rep)* nose wheel
orrkerekes futómű *(rep)* tricycle landing gear
orrkormány *(hajó)* bow rudder
orrlámpa *(rep)* headlight
orrláncolás nélküli *[harisnya]* loopless/linkless toe
orrléc *(rep)* leading edge (stringer) strip
orrlégcsavar bow propeller
orrmerevítéstűző *(cipő)* tip stitcher
orrmerevítő *(cipő)* toe puff ; **~ anyag** *(cellvászon-anyag ; cipő)* toe puff material ; **~ gerenda** *(hajó)* nose stiffener ; **~ ragasztás** *(cipő)* toe-puff pasting
orrmerevítőgyűrű *(rep)* bow ring
orrnehéz *(rep)* nose-heavy
orrnehézség *(rep)* nose-heaviness
orros : ~ csavar fin-neck bolt ; **~ dugattyú** *(kétütemű motoré)* deflector piston ; **~ ék** gib-head key ; **~ felfüggesztés** nose suspension
orr-rekesz *(hajó)* forepeak ; *(rep)* nose/bow bay
orr-résszárny *(rep)* wing-nose slot/slat
orr-rész *(cipő)* cap ; *(gépt)* nosepiece ; *(rep)* nose ; **egyenes ~** *(cipőn)* straight toe ; **szárnyas ~** *(cipőn)* toe wing
orr-részfoglalás *(orrcvikkolás ; cipőn)* toe lasting
orr-részmerevítős *(cipő)* toes-blocked
orrsegédszárny *(rep)* leading-edge flap *(réselt)* leading-edge slot
orrsüveg *(rep)* nose cap
orrszigony *(tex)* toe gore
orrszíj toe strap
orrtőke *(hajó)* stem ; **belső ~** *(hajón)* apron ; **~ illesztése** *(hajó)* scarf o[f] stem ; **~ mellső éle** *(hajó)* cutwate[r]
orrtőkepipa *(hajó)* gripe
orrtőke-töltőfa *(hajó)* apron
orrtőketörzs stemson
orrvitorla foresail
orrvitorlakitámasztó rúd bumkin
orsó *(cséve)* bobbin, reel, spool ; *(forg)* spindle ; *(gépt ; csap)* pin, bolt *(tengely)* arbo(u)r, shaft ; *(mozgató csavar)* (lead) screw ; *(emelőn)* spider ; *(járásszabályozó ; óra)* verge *(rep)* roll(ing) ; *(távk)* rotor ; *(tex)* arbor, spindle, reel ; **~ alakú bój[a]** *(hajó)* spindle buoy ; **~ alapja** *(tex)* coil base ; **~ előresietése** *(tex)* spind[le] lead ; **fúró ~** boring spindle ; **jobbra** *(rep)* positive rolling ; **ki[s] fordulatszámú ~** low-speed/slo[w] spindle ; **központi ~** *(varrógépen)* central bobbin ; **maró ~** millin[g] spindle ; **paláston végzett ~** *(rep)* barrel roll ; **páros gyors ~** *(rep)* double snap-roll ; **rántott ~** *(rep)* flick roll ; **~ talpcsapágyas vége** *(ép)* footstep end of the spindle ; **üreges** hollow-bored spindel ; **tárcsás** double-flanged bobbin ; **vezetett** *(rep)* slow roll ; **~ vége** spindle no[se]
orsóadagoló szerkezet bobbin feed ge[ar]
orsóállvány bobbin cradle
orsócsapágy spindle bearing
orsócsavar *(gépt)* spindle-type screw
orsócsillapítás *(rep)* damping(-)in(-)r[oll]
orsócsúcs *(forg, gépt)* head centre
orsódőlés spindle inclination
orsóelőtolás *(forg)* spindle feed
orsóemelő fogasléc *(gépt)* spindle ra[ck]
orsóetető szerkezet *(tex)* bobbin fe[ed] gear
orsófal *(ép)* solid newel ; **~ nélk[üli] lépcső** *(ép)* open newel stairs
orsófej *(forg)* work/spindle head, hea[d] stock ; **~ vízszintes lökete** he[ad] horizontal stroke

orsófejcsapágy *(tex)* top spindle bearing
orsófejelőtolás spindle(-head) feed
orsófejelőtoló persely spindle-feed sleeve
orsófejemelés head elevating
orsófejhajtó szíjtárcsa spindle-driving pulley
orsófejmozgás head traverse
orsófejretesz head clamp
orsófejrögzítés head clamping
orsófejrögzítő szerkezet head-clamping mechanism
orsófejsüllyesztés head lowering
orsófejsüllyesztő szerkezet head-lowering mechanism
orsófejszán spindle slide
orsófejszánvezeték head slide-way
orsófék *(szerszámgépen)* spindle/headstock brake
orsófordulatszám *(forg)* spindle speed
orsóforgató dió *(tex)* spindle wharve/wharf
orsófurat *(forg)* spindle bore
orsógyám spindle bracket
orsóhajtás spindle drive
orsóhajtásszekrény speed box
orsóhajtó : ~ áttétel spindle gear ; **~ sebességváltó szekrény** spindle gear box ; **~ zsinórcérnázó gép** *(tex)* banding machine
orsó-hatásfok *(tex)* spindle efficiency
orsóház *(forg)* headstock ; *(tex)* spindle case/box ; **fogaskeréksebességváltós ~** all-geared headstock
orsóhüvely spindle sleeve
orsójárat *(óra)* crown/verge escapement
orsójáratú óra vertical watch
orsókar spindle
orsókidobó *(szerkezet ; tex)* bobbin ejector
orsólap *(orsójáratú óra gátlójában)* pallet of verge
orsóleállító fogantyú *(tex)* bobbin stop handle
orsómenet external thread
orsónyereg *(forg)* (spindle) headstock
orsóolaj spindle oil
orsóolajpárlat spindle distillate
orsóoszlop newel post
orsóosztás *(tex)* spindle ga(u)ge/pitch, distance of spindles
orsópersely spindle sleeve
orsópillér newel
orsós : ~ csévélő- v motollálógép *(tex)* spindle winding frame ; **~ csiszológép** *(fa)* spindle sander ; **~ feszítő szerkezet** spindle-stretching gear ; **~ formázógép** spindle-moulding machine ; **~ mérőszalag** *(geod)* reel measuring tape
orsósebesség *(tex)* spindle speed
orsószán *(gépt)* slide, saddle, carriage
orsószár *(gépt)* stem, shaft
orsószekrény *(gépt)* (spindle) headstock; *(tex)* spindle box
orsószorító gyűrű *(gépk)* spindle-thrust ring
orsótalp *(tex)* base of spindle, butt of bobbin
orsótalpcsapágy step of spindle
orsótárcsa *(tex)* bobbin flange
orsótartó *(tex)* bobbin rack/cradle, spindle holder ; **~ állvány** *(forg)* spindle column ; **~ gerenda** *(forg)* spindle support arm
orsótengely *(fényk)* bob
orsótengelykapcsoló *(forg)* speed clutch
orsótest *(kormányműben ; gépk)* spindle body
orsótok *(tex)* (bobbin) case ; *(varrógépen :)* central bobbin
orsóváll *(gépt)* spindle step
orsóvas *(malomkőben)* rynd
orsóvédő kosár *(forg)* spindle guard
orsóvég *(forg)* spindle nose
orsózás *(rep)* rolling ; **~ csűréssel** *(rep)* aileron roll ; **~ tengelye** *(rep)* axis of roll
orsózik *(rep)* (do/make a) roll
orsózó nyomaték mérésére szolgáló műszer *(rep)* rolling balance
orsózószög *(rep)* angle of roll
orsózsinór *(tex)* spindle tape ; **~ felhúzása** *(tex)* drawing-in the spindle banding
országos : ~ hálózat national/country's network ; *(erősáramú)* general network, grid *(UK)* ; **~ közintézmény** public institution of national importance ; **~ útvonal** trunk road
országút public road, highway
országúti : ~ fény *(gépk)* (main) driving beam *(UK)* ; upper beam *(US)* ; **~ javítás** *(gépk)* road-side repair ; **~ próba** *(gépk)* road test ; **~ verseny** *[autóverseny]* road race ; **~ vontató** road traction engine
ortikon *(fényk)* orthicon
ortikonos felvevőgép orthicon camera
ortit *(ásv)* orthite, allanite
ortoacetát ortho-acetate
ortoaluminát ortho-aluminate
ortoalumíniumsav ortho-aluminic acid
ortoantimonát ortho-antimon(i)ate
ortoantimonit ortho-antimonite
ortoantimonossav ortho-antimonous acid
ortoantimonsav ortho-antimonic acid
ortoarzenát ortho-arsen(i)ate
ortoarzénessav ortho-arsenous acid
ortoarzenit ortho-arsenite
ortoarzénsav ortho-arsenic acid
ortoborát orthoborate
ortobórsav orthoboric acid
ortocirkóniumsav ortho-zirconic acid
ortodiagráfiás röntgenvizsgálat orthoradioscopy
ortodróm(a) great circle line/curve ; **~ repülés** great-circle flying ; **~ távolság** *(geod, rep)* great-circle distance
ortoecetsav ortho-acetic acid
ortoészter ortho-ester
ortoformiát ortho-form(i)ate
ortofoszfát ortho-phosphate
ortofoszfit ortho-phosphite
ortofoszforossav orthophosphorous acid
ortofoszforsav orthophosphoric acid
ortohangyasav ortho-formic acid
ortoizomer *(vegy)* ortho-isomer(ide)
ortokarbonát ortho-carbonate
ortoklász *(ásv)* orthoclase, orthose, potash feldspar
ortoklorit *(ásv)* orthochlorite
ortokovasav ortho-silicic acid
ortokromatikus *[lemez]* orthochromatic
ortokrómsav ortho-chromic acid
ortokvarcit orthoquartzite
ortométeres helyesbítés v javítás *(geod)* orthometric correction
ortomolibdénsav ortho-molybdic acid
ortoólomsav orthoplumbic acid
ortoplumbát ortho-plumbate
ortosav ortho-acid
ortoszénsav ortho-carbonic acid
ortoszilikát ortho-silicate
ortoszkópia orthoscopy
orto-szulfaminbenzoésav-anhidrid o-sulfobenzoic imide, benzoic sulfimide, saccharin
orto-szulfobenzoésavimid o-sulfobenzoic imide, benzoic sulfimide, saccharin
ortotelefonikus átvitel v ráfelelés *(hangt)* orthotelephonic response
ortotioszénsav ortho-thiocarbonic acid
ortotitanát ortho-titanate
ortotitánsav ortho-titanic acid
ortotróp *(mech)* orthotropic
ortovanadát ortho-vanadate
ortovanádiumsav ortho-vanadic acid
orto-vegyület ortho-compound
ortovolfrámsav ortho-tungstic acid
ortstein *(földt)* alios, ortstein
ortsand *(földt)* ortsand
orvosi : ~ optikai műszer medico-optical instrument ; **~ rendelő** ambulatory ; **~ segélyhely** aid post ; **~ szappan** medicinal soap ; **~ szén** medicinal carbon ; **~ zilíz** *(drog)* marshmallow root
Ossana-kör *(vill)* Ossana's circle
ostor *(óra)* whip
ostor-antenna fishbone antenna
ostorbőr whip leather
ostorkalapács *(szövőszéken vetélő átröpítésére ; tex)* picker
ostorleszorító tárcsa *(tex)* plate washer
ostornyélantenna whip antenna/aerial
ostorvég(bojt) whisk
ostromlöveg battering piece
ostromtüzérség battering train
ostya wafer ; *(gyógyszerbevételre)* cachet
ostyadoboz *(pa)* wafer box
ostyalap *(élip)* waffle
oszcilláció oscillation ; *l még* **oszcillálás, lengés, rezgés** ; **az ~ éppen csak fellép** *(rád)* oscillations can barely exist
oszcillációs : ~ energia *(rád)* oscillation energy ; **~ feszültség** oscillating voltage ; **~ fojtótekercs** oscillation suppressor ; **~ hurok** oscillation loop ; **~ kisülés** oscillatory discharge ; **~ letapogatás** oscillatory scanning
oszcillál oscillate
oszcillálás oscillating process, oscillation
oszcilláló kötés *(vegy)* oscillating link
oszcillátor oscillator ; **egyfrekvenciás ~** single-wave oscillator ; **elektroncsatolású ~** electron-coupled oscillator ; **ellenütemű ~** balanced oscillator ; **folytonos hullámú ~** coherent oscillator ; **gombkapcsolású ~** keyboard oscillator ; **gyűrűs kapcsolású ~** ring oscillator ; **hangoló ~** alignment oscillator ; **hangolt anódú és rácsú ~** Armstrong oscillator ; **~ hangolt áramköre** resonance oscillator circuit ; **igen nagy frekvenciaintervallumban hangolható ~** all-wave oscillator ; **induktív visszacsatolású ~** Meissner oscillator ; **irányjellel interferáló ~** beacon beating oscillator ; **kapacitív visszacsatolású ~** Colpitto oscillator ; **katódköri impulzusmodulációs ~** cathode-pulsed oscillator ; **kalibráló ~** calibrating oscillator ; **kristálystabilizált ~** crystal-stabilized oscillator ; **lebegőfrekvencás ~** beat frequency oscillator ; **lezáró ~** blanking oscillator ; **lökésgerjesztésű ~** shock-excited oscillator ; **önmodulált ~** self-pulsed oscillator ; **szélessávú ~** wide-range oscillator ; **ütető ~** beat-frequency oscillator ; **változó frekvenciájú ~** variable oscillator

oszcillátorcső oscillator valve/tube
oszcillátorfokozat oscillator stage
oszcillátorkör : ~ **nélküli szikraadó** impact-excited transmitter ; ~ **soros kondenzátora** oscillator padder
oszcillátortekercs oscillator coil
oszcillográf oscillograph ; **egyhurkos** ~ Blondel oscillograph ; **haladóhullámú** ~ travelling-wave oscillograph ; **hődrótos** ~ Irwin/hot-wire oscillograph ; **hurkos** ~ loop/bifilar oscillograph ; **katódsugárcsöves** ~ cathode-ray oscillograph ; **kétsugaras** ~ double oscillograph, two-gun oscillograph ; **lengőhurkos** ~ moving-coil/Duddell oscillograph ; **tükrös** ~ mirror oscillograph
oszcillográfcső oscillotron ; *l még* **katódsugárcső**
oszcillográf-fényképezőgép oscillograph camera
oszcillogram oscillogram ; **hitelesítő** *v* **léptékes** ~ calibrating oscillogram
oszcilloszkóp oscilloscope
oszcilloszkópos rádiógoniométer cathode-ray direction finder
oszlási sebesség velocity of distribution
oszlat *(festéket)* ease
oszlatóborda *v* **-fésű** *(tex)* dividing comb/ravel
oszlatóecset badger softener
oszlatókefe *(irezőgépen ; tex)* distributing brush
oszlatóverő *(arató-cséplőgépen)* feeder-house beater
oszlop column, stock, leg, post ; *(kapaszkodásra, autóbuszban)* stanchion ; *(kerítésben)* fence post ; *(bány, ép)* stanchion ; *(ép)* support, scape, striga *is* ; *(forg, gépt)* standard, upright, column ; *(távk)* supporting structure, console ; *(távíró)* pole ; *(vegy)* tower, column (apparatus) ; ~**on álló mosdó** *(ép)* pedal lavatory basin ; **bevezető** ~ *(vill)* office pole ; **falból kiugró** ~ *(ép)* attached column ; **feszítő** ~ *(vill)* anchor pole ; **forgattyútengelytartó** ~ *(mélyfúrógépen)* jackpost ; ~ **függesztőművön** suspension post ; **gyűrűkből álló** *v* **gyűrűzött** ~ annulate column ; **keresztezési** ~ *(vill)* transposition pole ; **kettős** ~ *(ép)* double-pole ; **kihasasodó** ~ *(ép)* swelled column ; **leágazó** ~ *(vill)* office pole ; **(rőzsét) leerősítő** *v* **lehorgonyzó** ~ *(hidr)* anchor picket ; **merevített** ~ *(vill)* stayed/strutted pole ; **pozitív** ~ *(Faraday-sötéttér és anód között)* positive column ; **szélvájta** ~ *(földt)* chimney ; ~ **támasztófeje** *(bány)* column cap ; ~ **tartókarja** *(bány)* column arm ; ~ **válla** column arm ; *(falba beépített)* ~ **vízszintes tartó felülete** bed
oszlop- columnar
oszlopalap column base-block, ancon
oszlopalj *(ép)* basement, patten
oszlopállás *(ép)* column grid
oszlopállítás *(távk)* pole erection/raising/setting
oszlopállító daru mast crane
oszlopbilincs column clamp
oszlopboltozás *(ép)* swelling
oszlopborda *(ép)* facet, stria
oszlopborítás *(ép)* column casing
oszlopburkolat *(ép)* casing of column
oszlopcsarnok gallery, peristyle, portico
oszlopcsavar pillar bolt
oszlopcsúcs *(vegy)* column top
oszlopdaru mast/post crane
oszlopdíszítő motívum *(ép)* cabling
oszlopemelő villa *(vill)* masting sheers
oszlopfedő column cap
oszlopfej capital, pile cap ; ~ **levélkoszorúja** *(korintuszi oszlopon ; ép)* basket of a capital ; **oszlopok közös** ~**e** *(ép)* double capital
oszlopfejlemez *(ép)* abacus
oszlopfestő gép *(távvezetékhez)* pole-doping machine
oszlopfő *(ép)* chaptrel, chap(i)ter, capital, column head/cap ; **levelek nélküli korintuszi** ~ bell ; **serleg** *v* **csésze alakú** ~ bowl capital
oszlopfőkiképzés *(ép)* head attachment
oszlopfőlap *(ép)* abacus
oszlopfüzér clustered column
oszlopgödör-fúró posthole digger
oszlopgyűrű cimbia, cincture
oszlophornyolás cannelure
oszlopírás stelography
oszlopkaloda *[betonnál]* stirrup
oszlopkép *(szabadvezetéknél, vill)* pole diagram
oszlopképződés *(koh)* pillaring
oszlopkiemelő *fn* post puller
oszlopkötés *(ép)* pier bond
oszlopkötő gerenda *(ép)* girt(h)
oszlopköz bay ; *(távolság)* intercolumnation ; *(vill)* span
oszlopközti *(ép)* intercolumnar
oszlopláb socle, die ; *(oszlop nélkül)* stereobate ; ~ **párnája** *(ép)* torus
oszloplábazat *(ép)* stylobate, footstall, column footing
oszloplábazat-alátét *(ép)* braces
oszloplehorgonyozó kábel stay wire
oszlopmag *(ép)* verge
oszlopmegosztó *(irodagépen)* column split
oszlopnyak *(oszlopfő alatti rész)* neck ; ~ **beszűkülő része** *(ép)* gorge
oszlopnyaláb multiple-rib pillar, clustered column
oszlopos columnar ; *(földt)* basaltiform *is* ; ~ **elválás** *(földt)* columnar jointing ; ~ **emelő** column jack ; ~ **fejtőkalapács** *(bány)* waugh-hammer ; ~ **fúrókalapács** *(bány)* waugh-hammer drill ; ~ **(forgó)daru** pillar crane ; ~ **fúrógép** column/upright drill ; ~ **függesztő** post hanger ; ~ **harántgyalu** column shaper ; ~ **ionizáció** columnar ionization ; ~ **kerék** *(tartammérő-alkatrész)* column wheel ; ~ **készülék** column apparatus ; ~ **keverő** column mixer ; ~ **konzolcsapágy** pillar bracket bearing ; ~ **körfűrész** pillar circular saw ; ~ **merevítés** bracing with verticals ; ~ **rácsozás** bracing with verticals ; ~ **rácsozás tartón** *(ép)* strut bracing ; ~ **rácsozat** strut frame ; ~ **sajtó** column press ; **szétágazóan** ~ divergent columnar ; ~ **toldatrész** *(ép)* column aggregates ; ~ **vitla** *(bány)* waugh-hoist
oszloposztás *(ép)* column pitch
oszlopösszekötő mellgerenda intertie
oszloprendszer *(ép)* column grid
oszloprúd *(ép)* verge
oszlopsaru *(ép)* shoe
oszlopsor *(ép)* colonnade, file ; *(távíró)* pole line
oszlopszabályozó kar *(fúrógépen)* column control
oszlopszállító utánfutó *(gépk)* (expanding) pole carrying trailer
oszlopszerelés column mounting
oszlopszerelvény *(távk)* pole apparatus/fitting
oszlopszerkezet : **lejtős oldalfalú** ~ batter-leg tower
oszlopszorító *(radiálfúrógépen)* column clamp
oszloptalapzat : ~ **alsó része** *(ép)* entablement ; ~ **ellenállása** tower-footing impedance
oszloptalp *(ép)* pedestal, plinth, pedal/pillar footing
oszloptalplemez base moulding, plinth, subbase
oszloptám mast bracket
oszloptámasztó rúd *(húzott)* stay
oszloptányér *(vegy)* tower/column plate
oszloptartó : ~ **konzol** mast bracket ; ~ **kötél** guy
oszloptáv pillar/rod spacing, column pitch, distance between supports ; *(távk)* span
oszloptető *(vegy)* column/tower top
oszloptörzs *(ép)* trunk, drum, shaft ; ~ **alsó végének sugara** *(ép)* module
oszloptranszformátor pole(-mounting) transformer
oszlopvonal *(távk)* pole line/route
osszein ossein
oszt *(mat)* divide ; *(forg)* index around; *(gépt, vill)* split, part ; *(részekre)* portion ; **arányosan** ~ proportion ; **egyenlő részekre** ~ equipartite ; **három részre** ~ tripartite ; **két részre** ~ halve ; **négyfelé** ~ *(mat)* quarter ; **pillért kisebb mezőkre** *v* **blokkokra** ~ *(bány)* block out ; **táblákra** ~ check
osztag crew ; **csörlőkezelők** ~**a** *(hajó)* winch squad
osztály class, grade, sort, division, section, kind, rank, department, compartment ; ~**on felüli** above-grade ; **illesztési** ~ class of fit ; ~**ok közötti korreláció** inter-class correlation
osztály- sectional
osztályköz class interval
osztálymérnök *(vasút)* section/division engineer
osztályoz class(ify), (as)sort, grade, range, rank ; *(bány)* wash, separate ; *(nyomda)* match, suit, stock ; **gyapjat** ~ *(tex)* skirt ; **nagyság szerint** ~ size ; **újból** ~ *(szemnagyság szerint ; bány)* resize
osztályozás classification, assortment, classing, grading, rate, rating ; *(sekély vízáramban)* film-sizing ; *(szemnagyság szerint)* sizing ; *(anyagv)* gradation ; *(bány)* separation ; *(bőr)* assorment ; *(pa)* (as)sorting, picking, grading ; **durva** ~ coarse grading ; ~ **egy szempontból** one-way classification ; **hamutartalom szerinti** ~ ash specification ; ~ **iszapolással** *(bány)* elutriation ; ~ **két szempontból** two-way classification ; ~ **nehéz közegben** *(bány)* gravity separation ; **szoros szitás** ~ *(élip)* close sizing
osztályozási kóc *v* **hulladék** *(tex)* sorter's tow
osztályozatlan unsorted, unsized, ungraded ; *(pa)* not sorted, unscreened ; ~ **bányakavics** pit run ballast ; ~ **nyers érc** *(bány)* work ; ~ **szén** raw/unscreened coal ; ~ **vas** uugraded iron
osztályozható classifiable, sortable

osztályozó *fn* classifier, separator, purifier, sizer ; *(bány)* screenman, bankman ; *(pa ; ember)* strainer, picker, sorter ; *(gép)* screen ; *(tex)* classer, classifier ; ~ **berendezés** screener ; *(bány)* cleaning plant ; *(pa)* screen (room) ; ~ **dobszita** sizing drum ; ~ **durva terméke** *(bány)* rake product ; **elektrosztatikus** ~ electrostatic separator ; ~ **épület** *(bány)* shaker shed ; **felfelé-áramló vízsugaras** ~ *(bány)* upward-current classifier ; **ferdeszitás** ~ *(mzg)* angle-screen separator ; **gátolt esésű** ~ *(bány, koh)* hindered settling classifier ; **kúpos** *v* **kónuszos** ~ classifying cone ; ~ **medence** *(fa)* sorting pond ; ~ **rakodás** *(bány)* selective loading ; ~ **rázószita** sizing jigging-screen ; ~ **surrantó** sorting chute ; **szalagos kihordású** ~ *(bány)* drag classifier ; ~ **szerkezet** *(gépk)* selector gear ; ~ *(minősítő)* **üzemhely** *(fa)* sorting works ; **zárt körfolyamatú** ~ closed system separator

osztályozóasztal *(bány)* bumping table

osztályozógép grader

osztályozóhenger rotary cleaner, separating cylinder ; *(pa)* screening cylinder; *(cséplőgépen)* bagger screen, rotary sieve

osztályozólemez *(pa)* screen plate

osztályozómalom *(szeleltető)* air separator mill

osztályozómunkás sorter

osztályozómű *(bány)* wash-house

osztályozórosta classification/separating/sizing screen

osztályozószalag sorting conveyer

osztályozószita *(pa)* separating-sieve, strainer plate

osztályozótérség *(fa)* assorting place

osztályozott graded, separated, sortable, screened ; ~ **gyapjú** graded wool ; ~ **hulladékgyapjú** daggings ; ~ **rostahulladék** screened refuse

osztandó *(mat)* dividend

osztás split, parting ; *(ép)* slide ; *(filmen)* pitch ; *(forg, gépt)* pitch ; *(mat)* division ; *(vill)* unit interval ; *(skála)* scale ; *[vivő frekvenciák között]* spacing ; ~ **három ágra** treble coarsing ; ~ **húrmérete** *(fogaskeréken)* chordal pitch ; **kiegyenlítő** ~ *(osztófejjel)* differential indexing ; **látszólagos** ~ apparent pitch ; **nagy** ~ *(külső falsíkon)* pan ; ~ **négy részre** quartering ; **szellőztetés** ~**sal** *(bány)* split ventillation

osztási *l* **osztó(-)**

osztásidomszer pitch ga(u)ge

osztásjel *(mat)* *l* **osztójel**

osztásköz *(gépt)* spacing

osztásmező pane

osztásvonás *(leolvasó)* graduation mark; *(limbuszon)* reading line

osztatlan one-piece, non-split, integral ; ~ **csapágy** bush/plain bearing ; ~ **csűrő** continuous aileron ; ~ **forgattyúház** *(gépk)* barrel-type crankcase ; ~ **futóműtengely** continuous undercarriage axle ; ~ *(híd nélküli)* **gépágy** plain bed ; ~ **szárny** *(rep)* continuous wing

oszteolit *(csontfoszforit)* osteolith

oszthatatlan inseparable ; *(mat)* indivisible, prime

osztható *(mat)* partable ; ~ **csomagolás** *(pa)* fractional package

oszthatóság *(mat)* partibility, divisibility

osztó *mn* partitive, splitting, dividing ; *mn (forg)* indexing ; *fn (mat)* divisor, divider, aliquot ; *(vill)* scaler ; ~ **berendezés** *l* **osztómű** ; ~ **csigakerék** dividing worm wheel ; ~ **ellenállás** *(rád)* bleeder ; ~ **emeltyű** *v* **kar** index(ing) lever ; ~ **feltörés** *(bány)* holing (through) ; ~ **felület** parting surface, plane of split ; ~ **fogaskerék** dividing/index gear ; ~ **keretfűrész** deal saw frame ; ~ **készülék** indexing attachment ; *(tex)* divider ; **közös** ~ *(mat)* common divisor ; *(legnagyobb)* largest common divisor ; **nem** ~ *(valamely számnak ; mat)* aliquant ; ~ **platina** *(tex)* divider ; ~ **szállítóvágat** *(bány)* branch haulageway

osztóáramkörös kapcsoló separating switch

osztóasztal index(ing) table

osztóborda *(tex)* cross-reed, ravel, raddle, dividing reed/comb

osztócsiga *(gépt)* dividing worm

osztócső *(elektroncsöves számológépben)* scaling tube

osztócsúcs index centre

osztódarabok parting slip

osztódob indexing/graduated drum

osztófa *(ép)* transom

osztófal division wall

osztófej indexing/dividing head ; ~ **állandója** indexing gear constant ; **egyszerű** ~ index centre ; **kettős** ~ double-indexing centres

osztófej-állítókar distributor lever

osztófejhajtó tengely index driving shaft

osztófejkar index crank

osztófejrögzítő *(retesz)* index plunger

osztófésű *(tex)* dividing comb/reed, separator, guide comb, ravel

osztógép indexing/dividing machine, divider ; *(óra)* cutting machine

osztógörbe pitch curve

osztóhenger fogaskereke counter(-)gear

osztóhézag compensation joint

osztójel *(mat)* sign of division

osztókerék indexing/dividing wheel

osztókör pitch circle ; ~ **kerületén mért fogosztás** circumferential pitch ; *(hüvelykben)* circular pitch

osztókör-átmérő pitch diameter

osztókörlap dial plate

osztókörsugár pitch radius

osztókörző dividers

osztóköz *(betűöntésnél)* set

osztóközle *(bány)* intermediate level, subdrift

osztókúp *(gépt)* pitch cone ; ~ **csúcsszöge** pitch-cone angle

osztóléc grade rod ; *(üvegtáblában)* bar ; **függőleges** ~ *(ablakkeretben)* munnion

osztólemez indexing plate

osztómozgású indexing

osztómű indexing mechanism ; *(terepjáró gépkocsin)* transfer case/box, auxiliary gearbox

osztópálca *(irezőgépen ; tex)* dividing rod

osztópárkány *(ép)* string cornice, creasing

osztópillér *(bány)* splitting pillars ; *(hidr)* splitter/division pier ; ~ **nélküli ablak(sor)** continuous window

osztósávos rádiójeladó *(rep)* course-setting beacon

osztósík *(földt)* cleavage plane ; *(mat)* dividing plane ; *(önt)* plane of split

osztószeg *(hajlított végű ; tex)* bent pin

osztószegély nyüstkerete splint harness

osztószeges felvetőgép *(tex)* warping machine with separating pins

osztószint *(bány)* blind level, sublevel, subfloor ; ~ **magassága** *(bány)* sublevel interval

osztótábla *(bány)* subpanel

osztótárcsa dividing/division plate, distributor, baffle; *(tex)* indicator disc

osztótárcsás marás index milling

osztótölcsér tap funnel

osztott : ~ **anód** *(rád)* split anode ; ~ **anódú oszcillátor** divided-plate oscillator ; ~ **csapágy** split bearing ; **egyenlő részekre** ~ *(mat)* aliquot ; ~ **elektródos kristály** *(távk)* split--plating crystal, crystal with divided electrodes ; ~ **expanziójú gőzgép** multiple-expansion engine ; ~ **fék** link brake ; ~ **fojtótekercs** *(rád)* two-section choke ; ~ **forgattyúház** *(gépk)* split crankcase ; ~ **forgattyú** divided crank ; ~ **gém** folding lever ; ~ **(gőz)gyűjtőkamra** divided header ; **harántmerevítéssel** ~ **láncszem** chain--and-staple link ; ~ **kerékkoszorú** split rim ; ~ **kerületű kerék** divided wheel ; ~ **köpenyű dugattyú** split--skirt piston ; ~ **küllős lendkerék** spoke-divided flywheel ; ~ **lánchenger** *(tex)* sectional beam ; ~ **légcsavaragy** *(rep)* split hub ; ~ **lendkerék** sectional flywheel ; ~ **minta** sectional pattern ; ~ **nyüst** *(minta szerint ; tex)* spaced heald ; ~ **öntőcsatorna** *(önt)* spray gate ; ~ **pólusú mágnesfej** *[magnetofonon]* double pole-piece head ; ~ **sugár** *(szink)* split-beam ; ~ **szerkezet** split construction ; ~ **szíjtárcsa** split pulley ; ~ **tárcsáskerék** *(gépkocsi-futókerék)* split wheel; ~ **tekercselés** split winding ; ~ **tengely** divided axle ; ~ **vízkamrás kazán** sectional boiler ; ~ **zárógyűrű** slotted lock ring

osztóvágat *(bány)* sublevel roadway, stenton, subdrift, break-off, tapping ; ~**ok közötti távolság** *(bány)* sublevel interval

osztóvonal dividing/parting line, division ; *(fogaslécen)* pitch line ; *(úttesten)* dividing line

osztóz *(bány)* intermine, stent

osztózás *(bány)* stenting

osztózsilip *(hidr)* bifurcation gate

O-tag *(távk)* O-section/network

otofon *(hangt)* otophone

otoszkópia otoscopy

Otto-körfolyamat Otto cycle

Otto-motor Otto engine

ottrélit *(ásv)* *l* **kloritoid**

ovalbumin ovalbumin

ovális *fn (mat)*, *mn* oval ; *mn* oviform ; ~ **(alakot vágó) olló** oval shears ; **Cassini-féle** *(mat)* Cassinian (oval/ellipse) ; **Descartes-féle** *(mat)* Cartesian (oval) ; ~ **dugattyú** *(gépk)* oval piston ; ~ **elhúzódás** *(gépt)* ovalization ; ~**ra esztergáló tokmány** oval clutch ; ~ **fenékvágó gép** *(fa)* head ovalling machine ; ~ **hengerlőüreg** oval pass ; ~ **kalapácsfejű csavar** oval T-head bolt ; ~ **karmantyú** *(bány)* *(gépt)* oval socket ; ~ **szemű lánc** oval-link(ed) chain

oválosodás *(hengeré)* ovalization
óvatos : ~ **becslés** conservative estimate; ~**an főz** *(pa)* simmer ; ~ **oxidálás** gentle oxidation
overall *(munkaruha)* union suit
overlock-varrógép overlock
óvófülke refuge hole
óvóhely blindage, shelter ; *(bány)* cove ; **föld alatti** ~ cave shelter
óvóhely-fülke funk hole
óvóhely-kibúvónyílás exit hatch
óvókamra refuge chamber
ovomukoid *(vegy)* ovomucoid
óvónyomás *(tex)* resist printing
óvószer *(penész, rothadás stb ellen)* antiseptics ; *[fakorhadás ellen]* protective
óvótető *(bány)* flake, shade
Owen-híd *(távk)* Owen-bridge
owenit *(ásv)* *l* **thuringit**
owyheit *(ásv)* owyheeite
oxálacetát oxalacetate
oxalát oxalate
oxálecetsav oxalacetic acid
oxalit *(ásv)* oxalite, humboldtine
oxálsav oxalic acid
oxálsavas kálium potassium oxalate
oxammit *(ásv)* oxammite
oxford *(panamakötésű pamutszövet)* Oxford shirting
oxfordi emelet *(földt)* Oxfordian stage
oxiacetilén-kemence oxyacetylene furnace
oxi-acetilénláng oxy-acetylene flame
oxiaceton *l* **acetilkarbinol**
oxibenzol *l* **fenol**
oxibiotikus oxybiotic
oxibiózis oxybiosis
oxicellulóz *(pa)* oxycellulose
oxid oxide ; **bázikus** ~ basic oxide
oxidáció oxid(iz)ation, oxidating, oxidizing ; **permanganátos** ~ **lúgos közegben** alkaline permanganate oxidation ; ~ **semleges közegben** neutral oxidation
oxidációgátló *fn* antioxidant ; ~ **adalékanyagot tartalmazó olaj** inhibited oil
oxidációgyorsító *fn* oxidation promoter
oxidáció-hő heat of oxidation
oxidációs-redukciós potenciál redox potential, oxidation-reduction potential
oxidációs szám *(kenőolaj vizsgálatánál)* oxidation, value
oxidálás *l* **oxidáció**
oxidálhatatlan inoxid(iz)able
oxidálhatatlanság inoxid(iz)ability
oxidáló pörkölés *(koh)* dead roasting
oxidálódás *l* **oxidáció**
oxidálódik oxidize
oxidálódó oxid(iz)able ; **nem** ~ inoxid(iz)able
oxidálóhatás oxidizing reaction
oxidálókamra oxidizing chamber
oxidálóláng oxidizing flame
oxidálósalak oxidizing slag
oxidálószer oxidant, oxidizing agent, oxidizer
oxidált oxidized, oxide-coated ; *(hők)* blued ; ~ **bitumen** (air-)blown asphalt; ~ **olaj** oxidized/oxygenated oil
oxidbevonat oxide coating
oxidbevonatú *(rád)* oxide-coated
oxidhártya oxide ffilm ; *(fémen)* air tint *is*
oxidhártyás : ~ **biztosító** *(vill)* film cut-out ; ~ **túlfeszültség-levezető** *(vill)* oxide-film arrester
oxidkatód *(rád)* oxide(-coated) cathode
oxidnyelő adalék *(koh)* deoxidizing addition
oxidréteg (oxide) scale, oxide layer
oxigén oxygen
oxigénadagoló *fn* *(rep)* oxygen regulator
oxigéndúsítású fúvó levegő *(koh)* oxygen enriched air blast
oxigénelvonás deoxygenation, desoxidation
oxigénelvonó szer desoxidant
oxigén-felvétel oxygen uptake
oxigén-gázpalack oxygen cylinder
oxigénlégző álarc *v* **készülék** oxygen mask/respirator
oxigénmentesít deoxidate
oxigénpalack oxygen bottle
oxigénpalack-telep battery of oxygen cylinders
oxigénsugár *(heg)* oxygen jet
oxigénszükséglet *(szennyvíztisztításnál)* biological oxygen demand
oxigéntároló *(folyékony oxigénhez)* oxygen tank
oxigéntartalmú *(ásv)* oxygenian
oxigénvágás villamos ívvel oxy-electric arc process for cutting
oxihemoglobin oxyhemoglobin
oxisav oxy-acid
oxisó oxysalt
ozalid-papír ozalid paper
ozár *(földt)* osar
ozarkit *(ásv)* ozarkite
ozmát osmate
ozmazom *(élip)* osmazome
ozmirídium *(ásv)* osmiridium, nevyanskite, newyanskite
ozmium osmium
ozmiumdiklorid osmium dichloride
ozmiumdioxid osmium dioxide
ozmiumdiszulfid osmium disulfide
ozmiumfluorid osmium fluoride
ozmiumhidroxid osmic hydroxide
ozmiumklorid osmium chloride
ozmiummonoxid osmium monoxide
ozmiumoxid osmium oxide
ozmiumsav osmic acid
ozmiumsavanhidrid osmic anhydride, osmium tetroxide
ozmiumszeszkvioxid osmium sesquioxide
ozmiumszulfid osmium sulfide
ozmiumtartalmú *(ásv)* osmian
ozmiumtetraklorid osmium tetrachloride
ozmiumtetraszulfid osmium tetrasulfide
ozmiumtetroxid osmium tetroxide, osmic anhydride
ozmiumtriklorid osmium trichloride
ozmiumvegyület *(négyvegyértékű ozmiumé)* osmic compound
ozmofór (csoport) osmophore
ozmométer osmometer
ozmoszkóp osmocope
ozmotikus osmotic ; ~ **nyomás** osmotic pressure ; ~ **nyomásnak alávet** osmosize ; ~ **vizsgálat** *(vegy)* membrane method of water proofing
ozmózis osmosis, osmose
ozmózisos *l* **ozmotikus**
ozmózispapír dialyzing paper
ozokerit *(ásv)* ozokerite
ózon ozone
ózonfejlesztő *fn* ozonizer
ozonid *(vegy)* ozonide
ozonid-bontás *(vegy)* ozonolysis
ózonizál ozonate
ózonizátor ozonizer
ózonkémlő papír ozone paper
ozonometria ozonometry
ózonos víztisztító készülék ozone water purifier
ozonoszféra *(met)* ozonosphere, ozone layer
ozonoszkóp ozonoscope ; *(önműködő író szerkezettel)* ozonograph
ozonosztratoszféra *(met)* ozonostratosphere
ózonozócső *(vill)* ozone valve
ózonozólámpa ozone valve
ózonszag smell of ozone
ózontartalmú ozoniferous

Ö, Ő

öblít flush (out), rinse, swill, wash ; *(gépk)* scavenge ; *(tex, vegy)* scour *is*
öblítés flush-out, swill, ablution ; *(bány)* ablation ; *(gépk)* scavenging ; *(hidr, koh)* flush(ing) ; *(pa, tex)* rinsing ; **~sel süllyesztett cölöp** jet pile
öblítéses : ~ mélyfúrás *(bány)* jet(ting) drilling ; **~ módszer** *(földt)* self--cleaning method
öblítési : ~ légfeleslegtényező scavenging air excess factor ; **nehéz folyadékos ~ eljárás** *(fúrólyuké)* heavy--liquid method ; **~ veszteség** *(gépk)* scavenging loss
öblítő : ~ berendezés flushing(-out) apparatus ; **~ csatorna** flushing sluice/canal ; **~ időszak** *(kétütemű motorban)* scavenging period ; **~ kotrógép** *(hidr)* flushing dredger ; **~ lefúvató szivattyú** scavenger ; **~ szivattyú** *(bány)* bore-hole pump ; *(gépk)* scavenging pump ; *(ol)* flush/slush pump
öblítőasztal rinsing table ; *(tex)* scouring cradle
öblítőcső *(ol)* flush water pipe
öblítődézsa rinsing ladle
öblítőedény scrubbing vat
öblítőfej *(ol)* swivel head
öblítőfej-csatlakozó *(ol)* swivel
öblítőfúrás *(bány)* self-cleaning drilling, wash-boring
öblítőfúró berendezés *(kőzetfúráshoz)* wash-boring rig
öblítőgép *(tex)* rinsing machine
öblítőiszap *(bány)* bore/boring mud
öblítőkád rinsing vat
öblítőmódszer jetting method
öblítőnyílás wash-out hole
öblítőnyomás *(kétütemű motorban)* scavenging pressure
öblítőolaj spray oil
öblítőrés *(kétütemű Diesel-motoron)* scavenging slot
öblítős csatornarendszer combined sewerage
öblítőtartály flushing cistern
öblítőtömlő *(ol)* slush hose
öblítőüst scrubbing vat
öblítőütem *(kétütemű motoré)* scavenging stroke
öblítővályú *(ép)* water sink
öblítőzsilip *(hidr)* flush weir/sluice
öblöget *l* **öblít**
öblögetés *l* **öblítés**
öblös capacious, hollow, voluminous ; **~ (üveg)áru** hollow ware
öblösít swell, cave, camber
öblösítés *vő* **öblösít**
öblösítő szerszám hajtóműve cambering gear
öblösödés bight, cup, bell, swell ; *(tölcsérszerű)* belling cut
öblösség *(hangt)* bottom
öblözet *(belvízi)* diked marsh
öbnagyság *(puskáé)* caliber, ga(u)ge
öböl bay, gulf, sinus ; **folyótorkolati ~** bight ; **hosszan benyúló keskeny ~** creek
öbölbejárat bay head
öböl-lerakódások *(földt)* harbo(u)r deposits
ödométer consolidation apparatus
ököltengely *(első futómű ; gépk)* reversed Elliot axle
ökörbőr ox-hide ; *(északamerikai)* Pacific Coast hide ; **bélyegzett ~** Texas steer hide; **vágóhídi ~** *(északamerikai)* packer hide
ökörszemablak bull's eye
ölbe rakott fa cordwood
ölelkező blokkszakasz *(vasút)* overlap(ping)
ölez *(tűzifát)* cord
ölfa *(kb 3,5 m^3)* cord of wood, cordwood
ölméretre rak *(fa)* stack
ölt *(tex)* stitch, thread
öltés *(cipő)* stitching ; *(tex)* threading *is* ; **~t felfejt** *(tex)* unstitch ; **goromba ~** *(cipő)* cable stitching ; **láthatatlan ~** *(tex)* blind stitch ; **~t nyom** *(talpszélen ; cipő)* stitch separating ; **~ szakítószilárdsága** *(tex)* stitch tear resistance ; **szoros ~** *(cipőfelsőrészen)* tension
öltésárok *(cipő)* channel
öltésárok-beragasztás *(cipő)* channel cementing
öltésárok-cementezés *(cipő)* channel cementing
öltésárokél-bedörzsölés *(cipő)* channel edge laying
öltésárokkészítés *(cipő)* channel(l)ing
öltésároktakarás *(cipő)* channel laying
öltésárokzárás *(cipő)* channel laying
öltésfényesítő gép *(cipő)* stitch polishing machine
öltésformázó gép *(cipő)* stitch wheeling machine
öltéskikereső gép *(cipő)* stitch separating machine
öltésmérték *(lábbelinél)* size stitch
öltésvezető *(varrógépen)* quilter
öltöny *(tex)* dress, suit (of clothes) garment
öltönyszövet suiting cloth/fabric/material
öltöző *fn* cloakroom, vestiary, dressing room
öltözőasztal toilet
öltözőszekrény clothing cupboard
ömledék melt ; *(heg)* all-weld-metal test specimen
ömleny *(heg, önt)* flash(fin)
ömlés flow, blow-by ; **hirtelen ~** onrush
ömleszt fuse, pour, melt (down), smelt
ömlesztés (s)melt(ing), fusion ; **lúgos ~** alkaline fusion
ömlesztett bulk ; *[sajt]* processed ; *(áru)* (in) bulk ; **~ állapotú** *(áru)* loose ; **~ áru** bulk goods ; **~ cement** bulk cement ; **~ elektrolit** fused electrolyte ; **~ kvarc** silica glass ; **~ marónátron** fused caustic ; **~ rakomány** loose cargo ; **~ súly** bulk weight; **~ teher** bulkload ; **~ teheráru** bulk freight
ömleszthető fusible
ömleszthetőség fusibility, liquescency
ömlesztőanyag *(koh)* agent of fusion
ömlesztő hegesztés fusion welding
ömlesztve in bulk ; **~ rakva** *(hajó)* laden in bulk
ön- auto-, automatic
önabroncsozás auto-frettage
önabszorpció *(szink)* self-absorption
önaktiválás autoactivation
önálló independent ; *[műszer]* self--contained ; **állomás ~ áramellátással** *(rád))* isolated plant ; **~ asztalegység** *(gépt)* self-contained table ; **~ gépegység** self-containing unit ; **~ hajtású tengely** independent axle ; **~ ipartelep** self-contained plant ; **~ település** *(városépítés)* independent settlement ; **~ teljes hűtőrendszer** integral cooling system
önantsav (o)enanthic acid
önbeállás self-adjustment/-centering
önbeállító (kerék) *(tex)* caster ; *mn* automatically adjusting ; *l még* **önbeálló** ; **~ dugattyú** servo-piston
önbeálló self-aligning/-adjusting/-centering ; **~ csapágy** *(gördülő)* self--aligning bearing ; *(sikló)* self-setting/swivel/Sellers bearing ; **~ dörzsár** floating reamer ; **~ golyóscsapágy** self aligning bell bearing ; **~ golyós talpcsapágy** spherical-seat ball thrust bearing ; **~ görgőcsapágy** spherical roller bearing ; **~ készülék** self-compensating device ; **~ szárnyú hajócsavar** feathering propeller ; **~ szelepemelő** self-adjusting tappet ; **~ talp** *v* **nyomócsapágy** spherical thrust bearing ; **~tengely** adjustable axle ;

~ **tokmány** floating chuck ; ~ **vezetőgörgő** automatic trailing idler ; ~ **vezetőpofa** self-adjusting guiding cheek ; ~ **vonószerkezet** *(traktoron)* swinging drawbar
önbefűző vetélő *(tex)* threading shuttle
önbevájó csavar self-tapping screw
önbillenő bödön *(bány)* alligator
önbiztosító *(rád)* self-protecting
önbrinellezés false-brinelling
önbuktató self-dumping
önderítő képesség *(vizeké)* self-purification
önedzés air hardening
önedző *(hők)* air- hardening ; ~ **acél** air-hardening steel ; ~ **képesség** air-/self-hardening capacity
önegyengető self-righting
önegyensúlyozó *(rep)* self-balancing
önelektród *(színk)* self-electrode
önélező véső *(bány)* self-sharpening bit
önellátó gazdálkodás subsistence farming
önellenálló *(anyagv)* self-resistant
önellenőrzés *(számológépen)* self-checking
önellenőrző kód *(távk)* self-checking code
önelőfeszítés *(rád ; távk)* automatic bias, self-bias ; ~**sel lezárt** self-biassed-off
önelzáró *(gépt)* self-closing
önerjedés autofermentation
önfelhúzó óra perpetual watch
önfelszívó szivattyú self-priming pump
önfeltöltő *l* **önfelszívó**
önfúvó dobszűrő self-blowing drumfilter
öngerjedés *(vill)* autoexcitation
öngerjedő *[oszcillátor]* self-starting
öngerjesztés *(vill)* self-excitation, autoexcitation
öngerjesztésű self-excited ; ~ **adóállomás** *(rád)* direct-excitation transmitter ; ~ **hegesztő dinamó** self--excited arc-welding generator ; ~ **impulzus-moduláció** self-pulsed modulation ; ~ **lengés** *(vill)* self-induced oscillation ; ~ **rezgés** self-excited vibration
öngerjesztett *l* **öngerjesztésű**
öngerjesztő *(vill)* self-exciter ; *l még* **öngerjesztésű**
öngurítós csilleváltó lejtő gravity caging
öngyújtó (pocket) lighter
öngyújtózsinór *(tex)* match cord
öngyúlás spontaneous combustion/ignition, self-/auto-ignition ; *(gépk)* after-firing ; ~**ból keletkezett tűz** spontaneous fire
öngyulladásveszélyes szénhalom *(bány)* fiery heap
öngyulladó pyrophoric, pyrophorous, spontaneously inflammable
önhajtású self-propelled
önhang *(távk)* side-tone
önhangmentes *(távk)* anti-sidetone ; ~ **távbeszélő készülék** anti-sidetone telephone set
önhangolású kör self-tuning circuit
önhordó self-carrying ; *(ép)* self-sustaining/-supported ; ~ **karosszéria** *(gépk)* chassisless structure, integral body
önhullámhossz *(rád)* natural wavelength
önhűtésű (enclosed) self-cooled ; *[transzformátor]* self-cooled
önhűtő self-cooling
önigazító self-adjusting, automatically adjusting
önindítású *(vill)* self-starting
önindító *fn* self-starter ; *(gépk)* starter ; *l még* **indítómotor** ; *mn* self--starting ; ~ **fogaskerék-bekapcsoló rugó** *(gépk)* engaging gear spring (of the starter) ; ~ **fogaskereke** *(gépk)* pinion of the starter motor ; ~ **kapcsoló** *(gépk)* starting switch ; ~**motor test-átmérője** *(gépk)* starting motor yoke diameter ; ~ **szinkron motor** self-starting synchronous motor ; **villamos** ~ electric starter
önindukció *(vill)* (self-)inductance, inductivity
önindukciós : ~ **csatolású erősítő** choke--coupled amplifier ; ~ **együttható** *(vill)* coefficient of self-induction ; ~ **kötés** reactance bond ; ~ **mező** *(vill)* self-induced field ; ~ **sínillesztés** reactance bond ; ~ **szűrő** choke filter ; ~ **tekercs** inductance (coil), reactor ; ~**tényező** *(vill)* coefficient of self-induction
önirányító *fn (rep)* self bearing
öníró registering, (self-)recording ; ~ **henger** *[műszeren]* recording cylinder; ~ **készülék** recording instrument ; ~ **mágnességmérő** magnetograph ; ~ **önműködő szabályozója** recording controller ; **szaggatottvonalas** ~ **műszer** chopper-bar recorder ; ~ **számlálό(gép)** recording meter ; ~ **szerkezet** recorder ; *(pontírású)* depressor-bar recorder ; ~ **szerkezet diagramja** record chart
önjáró *fn* locomobile ; *mn* self-propelled; *l még* **magajáró** ; *[elegy ; koh]* self--fusible, self-fluxing ; ~ **daru** automotive crane ; ~ **kaszáló rakodógép** green crop combine ; ~**képesség** locomotiveness ; ~ **keretfűrész** portable log frame ; ~ **szállítókocsi** *(bány)* cable reel shuttle car
önjavító kód *(távk)* self-correcting code
önkapacitás *(rád)* self-capacitance ; *[tekercsé]* distributed capacity *(of a coil)* self-capacitance
önkenés automatic lubrication
önkenő *(gépt)* self-lubricating ; ~ **csapágy** self-lubricated bearing, oilless bearing
önkényes arbitrary ; ~**en választott** arbitrary ; ~**en választott pontmagasság** *(geod)* spot level
önkezelési vonat work train
önkiegyenlítő *(vill)* self-aligning ; ~ **fázisfordító** *(rád)* self-balancing phase invertor
önkikapcsoló self-catching ; *(irányjelző ; gépk)* self-cancelling
önkilágyulás *(koh)* self-annealing
önkioldó *fn* automatic release(r) ; *(fényk)* automatic exposure ; *mn* self-releasing/tripping
önkioldós kapcsoló *(vill)* non-resetting switch
önkioltó *(Geiger-cső)* self-quenching
önkirakós papírgyártó gép flying Dutchman
önkisülés *(vill)* self discharge
önkisülő *[akkumulátor]* self-discharging
önkiürítés automatic discharge
önkiürítő *mn* self-discharging ; ~ **csapadékmérő** tipping-bucket rain ga(u)ge;
~ **függőveder** clamshell ; **lapos fenekű** ~ **kocsi** discharging wagon with flat bottom ; ~ **uszály** self-trimming barge
önklinkeresedés self-klinkering
önkondenzáció self-condensation
önkorreláció *(távk)* autocorrelation
önköltség first-cost price
önköltségcsökkentés reduction of production costs
önkötés *(betoné)* self-healing
önközpontosító self-cent(e)ring, self-aligning ; ~ **(pofás) tokmány** self--centring (jaw-)chuck
önkristályosodás spontaneous crystallization
önlerakó (készülék) *(tex)* cutting-down mechanism
önlevevő papírgép harper/yankee machine, M. G. machine, paper machine with automatic sheethanding
önlezáró self-sealing
önmagában zárt self-contained
önmagát : ~ **fékező** self-braking ; ~ **fenntartó** self-sustaining ; ~ **szabályozó** self-governing ; ~ **tápláló karburátor** self-feeding carburettor
önmagától lefolyó reakció spontaneous reaction
önmegállító *mn* self-catching
önmegszakító *(rád)* self-quenching ; ~ **detektor** *(rád)* self-quenched detector
önmentő készülék (oxygen) breathing equipment, self-rescuer
önmoduláció *v* **önmodulálás** self-pulsed modulation
önmorzsolódás *(bány)* cascading of coal
önmozgás *(mech)* self-movement ; *(aut)* mode of oscillation
önmozgó automotive self-moving ; ~ **jármű** automotive vehicle
önműködő automatic, self-acting, auto-
önneutralizálás *(rád)* self-neutralization
önnyíló : ~ **menetmetsző fej** releasing/self-opening die head ; ~ **menetmetsző pofatartó** self-opening die holder
önoxidáció autoxidation
önpergés *(rep)* autorotation
önrakodó *(készülék ; tex)* folder, loose fold, plaiter
önrezgés *(mech, vill)* natural oscillation/vibration ; *(vill)* self-oscillation ; ~ **frekvenciája** eigenfrequency, natural frequency ; ~ **periódusa** natural period, eigenperiod
önrezgési frekvencia natural frequency, eigenfrequency
önrezgésszám natural frequency
önrögzítő berendezés *(vill)* self-clipping device
önrögzítős kézifék pull-on hand brake
önsebesség *(rep)* true air speed
önstabilitás autostability
önsúly dead load/weight, unladen/tare/empty weight
önszabályozás self-adjustment/-regulation, autocontrol
önszabályozó self-adjusting ; ~ **ellenállás** *(szellőzőmotoron)* fan-duty resistor ; ~ **előgyújtás** pivoting advance
önszaggatás *(távk)* self-quenching, self--squegging, self-interrupter
önszaggató detektor *(rád)* self-quenched detector
önszellőztető self-ventilated
önszínező papír *(fényk)* self-toning paper

önszinkronozó *(mech)* self-synchronizing
önszinkronozott self-synchronous
önszívó gőzlövettyű-injektor restarting injector
önt pour, cast (in), found ; **alsó** *v* **felszálló öntéssel** ~ *(önt)* cast from bottom ; **felülről** ~ cast/pour from the top ; **formába** ~ *(alakít)* shape ; *(önt)* cast into a mould ; **kokillába** ~ die-cast ; **maggal** ~ cast hollow ; **mag nélkül** ~ cast without core ; **öntőformákba** ~ cast in moulds
öntámasztós dugattyú unsupported piston
öntartó self-retaining ; *(relé)* self-holding
öntecs ingot, casting block ; *(cipó)* pig ; *(nemesfémé)* boullion
öntecsbuktató ingot tumbler
öntecsfogó block ingot tongs/dogs ; ~ **daru** crane with tongs for ingots
öntecsfül lobe
öntecsgödör ingot pit
öntecshevítő kemence ingot furnace
öntecskokilla ingot mould
öntecslehúzás stripping
öntecslehúzó *fn* stripper
öntecsleszúró gép ingot-slicing machine
öntecsnagyoló *fn* ingot lathe
öntecsprés alligator squeezer
öntecsrakodó daru block crane
öntecssapka hot top
öntecsszállító kocsi block truck
öntecstisztítás fettling
öntecstisztító munkás cleaner-up
öntecsvágó olló slab shears
öntecsvég crop end
öntés casting, pouring ; ~ **állóhelyzetben** pouring on end ; **alsó** ~ bottom casting ; **felső** ~ *(önt)* top pour ; **felszálló** ~ bottom/ascensional cast(ing) ; **finom szemcséjű** ~ close-grained casting ; **formában megakadt** ~ misrun casting ; ~ **formákba** mould casting ; ~ **gödörben** pit casting ; **közvetlen** ~ *(felülről)* top pouring ; ~ **nyitott homokformába** open-sand casting ; **nyomás alatti** *v* **nyomásos** ~ pressure (die) casting ; **pörgetett** ~ centrifugal casting ; **precíziós** ~ precision casting ; ~ **száraz formába** dry casting ; **szürke** ~ grey casting ; **zuhanó** ~ top pouring, top-poured casting
öntési *l még* **öntő** ; ~ **alakváltozás** casting strain ; ~ **él** cast seam ; ~ **heg** feather ; ~ **holtfej** riser ; ~ **hőfok** *(önt)* pouring point ; ~ **hulladék** cast scrap ; ~ **méret** pattern size ; ~ **munka** foundry work ; ~ **próba** pour test ; ~ **selejt** offcast ; ~ **sorja** cast(ing) seam, flash ; ~ **szegély** tang ; ~ **szoborminta** proplasm
öntéskéreg casting skin
öntésvarrat cast seam
önthető pourable
önthetőség castability, fluidity
öntisztítás self-purification
öntisztító *mn* self-cleaning ; *fn* autoeductor ; ~ **érintkező** rubbing/self--cleaning contact ; ~ **rostély** self--cleaning grizzly
öntisztulás *(hidr)* self-purification
öntisztuló *(gumi)* self-cleaning
öntő : ~ **berendezés** *(öntőüstnél)* ladle pouring appliance ; ~ **hegesztés** *l* **öntőhegesztés**
öntőágy casting bay
öntőcsarnok casting house/bay
öntőcsatorna *(önt)* pouring gate ; **függőleges** ~ runner pipe, funnel ; **golyós** ~ ball gate
öntőcsinga *(nyomda)* flash
öntőcsonk *(önt)* lug
öntődaru casting/pouring crane
öntőde foundry
öntődei : ~ **daru** pouring/casting crane ; ~ **fémhulladék** foundry scrap ; ~ **forgódaru** foundry slewing crane ; ~ **futódaru** foundry traveller (crane) ; ~ **grafit** graphite for foundry use, plumbago ; ~ **homok** mould(ing) sand ; ~ **koksz** fondry coke ; ~ **kúpolókemence** foundry cupola ; ~ **lapát** square foundry shovel ; ~ **mag** core ; ~ **nyersvas** foundry pig (iron) ; ~ **rosta** foundry sieve ; ~ **szárítókemence** foundry stove
öntőedény *(kis lapos ; nemesfémhez)* skillet
öntőfej *(kokillán)* top discard, waste head
öntőforma mould ; *(fémből)* die ; *(nyomda)* mat ; **állandó** ~ permanent mould ; ~ **alsó szekrénye** bottom flask, drag ; ~ **bedöngölése** ramming--down of mould ; ~ **beömlő csatornája** down-gate of mould ; ~ **beömlő medencéje** pouring basin of mould ; ~ **fekecselése** mould (liquid) blacking ; **félig-állandó** ~ semi-permanent mould; ~ **felső szekrénye** top flask, cope ; ~ **fenekére terített homok** floor sand ; **fröccsöntő** ~ *(gumi ; vegy)* injection mould ; *(önt)* pressure-casting die ; **háromrészes** ~ **középső szekrénye** cheek ; ~ **magja** foundry core ; **öntöttvas** ~ chill mould ; **szárított** ~ baked mould
öntőforma-alkatrészek mould splits
öntőforma-eltolódás shift
öntőforma-fedőanyag moulding clay
öntőformakeret flask
öntőformakészítés alakzólemezzel plate/templet moulding
öntőformamag core ; ~ **útján készült lyuk** *(nem furat)* cored hole
öntőgarat mill hopper
öntőgép *(koh)* pig machine ; *(nyomda)* caster
öntőgödör foundry/pouring/casting pit
öntőgödördaru casting-pit crane
öntőhegesztés fusion welding ; *(formával)* cast/mould welding
öntőhomok backing sand
öntőkád tun-dish
öntőkanál casting/pouring ladle ; ~ **csőre** *(nyomda)* geat
öntőkeret casting box
öntőkocsi foundry/casting car/truck
öntőlap casting plate/table
öntöltő self-loading ; *(fényk)* auto--load ; ~ **fegyver** self-loader ; ~ **rakodófej** *(bány)* loading head ; ~ **saraboló** scraper loader ; ~ **tartály** self-priming tank
öntőmag core ; ~ **belső (tartó)tömbje** dummy block ; **rázógép** ~ **kirázására** *(önt)* core jolter ; **szárított** ~ baked core
öntőminta foundry pattern/model
öntőminta-csap *v* **-ék** pattern pin
öntömítő self-sealing ; ~ **tömlő** puncture-sealing inner tube
öntőmunkás *(koh)* teemer
öntőműhely foundry
öntőnyílás *l* **öntőcsatorna**
öntőprés crocodile press
öntőszáj *(önt)* pouring gate
öntőszekrény *l* **formaszekrény**
öntőtégely casting crucible
öntőtölcsér running gate/sprue, ingate
öntőtölcsérnyílás dugasza gate pin
öntött cast, molten, fused ; ~ **acél** cast steel ; ~ **áru** *(pa)* casting ; ~ **beton** floated concrete ; ~**borda** cast on rib ; **egy darabban** ~ cast integral/solid ; **egy darabban** ~ **csapágy** integral bearing ; **egy darabban** ~ **hengerfej** integral cylinder head ; ~ **fogazat** cast toothing ; **formába** ~ moulded ; **helyben** ~ cast in situ ; ~ **padló** jointless floor ; ~ **padlóburkolat** composition flooring
öntöttacél steel-cast
öntöttvas cast iron, C. I. ; ~ **bélés** cast--iron lining ; **faszénnel kohósított** ~ charcoal-hearth cast iron ; **fehér** ~ white cast iron ; ~ **fehérkéreg- próbája** chill test ; **feles** ~ mottled cast iron ; ~ **forma** *(önt)* chill mould ; ~ **hulladék** cast scrap ; **hulladékból újraöntött** ~ secondary cast iron, cast iron of second melting ; **kétszer olvasztott** ~ duplex iron ; **kovácsolható** ~ malleable cast-iron ; ~ **öntőforma** iron/chill mould ; ~ **öntőminta** iron pattern ; **ötvözött** ~ alloy cast iron ; ~ **retorta** *(vegy)* slip ; **szürke** ~ grey cast iron ; ~ **termitkeverék** *(heg)* cast iron thermite
öntöttvas- cast-iron
öntöttvas-grafitosítás graphitization of cast iron
öntőudvar casting yard
öntőüst pouring/casting ladle ; **csőrös** ~ lip-pouring ladle ; **fenékdugós** ~ bottom-pouring ladle
öntőüstbillentés tipping of ladle
öntőüstcsőr *(kiöntő)* ladle lip
öntőüstfalazó tégla ladle brick
öntőüstfüggesztő kengyel ladle support
öntőüstház ladle shell
öntőüstjárom *(függesztő tartó)* ladle hangers
öntőüst-kifolyónyílás ladle nozzle
öntőüstkocsi *l* **öntőkocsi**
öntőüstköpeny ladle casing/shell
öntőüstszállító villa carrier fork
öntőüstvezeték ladle guide
öntőüstvilla ladle shank
öntővályú pouring spout
öntőveder *l* **öntőüst** ; ~**ből vett minta** ladle sample
öntővederkocsi *l* **öntőkocsi**
öntővedertartó kengyel laddle barrow
öntőviasz casting wax
öntöz water, drench, sprinkle, irrigate, flood ; *(bány)* wet
öntözés *vö* **öntöz** ; **árasztásos** ~ *(mzg)* basin method of irrigation ; **árasztó** *(ágyas)* ~ border irrigation ; ~**re berendezett terület** irrigation area ; ~ **emelőművel** overhead irrigation ; ~ **folyamatos vízsugárral** *v* **vízadaggal** continuous-flow irrigation ; **kalickás** ~ *(mzg)* basin method of irrigation ; **permetező** ~ spray irrigation ; ~ **szennyvízzel** irrigation sewage disposal ; ~ **víztartányból** basin irrigation
öntözési : ~ **terület** sprinkling bed ; ~ **vízszükséglet** water demand for irrigation

öntözéstechnika irrigation engineering
öntöző : ~ berendezés irrigation plant ; **~csatorna** irrigation canal/channel ; **~ gépjármű** motor water-car; **~rendszer** irrigation system
öntözőárok *l* **öntöző : ~ csatorna**
öntözőárokhúzó *(eke)* crowder
öntözőbarázdahúzó készülék *(mzg)* Montrose marker
öntözőcső spout
öntözőkanna sprinkling can ; *(rózsával)* nozzle sprayer ; **~ rózsája** rose ; **~ szórófeje** nozzle sprayer
öntözőkerék irrigating wheel
öntözőkocsi sprinkling truck, watering vehicle/car
öntözővíz tárolására épült völgyzárógát reclamation dam
öntözőzsilip drainage and irrigation sluice /lock
öntvény casting, moulding ; **~** *(belső)* **feszültsége** casting stress ; **hólyagos ~** casting with blowholes ; **lágyított ~** annealed casting ; **~ revekérge** casting skin
öntvényforma *l* **öntőforma**
öntvényfül lug
öntvényhólyag *l* **hólyag**
öntvénykaparék foundry dross
öntvénykéreg skin
öntvénykibontás stripping
öntvénymag-bélésrúd core rod
öntvénymatrica casting matrix
öntvényrepedés casting flaw
öntvényselejt waste casting
öntvénysorja flash
öntvényszem moulded-on lug
öntvénytisztítás chipping off ; **~ homokfúvással** abrasive cleaning
öntvénytisztító : ~ dob rattle barrel, rattler, cleaning drum ; **~ gép** cleaning apparatus for castings, snagging machine ; **~ helyiség** rumble room ; **~ huzalseprő** casting wire besom ; **~ kefe** steel wire brush, moulder's brush ; *(lapos acélhuzalból)* coarse steel wire brush ; **~ korong** snagging wheel ; **~ lyukvéső** cropping punch ; **~ műhely** dressing shop ; **~ por** *(koptatóban)* tumbling powder ; **~ sörét** grit
öntvényvezeték casting conductor
öntvényzúzó kos tup
önürítő self-discharging ; *(szivattyú)* self-draining ; **~ csille** self-dumping car ; **~ fúró** *(bány)* self-emptying borer ; **~ kocsi** self-discharging car ; **~ kocsiszekrény** *(gépk)* dump body ; **~ szállítóbödön** *(bány)* skep
önüvegesedés *(ker)* self-klinkering
önvédő *mn (rád)* self-protecting
önvisszaállító *(relé v kapcsoló)* self--reset
önvisszalökés *(vill)* self-repulsion
önvisszatartás self-retention
önvisszatérés *(szink)* self-reversal
önvulkanizálás self-/auto-vulcanizing
önvulkanizáló *mn* auto-/self-vulcanizing ; **~ enyv** *v* **ragasztószer** self--curing cement ; **~ keverék** auto-vulcanizing stock
önzajszint *(rád)* inherent noise level
önzáró *mn* self-closing ; *(gépt)* self--locking ; *(oszcillátorcső)* self-quenching ; **~** *(önbiztosító)* **anya** self--locking nut ; **~ áramkör** stick circuit ; **~ csap** self-closing cock ; **~ csavar** self-catching screw ; **~ csavarhajtás** irreversible worm drive ; **~ differenciálmű** *(gépk)* self-locking differential ; **~ edény** *(gépk)* closed--pressure vat ; **~ ék** self-locking key ; **~ fék** self-closing brake ; **~ kormánymű** *(gépk)* nonreversible steering ; **~szelep** self-closing valve ; **~ tartály** *(rep)* self-sealing fuel tank
őrbódé lodge
ördöggörbe *(mat)* devil's curve
ördögköröm *(horgonylánc rögzítésére)* devil's claw
öregedés seasoning, curing ; *(hők)* ageing ; *(gumi)* degradation ; *(mágnesé ; vill)* maturing ; *(mesterségesen)* **gyorsított ~** *(gumi)* accelerated ageing ; **~ hőhatásra** *(koh)* thermal ageing ; **~sel szembeni ellenállás** ageing resistance ; **~ és szilárdság közötti összefüggés** *(anyagv)* age-strength relation ; **természetes ~** *(anyagv)* age hardening
öregedésállóság *(anyagv)* ageing resistance
öregedésgátló anti-ageing ; **~ szer** anti-ager, antideteriorant, ageing retarder
öregedési : ~ ellenállás *(anyagv)* ageing resistance ; **~ hajlam** *(koh)* sensitivity to ageing ; **~ vizsgálat a Gear-kemencében** *(gumi)* Gear test
öregfa boom brace
öreg hamvas *v* **meszes** *fn (bőr)* stale lime
öregít *(ált)* age, season ; *(hők)* age (-harden)
öregítés *(hők)* ag(e)ing ; *(mesterségesen)* **gyorsított ~** *(gumi)* accelerated ageing ; **mesterséges ~** *(koh)* artificial ag(e)ing
öregítési : mesterséges ~ vizsgálat *(gumi)* accelerated ageing test ; **~ próba** *v* **vizsgálat** *(anyagv)* ageing test
öregített *(koh)* seasoned
öregítővizsgálat *(légköri viszonyok között)* weathering test
öregkalapács uphand hammer
őrellenőrző óra watch clock
őrfal *(hidr)* foundation sill
őrfény watch light
őrház *(vasút)* watchman's house
őrjáratellenőrző berendezés watchman's control system
őrkabin *(hajó)* roundhouse
őrlemény *(élip)* grist
őrlendő anyag *(pa)* beating material
őrlés *(élip, pa)* grinding, milling ; *(hollandiban ; pa)* beating ; *(takarmányé)* rolling ; **osztályozott ~** classified grinding
őrlésfokemelés *(pa)* lower freeness
őrlésfokmérő *(pa)* freeness/beating tester
őrlési : ~ díj *(élip)* miller's charges ; **~ eljárás** milling process ; **~ fok** *(pa)* beating degree ; **~ fok növekedése** *(pa)* beating rate ; **~ folyamat** *(pa)* beating process ; **~por** mill dust
őrléstartam *(pa)* duration of beating
őrlő *fn (pa)* whirler ; **~felület** *(malomkő barázdái közt)* field ; **~ hollandi** *(pa)* beater, beating engine, refining pulp engine ; **~ készülék** *(pa)* milling machine
őrlődés pulverization
őrlődob *(pa)* knife drum ; *(hollandi ; pa)* beating roll
őrlőgép grinding/milling machine, grinder, mill ; *(fahulladék rostosításához)* hog ; *(ép)* disintegrating mill ; *(fűrészhulladék aprítására ; fa)* hog ; *(mzg)* feed grinder ; **centrifugális ~** centrifugal disintegrator
őrlőgolyó *(golyósmalomban)* crushing/ grinding ball
őrlőhenger crushing cylinder
őrlőkorong grinding plate
őrlőkő *(élip)* millstone runner ; *(pa)* millstone
őrlőköves malom millstone grinding mill
őrlőkúp grinding cone
őrlőmalom grinding mill, pulverizer ; *(bány)* stamper ; *(ép)* disintegrator ; *(cementgyártáshoz)* cement mill ; **Raymond-féle ~** Raymond bowl mill
örök hó határa *(földt, met)* snow-line
őröl mill, crush, grind, pulverate ; *(pa)* beat *is* ; **porrá ~** triturate, pulverize
őrölhetőség grindability
őrölt milled, crushed, ground, floured; **~ agyag** milled clay ; **~ cserkéreg** ground bark ; **~ enyv** ground glue ; **~ foszfát** ground phosphate ; **~ gipsz** *(trágyázásra)* land plaster ; **~ hulladék** ground waste ; **~ marónátron** ground caustic ; **~ mészkő** ground chalk ; **soványra ~** *(pa)* free-beaten ; **~ Thomas-salak** ground basic slag ; **~ vulkanizált gumi** shoddy
őröltszén-tároló hombár crushed coal storage bin
őr-tű *(kh)* drop pin
örvény *(hidr, rep)* swirl, whirlpool, eddy, vortex ; *(met)* curl ; *(szérelésnél)* vortex ; *(földt, hidr)* rapid *is* ; **~ a hengerben** *(gépk)* rotary swirl ; **kötött ~** *(rep)* bound vortex ; **~ a légcsavaragynál** boss eddy ; **tengelyirányú ~** *(hidr, rep)* axial vortex
örvény- vortical, vortex, eddy-
örvényáram *(vill)* eddy/Foucault current ; **~ok elleni burkolat** eddy-current sheath
örvényáramfék eddy-current brake
örvényáramveszteség eddy-current loss
örvénycső vortex/whirl tube
örvényerőtér rotary field
örvényes turbid ; *(rep)* turbulent
örvénygép *l* **turbina**
örvénygyűrű *(hidr)* whirl ring ; *(rep)* vortex ring
örvénykamra *(gépk)* swirl/vortex chamber
örvénykeltő ellenállás *(hajó)* eddy--making resistance
örvényképződés eddying
örvénykúp vortex cone
örvénylemez *(rep)* vortex sheet
örvénylés eddying, swirling, whirling, turbulence, spinning/stirring motion
örvénylik eddy, swirl, whirl, spin
örvénylő *vö* **örvénylik** ; **~ áramlás** vortex flow ; **~ mozgás** vortex motion ; **~ tüzelőanyagbefecskendezés** swirl fuel injection
örvénymentes : ~ áramlás *(hidr)* laminar flow ; **~ mező** *(vill)* lamellar field ; **~ mozgás** irrotational motion
örvénypálya *(rep)* vortex street
örvénysor *(rep)* vortex band
örvényszál vortex filament ; **~ eltűnése** *v* **eloszlása** *(hidr)* eddy diffusion
örvényszivattyú turbine pump
örvénytér eddy field
örvényzóna eddy field

örvlap *(motorburkolaton; rep)* cowl flap
örvlap-vezérlés cowling-gill control
ősállapot *(kontinensé; földt)* nuclear stage
őserdő virgin forest
őserdőfa veteran tree
ősfolyó *(földt)* original/antecedent river
ősföldrajz paleogeography
őshegység *(földt)* primary rocks
ősi pajzs *(földt)* nuclear lands
őskiadás *(nyomda)* editio princeps
őskori *(földt)* primitive; ~ **élet** *(földt)* primordial life
őskőzetek *(földt)* paleotypal rocks
őslénytan pal(e)ontology
ősmadarak *(földt)* archaeornithes
ősminta prototype model
ősnövénytan *(földt)* paleobotany
ősnyomtatvány *(nyomda)* early-printed book
őspéldány *(gépé)* prototype
őstermelő ipar genetic industry
őstípus prototype
ösvény lane, trail, track, path; *(emberek számára; bány)* manway raise
ősvíz *(földt)* connate water
őszi: ~ **cipőkollekció** harvest range; fall range *(US)*; ~ **fa** *(pa)* late wood; ~ **nyírású gyapjú** harvest wool; fall wool *(US)*
őszibarackmag-olaj persic oil, apricot/peach kernel oil
összáttétel *(gépk)* overall gear-ratio
összeácsol *(ép)* timber
összead *(mat)* add, sum
összeadandó *(mat)* summand, addend
összeadás *(mat)* addition
összeadási végeredmény grand total
összeadásjel *(mat)* sign of addition
összeadó: ~ **gép** adding machine; ~ **kerék** *(számológépen)* addition wheel
összeadódik *[mágneses fluxusok]* add, aid
összeakaszkodik mesh
összeáll agglomerate, aggregate; *[csapadék]* coagulate; *(gumi)* bunch up
összeállás *vö* **összeáll**
összeállít compose, aggregate, compound; *(gépet)* fit together, assemble; **élelemadagot** ~ balance a ration; **szerelvényt** ~ *(vasút)* make up a train; **takarmányadagot** ~ balance a ration; **tervet** ~ draw up
összeállítás set(up), assembly, confection, constitution, erection; ~ **szerelőpadon** bench assembly
összeállítási rajz general arrangement drawing; *(szerelési)* assembly drawing
összeállítható *l* **osztott, többrészes**
összeállító műhely *(film)* editing room
összeállított mounted
összeálló compact
összeállóképesség coagulability
összeaszás *(fa)* working
összebogoz *(tex)* knot
összebogozódás kink
összebonyolít *(tex)* implicate, ravel
összebonyolódott *(tex)* entangled
összecsapolás *(fa)* mortise-and-tenon joint
összecsapolt gerenda scarf-built beam
összecsatol link/lace up
összecsavar screw up; *(fúráshoz csöveket)* make up
összecsavarodás *(nyersselyemé)* corkscrews
összecsavaroz bolt, screw
összecsavarozás bolting, bolted/screwed joint
összecsavarozott csatlakozás screwed coupling
összecsengés chime(s)
összecsengő assonant; **nem** ~ dissonant
összecsíp clench
összecsiszol lap (in)
összecsiszolás lapping-in
összecsomósodás *(tex)* kink, clogging
összecsomósodik *(tex)* clog
összecsomóz *(tex)* bundle, knot
összecsuk *[összecsukható bútort]* fold up; **motollát** ~ close up the reel
összecsukható folding, collapsible; ~ **antenna** collapsible aerial; *(antennaoszlop)* collapsing mast; ~ **fogantyú** collapsible handle; **kétszeresen** ~ **szárny** *(rep)* double-folding wing; ~ **lábú asztal** gate-legged table; ~ **létra** folding stairs; ~ **tető** *(gépk)* collapsible top
összecsuklás collapse
összecsuklik crumple up, collapse, buckle
összecsukló áramszedő trolley pantograph
összecsukódik *l* **összecsuklik**
összedőlés breakdown, failure, collapse
összedugaszol *(távk)* patch, plug up
összeég(et) cake
összeégett anyag cake
összeegyeztet accommodate, adjust, match(up), coordinate, reconcile; **végévével** ~ butt
összeegyeztetés *(radarjeleké)* pip matching
összeenyvez glue up/together
összeenyvezett tárgyakat szétválaszt unglue
összeépítés assembly, putting together
összeépített: ~ **hűtőgépegység** packaged refrigerator; ~ **tömb** monoblock
összeér abut
összeereszt run, splice, seam, abut
összeeresztett *(felsőrész; cipő)* jointed; *[felsőrész-alkatrészek; cipő]* butted
összeerősít compact, hitch, frame; *(ép)* brace, stitch
összeerősítés: ~ **átvert és a másik oldalon visszagörbített szegekkel** clinch nailing; ~ **csavarokkal** screw fastening
összeesik *(távk)* coincide
összefog clamp, clasp, fasten; *(vaskapoccsal)* cramp
összefogás *vö* **összefog**; *(fonalvégződéseknél; tex)* seizing
összefoglaló időjárásjelentés synoptic weather message
összefogólemez clamp plate
összefolyás fusion, confluence; *(fényt)* melting; *(földt)* junction; *(nyomda)* ride
összefolyik *(nyomda)* ride
összefolyó *fn (ép)* channel head, soakaway
összefon braid, interweave, knit, pleat; *(kötélvéget)* splice
összefonás *vö* **összefon**
összefonódás meshing; *(bány)* coherence
összefonódik mesh, wreathe
összefont tangled, laced; ~ **kötélkapcsolat** spliced/interlaced joint
összeforraszt solder (up)
összefut converge; *(tej)* turn
összefutás convergence
összefutó concurrent, convergent; ~ **gyűrődések** *(földt)* converged folds
összefügg cohere; *l még* **függ**
összefüggés coherence, cohesion, connection; *(mat)* relation(ship); ~**be hoz** coordinate; ~ **nélküli** incoherent
összefüggésbehozás co-ordination
összefüggéstelen discontinuous, incoherent
összefüggő coherent, consistent, continuous; **nem** ~ discrete; ~ **sor** *(ép)* set
összefűz lace up, interlace, interknit, interlink; *(központokat; távk)* common; **huzalkapcsokkal** ~ staple; **szalaggal** ~ tape
összefűzés *(tex)* clasping, lacing, uniting
összefűző (vas)pánt lacing bar
összeg amount; *(mat)* sum
összegez *(mat)* sum (up)
összegezés *(mat)* summation
összegezési: ~ **jel** *(mat)* sign of summation; ~ **törvény** *(műszeré)* summation law
összegezhetőség *(mat)* summability
összegező *(mat)* additive; *(számológép)* integrating; ~ **áramszámláló** *(vill)* integrating current meter; ~ **erősítő** *(rád)* summing amplifier; ~ **lyukasztó** *(lyukkártyákhoz)* (electric) card summary punch; ~ **másolás színes fényképezésnél** integral printing
összegeződő feszültség elve *(mech)* principle of superimposed stress
összegfrekvencia *(rád)* sum/heterodyne frequency
összeghang summary tone
összegíró gomb *(statisztikai gépen)* reset key
összegkártyák felüllyukasztása summary punch control
összegkiíró művelet *(statisztikai gépen)* total cycle
összegöngyöl coil, bundle
összegubancol *(fonalat, stb)* snarl
összegubancolódik *[telefonzsinór]* kink
összegyűjt agglomerate, aggregate, collect; **gázt vmi felett** ~ confine the gas over sthg
összegyűjtés *vö* **összegyűjt**
összegyűjtött cumulative
összegyülemlés agglomeration
összegyűr crumple, crease, wrinkle
összehajt fold (up); *(pa)* double
összehajtás ply(ing)
összehajtható folding, fold-flat, collapsible; ~ **festőállvány** sketching-case; ~ **fogantyú** strick handle; ~ **mérővessző** folding rule; ~ **motolla** collapsible racer; ~ **szálolvasó** *v* **szövetsűrűségmérő** *(tex)* folding piece-glass; ~ **tető oldalkerete** *(gépk)* side curtain; ~ **vászon szerszámtáska** canvas tool roll
összehalmozott *l* **halmozott**
összehangol harmonize; *(szint)* match; *(rád)* syntonize
összehangolás co-ordination; *[képtávíróé]* phasing; *[hangolt köröké]* tracking; *[frekvenciáé]* synchronization; *(rád)* padding, syntony
összehangolási jel *[képtávírón]* phasing line

összehangoló kondenzátor *[skálához]* padding condenser
összehangolt *(rád)* syntonic ; **~ objektívek** *(fényk)* matched lenses
összehangzó harmonic ; **nem ~** dissonant
összehasogat chap
összehasonlít *(vvel)* compare *(to)*
összehasonlítás comparison ; *(mintáké)* resampling
összehasonlítási pont *(aut)* point of reference, reference point
összehasonlítható *(vvel)* comparable *(to)*
összehasonlító *fn* comparison measurer ; **~ adatok** comparative data ; **~ csillag** *(fényességmérésnél)* reference/comparison star ; **~ darab** masterblock ; **~ elektród** *(aut)* reference electrode ; **~ ellenállás** comparative resistance ; **~ érték** *(aut)* reference value ; **~ feketedési skála** *(fényk)* density standard ; **~ fény** *(fényt)* basic stimulus ; **~ fényességmérő** comparative glossmeter ; **~ fénymérő** *(fényt)* equality of brightness photometer ; **~ görbe** comparison curve ; **~ idomszer** reference ga(u)ge, comparator ; **~ kalibrálás** comparative calibration ; **~ lámpa** comparison lamp ; **~ megvilágításmérő** contrast photometer ; **~ műszer** *(képkoordináták lemérésére)* comparator ; **~ olaj-viszkozitásmérő** leptometer ; **~ sík** *(geod)* by-level ; **~ skála** *(csillagfényesség mérésére)* step-scale ; **~ színkép-fénykép** master spectrogram ; **~ szint** *(geod)* datum level ; **~ vizsgálat** comparative test ; **~ vonalpár** *(szink)* fixation pair
összehegeszt *l* **hegeszt**
összehordás *(nyomda)* collating, gathering
összehurkol hitch
összehúz contract ; *(ép)* truss ; *(ráncokat)* take up ; **csigasort teljesen ~** chock a block
összehúzó : ~ csavar coupling bolt ; **~ odor** reducing die ; **~ öltés** *(tex)* tuck stitch ; **~pánt** *v* **-kengyel** *(melegen felhúzott)* shrink link
összehúzódás constriction, contract(ion), shrink(ing), shrinkage ; **~ szilárd halmazállapotban** solid contraction
összehúzódási repedés *(földt)* joint/fissure of retreat
összehúzódik contract, shrink
összehúzódó képesség contracti(bi)lity
összeilleszt *stb l* **illeszt** *stb*
összeillik match, suit, fit together
összeillő mating, matching ; **~ vég** *(ép, fa)* butt end
összejelölés match mark
összekapcsol combine, link (up), engage; *l még* **köt**; *(vaskapoccsal)* cramp; *(készüléket kipróbálás céljából)* lash-up ; *(telefonelőfizetőt)* put through ; *[központ előfizetői vonalakat]* interconnect
összekapcsolás *vö* **összekapcsol**
összekapcsolódás *l* **összekapcsolás**
összekapcsolódik engage ; *l még* **összekapcsol**
összekapcsolódott adherent
összekapcsolt jointed, conjugate ; **csuklósan ~** *(gépt)* articulated ; **~ ellenőrző készülékek** *(vill)* interconnected controls ; **~ kormányszervek** *(rep)* interconnected controls

összekever compound, (inter)mingle, (inter)mix, agitate, blend ; **előre ~** premix
összekeverés *vö* **összekever**
összekevert : szállítás alatt ~ mixed en route
összekopogtatás *(ellenvájatok hajtásánál ; bány)* jowling
összeköt combine, (inter)connect, interknit; *l még* **köt, kapcsol, összekapcsol** ; *[láncot, horoggal]* shackle ; *(fonalvéget ; tex)* piece (the end) ; **csavarral ~** bolt up ; **faszeggel ~** peg together ; **karimákat ~** connect the flanges
összekötés *vö* **összeköt** ; *(bány)* seam ; *(gépt)* engagement ; *(távk)* interconnection ; *(fonalszakadásnál ; tex)* linking
összekötő *fn* brace ; *(bány)* cross ; *(vasút)* lashing ; **~ alkatrész** interconnecting/intermediate piece ; **~ anya** coupling nut ; **~ áramkör** *(keresztösszeköttetés)* link/trunk circuit ; **~ áramkört kereső gép** link finder ; **~ áttörés** *(bány)* cross heading ; **~ csap** *(vízhez)* coupling cock ; *(kötőelem)* tie bolt ; **~ csatorna** communication band/channel ; **~csavar** coupling bolt ; **~cső** connecting pipe/tube ; **~ csővezeték** junction line ; **~darab** connection/junction piece, connector (piece) ; **~doboz** box junction ; **~dugasz** *(távk)* link plug ; **~fa** bracing ; **~elem** *(fríz)* frame-piece; **~ feltörés** *(bány)* holing raise to upper drift ; **~ folyosó** communication hall ; **~ főcím** *(film)* bridging title ; **~ gerenda** connecting beam/traverse ; *(pontonhídon)* balk ; *(tex)* binder bar ; **~ gyűrű** *(gépt)* tie ring ; **~heveder** tie plate ; *(gerendatoldáshoz ; ép)* scab ; **~ híd** *(fedélzeti ; hajó)* deck stage ; **~ huzal** connecting wire ; **~ húzott (merevítő)elem** *(ép)* tie ; **~ idomdarab** headpiece ; **~ kábel** junction cable ; **~ karmantyú** clutch/coupling sleeve ; **~kengyel** *(ép)* tie member ; **~ könyökcső** bend connector, connecting bend ; **~lánc** *(bány)* bridle chain ; **~ lemez** lap/joint plate ; **~ merevítő** stay tube ; **~ nyitott láncszem** split link ; **~ oxigén-atom** bridge oxygen ; **~ pánt** latch, band ; **~ pecek** connecting tag ; **~ pontsorhegesztés** *(átfedő pontokkal)* bridge spot weld ; **~ repülőgép** liaison/intercommunication aircraft ; **~ rész** *(ép)* link, tie member ; **~ rúd** tie/joint/connecting rod/bar ; **~ rudazat** *(bány)* string rods ; **~ rugó** joint spring ; **~sín** connecting band ; **~szalag** link belt ; **~ szállítóvágat** *(bány)* counter-gangway ; **~ szorító** *(felső vezetékhez)* connecting clamp ; **~ szögvas** connecting angle ; **~ tag** interconnecting piece, link ; *(ép)* cross transom ; **~tömb** *(ép)* link block ; **~tömlő** connection hose ; **~ tüske** *(kombinált zár lemezein)* fence arbor ; **~ út** through road, by-road, by-pass; **~ U-tartó** tie-channel; *(gépk)* top channel ; **~ vágat** *(bány)* cut/breakthrough, cross/dog heading ; **~ vezeték** *(vill)* loop wire ; **~ vonal** *(út)* link ; *(két központ között ; távk)* junction route *(UK)* ; trunk circuit, inter-exchange junction circuit *(US)* ; *(vasút)* cross/junction line ; **~vonal áramköre** *(távk)* trunk circuit ; **~ zsinór** connecting cord
összekötött tied-up, associated ; *vö még* **összeköt** ; **~ erek** *(földt)* spliced veins ; **~ meder** *(hidr)* connected bed ; **~ párok** *(mintakiírásban ; tex)* hyphenated pairs
összekötöz bind, tie, rope, lash, lace up ; *(ép)* knot, truss
összekötözés *(szakadt fonalé ; tex)* piecing-up
összeköttetés liaison, (inter)communication, connection ; *(ép)* lashing, trussing ; *(távk)* (inter)connection ; **irányított ~** *(rád)* beam communication ; **~ek kihasználtsága** *(távk)* effective call time ; **közvetlen ~** *(távk)* direct trunking ; **~t létrehoz** *(távk)* establish a call ; **~ megszakítása** *(rád)* interception
összekuszál *(tex)* ravel
összekuszálódott *(tex)* crossed, entangled, tangly ; **~ elemi szálak** *(tex)* crossed fibres ; **~ matring** sticky skein
összeláncol concatenate, link (up)
összelapított oblate ; **~ zárványok** implanted globules
összelapol scarf
összelapul collapse
összelapulás flattening, collapse
összemarkol catch
összemegy *(tex)* shrink
összemér ga(u)ge
összemérhetetlenség incommensurability
összemérhető commensurate
összemosott hordalék *(földt)* surface wash
összeműködés interworking, cooperation
összeműködő concurrent, cooperating
összenő intergrow
összenőtt : ~ anyag *(földt)* sutural texture ; **~ érc** coalescent ore ; **~ szem** *(koh)* included grain ; **~ szövet** *(földt)* sutural texture
összenövés coalescence
összenövési sík *(ikerkristályoknál)* composition plane
összenyom squeeze, compress, constrain; *(csavarral)* screw ; **szorosan ~** compact
összenyomás compression ; *(bány)* contraction
összenyomási szféra *v* **zóna** *(földt)* shell of compression
összenyomhatatlan incompressible ; **~ folyadék** incompressible fluid ; **~ folyadék áramlása** incompressible flow
összenyomhatatlanság incompressibility
összenyomható compressible, coercible ; **~ áramlás** compressible flow ; **~ csőtápvonal** squeezable waveguide ; **~ folyadék** compressible fluid ; **össze nem nyomható** *l* **összenyomhatatlan**
összenyomhatóság compressibility, coercibility
összenyomhatósági: ~ modulusz *(mech)* modulus of compressibility ; **~ tényező** compressibility factor
összenyomó *fn* compressor
összenyomódás compression strain ; *(bány)* reduced width ; *(gumi)* deflection, deflexion
összenyomódik contract, constrain
összenyomott *(mech)* compressed ; *(belapult)* oblate ; *(földt)* reduced ;

érintkezésig ~ *(rugó)* compressed solid ; **~ szén** *(bány)* shaken coal
összeolvad coalesce
összeolvaszt flux, fuse
összeolvasztás heat fusion
összeolvasztott fused
összeomlás crash, collapse
összeomlik break down, crash, collapse
összeomló ácsolat *(bány)* deteriorate timber
összeölt *(tex)* stitch
összeprésel force together, agglomerate ; *l még* **összenyom**
összepréselődik agglomerate
összeragad cement, agglomerate
összeragadás agglomeration ; *(tex)* sticking (together), agglutination, adhering
összeragadó *(tex)* agglutinant, agglutinative, sticking (together)
összeragaszt cement, glue, stick, agglutinate ; **két szövetet gumival ~** double; *(kézihengernyomással ; gumi)* stitch
összeragasztás *vö* **összeragaszt**
összeragasztott tárgyakat szétválaszt ungum
összerágódás chafing
összerak assemble, build up ; *(lemezekből)* laminate
összerakás *(ívekre vágott papíré)* paper sheeting
összerakható : ~ bútor alkatrészeinek összessége shook ; **~ hangtölcsér** re-entrant horn ; **~ zsaluzás** *(ép)* built-up mould
összerakott composite, built-up ; **~ forma** *(önt)* built-up mould ; **különálló részekből ~** discrete
összeráncol pucker
összeráz shake up, agitate
összerendezés co-ordination
összerendező *(mat)* coordinate
összerepeszt *(felületet)* chap
összeró *(fa)* let in(to)
összerogy crumple up
összeroncsol batter
összeroppan *(ép)* buckle (up), crash, collapse
összeroppanás *vö* **összeroppan**
összes total, all ; **~ keménység** *(vízé)* total hardness ; **~ oldható anyag** total soluble matter ; **~ széntartalom** *(koh, vegy)* total carbon (content) ; **~ veszteség** dead loss
összesajtol *l* **összeprésel**
összesít summarize
összesítés summary
összesítési hang summation tone
összesítő *fn (mat)* reckoner ; **~ diagram** cumulative diagram ; **~ műszer** totalizing meter
összesodor roll up, entwine, twist ; *(tex)* intertwine ; *(fonalvéget)* piece (the end) ; *(kötélverésnél)* warp ; **kötelet ~** close a rope
összesodrás pleat ; *vö még* **összesodor**
összesodródik entwine
összesodró gép *(tex)* twine-tying
összesül agglomerate, cake, bake, sinter, stick together
összesülés *vö* **összesül**
összesüléses brikettezés caking
összesülő caking ; **~ agyag** vitrifying clay ; **~ kazánszén** steam coal ; **~ képesség** agglutinating power ; **össze nem sülő szén** noncaked coal ; **~ szén** caking coal
összesült caked ; **~ brikett** cake ; **~ ívlámpaszenek** „frozen carbons" ; **~ lapos darab** cake ; **~ téglahalmaz** *(égetőkemencében)* burr ; **~ tömeg** *(koh)* caked mass ; **~ üledék** cake
összesűríthetetlen incondensable
összesűríthetőség condensability
összesüt agglomerate, frit, sinter
összesütés *vö* **összesüt**
összeszámlálás cast
összeszegez nail up
összeszerel assemble, fit together
összeszerelés assemblage, assembly, setting-up, mounting ; *(repülőgép alkatrészeié)* rigging ; **~ alatt álló hajó** ship in frame ; **~ előtti válogatás** pre-assembly selection
összeszerelési helyzet *(repülőgép műhelyszerelésénél)* rigging position
összeszerelő részleg *l* **szerelde**
összeszorít squeeze, strain, bite, clamp, tie ; *(elhatárol)* constrict, constrain, confine ; *(vaskapoccsal)* cramp
összeszorítás *vö* **összeszorít**
összeszorító csavar tightening-up screw
összeszorított hangsáv squeeze track
összeszőtt context
összeszűkít constrain
összeszűkített constrained
összeszűkül restrict, constrict, neck down
összeszűkülő : ~ keresztmetszetű folyadéksugár contracted jet ; **~ középrész** waist
összeszűkült contracted ; **~ járat** *v* **szelvény** contracted passage
összetákol clout
összetapadás agglutination
összetapadt *(szén)* caked ; **~ fonalvégek** *(tex)* cottered ends
összetart converge
összetartás convergence ; **gépkocsi elülső kerekeinek ~a** gather
összetartási : ~ szög *(geod, mat)* convergent angle, angle of convergence ; **~ szögmérő** convergence angle gauge
összetartó convergent ; **~ bevezető fénysorok** *(rep)* funnel approach lights ; **~ fénykéve** convergent light ; **~ fénynyaláb** convergent beam ; **~ rendszer** convergent system ; **~ sor** convergent series ; **~ tengelyű fényképek** convergent photographs
összetartozó mating ; **~ átmérők** conjugate diameters ; **~ feszültségek** conjugate stresses ; **~ gyújtópontok** conjugate focus ; **~ hasadási síkok** *(ásv)* conjugated fractures ; **~ irányok** conjugated directions ; **~ metszetek** conjugate sections
összeteker roll up
összetétel *(művelet)* synthesis, composure, combination ; *(tartalom)* content(s), temper, composition, structure ; **vegyi ~** chemical composition
összetett combinational, combine(d), built-up, complex, composite, compound(ed) ; **~ antennarendszer** array of arrays ; **~ áramkör** built-up circuit, composite circuit; **~ áramkörű hálózat** *(rád)* divided network ; **~ boltív** *(ép)* recess arch ; **~ cement** mixed cement ; **~ csatolás** *(rád)* complex coupling ; **~ együttes** *(városépítés)* compound architectural combination ; **~ elosztó** *(tel)* combined distribution frame ; **~ építési mód** *(városépítés)* compound building method, compound method of covering an area by buildings ; **~ erő** composite force ; **~ (famagú beton)cölöp** composite pile ; **~ feszültség** *(mech)* combined/complex stress ; **~ fogaskerékmű** compound gears ; **~ fogaskerékszerkezet** *v* **-mű** gear-train assembly ; **~ forgattyútengely** built-up crankshaft ; **~ födémszerkezet** *(ép)* double-framed ceiling ; **~ gerenda** built-up beam ; **~ hang** complex tone ; **~ igénybevétel** complex stress ; **~ iker** *(ásv)* compound twin ; **~ képjel** *(telev)* composite picture signal ; **~ késszán** *(fejesztergán)* compound slide ; **~ kivágószerszám** combination die ; **~ kocsiszekrény** *(fém- és faanyagból)* composite body ; **~ kompenzálás** *(távk)* series-shunt peaking ; **~ kosárgörbe** compound curve ; **~ kötél** *(tex)* laid rope ; **~ kötés** *(tex)* compound/combined weave ; **lemezekből ~** laminated ; **~ lencse** *(fényt)* compound lens ; **~ lyukasztószerszám** compound piercing die ; **~ mágnes** magnetic battery ; **~ mágneses erőtér** compound magnetic field ; **~ maró** *(forg)* gang (milling) cutter ; **~ mozgás** *(mech)* compound motion ; **~ nagyítás** *(fényk)* factorial magnification ; **~ öltés** *(több simát követő visszaöltés)* combination stitch ; **~ pajzsellenző** *(ép)* sliding hood ; **~ páncéllemez** compound armour ; **~ rácsos tartószerkezet** *v* **fedélszék** *(ép)* composite truss frame ; **~ ripszkötés** stitched rib ; **~ (több műveletet végző) sajtó** multiple press ; **~ sávoly** *(tex)* combination diagonal, compound/combined/duplicated twill ; **~ szelvény** *(tartónál)* built-up section ; **~ szilárdság** complex/combined/combination strength ; **~ szín** compound colo(u)r ; **~ szinkronozó impulzus** composite synchronizing pulse ; **~ szinkronozó jel** composite synchronization signal ; **~ szögmérő** combination angle ga(u)ge ; **~ tartó** *(ép)* split beam ; **~ telep** *(bány)* multiple bed ; **~ tengely** built-up shaft ; **~ tölcsérű hangszóró** compound horn loudspeaker ; **~ turbina** combination turbine ; **~ video-jel** composite video signal ; **~ vulkántorok** composite neck
összetevés *l* **összetétel**
összetevéses *(mat)* additive
összetevő component ; **áram valós ~je** active component of the current ; **egyenáramú ~** direct component ; **elektromágneses ~** electromagnetic component ; **~ erő** component force ; **90° fáziseltolású ~** quadrature component ; **hosszirányú ~** direct-axis component, longitudinal component ; **meddő ~** imaginary/wattless/idle component
összetevő *fn* component, constituent ; **nagyfrekvenciás ~** high-frequency component ; **tengelyirányú ~** axial/thrust component ; **váltakozóáramú ~** alternating component ; **wattnélküli ~** imaginary/wattless/idle component ; **wattos ~** wattful component, in-phase component
összetevődő *(mat)* additive
összetol telescope
összetolható collapsible, telescoping ; **~ létra** folding stairs ; **~ mérőléc** *(geod)*

sliding staff ; ~ **tölcsér** collapsible funnel
összetömörít compact, squeeze
összetömörül ball, agglomerate
összetömörülés agglomeration
összetömörült massed together
összetör smash (up), break ; *(rep)* crack up
összetördelt *(földt)* detrital
összetöródés *(árué)* bruise
összetűz *(tex)* stitch, tack, pin (together)
összeugrás *(tex)* contraction, shrink(age)
összeugrik *(tex)* contract, shrink ; *[cérna v fonal]* kink up
összeütközés impact, shock, percussion, hit ; *(karambol)* collision ; ~ **a levegőben** mid-air collision
összeütközik hit, interfere, clash, crash; *(jármű)* collide
összeütő áramkör *[korrelátorban]* coincidence circuit
összeütődés knap ; *(fonalballonoknál a fonógépen)* lashing
összeüttetés *[frekvencia-összehasonlítás]* beating
összevág hack
összevágás *(film)* setup
összeválogat assort, select ; *(nyomdá)* match, stock, suit
összeválogatás : bordák ~a *(hajóépítésnél)* rising of the timbers
összeválogató szerelés *(gépk)* selective assembly
összeványolódik *(tex)* mill together
összevarr seam ; **szíjat ~** lace
összevarrás sewing up
összevegyít *l* **összekever** commingle
összevegyítés *vö* **összekever**
összevegyül *l* **összekever**
összevon *(rajzban ; terepalakulatokat általánosít térképrajzolásnál)* generalize ; *(több áramköri elemet egybe)* lump
összevonás reduction
összevont lumped ; ~ **állandó** *v* **jellemző** *(mech, vegy)* lumped constant
összezúz smash (up), batter, break, shatter, crush ; ~ **kollerjáraton** mill
összezúzás *vö* **összezúz, zúzás**
összezúzott *(földt)* detrital
összezsugorodás shrink(age), contraction
összhang harmony, accord(ance), consonance ; **~ba hoz** tune, reconcile
összhangzik harmonize
összhangzó harmonic ; **nem ~** inharmonious
összhatásfok overall efficiency
összjáték interplay
összkerékhajtás *(gépk)* all-wheel drive
összkomfortos családi ház self-contained house
összpontosít concentrate, centralize
összpontosító tekercs concentrating coil
összpontosított centralized, concentrated, lumped ; ~ **bányaművelés** *(bány)* concentrate mining ; ~ **elemekből felépített rezgőkör** *(rád)* lumped circuit ; ~ **erő** *(mech)* concentrated force ; ~ **induktivitás** *(rád)* lumped inductance ; ~ **kapacitás** *(rád)* lumped capacity ; ~ **távvezérlés** centralized remote control ; ~ **tekercselés** concentrated winding ; ~ **terhelés** concentrated load
összrendező *l* **koordináta**
össztehet gross load
össztermelés gross output
összvároskép general/town picture, view of the town, perspective of the town
összvastagság *(telepe v rétegé)* aggregate thickness
összveszteség overall loss
összvonóerő gross tractive force
ösztönző : ~ bér incentive wage ; ~ **prémium** incentive bonus
öszvérút horse path
öszvérvontatás *(bány)* mule tramming
ötalkotós acélötvözet quinary steel
ötbetűs jelrendszer *(távk)* five-unit code
ötcsapos : ~ fényrekesz *(fényk)* five--point diaphragm ; ~ **foglalat** *(rád)* five-pin base
ötelektródos cső *(rád)* pentode
ötelemes kód *(távk)* five-element code
ötélű *(fa, kés)* five-edged, five-canted
ötfonalas : ~ selyematlasz *(tex)* satin turc ; ~ **szatén** *(tex)* five-shaft sateen
ötgyűrűs *(vegy)* pentanuclear, pentacyclic
öthengeres *(gépt)* five-roll ; ~ **kalander** *(tex)* plain calender
ötíves *(pa)* quinternion
ötjegyű : ~ logaritmustábla five-place table of logarithms ; ~ **szám** *(mat)* five-figure number
ötkeretes antennaberendezés *(rep)* five--loop array
ötlapú *(mat)* pentahedral ; ~ **idom** *(mat)* pentahedron
ötlencsés kamera *(geod)* five-lens camera
ötlevelű *[díszítmény ; ép]* cinquefoil
ötmolekulás quinquemolecular
ötnyüstös szatén szövési hibája *(tex)* fiving
ötödik osztályú fűrészáru fifths, 5ths
ötödnormál oldat *(vegy)* fifth normal solution
ötös-abc *(távk)* five-unit code
ötös-ikerkristály fivelings
ötrácsú keverőcső *(rád)* pentagrid
ötréteges borítólemez *v* **furnír** five-ply veneer
ötsarkú five-cornered
ötszámos jelrendszer *(távk)* five-unit code
ötszázas *(mkpár)* five-hundred
ötszög *(mat)* pentagon
ötszögletű dörzsár five-edge broach
ötszögű five-angled/-cornered ; *(mat)* pentagonal
ötszörös fivefold ; ~ **hullámlemez** *(pa)* double-wall corrugated board, double--double corrugated board
öttonnás *(gépkocsi)* five-tonner
ötvegyértékű quinquevalent, quinquivalent, quintavalent ; ~ **csoport** *(vegy)* pentad
ötvegyértékűség quinquevalence, quinquevalency
ötvezetékes kétfázisú rendszer two-phase five-wire system
ötvöz alloy
ötvözés alloyage, alloy building
ötvözet alloy, composition ; **alacsony olvadáspontú ~** fusible alloy ; **alakítható ~** forging/ductile alloy ; ~ **alapanyaga** *v* **fő alkotórésze** base metal ; **Dow-féle ~** Dow metal ; **háromalkotós ~** ternary alloy ; ~ **hőkezelése** solution treatment ; **irányított szerkezetű ~** grain-oriented alloy; **kétalkotós ~** binary alloy ; **kis olvadáspontú ~** low-melting alloy ; **könnyen olvadó ~** fusible alloy ; **~ek különválasztása** segregation ; **négyalkotós ~** quaternary alloy ; **öntési ~** cast alloy; ~ **összeállítása** alloy building ; **ötalkotós ~** quinary alloy
ötvözetalkotó *fn* alloying element
ötvözetkészítés alloy building
ötvözetlen unalloyed ; ~ **acél** plain steel; **nagy széntartalmú ~ acél** straight high-carbon steel ; ~ **szerszámacél** carbon tool steel
ötvöző *mn* alloying ; ~ **adalék** alloying addition
ötvözőelem alloying element
ötvözőfém composition metal, composition
ötvözőrész alloying element
ötvözött alloyed ; ~ **acél** alloy(ed) steel ; ~ **szerkezeti acél** construction alloy steel ; ~ **szerszámacél** alloy tool steel
öv zone, waist ; *(mech)* flange, belt, girdle, waistband, sash ; **biztonsági ~** *(távk)* linesman's safety belt
övárok *(ép)* belt/collecting ditch
övasztragál *(ép)* astragal moulding
övdoboz *(pa)* belt-box
övelemek összerakása *[lánchídnál]* chord packing
överő *(mech)* chord stress
öves szerkezet *v* **jelleg** *v* **felosztás** zonality
övez flange, girth(), engirdle
övezés *vö* **övez**
övezet zone, range ; **azonos jelzésű ~** *(rep)* equisignal sector ; **gyűrődéses ~ előtere** *(földt)* area in advance ; **~ekre osztás** *(ép)* zoning ; **tiltott ~** prohibited/caution area/zone
övezetesség zonality
övfeszültség *(mech)* chord stress
övgerenda *(ép)* architrave, girt(h), gird
övillesztés *(rácsostartón)* chord splice
övkötés shell band
övlemez *(ép)* boom plate ; **szélső ~** *(ép)* head-plate
övlemezes főtartó *(rep)* girder spar
övpáncél *(nagyolvasztón)* belt armour
övpárkány *(ép)* belt
övrácsozás flange bracing
övrúd flange member ; ~ **csapszege** *(ép)* chord pin
övszalag shell band
övszegecs flange rivet
övszíj belt
övszögvas flange angle ; *(ép)* boom angle
övvarrat *(kazándobon)* girt(h) joint
övvasút girdle railway, ferrule
őzbakutánzat *(bőr)* mock buck
őzbarna fawn-colo(u)red
őzbőr roe ; **kész ~** doeskin leather ; **nyers ~** doeskin
őzni eye(let)
őzsárga *(szín)* buff

P

pác pickle ; *(bőr)* mordant ; *(fa)* stain ; *(pa)* mordant
pácfesték dyeing mordant ; *(pa)* adjective/mordant dye ; *(bőr)* mordant dyestuff
pácfoltok *(bőr)* bate pricks/stains/pits
pachnolit *(ásv)* pachnolite
páchordó *(bőr)* bating drum
pacifikus kőzetek *(földt)* Pacific rock tribes
páckeverék *(élip)* cure mixture
páclé pickling solution
pácol pickle, stain ; *(bőr)* bate, puer, drench, bran ; *(élip)* pickle, soak ; *(ép)* stain ; *(vasat)* pickle ; **feketére ~** *(fa)* ebonize ; **sós lében ~** *(bőr)* pickle
pácolás pickle, pickling, staining, cure, salting, padding ; *(bőr)* bating ; *(festés előtti)* bottoming ; **kétszeri ~** double staining ; **~ kutyaürülék-páccal** *(bőr)* puering ; **ónozás előtti ~** *(koh)* tin pickling ; **tisztára ~** *(koh)* clean pickle
pácolási ridegség *(koh)* pickle brittleness
pácoló *fn* mordanter ; **~ kelepce** *v* **motolla** *(bőr)* bate/bating/drum/paddle puering ; **~- és tisztítófürdő** *(tex)* cleaning bath
pácolóhordó *(bőr)* bating drum
pácolókád steeper ; *(bőr)* drench pit
pácolómester mordanter
pácolómunkás *(bőr)* carotter
pácolóolaj *(fa)* seasoning oil
pácolóoldat pickling solution
pácolórekesz *v* **-kamra** *(élip)* cure box
pácolószer mordant
pácolt *vö* **pácol** ; **~ fa** stained wood ; **~ hús** souse ; **~ marhahús** corned beef
pácos árnyékolás *(fényk)* mordant toning
pác-színezékek *(tex)* mordant colo(u)rs
pad bank, bench ; *(tornaszer)* bench ; *(iskolai, fából)* form ; *(bány)* bench; *(földt)* shelf ; **víz alatti ~** *(hidr)* flat
padcsúcs *(tusírozásra)* bench centre
padding-kondenzátor *(rád)* low-frequency padder
padfejtés *(bány)* bench excavation
padka stage, terrace, bank, kerb stone ; *(homokkőtest, homokrétegekben)* moorband ; *(hidr)* bench ; *(töltésé v csatornáé)* berm ; **enyhe lejtésű ~** glacis ; **hátsó ~** *(hidr)* back block
padkakiképzés *(útépítésnél)* shouldering
padlás loft
padláselválasztó fal bulkhead
padláskibúvó (billenő)ablak folding dormer-window
padláslyuk *(ép)* eyelet hole
padlásműhely loft
padlásnyílás *(ép)* exit opening
padlás-szellőzőnyílás *(ép)* roof hole
padlásszoba attic; **~ ablakfülkéje** dormer
padlásszoba-lakás *(ép)* sollar
padlástér loft ; *(kötőgerendák felett)* balk(s) ; **~be beépített szoba(sor)** garret
padlástérhatároló : ~ székoszlop oxter piece ; **~ székoszlopbeállítás** *(szobakiképzéshez)* ashlering
padlefogó *(forg)* bench clamp
padló floor (boards), panel ; **~ alatti motor** *(gépk)* underfloor engine ; **~ alatti (motor)elrendezés** underfloor layout ; **egyben födémül is szolgáló ~** deck floor ; **~ra erősített csapágytartó bak** floor hanger ; **~ összeillesztése** heading joint ; **~ba süllyesztett rekesz** floor pit ; **~ra szerelt gép** floor-type machine ; **tűzbiztos ~** cullum floor
padlóajtó bottom door
padlóalap *(ép)* subfloor
padlóaiátétgerenda common joist
padlóbevonat seal
padlóborítás floor covering
padlóburkolás floor covering ; *(csempelapokkal ; ép)* tiling
padlóburkolat floor/bottom covering ; *(csempéből)* tile floor ; **~ zárólécei** *(ép)* batten ends
padlóburkoló : ~ anyag flooring ; **~ mozaiklap** floor tile ; **~ tégla** paving tile
padlócsiszoló gép floor surfacing machine
padlódeszka floor-board
padlódeszka-szegély batten
padlódeszkázat floor boarding
padlóemelvény platform
padlófeltörlő rongy *(nyélre erősítve)* swab
padlófényesítő : ~ eszköz burnisher ; **~ kefe** rubbing brush
padlógerenda boarding joist
padlógyékény floor mat
padlókefélő gép electromechanical parquet brush
padlókeret *(rep)* floor frame
padlókezelő lakk floor varnish
padlólakk floor varnish
padlólap floor plate ; *(falemezből)* floor board
padlóléc floor-board binder
padlólemez floor board ; *(gépk)* floor plate ; *(pedáloknál a ferde lemez:)* foot plate, toe board ; *(hajó)* floor plate ; *(önt)* footstep plate
padlólerakó *(munkás)* floorer
padlómagasság *(talaj felett ; gépk)* floor hight
padlómező *(ép)* panel
padlónyílás *(ép)* scupper
padlóolaj floor oil
padlóöntözés *(legnedvesítés céljából ; tex)* degging of the floor
padlóösszefolyó *fn* floor drain
padlópárnafa floor beam
padlórakó *(munkás)* floorer ; **~ rókafarkfűrész** *(ép)* flooring saw
padlószegély *(fa)* battenends
padlószegélyléc skirting
padlószigetelés floor insulation
padlószint floor level
padlóterület *(ép)* floor space
padlótisztító gép floor cleaning machinery
padlóviasz floor polish, rubbing/polishing wax
padlóviaszporlasztó wax sprayer and atomizer
padlóvilágítás fénytörő üvegprizmaburkolattal *(ép)* prism light
padlóvízelnyelő *(ép)* sump
padlóvonal floor line
padlóvonalmagasság floor line
padlózárléc floor joist
padlózás *(ép)* flooring ; **~t védőkezelésben részesít** seal
padlózat *(ép)* flooring ; *(gépk)* floor assembly *(UK)* ; underbody *(US)* ; **puhafa ~** soft-wood floor
pados *(földt)* banked ; **~ mészkő** *(bány)* laminated limestone ; **~ omlás** *(bány)* ramble
padoz floor ; *(bány)* bridge over
padozat platform, floor boards/covering ; *(bány)* ramp, scaffold ; *(földt)* floor; **~ alatti betonréteg** *(épületen belül)* oversite concrete ; **~ot készít** floor ; **kővel burkolt ~** flagged floor
padozati recéslemez *(ép)* corrugated iron covering
padozatlemez flooring slab
padozatrész *(lépcsővel emelt)* pace
padszolga *(gépt)* adjustable board support
pad-szorító *fn* *(gépt)* bench clamp
padvas *(ép)* cramp iron
Paget-féle hullámosítás *(tex)* Paget sinking action
pagodit *(ásv)* *l* **agalmatolit**
páholy box
pajta barn, shed
pajzs shield, apron ; *(gépen)* badge plate ; **~ alakú lakkolitos tűzhányó** shield volcano
pajzscsavarodásgátló szárny *(ép)* fin
pajzsdísz *(ép)* cartouch(e)

pajzsellenző *fn* hood
pajzsfarok *(ép)* tail of shield ; ~ **tömítő szűkülete** *(ép)* beading of shield tail
pajzshajtás shove ; **elővájással kombinált** ~ *(alagútépítésnél)* assisted shield method
pajzshajtó : ~ **emelő** *(ép)* propelling jack ; ~ **hidraulikus sajtó** shield ram
pajzskamra *(alagútépítésnél)* shield chamber
pajzsmunkaállás mozgató sajtója *(ép)* platform ram
pajzsos : ~ **kihajtás** *(alagútépítésnél)* shield tunneling ; ~ **rendszer** *(bány)* shield method
paketírozott vas *(koh)* fag(g)ot iron
pakfong *(koh)* pa(c)kfong
pakkerbőr *(észak-amerikai)* packer hide
pakura black/residual oil, fuel oil residue
pala slate, shingle ; **agyagos** ~ argillaceous slate; **bitumenes** ~ bituminous shale, black bat ; ~ **fedetlen csupasz része** bare ; **lágy agyagos** ~ blaze ; **szenes** ~ carbon shale, coaly rashings, bony coal ; **tapadó** ~ adhesive slate ; ~ **tartalmú** shaly
palabánya slate quarry
palabeágyazás *(bány)* shale/slate band
palack flask, bottle, bourd, vessel ; **fonott** ~ demijohn ; **keretben lezárható** ~ yoked bottle ; ~ **nyomáspróbája** flask test
palackanya turnbuckle ; ~ **feszítőcsavarja** turnbuckle screw ; ~ **villája** *v* **kampója** turnbuckle fork
palackanyahenger turnbuckle barrel
palackáztató gép bottle soaker
palackcímke bottle label
palackcímkepapír bottle-labelling paper
palackcséve *(tex)* bottle (shaped) bobbin, single-flanged bobbin, taper(ed) bobbin
palackcséve-kiszerelés *(tex)* taper(ed) package, bottle(-shaped) package
palackcsévélő szerkezet *(tex)* tapering motion
palackcsomagoló : ~ **karton** *(pa)* bottle packing board ; ~ **papír** bottle wrappers ; ~ **selyempapír** tissue paper for wrapping bottless, tissue for bottle wrapping, bottle tissue paper
palackdugó bottle stopper
palackelem *(vill)* bottle cell
palackérett *(élip)* bottle-bright
palackfúvó : ~ **forma** bottle mould ; ~ **gép** bottle-blowing machine
palackgáz bottled gas
palackhévér car jack
palackhűtő kemence blast cooling furnace for bottle industry
palackjelző cédula *(pa)* bottle paper
palackkarton *(pa)* can board/fibre
palackkupak *(fémből)* bottle foil
palackkupakkarton *(fa)* (bottle-)cap board
palackkupakoló gép bottle-capping machine
palacknedvesítő gép bottle soaker
palacknyak bottle neck
palackoz bottle
palackszáj *(csavaros)* screw neck
palackteiep *(vill)* bottle battery
palacktöltő *(élip)* racking apparatus ; ~ **gép** bottle charger
palackzár bottle shutter
palackzáró : benyomható ~ **golyó** *(élip)* ball lock ; ~ **karton** *(pa)* (bottle-) cap board

palacsúszda *(bány)* slate chute
palafedés *(ép)* slating
palafedő : ~ **híd** *(egyenes v hajlított kivitelben)* anvil for slaters (straight or bent) ; ~ **kalapács** slater's hammer; ~ **munkás** *(ép)* slater ; ~ **szegvas** slater's nail puller
palafejtő munkás *(bány)* slater
pala-fekete slate black
palahányó *(bány)* barrow
palakátrány (crude) shale oil
palakék pencil blue
palakő slate, cleaving stone
palakötő lemez *(ép)* slate cramp
palalemez *(ép)* slate
palalemezfaragó balta *(hegyes csúccsal, szeglyukak készítésére)* slate axe
palaliszt slate powder
palánk fence, backboard, railing, planking ; **csonka** ~ *(hajó)* drop strake ; ~ **hajlása** *(hajó)* hang
palánkkerítés boarding fence, pale
palánkolás *(hajó)* battening
palánkolási : átlapolt ~ **rendszer** *(fahajón)* clinch system
palánksor *(hajó)* strake
palaolaj shale/slate/schist oil
palapadlózat *(ép)* slate floor
palapapír slate paper
palapor *(bány)* shale band
palás shaly, slaty, foliated, fissile, bony, schistous ; ~ **agyag** slate clay ; ~ **cement** *(ép)* slate cement ; ~ **elválás** schistosity ; ~ **iszap** shale mud ; ~ **kőzetek** schistous rocks ; ~ **kőzetekbe ágyazott erek** interfoliated veins; ~ **márga** slaty marl ; ~ **rétegeződés** shaly lamination ; ~ **szén** slate coal ; ~ **szénréteg** ribbed coal seam ; ~ **szerkezet** slaty structure
palásodás stone dusting ; **vékony lemezű** ~ close foliation
palásság rock schistosity, (slaty) cleavage ; **tömött** ~ closed foliation
palást casing, pall, mantle
palást-homlokmaró side and face milling cutter
palástléc hornyolt oszlopoknál *(ép)* listel
palástmarás plain milling
palástmaró *(forg)* plain milling cutter, side-tooth milling cutter
palaszerű slaty
palaszerűség cleavage foliation
palatábla slate blackboard
palatető *(ép)* slated roof
palatetőcserép *(ép)* smalls
palatetőfedés *(ép)* slating
palatörmelék *(bány)* cliff debris
palaválogató *(bány)* slate picker
palavessző pencil slate
pálca rod, bar, staff, stud, stick ; ~ **alakú** rod-shaped
pálcadísz *(ép)* roll billet
pálcagyalu hollow plane
pálcás-kalapácsos malom hammer-bar mill
pálcatag *(ép)* fillet, reeding, nosing ; **díszítés domború** ~**okkal** reeding
pálcatagozat *($^3/_4$-es ; ép)* staff bead
pálca-termisztor *(távk)* rod thermistor
pálcika *(tex)* rod
paleobotanika fossil botany
paleogén palaeogene
paleogeográfia palaeogeography
paleolit palaeolith
paleontológia paleontology
paleovulkáni *(földt)* paleovolcanic

paletta palette
palettakaparó kés palette knife
palimpszeszt szerkezet *(ásv)* palimpsest texture
palingenezis palingenesis
pálinkadesztilláló készülék pot still
pálinkafőzde distillery
pálinkafőző készülék distiller
palládium palladium
palládiumazbeszt palladinized asbestos
palládiumozott szénpor palladium charcoal
palládiumszivacs palladium sponge
palládiumtartalmú *(ásv)* palladian ; ~ **krómérc** palladium chromite
pallasit *(ásv)* pallasite
pallér *(ép)* foreman
Pallisser-acél *(koh)* Pallisser steel
palló floor, plank, board, gangway, batten ; **áthidaló** ~ access board ; ~ **taliga részére** run ; **tompán** *v* **félgömbösen szélezett** ~ dull-edged deal
pallóalapozás raft foundation
pallóbélés *(bány)* stull floor
pallódeszka floor timber
pallóegyengető kalapács plank flattener
pallófűrész woodworking rip saw
pallóhíd landing bay
pallójárda *(ép)* strake ; **állványzaton készült** ~ raised footway ; ~ **átjáró** *(vasúti kocsi padlózata és rakodópont között)* gangplank
pallórács-alapozás plank foundation
pallós kocsiszekrény *(gépk)* plank body
pallószállító kocsi *(kétkerekű)* plank carrier
pállott *(bőr)* putrefied
pallózás floor planking ; ~**ba foglal** *(fa)* batten
pallózásrögzítő ék *(ép)* reinforcing gore
pálmadióbélolaj palm pulp oil
pálmamagolaj palm (nut/kernel/pulp) oil, palm butter/grease
pálmamagpogácsa palm-kernel cake
pálmaolaj *l* **pálmamagolaj**
pálmaolajszappan palm oil soap
pálmarózsaolaj palmarosa/pamorusa oil, Indian grass oil
pálmavaj *l* **pálmamagolaj**
palmetta *(pálma alakú díszítés)* palmette
palmitin palmitin
palmitinsav palm(it)ic acid
palmitinsavas : ~ **cetilészter** cetyl palmitate ; ~ **glicerinészter** glycerol tripalmitate, (tri)palmitin
pálya *(út)* runway, course, way, race ; *(nyomvonal)* trace, path ; *(mech)* trajectory, path ; *(égitesté, elektroné)* orbit ; ~ **alatti hombár** track-hopper ; ~ **mentén elhullatott anyag** way dirt ; **síma** ~ *(bány)* rink
pályadiagram course diagram
pályaelem *(vasút)* element of roadway
pályaellenállás *(mech)* resistance of path
pályaemelkedés kiegyenlítése *(vasút)* balancing of grades
pályafelügyeleti motoros hajtány *(vasút)* motor line-inspection trolley
pályafenntartás maintenance of the permanent way
pályafenntartási munka *(vasút)* maintenance work
pályafenntartó szolgálat line service
pályafoglaltság jelzése *(vasút)* train--protecting signal
pályagörbe *(mech)* trajectory

pályahasználati jel *(rep)* dumb signal
pályahossz-szelvény *(vasút)* grades
pályakereszteződés *(különböző szintben)* grade separation
pályakijelölő fény *(rep)* range light(s)
pályakitérő by(-)pass
pályakocsi *(vasút)* push car, trolley
pályalejtés határa *(amelynél a kocsi megmozdul)* grade of repose
pályamegszakítás floor break
pályamenti szögimpulzus orbital angular momentum
pályamester road-master
pályamesteri hajtány *(vasút)* inspection trolley
pályamunkás trackman
pályaőr railway watchman, linekeeper
pályaőrház watch box
pályarongálódás *(víz-okozta)* wash-out
pályaszakasz drive ; *(vasút)* stretch ; **állomások közötti ~** span
pályaszélesség *(papírgépnél)* width of sheet
pályaszerkezet *(hídon)* floor structure
pályaszerkezetfüggesztő elem floor suspender
pályaszerkezeti rendszer floor system
pályaszerszám track instrument
pályatartó *(hídon)* floor beam ; **~ gerenda** *(hídon)* bridging joist
pályatest railway bed/body
pályaudvar station
pályaudvari *(érkezési)* **peron** arrival platform
pályaűrszelvény limit of running-through
pályavágó *(bizonyos szögben ; pa)* tail cutter
pályavázszerkezet floor space
pályázati : ~ feltétfüzet specification ; **~ kiírás** calling for tender
pamacs tassel ; *(kötélszálakból készült feltörlő ; hajó)* swab
pamacsvas firing tool
pamut cotton ; *l még* **gyapot** ; **~ ágyhuzat** cotton bed tick ; **~ ágyneműanyag** sheeting ; **~ alsó magtokokból** *(tex)* bottom crop ; **átlagos középminőségű ~** *(amerikai minősítés)* middling cotton (M) ; **enyhén foltos ~** *(amerikai etalonok)* very light spotted cotton (vlsp) ; **erősen foltos ~** *(amerikai etalonok)* spotted cotton (sp) ; **erősen színezett vöröses ~** *(amerikai etalonok)* high color cotton (hcl) ; **foltos ~** *(amerikai etalonok)* light spotted cotton (lsp) ; **~ függönyszövet** scrim, mull ; **~ és gyapjúkeverék** mixture of cotton and wool ; **~ és gyapjú tartalmú rongy** *(tex)* skirting ; **~ hímzőcérna** embroidery cottons ; **jó középminőségű ~** *(amerikai minősítés)* good middling cotton (GM) ; **~ katonainganyag** army grey ; **legjobb középminőségű ~** *(amerikai minősítés)* middling fair cotton (MF); **~- és műszálkeverék** cotton and spun rayon mixture ; **~ szigetelőszalag** cotton tape ; **~ természetes fénye** bloom
pamutáru cottons ; **~ írtelenítése** freeing cotton goods from sizing ; **~ szövetszerű fogása** clothiness
pamutazbesztfonal asbeston
pamutbála *(egrenálás után)* box bale
pamutbálázás cotton baling
pamut-baloldal *(tex)* cotton back
pamutbársony velveteen, fustian
pamutbársony-szövőszék fustian loom
pamutbatisztszövet cotton cambric
pamutbefonás cotton-braided covering
pamutbélre csavart fémhuzal purl
pamutbetét *(gumihevedernél)* cotton duck
pamutbontás *(tex)* breaking of the cotton
pamut-bundakészítő gép batting machine
pamutcérnázó üzem cotton twist mill
pamutcsinvat *(tex)* cotton drill
pamutcsomagoló vászon cotton bagging
pamutcsomók cotton neps
pamutdelén *(tex)* cotton delaine, delainette
pamut-előfonal cotton bump yarn, cotton rove
pamutfarkasoló *fn* cotton willower/deviller
pamutfehérítés *(tex)* cotton bleaching/chemicking
pamutfeldolgozó gyár cotton mill
pamutfésülő gép cotton comber
pamut-flanell cotton beaver
pamutfonadék cotton tress
pamutfonal cotton yarn ; **kártolt ~** card cotton yarn ; **~ kereskedelmi kiszereléssel** cotton yarn made up for retail trade
pamutfonalkettőző *fn* cotton doubler
pamutfonalsodró *fn* cotton thread cabler
pamutfonalszámozás cotton counts
pamutfonás cotton spinning
pamutfonási hulladéktépő üzem cotton hard waste breaking plant
pamutfonású *(szigetelt huzal:)* cotton covered
pamutfonó *fn* coston threader ; **~ gyár** cotton (spinning) mill
pamutfonoda cotton mill
pamutfürt cotton tress
pamutgéz-szövet *(áttetsző)* diaphane
pamutgyár cotton factory
pamut-hajtószíj cotton belting
pamuthozam lint percentage ; *(per)* lint yield (per) ; *(tex)* ginning output/outturn
pamuthulladék *(tex)* condenser cotton
pamuthulladék-fonás cotton-waste spinning
pamutipar cotton manufacturing/spinning industry
pamutírező gép slasher sizing machine
pamut-kanóc cotton (candle) wick
pamutkártolás cotton carding
pamutkártoló : ~ tisztítása *(tex)* stripping ; **~ üzem** cotton carding
pamutkeverés cotton mixing/blending ; **~ különböző sűrűségű bálákból** blending cotton of different densities
pamut-kordbársony Genoa cord
pamutkordfonal cotton cord
pamutközépnyújtó gép cotton intermediate tenter
pamutláncú : ~ és fésűsgyapjú vetülékű szövetek cotton warp worsteds ; **~ gyapjúpamut** union grey
pamutlintersz cotton linters
pamutlintersz-osztályozás classing of cotton lint
pamutmageltávolító gép huller gin
pamutmaghántoló gép cottonseed peeling machine
pamutmaghéj-törmelék eltávolítása *(tex)* moting
pamutmagolaj cotton seed oil
pamutnyújtó gép cotton drawing frame
pamutos fogás *(tex)* cottony feel
pamutpehely *(tex)* flakelets
pamutpréselés *(tex)* compressing cotton
pamutrongy-papír cotton-rag paper
pamutsávoly *(tex)* tweel
pamutsávolyszövet *(tex)* drill
pamutszál *(tex)* cotton fibre, ginnings
pamutszalagegyenesítő gép cotton lapper
pamut-szerzs *(szövet)* cotton serge
pamutszigetelés cotton cover insulation
pamutszigetelésű *(vill)* cotton-covered ; **~ huzal** *(vill)* cotton-covered wire ; **~ kábel** cambric insulated cable ; **kettős ~** double cotton-covered ; **~ vezeték** cotton-covered wire
pamutszínezés szálban *(lazán)* dyeing loose cotton
pamutszövés cotton weaving
pamutszövet cotton fabric/cloth ; **nyomott ~** chintz ; **~ panamakötéssel** monk's cloth
pamutszövet-kikészítés cotton finishing
pamutszövet-lefőzés *(tex)* kier boiling cotton fabrics
pamutszövő *(tex)* cotton weaver ; **~ gyár** cotton (weaving) mill
pamuttisztító gép *(verőléces)* beater ; *(fonás előtti tisztításra)* depurator
pamuttömlő cotton tube
pamut-tüllháló *(tex)* bobbinet
pamut-varrócérna sewing cotton thread
pamutvászon-hajtószíj(anyag) cotton belt(ing)
pamutvatta cotton wadding
pamutverő gép single scutcher
pamutverőgép-kezelő cotton shaker
pamutveszteség *(verőgépen)* scutcher fly
pamutvetülékfonal rézcsévén brass-bobbin yarn
pamutviasz cotton wax
pamutzsinór cotton braid ; *(fonóorsóhajtásra ; tex)* band
pán-adapter *(rád)* panadaptor
panamakéreg *v* **-forgács** soap bark
panamakötés *(tex)* dice/basket/mat weave
panamakötésű : ~ minta *(tex)* hopsack/basket effect ; **~ pamutszövet** mission/friars cloth ; **~ zefír** *(tex)* panama zephyr
panamaszövet basket cloth
páncél armo(u)r ; *(vill)* sheathing, cladding ; *[kábelé]* armour
páncél- armo(u)red, ironclad, iron-cased
páncélátütési : legnagyobb ~ szög biting angle
páncélbilincs *(vill)* armo(u)r grip
páncélcső *(vill)* conduit/conductor pipe
páncélcső-csavarmetsző fordítóvas square die stock for iron conduit pipes
páncélcsőhajlító készülék pipe bender
páncélfedezet armo(u)red deck
páncél-galvanométer shield galvanometer
páncélgépkocsi armo(u)red car
páncélhuzalszorító *(fill)* armo(u)r grip
páncélkábel *(vill)* sheathed cable
páncélkamra strongroom
páncélkaparószalag *(bány)* armo(u)red conveyer
páncéllemez armo(u)r plate
páncéllemez-hengermű armo(u)r-plate rolling mill
páncéllemez-hengersor armour plate rolling mill ; armor plate mill *(US)*
páncélos armoured ; *(hajó)* dreadnought ; **~ lőszerkocsi** armoured ammunition truck ; **partvédő ~** monitor ; **~ szállítókocsi** armo(u)red carrier

páncéloz armo(u)r
páncélozás *(kábelé)* armo(u)ring, cladding, sheathing; **huzaltekercselésű ~** *(vill)* iron-wire armouring; **nyitott ~** *(vill)* open armouring; **zárt ~** *(vill)* closed armouring
páncélozó gép cable armouring machine
páncélozott armo(u)red, armo(u)r-cased, shielded, sheathed, clad; **~ dinamó** ironclad dynamo; **~ fedélzet** *(hajó)* protective deck; **~ géppuskatorony** armoured gun turret; **~ kábel** *v* **kötél** locked cable; **~ tömítés** sheathed gasket, sheeted gasket; **~ tömlő** hose woven round with wire; **~ transzformátor** armo(u)red transformer; **~ vezeték** *(vill)* metal-cased conductor
páncélököl bazooka
páncélsisak pallet
páncélszekrény iron safe, strong-box
páncélszekrény-szoba bank vault
páncéltömlő *(gumi)* armo(u)red hose, wirebraided hose
páncéltörő antitank, armour-piercing; **~ ágyú** anti(-)tank gun; **~ bomba** armour-piercing bomb; **~ gránát** armour-piercing shell; **~ lövedék** armour-piercing shell; **~ löveg** anti(-)tank gun; **~ puska** anti-tank rifle
páncélüveg armo(u)red glass
páncélvezeték *(vill)* armo(u)red cable
páncélvonat armoured train
páncélzat *(kat)* armo(u)r; *(koh)* lining, liner; *(vill)* cladding, sheathing; **zárt ~** *(kábelben)* closed armouring
pandermit *(ásv)* pandermite, priceite
panell slat
pangó víz *(hidr)* slack water
Panhard-rúd *(gépk)* *l* **keresztirányú rögzítő rúd**
panidiomorf *(földt)* panidiomorphic
pankreász-amiláz amylopsin
pankreatin pancreatin
pankreatin-típusú enzimes pácolás *(bőr)* pancreatine-type bating
pankromatikus panchromatic; **~ szén** effect carbon
panoráma panorama; *(kép)* cyclorama
panoráma-fej *(fényk)* panoramic head
panoráma-felvétel pan shot, panning
panoráma-fényképező gép view-camera
panoráma-irányzék panorama sight
panoráma-radarindikáció video mapping, panoramic display
panoráma-vevőkészülék *(rád)* panoramic receiver
pánt strap, band; *(ép)* keeper *is*; **~on forgó ajtó** hinged door; **gömbcsuklós ~** ball-and-socket hinge
pántheveder hinge strap
pántkötés *(ép)* hem joint
pantoffli *(bőrbarkázó fa)* graining board
pantográf pantograph; *(áramszedő)* collecting pantograph; **~ módszerű hengervésés** *(tex)* pantograph method of engraving rollers
pantografál pantograph
pántolló hoop shear
pantométer pantometer
pántos (női) cipő bar shoe
pantoszkóp pantoscope
pánt-tűzifogó blacksmith's tongs
pántvas flange angle iron
pántvéső plugging chisel, double
pányva *(rep)* mooring hawser; *(tex)* tether
pányvadorong pányvája *(hajó)* boom guy
pányvakötél lariat
papagájzöld *(festék)* *l* **schweinfurti zöld**
papír paper; **~ asztalkendő** paper table-cloth; **~ral bevont** papered; **~ dekorációs áru** paper decorating article; **~ elszíneződése** foxing; **~ enyvezése** sizing of paper; **~ fehérnemű** paper collars and cuffs; **~ fekvése** gathering; **~ felső oldala** right side of paper; **fémmel kasírozott ~** brilliant foil; **~ gyártási iránya** direction of the paper run; **ívekre vágott ~** flat paper; **kockás ~** *(tex)* cartridge paper; **közönséges ~** bastard paper; **nagy szilárdságú ~** wet-strength paper; **~ öregedése** ageing of paper; **péphez kevert anyaggal enyvezett ~** engine-sized paper; **puha matt ~** plate paper; **~ sík fekvése** flatness of paper
papíradagoló *[távirógépen]* paper-feeding device; **~henger** *(nyomda)* paper feed roll
papíragyag *(papírtöltéshez)* paper clay
papírakasztó munkás loftsman
papíralak *(gyártásnál)* mo(u)ld; *(formátum:)* size of paper, paper size; *(különböző nagyságú rajz- és irópapír)* grand eagle; *(kvart)* quarto; *(irodai)* Foolscap; *(fél irodai)* brief; *(fólió)* folio; **egyszer hajtogatott ~** in folio; **negyedre hajtogatott ~** in quarto; **negyvened ~** fortymo; **negyvennyolcad ~** forty-eightmo; **nyolcadra hajtogatott ~** in octavo; **tizenketted ~** duodecimo; **tizennyolcad ~** eighteenmo; *(2" × 3"; karton)* town; *(2 7/8" × 1 7/16"; névjegyhez)* club; *(3" × 1 ½"; kártyához)* third large; *(3" × 1 ¾"; kártyához)* extra third; *(3" × 2 ¼")* half large; *(3 15/15" × 2 ½"; névjegyhez)* Executive; *(4 ¼" × 6 ½")* cabinet; *(4 ½" × 3"; karton)* large; *(4 ¾" × 2 15/16"; levelezőlap)* old reg *(UK)*; *(5,5" × 4")* boudoir; *(6" × 3 7/1")* Albert; *(6" × 4 ½")* double large, Czarina; *(6 ½" × 4 ½")* Empire; *(7" × 5 1/8")* Empress; *(8" × 6")* billet note; *(8" × 14 v 8" × 7")* bath note; *(9" × 6")* quad large; *(9" × 11")* demise paper; *(9 ½" × 4")* counter statement *(US)*; *(10" × 8"; levélpapír)* commercial note; *(12" × 9")* deed *(UK)*; *(12" × 10")* large deed *(UK)*; *(14" × 17")* flat cap; *(16" × 26"; irópapír)* double flat foolscap; *(16 ½" × 21")* Crown; *(18" × 14 ½"-tól 24" × 18"-ig)* demy; *(18,5" × 22"; karton)* middles board; *(20" × 16 ½", 9 5/8" × 7 ¾", 7 ¼" × 4 5/8" irópapír; 20" × 15" rajzpapír)* copy; *(20" × 24"; csomagoló)* bag; *(20" × 30")* double crown; *(21" × 16 ½")* Small Double loaf; *(21" × 16 ½"; irópapír)* large post; *(21" × 18")* Kent cap; *(21 ¾" × 16 ¾")* Copy loaf; *(22" × 15 ¾")* Double loaf; *(23" × 16 ½")* Large Double loaf; *(23" × 20 ½" v 22 ¼" × 13 ¼")* fan; *(24" × 17"; fólió)* check folio; *(24" × 19")* ammunition; *(24" × 19 ½"; nyomópapír)* pasting Royal; *(24" × 19 ½" csomagoló; 14" × 17" író)* cap; *(24" × 20"; irópapír)* wedding Royal; *(26 ½" × 16 ½"; irodai)* chancery; *(26" × 18 ½")* Powder loaf; *(26" × 19")* check royal; *(26" × 21")* Slavon cap, cartridge; *(27" × 21 ½")* Single loaf; *(28" × 23" és 34" × 28" között)* elephant; *(28 ½" × 22 ½"; karton)* postal; *(31" × 53")* antiquarion; *(32" × 22 ½"; karton)* Whole Imperial; *(34 ½" × 24", régebben 34 ½" × 23 ½")* Colombier; *(35" × 29"; csomagoló)* titlers; *(36" × 26"; csomagoló)* Plutarch; *(40" × 48" v 38" × 48")* large casing; *(45" × 30"; csomagoló)* top paper; *(45" × 36")* treasury; *(45" × 36"; csomagoló)* saddle back; *(49" × 24")* Colombier long; *(49" × 70" (UK); 56" × 71" (US))* superroyal; *(66 × 83 (86) cm)* atlas; *(72" × 48" (UK); 60" × 40" (US); író- és rajzpapír)* Emperor
papíralap base paper
papíralapanyag body stock
papírálarc paper facemask
papíranyag paper stock
papíranyagmennyiség-szabályozó stock regulator
papíráruk paper goods
papírátkötés paper bandage
papírátletszőség-vizsgáló diaphanometer
papírátvezetés lead-over of paper
papírbála bundle
papírbefogók *(nyomda)* gripper fingers
papírbél *(kábelé)* paper core
papírbevezető bádoglemez *(irógépen)* paper table
papírbevonat *(fényk)* coating of paper
papírbevonatú kalikószövet *[csiszoló- v üvegszövethez]* pulped cloth
papírbojt *v* **-bóbita** paper tuft
papírboríték paper pouch
papírburkolat *[kábelé]* paper wrapping
papírburkolatú paper lined
papírcserép *(mzg)* plant band, paper pot
papírcséve paper tube for yarn, conette
papírcsík paper strip/tape, strip of paper, fillet
papírcsipke paper lace
papírcsipketerítő paper lace cover
papírcsiptető clip
papírcsomag *(50 font)* bundle
papírcsomagolás *(melynél az ívkötegeket U alakba hajtogatva egymásba dugják)* in and in
papírcső paper tube
papírdoboz paper can
papírdombormintázó prés paper-embossing press
papírdugó paper plug
papírelnevezések terms for paper
papírelőállítás paper manufacture
papírelőállító paper manufacturer
papírelőhívó *(fényk)* paper developer
papírelőtolás *(műszerben)* chart speed
papírenyv paper size; *(gyantaenyv)* papermakers/papermaking glue/rosin
papírenyvezés paper sizing
papíreperfa paper mulberry
papíreselék paper shavings, scrapings
papírfa pulpwood, timber for paper
papírfa-telep pulpwood store
papírfedéllemez *(ép)* asphalt sheet
papírfekete *(festék)* paper black

papírfeldolgozás paper ware manufacture
papírfeldolgozó *fn* paper-converter; ~ **gép** paper-converting machine; ~ **ipar** paper-converting industry; **üzem** paper-converting factory
papírféleség kind of paper; *(minőség)* type of paper
papírfesték paper colo(u)r
papírfeszítő henger *(rugózott)* dancing roll
papírfilm paper-film
papírfodor *(virágcseréphez)* ruff
papírfonal *(tex)* paper thread/yarn; ~**ból készített szövet** paper thread cloth
papírfúró gép paper drilling machine
papírfüzér paper garland
papírgép paper (making) machine; ~ **feltekercselő vége** reeling end; ~**ben mázolt karton** machine-coated board; ~ **vége** surfacing end
papírgéphajtás paper-machine drive
papírgépnemez papermaker felt
papírgép-nemezbevonat clothing
papírgép-segítő back tender
papírgépszita Fourdrinier wire
papírgépterem machine house
papírgépvezető paper-machine operator
papírgöngy *(nyomda)* reed of paper
papírgyapjú paper wool
papírgyapot packwool
papírgyár (rag/paper) mill, paper factory
papírgyári berendezés paper-mill machinery
papírgyártás papermaking, paper manufacture
papírgyártó *fn* papermaker; ~ **gép** papermaking machine; ~ **gépek** papermaking machinery; ~ **szita** papermaking wire; ~ **telep** paper machine
papírgyűrődés *(nyomda)* hollow fold
papírhajtogató csontkés *(falcbejn)* paper folder
papírhalom *(köteg)* batch
papírhenger paper roll(er), paper calender, bowl; *(kalanderhez)* filled roll; ~ **(kalander)papír** paper for cylinders
papírhiba defect of paper; ~ **elnyomásból** compression failure
papírhulladék waste paper
papírhüvely paper sleeve/drum/husk; ~ **homoktöltettel** *(bány)* bag
papíripar paper industry
papíripari nyersanyag material for papermakers/papermaking
papírív sheet of paper
papír(ív)mérleg quadrant scale
papírkábel paper(-insulated) cable
papírkalander paper calender
papírkalap paper hat
papírkapocs paper fastener/clip
papírkapszula paper capsule
papírkárpit (wall-)facing paper
papírkárpitozás papering
papírkártya *(tex)* cards
papírkémia paper chemistry
papírkereskedelem paper trade
papírkeret *(merítő)* paper mo(u)ld
papírkés paper knife
papírkivágás vignette
papírkóckeverék-fonal textiline yarn
papírkocsi paper transporting truck
papírkondenzátor *(távk, rád)* paper condenser/capacitor
papírkosár waste paper basket
papírköteg *(csomagolva)* caselot; *(25, régebben 24 lap)* quire
papírkötél paper rope
papírkötésű *(nyomda)* in paper boards
papírkötöző zsinór paper string
papír-kulikocsi paper table-runner
papírkúp paper cone
papírlakk paper varnish
papírlakkozó gép paper-lacquering machine
papírlap sheet of paper
papírlapvezető *(nyomda)* paper guide
papír-légűr-szigetelés *(vill)* air-spaced paper insulation
papírlemez paperboard, cardboard, mill board; *(anyalemezeléshez; nyomda)* flong; ~ **bevonáshoz** mount; ~ **(könyv)tok** *v* **doboz** cardboard box
papírlemezalak *(44" × 30")* Emperor
papírlemezcső cardboard tube
papírlemezdoboz cardboard/band box
papírlemezfedél paste board
papírlemezgyár pasteboard mill
papírlemezolló cardboard shears
papírlemezprés cardboard press
papírlemezszeg nail for tarred-felt
papírlemeztányér cardboard plate
papírlemeztető cardboard roof
papírlerakó doboz paper tray
papírleszorító rúd *(írógépen)* paper rod
papírlyukasztó *fn* paper punch
papírmag *(pa, vill)* paper core
papírmagú kábel *(vill)* paper-core cable
papírmárka paper mark
papírmasé papier-maché
papírmaséárut előállító gép paper-can machinery
papírmasécserép *(palántázáshoz)* paper pot
papírméretsorozat statement
papírmerítő keret mo(u)ld, tray, form
papírmikrométer paper ga(u)ge micrometer caliper
papírminőség grade/quality of paper
papírminta design/sampling paper
papírmunkás paper labourer
papírnedvesítő *fn* paper moistener
papír-negatív *(fényk)* calotyp(e)
papírnemesítés paper finishing
papírnemesítő gép paper finishing machine
papírnemez paper felt
papír-nyersanyag paper pulp, papermaker's/papermaking materials
papírnyírfa paper birch
papírnyomat *(fényk)* photostat
papírnyúlás stretching of the paper
papirolin linen reinforced paper, papyrolin, linen-backed paper
papírolló paper scissors
papírőrlés *(pa)* beating
papírpalack paper can
papírpálya paper web
papírpálya-szabályozás web-steering device
papírpályaszakadás break in the web, breaking down of the sheet
papírparaffin paper wax
papírpecsét seal
papírpép paper-pulp; *(papírgyártásnál)* paper stock/stuff; *(papírmasé)* papier maché
papírpépfehérítő munkás paper pulp bleacher
papírpép-finomító gép pulp-refining engine
papírpépfogó *fn* pulp-saver
papírpép-prés pulp press
papírpépsűrítő *fn* pulp thickener
papírpohár paper cup
papírpólya French curling
papírpor lint
papírrakás file
papírraktár paper store
papírréteg layer of paper
papírrongy scrap of paper
papírrost paper fibre
papírsebesség *(regisztrálási)* paper speed; *(nyomda)* web speed
papírselejt off-cut, broke, scraps, coarse papers
papírsimító: ~ **henger** calender; ~ **kalander** plate horse; ~ **prés** plate calender
papírsorlyukasztó paper perforator
papírstancolás *v* **-kivágás** paper cutting-out
papírstukatúr carton pierre
papírszabványok paper-normalities
papírszalag paper tape; *[kábelszigeteléshez]* paper strip; **olajjal itatott** ~ oiled-paper tape
papírszalvéta paper napkin
papírszalvéta-boríték és -tok tubes and covers for paper napkin
papírszalvétagép serviette machine
papírszalvétanyomó és -hajtogató gép napkin printing and folding machine
papírszárazság-szabályozó *fn* paper-dryer regulator
papírszárító *fn* paper dryer; ~ **állvány** *(nyomda)* printer peel
papírszélesség width of paper
papírszelet paper cutting/scrap/shaving/slip
papírszigetelésű paper-insulated; ~ **huzal** parchment-insulated wire; ~ **kábel** paper-insulated cable; ~ **kondenzátor** paper capacitor
papírszorító *fn* clip
papírszövedék paper web/texture
papírszövet paper cloth; **erős** ~ *(pa)* ply
papírsztereotípia paper stereotyping
papírszűke shortage of paper
papírszükséglet need of paper
papírszűrő paper filter
papírtámasztó *(írógépen)* paper support
papírtányér paper dish
papírtányér-karton picnic-plate board, plate making board
papírtapéta *l* **papírkárpit**; **pelyhes** ~ flock paper
papírtartály paper tub
papírtasak paper container
papírtasakgép paper-pocket machine
papírtechnológus paper technologist
papírtekercs paper bobbin/reel, scroll; ~ **könyvelőgéphez** paper reel/roll for bookkeeping machine; ~ **számológéphez** paper reel for adding machine
papírtekercs-élvédő paper reel corner protector
papírtekercskocsi paper reel cartage
papírtekercsmaradék *(nyomda)* reel stumps
papírtépő *fn* paper shredder
papírterem paper-sorting department, salle
papír-tetőfedőlemez *(ép)* rag felt
papírtölcsér paper cornet; *(árucsomagoláshoz)* cap
papírusz papyrus; ~**ból készült** papyraceous
papírvágó *fn* paper trimmer; ~ **gép** paper cutter, paper cutting/trimming machine; ~ **kés** paper-knife; ~ **munkás** *(nyomda)* cutter hand

papírvatta excelsior tissue, artificial cotton
papírvetülékhüvely *(tex)* paper quill
papírvezető : ~ **görgő** paper roll(er) ; ~ **henger** dandy pick, paper-guide roll ; ~ **lemez** paper-guide plate
papírviaszozó gép paper waxing machine
papírvirág (artificial) paper-flower
papírvizsgálat paper testing
papírvizsgáló műszer paper tester
papírvonalzó gép paper ruler
papírzacskó paper bag/pouch
papírzászló paper flag
papírzsák paper sack/bag
papírzsákbélelő gép lining appliance for paper bags
papírzsákfenékfedél-ragasztó cross-pasting attachment
papírzsák-gép paper bag machine
papírzsebkendő paper handkerchief
papírzsineg paper twine/thread/yarn/cord ; *(nedvesen cérnázva)* cellulon
papírzsineggép core machine
paplan quilt ; **tüzdelt** ~ counterpane, quilt
paplan-munka quilt work
papucs slipper, shoe ; *(bőr)* sock ; *(cipő)* slipper ; *(szeljaktoron)* shoe ; ~ **beverése a tám és a kőzet közé** *(bány)* blocking ; ~ **formájú** *[cipő]* casual type
papucsbőr slipper leather
papucscipő : lapos sarkú ~ flatties *(US)*
papucsfék slipper brake
papucsvarró gép slipper sewing machine
Paquelin-féle benzingőzégető Paquelin's cautery
pár pair ; *(kettős csoport)* dyad ; *[egymással sodort kábelpár]* turn ; *[vezetékpár]* pair (of conductors)
pára steam, fume, vapo(u)r
para-acetilfenetidin *p*-acetphenetide, phenacetin
para-amidobenzoésavas dietilamidoetil-észterhidroklorid *β*-diethylaminoethyl p-aminobenzoate, novocaine, procaine, ethocaine
para-aminobenzoésavas etilészter p-aminobenzoic ethyl ester, benzocaine, anaesthesin
para-aminobenzolszulfonsavamid sulphanilamide
para-aminobenzolszulfosav p-aminobenzene sulfonic acid
para-aminofenol *p*-aminophenol, Rodinal, Ursol P
parabola *(mat)* parabola ; ~ **alakú légcsavarkupak** *(rep)* parabolic spinner ; **harmadfokú** ~ *(mat)* cubical parabola ; **háromkettedfokú** ~ *(mat)* semicubical/Neil's parabola ; **másodfokú** ~ *(mat)* quadratic parabola, second-degree parabola
parabola- parabolic
parabolaboltív catenary arch
parabolafényszóró *(gépk)* paraboloid headlamp
parabolahullám parabolic wave
parabola-körvonalú szárnyvég *(rep)* parabolic tip
parabolamikrofon parabolic microphone
parabola-övű tartó *(hídon)* parabolic girder
parabolareflektor parabolic reflector
parabolasík parabola plane
parabolás sebesség *(csill)* parabolic velocity
parabolatükör parabolic mirror
parabolatükörantenna *(rád)* transmitting paraboloid
parabolatükrös mikrofon parabolic reflector microphone
parabolikus *(mat)* parabolic(al) ; ~ **fényszóró** *v* **vetítő** parabolic reflector ; ~ **gázáramlásmérő fúvóka** parabolic nozzle ; ~ **kúp** parabolic cone ; ~ **légcsavarkupak** *(rep)* parabolic spinner ; ~ **reflektor** parabolic reflector ; ~ **terhelés** *(mech)* parabolic load ; ~ **üzemmód** *[moduláiásnál]* quadratic characteristic working
paraboloid *(mat)* paraboloid ; ~ **alakú vevőantenna** receiving paraboloid ; ~ **állvány** *(ép)* paraboloid bracket ; **csonka** ~ cut/truncated paraboloid ; **forgási** ~ paraboloid of rotation
paraboloid-antenna paraboloid (antenna); **adó** ~ transmitting paraboloid; **dipólusgerjesztésű** ~ dipole-fed paraboloid ; **narancshéj alakú** ~ orange-peel paraboloid ; **vevő** ~ receiving paraboloid
paracentrikus paracentric(al)
paradioxibenzol 1 : 4-dihydroxybenzene, hydroquinone, (hydro)quinol
paradoxit *(ásv)* paradoxite
páraelszívó burok *(pa)* vapo(u)r hood
para-etoxilacetanilid *p*-acetphenetide, phenacetin
parafa cork(-wood) ; ~ **mellény** cork vest ; **őrölt** ~ ground cork ; ~ **(rezgéscsökkentő) lemezanyag** *(gépalapozáshoz)* vibra cork ; ~ **tömítés** cork washer
parafabetétes tömszelence cork-packed gland
parafabevonat cork cover
parafacsőbevonat cork moulds
parafadara granulated cork
parafadugasz *v* **-dugó** cork (stopper)
parafakéreg cork
parafalap corkboard
parafalemez corkboard
parafamellény *(hajó)* cork vest
parafapadló cork flooring slab
parafapapír cork paper
parafaparketta-lap cork flooring slab
parafaréteg *(alsó ; fa)* female layer of cork
parafasav suberic acid
parafasavas só suberate
parafás kuplung *(gépk)* cork-faced clutch
parafaszigetelés cork insulation
parafatömítés cork packing/sealing
parafaúszó *(horogzsinóron)* float
para-fekvésbe irányító csoport *(vegy)* para-orienting/-directing group
parafenetilkarbamid *l* **dulcin**
paraffin paraffin(e), paraffin wax ; *(gyógy)* paraffin ; **amorf** ~ amorphous/microcrystalline petrolatum wax ; ~ **cukorkakészítéshez** candymaker's wax ; ~**ba való ágyazás** paraffin embedding ; ~ **vasaló kenésére** iron wax
paraffin-alappapír paraffine base-paper
paraffin-aszfaltbázisú nyersolaj paraffin asphalt petroleum
paraffinbázisú : ~ **kőolaj** paraffin-base crude/oil/petroleum ; **nem** ~ **nyersolaj** nonparaffinous crude ; ~ **olaj** paraffin(-)base oil
paraffinfürdő paraffin bath
paraffingyár wax plant
paraffin-impregnálású ponyva paraffin duck
paraffin-jelleg paraffinicity
paraffinmentes wax-free
paraffinmentesített *(olaj)* dewaxed
paraffinolaj paraffin oil
paraffinolajmentesítő eljárás sweating
paraffinos : ~ **könnyű olajpárlat** wax distillate ; ~ **lágyaszfalt** paraffin flux ; ~ **olaj** waxy oil ; ~ **olajpárlat** *v* **desztillátum** wax/paraffin distillate ; ~ **struktúra** *v* **szerkezet** waxy structure ; ~ **természet** paraffinicity
paraffinosság *(ol)* paraffinicity
paraffinozógép *(pa)* paraffining machine
paraffinpapír waxed paper
paraffinpárlat *[ásványolaj kokszig való lepárlásából]* still wax
paraffinpép cheese of paraffine
paraffin-(prés)pogácsa slack wax, wax cake
paraffinsor *(vegy)* paraffin series
paraffinsorbeli sav paraffinic acid
paraffinsorozat paraffin series
paraffin-szénhidrogén paraffin hydrocarbon
paraffintalanít dewax
paraffintalanítás dewaxing
paraffintartalmú *(nyersolaj)* wax-bearing ; ~ **olaj** wax-bearing oil
paraffintartalom wax content
paraffintömeg cheese of paraffine
paraffinviasz paraffin wax
paraform paraformaldehyde tablets
paraformaldehid paraformaldehyde
paragenezis *(földt)* association of minerals ; **negatív** ~ antipathy of minerals
paragonit *(ásv)* paragonite
paragumi para-rubber
parakaucsuk para rubber
paralaurionit *(ásv)* paralaurionite
paraldehid par(acet)aldehyde
páralecsapó : ~ **készülék** condensing apparat ; ~ **lemezek** *(légáramban)* eliminator plates
parallaktikus parallactic ; ~ **egyenlőtlenség** *(csill)* parallactic inequality ; ~ **mozgás** parallactic motion ; ~ **rács** *(geod)* parallactic grid ; ~ **szög** *(csill)* parallactic angle
parallaxis *(geod)* parallax
parallaxisgyűrű *(geod)* focusing collar
parallaxishiba parallax error
parallaxis-kiküszöbölő *mn (fényk)* antiparallax
parallaxis-szög parallactic angle
parallel(-) *l* **párhuzamos** ; ~ **hemiédria** *(ásv) l* **diakiszdodekaéderes** *[kristályosztály]* ; ~ **szféra** *(csill)* parallel sphere
parallelepipedon parallelepipedon
parallelogram-felfüggesztés parallel linkage
parallelogram(ma) parallelogram
paralogit *(ásv)* paralogite
paramágneses paramagnetic
paramágnesség paramagnetism
paramelakonit *(ásv)* paramelaconite
páramentes moisture-free ; ~ **szélvédő üveg** non-clouding windscreen ; ~ **üveg** sweat-proof glass
páramentesítő *(gépk)* sleet-chaser ; ~ **rés** *(szélvédő alatt)* screen/demister slot ; ~ **tárcsa** *v* **korong** dew cap
páramérő (készülék) *(met)* psychrometer, wet-and-dry-bulb hydrometer
paraméter parameter
paraméteres parametric
paraméterviszonyszám *(ásv)* coefficient
parametrikus parametric

paramorfizmus *(földt)* paramorphism
parancs *(számológépen)* routine; instruction
parancsnoki: ~ **gondola** *(léghajón)* control car; ~ **híd** conning-bridge; ~ **páncélkocsi** flag car; ~ **rádióállomás** command set; ~ **torony** *(hadihajón)* conning tower
paranthélion *(met)* paranthelion
parány elementary particle
paránycsavar *(geod)* slow-motion screw; **függőleges kör** ~**ja** *(geod)* gradienter
parányi minute, micro-; ~ **jelközvetítő** *(vill)* microsyn
paránykapcsoló *(vill)* microswitch
paránymérő micrometer; *l még* **mikrométer**
paránymérős ütköző micrometric stop
paránymozgás *(műszeren)* slow motion
parányosztású skála *v* **számlap** microdial
parapet *(ép)* breast
parapetfal *(ép)* breast of a window
páraréteg *(met)* haze
párás hazy, vaporous, dampy
párásít ooze; *(bőrt)* moisten, dampen
párásodás *(met)* fogging
parasztbőr casualty calf
parasztszekér field carriage
páratartalom moisture content, humidity; ~ **okozta hangcsökkenési együttható** humidity loss coefficient
páratartalom-regisztráló *(met)* moisture recorder
páratartalom-szabályozás conditioning of humidity
paratejsav paralactic acid
páratlan *(mat)* uneven, odd; ~ **fogszámú** odd-toothed; ~ **fokú modulálási termékek** *(távk)* odd-order modulation products; ~ **harmonikus** odd-harmonic; ~ **rendű kombinációs frekvenciák** *(távk)* odd-order combination frequencies
paraxiális paraxial
parazita parasite
parazita-antenna parasitic antenna
parazitaáram parasitic current
parazitacsatolás *(vill)* spurious coupling
parazitadirektor *(rád)* director parasitic antenna
parazita-elleni anti-parasitic
parazitajel *(távk)* parasitic signal; ~**eket kiküszöbölő** *(távk)* anti-clutter, A. C.; ~**eket kiküszöbölő berendezés** *(távk)* anti-clutter; ~**eket kiküszöbölő szabályozás** *(távk)* anti-clutter gain control
parazita-kapacitás *(vill)* parasitic capacitance
parazitakráter *(földt)* adventive crater
parazitakúp *(vulkáné)* subordinate cone
parazitálás parasitization
parazitareflektor *(rád)* reflector parasitic antenna
parazitarezgés *(vill)* parasitic oscillation; ~**t kiküszöbölő rendszer** *(telef)* anode stopper, grid stopper
parazitasugárzás *(rád)* spurious radiation
parazitasugárzó *(rád)* parasitic radiator
parazitatermékek *(modulátorban)* parasitic products
parázs live coals, ember; ~ **anyag** *(pa)* free (beaten) stuff/stock; fast pulp/stuff *(US)*; ~**an őrölt** *(pa)* free-beaten
parázsfény glow light; **kék** ~ *(rád)* blue glow
parázsfénycső *l* **parázsfénylámpa**
parázsfénycsöves vizsgálókészülék *(vill)* neon tube tester
parázsfénylámpa glow discharge lamp, neon lamp
parázsfény-mikrofon glow-discharge microphone
parázsfényű egyenirányító glow-discharge rectifier
parázslámpa *l* **parázsfénylámpa**
parázslás glow
parázslik glow, smoulder; *(ásv)* glimmer
parázsló close-burning, glowing, smouldering
parázsosság *(pa)* freeness
parázssalak cinders
parázstartó vasüst *v* **vaskosár** brazier
parázstűz smoulder
parcella plot, portion, parcel patch
parcelláz parcel, plot
parcellázás subdivision
parciális partial; *l még* **részleges**; ~ **beömlésű turbina** *l* **részleges**; ~ **differenciálhányados** *v* **derivált** *(mat)* partial derivative; ~ **integrál** *(mat)* particular integral; ~ **integrálás** *(mat)* partial integration; ~ **móltérfogat** partial molar volume; ~ **nyomás** partial pressure; ~ **térfogat** partial volume
párdarab mating/matching member
parenkima *(fa)* parenchyma
parfőm-papír perfumed paper
pargasit *(ásv)* pargasite
párhuzamfogó *fn* parallel pliers; **kerek csőrű** ~ parallel round-nose pliers; **lapos** ~ parallel flat-nose pliers
párhuzamíró *fn* surface ga(u)ge
párhuzamjelző *fn* surface ga(u)ge
párhuzammérce *l* **mérőhasáb**
párhuzamműű *(hidr)* dyke
párhuzamos parallel; ~**an** *[kapcsol]* in parallel; ~ **áramkör** shunt/parallel circuit; ~ **csévélésű cséve** *(tex)* parallel-wound bobbin; ~ **csévélésű csévélő berendezés** *(tex)* parallel-built winder; ~ **csöves erősítő** parallel-tube amplifier; ~ **csúszás** *v* **eltolódás** *(vetődésekben; földt)* trace slip; ~ **diszperzió** *(ásv)* parallel dispersion; ~ **egyenes** *(sztereofotogrammetriai felvételnél)* parallel to the principal line; ~ **elosztó rendszer** parallel/shunt system of distribution; ~ **eltolás** *(ásv)* parallel gliding; ~ **élű reszelő** parallel file; ~ **feketedés** *(fényk)* parallel density; ~ **frekvencia-kiegyenlítés** *(rád)* shunt compensation; ~ **gerjesztés** *(vill)* shunt excitation; ~ **haladás** *[erős- és gyengeáramú vezetékeké]* coexistence; ~**an kapcsol** *(vill)* connect in parallel shunt; ~ **kapcsolás** *(vill)* shunt/parallel connection; ~ **kapcsolóhuzal** *(vill)* strapping wire; ~**an kapcsolt** *(vill)* in parallel; ~**an kapcsolt áramkör** multiple circuit; ~**an kapcsolt ellenáramú túlhevítő** parallel and counter-flow superheater; ~**an kapcsolt fojtótekercs** shunt feed choke; ~**an kapcsolt gerjesztőtekercs** shunt field coil; ~**an kapcsolt impedancia** shunt impedance; ~**an kapcsolt kapacitás** shunt capacitance; ~**an kapcsolt tekercs** shunt bobbin; ~**an kapcsolt terhelés** shunt loading; ~**an kapcsolt vezetők összessége** *(távk)* conductors grouped in parallel; ~ **kasvezeték** *(bány)* guide; ~ **(kettős) keresztrugók** *(gépk)* parallel transverse springs; ~ **kioltás** *(ásv, fényt)* parallel extinction; ~**an kötött bemenet** *(távk)* parallelled input; **közel** ~ *(mat)* subparallel; ~ **lemezekből álló kondenzátor** parallel plate condenser; ~ **megközelítés** *[erős- és gyengeáramú vezetékeké]* parallelism; ~ **menesztő** *(forg)* parallel carrier; ~ **metszet** parallel cut; ~ **nem-egyező rétegeződés** *(földt)* parallel unconformity; ~ **összenövés** *(ásv)* parallel growth; ~ **övű gerenda** parallel-flanged beam; ~ **pofás elfordítható satu** parallel swivel bench vise; ~ **rácsos-tartó** parallel truss; ~ **reakció** concurrent reaction; ~ **rétegek** *(földt)* concordant strata; ~ **rétegződés** *(földt)* planoconformity; ~ **rezgőkör** *(rád, táv)* parallel resonant circuit; ~ **rezgőkör rezonanciája** *(rád)* inverse resonance; ~ **rezonancia** *(távk)* antiresonance; ~ **sáv** *(szink)* parallel band; ~ **síkú felépítés** *v* **szerkezet** *(földt)* plane-parallel texture; ~ **síkú rétegződés** *(földt)* plane-parallel structure; ~ **sugarak** *(fényt)* infinite rays; ~ **szárú oszlop** *(távk)* H-pole; ~ **szerkezet** *(földt)* parallel bedding; ~ **szivattyú** compound pump; ~ **táplálás** *[anódkörben]* shunt feed; ~ **távkeretantenna** coaxial antenna; ~ **távlat** parallel perspective; ~ **tekercselés** *(vill)* parallel winding; ~ **telepösszlet** *(bány)* sheated zone; **teleprétegek** ~ **eltolódása** *(földt)* parallel displacement; ~ **telérek** *(bány)* right-wing heavy; ~ **tengelyű felvételek** *(geod)* parallel photographs; ~ **üzem** parallel running/operation; *(távk)* operation in parallel; ~ **vágat** *(vastag, dölt telepben; bány)* counter gangway; ~ **vállap** *(bány)* linear cleavage; ~ **vetődés** *(földt)* longitudinal fault(s); ~ **vezeték** *(gépt)* parallel (guide) ways; *(vill)* shunt; ~ **visszacsatolás** *(rád)* shunt feedback; ~ **vonalakkal mintázott szövet** parallel fabric; ~ **zárótestű tolózár** *v* **tolattyú** parallel slide valve
párhuzamosít parallel
párhuzamosítás paralleling; *(fényt, geod)* collimation
párhuzamsatu *l* **satu, párhuzamos**
párhuzamvonalzó parallel rule(s), isometrograph
parittyagumi catapult strip
parittyahőmérő *(met)* sling thermometer
parittya-pszichrométer *(met)* sling psychrometer
párizsi: ~ **emelet** *(földt)* Parisian group, Lutetian stage; ~ **fehér** *(festék)* Paris white; ~ **kék** *(festék)* French/Paris blue; ~ **vörös** *(festék, csiszolóanyag)* Paris red; ~ **zöld** *(festék)* *l* **schweinfurti zöld**
párkány *(ép)* stage, shelf, lip, platform, string cornice, frieze, reglet; *(hidr)* berm; **vízorros** ~ drip stone; **zegzúgos díszítésű** ~ chevron mo(u)lding
párkánycsipkézés *(ép)* crene(l)lation
párkánycsurgó *(ép)* drip stone

párkánydeszkázás cornice boarding
párkányél *(ép)* arris
párkányelválasztó tagozat *(ép)* bead mould
párkánygyalu (square) rabbet plane; **ferde élű ~** skew rabbet plane; **ferde élű ~ elővágóval** skew rabbet plane with carver; **kettős ~** double-iron rabbet plane
párkánygyaluvas rabbet-plane iron
párkány-hullámtag *(felül domború, alul homorú)* cyma reversa; *(felül homorú, alul domború)* cyma recta
párkányhúzó profil *v* **sablon** *(ép)* horse
párkányív *(kőből; ép)* ring stone
párkánykő *(ép)* trim-stone
párkánylemezkiképzés konzolsoron corbel table
párkánymagasság building height
párkányminta running mould
párkányosztó léc(tag) *(ép)* fillet mould
párkánysablon *(ep)* mould
párkány-sarokkő *(ep)* kneeler
párkányszelvény *(ep)* mo(u)lding
párkánytag: hornyos ~ channel moulding; **vájolt ~** cavetto
párkánytámasztó konzol ancon truss
párkányzat *(ep)* reglet, ledge, mo(u)lding; **éles beszögellésű ~** quirck moulding; **fogazott ~** embattlement
párkányzatformázó lemez *(ép)* quirk float
parkerezés *l* **parkerizálás**
parkerizálás *(hők)* parkerization
parkett parquet, hardwood floor, parquetry; **táblás ~** boarded parquet
parketta- *l* **parkett-**
parkettcsiszoló gép parquetry machine, floor surfacing machine
parkettes inlaid
parkettezőmunka parquet work
parkettezőmunkás parquet inlayer
parkettfa strip
parkettfektetés parquet work
parkettgyalu floor flogger
parkettgyalulás floor dressing
parketthántoló gyalu floor scraper
parkettléc parquetry stave/strip/fillet
parkettlehúzó penge floormaker's scraper
parkettlemez parquet block
parkettlerakás inlaying of floors
parkettpadló parquetry
parkettrakó *(munkás)* floorer
parkettszorító floor clamp
parkíroz *(ép)* *l* **parkosít**; *(gépk)* *l* **parkol**
parkkapu lodge gate
parkol *(gépk)* park
parkolóhely (car) parking (place)
parkolóóra *(gépk)* parking meter
parkosít (im)park
parksáv *(városépítés)* park/green wedge
parkút parkway
párlat distillate, cut, fraction; **oldalt lefolyó ~** *(ol)* side stream; **széles (határok közötti) ~** wide fraction
párlatfolyadék still liquor
párlat-fűtőolaj distillate fuel oil
párlatgyűjtő tartály run tank
párlathatár boiling limit
párlathűtő distillate cooler
párlatlecsapoló csővezeték *(gőz)* bleeder
párlatolaj distillate oil
párlóüst ca(u)ldron
párna cushion, pad, bolster, pillow; *(ion oszlopfőn:)* coussinet; **~ alakú elválás** *(földt)* pillow-like jointing
párnaabroncs cushion tyre
párnafa sleeper, pillow, sill, bolster, joist; *(pakli:)* pad; *(padlóban:)* floor beam
párnafarögzítés sleeper fastening
párnafelhő *(met)* alto-cumulus
párnagumi squeegee; *(abroncs futófelülete alatt:)* cushion
párnahatás *(rep)* cushion effect
párnahuzat pillow case/slip
párnahuzat-anyag bed ticking
párnalemez *(gépt)* bolster plate
párnamedence cushion pool
párnaréteg *(gumiabroncson; gépk)* cushion stock
párnarugó cushioning spring
párnás: ~an kidudorodó pulvinate; **~ láva** pillow lava; **~ ülőzsámoly** squab
párnaszerű pillow-/cushion-like; **~en kiképzett oszlopfő** *v* **fejezet** cushion capital
párnatag bolster
párnáz cushion, bolster, pad
párnázás *vö* **párnáz**
párnázóanyag padding
párnázott padded; **~ ajtó** *(ép)* padded door; **gombbal kivert ~ bútor** buttoned upholstery; **~ lövés** *(bány)* buffer shooting; **~ nyereg** pad; **~ robbantótöltés** *(bány)* extended charge; **~ ülés kerete** cushion frame
párnélküli elektron *(at)* single electron
párol distil; *(élip)* stew, braise; **sót ~** *(kádban)* pan
párolás *(élip)* stew; **~ gőzzel** steam boiling; **villamos ~** *(konzervgyártásnál)* electric hotpack
párolgás evaporation
párolgási: ~ együttható *(gőzé)* reduced evaporating coefficient; **~ hő** evaporation heat; **~ képesség** evaporativity; **~ veszteség** evaporation loss
párolgásmérő evaporation ga(u)ge; *(met)* atmometer; **~ házikó** *(met)* evaporation shelter
párolgó volatile, evaporating; **~ felületű kondenzátor** evaporative surface -condenser; **nem ~** non-volatile
párolog evaporate
párologtat evaporate, fume
párologtatás evaporation; **~sal hűtött** hopper-cooled
párologtató: ~ állomás evaporator station; **~ berendezés** *(vegy)* evaporator; **~ készülék** *(serpenyő)* evaporating pan
páros paired; *(szám:)* even; **~ áru** *(hiba; tex)* cloth without cover; **~ csatornaelosztás** *(távk)* paired allocation of channel bands; **~ csépbefűzés** *(tex)* leasing by pairs of threads; **~ fokú modulálási termékek** *(távk)* even order modulation products; **~ fonal** *(hiba; tex)* double ends; **~ függvény** *(mat)* even function; **~ glikuronsavak** conjugated glucuronic acids; **~ hangolású húrok** *(lanton; hang)* ranks; **~ harmonikus** *fn* even harmonic; *mn* even-harmonic; **~ harmonikus torzítás** *(vill)* even-harmonic distortion; **~ idomszer** mating ga(u)ge; **~ kábel** *(távk)* twin cable; **~ kettős kötésű csoport** *(vegy)* conjugated grouping; **~ láncfonal** *(hiba; tex)* double warp/threads; **~ létra** *(bány)* three trees; **~ oldal** left-hand page; **~ rendű kombinációs frekvenciák** *(távk)* even order combination frequencies; **~ rendű polinom** *(mat)* polynomial of even degree; **~ sodrás** *(kábelereké)* pairing; **~ szám** *(mat)* even number; **~ számú fonalak** *(felvetésnél; tex)* even-numbered threads; **~ vétel** *(rád)* diplex reception
párosít pair, mate, conjugate
párosítás *(egymáshoz tartozó géprészeké)* mating; *(illesztéseknél:)* selective assembly
párosító illesztés selected fit
párosított: ~ átvivő csévék *(távk)* matched repeating coils; **~ gumiabroncs(ok)** mated tyre(s)
pároszi cement Parian cement
Parry-féle: ~ gázlevezető *(nagyolvasztón)* Parry's gas exit; **~ kúpos tokmány** Parry-type rangement
parsec *(csill)* parsec
Parshall-mérő *(hidr)* Parshall-meter
Parsons-féle gőzturbina Parsons' steam turbine
part strand, bank(ing); **alacsony ~** holm; **~ által körülzárt** *(öböl)* landlocked; **domború ~** *(hidr)* accreting bank; **épülő ~** *(hidr)* accreting bank; **homorú ~** *(hidr)* caving banks; **kiépített ~** *(hidr)* embankment; **~okkal körülvett** landlocked; **kővel kirakott ~** *(hidr)* bund; **magas ~** coast of elevation; **~tal összefüggő jég** land ice
partalakulatok shore forms
pártázat merlon
pártázógyalu ogee plane
pártázott castellated
partbiztosítás *(hidr)* bank protection
partburkolat *(hidr)* pitching
partcsuszamlás *v* **-szakadás** tearing away of bank
parterősítés cölöpsorral pile reinforcement
partfal river/embankment wall; **cölöpös ~** skeleton pier; **~ legalsó padkája** *v* **lábazata** wall footing
partfal-zsilip go-out
partfelvétel *v* **-felmérés** coast survev
parthajózási coasting
parthatás coast refraction
parthozállás *(hajó)* berthing
parti coastal; **~ csapószárny** *(csapóhidon)* approach flap; **~ csatlakozás** *(hajó, vill)* shore connection; **~ daru** jetty crane; **~ ellenfal** bank pier; **felemelt ~ terasz** *(földt)* elevated shoreface; **~ forgódaru** quay crane; **~ földpad** bank; **~ gát** barrier beach; **~ hídnyílás** shore bay, abutment bay; **~ hídpillér** bridge abutment; **~ hordalék** shore drift; **~ hordalékvándorlás** *(hidr)* beach drifting; **~ iránymérő állomás** shore/ground DF-station; **~ ív** *(hidon)* rampart arch; **~ jég** *(földt)* ice foot; **~ kihorgonyzás** *(hidon)* land tie; **~ lerakódás** *(földt)* beach deposit; **~ lerakódásokon belül fekvő** *(földt)* infralittoral; **~ növekmény** *(hidr)* accretion along a bank; **~ nyílás** *(hidon)* approach span; **~ összefüggő jég** land ice; **~ öv(ezet)** *(földt)* marginal zone; **~ padka** shore platform; **~ pillér** land/shore pier, abutment; **~ rádióállomás** shore station; **~ rakodómunkás-csoport** shore gang; **~ szél** off-shore wind; **~ tenger** *(földt)*

marginal sea ; ~ **vontatóút** towing path
partikula particle
partikuláris *(mat)* particular
partitív partitive
partkalauz *(hajó)* coasting pilot
partközi intercoastal
partlejtő *(hidr)* bank slope
partmegkötés fence of the bank
partmenti *(folyón:)* riparian ; *(tengeren:)* coastal ; ~ **zajlást megállító befagyás** land-locking type of freezing
partnyesés *(rézsűben)* escarpment
partomlás break of banks
partövezet coast line
partrarakási díj *(hajó)* landing carriage
partraszállás *v* **-szállítás** *(hajó)* debarkation
partraszállít disembark, land, debark
partschin *(ásv)* partschite
partszabályozás river bank regulation
partszakadás break of banks
partszegély beach barrier ; **sziklás** ~ cliffed coastline
parttöltés hossz-szelvénye bank line profile
partvédelem *(hidr)* bank protection
partvédelmi coastal
partvédezeti párhuzammű *(hidr)* defence bank
partvédfal sea wall
partvédő : ~ **gát** barrier beach ; ~ **kőhányás jég ellen** *(hidr)* ice ramparts ; ~ **mű** fence of the bank ; *(kimosás ellen:)* current-fender ; ~ **radar** coast-defense radar
partvonal shore/coast line, water front ; ~ **előbbre helyezése** *(folyószabályozásnál)* setting forward of the bank ; ~ **hátrahelyezése** *(szabályozásnál)* setting back of the bank
Pascal-féle kagylógörbe *(mat)* limaçon of Pascal
Pascal-háromszög *(mat)* triangle of Pascal, binomial triangle
Pascal törvénye Pascal's law
passauit *(ásv)* *l* **porcelánpát**
paszíroz strain, triturate
paszírozógép triturating machine
„pászít" *l* **illeszt**
pászma staple, rap, sliver, tuft ; *(motringban:)* skein ; *(fonalhosszegység:)* hasp ; *(távk)* braiding
pászmafestés rope dyeing
pászmairány lay
pászmakerületmérő *fn* skein girth gauge
pászmakötél *(mélyfúráshoz)* stranded rope
pászmás motollálású fonal lea reeled yarn
pászmaszakító gép *(tex)* lea yarn strength testing machine
pászmázott motring tied-up hank
paszomány bordering, coach/gold lace, galoon, narrow/gold braid
paszományáru braids, trimmings
paszományárugyár trimming factory
paszományfelvarró ribboner
paszománykarton *(pa)* board for lacemaking
paszománykészítő *fn* loop maker ; ~ **gép** lace machine
paszomány-rövidáru *(tex)* featherstitch braid
paszományszövés weaving of trimmings
paszományverő gép *(tex)* braider, braiding frame/machine
paszományzsinór *(selyemmel körülfont)* gimp
paszpartu mat
paszpartu-karton passe-partout board
paszpol *(szegőszalag cipőn)* piping ; *(tex)* passepoil
passzaméter *(gépt)* outside passmeter, passameter
passzátfelhők *(met)* trade clouds
passzát-szél *(met)* trade/anniversary wind
passziméter *(gépt)* inside passmeter, passimeter
passzív passive ; ~ **állapot** passivity ; ~ **antenna** passive/parasitic aerial, reflector, director ; ~ **áramkör** passive network ; ~ **földnyomástényező** flow value ; ~ **modulátor** *(távk)* dry rectifier modulator ; ~ **négypólus** *(távk)* passive network ; ~ **sugárzó** radiation-coupled reflector
passziválás passivation, inhibition of corrosion
passziválódás *l* **passziválás**
passzivitás *(vegy)* passivity
paszta paste ; *(élip)* batter
pászta tract, strip ; *(bány)* heading, wall ; ~ **hátsó része** *(bány)* back end ; **keskeny** ~ *(bány)* stub entry ; **teleprétegek közé zárt** ~ split ; ~ **végződése a föld felszínén** *(bány)* spoon cud
pásztadőlés *(bány)* highwall, direction of strata
pásztafejtés *(bány)* breastwork ; ~ **rövid pillérekben** *(bány)* block panel system
pásztás *fn* *(bány)* bankman ; ~ **rendszer** *(bány)* stoop/panel system ; ~ **szén** common banded coal
pásztaszélesség *(bány)* breast
pásztáz *(kat)* sweep ; *(fényk)* pan
pásztázás drift slicing ; ~ **fényszóró fénykévéjével** floodlight scanning
pásztázási szög angle of grazing
pásztázott terület swept space
pasztell pastel ; ~ **színárnyalatok** *(tex)* pastel shades
pasztellceruza crayon
pasztellpapír pastel (drawing) paper
pasztilla pastille, pellet
pásztorsíp pan/shepherd's pipe
pasztózfestés *(műv)* loading
pasztőrözés pasteurizing
pasztőrözhetőség pasteurizability
pasztőröző *fn* pasteurizer ; **elektrolitikus** ~ electropurifier ; **szakaszos** ~ batch pasteurizer
pát *(ásv)* spar
pata-csípőfogó farrier's pincers
pataenyv hoof glue
patafaragó butteris ; ~ **kés** farrier's searcher
patak brook, rill, rivulet ; **hegyi** ~ bourn(e) ; **kis** ~ streamlet ; **sziklás medrű** ~ beck
pataleszedő fogó unsoling pincer
pataliszt hoof meal
patametsző kés farrier's searcher
pataolaj hoof oil
patareszelő horse rasp
patatisztító kés horseshoe-dressing knife
pataverő kés horseshoe cutter
patavizsgáló fogó pliers for examining hoofs
patazsír neatsfoot oil
patentfehér *(festék)* patent white
patentgomb patent/snap fastener
patenthorgony *(keresztrúd nélküli)* self-stowing bower
patenthorog slip hook
patentírozás *(koh)* patenting
patentírozó kemence *(huzalgyártáshoz)* patenting furnace
patentlánc oval-link(ed) chain
patentlemez *(pa)* patent board
patent-rand *(cipő)* ribbed border
patentzöld *(festék)* *l* **schweinfurti zöld**
páternoszter bucket winch ; ~ **rendszerű felvonó** paternoster bucket elevator
patina patina, tarnish
patinálás browning
patinás réz *(koh)* eruginous copper
patkányfogó kötés *(közbenső levegőtérrel ; ép)* rattrap bond
patkányirtó szer rat destroyer
patkánylyuk *(mélyfúráshoz ; bány)* rat-hole
patkányméreg raticide
patkó (horse) shoe ; ~ **alakú alátétlemez** horseshoe washer ; ~ **alakú folyamhajlat** oxbow ; ~ **alakú ív** *(ép)* horseshoe arc ; ~ **alakú láng** horseshoe flame ; ~ **alakú levegőcső** horseshoe main
patkóalakító üllőbetét bottom swage for horse shoes
patkóaljas kemence horseshoe furnace
patkóárkoló : **nyeles** ~ top fuller for horse shoes
patkófeligazító *fn* hoof adapter
patkoló kalapács farriers' shoeing hammer
patkolókovács farrier
patkólyukasztó : **nyeles** ~ punch for horse shoes
patkómágnes horseshoe magnet
patkóörvény *(rep)* horseshoe vortex
patkós : ~ **felállítás** *(távcsőé ; mikroszkópé)* horseshoe mounting ; ~ **idomszer** *l* **villás idomszer**
patkósarok calk
patkószeg horseshoe nail
patkóvas *(minőségjelzés ; koh)* horseshoe iron
patrica punch ; *(nyomda)* raised figure
patrinit *(ásv)* *l* **aikinit**
patrolkamera *(csill)* patrol camera
patron *(kat)* cartridge ; *(forg)* collet ; *(minta)* stencil plate ; *(filmtekercs)* cartridge
patronfestő ecset stencil brush
patronhüvely cartridge shell
patronit *(ásv)* patronite
patronlemez *(pa)* cartridge board
patronos : ~ **befogó fej** *(forg)* collet adapter ; ~ **tokmány** collet chuck
patronpapír *(tex)* design/point paper, lifting plan
patronpofa collet jaw
pátszerű sparry
pattanós *(gumi)* nervy
pattanósság *(gumi)* nerve of rubber
páttartalmú sparry
pattersonit *(ásv)* pattersonite
Patterson-szám *(pa)* Patterson number
pattogás crack ; *(rád)* grinder
pattogzik *(ásv)* decrepitate
pattogzó *[szén]* bumpy
patyolat *(tex)* batiste
Pauli-féle tilalmi elv *(at)* Pauli's prohibition principle
Pauli-tartó *(hidon)* Pauli girder
pauszpapír transfer/calking/tracing/transparent paper, architect's drawing paper

pauszpapírrajz calking
pauszverspapír base tracing paper
pávafark-égő fantail burner
pávakék *(festék)* peacock blue
pavilon *(ép)* pavilion, kiosk, summer house
pavilon-tető *(négynél több oldallal)* pavilion roof
pázsithenger lawn roller
pázsitkockakivágó szerszám skim coulter
pázsitos rézsű tuf slope
pázsitoz tuf, sward
pázsitpermetező *fn* lawn sprayer
pázsitsáv *(gyalogút szélén)* verge
PB-gáz *(propán—bután cseppfolyósított elegye)* liquefied gas
pearcit *(ásv)* pearceite
péce *(hajó)* beacon; **állandóan világító fényű** ~ fixed-beacon light; **azonos jelű** ~ equisignal beacon; **kettős modulációval dolgozó rádiós** ~ *(hajó, rep)* double-modulation beacon; **váltakozó színű** *v* **fényű világító** ~ alternating light beacon
pecek pin, dowel, drift, tongue, peg, stud, catch; *(fa)* trenail *is*; ~ **ácsoláshoz** *(ép)* horn; **excentrikus** ~ eccentric pin; **fejes** ~ *(sasszegfurattal)* clevis pin; **hornyolt kúpos** ~ *(huzaloknak sínekhez kapcsolására)* channel pin
pecekház *[Hughes-gépen; táv]* pin plate
peceklyuk *(gépt)* keyhole
peceklyuk-lyukasztó *fn* buttonhole punch
pecekreszelő pin file; **különlegesen keskeny** ~ *(óra)* extra-narrow pillar file
pécé-rost *(pa)* Pece
pécéz *(nyomda)* point
pecsenye *(önt)* scab; **laza** ~ *(önt)* disperse scab
pecsét *(folt)* patch, stain, spot
pecsétföld *(ásv)* terra sigillata/lemnia
pecsétgyűrű signet-ring
pecsétnyomó seal; ~ **prés** seal press; ~ **vésnök** stamp engraver
pecsétviasz sealing wax
pedál pedal, treadle, foot bar/lever; *(orgonán:)* foot keys; ~**t felenged** *(gépk)* release the pedal; ~**lal működtetett fojtó csappantyú** *(gépk)* foot throttle; ~**t nyom** *v* **tapos** pedal; ~**ok taposótávolsága kerékpáron** tread
pedálbak pedal bracket
pedálemelő *(gépk)* pedal lever
pedálerő *(gépk)* pedal effort/force
pedálfej *(gépk)* pedal pad
pedálhajtású kalapács foot hammer
pedálholtjáték *(gépk)* toe-board clearance
pedálkar *(gépk)* pedal bracket/lever
pedálklaviatúra *(orgonán)* pedal organ
pedálnyílás-zárógumi *(gépk)* rubber cover for pedal slots
pedálos: ~ **(áram)kapcsoló** pedal contact; ~ **emeltyű** *(gépk)* pedal shaft lever; ~ **gyorsító szerkezet** *(gépk)* treadle-type accelerator; ~ **hajtású kis nyomdai sajtógép** treadle machine; ~ **hajtókerék** pedal wheel; ~ **hajtómű** pedal drive; ~ **indító** *(gépk)* kick starter; ~ **kalapács** treadle hammer; ~ **kapcsoló szerkezet** *(gépk)* pedal gear; ~ **sajtó** foot press; ~ **(vezérlésű) szelep** treadle valve
pedálozás pedalling
pedálrés *(fenéklemezen; gépk)* pedal slot
pedálrudazat *(gépk)* pedal linkage
pedálsín *(gépk)* detector bar; *(vasút)* lock bar
pedálsínütköző *(gépk)* detector bar stop
pedálszár *(gépk)* pedal stem
pedálszerkezet *(gépk)* pedal gear
pedáltartó *(hangt)* pedal board
pedáltengely pedal spindle
pedálvisszahúzó rugó *(gépk)* pedal return spring
pedálzongora *(hangt)* pedal piano
pedionos kristályosztály pedial class
pedrés *(tex)* twirl
pegmatolit *(ásv)* pegmatolite
pehely flake, flock, floss, floccule
pehelyálló szövet downproof textile/cloth
pehelygrafit flake graphite
pehelyképző flocculent; ~ **szer** flocculating agent
pehelykészítés flaking
pehelykészítő gép flaker
pehelykiválás *v* **-kicsapódás** flocculation
pehelykönnyű featherweight; ~ **nyomópapír** buffing/India paper, bulking book paper, featherweight printing-paper
pehelypamut *(hulladék; tex)* fly cotton
pehelyréteg fluff
pehelyszerű flocky, flocculent
pehelytelenít *(tex)* delint, deflocculate
pehelytelenítés *(pa; tex)* deflocculation
pehelytoll down-feather
peigneur *(tex)* stripper
pékélesztő baker's yeast
pektinsav pectic acid
pektizáció pectization
pektocellulóz *(pa)* pectocellulose
pektolit *(ásv)* pectolite
pekuliáris sajátmozgás *(csill)* motus peculiaris
pékzacskó *(pa)* partry bag
pelágikus *(földt)* pelagic, pelagian
pelargonsav pelargonic acid
példány copy; **filmrendezői** ~ cue sheet
példányszám *(nyomda)* run; **ezres** ~ run of a thousand
pele *(prémbőr)* dormouse
peleng *(rep)* bearing; **fordított** ~ backbearing
pelengátor course-and-bearing indicator, direction finder, D. F.
pelenka-krepp-papír crape paper for shrouds
peleprém dormouse
pelhamit *(ásv)* pelhamite
pelikanit *(ásv)* pelicanite
pelit *(kőzet)* pelite
pelites *(földt)* pelitic
Pellet-eljárás *(fényk)* Pellet's process
Pelton-kanál Pelton bucket
Pelton-kerék *(hidr)* Pelton/bucket/impulse wheel
Pelton-lapát *l* **Pelton-kanál**
Pelton-turbina *l* **Pelton-kerék**
pelürpapír onionskin, glazed manifold paper
pelyhes flaky, flocculent, fluffy; *(pa)* fuzzy; ~ **arany** flake gold
pelyhesedés flocculation; *(koh)* flaking, flock(ing)
pelyhesedik flocculate, coagulate
pelyhesít flocculate
pelyhesítő berendezés flocculator
pelyhezett *(pa)* mottled; ~ **papír** granite/mottled/chromatic paper
pelyheződik flocculate
peneplén *(földt)* peneplain, worn-down plain
peneplenizáló folyamat *(földt)* peneplanation
penész mo(u)ld; *(folt; pa)* (paper) mildew; **fehér** ~ *[nyersbőrön]* white mo(u)ld
penészálló mildew-proof, fungiproof, fungus-proof; ~**karton** *(pa)* mo(u)ld--resistant board
penészedés mo(u)lding
penészedésgátló *fn* anti-mildew compound
penészedik mildew, mo(u)ld
peneszeizmikus terület *(földt)* peneseismic country
penészelhárító (szer) mildew preventive
penészes mouldy, musty; ~ **húsoldal** *(bőr)* musty
penészfoltos papír foxed paper
penészölő fungicidal
penészréteg *(élip)* fur
penetráció *(anyagv)* penetration (number)
penetrációs: ~ **ikrek** *(ásv)* penetration twins; ~ **próba** *[bitumennél]* penetration test
penetrométer *(anyagv)* penetration tester, penetrometer
penfieldit *(ásv)* penfieldite
penge blade, shave; *(tex)* blade; ~ **alakú gyomirtó kapa** *[sorművelő kultivátoron]* blade-type shovel
pengeacél *(koh)* Russia iron
pengehajtó mű *[kaszálógépen]* sick drive
pengekészlet knife tackle
pengenyom *(fa)* notch, (saw) kerf
pengés *fn* *(papíré)* rattle
pengesor *(kaszálógépen)* scythe; *[arató- v fűkaszáló gépen]* knives
pengőpostapapír parchment-like note--paper
pengős fogású *(pa)* pliable
pennin *(ásv)* pennine, penninite
pennsylvaniai fúróberendezés *(ol)* Pennsylvania rig
pentadecilsav pentadecylic/pentadec-(an)oic acid
pentaéder *(mat)* pentahedron
pentagonális hemiédria *l* **kristályosztály, diakiszdodekaéderes**
pentagonikozitetraéderes kristályosztály gyroidal class
pentagrid *(rád)* pentagrid; ~ **keverőcső** *[nem oszcilláló]* pentagrid mixer; *[oszcilláló]* pentagrid converter; ~ **konverter** pentagrid-converter; ~ **konvertercső** pentagrid-converter tube
pentahalogén-vegyület pentahalide
pentán pentane
pentán-hőmérő pentane thermometer
pentán-lámpa *(fényméréshez)* (Vernon--Harcourt) pentane lamp
pentanol pentanol, amyl alcohol
pentaton hangsor pentatonic scale
pentén pentene, propylethylene
pentlandit *(ásv)* pentlandite
pentóda *(rád)* five-electrode tube, pentode; ~ **harmadik rácsa** *(rád)* suppressor grid
pentódás áramstabilizátor pentode current stabilizer
pentóz pentose
pentozán pentosan
pénzbedobásos *v* **pénzbedobós:** ~ **árammérő** *(vill)* slot meter; ~ **gázadagoló automata** mechanic gas-seller; ~ **készülék** *(telef)* coin box(set); ~ **készülék vonala** coin box line

pénzbedobásra működő áram- v gázszolgáltató automata penny-in-the-slot meter
pénzbedobó nyílás coin slot
pénzbeszedő áru-automata vending machine
pénzdarab *(érme)* piece
pénzérmefinomság standard of money
pénzestáska money satchel
pénzjegypapír money paper
pénzlapka-kivágó sajtó planchet cutting press
pénzszekrényzár cash-box lock
pénztár *(ablak)* counter ; **ellenőrző ~** cash register
pénztárblokk *(pa)* cashblock
pénztárgép cash register ; **~ pincérellenőrző billentyűje** waiter key
pénztárgép-tekercspapír paper for cash register roll
pénztár-regiszterpapír cash register paper, tabulating paper
pénztártekercs *(pa)* cash register roll
pénzverde mint
pénzverdei hengerlőgép rolling mill for the Mint
pénzverés mintage, coining
pénzverő coiner ; **~ gép** coin-stamping machine, coiner ; **~ sajtó** coining/minting press
pép paste, pulp, mush, squash ; *(élip)* mash, pulp ; **agyagos ~** clay slip
pépanyag *(pa)* stock
pépcentrifuga *(pa)* purifuge
pépes pasty, pappy, mushy
pépesít pulp, mush
pépesítő *(cellulózhoz ; pa)* stuff-crusher
pépfestés *(pa)* beater dyeing
pépfogó *(pa)* pulp catcher
pépkészítés *(pa)* stock preparation
pépkészítő prés *(pa)* presse-pate
péplé *(pa)* stock slurry
peplolit *(ásv)* peplolite
pépsűrítés slushing
pépsűrűségszabályozó *(pa)* consistence regulator
pépszekrény *(pa)* pulp chest
pépszerű *l* **pépes**
pepszin pepsin
pépszűrő pulp strainer
péptisztító *fn* pulp strainer ; **~ dob** *(pa)* willowing machine
peptizáció *v* **peptizálás** *(vegy)* peptization
peptizáló adalék peptizer
peptizálódik peptize
pepton peptone
peptonos táptalaj plain broth (medium)
pépvíz *(pa)* pulp water
pépvízszivattyú *(pa)* stock-water pump
perbórsavas nátrium sodium perborate
perc minute
percenként p. m., per minute
percenkénti : ~ fordulatszám revolution(s) per minute, r. p. m. ; **~ képszám** *(telev)* frames per minute ; **~ literfogyasztás** litres per minute, l. p. m. ; **~ működésszám** operations per minute ; **~ számlálás** counts per minute, cpm
percirkóniumsav perzirconic acid
perckerék *(óra)* minute/centre wheel ; **~ fogastengelye** *(óra)* centre pinion
perckör *(óra)* minute circle
percmutató *(óra)* minute hand
perc-teljesítményi munkarendszer manit system
percylit *(ásv)* percylite
perdít spin
perdület rotation ; *(at)* spin ; *(mech)* moment of momentum
perdületes áramlás vortex/spiral flow
perdületszabályozás *(hidr)* guide-vane regulation
perdület-tétel *(mech)* law of conservation of moment of momentum
pereg spin ; *[jelfogó]* (relay contacts) chatter
perem rim, flange, brow, edge ; *(bány)* bank ; *(cipő)* flange ; *(gépt ; felhajlítva)* bead, bord ; *(karima)* flange ; *l még* **karima** ; **kiálló ~** abutting collar ; *(ép)* bossage ; **kiugró ~** *(terepen)* linch; **~közelében levő** *(nyomda)* submarginal ; **~ nélküli** *(gépt)* unflanged ; *(gumi)* beadless *is* ; **~ nélküli töltény** rimless cartridge
peremcsapágy flange bearing
peremcsapos cső *(rád)* rimlock tube
peremdrótok *(gumi)* bead cables
peremel *l* **peremez**
peremerősítő szalag finishing strip
peremes : ~ áttörés *(fa)* perforation rim ; **~ csapágypersely** *(gépk)* flanged bush ; **~ csapszeg** collar pin ; **~ csavar** collar screw ; **~ csőkötés** flange joint ; **~ féksaru** flanged brake shoe ; **~ formaszekrény** *(önt)* flask with flange ; **~ fúró** eye bit ; **~ fúróacél** *(bány)* collared steel ; **~ fúrópersely** flanged bushing ; **~ gerenda** flanged beam ; **~ hegesztés** flange welding ; **~ illesztés** *v* **kötés** flange joint ; **~ köpeny** *(gépk)* flanged tyre ; **~ lángcsőgyűrű** flange ring ; **~ motor** *(vill)* flange-type motor ; **~ sín** flange rail ; **~ szegecskötés** flanged seam riveting ; **~ szerkezet** flanging ; **~ (szíj)tárcsa** flanged pulley ; **~ „T" idom** flange tee ; **~ tokmány** flange chuck ; **~ tüskeszár** flanged shank
peremez *(kifelé)* bead (over), flange, neck out ; *(befelé)* neck in, crimp, crease ; *[érmet]* mill
peremezés beading, flanging, creasing, joggling, collaring ; *(befelé)* crimping ; *(érmén)* milling
peremezett : ~ cső flange(d) tube ; **~ csőelágazás** flanged branch
peremező *fn* beader, flanger, creaser ; **~ hegesztés** beading weld ; **~ kalapács** creasing hammer ; **~ kísérlet** *v* **próba** flanging test
peremezőgép beading/creasing machine
peremezőgörgő beading/creasing roll
peremezőprés beading/flanging press
peremezőszerszám beading/creasing die/tool
peremezőüllő bordering anvil
peremezővas beading hand tool
peremezővéső broad chisel
peremfelrakás *(köpeny felépítésénél ; gumi)* bead setting
peremfeltétel(ek) boundary/edge condition(s)
peremgyűrű *(gumi)* base ring
peremhajlító *l* **peremező**
peremhajtás *(dörzshajtás gramafonnál)* rim drive
peremhatás *(fényk)* edge effect
peremhegesztési varrat flange-welding seam
peremhuzal *(gumiabroncsban ; gépk)* bead wire
peremillesztő gép splicing machine
peremjavító folt *(gumi)* chafing patch
peremkő curbstone
peremkulcs flange wrench
peremlap plinth
peremlemez *(gépt)* flange plate
peremlevágás debeading
peremlevágó alakverő pinch-off die
peremmag *(gumi)* bead core
peremmagtekercselő gép flipping machine
peremmarás side/straddle milling
peremmerevítő szalag stiffener
perempár *(ép)* flange joint
peremrecéző kerék milling mill
peremrögzítő csavaranya rim nut
peremsötétülési együttható *(csill)* darkening coefficient
peremszakadás rim cutting
peremszalag rim band, chafing strip
peremszalagtekercselő gép *(gumi)* wrapper
peremszegecselés flange seam riveting
peremszegélyes asztal troughed table
peremszög *(mat)* rim angle
peremszövet flipper
perem-távgyűrű *(gépk)* bead lock ring
peremtekercselő szalag *(gumi)* wrap
peremtelepülések elvárosiasodása conurbation
peremtörés *(anyagv)* edge crack ; *(pneumatiknál)* rim cutting
peremtüskék *(kövön)* marginal spines
peremváros suburb
peremvarrat *(heg)* flanged butt joint ; *(hosszanti)* longitudinal fillet weld ; **egyszeres ~** flanged edge joint
peremvédő szalag *(gumi)* rim band
perforál perforate
perforáló : hidraulikus ~ és talpdomborító gép *(cipő)* hydraulic cutting-out and embossing machine
perforálófésű *(film)* perforation ga(u)ge/comb
perforálógép (plate-)punching machine, perforator
perforálóvas *(bőrlyukasztó)* punch iron
perforált *(pa)* perforated, foraminated ; *(bány, gépt)* meshed ; **~ cséve-((hüvely)** *(tex)* perforated tube ; **~ kúpos festőcséve** *(tex)* perforated conical tube for cheese ; **~ nyereg-(ülés)** perforated seat ; **~ szalag** perofrated slip
perforátor perforator ; *(bány)* auger machine ; **~ dugattyúütközője** *(bány)* drill anvil block
perforátor-háromláb *(bány)* rock-drill tripod
perfoszforsav perphosphoric acid
pergamen parchment ; **~nel borított** *v* **kasírozott karton** *(pa)* parchment-lined board ; **vékony ~** thin parchment/paper
pergamenbőr parchment leather
pergamenbőrkészítés parchment leather dressing
pergamenenyv *(pa)* parchment glue
pergamenkötés *(nyomda)* parchment binding
pergamen-nyersanyag *(pa)* waterleaf paper
pergamen-nyerspapír raw parchment paper, parchment body paper
pergamenpapír parchmy, paper/vegetable parchment, thick vellum ; *(növényi anyagból készült:)* vegetable parchment ; *(valódi:)* parchment paper ; **vékony ~** thin glassine
pergamenpapírgép machine for parchmentizing

pergamen-pauszpapír parchment tracing paper
pergamenpótló parchment imitation, parchmyn, parchmentlike paper, Patchmoid, artificial/imitation parchment (paper)
pergamenszerű *(pa)* parchmentlike ; ~ **felület** *(pa)* kid finish
pergament *l* **pergamen**
pergamentálás *(pa)* parchmentization
pergamentekercs *(pa)* scroll of parchment
pergamenutánzat parchment imitation, parchmyn
pergamenutánzatú : ~ **pamutszövet** parchment cotton ; ~ **papír** parchment imitation
pergamin(papír) glassine paper, pergamyn paper, glazed grease-proof paper
pergaminselyempapír glassine tissue
pergés spin ; *[jelfogóé]* bounce
pergési idő *(távk)* period of bounce
perget spin
pergetés *vő* **perget**
pergető *(tex)* warve
pergetőív *(óra)* drill bow
pergető-szárítógép *(nyomda)* whirler
pergő rotating, spinning ; ~ **csavarhúzó** automatic spiral ratchet screw-driver
pergődob caisse roulante, terror drum
pergőfurdancs reciprocating drill ; ~ **furata** jack circle
pergőfurdancs-kar fiddle-bow brace
pergőfúró rotary drill ; **láncos** ~ chain drill
pergőfúró-hegy pump bit
pergőfúrókeret drill bow
pergőfúró-melltámasz pallet
peridot *(ásv)* *l* **olivin**
periférikus *(mat)* peripheral
periklász *(ásv)* periclase
periklin *(ásv)* pericline
perilla-olaj perilla-oil
periodicitás periodicity
periodicitás-bizonytalanság *(rád)* jigger
periodikus periodic(al), cyclic ; ~ **csillapítás** periodic damping ; ~ **függvény** *(mat)* periodic function ; ~ **hullám** *(rád)* periodic(al) wave ; ~ **jelenségek** repetitive phenomena ; ~ **kikapcsolás** gating ; ~ **kikapcsolású erősítő** gated amplifier ; ~ **mágneses permeabilitás** cyclic(al)permeability ; ~ **mennyiség** periodic quantity ; ~ **rendszer** *(vegy)* periodic system ; ~ **tábla** *(elemeké:)* periodic(al) table ; ~ **törvény** periodic(al) law
periódus period, phase ; **félintenzitási** ~ half-intensity period ; **kioltási** ~ *(vill)* banking period ; **kommutációs** ~ commutating period
periódus-fényesség összefüggés *(csill)* period-luminosity relation
periódus-különbség cyclic difference
periódusnélküliség aperiodicity
periódusos periodic ; *l még* **periodikus**
periódus-szabályozás *(vill)* frequency control
periódusszám *(vill)* number of cycles ; *l még* **frekvencia**
periódusszámláló cycle-rate counter
periódusszám-rögzítés *(vill)* frequency fixing
periódusváltó frequency changer
peripterosz *(ép)* periptere
periszkóp periscope
perisztíl(um) *(ép)* peristyle
perjodid periodide
perkál *(tex)* percale, cambric muslin
perkénsavas kálium potassium persulfate
perklóretilén perchloro-ethylene
perkolációs szűrő *(vegy)* percolating bed
perkolálás percolating, percolation
perkoláló : ~ **szűrés** percolation filtration ; ~ **tartály** percolation vat
perkolátor percolator
perlit *(koh)* pearlite
perlites *(koh)* pearlitic ; ~ **vas** pearlitic iron
perm *(földt)* Permian epoch/period/system, Dyas
permalloy *(koh, távk)* permalloy
permanens permanent ; *l még* **állandó** *és* **folytonos** ; ~ **áram** closed-circuit current ; ~ **mágnes** permanent magnet ; ~ **mágneses hangszóró** permanent magnet(ic) loudspeaker ; ~ **mágneses induktor** *(rád)* permanent-magnet alternator ; ~ **mágneses lengőtekercses mérőműszer** permanent moving-coil instrument ; ~ **vízmozgás** continuous water
permanent-fehér *(festék)* permanent white
permanent-zöld *(festék)* chrome green
permanganát permanganate
permeábilis permeable, pervious
permeabilitás permeability ; **abszolút** ~ absolute permeability ; **belső** ~ intrinsic permeability ; **ciklikus** ~ norma/cyclic permeability ; **kezdeti** ~ initial permeability ; **különbözeti** ~ differential permeability ; **mágneses** ~ magnetic permeability ; **normális** ~ normal/cyclic permeability ; **reverzibilis** ~ reversible permeability
permeabilitáshangolás *(rád)* magnet tuning
permeabilitás-híd *(vill)* permeability bridge
permeabilitási görbe *(vill)* permeability curve
permeabilitásmérő *fn* permeameter
permeaméter *(távk)* permeameter
permendur *(távk)* permendur
permet spray
permetbehatolás spray penetration
permetcsepp spray drop
permetelosztó cső sprayer(-boom)
permeteltávolítás spray removal
permetez spray, sprinkle, dabble
permetezés spraying, sprinkling ; ~ **repülőgépről** air spraying
permetezési kúp spray-cone
permetezett : ~ **kondenzátor** *(gépt)* surface evaporative cooler ; ~ **víz** sprayed water
permetező *fn* sprayer, sprinkler ; ~ **fúvóka** spray(er) nozzle ; ~ **gyepöntöző** lawn sprinkler ; ~ **készülék** *v* **berendezés fonáshoz** *(tex)* sprayer for spinning ; ~ **kondenzálás** shower-action condensing ; ~ **kondenzátor** atmospheric condenser ; ~ **korróziós vizsgálat** spray test ; ~ **léghűtő** surface spray-cooler ; ~ **öntözés** spray irrigation/sprinkling ; ~ **öntözési rendszer** sprinkling system of irrigation ; ~ **öntöző** *fn* sprinkler ; ~ **öntözőcső** spray pipe ; ~ **szárító** spray drier ; ~ **szivattyú** spray pump ; ~ **szórófej** spray evaporator ; ~ **tisztítótorony** *(ol)* scrubber ; ~ **villámhárító** *v* **túlfeszültséglevezető** *(vill)* spray arrester
permetezőanyag spray(ed matter) ; **repülőgépről leszórt** ~ aircraft sprays
permetezőcső *(pa)* tubular spray, spray pipe
permetezőcsöves : magasan vezetett ~ **esőztető rendszer** fixed overhead sprinkler system
permetezőfej injection head
permetezőfestés *(tex)* spray printing
permetezőgép spraying/dispersing machine, sprayer ; **légáramlásos** ~ atomizer sprayer
permetezőhűtő spray cooler
permetezőkúp spray cone
permetezőléc *(hűtőtoronyban)* splash
permetező-mosó torony scrubbing tower
permetezőrózsa rose, quencher
permetezőszűrő sprinkler/trickling filter
permetezőtorony spray tower ; *(gázmosó:)* water-shower scrubber ; ~ **kondenzvíz hűtésére** recooling tower
permetezővezetékes öntözés spray-line irrigation
permetfecskendezés spray sprinkling
permetlé spray solution ; ~ **eltávolítása** spray removal
permetmaradvány spray residue
permetszétoszlató segédanyag spreader
permettapadást fokozó anyag sticker
permetvíz shower water
perminvar *(távk)* perminvar
permisszív térközbiztosítási rendszer *(vasút)* permissive block system
permutáció *(mat)* permutation
permutál *(mat)* rearrange
permutátor commutator rectifier
permutit *(vízlágyító)* permutite
pernye flue-dust/-ash, fly ash
pernyelerakódás flue-dust deposit
pernyeleválasztó huzat condensation flue
peron platform, footboard ; *(vasút)* bay ; *(autóbuszon is)* platform ; **felszálló** ~ loading platform ; **leszálló** ~ unloading platform
peronelőtér foot-path
perontető platform shed/roof ; *(vasút)* bonnet, umbrella roof
perovszkit *(ásv)* perowskite
peroxid (su)peroxide, hyperoxide
peroxidál peroxidate
perpetuum mobile perpetual motion
perrenát perrhenate
perréniumsav perrhenic acid
perrotingép *(tex)* block-printing machine
perrutenát perrutenate
persely *(gépt)* sleeve, bush, liner; *(gépk)* bush(ing) ; *(távk)* cash box ; *[kefeszerelvényé ; távk]* hub ; **fogasrudas** ~ rack barrel ; ~**t megújít** resleeve ; **zsáklyukba helyezett** ~ *(gépt)* blind bushing
perselyanya *(gépt)* sleeve nut
perselybesajtoló *(gépt)* bush press
perselyes bushed ; ~ **befogó tokmány** socket chuck ; ~ **csapágy** bush bearing
perselyez *(gépt)* bush
perselyezés bushing ; **központos** ~ centre bushing
perselyezett bushed, sleeved ; ~ **rugószem** bushed spring eye
perselyfém bearing alloy
persely-karima sleeve flange
persely-közbetétlemez bearing spacer
perselytömítő pánt *(gépt)* packing strip
persó *(vegy)* persalt

perspektív : ~ **ábrázolás** scenography ; ~ **geometria** perspective geometry
perspektiva perspective, view, lookout
perspektivikus bontott részábrázolás exploded view
pertantálsav pertantalic acid
pertinax *(rád)* pertinax
pertiokarbonát perthiocarbonate
pertioszénsav perthiocarbonic acid
pertit *(ásv)* perthite
pertitánsav pertitanic acid
pertliz *l* **peremez**
perturbáció *(csill)* disturbation ; *(fiz)* perturbation
perturbációs tag *(at)* perturbation term
perturbáló erő *(csill)* disturbing force
Peru-balzsam Peru(vian) balsam (oil)
pervanádiumsav pervanadic acid
pervolframát pertungstate
pervolfrámsav pertungstic acid
perzsa *(báránybőr)* Persian ; ~ **bogyó** *(növényi festőanyag)* Persian berry ; ~ **csomó** *(tex)* Persian/Sehna knot
perzsautánzat *(tex)* caracul cloth
perzsavörös *(festék)* Persian red
perzsel singe, scorch, gass
perzselés *vö* **perzsel** ; ~ **gázlánggal** *(tex)* gas singeing ; **nem teljes** ~ incomplete singeing
perzselő adust
perzselőgép *(tex)* gassing frame; *(pamutkikészítéshez:)* singeing machine
perzselőlap *(tex)* singeing plate
perzselt *vö* **perzsel** ; **naptól** ~ adust ; ~ *(szőrtelenített:)* **nyüst** *(tex)* singed heald
pest *l* **kemence**
pestises ón *(vegy)* sick tin
pesttapadék *(koh)* furnace sow
petalit *(ásv)* petalite
Petersen-tekercs *(vill)* arc suppression coil
petit *(nyomda)* brevier
Petri-féle csésze *(vegy)* Petri dish/plate
petrográfia petrography
petrográfiai *(polarizáló:)* **mikroszkóp** petrological microscope
petrolátum petrolatum
petrolátum-kocsonya petroleum jelly
petrolbitumen petroleum pitch
petroléter mineral/petroleum ether/spirit
petróleum petroleum ; *(nyersolaj)* crude (oil), mountain/burning oil ; *(párlat)* paraffin oil, kerosene
petróleumaszfalt petroleum asphalt/ bitumen
petróleumbenzin petroleum benzin(e)/ spirit
petróleumbenzol petroleum benzene
petróleumbitumen petroleum bitumen/ asphalt
petróleumcső kerosene tube
petróleumégő petroleum burner
petróleuméter petroleum ether ; *l* **petroléter**
petróleumfőző petroleum cooker, oil stove
petróleumgáz petroleum vapo(u)r
petróleumgőz petroleum vapo(u)r
petróleumkályha petroleum stove
petróleumkoksz petroleum coke
petróleumlámpa kerosene lantern ; ~ **tartálya** fountain
petróleumláng füstölési pontja smoke point
petróleummotor paraffin motor
petróleumpárlat paraffin oil, kerosene distillate
petróleumtűzhely petroleum stove
petróleumüzemű traktor distillate tractor
petróleumvizsgáló műszer *(Abel-féle)* petroleum tester
petrolgyanta petroleum resins
petrolkoksz petroleum coke
petrológia petrology
petrolszurok petroleum pitch
petzit *(ásv)* petzite
Petz-olló alligator shears
petyhüdt flabby ; ~ **gumiabroncs** flat tyre ; ~**té válik** deflate
petty speck, stain, spot, dot
pettyegetés dotting
pettyentőpróba *(vegy)* spotting test
pettyes pearly, speckled, punctate ; *[bőr]* spotted ; *(tex)* brindled ; ~ **foltos hatás** *(tex)* grivelle
pettyesség mottle ; *[hiba a fában]* stain
pettyez dapple, flack, mottle ; *(tex)* flake
pettyezés speckles
Peyne-tartó *(ép)* H-beam
pezseg bubble, effervesce, seethe, fizz
pezsgés effervescence, bubbling, fizz
pezsgőfürdő-tabletta effervescent bath tablet
pezsgőpor foam powder
pézsma musk
pézsmaketon musk ketone
pézsmapatkány muskrat
pézsmapatkány-szőrme *(kikészített:)* musquash
pézsmaprém : **oroszországi** ~ Russian musk
pézsmaszag musk
phastin *(ásv)* phaestine
pH-érték pH value ; ~ **meghatározása** determination of pH
philadelphit *(ásv)* philadelphite
Philips—Miller hangíró rendszer *(film)* variable-area system
phillipsit *(ásv)* phillipsite
pH-indikátor acid-base indicator, pH indicator
pH-meghatározó készülék *(mutatóval)* pH meter
Phönix-sín *(vasút)* grooved girder rail, tramway type rail
pH-szabályozás pH-control(ling)
pH-szabályozó reagens pH-control reagent
P-hullám *(földt)* primary wave
piaci szerfa yard master
piacképes marketable
piacképesség marketability
pianino upricht/cottage piano
picein picein, piceoside, salinigrin, ameliaroside
picit *(ásv)* picite
pick-a-pick (selyem)szövőgép pick-and--pick (silk) loom
pickeringit *(ásv)* pickeringite
pick-up *l* **hangleszedő**
pick-up-adapter phono adapter
pick-up-fej pickup head
pick-up-kar pickup arm
picotit *(ásv)* picotite
piemontit *(ásv)* piedmontite
piezoelektromos *l* **piezovillamos**
piezohatás piezoelectric effect ; **fordított** ~ electrostriction
piezokristály piezoelectric crystal ; ~ „a" **tengelyére merőleges metszet** normal cut ; **teljesen készremunkált** ~ piezoid
piezometrikus piezometric ; ~ **felületre vonatkozó** *(vill)* piestic ; ~ **nivó** *(földt)* piezometric surface
piezovillamos piezo(-)electric ; ~ **aktivitás** piezoelectric activity ; ~ **állandó** piezoelectric constant ; ~ **felvevő (detektor)** piezoelectric pickup/detector ; ~ **hatás** piezoelectric effect ; ~ **kristály** piezo-electric crystal ; ~ **(kristályos) hangdoboz** *(rád)* piezoelectric pickup ; ~ **mikrofon** piezoelectric microphone ; ~ **nyomás-** *v* **kopogásmérő műszer** *(gépk)* piezo electric indicator ; ~ **rezonátor** piezoelectric resonator ; ~ **szűrő** *(rád)* crystal filter ; ~ **vezérlés** *(rád)* crystal control/drive
piezovillamosság piezo(-)electricity
pigment pigment, colour vehicle ; **fekete** ~ black lake
pigmenteljárás *(fényk)* pigment process
pigmentfesték *l* **pigment** ; **viaszos** ~ **beégetése** encaustics
pigmentmásolás *(fényk)* carbro printing, belcolour process
pigmentpapír pigment paper
pigotit *(ásv)* pigotite
pihe down, floss, fluff ; ~ **párnatok töltésére** bed down ; **szellőzőből** *v* **exhausztorból származó** ~ *(verőgépen ; tex)* fanny
pihementes *(tex)* lint-free
pihenési : *(mech)* time of relaxation ; ~ **időszak** rest period
pihenő *(ép)* resting place ; ~ **helyiség** rest room ; *(hajó)* recreation room
pihenőház *(ép)* rest home
pihentet condition, age ; *(bőrt)* age, drain ; *(vegy)* allow to stand
pihentetés rest ; *(fa)* conditioning ; **kikészítés utáni** ~ *(tex)* cuttling
pihentetett : ~ **keverék** *(gumi)* maturated stock ; ~ **papír** mellow paper
pihétlenít *(tex)* delint
pihétlenített gyapotmag delinted cotton seed
piké *(tex)* piqué ; ~ **barchend** *(tex)* swansdown
pikégallér piqué collar
pikékötés *(tex)* piqué weave
pikettáló kalapács *(hajó)* chipping hammer
pikévarrás quilting
pikíroz prick a point
pikírozótű dotting needle
pikkelez *(bőr)* pickle
pikkelezés *(bőr)* pickle curing
pikkelezett *(bőr)* pickled
pikkely flake, scute, scale ; ~**enként leválik** scale-off
pikkelydísz imbrication
pikkelyes scaled, scaly, imbricated ; ~ **arany** flake gold ; ~ **felületű varrat** *(heg)* ripple weld ; ~ **grafit** flaky graphite ; ~ **hornyolt cserép** *(ép)* scale gutter tile ; ~ **marónátron** flake caustic ; ~ **nyersparaffin** paraffin scale ; ~ **paraffin** paraffin/white scale, scale wax ; ~ **szerkezet** *v* **felület** fish scale
pikkelyesedés az öntvény felületén scaling of castings
pikkelyfogazás : **gyapjúszál** ~**a** *(tex)* serration
pikkelyhártya flake
pikkelykészítés flaking
pikkelykészítő gép flaker
pikkelyparaffin *l* **pikkelyes paraffin**

pikkelyszerű imbricated
pikkely-vaspor *(távk)* flake-iron powder
pikker *(tex)* picker
piknit *(ásv)* pycnite
piknofillit *(ásv)* pycnophyllite
piknométer pycnometer, gravity bottle
piknotróp *(ásv)* pyknotrop
pikofarad *(vill)* picofarad, pF, uuF
pikolin *(vegy)* picoline, methylpyridine
pikowatt *(vill)* picowatt, pW
pikrát picrate
pikrinsav picric acid
pikrofarmakolit *(ásv)* picropharmacolite
pikrolit *(ásv)* picrolite
pikromerit *(ásv)* *l* **schönit**
pikrozmin *(ásv)* picrosmine
piktortégla vat brick
pilaszter *(ép)* pilaster, wall pier
pilgerezés *(heng)* pilger process
pilgersor *(heng)* pilger mill
piliroz *(szappant)* mill
pilirozás *(szappané)* (soap) milling
pilirozógép *(szappanhoz)* soap (roller) mill
pilirozott szappan mill soap
pilit *(ásv)* pilite
pillanat-anyafogó quick-acting nut pliers
pillanatcsavarszorító *(beállítható:)* quick--acting (adjustable) clamp
pillanatfelvétel *(fényk)* snap(shot)
pillanatgyújtás *(bány)* instantaneous firing; **~ú lövedék** percussion shell
pillanatgyújtó *fn* *(bány)* instantaneous detonator; *(kat)* direct-action fuse, super-quick fuse; **~ zsinór** *(bány)* instantaneous squib
pillanatgyutacs instantaneous cap
pillanathatású quick-acting
pillanat-jelfogó *v* **-relé** instantaneous relay
pillanatkapcsoló *(vill)* quick-break switch, snap switch
pillanatmérő *fn* chronoscope
pillanatnyi momentary, instantaneous; **~ áram** *(vill)* instantaneous current; **~ energiacsúcs** *(rád)* peak energy; **~ érték** momentary/instantaneous value; **~ feszültség** instantaneous voltage; **~ (forgás)központ** *(mech)* instantaneous center; **~ frekvencia** instantaneous frequency; **~ hangnyomás** excess sound pressure; **~ hatású gyutacs** super-quick fuse; **~ helyzet** *(rep)* spot position; **~ jelminta** *(rád)* instantaneous sample; **~ sebesség** *(mech)* instantaneous speed; **~ teljesítmény** momentary output; *(vill)* instantaneous power; **~ teljesítményszint** *(rád)* volume; **~ terhelés** instantaneous/momentary duty/load
pillanat-pasztőrözés flash-pasteurization
pillanat-pozitív fénymásoló papír positive stantaneous paper
pillanatszerűen elgőzölögtet flash into steam
pillanatszorító *(fa)* clamp
pillangócsavar thumb screw
pillangóégő bat's wing burner
pillangófeltét *(gázégőre:)* wingtop
pillangófojtószelep butterfly throttle
pillangógát *(hidr)* butterfly dam
pillangógörbe [*mágneses anyagé*] butterfly curve
pillangólángú égő bat's wing burner
pillangó-rezgőkör *(rád)* butterfly circuit; **koaxiális ~** coaxial butterfly circuit
pillangós gát *(hidr)* butterfly dam
pillangószelep flap/butterfly valve
pillangószelep-tengely flap/butterfly spindle
pillangótábla *(hidr)* butterfly gate
pillangótiltó *(hidr)* butterfly dam
pillangózsilip *(hidr)* butterfly gate
pillér pillar, buttress, column, standard, post, stanchion, leg, upright, rest; *(bány)* abutment, abuttal(s), core; **~ a bányamezők között** field barrier; **~ éle** *v* **orra** *(vízben)* cutwater; **falból kiugró ~** *(ép)* attached column; **falnyílások közti ~** *(ép)* trumeau; **fejtésre előkészített ~** *(bány)* block; **~ a felső szállítóvágat alatt** *(bány)* sheet pillar; **főtebiztosító ~** *(bány)* bearer; **~ jégtörő orrának lefedése** *(ép)* starling coping; **~- és kamarafejtés** *(bány)* stall-and-room work; **kis ~** *(bány)* thin pillar; **~ lefejtésénél visszamaradó láb** *(bány)* stub; **~ lefejtetlen része** *(bány)* back end; **lejtős oldalú ~** *(ép)* battered pier; **~ magva** *v* **belseje** *(ép)* hearting of pier; **~ekre osztó vágatok** *(bány)* whole workings; **~ szene** *(bány)* massive coal; **üreges ~** *(ép)* cellular pier; **~ visszahagyása** *(bány)* barrier establishing; **~ vízszintes vágatban** *(bány)* level pillar
pilléralapozás foundation pier
pilléralapozási acélhenger foundation cylinder
pilléralapzat tower footing
pillérátvágás felsőjáratban *(bány)* upset
pilléres: ~ erőmű pier-head power station; **~ gát** buttressed dam; **~ híd** bridge with piers
pillérezés *(bán)* pillaring
pillérfej *(ép)* pier cap
pillérfejtés *(bány)* breast-and-pillar work; **~ előkészítő munkáknál** *(bány)* whole work; **~ fenyőágalakban** *(bány)* herringboning; **hazafelé haladó ~** *(bány)* robbing on the retreat; **hosszú-pilléres ~** long pillar method; **lépcsős ~** checkerboard; **omlasztásos ~** *(bány)* cavings method; **~ rövid pillérekkel** *(bány)* bord-and--pillar method, stoop-and-room work; **~ tömedékeléssel** room-and-pillar work with filling
pillérfejtési: ~ rendszer *(bány)* longwall stall system; **szintekre osztott ~ rendszer** *(bány)* regular longwall system
pillérkifejtés *(bány)* stump recovery, second working
pillérkifejtő *(munkás* v *lövés; bány)* stump splitter
pillérkiszedés *(bány)* recovery of pillar
pillérlábazat *(ép)* abutment; **~ jégtörő orra** tail starling
pillérlefejtés *(bány)* robbing/dropping of pillars; **teljes ~** *(bány)* complete robbing
pillérnyomás *(bány)* strain in pillar
pilléromlasztás *(bány)* pillar caving
pillérosztózás *(bány)* first working
pillérrepesztés *(bány)* stump bunsting
pillérrobbantás *(bány)* blasting off the solid
pillérsaru *(süvegfa alá; ép)* chair
pillértagozat *(kiskiugrású; ép)* alette
pillértalp *(ép)* pedestal; **~on álló gép** pedal-type machine
pillértérköz *v* **-távolság** interpilaster
pillértest pier shaft
pillértorony *(ép)* pinnacle
pillértörzs *(ép)* trunk
pillérvágat *(bány)* pull/blind drift
pillérváll *(bány)* abutment
pillérvastagság *(bány)* breast of work
pillérvédő: ~ cölöpfal *(ép)* starling; **~ lökhárító cölöpkerítés** *(csapóhídnál)* pier fender
pillérvisszafejtés *(bány)* third mining, bringing back; **~ hazafelé** *(bány)* retreating robbing pillars
pillérvisszafejtési munkálatok *(bány)* robbing work
pilolit *(ásv)* pilolite
pilon *(ép, vill)* column, pylon
pilóta pilot, airman, aviator; **~ nélküli leszállás** *(rep)* automatic landing; **~ nélküli repülőgép** robot/pilotless plane
pilótafülke *(rep)* cockpit, pilot's cabin; **~ teteje** canopy top/hood
pilótafülkefedél canopy
pilótafülketető-világítás *(rep)* dome light
pilótakabin *(rep)* pilot's control cabin
pilótanélküli repülőgép robot plane
pilot-áramkör *(távk)* pilot circuit
pilótasisak flying helmet
pilótaülés *(gépk)* bucket seat; **~ peremének párnázása** cockpit rim padding; **~ borítása** cockpit enclosure; **~ világítása** main cockpit light
pilótaülésfedél *(rep)* cockpit hood/cover
pilótaülés-fűtőtest *(rep)* cockpit heater
pilótaülésmodell *(kiképzéshez)* cockpit mockup
pilótaüléstető *(rep)* cockpit canopy
pilotaxitos *(földt)* pilotaxitic [texture]
pilót-csatorna *(távk)* pilot channel
pilót-frekvencia *(távk)* pilot frequency
pilót-huzal *(távk)* pilot wire
pilot-oszcillátor *(távk)* pilot oscillator
pilót-szabályozás *(távk)* pilot control
pilót-vevő *(távk)* pilot receiver
pilsenit *(ásv)* pilsenite
pimelit *(ásv)* pimelite
pimentolaj oil of pimenta/allspice
pinakiolit *(ásv)* pinakiolite
pinakoidos *l* **véglapos kristályosztály**
pince cellar, underground
pinceablak cellar-window
pinceajtó cellar door
pince-csatornaszem cell sink water-trap
pince-felülvilágító *(ép)* cell skylight
pincelejáró ajtó *(ép)* cellar hatch
pincelépcső cellar staircase
pincemester *(élip)* cellarman
pinceraktár storage bunker
pincészet *(élip)* cellarage
pincetta *(óra)* tweezer
pince-víznyelő akna cell sink water-trap
pinch-hatás *(aut)* rheostriction, pinch effect
pinén *(vegy)* pinene
pinguit *(ásv)* pinguite
pinit *(ásv)* pinite
pinitoid *(ásv)* pinitoid
pinksó pink salt, ammonium stannic chloride
pinnoit *(ásv)* pinnoite
pinolin *(vegy)* essence of resin, resin spirit
pintérfa bindwood

pionírsatu collapsible workman stand
piotin *(ásv)* piotine
pipa *(dohányzásoz)* (smoking) pipe; *(üvegfúváshoz)* blowtube; **pipára vett üveg** parison; *(ép)* pipe/timber lock
pipaagyag *(ker)* pipe clay
pipaföld *(ásv)* pipestone, catlinite
pipakulcs tubular-box offset spanner, socket wrench
pipatok pipe case
piperazin piperazine, diethylenediamine, hexahydropyrazine
pipereszappan toilet soap
piperidin piperidine, hexahydropyridine, pentamethyleneimine
piperonál piperonal, heliotropin, piperonyl aldehyde
pipetta *(vegy)* pipet(te); **abszorpciós ~** absorption pipette; **abszorpciós ~ gömbje** absorption bulb; **~ csővége** jet of pipette; **mintavételhez** *(akkumulátorból)* battery syringe
pipettaállvány *(vegy)* pipette stand
pipettáz *(vegy)* pipette
pirallolit *(ásv)* pyrallolite
piramidon *(vegy)* amidopyrine
piramis pyramid; *(rep)* pylon, cabane; *l még* **gúla**; **~ alakú** *v* **formájú** pyramidal
piramisdúc *(rep)* centre section strut
piramis-eljárás *(geod)* method of the pyramid
piramiselrendezésű kapcsolómező *(távk)* pyramid switchboard
piramisfejű csavar square bung screw
pirán *(vegy)* pyrane
Pirani-vákuummérő Pirani ga(u)ge
piranométer pyranometer
piranóz *(vegy)* pyranose
pirargillit *(ásv)* pyrargillite
pirargirit *(ásv)* pyrargyrite, ruby silver ore, aerosite
pirazol *(vegy)* pyrazole
pirgom *(ásv)* pyrgom, fassaite
pirheliométer *l* **napsugárzásmérő**
piridin pyridine
pirimidin *(vegy)* pyrimidine
pirít *ige* toast, roast, calcine
pirit *(ásv)* pyrite(s), iron pyrites, iron sulfide, white iron ore; *(pa)* brassil; **dúsított szenes ~** coal brasses; **~ból gyártott kénsav** *(vegy)* pyrites acid
piritdetektor *(rád)* pyrite detector
piritér *(bány)* pyrite vein
pirites *(bány)* pyritic; *[szén]* brassy; **~ kén** *(ásv)* pyrite sulphur
pirit-kristálydetektor pyron detector
piritoéder pyritohedron
piritolvasztás *(koh)* pyritic smelting
piritpörk *(koh)* pyrite cinder, calcined pyrite
piritpörkbrikett *(koh)* blue billy
piritpörkölő kemence *(koh)* pyrite calcining furnace
pirittartalmú *(bány)* pyritaceous; **~ kőzet** pyritiferous rock; **~ szén** brazil
pirittörmelék *(bány)* pyrite fines
piritzsinór *(bány)* pyrite veinlet
piroantimonsav pyroantimonic acid
piroarzénsav pyroarsenic acid
piroaurit *(ásv)* pyroaurite
piroborát pyroborate, tetraborate
piroborkősav pyrotartaric acid
pirobórsav pyroboric/tetraboric acid
piroelektromos pyroelectric
piroelektromosság pyroelectricity
pirofánit *(ásv)* pyrophanite
pirofillit *(ásv)* pyrophyllite
pirofizálit *(ásv)* pyrophysalite
pirofór(os) pyrophorous, pyrophoric
pirofoszfát pyrophosphate
pirofoszforossav pyrophosphorous acid
pirofoszforsav pyrophosphoric acid
pirofoszforsavas nátrium sodium pyrophosphate
pirogallol pyrogallol
pirogalluszsav pyrogallic acid
pirogén *(földt)* pyrogenic
pirogenetikus *(földt)* pyrogenous, pyrogenetic
pirogravúra poker picture
pirokatechin pyrocatechol
pirokémia pyrochemistry
pirokénsav pyrosulfuric acid
piroklór *(ásv)* pyrochlor
pirokondenzáció pyrocondensation
pirokroit *(ásv)* pyrochroite
pirokromát pyrochromate
pirokrómsav pyrochromic acid
pirokrómsavas kálium potassium pyrochromate
pirolízis *(vegy)* pyrolysis
piroluzit *(ásv)* pyrolusite
pirometallurgia pyrometallurgy
pirometamorfizmus *(ásv)* pyrometamorphism
pirometaszomatizmus *(ásv)* pyrometasomatism
pirométer pyrometer; **ellenállásos ~** resistance pyrometer; **hőelemes ~** thermocouple pyrometer; **optikai ~** optical pyrometer; **összsugárzó ~** total-radiation thermometer; **sugárzó ~** radiation pyrometer
pirométerfegyverzet protective tube for pyrometers
pirométerkúp pyrometer cone
piro-métervédő cső protective tube for pyrometers
pirometria pyrometry
pirometrikus kúp *[Seger-kúp]* fusible cone
piromorf pyromorphous
piromorfit *(ásv)* pyromorphite, green lead ore
pironióbiumsav pyrocolumbic acid
pironyálkasav pyromucic acid
pirop *(ásv)* pyrope
piros: ~ itatós papír red ragblotting; **„~ smaragd"** *(ásv, ékkő)* *l* **„klorofán"**
pirosav pyro-acid
piroszféra *(földt)* pyrosphere
piroszkóp sentinel pyrometer, pyroscope
piroszőlősav pyroracemic acid
piroszőlősavaldehid pyruvaldehyde
pirosztibit *(ásv)* *l* **kermesit**
pirosztilpnit *(ásv)* pyrostilpnite
piroszulfát pyrosulfate
pirotantálsav pyrotantalic acid
pirotechnika pyrotechnics, pyrotechny
pirotechnikai pyrotechnic; **~ karton** *(pa)* firework board
pirovanadát pyrovanadate
pirovanádiumsav pyrovanadic acid
piroxén *(ásv)* pyroxene
piroxilin pyroxylin(e), nitro-cotton
piroxilinlakk duco
pirozmalit *(ásv)* pyrosmalite
pirrhit *(ásv)* pyrrhite
pirrhoarzenit *(ásv)* pyrrh(o)arsenite
pirrhotin *(ásv)* pyrrhotite, pyrrhotine, magnetic pyrites
pirrol *(vegy)* pyrrole
pirrolit *(ásv)* pyrrholite
pirssonit *(ásv)* pirssonite
pisanit *(ásv)* pisanite
piskótagörbe *(mat)* eight curve; **Watt-féle ~** *(mat)* Watt's curve
pislog blink
pislogás blink; *(csill)* scintillation
piszkál *(tüzet)* rake
piszkálóvas *l* **piszkavas**
piszkavas poker, rabble, rake, stoker
piszok *(bőrszínelésnél)* scud
piszokfolt stain
piszoksáv *(földt)* dirt band
pisztáciaolaj pistachio nut oil
pisztáciazöld *(festék)* bladder green
pisztacit *(ásv)* *l* **epidot**
pisztillus pestle
pisztolyagy pistol grip
pisztolyfogantyú pistol grip
pisztolyfogantyús kézifék *(gépk)* pistol grip hand brake
pisztolyfogás pistol grip
pisztomezit *(ásv)* pistomesite
pi-szűrőtag *(rád)* pi-network
pi-tag *(távk)* mid-shunt terminated section, π-section/network; **~ hullámellenállása** mid-shunt iterative impedance
pitkärandit *(ásv)* pitkärandite
Pitot-cső *(rep)* Pitot tube
Pitot-csöves vízsebességmérő pitometer
Pitot-Venturi-cső *(hidr)* Pitot-Venturi tube
pitticit *(ásv)* pitticite
pizolit *(kőzet)* pea (lime)stone
pizolitos mészkő pea gritt
p-körzet *(vill)* p-region
plagiéderes hemiédria *l* **pentagenikozitetraéderes kristályosztály**
plagioklász *(ásv)* plagioclase
plagionit *(ásv)* plagionite
plakát poster, broadsheet
plakátbetű *(nyomda)* poster type
plakátfelragasztás bill-posting/sticking
plakátfesték poster colo(u)r
plakátkarton *(lemez)* advertisement board
plakátpapír posters, poster/placard paper, blank ink paper, machine glazed poster, M. G. poster
plakett plaquette
Planck-féle állandó Planck's constant
Planck-féle hatáskvantum Planck's action quantum
planerit *(ásv)* planerite
planetáris planetary
planetárium *(csill)* planetarium
planiméter planimeter, integrating instrument
planimetrál planimeter
planimetria planimetry
planíroz level off, grade, planish, plain
planírozás *vö* **planíroz**
planírozó *fn* planer
plankács *(erdei szekerce)* wood hatchet
plán-konkáv plano-concave
plán-konvex plano-convex
planográfia planography
planoszól talaj planosol
plánparallel plano-parallel
plantázsgumi estate rubber
Planté-lemez *(ólomakkumulátorban)* Planté plate
Planté-ólomakkumulátor Planté cell
plaszticitás *l* **képlékenység**
plasztik plastic
plasztika sculpture
plasztikálás *(gumi)* breakdown
plasztikálószer *(gumi)* plasticizer, softening agent, softener

plasztikátor *(gumi)* plasticator ; *l még* **plasztikálószer**

plasztikus plastic, fictile ; *l még* **képlékeny** ; ~ **fényképészet** *v* **fényképezés** plastic photography ; ~ **film** stereoscope film ; ~ **filmfelvevő gép** stereo camera ; ~ **filmkép** stereoscopic film image ; ~ **hang** stereophonic sound ; ~ **hatás** plastic effect ; ~ **kép** three-dimensional picture ; ~ **látás** seeing in relief ; ~ **lávalerakódás a kráter falain** plastic lining ; ~ **tartomány** plastic range

plasztikusság *l* **képlékenység**

plasztilin plasticine, plastiline

plasztométer plastometer

platina *(heng)* slab, platen ; *(koh, vegy)* platinum ; *(tex)* sinker, lifting hook, lifter ; **kettős** *v* **kétkampós** ~ *(tex)* double hook ; ~ **kiiktatása** *(tex)* casting-out ; ~ **mellrésze** *(tex)* breast of sinker ; ~ **nélküli horgas** *v* **rugónyelves kötés** *(kh)* spring-beard sinkerless knitting ; ~ **tartalmú** *(ásv)* platinian

platinaágy *(kh)* sinker bar

platinaazbeszt platinized/platinum asbestos

platinacsőr *(hullámosítón ; kh)* nib

platinadrót platinum wire

platinaérintkező platinum contact

platinaeszközök *(vegy)* platinum ware

platinafej *(tex)* lifter head, sinker bar

platinafekete black/spongy platinum

platinafém platinum

platinagyűrű *(kh)* sinker ring

platinahajlítás *(fonalhullámon; tex)* sinker kinks

platinakacs platinum-wire loop

platinakerék *(kh)* sinker/mailleuse wheel

platinakeret *(tex)* sinker bar

platinaklorid 1. $PtCl_4$ platinic chloride ; 2. H_2PtCl_6 chloride of platinum, chloroplatinic acid

platinakorom platinum black

platinalakat *(kh)* sinker cam

platinalakatgyűrű *(kh)* sinker cam ring

platinalemez *(vegy)* platinum sheet

platinanyomat platinotype

platinaolló *(koh)* slab shears

platinaorr *(tex)* nib of the sinker

platinaosztás *(tex)* sinker pitch

platinaöböl *(tex)* throat of the sinker

platinapenge-rovátka *(tex)* nick of the sinker binde

platinasor *(heng)* slabbing mill ; *(tex)* sinker wale

platinaszalmiák ammonium chloroplatinate

platinaszem *(kh)* sinker loop

platina-szemtető *(tex)* head of the sinker loop

platinaszivacs black/spongy platinum

platinatartó deszka *(tex)* collar board

platinatorok *(kh)* sinker throat

platinatű *(vegy)* platinum pin

platinavégű platinum-tipped

platina-villarész *(tex)* sinker notch

plató platform ; *(gumi)* plateau ; *(hidr)* berm

platókocsi platform car; *(bány)* dummy; *(vasút)* flat

plattírozás *(bőr)* piling up ; *(heng)* metal cladding/plating

plattírozó hengersor *(heng)* plating mill

plattnerit *(ásv)* platnerite

platynit *(ásv)* platynite

player-típusú eljárás *(fényk)* player--type process

plazma *(ásv)* plasma

plazmolízis plasmolysis

pléh *l* **bádog, finomlemez**

pléhes *(bádogszerű ; készbőr)* tinny

pleisztocén *(földt)* Pleistocene

plenargirit *(ásv)* plenargyrite

pleokroizmus *(ásv)* pleochroism

pleokroos *(ásv)* pleochroic

pleonaszt *(ásv)* pleonast(e), celonite, iron spinel

plessit *(ásv)* plessite

plexi-üveg plexiglas(s)

pliensbachi emelet *(földt)* Pliensbachian stage

Plimsoll-vonal *(hajó)* Plimsoll line

plinian *(ásv)* plinian

pliocén *(földt)* Pliocene epoch/series, Pliocenic system

plisszényomó *fn* plaiter

plisszíroz *(tex)* plait, pleat

plisszírozás *(tex)* pleat(ing)

plisszírozógép pleating machine

plomba *l* **ólomzár**

plombálófogó sealing tongs/pliers

plombált fix pont *(geod)* lead plug

plumbát *(vegy)* plumbate

plumbibromid lead tetrabromide

plumbiklorid lead tetrachloride

plumbioxid lead dioxide

plumboacetát plumbous acetate

plumboferrit *(ásv)* plumboferrite

plumbogummit *(ásv)* plumbogummite

plumbojodid lead iodide

plumbokarbonát lead carbonate

plumboklorid lead dichloride

plumbokromát plumbous chromate

plumbonitrát plumbous nitrate

plumboortoplumbát plumbous orthoplumbate

plumbooxid plumbous oxide

plumboszulfát plumbous sulfate

plumbotartarát lead tartrate

plumosit *(ásv)* plumosite, feather-ore

plunger *(gépt)* plunger ; *l még* **dugattyú**

plusz *(mat)* plus ; ~ **előjelű** positive

pluszjel positive sign

plusz-leágazás *[tekercsé]* plus tapping

plusz-mínusz *(mat)* plus or minus ; ~ **tűrési határok** plus-and-minus limits, bilateral limits

plútói *v* **plutónikus** *(földt)* plutonic, abyssal ; ~ **kőzetek** typhonic rocks

plutonit *(földt)* plutonite

plutonium plutonium

pluviométer *l* **esőmérő**

plüss *(tex)* long pile, plush ; **bordázott** ~ *(tex)* corded plush

plüsscipő shag type shoes

pneu *(gépk)* *l* **abroncs** *és* **gumiabroncs**

pneudefektjelző *(gépk)* puncture-alarm

pneumatik *l* **gumiabroncs** tyre

pneumatika *(gáznemű testek tana)* pneumatics

pneumatikdefektjelző *(gépk)* flat-tire--alarm

pneumatikjavító szolgálat tyre service

pneumatik-köpeny tyre cover

pneumatik-tömlővédő szalag tyre flap

pneumatikus pneumatic ; *l még* **préslég-, lég-, sűrített levegős** *és* **légnyomás(os)**; ~ **ablaktörlő** *(gépk)* suction windscreen wiper ; ~ **berakó** *(nyomda)* pneumatic intake plant ; ~ **berendezés** air equipment ; ~ **betonozógép** *(ép)* pneumatic concrete placer ; ~ **dugarozás** *(hajó)* pneumatic caulking ; ~ **emelő** pneumatic jack ; *(csigasor)* pneumatic pulley block ; ~ **érzékelőelem** *v* **-relé** *v* **-cella** pneumatic detector ; ~ **fék** air-cushion brake ; ~ **felvonó** pneumatic lift ; ~ **fúrókalapács** *(feljelé fúráshoz)* stoper ; ~; **fúvómű** *(orgonán)* pneumatic motor ~ **hajtású** air-operated ; ~ **kalapács** air hammer, plugger, jackhammer ; ~ **kárttisztítás** *(tex)* vacuum stripping ; ~ **keszon** pneumatic caisson ; ~ **kiemelő szerkezet** *(traktoron)* pneumatic lift -all ; ~ **lökhárítás** *(rep)* pneumatic cushioning ; ~ **megszakító** *(vill)* air-pressure switch ; ~ **motorfelfüggesztés** *(gépk)* bumper bag ; ~ **osztályozás** *(bány)* pneumatic separation ; ~ **rugó** pneumatic spring; ~ **szádfalverő gép** sheeting driver ; ~ **szegecstámasztó** *v* **ellentartó** sustaining piston ; ~ **szér** *(bány)* pneumatic rabble ; ~ **szerkezettel ellátott** *(exhausztoros)* **bontógép** *(tex)* exhaust opener ; ~ **tengelykapcsoló** air/pneumatic clutch ; ~ **ütőfúró** jackhammer drill ; ~ **vízemelő** vacuum liquid-raiser ; ~ **vízkavaró** *[tejhűtő berendezésben]* pneumatic water agitator

pneumatolitos *(földt)* pneumatolytic

pneumatolízis *(földt)* pneumatolysis

pneumokoniózis *(bány)* miner's lung

pneuvulkanizálás *(gépk)* cure of the tyre ; ~ **hideg úton** *(gépk)* acid-cure of the tyre, cold-vulcanizing of the tyre

podzol *(talaj)* podsol

podzolképződés podsolization

pofa *(gépt)* jaw, cheek, chap

pofadék *(puskán)* cheek

pofakapcsoló *(gépt)* suspension clamp

pofarész *(bőr)* cheek

pofás : ~ **báb** *(gépt)* jaw steady-rest ; ~ **adagoló tokmány** master feed chuck with jaws ; *(állítható)* ~ **csavarkulcs** jaw spanner ; ~ **fék** shoe brake ; ~ **huzalhúzó gép** *(heng)* bull-block wire-drawing machine ; ~ **kötélszorító** rope clamp ; ~ **kőtörő** *(bány)* roll-jaw crushel ; ~ **rugóbetét** master spring chuck with jaws ; ~ **satu** jaw vice ; ~ **szélfeszítő** *(tex)* nipper temple ; ~ **tokmány** jaw chuck ; *(egyenként állítható pofákkal)* independent jaw-chuck ; ~ **vonó szerkezet** *(gépk)* jaw type trailer coupling/connection

pofástörő *(bány)* alligator ; *(koh)* jaw crusher ; ~ **állópofája** stationary crushing plate ; ~ **mozgópofája** swing jaw

pofaszélesség *(forg)* width of jaws

pogácsa cake, slug ; *[olajpogácsa]* (mill) cake

pogácsadara (oil) cake meal

poggyászfeladás *(vasút)* checking

poggyászfelvétel registering of luggage

poggyászfülke freight compartment

poggyászkiadó iroda luggage delivery office

poggyászkocsi luggage truck, parcel/guard van

poggyászmegőrző hely *(vasút)* luggage space

poggyásztaliga *(kétkerekű)* barrow-truck

poggyásztartó *(kocsin)* carriage rack ; *(gépk)* luggage locker/compartment,

trunk, boot ; *l még* **tetőrács** ; *(rep)* luggage hold ; ~ **ajtaja** *(gépk)* luggage locker lid, boot lid
poggyásztér *(rep)* luggage compartment ; ~ **a kalauzkocsiban** *(vasút)* freight compartment
poggyász-zsák hold-all
pohárpróbavétel beaker sampling
poikilitos szövet *(földt)* poikilitic structure
poikilofitos szövet *(földt)* poikilophitic texture
pointillizmus dotting
Poirée-féle keretes tűsgát *(hidr)* Poirée needle dam
Poise poise, P
Poisson-egyenlet *(mat)* Poisson's equation
Poisson-féle együttható *v* **tényező** *(mech)* Poisson's ratio
póka *(ép)* astragal
pokfa pockwood
pokfacsapágy pockwood pillow
pókhálóantenna spider-web antenna
pókhálószerű vonalak *(anyagv)* spider lines
pókhálótekercs *(rád)* spider-web coil
pókláb *(gépt)* spider
pokolgép infernal machine
pokolkő silver nitrate
pokololaj gorgon
polárgörbe *(rep)* polar curve
polariméter polarimeter
poláris polar ; ~ **diagram** polar diagram ; ~ **letapogatás** *(telev)* polar scanning ; ~ **mágneses** *(ásv)* magnetipolar ; ~ **molekula** *(at, vill)* polar molecule ; ~ **nyomaték** polar moment ; ~ **vektor** polar vector
polariszkóp polariscope
polaritás polarity ; ~ **megfordítása** *v* **megfordulása** *(vill)* polarity inversion
polaritás-váltás *(távk)* reversal, poling
polaritásváltó : ~ **kapcsoló** *(távk)* reversing switch ; ~ **kulcs** *(távk)* reversing key
polarizáció polarization ; *l még* **sarkítás, polározás** ; **anódos** ~ anodic polarization ; **dielektromos** ~ dielectric polarization ; **eltolódási** ~ displacement polarization ; **katódos** ~ cathodic polarization ; **mágneses** ~ magnetic polarization ; **rendellenes** ~ *(rád)* abnormal polarization ; ~ **szöge** angle of polarization
polarizációs : ~ **áram** polarization current ; ~ **elem** polarization cell ; ~ **elhalkulás** *(fading)* polarization fading ; ~ **feszültség** *(elemnél)* rest potential ; ~ **fotométer** polarization photometer ; ~ **hiba** polarization error(s) ; ~ **mikroszkóp** polarizing microscope ; ~ **sík** *(at)* polarization plane ; ~ **szelektivitás** polarization selectivity
polarizációvizsgáló *fn* polariscope
polarizál *l* **poláróz, sarkít**
polarizálatlan non-polarized
polarizáló *(fényt) l* **polározó** ; ~ **feszültség** polarizing voltage
polarizálódás *l* **polarizáció**
polarizálódó polarizable ; **nem** ~ **elektród** nonpolarizable electrode
polarizált polarized ; *l még* **polározott, sarkított**
polarizátor polarizer
polárkoordináta polar coordinate ; **polárkoordinátában megadott földrajzi hely** *(rep)* polar coordinate fix ; **polárkoordinátákban adott diagram** *v* **görbe** polar diagram
polárkoordinátás : ~ **rádiónavigáció** *(rep)* omnibearing-distance navigation ; ~ **rádiónavigációs berendezés** *(rep)* omnibearingfacility ; ~ **rádiónavigációs rendszer** omnibearing-distance system, O. B. D.
polarográf polarograph
polarográfia polarography
polarográfiai vegyvizsgálat polarographic analysis
polaroid polaroid
poláros *l* **polározott, sarkított**
poláróz polarize
polározás polarization ; **elliptikus** ~ elliptic polarization ; **keresztirányú** ~ *(fényt)* cross polarization ; **körkörös** ~ *(fényt)* polarization ; **síkban való** ~ *(fényt)* plane polarization ; ~ **síkja** plane of polarization ; **transzverzális** ~ *(fényt)* cross polarization
polározó : ~ **fényszűrő** *(fényk)* polaroid filter ; ~ **tengely** *(fényk)* polarizing axis
polározott polarized ; ~ **jelfogó** *(távk)* biassed/polarized relay ; **nem teljesen merőleges irányban** ~ **hullám** abnormally polarized wave
polc shelf, rack, ledge ; **fiókos** ~ coffin
polcdeszka shelf piece
polcos : ~ **állvány** shelf stand ; ~ **ebédlőszekrény** wall board ; **kis** ~ **állvány** tier stand
polcozat shelving
polcpapír shelf papers
polcsor tier
polder *(földt)* polder, diked marsh
polgári év *(csill)* artivicial year
poliadelfit *(ásv)* polyadelphite
poliakrilsavészter polyacrylate
polianit *(ásv)* polianite
poliargit *(ásv)* polyargite
poliarzenit *(ásv) l* **sarkinit**
polibázit *(ásv)* polybasite
policiklusos polycyclic
polidimit *(ásv)* polydymite
polidiszperz polydisperse
polietilén *(vegy)* polyethylene
polietilén-szigetelésű polythene insulated
poligén *(földt)* polygenic, polygenous, polygenetic, polymikt
poligenetikus polygenetic
poliglicerin polyglycerol
poligon polygon ; *l még* **sokszög**
poligonácsolat *(ép, bány)* arch timbering
poligonális polygonal ; *l még* **sokszögű**
polihalit *(ásv)* polyhalite
polikloroprén *(müa)* polychloroprene
polikovasav polysilicic acid
polikrász *(ásv)* polycrase
polikroilit *(ásv)* polychroilite
polikromopapír polychromo paper
polilitionit *(ásv)* polylithionite
polimer *(vegy)* polymer(ic) ; ~ **homológ-sorozat** polymer homologous range ; **kis molekulájú** ~ *(vegy)* low-molecular polymer
polimerizáció polymerization, polymerizing ; **katalízises** ~ catalytic polymerization
polimerizálódási fok degree of polymerization
polimerizálódó polymeriz(at)ing ; **önmagában** ~ autopolymer
polimerizált polymer(izated) ; **gyengén** ~ **olaj** short oil ; ~ **olaj** bodied oil
poliméter *(mat, pa)* polymeter
polimetilén polymethylene
polimignit *(ásv)* polymignite
polimikt *(földt) l* **poligén**
poliminerálikus kőzet compound rocks
polimolekuláris reakció multimolecular reaction
polimorf *(ásv)* polymorphous ; *(több kristály alakú)* polymorphic ; ~ **magvú** polymorphonuclear
polimorfizmus polymorphy
polinom *fn* polynome ; *mn és fn* polynomial ; *mn* multinomial
polipeptid polypeptide
poliprén *(vegy)* polyprene
polírfürdő bright dip
polír oz polish, dress ; *(fa)* polish ; *(laza textilkoronggal)* buff ; *(nyomással)* burnish ; *l még* **fényesít** *és* **fényes**
polírozás polishing, burnishing ; ~ **maratva** *(felváltva maratás és fényesítés ; anyagv)* attack polish ; ~ **rongykoronggal** buffing
polírozatlan unpolished
polírozó *(ép)* sleeker ; *(óra)* hand burnisher ; ~ **textilkorong** buff/rag wheel ; ~ **vasoxid** buffing ochre
polírozódob burnishing barrel
polírozóeszköz *(hang)* smoothing drift
polírozófürdő : **mártás** ~**be** bright dipping
polírozógép polishing machine ; *(talp- és sarokfényező gép ; cipő)* burnishing machine
polírozóhenger burnishing roll
polirozókorong buffing/glazing wheel
polírozólap glazer
polírozópárna sanding pad
polírozórúd burnishing stick
polírozótárcsa polishing buff
polírozott polished, burnished, buffed ; **finoman** ~ highly polished ; ~ **kikészítés** polish dressing
polírozótüske burnishing broach
polirozóvas burnisher, smoothing drift
polírvörös crocus
poliszaccharid polysaccharide
poliszferit *(ásv)* polysphœrite
poliszintetikus polysynthetic ; ~ **ikresedés** *(ásv)* repeated twinning
poliszkóp *(fényt)* polyscope
polisztirol polystyrene
poliszubsztituált termék *(vegy)* polysubstitution product
politechnika polytechnics
politetrafluoretilén polytetrafluorethylene
politionsav polythionic acid
politípia polytypage
politróp polytropic
politrópikus kitevő polytropic exponent
politúr(a) polishing ink, varnish lacquer
politúroz lacquer
polivinilklorid polyvinyl chloride, P. V. C
pollucit *(ásv)* pollucite
pollux *(ásv) l* **pollucit**
Polonceau-tartó *(ép)* French truss
poloska *(öntvényhiba)* honey-combing, pitting
poloskás *(önt)* pitted, honey-combed
pólus pole ; *l még* **sarok** ; **árnyékolt** ~ shaded/shielded pole ; **fésűs** ~ comb pole ; **gerjesztő** ~ field pole ; **hengeres** ~ non-salient pole ; **kiálló** ~ salient/concentrated pole ; **kiképzett**

~ salient/concentrated pole ; **kompenzáló** ~ *l* **segédpólus** ; **lemezelt** ~ laminated pole ; **osztott** ~ shaded/shielded pole ; **tömör** ~ solid pole
pólusátkapcsoló *fn* pole reverser
pólusátváltás *(vill)* reversing of polarity
pólusbetétgyűrű *(motorindításhoz)* shading ring
póluseltolás *(vill)* slipping the pole
pólusfelület *(vill)* pole/polar surface
pólusfrekvencia *[szűrőben; távk]* frequency of infinite attenuation
pólushíd connecting strap
póluskereső papír pole-finding paper
póluskopás *[magnetofonon]* wear of pole-piece
pólusmagasság polar altitude
pólusmágnes *(vill)* field piece
pólusosztás pole pitch
póluspapír polarity indicator
póluspár *(vill)* pair of poles
pólussaru pole shoe/piece/fitting
pólusszám *(vill)* number of poles
pólusszán *(távk)* yoke
pólustávolság pole/interpolar distance ; *(generátoron)* pole clearance ; *(osztás)* pole pitch
pólustengely magnetic axis
pólustörzs pole core ; *l még* **pólus**
pólusváltás *(vill)* polarity reversal
pólusváltó *(vill)* pole changer ; ~ **gomb** reversing stud ; ~ **kapcsoló** *(vill)* pole-changing switch ; ~ **villamosmotor** change-speed motor
pólusvégződés *(rád)* side arm
pólya banding *(gumi)* strip
pólyáskötés *(gőzgépen)* twist joint
pólyaszövet *(tex)* bandage/surgical cloth
pólyázó fakalapács *(hajó)* serving-mallet
polyva chaff
Poncelet-kerék *(vízi erőgépen)* Poncelet's water wheel
ponderomotoros *(vill)* ponderomotive force
ponor *(földt)* light hole
ponszó *(festék)* ponceau ; **savas** ~ acid ponceau
pont point, dot, spot ; *(szövetmintában)* speck ; *(távk)* dot ; *(telev)* spot ; *(tex)* spot ; ~ **alakú antenna** unipole (isotropic) antenna ; ~ **(bemért) vonala** *(geod)* tie line ; **biztonsági** ~ *(vasút)* clearance point ; **egy** ~**ban támadó erők** concurrent forces ; **eutektikus** ~ cryohydric point ; **feliratos magassági** ~ *(geod)* bench mark tablet ; **gyenge** *v* **hibás** ~ blot ; **kettős** ~ *(mat)* double point ; ~**ból kiinduló hullám** *(fiz)* elementary wave ; **kulminációs** ~ acme; **magassági** ~ *(geod)* bench mark ; **nem egy** ~**ban metsződő erők** non-concurrent forces ; **súlyos** ~ *(mech)* material point, bob ; **szintezési** ~ **két összevethető adattal** *(geod)* change point ; **térképen feltüntetett jellegzetes tájolási** ~ *(rep)* charted landmark ; ~ **és vonás** dot-and-dash ; **zavarodási** ~ *(ol)* cloud point
pontatlan inaccurate, inexact ; ~ **betájolás** incorrect bearing
pontatlanság inaccuracy
pontatlansági szög *(radar)* bad-bearing sector
pontbekötő *(bemért)* **vonal** *(geod)* tie line
pontbontásos rendszer *(távk)* dot-sequential system
pontérintkező *(vill)* point contact
pontfényforrás point source of light
pontfénylámpa *(vill)* point lamp
pontfényszórás scattering of the spot's light
pontfogazás *(fogaskeréken)* point toothing
pontfogazású fogaskerékáttétel point gearing
pont-frekvencia *(távk)* dot-frequency
ponthalmaz spread
pontház detached multistor(e)y house/building
ponthegesztés spot welding ; *(tőcsaphegesztéshez)* false rivet welding ; **hidraulikus szabályozású önműködő** ~ hydromatic welding ; **kettős** ~ duplex spot welding
ponthegesztő : ~ **elektród** spot-welding electrode ; **folyamatosan dolgozó** ~ **gép** stationary spot welder ; ~ **gép** spot welder ; **hordozható** ~ **gép** portable spot welder ; **kettős** ~ **gép** duplex spot welder ; ~ **varrat** button spot weld
pontjel *(gépt)* punch mark ; *(távk)* dot signal
pont-jeltér *(rep)* dot area
pontjelző *(geod)* marking dot
pontjelző tű *(koordinátagépen)* dotting needle
pontkapcsolás : kettős térbeli ~ *(geod)* double interpolation in space
pontkorrózió spot corrosion ; *(anyagv)* pitting ; ~**okozta gödröcske** *(anyagv)* pit
pontköszörülés *v* **csiszolás** *(hiba kijavítására)* spot grinding
pontleképezés point transformation
pontleszállás *(rep)* spot landing
pont-oldal *(rep)* dot-board
ponton pontoon, bridge boat, dummy
pontonhíd floating bridge ; ~ **csónakokat összekötő gerendája** balk ; **ívelemekből álló** ~ bowpiece pontoon ; ~ **nyitható eleme** *(hajók áteresztéséhez)* door pontoon ; ~ **pallója** chess
pontonhídpalló chess
ponton-karroszéria *(gépk)* pontoon-type body
ponton-kikötőhely pontoon stage
pontos accurate, exact, precise, true, absolute ; ~ **beállítás** fine/accurate adjustment ; ~ **beállítástól eltérő** out-of-truth ; ~ **(be)hangolás** *(rád)* exact syntony ; ~ **belövés** *(kat)* improvement fire ; ~ **bevezetés** *(rep)* precision approach ; ~ **gyalulás eresztőgyaluval** *(illesztéshez)* shooting ; ~ **helyettesítő kapcsolás** *(távk)* exact equivalent circuit ; ~ **hossz** exact length ; ~ **időadás** *(rád)* time signal; ~ **időközlés** time sending ; ~ **illesztés** exact fit ; ~**an kitűzött nyomvonal** sharp trace ; ~**an megmunkált** *(forg)* truly machined ; ~ **méret** caliber ; ~ **méretre csiszolás** precision grind ; ~ **méret szerint megmunkált** accurate to dimension ; ~ **méretű** corrected to ga(u)ge ; ~ **mérleg** precision balance ; ~ **munka** fine work ; ~ **művonal** *(távk)* precision-type-network ; ~ **négyzet** dead square ; ~ **osztású** *(fogaskereket hajtó)* **lánc** pitch chain ; ~ **szabályozás** minute adjustment ; ~ **távolságmérés** precision ranging
pontosidő-adómű chronopher
pontosság accuracy, precision, exactness, exactitude, fidelity ; ~**gal** with an accuracy of . . ., correct to. . . ; ~ **foka** *(mat)* degree of accuracy ; **négy tizedesnyi** *v* **négy számjegyig terjedő** ~ four-figure accuracy ; **négy tizedesnyi** *v* **négy számjegyig terjedő** ~**gal megadva** given correct to four figures
pontossági : ~ **egyengetőlap** *(finoman hántolva)* gauge/bench plate, marking-off plate ; ~ **ellenőrzés** accuracy checking ; ~ **fok** degree of accuracy ; ~ **fúrás** fine/precision boring ; ~ **határ** limit of accuracy ; ~ **mérce** calliper ga(u)ge ; ~ **vágás** *(hidegsajtolás)* shaving ; ~ **vágószerszám** *(alak)* shaving die
pontoz punch, centre-dot, dab
pontozás *(kötésmintában)* dotting ; *(szoborfaragásnál)* pointing ; ~**sal jelzett görbe** dotted line
pontozó *fn* centre punch/point ; ~ **készülék** *(szoborfaragáshoz)* pointing machine ; ~**val jelöl** *l* **pontoz** ; ~ **(kihúzó) toll** dotting pen ; **önműködő** ~ automatic centre punch ; ~**val ütött jelzés** punch mark
pontozófestés stipple
pontozókerék *(bőr, geod)* pricking wheel
pontozott dotted, punctate ; ~ **görbe** dotted curve ; ~ **hangjegyek** dotted notes ; ~ **mintájú** *(kötés ; tex)* speckled; ~ **mintájú szövet** spotted fabric; ~ **vonal** dotted line/curve
pontozótű dotting needle
pont-pont közötti átvitel *(távk)* point-to-point transmission
pontsor *(mat)* plot
pontsorhegesztés seam welding
pontsorhegesztő varrat seam weld
pontszerű *(mat)* punctual ; ~ **antenna** unipole (isotropic) antenna ; ~ **hímzőöltés** *(tex)* seed stitch ; ~ **keresztezés** *(távk)* point-type transposition ~ **lámpa** ponctiform lamp
pont-térjel *(rep)* dot signal
pontusi emelet *(földt)* Pontian stage
pontvonalas vonal dash-and-dot line
pontvonalasító készülék *(fényt)* astigmatizer
pont-vonás *(távk)* dot-and-dash ; ~ **egybefolyó sorrendje** *(rep)* dot interlock sequence ; ~ **térjel** *(rep)* dot-dash signal
ponyva canvas, tarpaulin, tentacle
ponyvafedél dust hood
ponyvagát brattice stopping
ponyvás : ~ **szér** *(bány)* canvas table ; ~ **szérelés** *(bány)* blanketing ; ~ **tehergépkocsi** tilt truck
ponyváskocsi tilt wagon
ponyvaszövet tilt cloth
ponyvatartó : ~ **ív** *(tehergépkocsin)* bow, hoopstick ; ~ **rúd** tarpaulin beam
ponyvatető tilt, tarpaulin
ponyvatetős tehergépkocsi lorry with tarpaulin (roofing)
ponyva-tiltó *(hidr)* canvas dam
ponyvavászon tilt linen, canvas, (tar)-paulin
ponyvázott faajtó *(bány)* canvas wood door
poonalit *(ásv)* poonahlite
Popov-féle viharjelző *(met)* Popoff's storm indicator

por powder, dust, *(lisztfinomságú)* flour ; *(forgács)* chippings ; ~ **alakú** *l* **poralakú** ; **levegővel osztályozott** ~ air-floated powder ; **üzemi** ~ **kiküszöbölése** dust control
poralakú powdered, dust(y) ; ~ **anyagok** dusty materials ; ~ **tüzelőanyag** powdered fuel
porálló dustproof
poranyag-kimérő gép powder-measuring machine
porcelán china, porcelain ; ~ **dísztárgyak** porcelain fancy goods ; **kiégetett máztalan** ~ biscuit
porcelán- porcelan(e)ous
porcelánalátét plinth
porcelánaljzat *(lámpafoglalathoz)* porcelain base
porcelánáru China/porcelain ware
porcelánbevezető *fn* porcelain duct/leadthrough
porceláncsiga *(rád)* porcelain/tail block
porcelánedény china
porcelánégető : ~ **kemence** porcelain calcining furnace ; ~ **tok** *(ker)* coffin ; *(vegy)* setter
porcelánemail porcelain enamel
porcelánformáló *(fazekas)* porcelain thrower
porcelánfotonyomás photoprinting on china
porcelánföld China clay/earth ; *(ásv)* *l* **kaolinit**
porcelánkép transparency
porcelánnyomó: ~ **papír** porcelain printing paper ; ~ **selyempapír** ceramic transfers
porcelánöntő *fn* porcelain caster
porcelánpálcika *(tex)* porcelain rod
porcelánpát *(ásv)* passauite
porcelánpipa *(vill)* porcelain duct
porcelánszárító kemence cockle
porcelánszerű porcelan(e)ous
porcelánszigetelő *fn* porcelain insulator
porcelánutánzat soft-paste porcelain
porcellofit *(ásv)* porcellophite
porcenyv chondrin
porcsávázás seed dusting
pordob dust cage
porélesztő dusty yeast
porelszívás dust removal
porelszívó dust collector
porérc *(bány)* dust ore
porfecskendő powder gun
porfedő dust cover
porfelvétel *(mikroröntgenen)* powder diagram
porfesték powder colo(u)r
porfír *(földt)* porphyry
porfírtufa *(földt)* perpezite tuff
porfogó dust catcher/extractor ; *[csapágyazásnál]* dust seal ; *(vánkos)* filter pad ; ~ **harang** *(bány)* dust bell ; ~ **kamra** dust chamber ; ~ **készülék** dust arrester ; ~ **nemeztömítés** dust felt ; ~ **tárcsa** dust-retainer, disk; ~ **zsák** dust-settling pocket
porfojtás *(robbantásnál)* powder blast
porforgatag *(met)* land spout
porfúvó *(órás)* dust pump
porfüggöny *(met)* dust haze
porfüstréteg haze
porgát rock-dust barrier
porgyűjtő *fn* dust collector ; ~ **szekrény** dust trunk ; ~ **zsák** *(tex)* dust-collecting bag
porhanyítható friable
porhanyítógép *(mzg)* mulcher
porhanyós crisp, quick, incoherent, loose; ~ **sütemény** cracknel
porhanyósság looseness, friability
porhintés dusting
porhintő berendezés *(bány)* dust distributor
porít pulverize, powder, mill
porítás pulverization, powdering, reduction
poríthatóság grindability
porító *fn* sprayer
porítógép *(bány)* disintegrator
porítómalom powder mill
porított powdered, pulverized, floured ; ~ **ásványi termék** *(bány)* float ; ~ **kaucsuk** pulverized rubber ; ~ **nagyolvasztósalak** powdered blast-furnace slag
porkamra dust chamber ; *(erőg)* smoke chamber ; *(tex)* dust cage
porképződés dust formation, pulverization
porkihordó *(bány)* gum loader
porkohászat powder metallurgy
porkohászati termit sinter thermite
porkötő olaj dust oil
porlás *(veszteség)* dust loss
porlaszt atomize, pulverize, spray
porlasztás atomization, pulverization ; *(gépk)* carburation *is* ; **befecskendező** ~ carburation by spraying ; ~ **elpárologtatással** carburation by evaporation
porlasztásleállító kar *v* **emeltyű** *(gépk)* no-injection lever
porlasztásos : ~ **festés** *(pa)* spray dyeing ; ~ **olajozás** atomizer lubrication ; ~ **szárítás** spray-drying
porlasztó *fn* atomizer, pulverizer, spray ; *(gépk, benzinmotoron)* carburetter, carbure(t)tor ; *(dieselmotoron)* fuel injector ; *(pa)* nebulizer, odorator ; ~ **diffuzor** spray diffuser ; **diffuzoros** ~ D-model carburetter ; ~ **előmelegítő** carburet(t)er pre-heater ; **esőáramú** ~ downdraft carburetter ; ~ **festőfülke** spraying booth ; ~ **fojtószelepszabályozása** carburet(t)er throttle control ; ~ **fúvóka** spraying nozzle/jet ; *(gépk)* jet nozzle of carburetter; ~ **fúvókatű** *(mkpár)* throttle needle ; ~ **gázosító** spray/pulverization carburetter ; **kettős** ~ D-model carburetter ; ~ **levegő** combustion air ; ~ **levegőgyűjtője** *(gépk)* carburet(t)er air scoop ; ~ **levegőtorka** carburet(t)er choke ; ~ **magassági helyesbítése** *(gépk)* altitude adjustment of the carburettor ; ~ **melegítő elzáró csappantyúja** carburet(t)er heating shut-off; ~ **megfolyatása** floating ; ~ **pótfúvókája** pickup well ; ~ **rudazat** *(gépk)* carburetter linkage ; ~ **szárítás** *(pa)* spray-drying ; ~ **szívócsonk-illesztő idomdarab** carburet(t)er intake adapter ; ~ **szívócső-levegőtorka** *(gépk)* carburet(t)er barrel ; ~ **szívószeleppel** carburet(t)er with suction valve ; ~ **szívóvezeték-szitája** carburet(t)er intake screen ; **üzemanyag cseppenkénti adagolását gátló** ~ anti-dribble injector ; ~ **visszafolyó vezeték** *(Diesel)* fuel-oil drain manifold
porlasztóbeállítás *(gépk)* carburetter adjustment
porlasztó-csatlakozó csonk *v* **perem** *(gépk* fixing flange
porlasztócső (carburet(t)er) jet pipe
porlasztóégő spray burner
porlasztófedél *(gépk)* cover lid
porlasztófej nozzle ; **centrifugális** ~ centrifugal nozzle ; **lefelé irányított** ~ drop nozzle
porlasztó-főcsatorna *(levegőjárat ; gépk)* barrel
porlasztógép dispersing machine
porlasztóház *(karburátoré)* carburetter body
porlasztójegesedés *(gépk, rep)* carburet(t)er iceing
porlasztókamra air mixing chamber
porlasztóköpeny carburet(t)er jacket
porlasztópisztoly spray(ing) gun
porlasztós motor carburet(t)er engine
porlasztószelep spray valve
porlasztótárcsa spray(ing) wheel/disc
porlasztótartó *(Diesel)* injector holder ; ~ **borítókupak** *(Diesel-motorban)* protection cap ; ~ **fúvókaleszorító csavar** *(Diesel-motorban)* nozzle cap nut ; ~ **nyomásállító csavar** *(Diesel-motorban)* pressure-adjusting screw ; ~ **nyomásszabályozó rugó** *(Diesel-motorban)* pressure-adjusting spring ; ~ **rugóleszorító menetes csavar** *(Diesel-motorban)* spring-retaining cap nut
porlasztótest *(gépk)* carburet(t)er body
porlasztótolattyú *(mkpár)* throttle slide
porlasztótorok *(gépk)* *l* **légtorok**
porlasztott : ~ **fémréteggel bevont elektroncső** spray-shielded valve ; ~ **katód** sprayed cathode ; ~ **tüzelőanyag** pulverized fuel, p. f.
porlasztóúszó *(gépk)* carburet(t)er float
porlasztó-úszóház *(gépk)* carburet(t)or float chamber ; carburetter bowl *(US)*
porlasztóvizsgáló *(Diesel-porlasztók vizsgálatára)* injection valve tester
porlecsapó *fn* *l* **porleválasztó**
porlefúvó dust-blow pump
porlerakódás wind deposits
porleválasztás dust separation/extraction ; **elektrosztatikus** ~ electrostatic dust separation ; ~ **villamos erőtérrel** electrical precipitation
porleválasztó *fn* cyclone ; *(porszívó vezetékben)* shaving separator ; *(koh)* smoke chamber ; *(pa)* dust precipitator ; **elektrosztatikus** ~ electrostatic precipitator ; ~ **kamra** *(koh)* dust-separating chamber ; **rúdelektródos villamos** ~ electric rod-curtain precipitator ; ~ **szita** *(bány)* duster wire cloth ; ~ **torony** *(koh)* dust-separating tower ; **villamos** ~ electro (gas) filter
porlódás pulverization, dusting
porlódó klinker dusting clinker
pormag *(távk, vill)* powder/dust core
pormentes dust-proof, dust-tight, dust-free ; ~ **gázkorom** dustless carbon black ; ~ **gépolajozó szelence** dust-proof machine oil cup ; ~ **szitamaradvány** *(két-három mm-nél kisebb szemcsék nélkül)* dust screenings
pormentesítés dust laying
pormentesített hulladék dust screenings
pormentesítő berendezés *(bány)* bugduster
pormérő *(pa)* koniogravimeter
porol *(pa)* thrash, dust
poroló *(pa)* thrasher
porolófarkas *(tex)* shaker
poroló(gép) *(tex)* rag/dust shaker, plucker, duster, dust willow

porosodás *(jelfogóé)* dust trouble
porosüveg *(vegy)* powder bottle
porosz-kék *(festék és szín)* Erlangen/Chinese/paste blue
poroz dust
porozás *(mzg)* dusting ; *(ol)* clay treating ; ~ **repülőgépről** aerodusting
porózitás porosity
porozó *fn* pulverizer, duster ; *(kézi:)* dust gun ; ~ **repülőgép** *(mzg)* dusting aeroplane
porózus porous, pervious ; *(bány)* meshy ; ~ **diafragmájú elektrolizáló cella** porous diaphragm cell ; ~ **falazótömb** *(habcementből)* fixing block ; ~ **gumitalplemez** (gas-)expanded rubber plate ; ~ *(lyukacsos)* **homokkő** bray stone ; **nem** ~ nonporous ; ~ **öntvény** mushy casting ; ~ **papír** porous paper ; ~ **töltőanyag** porous filling paste
porpéppel bevont lámpaizzószál *(vill)* pasted filament
porpezit porpezite
porpince *(tex)* dust cellar/collector, dust-collecting room
porráőrlés pulverization
porráőrlő *fn* pulverizer
porráőröl powder ; *(nedves őrléssel)* levigate
porrátör *l* **porít**
porrázúzás pulverization ; *(ércé)* rubbing
porricin *(ásv)* porricin
porrongy duster (cloth)
porruha rubber
porsapka *(gépt)* dust cap ; *(keréktömlőn ; gépk)* valve cap
porsűrűség powder density
porszáraz powder-dry
porszekrény dust cage
porszemcseszámláló műszer *(met)* dust counter
porszén *(porított)* powdered/pulverized coal
porszénégő pulverized-coal burner ; ~ **kétirányú levegőadagolással** fantail burner
porszerű dustlike, powdery
porszita *(mzg)* dust shell
porszivattyú solid pump
porszívó vacuum cleaner, dust exhaustor/extractor ; *(csiszoló- és marógépen)* central fan ; ~ **cső** dust trunk ; ~ **gép** vacuum cleaner ; ~ **lóvakaró kefe** vacuum curry comb ; ~ **torony** ventilating tower ; **villamos** ~ electric precipitor
porszóró gép *v* **készülék** duster
porszűrő dust filter ; **zsákos** ~ bag dust filter
portalanít (de)dust
portalanítás dust control, dedusting, redusting ; **szűrőzsákos** ~ *(kemencegázoké)* bag process
portalanító *(pa)* exhaustor, duster ; ~ **berendezés** dust-extracting plant ; ~ **fülke** bag house ; ~ **gép** *(tex)* dust shaker/willow, duster ; **gyűjtőkamrás** ~ chamber collector ; ~ **olaj** *(utakhoz)* road oil ; **sűrített levegővel** ~ **berendezés** air duster ; ~ **szita** debreezing screen
portáldaru portal crane ; ~ **egyik tornya** *v* **oszlopa** anchor tower ; ~ **felső portálrésze** gantry
portálkeret portal frame
portálmaró gép planer-type milling machine
portálnyílás *(darun)* portage
portáloszlop *(ép)* pylon
portartó *(bány)* barrier container
portikusz *(ép)* portico
portlandcement portland-cement, P. C.
portlandcementbeton portland-cement concrete
portlandi emelet *(földt)* Portlandian/Pithonian stage
portoló *(bány)* mechanical gummer, bugduster
portölcsér *(met)* land spout
portöltő gép *(gyógyszerekhez)* powder filler
portörlő duster
portrágya sewage powder
portréfénykép portrait(ure)
pórus pore ; **nagy** ~ *(anyagv)* pockhole
pórusos pory ; ~ **gumi** gas-expanded rubber
pórustalan nonporous, nullipore
pórustérfogat pore space
pórustöltő *fn* pore filler
pórusvíz *(talajmechanikában)* pore-water
porülepítés *(bány)* dust setting
porülepítő *fn* separator ; ~ **kamra** dust-settling chamber
porüveg *(vegy)* powder bottle
porvas *(koh, vill)* powdered iron
porvasas szalag *(magnetofonhoz)* powdered-iron tape
porvasmag *(vill)* powder(ed-iron) core
porvasmagos tekercs *(vill)* powdered-iron core coil, ferrocart coil
porvédett dust-proof
porvédő *fn* dust guard ; *mn* anti-dust ; ~ **gumi** *(gömbcsuklón)* rubber gaiter ; *(fékhengeren ; gépk)* rubber dust boot *(US)* ; ~ **légző készülék** *(bány)* dust respirator ; ~ **lemez** dust shield ; *(csapágyon)* seal closure
porvihar *(met)* dust storm
porzáró dust-tight
porzás *(pa)* linting
porzó : ~ **eljárás** *(film)* powder treatment ; ~ **készülék** air duster
porzóanyag dusting material
porzsák dust bag
porzsoló kemence *(ker)* calcar
poshadt stale ; ~ **hamvas** *(bőr)* old lime liquor
postaforgalmi aluljáró mail tunnel
postagőzös steam packet boat
postahajó packet boat, mailer
postai : ~ **alak** *(pa)* postal form ; ~ **bőrerezetű papír** post office buff-paper ; ~ **csomagolódoboz** *(pa)* dispatch box ; ~ **doboz** *(pa)* post-parcel cardboard box ; ~ **feladó doboz** *(pa)* cardboard case for postal dispatch ; ~ **formapapír** postal form paper ; ~ **levonó papír** fine letter duplicating paper ; ~ **sokszorosító papír** fine multicopying paper ; ~ **szabványú** post office type ; ~ **szállítókarton** *(pa)* mailing board ; ~ **típus** post office type
postakocsi *(vasút)* mail van
postaledobó ejtőernyő mail parachute
postapapír bond/post letter paper, fine rote-paper ; **vékony** ~ thin letter-paper ; *(pelűr)* sized-tissue paper
postarepülés mail flight
postarepülőgép mail (air)plane/aircraft, mailer
postazsák mailbag
postazsákleszedő készülék *(haladó vonatról)* mailbag-catcher
posvány moss, swamp
posványos talaj foul ground
posztfrontális *(met)* postfrontal ; ~ **szél** postfrontal current
posztglaciális *(földt)* postglacial
posztó cloth, fabric ; ~ **(csiszoló)tárcsa** cloth wheel ; **durva** ~ coarse cloth
posztógyapjú clothing wool
posztógyár cloth mill
posztógyártás cloth manufacture, drapery
posztókészítő cloth worker
posztómaradék peaking
posztónyíró cropper ; ~ **olló** *(tex)* lewis
posztóolló pair of twitchers
posztópiros *(színezék)* cloth red
posztósárga : valódi ~ cloth fast yellow
posztulátum *(mat)* postulate
posztvulkáni hatások deuteric effects
pót- additional, accessory, auxiliary, complementary, supplementary, supplemental, substitute
pótácsolat *(bány)* barring, subpost ; ~ **felállítása** *(bány)* doubling up
pótadag booster charge
pótalkatrész spare piece/part, service/replacement part ; ~**ek** supplies
pótállvány replacing stand
pótantenna auxiliary antenna
pótanyag substitute material, substitute, surrogate
pótátló *(ép)* secondary member, counter-strut
pótátlós rudak *(ép)* redundant members
pótborda *(rep)* false rib
pótcsomófogó *(pa)* back knotter
pótdíjas gyorsvonat extra-fare train
pótdob *(villa tengelyén ; bány)* winch head
pótelem *(vill)* regulating cell
potenciál *(mat, mech)* potential ; **abszolút** ~ absolute potential ; **begyújtó** ~ striking/priming potential ; **bomlási** ~ decomposition potential, equilibrium reaction potential ; **deionizációs** ~ deionization potential, extinction potential ; **folyadékhatáron fellépő** ~ liquid-juncttion potential ; **földhöz viszonyított** ~ *(vill)* above-earth potential ; **gyorsító** ~ accelerating potential ; **lezáró** ~ stopping potential ; **nem folytonos** ~ discontinuous potential ; **nyugalmi** ~ rest potential ; **vegyi** ~ chemical potential ; **villamos** ~ electric potential
potenciáláramlás *(hidr, rep)* potential flow
potenciáleloszlás potential distribution
potenciálesés potential drop
potenciálfal potential barrier
potenciálfüggvény *(mat)* potential function
potenciálgödör *(at)* potential well
potenciálgrádiens potential gradient
potenciálhegy *l* **potenciálfal**
potenciális potential ; ~ **nyomó magasság** *(hidr)* potential head
potenciálkülönbség potential difference, P. D.
potenciálmérés potential measurement
potenciálrögzítés : szinkronozott ~ *(rád)* synchronized clamping
potenciálskála *(hidrogénelektródra vonatkoztatva ; vegy)* hydrogen scale
potenciométer *(rád)* potentiometer, adjustable-voltage divider ; **adatbe-**

vezető ~ *(vill)* data potentiometer; **finom hangerőszabályozó ~** fine volume-control potentiometer; **távolságátvivő ~** *(radar)* range-transmitting potentiometer
potenciométeres adatbeállítási rendszer *(vill)* potentiometer data system
potenciométer-szerelvény *(rád)* potentiometer band
potenciometria *(vegy)* potentiometry
potenciometriás titrálás potentiometric titration
pótérintkező *fn* trailing contact
pótfedél *(gépt)* substitution cover
pótfeszültség *(vill)* boosting voltage
pót-fogópofa false jaw(s)
pótfúvóka *(gépk)* acceleration well
pótfűtés : üvegházi ~ *(melegágyak alatt)* bottom heating
pótfűtőtest booster radiator
póthangszóró *fn* extension speaker
póthűtő supplementary radiator
pótikresedés *(ásv)* supplementary twinning
pótkábel *(távk)* auxiliary messenger cable
pótkerék *(gépk)* spare wheel
pótkeréktartó *(gépk)* spare-wheel carrier; *(tér)* spare wheel compartment
pótkocsi trailer(-coach); *l még* **utánfutó**; **~ forgalmi engedélye** *(gépk)* trailer licence document; **lakás céljaira szolgáló ~** caravan; **~ leszakadása** *(gépk)* trailer break-away; **nyerges ~** *(gépk)* semi-trailer; **~ vontatási terhelése** trailer tow load
pótkocsifék *(gépk)* trailer brake
pótláncfonalrendszer beszövése *v* **alászövése** *(tex)* stitching of warp thread row
pótlás replacement, substitution, addition, supplement
pótlék substitute; *(bány)* supplement
pótlevegő *(gépk)* supplementary air; *(koh)* auxiliary air
pótlevegőadagolás secondary aeration
pótlevegőbeeresztő nyílás emergency air inlet
pótlevegő-injektor insufflator
pótlevegőszelep *(gépk)* additional air valve
pótló *l* **pót-**
pótmelegítő *fn* reheater
pótmerevítés *(rep)* dummy strut
pótmoduláló módszer *(rád)* remodulation system
pótol substitute, replace, change, renew; **készletet ~** restock
pótolható replaceable
pótprespán *(pa)* glazed pressboard
pót-sebességváltó szekrény *(gépt)* auxiliary transmission
pótsúly extra weight
pótszellőzés secondary aeration/ventilation
pótszer substitute, surrogate
pótszíjhajtás second-belt drive
pótszivattyú booster pump
pótszög *(90°-ra)* complementary angle
pótszűrő *(távk)* supplementary/auxiliary filter
póttámfa *(bány)* subpost
póttartály *(gépk)* reserve tank; *(rep)* auxiliary tank; **ledobható ~** jettisonable/drop tank; **szárnyvégi ~** wing tip tank; **törzs alatti ~** *(rep)* belly tank
póttartály-csap *(gépk)* reserve tap
póttekercs *(távk)* bucking coil
póttelefonközpont dependent exchange
póttelep *(vill)* subsidiary battery
póttengely *(gépt)* accessory shaft
pótutas *(mkpár)* pillion passenger
pótülés *(gépk)* dick(e)y/partner seat; *(autóbuszon)* occasional seat; **~ motorkerékpárhoz** partner saddle; *l még* **hátsó nyereg**
pótüteg depot battery
pótvetülék *(tex)* backing/extra weft/pick
pótvíz *(erőg, hidr)* make-up water; *(pa)* excess water
Poulsen-adó *(rád, táv)* Poulsen transmitter
Poulsen-generátor *(rád)* arc generator
Poulsen-ív *(vill)* singing arc
powellit *(ásv)* powellite
pozdorja *(tex)* chaff, bullen, boon, awn; *(gyapjúban)* shives
pozíció *[többpozíciós szerszámgépen]* station
pozíciólámpa *(hajó)* side-light
pozitív *(ált, mat)* positive; **~ átvitel** *(távk)* positive transmission; **~ dörzsvillamosság** glass electricity; **~ elektród** positive electrode; **~ előjel** *(mat)* positive sign; **~ fázissorrend** *(vill)* positive sequence; **~ fénymásoló papír** positive heliographic paper; **~ homlokszögű** *(forg)* positive-rake; **~ a hővillamos feszültségi sorban** thermopositive; **~ impulzusok számlálása** *(távk)* positive counting; **~ irányú forgás** *(mech)* positive rotation; **~ kapocs** *(vill)* positive terminal; **~ kép** *(fényk)* positive (picture); **~ lemez** *(vill)* positive plate; **~ moduláció** *(rád)* positive/upward modulation; **~ mozgófilm** print; **optikailag ~ kristály** *(ásv)* attractive crystal; **~ oszlop** *(Faraday-sötéttér és anód között)* positive column; **~ pólus** positive pole; **~ potenciál** positive potential; **~ rácselőfeszültség** positive bias; **~ rácsú** *(rád)* positive-grid; **~ sorrendű impedancia** *(távk)* positive phase-sequence impedance; **~ szárnylépcsőzés** *(felső szárny előbbre van)* positive stagger; **~ testelés** *(gépk, vill)* positive earth return; **~ töltés** *(vill)* positive charge; **~ töltéshordozó** positive carrier; **~ V-beállítás** positive dihedral; **~ba vezérel** *[csövet; rád]* drive (into) positive; **villamosan ~** electro-positive; **~ villamosságú** electro-positive; **~ visszacsatolás** *(rád)* positive/regenerative feedback; **~ visszacsatolású** *(rád)* regenerative
pozitivitás *(mat)* positiveness
pozitív—negatív átvitel *(fényk)* „po-neg" transfer
pozitron *(at)* positive electron, positron
pózna staff, pole, perch, stick; *(távk)* pole
póznaállítás pole setting
póznamászó vasak pole climbers
póznasor *(távk)* pole line
póznatámasz consolidation pole
pöcegödör sink-hole; **pöcegödröt létesít** sewer
pöcegödör-takarító vállalat sewage-removal enterprise
pömszcipő court shoe
pöndörháló sweep/casting net
pőre *(bőr)* pelt, blosse, unhaired fell; **~ feszessé válása** plumping of pelt; **~ hajszálcsöves duzzadása** swelling of pelt
pőrehozam yield of the pelt
pőrekocsi platform (car), flat wagon/car
pőrepor : krómos ~ *(bőr)* chromed hide powder
pőresúly *(nyersbőré)* beamhouse weight
pörgés gyration
pörgési próba spinning/whirling test
pörgésszámmérő gyrometer
pörget spin, whirl
pörgetés rotation, gyration
pörgetett : ~ betoncső *(ép)* spun concrete pipe; **~ öntés** *(önt)* centrifugal spinning casting; **~ öntésű cső** spun iron pipe
pörgetőgép centrifuge
pörgetőkamra *(vill)* bursting chamber
pörgettyű gyroscope, top; **aszimmetrikus ~** *(szink)* asymmetrical top; **bedőlést vezérlő ~** *(rep)* lateral pitching control gyro; **hossz- és keresztdőlést szabályozó ~ gombja** *(rep)* bank-and-climb gyro knob; **molekuláris ~** *(szink)* molecular top
pörgettyűhajtás gyroscopic effect
pörgettyűnyomaték gyroscopic torque
pörgettyű-precesszió gyroscopic precession
pörgettyűs *mn* gyroscopic, gyro-; **~ dőlésmérő** *(rep)* gyroclinometer; **~ eltérítésmutató** gyroscopic drift indicator; **~ fordulómutató** *(rep)* gyro-(scopic) turn indicator; **~ hajólengéscsillapító** gyro ship-stabilizer; **~ hosszdőlésmutató** *(rep)* pitch gyro; **~ irányzék** gyro-sight; **~ kormánygép** *(rep)* gyro pilot; **~ látóhatár** *(rep)* gyro(scopic) horizon; **~ lengéscsillapító** gyroscopic stabilizer; **~ nyomaték** gyroscopic couple; **~ tájoló** gyro compass; **~ tájoló ellenőrzése** *(rep)* gyro check
pörgettyűtengely spinning axle
pörgő gyratory
pörgőállvány *(heng)* pinion stand
pörk *(koh)* burnt ore, calcine, cinder; *(heng)* scum
pörkgáz roast gases
pörköl roast, calcine, burn, bake, scorch, sinter; **napon ~** haze
pörkölék *l* **pörk**
pörkölés torrefaction, singe; *vö még* **pörköl**; **alsó léghuzatos ~** downdraft blast roasting; **befúvott levegővel** blast roasting; **~ kemencében** kiln roasting; **klórozó ~** chloridizing roasting; **~ lebegő állapotban** flash roasting; **oxidáló ~** blast roasting
pörkölési : ~ mag roasting core; **~ tér** hot zone
pörköletlen uncalcined
pörkölő *fn* roaster; **aknás ~ kemence** blind roaster; **~ aknáspest** roasting stall; **~ berendezés** roasting plant; **~ kemence** calcining/roasting furnace/kiln/oven, calciner; **~ kemence égési tere** roasting space; **~ serpenyő** dish roaster
pörkölőbódé stall
pörkölőcsésze roasting dish
pörkölődési nyom *(kat)* blast mark
pörkölőelegy roasting pile
pörkölőhalom roasting pile heap
pörkölőkemence-gáz roaster gas
pörkölőtál test

pörkölt *vö* **pörköl**
pörkrétegképződés scale formation
pörög spin, whirl, gyrate, rotate
pöröly sledge/uphand hammer, sledge ; *l még* **kalapács, gőzkalapács**
pörölykeret hammes frame
pörölytípusú zúzó garner rusher
pörzsölés burning, singeing
pőzskötő pad *(hidr)* chandelier
prázem *(ásv)* prase
prazeodím praseodymium
prazeodímbromát praseodymium bromate
prazeodímbromid praseodymium bromide
prazeodímdiszulfid praseodymium disulfide
prazeodímfluorid praseodymium fluoride
prazeodímhidrid praseodymium hydride
prazeodímhidroszulfát praseodymium hydrosulfate
prazeodímhidroxid praseodymium hydroxide
prazeodímjodid praseodymium iodide
prazeodímkarbonát praseodymium carbonate
prazeodímklorid praseodymium chloride
prazeodímmolibdát praseodymium molybdate
prazeodímnitrát praseodymium nitrate
prazeodímoxalát praseodymium oxalate
prazeodimoxid praseodymia
prazeodímoxiklorid praseodymium oxychloride
prazeodímperoxid praseodymium peroxide/sesquioxide
prazeodímszeszkkvioxid *l* **prazeodímperoxid**
prazeodímszulfát praseodymium sulfate
prazeodímszulfid praseodymium sulfide
prazeodímtartalmú *(ásv)* praseodymian
prazeolit *(ásv)* praseolite
prazopál *(ásv)* prase-opal
precesszió *(csill)* precession
precesszió-állandó *(csill)* constant of precession
precessziós nyomaték *(mech)* precessional moment
precíziós precision, sensitive ; *l még* **pontos** *es* **pontossági** ; ~ **ampermérő** precision. ammeter ; ~ **asztali orsó** quill ; ~ **csiszolás** accurate grinding ; ~ **eszterga** precision lathe, microlathe ; ~ **hullámmérő** *(rád)* precision wavemeter ; ~ **körző** bow divider ; ~ **mérleg** precision balance ; ~ **munka** fine limit work ; ~ **műszer** precision instrument
predazzit *(ásv)* predazzite
predisszociáció predissociation
prégelő *(nyomda)* coining/stamping press
pregrattit *(ásv)* pregrattite
prehnit *(ásv)* prehnite
prehnitoid *(ásv)* prehnitoid
prekambriumi *(földt)* pre-Cambrian
prémbőr hair skin
premier-plan close-up
prémiumos bérrendszer premium bonus system
prémsapka fur cap
préritörő eke practice breaker
prés press ; *l még* **sajtó** ; *(élip)* mill *is* ; *(tex)* presser bar *is* ; **bálázó** ~ baling press ; **besajtoló** ~ arbor press ; **egyengető** ~ gag press ; **egyszeres működésű** ~ single-acting press ; **hármas működésű** ~ triple-acting press ; **kamrás** ~ chamber press ; **kettős működésű** ~ double-acting press ; **kézi** ~ fly press ; **pneumatikus hidraulikus** ~ air-hydraulic press ; **szerelő** ~ assembling press
présálló *(pa)* wet press foreman
présanyag mo(u)lded material
présáru pressing
présbélyeg *(alak)* ram, punch ; *(óra)* stamping matrice
préscsavar forcing screw
préscsík *(gyapjúszővethiba)* barry
préscsiszoló *(pa)* pocket grinder
présdeszka *(nyomat hátoldalának kisimítására)* pressing boards
prés-desztillátum pressed destillate
présel press ; *l még* **sajtol** ; *(érmét)* coin ; **mintát** ~ *(szövetbe v papírba)* gauffer
préselés pressing, stamping ; *(nyomda)* pressure ; ~ **kihagyása** *(feltartott szem képzésénél ; kh)* mispressing
préselési maradék cake of press
préselesztő pressed yeast
préselhetetlen paraffinos párlat slop wax fraction
préselhető pressable ; **nem** ~ **paraffin** slop wax
préselő *l* **prés-**
préselőgép *(pa)* stuff press, wet machine
préselt compressed ; *(bőr)* mo(u)lded ; ~ **acélváz** *(mkpár)* pressed steel frame ; ~ **áru** stampings ; ~ **barka** *(bőr)* pebble/embossed grain ; ~ **barkájú box** *(bőr)* dull-finished calf ; ~ **barkájú díszmübőr** pebble ; ~ **érc** briquette ; ~ **fa** pressed wood ; ~ **falemez** presswood ; ~ **furnír** moulded veneer ; ~**gipszlap** compressed rubble; ~ **karton** *(pa)* pressed cardboard ; ~ **kartont gyártó gép** *(pa)* span press plant ; ~ **készítmeny** pressing, moulding ; ~ **kondenzátor** *(rád)* moulded capacitor ; ~ **lencse** *(fényt)* moulded lens ; ~ **munkadarab** pressed work ; ~ **papí**r pressed paper ; ~ **púder** compact powder ; ~ **tea** *(élip)* brick tea ; ~ **tengelykapcsoló-szegmens** stamped clutch segment ; ~ **tömlő** *(gumi)* moulded hose ; ~ **tőzeg** moulded peat, peat brick ; ~ **vasmag** *(vasporból ; vill)* moulded core
présfej *(alak)* ram (head) ; *(csigaprésen ; gumi)* head
présfogó squeezing pliers
présforma *(alak, önt)* die ; *(műanyaghoz)* mould ; ~ **ürege** *(gumi)* mould cavity
présgépbála *(pa)* machine-pressed bale
préshenger pressure/coach/press roll(er)
préskazán autoclave press
préskendő pressing cloth
préskenés pressure lubrication
préskeretek *(vegy)* filter plates
préskezelő *fn* presser
préskovács press forgeman
préskovácsolás press forging
préskő *(óra)* friction jewel
préslap *(nyomda)* tympan
préslég compressed air
préslég- pneumatic
préslégáram air blast
préslégberendezés pneumatic equipment
préslégfejtés *(bány)* air breaking
préslégfúró *(bány)* air drill ; *(vágathajtáshoz)* air drifter ; **forgatva működő** ~ *(bány)* auger machine ; ~ **gép** pneumatic drill
présléghajtású pneumatic, air-operated ; ~ **szegecselő(gép)** compression riveter
préslégindító compressed-air starter
préslégkalapács compressed-air hammer ; *(útburkolathoz)* road breaker ; *(bány)* air pick
préslégkamra *[torpedóban]* flask
préslég-kézifúró *(bány)* air-feed drill
préslégmotor compressed-air engine/motor
préslégmozdony compressed-air locomotive
préslégpermetező *fn* air gun
préslégsatu air-operated vise
préslég-savnyomó tartály acid egg
préslégszállító *fn (bány)* air conveyer ; ~ **cső** compressed-air feed pipe
présléglartály compressed-air tank/accumulator
préslégtokmány air/pneumatic chuck
préslégvitla compressed-air winch
préslégzsilip pressed-air lock
préslepény cake of press
préslevegő forced draft
préslevegős air-operated ; *l még* **préslég-**
présnemez *(pa)* wet-felt
présolaj *(ol)* blue oil, pressed paraffin distillate
présorsó press screw
présöntés pressure (die) casting
présöntő : ~ **forma** die mould ; ~ **gép** die-casting machine
prespán press-spa(h)n, electrical/pressing board, pressboard
prespángyár *(pa)* pressboard mill
prespánpótló *(pa)* imitation press-spahn
préspogácsa cake of press
préspor moulding/compact powder
présszerszám press die ; *l még* **sajtolószerszám**
présszerszámtömb block die
présszűrő pressure filter ; ~ **felső tere** chase
préstömb bend block
présüveg bonded glass cloth
preszelektív sebességváltás *(gépk) l* **előválasztós sebességváltási rendszer**
presztométer *(folyadékos idomszer)* prestometer
Prey-féle redukció Prey's reduction
priceit *(ásv) l* **pandermit**
primer primary ; ~ **alkohol** *(vegy)* primary alcohol ; ~ **aminok** primary amins ; ~ **áram** primary current ; ~ **áramkör** primary circuit ; ~ **armatúra** *(vill)* primary armature ; ~ **cella** *(vill)* primary cell ; ~ **elektron** primary electron ; ~ **elem** *(vill)* primary cell ; ~ **ellenállás** primary resistance ; ~ **eredetű** *(ásv)* of primary origine ; ~ **feszültség** primary voltage ; ~ **gáz** primary gas ; ~ **hangolótekercs** *(rád)* primary tuning coil ; ~ **hűtő** primary cooler ; ~ **induktancia** primary inductance ; ~ **kalciumfoszfát** primary calcium phosphate, monocalcium phosphate ; ~ **káliumkarbonát** potassium bicarbonate ; ~ **káliumszulfát** potassium dihydrogen phosphate ; ~ **kikapcsoló** *(vill)* primary cut-out ; ~ **kioldó** *(vill)* primary cut-out ; ~ **kivezetés** *(vill)* primary terminal ; ~ **kör** *(rád)* primary circuit ; ~ **kőzetek** primary rocks ; ~ **levegő** primary air ; ~ **mészkő** primary limestone ; ~

nátriumfoszfát sodium dihydrogen phosphate ; ~ **oldal** *(vill)* primary side ; ~ **savanyú só** monometallic salt ; ~ **sók** *(vegy)* primary salts ; ~ **szelektor** *(távk)* A-digit selector, access selector ; ~ **tekercs** *(vill)* primary coil/winding ; ~ **tekercselés** *(vill)* primary winding ; ~ **telep** *(vill)* primary battery ; ~ **tér** *(vill)* primary field ; ~ **vezeték** primary wire
principál *(hangt)* principal, open diapason
printonemulzió *(fényk)* printon emulsion
prizma *(fényt)* prism ; *(forg, gépt)* lathe ways ; *[hengeres tárgy fúrásához]* V-block ; ~ **alakú** prism-shaped, prismatic ; ~ **fényeltérítése** prismatic deviation ; **prizmába rak** *(ép)* mound; **prizmába rakott cukorrépa** piled beets
prizmaél *(fényt)* prismatic ledge
prizmás prismatic ; ~ **alátámasztás** *(szabatos mérleg karja alatt)* fulcrum bearing ; ~ **alátámasztó tömb** knife-edge block ; ~ **irányzék** prismatic sight ; ~ **képlet** *(vegy)* cage-type formula ; ~ **kereső** *(fényk)* prismatic eye ; ~ **készülék** *(fényt)* prism apparatus ; ~ **(kétcsövű) távcső** prism binocular ; ~ **kristályosztály** prismatic class ; ~ **lépték** engineering scale ; ~ **monokromátor** *(színk)* prism monochromator ; ~ **mozdulatnéző** *(fényk)* filmo-equipment ; ~ **rendszer** *(ásv)* prismatic system ; ~ **spektrográf** prism spectrograph ; ~ **sugártörés** prismatic refraction ; ~ **színképelemző készülék** prism spectroscope ; ~ **tájoló** prismatic compass ; ~ **tárcsa** *(vill)* prismatic disc ; ~ **távcső** prismatic binocular, prism telescope ; ~ **vezeték** *(gépt)* vee slide-way ; ~ **vezetősín** vee-guide
prizmaszínek *(fényt)* prismatic colo(u)rs
prizmatikus *l* **prizmás**
prizmatin *(ásv)* prismatine, kornerupine
prizmatoid *(mat)* prismatoid ; ~ **alakú** *(mat)* prismatoidal
prizmavágás *(kantfánál, hevedernél)* resawing
prizmoid *(mat)* prismatoid
prizonszeg *(gépt)* prisoner
pro analysi purum *(vegy)* analitically pure
próba test, proof, trial, attempt ; *(anyagv)* test, assay ; *(műveleté ; mat)* check ; *vö még* **vizsgálat** ; **csőtágító** ~ tube upsetting test ; **fékpadi** ~ bench test ; **foszlatási** ~ chew test ; **hajlító** ~ bend test ; **hajtogató** ~ alternate bending test, bending-and--unbending test ; **hidegzömítő** ~ cold jumping test ; **közeiítő** *(durva)* ~ crude test ; **lapító** ~ flattening test ; **lyukasztó** ~ drift test ; **nagyfeszültségű** ~ *(kábelé)* high-voltage test ; 180°-**os** ~ folding test ; **tekercselő** ~ winding test ; **többréteges** ~ all-level sample ; ~ **ujjérintéssel** *(rád)* finger test
próba- test, assay, probative
próbaakna pörgetési próbához *(turbinánál)* bursting chamber
próbaállvány *(gépt)* test bench ; *(óra)* casing-clock
próbababa *(tex)* dummy
próbacölöpözés *(ép)* penetration test
próbacsap test/try/ga(u)ge tap/cock
próbacsésze *(vegy)* copple
próbacső test glass/tube
próbadarab (testing) sample/specimen ; *(rúd alakú)* proof bar
próbafeszültség *(vill)* test(ing) voltage
próbafilm test film/strip
próbafogó assayer's tongs
próbafőzet *(pa)* pulping trial
próbafúrás *(bány, ép)* trial boring
próbafúró lyuk *(bány)* trial bore hole
próbafutás *(gépk)* breaking-in
próbagödör test/prospect hole
próbagyűrű *(kerámiai égető kemencében)* firing ring
próbahegesztés test weld
próbaidő probation
próbaindítás chase
próbaív *(nyomda)* proof sheet
próbaívnyomó gép *(nyomda)* proofing machine
próbajárat trial run ; ~**ot tesz** *(gépk)* run a trial
próbakanári *(széngázvizsgálathoz ; bány)* test canary
próbakelesztő kamra *(sütőiparban)* proving cupboard
próbaképpen : ~ **felvett kötélsokszög** *(mech)* trial polygon ; ~ **felvett nyomásvonal** *(ívszerkesztésnél ; mech)* trial thrust line
próbakeret *(szemüvegen)* spectacle trial frame
próbakocka *(anyagv)* trial die
próbakő touchstone
próbál test, try, essay, put to test ; *(anyagv)* test ; *(mélységet ; hajó)* probe
próbalámpa-csatlakozó *(távk)* ancillary jack
próbalemez *(hangvisszaadó berendezés vizsgálatához)* test record
próbalevonat *(nyomda)* proof impression
próbálgatás *(ált)* cut-and-try method ; *(mat)* trial-and-error
próbalyuk *(anyagv)* pin hole
próbamásolat *(fényk)* print test
próbamenet test/trial run/trip ; ~ **szakaszonként növekvő sebességgel** *(hajó)* progressive speed trial
próbamérleg trial balance
próbamester *(koh)* assayer
próbametszet sample section
próba-mikrofon probe microphone
próbaminta *(ellenőrző)* check-sample
próba-motolla *(selyemhez)* standard reel
próbanyomás test pressure ; *(fajlagos térfogat méréséhez ; pa)* bulking pressure
próbanyomat *(nyomda)* proof impression
próbanyomó prés *(nyomda)* proof press
próbapad test bench/stand
próbapálca test bar, rod specimen
próbapálya *(gépk)* test track ; proving ground *(US)* ; *(vasút)* trial track
próbarepülés flight test, experimental flight
próbarés channel
próbarúd test bar
próbasütés baking test
próbaszakasz *(vasút)* trial track
próbaszám *(nyomda)* specimen number
próbaszárítás sample drying
próbaszedés *(nyomda)* type specimen
próbaszivattyúzás pumping test
próbatégely assay crucible, capsule
próbaterem *(fényk)* rehearsal room
próbaterhelés *(erő)* proof/test load ; *(próba)* load test
próbaterhelő vonat *(hídon)* test load train
próbatest *(anyagv)* specimen, test piece/bar ; **bemetszett** ~ notched(-bar) specimen ; **csavaró** ~ torsion-test specimen ; **fárasztó** ~ *(anyagv)* fatigue-test specimen, alternate-bending specimen ; **hajlító** ~ bending-test specimen ; **hajtogató** ~ bend-test specimen ; **hegesztő** ~ *(heg)* all-weld--metal test specimen ; **kerek tömör** ~ round solid specimen ; **lapos** ~ sheet/flat specimen ; **munkadarabból vett** ~ *(anyagv)* load test-pieces ; **nyíró** ~ shear-test specimen ; **szakító** ~ tension-test specimen ; **ütő** ~ impact--test specimen
próbaút *(gépk)* trial ride/run
próbaüzem preliminary operation
próbavágás *(fa)* trial cut
próbavágásterület *(fa)* experimental area
próbavas *(koh)* sampling iron
próbavétel sampling ; *(koh)* probing *is* ; ~ **a bányában** mine sample
próbavételi : ~ **berendezés** sampler ; ~ **mód szakálldiagram elkészítéséhez** *(tex)* grab test
próbavevő sampler - ~ **cső** thief (tube) ; ~ **kanál** *(koh)* prover
próbavizsgálat fajtázó elemzéssel sizing/sorting assay test
procellulóz *(pa)* procellulose
Proctor-féle nedvesség-tömörség görbék *(talajmechanikában)* moisture-density curves
produktív : ~ **ér** *(bány)* quick vein ; ~ **homok** producing sand ; ~ **rétegsorozat** *(bány)* productive series
Proell-féle expanziós készülék Proell's expansion gear
profil profile, section, cut, contour; *l még* **szelvény** ; ~ **aktív része** *(gépt)* active profile ; ~**t kimunkál** profile
profil- sectional
profilacél shapes
profiláru *(heng)* profile ; ~ **húzása** *(heng)* profile drawing
profilborda *(rep)* form rib
profilcsiszolás form grinding
profilcsiszoló gép profile grinder
profildeszka *(ép)* moulded article
profilellenállás *(rep)* profile/section drag
profileltolás *(gépt)* profile displacement
profilgumi *(gépk)* rubber section
profilgyalu reed/profile/mo(u)lding plane
profilhengermű shape-rolling mill
profilhornyoló gép *(borítódeszkákhoz)* matcher
profilidomszer profile ga(u)ge
profilíroz *(forg)* profile
profilkés form(ing) tool
profilköszörülés form grinding
profilléc template ; **hézagtakaró** ~ bead
profillemez *(ker)* profile
profilmaró *fn* *(forg)* form/profile (milling) cutter
profilmélység *(rep)* depth of section
profilmérce profilometer
profilmérő műszer profile-measuring instrument
profilmetszet profile section
profilminta profile form
profilműszer edgewise/profile instrument
profilográf profilograph, surface profilometer
profilolló shape shears

profilométer profilometer, surface analyzer
profilos shaped ; ~ **alak** shaped form ; ~ **anyag** section material ; ~ **gumizsinór** sectional strand rubber
profiloz shape, profile ; *(ép)* cut a profile ; *(útépítésnél)* grade, bring to grade
profilozás *vő* **profiloz**
profilozóhenger profiling roller
profilozóléc *(ép)* grade stake
profilozóminta *(rézsűkitűzéshez)* batter ga(u)ge
profilrajz profile drawing
profil-szélesség *(gumi)* sectional width (of tyre)
profilszög *(gépt)* profile/section angle
profiltégla moulded/profilated brick
profilvágó *(fa)* profile cutter
profilvas section iron/steel, steel profile
profilvas-hengermű structural mill
profilzáró léc *(ablakon)* rabbet for glazing
prognosztika *l* **szinoptikus meteorológia**
prognózis *(met)* forecast
program program, schedule ; *(ép)* programme, starting data for the master plan
program-ellenőrző programming controller
programszabályozás *(aut)* time-pattern control
progresszív rugó progressive spring
projekció projection ; *l még* **vetület**
projektív síkmodell *(vegy)* projection formula
proklorit *(ásv)* prochlorite
prolon *(fehérje-műszál)* prolon
prominencia *(fiz)* prominence
promotor *(vegy)* promoter
Prony-fék Prony's brake/dynamometer
propán *(vegy)* propane
propán—butángáz *(cseppfolyósított)* liquefied gas ; liquefied petroleum gas, L. P. G. *(US)*
propán—butángáz-karburátor *(gépk)* LP-gas carburettor
propán—bután-palack LP-gas cylinder *(US)*
propanol propanol, (iso)propyl alcohol
propanolon *l* **acetilkarbinol**
propanon propanone, dimethyl ketone, acetone
propántriol glycerol, glycerin, 1 : 2 : 3-trihydroxypropane
propeller helix, screw ; *l még* **hajócsavar, légcsavar** *és* **csavar**
propelleres sebességmérő *(hajó)* patent log
propellerlapát propeller blade
propeller-nyomócsapágytartó híd *(hajó)* thrust-block bridge
propellerszivattyú axial pump
propellertengely *(hajó)* propeller shaft ; ~ **csapágya** tunnel shaft bearing
propellerzaj *(rep)* propeller noise
propenil *(gyök)* propenyl
propil *(gyök)* propyl
propilalkohol propyl alcohol
propilén propylene
propionsav propionic acid
proporcionál- *l* **arányos**
propulzió propulsion
propulziós hatásfok *(hajó, rep)* propulsion efficiency
prospektus folder, prospectus
prospektus-papír prospectus paper
proszcénium *(ép)* proscenium
proszcénium-páholy corner/stage box
protaktínium protactinium
protamin *(vegy)* protamin(e)
protargol protargin, protein silver, silver protein, protargol
proteid proteid
protein *(vegy)* protein ; ~ **kiválasztása gumiból** deproteinizing of rubber ; **természetes** ~ **bomlási terméke** *(proteinjelleggel)* derived protein
proteinezüst protein silver, protargin
proteinmentesítés deproteinization
proteolitikus *[enzim]* proteolytic
proteóz proteose
proterozoikum *(földt)* proterozoic era
proterozoikus élet *(földt)* primordial life
protobastit *(ásv)* protobastite
protogén kőzetek primary rocks
proton *(at)* proton, H-particle
prototípus prototype
protovermikulit *(ásv)* protovermiculite
proustit *(ásv)* proustite, (light) red silver ore
provitamin provitamin
prozopit *(ásv)* prosopite
Prytz-féle planiméter hatchet planimeter
P-sáv *(rád)* P-band
pszammit *(földt)* psammite
pszammitos arenaceous
pszeudoboleit *(ásv)* pseudoboleite
pszeudobrookit *(ásv)* pseudobrookite
pszeudofit *(ásv)* pseudophite
pszeudokarbamid pseudourea
pszeudomalachit *(ásv) l* **foszforkalcit**
pszeudo-oldat pseudosolution
pszeudoszféra *(mat)* pseudosphere
pszeudoszteatit *(ásv)* pseudosteatite
pszeudovulkánikus kitörések non-volcanic eruptions
pszichogalvanométer psychogalvanometer, pathometer
pszichrométer psychrometer, wet-and--dry-bulb hydrometer
pszichrometrikus különbség *(met)* psychrometric difference
pszilomelán *(ásv)* psilomelane
pszittacinit *(ásv) l* **mottramit**
pszofométer *(távk)* psophometer
pszofometrikus : ~ **feszültség** *(távk)* psophometric voltage ; ~ **súlytényező** *(távk)* psophometric weighting actor; ~ **szűrő** *(távk)* (psophometric) weighting network ; ~ **teljesítmény** *(távk)* psophometric power
pteropodás iszap *(földt)* pteropod ooze
ptilolit *(ásv)* ptilolite
ptomain *(vegy)* ptomaine
puccolán puzzuolana, natural cement
puccolán-adalék puzzolanic admixture
puccoláncement puzzolan cement
puccolánhabarcs trass mortar
pucherit *(ásv)* pucherite
pucol *(ép)* surface
pucolás *(ép)* finishing ; ~ **simítóval** float finish
puddingkő *(ásv)* pudding-stone, kollanite, pudding rock
puddingpor *(élip)* pudding powder
púderfesték powder ink
púderpapír powder paper
puffer buffer
puffer-akkumulátor *(rád)* bypass accumulator
puffer-áram *(vill)* bleeder
puffercső *(rád)* buffer tube
pufferelem *(vill)* buffer battery
puffer-ellenállás *(vill)* bleeder resistance
puffer-erősítő *(rád)* buffer amplifier
pufferez *(vegy)* buffer
pufferfokozat *(rád)* buffer stage
pufferhatás buffer effect ; *(vegy)* buffer action
pufferhenger buffer cylinder
puffer-kapacitás *(vegy)* buffer index
puffer-kapcsolás *(rád)* buffer circuit
puffer-kondenzátor *[vibrátorban]* buffer-condenser
puffer-légtartály air dashpot
pufferoldat *(vegy)* buffer (solution)
puffer-rugó buffer spring
puffer-só buffer salt
puffertelep *(cill)* buffer/booster battery
puffer-tér *(vill)* buffer space
puffer-üzem *(távk)* floating system
pufferüzemű : ~ **akkumulátortelep** floating battery ; ~ **akkumulátortöltés** floating ; ~ **telep** *(távk)* floating battery
puflerit *(ásv)* puflerite
puha smooth, soft ; *l még* **lágy** ; *[bőr]* soft ; ~ **barnaszén** friable lignite ; ~ **csévélés** *(tex)* soft winding ; ~ **fejű kalapács** soft-face hammer ; ~ **fogás** *(tex)* mellowness ; ~ **háncsrostok** soft fibres ; ~ **hulladékbontó gép** soft-waste opener ; ~ **hullámlemez** *(pa)* cushion board ; **igen** ~ *(kis sodratú)* **kézimunkafonal** soft-soft yarn ; ~ **írezett láncfonal** *(tex)* soft warp ; ~ **kesztyűbőr** cheveret ; ~ **kikészítés** *(igen kevés ragasztóanyaggal)* soft finish ; ~ **konzisztenciájú szappan** soft-bodied soap ; ~ **könyvboríték** *(pa)* limp cover ; ~ **láncfeszítés** *(tex)* slack tension ; ~ **sodrat** *(tex)* soft twist ; ~ **szürkelemez** *(pa)* grey bulk board ; ~ **talaj** soft terrain ; ~ **tekercs** *(pa)* soft roll ; ~ **vetülékcsévehegy** soft nose of cop
puhafa soft wood ; ~ **padlózat** soft-wood floor
puhagallér false collar
puhaság *(bőr)* mellowness
puhít *l* **lágyít**
puhítás *l* **lágyítás** ; **kézi** ~ *(bőr)* hand--staking ; ~ **térden** *(bőr)* knee-staking
puhító *fn (gumi)* lubricant ; *l még* **lágyítószer**
puhítódob *(bőr)* pin mill
puhítógép fibre pressing machine
puhítószer *l* **lágyító**
puhítóvas *(bőr)* arm/knee staker
Pulfrich-féle fényvisszaverődésmérő *v* **refraktométer** Pulfrich refractometer
Pulfrich-fotometer Pulfrich photometer
Pullman-átjáró *(vasút)* Pullman vestibule
Pullman-kocsi *(vasút)* Pullman car
Pullman-kocsiszekrény Pullman body
pulloversámfa cramp
pulp *(gyümölcsé)* (fruit) pulp ; ~ **merev zárványai** *(pa)* bubble shot
pult counter, desk
pultos telefonberendezés deskstand
pulzál pulse
pulzáló : ~ **áram** *(rád)* ripple current ; ~ **forrás** *(földt)* surging well ; ~ **kút** *(földt)* surging well ; ~ **mennyiség** *(aut)* undulating quantity ; ~ **rádiózavar** flutter ; ~ **szivattyú** jerk pump ; ~ **ülepítőgép** *(koh)* pulsator jig
pulzátor *(koh)* pulsator (jig)
pulzométer aquathruster, pulsometer
punamukő *(ásv)* kawa-kawa
punktúranyílás *(nyomda)* point opening

punktúra-tűhegy *(nyomda)* point spur
púp snub ; *(karakterisztikán)* peak
pupilla : **belépő** ~ entrance pupil ; **kilépő** ~ exit pupil
pupincséve *(vill)* loading coil
pupincséve-karmantyú *(telef)* loading-coil pot
pupinfazék *(távk)* loading (coil) case/pot
pupinizál *(vill)* *l* **pupinoz**
pupinkábel *(távk)* coil-loaded cable
pupinoz *(vill)* pupinize, coil load
pupinozás *(vill)* coil loading, pupinization
pupinozott *(távk)* coil-loaded ; ~ **kábel** coil-loaded cable ; ~ **szabad vezeték** *(vill)* lump-loaded open circuit ; ~ **távbeszélő kábel** coil-loaded telephone cable
puplin *(tex)* poplin
púpos bossed, humpback(ed) ; ~ **híd** *(régi típusú boltozott közúti híd)* humpbacked bridge ; *(gépk)* *l* **bogárhátú híd**
purbecki emelet *(földt)* Purbeck(ian) beds
purin *(vegy)* purine
purinbázisok purine bases
purintestek purine bodies
puska rifle, gun ; *(távk)* perforator ; **önműködő** ~ automatic rifle ; **tártöltésű** *v* **tölténytáras** ~ charger loading rifle
puskaagy (gun) butt
puskacső tube, barrel ; ~ **hátsó része** breech face of gun
puskacső-kefe tube cleaner
puskagránát rifle grenade
puskalövedék run/rifle projectile
puskapor gunpowder
puskaszíj rifle sling
puskatus gun stock
puskavessző pull-through
puskazávárzat rifle lock
puszpángvetélő *(tex)* box-wood shuttle
puszta bare, arid
puttony shovel, skin, bucket ; ~ **vágóéle** bucket lip
puttonydonga *(fa)* stave
puttonyemelő *fn* bucket winch, skip hoist
puttonylánc *(kotrón)* scoop chain
puttonyos : ~ **árokásó** bucket trenching machine ; ~ **kotró** shovel dredger ; ~ **vízemelő gép** bucket pump ; ~ **vízemelő kerék** bucket wheel
puttonysoros kotró scoop dredg(er)
puzzolán *l* **puccolán**
PV-diagram *(gépk)* pressure-volume diagram
P-vitamin *l* **B_1-vitamin**
pyramidon pyramidone, amidopyrine, 4-dimethylaminoantipyrine
pyreneit *(ásv)* pyreneite
pyrex-üveg pyrex glass
Pythagoras-tétel *(mat)* Pythagorean theorem

Q

Q-jelek *(rád)* Q-signals
Q-mérő *(rád)* Q-meter

R

ráad *(feszültséget, terhelést)* apply, impose
ráadás *(adalék)* admixture
ráadás-ív *(pa)* overs
ráakaszt affix
rááll *[áramkörre; távk]* stop at a circuit; *[keresőgép csoportváltozatra; távk]* step to
ráállít *[távcsövet]* range
rabdofán *(ásv) l* **rabdofánit**
rabdofánit *(ásv)* rhabdophan(it)e
rabitzfal rabitz, black-plaster wall
rabitzfalazat *(ép)* blackplastered construction
rabitzháló *(ép)* rib wire lath/mesh
rabitzvakoló anyag *(ép)* coarse stuff
rablás *(bány)* recovery
rablóbánya wild mine
rablóbányászat selective mining
rablógazdálkodás *(bány)* buckeying; *(fa)* destructive working
rábocsátó nyílás *(hidr)* wicket geat
rabol *(bányafát)* draw
rabolható biztosítás *(bány)* removable support
rabolt fa felhasználása *(bány)* salvage (of drawn timber)
ráborít spread over, lap
rabszállító gépkocsi prison van
rabszolgaadó *(radar)* slave station
racém: ~ **borkősav** racemic tartaric acid; ~ **vegyület** racemic compound
racionális rational; ~ **függvény** *(mat)* rational function; ~ **többesek** *(mat)* rational multiples; ~ **tört** *(mat)* rational fraction
rács grid, grate, gitter; *(ásv)* lattice; *(ép)* grid (iron), screen, railing; *(fényt)* raster; *(koh)* grizzly, grid; *(rád)* grid; ~ **alakú alagcsövezési hálózat** *(hidr)* trellis drainage; **árnyékoló** ~ *(rád)* (anode-)screen(ing) grid; ~ **asztigmatizmusa** *(szink)* astigmatism in grating; **bekötetlen** ~ *(rád)* floating grid; **durva** ~ coarse-mesh grating; **elemi** ~ *(koh)* lattice cell; **fékező** ~ *(rád)* suppressor grid; **felületen középpontos** ~ *(koh)* face-centered lattice; **gyorsító** ~ *(rád)* accelerating grid; **gyűjtő** ~ *(rád)* buncher grid; **köbös** ~ *(koh)* cubic lattice; **lapközepes** ~ *(koh)* face-centered lattice; **lépcsős** ~ *(szink)* echelon; **optikai** ~ optical grating; **szabad** ~ *(rád)* floating grid; **térben középpontos** ~ *(ásv)* body-centered lattice; **térközepes** ~ *(koh)* body-centered lattice; **vékony** ~ *(mikrofon előtt)* bar; **vezérlő** ~ *(rád)* control grid
rácsállandó lattice constant
rács-anód: ~ **kapacitás** grid-to-plate capacitance; ~ **karakterisztika** *(rád)* grid-anode characteristic
rácsapatott elektród *[kristályon]* plated electrode
rácsáram grid current
rácsáram-karakterisztika *(rád)* grid characteristic
rácsárboc lattice mast
rácsárnyékolás *(rád)* grid cover/shield
rácsáthatás *(rád)* throughgrid
rácsatol affix, clasp
rácsáttetszőség grid transparency
rácsátvezetés *l* **rácslevezetés**
rácsavar screw on
rácsavart screwed-on
rácsdetektor bias detector
rácsegyenirányítás *(rád)* grid detection
rácsegyenirányító *(rád)* grid(-)leak detector
rácsegyenlet *(szink)* grating equation
rácselem *(rácsostartón)* lattice member
rácsellenállás *(rád)* grid resistance/resistor
rácselőfeszítés *(rád)* grid biassing/polarization
rácselőfeszültség *(rád)* grid/C-bias (voltage), grid polarization voltage; **automatikus** ~ automatic grid bias; ~ **detektálása** C-bias detection; **lezáró** ~ cut-off grid bias; **változtatható** ~ variable grid bias
rácselőfeszültség-szabályozás: önműködő ~ *(rád)* automatic grid bias (control)
rács-emisszió *(rád)* grid emission
rácsfal: kettős ~ double wall
rácsfeszültség *(rád)* grid voltage/potential
rácsfeszültség-áramforrás *(rád)* C-power supply
rácsfeszültség-ellátás *(rád)* grid voltage supply
rácsgerenda brace beam
rácsgerjesztő feszültség grid-excitation voltage
rácshálózat *[földrajzi köröké]* graticule
rácshenger *(rád)* grid cylinder
rácshiba *(kristályban)* lattice defect
rácshuzal *(rád)* grid-wire
rácshuzalosztás *(távk)* grid-wire spacing
rács-karakterisztika *(rád)* grid characteristic
rács-katód: ~ **ellenállás** grid-cathode resistance; ~ **kapacitás** grid-cathode capacitance; ~ **kör** grid-cathode circuit
rácskeret lattice frame
rácskeret-kiosztás *(ép)* lattice spacing
rácskerítés grating, grill(e)
rácskisüléses elektroncső *(hidegkatódos)* grid-glow tube
rácskivezérlés *(rád)* grid swing
rácskondenzátor *(rád)* grid (blocking) condenser/capacitor
rácskör *(rád)* grid circuit; ~**ben hangolt oszcillátor** *(rád)* tuned-grid oscillator
rácsköri: ~ **billentyűzés** *(rád)* grid keying; ~ **egyenirányítás** *(rád)* grid circuit rectification/detection, audion detection; ~ **ellenállás** *(rád)* input resistance; ~ **fojtótekercs** *(rád)* grid choke; ~ **korlátozás** *(rád)* grid clamping/clipping; ~ **vadrezgésgátló** *(rád)* grid suppressor
rácskörmoduláció grid-circuit modulation
rácskörtorzítás grid-circuit distortion
rácsköz *(pa)* space-lattice
rácslemez *(fényt)* grate/lattice plate
rácslevezetés grid(-)leak
rácslevezető ellenállás *(rád)* gridleak, grid leak resistance/resistor
rács-másolat *(szink)* replica grating
rácsmodulálás *(rád)* grid modulation
rácsmodulálású grid-modulated
rácsmodulált grid-modulated
rácsmonokromátor *(szink)* grating monochromator
rácsmű *(ép)* latticework; *(tartó rácsozat)* girder grillage
rácsműgerenda *(ép)* grating beam
racsni *l* **kilincs(mű)** *is* ratchet stock
rácsnyílás *(generátornál)* checker opening
rácsos *(ép)* cancellate(d), grated, screened; ~ **ablak** lattice window; ~ **acélszerkezetű oszloppillér** steel lattice pier; ~ **állványzat** *v* **áthidaló szerkezet** grating bridge; ~ **boltív** *(ép)* arch in trellis work; ~ **cölöpalapozás** *(ép)* grill foundation piling; ~ **cső** *(rád)* grid valve; ~ **(fa)szerkezet** *(ép)* trelliswork; ~ **fonalfék** *(tex)* gate-tension(er); ~ **főtartó** *(rep)* bridge spar; ~ **gázmosó torony** hurdle-type tower; ~ **gém** lattice-type boom/jib; ~ **Gerber-tartó** Gerber's lattice; ~ **gerenda** lattice beam; ~ **gyalogjáró tartó** *(ép)* footway framing; ~ **híd** lattice bridge; ~ **ívtartó** *(ép)* arch truss; ~ **kapu** lattice gate; *(kis)* hatch; ~ **kerítés** lattice barrier; ~ **konzoltartó** *(ép)* cantilever frame; ~ **merevítés** lattice bracing; ~**an mintázott** cancel(l)ed; ~ **mosótorony** hurdle scrubber; ~ **mosóvályú** lattice tray washer; ~ **oldalú kocsiszekrény**

stick body ; ~ **oldalú teherkocsi** (*vasút*) rack car ; ~ **oszlop** girder pole ; ~ **öv** (*tartón*) lattice-type boom ; ~ **rosta** (*bány*) grizzly ; ~ **sarokreflektor** (*rád*) grid-type corner reflector ; ~ **spektrométer** grating spectrometer ; ~ **szelemen** latticed purlin ; ~ **szellőzőnyílás** louv(e)red air outlet ; ~ **szerkezet** (*ép*) lattice mesh structure, framework ; ~ **szerkezetű** *l* **rácsos, rácsszerkezetű** ; ~ **szűrő** (*vill*) lattice-type filter ; ~ **tartószerkezet** (*ép*) framework, trussing ; ~ **tolattyú** grid valve ; ~ **toronyszerkezet** (*ép*) trestle ; ~ **töret** lattice fracture ; ~ **váz** (*ásv*) latticework skeleton ; ~ **vázszerkezet** (*ép*) skeleton construction ; ~ **völgyhíd** trestle bridge

rácsostartó lattice/trellis girder/truss, trussed beam ; ~ **alsó öve** bottom chord of truss ; ~ **deszkaelemekből** (*ép*) plank truss ; ~ **felső öve** top chord of truss ; ~ **íves felső és alsó övű** ~ crescent truss ; ~ **rácsozata** (*övek nélküli tartó szerkezet*) truss web ; ~ **rendszer** framework ; ~ **rúdelemének kötése** (*ép*) bar connection

rácsoszlop lattice column

rácsosztás grating/lattice pitch/spacing ; (*Decca-hálónál ; rep*) lane

rácsoz (*ép*) truss, brace

rácsozás trelliswork ; (*fotoklisén*) graticulation ; **kettős** ~ (*ép*) double-triangulated web system ; ~ **rajz nagyításához** *v* **kicsinyítéséhez** graticulation; ~ **rendszere** (*ép*) web system

rácsozat latticework, network, grating ; (*ép*) bracing, railing *is* ; *l még* **rács** ; (*generátoron*) checkerwork

rácsozattégla (*regenerátornál*) checker brick

rácsozott cancel(l)ed ; (*ép*) tabernacular ; ~ **önhordó válaszfal** trussed partition ; ~ **talpú vaskerék** (*traktoron*) latticed wheel

rácsösszeköttetés (*sínek között ; vasút*) cross bond

rácspálca (*Jacquard-gépen; tex*) lattice rod

rácspolarizáció (*rád*) direct grid bias

rácspolarizációs feszültség (*rád*) grid polarization voltage

rácspolarizáló : ~ **elem** (*rád*) grid battery ; ~ **feszültség** (*rád*) grid bias voltage

rácspontok közti (*ásv*) interstitial

rácspotentiál (*rád*) grid potential

rácsrezgés lattice vibration

rácsrezgőkör (*rád*) grid tank

rácsrovátkolás (*szink*) ruling grating

rácsrúd lattice bar/rod/member, brace ; **átlós** ~ diagonal member ; **ferde** ~ (*hídon*) diagonal of the bridge ; ~ **nélküli tartó** open-frame ; **szélső** ~ end diagonal

rácsrudazat framing ; ~ **elemei** (*ép*) webbing

rács-sapka (*rád*) grid-cap/clip

rácssűrűség (*fényt*) grating

rácsszemét (*szűrőn*) screening

rácsszemétaprító *v* **-daráló** (*csatornánál*) comminutor, griductor

rácsszem(nagyság) grid mesh

rácsszerkezet framework, latticework, skeleton construction ; ~ **szalagvasból** flat lacing

rácsszerkezeti csomópont lattice node/ knot

rácsszerkezetű cancel(l)ed ; ~ **árboc** (*rád*) trellis mast ; ~ **daru** trestle ; ~ **darufőtartó** lattice crane girder ; ~ **gerendatartó** laced beam ; ~ **oszlop** lattice/truss pole ; ~ **torony** lattice/ trellis tower ; ~ **válaszfal** framed partition

rácsszerű *l* **rácsos**

rácsszita (*koh*) bar screen

rácstartó (*ép*) *l* **rácsostartó** ; (*rád*) grid support

rácstartós szerkezetű *l* **rácsszerkezetű**

rácstekercs (*rőd*) grid coil

rácstelep (*rád*) C-power supply, C--battery

rácstér (*ásv*) lattice space

rácstranszformátor (*távk*) grid/input transformer

rácsúsztat slide on, slip over

rács-váltakozófeszültség (*rád*) grid alternating-current voltage

rácsvas hack iron

rácsváz (*vegy*) skeleton

rácsvédő (*szűrő ; rád*) grip trap

rácsvezérlés (*rád*) grid control

rácsvezérlésű (*rád*) grid-controlled ; ~ **egyenirányító** (*rád*) grid(-controlled) rectifier

rácsvezérlő : ~ **feszültség** (*rád*) grid signal voltage ; ~ **jel** (*rád*) grid signal

rácsvonalelosztás (*Decca-készüléknél ; rep*) lane fraction

radáció *l* **sugárzás**

radar radar, radio detection and ranging ; **bevezető** ~ approach control radar ; **fedélzeti** ~ (*rep*) airborne radar ; **fedélzeti kereső** ~ airborne--search radar ; **földi** ~ ground radar ; ~ **hatókörzete** radar range ; ~ **hátulról támadó gép ellen** aircraft tail warning, A. T. W. ; ~ **iránysugár** radar beacon ; ~ **képcsöve** radar scope; **kérdező** ~ primary radar ; **légtérellenőrző** ~ surveillance radar ; **magasságmérő** ~ altitude radar, decimetre height-finder ; **pontos helyzethatározó** ~ accurate position finder, A. P. F. ; ~ **repülésvigyázás** radar traffic control ; **repülőtéri vigyázó** ~ aerodrome control radar, A. C. R. ; ~ **szinkronozott impulzusokkal** coherent-pulse radar ; **tengeri** ~ ship/ marine radar ; **tűzvezető** ~ fire-control radar ; **válaszoló** ~ secondary radar

radaradó radar transmitter

radarállomás radar post/station

radarantenna radar antenna ; **forgó** ~ scanner

radarberendezés radar equipment

radarelhárítás radar counter-measures, R. C. M.

radarernyő radar screen/scope

radarhálózat radar chain

radarhorizont radar horizon

radarindikáció kettőzött jellel split echo presentation

radarindikálás radar indication

radarindikátor *l* **képcső**

radarjel : visszavert ~ (*ernyőn*) blip

radar-jeladó (*rep*) radar beacon, racon

radar-jelsorozat radar trace

radar-keresés general search, G. S.

radarkészülék radar set

radarkéve radar beam

radarkezelő radar operator ; **repülésvigyázó** ~ radar controller

radar-letapogatás scan

radar-navigátor (*hajó, rep*) radar navigator

radarsugárkéve radar beam

radar-térkép radar map

radarvevő radar receiver

radarvisszaverődés radar-echo ; ~ **zivatarfelhőkről** precipitation echo

radarvizsgáló berendezés radar tester

radarzavarás radar counter-measures, R. C. M. ; ~**t elhárító berendezés** anti-jamming unit ; ~ **elleni kapcsolás** anti-jamming circuit

Radcliffe-bordaszámozási rendszer Radcliffe reed counts

radiál- *l* **radiális**

radiálfúrógép radial drilling machine

radiália (*földt*) radials

radiális radial ; *l még* **sugárirányú** ; ~ **beállítás** radial adjustment ; ~ **beömlés** radial admission ; ~ **beömlésű turbina** radial-flow turbine ; ~ **csapágy** radial bearing ; ~ **feszültség** (*anyagv*) radial tension ; ~ **golyóscsapágy** radial ball bearing ; ~ **holtjáték** (*gépt*) radial play ; ~ **időtengely** (*radar*) radial time base ; ~ **kvantumszám** (*at*) radial quantum number ; ~ **lapátozású szellőző** radial--blade(d) fan ; ~ **lemezek** *v* **táblák** (*földt*) radials ; ~ **pólusú gép** (*vill*) radial-pole machine ; ~ **sugárzású cső** radial-beam tube ; ~ **szög** (*geod*) radial angle ; ~ **tengely** radial axle ; ~ **turbina** radial-flow turbine ; ~ **turbinalapátozás** radial blading ; ~ **vonórúd** radial bar

radiális-axiális turbina radial-axial turbine

radiáltrianguiátor (*geod*) radial triangulator

radián (*mat*) radian

radiáns (*csill*) radiant

radiátor radiator, steam heater

radiátorbak radiator bracket

radiátorborda radiator gill

radiátorcsap radiator valve ; **kettős beállítású** ~ radiator valve with double adjustment

radiátorfedél radiator cap

radiátorjavító tömítőszer radiator repair cement

radiátorösszekötő cső radiator connecting pipe

radiátortest radiator box

radiátortető radiator cap

rádió radio, wireless ; (*műsorszóró*) broadcasting ; **rendőrségi** ~ police radio ; **repülőtéri vigyázó** ~ aerodrome control radio ; **telepes** ~ battery/ rural/farm radio ; **vezetékes** ~ wire/ line radio ; **vivővezetékes** ~ carrier--frequency wire broadcasting

rádióadás radio transmission ; ~ **holt zónája** *v* **árnyéka** radio shadow ; ~ **megismétlése** rebroadcasting ; **sugaras irányított** ~ beam radio ; ~ **térerősség-szintje** transmission level

rádióadás-vételképesség vízszintes síkban azimuth coverage

rádióadó wireless/radio sender/transmitter ; (*hírszóró*) broadcasting station ; (*forgalmi*) radio emitter ; *l még* **adó állomás** *és* **adó készülék** ; ~ **állomás nagy térerősségű körzete** A-service area ; ~ **gépkocsi** mobile radio transmitter ; ~ **készülék** radio transmitter

radioaktínium (*at*) radioactinium

rádióaktív radioactive ; *(at)* hot *is;* ~ **anyag** radioactive substance/matter; ~ **anyagok kémiája** radio-chemistry ; ~ **átalakulás állandója** constant of radioactive transformation ; ~ **bomlás** radioactive decay/transformation ; ~ **bomlásból származó** radiogenic ; ~ **(bomlási) állandó** radioactive constant ; ~ **bomlási sorozat** radioactive series ; ~ **bomlássebesség** *(at)* rate of decay ; ~ **elem** radioactive element, radioelement ; ~ **izotóp** radioisotope; ~ **katód** radioactive cathode ; ~ **lerakódás** induced radioactivity ; ~ **szelvényezés** *(mérőszondával)* radioactivity log ; ~ **tallium-izotóp** radiothallium ; ~**vá tesz** radioactivate ; ~ **tóriumizotóp** radiothorium
radioaktivitás radioactivity
rádióakusztika radioacoustics
rádióalkatrész radio component part
rádióállomás wireless/radio station ; ~**tól eredő zavarok** radio-station interference ; **irányító** ~ beam radio station ; **körzeti** ~ district transmitter; **légiforgalmi** ~ airway communications station ; **polgári légvédelmi** ~ civil air patrol station ; **repülőgépen levő** ~ airborne station
rádióállomási levelezési jegyzőkönyv *(rep)* radio station log
rádióantennatorony radio tower
rádióáramkör radio circuit
rádióátvitel radio transmission
rádióbemondó announcer
rádióberendezés radio/broadcast equipment ; **repülőnavigációs** ~ air-navigation radio aids
rádióbója radio-buoy ; **lehorgonyzott hangszórós** ~ anchored radio-buoy
rádiócsatorna radio-link, radio(-)channel
rádió-csavarhúzó wireless screwdriver
rádiócsillag *(csill)* radio star
rádió-cső vacuum tube, valve ; *l még* **cső**
rádiócsővizsgáló radio valve tester
rádiódeviáció direction-finder deviation
rádióelőadás studio performance
rádiófigyelő szolgálat radio watch
rádiófogó *fn* wireless pliers
rádióforgalom radio traffic
rádiófrekvencia radio(-)frequency, high frequency
rádiófrekvenciás high-frequency, radiofrequency ; *l még* **nagyfrekvenciás** ; ~ **erősítő** radiofrequency amplifier ; ~ **fojtótekercs** radiofrequency choke; ~ **generátor** *[forgó]* radiofrequency alternator ; ~ **irányadó** *(hajó, rep)* radio-range beacon ; ~ **kozmikus hullámok okozta zaj** galactic noise ; ~ **kör** radiofrequency circuit, high-frequency circuit; ~ **melegfejlesztés** *(vill)* radiothermics ; ~ **mérő generátor** signal generator ; ~ **mérőhíd** high-frequency bridge ; ~ **színkép** radio spectrum ; ~ **térerősség** radio field intensity
rádiófrekvencia-váltó radio converter
rádiófülke radio room/cabin
rádiógarnitúra *(rád)* radio kit
rádió-gépkocsi wireless car
rádiógoniométer radiogoniometer, direction finder ; **önműködő** ~ automatic direction finder, A. D. F. ; **rögzített antennájú** ~ fixed direction-finder
radiográf radiograph
radiográfia radiography
rádiógram radio(-)telegram, wireless message, radiogram
rádió-gramofon radio-gramophone set
rádióhallgatás listening-in
rádióhálózat radio network
rádióhelyzetmeghatározás radio position finding, R. P. F.
rádió-hibakereső készülék radio trouble shooter
rádió-hírszóró hullámok broadcast wavse
rádióhívás radio call
rádióhívójel radio call
rádióhullám radio wave ; ~**okkal robbantó készülék** radio detonator ; ~**okat sarkító tárgy** polarizing target ; ~**okkal szondázó** radiosonic ; ~ **terjedésének prognózisa** radio forecast ; ~ **útja** radio path ; ~**ok visszaverődése meteorokról** meteor echoes
rádióhullámsáv radio wave band
rádióhullámterjedés radio-wave propagation
rádióidőjelzés radio/wireless time signal(s)
rádió-irányadó range beacon ; ~ **állomás** directive-signalling beacon, directional beacon, radio-beacon
rádióirányításos hajózás radionavigation
rádióirányítású repülés radio flying
rádióirányító *fn* wireless compass ; ~ **keretantenna** *(forgatható)* beacon antenna
rádió-irányjeladó radio beacon
rádióiránykeresés radio direction-finding
rádióiránykereső radio direction finder
rádióiránymérés radiogoniometry ; ~**t végez** *(rep)* take a bearing
rádió-iránymérési hiba direction finder error
rádió-iránymérő radiogoniometer, radio direction finder, R. D. F. ; ~ **állomás** direction finder station ; ~ **készülék** direction meter ; ~ **térkép** *(rep)* radio direction-finding chart
rádió-irányszög *(rep)* radio bearing
rádióirányszög-keresési hiba *(rep)* swing bearing error
rádióiránytű *(rep)* radio compass
rádióirányzás szerint repül fly the beam
rádióizotóp radioisotope
rádiójeladó *(rep)* beacon
rádiójelkapu *(rep)* dumb-bell marker
rádiójelzésfelvevő : önműködő ~ **készülék** *(hajó)* auto-alarm signal
radiokémia radio-chemistry
rádióképtávírás radiophotography
rádiókészülék (radio) receiver (set) ; ~ **használhatósága repülés közben** radio airworthiness
rádiókezelő radioman
rádiókiállítás radio show
rádiókompasz radio compass
rádióközlés broadcasting
rádióközvetítés broadcast ; *(nem műsoradás)* radio-relay ; ~**re alkalmas** radiogenic
rádióközvetítő : ~ **műsorszóró adó állomás** relay broadcast station ; ~ **vonalhálózat** radio system
rádióleadás broadcasting, broadcast transmission ; **irányított** ~ directional transmission
rádióleadó radio transmitter ; *(személy)* broadcaster
rádiólemezjátszó wireless record player
radiolit *(ásv)* radiolite, brevicite
radiolit-szerkezet *(ásv)* radiolite structure
radiológia radiology
rádiólokáció *(rep)* radiolocation
rádiólokációs radar ; ~ **adatok átadása** relay of radar data; ~ **állomás helyzete** radar site ; ~ **célkövetés** radar tracking ; ~ **célmegjelölés** radar plot; ~ **indikáció** radar display ; ~ **indikátorcső** range-azimuth tube ; ~ **készülék** radar, radio detection and ranging apparatus ; ~ **közvetítő állomás** radar relay ; ~ **távolságmérő** range-only radar
rádiólokátor radar ; *l még* **radar**
rádiómagasságmérő radio altimeter
rádiómérésből kapott helyzetpont *(rep)* radio fix
rádiómérnök radio/wireless engineer
rádiómeteorológiai szolgálat radio meteorological service
radiométer *(színk)* radiometer ; **akusztikus** ~ acoustical radiometer
radiometria *(színk)* radiometry
radiometrikus vákuum- *v* **nyomásmérő** radiometer ga(u)ge
radiomikrométer radiomicrometer
rádióműsor közvetítése vezetéken diffusion by wire
rádióműsorszórás közös hullámon common frequency broadcasting
rádiónap *(napkeltétől éjfélig)* broadcast day
rádiónavigáció *(hajó, rep)* radionavigation ; **kistávú** ~ *(300 km-ig)* short-range radionavigation
rádiónavigációs : ~ **helyzetmeghatározás** radio-fix(ing) ; ~ **térkép** radio facility chart
rádiónavigálás radio navigation
rádióösszeköttetés radio communication, point-to-point transmission ; *[távbeszélő áramkörök között]* radio-link
rádiópeleng *(rep)* radio bearing
rádiópelengátor *(hajó, rád)* radio direction finder
rádiórelé radio-relay
rádióreléadás radio repeating
rádióriportázs outside broadcasting
rádiós *fn* radio man, radio/wireless operator ; ~ **csatorna** radio link ; ~ **helyjeladó** *(rep)* radio marker beacon; ~ **légi navigáció** *(rep)* radio avigation; ~ **meteorológiai kutatás technikája** radio-sondage technique ; ~ **péce** *(hajó)* radio beacon ; ~ **segédeszközök** radio-aids ; ~ **szoba** *(hajó)* radio room ; ~ **tájolás** *v* **hazairányítás** *(rep)* radio homing ; ~ **távolságmérő** radist = radio distance ; ~ **távvezérlés** radio/wireless control ; ~ **útvonalirányítás** *(rep)* radio track guide
rádióspektrum *v* **-színkép** radio spectrum
rádióstiszt radio officer
rádió-stúdió broadcasting house
rádiósugárnyaláb radio beam
rádiószabályok radio regulations
rádiószekrény radio cabinet
rádiószerelés radio installation
rádiószerelő wireless engineer
radioszkóp *(at)* radioscope
radioszkópia *(vill)* radioscopy
rádiószolgálat radio service
rádiószonda *(met)* radiosonde, radiometeorograph
rádiószondázás radio sounding (sondage)
rádiószögmérés radiogoniometry
rádiószögmérő radiogoniometer ; **vizuális indikátoros önműködő** ~ radiogonioscope

rádiótájolás radio fixing, radio direction finding
rádiótájoló radio compass, (radio) direction finder, radiogoniometer ; **~ adó** range beacon ; **~ állomás** radio-compass station ; **önműködő ~** *(rep)* automatic direction finder ; **~ vevő készülék** compass receiver
rádiótávbemérés radar, radio detection and ranging
rádiótávbeszélés radio-telephony
rádiótávbeszélő radiophone ; **~ áramkör** radio telephone circuit ; **~ csatorna** radiophone link
rádiótávgépírás radio-teletype
rádiótávírás radio-telegraphy
rádiótávírász wireless operator
rádiótávirat radio-telegram, wireless message, radiogram
rádiótávíró radio-telegraph ; **~ leadás** radio-telegraphic transmission
rádiótávírós radio-telegraphic
rádiótávközlés radiocommunication
rádiótávmérés radiotelemetry
rádiótávvezérlés radio-telecontrol
rádiótechnika radio engineering
rádiótechnikus wireless engineer, radio technician
rádiótelefon radio telephone
rádiótelegráfia radiotelegraphy
rádió-térerősség radio field intensity
rádióterosztó *(rep)* course-setting beacon ; **hangjelzéses ~** *(rep)* aural radio range
rádiótranszláció *(rád)* radio system
radiotrópia radiotropism
rádió-udvar radio-halos
rádióújság radio news(paper)
rádióüzemi központ central radio office
rádió-üzemszünet radio silence
rádióvétel broadcast reception ; **irányítatlan ~** circle reception ; **~ zajszintmérője** radio-noise meter
rádióvevő radio/wireless receiver ; **~ berendezés** receiving equipment ; **egyenáramú ~** direct-current receiver; **~ gép** radio set ; **~ készülék** *(rendes műsorvevő)* broadcast/home receiver; **~ készülék átviteli jelleggörbéje** receiver response
rádióvezérlésű : ~ bombázás close control bombing ; **~ hajó** ship drone ; **~ repülőgép** drone aircraft
rádióvisszhang radio-echo
rádiózavar radio noise/interference ; **~ térerőssége** radio-noise field intensity
rádiózavarás barrage, jamming
rádiózavarkereső jármű electrical interference-tracing vehicle
rádiózavar-szűrő radio eliminator, radio-interference filter
rádiózavar-tétérősség radio-noise field intensity
radírozható *(pa)* take rubber, erasable ; **~ papír** erasable paper
radírozhatóság *(pa)* erasability
radírozólemez erasing shield
rádium radium
rádium-emanáció radon
rádium-gyógymód Curie therapy
rádiumos radio- ; **~ vákuummérő** radium-type vacuum gauge
rádiumpatron *(anyagv)* radium capsule
rádiumtartalmú *(ásv)* radian
rádiumtartó *v* **-tároló** radiode
rádiusz *(mat)* *l* **sugár**
rádiuszvektor *(mat)* radius vector
rádli *(cipő)* ornamenting wheel

radon *(rádiumemanáció)* radon ; **~ tartalmú** *(ásv)* radonian
ráépítés *(ép)* secondary structure
ráerősít mount, fix
ráerősített mounted
ráfalazás masonry ballast, backing ; **~ boltozaton** *(ép)* filled spandrel
ráfekvő *(földt)* superincumbent
raffia raphia, raffia
raffiapapír raffia paper
raffinál refine
raffinálás refinement, refining
raffináló : ~ készülék refiner ; **~ tartály** refining tank
raffinát *(élip, ol)* raffinate
raffinátor refining tank
raffinátum *(ol)* raffinate
raffinőr *l* **rafinőr**
rafilit *(ásv)* *l* **tremolit**
rafinőr *(pa)* refining engine, refiner
rafinőr-anyagkád *(pa)* refiner-stock chest
ráfordító kallantyú *(zár)* stub-end turnbuckle
ráforraszt solder/braze on
ráfröcsköl resperse
ráfutás overrun(ning)
ráfutási : szíj *v* **sodrony ~ pontja** *(a tárcsára v dobra)* run-on point
ráfutó fék *(pótkocsin ; gépk)* overrun(-ning) brake
ráfutó-pótkocsifék *(gépk)* overrunning-type trailer brake
ráfvas band steel
ragacs glue putty, cement, mastic ; **~ nélküli üvegezés** puttyless glazing
ragacskenő kés putty knife
ragacslepény *(ol)* mastic cake
ragad stick, adhere
ragadás *vö* **ragad**
ragadós gluish, glutinous, adherent, sticky, tacky, viscous, viscid ; **~ agyagpala** *(földt)* sticky shale ; **~ gyapjú** pitchy wool ; **~** *(rosszul kenezett)* **nyüst** *(tex)* sticky heald ; **~ zsíros gyapjú** *(bunda)* gummosic fleece
ragadósság *(pa)* stick(i)ness, tack(iness), clam(miness) ; **~ot fokozó szer** *(gumi)* tack agent
ragaszt stick, clam, glue, paste
ragasztás *vö* **ragaszt** ; **száraz ~** dry mounting
ragasztási : ~ felület *(fa)* glue line ; **~ hely** *(pa)* paster
ragasztó *mn* cementatory ; *fn* adhesive, cement, bond, glue ; **aszfaltos** *v* **bitumenes ~** asphaltic cement ; **~ kocsiszekrényhez** body cement ; **~ kocsiszekrény belső ragasztásához** *(gépk)* body interior adhesive ; **~ oldott celluloidból** celluloid cement
ragasztóanyag *l* **ragasztó** *fn*
ragasztóanyagfelvivő gép alkatrészek részére *(cipő)* adhesive-applying machine for soles uppers and rands
ragasztóanyag-tartály *(gépen ; cipő)* cementer, glue pot
ragasztóbevonat *(gumi)* bond coat
ragasztócement-tartály *(cipő)* cementer
ragasztó-gép *(pa)* laminator, board liner, pasting machine
ragasztógép-vezető *(pa)* pasting machineman
ragasztógumi gum
ragasztókarton *(pa)* backing board
ragasztóképesség cementing power

ragasztóképességvizsgáló *(pa)* adhesion tester
ragasztókitt glue putty
ragasztómézga mastic (cement)
ragasztómunkás paster
ragasztóoldat cement
ragasztópapírszalag sealing tape
ragasztóprés *(fényk)* mounting press
ragasztós cimke *(pa)* gummed label
ragasztószalag adhesive tape
ragasztószer *l* **ragasztó** *fn*
ragasztótárcsa *(órásesztergán)* cement(ing)/shell chuck
ragasztótekercs *(pa)* gummed reel
ragasztott glued, cemented ; *(pa)* pasted ; **~ cipő** cemented shoe ; **~ fékpofabetét** stitch brake lining ; **~ folt** sticking patch ; **~ (gép)karton** laminated/pasted (card)board ; **~ kötés** *(fa)* glue joint ; **~ síléc** laminated ski ; **~ srenclemez** *(pa)* pasted chip-board ; **~ szíj** glued belt
ragasztóüzem *(pa)* pasting plant
ragasztóviasz sticky wax
ragjegy *(pa)* sticking label
ragjegyragasztó gép *(pa)* sticking label machine
rágóviasz chew wax
ragszalag sticking/gummed paper strip/tape ; *(áttetsző)* adhesive glossine tape
ragszalag-tekercspapír gummed kraft coil paper
ragtapasz surgical plaster, strapping
ragtapaszcsík strap
ragya *(érdes felületi öntvényhiba)* honeycombing, pitting ; *(kőzetben)* variole(s), scar
ragyás *(ép)* pocky ; *(önt)* pitted, honeycombed ; **~ kőzet** contaminated rocks ; **~ szövetszerkezet** *(földt)* variolitic structure
ragyog glare, glitter, glance, flare, shine
ragyogás lustre, glance, glaze, glare, gleam, glitter, brightness, brilliance, sparkle
ragyogó bright, brilliant, lustreous, resplendent ; *(tex)* shiny, sparkling, glittering *is* ; **~ világítás** glaring light
ráhagyás allowance ; **forgácsolási ~** machining allowance ; **köszörülési ~** grinding allowance ; **~ lemunkálása** removal of stock ; **megmunkálási ~** machining allowance
ráhajt *(alak)* fold, wrap, lap
ráhajtott illesztés lid joint
ráhangolás tuning
ráhangzás (acoustic) resonance ; **villamos ~** electrical resonance
ráhangzó *(hangt)* resonant
ráhegeszt *(heg)* weld on ; *(réteget)* build up
ráhegesztés welding on
ráhelyezés application
ráhelyezett *(földt)* overlain ; *(nyomda)* imposed
ráhengerelt rolled on ; **~ karima** rolled-on flange
ráhengerlés *(gumi)* rolling off
ráhúz: melegen ~ *[zsugorodó abroncsot]* shrink on
ráhúzás pulling-over
ráhúzó sajtó *[keréknek tengelycsapra tételére]* forcing machine
ráhúzós kulcs cap key
raimondit *(ásv)* raimondite
ráirányít *[távcsövet]* fix

rajcső *l* **klisztron**
rajz design, draft, draught, drawing, figure ; *(vill)* scheme *is*; *(formán ; nyomda)* cut ; *(tex)* draft, draught, drawing, design ; **általános elhelyezési** ~ general arrangement drawing ; **hátulnézeti** ~ back elevation drawing; **huzalozási** ~ wiring scheme ; **körvonali** ~ contour/outline drawing ; **külméreti** ~ contour/outline drawing ; **összeállítási** ~ assembly drawing ; **szerelési** ~ erection drawing ; *(gépé)* assembly drawing ; **távlati** ~ perspective plan
rajz- graphic(al)
rajzalap *(nyomda)* drawback
rajzállvány trestle board
rajzasztal drafting board, drawing desk, plot table ; *[rajzfilmnél]* animation table
rajzél *(sablonokon feltüntetett vonal ; hajó)* moulding edge
rajzellenőrző *fn* drawing inspector
rajzeszköz drafting instrument
rajz-fénymásolat photogene
rajzfilm (animated) cartoon
rajzfilmkészítő *fn* animator
rajzgép drafting machine, adjustable drawing table
rajzhálózat *(geod)* squaring
rajzi : ~ **háromszögelés** graphic(al) triangulation ; ~ **kiegyenlítés** *(geod)* graphic adjustment ; ~ **meghatározás** *(geod)* graphic(al) control
rajz-karton *(pa)* drawing/etching (card-) board
rajzkörző scribing compass(es)
rajzlépték drawing scale
rajzmásolás plotting
rajzmásolat tracing, print, calking
rajzol design, draw, sketch ; **ceruzával** ~ pencil ; **körívet** ~ strike an arc ; **léptékben** ~ draw to scale ; **térképet** ~ draw a map
rajzolás drafting, designing, drawing
rajzolat *(fa)* grain, curl ; ~**ra** *(nem tükrösen)* **fűrészelt fa** flat-cut timber ; **habos** ~ *(fán)* curly grain
rajzolatos fa figured wood
rajzoló *fn* draughtsman, designer, plotter; *(tex)* stylist *is*; *mn (műszer)* recording ; ~ **berendezés** drawing device ; ~ **feketedésmérő** *(szink)* recording densitometer ; ~ **mágnességmérő** magnetograph ; **műszaki** ~ draughtsman ; ~ **szerkezet** recording mechanism ; ~ **szögmérő** draughtsman's protractor; ~ **vízmérce** fluviograph ; ~ **voltmérő** recording voltmeter
rajzolóár *l* **rajzolótű**
rajzolóasztal *(beállítható:)* (adjustable) drawing table
rajzolócsúcs *(műszeren:)* style
rajzológép draughting machine
rajzolókar drawing arm
rajzolótű tracing point, scribble, scriber, scratch awl
rajzolt drawn, graphic ; **ceruzával** ~ pencilled
rajzos film *l* **rajzfilm**
rajzösszeállítás *(jelzővonalak alapján)* lay
rajzpadlás *(hajó)* mo(u)ld loft
rajzpadlási sablon *(hajó)* loft template
rajzpadló *(hajó)* *l* **rajzpadlás**
rajzpapír draughting/design paper ; draft paper *(US)* ; *(tex)* ruled paper; **érdes** ~ torchon-paper
rajzszeg drawing pin, (thumb) tack
rajzszén charcoal, fusain
rajztábla draughting/drafting/drawing/plotting/sketching board
rajzterem drafting department/room
rajztinta marking ink
rajztoll (ruling) pen
rajztömb *(pa)* drawing block
rajztű *l* **rajzolótű**
rajzvakaró kés erasing knife
rajzvédő lakk map varnish
rajzvonalkázás *(nyomda)* trait
rak *[téglát, követ]* lay ; **boglyába** ~ cock ; **cementbe** ~ *(ép)* cement in ; **egymás mellé** ~ butt ; **habarcsba** ~ *(ép)* bed ; **halomba** ~ *(bányából kitermelt szenet:)* bank out ; **láncot tekercsbe** ~ *(tex)* coil the warp into a ball ; **réteget** ~ coat ; **téglát** ~ mason, brick
Rák *(csill)* Cancer
rákapcsol switch on, connect ; **sebességet** ~ *(gépk)* throw into gear
rákapcsolás *(gépk)* keying on
rákapcsolt feszültség *(vill)* applied voltage
rakás bulk, heap, clump, junk, lump, pack, stack ; *(nyersbőrök, sózásnál:)* pile ; *(ép)* slump ; *(fa)* pile ; *(pa)* post ; ~ **fa** lump wood ; ~**ba rak** *(pa)* jolt
rakásol *(fa)* stack ; ~**t fa** stacked wood
rakasz *(kat)* rack
rakat *l* **rakás, veret**
rákcsapda-szelep crab-pot valve
rákel *(gumi)* doctor ; *(nyomda)* knife
ráken dab (over), smear (on)
rákenés spreading
rákent brush-coated
rakéta rocket ; *(világító)* flare ; **folyadékos töltetű** ~ liquid-fuel rocket ; **jelző** ~ signal flare ; **karmosvégű** ~ *(mentőkötél kilövésére:)* anchor racket; **kétfolyadékos** ~ *(rep)* bi-fuel rocket; **kézi lőfegyverrel kilőhető** ~ rifle rocket : **légkörkutató** ~ sounding rocket ; **leszálló** ~ *(rep)* landing flare ; **rakétával segített indítás** *(rep)* rocket-assisted take-off ; **szilárd töltetű** ~ solid-fuel rocket ; **űrhajózási** ~ space rocket
rakéta- pyrotechnical
rakétabomba rocket bomb
rakétahajtás *(rep)* rocket propulsion/drive
rakétahajtású : ~ **kocsi** *(gépk)* rocket carriage ; ~ **repülőgép** rocket-propelled (air)plane
rakétahajtómű *(rep)* rocket engine/motor, rocket propulsion unit ; **folyékony tüzelőanyagú** ~ liquid-fuel rocket motor ; **szilárd tüzelőanyagú** ~ solid-fuel rocket motor
rakétahüvely rocket case
rakétahüvelypapír rocket-case paper
rakétajelzés *(hajó)* rocket signal
rakétakilövő pálya *v* **sín** *(rep)* rocket ramp
rakétalövedék (rocket) missile ; ~ **indítóhelye** missile base
rakétalövedékes : ~ **fegyverzetű vadászrepülőgép** rocket-projectile fighter ; ~ **zárótűz** missile barrage
rakétalövedékindítás rocket launching
rakétamotor *l* **rakétahajtómű**
rakétás vitorlázó repülőgép rocket glider
rakétaszállítású berendezés rocket-borne equipment
rakétaszonda *(met)* sounding rocket
rakétaturbina rocket turbine
rakéta-űrhajó *(rep)* rocket space-ship
rakétaüzemanyag *(rep)* rocket fuel
rakfelület loading area/surface ; *(vasút)* platform ; ~ **aknanyílás mellett** *(bány)* bracket ; ~ **nélküli vontató** *(gépk)* tractor without loading surface
rakjegyzék packing list
ráklemez throat plate
rakli-kés *(tex)* colo(u)r doctor/knife, doctor blade/knife
rakminta *(vasút)* loading ga(u)ge, male templet
rakodás load(ing), packing ; *(hajó)* lading ; ~ **daruval** crane loading ; ~ **fajták szerint** *(bány)* selective loading ; ~ **kaparóval** *v* **sarabolóvl** *(bány)* slushing ; ~ **közvetlenül a csillébe** *(bány)* track pickup system ; ~ *(apály alatt)* **megfeneklett hajóra** loading aground
rakodási loading ; ~ **határ** *(hajó)* load point ; ~ **idő** *(bány)* winding interval ; ~ **műszak** *(bány)* loading shift ; **önműködő** ~ **kacsacsőr** *(bány)* automatic duckbill ; ~ **övezet** *(bány)* loading area ; ~ **sebesség** rate of loading ; ~ **súly** shipping weight ; ~ **terv** *(hajó)* cargo plan ; ~ **vízvonal** *(teljes rakománnyal; hajó)* deep-water line
rakodhatóság loadability
rakodik burden ; *(hajó)* lade ; *(vasút)* pack ; **daruval** ~ derrick ; **kasba** ~ *(bány)* cage ; **sarabolóval** ~ *(bány)* hoe
rakodó *mn* loading ; *(bány)* landing ; *fn (vasút)* ramp ; ~ **állomás** *(vasút)* loading station ; **bálafogó pofás** ~ **targonca** bale-clamp lift truck ; ~ **berendezés** loading device, material handling equipment ; ~ *(hajó)* lifting gear ; ~ **berendezések** loading facilities ; ~ **csigasor** *(hajó)* garnet ; ~ **csonkavágány** *(vasút)* siding for loading ; ~ **felület** load platform ; **gémes** ~ boom stacker ; ~ **gép** loader, loading machine ; ~ **görgőjárat** roller loading bed ; ~ **híddaru** discharging gantry crane ; ~ **képesség** *(hajó)* bearing capacity ; ~ **képesség peremig mért** *(nem tetézett)* **megrakásnál** struck (level) capacity ; ~ **kézidaru** steeve ; ~ **magasság** *(járműé)* loading height ; ~ **padozat** *(bány)* loading bridge/apron ; *(fából ; bány)* wooden trestle ; ~ **padozat ütközője** *(bány)* ramp hook ; ~ **pallóhíd** *(hajó)* loading gangway ; ~ **pódium** loading platform ; *(repülőtéren)* loading bay ; ~ **surrantó** charging chute, loading tray ; ~ **szélesség** *(bány)* cleanup width ; ~ **szerkezet** loading device ; ~ **targonca** stacking truck ; ~ **végállomás** *(vasút)* loading terminal
rakodóajtó *(vasút)* freight/feed/loading door
rakodóállvány loading tower ; *(bány)* charging bridge
rakodóasztal loader
rakodóbunker *(bány)* loading pocket
rakodócsiga *(hajó)* cargo block
rakodócsonk *(vasút)* lay-by
rakodócsörlő *(hajó)* cargo winch
rakodócsúszda loading chute ; ~ **forgató csőre** chute lip
rakodóeszköz *(vasút)* loading appliance

rakodófej *(rázócsúszdán:)* self-loading head ; ~ **markoló szélessége** *(bány)* loader clean-up width
rakodógarat *(bány)* batch hopper
rakodógém load jib ; ~ **csigája** *(hajó)* gin ; **kimozgatható** ~ derrick
rakodógép loader, stacker, packer ; *(el- v lehordási munkához:)* putting-down machine ; ~ **felrakó oldala** *(bány)* loading end ; ~ **gémje** *v* **kirakodó karja** loader boom ; ~ **hátsó kihordó szalagja** *(bány)* loader rear conveyor ; ~ **kaparófeje** *(bány)* loader gathering head ; ~ **kaparólapátja** *(bány)* loader shovel ; **láncos** ~ chain loader ; ~ **mozgása a bányavágányokon** loader tramming ; ~ **mozgásvezérlő emelőkarja** *(bány)* loader tramming lever ; ~ **réskaparó karja** *(bány)* loader snubbing arm
rakodóhely outtrack platform ; *(bány)* loading area
rakodóhíd charging/loading bridge, trestle(-)work ; *(bány)* bridging ; *(hajó)* loading platform ; *(vasút)* stage ; ~ **egyik tornya** *v* **oszlopa** *(ép)* anchor tower
rakodójegy *(pa)* waggon card-label
rakodókampó cargo hook
rakodólánc-feszítővas *(fa)* loading hook support
rakodólap pallet
rakodólapát loading shovel
rakodólemez pallet
rakodó(munkás) loader, stocker ; *(koh)* packer ; *(hajó)* heaver ; ~ **a rakodógép felrakó végén** *(bány)* loading-end man
rakodónyílás loading hatch ; *(hajó)* lading door
rakodópad *(bány)* loading ramp
rakodópart levee ; *(hajó)* quay-pier
rakodóponk *l* **rakodórámpa** ramp
rakodórámpa loading ramp ; *(pódium; rakodáskor oldalt v háttal melléállnak a járművek)* loading bank ; ~ **felülete** loading deck
rakodórúd skid
rakodósegéd helper up
rakodósugár *(a vágánytengelytől rakodógépnél ; bány)* reach from centre line of track
rakodószalag belt elevator, elevating conveyor/belt ; ~ **feszítőrúdja** elevator tightener ; **karmos** ~ **rakatjai** *(bány)* elevator serrated flights
rakodószektor *(rakodó pódiumon)* loading bay/bin/fitting/ficture
rakodószint wayside stop
rakodótartály *(bány)* loading bunker/pocket, batch hopper
rakodótelep *(bány)* station
rakodótér hold; *(hajó)* cargo hold, bearing capacity ; *(hajó, rep)* cargo compartment
rakodótér-hosszválaszfal *(ömlesztett rakománynál)* shifting boards
rakodótorony steeple-head tower
rakodótölcsér storage hopper
rakodóvágányok transport rails
rakodóvályú *l* **rakodócsúszda**
rakomány charge, freight, loading ; *(gépk)* cargo, load ; *(hajó)* stowage, lading
rakományelválasztó takaró *(hajó)* separation cloth
rakományjegyzék load list
rakomány-kimutatás cargo manifest
rakománymérő csúszólapos mércerúd *(hajó)* meter stick
rakományrögzítő *(berendezés)* load binder
rakománysor : legalsó ~ *(hajó)* ground tier
rakonca *(fa)* piling jack/step ; *(vasút)* stud stake ; *(platókocsin)* (rail) stanchion
rakoncakengyel stanchion strap
rakonca-összekötő rúd *(vasút)* rave
rakoncás kocsi timber truck
rakott : ~ **csillék** *(útban ; bány)* loads ; ~ **kőalap** gravel packing, pitched foundation ; **rétegbe** ~ coursed ; ~ **rőzsemű** *(hidr)* wattle work
ráköt affix ; *(vezetéket érintkezőmezőre ; vill)* wire a line to (a bank contact)
rakpart quay, pier, wharf ; ~**tá kiépít** wharf ; ~**on kiköt** wharf ; **kirakodó** ~ discharging quay
rakparthasználati díj wharfage
rakparti daru pier/wharf crane
raksúly load(ing) weight/capacity, net load
raksúlyváltós fék load-pressure brake
rakszelvény loading ga(u)ge
rakszer *(vasút)* loading appliance
raktár store(-room), depot, magazine ; *(bány)* stockpile ; ~**ak fenékburkolata** *(hajó)* ceiling ; **hátsó** ~ *(hajó)* aft hold ; **központi** ~ emporium ; **(leg)hátsó** ~ *(hajó)* afterhold ; ~**on levő gyapot** spot cotton ; ~**on levő kocsi** *(gépk)* stock car
raktárdaru stock crane
raktárépület storehouse
raktárfedő *(hajó)* hatch cover
raktárfőnökségi iroda freight house
raktárhajó accommodation hulk
raktárhelyiség storage
raktári : ~ **hibásodás** *(faanyagban)* storage defect ; ~ **kész gép** *(nem külön rendelésre készült)* ready-built machine ; ~ **méret** stock size ; ~ **pakura** *(ol)* lake oil ; ~ **pamut** spot cotton ; ~ **támgerenda** hold beam ; ~ **teherfelvonó** shop lift ; ~ **vágány** house track
raktárjegy warrant
raktárkészlet stock, store
raktárkezelő *fn* store-keeper
raktárlépcső hold ladder
raktárnok store-keeper, warehouseman
raktárnyílás *(hajó)* hatch coaming ; ~ **fedelét emelő csigasor** *(hajó)* port tackle ; ~ **hosszirányú támgerendái** *(hajó)* hatchway carlings ; ~ **támgerenda-papucsa** *(hajó)* hatchway beam carrier
raktárnyílásakna *(hajó)* trunked hatchway
raktárnyílás-keretgerenda *(hajó)* hatch end beam
raktárnyíláskeret külső kötőlemeze *(hajó)* hatchway external tieplate
raktárnyílásponyva leszorító éke *(hajó)* hatchway wedge/batten
raktáros storeman
raktároz store, stock, pile up
raktározás *vö* **raktároz** storage
raktározási : ~ **díj** storage; ~ **időszak** store period
raktározható storable
raktározhatósági idő *(pa)* shelf life
raktározógép *(em)* tiering machine(ry)
raktározott laid-up, store, on stock
raktár-papír paper in stock
raktárszád *(hajó)* cargo hatch ; ~ **harántoldalai** *(hajó)* head-ledges
raktárszivattyú *(hajó)* bilge pump
raktár-támgerenda *(hajó)* orlop beam
raktártelep warehouse
raktárterem store room
Ráktérítő *(csill)* tropic of Cancer
rálapolás halved-and-housed joint ; *(heg)* lap joint
rálapolt kötés lap joint
rálátási szög angle of aspect
ralstonit *(ásv)* ralstonite
ráma frame, chase ; *(nyomda)* tympan; *l még* **keret** ; **bevont** ~ *(gurkráma ; cipőn)* beadings ; ~ *(talpkeret)* **éle** *(cipő)* seam ; **rámán kapcsozott** *(kombinált cipőgyártási eljárás)* staple welted process ; **rámán varrott** *(cipő)* welted ; **rámán varrott gojzer gép** *(cipő)* reverse welt sewer
rámaárkoló készülék *(cipő)* welt groover
rámabevarró gép *(cipő)* welt sewer
rámabőr *(cipő)* welting leather
rámaegyengető készülék *(cipő)* welt planer
rámaél *(cipő)* seam ; ~ **leszélezése** *(cipő)* welt feathering
rámafelvarró gép *(cipő)* chain stitch welter ; *(kender- és szitatalpakhoz:)* welt sewing machine for hemp soles
rámafényező gép *(cipő)* stitch-polishing machine
rámakalapáló *(cipő)* welt hammer ; ~ **gép** *(cipő)* welt hammer machine ; ~ **és -körülvágó gép** *(cipő)* welt hammer with cutting device
rámakapcsozó gép *(cipő)* staple tacker
rámarecézés *(cipő)* indenting
rámarecéző kerék *(cipő)* fudge wheel
rámás csizma top boot
rámavég ferde levágása és összefűzése *(cipő)* welt butting and tacking
ramdohrit *(ásv)* ramdohrite
rami *(tex)* China grass, ramie, nettle
ramie *(tex) l* **rami**
rami-feltárás *(tex)* degumming of ramie
ramifonal *(tex)* China grass yarn, ramie yarn
ramifű *l* **rami**
rami-gerebenező *v* **fésülő gép** *(tex)* ramie comber
rami-hámtalanítás *(tex)* decortication of ramie
ramihántoló gép *(tex)* ramie decorticator
rami-rost *(tex)* China grass, ramie/rhea fibre
rami-szövet *(tex)* (China) grass cloth
rammelsbergit *(ásv)* rammelsbergite
ramnóz *(vegy)* rhamnose
rámpa ramp, scaffold
ránc plait, ply, purl, crinkle, wrinkle, plicature, fold ; *(redő, bőrön)* wrinkle *(US)* ; *(pa)* back mark, cockle ; *(a nedvesség következtében ; pa)* piping; *(tex)* crimp ; **párhuzamos hullámos** ~ *(tex)* crimpage ; ~**okba rak** *v* **szed** *(ruhát:)* pleat, tuck/ruck (up)
ráncfogó *(alak)* blank holder ; *(cvikkfogó ; cipő)* lasting pincers ; ~ **szeg** *(cipő)* plug
ránchegység *(földt)* folded mountain
ráncmegőrzés *(tex)* pleat retention
ráncokbarakás *(ruháé:)* pleat(ing)
ráncol crinkle, rumple, plait, crimp ; *[fodrot]* full
ráncolható pliable
ráncolódik crinkle, pucker, wrinkle, fold

ráncolt plaited; ~ **cső** creased pipe
ráncos rugose, plicate; *[bőr]* shrivelled, crumpled; *(földt)* folded; *(tex)* creasy, wrinkly, crinkled, puckered; ~ **elrendezés** rucking; ~ **nyersbőr** ribbed hide
ráncosított *(pa)* wrinkled
ráncosodás cockling, wrinkling, crimping; *(földt)* goffering
ráncosodik *(ruha, nyomdai papír:)* crimp, ruck up; *(pa)* corrugate
ráncosság *(szövethiba:)* cockliness, cockling
ráncozás *(tex)* puckering
ráncrakat plaiting
ráncszámláló készülék *(tex)* rectometer
ránézet look-down
ránézeti irányhiba *(rep)* lubber's line error
rángás: lánc ~a *(tex)* tugging of the warp
rángatás *(gépk)* skipping
rángató mozgás *[fékezéskor]* recoiling motion
rangsorolás classification, rating; *(statisztikában:)* ranking
rangsorolási módszer *(hangt)* rating-scale method
Rankine-fok (degree) Rankine
rántott orsó *(mutatvány; rep)* snap-roll
ranzsírozógép *(talpbőrcsikvágó gép; cipő)* ranging machine
rányomás *(tex)* printing-on
rányomott betűzés *v* **feliratozás** *(fényk)* superimposed lettering
ráönt caston
ráöntés *(önt)* lug
ráöntött cast-on
rapakivi *(földt)* rapakivi
rapid-acél *l* **gyorsacél**
rapid-kapcsoló *(vill)* high-speed switch
rapid valódi színezékek *(tex)* rapid fast colo(u)rs
rapport *(tex)* design/pattern repeat
rapporttű *(tex)* pin point
ráragaszt stick, glue
rárak burden, load, super(im)pose
rárakás application, onlay; *vö még* **rárak**
rárepülés initial approach; *(kat)* ground attack; ~ **ebybefolyó jelsávon** equi-signal homing; **hangjelzéses** ~ aural homing; **kötött irányú** ~ directional homing; ~ **látjelzéssel** visual-indicator homing; ~ **szívgörbe-átkapcsolással** switched-cardioid homing
rárepülő berendezés homing device
rárétegeződik *(földt)* superpose
rározsdásodott csavaranya rusted-on nut
rásajtolt kerékabroncs combination tyre
Raschel-féle kéttűsoros láncfonalas kötőgép Ra(s)chel machine
Raschig-gyűrű(k) Raschig rings/tubes
rásodor *(tex)* lay on ends
rasorit *(ásv)* *l* **kernit**
raspit *(ásv)* raspite
ráspoly rasp, rasping file; **félkerek** ~ half-round wood rasp; **körívvágású** ~ circular cut rasp; **lapos** ~ flat (wood) rasp
ráspolyoz rasp
rásülés calcine
rászegez nail on
rászegező: ~ automata zár rim deadlock; ~ **reteszzár** rim latch; ~ **zár** rim lock
rászerel fit on, mount
rászerelt fúrógép mounted drill
rászorít fit on, clamp; *(lenyom)* depress
raszter *(nyomda)* raster, screen; **sorválasztásos** ~ interlaced raster
raszterceruza stump
rasztermélynyomás *(nyomda)* photogravure
rasztertávolság *(nyomda)* screen distance/pitch
rataffia *(élip)* ratafia
rátekerés batching, coiling
rátelepült kőzettömeg superincumbent rock-mass
ráterít spread over
rátesz *(ép)* superpose
rátét cap piece; *(cipőfelsőrésznél:)* fancy trimming; *(fényk)* adapter; *(ruh)* application
rátét-dörzsár shell reamer
rátétel *(ép)* superposition
rátétes packed
rátétlemezes illesztés *(ép)* splice joint
rathit *(ásv)* rathite
rátolás *(bány)* ramp
rátold build up
rátoldás tompa ütközésű ollóscsappal *(fakötés)* halved scarf with saddle-back ends
rátolható: ~ csővég female end; ~ **perem** slip-on flange
rátolódás *(földt)* thrust, overfault, reversed/horizontal fault, secondary slide; ~ **sztratigrafikus szélessége** stratigraphic(al) overlap
rátolódási: ~ felület *(földt)* thrust plane; ~ **vetősík** *(földt)* overthrust plane
rátolódásos rétegközbetelepülés *(földt)* thrust sheet
rátolódott vetődés *(földt)* ramp
rátolt réteggel fedett alaptömb *(földt)* overridden mass
rátűzés *(tex)* appliqué
rátűző kulcs box/socket spanner/wrench
raumit *(ásv)* raumite
rauraci emelet *(földt)* Rauracian substage
rávarrott: ~ folt *(tex)* patch; ~ **minta** *(tex)* outside
ravasz *(kat)* trigger
ráver flange
ráverő: ~ kalapács sledge/uphand hammer; ~ **és keresztkalapács** blacksmiths' hammer straight and cross pane; ~ **kovács** hammerman, strike
ráverődő incident
rávetődés *(földt)* secondary slide
rávulkanizál *(gumi)* bond
Rayleigh-féle: ~ felületi hullám *(földt)* Rayleigh wave; ~ **sodrás** *(fényt)* Rayleigh scattering
Rayleigh-tárcsa *v* **-korong** *(távk)* Rayleigh disc
Raymond-féle őrlőmalom Raymond bowl mill
ráz jolt, shake, joggle, vibrate, chatter
rázás jog, vibration; *vö még* **ráz**; **~t gátló rugó** anti-rattle spring; **~sal osztályoz** *(ép)* stagger
rázásálló vibration-proof; *(rád)* ruggedized
rázásbiztosság *[elektroncső kristályé]* ruggedness
rázásellenálló *(izzó)* shockproof, shake-proof, shock-resistant
rázkódás percussion, shock; *(földt)* tremor; **~t gátló rugó** anti-rattle spring; ~ **okozta terhelés** *(gépk)* shock load
rázkódásálló *l* **rázásálló**
rakódásmentes vibration-proof, shake-proof; ~ **alátétgyűrű** shakeproof washer
rázkódik tremble, shake, shock
rázkódtatás vibration; *(bány)* impact; **az alapot évő** ~ *(mozgóhidnál:)* churning action (on the foundation)
rázó: ~ adagoló staggered feeder; ~ **csatorna** push(ing) trough; ~ **döngölő(gép)** vibrating engine; ~ **etető** staggered feeder; ~ **formázógép** *(önt)* jolt-ramming machine; *(egyszerű)* plain jolt-moulding machine; ~ **formázógép fordítólappal** *(önt)* roll-over jolt-moulding machine; ~ **formázógép lehúzó készülékkel** *(önt)* jolt-stripper moulding machine; ~ **függesztőkeret előcserzéshez** *(bőr)* rocker vat; ~ **készülék** vibrator; ~ **keverő** *fn* mixing agitator; ~ **osztályozó** *(pa)* shaking/bull (sliver-) screen; ~ **osztályozó helyiség** shaker shed; ~ **porleválasztó** shaker precipitator; ~ **sajtoló formázógép** *(önt)* jolt-squeezer moulding machine; ~ **szerkezet** *(cséplőgépen:)* shaker; *[rezgőpenge; tex]* shaker motion; ~ **szilánkfogó** *(pa)* shaking sliver screen
rázóállvány shaking table
rázóasztal shaking/joggling table, platform vibrator, vibro-plate; *(betonvizsgálathoz)* rattle table; *(koh)* concentrating table
rázóbak *(pa)* shake (apparatus)
rázócsúszda vibrating/shake(r)/reciprocating (trough) conveyor, shaker, oscillating conveying channel; ~ **forgótagja** *(45°-os)* snake swivel; ~ **görgőzsámolya** shake-roller carriage; ~ **hajtóműve** *(bány)* shaker drive; ~ **kerekes zsámolya** shake wheel carriage; ~ **kihúzható kihordója** *(bány)* movable tripper; ~ **könyökszakasza** *(bány)* knee conveyer section; ~ **saroktagja** *(90°-os)* shake/conveyer turn; **rázócsúszdával szállít** *(bány)* shake (back); ~ **széles kihordó vályúval** turtleback conveyer
rázócsúszda-hajtókar shake rod
rázócsúszdavályú shake-conveyer pan; *(kihúzható)* telescopic shake trough
rázódásmentes shock-proof; ~ **szerelés** shock-absorber mounting
rázódob *(szőrmetisztításra)* drum; *(csiszoláshoz)* tumbling barrel
rázófarkas *(tex)* shake willow
rázófőző *(pa)* rocking digester
rázógép jolting/joggling machine, auto-jigger, shaker
rázóhordó *(előcserzéshez)* rocker vat
rázókamra rocking cell
rázókeret shaking frame; *[osztályozógépen]* jigging frame; *(pa)* oscillating tray
rázólap shaking table
rázólapát *(ép)* vibro-spade
rázólemez *(ép)* vibro-plate
rázómódszer *(bőr, vegy)* shake method
rázómosás rocking
rázómozgás jigging motion; **~t létesítő gépelem** jigger
rázópróba *(pa)* vibrator test
rázórosta jigging/vibrating/shaking/reciprocating screen
rázórostás dúsító *(bány)* jig
rázórostaszekrény *(bány)* jig box
rázórosta-ürítőnyílás jig ejector

rázórosta-verőléc grizzly bar
rázórostély shaking grate ; **önműködő adagolású** ~ automatic feed grate ; ~ **ujjas rostélyelemekkel** finger grate
rázós út bumpy road
rázószekrény *(gépi:)* jolting machine
rázószekrény-szerelvény *(mzg)* shake adjustment
rázószekrényszint grizzly level
rázószér shaking/joggling table, vanner ; **mozgó** ~ *(bány)* bumping and jerking table
rázószita vibrating/shaking/swinging sieve/riddle, impact screen ; *(malom)* bolting machine ; *[szénosztályozáshoz]* jigs ; **osztályozó** ~ classifying jigging screen
rázószitaállvány *(pa)* shake trestle
rázószitatálca *(élip)* shaker pan
rázótartály *[ülepítőgép alatt ; bány]* jig tank
rázott *l* **rázó(-)**
rázóvályú jig-shaken tray
rázsugorít shrink on
rázsugorított : ~ **karmantyú** shrunk-on collar ; ~ **és ráhengerelt karima** shrunk-and-rolled flange ; ~ **és rákovácsolt karima** shrunk-and-peened flange
RC-csatolás *(rád)* RC-coupling
RC-csatolású *(rád)* RC-coupled ; ~ **ellenütemű erősítő** resistance-capacitance-coupled push-pull amplifier ; ~ **erősítő** resistance-capacitance-coupled amlifier, RC-coupled amplifier
RC-erősítő *fn (rád)* RC-amlifier
RC-tag *(rád)* RC network
reagál react, respond
reagálás reaction ; ~ **vmire** response
reagáló : *l* **reakciós**
reagálóanyag reactant
reagálóképes *(vegy)* reactive
reagálóperem *(földt)* reaction rim
reagálótömeg *(vegy)* reaction mass
reagens reagent, rectant ; **aktiváló** ~ activating reagent
reagens-oldat test/reaction liquid
reagenspapír *(vegy)* reaction/test paper
reagensüveg *(vegy)* reagent bottle
reakció reaction, response ; *(ellenhatás:)* counter(-)effect ; **additív** ~ additive reaction ; ~ **befagyasztása** *(vegy)* quenching ; **bontó** ~ decomposition reaction ; **cserés** ~ exchange/metathetical reaction, metathesis ; **csökkenő** ~ diminishing response ; **egyensúlyi** ~ reaction equilibrium; **endoterm** ~ endothermic reaction ; **exoterm** ~ exothermic reaction ; **fotokémiai** ~ photoreaction ; **gyűrűs** ~ *(vegy)* ring reaction ; **helyettesítő** ~ substitution reaction, replacement reaction; **katalitikus** ~ catalitic reaction ; **lángszínező** ~ flame reaction ; ~ **lefolyását beindító adalék** inductor ; **megfordítható** ~ reversible reaction ; **meg nem fordítható** ~ irreversible reaction ; **nedves** ~ wet reaction ; **oxidáló** ~ oxidizing reaction ; **redukáló** ~ reducing reaction ; ~ **rendszáma** *(vegy)* order of a reaction ; **savas** ~ acid reaction ; **semleges** ~ neutral reaction ; **száraz** ~ dry reaction ; **termonukleáris** ~ thermo-nuclear reaction ; **végső** ~ *(vegy)* end reaction
reakcióelv *(mech)* principle of reaction
reakcióerő reaction/reacting force
reakciógyorsító *mn* catalytic ; *fn* catalyst
reakcióhő reaction heat
reakció-idő *[fékezésnél ; gépk]* reaction time
reakció-izoterma *(vegy)* reaction isotherm
reakcióképes *(vegy)* reactive ; ~ **biztonsági csekkpapír** safety cheque paper capable of reaction
reakcióképesség reactivity ; ~ **kationokkal szemben** cationotropy
reakciónyomás *(mech)* reaction pressure
reakciónyomaték *(mech)* reaction moment/torque, anti-torque moment
reakciós *mn* reaction, reactive ; *(rep)* reaction-propelled ; ~ **edény** *(vegy)* reaction vessel ; ~ **gyorssajtó** *(nyomda)* perfect(ing) machine ; **reakciós** ~ **hajtás** *(gépt, rep)* reaction propulsion ; ~ **lombik** reaction flask ; ~ **pörkölés** roasting-and-reaction ; ~ **tartály** treatment tank ; ~ **turbina** reaction(-type) turbine ; ~ **turbina járókereke** reaction wheel
reakciósebesség reaction rate/velocity
reakciótorony-emelet *(vegy)* compartment
reaktancia *(vill)* reactance ; **akusztikai** ~ acoustical reactance ; **hosszirányú** ~ direct-axis reactance ; **induktív** ~ inductive reactance ; **kapacitív** ~ capacity reactance ; **keresztirányú** ~ quadrature-axis reactance ; **negatívsorrendű** ~ negative-sequence reactance ; **pozitív-sorrendű** ~ positive-sequence reactance ; **szórt** ~ leakage reactance ; *(tekercsfejen)* end-connection reactance ; *(hornyokon)* tooth-tip reactance ; **szubtranziens** ~ subtransient reactance ; **tranziens** ~ transient reactance ; **zérus-sorrendű** ~ zero-sequence reactance
reaktancia-cső *(rád)* reactance tube/valve, valve reactor
reaktancia-csőfokozat reactance-tube stage
reaktanciaesés reactance drop
reaktancia-függvény *(távk)* reactance function
reaktancia-kapcsolás *(rád)* reactance bond
reaktanciaképesség reactance capacity
reaktanciamentes non-reactive
reaktancianégypolus *(reaktáns négypólus:)* reactive network
reaktanciatartalom reactance capacity
reaktanciatétel *(távk)* Foster-theorem
reaktáns *(távk, vill)* reactive ; ~ **feszültség** reactive voltage
reaktív reactive ; ~ **áramkör** reactive circuit ; ~ **ellenállás** reactance ; ~ **energiamérő (műszer)** reactive energy meter, varhourmeter ; ~ **feszültség** reactive voltage ; ~ **feszültségesés** reactive voltage drop ; ~ **feszültségösszetevő** reactive voltage component; ~ **hangolóüreg** *(távk)* reaction cavity ; ~ **kiegyenlítő szűrő** *(vill)* reactive equalizer ; ~ **komponens** reactive component ; **nem** ~ non-reactive
reaktivál reactivate
reaktiválás reactivation ; **faszén** ~**a** revivification
reaktiválási eljárás reactivation process
reaktor *(at)* reacting pile, reactor ; *(vill) l* **fojtótekercs** ; *(vegy)* reaction vessel ; **forróvizes** ~ boiling reactor ; **láncreakciós** ~ chain-reacting pile
realgár *(ásv, vegy)* realgar
reális real *l még* **valós**
realisztikus visszaadás *(távk)* realistic display
reálselyem *(tex)* mulberry/cultivated/hard silk
Réaumur-fok degree Réaumur
Réaumur-skálás hőmérő Réaumur thermometer
rece net, knurl
recens kor *(földt)* recent epoch
recept receipt, formula
receptfeldolgozási osztály *(konyha ; vegy)* compound/formulation department
recés reticular ; *(gépt)* knurled ; *l még* **recézett** ; ~ **görgő** fluted roll(er) ; ~ **henger** ragged roll ; *(szövőszéken)* sand/surface roll(er) ; ~ **magú fúrókorona** jagged-core bit ; ~ **papír** edging paper ; ~ **réteg** *(bőrben)* reticular layer ; ~ **szűrőpapír** pleated filter ; ~ **varrat** *(ponthegesztésnél:)* mesh weld ; ~ **vaslemezből készült járda-** *v* **padlóburkolat** iron paving ; ~ **vivőlapátok** *(kaparószalagon)* serrated flights
recéslemezes pályafedés *(hidon)* corrugated iron covering
recéz knurl, corrugate, border, rag ; *(cipősarkot:)* wheel the seat ; **peremet** ~ engrail
recézés knurling ; *(cipőtalpkereten)* indenting, indentation ; *(gumi:)* buffing
recézett knurled, indented ; ~ **alátét** *(gépt)* toothed washer ; ~ **anya** knurled nut ; ~**fejű csavar** knurled-head screw ~ **görgő** *(könyvkötő szerszám:)* rolls ; ~ **henger** fluted roll(er) ; ~ **palástú szűrőtölcsér** ribbed runnel ; ~ **peremű gyűrű** engrailed ring ; ~ **heveder-lemez** *(gépt)* serrated butt strap ; **pikkelyezve** ~ diamond-knurl; ~ **víznyomású papír** laid paper
recézőasztal *v* **-deszka** *(bőr)* boarding board
recézőgép knurling machine
recézőszerszám *(forg)* knurling tool ; *(revolvergépen:)* knurling turret tool
recézőtartó *fn (forg)* knurl holder
recézővéső fluting ga(u)ge
recipiens recipient ; *(hidr)* river/water intake
reciprocitás *(mat)* reciprocity
reciprocitás-tétel reciprocity theorem
reciprocitási törvény *(szink)* reciprocity law
reciprok *(mat)* reciprocal, inverse ; ~**átalakító** *(hangt)* reciprocal transducer ; ~ **érték** *(mat)* reciprocal (value) ; ~ **impedanciák** inverse/reciprocal impredances ; ~ **ohm** *(vill)* reciprocal ohm
recirkuláció recirculation
recirkulál recirculate
recirkuláltat recycle
recseg crack
recsegés crush, crack ; *(csőnél ; rád)* mechanic(al) noise, crackle, crackling
reddingit *(ásv)* reddingite
redély *(alakja-nevelésnél)* trellis
redesztilláció re-running
redesztillál rerun
redier bulk flow (conveyor)
redoxpotenciál oxydation-reduction potential

redoxpotenciál-indikátor oxidation-reduction indicator
redő furrow, tuck, fold ; *l még* **ránc** ; *(földt)* crimp, bend, fold ; **antiklinális ~** *(földt)* anticlinal fold ; **~ kitöltése** *(földt)* fold filling ; **laza ~** *(földt)* aerial folds ; **~ nyerge** *(földt)* summit ; **~be összehúz** pucker ; **~ be rak** plait
redőberakás plait
redőkarton *(pa)* pleating cardboard
redőképződés a formáción belül *(földt)* intraformational folding
redőkitüremlések *(földt)* relics
redőny blind ; *(rúdra felcsavarodó)* roller blind ; *(hidr)* blanket
redőnyheveder blind strap
redőnykarton *(pa)* Louvre board
redőnymű *(hangt)* swell
redőnymű-billentyűsor *(hangt)* swell manual
redőnynyitó : ~ emeltyű *(hangt)* swell pedal ; **~ lábemeltyű** *(orgonán)* balanced pedal
redőnyös : ~ *(amerikai)* **íróasztal** roll-top desk ; **~** *(felgöngyölhető)* **tető** roll roofing ; **~gát** *(hidr)* rolling-curtain weir ; **~ turbinazár** *(hidr)* scroll gate
redőnyszekrény lattice-blind
redőnyszerkezet *(orgonán)* Venetian swell
redőnyzár *(fényk)* drop/louvre/slit shutter
redőnyzsalu louver ; *(hangt)* swell switcher
redős rugose ; *l még* **ráncos** ; *(pa)* baggy ; **~ bőr** ribby hide ; **~ gyűrődések** *(földt)* refolded folds ; **~ szerkezet** *(földt)* rumpled structure ; **~ szűrő** folding/folder filter ; **~ tükör** *(fényk)* corrugated mirror ; **~ zacskó** satchel bag
redősödés *l* **ráncosodás**
redősödik *l* **ráncosodik**
redőtengelysík *(földt)* axial plane
redőz corrugate, crinkle, quill, fold, ruffle wrinkle
redőzés : enyhe ~ *(földt)* crenulation
redőzetsáv *(földt)* ply
redőzhető pliable
redőződés rucking
redőzött plaited ; **~ cipőnyelv** bellow tongue ; **~ felsőrész-alkatrész** *(cipő)* clogs ; **~ lemez** *(heng)* fluted plate ; **~ zóna előtere** *(földt)* foreland
redőzöttség plicature ; *(földt)* goffering, surface folding ; **mikroszkópikus ~** *(ásv)* puckering
redruthit *(ásv)* redruthite
redukál *(mat, vegy)* reduce ; *(vegy)* de(s)oxidate, disoxidize ; **egyenletet ~** depress ; **nullára ~** *(mat)* nullify
redukálás *(mat, vegy)* reducing, reduction ; *(vegy)* de(s)oxidation ; *(csökkentés)* diminution ; **mérési eredmény ~ normál-hőmérsékletre** temperature correction ; **savas ~** acid reduction
redukálási hő heat of reduction
redukálható reductible ; *(vegy)* reducible
redukálhatóság reducibility
redukáló *mn* reducing ; **~ cukrok** *(vegy)* reducing sugars ; **~ hengersor** reducer ; **~ hüvely** reduction sleeve ; **~ kemence** *(koh)* reducing furnace ; **~képesség** reducing power ; **~ övezet** *(koh)* zone of reduction ; **~ pörkölés** *(koh)* reducing roasting ; **~ sűrítő-(anyag)** *(tex)* stock reduction paste ; **~ tájoló** *(geod)* reducing compass
redukálódó *(vegy)* reducible, reducing
redukálófürdő *(krómos cserzés második fürdője ; bőr)* hypo bath
redukálógáz *(koh)* reducing gas
redukálókazán *[könnyen illó rész kipárolására]* reducing still
redukálóláng reducing/reduction flame
redukálószelep reducing valve
redukálószer reducing/reductive agent, reducer ; *(koh)* desoxidant
redukált *(mat, vegy)* reduced ; **~ állapotváltozók** reduced variables of state ; **~ centrum** *(mech)* reduction point ; **~ elgőzöltetési együttható** reduced evaporating coefficient ; **~ görbe** reduced curve ; **~ hőmennyiség** reduced heat ; **~ impedancia** *[szekunderből primerbe]* coupled impedance ; **~ másodrendű** *v* **tehetetlenségi nyomaték** *(mech)* reduced moment of inertia ; **~ merülési vonal** *(hajó)* reduced loadline ; **~ nyersolaj** reduced crude ; **~ olaj** reduced oil ; **~ szint** *(geod)* reduced level ; **~ term** *(szink)* reduced term ; **vízszintesre ~ ferde távolság** *(geod)* reduced distance
redukát(um) *(ol)* reduced oil
redukció *(mat, vegy)* reduction, reducing ; *l még* **redukálás** ; **lúgos ~** alkaline reduction ; **~ semleges közegben** *(vegy)* neutral reduction
redukcióhő *(vegy)* reduction heat
redukciós reducing ; **~ gázréteg** *v* **légkör** reducing atmosphere ; **~ hőmérséklet** reduction temperature ; **~ készülék** reducer ; **~kúp** reduction cone ; **~ övezet** *(koh)* zone of reduction ; **~ salak** *(koh)* final slag ; **~ tér** reduction zone
reduktor reducer ; *(gépt)* speed/gear reducer
Reeves-féle fokozatmentes sebességváltó *(gépt)* Reeves variable gear
reflektálódás *(fényt)* rebound, reflection
reflektált kép echo image
reflektogram *(hírad ; távk)* reflectogram
reflektor reflector ; *(atomreaktorban)* tamper *is*; *(csill)* reflecting telescope ; *(klisztronban)* repeller electrode
reflektorantenna tükrének nyílása aperture of the reflector
reflektorfelület reflecting wall
reflektorfény floodlight
reflektoros nagyító *(fényk)* reflector-enlarger
reflektorsorozat *(film)* broadside
reflektoszkóp *(fényt)* reflectoscope
reflex-áramkör reflex circuit
reflex-erősítés *(rád)* reflex amplification
reflexió reflection ; *l még* **visszaverődés**
reflexiómentes üveg invisible glass
reflexió-idő felület *(geofizikában:)* reflection-time surface
reflexiós : ~ goniométer *(ásv)* reflection goniometer ; **~ hatás** *(csill)* reflection effect ; **~ jelenség** reflection event ; **~** *[szeizmikus]* **módszer** reflection method ; **~ rács** *(fényt)* reflecting grating ; **~ (távcső)optika** reflective optics ; **~ tényező** *(távk)* mismatching factor
reflexiósorozat : zavaró ~ *(radar:)* clutter
reflex-irányú erősítés *(rád)* dual amplification
reflex-kapcsolás *(rád)* reflex connection/circuit, inverse duplex circuit
reflex-kapcsolású vevő *(rád)* reflex receiver
reflex-klisztron *(rád)* reflex klystron
reflex-másolás *(fényk)* reflex copying
reflex-másolási eljárás *(fényk)* player-type process
reflexmérő *(fényk)* reflection meter
reflex-vétel *(rád)* reflex reception
reflux *(vegy)* reflux
refluxhányados *(vegy)* reflux ratio
reflux-viszony *(vegy)* reflux ratio
reformál *(benzint)* reform
refrakció refraction ; **~ miatti helyesbítés** *(geod)* refraction coefficient
refrakciós : ~ szeizmikus felvétel *[robbantással]* refraction shooting ; **~ szög** angle of refraction
refraktométer *(fényt)* refractometer
refraktor *(csill, fényt)* refractor
refraktorállvány *(csill)* refractor standard
refrigerátor-tartály brine tank
regeláció regelation, refreezing
regeneráció recovery, regeneration, revivification, reconditioning
regenerál regenerate, recondition, reclaim
regenerálás regeneration ; *(pa)* repulping ; *[csőé ; rád]* reclamation ; **~ diszpergáló eljárással** *(gumi)* dispersion reclaiming process ; **~ duzzasztással** *(gumi)* reclaiming by swelling ; **~ forró levegővel** *(gumi)* hot-air reclaiming process ; **~ kazánban** *(gumi)* heater process ; **lúgos ~** *(gumi)* alkali process ; **~ mechanikai eljárása** *(gumi)* reclaiming by plastification ; **~ oldási módszerekkel** solution-reclaiming method ; **sav ~a** acid reclaim ; **~ száraz eljárása** *(gumi)* reclaiming by plastification
regenerálási : ~ eljárás oldás útján solvent regeneration process ; **~ idő** recovery time
regeneráló : ~ erősítő *(távk)* regenerative repeater ; **~ kemence** *(koh)* regenerative furnace ; **~ képesség** reproductive power
regenerálódó : magától ~ *[kondenzátor ; rád]* self-healing
regenerált regenerate ; *(tex)* **re-manufactured** ; **~ aktív szén** revivified char(coal) ; **~ cellulózszál** *(tex)* fibre of regenerated cellulose ; **~ gyapjú** *(tex)* reconditioned/reclaimed/regenerated/reprocessed wool ; **~ kaucsuk** rubber reclaim ; **~ kőzetek** regenerated rocks ; **~ sav** recovered acid ; **~ szálasanyagok** *(tex)* regenerated fibres ; **~ tépett gyapjú** *(tex)* mungo
regenerát *l* **regenerátum**
regeneratív : ~ erősítés *(rád)* damping reduction ; **~ kompaund kemence** compound regenerative oven ; **~ tüzelés** regenerative firing ; **~ visszacsatolás** *(rád)* regenerative feedback, positive feedback
regenerát-kaucsuk reclaimed rubber
regenerát-keverék *[tartalmazó keverék]* reclaim mix
regenerátorkamra regenerative chamber

regenerátoros munka- v körfolyamat regenerative cycle
regenerátum regenerate, reclaim ; **lúgos ~** alkali reclaim ; **savas ~** acid reclaim
regenerát-vulkanizátum reclaim vulcanizate
régi : ~ folyómeder *(arcnytartalmú torlattal ; bány)* old channel ; **~ növésű** *(fa)* old growth ; **~ vágatok** *(bány)* old workings ; **~ vörös homokkő** *(földt)* old red sandstone
régió region
regionális regional ; **~ közintézmény** regional public institution ; **~ metamorfózis** *(földt)* regional metamorphism, free metamorphism ; **~ szerepkör** *(ép)* regional sphere of activity ; **~ terv** *(ép)* regional planning
regiszter register, repertory ; *(orgonán)* register, stop ; *(távk)* register ; *(vill)* memory circuit ; **nagylégnyomású ~** *(orgonán)* heavy wind stop
regiszterbeállító polc *(orgonán)* jambs
regiszterfogantyú *(hangt)* stop key
regisztergomb : kiváltó ~ *(orgonán)* draw knob
regiszterhenger *(pa)* tube roll ; *(szitautáni henger ; pa)* wire-carrying roll
regiszter-jelfogó register relay
regiszterkarton *(pa)* cardboard for indexcards
regiszterolló *(nyomda)* sawyer
regiszterszelep *(hangt)* piston
regiszter-tekercspapír recorder chart paper, register roll paper
regiszter-tonna register ton
regiszter-tonnatartalom *(hajó)* register tonnage
regisztrál record, (en)register
regisztrálás registration ; *(műszernél)* recording ; *(görbe)* record (curve)
regisztrálási : ~ görbe record curve ; **~ sebesség** recording rate, speed of registration
regisztráló *mn* registering, recording ; *fn (szerkezet)* recorder, recording instrument ; **~ barométer** recording barometer ; **~ berendezés** recording equipment ; **~ esőmérő** *(met)* recording rain ga(u)ge, hyetograph ; **~ fordulatszámmérő** *v* **tachométer** recording tachometer, tachograph ; **~ hőmérő** thermograph, recording thermometer ; **~ író szerkezet** *v* **toll** recording pen ; **~ készülék** recorder, recording instrument ; **~ levegőfeszmérő** recording air ga(u)ge ; **~ magasságmérő** hypsograph ; **~ manometer** pressure recorder ; **~ sebesség** recording speed ; **~ sebességmérő** *v* **fordulatszámmérő** tachograph, registering tachometer ; **~ szakítógép** *(tex)* dynamograph ; **~ számláló** recording meter ; **~ szerkezet** recorder ; **~ tekercspapír** *(pénztárgéphez)* paper for cash register rolls ; **~ tűje** *v* **tolla** recording stylus ; **~ vízszintmérce** level recorder ; **~ voltmérő** recording voltmeter
regisztrálógép counter
regisztrálóhenger *(műszeren)* recording cylinder
regisztrálókártya *(pa)* register card
regisztrálókerék register wheel
regisztrálólap recording card
regisztrálóműszer recorder (instrument), recording apparatus ; **~ írókarja** record key
regisztrálópapír recording paper ; **~ óraműhöz** clock-operated record sheet
regisztrálószalag *(önműködő íróműszeren)* record chart ; *(ellenőrző órában)* pad
regisztrálótű scriber
regisztrált hajótonnatartalom enrolled tonnage
reglетta *(nyomda)* riglet
regresszió *(mat)* (mathematical) regression
regressziós : ~ él *(mat)* edge of regression
regressziós pont *(mat)* point of regression
regula falsi *(mat)* rule of trial-and-error
regulátor *(gépt)* (engine) governor ; *(óra)* pendulum ; **~t bekapcsol** *(tex)* couple the pacing motion ; **rugalmas ~** *(szivattyún)* alleviator
regulátoros szabályzás *(Diesel)* governor control
regulus beadlet, grain
regulus-próba *(anyagv)* bead test
r-egyenérték *(at)* roentgen physical equivalent
Rehbock-féle fogazott utófenék *(hidr)* Rehbock dentated apron
Rehbock-fogazás *(hidr)* truncated pyramid piers
reichardtit *(ásv) l* **epsomit**
Reid szerint mért gőznyomás *(benziné)* Reid vapour pressure
Reid-bomba *(gőznyomás mérésére)* Reid vapour pressure bomb
Reinartz-kapcsolás *(rád)* Reinartz circuit
reissit *(ásv)* reissite
rejektor(-kör) *(rád)* rejector (circuit)
rejtekajtó *(ép)* secret door
rejtett concealed, blind, screened ; *(vegy)* latent ; **~ ajtó** *v* **kapu** gib door ; **~ alátámasztás** *v* **gyámkötés** *(ép)* dead abutment ; **~ áramlás** undercurrent ; **~ cseppfolyósodási hő** latent heat of liquefaction ; **~ egyenlőtlen rétegeződés** *(földt)* non-evident disconformity ; **~ ellenfal** *(ép)* buried abutment ; **~ energia** latent energy ; **~ érintkezés** *(földt)* buried contact ; **~ fecskefarokfogazás** covered dovetailing ; **~ fecskefarkú illesztés** *(fa)* dovetail mitre ; **~ hatóerő** *(fényk)* reserve covering power ; **~ hiba** inherent vice ; **~ hídfő** secret abutment ; **~ hő** latent heat ; **~ illesztés** *(fa)* cash joint ; **~ olvadási hő** latent heat of fusion ; **~ öltés** *(tex)* sock stitch ; **~ párolgási hő** latent heat of vaporization ; **~ sarokfogazás** *v* **cinkelés** *(fa)* covered dovetailing ; **~ szegezés** *(fa)* edge nailing ; **~ támcsapágy** dead abutment ; **~ varrás** *(tex)* rantering ; **~ varrat** *(tex)* mock seam ; **~ világítás** concealed outcrop ; **~ vulkánikus földrengés** cryptovolcanic earthquake
rejtjel code, cipher
rejtjelbeszéd cipher language
rejtjelez cipher, code
rejtjelezés áttevése *(rád)* transposition, deciphering, decoding
rejtjelkulcs cipher key/code
rejtjelmegoldó berendezés decoder
rejtjelzett coded
rekarburáló anyag *(koh)* recarburizer
rekesz compartment, section, cell, copp, case, shelf, box, subdivision ; *(íróasztalon, polcon:)* pigeon hole ; *(kat)* caisson chest ; *(orgonán:)* cancel ; *(raktárban:)* bunker ; *(lencsén:)* aperture ; *(ép)* compartition ; *(nyomda)* partition
rekeszborda *(rep)* box rib
rekeszes cellular, partitioned ; **~ doboz** *v* **láda** partition box ; **~ kavicságyazat** boxed-in ballast ; **~ kemence** compartment furnace
rekeszfal screen ; *(nyomda)* partition
rekeszkarton *(pa)* partition chip-board
rekesztő *(gépt)* tumbler
rekesztőgát *(hidr)* burrock
rekesztőrugó *(gépt)* tumbler spring
reklám-borítópapír bill poster blanking paper
reklám-csomagolópapír advertisement wrapper
reklámfilm industrial film
reklámkarton *(pa)* advertisement display (card)board, stitched board,
reklám-léggömb propaganda balloon
reklámlemez *(belső térhez ; pa)* car sign board
reklámpapír weddings, wedding handbill paper ; *(plakátnyomó)* advertisement paper
reklámvilágítás sign lighting
rekombináció recombination
rekombinációs : ~ idő *(irátronnál)* deionization time ; **~ tényező** *ionizált gázban* recombination coefficient
rekonstruál *(ép)* reconstruct
rekord *(gépk)* record ; **~ot tart** hold a record
rektaszcenzió *(csill)* right ascension
rektifikáció *(vegy)* rectification ; **szakaszos ~** batch rectification
rektifikációs oszlop *(vegy)* rectifying column
rektifikál *(vegy)* rectify ; **szeszt ~** try *is*
rektifikálás *(vegy)* rectification, rectifying
rektifikálócső fractionating tube
rektifikálóoszlop rectifying column tower/apparatus, rectifyer, fractionator, fractionating column
rektifikált *(vegy)* rectified
rektifikátor rectifier
rektométer *(tex)* rectometer
rekuperáció recuperation ; *(vill)* recovery
rekuperációs : ~ fékezés *(vill)* regenerative braking ; **~ kemence** recuperative furnace
rekuperál recuperate
rekuperálható recuperable
rekuperálhtóság recuperability
rekuperáló *mn* recuperative ; **~ berendezés** recovery plant
rekuperált sav recovered acid
rekuperatív recuperatory, recuperative
rekuperátor recuperator
rel *(vill)* rel
reláció-tábla *(autóbuszon a menetirány jelzésére:) l* **viszonylat-tábla**
relatív relative ; **~ csillapítás** discrimination ; **~ illékonyság** *(ol)* volatility ratio, relative humidity of air, r. h. R. H. ; **~ lejtés** *(mech)* relative fall ; **~ magasságmérő** *(rep)* terrain clearance indicator ; **~ megnyúlás** *(anyagv)* relative elongation ; **~**

mozgás relative motion ; ~ **nedvesség** *(pa)* relative humidity, R. H. ; ~ **rezgési csomó** *(hangt)* partial mode; **törésmutató** *(fényt)* relative refractive index
relativisztikus : ~ **mechanika** relativistic mechanics ; ~ **tömeg** *(at)* relativistic mass ; ~ **tömegváltozás** relativistic variation of mass
relativitás *(mat)* relativity
relativitáselméleti sebességkorrekció *(rád)* relativity correction for velocity
relaxáció recovery, release(ment), relaxation ; *(rád)* motorboating
relaxációs : ~ **idő** *(at)* relaxation time ; *(aut)* decay time ; ~ **oszcillátor** relaxation oscillator ; ~ **rezgés** relaxation oscillation
relé relay; *l még* **jelfogó** ; **állítható időbeállítású** ~ graded time-lag relay; **áramirányérzékeny** ~ change-of-current relay ; **átkapcsoló** ~ transfer relay ; **bekapcsoló** ~ cut-in relay ; **billenő** ~ kipp relay ; **elektronikus** ~ electronic relay ; **fázissorrendi** ~ phase-sequence relay ; **fázisszakadási** ~ open-phase relay ; **fáziszárlati** ~ phase-fault relay ; ~ **fegyverzete** *v* **nyelve** *(vill)* tongue of relay ; **Ferraris-féle** ~ rotating-field relay ; **feszültséghiánykioldó** ~ no-/low-voltage relay ; **foglaltsági** ~ busy relay ; **földzárlati** ~ earth-fault relay ; **független** ~ definite-time relay ; **függő karakterisztikájú** ~ inverse-time relay; **gerjesztésbekapcsoló** ~ field-application relay ; **gyorsító** ~ accelerating relay ; **gyorsműködésű** ~ instantaneous/high-speed relay ; **indító** ~ *(védelemben)* initiating relay ; **ingás** ~ mechanical escapement relay ; **iránybatású** ~ directional relay ; **ismétlő** ~ repeating relay ; **késleltetett nullaállású sarkított** ~ retained-neutral polarized relay ; **késleltető** ~ delay (action) relay ; **készenléti** ~ acknowledging relay ; **kettős horgonyú** ~ double-armature relay ; **kikapcsoló** ~ cut-off relay ; **kioldó** ~ tripping relay; **kis beállítású** ~ low-set relay ; **kisfogyasztású** ~ low-energy relay ; **kolorimetráló** ~ colorimetric relay ; **kombinált mágneses fotocellás** ~ Allström relay ; **különbözeti** ~ balanced/differential relay ; **legerjesztési** ~ field-failure relay ; *(mezőgyengítésre:)* field-removal relay ; **léptető** ~ inching relay ; **lomha** ~ delayed relay ; **motoros** ~ motor-type relay ; ~ **(működési) jelleggörbéje** *(vill)* relay working diagram ; **nyelves** ~ clapper-type relay ; **öntartó** ~ self-holding relay ; **reteszelő** ~ block(ing) relay ; **riasztó** ~ alarm relay ; **sokérintkezős** ~ multiple contact relay ; **szabadonfutó** ~ trip-free relay ; **számláló** ~ counting relay ; **távolsági** ~ distance relay ; **terheléskiegyenlítő** ~ load-levelling relay ; **töltő** ~ charging rate relay ; **túlmelegedési** ~ overtemperature relay ; **vészkapcsoló** ~ power-transfer relay ; **vezérlő** ~ control relay ; **visszakapcsoló** ~ step-back relay ; *(hálózatban)* reclosing relay
reléadás *(rád)* broadcast relay(ing)
reléadó *(rád)* retransmitter
reléállomás *(rád)* relay/repeater station
reléáramkör *(vill)* trip circuit
reléközvetítés *(rád)* radio link
reléműködés operation of a relay
relé-óra relay clock
relés : ~ **áramkör** repeat circuit , ~ **rádióközvetítés** *v* **-adás** rebroadcasting; ~ **szabályozás** contactor regulation
relésor *(távk)* bank of relays
reléterem *(telef)* apparatus room
relief relief, boss
reliefnyomó gép *(tex)* surface-printing machine
reluktancia *(vill)* reluctance, magnetic resistance
remanencia *(vill)* remanence, residual induction ; *[telítéshez tartozó érték]* retentivity
remanens remanent ; ~ **áram** follow(ing) current ; ~ **mágnesezés** remanence magnetization ; ~ **mágnesség** residual magnetism ; ~ **nedvességtartalom** *(met)* regain
remegés *(gépk)* rattling
remetedomb *(földt)* butte
remetehegy *(földt)* butte
remittenda *[eladatlan újság]* returns
remíz *l* **kocsiszín**
renát *(vegy)* rhenate
rend order, frame ; *(gabona)* windrow, swath ; **összegyűjtött** ~ windrow
rendbehoz readjust, mend, fettle, set right, renovate ; *(gépk)* tune up *is* ; **kötelet** ~ clear a rope ; **szakadást** ~ *(tex)* mend break(s)
rendbehozás reinstatement, refit, trimming ; *vö még* **rendbehoz**
rendelés order ; ~**re beépített külön tartozék** *(gépt)* optional extra ; ~**re** *(nem sorozatban:)* **készült** custom-built
rendelkezésjelző *(vasút)* train-order signal
rendelkező állomás *(vasút)* control station
rendellenes anomalous, abnormal ; ~ **sugárzás** *(rád)* abnormal radiation
rendellenesség anomaly, disorder, aberration ; breakdowns, accidents ; **alakbeli** ~ deformity
rendellensségi vektor *(mech)* disturbance vector
rendelő *fn (ép)* reception room
rendeltetés destination, designation, task
rendeltetési : ~ **állomás** receiving station ; ~ **hely** (place of) destination ; ~ **kikötő** delivery port
-rendeltetésű bound
rendes normal, ordinary, regular ; ~ **hárompont-leszállás** *(rep)* normal landing ; ~**nél kisebb** undersize ; ~ **sugár** *(rád)* ordinary ray ; ~ **üzem** normal working ; ~ **üzemi feltételek** regular service conditions
rendez regulate, order ; **kocsielegyet** ~ *(vasút)* bank ; **vasúti kocsikat** ~ drill ; **vonatot** ~ marshal, reange
rendezés regulation, ranging, settling ; *(terepé:)* readjustment ; *(városépítés)* development of (existing) towns ; *(vasút)* manoeuvre ; ~ **angol tolatással** *(vasút)* yarding-in transit
rendezetlen inordinate ; ~ **szerkezetű** *(földt)* ataxic
rendezett set-up ; *(mat:)* ordinate ; **egymásutánban** *v* **sorokba** ~ coursed
rendezettség *(molekuláké)* order (of the molecules)
rendező : ~ **állomás** *(vasút)* arranging station ; ~ **gombdeszka a kézi mintás szövőszéken** *(tex)* button board ; ~-**mellékvágány** *(vasút)* marshalling siding ; ~ **pályaudvar** transfer station, marshalling yards ; ~ *(gurítódomb nélkül)* flat-yard ; ~ *(vonatfeloszlató)* break yard
rendezőállvány *(távk)* distributing/distribution frame
rendeződeszka *(tex)* compass/trap/hole board, comber-board, comber harness reed, harness ties, lumber board, card-board
rendezőforrcsúcs *(távk)* distributing terminal
rendezőgép *(statisztikai kártyához)* sorter ; **számláló** ~ card-counting sorter
rendezőkeret *(távk)* main distribution frame
rendezőmozdony yard/ranging/switching locomotive ; *(bány)* relay motor
rendezőmozdony-vezető *(bány)* relay motorman
rendezőpályaudvari : ~ **mozdony** yard locomitive ; ~ **tolatómunkás** sorter
rendezőszekrény *(távk)* distribution case
rendezővágány service/drill/marshalling track/siding
rendezővágány-csoport break yard
rendezővitla car-spotting hoist
rendfelszedő szerkezet *(mzg)* pickup
rendforgató gép *(mzg)* swath turner
rendgyűjtő gép *(mzg)* swath collector
rendhagyó : ~ **hullám** extraordinary wave ; ~ **sugár** *(kettőstörésnél)* extraordinary ray
rendkívül : ~ **erős** *(szerkezet)* robust (construction) ; ~ **erős sodrat** *(tex)* extra-hard twist ; ~ **nagy zsugorodás** *(tex)* supercontraction ; ~ **tartós** extra-strong
rendkívüli extraordinary ; ~ **hívás** *(távk)* supernumerary call ; ~ **kiadás** *(nyomda)* special edition ; ~ **sugár** *(rád)* extra ordinary ray ; ~ **üzemi körülmények** abnormal operating conditions
rendőrautó police car
rendőrségi : ~ **gépkocsi** *v* **járőrkocsi** police patrol van ; ~ **jármű** police vehicle ; ~ **rádióadás** police calls
rendrakó ; ~ **aratógép** windrower, swather ; ~ **gereblye** side-delivery rake
rendreterelő *fn (mzg)* windrowing curtain
rendsodrás *(mzg)* windrow
rendszám *(at)* atomic number ; *(mat)* ordinal (number)
rendszámláméa *(gépk)* classification lamp
rendszámtábla *(gépk)* (registration) number plate, licence plate
rendszámtáblavilágítás *(gépk)* number-plate light ; registration mark light *(UK)*
rendszer system, scheme, method ; *(típus)* type ; *(bány)* series ; **abszolút** ~ absolute system ; **asztatikus** ~ *(vill)* astatic system ; ~**be foglal** methodize, frame ; **háromalkotós** ~ ternary system ; **képváltó** ~ *(telev)* field-sequential system ; **kétalkotós** ~ binary system ; **kétmunkavezetékes** ~ double-trolley system ; **kézi**

~ manual system ; **közömbös egyensúlyú** ~ astatic system ; **négyalkotós** ~ quaternary system ; **padkás lépcsős** ~ *(bány)* benching ; **pneumatikus** ~ air system ; **pontváltó** ~ *(telev)* dot-sequential system ; **többfázisú** ~ polyphase system ; **zárt áramkörű** ~ closed system
rendszerbe-foglalás systematization
rendszer-együttes *(kvantummechanikában)* ensemble of systems
rendszeres regular, methodical, systematic ; *(mat)* ordinate ; ~ **ellenőrzés** *(gépt)* routine supervision/control ; ~ **hiba** *(méréssorozatban)* systematic error ; ~ **kiszolgálás** regularity of service
rendszeresít standardize, adopt
rendszeresítés *vö* **rendszeresít**
rendszerez methodize, regulate
rendszerezés regulation
rendszerinti regular
rendszer-kiegyenlítő *fn (távk)* system-equalizer
rendszermérgek systemic poisons
rendszersúlypont *(hajó)* gross centre of gravity
rendszertelen irregular, random ; ~ **polarizálás** *(távk)* polarization diversity ; ~ **zaj** *(rád)* random noise
rendszertorzítás *(távk)* system distortion
rendterelő lemez *(kaszálógéphez)* swathboard
-rendű közelítés order approximation
-rendűség *(geod)* order of accuracy; *(vegy)* order of reaction
rendzavarás disorder
reneszánsz : ~ **stílus** *(ép)* renaissance/revival style ; ~ **stílusú építészet** renaissance architecture
rengés vibration, shake ; *(földt)* tremor *is*
rengésálló vibration-proof
rengéses terület *(földt)* seismic country
rengési : ~ **hullám** *(földt)* seismic/shock wave ; ~ **terület** *(földt)* region of disturbance
rengésmentes terület *(földt)* non-seismic region
rengetőlöves *(bány)* standing shot
renit *(vegy)* rhenite
rénium rhenium; ~ **tartalmú** *(ásv)* rhenian
Renold-lánc link-belt chain
renovál renovate
rensselaerit *(ásv)* rensselaerite
rénszarvasbőr reindeer
renyhe erjedés *(élip)* rest fermentation
reokamra Rheo box
reomosó *fn (bány)* Rheolaveur ; ~ **csatornája** *v* **teknője** Rheo trough
reoszkóp rheoscope
reosztát regulating resistance/resistor, rheostat; **széngyűrűs** ~ *(vill)* carbon regulator/pile
reosztátkeret *(vill)* resistance frame
reotom *(vill)* rheotome
répabetakarító- *v* **arató (munkagép)** root harvester
répacukor beet(root) sugar
répaemelő : ~ **gép** beet wheel ; ~ **kerék** *(élip)* beet and water wheel
répafej beet top
répafejelő *fn* topper
répafejfogó *fn* beet leaf catcher
répafejhajító *fn (mzg)* rotasing flinger
répagomoly beet ball
répakiemelő szerkezet beet lifter/puller
répaprizma beet cellar/shed
répaszedő *fn (mzg)* puller ; ~ **gép** beetroot harvester, beetroot lifter and puller ; ~ **munkás** turnip rooter
répaszelet : darabos ~ coarse cossettes ; **friss** ~ beet chips ; **préselt** ~ beet pulp
répaszeletelő : ~ **fűrészlap** turnip saw blade ; ~ **gép** slicing machine
répaszeletszárító *fn* beet drier
répaúsztató *fn* beet flume
répavágó : ~ **gép** root bruiser ; ~ **korong** beet-slicer disc
répavégfogó *fn* beet tail catcher
répavető gép root drill
repcemag rapeseed
repceolaj rape(seed) oil
reped crack, burst, split
repedékeny cracky
repedés crack, fissure, flaw, scratch, shake, split, tear, gap ; *(bány)* vug, slit *is* ; *(földt)* paraclase ; *(gyémántban)* flake ; ~ **belső elmozdulásból** *(földt)* endokinetic joints ; ~**t borító keskeny léc** *(fa)* reglet ; ~ **deformáció következtében** *(földt)* strain cracking ; **edzési** ~ hardening crack/flaw ; ~ **elleni összeszorító vas** *(fa)* dog hook ; **évgyűrűs** ~ *(fa)* circular shakes ; ~ **fala** *(földt)* wall of a joint ; **felületi** ~ *(önt)* crack ; **finom** ~ *(koh)* flaw ; ~ **hajlatban** *v* **ráncban** *(anyagv)* fold crack ; **hasadási** ~ cleavage crack ; ~ **(hirtelen) hűtésnél** cooling crack ; **hosszirányú** ~ *(földt)* check ; ~ **kiindulópontja(i)** *(anyagv)* fracture springs ; ~ **kitöltése** crevice accretion ; ~ **kráter szélén** cleft in the rim ; **levegő okozta** ~ atmospheric crack ; ~**t okozó terhelés** cracking load ; **törést okozó** ~ failure crack ; **vékony** ~ **képződése** *(koh)* clinking ; **zsugorodási** *v* **ülepedési** ~ *(anyagv)* check crack(s) ; **zsugorodási** ~ *(fában)* crack
repedéscsoport *(földt)* set of joints
repedéses cracky, flawy, cleft, jointy ; ~ **kőzet** crush rock ; ~ **vas** flawy iron
repedésgátló szövet *(tex)* rip-stop cloth
repedési : ~ **ér** *(földt)* fissure vein ; ~ **felület** *(mech)* bursting surface
repedésképződés shelling
repedéskitöltő anyag crack filler
repedéskutatás *l* **repedésvizsgálat**
repedésmentes *(fa)* flawless, shake-clear
repedésvizsgálat *(anyagv)* crack detection ; ~ **csillapodásméréssel** damping method of crack detecting ; ~ **feszültségeséseméréssel** *(anyagv)* potential-drop method of crack detection ; **mágneses** ~ magnetic flaw detection
repedésvizsgáló *fn* crack detector ; **kisfrekvenciás magnetoindukciós** ~ *(anyagv)* ferrograph
repedezés checking ; **belső** ~ *(szárított fában)* collapse ; **gyűrűs** ~ *(faanyagban)* circular shakes
repedezett crazy, cracked, fissured ; *(lakk v festék)* checked ; *(kemencében való hevítés után ; ker)* dunted ; ~ **belű** *(fa)* fissured heart, heart-shake ; ~ **kőzetek** seamy rocks ; **nagy mértékben** ~ deeply fissured
repedezik crack, shake ; *(hevítés következtében)* decrepitate ; *(lakk v festék)* check
repedő : nem ~ **kő** free stone
repedt cracked, flawy
repesz splinter, spell, chip
repeszbomba anti-personnel bomb, fragmentation bomb
repeszellenálló splinter-proof
repeszgránát percussion/fragmentation shell
repeszhatás fragmentation effect
repeszt rip, split, splinter, burst, tear, craze, crack ; *(szenet)* shoot ; *(bány)* blast (out) ; *(pa)* bounce ; *(tex)* burst ; **követ** ~ *(ékkel)* plug ; **szál mentén** ~ *(fa)* rip
repesztés cleavage, burst, ripping ; *(bány)* blast *(pa, tex)* burst(ing) ; **folyékony szénsavas** ~ *(bány)* carbon dioxide breaking ; ~ **réselés nélkül** *(bány)* blasting off the solid ; ~ **szénsavpatronnal** *(bány)* carbon dioxide breaking ; ~ **vésővel** wedging
repesztési : ~ **felület** *(pa)* burst(ing) area ; ~ **szám** *(cm/g ; pa)* burst factor ; ~ **szilárdság** *(pa)* burst(ing) strength
repeszthető cleavable, sectile
repeszthetőség sectility
repesztő : ~ **ellenállás** *(pa)* points per pound ; ~ **feszültség** *(tex)* bursting stress ; ~ **fúrólyuk** *(bány)* shot (hole) ; ~ **igénybevétel** *(tex)* rip load ; ~ **készülék** *(tex)* bursting (strength) tester ; ~ **szilárdság** *(pa)* burst ; ~ *(szövete)* bursting strength ; ~ **vizsgálat** *(tex)* bursting test
repesztőanyag *(bány)* blasting material
repesztőék split wedge
repesztőéklyuk *(bány)* plug hole
repesztőgép *(pa)* bursting (strength) tester
repesztőhatás *(bány)* shattering effect
repesztőlyuk *(bány)* shot/bore/key hole; ~ **feneke** *(bány)* hole bottom ; **nedves** ~ *(bány)* water hole ; ~**ak telepítése** *(bány)* setting the holes ; ~ **töltése** *(bány)* hole loading ; ~ **töltete** hole charge
repesztőlyukgurító *(bány)* rock-hole
repesztőlyuk-tágítás *(bány)* springing of blast hole
repesztőlyuktöltet *(bány)* hole load/charge
repesztőpróba *(pa)* pop test
repesztőszilárdsági kísérlet *(tex)* bursting strength test
repesztőszilárdság-vizsgálat *(pa)* cady test
repesztővas gad
repkényvonal *(görbe)* cissoid
reprodukál reproduce
reprodukálás reproducing
reprodukáló *fn* reproducer
reprodukció reproduction, facsimile, replica
reproduktív erő reproductive power
reproduktor *l* **hangszóró**
repulziós : ~ **gerjesztés** *(vill)* repulse excitation ; ~ **motor** *(vill)* repulsion motor
repül fly ; **eleresztett kormánnyal** ~ fly „hands off" ; **érzék szerint** ~ fly by flair ; **iránysávon** ~ keep on the beam; **rádióirányítás szerint** ~ fly the beam

repülés flight, flying, aviation, aeronavigation; **~re alkalmas** airworthy; **~re alkalmatlan** unairworthy; **~ álló motorral** engine-off flight; **csapkodószárnyú ~** flapping flight; **csillagok szerinti ~** astronomical aviation; **~ egyhuzamban** non-stop flight; **~ eleresztett kormánnyal** fly „hands off"; **~ előtti vizsgálat** preflight check; **forgószárnyas ~** rotary-wing flight; **~ háton** inverted flight; **~re kész állapotban** in flying condition/order; **kísérleti ~** test flight; **~ közben** in flight; **~ közben fellépő terhelések** flight loads; **~ léggömbbel** aerostation; **magassági ~** altitude flight; **polgári ~** civil aviation; **sárkányrendszerű ~** fixed-wing flight; **~ talajlátással** contact flying
repülésbejelentés vakrepülésre instrument flight plan
repülésbiztos berendezések térképe facility chart
repülésellenőrzés flight control
repülésellenőrző műszertábla flight-control board
repülési aeronautic(al); **abszolút ~ magasság** absolute flying height; **~ fedélzet** *(anyahajón)* flight deck; **~ hatósugár** flying radius; **~ hatótávolság** flying range; **~ idő** flying time; *(vil!)* transit time; **~ korlátozás** flying restriction; **~ magasság** flying altitude/height; **~ napló** air log; **tengerszín feletti ~ magasság** absolute flying height; **~ útvonal** flight path/route; **~ útvonalat regisztráló műszer** flight path recorder; **~ ügyesség** airmanship; **zúzott kőből kirakott ~ jel** crushed-stone air marker
repülésirányítás *(földről)* flying control
repülésiránymutató *fn* air-route beacon
repüléskutatás aviation/flight research
repülésoktató készülék flight-training apparatus
repüléstájékoztató központ flight information centre
repüléstechnika aviation engineering
repülésügy aviation, aeronautics
repülésvezető aircraft dispatcher
repülésvigyázó (air-traffic) controller; **önműködő ~ berendezés** automatic air-traffic control device; **~ szolgálat** air-traffic control
repülésvigyázói: ~ engedély air traffic clearance; **~ közelkörzet** control zone; **~ távolkörzet** control area
repülhető légtér navigable airspace
repülő *fn* airman, aviator, flyer; *mn* aerial, flying; **~ csészealj** flying saucer; **~ fedélzet** *(anyahajón)* flying deck; **~ fénypont** *(távk)* flying spot
repülőállomás air station
repülőbázis air depot
repülőbenzin aviation gasoline/spirit/petrol
repülőbetegség aeroneurosis
repülőbomba aerial bomb; **~ élesítése** bomb arming
repülőborda *(tex)* fly reed
repülőcsónak flying boat
repülőfelszerelés air equipment
repülőgép aeroplane, aircraft *(UK)*; airplane *(US)*; **alsószárnyas ~** low-wing monoplane; **~ árnyékolása** *(rád)* aircraft shielding; **~ azonosítása** aircraft identification; **~ beépített felszerelése** fixed airborne equipment; **~ befogadó képessége** seating capacity of an aircraft; **~ belső** *(személyzetközi)* **híradó berendezése** crew intercommunication equipment; **~ek egymás közti összeköttetése** plane-to-plane communication; **egymotoros ~** single-engined aircraft/aeroplane; **~ farában lévő radar** aircraft tail warning/radar; **farok nélküli ~** tailless aircraft/aeroplane; **~ fedélzeti rádióállomása** aircraft radio station; **felderítő ~** reconnaissance aircraft/aeroplane; **felsőszárnyas ~** high-wing monoplane; **~ fémes részei közötti villamos csatlakozás** aircraft bonding; **forgószárnyas ~** *l* **forgószárnyas repülőgép, helikopter**; **~ földhöz viszonyított helyzete** attitude relative to ground; **gyakorló ~** training aircraft/aeroplane; **~ három főtengelyének helyzete a térben** attitude of flight; **háromotoros ~** three-engined aircraft/aeroplane; **~ helymeghatározó műszerei** aircraft location instruments; **huzalmerevítésű ~** braced aeroplane; **~ katapultindítása** launching; **kétmotoros ~** twin-engined aircraft/aeroplane; **kétszárnyú ~** biplane; **~ kivétele** *[dugóhúzóból v zuhanásból]* recovery; **~ kivilágítása** aircraft lights; **~ kormánymozdulatai** air manoeuvres; **~ közepén** amidships; **középszárnyas ~** centre-wing monoplane; **~ lajstromjele** aircraft registration mark; **lapátkerekes ~** cyclogyro; **~ legénysége** air crew; **~ legyezőmozgása** aeroplane yawing motion; **~ lehallgatásos helymeghatározása** aerial sound ranging; **~ leszálló helyét megvilágító rakéta** aircraft landing flare; **magasfedelű ~** high-wing monoplane; **~** *(kondenzátoros)* **magasságmérője** capacitance altimeter; **mélyfedelű ~** low-wing monoplane; **~ műszertáblája** flight panel; **négymotoros ~** four-engined aircraft/aeroplane; **porozó ~** *(mzg)* duster aircraft; **postaszállító ~** mailplane; **~ rádióösszeköttetése** air-ground communication; **~ rádióvevő berendezése** aircraft receiver; **sugárhajtású ~** jet-propelled aircraft/aeroplane; **szállító ~** transport aircraft/aeroplane; **~en szállított** plane-borne; **szárazföldi ~** landplane; **személyszállító ~** passenger aircraft, airliner; **teherszállító ~** cargo aircraft/aeroplane; **tolólégcsavaros ~** pusher aircraft/aeroplane; **többmotoros ~** multiengined aircraft/aeroplane; **utasszállító ~** passenger aircraft/aeroplane; **~ világító berendezése** aircraft lighting; **vonólégcsavaros ~** tractor aircraft/aeroplane
repülőgépacél aircraft steel
repülőgép-adó-vevő *(rád)* aircraft transceiver, aircraft transmitter-receiver
repülőgépalkalmassági bizonyítvány aircraft certificate of airworthiness
repülőgépalkatrész aircraft component
repülőgép-alkilát *(ol)* aviation alkylate
repülőgépantenna aeroplane aerial
repülőgépantennakapcsoló aircraft aerial switch
repülőgépanyahajó aircraft carrier; *(repülőtér nélkül)* aircraft tender; **~ felszálló fedélzete** alighting deck
repülőgép-attrap *(gyártási v tervezési összeállítás)* mock-up
repülőgép-berendezés *(radar)* airborne equipment
repülőgépcső aircraft mechanical tubing
repülőgépejtőernyő *(géphez kötött)* aeroplane parachute
repülőgépemelő *fn* aircraft jack
repülőgépészlelő radarberendezés aircraft detector
repülőgép-farokrész afterbody
repülőgépfelderítés aircraft warning, A. W.
repülőgép-felderítő szolgálat aircraft warning service
repülőgépfülke fűtőberendezése aircraft cabin heater
repülőgép-fűrészáru aircraft sawn wood
repülőgép-gumiabroncs aircraft tyre
repülőgépgyártás aircraft production
repülőgépgyártási faanyag aeroplane wood
repülőgéphangár aircraft hangar
repülőgéphatás *(rád)* aeroplane effect
repülőgép-helyzetfény aircraft navigation light
repülőgép-helyzetjelző ground position indicator; **önműködő ~** automatic aircraft-position reporter
repülőgép-helyzetlámpa navigational light
repülőgép-helyzetmutató *(levegőben)* air-position indicator
repülőgéphuzalozás airplane rigging
repülőgépi: ~ helyjelvevő marker receiver; **~ helyzetrajzoló** aircraft plotter; **~ radar** air-interception radar
repülőgépipar aircraft industry
repülőgépipari fa aeronautic timber
repülőgép-irányfény aircraft navigation light
repülőgép-irányítás (n)avigation
repülőgép-irányjelző air compass
repülőgép-iránymérő aircraft direction finder
repülőgépkerék-légtömlő aeroplane inner tube
repülőgép-kisminta *[szélcsatornához]* model aeroplane
repülőgép-kormányfelület air rudder
repülőgép-kormánykészülék *(önműködő pörgettyűs)* automatic gyropilot
repülőgép-kormánymozdulatok aeroplane manoeuvres
repülőgéplakk aeroplane dope
repülőgéplehorgonyzó készlet aeroplane mooring kit
repülőgép-manőverek aeroplane manoeuvres
repülőgép-mechanikus aircraft fitter
repülőgépmodell-papír paper for aeroplane model
repülőgépmotor *l* **repülőmotor**
repülőgépnapló aircraft log
repülőgép-olaj aviation oil
repülőgép-óra *(repült idő)* aircraft hour; *(időmérő)* aerochronometer
repülőgéppuska aircraft machine gun; **~ szinkronozó berendezése** gun synchronizer
repülőgép-radar aircraft radar
repülőgép-rádió irányzék aircraft radio sight
repülőgéprajj flight
repülőgéprajzoló aircraft draftsman

repülőgépsárkány *(motor és tartozékok nélkül)* airframe
repülőgépsebesség aircraft speed ; **legnagyobb fékszárnykitérítésnél számított ~** design flap speed
repülőgépszállító hajó *l* **repülőgépanyahajó**
repülőgépszárny air wing
repülőgépszerelési rajz rigging diagram
repülőgépszerelő aircraft mechanic/fitter; **hajózó ~** flight engineer
repülőgépszerkesztés aircraft design
repülőgépszerkesztő aircraft designer
repülőgépszerkezet aircraft structure
repülőgépszín aircraft shed
repülőgéptároló hely air storage park
repülőgépterhelés-diagram airplane loading chart
repülőgép-térképtartó *v* **-térképasztal** aircraft chart board
repülőgéptervezés aircraft/aeronautical design
repülőgéptervező aircraft designer ; *(rajzoló)* aircraft draftsman
repülőgéptípus aircraft type
repülőgéptörzs fuselage ; **~ben elhelyezett üzemanyagtartály** fuselage tank; **~ farokburkolata** fuselage rear-end fairing ; **~ hátsó áramvonalazása** back fairing of body ; **~ légellenállása** fuselage drag ; **~ padlózata** body panel ; **~be szerelt hűtő** fuselage radiator ; **zártfülkés ~** closed fuselage
repülőgéptörzshéj fuselage shell, monocoque fuselage
repülőgéptörzs-rekesz fuselage bay
repülőgépvászon aeroplane fabric
repülőgépváz airframe
repülőgép-vezeték aircraft wire
repülőgépvontatás aeroplane towing
repülőgépzaj aircraft noise
repülőhíd flying/folding bridge
repülőidőjárás flying weather
repülő-iránytű aircraft-compass
repülőív *(hídon)* semi-arch
repülőjelző air marker
repülőképesség airworthiness
repülőkiképzés flight training
repülőkomp flying ferry
repülőkronométer aerochronometer
repülőmaró *l* **ütőkés**
repülőmechanikus aircraft mechanic
repülőmegfigyelő *fn* navigator
repülőmérföld air mile
repülőmérnök aircraft/aeronatical engineer
repülőmodell model aeroplane
repülőmotor aviation engine, aero-engine; *l még* **motor, hajtómű** ; **léghűtéses ~** air-cooled aero-engine ; **vízhűtéses ~** water-cooled aero-engine
repülőmotor-feltöltő *fn* aeroplane supercharger
repülőmotor-kompresszor aeroplane supercharger ; *(kis sűrítési aránnyal)* aeroplane blower
repülőmotorolaj aircraft oil
repülőmotor-sűrítő *fn l* **repülőmotor-kompresszor**
repülőműszer flying in trument
repülőnavigáció air navigation, aeronavigation ; **~ középszélesség szerint** middle parallel flight ; **~ látás alapján** visual (n)avigation
repülőolaj aer(o)oil
repülőóra *(repült idő)* aircraft hour
repülőorvosi aeromedical
repülőöltözék flying suit
repülőposta air mail
repülő-rádiószolgálat aircraft radio service
repülőrajparancsnok flight commander
repülősebesség air speed
repülősisak crash helmet
repülőstart *(gépk)* flying start
repülősúly all-up weight, gross weight
repülőszázad flying squadron
repülőszerelő aircraft engineer/mechanic
repülőtalálkozó aviation meeting
repülőtámaszpont air base
repülőtechnika aeronautical engineering
repülőtechnikus aeronautical engineer
repülőtér airfield, aerodrome ; *(nagy)* airport ; **~ földi navigációs berendezése** airport surface navigation equipment ; **kitérő ~** alternate aerodrome ; **~ közepes távú forgalomra** medium-range regular aerodrome ; **~ külföldről jövő gépek számára** airport of entry ; **~ leszállási teljesítő képessége** landing rate capacity ; **~ tengerszinti magassága** aerodrome elevation
repülőtérforgalmi irányítótorony airport control tower
repülőtéri : ~ azonossági jelzőkör airport ground circle marker ; **~ fényszóró** airfield floodlight ; **~ forgalmi torony** airport traffic control tower ; **~ forgalomirányító szolgálat** airport traffic control ; **~ forgalomirányító toronykezelő kisegítője** associate control tower operator ; **~ forgó jelzőtorony** airport rotating beacon ; **~ guruló-** *v* **futópálya** landing strip ; **~ gurulómezőny** airport taxi area ; **~ irányítótorony** tower ; **~ jelzőfény** round flare ; **~ jelzőtorony** airport beacon ; **~ kifutó pálya** airport runway ; **~ mérnök** *(földi berendezéshez)* airport engineer ; **~ mozgásirányító berendezés** airport surface movement equipment ; **~ rádióberendezés** airfield radio equipment ; **~ reflektor** apron floodlight ; **~ szerelő** field mechanic ; **~ vigyázó** airport traffic controller ; **~ vigyázószolgálat** aerodrome control ; **~ világító berendezés** airfield floodlight system
repülőtérkép air/aviation map
repülőtérmegjelölés *(körbe írt)* circle marker
repülőtérszemélyzet ground crew
repülőtértalajt egyenget grade the landing field
repülőtérvigyázó air(port) traffic controller ; **~ illetékessége alá tartozó légtérrész** airport control sector
repülőtérvigyázói : ~ kapcsolóasztal airport control panel ; **~ rádióállomás** aerodrome control radio
repülőtérvilágítás aerodrome lights, airfield lighting
repülő-üzemanyag aviation fuel
repülőzsinór *(távk)* patch(ing) cord
repült : ~ idő flying time ; **~ óra** *(levegőben töltött idő)* flying hour
rés slot, slit, gap, leak, vent, rift, breach, opening ; *(ásv)* interstice ; *(bány)* holing, kerf ; *(fényt)* slot, aperture ; *(földt)* notch ; *(nyomda)* blank ; *(légrés ; távk)* (air) gap ; *[érintkezők között]* clearance ; *[üregrezonátoron]* hole ; *[elektronoptikában]* aperture; **~ árvízi vizek lecsapolására** flood opening ; **hátsó ~** *(fejtőgépnél ; bány)* back cut ; **~t kap** *(hidr)* stave ; **~ megékelése** *(bány)* blocking ; **~ megvilágítása** *(színk)* illumination of slit ; **~ben mozgó kulisszakő** hollow sliding block ; **~ nélküli spektrográf** *(csill)* slitless spectrograph ; **önműködő ~** *(szárnynál ; rep)* automatic slot ; **összeszűkült ~** choked kerf ; **rejtett ~ek** *(bány)* blind joints ; **tám-** *v* **más fal mögötti ~ kitöltése** *(földdel stb ; ép)* backfilling ; **~ a vezető lapátkoszorú és a járókerék között** *(hidr)* blade clearance
résantenna slot aerial
résapró *(bány)* holings
résbeállítás *(jelfogóé)* gap adjustment
résbetörés *(bány)* sump
résbőség width of slit
résel *(bány)* undermine, slot, mortise ; *(függőlegesen)* shear ; **talpon ~** *(bány)* undercut
réselés cut, slotting ; *(belörő)* kerving ; *(feltárásnál)* cutting ; **~ agyagban** *(bány)* clay undercutting ; **~ beágyazáson** *(bány)* band cutting ; **~ ékkel** *(bány)* V-cut ; **~t kiemel** *(bány)* pool ; **~ változó magasságban** variable-height cutting
réselési irány *(bány)* way
réselhetőség *(bány)* breaking properties
réselő *(bány) mn* cutting ; *fn* cutter ; **~ berendezés** *(bány)* crosscutting arrangement ; **~ kalapács** hack hammer ; **láncos ~** *(bány)* coal cutter of toothed chain type ; **~ rakodógép** cutter-loader ; *(bány)* combination cutting and loading machine ; **~ rakodógép közös talplemeze** cutter bedplate ; **~ rúdfej** *(bány)* bar head
réselőcsákány *(bány)* slitter
réselőfej chain drive section
réselőfúró hosszú furathoz straightway drill
réselőfűrész slitting saw
réselőgép (rock-)cutting machine, cutter machine ; *(keskeny fejtésnél)* breast machine ; **elővájási láncos ~** chain-breast machine ; **~ karja** cutter jib ; **láncos ~** chain cutter ; **lánctalpas ~** *(bány)* catenary machine ; **rudas ~** bar coal cutter ; **sűrített levegővel hajtott ~** picking machine ; **univerzális ~** shearer ; **ütve működő ~** coal puncher ; **villamos ~** electric coal cutter
réselőgépeltolás *(bány)* shifting the cutting machine
réselőharmad *(bány)* coal-cutting shift
réselőkar *(bány)* boom, bar, (cutter) jib ; **~ alsó kerete** bar underframe ; **~ borítólapja** bar head plate ; **~ fedőkőzetréselésekhez** roof-cutting jib ; **~ fedőlemeze** bar strip ; **~ feszítése** bar tension ; **~ feszítőcsavar-anyája** bar tension nut ; **~ feszítőcsavarja** bar tension screw ; **~ fészke** *[tornyos réselőgépnél]* jibhead
réselőkartartó nyúlvány *(bány)* jibhead adapter
réselőkés sash knife
réselőköröm *(bány)* cutter block/bit ; **~ helyzete** block position
réselőkörömélesítő pad *(bány)* bit sharpener
réselőkörömház *(bány)* bit block ; **~ helyzete** *(bány)* bit block position
réselőlánc *(bány)* cutting chain ; **~ körömháza** *(bány)* pick box
réselőlánc-lemez *(bány)* link

réselőnyárs *(bány)* cutter bar
réselőpajzs *(réselőgépen ; bány)* chain jib/bar
réselővájár stooper
réselt slotted, apertured, gapped ; ~ **csűrő** *(rep)* slotted aileron ; ~ **dob** *(tex)* slotted drum ; ~ **féklap** *v* **fékszárny** *(rep)* slotted flap ; ~ **szárny** *(rep)* slotted wing ; ~ **szárnyszelvény** *(rep)* slotted airfoil
réseltdobos csévélőgép slip-winding engine
réses : ~ **hullámcsőcsatlakozás** *(rád)* slot coupling ; ~ **zár** *(fényk)* slit shutter
résferdeségi : ~ **hatás** *[magnetofonon]* gap tilt effect ; ~ **torzítás** *[magnetofonon]* distortion due to gap-tilt effect
résfúró *fn* *(fa)* slot mortising bit ; ~ **gép** mortising slot machine
réshatás *[magnetofonon]* gap effect
réshossz *[magnetofonon]* gap length
rés-kavitáció *(turbinán)* slit cavitation
rés-kollimátor lencséje *(fényt)* slit tube lens
réslyuk *(bány)* snubbing hole ; **ferde** ~ *(bány)* angling snubbing hole
réslyukkészítő vájár *(réselőgép előtt ; bány)* jib holeman
résmagasság *(bány)* vertical width of kerf
résmaró *(forg)* slot cutter
résmélység *(bány)* depth of kerf
résnyomás clearance pressure ; **abszolút** ~ *(turbinában)* absolute clearance pressure
résoptika *(fényk)* stenopaeic slit
respirátor breather, inhaler
respirátor-doboz canister
réspor *(bány)* rubbles, cuttings ; ~ **eltávolítása** *(bány)* handling of cuttings
réspróba *(bány)* channel sample
rés-szabályozás *(befecskendező szivattyúnál ; Diesel)* port control
rés-szabályozó *(fényszórón)* masking aperture
résszárny *(rep)* slot wing ; **önműködő** ~ *(rep)* autoslot
rés-szélesség *(szink)* slit width
rés-szűrő *(gépk)* edge-type oil filter
restaurál restore, reclaim, recondition
réstávolság *(vill)* gap length
réstorzítás *[magnetofonon]* distortion due to gap effect
réstúlnyomásos turbina reaction turbine; *l még* **reakciós turbina**
réstuskó *(bány)* block ; ~ **beverése** *(bány)* spragging
réstuskó-beverő munkás *(bány)* spragger
rés-ultramikroszkóp slit ultramicroscope
résveszteség clearance loss/leakage
résvezérlés *(gépk)* port control
rés-zár *(fényk)* slit-shutter
rész part, fraction, division, share ; *(ép)* section ; ~**ekből álló** sectional; ~**ben befűzött létra** *(tex)* part-set bar ; **belső** ~**ek** entrails ; ~**ekre bontható épület** sectional building ; ~**ekre bontott függőleges antenna** sectionized vertical antenna ; ~**ekből épített acélárboc** steel sectional mast ; ~**ekre feloszt** parcel ; ~**ben hámtalanított selyem** *(tex)* souple(d) silk ; **hátsó** ~ *(hajó)* stern, after-end ; ~**ben megmunkált** part-machined ; **több** ~**ből álló** split, sectioned

rész- partial
részarányos symmetrical ; **nem** ~ unsymmetrical
részarányosság symmetry
részaránytalanság asymmetry
részbeni partial
részecske particle ; *(korpuszkula)* corpuscle ; ~ **hatósugara** range of particle ; **ionizáló** ~ **nyoma ködkamrában** cloud track ; **lebegő** ~ *(a levegőben ; bány)* aerated solid
részecske-nyom *(at)* track
részecske-sebesség particle velocity
reszekvens folyó *(földt)* resequent river
reszel file, rasp, grate ; **minta után** ~ file to a template ; **pontos méretre** ~ file true
reszelék filings
reszelékcsatorna chute for shavings
reszelés filing, rasping ; **durva** ~ chipping
reszelő *fn* file, rasp ; **durva** ~ coarse file ; ~ **érintkezők reszelésére** contact file ; **félgömbölyű** ~ barette file ; **félkerek pontossági** ~ precision half-round file ; **ferde nyelű** ~ *(felületreszeléshez)* stub file ; ~ **finomvágata** finishing cut of file ; ~ **fogéle** tooth point ; **gömbölyű** ~ round/circular file ; **háromélű** ~ *l* **háromszögletű reszelő ; háromélű különböző oldalú** ~ climax file ; **háromszögletű pontossági** ~ precision three-square file ; **hegyes** ~ point(ed)/taper file ; **hegyes élű** ~ currycomb file ; **kerek pontossági** ~ precision round file ; **kis gömbölyű** ~ broach file ; **kis méretű gömbölyű** ~ rat-tail file ; **lapos pontossági** ~ precision hand file ; **madárnyelvű** ~ crochet file ; **négyélű párhuzamos** ~ blunt square file ; **négyélű taszító** ~ block file ; **négyszögletes pontossági** ~ precision square file ; ~ **órabillegőkoszorú megmunkálásához** balance rim file ; **ovális** *(lencsekeresztmetszetű)* ~ double half-round file ; **párhuzamos élű féloldalas** ~ blunt mill file ; ~ **sikattyú(csavar)** hand vice ; **taszító** ~ coarse file ; **tompa négyélű** ~ blunt square file
reszelőélesítés *v* **-újravágás** file recutting
reszelőélezés resharpening of files
reszelőfa *(óra)* file wood
reszelőfogazás hacking ; **kopott** ~**t leköszörülő gép** file stripper
reszelőfogélesítő gép file-sharpening machine
reszelőgép filer ; *(élip)* rasper ; **pneumatikus** ~ air filer
reszelőkarc file-stroke
reszelőkefe file brush
reszelőnyél file handle
reszelőnyom file-stroke
reszelőszár file tang
reszelőújravágás resharpening, recutting
reszelőüllő cutting block
reszelővágó *(munkás* v *gép)* file cutter ; ~ **véső** file chisel
reszelt illesztés filed joint
részeredő partial resultant
részesedés portion, quota
részfrekvencia fractional frequency
részhalmaz *(mat)* subset
részhang *(hangt)* partial tone
részíver *[kompresszorhoz]* receiver
részkapacitás fractional capacity
részkép *(telev)* frame
reszkető lánggal ég flare

részleg unit, section, fraction
részlegenkénti automatizálás sectionized automation
részleges fractional, partial ; ~ **acetilezés** *(vegy)* partial acetylation ; ~ **beömlésű turbina** partial-admission turbine, fractional/limit turbine ; ~ **elnyelés** selective absorption ; ~ **építési tilalom** *(városépítés)* bulk zoning, regulations restricting building permits ; ~ **fogyatkozás** *(csill)* partial eclipse ; ~ **fojtás melletti üzem** *(gépk)* part-throttle operation ; ~ **földelés** *(rád)* partial earth ; ~ **frekvenciaváltozás** *(rád)* fractional frequency change ; ~ **galvanizálás** parcel plating ; ~**en hámtalanított** *(selyem ; tex)* supple, souple(d) ; ~ **képerősítés** *(fényk)* local intensification ; ~ **kondenzáció** partial condensation ; *(ol)* dephlegmation ; ~ **kondenzátor** reflux condenser ; ~ **le-** *v* **kicsapás** *v* **ülepítés** *(vegy)* fractional precipitation ; ~ **másolás** *(fényk)* separable-printing ; ~**en megömleszt** frit ; ~ **megömlesztés** frit ; ~ **metilezés** *(vegy)* partial methylation ; ~ **multiplikáció** *(távk)* partial multiple ; ~ **sarkítás** imperfect polarization ; ~**en súlyozott kísérlettervezés** partially balanced design ; ~ **terhelés** *(vill)* fractional load ; ~ **választófal** *(hajó)* semi-bulkhead ; ~ **városkép** *(városépítés)* partial town picture ; ~**en visszaverődött sugár** partial reflected ray ; ~ **zárási idő** *[visszhangzáré ; távk]* partial restoring time
részlegrobbantás *(bány)* detail shooting
részlet detail, portion, item, rate
részletes detailed, minute, in detail, specified ; ~ **forgalmi terv** *(városépítés)* traffic plan in detail ; ~ **kompozíciós tanulmány** *(városépítés)* study of composition in detail ; ~ **program** *(városépítés)* program in detail, specified starting data for the master plan ; ~ **rendezési terv** *(városépítés)* specified development plan
részletfelvétel *(geod)* filling in the details
részletpont *(geod)* detail ; ~**ok felszerkesztése** *(geod)* plotting of details
részletpont-oldalmérés *(geod)* tie
részletrajz detail drawing
részletrajzoló detail draughtsman
részlettérkép sectional chart
rész-lökőáramhullám *(vill)* partial impulse
részmagma *(földt)* fractional magma
részmetszet *(nem teljes metszet)* part-sectioned view
résznapos munka part-time work
résznyújtás *(tex)* partial/intermediate draft
reszorbeálódott kristályok reabsorbed crystals
reszorpció *(vegy)* reabsorption
részpárlat fraction, cut ; ~ **forráshatára** cut point
részrezonancia particular resonance
részsúlyok fractional weights
részterhelés *(vill)* light/fractional load
részturbina *(hidr)* fractional turbine
részvénypapír share paper
retardáns delay element
réteg layer, lamina, lamella, ply, sheet ; *[oxidréteg]* film ; *(bány)* ledge ; *(földt)* lay(er), assize, deposit, lode, seam, flake, stratum ; **abszorpciós** ~

(vegy) absorption layer ; **agyagtól áthatott ~** clay puddle ; **~ alja** *(földt)* subface of stratum ; **cementált ~** carburized case ; **cementált ~ mélysége** carburizing case depth ; **cirkulációs ~** circulation layer ; **edzett ~** hardened case ; **együttesen előforduló ~ek** *(földt)* associated sheets ; **~ emelkedési szöge** *(bány)* angle of elevation ; **fedőkősor alatti ~** *(pillérnél)* belting course ; **felületi ~** *(földt)* blanket ; **fénygyengítő ~** *(csill)* absorbing layer ; **~ fészke** *(földt)* pocket ; **~ gyűrődése** *(földt)* brow ; **~ húzódása** *(földt)* direction of strata ; **kísérő ~ek** *(bány)* adjacent strata ; **közbetelepült vékony ~** band ; **~ek közé zárt** *(földt)* interjacent ; **~ lefejtése** *(bány)* nip ; **lejtőirányban dőlt ~ek** *(földt)* a-dipping ; **levetett ~** *(földt)* downthrow, dropper ; **más ~ek feletti ~** *(földt)* superstratum ; **~be rak** stratify ; **recés ~** *(bőrben)* reticular layer ; **szenített ~ betétedzésnél** case ; **szétmorzsolódott ~** *(földt)* crushed section ; **telért elhatároló ~** casing ; **~ben történő fejtés** *(bány)* slicing ; **üledékes ~** *(földt)* bed of sedimentation ; **vékony ~** sheet, attenuated layer, ribbon ; **zárt felületű ~** *(földt)* closed surface

réteg-alapszint *(bány)* footwall

rétegátlapolás *v* **-átcsúszás** *(földt)* overlap(ping) of beds

rétegcsapással párhuzamos repedés *(földt)* strike joint

rétegcsoport *v* **-sor** *(bány)* series of strata

rétegdőlés dip

rétegdőlésszög *(földt)* angle of dip

rétegelés *(fa)* lamination

réteg-ellenállás *(távk)* film-type resistor, carbon-resistor

rétegelt *[faelrendezés]* in layers ; **~ antenna** laminated aerial *(UK)*; laminated antenna *(US)* ; **~ (enyvezett) falemez** plywood ; **fémmel színelt ~ lemez** *(fa)* ply-metal ; **~ gerenda** *(ép)* laminated beam ; **hajlított ~ lemez** *(fa)* bent plywood ; **háromrétegű ~ lemez** *(fa)* three-ply plywood ; **~ lemez** *(fa)* plywood; laminated wood *(US)* ; **~ műanyag** *v* **plasztikborítású ~ lemez** plastic-faced plywood

rétegeltlemez székülés plated seat

rétegeltolódás *(földt)* leap

rétegelválasztó palabeágyazás *(bány)* dividing slate

rétegérzékenység layer sensitivity

réteges laminar, lamellar, leafy ; *(földt)* bedded, lamellated, stratified ; **~ agyag** plate-clay, shiver ; **~ elválás** *(földt)* platy parting, lamination ; **~ esőfelhő** nimbo-stratus ; **~ fejlődésű** *(bány)* tabular; **~ fejtés biztosítótámfákkal** *(bány)* prop slicing ; **~ felhő** stratus ; **~ gomolyfelhő** cumulo-stratus ; **~ hajtogatás** *(tex)* book-fold ; **~ hasadás** laminar fracture ; **~ hordalék** stratified drift ; **~ jég** flake ice ; **~ keverék** *(tex)* sandwich blend, stack mixing ; **~ kifejlődésű struktúra** *v* **talajszerkezet** tabular structure ; **~ kifejlődésű talaj** *(földt)* sheet ground ; **~ köd** stratus fog ; **~ kőzet** stratified rock ; **~ lelőhely** *v* **telep** *(bány)* stratified deposits ; **~ lemez** *(fa)* plywood; laminatedwood *(US)* ; **~ műanyagból készült csapágycsésze** lamellar plastic bearing ; **nem ~** *(földt)* ataxic ; **~en ragasztott fa** laminated wood *(US)* ; **~ szerkezet** *(földt)* slaty structure ; **~ szerkezetű vetődés** *(földt)* distributive faulting ; **~ talaj** *(távk)* stratified earth ; **~ tekercselés** *(vill)* layer winding ; **~ telep** *v* **lelőhely** *(bány)* sheet deposit ; **~ (tel)ér** *(földt)* intrusive sheed, sheet vein ; **~ terméskő falazat** *(ép)* coursed rubble masonry ; **~ töltés** *(vegy)* stratified charge ; **~ tömött agyagpala** plate shale ; **~ vakfa** sealed wood ; **~ vízhatlan szövet** *(tex)* laminated waterproof fabric

rétegesít laminate

rétegesség *(földt)* schistosity, lamination

rétegez lap, stratify, laminate, sandwich, put in layers

rétegezés *vö* **rétegez** ; **kettős emulziós ~** *(fényk)* double-coating

rétegezéses mintavétel stratified sampling

rétegezetlen glaciális hordalék *(földt)* till

rétegezett *(földt)* foliated, stratified ; **~ injekció** *(bány, ép)* leaf-by-leaf injection ; **nem ~** unstratified

rétegezettség stratification, lamination, superposition, foliation, banding

rétegeződés lamination ; *(betonban ; ép)* segregation ; *l még* **rétegezettség** ; **áttekinthetetlen ~** *(bány)* blind joints; **divergens** *v* **egyenlőtlen ~** *(földt)* discordant/divergent unconformity ; **hajlított** *v* **hullámos ~** bent cleavage ; **ionoszféra ~e** stratification of ionosphere ; **kisebb ~** *(földt)* greyback ; **rejtett** *v* **elmosódó ~** *(bány)* blind joints; **~ szöge** *(bány)* angle of bedding ; **~ az üvegben** streaks in glass ; **vastag ~** heavy stratification

rétegeződési : ~ irány *(bány)* bord way; **~ sík** *(földt)* parting plane

rétegeződetlen agyaggörgeteg unstratified drift

rétegfej *(földt)* top, basset

rétegfelgyűrődés *(földt)* overlap(ping) fault

rétegfelhő stratus

rétegfelhőzet stratiform clouds

rétegforrás *(földt)* strata/joint/contact spring

réteghajlás *(földt)* bend of strata

réteghatás fringe effect

rétegirány *(bány)* course

rétegismétlődés vetődésnél *(földt)* duplication

rétegképződés *(földt)* stratification ; **~ völgyben** valley filling

rétegkibúvás *(földt)* exposure

rétegkimaradás *(vetődésnél ; földt)* omission of beds

rétegkitermelés *(bány)* slicing

rétegkitöltés *(bány)* bed charge

rétegkivékonyodás *(földt)* depositional termination

rétegközi : ~ ellenállás *(vill)* interlamination resistance ; **~ kapacitás** *(tekercsben ; vill)* layer-to layer capacity, inter-layer capacity

réteglapozódás *(földt)* cleavage foliation

rétegletakarítás *(bány)* baring

rétegleválás desquamation, scaling, slacking

rétegmegszakadás *(földt)* lost record

rétegminta *(bány)* channel sample ; *(ol)* zone sample

rétegmintázás *(ol)* zone sampling

rétegösszlet *(két vető közt ; földt)* block

rétegsík *(földt)* parting plane

rétegsor *(földt)* successive layers ; **~ folytonossági hiánya** nonsequence

rétegsorrend *(földt)* succession of strata; **~ben levő** interstratified

rétegsüllyedés *(bány)* sit

rétegszakadás *(földt)* solifluction

rétegszárny *(földt)* flank

rétegszélesség layer width

rétegszeletelés *(bány)* slice

rétegszerű *(bány)* tabular

rétegszint horizon

rétegszintmegállapítás *(földt)* *(geol)* stratigraphic datum

rétegszűrő pad filter

rétegtan *(földt)* stratigraphy

rétegtani : ~ megszakadás stratigraphic(al) break-down ; **~ nemegyezőség** nonconformity ; **~ profil** geological column ; **~ szint** stratigraphic(al) level

réteg-termisztor *(rád)* flake thermist

rétegtranzisztor junction transistor, pnp--transistor

rétegválások *(fa)* shakes

rétegvastagság thickness of a layer ; **festék** *v* **kence ~a** ful(l)ness

rétegvonal contour/level line ; **~ak felvitele** plotting of the levels ; **~ak szintkülönbsége** contour interval ; **~on vezet** lay out on the contour

rétegvonalas : geológiai ~ térkép structure contour map ; **~ térkép** contour chart/map

rétegvonaiterv contour plan

rétegvulkán normal cone

rétegzett *l* **rétegezett**

rétegződés *l* **rétegeződés**

retekszag *(dsv,vegy)* horse-radish odo(u)r

retesz *(ált ; gépt)* catch, bolt (pin), cotter, fastening, feather, finger, key, latch, lock ; *(hengeres)* quill ; *(fémáru)* hasp ; *(puskán)* lock ; *(ép)* shire, slip, lock, flap ; *(fa)* bar ; *(hidr)* gate ; **amerikai ~** changing latch ; **előtolást kikapcsoló ~** feed trip trigger ; **visszafutás elleni ~** *(em)* back stop

reteszel block, lock, bar ; *(ép)* hasp

reteszelés (inter)locking, blocking ; *(puskán)* locking ; *(vasút)* latching is; **elektromágneses ~** electromagnetic locking ; **villamos ~** *(vasút)* electric lock

reteszelésfeloldó jel *(távk)* release guard signal

reteszelési időtartam holding period

reteszelő *mn* locking, blocking; **~ alkatrész** locking piece ; **~ áramkör** *(telev)* holding circuit ; **elektromechanikus ~ berendezés** *(vasút)* electromechanical interlocking machine ; **~ elzáró gép** *(vasút)* electric interlocking machine ; **~ feltétel** *(számológépben)* hold-off condition ; **~ jelfogó** *(vill)* locking relay ; **~ készülék** *[véletlen kikapcsolás ellen]* release locking device ; **~ kondenzátor** *(távk)* stopping/blocking condenser ; **~ szerkezet** lock gear

reteszelőcsap index pin
reteszelődő jelfogó lock relay
reteszelődugasz *(távk)* locking-type plug
reteszelőjel *(távk)* blocking signal
reteszelőkar interlocking lever
reteszelőkilincs locking ratchet
reteszelőlap latch block
reteszelőlemez *(távk)* latch (block)
reteszelőmű *(távk)* interlocking system
reteszelőrugó *(távk)* detent spring
reteszelősor *(harisnyaszegélyen; kh)* anti-runback (course); anti-ladder course
reteszelt: ~ **jelfogó** interlocking relay; **villamosan ~ vágányútszakasz** *(vasút)* electric-locking section
reteszemeltyű lock(ing) lever
reteszes: ~ **sebességváltómű-vezérlés** gate-type gear control; ~ **zár** sliding trap
reteszfej *(forg)* dog head
reteszkallantyú retaining lever catch
reteszkiemelő *fn* lock lifter
reteszlemez cutoff plate
reteszrúd lock(ing) bar/rod
reteszsín *(vasút)* lock bar
retesztengely *(óra)* palette staff
retesz-zár latch lock, deadlock
réthasogató *fn* *(mzg)* grass comb; ~ **tárcsásborona** brushland disc harrow
rétiérc *(ásv)* meadow ore
retinalit *(ásv)* retinalite
retorta *(vegy)* retort, cornue; **szakaszos működésű** ~ discontinuous retort
retortaállvány retort stand
retortacement retort cement
retortacsoport *(gázgyárban)* retort set/bench
retorta-desztilláció *(vegy)* retorting
retortafedő *(vegy)* dome
retortahűtő retort condenser
retortakátrány retort tar
retortakemence retort furnace/oven
retortakoksz retort coke; *(olajból)* still coke
retortakokszolás cylinder coking
retortakő retort brick
retorta-maradék retort residue, bottoms
retortaszén gas/retort carbon
retortaszénégetés cylinder burning
retortatípusú tüzelőanyag-adagoló szerkezet retort type stoker
retortatöltő munkás retort filler
retrocesszió *(csill)* retrocession
Rettinger-féle törvény *(őrlési)* Rettinger's law
réttörő eke bogland plough
retusál retouch
retusálás retouch
retusáló *fn* retoucher
retusálószer retouching-medium
retusceruza *(fényk)* spotting pencil
retus-ecset *(fényk)* spotting brush
retusfesték *(fényk)* coccine
retus-festékanyag *(fényk)* retouching dope
retuslakk *(fényk)* litharge varnish
Reuleaux-féle tolattyú-diagram *(excenter-görbe meghatározásához)* Reuleaux valve diagram
Reuse-antenna pyramid/prism aerial
rév berth, road
reve *(oxidhártya)* oxide film, scale, scum, scorch, cinder; ~ **frissítéshez** *(koh)* refinery cinder
reveállóság *(koh)* resistance to scaling
revegyűjtő scale groove
revementes kilágyítás bright annealing
revementesítés *(koh)* clean pickle
reveréteg *l* **reve**
reveréteg-lepattogzás flaking
reverzáló reversible, reversing, return; ~ **duóállvány** *(heng)* reversible two-high rolls; **excenteres ~ vezérmű** eccentric motion reversing gear; ~ **fogaskerék(hajtás)** wheel reversing; ~ **hengerállvány** *v* **-sor** reversible mill; ~ **sebességváltó szekrény** return gear box; ~ **szerkezet** *(gépk)* throw-over gear
reverzált szellőztető *(bány)* inverted fan
reverzibilis reversible, convertible; ~ **folyamat** reversible process; ~ **kolloid** reversible colloid; ~ **körfolyamat** reversible cycle; ~ **permeabilitás** *(távk)* incremental/effective permeability; ~ **reakció** reversible reaction
reverzió *(gumi)* reversal of cure
revesedés *(fa)* dry rot in wood
revesedett fa brittle wood
revesedik *(fa)* rot, decay
revétlenít *(koh)* descale
revétlenítés *(koh)* descaling
revétlenítő: ~ **hengermű** descaling mill; ~ **kemence** wash heating furnace
revétlenítőmunkás *(heng)* cropman
revetörő *fn* scale breaker
reveüreg scale groove
reveveszteség *(heng)* scaling loss
révgát *(hidr)* jetty
révház ferryhouse
révidő *(hajó)* tide hour
revízió *(nyomda)* revise
révkalauz *(hajó)* pilot; **csak ~zal járható vízszakasz** pilot fairway; ~ **hívójele** *(hajó)* pilot signal; ~ **iránypontjai** navigator fixes; ~ **jelzőlámpája** *(hajó)* pilot lamp
révkalauztérkép pilot chart
révkapitány port captain
revolverdob drum
revolverélező gép *(cipő)* revolver skiving machine
revolvereszterga turret/capstan lathe; **automata ~** automatic turret lathe; ~ **rögzített revolverszánja** capstan; ~ **rögzített revolverszánnal** capstan lathe; ~ **síktárcsás befogó fejjel** flat turret lathe; ~ **szerszámfeje** *v* **forgófeje** turret
revolverfej capstan, turret; ~ **alacsony csúszószánja** capstan saddle; **dobtípusú ~** drum-type turret head; ~ **egyes állásai** *(különféle műveleteknél)* turret station; ~ **felső csúszószánja** capstan slide; **hatszögletű ~** hexagon turret head; **négyszögletű ~** square turret head; ~ **nyelve** *(tex)* box blade; **rögzített ~ csavarja** capstan screw; **rögzítettszános ~** capstan head; ~ **szánja** capstan
revolverfejállító kézikerék pilot wheel
revolverfejes tárgylencsecserélő *[mikroszkópon]* revolving objective changer
revolverfej-leállító turret stop
revolverfej-rögzítés turret clamping
revolverfej-szán turret slide/saddle; **vonócsavarja** capstan screw
revolverfej-ütköző turret stop
revolverfiók *(szövőszéken)* revolving box of loom
revolverláda *(tex)* circular box
revolver-számozókalapács revolving figure marking hammer
revolverszánelőtoló küllőskerék turnstile
revolverváltós szövőgép circular/revolver box loom
révtiszt berthing master
réz copper; **bevonás ~zel** coppering; **elsőosztályú finomított ~** best-selected copper; ~ **gyűjtősín** *(vill)* copper bus (bar); ~ **lyukbélés** *(óra)* brass bush
réz- copper, brazen
rézacetát cupric/copper acetate
rézammóniák-selyem copper rayon, Pauly/cuprammonium silk
rézarzenit *(ásv)* *l* **trippkeit**
rézaventurin *(ásv)* copper aventurine
réz-azbeszt hengerfejtömítés *(gépk)* copper and asbestos gasket
rézbányit *(ásv)* rezbanyite
rézbársonyérc *(ásv)* *l* **kalkotrichit**
rézbevonás copper plating
rézbevonat copper plating
rézbevonatú acél copper-clad steel
réz-cink: ~ **elem** copper zinc cell; ~ **keményforrasz** copper-zinc solder
rézcsapágypersely brass bush
rézcsévére csévélt pamutvetülékfonal *(csipkeiparban)* brass-bobbin yarn
rézcsillám *(ásv)* *l* **kalkofillit**
rézcsillapítás *(vill)* copper damping
rezeda-olaj reseda oil
rezeg oscillate, vibrate, tremble, chatter, flutter, quiver; *(forg)* chatter
rezegtető *fn* vibrator, oscillator
rézel *(követ élez)* pitch
rézérchulladékbrikett *(koh)* blue billy
rezerválás *(tex)* resist printing
rezerváló keverék *(tex)* discharge for dyes
rezervalónyomás *(tex)* reserve style
rezerválópép *(marató nyomásnál; tex)* resist paste
rezerva-nyomás *(tex)* resist printing
rezervátum area for reservation, nature reserve, protection of natural amenity
rezerv-nyomás *(tex)* resist/cover printing
rezervoár reservoir, tank, basing
rezeskő *(koh)* copper matt/fur
rézeső *(koh)* copper rain
rezez copper (plate)
rezezés copper plating
rézferrocianid cupric ferrocyanide
rézfinomítás copper refining
rézforrasz brazing/brass solder
rézforrasztás brazing, copper brazing
réz-forrasztópáka soldering iron for plumbers
rézfúvóhangszer brass wind instrument
rézfüst copper smoke; *(lemez)* copper German foil
rézgálic blue copperas/vitriol, bluestone; *(ásv)* *l* **kalkantit**
rezgés vibration, oscillation, chatter, quiver, flutter; *(motoré)* rattling; *(fűrészé)* wobble; *(szerszámé)* chatter(ing); *(mech)* vibration, swing(ing); **~ek csatolt áramkörben** oscillations in coupled circuits; **egy teljes ~** cycle; ~ **elleni rugó** *[rudazat csörömpölésének megakadályozására; gépk]* anti-rattle spring; **~eket gerjesztő áramkör** oscillating circuit; **hajlító ~** bending vibration; ~ **leszakadása** *(rád)* failure of oscillation; **~ben levő vevő** *(rád)* blooper;

villamos ~ electric oscillation ; visszafelé haladó ~ *(távk)* back oscillation
rezgésálló vibration-proof
rezgésállóság *(mech)* vibration strength
rezgésamplitudó amplitude of vibration/oscillation
rezgésátalakító *(hangt)* transducer ; ~ **elnyelési vesztesége** transducer dissipation loss ; **frekvencia-független** ~ all-pass transducer
rezgéscsillapító *fn* vibration absorber/damper ; *(gépk)* *l* **torziós rezgéscsillapító** ; ~ **berendezés** *(mech)* anti-vibration device ; ~ **cső** *[abszorpciós modulálásnál]* losser tube ; **dinamikus** ~ dynamic balancer
rezgéscsomópont nodal point of vibration
rezgésegyenirányító *fn* oscillation detector
rezgéselfojtó tekercs *(rád)* oscillation suppressor
rezgésellenállás *(anyagv)* vibration strength
rezgéselnyelő *fn* oscillation absorber
rezgéserősítő egység oscillator amplifier unit
rezgésfrekvencia oscillating frequency
rezgésgátió : ~ **ágyazás** *v* **szerelés** anti-vibration mounting ; ~ **betét körfűrészen** anti-vibration packing ; ~ **rugó** *[jelfogón]* anti-chatter spring ; ~ **talp** *(rád)* cushioned socket ; ~ **tekercs** *(rád)* oscillation suppressor
rezgésgenerátor driver
rezgésgerjedés *(rád)* build-up process
rezgésgerjesztő *fn* oscillator ; ~ **(generátor)cső** *(rád)* generating tube ; ~ **transzformátor** oscillation transformer
rezgéshullám átfutási ideje *(met)* travel time
rezgési : ~ **ábrák** *(hangt)* vibration patterns ; ~ **amplitudó** *v* **kilengés** amplitude of oscillations ; ~ **csomópont** *(hangt)* node ; ~ **csomópontok síkja** nodal plane ; ~ **csomópont-indikátor** *(rád)* nodalizer ; ~ **energia** *(at)* vibrational energy ; *(rád)* oscillation energy ; ~ **folyamat** vibration/oscillating process ; ~ **impulzus** *(mech)* vibratory impulse ; ~ **kapacitás** *[kristályé]* motional capacity ; ~ **mód** *(távk)* oscillation/vibration mode ; ~ **mód szerinti frekvenciaszétválasztás** *(magnetronban)* mode-frequency separation ; ~ **színkép** vibrational spectrum
rezgésidő period/duration of oscillation
rezgésindikátor *(rád)* probe valve
rezgésjelző *fn* wave/oscillation detector ; ~ **készülék** oscillograph, vibrograph
rezgéskeltés excitation of oscillations
rezgéskeltő *fn* *(távk)* vibrator, oscillator; ~ **cső** *(rád)* oscillator tube/valve
rezgéskép *(hangt)* vibration pattern
rezgésmegindulás folyamata *(rád)* build-up process
rezgésmentes anti-vibrating, vibrationless ; ~ **csőfoglalat** *(rád)* cushion socket ; ~ **járás** *(gépt)* vibrationless operation
rezgésmentesítő huzalok *(rep)* anti-flutter wires
rezgésmérő *fn* *(földt)* vibration measurer; *(vill)* vibrometer
rezgésmódok szétválasztása *(magnetronnál)* separation of mode frequencies
rezgésmutató *fn* cymoscope
rezgéspár oscillation pair
rezgésperiódus oscillating vibration period
rezgésszám frequency
rezgésszám-állandósító *fn* frequency stabilizer
rezgésszámkettőző *(rád)* frequency doubler
rezgésszámláló *fn* oscillating meter
rezgéstartam duration of oscillation
rezgéstörő közeg refracting medium
rezgésvizsgálat vibration test
rezgetés vibration testing
rezgő vibratory, oscillatory, oscillating, vibrating ; ~ **adagoló** jigging feeder ; ~ **áramkör** oscillatory circuit; ~ **átalakító** *(rád)* vibrator ; ~ **érintkezőnyelv** *(vill)* whip ; ~ **erőtér** *(vill)* oscillating field ; ~ **galvanométer** vibration galvanometer ; ~ **kaparó** *(pa)* vibrating doctor ; ~ **kés** *v* **penge** *(tex)* vibrator ; ~ **membrán** vibrating diaphragm ; ~ **mozgás** oscillatory motion ; ~ **nyelv** *(vibrátorban)* vibrating reed ; *[hangszeren]* reed ; ~ **osztályozó** *(pa)* oscillating strainer ; ~ **övezet** *(vill)* oscillatory zoning ; ~ **szín** vibrant colo(u)r ; **villamos** ~ **adagoló** electro-vibrating feeder
rezgőhengeres festéktovábbító *(nyomda)* vibrator roller
rezgőkör oscillating circuit ; *(párhuzamos rezonanciájú)* anti-resonant circuit, rejector ; *(soros rezonanciájú)* resonant circuit, acceptor ; ~ **sávszélessége** circuit band width
rezgőkör-állandó *(rád)* oscillation constant
rezgőköri: ~ **impedancia** loop impedance; ~ **kondenzátor** *(rád)* tank capacitor ; ~ **(ön)indukció** *(rád)* tank inductance; ~ **tekercs** *(távk)* tuning coil
rezgőkör-kondenzátor *(vill)* tank condenser
rezgőkúp *(hangtölcser)* vibrating cone
rezgőmegszakító *(rád)* vibrator
rezgőnyár *(faanyag)* aspwood
rezgőnyelves : ~ **csengő** *(vill)* trembler bell ; ~ **fordulatszámmérő** *(távk)* vibrating-reed tachometer ; ~ **frekvenciamérő** vibrating-reed instrument, snap frequency meter ; ~ **hangszóró** moving-armature loudspeaker ; ~ **indikátor** *(vill)* visual reed-indicator ; ~ **megszakító** trembler ; ~ **periódusmérő** *(vill)* vibrating-reed instrument
rezgőpenge *(tex)* fly/stripping comb/rail, stripper (bar)
rezgőszelepes torlósugármotor *(rep)* pulse/resonance jet, intermittent ram-jet
rezgőtömeges gyorsulásmérő mass-plug accelerometer
rezgőtű *(rád)* vibrating pin ; *(tex)* bouncing pin
rézgranália *(koh)* bean shot
rézház copper case
rézhengermű copper mill
reziduális residual ; ~ **anyag** *(földt)* residual clay ; ~ **hegy** residual mountain ; ~ **szekunder emisszió** *(rád)* residual secondary emission ; ~ **üledékes telep** residual deposits
reziduum *(lepárlási)* residue, residuum
rezinát resinate, rosinate
rezinol resinol
rezisztancia *l* **ellenállás**
rézkalapács copper hammer
rézkarbonát *(bázisos)* (basic) cupric carbonate
rézkarc copper engraving/etching
rézkarcnyomó papír copper-plate printing paper
rézkarcoló *fn* etcher
rézkarcpapír copper-plate printing paper
rézkarctű style, round engraver
rézkéreg copper shell
rézkeresztmetszet : **szükségnél kisebb** ~**tel szerelt** *(vill)* undercoppered
rézkitöltési tényező *(vill)* copper space factor
rézklisé *(nyomda, tex)* copper plate block
rézklorid cupric chloride
rézklorűr cuprous chloride
réz-konstantán hőelem copper-constantan thermocouple
rézkopás *(forgókeféknél)* copper picking
rézkovács coppersmith, brazier
rézkovácsműhely coppersmith's shop
rézkovand *(ásv)* *l* **kalkopirit**
rézkőolvadék concentrated matte
rézkőpörkölő *fn* copper metal calciner
rézlazúr *(ásv)* azurite
rézlemez copper sheet plate
rézlemezes egyenirányító copperplate rectifier
rézlemezpróba *(benzin kénmentességére)* copper-strip test
rézleoldó fürdő debrassing bath
rézmélynyomó papír photogravure paper
rézmentesít decopper
rézmetszés chalcography
rézmetszet copper engraving
rézmetsző *fn* engraver
rézműselyem cuprammonium silk
rézműves brazier
rézművesáru brazier's ware
réznitrát cupric nitrate
réznyomat copperplate
réznyomó papír copper plate paper
rézolvasztás copper smelting
rézolvasztó : ~ **aknáskemence** copper blast furnace ; ~ **üzem** brass works
rezonál resonate
rezonáló resonant, sonorous, resonating; ~ **antenna** resonant aerial ; **kettőzötten** ~ double-resonator ; ~ **tápvonal** *(rád)* resonant line ; ~ **tápvonalas csatolás** *(távk)* resonant line coupling/matching
rezonancia resonance ; *(rád)* syntony is ; **akusztikus** ~ acoustic resonance ; ~ **a csigában** *(hangt)* cochlear resonance; ~ **(hullámhossz)tartománya** range of resonance
rezonanciaállandó *(rád)* resonance constant
rezonanciaállítás resonance adjustment
rezonanciaáramkör *(rád)* resonant circuit
rezonanciabefogás *(at)* resonance capture
rezonanciacsúcs *(rád)* resonance resonant peak
rezonanciadoboz *(hangszeren)* sound box
rezonanciaélesség *(hangt)* sharpness of resonance
rezonanciaellenállás resonance resistance
rezonanciaelvű frekvenciamérő *(rád)* resonance-frequency meter
rezonanciaerő *(kvantummechanikában)* resonance force

rezonanciafojtós impulzuskeltő resonance charging modulator
rezonancia-frekvencia resonant/resonance frequency
rezonanciagörbe resonance curve/characteristic ; ~ **alsó oldalrészei** skirt ; ~ **púpja** *(rád)* hump
rezonanciahatás resonance effect
rezonanciahíd *(rád)* resonance bridge
rezonanciahurok *(távk)* resonance loop
rezonanciajelenség *(rád)* resonance effect
rezonanciajelző *v* **-indikátor** *(rád)* resonance indicator ; *(oszcillátorvizsgálathoz)* reaction indicator
rezonanciakiszélesedés *(szink)* resonance broadening
rezonanciakör : **párhuzamos** ~ *(rád)* anti-resonant circuit
rezonanciapont *(gépt)* vibration point ; *(csatolt rezgéseké)* resonance point
rezonanciarelé behangolt rezgőnyelvvel *(rád)* tuned-reed relay
rezonanciarés *(hangolóűrnél)* resonant window
rezonancia-rezgésszám resonance frequency
rezonanciás : ~ **áramfokozás** resonant current step-up ; ~ **eljárás** resonance method ; ~ **erősítő** resonance amplifier ~ **feszültségnövelés** resonant voltage step-up ; ~ **(gerjesztésű) sugárzás** resonance radiation ; ~ **hullámmérő** resonator (wavemeter) ; ~ **magbehatolás** *v* **magpenetráció** *(at)* resonance penetration
rezonanciatápvonal *(rád)* resonant line
rezonanciatöbbszörös kiemelési arány rezonanciánál *(rád)* resonance ratio
rezonáns resonant ; ~ **áramkör** *(rád)* resonant circuit ; ~ **áramkör egyenértékű ellenállása** resonant resistance ; ~ **ellenállás** *(távk)* resonant resistance ~ **frekvencia** resonant frequency ; ~ **kamra** *(rád)* resonant chamber ; ~ **kör** *(távk)* resonant circuit ; ~ **tápvonalas oszcillátor** *(távk)* resonant-line oscillator
rezonátor resonator ; **akusztikus** ~ acoustic resonance device ; ~ **ismételt áthaladással** *(távk)* re-entrant resonator ; **mesterséges visszhangot keltő** ~ echo box
rezonátorkvarc *(rád)* quartz resonator
rezonátoros szűrő *(távk)* resonator-tuned filter
rezonátor-rács *(klisztronban)* cavity grid
rezonátorsíp diaphone
rezorcin *(vegy)* resorcinol
rezorcinát robbantótöltény *(bány)* resorcinate explosive cartridge
rézoxid copper/cupric oxide
rézoxidammónia cuprammonium, copper ammonia, ammoniacal copper oxide
rézoxidammóniák *l* **rézoxidammónia**
rézoxidammónia-műszál cuprammonium rayon fibre
rézoxidammónia-selyem cuprammonium rayon/silk
rézoxid-cella *(vill)* cuprous oxide cell
rézoxid-egyenirányító *(vill)* cuprox rectifier
rézoxidselyem copper rayon, cuprammonium (silk), cuprammonium filament yarn
rézoxidszálhúzás *(tex)* cuprammonium spinning
rézoxidul cuprous oxide
rézöntő copper founder
rézpác copper mordant
rézpácfolyadék *(koh)* dipping liquid for brass
rézpala copperschist
rézpogácsa copper cake
rézpróba copper assay
rézrozsda green spot, aerugo
rézrubinüveg copper ruby glass
réz-selyem cuprate silk
rézszalag hengerkötegben sheet in rolls
rézszám copper number/ratio/value/coefficient/index
rézszegecselésű fahajó copper-fastened boat
rézszulfát cupric sulfate
rézszulfid cupric sulfide
rézszulfid-egyenirányító *(vill)* copper sulfide rectifier
rézszurokérc *(ásv)* copper pitch ore
réztányér cinelli
réztartalmú homok copper sand
réztelenít decopper
réztisztító berendezés *v* **fürdő** *(fémbevonatkészítésnél)* *(koh)* brass-pickling plant
réztok copper case
réztüske *(koh)* copper thorn(s)
rézuráncsillám *l* **torbernit**
rézüstműhely coppersmith's shop
réz-üvegzár *(forrasztással)* copper-glass seal
rézveszteség *(vill)* copper loss
rézvirág *(ásv)* *l* **kalkotrichit**
rézvitriol copper vitriol
rézzöld *(ásv)* *l* **krizokolla**
rézselő : ~ **fűrészláda** mitre box ; ~ **gyalulláda** mitre plane box
rézselőfűrész mitreing saw
rézselőláda mitre-box gib
rezsiköltség factory overhead
rézsmérő műszer inclinometer
rézsszorító *fn* mitre clamp
rézsútol *(fa)* bevel away ; ~**va farag** *(fát)* bevel away
rézsútos inclined, bevel(l)ed, oblique, raking, (a)skew ; ~ **füstjárat** inclined flue ; ~ **rétegeződés** *(földt)* current bedding
rézsútosság bevel, obliquity
rézsútvágó gép *(gumi)* bias cutter
rézsű bank, batter, declivity, tilt, slope, ramp ; *(földt)* splay ; *(hidr)* bank slope ; ~ **fala** *(bány)* slope wall ; ~ **hajlásszöge** angle of bank ; ~**t készít** slope ; ~ **lejtőszöge** *(bány)* slope gradient ; **víz felőli** ~ *(hidr)* back of dam
rézsűállékonyság stability of slope
rézsűbiztosítás *(hidr)* bank protection
rézsűbiztosító kőrakás talus
rézsűborítás lining of slope
rézsűburkolás *(hidr)* pitching
rézsűcsúszás slope failure ; **alámetsző** ~ *(ép)* base failure
rézsűhajlás bank slope
rézsűhajlásszög *(bány)* slope
rézsűhossz *(bány)* slope distance
rézsűlábazati támfal toe wall
rézsűlépcső *(hidr)* bench
rézsűlevágás slope cutting
rézsűpad *(hidr)* bench
rézsűs bevel(l)ed ; ~ **tetejű** *(ép)* weathered ; ~ **tömedékeléses fejtés** *(bány)* inclined cut-and-fill stoping
rézsűszög : **természetes** ~ *(ép)* angle of repose, slump angle
rézsűzés : **meredek** ~ *(földt)* escarpment
rézsűzőgép slope grader
rézsűzőgyalu chamfering hob
rézsvágó fűrész mitreing saw
rhaeti emelet *(földt)* Rhaetian stage, Rhaetic series
rhagit *(ásv)* rhagite
rhe *(folyékonysági CGS-egység)* rhe
rH-érték rH-value
rhodicit *(ásv)* rhodizite
rhodit *(ásv)* rhodite
rhoduzit *(ásv)* rhodusite
R-hullám *(földt)* Rayleigh wave, R-wave
riadócsengő signal alarm bell
riakolit *(ásv)* rhyacolite, ice spar
riaszt alarm, warn
riasztás alarm, warning ; **késleltetett** ~ deferred action alarm
riasztási impulzus *(rád)* emergency-switch pulses
riasztó : ~ **áramkör** alarm circuit ; ~ **berendezés** alarm system ; ~ **biztosító** *(vill)* alarm fuse ; ~ **jelfogó** alarm relay ; ~ **nyomásmérő** alarm manometer ; ~ **szolgálat** warning service ; **szünetáramú** ~ **berendezés** closed alarm system
riasztócsengő signal alarm bell
riasztójel alarm signal
riasztójelzés alarm
riasztólámpa *(vill)* alarm/signal lamp
riasztópecek *(távk)* alarm stud
riasztószekrény alarm box
riasztószerek *(mzg)* repellants
riasztóvevő *(rád)* warning receiver
ribóz *(vegy)* ribose
riccelés *(csíkbemetsző vizsgálat ; pa)* strip score test
riccelőgép *(talpbélésrovátkázó gép ; cipő)* insole flexing machine ; *(bevágó gép ; nyomda)* scratching machine
Richardson-féle tüzelés trickle furnace
richterit *(ásv)* richterite
„richtplatni" *(gépt)* surface plate
ricinoleinsav ricin(ole)ic acid
ricinolsav ricinoleic acid
ricinus ricin
ricinusolaj castor oil
rideg brittle, short, rigid, friable, inductile ; ~ **ásványok** *(ásv)* anti-stress minerals ; ~ **ezüstérc** *(ásv)* *l* **stefanit** ; ~ **lakkbevonat** *(anyagv)* brittle coating ; **nem** ~ tough, non-rigid ; ~ **szén** short coal
ridegedés embrittlement
ridegít *(koh)* embrittle
ridegség brittleness, rigidity ; **lúg okozta** ~ caustic cracking/embrittlement ; ~ **meleg állapotban** hot-short ; **pácolás** *v* **savas maratás utáni** ~ acid brittleness
riebeckit *(ásv)* riebeckite
Riemann-integrál definite integral
rigolén rhigolene
rikácsoló hang *[hangszóróban]* squawk
rinfúza in bulk
rinfúzalap *(vasút)* grain door
ringató higanycella pressure displacement cell
ringliszíj *(fűzőkarikaszíj)* eyelet strap ; **belső** ~ *(cipő)* inside facing
rinkit *(ásv)* rinkite
riolit *(földt)* rhyolite, rhyolith
riolitporfír *(földt)* rhyolith/rhyolite porphyry
ripacs *(bőr)* pitting
ripidolit *(kőz)* ripidolite

riponit *(ásv)* riponite
ripsz *(tex)* rep(p), rib fabric/cloth ; **kettős ~** *(tex)* double rib
ripszkötés *(tex)* rib weave, repp construction/weave, cord structure
ripszkrepp *(tex)* ribbed granite
ripsz-szalag corded silk ribbbon, gros grain
ripszszalagszegés *(cipőn)* stitch bound
ritka *(szövési hiba)* hungry ; **ritkább ásványok** minor minerals ; **~ beállítás** *(tex)* clear set, open setting ; **~ beállítású szövet** low-count cloth ; **~ fogú fűrész** rack saw ; **~ forgószálas kötés** *(tex)* open leno weave ; **~ föld** *(vegy)* rare earth ; **~ földfémek keveréke** *(koh)* misch-metal ; **~ lánc (fonal)** *(tex)* clearly set warp ; **~ láncfonalbeállítás** *(tex)* clear set of warp threads ; **~** *(üres)* **nyersbőr** empty hide ; **~ platinaosztás** *(kh)* coarse pitch ; **~ szövésű** sleazy ; **~ szövet** *(tex)* cloth without cover, flimsy/bare cloth ; **~ szűrő** loose filter
ritkít rarefy, attenuate ; *(fa)* light ; **sorokat** *v* **szedést ~** *(nyomda)* space/white (out)
ritkítás rarefaction ; *(fa)* light felling ; **~ nélküli** *(nyomda)* unspaced
ritkított : ~ erdőállomány selection forest ; **erősen ~ szedés** open matter ; **~ levegő** rarefied air ; **~ szedés** *(nyomda)* leaded matter
Ritter-Kellner-eljárás *(pa)* Ritter-Kellner process
rittingerit *(ásv)* rittingerite, xanthoconite
rituális vágás *[bőrön]* cut throat
rivalda *(ép)* proscenium
rivaldafény limelight, footlamp, footlight
rivaldalámpasor hanging battens
rizalit *(ép)* projection, batter
rízshántoló *fn* rice huller
rízskeményítő rice starch
rizskorpa rice meal
rizskorpa-olaj rice bran oil
rizsliszt rice meal
rizsma *(480 és 500 ív, 20 × " 30" ; pa)* ream ; *(516 lappal ; pa)* perfect
rizsmacsomagolás *(pa)* wrapping in reams
rizsmacsomagoló *(pa)* ream wrapper ; **~ papír** ream-wrapper paper
rizsmapapír ream paper
rizsmasúly *(pa)* ream weight
rizsmasúlymérleg *(pa)* demy scale
rizsmavágó gép *(pa)* ream guillotine
rizspapír rice paper
rizsszalma rice/paddy straw
rizsszalma-cellulóz *(pa)* rice pulp
rizsszalma-könyvtábla straw board
rizsszalmaraktár *(pa)* rice-straw store
rizsszem-termisztor *(rád)* bead/rice thermistor
R-letapogató *(pontos távolságindikátor)* R-scan
ró *(ép)* notch
robban explode, burst ; **nem ~** *(bány)* misfire
robbanás explosion, detonation, burst, blast ; *(nyomótartályé)* blow-out ; **~ erejét csökkentő keverék** deflagrating mixture ; **~ hatása** burst effect ; **~ hatóköre** explosive distance
robbanásbiztonság *(bány)* permissibility
robbanásbiztos explosion-proof ; **~ felszerelés** *(bány)* approved apparatus ; **~ kábel** *(bány)* explosion-proof cable, approved cable ; **~ kapcsoló** explosion-proof switch ; **~ szűrőtölcsér** explosion-proof strainer
robbanás-ellenálló blast-proof
robbanásfokmérő tű *(gépk)* bouncing pin
robbanási : ~ (elegy)tartomány explosive range ; **~ fészek** seat of explosion; **~ határok** explosive limits ; **~ hatásfok** burst effect ; **~ hő** heat of explosion ; **~ hullámlökés** shock wave ; **~ központ** seat of explosion, burst centre ; **~ kúp** cone of burst ; **legelőnyösebb ~ térköz** best distance of burst ; **~ léghullám** air blast ; **~ légnyomás** blast pressure ; **~ pont** hot point ; **~ tölcsér** hollow ; **~ töménységi viszony** explosion ratio ; **~ utógázok** aftergases ; **~ ütem** firing stroke
robbanásveszély explosion risk
robbanékony explosive
robbanékonyság explosiveness ; **~ot csökkentő adalék** stabilizer, deflagrant
robbanó *mn* detonating ; *(lövedék stb)* high-explosive, H. E. ; **~ keverék** detonating composition ; **~ keverék aránya** explosion ratio ; **~ lövedék** explosive bullet ; **nem ~** inexplosive ; **~ zselatin** blasting gelatine
robbanóanyag explosive (compound), blasting material ; **~ hatóereje** power of an explosive ; **~ nyirkosodása** *(bány)* fouling
robbanóanyagcsille *(bány)* powder car
robbanóanyagfogyasztás explosive consumption
robbanóanyagkezelő *(bány)* powderman
robbanóelegy explosive mixture
robbanófej warhead
robbanógáztöltet charge
robbanógél *(bány)* gelatin(e) explosive
robbanógránát percussion shell
robbanóhatás explosive action
robbanókamra explosion chamber ; *(bány)* bursting chamber
robbanómotor *l* **belsőégésű motor**
robbanónyomás bursting pressure
robbanóolaj *[nitroglicerin]* explosive oil
robbanópapír blasting paper
robbanópont : ~ lövőtávolsága range of burst centre ; **~ magassága** bursting altitude
robbanószegecs explosion rivet
robbanószer *l* **robbanóanyag**
robbanótér explosion/combustion chamber/space
robbanótöltény detonating cartridge
robbanótöltet explosive/bursting charge
robbant detonate, burst, blast, blow up ; *(bány)* shoot, blast, fire ; **aknát ~** spring ; **fojtással ~** adobe
robbantás blast, burst, shot, explosion ; **~ kőbányában** quarry blast ; **~ kőzethézagokban** bulling ; **~ levegőben** air burst ; **villamos ~** electric firing
robbantási : ~ időszak shooting time ; **~ kráter** *v* **kémény** *(bány)* explosion funnel ; **~ nyílás** explosion vent ; **~ tölcsér** explosion funnel
robbantó *mn* firing, detonating, exploding ; *fn* blaster ; **~ áramkör** detonator circuit ; **~ felszerelés** *(bány)* blasting gear ; **~ fúrólyuk** *(bány)* make hole ; **~ kapcsoló** blasting switch ; **~ készülék** blaster ; **~ távolság** burst range
robbantóanyag *l* **robbanóanyag**
robbantófurat mine
robbantógép *(bány)* blasting machine ; **villamos ~** electrical exploder
robbantógyújtó exploder
robbantógyutacs primer cap, detonator ; **villamos ~** electric detonator, electric blasting cap
robbantógyutacslyuk *(bány)* vent
robbantóhüvely : (folyékony) szénsavas ~ cardox
robbantókészség blasting supplies
robbantólőpor blasting powder
robbantólövés *(bány)* shot
robbantólyuk blast hole ; **fejtési lépcsőbe függőlegesen fúrt ~** *(bány)* bench hole ; **~ (fenék)bővítése** chambering ; **főtébe fúrt ~** *(bány)* back hole
robbantólyukfúrás blast/shot hole drilling
robbantólyukfúró *(bány)* blast hole drill
robbantómunka blasting operation
robbantópont shot point ; **~nál elhelyezett geofon** shot point seismometer
robbantópontmagasság height of burst
robbantószer *l* **robbanóanyag**
robbantótöltény blasting cartridge
robbanótöltet blasting charge ; **~ szerelése** *(bány)* composition of the charge
robbantózsinór detonating cord
Robinson-féle : ~ iránymegállapító rendszer *(rád)* Robinson direction-finding system ; **~ kanalas szélsebességmérő** *(met)* Robinson cup anemometer
robogó *(mkpár)* scooter ; **~ felbillenthető burkolata** tilting cowl (of a scooter)
robotpilóta *(rep)* automatic (gyro)pilot
roburit *(vegy)* roburite
Rockwell-féle keménységmérő *(anyagv)* Rockwell hardness tester
Rockwell-keménység *(anyagv)* Rockwell hardness
Rocky-Point effektus flash-arc
rocska tub
ródalás *(reszelőn)* cut, file stroke ; **durva ~** coarse cut
rodalit *(ásv)* rhodalite
rodánammónium *l* **ammóniumrodanát**
rodanát rhodanate, rhodanide, sulfocyanate, sulfocyanide, thiocyanate, thiocyanide
rodanid *l* **rodanát**
rodánkálium *l* **káliumrodanát**
rodanometria *(vegy)* rhodanometry
rodát rhodate
rodinal Rodinal, Ursol P, p-aminophenol
ródium *(vegy)* rhodium ; **~ tartalmú** *(ásv)* rhodian
rodofillit *(ásv)* rhodophyllite
rodokrom *(ásv)* rhodochrome
rodokrozit *(ásv)* rhodochrosite
rodolit *(ásv)* rhodolite
rodotilit *(ásv)* *l* **inesit**
roepperit *(ásv)* roepperite
rogyási szilárdság *(mech)* resistance to collapse, collapse strength
rohamlétra scaling ladder
rohammunkás shock worker
rohamrepülés attack aviation
rojt purl, tust, tassel
rojtkészítő *fn* carpet fringer

rojtos fuzzy ; ~ **paszományáruk** rillings, espiguillas
rojtoz fringe
rókafarkfűrész fox/sweep/hand saw ; ~ **gerinccel** back saw
rókalyuk refuge hole ; *(bány)* dog heading ; *(hidr)* piping
rókaprém *(bőr)* fox
rókatorok *(koh)* baffle, flue/chimney neck, furnace throat ; ~ **por ülepítéséhez** dust flue
rokka *(tex)* spinning wheel, distaff
rokokó stílus *(ép)* Rococo style
rokon eljárás analogous/kindred process
rokonság : kémiai ~ chemical affinity
roletta *(ép)* blind
rolettaszövet window-shade
„rolizás" *(óra)* roll
rolló *(ajtó helyett, csukott gépkocsin)* shutter
római : ~ **kamillaolaj** Roman chamomile oil ; ~ **tetőlejtés** *(ép)* Roman pitch ; ~ **timsó** *(vegy)* Roman alum
román *[stílus ; ép]* Romanesque
románcement parker's/Roman cement
román-kád Roman bath
romanzovit *(ásv)* romanzovite
romanyagfelhasználás rubble utilization
rombdodekaéder *(ásv)* rhombododecahedron
rombikus rhomboidal
romboéder rhombohedron
romboéderes rhombohedral ; ~ **hemiéderes kristályosztály** *l* **trigonális szkalenoéderes** ; ~ **kristályosztály** rhombohedral class ; ~ **tetartoéderes kristályosztály** *l* **romboéderes**
romboedrikus rhombohedral
romboid rhomboid
romboklász *(ásv)* rhomboclase
rombos rhomboidal ; *(ásv)* orthorhombic ; ~ **bipiramisos kristályosztály** rhombic-dipyramidal class ; ~ **biszfenoides kristályosztály** rhombic-disphenoidal class ; ~ **cukorka** *v* **gyógyszer** lozenge ; ~ **piramisos kristályosztály** rhombic-pyramidal class ; ~ **tábla** lozenge ; ~ **tengelykereszt** *(ásv)* orthorhombic crystal axes
rombtizenkettős rhombic dodecahedron
rombusz *(mat)* rhombus ; ~ **alakú** diamond-shaped ; ~ **alakú barka** *(bőr)* lozenge-shaped grain ; ~ **alakú lap** *(ásv)* lozenge ; ~ **alakú minta** *(tex)* diamond (pattern/work), lozenge motive/effect
rombuszantenna rhombic antenna/aerial ; *(vízszintes)* diamond antenna
rombuszélű reszelő lozenge file
rombuszléc *(ép)* lozenge moulding
rombuszmetszetű antenna diamond antenna
rombuszmintás : ~ **kötés** *(kh)* diamond work/weave ; ~ **üveg** lozenged glass
romeit *(ásv)* romeite
romeltakarítás debris-clearing work
romenád *(ép)* cradle
romlásálló incorruptible
romlásellenálló képesség *(élip)* incorruptibilty
roncs wreck, debris
roncsolás destruction ; *(vegy)* decomposition ; *(szenesítés)* charring ; **intenzív mélyreható** ~ deep decomposition
roncsolásmentes *[vizsgálat]* non-destructive ; ~ **anyagvizsgálat** non-destructive testing
roncsolóanyag-vizsgálat destructive test(ing)
roncsolócsésze *(vegy)* ashing dish
roncsolóhatás destructive effect
roncsszállító tehergépkocsi breakdown lorry ; breakdown truck *(US)*
rond-betűtípus ronde
rondella *(alak)* slug
rondírás roundhand, ronde
rondíró toll roundhand pen
rondító *(bány)* impurities
rondítótartalom *(bány)* impurity content
rondított impure ; ~ **szén** impure coal
rondítóválogatás *(bány)* impurities picking
rondtoll round steel pen
rongalit *(vegy)* rongalite
rongálódás impairment, damage
rongy rag, rug, scrap ; *(pa)* (old) rags ; *(tisztító)* dud
rongyanyag *(pa)* (paper) rags
rongy-biblianyomó papír rag Bible paper
rongycellulóz *(pa)* rag pulp
rongycséplő gép *(pa)* rag thrasher
rongy-csomagolópapír rope wrapping paper
rongyfarkasoló *(pa)* railroad duster ; ~ **gép** *(pa)* willow machine
rongy-félanyag *(pa)* rag halfstuff, rag pulp/stock, first rag pulp
rongyfélanyag-hollandi *(pa)* rag engine
rongyfeldolgozó berendezés *(pa)* apparatus for the treatment of rags
rongyfoszlató hollandi *(pa)* rag cylinder
rongyfőző *(pa)* rag boiler
rongygyűjtő *(pa)* ragman
rongyhollandi *(pa)* rag breaker
rongyhulladék *(tex)* shreds, frippery, rag
rongykád *(pa)* rag tub
rongykalander rags calender
rongykeverék *(pa)* rag mix
rongy-kondenzátorpapír rag condenser tissue paper
rongykorong rag (buffing) wheel
ronglabda *(polírozáshoz)* bob
rongy-litográfpapír rag litho
rongymalom *(pa)* rag engine
rongymosó *(pa)* rag washer
rongy-nyerslemez *(pa)* rough rag board
rongy-nyomópapír rag printing paper
rongyosztályozó *(pa)* rag sorter ; ~ **terem** *(pa)* rag sorting room
rongypapír rag(-made) paper
rongy-por *(pa)* rag dust
rongyporoló *(pa)* (rag-)thrasher/duster, willow
rongy-selyempapír rag tissue-paper
rongytépő *(pa)* breaker, willow ; ~ **farkasológép** *(pa)* rag devil/grinder
rongytisztító *(pa)* (rag) duster, rag-revolving machine
rongyvágó *(pa)* rag cutter/chopper ; ~ **gép** *(pa)* rag-cutter, rag-cutting machine
rongyválogató : ~ **munkás** *(pa)* rag sorter ; ~ **terem** *(pa)* rag house
Roots-féle : ~ **fúvó** Roots blower ; ~ **motorkompresszor** Roots supercharger
ropogás crackling, rattling, crush
ropogós crisp
roscoelit *(ásv)* roscoelite
roseit *(ásv)* roseite
rosenbuschit *(ásv)* rosenbuschite
Rosendale-cement *l* **románcement**
Rosing-féle televíziós rendszer Rosing's television system
roskadás *(betonnál)* slump ; *(oszlopé)* collapse
roskadási próba *(betonvizsgálatnál)* slump test
rost *(fa)* fibre, grain ; *(pa, tex)* fibre ; fiber *(US)* ; ~**okra bont** defibre ; ~**toktól mentesített** *(pa)* defibrinated; ~**ra merőleges** *(fa)* perpendicular to the grain ; ~**tal párhuzamos** *(fa)* along the grain
rosta screen, shaker, riddle, grate, sieve; *(bány)* rattle *is* ; *(tilolópadon ; tex)* harp ; **rostán áthullott anyag** screenings, spigot, through ; **el nem tömődő** ~ non-choke screen ; ~ **eltömődése** blinding of screen ; ~ **hajlásszöge** screening angle ; **kazánszénválogató** ~ steam size shaker ; ~ **lejtése** *(bány)* shaker pitch ; **rostán maradó** retained on the sieve, top size ; ~ **mechanikai dúsításhoz** *(bány)* mechanical picker ; **pálcás** ~ bar screen ; ~ **rázóművé** screen vibrator/shaker
rostaadagolás *(bány)* feeding of screen
rostaágy *[rázórostán]* jig bed
rostaalja screenings, minus material
rostaalji *mn* undersize
rostabetét *(kalapácsos darálóban)* grinding plate liner
rostacső sieve tube
rostaelemzés sieve analysis
rostafedő screen deck
rostafelület screen surface/area
rostakeret *(ép)* sieve rim
rostakezelő *fn* screener
rostál screen, sift, sieve, riddle ; **durva fajtát** ~ *(bány)* scalp ; **ismételten** ~ rescreen
rostalap screen plate
rostálás screening
rostálási hulladék *v* **maradék** screen reject, riddlings, undersize
rostálatlan unsized, raw, unscreened
rostalerakódás screenings
rostáló és osztályozó berendezés screening and sifting machinery
rostálószekrény grizzly station
rostált screened ; ~ **érc** *(bány)* hurdled ore ; ~ **salak(dara)** *(ép)* breeze ; ~ **szén** graded/screened coal
rosta-meddő *(bány)* fausteds
rostanyag fibre ; fiber *(US)* ; *(pa)* fibrous/fibre stuff
rostaszekrény screen body
rostelőkészítő gép *(tex)* fiber pressing machine
rostély boiler grate, screen, grill, grid(-) iron ; *(szitáló berendezésen)* grid ; **forgó** ~ circular grate ; ~ **előtti terelőlemez** dead plate ; ~ **mechanikai keverőkarral** moving-bar grizzly ; **mechanikus** ~ automatic stoker ; **önműködő adagolású** ~ automatic feed grate ; **szódakalcináló** ~ ash roaster
rostélyelem cage bar ; *(pamutbontó gépen)* pocket
rostélyfelület grate surface/area ; ~ **kihasználatlan része** dead grate area
rostélyhamu *(szódagyári)* roaster ash
rostélymező grate section
rostélymező-mozgató rúd grate connecting rod

rostélymozgató emeltyű-ágy grate lever fulcrum
rostélynyílás grate tuyère
rostélyos adagoló *(bány)* shake(r) grizzly
rostélyrács-hézag bar space
rostélyrázó feltűző rúd grate shaker bar
rostélyrúd grate bar/rod, lattice iron ; *[malom kijáratánál]* cage bar ; **hatszögletű ~** acron bar ; **~ tartó állványzata** grate bar frame
rostélyrúdfej head of the bar
rostélyrúd-tartó grate bar support
rostélytagok összekötő rúdja grate connection (rod)
rostélytartó keret grate bearer
rostélytér grate area
rostélytüzelés mouth
rostélyzat trellis
rosterit *(ásv)* rosterite
rostfelcsavarás *(tex)* twist of fibre
rostfeltáró gép fibre-dressing machine ; *(sisalkendergyártáshoz)* fibre-extracting machine
rostfonatsodró gép *(kötélgyártáshoz)* forming machine
rostfrakcionálás *(pa)* fibre fractioning
rostfrakcionáló készülék *(pa)* fibre fractioning apparatus
rostgolyócska *(pa)* curlers
rostgyékény(gyártás) fibre matting
rosthiba nyomás miatt *(pa)* compression failure
rosthossz *(pa)* fibre length ; **~ eloszlása** *(szakálldiagramban ; tex)* fibre length distribution
rosthosszmérő *(pa)* fibre length tester
rostirány : átlós ~ *(fában)* diagonal grain
rostkikészítő ipar *(len, kender stb)* dressing industry
rostköteg *(pa)* fibre bundles ; **~ a facsiszolatban** chunky fibres ; **felületi ~ek** *(nyersbőr húsoldalán)* superficial fascia
rostkötés *(pa)* felting
rostlap *(pa)* fibre mat
rostlemez *(pa)* fibre-plate, fibre()board
rostlen harl/bast flax
rostnövény *(tex)* fibre/fibrous plant
rostnyálka *(pa)* fibre mucilage
rostnyálka-tartalom *(pa)* fibre mucilage content
rostnyerés *(len- v kenderkóróból)* extraction of the fibre (of flax or hemp)
rostocska *(pa)* filament
rostos fibrous ; *(csíkos)* striate(d) ; *(tex)* stringy *is* ; **~ acél** fibrous steel ; **~ anyag** fibre ; fiber *(US)* ; **~ anyagú szigetelés** fibrous insulation ; **~ cement** fibro-cement ; **~ gipsz** striate(d) gypsum, fibrous plaster ; **~ szálú** fiberized ; **~ szén** fusain, mother-of--coal ; **~ szerkezet** *(anyagv, ásv)* fibrous structure ; *(nemezes)* feltwork ; **~ szerpentin** *(ásv) l* **krizotil** ; **~ töltőanyag** fibrous filler ; **~ törés** *(anyagv, ásv)* fibrous fracture ; **~ tőzeg** fibrous peat
rostosanyagpuhító malom fiberizer
rostosít *(pa)* fuzz
rostosítás *(fa)* defibering
rostosító *(pa)* kneader ; **~ berendezés** defibrator
rostosítómalom fiberizer
rostosított fiberized
rostszál fibre ; fiber *(US)* ; *(bőr)* fibril ; *(tex)* pile
rostszálacska fibril
rostszálas szerkezet *(földt)* fibroblastic texture
rostszerű salak silicate cotton
rostszigetelés *(pa)* fibre insulation
rosttekercs twist of fibre
rosttelítettség fibre saturation
rosttelítettségi pont *(fa)* fibre saturation point
rostvetítő gép *(pa)* delineascope
rostvisszanyerés *(pa)* fibre recovery
rostvisszanyerő *(pa)* fibre picker ; **~ berendezés** *(pa)* save-all (plant)
rossz : ~ akusztika poor acoustical features ; **~ állású** *[nyersbőr]* poor pattern ; **~ul állít be** disadjust, disarrange ; **~ul beállított fényszóró** *(gépk)* wrongly-aimed headlight ; **~ érintkezés** *(vill)* poor contact ; **~ul fejlett** *[kristály]* indistinct ; **~ul felhangolt** *[hangszer]* out-of-tune ; **~ fonhatóság** *(tex)* poor spinning quality ; **~ forrasztás** *(vill)* poor joint ; **~ hatásfok** poor efficiency ; **~ hatásfokú termelés** inefficient production ; **~ illesztés** misfit ; **~ karban lévő** out--of-repair ; **~ látási viszonyok** poor visibility ; **~ minőségű** low-grade, off-grade, poor in quality ; **~ működés** malfunction(ing) ; **~ul nyúzott** *(bőr)* badly flayed, mis-shaped ; **~ szagú** foul ; **~ul tartósított** *[nyersbőr]* badly cured ; **~ul tekercselt tekercs** *(pa)* poorly wound roll ; **~ul tervezett** ill-designed ; **~ul vágott deszka** *(fa)* miscut lumber ; **~ vezető képességű talaj** *(rád)* poor earth ; **~ zárás** *[kiegyenlítésnél]* misclosure
rosszakaratú : ~ hívás *(távk)* malicious call ; **~ hívás áramköre** malicious caller detecting circuit
rosszhangzás dissonance, cacophony
rotáció rotation ; *(mat)* curl *is*
rotációmentes mező irrotational field
rotációs : ~ címíró gép rotary addresser; **~ gép** rotary machine ; *(nyomda)* web machine *is* ; **~ higanyszivattyú** rotary mercury pump ; **két papírhengerről nyomó ~ gép** two-reel rotary printing machine ; **~ kvantumszám** *(at)* rotational quantum number ; **~ mélynyomás** rotogravure ; **~ nyomdagép** rotary printing machine ; **~ nyomó** *(pa)* reel printing ; **~ nyomópapír** rotary-printing paper ; **~ papír** news in reels, rotary-press printing paper, roll printing paper ; **~ rendszer** rotary system
rotátor *(hajó, szính)* rotator
Rotermann-rendszerű szaturáló saw-tooth box
rothad rot, putrefy ; *(bőr)* sweat
rothadás rot, putrefaction, foulness
rothadásálló rot-proof
rothadásellenes *(fa)* antiseptic
rothadásgátló szer antirot ; *(hajófenékfesték)* anti-fouling composition
rothadásmentes rot-proof ; **~ kikészítés** *(tex)* rot-proof finish
rothadásmentesítő anti-putrefactive
rothadásmentesség imputrescibility
rothadásos erjedés putrid fermentation
rothadó putrescent, foul, rotting ; **~ anyagok** putrescible matters ; **~ iszap** putrid slime
rothadt putrescent, rotten
rothaszt putrefy, rot
rothasztás *(pa)* fermenting, rotting
rothasztó áztatás *(tex)* rot steep(ing)
rothoffit *(ásv)* rothoffite
rotor *(hajó)* rotor ; *(rep)* rotor, rotating wing ; *(vill)* rotor, armature ; *l még* **forgórész, forgószárny** ; *(forgókondenzátoron)* moving plates ; **~ alagútakba ágyazott mezőtekercseléssel** smooth-core rotor ; **~ hornyába szerelt vezetőelemrögzítő ék** *(vill)* slot wedge
rotoragy *(vill)* armature spider
rotoráram *(vill)* rotor current
rotorhajó rotor ship
rotorkerék rotor wheel
rotortekercs *(vill)* armature coil
rotortípusú jelfogó *(közl)* rotor-type relay
Rotschild-kapocs *(vasút)* steel end clamp
rovarálló *(tex)* insect-proof
rovarirtó : ~ permetező insect sprayer ; **~ szer** insecticide
rovarkár insect pest ; **~ elleni védezezés** insect control ; **~okkal szembeni ellenállás** *(tex)* resistance to insect pests
rovarölő (szer) insecticide
rovarrágta *(nyersbőr)* damaged by gnawing
rovartalanít disinsectize
rovartalanítás desinsection
rovás notch, nick, recess ; **egyszerű ~** *(fakötés)* cogging
rovaték *(ép)* coulisse
rovatékoz *(fa)* dub
rovátka groove, notch, cut, kerf, furrow, indent, serration, flute ; **néma ~** *(hanglemezen)* blank groove
rovátkaátszakítás *v* **-átvágás** *(hangfelvételnél)* overcutting
rovátkás knurled, fluted, nicked
rovátkaszélesség *(hanglemezen)* track
rovátkáz chase ; *(malomkövet)* dress ; *l még* **rovátkol**
rovátkol notch, recess, kerf, nick, mortise, indent ; *(bány)* break ground ; *(ép)* rusticate, flute ; *(forg)* knurl ; *(hengert)* roughen
rovátkolás *vö* **rovátkol** ; *(ép)* cannelure, fluting ; *(betonfelületé)* bush hammering ; *(fa)* dawk ; *(jégkori kőzeten)* striae ; **függőleges ~** *(bány)* kerving; **~ osztása** serration pitch
rovátkoló *fn* creaser ; **~ kalapács** peen hammer ; **~ kézi tűreszelő** *(szersz)* slitting needle handle file
rovátkológép *(érméhez)* knurling machine ; *(bány)* shearer, shearing machine
rovátkolóvas hack iron
rovátkolt *vö* **rovátkol** ; **~ ékítmény** *(ép)* fluted moulding ; **~ fog** *[üregelőszerszámon]* nicked tooth ; **~ hengerrel készült szalag** *(csőgyártáshoz)* grooved skelp ; **~ hengerpár** *(élip)* fluted rolls ; **~ keresztorsó-csévehüvely** *(tex)* fluted tube for cheeses ; **~ oszlop** *(ép)* fluted column ; **~ tengely** serrated shaft
rovókés notching knife
royal-papír Royal paper
royal-selyemszövet royal
rozelit *(ásv)* roselite
rozetta *(ép)* rosace
rozettásan köszörült gyémánt rose diamond
rozmarinolaj rosemary oil

rózsaablak rose window, rosette
rózsaacél rose steel
rózsadísz *(ép)* rosace, rosette
rózsafejű : ~ szeg rose nail ; **~** *(kúpos)* **süllyesztő** rose-head countersink bit
rózsagörbe *(mat)* rhodonea, rosette
rózsakerék *(differenciálműben ; gépk)* (differential) side gear, differential wheel
rózsakvarc *(ásv)* rose quartz
rózsaolaj rose oil
rózsavíz rose water
rozsda rust, stain ; **~ és üszög** *(pamut- v lenfonalon ; tex)* rust and firing
rozsdaálló rust-proof, unoxidizable, rust--resistant
rozsdaállóság inoxidizability
rozsdaállósítás rust-proofing
rozsdaellenes védőszer rust protective
rozsdafolt *(fémen)* rust spot ; *(pa)* iron mo(u)ld
rozsdagátló festék rust-preventing paint
rozsdál corrode
rozsdamegelőzés rust prevention
rozsdamentes stainless, rust-proof, inoxidizable, anti-corrosive, non-corrodible ; **~ acél** stainless steel ; **~ festék** rust-proof paint ; **~ nem nemes fémek** passive metals ; **~ ötvözet** anti--rust composition
rozsdamentesít unrust
rozsdamentesítő *mn* anti-corrosive ; **~ bevonat** anti-rust coating ; **~ burkolás** rust-proof lagging
rozsdamentesség inoxidizability
rozsdaoldó szer rust remover
rozsdapapír polishing paper
rozsdás rusty, rusted, stained
rozsdásodás rusting, staining ; **~t gátló adalékanyag** rust inhibitor
rozsdásodik rust
rozsdásodó *(anyagv)* attackable
rozsdaszínű rust colo(u)r
rozsdátlanít unrust
rozsdátlanító folyadék *(órás)* rust--removing liquid
rozsdavédelem rust prevention
rozsdavédő *fn* rust preventer ; **~ kenőcs** *v* **szer** slushing compound ; **~ massza** *v* **zsír** rust grease ; **~ barnítás** *(hők)* cozletizing ; **~ festék** rust-preventing paint, anticorrosive paint ; **~ olaj** slushing oil ; **~ papír** cutlery/anti--tarnish paper ; **~ papírlemez** tarnish--proof board ; **~ szer** rust preventive/preventer, anti-rust agent
rozsdaverő kalapács *(hajó)* chipping hammer
rozsmaláta rye malt
rozs-szalma *(pa)* rye straw
röghegység *(földt)* block mountain
rögláva *(földt)* block lava
rögös szerkezet *(földt)* lump structure
rögsimító *(deszkalap)* float
rögterelő szárny *(vetőgépen)* clod sweep
rögtönzött : ~ napfényvetítő *(geod)* improvised heliotrope ; **~ térkép-(vázlat)** *(geod)* sketch
rögtörő *fn* clod crusher ; **~ dorong** clod beetle ; **~ fog** *(boronaalkatrész)* trailing tooth ; **~ henger** *(csillagkerekes tagokkal)* sprocket pulverizer
rögzít fix, fasten, make fast, tie, tighten, lock, clamp, anchor, tackle, secure ; *(műszál-szövetet v -árut ; tex)* preboard, set ; **csappal** *v* **ékkel ~** dowel ; **kampóval ~** *(ép)* hasp ; **léccel ~** batten, cleat ; **sasszeggel ~** *(gépt)* forelock
rögzítés fixation, fastening, clamping, lock(ing), anchor(age) ; *(távk)* blocking ; *(tex)* crabbing ; *(műszálárué)* preboarding, (board) setting, fixing; **~ falon** wall mounting ; **~ két egymáson fekvő ékkel** fox wedging ; **~ módja** manner of fastening ; **~t old** unfix
rögzítési pont *(mech)* supporting point
rögzítetlen unfixed
rögzített fix(ed), stable, fast ; **~** *(nem nyitható)* **ablakszárny** dead sash ; **~ ágyazás** fixed bearing ; **~ alappont** *(geod)* fixed datum ; **~ csúszda** *(bány)* sheet-iron chute; **~ fúrószárny** stationary arm ; **~ hang** sound on record ; **~ hídsaru** fixed bearing ; **~ irányítóhenger** *(tex)* fixed back rest ; **~ kameratartó** *(fényk)* rigid steel bed ; **~ keretantenna** fixed-coil antenna ; **~ keretantennás iránykeresés** *(rep)* fixed-frame aerial homing ; **~ kés** *(pa)* dead knife ; **~ méretű idomszer** fixed-size ga(u)ge ; **nem ~** *l* **rögzítetlen** ; **~ orsószekrény** rast/stationary headstock ; **rönkökkel ~** logged ; **~ szárnyú hajó-** *v* **légcsavar** screw with fixed blades ; **~ szögtárcsa** *(rep)* fixed scale ; **~ tengely** *(gépt)* rigid axle ; *(óra)* steady pin ; **~ tőcsavaros fogaskerék** fixed stud gear ; **~ ütköző** dead stop
rögzíthető fixable ; **~ csuklóskörző** lock-joint divider
rögzítő *fn* arrester,catch, ficator, clip ; *mn* adjusting, setting ; *(hasáblakathoz Jacquard-hengeren ; tex)* cylinder hammer ; **~ alátét** retaining washer; **~ bádogszegély** *(ép)* crook ; **~ berendezés** locking, fastening ; **~ berendezés világító berendezéshez** fixture stud; **~ csapózár** stop pallet ; **~ csuklós összekötés** stop joint ; **~ fogantyú** hand clamp ; **~ fogasléc** fixing rack ; **~ és főzőgép** *(tex)* crabbing and boiling machine ; **~ frekvencia** *(rád)* spot frequency ; *l* **rögzítőgyűrű** ; **~ hasíték** clamping slot ; **~ kalander** *(tex)* crabbing machine ; **~ kallantyú** *[mérőasztalon]* stirrup ; **~ karima** retention flange ; **~ készülék** fixture ; **krómtimsós ~** chrome alum fixer ; **savanyú ~** *(fényk)* acid fixing bath; **~ sikattyú** dog vice ; **~ szerkezet** fastening device, catch, arrester
rögzítőanya *(gépt)* retaining/lock nut
rögzítőbilincs *(hajó)* lashing
rögzítőborda *(hajó)* ridge rib
rögzítőcsap (lock/set/preventer) pin
rögzítőcsapszeg set/holding bolt, pin bolt ; *l még* **rögzítőcsap**
rögzítőcsavar retainer/locking/clamping/fixing screw, setscrew, holding-down bolt
rögzítőék key
rögzítőelem *(gépt)* clamp, retainer
rögzítőfej *(épületszerkezeten v derriken)* guy cap
rögzítőfék *(gépk)* parking brake
rögzítőfürdő fixing bath
rögzítőgolyó lock ball
rögzítőgyűrű set collar, ring fastener/retainer ; **rugós ~** circlip
rögzítőgyűrű-behengerlő gép *(vasúti kerékabroncshoz)* spring-ring closing machine
rögzítőhorog locking dog ; *(bány)* ajar hook
rögzítőhorony *(szerszámgép munkaasztalán)* locating slot
rögzítőkampó holdfast, pawl
rögzítőkapocs *(hajózsilipnél)* lock crown
rögzítőkar clamping/locking lever
rögzítőkarom claw stop
rögzítőkilincs *(gépt)* catch pawl, detent
rögzítőkilincses : ~ kerék ratchet wheel ; **~ zárómű** *(gépt)* ratchet gear
rögzítőkötél fastening cord ; *(kötött léggömbhöz)* captive cable
rögzítőkulcs *(fésülőgépen ; tex)* key
rögzítőkúp *(gépt)* retention cone
rögzítőlap fastening plate ; *(távk)* mounting plate
rögzítőléc fixing fillet, cleat, plate stiffener
rögzítőmű clamping mechanism ; *l még* **rögzítés**
rögzítőnyelv *(gépt)* tongue
rögzítőoldat fixing solution
rögzítőpánt *(rád)* mounting boss
rögzítőpányva *(hajó)* steadying guy
rögzítőpecek check/locating/positioning/set/catch pin/peg, detent, catch pawl
rögzítőpofa suspension clamp ; **munkapadra szerelt ~** bench hook
rögzítőrész catch nember
rögzítőrúd stay rod
rögzítőrugó retainer/catch spring
rögzítősaru *(gyalugep asztalán)* planer shoe
rögzítőszeg *l* **rögzítőpecek**
rögzítőszer: tompító hatású ~ *[pasztellhez]* agglutinant
rögzítőszögvas stop/fixing angle
rögzítőtag clamp
rögzítőtüske drift
rögzítővájat clamping slot
rögzítőzár catch-lock
römerit *(ásv)* römerite
rönk log, round wood ; **~öt feldolgoz** convert the log ; **~ felfűrészelése** breaking-down of log ; **~ vastagabb vége** butt
rönkadogató padlat *(fűrészműben)* log deck
rönkáru boules
rönkátemelő berendezés *(fa)* flipper
rönkátlózó *(famérő eszköz)* timber caliper ; lumber caliper *(US)*
rönkbefogó : ~ kocsi *(fa)* saw-carriage, but(t) carriage ; **~ munkás** dogger
rönkbemérés *(leszabásra)* marking the stem for cross-cutting
rönkcsavar *(négyszögletes fejű facsavar)* log screw
rönkdaraboló : ~ fűrész drag saw ; **~ körfűrész** log circular saw
rönkdaru *(fa)* log elevator
rönkelfuvarozás extraction of logs
rönkemelő timber jack, log elevator ; **~ és -fordító rúdfa** overhead canter ; **~ horog** cant hook, peavey ; **~ vontató** *(gépk)* logger
rönkfa-keretfűrész *(kerekes)* portable log frame
rönkfausztató log chute
rönkfejszánkó bob
rönkfelvonó daru sawyer's jack
rönkfogó *(fa)* skidding tongs ; **~gát** logging dam ; **~ tüske** *v* **kampó** *(rönkkocsin v szállítóláncon)* dog
rönkfokos log dog
rönkfordító *(fa)* log turner
rönkforgató horog cant hook

rönkfuvarozási idény extraction season
rönkfűrészelési hulladék *(fa)* lop
rönkfűrészelő : ~ **gép** ripping machine ; ~ **szalagfűrész** band sawing machine for logs
rönkjelző kalapács die-hammer
rönkkapcsolás *(repedés ellen)* screwing of the log
rönkkapcsoló és -továbbító munkás dogger
rönkkapocs *(tutajozásnál)* lock-down
rönkkékülés *(fa)* log blue
rönkkiformálás *(fa)* conversion
rönkkirakó tér *(fa)* banking ground for saw logs, landing
rönkkocsi *(fa)* log truck/carriage *(két- v többtengelyű)* bogie truck ; *(rönkök elótolására fűrészgépen)* log carriage
rönklerakodó tér *(fa)* log dump place
rönkleszabás laying off the log into lengths
rönkmérő léc measuring stick
rönkő *(fa)* *l* **rönk**
rönkölőfűrész crosscut saw for logs
rönk-összecsavarozás screwing of the log
rönkréteg log tier
rönkszalagfűrész log band saw
rönkszállító : ~ **kétkerekű kocsi** *v* **talp** carry log ; ~ **lánckarom** log tooth ; ~ **út** skidroad, log road
rönkszámozó kalapács die-hammer
rönkszorító : ~ **fogó** go-devil ; ~ **kampó** saw clamp ; ~ **pofa** *v* **tüske** *(rönkkocsin)* dog
rönktároló ág *v* **öböl** *(fa)* log pond
rönktartó kocsi *(keretfűrészhez)* bearer carriage
rönktaszító *(fa)* log kicker
rönktisztító munkás *(fa)* scraper
rönktó *(fa)* log pond
rönktoló kocsi *(fűrészkeretnél)* carriage feeds
rönktömeg : úsztatott ~ *(fa)* drive
rönkvágó : ~ **fűrész** cleaving-saw ; ~ **szalagfűrész** band saw for logs
rönkvég *(fa)* log/butt end
rönkvonszoló *fn* log haul ; ~ **kamó** timber grabs
rönkvontatás log haul/skidding
rönkvontató : ~ **csörlő** skidder ; ~ **horgos lánc** chain dog ; ~ **kampó** skidding hook ; ~ **lánc** jack chain
röntgen *(vill)* X-ray((s), roentgen (unit)
röntgenadag *v* **-dózis** quantity of X-rays
röntgen-anyagvizsgálat radiomateriology
röntgenátvilágítás fluoroscopy
röntgenátvilágító berendezés fluoroscope
röntgencső X-ray tube, Röntgen tube
röntgen-diffrakció *(fényt)* X-ray diffraction
röntgenernyő X-ray screen
röntgenez *(röntgensugárral ionoz)* roentgenize
röntgen-felszerelés : orvosi ~ medical X-ray equipment
röntgenfelvétel roentgenogram, roentgenograph, radiogram
röntgenfelvevő készülék X-ray apparatus, radiographic apparatus
röntgenfényképész radiographer
röntgenfényképészet radiophotography
röntgengép radioscope
röntgengumi *(ólommal töltött)* X-ray rubber
röntgenkábel X-ray cable
röntgenkép radiograph ; *(átvilágító berendezés ernyőjén)* fluoroscopic picture
röntgenképernyő fluorograph
röntgenkép-készítés radiography
röntgenkészülék X-ray apparatus, radiological apparatus
röntgenkutató radiologist
röntgenlámpa X-ray tube
röntgenmérő *fn* roentgenometer
röntgenmetallográfia radiometallography
röntgenográfia radiography
röntgenogram X-ray pattern, radiograph, radiogram, roentgenogram
röntgenológia roentgenology, radiology, radioscopy
röntgenológus radiologist
röntgenoszkóp fluoroscope
röntgenoszkópia radiodiascopy
röntgenspektográf X-ray spectrometer
röntgensugár X-ray
röntgensugaras elektronikus teleszkóp fluoricon
röntgensugárelhajlás X-ray diffraction
röntgensugár-gyógykezelés actinotherapeutics
röntgensugár-intenzitásmérő skiameter
röntgensugár-keménységmérő *fn* qualimeter
röntgensugárzás X-(ray) radiation ; ~**t áteresztő** radiable ; ~ **hatásának kitesz** *(anyagv)* irradiate by X-rays ; ~ **ipari alkalmazása** *(anyagv)* radiotechnology ; ~**t részben** *v* **teljesen áteresztő** radiolucent ; ~ **számára átlátszó** radio(trans)parent ; ~ **számára átlátszatlan** radio(o)paque
röntgensugárzási dózis quantity of X-rays
röntgensugárzásmérő X-ray radiometer
röntgen-színkép X-ray spectrum
röntgen-színképvonal X-ray pattern
röntgentan roentgenology
röntgentechnika radiological technique
röntgen-vákuum X-ray vacuum
röntgenvizsgálat radiographic examination
röperő- centrifugal
röpítő *mn* centrifugal ; ~ **berendezés** *(rep)* catapult; ~ **elevátor** corn thrower ; ~ **indítás** *(rep)* catapult launch(ing)
röpítőerő centrifugal force
röpítőgép centrifugal apparatus
röplap *(pa)* leaflet
röppálya trajectory, path ; ~ **beesési iránya** line of fall ; ~ **légüres térben** vacuum flight path
röppályagörbe path curve ; **valódi** ~ actual path
röppályakéve cone of fire
röppálya-tetőpont maximum ordinate, culminating point
röpsebesség rate of travel
röpsúly *(centrifugális szabályozóban)* fly weight
röpsúlyos kézisajtó *(nyomda)* fly press
röpszárítás centrifuging
röptáv(olság) carry, range
rösslerit *(ásv)* roesslerite
rötel *(ásv)* reddle, ruddle, red chalk
röttisit *(ásv)* röttisite
rövid : ~ **alsónadrág** breef ; ~ **anyag** *(fa)* shorts, ends ; ~ **bányafúró** pitching borer ; ~ **bolyhú szmirnaszőnyeg** *(tex)* short pile Turkey carpet ; ~ **cséve** *v* **hüvely** *(tex)* short tube ; ~ **csövű** short-barelled ; ~ **élettartam** short life ; ~ **életű** ephemeral ; ~ **fal** *(rep)* base leg ; ~ **fedélzet** *(hajó)* plattform deck ; ~ **(fél)-gyapjas juhbőr** half -wooled sheepskin ; ~ **forgórésztekercselés** *(vill)* short--chord winding ; ~ **fúrólyuk elrobbantása** *(bány)* pop shot ; ~ **fúrólyukkal dolgozó módszer** *(bány)* short-hole method ; ~ **gömbfa** *(8 m-ig)* butt ; ~ **gyapjúszálak** brokes ; ~ **gyújtó távolságú lencse** short-focus lens, wide-angle lens ; ~, **hajlított, zárt csavarkulcs** short-elbowed box spanner ; ~ **harisnya** *(kh)* half-hose, sock ; ~ **idejű terhelhetőség** short--time rating ; ~ **impulzus** *(távk)* narrow/short pulse ; ~ **ív** *(heg)* short arc ; ~**re jön be leszálláskor** *(rep)* „undershoot" the field ; ~ **keringési idejű üstökös** short-period comet ; ~ **késleltetésű gyújtó** short-delay fuse ; ~ **kovászolás** *(elıp)* short sponge ; ~-, **közép- és hosszúhullámú antenna** all-wave antenna/aerial ; ~ **középső felépítmény** *(hajó)* short bridge ; ~ **lábas** *(borjúbőr)* short shanked ; ~-**lángú szén** *(bány)* uninflammable coal ; ~ **löketű** short-stroke(d) ; ~ **motolla** short reel ; ~ **munkahely** *(bány)* short face ; ~ **nyári szőr** short summer hair ; ~ **nyelu** *[lapát]* short-handled ; ~ **összekötő gerenda** *(ép)* short tie beam ; ~ **páros-váltó szolgálat** short twin-round service ; ~ **periódusú földrengési fázis** T-phase; ~ **periódusú horizontális készülék** *(földt)* short period horizontal instrument ; ~ **periódusú hullám** *(földt)* short-period wave ; ~ **rostú** *(fa)* short-grained ; ~ **rostú len** common flax ; ~ **rönkök** *(fa)* shorts ; ~ **szálú** *(tex)* short-staple, short-fibred ; ~ **szálú gyapjú** ordinary wool ; ~ **szálú gyapot** short-stapled cotton ; ~ **szálú jutafonal** jute-tow (yarn) ; ~ **szálú tépett gyapjú** *(tex)* mungo ; ~ **szárú evező** scull ; ~ **szárú T-csőidom** bullhead tee ; ~ **szemű hajólánc** short lin chain cable ; ~ **szőrű kalap** short nap hat ; ~ **támfa** punch prop ; ~ **támfafeszke** *(bány)* sprag ; ~ **tartamú teljes teljesítmény** short duration power output ; ~ **tartamú** *(gyorsított)* **vizsgálat** short-time test ; ~ **ujjas** *(tex)* coatee ; ~**re zár** *l* **rövidrezár** ; ~ **zongora** *(hang)* miniature grand
rövidaknás bánya shallow mine
rövidáru *(fűrészáru)* ends ; *(tex)* small ware
rövidfilm *(300-350 m)* short film
rövidgyapjas *[bőr]* short woolled
rövidhullám short wave, SW
rövidhullámú : ~ **adó** *(rád)* short-wave transmitter ; ~ **antenna** short-wave aerial *(UK)*; short-wave antenna *(US)*; ~ **előtét** *(rád)* short-wave adapter ; ~ **fojtótekercs** *(rád)* short--wave choke, S. W. C. ; ~ **kondenzátor** short-wave condenser ; ~ **közvetítés** short-wave transmission ; ~ **néma zóna** *(rád)* skip band ; ~ **összeköttetés** short-wave communication/link ; ~ **rádió** short-wave radio ; ~ **sugárzás** short-wavelength radiation ; ~ **vétel** *(rád)* short-wave re-

ception ; ~ **vevő készülék** *(rád)* short-wave receiver
rövidít shorten, contract ; *(mat)* cancel ; **perspektívikusan** ~ foreshorten
rövidítés abbreviation ; *vö még* **rövidít**
rövidített : ~ **eljárás** short-out process ; ~ **módszer** short-cuts ; ~ **osztású tekercselés** short-pitch winding ; ~ **technológiai eljárás** shortened process
rövidítő : ~ **kötés** sheep-shank ; ~ **kondenzátor** padding/shortening capacitor/condenser
rövidléc *(fűrészáru)* batten ends
rövidpilléres fejtési rendszer *(bány)* honeycomb system
rövidrezár *(vill)* short-circuit
rövidrezárás *(vill)* shorting, short-circuiting
rövidrezárási *l* **rövidzárlati**
rövidrezáró : ~ **dugó** *(vill)* short(ing) plug, U-link ; ~ **érintkező** short-circuiting contact ; ~ **sönt** *(műszerben)* short shunt ; ~ **szerkezet** *(aszinkron motoron)* short-circuiter
rövidrezárt : ~ **áramkör** short circuit ; ~ **aszinkron motor** squirrel-cage motor ; ~ **forgórész** *(vill)* short-circuited armature, squirrel-cage rotor ; ~ **menet** *(jelfogó vasmagján)* slug ; ~ **tekercselés** *(vill)* short-circuited winding
rövidtávú : ~ **forgalom** *(gépk)* short-haul operation ; ~ **forgalomra rendszeresített repülőtér** short-range regular aerodrome ; ~ **linearitás-szabályozó** *(távk)* short linearity control; ~ **vadászgép** short-range fighter
rövidülés *(anyagv)* shortening ; *(tex)* contraction, shrinkage
rövidülő *(tex)* contracted
rövidzár *(vill)* short-circuit, s/c, s. c. ; *l még* **rövidzárlat, zárlat**
rövidzárás *(vill) l* **rövidrezárás**
rövidzárlat *(vill)* short(-circuit) ; ~ **pillanata** instant of fault/short-circuit
rövidzárlati : ~ **admittancia** *(vill)* short-circuit admittance ; ~ **ampermenet-viszonyszám** short-circuit ratio ; ~ **áram** short-circuit current ; ~ **feszültség** closed-circuit voltage, short (-circuit) voltage ; ~ **impedancia** short-circuit impedance ; ~ **veszteség** short-circuit loss(es)
rőzse brushwood, fag(g)ot, trash
rőzseágy mattress
rőzsealap *(hidr)* anchoring fascine
rőzseborítás mat ; *(tex)* brush corduroy ; *(hidr)* fascine revetment
rőzseburkolat mat/brushwood revetment
rőzsefa brushwood, twigs
rőzsefonás *(hidr)* wattling
rőzsefonásos gát mat dike
rőzsefonat mattress
rőzsegát *(hidr)* fascine/fag(g)ot dam, causeway
rőzsehenger *(hidr)* gabion
rőzsekolbász *(hidr)* pannier ; ~**t köt** wattle
rőzsekosár gabion
rőzseköteg bundle of fag(g)ots/twigs ; ~ **lövészárok építéséhez** sap faggot
rőzseköteggát *l* **rőzsegát**
rőzsekötő : ~ **bak** *(hidr)* fascine cradle/horse ; ~ **pad** *(hidr)* chandelier
rőzsemű water fascine, wattling
rőzsenyaláb fag(g)ot, brush
rőzsepokróc *(hidr)* brush mattress/revetment ; ~**ot merevítő dorong** mattress pole stiffener
rőzseréteges hűtőtorony brushwood cooling stack
rőzseszerű burkolat mat-type revetment
rőzseterítés *(hidr)* brushwood revetment
rőzséz *(hidr)* wattle
rubellit *(ásv)* rubellite
rubicell *(ásv)* rubicelle, yellow spinel
rubídium rubidium ; ~ **tartalmú** *(ásv)* rubidian
rubin *(ásv, ékkő)* ruby
rubincsillám *(ásv)* rubinglimmer
rubinspinell *(ásv)* ruby spinel
rubinszínű krapplakk ruby madder
rubinvörös : **sötétkamra** ~ **lámpája** *(fényk)* ruby light
rúd rod, bar, stock, stick, staff, pole, stave, tringle ; *l még* **pálca** ; *(kristályrúd ; távk)* bar ; *[szögtükörhöz]* staff ; ~ **alakú** *l* **rúdalakú** ; **rudakból álló merev szerkezet** *(ép)* trussing ; **csuklós** ~ articulated rod ; **egyik végén befogott** ~ clamped-free bar ; **ellensúlyos** ~ *(hajtórudas szivattyún)* balance bob ; **gépleállító** ~ *(tex)* balk ; **inga** ~**ja** *(fiz)* pendulum rod ; **kapcsoló** ~ *(gépk)* clutch-operating rod ; **kerítésoszlopra erősített** *(háromszög-keresztmetszetű)* ~ arris rail ; **kilincskereket mozgató** ~ feed hand ; ~**on szárított** *(bőr, pa)* pole-dried, pole dry ; **torziós** ~ *(gépk)* bar spring ; **villás** ~ clevis rod
rúdacél *(heng)* steel bar ; **hatszögű** ~ *(heng)* hexagon steel (bar) ; **kerek** ~ *(heng)* round steel (bar) ; **négyzetes** ~ *(heng)* square steel (bar)
rúdalakú : ~ **foszfor** stick phosphorus ; ~ **kén** *(vegy)* stick sulfur ; ~ **próbatest** *v* **próbapálca** test bar, rod specimen ; ~ **ragasztóanyag** stick cement ; ~ **zseblámpa** stick torch
rúdantenna whip/strut/flagpole antenna
rúdanyag *(heng)* stock, rod, bar ; ~ **adagolása** *(forg)* stock feed ; **félkészre hengerelt** ~ *(heng)* billet
rúdanyagdaraboló gép rod cutter
rúdanyag-előtolás *(forg)* rod feed
rúdanyaghatároló ütköző *(forg)* stock stop
rúdanyagtámasztó *(forg)* bar support
rúdáramszedő trolley
rudas : ~ **emelő** pole gin ; ~ **kultivátor** *(mzg)* rotary rod weeder ; ~ **szerkezet** *(ép)* rodding structure ; ~ **verődob** *(pa)* pin-beating drum
rudaskosár *(málhásállaton)* dosser
rudaskörző beam caliper
rudasmalom *(koh)* rod mill
rúdátmérőkapacitás *(forg)* bar capacity
rudazathajtás : **kúpkerekes** ~ *(gépt)* bevel gear outrigger drive
rudazatkulcs *(ol)* pipe wrench
rudazatos : ~ **fúrás** *(bány)* rod boring ; ~ **szivattyú** Cornish pump ; *(forgattyú nélkül)* bull pump ; ~ **szivattyúval kapcsolt gép** bull engine ; ~ **(szivattyú)hajtórúd** string rod
rudazat-rakat *(bány)* string of rods
rudazott rodded
rúdbefogó tokmány *(forg)* bar collet chuck
rúdbekötés bar joint
rúdcsatlakozás *(ép)* bar connection
rúdcsomópont *(ép)* boom tie
rúdelektródos villamos kicsapató electric rod-curtain precipitator
rúdelőtolás *(forg)* bar feed
rúdemelő *(bány)* tram pushing device
rúderő *(mech)* bar stress, internal bar force
rúderőterv *(mech)* (bar) stress diagram
rúdeszterga bar lathe
rúdfej rod/bar head/end
rúdfeldolgozó gép bar machine
rúdfeszültség bar stress
rúdfogó tokmány bar chuck
rúdfoltok *(készbőrön, szárításnál keletkező)* pole marks
rúdfúró *(bány)* pole drill
rúdfüggönyös elektrosztatikus porszűrő rod curtain precipitator
rúdhajlító gép bar bender
rúdhántolás *(nyers hengerelt árun)* skimming
rúdhántoló kés skimming cutter
rúdhatármérce *(hiteles)* end standard rod
rúdhegyező henger(mű) swaging mill
rúdhengermű bar mill, rod-rolling mill
rúdhúzás *(koh)* rod drawing
rúdhúzó : ~ **pad** bar rod-drawing machine ; ~ **szerszám** rod-drawing die
rúdidomszer rod gauge
rúdirányzék bar sight
rúdkapcsolás rod joint/coupling ; *(gépk)* needle coupling
rúdkén *(vegy)* rod/stick sulfur
rúdkörző beam/trammel compasses ; **állítható szárú** ~ beam trammel with adjustable points ; **egyszerű szerkezetű** ~ button ga(u)ge
rúdkörző-csúcsok tram points
rúdkultivátor *(mzg)* (rotary) rod weeder
rúdmágnes bar magnet
rúdmalom *(pa)* rod mill
rúdmérce beam caliper
rúdnyersanyag shafting
rúdón bar tin
rúdosztás *(ép)* rod spacing
rúdprés extruding machine, extruder
rúdprésszerszám extruding die
rúdréz strip/bar copper
rúdsajtó extruding press
rúdsajtoló eljárás extrusion process
rúdszeg *(vasút)* pole bolt
rúdszerű kristályok rod-like crystals
rúdszigetelő *(vill)* rod stick insulator
rúdszikraköz *(vill)* rod gap
rúdtámasztó *(forg)* bar support
rúdtáv rod spacing
rúdtekercselés *(vill)* bar winding
rúdtekercseléses armatúra *v* **fegyverzet** *(rád, vill)* bar-wound armature
rúdtokmány bar chuck ; **behúzás nélküli** ~ dead-length type bar chuck ; **behúzó** ~ draw-in type bar chuck
rúdtolatású pályaudvar *(tolatás szomszéd vágányról rúddal)* poling yard
rúdvágó : ~ **és -daraboló gép** bar-and-cake cutter ; ~ **olló** bar shears

rúdvas rod/bar iron ; **hatszögletű ~** hexagon iron ; **kerek ~** round bar/ stock
rúdvasalás bar reinforcement
rúdvashengermű rod mill
rúdvaskemence bar furnace
rúdvaskeret bar frame
rúdvasmelegítő kemence bar (heating) furnace
rúdvég rod/bar head/end
rúdvezeték pilot bar
rúdvezetés rod guide
rúdzár stock lock
rugalmas elastic, flexible, resilient ; *(ép, mech)* supple *is ; (gépt)* non--rigid *is; (gumi)* lively; *(tex)* buoyant, springy *is;* **~ ágyazás** spring mounting/ cushion; **~ alakváltozás** elastic strain/ deformation, temporary set ; **~ alakváltozási munka** resilience work of deformation ; **~ alátámasztás** spring support ; **~ alátét** spring washer, grover-ring ; **~ belső munka** *(mech)* resilient energy ; **~ biztosítógyűrű** retaining expansion lock ring ; **~ csatlakozás** flexible coupling ; **~ csatolás** *[piezo-villamos]* elastic coupling ; **~ cső** flexible tubing ; **~ csőszorító bilincs** spring pinchock ; **~ díjszabás** *v* **(vám)tarifa** flexible tariff ; **~ emeltyű** spring lever ; **~ felfüggesztés** spring suspension ; **~ felfüggesztésű motor** *(gépk)* flexibly-mounted engine ; **~ feloldódás** elastic recovery ; **~ filmbázis** nonrigid film support ; **~ földi szurok** mineral caoutchouc ; **~ hullámvezető** flexible waveguide ; **~ igénybevétel** elastic load/stress ; **~ igénybevételi határ** elastic stress limit ; **~ kihajlás** *(mech)* buckling in the linear area/range ; **~ könyvhát** flexible back ; **~ kötőanyag csiszolókorong** elastic wheel ; **~ kötőtű** spring needle ; **~ közeg** elastic medium ; **~ küllő** spring spoke ; **~ légcsavarszárny** flexible blade ; **~ nyúlás** elastic (tensile) strain, elastic elongation ; **~ pólya** *(fásli)* rollon ; **~** *(horonyba becsappanó)* **rögzítőgyűrű** circlip, retaining snap ring ; **~ sarkcsapülés** spring pivot seat ; **~ sínszeg** spring spike ; **~ szakállú horgászhorog** spring hook ; **~ szerelés** shock-absorbing mounting, spring mounting; **~ szerszámtartó** spring tool holder ; **~ támasz** spring support ; **~ tárcsa** cushion disc ; **~ tengelykapcsoló** flexible coupling ; **~sá tesz** elastify ; **~ tömítés** spring packing ; **~ tömítőszalag** spring packing strip ; **~ túlterhelés** super-elastic loading ; **~ utóhatás** elastic after-effect ; **~ ülés** cushion/ spring seat ; **~ visszaalakulás** elastic recovery/relaxation/resilience; **~ visszaalakulás foka** degree of resilience ; **~ visszaalakulási görbék** recovery curves
rugalmasít elastify
rugalmasság elasticity, resilience, flexibility, springiness ; *[kristályé ; távk]* compliance ; *(motornál :)* flexibility ; **~ előhívással szemben** *(fényk)* developing flexibility ; **~ helyreállása** *(gumi)* recovery of elasticity ; **~ hiánya** *(bőr)* stand ; **nyomási ~** elasticity of compression ; **~ot növelő szer** *(gumi)* elasticator ; **~ szélességben** *(tex)* lateral elasticity ; **térfogati ~** cubic elasticity ; **~át vesztett kaucsuk** *v* **gumi** lifeless rubber ; **villamos ~** electric elasticity ; **~ visszanyerése** elastic recovery ; **~ vizsgálata ingamódszerrel** *(gumi)* pendulum test
rugalmassági : ~ alaktényező elasticity form factor ; **~ állandó** elastic constant ; **csúsztató ~ modulusz** modulus of torsional shear ; **~ elmélet** elasticity theory ; **~ erő** elastic force ; **~ határ** limit of elasticity, elastic limit ; **~ határon túli igénybevétel** overstrain ; **~ modulusz** (Young's) modulus of elasticity, elastic modulus ; **~ modulusz hajlításnál** modulus of flexibility ; **~ modulusz húzásnál** modulus of elasticity in tension ; **~ nyomaték** moment of elasticity ; **~ tartomány** elastic range ; **~ tényező** *l* **rugalmassági modulusz**
rugalmasságmérő *fn (anyagv)* resilіometer ; *(gumi)* rubbermeter
rugalmatlanság inelasticity
ruganybetétes cipő elastic/chelsea shoe
rugékonyság spring
ruggyanta *l* **gumi** *és* **kaucsuk**
rugó spring ; **~ befeszítése** setting of a spring ; **~ behajlása** spring deflection ; *(gépkocsi teljes terhelésének megfelelő állapotig)* deflection to the laden position ; **Belleville-féle ~** disc spring ; **~ beszerelése** setting of a spring ; **csavaró ~** torsion(al) spring ; **egymenetű ~** single-coil spring ; **elliptikus ~** full-elliptic spring ; **~ előfeszítése** initial tension of spring ; **elsütő ~** *(kat)* mainspring ; **érintkező ~** contact spring; **~kon fekvő** supported by springs ; **félelliptikus ~** semi--elliptic spring ; **gyűrűs ~** ring spring ; **hajlításra igénybevett ~** bend spring ; **hiperbolikus ~** hourglass spring ; **húzó ~** tension spring ; **két irányban ható ~** two-way spring ; **kiegyenlítő ~** compensating spring ; **~ kifáradása** spring fatigue ; **kioldó ~** release spring ; **~ legvastagabb része** *v* **felfekvő felülete** butt ; **~ lejárása** *(óra)* running off ; **lemezelt ~** superposed plate spring ; **~val működtetett** spring--actuated ; **negyedelliptikus ~** quarter--elliptic spring ; **nyomó ~** pressure spring ; **~val támaszt** spring ; **~ teljes behajlása** *(hordrugóé ; gépk)* deflection to full bump ; **~val terhel** load by spring ; **~val terhelt** spring loaded ; **~val terhelt szelep** *l* **rugóterhelésű szelep** ; **torziós ~** torsion(al) spring ; *(rúd alakú)* bar spring ; **~ utánhúzása** *v* **utánafeszítése** *(óra)* rebending of the spring ; **ütköző ~** buffer spring, shock-absorber spring ; **változó rugóállandójú ~** variable rate spring ; **visszaállító ~** return spring
rugóacél spring steel
rugóágy *(laprugónál, a tengelyen gépk)* spring pad/seating *(UK)* ; spring mount perch ; spring saddle *(US)*
rugóalátét spring bolster
rugóállandó spring rate/constant
rugóállító *(jelfogón)* tongue/spring bender
rugóbak spring support/bracket ; *(gépk)* spring anchorage bracket ; spring hanger *(US)*
rugóbeakasztó *fn* spring hanger ; **mozdonyhajtókerék ~ horga** spring hook
rugóbeállítás setting of a spring
rugóbeállító idomszer spring-fixing gauge
rugóbefogó *fn* spring hold
rugóbilincs spring shackle ; *(laprugónál; gépk)* spring clamp
rugóbilincs-csavar *(laprugónál ; gépk)* clip bolt
rugóbiztosító sasszeg spring cotter
rugóburkolat spring casing/cover/gaiter
rugócsap *(gépk)* spring pin
rugócsapszeg-kiemelő springbolt lifter
rugócsapszeg-persely *(a rugószemben ; gépk)* spring eye bushing
rugócsésze spring cup
rugócsévélő gép wire-crimping machine
rugócsomag *(érintkező ; távk)* contact spring nest, contact spring pile-up
rugócsoport *(gépt)* spring assembly
rugódob *(óra)* spring drum
rugóellenállású levegőszelep spring-opposed air valve
rugóerő spring force
rugófejelő gép capping machine for springs
rugófelerősítési pontok spring anchorage points
rugófelfüggesztés spring suspension
rugófelhúzó kulcs *(óra)* spring key
rugófészek spring cup/nest/seat ; *(vasút)* chair of spring
rugófeszítés spring tensioning
rugófeszítő *fn* expander ; **~ kar** *(távk)* lever ; **~ kilincs** spring tension pawl
rugófeszültség spring tension
rugófőlap *(laprugón ; gépk)* top plate
rugófüggesztő *fn* spring carrier
rugófülecs spring eye
rugófülecs-csapszeg spring-eye bolt
rugóhatároló *(ütköző, hordrugónál) (berugózásnál :)* bump buffer ; *(kirugózásnál :)* rebound buffer ; **~ heveder** *(gépk)* rebound strap
rugóhatás alatt álló *(terhelt)* spring--loaded ; *(működtetett)* spring-actuated
rugóház spring drum/cover/casing/box ; *(óra)* barrel ; **fogazott ~** *(óra)* barrel wheel
rugóházfedél *(óra)* barrel cover
rugóháztengely *(óra)* barrel-arbor
rugóhézag *[jelfogón]* spring clearance
rugóhorog *(rugóházon ; óra)* barrel--hook
rugóhuzal spring wire
rugójáték spring path/travel
rugókapcsoló kengyel *v* **lemez** spring--coupling plate
rugókengyel spring shackle/buckle/ stirrup ; *(gépk)* spring shackle ; *(húzott kengyel :)* tension shackle ; *(nyomott kengyel :)* pendant shackle ; *(kúpos csapszeges :)* taper pin spring shackle ; *(menetes U-alakú :)* threaded U-(type) shackle ; **~ oldallapjai** *v* **szárai** *(gépk)* side links/bars, shackle plates
rugókengyel-csapszeg *(gépk) (alvázban :)* frame shackle bolt ; *(rugóban :)* spring shackle bolt
rugókengyel-összeszorító csavar *(két csapszeg között ; gépk)* spring shackle clamp bolt
rugókenő szelence *(gépk)* spring lubricator
rugókészítő : ~ kovácsüzem spring forge ; **~ munkás** springer

rugókiegyenlítő himba spring equalizer
rugókiváltásos szabályozó spring governor
rugóköpeny spring cover
rugóköteg spring assembly ; ~ **legrövidebb lemezrugója** short plate ; ~**et összefogó csapszeg** spring tie bolt ; ~**et összefogó lemez** spring clip plate ; ~ **rugólapja** spring leaf
rugóköteg-csapszeg spring eye bolt
rugókötegfülecs-persely spring eye bush
rugókötegösszefogó csapszeg spring assembly bolt
rugókötegszorító kengyel spring rebound clip
rugólap spring leaf/plate ; ~ **fülecse** eye of spring plate ; ~**ok közti súrlódás** *(rugókötegben)* interleaf friction ; ~**okat összefogó kengyel** *(rugókötegen)* spring leaf retainer ; ~ **vastagsága** *(laprugónál ; gépk)* spring leaf thickness
rugólapos szelep flapper valve
rugólehajlás spring sag/deflection
rugólemez *l* **rugólap**
rugóleszorító : ~ **csavar** spring screw ; ~ **lap** *(laprugónál ; gépk)* spring pressure plate, (spring) clamp(ing) plate
rugólökethatárolás limitation of spring travel
rugólyukasztó fogó *(óra)* mainspring punching pliers
rugómag *(óra)* barrel-arbo(u)r ; **fogazott** ~ *(nyolcnapos zsebórában)* barrel-centre ; ~ **négyszöge** *(óra)* winding square
rugómérő *(távk)* tension meter
rugóműködésű spring-operating
rugónyaláb *(ívben hajlított, lemezes)* bow spring
rugónyalábösszefogó U-kengyel U-bolt spring
rugónyelvleszorítás : ~ **belső tárcsával** *(tex)* inside-wheel pressing; ~ **külső tárcsával** *(tex)* outside-wheel pressing
rugónyomás spring pressure
rugóorsó *(óra)* going fusee
rugóösszefogó kengyel spring hoop
rugóösszetartó szorítókengyel spring rebound clip
rugópánt *(cúgpánt ; gépk)* U-bolt, spring clip
rugópárna spring cushion/pad
rugórögzítő sasszeg spring retainer cotter
rugós spring(-actuated) ; *(óra)* spiral ; ~ **ajtózár** spring hook ; ~ **akasztóhorog** spring hanger ; ~ **alátét** spring washer, lock washer ; ~ **állító fogantyú** *(vasút)* spring catch ; ~ **barázdanyitó** *(vetőgépen)* spring hoe ; ~ **beállítás** spring adjustment ; ~ **befecskendezés** *[Jendrassik]* spring injection ; ~ **befogó patron** spring collet ; ~ **befogó tokmány** spring chuck ; ~ **bélyegző fatömbök megjelölésére** kick stamp for wood blocks ; ~ **benyomós oldalpecek** *v* **gomb** *(óramutatóállításhoz)* push piece ; ~ **borona** spring tine ; ~ **csap** spring rod ; ~ **csapágy** spring bearing ; ~ **csapózárfedél** snap-on cover ; ~ **csappantyú** spring flap ; ~ **csapszeg** spring pin ; ~ **csévetartó** *(tex)* bobbin peg with spring ; ~ **csévetartó orsó** spring cop spindle ; ~ **csiptető** spring clip ; ~ **csőfoglalat** *(rád)* spring/antimicrophonic valve holder ; ~ **csőmentő szerszám** *(mélyfúráshoz)* spring dart ; ~ **csúszódarab** spring slider ; ~ **elrendezés** springing arrangement ; ~ **emelő** spring lever ; ~ **érintkező** spring contact ; ~ **felfüggesztés** spring suspension ; ~ **felfüggesztő** *fn* spring hanger ; ~ **fenekű olajozó** *(gépt)* oil ejector ; ~ **feszítő szerkezet** spring take-up ; ~ **feszítőgyűrűkapcsolás** spring-ring control ; ~ **fogó** booseneck pliers ; ~ **fogú borona** twitch grass eradicator, spring harrow ; ~ **fogú kultivátor** spring--tooth(ed) cultivator ; ~ **fonaltartó** *(tex)* elastic yarn carrier ; ~ **fonalvezető** *(tex)* spring catch/hook ; ~ ~ **galvanométer** spring galvanometer ; ~ **görgők** *(törőgépben)* spring rolls ; ~ **görgős csapágy** helix-wound roller bearing ; ~ **gyűrű** *(óra)* snap link ; ~ **hajtómű** spring motor ; ~ **helyretolás** spring return ; ~ **hernyótalp** spring track ; ~ **horog** *(karabiner)* spring hook, car(a)bine ; ~ **húzóék** spring spline ; ~ **hűtő-ro(l)ó** *(hűtőtakaró ; gépk)* spring roller blind ; ~ **kalapács** spring hammer ; ~ **kapa** *(vetőgépen)* spring hoe ; ~ **kapcsoló** *[vontatott ekénél]* spring release hitch ; ~ **kapcsoló szerkezet** spring attachment ; ~ **kapcsolóék** spring coupling catch ; ~ **kapocs** ripping lock ; ~ **kenő szelence** spring grease cup, spring lubricator ; ~ **kiegyenlítésű magasságkormány** *(rep)* spring-tab elevator ; ~ **kiegyenlítő lap** *(rep)* spring tab ; ~ **kiegyensúlyozó szerkezet** spring-balancing device ; ~ **kikapcsoló szerkezet** spring trip ; ~ **kötélfeszítő csigasor** *(hajó)* spring block ; ~ **központozó** *(kirner)* spring center punch ; ~ **küllő** spring spoke ; ~ **légsűrűségmérő** jolly balance ; **levegő-olajos** ~ **tag** *(rep)* oleopneumatic shock strut ; ~ **lökés-** *v* **lengéscsillapító** spring damper ; ~ **lökhárító** *(vasút)* counter-buffer ; ~ **magmintavevő fúrófej** spring core catcher ; ~ **manométer** spring pressure ga(u)ge ; ~ **mélységmérő idomszer** spring depth ga(u)ge ; ~ **mérleg** spring(-)balance/scale ; ~ **motolla** *(tex)* elastic reel ; ~ **nullkörző** spring bow (compasses) ; ~ **nyomógomb** *(patentgomb)* spring button ; ~ **nyomólap** guard plate ; ~ **olajozó szelence** spring grease cup ; ~ **osztókörző** bow/spring dividers ; ~ **összekapcsolás** spring attachment ; ~ **patron** spring collet ; ~ **pecek** spring pin ; ~ **pöröly** dead-stroke hammer ; ~ **sarkantyús lövegtalp** spring-spade carriage ; ~ **szalagkapcsolás** spiral coupling ; ~ **szeg** spring pin ; ~ **szeizmométer** spring seismometer ; ~ **szelep** spring-loaded valve ; ~ **szorító** *fn* spring clamp/clip ; ~ **tag** amortisseur ; *(futóművön ; rep)* spring leg ; ~ **tapintókörző** spring caliper ; ~ **tengelyék** spring spline ; ~ **terhelésű fog** *(kultivátoron)* spring-loaded tine ; ~ **terhelésű művelőszerszám** *(kultivátorhoz)* spring-trip standard attachment ; ~ **tok** spring pocket ; ~ **tömítés** spring packing ; ~ **tüske** spring mandrel; ~ **ütköző** spring buffer/stop/damper ; ~ **ütközős szöv** spring pick loom ; ~ **ütő szerk** *(tex)* spring picking motion ; ~ *(vasút)* spring switch ; ~ **végd** spring extremity piece ; ~ **ve** spring control ; ~ **villafog** sp tine ; ~ **vonórúd** spring rod ; ~ spring lock ; ~ **zárócsap** Mohr's ~ **zárókilincs** spring pawl
rugósaru spring extremity/shoe
rugószár *(kultivátoron)* spring trip
rugószekrény spring casing
rugószelep feather valve
rugószem spring eye ; **felperselyeze** bushed spring eye
rugószempersely spring (eye) b *(gépk)* *l* **rugócsapszeg-persely**
rugószem-perselyezés spring bushi
rugószorító lap spring pressure pla
rugótám spring support/bracket ; *fogón)* buffer block ; ~ **tömb** sp (-carrying) block
rugótányér spring retainer/cup/ca *(gépk)* coil spring seating, s pan
rugótartó spring hold/carrier/sup bracket ; ~ **hüvely** *(geod)* s box ; ~ **kar** spring-carrier arm **keret** spring bracket ; ~ **konzol** s carrier/bracket ; **középső** ~ ce spring bearing ; ~ **lap** *v* **lemez** sp -carrying plate ; *(Zeiss-műszerek geod)* spring plate
rugótekercselő gép spring-forming machine
rugótengely *(óra)* barrel arbo(u)r
rugóterhelés spring load
rugóterhelésű spring-loaded ; ~ **sz lyozó** spring-loaded governor ; ~ **lep** spring(-loaded) valve
rugótok spring retainer/case/box/po *(óra)* barrel
rugótörés *(gépk)* fracture/failure spring
rugóülés spring seat/chair
rugóütköző spring block/stop ; *(g ból, hordrugónál)* (rubber) b stop
rugóvédő huzat spring-protecting sleeve
rugóverődés *[jelfogón]* spring bou
rugóvezető vámrúd *v* **orsó** *(g* perch
rugóvisszaugrás spring return
rugózás amortization, shock ab tion
rugózatlan uncushioned, unsprung **súly** unsprung weight ; ~ **ülés** *(g* rumble
rugózik *(gépt)* spring
rugózó springy ; *l még* **rugós** ; ~ **a masztás** spring cushion ; ~ **a gyűrű** plain pattern lock was ~ **csőtágító tüske** spring man ~ **dugattyúgyűrű** self-expanding p ring ; ~ **erő** elastic force ; ~ **fedő bélés** *(cipő)* spring-o-lator ; ~ **szeg** snap clutch ; ~ **támasz** s cushion ; ~ **tű** *(láncfonalörön ;* spring needle
rugózott spring-supported ; ~ **árul déses kikészítés** *(tex)* spring-a webholder-finishing ; ~ **csúcsbe kitérő** *v* **váltó** *(vasút)* spring rail ~ **kocsi** spring van ; **különleg ülés** *[traktoron]* velvet ride ~ **és rugózatlan tömeg viszonya** of spring to unsprung mass ; ~

rung weight ; ~ **tömeg** sprung ass ; ~ **villa** spring fork
zörejtompító *fn* spring silencer
ár pasquillock
anyagcsomagoló papír draper's cap
bélés *(tex)* revers
bőrönd *(bőrből, berendezve)* fitted ather suit case
csomagolódoboz-karton *(pa)* suit ard
derék body
fazon *(tex)* style
fodor flute
gyártó *fn* clothing manufacturer
használati idő wear life
ipar dress goods industry, clothing/ rment manufacture
rongy dish clout/cloth
sbörönd portmanteau

ruhászsák *(pa)* cloth bag
ruhaszabó *(gépi)* cloth sawyer
ruhaszárító : ~ **csíptető** clothes-peg ; ~ **gép** cloth dryer
ruhaszegély *(tex)* piping
ruhaszél *(tex)* piping
ruhaszövet *(tex)* dress fabric/cloth
ruhatár cloakroom, wardrobe
ruhaujj sleeve
ruhaujjvédő oversleeve
ruhavasaló *fn* flat iron
ruhavatta waddding for garment, cotton wool/felt, batting
ruházati apparel, clothing ; ~ **áru** dress goods ; ~ **bőr** clothing leather
Ruhmkorff-tekercs Ruhmkorff coil/in-duktor
rumbatron *(rád)* rhumbatron (cavity resonator)

rumpfit *(ásv)* rumpfite
„rundstáb" *(félgömbölyű díszítő hornyolás; fa)* beading, edge roll, round mo(u)ld-ing
rupéli emelet *(földt)* Rupelian stage, Stampian stage
Russell-féle keverék *(csill)* Russell mixture
rusztika *(ép)* bossage
rusztikáz *(ép)* rusticate
ruténium ruthenium ; ~ **tartalmú** *(ásv)* ruthenian
ruténiumdioxid ruthenium dioxide, ruthenic oxide
rutherfordin *(ásv)* rutherfordite
Ruths-féle gőztároló Ruths accumulator
rutil *(ásv)* rutile
rüss *(tex)* ruche
rüszt *(cipő)* instep

S

sáber *l* **hántoló**
sáberol *l* **hántol**
sáberolás *l* **hántolás**
sabin *(hangelnyelés egysége:)* sabin
Sabine-féle utózengési képlet Sabine reverberation formula
sabinizálás *(korrózió ellen)* Sabin process
sablon template, templet, ga(u)ge, shape, stencil, pattern, master; *(önt) l* **alakzó**; *(tekercseléshez:)* former; **~nal fest** stencil; **~ függőónnal** *(beigazításhoz; ép)* battering rule; **~on készült tekercselés** former winding; **~on tekercselt tekercs** former-wound coil; **~ után készít** *(önt)* shape
sablondeszka template/ga(u)ge board
sablonformázás *(önt)* template moulding
sablonformázó orsó *(önt)* spindle of the mould
sablonlemez master plate
sablonmásoló görgő former roller
sablonmunka repetition work
sablonnyomás *(tex)* stencil colo(u)r-printing
sablonpapír stencil paper
sablontartó *(önt)* template holder; **~asztal** *(másoló típusú szerszámgépen)* master-holding table
sablontekercselés *(vill)* former winding
sablonvonalzó knee-edge straightedge, template rule(r)
sabot *(kalapácsnál:)* bed, bottom anvil
S. A. E. lóerő *(gepk)* S. A. E. horsepower/rating
safflorit *(ásv)* safflorite, spathiopyrite
sagenit *(ásv)* sagenite
sagrén *(kecskebőr)* chagreen
sagrénpapír chagreen paper
saheli emelet *(földt)* Sahelian stage
saját: **~ csomagolópapír** *(papírgyári:)* packing paper for own wrapping; **~ hangcsatorna** *(távk)* accompanying sound (channel); **~ síkban sugárzó antennarendszer** end-fire array; **~ súly** own weight; **~ színű** *(ásv)* idiochromatic; **~ vétel** *(távk)* home record
sajátállapot *(at)* eigenstate
sajátellenállás internal resistance
sajátérték *(mat)* eigenvalue, characteristic value
sajátfrekvencia natural frequency, eigenfrequency
sajátfüggvény *(mat)* eigenfunction; **szimmetrikus ~ek** symmetric eigenfunctions
sajátimpedancia *(távk)* self(-)impedance, free/natural impedance
sajátlengés *(mech)* free/natural oscillation(s); **~ periódusa** free/natural oscillating period
sajátmegoldás *(mat)* eigensolution
sajátmozgás proper motion, self-movement; **csillag észrevehető ~sal** proper-motion star
sajátperiódus natural period
sajátrezgés natural/free vibration(s)
sajátsebesség proper speed
sajáttorzítás *(távk)* inherent distortion
sajátvektor eigenvector
sajtantenna cheese aerial
sajtcsomagoló papír cheese-wrapper paper
sajtkendő *(tex)* cheese-cloth
sajtmuszlin *(tex)* butter muslin
sajtó *fn* press, stamp; *l még* **prés**; **abroncsfelhúzó ~** *(alak)* tire press; **~ alá ad** *(nyomda)* put to press; **~ alatti hegesztés** pressure welding; **~ asztala** swage anvil; **asztali ~** *(alak)* bench press; **bálázó ~** *(alak)* baling press; **brikettező ~** *(alak)* briquette press; **csavarorsós ~** *(alak)* spindle press; **~ csúszófeje** slide dog; **domborító ~** *(alak)* embossing press; **egyállványos ~** *(alak)* swan-neck press; **egyengető ~** *(alak)* bull press; **egyszeres működésű ~** *(alak)* single-acting press; **érmeverő ~** *(alak)* coining press; **~ etetőberendezéssel** feed press; **excenteres ~** *(alak)* cam press; **forgótáras ~** *(alak)* dial-feed press; **frikciós ~** *(alak)* friction press; **hajlító ~** *(alak)* press brake; **hármas működésű ~** *(alak)* triple-action press; **ívállványos ~** *(alak)* arch press; **kétállványos ~** *(alak)* double-arm/-sided press; **kettős működésű ~** *(alak)* double-action press; **kivágó ~** *(alak)* blanking press; **kovácsoló ~** *(alak)* forging/stamping press; **könyökemelős ~** *(alak)* toggle press; **lábítós ~** *(alak)* foot(-lever) press; **leszélező ~** *(alak)* trimming press; **lyukasztó ~** *(alak)* piercing/punching press; *(heng)* broaching press; **mechanikus ~** *(alak)* power press; **mélyhúzó ~** *(alak)* drawing press; **mozgóasztalos mélyhúzó ~** *(alak)* bottom-slide drawing press; **oszlopos ~** *(alak)* pillar press; **pénzverő ~** *(alak)* minting press; **peremező ~** *(alak)* circular flanging press; **rúdsajtoló ~** *(alak)* extruding press; **sorjázó ~** *(alak)* trimming press; **sugárirányú ~** centripetal press; **szegecselő ~** *(alak)* riveting press; **szerelő ~** *(alak)* assembling press; **továbbhúzó ~** *(alak)* redrawing press; **törtvasbálázó ~** *(alak)* faggoting press
sajtódugattyú pressure piston
sajtógép *(nyomda)* printing press
sajtol (com)press, stamp, squeeze; *(olajat)* press; *vö* **sajtó, sajtolószerszám**; **mágnestekercshez tömítést ~** *(távk)* bond coil to washer; **melegen ~** press-forge; **nedves agyagport formába ~** *(ker)* dry-press
sajtolás *(alak)* pressing, stamping; *(rúdé)* extrusion; *vö még* **sajtó, sajtolószerszám**; *(nyomda)* pressure; **mintás ~** *(tex)* crimpage
sajtolási: **~ él** ridge; **~ hulladék** stamping trim
sajtoló: **~ bélyeg** punch(eon); **~dugattyú** *(heng)* ram; **~ formázógép** *(önt)* squeezer-moulding machine; **~ hegesztés** pressure welding; **~ hengerpár** squeeze rolls; **~ illesztés** light drive fit, press fit; **~kalapács** stamping hammer; **~ képlékenységmérő** *fn* extrusion-type plastometer; **~ matrica** lower die; **nedves ~** *(pa)* felt rollers press; **~szerkezet** pressure apparatus; **~ termites hegesztés** pressure thermite welding
sajtolóforma *(alak)* stamping die; **összetett ~** battery dies
sajtológép *(élip)* squeezing/extracting machine
sajtológyűrű pressing ring
sajtolóhenger pressing cylinder
sajtolóhengerkezelő *(pa)* presserman
sajtolólap pressure plate
sajtolómunkás presser
sajtolóprés *l* **sajtó**
sajtolószerszám stamp(ing) die; **alaknyomó ~** *(alak)* forming die; **~ alsó része** bottom die; **bélyegző ~** *(alak)* lettering die; **beperemező ~** *(alak)* beading die; **borotváló ~** *(alak)* shaving die; **csövelő ~** *(alak)* curling die; **domborító ~** *(alak)* embossing die; **első ~** *(alak)* master die; **érmeverő ~** *(alak)* coining die; **etalon ~** *(alak)* master die; **~ felső része** *(alak)* punch; **~ forgatható fejjel** index dies; **göngyölítő ~** *(alak)* curling die; **hajlító ~** *(alak)* bending die; **húzó ~** *(alak)* drawing die; **kivágó ~** *(alak)* blanking die; **kombinált ~** *(alak)* composite/combination die; **korcoló ~** *(alak)* seaming die; **kovácsoló ~** *(alak)* forging/stamping die; **leszélező ~**

(alak) trimming die ; **levágó ~** *(alak)* cut-off die ; **lyukasztó ~** *(alak)* piercing/punching die ; **mélyhúzó ~** *(alak)* deep-drawing die ; **oszlopos ~** *(alak)* pillar-type die ; **pénzverő ~** *(alak)* minting die ; **pontossági kivágó ~** *(alak)* shaving die ; **redukáló ~** *(alak)* reducing die ; **sorjázó ~** *(alak)* trimming die ; **szerelő ~** *(alak)* assembling die ; **továbbhúzó ~** *(alak)* redrawing die ; **többlépcsős ~** *(alak)* progressive die
sajtolt (com)pressed, stamped, compact ; *(cipőkéreg v -talp)* embossed ; **~ áru** *(műanyag)* moulded article ; **~ bakelit** *(távk)* moulded phenol ; **~ élesztő** compressed yeast ; **~ furnír** moulded veneer ; **~ gyártmányok** pressed work ; **~ kerámiacső** *(vill)* extruded ceramic tube ; **~ készítmény** pressing, presswork ; *(vegy)* moulding ; **~ lemeztartó** *(ép)* pressed plate girder ; **~ lemez vastesthez** *(vill)* core stamping ; **~ mágnes** *(vill)* powder magnet ; **~ pormag** *(vill)* compressed dust core ; **~ porvasmagos tekercs** *(vill)* pressed dust-core coil ; **~ (szelep)ülés** *v* **-fészek** pressed-out seating ; **~szén** briquette ; **szilárd ~ illesztés** heavy force fit ; **~ tárcsáskerék** *(gépk)* pressed-steel wheel ; **~ tű** *(kh)* solid butt needle ; **~ üveg** pressed glass
sajtóprés *l* **sajtó, prés**
sajtosdoboz *(pa)* cheese(-)box
sajtosdobozkarton *(pa)* cheesebox board
sajtosodik caseate
sajtszerű caseous
sajtüst cheese vat
sajtvászon cheese-cloth
sakktábla *(telev)* checkerboard
sakktábla-ábra *(telev)* checkerboard pattern
sakktáblaminta *(fa)* checker-board pattern
sakktáblaszerű staggered, chequered, cheek
salak *(koh)* slag, cinder, scoria ; **bázikus ~** basic slag ; **fehér ~** white slag ; **felúszó ~** *(önt)* sullage ; **~ föle** boilings ; **fűtési ~** cinders ; **habzó ~** foamed slag ; **~- és hamuhányó** cinder dump ; **karbidos ~** carbide slag ; **~ból készült útburkoló kő** slag paving stone ; **kevert ~** bastard slag ; **kúpolói ~** cupola slag ; **martinkemencei ~** open-hearth slag ; **megdermedt ~** slag stone ; **nagyolvasztói ~** blast furnace slag ; **savanyú ~** acid slag ; **Thomas-kemencei ~** Thomas slag ; **zsugorított ~** clinker
salakágy slag/cinder bed ; **vulkáni ~** clinker bed
salakágyazat slag/cinder ballast
salakakna clinker pit
salakbeton slag/cinder concrete
salakbevonat slag crust
salakblokk slag cake
salakborítás slag cover
salakbunker cinder pocket
salakcement (blast furnace) slag cement
salakcipó cake of clinker
salakcsapoló : ~ nyílás *(koh)* slag spout; **~ nyílás agyagdugója** bott ; **~ oldal** slag tapping side
salakcsatorna slag channel, slagging spout
salakcsörlő ash hoist gear
salakdús vas slaggy iron
salak-eljárás slag process ; **bázikus ~** *(koh)* basic-slag practice
salakfenék *(kemencében)* slag bottom
salakfinomító eljárás slag fining process
salakfogó *fn* slag pocket/chamber ; **~ rúd** slag skimmer
salakfogós beöntőnyílás *(önt)* skim gate
salakgát tundish, slag bank
salakgödör drop pit ; **~ feletti tartórúd** clinker bar
salakgyapot slag/cinder hair/wool, silicate cotton
salakgyűjtő *fn* slag bed
salakhab *(koh)* scum
salakhabarcs black mortar
salakhányó *fn* slag tip/muck/dump
salakhártya *(olvadt fémen)* scruff
salakhomok slag sand
salakhűtő szekrény *(koh)* jumbo
salakkamra slag chamber/pocket
salakkaparó *fn* firing rake, poke hook
salakképzés scorification
salakképző *fn* slag-forming ; **~ anyag** *(koh)* slag former, slagging medium ; **~ hozaganyag** *(koh)* *l* **~ anyag**
salakképződés clinker formation, scorification
salakkéreg slag crust
salakkimaródás slagging
salakkiömlő nyílás slag spout
salakkiválás *(koh)* scorification
salakkocsi slag wheeler/wagon
salakkotró *fn* poker
salakkő slag/cinder stone ; **vulkáni ~** *(megüvegesedett)* clinker
salakkúp *(földt)* blowing cone
salaklebocsátó csatorna *(koh)* scum gutter
salaklecsapoló nyílás slag notch/spout/hole, skimming door
salaklefölöző *(koh)* skimmer for slags
salaklehúzás *(koh)* slagging, flushing, skimming
salaklehúzó : ~ kampó *(koh)* skimmer ; **~ munkás** slagger, slag man ; **~ nyílás** cinder notch
salaklepény clinker/slag cake/blob
salaklerakódás slag crust ; **~ hengerfalon** *v* **dugattyúfedélen** engine cinder(s)
salaklevezető csatorna slag runner
salakmassza clinker/slag cake
salakmedve slag block
salakmentes szén non-clinkering coal
salaknyílás *(koh)* floss hole
salakoltás ash quenching
salakos cindery, slaggy, drossy ; **~ láva** slaggy lava ; **~ szerkezet** *(földt)* scoriaceous structure ; **~ szövet** *(földt)* hiatal texture ; **~ teniszpálya** hard court
salakosít scorify, flux
salakosítás scorification, fluxing
salakosító *fn* scorifier ; **~ adalék** *(koh)* flux
salakosítótégely scorifier
salakozó *fn* slagger, slag man ; *(kavaró kemencén ; koh)* floss hole ; **~csatorna** slag channel
salakozógödör *l* **salakgödör**
salakozóüst slag pot
salakozóüst-szállító kocsi slag ladle car
salak-öntőforma slag mo(u)ld
salakőrlő *fn* slag breaker ; **~ malom** pulverized-slag mill, cinder mill
salakösszetétel aránya *(bázikus savanyú)* slag ratio
salakpálya dirt/cinder track
salakpor coom(b)
salakpróba slagging test, slag specimen
salakréteg cinder sheet ; *(rostélyrácson)* clinker ; *(olvasztott fém tetején)* skim
salakrostély clinker grate
salakrúd *(koh)* trowel, hawk
salakszállító : kerekes ~ üst *v* **kocsi** slag wheeler/wagon
salakszám *(koh)* slag number
salakszemcsésítés *v* **-granulálás** slag granulation
salakszén cinder coal
salakszerű cindery, scoriaceous
salakszurkáló *fn* firing poker
salaktégely slag pot
salaktégla slag brick
salakteke *(földt)* driblet cone
salaktér cinder bed
salaktextúra *(földt)* scoriaceous structure
salaktisztító vas *v* **rúd** clinkering bar
salaktömb slag/cinder block
salaktömeg *(összeállt)* *l* **salaktömb**
salaktörmelék *(bány)* breeze
salaktörő *fn* slag crusher ; **~ gép** clinker breaker ; **~ rúd** slash bar ; **~ üzem** slag grinding plant
S-alakú S(-shaped/like), sigmoid(al), gooseneck ; **~ cső** S-bend ; **~ csőcsatlakozás** gooseneck connection ; **~ huzalköteg** scroll bundle ; **~ vízelzáró** *fn* S-trap
salakürítő nyílás skimming door
salaküst slag ladle
salakvatta slag wool/cotton
salakvezetés *(koh)* regulation of slag
salakvezető dob ash handling drum
salakzárvány *(koh, önt)* dirt/dross/slag inclusion, entrapped slag
salakzárványos nyersvas cinder pig (iron)
salakzúzó *fn* slag crusher
salamkő *(ásv, ékkő)* salamstein, oriental/true sapphire
salátaolaj *(növényi olaj, olivát kivéve:)* salad oil
salétrom *(ásv, vegy)* nitre, niter *(US)* ; salpetre ; saltpeter *(US)*
salétromfolt *(falon)* drier white
salétromkivirágzás *(falon)* efflorescence of saltpeter, flower
salétromossav nitrous acid
salétromossavanhidrid nitrous anhydride, (di)nitrogen trioxide
salétromossavas : ~ kálium potassium nitrite ; **~ nátrium** sodium nitrite
salétrompapír nitre paper
salétromsav nitric acid ; **tömény ~** aqua fortis; **vörösfüstös ~** red-fuming nitric acid, RFNA
salétromsavas : ~ amil amyl nitrate ; **~ ammónium** ammonium nitrate ; **~ bárium** barium nitrate ; **~ etilészter** ethyl nitrate ; **~ ezüst** silver nitrate ; **~ glicerinészter** glycerol trinitrate ; **~ higanyoxidul** mercurous nitrate ; **~ kalcium** calcium nitrate ; **~ kálium** potassium nitrate ; **~ nátrium** sodium nitrate ; **~ ólom** lead nitrate ; **~ réz** copper nitrate ; **~ uránoxid** uranyl nitrate ; **~ vasoxid** ferric nitrate
salétromtelep *(földt)* nitre fields

salit *(ásv)* salite
saller-folt *(gépk)* patch
salopi emelet *(földt)* Salopian stage
salzburgi vitriol Salzburg vitriol
samarskit *(ásv)* samarskite
sámfa shoe-/boot-last, filler
samóa fotópapír buff paper
samott fireclay, chamot(te)
samottfúvóka nozzle of fire clay
samotthabarcsszigetelés plastic insulation
samott tégla refractory brick
samott-védőhüvely *(önt)* fireclay sleeve
sánc bank, trench ; *(síugráshoz)* board
sánckarózat palisade
sánckosár form
sáncol trench
sáncolás *(talajvédelemre)* terracing ; **~sal egybekapcsolt öntözésmód** countercheck method of irrigation
sáncpadka banquette
sandbergerit *(ásv)* sandbergerite
sannoisi emelet *(földt)* *l* **lattorfi emelet**
sánta-forgás *(gépt)* wobbling
sántakerék cam drum/roll, cylinder cam
sántakörző *(egyenlőtlen szárú)* odd legs (compasses)
santoni emelet *(földt)* Santonian substage
santung(szövet) *(tex)* shantung
sapka *(gépt)* cover piece, cap, hood, dome ; *(tex)* cap, bonnet, head cover ; **elsötétítő ~** *(gépt)* blackout cap
sapkacsavar cap screw
sapkadoboz *(pa)* capped box
sapkaellenző cap peak, visor
sapkaellenző-lemez *(pa)* board for cap-peaks
sapkafedél-lemez cap board
sapka-papír cap paper
sapkarész cap piece
sapkás anya *(gépt)* cap/end/box/acorn nut
saponit *(ásv)* soapstone
sapphirin *(ásv)* sapphirine
sapp-selyem (s)chappe/florette (silk)
sarabol *(bány)* scrape
saraboló *(bány)* scraper, chain and flight (conveyer) ; **~ befogadó képessége** scraper stock capacity ; **~ hasmagassága** scraper ground clearance ; **~ hátsó fala** scraper tail gate ; **kézi rakodású ~** box ; **~ kihordólemeze** *(bány)* bridge ; **~ kiürítőhelye** scraper dump ; **köteles ~** hoe ; **~ kultivátor** *(mzg)* subsurface cultivator ; **~ maximális befogadó képessége** scraper headed capacity ; **~ rakodó** scraper loader ; **~ retesze** *(bány)* scooter door ; **~ támja** *(bány)* box stop ; **~ terelőlapja** *(bány)* scraper deflector ; **~ vágóéle** scraper (cutting) edge/blade ; **vontató ~** *(bány)* carryall
saraboló-etető *(munkás v gép ; bány)* scraper hauler
saraboló-indító *(bány)* scraper pusher
sarabolókapa *(mzg)* single pickaxe
saraboló-kotró *(bány)* scraper
saraboló-láda *(bány)* scraper pan
sarabolómunka *(bány)* scraper work
sarabolórendszerű kőzetfelrakó scraper--type rock-loader
sarabolószállítás scraper haul
sarabolószekrény *(bány)* scraper body ; **zárt fenekű ~** closed bottom box
sarabolóvéső bush chisel
saraboló-vonórúd *(bány)* scraper push-beam
sarangol *(fa)* stack
sarangolt tűzifa piled firewood
sárdereglye *(hajó)* mud lighter
sárfogó bőr *(mkpár)* dash leather
sárfolyó *(vízzel kevert vulkáni hamuból)* aqueous lava
sárga yellow ; **~ arany** yellow gold ; **~ bogyó** *(perzsa bogyó, növényi festőanyag)* Persian berry ; **~ bronz** yellow metal ; **~ enzim** *v* **ferment** yellow enzyme ; **~ fény** *(vill)* amber light ; **~ folt** *(fényt)* yellow spot ; **~ foszfor** yellow/white phosphorus ; **~ föld** *(földt)* yellow soil/earth ; **~ izzás** *(koh)* yellow heat ; **~ okker** yellow pewter/earth ; **~ precipitátum** yellow precipitate ; **~ szalmaanyag** *(pa)* yellow straw pulp ; **~ színszűrő** *(fényk)* yellow-filter; **~ ultramarin** *(festék)* yellow ultramarine, lemon chrome/yellow ; **~ vasérc** *(ásv)* *l* **xantosziderit** ; **~ vérlúgsó** yellow prussiate of potash
sárgacukor brown sugar
sárgafa Cuba/yellow wood, fustic
sárgakeresztes gáz yellow-cross gas
sárgaöntvény brass casting
sárgaréz brass ; **~ armatúra** brass armature ; **~ bevonatú szigetelőcső** *(vill)* brass-sheathed insulation conduit ; **~- és bronzöntöde** brass foundry ; **~ cső** brass tube ; **~ lemez** sheet/plate brass ; **öntött ~** cast brass ; **~ persely** brass bushing ; **~ súrlódóbetét** *(gőzgép keresztfején)* gib ; **~ szalag** brass strip
sárgaréz- brass(y)
sárgarézbetét brass bushing
sárgarézfólia-tömítés brass-foil packing
sárgarézforrasz brass solder
sárgarézhengermű brass mill
sárgás : ~ írópapír *(bordázott)* cream--laid paper ; **~ velinpapír** cream-wove paper
sárgaszűrő *(fényk)* sky-filter
sárgerenda *(ép)* wall plate, roof sill, sole timber ; *(fal helyett)* **oszlopokra állított ~** eaves plate
sárgulás *(pa)* discolo(u)ration
sárgult gyapjú stained wool
sárhajó hopper
sárhányó mudguard, fender, splash-board, splasher, dash
sárhányókötény *(gépk)* dash leather, valance
sárhányólámpa *(gépk)* fender/mud-guard lamp
sárhányólemez *(pa)* buggy board
sárhányómerevítő *(gépk)* wing bracket
sárhányótartó kar *(gépk)* fender support
sarírozás *(ép)* vermiculated work
sarjerdő sprout land, coppice (wood)
sark *(csill, földt)* pole ; **~ alatti** subpolar ; **égi ~** *(csill)* celestial pole ; **~körüli** circumpolar
sarkalás *(fa)* edging
sarkalógép *(kh)* heeler, heeling machine
sarkantyú jetty, spur; *(hidr)* wind dam ; *(folyószabályozásnál)* spur (dike), dam dike ; **~ közötti öblözet** spur-dike bay
sarkantyúkészítő munkás spur maker
sarkantyús hajóorr ram bow
sárkány *(csill)* dragon ; *(rep)* air-frame, kite
sárkányeresztő zsineg kite cord
sárkánykormányfelület *(rep)* kite control surface
sárkányléggömb kite balloon
sárkányrepülőgép *l* **repülőgép**
sárkányváz *(rep)* framework
sárkányvér *(gyanta)* dragon's blood
sárkaparó *fn* mud scraper
sarkaz pivot
sarkcsillag polar star, lodestar
sarki : ~ fény Aurora borealis ; **~ fény színképe** auroral spectrum ; **~ fluxus** polar flux ; **~ jég fénye** *(met)* ice-blink ; **~ jégtakaró** *(met)* polar ice cap ; **~ köd** frost smoke, ice fog ; **~ lapultság** *(geod)* polar flattening ; **~ öv** frigid zone
sarkifény-vonal : zöld ~ *(csill)* auroral green line
sarkigazság *(mat)* axiom
sarkinit *(ásv)* sarkinite, polyarsenite
sarkít polarize
sarkítás polarization ; *l még* **polározás** ; **~ szöge** *(fényt)* angle of polarization
sarkításmérő *fn* polarimeter
sarkítatlan *(mágnestű)* astatic
sarkíthatóság polarizability
sarkított : ~ hullámok *(rád)* polarized waves ; **~ jelfogó** polarized relay ; **nem ~ antenna** non-polarized aerial; **~ relé** polarized relay ; **villamosan ~** electropolar
sarkkör *(földt)* arctic circle
sarkmagasság *(geod)* polar altitude
sarkmagasság-javítás *(csill)* altitude correction
sarkolit *(ásv)* sarcolite
sarkos angled ; *(négyszögletű)* rectangular
sarkosít *(pa)* square off
sarkozás *[jobbra ; ép]* pivot
sarkpont pole
sarktengely *(távcsőé)* polar axis
sarkvidéki arctic, subpolar ; **~ eredetű levegő** *(met)* arctic air-mass ; **~ köd** arctic smoke ; **~ mélynyomású csatorna** *(met)* polar trough ; **~ spermacet-olaj** arctic sperm oil
sárlehúzó vas door scraper
sarló sickle, scythe, twibill ; **~ alakú** crescent, falciform ; **~ alakú betétkés** *(marón)* parrock tooth ; **~ alakú borda** crescent rib ; **~ alakú kotróveder** crescent bucket ; **~ alakú rácsostartó** crescent truss, sickle--shaped truss
sarlóalak meniscus
sarló-lencse *(fényt)* meniscus lens
sarmőz *(kh)* lock-knit
saroglya (hack)barrow, box ; **saroglyába rakott szárított tégla** *(ker)* clamp
saroglyalánc trestle-chain
saroglyás taliga tail carrier
sarok heel ; *(szögpont)* corner ; *(ép)* pivot ; *(gépt)* footstep ; *(vill)* pole ; **~ra állított kockás mintájú áru** *(tex)* raised checks ; **amerikai (lapos) ~** *(cipő)* American heel ; **~ élvédő szögvasalása** nosing ; **sarkot körülvág** *(cipőn)* round the seats ; **lekerekített ~** *(cipő)* sloping back ; **magas ~** *(kh)* high splicing, high-spliced heel ; **negatív ~** cathode ; **~ térerőssége** *(vill)* pole strength ; **~nak való bőr** *(talphasszél)* heel leather
sarok- angular, angle(d)
sarokablak corner window ; *(autóbuszon)* rear dome corner window, quarter light

sarokalsófolt (*cipő*) seat piece
sarokantenna corner aerial/antenna
sarokbefűzés (*tex*) pass for corner pieces
sarokbehajlás körülvágásnál (*nyomda*) dog's ear
sarokbetétdarab (*bány*) heel block
sarokbeütődés (*nyomásnál*) bite
sarokbőr shoe
sarokcsap pivot, hinge pin, swivel stud, pintle ; **golyós ~** ball pivot
sarokcsíptető készülék (*cipő*) corner--cutting machine
sarokcsiszolás [*kristályon ; távk*] edge grinding
sarokcsiszoló gép (*cipő*) heel scouring machine
sarokcső (*vill*) angle clip
sarokdarab *v* **-díszítés** (*ép*) corner piece
sarokdísz (*ép*) corner bead(s) ; [*könyvvön*] corner
sarokdoboz (*vill*) angle conduit box
sarokdörzsár angle reamer
sarokéldíszítő készülék (*cipő*) heel-seat beading apparatus
sarokélhegesztés fillet weld
saroképítő és -fűző gép (*cipő*) heel building and tacking machine
sarokerősítés (*kh*) reinforcement of the heel
sarokfátyol (*fényk*) edge fog
sarokfeketítés (*cipő*) heel inking
sarokfeketítő tinta (*cipő*) quick black
sarokfelerősítés (*cipő*) heeling
sarokfelsőfolt (*cipő*) top lift/piece
sarokfelsőfoltcsiszoló gép (*cipő*) slugg rinding machine
sarokfelsőfolt-felszegezés (*cipő*) slugging
sarokfelsőfolt-homlokéllevágó gép (*cipő*) top lift front bevelling machine
sarokfelsőfoltmaró gép (*cipő*) top lift trimming machine
sarokfelsőfoltszegező gép (*cipő*) slugging machine
sarokfelszegezés (*cipő*) heeling
sarokfelszegező : ~ gép (*cipő*) heel attaching machine ; **~ gép belső szegezéssel** (*cipő*) heel-attaching machine for inside nailing
sarokfényesítő gép (*cipő*) heel burnisher
sarokfényezés (*cipő*) heel polishing
sarokfényező gép (*bőr*) burnishing machine
sarokfészekbevágó gép (*cipő*) heel-seat trimming and preparing machine
sarokfészekmaró gép (*cipő*) heel-seat trimming machine
sarokfeszítő oszlop (*vill*) anchor-type corner pole
sarokfoglaló gép (*cipő*) heel-seat lasting machine
sarokfolt (*cipő*) lift
sarokfoltkimélyítő gép (*cipő*) bottom lift gouging machine
sarokfoltragasztó prés (*cipő*) cement heel lift attaching press
sarokfront (*cipő*) *l* **sarokhomlok**
sarokfurdancs angular brace ; **egyetemes ~** corner brace
sarok-fűrészlap corner saw blade
sarokgerenda angle course beam
sarokhegesztés bevel welding
sarokheveder (*ép*) angle clip
sarokhíd connecting strap
sarokhomlok (*cipőé*) heel-breast
sarokhomlokcsiszolás (*cipő*) heel-breast scouring
sarokhomlokcsiszoló gép (*cipő*) heel--breast scouring machine
sarokhomlokél és fedőfoltfényesítő gép (*cipő*) polishing machine for heel--breast edges and top lifts
sarokhomlokéllevágó gép (*cipő*) heel--breast edge trimming machine
sarokhomlokhasító gép (*cipő*) splitting machine for the hill portion of soles
sarokhomlokkörülvágó gép (*cipő*) heel--breasting machine
sarokhomloklevágás (*cipő*) breasting
sarokhomlokragasztó készülék XV. Lajos-kori beli sarokhoz (*cipő*) heel--breast glueing apparatus for Louis XV. heels
sarokhorony (*ép*) rebate
sarokillesztés angle joint ; (*45°-os*) mitre ; **~ 45° alatt** (*ép*) mitre half
sarokillesztéses csapszeg nibbed bolt
sarokillesztésű mitred
sarokjelzés (*vill*) polarity mark
sarokjelző eszköz (*vill*) polarity indicator
sarokkád (*beépíthető*) rectangular bath/tub
sarokkandalló corner chimmey
sarokkeret (*bány*) corner set
sarokkeretlevágó gép (*cipő*) rand end trimming machine
sarokkimélyítő gép (*cipő*) bottom lift gouging machine
sarokkitámasztás *v* **-kihorgonyzás** corner stay
sarokkitámasztó fa corner stay
sarokkitöltés filleting
sarokkivájás (*cipő*) heel gouging, coring out
sarokkő quoinstone, headstone, impost
sarokkötés angle tie/joint, bevel tie, edge bond ; **~sel illesztett** (*ép*) mitred
sarokkötésű mitred
sarokkötő : ~ ferde *v* **átlós gerenda** *v* **rúd** dragon tie ; **~ gép** (*kh*) heeler, heeling machine ; (*pa*) corner-connecting machine ; **~ gerenda** (*ép*) dragon beam, angle tie
sarokkúpcserép (*ép*) ridge corner tile
saroklapolás (*fakötés*) corner halving
saroklebeny (*kh*) heel tab
sarokléc corner fillet
saroklécragozat bead
saroklegömbölyítés sugarát ellenőrző idomszer fillet gauge
saroklegömbölyítő szerszám corner--rounding tool
saroklekerekítés (*belső*) fillet
saroklemez tie plate, gusset joint plate ; (*cipő*) heeling sheet
sarok-lépcsőpihenő (*ép*) quarterpace
sarokmagasságmérő készülék (*cipő*) apparatus for measuring height of heels
sarokmarás (*forg*) angular milling
sarokmaró gép (*cipő*) heel-trimming machine
sarokmegmunkáló szerszám corner tool
sarokmerevítés : átlós ~ deszkából (*ép*) angle board
sarokmerevítő (*ép*) angle stripper ; **~ dúc** (*ép*) angle brace ; **éles fenekű hajó ~ szögvasa** chine angle ; **~ faék** *v* **fatuskó** block ; **~ léc** corner fillet
sarokmerevkötés (*ép*) rigid connection
sarokminta angle pattern
sarokolló angle shears
sarokoszlop (*hidr*) quoin post ; (*távk*) angle pole
sarokpálcatag (*ép*) staff bead
sarokpánt angle hinge, hinged clip
sarokpapírfűző gép (*pa*) corner paper sewing-machine
sarokpár (*vill*) pair of poles, pole pair
sarokpillér (*ép*) butt pier, corner jambstone
sarokprés (*cipő*) heel press
sarok-rálapolás : ferde ~ (*fakötés*) bevel(l)ed corner halving
sarokráma (*bőr*) rand
sarokrámavég-levágó gép (*cipő*) rand--end-trimming machine
sarokrámázó gép (*cipő*) rand tacker
sarokreflektor (*radar*) corner reflector
sarokrész seat
sarokrészkörülvágó és sarokigazító gép (*cipő*) heel-seat fitting machine
sarokrostély (*rázórostélyhoz*) corner grate
sarokrovás (*fakötés*) corner cogging
sarokrúdépítő gép (*cipő*) machine for building up heel blocks
saroksimítás (*ép*) filleting
sarok-szarufa angle rafter
sarokszeg (*cipő*) heel nail
sarokszelep angle valve
sarokszélesség [*keresztmerevítésnél ; ép*] heel spread
saroktagozat bead
saroktalpbélés-maratás (*cipő*) insole seat trimming
saroktámasz (*ép*) crossover standard, corner studdle ; (*lépkedő kotrón*) corner foot
saroktámoszlop (*vill*) angle support
saroktelek corner lot
saroküveg : görbített ~ (*gépk*) bent quarter
sarokvágó gép (*pa*) cornercutting machine
sarokváltás (*vill*) polarity reversal
sarokváltó *fn* (*vill*) pole changer
sarokvarrat (*heg*) corner joint, fillet weld ; **kétoldali ~** (*heg*) double--fillet weld ; **kétoldali váltakozó ~** (*heg*) chain intermittent fillet welds ; **~ vastagsága** throat of fillet weld
sarokvarratos hegesztés corner weld
sarokvas composing stick, hinge, angle piece/clip/bar, corner plate ; (*ajtón*) tang ; (*cipőn*) heel tip ; (*heng*) angle steel, iron angle ; **~at beakaszt** hinge ; **~ként meghajlít** hinge ; **~ szeme** hinge eye
sarokvas-tengely hinge pin
sarokvédő (*díszítmény ; ép*) angle staff ; **~ léc** (*ép*) staff bead ; **~ vas** (*ép*) angle bead
sarok-vízjel (*pa*) corner mark
sarokzáró : ~ papír gummed stay; **~ tégla** (*téglakötésnél*) angle closer
sársapka mudcap
sártartály mud box
sartorit (*ásv*) sartorite
saru shoe, tag, bearing ; (*gyújtókábelre*) ignition thimble ; (*hidon*) saddle ; (*pólusjelfogón*) pole piece ; (*síkkötőn*) carrier stop ; (*ép*) apron ; (*gépt*) footstep ; **hátrafutást** *v* **visszagördülést megakadályozó ~** (*vasút*) block ; **~ba helyezett tám(fa)** *v* **oszlop** (*ép*) socketed stanchion ; **telep kapcsaiba csatlakozó ~** (*vill*) battery shoe ; **~ tengelye** (*hidon*) axle of bearing

saru-alsórész *(hidon)* bearing stool
sarukő *(hidon)* pillow/bearing block
sarulemez bearing/base/support plate
saruöntvény shoe casting
sarupecek slipper pin
sarurögzítő bearing lock
sarus : ~ **áramszedő fej** trolley head ; ~ **fék** block brake ; ~ **kapcsolás** *(távk)* shoe-type junction ; ~ **könyökcső** shoe elbow
sarutartó állvány *(hidon)* pedestal
sarutest *(hidon)* bearing stool, bolster, saddle body
sárvakaró foot scraper
sárvédő *(cipőn)* mudguard ; *(gépk)* mudguard, fender, splashguard
sárvédőkötény *(gépk)* apron for mudguard
sárvédőlemez *(gépk)* engine mudguard
sárvédő-oldallemez *(gépk)* fender skirt panel
sárvédő-rögzítő *(gépk)* wing fixing bracket
sárvédőtartó *(autón)* fender support/bracket ; *(motorkerékpáron)* mudguard stay
sarzsi *(koh, vegy)* *l* **adag**
sas *(lópatkón)* calkin
sasbérc *(földt)* upthrust, uplift
sasfa *(ép)* principal post
sassolin *(ásv)* sassolite
sasszeg splint (pin), (split) cotter(pin) ; ~**gel biztosított** cottered, split-pinned ; ~**gel biztosított csapszeg** splint bolt ; ~ **a fedélcsavaron** *(gépk)* cross-iron to cap-screw
sasszegelés cotter-pinning
sasszeges csap cotter bolt
sasszeglyukfúró cotter drill
sasszegnyílás cotter slot
sasvéső *(fa)* mortise-axe
sátor *(ép)* awning ; *(ponyva)* tent
sátorcövek tent-peg
sátorfedél canopy, hipped roof
sátorlapfedő fly
sátorlemez *(pa)* tent board
sátorponyva duck fabric/cloth
sátorponyvaszövet tent cloth
sátorszövet tilt cloth
sátortető *(ép)* one-pitch-roof
sátorvas *(elsütő billentyűn)* trigger guard
sátorvászon duck
satu (bench) vise, vice ; **forgatható párhuzamos** ~ parallel vice with swivel base ; **padra szerelt** ~ **üllővel** anvil vice/vise ; **párhuzamos** ~ *(fecskefarkvezetéssel)* parallel vice ; **pneumatikus** ~ air vice ; ~ **pofája** vice jaw
satucsavar vice/tommy screw
satupad file/vice bench
satupadcsavar bench screw
satupadüllő nyéllel anvil stake
satupofa vice grip ; **satupofák közti távolság** span
satupofabetét bitz ; *(lágy)* vice cap
satuszorító pofa nyílása mouth of the jaws
saussurit *(ásv)* saussurite
sav acid ; **acetilénsorozathoz tartozó** ~ acetylene acid ; **egybázisú** ~ monoacid, monohydric acid, monobasic acid ; **egyértékű** ~ monoacid, monohydric/monobasic acid ; **erős** ~ strong acid ; **fluorszubsztituált** ~ fluoroacid ; **gyenge** ~ weak acid ; **halogénhelyettesítésű** ~ halogenated acid, halogeno-acid ; **hárombázisú** ~ tribasic acid ; **háromértékű** ~ tribasic acid ; **hatbázisú** ~ hexabasic acid ; **hatértékű** ~ hexabasic acid ; **kétbázisú** ~ diacid, dibasic acid ; **kétértékű** ~ diacid, dibasic acid ; **klórral szubsztituált** ~ chloroacid ; ~ **és lúganyagcsere** acid-base metabolism; ~**-és lúg-indikátor** acid-base indicator; **négybázisú** ~ tetrabasic acid ; **négyértékű** ~ tetrabasic acid ; **nitroszubsztituált** ~ nitroacid ; **ötbázisú** ~ pentabasic acid ; **ötértékű** ~ pentabasic acid ; **szerves** ~ organic acid ; ~ **zöme** *(ásványolajfinomításnál)* body acid
sáv strip(e), band, streak, stria, zone, tract ; *(telefon- és átviteltechnikai szerelési egység)* strip ; *[frekvenciasáv]* band ; *(földt)* belt ; *(szövetben ; tex)* strap ; **abszorpciós** ~ absorption band ; **barázdák közti fel nem szántott** ~ *(mzg)* balk ; **berepülési** ~ clearance ; **elnyelési** ~ absorption band ; ~ **feje** *(szink)* head of (spectral) band ; ~**okra hasító szerszám** slitting tool
sávalapozás continuous footing
saválló acid-proof/-resisting/-fast ; ~ **bevonat** *v* **festék** *v* **festés** acid-proof paint; ~ **papír** acid-proof/-resistant paper
saválióság acit resistance/fastness
savállósági próba acid test
savamid acid amide
savanyít *(vegy)* acidify, sour, acidulate
savanyítás *(élip)* souring ; *(vegy)* acidification ; *(nyomda)* counter-/pre-etching
savanyító *mn* acidifying, souring ; *fn* acidifier
savanykás harsh, acidulous
savanyodik *(élip)* sour ; **savanyodni kezd** *[bor]* prick
savanyodó musty, acescent
savanyú sour, acid(ic), acidulous ; ~ **acél** *(koh)* acid steel ; ~ **bélés** *(koh)* acid liming ; ~ **borkősavas kálium** potassium bitartrate ; ~ **(cserző)oldat** *(bőr)* sour liquor, pickling solution ; ~ **ditioszénsavas etilészter** *l* **xantogénsav;** ~ **erjedés** sour/acid fermentation ; ~ **festék** acid dye ; ~ **fluorkálium** potassium bifluoride ; ~ **jódsavas kálium** potassium hydrogen iodate ; ~ **kemencefenék** *(koh)* sand bottom of furnace ; ~ **kénessavas kálium** potassium bisulfite ; ~ **kénessavas nátrium** sodium bisulfite ; ~ **kénsavas kálium** potassium bisulfate ; ~ **kénsavas kinin** quinine bisulfate ; ~ **kénsavas nátrium** sodium bisulfate; **lakmuszra** ~ acid to litmus ; ~ **nátrium-ammóniumfoszfát** microcosmic salt ; ~ **nátriumfluorid** sodium bifluoride ; ~ **olaj** *(kátrányolajban)* tar acids ; ~ **olajtermék** sour ; ~ **pác** *(bőr)* sour water ; ~ **pácba rak** *(élip)* pickle ; ~ **regenerálás** *(gumi)* Mitchell process ; ~ **répaszeletek** fermented cossettes ; ~ **salakot képző** *(koh)* acid-slagging ; ~ **sóskasavas kálium** potassium bi(n)oxalate ; ~ **szénsavas kálium** potassium bicarbonate ; ~ **szénsavas nátrium** sodium bicarbonate ; ~ **talaj** sour land ; ~ **tejföl** sour cream ; ~ **vizek** *(bány)* corrosive water
savanyúság *(vegy)* acidity ; **titrálási** ~ acid capacity
savanyúvíz acid water
savanyúvízforrás acidulous spring
savas acid(ic), sour, acidiferous, acidulous ; ~ **bélésű konverter** *(koh)* converter of acid lining ; ~ **feltárás** *(pa)* acid digestion ; ~ **festék** acid dye(stuff) ; ~ **fürdő** *(fehérítésnél ; tex)* brown sour ; ~ **gyanta** *(fa)* acid tar ; ~ **kezelés** *(tex)* acid wash ; ~ **nyersolaj** sour crude ; ~ **pác** *(bőr)* sour water ; ~ **sózást végez** *(pikkelez ; nyersbőrt)* pickle ; ~ **színezékkel nyomott** *(tex)* acid printed
savasít acidify
savasítás *(vegy)* acidification
savasító *fn* acidifier
savasmerítés *(tex)* acid steeping
savasság acidity ; **aktív** ~ actual acidity ; ~ **foka** acid stage
savassági : ~ **index** acidity index; ~ **próba** acidity test
savas-sós oldat *(pikkel ; bőr)* pickle
sáváteresztő *fn* *(rád)* band pass ; ~ **szűrő** *(rád)* band-pass filter
sávátkapcsoló *(rád)* band selector
sávátnemeresztő *fn* *(rád)* band stop ; ~ **szűrő** band-stop filter
savaz *(bőr)* pickle ; *(vegy)* acidify, acidize, acidulate
savazás souring ; *(ol)* acid treatment ; *(tex)* acid wash ; *(vegy)* acidification ; ~ **fehérítés után** *(tex)* lime sour
savazókád *(bőr)* pickling tank
savballon acid bottle, carboy
savballonbillentő készülék acid carboy inclinator
sávbővítés *(rád)* frequency-band expansion
savbromid acid bromide
sávcsillapító tag *(távk)* dip pad
sávcsoport *(szink)* set of bands
sávdísz *(ruhán ; tex)* panel
savellenálló *l* **saválló**
sávelválasztó *(rád)* band-separator
sáverősítő *(rád)* band-pass amplifier
savfehérje acidalbumin(ate)
sávfej *(szink)* band head
sávfényképező repülés *(geod)* stripping flight
sávfonás *(távk)* interchanging of bands
sávfordítás *(távk)* band-inversion
savgőz acid fume
savgyanta *(ol)* acid tar/waste/sludge
savgyár acid plant
savgyártó telep acid plant
savgyök acid radical
sáv-hangnyomásszint *(rád)* band pressure level
sávhangolás *(rád)* band-pass switching
savhatású vizek *(bány)* corrosive water
savhigítási táblázat acid dilution table
sávindikátor *(távk)* zone position indicator
sávirányadó *(rep)* localizer ; *(radaros bevezetéshez ; rep)* beam approach beacon system ; ~ **ellenőrző vevője** localizer monitor ; ~ **kocsi** localizer truck ; ~ **műszermutatója** localizer pointer ; ~ **síkja** localizer plane
sávirányellenőrző vevő *(rep)* course monitor
savit *(ásv)* savite
sávkapcsoló *(rád)* band switch
savkatalízis acid catalysis
savkátrány *l* **savgyanta**
savképző *fn* acidifier
sávkezdet *(szink)* band origin
sávkiegyenlítés *(rád)* band compensation

sávkivágó szűrő *(rád)* band-elimination filter
savklorid acid chloride
savköd acid fume
sávközép *(rád)* mid-range ; ~ **frekvenciája** *(rád)* mid-band frequency
savmaradék acid radical
savmaradék-ion acid ion
savmentes free from acid, acid-free ; ~ **papír** acid-free paper
savmérés *(vegy)* acidimetry
savmérgezés acidosis
savmérgezési acidotic
savmérleg acid scale/weigher
savmérő *fn* acidimeter ; *(areométer ; vill)* battery ga(u)ge
Sav-montejus acid egg
savnyomó : ~ **szivattyú** acid blow case, acid pump ; ~ **tartály** acid egg
sávnyújtás *(rád)* bandspread ; ~ **finomhangolással** *(mechanikailag)* mechanic(al) bandspread
sávnyújtási szűrő *(rád)* range-extension filter
sávnyújtó *(rád)* band-separator
sávnyújtós vevő *(rád)* bandspread receiver
savó cheese whey, servum
sávoly *(kötés ; tex)* serge twill/weave ; ~ **bordázata** twill line ; **egymásra tolt** ~ dovetailed twill ; **2/2** ~ twill 2 and 2, two-and-two twill ; **lépcsős** *v* **tűzött** ~ elongated twill ; **pamutlen-keverék** ~ crash linen
sávolyatlasz *(tex)* satin twill
sávolykötésű : ~ **lenszövet** twill linen ; ~ **szövet** twill woven fabric
sávoly-panama kötés *(tex)* twilled hopsack/mat, celties, celtic (twill)
sávos striped, streaky, bandy, striate(d) ; ~ **beépítési mód** *(városépítés)* ribbon/riband development method ; ~ **építési tervű város** ribbon city ; ~ **kisülés** *(vill)* striate(d) discharge ; ~ **kőzet** zebra rocks ; ~ **szerkezet** *(anyagv)* streak structure ; ~ **színkép** band spectrum ; ~ **töret** striate(d) fracture ; ~ **üveg** striped glass
sávoz streak
sávozás striation
sávozott streaked
savpalack delivery flask ; *l még* **savballon**
savpróba acid test
savregeneráló berendezés acid-restoring/-recovery plant
sávrendszer *(színk)* band system
savsűrűségmérő acidodensimeter
savszállító : ~ **szivattyú** *(vegy)* elevator, acid pump ; ~ **szivattyú kiürítő csöve** elevator discharge pipe
savszám acid number/value
sávszélesség *(rád)* band(-)width
sávszélesség-idő törvény *(távk)* Hartley-law
sávszélesség-meghatározás *(rád)* band-width determination
sávszélességválasztó kapcsoló *(rád)* band-width switch
sávszerelésű készülék *(távk)* strip mounted set/apparatus
sávszétválasztó *(rád)* frequency-dividing network
savszivattyú acid-pump
sávszűkítés *(rád)* frequency compression
sávszűrő *(rád)* band(-elimination) filter, band-pass filter ; ~ **frekvenciagörbéje** *(rád)* band-pass response ; ~ **tekercse** *(rád)* band-pass coil
sávszűrő-csatolás *(rád)* band-pass coupling
sávszűrőgörbe *(rád)* band-pass characteristics
sávszűrős csatolás *(rád)* band-pass coupling
savtalanít deacid ; *(savak kimosása krómcserzésű bőrből)* wash out the acids from the leather
savtalanítás acid extraction
savtartalmú acidiferous
savtartalom acidity
savtartály acid reservoir
sávterhelés *(alapozásnál ; ép)* strip load
savtorony *(pa)* acid tower, sulfite liquor tower
sávvágó szűrő *(rád)* band-rejection filter
sávválasztó *(rád)* band selector
savzáró *(rád)* rejector, band elimination/rejection/exclusion/stop filter ; ~ **tartomány** rejected/stop/eliminating band
saxoni emelet Saxonian stage
Saybolt-viszkozitás Saybolt Universal Viscosity, S. U. V.
scacchit *(ásv)* scacchite
Schäffer-féle sav Schäffer's acid
schapbachit *(ásv)* *l* **matildit**
Scheele-féle zöld *(vegy)* Scheele's green
scheelit *(ásv)* scheelite
schefferit *(ásv)* schefferite
Scheiner-fok *(fényk)* Scheiner scale
Schering-híd *(vill)* Schering bridge
schirmerit *(ásv)* schirmerite
schlieren *(fényt, ker)* striae, streaks
schlieren-készülék *(fényt)* strial measuring apparatus, schlieren equipment
Schlippe-féle só *(vegy)* Schlippe's salt
Schmidt-féle : ~ **korrigáló lencse** Schmidt corrector lens ; ~ **magnetométer** *(geod)* Schmidt's field balance ; ~ **optika** reflective optics ; ~ **optikai rendszer** Schmidt optical system
schneebergit *(ásv)* schneebergite
schneiderit *(ásv)* schneiderite
Schoop-eljárás *(fémszórás)* metallization
schorlomit *(ásv)* schorlomite
Schottky-effektus *(rád)* Schottky effect
schönit *(ásv)* schoenite, picromerite
schörl *(ásv)* schorl, schirl, cockle, black tourmaline
schreibersit *(ásv)* schreibersite
schreinerezés *(tex)* schreinerizing, Schreiner (silk) finish
Schreiner-kikészítés *(tex)* *l* **schreinerezés**
Schrödinger-egyenlet *(at)* Schroedinger equation
schuchardtit *(ásv)* schuchardtite
schungit *(ásv)* schungite
schwagerinás mészkő *(földt)* Schwagerina beds
schwatzit *(ásv)* schwa(t)zite
schweinfurti zöld *(festék)* Schweinfurth/Brunswick/Paris green
Schweitzer-féle reagens Schweitzer's reagent
schweizerit *(ásv)* schweizerite
Scott-féle transzformátor Scott's transformer
Scott-kapcsolás *(vill)* Scott connection
scovillit *(ásv)* scovillite
S-csapda S-trap
sebes fast, rapid ; ~ **vízfolyás** *(hidr)* strong current
sebesség speed, velocity, rate ; **adott** ~**gel** at a given speed ; **átlagos** ~ average velocity ; **áttétel nélküli** *v* **közvetlen** *v* **direkt** ~ direct speeds ; ~**et csökkent** reduce the speed, decelerate ; **egyenletes** ~ uniform speed ; **előírt** ~ allotted speed ; **első** ~ *(gépk)* bottom gear ; ~ **és eltérítés** *(rep)* rate and drift ; **emelkedési** ~ *(rep)* climbing speed, rate of climb ; **engedélyezett** ~ allotted speed ; **földhöz viszonyított** ~ *(rep)* ground speed ; **kerületi** ~ peripheral/circumferential velocity/speed ; **kezdő** ~ initial/starting speed ; ~- **és kilométerjelző** *(gépk)* speedometer recording device ; **kis** ~ low speed ; **kormánygéphasználatban megengedett** ~ *(rep)* automatic pilot speed ; **kritikus** ~ critical speed ; *(legkisebb ; rep)* stalling speed ; **látszólagos** ~ *(mat, mech)* apparent velocity ; **legkisebb** ~ bottom gear ; **legnagyobb** *v* **maximális** ~ maximum speed ; **leszálló** ~ *(rep)* landing speed ; **levegőhöz viszonyított** ~ *(rep)* air speed ; **melegítési** ~ rate of heating ; **nagy** ~ high speed ; **névleges** ~ rated speed ; ~**et nyer** *(gépk)* gain speed ; **relatív** ~ relative velocity/speed ; ~- **és sodródásmérő műszer** *(hajó)* speed and drift meter ; ~**et tart** check the speed ; **terjedési** ~ velocity of propagation; **utazó** ~ *(rep)* cruising speed; **valóságos** ~ *(mech)* actual speed ; ~**et vált** *(gépk)* change gears, shift ; **visszajátszási** ~ play-back speed
sebességcsökkenés deceleration, slowing-down, loss/dropping of speed
sebességcsökkentő *(gépk, gépt)* speed reducer
sebességeloszlás distribution of velocity
sebességérzék speed sense
sebesség-érzékenység sensitivity to speed
sebességfelbontás *(mech)* resolution of the velocity vector
sebességfelület : ekvipotenciális ~ equipotential surface of velocity
sebességfokozás *(film, gépt)* speed-up
sebességfokozat *(gépk)* gear ; **első** ~ *(gépk)* bottom gear ; *(háromfokozatú rendszernél ; gépk)* low speed *(US)* ; **harmadik** ~ *(háromfokozatú rendszernél ; gépk)* high speed *(US)* ; **közvetlen** ~ *(gépk)* direct drive ; **második** ~ second speed ; *(háromfokozatú rendszernél ; gépk)* intermediate speed *(US)*
sebességfokozat-jelző *(mkpár)* gear position indicator
sebességfokozat-kapcsolás gear change/changing
sebességfokozat-kapcsoló : ~ **berendezés** gear-shifting mechanism ; ~ **tengely** *(gépk)* gear-shifter shaft ; ~ **villa** gear-shifter fork
sebességfokozat-rögzítő golyó *(gépk)* gear-fixing ball
sebességfokozatváltás gear shift(ing)
sebességgörbe *(hidr)* velocity curve
sebességháromszög velocity triangle
sebességhatár limit speed
sebességi *(rep)* high-speed ; ~ **állandó** *(vegy)* rate constant ; ~ **áttételki-**

választó mű *(gépk)* selector gear ; ~ **légcsavar** high-speed propeller ; ~ **potenciál** *(hidr)* velocity potential ; ~ **próba** speed trial ; ~ **rezonancia** phase resonance ; ~ **torzítás** velocity distortion

sebességjelző *fn* velocity detector

sebességkiegyenlítő *(vill)* speed matcher

sebességkorlátozó : ~ **eszköz** speed--limit device ; ~ **fék** speed brake

sebességmagasság *(hidr)* velocity head

sebességmeghatározás mélyfúrásban *(ol)* well shooting

sebességmérés measurement of velocity

sebességmérési felvétel *(hidr)* tachometrical surveying

sebességmérő *fn* speedometer, speed meter/counter/gauge ; *(hajó)* common log ; *(rep)* airspeed indicator, A.S.I. ; ~ **kis hajtott kereke** *(gépk)* small driven pinion of speedometer drive ; ~ **kis keréktengelye** *(gépk)* speedometer small pinion shaft ; ~ **mérési tartománya** range of the speedometer/tachometer scale ; ~ **mutatólapja** *v* **számlapja** *(gépk)* speed index plate ; ~ **szeizmométer** velocity-type seismometer ; **villamos** ~ electro-tachometer ; **villamos távleolvasású** ~ electrical teletachometer

sebességmérőhajtó : ~ **csiga** *(gépk)* speedometer driving worm ; ~ **fogaskerék** *(gépk)* speedometer gear ; ~ **ház** *(gépk)* speedometer-housing ; ~ **kerekek** *(sebességváltóban ; gépk)* speedometer gears ; ~ **nyeleskerék** *(gépk)* speedometer control pinion ; ~ **szerkezet** *(gépk)* speedometer drive gear

sebességmoduláció *(rád)* velocity modulation

sebességmodulációs *(rád)* velocity--modulated ; ~ **cső** *(rád)* Heil tube

sebességmodulálás *(rád)* velocity modulation

sebességmodulált elektronnyaláb *(rád)* velocity-modulated electron beam

sebességparallelogram parallelogram of speeds

sebességpotenciál *(hidr)* potential of velocity

sebességregisztráló műszer speed recorder

sebességrezonancia *(hangt)* velocity resonance

sebességszabályozás speed control/adjustment ; ~ **gerjesztés változtatásával** *(vill)* field control ; **önműködő** ~ automatic speed control

sebességszabályozó (speed-regulator) governor ; ~ **szerkezet** speed adjusting gear

sebességszámmérés tachometry

sebességszámmérő *fn* tachometer ; ~ **hajtása** tachometer drive ; ~ **leállító szerkezete** tachometer stop gear

sebességszámmutató *fn* tachoscope

sebességszint *(mech)* velocity level

sebességtartomány speed range

sebességtípusú geofon seismic detector of the velocity type

sebességváltás speed change ; *(gépk)* gear change/shifting

sebességváltási vázlat *[a sebességváltó kar gombján ; gépk]* gear change layout

sebességváltó gear/speed box, speed--change box/gear, change-speed box/gear, variable-speed gear ; *(gépk)* transmission *(US)* ; ~ **állítókar** transmission control-lever ; ~ **áttétele** *(gépk)* gear ratio ; ~ **biztosítópecek** *(golyó)* interlock plunger (ball) ; ~ **bordástengely** *(gépk)* gearbox main shaft ; ~ **csoport(fogas)kerék** countershaft gear ; ~ **csúszókerék** *(gépk)* sliding wheel ; **csúszókerekes** ~ *(gépk)* selective sliding-gear type transmission ; *(gépt)* sliding change gear ; ~ **csúszopálcája** *(gépk)* gear-shift bar/rod, selector bar/rod ; ~ **csúszópálcarögzítő pecke** *(rugós)* spring--loaded plunger-type gear lock ; ~ **csúszópálcarögzítő rugója** plunger--locating spring ; ~ **előtéthüvely** layshaft cluster ; ~ **előtéttengely** *(gépk)* transmission layshaft ; ~ **előtéttengelyhajtó fogaskerékpárja** *(gépk)* constant-mesh gears ; ~ **előtéttengely hosszjátéka** *(gépk)* layshaft end--float ; ~ **előtéttengelyrögzítő csavarja** *(gépk)* layshaft-locking screw ; **előválasztós szinkron** ~ selective synchromesh gear ; ~ **emeltyű** shifter lever ; ~ **ferdebordás főtengelye** *(gépk)* main shaft with helical splines ; ~ **fogaskerekek** *(gépt)* selective gears ; ~ **fokozat** *(gépk)* stage, speed ; channel *(US)* ; ~ **főtengely** *(gépk)* gearbox main shaft, driven shaft, third motion shaft ; transmission shaft *(US)* ; ~ **főtengely vezetőcsapágya** *(nyelestengelyben ; gépk)* mainshaft spigot bearing ; ~ **golyós biztosítása** ball-type interlock ; ~ **gomb** *(gépk)* gear-change lever knob *(UK)* ; gear--shift lever knob *(US)* ; **gömbcsuklós** ~ **kar** *(gépk)* ball gear-change lever ; ~ **hajtótengelye** *(gépk)* power take--off drive shaft ; **háromfokozatú** ~ *(gépk)* three-speed transmission/gear ; three-channel transmission *(US)* ; **háromfokozatú** ~ **szekrény** *(gépk)* three-speed gear box ; ~ **hátramenet fogaskeréktengelye** *(gépk)* reverse--gear spindle ; ~ **hátrameneti fordítókereke** *(gépk)* reverse idler gear ; ~ **hátrameneti kettőskereke** *(gépk)* double reverse gear ; ~ **hátsó fedele** *(gépk)* rear cover ; ~ **homlokkerék** change spur gear ; ~ **kapcsolókar** gear-control lever ; *(a sebességváltó szekrény oldalán, kormánykapcsolásnál ; gépk)* shift lever ; ~ **kapcsolópecek** *(ami a csúszópálca-kulisszákba nyúlik)* selector finger ; ~ **kapcsolószerkezete** *(gépk)* selector mechanism ; ~ **kapcsolótorony** gear-change tower ; ~ **kapcsolóujj** *(ami a csúszópálcát mozgatja ; gépk)* selector lever ; ~ **kapcsolóvilla** *(gépk)* gear-shift fork, selector/shifter fork ; ~ **kapcsolóvilla agya** *v* **szeme** *(gépk)* lug of the strike/fork ; ~ **kar** *(gépk)* gear(-shift) lever, change-speed lever ; *(a kocsi hossztengelyében ; gépk)* centrally-positioned gear lever, central-type gear lever ; *(kormányon ; gépk)* steering-column gear lever ; *(távkapcsoló ; gépk)* remote--control gear lever ; *(gépt)* clutch rod, selector/striking lever ; ~ **kar állványa** gear-shifter body ; ~ **kar helyzetei** *(gépk)* gear lever position ; ~ **kar üresállásban** *(gépk)* gear change lever in neutral ; ~ **kereszttengely** *(kormánykapcsolós rendszernél ; gépk)* selector shaft, transmission cross-shaft ; ~ **kimenettengelye** *(főtengelyé ; gépk)* (transmission) tail shaft ; ~ **kiugrik a sebességből** *(gépk)* jump out of gear/mesh ; **középhelyzetű** ~ central change ; ~ **leágazó-hajtóműve** *(csörlőhöz ; gépk)* power take-off ; ~ **leágazó hajtóműkapcsoló rúd** *(gépk)* central rod ; ~ **legfelső áttételi fokozata** *(gépk)* top gear ; ~ **második áttételi fokozata** *(gépk)* second gear ; **motorral egybeépített** ~ *(gépk)* unit power plant type transmission ; ~ **nélküli** ungeared ; ~ **nyeleskerék** *(gépk)* primary gear, constant mesh pinion, driving pinion gear, clutch gear ; transmission pinion *(US)* ; ~ **nyelestengely** *(gépk)* input gear shaft ; ~ **olló** *(forg)* quadrant ; **önműködő** ~ *(gépk)* automatic gear box ; automatic transmission *(US)* ; *(előhívási ; fényk)* automatic processing control ; ~ **pedál** *(mkpár)* gear pedal ; ~ **segédhajtása** *(gépk)* auxiliary gearbox drive ; ~ **szekrény** *l* **sebességváltó** ; ~ **szelektortengelye** *(gépk)* gear-operating shaft ; ~ **szinkronozó agya** *(gépk)* synchromesh body ; ~ **szinkronozó hüvelye** *(gépk)* synchromesh external sleeve, synchronizer drum, sliding sleeve ; **teljesen egybehangolt szinkron** ~ *(gépk)* all-synchromesh gear ; ~ **toldat** *(gépk)* gearbox extension ; ~ **ütközője a hátramenet bekapcsolásánál** *(gépk)* reverse stop ; ~ **választó kulissza** *(csúszópálcán)* striker fork

sebességváltó-bekapcsolás throwing-in the countershaft

sebességváltó-burkolat *(a padlólemeznek az a kidomborított része, amely alatt a sebességváltó van ; gépk)* gearbox tunnel *(UK)* ; transmission tunnel *(US)*

sebességváltó-fedél *(gépk)* gearbox lid, gearbox cover plate

sebességváltófék transmission brake

sebességváltóház *(gépk)* gearbox casing; transmission case *(US)* ; ~ **a sebességváltókar-gömbcsukló házával** gearbox cover with ball housing

sebességváltóház-fedél *(gépk)* transmission cover plate *(US)*

sebességváltóház-felerősítő karima *(gépk)* gearbox flange

sebességváltókar-gomb *(gépk)* gearshift ball, gear change lever knob

sebességváltó-olaj gear oil

sebességváltó-retesz gate (quadrant) ; transmission lock *(US)*

sebességváltó-szinkronozó kúp *(gépk)* synchronizer cone

sebességvektor velocity/speed vector

sebesség-vektorháromszög *(mech, rep)* triangle of velocities

sebességveszteség *(rep)* loss of speed, stall

sebességvezérelt cső *(mikrohullámoknál)* klystron

sebességviszony speed ratio

sebesültszállító repülőgép ambulance aeroplane

sedtető *(ép)* saw-tooth roof, shed roof

seebachit *(ásv)* seebachite

Seeger-gyűrű circlip, snap ring

segéd *fn* assistant, helpmate

segéd- auxiliary, accessory, ancillary

segédácsolat *(bány)* bearer, barring

segédadó *(rád)* satellite transmitter

segédajtóácsolat-kitámasztás *(bány)* collar brace
segédakna *(bány)* tender/service shaft, by-pit
segédállványzat *(ép)* auxiliary gantry
segédanód auxiliary anode ; *(begyújtó)* ignition anode
segédantenna artificial aerial ; *(rádióiránymérésnél:)* sense aerial
segédanyagok auxiliary products, auxiliaries, intermediates, indirect materials
segédáramkör auxiliary circuit ; **~ hárompontkapacitások mérésére** guard circuit
segédberendezés auxiliary plant ; *(tex)* doctor, auxiliary arrangement ; **navigációs ~** *(rep)* air-navigation aids
segédborda *(rep)* form(er)/false rib
segédcirkáló *(hajó)* auxiliary cruiser
segédcsillés *(bány)* helper up
segédcsörlő donkey winch/hoist
segéddaru *(rácsostartók felállításához)* mule traveller
segéddugattyú servo/relief piston
segédegység auxiliary/subsidiary unit
segédelektród auxiliary electrode ; **elektrosztatikus ~** *(mikrofonhitelesítéshez)* electrostatic actuator
segédemeltyű relief lever
segéd-érccsúszda jocker chute
segédérintkező *fn* auxiliary contact
segéderő labo(u)rer ; *(aut)* outside/auxiliary energy
segéderősítő állomás *(rád, távk)* auxiliary repeator station
segédeszköz aid ; *(nyomda)* remedy ; **~ ~ök a munka megkönnyítésére** mechanical aids
segédetalon secondary standard
segédfázisos indukciós motor split-phase motor
segédfék servo-brake
segédfényforrás *(fényk)* boosterlight
segédfényszóró *(gépk)* fender lamp
segédfeszültség *(rád)* auxiliary voltage
segédfog *(gépt)* commutating tooth
segédforgattyú-csapszeg *(csillagmotorhoz)* wrist pin
segédfurat relief hole
segédfúrólyuk *(bány)* slab hole
segédfúvó *(mozdonyon ; vasút)* blower pipe
segédfűtő coal passer
segédgázas gas-lift ; **~ olajkút** gas-lift flowing well
segédgázosító *fn* fuelizer
segédgép auxiliary engine ; *[nagy gőzgép forgatására]* turning engine ; **~ek okozta (energia)veszteség** loss due to auxiliaries
segédgerjesztő *(vill)* pilot exciter
segédgőzhengerrel működtetett irányváltó szerkezet *[mozdonyon]* steam-reversing gear
segédgyűrű *(bány)* mounting ring
segédhajó tender
segédhajtás *(gépt)* auxiliary transmission/drive
segédhajtókar auxiliary connecting rod
segédhajtómű *(gépk)* servo-motor
segédháromszögelés *(geod)* subsidiary triangulation
segédhorizont *(geod)* auxiliary horizon, by-level
segédhűtő *(rep)* booster/supplementary radiator
segédindító *fn* booster ; **~ berendezés** *(gépk)* auxiliary starting device

segédipar subsidiary industry
segédjel secondary mark
segédjelfogó *(vill)* auxiliary relay
segédjellegű *l* **segéd-**
segédkapcsolótábla *(vill)* subswitchboard
segédkapcsolótábla-mező *(vill)* subpanel
segédkazán secondary boiler
segédkazánfűtő understoker
segédkengyel auxiliary bracket
segédkerék *(óra)* third wheel
segédkeret *(ép)* supplemental frame
segédkiegyenlítőlap *(rep)* servo-tab
segédkocsi dolly
segédkocsirúd outrigger pole
segédkompresszor booster
segédkormány *(rep)* servo-control
segédkormányállás *(kikötésnél ; hajó)* docking bridge
segédkormányfelület auxiliary control surface
segédkötél *(hajó)* auxiliary messenger
segédlakat *(kh)* knocking over cam, wing cam
segédlégszivattyú booster air pump
segédmacska *(emelőn)* auxiliary crab
segédmester *(tex)* fixer
segédmodulálás *(távk)* intermediate/pre-modulation
segédmotor auxiliary/pilot engine ; *(szervomotor)* servo(-motor) ; *(szinkron berendezés forgásbahozására)* pony motor ; **indító ~** auxiliary power engine
segédmotoros vitorlázó repülőgép motor-glider
segédmozdony *(vasút)* booster locomotive
segédmunkahelyi munkások *(bány)* auxiliary face labo(u)r
segédmunkás helper, subworker, unskilled worker/labour ; **munkahelyi ~ok** *(bány)* auxiliary face labo(u)r
segédműhelyek branch works
segédművezető *(tex)* fixer, tuner, tackler ; *(szövőüzemben)* loomfixer
segédorsó *(forg)* auxiliary spindle, quill
segédorsóház quill rest
segédorsótokmány quill chuck
segédoszlop *(ép)* adjacent mullion ; **~ok a székoszlop oldalain** side posts
segédöntő *(munkás)* foundry hand
segédpadozat *(bány)* auxiliary deck
segédpilóta relief pilot
segédpólus *(vill)* commutating pole
segédpólusú váltakozóáramú generátor *(vill)* heteropolar alternator
segédpont referring point
segédporlasztó *(nagy magasságokban ; rep)* fuelizer
segédrács *(rád)* *(árnyékoló)* anode-screening grid, screen grid ; *(fékező)* suppressor/cathode grid ; *(tértöltő)* space-charge grid ; **~ hőfelvevő** *(disszipációs)* **képessége** *(rád)* screen dissipation
segédrácsáram *(rád)* auxiliary grid current
segédrácsfeszültség *(rád)* auxiliary grid tension/voltage
segédrácsmoduláció *(rád)* screen-grid modulation
segédradar auxiliary radar
segédrakéta *(vonóerő növelésére)* booster rocket
segédrakétás : ~ felszállás *(rep)* jet-assisted take-off ; **~ felszálló berendezés** *(rep)* rocket-assisted takeoff gear

segéd-robbantólyuk *[fúrási ciklusonkívül elrobbantott lyuk]* relief hole
segédrugó helper/auxiliary spring
segédrugólap auxiliary leaf of the spring
segédrugó-ütköző *(laprugó ; gépk)* auxiliary spring bracket
segédszállítás *(bány)* auxiliary/subsidiary haulage
segédszárny *(rep)* auxiliary wing ; *l még* **fékszárny, résszárny; segédszárnnyal képezett állandó szárnyrés** *(rep)* fixed auxiliary-wing slot
segédszárnyborda *(rep)* former wing rib
segédszarufa *(ép)* cushion rafter
segédszelep bypass valve
segéd-szerelőpajzs *(rád)* subpanel
segédszikraköz *(gépk)* auxiliary spark gap
segédszint *(bány)* by-level ; **emeletközi ~** *(ép)* blind level
segédszivattyú booster pump
segédszűrő *(távk)* auxiliary/supplementary filter
segédtám *(bány)* helper post ; **~ robbantás idejére** *(bány)* raker
segédtámfa *(bány)* reinforcing post
segédtámfal *(bány)* false stull
segédtápvonal *(rád)* auxiliary line
segédtartány *(rep)* intermediate tank
segédtartó *(rep)* auxiliary/false spar
segédtekercs *(vill)* auxiliary coil
segédtekercs(elés) *(vill)* auxiliary winding
segédtelep *(vill)* boosting/subsidiary battery
segédtengely *(gépt)* accessory shaft
segédtolattyú easing valve
segédtorok *(Stromberg-karburátor ; gépk)* auxiliary choke
segédturbina auxiliary turbine
segédtű *(kh)* jack ; *(Jacquard-gépen, tűválogatáshoz)* selector
segédúszó *(hidr)* side floot ; **~ berendezés** *(rep)* emergency flotation gear
segédútirány alternative route
segédüzemek branch works
segédüzemi auxiliary
segédvágat *(bány)* service entry ; *(ikerfronton)* tail gate
segédváltozó *(mat)* parameter
segédvezető *(gépk)* assistant driver
segédvitla *(bány)* auxiliary winch
segédvitorlák *(hajó)* flying sails
segédvivő *(rád)* subcarrier
segély- distress, breakdown, escape, emergency
segélyállomás *(rád)* emergency set
segélydaru breakdown/wrecking crane
segélykérő : ~ hívás distress message/call ; **~ jel(zés)** distress signal
segélykocsi *(gépk)* repair truck, towing car ; **műszaki ~** *(rep)* crash vehicle ; **vasúti ~** breakdown wagon
segélymozdony *(emelkedésnél)* helper
segélyszolgálat *(rád)* emergency service
segélyvonat breakdown van train, wrecking train
Seger-kúp pyroscope, melting/pyrometer/Seger cone
Segner-kerék Segner's wheel
seiche *(földt)* seiche
Seidlitz-papír Seidlitz paper
Seidlitz-só Seidlitz powder
Seignette-só Seignette salt, potassium sodium tartrate
sejt cell ; *(ép, rád)* alveole ; **~ alakú** cellular, vesicular ; **~en kívüli erjedés** cell-free fermentation

sejt- cellular, meshy
sejtbeton aerocrete, expanded/aerated/ cellular concrete
sejtes cellular, cellulated, meshed, meshy
sejtfal *(fa)* cellular membrane ; **elsődleges** ~ *(fa)* primary wall ; **másodlagos** ~ *(fa)* secondary wall
sejtgumi (air-)foam rubber, (gas-)expanded rubber
sejtháló *(tex)* honeycomb net
sejthártya membrane of the cell
sejtkondenzor *(fényk)* honeycomb of lenses
sejtkötés *(tex)* basket/honeycomb weave
sejtkötésű szövet waffle cloth
sejtközi intercellular ; ~ **állomány** matrix ; ~ **hártya** middle lamella ; ~ **járat** intercellular space ; ~ **réteg** *(fa)* intercellular layer
sejtmaganyag nehezen színeződő része achromatin
sejtnedv cell sap
sejtösszeroppanás *(szárítási hiba ; fa)* cell collapse
sejtpusztító *mn* cell-destroying
sejtszerkezet cell structure ; **tömött** ~ *(talaje)* cluster structure
sejtszerkezetű *(ép)* vesicular
sejtszerű elmállás *(földt)* honeycomb weathering
sejtszövet *(bőr, fa)* cellular tissue
sejtszűrő cellular filter
sejttégla air/hollow/perforated brick
sejttekercs *(rád)* diamond-weave coil
sekély shallow ; ~ **alapozás** *(ép)* shallow foundation ; ~ **fészkű földrengés** shallow earthquake ; ~ **fogódzás** *(óra)* shallow gear ; ~ **hegesztővarrat** shallow weld ; ~ **hely** *(folyótorkolatban)* fleet ; ~ **medence** *(hidr)* wading pool ; ~ **merülésű** shallow/ light-draught ; ~ **művelés kultivátorral** subsurface cultivator ; ~ **talajművelés** shallow ; ~ **víz** shoal/shallow water ; ~ **vízű hely** shoal
sekélyfúrás shallow boring
sekélyvízi üledék *(földt)* shallow-water deposit
selejt waste (product), scrap, refuse, discard, reject ; *(nyersbőrnél)* brack ; *(pa)* retree, imperfect *is ; (harmadrendű ; pa)* third choice ; **széntartalmú** *(dúsítási)* ~ carbonaceous refuse
selejtanyag refuse material
selejtáru *(faválaszték)* culls ; *(tex)* waster, inferior/defective goods
selejtbőr frieze ; ~**rel burkolt tárcsa** frieze-lined (tension) disc
selejtes waste, reject(ed) ; ~ **darab** *l* **selejt** ; ~ **faanyag** brack, wrack ; ~ **fűrészfa** *(fa)* refuse timber ; ~ **gubók** *(tex)* refused cocoons ; ~ **gyártmány** waste product ; ~ **ív** *(nyomda)* waste ; ~ **munkadarabok** menders ; ~ **öntés** defective casting
selejtezés rejection
selejtezett *[nyersbőr]* rejected
selejtfa refuse wood/timber, culls
selejtfilm junk(ed) film
selejtgyártó *fn* waster
selejt-idomszer "no(t) go" ga(u)ge
selejtkaliber *l* **selejtidomszer**
selejtkiküszöbölés elimination of waste
selejtoldal *(idomszeren)* "no(t) go" side
selejtpapír waste stuff/paper, shavings ; **nyomdai** ~ spoilage
selejtszövet cobbler
selejttalpfa culltie
selejttermelés spoilage
selenolit *(ásv)* selenolite
seligmannit *(ásv)* seligmannite
sellait *(ásv)* sellaite
sellakk shellac
sellakkpapír shellac paper
Sellers-csapágy swivel bearing
Sellers-ékrendszer *(gépt)* Sellers' taper system
Sellers-menet Sellers' thread
Sellers-menetfúró Sellers' tap
sellő *(hidr)* rapid, cataract
selyem *(tex)* silk ; ~**mel beszőtt huzal** *(vill)* silk-covered wire ; ~ **hámtalanítása** silk degumming, silk boiling-off ; **hámtalanított** ~ *(tex)* boiled-off silk, cuite silk ; ~ **hímzőcérna** embroidery floss ; **kettős gubó selyme** *(tex)* doupion silk ; ~ **kötszövött áru** silk hosiery ; ~ **láncfonal** *(cérnázott)* organzine (silk) ; ~ **lefőzése** silk scouring, silk boiling-off ; ~ **suhogása** *v* **zizegése** rash/scroop of silk ; ~ **szitaszövet** bolting silk ; ~ **vegyi összetétele** chemical nature of silk
selyem-arműr *(szín- és fonáloldalon azonos mintával ; tex)* armure bosphore
selyembársony silk velvet
selyembevonat silk covering
selyemborda sűrűsége *v* **számozása** silk reed counts
selyemcérna thread/net(t)/neat silk ; *(gépvarráshoz)* twist
selyemcérnázás silk throwing
selyemcérnázó : ~ **ipar** nett silk industry; ~ **munkás** throwster ; ~ **műhely** throwing room
selyemcsévélési hulladék frisons
selyem-csomagolópapír packing tissue paper, tissue wrapper
selyemelőfonó gép *(tex)* silk fly/roving frame
selyemenyv silk glue
selyemfacsarás silk wringing
selyemfehérítés silk bleaching
selyemfeldolgozó gyár silk factory
selyemféleségek silks
selyemfénykalanderezés beetling
selyemfényű papír silk paper
selyemfésülési kóc silk noil
selyemfonal *(tex)* silk thread/yarn ; *(hulladékból)* bourette silk (yarn), stumba ; *(vágott)* spun silk (yarn) ; **fényezett** ~ cheville silk (thread) ; **motring-** *v* **láncalakban nyomott** ~ chine silk ; ~ **szétrázása** stringing, shaking-out
selyemfonalnehezítés silk weighting
selyemfonási hulladékok sclare silk, silk spinning noils
selyemfonat silk braid
selyemfonó : ~ **gép** silk spinning machine ; ~ **gyár** silk-spinning mill
selyemfonoda silk mill
selyemfőző *(munkás)* silk-boiling hand
selyemgalett fonal filoselle (yarn)
selyemgéz-szövet *(tex)* tiffany
selyemgombolyító : ~ **munkás(nő)** silk reeler ; ~ **üzem** filature
selyemgubó *(tex)* cocoon ; ~ **döglött bábbal** choquette cocoon, choquettes ; **foltos** ~ cocoons chiques taches ; ~ **főzése** *v* **hámtalanítása** cocoon boiling ; **hegyes végződésű** ~ cocoons chiques pointus ; **laza** *(nagy méretű)* ~ cocoons faibles ; **lepke által kilyukasztott** ~ cocoons ouverts
selyemgubóbontó gép *(tex)* cocoon opener
selyemgubófonal cocoon fibre
selyemgubóhulladék cocoon waste, blaze
selyemgubó-motolla-hulladék knub, knab(s)
selyemgubó-olaj chrysalis oil
selyemgubó-osztályozás cocoon sorting
selyemgubóverő *(szerkezet)* cocoon beater
selyemgyapjú *(tex)* silk wool
selyemgyár silk mill/factory
selyemgyártás silk manufacture
selyemhabosító *(moáré-hatás eléréséhez)* silk waterer
selyem-hám sericine
selyemharisnya silk stockings/hose
selyemhernyó silk worm
selyemhernyógubó *(tex) l* **selyemgubó**
selyemhernyó-keltetés hatching
selyemhernyókeltető ház silk house
selyemhernyótenyésztés silk culture/ raising, silkworm breeding, sericulture
selyemhernyótenyésztő telep silk/cocoon farm, cocoonery
selyemhulladék flock silk, dechets ; ~**ok bontása** opening the silk ; ~**ok fonása** silk noil spinning ; ~ **hámtalanítása**
selyemkarton *(pa)* cardboard for tissue
selyemkóc *(tex)* floss/flock silk ; *(kettős gubóból:)* strass
selyemmatringrázó gép shaking-out machine for silk skeins
selyemmatring szálszakadásból eredő hibája *(tex)* endy
selyemmotolla silk reel
selyemmotollálás filature
selyemmotollálási hulladék frisonnets silk, husks
selyemorsózó *fn* silk stretcher
selyemosztályozás grading silk
selyempapír tissue/silk/cambric paper, tissue ; **nagy szilárdságú** ~ wet-strength tissue paper
selyempapír-gép tissue (paper-)machine
selyempapír-hézagmérő tissue paper feeler
selyempaszomány ferret
selyemplüs *(tex)* silk shag ; *(kalaphoz)* velpel
selyemrost silky fibre
selyemsantung silk shantung
selyemsodrás silk throwing
selyemsujtás *(tex)* gimp
selyemszál silk fibre ; ~ **lefejtése** *v* **legombolyítása** reeling silk ; **összeragadt kettős** ~ bave
selyemszalag *(tex)* drafts
selyemszálbetétes papír Dickenson paper
selyemszerű silk-like, silky
selyemszerzs *v* **-sávoly** *(tex)* silk twill
selyemszigetelés *(vill)* silk covering
selyemszita *(élip)* tiffany, silken screen
selyemszitaszövet bolting silk, silk ga(u)ze
selyemszövet silk cloth ; **finom vékony** ~ tissue ; ~ **nehezítése** weighting of silk fabric
selyemszövő *(munkás)* silk-weaver ; ~ **gyár** silk weaving factory
selyemutánzat imitation silk
selyem-vatta silk wadding
selyemvetülék *(tex)* (tram) silk, tram
selymes silky, sericeous ; ~ **fürt** *(pamutfeldolgozásnál)* silky staple
séma scheme, diagram ; *l még* **vázlat** ; **hőkapcsolási** ~ heat-flow diagram

sematikus schematic(al) ; ~ **ábrázolás** schematical representation
semelin *(ásv)* séméline
semleges neutral, indifferent ; ~ **állásba ugrik** *(gépt)* spring into neutral ; ~ **állású polarizált jelfogó** *(távk)* centre--stable polarized relay ; ~ **egyensúly** *(mech)* neutral equilibrium ; ~ **felület** *(bány)* neutral surface ; ~ **gyanta--alkatrészek** neutral resins ; ~ **hatású** inert ; ~ **jelfogó** *(távk)* neutral/non--polarized relay ; ~ **kémhatás** neutrality ; ~ **kémhatású salak** neutral slag ; ~ **kőzet** intermediate rocks ; ~ **reakciójú** neutral in reaction ; ~ **sík** *(mech)* neutral surface ; ~ **só** neutral salt ; ~ **szál** *(mech)* neutral fibre/line ; ~ **szóda** neutral soda ; ~ **szűrő** *(fényt)* neutral filter ; ~ **tengely** *(mat, mech)* neutral axis ; ~ **terület** *v* **övezet** neutral zone ; ~ **vezeték** *(vill)* common wire ; ~ **vonal** *(nyomjelzésnél ; vasút)* contour gradient ; ~ **zóna** *(rád)* equiphase zone
semlegesít neutralize ; *[mágneses hatások egymást]* cancel
semlegesítés neutralization
semlegesítési : ~ **hő** heat of neutralization ; ~ **szám** *(vegy)* neutralization number
semlegesítő : ~ **áramkör** neutralizing circuit ; ~ **kondenzátor** neutralizing condenser
semlegesség *(vegy)* neutrality
„semmi" *(festék)* zinc oxide/white
semseyit *(ásv)* semseyite
senait *(ásv)* senaite
senarmontit *(ásv)* senarmontite
senne-csomó *l* **perzsa-csomó**
seprés *(távk) l* **letapogatás**
seprési *l* **letapogatási**
seprő broom ; *(élip)* feculence ; **kis** ~ whisk
sequani emelet *(földt)* Sequanian substage
serceg crisp
sercegés *(rád)* scratch, crackle, crackling
sercegő só *(ásv)* halite with gas inclusions, "Knistersalz"
serfel *(bőr, cipő)* feather, skive
serfelés *(bőr élezése)* feathering, skiving
serkentő *fn* stimulator, augmenter ; *(fényk)* activator
serleg bucket, pot, cup ; ~ **alakú rugós alátét** cup washer ; ~ **töltési foka** ful(l)ness of the bucket
serlegbillentő *v* **-buktató készülék** *(emelőn)* bucket-tipping device
serleges : ~ **felvonó** bucket elevator/conveyor ; ~ **kanalas lánc** scoop chain ; ~ **kerék** bucket wheel ; ~ **láncos szállító** bucket conveyor ; ~ **lánctag** *(kotróláncon)* bucket link ; ~ **rakodógép** bucket loader ; ~ **szivattyúrúd** bucket chain rod of a pump
serleglánc bucket chain
serleglapátos kerék cupped wheel
serlegmű : láncos ~ chain conveyer ; **vízemelő** ~ *(bány)* drainage elevator
serlegsor *(emelőn)* chain bucket
serpenyő pan, trough, casserole, dish ; *(koh)* furnace pot ; ~ **alakú talajmélyedés** *(földt)* pan ; **kis** ~ pannikin
serpenyőhorgony *(bója lehorgonyzásához)* mushroom anchor
serpenyős szállítószalag pan conveyor
serpierit *(ásv)* serpierite
sertésbőr pig skin
sertészsírolaj lard/grease oil
sértetlen unimpaired, undamaged ; ~ **rész** sound part
sérülés injury, damage, defect, bruise ; ~**t okoz** damage
sérült damaged, impaired ; **erősen** ~ *[nyersbőr]* severely damaged ; **könnyen** ~ *[nyersbőr]* slightly damaged ; ~ **papír** retree (paper)
service *(gépk)* service
serviceállomás *(gepk)* service station
sétacipő loafers
sétafedélzet *(hajó)* promenade deck
sétahajó pleasure boat
sétány promenade, alley ; **fedett** ~ *(ép)* ambulatory
sétarepülés pleasure flight
sétaterület recreation ground
sevenal *l* **feniletilbarbitursav**
seviothulladék cheviots
seviot(szövet) cheviot (cloth)
sevrettbőr chrome sheep leather
sevróbőr *(krómos kecskebőr)* chrome/glacé/glazed kid
seybertit *(ásv)* seybertite, holm(es)ite
S-fék S-brake
S-forduló *(rep)* S-curve
shed-tető *(ep) l* **sed-tető**
shepardit *(ásv) l* **chladnit**
Shore-féle keménység sclerometric/Shore/scleroscope hardness, Sc. H.
Shore-keménységmérő *(anyagv)* sclerometer
S-hullám shear/secondary wave
sial *(földt)* sial
sialma *(földt)* sialma
síber *l* **tolózár, tolattyú**
síberes *l* **tolattyús**
siberit *(ásv)* siberite
sícipő ski boot
sideroschizolit *(ásv)* sideroschisolite
Sieberg-féle földrengéserősségi fokozat Sieberg scale
siegenit *(ásv)* siegenite
Siemens-féle armatúra *(vill)* girder/H-armature
Siemens—Martin acél SM-steel
Siemens—Martin-féle eljárás *(koh)* open-hearth process, Siemens—Martin process
sienai föld *(ásv)* sienna earth, hypoxanthite
siet *[fázisban]* lead
sietés *(áramé)* lead ; *(óra)* advance
siető : ~ **áram** *(fázisban)* leading current ; ~ **óra** fast/gaining clock ; ~ **terhelés** *(fázisban:)* leading load
siettet *[fázist]* advance
siettetés *(inga rövidítésével ; óra)* acceleration
siettető : ~ **fázistolás** leading phase shift ; ~ **feszültség** leading voltage ; ~ **közeg** *(vegy)* accelerator
sifon *(tex)* chiffon
sík plane ; *mn* plain, flat, plane, smooth ; ~**ban** in plane ; **azonos** ~**ban fekvő** co-planar ; **beesési** ~ plane of incidence ; **csúszási** ~ shear plane ; *(ásv)* slip plane ; **egy** ~**ba állít** make flush with ; **egy** ~**ban fekvő** uniplanar; ~**ba fejt** *(görbe felületet ; mat)* rectify ; ~**ba fejthető** *(mat)* rectifiable ; ~ **fekvésű** *(pa)* flat ; ~ **felület köszörülése** surface grinding ; **ferde** ~ inclined plane ; **függőleges** ~ vertical plane ; **gyújtóponti** ~ focal plane ; ~ **hálófonatos kontakt oxidáló készülék** flat gauze oxidizer ; **hasadási** ~ *(ásv)* cleavage plane ; ~**ba hoz** align, range out ; ~ **hullám** *(rád)* plane wave ; **nem egy** ~**ban fekvő erők** *(mech)* non-coplanar forces ; ~**ba nem fejthető felület** skew surface ; ~ **oldalfelületű csiga** *v* **kötéltárcsa** flat-faced pulley ; **polarizációs** ~ plane of polarization ; ~**ban polározott fény** plane-polarized light ; ~**ban polározott hullám** plane-polarized wave ; ~ **településű** *(bány)* even bedded ; **teljesen** ~ *(földt)* featureless ; **tengelyen áthaladó** ~ axial/axis plane ; ~ **terület** *(földt, geod)* level land ; ~ **tőzeglelőhely** flat bog ; ~ **út** level road ; ~ **vezérlőrács** *(rád)* planar control grid ; **vízszintes** ~ horizontal plane ; *(majdnem)* **vízszintes rétegeződési** ~ *(földt)* bottom joint ; **vonatkozási** ~ datum level
sikálókefe swab, scrubbing brush, scrubber
síkasztal *(gépt)* plane-table, planchet
sikátor impasse ; **szűk** ~ slip
sikattyú hand vice ; **ferde** ~ hand vice with skew jaws ; **keskeny** ~ hand vice with narrow jaws ; **párhuzamosan állítható kulcsos** ~ parallel hand vice with crank ; **patkó alakú** ~ C-clamp ; **széles** ~ hand vice with wide jaws
sikattyúcsavar tommy screw
sikattyúpofatartó jaw socket
síkbaállítás *(ép)* flush(ing), alignment
síkbahozás *l* **síkbaállítás**
síkbanpolározás *(fényt)* plane polarization
síkbeli planar ; *(mat, mech)* plane ; ~ **erők** planar forces ; ~ **feszültség(i állapot)** *(mech)* plane stress ; ~ **hatásábra** *(mech)* influence chart ; ~ **kinematikai lánc(olat)** plane linkage ; ~ **rácsostartó** plane framework
síkcsiszolás *l* **síkköszörülés**
síkcsiszoló gép *l* **síkköszörű**
síkcsomófogó *(pa)* screen
síkdíszítmény *(ép)* diaper
síkdombormű low relief
síkdomború plano-concave
síkelektród *(vill)* plane electrode
síkelektródos : ~ **ekvivalens** plane--electrode equivalent ; ~ **villamos szűrő** plate precipitator
síkellenőrző lemez planometer
sikér aleurone
sikertelen : ~ **hívás** *(távk)* ineffective call ; ~ **lövés** *(bány)* windy shot
síkeszterga face(-plate) lathe, (sur)facing lathe ; ~ **befogó tárcsája** face--plate
síkesztergál (sur)face
síkesztergálás (sur)facing
síkfelületi idomszer planometer
síkfelület-megmunkálás production of flat surface
síkfelületű *(mat) l* **sík**
síkforduló *(rep)* flat bank
síkföld plane earth
síkgép *(kh)* flat frame
síkgörbe *(mat)* plane curve
síkháromszögtan plane trigonometry
síkhengeres plano-cylindrical
síkhomorú plano-convex
síkhurkoló gép straight-bar (bearded--needle) machine

síkhurkolt harisnya full-fashioned hose
síkidom *(mat)* plane figure
síkidomszer *(felület ellenőrzésére)* plane ga(u)ge
síkkaparó *(pa)* flat scraper
síkkerék *(gept)* face gear
síkkoordináták plane coordinates
síkköszörű(gép) plain/surface grinder; **állóorsós** *v* **függőleges** ~ vertical plain/surface grinder; **egyállványos** ~ open side (surface) grinder
síkköszörülés surface/plane grinding
síkkötő gép *(kh)* flat-bed knitter/machine, flat (knitting) machine, straight bar (latch needle) machine, flat latch needle knitter/machine
síklapellenállás flat-plate drag
síklapszelvény *(rep)* plain airfoil
síkláptőzeg fen peat
siklás glide, gliding; *(vízen)* planing; **fékszárny nélküli** ~ *(rep)* flapless glide; **meredek** ~ *(rep)* dive
siklási szög *l* **siklószög**
siklatás *(ásv)* (twin) gliding; *(mech)* slide
síklemezes: ~ **kormánylapát** *(hajó)* single-plate rudder; ~ **pillérsoros vasbetongát** flat slab type dam
siklik glide, slide; *(vízen)* plane
sikló *mn* gliding, sliding; *fn* gravity incline/railway; *(bány)* headway, slope, raise; ~ **alja** *(bány)* landing bottom; **egy vágányú** ~ *(ellensúlylyal; bány)* back balance; **felvonókasos** ~ *(bány)* balance brow
siklóalapzat sliding bottom
siklócsapágy *(gépt)* plain/sliding bearing; **axiális** ~ plain thrust bearing; **nyomó** ~ plain thrust bearing; **osztatlan** ~ solid/bush plain bearing; **osztott** ~ split plain bearing; **önbeálló** ~ self-aligning plain bearing; **radiális** ~ plain journal bearing
siklócsapágyas orsó plain-bearing spindle
siklócsapágyazás plain-bearing block
siklócsónak hydroglider
siklócsúszda *(bány)* jig-brow
siklóellensúly *(bány)* bulldog, cuddy
siklófékes kötélpálya *(em)* cableway with brake rope
siklófelület sliding surface; *[siklócsónaknál v hidroplánúszónál]* hydrofoil
siklófenék *[siklócsónaknál v repülőcsónaknál]* planing bottom
siklóhurok noose
siklómozgás sliding motion
siklópálya cable railway; *(gépt)* slide bed; *(rep)* glide path; *(platinánál; tex)* slur cock; **kiegyensúlyozott** ~ *v* **hegyipálya** funicular railway; ~ **műszerzászlója** glide path flag; ~ **önműködő hibajelzése** glide path monitoring
siklópályairány glide path course
siklópályajeladó *(rep)* glide path transmitter, GPT
siklópályajelzés *(rep)* angle of approach indicator
siklópálya-jelzőfény *(rep)* angle of approach light
siklópályakezelő *(bány)* jinnier
siklópályameghatározó: ~ **bevezető fénysor** *(rep)* slope-line approach system; ~ **síkok** *(rep)* slope-line guidance planes
siklópályamegvilágítás *(rep)* glide path lights
siklópálya-műszermutató *fn (rep)* glide path needle
siklópálya-világítás *(rep)* slope-line lignts
siklópálya-vontatógép *(bány)* jinny
siklórepülés gliding (flight); ~ **csavarvonalban** spiral glide; **leszállás** ~**sel** glide landing; ~**sel repül** *v* **leszáll** glide down
siklórepülőgép elsőfokú kiképzésre *(rep)* primary-type glider
siklós: ~ **bányacsúszda** gravity plane; ~ **fékmű** braking incline
siklószállítás önsúllyal gravity haulage
siklószám *(rep)* gliding ratio
siklószög *(rep)* gliding angle
siklótávolság gliding range
siklótest fenéklépcsője *(hidroplánon)* step on planing bottom
siklóvasút funicular
síkmarás plane milling
síkmaró *fn* slab-milling cutter, facing cutter; ~ **fej** facing head; ~ **gép** surface-milling machine; *(gyalugepszerű)* planomiller, plano-type milling machine; **nagyméretű** ~ slabbing cutter
síkmértan plane geometry
síknyomás plain printing, planography
síknyomó gép *(nyomda)* platen printing machine
síkos slippery, greasy
síkosító szer lubricant
síkosztályozó *(pa)* plat/flat screen, flat wire mesh screen
síkosztüm ski-wear
síkosztüm-szövet ski suiting, snow cloth
síkpadgyalu: **egyenes** ~ straight plane; *(szelessegállito fallal)* moving straight plane; **ferde** ~ skew plane; *(szélessegállító fallal)* moving skew plane
síkpadgyaluvas skew plane iron; **kettős** ~ double skew plane-iron
síkpálya-hegypálya átváltó *(vasút)* plain-mountain device
síkpárhuzamos plane-parallel
síkpor talc, pulverized soapstone, French chalk
síkrács *(ásv)* plane grate
síkrácsos spektrográf plane-grating spectrograph
síkrajz planimetry
síkrajzi térkép planimetric map
síkreflektor *(rád)* plane/flat reflector
síkreflektoros oldalsugárzó antennarendszer billboard array
síkrostély flat grate
síkrostélyú előtüzelés Dutch-oven furnace
síkság *(földt)* plain, flat; *(gépt)* planeness, flatness; **feltöltött** ~ *(magaslat lábánál)* aggradation plain
síksín plate rail
síkszimmetriás izomeria *(vegy)* plane-symmetric isomerism
síkszint plane
síkszita plansifter, bolter
síkszitás osztályozógép plansifter
síkszitatálca shaker pan
síkszívó *(pa)* flat suction-box
síkszövő gép plain loom
síktárcsa *(forg)* faceplate; *(karusszelen)* table; *(órás-esztergán)* plateform; ~ **kitolható tengelyen** quill faceplate
síktárcsa-befogópofa faceplate jaw
síktárcsás eszterga faceplate lathe
síktárcsa-tőcsavar faceplate stud
síktolattyú plain slide valve; **tehermentesített** ~ balance distribution valve
síktolattyús gőzgép slide-valve steam engine
síktöret *(anyagv)* plane fracture
síktrióda *(rád)* plane-electrode triode
síktükör flat mirror
síktükrös fényszóró flat reflector
síkvágó *(pa)* guillotine (cutting machine)
síkvezeték level guide
síkvidék *(földt)* plane earth
síkvíz free water
silány low-grade; *(bány)* coarse; ~ **gyapjú** cast (wool); ~ **rongy** *(pa)* degraded rags
silex-üveg silex glass
silfbergit *(ásv)* silfbergite
sillimanit *(ásv)* sillimanite, fibrolite
siló silo; *(ép)* storage bin
silócella silo cell
silóelzáró *fn* hopper trap
silógarat silo bunker
silórekesz silo cell
siló-szecskavágó silo cutter
silótölcsér silo bunker
silótöltő silo feeder; ~ **szecskavágógép** cutter blower
silóz *(takarmányt)* ensile
silózás ensilage; ~ **takarmányzúzással** silorator system
silózó: ~ **aratógép** ensilage harvester; ~ **szecskavágó** ensilage cutter
sima smooth, clean, plain, blank, flat, polished, even; *(enyhe)* gentle; *(bőr)* smooth; *(épszelű, sértetlen)* entire; *(pa)* smooth, vellum, wove; *(egyenletes, nyugodt; járás)* smooth; ~ *[szövet]* unprinted; ~ **burkolótégla** *(ép)* tapestry brick; ~ **cséve** *(tex)* plain tub; ~ **csévélés** *(tex)* straight reeling; ~ **egyszínoldalas kötés** *(kh)* plain knitting, Balbriggan stitch; ~ **egytűsoros kötés** *(kh)* stockinette, plain jersey fabric; ~ **él** *(deszkán)* baff edge; ~ **falú vágat** *(bány)* streamlined road; ~ **faragott kő** *(ép)* plane ashlar; ~ **fedélzet** *(hajó)* flush deck; **simán fekvő papír** flat paper; ~ **felszállás** *(rep)* smooth take-off; ~ **feltartott kötés** *(kh)* double rib; ~ **feltartott kötésű kelme** tuck rib fabric; ~ **felületű áru** *(tex)* bareface; ~ **forduló** *(rep)* smooth/gentle turn; ~ **furat** smooth hole; ~ **fúrópersely** flush bushing; ~ **gumiköpeny** *(mkpár)* smooth tyre; ~ **henger** flat roll; ~ **illesztés** *(fa)* flush joint; **simán illesztett** *(stószolt)* **deszkapadló** *(ép)* plain-jointed floor; ~ **járás** *v* **üzem** smooth working; ~ **kapcsolás** *v* **sebességváltás** soft gear change; ~ **karakterisztika** *(vill)* smooth characteristic; ~ **karton** *(pa)* solid board; ~ **keret** *(pa)* wove mo(u)ld; ~ **kikészítés** *(tex)* dress face finish, smooth finish; ~ **kikészítésű anyag** *(tex)* dress face finished fabric; ~ **köpeny** *(gumi)* beadless/flangeless tyre; ~ **mintájú** *[szövet]* clear design; **simára munkál** finish, smooth; ~**t nyüstszálak** *(tex)* clearer healds; ~ **őrlés** *(élip)* low grinding; **simára őrlő hengerszék** *(élip)* reducing rolling mill; ~ **papír** *(nem vonalozott)* plain paper; ~ **retesz** *(gépt)* reed; ~ **szabályozás** *(gépk)* smooth regula-

tion ; ~ szélű (*gumiabroncs*) beadless, flangeless ; ~ töret *v* **hasadék** (*szénben*) bright-head ; ~ **útfelület** smooth riding surface ; ~ **ütközésű** (*stószolt*) **elemekből készített padozat** (*ép*) plain-edged boarding ; ~ **ütő kalapács** plane set hammer ; **simára vág** cut flush ; **simára vakol** level off ; ~**t végű cső** plain-cut pipe
sima *fn* (*földt*) sima
simaárut készítő (kötő)gép plain machine
simacsöves tápvízelőmelegítő *fn* plain-tube economizer
simáramarás (*forg*) slabbing
simaság smoothness, evenness ; **felületi** ~ (*gépt*) surface finish
simaságvizsgáló (*pa*) smoothness tester
simaszövés weaving plain goods
simavágat (*forg*) smooth cut
simavarrat (*heg*) ridgeless seam
simít dress, refine, smooth, sleek, clean, burnish ; (*bőrt*) set, scud, scour, stone, plate ; (*ép*) (sur)face, float ; (*forg*) finish ; (*pa*) glaze, satine ; (*tex*) smooth(e), polish, calender ; (*fluktuáló egyenáramot*) filter ; **cementtel** ~ float with cement ; **nemezkalapot** ~ pounce ; **papírt** ~ calender, glaze ; **profilba** ~ (*ép*) true off
simítás *vö* **simít** ; (*ép*) floating, float work ; (*forg*) finishing ; (*pa*) glazing, calendering, burnishing, burnish(ed) finish ; (*kalanderen ; pa*) calendering, bowl-glazing ; (*tex*) pressing ; [*egyenirányításnál ; vill*] smoothing
simítási : ~ **folt** (*pa*) calender spots ; ~ **hiba** (*pa*) calender crush ; ~ **hibás** (*pa*) calender-blackened ; ~ **tényező** (*gépt ; vill*) smoothing factor
simítatlan (*gépt*) unfinished ; (*pa*) unglazed, machine finish ; ~ **papír** bowl paper *is*
simító *mn* smoothing ; *vö még* **simít** ; *fn* (*ép*) lute ; (*kombájnon*) stripper ; **acél** ~ plasterer's trowel ; ~ **áramkör** (*rád*) smoothing circuit ; ~ **áthúzás** (*alak*) very fine drawing ; ~ **dörzscsiszolás** finish honing ; **egyszerű** ~ **gyaluvas** uncut plane iron ; ~ **esztergakés** finishing tool ; ~ **esztergálás** finish turning ; ~ **fülesgyalu** cooper's plane with double handle ; ~ **gyalugép** jointer ; ~ **gyalukés** finishing plane-tool ; ~ **gyalulás** finish planing ; ~ **gyaluvas** single plane iron ; ~ **hengersor** finishing mill ; ~ **hengerüreg** finishing groove ; ~ **kádárgyalu** cooper's cleaning plane with single iron ; ~ **kalander** (*pa*) calender stack, glazer ; ~ **kalapács** planish(ing)/smoothing hammer ; **kézi lengő** ~ (*bőr*) hand jigger ; ~ **kondenzátor** smoothing condenser ; ~ **marás** finish milling ; ~ **megmunkálás** smoothing ; ~ **megmunkáló gép** finishing machine ; ~ **megmunkáló szerszám** finishing tool ; ~ **menetvágó** sizer die ; **nyeles** ~ (*forg*) set hammer ; ~ **reszelő** polishing file ; ~ **szűrőtekercs** (*rád*) smoothing choke ; ~ **üregelés** (*forg*) finish broaching ; ~ **üregelőtüske** finishing broach ; **üvegből készült** ~ (*bőr*) glass slicker ; ~ **vakolás** set(ting coat) ; ~ **vakolókanál** (*ép*) sleeker
simítóacél polishing iron
simítóár (*forg*) burnishing broach
simítóbárd chip axe
simítódeszka bull block, hawk
simítódörzsár finishing/bottoming reamer
simítófa strickle ; (*ép*) burnishing stick, clapper
simítófog finishing tooth ; (*csiszol is:*) burnishing tooth
simítófogás (*forg*) finishing/smooth cut ; (*szerszámgépen*) take a finishing cut
simítófúrás (*forg*) finish boring
simítófúró finishing bit
simítógép pressing machine ; (*bőr*) levelling/slating machine ; (*pa*) rolling-mill/machine, plate calender ; (*tex*) ironing machine
simítógépállvány (*pa*) calender stack
simítógéphenger : acél ~ (*pa*) metal calender roll
simítógéphengerkészlet (*pa*) calender stack
simítógépmarkírozás (*pa*) calender mark
simítógépvezető (*pa*) calenderman
simítógyalu smoothing plane ; (*kádármunkához*) cooper's joiner ; **kétkéses** ~ double-iron plane ; **kettős** ~ (*törővassal*) double plane-iron
simítóhenger finishing calender ; (*pa*) roll calender, pressing roller, stack ; (*tex*) friction calender ; ~ **gumiból** (*gumi*) squeegee
simítókanál (*ép*) flat/smoothing trowel ; (*önt*) slick-and-spoon, sleeker
simítókés finishing knife ; (*fényk*) scraper ; (*forg*) finishing tool
simítókorong lapping wheel
simítókő (*bőr*) sleeker, slate
simítókör (*vill*) smoothing circuit
simítólap (*ép*) float
simítólapát (*ép*) spatula ; (*négyszögletes*) scotch trowel
simítóléc (*ép*) level(l)ing rule, lath, sleeker
simítómarás (*forg*) finish milling
simítómunka finishing
simítómunkát végez finish
simítómű (*pa*) plater, calender, pressing roller, smoothing rolls
simítópenge cabinet scraper
simítóprés (*pa*) smoothing press
simítóránc (*pa*) calender cuts
simítóréteg (*szövetgumizásnál*) finish
simítószerszám (*forg*) finishing tool
simítószűrő (*távk*) smoothing/ripple filter
simítótábla (*bőr*) scouring table
simított finished, smooth(ed), glazed, pressed, dressed ; (*pa*) glazed, calender-finish(ed), (super)calendered ; ~ **burkolópapír** glazed casing-paper ; ~ **csomagolópapír** glazed wrapping paper ; ~ **felület** [*betoné*] spaded finish ; ~ **hasítékbőr** (*cseres*) rolled split ; ~ **karton** (*pa*) glazed cardboard ; ~ **kipsz felsőbőr** sateen ; ~ **lemez** planished sheet ; ~ **pergamenpótló** (*pa*) glazed imitation parchment, G. I. P. ; ~ **vágás** (*pa*) burnished edge ; ~ **vakolatréteg** floating coat ; ~ **zabdara** rolled oat
simítótüske (*forg*) burnishing broach
simítóvájó (*kis, háromszögletű*) burr
simítóvas burnisher, sleeker ; (*ép*) scotch cleaner
simítva-festés (*pa*) calender staining
Simmer-gyűrű (*gépk*) *l* **karmantyús tömítőgyűrű**
simonyit (*ásv*) *l* **asztrakanit**
simulás (*forg*) snug ; (*mat*) osculation
simulékony pliable ; (*pa*) flabby, raggy
simuló (*mat*) osculatory
simulósík (*mat*) osculatory/osculating plane
sín (*vasút*) rail ; (*vill*) (bus) bar ; **acélfejű** ~ capped rail ; **áramkörbe kapcsolt** (*szigetelt*) ~ (*vasút*) block rail ; **beszédáramköri** ~ (*vill*) talking bus ; **fából való** ~ (*bány*) tracking ; ~ **feje** (*vasút*) top of rail ; ~**t fektet** *v* **lerak** rail ; **fogazott** ~ (*vasút*) cogged rail ; **földelő** ~ (*vill*) fault/ground bus ; ~ **gerince** web of rail ; **gyűrűs** ~ (*körvezeték*) ring bus ; ~ **halhasa** belly of a rail ; ~**en járó rakodógép** track loader ; ~**en járó réselőgép** track cutter ; ~ **járósíkja** (*vasút*) tread of rail ; **kerítésoszlopokra erősített** (*háromszög-keresztmetszetű*) ~ arris rail ; **középső** ~ central rail ; **lökést felfogó** ~ (*hevedersín*) easing rail ; **magas gerincű** ~ deep-webbed rail ; ~ **nélküli pálya** railless line ; **osztott** ~ (*vill*) sectionalized bus ; **szakaszolt** ~ (*vill*) sectionalized bus ; ~ **talpa** rail foot ; ~- **és talpfacsere** complete relaying ; **újra használható** ~ (*vasút*) relayer rail ; **vályús** ~ channel rail ; ~**re visszahelyező szerkezet** (*vasút*) replacer, rerailer
sínacél (*rúdvas*) rail iron
sínacélanyag (*heng*) rail steel
sínalátét rail bearer ; **kettős** ~ double chair
sínalátétlemez flat chair, tie plate
sínaláverő : villamos ~ (*vasút*) electric beater
sínaljzat sleeper
sín-anyagleválás flow of rail
sínáram (*vasút*) rail return
sínáramkör track circuit ; **ütemezett** ~ coded track circuit
sínáthidaló (*vasút*) rail bond
sínátkötő (*távk*) rail bond
sínautó (*vasút*) rail car
sínautóbusz railway motor car
sínbesüllyedés (*áthaladó vonat alatt*) blind sag
sínbiztosító ékdugó plug
síncsavar screwed spike, coach screw, lag bolt
síncsere relaying of rails
síndőlés (*vasút*) cant of rail
sínegyengetés setting the rails
sínegyengető (*gép*) rail straightener
sínemelő *fn* railroad jack
sinémuri emelet (*földt*) Sinemurian stage
sínérintkező (*vasút*) rail contact
sínérintő *fn* track instrument
sínes objektívváltó deszka (*fényk*) sliding objective changer
sínfej railhead
sínfejkopás flatting
sínfék rail brake
sínfék-alátétlemez chair plate
sínféksaru (*vasút*) skate
sínfektető (*bány, vasút*) railing layer
sínfészek rail seat
sínfogó *fn* rail/barrow tongs, rail clip ; ~ **fék** (*fogaskerekű vasúton*) grip brake
sínfúró gép rail drilling machine
síngerenda (*vasút*) rail support
síngerinc rail web
síngyalu(gép) spreader
sínhajlító : ~ **gép** rail bender, cambering machine ; ~ **sajtó** rail-bending press

sínhengermű rail-rolling mill ; ~ **utolsó hengerállványa** rail finishing mill
sínheveder fish-plate
sínhibajelző *(vasút)* rail spotter
sínhulladék scrap rail
sínillesztés rail fastening ; ~**t áthidaló huzal** wire bond
sínillesztés-áthidaló *(vasút)* rail bond
sínillesztési : ~ **(fedő) heveder** *(vasút)* joint cover ; ~ **talpfa** *(vasút)* joint tie
sínillesztésvizsgáló műszer rail-bond tester
sínjelzés *(gyári jegy)* rail brand
sínkampó rail cramp
sínkapcsolás *(vasút)* rail bond
sínkapocs rail clamp/clip
sínkiegyenesítő *fn* gag
sínkihorgonyzó rúd rail anchor
sínkitámasztó *(ívben)* rail brace
sínkompenzátor *(vill)* expansion joint pin
sínkötés rail fastening/bond ; *(áramvisszavezetésre)* track rail-bond ; **villamos vasúti** ~ electric rail bond
sínláb *(heng)* rail flange
sínleerősítés rail fastening
sínlefogó horog *v* **kampó** spike hooks
sínlehajlás depression of rail
sínmaró fej rail milling bead
sínnyaláb *(sínprovizóriumnál)* rail pile
sinopit *(ásv)* sinopite
sínösszekötő vezeték *(vasút)* rail bond
sínpálya railroad, track
sínpályahosszabbítás track advancing
sínpedál *(vasút)* rail contact
sínrakodó *fn* mechanic(al) piller
sínreszelő *(munkás:)* (rail) filer
sínrögzítő kengyel rail anchor
sínsaru *(vasút)* rail shoe/chair
sínsor *(heng)* rail-and-structural-steel mill
sínszál *(vasút)* rail
sínszállító kocsi rail carrier
sínszeg (rail) spike
sínszegbeverés spiking
sínszeghúzó spike puller/drawer
sínszék rail/track chair ; ~ **befogó pofáinak hézaga** jaw of the chair
sínszelvény rail section
sínszelvényminta rail templet
sintagmatit *(ásv)* syntagmatite
síntalp rail flange/foot/base ; **felhajlított** ~ bent-up railfoot
síntalplemez *(vasút)* tie plate
síntámasz rail bearer/support
síntapadás track adhesion
síntartó *(alsóvezetékes villamosvasútnál:)* rail support ; *(másodrendű hossztartó vashídon:)* rail bearer
síntávolság *(vasút)* spread
sintérbőrök renderer's hides and skins
síntisztító: ~ **előtét** *(mozdonyon:)* feeler ; ~ **eszköz** flanger ; ~ **kefe** rail brush ; ~ **seprő** *(mozdonyon:)* rail guard
síntoló *fn* rail shifting machine
sínütközés rail joint ; **áthidalt** ~ bonded joint
sínütközési hézagtágító készülék *(vasút)* rail joint expander
sínváltót működtető készülék point control
sínvándorlás rail creep(ing) sliding
sínvándorlásgátló : ~ **kengyel** anti--creep(er) clip, stop angle ; ~ **lapok** creeping plates ; ~ **szerkezet** anti--creeper ; ~ **szorító heveder** anti--creep(er) strap
sínvándorlási távolság creeping distance
sínvégköszörülő gép *(vasút)* rail joint grinder
sínvetődés rail warping
sínvezető pofa *(tex)* rail-guide cap
sínvisszavezetés *(távk)* rail return
sínvizsgálat *(ejtősúllyal)* rail test
sínzár *(vasúti felvonó hídon:)* rail lock
sínzárszerelvény *(felvonó v forgóhídon:)* drawbridge rail lock
síp whistle, horn ; *(hangt)* pipe, quill *is* ; **fedett** ~ closed pipe
sípcsontvédő shin guards
sípolás *(rád)* hiss
síprezonancia pipe resonance
sípsor *(orgonán:)* rank of pipes
síptest tube
sipylit *(ásv)* sipylite
sírkőszobrászat sepulchral art
sisak cask ; *(lepárló üstön:)* head ; *(gépt)* cap (piece) ; *(rep)* headpiece ; **lepárló** ~ *(vegy)* capital
sisaklámpa *(bány)* cap lamp
sisál-fű *(tex)* agave, sisal-hemp, pita--fibre, Mexican/sisal grass
sismondin *(ásv)* sismondine, sismondite
sistereg fizz
sistergés *(rád)* hash, hiss ; *(ívlámpás adónál ; rád)* mush
sistergő tűzijáték fizz gig
sítalpas repülőgép skiplane
sivatagi övezet *(földt)* desert belt
sivítás *(rád)* squeal, hiss
sivító hangú jelzőkürt *(gépk)* strident horn
sívóhomok bell sands
skála scale, dial ; *(beosztás)* calibration; *(zenei)* (musical) scale ; ~ **alaphangja** *(tonika)* prime
skála-alaposztás *[limbuszon ; geod]* primary division of the scale
skálabeosztás scale division ; ~**sal ellát** calibrate, graduate
skálabeosztásos graduated
skálabeosztó : ~ **mozgás** *(forg)* indexing movement ; ~ **műszer** graduator
skálaérték scale value
skálahajtás *(rád)* dial drive
skálahossz scale length
skálaíves tapintókörző winded caliper
skálakilengés scale deflection ; **teljes** ~ full scale deflection
skálalámpa *(rád)* dial lamp
skálalap index dial
skálaleolvasás scale/dial reading
skálamegvilágítás *(rád)* dial/scale illumination
skálaosztás scale division
skálarendszer scale system
skaláris *(mat)* scalar ; ~ **függvény** *(mat)* scalar function ; ~ **mennyiség** *(mat)* scalar (quantity) ; ~ **potenciál** *(mech)* scalar potential ; ~ **potenciáltér** *(mech)* scalar potential field ; ~ **sorozat** *(mat)* inner/scalar product ; ~ **tér** *(mat)* scalar field
skálás műszer scale-reading instrument
skálatárcsa scale dial
skálaterjedelem scale range
skála-ütköző *(műszeren)* scale lock
skálavilágító lámpa dial light
skalpoló *(rád, távk)* clipper
S-kanyar *(gépk)* „S"-bend/curve, reverse curve
S-kapocs *(fa)* S-hook ; *(vasút)* butt strip
skarlát-lakk scarlet lake
skatulyázásos öntözés *(mzg)* basin method
SKF-szalag *(gépk)* *l* **tömlőszorító bilincs**
skicc *l* **vázlat**
skiccel *l* **vázol**
skicc-pauszpapír detail tracing paper
skolecit *(ásv)* scolecite
skolopsit *(ásv)* skolopsite
skót : ~ **bordaszámozás** *v* **bordasűrűség** *(tex)* Scotch reed counts ; ~ **fék** *(abroncsra feszített rúd bányacsillék fékezésénél:)* Scotch brake ; ~ **írezőgép** *(tex)* Scotch dressing machine ; ~ **mintás gyapjúszövet** campbell/Scottish tartan ; ~ *(svájci)* **sapka** tam o'shanter ; ~ **szövetkikészítés** Scotch finish
S-kulcs S-wrench
skurc foreshortening ; ~**ban rajzol** foreshorten
skutterudit *(ásv)* skutterudite
slágerfilm feature
slír *(fényt, földt, ker)* schliers, schlieren, streaks (mass)
slíren-felvétel schlieren photograph
S. M.-acél *l* **Siemens-Martin acél**
smalte *(ker, vegy)* smalt
smaltin *(ásv)* smaltite, smaltine
smaragd *(ásv, ékkő)* emerald, smaragd
smaragdit *(ásv)* smaragdite
smaragdzöld *(vegy)* emerald green
smektit *(ásv)* smectis, smectite
smiccelés *(nyomda)* slur
smink make-up
smink-felszerelés make-up equipment
smirgel *(ásv)* emery
smirgli emery
smirglipapír sandpaper, emery paper
smirgliz (rub with) emery
smithit *(ásv)* smithite
smithsonit *(ásv)* smithsonite, dry-bone ore, zinc spar
S. M. lámpa speed lamp
snittfrézelés *(cipő)* edge trimming
snittfrézelő gép *(talpszélmaró gép ; cipő)* edge trimming machine
só salt ; **bázikus** ~ basic salt ; **bepárolt** ~ bay salt ; ~ **eltávozása a talajból** desalinization ; **kausztifikált** ~ caustic salt ; **nagyszemű, kristályos** ~ *(tengeri)* bay salt ; **savanyú** ~ acid salt; **tengeri** ~ bay salt
sóalakulat salt formation
sóbánya salt mine
sóbepárló *fn* salting evaporator ; ~ **kád** brine pan
soddi *(tex)* shoddy
soddyit *(ásv)* sodd(y)ite
sóder ballast, gravel
só-dóm *(földt)* salt dome ; ~ **lefúrása a sófekűig** subsalt drilling
sodor *fn* *(hidr)* drift, mainstream ; *(hajóé)* wake, wash ; *ige* *(tex)* twist, twine ; *(kábelt ; vill)* strand ; *(két huzalt)* entwine, pair
sodorállandók *(hidr)* stream constants
sodorítófogó twisting pliers
sodort : ~ **kötél** *v* **kábel** stranded cable ; ~ **zsinór** *(vill)* cord threading ; ~ **zsinór formájú párkánytag** *(ép)* cable moulding
sodrás coiling action ; *[kábelé]* twist ; *(tex)* twisting, twining ; ~ **a dagálytól** floating by the tide ; **huzal** *v* **vezeték** ~**a** *(vill)* twist(ing), spiral(l)-ing, kink ; **nyomás alatti** ~ **és csévélés** *(selyemnél)* chevillier
sodrási : ~ **szög** *(tex)* braid angle ; ~ **tényező** *v* **mérték** *(tex)* degree of twist

sodrásmegszakító emeltyű szelfaktoron *(tex)* twist catch lever
sodrásszög *(hajó)* drift angle ; *(tex)* angle of twist
sodrat *(tex)* twist, torsion ; *(kötélé:)* hurd ; *(vill)* kink ; **~ot ad** (give a) twist ; **~ emelkedési szöge** *(tex)* angle of twist ; **kiegyensúlyozott ~** balanced twist ; **kis ~** *(tex)* low twist ; **~ megszüntetése** detorsion ; **~ nélküli felcsévélés** *(tex)* bobbin spinning
sodratállandó *(tex)* twist constant
sodratemelkedés *(tex)* height of thread
sodrathiány *(tex)* soft end
sodratirány *(tex)* direction of twist ; *(kötélen)* lay of the strand
sodratkiegyenlítő szerkezet *(fonógép leállításakor)* jacking delivery motion
sodratlan *(tex)* untwisted, twistless ; **~ fonal** twistless yarn ; **~ kötél** rope without twist/strand ; **~ (mű)selyemfonalak** dumb singles ; **~ selyem** sleave
sodratrögzítés *(tex)* twist set(ting)
sodratrögzítő : ~ gőzölés dope, doping ; **~ kamra** *(tex)* twist setting chamber
sodratrövidülés twist contraction
sodratszám *(tex)* turns of twist ; **pászmára eső ~** *(tex)* boat
sodratszámláló *(tex)* twist counter/tester, twist testing machine ; **~ kézi hajtással** hand-driven twist counter
sodratszög *(tex)* angle of twist
sodrattényező *(tex)* relative twist, twist factor/multiplier
sodratveszteség *(tex)* loss of twist
sodró *mn* rapid ; *fn (nyomda)* composing stick
sodróáram *(hajó)* drift current
sodrócső *(tex)* twister head
sodródás drift
sodródik drift ; *(hajó)* crab
sodródó floating ; **~ fövény** heaving sands ; **tehetetlenül ~** *(hajó)* adrift
sodrófej *(tex)* twister head
sodrógép *(tex)* twisting machine
sodróháló drift-net
sodrony wire, cable ; **középponti ~** *(bány)* centre wire
sodronyág : belső ~ centre wire
sodronyfonat netting
sodronyháló metal ga(u)ze, wire mesh ; *(vakolat alá)* metal lathing
sodronyhúr *(hangt)* wire string
sodronykapocs *(ép)* cable shackle ; *(hajó)* cable joint
sodronykefe rubbing brush
sodronykötél stranded wire, wire cable ; **feszültségmentesített ~** *l* **előreformált sodronykötél** ; **~ fúrólyuk-mérésre** *(bány)* wire-rope measuring lines
sodronyköteles kotró slackline cableway
sodronykötélgöngyöleg *(hajó)* coil of wire
sodronykötéllánchuzal catenary wire
sodronykötélláncvezeték catenary wire
sodronykötélpálya aerial ropeway
sodronykötélszorító cable clip
sodrony-oldalcsípőfogó side-cutting nippers
sodronyos szigony rope spears
sodronysajtó peremképzésre *(korcolósajtó)* wiring press
sodronyszövet woven-wire fabric
sodrott : ~ érnégyes *(kábelben)* spiral quad ; **~ fonalhulladék** *(tex)* hard double waste ; **~ huzal** *(felsőrésznek a talphoz erősítésére ; cipő)* screw wire ; *(kábelek csőbehúzáshoz)* snake wire ; **~ kábel** *(vill)* stranded cable ; **~ perec** *(élip)* twist ; **~ rost** twisted fibre ; **~ szegélydísz** *(ép)* rope moulding ; **~ szíj** twisted leather ; **~ tekercs(elés)** strand-winding ; **~ vezeték** stranded wire ; **~ zsinórpár** *v* **huzalpár** twisted pair
sodrottfonal-szám *(tex)* count when doubled
sóér *(bány)* salt bed
sófekü *(bány)* subsalt
sófogó *fn* salt receiver
sófolt *(nyersbőrön)* salt stain
sofőr driver
sófőzde salt furnace
sófőzés salt making
sófőző *fn* brine pit ; **~ üst** *(mechanikus sóeltávolítóval)* fishing pan ; **~ üzem** salt works
sófürdő salt bath ; **~ben hőkezelt huzal** salt-patented wire
sófürdős kemence *(koh)* salt furnace
sógleccser salt glacier
sógyűjtő *fn* salt catch
sóhegy salt dome
sóhidrát salt hydrate
sóhűtésű salt-cooled
sok alakú *(ásv)* *l* **polimorf**
sokaság *(mat)* assembly ; *l még* **halmaz**
sókavaró szerszám salt stirrer
sokbordás pillér *v* **oszlop** multiple-rib pillar
sokcellás *(vill)* multi-cellular
sokcélú *[gépkocsi v repülőgép]* all-purpose
sokcsatornás *(távk)* multi-channel ; **~ impulzusmoduláció** multi-channel pulse modulation ; **~ letapogatás** multiple scanning
sokcsöves : ~ erősítő *(rád)* multi-valve amplifier ; **~ fűtőtest** multitubular heater ; **~ kazán** multitubular boiler
sokcsövű *(puska)* multiple-barrel
sokcsúcsú polyconic
sokdúcos repülőgép multistrutter
sókemence salt furnace
sókemény nyersbőr salt dried hide
sóképző *mn* salt-forming
sóképződés salt formation
sokérintkezős átkapcsoló *(tekercshez v ellenálláshoz)* tap switch
sókert salt garden
sokerű kábel multi(ple)-core cable
sokfázisú : ~ antennarendszer polyphase antenna system/array ; **~ oszcillátor** polyphase oscillator
sokgörbületű anfractuous
sokgyűrűs *(vegy)* polycyclic
sokhengeres polycylindrical
sokhornyú tekercselés *(vill)* polyslot winding
sokirányú multidirectional, polydirectional
sókiválás *(vegy)* salting
sókivirágzás salt efflorescence
sókivonó *fn* salt extractor
sokkamrás szívóhenger *(pa)* multicellular suction-roll
sokközpontos : ~ csatlakozási terület *(távk)* multi-exchange *(UK)* ; multi-office area *(US)* ; **~ hálózat** *(távk)* multi-exchange network
sokkristályos *(ásv, koh)* polycrystalline ; **~ röntgen spektrográf** multicrystal spectrograph
sokkúpvetület *(geod)* polyconic projection
sokleágazásos transzformátor tapped transformer
soklyukú tégla perforated brick
sokmagvú *(vegy)* polynucleated, polynuclear
sokmenetű *(vill)* multiturn
sokmerevítéses repülőgép multistrutter
soknyílású *[híd]* multi-span
sokoldalú multi-/all-purpose, versatile ; **~ gép** all-purpose machine
sokoldalúság versatility
sókorrózió salt corrosion
sokoszlopú *[udvar]* polystyle
sókötés *(vegy)* salt linking/linkage
sokrétegű multilayer ; **~ faanyag** laminated wood ; **~ szalag** *(tex)* multiply band
sokrétű *l* **sokrétegű**
sokszínnyomó papír multicolo(u)r printing paper
sokszínű polychromatic,multicolo(u)r(ed)
sokszoros multiple(x) ; **~an hangolt antenna** multi(ple)-tuned antenna ; **~ moduláció** multiple modulation
sokszorosít copy, duplicate, multigraph, hectograph, mimeograph, manifold
sokszorosítás reproduction, duplication, copying
sokszorosító : ~ eljárás printing process ; **~ intézet** printing office ; **~ selyempapír** manifold tissue paper
sokszorosítógép duplicating/manifolding machine, mimeograph ; **masszás ~** **~** manifold writer
sokszorosítópapír manifolds, manifold paper, multi(ple-)copying paper
sokszorosítósablon stencil
sokszorosított példány mimeographic copy
sokszoroz multiply
sokszorozó *(vill)* multiplier
sokszorozócső *(vill)* multiplier tube
sokszorozótekercs *(vill)* multiplying coil
sokszorozott multiplied
sokszög *(mat)* polygon ; **igen sok oldalú ~** *(mat)* megagon ; **szabályos ~** regular polygon ; **szabálytalan ~** irregular polygon
sokszögelés *(geod)* traverse (survey), traversing ; **~ mérőasztallal** *(geod)* traversing with plane table
sokszögelési : ~ álláspont *(geod)* traverse station ; **~ kitűző rúd** *v* **beirányzó póz-na** sighting pole ; **~ számítási segédtáblázatok** *(geod)* traverse tables
sokszögkapcsolás *(vill)* polygon connection
sokszögkeresztmetszetű (rostély)rúd polygon(al) bar
sokszögmenet *(geod)* polygon(al) course
sokszögmérés *(geod)* traverse measuring, polygoniometry
sokszögpont *(geod)* traverse station
sokszögű polygonal, multiangular ; **~ kötés** *(ép)* polygonal bond
sokszögvonal : tájékozott *v* **tájolt ~** *(geod)* azimuth traverse ; **zárt ~** *(geod)* closed traverse
sokszögvonalú : ~ öv *(hídon)* polygonal chord ; **~ vonóvasas tartó** *(hídon)* polygonal bowstring girder
soktégelyes kemence multiple-crucible furnace
soktűzcsöves kazán multiflue boiler
sokvágóélű multi-edged
sokvetélős szövőgép check loom

sólé *[hűtőgépben]* brine ; *(páclé)* pickle; ~ **nyersbőr sózásához** salt brine ; **telített** ~ *(nyersbőrsózáshoz)* saturated brine
sólé-csere *(élip)* brine change
sóléhűtés brine pipe cooling
sólepárló *fn* salt furnace
sólerakódás *(földt)* salting
sólétartály *(hűtéshez)* brine tank
sóleválasztó *fn* salt extractor
Solvay-féle eljárás *(vegy)* Solvay process
Solvay-szóda light soda ash
sólya *(hajó)* slipway, stock, dock, building berth ; ~ **pályateste** ground way(s)
sólyaberendezés : gépesített ~ **hajó partrahúzására** patent slip
sólyadaru slipway/shipbuilding crane
sólyagerendák *(vízrebocsátáshoz ; hajó)* stocks, ways ; **hajót ~ra fektet** put a ship on the stocks
sólyakocsi cradle
sólyapálya bilge/launching way(s)
sólyaszán sliding cradle
sólyaszánkó launching cradle
sólyaszelvény slip form
sólyatelep shipbuilding plant
sólyatér *(hajó)* building slip, shipyard, slipping dock
sómáz *(ker)* salt glaze
sombrerit *(ásv)* sombrerite
sómentesítés desalinizing
sómentes súly *(nyersbőrnél)* cured weight
sómérő *fn* salt ga(u)ge
sommervillit *(ásv)* sommervillite
sommit *(ásv)* sommite
sonkaformázó prés ham moulding press
sóoldat salt solution, brine ; *(páclé)* pickle
sóoldatbepárló *fn* brine concentrator
sóoldatfokoló *fn* salinometer
sópárló : ~ **üst** salting-out evaporator ; ~ **üzem** brine pit
sópénz *(nyersbőr-ügyletnél)* salting charges
soppolás *(fémszórás)* metallization, Schoop process
soppoló pisztoly wire pistol
sor line, row, series, range, train ; *(bány)* battery stulls ; *(mat)* series, sequence; *(nyomda)* line ; *(telev)* line ; *(letapogatásnál ; telev)* scanning strip ; ~ **alacsonyabbrendű tagja** *(mat)* lower member of the series ; **~ba állít** align, range into line ; **alternáló** ~ *(mat)* alternating series ; **~ok áttérése** *v* **átlapolása** *(telev)* overlapping of lines; **~ban csatlakozó fényképek** *(geod)* successive photographs ; **divergens** ~ *(mat)* divergent series ; **Fourier-féle** ~ *(mat)* Fourier's series ; **konvergens** ~ *(mat)* convergent series ; ~ **közötti** *(nyomda)* interlinear ; ~ **közötti művelés** inter-row cultivation ; **nem ~ban rakott terméskőfalazat** *(ép)* uncoursed rubble masonry ; **összetartó** ~ *(mat)* convergent series ; **széttartó** ~ *(mat)* divergent series ; **Taylor-féle** ~ *(mat)* Taylor's series ; **tetőpárkányt képező kiugró** ~ drip ; **váltakozó előjelű** ~ *(mat)* alternating series
sorácsolás *(bány)* cribbing
sorakoztat range into line
sorbaállítás aligning
sorbafejt *(mat)* expand in series ; **függvényt** ~ *(mat)* expand the function in series
sorbafejtés *(mat)* series development/expansion ; ~ *x* **hatványai szerint** exnpasion in powers of *x*
sorbafejtett zsinórvégek *(távk)* aligned cord ends
sorbafűz *(tex)* draw in dent after dent
sorbafűzés *(tex)* straight draft/draw/gate/pass, straight over draft
sorbahozás aligning
sorbakapcsol *(vill)* connect in series
sorbakapcsolás *(vill)* series connection, cascading ; **két fázis ~a** *(vill)* series connection of two phases
sorbakapcsolt *(vill)* series-connected ; ~ **csöves lepárló berendezés** series pipe stills ; ~ **elemek** *(vill)* series of cells ; ~ **ellenállás** *(vill)* resistance in series ; ~ **rendszer(ek)** *(vill)* series system ; ~ **tekercselés** *(vill)* series winding
sorbaterelő *(cukorrépaarató gépen)* windrowing curtain
sorbavető gép *(kettős merítőkorongos v tológyűrűs)* double feed-drill
sorcsillogás *(telev)* interline flicker
soregyen *(ép, nyomda)* register
soregyengető *(nyomda)* register
soregyenlősítés *(nyomda)* justification
Sorel-cement Sorel/oxychloride cement
soremelés *[távgépírón kocsivisszahúzás nélkül]* column feed
soremelő *[távgépírón]* line-feed
sóréteg salt deposit
sorfrekvencia *(távk)* line frequency *(UK)*; horizontal power *(US)*
sorgyűjtő kanál *(szedőgépen)* galley
sorhely *(mat)* place
sorhúzó *fn* *(mzg)* sled marker ; ~ **kapa** drill hoe
soridő *(telev)* line period
sorintervallum *(telev)* line period
sorirányú eltérítés *(telev)* horizontal deflection
sorja *(alak, önt)* burr, flash, fin, barb ; *(gumi)* sprue, spew ; *(műa)* cutoff ; *(nyomda)* burr
sorjacsiszoló gép flash grinder
sorjagyűrű flash ring
sorjalevágó gép flash trimmer
sorjamentes clean of burrs
sorjanyíró gép trimming machine
sorjátlanítás burr grinding
sorjavágás trimming
sorjavágó prés trimming press
sorjavéső burring chisel, chipper
sorjázás (de)burring
sorjázó *(nyomda)* composing stick ; ~ **eszterga** trimming lathe
sorjázógép trimming(-off) machine
sorjázókés cropping blade
sorjázóprés trimming press
sorjelzés *[ültetésnél]* marking rows
sorjelző *[ültetésnél]* marker ; *(statisztikai gépen)* posting line indicator
sorkioltás *(telev)* line blanking
sorkitérítő kör *(telev)* line deflection circuit
sorkitöltés *(szedésnél ; nyomda)* line filling
sorkitöltő pontsor *(nyomda)* leader
sorkizárás *(nyomda)* justification
sorköz spacing
sorközkapálás *(mzg)* within-the-row cultivation
sorköztágítás *(nyomda)* leading out
sorlyukasztó gép *(pa)* punching machine
sorművelő kultiválás *(mzg)* within-the-row cultivation
sornyitó szerelvény *(mzg)* bedding equipment
sorolvasó *(kh)* course counter
sorompó rail barrier/bar, lifting gate ; *(pályaszinten lévő útkereszteződésnél)* railway level crossing barrier ; *(ereszkében ; bány)* incline stop ; **~val nem védett vasúti átjáró** *(forgalmi jelzés)* „Level crossing, no gates"
sorompóoszlop rail post
sorompórúd pike, railing bar ; ~ **állványa** pivot frame
soros coursed ; *(bány)* close ; **~an** *[kapcsol]* in series ; ~ **ág** *(távk)* series branch/arm ; ~ **antennakondenzátor** *(önhullámhossz csökkentésére)* shortening condenser ; ~ **ciklopfalazás** square rubble ; ~ **dióda** *(rád)*-series diode ; ~ **elhelyezés** series arrangement ; ~ **ellenállás** *(vill)* series resistance ; ~ **elosztó rendszer** series system of distribution ; ~ **falazás** *(ép)* marshalling masonry ; ~ **forgórészű kondenzátor** series-gap condenser ; ~ **frekvenciamenet-kiegyenlítés** *(rád)* series-peaking compensation ; ~ **generátor** series generator ; ~ **gerjesztés** *(vill)* series excitation ; **~an gerjesztett sugárzó** *(rád)* series-excited radiator ; ~ **hengerelrendezésű motor** in-line engine/motor ; ~ **impedancia** series impedance ; ~ **indító** series starter ; ~ **kapcsolás** series connection ; ~ **kapcsolású tekercs** *(rád)* series coil ; ~ **karakterisztika** *(rád)* series characteristic ; ~ **kiegyenlítő** *(rád)* series compensator ; ~ **kiegyenlítő kondenzátor** *[vevőkészülék-hangolásban]* series padding condenser ; ~ **kivágó szerszámok** gang-blanking dies ; ~ **kondenzátor** series condenser ; ~ **kövezet** coursed pavement ; ~ **letapogatás** *(telev)* line scanning ; ~ **menetek** *(vill)* series turns ; ~ **moduláció** *(rád)* series modulation ; ~ **motor** *(gépk)* in-line engine ; *(vill)* series motor ; ~ **nyolchengeres motor** straight-eight engine ; ~ **rezgőkör** *(rád)* series-resonant circuit ; ~ **rezonancia** *(rád)* (series) resonance ; ~ **szikraköz** *(rád)* series gap ; ~ **táplálás** *(anódterhelésen át)* series feed ; **~an tekercselt** *(vill)* series-wound ; ~ **transzformátor** current transformer ; ~ **vetés** sowing in lines; ~ **visszacsatolás** *(távk)* series feedback ; ~ **vonat összeállítása kocsirendezéssel** *(vasút)* line haul switching
soroskerék change wheel
soroskör *(rád)* series circuit
soros-párhuzamos *(rád)* series-parallel ; ~ **áramkör** multiple-series circuit ; ~ **átkapcsoló** series-parallel switch ; ~ **dualitás** *(rád)* duality of series-parallel circuits ; ~ **kapcsolás** series-parallel connection, multiple-series connection ; ~ **tekercselés** series-parallel winding
sorozat set, series, tram, gang, range, run ; *(kat)* round ; *(mat)* sequence; *(kazáncsoport)* bank of boilers ; *(480 vízszintes sorból álló kötés ; tex)* rack; **diffúz** ~ *(színk)* diffuse series ; ~ **tagja** *(mat)* series term
sorozat- series, serial
sorozatbélyegző follow die

sorozatfelvétel tracking shot *(UK)*; travel/follow shot *(US)*; **~t szabályozó készülék** *(geod)* view-finder intervalometer
sorozatfelvevő fényképező gép camera gun
sorozatgyártás series/serial production/manufacture; **~ futószalagon** in--line production
sorozatgyártású commercial; **~ gépek** commercial machines
sorozati serial
sorozatkapcsoló *(vill)* multi-circuit/position switch
sorozatkapocs *(vill)* terminal block
sorozatkép filmstrip
sorozatlövés *(bány)* series shot-firing
sorozatmásoló összegbélyegző gang--summary punch
sorozatos series, serial; *(mat)* successive; **~ álláshely** stall; **~ felvétel** *(geod)* serial survey; **~ felvillanás** multiple flash; **~ fényképezés** sequence photography; **~ kamera** *(geod)* series/serial camera; **~ kapcsolású automata rendszer** following--up system; **~ kiadvány** *(nyomda)* serial; **~ lemezes kamera** *(geod)* serial plate camera; **~ lemővelés** *(bány)* horizon mining; **~ robbantás** *(bány)* consecutive; **~ vulkáni intrúziók** multiple intrusions
sorozatsajtoló gép *(nyomda)* tandem dies
sorozatszám serial number
sorozattermelés serial production
sorozattüz *(kat)* volley fire
sorozatvető *fn* multiple rocket thrower
soröntő gép *(nyomda)* line-casting machine
sorrend order, succession, turn, rank; *[fázisoké]* sequence; **gyűjtési ~** firing sequence
sorrendi : **~ csere** *v* **megfordítás** inversion; **~ ellenőrző** *(távk)* consecution controller; **~ következés** consecution
sorrendiség order, coherence
sorrendjelző *(készülék v relé)* precedence indicator
sorrendkapcsoló *(távk)* sequence switch
sorrend-megállapítás ranking, rating
sorritkítás *(nyomda)* leading out
sorritkító térző *(nyomda)* space line
sorsorozat : **egy teljes képet adó ~** *(telev)* frame
sorszám serial/order number
sor-szám *(telev)* number of lines
sorszámbélyegző follow die
sorszámozás numbering
sorszedő gép *(nyomda)* linotype
sorszélesség *(telev)* line width; spot diameter, strip width *(US)*
sorszinkronozó impulzus *(telev)* line--synchronizing signal/pulse
sortágító *(nyomda)* lead
sortáv spacing
sortávolság row space; *(nyomda)* width of type; *(telev)* line width
sortávolságmutató *(írásnál)* line space gauge
sortorzítás *(telev)* line bend/tilt
sortovábbítás : **kettős ~** *(írógépen)* double-spacing
sortranszformátor line transformer
sorváltás *(távk)* interlacing; *(láncfonalas kötésnél)* shogging
sorváltásos *(távk)* interlaced; **~ ábra** interlaced pattern
sorváltó *(telev)* framing; **~ jel** horizontal synchronizing pulse; **~ képbontás** line jump scanning
sorváltós *(telev)* interlaced; **~ képmező** interlaced field; **~ letapogatás** interlaced scanning, interlaced (field) scanning
sorvasztás *(szőrménél)* killing; **prémszőr ~ a dobban** *(festés előtt)* drum killing
sorvédő lemez *(kultivátoron)* floating shield
sorvető gép *(mzg)* seed drill, seeder; **~ géppel vet** drill
sorvillogás *(telev)* line flicker
sorvisszafutás *(telev)* line fly(-)back
sorzár *(írógépen)* marginal stop
sorzáró *(72 pont széles; nyomda)* double-narrow; **~ féltégla** half header
sós briny, salty; **kevéssé ~** oligohaline; **~ mocsár** salt marsh; **~ pára** *v* **talajköd** *(met)* salt haze; **sózás ~ lében** *(nyersbőré)* brining; **telített ~ lé** *(nyersbőrsózáshoz)* saturated brine
sósav muriatic/hydrochloric/chlorhydric acid
sósavas : **~ alumínium** aluminium chloride; **~ anilin** aniline salt; **~ apomorfin** apomorphine hydrochloride; **~ betain** *l* **betainklorid**; **~ kálium** potassium chloride; **~ kinin** quinine hydrochloride; **~ morfin** morphine hydrochlorate; **~ nátrium** sodium chloride; **~ timföld** aluminium chloride; **~ trimetilglikokoll** *l* **betainklorid**
sósfürdő salt-bath
sósjeges hűtő berendezés salt-ice cooling plant
sóskasav oxalic acid
sóskasavas kálium potassium oxalate
sóslé *(élip)* brine
sósléhűtés *v* **-fagyasztás** *(ép, élip)* brine cooling
sósság saltness
sóstó *(földt)* salt lake; **~ medencéje** *(földt)* salt pan
sósvíz *(hűtőgépben)* brine; *(tengervíz)* sea water
sósvízállóság *(tex)* fastness to salt water
sósvízi szappan salt water soap
sósvízkút *(bány)* salt well
sósvízű tó vize lake brine
sószáraz : **~ bőr** salt-dried hide; **megkeményedett ~ nyersbőr** hard-cured hide
sótalanítás *(vegy)* desalinizing
sótároló láda *(sófőzőben)* drab
sótartalmú *(ásv)* sali(ni)ferous; **~ víz** *(brakkvíz)* brackish water
sótartalom salinity
sótartalommérő *fn* salinometer
sótelep *(bány)* salt lode
sótöltésű kipufogó szelep salt-filled exhaust valve
souesit *(ásv)* souesite
sóüst salt pan
sovány *[termőföld]* thin; *(szén)* meagre, green; *[salak]* poor; **~ agyag** foul/lean clay; **~ beton** lean/weak concrete; **~ gáz** low-grade gas, dry gas; **~ gázkeverék** lean mixture; **~ gyapjú** hungry wool; **~ homok** lean/green sand; **~ keverék** *(gépk)* lean mixture; **~ kőzet** poor rock; **~ mész** brown/lean lime; **~ szén** sterile/lean coal, semi-anthracite, semi-bituminous coal; **~ tej** separated milk; **~ tejpor** skim milk powder; **~ (termő-)talaj** thin/hungry soil
sóz salt; *(élip)* powder; **~ és megfüstöl** kipper
sózás salting; **későn alkalmazott ~** *[nyersbőrnél]* delayed salting; **savas ~ közömbösítése** *(bőr)* depickling
sózatlan nyersbőr unsalted raw hide
sózott salty; *(élip)* pickled; **~ apróbőr** salted skin; **~ élelmiszerek** salt provisions; **~ és füstölt hal** kipper; **~ füstölt hering** buckling; **~ hús** souse; **~ nyersbőr** salted hide
sönt *(vill)* shunt; *l még* **mellékáramkör**; **főáramköri ~** series shunt; **hiteles ~** calibrated shunt; **indukciómentes ~** non-inductive shunt; **kalibrált ~** calibrated shunt; **kapacitív ~** shunt capacitor; **rezonanciás ~** resonant shunt; **univerzális ~** Ayrton shunt
söntellenállás shunt resistance
sönthatás shunting effect
sönt-hozzávezetés shunt leads
söntkapcsoló branch switch
söntöl *(vill)* shunt, by-pass
söntölési arány shunt ratio
söntölő *mn* shunting, by-pass; *fn* by--pass capacitor; **~ katódellenállás** *(rád)* by-pass cathode resistor; **~ kondenzátor** *(rád)* buffer capacitor
söntölt shunted; **~ áramkör** *(vill)* bridged; **nem ~** unshunted
sönttekercs *(vill)* shunt coil, by-pass coil
söntvisszacsatolás shunt feedback
söralátétlemez *(pa)* beer coaster
söralátétpapír beer-mat paper
sörcefre (beer) wort
söréleszto barm
sörét shot; **ejtő eljárással készült ~** drop shot
sörétes : **~ puska** shotgun; **~ töltény** shot shell
sörétez shot-blast
sörétezés shot blasting
sörétfúró shot drill
sörétfuvatás shot blasting
söréthatás *(rád)* shot effect
sörétkorona *(mélyfúráshoz)* shot bit
sörétólom shot metal
sörétöntő torony shot tower
sörétöltés shot load/charge
sörétzaj *(rád)* shot noise, Schottky effect
sörétzsák *(sztatikus próbához)* shot bag
sörfejtő pince cleaning cellar
sörfőzde brewery
sörfőzés brewing
sörfőző-élesztő brewer's yeast
sörgyártás brewing
sörhűtő bárka beer cooler
sörlé beer wort
sörmaradékgyűjtő hordó rest cask
söröspohár-alátét *(pa)* beerglass mat
sörte bristle, barb
sörteecset bristle brush
sörtekopasztó gép hog dehairer
sörtés bristly
sörteszerű *(anyagv)* brushy; *(tex)* brushy, bristlelike
sörtömlő brewer's hose
sörtörköly brewer's grain, malt husks
sötét dark, shady; *(szín)* deep, dark; **~ ámbra** avanturine; **~ elegyrész** *(kőzetben)* dark constituent; **~ flokkuluszok** *(a Napon)* dark flocculi; **~en izzó** *(koh)* black hot; **~en izzó katód** dull-emitting cathode, dull

emitter ; ~ **kénsav** brown vitriol ; ~ **korona** *(vill)* dark corona ; ~ **krómsárga** tawny chrome yellow ; ~ **látómezejű gyűjtőlencse** dark-field condenser ; **szint ~ebbé tesz** *(nyomda)* strengthen the colo(u)r in printing, deepen ; ~ **tér** *(gázkisülésnél)* dark space
sötétáram *(megvilágítatlan fotocellán áthaladó)* dark current
sötétedés darkening ; ~ **a szélek felé** *(Napnál és csillagoknál)* limb-darkening
sötétedik darken
sötétellenállás *(fényelemnél)* dark resistance
sötétfolt *(távk)* dark spot, shading
sötétfolt-korrekció *(telev)* shading correction
sötétfoltkorrekció-jelek *(telev)* shading signals
sötétít darken, dim
sötétítés *(színezeté)* saddening ; **fokozatos** ~ *(fényk)* blinding
sötétítőkorong *(pille ; fényk)* fader
sötétítőüvegek *(szextánshoz)* shades
sötétkamra *(fényk)* camera obscura, room
sötétkamrai lámpa dark-room lamp
sötétlátótér dark field
sötétlátóterű mikroszkópos vizsgálat dark-field examination
sötétmező *(mikrofotográfiánál)* dark field
sötétpont *(telev)* dark spot
sötétpont-impulzus *(telev)* dark-spot signal
sötétszint-visszaállító direct-current restorer
sötétvörös ezüstérc *(ásv)* *l* **pirargirit**
sövényfonás *(ép)* plashing
sövénykaró raddle
sövénykerítés wattle-fence
sövénynyeső : villamos ~ electric hedge trimmer
sövénynyíró hedge cutter ; ~ **olló** hedge trimmer
spachtli *l* **spatulya**
spácium space ; *(nyomda)* blank space
spadait *(ásv)* spadaite
spagetti spaghetti
spaletta window shutter/blind
spalettaajtó folding door
spalt *(bőr)* split
spangolit *(ásv)* spangolite
spaniolit *(ásv)* spaniolith
spanyolbak knife scriber
spanyolfal screen, blind
spanyolfehér whiting
spanyollovas barbed-wire entanglement
spanyolnád rattan
spanyolnádfonó gép rattan machinery
spárga *(tex)* string, cord, (binder) twine
sparnacumi emelet *(földt)* Sparnacian stage
spatiopirit *(ásv)* *l* **safflorit**
spatulya spatula, palette knife ; ~ **alakú** spatulate ; **formázó** ~ *(ép)* trowel
spatulyáz fill up
spatulyázás coat-work, stopping ; **csomóhelyek ~a** *(mázolás előtt)* knotting
spatulyázó festék filling colour
speciál-kulcs *(szerszám ; gépk)* special spanner
spékel *(élip)* lard
spektrálérzékenységi görbe *(fényívben v szikrában)* current-wavelength characteristic
spektrális fényerősség spectral luminosity
spektrofotométer : önműködő ~ automatic recording spectrophotometer
spektrofotometriás mennyiségi elemzés spectrophotometric analysis
spektrográf fényereje speed of spectrograph
spektroheliográf spectroheliograph
spektroheliokinematográf spectroheliokinematograph
spektrométer spectrometer ; ~ **által rajzolt görbe** spectrometer record ; **kétkristályos** ~ double spectrometer
spektrometriai spectrometric
spektroszkóp spectroscope ; **közvetlenül szemlélhető** ~ direct-vision spectroscope
spektroszkópia spectroscopy ; **abszorpciós** ~ absorption spectroscopy ; **emissziós** ~ emission spectroscopy
spektroszkópiai spectrometric ; ~ **összehasonlító norma** spectroscopic standard
spektrum spectrum ; *l még* **színkép**
spermacet(i) sperm(aceti) (oil)
sperrylit *(ásv)* sperrylite
spessartin *(ásv)* spessartite
spiccelés *(tex)* nipping of flax
spikolaj spike oil
spill capstan engine
spilldob rundle
spillfej capstan head
spillkerék capstan wheel
spillkézikerék capstan hand wheel
spin *l* **szpin**
spinell *(ásv)* spinel
spinét *(hangt)* spinet
spira *(földt)* spire
spirál- helico- ; *l még* **spirális** *és* **csavar-**
spirálgörbe *(mat)* *l* **spirális**
spirális *fn, mn* spiral ; *mn* helical ; ~ **antenna** helical aerial, corkscrew antenna ; **~an bordázott** *(pa)* spiral-laid ; **Cornu-féle** ~ *(mat)* Euler's/Cornu's spiral, clothoid ; ~ **cső** coil pipe, pipe coil ; ~ **díszítő-** *v* **effekt-fonal** *(tex)* spiral yarn ; ~ **dúsító** *(bány)* spiral ; ~ **élű** spiral-cut ; ~ **emelkedési szöge** *(mat)* helix angle ; **Euler-féle** ~ *(mat)* Euler's/Cornu's spiral, clothoid ; ~ **farost** spiral grain ; ~ **fék** *(vill)* coil brake ; ~ **fogazás** gear scroll ; ~ **fogazású tárcsa** scroll ; **forgó osztályozódob** ~ **kihordóval** revolving spiral classifier ; ~ **forgószér** revolving spiral classifier ; ~ **fúró** *l* **csigafúró** ; ~ **fűtőszál** *v* **katód** *(rád)* spiral filament ; ~ **halványulás** *(fényk)* whirling wipe ; ~ **ház** *l* **csigaház** ; ~ **henger** *(pa)* spreader roll ; ~ **horonynyal mozgatott befogópofás tokmány** scroll chuck ; ~ **hűtő** spiral form condenser ; ~ **keretantenna** spiral loop ; ~ **keverő** spiral agitator ; ~ **körző** volute compass ; ~ **kötél** spiral rope ; ~ **letapogatás** *(telev)* spiral scanning; **logaritmikus** ~ *(mat)* logarithmic/logistic/equiangular spiral ; ~ **magtisztító gép** spiral gravity separator ; ~ **marás** *(osztófejjel)* spiral milling ; ~ **merülés** *v* **siklás** *(leszálláshoz ; rep)* spiral descent ; ~ **pofás kapcsoló** spiral jaw clutch ; ~ **rács** *(rád)* helical grid; ~ **rés** *(fonalvezető dobon ; tex)* helical slot (in drum) ; ~ **rúd** *(ol)* spiral stem ; ~ **rugó** clock spring ; *l még* **csavarrugó** ; ~ **skálás számlap** spiral dial ; ~ **sugaras frekvencia-moduláció** *(magnetronnál)* spiral frequency modulation ; ~ **sugaras vezérlés** *(magnetronnál)* spiral-beam control ; ~ **szalagos fék** spiral-band brake ; ~ **szalagos szállítócsiga** ribbon spiral conveyer ; ~ **szállítószalag** *(bány)* spiral chute ; ~ **szigetelésű kábel** string-insulated cable ; **szinuszos** ~ *(mat)* sinusoidal spiral ; ~ **szitakefe** spiral brush sifter ; ~ **tekercs** *(rád)* helical coil ; ~ **tekercselés** *(vill)* spiral winding ; ~ **vasbetét** *(ép)* helix ; ~ **vashuzalfonat** *(tömlő külső v belső erősítésére)* helix ; ~ **vezeték** *(gépt)* spiral guide ; *(vill)* fish-like conductor ; ~ **zsákcsúszda** spiral sack-shoot
spiritusz spirit
spirituszégő alcohol burner
spirituszkályha spirit heating apparatus
spirituszlámpa spirit lamp
spirométer spirometer
splitter spark
spódium *(vegy)* spodium
spodumen *(ásv)* spodumene, triphane
sporogelit *(ásv)* *l* **bauxit**
sport(áru)bőr leather for sports goods
sportcsarnok sports court
sportcsónak pleasure launch
sportfélcipő sporting shoe
sporting sport shirt
sportkarosszéria *(gépk)* sports body
sportkocsi *(gépk)* sports car
sportpálya sporting ground
sportrepülés sporting aviation
sportrepülőgép sporting aeroplane
sportszövet teamed fabric ; **csomós fonalból készült** ~ duffel
sporttér sporting ground
spot-lámpa *(fényk)* dinky
spriccelő-mázoló gép *(pa)* spray coater
spriccelőtárcsa *(pa)* washing screen
sprinkler *(tűzoltó berendezés)* sprinkler
spulni *l* **orsó** *és* **cséve**
srank *(fűrész terpesztése ; fa)* setting (of a saw)
srapnellhüvely shrapnel body
srapnell-szóráskúp bullet cone
srapnelltöltet fragmentation charge
srenc-csomagolópapír screens
srenckarton *(pa)* non-test chip board
srenclemez *(pa)* low quality grey-board; *(gépkartonból ; pa)* (plain) chip board
srencpapír common wrapping paper, cap paper, low quality packing-paper; ~ **hullámlemezhez** low quality paper for corrugated board
S-sáv *(távk)* S-band
S-sodrat *(tex)* left-hand twist, S-twist
S-sodratú fonal *(tex)* crossband yarn
stabil(is) stable ; *l még* **állékony** ; **dinamikailag** ~ dynamically stable ; ~ **egyensúly** complete equilibrium ; ~ **egyensúlyi állapot** true equilibrium ; ~ **erőgép** stationary/industrial engine; ~ **gőzkazán** land-type boiler ; ~ **helyi oszcillátor** *(rád)* stable local oscillator; ~ **motor** stationary engine ; **sztatikailag** ~ statically stable
stabilitás stability ; **bennerejlő** ~ inherent stability ; **biztonságos** ~ marginal stability ; **dinamikai** ~ dynamic stability ; **feltételes** ~ conditional stability ; **korlátolt** ~ conditional

stability ; ~ **síkja** *(mech)* stability plane ; **sztatikai** ~ static stability ; *(vill)* steady-state stability ; ~ **tartománya** *(hajó)* range of stability ; **termikus** ~ thermal stability ; **tranziens** ~ transient stability
stabilitáscsökkentés *(gumi)* destabilization
stabilitási : ~ **diagram** *(hajó)* cross curve(s) of stability ; ~ **határ** limit of stability
stabilitásmérés determination of stability
stabilizáció *l* **stabilizálás**
stabilizál stabilize ; *(fenéksúllyal)* ballast
stabilizálás stabilization ; *(hők)* stress relieving ; **frekvencia-modulált rezgés vivő frekvenciájának** ~**a** centre-frequency stabilization ; **oldalszög szerinti** ~ *(antennáé)* azimuthal stabilization
stabilizálási arány stabilization ratio
stabilizálatlan unstabilized
stabilizáló : ~ **ellenállás** steadying resistance ; ~ **felület** *(rep)* stabilizing/steadying surface ; ~ **kör** *(rád)* stabilizer circuit ; ~ **nyomaték** *(rep)* stability moment ; ~ **úszó** *(rep)* stabilizing float
stabilizált : ~ **magnetron** stabilized magnetron ; ~ **nyersolaj** topped crude (petroleum) *(US)*
stabilizátor stabilizer ; *(egyensúlyozó:)* balancer ; *(gépk)* anti-roll torsion bar ; *(rep)* stabilizer ; *(tex, vegy)* stabilizing agent, stabilizer, stabilizator
stabilizátorcső *(rád)* voltage-regulator tube
stacionárius : ~ **állapot** steady state ; ~ **áramlás** *(hidr)* stationary flow, steady flow ; ~ **kalciumvonalak** *(szink)* fixed calcium lines ; **nem** ~ **áramlás** non-uniform flow
stadion stadium
stádium stage, stadium
staffelit *(ásv)* staffelite
staffli *(fa)* stud, small square timber ; *(rep)* squadron, formation
stagnációs pont *(rep, vegy)* stagnation point
stagnálás stagnation
stampi emelet *(földt)* *l* **rupéli emelet**
stancgép *(kiütő gép ; cipő)* clicking machine
stanckés *(csákozókés ; cipő)* cutter knife
stancol punch, cut, press ; *l még* **csákoz, kivág, lyukaszt, sajtol**
stancológép *(gumi)* tumbler
stancolókés *(nyomda)* stamp cutter
stancolólemez blocking board
stancolt áru stampings
standard standard, normal ; *l még* **szabványos ;** ~ **affinitás** standard affinity ; ~ **állapot** standard state ; ~ **potenciál** standard potential
standard-eltérés *[statisztikai értéknél]* standard deviation
standard-gyertya candle standard
standard-réz standard copper
stander *v* **ständer** *(állvány ; mkpár)* stand foot ; *(középen)* centre stand
standolaj boiled linseed oil
Stanley-féle szénfejtőgép Stanley header
stápeldiagram *(tex)* line diagram of fibre array
stápelhossz(úság) *(tex)* length of staple
starterzászló *l* **indítózászló**
startrakéta booster rocket
start-stop : ~ **készülék** *(távk)* start-stop teleprinter ; ~ **rendszer** *(távk)* start--stop system ; ~ **torzítás** *(távk)* start--stop distortion
stassfurtit *(ásv)* stassfurtite
statika *l* **sztatika**
statisztika statistics
statisztikus zaj *(rád)* random noise
statív bearer ; *l még* **állvány**
Stauffer-féle zsírzó és kenő rendszer Stauffer lubrication
Stauffer-zsírzó (pressure) grease cup
staurolit *(ásv)* staurolite
stearin *l* **sztearin**
steatit *(ásv)* steatite
steenstrupin *(ásv)* steenstrupine
stefanit *(ásv)* stephanite, brittle silver ore
stég *(hajó)* landing stage
stekk-kulcs *(dugókulcs ; gépk)* box spanner
stelláris dinamika stellar dynamics
stellit *(hők)* stellite
stelznerit *(ásv)* *l* **antlerit**
stenciles sokszorosítógép mimeograph
stencillap stencil plate
stephaniai emelet *(földt)* Stephanian stage
Stephenson-féle kulissza Stephenson link
Stephenson-vezérmű *(vasút)* link motion
steppelés *(szélragasztás ; gumi)* sealing
steril sterile, barren ; ~ **papír** aseptic paper
sterilezés sterilizing ; *(élip)* cooking
sterilizáló készülék sterilizer
sterilizálólámpa germicidal lamp
sterilizált vatta sterilized cotton
sterkorit *(ásv)* stercorite
sterlingit *(ásv)* sterlingite
stevensit *(ásv)* stevensite
stibikonit *(ásv)* stibiconite
stibioluzonit *(ásv)* stibioluzonite
stibiopalladinit *(ásv)* stibiopalladinite
stibiotantalit *(ásv)* stibiotantalite
stichmász *(cipő)* measuring tape
stift *l* **csap, pecek**
stilbit *(ásv)* stilbite
stillingia-magolaj tallow-seed oil
stillingia-olaj stillingia oil
stilotip *(ásv)* stylotypite
stílus style, fashion, form
stircel *(áthajt, kifordít, cipőfelsőrészt)* bead
stoke *(viszkozitásegység)* Stoke, St
Stokes-tétel *(mat)* Stokes' theorem
stokkolás *(ép)* bush hammering, picked dressing
stokkoló kalapács *(ép)* charing chisel
stokkolt kő *(ép)* broached work
stolzit *(ásv)* stolzite
Stoney-görgős táblásgát *(hidr)* Stoney roller dam
Stoney-tábla *(hidr)* roller/Stoney gate
stonit *(pa)* sand blast rubber
stoplámpa *(gépk)* stop-tail lamp ; **fékpedállal működő** ~ *(gépk)* brake--operated tail-light
stopli *(bőrszeg)* cleat
stopper *(óra)* seconds counter, stop(-)watch
stoppol *(tex)* mend, darn
stoppolás *(tex)* mending, darning
stoppoló(munkás) *(tex)* darner
stoppolótű *(tex)* darning needle
S-torzítás *(telev)* S-distortion
stoszfúga *(fa)* butt joint
stószolás *(taszítás ; bőr)* hand(-)scudding
strand beach ; *(nem mesterséges)* shore
strandfürdő open bath
strandruha beach wear
strandszövet beach cloth
strang *(ép)* pipe string
strassburgi zöld *(festék)* *l* **schweinfurti zöld**
strasz *(ker)* strass
stratopeit *(ásv)* stratopeite
stréler *(forg)* chaser
strengit *(ásv)* strengite
striegisan *(ásv)* striegisan
strigovit *(ásv)* strigovite
stroganovit *(ásv)* stroganovite
Stromboli-szakasz *(földt)* strombolian state
stromeyerit *(ásv)* stromeyerite
stroncianit *(ásv)* strontianite
stroncium strontium
stronciumacetát strontium acetate
stronciumarzenid strontium arsenide
stronciumarzenit strontium arsenite
stronciumbikromát *l* **stronciumdikromát**
stronciumborát strontium borate
stronciumbromát strontium bromate
stronciumbromid strontium bromide
stronciumcianid strontium cyanide
stronciumcitrát strontium citrate
stronciumdikromát strontium bichromate/dichromate
stronciumditionát strontium dithionate
stronciumfluorid strontium fluoride
stronciumfluoszilikát strontium fluosilicate
stronciumformiát strontium form(i)ate
stronciumfoszfát strontium phosphate
stronciumfoszfid strontium phosphide
stronciumhidrofoszfát strontium hydrogen phosphate, strontium hydrophosphate
stronciumhidrokarbonát strontium bicarbonate
stronciumhidroszulfid strontium hydrosulfide
stronciumhidroxid strontia hydrate, strontium hydroxide
stronciumhiperoxid strontium (su)peroxide
stronciumjodát strontium iodate
stronciumjodid strontium iodide
stronciumkarbid strontium carbide
stronciumkarbonát strontium carb--onate
stronciumklorát strontium chlorate
stronciumklorid strontium chloride
stronciumkromát strontium chromate
stronciumlaktát strontium lactate
stronciummalát strontium malate
stronciummanganát strontium manganate
stronciummetaborát strontium metaborate
stronciumnitrát strontium nitrate
stronciumnitrid strontium nitride
stronciumnitrit strontium nitrite
stronciumortofoszfát strontium orthophosphate
stronciumoxalát strontium oxalate
stronciumoxid strontia, strontium oxide
stronciumpermanganát strontium permanganate
stronciumperoxid strontium peroxide/superoxide

stronciumrodanát strontium rhodanate
stronciumszaccharát strontium saccharate
stronciumszelenát strontium selenate
stronciumszilikát strontium silicate
stronciumszulfát strontium sulfate
stronciumszulfid strontium sulfide
stronciumszulfit strontium sulfite
stronciumszuperoxid strontium (su)peroxide
stronciumtartalmú *(ásv)* strontian
strucctoll ostrich-plume
struksz *(tex)* twill backed cloth ; **kockás ~** *(tex)* check back fabric
struktúra structure ; *(ép)* parget ; *(molekuláris)* make-up
strukturális structural
strupfli *(cipőhúzó fül)* looping
struvit *(ásv)* struvite, guanite
strüverit *(ásv)* strüverite
stuccol cut short, trim
stuccolás trimming, cutting
stuccolási *(lenyesési)* **készbőrhulladék** curried scrap leather
stúdió studio, study ; **adás ~ból** studio pick-up
stúdió-adó *(rád)* ST station
stúdióbeli kulisszák betaway
stúdiódekor abstract set *(US)* ; studio decoration *(UK)*
stúdiófelszerelés studio equipment *(UK)*; studio facility *(US)*
stúdiókulissza movable scene *(UK)* ; getaway *(US)*
stufa-érc *(bány)* singles
stukatúr dashcoat
stukatúrfa *(diplifa)* cripple timber
stukatúrgipsz gypsum plaster
stukatúrlécezés lathing for stucco
stukatúrlemez *(pa)* stone board
stukatúrozás *(ép)* pargeting
stukatúrszeg *(ép)* tack ; *(lapos fejű)* clout nail
stukatúrzsindely(léc) *(ép)* plasterer('s) lath(s)
stukkógipsz stucco
stukkómunka *(ép)* stucco
stulp *(tex)* selvage
Stumpf-féle gőzgép uniflow steam engine
stützit *(ásv)* stützite
subler *l* **tolómérce**
succinit *(ásv)* succinite, amber
sudárárboc *(hajó)* top-gallant mast ; **~ vitorlarúdja** top-gallant yard
sudarlós *(fa)* taper
sudarlósság *(fa)* taper(age), diminution
sugár *(mat)* radius, semi-diameter ; *(fényt)* beam, ray ; *(folyadéké)* jet ; **beeső ~** *(fényt)* incident radius ; **ferde ~** *(fényt)* oblique radius ; **ibolyántúli ~** ultraviolet radius ; **ibolyántúli sugarak metszőpontjai** chemical focus ; *(rád)* beam ; **infravörös ~** infra-red radius ; **marginális ~** *(fényt)* marginal radius ; **megtört ~** *(fényt)* refracted radius ; **paraxiális ~** *(fényt)* paraxial radius ; **rádióaktív ~** radioactive radius ; **szaggatott ~** chopped beam ; **szélső ~** *(fényt)* marginal radius ; **vegyileg hatékony ~** chemical ray ; **visszavert ~** *(fényt)* reflected radius
sugáradag *(at)* dosage
sugáralakító berendezés *(távk)* beam-forming arrangement
sugárantenna beam antenna
sugáráram *[elektroncsőben]* beam current
sugáráramerősség *(rád)* beam current
sugáráramlás jet stream
sugárarány : hidraulikus ~ area border ratio
sugaras radial ; **~ adagoló (berendezés)** flow feeder ; **~ beömlésű turbina** radial-flow turbine ; **~ csiszolás** *(ékkőé)* rayed polish ; **~ diffrakciós huzalrács** *(rád)* radial grating ; **~ elrendezésű utcarendszer** *(ép)* radial system of street layout ; **~ hálózat** *(távk)* radial (type) network ; **~ nyalábok** radiated tufts ; **~an oszlopos** *(ásv)* radiated columnar ; **~ rostú** *(fa)* radially fibrous ; **~an szálas** *v* **oszlopos** *(ásv)* radial-columnar ; **~ szellőzőjáratok** *(vill)* radial ducts ; **~ (szerkezetű) érc** striate(d) ore ; **~ tachiméteres pontok** *(geod)* side shots ; **~ vető** *(földt)* radial fault
sugaras-rostos *(ásv)* radially/radiating fibrous
sugárátvezetés ray tracing
sugárbefecskendezés jet injection
sugárcsatolás *(rád)* beam coupling
sugárcsatolási együttható *(rád)* beam-coupling factor
sugárcső jet pipe/nozzle ; *(tűzoltáshoz)* sprinkler, hose director ; *(rád)* beam-power, tube, beam valve/tube
sugárelhajlás diffraction of rays
sugárelnyelő *(at)* radiation-absorbing ; **~ lemez** *(at)* shield
sugárelterelő jet deflector
sugáreltérítés diffraction ; *(rád)* beam deflection
sugárfecskendő (jet) injector
sugárforrás *(at)* radiation source
sugárfúró(gép) *(fors)* radial drill(ing machine) ; **egyetemes ~** universal radial drill(ing machine) ; **egyszerű ~** plain radial drill(ing machine) ; **félig-egyetemes ~** semi-radial drilling machine ; **hidraulikus ~** hydraulic radial drill(ing machine) ; **kazánfúró ~** full universal radial drill(ing machine) ; **merev ~** plain radial drill(ing machine)
sugárfúró-szárny radial arm
sugárfúvó *(mozdonyon)* locomotive jet blower ; **~ cső** jet nozzle
sugárfúvóka jet nozzle
sugárgörbe *(mat)* radial curve
sugárgyűjtő rendszer convergent system
sugárhántoló *(pa)* jet barker
sugárhajtás jet/reaction- propulsion
sugárhajtású jet/reaction propelled
sugár-határfelület *(rád)* beam boundary
sugárirányban beálló hátsótengely *(vasút)* radial end axle
sugárirányú radial ; **~ átvágás** *v* **átmetszés** radial cut ; **~ beállás** *(gépt)* radial adjustment ; **~ beömlés** radial admission ; **~an élesített fog** *(forg)* radially sharpened tooth ; **~ élű szerszám** *v* **maró** radial cutter ; **~ erezet** *(fa)* felt grain ; **~ fogazású maró** radial milling cutter ; **~ hasítás** *(fáé)* radial conversion ; **~ holtjáték** *(gépt)* radial clearance ; **~ huzal** *(antennatorony alatt)* radial (wire) ; **~ huzalfeszítés** radial wiring ; **~ illesztés** *(csőgyűrűn ; tübbingen)* cross joint ; **~ kitérítés csatlakozópontja** *(rád)* radial deflection terminal ; **~ kötés** *v* **merevítés** *(ép)* radial bracing ; **~ oldalozás** *(forg)* radial facing ; **~ összetevő** *(mat)* radial component; **~ repedések** *v* **hasadások** *(vulkáni kúpon)* radial rifts ; **~ rúd** radial bar ; **~ tágulás** *(lövegcsőben)* radial expansion ; **~ tengely** radial axle ; **~ terhelés** *(mech)* radial load ; **~ ütés** *(futókeréken ; gépk)* radial run-out
sugárkapcsolócső *(rád)* switch(ing) tube
sugárkatód *(rád)* beam cathode
sugárkeménység *(röntgen)* hardness
sugárképző : ~ anód *(rád)* beam-forming plate ; **~ elektród** beam-forming electrode ; **~ katód** *(rád)* beam-forming cathode
sugárkeresztmetszet *(távk)* area of beam ; **legkisebb ~** beam crossover
sugárkés radius tool
sugárkéve cone/beam of rays ; **~ széle** edge of the beam ; **~ széttartása** divergence of beam
sugárkeverő jet mixer
sugárkibocsátási együttható radiation value
sugárkioltó *fn (távk)* indicator gate ; **~ feszültség** black-out voltage/point
sugárkontraszt *(vill)* ray contrast
sugárkovand *(ásv)* radiated pyrites
sugárkő *(őásv) l* **aktinolit**
sugárköves kőzet actinolitic rocks
sugárlégfúvó jet blower
sugármenet ray path ; *(lencserendszerben)* optical train
sugármetszéspont *(távk)* beam crossover
sugármodulálás *(rád)* beam modulation
sugárnyaláb beam of rays ; *(hegyesszögű)* pencil beam ; **kis nyílásszögű ~** beavertail beam ; **~ nyílásszöge irányított antennánál** beam angle, angle of beam
sugárnyílás *(rád)* beam width
sugárnyomás *(fényt)* radiation pressure
sugárosztó fénymérő split-beam photometer
sugároz radiate ; *(rád)* send, transmit
sugárösszeköttetés *(rád)* beam communication
sugárrendszerhez tartozó desmic
sugárrúd *(sztereoplanigráf része)* ray rod
sugársáv széle *(rep)* side of the beam
sugárszivattyú jet pump
sugárterelő *(Pelton-turbinán)* jet deflector
sugárterhelés *(klisztronnál)* beam loading
sugártetróda *(rád)* beam-power tube, beam tetrode
sugártörés diffraction, refraction, refringence ; **~re képes** refrangible ; **~ miatti helyesbítés** *(geod)* refraction coefficient ; **~ tengelye** refraction axis ; **~ vízen** overwater refraction
sugártörési : ~ módszer refraction method ; **~ út** refraction path
sugárút *(ép)* avenue; *(fényt)* (ray) path
sugárvédelmi fizika health physics
sugárvető reflector, jet deflector ; **~ antenna** beam antenna/aerial/radiator ; **koszekáns-négyzetalakú energiakarakterisztikájú ~** *(rád)* equal-energy dish
sugárvezérlés *(rád)* beam control
sugárvezetés : szétágazó ~ divergent jet guiding
sugárvisszafutás *(rád)* back oscillation

sugárvisszaverő tárgyak *(rád)* reflecting objects
sugárvisszaverődés play back
sugárvonalas fényképezés *(geod)* radial-line method
sugárzás radiation, shine, radiance; ~ **elleni védőlemez** *(AC szivattyú, karburátor védelmére; gépk)* insulating flange; ~ **elnyelése a levegőben** atmospheric absorption; ~ **erőssége** radiation intensity; ~**ra érzékeny** radiosensitive; **fekete** ~ black-body radiation; ~**t felfogó felület** target; ~**sal gerjesztett irányító antenna** radiation-coupled reflector; ~ **hatására villamosságot fejlesztő** photo-voltaic; **homogén** ~ monofrequent/monochromatic radiation; **ibolyántúli** ~ ultra-violet radiation; **infravörös** ~ infra-red radiation; **káros** ~ spurious/stray radiation; **kemény** ~ hard radiation; **koherens** ~ coherent radiation; **monokromatikus** ~ monofrequent/monochromatic radiation; **termikus** ~ temperature radiation; ~ **vegyi hatása** actinism
sugárzás-állandó *(rád)* radiation constant
sugárzás-áthatolóképességmérő *(anyagv)* penetrameter
sugárzáscsillapítás damping of radiation
sugárzáserősség radiation/radiant intensity
sugárzás-expozíció: rövid ~ acute exposure; **tartós** ~ *(at)* chronic exposure
sugárzásfelfogó *fn* *(szink)* radiation detector
sugárzási: ~ **állandó** *(rád)* radiation constant; ~ **állapot** *(at)* radiant state; ~ **antennaellenállás** radiation resistance; ~ **csatolás** *(vill)* radiation coupling; ~ **diagram** *(iránydiagram; rád)* polar characteristic, directional pattern; ~ **diagram függőleges síkban** *(rád)* vertical radiation pattern; ~ **diagram-mellékhurkok** *(rád)* side lobes; ~ **egyensúly** radiative equilibrium; ~ **együttható** radiation coefficient/factor; ~ **ellenállás** *(rád)* radiation resistance/impedance; ~ **energia** emitting power; ~ **erőtér** *(at)* radiation field; ~ **felület** radiating surface; *(fényk)* luninosity surface; ~ **gerjesztő feszültség** *(at)* radiation potential; ~ **hatásfok** *(rád)* radiation efficiency; ~ **hőmérő** radiation thermometer; ~ **irány** bearing of emission; ~ **karakterisztika** *(rád)* radiation pattern; ~ **keménység** hardness of radiation; ~ **képesség** radiating capacity; **kozmikus** ~ **záporok** *(met)* air showers; ~ **köd** *(met)* radiation fog; ~ **magasság** *(rád)* radiation height; ~ **mező** *(at, rád)* radiation field; ~ **nyomás** radiation pressure; ~ **pirométer** radiation pyrometer; ~ **színképmérő** spectroradiometer; ~ **szög** angle of radiation; ~ **teljesítmény** radiated power; ~ **tér** *(rád)* radiation field; ~ **út** *(fiz)* path of propagation; ~ **veszteség** radiation loss
sugárzásintenzitásmérő műszer fluorometer
sugárzásirányító antenna reflector
sugárzásíró (készülék) *(met)* actinograph
sugárzásmentes radiation-free
sugárzásmérés radiation measurement; *(met)* actinometry; *(színk)* radiometry
sugárzásmérő *fn* *(szink)* actinometer; ~ **cső** radiation counter tube; ~ **szűrője** *(met)* radiation filter
sugárzásos hűtés radiation cooling
sugárzássűrűség radiation density
sugárzástan *(met)* actinometry
sugárzásvédő cső *(rád)* auto-protective tube; **porlasztó alatti** ~ **lemez** *(gépk)* heat shield
sugárzik beam, radiate, shine
sugárzó *mn* radiant, emissive; *(fényt)* luminous; *fn* *(rád)* aerial, antenna, radiator; *(tölcsér)* horn; *(antennáé)* radiating element; *(kemencében v kazánban)* fire bridge; **akusztikus** ~ *(hangt)* acoustic radiator; ~ **antenna** *(rád)* radiating aerial; ~ **anyag** radiating matter; ~ **áramkör** *(róád)* radiating circuit; ~ **csőtápvonal** *(távk)* leaky/radiating waveguide; ~ **égő** *(koh)* ray burner; ~ **elem** *(at)* radiating element; ~ **energia** *(at, rád)* radiant energy; ~ **energia okozta lumineszkálás** radioluminescence; ~ **energiafluxus** radiant flux; ~ **felület** radiating surface; ~ **forrás** *(szink)* radiation source; ~ **gázfűtés** radiant heating; ~ **hang** radiate sound; ~ **hő** radiant heat; ~ **hőmérséklet** radiation temprature; ~ **hűtésű elektroncső** *(rád)* radiating-cooled tube; ~ **kemence** *[ólomolvasztásra]* air furnace; ~ **képesség** emissivity; ~ **kisülés** *(vill)* brush discharge; **koaxiális tölcséres** ~ coaxial horn; ~ **melegű fűtőcső** radiant tube; **passzív** ~ radiation-coupled reflector; ~ **rendszer** *(rád)* radiating system; **tölcséres** ~ electromagnetic horn; ~ **villamos** ~ **kisülés lefényképezése** effluviography
sugárzótér *(kemencében)* radiant section
suhogást előidéző szer *(tex)* scrooping agent
sujtás *(tex)* trim, soutache, lace, braiding
sujtólég pit gas, damps, fiery atmosphere(s); ~**ben dús közbenső réteg** gas streak; ~ **jelenlétére mutató jelek** gas showings
sujtólégbiztos *(bány)* damp-proof; ~ **dinamit** permissible dynamite; ~ **robbantószerek** gelatinous permissibles; ~ **villamos mozdony** electric permissible locomotive
sujtóléges dampy; ~ **bánya** gassy mine
sujtólég-felvigyázó *(bány)* gasman
sujtólégfigyelő *(bány)* gas watchman
sújtólégindikátor *(bány)* gasoscope
sújtólégjelző *(bány)* damposcope, warner; ~ **készülék** *(bány)* gas detector
sújtólégrobbanást fékező szer *(bány)* inhibitor of firedamp explosion
sulvanit *(ásv)* sulvanite
súly weight, burden, charge; **abszolút** ~ *(hézagmentes anyagé)* absolute weight; **adhéziós** ~ trailing/adhesion weight; **bruttó** ~ gross/total weight; ~ **hatására működő** weighted, gravity-type; **kötél végén lógó** ~ bob-weight; **nettó** ~ net weight; **repülő** ~ all-up weight; ~ **szerint fizetett fuvardíj** freight by weight; ~ **szerint osztályozott** gravity-graded; ~**szerinti adagolás** proportioning by weight ~**szerinti számozás** *(fonalfinomság, tex)* number by weight; **tapadó** ~ *(vasút)* adhesion weight; **teljes** ~ gross/total weight; **tiszta** ~ net weight; **üres** ~ empty weight; ~**a van** weigh
súlyarány szerinti keverőgép *(ép)* weigh batcher
súlybarométer balance barometer
súlybeosztás meghatározása *(mérlegkaron)* calibration
súlybüretta weight buret(te)
súlycsökkenés *[kemencében]* underweight
súlycsökkentés végett üregesen kiképzett cored for lightness
súlyegységnyi anyag *(bány)* tonnage factor
súlyegységre eső teljesítmény power-to-weight ratio
súlyelemzés *(vegy)* gravimetry
súlyellenőrzés checking the weight
súlyelosztás *(rep)* weight distribution
súly-előírás gros rating
súlyeltérés deviation/difference of weight
súlyeltolódás *(fékezéskor)* weight transference
súlyemelő (szerkezet) weighted lever
súlyemelős fonalszakító gép *(tex)* dead-weight yarn testing machine
súlyengedmény *[nyersbőrnél]* weight allowance
súlyérzékenység *(mech)* baresthesy
súlyfék load brake
súlygörbe *(földt)* weight curve
súlyhatár weight limit
súlyhiány underweight
súlyjelző forgó fúrófejes fúráshoz *(ol)* rotary weight indicator
súlykar weighted lever
súlykészletdoboz box of weights
súlykidobás *(rep)* release of ballast
súlykiegészítés make weight
súlykihozatal *(koh, vegy)* weight percent concentration
sulykol beat, mall, (s)tamp; *(folyóvízben)* buck; **ruhát** ~ dolly
sulykolás *vö* **sulykol**
sulykoló rammer, feller; *vö még* **sulykol:** *(tex)* paddle; *(betonbedolgozáshoz)* moulding rammer; ~ **kalander** *(tex)* beetling engine; ~ **kalapács** stonebreaking mallet; ~ **törőszerszám** bucking beetle
sulykolóbunkó *(bány)* beater
sulykológép stock mill
sulykolókád *(tex)* beating-up vat
sulykolókalló *(tex)* beating mill
súly-korlátozás *(gépk)* weight restriction
súly-kötélfék tension rope and weight
súlymegosztás distribution of load(s)
súlymérés weighting; ~ **felhajtó erő figyelembe vételével** buoyancy correction; **finom** ~ **nemesfémeknél** argyrometry
súlynövekedés add-on; ~ **korrózió következtében** surrosion
súlynövelés weighting
sulyok maul, beetle, ram, mall
súlyos heavy, weighty
súlyosbítórúd grief stem; *(ol)* drill collar
súlyozás *(mat)* weighting

súlyozási sorrend weighting sequence
súlyozott : ~ **feszültség** *(vill)* weighted voltage ; ~ **harmonikus középérték** weighted harmonic mean ; ~ **középérték** weighted average
súlypát *(ásv)* baryte, heavy spar, cawk, terra ponderosa
súlypont *(ált ; mat)* centre of gravity ; *(fényk)* stressing ; ~ **előretolódása** *(rep)* nose-heaviness ; ~ **meghatározása** determination of the centre of gravity
súlyponthelyzet adatai *(rep)* balance data
súlypontmeghatározási lap *(rep)* balance schedule
súlypótlás make weight
súlyrész part(s) by weight, weight fraction
súlysorozat set of weights ; **analitikai** ~ analytical weights
súlyszázalék weight/mass percent
súlyszekrény : egyensúlyozó ~ balance box
súlytalan folyékony közeg weightless/ impoderable fluid
súlytányér *(mérlegen)* seat for weight
súlytényező weighting factor
súlyterhelésű : ~ **fék** load brake ; ~ **karos biztosítószelep** lever weighted safety valve
súlytöbblet overweight, excess load
súlyvám specific duty
súlyveszteség loss of/in weight
súlyviszony *(vegy)* ratio by weight
súlyvonal *(mat)* median
súlyzó alakú próbatest *(szakítógéphez)* dumb sample
súlyzókeresztmetszetű csőtápvonal dumb bell waveguide
súlyzó-modell *(at)* dumbbell model
súlyzórúd bar
sundtit *(ásv)* sundtite, webnerite
súrlódás friction, rubbing ; *(visszamenetnél)* trailing ; ~ **által kopik** *(gépt)* rub ; **belső** ~ internal friction ; **csúszó** ~ sliding friction ; **felületi** ~ skin friction ; **gördülő** ~ rolling friction ; **hajszálcsöves** ~ capillary friction ; ~ **képezte kőzetfajták** friction rocks ; **nyugalmi** ~ static friction ; **nyugvó** ~ static friction ; ~ **okozta nyomáscsökkenés** *(hidr)* friction head ; ~ **okozta teljesítmény(veszteség)** *(lóerőben)* friction horsepower ; ~**sal rögzített** frictionally held ; **száraz** ~ dry friction
súrlódáscsökkentő anti-friction ; ~ **fém** anti-friction metal
súrlódásgátló anti-friction
súrlódási frictional, rubbing ; ~ **együttható** coefficient of friction ; **elektrolitikus** ~ **ellenállás** electrolytic frictional resistance ; ~ **ellenállás** friction(al) resistance/drag ; ~ **felület** *(gép)* bearing surface ; **felületi** ~ **ellenállás** *(rep)* surface friction drag ; ~ **hő** heat due to friction ; **légkör** ~ **övezete** *(met)* friction layer ; ~ **munka** *(mech)* friction work, work spent in overcoming friction ; ~ **nyomásveszteség** friction mean effective pressure ; ~ **nyomaték** *(mech)* moment of friction ; ~ **szög** *(mech)* angle of friction ; ~ **teljesítmény** *(motornál)* friction horse power ; ~ **tényező** friction coefficient ; ~ **tényező az útfelületen** *(gépk)* coefficient of road adhesion ; ~ **veszteség** friction(al) loss ; *(motorban)* motoring friction loss of the engine
súrlódásmentes frictionless
súrlódásos friction(al) ; ~ **rezgéscsillapító** vibration-friction damper ; ~ **szerkezet** geared-friction head
súrlódik rub, chafe
súrlódó friction(al) ; ~ **fékszalagbetét** *(gépk)* brake band lining ; ~ **féktuskó** friction piece ; ~ **féktuskó okozta hajszálrepedés** *(vasút)* brake burn cracks ; ~ **kapcsoló** *(gépt)* friction clutch ; ~ **lengéscsillapító** *(gépk)* friction shock absorber ; ~ **szabályozó** *(gépt)* friction adjuster ; ~ **szalagtisztító szíj** *(bány)* friction cleaner ; ~ **szorító** *fn* friction clamp ; ~ **tapadás** *(mozgást átvivő)* friction ; ~ **tengelykapcsoló** friction clutch; ~ **vonó szerkezet** friction draft ger ; ~ **zárkapocs** friction lock
súrlódóbetét *(tengelykapcsolón)* facing; *(préselt réz-, pamut- v azbesztszövetből)* ferodo ; ~**et cserél** *(gépk)* reline
súrlódódob friction drum
súrlódóelemes lengés- v rezgéscsillapító *(gépt)* frictional damper
súrlódógörgő *(gépt)* friction roller
súrlódójárat *(óra)* frictional escapement
súrlódókerék friction disc
súrlódótárcsa *(csévehajtáshoz ; tex)* friction roller ; **súrlódótárcsát ki- és bekapcsoló emeltyű** pull-and-push friction lever
súrlókő hearth stone
súrlótányér follower
súrlótárcsa *(tex)* friction washer
súrol hog ; *(vakaróvassal)* scrub ; *[keresőgép a csúcsot ; távk)* wipe over terminals ; ~**va érint** graze ; **fedélzetet** ~ **horzsakővel** holystone the deck
súroló : hosszabb felületet ~ **bütyök** *(gépt)* wiper cam
súrolókefe scrubbing brush
súrolópapír scouring paper
súrolt : légcsavar által ~ **kör felülete** *(rep)* swept area
surrantó feed/slant/tipping chute, gravity conveyer ; *(hidr)* (overflow) chute, runway ; ~ **élszöge** valley angle of hopper ; **kétágú** ~ bifurcated chute ; ~ **zárórostély** chute grate
surrantóárok *(salakhoz)* sluice trench (of slag)
surrantó-beállítás chute adjustment
surrantóelzáró tolattyúlap chute trap
suska *(bőr)* gall nuts
sussexit *(ásv)* sussexite
Sutherland törvénye Sutherland's law
suttogó kupola *(ép, hangt)* whispering dome
suvadás *(földt)* soil slip, landslide
suvadásos talaj troublesome ground
süket zóna *(rád)* silent area
süketszoba *(hangt)* anechoic chamber, silence cabinet
sülő : ~ **képesség** coking capacity ; ~ **szén** coking coal
süllyed sink, set, subside
süllyedés sinking, setting, subsidence, dip, depression ; *(földt)* swale ; **rétegeződési** ~ *(földt)* cleavage slip ; ~ **területe** *(külszínen ; bány)* area of subsidence
süllyedéselőirányzat *(talajmechanikában)* settlement forecast
süllyedési : ~ **sebesség** *(koh)* falling velocity ; *(rep)* sinking speed ; ~ **viszonyok** setting conditions
süllyedésszámítás *(talajmechanikában)* settlement computation
süllyedő : ~ **antiklinális** *(földt)* plunging anticline ; ~ **mozgás** downward motion ; ~ **sebesség** *(rep)* sinking speed
süllyeszt drop ; *(forg)* countersink ; *(szegecs- v csavarfej-ülést)* counterbore ; *(ép)* ease down ; **hurkot** ~ *(kötőgépen)* sink the loops ; **vízbe** ~ flood
süllyeszték die, swage
süllyesztékacél die steel ; **cementálható** ~ die temper (steel)
süllyesztékágy die bed
süllyeszték- és öntőformaköszörű die and mould grinding machine
süllyesztékgyártó gép die-making machine
süllyesztékkészítő *fn* die maker
süllyesztékmarás die-sinking
süllyesztékmaró *fn* cherry, cutter ; ~ **gép** die-sinking milling machine
süllyesztékmásoló marógép die-sinking machine, die sinker
süllyesztékpárna die cushion
süllyesztékreszelő die-sinker's file
süllyesztéktartó die holder
süllyesztékvágó véső die cutter
süllyesztékvésés die engraving
süllyesztés lowering ; *(bőr)* laying away ; *(forg)* counterboring, countersink(ing) ; **hengeres** ~ counterbore ; **kúpos** ~ countersink(ing)
süllyesztési szög angle of depression
süllyesztett concealed, sunk, flush ; *(forg)* countersunk ; *[teherbíró talajig lesüllyesztett keszon]* founded; ~ **akna** sunk basin ; **alapozás** ~ **kútsorral** foundation pit-trench ; ~ **alvázkeret** *(gépk)* kick-up frame ; ~ **csap** countersunk spigot ; *(kenő folyadékba)* ~ **csapágy** submerged bearing ; ~ **csavar** sunk screw ; ~ **csavarhely** sunk (screw) hole ; ~ **csuklópánt** falling hinge ; ~ **dugaszolóaljzat** *(vill)* concealed-base rosette; ~ **ék** sunk key ; **falba** ~ *(vill)* flush--mounted ; ~ **fecskefarkillesztés** *(fa)* concealed dovetailing ; ~ **fecskefarkvezeték** countersunk dovetail ; ~ **fejjel szegecselt** flush-riveted ; ~ **fejű csavar** countersunk bolt/screw, fillister-head screw ; ~ **fejű szegecs** (counter)sunk/flush rivet ; ~ **fogantyú** let-in handle ; ~ **foglalat** sunk mount ; ~ **futópályafény** *(rep)* flush rivet ; ~ **futópályavilágítás** *(rep)* runway contact light ; ~ **gázégő** immersion gas burner ; ~ **hajófenék** false bottom ; ~ **illesztés** *(ép)* flush joint ; ~ **irányjelző kar** *(gépk)* built-in indicator ; ~ **kapcsoló** *(vill)* flush/socket switch ; ~ **kút** sunk well ; ~ **membránrekesz v diafragma** submerged orifice ; ~ **mennyezeti szerelvény** *(vill)* inlet ceiling fitting ; ~ **műszer** flush-type instrument ; ~ **pálya** *(hídon)* intermediate deck ; ~ **pályaszegélyfény** *(rep)* contact line ; ~ **perem** countersunk collar ; ~ **szerelés v foglalat** flush mounting ; ~ **szerelésű** flush-mounted ; ~ **sze-**

gecs flush/countersunk rivet ; ~ **út** *[gyorsforgalmi útvonalak]* sub-surface road ; ~ **vágány** sunk line/track; ~ **vezeték** buried/concealed wiring ; ~ **világítás** *(ép)* recess lighting ; ~ **vízsebességmérő** *(Woltmann-szárny)* submerged water meter ; ~ **víztartály** depressed basin

süllyesztettpályás hídnyílás half-trough span

süllyeszthető lowerable ; *(bány)* immersible ; ~ **hengeres gát** *(hidr)* submersible roller ; ~ **kartámla** *(gépk)* stow-away arm rest ; ~ **rakodóasztal** *v* **plató** lowering stage ; ~ **szivattyú** *(bány)* immersible pump

süllyesztő *fn* trap ; *(fúró v maró)* countersink ; ~ **aknaácsolat** shaft piling ; **csapos** ~ *(forg)* pilot-type counterbore ; ~ **emeltyű** fall-lever ; **háromélű** ~ *(forg)* three-flute countersink ; **hengeres** ~ *(forg)* counterbore ; *(kis mélységre)* spot facer ; ~ **készülék** *(fúróhoz)* countersinking fixture ; **kétélű** ~ double-lip countersink (bit) ; **kúpos** ~ *(forg)* machine countersink ; **lépcsős** ~ *(forg)* step counterbore ; ~ **szerkezet** lowering gear, lowering mechanism ; **színházi** ~ trapdoor

süllyesztőajtó portcullis

süllyesztőcsörlő lowering winch

süllyesztődörzsár countersink reamer

süllyesztőfék lowering brake

süllyesztőfúrás *l* **süllyesztés**

süllyesztőfúró *(forg) l* **süllyesztő** : *(fa)* countersink bit ; ~ **négyszögletes tővel** countersink bit with square shank

süllyesztőgödör layer vat ; *(fűtőházban)* drop pit

süllyesztőkötél fall line

süllyesztőkút-koszorú shoe

süllyesztőlakat *(kh)* stitch/knitting cam

süllyesztőlapra szerelt (varró- *v* **író-) gép** drophead machine

süllyesztőón *(halászhálón)* sinker

süllyesztőszekrény (floating) caisson

süllyesztőszekrény-alapozás caisson foundation

süllyesztőüllő stake

sündisznó-henger porcupine roller

süpped subside, settle

süppedés settlement, subsidence

süppedős talaj swampy ground

sürgöny *stb, l* **távirat**

sűrít compress, thicken, condense ; **ritkán szedett sorokat** ~ *(nyomda)* unlead

sűrítés *(besűrítés)* densification, thickening ; *(összenyomás)* compression ; **adiabatikus** ~ adiabatic compression ; ~ **forgó hengerrel** deckering ; ~ **kezdőpontja** compression point ; **politrópikus** ~ polytropic compression

sűrítésarány proportion of compression space

sűrítéses : ~ **gyújtás** *(gépk)* compression ignition ; ~ **gyújtású motor** compression-ignition engine

sűrítési : ~ **átló** *(szivattyúé)* compression diagonal ; ~ **áttételszám** blower gear ratio ; ~ **fázis** *(földt)* compressional phase ; ~ **görbe** *(talajmechanikában)* stress-strain diagram ; ~ **görbe kezdő érintője** initial tangent modulus ; ~ **hő** compression heat ; ~ **hőfok** *(motorban)* compression temperature ; ~ **körfolyamat** compression cycle ; ~ **löket** air-compression stroke ; ~ **munka** *(gépk)* compression work ; **nagy** ~ **viszonyú motor** high-compression engine ; ~ **nyomás** *(anyagv)* compressive stress ; ~ **tér** compression space ; ~ **térfogat** compression volume ; ~ **tűrés** anti--knock value ; ~ **ütem** compression stroke ; ~ **végnyomás** *(gépk)* compression (final) pressure ; ~ **veszteségek** compression losses ; ~ **viszony** *(gépk)* compression ratio ; ~ **vonal** *(indikátordiagram)* compression line

sűrítésmérő *(gépk)* compression gauge

sűrítéstűrő tüzelőanyag *(gépk)* nondetonating fuel

sűrített condensed, compressed, compact ; ~ **fölözött tej** condensed skimmed milk ; ~ **levegő** compressed air ; ~ **levegő hajtotta kocsi** *(bány)* pneumatic car ; ~ **levegővel működő aláverő** *(vasút)* pneumatic beater ; ~ **levegővel működő szerszám** pneumatic tool ; ~ **levegővel működő véső** pneumatic chipper/chisel ; ~ **színezék** *(tex)* thickened printing colo(u)r ; ~ **tej** evaporated milk

sűrítettlevegő-indítás starting on compressed air

sűrítettlevegő-palack compressed air bottle

sűrítettlevegős : ~ **befecskendezés** *(Diesel) l* **levegőnyomásos befecskendezés** : ~ **döngölőgép** pneumatic tamper ; ~ **fúró** pump drill ; ~ **indító készülék** pneumatic starting device ; ~ **kapcsolóhenger** compressed-air controller; ~ **motor** pneumatic mtor ; ~ **munkakamra** pneumatic caisson ; ~ **vezérlő kapcsoló** electropneumatic controller

sűrítettlevegő-tartály air bottle

sűríthetőség *(tex)* thickening power

sűrítő *fn* condenser, thickener, compressor ; *(gépk)* (air) blower, supercharger, compressor ; *(pa)* thickener ; *(távk)* compressor ; *(vill) l* **kondenzátor** : **axiális** ~ axial-flow compressor ; ~ **berendezés** blowing plant ; **dugattyús** ~ displacement blower ; ~**vel feltölt** *(gépk)* supercharge ; *(szivattyún)* blower throttle ; **forgólapátos** ~ displacement blower ; ~ **forgórész** blower rotor ; ~ **járókereke** compressor impeller ; ~ **képesség** thickening power ; ~ **kivezető csöve** blower outlet ; ~ **nélküli Diesel-motor** solid-injection engine ; ~ **nyomócsöve** blower pressure pipe ; ~ **szivattyú** compression pump ; ~**vel végzett szívás** positive suction ; **villamos** ~ *l* **kondenzátor**

sűrítőanyag *(tex, vegy)* coagulant, stiffener, thickening agent, thickener

sűrítőcsap compression cock

sűrítőgép *l* **sűrítő**

sűrítőgyűrű *(gépk)* compression ring

sűrítőkád *(koh)* thickener

sűrítőkerék blower impeller

sűrítőlöket compression stroke

sűrítős *(gépk)* supercharged ; ~ **berendezés** compressor plant ; ~ **gázosítós motor** boosted carburettor engine

sűrítőszer *(tex)* thickener, condenser, coagulator ; *(nyomáshoz)* print paste, printing gum

sűrítőtengely blower shaft

sűrítőtér compression chamber

sűrű thick, dense, close, compact(ed) ; ~ **beállítás** *(tex)* close setting ; ~ **beállítással szőtt szövet** taut fabric ; ~ **beállítású lánc(fonal)** closely set warp ; ~ **bordázat** closed-spaced fins; ~**n bordázott** close-finned ; ~ **bozót** thicket ; ~ **elegy** *(koh)* dense charge ; ~ **évgyűrűjű** fine-zoned ; ~ **évgyűrűs fa** wood with small annular rings ; ~ **felhőzet** ten-tenth ; ~ **fogazású** *(fogaskerék)* fine-pitch, close-toothed; ~**n font** *(tex)* close-meshed ; ~ **forgalmú légtér** *(rep)* high-density area ; ~ **forgalmú terület** crowded area ; ~ **forgalom** dense traffic ; ~ **főtebiztosítás** *(bány)* roof close timbering ; ~ **gépzsír** consistent grease ; ~ **hálózatú** *[rács]* fine-meshed ; ~**n használt útirány** *(hajó)* track ; ~ **íranyag** *(tex)* strong/hard size ; ~ **ívácsolat** *(bány)* complete arch ; ~ **kenőzsír** consistent fat ; ~ **kötés** *(tex)* tightly woven construction ; ~**n lakott** congested ; ~ **lánc** *(tex)* high warp ; ~ **lécezés** *(tetőfedő pala alá)* slate boarding ; ~ **nyers ásványolaj** sticky oil ; ~ *(tömött szövetrostú)* **nyersbőr** compact hide ; ~ **pép** stiff paste ; ~ **rács** fine-mesh grid ; ~ **ragaszték** heavy cement ; ~ **szálú** *[faanyag]* close-grained, closely ringed ; ~**n szőtt** *(tex)* close/hard/tightly woven ; ~**n szőtt áru** *(tex)* closely bound goods, heavily wefted fabric ; ~ **szövésű** *(szita)* close-meshed ; *(tex)* hard/tightly/close woven ; ~ **szövet** *(tex)* high-thread-count fabric, close texture ; *(tömör)* compact cloth ; ~ **szövetrostú nyersbőr** compact hide ; ~ **szövetű fa** closely-ringed timber ; ~ **tejszín** heavy cream ; ~ **telefonhálózatú terület** heavily telephoned area ; ~ **tömött szőr** thick hair ; ~**n ültetett** thickset

sűrűnfolyós viscous, thick ; ~ **folyadék** viscous fluid ; ~ **kenőolajak** heavy lubricating oils

sűrűnfolyósság viscosity, stiffness

sűrűpép-fehérítés high-density bleaching

sűrűség thickness, density, intensity, compactness ; *(vastagonfolyósság)* viscosity ; *(festéké)* ful(l)ness ; **kis** ~ low density ; **nagy** ~ high density

sűrűségellenállás density resistance

sűrűségeloszlási törvény density law

sűrűségi grádiens *(met)* density gradient

sűrűségmeghatározás denziméterrel densimeter method

sűrűségmérő densimeter, areometer, hydrometer

sűrűségmoduláció *(vill)* density modulation

sűrűségnövekedés a középpont felé *(csill)* central condensation

sűrűsít solidate ; *l még* **sűrít**

sűrűsödés condensing ; *l még* **sűrítés**

sűrűsödési : ~ **fázis** compresssional phase; ~ **hullámok** *(földt)* waves of condensation

sűrűsödési-ritkulási hullámok *(földt)* condensational-rarefactional waves

sűrűsödik thicken, clod, densify, condens(at)e

sűrűszirup *(cu)* fillmass

süt bake, toast; *(ker)* broil
süteménybeszóró készülék *(élip)* cake-top strewing machine
süteménycsomagoló papír cake paper
süteménydobozkarton *(pa)* doughnut boxboard
süteménykarton *(pa)* doughnut boxboard
süteménytészta-adagoló gép *(élip)* roll dough dividing machine
süteménytészta-formáló gép *(élip)* roll dough moulding machine
sütés *[hosszabb tartamú hőkezelés]* baking
sütési (súly)veszteség loss of weight in baking
sütet : egy ~ kenyér *(élip)* batch
sütő : ~ kemence baking oven ; **~ képesség** baking quality; **villamos ~ berendezés** electrical bakery equipment
sütőlapát *(élip)* peel
sütőmunkás baker
sütőpor baking powder
sütőprés *(pa)* hot press
sütőpréslemez *(pa)* hot press board
sütőpróba baking test
sütőrács *(élip)* gridiron, brander
sütőteknő trough
sütővas marking iron
süveg *(gépt)* cap (piece), bowl, hood, helm, hat, bonnet ; **~ alakú** pileate
süvegcukor loaf-sugar
süvegfa cap(ping), head tree, door lintel ; *(gyámba és gyámrésbe befogva)* backing ; *(rövid)* butt cap ; *(bány)* cap piece
süvegfaemelő gép *(bány)* beam lifter
süveggerenda *(bány)* lock piece ; *(ép)* cap, (capping) beam, browpost, yoke
süvegkötés *(pé)* top binding
svabber *(ol)* swab
svabit *(ásv)* svabite
svájci : ~ (finom) órásmenet Swiss screw thread ; **~ (kötésű) kombiné** vest
svanbergit *(ásv)* svanbergite
svéd : ~ bőrt utánzó gumizott szövet suedette fabric ; **~ kikészítés** *(tex)* suede finish ; **~ vas** *(távk)* armco/magnetic iron
sverce *(nyomda)* blacking ; *(önt)* *l* **fekecs**
svercelő *v* **svercoló** *(önt)* *l* **fekecselő**
svimmel *(mkpár)* *l* **túlfolyat**
svődolás *(meszelés, mázolás, szőrlazításnál ; bőr)* paint
Swan-foglalat *(vill)* bayonet lampholder/cap
Swinburne-féle vizsgálat *(vill)* Swinburne test
sychnodymit *(ásv)* sychnodymite
sylvanit *(ásv)* sylvanite
Symon-féle talajhőmérő *(met)* Symon's earth thermometer
Symons-törő *(koh)* cone crusher

Sz

szab : testre ~ *[ruhát]* adjust for wear ; *(alak, tex)* cut (out)
szabad free, loose ; *(üres)* vacant ; **~ban** out-of-door, outdoors ; **~on alátámasztott** freely supported ; **~on állítható asztal** *(forg)* independent table ; **~on álló** self-supported, free-standing ; *(daru)* independent ; **~on álló beépítési mód** *(városépítés)* detached building method ; **~on álló fal** self-contained wall ; **~on álló ház** *(ép)* detached house ; **~ ammónia** free ammonia ; **~ antenna** open aerial *(UK)*; open antenna *(US)* ; **~ áramkör** idle circuit ; **~ áramlás** free flow ; **~ átfolyás** free discharge; **~ átjárás** unimpaired passage ; **~ ég alatt** out-of-door ; **~ elektron** free electron ; **~ energia** maximum work ; **~ entalpia** free energy ; **~ esés** free fall ; **~ esésű csapózár** *v* **fogó készülék** free-drop catch ; **~ esésű folyadékfővezeték** gravitation main ; **~on eső súly** falling weight ; **~on eső zúzónyíl** *(bány)* gravity stamp ; **~on felfekvő gerenda** *v* **tartó** free beam ; **~ felszínű áramlás** *(hidr)* open flow ; **~ felszínű cső** free-flow conduit ; **~ folyadék(tömeg)** free liquid ; **~on forgó** free-wheeling ; **~on függő** freely hung ; **~ gyök** *(vegy)* free radical ; **~ hamutartalom** segregated ash content ; **~ hossz** *(kovácsolásnál)* stand (of metal); **~ játéka van** play free ; „~" **kar** *(gépt)* unclamping lever ; **~ keresztmetszet** clear opening ; **~ kifolyás** *(hidr)* free discharge ; **~ klór** available chlorine ; **~ kötélvég** running end ; **~ lánchossz** *(tex)* piece of warp unwound ; **~ léggömb** free balloon ; **~ lengés periódusa** free swing period ; **~on lengő tömeg** *(torziós mérlegen)* floating flywheel ; **~ leszálló terület** *(rep)* effective landing area ; **~ magasság** *(forg)* underhead height ; *(gépk)* ground clearance ; **~ metamorfózis** *(földt)* free metamorphism ; **~ mozgás** (free) play ; **~on mozgó saru** freely-movable bearing ; **~on mozog** *(gépt)* play free ; **~ nyílás** *(hídon)* opening ; *(tartó alatt)* unsupported length ; **~ rács** *(bekötés nélkül ; rád)* floating grid ; **~ rakpartterület** *(hajó)* open-wharf area ; **~ rezgés** *(nem csillapított)* free oscillation ; **~ sav** free acid ; **~ sugár** free jet ; **~ sugarú szélcsatorna** open-jet wind-tunnel ; **~ szálak** *(szövet felületén)* flying threads ; **~on szálló korom** free-flowing black ; **~ szélesség** clear width ; **~ szelvény** inner dimension, daylight ; **~ szem** naked/unaided eye ; **~ szitanyílás** *(százalékos)* opening precentage of sieve ; **~ távolság** free distance ; „~" **taxi** unhired cab ; **~** *(nem kapcsolt)* **tengely** uncoupled axis ; **~ térben fellépő térerősség** *(rád)* free-space field ; **~ terület** open space ; *(városépítés)* open ground/space not covered by buildings ; **~dá tesz** clear, set free ; **~ az út** the road is clear ; **~ ülepítés** *v* **ülepedés** free settling ; **~ választó** *(távk)* hunting switch ; **~ választógép** *(távk)* idle selector ; **~on választott** optional ; **~ vegyérték** free valence/valency ; **~ vonal** *(távk)* free/clear line ; **~ vulkanizálás** *(forma nélkül)* heating in the open ; **~ zsírsavak** free fatty acids
szabadalmazás granting of a patent
szabadalmazható patentable
szabadalmazhatóság patentability
szabadalmazott patented
szabadalmaz(tat) (register a) patent
szabadalmaztatás patenting ; **~ra bejelentve** patent applied for
szabadalmi patent ; **~ hivatal** patent office ; **~ illeték** patent tax ; **~ jogok** patent rights ; **~ lajstrom** register of patents (at the Patent Office) ; **~ leírás** patent specification ; **~ modell** model of patent ; **~ rendszer** patent system ; **~ törvény** patent act ; **~ ügyvivő** patent agent ; **~lag védett** patented
szabadalom patent ; **~ bejelentve** patent pending ; **~ birtokosa** patent holder ; **~ engedélyezése** granting of a patent ; **~ engedményese** licensee ; **~ értékesítése** *v* **gyakorlatba vétele** *v* **felhasználása** exploitation of a patent ; **a ~ fennáll** patent subsists ; **a ~ lejár** patent will expire ; **a ~ lejárt** patent is out ; **szabadalmat (meg)ad** grant a patent ; **~ megszűnik** patent lapses
szabadalomképes patentable
szabadalomleírás specification of a patent
szabadalomsértés *v* **-bitorlás** infringement of the patent
szabadalom-tulajdonos patentee
szabadgyanta-enyv *(pa)* acid size
szabadhajó tramp steamer
szabadjárat *(óra)* free/detached escapement
szabad-jelzés clearing signal
szabadkézi : ~ rajz free-hand drawing ; **~ vázlat** free-hand sketch
szabadklór-meghatározás chlorimetry
szabadonfutó *(gépk)* free-wheel ; *mn* free-running/wheeling, loose ; *mn* *(távk)* self-running ; **~ agy** *(görgős-bütykös ; gépk)* cam-and-roller-type free-wheel ; **~ belső agya** *(gépk)* free-wheel inner core ; **~ belső gyűrűje** *(gépk)* free-wheel inner ring ; **~ ékelődő görgője** *(gépk)* free-wheel jamming roller ; **~ görgőkosara** *(gépk)* free-wheel roller cage ; **~ henger** dummy roll ; **~ kerék** *(gépt)* idler ; *(járművön)* free (uncoupled) wheel ; **~ kerék háza** free-wheel casing ; **~ kerékpáron** cycle free-wheel ; **~ külső gyűrűje** *(gépk)* outer housing/shell, free-wheel outer ring ; **~** *(nem szinkronozott)* **oszcillátor** free-running oscillator ; **~ persely** loose bush ; **~ szerkezet** free-wheel(ed) mechanism ; **~ tárcsa** loose/free pulley; **~ tengely** free-wheeling axle, loose axle, idler shaft ; **~ záró oszcillátor** self-pushing blocking oscillator
szabadonfutó-beragadás *(gépk)* free-wheel jamming
szabadonfutó-bütyök *(gépk)* free-wheel cam
szabadonfutó-zár *(kiiktatja a szabadonfutót ; gépk)* free-wheel lock ; *(hátramenet bekapcsolásához)* free-wheel reverse gear lock-up shaft
szabadonhordó *(ép, rep)* cantilever ; **~ függőleges vezérsík** *(rep)* cantilever fin ; **~ szárny** *(rep)* cantilever wing
szabadságfok *(mech)* degree of freedom
szabadsági : egy ~ fokkal rendelkező *(mech)* univariant ; **egy ~ fokkal rendelkező láncolat** *(mech)* primary linkage ; **rendszer ~ foka** *(vegy)* variability
szabadsugár-szélcsatorna free-jet tunnel
szabadsugár-turbina action/active/velocity/impulse turbine, free(-)jet turbine
szabadszerelés *(hídé)* erection by the cantilever method
szabadszerelő állvány *(hídé)* flying falsework
szabadtéri out-of-door, outdoor, open-air; **~ alállomás** outdoor substation ; **~ hangszóró** public-address loudspeaker ; **~ szerelvény** outdoor fitting; **~ tárolás** *(rep)* parking
„szabad-út" jelzőtárcsa open disc
szabadvezeték aerial/air/open/overhead line ; **~ feszítése** *(vill)* staying of the line
szabad-vonal jelzés *(telef)* freeline signal
szabadzúgó *(lépcsős ; hidr)* cascade fall ; **~ zsilipje** *(vízimalomnál)* waste sluice

szabályos regular, true, standard, correct ; ~ **adagolás** regular feed ; ~ **dugóhúzó** *(rep)* precision spin ; ~ **enantiomorf kristályosztály** *l* **pentagonikozitetraéderes kristályosztály** ; ~ **forduló** *(rep)* normal turn, precision turn ; ~ **görbe** regular curve ; ~ **holoéderes kristályosztály** *l* **hexakiszoktaéderes** ; ~ **időközönkénti vizsgálat** regular periodic inspection ; ~ **kristály** regular crystal ; ~ **kristálylap** *(ásv)* dead-true plane ; ~ **mintázatú** of regular pattern ; ~ **munkamenet** regular working ; ~ **paramorf kristályosztály** *l* **diakiszdodekaéderes** ; ~ **rendszer** regular system ; *(ásv)* tesseral system ; ~ **rétegeződés** *(bány)* regular bedding ; ~ **sokszög** *(mat)* regular polygon ; ~ **sorozat** *(mat)* regular sequence ; ~ **tégla** gauged brick ; ~ **termelés** regular production ; ~ **torzítás** *(távk)* regular distortion ; ~ **töltés** regular feed ; ~ **üzemi feltételek** regular service conditions ; ~ **vetődés** *(fejcsúszás ; földt)* head-slip fault

szabályoz regulate, adjust, set, control, govern ; **fűrészt** ~ fit a saw ; **köszörű korongot** ~ true a (grinding) wheel

szabályozás control, adjustment, governing, regulation ; *(ép)* arrangement *is ; (köszörűkorongé)* tru(e)ing ; *(levegőé)* conditioning ; *(rád)* control ; ~ **állandó feszültségre** constant-voltage regulation ; **asztatikus** ~ integral control, I-control ; **átmeneti sztatizmusú** ~ PI-control ; ~ **beömlőszelep állításával** governing by admission valve regulation ; **D-hatással kiegészített** ~ derivative/anticipatory control, rate-action control ; **elektronikus** ~ electronic control/regulation ; **értéktartó** ~ constant-value control ; **feltételező** ~ *(radar)* anticipating control ; **fojtásos** ~ governing by throttling ; *(szivattyúé)* baffling ; **fokozatos** ~ regulation in steps ; **folyamatos** ~ continous control ; **folytonos** ~ continuous control ; **gyorsító** ~ derivative/anticipatory control, rate-action control ; ~ **hidraulikus energiatárolóval** pumped-storage regulation ; **I-típusú** ~ integral control ; **izodróm** ~ PI-control ; **javító** ~ derivate/anticipatory control, rate-action control ; **kétállású** ~ two-position control ; **kétpontos** ~ two-position control ; ~ **a keverék** *v* **elegy összetételének változtatásával** ratio governing ; **ki—be** ~ on-and-off control ; **kis időállandójú** ~ *(távk)* low-time-constant correction regulation ; **követő** ~ follow-up control ; ~ **maradó eltérése** *(aut)* permanent offset ; **menetrendi** ~ program control ; **nyitva—zárva** ~ on-and-off control ; **O-típusú** ~ zero control ; **önműködő** ~ *(aut)* automatic control; **PI-típusú** ~ PI-control ; **proporcionális** ~ *(aut)* proportional control ; **P-típusú** ~ proportional control ; **segédenergiával működő** ~ indirect control ; **segédenergia nélkül működő** ~ direct control ; ~ **tehermentesítéssel** bypass governing ; **többállású** ~ multiposition(al) control ; **túlömlő** ~ overflow control ; **tűszelepes** ~ needle regulation ; ~**t vezérlő cső** *(rád)* regulation-control tube

szabályozási : ~ **arány** control ratio ; ~ **ellenőrzés** *v* **vezérlés** regulation control ; ~ **görbe** *(vill)* regulation curve ; ~ **határok** range of regulation ; ~ **idő** *(aut)* recovery time ; ~ **jel** regulation mark ; ~ **jelleggörbe** *(rád)* control characteristics ; ~ **pont** *(aut)* control point ; **proporcionális** ~ **sáv** *(aut)* proportional band ; ~ **sebesség** regulation speed ; ~ **tartomány** *(aut)* total range of control(ler) output ; ~ **teljesítmény** regulating power ; ~ **tényező** regulation factor ; ~ **terv** layout plan ; *(városépítés)* arrangement plan ; ~ **viszony** control ratio ; ~ **vízszint** *(hidr)* datum (water) level ; ~ **vonal** *(ép)* street line

szabályozatlan *[feszültség]* unregulated

szabályozható regulable, adjustable ; ~ **alakra** *v* **idomban kötött áruk** fashioned goods ; ~ **égő** mechanical burner ; ~ **(emelkedésű) szelep** hit-and-miss valve ; ~ **folyadékellenállás** *(vill)* liquid rheostat ; ~ **hajtás** variable-speed drive ; ~ **hűtőtakaró** *(gépk)* radiator shutter ; ~ **irányhatás** *(rád)* steerable directivity ; ~ **kémény** movable flue ; ~ **kondenzátor** adjustable capacitor/condenser ; ~ **légelágazás** *(bány)* regulated split ; **nem** ~ **ellenállásegység** fixed resistance unit ; ~ **pajzsellenző** *(alagútfúrásnál)* extensible hood ; ~ **sebességtartomány** range of speed control ; ~ **sebességű generátor** controlled-speed generator ; ~ **súly** bob ; ~ **többnyílású szellőző** hit-and-miss ventilator ; ~ **ütköző** adjustable stop

szabályozhatóság regulability, adjustability

szabályozó *fn (személy v szerkezet)* adjuster, governor, regulator ; ~ **alátét** *(gépt)* shim ; ~ **állása** notch ; ~ **állomás** *(vill)* regulating station ; ~ **áramkör** *(vill)* regulating circuit ; **asztatikus** ~ I-type controller ; **átmeneti sztatizmusú** ~ PI-controller ; **autotranszformátoros** ~ compensator balancer ; ~ **csatorna** regulator canal ; **D-hatással kiegészített** ~ derivative/anticipatory controller ; **D-hatással kiegészített PI-típusú** ~ *(aut)* proportional plus reset plus rate action controller ; **egyenáramú** ~ direct-current balancer ; ~ **ellenállás** *(távk)* rheostat, variable resistance ; ~ **ellenállás érintkezője** fin ; ~ **emeltyű** control/operating lever ; ~ **erősítő** *(távk)* regulating amplifier ; **értéktartó** ~ constant-value controller ; ~ **fésűborda** *(felvető gépen ; tex)* zigzag comb ; ~ **feszültség** regulating voltage ; ~ **fojtótekercs** regulating choke-(coil) ; **folyamatos** ~ continuous controller ; **folytonos** ~ continuous controller ; ~ **főgőzcső** dry pipe ; ~ **frekvencia** control frequency ; **gyorsító** ~ derivate/anticipatory controller, rate-action controller ; ~ **gyököcske** *(billegőcsavar foglalata ; óra)* timing washer ; ~ **huzalozási rajza** control(ler) wiring diagram ; **írógép kocsimozgatását** ~ **szerkezet** escapement ; **I-típusú** ~ integral controller ; **izodróm** ~ PI-type controller, PI-control; **javító** ~ derivative/anticipatory controller ; ~ **kapcsolási rajz** control(ler) construction diagram ; ~ **kapcsoló** *(vill)* regulating switch ; ~ **kapcsolótábla** control panel ; ~ **készülék** *v* **berendezés** regulating apparatus ; **kétállású** ~ two-position controller ; **kétpontos** ~ two-position controller ; ~ **kéziemeltyűbak** regulating rod bracket ; **ki—be** ~ on-and-off controller ; ~ **könyökemeltyű** *(gépk, rep)* regulating link lever ; **követő** ~ follow-up controller ; **menetrendi** ~ program controller ; ~**val működik** *(gépt)* run on the governor ; ~ **nélkül működik** *(gépt)* run off the governor ; **nyitva—zárva** ~ on-and-off controller ; ~ **nyüstzsinórok** *(tex)* border tie ; **O-típusú** ~ zero controller ; **önmagát** ~ self-governing ; **önműködő** ~ automatic regulator ; ~ **pentóda** *(rád)* variable-mu penthode ; **PI-típusú** ~ *(aut)* proportional plus reset controller, PI(-type) controller ; **pótlevegőt adagoló** ~ additional air regulator ; **P-típusú** ~ proportional controller ; **segédenergia nélkül működő** ~ direct controller ; **segédenergiával működő** ~ indirect controller ; **súlyközpontos** ~ centre-weighted governor ; ~ **szerkezet** governing apparatus/device, controls ; ~ **tolattyú** regulating slide valve ; **többállású** ~ multiposition(al) controller ; ~ **transzformátor** *(vill)* regulating transformer ; **túlömlő** ~ overflow controller ; **váltakozó áramú** ~ alternating-current balancer

szabályozóasztal *v* **-tábla** control panel

szabályozócsap regulating cock

szabályozócsapda regulator trap

szabályozócsavar setting/balancing/adjusting screw ; *l még* **állítócsavar** ; *(rugós szabályozókar érzékeny állításához ; óra)* timing screw

szabályozócső *(rád)* control/regulator tube/valve

szabályozócsukló *(gépk)* regulating link

szabályozócsúszka *(vezérlő készüléken)* adjusting slider

szabályozóék adjusting gib

szabályozóél *(befecskendező szivattyú dugattyúján)* control edge

szabályozóelem *(akkumulátortelepnél)* balancing cell

szabályozóerő *(mech)* control/regulating force

szabályozófej adjusting head

szabályozófék regulating brake

szabályozógomb adjusting knob

szabályozóhüvely *(gépk)* adjusting sleeve

szabályozókar shift lever, control arm/lever ; *(kompasz ; óra)* index

szabályozókefe *(vill)* control brush

szabályozókerék control wheel

szabályozóléc *(pa)* felt-bar mark

szabályozómágnes control magnet

szabályozómotor master motor

szabályozónyelv guide blade

szabályozónyílás *(ép)* regulator

szabályozóóra regulator

szabályozórúd *(gépk)* regulating rod

szabályozórugó governor spring

szabályozósúly bob

szabályozószelep control/timing/adjusting/regulator valve ; *(benzinmotor-*

nál) throttle valve; *(hűtőgépen)* expansion valve
szabályozószelepház distributing box
szabályozótábla *(hidr)* baffle board
szabályozótekercs regulating coil
szabályozótelep control battery
szabályozótengely regulating shaft
szabályozott controlled, regulated, adjusted, set; ~ **egyenirányító** *(rád)* regulated rectifier; ~ **feszültség** *(vill)* regulated voltage; *(stabilizált)* stabilized voltage; ~ **folyó** *(hidr)* graded river; ~ **fordulatszám** *(gépk)* governed speed; ~ **légnedvességű szárítás** controlled-humidity drying
szabályozótűs porlasztó *(gépk)* metering pin carburettor
szabályszerű *l* **szabályos**
szabálytalan anomalous, irregular, aperiodic; ~ **áthallás** irregular cross-talk; ~ **atlaszkötés** *(tex)* broken sateen, irregular satin weave; ~ **csipkézés** *v* **rovátka** jag(g); ~ **csomó** *(tex)* bad knot; ~**ul elhelyezett** out of position; ~ **felület megmunkálása** irregular cut; ~**ul gyorsuló mozgás** *(mech)* irregularly accelerated motion; ~ **hullámterjedés** *(rád)* non-standard propagation; ~ **járás** irregular running; ~ **kőfal** *(ép)* random masonry; ~**ul lassuló mozgás** *(mech)* irregularly retarded motion; ~ **minta** *(megmunkált felületen)* random pattern; ~ **mozgás** random/irregular motion; ~**ul osztályozott** *(nyersbőr)* irregular; ~ **sodrás** *(tex)* corkscrew twist; ~ **szövés** *(szövethiba)* skip filling, skips; ~ **térközök** random intervals; ~ **torzítás** *(távk)* fortuitous distortion
szabás *(csákozás; bőr)* cutting; *(pa)* cutting edge; *(tex)* cut, style
szabásdeszka *(fa)* pattern board
szabáshulladékok *(tex)* tailors clippings, fash
szabásminta *(alak)* cut (pattern), pattern; *(cipő)* pattern for clickers; *(pa)* pattern; **különböző alakra igazítható** ~ delineator
szabásmintapapír skip paper, pattern card cartridge, cutting paper for pattern
szabámintasorozatot készít *(cipő)* grade
szabósmód *(tex)* make
szabásos *(szabott és varrott)* **harisnya** cut-sewed stocking
szabász *(tex)* cutter
szabászasztal cutting board
szabászdeszka cutting board
szabászfűrész(fa) *l* **leszabó fűrész**
szabászgép *(tex)* cloth-cutting machine
szabász-hulladék *(tex)* cuttings
szabatos accurate, exact, clear-cut, precise; ~ **beállítás** minute adjustment; ~ **hossz** *[kovácsolt csőé]* exact length; ~ **sokszögelés** *(geod)* precise traversing *(US)*
szabatosság accuracy, precision; *(geod)* order of accuracy
szabatossági *l* **pontossági**
szablyareszelő *l* **kardreszelő**
szaboit *(ásv)* szaboite
szabott kötöttáru *(tex)* cut garments
szabóvasaló goose
szabvány *(ált)* standard, norm; *(minőségi előírás)* standard specification; **házi** ~ works standard; **ideiglenes** ~ tentative standard; **ipari** ~ industrial standard; **minőségi** ~ standard specification, quality standard; **országos** ~ national standard; ~ **szerint** to specifications
szabványalak standard shape
szabványarany *[900-as finomságú]* standard gold
szabványhordó *[7056 köbhüvelyk űrtartalommal]* standard barrel
szabványidomszer standard gauge
szabványkábel *(távk)* standard cable
szabványláda *(fehérbádogszállításhoz)* case box for tin sheets
szabványlap *[kiadvány]* standard(izing) sheet
szabványméret standard/stock size; ~**től eltérő** off-size
szabványméterrúd standard meter bar
szabványműszer reference instrument
szabványos normal, standard; ~ **ácsolat** *(bány)* standard timbering; ~ **alapmérték** reference standard; ~ **betonkeverék** *(1 r. cement, 2 r. homok, 4 r. kavics; anyagv)* standard mix; ~ **bukógát-korona** standard dam crest; ~ **élelmiszer(adag)** rate; ~ **elem** *(vill)* standard cell; ~ **eltérés** standard deviation; ~ **fogaslécprofil** standard rack profile; ~ **fúrólyukcsoport** *v* **-telepítés** *(bány)* standard round; ~ **gyertyafényegység** standard candle; ~ **idő** standard time; ~**nál kisebb** substandard; ~ „**megállj**"**-jelzést adó rendszer** *(vasút)* normal stop system; ~ **méretsor(ozat)** standard series of preferred numbers; ~ **mérőperem** *(hidr)* standard orifice; ~ **minta** standard sample; ~ **nedvességfelvétel** *(tex)* standard moisture regain; ~ **nedvességtartalom** *(tex)* moisture regain; **nem** ~ non-standard; *(méretű)* off-size; **nem** ~ **lőszer** separate ammunition; ~ **nyersolaj** *(0,808—0,812 fajsúlyú)* standard crude oil; ~ **nyomásmérő** standard ga(u)ge; ~ **nyomtáv** *(vasút)* standard ga(u)ge; ~ **robbanógyutacs** regular blasting cap; ~ **sor számai** preferred numbers; ~ „**szabad**"**-jelzést adó rendszer** *(vasút)* normal clear system; ~**sá tesz** standardize; ~**nál töményebb** *(szesz)* over proof, O. P.; ~ **U-vas** *(heng)* British Standard Channel; ~ **űrszelvény** standard section of inner span; ~ **vízfelvevő képesség** *(tex)* moisture regain; ~ **vizsgálati körülmények** standard condition of testing
szabványosít standardize, normalize
szabványosítás standardization, normalization
szabványosított rated, standardized, normalized
szabványösszehasonlítás comparison against a standard
szabványpapír normal/standard paper
szabvány-próba standard test
szabványsebesség *(mozgókép szalagjáé; 90 láb percenként)* standard camera speed
szabványsodratú fonal *(tex)* standard twisted yarn
szabványszerű standard
szabványtégla *(ép)* stock brick
szabványtérfogat standard volume
szabványtervezet *v* **-javaslat** tentative standard
szaccharát saccharate, sucrate
szaccharáz sucrase
szaccchariméter saccharimeter, saccharometer
szaccharin saccharin, benzoic sulfimide, o-sulfobenzoic imide
szaccharóz saccharose, sucrose
szád plug; *(hordón)* bunghole; *(hidr)* bung; *(tex)* lash, shed; ~ **alsó fele** *(tex)* lower shed; **hátsó** ~ *(nyüstön túli szádfél a lánchengeroldalon; tex)* back part of the shed; ~**at képez** *(tex)* branch out; **mélyített** *v* **lefelé nyúló** ~ *(tex)* bottom shed; ~ **mélysége** *v* **magassága** *(tex)* throat depth; ~**ba szorult vetélő** *(tex)* trapped shuttle; **teljes** ~ *(kétfelé nyitott; tex)* centre shed; **tiszta** *v* **nyitott** ~ *(tex)* clear shed
szádal bevel, flute
szádalás *(fa)* bevelling, fluting
szádalóagyag *(bány)* butting clay
szádalófűrész grooving saw
szádalógyalu rabbet/rebate plane
szádalt *(faanyag)* bevelled; ~ **cölöpözés** tongued-and-grooved piling; ~ **deszkaborítás** bevel siding; ~ **deszkaillesztés** flashed joint; ~ **fafal** grooved-and-tongued piling; ~ **illesztés** flashed/bevelled joint
szádcölöp slotted/interlocking pile
szádcölöp-süveg sheeting cap
szádcsap és ereszték groove and tongue
szádfal bulkhead, sheeting, pile plank; *(fa)* rabbet, bung, groove; *(szerkezeti)* cutoff curtain; *(alaptestet lezáró:)* curtain; ~ **cölöpsora** stilt; **kettős** ~ **közti tér** *(hidr)* puddle chamber; ~ **zárócölöpje** *(bány)* key-pile
szádfalas körülgátolás *v* **-zárás** sheet-pile cofferdam, bulkhead closure
szádfalaz bulkhead
szádfalazás apron cut-off
szádfalazott szelvény *v* **szakasz** *(hidr)* pile-driven section
szádfalcölöp *l* **szádcölöp**
szádfaldeszkázat scantling on sheet-piling
szádfalépítés cölöpsorokkal starling
szádfalméretezés helyettesítő gerendával equivalent beam method
szádfal-süvegfa cap-piece (for sheet-piles)
szádfúró gép *(fa)* bunghole boring machine
szádhorony *(fa)* groove
szádkarima male flange
szádképzés *(tex)* shedding, warp thread movement; ~ **körszövő gépen** *(tex)* shedding on circular loom; ~ **módjának meghatározása** *(tex)* bitting; ~ **nyüsttel** *(tex)* dobby shedding; ~ **okozta méretváltozás** lifting/shedding strain; **teljes** ~ *(tex)* centre shedding; **zárt** ~ closed shedding
szádképzés-meghatározás *(tex)* bitting
szádképző: ~ **erő** *(tex)* effort for shedding; ~ **excenter** *(tex)* shedding tappet
szádléc(ezés) *(bány)* lath
szádmagasság *(tex)* depth of the shed
szádnyitás *(tex)* opening of the shed
szádol, szádolás *l* **szádal, szádalás**
szádpallósor course of sheet piling
szádsíkból kiugró fonalak *(tex)* missed/skipped threads
szádtisztázó rúd *(tex)* shed rod
szádváltás *(tex)* change of shed

szag odo(u)r ; **~gal szembeni ellenállás** *(tex)* odo(u)r-resistance ; **tüzet jelző ~** *(bány)* fire stink
szagelfedő szer reodorant
szagelzáró tisztítócsavarral trap with cleanout
szagfogó stench trap
szaggat interrupt ; *(vivőáramot)* key, modulate, quench
szaggatási frekvencia *[szuperregeneratív vevőben]* quenching frequency
szaggató *fn* *(fényt, rád)* chopper ; *(távk)* interrupter ; **~ érintkező** *(távk)* ticker ; **higanyos ~** *(vill)* dipper interrupter ; **~ jelfogó** vibrating relay ; **~ kalapács** *(vill)* breaker arm ; **~ szerelvény** *(távk)* interrupter assembly
szaggatóbütyök *(távk)* interrupter cam
szaggatógép *(gumi)* tumbler
szaggatókar *(vill)* breaker arm
szaggatórugó *(távk)* trembler spring ; *(számtárcsában ; távk)* impulsing spring
szaggatótárcsa *(távk)* interrupter cam
szaggatótekercs *(vill)* vibrator coil
szaggatott broken, intermittent, interrupted ; **~ áram** intermittent current ; **~ csillapítatlan hullámok** *(rád)* interrupted continuous waves, I. C. W. ; **~ folyamatos hullám** *(távk)* keyed/interrupted continuous wave ; **~ hangú audiométer** pulse-tone audiometer ; **~ kisülés** intermittent discharge ; **~ kör-ábra** *[oszcillográfon]* spot-wheel pattern ; **~ lepárlás** *l* **szakaszos lepárlás** ; **~ rendszertelen gyújtás** *(gépk)* scattered misfiring ; **~ rezgés** *(rád)* intermittent oscillation ; **~ térszín** rugged topography ; **~ vétel** *(rád, táv)* intermittent reception ; **~ vonal** dash(ed) line
szagittális sagittal
szagmentesítő (szer) deodorant
szagos odorous, aromatophore
szagosító *(gázhoz)* odorant
szagosvíz floral water
szagtalan odo(u)rless, inodorous
szagtalanít deodorize
szagtalanítás deodorization, deodorizing, odo(u)r control
szagtalanítószer deodorant
száj mouth, spout ; *(hangt)* whistle
szájbélyit *(ásv)* szaibelyite, boromagnesite
szájcsavar *(gyújtó biztosítására)* fuse plug
szájdarab mouthpiece ; **beállítható ~** *(gépk)* adjustable mouthpiece
szájdoromb *(hangt)* Jew's harp
szájharmonika mouth organ
szájmélység *[szegecselőgépen]* depth of throat
száj-mikrofon close-talking microphone
szájnyílás orifice, mouth opening ; *(bány)* entrance
szájvíz dentifrice water
szakácsdeszka *(fa)* slab
szakad burst, split, tear, rupture ; **két ágra ~** divaricate
szakadás burst, tear, rip, rift, disruption, rupture ; *[ruhán:]* rent ; *(bány)* cave ; *(mat)* discontinuity ; *(pa)* tear ; *(a gépen ; pa)* shutdown ; **~ a simítógépen** *(pa)* calender broke ; **~ok száma orsó/óra** *(tex)* end breakages per spindle per hour ; **~sal szembeni szívósság** *(tex)* breaking tenacity ; **váltakozó terhelés okozta** *v* **kifáradási ~** alternating direct stress failure
szakadásálló tear-proof
szakadási : ~ ellenállás vetülékirányban *(tex)* filling tear resistance ; **~ hossz** *(pa)* tearing/breaking-length ; **~ nyúlás** *(pa)* stretch, breaking expansion/strain, elongation at rupture ; **~ pont** *(rád)* cutoff point ; *(tex)* point of rupture
szakadásszám *(folyóméterre)* breakage rate
szakadásvizsgálat *(vill)* continuity test
szakadásvizsgáló *(vill)* continuity tester
szakadék ravine, chine, coom(b), ledge, escarpment ; **keskeny sziklás ~** rift
szakadékfal bluff
szakadékonyság *(tex)* (end) breakge(s)
szakadó : ~ lakkozás alligatoring ; **~ part** eroded bank
szakadós : ~ fonal cockled yarn
szakadozó láncfonalcsoportok *(szövethiba)* soft sides
szakadozott worn/torn to rags
szakadt : ~ fonalak *(szövetben ; tex)* cracked ends ; **~ fonalak hozzásodrása** *(tex)* lay on broken threads ; **~ fonalak összekötözése** *(tex)* piecing on broken threads ; **~ láncfonalak** *(tex)* cracked ends ; *[rossz szádképzés következtében]* staplings ; **~ matring** *(tex)* ended/endy skein/hank
szakáll barb ; *l még* **sorja** ; *(gumi)* bank of stock ; *(kézzel merített papíros szélén)* rough/deckle edge ; *(orgonasípban)* beard ; *(tex)* staple, tuft
szakállhossz *(tex)* staple length
szakállhosszmérő (készülék) *(tex)* stapler
szakálltűk *(önt)* prods
szakasz section, stage, phase, subdivision, bay ; *(csővezetékben)* tract ; *(földt)* tract ; *(mat)* repetend ; *(nyomda)* paragraph ; *(tex)* zone, section, compartment ; *(szalagjelvetésnél ; tex)* cheese ; *(vill)* sector ; *(lepárlásnál ; vegy)* fraction ; **~okra bontott** fractional ; **felső ~** *(fronté ; bány)* high side ; **homogén ~ok** *(hullám terjedése mentén)* homogeneous stretches ; **ív közötti ~** *(hidon)* span ; **lejelentő ~** *(távk)* clearing section ; **~okra osztott** sectional
szakasz- sectional
szakaszjel *(nyomda)* paragraph (section) mark
szakaszkapcsoló *l* **szakaszoló**
szakaszokra-osztás sectioning
szakaszol *(vill)* sectionalize
szakaszolás *(vill)* sectionalizing
szakaszoló *(vill)* isolating switch *(UK)*; disconnecting switch *(US)*, sectioning switch ; **~ fokozat** *(vill)* isolator stage *(UK)*
szakaszolóállomás *(vill)* sectionalizing station
szakaszolóelem *(vill)* sectioning link
szakaszolt antenna sectionalized antenna
szakaszonkénti számlálás step-by-step counting
szakaszos discontinuous, intermittent ; *(szabályos:)* periodic ; **~ adagolás** *v* **előtolás** intermittent feed ; **~ adagolású** batch type ; **~ aprítás** *[törés, zúzás:]* stage crushing ; **~ áruhenger-szabályozás** *(tex)* intermittent taking-up motion ; **~ ciklus** intermittent cycle ; **~ elemzés** fractional analysis ; **~ eljárás** step-by-step method ; **~an épített** built in sections ; **~ felvetés** *(tex)* back beaming method, sectional warp(ing) ; **~ felvetőgép** *(tex)* section beam warper, beam warping machine ; **~ fésülőgép** *(tex)* rectilinear comb ; **~ flotáció** stage flotation ; **~ fúrás** *[forgácseltávolítással]* step-by-step drilling ; **~ hegesztési varrat** intermittent fillet ; **~an ismétlődő** periodic(al) ; **~ kristályosítás** fractional crystallisation ; **~ lángcső** stepped flue tube ; **~ lecsapódás** *(Liesegang-gyűrűk ; vegy)* periodic(al) precipitation ; **~ lefejtés** *(tex)* intermittent let-off ; **~ lepárlás** *(vegy)* fractional/differential distillation ; *(ol)* batch distillation ; **~ lepárlási termék** *(vegy)* fraction ; **~an mérő gép** periodic weighing machine ; **~ mozgás** intermittent motion ; **~ munkafolyamatú motor** intermittent-cycle engine ; **~ működés** intermittent running ; **~ működésű** batch type ; **~ működésű cérnázó(gép)** *(tex)* self-acting twiner, mule doubler ; **~ működésű fonógép** mule spinning frame/machine ; **~ működésű önműködő térközbiztosító rendszer** *(vasút)* intermittent automatic block system ; **~ működésű szövetfelhengerlő (berendezés)** intermittent taking-up motion ; **~ olajadagolás** *[bütyköstengelynél]* intermittent oil feed ; **~ pálya** sectional track ; **~ pamutláncfelvető gép** *(tex)* cotton beam warper ; **~ rosta** *(bány)* step screen ; **~an szabályoz** *(távk)* regulate gradually ; **~ szállítószalag** section(al) conveyer ; **~ számláló (mérő)berendezés** section meter ; **~ szövetfestés jelző csomózással** *(tex)* tie-and-dye ; **~ terhelés** intermittent load ; *(távk)* lumped loading ; **~ tizedestört** *(mat)* periodic/repeating decimal fraction, repeater ; **~ utántöltés** *(akkumulátoré)* periodic supplementary charging ; **~ üzem** intermittent running ; **~ üzemű** intermittent-duty ; **~ üzemű gép viszonylagos munkaideje** duty-cycle factor ; **~ üzemű téglaégető kemence** intermittent kiln ; **~ üzemű torlósugármotor** *(rep)* pulse jet (engine) ; **~ üzemű vonatbefolyásolás** *(vasút)* intermittent train control ; **~ varrat** *(heg)* intermittent weld ; **~ világítás** intermittent light ; **~(an visszatérő) folyamat** cycle ; **~ vonal** *(távk)* periodic line
szakaszosítás *(vill)* sectionalizing
szakaszosság periodicity
szakasz-rostélyzat zone checkerwork
szakaszsebesség *(rep)* block speed
szakasz-szigetelő *(vill)* section/subdivision insulator
szakember expert, professional (man)
szakértelem *(ipari)* craftsmanship
szakértő *fn* expert ; **~k igénybevétele** expert attention
szakértői : ~ vélemény expert opinion ; **~ vizsgálat** expert examination
szakít tear, break, split, burst
szakítás rupture, tear, burst, break(age) ; *(rád)* bluff
szakítási : ~ alakváltozás *v* **deformáció** *(anyagv)* breaking strain ; **~ görbe**

(anyagv) stress-strain diagram ; ~ **görbe főszakaszának hajlásszöge** initial slope ; ~ **hossz** *(anyagv)* breaking length ; ~ **próba fogóval** *(kötött és hurkolt áruknál használt szakító kísérlet ; tex)* grab test ; ~ **sebesség** *(mech)* breaking rate
szakításos gyújtás *(gépk)* ignition by breaking contact
szakító : ~ **feszültség** *(anyagv)* ultimate/maximum tensile stress ; ~ **hossz(úság)** *(tex)* breaking length ; ~ **igénybevétel** failing stress ; *(tex)* breaking stress ; ~ **impulzus** *(vill)* break impulse ; ~ **készülék** *(tex)* tensile-testing instrument ; ~ **kísérlet** *(tex)* breaking test ; ~ **nyomaték** *(mech)* moment of rupture ; ~- **és nyúlásmérő gép** *(pa)* tensile-strength and elongation testing machine ; ~ **próbatest** *(anyagv)* tensile test specimen ; *(rúd)* tensile test bar ; ~ **szilárdság** *l* **szakítószilárdság** ; ~ **terhelés** ultimate/breaking load ; *(tex)* breaking load/weight, load for breaking ; ~ **vizsgálat** *(tex)* breaking/tearing test
szakítóerő *(anyagv)* ultimate tensile load ; *(pa)* tearing-strength
szakítófúrás *(bány)* snubber
szakítófűrész *(fa)* ripper
szakítógép tensile test machine ; *(egyetemes)* universal testing machine ; *(pa)* breaking-length tester, bursting strength paper tester, tensile strength tester ; **állandó nyúlássebességű** ~ *(tex)* constant rate-of-elongation machine ; **csavarorsós** ~ screw-gear tensile/testing machine ; **hidraulikus** ~ hydraulic tensile/testing machine ; **mechanikai** ~ screw-gear tensile testing machine
szakítóhossz *(pa)* tensile/breaking length
szakítóhuzal *(léggömbön gázkibocsátásra)* rip wire/cord
szakítólövés *(bány)* cutting charge
szakítónyomás bursting pressure
szakítónyúlás *(tex)* elongation at rupture
szakítópróba tensile test ; ~ **egyes szállal** *(tex)* single strand/thread strength test ; **hajlító** ~ bending-under-tension test ; ~ **nyugvó terheléssel** static tensile test(ing)
szakítószilárdság tensile strength, maximum tensile stress ; *(tartályé)* bursting/rupture strength ; *(pa)* breaking strength ; *(tex)* tenacity, tear resistance/strength *is* ; ~ **g/den** *(tex)* tenacity in grams per denier ; ~ **nedves állapotban** *(tex)* wet tenacity/strength ; ~ **száraz állapotban** *(tex)* dry (breaking) strength/tenacity ; **tényleges** ~ *(mech)* actual stress at fracture
szakítószilárdság-mérés strength testing
szakképzetlen munkaerő unskilled labo(u)r
szakképzett qualified ; ~ **munkaerő** skilled labour(er)
szakképzettség skill, qualification ; ~ **nélküli** *l* **szakképzetlen munkaerő**
szakkifejezés technical term/expression
száklyavas rabble ; **alulfúvó** ~ heavy nest ball tuyère iron ; **kúpos** ~ taper tuyère iron
szakma discipline
szakmai professional ; ~ **fogás** *v* **fortély** mechanical dodge
szakmány spell ; *(bány.)* bargain ; ~**ban dolgozó bányász** tributer
szakmánybéres munka *(bány)* contractor work
szakmánymunka task/batch work
szakmunkás skilled labour(er)/worker
szakoktatás professional training
szakosít specialize
szakszerűség workmanship
szakszó term
szakszolgálati engedély *(rep)* licence
szaktudás *(ipari)* craftsmanship
szakvélemény expert opinion
szál fibre *(UK)*; fiber *(US)*, strand, filament, thread ; *[litzében:]* strand ; *(fa)* bass, bast ; ~**ban álló érc** *(bány)* solid ore ; ~**ban álló kőzet** stand-up formation ; **alsó** ~ *(távmérőn ; geod)* bottom hair ; ~**on fejlesztett** *v* **képzett színezék** *(tex)* dyestuff formed on the fibre, developed dyes ; ~**ra főz** *[cukrot]* boil stringproof ; ~**at húzó** fibrous ; ~**on kapott színezékek** *(tex)* ageing dyes ; ~**ban kevert fonal** *(tex)* fibre mixture yarn ; **kis** ~ *(tex)* fibril ; **középső** ~ *(geod)* centre hair ; **rugalmas** ~ *(hajlításnál)* elastic axis, neutral fibre; ~**ban színezett** *(tex)* stock-dyed
szalag band, belt, ribbon, stripe, strap, tape ; *(ép)* slide ; *[mérő-, távíró stb]* tape ; *(bontó- v kártológépről ; tex)* lap ; ~ **alakú vezető** *(rád)* strip conductor ; **alsó ágon szállító** ~ *(bány)* bottom-belt conveyer ; **csiszoló** ~ emery belt ; **csuklós** ~ articulated band; **egy** ~ *(szakaszos láncfonálfelvetésnél ; tex)* bout ; **festés** ~**ban** *(gyapjúé ; tex)* top dyeing ; **festés** ~**ban nyomással** *(tex)* top -printing ; ~ **fűzőlyukkal** *(tex)* eyelet tape ; ~**ot hajlít** *(csőgyártáshoz)* skelp ; **hímzett szegélyű** ~ festoon trimming ; ~**ra író készülék** tape-printing apparatus ; **kártolt** ~ *(tex)* card(-cutting) sliver ; ~ **leszedése** *(verő- v kártológépről ; tex)* lap doffing; **levéldíszes** ~ *(korai angol gótikában)* dogtooth ; **mágnesbevonatos** ~ *(hangfelvételhez)* magnetic powder-coated tape ; ~ **nélküli rotációs gép** tapeless rotary machine ; **rétegadagoló** ~ coating belt ; ~**ok száma nyújtófejenként** *(tex)* hanks per delivery ; ~ **üres ága** *(bány)* empty belt ; ~ **visszatérő ága** return side of band
szalag- laced
szalagacél band steel, steel strip
szalagadagoló *(távk)* slip-feeding device
szalagág *(szállítószalagon)* strand, run
szalagantenna ribbon antenna
szalagáru *(tex)* smallwares
szalagátállító emeltyű *(írógépen)* ribbon-reverse lever
szalagban-írezés *(tex)* ball sizing
szalagbeszegő gép *(cipő)* French cording machine
szalagcím *(nyomda)* running title
szalagcsévélő : ~ **dob** *(heng)* plate band winder ; ~ **gép** taping machine
szalagcsiszoló gép (abrasive-)belt grinding machine ; *(finom)* band-polishing machine ; *(fa)* belt sander
szalagcsokor *(cipődísz)* slide
szalagcsomó *(kalaposiparban)* coque
szalagdinamométer elastic loop dynamometer
szalagdísz : körbe ráncolt ~ cockade
szalagdíszes párkány *v* **léc** *(ép)* brace moulding
szalagdíszítmény *(ép)* meander
szalagdob *(bány)* belt pulley
szalagegyesítés *(tex)* doubling the slivers
szalagegyesítő gép *(tex)* derby doubler, sliver lapper/lap machine ; *(fésülésnél:)* ribbon lapper, ribbon lap(ping) machine
szalagegyeztető lap *[fésülő-, nyújtó- stb. gépen ; tex)* sliver plate
szalagellenállás *(mech)* strip resistance ; *(vill)* tape-wound resistor
szalagelrendezés *(írógépen)* ribbon arrangement
szalagfék band/belt/strap brake ; *(tex)* wrap tensioner
szalagfektető gép *(cipő)* upper taping machine
szalagfelvarró *fn* ribboner
szalagfelvetés *(tex)* section(al) warping (method)
szalagfelvető : ~ **borda** *(tex)* section space reed ; ~ **gép** *(tex)* section(al) warping machine, horizontal section warper, cone warping machine ; ~ **henger** slasher beam
szalagfésülő gép chain-bar drawing frame, chain (guide) drawing
szalagfeszítő belt tensioning roll ; ~ **berendezés** belt lifting arrangement ; ~ **tárcsa** belt-tightening pulley
szalagfinomítás *(tex)* attenuation of sliver
szalagfűrész band/rippont/strap saw ; **asztali** ~ bench saw ; ~ **védőcsatornája** channel-section bar guard ; **végtelen** ~ endless saw
szalagfűrészacél *(koh)* bandsaw steel
szalagfűrészköszörű band grinder
szalagfűrész-lendkerék *(fa)* bandwheel
szalagfűrészreszelő taper band saw file
szalagfűrész-üzem *(fa)* band mill
szalagfűrészvédő csatorna channel-section bar guard
szalagfűző : ~ **csavar** belt screw ; ~ **kapocs** *(bány)* belt fastener
szalaghajtás *(tex)* band driving, tape drive/driving
szalaghajtómű oldalfala *(tex)* skirt board
szalaghengermű band/strip mill
szalaghulladék *(tex)* laps ; *(kártolásnál:)* card front waste
szalaghúzó *fn* puller ; *(távk)* tape feeder
szalagirányító görgő belt training idler
szalagíró készülék strip-chart recorder
szalagkábel *(rád, táv)* ribbon cable
szalagkanna *(kártológéphez)* card can
szalagkaparó belt wiper
szalagkapocs *(bány)* belt fastener
szalagkén band sulfur
szalagképző gép *(tex)* lap former
szalagkés *(bőr)* band knife
szalagkéses : ~ **bőrhasító gép** band knife splitting machine ; ~ **szabászgép** band knife cloth cutting machine
szalagkötél flat/band rope/wheel
szalaglánc *(gépt)* band chain
szalagleolvasó *(számológépen)* tape reader
szalaglerakó : ~ **áttétel** *(tex)* coiler gearing ; ~ **berendezés** *(tex)* coiler mechanism ; ~ **fej** *(tex)* coiler head ;

~ **kanna** *(tex)* coiler can ; ~ **készülék** *(tex)* coiler
szalag-leszedés *(tex)* lap doffing
szalaglobogó *(hajó)* burgee
szalaglyukasztó *(távk)* perforator ; *(számológépen:)* tape punch
szalag-lyukkártya átíró *(számológépen)* tape-to-card converter
szalagmikrofon tape/ribbon microphone
szalagmosó gép *(tex)* rope scouring/washing machine
szalagmozgás *(nyomda)* paper movement
szalagmozgató gépezet *(írógépen)* ribbon mechanism
szalagnyújtó : ~ **fej** *(tex)* passage head ; ~ **gép** *(tex)* draw-frame, drawing frame/machine ; *(csillagkerekes)* push bar (drawing) frame ; *(hosszú szálú gyapjúhoz)* reel for long wool
szalagorsó ribbon coil
szalagos : ~ **agyag** ribbon clay ; ~ **ékítmény** fret ; ~ **emlékezőegység** magnetic-tape storage unit ; ~ **felvetés** mill warping ; ~ **(hang)felvevő** *fn* tape recorder ; ~ **hangrögzítő távbeszélő** tape telephonograph ; ~ **jáspis** *(ásv)* striped/riband jasper ; ~ **magnetofon** tape recorder ; ~ **szárító (berendezés)** apron dryer ; ~ **szintezőléc** *(geod)* tape rod ; ~ **távgépíró** tape-teleprinter ; ~ **távíró készülék** recording telegraph ; ~ **tengelykapcsoló** *(hajlékony)* band coupling/clutch ; ~ **tömedékhajító gép** throwing belt
szalagosodás *(földt)* banding
szalagosztály *(bány)* belt section
szalagozó *fn* ribboner ; ~ **nyújtógép** *(tex)* speeder
szalagozógép *(tex)* spread board, spreader, spreading machine
szalagöblítő gép *(szövetmosáshoz ; tex)* rope-scouring machine
szalagösszekötő elem *v* **tag** belt-joint apron
szalagpáncélozású kábel band-armoured cable
szalagpapír ribbon paper
szalagperforáló gép *(géptávírón)* puncher
szalagpolírozó gép *l* **szalagcsiszoló**
szalagprés belt press ; **csigahajtású** ~ *(cserépgyártáshoz)* auger brick machine
szalagrakó : ~ **alsótalp** *(tex)* can dish wheel ; ~ **kanna** *(tex)* turning can
szalagréteg belt ply
szalagreverzálás *(bány)* belt reversing
szalagréz flat/strip copper
szalagrezonátor *(rád)* strip-type resonator
szalagrugó plate spring
szalagsebesség *(magnetofonszalagé)* tape speed
szalagsugaras oszcillátorcső *(rád)* strip-beam oscillator
szalagszakasz *(bány)* belt section
szalagszállítású fejtés *(bány)* conveyer work
szalagszállító : **lejtős** ~ **berendezés** *(bány)* belt hoister ; ~ **út** *(bány)* beltway
szalagszállítógép-kezelő *(bány)* beltman
szalagszárító conveyor drier
szalagszita *(bány)* endless belt screen
szalagszövés ribbon weaving
szalagszövet belt(ing) duck
szalagszövő *fn* small ware weaver ; ~ **gép** small ware loom, narrow fabric loom ribbon/inkle loom
szalagszövőgép-vetélő *(tex)* swivel
szalagtag : **egyszerű** ~ *(ép)* string course
szalagtámasz : **görgős** ~ *(bány)* belt roller section
szalagtárcsa band pulley/wheel
szalagtartó *(görgő)* belt idler ; ~ **szerkezet** ribbon support
szalagtekercs *(kémény ; pa)* band stock ; *(rád)* strap coil
szalagtekercselő *(munkás)* ribbon folder ; ~ **gép** *(pa)* banderoling machine
szalagterelő görgő belt training idler
szalagtisztító kés belt wiper
szalagtömb *(gyufagyártási)* block
szalagtömörítő *(tex)* sliver condenser ; ~ **tölcsér** *(tex)* sliver funnel/condenser
szalagvágat *(bány)* belt heading
szalagvágó olló strip-cutting machine
szalagváros ribbon/linear city
szalagvarrat *(csuklólemezes összekapcsolás)* belt joint
szalagvas band/strip iron
szalagvashajlító gép bar bender
szalagvasmerevítés fedélzeti gerendák között *(hajó)* tie plate
szalagvaspánt *(ép)* band hinge
szalagvékonyítás *(tex)* attenuation of sliver
szalagvezetés ribbon arrangement ; *(papírgépen)* band carrier
szalagvezető *(varrógépen)* collarette guide ; ~ **tölcsér** *(nyújtógép önműködő leállító szerkezetén ; tex)* coiler head
szalagvillám *(met)* ribbon lightning
szalagvisszafordító emeltyű ribbon-reverse lever
szalagvivő szerkezet *(írógépen)* ribbon support
szálal *(fa)* select ; *(ritkítási terv szerint)* cut according to selection method
szálalás *(fa)* select cutting
szálalásos termelési rendszer shelter-wood selection system, single-tree method
szalalkáli salt volatile
szálalóüzem *(fa)* selection system
szálas *(tex)* fibrous, nappy, stringy ; *(szerkezetű:)* sinewy ; ~ **acél** *(koh)* fibrous steel ; ~ **műanyagok** *(tex)* man-made fibres, synthetic fibres, synthons ; ~ **szerkezet** *(ásv)* fibrous structure ; ~ **törés** fibrous fracture
szálasanyag *(tex)* fibrous material ; ~**ot szolgáltató növény** *(tex)* fibrous plant
szálasanyagösszetétel meghatározása *(tex)* determination of raw material
szálastakarmány-arató és silózó gép forage hasvester
szálasvas-kavarás *(koh)* puddling fibrous iron
szálátfordításos kötés *(kh)* reverse plating
szálazonosság megállapítása *(tex)* fibre identification
szalband *(bány, földt)* selvage
szálcsavarodás *(tex)* convolution of fibre
száleloszló *(tex)* shed rod
szálelválás *(szövetben ; tex)* float
szálerdő tree-forest
szálerdőüzem *(fa)* seedling forest system
szálfa log, timber
szálfaerdőtenyésztés high forest system
szálfakocsi timber haulage vehicle
szálfatutaj timber float
szálfazsilip timber lock
szálfeszítő huzal *(szelfaktoron)* upper/guide wire, winding/front faller
szálfeszültség fibre stress ; **szélső** ~ *(mech)* edge stress
szálfogó vetélő *(tex)* nipper shuttle
szálfűző gép *(pa)* machine for thread stitching
szálgöndörség *(tex)* twist of fibre
szálhossz(úság) *(tex)* fibre length ; *(gyapoté)* staple length
szálhozam *(tex)* fibre-yield(ing)
szálhúzó : ~ **fürdő** *(tex)* spin-bath ; ~ **oldat** *(tex)* spinning solution ; ~ **tárcsa** *(tex)* godet wheel
szalicilaldehid salicylaldehyde, *o*-hydroxybenzaldehyde
szalicilát salicylate
szalicilpapír salicyl paper
szalicilpergament *(pa)* salicyl parchment
szalicilsav salicylic acid
szalicilsavas : ~ **bizmut** bismuth salicylate ; ~ **fenilészter** phenyl salicylate ; ~ **metilészter** methyl salicylate ; ~ **nátrium** sodium salicylate
szalicinerein *l* **szalinigrin**
szalinigrin salinigrin, piceoside, amelia-roside, picein
szalinométer salt ga(u)ge
szálirány *(heng)* grain direction, preferred orientation ; ~**ban** along the grain ; ~**ban fűrészel** *v* **hasít** *(fa)* rift ; ~**ban fűrészelt** edge-grained ; ~**ra keresztben** *(heng)* across the grain ; ~**ra merőlegesen** across the grain
szálka splint(er) ; *(élip)* string
szálkamentes bab stringless bean
szálkás burry ; *(tex)* stringy ; ~ **bab** stringy bean ; ~ **szétágazó szerkezet** *(földt)* herringbone structure
szálkásodással szembeni ellenállás *(tex)* snag resistance
szálkereszt *(műszerben)* spider lines ; *(távcsőben)* hair cross
szálkeresztes távolságmérő teodolit *(geod)* transit with stadia wires
szálkeresztgyűrű *(geod)* diaphragm
szálkeresztigazító csavar *(geod)* capstan screw
szálkeverék *(tex)* fibre blend
szálkorrekció *(folyadékhőmérőnél)* stem correction
szálladék *(vegy)* sublimate
szállaszt *(vegy)* sublim(at)e
szállasztás *(vegy)* sublimation
szállasztó : ~ **berendezés** sublimator ; ~ **retorta** subliming pot
szálleolvasás *(távcsőben)* thread reading
szállít deliver, transport, convey, forward, handle, furnish ; *(vizet v fát)* buck ; *(csővezetékben)* carry ; **kocsin** ~ trundle ; **partra** ~ debark ; **vasúton** ~ rail
szállítás transportation, haulage, forwarding, delivery, conveying ; *(befecskendező szivattyúé; Diesel)* delivery; ~**ra alkalmas** ready for conveyance ; ~ **csővezetékben** pipage ; ~ **díja csónakon** boatage ; **gépi** ~ mechanical transport ; ~ **kamarabetöréstől főszállító vágatig** *(kamarapillérfejtésnél ; bány)* intermediate haulage ; ~**ra kész áruk** goods awaiting delivery ; **közbülső** ~ *(bány)* auxiliary haulage ; **pneumatikus** ~ blower-type delivery

szalagos ~ belt transport ; **~ tengeren** forwarding by sea ; **üres ~** *(bány)* back haul ; **~ vasúton** rail transportation ; **vízi ~ díja** *(hajó)* waterage ; **~ra vonatkozó értesítés** forwarding advice
szállítási transport ; **átlagos ~ távolság** average haul ; **~ díjak** transport charges ; **~ elismervény** transfer ; **~ előírás** delivery specifications ; **~ feltételek** terms of delivery ; **~ felügyelő** regulating officer ; **~ görbe** *(Diesel befecskendező szivattyúé)* delivery curve ; **~ határidő** term of delivery ; **~ igénylés** transportation request ; **~ irányítás** routing ; **~ köbtartalom** *(teljesítmény)* delivery volume ; **~ költségek** transportation charge/cost ; **~ költségek fedezésére kiterjesztett biztosítás** freight insurance ; **~ körzet** supply area ; **~ magasság** lifting height ; *(szivattyúé)* delivery (head) lift ; **~ mennyiség** delivery volume ; **~ sebesség** *(ol)* hoisting speed ; **~ szint** *(bány)* draw level ; **~ távolság** haul length ; *(töltésépítésnél)* lead ; **~ teljesítmény** *(szivattyúé)* delivery output ; **~ út** plane ; **~ vállalkozó** transport contractor ; **~ veszteség** delivery/conveyance loss
szállításintéző dispatcher
szállítható (trans)portable, movable, moving, ready for conveyance ; **~ állvány** travel(l)ing scaffold ; **~ csőtámasz** *(hidr)* movable pipe support ; **~ forgó szórófejes permetezőrendszer** portable rotary sprinkler system ; **~** *(tábori)* **kovácstűzhely** portable forge ; **~ motoros csörlő** travel(l)ing motor hoist ; **~ utasok száma** *(gépk)* *l* **befogadó képesség**
szállíthatóság frrwarding capability
szállítmány shipment, cargo, supply
szállítmányminta shipment sample
szállítmányozási : ~ megbízás díja freightage ; **~ szerződés** freight contract
szállítmányozó carrying agent, carrier, shipper
szállító *fn l* **szállítmányozó** ; *mn vö* **szállít** ; **~berendezés** conveyor, transporter ; **~csatorna** *(emelőn)* bulk flow (conveyor) ; **~ csővezeték** pipe track ; **~ folyosó** *(bány)* haulage heading ; **~ görgőjárat** *(heng)* live roll table ; **~ görgősor** line-roll conveyor ; **~heveder** conveyor belting ; *(kombájnon v kévekötő gépen)* draper ; **~heveder ledobókészüléke** tripper ; **~ képesség** conveying capacity ; **keretezett ~tálca** box pallet ; **kétköteles ~szerkezet** *(ereszkeszállításnál ; bány)* dukeway ; **láncos ~** chain conveyor ; **~ magasság** *(szivattyúé)* delivery head ; **~ repülőgép** cargo/transport aeroplane ; **~szivattyú** delivery pump; **~ taliga** *[boronához]* transport runner ; **~vállalat** transport enterprise/undertaking ; **~vezeték** delivery conduit ; **~- és víztelenítőakna** *(bány)* engine shaft
szállítóakna climbing/hoisting/winding shaft
szállítóbödön *(bány)* bucket ; **~ aknakorongja** *(bány)* skip wheel
szállítócsatorna-toldás *(bány)* adding pans
szállítócsavar worm conveyor
szállítócsiga screw/worm conveyor, auger ; **~ vályúja** screw conveyor box
szállítócsille *(bány)* transfer car ; **kis ~** *(bány)* tub
szállítócsillés *(bány)* trammer
szállítócső delivery pipe
szállítódeszka *(kiformált nyers téglák szállítására)* pallet
szállítódob transport drum
szállítóedény conveying tank ; *(bány)* skip
szállítóeszköz transport/conveyance means ; **~ök** transportation facilities
szállítófogó carrying tongs
szállítógép *(pa)* winding machine ; **~ állványzata** *(bány)* head gear ; **kettőskúpos dobos ~** *(bány)* bicylindroconical drum hoist
szállítógörgő shifting roller
szállítóhajó transportship
szállítóhenger *(tex)* delivering roll(er) ; *(kalanderen)* calender delivery
szállítókas elevator cage ; **~ leszakadása** cage run ; **~ teteje** *v* **fedele** *(bány)* cage head cover
szállítókasos osztály *(bány)* cage road
szállítóképes transportable
szállítókeret-sor *(futószalagrendszernél)* continuous frame
szállítókocsi delivery van/wag(g)on ; *(fa)* timber truck ; **alacsony oldalfalú ~ nagy teherhez** dray ; **kisvasúti ~ faanyag szállítására** timber trolley
szállítókosár *l* **szállítókas**
szállítókötél bull/tram/winding cable
szállítóközle *(bány)* supply gallery
szállítókúp delivery cone
szállítóláda cage box
szállítólánc chain conveyer
szállítólejtő pan
szállítólevél parcel bill, bill of delivery
szállítólevélpapír freight-note-paper, carriage panels
szállítómunkás transport worker
szállítómű conveyor ; *(ol)* drawwork ; **csuklós-szalagos ~** *(bány)* apron elevator ; **~ rakodótölcsére** conveyor charging hopper **~ teljesítő képessége** conveying capacity
szállítóosztály *(bány)* cage way ; *(aknában)* cage road
szállítópalack delivery flask
szállítópályás mozgó munkaállvány *(ép)* travel(l)er gantry
szállítószalag band/belt conveyor/transporter, delivery apron ; *(pa)* feeder band ; **alsó ágon szállító ~** bottom-loading conveyor ; **~ot átfed** *(bány)* bridge the conveyor ; **~ átszerelése** *(bány)* conveyor fitting ; **~ bakja** *(bány)* conveyor framework ; **billenőverdes ~** dipping bucket conveyor ; **emelkedő irányban működő végtelen ~** *(bány)* endless band elevator ; **~ feszítőállomása** belt tail section ; **függesztett ~** *(külszíni szállításra)* aerial conveyor ; **~ hajtóállomása** belt roller section ; **hevederes ~** band conveyor ; **hordozható** *(külszíni)* **~** *(bány)* belt loader ; **~ hosszabbítása** conveyor extension ; **kaparóláncos ~** scraper conveyor ; **~ készlethalmazból való felrakáshoz** *(bány)* reclaimer ; **~ kihordása** *v* **kirakása** belt discharge ; **~ kihordófeje** *v* **-hengere** belt discharge pulley ; **~ kirakó vége** *v* **kihordó tagja** conveyor jib ; **lejtős ~** belt elevator ; **lemeztagos ~** *(bány)* apron belt ; **lépcsőzött ~** sectional belt conveyor ; **nehézségi erővel működő ~** gravitation transporter ; **~ saroktagja** *(90°-os)* conveyor turn ; **~ (terheletlen ágának) csapdosása** belt flaps ; **~ tisztítására szolgáló kaparó** scraper cleaner ; **többrészes ~** sectional belt conveyor; **~ üres ága** return belt ; **~ vezető szögvasa** angle track
szállítószalagbak *(bány)* conveyor belt carrier
szállítószalagelem *(csuklós)* apron
szállítószalagfűző csavar belt screw
szállítószalaggörgő *(bány)* apron/belt roller
szállítószalag-kikapcsoló *(kombájnon)* draper stop
szállítószalagos : ~ (alagút)kemence conveyor furnace ; **~ meddőválogató asztal** *(bány)* conveying picking table
szállítószalagszerelő munkás *(bány)* shifter
szállítószalagtámasztó görgő conveyor idler
szállítószalagtoldás *v* **-átszerelés** *(bány)* conveyor advancing
szállítószekrény *v* **-tálca** tote box/pan
szállítószint *(bány)* haulage level
szállítótálca pallet
szállított : anyahajón ~ carrier-borne ; **hiányosan ~** deficient in delivery ; **légi úton ~** airborne ; **~ (víz)mennyiség** *(szivattyúban)* delivery
szállítóvágány *(bány)* passageway
szállítóvágat *(bány)* routing, tramming/haulage drift, haulage tunnel/way
szállítóvályú trough transporter, conveying trough
szállítóveder conveying bucket
szállítóvitla extracting winch
szállóhamu *l* **szállópernye**
szállókorom loose soot
szállópernye fly/flue dust/ash
szállópernyekamra flue-dust chamber
szállópernye-lerakódás flue-dust deposit
szállópihe *(tex)* fly(-waste) ; *(kártolásnál)* card fly
szállópor *(koh)* flue dust ; *(nagyolvasztónál)* blast-furnace dust ; **nagyolvasztó tapadós ~a** sticky blast-furnace (flue) dust
szállóreve *(hevítőkemence füstjáratában)* flue cinder
szalma- straw(y)
szalmaágy pallet
szalmaanyag *(pa)* straw stuff
szalmabálázó straw baler
szalmabor straw vine
szalmacellulóz *(pa)* straw(-)pulp
szalmacsutak straw whisp ; **rövid ~** cavings
szalma-elektrométer straw electrometer
szalmaelterítő *fn* straw spreader
szalmafedél *v* **-tető** thatch
szalmafélanyag *(pa)* yellow straw pulp
szalmafélanyag-lemez *(pa)* semi-chemical strawboard
szalmafonat platting
szalmafőző *(pa)* straw-boiler/-digester
szalmafúvó *fn (mzg)* wind stacker
szalmagyűjtő *fn* straw dump
szalmahulladék chaff
szalmairányító *(dobkosár meghosszabbítása)* finger grate

szalmakarton *(könyvkötéshez)* strawboard
szalmakazalozó : pneumatikus ~ wind stacker
szalmakötél straw rope
szalmakötélfonó gép straw-rope spinning machine
szalmakupacoló (szerkezet) straw dump ; *(kombájnnál)* straw hood
szalmalemez *(pa)* straw board
szalmalemezgyár *(pa)* straw board mill
szalmalemezpótló *(pa)* British board
szalmaosztályozó *(pa)* grass duster
szalmapalló *(ép)* thatchboard
szalmapapír straw paper
szalmapapírgyár straw paper mill
szalmaprés straw baler
szalmarágó *(6 hetes borjú ; bőr)* runner
szalmaraktár *(pa)* straw store
szalmarázó *fn* straw rack ; **~ láda** shaking box
szalmás strawy
szalmasárga straw yellow, stramineous; **sötét ~** *(futtatási szín)* deep straw yellow
szalmatakaró straw mat
szalmateregető *fn* straw spreader
szalmaterelő dob *(kombájnnál)* beater
szalmatok *(tex)* straw husk
szalmazúzó *fn* straw bruiser
szalmazsák pallet
szalmazsúp thatch
szalmazsúpos straw-thatched
szálmente *[bársonyon ; tex]* nap
szalmiák *(ásv)* sal ammoniac
szalmiáksó sal ammoniac, ammonium chloride, sal/muriate of ammonia
szalmiáksóoldat ammoniacal brine
szalmiáksós elem sal-ammoniac cell
szalmiákszesz ammonia(cal) liquor/spirit/water ; **tömény ~** caustic ammonia
szalonkocsi saloon carriage
szalonnakikészítés *(élip)* bacon curing
szalonnakő *(ásv)* *l* **steatit**
szalonnás foxed, foxy, lardaceous ; **~ra simítás** *(pa)* blackening
szálrafőzés blank boiling
szálszakadás *(szövéshiba)* felter
száltávolság *(fényt, geod)* thread interval ; **szélső ~** *(mech)* distance of extreme fibre
száltérköz *(távcsőben)* thread interval
szálvágó *fn* thread-cutter
szalvétakrepp-papír craped serviette paper
szalvétapapír napkin paper
szalvétatasak-krepp-papír crape paper for napkin/serviette cover
szálvezető *(tex)* (thread) guide ; **~ (bádog)lemez** *(tex)* yarn clearer ; **~ mozgása** *(tex)* traverse of thread guide ; **~ szem** *(tex)* guide eye
szám : arab ~ *(mat)* Arabic figure ; **egész ~** whole number, integer ; **elpárologtatási** *v* **elgőzölögtetési ~** coefficient of evaporation ; **elvont ~** abstract number ; **irracionális ~** irrational number ; **~- és jelváltó** *(távgépírón)* number switch ; **képzetes ~** imaginary number ; **megszűnt előfizetői ~ áramköre** *(távk)* ceased number circuit ; **~ négyzete** square of a number ; **páratlan ~** odd number ; **páros ~** even number ; **racionális ~** rational number ; **római ~** Roman numeral ; **tört~** fractional number ; **valós ~** real number

számáramkör : megváltozott ~ *(távk)* changed number circuit
szamárfül *(nyomda)* dog's ear ; **~et csinál** *(pa)* corner up
szamárhátív *(ép)* ogee/keel arch
szamárhátú boltív *(ép)* ogee/keel arch
szamárium samarium ; **~ tartalmú** *(ásv)* samarian
szamáriumoxid samaria, samarium oxide
szamárvezető *(szélességjelző ; gépk)* width indicator
számbélyegző figure stamp
számbeütő szerszám figure punch
számbillentyűsáv *(távk)* digit key strip
számfejtő gép *(lyukkártyás)* calculating punch
számfeletti supernumerary ; **~ hívás** *(távk)* supernumerary call
számhely *(statisztikai gépen)* position
számíró : ~ kar *(statisztikai gépen)* numerical type bar ; **~ könyvelőgép** numerical accounting machine
számít figure, reckon, compute, calculate ; **átlagot ~** *(mat)* average
számítás computation, calculation, computing, estimate, reckoning ; **közelítő ~** approximate calculation ; **~ba vett** rated
számítási : ~ hiba miscalculation ; **~ táblázat** computation chart
számításos *(numerikus)* **eljárás** *(mat)* numerical calculus
számított rated, computed, estimated ; **~ ásványi összetétel** norm ; **~ felületi terhelés** *(rep)* design wing loading; **~ kritikus sebesség** design stalling speed ; **~ minimális repülőgépsebesség** design stalling speed ; **~ súly** calculated/calculation weight ; **~ teljesítmény** *(gyáré)* calculated production ; **~ vonóerő** rated tractive force
számjegy digit, cipher ; *[hívószámé ; távk]* digit ; *(számológépen)* bit ; **első ~** *(önműködő távbeszélő készüléken)* A-digit
számjegyes számológép digital computer
számjegygép *(távk)* marker, step-by--step switch ; **működő ~** active marker
számjegyválasztás *(tárcsázásnál)* numerical selection
számjegyválasztó : első ~ a direktor--rendszerben *(távk)* A-selector ; **~ gép** *(távk)* numerical selector ; **második és harmadik ~ a direktor--rendszerben** *(távk)* B- and C-digit selector
számjegyző *(távk)* register ; **~ áramkör** register circuit
számjelölés : tizedes ~ decimal notation
számjelzés counter mark
számjelző készülék indicator board
számkerék *(távk)* number indicating disc
számkiosztás *(távk)* numbering
számkiválasztó : ~ áram kibocsátása *(statisztikai gépen)* digit emitting ; **~ bevezető kapcsolóhelye** *(statisztikai gépen)* digit inlet ; **~ szerkezet** digit selector
számlálás counting ; *(távk)* metering
számlálási képesség *(vill)* counter capacity
számláló *fn* counter, register ; *l még* **fogyasztásmérő** ; *[törtben]* numerator; **~ állandója** *[áram- v feszültségváltóé]* constant of a meter ; **~ áramkör** counting circuit ; **~ billentyű** *(távk)*

meter key ; **dekádos ~** decade coun scale-of-ten counter ; **elektroncső ~** electronic counter ; **Geiger-Müll -féle ~** Geiger-Müller counter, G counter ; **hasított ~** split count **~ jelfogó** counting/meter(ing) rel **~ készülék** counter ; **~ leolvas** meter reading ; **lépkedő ~** step t counter ; **~ mutatója** counter har **proporcionális ~** *(at)* proportio counter ; **százas ~** cent indicat **szcintillációs ~** scintillation count **többdíjszabásos ~** multirate mete
számlálócső tube scaler, counting tul *(részecske-számlálásra)* gas-discha counter ; *l még* **számláló**
számlálóhitelesítő terem *(vill)* cour calibrating room
számlálókamra *[Geiger-kamra]* cou ing tube
számlálóóra counter
számlánc *(távk)* counting train *(Sta ard)* ; impulse train *(UK)*
számlap index dial/plate ; *(órán)* cl dial/face ; *(műszeré)* dial pla *(távk)* number ring
számlaplábcsavar *(óra)* dial screw
számlapos *(műszer)* faced ; **~ mé műszer** clock-meter
számlaprögzítő csavar bezel lock
számlapszerelés *(órán)* dial mount
számlázógép billing/proof machine
számlázógép-papír billing-machine pa
számlemezminta stencil (figures)
számmező *(távk)* numbering schem
számol count, compute, reckon, ca late ; **hibásan ~** miscount
számolás counting ; *vö még* **számítá**
számolatlan *(pa)* not counted
számoló *fn* reckoner, computer ; calculative
számolócső *(vill)* computron
számolódeszka counter
számológép calculating/computing machine/device, computer, calcula **alapműveletekkel dolgozó ~** arithn ical computing machine ; **analóg ~** analog(ue) computer ; **analóg -számjegyes ~** analog(ue)-to-dig computer ; **csengős ~** bell item cou er ; **elektronikus ~** electronic nu rical integrator and computer ; **ele ronikus ~ egyenletek megoldás** electronic delay storage autom calculator, electronic discrete varia automatic calculator ; **~ elek nikus késleltetésű adattárolással** e tronic delay storage automatic ca lator ; **folyamatos ~** continuou -acting computer ; **golyós ~** abac **~ önműködő műveletsorrend-vezér sel** automatic sequence contro calculator ; **számjegyes ~** dig computer ; **szelektív ~** logistic c puter ; **tárcsás ~** disc counter
számológéppapír paper for calcula machine
számológéprendszer computing syste
számológép-tekercspapír counter ro paper
számolókorong disc counter
számoló1éc slide rule
számolómérleg counting balance
számoló(nő) *(pa)* counter, count
számolótábla ready reckoner
számoszlop footing
számoz number ; **oldalakat ~** *(nyom* page

ámozás *(cipő)* size marking
ámozó *fn* numerator; ~ **bélyegzőszerszám** numbering dies; ~ **kalapács** *(fajelölésre)* die-hammer
ámozófej numbering head
ámrendszer (number) system; **hatvanas** ~ sexagesimal system; **kettes** ~ binary system; **tizenkettes** ~ duodecimal system; **tizes** ~ decimal system
ámrendszer-átalakítás *(számológépen)* radix conversion
ámszerű numerical, quantitative; ~ **adatok** numerical data; ~ **érték** numerical value
ımtan arithmetic
ımtani arithmetic(al); ~ **arány** arithmetical proportion; ~ **haladvány** arithmetical progression; ~ **közép(arányos)** *v* **középérték** average, arithmetic mean; ~ **pontosság** arithmetical accuracy; ~ **sor** arithmetical progression
ımtárcsa clock-type dial
ımtárcsalap dial plate
ımtárcsarögzítés dial lock
ımtárcsás *(telef)* dial; ~ **készülék** *(telef)* automatic telephone set *(UK)*; dial telephone set *(US)*
ımtárcsázás dial(l)ing; ~ **a vonalnurkon keresztül** loop dialling
ımum *(földt, met)* simoom
ımválasztó *(távk)* selector disc
ımváltó *(távírógépen)* figures, figs; ~ **emeltyű** *(távnyomó gépen)* figure changing lever
ımvetés reckoning
ın sled, sledge, sleigh; *(forg)* carriage saddle, slide; *(puskáé)* slide
ınálás *(városépítés)* rehabilitation; ~ **szűkebb értelemben** *(városépítés)* reconstruction of buildings connected with slum clearance
ınálási: ~ **százalék** *(városépítés)* percentage of rehabilitation; ~ **terv** *(városépítés)* rehabilitation plan
ınautó motor sleigh, sledge car
ınburkolat slide-way cover/protector
ıncsap *(továbbítócsavarhoz; tex)* slide tappet
ındál sandal
ındalett sandalette
ındáltalp-széllevarró gép sandal titcher
ınelőtolás végütközője positive feed top
ınemelés slide elevating
ınforozás *(tex)* sanforset process/treatment, sanforization, sanforizing
ınforozott szövetek *(tex)* sanforset treated fabrics, sanforized shrunk abrics
ınidin *(ásv)* sanidine, glassy feldspar
ınkó *(szerszámgépen)* carriage, saddle, lide; *(kh)* (cam) carriage; *l még* zán
ınnyereg carriage saddle
ırögzítés slide clamping
ırögzítő: ~ **kar** carriage clamp; **mű** slide-clamping mechanism
ısor *(csipkeverő gépen)* tier
ıtálfa barwood
ıtálfa-olaj *l* **szantál-olaj**
ıtál-olaj sandal/santal (wood) oil
ıtalp sledge runners; *(rep)* landing ki(d)
ıtalpas futómű *(rep)* ski landing ear

szántásegyengető gép devil
szantonin santonin(e)
szánvezeték slide way
szánvezeték-hézagállító betét slide way gib
szapoly *(hajó)* bail; **hosszú nyelű** ~ *(hajó)* scoop
szaponifikáció *(vegy)* saponification, saponifying
szaponifikál saponify
szaponifikált olein saponified oleinc
szaponin saponin(e)
szaporaság frequency
szaporít *(kh)* widen
szaporítás *(töltőanyaggal)* cut
szaporító *fn* augmenter; ~ **fedőtű** *(kh)* filling-in point; ~ **szer** extender
szaporítóujj *(kh)* dropper
szaporulat *l* **növekmény**
szappan soap; **benzin tartalmú** ~ benzine soap; **csiszolt** ~ clear-boiled soap; ~ **forgácsolása** soap chipping; ~ **formábaöntése** soap framing; ~ **gyalulása** *(forgáccsá)* soap chipping; ~ **kisózása** soap graining; **marseillei** ~ castile soap; ~ **márványozása** mottling (of soap); ~ **pilírozása** milling of soap; ~ **sajtolása** soap moulding
szappanadagoló *(folyékony szappanhoz)* soap distributor
szappanalap primitive soap, soap base
szappanalj spent lye
szappanállóság fastness to soap
szappanbuborék-membránok fotogrammetrikus kiértékelése photogrammetric soap-film mapping
szappancsapadék *(zsiradékból)* soap stock
szappancsiszolás fitting the soap
szappancsomagoló: ~ **gép** soap wrapper, soap wrapping/packing machine; ~ **papír** soap packing paper, soap wrapper
szappandaraboló gép cake cutter
szappandoboz *(pa)* soap cardboard box
szappanenyv soap paste
szappanfényesítő lúg finishing change
szappanforgács stripped soap, strip of soap, soap chip
szappanforgácskeverő gép chip mixing machine
szappanforgácsoló gép (soap) chipping machine
szappanforgácsszárító soap chip drier
szappanforma soap frame
szappanfőzés soap making/boiling; ~ **anyalúgon** boiling of soap upon spent lye
szappanfőzet soapsuds
szappanfőző *fn* soap maker; ~ **olaj** soap-maker's oil; ~ **üst** soap (boiling) kettle/copper, soap boiling pan/kettle, soap boiler
szappangyalulógép soap shaving machine, soap planer
szappangyár soap work/factory/house
szappangyökér *(drog)* soap root, soap(-)wort
szappanhab soap froth
szappan-illatanyag soap scent/perfume
szappan-illatosítás soap scenting/perfuming
szappankéreg soap bark
szappankeverő gép soap-maker amalgamator
szappankő *(ásv)* *l* **szaponit**
szappanlé *(tex)* suds, soap-suds

szappanletisztítás clear boiling (of soap)
szappanmag soap grain; ~ **kisózása** graining of soap
szappanmatrica soap mould
szappannyersanyag soap stock
szappanoldatos ványolás *(tex)* soap milling
szappanosítás saponifying, saponification
szappanosítási egyenérték *(vegy)* saponification equivalent
szappanosító saponifying
szappanosvízgyűjtő tálca *(szappanos kenő és hűtő folyadék részére)* suds trough
szappanozó(gép) *(tex)* lecker
szappanöntés formába running the soap into the frames
szappanpehely soap flakes, flake soap
szappanpehelygyúró henger roller flanking mill
szappanpilírozás French milling
szappanpor soap powder
szappanprés soap press
szappanpróba soap test
szappanrúd soap bar
szappanrúdprés soap bar moulding machine
szappanrúdvágó és -daraboló gép soap bar-and-cake cutter
szappansajtoló prés soap-beating press
szappanszalag-felvágó gép soap slabber
szappanszám saponification number/ratio/value
szappanszesz spirit of soap
szappan-tisztárafőzés clear boiling (of soap)
szappantömb soap slab
szappanvágó gép soap cutting machine/table, soap (slab) cutter, soal slabber
szappanvíz *(tex, vegy)* suds
szaprolit *(földt)* saprolite
szapropél *(földt)* sapropel, putrid slime; ~ **szén** sapropelic coal
szapropéles sapropelic
szár shank, stalk, shaft, stock; *(fa)* handle, staff; *[korinthusi oszlopfő díszítésben]* stalk
száradás drying, baking
száradási: ~ **repedés** *(fa)* drying/season crack(ing)/check; ~ **zsugorodás** *(fa)* dry shrinkage
száradó: ~ **képesség** *(olajé)* drying property; **könnyen** ~ *(pa)* free; ~ **olaj** drying oil
száradóképes siccative
száraskengyel clevis
száras sikattyú leg vice
száraz dry, moisture-free; *(homokos)* arenaceous; *(földt)* arid; *(vízmentes)* anhydrous; *(élip)* chippy; *(hajó)* high and dry; ~ **akkumulátor** dry storage battery; ~ **bolyhozás** *(tex)* dry raising; ~**on bolyhozott szövet** dry raised fabric; ~ **cérnázás** *(tex)* dry doubling/twisting; ~ **cérnázógép** *(tex)* dry doubler, dry (up) twister; ~ **csiszolás** dry grinding; *(fényezés)* dry polish; ~ **csiszolat** *(pa)* dry grinding; ~ **csiszológép** dry grinder; ~ **csukló** *(gépt)* dry joint; ~ **dekatálás** *(tex)* dry decating; ~ **desztilláció** dry distillation; ~ **ecsetkezelés** dry brush; ~ **éghajlat** arid climate; ~ **egyenirányító** *(vill)* contact/dry rectifier; ~ **elektrolit-kondenzátor** dry type of electrolytic condenser; ~ **elem** dry battery/

cell ; ~ **eljárással egyesített fonal** *(tex)* dry doubled yarn ; ~ **előkészítés** pneumatic separation ; ~ **fa** seasoned wood ; ~ **falazás** *(kötőanyag nélkül)* loose masonry ; ~ **falazat** *(ép)* packwall ; ~ **falpillér** *(bány)* pack ; ~ **fehérítés** *(tex)* dry bleaching/chloring ; ~ **fényezés** dry polish ; ~ **fonású fonal** dry spun yarn ; ~ **forgó vákuumszivattyú** rotary dry vacuum pump ; ~**ra fut** *(hajó)* run dry ; ~**on fut a csapágy** the bearing runs dry ; ~ **gáz** lean/dry gas ; ~ **gáztisztító készülék** scrubbing filter ; ~ **gyűrűscérnázás** *(tex)* dry ring twisting ; ~ **gyűrűsfonás** dry ring spinning ; ~ **hőmérő** *(pszichrométernél)* dry bulb (thermometer) ; ~ **hőmérő hőmérséklete** dry bulb temperature ; ~ **hőség** dry heat ; ~ **hűtésű tárolás** dry storage ; ~ **javítódokk** dry drawing dock ; ~ **képmásolás** *(fényk)* xeroprinting ; ~ **kikészítés** *(tex)* dry finishing ; ~ **kőburkolat** *(habarcs nélküli)* pitching piece ; ~ **köd** *(met)* smoke fog ; ~ **köszörülés** dry grinding ; ~ **lepárlás** dry distillation ; ~ **másolás** xerography ; ~ **másolópapír** dry-copying paper ; ~ **mázolás** *(pa)* dry coating ; ~ **motorteknő** *(gépk)* dry sump ; ~ **nyersbőr** dried hide ; ~ **nyújthatóság** *(tex)* dry extensibility ; ~ **nyúlás** *(tex)* dry elongation ; ~ **oltású mész** dry-slaked lime ; ~ **papír** dry paper ; ~ **poroltó készülék** dry-powder extinguisher ; ~ **pőre** pelt substance ; ~ **súrlódás** *(mech)* dry friction ; ~ **szakítóerő** *(tex)* dry strength ; ~ **szakítószilárdság** *(tex)* dry strength/breaking strength; ~ **szén** *(bány)* sterile coal ; **teljesen** ~ *(fa)* properly dried ; ~ **tisztítást végez** clean ; ~ **tükrösítés** dry polish

szárazanyag dry substance

szárazanyag-tartalom extract content

szárazdokk dry dock

szárazelem *(vill)* dry cell

szárazfonás dry spinning

szárazfonó gép dry-spinning frame

szárazföld continent, land, main ; ~ **átlagos szintje** mean land level ; ~ **elárasztása** *(tenger által)* submergence of land ; ~**ek eltolódása** continental drift ; ~**ek mozgása** continental migration ; ~ **süllyedése** submergence of land

szárazföldi land, terranean, continental; *(eredetű ; földt)* terrestrial ; ~ **dűnák** barkhans ; ~ **éghajlatjelleg** continentality ; ~ **eljegesedés** continental glaciation ; ~ **eredetű** terrigenous ; ~ **iránymérő állomás** *(rep)* land direction-finding station ; ~ **jég** land ice ; ~ **jég(mező)** inland ice ; ~ **jégtakaró** plateau glacier ; ~ **lerakódások** terrestrial deposits ; ~ **párkányzat** *(földt)* shelf ; ~ **repülőgép** landplane ; ~ **repülőtér** land aerodrome ; ~ **talpazat** *(földt)* shelf ; ~ **tömb** land mass ; ~ **üledékek** terrestrial sediments ; ~ **világítótorony** *v* **jelzőfény** ground beacon

szárazföldképződés *(földt)* *l* **epirogenezis**

szárazgőzvételező cső dry pipe

szárazkotró excavator ; ~ **markológép** *(baktipus)* buck scraper ; *(szekrényes típusú)* box scraper

szárazlemezpapír *(pa)* photographic plate paper

száraz-motorteknős kenési rendszer *(gépk)* dry-sump lubrication

szárazoltó készülék *(kézi)* chemical extinguisher

szárazonfutás *(kenés nélkül)* running dry

szárazoszlop *(vill)* dry pile

szárazőrlő kollerjárat dry pan

szárazpróba *(koh)* dry assay

szárazragacs dry lute

szárazság okozta repedések sun cracks

száraz-súly dry weight

száraztelep dry battery

szárazulatképző mozgás continent-forming movement

szárcsomó *(pa)* internode

szardachát *(ásv)* *l* **achátkarneol**

szárder sard

szardínia-olaj sardine/pilchard oil

szárdísz *(cipőn)* top band

szardonix *(ásv)* sardonyx

száremelő *fn* *(mzg)* ear lifter

szárfa principal post

szárfelsőrész-fogyasztás *(tex)* top-leg narrowing

szárfényesítő nyél *(cipő)* treer

szárfogyasztás *(kh)* leg narrowing

szárforgató *v* **-elkülönítő** *(burgonyaszedőn)* vine turner

szárhosszabbító *(gépt)* lengthening rod

szárít dry, exsiccate, desiccate ; *(faanyagot)* season *is* ; **fát** ~ *(szárítóban)* stove the wood ; **kályhában** ~ stove ; **napon** ~ sun

szárítás drying, exsiccation, desiccation; *(olajgőzé)* fixation, fixing ; ~ **dobszárítókon** *(tex)* drying on cans ; ~ **elektródok közt** electrodesiccation ; ~ **hidegen** *(vízelvonó anyagokkal)* cold drying ; ~ **kályhában** *v* **kemencében** cure, stoving ; ~ **lemezreragasztás útján** *(bőr)* pasting ; ~ **levegőn** *(fa)* (air) seasoning ; ~ **mértékét mutató görbe** *(tex)* rate-of-drying curve ; **mesterséges** ~ *(fa)* artificial seasoning; **napon** ~ *(lakkbőrkészítésnél)* sunning; ~ **rámán** *(bőr)* toggling ; ~ **szárítóanyaggal** drying by reagents

szárítási : ~ **hiba** *(bőr)* dry damage ; ~ **hibás** *v* **hibával** *(nyersbőrhiba)* damaged in drying ; ~ **ráncok** *(papíron)* cockles ; ~ **sebesség** drying rate

szárító *fn* drier ; *(heg)* drying battery; *(munkás)* dryworker ; *fn* *(olajhoz)* siccative ; *(pa)* drying machine ; *mn* drying ; ~ **alagút** drying tunnel ; ~ **berendezés** dryer, drying apparatus/plant, desiccator ; ~ **centrifuga** centrifugal drier ; *(dobos)* centrifugal basket drier ; ~ **csatorna** *(pa)* tunnel dryer ; ~ **feszítőgép** *(tex)* (s)tenter ; ~ **helyiség** dryroom ; ~ **kemence** drying oven, kiln ; *(lőporgyártásnál)* gloom ; *(öntödei)* foundry stove ; *(próbákhoz ; anyagv)* air oven; ~ **porszívó berendezés** dust-and-water excluder ; **szakaszos** ~ batch drier

szárítóakna *(koh)* shaft kiln

szárítóállvány drying floor/rack ; *(fa)* dripping board ; *(téglagyártásnál)* block

szárítóanyag drying medium/agent

szárítóbak *(bőr)* horse

szárítócsille *(ker)* drying rack

szárítócsoport *(pa)* drying section/part, dry end

szárítódeszka *(vegy)* dropping board

szárítódob cylindrical drier ; *(tex)* cylinder (drier), dry can, drying can/cylinder

szárítódoboz *(fényk)* desiccator

szárítógép drying machine

szárítógépkezelő drierman

szárítógőz *(pa)* dry steam

szárítóhenger drying cylinder ; *(pa)* drying cylinder, steam-heated cylinder

szárítóhenger-kondenzelvezető *(pa)* doll head

szárítókamra cabinet drier, dryroom ; *(fa)* drying/air kiln ; *(gumi)* baker ; *(pa)* drying room/chamber, hurricane dryer ; *(tex)* finishing oven ; *(vegy)* desiccator ; ~ **100°C feletti hőmérséklethez** *(fa)* high temperature kiln

szárítókence siccative

szárítókeret *(pa)* drying frame

szárítólámpa drying lamp

szárítómunkás *(pa)* back tender

szárítónemezvezető henger *(pa)* dry felt roll

szárítópadlás *(pa)* drying loft/floor

szárítópajta *(fa)* dry(ing) shed

szárítópatron gázvezetékben dehydrator

szárítóprés drying press

szárítórosta *(bány)* dewatering screen

szárítórúd *(bőr)* stick ; ~**ra akaszt** *(bőr)* stick

szárítószakasz *(pa)* dry section/apparatus

szárítószalag band dryer

szárítószekrény exsiccator, drying oven cabinet drier, dewatering box

szárítószer desiccant, siccative

szárítótorony drying tower

szárított dried, desiccated, seasoned ~ **gubó** *(tex)* baked cocoon ; **kályhában** ~ kiln-dried ; **kemencében** ~ *[lakkozás]* stove-finished ; **kereten** ~ *(nyersbőr)* framed ; **levegőn** ~ air-dry ~ **malátacsíra** malt culms ; ~ **é**[illegible] **porított szennyvízüledék** sewage powder ; ~ **savó** *(élip)* dried cheese whey **szabad levegőn** ~ air-dried ; ~ **tőzeg tégla** turf cake

szárított-tészta-csomagoló papír maccaroni parchmyn-paper

szárítóudvar *(napon-szárításhoz)* dr[illegible] yard

szárítóüreg *(alagsori falba talajszin[illegible] alatt bevágott)* dry area

szarkaláb-repedések *(gumilemezen)* crow-feet

szarkavisszhang *(rád)* buzz

szarkozin sarcosine

szárkötő gép *(kh)* lagger

szarmáciai emelet *(földt)* Sarmatian stage

szármaró *(forg)* shank-type milling cutter, shank/end cutter ; *(kisméretű)* cherry cutter ; **félgömbvégű** ~ ros[illegible] milling cutter

származék derivative

származékelem *(rádióaktív sor egy[illegible] tagja)* daughter element

származó : levegőből ~ air-derived

származtatott derivative, derived

szárny wing, side ; *(dugattyún)* cross-arm ; *[radiálfúrógépé]* arm ; *(sze[illegible] lőzőé]* blade ; *(rep)* wing, airfoil *(tex)* fly heck, flyer ; **alsó** ~ *(rep* low wing ; *(kétszárnyú gépen)* bottom wing ; **Clark Y-szelvényű ~** *(rep)* Clark Y-wing ; **elliptikus ~** *(rep)* elliptic(al) wing ; **~ előrenyilazási szöge** *(rep)* angle of sweep-forward ; **elvékonyodó ~** *(rep)* tapered wing ; **~ba épített** *(rep)* wing-mounted ; **~ félfesztáva** *(rep)* semi-span ; **felső ~** *(rep)* high wing ; **fordulóban a külső ~** outer wing in the turn ; **forgó ~** *(rep)* rotor, rotating wing ; **háromszögalakú ~** *(rep)* delta wing; **~ (hátra)nyilazási szöge** *(rep)* angle of sweepback ; **hátranyilazott ~** *(rep)* sweptback wing ; **héjépítésű ~** *(rep)* stressed-skin wing ; **két ~ távolsága egymástól** *(kétszárnyú gépnél ; rep)* aerodynamic gap ; **~ak közti merevítődúc** *(rep)* intermediate interplane strut ; **~ak közti motorgondola** *(rep)* interplane engine nacelle ; **~ külső része** *(rep)* outer mainplane ; **lamináris ~** *(rep)* laminar wing ; **levetett ~** *(földt)* bottom wall ; **nagy felhajtóerejű ~** high-lift wing; **réselt ~** *(rep)* slotted wing ; **~ távolsága a vízszinttől** *(vízen úszó repülőgépnél)* water clearance of the wing ; **téglalap alakú ~** *(rep)* rectangular wing ; **trapéz alakú ~** *(rep)* tapered wing ; **~ V-állás sablonja** *(rep)* dihedral angle board ; **~ V-állásának szöge** *(rep)* wing dihedral angle ; **véges terjedtségű ~** *(rep)* airfoil of finite span ; **végtelen terjedtségű ~** *(rep)* airfoil of infinite span ; **vetődés felemelkedő ~a** *(földt)* high side

szárny-alapszelvény reference section

szárnyas : ~ ablaktok folding sash ; **~ altalajlazító** *(mzg)* opener wing type subsoiler ; **~ barázdanyitó** *[vetőgépen]* wing furrowing attachment ; **~ cérnázó** *(tex)* fly doubler ; **~ cipőorr-rész** *v* **kapli** wing cap ; **~ csavaranya** *l* **szárnyasanya** ; **~ csavar** *l* **szárnyascsavar** ; **~ csúszó barázdanyitó** *(ültetőgépen)* runner wing ; **~ dinamométer** fan dynamometer ; **~ előfonó gép** *(tex)* flyer throstle ; **~ emelőlakat** *(kh)* wing cam ; **~ galvanométer** fan galvanometer ; **~ kettőzőgép** *(tex)* flyer ; **~ légfúvó** fan blower; **~ motorfék** *(fékpad-fajta ; gépk)* fan brake ; **~ művelőtest** *(gyorsjáratú kultivátorhoz)* high-speed sweep ; *(középgyors járatú kultivátorhoz)* joyce sweep ; *(lassú járatú kultivátorhoz)* McGregor sweep ; **~ orr-rész** *(cipő)* toe(s) wing ; **~ rakétalövedék** winged rocket missile ; **~ szélsebességmérő** vane anemometer ; **~ szivattyú** sickle pump ; **~ szorítócsavar** wing knob ; **~ vízmérő** vane water-meter ; **~ vízsebességmérő** *(Wolfmann-szárny)* rolling flowmeter

szárnyasablak casement/French window

szárnyasajtó folding-door

szárnyasanya fly/thumb/wing nut

szárnyasbomba winged bomb

szárnyascsavar wing/thumb/ear screw

szárnyasfék *(ütőórában)* fly

szárnyasgomb wing knob

szárnyaskerék *(hidr)* fly ; *[szélmotoré]* flyer

szárnyaskerekű vízmérő rotary water meter

szárnyas-kopasztó *fn* poultry plucker

szárnyasorsó *(tex)* flyer spindle

szárnyasorsó-fordulatszámszabályozó *(tex)* jack-in-the-box

szárnyasorsós : ~ cérnázógép *(tex)* flyer doubler (frame), flyer doubling frame, flyer twister ; **~ finomfonó gép** *(tex)* fine flyer ; **~ fonógép** *(tex)* flyer spinning frame, flyer throstle

szárnyasszelep clack, clap valve

szárnyasvéső *(ol)* bit with wings

szárnybeállítási szög *(rep)* setting angle of wings

szárnybélés *(oldalerősíték, überstemm ; cipő)* side lining(s)

szárnyborda *(rep)* wing rib

szárnybőr *(felsőrészen ; cipő)* wing

szárnyburkolat *(rep)* wing fairing

szárnycsap *(gázhoz)* butterfly cock

szárnycsatlakozást borító szalag *(rep)* cover strip

szárnycsavar *l* **szárnyascsavar**

szárnydúc *(rep)* wing strut ; **törzshöz nem csatlakozó ~** *(rep)* outboard interplane strut

szárnyelcsavarás wing twist ; **negatív ~** *(rep)* wash-out ; **pozitív ~** *(rep)* wash-in

szárnyelőrenyilazás *(rep)* sweepforward

szárnyépület van

szárnyfal apron/aisle/abutment wall ; **~ fedköve** *(hídon)* wing ; **gát ~a** wing wall

szárnyfalas hídfő wing abutment

szárnyfelület *(rep)* wing surface

szárnyfőtartó *(rep)* wing spar ; **hátsó ~** *(rep)* back spar

szárnygerenda *(szélmalomnál)* vane beam

szárnygyalu : görbe ~ wheelmakers's plane

szárny-jégtelenítő *(rep)* wing de-icer

szárnykarcsúság *(rep)* aspect ratio

szárnykerék fan wheel

szárnykeresztmerevítés *(rep)* drag truss

szárnyköz *(rep)* gap ; **~ viszonya a húrhoz** *(rep)* gap-chord ratio

szárnyközelség : megengedett ~ *(rep)* wing clearance

szárnyközép *(rep)* centre panel ; **~ és a törzs áramvonalas átmenete** *(rep)* centre panel fairing cover ; **~ felsőszárnynál** *(rep)* wing centre panel

szárnyközép-féklap *(rep)* centre wing flap

szárnyközéprész *(rep)* centre plane

szárnyközi *(rep)* interplane

szárnylapát (wing) blade ; **~ csapkodó mozgása** *(forgószárnyú gépnél ; rep)* blade flapping

szárnylapátos-csigás szállítóvályú propeller trough

szárnylapátos szellőző propeller fan

szárnylegömbölyítés *(rep)* wing fairing

szárnylépcsőzés szöge *(rep)* angle of stagger

szárnymélység *(rep)* depth of wing

szárnymetszet *(rep)* aerofoil, airfoil ; *l még* **szárnyszelvény**

szárnyoldalviszony *(rep)* wing aspect ratio

szárnyprofil *(rep)* aerofoil ; *l még* **szárnyszelvény**

szárnyrögzítés *(fúrógépen)* arm/slide clamp

szárnysugárzó *[repülőgépen]* wing-antenna

szárnyszállító kocsi *(rep)* wing car

szárnyszelvény *(rep)* aerofoil, airfoil; **~ alapvonala** *(rep)* base-line of airfoil ; **~ éles belépőéllel** *(rep)* knife profile ; **~ felső részének íveltsége** *(rep)* top camber ; **ívelt ~** cambered airfoil ; **~ íveltségi vonala** camber line ; **kettős-ékalakú ~** diamond profile, double-wedge profile ; **kis felhajtó erejű ~** *(rep)* low-lift airfoil ; **~ körüli áramlás** *(rep)* profile flow ; **~ körüli potenciál-áramlás** *(rep)* potential profile flow ; **lamináris ~** laminar airfoil ; **~ negyedhúr-pontja** *(rep)* quarter-chord point ; **szimmetrikus ~** symmetrical airfoil ; **több részből összeállított ~** *(rep)* built-up section ; **vastag ~** thick airfoil ; **vékony ~** thin airfoil ; **Zsukovszkij-féle ~** Joukowski profile

szárnyszelvény-felhajtóerő *(rep)* profile lift

szárnyszelvénygyűjtemény *(rep)* profile map

szárnyszelvényjellemzők airfoil characteristics

szárnyszelvényterhelés *(rep)* loading of an aerofoil

szárnyszivattyú semi-rotary pump, fan pump

szárnyterjedtség *(rep)* wing span ; **~re eső terhelés** *(rep)* span loading

szárnyterület *(rep)* wing area

szárnytöltés *(hidr)* wing dam

szárnytőmetszet *(rep)* root section

szárnytörés *(rep)* wing failure

szárnytúlnyúlás *(rep)* overhang

szárnyúszó *(rep)* wing float

szárnyvas *(fúró pajzselferdülés megakadályozására)* plough

szárnyvászon *(rep)* aircraft fabric

szárnyváz *(rep)* cellule

szárnyvég *(rep)* wing toe ; **~ előrenyilazása** *(rep)* negative rake ; **~be épített egyensúlyozó úszó** *(rep)* outboard stabilizing float ; **ferdén levágott ~** *(rep)* raked wing tip ; **lekerekített ~** rounded wing tip

szárnyvég-átesés *(rep)* tip stall

szárnyvégcsúszó *(rep)* sing tip skid

szárnyvégi : ~ csűrőlap *(rep)* tip aileron; **~ leszálló fáklya** *v* **rakéta** *(rep)* wing-tip landing flare

szárnyvégörvény *(rep)* tip eddy

szárnyvégveszteség *(rep)* tip loss

szárnyvezeték *(forg)* cross rail

szárnyvonal *(vasút)* branch/secondary line/railway

szárnyzsinórok nyüstkiemeléshez *(tex)* leash

száröltés stem stitch

szárrész *(cipőfelsőrészé)* quarter

szárrészvonal V-szabása *(cipő)* flight topline

szártépő gép *(mzg)* shredder

szárterelő kampó *[burgonyaszedőgépen]* vine hook

szártörő *(mzg)* hay crusher

szártörős kaszálógép mower-crusher

szaru horn

szaruanyag *(vegy)* keratine

szarubordázat *(ép)* rafter set

szaruérc *(ásv)* *l* **kerargirit**

szaruezüst *(ásv)* *l* **kerargirit**

szarufa sloping beam, spar, roof tree ; **nyeregülő ~** dormer rafter

szarufaállás *(kötő- v torokgerendával)* couple-close rafters

szarufakapcsolás *v* **-kötés** *(ép)* rafter clench

szarufa-mintadarab guiding rafter

szarufás tető *(ép)* rafter roof
szarufék *(ép)* heel
szarugerenda *(térdfalra fekvő ; ép)* knee rafter
szarugomb horn button
szarukő *(ásv)* hornstone
szaruréteg *(bőr)* horn layer
szaruszén horn charcoal
szaruzat *(ép)* trussing, rafting
szaruzatácsolás *(ép)* rafter timbering
szarv horn; **kötélrögzítő** ~ *(hajó)* belaying pin
szárvágó *fn (tengerihez)* stalk cutter
szarvas : ~ **olvadó biztosító** *(vill)* horn fuse ; ~ **szikraköz** *(vill)* horn gap ; ~ **túlfeszültséglevezető** horn arrester
szarvasbak *(kötélfogó ; hajó)* horncleast
szarvasbőr chamois(-leather), doeskin, buck leather
szarvasbőrlemez *(pa)* buckskin board
szarvasbőrutánzat chamoisette ; *(tex)* suede cloth
szarvasfaggyú stag fat
szarvasmarhanyíró gép cattle-shearing machinery
szarvassó ammonium carbonate, smell salt
szarvasüllő beak iron/anvil ; **kis** ~ *(kettős szarvval)* rising anvil
szarvdöfésnyomok *(bőr)* horn rakes
szárvég : lapos ~ *[menetes dugón]* driving lug
szarvkarcolások *(bőrön)* horn rakes
szarvkötél sheet
szarvkötélbog *(kötés)* sheet bend
szász : ~ **csodaföld** *(ásv) l* **teratolit** ; ~ **kikészítés** *(gyapjúkikészítés)* saxony finish
szászkék *(festék)* smalt
szasszafrászolaj sassafras oil
szatén atlas (silk), satin, sateen
szaténkikészítés *(tex)* satin finish, satinizing
szaténkötés *(tex)* satin
szaténselyemszövet satin
szatén-színoldalú taftfonákú selyemszövet *(tex)* satin taffeta
szaténutánzó kikészítés *(tex)* sateen finish
szatinál *(bőr)* lay the grain ; *(pa)* glaze
szatinálás satining
szatinálógép *(tex)* glazing machine
szatináló kalander *(tex)* glazing roll
szatináló(munkás) *(tex)* glazer
szatinált papír calendered paper
szatinetkötés *(tex)* satinet weave
szatinit *(lecsapott kalciumszulfát ; pa)* satinite
szaturál *l* **telít**
szaturálás saturating, saturation
szaturnuszsárga *(festék)* saturn
szattyánbőr cordovan leather
szattyánbőr-tímár marocco tanner
szattyánpapír morokko paper
szavatolt fűtőérték warranted calorific value
szavatosság guarantee
szavazójegy *(pa)* voting paper
szavazólap-papír ballot paper
szaxofon *(hangt)* saxophone
századnormál oldat *(vegy)* centinormal solution
százados- centesimal
százados mérleg centesimal (weighing/weigher) balance
százalék percentage, per()cent, p. c., pct.
százalékos : ~ **átvezetés** *(rád)* percentage conductivity ; ~ **emelkedés** *(ép)* percent of grade; ~ **érthetőség** *(hangt)* percentage articulation ; ~ **felületi fényesség** *(fényk)* relative visibility factor ; ~ **fogyás** *(heng)* percentage reduction ; ~ **halláscsökkenés** percent hearing loss ; ~ **lejtés** percentage inclination ; ~ **maradékhallás** percent hearing ; ~ **mintavétel alapján** on a percentage sampling basis ; ~ **nedvességtartalom** percentage of moisture ; ~ **pontosság** percentage of accuracy ; ~ **részesedés** percentage ; ~ **tartalom** percentage ; ~ **vizsgálat** percent test
százas : ~ **beosztású** *v* **rendszerű** centesimal ; ~ **szita-szemnyílás** *(100 lyuk 1"-ra)* hundred mesh
százhuszonötös *(mkpár)* one-two-five
szcintilláció scintillation
szcintillációs számláló *(at)* scintillation counter
szcintillál scintillate
szecska chopped straw, chaff
szecskaelőkészítés *(pa)* preparation of straw
szecskavágó chopper, chaffer ; ~ **dobja** cutter drum ; ~ **kés** chaff cutter blade
szecskáz chaff, chop
szecskázógép straw cutter/chopper
szed *fn (földt)* sed
szed *ige (nyomda)* set, compose ; **darabokra** ~ demolish; **kétszer** ~ *(nyomda)* double ; **osztva** *v* **részenként** ~ *(fiekkenként ; nyomda)* compose in companionship ; **szűken** ~ *(sliszre ; (nyomda)* compose closely ; **talpat** ~ *(bány)* take up bottom
szedán *(gépt)* sedan
szedánkabriolet *(gépt)* single cabriolet
szedendő anyag *(nyomda)* matter
szedés *(nyomda)* composition, setting; ~**t állva hagy** *(nyomda)* keep type standing ; ~ **elhelyezése egy kép körül** *(nyomda)* type run round a block ; **kettős** ~ *(nyomda)* double ; **nyomásra váró** ~ *(nyomda)* live matter ; ~ **összeállítása** *(nyomda)* composition ; **sérült** ~ *(nyomda)* batter ; **szűk** ~ *(nyomda)* close matter ; ~**t vonalba állít** *v* **osztályoz** *(nyomda)* range type
szedés-előkalkuláció *(nyomda)* cast-up
szedéshasáb *(nyomda)* column
szedési : ~ **árszabás** *(nyomda)* composition scale ; **kiemelt** ~ **mező** *(nyomda)* panel
szedésminta *(nyomda)* type specimen
szedés-összeállítás *(nyomda)* coagment
szedésritkító betét *(nyomda)* spacer gasket
szedéstükör *(nyomda)* type area, layout
szedet *(nyomda)* matter
szedett : ~ **áru** *(bőr)* picked goods ; ~ **betűkről nyomott kiadás** *(nyomda)* print from type
szedimentáció sedimentation, sedimentary process
szedimentációs kőzet sedimentary rock
szedimentes sedimentary
szedimentkőzet stratified rock
szedimentum *(földt)* sediment
szedő *fn (nyomda)* type-setter ; *(lepárló berendezésen)* distillation receiver ; ~**- és betűelosztó gép** type-setting and distributing machine ; ~ **csatorna** collecting main ; ~ **szerkezet** *(gyapotszedő v kukoricabetakarító gépen)* picking mechanism
szedőasztal *(nyomda)* composing table
szedődob *(mzg)* picking drum
szedőgép *(nyomda)* type-setting machine, composing machine ; ~ **sorelküldő szerkezete** type shuttle
szedőhajó *(nyomda)* composing galley
szedőkeret *(álló szedéshez ; nyomda)* random
szedőlapát *(élip)* cover remover
szedőlombik *(vegy)* receiving flask
szedőszekrény *(nyomda)* type case
szedőszerszám *(nyomda)* composing tool
szedőtartály collecting box, receiver (tank), run tank
szedővas *(nyomda)* composing stick
szeg *fn* nail, peg, pin
szeg *ige* border ; *(ácsolat lecsúszásának megelőzésére ; bány)* brob ; *(hosszú)* spike ; **fából készült** ~ knag ; **hasított** ~ grooved pin ; **hornyos** ~ grooved pin ; **hosszú** ~ spike ; ~**eket kivesz** *v* **kihúz** unnail, untack ; **vastag** ~ stub nail ; **vésőhegyű** ~ chisel-pointed nail; **visszagörbített végű** ~ clincher
szegbeverő kalapács spike driver
szegcsípőfogó farrier's pincers with narrow jaws
szegcsomagoló *(pa)* nail wrapping ; ~ **papír** cartridge paper
szegdefektmentes gumiabroncs *(kaktuszbiztos)* cactus-proof tyre
szegecs rivet ; ~**et fejez** set a rivet ; **félgömbfejű** ~ round-head rivet, snaphead rivet ; **gömbfejű** ~ round-head rivet, snap head rivet ; ~**ek gyártására alkalmas gömbacél** rivet bar; **hasított szárú** ~ bifurcated rivet ; **hegyesfejű** ~ steeple-head rivet ; **hordófejű** ~ barrel-head rivet ; ~ **kész feje** primary head of rivet ; ~**et kivág** *v* **eltávolít** unrivet; **könnyen behajtható** ~ easy-to-drive rivet ; **kúposfejű** ~ pan head rivet ; ~ **második** *(szegecselésnél kialakított)* **feje** tail head ; **robbanó** ~ explosive rivet ; **süllyesztett fejű** ~ flush rivet, countersunk-head rivet ; *(alacsony fejű)* bevel head rivet ; *(magas fejű)* boiler rivet ; **szereléskor fejezett** ~ field rivet ; **szerelő** ~ tack/dummy rivet ; **tűző** ~ tack/dummy rivet ; **zömített** ~ clench rivet
szegecsacél rivet steel
szegecsalátartó orsó riveting jack
szegecsalátétlemez riveting burr, rivet plate
szegecsbehajtó *fn* rivet driver
szegecsbehelyező gép *v* **készülék** rivet driver
szegecscsapszeg rivet pin
szegecsel rivet
szegecselés riveting ; *l még* **szegecsvarrat** ; **gépi** ~ machine riveting ; **kézi** ~ hand riveting ; **párhuzamos soros** ~ chain riveting ; **szilárd** ~ open/strong riveting ; **tömör** ~ close/tight riveting
szegecselési alátétlemez rivet back plate
szegecsellentartó rivet knob
szegecselő *fn* riveter ; ~ **alátét** riveting stake ; ~ **ellentartó szerszám** holding-up tool ; ~ **futódaru** travel(l)er for riveting shop ; **görbített** ~ **alátét**

riveting horn ; ~ **kalapács** riveting hammer ; ~ **légkalapács** pneumatic riveting hammer ; ~ **nyeregüllő** riveting back iron ; **pneumatikus** ~ **kalapács** *l* **szegecselő légkalapács** ; **pörgetve** ~ **gép** rivet spinner
szegecselőfogó riveting clamp
szegecselőgép riveting machine, riveter; ~ **alakverője** rivet snap ; ~ **álló alakozója** rivet knob ; **nehéz** ~ bull riveter
szegecselőgép-matrica dolly
szegecselőmunkás riveter
szegecselőorsó riveting jack
szegecselőpad riveting stock
szegecselőpatkó gap-riveting machine
szegecselőprés *l* **szegecselősajtó**
szegecselőpuska riveting jack
szegecselőrúd *(óra)* punch ; ~ **járathoz** *(óra)* punch for escapement
szegecselősajtó squeeze riveter, riveting press
szegecselősatu riveting clamp
szegecselőszerszám riveting tool
szegecselőtőke riveting stake
szegecselőüllő riveting stock, dolly
szegecselt riveted ; ~ **acél** riveted steel, r. s. ; **kétsorosan** ~ double-riveted, d. r. ; ~ **kötés** rivet joint ; ~ **(öv)lemezes tartó** (riveted) plate girder ; ~ **tartó** riveted beam ; *(többrészes)* built-up beam
szegecsfej rivet head; **~et kétgörgös mángorlással alakít** spin a rivet ; **kúpos** ~ bevel rivet head
szegecsfejalakító szerszám rivet buster
szegecsfejező rivet snap/set ; ~ **bélyeg** rivet heading punch ; ~ **fej** *v* **süllyeszték** swage head ; ~ **gép** rivet heading machine ; ~ **kalapács** hobby; ~ **szerszám** rivet set
szegecsfejtámasztó *(szegecselés közben)* holder-up
szegecsfejtávolság *(beverés után)* grip
szegecsfejüttető pöröly set
szegecsfejverő szerszám *(félgömbfejű szegecsekhez)* cup set
szegecsfelfogó kosár rivet catcher
szegecsfogó rivet tongs
szegecsfurat rivet hole
szegecshuzal rivet wire
szegecshúzó tinmen's rivet punch ; **egyesített** ~ **és -fejező** combined rivet set
szegecskiverő drift
szegecskovácsműhely *v* **-tűzhely** rivet forge
szegecskötés rivet bond/joint ; *l még* **szegecsvarrat**
szegecslyuk rivet hole ; **övlemezen levő** ~ **távolsága a gerinclemeztől** back ga(u)ge ; ~ **utándörzsölése** reaming of rivet hole ; **véglegesnél kisebb méretűre lyukasztott** ~ subpunched (rivet) hole
szegecslyukdörzsár reamer for rivet holes
szegecsmelegítő *v* **-izzító** rivet heater
szegecsnyíró rivet clipper
szegecsosztás rivet spacing/pitch
szegecsrúd rivet bar
szegecssor *(egy kör kerületén)* circumferential rivet seam
szegecssor-osztás back pitch
szegecssor-távolság back pitch
szegecsszár shank of rivot
szegecsszárhossz *(beverés után)* grip
szegecsszárkiverő *fn* backing-out punch
szegecsszárvég *(zárófejnek való)* rivet tail
szegecsszedő tűzifogó rivet tongs for blacksmiths
szegecstámfej set head
szegecstávolság rivet spacing ; **ferdén mért** ~ diagonal pitch
szegecsvágó rivet cutter
szegecsvarrat rivet joint/seam ; **átlapolt** ~ lap rivet joint ; **egynyírású** ~ single-shear rivet joint ; **egynyírású egysoros** ~ single-shear single rivet joint ; **egynyírású háromsoros** ~ single-shear triple rivet joint ; **egynyírású kétsoros** ~ single-shear double rivet joint ; **egysoros** ~ single(-row) rivet joint ; **egyszeres átlapolású kétsoros** ~ double single-shear chain-lap rivet joint ; **háromnyírású egysoros** ~ triple-shear single rivet joint ; **háromnyírású háromsoros** ~ triple-shear triple rivet joint ; **háromnyírású kétsoros** ~ triple-shear double rivet joint ; **háromsoros** ~ triple rivet joint ; **hevederes** ~ strap butt rivet joint ; **kétnyírású egysoros** ~ double-shear single rivet joint ; **kétnyírású háromsoros** ~ double-shear triple rivet joint ; **kétnyírású kétsoros** ~ double-shear double-rivet joint ; **kétsoros** ~ double rivet joint ; **kettős hevederes kétsoros** ~ double-row double-strap rivet-joint ; **lépcsőzött** ~ staggered rivet joint ; ~ **szétbontása** breaking of rivet joint ; **tompa illesztésű** ~ butt rivet joint ; **többnyírású** ~ multiple-shear rivet joint ; **többsoros** ~ multiple rivet joint
szegecsvas rivet iron
szegecsvég *(elkalapált)* rivet point
szegecsverő készlet set
szegecszáró fej snap head
szegély border, edge, brim, flange, margin, rim, band ; *(járdáé)* curb/edge stone ; *(bány)* end ; *(cipő)* flange ; *(ép)* skirting ; *(fa)* mo(u)lding ; *(földt)* lining ; *(kh)* welt ; *(nyomda)* welt ; *(ruhán)* hem ; *(tex)* border(ing), edge, sledge, selvage list ; **~ek** *(tex)* rib ends ; **szegéllyel díszít** purl ; **fejthetetlen** ~ edge ; **kettős** ~ *(kh)* double welt ; **kiálló** ~ abutting collar ; **kimunkált** *(aranyozott)* ~ *(könyvtáblán)* fillet ; **~ek összevarrása** *(tex)* overhanding ; ~ **szövésére szolgáló nyüstök** *(tex)* skeleton shafts
szegélybefűzés *(kh)* pass for corner pieces
szegélybevarró gép listing machine
szegélycserép *(ép)* margin tile
szegélycsipke seaming lace
szegélydeszka skirting board
szegélydísz flourish ; *(ép)* frieze ; *(tex)* bordering, beading, edging ; ~ **szalagból** frill
szegélydíszítés *(nyomda)* edge roll
szegélydöntés *(fa)* strip felling
szegélyes ereszték *(fa)* lap scarf
szegély-excenter *(tex)* scroll cam
szegélyez border, hem, board, purl, welt ; *(ép)* skirt ; **bádoggal** ~ *(ép)* flash
szegélyezés bordering, edging, edge work ; *(ép)* trim ; *(fa)* pan ; *(tex)* bordering ; ~ **fémmel** *(ép)* metal edging strip ; ~ **prémmel** furring
szegélyezett : bordával ~ entrenched
szegélyező *mn* marginal ; *fn* *(gép v eszköz)* edger ; ~ **kalapács** *(korcoláshoz)* bumping hammer ; ~ **készülék** *(varrógépen)* hemmer ; ~ **vékony szalag** *(gumi)* flipper
szegélyezőgép *(tex)* hemming machine
szegélyezőgörgő edging roll
szegélyezőszalag seaming lace
szegélyfal close-wall
szegélyfonal *(tex)* selvage end
szegélygerenda *(ép)* marginal beam
szegélygömbölyítés *(fa)* edge roll
szegélyhatároló laza bütyök *(tex)* loose striker cam
szegélyhólyag *(önt)* peripheral blowhole
szegélyhurok *(tex)* picot
szegélyidomító henger edging roll
szegélyjelző *(rep)* boundary cone ; *(tex)* felling mark
szegélyképződés *(heng)* formation of distortion wedges
szegélyképződmények *(földt)* marginal facies
szegélykioldó *(irógépen)* marginal release
szegélykő border/curb stone ; *(járdáé)* edge stone ; ~ **rézsűje** batter of curb
szegélykörülvágás trimming
szegélykötés *(ép)* hem ; *(2/2 ; kh)* Swiss rib
szegélykötő gép *(kh)* ribber
szegélyléc *(fa)* frieze, ledge ; *(cserépfedésnél)* chantlate ; ~ **oszlopfej alatt** *(ép)* orle
szegélylemez *(gépt)* flange plate
szegélylevágó tárcsa knife disk
szegélymenti szerkezet *(földt)* marginal texture
szegélyminta-kártya *(tex)* border lag
szegélymoréna *(földt)* marginal moraine
szegélynyíró *(szerkezet ; tex)* trimmer, trim-master, thread trimming device
szegélynyüst *(tex)* selvage shaft
szegélyöltés hempstitching
szegélypala *(ép)* ridge slate
szegélypárkány border rim
szegélyparkett frame board
szegélypaszomány seaming lace
szegélyráncoló *(plisszírozó)* **gép** *(tex)* trill machine
szegélyrepesztő lyuk *(bány)* outer hole
szegélyszakadások *(tex)* selvage breaks
szegélyszalag *(tex)* passepoil
szegélyszél *(hurkolásban)* edge
szegélyszövő nyüstösgép *(tex)* cross-boarder dobby
szegélytéglasor eaves course
szegélytenger *(földt)* shelf sea
szegélyvágó cropping die
szegélyvarrás *(tex)* border hem
szegélyvarró *(tex)* edge-stitcher
szegélyvisszaakasztás *(kh)* welt turning
szegélyvisszaakasztó gép *(kh)* welt turner
szegélyvíztartály *(kovácstűzhely szélére akasztott edzővízmedence)* list pot
szegélyzáró kalapács *(korcoláshoz)* bumping hammer
szegélyző(munkás) *(tex)* facing sewer
szegélyzsinór *(tex)* dress braid
szegény : ~ érc low-grade ore ; ~ **gáz** lean gas ; ~ **(gáz)keverék** lean (gas) mixture
szegényített : önműködően ~ keverék *(gépk)* auto-lean mixture

szegénység *(termékben ; bány)* barrenness
szeges : ~ **futócipő** sprint shoe ; ~ **horgony** *(óra)* pin anchor ; ~ **horgonyjárat** *(óra)* pin wheel escapement ; ~ **keret** *(aranytartalmú iszap fellazítására)* harrow; ~ **sarkú cipő** spike-heeled shoe
szegés *(cipőfelsőrészen)* binding ; *(tex)* seam
szegesdob *(cséplőgépen)* tooth-bar cylinder
szegesdrót barbed wire
szegesdrótkarcolás *(nyersbőrhiba)* barbed wire scratch
szegesdrót-szeg barbed nail
szegésfejtő kés *(tex)* ripping knife
szegeshenger *(pa)* porcupine
szegett darabáru *(tex)* bordered fabrics
szegez nail, spike ; **ferdén** ~ skew nail
szegezés nail-work ; *(apró fejetlen szegekkel)* sprigging ; **rejtett** ~ *(deszkaborításon)* edge nailing
szegezett : fémhuzallal *v* **stiftnivel** ~ *(cipő)* loose-nailed
szegező : önműködően ~ **kalapács** jackhammer
szegezővéső chisel
szegfej nail head ; ~**ekkel szegélyezett** *(kárpitozott ülőbútor)* sealed
szegfejező cap tool
szegfejkészítő swage block for nails
szegfűborsolaj oil of pimenta/allspice
szegfűszegolaj clove(s) oil
szeggyártó üzem nailery
szeghegy plug ; *(cipészszeg, teks-szeg)* tack
szeghuzal nail wire
szeghúzó nail extractor/drawer/puller/dog/claw ; ~ **fogó** nail-nippers ; ~ **kalapács** claw hammer ; **körmös** ~ claw-ended lever ; **tetőfedő** ~ **vas** slater's nail puller
szegkészítő gép nail-making machine
szegkovács nailer
szeglemez *(pa)* nail board
szeglet *stb l* **szöglet** *stb*
szeglyuk pin hole ; *(fában)* nail hole ; **átlósan elhelyezett** ~**ak** *(felvetőn ; tex)* pin holes set in echelon
szegmens segment ; *(mat)* section
szegmens-anódú magnetron segmented/split plate magnetron
szegmens-csiszolókorong segmental grinding wheel
szegmensgát *(hidr)* tainter/radial gate
szegmensgörgő *(hidsarun)* segmental roller
szegmens-ív segmental arch
szegmens-lövedék segment shell
szegmenstartó *v* **-gerenda** *(ép)* segmental girder
szegmenstiltó *(hidr)* tainter gate ; *(hengeres ; hidr)* drum sluice
szegmens-vezető *[kábelnél]* segmental conductor
szegmens-zsilip *(hidr)* segment-shaped sluice
szegment(um) *l* **szegmens**
szegnyereg *(esztergán)* tailstock
szegnyereg-csúcs *(esztergán)* tail centre
szegnyereg-elállítás setover
szegnyeregorsó tail spindle
szegnyeregtalp tailstock shoe
szegnyersanyag-rúd nailrod
szegodor nail mould
szegő *(tex)* lace ; ~ **paszomány** *(cipő)* top banding
szegőléc counter-lath, fillet
szegőszalag *(cipőfelsőrészen)* top banding ; *(paszpol ; cipőn)* piping
szegpontozás nail puncture
szegráspoly crooked rasp
szegregáció segregation
szegregációs vonalak *(önt)* segregation lines
szegregál segregate
szegregált *(endogén zárványos)* **telér** *(földt)* segregated vein
szegrögzítés clinch
szegsikattyú *(óra)* pintongs
szegtalpaló gép szegvezetéke brad setter
szegtartó képesség *(fa)* nail-holding
szegtelenít unnail
szegüllő nail mould
szegvágó : ~ **gép** slitting mill ; ~ **véső** nailsmith's chisel
szegvas-kaliber *(heng)* nail-pass of rolling mill
szegvéget visszahajlít *(fába)* clinch a nail
szeizmikus seismic ; ~ **altalajkutatás** seismic prospecting ; ~ **gócpont** *v* **fészek** seismic origin ; ~ **hullám** seismic wave ; ~ **hullámok beérkezési ideje** time of advent/arrival ; ~ **hullámok időgörbéje** time curve ; ~ **jelenségek** seisms ; ~ **mérés** seismometry ; ~ **mikrofon** seismic microphone ; ~ **műszerkocsi** recording truck ; ~ **sugár** seismic ray ; ~ **terület** seismic country, seismic region ; ~ **viselkedés** seismicity
szeizmikusság seismicity
szeizmikus-villamos hatás seismic-electric effect
szeizmofon seismophone
szeizmográf *(földt)* seismograph ; ~ **író berendezése** stylus
szeizmográfszalag seismogram
szeizmogram seismogram
szeizmológia seismology
szeizmológus seismologist
szeizmométer seismometer ; **elektromágneses indukciós** ~ electromagnetic inductance seismometer ; **elektromágneses magnetomotoros** ~ electromagnetic reluctance seismometer ; **szénszemcsés** ~ carbon grain seismometer
szeizmotektonikai sesimotectonic
széjjel- *l* **szét-**
szék chair ; **támlátlan** ~ stool
szekáns *(mat)* secant
szekáns-modulusz *(anyagv)* secant modulus
szekaré tekercspapír paper for secare rolls
szekció section ; *l még* **rekesz, szakasz**
szekciós vízkamra *(vízcsöves kazánon)* corrugated header
szekér cart, track
szekerce chip/broad axe, twibill, hatchet ; **erdei** ~ *(plankács)* wood hatchet
szekérfék srew brake
szekérgyár carriage works
szekértengely-csapszeg-tárcsa *v* **-gyűrű** staple
szekérút horse road
székesegyház cathedral
székfelszerelő *(tex)* loom fixer
székgyár chair factory
székkész *[áru ; tex]* loom state
székláb chair-leg ; *(ép)* prick post
széklap chair-bottom
székléc *(fa)* chair fillet ; *(padlószegély ; fa)* batten
széknád cane
székoszlop king post ; *(vasrúdból)* queen bolt
székoszlopbeállítás *(padlástérhatároló ; szobakiképzéshez)* ashlering
székoszlopos *(feszítőműves)* **fedélszék** *(ép)* joggle truss
szekréció *(földt)* secretion
szekréciós secretory
szekrény *(fa)* chest, cupboard, box ; *(gépt)* case, casing ; *(mosógéphez)* cabinet ; *[kábelkötéshez]* joint box ; *(rád)* cabinet ; ~ **alakú költőgép** *(mzg)* cabin-type incubator ; ~ **alakú kulissza** box link ; **beépített** ~ closet ; ~**be épített** *(vill)* cabinet-type ; **(húzó)fiókos** ~ *(kommód)* cabinet, chest of drawers
szekrényácsolat *(bány)* box timbering
szekrényajtókitámasztó cupboard-door fixer
szekrényállvány box bed
szekrényborda *(gépt)* casing rib
szekrénycsík *(papír)* cupboards linings
szekrénycsíkpapír shelf paper
szekrényes *(gépt)* box-type ; ~ **ácsolat** *(bány)* box timbering ; *(gépágyhoz)* box leg ; *(fa)* boxbed ; ~ **alvázkeret** *(gépk)* box-section chassis frame ; ~ **(bála)bontógép** *(tex)* hopper bale breaker/opener ; ~ **biztosítás** *(bány)* box timbering ; ~ **borda** *(rep)* box rib ; ~ **csiszoló** *(pa)* magazine grinder ; ~ **dugattyú** box piston ; ~ **etető** *(tex)* (hopper) feeder, feeding machine ; ~ **fedélzet** *(hajó)* trunk-duck beams ; ~ **főtealátámasztás** *(bány)* pigsty ; ~ **fujtató** *(orgonán)* box bellows ; ~ **gerincszerkezet** *(hajó)* box keel ; ~ **(gyapot)-bálabontó gép** *(tex)* cotton pulling machine; ~ **kapcsoló** *(vill)* box switch; ~ **keresztmetszet** box section ; ~ **késtartó** *(gépt)* tool box ; ~ **kulissza** *(gépt)* box link ; ~ **láb(azat)** *(esztergagáyhoz)* cabinet base ; ~ **láb** *v* **oszlop** *(ép)* column case ; ~ **mű** *(hidr)* crib ; ~ **saraboló** *(bány)* box scoop ; ~ **sárkány** *(rep)* box-kite ; ~ **támfal** *(hidon)* gravity bulkhead ; ~ **tartó** *(ép)* box beam/girder ; ~ **típusú** box-type ; ~ **tolattyú** shell valve
szekrényláb *(forg)* bed box
szekrénylemez *(akkumulátorban)* box plate
szekrénymű *(hidr)* wooden crib ; *(kővel töltött)* packed crib
szekrényműves : ~ **gát** *(hidr)* crib dam ; ~ **hídpillér** trestle ; ~ **támfal** *(hidr)* crib retaining wall
szekrényóra *(földön álló)* grandfather-clock
szekrénypánt casket fitting
szekrényrezonancia *(rád)* cabinet resonance
szekrényszelvényű rúd *(híd)* box strut
szekrényszerkezetű asztal box table
szekrénytartó box girder ; *(rep)* box spar
szekrényváz *(gépk, gépt)* carcase, closed frame
szekrényveret casket fitting
szekrényzár cased lock
széktámla seat back

szektor sector
szektorgát *(hidr)* drum/sector gate
szektorhullámok sectorial waves
szektorközpont *(távk)* group centre exchange
szektorleképező radarindikátor sector plan position indicator
szektoros pillanatzár *(fényk)* sector instantaneous shutter
szektortölcsér sectorial horn
szekuláris secular ; ~ **egyenlet** secular equation ; ~ **mágneses variáció** secular variation
szekund *(hangt)* second, supertonic, dyad
szekunder secondary ; *l még* **másodlagos;** ~ **alkohol** secondary alcohol ; ~ **amin** secondary amine ; ~ **áram** *(vill)* secondary current ; ~ **áramkör** *(vill)* secondary circuit ; ~ **elektron** secondary electron ; ~ **elektronemisszió** secondary electron emission ; ~ **elektronsokszorozó** secondary multiplier ; ~ **ellenállás** secondary resistance ; ~ **emisszió** secondary emission ; ~ **feszültség** *(vill)* secondary voltage ; ~ **kalciumfoszfát** secondary calcium phosphate, calcium hydrogen phosphate, calcium hydrophosphate ; ~ **káliumkarbonát** potassium carbonate ; ~ **káliumszulfát** potassium sulfate ; ~ **kapcsoló** *(vill)* auxiliary switch ; ~ **katód** electron mirror ; ~ **kivezetés** *(vill)* out secondary, O. S. ; ~ **kör** *(rád)* secondary circuit ; ~ **nátriumhidrofoszfát** disodium hydrogen phosphate ; ~ **nátriumhidrogénfoszfát** disodium hydrogen phosphate ; ~ **nátriumszulfát** sodium sulfate ; ~ **oldal** *(vill)* secondary side ; ~ **pótlevegő** secondary air ; ~ **só** *(vegy)* secondary salt ; ~ **sugárzás** secondary radiation ; ~ **tekercs** *(vill)* secondary coil ; ~ **tekercselés** *(vill)* secondary winding
szekunderemisszió-arány secondary emission ratio
szekunderemissziós elektród *(rád)* secondary emitting reflector
szekunderköri kondenzátor secondary circuit condenser
szekunder-primer : ~ **emisszióarány** secondary-to-primary emission ratio ; ~ **menetarány** secondary to primary turns ratio
széktilésgyűrű-hajlító gép bottom ring bending machine
széküléslap chair plate
szel : egymást ~ik *(mat)* intersect
szél I *(szegély)* border, lip, brim, rim, margin, skirt ; *(tex)* edge, border, selvedge ; **alsó** ~ *(nyomda)* bottom margin ; **belső** ~ *(nyomda)* back margin ; **ferde** ~ bevel ; **ferdére vágott** ~ bevel end ; **harisnya felső kettős ~e** *(kh)* welt ; **hátsó** ~ back edge
szél II *(met)* wind, atmospheric motion; *(koh)* blast ; ~ **alatti** *(hajó)* leeward ; ~ **alatti oldal** *(hajó)* leeside ; ~ **felől** *(hajó)* windward ; ~ **felőli** *(hajó)* windward ; ~ **hatására elmállott** *(földt)* windworn ; ~ **irányában** *(hajó)* windward ; **~nek kitett** wind-blown ; **~nek kitett oldal** weather side ; **~től leborotvált** *(földt)* wind-shaved ; ~ **mennyisége** *(koh)* volume of blast ; **~től összehordott üledékes kőzet** wind-borne sediments
szél- *(met)* anemo-
szeladonit *(ásv)* seladonite
széláramjelző draft indicator
szélárnyas oldal *(hajó)* lee board
szélárnyék wind shadow
szélárnyékos leeward ; ~ **hely** *v* **oldal** lee ; ~ **övezet** sheltered zone
széláthajtó gép *(fordított munkához ; cipő)* edge turning-up machine for turned work
szélátnemeresztő *(tex)* wind-proof, wind resistant
szélbetörési front line squall
szélcsatorna *(rep)* wind tunnel ; *(fa-máglyában)* flue ; *(orgonán)* wind trunk ; **hiperszonikus** ~ hypersonic wind tunnel ; ~ **jegesedésvizsgálathoz** icing-test wind tunnel ; ~ **kimeneti kúpja** exit cone ; **köráramú nyitott** ~ *(rep)* non-return flow wind tunnel ; ~ **mérési szakasza** *(rep)* experiment chamber ; **nyitott mérőterű** ~ open-jet wind tunnel ; **sűrítettlevegős** ~ compressed-air wind tunnel, variable-density wind tunnel ; **szuperszonikus** ~ supersonic wind tunnel ; **transzszonikus** ~ transonic wind tunnel ; **zárt köráramú** ~ *(rep)* return-flow wind tunnel ; **zárt mérőterű** ~ closed-jet wind tunnel
szélcsatorna-kisminta *v* **-modell** *(rep)* wind tunnel model
szélcsatorna-szélesség *(famáglyában)* flue width
szélcsend *(met)* no-wind conditions
szélcsend-zóna calm belt
szélcsipkézés *(mintakészítésnél ; tex)* scalloping
szeldelt terep *(földt)* scallop surface
széldeszka siding, slab, boarding, flitch ; *(bány)* lagging board ; *(ép)* bridgings ; *(ép, fa)* outer plank ; **főtebélelő** ~ *(bány)* back lath
széldeszkavágó: ~ **fűrész** slab(bing) saw; ~ **keretfűrész** slabbing gang
széldiagram anemogram
széldíszítés *(nyomda)* printer's flower
széldöngölő *(zsaluzás szélén)* thwacker
széldöntött fa windfalls ; blow-downs *(US)*
széldöntvény *(fa)* windbreak
széle-felvető gép *(tex)* edge machine
szelekció *(rád)* selection
szelektálás hullámcsapdával *(rád)* trap separation
szelektív selective ; ~ **adszorpció** preferential adsorption ; ~ **áramkör** selecting/selective/selector circuit ; ~ **átalakító** selective transducer ; **~en behangol** *(rád)* cut out ; ~ **csengetés** *(távk)* selective ringing ; ~ **csillapító** gain time control ; ~ **elhalkulás** *(rád)* selective fading ; ~ **elnyelés** selective absorption ; ~ **erősítő** *(rád)* selective/tuned amplifier ; ~ **flotáció** *(bány, koh)* stage flotation ; ~ **gyomirtó** selective weed killer ; ~ **halkulás** *(rád)* selective fading ; ~ **hívás** *(távk)* selective calling ; ~ **hívójel** *(távk)* selective call-signal ; ~ **jelfogó** selective/discriminating relay ; ~ **kisugárzás** *(fényt, vill)* selective emission ; ~ **korrózió** *(anyagv)* selective corrosion ; ~ **megszakító** *(vill)* selective switchgear ; ~ **metamorfózis** *(földt)* selective metamorphism ; ~ **metaszomatizmus** *(földt)* selective replacement ; ~ **négypólus** *(rád)* selective network ; ~ **oldószer** differential solvent ; ~ **radarirányító állomás** selective beacon radar ; ~ **sugárzó** selective radiator ; ~ **tisztítás** *(oldás útján)* solvent refining ; ~ **védelem** *(vill)* selective protection ; ~ **vevő** *(rád)* selective receiver ; ~ **visszaverő** *(szink)* selective reflector ; ~ **visszaverődés** *(fényt, rád)* selective reflection ; ~ **zavarás** *(rád)* selective jamming
szelektivitás selectivity ; **oldalsávszűkítéses** ~ skirt selectivity ; **szomszéd csatornára vonatkoztatott** ~ *(rád)* adjacent-channel selectivity ; **teljes** ~ overall selectivity ; **vételiránytól függő** ~ *(rád)* directional selectivity
szelektivitás-arány *(rád)* response ratio
szelektivitás-görbe *(rád)* selectivity curve
szelektivitás-szabályozás *v* **-szabályozó** *(rád)* selectivity control ; **önműködő** ~ automatic selectivity control
szelektor selector ; *(telef)* director ; ~ **önműködő visszaállítása nyugalmi helyzetébe** *(telef)* homing action
szelektoros : ~ **(át)kapcsolás** *(sebességváltószekrényben)* gate change ; ~ **csúszó fogaskerekes sebességváltó mű** gate-change gear
szelektortengely *(gépk)* gear-operating shaft
szelel *(láncszárításnál ; tex)* fan ; *(rostával ; mzg)* winnow
szélellenző wind visor, paravane
szelelő ventilator, fan ; *(cséplőgépnél és magtisztítónál)* cleaning fan ; *(légosztályozó ; pa)* air blast system, air floating
szelelőajtó door
szelelőcső *(gépk)* aspirant pipe
szelelőlyuk *(ép)* abat-jour
szelelőnyílás hole
szelelőrosta *(mzg)* van, fanning mill, fanner
széleltérítés *(rep)* wind drift ; ~ **korrekciója** *(rep)* wind correction
széleltérítési : ~ **görbe-rács** *(számolótárcsához ; rep)* drift grid ; ~ **szög** *(rep)* drift angle
széleltérítésjelző *(rep)* drift indicator
széleltérítésmeghatározó *fn (rep)* drift computer
széleltérítésmérő *(műszer ; rep)* driftmeter ; ~ **célzókészülék** *(rep)* drift sight
széleltérítő erő *(met)* deflecting force
szelelтető osztályozó *(mzg)* air separator
széleltolás *(rep)* wind drift
szelemen *(ép)* roof purlin
szelemenes : ~ **fedélszék** *(ép)* purlin roof ; ~ **gerinc** *v* **taréj** purlin ridge
szelemenkengyel *(ép)* purlin anchor
szelén selenium
szelenát selenate
szelence casing, case, capsule
szeléncella *(vill)* selenium cell
szeléncellás (közbenső kábel)erősítő selenium amplifier
szelencés : ~ **gyűrődés** *(földt)* box folds ; ~ **libella** *(geod)* box level ; ~ **libella üvege** level(l)ing bulb ; ~ **mikrofon** button microphone
szelén-egyenirányító *(vill)* selenium rectifier ; ~ **cella** *(vill)* selenium barrier cell
szelén-ellenálláscella selenium conductive cell

szélenergia wind power
szélenergia-térkép *(met)* wind power chart
szelén-fényelem Photronic cell
szelénhíd selenium bridge
szelenil *(gyök)* selenyl
szelenit *(ásv)* satin spar ; *(ásv, vegy)* selenite
szelenitlemez *(vill)* selenite plate
szelenográfia *(csill)* selenography
szelenografikus koordináták *(csill)* selenographic coordinates
szelénrubin *(üveg)* selenium ruby glass
szeléntartalmú *(ásv)* selenian
szeléntellúr *(ásv)* selen-tellurium
szelénüveg *(narancsvörö s fényszűrő)* selenium glass
szelep *(ált)* valve ; *(motoré ; gépk)* valve ; *(gépt)* slide *is ; (hangt)* ventil ; *(hidr)* water gate ; ~ **az acetiléngázpalackhoz** acetylene cylinder valve ; **adagoló** ~ proportioning valve ; **átégett** ~ *(gépk)* blower ; **áter esztő** ~ bypass valve ; **átfúvató** ~ blow valve ; **áthidaló** ~ by-pass valve ; **beömlő** ~ admission valve ; **biztonsági** ~ saf ety/relief valve ; **burkolt biztonsági** ~ enclosed discharge safety valve ; **csappantyús** ~ disc-hinged valve ; **csavarorsóval lezárható visszacsapó** ~ screw-down non-return valve ; **csésze alakú kettős ülésű** ~ Cornish double-seat valve ; **dugattyúban levő** ~ bucket valve ; **elektromágneses** ~ magnet valve ; **elzáró** ~ shut-off valve ; ~ **emelkedése** *v* **lökete** valve stroke/lift ; **fékező** ~ brake control valve ; **felülről vezérelt** ~ overhead-controlled valve ; ~ **a fenékvízvezetéken** *(hajó)* bilge valve ; **ferde ülésű** ~ angle valve ; **gomba alakú** ~ mushroom valve ; ~ **gömbháza** valve globe ; **gömbházas** ~ globe/spherical valve ; **gyorselzáró** ~ automatic isolating valve ; **gyorsító** ~ acceleration valve ; **gyűrű alakú lemezes** ~ annular plate valve ; **háromállású** ~ cross/change valve, three-way valve ; **hörgő** ~ snifting valve ; **keverő** ~ mixing valve ; **kipufogó** ~ exhaust valve; ~**ek közötti** intervalve; **közvetlen terhelésű biztonsági** ~ direct-weighted safety valve ; **lefúvató** ~ blow-down/-off valve ; **légbeeresztő csuklós** ~ *(orgonán)* pallet ; **légtelenítő** ~ air escape valve ; **leválasztó** ~ sectioning valve ; **négyállású** ~ centre valve, four-way valve ; **nyomáscsökkentő** ~ reducing valve ; **nyomó** ~ discharge valve ; *(gépk)* delivery valve ; ~ **oxigénpalackhoz** oxygen cylinder valve ; **önzáró** ~ automatic isolating valve ; **rugós** ~ spring-loaded valve ; **Stumpff-féle** ~ return-pressure valve ; **súllyal terhelt** ~ weighted valve ; **szabályozó** ~ governor valve ; **szippantó** ~ snifting-valve ; **szívó** ~ inlet/suction valve ; **tehermentesítő** ~ bypass valve ; **ürítő** ~ drain valve
szelepalap *(gépkocsitömlőn)* patch rubber
szelepállító kulcs *(gépk)* tappet spanner
szelepbeállítás valve adjustment
szelepbeállító csavar tappet adjusting screw
szelepbefogó *fn (gépk)* valve holder
szelepbehelyező fogó valve-inserting plier
szelepbesülés *(gépk)* sticking
szelepbetét valve insert ; *(tömlőszelepben ; gépk)* valve inside
szelepbetétszelence inserted valve cage
szelepburkolat valve guard
szelepcsappantyú clack/flap valve
szelepcsattogás *(nagy szelephézagnál ; gépk)* tappet clatter
szelepcsiszolás valve grinding ; *(gépk)* lapping in
szelepcsiszoló gép valve refacer
szelepék valve key ; *(rugótányérnál ; gépk)* valve cotter
szelepelválás *(szelepemelőtől rugórezonancia következtében)* valve surge
szelepelválás-csillapító *fn* valve-surge damper
szelepemelés *v* **-emelkedés** valve lift
szelepemelkedési sebesség valve-lifting velocity
szelepemelő *fn (gépk)* valve tappet, cam follower ; valve lifter *(US)* ; ~ **állítócsavar** *(gépk)* tappet adjusting screw ; ~ **fedél** valve-tappet cover ; ~ **fej vezetőperselye** tappet guide ; **gömbölyű talpú** ~ *(gépk)* rounded bottom tappet ; **görgős** ~ *(gépk)* roller tappet ; ~ **kar** rocker lever ; **lapos talpú** ~ *(gépk)* flat bottom tappet ; ~ **rúd** valve pushrod ; ~ **rúd csésze alakú vége** *(gépk)* cup end of the push rod ; ~ **rúd felülszelepelt motornál** overhead valve push rod ; ~ **vezeték** valve-tappet guide ; ~ **zsámoly** *(bütyköstársa és szelepemelő között)* tappet
szelepemelőház-fedél side cover
szelepemelő-hézag *(gépk, rep)* tappet clearance
szelepemelőrúd-burkoló cső *(mkpár)* pushrod cover tube
szelepes : ~ **dugattyú** valve piston ; ~ **papírzsák** valve paper-bag, valve sack ; ~ **szivattyúdugattyú** bucket
szelepfedél valve bonnet/cover/hood
szelepfej valve head/cap
szelepfelújítás *(gépk)* valve reconditioning
szelepfészek valve seat/pocket/cage ; *(gépk)* valve seat
szelepfészekbetét *(gépk)* valve insert
szelepfészekmaró narrowing cutter
szelepfészekszorító (gyűrű) saddle clamp
szelepfészek-utánmunkálás valve recoating
szelepgolyó valve ball
szelepgödrösödés *(gépk)* valve guttering, pitting
szelepgyorsulás valve acceleration
szelepgyűrű valve ring
szelephajtás : kényszermozgású ~ closed-link drive (of a valve)
szelepház valve body/case/cage/chamber
szelephézag valve clearance ; *(gépk)* tappet clearance *is*
szelephézag-állítás *(gépk)* valve clearance adjustment
szelephézag-állító : ~ **csavar** *(szelephimbában ; gépk)* grub-screw ; ~ **kulcs** *(gépk)* tappet adjusting spanner
szelephézagmérő *(gépk)* tappet ga(u)ge
szelephézagtűrés *(gépk)* air-gap clearance
szelephíd bridge of valve
szelephimba valve-actuating rocker
szelephimbabütyök *(ami a szelep végére támaszkodik)* rocker end pad
szelephimbaemelő *(gépk)* rocker actuator ; ~ **rúd** *(gépk)* pushrod , ~ **rúd vezetőhüvelye** *(gépk)* pushrod housing
szelephimbafedél *(függőszelepes motornál)* rocker cover
szelephimba-kitámasztó rugó *(gépk)* rocker-arm set spring
szelephimba-működtető *fn* rocker actuator
szelephimbapersely *(gépk)* rocker-arm bush
szelephimbatartó rocker-arm bracket
szelephimbatengely rocker shaft
szelepkamrafedél *(gépk)* tappet cover
szelepkiemelő fogó valve-lifting tongs
szelepkihúzó készülék valve extractor
szelepkiszerelő szerszám *(rugó összenyomására ; gépk)* valve lifter, valve spring compressor
szelepkopogás valve knock
szelepköszörű *(gépk)* valve grinder
szelepköszörülés *(gépk)* refacing (of valves)
szelepköszörülő *v* **-maró** *v* **-csiszoló szerszám** refacer
szelepkulcs valve spaner
szelepkúp valve cone/mushroom
szelepkupak valve bonnet
szeleplebegés *(nagy fordulatszámnál nem zár be a szelep ; gépk)* valve float
szeleplökőrúd-olajcsatorna *(gépk)* pushrod oil return way
szeleplökő talp *(gomba alakú ; gépk)* mushroom tappet
szeleplökőtalp-betét *(csészealakú ; gépk)* cup-shaped insert
szelepműködtető valve actuator
szelepnyílás : beeresztő ~ admission opening ; ~ **a kerékpántton** *(gépk)* valve hole
szelepnyitás valve opening/travel
szelepnyitási magasság valve stroke
szelepnyitó berendezés trip
szeleporsó valve spindle
szelepösszenyitás *(gépk)* timing/valve overlap
szelepperem valve edge
szeleppersely valve bush
szeleprács grid
szeleprés-kompenzáció *(gépk)* rocker-compensating gear
szeleprezgés *(ugrálás ; Diesel)* valve bounce
szeleprugó valve spring
szeleprugó-csillapító *(gépk)* valve-spring dampener *(US)*
szeleprugócsoport cluster spring
szeleprugófeszítő *fn* valve-spring compressor
szeleprugó-kiemelő fogó *(gépk)* valve lifting pliers
szeleprugó-tányér valve-spring cup/retainer
szeleprugó-ülés *(gépk)* valve spring seat
szelepsapka valve cap
szelepsisak *l* **szelepfedél**
szelepsúlyvezető tüske wash-down spear
szelepsüllyedés *(szelepülés kopása folytán)* valve sinkage
szelepszár valve stem/shaft ; *(tömlőn ; gépk)* tube stem
szelepszárcsúcs valve tip
szelepszár-keresztvezeték valve-stem cross guide

szelepszárleszorító anya *(gumiabroncson ; gépk)* tube-stem rim nut
szelepszárvezeték stem guide
szelepszekrény valve box
szeleptányér valve collar/head/disc
szeleptartó *(gépk)* keeper
szeleptest valve body
szeleptok valve chamber ; *(csapó)* clack piece
szeleptolerancia air-gap clearance
szeleptömítő gyűrű valve packing ring
szeleptúlfedés valve overlap ; *(szelepvezérlés ; gépk)* valve lap *(US)*
szeleptű valve needle ; *(tömlőszelepé ; gépk)* valve core
szelepülés valve seat ; **~t utánamar** reface
szelepülés-köszörülő *v* **-maró** *v* **-csiszoló szerszám** refacer
szelepülésmaró készülék tap fitter
szelepüreg valve room
szelepvédő *v* **-ütköző** valve, guard
szelepvezérlés valve operating mechanism, valve gear/control (mechanism); *(gépk)* valve timing ; **excenteres ~** eccentric valve gear
szelepvezérlés-beállítás valve timing
szelepvezérlési diagram *(gépk)* valve timing diagram
szelepvezérlő: ~ berendezés valve-actuating gear ; **~ bütyök** valve cam ; **~ himba** valve-actuating rocker ; **~ szerkezet** valve gear
szelepvezérmű *(gépk)* valve gear ; **bütykös ~** cam valve-gear
szelepvezeték valve guide
szelepvezető : ~ borda strap valve guide ; **~ hüvely** valve-guide sleeve ; **~ persely** valve-guide bush
szelepzár *(gumitömlőszelepben)* plunger
szelepzárás valve closing
szelepzáró tolóka *(szivattyún)* tappet rod
szélerózió *(földt)* wind erosion, soil drifting
szélerők *(mech)* lateral forces
szélerőmű wind power plant/station
szélerőnyomaték *(ép, mech)* wind moment
szeles *(met)* windy
széles broad, wide, large ; **~ alakban** *(tex)* open web ; **~ cím** *(több hasábot átfogó ; nyomda)* spread ; **~ élű vágó** broad chisel ; **~ fejű szeg** filling nail ; **~ felületek marása** *(forg)* slabbing ; **~ feszítő** *(tex)* (chain) temple ; **~ frekvenciasáv** wide frequency band ; **~ határok közötti párlat** *(vegy)* wide fraction ; **~ homlokkal fejthető vágat** *(bány)* slab entry ; **~ homlokú fejtés** *(bány)* wall method ; **~ kévéjű fényszóró** *(gépk)* broad-beam headlamp ; **~ koronájú ukógát** *(hidr)* broad-crested weir ; **~ látószögű lencse** wide-angle lens ; **~ margó** large margin ; **~ mosógép** *(tex)* open width washer, full/open-width washing/scouring machine ; **~ munkahely** *(bány)* wide place ; **~ nagyolókés** broad-nose tool ; **~ nyílású sugár** *(távk)* broad beam ; **~ nyomtáv** *(vasút)* wide/broad ga(u)ge/spur ; **~ pofájú kézisatu** cross-chap hand vice ; **~ sáv** *(rád)* wide band ; **~ sávolyú szerzsszövet** wide wale serge ; **~ sávú** *l* **szélessávú ; ~ simítókés** flat-pointed tool ; **~ simítóvéső** *(fa)* slick ; **~ sugárnyalábú lámpa** wide-beam lamp; **~ szájú üvegedény** packer ; **~ szövőgép** broad loom ; *(lepedővászonhoz)* sheeting loom ; **~ talpszél** *(cipő)* square egde ; **~ talpú** *l* **szélestalpú : ~ vágat** *(széntelep-rétegben)* stall ; **~ vágó-** *v* **metszőélű** broad-nosed ; **~ választó impulzus** *(távk)* wide gate ; **~ varrat** *(heg)* spread head ; **~ varratú hegesztés** spreading weld ; **~ végű** broad-nosed
szélesedés : sugár ~e spreader of jet
szélesedik broaden, widen
szélesedő spreading ; **~ pengéjű ásó** graft ; **~ talp** spread footing
szélesít widen, broaden
szélesítés stretching ; **~ a vezetősín két végén** flare
szélesített pánt *(gumi)* wide base rim
szélesítő egyengetőgép *(tex)* broad-drawing equalizing machine
széleslemez-eljárás *(gázkoromtermelésnél)* large plate process
szélessáv-erősítési technika *(rád)* broadband techniques
szélessávú *(rád)* wide-band ; **~ antenna** wide-band antenna ; **~ csatolás** *(rád)* wide-band coupling ; **~ dipólus** wide-band dipole ; **~ erősítő** wide-band amplifier, broad(-)band amplifier ; **~ hangolás** *(rád)* broad tuning ; **~ hangszóró** *(hangt, rád)* wide-frequency loudspeaker ; **~ mérőműszer** *(vill)* wide-band instrument ; **~ oszcillátor** *(rád)* wide-range oscillator ; **~ szűrő** *(távk)* broad-band-filter
szélesség broadness, breadth, width ; *(geod)* latitude ; **~ben** breadthwise ; **~ kiegészítő szöge** *(csill, hajó)* colatitude ; **legnagyobb ~** *(hajó)* overall breadth
szélességbeállítás *(tex)* setting in width
szélességbeállító rúd *(gépt)* width setting-rod
szélességhiány *(tex)* underwidth
szélességi : ~ fok *(földt)* degree parallel ; **~ frekvencia** width frequency ; **~ (haránt)méret** *(mat)* width ; **~ idomszer** width ga(u)ge ; **~ kör** parallel of latitude ; **~ rezgés** *[kristályé]* width oscillation/vibration
szélességjelző *(„szamárvezető" ; gépk)* width indicator ; **~ helyzetlámpa** side lamp ; **~ rúd** *(gépk)* marking rod
szélességkülönbség : földrajzi ~ difference in/of latitude
szélességmérő *fn* width ga(u)ge
szélességszabályozó : ~ fésű *v* **borda** *(felvetésnél v irezésnél ; tex)* expanding comb/reed ; **~ multivibrátor** *(rád)* width multivibrator
szélességtartás *(tex)* distending (the cloth) holding out (the fabric) ; *(kézi szövőszéken)* stretching of the cloth
széles-szalagvashengermű broad strip mill
szélestalpú : ~ I-tartó H-beam ; **~** *(Franki-féle)* **öntött betoncölöp** *(ép)* pedal pile ; **~ sín** *(vasút)* broad-footed rail ; **~ távvezetékoszlop különkülön lehorgonyzott lábakkal** broad-base tower ; **~ vályúsín** *(vasút)* grooved girder rail
szelet slice, cutoff, share, segment, clip ; *(ép)* slide ; *(mat)* sector ; **~ek** *(bány)* bands ; **alsó ~** *(bány)* bottom layer ; **~re oszt** segment ; **vékony ~** *(élip)* slice
szeletel slice, sliver ; **~ve bálázó gép** slicer-baler
szeletelés slice ; *(bány)* slabbing ; **felszálló vízszintes ~** *(bány)* ascending horizontal slicing
szeletelőfejtés *(bány)* scramming
szeletelőgép slicing machine
szeletelőkés slicer
szeletelőkorong slicer ; *(drágakővágáshoz)* slitting mill
szeletes : alulról felfelé haladó ~ művelés *(bány)* upward slicing ; **~ fejtés** *(bány)* slicing ; **~ frontfejtés** *(bány)* longwall slicing ; **~ művelés főteomlasztással** *(bány)* top slicing and cover caving
szeletfejtés *(bány)* slicing, slabbing ; **vízszintes ~** *(bány)* ascending horizontal slicing
szeletfeszültség bar-to-bar voltage
szeletművelés alulról felfelé *(bány)* ascending method (of slicing) slabbing)
szélez border, cant
szélezés bordering ; *(bőr)* edge cutting ; *(fa)* trimming ; *(heng)* edging pass ; *(önt)* tailoring ; *(tex)* bordering
szélezési hulladék *(fa)* edging, trimming
szélezetlen *(fa)* round-edged, unedged
szélezett *(faanyag)* edged ; **csonka élűre ~** *(fa)* waney/dull edged ; **ép élűen ~** *(fa)* sharp edged ; **nem párhuzamosan ~** *[fűrészáru]* conical edged ; **párhuzamosan ~** *(fa)* parallel edged
szélező *fn* *(forg, nyomda)* edger
szélezőbak *(ácsbak)* trimming table
szélezőfűrész *(fa)* rip/trimmer saw
szélezőgép *(fa)* squaring machine ; *(hosszirányú fűrészelőgép)* edger, trimmer, ripsaw ; *(forg, nyomda)* edger ; **asztalosipari ~** trimming machine
szélezőgumi *(pa)* deckle strap
szélezőgyalu *(fa)* edge plane
szélezőmunkás *(fa)* side dresser
szélezőolló *(forg)* trimming shears ; *(heng)* side-cut shear
szélezővéső cant chisel
szelfaktor *(tex)* selfactor, self-actor/acting mule ; **~ fejrésze** *v* **vezérműve** *(tex)* headstock ; **~on font fonal** mule yarn ; **~ kocsija** self-acting mule ; **~ kocsijának útja** stretch
szelfaktorkocsi *(tex)* mule carriage ; **~ előrehaladása** *(tex)* gaining advance (of the carriage)
szelfaktor-kvadráns *(orsó fordulatszámának szabályozására ; tex)* quadrant
szelfaktorszerelő mule fitter
szélfeszítés *(tex)* distending/stretching of the cloth
szélfeszítő *(tex)* edge straightener ; **eltömődött ~** *(tex)* choked temple ; **~ fedél** *(tex)* temple cap ; **gyűrűs ~** *(tex)* ring temple ; **~ lengése** *(tex)* oscillation of the temple ; **~ okozta szövethibák** temple marks ; **~ vetülékvágó ollóval** weft cutting temple
szélfogó *(gépk)* (wind)screen ; *(mzg)* windbreak ; *(mikrofonhoz)* wind gag; *(pa)* air-trap ; **~ ajtó** vestibule door
szélfonal *(tex)* catch-thread
szélfrissítés *(koh)* converting
szélfútta wind-blown
szélfúvás blast

szélfúvóka nyílása *(koh)* mouth of the tuyère
szélgenerátor aeolic generator
szélgumizó készülék *(pa)* edge-gumming apparatus
szélháromszögmegoldó tárcsa *v* **eszköz** *(rep)* vector computor/computer
szélhatároló *(pa)* deckle frame ; ~ **gumiszíj** *(pa)* deckle-strap ; ~ **tárcsa** *(pa)* deckle pulley
szélhatás *(hajó)* wind action
szélhenger *(heng)* withdrawal roller
szélhordalék wind deposits
szélhordás *(rep)* wind drift
szelíd hamvas *(bőr)* mellow lime
szélirány wind direction, quarter ; **széliránnyal ellentétes irány** *(hajó)* leeward ; ~ **hirtelen (meg)változása** wind shift ; ~ **meghatározása** wind star
szélirány-görbesorozat *(számolótárcsához ; rep)* wind grid
szélirányjelzés *(leszállási ; rep)* wind T
szélirányjelző *(met)* anemoscope, sock, wind cone ; ~ **árboc** *v* **rúd** sock pole
széliránymutató *(met)* air/weather vane, wind sleeve ; *(hajó)* dog-vane
szélirányváltozás wind veers
szélíró recording anemometer, anemograph
széljárat *(szélvédő alatti rész ; gépk)* scuttle
széljegyzet *(nyomda)* marginal note
széljelző : ~ **gép** *(szél levágásához)* trimming machine ; ~ **készülék** *(met)* air vane
szélkakas air/wind vane, weathercock
szélkakasirányító lapát *(met)* guide vane
szélkamra *(szivattyúban)* air chamber
szélkaparó *(pa)* edge doctor
szélkazán wind box
szélkemence air furnace
szélkerék air vane ; ~ **lapátja** bucket; ~ **lapáttartó küllője** whip
szélkerekes szivattyú wind pump
szélkerékhajtású dinamó fan-driven generator
szélkeréklapát wind sail
szélkiegyenlítő kötés *(tex)* compensating selvedge weave
szélkipödrő szerkezet *(kh)* uncurler
szélkisülés *(vill)* marginal discharge
szélkotrás *(koh)* bolster
szélláda *(orgonán)* wind chest
széllapát wind board
szélléc *(ép)* ledge ; *(pa)* edging
szellemkép *(távk)* ghost image
széllevegőmennyiség *(koh)* blast volume
szellő *(met)* breeze ; **könnyű** ~ air
széllökés *(met)* waft, whisk ; *(rep)* gust ; **lefelé irányuló** ~ downgust
széllökéses gusty ; ~ **légtömeg** bumpy air
széllökésíró *fn* gust recorder
szellőzés ventilation, airing, aeration ; **elszívó** ~ exhaust ventilation ; **felszálló áramú** ~ *(szívószellőzővel ; bány)* ascensional ventilation ; **központi** ~ *(bány)* central air suply ; ~ **légcsatornával** *[alapozás szárazontartására ; ép]* air drainage ; **mesterséges** ~ artificial draught ; ~ **nélküli motor** totally enclosed motor ; **részleges légcserés** ~ plenum ventilation ; **szívó** ~ exhaust ventilation
szellőzéselosztó válaszfal *(bány)* air split
szellőzési veszteség *[turbinában]* ventilation loss
szellőzésszabályozó központ *(bány)* control center
szellőzetlen dull, dead ; *(bány)* windless
szellőző *fn* ventilator, fan, blower ; *(forgattyúházon ; gépk)* breather ; *(ép, vasút)* register ; *mn* aerating, ventilating ; **axiális** ~ axial fan ; **centrifugális** ~ centrifugal fan ; ~ **csapóajtó** *(bány)* trapdoor ; ~ **csatorna** air trunk/duct/passage ; *(vitorlavászon légvezeték ; bány)* canvas air conduit ; *(önt)* air channel ; **elszívó** ~ exhaust fan, aspirator, exhaustor ; **felső** ~ **ablak(szárny)** *(ép)* storm sash ; ~ **finom-** *v* **utótisztítóhoz** *(mzg)* recleaner fan ; ~ **folyosó** air course ; *(bány)* monkey entry ; ~ **kemence** *(bány)* furnace ; ~ **levegőerős növelése** *(bányalevegő metántartalmának csökkentésére)* dashing ; ~ **levegőt szállító akna** *(bány)* downcast shaft ; **magától** ~ self--ventilated ; ~ **motorburkolat** *(rep)* ventilating cowl ; **nyomó** ~ forcing fan ; ~ **osztóvágat** *(bány)* break--through; ~ **szerkezet** ventilator ; **szívó** ~ *l* **elszívó szellőző** ; ~ **tolóablak** *(gépk)* ventilation slider ; ~ **vágatszakasz** *(bány)* section air way ; ~ **visszatérő ága** *(bány)* air return
szellőzőablak ventilating window ; *(bány)* box regulator ; *(függőleges tengely körül kifordítható ; gépk)* deflector panel ; *(billenő)* hinged ventilating panel ; **háromszögletű** ~ *(elefántfül ; gépk)* ventilating panel ; **kifelé nyíló alul csuklós** ~ *(ép)* drop window ; ~ **szélvédőnél** *(gépk)* side--glass for windscreen
szellőzőajtó trap ; *(bány)* bearing/check door
szellőzőakna *(bány)* ventilating shaft
szellőzőcső vent pipe, air flue/duct ; *(bány)* air channel ; **akna feletti** ~ air stack
szellőzőcsöves bála *(mzg)* ventilated bale
szellőzőfazék ventilating box
szellőzőfedél *(gépk)* breather cap
szellőzőfurat *(tartálysapkán ; gépk)* vent hole
szellőzőjárat *(bány)* intake
szellőzőkamra ventilating chamber
szellőzőkémény air chimney
szellőzőkerék fan wheel
szellőzőkürtő air funnel, cowl ventilator
szellőzőnyílás ventilating opening, vent hole ; *(bány)* air vent ; *(hajó)* air scuttle ; *(ép, vasút)* louvre, register ; *(szabályozható ; gépk)* controllable intake/outlet ; *(közvetlen a szélvédő előtt ; gépk)* cowl ventilator *(US)* ; *(gépt)* air port ; *(önt)* vent (hole)
szellőzőnyomás blast pressure
szellőzőosztás *(deszkából ; bány)* ricket
szellőzőrács air grid
szellőzőrés air funnel
szellőzősapka *(motorforgattyúházon ; gépk ;)* breather cap
szellőzős hűtés fan cooling
szellőzőszabályozó lemez fan shutter
szellőzőszint air level
szellőzőszűrő breather screen
szellőzött aerated, ventilated, wind--blown ; ~ **nyersolaj** weathered crude petroleum *(US)*
szellőzővágat *(bány)* ventilating entry, air opening
szellőzőzsalu *(gépk)* louvre
szellőztet aerate, ventilate, fan, air
szellőztetés aeration, ventilation ; **diffúziós** ~ diffusion ventilation ; **esőáramú elszívó** ~ downdraft exhaust ventilation ; **mellékáramú** ~ *(bány)* secondary ventilation ; ~ **nélküli** *(bány)* airless
szellőztetési viszonyok *(bány)* atmospheric conditions
szellőztethető ventilable
szellőztető *mn* ventilating ; *l még* **szellőző**
szélmalom windmill
szélmalom-repülőgép autogyro
szélmalomszárny vane, sail
szélmaró *(forg)* notching cutter
szélmennyiség *(koh)* blast volume
szélmérő *(met)* anemometer, windga(u)ge ; *(huzatmérő ; koh)* air meter; ~ **léggömb** *(met)* pilot balloon ; **számlálós** ~ *(met)* counter anemometer
szélmotor wind engine/motor
szélmotoros: ~ **áramfejlesztő** wind-driven generator ; ~ **szivattyú** wind(-driven) pump
szélmutató *(met)* anemoscope
szélnyomás wind pressure/load ; *(koh)* blast pressure ; **hajó ~nak kitett felülete** windage ; **~nak kitett felület** wind surface
szélnyomaték wind moment
szélnyüst *(tex)* selvage shaft
szelő *mn* *(mat)* intersecting ; *fn* *(mat)* secant
szélpálya *(met)* air trajectory ; ~ **anticiklonos hajlása** *(met)* anticyclonic curvature ; ~ **ciklonos hajlása** *(met)* cyclonic curvature
szélpótteher *(ép)* wind load
szélrács *(ép)* wind (cross) brace/tie
szélrácsos wind-braced
szélrácsoszlop *(ép)* lateral strut
szélrácsrendszer *(ép)* diagonal/lateral system
szélrácsrúd lateral diagonal
szélragasztás *(steppelés ; gumi)* sealing
szélrecézés *(könyvkötészetben)* edge roll
szélrepedés *(yanyagv)* edge crack
szélroham squall, gust ; **fekete felhőktől kísért** ~ black squall
szélrosta *l* **szelelőrosta**
szélrózsa wind/compass rose
szélsebességíró *(met)* anemograph
szélsebességjelző *(rep)* anemoscope
szélsebességmérő *fn* anemometer, wind ga(u)ge ; **hődrótos** ~ hot-wire anemometer
szélső extreme, exterior ; *(sugár ; opt)* marginal ; ~ **betörő lövés** *(bány)* rib snubber ; ~ **bordafog** *(tex)* terminal dent ; ~ **cső** *(kazánban)* wing tube ; ~ **érték** extreme (value) ; ~ **értékű hely** *[állóhullámban]* antinode ; ~ **főtartó** *(ép)* parapet girder ; ~ **gerenda** *(ép)* marginal beam ; ~ **határ** extremity ; ~ **helyzet** extreme position ; *(távbeszélő kulcsé)* thrown position, off-normal position ; ~ **(jobb-bal) helyzet** *[hangológombé]* turned fully (clock-anticlock) wise extreme (right-left) position ; ~ **keretantenna** *(körsávirányadónál ; rep)*

(out)side loop ; ~ **szál** exterior fibre; ~ **vasalás** *(ép)* marginal reinforcement ; ~ **vezeték** *(háromvezetékes rendszernél ; vill)* outer main
szélsőséges extreme ; *l még* **szélső**
szélszarvkötél *(hajó)* tack
szélszedés *(cipő)* round, bevel
szelszin *(vill)* synchro, selsyn, magslip, autosyn ; **érintkező nélküli** *(váltakozóáramú)* ~ magslip
szelszin-adó : kis mérőhatárú finom ~ *(távk)* fine transmitting selsyn
szélszög *(met)* angle of yaw
szélterhelés *l* **szélnyomás**
széltorlódás *(met)* blocking
szélugrás wind shift
szélű : gyalult ~ edge-shot
szélvágás *(bőr)* edge cutting
szélváltozás wind veer(s)
szélvédő wind shield ; *(ablakon)* draft preventer ; *(kupak, sisak stb)* wind cap ; *(gépk)* windscreen, windshield ; ~ **felső kerete** *(gépk)* windscreen head rail ; **ívelt** ~ *(gépk)* panorama shield, wrap-round windscreen ; ~ **lap** baffle plate ; **nem nyitható** ~ fixed windscreen ; **nyitható** ~ hinged windscreen ; ~ **üveg** *(gépk)* screen glass
szélvédő-fecskendező *(ablaktörlőnél ; gépk)* screen washer, screen spray
szélvédő-tömítés *(gépk)* ventilation pad
szélvékonyodás *(heng)* lateral contraction
szelvény cut, section, segment, profile ; *(rep) l* **szárnyszelvény** ; **ferdén levágott szélű** ~ featheredge spread ; **I-alakú** ~ double-tee section ; **L-alakú** ~ angle section ; **működő** ~ working profile ; **nyitott** ~ clearance ; **összetett** ~ composite section ; **szabványos** ~ standard section ; **szekrényes** ~ box section ; **sztratigráfiai** ~ *(földt)* geologic column
szelvény- sectional
szelvényáru *(2"-nél = 51 mm-nél vékonyabb ; fa)* boards
szelvénybélyegző gép card-marking machine
szelvénycsúcsszög *(gépt)* angle of thread
szelvényes segmental
szelvényez (cut a) profile
szelvényezés determining the form ; *(geod)* profiling ; **villamos** ~ *(földt, ol)* electric profiling/logging ; **villamos mélyfúrási** ~ electric well logging
szelvényezési határok profiling boundaries
szelvényhengersor *(heng)* section rolling mill
szelvényhúr-emelkedés *(légcsavarnál)* chord pitch
szelvényív *[alagútnál]* form
szelvénymaró form cutter
szelvénymenti szeizmikus felvétel profile shooting
szelvénymérce profile ga(u)ge ; **szabad rakodási** ~ clearance loading ga(u)ge
szelvénymérő *(rep)* profilometer
szelvényminta *[alagútnál]* profile form
szelvényoldal *(gépt)* flank/side of thread
szelvényolló shape shears
szelvényrács *(rep)* profile lattice/ cascade
szelvénysajtó structural shape punch
szelvényszintezés *(hossz- v keresztszelvényé ; geod)* profile level(l)ing
szelvénytörés *(földt)* break in the profile
szelvényű : kis ~ *[idomvas]* small-section ; **nagy** ~ large-section
szelvényvas profile/section iron
szelvényvastagság *(rep)* profile thickness ; **viszonylagos** ~ *(rep)* thickness ratio
szélvezeték *(koh)* blast pipe/main
szélvihar tornado
szélvízjel *(pa)* edge watermark
szélzaj *(gépk)* wind noise
szélzászló wind vane ; ~ **beálló lapja** *(met)* fly
szélzsák *(met)* wind cone/vane/sleeve
szem lug, eye ; *(ásv)* grain ; *(kh)* loop, mesh ; *(önt)* boss ; *[vezetőér végén ; távk]* loop ; *(tex)* stitch ; ~ **alkalmazkodása sötéthez** dark adaptation ; **átbuktatott levert** ~ *(kh)* cast-off loop ; **baloldali** ~ *(kh)* back loop ; ~ **felőli dioptralemez** *(geod)* rear sight vane ; **fonákoldali** ~ *(kh)* back loop ; **kimaradt ~ek bekötése** *(kh)* closing of the holes ; **~et ledob** *(kh)* load up
szem- ocular
szemaforhíd *(vasút)* gantry
szemaforjelző air flapper
szemaforkar signal arm
szemaformező track-engaging field
szemaforoszlop dolly
szemaforzászló Morse flag
szemátakasztás *v* **-áthelyezés** *(kh)* stitch transfer
szemátakasztó berendezés *(kh)* top machine
szemátbuktatás *(kh)* clearing
szemáthelyezés *(kh)* loop/stitch transfer
szemáthelyezéses minta *(kh)* transfer stitch
szemáthelyező *(kh)* point of transfer ; ~ **lakat** *(kh)* transfer cam ; ~ **platina** *(kh)* transfer jack ; ~ **tű** *(kh)* American-type compound needle, transfer needle
szembeáramlás *(hidr)* opposed current
szembefordító kar facing arm
szembefordul : széllel ~ *(hajó)* luff ; *(rep)* turn into the wind
szembejövő : ~ **forgalom** oncoming traffic ; ~ **jármű** approaching vehicle
szembekapcsolási módszer *(rád)* opposition method
szembemozgás counter motion
szembenáll face
szembenállás facing
szembenálló opposed, facing, adverse ; **Nappal** ~ *(csill)* antisolar ; ~ **tekercsek** *(vill)* opposing coils
szembenfekvés opposition
szembenfekvő opposite ; ~ **oldal** opposite side ; ~ **szög** opposite angle
szembezárás *(kh)* clearing
szemcsapágy plain/integral bearing ; *(marón)* arbor support bearing
szemcsavar eyebolt
szemcse grain, granule ; *[vasporé ; távk]* particle ; **apró** ~ fine grain ; **durva** ~ coarse grain ; **szemcsék elhelyezkedése** *(csiszolókorongban)* grain spacing ; **finom** ~ fine grain
szemcseátmérő grain diameter
szemcsedurvulás *(anyagv)* grain growth/ coarsening
szemcsefinomító : ~ **hevítés hőfoka** *(koh)* refining heat ; ~ **hőkezelés** *(koh)* grain refining ; ~ **lágyítás hőfoka** refining heat
szemcsefinomság foka degree of fineness
szemcsefolyás *(alak)* grain flow
szemcsegyakorisági görbe grain-size frequency curve
szemcsehatár grain boundary ; ~ **maratása** grain boundary attack
szemcsehatármenti repedés *(anyagv)* grain boundary crack
szemcseközti korrózió *(anyagv)* intergranular corrosion
szemcsenagyság grain size ; ~ **szerinti osztályozás határai** grading limits
szemcsenövekedés *(anyagv)* grain growth
szemcseosztályozó szita sieve for sizing grains
szemcseösszeforradás vonala *(heg)* grain junction line
szemcseösszesülés *(mikrofonnál)* caking of the granules
szemcseösszetétel granulometric composition
szemcsés granular, granulous ; *(ásv)* acinose *is* ; ~ **cementit** globular cementite ; ~ **cserepesedett szerkezet** *(földt)* granular interlocking texture ; ~ **ellenállás** *[szénporból]* granular resistance ; ~ *(mázeros)* **fa** curly grained-wood ; ~ **felületű kikészített bőr** shagreen ; ~ **felületű papír** granulated paper ; ~ **film** grainy film ; ~ **folt** *(filmhiba)* mottling ; ~ **gipsz** granular gypsum ; ~ **kőnyomdai kő** grained stone ; ~ **kőzetek** grained rocks ; ~ **lőpor** grain/pellet powder ; ~ **műtrágya** granular-pelleted fertilizer ; ~ **perlit** globular pearlite ; ~ **rajzpapír** grained drawing paper ; ~ **réz** shot copper ; ~ **szerkezet** granular structure ; **~sé tesz** *(nyomda)* stipple ; ~ **törés** granular fracture ; ~ **vas** grain iron
szemcsésít *l* **szemcséz**
szemcsésség granularity
szemcsesűrűség grain density ; *(köszörűkorongnál)* structure
szemcseszerkezet granular structure
szemcseszerkezet-mérés granulometry
szemcséz granulate, grain ; *(követ)* nidge ; *(puskaport)* corn
szemcsézés graining ; *(ép)* broached work, hacking
szemcsézet grain structure
szemcsézett granular, granulated, grained ; *(lőpor)* pelleted ; ~ **kaucsuk** pellet rubber ; ~ **lemez** *(lehúzó hengerhez ; tex)* grained sheet metal
szemcsézettség granularity ; *l még* **szemcsézett**
szemcséző *fn* granulator ; ~ **berendezés** grainer ; ~ **kalapács** *(kemény kőhöz)* bush hammer
szemcsézőgép *(bőr)* granulating machine; *(forg, nyomda)* pebbling machine
szemel pick
szemellenző visor, vizor ; *(lószerszámon)* goggles ; *(sapkára)* peak
szemeloszlás grain-size distribution
szemeloszlási görbe grain-size characteristics
szemelosztás *(méretarány szerinti ; tex)* graduation ; *[betonadalékanyagé]* grading
személybeszállító berendezés *(bány)* man machine
személy- és teherforgalmú állomás combination depot
személyfelvonó passenger elevator

személyforgalmi aluljáró passenger tunnel
személyforgalom passenger traffic
személygépkocsi passenger car
személyi hiba personal error
személykas *(bány)* bontle
személykocsi *(gépk)* passenger car; *(vasút)* passenger car(riage), coach
személypályaudvar passenger station; **nagy ~** passenger terminal
személypoggyászkocsi *(vasút)* fourgon
személyszállítás passenger service/transport; *(aknában; bány)* man winding/hoist
személyszállító *mn* passenger(-carrying); **~ gőzhajó** passenger steamer; **~ hajó** passenger boat; **~ kas** *(bány)* man cage; **~ kötélpálya** passenger aerial ropeway
személyvonat slow train
személyvonati mozdony passenger locomotive
személyzet personnel, crew, staff; **~ biztonsága** *(távk)* safety of personnel
személyzeti : ~ állomáshely crew station; **~ kocsi** *(vasút)* caboose car; **~ szoba** staff room
személyzetű : nem teljes ~ undermanned
személyzsilip *[sűrített levegőjű üzemben]* *(mélyép)* men lock
szemenként adagoló vető szerkezet *(mzg)* single-seed hopper
szemerkél *(met)* sprinkle
szemerkélés *(met)* drizzle
szemérzékenységi görbe relative luminosity/visibility curve
szemescsavar *l* **szemcsavar**
szemét refuse, garbage, scrap; *(pa)* muck; **~ elszállítása** refuse transportation
szemétégető refuse destructor; **~ kemence** garbage incinerator; **~ telep** garbage-disposal plant
szemétemésztés *v* **-eltávolítás** waste elimination
szemeteskocsi rubbish cart
szemétgyűjtés refuse collection
szemétgyűjtő : ~ kocsi *(gépk)* garbage truck; **~ tehergépkocsi** *(pormentes)* (dustless) refuse collector
szemétkosár waste basket/bin, dustbin; *(utcai)* litter basket/bin
szemétlapát dust-pan
szemétleeresztő cső refuse shoot
szemétlerakó hely spoil ground
szemétmegsemmisítő refuse destructor
szemétszállító jármű dump car/truck
szeméttüzelésű erőmű destructor station
szemfáradság eyestrain
szemfelszedő tű mending needle
szemfeltartás *(kh)* tuck
szemfutás *(kh)* ladder(ing), run(ning)
szemfutásbiztos *(kh)* ladder-/run-proof; non-run/-laddering; **~ kelme** *(tex)* non-run texture
szem—fül-módszer *(időmeghatározásra)* eye-and-ear method
szemhalmozódás *(kh)* loop accumulation
szemhatár horizon; **~ körvonala** *(fényk)* skyline
szemhegyezés *(élip)* pointing
szemhossz *(tex)* loop/stitch length
szemhurok *(tex)* loop
szemi-arid *(földt)* semi-arid
szemihidrát semi-hydrate
szemiinvariáns half-invariant
szemikrómcserzés semichrome tannage
szemikrómcserzésű *[bőr]* semichrome tanned
szemképzés *(kh)* loop formation
szemképző berendezések *(kh)* loop-forming elements, looping/knitting elements
szemközti : ~ elrendezés *[utcai lámpáé]* opposite arrangement; **~ világítás** opposing light
szemledobás *(kh)* load up
szemlefutás *(harisnyán)* ladder, run
szemlefutásbiztos *(kh)* *l* **szemfutásbiztos**
szemlélő berendezés viewer; *(térképező műszeren)* observation apparatus
szemlélőgödör *(vasút)* pit
szemléltető : ~ ábrázolás *v* **bemutatás** ocular demonstration; **~ ábra** diagram; **~ oktatás** object-teaching
szemlencse ocular, eye lens, eyepiece; **~ csúszófoglalata** eyepiece sliding sleeve; **~ zárósapkája** eyepiece cap
szemlencsebeállító gyűrű eyepiece-adjusting ring
szemlencseelőtéthasáb *(geod)* prismatic eyepiece
szemlencsefedő *(geod)* eye cap
szemlencse-fonalkereszt cross-hairs of the eye-piece
szemlencse-fonalkeresztes mikrométer eyepiece cross-line micrometer
szemlencsés revolverfej revolving eyepiece head
szemleszaladás *(kh)* run(ning), ladder(ing)
szemleverés *(kh)* casting off
szemleverő : ~ kerék *(kh)* cast off bur/wheel, knocking over wheel; **~ lakat** *(kh)* knocking over cam; **~ platina** *(kh)* casting off sinker, knocking over sinker; **~ tárcsa** *(kh)* cast off bur, knocking over wheel
szemmagasság eye level
szemmérték : mérés ~kel measuring by sight; **~ szerinti vázlat** eye sketch
szemnagyság *(koh)* screen size, size of grains; **~ csökkentése** reduction in sizes; **~ szerint osztályozott** sized; **~ szerinti osztályozás** grain-size classification
szemoszlop *(kh)* wale
szemölcs *(öntvényen)* boss
szemölcsösség wart
szemölcsös szerkezet *(ásv)* mamillary structure
szemölcsréteg *(bőrön)* papillar layer
szemöldök *(ép)* brow, cornice
szemöldökcsipesz cilia forceps
szemöldökfa break jamb, lintel, ledge, abutment
szemöldökgerenda *(hidr)* headboard
szemöldökkő ledger
szemöldökpárkány *(ép)* hood mould
szempálca *(kh)* wale
szempálca-sűrűség *(kh)* wales per inch
szemsor *(kh)* course, row of loops; **~ok száma** *(kh)* course count
szemsor-sűrűség *(kh)* courses per inch
szemsűrűség *(kh)* density of loops, density of loops, stitch count
szemsűrűség-szabályozás *(kh)* stitch control
szemszaladás *(kh)* laddering, run
szemszerkezet *(földt)* granulometric composition; **~ előállítása** grading; **~ finomsági aránya** fineness ratio
szemszerkezeti görbe grading curve
szemszerkezet-vizsgálat sizing test
szemszög aspect
szemszüneteltetés *(kh)* held stitch
szemtágító (segédtű) *(kh)* loop expander
szemtartó léc *(csipkeverő gépen)* point
szemtávolság interocular distance
szemtehetetlenség *(távk)* visual persistence
szemtengely optical axis; **~ek szöge** *(pontránézéskor)* optic(al) parallax
szemterelő : ~ kerék *(kh)* landing wheel/bur; **~ tárcsa** landing bur/wheel
szemüveg spectacles; *(monokli)* eyeglass(es); *(karjelző vörös és zöld üvegei)* spectacles; **bifokális ~** bifocal glass; **~ éjszakai vezetéshez** *(gépk)* night driving spectacles/glasses; **színkiegészítő ~ a térhatású film vetítéséhez** anaglyph; **vegyipari ~** chemical goggles
szemüvegcsiszoló (munkás) spectacle grinder
szemüvegkeret spectacle rim/frame
szemüveglencse spectacle lens; **~ üvegje** spectacle glass
szemüvegszár spectacle side arm
szemvédő *l* **szemellenző**
szemvédő-állító *(koh)* spectacle valve
szemzőkés *(mzg)* budding knife, grafter
szén *(ásv, vegy)* carbon; *(ált)* (char)-coal; *(állati v növényi műszén)* charcoal; **agyagos ~** bone coal; **aktív ~** active/activated charcoal/carbon; **~ alatti agyagréteg** underclay; **állati ~** animal char; *(csontszén)* bone char(coal); **barna ~** brown coal, lignite; **bitumenes ~** *(kőszén)* bituminous coal; **darabos ~** lump coal; **fajtázatlan ~** run/altogether coal; **fás rostú ~** *(bány)* board coal; **földes** *v* **kibúvási ~** coal smut; **frissen feldobott ~** green coal; **hamutartalmú ~** ash coal; **hosszú lángú ~** long-flame coal, candle coal; **kátránytartalmú ~** pitch coal; **kemény ~** *(kötött v kevert)* bastard coal; **kis fűtőértékű ~** poor coal; **kis illóanyagtartalmú ~** low-volatile coal; **kokszolható ~** coking/caking coal; **közepes illótartalmú ~** medium-volatile coal; **láng nélküli** *v* **lángmentes ~** blind coal; **laza barna ~** moor coal; **lúggal aktivált ~** *(vegy)* alkaline char; **másodszor az osztályozóra feladott ~** *(bány)* rerun coal; **nagy illótartalmú ~** high-volatile coal; **nem sülő** *v* **nem kokszosodó ~** dross/yolk coal; **növényi ~** charcoal; **osztályozatlan ~** *(bány)* run/altogether coal; **~ öngyulladó képessége** coal ignitability; **~ önműködő adagolóhoz** stoker coal; **összesülő ~** caking/baking coal; **~ összesülése a mikrofonban** burning of microphone; **palás ~** shaly/banded coal; **piritet tartalmazó ~** *(bány)* drossy coal; **porított ~** powdered coal; **rétegezett ~** banded coal; **rossz minőségű ~** *(bány)* rash; **rostos ~** *(bány)* board coal; **sovány ~** semi-anthracite, lean coal; **száraz** *(hosszú lángú)* **~** dry coal; **üveges ~** bottle coal; **vegyes ~** *(bány)* all-ups; **zsíros ~** fat coal
szén- (char)coal, carbon, char, carbonous, carboniferous

szénabálázó *fn* hay baler
szénaboglyázó gép elevator rake
szénacél carbon steel
szénadagoló : ~ **csatorna** *v* **csúszda** coal shoot ; ~ **láda** discharge box
szénadogató *fn* coal passer
szénafelvonó *fn* hay carrier
szénaforgató *fn* hay tedder/spreader
szénagereblye hayrake
szénagereblyehúzó *(mzg)* sweep (hay) rake
szénagyűjtő (gép) dump rake ; ~ **villa** pitchfork, hay fork
szénahányó villa hay fork
szénakaszáló gép hay cutter
szénakazalozó *fn* hay stacker
szénalágyújtó *fn* coal kindler
szénalkotó növények coal-forming plants
szénamarokrakó gép *(mzg)* reaper for hay
szénapadlás hayloft
szénapajta haymow
szénaprés hay baler
szénaprítás coal breakage
szénaprító *fn* coal breaker
szénapró *(bány)* waste, rubbles
szénaprózódás coal degradation ; ~**t gátló berendezés** anti-coal-breakage device
szénarakó : ~ **daru** *v* **gólya** hay derrick ; ~ **gép** hay loader
szénarakodó gereblye elevator rake
szénarendforgató gép swath turner
szénarendgyűjtő (gép) swath collector
szénarendlazító (gép) hay aerator
szénásó (munkás) coal digger
szénaszárító (berendezés) hay conditioner
szénátalakító *v* **-elgázosító** *v* **-lepárló ipar** coal conversion industry
szénatom carbon (atom) ; **aszimmetrikus** ~ asymmetric carbon ; **sorban második** ~ beta carbon ; **szomszédos** *v* **vicinális** ~**ok** adjacent carbons
szénátrakó gép coal storage reloader
szénavilla prong, agricultural fork ; **kettős nyitható hegyű** ~ double-harpoon fork
szénbagó tailing
szénbánya coal mine/pit, colliery ; ~ **légköre** *v* **légviszonyai** coal mine atmosphere
szénbányász coal miner
szénbányászat coal industry/mining
szénbányavidék *v* **-terület** coal reservation
szénbárka coal bulk
szénbélelés carbon lining
szénbélés carbon lining
szénborona hudge
szénbrikett coal brick/briquette
szénbunker coal/fuel bunker/hopper
széncella *l* **szénoszlop**
szén-cink-elem carbon-zinc cell
széncsillés coal wheeler
széncsúszda coal chute
széncsúsztató lemez coal slope sheet
széndara granulated carbon, smalls
széndaraboló coal-crusher plant
széndioxid-regisztráló készülék carbon dioxide indicator recorder
széndioxid-vizsgáló *fn* CO_2 indicator-tester
széndiszulfid carbon disulfide
széndús acél high-carbon steel
széndúsító eljárás *(bány)* coal-dressing process
szendvicsszerű *[szerkezet]* sandwich-type

szenegagyökér Senega root
szenegálgumi Senega gum
szénégető *fn* coal pile ; ~ **boksa** mound ; ~ **kemence** charcoal kiln ; ~ **retorta** charcoal kiln
szénegyengető berendezés *(bány)* trimmer
széneke coal plough
szénekevas *(bány)* mining plough share
szénelektród carbon electrode ; **depolarizáló anyaggal körülvett** ~ *(szárazelemben)* bobbin
szénelektródos elem *(vill)* carbon battery
szénelektród-szorító *fn* carbon terminal
szenelés *(bány)* coal work ; *l* még **szénellátás**
szénellátás coal supply
szénellenállás *(rád)* carbon resistor
szenelő : ~ **állomás** coaling station ; ~ **munkahely** stall ; ~ **munkahely homloka** *(bányában)* buttock
szenelődaru coal(ing) crane
szénelőkészítés *(bány, koh)* coal dressing ; ~ **ülepítőgépen** coal jigging
szénelőkészítő *fn* coal separator ; *(munkás)* dresser
szenelőnyílás *(hajó)* bunker scuttles
szénelőtoló gép coal pusher
szenelővágány coaling siding
szénérintkezős kapcsoló *(vill)* brush contact switch
szenes coaly ; **fekete** ~ **agyag** chalk black ; ~ **villámvédő** *(távk)* carbon block protector
szenescsille *(vasút)* barney *(US)*
szenesedés carburization, carbonization, charring
szenesedik char, carbonify
szenesít burn, carbonify
szenesítés coalification, carbonization
szenesítőkamra *v* **-szekrény** *(koh)* carbonizing box
szenesítőláda *(koh)* carbonizing pot
szeneskanna coal bin
szeneskosár coal hutch
szenesláda coal store
szenespala jerry ; **fekete** ~ *(bány)* batt
Szeneszsák *(csill)* Coal Sack
szénfajta coal rank
szénfal *(fejtésben)* coal face
szénfalkidőlés coal inrush
szénfátyolpapír *(fényk)* carbon tissue
szénfedőréteg cover of coal
szénfejtés *v* **-termelés** *v* **-kihozatal** coal drawing ; ~ **előkészítése** coal preparation ; ~ **szakmányban** stalling
szénfejtési veszteség coal waste
szénfejtő rúd pricker *(UK)*
szénfekete coaly
szénfelhalmozás coal backing
szénfelhasználás feldolgozási célokra nonfuel coal uses
szénfelvétel cementálás közben *(koh)* carbon pick-up during hardening
szénfényesség *(bány)* lustre of coal
szénférő fuel space
szénfogó coal tongs
szénfolt *(bány)* wandering coal
szénfúró coal drill/auger
szénfúrómag coal core
szénfüggöny curtain of coal
széngarat coal hopper/mill
széngáz coal gas ; *(bány)* sweat damp
széngázjelző készülék carbon monoxide detector
széngurító *fn* coal chute
széngyalu coal plough

széngyűrűs vízszivattyú-tömítés *(gépk)* carbon ring gland
szénhalom *(bány)* rick
szénhártya carbon film
szénhasábos levezető *(vill)* carbon protector
szénhíd *(vegy)* carbon bridge
szénhidrát carbohydrate
szénhidrogén hydrocarbon ; **alifás** ~ aliphatic hydrocarbon ; **aromás** ~ aromatic hydrocarbon
szénhomlok *(bány)* face of coal
szénhordó kosár scuttle
szénhulladék waste coal, duff
szénhullás : darabos ~ coarse coal yield
szenilis : ~ **állapot** *v* **fázis** *v* **ciklus** *(földt)* senility ; ~ **folyó** *(földt)* old river
széniparvidék coal province
széniszap coal washings ; **besűrített** ~ coal sludge ; **vékony rétegű** coal slime
szenítés carburization ; *(koh)* cementation ; **sófürdős** ~ carburizing by molten salts
szenítési réteg *(koh)* carburization zone
szenítőfa charcoal wood
szenítőláda *(koh)* carbonizing box
szenítőláng carbonizing flame
szenítőpor *(koh)* cementing powder
szenítőszer *(koh)* case-hardening carburizer
szenítőtelep *(fa)* carbonization plant
szénív-hegesztés carbon-arc welding
szénívvágás carbon-arc cutting
szénizzószál *(vill)* carbon filament
szénizzószálas lámpa carbon lamp
szénjövesztő ék gad picker
szénkamra *v* **-raktár** coal bunker
szénkátrány coal tar
szénkátrányszurok coal-tar pitch
szénkefe *(vill)* carbon brush
szénkefetartó *(vill)* carbon brush holder
szénkéneg carbon bisulfide/disulfide
szénkeverék *(rád)* carbon mix
szénkeverék-rúdellenállás *(rád)* carbon composition resistor
szénkeverés coal blending
szénkiborító szerkezet coal tip
szénkibúvás coal outcrop
szénkiégés *(koh)* decarburization
szénkocsi coal hutch
szénkorom coal smut/soot
szénkorszak *(földt)* coal age
szénkosár coal scuttle/hutch
szénkotró coal shovel
szénláb block of coal
szénlánc *(vegy)* carbon chain
szénlánc-hídképzés *(vegy)* chain bridging
szénlapátoló *(munkás)* coal shovel
szénlelőhely coal deposit(s)
szénlencse *(bány)* wandering coal
szénlerakódás carbon deposit
szénlocsoló tömlő *(vasút)* squirt hose
szénmáglya *(bány)* rick
szénmaradék carbon residue
szénmarkoló *fn* coal grab
szénmásolópapír carbon paper
szénmedence coal basin, coal-field(s)
szénmentes carbon-free
szénmező *v* **-terület** coal field
szénmikrofon carbon (granule) microphone
szénmonoxid carbon monoxide, carbonic oxide
szénmosó *fn* coal washer ; ~ **berendezés** coal washing plant ; **homokfolyadékos** ~ **kúp** *(bány)* Chance cone ; ~ **mű**

(bány, koh) coal washing/washery ; ~ **és osztályozó berendezés** coal--washing and grading plant ; ~ **padozat** *v* **asztal** *v* **állvány** coal-washing table ; ~ **szér** coal-washing table ; ~ **víz** coal slurry
szénművelési rendszer coal-method
szénnagyság coal size ; ~ **önműködő adagoló részére** *(bány)* stoker grade
szennalevél senna leaf
szén-nitrogén-ciklus *(csill)* carbon--nitrogen cycle
szénnyomat-módszer *(közvetlen ; fényk)* Artigue's process
szénoszlop *(vill)* carbon-pile
szénoszlopos : ~ **áramszabályozó** *(vill)* carbon-pile regulator ; ~ **feszültség-szabályozó** *(vill)* carbon-pile voltage regulator
szénosztályozás coal classification/separation, barring
szénosztályozó *fn* coal separator ; ~ **és -mosó mű** coal breaker ; ~ **szita** coaling screen ; ~ **térség** *(aknanyílásnál)* pit bank ; ~ **villa** *(kézi osztályozáshoz)* fork
szénoxid carbon monoxide, carbonic oxide
szénösszesülés *(tüz)* agglomeration
szénpad *(bány)* bench
szénpadfejtés *(bány)* benching
szénpala coal slate/shale ; *(földt)* carbonaceous shale ; **fekete** ~ black bat
szénpillér coal post/block ; **ki nem fejtett** ~ stander ; ~ **kifejtése** broken working
szénpince coal hole
szénpirit *(koh)* coal pyrite
szénpogácsa briquette
szénpoha *(koh)* bosh
szénpor coal dust/flour ; *(porított:)* pulverized coal ; *(réselési:)* breeze ; ~ **bepermetezése** *v* **öntözése** *(bány)* dust spraying/sludging
szénporkitörés *(váratlan)* coal outburst
szénporlás coal degradation
szénporlobbanás *(bány)* dust storm
szénpor-mikrofon coal-powder microphone
szénpor-motor coal-dust engine
szénpor-résdara burgy
szénportüzelés pulverized-coal firing
szénportüzeléses pulverized-coal fired
szénporülepítő *v* **-osztályozó** *(bány)* dust separator
szénrajz fusain
szénrajzpapír charcoal drawing-paper
szénrakó *(munkás)* coal heaver ; ~ **berendezés** coal-handling plant
szénrakodás coal whipping
szénrakodó *fn* coal loader/backer, coaler ; ~ **hely** coal supply ; ~ **kötélpálya** coaling cableway ; ~ **tölcsér** *(hajó)* coal drop ; ~ **villa** coal rake
szénraktár coal store/bunker/shed ; **akna melletti** *(föld alatti:)* ~ bank ; **úszó** ~ *(leszerelt öreg hajón:)* coal hulk
szénrepesztés *(bány)* shooting
szénréselés coal cutting
szénréselő *l* **réselő(gép)**
szénréteg coal layer/seam ; **főtében hagyott** ~ *(bány)* head coal ; ~**közbetelepülése** *v* **közbeágyazása** shed coal ; **vékony** ~ carbon film
szénrétegellenállás *(rád)* carbon film resistor
szénrétegösszlet coal measures
szénsaraboló *(bány)* coal-type scraper loader
szénsav carbonic acid
szénsavanhidrid carbonic anhydride, carbon dioxide
szénsavas : ~ **ammónium** ammonium carbonate ; ~ **bárium** barium carbonate ; ~ **cink** zinc carbonate ; ~ **kálium** potassium carbonate ; ~ **magnézium** magnesium carbonate ; ~ **mész** calcium carbonate, carbonate of line ; ~ **nátrium** sodium carbonate ; ~ **ólom** lead carbonate
szénsavazás *(vegy)* carbonation
szénsavazó oszlop carbonating column
szénsavgáz carbon dioxide gas, gaseous carbon dioxide
szénsav-hűtőanyag *(folyékony:)* carbon dioxide refrigerant
szénsavjég solid carbon dioxide ; ~ **kihintése** *(felhőkbe esőkeltéshez:)* dry--ice seeding
szénsavkompresszor carbonic acid compressor
szénsavpalack carbonic acid drum
szénsavpatron cardox cylinder
szénsavtartály carbonic acid drum
szénserleg *v* **-puttony** *v* **-kosár** coal scuttle
szénszál *[lámpáé]* carbon filament ; **sziliciumbevonatú** ~ *(vill)* helion filament
szénszállítás *(külszínre)* coal drawing ; ~ **szánnal** *v* **teknőcsillével** carting
szénszállító : ~ **berendezés** coal-handling plant ; ~ **bödön** *(bány)* skip ; ~ **gőzhajó** steam collier ; ~ **szán** *(bány)* sled ; ~ **taliga** *(bány)* dan ; ~ **vonat** coaler
szénszegény acél low-carbon steel
szénszekrény coal bunker
szénszelence *(mikrofonban)* Skinderviken button
szénszeletfejtés bench-and-bench work
szénszemcse carbon granule grain
szénszemcsék összesülése *(távk.)* packing
szénszemcsezörej *(mikrofonban)* carbon noise
szénszerű carbonaceous, charcoal-/cinder-like
szénszita coal screen
széntároló : ~ **(beton)medence** *v* **verem** coal bunker ; ~ **hombár** coal bin
szén tartalmú carboniferous, coaly, carbonaceous ; *(ásv)* carbonian, coal-bearing *is* ; ~ **formáció** coal-bearing formation ; **kis** ~ *v* **karbon tartalmú** low in carbon ; ~ **kőzetek** coal measure rocks
széntartalom *(elemi)* carbon content
széntartály coal bin/bunker ; *(oldalsó)* coal pocket
széntartó *l* **széntartály**
széntelenít decarbonize
széntelep coal bed/deposit ; *(külfejtésben)* bank ; ~ **elmállott kibúvása** *(bány)* coal blossom ; ~ **érintetlen része** *(bány)* massive coal ; ~ **kivékonyodása** *(bány)* balk ; **meg nem támadott** ~ block ; ~ **művelése** bank excavation ; **vékony szabálytalan** ~ coal pipe(s)
széntelepösszlet coal formation
széntelepülés coal formation ; ~ **térképe** plan of coal seams
széntelepvastagság *(bány)* height of coal
széntelér coal vein
széntér *(hajó)* bung
szénterelő berendezés *(bány)* riffler
széntermelés coal mining
széntermelő *(vállalat)* coal producer
szénterület *(bány)* curtain of coal
széntetraklorid carbon tetrachloride, tetrachloromethane
széntoló fej *(vasút)* coal pusher
széntonna (= 2352 *font)* miner's coal--ton
széntorony *(kokszoló kemencénél)* storage bunker
széntölcsér coaling scuttle
széntömb carbon block, coal core ; **lábban álló** ~ coal in solid
széntömbaprító és -rakodó munkás back stripper
szén-tömítőgyűrű carbon gland
széntörmelék slack coal
széntörő *fn* coal breaker/crusher
széntörzsű elem *(vill)* stumpy carbon cell
széntüzelés coal firing
szenülés *l* **elszenesedés**
szénüreg coal hole
szénvágat coal road
szénvágó gép coal cutter of pick type
szénvájár coal digger/hewer
szénvasérc blackband ironstone
szénvaskő *(ásv)* siderite
szénváz *(vegy)* carbon skeleton
szénveder *(mértékegység)* scuttle ; **kétrészes** ~ coal grab
szénvegyület carbon compound
szénverem coal bin
szénvezető rétegcsoport coal series
szénvidék coal region
szénvonó *fn* poker hook
szenzibilitás *l* **érzékenység**
szenzibilizált sensibilized
szenzitométer *(fényt)* sensitometer
szénzsilip *(vasút)* coal gate
szenny *(bőrön)* mud, dirt ; **vízzel szállított** ~ water-borne sewage
szennycím *(nyomda)* bastard title
szennycímoldal *(nyomda)* slur page
szennyes *(bány)* dreggy ; ~ **gubó hulladékselyme** rugginose ; ~ **iszap** slime ; ~ **olaj** slop oil; ~ **selyem** tarmate silk
szennyeszsák *(papír)* laundry bag, linen bag, paper bag for linen goods
szennyez dirt, soil, stain ; *(hidr)* choke ; *(tex)* blot
szennyezés contamination, impurity, sullage ; *[csillámé ; távk]* stain ; ~**sel aktivált** *[félrevezető v foszforeszkáló anyag]* impurity activated
szennyezetlen clean
szennyezett contaminated, foul, dungy ; ~ **elektrolit** foul electrolyte ; **érckísérőkkel** ~ *(földt)* adulterated ; ~ **fonal** soiled/specky/dirty yarn ; ~ **(gyapjú)bunda** *(tex)* downrights
szennyezettség impurity, foulness
szennyezőanyag *l* **szennyeződés**
szennyeződés impurity, dirt, contamination, pollution, stain(ing) ; *(ötvözetben)* impurities
szennyeződés-álló *(tex)* dirtproof
szennyeződésgyűjtő medence *[szappanfőzőnél]* hat
szennyeződött dirt, soiled, impure ; **érckísérőkkel** ~ *(földt)* adulterated ; ~ **fonal** *(tex)* soiled/specky/dirty yarn
szennyfogó : ~ **akna** *(hidr)* catch()pit ; ~ **horony** *(forg)* dirt groove
szennygyűjtő dirt pocket ; ~ **tartály** dirt box

szennyláp sew
szennylényílás wash-out door
szennylúg *(pa)* waste/release/black liquor
szennynyelő akna catch basin
szennyszivattyú scum pump
szennyvíz sewage, effluent, slop/outlet water ; *(pa)* back/floor/dish/waste water ; **közepes töménységű ~** average sewage
szennyvízanalízis sewage analysis
szennyvízbomlás decomposition of sewage
szennyvízcsatorna sewage conduit; **szennyvízcsatornát fektet** sewer
szennyvízcsatorna-alagút sewer tunnel
szennyvízcsatorna-búvólyuk sewer manhole
szennyvízcsatorna-hálózat sewerage system
szennyvízcsatorna-kiürítő *fn* sewer evacuator
szennyvízcsatorna-kotró gép sewerage dredger
szennyvízcsatorna-rendszer sewerage system
szennyvízderítés clarification of sewage
szennyvízderítő berendezés sewage works
szennyvízelfolyás wasteway
szennyvízelvezetés sewage disposal
szennyvízelvezető cső sewer pipe
szennyvizes : ~ edény slop bowl ; **~ veder** slop pail
szennyvízgyűjtő *(pa)* low box ; **~ tartály** sewage tank ; *(szennylenyomó csővel)* Dortmund tank
szennyvízkezelésnél altalajból feltörő levegő ground air
szennyvízkotró gép sewage dredger
szennyvízleeresztő akna gully
szennyvízlefolyó cső cesspipe
szennyvízlevezetés well drain
szennyvízlevezető *fn* launder ; **~ akna** straining pit ; **~ csatorna** sewer ; **~ cső** *(hidr)* drain ; **~ gyűjtő csatorna** common sewer
szennyvízoszlató *(szűrőnél)* distributor
szennyvízöntözés broad irrigation
szennyvízrothasztó medence fermenting tank
szennyvízszivattyú scum pump ; *(pa)* waste water pump
szennyvízszivornya *(harang alakú:)* bell trap
szennyvízszűrő *fn* sewage filter ; *(pa)* waste water filter, back/effluent filter, waste-water filtration/setting plant
szennyvíztároló medence sewer catch basin
szennyvíztisztítás sewage purification ; **derítővas ~** lagooning
szennyvíztisztító telep sewage treatment plant
szennyvízülepítő medence quiescent tank
szeparál separate
szeparálótartály separating tank
szeparált separated
szeparátor separator ; *(élip ; vegy)* divider *is ; (tex)* anti-balloon, separator ; **elektromágneses ~** electromagnetic separator ; **tejfölöző ~** *(élip)* skimmer
szeparátorlemez akkumulátorban battery filler
szeparátorszalag *(mágneses)* belt magnetic separator
szépia black-fish, sepia ; **~ sötétítőfürdő** *(fényk)* sepia toning bath
szépiahal-csont cuttle bone
szépiamásoló papír brown print
szépiolit *(ásv) l* **tajtékkő**
szépítőszűrés *(élip)* polishing filtration
szépnyomat *(nyomda)* white paper
szépséghibás tégla waster
szeptált *(harántirányú falakkal szétválasztott:)* septate
szeptária *(ásv)* septarian nodules
szeptikus septic
szeptim *(hangt)* seventh
szer agent, medium ; *(ép) l* **szín**
szér *(bány, koh)* table, frame, film sizer, concentrating table ; **gyűrűs ~** *(bány)* annular classifier
szerákok *(földt)* seracs
szerborda *(bány)* table riff
szérbordázat *(bány)* table riffle
szerecsenfej *(ásv)* niggerheads
szerel fit, mount, assemble, equip ; **keretre ~** frame ; **szabadon** *v* **konzolosan ~** *(hidat:)* cantilever
szérel *(bány)* buddle ; **kézzel ~** *(bány)* pan
szerelde assembly/erecting shop/department
szerelék armature, gadget ; *l még* **szerelvény**
szerelékfal control board
szerelékkocsi tool-and-gear wagon
szerelés assembly, assemblage, mounting, fitting, rigging, erection, equipment ; **~ állványokról** erection on stagings ; **angol rendszerű ~** *(távcsöveke)* English mounting ; **cellás ~** cell mounting ; **~ földre** floor mounting ; **~ függő állványról** erection by overhang ; **ideiglenes (lemezre készült) ~** *(távk)* breadboard construction ; **~ keretre** frame mounting ; **rezgésmentes ~** anti-vibration mounting ; **szabad ~** cantilever mounting
szérelés *(bány)* table separation ; **kézi ~** *(bány)* panning
szerelési mounting ; **~ ábra** *(vill)* wiring diagram ; **~ állásszög** *(rep)* rigging angle of incidence ; **~ anyag** installation material ; *(ép)* mountings ; **~ alap(lemez)** mounting base ; **~ furatok** *(gépt)* open holes ; **~ helyzet** gear ; **~ hiba** mounting error ; **~ magasság** *[világítótesté]* mounting height ; **~ rajz** erection drawing ; *(vill)* wiring diagram ; **~ távolság** placing distance ; **~ űrméret** assembling ga(u)ge ; **~ vázlat** mounting diagram ; **~ vázlatrajz** installation diagram
szerelhető assemble, built-up, built in sections ; **~ bélyegző** *(nyomda)* assemble die ; **~ formaszekrény** *(önt)* built-up box
szerelő *fn* fitter, mechanic, rigger, mounter ; *mn* erecting ; **~ berendezés** assembly jig ; **~ csavarhúzó** fitters'/mounters' screwdriver ; **~ dobogó** *(gépt)* erecting floor ; **~ emelvény** erecting bed/floor ; **~ fekvőpad** assemble truck ; **~ futószalag** assembly conveyer/line ; **gördülő ~ fekvőpad** *(gépk)* coaster ; **~ készülék** assembly jig/fixture ; **~ lakatos** fitter ; **~ taliga** repair creeper
szerelőágy *(gépt)* erecting bed
szerelőakna *(ép)* access tunnel ; *(gépk, gépt)* service/inspection pit
szerelőakna-emelő *(gépk)* hydraulic pit jack
szerelőakna-fedél *(garázsban)* pit cover
szerelőalagút *(padló alatti ; ép)* access tunnel
szerelőállvány assembly jig, repair stand, scaffolding ; *(ép)* falsework *is ; (hidr)* rising scaffolding bridge ; **~t felállít** erect the falsework ; **úszó ~** erecting pontoon stage
szerelőállvány-támasz mount support
szerelőárboc gin pole
szerelőasztal *(gépt)* desk
szérelőasztal *(bány)* cleaning table
szerelőbak *(motorhoz)* assembling jig
szérelő berendezés *(bány)* cleaning unit
szerelőcsarnok erecting shop/yard, assembly shop
szerelőcsavar drift bolt
szerelődaru erecting crane
szerelődoboz equipment box ; **fém ~** *(rád)* chassis
szerelőfogó mounters' pliers ; **állítható ~** adjustable gas pliers
szerelőgödör *(garázsban ; gépk)* pit
szerelőhíd *(gépt)* erecting floor/bed
szerelőjárda *(gépt)* erecting floor
szerelőkés electricians' knife
szerelőkocsi *(vasút)* tool wagon
szerelőkulcs double ended spanner
szerelőlámpa hand-lamp
szerelőlap panel, mounting plate
szerelőműhely assembly/erecting shop/department
szerelőnyílás *(kábelhez ; távk)* handle hole ; *[karosszérián]* access hole
szerelőpad bench
szerelőpapír mount(ing) paper
szerelőrúd stay transom
szerelőszegecs dummy rivet
szerelőszerszám erecting tool
szerelőtér assembly floor, erection bay
szerelőterem *l* **szerelőműhely**
szerelőtönk assembly holding block
szerelőudvar erecting yard
szerelőváz carcass
szerelővonat trolley train
szerelt mounted ; **helyszínen ~** field-erected ; **oszlopra ~** column-mounted
szerelvény *(gépt)* fitting, garniture, appliance, armature ; *(szerelési egység)* assembly unit ; *(bány)* trip ; *(cipő)* fitting ; *(ép)* armo(u)ring ; *(távk)* equipment, apparatus ; *(vasút)* train ; **mennyezeti ~** ceiling fitting ; **~ összeállítása** car spotting
szerelvényfal instrument board ; *l még* **műszerfal**
szerelvénylap *(rád)* chassis ; *(távk)* panel
szerelvényösszeállító vágány *(vasút)* gathering line
szerelvénysor traffic line
szerelvényvágány *(vasút)* body track
szerencsefogó *(ol)* fishing jars/grab, devil's fork
szerencseharang *(ol)* beche
szerencsehorog *(mélyfúráshoz)* tool extractor
szerfa (rig) timber
széria series
széria- serial
sériagyártás *l* **sorozatgyártás**
szériakocsi *(gépk)* production car
szériatörvény *(at)* Balmer's law of series
szericin *(tex)* sericine, silk gum ; **~ tartalmú hulladékselyem** gum waste
szericinmentes selyem *(tex)* cuite silk
szericit *(ásv)* sericite

szericitesedés *(földt)* sericitization
szeriesz *(vill)* *l* **soros**
szerigráf serigraph
szeriméter serimeter
szerin *(vegy)* serine, 1-aminohydracrylic acid, β-hydroxy-α-aminopropionic acid, β-hydroxyalanine
szeriplán-tábla *(tex)* black-drum, show board, seriplane
szérke *(bány, koh)* pan, vanning trough
szerkeszt *(gépet)* design ; *(ábrát)* construct ; *(diagrammot)* plot ; *(tex)* design
szerkesztés design, plotting, construction, composition
szerkesztési : ~ **elvek** design philosophy/principles ; ~ **esés** *(hidr)* normal/rated head ; ~ **hiba** construction fault ; ~ **méret** design size ; ~ **rajz** design drawing ; ~ **szabvány** design standard
szerkesztett árnyék geometric(al) shadow
szerkesztőmérnök design engineer, designer, constructor
szerkezet structure, mechanism, apparatus, device, construction ; *(óra)* movement ; *(vegy)* constitution, make-up ; **agyagos** ~ *(földt)* argillaceous texture ; **antennalehangoló** ~ *(rád)* aerial syntonizing gear ; **beágyazásos** ~ *(földt)* banded arrangement ; **cellás** ~ *(földt)* cellular structure ; **fürtös** ~ *(földt)* botryoidal structure/texture ; **homokos** ~ *(földt)* arenaceous texture ; **iszapos** ~ *(földt)* argillaceous texture ; **központos** ~ *(földt)* centric(al) texture ; **palás** ~ *(földt)* cleavage structure ; **pásztás** ~ *(földt)* banded arrangement ; **pelites** ~ *(földt)* argillaceous texture ; **pszammitos** ~ *(földt)* arenaceous texture ; **réteges** ~ *(földt)* blanket structure ; **rögös** ~ *(földt)* block structure ; **sejtes** ~ *(földt)* cellular texture ; **számlap alatti** ~ *(óra)* dial work ; **törmelékes** ~ *(földt)* crumble structure ; **tufás** ~ *(földt)* ash structure ; **vegyi** ~ chemical constitution/structure ; **vékonylemezes** ~ *(földt)* closed structure
szerkezetállvány *(óra)* lower plate, frame plate
szerkezet-független tulajdonság *(mágnesé)* structure-insensitive property
szerkezet-függő tulajdonság *[mágnesé]* structure-sensitive property
szerkezeti structural, constructive ; *(ép)* architectonic ; ~ **acél** structural steel ; ~ **elem** *v* **tag** *(ép)* member ; ~ **elem** building unit ; ~ **fal** *(ép)* bearing wall ; ~ **felépítés** construction ; *(tex)* structure ; ~ **geológia** structural geology ; ~ **izomer** *(vegy)* structural isomer ; ~ **izoméria** *(vegy)* structure isomerism ; ~ **képlet** structural/constitutional formula ; ~ **kiugrás** *(ép)* nose ; ~ **kő** *(ép)* bed stone ; ~ **kötés** construction joint ; **kötő gerenda feletti** ~ **elemek** *(ép)* balks ; ~ **közelség** *(molekuláké)* closeness of packing ; ~ **középvonal** *(gépt)* reference axis ; ~ **lemezacél** construction steel sheet ; ~ **magasság** *(ép)* depth of work ; *(hídé)* vertical clearance ; *(viszonylagos)* depth ratio ; ~ **metszet** *v* **szelvény** *(ép)* structural section ; ~ **okokból** for reason of the design ; ~ **rajz** construction drawing ; ~ **rész** structural detail/member ; *(ép)* strength member ; ~ **részegység** assembly ; *(ennek része:)* subassembly ; ~ **részletek** design details ; ~ **sajátosságok** *(ep)* structural features ; ~ **súly** structure/construction weight ; ~ **törés** structural failure ; ~ **vasoszlop** stanchion ; ~ **víz** *(vegy)* constitutional water ; *(talajban)* attached ground water ; ~ **völgy** *(földt)* structural valley
szerkezettan *(földt)* tectonics
szerkocsi *(vasút)* tender ; ~ **forgózsámolya** tender bogie/truck ; ~ **középgerendája** *(vasút)* centre sill ; **hengeres víztartányos** ~ Vanderbilt tender
szerkocsihídlemez *(mozdony és szerkocsi közt)* fall plate
szerkocsikapcsoló szerkezet *(vasút)* tender coupling
szerkocsis mozdony tender engine
szerkocsi-szénter tender cellar
szerlap *(bány)* *l* **szér**
szerpentin *(ásv)* serpentine ; *(mat)* serpentine ; *(út)* serpentine road ; *(vegy)* coil(er)
szerpentines márvány serpentinous marble
szerpentinpapír serpentine paper
szerpentinút serpentine road, meander
szérponyva *(aranymosáshoz)* blanket
szerszám tool, implement, utensil ; *(alak)* die ; *(forg)* cutter *is* ; *l még* **kés, sajtolószerszám** ; **alakító** ~ forming die ; **alátartó** ~ bottom/anvil tool ; ~**ot beállít** set a tool ; **betétkéses** ~ inserted-cutter tool ; **betétvégű** ~ bit tool ; ~ **dolgozó vége** working/business end of tool ; **fejező** ~ heading tool ; ~ **fogáshoz állítása** advance of tool ; **forgácsoló** ~ cutting tool ; **hajlított** ~ *(forg)* cranked tool ; ~ **hegye** tool point ; **igás** ~ yoking harness ; **keményfémbetetes** ~ carbide-tipped tool ; ~ **önműködő felemelése** *(munkalöket végen:)* self-acting lift of tool ; **recéző** ~ knurling tool ; **többlépcsős** ~ *(alak)* progressive die ; ~ **vágóéle** tool edge
szerszámacél tool steel
szerszámállomány tool stock
szerszámállvány tool stand
szerszámbefogó tool holder ; ~ **hüvely** tool adapter
szerszámberezgés tool/cutter vibration
szerszámdoboz tool box
szerszámélesítő *mn* tool-grinding
szerszámélező műhely tool-grinding department
szerszámelőtolás tool feed
szerszámeszterga toolroom/toolmaker's lathe
szerszámetalon tool master
szerszámfa agricultural timber
szerszámfelszerelés tool equipment ; *l még* **felszerszámozás**
szerszámgép machine-tool ; **automata** ~ automatic ; **egyedi** ~ special machine tool ; **egyélű** ~ single-purpose machine tool ; **egyetemes** ~ universal machine tool ; **kereskedelmi** ~ custom-built machine tool ; **termelő** ~ production machine tool ; **tokmányos** ~ chucking machine ; **többfeladatos** ~ universal machine tool ; **univerzális** ~ universal machine tool
szerszámgép-aggregát machine-tool from standard units
szerszámgépasztal table (of a machine-tool) ; ~ **T-hornyába illeszkedő tuskó** slot block
szerszámgépműhely machine-tool shop
szerszámgyártás tool engineering
szerszámjavítás tool repair
szerszámjegyzék tool roll
szerszámkamra tool house
szerszám-karbantartás tool maintenance
szerszámkés *(forg)* cutting tool, cutter
szerszámkészítés toolmaking
szerszámkészítő *fn* toolmaker ; ~ **eszterga** toolroom lathe ; ~ **másoló marógép** mould-and-die copying machine ; ~ **műhely** toolmaker's shop
szerszámkészlet *(gyári)* tool inventory ; *(sorozat)* tool kit/gang
szerszámkiemelés tool lift
szerszámkifutás clearance space
szerszámkihúzó fogó tool extractor
szerszámkikészítő *fn* tool-dresser
szerszámkocsi tool/repair car/truck
szerszámkovács toolsmith
szerszámköszörű *l* **élezőgép**
szerszámköszörűs tool dresser
szerszámkúp tool taper
szerszámláda tool box/case/kit ; *(bány)* miner's box ; **szétnyitható** ~ steel tool kit
szerszámlakatos toolman, tool fitter/mechanic
szerszámleltár tool roll/stock
szerszámmintadarab tool master
szerszámműhely tool shop
szerszámnyél stem, pad, helve, shaft, shank
szerszámozás tooling
szerszámpolc tool rack/stand
szerszámraktár tool (storage) room
szerszámszán tool slide
szerszámszár tool shank/shaft
szerszámszekrény tool crib/locker
szerszám-szénacél carbon tool steel
szerszámtálca tool pan
szerszámtár tool house
szerszámtartó *fn* *(alak)* die holder ; *(forg)* tool head/holder/post ; *(famegmunkáló gepen)* cutter block ; *(a gép állványának oldalán)* tool pan ; **alsó** ~ bolster, die-holder ; ~ **rúd** bar tool holder ; ~ **tok** tool pad ; ~ **tömb** tool block
szerszámtasak *(összegöngyölhető)* tool roll
szerszámtáska tool bag/case/kit
szerszámtok tool holder
szerszámüzem tool shop
szertartányos mozdony *(vasút)* tank engine
szérum *(kaucsuk v latex-savó)* serum
szerves *(vegy)* organic, organo- ; ~ **alkálifémvegyület** organo-alkali compound ; ~ **arzénvegyület** organo-arsenic compound ; ~ **eredetű üledék** *(földt)* organogenous sediments ; ~ **fémvegyület** organo-metallic compound ; ~ **higanysó** organo-mercuric salt ; ~ **higanyvegyület** organo-mercuric compound ; ~ **kémia** organic chemistry ; ~ **kénvegyület** organic sulfur compound ; ~ **lítiumvegyület** organo-lithium compound ; ~ **magnézium vegyület** organo-magnesium compound; ~ **oldószer** organic solvent; ~ **ólomvegyület** organo-lead compound; ~ **ónvegyület** organo-tin compound ; ~ **szilíciumvegyület** organic silicon

compound, organo-silicon compound ; ~ **vegyület** organic compound
szervetlen inorganic, anorganic ; ~ **sav** inorganic acid
szervezet organisation ; **állandó** ~ *[állami, üzleti]* establishment
szervi nedvesség inherent moisture
szerviz-állomás *(gépk)* service station
szerviszemelő *(garázsban)* *l* **garázsemelő**
szerviszkészülék *(rád)* tester
szerviszműszer : **univerzális** ~ *(rád)* set analyzer
szervó-berendezés servo-mechanism ; *(rep)* servo-unit
szervódugattyú *(gépt)* servo(-)piston
szervó-elem *(vill)* autosyn, automatic synchronizer
szervófék servo-brake ; *(gépk)* power brake ; ~ **szervóberendezés** *(depressziós)* vacuum servo
szervóhatás *(gépt)* servo-action
szervókormány *(gépk)* power assisted steering unit ; *(rep)* servo-control
szervókormányzás *(gépk)* power steering
szervómechanizmus *(gépt)* mechanical servo
szervomotor servo/pilot motor
szervómotoros : ~ **kormányzás** *(gépk)* power (-assisted) steering ; ~ **tengelykapcsoló** *(gépt)* servo-clutch
szervószelep *(présleggel működtetett:)* air pilot-valve
szervószinkron motor *(vill)* telechron motor
szervóvezérlés *(gépk)* servo-control
szervóvezeték *(távk)* servo channel
szerzői korrektúra *(nyomda)* author's proof
szerzs-szövet *(tex)* serge(tte) ; ~ **sevió-gyapjúból** cheviot serge
szerzs-szövő *(munkás)* serger
szesz alcohol, spirit
szeszes alcoholic, spirituous ; ~ **erjedés** *(élip)* alcoholic fermentation ; ~ **pácolóanyag** mordant based on spirit
szeszfinomító *fn* spirit rectifier ; ~ **oszlop** finestill
szeszfok *(élip)* alcoholic strength, proof (grade)
szeszfokoló spirit poise
szeszfőzde distillery
szeszfőző (mester) stillman
szeszgyári moslék malt returns, slop, stillage
szeszipari : ~ **élesztő** distiller's yeast ; ~ **gabonatörköly** distiller's grains
szeszkviterpén *(vegy)* sesquiterpene
szeszlakk spirit varnish
szeszlámpa alcohol lamp ; **metánjelző** ~ *(bány)* alcohol lamp
szeszmérő *fn* alcoholmeter
szeszpárlat liquor condensate
szesztartalmú alcoholic ; *l még* **szeszes**
szétágazás fork, disbranchment
szétágazik fork, branch off
szétágazó arborescent, forked, branched; ~ **áramkör** forked circuit ; ~ **ér** *(bány)* branch vein ; ~ **hasadékok** *(földt)* gash joints ; ~ **szerkezet** divergent structure ; ~ **vetődések** *(földt)* branch faults
szétáradás dissipation
szétázott talaj burden
szétbogoz extricate
szétbomlás decomposition
szétbomlaszt disaggregate, dissolve, decompose
szétbomlasztás *vö* **szétbomlaszt**
szétbomlik decompose
szétbomló dissociable
szétbont loosen, uncouple, untwine ; *(vegy)* decompose, dissociate, breakdown, resolve ; *(vill)* interrupt ; *(hajón árbocköteleket)* untack ; **kötelet** ~unlay ; **részeire** ~ dismantle
szétbontás *vö* **szétbont**
szétbontó *fn* solver ; ~ **gép** *(tex)* disintegrator
szétcsavar unscrew
szétdarabol cut up, ship, spall ; *(aprít)* disintegrate
szétdarabolás disintegration
szétdörzsöl malax(ate), muller, grind
szétdörzsölhető friable
szétesés disaggregation ; *(gumi)* depolymerisation ; *(keveréké)* unmixing
szétesik disaggregate, part, break
széteső friable ; ~ **salak** disintegrating slag
szétfeszítő gerenda *(emelőkötélhez)* swingle(-)tree
szétfolyás flow, spread(ing) ; *(hőé)* dissipation
szétfolyási hőmérséklet *(aszfalté)* upsetting temperature
szétfolyik run, spread, flow
szétfolyó képesség flowing property
szétfolyt *(tex)* discharged
szétforgácsol fray, chip
szétforraszt unsolder
szétfreccsenés sputtering
szétfröcskölés spurting
szétfut : **a tinta** ~ *(pa)* paper runs/feathers
szétfutás *(tintavonalé ; pa)* feathering
szétfűrészel *(gömbfát)* buck
szétfűrészelés cut
szétgöngyöl unwind
széthangol *(rád)* detune
széthangolás mistuning
széthangolt *(rád)* detuned, tuned to different frequencies ; ~ **kettős körű diszkriminátor** *(rád)* off-tune type discriminator
széthasad fissure, crack ; *(fa)* cleave
széthasadás fission, cleavage
széthasadt iránysáv *(rep)* multiple course
széthasít cleave, crack, slit, split
széthasított cloven
széthelyez decentralize
széthengerel spin over ; *(gumi)* bead ; *(heng)* expand
széthint sprinkle
széthintés diffusion
széthordott fennsík fretted upland
széthúz *(csigasort)* fleet (a tackle)
széthúzható telescoping ; ~ **felvető dob** *(tex)* expanding drum
széthúzott skálájú térképcső *(radar)* stretched plan position indicator
szétkapcsol detach ; *(gépt)* uncouple, declutch, unfasten ; *(vasút)* unhitch, disconnect ; *(vill)* switch off, interrupt, disconnect
szétkapcsolás detachment, disengagement, decoupling, disunion, disjunction ; *(vasút)* knockoff ; *(vill)* isolating, sectioning, interruption
szétkapcsoló *fn* *(gépk)* release catch ; ~ **elem** *(vill)* sectioning link ; ~ **horog** *(vasút)* knockoff hook ; ~-**szelep** isolating valve
szétkapcsolódik disengage
szétken *(festéken ; nyomda)* rub ; *(őrlésnél ; pa)* bruise
szétkenés *(őrlésnél ; pa)* squeezing, crushing
szétkever *(pa)* rumble
szétkeveredés unmixing
szétkovácsolás peening
szétköt *l* **szétkapcsol**
szétlapátolás *(mzg)* fractional shovelling
szétlapít plate, flatten, spread
szétlapítás peening, flattening, spreading
szétlapító szerszám *(alak)* flattening/spreading tool
szétmállaszt *(földt)* weather
szétmálló short
szétmar eat away, fret
szétmarás fret
szétmegy part, go off
szétmorzsol crush, squeeze, contuse
szétmorzsolás mulling *vö* **szétmorzsol** ; **teljes** ~ scuffing
szétnyíló : ~ **híd** opening bridge; ~ **menetmetsző** receding chasers
szétnyitott *l* **nyitott**
szétnyom *(peppe)* mash ; *(őrlésnél ; pa)* squeeze, crush
szétnyomás battering ; *(őrlésnél ; pa)* squeezing, crushing
szétnyomó gép *(pa)* crusher
szétolvad melt away
szátomló kőzet explosive rock
szátoszlás distribution
szétoszlat dissipate, diffuse ; *(vastag rétegben felvitt festéket)* flow
szétoszlik disperse
szétoszt distribute, divide, decentralize ; **szedést** ~ *(nyomda)* distribute
szétosztás distribution, separation, division
szétosztó : ~ **erősítő** *(rád)* distribution amplifier ; ~ **szerkezet** spreader
szétosztott distributed
szétönt diffuse
szétőröl *(pa)* squeeze, crush
szétporlad crumble
szétpukkadás *[gumitömlőé]* blow-out
szétrág *(moly v rozsda)* eat, fret
szétrágás fret
szétrakás repartition
szétráz *(ép)* stagger
szétrázás *(furatok v fúrólyuk robbanásától ; bány)* shattering
szétreped burst
szétrepedés explosion, burst
szétrepeszt burst, crack
szétrepesztés burst(ing), crack(ing)
szétrobban(t) burst, explode
szétrombolás shattering
szétroncsol demolish, disintegrate, destruct ; *(vegy)* digest, destroy *is*
szétroncsolás *vö* **szétroncsol**
szétrostálás sizing
szétsodor untwine
szétszakad burst
szétszakadás burst
szétszakít lacerate, disrupt, tear
szétszakítás disruption
szétszed disjoin, strip, take apart, assemble, dismember
szétszedés *vö* **szétszed**
szétszedhető built in sections, collapsible, sectional ; *vö még* **szétszed** ; ~ **dob** collapsible drum ; ~ **épület** portable building ; ~ **főtengely** built-up crankshaft ; ~ **hangár** *(rep)* portable shed ; ~ **ház** portable house ;

~ **híd** portable bridge ; ~ **öntőforma** split mould ; ~ **szerelőállvány** (*rep*) portable scaffold
szétszerel dismantle, dismount, disassemble ; **hajót** ~ cut down
szétszerelés *vö* **szétszerel**
szétszerelhető *l* **szétszedhető**
szétszerelt gépészek vizsgálata strip inspection
szétszór dissipate, sprinkle, disperse, disseminote ; (*fiz*) scatter *is*
szétszórás *vö* **szétszór;** (*fényt, hangt*) diffusion, scatter(ing) ; (*kat*) dispersal ; **szétszórási forrás** (*hangt*) diffusing source
szétszórhatóság légáramban anemodispersibility
szétszóródás dissipation, spreading, dispersion
szétszóródik *l* **szétszór**
szétszórt scattered, diffuse ; ~ **fény** diffuse/stray light ; ~ **hullámok** (*rád*) stray waves ; ~ **természetes fény** sky light
széttagol dismember
széttart diverge
széttartás (*mat*) divergence
széttartási hangcsökkenés geometric(al) attenuation
széttartó diverging ; ~ **rúd** *v* **közdarab** spreader ; ~ **villaágas (mély)fúró szerszám** splayed boring tool
szétterít grass; **monomolekuláris réteggé** ~ spread
szétterítés expansion
szétterített spreading
szétterjed spray, disperse, run ; **egy pontból** ~ radiate
szétterjedés diffusion, spreading
szétterjedő *mn* diffuse ; ~**képesség** flowing property
szétterjeszkedés (*vastag rétegben felvitt festékanyagé:*) flow, spread
szétterpeszkedő divaricate ; ~ **ágasság** (*fa*) straddling
szétterülés swelling ; (*anyagv*) spreading ; ~ **monomolekuláris réteggé** spreading of a film
széttolható csőkarima creeping flange
széttör muller, break
széttördelés chipping
széttörik break, fail, disintegrate
széttört broken
szétvág cut down, severe, part off
szétvágás severing, cut
szétvagdalás chop
szétvágott cut-up
szétválás severing, parting, separation
szétválaszt part, differentiate, segregate, separate, divide ; *l még* **szétbont; frakciókra** ~ (*vegy*) grade, fractionate
szétválasztás parting, separation, segregation, disjunction ; **elektrolitikus** ~ electrolytic separation ; ~ **kiveréssel** (*fonalirezés után ; tex*) separation by beating ; **koincidencia szerinti** ~ (*rád*) coincidence selection
szétválasztási : ~ **folyamat** separation process ; ~ **tényező** (*izotópoké*) separation factor
szétválasztásjelző (*távk*) separation indicator
szétválasztható separable
szétválaszthatóság partibility
szétválasztó (*mat*) separator ; ~ **akna** disconnecter chamber ; ~ **áramkör** (*rád*) separation circuit ; ~**edény** separating bowl ; ~ **jelfogó** separating relay ; ~ **kör** (*rád*) decoupling circuit/network ; ~ **palack** separating flask ; ~ **rugó** separator spring ; ~ **szerkezet** release mechanism ; ~ **szűrő** (*rád*) decoupling filter
szétválasztódás (*földt*) segregations
szétválasztott discrete ; ~ **vonalösszeköttetések** (*távk*) segregated junction
szétválogat sort
szétvált forrasztás (*rád*) tip-off
szétver batter, chop
szétverés battering, chop
szétvert fejű cölöp broomed pile
szétzúz crush, disintegrate, squeeze
szétzúzás crushing, squeeze, disintegration
szétzúzóerő crumbling strength
szexagezimális körosztás sexagesimal circle graduation
szextáns sextant ; ~ **homályos (színes) üvege** horizon shade ; **kis** ~ (*csill*) box sextant
szextánsmérés szemben álló horizonttal (*csill*) backsight (with sextant)
szezámolaj sesame/teel/benne oil
szfalerit (*ásv*) sphalerite, black jack
szfén (*ásv*) *l* **titanit**
szfenoid (*kristályforma:*) sphenoid
szfenoidos : ~ **kristályosztály** sphenoidal class ; ~ **tetratoéderes kristályosztály** *l* **tetragonális biszfenoidos**
szféra sphere ; **központi** ~ (*földt*) heavy sphere
szférikus spherical ; ~ **aberráció** (*fényt*) spherical aberration ; ~ **burok** (*met*) spherical shell ; ~ **csillagászat** spherical astronomy ; ~ **hullám** spherical wave ; ~ **kapcsolódás** (*földt*) spheroidal jointing ; ~ **kúp** spherical cone ; ~ **szerkezet** (*földt*) spheroidal structure ; ~ **távolság** spherical distance
szferoid (*mat*) *fn* spheroid ; *mn* spheroidal ; ~ **állapot** spheroidal state ; ~**antenna** spheroidal antenna
szferométer spherometer
szferosziderit (*ásv*) spherosiderite
szfragid (*ásv*) *l* **lemnoszi föld**
szgraffitó sgraffito, scratch work
sziál-réteg (*földt*) rock sphere
„szibériai rubin" (*ásv, ékkő*) *l* **siberit**
sziderikus sider(e)al ; ~ **óra** sider(e)al clock
sziderit (*ásv*) siderite, iron spar, spathic iron ; (*ékkő*) *l* **zafírkvarc**
sziderofil elemek (*földt*) siderophilic elements
szideronátrit (*ásv*) sideronatrite, urusite
sziderоszkóp sideroscope
sziderózis siderosis
sziénai föld (*festék*) siena earth ; **natúr** ~ raw siena
szienit (*földt*) syenite
szifon siphon, trap
szifoncsövön átvezet *v* **átmegy** siphon
szifon-manométer siphon ga(u)ge
szifonzár siphon trap
sziget : parttól elvált ~ (*földt*) detached island ; **szárazfölddel egyesült** ~ consumed island ; **szárazfölddel** (*apály idején*) **összekötött** ~ tied island
szigetállomás island station
szigetel insulate ; (*bány*) seal ; (*cipőt*) seal ; (*hőt, zajt*) insulate ; (*rezgés ellen:*) isolate ; **áramkört** ~ (*távk*) disable the circuit
szigetelés insulation ; **A-osztályú** ~ class A insulation ; **B-osztályú** ~ class B insulation ; **erősített** ~ reinforced insulation ; **formázott** ~ moulded insulation ; **hőálló** ~ high-temperature insulation ; **menetek közötti** ~ interturn insulation ; ~ **nélküli huzal** bar wire ; **rétegelt** ~ laminated insulation ; **tárcsás** ~ (*kábelben*) beaded insulation ; ~ **vezetőképessége** leakance
szigetelés-átütés puncture of insulation
szigeteléseltávolító fogó wire stripper
szigetelési : ~ **alapszint** base insulation level, B. I. L. ; ~ **ellenállás** insulation resistance ; ~ **feszültség** testing voltage ; ~ **hiba** insulation fault
szigetelésmérő (*vill*) insulation tester, megger
szigeteléspróba insulation test
szigetelésvastagság thickness of insulation
szigetelésvizsgálat (*vill*) insulation test ; (*dielektrikumnál*) dielectric test
szigetelésvizsgáló *fn* (*vill*) insulation tester
szigeteletlen (*vill*) naked
sziget-eljárás : mesterséges ~ (*aknamélyítésnél ; bány*) artificial island method
szigetelő *fn* insulator ; (*vill*) non-conductor *is* ; ~ **alapzat** insulating base ; ~ **alátét** insulating washer ; **áramvisszavezető sín** ~**je** fourth rail insulator ; ~ **átvezetése** insulation leakage ; **átvezető** ~ (*vill*) through/partition insulator ; **bevezető** ~ (*vill*) lead(ing)-in insulator ; ~ **bevonat** insulating mat ; **bilincses** ~ (*vill*) shackle insulator ; ~ **burkolat** furring ; (*rád*) shell ; **csapos** ~ (*vill*) post/pin insulator ; (*delta*) delta insulator ; ~ **csatlakozó** (*vill*) insulating joint ; ~ **elem** (*láncban*) unit insulator ; ~ **elemláb** cell insulator ; **fali** ~ (*vill*) wall insulator ; **fali átvezető** ~ wall-entrance insulator; ~ **fa(rost)lemez** softboard, insulating board ; **feszítő** ~ (*vill*) strain insulator ; **függő** ~ suspension insulator ; ~ **görgő** (*vill*) knob insulator ; **gyengeáramú** ~ (*vill*) communication insulator ; ~ **képesség** insulating capability/power ; **kerámiai** ~ (*vill*) ceramic insulator ; **keresztezési** ~ (*vill*) transposition insulator ; ~ **kötőanyag** (*távk*) insulating binder ; **köztartó** ~ (*vill*) stand-off insulator ; **nagyfeszültségű** ~ high-tension insulator ; **nagyfrekvenciás** ~ high-frequency insulator ; **orros** ~ (*vill*) side-knob insulator, spur insulator ; ~ **porcelán** electric porcelain ; ~ **porcelángomb** (*vill*) cleat ; **rudas** ~ (*vill*) stick insulator ; **sajtolt** ~ (*vill*) moulded insulator ; ~ **selyempapír** insulating tissue paper ; **sóálló** ~ (*vill*) salt-resistive insulator ; **tartó** ~ (*vill*) post/pin insulator ; (*delta*) delta insulator ; **távtartó** ~ (*vill*) stand-off insulator ; ~ **transzformátor** isolating transformer ; **végfeszítő** ~ (*vill*) terminal insulator, dead-end strain insulator
szigetelőanyag insulator, insulant, dielectric, insulating material
szigetelőbéka (*vill*) clamp insulator

szigetelőbetét insulation spacer; *(távk)* fibre insulator
szigetelőcső insulating/wiring/conduit tube; *[nagyító szerelvényen]* insulating brushing; **~ben futó vezeték** *(vill)* conduit wire
szigetelőcsőhajlító fogó tube bending pliers with spring
szigetelőcsöves hálózat *(vill)* conduit system
szigetelődió egg insulator
szigetelőgallér *(vill)* skirt, bush
szigetelőgyöngy *(vill)* insulating beads
szigetelőhabarcs insulating mortar
szigetelőharang *(vill)* insulator cap
szigetelőhártya insulating film
szigetelőházas szénellenállás insulated carbon resistor
szigetelőhüvely insulating bush/hub
szigetelőkapocs *(vill)* clamp insulator, insulating clamp
szigetelőkarton *(pa)* insulating cardboard
szigetelőkorong insulating disc
szigetelőkötés *[kábelköpenyben korrózió ellen]* insulating gap
szigetelőközeg dielectric/insulating medium
szigetelőlakk insulating varnish
szigetelőlemez insulating plate/board; *(ásványi kátránnyal; ép)* bituminous/bitumen sheet/felt; *(tetőfedő)* roofing felt; *(pa)* fuller board
szigetelőmassza *(vill)* insulating cement
szigetelőolaj insulating oil; *(kábelhez)* cable oil; *(transzformátorhoz)* transformer oil
szigetelőolaj-vizsgáló insulating oil tester
szigetelőpapír *(ép)* building paper; *(vill)* armature/insulating/insulation/fish paper
szigetelőpapían *(ép)* blanket
szigetelőpaszta *(vill)* insulating paste
szigetelőpersely insulating bush
szigetelőréteg insulating layer/coat; *(nem vill)* sealing coat *is*; *(ép)* insulating course; *[elektrolitikus kondenzátorban]* insulating film
szigetelősaru foga insulating clamp
szigetelőszalag *(vill)* insulating/adhesive tape; **gumival impregnált ~** friction tape
szigetelőszőnyeg insulation mat
szigetelőtalp *(anttennáé)* base insulator
szigetelőtámasz *(gépt)* supporting insulator
szigetelőtárcsa insulating disc
szigetelőtartó *fn* insulator bracket/holder; *(távk)* swanneck spindle; **~ csap** *v* **pecek** *(távk)* insulator pin
szigetelőtégla insulating brick
szigetelőtekercs *(vill)* reel insulator
szigetelővizsgáló generátor lightning generator
szigetelőzsámoly insulating stool
szigetelőzsinór *(vill)* covering cord
szigetelt: ~ alapzat *v* **tartó** *(vill)* isolated support; **~ alapzatú fali vezetéktartó kar** *(vill)* insulating base cleat; **~ csillagpont** *(távk)* insulated neutral; **~ csővezeték** protected pipe; **~ fogó** insulated pliers; **~ huzal** skinned wire; **~ kábel** insulated cable; **~ kapcsolótábla** dead-front switchboard; **~ nyelű fémlemez** *(elektrosztatikus kísérlethez)* proof plane; **~ rendszer** insulated system; **~ sínütköző** *(vasút)* insulating joint; **~ terület** *v* **munkahely** insulating stand; **~ (váltóállító) rúd** *(vasút)* insulated rod; **~ vezeték** *(vill)* insulated wire; **~ vezető** insulated conductor
szigetgát *(földt)* barrier island
szigethegy *(földt)* island hill
szigetperon *(ép)* island platform
szignálgenerátor *(rád)* service/test oscillator, signal generator; **szélessávú ~** *(rád)* all-wave signal generator
szignifikánsság próbája *(statisztikában)* significance test
szigony harpoon; **~ szakálla** harpoon barb
szigonykampó fluke
szigorított vizsgálat *(különösen kedvezőtlen feltételek mellett:)* exaggerated test
szigorú: ~ tűrésű kondenzátor close-limit condenser; **~ vizsgálat** severe test
szíj strap, belt; *(cipő)* strap; *(gépt)* belt(ing); *l még* **hajtószíj: alsó húzott ágú ~** belt driving under; **~ csúszása** belt creep; **félig keresztezett ~** quarter-twist belt; **felső húzott ágú ~** belt driving over; **~jal hajtott** belt driven; **~ húzóereje** belt pull; **irányváltó ~** back belt; **két rétegből összevarrt ~** double compound belt; **~jal megkötöz** *[bocskort]* strap; **ragasztott ~** glued belt; **végtelen ~** endless belt(ing)
szíjács *(fa)* sap-wood, alburn; **beékelődő ~** included sapwood; **~- és háncsrothadás** *(fa)* sap rot; **kettős ~** blown sap
szíjácsfa sapwood; **kékült ~** bluesap
szíjács-kékesedés *(fa)* sap-stain
szíjácskorhadás *(fa)* sap-rot
szíjácsmentes sap-clear
szíjács-szigetek *(fa) l* **beékelődő szíjács**
szíjállító rúd *v* **villa** deflecting bar
szíjas fátyolelosztó *(tex)* condenser
szíjáttétel *l* **szíjhajtás**
szíjáttoló: ~ villa shifter feeler; **~ villás emelőkar** withdrawal fork
szíjátvitel *l* **szíjhajtás**
szíjazat straps
szíjbőr buck leather
szíjcsúszás belt slip/creep
szíjdob belt drum
szíjduzzasztó kenőcs belt filler
szíjeltoló szerkezet *(fordulatirányváltó)* belt reverser
szíjfék belt brake
szíjfelrakó: ~ berendezés belt-lifting arrangement; **~ rúd** belt pole
szíjfeszítő *(szerkezet)* belt tensioner/tightener/stretcher; **~ görgő** tension roller, idler, tightener, jockey pulley; **~ kerék** jockey wheel; **súlyyal működő ~** weighted belt tightener; **~ tárcsa** tightening/jockey pulley, tightener, idler
szíjfeszültség belt tension/pull
szíjfűző belt lace; **~ ár** belt awl; **~ gép** belt lacing machine
szíjgörgő belt roller
szíjgyártó harnessmaker; **~ ár** saddler awl; **~ bőr** bridle leather; **görbe ~ kés** curved saddler knife; **~ kalapács** saddlers' hammer; **~ tű** saddler needle
szíjhajtás belt gear/drive/transmission; **félig keresztezett ~** half-crossed belt drive; **keresztezett ~** crossed-belt drive; **nyitott ~** open belt drive; **~ szögben** angular belt drive
szíjhajtású belt-driven
szíjirányváltás belt reversing
szíjkapcsolat *(ragasztott)* cement splice
szíjkapcsoló belt fastener; **karmos ~** claw belt fastener
szíjkapocs belt joint/fastener/clamp
szíjkenőcs belt lubricant/filler, belt-dressing composition
szíjkötés belt joint
szíjlyukasztó belt punch
szíjösszehúzó *(csavaros)* belt jack
szíjpálya belt course
szíjragasztó belt cement
szíjszegecs belt rivet
szíj-szövőszék *(tex)* belting loom
szíjtárcsa belt pulley/sheave, band pulley/wheel; **domború ~** crown pulley; **feszítő ~** tension/tightening pulley; **~ gömbszíjhoz** cord pulley; **hajtó ~** driving pulley; **hajtott ~** driven pulley, follower; **hengeres ~** flat-faced pulley; **hornyos ~** grooved pulley/sheave; **lapos ~** flat-faced pulley; **lépcsős ~** cone/step pulley; **osztott ~** split pulley
szíjtárcsaagy pulley hub
szíjtárcsaáttételi viszony pulley ratio
szíjtárcsafék-tartó lemez *(gépk)* belt pulley brake fixing plate
szíjtárcsahorony gorge
szíjtárcsalehúzó vas pulley extractor
szíjtárcsás: ~ erőátvitel pulley transmission; **~ hajtás** pulley drive; **~ hajtómű** *[traktoron]* stationary drive attachment; **~ közlőmű** power pulley assembly
szíjterelő villa belt fork/shifter
szíjtűző gép belt wire stitching machine
szíjvágó gép strap-cutting machine
szíjváltó *fn* striking gear; **~ fogasléc** *(gép)* belt shifter cam; **~ villa** belt striker, belt-shifting fork; *(tex)* strap fork/guide; **villás végű ~ kar** withdrawing lever
szíjvarrat strap seam
szíjvarró: ~ fonal belt fastener; **~ gép** belt-lacing machine; **~ kampó** *v* **kapocs** belt hook; **~ tű** *(bőr)* bodkin
szíjvédő *fn* belt guard; **~ rácsozat** *v* **deszkázat** *v* **borítás** *v* **burkolat** belt guard
szíjvezető *fn* belt guide(r); **~ tárcsa** belt carrier
szíjvilla belt guide(r)
szikes *[talaj]* sodaic, alkaline; **~ talaj** salting; **~ tó** natron lake
szikesség alkalinity
szikkaszt *(bőrt sajtolással)* sam
szikkasztókamra *(pa)* straining chamber
szikkasztószekrény *(pa)* drainage chest
szikkatív siccative
szikla rock; **hegyes ~** tor; **különböző keménységű sziklák** *(földt)* sundry solid rocks, **simára kopott ~** boulder
sziklaalap(ozás) rock foundation
sziklacsúcs *(földt)* stack
sziklafal cliff, rockwork; **magas meredek ~** bluff
sziklafúró gép *(bány)* rock drill
sziklagát *(hidr)* boulder dam
sziklahasadék spouting rock; **mélyen fekvő parti ~** deep-blowhole

sziklahát *(bány)* reef
sziklahíd *(földt)* aerial arch
sziklaképződmény *(földt)* rock formation
sziklakert rock garden
sziklaküszöb rock step
sziklameder *(hidr)* rock bed
sziklamunkák *(bány)* rock excavation
sziklaomlás rock slides/fall
sziklaorom cliff
sziklapad : víz alatti ~ *(hajó)* reef
sziklapárkány reef, ledge
sziklapart *(magas meredek)* bluff
sziklás rocky, cliffy, petrean, petrous ; **~ hegy** *(földt)* fell ; **~ sivatag** rocky desert
sziklasüveg cap rock
sziklaszakadék linn
sziklaszirt needle
sziklatörmelék rock waste
sziklazátony bank
szikra spark ; **~ átugrása** *v* **átütése** spark-over ; **begyújtó ~** trigger/pilot spark ; **csillapított ~** quenched spark ; **érintési ~** touch spark ; **gyújtó ~** trigger/pilot spark ; **szikrát húz** draw a spark ; **időzített ~** timed spark ; **kioltott ~** quenched spark
szikraadó *(rád)* spark transmitter
szikraátütés spark(ing over)
szikraelosztó doboz sparker box
szikrafeszültség *(vill)* spark potential
szikrafogó spark cap/arrester ; *(vasút)* bonnet, smoke-stack netting ; **~ háló** netting ; **~ kamra** spark chamber ; **~ lemezek** diaphragm plates ; **~ rács** fender ; **~ (szita)keret** cinder frame
szikraforgácsolás *(forg, vill)* (electric) spark machining
szikrafrekvencia *(rád)* spark frequency
szikrafúvó *(vill)* spark blow-out
szikragenerátoros adó *(rád)* spark transmitter
szikragerjesztés spark excitation
szikragerjesztő : ív- és ~ állvány arc and spark stand
szikragyakoriság *(gépk)* spark frequency
szikragyújtás *(gépk)* jump-spark ignition
szikragyújtásos motor spark-ignition engine
szikragyújtó *(bány)* blasting machine ; **villamos ~ gép** exploder
szikraháritó *fn* burning tip
szikrahossz length of spark
szikrahúzó *(vill)* spark drawer ; *(gyújtási időpont meghatározásához)* spark protractor
szikraindító *(gépk)* battery booster
szikrainduktor induction/spark/Ruhmkorff coil
szikrakésés *(vill)* spark lag
szikrakéve ray of sparks ; **~ alakú kisülés** *(vill)* brushing
szikrakisüléses módszer sound-pulse method
szikrakisülési : ~ hang spark sound ; **~ hullám képe** spark photograph
szikrakisütő *fn* spark discharger
szikraköz spark gap, sparking/arcing distance ; *(gépk)* spark plug gap ; **állítható ~** micrometer gap ; **szinkron ~** *(rád)* asynchronous discharger ; **beforrasztott ~** sealed spark gap ; **csúcsos ~** (needle-)point lightning arrester ; **egyenirányító ~** rectifying spark gap ; **forgó ~** rotary spark gap ; **földelő ~** *(vill)* earth terminal arrester ; **golyós ~** sphere spark gap ; **ívfúvó olvadóbiztosítós ~** *(légvezeték védelmére)* expulsion gap ; **oltó ~** *(fojtótekercses)* quenched spark gap ; **szarvas ~** *(vill)* arcing horns ; **szinkron ~** synchronous spark gap ; **tárcsás ~** disc gap ; **védő ~** protective spark gap
szikraköz-beállító *fn (mot)* spark spacer
szikraközös : ~ gyújtáselosztó gap distributor ; **~ túlfeszültséglevezető** *(vill)* gap arrester
szikralevezető *(vill)* spark discharger
szikramentes non-arcing/sparking, sparkless ; **~ működés** *(vill)* sparkless running
szikramérce *(vill)* scale of sparks
szikramérő *(vill)* scintillometer
szikramodulátor *(motorgenerátor tengelyén)* resonance charging modulator
szikraoltás spark-quench(ing)
szikraoltó *fn (vasút)* chimney-netting ; *(vill)* spark quencher/killer/absorber ; **~ áramkör** quench circuit ; **elektromágneses ~** electromagnetic blow-out ; **~ ellenállás** spark quencher resistance ; **~ kondenzátor** spark capacitor/condensor, quenching condenser ; **~ tekercs** blow-out coil ; **~ vizsgálat** *v* **próba** absorber test
szikraoltós adó *(rád)* quenched-spark transmitter, quenched gap transmitter
szikraoszcillátor Hertz oscillator
szikrarezgőkör *(rád)* spark circuit
szikrasugár ray of sparks
szikra-számláló *(vill)* scintillation/spark counter
szikraszínkép spark spectrum
szikraszínképvonal spark line
szikraszórás *(gépk)* spark jump
szikratávírás *(hírad)* spark telegraphy
szikratávközlő rendszer spark system
szikratranszformátor jump-spark coil
szikrázás sparking
szikrázik spark, blink, scintillate
szikrázó sparking ; **~ érintkező** *(vill)* sparking contact ; **~ fény** glitter ; **~ forrcsúcs** *(vill)* burning tip ; **~ gyűrű** arcing ring/shield
szikvíz soda water
szikvízgép aerated water machine
szikvízüzem soda-water works
szilán *(vegy)* silicomethane, silane
szilánk splint(er), chip, spall, fragment ; *(pa)* sliver *is*
szilánkáthatolás penetration of splinters
szilánkbiztos splinter-proof
szilánkfogó *(pa)* knotter, bull screen, splint-strainer, sliver screen
szilánkhatás splinter effect
szilánkmentes shatterproof ; **~ üveg** shatter/splinter-proof glass
szilánkos *(tex)* chippy ; **~ elválás** *v* **hasadás** *(földt)* fracture cleavage ; **~ repedések** shakes ; **~ törés** splintery fracture
szilánkosodás fragmentation
szilánk-töltet fragmentation charge
szilánkvédő *fn* chip guard ; **~ ernyő** *(forg)* sliver screen
szilárd solid, compact, tough, strong, hard, fast, steady, stable ; **~ anyag** solid matter ; **~ benzin** solid gasoline ; **~ cement** solid cement ; **~ dielektrikumú** solid-dielectric ; **~ érc** *(bány)* solid ore ; **~ főte** *(bány)* fast roof ; **~ halmazállapot** solid state ; **~ halmazállapotba megy át** set solid ; **~ halmazállapotú** solid ; **~ illesztés** interference fit ; **~ kapcsolás** solid coupling ; **~ kenőanyag** solid lubricant ; **~ (kenő)olaj** non--fluid oil ; **~ késleltetővonal** *(számológépen)* solid delay line ; **~ kivonat** *(vegy)* solid extract ; **~ kőzet** solid ground ; **~ kőzetréteg** *(bány)* stone head ; **~ nemfémes zárványok a fémben** *(koh)* solid non-metallic inclusions in metal, sonims ; **~ oldat** solid solution ; **~ pajzs** *(ép)* stable shield ; **~** *(erős)* **papír** strong paper ; **~ rész** sound part ; **~ réteg** *v* **fekű** *(bány)* solid bed ; **~ sajtoló illesztés** force fit ; **~ szénsav** solid carbon dioxide ; **~ szerkezetű** strong design ; **~ talaj** stable ground ; **~ talp** *(bány)* rock bottom ; **~ test** solid (body) ; **~ tüzelőanyag** solid fuel ; **~ varrat** *(heg)* strength joint ; **~ váz** *(ép, gépt)* rigid framework ; **~ zsír** solid fat
szilárdít fix, consolidate, strengthen, fortify, stabilize, solidify ; *(ép)* bench up
szilárdítás *vö* **szilárdít**
szilárdság solidity, stability, steadiness, soundness ; *(mech)* strength ; *(pa)* fastness; **átütési ~** (di)electric strength; **csavaró ~** torsional strength ; **dielektromos ~** dielectric strength ; **dinamikus ~** dynamic strength ; **hajlító ~** flexural/transverse/bending strength ; **húzó ~** tensile strength ; **kifáradási ~** fatigue strength ; **kohéziós ~** cohesive strength ; **kötési ~** bond strength ; **~ légszáraz állapotban** air-dry strength ; **meleg ~** hot strength ; **nyíró ~** shear strength ; **nyomó ~** compressive strength ; **~ összetett igénybevételnél** combined strength ; **rideg szakító ~** cohesive strength ; **szakító ~** tensile strength ; **tépő ~** rip strength ; **törő ~** crushing/breaking strength ; **ütő ~** impact strength
szilárdsági : ~ görbe 0-pontja *(pa)* non--beating test point ; **~ határ** ultimate resistance, strength limit ; **~ jellemzők** strength characteristics ; **~ méretezés** stressing ; **~ számítás** strength calculation, stressing ; **~ tényező** strength factor ; **~ vizsgálat** strength test ; *(elméleti)* stress analysis ; *l még* **vizsgálat**
szilárdságnövelés *(műszálnál)* stenozation
szilárdságvizsgáló készülék strength tester, strength testing machine
szilárdulás solidification, consolidation ; *(alak, anyagv)* strain hardening
szilárdulási : ~ hő solidification heat ; **~ pont** solidification point ; **~ zsugorodás** *(koh)* solid contraction
sziléziai horganydesztilláló kemence Silesian furnace
szilfalemezelés *(talpfán)* elm packings
szilicid silicide
szilícium silicon, silicium ; **~ kristály-egyenirányító** *(rád)* silicon detector
szilíciumacél silicon steel
szilíciumbronz silicon bronze
szilíciumdioxid silica, silicon dioxide

szilíciumdús öntvény silicon-rich casting
szilíciumfluorid silicon tetrafluoride
szilíciumgyártó üzem silicon-dressing plant
szilíciumhidrogén silicon hydride, sil(ic)ane
szilíciumkarbid silicon carbide
szilíciumkarbidos tégla silicon-carbide brick
szilíciumkristály silicon crystal
szilícium-krómacél silichrome steel
szilícium-nikkel-vas pormag *(vill)* sinifer iron-dust core
szilíciumos siliceous
szilíciumszerves vegyület organic silicon compound
szilíciumtetrafluorid silicon tetrafluoride
szilíciumvas silicon steel
szilicizál *(acél)* kill, desoxidize
szilicizálatlan acél *(koh)* rimming steel
szilikagél silica gel
szilikakő silica refractories/brick
szilikán silicane
szilikát silicate
szilikatégla silica brick
szilikát-flintüveg silicate flintglass
szilikátkémia silicate chemistry
szilikátkötés *(köszörűkorongé)* silicate bond
szilikátkötésű csiszolókorong silicate grinding wheel
szilikát-modulusz acidity index
szilikátos : ~ **kőzet** silicate rock ; ~ **kőzetmag lágy ágyazásban** burr ; ~ **makadám** silicated macadam ; ~ **salak** siliceous slag ; ~ **tufa** silicified tuff
szilikátosodás silicatization
szilikáttégla sinter brick
szilikátzárványok *(önt)* silicate inclusions
szilikoecetsav silicoacetic acid
szilikoetán silicoethane, disilane
szilikofluoridok silico-fluorides
szilikokloroform silicochloroform
szilikometán silicomethane
szilikomolibdénsav silicomolybdic acid
szilikon silicone ; *(rád)* silicon ; **~ba ágyazott** silicone-bonded
szilikonbevonat *(vékony)* silicone vapor film
szilikon-kaucsuk silicone rubber
szilikonlakk silicone varnish
szilikonpapír silicone-treated paper
szilikooxálsav silicooxalic acid
szilikovolfrámsav silicotungstic acid
szilikózis silicosis
szilit *(vill)* silite
szilit-ellenállás *(vill)* composition-type resistor
szilkréték *(ásv)* silcretes
szilszkin-szövöde *(tex)* sealskin weaving mill
sziluettkészítés pictorial papercutting
szilumin *(koh)* silumin
szilúr *(földt)* Silurian period
szilvamag *(mágnesezési görbén)* butterfly loop
szilvamézga plum gum
szilvapálinkafőző *fn* plum distiller
szilvin *(ásv)* sylvite
szilvóriumfőző üzem prune distillery
szima *(párkánytag)* ogee
szimilírozás *(tex)* Schreiner finish
szimmetria symmetry ; *(egyensúly)* balance ; **forgási** ~ rotational symmetry ; ~ **hiánya** *(mat, mech)* skewness ; ~ **tengelye** axis of symmetry ; **tükrös** ~ mirror symmetry
szimmetriacentrum *(ásv)* symmetry centre, centre of symmetry
szimmetriaközéppont *(ásv)* centre of symmetry
szimmetriapont-háromszögelés *(geod)* radial triangulation method
szimmetriasík *(ásv)* symmetry plane ; *(mat)* median plane
szimmetriatengely symmetry axis
szimmetrikus symmetric(al) ; *[föld felé ; távk]* balanced ; *[vmihez képest ; távk]* balanced with respect to sthg ; ~ **átalakító** symmetrical transducer ; ~ **beállítás** *(távk)* balanced adjustment ; ~ **eltérítés** *(távk)* symmetrical deflection ; ~ **érpár** *(távk)* balanced pair ; ~ **forgóhíd** symmetric wing bridge ; **föld felé** ~ *(távk)* balanced (to earth) ; ~ **hálózat** *(távk)* balanced network ; ~ **jel** *(távk)* unbiassed signal ; ~ **kapcsolás** *(távk)* balanced circuit ; ~ **kitérítés** *(távk)* symmetrical deflection ; ~ **kitérő** *(vasút)* three-way switch ; ~ **multivibrátor** *(távk)* balanced multivibrator ; ~ **négypólus** *(földhöz ; távk)* balanced quadripole ; *(irányhoz ; távk)* symmetrical quadripole ; ~ **O-tag** *(távk)* O-network ; ~ **összefont kitérő** *(vasút)* three-throw point ; ~ **összetevők** symmetrical components ; ~ **pörgettyű** *(mech)* symmetrical top ; ~ **pörgettyű-rotátor** *(többatomos molekula ; szink)* symmetrical-top rotator ; ~ **semlegesítés** *(rád)* cross-neutralization ; ~ **szűrőlánc** *v* **négypólus** *(távk)* lattice network ; ~ **távközlő vonal** balanced transmission line ; ~ **tekercselés** symmetrical winding ; ~ **terhelésű háromvezetékes rendszer** balanced three-wire system ; ~ **többfázisú rendszer** symmetrical polyphase system ; ~ **többfázisú terhelés** balanced polyphase load ; ~ **váltó** *(vasút)* two-way switch ; ~ **vonal** *(távk)* balanced line
szimmetrizálás *(rád)* balancing out
szimpatetikus tinta *(vegy)* sympathetic ink
szimpla falú magcső *(mélyfúráshoz)* simple core-barrel
szimplex-üzem *(távk)* simplex operation
szimplezit *(ásv)* symplesite
szimultán simultaneous ; *l még* **egyidejű :** ~ **áramkör** *(távk)* earth-phantom circuit ; ~ **egyenletrendszer** system of simultaneous equations ; ~ **reakció** simultaneous reaction ; ~ **távírás** simultaneous telegraphy
szín colour, dye, tint ; *(folyóé)* surface ; *(olajé visszavert fényben)* bloom ; *(helyiség)* shed, barn ; *(tárolószín ; fa)* timber-shed ; *(tex)* colo(u)r, hue, bloom, tint ; **~ét hagyja** *(bőr)* strip the colo(u)r, mark off ; **halvány** ~ tint ; **~ét vesztő** *(készbőr)* stripping the colour
szín- chromatic
színacél all-steel
színadapter *(fényk)* colo(u)r adapter
szín-alak fényjelző *(vasút)* colo(u)r-position light signal
színalapminta colo(u)r standard
színálló *(pa)* fast colo(u)red ; ~ **festék** *(pa)* light-proof ink ; ~ **papír** light-proof paper ; ~ **plakátpapír** non-fading poster paper
színállóság dye/colo(u)r-fastness
színállóságvizsgáló készülék *(tex)* dye-fastness testing machine
színarany fine gold
színárnyalás shading
színárnyalat hue, tint ; *(tex)* tonality, tone of colo(u)ration, shade of colo(u)r
színárnyalatellentét tone-contrast
színárnyalati eltérés *(szövet-, pamuthiba)* blinding
színárnyék *(fényt)* shade
színátcsapási : sav-lúgjelző ~ **tartománya** transition interval of indicator
színátkapcsoló *(rád)* colo(u)r switch
színátváltó colo(u)r converter
színátvitel colo(u)r transmission
színbőr bend leather
színcsökkentő *fn* reducer
színegyensúly *(háromszínű kivonó eljárásnál)* colo(u)r balance
színegyensúly-állandó colour-stability constant
színegyensúlyi mérték colo(u)r-balance standard
színegyüttható *(színkiválasztási érték)* colo(u)r coefficient
színehagyó fugitive ; *(bőr)* stripping the colour
színel *(bőr)* scud, jack, slate, stone, clean, sleak ; *(barkahibát ; bőr)* pare, perch
színélénkítő utókezelés *(tex)* revivification
színelés *(bőr)* *vö* **színel**
színeloszlás colo(u)r distribution
színelőgép *(bőr)* dressing machine
színelőkés *(bőr)* scudding knife
színelőkorong *(bőr)* perching knife
színelőtőke *(bőr)* scudding beam
színelővarrat *(heg)* flush weld
színelővas *(bőr)* perching knife
színeltávolítás *(tex)* discharge ; ~ **nélküli** *(tex)* print-on
színeltávolító szer *(tex)* discharger
színelválasztás separating the colo(u)rs
színeresztés *v* **-szétterjedés** *(tex)* colo(u)r bleeding
szinergizmus *(vegy)* synergism
színernyő *(fényk)* colo(u)r screen
színerő *(fényk)* chroma
színerősítő *(film)* mordant
színérték value
színérzékenyítési eljárás sensitizing producer
színérzékenység *(fényk)* colo(u)r/chromatic sensitivity ; *(filmé)* colo(u)r response
színérzéketlen achromatic ; ~ **emulzió** *(fényk)* colo(u)r blind emulsion
színes polychromatic, colo(u)red ; *(tex)* flamboyant, tinted *is* ; ~ **alapanyag** colo(u)red stock ; ~ **áru** *(tex)* colo(u)red goods ; ~ **cérna** colo(u)red threads ; ~ **ceruza** crayon ; **~re fényez** *(fa)* stain ; ~ **fényképezés** colo(u)r photography ; ~ **fényképezési eljárás** colo(u)r process ; ~ **fénypapír** high-glazed colo(u)red art-paper ; ~ **film** colo(u)r film ; ~ **határvonal** *(nyomda)* hatching ; ~ **karton** colo(u)red cardboard ; ~ **katalógus** colo(u)r album ; ~ **képtáviratozás** colo(u)r facsimile ; ~ **kevert fonal**

colo(u)r-blend yarn ; ~ **láncfelvetés** *(tex)* Yorkshire warp dressing ; ~ **látás** colour vision ; ~ **másolás** *(fényk)* colo(u)r printing ; ~ **nyomat** colo(u)r printing ; ~ **nyomópapír** heliographic printing-paper ; ~ **papír** ingrain(ed paper) ; ~ **pozitív** *(fényk)* colo(u)r positive ; ~ **rács** *(autokróm lemezen v filmen)* reseau ; ~ **rongyok** colo(u)red rags ; ~ **selyempapír** colo(u)red tissue ; ~ **szálakból készült fonal** colo(u)red-spun yarn ; ~ **szegély** *(tex)* coloured list/selvedge ; ~ **szegélyű áruk** colo(u)red lists ; ~ **szemüveg** tinted spectacles ; ~ **szűrő** colo(u)r filter ; ~ **televízió** colo(u)r television ; ~ **televíziós vevő** colo(u)r receiver ; ~ **üveg** stained glass ; ~ **üvegkorong** *(jelzőhöz)* roundel ; ~ **üvegkorong tartókapcsa** *(jelzőn)* roundel clip ; ~ **üveglemez üvegborításhoz** casing ; ~ **vetülék helyenkénti bevetése** *(tex)* planting

színesedik colo(u)r

színesfém coloured metal, non-ferrous metal

színesfém-kohászat metallurgy of colo(u)red metals

színesfotó-retusálás colo(u)r make-up

színeslánc-irező gép *(tex)* leese slasher

színesség colo(u)rity

színexcesszus *(csill)* colo(u)r excess

színez colour, dye, tint ; *(ép, vegy)* stain *is* ; *(festészetben)* illuminate ; **hangot** ~ modulate ; ~ **és lakkoz** stain and varnish ; **matringban** ~ hank dye

színezék *(tex)* dye, colo(u)r, dyestuff, colo(u)ring agent ; ~ **affinitásának vizsgálata** testing dyestuffs for affinity ; **bázikus** ~ basic dyestuff ; **direkt** *v* **szubsztantív** ~ direct dyestuff ; ~ **előkészítése** dyestuff preparation ; ~ **kivérzése** bleeding of dyestuff ; ~ **lefogása** *(tex)* bleeding of dyestuff

színezékegalizáló képesség *(tex)* levelling power, levelness

színezékeltávolító *(tex)* paint remover

színezékfelhúzást elősegítő szer *(tex)* exhausting agent

színezékfelvivő henger *(nyomás; tex)* colour furnishing roller, colour furnisher

színezékfőző műhely *(tex)* colo(u)r boiling room

színezékizzadságállóság vizsgálata dyed fastness to perspiration test

színezékkiegyenlítő képesség levelling power, levelness

színezék-rögzítés *(tex)* dyestuff fixing ; ~ **a szálon** fixation of the colouring matter

színezékrögzítő (szer) *(tex)* fixing agent for dyes

színezékvándorlás *(tex)* migration of dye

színezékvizsgálat testing of dyestuff

színezés colo(u)ring, dyeing, tinting, colo(u)ration, staining ; **cement és beton** ~**e** *(ép)* dyecrete process ; ~ **csévén** *(tex)* package-dyeing ; ~ **darabban** *(tex)* fabric/piece-dyeing ; ~ **Eucanin festékkel** *(bőr)* colo(u)ring with Eucanin dyestuff ; ~ **fecskendős módszerrel** *(tex)* spray dyeing ; ~ **fésűs szalagban** *(tex)* top dyeing ; ~ **forrásponton** *(tex)* dyeing at the boil ; **friss** ~ *(tex)* bloom ; **gyenge** ~ tinge ; ~ **időtartama** *(tex)* dyeing time ; ~ **jiggeren** *(tex)* jig(ger) dyeing ; ~ **kádban** *(tex)* box dyeing ; ~ **kötegben** *(tex)* rope dyeing ; ~ **krómutánkezeléssel** afterchrome process dyeing ; ~ **lánchengeren** *(tex)* beam dyeing ; ~ **maratható színezékkel** *(tex)* discharge dyeing ; ~ **matringban** skein-dyeing, hank-dyeing ; ~ **medencében** *(bőr)* colouring in the tray ; ~ **nyers állapotban** *(tex)* bale dyeing ; ~ **nyitott fürdőben** *(tex)* dyeing in the open beck ; ~ **pác-színezékkel** *(tex)* mordant dyeing ; ~ **szalag(alak)ban** *(tex)* sliver/rope/slubbing dyeing ; ~ **szálban** *(tex)* raw stock dyeing ; ~ **szappanhabban** *(tex)* foam dyeing ; ~ **szóróval** *(tex)* spray dyeing ; ~ **teljes szélességben** *(tex)* open-width dyeing, dyeing in width ; ~ **végben** *(tex)* piece/fabric dyeing, dyeing of piece goods ; **vegyi** ~ *(fényk)* chemical toning

színezésállóság *(tex)* dye-fastness, dye--proofness

színezésfoltok *(szövethiba)* marking-off

színezési : ~ **affinitás** *(tex)* dyeing affinity ; ~ **egyenletesség** *(tex)* level dyeing ; ~ **eljárás** *(folyadékáramlás--vizsgálatnál)* colo(u)r band method ; *(tex)* dyeing/painting (process), dyed style(s) ; ~ **hőmérséklet** *(tex)* dyeing temperature ; ~ **módszerek** *(tex)* dyeing methods ; ~ **próba** *(tex)* dyeing/staining test ; ~ **tétel** *(tex)* dye lot

színezés-lakkozás *(fa)* stain and varnish

színezés-vizsgálat *(tex)* dyeing test

színezet colo(u)ration, tint

színezetlen uncolo(u)rated, uncolo(u)red

színezett *(tex)* dyed, colo(u)red, tinted ; ~ **minta** *(tex)* painted/dyed/colo(u)red design ; ~ **pamutszövetek szappanozása** *(tex)* soaping cottons dyed ; ~ **papír** stained paper ; ~ **üveg** tinted glass

színezhetetlen holtszál *(tex)* kemp

színezhetőség *(tex)* dyeing/staining power, dyeing properties, dyeability

színező *mn* colo(u)ring ; *(személy:)* dyer ; ~ **berendezés** *(tex)* dyeing machinery ; ~ **előcserzés** *(bőr)* colo(u)rs pits ; ~ **előcserző kád** *(bőr)* colo(u)r pit ; ~ **képesség** tinctorial power ; *(nyomda)* spreader power ; *(tex)* dyeing ability/power, dyeability, colo(u)ring value ; ~ **kikészítő gyár** *(tex)* dyeing and finishing plant ; ~ **kikészítő üzem** *v* **vállalat** *(tex)* dyeing and finishing establishment ; ~ **porozás** *(fényk)* dusting-on process

színezőanyag colouring agent

színeződés colo(u)ration, tint ; *(tex)* dyeability, tinting ; **elmosódott** ~ diffuse tint ; **gyapjú** ~**e** *(tex)* tint of the wool

színezőfürdő *(fényk)* toning bath ; *(tex)* dye bath ; ~ **erősítése** *(tex)* sharpening of a bath ; **kék** ~ *(fényk)* blue toner

színezőhenger *(irezőgépen)* warp ink roller

színezőkád *(tex)* dye kettle/beck/vat/vessel, colo(u)r box, kettle dye ; **nyitott** ~ open kettle dye

színezőoldat *(tex)* dye liquor/solution ; ~ **megerősítése** *(tex)* sharpening/springing of a bath

színezőszekrény *(tex)* dye box

színezőteknő *(tex)* colo(u)r-box/trough

színezőüzem *(tex)* dyeing house, dye(-) house

színfakulás *(tex)* fading

színfalak scenery

színfalfúró theatre gimlet

színfejlesztő *v* **-képző** colo(u)r producer

színfelbontás colo(u)r break up

színfelrakás *(bőr)* coating

színfelületi : ~ **azimut** *(geod)* true azimuth ; ~ **délkör** *(geod)* true meridian

színfelvitel *(bőr)* coating

színfém pure/virgin metal

színfémcső : fémházanódos ~ *(rád)* catkin tube

színfémkristályok pure metal crystals

szín-fényérték *(fényk)* colo(u)r quality of light

szín-fényjelző *(vasút)* colo(u)r light signal

szín-fényrend diagram *(csill)* colo(u)r--magnitude array

színfokozat shade

színfokozat-helyesbítő másolóernyő tone correction mask

színfolt *(nyersbőrön)* paint mark ; *(tex)* blotch, patch (of colo(u)r)

színfoltos : ~ **díszítőfonal** *(tex)* knickerbocker yarn ; ~ *(sárgás)* **gyapot** tinged cotton

színfurnír top/facing veneer ; **díszítő** ~ decorative face veneer

színfurnírozás alatti falap *(fa)* underplate

szingenetikus *(földt)* contemporaneous

szingenit *(ásv)* syngenite, kaluszite

szinguláris pont *(mat)* singular point

szingulett *(at)* singlet

színhangzatok colo(u)r chords

színhasíték *(bőr)* grain

színhatározó test colo(u)r solid

színhatás colo(u)r effect ; ~**t kiemelő szín** contrast colo(u)r ; **minta** ~**a** *(tex)* colour effects in the design

színházi : ~ **előcsarnok** foyer ; ~ **felvonó** stage lift ; ~ **látcső** opera--glass

színházvilágítás theatre lighting

színhelyesbítési eljárás *(fényk)* masking

színhiba *(fényt)* chromatic aberration ; *(színes fényképezésnél:)* fringe

színhordó *[atomcsoport]* chromophore

színhőmérséklet colo(u)r temperature

színhűség colo(u)r fidelity

színi : ~ **eltérés nélküli** achromatic ; ~ **eltérítés** chromatic aberration

színillesztés colo(u)r matching

színindex *(égitesteké)* colo(u)r index

színít *(bány, koh)* cob, rag

színítés cobbing, rag

színítő : ~ **kalapács** cobbing hammer ; ~ **láng** *(koh)* reduction flame ; ~ **pörkölés** *(koh)* reducing roasting

színjáték *(ásv)* play/change of colours, iridescent effect

színjátszás *(tex)* chatoy(e)ment

színjátszó *(selyemáru)* changeant ; ~ **taft** *(changeant)* chameleon taffeta

színjelmagyarázat *(rajzon)* colour legend

színjelzés *(távk)* colo(u)r code

színjelzés-adatok *(rád)* colo(u)r code

színkártya *(tex)* colo(u)r card; *(szabvány; tex)* standard colour card
színkémikus colo(u)rist
színkép spectrum ; **abszorpciós ~** absorption spectrum ; **~ fényképe** spectrogram ; **folytonos ~** continuous spectrum ; **~ hamis vonala** ghost ; **~ láthatatlan része** invisible spectrum; **látható ~** visible spectrum ; **nem folytonos ~** discontinuous spectrum ; **sávos ~** band spectrum ; **~ termje** *v* **nívója** term of spectrum ; **vonalas ~** line spectrum
színkép-atlasz atlas of spectra
színképátvitel spectral transmission
színképelemzés spectral analysis ; *(vizuális)* spectroscopic analysis ; *(fényképezéssel)* spectrographic analysis ; **vegyi ~** spectrochemical analysis
színképelemző *fn* wave spectrum analyzer
színképenergia eloszlása *(hullámhosszak szerint)* spectral energy distribution
színkép-energiaeloszlási görbe spectral energy curve
színkép-érzékenység colo(u)r response
színképfelvétel : ~ jó minősége definition of spectrogram ; **~ nagyítása** enlargement of spectrogram
színképfényképezés spectrum photography
színkép-fényképező készülék spectrograph
színképfénymérő *v* **-fotométer** spectrophotometer
színképi spectral ; **~ abszorpció** *v* **elnyelés** spectral absorption ; **~ eloszlás** spectral distribution ; **~ érzékenység** spectral sensitivity/response
színkép-komparátor spectro-comparator
színképmérő *fn* spectrometer
színkép-polarizáció polarization
színképsáv spectral band
színképszín spectral colo(u)r
színképtábla spectrum chart
színkép-tartomány spectral range
színképtúlfedés masking of spectrum
színképvizsgálat spectrography
színképvizsgáló készülék spectroscope
színképvonal spectral/spectrum line ; **emissziós** *v* **kisugárzási ~** emission line ; **~ak felbontása** resolution of lines ; **többszörös ~** multiplet
színképvonal-sorozat spectral series
színkeverék composite colo(u)r
színkeverés *(tex)* colo(u)r mixture/blending ; *(minta után)* colo(u)r matching
színkeverő *fn* colo(u)r converter/coupler
színkiegészítő szűrő compensating filter
színkiegyenlítés colo(u)r compensation, balance
színkifakítás *(fényk)* dye-bleaching
színkiszűrő *fn* *(fényk)* selective screen
színkiválasztás megvilágítás szempontjából colo(u)r conditioning
színkivonatolás *(fényk, nyomda)* chromatic selection
szinklinális *(földt)* *mn* synclinal ; *fn* syncline, trough bend ; **~ hajlás** synclinal flexure ; **~ lejtése** slope of syncline ; **medence alakú ~** basin ; **~ redő hajlása** synclinal turn ; **~ réteg szárnya** synclinal limb ; **~ sor** communication syncline ; **~ szárnya** trough limb ; **~ talppontja** lower bend; **~ (teknő) magja** trough core ; **~ tengelye** trough axis
szinklinórium *(földt)* communication syncline
színkódoló átvitel *(távk)* coded-colour transmission
színkondicionálás colo(u)r conditioning
színkontúrok : hibás ~ színes negatívon colo(u)r fringes
színkoordináták colo(u)r coordinates
színkör *(természetes)* colo(u)r cycle
színkötő anyag colo(u)r-binding agent
színközlő colorific
szinkró synchro, magslip, selsyn ; **adó ~** transmitting synchro ; **durva leolvasó ~** coarse synchro ; **különbözeti ~** differential synchro ; **távszögközlő ~** *(vill)* autosyn, automatic synchronizer ; **vevő ~** receiving synchro
szinkró-adórész *(vill)* selsyn, self-synchronizing generator
szinkrociklotron *(at)* synchrocyclotron
szinkron synchro-, synchronous, timed ; **~ alatti** *[fordulatszám]* subsynchronous ; **~ árammegszakító** synchronous control ; **~ átalakító** *(vill)* synchronous converter ; **~ áttételű tüzelés** pointer fire ; **~ egyenirányítás** *(rád)* synchronous rectification ; **~ egyenirányító** *(vill)* synchronously-rotating rectifier ; **~ fázisátalakító** *(vill)* synchronous phase-modifier ; **~ feletti** hypersynchronous ; **~ forgás** synchronism ; **~ forgó szikraköz** *(vill)* synchronous rotary gap ; **~ generátor** synchronizing generator ; **~ gép** synchronous machine ; **~ hajtású szervóelem** synchrodrive ; **~ impedancia** *(vill)* synchronous impedance ; **~ impulzus** *(távk)* synchronous pulse ; **~ járás elérése** *(vill)* crawling ; **~ járásból kiesést előidéző forgató nyomaték** pull-out torque ; **~ járást mutató műszer** *(vill)* synchronoscope ; **~ járású kilincsmű** step ratchet ; **~ jel** synchronizing mark ; **~ kapacitás** *(vill)* synchronous capacity ; **~ba kapcsol** lock in synchronism ; **~ készülék** timing device ; **~ letapogatás** *(távk)* synchronous sweep(ing) ; **~ motor** synchronous motor ; **~ motorral hajtott mozgóképfelvevő gép** synchronous camera ; **~ mozgás** synchronous motion ; **~ óra** synchronous (electric) clock ; **~ pilot** *(távk)* synchronizing pilot ; **~ sebességváltó** *(gépk)* synchromesh gearbox, s/m gearbox ; **~ skálatárcsák** *(távk)* follow-the pointer dials ; **~ számláló** *(vill)* lock counter; **~ba ugrik** *(távk)* lock ; **~ vibrátor** synchronous vibrator ; **~ villamos óra** synchronous electric clock ; **~ vivőhullám-rendszer** *(rád)* synchronous carrier-system ; **~ watt** *(nyomatékegység)* synchronous watt
szinkronba-kerülés *(vill)* crawling
szinkronizáció *l* **szinkronozás**
szinkronizál *stb, l* **szinkronoz** *stb*
szinkronizmus synchronism ; **~ban** in step ; **~ felett lévő** *(vill)* hypersynchronous ; **~ból kiesett** *(vill)* out-of-step
szinkronoszkóp synchroscope
szinkronoz synchronize, time, bring into step
szinkronozás synchronizing, synchronization, phasing ; *(gépk)* synchromesh ; *(kényszerű)* inertia lock synchromesh ; *(egyszerű; nem „kényszerű")* constant load synchromesh ; *(távk)* timing, locking ; **~ hálózaton át** mains synchronization
szinkronozási synchronizing ; **~ csúcs** synchronizing peak ; **~ feszültség** synchronizing voltage ; **~ impulzus-intervallum** synchronizing pulse interval ; **~ szint** synchronizing level
szinkronozó *mn* synchronizing ; **akusztikus ~ berendezés** acoustic synchronizer ; **~ berendezés külső karmantyúja** *(gépk)* synchro-mesh external sleeve ; **~ impulzus** synchronizing pulse ; *(telev)* control impulse ; **~ impulzus feszültsége** synchronizing pulse voltage ; **~ impulzust az időjeláramkörbe bejuttató elektroncső** synchronizing valve ; **~ impulzusjel** synchronizing pulse signal ; **~ impulzust kiválasztó kapcsolási elem** synchronous gate ; **~ jel** synchronization/synchronizing signal ; **~ jelbemenet** *(távk)* lock input ; **~ képesség** lock-in feature ; **~ készülék** synchronizer ; **~ nyomaték** *(vill)* synchronizing torque ; **~ teljesítmény** *(vill)* synchronizing power
szinkronozó-agy *(sebességváltóban ; gépk)* synchro-mesh body ; *(ami az erőt átadja a tengelynek ; gépk)* synchromesh hub
szinkronozódás synchronization ; **rezgőkörök ~a** *(csatolt rezgőköröknél)* synchronization of oscillators
szinkronozódik *(vill)* fall into step
szinkronozóegység *(távk)* lock unit
szinkronozóhüvely *(sebességváltóban ; gépk)* synchro-mesh external sleeve, synchronizer drum, sliding sleeve ; *(gyűrű; amit a kapcsolórúd mozgat ; gépk)* synchronizing sleeve
szinkronozóhüvely-rögzítő rugó *(gépk)* detent spring
szinkronozó-impulzus-erősítő *fn* synchronizing pulse amplifier
szinkronozó-impulzus-leválasztó synchronizing-pulse separator ; **~ kör** synchronizing-pulse separator/separating circuit
szinkronozójel synchronizing pulse/signal
szinkronozójel-amplitúdó synchronizing signal amplitude
szinkronozójel-generátor synchronizing signal generator
szinkronozójel-leválasztó *(távk)* synchronizing signal separator
szinkronozókúp *(gépk)* synchromesh cone, synchro-cup, cone ring ; **~ot rögzítő golyó** synchromesh lock ball; **~ot rögzítő rugóspecek** *(vill)* synchromesh locking plunger
szinkronozósáv *(távk)* synchronizing band
szinkronozósínek *(vill)* parallelling bars
szinkronozott timed ; **~ keverő** *(kád)* lock-in mixer ; **~ sebességváltó szekrény** synchromesh gear box
szinkronozóvonal *(képtávírásnál)* phasing line
szinkrotron *(at)* synchrotron, synchro-timer
színlehúzás *(tex)* decolo(u)r(iz)ing
színlelt barka *(bőr)* simulated grain
színlőbárd adz(e)
színlőgyalu spoil shave
színmeghatározás *(tex)* colo(u)r test

színmeghatározó *fn* chromometer ; ~ **piramis** colo(u)r pyramid ; ~ **rendszámok** *(szimbólikus színpiramison)* colo(u)r constants ; **szimbólikus** ~ **háromszög** colo(u)r triangle
színmélyítő *fn* saddening agent
színmintázás *(tex)* colo(u)ration
szín-nívó *(telev)* colo(u)r level
színnyomás *(nyomda)* printing incolo (u)r
színnyomat colour printing, chromotype; ~ **festékátvitellel** *(fényk)* dye transfer print
színnyomó : ~ **munkás** stone hand ; ~ **papír** colo(u)r printing paper
színoldal *(bőr)* hairside ; *(kh)* right side ; *(tex)* upper/top texture, face, right/upper side ; ~**t színoldalra** *(fektet ; bőr)* grain to grain ; **szövet** ~**a** *(tex)* endroit, face
színoldali : ~ **hurok berajzolása mintába** *(tex)* inlay pattern ; ~ **lánc** *(tex)* face warp ; ~ **szem** *(tex)* face loop ; ~ **vetülék** *(tex)* face picks/filling/ weft
szinoptikus : ~ **meteorológia** synoptic meteorology, prognostics ; ~ **térkép** *(met)* synoptic (weather) chart
színorgona clavilux, colo(u)r organ
színosztályozó *fn* register
színösszeállítás colo(u)r scheme/set ; *(karosszériához ; gépk)* colo(u)r scheme
színösszeállító optikai készülék mutochrom
színösszehasonlító (kém)cső colo(u)r--comparison tube
színpad stage, scene ; ~ **előtere** downstage ; ~ **elülső** *(közönség felőli)* **szegélye** apron
színpadi : **áttetsző** ~ **vetítőernyő** aerial screen ; ~ **díszlet** stage setting ; ~ **előtér íve** proscenium arch ; ~ **felvonó-süllyesztő** stage and scenery lift ; ~ **fényszabályozó** stage dimmer ; ~ **fényszóró** stage lamp ; ~ **munkás** shifter ; ~ **pódium** platform ; ~ **(világítási) hatások** stage effects
színpadnyílás stage opening
színpadsüllyesztő trap
színpárosítás colo(u)r matching
színpor *(bány)* concentrates
színpróba colo(u)r/colorimetric test
színreakció colo(u)r reaction
színrehozás production
színrehozatal release
színskála colour scale ; **futtatási** ~ *(koh)* blueing ga(u)ge
színsugárzó képesség colo(u)r emissivity
színszabvány colo(u)r standard
színszappan grained soap
színszemcsék *(fényk)* stains
szín-szinkronozó jel colo(u)r-synchronizing signal
színszórás colo(u)r dispersion
színszűrő colour filter ; *(pa)* colo(u)r screen ; ~ **együtthatója** *(anyagv)* transmission coefficient ; ~ **elnyelési görbéje** *(fényk)* filter absorption curve ; ~ **forgókorong** revolving colo(u)r disc ; ~ **hatásos sávja** *(vill)* filter attenuation band ; ~**vel színezett fény** subtractive-coloured light ; ~ **tárcsa** colo(u)r filter disc ; ~ **védőszemüveg** goggles with colo(u)r filter
szint level, floor ; *(bány)* stage ; *(ép)* storey ; *(földt)* stage ; *(hegységnél:)* flake ; *(távk)* level ; ~ **alatti emelkedés** subelevation ; **amszterdami** ~ *(geod)* Amsterdaamsch Peil, A. P. ; ~**ben dolgozik** *(bány)* run the level ; **egy** ~**ben fekvő** *(hidr)* flush ; **egy** ~**re hoz** bring flush ; ~**ben fekvő rétegek** *(földt)* underlying beds ; ~**en futó adagológép** *(koh)* ground-type charging machine ; ~**et helyreállít** regrade ; ~**be hoz** range into line, align, flush ; ~**en kívüli** out-of-level; **közti** ~ *(bány)* blind level ; **küszöb feletti** ~ *(hangt)* sensation level ; **legkisebb energiájú** ~ *(elektroné v nukleoné)* ground level ; ~**et mélyít** level down ; ~**ek száma** *(ép)* number of flights/storeys ; **színér alatti réteg** ~**je** *(földt)* floor
szintalap *(geod)* horizontal equivalent
színtárcsa colo(u)r disc
színtársító *fn* colo(u)r coupler
színtartó colo(u)r-proof, colo(u)r-fast, non-fading ; ~**an fest** *(tex)* ingrain ; ~ **fonal** *(tex)* fast/resist-dyed yarn ; ~ **piros** *(színezék)* fast red ; ~ **reklámpapír** bill board paper ; ~ **színezék** *(tex)* fast dye/colo(u)r ; ~ **színezés** *(tex)* resist dyeing/colouring ; ~ **szövetek** *(tex)* fast colour fabrics
színtartóság *(tex)* dye-/colour-fastness, fastness of a colour/dyeing, resistance to fading, tint retention ; ~ **növelése** *(tex)* colour-fastening
színtartóságmérő készülék fadometer
színtartóság-vizsgáló berendezés *(vegy)* fugitometer
szintbeállítás aligning ; *(rád)* notch adjustment
szintbeállító csavar levelling screw
szintbeli (út)keresztezés grade crossing
szintben-húzódás *(földt)* level course
szintben-keresztezés level crossing
szintbiztosító : **golyós** ~ **szelep** *(szivattyúban)* ball-level safety valve
szintdiagram *(távk)* hypsogram, level diagram
színtelen colo(u)rless, achromatic ; ~ **topáz** *(ásv)* flinders diamond
színtelenedés *(mállás folyamán ; földt)* weather stain
színtelenedik decolo(u)r(iz)e
színtelenít discolo(u)r(iz)e, bleach, decolorate
színtelenítés *vő* **színtelenít** ; *(pa)* bleeding, stripping
színtelenítési : **fényhatású** ~ **eljárás** *(színes fényképezésnél)* „bleach out" process
színtelenítő *mn* decolo(u)r(iz)ing, discolo(u)ring ; ~ **anyag** decolourizing agent ; ~ **föld** bleach(ing) earth ; ~ **szén** decolourizing coal ; ~ **vegyszer** discolouring agent
színtelenség colo(u)rlessness, achromatism
színtelítettség saturation of colo(u)r
színtényező *(fényk)* colo(u)r coefficient
szinterel *(ker)* sinter
szinterelt sintered ; ~ **mágnes** sintered magnet ; ~ **ötvözet** sintered alloy ; ~ **üveg** sintered glass ; ~ **vasmag** sintered core
szinterezés *(koh)* sintering
szinterezetlen *(koh)* unsintered
szinterezett *(koh)* sintered
szintes : ~ **ér** *(földt)* flat ; ~ **felvétel** *(bány)* horizontal survey ; ~ **feszke** *(bány)* horizontal brace ; ~ **folyosó** *(bány)* level course ; ~ **pásztafejtés** *(bány)* mining by level workings ; ~ **pásztafejtés tömedékeléssel** *(bány)* horizontal cut-and-fill ; ~ **rakodópad vonszolólemez részére** *(bány)* scow bridge ; ~ **tárószállítás** *(bány)* hauling ; ~ **tartóoszlop** *(bány)* mounting bar ; ~ **telep** *(bány)* flat seam ; ~**en települt szén** level coal ; ~ **vágat** *(bány)* way ; ~ **vontatás** *(bány)* haul
szintetikus synthetic, man-made, artificial ; ~ **készítmények** synthetics ; ~ **szál** *(tex)* synthetic fibre, man--made fibre ; ~ **színezékek** *(tex)* synthetic dyestuffs ; ~ **táptalaj** synthetic medium/substrate
szintetizált *(vegy)* built-up
szintexis *(földt)* syntexis
szintez (set) level, complanate, grade bring flush
szintezés level(l)ing (survey), survey of fall ; *(fakeresztekkel)* boning ; ~ **redukálása** reducing the levels
szintezési : ~ **alappontra vonatkoztatott magassági (ős)jegy** ordnance bench mark ; ~ **jegyzőkönyv** level book ; ~ **vonal** level line
szintézis synthesis ; **újra való** ~ resynthesis
szintézis-gáz *(vegy)* synthesis gas
szintező *fn (ép)* planer ; *(geod)* level ; *(munkás ; geod)* level man ; **ingás** ~ *(geod)* autoset level ; ~ **lécállás szintmagasságváltásnál** turning point, T. P. ; ~ **libella** air level ; ~ **negyedlő** range quadrant ; ~ **negyedlővel dolgozik** quadrate ; ~ **negyedlőn megadott emelkedés** quadrant elevation ; ~ **negyedlővel megadott indulószög** quadrant angle departure ; ~ **negyedlőn megadott negatív emelkedés** quadrant depression
szintezőcsavar gradienter
szintezőcsavaros műszer *(geod)* quick--setting level
szinteződeszka level(l)ing plank
szintezőlap level(l)ing block
szintezőléc level(l)ing rod/board, staff ; ~ **állítható tárcsája** sight vane ; **egyszerű tárcsás** ~ Boston rod *(US)* ; ~ **tárcsája** target
szintezőműszer level instrument, level-(l)er ; **egyetemes** ~ level-theodolit ; **ingás** ~ balance level ; ~ **kötött távcsővel és kötött libellával** *(Troughton--féle)* dumpy level
szintezőműszer-állító csavar level(l)ing screw
szintezősaru *(geod)* iron head
szintezőszalag level(l)ing tape
szintfelület level surface
szintfeszültség *(távk)* position voltage
szinthatároló *(távk)* volume limiter
szintíró *(távk)* automatic level recorder
színtisztaság *(fényk)* chroma
színtisztaság-tényező colorimetric purity
színtjátszó *(selyemáru)* changeant, changeable ; ~ **légszennyezés** *(met)* opalescent pollution ; ~ **taft** chameleon taffeta
szintjel-erősítő *(rád)* notch amplifier
szintjelző level-indicator, marker ; *(rád)* volume indicator ; ~ **kőzet** *(bány)* key rock
szintkiegyenlítés *(táv)* equalizing levels
szintkiegyenlítő : ~ **cső** *(két tartály között)* level(l)ing pipe ; ~ **edény** level vessel

szintkülönbség level difference
szintkülönbségmérő *(met)* cathetometer
szintmagasság level height ; **~ok számítása lécleolvasásokból** *(geod)* reduction of levels
szintmérés *(távk)* level measurement
szintmérő *fn* *(távk)* level/volume indicator ; **~ készülék** level-measuring set
szintmutató *fn* level indicator ; *(szállítógépnél)* level lead
színtompítás *(festészetben)* scumbling
színtörlő *fn* stompe
szintrajzot készít contour
színtrükk *(film)* colo(u)r trick
szintsüllyedési görbe drawdown curve
szintsüllyesztés drawdown
szintszabályozó *fn* regulator of level ; **~ berendezés** *(távk)* (automatic) level control (pilot) equipment ; **önműködő ~** *(rád)* automatic volume control
szint-terv floor plan
szintváltozás : lassú *(kontinentális)* **~ok** *(földt)* slow changes in levels
szintvonal line of levels ; **~ak felrajzolása** plotting of the levels ; **~ak kitűzése** *v* **közvetlen bemérése** *(geod)* locating of contours ; **~ak közbeiktatása** *(geod)* interpolating contours ; **~ak megvázolása** *(geod)* sketching the contours ; **rétegek ~ai** *(földt)* structure contours ; **tektonikus terepalakulatok ~ai** *(földt)* structure contours
szinusz *(mat)* sine ; **~ alakú** *(mat)* sine-shaped, sinusoidal
szinusz- *(mat)* sinusoidal
szinuszasztal *(gépelem-lejtőmérő műszer)* sine bar
szinusz-elektrométer sine electrometer
szinuszfeltétel *(fényt)* (optical) sine condition
szinuszfeszültség sinusoidal voltage
szinuszfüggvény *(mat)* sine function
szinusz-galvanométer sine galvanometer
szinuszgörbe sine curve, sinusoid
szinusz-hullámú áram sine-wave current
szinuszlemez sine plate
szinuszoid *l* **szinuszgörbe**
szinuszos sinusoidal ; **~ áram** sinusoidal current ; **~ mozgás** harmonic motion; **nem ~ hullám** nonsinusoidal wave ; **~ tag** *(mat)* sine term ; **~ tér** *(vill)* sinusoidal field; **~ változású** sinusoidal
szinuszrezgés sine oscillation/vibration
szinusz-sor *(mat)* sine series
szinusz-spirál(is) *(mat)* sinusoidal spiral
szinusztétel *(mat)* sine law/theorem
szinusztörvény szerint váltakozó hullám *(vill)* sinusoidal wave
szinuszvonal *l* **szinuszgörbe**
szinuszvonal-rajzoló sine protractor
szinuszvonalzó sine bar
színüveg-cső *(rád)* fullglass tube/valve
színüveg-foglalat loctal base
színvak colo(u)r-blind
színvakság colo(u)r blindness
színváltás sampling
színváltó *fn* *(telev)* sampler ; **~ impulzus** sampling pulse ; **~ impulzusgenerátor** sampling pulse generator ; **~ letapogatás** sequential/progressive scanning ; **~ televízió** sequential-colour television
színváltozás colo(u)r change
színváltozó : ~ selyem shot silk ; **~ selyemtaft** shot taffeta
színváltoztatás *(fényk)* colo(u)r trick
színváltoztató *[fényvillamos kristály]* allochromatic
színvas pure iron
színvisszaadás *(színk)* colo(u)r response
színvonal level
színvonalkülönbség dislevelment
színzavar *(színes fényképen)* colo(u)r shock
sziporka *(köszörülésnél)* spark
sziporkázik scintillate, spark
szippantás snifting
szippantó *(szivattyún)* snore piece, snifter
szippantószelep breathing/snuffle/snifting valve
sziréna siren (horn), howler ; *(rád)* audiohowler
szirénázás blast
szironybőr rawhide (leather)
szironybőrszíj hide rope
szirt cliff, beak, riff ; **magasan kiálló meredek ~** crag
szirtes cliffy, cragged
szirtgát barrier reef
szirtvonulat ridge
szirtzátony ledge
szirufermagos tekercs *(vill)* sirufer iron-dust coil
szirup sirup, syrup
szirupleválasztás syrup separation
sziszegés *(frekvenciamodulációs zavar)* sizzling ; *(szénmikrofoné)* background hiss
sziszerszkit *(ásv)* *l* **iridozmium**
szít *(tüzet)* stoke, poke, kindle
szita strainer, sieve, screen ; **durva ~** riddle
szita-analízis *(pa)* screen analysis
szitaasztal *(pa)* save-all, tray
szitaasztalvíz *(pa)* tray water
szitabevonat *(pa)* cylinder cover
szitabőrlemez *(pa)* apron
szitacsokor *(bány)* mesh
szitadob *(bány)* trommel (screen); *(koh)* revolving screen ; *(pa)* willow; *(tex)* cage
szitaelemzés screen/sieve analysis/test ; **~ adattáblázata** *(bány)* direct-sizing plot
szitaelemzési : ~ adatok gyűjtő táblázata cumulative sizing plot ; **~ táblázat** *(bány)* sizing plot
szitafelvigyázó *(pa)* coucher, wire-guide
szitafeszítő henger *(pa)* wire roll
szitafinomságszám wire-mesh number
szitafokozat sieve scale
szitafonat *v* **-szövet kötési módja** sieve texture
szitaháló-lyuk(bőség *v* **-szám)** sieve mesh
szitahenger *(pa)* dandy roll, screening cylinder
szitahuzal screen wire
szitakészlet finom tisztításhoz *(mzg)* recleaner screen set
szitaköpeny *(pa)* cylinder cover
szitakötő huzal screen wire
szitál sift, sieve, screen, jig, dredge ; *(met)* sprinkle ; *(mzg)* winnow *is* ; *(pa)* bolt
szitalap mesh panel
szitálás *vö* **szitál** ; *(gépk)* *l* **kerékszitálás**; *(koh)* screen sizing ; *(met)* drizzle ; **~ hatásfoka** *(koh)* screening efficiency
szitalemez *(koh)* punched-plate screen ; *(pa)* sieve plate
szitalemezes torony sieve-plate column
szitáló eső mist, drizzle
szitálógép *(élip)* screening machine, bolter
szitalyuk aperture ; *(bány)* cloth opening
szitamaradék sieve residue, screens
szita-markírozás *(pa)* wire mark
szitamosó *(pa)* Fourdrinier type washer
szita-oldal *(pa)* wire side, wrong side of paper
szitaosztály *(élip)* feed
szitaosztályozás *(pa)* screening
szitaosztályozó *(pa)* wire mesh screen
szitarázó *(gép ; bány)* shaker
szitarés gap clearance
szitaselyem *(tex)* mill silk
szitasor sieve set
szitasorozati hányados *(koh)* screen scale
szitás rázószekrény *(mzg)* screening case
szitasűrűség mesh
szitaszabályozás *(pa)* wire regulation
szitaszabályozó (henger) *(pa)* wire guide
szitaszakasz screen section, wire part ; **~ kiképzésmódja** *(pa)* design of the wire part
szitaszakasz-állvány *(pa)* wire frame
szitaszám screen number
szitaszámozás screen numbering
szitaszeg tack
szitaszem mesh
szitaszerkezet *(élip)* bolting work
szitaszerű meshed ; **~en gödörkézett** *(fa)* sieve pitting ; **~ struktúra** sieve texture
szitaszívó henger *(pa)* wire suction-roll
szita-szögvaskeret netting angle
szitaszövet sieve/screening cloth ; *(tex)* miller's ga(u)ze, tammy, mesh tissue, bolting cloth ; **el nem duguló ~** *(bány)* non-blind cloth ; **~ lyuknagysága** *v* **mérete** *(tex)* mesh gauge
szitaszövet-kefélő gép *(tex)* cloth scraper
szitatálcás oszlop perforated plate column
szitatámasztó berendezés *(pa)* wire stringing rig
szitatámhenger *(pa)* table roll
szitateknő *(pa)* hog/wire pit
szitatisztító kefe *(pa)* wire-cleaning brush
szitavászon *(tex)* meshwork
szitavezetés *(pa)* guide wire
szitavezető henger *(pa)* wire/lower guide roll
szitavíz *(pa)* pulp/white/back water
szitavízszivattyú *(pa)* backwater pump
szív *fn* *(tartammérő alkatrész ; óra)* heart ; **~ alakú** cordate, cordiform ; **~ alakú hántoló** heart scraper ; **~ alakú vezérbütyök** heart cam
szív *ige* **: magához ~** adsorb
szivacsgumi sponge rubber
szivacsos spongy, porous ; **~ (sejt)gumi** expanded rubber ; **~ vas** spongy iron
szivacsosság sponginess ; *(önt)* foaminess, porosity
szivacsszerű *(ásv)* spongiform
szivarborítólevél-lesimító *fn* capper
szivarburkoló *fn* lumpmaker ; **~ dohánylevél** wrapper ; **~ lap** outer leaf of

cigar; ~ **papír** paper for outer leaves of cigar, cigar wrapping
szivarcsomagolás cigar packing
szivardobozfa cigar box wood
szivardobozkarton *(pa)* cigar-box board
szivárgás leak(age), escape, seepage, bleed; **felszínre kerülő** ~ *(földt)* effluent seepage
szivárgási: ~ **áram** leakage current; ~ **együttható** *(hidr)* permeability coefficient; ~ **görbe** line of seepage; ~ **nyomás** seepage pressure; ~ **veszteség** seepage loss
szivárgásmentes leak-proof
szivárgásmérés leakage measurement
szivárgó *fn (ép)* catchwater drain, relief; *(bány)* footrill; *mn* untight, leaky; ~ **alagút** drain tunnel; ~ **forrás** seepage/filtration spring; ~ **vizek** seepage waters; ~ **vízmozgás** seepage flow
szivárgóárok drain ditch
szivárgócső *(ép)* drop pipe; *(nyomáspróbánál)* weeping pipe
szivárgónyílás weep hole
szivárgótömlős öntözési eljárás ooze-hose irrigation method
szivarka cigarette; cigaret *(US)*
szivarkacsomagolás cigarette packets
szivarkadoboz-karton *(pa)* cigarette box cardboard
szivarkagyújtó *(gépk)* cigarette lighter
szivarkahüvelypapír cigarette tube paper
szivarkapapír tissue/smoking/cigarette paper
szivarkapapír-füzet cigarette book
szivarka-selyempapír cigarette tissue
szivarkasodró papír cigarette paper in booklets
szivarkaszipka *(pa)* cigarette tip
szivarka-szopókapapír paper for cigarette tips, cigarette-tip paper
szivarkatárca cigarette case
szivarkazacskó *(pa)* cigarette bag
szivárog leak, seep, soak, sweat, weep, ooze, filter
szivarszipka cigar holder
szivartárca cigar case
szivárvány rainbow, iris
szivárványhatás *(tex)* rainbow effect, irization
szivárványkerék *(fényk)* rainbow wheel
szivárványkvarc *(ásv)* iris
szivárványosság iridescent effect
szivárványpapír nacreous paper
szivárványszínek prismatic compass
szivárványszínű iridescent; ~ **fonalak** *(tex)* rainbow yarns
szivarzacskó cigar bag
szívás suction, aspiration, draft, draught, depression; *(feltöltődés; gépk)* breathing; ~**sal működő üzemanyag-betáplálási rendszer** vacuum fuel-feed system; **száraz** ~ *(szivattyú működése kezdetén)* dry suction; **táplálás** ~**sal** vacuum feed; ~ **vonala** *(indikátor-diagramban)* suction line
szívás-hangtompító *(gépk)* intake-roar silencer *(US)*
szívási *l még* **szívó**; ~ **ellenállás** *(rep)* suction resistance; ~ **gyűjtő vezeték** suction main; ~ **tényező** cupping value; ~ **zóna** *(met)* zone of negative pressure
szívásos vetélőbefűzés *(tex)* sucking of the shuttle
szívászörej suction noise
szívatás exhaustion
szívató *(indításhoz)* (carburet(t)or) choke
szívatógomb *(gépk)* (carburet(t)or) choke (control) button/knob
szívatóhuzal *(gépk)* choke wire
szívatószelep *(gépk)* strangler
szivattyú pump; **alámerített** ~ drowned pump; ~ **búvárdugattyúja** ram; **Cameron-féle** ~ Cameron pump; **centrifugális** ~ centrifugal pump; **csavaros** ~ screw pump; **dugattyú nélküli** ~ *(pulzométer)* pistonless/pulsating pump; **dugattyús** ~ *(ált)* displacement pump; *(közönséges)* piston pump; **duplex** ~ duplex pump; **felső** ~ *(átemelő rendszerben)* hogger pump; ~ **feltöltése** priming; **fenékvízemelő** ~ bilge pump; **fogaskerekes** ~ gear pump; **forgódugattyús** ~ rotary pump; **háztartási** ~ domestic-type pump; ~ **hengere** pump barrel; **hűtő** ~ coolant pump; **keringető** ~ *(gyorsításra)* circulating pump, accelerator; **kézi** ~ hang pump; **kis emelőmagasságú** ~ low-lift pump; **láncos** ~ (bucket) chain pump; **lengődugattyús** ~ oscillating-plunger pump; **nagynyomású** ~ high-pressure pump; ~ **nélküli tüzelőanyag** *(gépk)* gravity fuel system; **nyomó** ~ forcing pump; ~ **nyomókarja** swipe; ~ **nyomóoldala** delivery side of the pump; **öblítő** ~ scavenging pump; **önfelszívó** ~ self-priming pump; ~ **rózsája** rose; **sarló alakú vezértengelyű** ~ crescent pump; **serleges** ~ (bucket) chain pump; ~ **szállítóteljesítménye** discharge/delivery of pump; **szárnylapátos** ~ propeller pump; **szelep nélküli** ~ valveless pump; **szint alatti** ~ drowned pump; ~ **szívócsöve** (pump) suction pipe/line; **szívó-nyomó** ~ combined suction and force pump; ~ **szívószelepe** sucking valve; ~ **teljesítményszabályozója** pump regulator; ~ **teljesítőképessége** pump duty; **tengelyirányú átömlésű** ~ axial pump; **többkamrás** ~ multicellular pump; **töltő** ~ charging pump; **triplex** ~ three-throw pump
szivattyúágy pump holder
szivattyúakna pump well; *(pa)* sucker; ~ **alsó szívórésze** bucket lift
szivattyúállomás pump station; ~ **közbülső szinten** *(bány)* midshaft pumping station
szivattyúberendezés pumping installation
szivattyúbőr *(tömítés)* pump leather
szivattyú-csappantyú delivery flap
szivattyúcsapszeg pump nail
szivattyú-dugattyú *l* **dugattyú**
szivattyúegység pumping unit
szivattyú-elosztócső pump manifold
szivattyúfedél pump cover
szivattyúfej pump bonnet
szivattyúfeltöltés pump priming
szivattyú-fogaskerék pump gear
szivattyú-forgórész pump rotor
szivattyúfővezeték pump main
szivattyúgödör *l* **szivattyúakna**
szivattyúhajtó: ~ **kar** brake; ~ **rúd** pump rod; ~ **szerkezet** pump drive
szivattyúház *(gépt)* pump case/box/body; *(ép)* pump house
szivattyúhenger pump cylinder/barrel
szivattyúhorog clevis for pumping
szivattyúkamra pump chamber/compartment, penstock
szivattyúkar pump handle/lever
szivattyúkenés forced lubrication
szivattyúkezelő pump driver; *(bány)* plugman; ~ **tűzoltó** pumpman
szivattyúköldök pump plunger
szivattyúköpű pump barrel
szivattyúkupak pump cup
szivattyú-lapátkerék pump impeller
szivattyúlöket pump throw
szivattyúmű pump work
szivattyú-nyomótömlő forcing hose
szivattyú-összekötőcső pump-connecting tube
szivattyúrendszer *(aknában; bány)* pit work
szivattyúrúd spear; *(dugattyús)* bucket rod; *(mélyszivattyúé)* sucker rod; **összekapcsolt szivattyúrudak** link-work pump rods
szivattyúrudazat plunge pole; *(mélyfúráshoz)* sucker rods
szivattyúrudazat-emelő *(ol)* sucker rod elevator
szivattyúrudazat-kötél sucker-rod line
szivattyúrúdrakat *(mélyfúrásnál)* sucker-rod spear
szivattyúrúd-tömszelence *(bány)* sucker-rod cleaner
szivattyús: ~ **befecskendezés** *(gépk)* pump injection; ~ **csatorna** *(cserzőlevek levezetésére)* pump log; ~ **emelő** pumping jack; ~ **fúró** *(bány)* gimlet bit; ~ **kenés** pressure lubrication; ~ **keringetés** induced circulation; ~ **kotrógép** pump dredger; ~ **kút himbája** pump swingle; ~ **tározós szabályozás** *(hidr)* pumped-storage regulation; ~ **víztároló telep** pump storage station
szivattyú-szabályozó *fn* pump governor
szivattyú-szívólyuk snore piece
szivattyútalpazat pump-foot
szivattyútápláló medence pump-feed basin
szivattyútartó *fn* pump holder
szivattyútelep pumping installation/plant/station
szivattyúteljesítmény pumping capacity
szivattyútest pump body/barrel/case
szivattyútest-zárócsavar pump body plug
szivattyútömítés pump packing/gland
szivattyútörzs *l* **szivattyúház**
szivattyúüst pump kettle
szivattyúventil *(rézfúvós hangszeren)* piston
szivattyúvezetőrúd-tartó *(ol)* sucker-rod socket
szivattyúz pump
szivattyúzás pumping; ~ **csövön át** piping; ~ **szűrőkádba** mashing-off; ~ **zöreje** snore
szivattyúzási: ~ **rétegvonalak** contour pumpings; ~ **veszteség** pumping loss
szivattyúzott beton *(ép)* pump concrete
szivattyúzsomp water-collecting sump
szívdarab *(gépt)* frog, heart; ~ **nélküli kitérő** *(vasút)* frogless switch
szívdeszka *(fa)* middle plank
szívfúró *fn (forg)* ratchet bit, flat drill
szívgörbe *(mat)* cardioid
szívhangfelvétel phonocardiogram
szívhangvizsgáló *(villamos)* electrical stethoscope
szívkalapács *(tartammérő-alkatrész; óra)* hammer for heart

szívműködés-sebességmérő cardio-tachometer
szívó *mn* sucking, sucker, suction ; ~ **berendezés** intake works ; ~ **csappantyú** suction flap ; ~ **csatorna** suction/aspiration duct/channel ; ~ **csővezeték** inlet/suction piping/tubing/line ; ~ **elevátor** suction elevator ; ~ **eljárású (szín)másolás** *(fényk)* imbibition (dye)printing ; ~ **fecskendő** sucking injector ; ~ **fojtótekercs** *(transzformátoron)* balance coil; ~ **fővezeték** suction trunk ; ~ **gázgenerátor** suction gas producer ; ~ **injektor** suction injector ; ~ **képesség** suction capacity ; *(pa)* absorbing power, absorbency ; ~ **készülék** aspirator, pump ; ~ **és kipufogó szelepvezérlő bütyköstárcsa** *(gépk)* intake-and-exhaust cam plate ; ~ **kotrócső** pipeline dredger ; ~ **(lég)huzam** *[kazánnál]* induced draft ; ~ **léghűtő** *(gépk)* induction cooler ; ~ **magasság** suction/intake head ; ~ **nyomás** *(motoré)* intake pressure ; ~ **pipetta** suction pipet(te) ; ~ **pszichrométer** aspiration psychrometer ; ~ **szellőzés** ventilation by extraction ; ~ **szellőző** suction/discharge fan/blower, exhaustor ; ~ **szellőző-egység** exhaust unit ; ~ **szellőző-osztály** *(aknában; bány)* return compartment ; ~ **szellőzőrendszer** draw-in system ; ~ **szellőztetés** suction air supply ; ~ **szerkezettel ellátott** *(exhausztoros)* **bontógép** *(tex)* exhaust opener ; ~ **szivattyú** suction pump ; ~ **tápvezeték** feed suction pipe ; ~ **teljesítmény** suction output ; ~ **tisztító készülék** *(tex)* suction cleaning apparatus ; ~ **transzformátor** *(távk)* negative boosting transformer ; ~ **vezeték** suction pipe/duct/line ; ~ **vezeték hőszabályozása** manifold heat control
szívóakna pump well
szívóáramú gázgenerátor updraft type producer
szívócsap suction cock
szívócsatorna *(hidr)* draft tube
szívócsonk suction connection/piece/stub, inlet branch
szívócső induction/inlet/suction tube/pipe ; *(motoron ; gépk)* induction manifold ; *(hidr)* draft pipe ; ~ **elosztó csöve** *(gépk)* distribution pipe ; **kosaras** ~ rose pipe ; ~ **leágazásai** *(gépk)* branch pipes ; ~ **T-elágazása** *(porlasztónál ; gépk)* gallery junction tee
szívócsőbélés *(hidr)* pit liner, draft tube liner
szívócsőcsatlakozás suction connection
szívócső-depresszió *(gépk)* induction manifold depression
szívócső-elosztó intake manifold
szívócső-hőfokszabályozó csappantyú manifold heat-control valve
szívócső-hőmérő air-intake thermometer
szívócsőkönyök suction bend
szívócsőmelegítő *(gépk)* air-intake heater
szívócsőrendszer suction piping
szívócsőtisztító *(bány)* sucker-rod cleaner
szívócsúcsos villámhárító pinpoint lightning arrester
szívódás *(önt)* draw, sink piping
szívóéles túlfeszültséglevezető knife-gap lightning protector
szívóerő suction force
szívófej suction head, nozzle ; *(önt)* deadhead
szívó-gaucs *(pa)* suction couch
szívóhajtás sucker, suction effect, sucking action
szívóhatású kaszálókés *(forgókéses fűkaszálón)* rotary blade
szívóhenger *(pa)* suction(-)roll
szívókamra suction/intake/inlet chamber
szívóképes *(pa)* absorbent, saturating ; ~ **postai papír** absorbing paper
szívókorong suction disc/plate ; ~**gal felerősített** suction-fitted
szívókosár suction strainer/basket/box, inlet rose head/box
szívókotró suction dredger, hydraulic excavator/dredger
szívókönyök(cső) intake elbow
szívókör *(rád)* absorber circuit, wave trap
szívókúp *[Laval-csőnél]* suction cone
szívókupak suction cap
szívólégüst *(szivattyún)* suction air chamber
szívólemez *(pa)* absorbing board
szívólöket admission/inlet/intake stroke
szívólyuk draft-hole
szívómagasság *(gépt)* suction head
szívómagasság-mérés *(pa)* mounting test
szívómagasság-mérő *(pa)* bibliometer
szívó-mosó dob *(pa)* suction washing drum
szívómotor suction engine
szívómunka intake work
szívónyílás inlet/suction port/orifice ; *(porlasztón)* air intake
szívónyomás inlet pressure
szívónyomásjelző készülék siphon recorder
szívó-nyomó : ~ **kotró** sand sucker ; ~ **szellőzés** compound ventilation ; ~ **szivattyú** (combined) forcing-and-sucking pump ; ~ **szűrés** *(pa)* streamline filtration
szívóoldal inlet side ; ~ **vezérműve** *(motoron)* admission gear
szívóoldali feszmérő suction gauge
szívóöntés vacuum casting
szívóörvény *(hidr)* suction vortex
szívópalack filter/suction flask/bottle
szívópapír absorbent/bibulous/drinking paper
szívóprés suction press; *(pa)* suction-press roll
szívórács suction grid
szivornya siphon ; ~ **emelkedő** *v* **szívó ága** upcast leg of siphon ; ~ **működése** *v* **alkalmazása** siphonage
szivornyacső siphon tube ; **felső** ~ crown pipe
szivornyakönyök siphon bend
szivornyaműködés siphonage
szivornyás : ~ **csővezeték** siphon piping ; ~ **író** *(távk)* siphon recorder ; ~ **turbina** siphon turbine ; ~ **ürítő** *v* **elfolyó** *(hidr)* siphon spillway
szivornyazár siphon trap
szivornyázás siphonage
szívórózsa *l* **szívókosár**
szívós tough, tenacious, hardy; *(anyagv)* tough ; *(élip)* leathery ; *[bőr]* tough ; ~ **dobozkarton** *(pa)* solid jute board ; ~ **töret** tough fracture
szívósít toughen
szívósság *(anyagv)* tenacity, toughness; *(bány)* rigidity of rock
szívóssági vizsgálat tenacity/toughness test
szívószáj suction nozzle ; *(rep)* air scoop ; **torlóhatás nélküli** ~ *(rep)* non-ramming air scoop
szívószakasz-vizsgáló absorption-zone tester
szívószárny suction blade
szívószekrény *(pa)* suction flat box, suction-box/chamber
szívószekrény-betét *(pa)* suction-box slot
szívószelep inlet/intake/admission valve; *(csapószelep)* suction flap/clack ; ~ **bütyke** admission cam ; **felülvezérelt** ~ overhead intake valve
szívószelepház admission box
szívószelephimba inlet rocker arm
szívószelep-vezérlő : ~ **bütyök** inlet/admission cam of valve gear ; ~ **rúd** inlet gear rod
szívószűrés *(pa)* edge filtration
szívószűrő suction filter
szívótér inlet chamber
szívótérnyomás boost pressure ; **megengedett** ~ *(gépk, rep)* maximum permissible boost pressure
szívótérnyomásmérő *(rep)* boost pressure indicator
szívótérnyomás-szabályozó *(rep)* boost control unit
szívótér-túlnyomás *l* **szívótérnyomás**
szívótorok carburet(t)er choke
szívótorok-hőmérséklet carburetter air temperature
szívótölcsér *(szivattyún)* bell mouth entry
szívótömlő suction hose
szívott oldal *l* **szívóoldal**
szívóütem *(gépk)* induction/suction stroke
szívóüveg aspirator bottle
szizálkender *(tex)* sisal
szizálrost *(tex)* sisal
szizigia *(csill)* syzygy
szkandium *(vegy)* scandium ; ~ **tartalmú** *(ásv)* scandian
szkapolit *(ásv)* scapolite
szkiatron *(katódsugárcső)* dark-trace tube, skiatron
szkiff skiff
szkin-effektus *l* **szkinhatás**
szkinhatás skin effect
szkinmélység skin depth
szkip *(bödön)* skip, bonnet ; *(emelő)* skip hoist ; ~ **lejtősakna részére** *(bány)* inclined shaft skip
szkippálya *(bány)* skip road
szkiprakodó tartály *(bány)* skip pocket
szkipszállításos vágat *(bány)* skip road
szkip-ürítő bunker *(bány)* skip pocket
szkipvezeték *(bány)* skip road
szkleroklász *(ásv)* scleroclase
szkleróméter *(anyagv)* sclerometer ; ~**rel mért keménység** *(anyagv)* sclerometric hardness
szkleroproteid scleroprotein
szkleroszkóp *(anyagv)* scleroscope
szkleroszkópos keménységvizsgálat rebound/scleroscope hardness test
szkopolamin *(vegy)* scopolamine
szkorcsgátló *(gumi)* scorch retarder
szkorcsolás *(gumi)* scorch, pre-curing
szkorcsolt gumi scorched rubber
szkorodit *(ásv)* scorodite
szkréper *(ép)* scraper

szkunksz *(szőrme)* skunk; **foltos ~** civetcat
szkúter scooter
szkver *(ép)* ornamental garden, small green place, roundabout
szlip *(vill)* slip
szmikit *(ásv)* szmikite
szmirna-csomó *(tex)* Turkish/Ghiordes knot
szmirna-szőnyeg *(tex)* Turkey/Savonnerie carpet
szó: szavak száma *(táviratnál)* cable count
szoba room, chamber, compartment
szobaantenna mock/indoor/internal/inside antenna/aerial
szobafal *(alsó)* dado
szobahőmérséklet room(-)temperature; **~ ingadozásából származó zörej** *(rád)* room-temperature noise
szobai indoor
szobamagasság studding
szobasor tier/suite of rooms
szobavilágítás room lighting
szoborfém *(koh)* monumental metal
szobrász-alabástromgipsz sculptor's plaster
szobrászati: ~ eszközök sculptor's implements; **~ homorúvéső** firmer gouge
szobrász-márvány statuary marble
szobrászmunka chisel work
szobrász-pontozókörző firmer compass(es)
szobrászvéső firmer chisel; **ferde élű ~** entering chisel
szócső ear trumpet, voice tube, megaphone; *(gépk, hajó)* speaking tube; *(rep)* ear shell
szóda soda (salt); **kalcinált ~** ash of soda; **kausztifikált ~** causticized ash; **marónátron tartalmú kalcinált ~** caustic soda ash; **nehéz ~** heavy soda ash; **nyers ~** black-ash
szódabikarbóna sodium bicarbonate, baking soda
szódagyár *(nátriumkarbonátgyár)* alkali works; *l még* **szikvízüzem**
szódakalcináló *fn* ash roaster
szódakáló black-ash waste
szódakazán *(pa)* calcining furnace
szódakemence black-ash furnace
szodalit *(ásv)* sodalite
szódalúgozó tartály black-ash vat
szódaolvadék black-ash cake
szódaolvadéklúg black-ash liquor; **kausztifikált ~** causticized black-ash liquor
szódaszárító hűtő ash cooler
szódavíz soda water
szódavizes üveg siphon-bottle
szódavízgép aerated water machine
szó-érthetőség *(távk)* word articulation, discrete word intelligibility
szójabab-fehérjeszál *(tex)* soy(a) bean fibre
szójababolaj soya (bean) oil, soybean oil
szójadara-pogácsa soybean (oil) cake
szójaolaj *l* **szójababolaj**
szokatlan *(rendkívüli)* **méret** outsize
szokli *(ép)* skirting board
szoknyabetoldás *(tex)* gore
szoknyalemezek *(karosszérián)* (exterior) skirt panels
szoknyaszövet *(tex)* skirting
szóköz *(nyomda, távk)* spacing, space
szokványhossz usual length
szokványméret commercial measurement/size
szokványos: ~ keresés *(távk)* routine searching; **~ vizsgálat** routine test
szokványvizsgálatok *(távk)* routine tests
szól *(vegy)* sol
szólamsíp *(dudán)* chanter
szolár-olaj solar oil
szolár-só solar salt
szolár-színezékek *(savas azoszínezékek)* solar colo(u)rs
szolenoid *fn, mn* solenoid; *mn* solenoidal; **~ erőtere** solenoidal field; **~ működésű** solenoid-operated
szolenoidfék solenoid brake
szolfatarit *(ásv) l* **mendezit**
szolgálat duty, service
szolgálati: ~ áramkör *(távk)* service circuit; **~ beszélgetés** *(telefonon)* service call; **~ csatorna** *(távk)* service channel; **~ csúcsmagasság** *(rep)* service ceiling; **~ fék** service brake; **~ felvonó** service hoist; **~ hívás** *(távk)* service call; **~ jármű** office vehicle; **~ jelentés** *(távk)* service advice; **~ kamra** shanty; **~ kilátó kocsi** *(vasút)* caboose car with look-out; **~ kocsi** buggy, employee's car; **~ medence** *(ép, hidr)* watershed, water reservoir for water supply; **~ pályakocsi** *(vasút)* rail permanent-way wagon; **~ rácsatolás** service application; **~ sáv** *(távk)* service band; **~ sebesség** *(hajó)* service speed; **~ súly** weight in running order; **~ szakasz** *v* **fülke** service compartment; **~ (telefon)vonal** order wire; **~ vezeték** *(ép)* service pipe; **~ vonal** *(távk)* service line, post office line, (direct) exchange line
szolgalom easement
szolgáltatások *(távk)* facilities
szolgáltatott áram current yield
szolidusz *(állapotábrán)* solidus (curve)
szology *(degradált szikes)* soloth, soloti, solodi
szóló-motorkerékpár solo motor cycle
szoloncsák *(földt)* solonchak, solontshak
szolonyec *(földt)* solonetz
szoludra huzal *(táv)* soludra wire
szolvatáció *(vegy)* solvation
szolvátképződés *(vegy)* solvation
szolvens nafta solvent naphtha
szolvolízis *(vegy)* solvolysis
szomszédos adjacent, bordering, (ad)joining, neighbouring, contiguous; **~ áramkör** adjacent circuit; **~ csatorna interferenciája** adjacent-channel interference; **~ hangvivő frekvencia** adjacent sound-channel frequency; **~ kristálylap** *(ásv)* adjacent crystal face; **~ menetek** *(vill)* adjacent turns
szomszédosság contiguity; *[geometriai]* vicinity
szomszédság *(távk)* proximity
szomszédsági: ~ egység *(városépítés)* residential neighbourhood unit; **~ egység terve** *(városépítés)* part of the master plan concerning neighbouring districts; **~ hatás** *(at)* vicinal action; *(vill)* proximity effect
szón *(hangosságegység)* sone
szonda probe, proof stick; *(hajó)* fathom line, bob; *(orvosi:)* stylet, probe; *(termelőkút; ol)* production/output/paying well; *(rád)* probe; **zsákból mintát vevő ~** bag trier
szondacölöp penetrometer
szondacső sounding pipe
szondál fathom, probe
szondarúd depth ga(u)ge, dip rod
szondáz probe, sound
szondázás *(met)* sounding
szondázó *(hajó)* leadsman; **~ fúrószerszám** sounding borer; **~ léggömb** sounding balloon; **~ mérőón** sounding plummet; **~ tekercs** *(mágneses méréshez)* flip coil
szón-egység *(hangerősség-egység)* loudness unit
szonográf *(távk)* sonograph
szonogram *(távk)* sonogram
szonométer *(távk)* audio/sound meter
szón-skála *(hangerősskála)* loudness scale
szopóka mouthpiece
szopósborjú(bőr) deacon calf, sucking calf
szoptatós-üveg feeding bottle
szórakozó helyiség *(hajó)* recreation room
szórás scattering, spreading, spray, dispersion; *(kat)* scattering, dispersion; *(statisztikában)* standard deviation; *(sűrített levegővel)* air spray; **diffúz ~** *(fényt)* diffuse scattering
szórásderékszög probable rectangle
szóráselemzés *(statisztikában)* analysis of variance
szóráselIipszis elméleti központja true centre of impact
szóráshatár margin of error
szóráshelyesbítés spread correction
szórási: ~ áram *(vill)* dispersion current; **~ csatolás** *(távk)* stray coupling; **~ diagram** *(mat)* target diagram; **~ együttható** dispersion coefficient; **~ energiaveszteségek** stray energy; **~ erővonalak** *(dielektromos)* stray/fringing flux lines; **~ fluxus** stray/leakage flux; **~ indukció** stray induction; **~ képesség** dispersive power; **~ kúp** dispersion cone, cone of spread; **~ övezet** dispersion zone; **~ tényező** *(fényt)* coefficient of diffusion; *(vill)* leakage coefficient
szóráskúp cone of dispersion/spread
szórásmeghatározó számolóléc dispersion slide rule
szórásnégyszög *(mat)* probable rectangle
szórásnégyzet *(mat)* variance
szórásszög angle of dispersion
szórástávolság hitting range
szórástényező *(relatív)* coefficient of variation
szórásterület hitting area; **görbék ~e** spreading range of curves
szorbeálás sorbing
szorbeálódás sorbing
szorbeálószer sorbing agent, sorbent
szorbeál anyag sorbate
szorbens sorbent
szorbit *(koh)* sorbite
szordinó *(hangt)* sourdine
szorít *(fog)* grip, clamp; *(nyom:)* thrust, press; **szűk helyre ~** *(nyomda)* crib; **végpontig** *v* **helyére ~** force home
szorítás *(fogás)* grip, pinch, grab, clamping; *(nyomás)* thrust, pressure
szorító *fn* clamp, cleat, fastener; *l még* **befogó(-)**; *[réselőkarhoz]* jamb; **~ berendezés** *(nyomda)* closing device; **~ bilincs** upset/bent/check clamp; **~ csap** damp finger/pin; **csavaros**

~ clamp dog; **ékes** ~ wedge clamp; **fából készült csavaros** ~ wooden clamp; ~ **gerenda** brace() beam; **gyors működésű** ~ quick-acting clamp; ~ **karika** ferrule; ~ **karmantyú** clamping collar; *(holtjáték beállítására:)* slack adjuster; ~ **készülék** *(forg)* clamping device, fixture; *(tokmányos)* chucking device; **kettős** ~ *(femállvány-kötésekhez)* double coupler; **körhagyó** ~ eccentric clamp; ~ **léc** rule clamp; ~ **sikattyú** clamp vice; ~ **szerelvény** *(távk)* socket assembly; ~ **szerkezet** clamp; ~ **vonalzó** rule clamp
szorítóabroncs strap
szorítóanya clamp nut; ~ **és kulcs kézi sikattyúhoz** nut and crank for hand vices
szorítóbéka eccentric/suspension clamp
szorítóbetét binding piece
szorítóbilincs ferrule, clamp, strap
szorítóborda clamping lug
szorítóbütyök cam shoe, catch cam
szorítócsap clamping stud
szorítócsapszeg clamping bolt
szorítócsavar clamping/fixing screw; *(anyás:)* holding-down bolt, pressure/clamping bolt; *(dugattyúcsapszeg rögzítésére; gépk)* pinch bolt
szorítódarab pressure piece
szorítódúc *(perforálógép fejében)* sleeve chuck
szorítóék clamping wedge; *(sínszékes felépítményen)* rail clamp
szorítóelem clamping element/detail
szorítófej clamping head
szorítófék clasp brake
szorítófogó grab
szorítógát contracting dike, counterdike
szorítógörgő jamming roller
szorítógyűrű chuck/pressure ring, ring clamp, ferrule; *l még* **nyomógyűrű, rögzítőgyűrű**; **rugózó** ~ clip ring
szorítóhenger pinch roll
szorítóhíd clamp
szorítóhüvely split chuck; *(huzalhoz)* wire chuck; *(kis eszterga orsó-toldatán)* quill chuck; *(lánchengertárcsán; tex)* coupling sleeve
szorítókapocs buckle, clip; *(vill)* terminal screw
szorítókar *(vetélőben; tex)* presser
szorítókarikás vésőnyél handle with ferrule
szorítókengyel clamp(ing stirrup), yoke; **kétorsós** ~ *(bány)* brace key
szorítókilincs shackle
szorítókötés twist joint
szorítólakat clutch
szorítólánc rőzsekolbászkötéshez *(hidr)* fascine choker
szorítólap clamp plate; *(másolókeréken; fenyk)* pressure plate
szorítóléc terminal board; *(nyomda)* carrier
szorítólemez lug/clamp plate, strup
szorítólemez-tartó plate retainer
szorítópánt *(szerszámnyélen)* ferrule
szorítópecek pressure pin
szorítópofa clamp jaw, clip
szorítópofás: ~ **szegecselőgép** jam(b) riveter; ~ **szélfeszítő** *(tex)* plate-grip temple; ~ **tokmány** jaw chuck; ~ **tüske** jaw mandrel
szorítóprés *(nyomda)* squeezing press
szorítóretesz adjuster cotter
szorítórúd clamping bar
szorítórugó compression/clamping spring
szorítósaru clamping shoe, anchor clamp
szorítósín-kar rail clip
szorítószem clamping eye
szorítótag clamp
szorítótárcsa pressure plate
szorítótokmány *l* **tokmány**
szorítóvas *(„spangejzni; ép")* cramp iron, terminal bar
szorítóvilla nipping fork
szóró *mn* dispersive; ~ **adagoló** disperser; ~ **formázógép** *(önt)* slinger; ~ **képesség** dispersive power; *(elektrolité:)* throwing power; ~ **készülék** spraying apparatus; ~ **olajozás** splash/spray lubrication; ~ **permetezés** dripping spray; **sűrítettlevegős** ~ **berendezés** air spray; ~ **(szövet)-nyomás** *(tex)* air brushing, spray printing; ~ **transzformátor** *(távk)* stray/saturated transformator; ~ **tüzelés** *(koh)* spread-firing; ~ **tüzelő berendezés** sprinkling stoker; ~ **vetőgép** *(mzg)* broad sower
szóróanyag *(cserzéshez)* dusting material
szórócsap spraying cock
szórócső spray pipe
szórócsőfej *(permetezőgépen)* spraying nozzle
szóródás diffusion, spread; *[csilléről:]* spill; *(at, fényt)* scattering; *(elektronszóródás, klisztronban:)* debunching; *(mágneses:)* leak(age); **elektromágneses** ~ electromagnetic leakage; **kerületi** ~ *(vill)* main/peripheral dispersion; **koherens** ~ coherent scattering; **rendellenes** ~ *(at)* abnormal scattering; **tekercsfejrészi** ~ *(vill)* flank dispersion
szóródás-diagram scatter-diagram
szóródási: ~ **erőtér** *(vill)* leakage/stray field; ~ **felület** *(fényt)* area of dispersion; ~ **keresztmetszet** scattering cross-section; ~ **korong** Airy spurious disk; ~ **reaktancia** *(vill)* stray reactance; ~ **tényező** coefficient of dispersion; *(hőé)* dissipation factor; ~ **út** *(vill)* leakage path; ~ **veszteség** dispersion/scattering loss; *(vill)* stray loss; ~ **vonalak** *(vill)* stray lines
szóródik scatter, diffuse; *[csilléből]* spill
szóródoboz *(pa)* spraying box
szóródott energia dissipated power
szórófej sprinkler, spray head; *(permetezőn)* nozzle; ~**hez csatlakozó cső** *(öntözéshez, permetezéshez)* nozzle pipe; **felhajtható** *v* **(be)szabályozható** *v* **billenő** ~ adjustable mouthpiece
szórófestés spray painting
szórógép *[trágyaszóró]* spreader
szóróhomok *(önt)* parting sand
szóróképesség *(galvanizálás)* throwing power
szórókúp spray cone
szórólapát throw spade
szórólapátos fűtő berendezés shovel stoker
szórólencse concave dispersing lens
szóróliszt *(élip)* strewing meal
szórópisztoly aerograph, spraying gun, spray thrower
szórórózsa spraying rose, quencher
szoros *mn* close, tight, narrow, dense; *fn (földt)* pass, gut; ~ **csatolás** *(rád)* close coupling; ~**an csatolt** *(rád)* closely-coupled; ~ **csomó** tight knot; ~**an egymás mögött** *(járművek)* nose to tail; ~ **felfekvés** fair bearing; ~ **gyűrűs ácsolás** *(bány)* complete circular lining; ~**ra húzott (kocsi)kapcsoló** *(vasút)* tight-lock coupler; ~ **illeszkedés** *(vegy)* close packing; ~ **illesztés** tight fit; ~ **illesztésű csuklós körző** firm-joint divider; ~ **kötés** tight joint; ~ **öltés** *(cipőfelsőrészen)* tension; ~ **összefüggés** *[statisztikai]* close correlation; ~ **szegecselés** tight riveting; ~ **szemű** *(kh)* small-meshed; ~**an vert kötél** hard-laid rope
szorosság tightness; *vö még* **szoros**
szórótükör convex mirror
szoroz *(mat)* multiply; ~**va . . . vel** *(mat)* multiplied by . . .
szorpció sorption
szórt diffuse, scattered; ~ **átvitel** *(távk)* diffuse transmission; ~ *(döngöletlen)* **beton** *(ép)* heaped concrete; ~ **csatolás** *(rád)* stray/spurious coupling; ~ **fémbevonat** sputter; ~ **fény** diffuse lighting, diffused illumination; ~ **fluxus** *(vill)* stray flux, (magnetic) leakage; ~ **hullámok** scattered waves; ~ **induktivitás** *(vill)* leakage inductance; ~ **kapacitás** *(vill)* spurious/stray capacity/capacitance; ~ **likacsú fa** diffuse-porous wood; ~ **mágneses tér** stray magnetic field; ~ **sugárzás** *(vill)* scattered radiation; ~ **visszaverődés** *(vill)* scattered reflection
szortíroz *l* **fajtáz** *és* **osztályoz**
szorulás jamming
szórva vető gép broadcast sower, broadcaster
szorzandó *(mat)* multiplicand
szorzás *(mat)* multiplication; *(adott tényezővel:)* factoring; ~ **elölről** *(nem-kommutatív algebrában)* premultiplication (on the vector)
szorzásjel *(mat)* *l* **szorzójel**
szorzat *(mat)* product; **B×H** ~ *(vill)* energy product; **külső** ~ outer/vector product; **skaláris** ~ *(mat)* scalar/dot product; **vektoriális** ~ outer/vector product
szorzatmomentum-korreláció product-moment correlation
szorzatosság multiplicity
szorzó *(mat)* multiplier, multiplicator, factor; ~ **berendezés** multiplying arrangement; ~ **tényező** *(mat)* multiplication factor
szorzógép multiplier; **lyukasztó** ~ *(villamos)* electric multiplier
szorzójel *(mat)* multiplication sign *(jele: ×)*
szorzókereszt *l* **szorzójel**
szorzótábla *(mat)* multiplication table
szorzott multiplied; ~ **jel** *[korrelátorban]* product signal
szószék pulpit, rostrum
szótagérthetőség *(távk)* syllable articulation
szótagíró írógép syllable typewriter
szótagolás *(távk)* syllable articulation
szovprén *(gumi)* sovprene
szovprén-kaucsuk sovprene rubber
szovprén-lakk sovprene lacquer
sző *(tex)* weave
szög *(mat)* angle; *l még* **szeg** ~ **alatti előtolás** *(forg)* angular feed; ~ **alatti elrendezés** *(mat)* angular arrangement; **beállítási** ~ *(rep)* angle of rigging; **beesési** ~ *(rád)* angle of

arrival ; **behúzó ~** *(relén)* closing angle ; **belső ~** *(mat)* re-entrant angle ; **~ben dönt** *(vezetőlécet)* cant ; **egyenes ~** straight flat angle ; **elfordulási ~** angle of rotation ; **elhelyezési ~** *(forg)* setting angle ; **előresietési ~** advance angle ; **eltérési ~** *(aut)* displacement angle ; **eltérítési ~** angle of deflection ; **hegyes ~** acute angle ; **izobárok és a szélirány közötti ~** *(met)* angle of indraft ; **kiegészítő ~** *(mat)* adjacent angle ; **kritikus ~** *(veszélyes dőlésszög ; hajó)* angle of emergency ; **látszólagos ~** *(mat, mech)* apparent angle ; **levágási ~** cut-off angle ; **magassági ~** angle of elevation ; **összetartási ~** angle of convergence ; **reflexiós ~** angle of reflection ; **~ szerinti elosztás** angular distribution ; **teljes ~** round angle ; **tompa ~** obtuse angle ; **törési ~** refraction angle ; **váltó ~** alternate angle ; **veszteségi ~** loss angle ; **vételi ~** acceptance angle ; **villamos ~** *(egy pólusosztás = 180°)* electrical angle ; **záró ~** *(relén)* closing angle

szög- angle(d), angular

szögadó *(távk)* angle-data transmitter

szögállomás *[drótkötélpályán]* angle station

szögasztal *(gépt)* tilting/swivelling fixture/table

szögátmérő angular diameter

szögátvivő *fn* draftman's protractor

szögbeállító szerszám angle-setting tool

szögcsatlakozó *(rád)* angle plug

szögcsavarhúzó right-angle screwdriver

szögcsúcs *(geod)* angular point

szögdiszperzió *(szink)* angular dispersion

szögdörzsár angular reamer

szögelfordulás angular displacement ; **~sal működő szakaszos előtolás** *(forg)* index feed

szögelmozdulás angular displacement

szögelrendezés *(mat)* angle adjustment

szögeltérés angular deflection/deviation ; *(mat)* angular unconformity

szögeltérési veszteség angular deviation loss

szögeltolódás angular shift

szögemelő *fn* bell crank lever, angle lever

szögemelős : ~ fék bell crank brake ; **~ hajtás** *(gépt)* bell crank drive

szögemeltyű *l* **szögemelő**

szögfelesleg *(geod)* (angular) excess

szögfelező *(mat)* bisector (of the angle) ; **közepes ~** average bisector

szögfeloldás *(távk)* angular separation/resolution

szögfelrakó *(geod)* bevel protractor ; **~ osztásos vonalzója** *(geod)* bevel scale

szögforgás *l* **szögelfordulás**

szögfrekvencia *(vill)* angular frequency

szögfüggvény trigonometric(al) function

szöggyalu angle plane

szöggyorsulás angular acceleration

szöghajtás *(gépt)* angle drive

szögheveder *(vasút)* angle/cranked fishplate

szöghőmérő angle thermometer

szöghű *(mat)* conformal ; **~ térkép** equal-angle map

szögingadozás *(mech)* angular oscillation

szögkövetés *(távk)* angle-tracking

szögkövető egység *(távk)* angle-tracking unit

szögköz angular width

szögközlő : oldalszögátvivő ~ *(távk)* azimuth-transmitting synchro

szöglet *(ép)* coin, bight ; *(gépt)* angle (piece) ; **~ek között mért távolság** width across corners

szögletcsavarhúzó round-the-corner screwdriver

szögletes angled, angular ; **~ asztaloskalapács** square mallet for joiner ; **~ impulzus** *(távk)* rectangular pulse ; **~ üregrezonátor** rectangular cavity ; **~ zárójel** *(mat)* square bracket(s)

szögletesség angularity ; **kis mértékű ~** *(ásv)* subangularity

szögletfurdancs angle brace

szöglethoronyvágás mitre cutting

szöglethullám *(távk)* square-wave

szögletjel *(távk)* square-wave signal

szögletjelvizsgálat *(távk)* square-wave test

szögletkitöltés időjárás elleni védelmül *[kémény és tető között]* weather fillet

szögletlapát *[falszögletbe beillő vakolólapát]* angle float

szögletmerevítés: átlós ~ deszkából *(ép)* angle board

szögletsimító *(önt)* angle sleeker

szögletvas *(ép)* angle bar

szögmagasság angular height

szögmaró *fn* *(forg)* angular/side milling cutter

szögmásoló fej protractor head

szögmegelőzés angular advance

szögmérés angular measurement

szögmérés-helyesbítő görbe *(rep)* angular error curve

szögmérő protractor, angle meter ; *(ásv)* goniometer ; *(geod)* angle ga(u)ge/tester ; *(állítható szárú)* bevel ga(u)ge/protractor ; **dioptrás iránytűs ~** *(geod)* circumferentor ; **~ dob** deflection drum ; **~ felrakó** *(rajzeszköz)* bevel protractor ; **~ fúrólyuk irányméréséré** *(bány)* clinograph ; **~ idomszer** angle ga(u)ge ; **kézi ~** *(ép)* bevel square ; **45°-os ~** mitre square ; **repülőnavigációs ~** air-navigation protractor ; **talpas ~** *(asztalosmunkához)* back-square ; **~ tárcsa** dial

szögmérő-helyesbítés train correction

szögmértan goniometry

szögmérték bevel sliding rule ; **~ deszkából** *(ép)* angle board ; **ferdeszögű ~** bevel angle ; **~ radiánokban** circular measure of an angle

szögmozgás angular displacement/motion

szögnagyság-átvivő *fn* *(távk)* angle-data transmitter

szögnegyed *(geod)* quadrant

szögnyílás *(fenyt)* angular aperture

szögnyomaték *(mech)* angular momentum

szögoldal leg

szögperc minute

szögpozíciójelzés *(távk)* angle marks

szögprizma angle prism

szögsablon angle template

szögsebesség angular velocity

szögszámító (tárcsa) *(rep)* angle computer

szögszár leg of an angle

szögszelvény *(rep)* angle section

szögtárcsa *(iránymeghatározáshoz)* rose

szögtartó *(mat)* conformal ; **~ térkép** equal-angle map

szögtávolság angular distance

szögtorzulás angular distortion

szögtranszportőr bevel protractor

szögtükör *(fenyt)* angle reflector ; *(geod)* optical square

szögvas angle steel/bar ; **duzzasztott fejű ~** bulb angle (iron) ; **felfogó ~** *(esztergaslktárcsán)* angle plate

szögvas-felerősítő kapocs *(fúrás és csavarozás nélkül)* clip

szögvasgyűrűmerevítés *(ép)* angle ring stiffening

szögvaskonzol *(ép)* angle bracket

szögvas-leélező gép angle-dressing machine

szögvasmerevítő *(ép)* angle bracket

szögvas-szár flange of an angle

szögvastartó angle steel beam

szögvasvágó olló angle shears

szögvonalzó bevel sliding rule

szőhető weavable ; **~ szálas anyag** textile

szőhetőség weaving properties/quality

szökőár spring tide

szökődagály spring tide

szökőforrás spouting spring, fountain

szökőkút fountain, jet

szökősugár hydraulic jump

szőlőcukor grape-sugar, dextrose, d-glucose

szőlőfürt alakú felgyülemlés bunchy aggregation

szőlőindadísz pampre

szőlőkaró vine-prop/-stake

szőlőlé pressurage

szőlőmagolaj grape-seed oil, stone/kernel oil

szőlőmetsző kés vine knife

szőlőprés grape-squeezer mill

szőlőtöltögető eke vineyard plough

szőlőtörköly *(élip)* recrement of grapes

szömörce sumac, sumach ; **szömörcével cserzett** *(bőr)* sumac-tanned

szömörce-cserzőkivonat sumac extract

szőnyeg carpet, rug, tapestry

szőnyegalátét *(pa)* felt brown

szőnyegalátét-papír carpet-felt paper

szőnyeganyag carpeting

szőnyegáru carpeting

szőnyegbombázás area/pattern bombing

szőnyeg-gyapjú carpet/blanket wool

szőnyeg-harántolló *(tex)* crosscut rug shear

szőnyegipar carpet industry

szőnyeglánc *(tex)* carpet warp

szőnyeglemez *(pa)* board for carpet lining

szőnyegpapír deadening felt paper, floor paper

szőnyegrojtozó *fn* carpet fringer

szőnyegszorító rúd *(lépcsőfokokon)* stair rod

szőnyegszövés carpet weaving

szőnyegszövő : ~ gép *(tex)* hanging machine, carpet/rug loom ; **~ gyár** carpet mill ; **~ szék** hautelisse loom

szőrhullás *(bőr)* hairslip (piness)

szőrhullató nyersbőr hairslipped hide

szőrlazító meszezés *(bőr)* liming to loosen the hair

szőrme fur, fell, pelt, pile, pelage

szőrmeáru furskins, peltries

szőrmeátvető tippet

szőrmebélés *(vetélőé)* furring

szőrmebélésbőrök *(kabát alakúra összevarrva)* coats

szőrmefeldolgozó ipar *(bőr)* pelt manufacture

szőrmefelfrissítés passing-off
szőrmefestő pác mordant
szőrmegallér fur collar
szőrme-lábtakaró fur rug
szőrmeleszabás *(bőr)* squaring
szőrmenyíró gép *(bőr)* wool-clipping machine
szőrmeoldal *(irháé)* hairside
szőrmés borjúbőr hair calf ; *(hátibőröndhöz)* knapsack leather
szőrmeszerű fleecy
szőrmetakaró fur covering
szőrmeutánzat imitation fur
szőrmosó gép *(bőr)* hair-washing machine
szőrnemez hairfelt
szőroldal *(bőr)* grain side
szőrös hairy ; *(gyalulatlan ; faanyag)* undressed, wooley, bearded ; **~ borjúbőr** *(hátibőröndhöz)* knapsack leather ; **~ deszka** *(gyalulatlan)* wooley/bearded timber ; **~ fonal** fibrous yarn ; **fűrészelt fa ~ felülete** fur
szörp sirup, syrup, juice ; **~ betöltése** *(cu)* syrup charging
szőrpácoló gép *(szőrméhez)* mordanting machine
szörpderítés clarification of juice
szörpkoncentráció *(cu)* proof
szörplebocsátó csap sirup-discharging valve
szörplé-visszavezetés reintroduction of sirup
szörptöltő gép siruping machine
szőrsejtek hair cells
szőrszál hair
szőrszárító *(bőr)* hair dryer
szőrszita hair sieve
szőrszitaszövet hair cloth
szőrszövet *(tex)* woven hairs
szőrtakaró coat ; **~ nagysága** *v* **mennyisége** amount of coat
szőrtelenít unhair
szőrtelenítés *(bőr)* unhairing
szőrtelenített és pácolt bőr *(pőre)* pelt
szőrtelenítő : ~ gép *(bőr)* unhairing machine ; **~ kés** hairing knife ; **~ szer** depilator
szőrtüsző hairbulb
szőrvakaró currycomb
szőrzet pelage ; **~ nagysága** *v* **mennyisége** amount of coat ; **~ sorvadása** hairslippiness
szőtt woven ; **több vetélővel ~** *[áru ; tex]* mixed weft
szövedék *(tex)* web
szövegellenőrző gép alphabetical verifier
szövegfilmezés insert
szöveghely *(nyomda)* place
szövegíró : ~ kar *(statisztikai gépen)* alphabetical type bar ; **~ kar zónáló mágnese** *(statisztikai gépen)* alphabetical type-bar zone magnet ; **~ könyvelőgép** alphabetical accounting machine
szövegkönyv libretto
szöveglyukasztó gép *(másoló szerkezettel)* alphabetical duplicating punch
szöveg-összefüggés context
szövegrész passage
szövegtorzítás *(távk)* standardized text distortion
szövés *(tex)* (art of) weaving ; **~ vége** *v* **széle** fell
szövéselőkészítő műveletek *(tex)* preliminaries of weaving, preparatory to weaving
szövéshatár *(borda előtt ; tex)* fell of the cloth
szövéshiba *(tex)* fault in weaving, hang pick, bore, group float
szövéshiba-javítás cloth rentering
szövési : ~ eljárás *(tex)* weaving process ; **~ előírás** weaving plan ; **~ folyamat** *(tex)* weaving process ; **~ hulladék** *(tex)* loom fly/waste, weave sweeps
szövésmintakarton *(pa)* pattern card cartridge
szövésmód *(tex)* method of weaving, weave ; **lánchatást adó ~** *(fésűsszövetnél)* chain weave
szövéstechnika *(tex)* weaving behaviour
szövet *(tex)* (woven) fabric, (woven) cloth, textile ; *(földt)* structure ; *[bőré]* tissue ; **~ alapszínezése** cloth grounding ; **~ baloldala** *(tex)* lower texture, back/left side of cloth/fabric, underside ; **bélelt ~** backed/wadded cloth ; **~ bolyha** *(tex)* raised vein ; **~ darabvége** fent ; **~ esését mérő készülék** *(tex)* drape-meter ; **~ fogása** *(tex)* handle of fabric ; **fríz ~** dreadnaught, dreadnought ; **gumiabroncsba beépített ~** *(tex)* builder fabric ; **gyönggyel hímzett ~** *(tex)* beaded material ; **~ hátoldalának mintázata** back texture ; **~ jobboldala** top texture, face of fabric/cloth, right/upper side of cloth ; **kettős** *v* **dublé ~** *(tex)* double cloth ; **kettős ~ közös kötpontokkal** *(tex)* double plains ; **kevert anyagból készült ~** *(tex)* blended fabric ; **~ kötése** *v* **szerkezete** *(tex)* web ; **középső ~** *(háromszoros szövetben)* centre web ; **~ (külső) képe** *(tex)* the face of the texture ; **kvadratikus ~** *(tex)* square/balanced cloth ; **~ nedvesítése** *v* **avatása** cloth conditioning ; **~ sűrűsége** ga(u)ge of cloth ; **~ szabványos nedvességtartalomra hozása** cloth conditioning ; **~ szakítószilárdsága** cloth strength ; **üres** *(fonalhiányos)* **~** *(tex)* bare cloth ; **vetülékkel bélelt ~** *(tex)* extra-weft figured fabric ; **zsíros ~** *(bőr)* adipose tissue
szövetadagoló berendezés *(tex)* cloth winding-off arrangement
szövetanyag *(tex)* stuff
szövetaranyozás *(tex)* cloth gilding
szövet-áruház cloth warehouse
szövetátnézés *(tex)* perching
szövetátnéző *(személy ; tex)* cloth looker; **~ asztal** *(tex)* fabric inspection table ; **~ gép** *(tex)* cloth inspecting machine, clothlooking frame/machine
szövetátvevő *(személy)* cloth inspector
szövetavatás *(tex)* sponging, decating
szövetavató *fn (tex)* cloth shrinker ; **~ gép** cloth shrinker
szövetáztatás *(tex)* cloth softening
szövetbeállítás *(tex)* cloth setting
szövetbefogó *(szerkezet)* cloth gripper
szövetbetét *(gumiabroncsköpenyben)* ply
szövetbetétes gumitömítés cloth-insertion rubber gasket
szövetburoksáv *(léghajó burkán)* fabric gore
szövetcsévélő gép *(dekatálásnál; tex)* batching machine
szövetcsíkosság *(hiba ; tex)* sleaziness, ends down
szövetcsoport *(tex)* class of cloth
szövetdarab *(tex)* pane ; **kis ~** swatch
szövetdekatálás *(tex)* decat(iz)ing, sponging
szövetelemzés *(tex)* dissecting fabrics, dissection of woven fabric, analysis of weave ; *[kőzeteknél]* textural analysis
szövetelhalás *(bőr)* death of tissues
szövetelnevezés *(tex)* name of fabric
szöveterősítő töltő vetülék *(pikénél)* inner packing weft
szövetfelhengerlő (szerkezet) *(tex)* cloth take-up motion
szövetfeltekercselő : ~ gép cloth winder ; **~ munkás** cloth roller
szövetfeltekerés *(tex)* batching of the cloth
szövetfelület-göndörítés cloth friezing
szövetfelületi jellemzők *(tex)* surface characteristics
szövetfényesítés *(kalanderrel)* cloth glazing
szövetfestés *(tex)* textile colo(u)ring
szövetfestő gép jigger
szövetfeszítés *(tex)* stentering
szövetfeszítő : ~ berendezés *(tex)* loom temple ; **~ gép** cloth expander, cloth spreading macnine ; **~ henger** *(szövőgepen ; tex)* sand roller
szövetfonákoldalt kikészítő gép *(tex)* back-filling machine
szövetfőző gép cloth-boiling machine
szövetgomb twist button
szövetgöndörítés cloth friezing
szövetgumizáshoz használt keverék friction
szövetgumizó gép spreader
szövetgyártás cloth production
szövethajlításmérő *(keszülek ; tex)* folding tester
szövethajtogatás lapping, framing
szövethajtogató gép lapping machine, cloth-folding/creasing machine
szövethenger *(tex)* cloth roll(er)/beam, batch(ed roll), batching drum, roll of cloth ; *(szövőgepen)* take-up roll ; *(tekercs)* cloth roll
szövethengerlés *(tex)* batching of the rolls/cloth
szövethengerlő *(berendezés ; tex)* cloth winder, fabric packaging machine ; **~ gép** *(tex)* batching machine ; **~ munkás** cloth roller
szövethiba *(tex)* fabric defect/fault ; *(vekonyabb hely)* yaw
szövethozam cloth yield(ing)
szövethulladék peaking
szövetjelzés cut mark
szövetkallózás cloth fulling
szövetkarbonizáló berendezés cloth carbonizing plant
szövetkárpit *(tex)* hanging
szövetkenő gép *(gumi)* spreader calender
szövetkezelés gőzzel *(foltok eltávolítására)* spotless finish
szövetkikészítés *(tex)* cloth finishing, finish of cloth
szövetkikészítési eljárások sorrendje *(tex)* finishing process scheme, finishing routine
szövetkikészítő berendezés cloth-finishing machine
szövetkiszabás *(tex)* shaping
szövetkivágó munkás cutter-out
szövetkivarrás cloth rentering
szövetkocka *(tex)* pane
szövetkondicionálás cloth conditioning
szövetkoptató gép *(tex)* cloth-wear testing machine

szövetkötés *(tex)* weave ; **alsó ~ mintája** back cloth weave ; **bélelő ~ mintája** back cloth weave
szövet-légzsák *(rep)* fabric ballonet
szövetmaradék *(tex)* waste cloth, fent(s), millend(s)
szövetméret *(tex)* cloth dimension
szövetmérő : **~ gép** cloth-measuring machine ; **~ henger** cloth counter
szövetminőség *(tex)* cloth quality, grade of fabric ; *(fizikai tulajdonságok:)* texture
szövetminősítő *fn (tex)* cloth examiner
szövetminta *(mintázat)* design, cloth pattern, ornament, weave ; *(áruminta)* échantillon ; **szövetmintát készít** figure ; **kockás, hálós** *v* **sakktáblaszerű ~** *(tex)* check
szövetminta-tervezés *(tex)* figure design
szövetminta-tervező *(tex)* fabric stylist, designer
szövetmosó gép *(tex)* cloth washer
szövetnemezelés *(tex)* cloth fulling
szövetnyírás *(tex)* cutting/shearing of cloth
szövetnyíró : **~ gép** cloth shearing machine/frame ; **~ próba** *(tex)* tissue shearing test
szövetnyújtó gép cloth expander
szövetolajozás *(tex)* ensimage
szövetosztályozás *(tex)* cloth examination/classing/grading
szövetosztályozó *(személy ; tex)* cloth examiner/looker ; **~ gép** cloth inspecting machine, clothlooking frame/machine
szövetösszevarró gép *(tex)* piece sewing machine, tacking machine
szövetpapír reinforced paper, cloth centered paper
szövetperzselő gép *(tex)* cloth-singeing machine
szövetprés cloth press(ing machine)
szövet-prespán *(pa)* cloth board
szövetpuhítás *(tex)* cloth softening
szövetránc *(tex)* ply
szövetréteg *(kettőzesnél ; tex)* ply
szövetrongy *(pa, tex)* clothrags
szövetrugalmasságmérő készülék *(tex)* resilience machine
szövetsúly-egyenletesség *(tex)* balance of a cloth
szövetsűrűség *(tex)* count (of cloth), fabric count, ga(u)ge of cloth, thread count, set/density of the cloth ; **~ vetülékirányban** *(tex)* filling texture
szövetsűrűség-meghatározás *(tex)* determination of ends and fricks
szövetsűrűségvizsgáló készülék *(tex)* cloth counter/prover, cloth counting glass, piece-glass
szövet-szakítószilárdság cloth strength
szövetszalag *(tex)* webbing
szövetszállítás *(tex)* cloth delivery
szövetszámítások *(tex)* cloth calculations
szövetszárítás *(tex)* cloth drying ; **~ nyomás után** drying of prints
szövetszegély *(tex)* selvage/selvedge/list of cloth
szövetszegélyező gumiszalagok *(tex)* turn-up gums
szövetszegély-nyüstemelő excenter *(tex)* selvage tappet
szövetszél *(tex)* selvedge/list/edge of cloth, fabric edge
szövetszélesség *(tex)* width of goods
szövetszélesség-többlet *(tex)* overwidth
szövetszerkesztés *(tex)* fabric construction
szövetszerkezet structure, texture ; *(tex)* cloth construction
szövetszerkezet-változás constitutional change
szövetszerű fogás *(pamutárué)* clothiness
szövetszínezés : **~ fulárdon** *(tex)* fabric dyeing in a padder ; **~ jiggeren** *(tex)* fabric dyeing in a jig
szövettapintó *(tex)* cloth finger/feeler
szövettekercs *(tex)* cloth roll ; *(vég:)* bolt
szövettekercs-állvány clothroll stands
szövettekercselő *(pad ; tex)* roll-batcher, rolling machine ; **~ gép** *(tex)* batching machine
szövetteregető *(kikészítéshez ; tex)* expander
szövettervezés *(tex)* designing
szövettervező *(tex)* cloth designer/stylist, cloth constructor
szövettest *(szél nélkül)* body
szövettisztítás *(tex)* cloth burling ; **~ csiszolóhengerrel** *(tex)* emerizing
szövettisztító *(tex)* burler ; **rugós ~ csipesz** pick pincers ; **~ szerkezet** trim-master, trimmer
szövettovábbító *(tex)* feed ; **~ tengely** feed rock shaft
szövetványolás *(tex)* cloth milling
szövetváz *(gumi)* carcass
szövetvég *(tex)* piece good, cut, piece ; **~ hossza** length of cut/piece ; **~ek száma** *(bálánként)* number of pieces (per bale) ; **~ zárószegélye** *(tex)* neadend
szövetvízhatlanítás *(tex)* fabric/cloth proofing
szövetvizsgálat *(tex)* cloth testing
szövet-vizsgáló *(munkás ; tex)* cloth tester, percher ; *(gép)* cloth-testing machine
szövetzsugorodás cloth contraction/shrinkage
szövevényes telep *(bány)* composite bed
szövezet *(anyagv)* structure ; **szétmorzsolt ~** *(földt)* crumble texture
szövő *(tex) mn* weaving ; *fn* weaver ; **~ munkaterhelése** *(tex)* weaver's work load, loads on weaver, weaver's set
szövőárugyár weaving factory
szövőborda *(tex)* loom reed
szövőbordahuzal reed wire
szövőbordasűrűségi : **amerikai ~ szám** *(egy inch-re eső bordafogak száma ; tex)* American reed counts
szövöde *(tex)* weaving mill/factory ; *(részleg)* weave department/room
szövödei hulladék *(tex)* weaver's waste
szövőfonal *(tex)* thread
szövőgép loom ; **~ állásideje** *(tex)* loom stoppage time ; **automata ~** automatic loom ; **~ hajtása** driving of looms ; **~ indítási oldala** setting side of the loom ; **~ek közötti távolság** *(tex)* loom spacing ; **~ mellső része** *(tex)* front of loom ; **nyüstös ~** chain loom ; **önműködő ~** automatic (attachment) loom
szövőgép-beállítás *(tex)* looming, looming-in, loom tuning
szövőgép-beállító *(személy ; tex)* loomfixer, loomer, loomtuner
szövőgép-fék *(tex)* loom brake
szövőgép-hatásfok *(tex)* loom efficiency
szövőgép-modell *(tex)* model of loom
szövőgép-szélesség *(tex)* breadth of loom
szövőgép-tartozékok *(tex)* loom accessories
szövőgép-terhelés *(tex)* loom-assignment
szövőgéptisztító kefe *(tex)* loom duster
szövőgép-üzemzavar *(tex)* loom breakdowns
szövőgyár weaving mill/plant
szövőhenger-láncfék *(tex)* chain feed motion
szövőhulladék weaving waste
szövőipar *(tex)* weaving industry
szövőlemez *(pa)* weaver's board
szövőmester *(tex)* weaving foreman
szövőmunkás *(tex)* (cloth) weaver
szövőmunkásnő *(tex)* weaver
szövőszék *(tex)* weaving loom ; *l még* **szövőgép** ; *(hímzőládás)* lappet loom ; **~ felső része** loom top ; **~ kerepelő mozgása** mousing
szövőszék-alváz *v* **-aljazat** loom seating
szövőszék-felszerelő *(munkás)* weaving loom fitter
szövőszékhenger *(tex)* shaft
szövőszék-keretsín *(tex)* loom rail
szövőszéklábító gézkötéshez *(tex)* gauze treadle
szövőszék-pehely loom fly
szövőszék-talplemez loom footplate
szövőszék-verőfej *(pikker ; tex)* loom picker
szövőszerszámok *(tex)* weaver's implement
szövőterem *(tex)* weaving shed
szövött woven ; **~ anyag megmunkálására szolgáló vegyítek** finishing compound ; **~ betét** *[tengelykapcsolóhoz]* woven lining ; **~ címke** label ; **~ kelme** woven material ; **~ minta** *(tex)* textural design/effect ; **~ szegély** woven welt ; **~ zsák** woven sack
szövöttáru woven cloth/good
szövöttárugyár weaving factory
szpekularit *(ásv)* *l* **hematit**
szpin *(at)* spin
szpin-kvantumszám *(at)* spin quantum number
sztalagmit *(ásv)* stalagmite
sztalagmométer *(hidr)* stalagmometer
sztalaktit *(ásv)* stalactite
sztaniol tin foil, metallic paper
sztaniolpapír tinfoil paper
sztannát stannate
sztanniklorid tin (tetra)chloride, stannic chloride
sztanniol *l* **sztaniol**
sztannioxid stannic oxide, tin dioxide
sztannioxiklorid tin/stannic oxychloride
sztanniszulfid stannic (di)sulfide, tin disulfide
sztannit *(ásv)* stannite, tin pyrites ; *(vegy)* stannite
sztanni-vegyület stannic compound
sztannoklorid tin dichloride, stannous chloride
sztanno-vegyület stannous compound
sztartsztop rendszerű távíró berendezés start-stop apparatus
sztatika statics
sztatikai static(al) ; *l még* **sztatikus** ; **~ (dörzs)villamosság** statical (frictional) electricity ; **~lag fölös rögzítés** *(ép)* redundant constraint ; **~lag határozatlan** statically indeterminate, hyperstatic ; **~lag határozatlan szer-**

kezet statically-indeterminate structure; ~ **labilitás** static unbalance; ~ **nyomaték** statical moment; ~ **számítás** static calculation; ~ **szilárdság** static strength; ~**lag túlhatározott** redundant, hyperstatic; ~**lag túlhatározott erő** redundant force; ~ **túlhatározottság** redundancy
sztatikus static(al); *l még* **sztatikai**; ~ **(anyag)vizsgálat** static test; ~ **átalakító** *[egyenirányító]* static converter; ~ **belső súrlódás** static viscosity; ~ **csatolás** static coupling; ~ **emelőerő** static lift; ~ **emisszió** *(rád)* field emission; ~ **erősáramú zaj** *(távk)* electric induction; ~ **esés** *(gépt)* static head; ~ **felhajtó erő** static rising force; ~ **feltöltődés** static charge; ~ **feszültség** static stress; ~ **frekvenciaváltó** static frequency changer; ~ **igénybevétel** static stress/load; ~ **indukció** *(vill)* static induction; ~ **jelleggörbe** static characteristic; *[elektroncsőé]* static curve; ~ **keménység** *(anyagv)* indentation hardness; ~ **mikrofon** diaphragmless microphone; ~ **modulátor** *(távk)* static relay, copper-oxide modulator; ~ **nyomás** static pressure/head; ~ **nyomásmérő cső** *(rep)* air-speed static tube; ~ **nyomómagasság** static (pressure) head; ~ **súrlódás** static friction; ~ **szabályozó** static governor; *(aut)* proportional position action controller; ~ **szakítópróba** static tensile test(ing); ~ **teherpróba** *(anyagv)* static test; ~ **terhelés okozta le-** *v* **felhajlás** *(ép)* static deflection; ~ **töltés** *(vill)* static charge; ~ **villamosság** static electricity; ~ **vitorlázó repülés** static soaring; ~ **zavarok** *(rád)* statics
sztátor *(vill)* stator
sztátorlemez *[forgó kondenzátorban]* stator plate
sztatoszkóp *(met)* (aneroid) statoscope
sztearát *(vegy)* stearate
sztearátkrém vanishing cream
sztearin stearine
sztearinolaj oleic acid, oleine
sztearinsav stearic acid
sztearinsavas glicerinészter glycerine stearate
szteatit *(ásv)* *l* **steatit**
sztellit *(koh)* stellite
sztenóda *(rád)* stenode, tone-corrected receiver
sztereoautográf *[sztereoszkópikus térképezőműszer]* stereoautograph
sztereofényképes felmérés stereophotographic surveying
sztereofényképészet plastic photography
sztereofényképezés plastic photography
sztereofényképező gép stereo camera
sztereofényképpár stereogram; ~ **térbeli egybeolvadása** stereoscopic fusion
sztereofényrekesz stereostop
sztereofilm stereoscope film
sztereofónia binaural effect
sztereofonikus stereophonic; ~ **hangerősítő rendszer** stereophonic sound system
sztereofotogrammetria stereophotogrammetry; **sztereofotogrammetriával készült domborzatos térkép** stereometric map
sztereofotogrammetriai felmérés stereophotogrammetric survey

sztereografikus *(ásv, mat)* stereographic; ~ **vetület** stereographic projection
sztereogram *(geod)* stereogram
sztereoizomer *(vegy)* optical isomer
sztereoizomeria *(vegy)* optical isomerism
sztereokartográf stereocartograph
sztereokémia stereochemistry
sztereokép stereogram; **kétszínű** ~ **pozitívja** anaglyph
sztereo-komparagráf stereo-comparagraph
sztereokomparátor stereo-comparator
sztereokrómia stereochromy
sztereokróm módszer stereochrome process
sztereometria solid geometry
sztereomikroszkópia stereo-microscopy
sztereoplanigráf *[sztereo-térképező műszer]* stereoplanigraph
sztereoszkóp stereoscope
sztereoszkópia stereoscopy
sztereoszkópikus stereoscopic, stereo-; ~ **fényképpár** stereoscopic pair, stereo-pair; ~ **kép** stereoscopic view; ~ **látás** stereoscopic vision; ~ **mérés** stereoscopic measurement; ~ **műszer** stereo-instrument; ~ **távcsőpár** stereoscopic glasses, stereotelescope; ~ **távmérő** stereoscopic range finder; ~ **televízió** stereoscopic television; ~ **térképezés** stereo-mapping; ~ **térképező műszer** stereo-plotter; ~ **térképvetítő** stereoscopic mapping projector
sztereotip *(nyomda)* stereotype; ~ **formapapír** stereotype mo(u)lding-paper, stereoflong; ~ **itatóspapír** red matrix paper; ~ **matricapapír** stereotype matrix paper
sztereotípia *(nyomda)* stereotype
sztereotípiai stereotype, cast; ~ **selyempapír** stereotype tissue paper
sztereotopométer *(geod)* stereotopometer
sztereo-vetítő *fn* *(fényt)* vectorgraph
sztetoszkóp stethoscope
sztigmatikus felállítás *(színk)* stigmatic mounting
sztilobátusz *(ép)* stylobate
sztiloszkóp *(szink)* steeloscope
sztilpnomelán *(ásv)* stilpnomelane, chalcodite
sztilpnosziderit *(ásv)* stilpnosiderite
sztipicit *(ásv)* *l* **fibroferrit**
sztirol *(vegy)* styrene
sztochasztikus folyamat *(mat)* stochastic process
sztonit-bevonat *(pa)* stonite covering
sztór *(tex)* overdrape
sztoroid *(mat)* Lamé's curve
sztöchiometria *(vegy)* stoichiometry
sztöchiometriai *(vegy)* stoichiometric(al)
sztratifikáció stratification
sztratigráfia *(földt)* stratigraphy
sztratigráfiai: ~ **csapda** stratigraphic trap; ~ **határ** stratigraphic boundary; ~ **szakadás nagysága** range of lost strata; ~ **szelvény** columnar section
sztratoszféra stratosphere; ~ **alsó része** *(met)* substratosphere; ~ **felső határa** stratopause
sztratoszféra-fényképezés high-altitude photography
sztratoszféra-léggömb stratostat, stratospheroid
sztratoszféra-repülőgép stratoplane, stratospheric aircraft
sztratovulkán Vesuvian-type volcano

sztrátusz alakú felhők *(met)* stratiform clouds
sztrichnin *(vegy)* strychnine
sztrippel *(vegy)* strip
sztrippelés *(ol, vegy)* stripping
sztripper *(ol, vegy)* stripper (column)
sztroboszkóp stroboscope
sztroboszkóp-fényforrás *(vill)* strobolux
sztroboszkóp-korong stroboscopic disc
sztroboszkópos: ~ **jelfogóbeállító** *(távk)* stroboscopic relay adjusting set; ~ **torzításmérés** *(távk)* stroboscopic distortion measurement
sztrofoid *(mat)* strophoid; **egyenes** ~ *(mat)* right strophoid; **ferde** ~ *(mat)* oblique strophoid
sztromatolitikus szerkezet *v* **összetétel** *(földt)* stromatolithic structure
szú bark-boring beetle
szubacetát subacetate, basic acetate
szubalpesi *l* **szubalpin**
szubalpin subalpine
szubbitumenes szén *(bány)* straight coal
szuberát *(vegy)* suberate
szubfluorid subfluoride
szubfoszfát subphosphate, basic phosphate
szubfosszilis subfossil
szubgallát subgallate
szubharmonikus subharmonic
szubjektív: ~ **fotométer** *(fényk)* visual photometer; ~ **minősítés(i eljárás)** *(tex)* judgement by eye and hand
szubjodid subiodide
szubkapilláris hézagok *v* **üregek** *v* **közök** *(földt)* subcapillary interstices
szubkarbonát subcarbonate, basic carbonate
szubklorid subchloride
szublimációs magvak *(met)* sublimation nuclei
szublimál sublim(at)e; *l még* **mállaszt**
szublimálás sublimation, sublimating
szublimálási hő heat of sublimation
szublimáló berendezés sublimatory
szublimálóedény *v* **retorta** subliming pot
szublimált sublimed; **újra** ~ resublimed
szublimát *(vegy)* mercuric chloride, (corrosive) sublimate
szublimátum sublimate
szubmikro *(redukált mikrokép)* "sub-micro"
szubmikron *(vegy)* submicron
szubmodulátor submodulator
szubnitrát subnitrate, basic nitrate
szubnormális *(mat)* subnormal
szuboxid suboxide
szubszalicilát subsalicylate, basic salicylate
szubszekvens *(földt)* subsequent; ~ **folyó** subsequent river; ~ **vízválasztó** subsequent divide
szubszonikus *(rep)* subsonic
szubsztantív *(tex, vegy)* substantive, direct, commercial; ~ **festék** *v* **színezék** substantive/direct/commercial dye(stuff)/colo(u)r; ~ **színezés** *(tex)* substantive/direct dyeing
szubsztituál *(vegy)* substitute; **kétszeresen** ~ *(vegy)* disubstitute
szubsztitúció *(mat)* replacement; *(mat, vegy)* substitution
szubsztitúciós: ~ **eljárás** *(mat)* substitution method; ~ **reakció** *(vegy)* substitution reaction; ~ **származék** *(vegy)* substitution derivate
szubsztituens substitute
szubsztratoszféra *(met)* substratosphere

szubsztrátum substratum ; **~hoz rögzített** *(földt)* sessile
szubszulfát *(vegy)* subsulfate
szubszulfit *(vegy)* subsulfite
szubtangens *(mat)* subtangent
szubtípus subtype
szubtonális *(rád)* infra-acoustic
szubtraktív alapszínek *[színes fényképezésnél]* subtractive primary colours
szubtranziens reaktancia *(távk)* subtransient reactance
szubtrópikus *v* **szubtrópusi** *(met)* subtropical
szuffita soffit
szuffita-izzós lámpa *(gépk)* festoon lamp
szuffita-lámpa *(vill)* festoon lamp
szújárat *(fa)* worm channel
szukcinát *(vegy)* succinate
szulfanilsav sulfanilic acid
szulfát sulfate ; **savanyú ~** acid sulfate
szulfatálás *(koh)* sulfating
szulfatáló pörkölés *(koh)* sulfating (roasting)
szulfátfőző *(pa)* sulfate digester/boiler
szulfáthamu sulfate ash
szulfatizáló pörkölés *(koh)* *l* **szulfatáló pörkölés**
szulfátkemence salt cake furnace
szulfátosodás sulfating
szulfátozás *(vegy)* sulfating
szulfátpapír kartonfedőréteghez all-sulfate cylinder kraft liner
szulfát-terpentinolaj sulfate wood turpentine
szulfid sulfide
szulfidálás *(hők)* (diffusion) sulfide treatment
szulfiddiffúzió *(hők)* (diffusion) sulfide treatment
szulfidércpörkölő kemence blend burner
szulfidos ásvány sulfide ore
szulfidpörk blend cinder
szulfidpörkölő kemence gáza blend gas
szulfinizálás (diffusion) sulfide treatment
szulfit *(vegy)* sulfite
szulfitáció *(vegy)* sulfitation
szulfitálás sulfitation ; *(bőr)* bisulfiting
szulfitált cserzőanyagkivonat *(bőr)* sulfited extract
szulfitcellulóz *(pa)* sulfite(-)pulp/cellulose/fibre
szulfitcellulózgyár *(pa)* sulfite(-)pulp mill
szulfitfeltárás *(pa)* sulfite digestion
szulfit-fonópapír sulfite spinning-paper
szulfitfőzés *(pa)* sulfite cooking
szulfitfőző *(pa)* sulfite digester
szulfitlúg *(pa)* sulfite liquor
szulfitpapír sulfite paper
szulfitpapírlemez sulfite board
szulfitszennylúg *(pa)* sulfite waste-liquor
szulfitzsákpapír sulfite bag-paper
szulfoantimonát sulfantimon(i)ate, thioantimon(i)ate
szulfoantimonit sulfantimonite, thioantimonite
szulfoborit *(ásv)* sulfoborite
szulfocianát *l* **rodanát**
szulfociánsav hydrogen sulfocyanate
szulfociánsavas kálium *l* **káliumrodanát**
szulfohalit *(ásv)* sulfohalite
szulfokarbonát sulfocarbonate
szulfonál *(vegy)* sulfonate
szulfonált : ~ olaj sulf(on)ated oil ; **~ ricinusolaj** *(törökvörös-olaj)* sulfonated castor oil
szulfonsav sulfonic acid
szulfosav sulfonic acid, sulfoacid
szulfósó sulfosalt
szulfurálás *(vegy)* sulfuration
szumbul-olaj sumbul oil
szummálhatóság *(mat)* summability
szúnyogirtó szer culicide
szuperadó *(rád)* superpower station
szuper-áttekercselő *(pa)* super reeler
szupercentrifuga supercentrifuge
szuper-elven alapuló vétel *(rád)* super/heterodyne reception
szuperfantom *[fémes]* double phantom ; *[föld-visszavezetéssel]* ghost ; **~ hálózat** double-phantom circuit
szuperfiniselés *(forg)* superfinishing
szuperfiniselt felület superfinished surface
szuperfoszfát (lime super)phosphate ; **kettős ~** double superphosphate
szuperfoszfát-feltáró kamra *(vegy)* den
szuperfoszfátkamra *(vegy)* acid phosphate den ; **~ mechanikus kirakóval** mechanic(al) (superphosphate) den
szuperfoszfát-keverő üst superphosphate mixer
szuperfoszfát-kiürítő szerkezet superphosphate excavator
szuperfúzív kőzetek superfusive rocks
szupergalaktika *(csill)* supergalaxy
szuperglaciális *(földt)* superglacial
szuperheterodin *(rád)* superhet(erodyne) ; **~ tükör-effektus** *(rád)* mirror effect ; **~ vétel** superhet(erodyne) reception, double-detector reception ; **~ vevő** *(rád)* superheterodyne receiver, double-detection receiver
szuperior csomagolópapír machine-glazed sulfite-wrapping
szuperkalander *(pa)* supercalender
szupermalloy *(rád)* supermalloy
szupermanganát *l* **permanganát**
szupernagy-frekvencia super-(high) frequency, S. H. F.
szuperoxid *(vegy)* (su)peroxide, hyperoxide
szuperponál *(mat)* super(im)pose; **alaphullámra ~** *(vill)* superimpose the wave
szuperponált : ~ áram *(vill)* superimposed current ; **~ erő** superposed force
szuperpozició *(mat)* super(im)position ; **~ elve** *(távk)* principle of superposition, superposition theorem
szuperrefrakció *(rád)* superrefraction
szuperregeneratív *(rád)* super-regenerative ; **~ egyenirányító** *(rád)* super-regenerative detector ; **~ vétel** super-regenerative reception ; **~ vevő** *(rád)* superregenerative receiver
szuperrendszerű *(negadin)* **kapcsolás** *(rád)* supernegadine
szuperszonikus *(rep)* supersonic
szupervétel *(rád)* super(heterodyne) reception
szupervevő *(rád)* superhet(erodyne) receiver
szupport *(forg)* saddle, slide, carriage ; *l még* **szán(kó)** ; **~ alsó (haránt)csúszó része** bottom slide ; **~ íves idomdarabok** *v* **felületek megmunkálására** curve-forming rest ; **magassági irányban állítható ~** elevating rest
szupportfogantyú carriage handle
szupportkés slide-rest tool
szupportszán tool slide
szupportvezérlés saddle control
szupportvezeték-betétléc carriage gib
szupravezetés *(vill)* superconduction
szupravezetőképesség *(vill)* supra-conductivity
szúr prick
szúrágás *(fa)* worm channel
szúrágta csatorna *(fa)* worm channel
szúrás *(helye)* prick ; *(heng)* pass
szúrásterv *(heng)* rolling schedule
szúrcsapos talajfertőtlenítés inverted-pan method
szurdok gorge, ravine, dingle, linn, clough
szurkolás pitching, pitch coating, tarring
szurkos pitchy ; **~ fonal** pitch thread
szurkozott pitched, tarred ; **~ fonal** *(bőr)* wax end
szúróár piercel
szúrófegyverek side arms
szurok black pitch ; *(ol)* asphalt ; **~kal lezárt elem** *(vill)* sealed cell
szurokborda *(tex)* pitch-bound reed, pitch bauld reed
szurokfekete piceous
szurokfény *(ásv)* pitch glance
szurok- és fonalgombolyító készülék *(cipő)* waxing and spooling apparatus
szúrókeménység *(anyagv)* indentation/indenting hardness
szurokfőző edény pitch pot
szurokgödör *(ol)* pitch bay
szurokkivonó gép depitching machine
szuroklángú szén jet coal
szurokmalom pitch-grinding mill
szurokpapír pitch paper
szurokszén jet
szurokszerű piceous
szúrókúppal mért keménység *(Rockwell)* conical identation hardness
szúróláng jet/darting flame, jet lance
szurony bayonet
szuronyzár bayonet mount/locking
szuronyzáras : ~ fej *(vill)* bayonet base ; **~ foglalat** locking ring moment, bayonet holder/catch/cap ; *(izzólámpán)* bayonet socket ; **~ foglalatú cső** *(rád)* lock-in tube ; **~ gépváz** bayonet frame ; **~ kapcsolás** *(gépt)* bayonet clutch ; **~ keret** *(gépt)* bayonet frame ; **~ kötés** *(vill)* bayonet joint ; **~ lámpafoglalat** bayonet lampholder ; **~ (szerszám)tartó** snap-holder
szúrópróba sample taken at random
szúrópróbavétel percentage test
szúrós acute, prickly
szúrósság acerbity
szúróvéső chisel
szuszceptancia *(vill)* susceptance
szuszceptibilitás *(vill)* susceptibility ; **dielektromos ~** dielectric susceptibility ; **mágneses ~** magnetic susceptibility
szuszpendáló képesség suspending power
szuszpendált : ~ anyag suspended substance ; **~ grafit** *(kenőanyag)* deflocculated graphite
szuszpenzió *(vegy)* suspension ; **sűrű ~** slurry
szuszpenziós kolloid *(vegy)* suspensoid
szuszpenzoid *(vegy)* suspensoid
szúvasodott decayed
szuvatoló kalapács set hammer
szűcs furrier ; *(enyvezett lemezen ; fa)* blister
szűcsáru peltries
szűcsfogó furrier's pliers
szügyelő *(bőr)* breast strap

szügyelőszíj *(bőr)* breast strap
szügyhám *(bőr)* breast harness
szügyszerszám front harness
szűk tight, close, narrow; **~ futó illesztés** close running fit; **~ keresztmetszet** bottleneck; **~ebb környék** *(városépítés)* environs/outskirts of a town; **~ nyakú** narrow-necked; **~ párlat** close fraction; **~ sávú erősítő** *(rád)* narrow-band amplifier; **~ sávú impulzus-áramkör** *(rád)* narrow--gate circuit; **~ sávú zavar** *(távk)* selective interference; **~ spirális** *(rep)* tight spiral; **~ szájú palack** narrow-mouth bottle; **~ szedés** *(nyomda)* narrow matter; **~ szemű háló(zat)** narrow-meshed netting, fine net; **~ terület** confined space; **~ utca** narrow street
szűkít constrict, narrow, throttle; *(fokozatosan)* taper; *(alak)* reduce; *(pa)* choke; **nyomással ~** *(alak)* neck down, reduce; **sorokat ~** *(nyomda)* drive the lines
szűkítés *(gyűrűé)* narrowing; *(alak)* necking; **~ előtt** *(ol)* upstream; **~ után** *(ol)* downstream
szűkítési együttható *(vill)* contraction coefficient
szűkítetlen átáramlási keresztmetszet unrestricted passage area
szűkített *(csővég; puskáé)* choked; *[keresztmetszet]* restricted; **~ furat** *(puskáé)* choked bore; **~ járat** *v* **szelvény** contracted passage; **~ keresztmetszet** *(rep)* necked-down section; **~ vízfolyás** *v* **vízáram(lás)** unfree water
szűkítő *mn* reducing; **~ betét** adapter; **~ karmantyú** *v* **hüvely** reducing socket/sleeve; **~ közcsavar** hexagon reducing nipple; **~ T-cső** reducing tee
szűkítőáttét reducing adapter
szűkítő-bővítő: hangdinamikai ~ audio compressor-expander
szűkítőcső reducing piece
szűkítődarab reducing piece, reducer
szűkítőhüvely adapter (sleeve)
szűkítőpersely adapter (sleeve)
szükség- emergency, auxiliary
szükségadóállomás *(rád)* emergency transmitter
szükségakkumulátor emergency battery
szükségantenna emergency aerial
szükség-áramfejlesztő gépcsoport *(vill)* emergency generating set
szükséges due, required, necessary; **~ energiamennyiség** energy demand; **~ hajtó teljesítmény** *(gépk)* power necessary for propulsion; **~ terhelés** load demand
szükséghíd emergency bridge
szükséghorgony sheet anchor; *(kötéltekercsből)* coil drag
szükségjavítás *(ideiglenes megoldás; gépk)* emergency repair
szükségjelző lobogó flag waif
szükségkapacitás emergency capacity
szükségleszállóhely alternate landing area
szükségleszállósáv *(repülőtér mellett)* crash landing strip
szükségleti cikk commodity
szükséglétra scaling ladder
szükségmegoldás makeshift solution
szükségmunka *(ép)* relief work
szükség-pótszer makeshift substitute
szükségrakomány distress cargo
szükségrepülőtér auxiliary/emergency airfield
szükségszivattyú emergency pump
szükségteljesítmény *(LE-ben)* emergency horsepower
szükségvágány auxiliary track
szükségvilágítás emergency lighting; **~ áramfejlesztője** emergency dynamo; **repülőgép belső ~a** emergency minimum cabin lighting
szükségvilágítási berendezés emergency lighting plant
szükségvonal *(távk)* emergency line
szűkület construction, narrowing, collar, neck, contraction; *[tölcséres sugárzóban]* throat; *(hengeres tárgyon)* narrowed waist
szűkületi keresztmetszet contracting section
születési pillanat *(vegy)* status nascens
szülőotthon maternity home
szünet break, pause, interval, stop; *(hangt)* rest; *(távk)* space, resting condition; **~et ad** *(távk)* send "space"; **hirtelen ~** *(rád)* freak; **~ nélküli rádiótáviratozási eljárás** break-in operation; **~ nélküli rádiótávíró** break-in keying
szünetáram *(távk)* spacing current
szünetáramú kikapcsoló no-volt(age) release
szünetel intermit
szünet(elés) intermission, standstill
szünetelő non-operative, idle; **~ bánya** plant at rest
szüneteltetett suspended
szünet-érintkező *(távk)* spacing contact
szünetfrekvencia *(távk)* spacing frequency
szünethangú: ~ modulátor *(távk)* space-tone modulator; **~ üzem** space-tone operation
szünet-hullám *(távk)* spacing wave
szüneti időköz *(távk)* spacing interval
szünetimpulzus *(távk)* space impulse
szünetjel *(rád)* interval signal, theme
szünetjeladó berendezés *[stúdióban]* interval signal equipment
szünetjelberendezés *(rád)* break-signalling system
szünet-oldal *(távk)* "space"-side
szűr filter, filtrate, sieve, screen, sift; *(lüktető egyenáramot)* smooth
szüredék filtrate
szüredéklepény filter cake
szűrés filtration, filtrating, filtering; *(rád)* rejection; **~ alulról felfelé** anti-gravity filtration; **~ derítőfölddel** contacting
szűrési: ~ arány *(rád)* rejection ratio; **~ segédanyag** *(ol)* filter aid; **~ sebesség** filtering velocity; **~ tényező** filter factor; *(fényk)* screen factor
szűretlen víz raw water
szűrhető filterable
szűrhetőség filterability
szürke grey; **~ bélű** *(fa)* grey-heart; **~ bőröndöslemez** *(pa)* grey flexible board; **~ durva homokkő** greys; **~ erdei talajok** grey forest soils; **~ gépkarton** *(pa)* machine grey board; **~ hamvas** *(bőr)* mellow lime liquor; **~ hengerszitalemez** *(pa)* grey cylinder-felt; **~ kézilemez** *(pa)* handmade grey-board; **~ könyvkötő vászon** grey cloth; **~ meszes** *(bőr)* mellow lime liquor; **~ nyersvas** grey pig iron; **~ öntöttvas** grey cast iron; **~ pala** *(földt)* fading slate; **~ segédfénykép** *(háromszínű fényképezésnél)* grey key image; **~ test** gray body; **~ wacke** *(földt)* gray wacke, greywacke
szürkelemez *(pa)* grey board, millboard; *(könyvkötő; pa)* bookbinding board; *(gépkartonból)* chip board
szürkelemezkarton *(pa)* grey board
szürkemész *(vegy)* grey acetate of lime
szürkés greyish, hoar
szürkésfehérre fagyott *[deszka]* hoar--frost
szürkéskék glaucous
szürke-tarka papír French grey
szürkevas *(koh, önt)* grey cast/pig iron; **harmados ~** lightly-mottled pig iron; **melegtörő ~** *(koh)* hot--short grey iron
szürkevas öntvény *(koh)* grey cast iron
szürkülés *(csokoládé; élip)* (fat) bloom
szürkület *(met)* twilight
szürkületi crepuscular; **~ ellenfény keleten** *(met)* anti-twilight arch; **~ zóna** *(rád)* twilight zone
szűrlet filtrate
szűrletanyag filter stock
szűrő *fn* filter, screen, sieve, strainer; *(rád, vill)* filter; *[hálózati egyenirányítóban]* smoothing circuit; *(tex)* strainer, filter; **alul áteresztő ~** *(távk)* low-pass filter; **~ áramkör** *(rád)* filter circuit; **~ áteresztő sávja** *(rád)* filter pass band; **~ csatolás** *(távk)* filter coupling; **csatolásgátló ~** *(távk)* decoupling filter; **~ csillapítási sávja** filter attenuation band; **egyelemes ~** *(távk)* single--mesh filter; **el nem tömődő biológiai ~** decloggable biological filter; **felül áteresztő ~** *(távk)* high-pass filter; **~ fojtótekercs** *(vill)* power choke coil; **~ frekvencia** filter frequency; **hálózati ~** *(távk)* hum filter; **helyi zavar elleni ~** *(rád)* clutter filter; **~ homokágy** sand filter bed; **~ huzalrács** *(csőtápvonalban)* reflecting grating; **~ képesség** filtering power/capacity; **kiegyenlítő ~** *(távk)* filter--equalizer; **~ kompenzátora** *(vill)* filter-impedance compensator; **~ kondenzátor** filter capacitor; *(egyenirányítóban)* smoothing condenser; **K-típusú ~** *(távk)* constant K filter; **~ levágási sávja** *(rád)* filter rejection/stop band; **leválasztó ~** *(távk)* separation filter; **magasan vágó alul áteresztő ~** *(rád)* high cut-off low--pass filter; **mindent áteresztő** *(fáziskiegyenlítő)* **~** *(vill)* all-pass filter/transducer; **M-típusú ~** *(távk)* M--derived filter; **~ patron** *(vegy)* strainer cartridge; **porleválasztó ~** dust filter; **simító ~** *(távk)* ripple filter; **~ soros eleme** *(távk)* series element of a filter; **~ sűrítő** *(vegy)* filter thickener; **szövetbetétes ~** cloth filter; **tárcsás ~** disc-type filter; **~ transzformátor** *(vill)* filter transformer; **villamos ~** electric filter
szűrőágy filter bed
szűrőakna straining pit
szűrőanyag filtering medium
szűrőbódé *(távk)* filter hut
szűrőbúra a forgattyúházban crankcase filter bulb
szűrőcsapda absorption trap
szűrőcsésze filter-bottom cup

szűrőcsoport *(távk)* set/group of filters
szűrőcső *(vegy)* filter tube
szűrődik filtrate
szűrődob *(pamutbontó gépen)* dust cage
szűrődoboz *v* **-edény** straining box
szűrőedény filter bowl
szűrőegység filter unit ; *(rád)* rejector unit
szűrő-élettartam filter run
szűrőfazék mud box
szűrőféltag *(távk)* half-section filter
szűrőfelület filtering surface
szűrőfenekes tartály filter tank
szűrőfojtó *(rád)* filter reactor/choke, rejector, smoothing choke
szűrőgép *(pa)* straining machine
szűrőgyertya *(élip)* candle filter
szűrőháló *(levegő szűréséhez)* dust gauze
szűrőharang filter bell
szűrőhenger *(pa)* filter cylinder
szűrőimpedancia-kiegyenlítő *(távk)* filter (impedance) compensating network
szűrőiszap *(cu)* lime sludge/scum
szűrőkamra filter cell
szűrőkanál skimmer
szűrőkendő filtercloth, cloth filter
szűrőképesség-vizsgáló *(pa)* filtering paper tester
szűrőkosaras szivattyú filter pump
szűrőkör *(rád)* absorber/filter/rejector circuit, parasitic supressor ; *(egyenirányítóban)* smoothing circuit
szűrőközeg screening medium
szűrőkunyhó *(távk)* filter hut
szűrőkúp filter(ing) cone
szűrőlánc *(távk)* ladder-type filter
szűrőlé-gyűjtőkád *(élip)* underback
szűrőlemez *(pa)* filter board
szűrőlepény filter cake
szűrőmassza *(pa)* filter block/pulp
szűrőmódszer *(cserzőanyag meghatározásánál)* filter method
szűrőnemez filter(ing)-felt
szűrőpalack filtering flask
szűrőpapír filter(ing)-paper; **~on maradó hamu** *(vegy)* filter ash
szűrőpohár filter bowl
szűrőprés press filter, filter press ; *(vízkiszorításra agyagpépből)* clay press ; **kamrás ~** chamber press
szűrőprésiszap defecation mud
szűrőpréskendő filter press cloth
szűrőpréslepény filter (press) cake
szűrőprésmésziszap lime scum
szűrőpréspapír paper for filter press
szűrőrács *(vegy)* strainer
szűrőrendszer *(vegy)* straining system
szűrőrész filter section
szűrőréteg *(ép)* filter bed ; *(földt)* precoat ; *[kavicsréteg vízszűréshez]* screen mat
szűrősajtó *l* **szűrőprés**
szűrőszalag band filter
szűrőszekrény *(pa)* straining vat
szűrőszita inlet screen ; *[olajszivattyúban ; gépk]* gauze strainer
szűrőszövet filter cloth ; *(pa)* cheese cloth
szűrőtag filter element ; *(távk)* filter section ; **~ soros ága** *(távk)* series arm
szűrőtégely filter crucible
szűrőtekercs *(rád)* stopper circuit
szűrőtorony *(vegy)* tower
szűrőtölcsér filtering funnel
szűrőtöltény *(vegy)* strainer cartridge
szűrővánkos *(vegy)* filter pad
szűrővászon clearer cloth
szűrővonal *(műyonal ; rád)* delay line
szűrőzsák filter(ing) bag
szűrőzsák-kaparó bag scraper
szűrt filtered, strained ; **~ folyadék** colature ; **~ kút** screened well ; **~ méz** strained honey ; **~ olaj** refiltered oil ; **~ világítás** *(fényk)* filter-light
szűzgörbe *(rád, távk)* virgin curve
szűztalajtörő eke grub breaker

T

tabella *l* **táblázat**
tabelláz tabulate
tabergit *(ásv)* tabergite
tábla pane(l), desk ; *(vastag telepben ; bány)* sublevel ; *(ereszkés és siklós mező együtt ; bány)* block ; *(ép, fa)* slab ; *(vill)* panel, board ; ~ **alakú** slab-shaped ; **táblákra beoszt** pane(l); **csévetartó** ~ *(tex)* bank ; **fali** ~ board; **körülhatárolt elárasztási** ~ *(mzg)* check ; **magassági** ~ *(geod)* bench mark tablet ; **papírral fedett fahulladékból készült** ~ *(ép)* compo board ; ~ **pillére** *(bány)* panel barrier
tábla-antenna billboard array
táblaegység: kék ~ek *(magasság lábakban, sebesség csomókban ; rep)* blue table of units
táblahatároló töltés *(öntözésnél)* contour check
táblajég plate/sheet ice
táblajéggyártás plate-system ice making
táblakészítés *(üveggyártásnál)* flash
táblalemez *(fa)* panelboard
táblalemezolló sheet metal shears
táblaolló block shears
táblaosztó töltések *(öntözésnél)* rectangular checks
táblaparkett panel-parquet
táblapát *(ásv)* *l* **wollastonit**
táblaprés *(nyomda)* arming press
táblás *[faszerkezet]* panelled ; ~ **agyagpala** plate shale ; ~ **gát** *(hidr)* sluice weir ; ~ **kivitelű vasúti biztosító berendezés** table interlocking machine ; ~ **pala** *(ásv)* papery shale ; ~ **parkett** boarded parquet ; ~ **talajnyeső (gép)** tongue scraper ; ~ **taszítógép** *(bőr)* table setting out machine ; ~ **útburkolás** sheet pavement ; ~ **vetődés** *(földt)* tandem convection ; ~ **zsilip** *(hidr)* slide/sliding gate, vertical lift gate ; ~ **zsilip keretoszlopa** *(hidr)* sluice pillar
táblaszalonna flitch
táblaszerű tabular
táblaüveg plate glass, glass pane ; **kétoldalt köszörült és csiszolt** ~ patent plate
táblavidék *(földt)* table
tábláz *(táblát kialakít ; fa)* panel
táblázat table, chart, schedule ; **éghajlati** ~ climatological table ; **~ba foglal** tabulate
táblázatanyag *(nyomda)* tabular matter
táblázatfej *(nyomda)* heading of table
táblázati tabular
táblázatos tabular ; ~ **kimutatás** *v* **összeállítás** tabulated chart
táblázatszedés *(nyomda)* tabular work
táblázatszedési anyag *(nyomda)* tabular matter
tabletta tablet, pastile
tablettázógép tablet (compressing/compression) machine, tabletting machine
tablettázóprés tabletting press
tábori : ~ csősatu collapsible workman stand ; ~ **energiaszolgáltatás** field power supply ; ~ **erődítések** field works ; ~ **jelzőkészülék** war signalling gear ; ~ **konyha** rolling kitchen ; ~ **kórház** *(kis)* ambulance ; *(nagy)* field hospital ; ~ **kovácsműhely** field forge ; ~ **látcső** field glass/tube ; **le nem hallgatható ~ távbeszélő készülék** fullerphone ; ~ **levelezőlap-papír** campaign bristol ; ~ **lőszerraktár** *(ideiglenes)* ammunition dump ; ~ **löveg** field piece ; ~ **posta-papír** campaign paper ; ~ **repülőtér** field aerodrome ; ~ **repülőtér-berendezés** mobile airport ; ~ **szék** sketching-stool ; ~ **telefon** war (tele)phone ; ~ **vasút** field rai lway ; ~ **vizsgálószekrény** *(távk)* war test case ; ~ **vonalerősítő** *(távk)* war repeater unit
tabulátor *(írógépen)* skipper
tabulatúra tablet
T-acél : magas gerincű ~ high-webbed tee-iron
tachidrit *(ásv)* tachy(hy)drite
tachilit *(kőz)* tachylite
tachiméter *l* **tahiméter**
tachográf recording tachometer, tachograph
tachométer tachometer, speedometer
taffia *(élip)* ratafia
tafota-papír taffeta paper
taft *(tex)* taffety
tag member, part, term, limb ; *(hálózatnál)* branch ; *(mzg)* plot ; **átlós** ~ *(mat)* diagonal member ; **kiugró** *(díszítő)* ~ *(ép)* corbel piece ; **láncrendszert rögzítő** ~ *(mech)* anchor link
tág wide ; **~an futó illesztés** loose running fit
tágas ample, capacious, broad
tágasság *vö* **tágas**
tagilit *(ásv)* tagilite
tágít expand ; **csövet** ~ *(illesztéshez)* expand a tube ; **lövéssel** ~ *(fúrólyukfeneket ; bány)* spring ; **sorközt** ~ *(nyomda)* lead (out) ; **vonalközöket** ~ space
tágítás *(alak)* expansion, stretching, bulging
tágítási próba *(csövön)* (tube) expanding test
tágítható *(anyagv)* expanding, expansible ; ~ **betétes fúró** *fn* expanding auger ; ~ **elem** *(fémállványnál ; ép)* expansion joint pin ; ~ **tokmány** expanding chuck
tágíthatóság expansibility
tágítóerő expansive force
tágítóeszköz dilator
tágítófúró drifter drill
tágító nyomás *(alak)* bulging
tágítótüske *(forg)* clearing iron
tágítóvas *(négyszögletes)* puncher-chisel
tagló butcher's iron
tagol articulate
tagolatlan inarticulate, featureless
tagolt articulated, jointed, cut-up ; **csuklósan ~ szertartányos mozdony** articulated tank locomotive ; **erősen ~ terep** cross locality ; ~ **fém(tömítő) tömb** stepped (packing) block ; ~ *(öblökben gazdag)* **part** embyed coast ; **szeletekre ~ bála** sliced bale ; ~ **úszódokk** *(kiváltható elemekkel)* self-dokcing dock
tagosít *(ép)* replot ; *(geod)* consolidate, reallocate
tagosítás farm reallocation, reparcelling, consolidation of land
tagozás stepping up
tagozat *(ép)* course, fascia ; **fedőkősor alatti** ~ *(pillérnél)* belting course
tagozódás articulation, subdivision
tagozottság articulation
tágsor *(tex)* slack course
tágul expand
tágulás expansion, spread, dilation
tágulási : ~ együttható coefficient of expansion ; ~ **hézag** compensation joint ; ~ **közdarab** *[csővezetéken]* expansion piece ; ~ **repedés** extension crack ; ~ **sebesség** extension speed ; ~ **tartály** *[vízfűtési rendszerben]* expansion tank
táguláskiegyenlítő csőhajlat expansion loop, gooseneck
tágulásmérő *fn* dilatometer
táguló spreading, expanding ; ~ **csőkapcsoló** expansion bracket ; ~ **dugattyúgyűrű** self-expanding piston ring ; ~ **képesség** expansibility ; ~ **tendenciájú** expansive ; ~ **tölcsér** *(hangszóróhoz)* flaring horn ; ~ **tömszelence** expansion stuffing box ; ~ **tüske** *(forg)* expanding mandrel
tágulócső evase chimney
tágulóedény *(vill)* expansion pot
tágulógyűrűs (tengely)kapcsoló expanding-ring clutch
tágulólíra *[gőzvezetéken]* expansion U-bend

tahiméter *(geod)* tachymeter, tacheometer; **redukáló ~** *(geod)* direct-reading tacheometer; **~ távmérő szálai** *(geod)* stadia hairs
tahiméteres: ~ állandó *(geod)* stadia constant; **~ álláspont** *(geod)* stadia station; **~ diagram** *(geod)* stadia diagram; **~ mérési jegyzőkönyv** *(geod)* stadia notes; **~ táblázat** *(geod)* stadia table
tahiméterléc stadia stave/staff, stadium
tahimetria *(geod)* tachymetry, tacheometry
táj land(scape), region, site
táj- areal
tájékozási pont *(geod)* leading mark; *(rep)* orientation/navigation mark
tájékozódás orientation; **~ pontról pontra** *(rep)* pinpoint orientation; **~ térképpel** *(geod)* orienting by map; **~ (térkép) fixpontok után** horizontal control
tájékozódási *l* **tájékozási**
tájékozódik *(csill, geod)* orient
tájékozódótérkép *(csill)* finding chart
tájékozópont *(geod)* check point
tájékoztatás reference; **~t kérő híradás** *(rád)* request-information message
tájékoztató *fn* *(könyv)* reference book; **~ adatok** reference data; **~ irányfény** *(rep)* landmark; **~ jel** range mark; **~ jelzőtábla** *(úti forgalomban)* information sign; **~ terv** general layout
tájépítészet landscape architecture
tájfun *(met)* typhoon
tájgeológia areal geology
tájkép landscape, scenery
tájképes ferde irányú felvétel *(fotogrammetriában)* scenic oblique photograph
tájkertészet landscape gardening
tájol *(csill, geod)* orient; *(hajó)* take a bearing; **térképet ~** orient/set a map
tájolás *(csill, ép, geod)* orient(ation); **~ átfordított távcsővel** *(geod)* reversed bearing; **föld alatti ~ iránytűvel** *(bány)* dial(l)ing; **~ra használatos csillagok** *(rep)* navigational stars; **~ iránytűvel** setting by compass; **~ látás szerint** *(rep)* visual (n)avigation; **~ szerkesztéssel** *(rep)* plotting; **~ tereptárgyak alapján** *(geod)* setting by objects
tájolási *(rep)* navigation(al); **~ fedélzet** compass-testing platform; **~ hangjel** *(rep)* pip squeak; **~ táblázat** *(rep)* navigation table
tájolásrendszer: irányszög szerinti ~ *(rep)* azimuth navigation system
tájolat *(hajó)* bearing
tájoló *fn* compass; **~ által jelzett délkör** compass meridian; **~ búraüvege** compass window; **~ busszola** *(geod)* director; **~val kitűzött szög** compass bearing; **pörgettyűs ~** directional gyro; **~ szelencéje** compass housing/box; **~ szélrózsája** compass card; **~ talapzata** compass base; **~ vevő készülék** *(rád)* finding receiver
tájolóállványtok pyx
tájoló-azimut compass azimuth
tájolócsap *(forg)* locating pin
tájolócsapszeg compass pin
tájolócsésze compass bowl
tájolófolyadék compass liquid
tájolóház compass bowl/case
tájolóhelyesbítő mágnesek doboza compass corrector box
tájolóhiba *(gyorsulásból eredő; rep)* acceleration compass error
tájolókompenzálás *(deviációs hiba kiegyenlítése)* compass compensation
tájolórózsa compass card; **~ beosztása** *(hajó)* compass markings
tájolós útirány *(hajó)* compass course
tájolószelence *(hajó)* compass box/housing
tájoló-szélrózsa (compass) card
tájolótartó *(hegyesvégű csuklófejes)* Jacob's staff
tájolótű compass needle; **~ rögzítőcsavarja** compass needle screw
tájolt vevő *(rád)* directional receiver
tájrendezés *(ép)* regional planning, landscape architecture
tájrendezési terv *(ép)* regional development plan
tajték scum; **~ot leszed** scum
tajtékkő *(ásv)* sepiolite
tajtékzik foam
tajtkő pumice
tájvédelmi körzet *(városépítés)* reservation area
takács cloth weaver, webster
takács-csomó *(tex)* lock/square/granny/reef knot, weaver's knot
takácsfészek *(tex)* knotting skip, float, tangle
takácsmácsonyás bogáncstalanító gép *(gőzdobbal)* stean gig
takadiasztáz takadiastase
takar shroud, screen; *l még* **fed**
takarás coating; *l még* **fedés:** *(ép)* lap; *(fényk)* masking; **átlagos ~** *(távk)* average shading
takarék-adás *(rád)* controlled carrier modulation
takarékanyag economy material
takarékberendezés *(porlasztón)* economy device
takarékcellakapcsoló end-cell switch
takarék-dióda efficiency diode
takarékfúvóka economy/economizer jet
takarékkályha cheap chimney
takarékkamra *(hajózsilipnél)* water-saving chamber
takarékkapcsolású transzformátor autotransformer
takarékkatód dim filament
takaréklámpa *(vill)* three-filament lamp
takarékos economic, spare; **~ zsaluzás** *(fa)* spare planking
takarékoskodás a hellyel space saving
takarékrostély economic grate
takaréktűzhely cooking range/stove, cooker; **~ felső lapja** protecting apron
takaréküreges: ~ fal *(ép)* open wall; **~ ívhídmező-ráfalazás** *(ép)* open spandrel; **~ támfal** hollow abutment
takarít *(pöcegödröt v szemetet)* defecate
takarítóvas *(fa)* mortise-axe
takarmányaprító gép *(mzg)* feed cutter
takarmánybrikett cube
takarmánybrikettezés cubing
takarmánybrikettezési eljárás cubing process
takarmánydaráló gép *(mzg)* feed grinder
takarmányelőkészítő felszerelés fodder-processing equipment
takarmányfülleszto *fn* *(mzg)* fodder stewer
takarmanygőzölő *(berendezés)* fodder stewer
takarmányliszt low-grade flour
takarmánymész precipitated (calcium) superphosphate, ground chalk, feed lime
takarmány-olajpogácsa forage cake
takarmányrács manger partition
takarmányszállító kocsi feed cart
takarmányszárító *fn* *(mzg)* feed/grass drier
takarmány- és terményszárító *(berendezés)* crop drier
takarmányvágó *fn* food cutter
takaró *fn* blanket, wrap, sheet, envelope; *(bány)* overburden, veil; **~ furnírréteg** top; **morénás ~** basal moraine; **~ vastagsága** *(bány)* capping thickness
takaróbakhát *(vetéssoron)* protecting furrow
takaródeszka *(fa)* headboard
takarókőzet overlying rock; **laza ~** *(bány)* muck
takarónyaláb *(földt)* series of blanket(t)ing slices
takaróredő *(földt)* lying overfield
takaróréteg *[talaj]* top layer; **~ eltávolítása** *(bány)* burden removing; **kis dőlésű** *v* **enyhén dőlő ~** blanket; **~ letakarítása** *(bány)* stripping the overburden; **meddő ~** capping; **morénás ~** basal moraine
takarószövet cover fabric
takarószövő gép blanket loom
takarótárcsa *[burgonyaültetőn]* covering disc
takarótest *[ültetőgépen]* shovel coverer
takart screened; *(fényk)* masked, capped; **~ kövű horgony** *(óra)* pallets with covered jewels; **~ sáv** *(fényk)* barrier
tál bowl, dish, vessel, plate; **tektonikus ~** *(földt)* basin fold
talaj soil, ground, sole, terrain, earth; *(anyakőzet felett)* solum; **agyagos ~** clay soil/ground; **~ alatti** *(földt)* subsurface; **allúviális ~** alluvial soil; **~ig érő betörési front** *(met)* surface cold front; **~ig érő felsiklási front** *(met)* surface warm front; **~ig érő magasságú felhőzet** *(met)* zero ceiling; **fekete televény ~** black mould humus; **~ felett kiemelkedő** outset; **hordalékos ~** alluvial soil; **~ kérgesedésének megszüntetése** *(öntözéssel)* descaling; **meleg** *(tavasszal gyorsan felmelegedő)* **~** early soil; **savanyú ~** acid soil; **~ szétesése vízben** slaking; **szikes ~** alkaline soil; **~ról visszaverődött jel** *(rád)* ground reflection
talajabszorpció ground absorption
talajalakulás soil formation
talajalakulat land form(s)
talajáztató öntözés underflowing irrigation
talajbaformázás *(önt)* floor moulding
talajbaktériumok soil bacteria
talajbemaródás *(földt)* self-corrosion
talajbeomlás falling of ground
talajbetörés *(alagútba)* inrush
talajbontó sugár *(hidraulikus kotrásnál)* cutting jet
talajcsövezés *(hidr)* subdrainage, *l még* **alagcsövezés**
talajcsusz(aml)ás soil flow, flow of ground

talajdöngölő *fn* plug ramming machine, planker
talajduzzadás soil flow
talajegyenetlenség hub, rub
talajegyengető *fn* spreader plow ; **~eke** spreader ; **~ gép** bulldozer ; **~ lap** stoneboat ; **~ lapát** level(l)ing blade
talajelhordás *(földt)* wind erosion
talajellenállás *(ép)* resistance of building site ; *(vill)* soil/ground resistivity
talajelnyelés *(rád)* ground absorption
talajelőkészítés *[ültetésre]* fitting of land
talajelsodrás soil drifting
talajemelkedés *(földt)* lift ot the floor, upheaval ; *(egyik oldalán meredek, másikon enyhe dőléssel)* hogback
talajerősítés soil strengthening
talajfagyasztás *(alagútfúrásnál)* soil freezing
talajfagyasztási eljárás *(aknamélyítésnél)* soil-freezing process
talajfelfagyás soil-lifting frost
talajfelszín surface soil
talajfeltépő gép rooter
talajfények *(rep)* strip lights
talajfertőtlenítés hevítéssel soil baking
talajfeszültségi trajektóriák shear pattern
talajfúrás *(bány)* boring
talajfúró *fn* earth borer ; **~ berendezés** *(bány)* earth-boring rig
talajgazdálkodás soil management
talajgázosító szer soil fumigant
talajgyalu scraper
talajgyalulás slushing ; **~t végez** slush
talajharmat subterranean condensation
talajhasáb *(mzg)* furrow rift
talajhelyreállítás *(külfejtés után ; bány)* reclamation of land
talajhenger *(mzg)* land roller
talajhomok floor sand
talajhordképesség bearing power of soil
talajhőkisugárzás *(éjjeli ; met)* terrestrial radiation
talajhullám *(rád)* ground wave ; **~ dőltsége** *(rád)* wave tilt
talajigénybevétel resistance of building site
talajjavítás *(mzg)* amelioration, land improvement/reclamation ; **~ anyag kicserélésével** backfill
talajjavítási mész agricultural lime
talajjavított terület reclaimed land
talajjég ground ice
talajkeményítés fagyasztással *(bány, ép)* solidifying by freezing
talajképződés soil formation
talajkerék *(mzg)* land wheel ; **~ről hajtott** *(mzg)* land-driven
talajkiegyengetés clearing of the ground
talajkiemelkedés *(földt)* rideau
talajkimerülés soil depletion
talajkinyomódás flow of ground
talajkiszúró henger tube sampler
talajkitágulási képesség *(nyíró igénybevételnél)* dilatancy
talajkitérés spreading
talajklíma soil climate
talajkötés soil strengthening
talajkötő növény soil binder
talajkutatás subsoil exploration, prospecting
talajkutató : ~ cölöp penetrometer ; **~ szondacölöp** sounding device, penetrometer

talajlazító *fn (mzg)* tiller ; **~ eke** digger plough
talajlesodrás *(földt)* water erosion
talajlevegő soil air
talajlúgosság soil alkalinity
talajmarás rotary cultivation
talajmaró *fn* soil miller/shredder, rotary scraper ; *(mzg)* rotary hoe
talajmechanika soil mechanics
talajmechanikai hosszszelvény soil profile
talajmegmunkáló gépek tilling machines
talajmelioráció *l* **talajjavítás**
talajmenti : ~ köd ground/inversion fog ; **~ látás** *(rep)* ground/surface visibility ; **~ légréteg** *(met)* microclimatic layer ; **~ sugár** *(rád)* ground ray ; **~ szél** surface wind
talajmeszezés liming of soils
talajminta soil test ; **fúrási ~** bore specimen
talajmintavételi jegyzőkönyv log of soil profile
talajmintavevő henger tube sampler
talajmozgás ground/soil flow/motion
talajművelés tilth
talajművelő : ~ eszköz tillage tool ; **~ eszköz mélyművelésre** Dyrr-type implement ; **~ gép** tiller ; **~ kombájn** tiller combine
talajnedves ground wet, Gr. w.
talajnedvesedés ground moistening
talajnedvesség soil moisture
talajnedvfolyás latexosis
talajnyomás ground pressure ; **megengedett ~** allowable soil pressure
talajomlás soil creep
talajöntés *(önt)* casting in open
talajpárolgás soil evaporation
talajporhanyítás soil shredding
talajporhanyító *fn* soil tiller/pulverizer
talajreakció ground reaction
talajréteg *(földt)* stratum, strata ; **laza ~** mulch
talajrezgés ground vibration
talaj-savanyúság soil-acidity
talajsorozat soil series
talajsüllyedés ground subsidence/settlement
talajsüppedés *l* **talajsüllyedés**
talajszállító gép soil carrier (scraper)
talajszelvény soil profile
talajszennyeződés soil pollution
talajszint ground level ; *(rep)* zero altitude *is* ; **~ alá süllyesztett kerítés** *(ép)* sunk fence ; **~ben fekvő útpályatest** flush track ; **~ feletti** aboveground ; **kiegyengetett ~** *(kavicságy alá)* sungrade ; **sókban gazdagabb ~** B-horizon ; **~ vonala repülési helyzetre vonatkoztatva** ground--line flying position
talajszinti sebesség *(rep)* level speed
talajtakarás *(mzg)* mulch
talajtakaró *fn* soil mulch
talajtakarós termelési mód grass mulch system
talajtan soil science
talajtani : ~ felvétel *v* **felmérés** soil survey ; **~ kutatás** soil research
talajtávolság *(rep)* terrain clearance, surface distance
talajtávolságmérő *fn* terrain clearance indicator
talajterítés soiling
talajterítő gép carrier (scraper)

talajtömörítő *(munkagép)* soil packer ; **~ cölöp** filling pile ; **~ gép** soil compactor
talajtörés soil failure
talajtúró *v* **-lazító** *fn* cultivator (plough)
talajúntság soil-sickness
talajülepedés settlement of ground
talajvédő növény cover crop
talajvezetőképesség *(távk)* conductivity of the soil
talajvíz subterranean/underground/subsoil water, groundwater ; **agresszív ~** aggressive water ; **talajvizek alsó szintje** phreatic low ; **~ eredeti szintje** original groundwater level ; **talajvizek felső szintje** phreatic high ; **kötött ~** attached groundwater ; **~zel táplált patak** gaining stream ; **talajvizek természetes szintje** plane of saturation ; **~ vízhozama** *v* **vízadó képessége** *(hidr)* groundwater rate of discharge
talajvízáramlás seepage flow
talajvízelszívó cső *(bány)* gorse
talajvíz-kibukkanás phreatic discharge
talajvíz-rétegvonal *(hidroizohipsza)* contour of water table
talajvízszín groundwater surface, surface of subsoil water
talajvízszint water table, groundwater level/plane
talajvízszint-emelkedés phreatic rise
talajvízszint-süllyedés *v* **-süllyesztés** water-table falling
talajvíz-szivárgó(árok) *v* **-csatorna** underflow conduit
talajvíztan geohydrology
talajvíztelenítő cső surface-water drain
talajvízválasztó *fn* groundwater divide
talajvizsgálat soil test
talajvizsgálati : fúrással nyert ~ minták ground test pieces
talajzárvány *(pajzshajtást gátló)* embedded obstruction
talajzsugorodás shrink of soil
T-alakú : ~ alkatrész Tee-part ; **~ csőelágazás** double sweep ; **~ csőkötés** Tee-pipe ; **~ csuklópánt** Tee-hinge strap ; **~ elágazó** tee ; **~ foglalat** Tee-socket ; **~ hídfő** Tee-abutment ; **~ jelző** tee-indicator ; **~ késtartó** tee rest, T-rest ; **~ kifolyócső** side-outlet „tee" ; **~ kivágás** *v* **horony** Tee-slot ; **~ küllő** Tee-headed spoke ; **~ lap** Tee-plate ; **~ metszet** *(ép)* Tee-section; **~ szállítószalag-elrendezés** *(bány)* Tee-square conveyer
találat *(áramköré ; távk)* seizing (of current) ; *(kat)* (full) hit
találati pontosság precision/scerurity of fire
találatrögzítő mozgófényképfelvevő készülék cinema spotter
találgatás conjecture ; *(mat)* trial--and-error
találkozás juncture ; **~ ütemben** *(többhengeres motornál)* overlap(ping) impulses
találkozási pont assemblage
találmány invention
találmányi szabadalom patent of invention
tálaló *fn* buffet, cupboard, dresser
tálalóablak *(ép)* service window
találomra at random
tálalónyílás *(ép)* serving hatch
talapzat socket, socle, sole, pedestal, seat, (sub)base ; *(kontinentális ;*

földt) shelf ; ~ **alsó része** *(ép)* subbase ; **kontinentális ~ és mélytenger közötti övezet** *(földt)* bathyale zone ; ~ **párkánya** *(ép)* pedal moulding ; ~ **teste** *(ép)* solidium
talapzati : ~ **előrehaladás** *(bány)* shoe progress ; ~ **küszöbgerenda** foundation sill ; ~ **párkány** base moulding
talapzat-kőzet basement rock
tálca tray, pan, pallet
tálcakendő tray-cloth
tálcás : ~ **elevátor** tray elevator ; ~ **lepárló oszlop** tray/plate column ; ~ **mosótorony** hurdle washing tower ; ~ **szállítószalag** pallet chain conveyor; ~ **szállítószalagos kemence** travel(l)ing tray oven ; ~ **szárító** tray drier ; ~ **vákuumszárító** vacuum tray drier
tálcatávolság *[hűtőtoronyban]* tray spacing
Talgo-vonat *(könnyű tagozott vonat egytengelyes kocsikból)* Talgo train
talicska (hand)barrow, hand-tip car
talicskarúd barrow tram
talicskázás *(bány)* wheeling
talicskázó-palló barrowrun
taliga cart, truck ; ~ **nélküli eke** swing plough
taligás : ~ **eke** wheel plough ; ~ **hengerlő** *(bőr)* butt roller
talk *(ásv)* talc ; *(vegy)* talc(um), pulverized soapstone, French chalk
talkpala *(földt)* talc slate, talcose schist
talkum *l* **talk**
tallingit *(ásv)* tallingite
tallium thallium ; ~ **tartalmú** *(ásv)* thallian
talliumszulfidos fényelem *(távk)* thallofide cell
tallolaj tall oil
talp foot, toe ; *l még* **talapzat** ; *(kat)* carriage ; *(bány)* pavement, floor, underside ; *(cipő)* sole ; *(ép)* base, patten ; *(földt)* bottom wall ; *(heng)* flange ; *(kh)* sole ; **agyagos ~** *(bány)* argillaceous bottom ; **dupla** *v* **kettős ~** *(cipő)* clump ; **~on fúrt lyuk** *(bány)* stope hole ; **közvetlen ~** *(bány)* coal seat ; ~ **ragasztása** *(cipő)* sole cementing ; **~- és sarokfényező gép** *(polirozógép; cipő)* burnishing machine ; **~at szed** *(bány)* rip ; **~akra szerelt gép** *(mzg)* skid engine ; **~- talpbélés- és kéregbarkacsiszoló gép** *(cipő)* grain buffing machine for soles, insoles and stiffeners
talpágózó gép *(cipő)* adhesive-applying machine for soles
talpalás *(cipő)* sole attachment, soling
talpallókötél *(hajó)* foot-rope
talpárok *(cipő)* groove
talpárokhasító kés *(cipő)* sole-channelling machine
talpároknyitó gép *(cipő)* channel-opening machine
talpároktakaró gép *(cipő)* channel-closing machine
talpas socle/foot-type, socketed ; ~ **cséve** *(tex)* end capped bobbin ; ~ **lépcsős támfal** stub abutment ; ~ **sín** flange rail ; ~ **süllyesztőfúrás** flat counterbore ; ~ **szögmérő** *(asztalosmunkához)* backsquare ; ~ **zacskó** blockbottom bag
talpasít : lyukat *v* **furatot ~** *(forg)* bottom a hole
talpasítás *(forg)* bottoming
talp-átvarró fonal *(cipő)* outsole-stitching thread
talpazat *l* **talapzat**
talpbélés *(cipő)* insole (leather) ; ~ **felerősítése** *(cipő)* insole tacking ; ~ **felerősítése kapoccsal** *(cipő)* insole stapling; ~ **nélküli flexibel cipő** stitchdown
talpbélésárokhasító gép *(cipő)* insole channelling machine
talpbélésároklevágó és -jelölő gép *(cipő)* insole-slitting and marking machine
talpbélésároknyelv-bevonó és -körülvágó gép *(cipő)* insole lip-lining and trimming machine
talpbélésároknyelv-felhajtó gép *(cipő)* insole lip-turning machine
talpbélésároknyelv-ragasztó gép *(cipő)* insole lip-cementing machine
talpbélésbevágó és -jelölő gép *(cipő)* insoles-slitting and marking machine
talpbélésbevonó és gemvászon-körülvágó gép *(cipő)* insoles lip-lining and trimming machine
talpbélésbőr *(cipő)* insole (leather)
talpbéléscsiszoló gép *(cipő)* grain-buffing machine for insoles
talpbélésélező gép *(cipő)* skiving machine for insoles
talpbélés-felillesztő : ~ **gép** *(cipő)* sole-laying machine; **kapcsos** *v* **klammeres ~ gép** *(cipő)* staple tacker for insoles ; **tekszes ~ gép** *(cipő)* tacking machine
talpbélésformálás *(cipő)* insole moulding
talpbélés-hasítékbőr *(rád)* lining split
talpbélés-hasrész *(cipő)* insole leather belly
talpbéléslemez *(pa)* insoling/innersole board
talpbélésnyak *(cipő)* insole leather shoulder
talpbélésöltés-ároknyílás *(cipő)* insole channelling
talpbélésrovátkázó gép *(riccelőgép ; cipő)* insole flexing machine
talpbéléssarokrész-élező gép *(cipő)* insole heel part trimming machine
talpbélés sarokrész-maró gép *(cipő)* insole heel part trimming machine
talpbélésvarratárok-felhajtó gép *(cipő)* insole lip turning up machine
talpbélésvarratfal-állító gép *(cipő)* double lip-turning machine
talpbélésvarratfal-bevonó és -körülvágó gép *(cipő)* insole lip-lining and trimming machine
talpbélésvarratfal-cementező gép *(cipő)* insole lip sticking on machine
talpbélyegző gép *(cipő)* sole-stamping machine
talpbemélyedés *(bány)* swag
talpboltív inverted arch
talpboltozat inverted arch
talpbőr sole leather ; **cipősaroknak való ~** *(talpbőrhasrész)* heel leather ; **~nek kikészített lábrész** sole leather shank ; **növényi cserzésű ~** bottom leather ; **savas duzzadású ~** acid-swollen sole leather
talpbőrcsíkvágó gép *(ranzsírozógép ; cipő)* ranging machine
talpbőrhasíték sole leather split ; **hajlékony ~** flexible split
talpbőrhasrész belly, bottom leather
talpbőrhengerlés *v* **-tömörítés** rolling
talpbőrhengerlő : ~ **gép** butt roller ; ~ **ingás hengergép** *(bőr)* pendulum roller
talpbőrhulladék sole leather trimmings
talpbőr-krupon bottom leather butt
talpbőrmeszezés meleg lében buffalo liming
talpbőrpofa sole leather cheek
talpbőrszalag *(cipő)* range
talpcsákozás *(cipő)* sole cutting
talpcsákozó munkás *(cipő)* sole blocker
talpcsap thrust/vertical/footstep journal
talpcsapágy thrust bearing
talpcsapágyház thrust bearing box/block
talpcsapágyvánkos centre plate
talpcsapolás *(bány)* bottom lifting/taking
talpcsatorna *(koh)* sole flue
talpcsavar *(műszeren ; geod)* plate/foot screw
talpcsavarágszorító csavar *(geod)* level(l)ing head tension screw
talpcsavar-alátétcsésze *(geod)* level(l)ing-screw cup
talpcsavarozó gép *(cipő)* sole-screwing machine
talpcsiszoló : egyhengeres ~ gép *(cipő)* single-roller bottom buffing machine ; ~ **gép** *(cipő)* bottom buffing machine; *(kúp alakú ; cipő)* naum keag
talpdeszka *(fa)* underplate
talpdeszkázat *(ép)* flooring
talpdíszítés *(cipő)* janking
talpdomborító *v* **-formázó gép** *(cipő)* sole moulding machine
talpduzzadás *(bány)* bottom surge/yield
talpduzzadási övezet *(bány)* zone of surging
talpegyengetés *(cipő)* sole levelling
talpék chock
talpellenív *(bány)* arched floor
talperősítés *(kh)* sole splicing
talpfa *(ép)* sill, sole timber; (transverse) sleeper ; cross-tie *(US)* ; **kétoldalt bárdolt ~** half-round tie ; **selejtezett ~** cull tie ; **teljes szívű ~** all-heart tie ; **zárt szívű ~** all-heart tie
talpfaaláékelés *(vágányfektetésnél)* nipping
talpfaalátámasztó gerenda *(hídon)* sleeper-bearing girder
talpfaalátétlemez *(vasút)* sleeper fish-plate ; *(szigetelésre)* earth plate
talpfaaláverés *(vasút)* tie-tamping/-packing
talpfaaláverő *(vasút)* beater, box of sleepers ; ~ **gép** ballast tamper
talpfaaljzat *(sínszék vasaljhoz)* sleeper chair
talpfaanyag wooden cross-tie material
talpfabeigazító zsinór *v* **szalag** *(vasút)* tie line
talpfacsavar screw spike
talpfacsere resleepering
talpfaegyengető gép sleeper-straightening machine
talpfaékelő *v* **-köldökös szerkezet** *(vasút)* plugging-up
talpfaelrendezés tie spacing
talpfafogó *fn* tie tongs
talpfafúró *fn* tie drill
talpfafűrészelő pad sleeper saw bench
talpfagerenda trimmed beam
talpfakapacsoló adzer ; ~ **minta** adzing ga(u)ge
talpfakapocs *(vasút)* butt strip
talpfa(ki)osztás tie spacing
talpfaköldök tie plug
talpfaköz tie spacing

talpfamegerősítés *(vasút)* sleeper fastening
talpfamegmunkáló gép sleeper working machine
talpfaosztás *(vasút)* sleeper pitch/spacing
talpfaosztó léc *(vágányépítéshez)* tie spacer
talpfapántolás *(vasút)* hooping
talpfaprés sleeper press
talpfarakás *(vasút)* timber blocking
talpfasajtó *ln* sleeper press
talpfaszárítás *(vasút)* curing
talpfaszegező pályamunkás *(vasút)* nipper
talpfaszorító kapocs holdfast
talpfatömb *(poligon)* sleeper blocks
talpfaújrafektetés resleepering
talpfekü(oldal) *(meredek telepnél ; bány)* ledger wall
talpfelerősítés *(cipő)* sole attachment
talpfelerősítő gép *(cipő)* taper tacker
talpfelillesztő gép *(cipő)* sole-laying machine
talpfellövés *v* **-repesztés** *(bány)* shooting up the bottom
talpfelrakó gép *(normál cipőhöz)* sole press for ordinary shoes
talpfelület sole
talp-fémszegező gép *(cipő)* loose nailer
talpfényezés *(cipő)* burnishing
talpfényező gép *(cipő)* burnishing machine
talpfesték *(cipő)* polishing ink
talpfestő és -kefélő gép *(cipő)* bottom staining and polishing machine
talpfolt *(cipő)* bottoming tap
talpformázás *(cipő)* sole moulding
talpformázó gép *(cipő)* sole-mo(u)lding machine
talpfúrás plugging
talpfurat *(bány)* water hole
talpfúró gép push-down-machine
talpgerenda *(ép)* lower transom, bottom/stay sill ; *(hídon)* bedplate beam ; *(vasút)* bottom sleeper ; *(hosszirányú)* sole bar
talpgerendasín *(vasút)* sleeper rail
talphágás változása *v* **törése** *(bány)* knuckle
talphasszél *(saroknak való bőr)* heel leather
talpheveder *(vasút)* chair
talphorzsolás és -csiszolás *(cipő)* bottom scouring and buffing
talphorzsoló gép *(cipő)* bottom-scouring machine
talpív *(bány)* arched floor ; *(ép)* invert
talpizombetétkitöltés parafadarával *(cipő)* bottom filling with cork
talpizomkitöltő gyúrma *(cipő)* bottom filler
talpkeresztülvarró : gyorsjáratú láncöltéses ~ gép *(cipő)* high-speed double lockstitch sole sewing machine ; **láncöltéses ~** *(cipő)* chainstitch sole-sewing machine
talpkeret *(cölöpverőn)* bedframe ; **~ éle** *(ráma ; cipő)* seam
talpkeretformázó gép *(cipő)* stitch-wheeling machine
talpkeretkitöltés *(cipő)* bottom filling
talpkeretkitöltő anyag *(cipő)* bottom filler
talpkeretrecézés *(stupfolás ; cipő)* indenting
talpkiszegező gép *(domborfejű fémszeggel ; cipő)* hob nailing machine ; *(profil fémszeggel ; cipő)* sole nailing machine
talpkő abutment/bed/pad stone, pedestal
talpkönyök shoe elbow
talpkörülvágó : ~ és árokhasító gép *(cipő)* rough rounding and channelling machine, sole trimming and channelling machine ; **~ gép** *(cipő)* sole-rounding machine
talp-krepp *(gumi)* sole crepe
talpkrupon *(bőr)* bend (leather)
talplágyék hátsó része *(cipő)* hilt shank
talplágyékrész-élező gép *(cipő)* waist-skiving machine for loose soles
talplemez base, sole/floor plate, pad ; *(falazott v beton)* footwall ; *(cipő)* bottom plate ; *(papírból ; bőr)* board sole
talplemez-párna *(gépt)* footstep pillow
talplyuk *(támfa-beillesztésre; bány)* holing
talpmángorlás *v* **-simítás** *(cipő)* levelling
talpmángorló gép *(cipő)* sole levelling machine
talpmárkázó *(cipő)* brand
talpmegerősítés *(bőr)* sole splicing
talpmegmintázás *(bány)* toe sampling
talpnyomás *(mech)* bearing pressure ; *(bány)* bottom/abutment pressure ; *(ol)* bottom hole pressure
talpnyomó gép *(cipő)* embossing machine
talpoldal *(meredek telepnél; bány)* bottom wall
talp-öltésárok nyitása *(cipő)* sole channelling
talpösszeköttetés foot connection
talppásztafejtés *(bány)* underhand stoping, heading-and-bench mining, bank work ; **~ vízszintes rétegben** *(bány)* horizontal cut underhand
talppászta- lépcső *(bány)* underhand stope
talppedál *l* **pedál**
talppont nadir, base/plumb point
talppontgörbe *(mat)* pedal curve
talpponti : ~ áram *[antennában ; rád]* base current ; **~ körcsúszólap** toe circle ; **~ szigetelő** base insulator
talppontkitűzés *(hegyes eszköz leejtésével ; geod)* cultellation
talpragasztás *(cipő)* cementing
talpragasztó *(cipő)* adhesive for soles ; **kétrészes, gumi alapú ~** *(cipő)* rubber composition adhesive of two components ; **műgyanta alapú ~** *(cipő)* synthetic resin composition
talprés *(bány)* undercut, toe/bottom cut
talpréselés *(bány)* kirving
talpréselő gép *(bány)* undercutter
talprobbantólyuk lépcső lefejtésére *(bány)* canch hole
talpsarokrész-felerősítés *(cipő)* heel seat tacking
talpsarokrész-felszegezés *(cipő)* heel seat tacking
talpsarokrész-hasító gép *(cipő)* splitting machine for the heel portion of soles
talpsaru *(ép)* abutment
talpszámozó gép *(cipő)* sole marking machine
talpszedés *(bány)* stone dinting
talpszegező gép *(fémszeggel ; cipő)* loose nailer machine
talpszél *(cipő)* edge, rand ; **~ bedörzsölése viasszal** *(bőr)* waxing the edges, edge dressing ; **~ befestése** *(cipő)* painting the edge ; **~ éle** *(cipő)* feather ; **felsőrészhez közel levágott ~** fudge edge ; **keskeny ~** *(cipő)* pump edge ; **vastag ~** *(cipő)* square edge
talpszéldíszítés *(cipő)* foxing *(US)*
talpszéldíszítő gép *(cipő)* sole edge ornamenting machine
talpszélélező *(cipő)* featherer
talpszelemen ground sill
talpszélező kés *(cipő)* feathering knife
talpszélfelborzoló gép *(cipő)* sole-edge roughing-up machine
talpszélfényesítés *(cipő)* edge setting
talpszélfényesítő gép *(cipő)* edge-setting machine
talpszélfényező gép *(cipő)* edge-setting machine
talpszélfestés *(cipő)* painting the edge, edge inking
talpszéllevarró gép *(dopplizógép ; cipő)* (lockstitch) outsole stitcher
talpszélmarás *(cipő)* edge trimming
talpszélmaró gép *(snittfrezelő gép ; cipő)* edge-trimming machine
talpszélsorja-leszedés *(abnémolás ; cipőalsórészkészítésnél)* taking-off
talpszélvarrás *(dopplizás ; cipő)* outstitching
talpszélviaszolás *(cipő)* edge waxing
talpszén *(bány)* ground coal
talpszínező és -fényező gép *(cipő)* bottom-staining and polishing machine
talpszint bottom level
talptámasz *(bány)* column base-block ; *(ép)* bottom heading ; *(ép, hidr)* pedal bearing
talptávolság *(hernyótalpas járműveknél)* track distance
talptuskó *(dúc alatt ; ép)* footblock
talputánvét bottom/stone dinting ; *(hágás szabályozására ; bány)* canch, caunch
talpüreg-anyag *(cipő)* bottom filler
talpüreggyúrma *(ballni-massza ; cipő)* bottom filling
talpüreggyúrmatartó készülék *(cipő)* bottom filling container
talpüregkitöltés parafasöréttel *(cipő)* bottom-filling with cork
talpüregkitöltő *(massza ; cipő)* bottom filler
talpvágat *(alsó ; bány)* bottom heading
talpvágó kés *(bőr)* head knife
talpvarrat *(cipő)* inseam ; **kettős ~** *(harisnyán)* English foot
talpvarratárok *(cipő)* channel ; **~ nyújtása** *(cipő)* grooving
talpvarró : ~ fonal *(cipő)* welt thread; **~ lenfonal** *(cipő)* linen threads
talpvíz *(ol)* bottom water
tám rest, support, holder ; *(bány)* prop ; *l még* **biztosítás :** *(ép)* embankment wall, abutment ; **~ alja** *(bány)* prop heel ; **állítható ~** *(bány)* ceiling jack ; **~ot bever** *v* **felállít** *(bány)* set a prop ; **~ felállítása** *(bány)* timber setting ; **~ félfából** *(bány)* half balk ; **ferde ~** *(bány)* battered prop ; **görbe ~** *(bány)* crook prop ; **kifeszkéző ~** ceiling jack ; **kihúzható ~** *(bány)* ceiling jack ; **~ pontos beállítása** *(bány)* prop alignment
tám- supporting, backing-up

támadási pont *(mech)* point/place of application
támalátét *(bány)* bottom sprag
tamarit *(ásv)* tamarite
tamarugit *(ásv)* tamarugite
támasz *(bány)* prop(ping), peg; *(ép)* abutment, bearer, rest, patten, standard, stanchion; *(hidon)* countermure *is*; *(gept)* support, backup, seat; *(motorkerekpáron)* crutch; **~t állít** *(bány)* staddle; **átlós ~** diagonal brace(s); **falsíkból kiugró ~** *(ep)* cantilever; **~on nyugvó** *(hid)* supported
támaszdorong *(hajó)* shore
támaszfa *(hajó)* outrigger
támaszfal *(ep)* bearing wall
támaszgerenda *(ep)* crippling board
támaszgyűrű thrust ring
támaszkodik bear up (against), be supported (by)
támaszkodó felület *(ép, gépt)* area of bearing
támaszkorong supporting disc
támaszköz distance between supports, span
támaszlap supporting disc, pillow plate
támaszlemez *(hajó)* bracket knee; *(tarto alá; hidon)* masonry plate
támasznyomás *(bány)* abutment pressure; *(mech; ép)* supporting pressure
támaszpont *(gépt)* supporting point, bearing; *(kat)* base; *(mech)* centre of motion; **~ elmozdulása** *(hidon)* displacement of the bearing
támaszponti: ~ elmozdulás reaction displacement; **~ reakciók beszabályozása** weighing of the end reactions; **~ reakció v nyomás** bearing pressure
támaszpontsüllyedés depression of support
támaszreakció-erő *(mech)* reaction of the support, bearing power of soil
támaszt back, bear, support; **dúcokkal ~** crib, prop
támaszték *l* **tám**
támasztékfa *(ép)* bearer
támasztéklyuk pole hole
támasztékol *(bány)* staddle
támasztó *mn* backing-up, supporting; *fn l* **tám; ~ falpillér** buttress; **~ gerenda** strut, buttress, spar, supporting beam; **~ szállítótaliga** *(mzg)* fore truck; **~ szerkezet** fulcrum; **~ szigetelő** *(vill)* support/pin insulator
támasztóállvány *(ép)* supporting frame
támasztóbáb *(forg, gépt)* steady rest
támasztóbak *(gépt)* supporting bracket
támasztócsap perch bolt/stud
támasztócsapágy *(forg)* end support, steady (rest); *(gépt)* radial/transverse bearing
támasztócsavar backing-up screw
támasztócsiga *(emelőn)* bearing pulley
támasztócső stay tube
támasztócsúcs *(forg)* dead centre
támasztódarab check piece
támasztódeszka back board
támasztódoronggal eltart v eltol a parttól *(hajó)* shore off
támasztóerő *(hidr, mech)* supporting force
támasztófal abutment/embankment/sustaining wall
támasztógomba *(puskán)* mushroom support
támasztógyűrű retainer ring
támasztóhenger backing-up roll
támasztóív *(ép)* abutment arc
támasztókapocs check-clamp
támasztókar lug support
támasztókefe *(távk)* (floating) dummy brush; **egyirányú ~** single floating dummy brush; **kétoldalas ~** double floating dummy brush
támasztókonzol stay crutch/bracket
támasztókorong bearing disc
támasztóláb supporting strut
támasztólap *(tex)* base plate
támasztóléc *(ép)* slat
támasztólemez thrust plate; *(szaggatóé; távk)* backstop
támasztólétra peg/accommodation ladder
támasztónyomás *(mech)* bearing (counter)pressure
támasztóoszlop supporting pillar; *(bány)* stay
támasztóretesz holding latch/pawl
támasztórúd swingle (bar); *(ép)* bearer bar; *(hajó)* spider
támasztósaru *(hidon)* fulcrum bearing
támasztószalagok *(mule-fonógép kocsivégein)* steadying bands
támasztótárcsa bearing pulley
támasztótömb *(ép)* backing/supporting block
támasztott supported, backed; **~ gerenda** *(ép)* supported girder
támaszvonal *(boltozaton)* pressure line
támboltozat flying buttress
tambúr drum; *(pa)* shaft
támcölöp stay pile
támcsapágy end-journal bearing, thrust bearing
támcsavar *(kazánon)* staybolt
támcsavarfej stay head
támfa peg, rib; *(bány)* prop, straddle, timber; *(ép)* bearer, strut; *[távírióoszlopé]* strut; **ferde ~** battered prop; **rövid ~** *(ép)* puncheon; *(bány)* billet
támfal *(bány, ép)* abutment, buttress, sustaining wall, bulkhead; **alacsony ~** *(töltés lábánál)* footwall; **~ hátlapja** contact face; **kihorgonyzott ~** *(hidon)* anchored bulkhead; **~ réteges csúszós lejtő megtámasztására** talus; **T-szelvényű ~ függőleges része** *(hidr)* stalk; **~ túltöltése a fal felső színe felett** *(ép, mech)* surcharge
támfalméretezés helyettesítő folyadékkal *(mech)* equivalent fluid method
támfalszerelvényű gát *(hidr)* gravity dam
támfapapucs *(bány)* brob; *(ép)* gib
támfarabló *fn (bány)* post puller
támfasüllyedés *(bány)* set of prop
támfelállítás *(bány)* setting props
támfelület supporting/bearing surface
támgörgő supporting/carrying roller
támgyűrű *(ép)* bearing ring
támhenger *(heng)* grip roller
támkapu *(hidr)* mitre gate; *(hajózsilipé)* cheek gate
támkapus hajózsilip lock with turning-doors
támkar *(gépt)* bearing rod
támkarika flange, bearing
támkarima bearing flange
támkaros oszlop *(ép)* bracket pole
támkonzol *l* **tám, konzol**
támkő *(ép)* padstone
támköz sweep, span
támla back
támlapát *(hidr)* stay vane
támlapátkoszorú stay ring
támlapát-összefogó gyűrű upper/lower speed ring
támlás backed
támlemez carrier plate
támogat *(bány)* underset
támolygás wobbling
támolygásmérő *(hajó)* wobble meter
támolygó: ~ forgás *(gépt)* wobbling; **~ tárcsa** swashplate
támolygókorong *(tengelyre ferdén szerelt)* wobbler, swashplate
támolygótárcsás szivattyú swashplate/wobble pump
támoszlop pillar, post; *l még* **oszlop, tám**; *(kapuszárny csuklós beakasztására)* hanging post
támpéldány *(nyomda)* key sample
támperem bearing flange
támpillér pier, buttress, counterfort; *l még* **pillér, tám; íves ~** arched buttress; **kis ~** man of war
támpilléres corbel(l)ed out
támpillérkő *(ép)* abutment stone
tampon baren
támpont *l* **támaszpont**
támrablás *(bány)* taking of props
támrabló *(szerkezet; bány)* ringer-and-chain
támsaru *(bány)* rocking saddle; **homorú ~** dished strut seat
támsín *(kombájné; bány)* rubbing rail
támsor *(konzolos)* corbel course
támszigetelő pin/supporting insulator
támtartó overhanging support, bracket
támvas holder
támvasoszlop *(ép)* bracket pole
támváz egyik oszlopa *(koh)* buckstay
tan theory
tanácsadó mérnök consulting engineer
tancsónak *(hajó)* tub
tandem-ágyazás *(gőzgépé)* cylinder bank
tandem-elrendezés tandem arrangement
tandem-elrendezésű gép tandem engine
tandem-központ *(távk)* tandem exchange office
tandem-pont *(távk)* tandem (switching) point
tandem-szolgálat *(távk)* automatic tandem working
tandem-úthenger tandem roller
tandem-választó(gép) *(távk)* tandem selector
tangeit *(ásv) l* **volborthit**
tangenciális tangent(ial); *l még* **csúsztató, érintőleges; ~ (csúsztató) komponens hidrodinamikai igénybevételnél** shear force; **~ ék** tangent key; **~an elhajló küllő** tangent spoke; **~ erő** tangential force; **~ erők diagramja** tangential force diagram; **~ vető** *(földt)* tangential fault
tangens *(mat)* tangent; **hiperbolikus ~** hyperbolic tangent
tangensbusszola tangent galvanometer
tangens-galvanométer *(vill)* tangent galvanometer
tangensskála *(vill)* tangent scale
tangensvonalzó tangent bar
tankelhárító *l* **páncéltörő**
tankhajó tanker
tankhíd *(vízzel borított híd tankok átkelésére)* submerged bridge
tankol *(gépk)* refuel
tankolóberendezés *[autóbuszgarázsban]* refuelling facilities
tankönyv textbook

tankönyvpapír textbook paper
tanksapka *(gépk)* *l* **tartálysapka**
tankviasz rod wax
tanműhelyi oktatás shop instruction
tannalbin albutannin
tannin *l* **csersav**; **~nal cserzett** tannic-hardened
tanonc apprentice
tanszak discipline
tanszer educational requisite
tantál tantalum ; **~ tartalmú** *(ásv)* tantalian
tantálacél tantal steel
tantalát *(vegy)* tantalate
tantalit *(ásv)* tantalite
tantali-vegyület tantalic compound
tantálokker *(ásv)* tantalic ochre
tantalo-vegyület tantalous compound
tantálsav tantalic acid
T-antenna T-type antenna
tanterem form room
tantétel theorem
tantusz *(automatába)* slot coin
tanuhegy *(földt)* monadrock
tanulmány study, outline, treatise
tanuló : ~eszterga manual training lathe ; **~mikroszkóp** class microscope ; **~ vezető** *(gépk)* learner-driver ; **„tanuló vezető" tábla** *(gépkocsin)* learner's plate, „L" plate
tanulóhajó training ship/vessel
tanusítvány record
tanyaközpont farming centre
tányér *(gépt is)* dish, disc, plate, pan ; *(lepárló toronyban)* plate ; **~- és kúpkerék** *(gépk)* axle gears
tányérdugattyú disc piston
tányérfogaskerék crown/ring gear
tányérfúró earth auger
tányérgörgő bowl
tányérhatásfok *(lepárló toronynál)* plate efficiency
tányérhúzó karton pie plate board
tányérkarton dish board
tányérkerék *(gépk)* crown wheel, ring gear
tányérkerék-csavar *(gépk)* crown/ring gear retaining screw
tányérkés *(pa)* circular slitting knife
tányérkés-vágó *(pa)* rotary cutter
tányérkolonna *(vegy)* bubble-plate column
tányérkorong saucer (grinding) wheel, dish grinding wheel
tányérmosogató gép *(élip)* plate washer
tányéros : ~ biztonsági gyorscsákozó gép *(cipő)* open-ended high-speed clicking machine ; **~ gőzszárító** *(koh, vegy)* disc steamdryer ; **~ osztályozó** *(Dorr ; koh)* bowl classifier ; **~ reakciós torony** plate column/tower ; **~ visszacsapó szelep** flapper valve
tányérrugó Belleville spring
tányérszám *(vegy)* **: elméleti ~** theoretical number of plates
tányérszárító állvány plate rack
tányérszekrény plate cupboard
tányérszelep disc gate valve ; *(gépk)* poppet/mushroom valve
tányértávolság *(lepárló oszlopban)* plate spacing
tányértermék *(lepárlási)* plate fraction
táp- alimentary, supply(ing), feed(ing)
tapad stick, adhere, cling
tapadás adhesion, adherence, cohesion, coherence, sticking, clinging ; *[felfogóé]* sticking ; *(útfelületé)* grip
tapadási : ~ ellenállás grip resistance ; **~ energia** *(mech)* adhering power ; **~ erő** gripping force ; **~ felület** *(mech)* area of adhesion ; **~ feszültség** grip stress ; *(ép)* bond stress ; **~ igénybevétel** *(ép)* bond stress ; **~ tényező** adhesion coefficient
tapadék accretion
tapadó adhesive, adherent ; **~ képesség** adhering power, adhesive capacity, adhesiveness ; *[olajfestéké]* tack ; **nem ~** non-clogging ; **~ szilárdság** *(pa)* bonding strength
tapadóanyag adhesion mass
tapadóerő *(mech)* adhering force, adhesive strength
tapadós gluish, sticky, tacky, adhesive ; *[szén ; bány]* claggy ; *(vegy)* viscid *is*
tapadósság adhesion, adhesiveness, stickiness
tapadótárcsa *(feltapadó gumikorong)* sucker
tapadvány *(koh)* bear, accretion
tapalpit *(ásv)* tapalp(a)ite
tapanhoacanga *(ásv)* *l* **canga**
tápanyag *(vegy)* feed ; *(lepárló berendezésben)* charge ; *(gyógyszeriparban)* nutrient substrate ; *(növény számára)* **hozzáférhető** *v* **felvehető ~** available nutrient ; **~ot termelő vízréteg** trophogenous layer
tápanyaghiány nutrient deficiency
tápanyagtartalmú : nagy ~ műtrágyakeverék high-analysis fertilizer
tápáram *(rád)* feed current
tápáramellátás *(távk)* power supply
tápáramfogyasztás *(távk)* current drains
tápáramforrás *(távk)* supply, feeder
tápáramköri : ~ billentyűzés *(rád)* primary keying ; **~ szűrő** *(rád)* ripple filter
táparány *(takarmánynál)* nutritive ratio
tapasz patch
tapaszajgyalu : állítható ~ két vassal moving putty fillister plane
tapaszkenő putty knife
tapaszkivágó hacking knife
tapaszt stick, paste, loam ; *(agyaggal)* puddle ; *(sárral)* mud up ; **vastagon ~** *(agyagot)* pug
tapasztalatátadás handing-on of working experience
tapasztalati empirical ; **~ együttható** empirical coefficient ; **~ képlet** empirical formula ; **~ tényező** empirical factor
tapasztalatlan unskilled, inexperienced
tapasztalatlanság inexperience
tapasztás *vö* **tapaszt**
tapasztó *mn* cementatory
tapasztóanyag *(ép)* pug ; *(permetezéskor)* sticker
tapasztott fal *(ép)* mud wall
tápcsatorna *(bány)* feeder ; *(gőzgépen)* supply passage ; *(vízellátó)* feeder
tápcső supply/feed/charging pipe
táp-csővezeték feed/delivery pipe
tápegység *(rád)* supply unit, rectifier
tápérték food value
tapéta wall(-)paper
tapétaajtó flush/tapestry door
tapéta-alappapír wall base/raw paper
tapétanyomó gép wallpaper machine
tapétapapír wall/screen paper, hangings
tapétatekercs wallpaper roll
tapétáz paper
tapétázás tapestry
tapétázó *(munkás)* hanger
tapétázott papered ; **~ fal** papered wall
tápfej *(önt)* riser, feeder ; *l meg* **felöntés**
tápfeszültség *(vill)* supply voltage
tápfeszültség-ingadozás supply-voltage fluctuation
tápforrás *(vill)* (supply) source
táphenger feed roll(er)
táphíd *(távk)* transmission/feeding bridge
táphidas vonal *(távk)* feeding-bridge line
táphőmérséklet *(ol)* inlet/feed temperature
tapint touch
tapintás feel, touch ; *(tex)* handle ; **~sal nem érzékelhető** impalpable
tapintható tactile ; **~ indikáció** *(távk)* tactile presentation
tapintó *fn* *(gépt)* feeler ; *(lyukasztott szalagos adóban ; távk)* pecker ; **~ szerkezet** *(tex)* feeler device ; *(szövőszéken)* loom feeler motion ; **~ tolómérce** *(üregmélység mérésére)* feeler leaf
tapintócsap follower
tapintófej *(tex)* contact weight ; *(szövőgépen)* feeler weight ; *(vetélőn)* nipper head
tapintókar *(csévelőgépen)* feeler
tapintókörző (outside) caliper ; **belső ~** inside caliper ; **fogasíves ~** back caliper ; **kettősszárú ~** double caliper ; **külső ~** outside caliper ; **rugós belső ~** inside spring caliper ; **rugós külső ~** outside spring caliper
tapintóorsó *(másológépen ; forg)* copying spindle
tapintótárcsa *(szövőszéken)* feeler plate
tapintótű *(vetülék kifogyásának ellenőrzésére)* feeler
tapiolit *(ásv)* tapiolite
tápkamra feed space/chamber
tápkazán feed boiler
táptközeg culture medium
táplál feed, supply
táplálás feed, supply ; **ellenáramú ~** backward feeding ; **~ hálózatból** *(vill)* mains supply ; **~ vízzel** water feed
tápláló *fn* *(gépt)* feeder ; *mn* *(élip)* alimentary ; **~ állomás** power-feeding station ; **~ áramkör** feed/supply circuit ; **~ csatorna** *(önt)* feed trumpet ; **~ fojtótekercs** feed retardation coil ; **~ fúvóka** delivery nozzle ; **~ hálózat** *(vill)* supply network ; **~ készülék** *(gőzgéphez)* feed mill ; **~ szalagdob** *[távíró készüléken]* feeder spool ; **~ szerkezet** feed mechanism
táplálócsúcs *[rombusz-antennán]* input apex
táplálógyűrű *(gépk)* supply ring
táplálókefe feeder brush
táplálópont *(vill)* supply point
táplálórendszer feed system
táplálórosta feeder
táplálósín *(vill)* feed bar
táplálószakasz *(távk)* supply section
tapló (s)punk, tinder
taplóérc *(ásv)* tinder-ore
taplófoltosság *(almán)* bitter bit
taplógomba tinder fungus
taplógombás revesedés wood(-)rots
tápmegvágás *(önt)* rising gate
tapogató *fn* *(forg)* feeler ; *(répafejelőn)* top finger

tapogatókar *(leállító készüléken; tex)* feeler
tapogatókerék *(mzg)* ga(u)ge wheel
tápoldal *(gépen)* feed end
tapos tread, stamp, pedal
taposó *fn* treadle; *(gépk)* pedal; *l még* **láb.tó** *és* **pedál**; ~ **gyorssajtó** *(nyomda)* Minerva press; ~ **hajtás** treadle drive; ~ **hajtómű** treadle (drive) mechanism; ~ **kapcsoló** *(gépk)* tread contact; ~ **sajtó** *(nyomda)* cropper
taposógumi *(pedálon)* pedal cover
taposóléc *(lábtartón)* footrail
taposómalom *(mzg)* tread-mill
taposópedál *l* **taposó, pedál**
taposott *(ép)* puddled
tapper *(pa)* blotter
táppont *(vill)* feeding(-)point
tápsín *(vill)* bus bar
tápszelep supply valve; **pneumatikus vezérlésű** ~ dry-pipe valve; **visszacsapó- és** ~ check and feed valve
tápszelep-sarokminta angle pattern
tápszivattyú feed/charging pump
táptalaj (culture) medium; **agar** ~ agar medium; ~ **felszíne alatti mikróbatelep** subsurface colonies; ~ **felülete alatti növekedés** subsurface growth; **folyékony** ~ fluid medium; **szilárd** ~ solid medium; **szintetikus** ~ synthetic medium
táptartály supply tank
táptényező food factor; **járulékos** ~ accessory food factor
táptér feed space
tápterület region of alimentation
tápturbina feed-pump turbine
tápvezeték *(cső)* supply/feed pipe/line, main; *(vill)* feeder (line) supply/feed wire; **bekötő** ~ tie/interconnecting feeder; **bevezető** ~ incoming feeder; **elosztó** ~ distribution feeder; ~ **feszültségesése** *(vill)* feeder drop; **gyűrűs** ~ loop feeder; **koaxiális** ~ coaxial/concentric feeder; **kompenzált** ~ balanced feeder; **közvetlen** ~ direct feeder; **leágazás nélküli** ~ plain feeder; **leágazásos** ~ teed feeder; **nagyfrekvenciás** ~ high-frequency feeder; **önműködő visszakapcsolású** ~ reclosing feeder; **párhuzamos második** ~ duplicate feeder; **sugaras** ~ radial/independent feeder; **világítási** ~ lighting feeder; **visszavezető** ~ return feeder
tápvezeték-csatolódoboz *(vill)* feeder plug-box
tápvezeték-illesztőtag *(rád)* feeder-matching section
tápvezeték-szabályozó szelep *(gőzhöz)* feed-regulating valve
tápvíz feed()water
tápvízcsap feed (water) cock
tápvízcsatorna *(hidr)* supply canal
tápvíz-előkészítés boiler-feed make-up
tápvíz-előmelegítő feedwater heater, fuel economizer
tápvíznyomás feed head
tápvízszabályozó feed regulator
tápvízszivattyú feed pump
tápvízterelő lemez *(kazánban)* dasher
tápvíztisztító szűrő feed strainer
tápvíz-vezetékrendszer feed system
tápvonal *(rád)* feeder, transmission line; **aszimmetrikus** ~ *(távk)* unbalanced line; **félhullámhosszú** ~ *(távk)* half-wave line; **fémszigetelőkre szerelt** ~ *(telev)* stub-supported line; **kalibráló** ~ *(radar)* lubber line; **képzetes** ~ *(távk)* image line; **koaxiális** ~ coaxial supply line; **lezárt** ~ *(távk)* terminated line; **nagy veszteségű** ~ *(távk)* lossy line; **szimmetrikus** ~ *(távk)* balanced line; **terhelt végű** ~ *(távk)* terminated line; **végtelen** ~ *(távk)* infinite line; **veszteségmentes** ~ *(távk)* loss-free line
tár *(puskáé)* magazine
tára tare
taraj *(öntvényen)* fin
tarajos gumiköpeny *(traktor első kerekéhez)* skid-ring tyre
tarajsarokcserép *(ép)* ridge-corner tile
tarakkírozás *(periodikus fordulatszámingadozás; gépk)* hunting
tárál tare, calibrate, gauge
tárálás calibration
táramérleg counterbalance
tarapacait *(ásv)* tarapacaite
tárasúly tare; ~ **leszámítása** tare allowance
tárázás taring
tárázósörét tare shot
tárca *(bőr)* small sack
tarcs *(hajó)* stay
tárcsa disc, disk, sheave, pulley; *(lánccos kútszivattyúnál)* pallet; *(rád)* reed; ~ **alakú** disc-shaped; ~ **alakú getter** *(rád)* pellet getter; ~ **alakú irányjelleggörbe** *(rád)* pancake type radiation pattern; **alsó** ~ *(elevátoron)* boot; **forgattyús** ~ disc crank; **hajtott** ~ driven disc; **kivágott** ~ **hideg megmunkáláshoz** blank; ~ **nélküli cséve** *(tex)* flangeless bobbin; **vékony** ~ *(gépk)* lamella; **vezetőszekrényes egyirányú** ~ *(vetőgépen)* disc seeder
tárcsaantenna disc aerial *(UK)*; disc antenna *(US)*
tárcsahívás *(távk)* selector calling/ringing
tárcsahorony *(gépt)* pulley/sheave groove
tárcsaimpulzus *(távk)* dial(l)ing (im)pulse
tárcsaív *(szink)* sector
tárcsajelzés *(vasút)* banjo signal
tárcsakés *(forg)* disc cutter
tárcsakiegyensúlyozó készülék wheel-balancing equipment
tárcsakivágási rajz *(távk)* cam-notching chart
tárcsakivágó *fn* *(forg)* rule-marked washer cutter
tárcsakoszorú pulley/sheave rim
tárcsalendkerék disc flywheel
tárcsalevél *(többtárcsás ekén)* disc saucer
tárcsamaró *fn* *(forg)* slitting saw, circular cutter
tárcsaolló *(forg)* rotary/circular/slitting shears
tárcsaolló-penge circular shear blade
tárcsarugó *l* **tányérrugó**
tárcsás disc(-type); ~ **borona** disc harrow; ~ **cséve** *(tex)* double-ended/flanged bobbin; ~ **csoroszlya** rolling coulter; ~ **darálógép** plate grinder; ~ **felvető cséve** *(tex)* flanged warpers bobbin; ~ **fésűs-nyújtógép** *(tex)* disc plate drawing machine; ~ **fonalfék** *(tex)* disc tension(er), disc tension device; ~ **golyóscsapágy** thrust ball bearing; ~ **görgőcsapágy** roller thrust bearing; ~ **hajtás** pulley drive; ~ **jelző** signal disc; ~ **kerék** *(futókerék; gépk)* disc-type wheel *(US)*; ~ **keresztcsévélő** *(tex)* quick-traverse winder; ~ **ollósorozat** *(csíkok vágására)* rotary gang slitter; ~ **relé** movable disc relay, cage relay; ~ **rúd** *(tahimetriában; geod)* subtense bar; ~ **rudas tahiméter** *(geod)* subtense instrument; **szájnyílás nélküli** ~ **olló** throatless rotary shearing machine; **szánra szerelt** ~ **talajegyengető gép** ridge buster; ~ **szikraköz** *(rád, táv)* disc gap; *(forgó; vill)* rotary spark-gap, disc discharger; ~ **szintezőléc** *(geod)* target rod; ~ **szűrő** disc filter; ~ **tekercs** *(távk)* disc wound coil, pancake coil; ~ **tengelykapcsoló** floating-ring clutch; ~ **ütköző** *(vasút)* plate buffer; ~ **vezetőlemez** flange jig
tárcsáscsapágy thrust bearing
tárcsasebességvizsgáló áramkör *(távk)* dial speed testing circuit
tárcsáseke disc plough
tárcsásfék *(gépk)* disc brake; ~ **súrlódópofája** *(gépk)* brake friction pad
tárcsásfűrész disc saw
tárcsáskerék disc wheel
tárcsásmalom disc mill; *(pa)* centrifugal beater
tárcsásolló *l* **tárcsaolló**
tárcsaszigetelésű kábel *(távk)* disc-insulated cable
tárcsatartó talpfa *(váltó)* target tie
tárcsáz *(mzg)* disc; *(telef)* dial
tárcsázás *(mzg)* discing; *(telef)* dialling; ~ **nyomán befutó jelek** signals received from the dial
tárcsázási: ~ **hang** *(telef)* dial(l)ing tone; ~ **jel** proceed-to-select signal
tárcsázó *(távbeszélőn)* (selector) dial
taréj crest; *(ép)* apex, comb, ridge
taréjbádogozás *(ép)* ridge lead
taréjcserép *(ép)* ridge tile
taréjfedés *(ép)* ridge covering
taréjgerenda *(ép)* ridge beam
taréjlemez *(ép)* ridge plate
taréjoszlop *(ép)* ridge pole
taréjszelemen *(ép)* ridge/arris beam
taréjszerű mitred
tarfolyó *(földt)* non-perennial river
tárfordító bütyök *(géppuskán)* feed pawl
targonca hand-car, barrow, truck, trolley, trundle; **görgős** ~ dolly; **hangárba vontató** ~ docking trolley; **kétkerekű** ~ block truck; **villamos** ~ electric truck
targoncaabroncs trolley tyre
targoncahajtó motor crab-traversing motor
targoncakerék trundle wheel
tárgyalószoba cabinet
tárgyasztal work faceplate/table; *(mikroszkópon)* stage
tárgyasztalka object carrier/platform
tárgykiemelő work deflector
tárgylemez *(mikroszkópon)* object carrier, glass slip, slide
tárgylemezburkoló üveg *(mikroszkóphoz)* glass cover
tárgylemezcsipesz slide forceps; *(orvosi)* glass cover forceps
tárgylencse objective (lens), object glass; ~ **fókuszon kívüli élessége** *(mikroszkópnál)* penetration
tárgylencse-fényrekesz exit pupil

tárgylencse-foglalat nose-piece ; **revolver-rendszerű ~** revolving nose-piece
tárgylencse-váltó objective changer
tárgy-mikrométer stage micrometer
tárgymutató index (chart)
tárgyoldali fényrekesz field diaphragm
tárgypont object-point
tárgysík object-plane
tárgytartó *(fényt)* piece holder/carrier
tárgytávolság *(rád)* object distance
tárház warehouse, elevator, store
tarifa tariff, scale, rate
tarifál rate
taririnsav tariric acid
tarka varicolo(u)red, multicolour(ed), speckled, brindled ; **~ festésű fonal** splash yarn ; **tarkán foltos** *(rendszertelenül egybefolyó színfoltokkal)* piebald ; **~ homokkő** *(földt)* varicolo(u)red sandstone ; *(alsó triász)* bunter ; **~ kerámia** pebble ; **~ lánc** *(tex)* multicolo(u)r warp ; **~ papír** stained paper ; **~ papírlemez** domino board ; **~ rézérc** *(ásv)* *l* **bornit**;
tarkán szőtt *(tex)* colo(u)red woven ;
tarkán szőtt áru *(tex)* pattern work, box loom fabric, blended-colo(u)r fabric, coloured (woven) goods, weaving colo(u)red goods ; **tarkán szőtt kockás szövet** glen check ; **tarkán szőtt minta** colo(u)r and weave effect ; **tarkán szőtt pamutáru** colo(u)red cottons ; **~ üvegpapír** stained glass paper
tarkapapírgép colouring machine
tarkapapírgyár fancy-paper plant
tarkaszövés *(tex)* colo(u)r weaving
tarkáz *(tex)* mottle, streak
tarkít spot, streak ; **foltokkal ~** dapple
tarkógyapjú haslock wool
tarlóeke paring plough
tarlóhántó eketest stubble bottom
tarlókerék *(ekén)* landwheel
tárna *(bány)* *l* **táró**
tarnowitzit *(ásv)* tarnowitzite
táró *(bány)* mine gallery/adit, drift, pit ; **~ bejárata** *(bány)* pit mouth/portal ; **csapásban hajtott ~** *(bány)* drift tunnel ; **kis ~** *(bány)* staple ; **~ talpa** *(bány)* seat ; **~ vájvége** *(bány)* adit end ; **vízi ~** *(bány)* drainage adit
tárróbejárati felszerelés *v* **berendezés** *(bány)* pit top
tárróhajtás *(bány)* tunnel heading
tárol store, barn, accumulate ; *[energiát]* store
tárolás storage, tankage, stowage, accumulation ; *(bány)* housing ; **~ a szabadban** open storage
tárolási : ~ díj storage charges ; **~ késedelem** *(szabályozásnál ; vill)* capacity lag ; **~ veszteségek** storage/tanking losses ; *(benziné)* tank waste
tároló *fn* receiver, container, header ; *(vill)* accumulator ; *mn* accumulative, storing ; **~ berendezés** *(gumi)* bulking equipment ; **~ helyiség** repository ; **~ képesség** storage stability ; **~ készletező** *(kád)* storage chest/tank/vat ; **~ kőzetnyomás** *(ol)* reservoir pressure ; **~ medence** *l* **tárolómedence** ; **~ mozaik** *(távk)* storage mosaic
tárolóállvány *(tex)* work horse
tárolóbunker storage bunker
tárolóegység *(számológépen)* storage/memory unit

tárolóhatás *(vill)* storage effect
tárolóhely storage/dumping place/ground ; *(gépk)* parking ground, car park ; **gépesített ~** *(gépk)* mechanical car park
tárolókád dumperchest
tárolóképesség *l* **tároló : ~ képesség, befogadó : ~ képesség**
tárolókör *(vill)* storage circuit
tárolómedence storage basin, reservoir, tank ; **zsilipkamra melletti ~** side pond
tárolómű *(hidr)* retaining work(s)
tárolóorsó *[magnetofonon]* take-up reel
tárolótartány storage tank
tárolótorony silo
tárolóvágány *l* **kitérővágány**
tárószáj *(bány)* pit mouth, portal
tárószakasz drive
tárószint *(bány)* adit level
tárovájás *(bány)* adit-cut mining
táróvég *(bány)* end of adit
tározás *(hidr)* storage, pondage ; **~ szintje** retention level
tározó *(hidr)* reservoir
tározós erőmű hydroaccumulation plant
tarpatak *(földt)* coulee, coulée
társalgó *fn* parlour
társasállomásos vonalrendszer *(távk)* party-line system
társasgépkocsi *l* **autóbusz**
társasház apartment house
társaskocsi omnibus ; *(vasút)* coach
társasvétel *(rád)* multiple reception
társcsillag acolyte
társszögek *(mat)* conjugate angles
társzekér heavy cart
tart bear, hold ; **egyensúlyban ~** balance, librate ; **felszínen ~** buoy ; **szilárdan ~** fix ; **telepet állandó feszültségen ~** *(vill)* maintain a battery ; **vizet ~** carry water
tartalék reserve, spare(s) ; *[berendezés, vonal ; távk]* reserve ; *[fogyó alkatrész]* spare ; **~ felhajtó erő** *(hajó)* reserve buoyancy ; **~ és segédanyagok raktára** replacement store
tartalék- auxiliary, spare, reserve
tartalékadag iron ration
tartalékakna *(bány)* emergency shaft
tartalékalkatrész spare/replacement part; **felújítási ~** renewal part ; **raktári ~** depot spare part
tartalékantenna emergency aerial
tartalékáramforrás auxiliary supply
tartalékberendezés *[rádióadó]* spare equipment
tartalékbiztosító *fn (vill)* spare fuse
tartalékcsévék *(automatán ; tex)* bunch
tartalékcső spare tube
tartalékdarab duplicate
tartalékenergia dump power
tartalékfejtés *(bány)* borrow pit
tartalékkanna *(gépk)* spare tank
tartalékkapacitás emergency capacity
tartalékkapcsoló auxiliary switch
tartalékkazán secondary boiler
tartalékkerék stepney ; *l még* **pótkerék**
tartalékkészlet reserve
tartalékkocsi *(vasút)* stand-by wagon
tartalékkulcs spare key
tartaléklevezető csatorna *(csatornázásnál)* relief sewer
tartalékmedence *(hidr)* overfall
tartalékol reserve
tartalékolás reservation
tartaléksín relayer rail
tartalékszivattyú emergency pump

tartaléktartány *(rep)* reserve tank
tartaléktelep emergency battery
tartaléktöltés *(vill)* boosting charge
tartalékturbina auxiliary turbine
tartalékvágány *(bány, vasút)* storage track
tartalékvágányra-tolás *(bány, vasút)* storing
tartalékvetélő *(tex)* extra shuttles
tartalékvonal *(távk)* reserve line
tartalmazó bearing, containing, -ferous ; **(kő)szenet ~** *(bány)* carbonaceous, carboniferous ; **kristály-** *v* **kötött vizet nem ~** anhydrous ; **szenet ~** *(vegy)* carboniferous
tartalom contents, capacity ; *[átvitt jelé ; távk]* intelligence ; **százalékos ~** percentage
tartalomjegyzék register, index
tartály bunker, receiver, cistern, receptacle, tank, holder, reservoir, vat, container, bin, hopper ; *(vegy)* recipient ; *l még* **tartány** ; *(hengeres)* cylinder ; **~ elvezető csöve** *(ürítőcső)* tank vent pipe ; **~ fagyasztott anyag felengedésére** thawing tank ; **hengeres ~** barrel ; **~ hengeres köpenye** barrel shell ; **tölcséres ~** hopper
tartályhajó tanker
tartályhitelesítés tank calibration
tartályhőmérséklet reservoir temperature
tartályiszap tank sump
tartálykocsi *(gépk)* tank vehicle/car ; *(vasút)* container ; **nyerges ~** *(gépk)* articulated tanker
tartálykondenzátor tank condenser
tartály-kristályosítás tank crystallization
tartálymaradék tank bottoms
tartálymegtöltés tankage
tartálymérés tank ga(u)ging/measurement
tartálymérleg hopper scale
tartálymosó gép can rinser
tartálynyomás tank pressure ; *(légféké)* reservoir pressure
tartályos : ~ előhívás *(fényk)* tank development ; **~ mérleg** hopper scale
tartálypótkocsi *(közúti)* tank truck/trailer
tartálysapka *(gépk)* (fuel) filler cap
tartályszint box level
tartálytárolási veszteség tank waste
tartálytartalomjelző tank gauge
tartálytelep *(ol)* tank farm/plant
tartálytölcsér tank filler
tartálytöltő csonk tank filler
tartályuszály *(olajszállításra)* bulk boat
tartályüledék tank sump/bottoms
tartályűrtartalom tank capacity, tankage
tartam *(idő)* duration
tartam-pasztőrözés holding pasteurization
tartampróba long-time test
tartány *l* **tartály** ; **folyadéktároló ~** basin
tartány- *l* **tartály-**
tartányabroncs-kötés tank hoop connection
tartarát tartrate
tartás *(távk)* holding (circuit) ; **pontos** *(be- v meg-)* **~** *(méretnél)* adherence
tartási idő *[áramköré]* holding time
tartó *fn* beam, bearer, holder ; *l még* **tám** ; *(bány)* stool end ; *(forg)* adapter ; *(gépk)* keeper ; *(gépt)* bracket, holder ; *(mech)* beam ; *(tex)* support ; **~ ácsolat** *(bány)*

bearing timber ; ~ **alsó övlemeze** lower flange ; ~ **áramkör** holding/maintenance circuit ; *(vasút)* stick circuit ; **átmenő** ~ through/continuous beam ; ~ **edényke** *[hűtőszekrényben]* containerette ; **egyik végén befogott** ~ clamped/fixed-end beam ; **egyik végén befogott, másik végén alátámasztott** ~ semi-fixed beam ; **falsíkból kiugró** ~ *(ép)* cantilever ; **Gerber-féle** ~ hinged girder ; ~ **gerenda** support girder, carrier beam ; **hosszanti** ~ main/longitudinal girder, stringer ; ~ **kazetta** *(röntgenkészüléknél)* casette ; ~ **készülék** holder ; **kettős rácsozású** ~ *(ép)* double framework ; **kinyúló** ~ *(gém)* arm ; **kiváltó** ~ *(ablak- v ajtónyílás felett)* iron lintel ; **konzolos** ~ cantilever/overhanging beam ; ~ **koszorú** *(bány)* bearing ring, shaft curbing ; *(nagyolvasztón)* mantle ring ; **merevítő** ~ brace, truss ; **mozgó alátámasztású** ~ expansion girder ; ~ **mozgó szabad vége** *(ép)* expansion end ; **részben tömör, részben rácsozott** ~ half-latticed girder ; ~ **szabadon kiálló öve** unsupported flange ; **szegecselt** ~ built-up beam ; **szélső** ~ marginal beam ; ~ **szelvénye** *(ép)* structural section ; ~ **szerkezet** supporting structure ; **szigetelőgyöngyös** ~ *(rád)* beaded support ; ~ **talplemeze** *(ép)* flange plate ; ~ **támaszköze** bearing distance; ~ **teherbírása** *(ép)* beam strength ; **több elemből szegecselt** ~ **gerenda** compound beam ; **üreges** ~ *(rep)* bearer tube ; **vaspánttal összefogott többrészes** ~ flitch beam ; ~ **vonalcsonk** *(rád)* supporting stub

tartóalap *(gépt)* mounting base ; ~ **aknagyűrűje** *(bány)* bearing ring

tartóállvány *(ép)* stock ; *[szárítókemencében ; ker]* stilling

tartóanya *(gépt)* keeper

tartóáram *[jelfogóban]* holding current

tartóbak *(gépt)* block

tartóbefalazás immuration

tartóborda *(hídon)* rib

tartócölöp bearing pile

tartócsap carrier pin

tartócsavar bearing bolt

tartódúc *(ép)* supporting strut

tartóelem mounting base

tartófal *(ép)* bearing wall

tartógörgő bearing/belt roller

tartógyám bracket

tartógyűrű carrier ring ; *(hajó)* shackle

tartóhorog fang ; *(bány)* supporting lug

tartóhuzal carrier wire ; *(vasút, vill)* messenger wire

tartóhüvely bearing sleeve

tartókábel bridge wire

tartókapocs retaining clip

tartókar bracket, support, jib ; ~**okon nyugvó ácsolatkeret** *(bány)* plugged crib

tartókengyel supporting shackle ; *(ép)* loop for girders

tartókeret bear frame ; *(bány)* horn set

tartókiosztás spacing of girders

tartókiváltás *(hídon)* trimming

tartókonzol support, bracket

tartókötél holding rope, supporting cable, messenger/guy wire ; *(darugémé)* boom-suspension rope

tartókötélkarmantyú messenger wire clamp

tartólap *(ekealkatrész)* landside

tartóléc fillet, batten

tartólemez *(geod)* bearing plate ; *(koh)* reinforcing plate ; *(távk)* camp plate, guide ; **hosszúkás** ~ bearing strip

tartomány range, ralm

tartómű carrier

tartónyereg *(gépt)* cradle

tartóoszlop pier, pillar ; *l még* **oszlop**

tartóöv *(rep)* beam flange

tartópecek fid

tartórész : **fából kiálló** ~ *(bány)* supporting lug

tartóretesz holding latch

tartórúd *(ép)* bearing bar ; *(vasút)* carrying rod

tartórugó retainer spring

tartós permanent, durable, steady, stable ; ~ **alakváltozás** permanent set ; ~ **bázikus bélés** *(besszemernél)* resistant basic lining ; ~ **egyensúlyi állapot** stable equilibrium ; ~ **folyás** *l* **tartósfolyás** ; ~ **főte** *(bány)* tough roof ; ~ **írezés** *(tex)* permanent sizing ; ~ **kikészítés** *(tex)* durable finish ; ~ **kisütés** *(akkumulátoré)* permanent discharge ; ~ **mágnesség** permanent magnetism ; **nem** ~ *(festés)* fugitive ; ~ **papír** strong paper ; ~ **piros** *(színezék)* fast red ; ~ **pliszszírozás** *(tex)* durable pleats ; ~ **posztósárga** *(színezék)* cloth fast yellow ; ~ **posztóveres** *(színezék)* cloth fast red ; ~ **szilárdság** *l* **tartósfolyási határ, kifáradási határ** ; ~ **teljesítmény** continuous rating/output; ~ **terhelés** sustained load, duty ; ~ **üzem** continuous running

tartósaru supporting shoe

tartósfolyás *(anyagv)* creep ; ~ **következtében beálló repedés** *(anyagv)* creeping crack ; ~ **sebessége** *(anyagv)* creep rate

tartósfolyásálló creep-resisting

tartósfolyási : ~ **alakváltozás** *(anyagv)* creep strain ; ~ **görbe** *(anyagv)* creep curve ; ~ **határ** *(méretezési)* limiting creep stress ; *(anyagv)* creep strength/limit ; ~ **vizsgálat** *(anyagv)* creep test

tartóshullámpapír special permanent-wave paper

tartósín *(vasút)* rail support

tartósít can, preserve, tin ; **füsttel** ~ *(bőr)* fumigate ; **savas sóoldattal** ~ *(pikkelez ; bőr)* pickle

tartósítás strengthening ; *(nyersbőré)* cure ; *(élip)* seasoning ; *(dobozban ; élip)* tinning ; **elégtelen** ~ *[nyersbőré]* inadequate curing ; ~ **savas sólében** *(bőr)* pickle curing

tartósítási hiba *v* **sérülés** *(bőr)* curing damage

tartósítóanyag conserving agent

tartósított *(élip)* canned, tinned, preserved ; ~ **élelmiszer** conserve ; ~ **latex** conserve latex ; **rosszul** ~ *[nyersbőr]* badly cured

tartósodrony *(vasút)* messenger cable

tartósság stability, endurance, durability, longevity

tartóssági : ~ **próba** endurance test/trial, long-run test ; ~ **tulajdonságok** *(anyagv)* lasting qualities

tartószár *[művelőtesten ; mzg]* standard

tartószíj *(bőr)* bearing strap

tartószilárdság *(ép)* beam strength

tartószög *(ép)* bosh angles

tartótüske arbo(u)r

tartóvas holdfast ; *[szigetelőé]* pin, bolt

tartóvas-hajlító gép coping machine

tartóváz frame

tartóvég *(hídon)* butt

tartozék attachment, ingredient, accessory, due

tartozékjegyzék parts list

tartozékos accessory, additional

tartozik : **az áramkör a keresőgéphez** ~ *(távk)* circuit is associated with the finder

tartózkodási : ~ **hely** dwelling ; ~ **időtartam** *[munkadarabé gépben]* dwelling period

tarvágás *(fa)* clear-cutting

tasak bag

tasakpapír pounch paper

tasakzáróvarratvizsgáló bag-seal tester

táska bag, pod ; **kézi**~ handcase

táska-hasítékbőr bag split

táskásodás *(festésen)* alligatoring

táskásodik pouch

táskaszűrés *(gumi)* bagging

taszít impinge, toss, reject, repel ; *[nedvességet]* repel ; *(vill)* repulse

taszítás *vö még* **taszít** ; **kézi** ~ *(stószolás, bőr)* hand-scudding ; *(vill)* repulsion

taszító : ~ **gerjesztés** *(vill)* repulse excitation ; ~ **reszelő** coarse file; **vizet** ~ hydrophobic

taszítóasztal *(bőr)* striking-out table

taszítóerő *(vill)* repelling power

taszítóreszelő *(nagy méretű)* arm file

taszítóvas *(bőr)* setting slicker/sleeker/sleaker

tat *(hajó)* stern, after-end ; ~ **irányában** *(hajó)* abaft

tataroz put in repair, refit, trim

tatarozandó épület building to be maintained

tatarozás maintenance, upkeep, repair

tatfedélzet *(hajó)* quarterdeck

tathorgony *(hajó)* stream anchor

tatlámpa *(hajó)* stern-light

tatrekesz *(hajó)* forepeak

tautomer *(vegy)* tautomer(ic)

tautomeria tautomerism, dynamic isomerism ; ~ **a gyűrűben** intra-annular tautomerism ; ~ **kétatomos rendszerben** dyad prototropy

táv *l* **távolság**

táv- distant, distance-, tele-

tavaszi : ~ **fa** early wood ; ~ **napéjegyenlőség** vernal equinox, first point of Aries ; ~ **nyírású gyapjú** spring wool

tavaszpont *(csill)* first point of Aries

távátvitel distant transmission ; **fényképek** ~**e** transmission of photographs

távautomatika teleautomatics

távbemérő cső *(távk)* remote spotting-tube

távbeszélés telephony ; ~ **fantom áramkörön át** phantom telephony

távbeszélési tartammérő group-occupancy time meter

távbeszélgetést rögzít(ő) telescribe

távbeszélő telephone ; *(készülék)* telephone set ; ~ **alközpont** subexchange ; ~ **állomás** subscriber's station *(UK)* ; telephone station *(US)* ; ~ **állomás lakáson** residence station ; ~ **áramkör** telephone circuit ; **asztali** ~ desk telephone ; ~ **átvételi összehasonlító alaprendszer** Master Telephone Transmission Reference System ; ~ **átviteli**

összehasonlító rendszer Telephone Transmission Reference System; **automata ~ központ** *l* **önműködő kapcsolású távbeszélő központ**; **CB-rendszerű** ~ central-battery telephone; **~ csatorna** telephone channel; **diktafonos ~** dictograph telephone; **~ előfizető** telephone subscriber; **érmebedobású ~** coin-box telephone; **~ erősítő** telephone repeater; **~ fantomkapcsolás** phantom telephone connection; **félönműködő ~rendszer** semi-automatic telephone system; **~ feszültségi tényező** telephone voltage form factor; **~fülke** *(utcai)* kiosk, telephone booth/cell; **gépi kapcsolású ~központ** automatic telephone exchange; **gépi kapcsolású ~rendszer** machine-switching telephone system; **gépi—kézi kapcsolású ~központ** automatic-manual telephone exchange; **~hallgató** receiver; **~hallgató tokja** *v* **háza** receiver capsule; **~hálózat** telephone network; **~ hívás** telephone call; **~ horog** telephone hook; **~ hurok** telephone loop; **~ igazgatás** telephone administration; **~ javítókocsi** telephone car; **~ kábel** telephone cable; **~ kábelvonal** underground telephone line; **~kagyló** telephone transmitter; **~re kapcsolható hangfelvevő berendezés** telecord; **~ kapcsolóhüvely** *v* **-dugó** telephone jack; **~készülék** telephone set; **~kezelő(nő)** telephone operator; **kézi kapcsolású ~ rendszer** manual telephone system; **~ központ** central exchange; **~ központ kábelkapcsolási rajza** trunking diagram; **~ központi átkapcsoló berendezés** terminal equipment; **LB-rendszerű ~** local-battery telephone; **mágneses ~** magnetic telephone; **~ mellékállomás** extension telephone; **~ névsor** telephone directory; **önműködő kapcsolású ~ háziközpont** private automatic exchange; **önműködő kapcsolású ~ központ** automatic exchange; **önműködő kapcsolású ~ központi rendszer** dial system; **~ rendszer** telephone system; **~ szám** telephone number; **számtárcsás ~ készülék** dial telephone; **~ technika** telephone engineering; **~n továbbított távirat** telephone dispatch

távbeszélőkészülék-kapcsolóhorog telephone hook

távbeszélőkészülék-telep *v* **-elem** telephone cell

távcső telescope; **~ fényerőssége** telescope power; **~ nagyítása** magnification of a telescope; **~ összeerősítő gyűrűje** top composition ring; **tükrös ~** refractor, refracting telescope

távcsőállvány tubular mast

távcsőbeállítás *(csill)* setting

távcsőirányító csavar telescope tangent screw

távcsőlibella telescope level

távcsöves: **~ fényképező berendezés** camera-telescope arrangement; **~ heliotróp** *v* **napfényvetítő** telescopic heliotrope; **~ nagyító** field-glass magnifier; **~ szintezőműszer** *(geod)* telescope level; **~ vonalzó** plane-table alidade

távellenőrzés remote control

távfelvételi mód *(mikrofonfelállításnál)* distant technique

távfénykép telephoto

távfényképező kamara long-range camera

távfényszóró *(gépk)* long-beam lamp; **különleges ~** *(nagysebességű gépkocsikhoz)* long-range driving lamp

távfogó lazy tongs

távfordulatszámmérő tele-tachometer

távfűtés district heating

távfűtő telep heating plant

távgépíró teleprinter, telewriter; *(aszinkron)* typewriting apparatus; **~ hívás** *[központon át]* telex call; **~ készülék** teleprinter, teletypewrite; **~ központ** telex exchange

távgépíróközpont-hálózat telex (system)

távgyűrű spacer ring; *l még* **távtartó gyűrű**

távhajtás remote drive

távhangoló *(rád)* remote tuner; **~ készülék** *(rád)* remote-tuning device

távhatás distant action

távhőmérő distance thermometer, telethermometer, telepyrometer

távhőmérő-csatlakozó nipple for remote thermometer

táv-időkapcsoló telechron(e) timer

tavikréta *(ásv, földt)* boglime

tavi lerakódás *(földt)* harbo(u)r deposit

távirányítás remote control; **~ rádióhullámok segítségével** *(rep)* radio control

távirányítású remotely-controlled; **~ bomba** guided bomb; **~ hajtómű** remote-action gear; **~ lövedék** guided missile

táviránytű *(rep)* distance-reading compass; **pörgettyűs ~** *(rep)* gyro-(scopic) compass

távírás telegraphy

távírási eszköz telegraphy facility

távírász telegraphist

távirat telegram, message, dispatch

táviratcsatorna-elosztó *(forgókaros)* distributor

táviratfelvevő munkahely recording section

táviratoz telegraph, wire

táviratozási sebesség telegraph speed

táviratpapír morse (telegraphic) paper

távirda telegraph office

távirdász *l* **távírász**

távirdászfogó telegraph pliers; **sárgarézbetétes ~** telegraph pliers with brass jaws

távíró *fn* telegraph; **~ ABC** telegraph code; **akusztikus ~** acoustic telegraph; **~ áram** telegraph current; **~ áramkör** telegraph circuit; **~ billentyű** telegraph key; *(Morse-gépen)* Morse key; **~ csatorna** telegraph channel; **~ egyenlet** Kelvin Telegraph Equation; **~ elosztó** telegraph distributor; **~ erősítő** telegraph repeater; **~ gép** telegraph apparatus; **~ hálózat** telegraph network; **~ hivatal** telegraph office; **~ impulzus-szűrő** graduator; **~ jel** telegraphic codes; **~ jelek rövidülése** *v* **hosszabbodása** bias telegraph distortion; **~ jelfogó** *(szelektorral)* telegraph relay; **~ jelvétel** code reception; **~ kékíró** *(Morse-gépen)* Morse inker; **~ készülék** telegraph(ic) apparatus; **~ kód** cable code; **~ kopogó** telegraph sounder; **~ központ** telex exchange; **~ kulcs** telegraph/Morse key; **~ leadókészülék** telegraph transmitter; **~val modulált hullám** telegraph-modulated wave; **~ motolla** telegraph reel; **~ oszlop** (telegraph) pole; **~ oszlopsor** pole route; **önműködő ~ készülék** ticker; **~ papír** teleprint paper; **~ rejtjelkulcs** telegraph code; **~ ropogás** telegraph crossfire; **~ szalag** telegraph tape; **~ szalagpapír** telegraph-tape paper, telegraphic paper; **~ szigetelő** post-type insulator; **~ tekercselő** telegraph reel; **~ torzítás** telegraph distortion; **~ torzításmérő** telegraph distortion-measuring set; **~n továbbított kép** telephoto; **~ üzemű (rádió)adó** radiotelegraph transmitter; **~ váltó** telegraph switchboard; **~ vezeték** telegraph cable; **~ vezetékoszlop** *(fa)* telegraph pole; **vivőhullámú ~** carrier wave telegraphy, c. w. telegraphy; **~ vonal** *(egy huzal)* telegraph leg; **~ zaj** telegraph noise, thump, crossfire

távírógép teleprinter

tavistockit *(ásv)* tavistockite

távjelzés remote indication/signalling

távjelző *(vasút)* distant signal; **~ ampermérő** teleammeter; **~ készülék** teleindicator; **~ korong** *(vasút)* distance disc; **~ oszlop** distance-post; **~ rendszer** *(vasút)* remote system; **~ vízmérce** *v* **vízállásmutató** water-level teleindicator

távkábel trunk-line cable, toll cable, long-distance cable

távkábelerősítő keret repeater distribution frame

távkapcsolás *(gépt)* remote control

távkapcsolású mérőműszer telemeter

távkapcsoló *fn* distant control switch, teleswitch, contactor; **~ rudazat** *[autóbuszon]* relay linkage; **~ szekrény** *(sebességváltó karnál; gépk)* gear-change lever casing; *(elöl a vezetőnél; gépk)* forward selector box; **~ szerkezet** *(gépk)* remote control mechanism; **~ tengely(rúd)** *(gépk)* connecting shaft

távkeretantennák: **párhuzamos ~** coaxial-spaced loops

távkeretes iránymérő *(rád)* spaced-loop direction finder

távkioldó *fn* remote cut-off

távköz spacing, pitch

távközlés telecommunication

távközlési: **~ eszközök** telecommunication facilities; **~ jel** transmission signal; **~ kondenzátor** communication capacitor; **~ mód** way of communication; **~ rendszer kapcsolási rajza** communication chart; **~ vonal** toll/telecommunication line

távközlés-vevő *fn* communication receiver

távközlés-zavarási tényező telephone influence factor

távközlő: **~ csatorna** (tele)communication channel; **~ rendszer** telecommunication/transmission system; **~ vevő** communication receiver; **~ vonal** (tele)communication line; **~ vonalak védelme** protection of telecommunication lines

távközös menetek *(távk)* spaced turns

távköz-szabály *(szink)* interval rule

távlat perspective, view; **~ okozta torzítás** *(fényk)* perspective distortion

távlati: **~ ellátottság** *(városépítés)* future supply, ratio of the supply services to the planned future number of users; ~ érzékeltetés (fényk) indication of perspective; ~ kép perspective; ~ szög perspective angle; ~ terv long-range plan; ~ trükk (fényk) trick of perspective

távlatos hálózat (közelvízszintes tengelyű légi fényképek grafikus transzformálásához) perspective grid

távlatpont vanishing point

távlatrajz perspective drawing

távleolvasás distant/remote reading

távleolvasású: ~ adatjelző (rád) remote data indicator; ~ fordulatszámláló teletachometer; ~ iránytű distant-reading compass

távmérés distance measurement, telemetering; (geod) stadia; villamos ~ electric telemetering

távmérési hiba range error

távmérő fn telemeter, distance-measuring instrument; (kat) range finder; ~ állandó (geod) stadia constant; ~ berendezés (radar) distance-measuring equipment; ~ berendezés arányos leolvasással direct-relation telemeter; ~ ív (geod) stadia arc; ~ léc (geod) stadia, stadia rod; ~ műszer stadimeter; l meg távmérő fn; ~ vonalzó (geod) stadiometric straightedge

távmérős képkereső (fényk) range finder

távműködés long-range operation

távműködtetés remote control, telemechanics

távműködtetésű: ~ kapcsoló distant-control switch; ~ kontroller (vasút) power-operated controller; ~ mű distant-operating gear

távol: ~ fekvő pont (geod) distant point; ~ból irányított remotely-controlled

távolbalátás stb l televízió stb

távolfelderítés (rep) long-range reconnaissance

távolfelderítő radarállomás early-warning equipment

távoli distant; ~ állomás (rád) far/distant/remote station; ~ bevezető légtér (rep) initial approach area; ~ földrengés teleseism; ~ infravörös (szink) far infrared; ~ képjelerősítő (távk) remote video-amplifier

távolkörzeti: ~ jeladó (rep) navigation beacon; ~ radar search radar

távollátás long sight; szemüveg ~hoz distance spectacle

távollátó long-sighted

távolság distance, spacing, interval; (ter) space; (mat) distance; [egymásra ható vonalak között; távk] distance, separation; [impulzusok, frekvenciasávok között] interval; biztonsági ~ (vasút) clearance; egyenlő ~ra levő equally-spaced, equidistant; emelkedési ~ climb; fényterjedési idővel mért ~ electric distance; (főszaru)állások közötti ~ (fedélszéken; ép) bay length; karimák közötti ~ length over the flanges; konjugált ~ (fényt) conjugate (distance); középvonalak közötti ~ distance between axes; megengedhető ~ (rep) clearance; szénrétegek közötti ~ (bány) gap; vezetők közötti ~ (rád) (wire) spacing

távolságátvivő potenciométer (radar) range-transmitting potentiometer

távolságbeállítás (fényt) ranging

távolságbeállító tömítés (gépt) spacer gasket

távolságbeosztás range scale

távolságfelrakó vonalzó (geod) engineering scale

távolsághelyesbítés adjustment in range

távolsághiba (radar) distance error

távolsághitelesítő: ~ céltárgy (különleges reflektor; rád) range-calibrator target; ~ jelgenerátor range-marker oscillator

távolsági long-range, long-distance; (távk) trunk (UK); toll (US); ~ áruforgalom long distance goods traffic; ~ beállítás (film) remote focus(s)ing control; ~ bejelentő központ (távk) toll record(ing) exchange; ~ bejelentő munkahely kezelője (távk) toll recording operator; ~ beszélgetéssel foglalt (távk) trunk-busy; ~ blokkdíjszabás block meter-rate tariff; ~ csoportkapcsoló (vill) remote group switch; ~ csúcsteljesítmény (rep) long-distance record; ~ díjszabás distance tariff; ~ eltérés range deviation; ~ forgalmi út long distance traffic road; ~ forgalom long(-)distance traffic; (távk) trunk/toll traffic; ~ forgalomra rendszeresített repülőtér long-range regular aerodrome; ~ fuvardíjak distance rates; ~ hálózat (távk) trunk network (UK); toll network (US); ~ helyzetszabályozás remote position control; ~ hiba distance error; ~ hívás (távk) trunk call (UK); toll call (US); ~ hívás előjegyzése toll recording; ~ impulzus önműködő vezérlése range-pulse automatic control; ~ járat distance run; ~ jel (rep) distant signal; ~ kábel (távk) toll cable; ~ kapcsoló készülék (távk) trunk terminal; ~ kazánvízállásmutató boiler water-level teleindicator; ~ késleltetés distance velocity lag; ~ kezdő kapcsolóhüvely (távk) toll-answering jack; ~ központ (távk) trunk exchange (UK); toll office (US); ~ légtér (rep) en-route area; ~ munkahely (távk) long-distance table; toll switchboard (US); ~ navigáció long-range navigation; ~ összeköttetés (rád) DX-connection; (távk) trunk circuit (UK); toll circuit (US); ~ radar (ismétlő adóval működő) assisted radar; ~ rádióátvitel point-to point transmission; ~ rádiónavigáció long-distance aids; ~ (rádió)távbeszélő forgalom (hírad) point-to-point communication; ~ relé distance relay; ~ repülés long-range flight; ~ repülőgép long-range aircraft; ~ szállítás (megkülönböztetésül a helyi gyűjtőforgalomtól; gépk) trunk haulage; ~ táblázat (lövegtalpon) range plate; ~ távbeszélő long-distance telephone; ~ távbeszélőhálózat demand trunk circuit; ~ távbeszélőközpont trunk exchange; ~ tényező (költségszámításnál) distance factor; ~ váltó (távk) trunk switchboard; ~ váltó repülőtér long-range alternate aerodrome; ~ védelem distance protection; ~ vétel (rád) long-distance reception; ~ vevőkészülék (rád) long-distance receiver; ~ viteldíjak distance rates; ~ vonal (távk) long-distance line, trunk line (UK); toll line (US); ~ vonaláramkör (távk) long-distance circuit; ~ vonal eső-lemezes jelzője (távk) long-distance drop; ~ vonal kapcsolólámpája (távk) long-distance jack lamp; ~ vonalkapcsoló lámpamultiplikáció (távk) long-distance jack multiple; ~ vonal kérdő kapcsolója (távk) trunk answering jack; ~ vonalvizsgáló asztal (távk) toll test()board

távolságjelölő áramkör (távk) range-marker circuit

távolságjelző: ~ fény distance-marking light; ~ karó (geod) distance-post

távolságkövető berendezés (radar) range follow-up unit

távolságkülönbözeti (hiperbolikus) **navigációs rendszer** differential distance system

távolságkülönbségmérés fn (hiperbola-navigációnál) distance-difference measurement

távolságmegállapítás belövéssel range scanning

távolságmeghatározás range finding; (rád) resolution in range; E-típusú ~ (poláris koordinátákkal) E-scan

távolságmérési hitelesítőjel (rád) range-marker pip

távolságmérő mileage counter; (csill, geod) apomecometer; (geod) telemeter; ~ berendezés (radar) remote monitor; (parti erődben) depression position/range finder; ~ egység range unit; függőleges alaptávú ~ (fényt) depression telemeter; ~ műszer ambulator, distance meter; nagy hatástávú ~ (rep) DME navigation beacon

távolságösszegmérés (elliptikus navigációnál) distance-sum measurement

távolságregisztráló készülék distance recorder

távolságszabályozó rúd v **elem** (ép) distance piece

távolságtartó: ~ alátétgyűrű distance washer; ~ csapszeg distance tie bolt; ~ csavar distance screw; ~ elem [tárcsa] alkalmazása pack-out; ~ gerenda (bány) distance piece; ~ gyűrű spaces/distance ring; ~ hüvely distance sleeve/bush(ing); ~ könyökgerenda (bány) distance piece; ~ rúd distance bar/rod

távolságtengely (radar) range axis

távolvégi: ~ áthallás (távk) far-end crosstalk; ~ csatolás (távk) far-end coupling

távolvigyázási körzet (rep) general control area

távozó outgoing; ~ gáz flue/exit gas; ~ gőz nyomása exit pressure; ~ levegő used air; ~ víz outlet water

távrepülés distance flight

távriasztás (távk) remore alarm signalling

távriasztó rendszer (távk) alarm trunk system

távrobbantó gomb firing key

távspektroszkóp telespectroscope

távszabályozás remote control; önműködő ~ automatic remote control, A. R. C.

távszámjelző berendezés [szállodai] teleseme

távtájoló fn telecompass

távtáplált állomás *[koaxiális rendszerben; távk]* dependent/auxiliary station
távtárcsázás *(távk)* dialling-in; *[helyi telepről]* battery dialling; *[vonalhurkon át távoli telepre]* loop dialling
távtartó *l még* **távolságtartó: ~ csavar** staybolt; **~ cső** distance piece; *(gépk)* distance sleeve; **~ csődarab** distance pipe; **~ darab** distance piece, slip; **~ gyűrű** distance ring; **~ hüvely** spacing collar/sleeve/bush; *[sebességváltóban; gépk]* spacer sleeve; **~ rúd** *(gépk)* spreader, stay rod
távválasztás *(távk)* toll-line dial(l)ing
távválasztásos rendszer *(távk)* long-distance dialling system
távválasztó *fn (távk)* toll selector
távvezérelt remotely-controlled
távvezérlés distance/distant/remote control
távvezérlésű remotely-controlled; **~ indítókapcsoló** *(vill)* contactor starter; **~ kapcsolóhenger** remotely-operated controller; **~ relé** distance relay
távvezérlő: ~ berendezés remote-control gear
távvezeték *(vill)* power transmission line; *(távk)* (over) land line; **koaxiális ~** coaxial transmission line; **~ terheletlen földelt vezetéke** *(vezetékszakadás azonnali lefüldelésére)* guard wire
távvezetékfektetési napló *(vill)* survey book
távvezetékfeszültség *(vill)* transmission voltage
távvezeték-oszlop electric power line pole
távvezetékőr *(vill)* mains man
távvilágítás distance lighting
távvoltmérő televoltmeter
taxaméter *(gépk)* taximeter
taxi taxi(-car), cab
taxiállomás taxi stand
taxisofőr cab-driver
taxit *(földt)* taxite
taxi-várakozóhely cab rank
taxonom érték taxonomic value
taylorit *(ásv)* taylorite
Taylor-sor *(mat)* Taylor's series
Taylor-sorbafejtés *(mat)* Taylor's expansion
T-csatlakozó Tee-adapter
T-cső Tee-pipe/fitting
T-csődarab Tee-joint
T-darab Tee-piece; **~ 45°-os hajlított elágazással** *(idomcső)* pitcher tee
té *(gépt)* tee, T; **kettős ~** *[csőidom]* double-tee
teacsomagoló papír tea paper
teafőző *fn* tea maker
teakonyha kitchenette
teallit *(ásv)* teallite
teáskanna teapot
teazacskó tea wrapping bag
technécium *(vegy)* technetium
technice purum technically pure
technika *(ált)* engineering; *(eljárás)* technique
technikai technic(al); *l még* **műszaki; ~ adatok** *v* **részletek** engineering data; **~ (célokra alkalmas) víz** service water; **~ olaj** inedible oil; **~ zsiradék** inedible fat
echnikus technician
technológia technology, production engineering; **kémiai ~** chemical (process) engineering
technológiai technologic(al)
technológus production engineer, technologist
tefroit *(ásv)* tephroite
tégely crucible, cupel, pot, jar; **kis ~** *(vegy)* skillet; **~ben lágyított** *(távk)* pot-annealed; **~ nélküli billenő kemence** non-crucible tilting-furnace; **~ben olvasztott fém** pot metal
tégelyacél crucible steel
tégelyalátét crucible stand
tégelybenpörkölés *(aprított szemcsés ercé)* pot roasting
tégelydöngölő gép stamp for making crucibles
tégelyégető kemence crucible oven
tégelyes: ~ égető kemence pot kiln; **~ gyorssajtó** *(nyomda)* Minerva press, cropper; **~ üvegolvasztó kemence** glass pot furnace
tégelyfogó crucible tongs; **~ kampósrúd** grunter
tégelyformázás pot moulding
tégelygáz *[kénkemence tégelyéből]* pan gas
tégelykemence crucible/pot furnace
tégelynyomó *fn (nyomda)* platen machine minder; **~ sajtó** platen press
tégelyolvasztó: ~ kemence *(koh)* crucible melting furnace; **~ műhely** pot house
tégelypróba *(koh)* crucible test
tégelysalak crucible scum/slag
tégelysamott crucible fire clay
tégelytartó: ~ háromszög crucible triangle; **~ villa** crucible fork
tégelytöltő *(koh)* pot filler
tégla brick; **~ alakú sejt** *(fa)* tile cell; **égetetlen ~** air brick; **egyik élén hornyos ~** pallet brick; **élére állított ~** brick on edge; **ferde élű ~** bevel(l)ed brick; **~ hátlapjának kifaragása** *(ép)* back edging; **hornyos-eresztékes ~** booktile; **huzallal vágott téglák** wire-cut bricks; **ki nem égett ~** air-dried brick; **légszáraz ~** air(-dried) brick; **lesarkított élű ~** chamfered moulding; **napon szárított ~** adobe; **nyers ~** air brick; **rosszul kiégetett ~** place brick; **saroglyában égetett ~** *(ép)* clamp bricks; **sarokzáró ~** *(téglakötésnél)* angle closer; **saválló ~** chemical brick; **savanyú ~** acid brick; **savas ~** acid brick; **szárított ~ saroglyába rakva** *(égetés céljából)* clamp; **szürke színű, nem teljesen kiégetett ~** grizzle brick; **tört ~** bat; **tűzálló ~** refractory brick/stone; **üreges ~** cavity/air brick, batt; *(csatornákkal a terhelés irányában)* end construction tile
téglaagyag brick clay
téglaalapozás foundation brickwork
téglabélés brick lining
téglabemélyedés *(habarcs megfogásához)* frog
téglabiztosítás *(bány)* brick lining
téglaboltozat brick vault/arch
téglaboltozatos biztosítás *(bány)* brick arch
téglabrikett block briquette
téglaburkolás brick casing/lining
téglaburkolat brick lining; **élére állított ~** brick-on-edge course paving
tégladarab bat
téglaégetés baking of brick; **~ levegő kizárásával** flashing
téglaégető *fn* brick field; *(munkás)* tile burner; **~ kemence** brick-burning oven/kiln/furnace
tégla-ellenfal *(hídon)* brick abutment
téglaérc *(ásv)* tile ore
téglafal brick wall; **~ csorbázása** toothing of brick wall
téglafalazás brick-masonry, brickwork; **átlós irányú ~** herringbone brickwork; **~ domború kihézagolása** convex joint; **~ fúgázása** *v* **kihézagolása** raking out joints; **~ kötése** brick jointer; **rombuszmintás ~** *(ép)* diamond work
téglafalazat *l* **téglafalazás**
téglafalbiztosítás *(bány)* brick lining
téglafal csiszolókő *(ép)* floatstone
téglaformázás *(kézi, nedvesített formákban)* slop moulding of brick
téglaformázó *fn* kick
téglagyár brickworks, brick-yard
téglagyári szárítóállvány hack
téglagyártás brickmaking
téglahézagok fehérre festése pencilling
téglahordó saroglya hod
téglakamra-kondenzátor brick condenser
téglakeresztkötés *(ép)* cross bond; **angol ~** *(ép)* English cross bond
téglakészítő gép brick-moulding machine
téglakitöltés *(favázkeret között)* pan
téglakoptató dob *(anyagv)* brick rattler
téglakötés *(ép)* bond; **amerikai ~** American bond; **közönséges ~** block bond
téglakötéses falazás masonry in bond
téglakötési: angol ~ mód English bond
téglakövezet hengerelt alapon rolled-base brick pavement
téglakövező *fn* dropper
téglalap *(mat)* rectangle, rectangular, quadrangle; **~ alakú** oblong; **~ alakú szárny** *(rep)* rectangular wing
téglalap keresztmetszet rectangular cross-section
téglalapkeresztmetszetű csőtápvonal *(rád)* rectangular waveguide
téglalapszelvényű üregelőtüske rectangular broach
téglalépcső orrkiképzése *(fából)* curb
téglánytest *(mat)* parallelepiped(on)
téglapillér brick pier
téglaprés brick-moulding machine
téglarakás *(égetéshez)* clamp of bricks
téglarakodó gép brickstacker
téglaréteg *(ép)* course
téglarétegszámoló léc *(ép)* ga(u)ge rod
téglasajtó *(ép)* brick-moulding press
téglasajtoló gép brick-extruding machine
téglasor *(ép)* layer, course; **élére állított ~** rowlock; **falazáró álló ~** barge course; **~ iránytörése** broken course; **oromfalat lefedő ~** barge course
téglasoros falazás marshalling masonry
téglaszállító deszka brick pallet
téglaszárító állványtető hack-cap
téglaszerű *(ép)* tegular
téglatea tile tea
téglatörmelék brick bat
téglatörmelék-agyagkeverék grog
téglautánpréselő gép brick repress
téglazúzalék crushed brick
tehénállás *(mzg)* stall
tehénbőr *(nyers)* cowhide; **erős ~** buck leather; **könnyű ~** buff hide
tehénistálló cow barn
tehénkarám cowpen

teher load(ing), burden, cargo, charge, freight ; *(áramváltóé)* burden ; ~ **hatására működő** load-actuated ; **járulékos** ~ *(mech)* auxiliary load ; ~ **ledobása** *(rep)* jettisoning ; **megengedett** ~ permissible load ; **számított** ~ design load
teherállás position of load
teheráru *(vasút)* slow goods
teherárubárca-papír parcellings
teherárudarab package
teheráruforgalom goods traffic
teheráruraktár freight shed
teherátadó rács grillage
teherautó *l* **tehergépkocsi**
teherbefogadó képesség load-carrying capacity
teherbírás load capacity ; *(emelőgépé)* lifting/handling capacity ; ~ **kihasználása** *(gépk)* utilization of the load capacity
teherbírási index *(betétszám szerinti köpenyosztályozásnál ; gumi)* ply rating
teherbíró : ~ **képesség** (load/weight-) carrying/bearing capacity ; **két irányban** ~ **lemez** two-way slab ; ~ **réteg** bearing stratum ; ~ **talaj** stable ground
tehercsörlő winch lorry
teherelosztás load distribution ; *(távk)* cross connection
teherelosztó *fn* distributor, distributing main ; *(távk)* intermediate distribution frame ; ~ **alátét** template ; ~ **aljzat** *(ép)* bearing foot ; ~ **állvány** *(távk)* cross field ; **felfekvés alatti** ~ **lemez** *(ép)* bearing plate ; ~ **fővezeték** distribution/distributing main ; ~ **gerenda** *(ép)* sole timber ; **központi** ~ central distributor ; ~ **lemez** bedplate ; ~ **tábla** distribution/distributing board
teheremelő : ~ **csiga** load sheave ; ~ **dob** load barrel/drum ; ~ **görgő** load pulley ; ~ **gyűrű** load ring ; ~ **horog** load hook ; ~ **képesség** load capacity ; **kéttárcsás** ~ **csiga** double-pulley block ; ~ **lánc** load chain ; **láncos** ~ **csiga** chain block ; **láncos kézi** ~ **csiga** chain-tackle block
teherfékezésvezérlés *(önműködő)* control of the automatic braking of the load
teherfelfüggesztés load suspension
teherfelvonó freight elevator ; ~ **vitla** hoisting crab
teherforgalmi vágány freight track
teherforgalom freight traffic
teherfuvar portage
tehergépkocsi *(motor)* lorry *(UK)* ; *(motor)* truck *(US)* ; **állatszállító** ~ cattle truck ; **árugyűjtő** ~ collecting van ; **betonszállító** ~ concrete delivery truck ; **billenő** ~ dump truck *(US)* ; **bútorszállító** ~ furniture pantechnicon/van ; **csukott** ~ *(furgon:)* van ; **csukott karosszériás** ~ box van ; **darus** ~ crane truck ; **fenékürítős** ~ floor-hopper truck ; **háromoldalas billentő** ~ three way tipper ; **hátrabillentő** ~ end tipper ; **kétéltű** ~ amphibious turck ; **könnyű** ~ utility truck ; **mentő** ~ wrecker truck ; **motor feletti vezetőfülkéjű** ~ *(bulldog:)* forward-control lorry, cab-over-engine vehicle ; **motorházas normál** ~ bonneted vehicle ; **nehéz** ~ heavy-duty truck ; **nyerges vontató** ~ *(motorkocsi:)* tractor-truck, prime mover ; ~ **nyitott deszkázott kocsiszekrénnyel** plank-bed car ; **oldalfalak nélküli** ~ flat ; **oldalrakodó** ~ side-loading truck ; **ponyvás** ~ tent/tilt truck ; **szállítás** ~**val** trucking ; **szemétgyűjtő** ~ *(pormentes)* (dustless) refuse collector ; **terepjáró** ~ cross-country truck
tehergépkocsi-fuvarozó carrier
tehergépkocsipark fleet of trucks
tehergépkocsi-rakfelület loading surface ; ~ **hátfala** tailboard ; ~ **homlokfala** headboard
tehergépkocsiszekrény lorry body
tehergépkocsi-vezető lorry driver
tehergőzös tramp steamer
teherhajó freighter ; *(kereskedelmi)* cargo boat
teherhárító : ~ **boltöv** *(ép)* discharging arch ; ~ **fal** relieving wall
teherhordó *mn* load-bearing/-carrying ; *fn* load carrier ; ~ **burkolat** *v* **héjazat** *(rep)* stressed skin ; ~ **boltív** *(ép)* wall arch ; ~ **fal** *(ép)* bearing wall ; ~**feljáró** carrying gangway ; **kilincskerekes** ~ **fék** *(gépt)* automatic load-sustaining brake
teherkocsi freight/goods car ; *l* **még tehergépkocsi** ; *(vasút is)* wag/g)on ; **fedett** ~ box freight car ; **nyitott** ~ *(vasút)* carriage truck ; **pneumatikusan billenő** ~ *(kirakodáshoz)* air dumper ; ~**ra rak(odik)** entruck
teherkocsi-karosszéria truck body
teherkocsiszekrény rakodási vonala *(gépk)* loading line
tehermegfogó szerkezet load catcher
tehermentesít disburden, relieve, ease down ; *(hajó)* break bulk
tehermentesítés (load) relief, balancing ; *vö* **még tehermentesít**
tehermentesített balanced ; ~ **dugattyú** self-supporting piston ; ~ **síktolattyú** relieved slide valve ; ~ **szelep** equilibrium valve ; ~ **tolattyú** equilibrium slide valve ; ~ **túlhevítő** *(koh)* bypass superheater
tehermentesítő *mn* relieving, relief ; ~ **berendezés** relieving attachment/device ; ~ **betétkeret** *(gőzgépen)* relief frame ; **boltöv** *(ép)* relieving arch ; ~ **csappantyú** relief clack ; ~ **csatorna** pressure-equalizing passage ; ~ **cső** relieving main ; ~ **ív** *(ép)* discharging arch ; ~ **rugó** relief spring ; *(gépk)* auxiliary spring ; ~ **szelep** bypass/release valve ; ~ **szerkezet** relief arrangement ; ~ **vezeték** *(vill)* relieving main
tehermérleg crane
tehermozgatás freight handling
teherpályaudvar goods/freight yard/station
teherpótkocsi truck trailer
teherszállítás *(vasút)* freight service ; ~ **függőpályán** telpherage
teherszállítmány consignment
teherszállító *fn* freight carrier ; ~ **jármű** freight vehickle ; ~ **kerékpár** velocipede car ; ~ **repülőgép** cargo (aero) plane
teher-személy átváltó csap *(légféknél)* goods-passenger changeover cock
tehertányér *[mérlegen]* load-holder
tehertárcsa load pulley
tehervagon-forgózsámoly lorry truck
tehervezetékes futómacska crab with guided load port
teherviselő load-bearing ; ~ **cölöp** point-bearing pile ; ~ **szerkezet** *(ép)* strength members ; ~ **vázszerkezet** *(ép)* main frame
tehervonat goods/freight/load train
tehervonati : ~ **mozdony** freight locomotive ; ~ **szertartányos mozdony** goods tank locomotive
tehervonatindító állomás junction depot
tehervonatmozdony goods locomotive
tehervontatás draft of load
tehetetlen inert, sluggish ; ~ **tömeg** *(mech)* inertia/stationary mass
tehetetlenség inertness, sluggishness ; *(mech)* inertia ; **látás** ~**e** persistence of vision
tehetetlenségi inertia(l) ; ~ **állapot** state of inertia ; *(aut)* steady-state conditon, equilibrium condition ; ~ **ellipszis** ellipse of inertia ; ~ **erő** force of inertia ; ~ **erő ingadozása** inertia fluctuation ; ~ **gyutacsszerkezet** graze percussion mechanism ; ~ **hiba** *(anyagv)* backlash error ; ~ **indító berendezés** inertia/flywheel starter ; ~ **kapcsoló** *(vill)* inertia switch ; ~ **nyomaték** moment of inertia ; ~ **nyomatékok ábrája** inertia diagram ; ~ **nyomatékmérő** inertia counter ; ~ **sugár** *(mech)* radius of gyration ; **tengelyre vonatkoztatott** ~ **nyomaték** axial moment of inertia
tehetetlenségmentes inertialess
tein *(vegy)* theine, caffeine, 1 : 3 : 7-trimethylxanthine
tejátvevő állomás *(élip)* milk receiving station
tejcukor milk sugar, lactose
tejcsárda *(ép)* milk bar
tejedény *(fa)* latex tube
tejelkülönítő *(fölözőgépben)* dividing disc
tejesborjúbőr deacon calf
tejeskenyér milk bread
tejeskocsi dairy carter
tejespalack-karton milk-board, milk-bottle board
tejesüveg-karton milk board, milk-bottle board
tejesüveg-papír milkbottle paper
tejfajsúlymérő lactometer
tejfehér gipsz *(pa)* pearl hardening
tejfehérjék lactalbumins
tejfeldolgozási szennyvizek dairy wastes
tejfeldolgozó üzem creamery
tejgazdaság dairy farm
tejgyűjtő *(fejőgépen)* claw
tejipari melléktermék dairy by-product
tejkő *(műa)* galalith
tejkupaklemez milk-cap board
tejkvarc *(ásv)* milky quartz
tejlefölöző : ~ **gép** skimming machine, separator ; ~ **gép adagoló csővezetéke** separator feed pipe
tejmérő *fn* galactometer
tejminőségmérő *fn* lactometer
tejpasztőröző (háztartási) készülék Soxhlet apparatus
tejpor dried/powdered milk ; ~**ból készített tej** reconstituted milk
tejsav lactic acid
tejsavas : ~ **erjedés** lactous fermentation ; ~ **kalcium** calcium lactate ; ~ **vas** ferric lactate
tejsavbacil(l)us lactobacillus

tejsavmentes alactacid
tejsavó whey
tejsterilizáló (háztartási) készülék Soxhlet apparatus
tejszeparátor centrifugal cream-separator
tejszerűség milkiness
tejszín cream ; *(folyadék)* skimmings
tejszínérlelő berendezés cream ripener
tejszínhab whipped cream
tejszopóka *(gumi)* teat
tejtartály *[fölözőgépen]* supply can
tejtermék milk/dairy product
tejtermékcsomagoló papír paper for packing dairy products
Tejút *(csill)* Milky Way, galaxy ; **~on kívüli csillagködök** extragalactic nebulae
Tejútrendszer galaxy ; **~en kívüli** anagalactic ; **~ középpontja** *(csill)* galactic centre
tejüveg opal/milk glass
tejüvegbura *(vill)* opal globe
tejüvegburás (izzó)lámpa opal lamp
tejüvegsugárzás *(met)* grey-body radiation
tejüzem dairy, milk plant
tejvendéglő *(ép)* milk bar
tejzsír butter fat
téka *(földt)* calyx
tekegolyó skittle()ball
tekepálya bowling alley
tekercs coil, reel, roll, scroll ; *(pa)* roller ; *(rád, távk, vill)* spool, bobbin, choke, coil ; *(tex)* roll, bundle, coil ; *[kondenzátorbaba]* bundle ; *(huzalból)* ring *is* ; **árammentes ~** dummy/dead coil ; **átkapcsoló ~** *(transzformátoron)* tapping coil ; **~ben** *(pa)* in rolls ; **~ be nem kapcsolt részei okozta veszteségek** *(vill)* dead-end loss ; **~ be nem kapcsolt részeinek önindukciós hatása** *(vill)* dead-end effect ; **~ be nem kapcsolt vége** *(vill)* dead end ; **~ be nem kapcsolt végének bekötése** *(vill)* dead-end connection ; **bifiláris ~** *(vill)* bifilar(y) coil ; **bispirális ~** coiled coil ; **csatoló ~** coupling coil ; **cserélhető ~** plug-in coil ; **ellenkapcsolt ~** bucking coil ; **ellenőrző ~** pilot coil ; **előfűtő ~** preheat coil ; **eltérítő ~** deflecting coil ; **~ érintkezője** coil contact ; **féktartó ~** restraining coil ; **fókuszoló ~** focus(sing) coil ; **földelő ~** earthing coil ; **fűtő ~** heating coil ; *(telef)* heat coil ; **gyorsító ~** accelerating coil ; **hipperboloidalakú ~** hourglass coil ; **impulzusformáló ~** pulse-forming coil ; **iránymérő ~** Helmholtz coil ; **ívfúró ~** blow-out coil ; **ívoltó ~** arc-suppression coil ; **kétrészes ~** bisected coil ; **kis veszteségű ~** low-loss ; **kompaundáló ~** compound coil ; **kompenzáló ~** bucking coil ; **légmagos ~** air-core coil ; **~ lekapcsolható menetelnek kapcsolója** *(vill)* dead-end switch ; **lengő ~** moving coil ; **~ lépése** *(vill)* winding pitch ; **mágnesező ~** magnetizing coil ; **multiplikáló ~** multiplying coil ; **~ ohmos ellenállása** coil resistance ; **(ön)indukciós ~** choke coil ; **~ önkapacitása** *(vill)* coil capacity ; **porvasmagú ~** dust-core coil ; **primer ~** primary coil ; **pupinozó ~** loading coil ; **rendszertelenül tekercselt ~** mush-wound coil, random-wound coil ; **ritkított ~** *(légközös:)* air-spaced coil ; **serleges ~** potted coil ; **sztatikus töltést levezető ~** drainage coil ; **tárcsás ~** *(rád)* pancake coil ; **tartó ~** holding-on coil ; **toroid(ális) ~** doughnut coil ; **többrétegű ~** multilayer coil ; **visszacsatoló ~** feedback coil
tekercsalakító (minta) coilformer
tekercsállandó *(rád)* coil constant
tekercsállvány coil frame
tekercsantenna coil aerial/antenna
tekercsautomata-karton reeled card for automatic machine
tekercsbe-gombolyítás coil winding
tekercs-bemenetű rendszer *[egyenirányító szűrő ; rád]* choke-input/input inductance system
tekercsbemérő *(rád)* coil comparator
tekercscsomagoló : ~ gép reel-packing machine ; **~ papír** paper shell
tekercs-csomó coil pack
tekercsdísz *(ép)* banderol(e)
tekercsdoboz *(pa)* scroll case
tekercsel roll, bobbin, scroll, spool, wind coil ; **géppel ~** *(rád)* wind by machine ; **kézzel ~** wind by hand
tekercselés rolling up, coil winding ; *(pa)* meander ; *(rád, vill)* coiling, winding ; **áramköri ~** circuit winding ; **bifiláris ~** *(vill)* bifilar(y) winding ; **egyjáratú ~** simplex winding ; **egyszerű ~** banked winding ; **~ elmozdulása** *(centrifugális erő hatására ; vill)* rising of windings ; **fojtó (csillapító) ~** choking winding ; **gyűrűs ~** (Gramme) ring winding ; **hullámos ~** wave winding ; **hurkos ~** lap winding ; **húros ~** chord winding, short-pitch winding ; **indukciómentes ~** *(vill)* bifilar(y) winding ; **keresztezett ~** crossed lap winding ; **kettős ~** *(vill)* double winding ; **kettős tárcsás ~** *(transzformátorhoz)* double-disc winding ; **kiegyenlítő kettős ~** differential compound winding; **lemágnesező ~** bucking winding ; **lépcsős ~** step winding ; **~ menetiránya** *(vill)* sense of winding ; **rövidített lépésű ~** chrod winding, short-pitch winding ; **rudas ~** bar winding ; **spirális ~** *(rád)* fishline winding ; **szoros ~** close winding ; **tárcsás ~** *(vill)* disc winding ; **többjáratú ~** multiple-wound winding ; **villamos ~** electrical winding ; **zárt ~** re-entrant winding
tekercselési : ~ diagram *v* **terv** winding diagram ; **~ kapacitás** *(rád)* winding capacity ; **~ lépés a kommutátorral ellentétes oldalon** *(vill)* back pitch ; **~ táblázat** *(vill)* winding table ; **~ tényező** *(vill)* winding factor ; **~ tér** *(rád)* winding space ; *(távk)* *[lemezvasmagnál]* window space
tekercsellenállás winding resistance
tekercseloszlás winding distribution
tekercselosztás coil spacing
tekercselő *fn* coiler, reeler ; **~ berendezés** reeling/coiling mechanism ; **kézi ~** wind ; **önműködő ~ vágógép** *(pa)* automatic rolling and cutting machine ; **~ vágógép** *(pa)* rolling and cutting machine
tekercselődob *(tex)* cord barrel
tekercselőgép coiling/winding/reeling machine, reeler ; *(pa)* reeling/rolling machine ; *(hüvelyhez ; pa)* paper-tube machine
tekercselőgép-munkás *(pa)* reeler-man
tekercselőgép-vezető *(pa)* reeler foreman
tekercselőhenger *(pa)* coiler calender
tekercselőhenger-nemez *(pa)* felt for flannel rolls
tekercselőhuzal *(vill)* coil wire
tekercselőpad coil-winding lathe
tekercselőrúd *(pa)* reel
tekercselősablon *(vill)* winding form/former
tekercselőszalag flap
tekercselt coiled, wound ; **~ áru** roll stock ; **~ forgórész** *(vill)* wound rotor ; **kétszer selyemmel ~** *(vill)* double-wound silk ; D. W. S.; **~ tetőfedő anyag** *(ép)* roll roofing
tekercsfajta *(vill)* winding system
tekercsfejszórás *(vill)* head stray
tekercsfilm roll film
tekercsfluxus *(vill)* flux linkage
tekercsforma *v* **-váz** *(rád)* coil form
tekercshangolás *(rád)* inductive tuning
tekercsház *(vill)* coil box
tekercshőmérséklet winding temperature
tekercshőmérséklet-mutató winding temperature indicator
tekercshuzal *(heng)* winding wire
tekercsinduktancia winding inductance
tekercskapacitás winding capacitance
tekercskarton *(pa)* roll board
tekercsképző gép *(tex)* lap drum machine, fleece machine, lap forming machine/apparatus
tekercskeresztmetszet cross-section of the coil
tekercskészítő állvány coil-winding bench
tekercskészlet *(pa)* coil set ; *(rád)* coil assembly
tekercskezdet coil input
tekercskondenzátor roll (type) condenser roll(ed) capacitor/condensor
tekercsköz *(vill)* coil spacing
tekercsközi kapacitás *(rád)* interwinding capacity
tekercsleágazás coil tap
tekercsleszedés *(tex)* lap doffing
tekercsmag *(vill)* core of a coil
tekercsmegcsapolás coil tap
tekercsmenet *(vill)* turn
tekercsmenet-emelkedés *(vill)* pitch of turns
tekercsmérleg *(tex)* lap scale
tekercsmérő szalag rolling-tape measure
tekercsnagyság *(pa)* size of veel
tekercsnyomó gép *(pa)* wels-fed press
tekercsnyújtó henger *(tex)* lap roller
tekercspapír roll of paper, paper web ; *(bobinapapír)* coil ; *(végtelen papír)* continuous paper
tekercsragasztó *(pa)* reel-paster
tekercsrendszer coil system
tekercsrugó volute/helical/coil(ed) spring ; *(óra)* ring spring
tekercsrugóköteg *[tengelykapcsolón]* nest of springs
tekercsrugós fog *[kultivátoron)* coiled-spring tooth
tekercsrugó-vezetőhüvely guide for spring
tekercssablon *(vill)* coil former
tekercssimító gép *(pa)* reel/web/super calender
tekercsszegmens coil segment

tekercsszél *(pa)* reel-up gear
tekercsszélesség *(pa)* roll width, width of reel
tekercsszerelvény *(rád)* coil assembly
tekercsszonda *(mágneses erőtérméréshez)* flip coil
tekercstartó *(rád)* coil holder/support
tekercstengely coil axis; ~ **szöge** *(földt)* azimuth of the coil axis
tekercsterhelés *(távk)* coil/lumped loading
tekercstest coil former/body, bobbin
tekercsvágó *(pa)* vipper; ~ **gép** *(pa)* roll-slitting machine, score cutter, reel cutting-machine, slitting-machine, reel cutter, reeler
tekercsváz *(vill)* coil body
tekercsvégek *(vill)* winding ends
tekercsveszteség *(vill)* coil loss
tekerés *(tex)* twirl
tekerő *(láncszalag-szárítón)* capstan
tekert papírtölcsér cap
tekertvas *(ép)* twisted bar
tekerület wreath, turn, wind
tekervény wind(ing)
tekervényes anfractuous
teknő boiling trough, vat, tray, pan; *(motoron)* sump, carter; *(ép)* lobe; *(földt)* recess, re-entrant, indentation, swate; *l* **szinklinális** *is*; ~ **alakú pálcásrostély** trough grate; ~ **alakú útburkolás** trough-shaped paving; **aranymosó** ~ bateau; **háti** ~ *(földt)* dorsal valley
teknőasztal *(mzg)* troughed table
teknőboltozat *(ép)* trough vault
teknőlemez *(hidon)* buckle/trough plate
teknőlemezes hídpadozat trough floor
teknőrázás *(csomófogónál; pa)* trough shaking
teknős: ~ **nyereg** *(földt)* glen; ~ **porgát** *(bány)* trough barrier; ~ **sajtológép** trough press
teknősbékalemez tortoise-plate
teknősbékapáncél tortoise shell
teknős-szalagos transzportőr trough-belt conveyer
teknősvas channel iron
teknőszelvényű csatorna *(hidr)* trough gutter
teknőszerű kiképzésű *(mélyedéses)* **asztal** *(gépt)* troughed table
teknőszerűség trough
teknővölgy *(földt)* trough valley
teksz *(cipészszeg)* tack; *(foglalószeg; cipő)* plug
tekszes talpbélésfelillesztő gép *(cipő)* tacking machine
tekszszegverő (cipész) kalapács tack hammer
teksztöltő gép *(cipő)* tacks filling machine
tektonika *(földt)* tectonics
tektonikai törés break
tektonikus *(földt)* tectonic; ~ **árok** trough fault; ~ **árok csapásiránya** trough line; ~ **besüllyedés** *v* **ülepedés** *(geol)* tectonic setting; ~**an besüllyedt tömb** sunken block; ~ **dóm** brachy-anticlinal dome; ~ **emelkedések** structural highs; ~ **meanderek** competent meanders; ~ **medence** structural/intermount basin; ~ **repedés** opening of discission; ~ **rétegmaradvány** klippe; ~ **rétegszakadás** tectonic termination; ~ **süllyedések** structural lows; ~ **takaró darabja** patch of an overthrust sheet; ~ **takaró homlokrésze** brow; ~ **tál** brachysynclinal; ~ **völgy** trough/structural valley; ~ **völgy iránya** trough line; ~ **völgyben keletkezett tó** rift valley lake
T-elágazás *(cső:)* Tee-pipe; *(vill)* Tee-joint
T-elágazó *fn* Tee-piece
tele full; ~ **cséve levétele** *(tex)* doffing; **felsíkkal szintben kitöltött** ~ **hézag** *(ép)* flush joint; ~ **orsó** *(ép)* solid newel
telecsille-előtolás carload delivery
telecsille-gyűjtőhely *(bány)* flat shut
telefal *(ép)* blind wall
telefon telephone; *l még* **távbeszélő**
telefonál (tele)phone, make a call
telefonbeszélgetés ideje overall duration of a call; length of conversation *(US)*
telefonbeszélő *fn* telephone transmitter
telefon-csatlakozózsinór instrument cord
telefondugó telephone plug
telefon-elosztódoboz distributing box
telefonerősítő *fn* telephone repeater
telefonfogó: **áttűzött** ~ box-joint telephone pliers
telefonfülke telephone box
telefon-hallgatórész mozgó *(hangképző)* **része** motor element
telefonház body, case, casing
telefonhírmondó *fn* telediffusion, wire broadcasting
telefonhívás telephone call
telefonhívás-szolgálat demand service
telefónia telephony; ~ **központi teleppel** central battery signalling
telefonikus vétel telephone reception
telefonkagyló telephone transmitter
telefon-kapcsolótábla transfer board
telefonkészülék telephone set/instrument/apparatus
telefonkezelő telephonist, operator
telefonközpont exchange, central office *(US)*, central telephone exchange; ~ **által kiszolgált terület** exchange area
telefonometrikus mérés (tele)phonometric test
telefonos *(személy)* telephonist, operator
telefonpóznák oldalmerevítése consolidation of poles
telefonszám telephone/directory number
telefon-számtárcsa calling dial
telefonszekrény box case
telefonvezeték-oszlop *(fa)* telephone pole
telefonvonal foglaltsági vizsgálata busy test
telefonzavartényező *(hírad)* telephone-influence factor
telefűzött *(tex)* fully threaded; ~ **létra** *(tex)* full set bar
telegörgőscsapágy full complement-type bearing
telegrafon telegraphone
telehézag *(falazásnál)* flush-cut joint
teleindikátor teleindicator
telek plot, lot, parcel, site, building ground/plot; **négy utcával határolt** ~ *(ép)* island site
telekátalakítás *(ép)* replotting
telekcsoport *(ép)* group of plots
telekinoberendezés filmletapogatója film scanner
telekkönyvezés land registration
teleklinométer teleclinometer
telekompasz telecompass
telekosztás *(ép)* dividing of plots (for town planning purposes)
telekosztási terv *(ép)* plot plan
telektömb *(ép)* block, group of plots; ~ **újrafelosztása** *(ép)* reparcelling
telelőtavak *(hidr)* stock ponds
teleméter *(fényk)* telemeter
teleobjektív *(fényk)* tele-objective
telep *(ált)* plant, court, division; *(bány földt)* bed, layer, vein, seam; *(vill)* battery; *vö még* **elem, akkumulátor; akkumulátortöltő** ~ accumulator plant; ~ **csapása** *(bány)* run/course of seam; ~ **dőlés felőli oldala** *(bány)* roof baffle; **elvetett** ~ *(bány)* dislocated deposit; **falepárló** ~ carbonization plant; ~ **fedükőzete** seam cap; ~ **feküje** *(bány)* bottom/floor of a seam; ~ **erőltetett töltése** *(vill)* battery-boost charge; ~ **kibúvása** *(bány)* bed outcropping; **kiegyenlítő** ~ *(puffer)* balancing/buffer battery; **kiemelhető elektródos** ~ *(vill)* plunge battery; **kihasasodott** *v* **megvastagodott** ~ *(bány)* belly; **kisméretű** ~ *(vill)* compact battery; **kivastagodott** ~ *(bány)* dilated seam; **külszínhez legközelebbi** ~ *(bány)* apex; **lapos dőlésű** ~ blanket formation; ~ **lejtősödése** *v* **dőlése** *(bány)* seam pitch; **párhuzamosan kapcsolású** ~ *(vlil)* banked battery; **rétegés** ~ bedding plane deposit; **szintes fekvésű** ~ blanket formation; ~ **termelőképessé tétele** *(bány)* productive development; **zavart** ~ *(bány)* dislocated seam
telepág branch
telepakna battery well/chute
telepállvány *(akkumulátorok számára)* battery rack/carrier
telepáram battery current
telepcsatlakozás battery stop
telepdőlés seam inclination; ~ **emelkedése irányában történő fejtés** *(bány)* rise workings
telepdugasz *(anód* v *rácstelepnél)* wander plug
telepduzzadás *(bány)* belly
telep-elárasztás *(bány)* seam indundation
telepeloszlási vázlat *(földt)* lode plot
telepes *(rád)* battery(-type); ~ **fűtés** *(rád)* battery heating; ~ **tűzhely** settlements range/stove; ~ **üzem** *(rád)* battery operation/working; ~ **vevő** *(rád)* battery receiver
telepfeltárás *(bány)* baring
telepfelvétel field measuring
telepfeszültség *(vill)* battery voltage
telephely settlement; *(bány)* site *(tehergépkocsiké)* depot
telephívás *(távk)* battery call
telepít site; *(ép)* domiciliate; *(távk)* instal, establish; **aknát** ~ *(bány)* break the ground; **frontot** ~ *(bány)* establish the face
telepítés settlement, placing, location; ~ **általában** *(városépítés)* planning and realization of settlements; ~ **korlátozott értelemben** *(városépítés)* layout of establishments connected with settlement
telepítéspolitika *(városépítés)* uniform policy of planning authorities

telepkapacitás *(vill)* battery capacity
telepkapocs *(akkumulátoré)* battery terminal
telepkibúvás *(bány)* beat, outcropping ; ~ **vonala** *v* **csapása** *(bány)* crop line
telepkiemelő *fn (vill)* battery elevator
telepkihasasodás *(bány)* seam swell
telepkitöltés *(bány)* bed charge
telepláda *(vill)* battery chute
telepmentes *(bány)* vacant place
telepösszlet *(bány)* coal series
teleppótló *fn (vill)* battery eliminator
telepréteg lay ; ~ **alsó elhatároló felülete** base surface ; ~ **előzetes szemrevételezése** *(bány)* walking a bed
telepsarok *(akkumulátoré)* battery pole
telepsor *(vill)* round
telepszekrény battery box ; ~ **boltozatos teteje** battery vault ; **földbe süllyesztett** ~ battery chute ; **telepszorító** *fn (vill)* battery clip
teleptáplálás : központi ~ central battery supply
teleptartó *fn (vill)* battery carrier
teleptelér bed vein, interformational sheet
teleptér *(gépkocsiversenyen)* paddock
teleptöltés *(vill)* battery charge
teleptöltő *fn (vill)* battery charger
település lodgement, location ; *(bány)* bedding, superposition, strata ; *(ép)* settlement ; ~ **általában** *(városépítés)* settlement ; ~ **általános terve** *(városépítés)* master plan of settlement ; ~**ek fejlesztése** *(ép)* development of settlements ; **levetett** ~ *(bány)* dipper ; ~ **organizációja** *(ép)* organization of settlements ; ~**ek organizációs terve** *(ép)* organization plan of settlements ; ~**ek rendezése** *(ép)* proposed future development of a settlement ; ~ **részletes terve** *(városépítés)* development plan of the settlement ; ~ **rétegei** *(bány)* beds ; ~ **síkja** *(bány)* seam ; ~**ek tervezése** *(ép)* settlement planning ; **(vékony) rétegezett** ~ *(bány)* alternations ; **zavart** ~ *(bány)* accident of seam
településcsoport *(ép)* group of settlements
települési : ~ **alkat** *(ép)* form and morphology of settlements ; ~ **felület** *(bány)* bedding plane ; ~ **halmaz** *(ép)* agglomeration, group of settlements, group of housing estates ; ~ **jelleg** *(ép)* settlement characteristics ; ~ **térkép** *(bány)* areal map ; ~ **terület** *(ép)* area/region of settlement ; ~ **típus** *(ép)* type of settlement
településszerkezet *(ép)* settlement structure
településszórvány *(ép)* scattered settlement
települő *(bány)* buried
települt : vízszintesen ~ *(bány)* blanket
telepvágat *(bány)* cross drift
telepzavartság *(kimosás által létrejött ; bány)* wash fault
telér *(bány)* vein, lead, course, seam ; ~**ekkel átjárt** interveined ; ~ **elágazási pontja** *(bány)* point of the horse ; ~ **eltolódása** skew ; ~ **gombaszerű kivastagodása** blow-out ; ~ **helyi megvastagodása** swell ; **jól kifejlődött** ~ clock-reed ; **kamarás** ~ chambered vein ; **ki nem búvó** ~ blind lode ; ~ **kibúvása** reef ; **kihasasodott** *v* **megvastagodott** ~ belly ; **mélység felé húzódó** ~ gash vein ; **meredek lejtésű** ~ chimney ; **műre nem fogható** ~ dead lode ; **odoros** ~ cavernous vein ; ~ **oldalfala** cheek ; **sávos** *v* **kérges szerkezetű** ~ crustificated vein ; **szabálytalan** ~ *(kiékülő és kinyíló telér)* flying reef ; **szalagos** ~ banded vein ; **üreges** ~ cavernous vein ; ~ **vékonyodása** *v* **erős szűkülete** twitch ; **vízszintes** ~ blanket ; ~ **vonala** *v* **csapásiránya** line of lode
telérág vein accompaniments
telerak clog ; *[kemencét]* crowd
telerakott fully laden, crowded
telérásvány gang mineral, vein stuff
telérbarázdáltság crustification
telércsoport range
telérdájk vein dike
telérelágazás branch
telérelcsúszás offset
telérelvékonyodás *(bány, földt)* stringer, pinch
teléres repedés crevice
telérkibúvás apex, outcrop ; ~ **kőzete** blossom rock
telérkibúvási törmelék shod
telérkiékelődés featheredge, stringer
telérkitöltő meddő vein matter
telérkőzet veinstone, gang, lode rock
telérmeddő attle
teléroldalfal vein wall
telérrendszer vein system
telér-szabálytalanság kink
telérszakasz shoot
telértartalom vein content
telértöltelék shoot
telérvonulat range
telérzsinórelágazások shoe strings
teleszkóp telescope ; *l még* **távcső : ~pal látható** *[csillag]* telescopic ; **rövid** ~ *(csill)* brachy-telescope
teleszkópcsavar telescope screw
teleszkópikus *l* **teleszkópos**
teleszkópos telescopic, telescoping, extension-type ; ~ **csúszdaválYú** *(bány)* telescoping trough ; ~ **dúc** *(bány)* gun prop ; ~ **elsővilla** *(mkpár)* telescopic front fork ; ~ **fúró kalapács** *(bány)* stoper hammer ; ~ **idomszer** telescopic ga(u)ge ; ~**an kiugrik** telescope ; ~ **kocsiemelő** telescope jack ; ~ **lengéscsillapító** *(gépk) l* **hüvelyes lengéscsillapító ;** ~ **orsó** telescopic spindle ; ~ **tengely** telescopic shaft
teleszkóprendszerű *(gépt, gépk)* telescopic, telescoping
teleszkópszerű : ~ **fúróelőtoló szerkezet** telescope feed ; ~ **tám** *(bány)* jack column
teleszkóptám ceiling jack
teleszkópvilla *(mkpár)* telescopic fork
teletachométer tele-tachometer
teletölt replenish
teletömés jam(b)
televény humus, compost
televénydús talaj cumulose soil
televényképződés humification
televízió television, TV ; ~**n át szemlél** teleview ; **egyszínű** ~ monochrome television ; **fekete-fehér** ~ black-and-white television ; **kétirányú** ~ two-way television ; **kis felbontóképességű** ~ *(képenként 200 sor alatt)* low-definition television ; **nagy felbontóképességű** ~ high-definition television; **színes** ~ colour television ; **színváltó** ~ sequential colour television ; **térhatású** ~ stereoscopic television ; **vezetékes** ~ wire television
televízió-erősítő video-frequency amplifier
televíziómozi television cinema
televíziónéző televiewer
televíziós television, video- ; ~ **adás** sound-sight broadcasting; ~ **adó** visual/video/(tele)vision transmitter ; ~ **adócső** cammera/image tube ; ~ **antenna** television antenna/aerial ; ~ **bemondó** announcer ; ~ **berendezés** television equipment ; ~ **csatorna** television channel ; ~ **cső világítóernyője** viewing screen ; ~ **demodulátor** picture demodulator ; ~ **felvevő** *(gép)* telecamera, television camera ; ~ **felvevő cső** image tube ; ~ **filmadás** radiomovies ; ~ **filmezés** telecinematography ; ~ **filmközvetítés** telecinema, radiomovies ; ~ **film(le)adó berendezés** film transmitter ; ~ **frekvencia** video-frequency ; ~ **gépkezelő** cameraman ; ~ **hullámsáv** television band *(UK)* ; television broadcast band *(US)* ; ~ **irányítású** *(rep)* television directed ; ~ **jel** video/television signal ; vision signal *(UK)* ; visual signal *(US)* ; ~ **kamera** television camera ; ~ **képcső** picture tube ; ~ **képletapogatás** television scanning ; ~ **képsebesség** television frame/picture speed ; ~ **képvetítő** television projector ; ~ **készülékben alkalmazott tükör** viewing mirror ; ~ **kormányzású sikló repülőbomba** television-controlled glidebomb ; ~ **mozi** telecinema ; ~ **műsoradás** television broadcasting ; **pontbontásos** ~ **rendszer** dot-sequential system ; ~ **reléállomás** television relay station ; ~ **rendszer közbenső filmfelvétellel** intermediate film method ; ~ **sorköz** pitch ; ~ **szabvány** television standard ; ~ **szekrény** television cabinet ; **színes** ~ **cső** chromoscope ; ~ **távbeszélő rednszer** *(vezetékes)* television-telephone system ; ~ **telefon** visiotelephony ; ~ **vétel** television reception ; ~ **vetítő (vevő) készülék** projection receiver ; ~ **vevő** televisor, TV receiver, (tele)vision receiver (set)
televíziósáv television band
televízióstúdió television studio
televíziótechnika television engineering
televízor televisor
telex-papír teleutograph paper
Telfener-féle fogaskerekű vasút Telfener rack
telharmónium *(villamos hangszer)* telharmonium
teli replete ; ~**be fúr** drill ; ~ **vágány** loaded track
téli : ~ **döntésű fa** winter's felling ; ~ **fúvóka** *(gépk)* jet for winter use ; ~ **minőség** *(üzem- v kenőanyag)* winter grade ; ~ **nyúl(bőr)** winter hare
telibevágás *(keretfűrészen)* flitch cut
télikabátanyag coating
télikabátszövet heavy overcoating
télikenőcs winter grease
téliolaj winter oil
télisarok *(patkón)* frost nail
téliszőr *(bőr)* winter hair

telít saturate, impregnate ; *(vízzel:)* flood ; *(turbinát v centrifugálszivattyút)* **indítás előtt ~** prime ; **ammóniával ~** amoniate ; **gázzal ~** gas ; **szénhidrogénnel ~** *(vegy)* carburize ; **szénsavval ~** carbonate ; *(ásványvizet)* aerate ; **vízzel ~** flush ; **zsírral ~** tallow

telitárcsás fogaskerék plate gear

telitartós gém solid jib

telítés saturation, soaking, imbibition, impregnation, doping ; *(fa)* treatment ; *(vetüléké v láncé)* (back) filling ; **ammóniás ~** ammonifying ; **~ buborékoltatással** bubble aerating ; **~ben dolgozó dióda** *(rád)* temperature-limited diode ; **faanyagok ~e** *[szublimáttal]* cyanization ; **~ szénsavval** carbonation ; *(élip)* aeration ; **~ viasszal** ceration ; **~ vízzel** *(hidr)* flushing

telítési : ~ állapot *(vill)* voltage/current/plate saturation ; **~ áram** saturation current ; **~ érték** saturation value ; **farostok ~ pontja** fibre saturation point ; **~ feszültség** saturation voltage ; **~ fok** saturation ratio, degree of admission ; **~ fluxussűrűség** saturation induction ; **~ görbe** saturation curve ; **~ határ** saturation limit ; **~ indukció** saturation induction ; **~ jel** *(rád)* saturation signal ; **~ nyomás** saturation pressure ; **~ pont** point of saturation ; **~ tényező** saturation factor ; **~ vonal** line of saturation

telítetlen un(der)saturated ; *(fa)* untreated ; **~ kötés** *(vegy)* unsaturated link(age) ; **~ kőzetek** undersaturated rocks ; **~ sav** unsaturated acid ; **~ talpfa** untreated sleeper ; **~ vegyérték** partial valence

telítetlenség unsaturation, desaturation ; **~ a szénlánc kezdetén** *(vegy)* alpha-beta unsaturation

telített impregnated, saturated, replete, full-bodied ; *(fa)* treated ; *(vegy)* saturated ; *(tex)* saturated, impregnated ; **~ faanyag** treated timber ; **~ gőz** moist/saturated steam ; **~ kőzet** intermediate rocks ; **~ makadám** penetration macadam ; **nem ~** unsaturated, flabby ; **~ oldat** saturated solution ; **~ sólé** leach ; **~ sós lé** *(nyersbőrsózáshoz)* saturated brine ; **~ szénhidrogén** saturated hydrocarbon ; **~ szövet** *(tex)* filled cloth ; **~ talpfa** *(vasút)* impregnated sleeper ; **~ támfa** *(bány)* impregnated prop ; **~ terület** *(földt)* packed space ; **~ vasmag** *(vill)* saturatee core ; **~ vegyület** saturated compound ; **~ vízgőz nyomása** saturation vapour pressure

telítettség *(tex)* impregnation ; *(vegy)* saturation ; **relatív ~** *(színé is)* degree of saturation

telítettségi fok degree of saturation

telíthető saturable ; **~ vasmagos fojtótekercs** *(rád)* saturable inductor

telíthetőség saturation capacity, saturability ; *(tex)* impregnability

telíthetőségi jellemzők *(fa)* treating characteristics

telitollú kulcs full-bit key

telítő saturating, saturant, impregnant ; **~ berendezés** *(fa, tex)* impregnator ; **~ készülék** *(vegy)* saturator ; **~ keverék** *(fa, tex)* impregnation/impregnating compound ; **~ kikészítés fonákoldalon** *(tex)* back-filled finish

telítőanyag sealing/impregnating compound, impregnator ; *(nehezítő)* loading material ; *(tex)* filling agent ; **~ nélküli kaucsuk** unpigmented rubber

telítődési : ~ együttható saturation coefficient ; **~ képesség** capacity of saturation

telítődik impregnate ; *(vill)* saturate

telítőenyv *(tex)* dressing glue

telítőgép *(tex)* impregnating machine

telítőgörgő *(fényk)* coating roller

télizsír winter grease

teljes whole, complete, total, overall, thorough, gross, full, integral; **~ ajtókerétácsolat** *(bány)* four-piece set ; **~ aláfúvatás** full blast ; **~ amplitúdó** peak-to-peak amplitude ; **~ anyag** *(kész anyag ; pa)* second shaft ; **~ átedzés** through/full hardening ; **~ áthurkolású géz** full-cross leno ; **~ átvitel** *(frekvencia függvényében)* total response ; **~ átviteli csillapítás v veszteség** overal loss ; **~ beömlésű turbina** full-admission turbine ; **~en betömedékelt** *(bány)* wholly-filled ; **~ ciklus** complete cycle ; **~ csap** *(ép)* shiplap groove ; **~ differenciál** *(mat)* total differential ; **~ edzés** *(teljes keresztmetszetben)* through hardening ; **~ elborulás** *(met)* ten-tenth ; **~ elhalkulás** *(rád)* fade-out ; **~ eltolódás** *(vetődésnél)* total displacement ; **~ emelő v felhajtó erő** gross lift ; **~ emisszió** *(rád)* total emission ; **~ emisszióáram** *(rád)* space current ; **~en enyvezett** *(pa)* hard-sized ; **~ építési tilalom** prohibition for erecting buildings, prohibited area for buildings ; **~ erő** total force/intensity ; **~ erővel** *(gőzgép)* in full gear ; **~ erősítés** overall gain ; **~ falú tartó** plain girder ; **~ felszerelés v bútorzat** complete furniture ; **~ fényerő** *[lámpáé]* full brilliance ; **~ fényáram** *(fényforrás teljes fényemissziója)* total luminous flux ; **~ fesztáv** extreme span ; **~ fesztáv terhelése** *(hidon:)* full-span load ; **~ fojtószelepnyitás** full throttle; **~ fordulat** full turn ; **~ fordulatú** *(kotró)* circle-swing ; **~ földelés** *(vill)* total earth ; **~ földzárlat** dead earth ; **~ fűtőérték** gross calorific power ; **~ gépegység** self-containing unit ; **~ gőz** open steam ; **~ gyengítetlen keresztmetszet** gross section ; **~ hossz(úság)** *(gépt)* overall length ; **~ hosszban v hosszon át** out-to-out ; **~ hő** total heat ; **~ hullámkép** *(távk)* wave pattern ; **~ igénybevétel** overall stressing ; **~ kapacitás** *(vill)* total capacity/capacitance ; **~ kaucsuk** whole-latex rubber ; **~ kényszer** *(mech)* complete constraint ; **~ képfrekvencia** *(távk)* picture frequency ; **~ képmező** *(telev)* field ; **~ keresztmetszetre illesztett** *(hid)* fully spliced ; **~ késleltetésű** fully-retarded ; **~ kiégetés** good roasting ; **~ kiépítésű keret** *(távk)* fully equipped bay ; **~ kifutás** *(szelfaktorkocsié ; tex)* play of the carriage ; **~ kihézagolás** *(kihullott vakolat pótlására)* hick joint ; **~ kilágyítás** *(hők)* dead-soft annealing ; **~en kimodulált** *(rád)* completely modulated ; **~ kiművelés** *(bány)* total extraction ; **~ kinyerhető érték** *(ércből)* gross recoverable value ; **~en kiszárított** *(fa)* properly seasoned; **~ kitérés** *(távk)* full-scale deflection ; **~ kitérítés** *(aut)* full-scale deflection ; **~en kitérített** *(rep)* fully deflected ; **~ kormánykitérítés** *(rep)* full rudder ; **~en körbe forgatható szuppert** full-swing rest ; **~ (külső) szerkezeti hossz** length overall ; **~en lapos** *(földt)* dead flat ; **~ lefejtés** *(bány)* complete extraction ; **~ légritkítás** reduced to vacuum ; **~ lekötés** *[betoné]* final set ; **~ leolvasás** *[műszeren]* complete reading ; **~ lökettérfogat** total displacement ; **~löketű Corliss-vezérmű** full Corliss gear ; **~ mágnesezési görbe** major hysteresis loop ; **~ mechanikai ellenállás** mechanical impedance ; **~ megnyugtatásig olvadt állapotban tartott** *(koh)* dead-melt ; **~ megrakás** *(bány)* topping ; **~ megszilárdulás** *[habarcsé]* final hardening ; **~ megvilágítás** *(fényk)* brightfield illumination ; **~en megvilágított** full-lit ; **~ mérési határra kiterjedő beosztás** full-range scale ; **~en méretre kötő harisnyagép** fully fashioned hose machine ; **~ méretarány** full scale ; **~ méretben végrehajtott kísérlet** full-scale test ; **~ metilezés** *(vegy)* exhaustive methylation ; **~ munkabeszüntetés** deadlock ; **~ munkaidő** full time ; **~ mű** *(orgonában)* full organ ; **~ napfogyatkozás útja** *(csill)* path of totality ; **nem ~ lökőáramhullám** *(vill)* partial impulse ; **nem ~ tárcsázás** *(telef)* incomplete dialling ; **nem ~ terhelés** *(vill)* fractional load ; **~ nyitás** *(hidr)* full gate ; **~ nyomómagasság** *(hidr)* total head ; **~ nyomtáv(ú)** *(vasút)* full ga(u)ge ; **~ nyújtás** *(tex)* total draft ; **~en önműködő** fully automatic ; **~ összeköttetés maradékcsillapítása** *(távk)* overall circuit equivalent ; **~ pólusosztást elfoglaló tekercselés** full-pitch winding ; **~ pörkölés** sweet roasting ; **~ reakció** complete reaction ; **~ rezonancia** natural resonance ; **~ rövidzárlat** dead short ; **~ rugalmasság** complete elasticity ; **~ sebesség** full speed ; **~ skálahossz** full dial length ; **~ sor** *(nyomda)* full line ; **~ sugárzás** complete radiation ; **~ súly** gross weight ; **~en szabadonhordó** full cantilever ; **~ szabadságolás** full-time release; **~ száraz súly** gross dry weight ; **~ szélcsend** *(met)* dead/flat calm ; **~ szélesség** overall width ; **~ széntartalom** total carbon content ; **~ teher** gross load ; **~ tej** whole milk ; **~ terhelés** full load/charge ; **~ terheléssel fut** run on full load ; **~ terhelés melletti forgató nyomaték** full-load torque ; **~ terhelési feszültségesés** *(vill)* regulation down ; **~ töltés** *(gépt)* complete admission ; *(vill)* maximum charge ; **~ utógyújtási helyzet** full-retard position ; **~en üveges v tiszta** *(ásv)* holohyaline ; **~ üzemmel dolgozik** operate at capacity ; **~ váltakozás v ciklus** complete alternation ; **~ vetődési magasság** *(földt)* total throw ; **~en visszaverő**

prízma prismatic reflector ; ~ visszaverődés total reflection ; ~ visszaverődési szög critical angle ; ~ vízkiszorítás *(hajó)* total displacement ; ~en vízszintes sík dead level ; ~ vonal *(grafikonon)* solid line ; ~ yardhossz *(tex)* gross yards ; ~en zárt *(vill)* totally-enclosed

teljesít effect, perform ; **többet** ~ *(mint egy másik egység)* outperform

teljesíthető feasible

teljesítmény *(mech)* power ; *(gépt)* output, performance ; *(névleges)* (rated) capacity ; *(szivattyúé:)* delivery ; *[gépkocsié]* performance ; *(gépkocsimotoré)* (power) output ; **akusztikus** ~ *(rád)* acoustic power ; **antennába táplált** ~ aerial input ; **átlagos** ~ average output ; **bevezetett** ~ applied/input power ; **csuszamlási** ~ slip power ; **effektív** ~ effective power ; **effektív kisugárzott** ~ *(rád)* effective radiated power ; **egy lóerőnél kisebb** ~ fractional horse-power, F. H. P. ; **felhasznált** ~ *(gépk)* absorbed power ; **felszállási** ~ **tengerszinten** *(rep)* sea-level take-off rating ; **felvett** ~ *(gépk)* absorbed power ; *(vill)* consumed power ; ~ **földközelben** *(rep)* ground-level power ; **hajtószíjjal átvitt** ~ belt power ; **hasznos** ~ available capacity ; *(váltakozó áramé)* active power ; **kis** ~ *(gőzgépé, szivattyúé)* low duty ; **kisugárzott** ~ radiated power ; **látszólagos** ~ *(mech)* apparent output ; *(vill)* apparent power ; **leadott** ~ delivered power ; **légcsavar által felvett** ~ airscrew power ; **legnagyobb** ~ maximum output ; **legnagyobb üzemi** ~ maximum continuous rating, m. c. r. ; **meddő** ~ reactive/wattless power ; **nagyfrekvenciás** ~ high-frequency power ; **pillanatnyi** ~ instantaneous power ; **rendelkezésre álló** ~ available power ; ~ **szerinti bérezés** efficiency wages ; **tartós** ~ *(motoré)* continous output/rating ; **teljes** ~ gross power ; **tényleges** ~ actual power ; **utazó** ~ cruising power ; **veszteségi** ~ wasted power ; **vonó** ~ tractive power ; **wattnélküli** ~ reactive/wattless power ; **wattos** ~ *(vill)* active power ; **zárlati** ~ fault power

teljesítményadatok performance specifications ; *(számszerű)* performance figures

teljesítményátalakító *(vill)* power converter

teljesítménybehatároló *fn* power limiter

teljesítménybér efficiency wage

teljesítménycsökkenés loss/decrease of power

teljesítménydióda *[egyenirányító]* kenotron

teljesítményegység *(mech)* power unit

teljesítményegyüttható output coefficient

teljesítményellenőrző berendezés *(vill)* power monitor

teljesítményelosztó *(vill)* power divider

teljesítményerősítés *(rád)* power amplification

teljesítményerősítési tényező *(rád)* power amplification factor, power gain

teljesítményerősítő *(rád)* power amplifier ; ~ **cső** *(rád)* power-amplifier valve

teljesítményesés loss of power

teljesítményfelesleg reserve power ; *(gépk)* surplus power

teljesítményfelvétel *(gépt)* rate of power input

teljesítményfogyasztás power consumption

teljesítményfogyasztó *(vill)* power consumer

teljesítményfokozás boosting

teljesítményfokozat power stage

teljesítménygörbe performance curve(s)

teljesítménygrafikon working diagram

teljesítményhangátvitel *(rád)* transmitting power response

teljesítményhatár limit of power

teljesítményhatásfok power efficiency

teljesítményimpulzus power impulse

teljesítményjelleggörbe power curve

teljesítményjelző power indicator

teljesítménykapcsoló power switch

teljesítménykondenzátor *(vill)* power capacitor

teljesítménykorlátozó *fn* power limiter

teljesítménymérés output test ; ~ **indikátorral** indicating

teljesítménymérő *(mech)* power scale ; *(vill)* power meter ; ~ **áramkör** *(vill)* power-measuring circuit

teljesítmény-motorsúly viszony power-to-weight ratio

teljesítmény-munkabérrendszer contract system

teljesítménypróba output test

teljesítményrelé *(vill)* power relay

teljesítményrepülés performance flying

teljesítménysúly weight per horse-power, specific weight, power-weight ratio

teljesítményszabályozás power control

teljesítményszabályozó *fn* load governor ; ~ **szerkezet** *(gépk)* power-control unit

teljesítményszint power level

teljesítményszolgáltató képesség *(rád)* power-handling capacity

teljesítményszükséglet power demand

teljesítményszükséglet-görbe power-required curve

teljesítményszükséglet mérőműszer *(vill)* demand meter

teljesítménytábla rate plate

teljesítménytartalék power reserve/margin

teljesítménytényező power factor ; ~t **javító** *(vill)* phase modifier

teljesítménytényező-mérő *(vill)* power-factor meter

teljesítményterhelés *(rep)* power loading

teljesítménytöbblet *(mech)* surplus/excess power

teljesítménytranszformátor power-transformer

teljesítményviszony *(rád)* power ratio

teljesítmény-vitorlázórepülés high-performance gliding/soaring

teljesítményvizsgálat performance test

teljesítőképes efficient, productive

teljesítőképesség capacity, performance, efficiency ; **előirányzott** ~ design capacity ; ~ **tényező**je *(vill)* capacity factor ; **tényleges** ~ actual output

teljességi fok *(légcsavarnál)* solidity

telkesítendő terület *(ép)* plotting area, area to be divided into plots

telkesített terület *(ép)* plotted/allotted area

tellúr *(vegy)* tellurium ; ~ **tartalmú** *(ásv)* tellurian

tellurát tellurate

tellúrdioxid tellurium dioxide, tellurous oxide, tellurous acid anhydride

tellurid telluride

telluril *(gyök:)* telluryl

tellurit *(ásv)* tellurite, telluric/tellurium ochre ; *(vegy)* tellurite

tellúrokker *(ásv)* *l* **tellurit**

tellúrossav tellurous acid

tellúrossavanhidrid tellurous acid anhydride, tellurium dioxide, tellurous oxide

tellúrsav telluric acid

tellúrsavanhidrid telluric acid anhydride, telluric oxide, tellurium trioxide

tellúrtrioxid telluric oxide, tellurium trioxide, telluric acid anhydride

telt : ~ **csévét kikapcsoló gyűrű** *(tex)* full cop stopping ring ; ~ **fogású** *(tex)* lofty ; ~ **fogású gyapjú** lofty wool ; ~ **hangú** sonorous ; **léggel** ~ air-bound ; **vízzel** ~ *(nehézzé vált)* **úszótest** *(rep)* logged float

teltség ful(l)ness

teltségi : ~ **fok** *(hajó)* block coefficient ; ~ **tényező** *(hajó)* water-plane coefficient

temiskamit *(ásv)* *l* **maucherit**

tempera tempern colo(u)r

temperál *(hők)* malleablize, anneal ; *(ker)* temper

temperálás *(hők)* malleablizing, annealing ; *(hangsoré)* temperament

temperáló kemence annealing furnace

temperálóérc *(koh)* annealing ore

temperált : ~ **félhang** half-step ; ~ **hangsor** tempered scale

tempergrafit *(koh)* temper graphite

temperométer temperometer

temperöntvény *(koh)* malleable cast iron ; **amerikai** ~ blackheart malleable cast iron ; **európai** ~ white-heart malleable cast iron ; **fehér töretű** ~ white-heart malleable cast iron ; **fekete töretű** ~ blackheart malleable cast iron

temperszén annealing carbon, temper graphite/carbon

tempervas *l* **temperöntvény**

templomi : fedett ~ **körfolyosó** *(ép)* ambulatory

templomkarzat clerestory

templomtoronycsúcs church spire

templomtoronygomb ball top of steeple

tempó pace, tempo

tendenciavonal trend line

tender *(vasút)* tender

tengely *(mértani)* centre line, axis ; *(támasztó)* axle, axle-tree ; *(nyomatékátvivő)* shaft, arbor, spindle ; *[horgonyhoz ; távk]* pivot ; *[paraboláé:]* principal axis ; *(függőlegesen álló ; hajó)* pivot ; *[emelőkaró]* boss rod ; **abszorpciós** ~ *(ásv)* absorption axis ; ~**ek alatt felfüggesztett** *[kocsialváz]* underslung ; **álló** ~ *(geod)* centre ; *(gépt)* stationary axle ; ~**ek által bezárt szög** shaft angle ; **bordás** ~ splined shaft ; **bütykös** ~ camshaft ; **eltérő** *v* **egybe nem eső** ~**ek** out-of-line axes ; ~ **fordulatszáma** shaft speed ; **függőleges** ~ vertical axle, pivot, king pin ; **függőleges** ~ **körül forgó elrendezés** *v* **szerelés** *(fényk)* azimuth mounting; **hajlékony ~** flexible shaft; **hajtó ~** driving/main shaft; **hajtott ~** *(gépk)* live axle; **~ről hajtott** shaft-driven; **hátsó ~** *(gépk)* back axle; **hordozó ~** *(gépk)* dead axle; **~en kívüli** eccentric, off-centre; **könyökös ~** crankshaft; **körhagyó ~** eccentric shaft; **~ek közti távolság** *l* **tengelytávolság**; **mágneses ~** magnetic axis; **~en mért teljesítmény** *(lóerőben)* shaft (horse) power; **peremes ~** flanged shaft; **~en szállít** wheel; **szállítás ~en** wheel transport; **~ széles nyomtávra** wide-tread axle; **szerelvényhajtó ~** accessory shaft; **~ szögelmozdulása** angular displacement of shaft; **transzmissziós ~** line shaft; **üreges ~** hollow/bored shaft; **villamos ~** electric axis

tengelyacél *(heng)* axle steel

tengelyágy axle box

tengelyágyazás axle bed

tengelyágy-billenőtámasz rocker bearing

tengelyágykenő edény *(ellenágy)* axle-box cellar

tengelyágykötő vas pedal brace

tengelyágyvezeték *(keretöntvény)* frame pedestal

tengelyarány *(ásv)* axial ratio

tengelybak *(hajó)* propeller brackets

tengelyborda spline

tengelyburkolat axle sleeve; **áramvonalas ~** *(futóműnél; rep)* axle streamlining

tengelycsap trunnion, (neck) journal, axle pin; *(szekéren)* skein; *(vasút)* wheel seat; *(talpcsapágyban)* toe, pivot; **csapágyazott ~** bearing journal; **~ sugara** neck radius

tengelycsapágy exle/journal/shaft bearing

tengelycsapágy-dörzsár pivot reamer

tengelycsapágyék axle-box wedge

tengelycsapágyház vezeték *(vasút)* axle-box slide

tengelycsapágy-persely axle brass

tengelycsap-befogófej throat die

tengelycsapcsiszoló gép journal-grinding machine

tengelycsapeszterga axle journal lathe

tengelycsapesztergálás spotting

tengelycsaphüvely axle sleeve

tengelycsapkúp axial cone

tengelycsapnyak journal neck

tengelycsappersely axle sleeve

tengelycsapvég trunnion face

tengely-csavarónyomatékmérő *fn* transmission dynamometer

tengelycsonk *(gépk)* stub axle; steering-knuckle spindle *(US)*

tengelycsonkcsap *(gépk)* swivel pin; **~ csapágya** swivel-pin bearing; **~ nyomólapjai** swivel-pin thrust washers

tengelycsonk-csapszeg *(gépk)* king/swivel pin; **gömbcsuklós ~** *(független mellső rugózásnál; gépk)* ball-type steering swivel

tengelycsonk-gyám *(ez fordul el kormányzáskor; gépk)* steering swivel/knuckle, stub axle carrier

tengelycsonknyomás journal pressure

tengelycsonk-tartó *(első futóműn; gépk)* stub carrier

tengelydrót *(vill)* core-wire

tengelyegyengető gép *(szersz)* shaft straightener

tengelyenkívüli extra-axial

tengelyes mosó *(koh)* log washer

tengelyeszterga shaft-turning lathe, axle lathe

tengelyfej *(tengelyvég)* axle head

tengelyfelfüggesztés shaft hanger; *(gépk)* axle suspension

tengelyferdülés *(vízszintes síkban; gépk)* axle skewing

tengelyforgó *(emelőn)* stop sheet/plate

tengelygallér *(gépt)* cuff

tengelygyűrű end hoop; *(gépk)* axle ring; **~ vállfelülete** shoulder of the axle collar

tengelyhajtású shaft-driven

tengelyhajtó (nyeles) kúpkerék *(gépk)* axle-drive bevel pinion

tengelyház *(gépk)* axle casing

tengelyirány direction of axis; **~ban fűrészelt** *(fa)* edge-grained

tengelyirányú axial; **~ elmozdulást gátló anyacsavar** retaining nut; **~ erő** axial force; *(mech)* thrust; *(csapágynál)* axial thrust; **~ forgási vetődések** *(földt)* pivot faults; **~ játék** axial float; *(forgórészé; vill)* (rotor) end play; **~ játéktér** *(óra)* endshake; **~ kapcsolás** *(vill)* axial lead; **~ nyomást** *v* **erőt felvevő képesség** thrust capacity; **~ rögzítés** axial location; **~ terhelés** thrust load

tengelyjáték axle/shaft play

tengelykapcsolás shaft coupling

tengelykapcsoló *(oldható)* clutch; *(nem oldható)* coupling; *(gépk)* clutch; **~ agy** *(gépk)* clutch centre/hub; **belsőkúpos ~** reversed-cone clutch; **~ betét** *(gépk)* clutch lining; **~ borítólemez** clutch cover; **bőrcsapos ~** leather-pin clutch; **centrifugális ~** centrifugal clutch; **csuklós ~** articulated coupling; **csúszásmentes ~** *(oldható)* positive clutch; **csúszó ~** adjustable overload friction clutch, slipping clutch; **dilatációs ~** expansion coupling; **Dohmen—Leblanc ~** toggle clutch; **egytárcsás száraz ~** *(gépk)* single dry-plate clutch; **elektromágneses ~** electromagnetic coupling; **erőátviteli ~** power clutch; **feszítőgyűrűs ~** expanding-ring clutch; **fogazott ~** toothed clutch; **gömbcsuklós ~** ball coupling; **görgős ~** *(torpedó)* roller clutch; **hajlékony ~** flexible coupling; **Hardy-tárcsás ~** Hardy-joint coupling; **héjas ~** clamp coupling; **~ hüvely** coupling box/sleeve; **kardáncsuklós ~** cardan joint; **karimás ~** flange(d) coupling; **~ kengyel** *(gépk)* coupling shackle; **kettőskúpos ~** Sellers' coupling; **kézi ~** hand-operated clutch; **kiegyenlítő ~** expansion coupling; **körmös ~** jaw/dog clutch; **kúpos ~** *(nem oldható)* cone coupling; *(oldható)* cone/bevel clutch; **külsőkúpos ~** direct-cone clutch; **lamellás ~** multiple-disc clutch; **lemezes ~** multiple-disc clutch; **mechanikai ~** *(megkülönböztetésül a folyadékhajtásútól; gépk)* mechanical clutch; **~ megcsúszása** overrunning; **merev ~** closed/rigid coupling; **nyírócsapos ~** shearing clutch; **Oldham-féle ~** Oldham coupling; **oldható ~** clutch; *(nem visszakapcsolható)* disengaging clutch; **oldó ~** release clutch; **~ oldócsapagy** cluth release bearing; **~ orsója** clutch spindle; **osztott ~** box coupling, split-coupling; **önbeálló ~** floating coupling; **~ pedál** *(gépk)* clutch pedal; **~ pedáltengely** throw-out shaft; **pneumatikus ~** pneumatic clutch; **~ rögzített fele** fixed clutch member; **rugalmas ~** elastic coupling; **~ rugó** clutch-disengaging spring; **surlódó ~** friction clutch; **(súrlódó)-pofás ~** block clutch; **súrlódószalagos ~** band clutch; **szabadonfutó ~** free-wheeling clutch; **száraz (tárcsás) ~** dry clutch; **~ tárcsa** *(gépk)* clutch plate; *(rugók a lágy indításhoz)* cushion springs; *(maga a szerkezet)* cushion-drive device; **tárcsás ~** disc clutch; **tokos ~** coupling box/sleeve; **többkúpos ~** multicone clutch; **Triumph-féle ~** coil-friction clutch; **~ vezetőcsapágy** *(gépk)* clutch spigot bearing *(UK)*; clutch pivot bearing *(US)*

tengelykapcsoló-bowden clutch cable

tengelykapcsolócsúszás clutch slip(ping)

tengelykapcsoló-emeltyű *(kézi)* clutch hand lever

tengelykapcsolófedél clutch cover

tengelykapcsolófék clutch stop

tengelykapcsolóház clutch case/housing

tengelykapcsolókar clutch lever

tengelykapcsolókiemelő: ~ csapágy *l* **oldócsapágy** *és* **oldógyűrű**; **~ hüvely** withdrawal clutch sleeve; **~ huzal** clutch wire; **~ szerkezet** withdrawal mechanism; **~ villa** *(gépk)* clutch release fork

tengelykapcsolókinyomó: ~ agy clutch throw-out sleeve; **~ csapágy** *(gépk)* *l* **tengelykapcsoló oldócsapágy**; **~ hüvely** clotch throw-out sliding muff; **~ villa** clutch fork

tengelykapcsoló-kioldó tárcsa clutch release plate

tengelykapcsoló-nyomócsapágy clutch thrust bearing

tengelykapcsoló-nyomólap *(gépk)* (clutch) pressure plate

tengelykapcsoló-nyomórugó (clutch) pressure spring, clutch spring

tengelykapcsolóoldó csapágy *(gépk)* clutch release bearing

tengelykapcsolópedál clutch pedal; **~ visszahúzó rugója** clutch pedal spring

tengelykapcsolópersely coupling ring

tengelykapcsoló-rugó feszítő lap clutch spring press plate

tengelykapcsoló-rugótányér clutch spring plate

tengelykapcsoló-tárcsa clutch-driving plate; *(tangenciális)* clutch plate spring

tengelykarika *(kocsin)* linch hoop

tengelykarima collar, shaft disc/flange

tengelykenőcs axle grease

tengelykép *(ásv)* image of convergent light

tengelykerékreszelő *(óra)* clock-pinion file

tengelykeresztezés szöge intersecting angle of axes

tengelykeresztmetszet *(mat)* centre section

tengelykotyogás axle/shaft play

tengelykötés shaft coupling; **csuklós ~** articulated coupling; **gömbcsuklós ~** ball-and-socket joint

tengelykötő karima joint flange

tengelyközépeszterga axle-middle lathe

tengelyközéprész body of axle

tengelyleszúró központozó gép axle cutting-off and centering machine
tengelylibella *(geod)* striding level
tengelymetszet *(ásv, mat)* axial section
tengelymodell csapágyfémöntéshez babbitting mandrel
tengelymotor direct-drive motor
tengelynadrág *(hajó)* propeller bossing
tengelynyak axle collar
tengelynyakgyűrű neck ring
tengelynyomás axial pressure ; *[talpcsapágynál]* axial thrust ; *(gépk)* axle weight ; *(vasút)* weight per axle, axle load ; ~ **görbéje** thrust curve
tengelynyomásmegoszlás *(első és hátsó tengely között; gépk)* axle load ratio
tengelyolaj journal-box oil
tengelypárna *(rugózó)* axle pad
tengelypecek *(lófogatú járóművön)* linch pin
tengelyprés shaft press
tengelypróba axial test
tengelyregulátor shaft governor
tengelyrögzítő csap axle pin
tengelyrugó body spring
tengelyrugózás springing of the axis
tengelysajtó arbor press
tengelysapka axle cap
tengelysík axial plane
tengelyszimmetrikus axially symmetrical, in axial symmetry
tengelyszög axial angle
tengelytámasz shaft brace
tengelytáró centre heading
tengelytáv axle/wheel base ; *(gépk)* wheel base ; *(vasút)* axle-to-axle distance
tengelytávállító cső *l* **távtartó**
tengelytávolság distance between axes, axial distance ; *(vasút)* axle-to-axle distance
tengelyteljesítmény effective output
tengelyterhelés axle load ; **megengedett** ~ *(vasút)* axle weight limit
tengelyterhelési próba axial test
tengelytok axle casing/sleeve
tengelytoldat shaft extension
tengelytömítés shaft seal ; **hullámmembrános** ~ bellow seal
tengelytörés axle fracture
tengelyváll cuff, shaft shoulder/collar
tengelyvastagodás *(felékelésre)* boss
tengelyvég : **kúpos** ~ axial cone ; ~ **sugara** *v* **sugármérete** neck radius
tengelyvégcsap journal
tengelyvéggyűrű linch hoop
tengelyvégtömítés shaft-end washer
tengelyvezeték shaft line ; *(hajó)* shafting
tengelyvilágítás *(fényt)* axis light
tengelyvonal centreline
tenger : ~ **átalakító mozgása** *(földt)* thalassocratic motion ; ~ **háborgása** heaving of the sea ; ~ **térfoglalása** *(földt)* hydrocratic movement ; **viharos** ~ heavy sea
tengerág *(földt)* sound
tengeralatti : ~ **felvevőgép** *(fényk)* submarine camera ; ~ **földrengés** submarine earthquake ; ~ **kábel** submarine cable ; ~ **művelés** *(bány)* submarine mine ; ~ **völgy** *v* **árok** *(földt)* submarine valley
tengeralattjáró submarine ; ~ **friss levegőt beeresztő nyílása** conning hatch ; ~ **hangfelfogó berendezése** submarine sound receiver
tengerálló sea-fast ; *(hajó)* seaworthy
tengerár firth
tengerbíró sea-fast
tengerbiztos *(hajó)* seaworthy
tengerentúli oversea(s) ; ~ **adás** *(rád)* oversea(s) transmission ; ~ **bőr** *(vadbőr)* overseas hide ; ~ **eredetű fa** colonial timbers ; ~ **postapapír** foreign paper
tengerészblúz *(amerikai)* middy (blouse)
tengerészbőrönd sea-chest
tengerészbronz *(koh)* admiralty alloy
tengerészcsomó double-half hitch
tengerészet marine
tengerészeti marine, nautical, naval ; ~ **csomó** carrick bend ; ~ **csőfoglalat** *(rád)* navy socket ; ~ **irányítás** marin guidance ; ~ **kronométer** *(hosszúsági fokok meghatározásához)* marine chronometer ; ~ **látcső** marine glass ; ~ **lőszertár** navy arsenal ; ~ **rádióállomás** maritime station ; ~ **repülés** naval aviation ; ~ **repülő állomás** naval air station ; ~ **repülőtér** naval aerodrome ; ~ **tájoló** marine compass; ~ **térképpapír** sea chart paper
tengerészfém *(koh)* admiralty alloy
tengerészfenék *(földt)* sea floor/bottom
tengerészkék *(szín)* marine/navy blue
tengerészláda sea-chest
tengerészsapka sea-cap
tengerfenékrengés ground swells
tengerhab sea scum
tengerhajózás navigation
tengerhajózási maritime, marine, nautical ; ~ **térkép** nautical chart
tengeri *mn* marine, maritime, navy, nautical, sea ; *fn, l* **kukorica** ; *(földt)* pelagic, neptunian ; **angol** ~ **mérföld** admiralty mile ; ~ **átkelő út** passage ; ~ **és édesvízi eredetű** *(földt)* fluvio-marine ; ~ **éghajlat** marine climate ; ~ **építmény** sea building ; ~ **fű** alfa/sea-grass ; ~ **hajóutak főirányának térképe** track chart ; ~ **hal** salt-water fish, sea-fish ; ~ **hínár** sea tangle ; ~ **homok** sea sand ; ~ **iszap** sea ooze ; ~ **kábel** submarine cable ; ~ **kavics** sea gravel ; ~ **kikötő** sea port ; ~ **kötélpálya** maritime cableway ; ~ **letarolás** *(földt)* marine erosion ; ~ **mérföld** nautical mile ; ~ **mérőléc** *(hajó)* sea ga(u)ge ; ~ **plankton** haliplankton ; ~ **repülőkikötő** seadrome ; ~ **só** sea salt ; ~ **sósvíz** sea brine ; ~ **szállítmánybiztosítási kötvény** marine cargo policy ; ~ **tajték** sea scum ; ~ **üledékek** *(földt)* marine deposits ; ~ **zsilip** sea lock
tengeriség *(met)* oceanity
tengerit *(ásv)* tengerite
tengerjárási feltételek seagoing conditions
tengerjárásjelző lámpa tide light
tengerjáró hajó seagoing ship
tengerkék marine blue
tengermedence *(földt)* sea basin
tengermenti sósvízű pocsolya sea brine
tengeröböl bay ; **kis** ~ fleet
tengerpart shore, seaboard, coast ; **föveny es** ~ beach ; **lépcsőzetes** ~ coastal terrace
tengerpartfedezet *v* **-védelem** *(hidr)* coast protection
tengerparti : ~ **gát** sea dike ; ~ **lelőhely** *(bány)* sea-beach placer ; ~ **rádióállomás** maritime station ; ~ **telep** *(földt)* sea-beach placer ; ~ **tó** border lake ; ~ **védőművek** *(hidr)* tidal and coast works
tengerrengés submarine earthquake
tengerrengési hullám seismic sea-wave
tengerszem lakelet
tengerszint sea level ; ~ **alatti** *(földt)* submarine ; ~ **alatti síkság** sub-coastal plain ; ~ **feletti magasság** sea-level altitude ; ~ **feletti magasságot mérő műszer** absolute altimeter ; **redukálás a ~re** *(geod, rep)* reduction to sea level ; **~re vonatkoztat** *(rep)* reduce to sea level
tengerszoros narrows, neck, straits, belt ; ~ **bejárata** sea-gate
tengervíz natural brine, sea water ; **édesvízzel kevert** ~ brackish water
tengervízálló sárgaréz naval brass
tengervíz-korrózió seawater corrosion
tengervíz-szelep *(korrózióálló anyagból)* brine valve
tengerzár blockade
tengerzöld sea-green
teniszpálya court
teniszütőtáska tennis racket case
ténit *(ásv)* taenite
tennantit *(ásv)* tennantite
tenorit *(ásv)* tenorite, melaconite, black copper (ore)
tenorkürt tenor cor
tenziméter tensimeter
tenzométer strain ga(u)ge, extensometer
tenzor *(mat)* tensor, dyad
tenzor- *(mat)* dyadic, tensorial
tenzorösszeg *(mat)* dyadic sum
tenyérgyűszű *(vitorlavarráshoz ; hajó)* palm
tenyérpróba *(ol)* palm test
tenyérszerű palmate
tenyésztett gyöngy culture pearl
tenyésztő burok *(atomreaktorban)* breeding blanket
tényező coefficient, factor ; *(mech)* modulus ; *l még* **együttható** ; **abszorpciós** ~ absorption factor ; *(szlnk)* absorption index ; **adhéziós** ~ adhesion coefficient/factor ; **biztonsági** ~ safety factor, coefficient of safety ; **csatolási** ~ *(rád)* coupling coefficient ; **csillapítási** *v* **csillapodási** ~ damping coefficient, coefficient of attenuation ; **csökkentési** ~ *(mat)* coefficient of reduction ; **csuszamlási** ~ slip ratio ; **deflegmációs** ~ reflux ratio ; **dielektromos veszteségi** ~ dielectric loss factor ; **egyenletességi** ~ coefficient of uniformity ; **elnyelési** ~ absorption coefficient/factor ; **érdességi** ~ *(hidr)* coefficient of roughness ; **erősítési** ~ *(rád)* gain, coefficient of amplification ; **expanziós** ~ expansion factor ; **feketedési** ~ extinction factor/coefficient ; **filtrációs** ~ permeability ; **fordulatszámváltozási** ~ coefficient of speed variation ; **gyakorisági** ~ frequency factor ; **hallhatósági** ~ audibility factor ; **helyesbítési** ~ correction factor ; **hőátadási** ~ heat transfer coefficient ; **hőátbocsátási** ~ coefficient of heat transmission ; **hőtágulási** ~ *(vonalas)* coefficient of linear expansion ; *(térfogati:)* coefficient of cubic expansion ; **hővezetési** ~ heat conductivity ; **jósági** ~ quality factor; **kifolyási** ~ discharge coefficient ; **kihasználási** ~ utilization factor ; **kontrakciós** ~ coefficient of contraction ; **kölcsönös indukció ~je** coeffi-

cient of mutual induction ; **merevségi** ~ coefficient of rigidity ; **összenyomhatósági** ~ *(mech)* coefficient of compressibility ; **súrlódási** ~ friction coefficient ; **szivárgási** ~ coefficient of leakage ; **szórási** ~ *(vill)* coefficient of leakage ; **tapadási** ~ coefficient of adhesion ; **teljességi** ~ *(mat)* coefficient of fullness ; **terhelési** ~ load factor ; **terjeszkedési** ~ expansion factor ; **termikus behajlási** ~ *(kettősfémé)* flexivity coefficient ; **tisztasági** ~ *(gépk)* purity factor ; **töltési** ~ *(vill)* coefficient of charge ; **töltésveszteségi** ~ coefficient of leakage ; **veszteségi** ~ loss factor ; **viszkozitási** ~ coefficient of viscosity; **visszafolyási** ~ reflux ratio ; **vulkanizálási** ~ coefficient of vulcanization ; **zavarási** ~ *(hangt)* blur factor

tényleges actual, effective, real ; ~ **állásszög** *(rep)* true angle of attack ; ~ **átfolyási szelvény** *(hidr)* free area ; ~ **átlagsúly** actual average weight ; ~ **átmérő** effective diameter ; ~ **érték** effective value ; *(aut)* actual value of controlled variable ; ~ **felület** *(pa)* net area ; ~ **feszültség** *(mech)* operating stress ; *(vill)* normal voltage ; ~ **hatásfok** actual efficiency ; ~ **hullám** *(rád)* working wave ; ~ **irányszög** *(hajó, rep)* true heading ; ~ **magasság** effective height; ~ **méret** actual size ; ~ **nyomás** *(mech)* effective pressure ; *(aut)* differential pressure across metering orifice ; ~ **nyújtás** *(tex)* draft actual/resultant, checked draft ; ~ **nyúlás** *(tex)* actual elongation ; ~ **permeabilitás** *(vill)* intrinsic permeability ; ~ **súly** actual weight ; ~ **szint** actual level ; ~ **teljesítmény** actual power

teobromin *(vegy)* theobromine

teodolit theodolite ; **amerikai** ~ American transit ; **szélmérő** ~ *(met)* ballon theodolite

teofillin *(vegy)* theophylline, theocine

tép break, shred, tear

tépdes pluck

tepertő *(élip)* cracklings

tépés shredding ; *(pa)* plucking ; *(rosté a papírból)* hinting ; *(tex)* **batting,** picking ; *(sebkötésre)* charpie

tépett : ~ **gyapjú** *(tex)* recovered/reclaimed/regenerated/reconditioned wool ; ~ **gyapot** *(magtokkal együtt)* snapped cotton

tépettgyapjú-kártoló gép *(tex)* shoddy card

téphetetlen képeskönyv *(pa)* rag book

tépődob *(tex)* willowing drum

tépőfarkas *(tex)* dwil, thrasher, breaker, teaser

tépőgép *(pa)* tearing-machine/-tester ; *(tex)* carding willow, tenter hook teaser/willey/willow

tépőkés *(trimmelőkés)* trimmer knife

tépőpróba *(pa)* tear-test

tépőszilárdság-vizsgáló *(pa)* through--tear tester ; *(Elmendorf-féle)* tearing tester

tér field, space ; *(ép)* plain, public square, area/space of common use ; **azonos feszültségű** ~ *(vill)* equipotential space ; **Crookes-féle sötét** ~ cathode dark space ; **csillapított** ~ *(rád)* attenuated field ; **eltolt** ~ *(vill)* biased field ; **forgó** ~ *(vill)* rotary/rotating field ; **harántirányú** ~ *(vill)* cross/transverse field ; **káros** ~ clearance space ; **körkörös** ~ *(vill)* circular field ; **lemágnesező** ~ *(vill)* degaussing field ; **minden oldalról zárt** ~ *(mat)* solid ; **nagyfrekvenciás** ~ *(rád, táv)* high-frequency field ; **örvényes** ~ *(vill)* rotational field ; **örvénymentes** ~ *(vill)* non-circuital field, lamellar/irrotational field ; **potenciális** ~ *(vill)* potential field ; **rács-anód** ~ *(rád)* grid-anode region ; **skaláris** ~ *(vill)* scalar field ; **sugárzási** ~ *(vill)* radiation field ; **szórt** ~ *(vill)* stray field ; **tartók közötti** ~ *(ép)* bay of joists; **üres** ~ *(nyomda)* blank ; **váltakozó mágneses** ~ *(vill)* alternating magnetic field ; **zárt** ~ closed space

téranyag *(nyomda)* whites

terasz *(ép, földt)* terrace, bench ; *(lépcső)* stoop ; **allúviális** ~ apron

teraszkészítés *(földmunkánál)* terracing

teraszkorszak *(földt)* terrace epoch

teraszlelőhely *(földt)* bench placer

teraszlerakódás *(földt)* bench placer

teraszolás *(mzg)* terracing

teraszos tető platform roof

teraszüledék *(földt)* terrace cover

teratolit *(ásv)* teratolite, "terra miraculosa Saxoniae", "saxonische Wundererde"

térbeli spatial ; *(mat)* in space ; ~ **elhelyezés** spatial arrangement ; ~ **elosztás** space distribution ; ~ **erő** *(mech)* non-planar force ; ~ **erősokszög** *(mech)* skew polygon of forces ; ~ **felmérés** *(geod)* stereometry ; ~ **hallás** auditory perspective; ~ **hatás** plasticity ; ~ **hátrametszés** *(geod)* three-problem in space ; ~ **helyzet megvilágítás időpontjában** *(légi fényképezésnél)* exposure station ; ~ **kép** stereoscopic image/view ; ~ **képlet** *(vegy)* stereoformula ; ~ **kinematikai lánc** solid linkage ; ~ **koordináták** *(geod)* space coordinates ; ~ **koordinátatengelyek** *(mat)* solid/space axes ; ~ **korlátozás** localization ; ~ **látás** stereoscopic vision ; ~ **metszés** *(geod)* space intersection ; ~ **rács** *(sztereoszkópikus térképező műszerben)* spatial grid ; ~ **sebesség** space velocity; ~ **szétszórtság** *(rád)* space diversity

terbium terbium; ~ **tartalmú** *(ásv)* terbian

terbiumoxid terbia, terbium oxide

terc *(hangköz)* third

tercia *(nyomda)* primer

tercier *mn* tertiary ; *l még* **harmadlagos** ; *fn* *(földt)* *l* **harmadkor** ; ~ **alkohol** tertiary alcohol ; ~ **amin** *(vegy)* nitrile base, tertiary amine ; ~ **kalciumfoszfát** tertiary calcium phosphate, tricalcium phosphate ; ~ **tekercselés** *(vill)* tertiary winding

térd knee ; ~ **alakú gyűrődés** *(földt)* knee fold(s)

térdelő *(motorindító)* knee-lever

térdeplő *(ép)* kneeler

térdfa *(hajó, ép)* bracket

térdfék *(tex)* knee brake

térdharisnya three-quarter hose

térdkő *(ép)* but(t)

térdnadrág *(tex)* knee-breeches, knickerbockers

térdpárna *(kővezetmunkákhoz)* knee pad; *(motorkerékpáron)* kneegrip, knee stabilizer ; *(tex)* hassock

térdránc *(földt)* *l* **flexúra**

térdregiszter *(harmóniumon)* knee-lever

térd-sarokkő *(ép)* kneeler

térdtámasz *(mkpár)* knee grip

térdtávolság *(gépk)* knee room

térdvédő knee-cap ; *(tex)* knee board ; ~ **gerenda** *(csévélőn)* knee board ; ~ **szivacsgumiból** *v* **laticelből** *(bány)* sponge-rubber knee protectors

terel baffle, turn, deflect, divert ; **hívást** ~ *(távk)* route a call ; **más vágányra** ~ switch

terelés deflection, diversion ; *(távk)* deflection ; ~ **szöge** angle of guide

tereléserősítő deflection amplifier

terelési : ~ **érzékenység** deflection sensitivity ; ~ **tényező** deflection factor

térellenőrzés *[radarral]* sounding

térelosztás *(rád)* field pattern

terelő *fn* rejector, deflector, baffle (plate) ; ~ **anódlemez** *(klisztronnál)* reflector ; ~ **berendezés** *(turbinához)* gate apparatus ; ~ **csatorna** diversion canal ; ~ **csigasor** *(bány)* snatch block ; ~ **generátor** *(távk)* deflection generator ; ~ **(segéd)anód** reflecting plate

terelőbordás henger *(áruszélesítő ; tex)* roller with spiral ridges

terelőcsiga sheave/angle pulley ; *(csévélőgépen ; tex)* deflecting coils

terelőcső *(ker)* baffle tube

terelődob *(emelőn)* deflecting pulley

terelőék *(mélyfúrásban)* whipstock

terelőernyő apron

terelőfa *(ép)* hurter

terelőfal baffle (wall), deflector

terelőgát *(hidr)* diverting/separating dam/weir

terelőgörgő guide pulley/roll(er)

terelőgyűrű carrying ring ; *(rendezőkereten ; távk)* bridle ring

terelőhenger *(tex)* guide roll

terelőkamra guide chamber

terelőkorlát *(megállóhelyen)* queue barrier

terelőkorong angle sheave ; *(bány)* bottle chock

terelőkotró *(bány)* scraper deflector

terelőlakat *(kh)* guard cam

terelőlap baffle/deflecting plate ; *(élip)* float

terelőlapát guide vane

terelőlapát-koszorú wicket gate distributor

terelőléc *[aratógépmotollán]* bat

terelőlemez deflection angle plate, baffle/skirt plate ; *(szivattyún)* baffle ; *(szállítószalagon)* pallet ; *(motorszelepnél)* deflector plate ; *(mzg)* gatherer sheet ; *(ér nélküli kábelben ; távk)* septum ; *(fésülőgépen ; tex)* lap plate

terelőlemezes : ~ **előmelegítő** baffle feed heater ; ~ **kábel** septate coaxial cavity

terelőmenet *(tex)* lap plate

terelőmű *(hidr)* diverter

terelőnyomás deflection angle pressure

terelőpálya track

terelőpecek guide check

terelősín *(kanyarban)* check rail

terelőszög *(forg)* cutting edge inclination

terelőtábla *(hidr)* baffle board

terelőtárcsa guide pulley/roll(er)
terelőtekercs *(távk)* deflector/deflection coil
terelővágány *(vasút)* deflecting track
térem *(bány)* volume
teremakusztika acoustics of rooms
teremdongás *(rád)* buzz
teremmester *(pa)* finishing-room foreman, head finisher; *(szövő; tex)* shed master
téremnövekedés feltöltésben *(bány)* swelling in fill
teremrezonancia room resonance
teremzaj *(távk)* room noise
teremzajmentes kapcsolás anti-sidetone connection
terep terrain, field, area, landscape; **árkokkal azonos szintű részekre felosztott ~** *(árasztó öntözés céljából)* absolute block; **~ feletti magasságjelző** *(rep)* terrain clearance indicator; **~ feletti repülési magasság** relative flying height; **hajtás ~en** *(gépk)* cross-country driving; **~ jellemző ábrázolása** *(térképen)* map expression; **~ térbeli modellje** *(geod)* imaginary model of the ground; **üzemelés a ~en** *(gépk)* cross-country work
terepábrázolás *(geod)* representation of the ground
terepalakítás hordaléklerakással *(földt)* aggradation
terepalakulat accidence of the ground, natural feature, land form
terepasztal *(geod)* sand map
terepdomborzat surface relief
terepegyenetlenség accidence of the ground
terepelgázosítást jelző készülék ground detector
terepezés *(gépk)* cross-country driving
terepfedezet ground cover
terepfeljegyzés field note
terepfelmérés field survey
terepfelszíntől mért magasság terrain clearance altitude
terepfelület land surface
terepfelvétel topographic survey, plotting
terepfelvételi terület plotting area
terepfelvevő segédmunkás *(geod)* puller
terepfényképezés survey photography
terepfok terrace
terep-geológus field geologist
terep-gumiabroncs *(gépk)* tyre for cross-country work, cross-country tyre
terepidomok topographic forms
terepjárás *(gépk)* cross-country driving
terepjárat-váltó *(gépk)* transfer case
terepjáró: ~ abroncs off-the-road tyre; **~ jármű** *(gépk)* cross-country vehicle, overland car; **~ képesség** crossing power; **~ traktor** roadless tractor
terepjavítás terrain correction
terepjegy *(geod)* registration mark
terepjel landmark
terepjelleg feature
terepjelzés *(geod)* registration mark
terepkutatás *(bány)* prospecting
tereplathatósági vázlat *(geod)* visibility diagram
tereplépcső *(földt)* drift terrace, bench
terepmegtisztítás a fáktól land clearing
terepmélyedés low spot
terepmodell relief map
terepmunka groundwork; **kiegészítő ~** *(geod)* additional groundwork
tereppontmagasság *(geod)* height of feature
tereppontok kölcsönös láthatósága intervisibility
terepporlasztó *(gépk)* land service carburetter, carburetter for cross-country
tereprajz topography
tereprajzi topographic; **~ ábrázolás** topographic expression; **~ felmérés** topographic survey
tereprajzregisztráló készülék *(geod)* pedograph
tereprendezés *(ép)* terrain correction
tereprendezési terv *(ép)* terrain-correction plan
tereprészlet *(geod)* underfeature, detail
terepsebesség *(fokozat; gépk)* high-ratio gear
terepszemle preliminary survey
terepszint level; **~ feletti magasság** *(rep)* spot height
terepszintfelvétel *(bány, geod)* survey
terepszinti vasút surface railway
terepszoros *[mocsáron át]* defile
terepszög position angle; **~ befolyása a röppályára** position effect; **negatív ~** depressed angle
terepszöghelyesbítés slope correction
terepszög-meghatározás elevation position-finding
tereptárgy ground object
tereptarka varicolo(u)red
tereptisztítás *(méréshez; geod)* ground clearance
tereptisztító segédmunkás *(geod)* axman
terep-üzem *(gépk)* off-the-road operation
terepváltószekrény *(vill)* transfer case
terepváz *(geod)* skeleton
terepvázlat *(geod)* area sketch
terepverseny *(gépk)* trial
térerősség field strength/intensity; **jel ~e** *(rád)* signal field strength; **mágneses ~** magnetic field strength, magnetic force; *(gaussokban; vill)* gaussage; **villamos ~** electric field strength, electric force
térerősség-eloszlás field strength distribution
térerősségingadozás *(vill)* variation of field strength
térerősség-képlet field-strength formula
térerősségmérés *(vill)* field-strength measurement
térerősségmérő *fn* field-strength meter; *(rád)* transmission-level meter *is*
térfal *(ép)* limiting wall
térfázis *(vill)* space phase
térfelosztási tényező *(hajó)* factor of subdivision
térfogat volume, cubic capacity/content/extent, cubage, bulk; **beszívott ~** *(gépk)* aspirated volume; **dugattyú által szabaddá tett ~** actual displacement; **látszólagos ~** apparent volume; **~ra számított rugalmasság** *(anyagv)* volume elasticity; **~ szerint fizetett fuvardíj** freight by measurement; **~ szerinti adagolás** proportioning by volume; **~ szerinti oldat** *(pa)* volumetric solution, V. S.; **~ szerint meghatározott mennyiség** quantity by volume; **~ra vonatkoztatott hőérték** volumetric calorific value
térfogat- volumetric
térfogatállandóság constancy of volume
térfogatcsökkenés volume contraction/loss; *(elegyedéskor:)* shrinkage; **~ kiszáradáskor** air shrinkage; **~t szenved** undergo a compression
térfogatdózis *(sugárzásból)* volume dose
térfogategység unit volume; **~re számítva** per unit volume
térfogatelem volume element
térfogatelemzés *(vegy)* volumetric analysis
térfogati volumetric; **~ adagoló** *(ép)* volumetric batcher; **~ áru** *(hajó)* measurement cargo; **~energia** volume energy; **~ erők** *(mech)* body forces; **~ fűtőérték** volumetric calorific value; **~ hőkapacitás** volumetric heat capacity; **~ mágneseződés** volume magnetization; **~ összenyomhatósági modulusz** modulus of cubic elasticity; **~ rugalmasság** elasticity of bulk; **~ rugalmassági modulusz** volumetric modulus of elasticity
térfogatjelzés filling mark
térfogatkiszorítás volumetric displacement
térfogatkiterjedés volumetric expansion
térfogatközéppont *(mech)* centre of volume
térfogatmérés volu(meno)metry
térfogatmérő *fn* volumetric apparatus
térfogatnövekedés volume gain, cubic expansion; **~ korrózió következtében** surrosion
térfogatnövelés *(nyomáscsökkenéssel)* expansion
térfogatos: ~ elemzés volumetric analysis; **~ mólkoncentráció** volumetric molar concentration; **~ összenyomhatóság** *(anyagv)* voluminal compressibility
térfogatrész volume part
térfogatsúly apparent/bulk/gravimetric density
térfogatsűrűség bulk/volume density
térfogatszámítás Guldin-tétellel centrobaric method
térfogatszázalék percent by volume
térfogattágulás volumetric expansion, cubic dilatation
térfogattartó *[cement]* sound
térfogattényező bulk factor
térfogatváltozásmérő dilatometer
térfogat-vezetőképesség volume resistivity
térgeometria solid geometry
térgörbe *(mat)* space curve
térgörbület curvature of space
térhangosítás *(hangszóró berendezéssel)* public address system
térhatás plastic effect
térhatásprobléma *(fényk)* problem of dimension
térhatású plastic, stereoscopic, stereo-; **~ fénykép** parallax stereogram; **~ fényképezés** plastic photography; **~ film** plastic film; **~ hangrendszer** stereophonic sound system; **~ kép** stereoscopic view; **~ televízió** stereoscopic television
terhel load, burden, charge, lade; **előzetesen ~** preload; **hálózatot fokozatosan ~** *(vill)* build up load on (the) system
terhelés loading, charge, burden, demand; *[felvehető teljesítmény]* rating; *[vortalinduktivitás növelése:]* loading; *(mech)* load application; **~ ad rá** put load on; **~ alatti alakváltozások diagramja** load-strain diagram; **~ alatti feszültség** *(vill)* load pressure; **~**

alatti összenyomódás görbéje load-compression diagram ; ~ **alatti tűzállóság** *(anyagv)* refractoriness under load ; ~**t alkalmaz** *(mech)* apply a load ; **alkalmazott** ~ applied load ; **csúcson kívüli** ~ off-peak load ; **dinamikus** ~ *(mech)* dynamic load ; ~ **elosztása** load distribution ; **felülről lefelé irányuló** ~ down load ; ~ **fenéksúllyal** ballasting ; ~ **fokozatos megoszlása** *(mech)* load grading ; ~ **folytán beálló lehajlások diagramja** stress-deflection chart ; ~ **húzó vizsgálatnál** elongation test load ; **járulékos** ~ *(mech)* secondary/auxiliary load ; **közvetlen(ül ható)** ~ direct load ; **külpontos** ~ *(mech)* eccentric load ; **látszólagos** ~ apparent load ; **legnagyobb** ~ maximum load ; **megengedett** ~ permissible load ; **megnyúlást okozó** ~ elongation load ; ~**t megszüntet** unload ; ~ **nélküli impedancia** free impedance ; ~ **nélküli járás** no-load running ; **nyilvántartott** ~ advertised load ; ~ **pupincsévével** *(távolsági távbeszélő vonalaknál)* coil loading ; **szimmetrikus** ~ *(vill)* balanced load ; ~ **tekercsekkel** *(vill)* coil loading ; **tengelymenti** ~ *(mech)* axle weight ; **változó előjelű nem részarányos** ~ asymmetric reversed stress

terhelésbíró competent

terheléscsökkenés *(erőműé)* load rejection

terhelés-ellenállás kemence charge-resistance furnace

terheléseloszlás-diagram : annual load-diagram

terheléselosztás load distribution

terheléselosztási terv *(rep)* loading chart

terheléses próbajárat power test run

terhelésfelvétel *(mech)* assumption of load

terhelési load(ing) ; ~ **állapot** load-up condition ; ~ **áram** load current ; ~ **áramkör** *(vill)* load circuit ; ~ **átszámítási táblázat** *(mech)* load-conversion table ; ~ **csúcs** *(vill)* load peak ; ~ **diagram** *(koh)* loading chart/graph ; ~ **egyenes** *(rád)* load line ; ~ **együttható** application factor ; *(vill)* load coefficient ; ~ **ellenállás** *(vill)* loading resistance ; **előírt** ~ **tényező** *(vill)* demand factor ; ~ **feszültség** *(vill)* load voltage ; ~ **görbe** load characteristic/curve ; ~ **háromszög** *(mech)* load triangle ; ~ **határ** limit load ; ~ **időmérő** *(vill)* time-meter ; ~ **jelleggörbe** *(vill)* load line ; ~ **oldal** loading end ; ~ **próba** load test ; ~ **sebesség** loading rate ; ~ **súlypont** *(vill)* live centre ; ~ **szabványok** *(ép)* regulations respecting loads ; ~ **tényező** load factor ; *(vezetékben v elosztó hálózatban)* line factor ; ~ **tényező műrepülő igénybevételre** manoeuvring load factor ; ~ **többlet** excess load ; ~ **vonal** *(rád)* load line

terhelésingadozás load variation

terhelésirányváltoztatás *(mech)* reversal of load

terhelésjelző *(anyagv)* load indicator

terheléskarakterisztika *(rád)* lumped characteristic

terhelés-korlátozó *fn* force-limiting device

terhelésmentes gerenda false beam

terhelésmérő műszer *(vill)* demand meter

terhelésnövekedés elleni védelem overpower protection

terhelés—nyújtás görbe *(tex)* load-extension curve

terhelés—nyúlás görbe *(tex)* load-elongation diagram

terheléspróba loading test

terhelésregisztráló készülék *(vill)* demand recorder

terhelésrekesz : süllyesztő ~ek *(alapozószekrény lesüllyesztéséhez)* ballast pockets

terhelésszabályozó *fn* load governor

terheléstényező load factor ; **üzem ~je** plant load factor

terhelésváltozás load change ; ~ **gyakorisága** frequency of load cycles

terheletlen *(gépk)* unladen, unloaded, free ; ~ **állapot** unloaded condition ; ~ **antenna** unloaded aerial/antenna ; ~ **antenna saját hullámhossza** unloaded wavelength ; ~ **áramkör** unloaded circuit ; ~**ül jár** *(gépt)* run free ; ~ **kábel** unloaded cable ; ~ **rugó** free spring ; ~ **súly** *(gépk)* unladen weight ; ~ *(árammentes)* **vezető** idle wire ; ~ *(lezáratlan)* **vonal** *(távk)* open-circuit line, unterminated line

terhelhetőség loadability, load/rated/carrying capacity ; ~ **idejét jelző berendezés** *(telef)* chargeable-time indicator ; **maximális** ~ carrying capacity

terhelhetőségi határ loading limit

terhelő *mn* *(mech, vill)* loading ; ~ **berendezés** *(vill)* loading device ; ~ **ellenállás** *(rád)* bleeder ; *(vill)* loading/ballast resistor ; ~ **erőrendszer** *(mech)* loading system ; ~ **erősokszög** *(mech)* load polygon ; ~ **impedancia** *(push-pull erősítőben, két anód között)* plate-to-plate impedance ; ~ **lezáró ellenállás** *(rád)* power termination ; ~ **nyomaték** *(mech)* moment of load ; ~ **transzformátor** *[próbákhoz]* feeding transformer

terhelőáram load current

terhelőerő hatásvonala *(hidon)* load line

terhelőkar *(biztosítószelep felemelésére)* easing lever

terhelőkör *(távk)* external load-circuit

terhelőlámpa *(rád)* ballast lamp

terhelősúly *(anyagv)* loading weight ; *(gépk)* test weights

terhelőtábla *(próbateremben ; vill)* charging board

terhelőtartály loading bin

terhelőtekercs *(vill)* loading coil

terhelővonat *(hidon)* load train

terhelt loaded, laden ; ~ **állapot** loaded-up condition ; ~ **antenna** loaded aerial ; ~ **áramkör** loaded circuit ; ~ **homorú talpú görgő** load sheave ; ~ **kábel** loaded cable ; ~ **kötél** *(bány)* load cable ; ~ **membrán** loaded diaphragm ; **nem** ~ **gyűrűs tömítés** nonsupporting floating packing ; ~ **oldal** *(kötélpályán)* loaded side ; ~ **összsúly** *(gépk)* gross laden weight ; ~ **részek** wearing parts ; ~ **súly** *(gépk)* laden weight ; **teljesen** ~ fully laden ; ~ **vonal** *(távk)* loaded line

térhullám indirect/reflected/sky/space wave

térhullám-interferencia *(rád)* sky-wave interference

térhullám-sugárzási diagram sky-wave pattern

térhullám-vezérelt hiperbolanavigációs berendezés *v* **eljárás** *(rep)* sky-wave synchronized long range navigation

téridom *(mat)* solid

tér-idő hozadék space-time yield

terilén(szál) *(tex)* terylene

térintenzitás *l* **térerősség**

terítés *(ép)* sheet ; *(puskáé)* killing effect ; ~ **hossza** *(geod)* spread length ; ~ **korrekciója** *(geod)* spread correction

terítő *fn* *(tex)* toilet cloth, blanket

térítők *(csill)* tropics

tér-izomer *(vegy)* stereo-isomer

terjed spread, extend, range ; *(közegben)* propagate

terjedelem gulk, dimension, volume, extent ; *(mat)* spread, range

terjedelemmérő *(távk)* volume-meter/indicator

terjedelmes bulky, voluminous, ample, wide, capacious ; ~ **áru** measurement goods ; ~ **fényforrás** extended source

terjedés propagation

terjedési : ~ **állandó** *(távk)* *l* **terjedési mérték** ; ~ **együttható** propagation ratio ; ~ **hullám** extension wave ; ~ **idő** *(távk)* propagation time ; ~ **irány** *[hullámoké]* direction of propagation ; ~ **mérték** *(távk)* propagation constant ; ~ **mód** *(rád)* transmission mode ; ~ **sebesség** velocity of propagation ; *[hullámoké]* wave velocity ; *[égés terjedése a motorhengerben]* rate of propagation ; ~ **távolság** propagation distance ; ~ **tényező** propagation coefficient ; ~ **út** *(fiz)* path of propagation ; ~ **viszonyok** propagation conditions

terjedő képesség spreading power

terjedtség spread ; *(rep)* wing span

térjel *(rád)* space signal ; **kék** ~ *(rep)* blue sector

térjelző hang *(rep)* pip

terjeszkedés expansion ; **óceánok periodikus ~e** periodic(al) spread of oceans

terjeszkedési : ~ **kitevő** exponent of expansion ; ~ **viszony** *(gőzé)* expansion ratio

terjeszkedik expand

terjeszkedő tömszelence *(tömszelence tágulóilirán)* expansion stuffing box

terjeszt spread, reproduce ; *(tex)* spread, extend

térkép map ; *(geod)* plot ; *(főleg tengerészeti)* chart ; **domborzati** ~ relief map ; **felülethű** ~ identical map ; **hálózatos** ~ gridded map ; ~ **a jeltér azonosításához** *(rep)* orientator chart; **légifényképekből készült** ~ air map ; **mágneses elhajlást feltüntető** ~ declination map ; ~ **méretaránya** map scale ; **részletes** ~ detailed map ; **rétegvonalas** ~ contour map ; ~ **szerinti pásztázás** map sweep ; **városterületi átnézeti** ~ civic survey map

térképasztal *(helymeghatározáshoz)* plotting map

térképcső *(radar)* PPI-scope, plan-position indicator

térképelemző meteorológus chief synoptic analyser

térképész cartographer, surveyor

térképészernyő surveyor's umbrella

térképészet cartography

térképez map out
térképezés mapping, plotting, topography; *(hajó)* charting; **~ fényképek alapján** mapping from photographs
térképező *fn* plotter
térképezőasztal drawing board
térképezőhenger *(Hugershoff-féle aerokartográfon)* revolving drum
térképezőműszer plotting apparatus
térképfényképező lencse mapping lens
térképhálózat map network, grid, graticule; **~ot szerkeszt** *(geod)* plot the graticule
térképhelyzetmeghatározás plan position fixing
térképhosszmérő készülék map measurer
térképirányszög *(rep)* track angle; **megadott mágneses ~** given magnetic track; **tényleges mágneses ~** *(rep)* actual track
térképi távolság map range
térképjelek map symbols
térképkivágat extract from a map
térképlap map sheet
térképméretarány plotting scale
térképmérő kerék *(geod)* measuring wheel
térképmozaik *(több légi felvételből összeállított térkép)* mosaic map
térképnadírpont *(geod)* map plumb point
térképnagyítás négyzethálózat alapján *(geod)* enlarging by squares
térképösszeállító rajzdeszka compilation board
térképösszehasonlító berendezés chart comparison unit
térképpapír atlas/map/geography paper
térképrajz plan drawing
térképrajzolás planography
térképrajzoló *fn* cartographer; **~ asztal** chart board; **~ készülék** map tracer; **~ toll** mapping pen
térképszerkesztés map plotting
térképszerkesztő *fn* plotter
térképtok map case
térképvázlat planning chart
térkihasználási tényező space utilization factor
térkitöltő: **~ fából** *(nyomda)* wood furniture; **~ négyzet(hasáb)** *(nyomda)* quadrate
térköz interval, space, interstice, gap, clearance, spacing; *(fényt)* separation; *(nyomda)* blank, lacuna; *(vasút)* space interval; **abszolút ~** *(vasút)* absolute block; **abszolút-permisszív ~** *(vasút)* absolute permissive block; **~ gerendák között** *(ép)* case bay; **szabad ~** clear space; **~ben való vonatközlekedés rendszere** space-interval system
térközállító *fn* spacer
térközbiztosítás *(vasút)* interlocking, blocking
térközbiztosítási: **önműködő ~ rendszer** absolute block/system; **~ rendszer** *(vasút)* block system
térközbiztosító: **~ berendezés** *(vasút)* blocking device; **önműködő ~** automatic electric block system
térközfékezés *(vasút)* space-braking
térközfoglaltság-mutató *fn (vasút)* block indicator
térközhely *(vasút)* block station
térközjelző *fn (vasút)* block signal
térköz-őrhely block house
térközőri szolgálati hely cabin

térközös: **~ dipólsor** *(rád)* spaced dipole array; **~ tekercselés** *(vill)* space winding
térközpontos kockarács *(ásv)* body-centered cubic lattice
térköztartás *(rep)* separation
térlátó *fn* stereoscope; *l még* **sztereoszkóp**
term *(at, színk)* electronic energy level, term
termális thermal, thermo-; *l még* **hő-**; **~ krakkolás** *(ol)* thermal cracking; **~ metamorfózis** *(földt)* thermo-metamorphism
termatomos korom *(gumi)* thermatomic black
términegtöltési rendszer *(szellőztetésnél)* plenum system of ventilation
térmegvilágítás *(telev)* ambient light
termék product, produce, work; **közbenső ~** chemical intermediate; **piacra vitt ~** *(mzg)* cash crop
termékeny: **~ föld** rank land; **~ iszap** sudd; **~ talaj** fat soil
terméketlen sterile, arid; **~ talaj** sterile ground/soil
terméketlenség infertility, sterility
termék-kezdőfinomság *(tex)* count of feed
termék-végfinomság *(tex)* count of delivery
termel produce, grow; *(áramot)* generate; *(bány)* raise *is*; **gőzt ~** raise steam; **teljes üzemmel ~** produce at full capacity
termelékeny productive, efficient; **nem ~** inefficient
termelékenység productivity, productive efficiency
termelés producing, production, output; *(bány, vegy)* yield; **~re érdemes terület** pay zone; **~ fokozása** step-up operation; **~ gépi rakodással** *(bány)* mechanical mining; **~ mennyisége** output; **összes ~** accumulated production; **~ben részt nem vevő** unproductive; **szakaszos ~** batch production; **teljes termelő képességnek megfelelő ~** full-capacity production
termeléscsökkentés reduction of output
termelésemelkedés increase in the production
termelési: **~ adatok** working data; **~ célok** production goal; **~ együttható** production coefficient; **~ eljárás** production process; **~ ellenőr** production supervisor; **~ értekezlet** production conference; **~ eszköz** implement of production; **~ feladatok** production goal; **~ feltételek** working conditions; **~ grafikon** production curve; **~ idő** production time; **~ jelentés** production reports; **~ kapacitás** *(pa)* production capacity; **~ kimutatás** production record(s); **~ költségek** prime costs, operating expenses; **~ módszer** production process; **~ műszak** shift in production; **~ norma** norm; **~ osztály** production department; **~ terv** production schedule/plan; **~ ütem** production rate; **~ viszonyok** productive relations
termelésnövekedés increase in the production
termelő *fn* producer, grower; *mn* producing, productive; **~ erdő** productive forest; **~ gázkút** producing gas well; **~ kapacitás** productive capacity; **~ képesség** productive capacity, output; **~** *(gyártmányokat készítő)* **munkagép** production tool; **nem ~ munka** deadwork; **~ olajkút** producer oil well
termelőakna *(bány)* working pit
termelőcső *(ol)* producing pipe
termelőcsőék tubing key
termelőeszköz means of production
termelőképes producing
termelőkút *(szonda; ol)* production/output/paying well
termelőréteg *(ol)* producing formation
termelőszint *(bány)* extracting level
termelővágat extraction gallery, butt
termelt: **~ áram** current yield; **~ energia** power yield
termelvény product; **~ek mennyisége** yield; **~ minőségi vizsgálata** *v* **próbája** production quality test
termélység *(fényt)* field depth
terménykiszedő: **felvonós ~ gép** *[burgonyához v répához]* elevator digger
terményszállító(gép) *(pneumatikus)* grain-blower
términtan stereometry
termésarany free/native gold
termésaszfalt native/rock asphalt
termés-elem *(ásv)* native element
termésércben dús telep ore plot
terméseredmény yield
termésfém native metal
termeskocsi drawing-room car(riage), saloon car(riage)
terméskő quarrystone, natural stone; **~ falburkolat cementhézagolással** rustic siding; **kalapáccsal durván nagyolt ~** hammer rubble; **~vel töltött alagcső** French drain; **~ útburkolás** *v* **kövezés** pebble paving
terméskőágyazat boulder base
terméskőbánya ashlar quarry
terméskőboltozat rubble arch
terméskőburkolat pitching rubble
terméskőfal rustic masonry
terméskőfalazás rustic/rubble/quarrystone masonry
terméskőfalazat natural stone masonry, moellon; **cementhabarcsba rakott ~** cement-grouted rubble; **kőburkolatos ~** coffer work; **vegyes ~** irregular course
terméskőráfalazás rubble backing
termésréz *(ásv)* native copper
térmester yard foreman
természetátalakítás remaking of nature
természetbeni: **~ élelmezési adag** ration in kind; **~ haszonbér** produce rent; **~ munkabér** wage in kind
természetellenesség enormity
természetes natural, native, original, true; **~ áztatás** *v* **nedvesítés** *(tex)* natural retting; **~ barka** *(bőr)* natural grain; **~ cement** natural cement; **~ (erdei) felújítás** natural seeding; **~ értékcsökkenés** functional depreciation; **~ esésű** on the run; **~ fehérítés** *(napsugarakkal)* natural/grass bleaching, grassing; **~ feltáródás** flattening; **~ feltisztulás** *(fa)* self-pruning; **~ fény** *(pamuté)* bloom; **~ fényhatás** *(furnír-felületen)* natural lustre; **~ festék** *v* **festőanyag** *(bőr, pa, tex)* natural dye, natural colo(u)ring matter; **~ folyómeder** natural bed; **~ gipszkő** compact

gypsum ; ~ **gyapjú** new wool ; ~ **hang** natural sound ; ~ **hangsor** natural scale ; ~ **hőközlés** natural convection ; ~ **huzatú kemence** *v* **tüzelő berendezés** wind furnace ; ~ **hűtésű** self-cooled ; ~ **ionizáció** spontaneous ionization ; ~ **íveltség** *(elemiszálaké)* natural twist ; ~ **koksz** burnt ocal ; ~ **kopás és elhasználódás** normal/fair wear-and-tear ; ~ **körforgás** gravity circulation ; **kőzet** ~ **omlása** natural quarrying ; ~ **lakosságszaporulat** natural population growth ; ~ **lépték** *v* **nagyság** *(mat)* full/natural scale ; ~ **léptékű** full-size/scale ; ~ **lerakódási rend** *v* **rétegsorrend** *(földt)* original order ; ~ **lignin** *(pa)* protolignin, native lignin ; ~ **mágnes** natural magnet ; ~ **nagyság** actual size ; ~ **öregedés** *(gumi, koh)* natural ageing ; ~ **párolgás** spontaneous evaporation ; ~ **pauszpapír** *(pa)* unbleached tracing paper ; ~ **piros** *(savas azofesték)* solar scarlet ; ~ **polarizáció** spontaneous polarization ; ~ **réteg** *v* **fekü** *(földt)* natural bed ; ~ **rézsű** original dip, slope ; ~ **rézsűvonal** slope line ; ~ **sósvíz** natural brine ; ~ **szál** *(tex)* natural fibre ; ~ **szálasanyagok** *(tex)* native/natural fibres ; ~ **száradás** *(fa)* natural seasoning ; ~ **szárazföld** natural soil ; ~ **szellőzésű gép** *(vill)* naturally-aspirated engine ; ~ **szennyeződések** natural impurities ; ~ **színezésű** *[készbőr]* natural colo(u)red ; ~ **színű** self-coloured ; ~ **színű vétel** *(telev)* natural-colour reception ; ~ **szívású** *(kompresszor nélküli)* **motor** naturally-aspirated engine ; ~ **szűrésű kút** *(hidr)* natural-strained well ; ~ **talaj** natural ground, grown soil ; ~ **tereptárgy** *(geod)* natural object ; ~ **töltésveszteség** *(at)* natural leak ; ~ **világítás** daylight ; ~ **világítási tényező** daylight factor ; ~ **visszaadás** *(rád)* high-fidelity reproduction ; ~ **vízszint** *(hajó)* natural level of water ; ~ **zörej** *(film)* natural sound

természeti : ~ **erő** natural agent ; ~ **kincsek** *v* **erőforrások** natural resources

természetleírás physiography

természettan physics

természetvédelmi terület nature conservation area

termet *(ásv)* habitus

termett : **helyben** ~ *(földt)* autochthonous ; **máshol** ~ *(földt)* allochthonous ; ~ **talaj** grown/natural soil

termik *(rep)* thermal, up-current

termikrepülés thermal soaring

termikus thermic, thermal, thermo- ; *l még* **hő-, hőtani** *is* ; ~ **dinamométer** heat dynamometer ; ~ **disszociáció** thermal dissociation ; ~ **egyenlítő** *(met)* thermal equator ; ~ **feláramlás** thermal up-current ; ~ **gradiométer** thermal gradiometer ; ~ **hatásfok** thermal efficiency ; ~ **körfolyamat** thermal cycle ; ~ **krakkolás** *(ol)* thermal cracking ; ~ **lebontás** *(vegy)* thermal decomposition ; ~ **neutron** *(at)* thermal neutron; ~ **ohm** thermal ohm ; ~ **öregítés** thermal ageing ; ~ **rendellenesség** thermal anomaly ; ~ **tekercs** *(vill)* heat coil ; ~ **zaj** *(távk, vill)* thermal noise

terminális parenkíma *(fa)* terminal parenchyma

termisztor *(távk)* thermistor, thermal resistor

termisztor-gyűrű *(távk)* thermistor washer

termisztor-tárcsa *(távk)* thermistor disc

termit *(vegy)* thermit(e)

termites aluminothermic ; ~ **ömlesztő hegesztés** fusion thermite welding

termit-hegesztés aluminothermic welding, thermit(e) welding

term-jelölés *(szink)* term symbol

termo- *l még* **hő-**

termoáram thermocurrent

termodiffúzió thermodiffussion

termodinamika thermodynamics

termodinamikai potenciál thermodynamic potential

termoelektromos thermoelectric ; *l még* **hővillamos**

termoelektromotoros erő thermo-electromotive force

termo-elektronemisszió thermionic emission

termoelem *l* **hőelem**

termofillit *(ásv)* thermophyllite

termofon *(hangt)* thermophone

termofor-katalitikus hőbontás *(ol)* thermophor catalytic cracking

termográf *l* **hőmérsékletíró**

termo-ion thermion

termokémia thermochemistry

termokereszt thermocouple ; **beépített** ~ built-in thermocouple

termokeresztes műszer thermocouple instrument ; *(nagyfrekveniás áramméréshez:)* thermogalvanometer

termokoloriméter colo(u)r (temperature) meter, thermocolorimeter

termolabilis thermo-unstable, heat-labile

termométer *l* **hőmérő**

termonatrit *(ásv)* thermonatrite

termonukleáris thermo-nuclear

termoplasztikus thermoplastic

termostabil(is) heat-stable

termosz thermos flask

termoszféra *(met)* thermosphere

termoszifon thermosiphon

termoszifon-hűtés *(gépk)* thermosiphon cooling

termoszpalack thermos flask

termosztát constant-temperature oven, thermostat, incubator ; **ismét** ~**ba helyez** reincubate

termosz-utánfutó *(hőszigetelt ; gépk)* vacuum thermos trailer

térnegyed quadrant ; ~ **a repülőgép jobboldala előtt** starboard front quadrant

térnegyedszög quadrantal angle

terner *mn* ternary

térosztó : ~ **sáv** *(rep)* beacon leg ; ~**hoz tartozó bevezetési sáv** *(rep)* range approach channel ; ~ **térnegyedei** *(rep)* range quadrants

tér-panoráma *(fényk)* „scenic" pan

terpén *(vegy)* terpene

terpén-sorozat terpenic series

terpentin turpentine ; **francia** ~ Bordeaux turpentine

terpentinbalzsam *(vegy)* turpentine gum, turps

terpentinolaj turpentine oil ; *(fából nyert)* wood turpentine ; *(terpentinbalzsamból)* gum spirit of turpentine ; **száraz lepárlású** ~ pine (tar) oil

terpentinolaj-szesz spirit of turpentine

terpentinpótló turpentine substitute ; *(benzin)* white spirit ; ~ **szer** mineral/petroleum spirits

terpesz-marás straddle milling

terpeszt *[fűrészfogakat]* cross-set

terpesztés cross spread ; *[fűrészfogaké]* side set

terpesztett : ~ **gerenda** expanded joist, compass timber ; ~ **köszörülés** *(fogaké)* sharpening to alternating angles ; ~ **lövegtalp** outrigger ; ~ **szegecs** slit rod

terpinén *(vegy)* terpinene

terpineol *(vegy)* terpineol

terpinolén *(vegy)* terpinolene

térpoligon *(mat)* skew polygon

terra : ~ **rossa** *(ásv)* terra rossa ; ~ **sigillata** *(ásv)* terra sigillata

térrács *(ásv)* space lattice

terrágium *(bány)* acreage rent

terrakotta terra()cotta, baked clay

terrazzo *(ép)* terrazzo

terrazzo-burkolat Venetian mosaic

terresztrikus terrestrial

terrigén *(földt)* terrigene, terrigenous ; ~ **agyag** terrigene mud

territoriális territorial

territórium territory

térség area, range, space ; **szabad** ~ *(ép)* esplanade

térségi : ~ **szerkezet** *(földt)* areal structure ; ~ **tűz** area shooting

térsugár *(rád)* space ray

térsugárzás *(rád)* space radiation

térsugárzó hangforrás simple sound source

térszabályozó ellenállás field rheostat

térszerű televízió stereoscopic television

térszín-korrekció *(geod)* terrain correction

térszög solid angle

térszükséglet taken-up room

többlet excess area

tértöltés *(rád, vill)* space charge ; *(kisülési cső elektródjai közt)* electron cloud

tértöltés-csatolás *(rád)* space-coupling

tértöltéserő space-charge force

tértöltéshatás space-charge effect

tértöltési : ~ **áram** space current ; ~ **együttható** space factor ; ~ **szóródás** *[klisztronban]* space-charge debunching

tértöltésrács *(rád)* space grid

tértöltésrácsos tetróda *(rád)* space tetrode

tértöltéstorzítás space-charge distortion

tértöltő *(nyomda)* blank material ; ~ **áram** space current ; ~ **rács** *(rád)* space-charge grid

terület area, surface, land, space, region, territory ; *(földt)* belt ; *(mat)* area ; **advektív** *v* **szeles** ~ *(met)* advective region ; **antennától árnyékolt** ~ *(rád)* absorption cross section ; **átlag alatti** ~ *(met)* antipleion ; **be nem fagyott** ~ *(jégmezőn)* air hole ; ~ **besugárzásának hatásfoka** *(antennával)* area efficiency ; **(fel)boltozott** ~ *(bány)* arched district ; **fellazítandó** ~ *(városrendezésnél)* clearance area ; **gyepes fehérítő** ~ bleach field ; **hatékony** ~ *(anyagv)* active area ; **hektárban kifejezett** ~ hectarage ; **két sarkantyú közötti** ~ *(hajó)* basin of jetty ; **kiürítési** ~ clearance area ; **kölcsönös zavarási** ~ *(rád)*

circle of confusion; **külfejtéssel lefejtett** ~ *(bány)* bare grounds; **légcsavarszárnytól súrolt** ~ blade sweep area; **mögöttes** ~ back land; **művelésre alkalmatlan** ~ barren; **omlásos** ~ caved ground; ~ **szerinti szakmánymunkabér** *v* **akkordbér** wage per area; **terméketlen** ~ barren
terület- areal
területaránytartó *(geod)* homolographic [projection]
területbér *(bány)* acreage rent
területbombázás *(rep)* area bombing
területcsapolás land reclamation
területcsökkenés reduction in/of area
területelem area element; **sávszerű** ~ *(differenciális; mat)* differential strip
területfelhasználás *(ép)* use zoning
területfelhasználási terv *(ép)* use-zoning plan, plan of the proposed use of land
területfelmérés place measure
területhatár march
területhű térkép equal area map
területi areal, regional, territorial; ~ **egység** *(ép)* planning unit (formed by close connected and limited planning elements); ~ **elem** *(ép)* planning element; ~ **mérleg** *(ép)* planning balance; ~ **sebesség** *(csill)* areal velocity
területképlet: átlagos hossz- és keresztmetszeti ~ *(ép)* average end area formula
területkiválasztás *(ép)* location
területmérés planimetry
területmérő *fn* planimeter
területmérték square measure
területosztás *(geod)* plain division
területrendezés *(ép)* town and country planning, regional planning
területrész tract
területsávfényképezés *(rep)* strip photography
területszámítás *(mat)* area computation
területszintezés planning of surface
területtartó térkép equal-area map
terv design, plan, scheme, schedule, project; ~ **alapelvei** principles of design, design philosophy; **alternatív** ~ alternate design; **fokozati** ~ *(turbináé)* stage diagram
tervazonosítás plan verification
tervegybehangolás co-ordination of planning
tervellenőr programming controller
tervelőirányzat plan assignment
tervez *(ált)* project, plan, schedule; *(szerkeszt)* design, sketch; *[ruhát]* fashion; **újra** ~ *(ép)* replot
tervezés project work, planning, scheduling; *(szerkesztés)* design (work), sketching, construction; ~ **távlata** planning perspective
tervezési: ~ **program** *(ép)* programme in detail, master plan; ~ **program kiinduló adatai** *(ép)* specified starting data for the master plan; ~ **terület** *(ép)* planning area
tervezet plan, project, outline, layout, scheme
tervezett rated; ~ **záró feszültség** *(vill)* projected cut off
tervező *fn* draughtsman, designer; ~ **építész** architect; ~ **mérnök** design engineer; ~ **osztály** *v* **iroda** design department/bureau; ~ **szerv** planning authority

tervezői rajzpapír *(pa)* detail drawing paper
tervezőkarton *(pa)* sketching board
tervezőpapír *(pa)* paper for plans
tervfeladat production goal
tervgazdaság planned economics
tervkészítés planning
tervmegállapítás plan verification
tervpályázat competition
tervrajz plan, design, scheme, project drawing
tervrajznagyító berendezés eidograph
tervrajzolás design/plan drawing
tervrajzpapír *(pa* plan-paper
tervrészlet detail of design
tervszám planning index, skeleton figure
tervteljesítés plan fulfilment
tervváltozat alternate design
tervvázlat sketch
térző *(nyomda)* spacer, pieced lead(s), making-up strip(s)
térzőlap *(nyomda)* space plate
teschemacherit *(ásv)* teschemacherite
T- és L-alakú antennák vízszintes része *(rád)* top spreader
Tesla-tekercs Tesla coil
tesszeralkovand *(ásv)* *l* **skutterudit**
test body; *(mat)* solid; *(rád)* mass, chassis; *(távbeszélődugó érintkezőjén)* sleeve; **abszolút fekete** ~ *(fényt)* black-body; **falazott** ~ body of masonry; **kockaalakú** ~ *(mat)* cuboid; **légnemű** ~**ek fizikája** aerophysics; ~ **súlya légüres térben** *(vegy)* absolute weight; ~**re szab** adjust for wear
testátvezetés *(rád)* body leakage
testcsatlakozó vezeték *(vill)* earth cable
testérintkezés *(vill)* body contact
testes bulky
testesség *(festéké)* consistence, ful(l)ness
testhang impact/conducted sound; *(építészeti hangtanban)* structural-borne sound
testhangvesztés impact loss
testhatás *(rád)* body effect
testhezálló *(tex)* close-fitting
testkapacitás *(rád)* body capacitance
testszín(ű) flesh colo(u)r
testszög(let) solid angle
testület body, organization
testvérhajó consort
testvezérlés *(távk)* sleeve control
testvezeték *(távk)* sleeve C-wire; *(vill)* earth strap
testzárlat *(vill)* body contact
testzörej solid-borne noise
teszt *(mat)* test
tészta dough; *(élip)* batter; *(gyúrt)* paste
tésztaáruk *(élip)* alimentary pastes
tésztagyúró gép dough-kneading machine
tésztakeverő gép rubbing machine
tésztaszerű doughy, pasty
tétel *(darab)* item; *(gyártásban)* run; *(mat)* theorem; *(nagyobb zeneműben)* movement; *(vámvonatkozásban)* article; **feldolgozási** ~ charge; ~ **gyári száma** manufacturing lot number; ~**ekbe szed** itemize
tételáru *(tex)* lot, item
tételbevezetés entry
tételszám batch number; *(vámvonatkozásban)* article
tetézés *(bány)* crest
tétlen inactive, idle
tétlenség inactivity, idling
tető lid, cover, top, deck; *(ép)* roof; *(földt)* summit; *(gépk)* top, roof, head, hood; *(omnibuszon)* outside; ~ **alakú** rooflike; ~ **alakú emelkedés** *(földt)* wing raise; ~ **alatti helyiség** loft; **dongaboltozatos** ~ *(ép)* barrel-vaulted roof; ~ **feletti** overtop; ~ **hajlásszöge** angle of roof; ~ **hosszoldala** *(ép)* long pane of a roof; **lapos** ~ deck roof; ~ **lejtése** inclination of roof; ~ **lejtésszöge** *(ép)* angle of roof; **levehető** ~ *(gépk)* deck; ~ **nélküli** topless; **tetején terhelt antenna** top loaded antenna; **tornyos** ~ capped roof; **világítással ellátott** ~ clerestory roof; „**villamos** ~" *(ionoszféra)* „electric roof"
tető- *(ép)* apical
tetőablak skylight, bull's eye, storm window; **álló** ~ scuttle
tetőácsolat *(bány)* barring; *(ép)* roofing bond
tetőalátámasztás *(ép)* punch; **ideiglenes** ~ spur
tetőantenna roof aerial
tetőbádog roofing sheets
tetőbányafa *(rövid, vízszintes)* tymp
tetőborítás roof boarding
tetőburkolat roof boarding
tetőcsapóajtó *(ép)* roof trap door
tetőcsatorna vízköpője gutter spout
tetőcsavar *(hosszú szárú; ép)* roof bolt
tetőcserép roofing tile, clay shingle; *(60 × 35 cm)* princess tile; **ék alakú** ~ barge stone; ~ **fedetlen, csupasz része** bare
tetőcserépbütyök *(ép)* stub
tetőcserépszegek composition nails
tetőcsúcsdíszítés hip knob
tetődaru roof crane
tetődeszkaborítás roof boarding
tetődeszkázás roof boarding
tetőél *(ép)* arris, hip
tetőélgerenda *(ép)* angle ridge
tetőemelet top storey; ~ **alaprajza** roof design
tetőemeleti szoba(sor) garret
tetőerősítő faanyag stence
tetőfedélpapír roofing paper
tetőfedés roofing, roof laying; *(bádoggal)* flashing of a roof; ~ **legalsó sora** eaves course
tetőfedő *fn* tilesetter, slater; ~ **állás** *v* **állvány** slater's anvil; ~ **anyag** roofing; ~ **(bádogos)fogó** roofing tongs; ~ **cserép kötése** *v* **fedése** bond (of a tile); ~ **deszkázat** sarking; ~ **(hullám)bádog** roofing iron; ~ **kalapács** slater's hammer; ~ **léc** square lath; ~ **lemez** asphalt sheet; *(pa)* mill roofing material, roofing felt, sheeting; ~ **mester** *v* **munkás** roofer; ~ **munka** *l* **tetőfedés**: ~ **nádkéve** bundle of reeds; ~ **nemez-** *v* **kéregpapír** roofing cardboard; ~ **pala** roof slate; ~ **palalemez** slate slab for roofs; ~ **(zsindely)szeg** roofing nail
tetőfutódeszka *(vasúti kocsitetőn)* walking board
tetőgerenda roof tree/bar/beam
tetőgerinc arris, crest, ridge, comb
tetőgerincbádogozás ridge lead
tetőgerinckötés peak joint
tetőgerinclemez ridge plate
tetőhajlás *(ép)* roof pitch
tetőhajlásszög *(45°-os)* square pitch
tetőhéjalás *(ép)* roof covering
tetőhéjazat roofing, shell roof
tetőhéjváz *(ép)* shell skeleton

tetőhorog *(ép)* roof hook
tetőhosszgerenda deck sill
tetőhőmérséklet *(kolonnában ; ol)* top temperature
tetőív *(koh)* tymp arch
tetőjárda *(ép)* overhouse construction
tetőkallantyú *v* **-rögzítő** *v* **-kilincs** *(gépk)* hood fastener
tetőkapacitás *(rád)* capacity top
tetőkárpit *(gépk)* head lining
tetőkészülékek *(vasút)* roofgear
tetőkibúvó *fn (ép)* roof hole, exit opening ; ~ **ajtó** roof trap door ; ~ **nyílás** hatch
tetőlámpa *(gépk)* roof lamp
tetőléc *(ép)* roof batten
tetőlécezés *(ép)* roof boarding
tetőlécezet *(ép)* bar()timbering
tetőlemez *(ép)* roof slab ; *(autóbuszon, belső)* ceiling lining
tetőlyuk *(ép)* eyelet hole
tetőmellvéd box(ed) gutter
tetőpala *(ép)* shingle ; *l még* **tetőfedő pala**
tetőpalahasító ék cleaving chisel for roofing slate
tetőpárnázás *(gépt)* roof-pad
tetőpont peak, culm(ination), acme, vertex, climax, summit, top end ; **antiklinális** ~ *(földt)* anticlinal turn ; ~ **elérése** culmination
tetőrács *(gépk)* roof rack, luggage carrier
tetőszarufa *(ép)* carline
tetőszerelés *(távk)* overhouse work
tetőszerkezet *(ép)* trussing ; ~ **főgerendája** *(ép)* king truss
tetőszerkezeti fa *(ép)* roof timber
tetőszerű rooflike
tetőszigetelő : ~ **lakk** roof varnish ; ~ **lemez** roof insulating board, roofing felt
tetőszoba penthouse
tetőszűrő *(távk)* roof-filter
tetőtámasztó állvány roof-end standard
tetőtaréj *(ép)* apex
tetőtartó *[vasból ; távk]* (iron) roof pole ; *(nagy méretű ; távk)* roof-standard ; ~ **vonal** *(távk)* roof-mounted line
tetőterasz solarium
tetőterhelés-elosztó gerenda roof sill
tetőtermék *(ol)* overhead product, top distillate
tetőtoldat *(ép)* penthouse
tetőtorony *(ép)* louvre turret
tetőülés roof seat
tetőüvegezés *(ép)* roof glazing
tetővápa *(ép)* valley between roofs
tetővápa-lap *(ép)* nip stone
tetővászon *(gépk)* roofing canvas
tetőváz roof skeleton
tetővilágítás foor/top light(ing) ; *(vasúti kocsin)* monitor roof
tetővilágító *(templomoldalhajó felett)* clerestory roof
tetővonal top line
tetőzés *(bány)* topping ; *(hidr)* peak
tetőzet roofing
tetra *l* **széntetraklorid**
tetraalkilólom *l* **ólomtetraalkil**
tetraborát tetraborate, pyroborate
tetrabórsav tetraboric/pyroboric acid
tetrabórsavas nátrium sodium tetraborate/pyroborate
tetrabrómfluoreszcein *l* **eozin**
tetrabromid tetrabromide
tetradimit *(ásv)* tetradymite
tetraéder tetrahedron
tetraéderes tetrahedral ; ~ **hemiédria** *l* **hexakisztetraéderes kristályosztály** : ~ **pentagondodekaéderes kristályosztály** tetratoidal class ; ~ **tetartoéderes kristályosztály** *l* ~ **pentagondodekaéderes**
tetraédrit *(ásv)* *l* **fakóérc**
tetraetilólom *l* **ólomtetraetil**
tetraetilón tin tetraethide/tetraethyl, tetraethyl tin
tetrafluorid tetrafluoride
tetragonális : ~ **bipiramisos kristályosztály** tetragonal-dipyramidal class ; ~ **biszfenoidos kristályosztály** tetragonal-disphenoidal class ; ~ **enantiomorf kristályosztály** *l* ~ **trapezoéderes;** ~ **hemimorf kristályosztály** *l* **ditetragonális piramisos ;** ~ **hemimorf-hemiéderes kristályosztály** *l* ~ **piramisos ;** ~ **paramorf kristályosztály** *l* ~ **bipiramisos ;** ~ **piramisos kristályosztály** tetragonal-pyramidal class ; ~ **szkalenoéderes kristályosztály** tetragonal-scalenohedral class ; ~ **trapezoéderes kristályosztály**, tetragonal-trapezohedral class
tetrahidronaftalin tetrahydronaphthalene, tetralin
tetrajódfluoreszcein tetraiodo-fluorescein(e)
tetrajodid tetraiodide
tetrakiszhexaéder *(ásv)* four-faced cube
tetraklóretán *l* **tetraklóretil**
tetraklóretil tetrachloroethane, acetylene tetrachloride
tetraklorid tetrachloride
tetraklórmetán *l* **széntetraklorid**
tetralin *l* **tetrahidronaftalin**
tetralin-eljárás *(csőtisztítási)* tetraline process
tetrametilammónium-hidroxid tetramethylammonium hydroxyde
tetrametilmetán tetramethylmethane, neopentane
tetrametilólom *l* **ólomtetrametil**
tetra-papír *(vegy)* tetra paper
tetraszulfid tetrasulfide
tetrationát tetrathionate
tetróda *(rád)* tetrode, four-element tube
tetszőleges arbitrary, optional ; ~ **függvény** *(mat)* arbitrary function
tevebőr camel
tevehátú : ~ **felsőöv** *(hídon)* camel-back top chord ; ~ **rácsostartó** *(Schwedler-tartó)* camel-back truss
tevékeny active
tevékenység activity
tévérték freak value
téves erroneous, faulty ; ~ **beállítás** misalignment ; ~ **hívás** *(telef)* false signal ; ~ **irányítás** *(vasút)* miscarriage ; ~ **jelek vétele** *(rád)* spurious response ; ~ **megfigyelés** malobservation ; ~ **működés** *(távk)* false operation ; ~ **nyugalmi állapot** *(telef)* false relief period ; ~ **összeállítás** mismatch ; ~ **számvetés** *v* **kalkuláció** miscalculation
teveszőr camel(-)hair ; ~ **hajtószíj** camel-hair belt
teveszőrecset camel's hair brush
teveszőrfonal camel-hair yarn
teveszőrszövet-utánzat camelot
tevőleges active
texasit *(ásv)* *l* **zaratit**
text *(távk)* text (for measuring service distortion)
textil textile ; ~ **csiszolókorong** buffing wheel ; ~ **szigetelőszalag** *(vill)* fabric tape
textilanyag textile material ; ~**ok azonosítása** identification of textile materials ; ~ **cipőfelsőrészhez** cloth for upper
textilanyag-fehérítés textile bleaching
textiláru textile ; dry goods *(US)*
textilbakelit *(távk)* cloth-base phenol
textilbetét *(szállítószalagban)* canvas layer, duck
textilbetétes : ~ **gumiszalag** flipper ; ~ **műanyagcsapágy** composition bearing
textilcsomagoló papír loom/hosiery paper
textilelőtét hangszóróhoz grille cloth
textilfőző üst kier
textilgyár textile mill
textilgyári hulladék textile waste
textilhulladék textile wastes
textilipar textile industry
textilipari textile
textilkikészítés textile finishing
textilkombinát vertical combine/mill, self-contained mill, integrated mill
textilnyomás textile printing
textilnyomó prés stamping press
textilóz textilose yarn
textilpótló krepp *(pa)* imitation textile-crape
textilpréslemez *(pa)* cold pressboard
textil-segédanyagok textile accessories
textilszigetelésű huzal braided wire
textilszíj canvas belt(ing)
textiltechnika technology of textiles
textiltekercselő lemez *(pa)* draper's board, cloth-winding board
textiltöltőanyag fabric filler
textúra texture ; *(festményen)* brushwork ; **sűrű** ~ close texture
T-fej *(csavaron)* Tee-head
T-fejű csavar Tee-head screw
T-gerenda Tee-beam/girder
thalenit *(ásv)* thalénite
thalit *(ásv)* thalite
thallit *(ásv)* thallite
thaneti emelet *(földt)* Thanetian substage
thaumasit *(ásv)* thaumasite
Thenard-féle táblásgát *(hidr)* Thenard shutter dam
thenardit *(ásv)* thenardite
Thénard-kék Thenard's blue, cobalt blue/ultramarine
Thenard-tábla *(hidr)* Thenard shutter dam
Thevenin tétele *(távk)* Thevenin's theorem
T-hézagolt dugattyú Tee-slot piston
thiorsauite *(ásv)* thiorsauite
Thomas-acél basic Bessemer steel
Thomas-acélmű basic Bessemer steel works
Thomas-nyersvas basic Bessemer pig iron
Thomas-salak basic slag ; ~ **őrlőmalom** basic slag grinding-plant
Thomas-salakliszt Thomas meal
thomsenolit *(ásv)* thomsenolite
Thomson-féle mérőbukó *(hidr)* notch plate, notched weir
Thomson-hatás *(áram-hő-kölcsönhatás)* Thomson effect
Thomson-híd *(vill)* Thomson/Kelvin (double) bridge
thomsonit *(ásv)* thomsonite

Thomson-tényező *(vill)* Thomson coefficient
T-horonymaró *fn (forg)* Tee-slot milling cutter
thraulit *(ásv)* thraulite
thulit *(ásv)* thulite
thuringit *(ásv)* thuringite
Thury-menet Thury thread
Thyssen-féle graviméter Thyssen gravimeter
tiamin anti-neuritic vitamin, aneurin, thiamine
T-idom Tee-section/piece
tiemannit *(ásv)* tiemannite
tiglinsav tiglic acid
tigrisszem *(ásv)* tiger-eye
tilasit *(ásv)* tilasite
T-illesztés *(heg)* closed Tee-joint
tilol *(tex)* beat, scutch, swingle, break
tilolás *(tex)* batting, scutching, br(e)aking, beating
tilolási : ~ **hulladékkóc** cordilla waste ; ~ **kóc** swing tow ; ~ **szállópehely** scutcher fly
tiloló *fn* swingler, beater ; ~ **gumiszíj** scutcher
tilolóbárd swingling knife, bucking iron
tilolófa swingle
tilológép br(e)aking/batting machine, scutcher
tilolókés bucking iron
tilolómunkás picker
tilolópad brake
tilolószerszám bat
tilolt len scutched flax
tilos : ~ **légtér** *(rep)* restricted area ; ~ **út** reserved road
„tilos"-jelzés *(vasút)* dandy signal ; ~ **túlhalad** run past the signal
„tilos"-jelző *(vasút)* stop-block
„tilos-szabad"-jelző *(rep)* arrow-and--cross indicator
tiltó *fn* inhibitor ; *(hidr)* paddle ; **hengeres** ~ *(hidr)* drum gate
tiltójelzés *(gépk)* prohibiting sign
tiltótábla *(hidr)* sluice board ; ~ **fából** wooden check
tiltótáblás gát *(hidr)* frame dam
tiltott : ~ **átmenet** *(suzink)* forbidden transition ; ~ **sáv** *(rád)* forbidden band ; ~ **terület** prohibited area
tímár tanner
tímárbak *(fából)* horse
tímárfogó *(nagy)* tanner's tongs
tímárgyapjú tanner/plucked wool, slipe
tímárgyapjúlenyírás fellmongering
tímárműhely tan house
tímárság tannery
tímár-szőrmosógép tanner hair-washing machine
tímártőke hair beam ; **tímártőkén kinyújt** *(bőr)* stake
tímárüzem tannery
timföld alum earth, alumina (oxide), aluminium oxide ; ~ **tartalmú** aluminous, aluminiferous ; ~ **tartalmú csiszolóanyag** aluminous abrasive
timföldcement alumina cement
timföldsalak aluminous slag
timol *(vegy)* thymol
timpanon *(ép)* tympan
timsó alum(en)
timsódarab *(ásv)* cake of alum
timsófürdő *(tex)* alum bath
timsókő *(ásv)* alunite, alum stone
timsóoldat *(tex)* alum bath
timsós : ~ **cserzés** alum tannage ; ~ **cserzésű** alum-tanned ; ~ **(cserző)lé** alum solution ; ~ **fürdő** *(tex)* alum bath
timsóz *(bőr)* alum
tinkal *(ásv)* tincal ; *l még* **bórax**
tinktúra *(vegy)* tincture ; *l még* **festvény**
tinóbőr bullock-hide
tinta ink ; ~ **feljegyző** *v* **regisztráló készülékekhez** recording ink
tintaceruza indelible pencil
tintaeltávolító *fn* ink eraser
tintafesték ink colo(u)r
tintafolt ink-blot/stain/mark/spot
tintaíró *(rád, táv)* ink recorder
tintaporlasztásos fénytávíró felvevő készülék ink vapo(u)r recorder
tintatartó *[távíró gépen]* ink()well
tinta-úszópróba *(pa)* ink floating test
tintavonal-próba *(pa)* ink-line test
tioalkohol thioalcohol, mercaptan
tioantimonát thioantimon(i)ate, sulfantimon(i)ate
tioantimonit thioantimonite, sulfantimonite
tioarzenát thioarsen(i)ate
tioarzénessav thioarsen(i)ous acid
tioarzenit thioarsenite, sulfarsenite
tioarzénsav thioarsenic acid
tiocianát *l* **rodanát**
tiociánsavas kálium *l* **káliumrodanát**
tiofén thiophene
tiokarbamid thiourea, thiocarbamide, thiocarbonic acid diamide
tiokarbonát thiocarbonate
tiokénsav thiosulfuric acid
tiokénsavas nátrium sodium thiosulfate
tiokovasav thiosilicic acid
tioónossav thiostannous acid
tioónossavas só thiostannite
tioónsav thiostannic acid
tioónsavas só thiostannate
tioplaszt thioplast
tiosav thioic acid
tiosztannát thiostannate
tiosztannit thiostannite
tioszulfát thiosulfate
tiozinamin allylthiourea, allylthiocarbamide, thiosinamine
tipikus typic(al)
tipli wall plug/dowel
tipolitográfia typolithography
tipométer typometer
tipomorf *(ásv)* typomorphic
típus type, form, mark
típusház *(ép)* ready-cut house
típuskártya *(tex)* style card
típusüzem representative plant
típusvegyület type
típusvizsgálat type testing
tirátron *(rád)* gas-filled triode, thyratron ; **argontöltésű** ~ argon thyratron ; **árnyékolt rácsú** ~ gas-filled tetrode, shield-grid thyratron ; **hidrogéntöltésű** ~ hydrogen thyratron ; **higanytócsás** ~ pool-type thyratron
tirátronos árammegszakító *(heg)* thyratron control
tirátron-oszcillátor thyratron oscillator
tirefond coach screw ; *(vasút)* stud bolt
tirettrugó *(óra)* yoke-holder spring
tirolit *(ásv)* tyrolite
tiszta clean, clear, blank, pure ; *(koh)* bright *is ; (idő)* fair ; *(bány)* sweet ; *(ol)* fine ; ~ **ásványi kréta** true chalk; ~ **barkázatú** *(bőr)* clean(-)grained ; ~ **csengés** *(korongvizsgálatnál)* clear ring ; ~ **ellenállás** pure resistance ; ~ **eltolás** *(bány)* pure shear ; ~ **fehér húsoldal** *(bőr)* clean white flesh ; ~ **fém** fine/pure metal ; ~ **fésűsgyapjú**-all-worsted ; ~ **grafit** flaky graphite ; ~ *(töltőanyagmentes)* **gumikeverék** pure gum mix; ~ **hajlítás** pure bending ; ~ **hang** pure tone ; ~ **hangköz** perfect interval ; **tisztán harmonikus mennyiség** *(mat, vill)* simple-harmonic quantity ; ~ **hulladék** *(tex)* reworkable/good waste ; ~ **induktancia** pure inductance ; ~ **körvonal** clear-cut contour ; ~ **körvonalú** crisp ; ~ **látás(i lehetőség)** *(gépk)* clear visibility ; **tisztába leír** *(nyomda)* engross ; ~ **lenpapír** *(pa)* pure linen paper; ~ **lepárlású ásványolajtermékek** straight petroleum products ; ~ **mangánacél** straight manganese steel; ~ **nyírás** *(mech)* pure shear ; ~ **nyíróerő** pure shearing force ; ~ *(centrikus)* **nyomó terhelés** *(mech)* net pressure load ; **tisztán ohmos** non-reactive ; **tisztán ohmos ellenállás** non-reactive resistance, pure resistance ; ~ **ólom** soft lead ; ~ **övezet a besűrítőben** *(ércelőkészítésnél)* thickener clear zone ; ~ **paraffinolaj** paraffinum liquidum ; ~ **réz** pure copper ; ~ **rongypapír** *(pa)* pure rag paper ; ~ **súly** net weight ; ~ **szád** *(tex)* clear shed ; ~ **szélesség** width in the clear ; ~ **szelvény** effective section ; ~ **szénanyag** pure coal substance ; ~ *(monokromatikus)* **szín** spectral colo(u)r ; ~ **szinuszos** *(vill)* pure sinusoidal ; ~ **termitpor** *(fémadalék nélkül)* plain thermit ; ~ **tonnatartalom** *(hajó)* net tonnage ; ~ **vágás** sheer cut ; ~ **vas** *(koh)* pure iron ; ~ **vető** *(földt)* pure shear ; ~ **vízű** *(drágakő)* first-water
tisztafém *(nem ötvözött)* unalloyed ; *(teljesen fémből készült)* all-metal
tisztagyapjú- all-wool, wholly of wool
tisztagyapjú-szövet all-wool cloth/fabric
tisztalen- all-linen
tisztánláthatóság conspicuity
tisztapamut- all-cotton
tisztárafőzés *(szappané)* clear boiling of soap
tisztás *(erdőben)* glade
tisztaság clean(li)ness, purity, fineness ; *(grezsé ; tex)* neatness ; **felületi** ~ cleanliness of surface
tisztaselyem- true/all-silk, wholly of silk, natural silk ; ~ **szövőcérnák** *(tex)* ouvrees
tisztaselyem-szövet real silk fabric
tisztaselyem-tapadás cohesion of raw silk
tisztát(a)lan unclean, impure, foul ; ~ **gáz** foul gas ; ~ **levegő** impure air ; ~ **lignin** *(pa)* vasculose
tisztát(a)lanság impurity, sullage, speck, dirt ; *(ásványelemzésnél)* gang ; *[gázoké]* impurity ; *(fáradt olajban)* engine sludge ; *(pa)* scurf
tisztáz clear (up)
tisztázati rajz fair drawing
tisztázott vágású bőrszél raw edge
tisztít clean(se), elutriate, purge, clarify, scour ; *(kaparóvassal:)* scrub ; *(kefével:)* brush ; *(magvas gyapotot)* gin ; *(pa)* refine ; *(tex)* clean(se), purify, burl ; *(folyadékot)* defecate ; **kefével** ~ brush (out) ; **öntvényt** ~

fettle a casting ; **terepet** ~ clear the ground
tisztítás clean(s)ing, purifying, purification, *(kiürítés:)* voidance, draining, emptying, flushing ; *(fehérneműé:)* washing, laundering ; *(ruháé:)* cleaning ; ~ **egyszeri olvasztással** *(koh)* single refining ; **forgódobos** ~ barrel(l)ing ; ~ **homokfúvatással** *(önt)* sand cleaning ; ~ **homokszóró berendezéssel** rifling ; ~ **ismétlődése** *(tex)* cleaning frequency ; ~ **izzó állapotban** flame scarfing ; **vegyi** ~ chemical purification ; ~ **vésővel** chipping
tisztítási : ~ **gyakoriság** *(tex)* cleaning frequency ; ~ **időszak** cleaning period
tisztítatlan unclean, rough, crude
tisztíthatóság *(tex)* cleaning power, cleanability
tisztító *fn* furbisher, refiner, cleaner ; *(heg)* purifier ; ~ **berendezés** epurator, purifying plant, purifier ; *(nyomda)* clearer ; *(fémbevonatok készítésére)* pickling plant ; ~ **hatású adalékot tartalmazó olaj** detergent-type oil ; ~- **és kefélőgép** *(tex)* cleaning and brushing machine ; ~ **készülék** cleaning device ; **különlegesen széles** ~ *[tárcsás boronán]* mo(u)ldboard type scraper ; ~ **ligroin** cleaner's naphtha ; **száraz** ~ *(mzg)* dry elutriator ; **villamos** ~ **készülék** *(élip)* electropurifier
tisztítóanyag cleaning agent, detergent, purifying material
tisztítóbrigád *(tex)* cleaning team
tisztítócsap cleaning cock
tisztítócsipesz *(tex)* weaver's tweezers
tisztítódeszka *(tex)* dead rubber ; **kártborítású** ~ *(tex)* clearer board covered with card clothing
tisztítódob cleaning drum ; *[tűgyártáshoz]* bran tub ; *(önt)* tumbling barrel ; ~ **légelszívással** exhaust tumbling mill
tisztítóeszközök *[tisztítókés]* wipes
tisztítófa *(óra)* pegwood
tisztítófej *(porszívótömlő végére erősíthető)* renovator
tisztítófésű *(tex)* clearer plates
tisztítóforgács cleaning chip
tisztítófürdő *(pa)* puddle
tisztítógép *(bőr)* dressing machine ; *(tex)* clean(s)ing frame/machine, cleaner, blowing machine ; *(kefés)* brushing machine/mill ; *(nyers szövethez)* cop bottom machine
tisztítógödör *(vasút)* cleaning/inspection pit
tisztítógyalu : kettős ~ *(fa)* double-iron smoothing plane
tisztítóhab *(koh)* refining foam
tisztítóhenger cleaning roller ; *(nyomda)* brush roller ; *(tex)* (fancy) stripper, dick-roller, clearer
tisztítókamra *(önt)* shot chamber
tisztítókefe *(Lister-féle fésülőgépen)* dabbing brush, dabber
tisztítókés plough ; *(tex)* colo(u)r doctor/knife, doctor knife/blade, cleaning doctor
tisztítókréta cleaning chalk
tisztítóléc *(tex)* clearer board
tisztítómunkás *(tex)* cleaner
tisztítómű : alsó ~ *(cséplőgépen)* cleaning shoe
tisztítóműrosta *(mzg)* cheat screen
tisztítónyílás clearing hole ; *(gázgenerátoron ; gépk)* cleaning hole ; *(tartályon:)* cleaning aperture ; *(szennyvízcsatornán)* cleaning eye ; ~ **rögzítőjárma** manhole yoke ; ~ **rögzítőkengyele** manhole dog ; ~ **zárófedele** manhole end-plate
tisztítóolaj cleansing oil/solvent, cleaner's naphtha/solvent
tisztítóoldat clean(s)ing solution
tisztítópor clean(s)ing/polishing powder, scourer
tisztítórongy cleaning cloth, mop
tisztítórosta sifter
tisztítórúd cleaning rod
tisztítóruha cleaning cloth
tisztítószalag cleaning band
tisztítószekrény scouring box
tisztítószer clean(s)ing/purifying material/compound/agent ; *(cipő)* cleaning preparation ; *(szintetikus)* detergent
tisztítószita showering sieve
tisztítószövet clearer cloth
tisztítószűrő scavenge filter
tisztítótartány puddle
tisztítótövis *(bány)* bit punch
tisztított cleared, pure, purified, clean ; ~ **antimon** star metal ; ~ **érc** finished ore ; ~ **gyapot** clean cotton ; ~ **rúdantimon** star bowls ; ~ **szóda** white aikali ; ~ **terpentin** refined turpentine ; ~ **terpentinolaj** rectified oil of turpentine
tisztítótű cleaning stylet, prick(er)
tisztítóvágó *(önt)* scotch cleaner
tisztítóvessző *(bány)* rammer
tisztogatás cleanup ; *l még* **tisztítás**
tisztogató : ~ **krepp-papír** *(pa)* crape paper for cleaning ; ~ **krepp-papírgép** dusting-paper machine
titán titanium ; ~ **tartalmú** titaniferous
titánacél titanium steel
titándioxid titania, titanium dioxide
titándioxid-fehér titanium white
titánérc titanium ore
titánfehér *(festék)* *l* **titándioxid-fehér**
titani- *(ásv)* titanian
titanit *(ásv)* titanite, sphene
titano- *(ásv)* titanoan
titanomorfit *(ásv)* *l* **leukoxén**
titánötvözet titanium alloy
titánperoxid titanium trioxide
titánrúd titanium bar
titánsav titanic acid
titánszivacs titanium sponge
titántetraklorid titanium tetrachloride
titánvas *(ásv)* *l* **ilmenit**
titer titre, titer
titerbeállító alapanyag titrimetric standard
titermegállapítás titre test
tithoni emelet *(földt)* *l* **portlandi emelet**
titkos : ~ **ajtó** *(ép)* privy door ; ~ **átvételi rendszer** *(távk)* secret transmission system ; ~ **csillapítás** *(távk)* secret/bias attenuation ; ~ **lehallgató berendezés** detectophone ; ~ **zár** false/blind lock
titkosító berendezés *(távk)* secrecy equipment
titrál *(vegy)* titrate
titrálás titrating, titration, titre test ; ~ **az oldat vezető képességének mérésével** conductimetric analysis ; ~ **végső pontja** end point of titration
titráló *mn* titrating
titrálóoldat titrant ; *(normál-oldat)* normal solution
titrimetria volumetric analysis, titrimetry
titrimetriás titrimetric
tixotróp thixotrope
tixotrópia thixotropy
tíz : ~ **többszörösével osztott** subdecimal ; ~ **tucat** great hundred
tized decimal (part), tenth
tizedenergia sávszélesség *(rád)* tenth-power width
tizedes decimal ; ~ **beosztású stopperóra** decimal stop watch ; ~ **rendszer** *(mat)* decimal base ; *(dokumentáció)* decimal classification
tizedesjegy *(mat)* decimal figure
tizedesmérce decimal ga(u)ge
tizedesmérleg decimal (weighing/weigher) balance
tizedespont *(mat)* decimal point
tizedestört decimal (fraction) ; **szakaszos** ~ circulating decimal ; ~**té változtat** *(mat)* decimalize
tizedesvessző *(mat)* *l* **tizedespont**
tizedmérő *(óra)* tenth-measure
tizednormál *(vegy)* tenth-normal
tizenegyszög *(mat)* hendecagon
tizenhatodív *(nyomda)* decimosexto ; ~**ben** *(nyomott)* sixteenmo
tizenhatodrét alak *(pa)* sextodecimo
tizenkétcsatornás csoport *(távk)* twelve-channel group, 12-circuit group
tizenkéthengeres V-motor *(gépk)* V-twelve engine, double-six engine
tizenkétlap dodecahedron
tizenkétszög dodecagon
tizenkettedmérő *(óra)* twelfth-measure
tizenketted-vonal *(óra)* douzième
tizes decimal
tízkerekű ten-wheel
tízlap decahedron
tízméteres hullám *(rád)* decametric wave
tízórai-papír sandwich paper
tízszeres decuple ; ~ **szakító terhelés** *(tex)* deca breaking load
tízszög *(mat)* decagon
T-karmantyú Tee-joint
T-keresztmetszetű : ~ **bordaövléc** *(rep)* Tee-rib flange ; ~ **gyűrű** Tee-ring ; *(gőzgépdugattyún)* bull ring
T-könyök drop tee
T-négypólus *(vill)* Tee-filter/network/pad
tó pond, pool, lake ; **duzzasztott** ~ choked lake ; **felemelkedett** *v* **neptunikus eredetű** ~ dwelling lake ; **hosszú** ~ *(folyammederben)* slack ; **kis** ~ stank ; **parti** ~ coastal lake ; ~ **tektonikus katlanban** rock-basin lake
tó- lacustrine
toalettpapír bathroom tissue, toilet paper
toalettszappan toilet soap
toarci emelet *(földt)* Toarcian stage
tócsakatódos egyenirányító cső pool tank mercury-arc tube
tóérc *(ásv)* lake ore
tófenék lake bed
tófenék-lerakódások lacustrine deposits
tófenntartás *(hidr)* lake conservancy
tojás egg ; ~ **alakú** egg-shaped, oval, oviform ; ~ **alakúra brikettezett** briquetted into eggets ; ~ **alakú mintázó-** *v* **simítókanál** egg sleeker
tojásbrikett ovoid briquette, eggette

tojáscsomagoló hajtogatott doboz *(pa)* egg tray board
tojásdad oval, oviform, ovoid
tojásdoboz egg-dispatch box
tojásdoboz-karton *(pa)* egg-carton board
tojásdoboz-rekeszkarton *(pa)* egg-case board
tojásfehérje (egg) white, ovalbumin
tojásfordító kar *(keltetőben)* egg turner
tojásfőző homokóra egg-timer
tojásgörbe *l* **ovális** *(mat)*
tojáshéj-simítás *(pa)* egg-shell finish
tojáshéj-simítású könyvpapír antique eggshell paper
tojásléc *(ép)* egg-and-dart, bead
tojásolaj oil of eggs
tojásölő szer ovicide
tojáspor *(élip)* dried eggs
tojásrekesz egg crate
tojássárgája (egg) yolk
tojássor *l* **tojásléc**
tojásszelvény *(ép)* two-centre cross section
tojásszelvényű csőáteresz egg-shaped culvert
tojásszigetelő egg-insulator
tojásszigetelő-lánc *[antennán]* chain of egg insulators
tojástálca egg crate
tojástároló polc *v* **állvány** egg-rack
tojásültető *fn* poultry-brood coop
tok case, easing, box, capsule, cover, muff, holdes, pod, socket, sheath; *(tex)* slip; *(tokos kemencéhez)* muffle; ~ **függőleges része** *(ép)* jamb(e); ~**ba zár** encase
tokbahelyezés *(óra)* casing
tokfülbélés *(óra)* bow's bushing
tokgerenda *(alsó vízszintes)* cap sill
tokkészítő casemaker
tokmány chuck, holder; ~**ba befog** chuck; **befogó** ~ (clamping) chuck; ~ **befogó mérete** take-in grip of chuck; **belsőfogkoszorús** ~ ring-wheel chuck; **csészés** ~ bell chuck; **elliptikus** ~ elliptic chuck; **excenteres** ~ eccentric chuck; **feszítő** ~ expanding chuck; **feszítőhüvelyes** draw-in collet (chuck); **fúró** ~ drill chuck; ~ **gömbölyű tárgyak befogására** ball chuck; **hárompofás** ~ three-jaw chuck; **kétpofás** ~ two-jaw chuck; *(fúró)* union chuck; **kombinált** ~ combination chuck; **központosító** ~ centering chuck; **külön állítható pofás** ~ independent chuck; ~ **külső védőburka** chuck fender; **mágneses** ~ magnetic chuck; **menesztő** ~ centre/driver chuck; **menetes** ~ screw chuck; **menetvágó** ~ die holder; **nyomó** ~ *(alok)* spin chuck; **önközpontosító** ~ self-centering chuck; **patronos** ~ bar collet chuck; **pneumatikus** ~ air chuck; **pofás** ~ jaw/dog chuck
tokmány-automata automatic chucking
tokmányeszterga chuck lathe
tokmánykulcs chuck wrench
tokmánymunka *(esztergán)* chuck work
tokmánypofa chuck jaw
tokmányvédő (kosár) chuck guard
toknyakbetét *(óra)* sleeve
toknyitó *(zsebórához)* case-opener
tokos: ~ **centrifugálszivattyú-járókerék** box-shrouded impeller; ~ **csőkötés** spigot-and-socket joint; ~ **kemence** muffle furnace; ~ **kemence elzáró lemeze** bib; ~ **kés** *(nem becsukható pengével)* sheath knife; ~ **kötés** *(gépt)* sleeve joint; *(csövön)* belt-and-spigot joint; ~ **tengelykapcsoló** coupling sleeve; *(tengelyvégek tompa illesztéséhez)* butt coupling
tokozás *(uránrúdé)* canning
tokozott *(gépt)* sleeved; *(vill)* (armour-) clad
tok-rugó case-spring
tolat *(járművel)* shunt; *(hátrál:)* reverse; *(vasút)* marshal
tolatás car gathering/spotting/shunting; *(manőverezés; gépk)* shunting; *(hátrálás)* reversing
tolatási: ~ **határjel** collision post; ~ **szolgálat** switching work
tolatásvezető *(vasút)* yard master
tolató *fn* pusher
tolatómozdony yard/switching locomotive/engine, pusher; ~ *(szomszéd vágányon haladó kocsik rúddal tolatására)* poling engine; **kis** ~ pony engine; **villamos** ~ electric switching locomotive
tolatómunkás *(vasút)* dresser
tolatóvágány branch/switching track
tolatóvitla car spotting hoist
tolattyú slide valve; *(tolózár)* gate valve; *(belső égésű motoron)* sleeve valve; *(lószőr bevetésére alkalmas szövőszéken; tex)* adjusting slider; **bebocsátó** *v* **beömlő** ~ admission valve; **elosztó** ~ distributing slide valve; ~ **előnyitása** lead of the slide valve; **elzáró** ~ shut-off slide valve; ~ **fedőlapjának szélessége** width of land; **fojtó** ~ throttle slide valve; **hengeres** ~ piston slide valve; **irányváltó** ~ reversing slide valve; **kagylós** ~ plain slide valve; **kettős hengeres** ~ double piston valve; **keverő** ~ mixture slide valve; ~ **kulisszája** slide-valve link; **sík** ~ common slide valve; **tehermentesített** ~ equilibrium slide valve; **tehermentesítő** ~ casing (slide) valve; **Trick-féle** ~ double-D slide valve, port slide valve; **új** ~**k beszerelése** revalving; **vezérlő** ~ distributing slide valve
tolattyú-diagram slide-valve diagram, circle of distribution
tolattyúfedés overlap(ping)
tolattyú-hajtórúd *(gépk)* sleeve actuator
tolattyúház slide box
tolattyúhüvely ported member
tolattyúkamra steam chest, valve chamber
tolattyúkeret *(vasút)* bridle
tolattyúkezelő helyiség *(hidr)* valve house
tolattyúkör *(Zeuner-diagramban)* slide-valve circle
tolattyúkulissza slide valve link
tolattyú-lengőkar slide-valve link
tolattyúnyílás slot; *(gépk)* sleeve port
tolattyúrúd slide(-valve) rod; ~ **kulisszája** valve-rod link
tolattyús: ~ **adagoló** *v* **etető szerkezet** reciprocating plate feeder; ~ **huzatelzáró** *(koh)* damper; ~ **motor** *[Knight-motor]* sleeve-valve engine; ~ **szelep** sleeve valve; ~ **szivattyú** slide-valve pump; ~ **vezérlés** slide-valve distribution; ~ **vezérmű** slide-valve gear
tolattyúsebesség valve-lifting velocity
tolattyúszekrény slide-valve box/chest
tolattyúszekrényfej-fedél steam-chest head casing
tolattyú-tehermentesítő: ~ **lap** balance pitch; ~ **léc** balance strip
tolattyútengely slide shaft
tolattyútükör slide-valve surface
tolattyúvezeték valve guide; *(rókatorokban)* damper guide
tolattyúvezető persely valve-guide bush
told splice, extend
toldalék appendix, addendum, attachment; *(ép)* suffix; *(csillapítás; távk)* padding
toldalékcső fitting-pipe, adapter
toldaléképület annex
toldalékszárny *(ép)* annex
toldalék-tekercs *(amivel a munka szélességét növelik; pa)* side run
toldaléktető penthouse
toldás *(ácsmunkánál)* junction; ~ **ékcsappal** *(ép, gépt)* keying
toldat extension, stub
toldat- additional, supplementary
toldatdarab extension piece
toldó auxiliary
toldócső job length
toldódarab packing piece, gap block
toldóelem *(fémállványnál; ép)* expansion joint pin
toldógép splicing machine
toldott: ~ **cölöp** *(hidr)* spliced pile; ~ **talp** *(cipő)* piece sole; ~ **vasbetétrúd** *(hidon)* splice
tólecsapolás drawdown of pond
tolerál tolerate
tolerancia tolerance, margin; *l* **még tűrés**
toleranciadózis *(at)* tolerance dose
toleranciasávos ernyőjű mérő oszcillográf visi-limit curve tracer
tolható: ~ **híd** retractible drawbridge; ~ **hüvely** *(pa)* sleeve; ~ **súly** *[mérlegkaron]* sliding poise; ~ **színes lámpaüveg** *(fényk)* lantern slide
tollátnemeresztő *(tex)* featherproof
tollbiztos *(tex)* featherproof
tollérc *(ásv)* *l* **plumozit**
tollfosztás feather pulling
tollhegy nib
tollkés drawing knife
tollpehely down; **tollpelyhet át nem eresztő** *(tex)* downproof; ~ **párnatok töltésére** bed down
tollrajz pen-and-ink drawing
tollseprő feather duster
tollszár penholder, style; *(halcsont pótlására; tex)* featherbone
tollszártartó pen block
tollszerű szerkezet *(ép)* herringbone structure
toló *fn* pusher; ~ **csoportkerék** sliding gear-train; ~ **gerenda** *(hevítő kemencében)* walking beam in heating furnace; ~ **hatású robbanóanyag** *(bány)* low explosive; ~ **illesztés** push fit; ~ **légcsavar** pusher airscrew/ propeller; ~ **sorompó** sliding barrier; ~ **szerkezetű trombita** tromba da tirarsi
toló- sliding, push
tolóablak sash(-)window; *(gépk)* slide window; ~ **felhúzó fogantyúja** *v* **hevedere** window lift; **függőleges vezetésű** ~ guillotine window; ~ **kerete** sash frame; ~**a kocsiajtón** *(gépk)* wicket gate
tolóablak-ellensúly sash weight
tolóablakfészek damper pit

tolóablakkeret sash ; **ellensúlyos ~** balanced sash
tolóablakszárny sliding*sash
tolóablak-vezeték window guide
tolóajtó push/sliding door ; *(surrantón)* slide gate ; **~ kerete** damper bow
tolóállvány flying buttress
tolóbütyök push cam
tolócső *(gépk)* *l* **hátsótengely-tolócső**
tolóék *(gépt)* sliding key ; **rugós ~** sliding spring key
tolóerő-diagram *(rep)* thrust curve
tológereblye *(mzg)* sweep (hay) rake
tológomb runner
tológyűrű sliding ring
tolóhenger pushing cylinder ; *(vetőgépen v cukornádprésen)* fluted feed--roll
tolóhengeres : ~ etető *(szerkezet)* fluted--roll feed ; **~ kényszeradagolású** *[vető szerkezet]* fluted force-feed ; **~ sorvető gép** fluted-feed drill
tolóindexes távmérőléc *(geod)* Jacob's staff
tolóka runner, slide, movable jaw ; *(logarlécen)* slide, cursor
tolókapa scuffle hoe
tolókapu *(hidr)* sluice/caisson gate
tolókás fedél *(mikroszkópon)* cover slide
tolókemence *(koh)* pusher-type furnace, continuous furnace ; **~ csúsztató csősíne** skid pipe
tolókerék sliding gear/pinion
tolólégcsavaros repülőgép pusher aircraft
tolólétra extensible (erecting) ladder
tolólöket push stroke
tolómérce caliper(s) ga(u)ge/rule, slide caliper(s)/gauge ; *(csaplyuk párhuzamos oldalainak kijelölésére)* mortise gauge
tolómérleg-rúd scalebeam
tolómozdony bank locomotive, helper
tolópad *(ép)* sliding platform, moving stage ; *(alak, koh)* push bench ; *(vasút)* traverser/transfer table, travel(l)ing table/platform
tolópofa *[tolómercén]* movable jaw
tolórész *(fúvóshangszeren)* slide
tolóretesz flush bolt ; *l még* **tolózár** ; **felső** *v* **alsó ~** *(kétszárnyú ajtón)* extension bolt ; **rugós ~** sliding spring key
tolórostély sliding grate
tolórúd feed/push bar ; *(evezőscsónakhoz)* punt ; *(sebességváltóban ; gépk)* rod gear
tolórúdszabályozó anya *(gépk)* latch rod thimble
tolósúly jockey weight, rider
tolósúlyos : ~ kézimérleg steelyard ; **~ mérleg** weigh beam
tolószárny *(ablakon)* sliding sash
tolótüske *(forg)* push broach
tolózár *(csővezetékben)* gate valve, sluice/isolating valve ; *(zár)* (thumb) latch, bolt lock push bolt ; **amerikai ~** changing latch ; **ékes ~** wedge gate valve ; **fojtó ~** throttle gate (valve) ; **~ gombja** lock button ; **gyűrűs ~** annular slide valve ; **kettős ülékű ~** double-faced gate valve ; **~ak kezelőtornya** *(hidr)* valve tower ; **külső csavarorsós ~** screw-and--yoke type gate valve ; **Ludlow-féle** water gate walve ; **párhuzamos ~** parallel gate valve ; **rostély alatti huzatszabályozó ~** ash pit damper ; **tokos végű ~ csőtoldattal** bell-ended gate/sluice valve
tolózáremelő kar gate lever
tolózármozgató kerék gatewheel
tolózárnyelv catch spring
tolózárorsó gate valve spindle
tolózárrúd catch rod
tolózárrugó catch spring
tolózárvezérlés gate control
tolt munkagép *(mzg)* pusher-type machine
tolubalzsam Tolu balsam
toluol *(vegy)* toluene, methylbenzene ; **technikai** *v* **ipari ~** toluol *(US)*
tolvajkulcs picklock
tolvajlámpa blind lantern
tompa blunt ; *(életlen)* dead ; *[fény]* thin ; *[főtehang ; bány]* heavy ; *(illesztés)* butt, end-fo-end ;; **~ árnyalatú** flat ; **~ élű balta** *v* **fejsze** hack ; **~ élű talpfa** wane tie ; **~ falszöglet** *v* **falvég** *(ép)* squint quoin of wall ; **~ fényű** mat, dull ; **~ hang** mute/deep sound ; **~ hangú** *(ásv)* mute ; **~ hangzás** deadness ; **~ hegesztés** *l* **tompahegesztés** ; **~ hegesztővarrat** butt joint/weld ; **tompán illeszt** *(faelemeket)* butt ; **~ illesztés** *(fa, heg)* butt joint ; **~ illesztés beeresztéssel** joggle butt joint ; **~ illesztéses** butting (joint) **~ illesztési végek** *v* **felületek** butting ends ; **~ illesztésű csatlakozás** open-butt joint ; **~ illesztésű szegecskötés** butt riveting ; **~ lemezillesztés** *(hajó)* flush-end joint ; **~ oldal** flat ; **~ szín** *(pa)* sad colo(u)r ; **~ színű** dead colo(u)red ; **~ tengelyvég** butt ; **~ varrat** *(heg)* butt weld ; **~ vég** stub, dead end ; **~ végű** pointless, blunt, stub ; **~ V-varrat** *(heg)* open single-V butt weld ; **~ V-varrat** *(heg)* double V-butt joint
tompafény-simaság *(pa)* dull finish
tompahegesztés butt welding ; **leolvasztó ~** flash butt welding ; **zömítő ~** upset butt welding
tompahegesztő : ~ gép butt welding machine ; **önműködő ~ gép** automatic butt welder
tompareszelő blunt file
tompaszög *(mat)* obtuse/blunt angle
tompaszögű : ~ illesztés obtuse-angle(d) joint ; **~ U-tartó** *(heng)* obtuse-angle channel iron
tompít damp, choke ; *l még* **csillapít** ; *(élet)* deaden, rebate ; *[hatást]* allay; *(fényt, hangt)* keep/break down, attenuate ; *(ütést, lökést)* damp, cushion ; *(festést ; pa)* bleed ; **~ja a fényszórót** *(biluxol ; gépk)* dip the headlamp ; **üt(köz)ést ~** cushion
tompítás *vö* **tompít** ; **~ késleltetése** *(fényk)* dodging
tompítatlan *l* **csillapítatlan**
tompító *fn* sourdine ; *(fényk)* foil ; **~ kanala** *[zongorán]* spoon ; **~ kapcsoló** *(fényszóró ; gépk)* dip-switch ; **~ lábkapcsoló** *(gépk)* dimmer pedal, dip--switch pedal
tompítóanyag *(fotópapírhoz)* matting agent
tompított damped ; *(hang)* mute ; **~ fény** *(gépk)* passing beam *(UK)* ; lower/traffic beam *(US)* ; *(bilux ; gépk)* passing/dipped beam
tompul fade, dull ; *(él)* rebate, wear off
tompulás *vö* **tompul**
tonhalolaj tuna oil
tonika tonic
tonna ton
tonnakilométer ton-kilometre
tonnaméret *(hajó)* ton measurement
tonnamérföld *(gépk)* ton-mile
tonnatartalom tonnage
tónus *(festményen)* shade ; **sötét ~ jeleinek területe** *(telev)* black region
tónusérték *(fényk)* tonal value
tónuskiigazítás *(fényk)* highlight mask
tónuskontraszt *(telev)* brightness contrast
tónuskontraszt-határoló *(telev)* brightness contrast border
tónuskontraszt-helyesbítés *(fényk)* gradation process
tónusviszony *(telev)* brightness ratio
topán bootie
tópart lake shore
topáz *(ásv, ékkő)* topaz
topazolit *(ásv)* topazolite
topográfia topography ; **abszolút ~** *(met)* absolute topography
toppolt nyersolaj *[benzintelenített nyersolaj v pakura]* reduced/topped crude
torát *(vegy)* thorate
torbernit *(ásv)* torbernite, copper uranite, chalcolite
torchon merített papír torchon paper
torit *(ásv)* thorite
tórium thorium ; **~ tartalmú** thorium--bearing ; *(ásv)* thorian
tórium-emanáció thoron, thorium emanation
tóriumhidroxid thorium hydroxide
tóriumklorid thorium chloride
tóriumnitrát thorium nitrate
tóriumnitrid thorium nitride
tóriumoxid thoria, thorium (di)oxide
tóriumozott *[rádiócső]* thoriated ; **~ volfrám-** thoriated-tungsten
tóriumszulfát thorium sulfate
torkolat mouth, throat, vent ; *(lövegé)* mouth, muzzle
torkolati : ~ homokzátony bar ; **~ sebesség** muzzle velocity ; **~ zátony** bay-mouth bar
torkolatkúp *(tűzhányó kráterjában)* terminal conclet
torkolatsebesség muzzle velocity
torkolattűz muzzle flash/blast
torkolattűzrejtő *fn* flash hider, flame killer
torkolattűztompító *fn* flash/blast reducer
torkretgép cement gun
torkretizál *l* **torkretoz**
torkretkészülék cement blower
torkretoz gunite
torkretozás guniting
torkretozópisztoly spray gun
torkretozott : ~ beton gunite concrete ; **~ burkolat** gunite coating
torkretpisztoly concrete gun
torlasz barricade, barrage
torlaszolóhajó blockship
torlaszrúd *(leszorítására)* port-bar
torlaszt *(alak)* gather, upset
torlasztás *(alak)* gathering, upsetting ; *(hidr)* damming
torlasztási magasság height of damming
torlasztócső impact tube
torlasztóléc *(pa)* spreader bar, dam board
torlat placer; **arany tartalmú ~** *(bány)* auriferous gravel
torlatarany placer gold
torlatművelés *(bány)* stream works
torló csappantyú regulating flap

torlódás jam, congestion
torlódik *[jégtábla]* rag
torlódó : ~ **forgalom** congested traffic ; ~ **réteg** *(földt)* forking beds
torlógyűrű obturator ring
torlóhatás reflux ; *(gépk, rep)* ram effect
torlónyomás dynamic/ram/impact pressure ; ~**t kihasználó** ram(ming)-type
torlósugár-hajtómű *(rep)* ram jet engine, propulsive duct
tormaolaj garden-cress oil
tornác *(ép)* veranda, stoop, terrace
tornaing T-shirt
tornanadrág trunks
tornaszőnyeg mat
tornyos : ~ **(beton)öntő** *fn* tower dump ; ~ **előlepárló retorta** superimposed (pre-distillation) retort ; ~ **lepárló készülék** tower still
toroid *[tekercs]* toroid ; *mn* toroidal ; ~ **mag** *(vill)* toroidal core ; ~ **tekercs** toroidal/doughnut coil ; ~ **tekercselés** toroidal winding ; ~ **tekercselésű** toroidally-wound ; ~ **típusú üregrezonátor** *(rád)* re-entrant(-)type resonator
torok throat, gorge ; *(hangt)* whistle ; *(porlasztón)* *l* **légtorok** ; *(szivattyún)* Venturi *is*
torokátmérő *[nagyolvasztón]* stock line diameter
torokelzáró : ~ **harang** *(koh)* furnace-top bell ; ~ **szerkezet** *(nagyolvasztón)* cup-and-cone of blast furnace
torokgáz blast furnace gas, top gas
torokgázelvezetés *(nagyolvasztónál)* blast furnace gas taking-off
torokgázgép waste-gas engine
torokgázhajtású fúvó blast-furnace gas-driven blower
torokgáziszap *(koh)* blast-furnace top-gas mud
torokgázpor blast furnace flue dust
torokgázvezeték top gas main
torokgerenda top/collar/strut beam
torokgerendás fedélszék collar roof
torokhíd *(nagyolvasztón)* top platform
torokköpeny *(nagyolvasztón)* mouth screen
torokmélység *(bány)* throat depth
toroknyílás throat opening/clearance ; *(koh)* charging hole ; ~ **keresztmetszete** *(gépk)* throat area
torokszint *(koh)* charging gallery/platform
toroktölcsér *(koh)* furnace top hopper
torokvágás *[bőrön]* cut throat
torokvedres adagolás *(koh)* tub filling
torokzár *[nagyolvasztónál]* throat stopper
torokzáró harang *(koh)* stopper bell
toron *(vegy)* thoron, thorium emanation
torony tower, steeple, belfry ; *(kat)* turret ; *(vegy)* tower, column (apparatus) ; **abszorpciós** ~ absorbing column ; ~ **elárasztása** *(refluxszal)* flooding ; ~ **felvevő képessége** tower hold-up ; ~ **gyűrűtöltése** *(vegy)* ring filling/packing ; **kis** ~ turret ; **szénsavval telítő** ~ carbonating tower/column
toronyantenna tower-radiator
torony-azonosító jel *(rep)* tower identification
toronycserép steeple-head tile
toronycsúcs pyramidal broach roof ; *(lepárlón)* column top ; ~ **gombja** *(ép)* pommel
toronydaru tower/column crane
toronyfedél pyramidal (broach) roof
toronyféle *[szerkezet]* tower-like
toronygomb ball-top of steeple
toronyház tower house
toronyhollandi *(pa)* tower beater
toronykötéltárcsa head pulley
toronyláb *(rád)* mast leg
toronyóra tower/belfry clock
toronyszerű tower-like
toronytárcsa *(bány)* head-block
torpedó *(ált, gépt)* torpedo ; *(óra)* sleeve ; ~ **alakú kocsiszekrény** *(gépk)* torpedo body ; ~ **elleni védőháló** torpedo net ; ~ **hidrosztatikus kamrája** balance chamber ; ~ **szabadonfutó agy** cam-and-roller-type free-wheeling unit
torpedóhajó *v* **torpedónaszád** torpedo boat
torpedónaszád-anyahajó torpedo(-)depot ship
torpedóromboló (torpedo-boat) destroyer
torpedószedő hajó torpedo catcher
torpedószegecs torpedo rivet
torpedóvédő kettős fal *(hajótesten)* (torpedo) bulge
torpedóvetés torpedo launching ; *(rep)* torpedo bombing
torpedóvető : ~ **bombázó repülőgép** torpedo bomber ; ~ **cső** torpedo(-launching) tube ; ~ **felderítő repülőgép** torpedo-spotter-reconnaissance aeroplane ; ~ **irányzék** torpedo director (sight) ; ~ **repülőgép** torpedo-carrier plane/aircraft
torpedózás torpedoing
torrens *(földt)* torrens, rapid ; ~ **folyó** cripple ; ~ **jellegű mederszakasz** torrential portion of the course of a river ; ~ **patak** torrential stream
torrens-hordalék *(földt)* torrential deposits
Torricelli-űr Torricellian vacuum, barometric chamber
tortaalátét-papír lace dessert paper
tortadoboz *(pa)* tart box
tortalap *(élip)* waffle
tortapapír lace paper, paper doily/d'oyley, paper d'oylies
tortonai emelet *(földt)* Tortonian substage
torula *(pa)* mycoderma, torula
tórus *(fa, mat)* torus
torz distorted ; ~ **kúp** conoid
torzfelület *(mat)* scroll (surface)
torzió twist, torsion ; *l még* **csavarás** *és* **csavaró-**
torziómentes szál *(anyagv, tex)* torsionless fibre
torziómérő *fn* torsiometer ; **légréses** ~ air-gap torsion meter
torziónyomaték *l* **csavaró nyomaték**
torziós twisting, torsion(al) ; *l még* **csavaró** *és* **csavarási** ; ~ **alakváltozás** twisting strain ; ~ **csuklópánt** torque reaction joint ; ~ **ellenállás** torsional stiffness ; ~ **felfüggesztés** torsional suspension ; ~ **galvanométer** torsion galvanometer ; ~ **gyűrődések** *(földt)* rotary faults ; ~ **inga** torsion(al) pendulum ; ~ **kifáradási határ** torsional endurance limit ; ~ **lengések amplitúdója** *(mech)* amplitude of rotary oscillations ; ~ **lökéscsillapító** *(gépt)* torsion balancer ; ~ **magnetométer** torque magnetometer ; ~ **merevség** torsional stiffness ; ~ **mérleg** torsion(al) balance ; ~ **(mérleg)fej** torsion head ; ~ **nyomaték** twisting moment, torque ; ~ **nyomatékot mérő berendezés** torque reaction stand ; ~ **próba** twisting test ; ~ **próbaállvány** torque stand ; ~ **próbatest** torsion rod ; ~ **rezgés** torsional oscillation/vibration ; ~ **rezgéscsillapító** *fn* torsional-vibration damper ; ~ **rugó** torsion spring/bar ; *(gépk)* torsion(-)bar spring ; ~ **tényező** torque ratio ; **többrétegű** ~ **rugó** *(gépk)* laminated torsion-bar spring
torziósrudas : ~ **felfüggesztés** *(gépk, vasút)* torsion-bar suspension ; ~ **rugózás** torsional rod/bar suspension
torziósrugó-befogó : ~ **fej** *(gépk)* torsion bar anchorage ; ~ **hüvely** *(gépk)* torsion bar anchorage bush
torzít distort
torzítás distortion, deformation ; *(statisztikában)* bias ; *(ásv)* anamorphism ; **fáziseltolási** ~ *(távk)* phase delay distortion ; **frekvenciafüggő** ~ *(rád)* amplitude-frequency distortion ; **gyengítési** ~ *(rád)* amplitude-frequency distortion ; **hordóalakú** ~ *(fényt)* barrel distortion ; ~ **visszacsatolás következtében** *(rád)* regenerative distortion
torzításellenőrző : morze- *v* **ötimpulzusos jeleket adó** ~ **berendezés** *(táv)* telegraph distortion set
torzításfok degree of distortion
torzítási : ~ **jelleggörbe** distortion characteristics ; ~ **százalék** harmonic content ; ~ **tényező** *(rád)* distortion/klirr factor, coefficient of harmonic distortion
torzításkompenzáló *(rád)* correcting device
torzításmentes distortionless, non-distorting, distortion-free ; ~ **erősítés** *(rád)* linear amplification ; ~ **hang** clean tone ; ~ **moduláció** distortion-free modulation ; ~ **vétel** *(visszaadás ; távk)* perfect restitution ; ~ **vonal** *(távk)* distortionless line
torzításmentesség *(rád)* fidelity
torzításmérés *(távk)* distortion measurement
torzításmérő distortion meter
torzításmutató *(távk)* distortion indicator
torzítástényező distortion factor
torzításvizsgáló szemüveglencséhez strain tester for spectable lenses
torzítatlan undistorted ; ~ **becslés** *(mat)* unbias(s)ed estimate ; ~ **kimenő teljesítmény** undistorted power output
torzító : ~ **jeladó** *[méréshez ; távk]* distorter ; ~ **transzformátor** distortion transformer
torzítótükör facet mirror
torzított : ~ **lencse** strained optical lens ; ~ **lépték** distorted scale ; ~ **szelvény** distorted profile
torzképződmény malconformation
torzkristályok *(ásv)* brotocrystals
torzul become deformed/distorted
torzulás distortion, deformation, skewness, malconformation ; **domborzati** ~ *(légifényképen)* displacement caused by relief

torzulásmentes distortionless ; ~ **elhalkulás** *(rád)* non-selective fading
torzult distorted ; ~**alakú tégla** shippers; ~**an átalakuló** anamorphotic
toszkánai oszloprend *(ép)* Tuscan Order
totaigit *(ásv)* totaigite
totális total ; *l* *még* **teljes**
tournai-i emelet *(földt)* Tournai(sian) division
továbbad pass over/on ; **(rádió)leadást átvesz és** ~ relay
továbbengedi a forgalmat *(feltartóztatás után)* release the traffic
továbbhalad pass on
továbbít forward, further, convey, transfer, transmit, pass ; **csövön** ~ pipe ; **sürgősen** ~ dispatch ; **szövetet** ~ *(tex)* feed
továbbítás delivery, transfer, conveyance, transport ; **gyors** ~ dispatch ; ~ **vivőhullámú berendezéssel** carrier-current relaying
továbbítási periódus *(film)* moving period
továbbítódugattyús adagoló berendezés ram feeding device
továbbító fogasdob *(fényk)* feed sprocket
továbbítógörgő rolling pirn
továbbítóhenger *(nyomda)* delivery cylinder
továbbítókorong *(csúcsnélküli köszörűgépen)* control/regulating wheel ; ~ **fogásvevő csavarja** regulating-wheel in-feed screw
továbbítónyílás delivery orifice
továbbítószalag conveyor ; *(tex)* delivery apron
továbbítóvillás szénarakodó rake-bar hayloader
továbbmegy pass on
továbbvezet *[csatornát ; távk]* extend (channel) ; ~**i az áramkört 4-(2)-huzalos kapcsolásban** *(távk)* extend the circuit on a 4-(2-)wire basis
tovotta-szelence hard-fat lubricator
tovotta-zsír hard/consistent fat/grease
Townend-gyűrű *(rep)* Townend ring
Townsend-lavina Townsend avalanche
Townsend-törvény *(vill)* Townsend law, three-halves power law
toxikus toxic ; ~ **anyag** intoxicant
tő *(gépt, rep)* root ; *(kefeszárnyé ; távk)* lead ; **tövön korhadt fa** deadwood
tő-ár *(fa)* stumpage rate
tőátmérő root diameter ; *(fa)* diameter at butt end
többadagolófejes gép *(tex)* multiple-feed machine
többágú *(rep)* multiblade(d) ; ~ **antenna** multiple-wire aerial ; ~ **cérna** cabled thread/yarn ; ~ **(finomszálú) műselyem** multi-filament rayon ; ~ **fonal** multi-folded yarn, multiple-ply yarn ; ~ **kapcsolózsinór** split wire ; ~ **kötél** rope of strands ; ~ **légcsavar** multiblade(d) airscrew ; ~ **zsinór** *v* **kötél** multiple cord
többalakúság multiformity
többalkotós keverék multicomponent mixture
többállású kapcsoló multi-position switch
többáramkörű kapcsoló *(vill)* multigang/multiway switch
többáramú porlasztó multiple-choke tube carburet(t)or
több-barázdás felvétel *[magnetofonon]* multitrack recording
több-bázisú sav polybasic/polyhydric/polyatomic acid
több-bekezdésű : ~ **csavar** multiple-start screw ; ~ **csavarmenet** multiplex thread
több-bélyeges : ~ **lyukasztószerszám** gang-blanking die ; ~ **sajtó** multiple-punch press
több-búvárdugattyús szivattyú multi-plunger pump
többcellás multi-chambered ; ~ **hangtölcsér** multi-cellular horn
többcélú general/multiple-purpose
több-csatornás *(gépk)* multibranched ; *(távk)* multi-channel ; ~ **adórendszer** *(telev)* multi-channel system ; ~ **átvitel** multiplex operation/transmission ; ~ **kondenzátor** *(gőzgépen)* multipass condenser
öbbcsillés buktató trip dumper
többcsonkos csőidom manifold block
többcsöves *(rád)* multivalve
többcsövű multitubular
többcsúcsú polyconic
többdúcos kétszárnyú repülőgép multistrut biplane
többekevasas eke gang plough
többelektródos : ~ **cső** *(rád)* multi-electrode tube ; ~ **ponthegesztés** multiple spot welding
többemelet(es) multiple-storey/stage ; ~ **állvány** *(ép)* multiple-stage setup ; ~ **antenna** multiple-unit antenna ; ~ **épület** storey building ; ~ **gyár** storied mill
többeres *(táv)* multicore, multistrand ; ~ **kábel** compound cable ; ~ **vezeték** *(távk)* multicore/multistrand wire
többérintkezős kapcsoló *(vill)* multi-contact switch
többértékű : ~ **alkohol** *(vegy)* polybasic/polyhidric alcohol ; ~ **függvény** multi(ple)-valued function
többerű *l* **többeres**
többet mutat *(műszer)* read high
többfalú multiwall ; ~ **szekrényes gerenda** *v* **tartó** tubular girder
többfázisú *(vill)* polyphase, multiphase ; ~ **áramkör** polyphase circuit ; **egyenirányító áramkör** polyphase rectifier circuit ; ~ **generátor** polyphase alternator/generator ; ~ **jelfogó** polyphase relay ; ~ **kapcsolás** *(vill)* connections of polyphase circuits ; ~ **motor** polyphase motor ; ~ **oszcillátor** polyphase oscillator ; ~ **rendszer** polyphase system ; ~ **rendszer egyik fázisa** leg ; ~ **szinkron generátor** polyphase synchronous generator
többfedelű *[repülőgép]* multiplane
többfeladatú multi(ple)-purpose, all-round, multifunctional
többfénykévés fénymérő multiple-beam photometer
többfesztávú multi-span
többfilmes eljárás *(átmásolás több negatívról)* multifilm process
többfokozatú multi(ple)-stage, multi-step ; ~ **akciós turbina** multiple-stage action turbine ; ~ **biztonsági megszakító** *(távk)* security circuit-breakers with preparatory contacts ; ~ **dugattyú** differential-stage piston ; ~ **erősítő** multi(ple)-stage amplifier, cascade amplifier ; ~ **expanziójú gőzgép** multiple-expansion engine ; ~ **fúvó** compound steam-blowing engine; ~ **gáztisztítás** multiple-stage gas cleaning ; ~ **hordrugó** *(gépk)* multi-stage spring ; ~ **kapcsoló** *(vill)* multiposition switch ; ~ **kompresszor** compound compressor ; ~ **lépcsős kapcsolású áramkör** *(rád)* staggered circuit ; ~ **szűrő** stage filter ; ~ **transzformátor** step transformer ; ~ **turbina** multi(ple)-stage turbine ; ~ **(turbó)szivattyú** multiple-stage pump
többfolyosós szállítás *(bány)* multiple-entry haulage
többfordulatszámú motor multispeed motor
többforgattyús gép multicrank engine
többfőtartós szárny *(rep)* multispar wing
többfuratos fúvóka multiple-jet mozzle
többfúvókás porlasztó multiple-injector carburet(t)or
többfűrészlapos keretfűrész multiple-blade saw (frame)
többgömbrezonátoros magnetron multi-sphere magnetron
többgyűrűs *(vegy)* multinuclear ; ~ **tolattyú** multiple-ring valve
többhajós *(ép)* multibay
többhangú : ~ **adó készülék** *(rád* multiple-tone transmitter ; ~ **hanggerjesztő** *(teremvizsgálathoz)* multiple-tone generator ; ~ **kürt** *(gépk)* multi(ple)-voice horn ; ~ **villamos kürt** *(gépk)* multiple-note electric horn
többhatású all-round ; ~ **elnyelő szer** all-round adsorbent
többhengeres multicylinder ; ~ **gép** *(pap)* multicylinder machine ; ~ **koaxiális üregrezonátor** polycylindrical endovibrator ; ~ **motor** multi-cylinder(ed) engine ; ~ **nyírógép** *(tex)* multi-cutter shearing machine ; ~ **nyomógép** *(tex)* multicolour printing machine ; ~ **üregrezonátor** *(rád)* polycylindrical endovibrator, multiple resonant line ; ~ **zúzógép** multiple-roll crusher
többhornyos : ~ **tárcsa** multiple-groove sheave ; ~ **tengely** multiple-spline shaft
többhullámhosszú adó *(rád)* multiwave transmitter
többhullámsávú : **rádió adó—vevő** multi-frequency radio set ; ~ **vevőkészülék** *(rád)* multiple-band receiver
többhullámú multiwave
többhuzalos antenna multiwire antenna
többiránytűs tájolótárcsa multineedle compass
többirányú multidirectional
többíves híd multiple-arch bridge
többjáratú hőkicserélő multipass heat-exchanger
többkamrás multi-chambered, multicellular ; ~ **légszérelés** multivane air separation ; ~ **szivattyú** multi-cellular pump
többkerekű *[jármű]* multiwheeler
többkéses multi(ple)-tool ; ~ **eszterga** multicut lathe ; ~ **szán** multiple-tool slide ; ~ **szerszámtartó** multiple tool holder
többkivezetésű tekercs *(vill)* subdivided coil
többkoszorús kábel *(távk)* multi-layer cable
többkúpos súrlódó kapcsoló multicone friction clutch

többlakásos ház apartment house, tenement building, block of flats, flat
többlakatos *(kh)* multi-feed(er)
többlángú égő *(heg)* multiflame blowpipe
többlapátos multiblade(d)
többleágazásos (megcsapolt) transzformátor *(rád)* universal output transformer
többlemezes sajtó multi-plate press
többlencsés : ~ **fényképező gép** multi-lens camera ; ~ **forgatható foglalat** *(fényk)* lens turret
többlépcsős multi(ple)-stage, multistep ; ~ **dugattyú** multiple-stepped piston ; ~ **fehérítés** *(pa)* multistage bleaching; ~ **kompresszor** multiple-stage compressor ; ~ **lepárló telep** multiple-stage distillation plant ; ~ **rostély** multiple-stage grate ; ~ **szíjtárcsa** multiple-stepped cone pulley ; ~ **(turbó)-szivattyú** multiple-stage pump
többlet excess, surplus
többletes terület *(met)* pleion
többletfelhajtóerő *(hajó)* reserve buoyancy
többletfogyasztásmérő *(vill)* excess-energy meter
többletforgalmi : ~ **csoportkereső** *(távk)* overflow group finder ; ~ **kapcsolás** *(távk)* overflow connection
többlethíváskereső *(távk)* overflow selector
többlethívásrendszer *(távk)* overflow system
többletsúly overrun, over-weight
többletszámjegy *(távk)* prefix digit
többlet-teljesítőképesség surplus capacity
többletterhelés *(távk)* overflow
többlettermelés *(pa)* overmake
többlet-vetülék beszövését biztosító berendezés *(tex)* pick-at-will
többlyukú *[fúvóka]* multiple-hole
többmagvú multinuclear
többmegcsapolású transzformátor tapped transformer
többmegszakítású olajmegszakító *(vill)* multibreak oil circuit-breaker
többmenetű : ~ **primer tekercsű áramváltó** *(vill)* multiturn current transformer ; ~ **tekercselés** *(vill)* multicoil winding
többmérőhatáros *(vill)* multi-range
többmezős *(ép)* multibay
többmódozatú multimodal ; ~ **hullámterjedés** *(rád)* multi-mode propagation
többmódusú multimodal
többmolekulás rétegű multilayer
többmotoros *(rep)* multiengined, multimotor(ed) ; ~ **hajtás** *(pa)* multiple-motor drive
többmunkadarabos befogó készülék *(forg)* multiple jig/fixture
többműködésű multifunctional
többműveletes szerszám *(alak)* multiple-operation die, progressive die; *(forg)* multiple-operation tool
többnyakú palack *(vegy)* tubulated flask
többnyílású *(ép)* multibay ; ~ **híd** bridge of several bays
többnyírású *(szegecs)* in multiple shear
többnyomú út multiple-lane road
többoldalú multilateral
többorsós : ~ **fej** *(forg)* multiple-spindle head ; ~ **fúrógép** multiple drilling machine ; ~ **gép** multi-spindle machine ; ~ **gombolyítógép** multiple spooling machine ; ~ **szakaszos működésű kettőző- és cérnázógép** *(tex)* mule doubler
többpályás bütyök *(gépt)* multiple (-lift) cam
többpengéjű multiblade(d) ; ~ **bütüző kör-** *v* **himbafűrész** *(fa)* trimmer
többperiódusos *(vill)* polycyclic
többpofás befogás multiple chucking
többpólusú multipolar ; ~ **forgórész** *(vill)* multipole armature
többrácsrudas csomópont multiple-bar joint
többrácsú cső *(rád)* multi-grid tube
többrekeszes multi-chambered
többrendeltetésű multi-purpose
többréses réselt szárny *(rep)* multislotted wing
többrésű magnetron multi-slot magnetron
többrészes composite, split, compound, multipart, built-up, sectional ; ~ **csöves árboc** *v* **távcsőállvány** composite tubular mast ; ~ **dugattyú** divided piston ; ~ **ellensúlyok** *(csapóhídnál)* sectional counterweights ; ~ **feszítő szigetelő** sectional strain insulator ; ~ **forgó kondenzátor** gang variable condenser ; ~ **hajlító présszerszám** compound bending dies ; ~ **kábel** composite cable ; ~ **(kazán)-rostély** sectional grate ; ~ **köpeny** *v* **váz** divided casing ; ~ **munkamenetes odor** *v* **bélyeg** sectional die ; ~ **öntőforma** multiple moulds ; ~ **süllyeszték** multiple die ; ~ **szárny** *(rep)* divided wing ; ~ **tám** *(bány)* compound post ; ~ **tengely** built-up shaft ; ~ **üregelőtüske** built-up broach
többrészű *l* **többrészes**
többréteges *l* **többrétegű**
többrétegű laminated, multi-ply, multilayer ; ~ **alátét** laminated shim ; ~ **árnyékolás** *(rád)* laminated shield ; ~ **aszfaltpapír** asphalt-laminated paper ; ~ **bevonat** multiple coating ; ~ **biztonsági üveg** laminated glass ; ~ **cementmakadám** sandwich system ; ~ **elektród** composite plate ; ~ **fa** *l* **sokrétegű faanyag** ; ~ **fal** compound wall ; ~ **furnírlemez** laminated wood ; ~ **gumiabroncs** multiple tyre ; ~ **hajtószíj** multiple belt ; ~ **hegesztés** multipass welding ; ~ **karton** *(pa)* multiply board, suitcare board ; ~ **kézilemez** *(pa)* filled board ; ~ **lenvászon** *(tex)* covered linen ; ~ **papírlemez** filled board ; ~ **papírpálya vágása** process multiple web of paper together ; ~ **papírzsák** multiwall paper-sack ; ~ **párnaszövet** cushion ply ; ~ **szíj** multiple belt ; ~ **színesfilm** multiple-layer colo(u)r film ; ~ **szövet** multiple/compound fabric ; ~ **tekercs** *(vill)* multi(ple)-layer coil ; ~ **tekercselés** multilayer winding ; ~ **üveg** cased glass ; ~ **zsinór** *v* **kötél** multiple cord
többrétű *l* **többrétegű**
többrezonátoros magnetron interdigital magnetron, rising-sun magnetron
többrudas csomópont multiple-bar joint
többsarkú multipolar
többsávos *(rád)* multi-band/range ; ~ **antenna** multi-band antenna
többsejtrétegű kambium stored cambium
többsejtű multi-cellular
többsíkú repülőgép multiplane
többsínű fordítókorong multi-way turntable
többskálás voltmérő voltmeter with several ranges
többsodratú fonal ply thread
többsoros : ~ **bevezető fénysor** *(rep)* multi-row approach lights ; ~ **dudorhegesztés** multiple-projection weld ; ~ **hangsáv** multiple sound track ; ~ **kisugárzó** mattress reflector ; ~ **lánc** multiple-strand chain ; ~ **lengőkalapácsos malom** hammer-swing sledge mill ; ~ **mágneses felvevő** multitrack magnetic recorder ; ~ **mágneses hangfelvevő** multitrack magnetic recording system ; ~ **motor** multi-bank engine ; ~ **(szalag)szövőszék** multiple piece loom ; ~ **szegecselés** multiple riveting; ~ **ütőmalom** swing sledge mill
többsorú *[szíjhajtás]* multiple(-strand)
többspirálos : ~ **letapogatás** multi-spiral scanning ; ~ **lyuktárcsa** *(telev)* multi-spiral scanning disc
többsugarú jelzőpéce *(hajó)* multi-beacon
többsüllyesztékes sajtó multiple-die press
többszakaszos átlapátolás fractional shovelling
többszálas antenna multiple-wire aerial/antenna
többszálasító(gép) *(tex)* double winder, doubling/doubler winding frame, doubling machine/winder/frame ; *(munkás ; tex)* double operative
többszálú katód multistrand cathode
többszelepes multivalve
többszerszámos *(alak)* multiple-die ; *(forg)* multiple-tool ; ~ **felszerszámozás** multiple tooling(-up) ; ~ **megmunkálás** multiple machining ; ~ **szán** *(forg)* multiple-tool slide
többszerszámú multitool
többszikraközös kisütő multigap discharger
többszínnyomás colo(u)r printing
többszínnyomó : ~ **gép** multicolo(u)r printing machine ; ~ **papír** multi-colo(u)r printing paper ; ~ **sajtó** multicolo(u)r press
többszintes : ~ **leművelés** *(bány)* horizon mining ; ~ **sajtológép** multiple-stage press
többszínű multicolo(u)r(ed), polychromatic ; ~ **fonal** multi-colo(u)red yarn ; ~ **papír** multicolo(u)r(ed) paper
többszitás : ~ **dobrosta** multiple rotary screen ; ~ **nyomógép** *(pa)* multivat machine
többszobás multi-chambered
többszögű rácsostartó *(ép)* polygonal truss
többszöri sugárvisszaverődés interreflection
többszörös multiple, multiplex; *[műszer]* multiple-purpose ; *(mat)* multiple ; *fn (mat)* multiple ; ~ **adagolás** multiple feed ; ~ **antenna** mattress array ; ~ **áramkörű tekercselés** multiple-cricuit winding ; ~ **áttörés** *(fa)* multiple perforations ; ~ **átvitel** *(távk)* multiplex transmission ; ~ **besűrítő** *(pa)* multiple effect evaporator ; ~**en cérnázott cérna** cable(d) yarn ; ~ **csigamű** *(hajó)* jeer ; ~ **cső** *(rád, táv)* multiple valve, multiunit tube ; ~ **dipólsor** *(rád)* stacked-dipole array ; ~ **diszpergáló berendezés**

(lepárló oszlopban) multiple passette; ~ **évgyűrű** multiple annual ring ; ~ **fúvási próba** multiple blow test ; ~ **gyűrődés** *(bány)* complex folds ; ~ **hangolású antenna** multiple-tuned aerial/antenna ; ~ **ikresedés** *(ásv)* repeated twinning ; ~ **jel** *(rád, táv)* multiple signals ; ~ **jelek** *(rád)* echo signals ; ~ **kábelkapcsoló** jumper ; ~ **kép** *(távk)* ghost image ; ~ **kétváltozós függvényregisztráló** multiple X—Y recorder ; ~ **kihasználás** *(áramköré; távk)* multiplex operation, multiple utilization of circuit(s) ; ~ **kondenzátor** gang condenser ; ~ **kötés** *(vegy)* multiple bonds ; **közös** ~ common multiple, equimultiple ; *(legkisebb)* least common multiple ; ~ **lapát** *(ércosztályozáshoz)* split shovel ; ~ **moduláció** multiple modulation ; ~**en modulált rendszer** *(távk)* multiple modulation system ; ~ **működésű sajtolószerszám** gang die(s) ; ~ **nyírásra igénybevett szegecskötés** multiple-shear rivet joint ; ~**en pácolt lemez** *(koh)* full-pickled sheet ; ~ **párhuzamos kapcsolás** multiple connection ; ~ **pont** *(mat)* multiple point ; ~ **rácsostartó** multiple truss ; ~ **rácsozás** multiple cancellation ; ~ **rácsozású rácsostartó** lattice truss ; ~**en regisztráló készülék** multiple-record recorder ; ~ **repedés** compound fissure ; ~ **súlyviszonyok törvénye** law of multiple proportions ; ~ **szikraköz** multiple spark gap ; ~ **színképvonal** multiplet, multiple spectral line ; ~ **szövet** compound fabric ; ~ **táplálás** *(rád)* multiple feed ; ~ **távírás** multiplex telegraphy ; ~ **úton folyó átvitel** *(rád)* multiple-path transmission ; ~ **visszaverődés** *(hangt, vill)* reverberation ; *(rád)* zig(-)zag reflection ; ~ **vonalválasztó zsinór** *(automata távbeszélő központban)* ribbon multiple ; ~ **zárlat** *(vill)* multiple fault

többszöröző berendezés multiplying arrangement

többszupportos multiple-slide

többtag *(mat)* polynomial

többtagú *(gépt)* sectional ; *(mat)* polynomial, multinomi(n)al ; ~ **hűtő** *(gépk)* subdivided radiator ; ~ **szűrő** *(rád)* multi-section filter, ladder--filter ; *(inhomogén)* composite filter

többtámaszú : ~ **gerenda** continuous/multi-span beam ; ~ **híd** continuous beam bridge ; ~ **híd nyílása** continuous span ; ~ **lemez** continuous slab ; ~ **rácsostartó** continuous truss ; ~ **tartó** continuous girder

többtarajos gumiköpeny multi-ring tyre

többtárcsás : ~ **dörzskapcsoló** multiple--disc clutch ; ~ **eke** polydisc plough ; ~ **olajban futó tengelykapcsoló** *(gépk)* multiplate clutch immersed in oil ; ~ **oldalmaró** interlocking side milling cutter ; ~ **tengelykapcsoló** *(gépk)* multiple-dise clutch

többtarifás fogyasztásmérő *v* **számláló** *(vill)* multiple-tariff meter

többtengelyhajtás *(gépk)* multiple drive

több-test *(at)* many-body

többtestű : ~ **besűrítő** *(pa)* multiple--effect evaporator ; ~ **eke** multiple plough ; ~ **fényképezőgép** *(több felvétel egyidejű készítésére)* multiple camera

többtömbös párologtató készülék második tömbje second evaporator

többtűzterű pörkölő kemence multiple--hearth furnace

többüléses gyakorló repülőgép crew-type trainer

többülésű szelep multiple-seated valve

többüregű : ~ **magnetron** multi-cavity magnetron ; ~ **öntőforma** multi--cavity mould ; ~ **süllyeszték** *(alak)* multiple-impression die

többvágóélű : ~ **fúró** multicut drill ; ~ **fúrórúd** multi-cutting bar

többváltozós : ~ **analízis** multivariate analysis ; ~ **elektronikus számológép** electronic discrete variable automatic calculator ; ~ **függvény** function of more variables

többvasú eke multiple plough

többvegyértékű multivalent

többvegyértékűség multivalence

többvetélős : ~ **forgódobos szövőgép** revolving box loom ; ~ **gép** check loom ; ~ **szövőgép** box loom ; ~ **váltó berendezés** *(tex)* Hacking's box motion

többvezetékes : ~ **rendszer** *(vill)* multiple-wire system ; ~ **vezérlőbütyök** multiple track cam

többvezetékű antenna multiple-wire aerial/antenna

többvonalas színkép multiple-line spectrum

tőcönk *(hajó)* deadwood

tőcsapszeg sprig bolt

tőcsavar stud (bolt)

tőcsavarkihajtó screw extractor

tőfa stem timber/wood

tőke block, stool

tőkecönk *(hajó)* keel/docking block

tőkegyalu : kettős tisztító ~ block plane with double iron ; **simító** ~ block plane

tőkehal(máj)olaj cod (liver) oil

tökéletes complete, perfect, thorough ; ~ **(el)égés** perfect combustion ; ~ **gáz** perfect gas ; **nem** ~ *(ásv)* atelene; ~ **rugalmassági tartomány** perfect elasticity ; ~**en sík** dead flat

tökéletesít develop, improve, perfect, complete

tökéletesítés *vö* **tökéletesít**

tökéletlen imperfect, inadequate, defective ; ~ **beolvadás** *(át nem hegesztett hegesztési varrat)* poor penetration ; ~ **égés** partial/incomplete combustion ; ~ **hasadás** *(ásv)* imperfect cleavage ; ~ **megtámasztás** *(szád- és partfalaké)* free earth support ; ~**ül pörkölt érc** incompletely-roasted ore

tökéletlenség imperfection

tőkeolló bench shears

tőkeresztmetszet *(gépk)* root section

tőkesúly keel

tőkesúly-rögzítőcsavar *(hajó)* keel bolt

töklopó calabash

tölcsér funnel, hopper, spout, filler ; *(hangszóróé)* horn ; *[tűzhányóé]* crater ; *(ömlesztett v megolvasztott fém számára)* tundish ; *(hangt)* flare ; *(távk)* trumpet ; *(vegy)* unnel ; ~ **alakú** *l* **tölcséres ; görbe** ~ cranked funnel ; ~ **nélküli hangszóró** open--diaphragm loudspeaker ; ~ **nyaka** horn base

tölcsérantenna funnel/horn-type antenna

tölcsérboltív *(ép)* trumpet arch

tölcsérboltozat *(ép)* trumpet vault/arch

tölcsércső-idomtégla *(koh)* centre runner brick

tölcséres : ~ **antenna** *(radarhoz)* electromagnetic horn ; ~ **cső** funnel(l)ed pipe ; ~ **csúszda** *(bány)* wing chute ; ~ **hangszóró** *(rád)* horn loudspeaker ; ~ **mentőharang** *(bány)* wide-mouth socket ; ~ **őrlőgép** cone mill ; ~ **papírzacskó** paper cone-bag ; ~ **sugárzó** *(rád)* horn radiator ; ~ **széliránymutató** conical streamer ; ~ **szerkezet** cone-in-cone structure ; ~ **tartály** hopper ; ~ **torkolat** horn (mouth)

tölcsérgerjesztés *(távk)* horn feed

tölcsérnyílás *(távk)* trump

tölcsérrés *(tex)* cup slit

tölcsérsugárzó *(rád)* horn radiator

tölcsérszerű bell-mouthed ; ~**en kiképzett** *[csőperem]* bell-mouthed

tölcsértorkolat *(árapályos)* estuary

tölcsértorok *(távk)* throat of horn ; ~ **keskeny része** horn-throat

tölgyállomány *(fa)* oakwood

tölgycserkéreg tan bark

tölgycserzésű *(bőr)* oak-tanned ; ~ **bőr** oak leather

tölgyfa-gubó knopper

tölgyfakéreg oak wood bark

tölgyfakéreg-csersav quercitannic acid

tölgygubacs oak apple

tölgykéreg oak bark

tölgykéregcserzés oak bark tannage

tölgyövezet region of oak forest

tölt fill, load, lade, charge, feed ; *(fúrólyukat ; bány)* charge ; *(gőz)* supply ; *(főzőnek ; pa)* fill ; *(vill)* charge ; **gázzal** ~ fill up with gas, gas up ; **hordóba** ~ cask ; **kemencét** *v* **tégelyt** ~ *(koh)* charge ; **levegővel** ~ aerify ; **szénsavval** ~ *(ásványvizet)* aerate ; **színig** ~ fill up to the brim, (fill) flush

töltelék filling ; *(vegy)* packing

töltelékes oszlop *v* **kolonna** *(vegy)* packed column

töltény cartridge ; **éles** ~ ball cartridge ; **tölténytárban levő** ~ cartridge ; **vízzel telt gyűrűvel körülvett** ~ *(bány)* water cartridge

töltényadagoló szerkezet *(géppuskán)* feed mechanism

töltényadogató *fn* cartridge hook ; ~ **fedele** feed cover

töltényfenék cartridge base

töltényfenékperem cartridge base flange/rim

töltény-fennakadás hang-fire

töltényheveder cartridge belt ; *(géppuskához)* articulated link belt ; **tagokra széteső** ~ disintegrating link belt

töltényhevederláda *(gépfegyveren)* feed-box

töltényhorog cartridge hook

töltényhüvely cartridge case

töltényhüvelygyártó gép cupping machine

töltényhüvely-karton *(pa)* munition board

töltényhüvelykihúzó cartridge extractor

töltényhüvely-kivető : ~ **karmok** extractor arms ; ~ **szerkezet** extractor

töltényhüvelypapír cartridge (wrapping) paper, cartridge-tube paper

töltényhüvelyperem charger clip

töltényhüvely-sárgaréz *(67% Cu)* cartridge brass

töltényhüvelyvonó kar deflector arm

tölténykamrakúp chamber cone
tölténykarima cartridge clip, clip
tölténykitoló (*puskáé*) ejector pin
tölténykivető cartridge ejector : ~ **kamó** extractor stud
töltényláda ammunition box
töltényöv shot belt
tölténypapír ammunition/cartridge paper
töltényszalagláda belt box
tölténytár feed-block ; ~ **adagolólemeze** top plate ; **tárcsás** ~ cartridge tray ; ~ **ütközőkamója** (*géppuskán*) rebound pawl; (~ **záróretesze** (*lőfegyveren*) cutoff
tölténytárkamó centre key
tölténytartó bandolier
tölténytáska ammunition pouch
töltény-tömítő (*pa*) shot board
töltényűr barrel extension, chamber ; (*puskáé*) cartridge chamber, breech
töltényűrszáj (*kat*) chamber mouth
töltényvezeték cartridge guide
töltényvonó cartridge retractor
töltés charge, charging, loading, filling ; (*gőzzel*) feed ; (*koh*) burden ; (*pa*) stuffing, centrestock ; (*főzőnek ; pa*) filling ; (*oszlopé; vegy*) packing ; (*vill*) charge ; (*gát*) bank, embankment, dam, rampart, batardeau ; (*út számára*) enbankment ; (*vasút*) bank ; **adagolásos** ~ (*koh*) batch charging ; ~ **állandó feszültségen** constant-voltage charge ; **felvett** ~ (*vill*) absorbed charge ; ~ **folyamata** charging up ; **fúrólyuk** ~**e** (*bány*) charge ; **gőz** ~**e** admission ; **ismételt** ~ recharge ; ~ **keresztszelvénye** (*ép, hidr*) fill section ; **kötött** ~ (*vill*) bound charge ; ~ **levegővel** blast ; **negatív** ~ negative charge ; **pozitív** ~ positive charge ; ~ **részadagokban** charging by batches ; ~ **szénnel** coaling ; **teljes szívólöketi** ~ full-stroke admission; **tényleges** ~ (*gőzé*) actual cut-off ; **valódi** *v* **valóságos** ~ (*gőzé*) actual cut-off ; ~ **vége a gőzhengerben** steam cut-off ; **villamos** ~ electric charge
töltéscsatlakozás (*hídnál*) abutment
töltéscsökkentés (*vill*) de-electrifying
töltésegység unit charge
töltésellenőrző lámpa (*gépk*) battery charging indicator, charging-control lamp
töltéselzáró szabályozó *v* **regulátor** cut-off governor
töltésépítés a puha altalaj kinyomásával (*ép*) displacement method
töltéserősítő borda spur
töltésgát törmelékkőből debris dam
töltés-hengerlő eljárás (*ép, hidr*) rolled embankment method
töltéshordozó (*vill*) charge carrier
töltési : ~ **áramsűrűség** (*vill*) loading density ; ~ **ellenállás** charging resistance ; ~ **görbe** charging curve ; ~ **hatásfok** efficiency of supply ; ~ **idő** charging-duration ; (*gépk*) induction period ; ~ **időköz** loading interval ; ~ **időszak** period of loading ; ~ **nyomás** [*gőzgépnél*] admission pressure ; ~ **rendszer** (*gépk*) induction system ; ~ **tényező** charging coefficient
töltéskapcsoló charging switch
töltéskép (*telev*) charge image
töltéskorona (*hidr*) top of dam ; ~ **lejtése** slope of formation
töltéskorona-egyengetés subgrading
töltéskúp cone of slope
töltésleeresztő munkás (*koh*) topman
töltéslezáró fal bulkhead
töltésmérő ballisztikus galvanométer quantometer
töltésmozgási reakció (*dielektrikumban*) displacement reaction
töltésnövekmény (*vill*) increment of charge
töltésoldal storm bank
töltéspadka shoulder
töltésrézsű fill slope ; (*útépítésnél*) side slope ; ~ **burkolása** reverment
töltésrézsűpadka banquette
töltéssűrűség (*vill*) charge density
töltésszabályozó (*Diesel-motoron*) accelerator ; ~ **bütyök** (*gőzgépen*) admission cam ; ~ **dinamóhoz** (*gépk*) back current regulator for generator ; ~ **szelep** automatic delivery control valve ; ~ **tengely** cutoff shaft
töltésszakadás notch
töltésút (*töltéskoronán*) causeway
töltésülepedés fill settlement
töltésveszteség loss of charge
töltésveszteségi módszer (*vill*) loss-of--charge method
töltet charge ; (*bány*) blasting charge ; [*tűzijátéknál*] cartouch(e) ; ~**nélküli torony** (*vegy*) empty tower ; ~ **összeomlása** (*koh*) scaffolding
töltetkamra seat of charge
töltetlen uncharged ; ~ **kaucsukkeverék** gum stock
töltetrekesz (*bány*) charge chamber
töltetzacskó cartridge bag
töltő *fn* loader ; (*vill*) charger ; ~ **állomás** charging station ; ~ **berendezés** (*gépt, kat*) loading gear ; (*vill*) charging set, battery, charger ; ~ **csatorna** (*bány*) loading funnel ; (*hidr*) branch culvert ; ~ **dinamó** charging generator ; ~ **dugattyú** loading piston ; ~ **feszültség** charging voltage ; ~ **fogantyú** (*géppuskán*) charging handle ; ~ **kapcsolás** charging connections ; ~ **kikészítés** (*tex*) closing ; ~ **kompresszor** (*gépk*) blower, supercharger ; ~ **kondenzátor** (*egyenirányító*) *hoz*) charging capacitor; ~ **sűrűség** (*vill*) loading density ; ~ **szerelvény** (*külön jobbra- és balraforgató ekével*) barring-off attachment ; ~ **szerkezet** loading gear, filler ; ~ **tényező** (*vill*) lamination factor ; ~ **térfogat** admission space ; ~ **transzformátor** charger transzformer ; ~ **vetülék** (*tex*) extra weft
töltőakna (*szivattyú feltöltésére*) priming can
töltőállvány (*bány*) charging stand
töltőanyag filler, weighting/filling material, aggregate, stuffing ; (*festékben*) extender; (*bőr*) filler; (*bőr, vegy*) loading material ; (*ép*) concrete aggregate ; (*gumi*) ingredient ; (*pa*) loading agent ; (*tex*) media ; (*láncba ; tex*) extra material ; **aktív** ~ (*gumi*) active filler ; ~**gal készült papír** loaded paper ; ~**gal kevert gumimassza** loaded stock ; ~ **nélküli** (*pa*) unloaded ; ~**gal telít** (*tex*) fill
töltőanyageloszlás (*gumi*) dispersion
töltőáram charging current/rate ; [*vezeték-kapacitás miatt*] capacitance current ; ~ **erőssége** *v* **előírt értéke** charging rate
töltőáramerősség rate of charge
töltőbak (*élip*) racking bench
töltőceruza propelling pencil, screw--topped pencil
töltőcsonk charging fitting/stub
töltőcső filling trunk, loading tube/pipe ; (*hűtőközeghez*) charging hose
töltőcsúszda (*bány*) tip/loading chute
töltődinamó-állítókar (*ékszíj feszítésére ; gépk*) generator-adjusting arm
töltődugó filler plug
töltőfa ram rod, setter
töltőfém (*heg*) filler metal
töltőfonal filling thread
töltőgarat hopper
töltőgaratnyílás (*bány*) drawhole
töltőgép charger, charging machine
töltögető [*burgonyaművelés*hez] hiller ; **talajművelés** ~ **eketestekkel** listering ; **tárcsás** ~ disc hiller
töltögetőeke hiller, lister, middlebuster
töltögetőtárcsa (*kultivátor szélein*) border disc
töltögetőtest [*kukoricaültetőn*] lister bottom
töltőhenger .charging cylinder
töltőhomok (*önt*) backing sand
töltőhuzal fill wire
töltőkamra loading cage
töltőkapu (*hidr*) filler gate
töltőkar cocking stud
töltőlánc (*tex*) extra warp
töltőnyílás filling opening ; (*tömlőn ; gépk*) inlet for inflating ; (*hajó*) lading door ; ~ **zárólemeze** chute gate
töltőnyíláskupak filling cap
töltőnyomás : maximális ~ (*gépk*) maximum boost
töltőnyúlvány (*léggömbbé ; rep*) filling neck
töltőpad (*bány*) charging stand/rack
töltőpálca (*heg*) filling stick
töltőpapír filling paper
töltőrúd (*bány, kat*) fill rod, tamper, rammer
töltőszelep inflation valve
töltőteknő (*bány*) loading trough
töltőtoll fountain-pen, stylo(graph) ; ~ **gumi tintatartálya** pen-sac
töltőtolltinta fountain-pen ink
töltőtölcsér neck
töltőtömlőperem filling sleeve ring
töltött charged, full ; ~ **keverék** (*gumi*) reinforced stock ; ~ **lemez** (*pa*) lining/folled board ; ~ **permetezőtorony** (*vegy*) packed spray tower
töltőűr *l* **töltényűr**
töltővályú feeding trough
töltőveder (*koh*) charging bucket
töltővessző ramrod
töltővetés (*tex*) inner packing weft
töm stuff ; (*stoppol*) darn
tömb block, bar, billet ; (*ép*) block (of houses) ; (*forg*) block ; (*földt*) bog body ; (*koh*) slug ; **darabos** ~ (*érc v kőszén*) chunk ; ~**- és keresztkötés** (*ép*) block and cross bond ; **egy** ~**ben levő** monoblock ; **falazott** ~ body of masonry ; **levetődött** ~ (*földt*) down-dip block ; **perforált** ~ **agyag átsajtolásához** (*téglagyártásnál*) die ; ~ **szétfúrása** (*bány*) blockholding
tömbbeton mass concrete
tömbcsapágy (*gépk*) block bearing

tömbcsatorna *(távk)* concrete-block conduit, multiple-way duct
tömbfa blockwood
tömbfejű szeg brad
tömbfogó *(heng)* snatch block
tömbfűtés central heating
tömbfűző gép *(nyomda)* block wire stitching machine
tömbgumi cut sheet
tömbhegység block mountain
tömbhűtő *(rep)* drum radiator
tömbjéggyártás core system ice making
tömbkaucsuk block rubber
tömbkondenzátor block condenser
tömbláva block lava
tömbleomlasztási rendszer block caving
tömbomlasztás *(bány)* block mining
tömbón bar tin
tömbösítés balling
tömb-polimerizációval nyert anyag *(műa)* bulk material
tömbsellak lump lac
tömbsín filled section rail
tömbudvar inner court of a block of houses
tömbvázlat *(távk)* block schematic
tömbvetődés *(földt)* block faulting
tömedék *(bány)* pack, goaf
tömedékakna *(bány)* stone shaft
tömedékanyag *(bány)* packing rock
tömedékborda *(bány)* rock packs ; **zsákokból rakott ~** *(bány)* bag pack
tömedékel *(bány)* stow, (back)fill ; **iszappal ~** *(bány)* slush
tömedékelés *(bány)* stow, (back)filling, (gob)pack ; **gépi ~** mechanical stowage ; **hidraulikus ~** hydraulic stowage ; **kézi ~** *(bány)* hand/shovel stowing ; **~ meddővel** attle ; **~ meddővágatokból** *(bány)* brusher stowage ; **pneumatikus ~** pneumatic stowage ; **részleges ~** partial stowage ; **röpítő ~** centrifugal stowing ; **teljes ~** close packing ; **~ tömedékvágatból** *(bány)* blind-road stowing ; **~ ülepedése** *(bány)* shrinkage of backfilling
tömedékelési : ~ rendszer *(bány)* filling system ; **~ szint** *(bány)* waste floor
tömedékelő *(bány)* gobber, stower, filler ; **~ kivágás** *(bány)* filling opening
tömedékelőanyag-szállító akna *(bány)* stone shaft
tömedékelőgép *(röpítőszalagos)* centrifugal stower
tömedékelőkőzet *(bány)* building stone
tömedékfal *(bány)* partition wall ; **~ a vájat oldalában** *(bány)* road pack
tömedékfalrakó munkás *(bány)* waller
tömedékgurító filling opening
tömedékhajító : ~ gép *(bány)* thrower ; **~ szalag** flight belt
tömedékkészítő *(bány)* stower
tömedékmalom milling pit
tömedékpillér *(bány)* pack, cog ; *(főte biztosítására)* building
tömedékszállító szalag *(bány)* stowage conveyor
tömedékvágat *(bány)* blind/dummy road, wastes
tömedékvájár *(bány)* cogman
tömedékvájat vájvége *(bány)* ripping lip
tömeg mass, bulk, quantity, lump ; **akusztikai ~** *(hang)* acoustical mass ; **kiegyensúlyozó ~** balance mass ; **rendezetlen ~** clutter
tömegáru bulk goods
tömegáttolódás mass overthrust
tömegcikk *(tex)* staple
tömegcsökkenés *(at)* packing fraction
tömegegyüttható *(anyagv)* coefficient of mass
tömegellenállás *(fajlagos)* mass resistivity
tömegelnyelési együttható mass absorption coefficient
tömegeloszlási diagram mass diagram
tömegerő inertia/mass force
tömeges bulky ; **~ gyújtás** *(bány)* coyote blast ; **~ keletkezés** *(földt)* generation in bulk ; **~ kőzet** country rock ; **~ lánc(fonal) szakadás** *(tex)* warp smash
tömegfelesleg mass excess
tömeg-fényesség összefüggés *(csill)* mass-luminosity relation
tömegfogyasztási cikkek mass-consumption articles
tömegforgalom mass/bulk/volume traffic flow
tömeggyártás mass/quantity production, bulk manufacture
tömeggyártási termék mass-produced goods
tömeggyártású quantity-/mass-produced, commercial
tömeghatás inertance, mass effect/action ; **~ törvénye** *(vegy)* mass action law
tömeghatástörvény law of mass action
tömeghatású ellenfal *(hídon)* mass abutment
tömegkiegyenlítés mass balance
tömegkokszolás heap coking
tömegkoncentráció mass concentration
tömegközéppont centre of mass
tömegközlekedési eszköz means of mass communication
tömeg-megmaradás törvénye law of mass conservation
tömegspektrográf mass spectrograph
tömegspektrográfos analízis positive-ray analysis
tömegspektrométer mass spectrometer
tömegszállítás bulk-transport
tömegszám *(vegy)* mass number
tömegszínkép mass spectrum
tömegtehetetlenség mass inertia
tömegtermelés *l* **tömeggyártás**
tömegvarrás confection
tömegviszony *(csill)* mass-ratio
tömegvonzás gravitational attraction
tömény concentrated, thick ; *[szeszes ital]* hard ; *(vegy)* short *is* ; **~ festőlé** short dye bath ; **~ kénsav** strong sulfuric acid ; **~ oldat** concentrated solution ; *(kivonat)* essence ; **~ ortofoszforsav** glacial phosphoric acid ; **~ sóoldat** strong brine ; **~ szalmiákszesz** caustic ammonia ; **~ szennyvíz** strong sewage
töményít concentrate ; *(deflegmál)* dephlegmate ; **fokozatosan ~** *(elpárologtatással)* graduate ; **szeszesitalt ~** needle
töményítés concentration
töményített : ~ anyag concentrate ; **~ érc** *(koh)* ore concentrate
töményítő berendezés concentrator
töményítőüst concentrating pan
töménység concentration
töménység-érzékenység concentrational sensitivity
töménységkülönbség okozta áramok concentration currents
töménységnövelés strengthening
tömés packing, padding, filling, stuffing ; **szoros ~** *(at)* close packing
tömeszelőgép sealing machine
tömít tighten, seal, pack, proof ; *(nyomással)* caulk ; *(cipőt)* seal ; *(kóccal)* wad ; *(bány)* consolidate ; *[két teret egymástól]* seal off from... ; *(pa)* make close ; **folyós hordót a dongák duzzasztásával ~** beam a tub ; **hézagot ~** *(ép)* pack a joint
tömítés pack(ing), seal(ing), pad, gasket, stuffing ; *(lepároló edényen)* lutation ; *(gépk)* sealing ; *(pa)* leathering ; **agyagos ~** clay puddle ; **beálló ~** floating packing ; **folyadékos ~** liquid packing ; **galléros ~** cup leather packing ; **~ hengerfej alá** *(gépk)* cylinder-head gasket ; **~ homokkal** *(ép)* sand filling ; **karmantyús ~** cup leather packing ; **kettős karmantyús ~** double U-leather packing ; **~ kóccal** hemp packing ; **légmentes ~** airtight seal ; **~ nélküli** packless ; **~ olajkifolyás ellen** oil joint ; **~ tömörítő kalapáccsal** calking; **~ zsinórral** cord packing
tömítésbeverő szerszám ca(u)lking/packing stick
tömítéskihúzó kampó packing drawer
tömítésszorító rugó *(tömszelencében)* packing expander
tömítéstartó hüvely gasket cage
tömítésvizsgáló leak detector
tömítetlen untight, leaky, losse ; **~ dugó** running stopper
tömítetlenség leak(age)
tömítetlenségi veszteség loss due to leakage
tömítetlenségjelző leakage indicator
tömítetlenségkereső műszer leak finder
tömített *vö* **tömít :** *(beveréssel)* ca(u)lked ; **~ cső** sealed tube ; **~ kötés** tight joint
tömítő *fn* sealer ; **~ alátét** sealing/packing washer ; **~ bélésdarab** packing piece ; **~ betétlemez** packing plate ; **~ bőrkarmantyú** leather bucket/cuff/collar ; **~ bőrsapka** *(dugatytyún)* leather cup ; **~ csavaranya** packing nut ; **~ csavarmenet** sealing thread ; **~ folyadék** packing/sealing liquid ; **~ gyűrű** packing/sealing ring ; **~ hegesztés** seal welding ; **~ karmantyú bőrből** leather packing collar ; **~ lágyfémbetét** *(víz- v gázcső tokos csőkötéseihez)* caulking ring ; **~ szegecselés** tight riveting ; **~ szelence** stuffing box, packing gland ; *(csőkarimával)* flange follower ; **~ zsinór** packing/sealing cord
tömítőanyag sealing compound, packing material ; **~ csőcsatlakozóhoz** pipe-joint composition ; **szénből készült ~** carbonaceous packing material
tömítőbetét packing piece
tömítőbőr hydraulic leather
tömítőcsapszeg packing bolt
tömítődugó tamper
tömítőék packing wedge
tömítőfonal packing cord ; *[zsinórban, erek között]* worming
tömítőgallér collar
tömítőgyúrma anti-leak cement
tömítőgyűrű gasket/obturator/packing ring ; **~vel ellátott** gasketed ; **~**

fészke gasket seat ; **~ míniumos kenderből** grommet
tömítőgyűrűs csapágy lubri-seal bearing
tömítőheg caulking weld
tömítőhenger packing drum
tömítőkarton *(pa)* gasket board
tömítőképesség sealability *(US)*
tömítőkitt lute
tömítőkónusz *(koh)* packing cone
tömítőléc caulking stick
tömítőlemez *(bőr, cipő)* insertion sheeting ; *(pa)* packing plate, condense/gasket board
tömítőlemez-papír gasket paper
tömítőmassza sealing compound
tömítőpersely packing bush/sleeve ; **peremes ~** collar bush
tömítőprés *(pa)* compression tester
tömítőréteg *(falazatban)* packing course
tömítőszegecs riveting stop
tömítőszerszám *(mélyfúráshoz)* packer ; *(füstcsövekhez)* bulging dies
tömítőtárcsa packing disc
tömítővarrat *(heg)* seal weld
tömítővas *(heg)* lead packing tool
tömítővéső *(hajó)* chinsing iron
tömítőzsinór *(gépk)* tightening flap
tömítőzsír packing grease
tömjénpapír incense paper
tömköd caulk
tömlő hose ; *(gumiabroncsban)* air tube ; *(tex)* sleeve, hose ; **~ alakú áru** *(tex)* tubing, tubular fabric ; **~ fonása** *(tex)* spinning in cop ; **~ hengerbevonathoz** *(tex)* woven roller coats ; **~ nélküli köpeny** *(gépk)* tubeless tyre ; **páncélozott ~** armo(u)rred hose ; **saválló ~** acid hose ; **szövetbetétes ~** hose tube ; **~ből vízzel lemos** hose down
tömlőabroncs *(nagy)* super balloon tyre ; *l még* **abroncs**
tömlőáru *(kh)* circular goods/work
tömlőbevonat braiding
tömlőcsatlakozó hose coupling ; **~ (hollandi) menet** hose coupling thread
tömlőcsavarzat screwed hose joint
tömlőcsévefonó gép can spinning frame
tömlőház hose house
tömlőhollandi hose union
tömlőjavító : ~ folt *(gépk)* rubber patch ; **~ készlet** *(gépk)* puncture outfit
tömlőkapcsoló csavarkulcs hose wrench
tömlőkötés *(kh)* circular knitting
tömlőlégnyomás *(gépk)* inflation pressure of tyre
tömlőlélek *(gumi)* first layer
tömlőleszorító csavar *(hollandi)* hose (pipe) coupling
tömlőmotolla hose reel
tömlőösszekötő csavar hose union
tömlős : ~ fúvóka *v* **szórócső** hose nozzle ; **~ mentőcsúszda** *(tűzvésznél)* slide fire escape
tömlősáru *(tex)* sleeving
tömlőszekrény *(tűzoltó)* hose box
tömlőszelep *(gépk)* tyre valve
tömlőszelep-kulcs *(gépk)* tyre valve key
tömlőszorító bilincs hose clamp/clip
tömlőszövet *(tex)* hose fabric
tömlőszövő *(tex)* pipe weaver
tömlőszűrő bag hose ; **berendezés ~k megtisztítására** bag scraper ; **~ füstpora** bag hose fume
tömlőtargonca portable hose reel
tömlőtekerő dob *(tűzoltáshoz)* hose drum
tömlővédő szalag *(gumi)* protecting band
tömlővég hose connector
tömlőzés *(gumi, vegy)* extrusion
tömlőző : ~ csiga extruding worm ; **~ szerszám** *(gumi, vegy)* extruding die
tömőagyag *(vegy)* butting clay
tömőanyag padding ; *(párnázatnál)* stuffing ; *(bőr)* stuffing material
tömőcérna *(tex)* darning threads
tömőcsákány beater pick
tömődik clog
tömönt stereotype
tömöntés stereotypography
tömöntő *fn (nyomda)* stereotyper, stereotypist ; **~ lemez** footstick ; **~ lemezek készítése** *(nyom)* stereotypy
tömöntőanyag-lemez clichage
tömöntöde stereotype foundry
tömöntött stereotyped
tömöntvény stereotype, electrotype plate ; **~ről készült** stereotyped ; **~ről nyom** print from stereotype plate
tömőpamut *(tex)* darning cotton
tömör solid, compact, close, tight, non-porous, dense, full, one-piece, integral ; **~ abroncs** *(gumi)* solid-cushion tyre ; **~ alapzat** *(ép)* mat footing ; **~ beton** dense concrete ; **~ dörzsár** solid reamer ; **~ dugattyú** ram ; **~ érc** *(bány)* solid ore ; **~ falazás** *v* **falazat** solid masonry ; **~ falú tartó** plain girder ; **~ (fa)tartalom** solid contents/measure ; **~ fej** *(hajtórúdon)* solid head ; **~ fekűlépcsős fejtés** *(bány)* breast and bench stoping ; **~ feltöltés** *(hidr)* compact embankment ; **~ fenekű mélyhúzó szerszám** solid-bottom dies ; **~ födém** *(ép)* solid floor ; **~ földgát** *(hidr)* compact embankment ; **~ gerincű tartó** solid-web girder ; **~ gipsz** rock gypsum ; **~ gumiabroncs** *(gépk)* solid-rubber tyre ; **~ huzal** *(vill)* solid wire ; **~ kábel** *v* **sodrony** *v* **kötél** solid cable ; **~ kenőzsír** stiff grease ; **~ keréktárcsa korongos teste** *(vasút)* web of a wheel ; **~ keréktengely** solid axle ; **~ maró** *fn (forg)* solid-tooth milling cutter ; **~ pályaszerkezet** *(hídon)* solid floor ; **~ patáráspoly** plain horse rasp ; **~ rúdból egy darabban húzott** solid-drawn ; **~ rúdból húzott varratmentes cső** solid-drawn tube ; **~ szegecs** staunch rivet ; **~ szekrényes csille** *(bány)* box car ; **~ szemcséjű** compact-grained ; **~ szénelektródú ívlámpa** lamp with solid carbons ; **~ szerkezetű kemény rostú fa** dense wood ; **~ szóda** heavy ash ; **~ szövetű faanyag** dense wood ; **~ tárcsa** *(keréken)* web ; **~ tartó** plain/solid-web girder ; **~ tégla** *(ép)* solid brick ; **~ tengelycsap** solid journal ; **~ térfalú beépítés** *(városépítés)* building development in unbroken row ; **~ tömedék** *(bány)* tight pack ; **~ varrat** *(heg)* tight seam ; **~ vezeték** *(vill)* solid conductor ; **~en záró** tight
tömördugattyús szivattyú solid-piston pump
tömörfa *(természetes állapotú fa)* solid wood
tömörfa-középrész *(bútorlaphoz)* core strip
tömörfogas üregelőtüske solid-tooth broach
tömörít compact, thicken, solidify, tighten, dab, ca(u)lk ; *(alak)* upset ; *(koaguláltat)* de(s)emulsify ; *(anyagv)* depress ; **hengerléssel ~** cog down
tömörítés pack(ing), compacting, compaction, ca(u)lking ; *(alak)* upset(ting) ; **~ nélkül tömítő** self-ca(u)lking ; **talpbőr ~e** rolling
tömörített *vö* **tömörít : ~ talaj** saturated soil ; **~ térfogatsúly** compacting weight
tömöríthetőség foka compacting factor
tömörítő *(tex)* thickener ; **~ berendezés** *(bány ; koh)* agglomerating plant ; **~ bőrtömlők** *(tex)* condenser leathers ; **~ kalapács** ca(u)lking hammer ; **~ szerkezet** *(tex)* condenser
tömörítőcsiga packing worm
tömörítőheg caulking weld
tömörítőhenger land packer ; *(eke után kapcsolva)* plough packer ; *(úthenger)* roller ; *(tex)* condensing roll
tömörítőnyújtás *(tex)* bobbin drawing
tömörítőszerszám ca(u)lking iron/chisel
tömörítőtölcsér *(tex)* trumpet
tömörítővéső ca(u)lking chisel
tömörödés shrink(age), compression
tömörödik shrink, compress
tömörség density, solidity, compactness, closeness, imporosity, consistence
tömörségi tényező packing factor
tömörtelenség leakage
tömőrúd *(csapolónyílás elzárására ; koh)* stopper/botter rod
tömőrúdvédő : ~ lyukas téglasor *(koh)* stopper-rod brick ; **~ üreges samott-tégla** *(öntőüstön)* sleeve brick (of pouring ladle)
tömörül thicken, coalesce ; *l még* **tömörödik**
tömött compact, concrete, full, close-grained ; **~** *(sűrű szövetrostú)* **nyersbőr** compact hide ; **~ rácsú** *(ásv)* closely-packed ; **~ rostú fa** fine-grained wood ; **~ szedésű** *(kiadás, nyomda)* set in solid type ; **~ szedésű oldal** *(nyomda)* solid page ; **~ szövetű** close texture
tömöttség *(tex)* cover, density, firmness
tömöttségi tényező *(tex)* cover factor
tömpe : ~ fogazás stub(-tooth) gear ; **~ menet** truncated thread
tömszelence stuffing box, packing gland ; **~ fémtömítéssel** metal stuffing box ; **~ hullámcsöves tömítéssel** sylphon (bellows) ; **~ karimás perselyes hüvelye** stuffing-box gland ; **~ szorítóhüvelye** gland ; **tehermentesített ~** balanced stuffing box ; **~ zárógyűrűje** gasket retainer ring
tömszelenceanya sealing nut
tömszelencebélelés gland lining
tömszelencecsapszeg gland bolt
tömszelencefedél stuffing-box gland
tömszelencepersely gland bush
tömszelencés csapágy stuffing-box bearing
tömszelencetartó hüvely collet
tömszelence-ülék stuffing-box seat
tömzs *(földt)* rock mass, boss, stock ; **aszimmetrikus ~** asymmetric laccolith ; **változó vastagságú ~** block-reef
tönk stock wood, trunk, stump ; *(ép)* billet
tönkáru *(boules-áru)* blockboard

tönkcső *(hajó)* propeller shaft tunnel
tönkdeszka block board
tönkölypapír *(pa)* spelt paper
tönkvágó fűrész *(kétnyelű)* cleat saw
tönkvég *(fa)* butt end
tör break, fracture, crush; *(ércet)* buck; *(szenet, ércet)* granulate; *(kavicsot, követ)* knap; *(lent stb.)* break, scutch, tew, dolly, peel; *(fényt)* refract; **finomra** ~ *(festéket)* bray
tördel *(nyomda)* make into page, make up, impose; **hasábokat** ~ make up in slip
tördelés *(nyomda)* make-up, upmaking
tördelő *(nyomda)* page setter, impositor, maker-up
tördelt imposed, made-up
törecs rubble
törecseltakarítás *(bány)* ridding
törecshalom *(robbantás után; bány)* muck pile
törecsrakodás *(robbantás után; bány)* mucking
törecsrakodó gép mucking machine
töredék fragment, fraction, scrap, shatter
töredékdarab mammock
töredékes broken
töredékhalmaz *(vulkánikus)* agglomeration
töredékvágatot hajt *(bány)* rip
töredezett telérrész *(bány)* shallow
töredezik crack, fissure, break up
töredező friable; ~ **rész** *v* **darab** *(önt)* breaking piece
törek chaff
törékeny brittle, fragile, frail, friable, brash(y); *[készbőr]* brittle; *(anyagv)* brittle; *(ásv)* fragile, brittle *(bány)* weak; *(fa)* brashy; *(koh)* short *is*; *(pa)* frail; ~ **áru** fragile goods; ~ **barka** *(bőr)* brittle grain; ~ **barkájú** *[készbőr]* cracky; ~ **szén** brittle coal; ~ **talajnem** *(bány)* short ground
törékenység brittleness, fragility, friability
törés *(anyagv)* fracture, failure, breakage, rupture; *(fémes anyagé)* failure; *(ásv)* fracture; *(bány)* breakage; *(bőr)* break; *(fa)* rupture; *(földt)* crack; *(sugárzás terjedésében; rád)* crinkle; *(kikészítésnél; tex)* breaking-down; *(lené stb)* break(ing), scutching; *[háncsrostok nyerésére]* stem break; *(szövethiba)* crease; ~ **állapota** *(bány)* reduction stage; **fáradt** ~ fatigue failure; **hirtelen** ~ **rugalmas alakváltozás közben** elastic breakdown; ~ **kiindulópontja** *(anyagv)* nucleus of fracture; ~ **nélküli réteg** *(földt)* unbroken layer; ~ **nyomó igénybevétel következtében** compression failure; ~ **rétegtani magassága** apparent throw; ~**t szenvedett fény(sugár)** refracted light; ~ **válogatása** *(bány)* breakage; **váltakozó terhelés okozta (kifáradási)** ~ alternating stress failure
törésbiztos shatterproof
törésdarab *(heng)* breaking piece
töréssellenállás crushing strength
töréses zóna *(földt)* ruptured zone
törésfelület surface of fracture; *l még* **töret**
törési: ~ **alakváltozás** breaking strain; ~ **breccsa** *(földt)* fault breccia; ~ **felület** *l* **töretfelület**: ~ **igénybevétel** *(anyagv)* stress at fracture; ~ *(nyomó igénybevételnél)* crumbling stress; ~ **pont** breaking point; ~ **repedések** *(földt)* fracture openings; ~ **sugár** *(anyagv)* radius of rupture; ~ **terület** area of fracture; ~ **törvény** *(fényt)* law of sines/refraction; ~ **zóna** fracture zone; *(földt)* ruttles
töréskár *(tex)* breakage
törésmutató *(ásv, fényt)* refractive index, refractivity
törésmutatómérő *fn (fényt)* refractometer
törésnyaláb *(földt)* distributive faults
töréspont break point; *(vill)* cutoff point
töréspróba destruction test
törésszög *(fiz)* refracting angle
törésvonal line of break; *(földt)* furrow *is*
töret fracture; *(élip)* break; **első** ~ **hengerszéke** *(élip)* break; **homorú** ~ dished fracture; **kevert** ~ *(élip)* chop; **kristályos** ~ crystalline fracture
töretelemzés fracture test
töretfelület fracture
töretkorpa *(élip)* bran of grit
törhetetlen non-breakable, unbreakable; ~ **üveg** non-shatterable glass
törhetőség (foka) frangibility
törik break, fail, rupture; **szabálytalanul** ~ crankle
törköly marc; *(élip)* spent grains
törkölypálinka marcbrandy
törlendő *(nyomda)* dele(nda)
törlés obliteration, dask, cancel(lation), erasion; **váltakozóáramú** ~ *(magnetofonnál)* a. c. erasing
törlési: ~ **erősítő** erase amplifier; ~ **jel** *(nyomda)* erasure sign
törlő *fn* wiper; *mn* blanking, erasing; ~ **impulzus** *(távk)* blanking pulse; ~ **művelet** *(statisztikai gépen)* reset cycle
törlőfej *[magnetofonon]* erasing head
törlőgumi lead eraser
törlőjel *(nyomda)* dele(nda); *(távk)* erasure signal
törlőjelzés *(távk)* erasure signal
törlőmágnes *(magnetofonban)* wipe-out head
törlőpapír wiping(-off) paper
törlőrongy (cloth) mop, waste for cleaning, cloth
törlőrongy-anyag *(tex)* waste cloth
törlőruha dish-cloth
törlőruhaanyag towel(l)ing
törlősugár *(ikonoszkópnál v emlékezőcsőnél)* play-off beam
törmelék scrap, chippings, rubble, shatter, detritus; *(kőfejtőben)* tip; *(ép)* offal; *(földt)* slump scraps, detritus; ~ **eltávolítása** refuse disposal
törmelékakadály *(bány)* jamb
törmelékcsúszás *(földt)* mud rock flow
törmelékcsúszda waste/trash chute; *(ép)* mullock chute
törmelékérc shot ore
törmelékes *(földt)* clastic, detrital; ~ **kő** *(ép)* rubble; ~ **kőzet** rock rubble; ~ **lelőhely** sedimentary deposit; ~ **mésztufa** detrital lime tuff
törmelékgarat *(földt) l* **kőfolyás**
törmelékgyűjtés refuse collection
törmelékhalom *(önt)* brash
törmelékkőzet detritus, conglomerate, mantle rock; **aranyat tartalmazó** ~ banket
törmelékkúp *(földt)* talus, alluvial fan, detrital cone, slum scraps
törmeléklerakó hely tip
törő *fn (bány, koh)* crusher; *(háncsrost feldolgozásához; tex)* breaker; *(forg)* stamper; ~ **aprítási tényezője** *(bány)* reduction of crusher; ~ **energia** energy to failure; ~ **feszültség** *(anyagv, ált)* stress at fracture; *(nyomó)* crumbling stress; *(hajlító, húzó)* ultimate stress; ~ **kalapács** mickle hammer; ~ **modulusz** *(mech)* modulus of rupture; ~ **nyomaték** *(mech)* moment of rupture; **pofás** ~ jaw breaker; ~ **szilárdság** *(anyagv, mech)* resistance to rupture; ~ **terhelés** *(anyagv)* load at failure, ultimate breaking load
törőácsolatsor *(bány)* breaker row
törőbárd *(tex)* bucking iron
törőcsap *(gépt)* break pin
törődés *(árué)* bruise
törődob *(tex)* breaking roller
törőél *(bány)* breaker row; *(ácsolaté)* breaker; *(kalapácsdaráló kalapácsain)* grinding edge
törőerő *(mech)* crumbling strength/force/load; *(pa)* bucket load
törőfal *(ép)* baffle
törőfazék *(koh)* breaker block
törőgép crusher; *(bány)* grinder; *(élip)* breaker; *(tex)* softening/breaking machine
törőhenger *(kukoricatörő v betakarító gépen)* snapping roll; *(tex)* breaking roller; ~ **betétes fogakkal** *(bány)* driven-tooth roll; **durva** ~ coarse roll; ~ **fogai** *(bány)* roll teeth
törőhulladék *(bány)* breaker refuse
törőhullám *(hajó)* breaker; **rövid** ~ overfall
török: ~ **klozett** eastern closet; ~ **szőnyeg** Turkey/Turkish carpet
törőkos ram; *(bány)* bucking ram
törőközeg *(fényt)* refractive medium
törökvörös Turkey red; *(pa)* nadder
törökvörösolaj Turkey red oil, sulfonated castor oil
töröl *(írásból)* blot, erase; **hívást** ~ *(távk)* cancel a call
törőlap *l* **törőlemez**
törőlemez cutoff plate
törőmalom disintegrating mill; *(bány)* chaser; *(élip)* chaser mill; **pálcás** ~ *(bány)* case/rod mill
törőmozsár percussion mortar
törőmű ram engine
törönk *(fa)* bottom log; *(első ágig)* butt log
törőpart *(hidr)* caving banks
törőpofa jaw plate
törőszeg shear pin
törőtám *(bány)* breaker timber
törött: ~ **barka** *(bőrön)* bro(c)ken grain; ~ **síntalp** *(vasút)* broken base; ~ **tégla** brick bat
törővas *(bőr)* crutch stake(r), breaking iron
töröz *(hajó)* splice
törözés splice
törpe midget; ~ **alkatrészek** *(rád)* subminiatures; ~ **elektroncső** acorn valve; ~ **emelő** jackscrew; ~ **foglalatú izzólámpa** miniature lamp; ~

gépkocsi baby car ; ~ **kapcsoló** *(vill)* switchette
törpecsillag dwarf ; ~**nál kisebb csillag** subdwarf
törpecső *(rád)* midget/subminiature tube
törpehullám *(1 cm alatt)* dwarf wave
törpeizzó *(vill)* miniature (incandescent) lamp
törpe-jelző *(vasút)* pot signal
törpekazán miniature boiler
törpekeret *(távk)* midget-bay
törpeközpont *(távk)* (standard) district exchange
törpelámpa flash-lamp
törpemotor fractional electric motor ; *(vill)* micromotor
törpeplankton *(hidr)* nanoplankton
törpítő másoló *(fényt)* midget printer
tört *mn* fractional ; *vö még* **tör** ; *fn (mat)* fraction ; **egyszerű** ~ common fraction ; ~ **érték** *(mat)* fractional value ; ~ **gyűrődés** *(földt)* broken folds ; ~ **karakterisztikájú üzemmód** *(távk)* bnet characteristic working ; ~ **karú lépcső** *(ép)* stair with broken centre line ; ~ **kender** broken/beetled hemp ; ~ **keresztmetszetű lapát** *(szélmalomé)* broken vane ; ~ **kiküszöbölése** *(mat)* clearing of fractions ; **közönséges** ~ vulgar fraction ; **lépcsős** ~ proper fraction ; ~ **pala** *(tetőfedésre)* slate cement ; ~ **rész** *(mat)* fractional value ; ~ **sávoly** *(2/2)* swansdown twill/weave ; ~ **sávolykötés** *(tex)* broken twill ; ~ **sorú befűzés** *(tex)* broken pass ; **szakaszos** ~ recurring decimal fraction ; ~ **szárny** cranked wing ; **tizedes** ~ decimal (fraction) ; **valódi** ~ proper fraction ; ~ **vonal** zig-zag ; *(nyomda)* crossline ; ~ **vonalú** *l* **törtvonalú**
törtérchalom *(bány)* swell of broken ore
törtes *(mat)* fractional
törtrészek *(mat)* fractional parts
törtsúlyok fractional weights
törtszám *(mat)* broken number, fraction
törtvonal *(törteknél)* fraction line
törtvonalú staggered, broken-line, zig-zag ; ~ **kötés** *(ép)* bevel tie ; ~ **(hegy)gerinc** zigzag reed ; **szárnyfal** *(ép)* return wing ; ~ **térszín** broken surface
törülköző towel
törülköző-krepp-papír bath-room tissue, crape(d) paper for towels, toweling
törülközőtartó towel rail
törülközővászon crash toweling
törvény : Leduc féle ~ Leduc's rule
törvényes : ~ **súly** standard ; ~ **tarifák** rate structures
törzs trunk, body ; *(földt)* thorax ; *(ép)* stem ; *(rep)* fuselage ; ~ **belseje** inner body ; ~ **elejének jobb oldala** *(rep)* starboard bow ; ~ **körvonalrajza** *(hajó, rep)* body contour
törzsáramkör *(távk)* side circuit
törzsborda *(hajó)* transverse frame ; *(fából)* timber ; **gyűrűs** ~ *(rep)* circular transverse frame
törzscella *[akkumulátoré]* main cell
törzscsomópont *(rep)* fuselage nodal point
törzsegyenlet stem equation
törzsfa *(fa)* log ; *(vázlat)* flow sheet
törzs-fantom áthallás *(távk)* side-to-phantom crosstalk
törzsgörbe *(mat, mech)* primary curve
törzskeret *(rep)* main frame ; **alakadó** ~ *(rep)* former
törzsméretű (síkhurkoló) gép *(kh)* body frame
törzsoldat *(vegy)* stock solution
törzsszám *(mat)* prime (number)
törzstartály *(rep)* fuselage tank
törzs-törzs áthallás *(távk)* side-to-side crosstalk
törzsváz *(rep)* fuselage frame
törzsvég *(fa)* stump
törzsvégburkolat *(rep)* end cover
törzsvégúszó *(rep)* tail float
tősín *(vasút)* stock rail
tőszám *(mat)* cardinal number
tőtávolság *(ültetési sorban)* distance between plants in the row
tővastagság root thickness
tővég *(fa)* stump
tövis *l* **tüske**
tövises prés mandrel press
tőzeg peat, turf, black bog ; **bitumenes** ~ bitumen peat ; **földdel kevert** ~ earthy peat ; **kotróval kitermelt** ~ drag turf ; **mohás** ~ bog peat ; **nyers** ~ muskeg
tőzegbrikett *(bány)* peat brick
tőzeges peaty ; ~ **talaj** turfary
tőzegfejtés *(bány)* stripping of peat
tőzegfejtő hely *(bány)* peat hag
tőzegföld *(bány)* peat mould
tőzeggázgenerátor peat-gas producer
tőzeghulladék *(bány)* peat dust
tőzegiszap peat bog
tőzegkiszedés *(kemény fenékig)* stripping of peat
tőzegkitermelő hely turf pit
tőzegkocka peat pot
tőzegkoksz peat charcoal
tőzegkokszolás carbonization of turf
tőzegláp peat moss/bog, muskeg
tőzeglápfelületi olajos anyag bog butter
tőzeglemez *(ép)* peat slab ; *(pa)* turf board
tőzegliszt peat litter/meal
tőzegmaró *(bány)* peat-cutter
tőzegmocsár *l* **tőzegláp** moss land
tőzegmoha bog/peat moss
tőzegmohás mocsár muskeg swamp
tőzegpad *(bány)* peat slab
tőzegpor peat meal/dust
tőzegtelep swamp
tőzegvágó *(bány)* peat-cutter ; ~ **kés** *(tőzegtéglák vágására)* peat spade
T-profil tee section
tracheida *(fa)* tracheid ; **edényszerű** ~ *(fa)* vascular tracheid ; **elágazó** ~ *(fa)* disjunctive tracheid
tracheidaszerű edény *(fa)* vasicentric tracheid
trachit *(kőzet)* trachyte
trafó *l* **transzformátor**
tragantmézga adragant, (gum) trag(ac)-anth/dragar
tragant-sűrítő *(tex)* tragacanth thickener
trágyaaprító *(szórógépen)* manure pulverizer
trágyaérték manurial value
trágyafolyosó alleyway
trágyaforgató gép composting machine
trágyalécsatorna gutter
trágyalészivattyú manure pump
trágyamentes *(bőr)* free of dung
trágyás nyersbőr dungy hide
trágyaszállító kocsi *v* **csille** manure carrier, tumbrel
trágyavilla agricultural fork
trágyázóérték manurial effect
traheida *(fa)* *l* **tracheida**
trajektória trajectory ; *l még* **pálya** *és* **röppálya**
traktor tractor, traction engine ; ~**hoz csatolt** semi-mounted ; ~ **elé** *v* **elejére szerelt** *[munkagép]* front-mounted ; ~ **hátsó keréknyomlazítója** rear-wheel marker eliminator ; ~**ra hátul közvetlen rászerelt** *[kaszálógép]* rear direct connected ; ~**ra szerelt aratócséplő** *v* **kombájn** mounted combine ; ~**ra szerelt kukoricatörő** *v* **betakarító** mounted picker ; ~ **szerelt munkagép** *v* **szerelvény** integral equipment ; **traktorvezető által** ~**ról kezelhető munkagép** one man outfit ; **univerzális** ~ all-purpose tractor
traktorgyár tractor works
traktorgyártás tractor construction
traktoros *fn l* **traktorvezető :** ~ **ekére szerelt sorhengeres vetőgép** plough press drill
traktorosítás tractorization, introduction of tractors (into agriculture)
traktorvezető tractor operator/driver
traktorvontatás tractor traction
traktorvontatású : ~ **kévekötő aratógép** tractor grain-binder ; ~ **trágyaszóró gép** tractor spreader
traktrix *(mat)* tractrix, tractory, equitangential curve
tráma-fonal *(durva)* cearse tram
trámaselyem *(tex)* tram
tramphajó tramp steamer
transzaddíció *(vegy)* trans-addition
transzcendens transcendent(al) ; ~ **függvény** transcendental function
transzduktor *(hangt, vill)* transducer ; **villamos** ~ electric transducer
transzfer-impedancia *(távk)* transfer impedance
transzformál *[feszültséget]* transform ; **fényképeket** ~ *(fotogrammetriában)* restitute ; **képet** ~ rectify
transzformálás transformation ; ~ **áttétele** *(vill)* ratio of transformation
transzformáló alállomás *(vill)* secondary substation
transzformátor *(vill)* transformer ; *(távb)* translator ; **átalakító** ~ conversion transformer ; ~ **áttétele** transformation ratio ; **átvezető szigetelőre szerelt** ~ *(vill)* bushing current transformer ; **csatoló** ~ coupling transformer ; 1:1 **áttételű** ~ isolating transformer ; **egytekercses** ~ auto(-)transformer ; **egy tekercsrendszeres** ~ single-phase transformer ; **ellenütemű** ~ push-pull transformer ; **feszültségcsökkentő** ~ step-down transformer ; **feszültségemelő** ~ booster transformer ; **feszültségnövelő** ~ step-up transformer ; **földelő** ~ grounding transformer ; **hangfrekvenciás** ~ audio-frequency transformer ; **három tekercsrendszeres** ~ three-circuit transformer ; **izzító** ~ *(rád)* filament transformer ; ~ **kisfeszültségű oldala** step-down side ; **köpenytípusú** ~ shell-type transformer ; **középleágazású** ~ centre-tapped transformer ; **léghűtéses** ~ air-blast transformer ; **légmagos** ~ air-core trans-

former ; **lengéscsillapító** ~ antihunting transformer ; **megcsapolt** ~ tapped transformer ; **mérő** ~ instrument/metering transformer ; **működtető** ~ control transformer ; ~ **nagyfeszültségű oldala** step-up side ; **nagyfrekvenciás** ~ high-frequency transformer ; **negyedhullámú** ~ quarter-wave transformer ; ~ **nélküli** transformerless ; **oszlopos** ~ core-type transformer ; **ötoszlopos** ~ five-legged transformer ; ~**ok párhuzamos szerelése** banking ; **próbatermi** ~ flash transformer ; **száraz** ~ air-cooled transformer ; **szimmetrikus** ~ balanced transformer ; **szimmetrizáló** ~ balanced-to-unbalanced transformer ; **tágulóedényes** ~ conservator transformer ; **takarékkapcsolású** ~ *(vill)* auto-transformer ; **világítási** ~ lighting transformer ; **zárt vasmagú** *v* **mágneskörű** ~ closed core transformer
transzformátorállomás transformer substation
transzformátor-áttétel transformation ratio, ratio of transformation
transzformátor-csatolás transformer coupling
transzformátor-csatolású transformer-coupled ; ~ **erősítő** transformer-coupled amplifier
transzformátorcsoport bank of transformers
transzformátorfeszültség transformer voltage
transzformátorház cabin substation
transzformátorhűtő booster radiator
transzformátorjelfogó relay transformer
transzformátormag transformer core
transzformátormegcsapolás transformer tap(ping)
transzformátor-megcsapolásos átkapcsolás ratio-adjuster
transzformátorolaj transformer oil ; **elsőrendű** ~ class A (transformer) oil
transzformátoros csatolás transformer coupling
transzformátortekercselés *(vill)* transformer winding
transzformátor-vasmag transformer core
transzgredáló tenger *(földt)* transgressing sea
transzgresszió *(földt)* transgression
transzgressziós hullámzás *(földt)* unconformability of lap
transzizomer *(vegy)* trans-isomer(ide)
transzláció translation
transzlációs sík *(ásv)* gliding plane
transzlokációs diasztáz *(élip, vegy)* translocation diastase
transzmisszió transmission, shafting
transzmisszió-olaj shafting oil
transzmissziós tengely power shaft(ing)
transzmittancia *(vill)* trasmittance
transzparens *mn* transparent ; *fn (belülről megvilágított tábla)* transparency ; ~ **bivalybőr** transparent ; ~ **ernyő hangulatvilágításhoz** *(színpadi)* medium ; ~ **közeg** transparent medium ; ~ **szappan** transparent soap ; ~ **tábla** luminous board
transzpiráció transpiration
transzponáló *(rád)* heterodyne ; ~ **hangszerek** transposing instruments ; ~ **vétel** *(rád)* heterodyne reception ; ~ **vevő** *(rád)* heterodyne receiver
transzponált rezgések *(rád)* heterodyne waves
transzportőr *l* **szállítószalag**
transzuránok *(at, vegy)* transuranic elements
transzverzális *fn, mn (mat)* transversal ; *mn* transverse ; ~ **elektromágneses hullámok** transverse electromagnetic wave ; ~ **elektromotoros erő** transverse electromotive force ; ~ **hullám** *(rád)* transverse wave ; ~ **mágneses hullám** transverse magnetic wave ; ~ **rezgés** transverse vibration ; ~ **villamos átviteli mód** electric mode of transmission transverse ; ~ **villamos hullámok** transverse electric waves, T. E. W., t. e. w.
tranzíció *(at)* transition
tranziens transient ; ~ **folyamat** *v* **jelenség** transient (process) ; **gyors** ~**ek** *(távk)* high-speed transients ; ~ **jelenségek átvitele** *(aut)* transient response
tranzit *l még* **átmenő** : ~**áruk** transit goods ; ~ **díjszabás** transit rates ; ~ **forgalom** through traffic ; ~ **hüvely** *(távk)* through jack ; ~ **kapcsolótábla** *(távk)* through board
tranzitálás rehandling
tranzitron *(rád)* transitron
trapéz *(mat)* trapezoid ; ~ **alakú** trapezoidal ; ~ **alakú bukónyílás** *(Cipoletti-bukón)* trapezoidal notch
trapézfej pan head
trapézfejű szegecs pan-head rivet
trapéz-feszültséghullám trapezoidal voltage wave
trapézjel *(távk)* trapezoidal wave
trapézmenet trapezoidal thread ; acme thread *(US)*
trapézoéder *(ásv)* trapezohedron
trapezoéderes-tetartaéderes kristályosztály *l* **trigonális** : ~ **trapezoéderes**
trapezoid *(mat)* trapezium ; ~**alakú** *(mat)* trapeziform
trapézszárny *(rep)* tapered wing
trapéz-tám *(ép)* trapezoidal abutment
trapézterhelés *(igénybevételi behatás ábrán)* trpaezoidal load
trapéztorzítás *(rád)* trapezoidal distortion, keystone effect ; ~ **korrigálása** *(rád)* keystone correction
trasz *(földt)* trass, pozzuolana
traszbeton *(ép)* trass concrete
traszcement *(ép)* trass cement
traszhabarcs mortar trass
traszírozás tracing
traversellit *(ásv)* traversellite
travertino *(ásv)* travertine, banded marble
trébel *(domborítással alakít)* emboss
trébelés chasing/repoussé work
trébelő fakalapács chasing hammer
trébelt chased
trechmanit *(ásv)* trechmannite
tremadoci emelet *(földt)* Tremadoc stage
tremolit *(ásv)* tremolite, calamite
trend *(statisztikában)* trend
trendvonal *(statisztikai)* trend-line
triád *(mat)* triad
triakiszoktaéder *(ásv)* trisoctahedron
triakisztetraéder *(ásv)* tristetrahedron
triakontaéderes triacontahedral
trialkil- *(vegy)* trialkyl(ated)
trialkilszilán silicon (tri)alkyl
triangel *(ütőhangszer)* triangle
triaril- *(vegy)* triaryl(ated)
triász *(földt)* Trias
triászkorszak Triassic period
triász-tarkahomokkő mittled sandstone
triboluminescencia triboluminescence
tribométer tribometer
tribün tribune, (grand)stand
tricikli three-wheeler, tricycle
Trick-tolattyú valve with passage way
tridimit *(ásv)* tridymite
triéder *(mat)* trihedron
trifán *(ásv)* *l* **spodumen**
trifilin *(ásv)* *l* **trifilit**
trifilit *(ásv)* triphylite
trifluormetán fluoroform
trifórium blind story
trigger *(rád)* trigger
trigonális : ~ **bipiramisos kristályosztály** trigonal-dipyramidal class ; ~ **enantiomorf kristályosztály** *l* **trigonális trapezoéderes** : ~ **hemimorf-tetartoéderes kristályosztály** *l* **trigonális piramisos** : ~ **holoéderes kristályosztály** *l* **ditrigonális bipiramisos** ; ~ **ogdoéderes kristályosztály** *l* ~ **piramisos** ; ~ **paramorf [kristályosztály]** *l* ~ **bipiramisos** : ~ **piramisos kristályosztály** trigonal-pyramidal class ; ~ **szkalenoéderes kristályosztály** trigonal-scalenohedral class ; ~ **trapezoéderes kristályosztály** trigonal-trapezohedral class
trigonometria *(mat)* trigonometry
trigonometriai trigonometric ; ~ **magasságmérés** *v* **szintezés** *(geod)* trigonometric level(l)ing ; ~ **számológép** triangle solver
trigonometrikus *(mat)* trigonometric ; ~ **függvény** *l* **háromszögfüggvény**
trihidro-só triacid salt
trijódmetán tri-iodomethane, iodoform
trikalcit *(ásv)* trichalcite
trikalciumfoszfát tricalcium phosphate, tertiary calcium phosphate
triklin *(ásv)* triclinic
triklóracetaldehid trichloroacetaldehyde, chloral
triklórecetsav trichloroacetic acid
triklóretilén trichloroethylene
triklórmetán *l* **kloroform**
trikó *(egyugrásos)* 1 × 1 warp knitting
trikófektetés *(kh)* 1 × 1 warp knitting
trikókötés *(tex)* tricot stitch
trikó-szövet *(tex)* tricot
trikovasav trisilicic acid
trikróosság *(ásv)* trichroism
Trilex-kerék *(gépk)* Trilex wheel ; ~ **leszorító körme** *(gépk)* clamping shoe ; ~ **távtartó gyűrűje** *(két kerék között ; gépk)* spacer ring
trillió *(mat)* trillion
trimer *(vegy)* trimeric
trimerit *(ásv)* trimerite
trimetilamin trimethylamine
trimetiletilén trimethylethylene, methylbutylene
trimetilfoszfin trimethylphosphine
trimm *(hajó)* trim
trimmelés *(bőr)* trimming ; *(rep)* (airplane) trim
trimmer *(rád)* trimmer/trimming condenser, trimmer
trimmlap *(rep)* balance tab
trimmváltozás *(hajó)* change of trim
trimorf *(vegy)* trimorphous
trinátriumcitrát (trimetallic) sodium citrate
trinátriumfoszfát trimetallic sodium orthophosphate

trinitrát trinitrate, ternitrate
trinitrofenol trinitrophenol
trinitrokrezol trinitrocresol
trinitrometilbenzol trinitrotoluene
trinitrotoluol trinitro-toluene, trotyl
trinomiális *(mat)* trinomial
trióda triode, single-grid valve; **koncentrikus** ~ all-concentric triode
triódacső *(rád)* triode
trióda-egyenirányítás triode rectification/detection
trióda-erősítő *fn* triode amplifier
trióda-hexóda *(rád)* triode-hexode; ~ **keverőcső** triode-hexode mixer
trióda-pentóda *(rád)* triode-pentode
triódarész triode portion
trió-hengerállvány three-high (rolling) mill/train
triójárat *l* **trióhengerállvány**
triolein (tri)olein, glycerol trioleate
trionál trional, methylsulfonal
trioxibenzoésav *l* **galluszsav**
trioxid trioxide, teroxide
trioximetilén trioxymethylene, metaformaldehyde
trioxipropán *l* **glicerin**
trioxipurin uric acid, trihydroxypurine
triőr sifter, disc separator
triőrhenger mélyedése *(élip)* separator indent
tripaflavin trypaflavine, acriflavine
tripalmitin (tri)palmitin, glycerol tripalmitate
tripeptid tripeptide
triplex triplex; ~ **gőzgép** triple-expansion steam engine; ~ **karton** *(pa)* triplex (card)board; ~ **lemez vászonbetéttel** *(pa)* cloth-centered board; ~ **rendszer** *(távk)* triplex system; ~ **üveg** laminated glass
triplexer *(távk)* triplexer
triplit *(ásv)* triplite
triploidit *(ásv)* triploidite
tripoli *(ásv)* tripolite
tripoliföld tripoli(te), terra cariosa
tripolipala *(ásv)* *l* **csiszolópala**
trippkeit *(ásv)* trippkeite
tripszin trypsin
tripszináz tryptase
tripszinogén trypsinogen
triptáz tryptase
triptofán *(vegy)* tryptophane, α-amino-3-indolepropionic acid, β-(3-indyl) alanine
tripuhyit *(ásv)* tripuhyite
trisó tri-sodium phosphate
triszaccharid trisaccharide
triszubsztitúciós termék trisubstitution product
triszulfosav trisulfonic acid
tritet-kapcsolás *(rád)* tritet circuit
tritiokovasav thiosilicic acid
tritomit *(ásv)* tritomite
trochilusz *(ép)* trochilus
trochoidális hullám trochoidal wave
troilit *(ásv)* troilite
trolit *(szigetelőanyag)* trolite
trolitul *(műa)* trolitul
trol(l)ibusz overhead-line omnibus, electric bus, trolley bus
trombita trumpet, clarino; *(csatornák csatlakozásánál)* bugle
trona *(ásv)* trona, urao
troostit *(ásv)* troostite
tropikalizáció *l* **tropizálás**
tropikálszövet tropical cloth
trópikus: ~ **év** *(csill)* tropical year; ~ **kivitelű kapcsoló** *(vill)* tropical switch; ~ **súly** *(ruhaszöveté)* tropical weight
tropizálás tropicalization
troposzféra *(met)* troposphere
troposzféra-hullám *(rád)* troposphere wave
trópus *(met)* tropic(s)
trópusálló tropicalized
trópusállósítás tropicalization
trópusi tropic; ~ **zóna** *(földt)* intertropics
trópusszekrény sweatbox
trotil trotyl, trinitrotoluene
trottőrcipő *(sétacipő:)* loafers
trögerit *(ásv)* trögerite
trönk *(távk)* trunk **(line)**
trönk-érpár *(távk)* trunk pair
trönk-nyaláb *(távk)* group of trunks
trönk-vezetés *(távk)* running of trunks
trönk-vonal *(távk)* trunk line
trükkfelvétel trick shot; ~ **szöge** trick angle
trükkfényképészet faking
trükkfilm animated cartoon
trükkfilmezés trick cinematography
trükkmásolás trick printing
trükk-tolattyú trick valve
tscheffkinit *(ásv)* tscheffkinite
tschermigit *(ásv)* tschermigite
T-S-diagram *(fiz)* temperature-entropy diagram
T-sín *(vasút)* Tee-rail
T-szelep tee-valve
T-szelvény *(ép)* tee-section
T-szelvényű árvédelmi vasbeton tee-type wall
T-szerelvény tee-fitting
T-szűrőtag *(távk)* tee-network/pad
T-tag *(távk)* mid-series terminated section, tee-section/network; ~ **hullámellenállása** midseries iterative impedance
T-tartó *(ép)* tee-girder/beam; **kettős** ~ double T-beam/girder; **széles talpú kettős** ~ bethlehem beam
tubákőrlő *(munkás)* snuff grinder
tubarózsa-olaj tuberose oil
tüb(b)ing tubbing, cast iron lining
tubus tube; *(lencserendszerhez)* lens barrel
tubushossz tube-length
tubusolt tubulated
tubusos vízfesték moist water colo(u)r
tubustöltő: ~ **gép** paint-filling machinery; ~ **és -záró automata** automatic tube-filling closing and grimping machine
tubuszáró gép tube-sealing machine
tucat dozen
tucatolt áru goods in dozens
tudakozó: ~ **áramkör** *(távk)* inquiry circuit; ~ **iroda** information bureau, inquiry office
tudományos: ~ **kutató intézet** scientific research institute; ~ **munkaszervezés** scientific management of labour; ~ **testület** scientific body
tudományszak discipline
tufa *(földt)* tuff, ash, cinder; **üledékes kőzetekkel rétegezett** ~ interstratified tuff
tufakúp *(földt)* ash/cinder cone
tufaolaj oil of ceder leaf, oil of thuja
tufapala *(földt)* ash slate
túladagol overdose, overfeed
túladagolás overcharge, overfeed
tulaezüst tula metal
tulajdonság *(műszaki)* characteristic, feature
túláram *(vill)* overcurrent, excess current
túláram-biztosító termosztát *(gépk)* current-limit thermostat
túláramjelfogó current overload relay, overcurrent relay, excess current relay
túláramkioldó *(automata)* maximum cut-out
túlárammegszakító overcurrent circuit-breaker
túláramvédelem *(eljárás)* overcurrent protection; *(eszköz)* current-limiting device
túlárasztás *(lepárlóoszlopban)* flooding
túláztatás *(bőr, tex)* oversoaking; *(tex)* over-retting
túláztatott *[len v kender]* overretted
túlcsatolás overcoupling
túlcsavar *(csavart)* turn over
túlcserzett *(bőr)* overtanned
túlcsillapítás overdamping
túlcsillapított overdamped
túldíszített *(ép)* flamboyant
túldúsítás *(gépk)* overpriming
túlduzzadt *(bőr)* overplumped
túledzett acél dead-hard steel
túlégetés *(kemenceboltozaté)* hot spot
túlemelés overwind; *[aknakosáré]* overwinding; *(vasút)* superelevation; **aknaszállító gép biztonsági berendezése** ~ **ellen** *(bány)* overwinding gear of shaft hoisting
túlemelésgátló horog *(felvonón)* catcher
túlemelkedés *(földt)* striding
túlemelt *(ép)* surmounted
túlerőltet overstrain, overpower, overtask
túlerőltetés overstrain
túlerősítés *(rád)* overamplification
túlérzékeny supersensitive
túlérzékenyítés *(fényk)* hypersensitizing
túlérzékenység hypersensitiveness
túletető szerkezet *(tex)* overfeed
túlexponálás over-exposure
túlexponált burned-up
túlfedés overlap(ping)
túlfehérítés *(tex)* overbleaching
túlfeszít *l* **túlerőltet**
túlfeszítés *(mech)* supertension; *(villamos v mágneses előfeszültséggel; rád)* overbiassing
túlfeszített: ~ **elővezérlés** *(magnetofonnál)* overbiassing; ~ **fonal** *(tex)* overstrained yarn
túlfeszültség overvoltage, surge, excess voltage
túlfeszültségíró *fn* surge recorder, klydonograph
túlfeszültségkioldó overvoltage release
túlfeszültséglevezető lightning arrester, surge absorber/arrester; **elektrolitikus** ~ electrolytic arrester; **evakuált** ~ vacuum arrester; **ívoltó** ~ nonarcing arrester; **oxidhártyás** ~ oxide-film arrester; **szarvas** ~ horn arrester; **szemcsés töltetű** ~ pellet-type arrester; **szikraközös** ~ gap arrester; **tirittárcsás** ~ thyrite arrester; **villámvédő** ~ lightning arrester; **vízoszlopos** ~ water-column arrester; **vízsugaras** ~ water-jet arrester
túlfeszültségtényező *(vill)* overvoltage factor
túlfeszültség-védelem *(vill)* overvoltage protection

túlfeszültségvédő szikraköz surge gap
túlfinomítás *(ol)* over/ultra-refining
túlfogyasztásszámláló *(vill)* excess-energy meter
túlfolyás overflow, flooding; *(hidr)* spill *is*; *(pa)* waste weir
túlfolyásjelző riasztó *(önt)* overflow alarm
túlfolyat *(porlasztót)* flood the carburettor
túlfolyik flow over, run out
túlfolyó *(hidr)* spillway, waste weir; ~ **akna** *(hidr)* shaft spillway; ~ **árok** *v* **zsilipkapu** *(hidr)* gole; ~ **berendezés** *(hidr)* overflow station; ~ **csap** bypass cock; ~ **csatorna** sprue groove; *(öntőformában)* overflow lip; ~ **cső** leak/relief tube; overflow pipe; ~ **edény** overflow bin; ~ **él** *(koh)* lip; ~ **fülke** *(ker)* bay of overflow section; ~ **nyílás** *(Diesel-adagoló elemnél)* spill port; **szabaddá teszi a** ~ **nyílást** uncover the spill port; ~ **száj** overflow lip; ~ **szelep** regulator/spill/overflow valve; *(befecskendező szivattyún)* spill valve; *(mozdonyon)* overflow valve; ~ **tartány** *(ol)* surge tank; ~ **víz** *(hidr)* spillway water
túlfolyószelepes szabályozás *(befecskendező szivattyún)* spill-valve control
túlfolyt karima *(hanglemezgyártásnál)* spew
túlfordulás overturn
túlforr boil over
túlfúrt lyuk day hole
túlfutás overrun(ning)
túlfutó rugózás *(gépk)* overhang-suspension
túlfúvás *(koh)* overblow
túlfüggő hegyoldal hanger
túlfűtés overfire; *[izzószálé]* overheating
túlgerjesztés overexcitation, field forcing; *(rád)* overswing; ~ **beiktatott tekercsekkel** overcompound excitation
túlgerjesztett overexcited; ~ **szinkron motor** leading motor
túlgyorsít *(gyorsjárati sebességfokozatra kapcsol)* overgear
túlgyorsulás racing, overspeed
túlhajlított *(sín helyzete; vasút)* lumpy
túlhajtott overdriven; ~ **előhívás** *(fényk)* excess developing
túlhaladott földrajzi hosszúság *(hajó)* longitude left
túlhamvazott *(bőr)* overlimed
túlhatározottá tevő kapcsolás *(hídon)* redundant constraint
túlhelyesbítés overcorrection
túlhengerel *(heng)* roll to death
túlhengerlés dead rolling
túlhevít overheat, burn
túlhevítés overheat(ing); *(gőzé)* superheating; **közbenső** ~ reheating
túlhevítéscsökkentő damper of superheater
túlhevítési: ~ **hő** heat of superheat; ~ **vészjelzés** heat alarm
túlhevített *[gőz]* superheated; ~ *(elégetett)* **fém** *(koh)* burnt metal; ~ **gőz** superheated/dry steam
túlhevítő *(gőzé)* superheater; **csőkígyós** ~ spiral superheater; ~ **felület** *(kazánban)* superheating surface; **kazán** ~ **füstjárata** superheater flue; ~ **kifúvató** flue blower; **közbenső** ~ reheater
túlhevítős gőzmozdony superheated locomotive
túlhívás *(fényk)* overdevelopment
túlhúz *(csavart, anyát)* wrench off, overtighten; *(rep)* stall
túlhúzás *(rugóé)* overwinding; *(rep)* stalling
túlhúzott: ~ **csavarmenet** stripped thread; ~ **repülés** stalled flight
túlhűt undercool; *(koh)* overchill
túlhűtés *(élip)* superfreezing, undercooling; ~**re alkalmas** *(élip)* superfreezable
túlhűtő past cooler
túlhűtött supercooled
túlidőzés edzési hőfokon *(hők)* oversoaking at the hardening temperature
tulipánfejű szelep poppet valve
túlírezés *(tex)* over-sizing
túlírezett fonal stiff and hard yarn
túlium thulium; ~ **tartalmú** *(ásv)* thulian
túlizzítás *(koh)* oversoaking; *(vill)* overincandescence
túlkeményített fonal stiff and hard yarn
túlkeverés overmixing
túlkiadás excess expenditure
túlkiegyenlítés *(távk)* over-equalization
túlkompaundált *(gőzgép)* overcompound; ~ **generátor** *(vill)* over-compounded generator; ~ **motor** over-compounded motor
túlkompenzál overcompensate
túlkorrigál overcorrect
túllendítés swing-off
túllengés overswing; *(vill)* overshot
túllép pass, exceed; **irányértéket** ~ exceed the norm; **sebességhatárt** ~ *(gépk)* exceed the speed limit
túllépés excess; **normális sebesség** ~**e** overspeed
túllövési torzulás *(rád)* overshot distortion
túlmagasítás *(ép)* surmounting
túlmasztikáció *(gumi)* overmastication
túlmelegedés overheating
túlmelegedésjelző heat seeker
túlmelegedett hely hot spot
túlmelegedik *(motor; gépk)* get overheated
túlmélyítés overdeeping
túlmeredek *[háztető]* overpitched
túlméret oversize; *(hosszirányú)* excess length; **javítási** ~ repair oversize
túlméretes dugattyú oversize piston
túlméretez oversize
túlméretezett oversized; ~ **hengerű mozdony** overcylindered locomotive
túlmerev *(ép)* over-rigid
túlmeszezett *[készbőr]* overlimed
túlmoduláció overmodulation
túlmodulálás *(rád)* overmodulation
túlmodulálásjelző *(rád)* overmodulation indicator
túlmodulált *[áram]* overmodulated
túl nagy adag overdose
túlneutralizálás *(rád)* overneutralization
túlnyitás *(hidr)* overgate
túlnyomás overpressure; *(gőzé)* superpressure; ~**t biztosító hűtősapka** *(gépk)* pressure cap
túlnyomáskikapcsoló high-pressure cutout
túlnyomásos: ~ **fülke** *(rep)* pressurized cabin; ~ **fülkéjű repülőgép** pressurized aircraft
túlnyúlás overhang; *(ép)* lap
túlnyúlik lap/project over, overhang
túlnyúló cantilever, overhanging; ~ **ácsolat** *(bány)* cantilever timbering; ~ **egydúcos futó szerkezet** *(rep)* cantilever single-strut landing gear; ~ **falazat** *(ép)* bearing-out masonry; ~ **főtefa** *(bány)* butt cap; ~ **futó szerkezet** *(rep)* cantilever landing gear; ~ **gerenda** *(ép)* overhanging beam; **konzolosan** ~ abutting; ~ **orom** *(ép)* barge; ~ **párkány** *(ép)* reach-over edge; ~ **szárnyvég** *(rep)* overhanging wing tip; ~ **tető** cantilever roof; ~ **vízszintes vezérsík** *(rep)* cantilever tail unit
túloldal reverse; ~**on** *(nyomda)* on the turn
túloldali back
túlórázik work overtime
túlömlés overrun(ning)
túlömlő nyomás *(hidr)* overflow pressure
túlőrlés *(élip)* overgrinding; *(eltömődés miatt; bány)* choke crushing
túlőrölt *(élip)* overground
túlpácolás *(bőr)* overbating
túlpépesítés *(gumi)* overmastication
túlpotenciál superpotential
túlrepül *(leszálláskor)* overshoot
túlrepültség aeroneurosis
túlritkít overthin
túlságos: ~**an előfeszített erősítő** *(rád)* overbiassing; ~ **érzékenység** *(akaratlan ki- v bekapcsolódás indítókar könnyű járása miatt)* touchiness; ~**an kisüt** *(telepet; vill)* overdischarge; ~**an megterhel** *(ép, mech)* surcharge; ~ **olajfogyasztás** excessive oil consumption
túlsajtol overpress
túlsimított papír burnished paper
túlsodrás: kötél ~**a** *(tex)* overwinding
túlsodrott fonal *(tex)* overspun yarn, twitty, very hard twisted yarn
túlsúly overweight
túlsúlyos overweighty
túlsűrítés supercompression; *(motoré)* supercharging
túlsűrítő *(rep)* supercharger; ~ **nélküli motor** sea-level engine
túlszabályoz overregulate
túlszabályozás hunting, overshoot, override, overriding
túlszabályozási effektus *(rád)* hunt effect
túlszárítás overdrying, baking
túlszárított *(pa)* dry hard; ~ **gyapjú** brittle wool; ~ **papír** burnt paper
túlszaturált lé *(cu)* overcarbonated juice
túlszedés *(nyomda)* cancelmatter
túlszínez *(fényk)* overtone
túlszívás-elfolyás suction overfall
túlszívat: a motort ~**ták** *(gépk)* the engine is flooded with gasoline *(US)*
túlszívatás *(gépk)* flooding
túltáplál overfeed
túltáplálás overfeeding
túltárázás overtaring
túltelít *(vegy)* supersaturate
túltelítés supersaturation
túltelítési tényező *(met)* supersaturation factor
túltelített supersaturated; ~ **tekercs** *(mágnesben)* coil maintained in (magnetic) saturation
túlteljesít *(normát)* exceed the norm
túlterhel overstress, overload, overburden; *[szigetelőt feszültséggel]*

overstress ; **gőzkazánt ~** force a boiler
túlterhelés overload, overburden, overcharge, extra weight, excess load ; **~ ellen biztosító dörzskapcsoló** overload friction clutch ; **~ ellen elnyíródó csappal biztosított kapcsoló** overload shearing clutch ; **~ elleni védelem** *(vill)* overload protection ; **~re megcsúszó tengelykapcsoló** overrun(ning) clutch
túlterhelés-érintkező *(távk)* overflow contact
túlterhelési : ~ áramkioldó overcurrent release ; **~ ellenállás** *(anyagv)* resistance to overstress ; **~ fok** degree of overload ; **~ kapacitás** *(rád)* overload capacity ; **~ kikapcsoló** *(emelőn)* overload cut-out ; **~ megszakító** *v* **védő kapcsoló** *(vill)* overload circuit-breaker ; **~ rugó** *(ütközőn ; vasút)* overload spring ; **~ szint** *(rád)* overload level
túlterhelés-relé overload relay
túlterhelés-tényező *(rep)* excess load factor
túlterhelés-torzítás overload distortion
túlterhelésvédelem overload protection
túlterhelhetőség overload capacity
túlterhelt overburden
túltermelés overproduction
túltölt *(ép)* surcharge ; *(vill)* overcharge ; **telepet ~** *(vill)* milk the battery
túltöltés overcharge ; *(gépk)* boost, supercharging ; *(vill)* overcharge, overcharging ; **~ nélküli** *(motor)* atmospheric-aspirated, unsupercharged
túltöltés-mutató *fn* overflow indicator
túltöltés-szabályozás *(rep)* boost control
túltöltés-szabályozó *(gépk)* booster adjuster
túltöltött motor supercharged engine
túltüzelés overfire
túlvágás *(fa)* overcut
túlvezérel *(távk, vill)* overdrive ; **mikrofont ~** *(rád)* blast the microphone
túlvezérelt *(távk)* overdriven ; **~ erősítő** overdriven amplifier
túlvezérlés *(rád)* blasting
túlvulkanizál *(gumi)* overcure
túlvulkanizált gumi képlékennyé válása reversal of cure
túlzott : ~ előhívás *(fényk)* overdevelopment ; **~an körülvágott szél** *(pa)* cropped edge
túlzsírozott *(bőr)* overstuffed ; **~ szappan** superfatted soap
tumbler-kapcsoló *(vill)* toggle switch ; **sodrófa alakú ~** *(vill)* bat-handle switch
tundra *(földt)* tundra
tundrahordalék *(földt)* tundra gravels
tungolaj china wood oil, tung oil
tungstit *(ásv)* tungstite, tungstic ochre
tunnel tunnel ; *l még* **alagút**
túra tour
túrakerékpár touring bicycle
túrakocsi *(gépk)* touring car, roadster
túra-motorkerékpár roadster
túrarepülőgép touring aeroplane
túráztat race an engine
túráztatás *(motoré)* racing
turbátor *(rád)* squirrel-cage magnetron, interdigital magnetron
turbidiméter turbidimeter
turbina turbine ; *l még* **gázturbina, gőzturbina, vízturbina** ; **akciós ~** impulse/action turbine ; **axiális ~** axial(-flow) turbine ; **ellennyomásos ~** back-pressure turbine ; **hengeres ~** drum turbine ; **kerületi beömlésű ~** peripheral-admission turbine ; **kis nyomású ~** low-pressure turbine ; **kombinált ~** disc-and-drum turbine ; **kondenzációs ~** condensing turbine ; **közepes nyomású ~** medium-pressure turbine ; **megcsapolásos ~** extraction turbine ; **nagy nyomású ~** high-pressure turbine ; **~ nyomásfokozata** pressure stage of a turbine ; **radiális ~** radial(-flow) turbine ; **reakciós ~** reaction turbine ; **részleges beömlésű ~** partial-admission turbine ; **~ sebességfokozata** velocity stage of a turbine ; **tárcsás ~** disc turbine ; **tengelyirányú átömlésű ~** axial turbine ; **többfokozatú ~** multistage turbine ; **~ töltése** *(hidr)* turbine load ; **~ víznyelése** wheel discharge ; **~ víznyelő képessége** wheel discharge capacity
turbinaakna wheel pit
turbinacsatorna *(hidr)* wheel passage
turbinaegység turbine set
turbinagépcsoport turbine set
turbinaház-henger turbine cylinder
turbinalapát turbine blade ; **~ elhajlása** *v* **elcsavarása** *(forgássiktól)* blade tilt ; **~ok rögzítőabroncsa** *v* **-karimája** shrouding on turbine blading
turbinalapáthát *(hidr)* baffle of vane
turbina-lapátkerék kifejtése diagram of blade wheel
turbinalapát-kikapcsoló paddle trip
turbinalapátszegmens segment of blading
turbina-mérő turbine meter
turbinanyílás-szabályozás *(hidr)* turbine gate rigging
turbinaolaj turbine oil
turbinarotorhézag clearance of a turbine rotor
turbinás : ~ szaggató *v* **megszakító** *(berendezés ; vill)* turbine interrupter ; **~ verőgép** *(tex)* turbine scutcher/scutching machine
turbinaszabályozó tolózárnyílás gat opening
turbinaszivattyú turbine pump
turbina-szóró turbo-disperser
turbinatelep turbine plant
turbinazár turbine gate ; **~ mozgása** gate movement
turbinazsilip turbine/head gate
turbódinamó turbo-dynamo
turbófúvó turbine blower
turbógenerátor turbogenerator ; **áttételezett ~** geared turbogenerator ; **egyenáramú ~** direct-current turbogenerator, turbodynamo ; **fogaskerékhajtásos ~** geared turbogenerator ; **~ral kapcsolt áramátalakító** *(vill)* turbo-convertor ; **közvetlenül kapcsolt ~** direct-connected turbogenerator ; **váltakozóáramú ~** alternating current turbogenerator, turbo-alternator
turbókompresszor turbo-compressor ; *(rep)* turbosupercharger
turbószivattyú turbine pump
turbószivattyús erőátvitel turbo-transmission
turbótápszivattyú turbo-feedpump
turbó-töltőkompresszor turbocharger
turbó-ventillátor turbo-blower
turbulencia turbulence
turbulencia-felhő *(met)* eddy cloud
turbulens turbulent
turgit *(ásv)* turgite
turmalin *(ásv)* tourmaline
turmalinlemezes polariszkóp tourmaline tongs
turmalin-napok *(ásv)* tourmaline suns
Turnbull-kék *(vegy)* Turnbull blue
turnerit *(ásv)* *l* **monacit**
turoni emelet *(földt)* Turonian stage
túrzás *(földt)* beach drifting
tus china ink ; **fehér ~** *(cinkoxidból)* Chinese white
tusa *(kat)* butt
tusaborító lemez *(kat)* butt (heel)plate
tusanyak butt grasp/grip
tusfesték Indian ink
tusírlemez bench/gauge plate
tusíroz true up, lap
tusírozás lapping/scraper work ; *(tengelycsapé)* bedding (of journal into bearing) by abrading ; **~sal megmunkált felület** scraped finish
tusírozólemez surface plate
tusírozott scrape-finished ; **~ felület** scraped surface
tuskihúzó ruling pen
tuskó billet, block, chunk, stump, chump, chock, log ; *(koh)* billet, small ingot
tuskóberakás *(koh)* ingot charging
tuskófék post brake
tuskóirtó : ~ berendezés *(fa)* extractor ; **~ gép** *(fa)* rooter
tuskókiszedés stump drawing
tuskómérő vessző *(önt)* stock rod
tuskóöntés *(koh)* continuous casting
tuskós : ~ gömbfa *(fa)* butt log ; **~ érintkező** *(vill)* stud contact
tuskósarj stool-shoots
tuskótépő gép *(fa)* extractor
tuskótisztítás lánggal flame chipping of billets
tuslakk black japan
tusrajz black-line print
tutaj raft, float ; **felfújható ~** air raft ; **hordókra szerelt ~** barrel raft
tutajáteresztő *(hidr)* raft chute
tutajcsatorna *(hidr)* raft canal/flume
tutajfa float timber, raftwood
tutajhíd raft bridge
tutajkormányos river driver
tutajos river driver, raftsman
tutajoz *(fa)* float, raft, drift
tutajozás rafting, floatage ; **~ határa** limit of raft navigation
tutajozási : ~ illeték pay for floating ; **~ műveletek módszere** form of floating operations
tutajsurrantó *(hidr)* raft chute
tutajszeg log raft nail
tutajterelő *(hidr)* fender boom
tutajvezető gerenda fender skid
tű needle, point, stylus, style prick ; *(adó v vevő képtávírón)* stylus ; *(varrótű)* (sewing) needle ; *(földt)* spicule ; *(felrakó-, nyújtó- v gerebenezőgépen ; tex)* gill ; **~ alá** *v* **mögé fektetés** *(kh)* underlapping ; **~ alakú** needle-shaped ; *(koh)* acicular ; **~ alakú szikla** needle ; **~ előtti fektetés** *(kh)* overlap ; **~ hegye** *(kh)* tip of the beard ; **horgas ~** *(kh)* bearded needle ; **injekciós ~** hypodermic syringe/needle ; **középvonalú horgas** *v* **nyelves ~** *(kh)* centre hook needle ; **~ szára** stem of the needle ; **~ tolla**

(*kh*) beard of the needle ; ~ **vájata** *v* **öble** (*kh*) groove ; **vastag** ~ (*tex*) spike ; **Vicat-féle** ~ (*ép*) Vicat needle
tű- needle, acicular
tűágy (*kh*) needle bed/bar, beds ; ~**at (el)vált** (*kh*) rack
tűágyborda (*kh*) trick wall
tűágy-oromzat (*kh*) land
tűágyvájat (*kh*) trick, slot
tűágyváltás (*kh*) racking
tűágyváltásos : ~ **feltartott kötés** (*kh*) shogged double rib ; ~ **minta** (*kh*) racked design
tűalátámasztó rugó (*kh*) slide
tüb(b)ing iron lining, tubbing
tübbinggyűrű (*teljes ; bány*) ring
tüb(b)ingkarima circumferential flange
tübbingköpeny skin of lining
tűbeosztásos (*kh*) needle letoff
tűbeosztó léc (*kh*) selecting comb
tűbeosztott bordás kötés (*2/1*) Richelieu rib
tűcsatorna (*kh*) eye
tűcsíkok (*tex*) needle streaks
tűcsipke (*tex*) needle lace
tűcsomagoló papír pin-paper, anti-rust paper, black needle-paper, needle wrapping-paper
tűdobó (*kh*) picker
tűdörzsár (*óra*) pivot broach
tűélettartam [*gramofonban*] stylus life
tűérc (*ásv*) *l* **aikinit**
tűfékezés (*hanglemezen*) stylus drag
tűfog (*gépt*) spur
tűfogó (*pa*) nail-catch ; ~ **vályu** (*fonalőrszerkezeten ; tex*) needle-beam tray
tűfok needle eye/lug
tűgalvanométer (*vill*) moving-magnet galvanometer
tűgát (*hidr*) rod gate
tűgerenda-alapozás (*vízszintes gerendaalapokra rakott falak*) needle-beam underpinning
tűgörgő (*csapágyban*) needle roller
tűgörgős csapágy needle-roller bearing
tűhajlítás fonalhullámhoz (*kh*) needle kinks
tűhang (*gramofonnál*) needle talk/noise
tűhegy needle point ; **a** ~ **kifordul a fészekből** (*kh*) tip of the beard disaligns from the eye
tűhegyamplitúdó deflection of the needle
tűhegykitérítés deflection of the needle
tűhorog (*kh*) beard of the needle
tűhorony (*horgas tűn ; kh*) needle groove/trick
tűhurok (*tű által húzott hurok*) needle loop
tűhuroksor (*áruban ; tex*) needle wale
tűhurok-tető (*tex*) head of the needle loop
tűimpulzus (*távk*) sharply peaked pulse
tűkanál (*kh*) latch, tumbler
tűkerék [*statisztikai gépen*] pin wheel
tűkerék-adagoló szerkezet pin feed
tűkezdőállás (*kh*) lapping position
tűkilengés deflection of the needle
tűkiszélesedés (*gramofontűn*) shoulder
tűkopás (*gramofonnál*) needle wear
tükör mirror, speculum
tükör- specular
tüköráru tölgyfából quartered oak
tükörátviteli mérték (*távk*) image transfer constant
tükör-bársony (*tex*) mirror velvet
tükörbevonat mirror foil
tükörboltozat cavetto vault
tükörcsavar mirror screw
tükördob [*mechanikus képbontó eszköz*] mirror wheel
tükörelektród (*rád*) dynode
tükörfém speculum metal
tükörfényes lustrous, high-glossy, (extra-)bright ; ~**re csiszol** buff ; ~ **csiszolás** *v* **politúr** polish for high lustre ; ~**re csiszolt** glossy ; ~ **készbőr** high gloss ; ~ **papír** friction-glazed paper
tükörfényesít (*forg*) superfinish
tükörfényesítés (*forg*) superfinish
tükörfényesített felület superfinished surface
tükörfényesítő : ~ **gumihenger** (*fényk*) burnisher ; ~ **szerszám** superfinishing tool
tükörfényezés glacial polish, glossy/ brilliant polish
tükörfoncsor mirror foil
tükörfoncsorozás mirror quicksilvering
tükörfrekvencia (*rád*) image frequency ; ~ **elleni védelem** (*rád*) image protection
tükörfrekvenciakiszűrés (*rád*) image suppression/rejection
tükörfrekvenciás : ~ **jel** (*rád*) image frequency signal ; ~ **jel leosztása** (*rád*) image attenuation
tükörfrekvenciasáv okozta zavarok (*rád*) image interference
tükörgerenda (*fahajón*) sleeper
tükörhatás szupervételnél (*rád*) image effect
tükörimpedancia (*rád*) image impedance
tükörjelek frekvenciatávolsága (*rád*) image spacing
tükörkép opposite-hand view, (mirror) image
tükörkép-antenna image-antenna
tükörkép-izomer (*vegy*) optical isomer
tükörképmódszer (*rád*) image method
tükörkerék mirror drum ; (*távk*) mirror wheel ; ~ **televíziós képbontáshoz** Weiler wheel
tükörkiszűrő középfrekvenciás erősítő (*rád*) image rejecting amplifier, I. F. amplifier
tükörkönyök (*hajófaron*) transom knee
tükörmásolat replica mirror
tükörnyersvas (*koh*) speculum pig iron
tüköroptika mirror optics
tükörpala (*ásv*) specular schist
tükörpolírozás burnish
tükörrácsos spektrométer hősugarakhoz reflecting spectrometer for heat rays
tükörreflexes kamera (*fényk*) reflex camera
tükörreflexió (*fényk*) specular reflection
tükör(reflex)-kamera (*fényk*) mirror-camera
tükörreflexvetítő *fn* (*fényk*) praxinoscope
tükörrevágás (*fa*) quarter sawing
tükörsík (*ásv*) symmetry plane
tükörsima (*csiszolásnál*) dead smooth ; ~ **felület** minute surface ; ~ **fényesítés** *v* **simítás** mirror finish
tükörsimaság (*pa*) mirror finish
tükörsimítás superfinish
tükörsugárzó ultrarövid hullámok számára (*rád*) reflector
tükörszelektivitás (*rád*) image discrimination
tükörszelektivitási : ~ **arány** (*rád*) image ratio ; ~ **karakterisztika** (*rád*) image response
tükörszerű specular
tükörsztereoszkóp (*geod*) reflecting stereoscope
tükörüveg mirror glass
tükörüvegcsiszoló és -fényező gép fly frame
tükörüveglemez (*ker*) mirror plate
tükörüvegszegély-csiszoló gép glass-bevelling machinery
tükörvágású (*fa*) quartersawed
tükörvas (*koh*) speculum/spiegel iron
tükörvasérc specular iron ore
tűköszörülő kerék needle-polishing wheel
tűköz (*fésűn, gerebenen*) comb space
tűkristály acicular crystal
tükrös [*műszer*] mirror ; (*csuszamlás ; földt*) smooth ; ~ **észlelés** mirror observation ; ~ **extenzométer** mirror extensometer ; ~ **felület** minute surface ; ~ **felületet ad** (*szövetnek ; tex*) water ; ~ **galvanométer** (*vill*) mirror galvanometer ; ~ **hajófar** square stern ; ~ **hullámrajzoló** mirror oscillograph ; ~ **ívlámpa** (*vill*) mirror arc ; ~ **kar** *v* **emelő** (*kis hosszak optikai méréséhez*) optical lever ; ~ **kémlőnyílás** (*gázcsatornaelzárás megfigyelésére*) gas-port stopping peep holes ; ~ **leolvasás** mirror reading ; ~ **libella** (*geod*) reflecting level ; ~ **magassági szögmérő** (*geod*) mirror position finder ; ~ **messzelátó** reflecting telescope ; ~ **messzelátó csöve** reflector tube ; ~ **metszet** (*fa*) splash ; ~ **műszer** mirror instrument ; ~ **oszcillográf** mirror oscillograph ; ~ **prizma** (*geod*) reflecting prism ; ~ **reflektor** mirror reflector ; ~ **skála** mirror scale ; ~ **szén** specular coal ; ~ **tájoló** (*geod*) mirror compass ; ~ **távcső** (*csill*) reflector, reflecting telescope ; ~ **torziográf** (*anyagv*) mirror torsiograph ; ~ (*szórásmentes*) **visszaverődés** regular reflection
tükrösít (*forg*) lap
tükrösítés (*forg*) lapping ; *l még* **tükörfényesít** ; **folyadéksugaras** ~ liquid honing, abrasive-jet lapping
tükrösített (*forg*) lapped ; ~ **felület** lapped face ; ~ **vezeték** (*gépt*) lapped slide-way
tükrösítőgép lapping machine
tükrösítőlap lapping plate
tükrösítőolaj (*fémmegmunkáló simítóolaj*) lapping agent
tükrösítő szerszám lap
tükrösödött fékbetét (*gépk*) glazed brake lining
tükröz reflect, glint
tükröző specular, brilliant, mirror-like ; ~ **felület** sleek ; ~ **fényezés** brilliant polish
tükröződési tényező (*fényk*) specularity factor
tükröztethetőség (*mech*) reflectability
tűláb (*kh*) needle butt
tűlehúzó (*szerkezet ; kh*) dropper
tűlevelű : ~ **fa** coniferous wood ; ~ **falignin szulfát-eljárásnál** (*pa*) indulin
tüll (*tex*) bobbin net, tulle
tüllvarró gép net/bobbinet machine
tűmérték pin ga(u)ge
tűmozgató platina (*kh*) slider

tünemény phenomenon
tűnyelv *(kh)* latch
tűnyomás *(távk)* needle pressure ; *(gramofonnál)* stylus pressure
tűnyomásmérő *(gramofonhoz)* stylus pressure ga(u)ge
tűnyomóerő *(gramofonban)* stylus force
tűnyomok *(hiba ; kh)* needle streaks
tűosztás *(kh)* needle distance/pitch/step
tűöntő forma *(kh)* needle mould
tűőr *(kh)* needle stop motion, needle detector
tűpálya *(kh)* cam race
tűpapír pin/needle paper
tűpárna pin-cushion
tűpárnatorzítás *(fényt)* pin-cushion distortion
tűpárnatorzítású *(fényt)* pin-cushion distorted
tűperem shoulders
tűpettyes nyomott minta *(tex)* spotted minutiae
tűrács *(fonalőrszerkezeten ; tex)* detector box
türemlés crinkle
tűrés tolerance, allowance ; *[érmék finomságánál]* remedy ; ~ **alsó határa** low limit ; ~ **felső határa** high limit ; ~ **helyzete** tolerance zone ; **összegeződő** ~**ek** accumulation limits ; **szűk** ~ close tolerance
tűrésfok degree of tolerance
tűrési : ~ **egység** tolerance unit ; ~ **határok** limits of size ; ~ **rendszer** limit system
tűrésmező tolerance range, difference between permissible sizes
tűrésrendszer tolerance system ; **kétoldali** (±) ~ bilateral system (of tolerances)
tűreszelő needle/pin/lock file ; **félkerek** ~ half-round needle file ; **háromszögletű** ~ three-square needle file ; **kerek** ~ round needle file ; **lapos** ~ flat needle file ; **négyszögletes** ~ square needle file
tűrezgés *(gramofonban)* stylus chatter
tűrezonancia *(gramofonnál)* needle resonance
tűrhető érték *(zavarfeszültségé ; távk)* tolerable value
türkiz *(ásv, ékkő)* turquoise, kallaite
türkizkék turquoise
tűrúd *(jégkitermeléshez)* needle bar
tűs acicular ; ~ **feszítő-szárító** *(tex)* pin-chain stenter, pin-stenter ; ~ **fúvóka** needle nozzle ; ~ **hangleszedő** needle pick-up ; ~ **kiválás** *(koh)* liquation thorn ; ~ **láncszélfeszítő** *(tex)* spiked chain temple ; ~ **szikraköz** *(vill)* needle-point gap ; ~ **távíró készülék** needle telegraph ; ~ **termet** *(ásv)* needle-like habitus ; ~ **tranzisztor** *(távk)* point-contact transistor ; ~ **verőgép** *(tex)* carding type of beater, Kirschner/carding beater
tűsbevonat *(tex)* feeder covering
tűscsapágy *l* **tűgörgős csapágy**
tűsdeszka *(tex)* needle-board
tűsgát *(hidr)* pin/needle dam/weir
tűshenger *(kh)* needle-cylinder, cylinder ; *(tex)* carding roller, porcupine ; *(lehúzó hengernél ; tex)* needle roller
tűshengeres nyújtógép *(tex)* porcupine drawer, rotary drawing frame, single-head porcupine draw-frame
tüske mandrel, drift ; *(alak)* punch, stamp ; *(maróhoz)* arbor ; *(csigásprésen ; gumi)* spider ; *(kovácsszerszám)* blacksmith's round punch ; *[csőkulcs hajtásához]* tommy bar ; *(vetélőn ; tex)* skewer ; **befogó** ~ arbo(u)r ; **csőtágító** ~ tube-expanding mandrel ; **feszítő** ~ expanding mandrel ; **gömbölyű** ~ **gumiabroncs ragasztásához** chuck ; **összerakható többrészes** ~ *(forg)* gang mandrel ; **szerelő** ~ press mandrel/arbor ; **tompa** ~ stump mandrel ; **üregelő** ~ broach
tüskeemelő *(üregelőgépen)* broach lifter
tüskehúzó gép broach
tüskekiemelő *(üregelőgépen)* broach lifter/elevator
tüske-kondenzátor *(távk)* multi-capacity condenser
tüskerúdtámaszték *(csőgyártásnál)* bar steadier
tüskés prickly, ragged, spiky, spinny ; ~ **csap(szeg)** notched spike ; ~ **kerék** arbo(u)r wheel
tüskéscsavar barb bolt
"tüskésdisznó" shelp's-foot roller
tüskésdrót barbed wire
tüskésdrótakadály barbed-wire entanglement
tüskésdrótautomata barbed-wire machine
tüskésdrótgyártó gép barbed-wire machine
tüske-segédtámasz *(marógépen)* intermediate arbor support
tüskésgyűrű *(tex)* spiked ring
tüskéshenger *(lehúzó hengernek ; tex)* spiked roller
tüskesor *(forg)* barb
tüsketámasz *(marógépen)* arbo(u)r support
tüsketartó híd *(csigaprésen ; gumi)* bridge
tüskevezeték *(üregelőgépen)* broach guide
tüskéz *(forg)* broach
tüskéző készülék *(csiszolásra, üregelőgépen)* burnishing fixture
tűskristály *(ásv)* needle
tűsléc *(tex)* needle bar ; *(előfonó- v fonógépen)* gill-bar ; *(gereben)* hackle bar ; **kettős** ~ *(nyújtógépen)* double row of gills
tűsléces : ~ **előnyújtó gép** dandy roving; ~ **heveder** *(tex)* spiked lattice ; ~ **nyújtófej** *(nyújtógépen ; tex)* gill box ; ~ **nyújtógép** gill-drawing machine
tűsor *(kh)* set of needles
tűsszelep needle valve
tűstárcsa *(kh)* dial
tűsvasérc *(ásv)* needle ironstone
tűszár needle shank ; *(horgastűn ; kh)* needle stem ; *(kanalas tűn ; kh)* needle shank
tűszelep needle valve, spud ; **úszós** ~ *(gépk)* float needle valve
tűszelep-ülés needle seat
tűszem *(tex)* needle loop
tűszúrás *(önt)* pin hole
tüsszentőgáz sternutatory/sneezing gas
tűtartó needle holder ; *(lemezjátszón)* needle cup ; ~ **henger** *(tex)* needle cylinder ; ~ **rúd** *(varrógépen)* needle bar
tűtoll *(kh)* beard of the needle
tűtörés *(kh)* needle breakage
tűtörésleállító *(szerkezet ; kh)* needle detector, needle stop motion
tűválogató : ~ **kerék** *(kh)* trick/design wheel ; ~ **léc** *(tex)* selecting comb
tűváltó lakat *(kh)* switch cam
tűvékony huzal needle wire
tűz *ige (cipőfelsőrészt)* stitch ; *(tex)* stitch
tűz *fn* fire ; *(drágakőé)* brightness ; **tüzet bolygat** rouse the fire ; **égő** ~ active fire ; ~ **elleni impregnálás** fire proofing ; ~ **felszítása** kindling ; **tüzet fog** spunk ; ~**et gyújt** set fire ; ~- **és lángálló kerámiai festékek** muffle colo(u)rs ; **lefojtott** ~ banked fire ; **nyílt** ~ active fire ; ~ **okozta heg** *(fán:)* fire scar ; **pontos** *v* **helyesbített** ~ *(kat)* adjusted fire ; **tüzet rak** set on fire ; **tüzet visszavesz** *(rostélyon)* damp
tűzágy *(gázgenerátorban ; gépk)* fire bed
tűzálló fireproof, heat resisting/resistant; *(ker)* refractory ; *(tex)* flameproof is ; ~ **agyag** *(ép)* fire-clay, refractory clay ; ~ **agyagáru** refractory ware ; ~ **anyag** refractory material ; ~ **bélés felújítása** relining of a furnace ; ~ **burkolat** *(ép)* refractory lining ; ~ **feküagyag** *(bány)* underearth ; ~ **fém** *(koh)* refractory metal ; ~ **képesség** resistance to heat ; ~**an kikészít** *(tex)* flameproof ; ~ **kikészítés** *(tex)* anti-flame finish, flame-proof finish ; ~ **kőzet** refractory rock ; ~ **lakk** fire dope ; ~ **papír** fire-resisting paper ; ~ **redőny** fire shutter ; ~ **ruha** fire-proof clothing ; ~ **(samott-)tégla** fire-brick ; ~ **szilikátanyagok** silica refractories ; ~ **tégla** *(ép)* refractory brick ; ~ **üveg** oven glass
tűzállóanyagtörmelék *(őrölt)* grogs
tűzállóság resistance to fire, flame-proofing, flame-proofness
tűzállósított fa refractory timber
tűzállóvá-tétel flame-proofing
tűzbiztonsági aknász *(bány)* fire boss
tűzbiztos flameproof, fire-proof, anti-flame, fire-resistant/-resisting, fire-safe ; ~ **függöny** fireproof screen ; ~ **lépcsőház** fire tower ; ~ **szekrény** iron safe ; ~ **válaszfal** fire bulkhead
tűzcsap hydrant, fire valve
tűzcsapvíztelenítés draining the hydrant
tűzcsóva cluster of flame
tűzcső *(kazánban)* fire tube
tűzcsőgyűrű *(karimázott v peremezett)* beaded ferrule
tűzcsöves kazán fire-tube boiler
tűzdel(és) *(tex)* stitch
tűzdelt : ~ **paplan** counterpane ; ~ **takaró** slip cover
tüzel fire, burn ; *(lőfegyverrel)* shoot
tüzelés firing, stoking ; *(rendszer)* furnace ; *(fegyverrel)* shooting ; **alátolós** ~ underfeed firing ; ~ **ellenőrzése** stoke-hole control ; **fojtott** ~ **költsége** *(velejáró veszteség)* banking losses ; ~ **forrólevegő-átszívással** draw -throught hot-blast heating ; **hátsó** ~ back firing ; **kosárrostélyos** ~ Donneley furnace ; ~ **nélküli mozdony** *(bány, vasút)* fireless locomotive; **önműködő** ~ auto-stoker
tüzelési : ~ **előtér** floor of fireplace ; ~ **szektor** arc of fire
tűzelfojtó firetrap
tüzelőenőrzés fire surveillance, firing
tüzelő : **egyenértékű** ~ coal equivalent ; **előmelegítéses** ~ **berendezés** economiz-

ing furnace ; **mozgórostélyos ~ berendezés** automatic stoker ; **önműködő** *(házi)* **~ berendezés** automatic stoker
tüzelőajtó *(vasút)* coaling door
tüzelőajtószerkezet *(kazánon)* furnace front ; **rácsavarozott ~** bolted furnace front
tüzelőanyag *(gépt)* combustible, fuel ; *(égőhöz)* burner fuel ; *(gépk)* fuel ; *(gázolaj:)* Diesel fuel ; *(benzin:)* petrol, spirit, gasolene *(UK)* ; gasoline, „gas" *(US)* ; **~ hulladékból** *(tűz)* refuse fuel ; **~- és kenőolajfogyasztási kimutatás** fuel and oil record ; **kevert ~** blended fuel ; **a motor egy bizonyos fajta ~gal jár** *(gépk)* the engine is running on a certain kind of fuel ; **szilárd ~** solid fuel
tüzelőanyagadagolás *(dieselmotoron)* fuel injection
tüzelőanyag-adagoló *fn* fuel injection pump
tüzelőanyag-állásjelző *(gépk)* fuel (contents) ga(u)ge
tüzelőanyagbefecskendező berendezés *(gépk)* fuel injection equipment
tüzelőanyagbeöntő csonk *(gépk)* filler pipe
tüzelőanyag-elemző *(folyékony v gáznemű:)* carburometer
tüzelőanyageloszlás az égéstérben *(Diesel:)* fuel distribution within the combustion chamber
tüzelőanyagfogyasztás *(gépk)* fuel consumption ; *(dimenziója:)* mile per gallon, m. p. g. *(mérföld/gallon)*
tüzelőanyaghiány *[dugulás miatt]* fuel starvation
tüzelőanyag-hozzávezetés *(gépk)* fuel supply
tüzelőanyagkészlet *(szállítóvállalatnál ; gépk)* fuel stock/storage
tüzelőanyagkészletjelző úszója *(gépk)* float of fuel ga(u)ge
tüzelőanyagkeverék combustible mixture
tüzelőanyagköltségek fuel costs
tüzelőanyag-levegő arány *(gépk)* air-to-petrol ratio
tüzelőanyagporlasztás *(gépk)* fuel-atomizing
tüzelőanyag-póttartály *(gépk)* reserve tank
tüzelőanyagréteg fuel bed
tüzelőanyagszivattyú *(tápszivattyú ; gépk)* fuel/feed pump
tüzelőanyagszolgáltatás *(gépk)* fuel supply
tüzelőanyagszűrő *(gépk)* fuel filter
tüzelőanyag-táprendszer *(gépk)* fuel feed system ; *(ejtéses:)* gravity supply, *(nyomásos:)* pressure-feed supply
tüzelőanyag-tápszivattyú *(gépk)* fuel transfer pump, supply pump
tüzelőanyagtartály *(gépk)* fuel tank/container ; **~ űrtartalma** *(gépk)* tank capacity ; **~ válaszfalai** *v* **lemezei a tüzelőanyag hullámzásának csillapítására** surge-preventing baffles
tüzelőanyagtartály-beömlő csonk szűrője *(szitája ; gépk)* fuel strainer
tüzelőanyagtartály-beöntő cső *(gépk)* filler neck of the fuel tank
tüzelőanyagtartálytartó heveder *(gépk)* fuel tank strap
tüzelőanyagtöltő : ~ csonk *(tüzelőanyagtartályon ; gépk)* filler tube ; **görbített ~ csonk** cranked filler tube
tüzelőcső furnace flue
tüzelőfa fuel-wood, firewood ; **aprított ~** chopped firewood
tüzelőlapát *(szögletes)* coal shovel
tüzelőnyílás stoke hole
tüzelőolaj fuel oil, liquid fuel, fuel oil ; *(hajó)* bunker oil
tüzelőszerbeöntő cső *(gépk)* *l* **tüzelőanyagbeöntő csonk**
tüzelőtér combustion chamber ; **~ csöve** burner ; **savanyú ~** *(koh)* acid hearth
tüzelőtérboltozat crown of furnace
tüzelővédgyűrű ferrule
tüzérség artillery
tüzérségi : ~ céltábla-védősánc artillery butt ; **~ felderítő repülőgép** artillery spotter aircraft ; **~ lőszervonat** artillery train ; **~ lőtáblázat** gun-deflection board ; **~ lőtér** artillery range ; **~ lövedékláda** artillery caisson ; **~ megfigyelő repülőgép** artillery observation aircraft ; **~ mérőszakasz** range section; **~ tűz helyesbítése repülőgépről** aircraft spotting
tüzes burning, igneous ; **~ bélyegző** burning stamp ; **~ bélyegző a hasrészen** *(bőr)* side brand ; **~ bélyegzőtől mentes** *(bőr)* free of brands
tűzés *(tex)* stitch ; **szoros ~** *(cipőfelsőrészen)* tension
tüzesbélyegző-nyom *(bőr)* brand(-mark); **~ a far-részen** *(bőr)* butt brand
tüzetes vizsgálat perscrutation
tűzfal *(ép)* bulkhead ; *(bány)* partition wall ; **~ lépcsős kiképzése** *(ép)* cat ladder ; **~ szárnya** *(ép)* wing wall
tűzfecskendő sprinkler
tűzfelület fire surface
tűzfészek *(bány)* seat of the fire
tűzfolyós *(koh)* liquid at high temperature
tűzgát *(bány)* fire barrier
tűzgátló fire-retardant ; **~ képesség** fire-retardancy
tűzgolyó fireball ; *(csill)* bolide
tűzgömb *(csill)* bolide
tűzgyorsaság rate of fire ; **nagy ~** high rate of fire
tűzhányó *(földt)* volcano **~ kitörésének tetőpontja** climax of eruption ; **~ süvegének levetése** cone degradation
tűzhányókitörés felhője volcanic blast
tűzhely cooking range/stove, fireplace ; **~be épített vízmelegítő** range boiler ; **konyhai ~** kitchen stove/range ; **~ lapja** hot plate ; **villamos ~** *(konyhai)* electric cooker/range
tűzhely-asztallap hob
tűzhelygyűrű hearth ring
tűzhelykarika hearth ring
tűzhelykürtő funnel
tűzhelylap hearth plate
tűzhelypalack *(forróvíz előállításához konyhai tűzhelyen)* kitchen-hearth heating attachment
tűzhíd fire/grating bridge
tűzhidráns fire hydrant
tűzhorganyozás hot-dip galvanization
tűzi : ~ bevonat hot plating ; **~ eljárás** pyrometallurgical process ; **~ eredetű** *(földt)* pyrogenous, igneous ; **~ fogyaték** *(önt)* melting loss ; **~ hegesztés** forge welding ; **~ horganyzás** hot-dip galvanizing ; **~ (nemesfém)próba** fire assay ; **~ ónozás** hot tinning
tűzifa firewood, fuel wood ; **aprított ~** chopped firewood
tűzifadarab billot
tűzifahasáb *(rövidre vágott)* hogged fuel
tűzifogó : farkasszájú ~ blacksmith's tongs with wolf's jaw ; **görbe csőrű ~** curved tip tongs ; **hajlított ~** blacksmiths' tongs with bent flat lips ; **hegyes ~** blacksmiths' tongs with long nose ; **kerek ~** blacksmith's tongs with hollow lips ; **kettős nyílású ~** double pick-up tongs ; **lapos ~** blacksmith's tongs with straight lips
tűzihorog stoker's poker bar
tűzijáték fireworks
tűzijáték-röppentyű squib
tűzjelző *(bány)* combustion recorder ; *(rep)* fire-warning indicator ; **~ állomás** call point ; **~ csengő** fire bell ; **önműködő ~** automatic fire alarm
tűzkaparó fire rake ; **~ vas** fire hook
tűzkosár *(bány)* fire basket ; *(hajó)* cresset
tűzkő *(ásv)* flint (stone), silex, firestone ; *(koh)* pyrophoric alloy ; *(öngyújtóban használt:)* Auer metal
tűzküszöb flue bridge
tűzlap *(pajzs)* fire block
tűzlétra ladder escape
tűzmelegítés *(közvetlen:)* (direct) fire heat
tűzmentes apyrous ; *l még* **tűzálló** *és* **tűzbiztos : ~ papír** fire-proof paper
tűzmennyiség *(koh)* volume of fire
tűzoltási vízcsőcsatlakozás extinguisher connection
tűzoltó fireguard, fireman ; **~ berendezés** fire-fighting equipment ; **~ gépkocsi** fire-fighting vehicle, fire truck ; **~ hab** fire foam ; **~ hajó** fireboat ; **~ készülék** fire extinguisher ; **kézi ~ készülék** fire drencher ; **~ kocsi** water engine ; **~ létra** scaling ladder ; **~ ponton** *(hajó)* fire float ; **száraz ~ készülék** chemical (fire) engine ; **~ szer** *(vegyi)* extinguishing agent, extinctor ; **~ tömlő** fire hose ; **~ vízszivattyú** *v* **fecskendő** water engine
tűzopál *(ásv)* sunfire opal, girasol(e)
tűzöde *(cipő)* fitting room *(US)*
tűzőgép *(tex)* quilter ; **villamos ~** electric stitcher
tűző hegesztés stitch-welding
tűzőhegy *(pa)* bodkin point
tűzőhegy-csatorna *(cipő)* raceway
tűzőkulcs *(tokmányhoz)* chuck key
tűzőlánc *(tex)* binding warp
tűzőorsó *(tex)* bobbin skewer
tűzőöltés *(cipő)* lockstitch
tűzőöltéses : ~ szélvarró gép *(cipő)* lockstitch edge-sewing machine ; **~ talpkeresztülvarró gép** *(cipő)* lockstitch sole-sewing machine
tűzőpalló *(ép)* forepole
tűzőpallózás *(ép)* spiling
tűzőpallózott biztosítás spiling
tűzőrej *(hangt)* needle scratch
tűzőrejszűrő *(hangt)* scratch filter
tűzőrség watch station of the fire brigade
tűzőrtorony fire tower
tűzött : ~ sávoly stepped twill ; **~ takaró** *(tex)* quilt
tűzőtű stitcher's needle

tűzpart fire wall; *(kazánban)* baffle plate
tűzpiszkálás poking
tűzpiszkáló fire rake, poking iron; **~ vas** stoker's poker bar
tűzriasztó *(fali)* **doboz** fire alarm box
tűzrostély fire grate
tűzszekrény *(mozdonyon)* firebox; **előre álló ~** end-projecting firebox
tűzszekrényboltozat *(kazánban)* baffle dam stone; **~ gerendakötései** dog-stays
tűzszekrényboltozat-felerősítő csavar *v* **csap** crown stay bolt
tűzszekrényboltozat-tartógerenda crown bar
tűzszekrényburkolat fire shell
tűzszekrénycsőfal boiler back tube sheet
tűzszekrényes kazán fire boiler
tűzszekrény-fedőlap *(vasút)* crown-sheet
tűzszekrény-gerenda *[gőzgépen]* stay girder
tűzszekrénygyűrű foundation ring
tűzszekrény-koszorú fire ring
tűzszekrényküszöb baffle plate
tűzszekrény-mennyezet fire crown
tűzszekrényrákfal *(tűzcsőfal)* fire throat sheet
tűzszekrény-támcsavar fire stay(bolt)
tűzszekrény-tetőlemez-támcsavar *v* **-horgonycsavar** crown stay bolt
tűzszelep fire valve
tűzszítás rabbling
tűztér furnace (chamber)
tűztérboltozat baffle dam stone
tűztérboltozatlemez crown sheet
tűzterjedés *(bány)* spread of fire
tűztérmélység *(koh)* hearth depth
tűztervtáblázat range chart
tűztovábbító szén flaming coal
tűzvédelem protection against fire
tűzvédelmi munkát végző csapat *(bány)* fire-fighting crew
tűzvédő pillér *(bányarészek közt)* fire rib
tűzvész conflagration
tűzveszélyes incendiary
tűzveszélyesség inflammability
tűzveszélyességi tulajdonságok fire-hazard properties
tűzvezetés *(kat)* fire control
tűzvezető vonal data line
tűzvonal fire-line
tűzvonó *fn* poker
T-váltócsap tee-valve
T-varrat *(heg)* tee-joint; **hegesztett ferde kettős ~** double tee-joint
T-vas *(heg)* tee-iron; **kettős ~** double T-iron
tvíd(szövet) tweed
Twaddell-fok degree Twaddell
tyrit *(ásv)* *l* **fergusonit**
tysonit *(ásv)* tysonite

U, Ú

U-alakú U-shaped ; **~ bőrtömítés** U-leather packing ; **~ csőhajlat** return bend ; *(bűzelzáró)* siphon trap ; **~ szorítópánt** *l* **bilincs, kengyel** ; **~ tömítőgyűrű** *(bőrből)* hollow packing
U-alátét U-washer
U-cső U-tube
U-csöves folyadék-manométer *(kis nyomások mérésére)* siphon ga(u)ge, U-ga(u)ge
udométer *l* **esőmérő**
U-dugó *(távk)* U-link
udvar courtyard, court, yard, open space ; *(zárt)* garth ; **belső ~** *(ép)* cortile ; **zárvány körüli ~** *(ásv)* aureole
udvari : ~ légtér space between the limiting walls of a court ; **~ (mellék)-épület** outbuilding, outhouse
U-gerenda channel section ; *(acélból)* steel/iron channel
ugrál *(tex)* skip
ugr(ál)ás *(képé ; telev)* unsteadiness, flutter ; *(tex)* skip ; **~ leszálláskor** *(rep)* bounce
ugráló fűzés *(tex)* skip draws/draft/pass
ugrásos befűzés *(nyüstbe)* broken drafting/pass
ugrásszerű letapogatás *(telev)* staggered scanning
ugratás *(oszlopsoron más pozícióba ; távk)* frogging
ugrik *(rád)* skip
ugró fiók *(váltóládánál ; tex)* swing/skip box
ugróhát *(könyvé)* expansion back
ugrókengyel *(lakaton)* spring-shackle
ugrómérce *(sport)* stand
ugrószámos óra jumping-figure watch
U-hüvely *(távk)* U-link-socket
új : ~ csillag new/temporary star ; **~ község** new community
újbóli : ~ fásítás reforestation ; **~ felhasználás** reuse ; **~ zúzás** recrush
újezüst new/victory/German silver, packfong, alferide
újgyapjú *(tex)* virgin wool
újharmadkor *(földt)* late Tertiary
újítás innovation
újító innovator
ujj *(gépt)* stud, pin, finger ; *(kaszálógépen)* guard ; **~ nélküli körömcipő** peep toe curt
újjáalakít remodel
újjáalakítás *vö* **újjáalakít**
újjáalkot renew, regenerate, rebuild
újjáalkotás *vö* **újjáalkot**
ujjabélés *(tex)* sleeving
újjáépít rebuild, renew, renovate, reconstruct, restore, rehabilitate ; *(korszerűsít)* modernize
újjáépítés *vö* **újjáépít**
ujjakötő gép *(kh)* sleever
ujjas *fn (tex)* jacket, jerkin, reefer ; **~ kesztyű** gauntlets
újjászerkeszt redesign, modernize
ujjkorong *(távk)* fingerplate
ujjmaró *fn (forg)* end tooth cutter, shank cutter ; **horonymaró ~** slotting end mill
ujjnyílás *(távk)* finger hole
ujjtámasz *(puskán)* finger rest
ujjütköző *(távk)* finger stop
ujjvarró munkás *(tex)* sleeve maker
ujjvédő *fn (tex)* armlet ; **~ léc** *(ajtón ; vasút)* finger guard
újkék *(festék)* new blue
újkeletű *(földt)* contemporary
újklasszikus *(ép)* neoclassic(al)
újkor *(földtörténeti)* cenozoic era
újkőkor Neolithic stage
újra : ~ beken *(akkumulátorlemezt)* repaste ; **~ bélel** reline ; **~ belépő** re-entrant ; **~ beprésel** *[nyomóhengert ; tex]* re-enter ; **~ burkol** *(utat)* retreat ; **~ edz** *(hők)* reharden ; **~ éledő** resurgent ; **~ éledő front** *(met)* regenerating front ; **~ épít** re-edify ; **~ erdősít** reafforest ; **~ fejező gép** *(forg)* reheader ; **~ feldolgoz** *(ol)* rerun ; **~ feldolgozható hulladékok** *(tex)* reworkable waste ; **~ feldolgozott gyapjú** *(tex)* recovered wool ; **~ felszenít** *(koh)* recarburize ; **~ feltárt telér** *(bány)* reopened vein ; **~ feltölt** reload, recharge ; **~ fésült szalaghulladék** *(tex)* second combing ; **~ feszít** restretch ; **~ formáz** reshape ; **~ fúr** *[hengert]* rebore ; **~ futóz** recap ; **~ fűz** *(nyomda)* restitch ; **~ gereblyéz** rerake ; **~ hántol** *(forg)* rescrape ; **~ hegyez** retip ; **~ hengerel** remill ; **~ huzagol** *(kat)* recut the grooves ; **~ indít** restart ; **~ írez** *(tex)* resize ; **~ izzít** *(koh)* reheat, reanneal ; **~ keringet** recirculate ; **~ kever** *(betont)* retemper ; **~ kezd** renew ; **~ kiad** republish, reissue ; **~ kibocsát** reissue ; **~ kiönt** *(csapágyat)* reline ; **~ kovácsol** reforge ; **~ kristályosít** recrystallize ; **~ mér** *(geod)* rerun ; **~ mintáz** remodel ; **~ nyit** reopen ; **~ nyom(at)** republish, reissue ; **~ olvaszt** remelt ; **~ ölt** *(tex)* restitch ; **~ önt** *(önt)* recast ; **~ őröl** regrind, remill ; **~ perselyez** *(csapágyat)* rebush ; **~ ráken** repaste ; **~ rendez** rearrange, reorder ; **~ szed** *(nyomda)* recompose ; **~ szűr** refilter ; **~ tekercsel** rewind ; **~ terhel** reload ; **~ tervez** redesign, remodel ; **~ tölt** refill, replenish, recharge ; *(fegyvert, filmkazettát)* reload ; **~ vág** rethread ; *(csavarmenetet, reszelőt)* recut ; **~ zúz** *(pa)* repulp
újraaprítás *[bány]* regrinding
újraátmosás rewash
újraátmosási hulladék rewash refuse
újrabeállítás readjustment
újrabegyújtás *(koh)* restarting
újrabeillesztés reseating
újrabekapcsolódás re-engagement
újrabekötés *(vill)* reconnection
újrabélelés relining
újrabeosztás recalibration
újraberakás *(hajó)* reshipment
újrabeültetés *(fa)* restocking
újracséplés *(mzg)* rethreshing
újraegyesítés reconnection
újraegyesülés *(at)* recombination
újraélesztés revivification, resuscitation
újraélezés *(forg)* regrinding, resharpening
újraelosztás repartition
újrafagyás *(met)* regelation
újrafelhasználás *(használt vízé)* water recovery
újrafelmérés *(geod)* retake
újrafelszenítés *(koh)* recarbur(iz)ation
újrafelszívódás reabsorption
újrafeltöltés backfill, replenishment, refill(ing)
újrafelvétel resumption
újrafestés re-painting
újrafeszítés *(rugóé)* resetting
újrafilmesítés re-film
újraforraló *(ol)* reboiler
újrafúrás *[hengeré]* reboring
újrahangolás *(rád)* retuning
újrahegesztés rewelding
újrahevítő kemence *(koh)* reheating furnace
újrahitelesítés recalibration
újrahuzalozás rewiring
újraillesztés rematching
újraindítás *(gépt)* restarting
újraizzítás *(hők)* reheating, reannealing ; *(üvegáru kilágyítására)* flashing
újraizzítási zsugorodás *(koh)* reheat shrinkage
újraizzító kemence *(hők)* reheating furnace ; *(üveggyártásban)* flashing furnace
újrakalibrálás recalibration
újrakapcsolás reengagement
újrakiadás reimpression, reissue ; *(változatlan)* reprint
újrakibocsátás reissue
újrakiöntés *(csapágyé)* relining
újrakisugárzás *(rád)* reradiation

újraköszörülés regrinding
újraközvetítés *(rád)* retransmission
újrakristályosodás rejuvenation of crystals; *(koh)* recrystallization
újralepárlás *(ol)* re-running
újramagmásodás *(regionális)* anatexis
újramegmunkálás reworking
újramérés rega(u)ging
újranyomás reimpression
újranyújtás *(tex)* redrawing
újraolvasztás *(koh)* remelting
újraosztályozás reclassification
újra-összeállítás reassembly
újraösszekötés reconnection
újrapárolgás *(gőzé)* re-evaporation
újra-polimerizáció repolymerization
újraszabályozás readjustment
újraszámítás recalculation
újraszedés *(nyomda)* recomposition
újraszelepezés revalving
újraszellőztetés reaeration
újraszerelés reassembly
újratöltés recharge, refill
újratöltő replenishing, refilling
újratömbösítés refusion
újratöm(ör)ítés recaulking
újrazárás ideje *(vill)* reclosing time
újság-címszalagozó gép newspaper wrapping and banding machine
újsággroteszk *(nyomda)* block type
újságmatrica *(pa)* newspaper flong
újságnyomó : ~ **nemez** *(pa)* news felt; ~ **papír** newsprint paper
újságpapír newsprint paper
újságpapír-lemez *(szürkelemez; pa)* news board
újszalag-orsó *[magnetofonon]* supply reel
U-kapocs U-clamp
U-keresztmetszetű U-section, channel(led)
ulexit *(ásv)* *l* **boronatrokalcit**
ullmannit *(ásv)* ullmannite
ultra- ultra-, super-, hyper-
ultraaudion *(rád)* ultra audion
ultracentrifuga ultracentrifuge
ultradin *(rád)* ultradyne
ultra-erősítés *(rád)* ultra-magnifier
ultrafrekvencia *(rád)* ultra-high frequency
ultra-gyorsító *fn* super accelerator
ultrahang ultrasonic sound, supersound
ultrahang- ultrasonic, supersonic
ultrahang-adó ultrasonic transmitter
ultrahang-cella supersonic cell
ultrahang-detektor ultrasonic detector
ultrahang-előmágnesezés supersonic bias
ultrahang-frekvencia ultrasonic frequency
ultrahang-frekvenciás supersonic, ultrasonic, superaudible; ~ **erősítő** *(rád)* supersonic amplifier
ultrahang-generátor ultrasonic generator
ultrahang-hullám ultrasonic wave
ultrahang-kémia phonochemistry
ultrahangkeresztrács ultrasonic cross grating
ultrahang-modulátor *(rád)* supersonic modulator
ultrahangos supersonic, hypersonic, ultrasonic; ~ **anyagvizsgáló** supersonic analyzer; ~ **forrasztópáka** *(alumínium forrasztására)* ultrasonic soldering iron; ~ **késleltető vonal** *(távk)* ultrasonic/supersonic delay-line; ~ **koagulálás** ultrasonic coagulation; ~ **mélységmérés** supersonic sounding; ~ **radar** sonar, acoustic radar; ~ **vonal** *(számológépen)* acoustic line
ultrahang-rácsállandó ultrasonic grating constant
ultrahang-rezgésszám *(rád)* supersonic frequency
ultrahang-szóródás ultrasonic scattering
ultrahang-sztroboszkóp ultrasonic stroboscope
ultrahang-tan ultrasonics
ultrahang-távíró supersonic communication
ultrahang-technika ultrasonics
ultrahang-vastagságmérő ultrasonic thickness ga(u)ge, soniga(u)ge
ultrahang-vétel *(rád)* supersonic reception
ultrahang-vevő ultrasonic receiver
ultrahang-vizsgálat *(anyagv)* ultrasonic testing
ultraibolya *l* **ibolyántúli**
ultra-kisfrekvencia very low frequency
ultramarin *(ásv)* ultramarine
ultramikroszkóp ultra-microscope
ultramikroszkópos ultramicroscopic
ultra-nagyfrekvencia ultra-high frequency
ultrarezgésszám *(rád)* superfrequency
ultrarövid : ~ **hullám** very high frequency, very short wave; ~ **hullámú** ultra-shortwave
ultra-sebességű ultra-high-speed
ultraszinkron *(vill)* above-synchronous
utraszónikus *l* **szuperszónikus** *és* **ultrahangos**
ultraszűrés ultra-filtration
ultraszűrő ultra-filter, ultra-fine filter; ~ **tölcsér** ultra-filtration funnel
ultraviolett- *l* **ibolyántúli**
umbra *(ásv, festék)* (terra) umber
Unda-karton *(pa)* type-parted manila board
undecilsav undecylic/undec(an)oic acid
undekán undecane
undulátor *(távk)* undulator
ungvárit *(ásv)* unghwarite
unipoláris : ~ **generátor** homopolar generator; ~ **gép** acyclic machine; ~ **tekercselés** unipolar winding
uniszelektor *(távk)* uniselector; rotary switch *(US)*
univerzális all-round/purpose, general-purpose, universal; *l még* **egyetemes**; ~ **emeltyű** combination lever; ~ **fej** *[magnetofonon]* erasing-recording-reproducing head; ~ **híd** *(vill)* general-purpose bridge; ~ **készülék** *(rád)* a.c.-d.c.-set; ~ **kulcs** universal wrench; ~ **(mérő)műszer** *(vill)* all-purpose meter; ~ **radar** general-purpose radar; ~ **szabályozó** all-purpose controller; ~ **traktor** all-purpose tractor; ~ **vevő készülék** universal receiver, a.c.-d.c. receiver
U-nyomásmérő *fn* U-ga(u)ge
Upward-elem Upward cell
urali emelet *(földt)* Uralian stage
uralit *(ásv)* uralite
uralkodó : ~ **dőlés** *(bány)* ruling gradient; ~ **szél** *(met)* prevailing winds; ~ **tereppontok bemérése** fixing ruling points
uramil uramil, 5-aminobarbituric acid
urán uranium
uráncsillám *(ásv)* uran-mica, uranite
urani- *(ásv)* uranian
uranil *(gyök)* uranyl
uranilnitrát uranyl nitrate
uraninit *(ásv)* uraninite, pitchblende
uraninitrát uranic nitrate
uránmáglya *(at)* uranium pile
urano- *(ásv)* uranoan
uranocircit *(ásv)* uranocircite
uranofán *(ásv)* uranophane
uranoniobit *(ásv)* uranoniobite
uranospinit *(ásv)* uranospinite
uranoszferit *(ásv)* uranosphaerite
uranothallit *(ásv)* uranothallite
uranotil *(ásv)* *l* **uranofán**
uránoxid 1. UO_2 uranium dioxide; 2. UO_3 uranyl oxide, uranium trioxide; 3. U_3O_8 triuranium oxide, uranium octoxide
uránoxidnitrát *l* **uranilnitrát**
uránsárga uranium yellow
uránsavanhidrid uranic oxide, uranium trioxide
uránsavas nátrium sodium metauranate
uránsorozat uranium series
uránszurokérc *(ásv)* uraninite, pitchblende
urántrioxid uranium (tri)oxide
urao *(ásv)* urao
urát *(vegy)* urate
urbanisztika town planning
urbanit *(ásv)* urbanite
urea *l* **karbamid**
ureid *(vegy)* ureide
ureidosav ureido-acid
uretán urethane
urgon réteg *(földt)* Urgonian stage
urikáz *(vegy)* uricase
urotropin hexamethylenetetramine, urotropin
urusit *(ásv)* *l* **szideronátrit**
urvölgyit *(ásv)* devilline, urvölgyite
U-szalag *(gumi)* channel drap
uszalék sea scum
uszály tow/dumb barge, trail
uszályantenna trailing-wire antenna, drag aerial
uszályantennahatás *(rád)* airplane effect
uszályantennasúly *(rád)* aerial weight
uszályhajó *l* **uszály**
uszálykormányos skipper
úszási egyensúly buoyancy equilibrium
U-szeg staple
U-szelvény *(heng)* channel section
úszik float, swim
úszó *fn* swimmer, pontoon; *(bány)* running measures; *(gépt, gépk, pa, rep)* float; ~ **arany** floating gold; ~ **áru** floating goods; ~ **dugattyúcsapszege** *(gépk)* floating piston pin; ~ **forgócsapja** float fulcrum pin; ~ **füstölő** *(rep)* navigation smoke-float; ~ **hulladék** *(gumi)* floating waste; ~ **iszap** scum; ~ **jég** floating ice; ~ **jégmező** (ice) floe; ~ **jelzőláng** *(rep)* navigation flame-float; ~ **képesség** buoyancy; ~ **légzsák** *(rep)* flotation air bag; ~ **medence** swimming pool; ~ **moduláció** *(rád)* controlled-carrier modulation; ~ **regenerát(um)** *(gumi)* floating reclaim; ~ **süllyesztőszekrény** ship caisson; **szabadon** ~ *(hajó)* afloat; ~ **szennyeződés** *(hab; pa)* scum; ~ **tartálytető** floating roof; ~ **terelőmű** *(hidr)* trash-boom; ~ **torziós inga** buoyant torsion balance; **törzzsel egybeépített egyensúlyozó** ~ *(rep)* inboard stabilizing float
úszóakna buoyant mine
úszóbürü floating foot-bridge

uszoda swimming pool
úszódaru floating crane/derrick
úszódokk floating dock
úszódúc *(rep)* float strut
úszófa *(rögzített)* boom
úszófej *(csőkötegé)* floating head
úszógát caisson
úszógolyó ball float
úszógömb ball float
úszóharang bell float
úszóház *(gépk)* float chamber
úszóházfedél *(karburátorban)* lid of the float chamber
úszóhomok running/friable sand
úszóhorgony *(vízijármű fékezéséhez)* drogue
úszójég ice floe
úszókábel trailing cable
úszókamra float chamber, bowl
úszókapu *(hidr)* floating dam/gate
úszóképes *(hajó)* buoyant; **~sé tesz** float; **~sé tett alapozószekrény** flotation caisson
úszókeszon floating caisson
úszókotró floating dredger; **egy-kotróedényes ~** single bucket floating dredger
úszókova *(ásv)* *l* **úszókő**
úszókő *(ásv)* float-stone
úszókőzet *(bány)* flow rock, running measure(s)
úszómérés *(hidr)* measurement with a float
úszómű *(rep)* float gear; *(csak úszásra)* flotation gear
uszony *(hajó)* centre-board
úszós : ~ adagolású porlasztó float-feed carburettor; **~ gázmanométer** float ga(u)ge; **~ kapcsoló** float switch; **~ szabályozó szerkezet** float governor; **~ szintmutató** *[üzemanyagtartályban]* float ga(u)ge; **~ tápláiású porlasztó** float-feed carburettor; **~ túlfolyó** float-type overflow; **~ tűszelep** *(porlasztóban)* float valve
úszószálbog *(hajó)* buoy-rope-knot
úszószelep float-and-valve, water-float cock
úszótalp *(rep)* float
úszótalpas : ~ kétéltű repülőgép float amphibian; **~ vízi repülőgép** float seaplane
úszótest float
úszótető *(tartályon)* floating roof
úszótű *(porlasztóban)* float needle
úszózsák *(felfújt)*; *hidr)* air bag
úsztat *(fa)* float; *(rep)* drift
úsztatás flotation; *(fényk)* „scenic" pan
úsztató eljárás *(bány)* flotation
úsztatott : ~ beton concrete with plums; **~ érc v szén** *(bány)* flotation concentrate; **~ fa** float(ed) timber
út road, way, street; *(gépt)* path, travel; **~ alagcsövezése** road drainage; **árkád alatti ~** archway; **aszfaltburkolatú ~** asphalt-topped road; **bevágásba épült ~** dug way; **bitumennel kezelt ~** bituminized road; **~ élettartama** road life; **~ forgalmi teljesítő képessége** traffic capacity of road; **hajózható ~** clearway· **hozzávezető ~** access (road); **kapuhoz vezető ~** doorway; **~ kavicságya** ballast road bed, bottoming; **kavicsolt ~** ballast road; **ki nem épített ~** trail; **~ kitűzése** road alignment; **kocsival járható ~** carriageable road; **~ kőalapja** bottom pitching, bottoming; **szabad ~** clear way; **széles ~** avenue; **~ tartóssága** road stability; **~ teljesítő képessége** road capacity; **~ terhelése** road capacity, traffic load(ing); **töltésen vezető ~** causeway; **~ végpontja** *(gépt)* travel end
útágy(azat) road bed
utahit *(ásv)* utahite
útalap bottoming, road foundation; **döngölt ~** packing course; **~ sovány aszfaltbetonból** black base foundation; **száraz ~** *(zúzottkőből)* dry bottoming
útalap-egyengető subgrader
útalapozó salak road-building slag
útalap-víztelenítés road drainage
útalépítmény ground bed
utalójel *(lábjegyzetre)* mark of reference
út-aluljáró subway
utánaenged slacken, loosen, yield, relax; **csavart ~** ease/back off; **kötelet v sodronyt ~** pay away, veer
utánaengedés *(süppedés)* subsidence
utánaengedő : rugalmasan ~ elastically yielding
utánafest *(bőrt)* redye
utánahangol *(rád)* trim
utánahengerel reroll
utánahúsol *(bőrt)* reflesh
utánahúz : csavart ~ retighten the screw
utánahúzás *(csavaré, kötélé)* tightening
utánállít readjust, reset; *[szelephézagot]* readjust; **kopást ~** adjust for wear
utánállítás *vö* **utánállít**
utánállító *(ívlámpán)* feed mechanism
utánállíttat *(fékeket; rendszeresen; gépk)* have the brakes adjusted regularly
utánáramlás *(rep)* down wash
utánasimít *(heng)* reflatten
utánaszabott és -varrott ruhadarab cut and sewed fashioned garment
utánaszámolás checking
utánaszorít *(csavart)* retighten (the screw)
utánavesz brush down
utáncsepegés *(gépk)* afterdripping, dribble
utáncserez *(bőr)* retan; *(tojássárgájával)* re-egg
utáncserzés retannage; **~ szömörcével** retannage with sumac; **~ tojássárgájával** retannage with yolk of egg
utáncserző *fn* retanner
utáncsiszolás regrinding
utánégetés reheating, afterburning
utánenged *(bány)* give, yield
utánengedő fék lowering brake
utánfaragás *(bőr)* flattering
utánfehérítő pince *(pa)* steep
utánfényesít repolish
utánfestés *(bőr)* redyeing
utánfeszít *(rugót)* restretch
utánfúr rebore
utánfutás szöge *(gépk)* castor angle
utánfutó *(gépk)* trailer; **~ kocsi** *(kezelő részére, boronán)* harrow cart; **~ rendszerű** *(gép v pótkocsi)* trailer-type
utánfúvatás *(Thomas-féle körtében)* afterblow
utángyorsító *(rád)* post-deflection accelerator; **~ cső** post-deflection accelerating tube; **~ elektród** *(katódsugárcsőben)* post-accelerating electrode; **~ feszültség** intensifier potential; **~ gyűrű** intensifier ring
utánhangolás *(rád)* trimming
utánhangoló : ~ kondenzátor *(rád)* trimmer; **~ tekercs** *(rád)* trimmer inductance
utánhangzó *l* **utózengő**
utánhántoló *(pa)* fine-barker
utánizzás *(gépk)* afterglow; *(koh)* Gare's phenomenon
utánizzít *(koh)* reanneal
utánkezelés aftertreatment
utánkikészítés *(pa)* remake
utánmelegítés reheating
utánmelegítő *fn* reheater
utánmérés *(ellenőrző)* check
utánmosás *(ol)* backwash
utánmunkál finish, adjust, refine
utánnyom reprint, republish
utánnyújtás *(szelfaktoron; tex)* jacking (motion)
utánomló : ~ fedű *(bány)* loose roof; **~ kőzet** *(bány)* following stone
utánöblítés *(galvánozásnál)* backwash
utánöntött tuskó *(önt)* slop ingot
utánpárolgás re-evaporation
utánpótlási útvonal route of supply
utánpréselés repressing
utánrendelés repeat order
utánrezgési idő *(rád)* ring time
utánrezgő : ~ kör *(rád)* ringing circuit; **~ üreg** *(rád)* ringing cavity
utánrobbantott fúrólyuk *(bány)* sprung drill-hole
utánsajtolt tégla repressed brick
utánsimítás *(faragott kőé)* refinishing
utánsodrás *(szelfaktoron; tex)* twisting at/of the head, ratching
utánsodrat *(tex)* head twist
utánsóz *(nyersbőrt)* resalt
utánszabályoz *(kopás mérve szerint)* compensate for wear
utánszabályozó berendezés adjusting device
utánszárító *(pa)* end dryer
utánszed : talpat ~ *(bány)* take up bottom
utánszedés *(bány)* scallop
utánszedő munkahely *(bány)* ripping lip
utánszínelés *(bőr)* rescud
utánszínez *(tex)* redye; *(színtelenítés után)* counterstain
utánszínezés *(fényk)* virage; *(tex)* redyeing
utánszórás *(bány)* trimming
utántilol *(lent)* dress
utántiloló *(tex)* finisher scutcher
utántisztító : ~ kasza *(bőr)* scudding knife; **~ kés** *(bőr)* scudding knife
utántölt recharge, refill, replenish; *(gépk, rep)* refuel; **levegőben ~** *(rep)* refuel in mid-air
utántöltés *vö* **utántölt**
utántöltő *fn* replenisher; **~ dinamó** *(vill)* milking booster; **~** *(fűzetlen)* **papír** loose-leaf paper
utánvág *(csavarmenetet)* rethread
utánvágó gép *(pa)* paper trimming machine
utánványol *(bőr)* restock
utánványolás *(bőr)* restake
utánvesz *(bány)* brush; **aláréselés után szenet ~** nick
utánvét *(bány)* rebrushing
utánvétszedő *(bány)* brusher
utánvezet *(fonalat; tex)* take up a dropped end
utánvilágítás after(-)glow, persistence, post-luminescence

utánvilágítási : ~ **idő** *(ernyőn)* afterglow/persistence time ; ~ **idő megnövelése** stimulation
utánvilágító ernyő *(rád)* (long) persistence screen
utánzárási szög *(gőzgépen)* angle of retarded closing
utánzáró érintkező *(távk)* break-before-make contact
utánzó : ~ **kapcsolás** *(távk)* simulating network ; ~ **készülék** *(távk)* simulator; ~ **művonal** *v* **négypólus** *(távk)* iterative network
utánzott artificial, simulated, mock, imitation, false ; ~ **(fény)hatás** *(fényk)* simulated effect ; ~ **fogyasztás** *(kh)* mock fashioning ; ~ **japán selyempapír** imitation Japan tissue paper ; ~ **manilapapír** bogus ; ~ **merített papír** imitation hand-made (vat) paper ; ~ **merített szél** *(pa)* imitation deckle edge ; ~ **préslemez** *(pa)* imitation press board ; ~ **vízjel** *(pa)* impressed watermark
utánzómített varrat *(heg)* ca(u)lked joint
útárok gutter
útárok-kiemelő gutter plough
U-tartó *l* **U-gerenda**
utas passenger ; ~**okat felvesz** pick up passengers ; ~**okat letesz** set down passengers
utasfülke passenger cabin ; ~ **hűtő berendezése** *(rep)* cabin intercooler ; ~ **légsűrítő berendezése** *(rep)* cabin supercharger
utasfülke-ejtőernyő cabin parachute
utashely passenger space
utasjegyzék *(rep)* passenger list
utas-kilométer *(rep)* passenger-kilometre
utas-mérföld passenger-mile
utasszállítás passenger transport
utasszállító *mn* passenger ; ~ **repülés kis távolságra** feeder-line traffic ; ~ **repülőgép** airliner, passenger(-carrying) aircraft
utasszolgálat passenger service
utas-ülés *(gépk)* passenger seat
utásztank bridging tank
útátjáró highway crossing
útátjáró-vágányburkoló kő grid framed paving stone
útátjáró-védelem *(önműködő)* automatic protection (of crossings)
utazási kényelem *(gépk)* riding comfort
utazó : ~ **fordulatszám** *(rep)* engine cruising speed ; ~ **iránymagasság** *(rep)* quadrantal cruising level ; ~ **magasság** *(rep)* cruising altitude ; ~ **sebesség** cruising speed ; ~ **szerelő** service mechanic
útbehatároló *fn (gépt)* travel limiter
útbeton-keverő gép paver
útbevágás excavation
útbontó *(munkás)* scarifier ; ~ **kés** scarifier tool
útburkolás road surfacing ; ~ **rombuszos lemezekkel** diamond pavement ; **száraz** ~ dry-paving ; **vegyes** ~ crazy paving
útburkolat topping, pavement ; **bitumenes** ~ bituminous carpet ; ~ **bitumenes kezelése** carpeting work ; ~ **felső rétege** road crust
útburkolat-alapvászon *(aszfalt alá)* road-cloth
útburkolat-feltörő fúró paving breaker drill
útburkolat-keresztmetszet megerősített szélekkel thickened-edge type section
útburkolatkészítő paver
útburkoló *mn* paving ; ~ **aszfalt** road asphalt ; ~ **csempe** paving flags ; ~ **kalapács** paver's hammer ; ~ **kő** paving stonei flagstone ; ~ **lemez** road slab
utcai : ~ **csapszekrény** street box ; ~ **folyóka** trough-shaped paving ; ~ **forgalom** street-traffic ; ~ **forgalomirányító fényjelzések** street-traffic control lights ; ~ **homlokzat** street/front/exterior face ; ~ **lámpa** street lamp ; ~ **légtér** *(ép)* space between opposite rows of buildings ; ~ **lejáró** *(csatornába)* street manhole ; ~ **szemétláda** orderly bin ; ~ **telefonfülke** kiosk substation ; ~ **tűzcsap** street hydrant ; ~ **tűzcsapszekrény** hydrant street box ; ~ **világítás** street lighting
utcakép *(városépítés)* street picture/pattern
utcakövezet street pavement
utcanévtábla street name plate
utcaseprés street scavenging, road dung removal
utcaseprő *fn* (street) orderly, scavenger ; ~ **gép** motor sweeper, street cleaning vehicle
utcaszintben fekvő elosztó szekrény *(vill)* street surface box
utcatisztítás street cleaning
utcatisztogató gép street-cleaning vehicle
utcavonal *(ép)* street line
útcsákányozó munkás road breaker
útcsomópont concourse, road junction
út-diagram course record
útegyengetés *(útgyaluval)* road blading ; ~ **bulldózerrel** *v* **földtoló lapáttal** bulldozing
útegyengető *fn* road grade-cutter ; ~ **gép** road-leveller ; ~ **henger** planer ; ~ **kése** *v* **pengéje** grader blade ; **motoros** ~ road bulldozer ; **serleges** ~ **gép** elevating grader
útelágazás road fork ; **lóhere alakú** ~ clover-leaf junction
úteltorlaszoló rács *(hegyes rudakból)* chevaux-de-frise
útelzárás blocking (of streets)
útelzáró : ~ **forgókereszt** turnstile ; ~ **sorompó** turnpike
útemelkedés upward incline of the road
útépítés road building/construction
útépítési *l* **útépítő**
útépítő : ~ **anyagok** road materials ; ~ **bitumen** asphalt cement ; ~ **gépek** road machinery ; ~ **kátrány** road tar ; ~ **kőtörő gép** road-metal preparing machine ; ~ **munkák** roadwork ; ~ **vállalkozás** turnpike engineering enterprise ; ~ **zúzottkő** road metal
útfelbontó munkás road breaker
útfeljáró road approach
útfelszakító eke road-making plough
útfeltépő gép ripper
útfeltöltés body of road
útfelület road surface ; **bitumenes kezelésű** ~ black top ; ~ **függőleges irányú kiegyenesítése** vertical alignment of road
útfenntartás road maintenance
útgörbe az idő függvényében time-distance curve
útgyalu road grader ; **könnyű** ~ maintainer ; **serleges** ~ elevating grader ; **útkorona-domborító** ~ backsloper
útgyaluzás blading
úthálózat road system
úthálózati térkép road map
úthatároló ütköző limit stop
úthenger road/paving roller
úthengerlés rolling
úthossz road length ; *(gépt) l* **löket** ; **közepes szabad** ~ *(fiz)* free mean path
úthosszkülönbség *(at)* path length difference
úthosszmérő *(kerekes járműhöz)* odometer
úti road(worthy) ; ~ **vizsgálat** *(gépk)* road test
útiabroncs *(kapaszkodók köré, mzg)* road ring
úticipő slipper
út-idő görbe time-distance curve
útikátrány road tar
útipoggyász-raktározó hely luggage accomodation
útirány direction of travel ; *(rep)* course ; *(vasút)* itinerary ; ~**t megállapít** *v* **megad** set the course
útirányfényszóró *(rep)* course light
útirányjelző course indicator
útiránymutató route indicator
útirányvonal course line
útitáska travelling case/bag
útjavítás road repair
útjelzés (rögzítése) *(rep)* patch recording
útjelző highway traffic sign ; ~ **fa** *(tájékozódásra)* landmark tree ; ~ **oszlop** stele ; ~ **tábla** guide post, road sign
útkaparás road dragging
útkaparó *fn* maintainer ; ~ **gép** *(sártisztító)* slusher
útkarbantartó munkás roadman
útkátrány road tar
útkátrányozó gép road-tarring machine
útkavicsolás metalling
útkereszteződés crossing intersection ; *(többágú)* multiple/complex intersection ; ~ **különböző szinten** highway grade separation ; ~ **védelme** crossing protection
útkorlátozó *(gépt)* travel limiter
útkorona crown ; **túlemelt** ~ *(ívben)* banked crown
útkönyök crook
útkülönbözeti : ~ **hatás** *(távk)* multiphase effect ; ~ **kiegyenlítés** *(távk)* multiphase cancellation
útlejtő road grade
útlevélkarton melton cardboard
útlocsoló kocsi street-watering car
útmenti : ~ **forgalmi jelek** roadside traffic signs ; ~ **megálló** road station ; ~ **telek** frontage ; ~ **(vizes)árok** ditch
útmérő viameter, odometer
útmester road-mester
útmunkás roadman
útnapló *(rep)* navigation log
utó- after-, secondary, deuteric
utóbefecskendezés *(miután a befecskendező fúvóka már egyszer lezárt)* secondary injection
utódúsítás *(bány)* packing
utóégés *(gépk)* afterfiring ; *(befecskendezés után ; Diesel)* after-burning
utóégetés *(ker)* after-bake
utóerjedés secondary fermentation
utóerjesztés secondary fermentation

utóérlelés *(emulziógyártásnál)* after-ripening
utófejlesztés *(gázé)* after-generation
utófenék *(hidr)* tailrace
utófénylés persistence, afterglow
utófonás *(tex)* post-spinning
utófürdő *(előhívás után; fényk)* stop bath
utógázok stythe
utógyújtás retarded ignition; *(mértéke)* ignition retard
utógyújtási szikra retarded spark
utóhangzás *l* **utónzengés**
utóhatás after-effect; **rugalmas ~** elastic time-effect; **vulkáni ~ok** deuteric effects
utóhő *(at)* after-heat
utóhőkezelés post-heat treatment
utóhűtő after-cooler
utóillat *(ol)* residual odor
utókalkuláció recalculation
utókeményedés *(acélé)* afterhardening; *(műa)* after-bake
utókép *(fényt, távk)* afterimage
utókezelés aftertreatment, secondary treatment
utókiegyenlítés *(távk)* de-emphasis, postemphasis, post-equalization
utókoaguláció secondary coagulation
utólagos *(vulkáni kőzetek átalakulásánál)* paulopost; **~ egyenirányítás** *(rád)* postdetection; **~ hangfelvétel** *(film)* post-recording; **vulkáni kőzetek ~ módosulása** paulopost effects
útolaj road oil
útolajozó *fn* road oiler; **~ gép** distributor
utólejtő *(hidr)* downstream apron
utólökés *(földt)* aftershock
utolsó: ~ aktív sor *(telev)* last active line; **~ cserzőkád** tail vat; **~ földlökés v rengéshullám** trailer; **~ hamvasié** *(bőr)* tail lime liquor; **~ kilúgozás** tail leach; **~ meszes** *(bőr)* tail lime liquor; **~ oszlop** *(légvezetékben; távk)* terminal pole; **~ salakeltávolítás** *(önt)* flushes; **~ sebességfokozat** *(gépk)* final drive; **~ simítás** finish; *(pa)* **finishing** stroke; **~ tag** *(bány)* tail; **~ vonalak** *(szink)* ultimate lines
utómegmunkálás remachining; **~t végez** remachine
utónyújtás *(tex)* afterdraft
utóosztályoz *(pa)* overhaul
utóöblözet *(hidr)* tail bay
utóőrlés finish grinding
utópárlat last runnings
utórengés aftershock
utórengéssorozat aftershock sequences
utórobbanás *(gépk)* backfire
utósülés after-bake
utószag *(ol)* residual odor
utószedés *(rakodógép után; bány)* clean-up work
utószilárdulás afterhardening; *(vegy)* afterbake
utószinkronozás post-synchronization
utótágulás after-expansion
utótermék afterproduct
utótisztító *(gázgenerátor; gépk)* repurifier; *(mzg)* recleaner; **~ berendezés** *(mzg)* recleaner unit
utótöltés *(felfagyáskor; ép, hidr)* backfill
utótúlhevítő *fn* second-stage superheater
utóvilágítás *(rád)* persistence, afterglow; **~ tartama** afterglow duration
utózengés *(hangt, vill)* reverberation; **~ elhalása** decay of reverberation; **~sel meghatározott hangelnyelési tényező** reverberation absorption coefficient
utózengésíró *(hangt)* decay curve tracer
utózengésmérő *fn* reverberation meter; **~ híd** reverberation bridge
utózengő *(ép)* reverberant; **~ helyiségben mért mikrofonfrekvencia-jelleggörbe** reverberation response curve; **~ helyiségben mért mikrofonátvitel** reverberation response; **~ szoba** reverberation chamber
útöntöző olaj road oil
útőr roadman
útpálya roadway
útpályaszint road level
útportalanító olaj road oil
útseprés road dung removal
útszakasz road section; *(légiforgalmi vonalon)* block
útszegélykő kerb stone
útszél wayside
útszélesség breadth of road
útszelvény road blading; **~ íveltsége** *(bogárhát)* (road) camber, convexity; *(lejtés a szélek felé)* crossfall
útszoros hollow way
útszűkület pinch point, bottle(-)neck
úttakarító *(bány)* jerryman
úttalálkozás road junction
úttalpazat ballast
úttartó képesség *(útfekvés; gépk)* road-holding capacity
úttechnika highway engineering
út-térkép road map
úttest roadway, drive way; *(vasút)* bed; **~ felőli oldal** *(gépk)* off-side; **három részre osztott ~** treble carriageway; **hat forgalmi sávra osztott ~** six-lane carriageway; **osztatlan ~** single/undivided carriageway; **osztott ~** *(középen elválasztva)* dual carriageway; **több részre osztott ~** multiple carriageway
úttestegyengetés road dragging
úttestegyengető gép road drag
úttestelválasztó sáv central reserve
úttesti kábelakna *(távk)* carriageway manhole
úttorkolat T-junction
útvám road toll, turnpike
útvámköteles műút turnpike road
útvilla fork
útvizsgálat road test
útvonal traffic line, race, route; *l még* **út**; **~ hossza** track distance
útvonaladó *(rep)* leading beacon
útvonali akadályjelzés airway obstruction marking
útvonalíró készülék *(rep)* avigraph
útvonaljelző fény *(rep)* airlane light
útvonalkitűzés *(traszírozás)* plotting
útvonal-légtér area
útvonalrajzoló *fn* (automatic) position plotter
útvonalsáv *(rep)* airway strip
útvonalszakasz *v* **-szelvény** route section
útvonalszakaszhossz *(rep)* stage length
útvonal-tábla *(autóbuszon)* route indicator
uvarovit *(ásv)* uvarovite
U-varrat *(heg)* single U-butt joint; **kettős ~** *(heg)* double U-butt joint
U-vas *l* **U-gerenda**

Ü, Ű

überhólozás *(cipőfelsőrész-előhúzás)* pulling over
überstemm *(oldalerősíték, szárnybélés; cipő)* side linings
üde ásvány fresh mineral
üdülőház *(ép)* rest home
üdülőhely health resort
üdülőtelep health/holiday resort, watering place
üdvözlőkártya-papír paper for congratulation cards
ügyeleti kocsi *(vasút)* inspection car
üldözőgörbe *(mat)* curve of pursuit
üledék *(lerakódás)* sediment, deposit(ion), settling(s); *(csapadék)* precipitate; *(iszap)* sludge, dregs, silt, bottoms; *(maradék)* residue, tails; *(kéreg)* scale, dross; *(bőr)* grounds, dregs, foots, pit sludge; *(gumi)* nigre; *(tartányüledék ásványolajból)* tank sludge; **akvatikus ~** water-borne sediment(s); **batiális ~** *(földt)* bathyal deposits; **bázikus ~** basic sediment; **diluviális ~** *(földt)* drift beds; **mélységi ~** bathyal deposit(s); **vízi ~** *(földt)* water-borne sediment
üledékcsoport *(földt)* sedimentary complex
üledékes sedimentary; *(bány)* dreggy; **~ kőzet** sedimentary rock; *l még* **üledék: ~ kőzettan** sedimentary petrography; **~ lerakódás** sedimentary deposit; **~ partmenti tereplépcső** raised beach; **~ rétek átfedése** sedimentary overlap; **~ rétegsorozat** sedimentary complex; **~ üregek** *(kőzetben)* sedimentary interstices
üledékesség feculence
üledékfelfogó *fn* sediment trap
üledékgyűjtő mud drum; **~ edény** sediment bulb
üledékjég anchor ice
üledékkátrány settled tar
üledékképződés *(vegy)* sludging; **~t gátló adalékanyag** *(ol)* sludge inhibitor
üledékmosás elutriation
üledékmosó: ~ berendezés elutriating apparatus; **~ henger** elutriating cylinder
üledékréteg *(bevonat)* encrustation
üledékszűrő sediment trap
üledékteknő sediment pan
ülepedés sedimentation, set, subsidence, settlement, yield; **nagyolvasztó-állványzat ~e** *(koh)* slip; **~ nyomás alatt** compression subsidence
ülepedés-elemzés sedimentation analysis
ülepedési: ~ állandó sedimentation constant; **~ idő** settling time; **~ nyomás** deposition tension; **~ réteg** layer; **~ sebesség** settling rate; *(bány* rate of subsidence; *(hidr)* rate of deposition; **~ tényező** *(úté)* shrink factor; **~ terület** settling area; **~ viszonyok** setting conditions
ülepedik deposit, set, settle, squat; *(süllyed)* subside, yield
ülepedő settling; *vö még* **ülepedik: ~ képesség** settling capacity; **nem ~** *(mech)* unyielding; **~ talaj** compressible soil
ülepít elutriate, settle, sediment(ate); *(bány)* jig; **iszapot ~** *(bány)* recover the slurry
ülepítés settling, precipitation, deposition, sedimentation; **villamos ~** electric precipitation
ülepítési: ~ felsőtermék *(szénnél a szén, ércnél a meddő, bány)* skimmings; **~ hő** heat of precipitation; **~ középtermék** *(bány)* jigging middlings; **~ meddő** *(bány)* jigging refuse
ülepítéssiettető szer *(vegy)* precipitant
ülepített: ~ dara *(bány)* smalls; **~ gyantaszappan** settled resined soap; **~ oldat** settled solution; **~ színszappan** settled grained soap
ülepíthetőség precipitability
ülepítő *fn* settler, sedimentator; **~ berendezés** settling apparatus, precipitator, sedimentator; **~ centrifuga** settling centrifuge; **~ előmunkás** *(bány)* jigger boss; **~ kamra** settling box/chamber; **~ képesség** settling capacity; **~ készülék** settling apparatus; **~ medence** sedimentation basin, settling pool; **~ permetezőtorony** *(vegy)* packed spray tower; **~- és szűrőedény** sediment bowl; **~ tartály** settling/depositing tank/box/vat; **~ teknő** *(bány)* jig tank
ülepítőágy *(koh)* bottom bed
ülepítőakna *(vízcsatornában)* sinker
ülepítőedény settling vessel
ülepítőfürdő *(tex)* settling/spinning bath
ülepítőgép *(bány)* jig (washer), jigger; **membrános ~** diaphragm jig; **mozgóvályús ~** *(bány)* basket jig; **pneumatikus ~** *(bány)* air-pulsated jig; **teknős ~** *(bány)* basket jig
ülepítőgépdugattyú *(bány)* jigging plunger
ülepítőház clarifying house
ülepítőkád *l* **ülepítő tartály**
ülepítőkamra *l* **ülepítő kamra**
ülepítőköpű *(bány)* piston jig
ülepítőmű *(bány)* jigger work
ülepítőpohár *(kúpos)* assay flask
ülepítőszekrény sludge box
ülepítőszer depositer
ülepítőszita *(bány)* brake sieve, jigging screen
ülepítőszitakezelő *(bány)* jig-hitcher
ülepítőtelep settling/clarification plant
ülepítőtó *(hidr)* segregation pool
ülepítőtölcsér settling cone
ülés seat; *(mkpár)* saddle; *(evezőshajón)* thwart; *(szelepülés)* seat(ing); **bekötőhevederes ~** *(rep)* strap/belt seat; **díványszerű, egybefüggő ~** *(gépk)* bench-type seat; **~ dőlése** *(gépk)* rake; **előre dönthető ~** *(kétajtós gépkocsiban)* tipping seat; *(ha csak a hát-tám hajtható le:)* folding seat; **felcsapható v felhajtható ~** folding/collapsible seat; **háromszemélyes ~** *(egymás mellett; gépk)* three-abreast bench seating; **~ távolsága a szerelvényfaltól** *(gépk)* reach
ülés-állítás *(gépk)* seat adjustment
üléscsúszósín *(gépk)* seat rail
ülésdeszka seat board; *(W. C.-n)* closet seat
üléses eke riding plough
ülésheveder seat belt/strap
üléshuzat *(gépk)* seat cover
üléshuzat-anyag carriage cloth
ülésgpadka seat ramp
üléspárna *(gépk)* seat cushion
üléspárna-ejtőernyő seat-pack parachute
üléssor tier
üléstámla *(gépk)* seat squab, back rest; **~ párnázata** *(gépk)* squab
üléstartó rúd(cső) *(mkpár)* seat pillar
ülésték *(gépk)* seating space
ülésvédő huzat seat cover
üllő (block) anvil; **~ alakú felhő** *(met)* anvil cloud; **alsó ~** *(gépkalapácsnál)* bottom anvil; **asztali ~** bench anvil; **egyengető ~** straightening anvil; **kerekfejű kézi ~** ball-face socket, round-bottom stake; **~ keskeny vége** tong(ue); **kétszarvú ~** two-beaked anvil; **kétszarvú asztali ~** rising anvil; **kézi ~** blacksmith's anvil; **kovácshegesztő ~** swage anvil; **~ lapja** pane of anvil
üllőalátét anvil bed
üllőalj(zat) anvil cushion
üllőbetét bottom/anvil swage/tool; **kúpos ~** taper iron for anvils; **lapos ~** support for square flatters
üllőcsőr anvil-beak
üllőfelület anvil plate
üllőlap anvil plate
üllőorr anvil beak/horn
üllőreve anvil cinder

üllőszarv anvil horn/beak
üllőtőke anvil bed/block/cushion/stake; **összetett ~** anvil block in sections
üllőtönk *l* **üllőtőke**
üllőviszony anvil ratio
ülő(fürdő)kád sitting bath
ülőhely seat(ing place); **~ek elrendezése** *(gépk)* seating arrangement; **~ek száma** seat capacity/number
ülőhely-befogadóképesség seat capacity
ülőkelemez *(pa)* chair seat board
ülőke-papírlemez seat board
ültet *(bőr)* lay away; **kast kasszékre ~** *(bány)* catch a cage
ültetés *(bőr)* laying away
ültetőgödör tan/layaway pit
ültetvénykaucsuk plantation/estate rubber
űr void, vacuum; *l még* **tér**
űr- *(csill)* cosmic
üreg hole, hollow, chamber, pit, cavity; *(földt)* recess, cave; *(kivájt)* cavern; *(heng)* groove; **alakító ~** *(hengeren)* shaping groove/pass, live pass; **apró ~** *(kőzetben)* vesicle; **előnyújtó ~** *(heng)* cogging-down groove; **hullámverési ~** blowhole; **kapilláris ~ek** *(földt)* capillary interstices; **készrehengerlő ~** *(heng)* finishing pass; **lehorgonyzó ~** anchor hole; **meleghengerlő ~** hot groove; **nedves ~** *(földt)* water hole; **revetörő ~** *(heng)* scale-breaking pass; **simító ~** *(heng)* smoothing groove
üregbeomlás okozta kőzetrengés *(bány)* shock bump
üregel *(forg)* broach
üregelés *(forg)* broaching
üregelő *fn (forg)* broach; **~ készülék** broaching jig; *(nagy; befogásra)* broaching fixture; **~ sebesség** broaching speed
üregelőgép *(forg)* broaching machine; **nyomó ~** broaching press
üregelőszerszám *l* **üregelőtüske**
üregelőtüske broach; **~ kalibráló foga** sizing tooth of a broach; **külső ~** *(húzómaró)* surface broach, external-broaching tool; **nyomó ~** *(tolómaró)* push broach
üregelőtüske-szár broach shank
üregelőtüske-tartó broach puller/holder
üreges hollow, concave, cellular, alveolar, porous; *(földt)* cavernous; **~ (acél)tám** *(bány)* hollow prop; **~ állítócsavar** hollow setscrew; **~ burkolótégla** furring tile; **~ búvárdugattyú** hollow plunger; **~ csavar** hollow screw; **~ dugattyú** *(gépk)* cavity piston; **~ dugó** cap plug; **~ felsőrész-sámfa** cramp; **~ formázás** *(önt)* hollow moulding; **~ főtartó** *(rep)* hollow spar; **~ fúró** hollow drill; **~ fúrófej** hollow boring bit; **~ gumiáruk** hollow goods; **~ gumiszegély** *(kéder; gépk)* hollow rubber beading; **~ gyűrődés** *(földt)* hollow fold; **~ korhadású** *(fa)* pecky; **~ kötél** *(tex)* piping; **~ kristálydrúza** hollow druse; **~** *(erősen boltozatos)* **láb** *(cipő)* hollow foot; **~ maró** *(óra)* rose cutter; **~ műselyemfonal** aerated yarn; **~ orsó** bored/hollow spindle; **~re öntött** hollow-cast; **~ távtartó csavar** tubular through-bolt; **~ tégla** hollow/sleeve/perforated brick; **~ telér** *(bány)* hollow lode; **~ tengely** hollow shaft; *(forg; segédorsó)* quill shaft; **~ vasaló** box iron
üregesedés cavitation
üregesség cavity, hollowness
üreg-fényképező gép *(orvosi)* clinicamera
üregkatód *(rád)* thimble emitter
üregmegmunkálás grooving
üregméret *(heng)* matrix
üregrezgőkör *(rád)* cavity circuit
üregrezonancia cavity resonance
üregrezonátor *(rád)* cavity resonator, rhumbatron; **alaphullámú ~** *(rád)* fundamental-wave cavity resonator; **átmenő ~** *(rád)* re-entrant cavity resonator; **csővel egybeépített ~** *(rád)* built-in cavity resonator; **gyorsító ~** accelerating cavity; **hangolható ~** *(rád)* tunable cavity resonator; **hullámmérőnek használt koaxiális ~** coaxial wavemeter; **kimenő ~** *(rád)* output cavity resonator; **koaxiális ~** coaxial cavity; **nem hangolható ~** *(rád)* fixed cavity resonator; **réscsatolású ~** *(rád)* slot-coupled cavity resonator
üregrezonátor-csatolás *(rád)* cavity coupling
üregrezonátoros: ~ hullámmérő cavity wavemeter; **~ lineáris részecskegyorsító** *(at)* linear waveguide accelerator; **~ magnetron** cavity magnetron; **~ oszcillátor** hollow-space oscillator; **~ röntgencső** resonant-cavity X-ray tube
üregsajtolás *(alak)* extrusion
üregterv *(heng)* grooving, groove design
üregvezető *l* **csőtápvonal**
üregvíz cavern water
üres empty, bare, void, blank; *(rossz állású; nyersbőr)* poor pattern; *(járat)* idle; **~ állás** *(sebességváltóé; gépk)* neutral position; **~ cséve** *(tex)* bare bobbin; **~ emelet** *(telef)* dead level; **~ emelet áramköre** *(telef)* dead level circuit; **~ fedélszék** couple roof; **~ göngyöleg** *(amelyek visszaszállításra várnak)* empties, empty return(s); **~ hüvely feltűzési ideje** *(tex)* pirn full-up time; **~en jár** *(gép)* (run) idle; *(jármű)* run empty; **~en járó légcsavar** windmilling propeller; **~en járó vonal** *(vill)* open-circuit line; **~ löket** idle stroke; **~** *(ritka)* **nyersbőr** empty hide; **~ rétegek** *(bány)* barren measures; **~ sor** *(nyomda)* line of white; **~ súly** empty/bare weight; *(járműé)* unladen weight *is*; **~ szalagágat tartó görgő** return idler; **~ vágány** *(bány)* empties track; **~** *(vetülék nélküli)* **vetélő** *(tex)* empty shuttle; **~** *(árammentes)* **vezető** dead/idle wire; **~ vonal** *(telef)* dead line/number
üresemeleti: ~ áramkör *(telef)* dead-level circuit; **~ jelzőhang** *(telef)* dead-level signal
üresenjárás *l* **üresjárat**
üresjárás *l* **üresjárat**
üresjárat idle running, idling no-load run; *(gépk)* slow running *is*; *(heng)* lost pass; *(telef)* open-circuit, o/c; **~ban jár** *l* **üresen jár**: **~ra „kikapcsolt"** *(gépk)* idle cut-off
üresjárat-beállító csavar *(fojtószelep-ütközőcsavar; gépk)* throttle stop screw
üresjárati idle, no-load, slow-running; **~ áram** *(rád, vill)* no-load current; **~ áttétel** *(rád, vill)* no-load ratio; **~ beszabályozó** *(vill)* no-load adjustment; **~ csatorna** *(hidr)* no-load passage; **~ erőtér** *(vill)* no-load field; **~ feszültség** *(vill)* open-circuit voltage; **~ fordulatszám** *(gépk)* no-load speed, idle/idling speed; **~ fúvóka** *(gépk)* slow-running jet, idle jet; **~ helyzet** neutral position; **~ impedancia** *(távlk)* open-circuit impedance; **~ keverék** *(gépk)* idling mixture; **~ kiömlő nyílás** *(gépk)* idle discharge hole; **~ levegőadagoló fúvóka** *(gépk)* idle air bleed; **~ levegőcsavar** *(gépk)* slow-running screw; **~ munka** no-load work; **~ nyomáskiegyenlítő szelep** bypass-valve; **~ nyomaték** *(gépk)* idle torque; **~ periódus** idle period; **~ pont** no-load point; **~ teljesítmény** no-load power; **~ veszteség** no-load loss
üresjáratilevegő-szabályozó csavar *(gépk)* slow-running stop screw
üresjáratszabályozó csavar idle adjusting screw
üresjáratú *l* **üresjárati**
üresmenet *l* **üresjárat**
üresség *(nyomda)* blank space, white
űrhajó spacecraft, spaceship
űrhajózás astronautics, cosmonautics, space flight
ürítés evacuation, emptying, drainage, dumping, discharge
ürítési: ~ idő *(bány)* winding interval; **~ sugár** *(kotróé)* radius of dump
ürítő: ~ áteresz discharge culvert; **~ (fő)vezeték** *[csőnél]* relieving main; **~ szelence** drain box; **~ szivattyú** drain/return pump; **~ vezeték** drain/return (pipe) line; **~ zsilip** oulet
ürítőbunker *(bány)* dump pocket
ürítőcsap drain/outlet cock
ürítőcső discharge pipe
ürítődugó drain plug
ürítőfenekes veder *(bány)* bottom-dump bucket
ürítőgödör sump
ürítőhelyzet *(bány)* emptying position
ürítőhíd *(bány)* wag(g)on tip
ürítőlemez *(sarabolón)* box ramp
ürítőszelep (automatic) drain valve
ürítőnyílás discharge orifice; *(hidr)* wicket gate
ürítőpad *(bány)* scooter ramp
ürítőtartály *(bány)* dump pocket
ürítőtér *(bány)* dumping place
ürítőtölcsér discharge hopper
ürítővályú dumping chute
ürítővég-szalagdob conveyer delivery drum
űrképződés cavitation
űrlap blank; *(pa)* paper for forms
űrlap-adagoló: ~ kar *(statisztikai gépen)* form-feed lever; **~ szerkezet** *(statisztikai gépen)* form-feed device
űrmagasság *(ép)* clearance
űrméret caliber, ga(u)ge; *(puskáé)* caliber, ga(u)ge
űrmérték volume measure; **száraz ~** dry measure
űrméter *(fa)* stacked cubic content, cubic meter, stacked volume
üröm-olaj wormwood oil
űrrepülés space flight

űrszelvény *(vasút)* male templet, gabarite, clearance chart; ~ **magassága** clearance height; ~ **vasúti kocsik számára** rolling-stock clearance ga(u)ge
űrszelvényrajz clearance diagram
űrtartalom (cubic) capacity, volume; *(járműé)* tonnage
űrtartalom-együttható *(hajó)* tonnage coefficient
űrtartalom-mérő contents gauge
űrtöltő *(nyomda)* interline; ~ **anyag** whites
űrüfaggyú mutton suet
ürülékpác *(bőr)* dung; ~**cal megmunkált** dungy
ürüléktartály privy tub
üst vessel, vat, kettle, ca(u)ldron; *(önt)* ladle; **lepárló** ~ still pot
üstbillentő szerkezet *(önt)* ladle-tipping gear
üstdob *(hangt)* kettledrum
üstfoltozó *fn* tinker
üstgödör *(koh)* ladle pit
üstkoszorú *(kifutás megakadályozására)* curb
üstláb *(koh)* ladle foot
üstmedve *(önt)* ladle scull
üstökös comet; ~ **farka** *(csill)* streamer
üstökös- *(csill)* cometary
üstököskereső *(távcső)* comet finder
üstökszíj *(bőr)* forelock strap
üstpróba ladle sample
üstpróbaelemzés *(koh)* ladle analysis
üsttartó ladle carrier
üst-vulkanizálás pan vulcanization
üszkös fa *(pa)* punk *(US)*
üszőborjúbőr heifer
üt beat, hit, flap, clap, knock; *(gépt)* run untrue, run out; *(óra)* strike; **olajat** ~ churn
üteg battery
üteg-mérőasztal artillery board
ütegműszertábla artillery board
ütegszög battery angle
ütem rate, tempo; *(gépt, gépk)* cycle, stroke; *(hangt)* beat, bar; ~**ből kieső** out of beat
ütemes torzítás *(távk)* rhythmic distortion
ütemez schedule, time
ütemező *(vasút)* code transmitter
ütemezőjel *(távk)* lock input
ütemezőrés scanning slit
ütemjelzés *(hangt)* time signature
ütem-kiértékelő *(vasút)* decoder
ütemmérő metronome
ütempálca baton
ütemterv time plan, schedule, flow sheet; ~ **szerinti (munka)** running to schedule
ütemvonal *(nyomsa)* bar
ütés blow, beat(ing), bump, clash, hit, knock, percussion, pick; *(ütőóráé)* blow; *(tex)* beating (-up); **axiális** ~ axial play/runout; ~ **helye** *(mech)* point of impact; **hirtelen** ~ jerk; ~ **irányvonala** line of impact; ~ **nélkül forog** *(gépt)* run true; **radiális** ~ radial runout; ~**re robbanó gyutacs** percussion cap; ~**re robbanó lőpor** percussion powder; **rugalmas** ~ elastic impact; **sugárirányú** ~ *(gépt)* radial runout; **tengelyirányú** ~ axial play/runout; **villamos** ~ electric shock
ütésálló shatterproof, shockproof
ütési: ~ **energia** impact energy; ~ **felület** *(anyagv)* impact face; ~ **idomok** *(földt)* percussion figures; ~ **igénybevétel** impact/shock stress; ~ **kifáradás** *(anyagv)* impact fatigue; ~ **ridegség** *v* **törékenység** *(anyagv)* impact brittleness; ~ **rugalmasság-mérő** impact elasticity tester; ~ **szilárdság** shock resistance
ütésmentes free from shock; ~ **futás** *(gépt)* true running
ütésmérő készülék impact tester
ütésnyom (in)dent(ation)
ütéspróba drop test
ütésszám *(szívóssági mérték; anyagv)* impact number
ütésszerű: ~ **terhelés** shock/impact load; ~ **terhelés okozta igénybevétel** *(mech)* impact stress
ütéstompítás *(mech)* shock damping
ütközés impact, shock, percussion, bump, impingement; *(at)* collision; *(síné)* junction; *(mech)* impact; ~**ig becsavar** screw home; ~**ig bever** *(ép)* ram home; ~ **irányvonala** line of impact; **magasabb rendű** ~ *(kettőnél több molekula között)* collision of higher order; **merev** ~ rigid impact; ~**ig összenyomott rugó magassága** solid height of spring; **rugalmas** ~ elastic impact; ~ **sebessége** *(anyagv)* velocity of impact
ütközéscsillapítás absorption of shocks
ütközésháritó *(hajó)* fender, pad; ~ **a taton** stern fender
ütközési: ~ **alátétlemez** *(vasút)* fish tie-plate; ~ **csillapítás** *(távk)* *l* **átlépési csillapítás:** ~ **felület** impact face; ~ **fluoreszkálás** *(at)* impact fluorescence; ~ **főpont** *(mech)* mean point of impact; ~ **gyakoriság** *(at)* collision frequency; ~ **hang** impact sound; ~ **hatás** shock effect; *(at)* impingement effect; *(mech)* effect of impact; ~ **heveder** *(vasút)* bridge fishplate; ~ **intenzitás** impingement intensity; ~ **ionizáció** impact ionization; ~ **pont** point of impact; ~ **sebesség** *(rád)* impact speed; ~ **sínillesztés** joint fastening; ~ **sínszék** *(vasút)* joint chair; ~ **szög** *(illesztésé)* butt(ing) angle; *(turbinán)* angle of shock; ~ **talpfa** *(vasút)* joint tie; ~ **valószínűségi együttható** *(at)* probability coefficient for collision; ~ **veszteség** *(mech)* impact loss
ütközésmentes free from shock
ütközéstompító pólyázás *(hajó)* rounding
ütközik impinge, impact, catch
ütköző *fn* buffer, bumper, trigger, abutment, stop, kicker, detent, catch; *(aut)* limit stop; *(bány)* offence; *(forg)* stop (dog); *(gépk)* fender, bumper; *(távk)* stud; *(szelfaktoron; tex)* *(vasút)* buffer, counterbuff; *mn* percussive; boot; ~ **berendezés** arrester (catch), stop mechanism; *l még* **ütköző;** *(tex)* shuttle protector; **előtolás-kikapcsoló** ~ *(forg)* feed throw-out stop, feed trip dog; ~ **emeltyű** holding-up lever; ~ **erősítő** *(rád)* buffer amplifier; ~ **felület** *(hidr)* baffle surface; ~ **gerenda** *(hidr)* timber stop; *(vasút)* bumper beam, end sill; **golyós** ~ ball check; **hátrameneti** ~ *(sebességváltóban; gépk)* reverse stop; **hátramenet-kikapcsoló** ~ *(forg)* backward stop dog; **karimás** ~ collar stop; ~-**készülék** *(vasút)* buffer gear; ~ **kötélgömb** rope fender; **középső** ~ central buffer; **légpárnás** ~ *(vasút)* air buffer; ~ **mellgerenda** *(vasút)* buffer beam; **szorítógyűrűs** ~ clamping ring stop; ~ **válaszfal** *(hajó)* collision bulkhead; ~ **és vonó szerkezet** *(vasút)* buffing and draw gear; ~ **vontatóhajón** dolophin
ütközőantenna bumper antenna
ütközőbak *(vasút)* bull stop, stop buffer
ütközőbak-gerenda *(vasút)* deadwood
ütközőbika *(vasút)* bumper
ütközőcsap detent pin
ütközőcsavar stop/limit screw
ütközőcsőrúd *(vasút)* buffer ram
ütköződarab *(gépt)* stop piece
ütközőfa *(partfalon; hidr)* fender (post)
ütközőfal deflecting wall; *(bány)* buttress
ütközőfelületes folyadékleválasztó baffle separator
ütközőgallér stop collar
ütközőgomb *(hajó)* ship fender
ütközőgörgő *(tex)* stop rod
ütközőgyűrű stop ring
ütközőgyűrűs fúró *(megadott furatmélységhez)* stop drill
ütközőhenger *(távk)* overthrow stop
ütközőhüvely stop sleeve
ütközőkaró *(ép)* fender
ütközőkilincs dog
ütközőkioldó rúd stop shaft
ütközőkorlát [*csillék leszaladása ellen*] head-block
ütközőkosár *(vasút)* buffer casing
ütközőkötelek *(bány)* rubbing ropes
ütközőküszöb *(hidr)* baffle sill
ütközőlap catch plate; *(aut)* flapper; *(ker)* baffle plate; *(távk)* residual plate
ütközőléc thrust strip; *(ép)* stop; *(fa)* cleat; *(távk)* stop strip
ütközőlemez baffle plate; *(forg)* stop plate
ütközőpárna *(hajó)* fender
ütközőpecek check piece
ütközőperem stop collar
ütközőpofa *(munkapadra szerelt)* bench hook
ütközőrúd bumper rod; *(vasút)* buffer ram/bar
ütközőrugó *(vasút)* buffer spring
ütközős: ~ *(állítható)* **kikapcsoló** *(forg, gépt)* thrust stop; ~ **vágányzár** *(vasút)* bumper stop
ütközősínvég *(vasút)* batter end
ütközőszeg *(gépt)* stop pin; *(óra)* banking-pin
ütköző-szögvas *(forg, gépt)* angle stop
ütközőtányér *(vasút)* buffer disc; ~ **rugója** plate-buffing spring
ütközőtartó rúd stop shaft
ütközőtengely stop rod; *(tex)* buffer rod
ütközőtestek *(gátfenéken)* baffle blocks
ütközőtok *(vasút)* buffer casing
ütközőtömb block stop; *(gáté)* baffle pier; **gúla alakú** ~ *(hidr)* truncated pyramid pier
ütközőtuskó block stop
ütközőtüske feeler pin
ütközőváll stop collar; [*tengelyen*] abutting collar
ütköztet [*csigasort*] chock [*a block*]

ütő *fn* ram ; *(csengőben)* striker ; *(ker)* potter's beetle ; *mn* percussive ; ~ **dugattyú** *(pneumatikus szegecselőkalapáccsal)* percussion piston ; ~ **excenter** *(tex)* pick(ing) cam ; ~ **frekvencia** *(távk)* *l* **lebegési frekvencia** : ~ **hajlítópróba** shock-bending test ; ~ **kalapács** *(bány)* jumper hammer ; *(lőfegyveren)* striker ; *(tex)* (wooden/change) hammer ; ~ **készülék** knocking gear ; ~ **kézifúrás** percussion hand-boring ; ~ **készülék kilincsütközője** *(buckskin- v őzbőrszövetszövő gépen)* faller catch ; ~ **körhagyó** *(tex)* picking cam ; ~ **lyukasztószerszám** strike punch ; ~ **préselőgép** *(bány)* pick mining machine ; ~ **szegecselő kalapács** percussion-riveting hammer ; ~ **szerkezet** *(tex)* picking machinery/mechanism ; ~ **szilárdság** impact strength, resistance to shock/impact ; ~ **vizsgálat** *(anyagv)* impact test
ütőbárd *(tex)* beater
ütőcsap striker rod
ütődés shock, bump, percussion ; *(hiba)* (in)dent(ation)
ütődési zaj *(hangt)* impact noise
ütődik impact
ütőerő impact/striking force
ütőfa *(tex)* picking stick ; ~ **tengelyének görgője** *(tex)* picking bowl
ütőfej *(ép, hidr)* ram head ; *(tex)* picker ; ~ **vezetőnyelve** *(tex)* picker tongue
ütőfejbőr *(tex)* picker teather
ütőfejvédő *(tex)* picker shield
ütőfrekvenciás oszcillator *(rád)* *l* **lebegtető oszcillátor**
ütőfúrás *(bány)* spudding ; ~ **hordalékban** *(bány)* spudding through soil ; **tényleges** ~ **ideje** *(bány)* reciprocating (drilling) time
ütőfúró percussion borer ; *(bány)* jumper ; ~ **fúróbetétje** *(bány)* spudding bit
ütőfúrófej jumper bit
ütőgép *(anyagv)* impact testing machine ; *(kikészítéshez ; tex)* beet(l)ing engine/machine, beetle ; **ejtősúlyos** ~ *(anyagv)* dropped-weight impact machine ; **ingás** ~ pendulum impact-testing machine ; **váltakozó irányú** ~ *(anyagv)* alternating impact machine
ütőgörgő *(tex)* picking cone/bowl
ütőgyutacs impact fuse/detonator
ütőhang strike note
ütőhangszer percussion instrument
ütőhangszer-csoport battery
ütőhatás impact/shock action
ütőkar *(mzg)* beater knife ; *(szövőgépen ; tex)* picking stick/arm, picker stick ; *(verőgépen)* (beater) blade
ütőkeménység *(anyagv)* dynamic/impact hardness
ütőkeménységi vizsgálat *(anyagv)* impact hardness test
ütőképlékenység *(anyagv)* impact ductility
ütőkés fly cutter ; ~ **éle** *(forg)* striking edge
ütőkos *(alak)* ram, tup
ütőlap striking board
ütőlemez striking plate
ütőmalom cross-beater mill
ütőmunka impact energy, *(ft-lb-ban)* Izod value ; **fajlagos** ~ *(anyagv)* Charpy (impact) value
ütőmű *(anyagv)* impact machine ; *(ép, gépt)* ram engine ; *(óra)* clockwork
ütőműves óra ütőműve *(óra)* repeating work
ütőóra striking clock
ütőorr *(tex)* picking cam point, picking nose-bit
ütőpálcás malom *(koh)* *l* **dezintegrátor és diszmembrátor**
ütőprésgép percussion press
ütőpróba impact test ; ~ **bemetszett próbatesttel** notch impact test ; ~ **Charpy-féle készülékkel** *(anyagv)* Charpy test ; **nyomó** ~ *(anyagv)* impact compression test ; **váltakozó irányú** ~ *(önyagv)* alternating impact test
ütőrész striking block
ütőrúd *(tex)* stick
ütőrugó *(puskán)* mainspring ; *(géppuskán)* spring lock
ütőszárny beater knife
ütőszárnyas keverő- *v* **dagasztógép** whipper
ütőszeg *(puskáé)* striker, firing pin ; **felhúzott** ~ cocked striker
ütőszeges dugó needle plug
ütőszegfej striker head
ütőszegfelhúzó rugó pawl-lift spring
ütőszeghüvely tapper casing
ütőszegrögzítő pecek striker fixing pin
ütőszegrugó striker spring
ütőszeg-támasztó striker post
ütőszegtengely striker pin axis
ütőszeg-tömb rebound block
ütőszegvájat cocking recesses
ütőszerkezet-kioldó *(óra)* warning
ütőszerszám *(tex)* bat
ütőszerv *(gépen és készüléken)* flapper
ütőszíj *(tex)* (chrome) picking-band, picker stick bumper
ütőtárcsa *(tex)* picking tappet
ütőtengely *(tex)* pick(ing) shaft
üttet *(rád)* beat
ütve-fárasztó vizsgálat *(anyagv)* impact endurance test
ütvefúrás : ~ **mosófolyadékkal** *(bány)* water flush ; ~ **tömör rudakkal** pole-tool method
ütve-hajlító : ~ **próba** impact-bend test ; ~ **szilárdság** *(anyagv)* impact-bending strength ; ~ **vizsgálat** impact(-) bending test ; ~ **vizsgálat hornyolt** *v* **bemetszett próbatesten** notch bend impact test
ütve-húzó : **kis hőmérsékleten végzett** ~ **próba** low-temperature tension impact test
ütve-működő : ~ **fúró** percussion drill ; ~ **fúró rudazat** *(bány)* jumper boring bar ; ~ **köteles fúrószerszám** *(bány)* cable tool ; ~ **pneumatikus fúró kalapács** hammer drill ; ~ **réselőgép** *(bány)* percussive machine ; ~ **szerszámok** percussion tools
ütvesajtolás impact extrusion
ütve-szakító vizsgálat *(anyagv)* impact-tensile test
üveg glass ; *(palack)* bottle ; ~**gel bélelt** glass-lined ; **cseh** ~ Bohemian glass ; ~**gel fedett** glass-covered ; **homályos** ~ etched/frosted glass ; **huzalbetétes** ~ armo(u)red glass ; **közönséges** ~ simple/soda glass, lime-silicate glass ; **krómmal színezett** ~ chromium glass ; **laboratóriumi** ~ chemical glass ; ~**ét leszed** *v* **kiszed** *(ép)* unglaze ; **maratott** ~ etched/frosted glass ; **optikai** ~ optical glass ; **orvosságos** ~ dispensing bottle ; **ragasztott** ~ cemented glass ; **szilánkmentes** ~ shatterproof/safety glass, non-shatterable glass ; **törhetetlen** ~ shatterproof/safety glass, non-shatterable glass ; **tubusos** ~ aspirator bottle ; ~**be zárt** glassed-in ; ~**be zárt kondenzátor** glass-enclosed capacitor
üvegablak *(gépt)* sight glass ; *(padlóig érő)* French window/door
üvegablakos kémlőnyílás glazed peephole
üveganyag glass
üvegáru glassware ; **apró** ~ glass trinket
üvegberagasztó nyerspapír diaphanic body paper
üvegbeton glass conrete
üvegbot glass rod
üvegbuborék *(ker)* bunt
üvegbúra bell jar ; *[rádiócsőé]* glass envelope ; *(óra)* glass cover
üvegbúrás higanygőz-egyenirányító glass bulb rectifier
üvegcsap stopcock
üvegcse vial
üvegcsepp Rupert's drop
üvegcserép *(csempe)* glass tile ; *(törmelék)* cullet, scrap glass ; **újraolvasztásra kerülő** ~ calxes
üveg-csévecsappersely *(tex)* glass bush
üvegcsípőfogó glass pliers
üvegcsiszoló glass grinder
üvegcsomagoló selyempapír tissue wrapper for glass
üvegcső glass pipe/tube ; ~ **a vizsgálandó gőz számára** *(színk)* vapour cell
üvegcsörömpölés rattle
üvegcsöves biztosító *(vill)* glass-tube fuse
üvegdugós lombik glass-stoppered flask
üvegedény glass ; **gömb alakú** ~ ampulla
üvegedénytalpat fúvó munkás foot blower
üvegégető kemence cooling arch
üvegel *(bőrt)* glass
üvegelektród glass half-cell
üvegelzáró karton cover-cap bard
üveges *fn* glazier ; *mn* vitreous ; ~ **alapanyag** glassy matrix ; ~ **átlátszó zacskó** glass-skin bag ; ~ *(ömlesztett)* **bórax** vitrified borax ; ~ **felületű tégla** *(ép)* burr ; ~ **fényesítőgép** *(bőr)* glassing jack/machine ; ~ **földpát** *(ásv)* *l* **szanidin** : ~ **maláta** steely malt ; ~ **olvadás** vitreous fusion ; ~ **salak** *(koh)* vitreous slag ; ~ **szerkezetű** *(földt)* hyalopilitic ; ~ **tufa** vitric tuff
üvegesedés vitrifaction
üvegesedik vitrify
üvegeskalapács glazier's hammer
üvegespipa *(ker)* blowpipe of glass maker
üvegezetlen unglazed
üvegezett glassed-in ; ~ **ajtó** sash/French door ; ~ **erkélyajtó** French window ; **két oldalra hajtható** ~ **ajtó** French casement ; ~ **tolóajtó zárja** sliding glassdoor lock
üvegező *fn* glass cutter ; ~ **kalapács** glazier's hammer ; ~ **osztólécek** marginal bars
üvegeződíszléc glazing bead
üvegezőszeg glazier's points, window nail

üvegfal glass wall
üvegfény vitreous lustre
üvegfényes glassed
üvegfestési festékek annealing colo(u)rs
üvegfestmény stained glass
üvegfestő *fn* glass stainer
üvegfiola glass vial
üvegfonal glass thread/yarn, spun glass
üvegformázó vaspálca *(ker)* pointel, pointal
üvegforrasztás soldering of glass
üvegfrit(t) frit
üvegfúró glass drill
üvegfúvás glass blowing
üvegfúvó *fn* (glass) blower ; ~ **cső** glassmaker's blowpipe ; ~ **forma** blowing mould ; ~ **gép mázzal bevont fúvómintával** paste-mould blowing machine ; ~ **pipa** blowing iron ; ~ **pipa okozta szem** *v* **hólyag** *v* **csomó** bull's eye
üveggömb *[hőmérőn]* bulb
üveggyapot glass wool, spun glass
üveggyár glass()works
üveggyártás glass-making ; ~ **való homok** glass sand
üveggyártmányok glassware
üveggyártó műhely glasshouse
üveggyöngy glass pearl/bead
üveggyöngyosztályozó *(tex)* bead separator
üveghab *(szigetelőanyag)* foamglass
üveghang flageolet
üvegharang bell jar
üvegharmonika harmonica
üvegház glasshouse, greenhouse, conservatory ; **süllyesztett** ~ deep greenhouse
üveghengernedvesítő glass-roll dampener
üveghiba nélküli free from flaws
üveghőkezelő kemence glass-treating furnace
üveghulladék scrap glass
üveghullám *(hiba)* wreath
üveghűtő kemence glass-annealing furnace
üvegipar glass-making
üvegkemény glass-hard ; ~ **acél** glass-hard steel ; ~ **edzés** glass-hard temper
üvegkeménység glass/flint hardness ; ~**re edzett** glass-hardened
üvegkeménységű glass-hardened
üvegkémia silicate chemistry
üvegkeret bezel
üvegkészítmények glassware
üvegkeverék batch of glass
üvegkidolgozó kemence blowing furnace
üvegkorsó glass pitcher
üvegkörte glass pear-shaped bulb
üvegkupakpapír capping paper
üveglágyító kemence leer
üveglappal fedett számlap *(óra)* glassed dial
üveglemez *(üvegborításhoz)* casing
üveglemezes kondenzátor glass-plate capacitor
üvegmázas glazed
üvegmelegítő *(gépk)* sleet chaser
üvegmozaik millefiori, gless mosaic
üvegnevelő vas *(ker)* crumbling iron
üvegnyak előköszörülése *(végmegmunkálás előtt)* mouth grinding
üveg-nyüstszem *(tex)* glass eyelet
üvegolvasztás glass melting
üvegolvasztási hab glass gall
üvegolvasztó *fn* glass founder ; ~ **kád** block ; ~ **kemence** glass oven/furnace ; ~ **kemence boltozata** glass oven cap ; ~ **kemence zárógátja** bridge ; ~ **tégely** glass pot
üvegopál *(ásv)* *l* **hialit**
üvegöntő asztal casting plate/table
üvegpálca glass bar
üvegpapír glass paper
üvegcsiszoló gép sandpapering machine
üvegporos csiszolókorong glazer
üvegprizma glass prism
üvegragasz glazier's putty, glass cement
üvegreflektor glass reflector
üvegrost glass fibre
üvegrúd glass rod
üvegsalak *(koh)* sandiver
üveg-selyempapír transparent tissue-paper
üvegszál *(tex)* fibreglass, fibrous glass
üvegszekrény exhibition case
üvegszerű glare, glassy, vitreous ; ~**en átlátszó** hyaline ; ~**vé tesz** glass ; ~**en tömörített** vitrified ; ~ **zománc** vitreous enamel
üvegszigetelő *(vill)* glass insulator
üveg-szövet *(tex)* textile glass
üvegszűrős tölcsér glass filter funnel
üvegtábla glass pane
üvegtáblakeret függőleges széle *(ép)* pane stalk
üvegtáblaosztó léc bar
üvegtartó horony *[keretben ; fényt]* bezel
üvegtechnika glass technology
üvegtégla glass brick ; **üreges fúvott** ~ *(ép)* blown glass building stone
üvegtömítés glass packing
üvegtörmelék cullet, scrap glass
üvegtörő fogó glass pliers
üvegvágó : fafoglalatú ~ **gyémánt** pencil diamond ; ~ **gyémánt** glazier's diamond, diamond glass cutter ; ~ **olló** clipper ; ~ **szerszám** glass cutter
üvegválaszfal glass partition
üvegvászon glass cloth
üvegvédőburkolat glass envelope
üvegvillamosság vitreous electricity
üvöltés *[kisfrekvenciás gerjedés]* howl
üzem *(telep, gyár)* plant, works, enterprise, workshop, establishment, mill, factory ; *(gyárcsoportban)* division ; *(működés, járás)* run(ning), work(ing), action ; *[áramkör ; postai forgalomban]* service ; ~**en belüli szállítás** interfactory transportation ; **csak szervezett dolgozókat foglalkoztató** ~ closed shop ; ~**be helyez** set to work, put in(to) operation/service ; *l még* **indít :** *(nagyolvasztót)* blow in ; **járművet** ~**ben tart** run a vehicle ; ~**en kívül helyez** put out of service, idle, stop, shut down ; ~**en kívüli** out-of-operation, out-of-service ; ~**ben levő** working, running, operative ; **megszakításos** ~ discontinuous running ; ~**ben tart** keep running, operate ; **teljes** ~**mel dolgozik** work at full capacity ; ~ **termelő képessége** plant capacity ; **újra** ~**be helyez** recondition ; ~**ben van** function, operate, work, run
üzemanyag *(gépk)* fuel, carburant, combustible ; *(belsőégésű motoré ; ált)* automotive fuel ; *l még* **hajtóanyag, tüzelőanyag :** *(pa)* rolling stock ; ~**ot felvesz** (re)fuel ; ~ **indító képessége** startability of fuels ; **kevert** ~ blended fuel
üzemanyagbefecskendezés fuel injection
üzemanyag-befecskendezéses motor fuel-injection engine
üzemanyagelzáró csap fuel tap
üzemanyagkészletmutató fuel contents ga(u)ge
üzemanyagpárlat *(ol)* power distillate
üzemanyagszabályozó *(barometrikus ; rep)* barometric fuel regulator
üzemanyagszállítás kikapcsolása fuel shut-off
üzemanyagszint fuel level
üzemanyagszintmérő fuel contents ga(u)ge
üzemanyagszivattyú fuel pump
üzemanyagszűrő *(durva)* fuel strainer ; *(finom)* fuel filter
üzemanyag-tápszivattyú fuel feed pump
üzemanyagtartály fuel tank ; *(kézi)* fuel can ; **ledobható** ~ jettisonable fuel tank ; **szövetből készült** ~ *(rep)* fabric fuel tank
üzemanyagtartály-térfogat fuel capacity
üzemanyagtöltő állomás gasoline-filling station, refuelling station
üzemanyagvezeték *(gépk)* fuel supply pipe
üzemanyagvizsgálat fuel test ; ~ **gyantatartalomra** gum test of fuel
üzemanyagvizsgáló készülék fuel tester
üzemáram *(vill)* working current
üzembeállítás *[távíróé]* lining-up
üzembehelyezés opening-up, starting up ; *(újbóli)* reinstatement ; *(koh)* putting in blast
üzembehelyezési eljárás setup procedure
üzembehelyező *(személy)* service man
üzembentartás operation, exploitation
üzembiztonság reliability of service, operational safety
üzembiztos *(füstgázokkal és marógázokkal szemben)* fume-proof
üzembővítés enlargement of working arrangements
üzemel work, run, be operated
üzemelés working, run(ning), operation ; ~ **terepen** *(gépk)* cross-country work
üzemeltet operate
üzemeltetési költség(ek) operating costs/expenses
üzemeltető *(gépk)* operator
üzemfennakadás *(vasút)* obstruction of the line
üzemfenntartás running maintenance ; *(gépk)* servicing
üzemfeszültség operating voltage
üzemi technological, operative, work(ing) ; ~ **adatok** performance data ; *(gépk)* service data ; ~ **áram** operating current ; ~ **berendezés** plant equipment ; ~ **bizottság** works committee ; ~ **csillapítás** *(távk)* operative attenuation ; ~ **ellenőrzés** plant con trol ; ~ **elnevezés** local name ; ~ **előírások** service regulations ; ~ **erősítés** *(távk)* transmission gain ; ~ **érték** *[nyomásé v feszültség]* working value ; ~ **etalon** *(távk)* working standard; ~ **fék** *(vill)* service brake; ~ **feltételek** operating/running conditions ; ~ **feszültség** operating tension/voltage ; ~ **feszültség** 30 **V alatt** *(vasút)* first-voltage range ; ~ **feszültség** 250 **és** 660 **V között** fourth voltage range ; ~ **feszültség** 660 **V-on felül** *(vasút)* fifth voltage range ; ~

fordulatszám work ng speed ; ~ **forgató nyomaték** running torque ; ~ **frekvencia** operating frequency ; ~ **frekvenciasáv** *(rád)* normal/working/ transmitted/useful frequency band/ range ; ~ **gazdasági hatásfok** operating economic effeciency ; ~ **hatásfok** operating efficiency ; ~ **helyzet** *(vill)* running position ; ~ **hullám** operating wave ; ~ **idomszer** *v* **mérce** working ga(u)ge ; ~ **igénybevételek okozta feszültségek** *(gépk)* operation stresses ; ~ **ingadozás** *[feszültségé, stb]* drift ; ~ **iroda** shop office ; ~ **jelleggörbe** operating characteristic(s); *(rád)* dynamic characteristic ; ~ **kár** damage to plant ; ~ **és kezelési utasítások** service instructions ; ~ **kezelőtér** service platform ; ~ **kézikönyv** operation manual ; ~ **költségek** operating costs/expenses ; ~ **méret** *(kísérleté)* factory scale ; ~ **munkaidő** working time ; ~ **nyomás** effective pressure ; ~ **oszcillátor** *(távk)* working oscillator ; ~ **pályaudvar** terminal ; ~ **próba** service test ; ~ **raktár** service magazine ; ~ **súly** *(járműé)* weight in running order ; ~ **szállító magasság** running lift ; ~ **számadatok** operating numbers ; ~ **személyzet** operating staff ; ~ **tartály** service tank ; ~ **teljesítmény** operating power ; ~ **terhelés** service load ; *(távk)* normal load ; *(vill)* work load ; ~ **és termelési ellenőrzés** plant supervision and production control ; ~ **termelési értekezlet** workshop production meeting ; ~ **torzítás** *(távk)* service distortion ; ~ **vágány** *(forgalmi vonatkozásban ; vasút)* running track ; ~ **veszteség** *(gépé)* running loss ; ~ **vételhatár** *(rád)* effective margin ; ~ **viszonyok** *v* **feltételek** *v* **körülmények** operative conditions ; *(távk)* service conditions; ~ **vizsgálat** operation test

üzemidény *(nagyolvasztón)* life
üzemidő *(gépt)* period of duty
üzemidő-tényező *(vill)* operating factor
üzemigazgatás shop management
üzemirányító dispatcher
üzemképes in going condition ; ~ **állapot** good working condition, running order ; ~ **állapotban** in running order ; ~ **állapotba hozás** putting into working order ; ~ **állapotban tart** keep in proper working order ; ~ **élettartam** operating life
üzemképtelen unserviceable
üzemkész ready for service
üzemkiesés breakdown
üzemkorlátozás reduction of output
üzemköltségek operating costs/expenses
üzemleállási idő down time
üzemleállítás inactivation
üzemmérnök production engineer
üzemmódszer : tarvágási ~ *(fa)* clearing system
üzemnyomás rated/working pressure
üzemregisztráló-ellenőrző készülék *(tolatómozdonyon)* service recorder
üzemrész department, room
üzemszerűen szigetelt csillagpont normally isolated neutral
üzemszervező mérnök efficiency engineer
üzemszünet : *(tervszerű)* standstill ; ~ **munkagépnél** outage
üzemtőke working capital
üzemvezetés factory management
üzemvezető plant/works superintendent, *(pa)* overseer of a factory ; *(tex)* department head
üzemvezetőség works management
üzemvitel operation
üzemviteli rendszer method of operation
üzemvíz *(hidr)* power water
üzemvízalagút deviation tunnel
üzemvízcsatorna by-pass canal, power canal
üzemvízcsatornás erőmű diversion canal type power plant
üzemvízlebocsátó : gát ~ **csővezetéke** discharge pipe of dam
üzemzavar breakdown, defect, operating trouble, disturbance
üzemzavar-időtartamíró berendezés central-instrument
üzemzavarveszély accidence
üzenetközvetítési díj *(telef)* message rate
üzenetközvetítő kábel *(távk)* messenger cable
üzemszünet standstill ; *(periodikus, gépt)* dwell
üzletház magazine
üzlethelyiség store
üzleti : ~ levélboríték *(pa)* commercial envelope ; ~ **negyed** *(ép)* business section
üzletikönyv-papír commercial book paper, account-book paper
üzletilevél-alak *(pa)* commercial letter
üzletportál stall ; ~ **alatti falburkolat** stall riser ; ~ **előugró alsó lapja** stallboard
üzletvezetés management
üzletvezető manager
üzőfa *(cölöpveréshez)* follower
üzőkemence *(koh)* cupel furnace
üzőpróba *(nemesfémre)* cupel (assay/ test)

V

vaalit *(ásv)* vaalite
vacskéz *(zsebóra alakú nyitható forma; gumi)* watch-case (mould)
vadár rejection
vadászgép *l* **vadászrepülőgép**
vadászkürt French horn
vadásznyereg hunter saddle
vadászpuska shotgun
vadászrepülőgép fighter (aeroplane/aircraft); **együléses ~** single-seater fighter; **éjszakai ~** night fighter; **kétüléses ~** two-seater fighter; **kísérő ~** escort fighter; **könnyű védő ~** interceptor fighter; **nehéz** *(időjárástól független)* **~** all-weather fighter; **többüléses ~** multi-seater fighter; **úszós ~** seaplane fighter
vadbőr *(őz, szarvas stb)* deerskin; *(tengerentúli bőr)* overseas hide; **kikészített ~** suede
vadélesztő false/wild yeast
vadgáz refinery gas
vadhernyóselymek antherea silks
vadkaucsuk wild rubber
vadózus *(földt)* vadose; **~ forrás** vadose spring; **~ víz** *(földt)* vadose waters
vadrezgések *(rád)* spurious/parasitic oscillations
vadrezgésgátló ellenállás *(rád)* parasitic stopper resistance
vadrezgési áramkör *(rád)* parasitic circuit
vadrezgésmentesítés *(rád)* suppression/elimination of parasitic oscillations
vadselyem wild silk, tussah/tussore/tussur silk; *(szövet)* shantung (silk)
vadselyemszál fibril
vadsugárzás *(rád)* spurious radiation
vadtekercselésű *(vill)* scramble-wound
vág cut, hear, clip, drop, trim; *[rövid darabokra* v *vékony szeletekre]* chop; *(bitument)* cut back; *(pa)* clip, edge; **bütübe ~** end butt; **csonkra ~** obtruncate; **dróttal ~** sling; **fejszével ~** hew; **ferdén** *v* **rézsútosan ~** cant, bevel; **hangot ~** *(film)* cut short; **minta szerint ~** cut to ga(u)ge; 45° **alatt ~** cut on the mitre 45°; **rönkökre ~** *(fa)* buck; **sajtolóval ~** die; **színelve ~** *(ép)* cut flush; **tömbökre ~** block
vágány (rail) track, rack; **ideiglenes ~** auxiliary track; **keresztező (veszélyes) ~ok** adversary tracks; **kettős ~ú** double track; **~ nélküli szállítás** *(bány)* tractor haulage; **~ nélküli szállítás kocsija** *(bány)* trailer; **~ villamos ellenállása** rail resistance
vágányaláverés track tamping
vágányaláverő: ~ gép (railway) line-packing machine; **~ munkás** track layer
vágányalj sleeper; cross-tie *(US)*
vágánybélelő lemez track shim
vágányegybefonódás interlacing
vágányelágazás vájatban *(bány)* parting
vágányelem *(vasút)* element of track
vágányelmozdulás displacement of track
vágányeltolódás displacement of track
vágányemelő rail jack/lifter
vágányfék track brake; *(gurított kocsi sebességcsökkentésére)* wag(g)on retarder
vágányfelújítás complete relaying
vágányfoglaltsági mező track-engaging field
vágányfoglaltság-mutató track(-chart) indicator
vágányfonódás gantlet
vágánygépkocsi automobile railway car
vágányhiba-kereső készülék *(vasút)* rail spotter
vágányhídmérleg wag(g)on-weighing machine
vágányhossz mérföldekben rail mileage
vágányigazítás lining of track
vágányjárósík top of rail
vágánykapcsolás track bond
vágány-keresztezés crossing; **~ csúcsbetétje** track frog
vágánykitérő lay-by
vágánykotró cow-catcher
vágánylíra gridiron siding
vágánylírás elrendezés grid arrangement of tracks
vágánymérő kocsi rail spotter
vágánymező *(hordozható)* sectional track
vágányrakó *(munkás v gép)* track liner
vágányrendszer trackage
vágányrögzítés sínvándorlásgátlóval track anchoring
vágányseprő track cleaner
vágányszintkifutás runoff
vágánytartó gerenda rail track girder
vágánytengely track center
vágánytengelytáv track centers
vágánytisztító gép track cleaner
vágánytoló track shifter
vágányút route
vágányúti emeltyű *v* **kallantyú** route lever, track succession-lock
vágányútjelző track indicator
vágányút-lezárás *(villamos)* electric route locking
vágányváltó latches
vágányzár spragger, stop piece
vágányzáró bak *v* **bika** overrun(ning) stop
vágányzat trackage
vágás cut(ting), section, scission, shearing action; *l még* **forgácsolás, vágat**; *(fa)* forcing *is*; *(bitumen hígítása illó anyaggal)* cut(ting-)back; **~ra érett** *(fa)* fellable; **~ félderékszögben** *(45° alatt)* mitre cutting; **ferde** *v* **rézsútos ~** chamfer cut; **hosszú ~** slit; **nyírási ~** *(juhbőrön)* shearing cut; **oxigénes ~** *(heg)* oxy-acetylene cutting; **rostszálra merőleges ~** *(fa)* crosscut; **tiszta ~** clean cut; **városi** *(vágóhídi)* **~** *(bőr)* city slaughter; **~ vonókéssel** *(fa)* drawcut
vágásfelület *(fa)* separating surface
vágáshossz *(pa)* chop
vágáshulladékok *(tex)* new cutting
vágási: ~ ellenállás cutting resistance; **~ forduló** *(fa)* cutting rotation; **~ hulladék** clippings; **~ negatív** *(fényk)* cut negative; **~ terv** *(fa)* logging plan; **~ veszteség** loss due to cutting
vágásos bőr cut skin
vágásszélesség cut width
vágásterület *(fa)* felling area; **erdei ~ hulladéka** slashings; **~ évi hozama** *(fa)* annual yield by area; **~en kívüli fadöntés** extra-cuttings
vágásterv *(fa)* plan of cuttings
vágat *(bány)* entry, drift, tunnel, gallery, strike, working; *(reszelőn)* cut; **~ ága** entry branch; **alsó ~** *(reszelőn)* first cut; **alulról felfelé hajtott ~** *(bány)* raise; **átlós ~** *(bány)* cross heading, crosscut; **bányanyitó ~** *(bány)* opening (entry), development opening; **beomlott** *v* **-omlasztott ~** *(bány)* chocked opening; **beruházási ~** *(bány)* opening (entry), development opening; **csapásirányra merőleges ~** *(bány)* butt/cross entry; **dőlésben felfelé haladó ~** *(bány)* ascending entry; **dőlésirányú ~** *(bány)* dip working/entry; **görbe ~** *(bány)* crooked entry; **elhagyott ~** *(bány)* abandoned working; **~ előrehajtása** *(bány)* entry advance; **fejtési ~** *(bány)* extraction drift; **félsimító ~** *(reszelőn)* bastard cut; **felső ~** *(reszelőn)* second cut; **frontindító ~** *(bány)* first working; **függőleges ~** *(bány)* vertical entry, shaft; **~ok helyzete** *(bány)* attitude of workings; **keskeny ~** *(bány)* narrow entry/working; **kettős ~** *(bány)* double heading; **kis szelvényű ~** *(bány)* monkey entry; **közbenső ~** *(bány)* subdrift; **lejtős ~** *(bány)* dip entry, slope; **~ magassága** *(bány)* headroom; **mélyenfekvő**

~ *(bány)* deep working/entry; **merőleges** ~ *(bány)* cross/butt entry; **munkahely és akna közötti** ~ *(bány)* backbye working; **nagyoló** ~ *(reszelőn)* coarse cut; ~ **oldala** *(bány)* entry wall; **simító** ~ *(reszelőn)* fine cut; **szállító** ~ *(bány)* track entry; **széles** ~ *(bány)* board; **szellőző** ~ *(bány)* air course/gate; ~ **szelvénye** *(bány)* drift section; **szénben hajtott** ~ coal heading; **szenelő** ~ *(bány)* producing drift/end; **szűk** ~ *(bány)* stret(t), bord; ~ **talpa** *(bány)* entry bottom; **talpejtéssel kihajtott** ~ *(bány)* downstream slope; **telepben haladó** ~ coal road; **termelő** ~ *(bány)* producing drift/entry; **tömedékben visszahagyott** ~ *(bány)* blind road; **tömedéknyerő** ~ *(bány)* stowage drift

vágatablak *(bány)* adit window

vágatbélés *(bány)* road lining

vágatbeli: ~ **rakodógép** *(bány)* entry loader; ~ **szállítószalag** *(bány)* gate conveyer

vágatberakás *(bány)* filling

vágatbiztosítás *(bány)* roadway supports; **merevített** ~ *(jármokkal; bány)* backing

vágatbiztosító szénpillér fala *(bány)* rib

vágatelgörbülés *(bány)* knuckle

vágatelőkészítés *(bány)* winnings

vágatfeltáró folyosó gallery

vágatfenntartás *(bány)* roadway maintenance

vágathajtás *(bány)* drift/entry advance/driving; ~ **csapásirányban** *(bány)* drift stoping; **egyidejű** ~ *(bány)* advance in synchronism; ~ **hasadási irányban** ending; ~ **közben lelt meddő** *v* **törecs** *(bány)* tunnel muck; ~ **magszelvénnyel** bord advance/drive, coring drift/entry advance; ~ **szénben** *(bány)* advance in coal; ~ **teljes szelvénnyel** full-section advance, drift/entry advance in full

vágatkarbantartás *(bány)* roadway maintenance

vágatkihajtás *l* **vágathajtás**

vágatkitermelés *(hegyesszögben a réteghajláshoz; bány)* longhorn

vágatlan: ~ **könyvoldal** *(kicsisége miatt)* witness; ~ **pamutbársony** uncut velveteen

vágatlyukasztás *(bány)* thirl

vágatmagasságcsökkenés *(bány)* height reduction

vágatmeszelés *(bány)* road whitewashing

vágatpillérek *(bány)* entry chain pillars

vágattengelyköz *(bány)* centre-to-centre distance of entries

vágatvég *(bány)* dean; ~ **a frontnál** *(bány)* roadhead

vagdalásos kézimunka *v* **hímzés** cutwork

vagdalék hash

vagdalt cserkéreg *(bőr)* chopped bark

vágható *(ásv)* sectile; **könnyen** ~ *(ásv)* very sectile

vághatóság *(ásv)* sectility; *(fa)* exploitability

vágó *fn (forg)* (cold/bench) chisel; *mn* cutting; ~ **éle** *v* **hegye** *(forg)* chisel point; ~ **és felvételirányító** *(film)* editor; ~ **gerenda** *(kaszálógépen)* cutter bar; ~ **kalapács** acéle hammer; ~ **képesség** *(forg)* cutting capacity; **kétélű** ~ double chisel; ~ **magasság** *(aratócséplőn)* cutting range; ~ **sebesség** cutting speed; ~ **szerkezet** *[láncológépen; tex]* trimmer; ~ **üllőbetét** hardie for anvils

vágóasztal film reader

vágóbetét shear insert

vágóborda drill lips

vágócsúcs cutting stylus

vágódeszka *(mzg)* cutting board

vágódikics *(bőr)* die

vágóégő *fn* cutting torch

vágóégőfej *(heg)* cutting burner

vágóék *(forg)* spell wedge

vágóél cutting edge/lip, bit, tip; ~ **hátszöge** *(szersz)* end clearance angle; ~**nek hátszöget készít** give clearance to the cutting edge; **hegyesszögű** ~ bezel; ~ **kiképzése** lip surface

vágóél-szög *(forg)* angle of cutting edge

vágóerő *(forg)* force of cut

vágófej *(magnetofonon)* cutting head; *(forg)* cutter block; **elliptikus** ~ *(orsóra ferdén felerősítve)* drunken cutter; **lengőtekercses** ~ *(hanglemezhez)* moving-coil cutting head

vágófej-vezető *(hangt)* tracker

vágófog *(fa)* cutting tooth

vágófogó cut nipper(s)

vágógép *(élip)* slicing machine; *(pa, tex)* cutting machine, cutter, trimmer; **asztalosipari** ~ *(fa)* trimming machine

vágógerenda-állórész *(kaszálógépen)* finger bar

vágóhegy *(hangt)* cutting stylus

vágóhíd slaughterhouse, abattoir

vágóhídi: ~ **bőr** slaughtered hide; ~ **fülke** *(elkábításra)* knocking pen; ~ **ökörbőr** *(északamerikai)* packer hide; ~ **(városi) vágás** *(bőr)* city slaughter; ~ **zebubőr** slaughtered kip

vágókés *(gépen)* guillotine; *[aratógépen]* knife section; *(szecskázón)* cutting knife

vágókúp *(menetfúrón)* chamfer

vágóláng *(heg)* cutting flame

vágólap shear plate

vágólaplyuk die hole

vágólöket cutting stroke

vágómozgás cutting motion

vagon carriage, wag(g)on; *l még* **kocsi**

vagonbuktató circular wagon tip/shake-out; ~ **daru** tip crane; ~ **berendezés** car dumper; ~ **felvonó** wag(g)on tippler hoist; ~ **szerkezet** wag(g)on tipping device

vagonemelő car elevator

vagonépítési fa railway wagon building timber

vagonkapcsoló rúd *(vasút)* shackle bar

vagonkerék-fúrómű car-wheel boring machine

vágókészülék *(heg)* cutting attachment

vagonkirakodó billentő szerkezet *(vasút)* tilter

vagonkiürítő car unloader/dumper

vagonközi fővezeték *(vasút)* bridging conductor

vagonmérleg weigh-bridge

vagonrakomány carload

vagontető *(vasút)* deck

vagontoló készülék *(vasút)* wag(g)on-pushing device

vágóolaj cutting oil; *(bitumen lágyítására)* flux oil

vágó-osztó *(rád)* cutoff attenuator

vágópisztoly cutting torch/burner; ~ **fúvókája** *(heg)* cutting tip; ~ **központos fúvókával** cutting torch with concentric orifices; ~ **külpontos fúvókával** cutting torch with eccentric orifices

vágópisztoly-fúvóka cutting jet orifice

vágópisztolykészlet *(heg)* pipe cutting die

vágóprés *(nyomda)* cutting press

vágórés-szélesség *(kihajlított fogú fűrésznél)* width over set

vágórész *(kombájnon)* header

vágószerszám cutting tool; *(alak)* cutter; **üllő nyílásába illeszthető** ~ anvil cutter

vágószerszámos fúrófej *(bány)* paddy

vágószoba *(film)* clipping room

vágótárcsa knife disk

vágott *[papír]* trimmed; *(kevert:)* blended; ~ **aszfalt** cut-back asphalt; ~ **bársony** *(tex)* cut velvet; ~ **csúcsú impulzus** *(távk)* square-topped pulse; ~ **fejű csavar** cut-head screw; ~ **fog** *(gépt)* cut tooth; ~ **gumifonal** cut thread; ~ **gumilemez** cut-sheet; ~ **hulladék** *(pa)* logging waste; ~ **kő** *(ép)* cut stone, ashlar; ~ **szálak** *(tex)* cut/staple fibres; ~ **szélű** bevel(l)ed-off

vágottkő-burkolat *(ép)* ashlar facing

vágótű *(gramofonlemezé)* cutting stylus; **hosszanti** ~ *(cipő)* reverse spear; **legömbölyített** ~ embossing stylus

vágóvas set chisel

vágóvéső set chisel; **pneumatikus** ~ chipper

vágóvonal *(nyomda)* cutting line

vágvég *(bány)* forehead

vagylagos: ~ **antennahasználat** space diversity; ~ **frekvenciájú vétel** *(rád)* frequency diversity; ~ **polarizálású vétel** *(rád)* polarization diversity; ~ **vétel** *(rád)* diversity reception

vagyon *(ásványi; bány)* resources

vagyonmegőrzés conservation of resources

váj hole, hollow out; *(bány)* excavate; **alulról** ~ *(bány)* slot

vájár *(bány)* coal miner, pitman; **elővájási** ~ *(bány)* hewer; **keresztvágatokat hajtó** ~ *(bány)* drifter

vájárcsapat *(bány)* bull gang

vájárpadka footwall

vájás *vö* **váj**

vájat slot, groove, recess, cavity, channel hollow; *(bány)* drift; *vö* **vágat**; **egyik oldalán pilléres** ~ *(bány)* rib road; **hosszúkás** ~ flute; **illesztési** ~ *(fa)* joggle; ~ **szűkített része** *(bány)* neck

vájatkészítés lángvágóval oxygen grooving

vájatmezők *(fegyvercsőben)* land(scape)

vájatszög groove angle

vájatvég *(bány)* *l* **vájvég**

vajcsomagoló: ~ **karton** *(pa)* butter-carton board; ~ **papír** butter (parchment) paper, grease-proof paper

vajhordó cask of butter

vajköpülő dolly; ~ **gép** churner

vájolat cannelure, cavetto, fluting

vájolatos oszlop *(ép)* fluted column

vajparaffin paraffin butter

vajsav butyric acid

vajsavamid butyramide

vajsavas etiléter ethyl butyrate

vajszerű butyraceous
vajszínezék *(sárga:)* butter colours
vájt: szél által ~ medence *(földt)* deflation basin
vajtartó-béléspapír butter box liner
vájvég *(bány)* working place, adit end, stope heel, coal face
vájvégácsolat *(bány)* face timber
vájvégi munkahely *(bány)* forefield
vajzsiradék butter fat
vak blind ; *(bány)* windless ; *(ép)* dead; **folyó ~ ága** slew
vakablak dummy/false/dead window
vakajtó dead/blank door
vakakna *(bány)* jackhead, jackshaft, dummy/drop/blind shaft/pit
vakanya *(gépt)* blind nut
vak-anyag *(nyomda)* blank material
vakar scratch, scrape
vakár *(hidr)* dead tide
vakarásnyom slash, cut
vakarék abrasion ; *(koh)* waste metal
vakaró *fn (mzg)* comb, card
vakaró-gép *(tex)* scratchbrush machine
vakárok *(bány)* end cut
vakarókefe *(mzg)* scratchbrush
vakarókés erasing knife, scraper ; **~ mészárostőke tisztítására** butcher block scraper
vakaróvas scraper, scrubber, wiper, raker
vakaróvas-sorozat *(forg)* scraper flight
vakátoldal *(nyomda)* blank page, fly-leaf
vakbarázda dead furrow, skip
vakbevezetés *(rep)* blind/instrument approach
vakbevezetési utasítás *(rep)* instrument approach chart
vakbevezetés-jelző berendezés *(rep)* blind-approach indicator
vakbevezető és leszálló rendszer *(rep)* blind approach instrument landing system, B. A. L. S.
vakcsaplyuk *(fa)* stub mortise
vakdagály *(hidr)* neap rise
vakdugasz dummy contact
vakdugó *(távk)* dummy plug
vakduósor *(heng)* serpent mill
vak-elemek *(nyomda)* blank material
vakér *(földt)* blind vein
vakeset random case
vakfal dead/blank wall
vakfektetés *(kh)* knock-off lap
vakfektető szerkezet *(kh)* knock-off mechanism
vakfelszállás *(rep)* instrument take-off
vakfeltörés *(bány)* blind chimney
vakfolt *(fényt)* blind spot
vakfurat *(gépt)* blind hole
vakfurnér *(fa)* underplate, backs
vakgerenda false beam
vakgödörke *(fa)* blind pit
vakhajózás blind navigation
vakhajtás blind driving
vakhát *(könyvkötésnél)* slip
vak-hengerüreg dead pass
vakíró-papír Braille (printing) paper
vakít flare, dazzle, blind
vakítás glare ; *(fényszóró által ; gépk)* dazzle ; **~ elleni berendezés** *(gépk)* anti-dazzle device
vakításmentes anti-dazzle
vakító : ~ fehér fényű candid ; **~ fény** glaring light ; **~an fényes** glaring
vakív *(ép)* false arch
vak-kaliber *(heng)* false pass
vakkarima pipe stopper/plug, blind/blank flange
vakkártya *(tex)* blank card
vakkefe *(távk)* dummy brush
vakkeret *(festővászon alá)* stretcher, strainer
vakkötés *(ép)* blind bond ; *(kábelé ; távk)* blind/unmarked joint
vaklakat blind lock
vaklépés *[hosszú áthúzásnál ; tex]* intermediate step
vakleszállás *(rep)* blind/instrument landing
vakleszállási : ~ eljárás *(rep)* instrument-landing system ; **~ forduló** *(rep)* procedure turn ; **~ futópálya** *(rep)* instrument operation runway
vaklövés blank shot
vakmetszés *(bőr)* butcher cuts, slash
vakmetszéses *[bőr]* damaged by cuts
vakmetszésmentes *(bőr)* free of cuts
vaknap *(met)* anthelion
vaknyomás *(nyomda)* blind, goffering, embossing ; **~t alkalmaz** stamp in blind ; **~t készít** goffer, emboss ; **túl erős ~** too heavy impression
vakok írása typhio-typography
vakol *(ép)* plaster, mortar, dub ; **durván és simán ~** render-and-set ; **gipsszel ~** stucco ; **három rétegben ~** render float-and-set ; **simára ~** float ; **vastagon ~** pug
vakolás *(ép)* render, plastering ; **durva ~** *(habarccsal)* mortar strip ; **durva és sima ~** render-and-set ; **első durva ~t alkalmaz** prick up ; **~ érdesítése** *(kefével)* stippling ; **második ~** floating
vakolat plastering, face, mortar ; **~ba behelyezett** *(vezeték ; ép, vill)* run in plaster ; **~ elsimítása** scouring ; **~ fedőrétege** fine stuff ; **fröcskölt ~** coarse plaster ; **fröcskölt azbesztszálas hangelnyelő ~** limpet ; **~ második sima rétege** browing
vakolatalap furring
vakolatalapréteg back coat
vakolatfestés distemper(ed plaster)
vakolathézag *([boltozó] kövek között:)* abreuvoir
vakolatlécezés *(ép)* wall furring
vakolatlehúzó léc *(ép)* plaster lath
vakolatréteg : első ~ felcsapása *(rabitzhálóra)* pricking-up
vakolatsimítás *(ép)* dubbing
vakolatsimító *(ép)* drag, float ; **~ kanál** darby, derby
vakolattartó : ~ fémléc *(ép)* self-furring metal lath ; **~ léc(ek)** *(ép)* strapping ; **~ lécezés** lathwork
vakoldal *(nyomda)* friar
vakoló : ~ kőműves plasterer ; **~ simítókanál** plastering trowel
vakolódeszka *(ép)* spot board
vakolókanál smoothing trowel, float
vakolóléc *(ép)* grounds
vakolómunka plaster work, plastering
vakolt faced
vakond-alagcső mole drain
vakondeke mole/drainage plough
vakondirha *(bőr)* mole
vakondtúrás mole-hill
vakoszlop box column
vaköltés *(cipő)* mock stitching
vakpadló *(ép)* counterfloor, subfloor, deadfloor
vakpadló-váz floor grating/grid
vakperem *l* **vakkarima**
vakpersely *(gépt)* blind bushing
vakpróba blank test/trial, blind/dummy run
vakráma *(festővászon alatt)* stretcher
vakrepülés blind/instrument flight/flying ; **~ szabályai** instrument flight rules (IFR)
vakrepülésgyakorló : ~ készülék *(földi)* link trainer
vakrepülési : legkisebb biztonságos ~ magasság minimum instrument altitude ; **~ magasság** instrument altitude
vakrepülő-forduló instrument turn
vakrepülő-minősítés instrument rating
vakrepülő-műszertábla blind flying panel
vakrúd key bar ; *(ép)* idle member
vakság *(tükrön)* dullness
vakszint *(földt)* barren ground ; **emeletközi ~** *(ép)* blind level
vaktában : ~ bányászkodik gopher ; **~ telepített fúrólyuk** *(ol)* wildcat well ; **~ telepített kutatóakna** *(bány)* gopher hole ; **~ telepített kutatóvágat** *(bány)* gopher drift; **~ vett minta** *(vegy)* grab sample
vaktengely *(vasút)* dead axle
vakterhelés *(távk)* dummy load
vaktöltény blank ammunition/cartridge
vakuola vacuole
vákuum vacuum, depression ; **gyenge ~** rough/low vacuum ; **igen nagy ~** ultrahigh vacuum ; **kezdeti ~** initial/first vacuum ; **nagy ~** fine/high vacuum ; **részleges ~** partial vacuum; **teljes ~ elérése** *(elektroncsőszivattyúzásnál ; rád)* clean-up ; **tökéletes ~** perfect vacuum
vákuumbepárló készülék *(pa)* vacuum concentrator
vákuumbesűrítés *(pa)* vacuum evaporation
vákuumbesűrítő vacuum evaporator/boiler/concentrator
vákuumbiztos tömítés vacuum seal
vákuumbúra vacuum chamber
vákuumcsapda *(rád)* vacuum trap
vákuumcső (high-)vacuum tube/valve
vákuumcsökkenés loss of vacuum
vákuum-csővezeték vacuum piping
vákuum-egyenirányító *(vill)* high-vacuum rectifier ; **~ cső** *(rád)* high-vacuum rectifier valve/tube
vákuum-fék vacuum brake
vákuum-fok *(kisülési csőben)* hardness
vákuumfokozó vacuum augmenter
vákuumfotocella vacuum phototube
vákuum-fűtés vacuum heating
vákuum-gőzsugárszivattyú vacuum booster
vákuumimpregnálási eljárás *(fáé)* empty-cell process
vákuumizzítás vacuum baking
vákuumjavító *[vákuumcsőben]* getter
vákuum-kályha vacuum oven
vákuum-kamra vacuum space
vákuum-kapcsoló vacuum(-operated) switch
vákuum-kivonókészülék vacuum extract still
vákuum-kondenzátor *(rád)* coco(a)nut capacitor
vákuumkorlátozó *(fékrendszerben ; vasút)* vacuum limiter
vákuumlámpa vacuum lamp
vákuum-lepárlás vacuum distillation ; **~sal nyert kátrány** vacuum tar

vákuumlepárló berendezés vacuum still/pan

vákuummérő vacuum ga(u)ge ; *(szivattyún)* suction ga(u)ge *is*

vákuumméter *l* **vákuummérő**

vákuummotor vacuum engine

vákuumos : ~ elgőzölögtető *v* **besűrítő készülék** vacuum evaporator ; **~ fotocella** vacuum cell ; **~ izzólámpa** vacuum filament lamp ; **~ jéggép** vacuum ice machine ; **~ szívófej** vacuum dissipator ; **~ túlfeszültséglevezető** *(vill)* vacuum (lightning) arrester

vákuum-öntés vacuum casting

vákuum-palack vacuum flask

vákuumspektrográf vacuum spectrograph

vákuum-szabályozó : ~ henger suction control cylinder ; **~ szelep** vacuum valve

vákuum-szárító vacuum drier

vákuum-szivattyú vacuum (air-)pump ; **diffúziós ~** diffusion air pump

vákuum-sztrippelés *(ol)* vacuum stripping

vákuumszűrés vacuum filtration

vákuumszűrő vacuum filter

vákuum-tartály vacuum receiver/reservoir/tank, depression tank

vákuumtechnika vacuum engineering

vákuum-telítés *(fa)* empty-cell process

vákuum-tér vacuum space

vákuum-torony vacuum tower

vákuum-töltőgép vacuum filler

vákuum-üregrezonátor *(rád)* rhumbatron

vákuumzár *(rád)* vacuum seal

vakvágány *(bány)* tail track, stub ; *(csilleváltáshoz)* spur track

vakvágásos *(bőr)* damaged by cuts

vakvágat *(bány)* stub (entry), blind drift/room

vakvarrat *(tex)* mock seam

V-alakú V-shaped, V-, vee ; *l még* **ékes, ék alakú** ; **~ antenna** V-aerial ; **~ beeresztés** *(oszlopé ; ép)* vee joint ; **~ bukógát** *(hidr)* Vee-weir ; **~ bukónyílás** *(Thomson-gáton)* Vee-notch ; **~ csillámgyűrű** *(vill)* mica Vee-ring **~ dúc** *v* **támasztó gerenda** Vee-/V-strut ; **~ elrendezés** *(antennáé)* V-shaped arrangement ; **~ fúró** Vee-drill ; **~ futómű** *(rep)* V-type landing gear ; **~ háromszögnyílású mérőbukó** *(hidr)* Vee-notch water meter ; **~ (hegesztett) illesztés** *v* **varrat** Vee-weld ; **~ horony** Vee-slot/groove ; **~ idomszer** V-edge ga(u)ge ; **~ rés** *(bány)* core ; **~ szögfelrakó** *v* **szögmérő** V-edge protractor ; **~ terelők** *(katódsugárcsőben)* V-shaped deflectors ; **~ vájat** V-groove ; **~ vezetősín** *(gépt)* V-guide

V-alakzat *(rep)* Vee-/vic formation

valangini emelet *(földt)* Valanginian stage

válaszadás hullám(hossz)a *(rád)* answering wave

válaszellenőrzés *(távk)* supervision of answer

válaszfal diaphragm, septum, partition, bulkhead, curtain/position/separation wall ; *(deszka)* parting slip ; *(gépk)* partition ; *(hajó, rep)* bulkhead ; **alacsony ~** *(nagyolvasztóban)* bridge wall ; **félmagas ~** dwarf partition ; **lyukacsos ~** *(akkumulátorlemezek között ; vill)* diaphragm ; **összehajtható ~** accordion ; **páncélozott ~** *(bány)* armo(u)r bulkhead ; **szellőzéssel osztó ~** *(bány)* air partition ; **tűzbiztos ~** *(rep)* baffle plate

válaszfalfedélzet *(hajó)* bulkhead deck

válaszfalmerevítő *(hajó)* bulkhead stiffener

válaszfalszeg *(hajó)* deck spike nail

válaszfalszerkezet *(rabitzhálóbetétes)* black-plastered construction

válaszjelzés *(vasút)* repeating signal

válaszlemez layer board

válaszmegfigyelés *(távk)* supervision of answer

válaszoló : ~ frekvencia *(rád, rep)* responding frequency ; **~ készülék** *(rád)* responder

válaszpárkány *(ép)* string course

válaszreakció responsive reaction

választ *(távk)* select

választás (s)election ; *[aranyé]* parting

választási (s)elective ; **~ idő** *(távk)* selecting time

választásvég-jel *(távk)* end of selection signal

választék assortment, choise, selection

választékony kapcsolás *(távk)* selective network

választékonyság *(rád)* selectivity

választékos *(tex)* dainty, elegant, exquisite

választható alternative ; **~ egyoldalsávos vétel** *(rád)* selectable single--sideband reception

választó *mn* selecting ; *mn (mat)* separatory ; **~ érintkező** dependent contact ; **~ felület** parting plane ; **~ fokozat** *(távk)* selecting stage ; *[gépközpontban ; távk]* rank of switches ; **~ frekvencia** *(távk)* cut-off frequency ; **~ hívó csengetés** *(távk)* selective ringing ; **~ hívójel** *(távk)* distinguishing signal ; **~ impulzus** strobe pulse ; **~ jelfogó** discriminating relay ; **~ kapcsoló** selector/discriminating switch ; **~t kapcsoló mágnes** *(távk)* selector--stepping magnet ; **~ képesség** selectivity ; **~ készülék** *(vill)* selector, solver ; **~ szerelvény** *(távk)* selector assembly ; **~ zöldsáv** *(kétpályás útburkolatnál)* parting strip

választóanyag *(önt)* release agent

választófal *l* **válaszfal**

választógép *(távk)* selector ; **csatlakozó ~** access selector

választógép-csúcsív *(távk)* selector bank

választóimpulzus-késleltetés *(távk)* trigger-gate delay

választóimpulzus-tartam *(távk)* trigger--gate width

választójelek *(távk)* impulsing signals; multifrequency pulses *(US)*

választókar *(rád)* selector

választókör *(rád)* clipper

választókulcs *(távk)* selector key

választólemez separating plate

választópárkány *(ép)* string cornice ; **épületlábazatot befejező ~** block course, block head

választópecek *[távgépírón]* selector finger

választópont *(rep)* point of no return

választórendszer *(telef)* dial/automatic (telephone) system

választórúd *(forg)* selector rod ; *(hidr)* inner bar

választósín *(távirógépen)* combination/code/selector bar

választósor *(tex)* separation course

választószál *(tex)* draw thread

választószűrő *(rád)* discrimination filter

választótárcsa *(forg, telef)* selector dial ; *[távgépírón]* combination comb

választótölcsér *(vegy)* separating funnel

választott : önkényesen ~ arbitrary

választóvevő *(távk)* diversity receiver

választóvilla *(forg)* selector fork

választóvíz (diluted) nitric acid

válaszút parting

valencianit *(ásv)* valencianite

valentinit *(ásv)* valentinite

macskagyökér —

valeriángyökér *(drog)* valerian root

valeriánsav valer(ian)ic acid

valin valine, 1-aminoisovaleric acid

váll *(gépt)* shoulder, collar ; **könyökfa alatti ~** cleat

vállalat enterprise, undertaking ; **~ba adott építkezés** contract construction

vállalatvezető works manager

vállalkozó contractor

vállas : ~ csap *(fakötés)* hauncheon ; **~ csavar** shoulder screw ; **~ perem** collar flange ; **~ tengely** collared shaft ; **~ tengelycsap** collar journal

V-állás *(hengerblokké)* vee ; *(rep)* dihedral ; **negatív ~** *(rep)* anhedral ; **~ szöge** *(rep)* dihedral angle

vállazás *(ép)* joggle ; *(kovácsolásnál)* shouldering

vállazott : ~ csapszeg shouldered bolt ; **~ ereszték** *v* **szádcsap** shouldered tenon

vállcsap *(fakötés)* shouldered tenon

vállcsapos : ~ kötés *(fa)* joining with peg shoulder ; **~ oszlop** *(feszítőművön)* joggle post

vállfa *(ép)* gusset ; *(ruhához)* clothes rack

vállhézag *(ép)* abutment/abutting joint

vállív hance

vállkendő *(tex)* scarf, wrapper, neckerchief

vállkő *(ép)* chaptrel, impost ; *(ívé)* cushion

váll-lap *(bány)* rift ; *(tex)* epaulet(te); **ívelt** *v* **hullámos ~** *(bány)* bent cleavage ; **másodrendű ~** *(bány)* end cleat ; **~ síkja** *(bány)* back

váll-lapirányú vágat *(bány)* butt entry

váll-laposodás cleat

váll-laposság *(bány)* cleavage ; **ívelt** *v* **hullámos ~** *(bány)* bent cleavage

váll-lemez *(axiális elmozdulás ellen)* collar plate

vállnyak *(könyökfa alatt)* cleat

vállnyomás *(bány)* abutment pressure

vállpárkány *(ép)* shoulder ridge, abutment, impost

vállrész *(bőrön)* shoulder

vállrojt epaulet(te)

vállszíj shoulder strap

vállszög *(ép)* bosh angle

válltámasz *(bány)* abutment

válltáró *(ép)* wall-plate heading

válltartó *(puskán)* shoulder rest ; **~ gyám** *(ép)* skew back

vállvonal *(boltozatnál* v *ívnél)* spring(ing) line

való *(tényleges)* actual

valódi genuine, authentic, real, true, actual, intrinsic ; **~ azimut** *(geod)* true azimuth/bearing ; **~ cellulóztartalom** *(pa)* true cellulose content ,

~ **csukló** *(mech)* real hinge ; ~ **délkör** *(geod)* true meridian ; ~ **élesztők** true yeasts ; ~ **érték** actual value ; ~ **felület** *(pa)* net area ; ~ **fenék** *(földt)* true bottom ; ~ **fényesség** *(csill)* intrinsic luminosity ; ~ **front-fejtés** *(bány)* true longwall ; ~ **gáz** *(fiz)* imperfect/real gas; ~ **kínai papír** China paper ; ~ **kolloid** true colloid ; ~ **lépték** full scale ; ~ **magasság** *(égitesté)* true altitude ; ~ **méret** real dimension ; ~ **mósusz** natural musk ; ~ **mozgás** *(csillagé)* peculiar motion ; ~ **nagyítás** *(fényt)* real magnification ; ~ **nyugalmi állapot** *(távk)* real idle circuit condition ; ~ **ohm** *(vill)* true ohm ; ~ **pergament** pure/cotton parchment, real parchment paper ; ~ **pergament-alappapír** pure parchment bare-paper; ~ **pontosság** intrinsic accuracy ; ~ **tört** proper fraction ; ~ **vetési magasság** *(földt)* perpendicular displacement

válogat sample, assort, pick, sort, *(bány, koh)* pick

válogatás sorting, picking, piecing-out, separation ; **kézi** ~ *(bány)* cobbing ; ~ **nélkül** *(bőr)* tel-quel, without selection ; **osztályozó** ~ classing ; ~ **tényezői** *(nyersbőrnél)* selection factors

válogatatlan indiscriminate

válogató *fn* picker ; ~ **illesztés** selected fit ; ~ **a palahányón** *(bány)* coal picker (on the heap); ~ **szerelés** *(gépt)* selective assembly

válogatóasztal picking/sorting table

válogatógép sorting machine ; *(statisztikai kártyákhoz)* collator

válogatómunkás picker

válogatómű *(pa)* sorting device

válogatóosztály *(tex)* bale-room

válogatószalag *(bány, koh)* sorting/picking belt ; **láncos** ~ *(bány)* chain table

válogató-szedő *(nyomda)* picker

válogatószita *(mzg)* separator

válogatótelep *(bány)* sorting plant

válogatóterem *(pa)* sorting room

válogatott select(ed); *[bőr]* assorted ; ~ **érc** picked/screened ore ; ~ **minőségű fűrészáru** *(fa)* select

valonea *(cserzőanyag)* valonia

valonea-cserzés valonia tannage

valós real ; ~ **fókusz** *(fényt)* real focus ; ~ **függvény** real function ; ~ **gáz** *(fiz)* imperfect/real gas ; ~ **gyök** real root ; ~ **kép** *(fényt)* real image ; ~ **összetevő** *(mat)* real component ; ~ **szám** *(mat)* real number ; ~ **változó** real variable

valóságos actual, true ; *l még* **valódi** ; ~ **állásszög** *(rep)* true angle attack ; ~ **érckészlet** developed ore ; ~ **fajsúly** real specific gravity ; ~ **(finomsági) szám** *(tex)* actual count ; ~ **fluxussűrűség** actual flux density ; ~ **göngyölegsúly** actual tare ; ~ **iránymeghatározás** *(hajó, rep)* true bearing ; ~ **méret** actual size ; ~ **nyújtás** *(tex)* actual draft/draught/drawing ; ~ **szint** actual level ; ~ **teljesítmény** real output ; ~ **útirány** *(hajó, rep)* true heading

valóságszerűség fidelity

valószínű probable ; ~ **ércvagyon** *(bány)* probable ore ; ~ **érkezési idő** *(rep)* estimated time of arrival ; ~ **érték** *(bány)* prospective value ; ~ **hiba** *(geod, mat)* probable error ; ~ **vagyon** *(bány)* probable reserve

valószínűség probability ; **közelítő** ~ coarse-grained probability

valószínűségi : ~ **amplitúdó** *(kvantummechanikában)* probability amplitude; ~ **felvételi lap** *(valószínűségi eloszlásnak megfelelő különleges vonalbeosztással)* probability paper ; ~ **görbe** *(mat)* Gaussian/probability curve ; ~ **hullámok** *(at, mech)* waves of probability, probability waves ; ~ **változó** *(mat)* random variable

valószínűségszámítás theory of probability, probability calculation/calculus

vált change ; **áttételt** *v* **sebességet** ~ *(gépk)* change gears

vált(ak)ozás *(egy mennyiségé)* variation, fluctuation ; *(több mennyiségé)* interchange ; *(vill)* alternation

váltakozik alternate

váltakozó alternating, reciprocating ; ~ **alapkötés** *(tex)* box change repeat ; ~ **áram** alternating current, A. C.; ~ **árammal táplált adó** *(rád)* self-rectified transmitter ; ~ **áramú** *l* **váltakozóáramú** ; ~ **fény** alternating light ; ~ **fényű világítóhajó** alternating light ; ~ **feszültség** alternating voltage ; ~ **impedanciájú antenna** periodical antenna ; ~ **irányú csévélés** *(tex)* pile winding ; ~ **irányú fejtés** *(mezőbe és haza ; bány)* combination advance and retreat system ; ~ **irányú feszültség** *(mech)* reverse stress ; ~ **irányú mozgás** reciprocating motion ; ~ **irányú terhelés** *(mech)* oscillating load ; ~ **ívhajtogatás** *(nyomda)* square folding ; ~ **összetevő** alternating-current component, a-c component ; ~ **sarkú indukció** *(távk)* heteropolar induction ; ~ **sínillesztés** broken joints ; ~ **terhelés** *(mech)* pulsating/fluctuating load

váltakozóáram-búgás alternating-current hum

váltakozóáramú alternating-current, A. C.; ~ **csengő** alternating-current bell, A. C. bell, magneto bell ; ~ **ellenállásmérő híd** impedance bridge ; ~ **előmágnesezés** *[magnetofonban]* a. c. (magnetic) biassing ; ~ **energiaforrás** alternating-current source ; ~ **fűtés** *(rád)* a.c. heating ; ~ **generátor** alternating current generator, A.C. generator ; ~ **hálózat** alternating-current mains, A.C. mains ; ~ **híd** *(vill)* alternating-current bridge ; ~ **híd kapacitásméréshez** Campbell—Colpitts bridge ; ~ **impulzus** *(rád)* a.c. pulse ; ~ **induktivitás** a.c./apparent/incremental inductance ; ~ **jel** *(távk)* a.c. signal ; ~ **jelfogó** *(távk)* alternating-current relay; ~ **mérőhíd** alternating-current bridge ; ~ **mérőműszer** a.c. meter ; ~ **motor** alternating-current motor, A.C. motor ; ~ **oldal** alternating-current side, a.c. side ; ~ **összetevő** alternating-current component ; ~ **permeabilitás** *(távk)* alternating-current effective permeability, incremental effective permeability ; ~ **szinkron generátor** synchronous alternator ; ~ **táplálás** alternating-current supply, A.C. supply ; ~ **távírás** a.c. telegraphy ; ~ **teljesítmény** alternating-current power

váltás exchange, turn, reverse, changing; *(műszak)* change, shift ; **éjszakai** ~ night shift ; ~ **két munkásbrigáddal** double shift ; ~ **munkahelyen** *(bány)* bank-to-bank

váltásjelző óra relay master clock

váltásszám *(vill)* number of alternations

váltó *mn* alternate , *fn* *(irógépen)* shift ; *(vasút, vill)* switch ; *(távk)* dividing network, filter (set); *(telef)* switchboard ; ~ **átállítása** *(vasút)* overthrow ; **csúcssín nélküli** ~ dumb switch ; ~ **emeltyűzára** *(vasút)* block latch ; ~ **feles állása** *(vasút)* half-open position of the switch ; ~ **jelzőlámpája** switch lamp ; ~ **kapcsoló** change-over switch ; **kettős** ~ *(vasút)* double switch ; **kettős ívbe épített** ~ *(vasút)* double-curve point ; ~ **sínszéke** *(vill)* switch chair ; ~ **vége** *(vasút)* switch end

váltóállás-ellenőrző *(kikapcsoló szerkezettel)* point detector (with latch-out device)

váltóállásmutató *(vasút)* switch indicator

váltóállítás *(vasút)* point operating/setting, shifting ; *(tolatáskor)* switching ; **mechanikus** ~ recoupling

váltóállító *(vasút)* switchboy ; ~ **bak** switch stand ; ~ **berendezés** switch-operating mechanism ; ~ **bódé** signal tower ; ~ **emelőkar** pointer ; ~ **emeltyű** point lever ; ~ **emeltyű zárókilincse** lever latch block ; ~ **gép** switch machine ; ~ **kar** shipper ; ~ **készülék talpfája** head-block ; ~ **motor** point motor ; ~ **őrhely** switch station ; ~ **rúd** switch/point/throw rod ; ~ **szerkezet** shifter ; ~ **torony** interlocking tower

váltóállvány *(koh)* change stand

váltóáram *l* **váltakozó áram**

váltóáramú *l* **váltakozóáramú**

váltóasztal desk

váltó-átváltás *(vasút)* throw of switch

váltóbillentyű changer bar

váltóbot baton

váltócsúcs tongue, point, switch rail ; ~ **illeszkedése** switch-point housing

váltócsúcsielzárás *(vasút)* closing of point

váltócsúcssín switch point, tongue

váltó-csúcssínfül point lug

váltócsúcssínfül switch point lug

váltócsúcsvédő berendezés switch-point protector

váltóeke reversible/hillside plough, throw-over plough

váltóemeltyűzár *(vasút)* switch lever lock

váltó- és jelzőállító berendezés *(vasút)* interlocking installation

váltófeszültség *(vill)* alternating(-current) voltage

váltófiókos gép *(tex)* check loom

váltófog *(gép)* commutating tooth

váltófogaskerék *l* **váltókerék**

váltófoglaltsági sín *(vasút)* detector

váltófrekvencia *(távk)* cross-over frequency

váltógerenda trimmer joist

váltógomb *(geod)* inverter knob, change-over knob

váltógyök *(vasút)* heel of switch

váltógyöksínszék heel chair

váltógyűrű changing collar
váltóhajtó : ~ **mű** *(vasút)* switch machine ; ~ **rúd** *(vasút)* operating rod
váltóhenger *(szalaghengerműben)* slitter
váltóív *(vasút)* switch curve
váltóívhossz curved lead
váltójel *(távk)* square-wave signal
váltójelző *(vasút)* switch signal
váltójelzőlámpa *(vasút)* signal point indicator lamp
váltójelzőtárcsa switch target
váltókalapács *(Northrop-szövőszéken)* transfer hammer
váltókanyar *(vasút)* lead curve
váltókar shift/switch/selector lever; *(óra)* push-piece lever ; *(vasút)* stretcher rod
váltókarfogantyú shifting handle
váltókerék *(forg)* change pinion/wheel ; *(óra)* minute wheel
váltókerékállító olló quadrant plate
váltókerékkészlet *(forg)* change wheel set
váltókeréksor change gear train
váltókerékszekrény change-speed gear box
váltókeréktartó *(olló ; forg)* change gear bracket
váltókezelő switchman, switch tender
váltókitérő switch
váltókulissza *(tex)* slide shifter
váltóláda *(tex)* drop/change box slay
váltóládás szövőgép *(tex)* drop-box loom
váltólap *(tex)* wedge shifter ; *(rostában ; bány)* veil
váltólezárás *(vonatközeledéskor)* approach locking
váltómelegítő berendezés switch heater
váltónyelv switch tongue
váltónyelvgyalugép point planing machine
váltóolló *(mélyfúrásnál mentéshez)* fishing jars
váltóőr *l* **váltókezelő**
váltóőrbódé cabin
váltópapír bill head paper, bill paper
váltópilóta *(rep)* relief pilot
váltórögzítés *(vasút)* switch fixture
váltórögzítő billentyű *(írógépen)* shift lock key
váltórugó *(óra)* yoke holder spring
váltósín switch rail
váltósíngyalu frog planer
váltósoros : ~ **befűzés** *(tex)* skip draft ; ~ **feltűzés** *(felvetőállványra ; tex)* skip-eyed creeling ; ~ **letapogatás** *(telev)* interlaced scanning
váltószám change ratio
váltószelep cross/selector valve
váltószerelvény *(vasút)* switch fixtures
váltószerkezet shifting construction ; *(tex)* switch
váltószivattyú relay pump
váltószög *(mat)* alternate angle
váltótalpfa swith sleeper
váltótalplemez *(vill)* switch chair
váltótárcsa change pulley
váltótengely *(kulisszás szerkezeté)* weigh-bar shaft
váltótorony *(vasút)* operating house
váltótő-lazulás *(vasút)* heel extension
váltótriósor *(heng)* serpent mill
váltott : ~ **járású** *(lánctalpas és kerekes)* semi-crawler mounting ; ~ **osztású sor** staggered row ; ~ **osztású többsoros szegecskötés** staggered rivet joint ; ~ **soros** *(telev)* interlaced ; ~ **soros letapogatás** *(telev)* interlaced scanning ; ~ **soros szegecselés** staggered riveting
váltóvágány interchange track
váltóvezető *[fuvarvállalatnál]* relief driver ; *[gépkocsiversenyen]* co-driver
váltóvilla belt fork
váltóvisszaállítás switchback
váltózár *(vasút)* switch/point lock ; **villamos** ~ electric switch lock
váltózár-reteszelő orsó lock bolt
váltózár-reteszrúd *(vasút)* facing point lock plunger
változás variation, change(over), alteration, mutation ; ~**t akadályozó szer** *(gumi)* stabilizator ; **hirtelen** ~ *(hőmérsékleté)* jump ; **napi** ~ *(met)* diurnal variation ; ~ **a telér dőlésében** *(bány)* knuckle
változási : ~ **fok** *(vegy)* variance, variability ; ~ **sebesség** rate of change ; *(aut)* process reaction rate, rate of change ; ~ **tartomány** *(mat)* range of variation
változat version, variation, alternative, modification
változatlan constant, fixed, invariable, invariant, unchanged, unaltered, changeless ; ~ **lenyomat új címmel** *(nyomda)* reissue under a new title ; ~ **medrű folyó** *(hidr)* river at grade
változatlanság invariability
változékony unsteady, labile, changeable, variable, unstable
változékonyság variability, instability ; *(rád)* seasoning
változik change ; *(hullámzik)* undulate; **határok közt** ~ *(mat)* range
változó *mn* variable, non-uniform, changing, erratic, varying, unsteady ; *(teher)* live ; *fn (mat)* variable ; ~ **amplitúdó** varying amplitude ; ~ **csatolású rádiófrekvenciás transzformátor** jigger ; ~ **csillag** variable star ; ~ **dugattyúlöket** *(Diesel)* variable plunger stroke ; ~ **előfeszültség** variable bias ; ~ **értékek** scattering values ; ~ **esések** *(vasút)* undulating grades ; ~ **feketedésű hangírás** *(film)* variable-density system ; ~ **feketedésű hangsáv** variable-density track ; ~ **fényű kozmikus köd** variable nebula ; **fogyatkozó** ~ **csillag** eclipsing variable; **független** ~ *(mat)* argument, independent variable ; **függő** ~ *(mat)* dependent variable ; ~ **hang** flutter tone ; ~ **hátrasiklás** controlled recoil ; ~ **hosszúságú hátrasiklás** *(lövegcsőé)* variable recoil ; ~ **igénybevétel** *(gépé)* varying duty ; ~ **induktivitású fojtótekercs** *(tápszűrőben)* swinging choke; ~ **ív** *(heg)* unstable arc ; ~ **keresztmetszetű gerenda** non-uniform beam ; ~ **költségek** variable/running costs ; ~ **mágneses ellenállású műszer** instrument of the variable reluctance type ; ~ **meredekségű cső** *(rád)* variable/vary-mu valve ; ~ **meredekségű kiegyenlítő** *(távk)* variable-slope equalizer ; ~ **sebességű letapogatás** *(telev)* variable-speed scanning ; ~ **sűrűség** variable density ; ~ **szelektivitás** variable selectivity ; ~ **szelepemelkedés** *(Diesel)* variable valve lift ; ~ **széljárású övezet** *(met)* variable ; ~ **tágulás** variable expansion ; ~ **tér** variable field ; ~ **terhelés** variable changing load ; ~ **vivőszintes moduláiás** *(rád)* floating carrier modulation ~ **vízmozgás** varying flow
változtat change, commutate, modify ; **áramirányt** ~ *(vill)* commutate ; **gémkinyúlást** ~ luff ; **szűrés** *v* **kivonatolás közben oldószert** ~ displace
változtatás change, modification, alteration, mutation
változtathatatlanság inalterability
változtatható variable ; ~ **átmérőjű szíjtárcsa** expanding pulley ; ~ **beállítású szárny** *(rep)* variable-incidence wing ; ~ **csatolás** variable coupling ; ~ **csatolóelem** *(rád)* slide coupler; ~ **csatolótekercs** *(rád)* variocoupler; (transmitting) jigger; ~ **csillámkondenzátor** variable mica condenser ; ~ **ellenállás** *(vill)* varistor, variable resistor ; ~ **emelésű bütyök** cam of variable lift ; ~ **emelkedésszögű sugár** *(rád)* variable elevation beam ; ~ **emelkedésű légcsavar** *(rep)* variable-pitch airscrew ; ~ **felállítású állványzat** multiple-set framing ; ~ **felületű szárny** *(rep)* variable-area wing ; ~ **fesztávú szárny** *(rep)* telescopic wing ; ~ **fordulatszámú motor** variable-speed motor ; ~ **forgásirányú hajtás** reversible drive ; ~ **forgáspontú fogó** slip-joint pliers ; ~ **frekvenciájú oszcillátor** frequency-change oscillator ; ~ **gyújtótávolságú lencse** convertible lens ; ~ **induktivitású tekercs** variometer ; ~ **irányítású mikrofon** polydirectional microphone ; ~ **íveltség** *(rep)* variable camber ; ~ **íveltségű szárny** *(rep)* variable-camber wing ; ~ **kapacitás** variable capacity ; ~ **kiegyenlítő** *(távk)* variable equalizer ; ~ **kinyúlású gém** jib of variable radius ; ~ **kioldásidejű biztosító** *(vill)* variable-time fuse ; ~ **kompresszióviszonyú motor** variable compression engine ; ~ **kondenzátor** variable capacitor ; **nem** ~ inalterable, fixed, permanent ; ~ **önindukció(s tekercs)** variable inductance ; ~ **rácselőfeszültségű csővoltmérő** *(rád)* slide-back vacuum-tube voltmeter ; ~ **szekunder feszültségű transzformátor** variable transformer ; ~ **szelektivitású** expanding (channel) ; ~ **szögmérő** combination square ; ~ **távolságmeghatározó jelvevő berendezés** movable-range marker
változtathatóság variability
váltva-forgató eke turn-wrest plough, roll/reversible plough
vályog adobe (clay), cob ; **agyagos** ~ clay loam
vályogépítmény adobe
vályogfal dirt wall
vályogfalverés cobbing
vályoggödör loam pit
vályoghabarcs cob mortar
vályogos loamy
vályogtalaj clayey soil, loam
vályogtégla adobe/cob/clay brick
vályogvágó loam cutter
vályú riffle, tray, trough, chute ; *(ép)* lobe ; *(gépnél ; pa)* hollow ; **alsó** ~ *(kaparószalagnál ; bány)* bell crank trough ; **kis** ~ *(hidr)* vale ; **munkapadra szerelt** ~ bench hook ; ~**k sorozata** troughing
vályúbevégződés trough terminal
vályúrakat *(bány)* trough line

vályús : ~ **erózió** rill erosion ; ~ **görgő** trough roller ; ~ **hornyolású cserép** *(ép)* trough gutter tile ; ~ **sín** tramway type rail, flange/grooved rail ; ~ **sín nyúlványa** guard lip ; ~ **rakodószalag** *(bány)* trough elevating conveyer ; ~ **szalag** troughed belt ; ~ **szalaggörgő** troughed idler ; ~ **szállító(gép)** trough-belt conveyer ; ~ **szállító készülék** *(ép)* trough transporter ; ~ **szállítószalag** trough conveyer ; ~ **tüzelés** trough furnace
vályúszerű mélyedés *(földt)* trough
vámpír-itatóspapír vampyr blotting paper
vámraktár *(elvámolatlan áruk számára:)* bonded ware-house
vámrepülőtér airport of entry
vámsorompó toll gate
vanadinit *(ásv)* vanadinite
vanádium vanadium
vanádiumacél vanadium steel
vanádiumdúsítvány vanadium concentrate
vanádiumokker *(ásv)* vanadic ocher
vanádium tartalmú *(ásv)* vanadian
van der Waals-féle : ~ **egyenlet** van der Waals equation ; ~ **erők** van der Waals forces
vándor- *(földt)* erratic ; *(gépt)* travel(l)ing ; ~ **homokdombok** *v* **dűnák** travel(l)ing dunes
vándoranya *(gépt)* travelling nut
vándorautó itinerant truck
vándorhullám *(mech)* intrusive wave ; *(rád, vill)* migratory/travel(l)ing wave ; *(túlfeszültségé)* surge voltage
vándorhullámklisztron T. W. klystron
vándorkovácsműhely travel(l)ing forge
vándorkő *(földt)* transported boulder, farewell/erratic block
vándorlás walk, migration ; *(színezéké)* migration ; *(hidr)* wandering ; ~ **fény hatására** photophoresis
vándorlási sebesség migration speed, travel rate
vándorló travel(l)ing ; *(meder ; hidr)* wandering ; ~ **anya** *(gépt)* travelling/sliding nut ; ~ **fénypont** *(táv)* flying spot ; ~ **folyó** walker river ; ~ **homokdűnák** shifting sands ; ~ **irányszög-hiba** *(rep)* random sampling error ; ~ **vas** *(malomipar)* tram-iron
vándorrostély travel(l)ing grate ; ~ **bolygató szerkezete** travel(l)ing-grate stoker
vándortelep *(földt)* erratic orebody
vándortelepülésű üledék *(földt)* erratic deposit
vándorzsaluzat *(ép)* sliding formwork
vanília vanilla bean
vanillin vanillin
vánkos pad ; *l még* **párna :** ~ **alakú torzulás** *(lencserendszeré)* pillow distortion
vánkosfa *(ép)* sleeper, pad, tread tree/timber ; ~ *(oszlopon)* plain boltel
vanner *(koh)* vanner
V-antenna V-aerial/antenna
ványol fuller, knead ; *(tex)* tuck ; **hordóban** *v* **kelepcében** ~ *(bőr)* paddle
ványolás fulling ; *(bőr)* grimping ; *(tex)* milling is
ványolásálló színezékek *(tex)* fast to milling dyes
ványolási hibából eredő kallócsíkok *(tex)* millrows
ványolhatóság milling properties
ványolo motolla fuller-box
ványolóföld fuller's earth ; ~ **felső rétege** cledge
ványológép fulling mill, milling machine, planker ; *(bőr)* stamp
ványolóhenger fuller
ványolóhordó *(bőr)* fuller reel
ványolóműhely fullery
ványolt *[(bőr)felsőrész]* crimped ; ~ **cipőfelrész** blocked wamp ; ~ **fésűsgyapjú szövetek** milled worsteds ; ~ **posztó** rolled cloth
vápa *(ép)* velley, hollow, chamfer, sole, trough
vápacsatorna *(ép)* neck gutter
vápacserép *(ép)* valley tile, hip tile
vápapala hip slate
vápás tető *(ép)* roof with valley
vápaszaru hip ridge
vápa-szarufa *(ép)* valley rafter ; **csonka** ~ *(ép)* valley jack rafter
vápa-zugszarufa *(ép)* valley jack rafter
Vaquier-féle inga Vaquier balance
var *(heg)* bead ; *(mértékegység ; vill)* var
várachát *(ásv)* ruin/fortification agate
várakozás *(rep)* holding ; *(járműveké, rövid ideig:)* waiting, *(hosszabb ideig:)* parking ; ~ **tilos**! *(járműnek)* no parking
várakozási: ~ **eljárás** *(rep)* holding procedure ; ~ **érték** *(at)* expectation value ; ~ **forduló** *(rep)* procedure turn ; ~ **légtér** *(rep)* holding area ; ~ **tilalom** *(forgalomban)* parking ban
várakozó : ~ **(jármű)sor** waiting queue (of vehicles), „tail" ; ~ **repülőgép** holding aircraft
várakozóhely *(járművek számára)* parking area ; *(gépk)* parking ground/place/space ; *(zsilip előtt ; hajó)* mooring space ; *(rep)* holding position
várakoztató rendszer *v* **elrendezés** *(rep)* holding pattern
váratlan fázisrendellenességek *(rád)* sudden phase anomalies
varázsszem *(rád)* visual indicator tube, magic(-)eye, cathode-ray tuning indicator ; *(F. M. indikátorcső)* deflection-angle tube ; ~ **homloklapja** cathode target
varázsvessző divining rod, wand
varázsvesszős: ~ **vízkutatás** rhabdomancy ~ **vízkutató** water diviner/finder
várható: ~ **érckincs** *(bány)* prospective ore ; ~ **érkezési idő** *(rep)* estimated time of arrival ; ~ **indulási idő** *(rep)* expected time of departure ; ~ **megközelítési idő** *(rep)* expected approach time
variáció variation ; ~**ra hajlamos** variable
variációs : ~ **görbe** curve of variation ; ~ **határ** range ; ~ **tulajdonság** *v* **képesség** variability
variációszámítás *(mat)* variation calculus
variál vary
variáns variant, alternative
variométer *(rád)* (rotating-coil) variometer ; *(rep)* rate-of-climb indicator
variométer-tekercs *(rád)* variometer coil
variscit *(ásv)* variscite
variszkuszi *(földt)* Variscian
varisztor-tárcsa *(távk)* varistor disc
varnis-cső varnish/wiring tube/hose
várófülke *(villamos- v autóbuszmegállónál:)* passenger shelter ; *(busz)* bus shelter
várópont *(rep)* holding point
várópont-helyjeladó *(rep)* holding marker
várópont-jeladó *(rep)* holding beacon
város town, city ; ~ **környéke** *(ép)* suburb ; ~- **és községgazdálkodás** town and community economics ; ~- **és községrendezés** town and community planning ; ~- **és vidékrendezés** town and country planning
városalakító : ~ **létesítmények** establishments facilitating the development of a settlement into a town ; ~ **népesség** population working in the service centres of a town
városépítés town planning/construction, civic design
városépítészet science and art of planning and extension of towns
városépítészeti együttes architectural combination of homogenous town elements
városfejlesztés town development, city building
városhatár urban fence
városháza city/town hall/house
városi city, urban, civil, civic ; ~ **autóbusz** local transit bus ; ~ **bérház** *(ép)* communal dwelling ; ~ **erdő** wood with parkways near a town ; ~ **forgalom** urban traffic ; ~ **gáz** town gas ; ~ **hálózat** *(távk)* urban network ; ~ **izzó** *(fényszóróban ; gépk)* pilot bulb ; ~ *(községi)* **közintézmény** public institution of a town (or community) ; ~ **lámpa** *(gépk)* side-light, parking light ; ~ **repülőtér** municipal airport ; ~ **út** street ; ~ **üzem** *(gépk)* urban operation ; ~ **(vágóhídi) vágás** *(bőr)* city slaughter ; ~ **vasút** metropolitan railway ; ~ **vonal** *(távk)* urban line
városias (jellegű) urban ; ~**sá tesz** urbanize
városít urbanize
városjelleg town characteristics
városjelző *(tetőre festett ; rep)* painted roof town marker
városkapu city-gate, gate of the town ; *(gdzátvételre)* city gate
városkép town picture
városképi : ~ **elem** town picture element ; ~ **hangsúly** prevailing town picture element ; ~ **tényező** town picture factor
városkompozíció town composition
városkörnyék neighbourhood/vicinity of a town, surrounding country ; ~ **szűkebb területe** environs/outskirts of a town
városkörüli övezet outskirts
városközi inter-city, interurban ; *(telef) l* **nagytávolsági ;** ~ **autóbusz** inter-city bus ; ~ **forgalom** interurban traffic ; ~ **közlekedés** intercity communication ; ~ **távbeszélő központ** trunk exchange
városközpont city centre
város-látkép vista
városmérés city survey
városnegyed *(ép)* section, district
városorganizáció organization of town development
várospark town park

város-relief relief/map/picture of a town
városrendezés town development/extension planning
városszegély outskirts
városszéli circumferential ; ~ **övezet** outskirt area of a town
városszerkezet town/community structure
városziluett town silhouette
várostervezés town planning, civic design
várostípus type of town
város-üzemeltetés functioning of service centres
váróterem waiting/reception room
váróterem waiting room
varr sew, stitch
varrás *(ép)* suture; *(tex)* sewing, stitching, seam(ing) ; ~ **nélküli harisnya** *(tex)* seamless hose ; ~ **nélküli harisnyaáru** *v* **kötszövött áru** seamless hosiery ; ~ **nélküli pamut(szövet)-tárcsa** cotton dolly ; ~ **nélküli zsák** seamless bag
varrásbeállítás *(bőröknél)* straightening-up
varrás-utánzat *(tex)* mock seam ; **hevederes** ~ strapped weld/joint
varrat seam, joint ; *(ép)* suture, seam ; *(heg)* deposited metal, weld ; *l még* **szegecsvarrat** ; *(tex)* chain stitch ; *(harisnyán)* suture ; **aláhegesztett** ~ root-reinforced weld ; **átlapolt** ~ lap joint ; **csapos** ~ plug weld/joint ; **domború** ~ convex weld ; **ellenőrző** ~ test weld ; **élletöréses** ~ beveled/chamfered weld/joint ; **fali** ~ vertical weld ; **fej feletti** ~ overhead weld ; **fekvő** ~ horizontal weld ; **½-V-alakú** ~ single bevel groove weld ; **ferde** ~ oblique fillet weld ; **folytonos** ~ continuous weld ; **függőleges** ~ vertical weld ; **gyengített** ~ concave weld ; **hegesztési** ~ weld, welded joint ; **(hegesztett)** ~ **megvastagítása** *(heg)* weld reinforcement ; **homorú** ~ concave weld ; **hordozó** ~ strength/resistance weld ; ~ **hossztengelye** *(heg)* axis of a weld ; **I-alakú** ~ open square weld ; **J-alakú** ~ single-J groove weld ; **K-alakú** ~ double-bevel groove weld ; **kehely alakú** ~ groove weld ; **kerületi** ~ circumferential weld ; **kettős J-alakú** ~ double-J groove weld ; **kettős kehely alakú** ~ double-U groove weld ; **kettős U-alakú** ~ double-U groove weld ; **kéz alatti** ~ horizontal weld ; **közönséges** ~ normal weld ; **leélezés nélküli** ~ open square weld ; **leélezett** ~ beveled/chamfered weld/joint ; ~ **megerősítése** *(heg)* reinforcement of the weld ; ~ **nélkül hengerelt** seamless-rolled ; ~ **nélkül húzott** seamless-drawn ; ~ **nélküli cső** weldless/seamless pipe/tube ; ~ **nélküli harisnya** seamless hose ; *(fogyasztás nélkül)* mock-fashioned hose ; ~ **nélküli (kazán) köpeny** seamless course ; ~ **nélkül sajtolt** seamless-pressed ; **ponthegesztett** ~ spot-welded joint ; *(huzalgyártmányon)* mash weld ; **szakaszos** ~ intermittent weld ; **szilárd** ~ strength/resistane weld ; **T-alakú** ~ tee-weld/-joint ; *(egy oldalán leélezve:)* single-bevel tee-weld/-joint ; *(két oldalán leélezve:)* double-bevel tee-weld/-joint ; **tompa** ~ butt joint ; **töltőpálcával hegesztett** ~ full fillet weld ; **tömörített** ~ ca(u)lked weld ; ~ **túlemelkedése** *(heg)* reinforcement of weld ; **tűző** ~ tack weld ; **U-alakú** ~ single U ; **vastagított** ~ convex weld ; **X-alakú tompa** ~ *(heg)* double V-butt joint
varratalátét *(heg)* backing
varratárok *(cipő)* channel
varratároknyitó gép *(cipő)* channel opening machine
varratároktakaró gép *(cipő)* channel closing machine
varrateldörzsölő készülék dörzsölő-rúddal *(cipő)* seam rubber with rod
varraterősítés *(heg)* reinforcement of weld
varraterősség *(heg)* throat
varratfal-felállítás *(bőr)* lip lifing
varratfelület *(heg)* face of weld
varratgyök root (edge)
varrathegesztés *(görgős ; heg)* seam welding
varrathegesztő gép *(görgős)* seam welder
varratidomszer welding ga(u)ge
varratkeretlevágó gép *(cipő)* inseam trimmer
varratkészítés : több hernyóval kitöltött ~ *(heg)* beading
varratleverő kalapács seam hammer
varratlezárás seam closing
varratmentes seamless ; *l még* **varrat:** ~ **nélküli** ; ~ **tömlő** seamless hose
varratos : ~ **cső** butt-welded tube ; ~ **elválás** *(földt)* sutural joint
varratrakás *(heg)* beading
varratszakadás *(hegesztési v szegecselt varratnál)* seam rip/failure ; ~**sal szembeni ellenállás** *(tex)* resistance to ripping at seams
varratszedő olló *(orvosi)* ligature scissors
varratszegély *(heg)* seam edge
varratszétdörzsölő *(cipő)* seam rubber
varrattömörítés *(heg)* hammering, ca(u)lking
varratvágó olló stitch-scissors
varratvastagság *(heg)* size of weld
varróanyagorsó *(tex)* strapping
varróár sewing/stitch awl
varrócérna sewing cotton/thread
varrócérna-vastagság grist
varrófonal *(cipő)* welt thread ; *(sebészeti)* catgut (string)
varrógép seaming/sewing machine ; **nagyfrekvenciás** ~ electronic sewing machine
varrógépcsavarhúzó sewing-machine screwdriver
varrógéphajó carriage
varrógép-motor sewing-machine motor
varrógéptű eye-pointed needle
varrókeret *(cipő)* welt
varróráma *(bőrből ; cipő)* welt
varróselyem *(tex)* silk
varrószíj belt lace
varrótalpkeret *(cipő)* welt
varrott szíj *(pa)* laced belt
varrótű sewing needle
varrótűfok needle eye
varsa *(antenna)* cage
várt érték *(mech)* expectation value
várudvar : külső ~ *(ép)* bailey
vas iron ; *l még* **acél** ; **arzénes** ~ *(koh)* arsen iron ; **elektrolitikus** ~ electrolytic iron ; ~- **és fémáru** hardware ; *[kiskereskedelmi]* ironmongery; **fémes** ~ *(koh)* metal iron ; **folyasztott** ~ *(koh)* ingot iron ; **frissített** ~ *(koh)* bloomery iron ; **hegesztett** ~ *(koh)* wrought/forge iron ; ~**at kiválasztó alga** *(földt)* iron alga ; **kokillaöntésű** ~ chilled cast iron ; **meteorikus** ~ *(bány)* meteoric/cosmic iron ; **öntött** ~ *l* **öntöttvas** ; **színállapotban talált** ~ *(koh)* native iron
vasabroncs iron band, ferrule
vasácsolat *(bány)* iron lining
vasal *(vasbetont)* reinforce, armour ; *(alak, ruh)* iron
vas-alagútburkolat *(vasút)* iron lining
vasalás *(erősítés)* reinforcement, armature, armo(u)r ; *(szerelvény:)* small-iron fitting(s), hinge, mounting(s) ; *(vasalóval:)* ironing ; *(bőr)* ironing ; *(asztalosárun ; ép)* furniture ; *(zsiliptáblán:)* framework ; **alsó** ~ bottom bar ; **átlós** ~ diagonal reinforcement ; ~ **hajlítási terve** bend schedule of reinforcement ; ~ **keresztmetszete** *[vasbetonban]* steel area ; ~ **nélküli beton** *(ép)* plain concrete ; ~**sal szembeni ellenállás** *(tex)* fastness to ironing
vasalásállóság *(tex)* ironing fastness
vasalási : ~ **arány** *(ép)* ratio of reinforcement ; ~ **keresztmetszet arányszáma** *[vasbetonban]* steel-area ratio ; ~ **százalék** *(betonban)* percentage of reinforcement, steel percentage ; ~ **terv** *(ép)* arrangement of reinforcement
vasalhatóság *(tex)* ironability
vasalj(azat) *(vasút)* steel/iron/metal sleeper/tie
vasállvány iron trestle ; *[edényáruk kiégetéséhez]* stilt
vasaló *fn* (flat) iron ; *[ruhavasaló]* smoothing iron
vasalóár *(forg)* burnishing broach
vasalóasztal *(tex)* finishing table
vasalódeszka pressing board/panel
vasalógép *(tex)* ironing machine, finishing table
vasalóhenger ironing cylinder
vasalórúd *(pa)* camberbar
vasalótüske *(forg)* burnishing broach
vasalt *vö* **vasal** ; ~ **cserép** *(ép)* reinforced tile ; ~ **csille** *(bány)* box car ; ~ **gipsztábla** gypssteel plank ; ~ **légcsavar** *(rep)* tipped propeller ; ~ **téglafal** *v* **téglaszerkezet** reinforced brickwork
vasammóniumtimsó ammonium iron alum, ammonium ferric sulfate
vásárlási : ~ **adó** purchase tax ; ~ **engedély** permission to purchase
vásárló előírása customer specification
vasas ferreous, irony, steely ; ~ **kménykőzet** *[széntelérekben előforduló ; bány]* ironstone
vasassav ferrous acid
vasbádog *(fekete)* black (iron) sheet ; *(ónozott:)* tin sheet
vasbaktériumok iron depositing bacteria, iron organisms
vasbélés iron lining
vasbetét *l* **vasalás**
vasbetétháló *(ép)* mesh reinforcement
vasbeton reinforced concrete, ferroconcrete ; ~ **lemeztető** *(ép)* slab roof ; ~ **vasalási aránya** *(ép)* steel-ratio of concrete
vasbetonállvány *(ép)* reinforced framing
vasbetonbiztosítás *(bány)* reinforced concrete lining
vasbetonborda *(ép)* reinforced rib

vasbetoncölöp *(karimás)* bound pile
vasbeton-építés reinforced concrete building
vasbetonfal reinforced concrete wall
vasbetonhajlító gép *(anyagv, ép)* reinforced-concrete bending machine
vasbetonháló *(ép)* reinforcing fabric/mesh
vasbeton-kikötőpad *(hajó)* reinforced pier
vasbetonpillér *(ép)* reinforced pier; **kötegelt** *(csavart)* ~ bound pile
vasbetonrács *(ép)* reinforced concrete grill
vasbetonszabályzat *(ép)* reinforced concrete regulations
vasbetonszerelő armo(u)r/reinforcement fitter, steelworker
vasbetonszerkezet: ~ felhajlított vas(alás)a *(ép)* bent-up bar(s); **~ vasszerelvénye** mountings
vasbetontartó *(ép)* reinforced (concrete) beam
vasbetonváz *(ép)* reinforced framing
vasbeton-zsaluszekrény: emelhető ~ *(emeletről emeletre)* climbing form
vasbevonat iron plating
vasbevonatú kábelér *(távk)* iron-plated cable conductor
vasbika *(vasút)* bumper; **~ mellgerendája** *v* **ütközője** *(vasút)* dead stop rail
vasbocs *(koh)* iron lumps
vasbordás fahajó communication ship
vasborítás iron covering; *(rád)* iron-sleeve
vasbromid ferric bromide
vasbromür ferrous bromide
vasburkoló *(pa)* iron-bound
vascement *(vegy)* iron cement
vas-cink-elem Hawkins cell, zinc-iron cell
vascövek spike iron, iron rod/bar
vascsapolás *(koh)* iron notch
vascsapoló vályú *(koh)* iron runner
vascserzés *(bőr)* iron tannage
vascsillám *(ásv)* *l* **hematit**
vascsomó *(koh)* bundle iron
vascső iron tube/pipe
vasdarabok *(bány)* tramp-iron; **~ kiszedése** tram-iron detection
vasdárda *(kerítésen)* spike
vasedényes higanygőz-egyenirányító metal-tank mercury-arc sectifier
vaselektródos: ~ elem *(vill)* iron cell; **~ normál ívfény** iron arc
vasember *(bány)* anchor jack
vasérc iron ore; **agyagos ~** *(koh)* ball iron; **barna ~** limonite, brown hematite; **dús ~** rich iron ore; **fekete ~** blackband ironstone; **kagylós ~** botryoidal iron ore; **~ kohósítása nagyolvasztó elkerülésével** *(koh)* direct process; **mágneses ~** magnetite, magnetic iron ore; **szegény ~** lean iron ore; **széntartalmú ~** blackband; **~ tartalmú homok** *(bány)* iron sand; **vörös ~** (red) hematite, red iron ore
vasércpad *(bány)* bank of iron ore
vasettabőr chrome kips
vasetta-bútorbőr vachette leather
vasfluorid ferric fluoride
vasfluorür ferrous fluoride
vasfolt *(bőr)* iron mould/stain
vasfonal *(tex)* patent strong yarn
vasforgács shaving iron
vasfürdő: kékítő ~ *(fényk)* blue iron toner

vasgálic iron vitriol; *(ásv)* *l* **melanterit**
vasgerenda steel-joist
vasgolyó: szurkos ~ *(cizellálómunkához)* embossing iron
vasgolyóöntés balling
vasgomolya *(koh)* iron ball
vasgumi iron rubber
vasgyűjtő *(önt)* recipient
vashab *(koh)* scum
vasháromláb crab
vashenger iron cylinder; **álló ~** *(aktívszenes szűréshez)* char house
vashengermű iron rolling mill
vas-hidrogén-ellenállás iron-hydrogen resistance
vas-hidrogén-ellenálláscső *(vill)* iron-filament ballast lamp/tube
vashidroxid ferric/iron hydroxide
vashidroxidul ferrous hydroxide
vashordó drum
vashorog grapple iron
vashulladék iron scrap, broken iron; **könnyű ~** fine scrap
vashuzalú áramkör iron-wire circuit
vashüvely iron centre
vasidomrúd iron bar/section, profile iron
vasipar iron industry
vasjodid ferric iodide
vaskalap *(ásv)* gossan, iron hat; *(vasérctelep oxidációs öve)* colorado *(US)*; *(telér felső oxidált része)* oxidized cap
vaskaolin *(ásv)* *l* **nontronit**
vaskapocs staple, calkin; **~ rögzítése habarccsal** *(ép)* tuck-pointing
vaskarbid iron carbide; **~ tartalmú** cementite-bearing
vaskarbonát carbonate of iron
vaskavaró cupola (iron) receiver
vaskémény iron stack
vaskereskedés ironmongery
vaskeresztalj iron/metal tie/sleeper
vaskiosztás *(ép)* arrangement of reinforcement
vaskitt rust cement
vasklorid 1. $FeCl_2$ *v* $FeCl_3$ iron chloride; 2. $FeCl_3$ iron trichloride, ferric chloride
vasklorür iron dichloride, ferrous chloride
vaskohászat metallurgy of ferrous metals, siderurgy
vaskohászati vegytan *(koh)* metallurgic(al) chemistry
vaskos *(ásv)* massive
vaskova *(ásv)* ferruginous quartz
vaskovand *(ásv)* *l* **pirit**
vasköpeny iron jacket/cover/mantle; *(rád)* iron sleeve
vaslakk bituminous paint; **fekete ~** Berlin black; **finom ~ öntöttvas dísztárgyakhoz** Berlin ware
vaslap iron plate; *(betonkeveréshez)* platform
vaslemez *l* **vasbádog, acéllemez**
vaslemezáruk sheet-iron articles
vaslemezborítás *v* **-burkolás** sheet-iron casing
vaslemezburkolat *(üveghűtő kemencében)* omnibus
vaslemezmembrán sheet-iron diaphragm
vaslemez-surrantó sheet-iron chute
vasmacska *l* **horgony**
vasmag *(vill)* magnetic/iron core; *(állórészé)* stator core, pole core; *(elektromágnesé)* electromagnet core; *(forgórészé)* anchor core; *(papírtekercsekhez)* kernel, core of iron

vasmaghangolás *(rád)* slug/permeability tuning
vasmagkeresztmetszet core area/section
vasmagos *(vill)* with magnetic core, iron-cored; **~ áramváltó** core-type current transformer; **~ emlékezőegység** magnetic-core storage unit; **~ fojtótekercs** *(vill)* iron-cored choke coil, saturable reactor; **~ hangolás** *(rád)* permeability tuning; **~ hangolású tekercs** *(rád)* permeability-tuned inductor; **~ indukciós kemence** core-type induction furnace; **~ kitérítő tekercs** iron-cored deflecting coil; **~ mágneskör** iron circuit; **~ moduláló transzformátor** iron-core modulation transformer; **~ tekercs** iron-core coil; **~ transzformátor** (iron) core-type transformer
vasmedve *(koh)* sow iron
vasmentes iron-free, ironless
vasmínium iron minium
vasmunkás ironworker
vasmű *(koh)* iron works/mill
vasnátriolit *(ásv)* *l* **radiolit**
vas-nikkel-akkumulátor iron-nickel accumulator, iron-nickel storage battery
vasnikkelkovand *(ásv)* *l* **pentlandit**
vasnitrid iron nitride
vasnyaláb *(koh)* bundle iron
vasoszlop iron tower
vasoxid 1. FeO *v* Fe_2O_3 *v* $FeO \cdot Fe_2O_3$ iron oxide; 2. Fe_2O_3 ferric (tri)oxide, iron sesquioxide
vasoxidhidrát ferric hydroxide
vasoxidul iron protoxide, ferrous oxide
vasoxidulhidrát ferrous hydroxide
vasoxiduloxid ferriferrous oxide
vasöntés iron casting
vasöntő *[munkás]* iron founder
vasöntöde iron foundry
vasöntvény iron casting, cast iron
vasötvözet ferro-alloy
vaspác iron/black mordant/liquor
vaspálca *(lágy üveg kezelésére)* pontil
vaspálca-mozgató *(bársonyszövet-készítésnél)* switch-wire motion
vaspáncél *[kábelé]* iron (tape) armouring
vaspánt band/hoop iron, iron band/strap; *[szigony körül]* funnel; *(kerékabroncs részenkénti összefogására:)* strake; **fagerendákat tartóvá összeerősítő ~** flitch plate
vaspát *(ásv)* *l* **sziderit**; **agyagos ~** clay-band ironstone
vaspát-konkréció kövesedéssel *(földt)* cat-head
vaspentakarbonil iron pentacarbonyl
vaspor iron-dust, powdered iron
vasporos filmszalag *(hangrögzítéshez)* magnetic tape
vasporoz blacken
vasportlandcement iron Portland cement
vaspörk *(heng)* scale
vasprotoxalát ferrous oxalate
vasrács grid iron, grille
vasragasz iron filler
vasrakodó teknő *(koh)* iron pan
vasredőny iron roller blind
vasrészecske iron particle
vasreszelék iron filing(s)/dust
vasreve hammer/iron scale, cinder
vasrozsda iron stain
vasrúd iron bar/rod
vassalak *(koh)* iron slag
vassav ferric acid
vasserpenyő iron pan

vassodronyszövet iron-wire mesh
vassörét *(koh)* iron shot
vas-szádfal iron-sheet piling
vasszádpalló *(csőszelvényű, nagyméretű, különleges)* cellular steel sheet-pile
vasszeg spike iron, iron nail
vas-szemöldökgerenda iron lintel
vas-szén-ötvözetek iron-carbonalloys
vasszerelvények small-iron mountings/fittings
vasszerkezet steel construction/structure
vasszerkezeti műhely shop for steel structures
vasszerkezetű távvezeték-oszlop
vasszilánk *(koh)* scale
vassziporka *(heng)* scale
vasszivacs sponge iron
vasszulfid ferric/ironic sulfide, iron sesquisulfide
vasszurokérc *(ásv)* l **avazit** *és* **sztilpnoszíderit**
vastag thick, dense; *(keresztmetszet)* heavy; *(lemez)* heavy-ga(u)ge; *(telep; bány)* high; **~on aranyozott** strong-gilt; **~ betűtípus** *(„fett")* fat-/full-faced type; **~on bevont hegesztő elektród** heavy-coated electrode; **~ cérna** coarse thread; **~ csomó** *(hiba; tex)* bunch knot; **~ dipólus** thick dipole *(UK)*; fat dipole *(US)*; **~ dísztűzés** *(cipő)* quilting *(US)*; **~ elektronlencse** *(rád)* thick electron lens; **~ falú** thick-walled, heavy; **~ falú öntvény** thick-walled casting; **~ fatörzs** *(pa)* bole; **~ fenyőpalló** deal *(3×9")*; **~ fogás** *(pamutkikészítésnél)* firmness; **~ fogású** *(pa)* bulks well, bulky; **~ fonal** *(tex)* coarse yarn; **~ forgácsot vesz** take a heavy cut; **~ főte** *(bány)* heavy cover; **~ kibúvás** *(bány)* blow-out; **~ nyersbőr** thick hide; **~ nyomópapír** high-bulking printing-paper; **~ olaj** thick/sticky oil; **~ papírlemez** millboard; **~ posztó** pilot cloth; **~ rétegű tüzelés** thick fire; **~ szaggatott vonal** heavy dotted line; **~ szál** *(tex)* beaded yarn; **~ széntelepes előfordulás** high-coal deposit; **~ takaróréteg** *(bány)* thick capping; **~ talpszél** *(cipő)* square edge; **~ vonal** *v* **léc** *(nyomda)* thick rule
vastagielkű csigafúró thick-web drill
vastagodás thickening; *(borda)* rib, boss; *(földt)* lug-boss; *(vonalban)* bead; *(szövetben)* grain; *(selyemfonalhiba)* bad cast; **~ átmérője** *(fa)* swelling diameter; **helyi ~** *(fonási hiba lenfonalnál)* beaded yarn
vastagodó : ~ szárny *(rep)* flaring wing; **~ telep** *(bány)* expanding bed
vastagodott fonal *(tex)* beaded yarn
vastagság thickness; *(lemezé)* ga(u)ge; *(rétegé)* depth *is*
vastagságbeállító rúd thickness setting-rod
vastagsági : ~ frekvencia *(rád)* thickness frequency; **~ idomszer** thickness ga(u)ge
vastagságmérő thickness tester/ga(u)ge; *(fa)* outside caliper; *(tex)* textile thickness ga(u)ge, thickness gauge/tester
vastagszik thicken
vastagtelepes *(bány)* heavy-bedded
vastalanítás deironing
vastalp *(vasút)* metal sleeper/tie
vastám *(bány)* iron prop; **U-szelvényű ~** *(bány)* channel prop
vastapasz iron filler
vastartalék iron ration
vastartalmú ferrous, irony; **nagy ~ portlandcement** high-iron portland cement
vastartály iron receiver/tank/reservoir
vastető iron covering
vastetrakarbonil iron tetracarbonyl
vastimsó iron alum, ferric/iron potassium sulfate
vastípia-eljárás *(fényk)* ferrotyping process
vastorony iron tower
vastörmelék broken iron, iron scrap
vastüdő iron-lung
vasút railway; railroad *(US)*; **adhéziós ~** adhesion railway; **egysínű ~** monorail railway; **fogaskerekű ~** cog railway; **földalatti ~** tube railway *(US)*; underground railway; **függő ~** suspended railway; **keskeny nyomtávú ~** narrow-gauge railway; **~ kitűzése** track alignment; **közúti ~** street railway; **nagyemelkedésű adhéziós ~** *(közbenső sín gerincébe kapaszkodó vízszintes görgőkkel)* fell railway; **széles nyomtávú ~** full-gauge railway; **távolsági ~** interurban railway; **vasutak teljesítőképessége** traffic volume
vasútállomás railway station
vasutas *fn* railwayman; railroader *(US)*
vasútépítés railway construction
vasútépítési vállalati munkák railway construction works
vasútfejlesztés railway development
vasútfelszerelés railway equipment
vasútfelügyeleti hatóság railway board
vasúthálózat railway/railroad network
vasúti railway; railroad *(US)*; **~ alépítmény** railway bed/berth; **~ aluljáró** railway underbridge; **~ átjáró** railway crossing; **~ baleset** railway accident; **~ bevágás** railway cutting; **~ biztosító berendezés** railway safety appliance(s); **~ csomópont** railway junction; **~ díjszabás** railway rate/tariff; **~ épület** railway building; **~ erőmű** railway power station, traction generator station; **~ farkasoló** *(pa)* railroad duster; **~ fejállomás** railway terminal/terminus; **~ felépítmény** railroad permanent way; **~ felüljáró** railway bridge crossing; **~ felvételi épület** railway station building; **~ forgalom** railway traffic; **~ forgalomirányító** dispatcher; **~ földmunkák** railway earth-works; **~ fővonal** long-distance -sailway; **~ gördülőanyag** railway rolling stock; **~ hálózat** railway network; **~ hűtőkocsi** iced/refrigerator van; **~ ívminta** railway curve(s); **~ jelző jelfogó** railway signalling relay; **~ jelzőlámpa-telep** railway-lanter battery; **~ kapcsolóberendezés** *(vill)* railway switchgear; **~ kitérő** railway meeting/passby station; **~ kocsi** railway car(riage); *(személy)* railway coach, passenger carriage; *(teher)* railway truck/wag(g)on; **~ kocsiépítő fa** wag(g)on-building timber; **~ kocsi-fenékfa** wag(g)on-bottoms; **~ kocsimérleg** bridge scale; **~ kocsivilágítás** railway carriage lighting; **~ kocsivilágító berendezés** *(vill)* railway-car(riage) electric lighting plant; **~ komphajó** railway ferry-boat; **~ lövegtalp** railway mounting; **~ menetjegy** railway ticket; **~ menetrend** railway guide; **~ mérleg** taring balance; **~ motoroskocsi** railway motor car; **~ mozdony** railway engine/locomotive; **~ műhely** railway shop/depot; **~ osztálymérnökség** railway division; **~ őrház** cabin; **~ összekötő vonal** conjunction; **~ összeütközés** railway collision; **~ pálya** track; **~ pályaszintbeli kereszteződés** railway grade crossing; **~ rakszelvény** railway clearance; **~ sín** iron rail; **~ sínfészek** saddle; **~ szabályzat** railway regulations; **~ szállítás** railway transport/haulage; **~ szerkocsi** tender; **~ szivattyútelep** railway pumping station; **~ talpfa** railway sleeper; **~ tartánykocsi** railway tank wagon; **~ teherkocsi** goods wagon, railway truck; **~ töltés** railway bed; **~ töltés** *v* **bevágás rézsűje** railway slope; **~ útmutató** railway guide, train indicator; **~ vágány** railway track; **~ vágányhídmérleg** railway track scales; **~ váltó** railway point; **~ végállomás** railway terminal/terminus; **~ vonalszakasz** section of a line; **~ vonalvezetés** tracking
vasútijegy-karton railway ticket board
vasútikocsi-fűtőtest railway heating member/element
vasútikocsi-kerékabroncs railway wheel rim
vasútkereszteződés railway crossing
vasútüzem railway operation
vasútüzemi szolgálat *v* **üzemvitel** railway service
vasútvonal railway line
vasvágó olló iron shears
vasváz iron trestle/stage; *(hajó)* iron framework/carcass
vasvázas fahajó communication ship
vasveder steel bin
vasveszteség *(vill)* iron/core loss
vasvilla pitchfork
vasvirág *(ásv)* flosferri
vasvitriol iron vitriol
vasvörös *(festék)* red iron oxide
vászon linen, canvas; **~nal bevont karton** canvas-board; **~ görredőny** spring blinds; **~nal kasírozott lemez** *(pa)* cloth-lined board; **~nal kibélel** canvas; **~- és levezetett kötések** *(tex)* plain weaves and modifications; **~ megerősítése** *[új vászon aláragasztásával]* relining of canvas; **~ napellenző** canopy blind; **~ pauszpapír** tracing clothpaper; **~ szállítóheveder** canvas conveyer; **~ szellőztető vezeték** cloth air conduit; **virágosmintás ~** diaper
vászonárukereskedő linen draper
vászonbélés *(cipőfelsőrészben)* twill
vászonbetét canvas lining; *(gumiabroncsban; gépk)* fabric body of tyre
vászonbetétes : ~ (gumi)tömlő rubber and hemp hose; **~ tömlő** *(hűtővízhez; gépk)* fabricated hose; **~ triplex papír** cloth-centered paper
vászonbevonat *(falemez hátlapjára ragasztva)* scrim
vászoncipő : vulkanizált gumitalpú ~ *(3—4 fűzős)* sneakers

vászoncipőbélés (*gumialapon előállított*) respro
vászonfeszítő fogó canvas-straining pincers
vászongát sheet
vászonhát (*könyvkötésnél*) cloth back
vászonheveder canvas belt(ing)
vászonhurkos szállítószalag *v* **szállítómű** canvas-sling conveyor
vászonkorong cloth disc
vászonkorong-ragasztó prés disc grinder press
vászonkötés (*nyomda*) cloth binding; (*tex*) plain (weave)
vászonkötés-utánzat (*tex*) cloth stitch
vászonkötésű (*nyomda*) cloth-bound; (*tex*) plain; ~ **bársony** tabby-back velvet; ~ **kettős szövet** (*tex*) double plain cloth/weave; ~ **lenszövet** plain linen; ~ **pamutszövet** (*nyomáshoz*) printers; (*színes szélű*) dhootie, dhoti; ~ **szövet** plain cloth/fabric
vászon-légáramválasztó (*bány*) canvas brattice
vászon-légfüggöny (*bány*) canvas/linen brattice
vászonlevélpapír cambric paper
vászonnyomás (*pa*) cambric finish
vászonoleáta tracing cloth
vászonpapír cloth paper
vászonpárna cloth pad
vászonrajz transparency
vászonredőny roller blind
vászonszalag linen tape
vászonszíj canvas belt(ing))
vászonszövő: ~ **gép** calico loom; ~ **gyár** calico mill
vászontekercs: **különböző szélességű** ~**ek** cloth in odd width rolls
vászontető canvas hood, canopy, tilt cover; ~ **feszítőváza** (*gépk*) canopy frame
vászontető-tartó: ~ **ív** *v* **abroncs** canopy hoop stick; ~ **rúd** (*gépk*) canopy frame rail
vászontömlőcsúszda canvas hose chute
vászontörülköző crash towel
vászon-transzportőr canvas conveyer
vászonveder duck/collapsing bucket
vatelin batting, wadding
vatergép (*tex*) ring frame
vatta wad(ding), bat/cotton wool, batting; **vattával bélel** quilt, wad
vattabélés wadding, quilting
vattaborítás (*hangelnyelésre*) quilt
vattakészítő gép batting machine
vattatekercs cotton roll
vattáz wad, quilt
vattázás (*tex*) padding, quilting
váz carcass, carcase, shell, skeleton, frame(work); (*eszmei:*) scheme; *l még* **keret**; (*rád*) chassis; (*távk*) frame; (*alváz és hidazás; óra*) raw/rough movement; **kapcsos** ~ clamp frame; **nyitott, oldalt kivehető** ~ C-frame
váza vase
vázág (*fa*) scaffold branch
vázas: ~ **épület** skeleton/frame building; ~ **fal** framed wall; ~ **keret** (*rád*) frame bay; ~ **szerkezet** framed construction/structure, framework; ~ **és táblás ajtó** framed and panelled door; ~ **válaszfal** (*ép*) framed/framework partition
vazelin vaseline, petroleum ointment/jelly/butter
vazelin-olaj liquid petrolatum, white oil
vázépítés (*ép*) skeleton building/construction
vázfelépítés (*molekuláé*) skeleton structure
vázhang solid-borne sound
vázkristály skeleton crystal
vázlat plan, sketch, scheme, outline, study, preliminary drawing, plot; (*fényk*) block-out
vázlatblokk sketching pad
vázlatfénykép sketch photograph
vázlatfüzet scribbler
vázlatkészítés plotting
vázlatos diagrammatic(al), schematic(al); ~ **ábrázolás** schematical representation; ~ **diagram** skeleton diagram; ~ **rajz** outline/schematic drawing; ~ **talajtérkép** reconnaissance soil map; ~ **terepfelvétel** field sketching; ~ **térkép** sketch map; (*bány*) reconnaissance map; ~ **tervrajz** diagrammatic(al) plan
vázlatpapír rough drawing paper, sketching paper
vázlatrajz *l* **vázlat**
vázlatrajztartó (*állvány*) portfolio
vázlatterv (*ép*) sketch plan
vázlattömb (*pa*) sketching pad
vázol outline, draw, sketch, trace (a drawing); **ceruzával** ~ pencil; **szemmértékkel** ~ sketch by eye
vázolás *vö* **vázol**
vázrajz diagrammatic(al) plan, (skeleton) diagram
vázrész (*ép*) member, scaffold limb
vázszerkezet *l* **váz**
váztű body-spicule
V-beállítás [*szárnyaké; rep*] dihedral; **negatív** ~ anhedral
V-dúcos futómű (*rep*) Vee-strut landing gear
véd screen, protect, shield, guard; **lugassal** ~ embower; **töltéssel** ~ (*bány*) embank
védekezés protection, control
védekezési eljárások control measures
védelem guard, shelter, protection; (*kat*) defence; (*vegyi*) blocking; (*vill*) protection, protective system; **átívelés elleni** ~ arc protection; **belső túlmelegedési** ~ inherent overheating protection; **egyedi** ~ unit protection; **érintés elleni** ~ contact protection; **fázisszakadási** ~ phase-fault protection; **feszültséghiány elleni** ~ no-/low-voltage protection; **földzárlati** ~ earth fault protection; **helytelen kapcsolás elleni** ~ switching error protection; **ív elleni** ~ flashover protection; **katódos** ~ (*korrózió ellen*) cathodic protection; **kiválasztó** ~ discriminative protection; **legerjesztődési** ~ field-loss protection; **megfutamodási** ~ overspeed protection; **nagyfrekvenciás** ~ pilot protection; **reteszelésű** ~ pilot protection; **teljes** ~ overall protection; **túláram elleni** ~ overcurrent/overload protection; **túlfeszültség elleni** ~ surge protection; **túlmelegedési** ~ overheating protection; **túlterhelés elleni** ~ overload protection
veder bucket, pail, tub; (*csörlős felvonóhoz*) windlass bucket; (*bány*) bailer, kibble
véderdő protecting wood, wood belt, shelter-wood
véderdő-csoportosítási rendszer shelter-wood group-system
vederfogantyú bail
vederfül tug, bail
vederkocsi (*önt*) ladle car
vederlánc chain bucket
vederláncos kotró (*hajóra szerelve*) bucket-ladder dredger
vedertartó kengyel bale, bucket support
vedervezető sín (*bány*) bucket guide
védett (*vill*) protected, shielded; ~ **cső** [*aknában*] buried pipe; ~ **minta** registered pattern; **nem** ~ (*rád*) unshielded; ~ **név** proprietary name; ~ **rév** (*hajó*) roadstead; ~ **terület** reservation area, nature reserve
védettségi viszony (*távk*) guard ratio
védgát (*bány*) emergency stopping
védház (*vasút*) cab; ~ **esőcsatornája** cab gutter; ~ **hátfal-merevítője** cab back sheet brace; ~ **hídlemeze** cab apron; ~ **járdája** cab running board; ~ **padlója** cab deck; ~ **tartója** cab bracket
védháztető cab roof
védháztetőív (*vasúti kocsin*) carline
védjegy trade mark
védjegybenyomó gép (*cipő*) trade-mark embossing machine
védjegyzett cikk proprietary article
védmű rampart
védő *fn* protector, guard; (*lemez*) fence plate *is*; *mn* preventive, protecting; (*vegyi*) blocking *is*; ~ **áramkör** protective circuit; ~ **berendezés** (*gépt*) guard(s), fence; (*szerkezet*) safety/relief mechanism; (*vill*) protective device; ~ **bevonás** (*fa*) seal up; ~ **bevonat** protecting/protective coating; ~ **borítás** shroud, shelter, guard cover; ~ **borítást alkalmaz** (*friss útburkolaton*) mulch; (*tex*) keckle; ~ **burkolat** guard, shroud, shell, protector, protecting cover; ~ **bútorhuzat** (*tex*) slip; ~ **csőkupak** sleeve pipe cover; ~ **ellenállás** (*rád*) separating/protecting resistance/resistor; ~ (*átívelés ellen*) preventive resistance; ~ **fegyverzet** (*rep*) defensive armament; ~ **felszerelés** (*bány*) approved apparatus; ~ **felület** (*gumiabroncson*) cover protector; ~ **fojtótekercs** protective reactor/choke; ~ **földelés** protective earth(ing)/ground(ing); ~ **gerenda** (*kirakó hídon*) fender; ~ **jelfogó** protective relay; ~ **kapcsolás** (*vill*) protection circuit; [*csövek tápáramkörében*] decoupling-by-pass; ~ **kapcsoló** (*vill*) contactor, protective switch; ~ **karmantyú** protecting sleeve; ~ **készülék** safety device; ~ **kikészítés** (*tex*) protective finish; ~ **kolloid** protective colloid; ~ **körhorony** (*hanglemezen*) guard circle; ~ **lezárás** end-seal; ~ **mázfesték** (*tégla- v betonfal bevonására*) glazement; ~ **övezet** bulk zoning, protecting zone; ~ **pallózat** (*aknamélyítéshez*) penthouse; ~ **párnázat** (*rep*) crash pad; ~ **ruházat** (*tex*) special clothing; ~ **szelence** (*vill*) fuse box; ~ **szemüveg** safety goggles/spectacles, eye-protecting glass; (*heg*) welding goggles; ~ **szerelvény** (*vill*) protective fitting; ~ **szikraköz** protective gap; (*antennához*) anchor gap; ~ **tényező** [*gyenge- és erősáramú vezetékek között*] screen-

ing factor ; ~ **terület** protecting area ; ~ **ütköző** *(gépt)* safety stop ; ~ **vasalás** *[légcsavarszárnyon]* protective fitting ; ~ **vezeték** *(vill)* guard wire
védőálarc breathing mask ; *(heg)* welder's helmet
védőanyag *(mindenféle áthatlan papír)* barrier material
védőbúra protective globe/cover
védőburok shield, hood, shroud
védőcölöp fender pile
védőcső sleeve pipe ; ~ **szűkítője** *(hidr)* casing adapter
védődoboz box()pallet
védőernyő protective screen ; **földelt** ~ electrostatic shield
védőfa nurse wood
védőfal fender wall ; *(bány)* piling wall
védőfedél protecting cap/cover ; *(mikrofonon)* guard
védőfedél-lemez *(pa)* roofing felt
védőfesték-bevonat protective paint coat
védőfestés *(rep)* baffle paint ; *(tex)* resist dyeing ; **~sel ellátott fonalak** *(tex)* resist-dyed yarns
védőfülke refuge bay ; *(vill)* screening box ; ~ **hídon** bridge refuge
védőgát bulwark, embankment
védőgáz protective atmosphere
védőgyűrű *(gépt)* collar, shroud, ferrule ; *(vill)* arcing/grading ring
védőháló *(erősáramú vezeték alatt)* catch-net ; ~ **nélküli világítás** *(bány)* naked light
védőhuzat protecting sheath(ing) ; *(cipőhöz)* cover
védőkesztyű protective glove/gauntlet
védőkorlát fender, bar ; *(nyílás körül)* cribbing ; *(gyalogjárók számára)* pedestrian guard-rail
védőköpeny guard, cover
védőkötény protecting apron ; *(önt)* splash apron
védőlap *(gépt)* guard (plate), protector, apron ; *(nyomda)* mask
védőlemez *l még* **védőlap** ; *(ajtók alján rúgás ellen)* kick plate ; *(a kocsi alján ; gépk)* undershield ; *(sár ellen ; gépk)* splash board ; mud apron *(US)* ; *(koh)* dam plate ; **sugárzás elleni** ~ *(AC szivattyú, karburátor védelmére ; gépk)* insulating flange ; ~ **szellőzőszíjhoz** *(gépk)* fan belt cover
védőnyomás *(tex)* resist printing
védőolaj preservative oil
védőöv protective belt
védőpajzs *(heg)* face/hand shield ; *(átívelés ellen önműködően kapcsoló)* arc deflector ; *(alagútfúrásnál)* jumbo
védőpalánk hoarding
védőpánt shroud
védőpászta *(erdőtűz terjedése ellen)* fire-line
védőpillér *(bány)* arch/chain pillar, spurn, stump ; **kis** ~ *(bány)* thin fender ; ~ **visszafejtése** third mining
védőrács guard, screen, grid ; *(rád)* screen/suppressor grid ; *(vill)* barrier guard ; *(mozdonyon elöl)* cow-catcher
védőrácskapcsolás screen-grid connection
védőréteg protective layer ; *(lakk)* varnish ; *(salakból ; ép)* blanket ; *(földt)* protectional layer
védőrostély *(kandallónál)* fireguard
védősapka guard cover ; *(gázpalackon)* cylinder cap ; *(bány)* hard hat
védősáv protecting belt/ribbon ; *(tex)* knee
védősisak helmet shield
védőszalag guard band/strip
védőszeg keeper pin
védőszegély *(ép)* apron ; *(bány)* shingling guard
védőszer protective agent, protector ; *(korrózió ellen:)* inhibitor
védőszín(ű) *(tex)* war-colour(ed)
védőszögvas guard angle
védőtető protecting roof, canopy, hood ; *l még* **védőfedél**
védőtok *(zsebórára)* outer case
védőút bypass/diverting road
védőüveg *(fényt)* shade
védőzár *(kikötői)* entanglement
védőzsilip *(visszaduzzasztás ellen)* protecting sluice
vedres : ~ **adagolás** *(nagyolvasztónál)* bucket charging ; ~ **felvonó** bucket elevator ; *(koh)* skip hoist *is* ; ~ **kotró** bucket excavator ; ~ **markoló** grab bucket ; ~ **szivattyú** bucket pump
védtelen unsheltered, unprotected ; *(vill)* non-protected
védterület park reservation
védtetőkorlát *(vasút)* top fence
védtöltés *(hidr)* bank ; ~ **hosszszelvénye** bank line profile
vég end, tail, extremity, heel ; *(tex)* package, piece ; **~ben** *(szövet)* in the web ; **~én alátámasztott** *(ép, mech)* end-supported ; **be nem fogott** ~ free end ; **ferdére vágott** ~ bevel end ; **~ben festett szövet** piece-dyed cloth ; **~én gerjesztett antenna** end-fire array ; **golyós** ~ ball point ; **hátsó** ~ *(kazáné)* back end ; *(hajó)* after-end, stern ; ~ **kezdőrésze** *(szövő, festő, kikészítő jeleivel ; tex)* head end ; **~ben köt** *(kh)* make in the roll ; **~ben színezett** *(tex)* piece-dyed ; **~ben színezett fésűsgyapjú szövetek** piece-dyed worsteds
végadagolás end feed
végállás end/limit/extreme position
végálláskapcsoló limit switch, limiter
végállásütköző stroke-end stop
végállomás terminal station ; *(járműé)* terminus ; **alsó** ~ *(hegyipályán)* down station
végállomási end
véganódfeszültség final plate voltage
végáru *(tex)* piece goods ; **~k jelzése** *(tex)* marking of cuts ; ~ **mosása végtelen szalagban** roping
végárumosó gép *(tex)* piece scouring machine
végátló end diagonal
végben-festés *(tex)* piece dyeing
végbepárló-csésze finishing pan
végberendezés *(távk)* terminal equipment/installation
végblokk-szerkezet *(vasút)* end-block mechanism
végborda *(fahajón)* cant timber
végburkolat *(rep)* end cover
végcsap *(gépt)* end journal
végcsapágy end-journal bearing
végcséve *(tex)* take-up package/bobbin
végcsillapítás *(távk)* (overall) loss, equivalent
végcső *(rád)* final amplifier tube
végeffektus *(rád)* edge effect
végelzáró thimble
végeredmény final result
végerősítő *(rád, távk)* final amplifier ; *(központ előtt]* terminal repeater ; ~ **cső** *(rád)* power/output tube/valve ; ~ **fokozat** *(távk)* power/output stage ; ~ **pentóda** *(rád)* output pentode
véges *(mat)* finite ; ~ **érték** *(mat)* finite value ; ~ **vonal** *(mat)* finite line
végez end, finish ; **helymeghatározást** ~ *(hajó, rep)* take bearings ; **próbafúrásokat** ~ apply boring tests ; **száraz tisztítást** ~ *(tex)* clean
végfal end wall
végfal-párkánytartó end-wall bracket
végfeszültség *(vill)* final voltage
végfok-modulálás *(rád)* high-power/-level modulation
végforgalom *(távk)* terminal serv.ee
végforgattyú end/overhung crank
végforgattyús hajtás *(gépt)* offset crank drive
végformázás *(kh)* postboarding
végforráspont final boiling point ; *(párlaté)* end point
véggáz *(motorban)* final/exhaust gas
véghatás *(antennánál)* end effect
véghenger *(heng)* finishing/closing roll
véghossz *(tex)* length of the piece
véghőmérséklet final/end temperature ; *(lepárlásé)* dry point
végig : ~ **felépített összeköttetés** *(távk)* through connection
végigfutó töltő csatorna *(hajózsilip fenéke alatt)* longitudinal culvert
végigseper sweep
végigseprés *[látcsővel]* sweep
végjel *(távk)* clear-forward signal ; disconnect signal *(US)* ; **készülék önműködő ~lel** *(távk)* automatic clearing apparatus ; **~t küld** *(távk)* ring off
végjelző jelfogó clearing relay
végkapacitás *(vill)* end capacitance/capacity
végkapcsolás *(távk)* local connection
végkártoló : ~ **fátyolosztóval** *(tex)* condenser card ; ~ **gép** finisher carding engine
végkikapcsoló limit switch, end cut-out switch
végkitérés final amplitude ; *(aut)* steady-state deviation/offset
végkötés *(ép)* end joint
végközpont *(távk)* dependent exchange
véglap end face ; *(hídon)* butt ; **harmadik** ~ *(ásv)* basal pinacoid ; **második** ~ **monoklin rendszerben** *(ásv)* clino-pinacoid
véglapos kristályosztály pinacoidal class
végleges definite
véglemez end plate
véglezárás end-seal
véglezáró *fn (távk)* terminating set
végmoréna terminal moraine
végmosás *(tex)* final washing
végnyomás terminal pressure
végoszlop *(távk)* terminal pole ; *(erőátviteli távvezetéken:)* terminal tower
végösszeg *(mat)* sum (grand) total
végösszegkiírás *(számológépen)* final total
végösszevarró gép *(tex)* donkey machine
végpárlatok last runnings
végpentóda *(rád)* power penthode
végpont terminal, end (point); *(geod)* end ; *(titrálásnál:)* end point

végpózna *l* **végoszlop** terminal pole
végrehajtó *mn l* **működtető**
végrés *(bány)* end cut
végrezonátor end cavity
végsalak *(koh)* tapping/refining slag
végsebesség final velocity
végsodrási eljárás *(tex)* finishing doubling process
végsodrat *(tex)* finishing twist, cabling
végső terminal, end(ing), final; *l még* **vég-**; ~ **bevezetés** *(leszállás közben; rep)* final approach; ~ **bevezetési jelkapu** *(rep)* final approach gate; ~ **ellenőrzés** final examination; ~ **hengersor** finishing train; ~ **kiépítés** *[erősítő állomásé]* ultimate capacity; ~ **középfrekvencia** final center frequency; ~ **nyújtás** *(tex)* finishing draft; ~ **simítás** *v* **kikészítés** high finish; ~ **teljesítő képesség** ultimate capacity; ~ **vonalválasztó** *(távk)* final selector; ~ **vonszolópad** *(heng)* pull-off transfer
végszorító *(vill)* end cleat, anchor clamp
végszövet *(gépk)* chafer
végtelen *fn* infinity; *mn* endless, infinite; ~**re beállítás** *(fényk)* infinity adjustment; ~**re beállított** *(fényk)* focussed for infinity; ~ **csavar** *l* **csiga**; ~ **(elemi)szál** *(tex)* continuous filament; ~ **gyújtóponton túli távolság** hyperfocal distance; ~ **hígítású elektrolit-oldat vezető képessége** *(vegy)* maximum equivalent conductance; ~ **kicsiny** infinitesimal, indefinitely small; ~ **kötél** *(bány)* endless cord/rope; ~ **kötélhajtás** continuous rope drive; ~ **lánc** *(gépt)* loop chain; ~ **láncú vedersoros árokásó** endless-chain trench excavator; ~ **levágású szűrő** *(rád)* infinite rejection filter; ~**ben lévő pont** *(mat)* infinity point; ~ **papír** endless paper; ~ **papírkártya** endless paper card; ~ **papírszalag** endless paper-web; ~ **serleges emelő** paternoster bucket elevator; ~ **szalag** *(magnetofonban)* endless loop; ~ **szálakból álló fonal** (continuous) filament yarn; ~ **szál húzási eljárása** *(tex)* continuous filament yarn processing; ~ **szálú műselyem** filament rayon; ~ **tizedestört szakasza** *[ismétlődő része]* recurring decimals
végtelenít splice; *(szalagvégek illesztésével; gumi)* abutt
végtelenítés blind splicing
végtelenített endless, jointless, spliced; ~ **etetőszalag** *(tex)* creeper; ~ **szalagfűrész** *(fa)* endless/belt saw; ~ **szíj** continuous belt
végtelenköteles : ~ **szállítás** *(bány)* endless rope haulage; ~ **vontatás** *(bány)* cable road
végtelenláncos réselőgép *(bány)* endless-chain cutter
végtermék final product; ~ **finomsági száma** *(fonásnál)* hank delivered, hank of deliver
végtilolás *(tex)* finish scutching, cleaning
végtiloló (gép) *(tex)* finishing scutcher
végtörpeközpont *(távk) l* **törpeközpont**
végütköző back stop; *(vasút)* dead end
végvágás hozama final yield
végvákuum final vacuum
végverő gép *(tex)* blower and spreader

végződés tip, extremity, head, termination, tail; *(geod)* butting; **gömb alakú** ~ ball end; **vízvonalak mellső** ~**ei** *(hajó)* entrance lines
végződik *(vmivel)* issue
végződő : ~ **áramkör** *(távk)* terminating circuit; ~ **hívás** *(távk)* terminal/terminating call
végződtet terminate
végződtetés *(távk)* termination
végződvég *[kábelé; távk]* overleap end
vegyelemzés chemical analysis
vegyelemző analyzer
vegyérték *(elemeké)* valence, valency; **abszolút** *v* **maximális** ~ absolute valence; **aktív** ~ active valence; **effektív** ~ actual valence; ~**ek közti szög** valency angle; ~ **nélküli** zerovalent, nulvalent
vegyérték-elektronok valence electrons
vegyértékerő valence force
vegyértékhíd *(vegy)* valence bridge
vegyérték-kötés valence bond
vegyértékűség valency, valence
vegyes mixed, compound, promiscuous, miscellaneous, hybrid; ~ **altalaj** *[felső részén üledékes, alul sziklatalaj]* mixed ground; ~ **áramlás** *[félig axiális, félig radiális]* mixed flow; ~ **bázisú** *[nyersolaj]* mixed-base; ~ **befűzési rend** *(tex)* mixed pass; ~ **beömlés** mixed admission; ~ **beömlésű turbina** mixed-admission turbine; ~ **betűtípusokkal szedett** *(nyomda)* mixed; ~ **bőr** semi-chrome leather; ~ **csatolás** *(rád)* mixed/complex/combined coupling; ~ **cserzés** combination/mixed tannage; ~ **ecetes savanyúság** *(élip)* mixed pickle(s); ~ **építés(u)** *[fa és fém]* mixed construction; ~ **építésű repülőgéptörzs** composite fuselage; ~ **építésű szárny** *(rep)* composite wing; ~ **erdőállomány** mixed stand; ~ **falazat** *(ép)* bastard masonry; ~ **fehér (rongy)** *(tex)* mixed whites; ~ **fejtés** *(bány)* composite work; ~ **felhőzet** *(met)* combination skies; ~ **felmérés** *(geod)* composite recording; ~ **forgalom** mixed traffic; ~ **gerjesztés** compound excitation; ~ **hűtés** composite cooling; ~ **kábel** *(távk)* composite cable; ~ **kapcsolás** compound connection; ~ **kapcsolású áramkör** compound-connected circuit; ~ **kapcsolású egyenirányító áramkör** combination rectifier circuit; ~ **kapcsolású kazán** *(többféle gőzfogyasztásra)* combination boiler; ~ **kék(rongy)** *(tex)* miscellaneous blues; ~ **keret** *(telef)* miscellaneous bay; ~ **kiadások** miscellaneous expenses; ~ **kocsi** *(vasút)* composite carriage; ~ **minta** composite sample; ~ **nyomású turbina** mixed-pressure turbine; ~ **őrlésű** vari-size grained; ~ **partvonal** *(földt)* compound shore-line; ~ **polimerizálás** *(vegy)* interpolymerization; ~ **regiszter** *[orgonán]* mixture; ~ **szám** mixed number; ~ **szemcséjű acél** *(koh)* mixed-grain steel; ~ **szemcsenagyságú** vari-size grained; ~ **szemcsézet** mixed grain; ~ **szerkezet** mongrel-type of construction; ~ **tartó** *(fém-fa)* combined girder; ~ **teher** *(szállítás)* mixed load; ~ **tekercs** compound coil; ~ **tekercselés** compound winding; ~ **tekercselésű generátor** compound-wound generator; ~ *(különböző korú kőzetekből álló)* **telér** composite dike; ~ **terhelés** *(vill)* combined load; ~**en vető szerkezet** *(kukorica és bab egyidejű vetésére)* miscellaneous feed equipment
vegyesáru miscellaneous goods
vegyestört mixed fraction
vegyesvonat composite/mixed train
vegyész chemist; **elemző** ~ analyst
vegyészet chemistry
vegyészeti mérleg chemical balance
vegyi : ~ **affinitás** affinity; ~ **áztatás** *(tex)* chemical retting; ~ **bomlás** decomposition; ~ **egyesülés** combination; *(újra)* recombination; ~ **energia** chemical energy; ~**leg fehérített pamut** *(tex)* chemical cotton; ~ **feltárás** *(tex)* chemical retting/attack, digestion; ~ **hatású sugarak** actinic rays; ~ **károsodás** chemical attack; ~ **kötés** chemical link(age)/bond; ~ **kötésmód** form of bond; ~ **lövedék** carrier-type shell; ~ **összetétel** chemical composition, analysis; ~ **szerkezet** chemical constitution
vegyianyag chemical agent
vegyifülke hood
vegyiparitechnológia industrial chemistry
vegyít compound, combine
vegyítés *(keverés)* blending, mixing, compounding; ~**re alkalmas** *v* **felhasználható** permissible for mixing
vegyjel chemical symbol
vegyképlet formula
vegyrokonság affinity (for), substantivity (towards)
vegyszer reagent, chemical agent, chemical(s); **konzerváló** ~ chemical preservative; ~**ek tisztasági foka** grade of chemicals
vegyszerállóság chemical stability, resistance to chemicals
vegytani chemical
vegytiszta chemically-pure; ~ **szűrőpapír** chemical filter
vegytisztító szappan benzine soap
vegyül combine
vegyülés composition, combination; ~ **fokozatai** *(anyagv)* gradients of composition
vegyüléshő combination heat
vegyülési : ~ **hő** heat of association/combination; ~ **súly** combining weight
vegyület (chemical) combination/compound; **abszorpciós** ~ absorption complex; **addíciós** ~ addition compound; **aszimmetrikus** *(optikailag aktív)* **egyenes szénláncú** ~ straight carbon chain compound; ~ **felbontása** decomposition; **kétgyűrűs** ~ bicyclic compound; **nyílt láncú** ~ **szénlánca** acyclic stem-nucleus; **nyílt szénláncú** ~ open carbon chain compound; ~ **szintézise** asymmetric synthesis; **zárt láncú** *v* **ciklikus** *v* **gyűrűs** ~ closed chain compound
vegyület-sorozat series of compounds
vegyületszerkezet configuration
vegyvizsgáló benzin *(normálbenzin)* precipitation naphtha, test benzine
vékony thin, fine; *(anyag; tex)* sheer, thin; ~ **aranylemez** fine gold; ~ **áru** *(tex)* sheer fabric; ~**an bevont elektród** *(heg)* lightly-coated electrode;

~ **bőrű** *(prém)* skinless ; ~ **csiszolat** *(mikroszkópiai vizsgálathoz)* thin section ; ~ **falemez** scaleboard ; ~ **falú** thin-walled ; ~ **falú gubó** soufflon, thin cocoon ; ~ **fonal** fine count of yarn ; ~ **gömbfa** spar ; ~ **héjú** thin-skinned ; ~**ra húzott** thin-drawn ; ~ **kátrányozott kötél** *(hajó)* houseline ; ~ **kőzetcsiszolat** thin-ground stone plate ; ~ **lemezekből álló** laminar ; ~ **méretű** *(lemez v huzal)* light ga(u)ge ; ~ *(lapos)* **nyersbőr** thin hide ; ~ **pamutfonal** fine cotton yarn ; ~ **papírszerű fogás** *(tex)* flatness ; ~ **piritrétegek szenrétegben** *(bány)* scar(e)s ; ~ **reselőkar** *(bány)* thin-kerf bar ; ~ **reszelő** slim file ; ~ **réteg** *(élip)* slice ; ~ **rétegű tőzegréteg** sheet peat ; ~ **rostú** *(tex)* small-fibred ; ~ **széntelep** low/thin coal seam ; ~ **telep** *v* **telér** *(bány)* low seam/vein ; ~ **tűzálló agyagréteg** thill ; ~ **vonal** *(nyomda)* thin rule

vékonyít thin, fine out, narrow ; *(alak)* neck down ; *(tex)* thin, attenuate ; **bőrt** ~ friz(z) ; *(a szelnel ; cipő)* skive ; *[kábelveget szereleshez]* dress

vékonyítás *vö* **vékonyít**

vékonylemezes mészkő *(bány)* laminated limestone

vékonylemez-hengermű thin-sheet mill

vékonyodás taper ; *(kovácsoláskor)* breakdown ; *(cölöpé)* taper of pile ; *(szövethiba)* thin place/strip(e)

vékonyodó taper(ed) ; ~ **csap** taper pin

vékonyrahúzás *(heng)* fine-drawing

vékontelepes szénelofordulás *(bány)* low coal deposit

vektográf eljárás *(háromdimenziós fenykepeszetben)* vectograph process

vektor *(mech ; mat)* vector ; ~ **abszolút értéke** module of a vector ; **egy egyenesbe eső** ~ collinear vector ; **egy síkban fekvő** ~ complanar vector ; **eredő** ~ resultant vector ; **gyorsulási** ~ acceleration vector ; ~ **irányszöge** argument ; **sebességi** ~ velocity vector ; **síkbeli** ~ plane vector ; **térbeli** ~ space vector ; **villamos** ~ electric vector

vektor-analízis *(mat)* vector analysis

vektordiagram vector diagram

vektorfelbontás *(mech)* vectorial resolution

vektoriális : ~ **ábrázolás** vector representation ; ~ **bombairányzék** vector bomb sight ; ~ **összegezés** *(mat)* vectorial addition ; ~ **szorzat** *(mat)* cross product

vektoros vectorial

vektorösszegezés *(mat)* geometric(al) addition (of vectors)

vektorpotenciál *(vill)* vector potential

vektorsokszög vector polygon

vektorsokszögábra *(mech)* vector polygon

vektorszorzat vector product

vektorszög *(mat)* vectorial angle

vektortér vector(ial) field ; **áramköri** ~ *(vill)* circuital vector field

vektor-vektor-függvény vector-vector-function, tensor function

velencei : ~ **csipke** laces of Valenciennes, point de Venise, valenciennes ; ~ **terpentin** Venice turpentine

véletlen incidental, accidental ; ~ **esemény** incident ; ~ **földelődés** *(távk)* accidental earth fault

véletlenszerű elrendezés *(statisztikában)* randomization

velin-karton vellum board

velin-merítő szita wove-mould

velinpapír fine wove rag paper, vellum paper

velocipéddaru walking crane

Velox-kazán express boiler

velő *(gyümölcse)* pulp

velőréteg *(gyapjúszál v állati szőr bélüregeben ; tex)* pith

velősugár *(fa)* medullary ray

V-elrendezésű Vee-type

velúrbőr buffed leather

velúr-hasítékbőr velvet split

velúrpapír velour paper

velvet-karton velvet board

venasquit *(ásv)* venasquite

vénasszony-csomó *(hajó)* granny/lubber's knot

vendégfej *l* **tápfej**

vendégoldal *(szekéren)* rave

vendégút bypass/diverting road

ventilkornett *(hangt)* piston

ventil(l)átor *l* **szellőző**

Venturi-csatorna *(vízmennyiség méréséhez)* Venturi flume

Venturi-cső Venturi tube ; *(mérésre)* Venturi meter

Venturi-torokfúvóka Venturi throat nozzle

Venus haja *(ásv)* Venus-hairstone

venyigefekete *(vegy)* vine black

venyigeolló pruning shears

ver beat, slap, whip ; *(érmét)* coin, mint, emboss ; *(tex)* beat ; **földbe** ~ *[cölöpöt]* pitch ; **hidat** ~ bridge ; **kötelet** ~ lay the rope, braid

véralbumin *(vegy)* blood albumin

veranda *(ép)* veranda, stoop, terrace

verdesés flapping

verejtékitatós *(pa)* sweat-paper

verem pit, hopper, bunker

verempár *(fa)* pit(-)pair

verés *vö* **ver**

veret curbing, casing ; *(vasalás)* fitting ; **fedélzeti** ~ *(kötélvég megkötésére)* cavil ; ~ **kocsiszekrényhez** *(gépk)* motor body fitting

veretlemez *(lánc)* chain plate

vérkő *(ásv)* *l* **heliotróp**

vérliszt *(élip)* blood meal

vérlúgsó blood-lye salt ; **sárga** ~ potassium ferrocyanide ; **vörös** ~ potassium ferricyanide

vermel trench

vermikulit *(ásv)* vermiculite

vermillon-cinnóber vermilion (paint)

Vernaz-féle reszelő Vernaz file

Vernon-Harcourt-lámpa Vernon-Harcourt lamp, pentane lamp

veronai föld *v* **zöld** Veronese/Verona green

veronál veronal, 5 : 5-diethylbarbituric acid, diethylmalonylurea, barbitone, barbital

veronál-nátrium barbital sodium

verő *fn* beater ; *(bőr)* hog beater ; *(cséplőgépben)* beater ; *(alak)* striker, ram ; *(pa)* paddle ; ~ **sarkantyú** *(alsóverésnél ; tex)* picking quadrant

verőbárd *(tex)* beater, beating blade

verőcsúcs *(hidr)* pointed ram ; *(excenteren ; tex)* picking nib, tappet nose

verődék *(ásv)* encrustation, coating, sublimate

verődés *[jeltogóé]* bounce

verődik *l* **ütközik**

verődob *(pa)* porcupine cylinder, picker roll

verődő érintkező *(távk)* tottering contact

verődúc : **alsó** ~ *(óra)* bottom force

verőék *(tex)* key drift

verőfej *(vasbeton-cölöpön)* driving block, *(csövek szegecselésehez)* drive block ; *(pikker ; tex)* propeller

verőfejfékező *(tex)* buffer

verőfejvezető orsó *(tex)* picking spindle

verőfény glare

verőgép *(tex)* beater, beating machine/mill, batting machine, blower, blowing machine

verőgép-adagolóberendezés scutcher-fed motion

verőgép-hulladék *(tex)* picker waste

verőgép-rostély *(tex)* beater-bar

verőhenger : **rostőrlő** ~ *(pa)* beater

verőhengerkezelő *(pa)* beaterman

verőkar beater ; *(tex)* picking stick, pick lever ; ~ **ütése** picker stick impact, picking

verőkereszt *[kalapácsdarálóban]* beating cross

verőkészülék knocking gear ; ~**kilincsütközője** *(őzbőrszövet-szövőgépen)* faller catch

verőkos *(alak)* tup, ram ; *(ép)* driver, beetle ; *(béléscsövek süllyesztésére ; bány)* common ram ; ~ **húzókötele** drawline ; ~ **kampója** *(a húzókötél megerősítésére)* slip hook

verőkosemelő kötél hammer line

verőkosfogó szerkezet dog

verőkoskapcsoló ram clutch

verőkosvezető sín ram runner/guide

verőléc beater ; *(mzg)* beater blade/knife, beating arm ; *(cséplőgépen)* rasp bar

verőléces : ~ **dob** *(cséplőgépben)* rasp bar cylinder ; ~ **kalander** *(tex)* scutch mangle

verőmű scull cracker

verőpenge *(tex)* beater blade ; *(kártológepen)* comb blade

verőrúd *(tex)* stick

verősapka *(cölöp tetején)* driving cap, dolly

verősín *(tex)* beater blade

verőszerszám beater

verőszíj *(bőr)* hog beater ; *(tex)* (chrome) picking-band, picker stick bumper ~ **krómcserzésű bőrből** *(tex)* chrome picking band

verőtengely *(tex)* picking shaft

verőüzem *(tex)* blow-room, blowing room

versenycsónak racing boat

versenyez compete ; *(gépkocsival)* race

versenygépkocsi racing car

versenyhajó racing boat

versenykarosszéria *(gépk)* racing body

versenykerékpár racing bicycle

versenykocsi racing car

versenypálya race course/track

versenyrepülőgép racing aircraft

versenytárgyalás calling for tender

versenytér *(ép)* course

versenyülés motorkerékpáron race cushion

versenyzés racing

versenyző *[túraversenyen ; gépk]* competitor

vérszén blood (char)coal/char/black

vert : ~ **agyagfal** *(ép)* cob (wall) ; ~ **agyagtalaj** *(ép)* pisé ; ~ **arany** beat-

en gold ; ~ **betétű tömlő** *(gumi)* braided hose ; ~ **csipke** bobbin lace, bone-lace, hand made lace ; ~ **fal** *(ép)* beat cob work ; ~ **munka** *(ötvösmunka)* repoussé
vértes armo(u)red
vértezés armo(u)r
vértezet *(vill)* (metal) armo(u)r(ing)
vértezett armo(u)r(ed) ; ~ **kábel** armo(u)red cable ; ~ **koszorú** *(koh)* ring
vertföld-építkezés beaten cob construction
vertföld-fal dirt wall
vertikálgyalu *l* **vésőgép**
vertikális *l* **függőleges**
vérvizsgálat *(alkoholfogyasztás ellenőrzésére ; gépk)* blood test
vérzés *(színezéshiba ; tex)* bleeding
vérzik *(tex)* bleed
vés chisel ; **csaplyukat** ~ mortise
vese : ~ alakú kidney-shaped ; ~**alakú ércdarabok** *(koh)* (ore) nodules
veséded *(ásv)* reniform
vesegörbe *(mat)* nephroid
veses *(ásv)* reniform
vésés *(felirate)* engraving, cut ; *(forg)* slotting ; *(gemmán)* glyptics ; *(óra)* stippling, chasing
véset character, score, cut
vésett *vö* **vés** ; ~ **díszítés** *(ép)* fret ; ~ **ékítmény** fretwork ; ~ **görgő** engraved roller ; ~ **karc** engraving ; ~ **lemez** gravure-plate ; ~ **rézhenger** *(nyomáshoz ; tex)* engraved copper roller
vésnök (en)graver
vésnökszerszám engraving tool
vésnöktű style, burin
véső (bench) chisel, stylus, style, drift ; *(ép)* bit ; *(óra)* chaser ; *(öntvénytisztításhoz)* flogging chisel ; *(szegecsfejek levágására)* set chisel ; ~ **éle** peen ; **ferde** ~ carving chisel ; **kanalas** ~ entering chisel ; ~ **készülék** *(forg)* slotting attachment/fixture ; *(darabol fogja)* slotting jig ; **ládabontó** ~ case chisel ; **lapos** ~ *(esztergályosvéső)* bottom chisel ; **pneumatikus** ~ *(sorjaeltávolító)* air chipper ; **villamos** ~ **készülék** *(réz nyomóhengerhez ; tex)* electrograph
vésőacél *(koh)* chisel steel
vésőbetét *(kőzetfejtő légkalapácshoz)* rock-drill bit
vésőél chisel edge/point
vésőélű fúró korona *(bány)* two-point bit
vésőfej *(forg)* slotting head
vésőfej-előtolástartomány slotting feed range
vésőfejlöket ram stroke
vésőfej-sebességtartomány slotting speed range
vésőfúró rock bit ; *(kereszt v Z-alakú)* chopping bit
vésőgép *(forg)* slotting machine, slotter ; ~ **domborműmunkához** embossing punch ; **felfelé vágó** ~ draw-stroke slotter
vésőgépfej *(szersz)* *l* **vésőfej**
vésőgépkos *l* **vésőfej**
véső-gravírozó kalapács chasing hammer
vésőgyalu chisel plane ; **füles** ~ double-handle chisel plane
vésőmunka chisel work
vésőnyak bit shank
vésőnyél chisel handle
vésőrúd: salaktörő ~ *(csapolónyílás salakjának kitörésére kupolókemencénél)* chisel jump
vésőrúdél jumper bit
vésőszerszám *l* **véső**
vésőtű *l* **vésnöktű**
vesz *(rádión)* receive ; **blokád alá** ~ blockade ; **célba** ~ aim ; **kötelet** *v* **láncot bakra** ~ *(hajó)* bitt a cable ; **kötést lazábbra** ~ *(tex)* loosen ; **művelésbe** ~ *(bány)* attack
vész- emergency
vészcsengő alarm bell
vészcsengőrendszer *(villamos)* (electric) bell alarm system
veszélyes dangerous, unsafe ; *(gázos ; bány)* hot ; ~ **kanyar** *(gépk)* dangerous bend ; ~ **keresztmetszet** weak section ; ~ *(törő)* **teher** ultimate load ; ~ **teherállás** *(mech)* prejudicial position of load ; ~ **vegyitermékek** hazardous chemicals
veszélyességi : ~ (anyag)jellemzők hazard properties ; ~ **együttható** *(vill)* characteristic coefficient of exposure to danger
veszélyeztetés *(vill)* danger
veszélyeztetett : ~ áramkör circuit exposed to danger ; ~ **terület** danger space/area
veszelyit *(ásv)* veszelyite
veszélyjelzés *(nagyfeszültséget jelző nyíl)* danger arrow
veszélyjelző fény danger light
veszélytelen non-dangerous
veszélytelenség *(bány)* permissibility
veszélytelenségi vizsgálat *(bány)* permissibility test
veszendőbe megy waste
vészfék emergency brake
vészfékfogantyú *(vasút)* passenger communication handle
vészfékszelep conductor's valve
vészharang warning bell
vészhívójel distress call
vészjel(zés) warning, alarm, distress/danger signal
vészjelző *(fény)* trouble light ; *(készülék v berendezés)* monitor ; ~ **hívás** distress call ; ~ **kürt** siren (horn) ; ~ **lámpa** alarm lamp ; **rácsközi** ~ **jelfogó** *(távk)* alarm relay of grid potential ; ~ **riasztórendszer** alarm system ; ~ **zászló** flag of distress
vészkapcsoló emergency (stop) switch
vészkijárat emergency exit ; *(bány)* escape way
vészkijárati vaslépcső fire escape
vészkijárat-zár *(nyomásra nyílik)* panic bolt
vészkijáró *(bány)* escape outlet
vészkikapcsoló emergency switch
vessző : ~ alakú gyaluforgács *(marásnál)* comma-shaped cutting ; ~**ből font (maláta)szűrő** strum
vesszőfonat matting
vesszőjárat *(óra)* comma/virgule escapement
vesszőkosár prickle, wocker
vesszőköteg fag(g)ot
vesszőnyaláb *(reneszánsz építészetben)* fascia
vésztartalék emergency
veszteglés stagnation, stand, idling ; **előre nem látott** ~ outage time
veszteség loss, deficit, waste ; *(Erlang B formula szerint ; távk)* grade of service ; *(vill)* (power) loss ; ~**ek a csővezetékben** piping losses ; ~ **a csúszógyűrűkben** *(vill)* slip-ring losses ; **dielektromos** ~ dielectric loss ; **dúsítási** ~ *(jelentős szentartalommal)* coal culm ; ~ **el-** *v* **felosztása** *(vill)* separation of losses ; ~**ek elhanyagolásából eredő hiba** *(távk)* errors from assuming zero losses ; **gépállási** ~ **megszüntetése** adjustment of loss ; **igen kis** ~ very low loss ; **igen nagy** ~ very high loss ; **látszólagos** ~ apparent loss ; ~ **nélküli** free of losses ; ~ **pótlása** adjustment of loss
veszteségellenállás *(vill)* loss resistance
veszteséges lossy ; ~ **szűrőelem** *(távk)* dissipative filter element
veszteségi : ~ áram loss current ; ~ **csillapítás** loss damping ; ~ **ellenállás** *(vill)* loss/effective resistance ; ~ **szög** *(vill)* loss angle ; ~ **szög tangense** *(rád)* loss tangent ; ~ **tényező** loss factor
veszteségmentes no-loss, loss-free ; *(távk)* non-dissipative ; *(vill)* ideal ; ~ **dielektrikum** *(a vákuum)* perfect dielectric ; ~ **munka** *(termodinamikában)* work of ideal cycle ; ~ **reaktancia** ideal/pure reactance ; ~ **tápvonal** *(távk)* transmission line with zero losses ; ~ **transzformátor** ideal transformer ; ~ **vezeték** *(vill)* ideal line, non-dissipative line ; ~ **vonal** loss-free line
veszteségszög *l* **veszteségi szög**
veszteségtényező *l* **veszteségi tényező**
vesztibül *(ép)* vestibule
vészzsilip emergency lock
vét *(bány)* scallop
vétel *(rád)* reception, receiving ; *[hívásé]* answer ; **árnyékolt** ~ *(rád)* barrage reception ; **autodin** ~ *(rád)* autodyne reception ; **egyidejű** ~ **több hullámhosszon** *(rád)* diversity reception ; **egymást kiegészítő kettős** ~ *(rád)* complementary diversity ; **heterodin** ~ *(rád)* beat reception ; **irányított** ~ *(rád)* beam reception ; ~ **kétrácsos csőkapcsolással** *(közös anód- és izzítóteleppel)* unidyne reception ; **kettős** ~ *(különböző hullámhosszakon ; rád)* double reception ; ~ **minősége** *(távk)* receiving quality ; ~ **periódusa** *(rád)* receptive period ; ~ **lát jelfogó** *(rád)* break-in relay
vételbénítás *(rád)* barrage jamming
vétel-blokírozó hatás *(rád)* blackout effect
vételerősítés *(rád)* receiver amplification
vételerősítő *(rád)* receiving amplifier
vételez: szenet ~ *(vasút)* coal the engine
vételhatár *(távk)* margin of reception
vételi : ~ csillapítás-egyenérték *(távk)* receiving reference equivalent ; ~ **görbe** *(távk)* arrival curve ; ~ **oldal** *(rád)* receiving end ; ~ **teljesítmény** *(rád, táv)* received power ; ~ **tényező** *(iránymérő antennánál)* pickup factor; ~ **térerősség** *(rád, táv)* received field ; ~ **viszonyok** *(rád)* receiving conditions ; ~ *(átvételi)* **vizsgálat** purchase trial
vételirány *(távk)* receiving path
vételkapcsoló *(rád)* directional relay
vételkészültség *(rád, rep)* listening watch
vételminőség kódjele *(távk)* readability signal

vételoldali impedancia *(rád)* receiving-end impedance
vetélő *(tex)* shuttle ; *(pamutszövésben)* cotton shuttle ; ~ **átdobása** *(tex)* picking ; ~ **élettartama** life of the shuttle ; ~ **elfogása** *v* **lefékezése** *(tex)* checking of the shuttle ; ~ **hirtelen lefékezése** shuttle tension working jerkily ; ~ **nélküli szövőgép** shuttleless loom ; ~ **pamutszövő székhez** cotton shuttle ; ~ **súlypontja** *(tex)* mid-point of shuttle ; ~ **szalagszövőn** *(tex)* small ware shuttle ; ~ **szőnyegszövéshez** carpet shuttle ; ~ **újratöltése** *(tex)* shuttling ; ~ **ürege** *(tex)* well of the shuttle ; ~ **ütközése** *v* **felütése a bordaládához** *(tex)* buffing of the shuttle
vetélőátfutás *(tex)* flight of shuttle
vetélőbennmaradás *(tex)* shuttle trapping
vetélőbeszorulás *(tex)* shuttle trapping
vetélőbevetés *(tex)* shuttle throw
vetélőcserélő : önműködő ~ automatic shuttle-changer
vetélőfékezés *(tex)* checking of shuttle, shuttle braking
vetélőfékező berendezés shuttle checking motion
vetélőfiók *(tex)* (shuttle) box/board, shuttle-stand ; ~ **mellső fala** shuttle box front ; ~ **nyelve** swell (of the shuttle box)
vetélőfiók-nyelv *(tex)* (shuttle) swell
vetélőfiók-szabályozás shuttle box alignment
vetélőfiók-váltó *(tex)* checking motion
vetélőjavító *fn* shuttle fixer
vetélő-késés *(tex)* shuttle drag
vetélőkirepülés shuttle flight, shuttle flying out
vetélő-leállítás stopping the shuttle
vetélőméret shuttle size
vetélőmozgatás *(tex)* shuttle drive/motion
vetélőorr shuttle point/tip/stud/spur ; ~ **lazulása** shuttle point loosening ; ~ **és vetőfej érintkezési helye** shuttle contact point
vetélőorr-nyúlvány *(tex)* spuranchor
vetélőőr *(tex)* shuttle guard/protector
vetélőpálya (shuttle) race, race board/plate of lay
vetélőröppálya-ellenőrzés checking shuttle flight
vetélőszem *(tex)* weft hole, shuttle-eye
vetélőtöltés shuttle replenishment
vetélőtöltő *(munkás)* shuttle filler
vetélőtüske *(tex)* (shuttle) peg ; ~ **vágott felülettel** *(tex)* shank with ragged surface
vetélőváltás *(tex)* changing the shuttle, shuttle changing, reshuttling ; **önműködő** ~ *(tex)* automatic reshuttling
vetélőváltó : ~ berendezés shuttle changing mechanism ; ~ **fiók** *(kézi szövőszéken)* drop box ; ~ **szerkezet** *(tex)* change-box motion
vetélővisszaugrás a fiókban shuttle rebounding in box
vételre-kapcsolás *(rád)* change to reception
vételzavar interference ; ~ **ellen védő** *(üresen hagyott)* **hullámsáv** interference guard band
vetemedés warp(ing), buckling, warpage
vetemedik warp, cramp, buckle, distort
vetés drop(ping) ; *(mzg)* sowing ; *(tex)* shoot, shot, shooting-in ; ~**ek száma cm-enként** *(tex)* number of filling threads per cm ; ~**ek száma percenként** *(tex)* picks per minute, picks p. m.
vetési : ~ sík *(földt)* lamina ; ~ **szög** *(bombavetésnél)* dropping angle
vetésszám *(tex)* loom pick count
vetésszámláló *(szerkezet ; tex)* pick-counter/-recorder
vetésvédő pajzs *(kultivátoron)* cultivation shield
vetít *(mat)* project ; *(fényk)* screen
vetítés projection ; ~ **ferde (fény)sugarakkal** clinography ; ~ **hatékonysága** *v* **hatásfoka** projection efficiency; **hátsó** ~ *(fényk)* back projection ; **központos** ~ centre projection ; ~**sel működő világító berendezés** directional floodlight system ; ~ **nappali fényben** daylight projection ; ~ **optikai tengelye** axis of projection ; **váltakozó** ~ *(geod)* blinking method
vetítési : ~ fényerő *(fényk)* screen brightness ; ~ **hatásfok** projector efficiency ; ~ **időszak** *(lencsenyitvatartás ideje)* projection period ; ~ **képsebesség** projection rate
vetítéspont : függőleges ~ *(föld felszínen)* plumb point
vetített : ~ díszlet *(fényk)* projected screen ; ~ **háttér** *(fényk)* projected background ; ~ **kép** *(állókép)* lantern slide ; ~ **másolás** projection-printing ; ~ **skálabeosztás** projected scale ; ~ **televízió** projection television ; ~ **világítású eljárás** reflected light process ; ~ **világítási hatás** reflected light effect ; ~ **záró feszültség** *(rád)* projected cut-off
vetítő : ~ felület gipszből plaster screen ; ~ **ívlámpa** projector arc ; ~ **kamera** *(fényk, geod)* projection camera ; ~ **katódsugárcső** projection-type cathode-ray tube ; ~ **készülék** projector, projection apparatus ; ~ **komparátor** *(szink)* projection comparator ; ~ **televíziós vevő** projection television receiver
vetítőcső *(telev)* projection tube
vetítőernyő intercepting screen
vetítőfal projection wall
vetítőfej projector head, picture gate
vetítőfülke projection-room
vetítőgép projector ; **háromszínes** ~ chromoscope
vetítőgépész projectionist
vetítőizzó projection bulb ; **túlizzított volfrámszálas** ~ Movieflood lamp
vetítő-komparátor feketedésmérő *(szink)* projection-comparator densitometer
vetítőlámpa projector lamp
vetítőlemez *(nyomda)* lantern plate
vetítőlencse projector lens ; ~ **képe vetítővásznon** *(háttérvetítésnél)* hot spot
vetítőnyílás picture aperture
vetítővászon projection screen ; ~ **távolsága a vetítőgéptől** throw ; ~ **utánvilágítása** screen afterglow ; ~ **világító hatásfoka** screen actinic efficiency
vetítővonal *(mat)* projecting ray
vető *mn vö* **vet** ; *fn* *(kat)* thrower ; *(bány)* fault, trouble ; *l még* **vetődés** : ~ **alsó** *v* **csúszó felülete** *(földt)* sole of a thrust ; ~ **alsó része** *(földt)* low side ; ~ **borona** drill harrow ; ~ **csoroszlya** *(vetőgépen)* shoe ; **dőlés irányában lecsúszott** *v* **homotetikus** ~ *(földt)* dip slip fault ; ~ **felemelt szárnya** *(bány)* hanging wall ; ~ **hajlásszögének kiegészítő szöge** *(földt)* angle of hade ; ~ **készülék** *(rep)* catapult ; **kettős merítőkorongos** ~ **szerkezet** *(mzg)* double-run feed ; **lefelé rétegeződő** ~**k lejtése** *(geol)* dip heading ; ~ **lőszer** thrower ammunition ; ~ **magasság** *(rep)* drop altitude ; ~ **melletti hirtelen réteghajlás** *(földt)* terminal curvature ; **összetartó** ~**k** *(földt)* centripetal faults ; ~**vel párhuzamos elválás** *(bány)* slip cleavage ; ~ **repülőgép egy menete** *v* **fordulója** seeding run ; **rétegeződéssel megegyező** ~ *(földt)* bedding fault ; ~ **szerkezet** seeding apparatus ; **széttartó** ~**k** *(földt)* centrifugal faults ; **telepvastagságnál kisebb** ~ *(bány)* hitch ; **univerzális** ~ **és műtrágyaszóró gép** spreader
vetődés *(bány, földt)* fault, chop, throw, thrust, paraclase, flaw ; *l még* **vető** : *(fa)* winding ; ~ **amplitúdója** *(földt)* net slip ; ~ **csúszásszöge** *(földt)* angle of slip ; **csúszó** ~ *(földt)* downslip faults ; **dőlésirányú** ~ dip fault ; ~ **elválása** *(földt)* separation of a fault ; ~ **emelkedő szárnya** *(földt)* upthrow ; ~ **ereszkedő oldala** *(földt)* downcast side ; ~ **feldobott** *(felső)* **szárnya** *(földt)* upcast side ; ~ **felemelkedő szárnya** *(földt)* up-leap; ~ **felemelt része** *v* **tömbje** *(földt)* updip block ; **függőleges** ~ *(a vetődési síkban)* *(földt)* dip slip ; **kis** ~ *(földt)* slip ; **kisebb** ~ *(földt)* jump ; ~ **rétegtani magassága** *(amplitúdója)* apparent throw ; ~ **rétegtani** *v* **sztratigráfiai szélessége** *(földt)* parallel throw ; ~ **rétegtani, valódi magassága** *(földt)* apparent stratigraphical separation ; ~ **síkja** *(bány)* face of fault ; ~ **szárnya** *(földt)* limb ; ~ **sztratigráfiai magassága** *(földt)* stratigraphic(al) throw ; ~ **valódi magassága** *(földt)* slip of a fault ; ~ **vízszintes szélessége** *(földt)* shove
vetődéses : ~ hegy horst ; ~ **kiemelkedés** upthrust ; ~ **szirt** uplift ; ~ **völgy** ramp valley
vetődési : ~ árok rift valley ; ~ **csúcsszög** apex angle ; ~ **elcsúszás** *(bány)* shift ; ~ **mélység** vertical displacement ; ~ **sík** slip plane ; ~ **síkokkal határolt hegynyúlványok** faceted spurs ; ~ **terület** area of faulting ; ~ **völgy** rift valley
vetődésmagasság slip
vetődik *(fa)* twist ; *(földt)* slip
vetődött *(földt)* faulted ; ~ **kibúvás** misplaced outcrop ; ~ **lánchenger** *(tex)* skellered beam ; ~ **oldal** heaved side ; ~ **telér** *(bány)* slippage vein
vetőelem : cellás ~ *(vetőgépben)* cell-plate
vetőfej *(tex)* driver, picker
vetőfejfékező bőrszíj *(orsón ; tex)* knee

vetőgép seed drill, seeder, sower, seeding machine ; ~ **egy menete** *v* **fordulója** seeding run ; ~ **gabonafélékhez** *(mzg)* grain drill ; ~**pel kombinált tárcsa** seeder-disker ; **közös kerethez kapcsolt** ~**ek** gang drill ; **saroglyára szerelhető** ~ endgate seeder ; **sorvető** ~ *(mzg)* row drill ; **tárcsás csoroszlyás** ~ disc (grain) drill
vetőgép-magszekrény drill box
vetőháló sweep net
vetőhasadék *(bány)* riser
vetőkar *(tex)* picking stick ; ~ **kőrisfából** *(tex)* ash picking stick
vetőkar-ütés *(tex)* shot
vetőmagcsávázás seed dressing
vetőnyom rift
vetőszárny *(földt)* wall
vetőszerkezetes tárcsa *(mzg)* seeder-disker
vetőszög initial/throwing angle
vetőtölcsér *(mzg)* seeding funnel
vetőút *(vetőgépé v vető repülőgépé)* seeding lane
vett : ~ **hullám** *(rád)* received wave ; ~ **teljesítmény** *(rád, táv)* received power
vetülék *(tex)* filling, pick, weft, shot, shoot ; **alsó** ~ back pick ; *(kettős szövetben)* bottom shot ; *(megerősített v bélelt szövetben)* backing weft ; ~ **átcsévélése** rewinding weft ; **bélelő** ~ back pick ; ~**kel bélelt áru** weft-backed fabric ; ~ **hozzávetése** *(szövethez)* wefting ; **kettős** ~ double shots ; *(egy-egy szádban)* double picks ; ~ **mintája** weft pattern ; ~ **sűrűsége** ga(u)ge of cloth ; **szakadt** ~ **keresése** *(szövőszéken)* pick-finding
vetülékátcsévélő berendezés quiller, weft winder
vetülékatlasz filling sateen
vetülékátvetés *(tex)* shot
vetülékbársony *(tex)* weft pile
vetülékbefűzés *(tex)* weft handling
vetülékbeugrás *(tex)* crimp, weft take-up
vetülékbeverés *(szövetszélhez)* battening, beating(-up)
vetülékcséve *(tex)* (weft) pirn/cop/bobbin, pin cop, shuttle/filling bobbin ; **vetülékcsévén festett fonalak** cop-dyed yarns ; **leürült** ~ emptied cop ; **nagyobb méretű** ~ bastard cop ; ~ **préselt műanyagból** moulded plastic pirn
vetülékcséve-fonal *(tex)* cop yarn
vetülékcséve-hegy cop nose
vetülékcséve-láda quill bocx
vetülékcsévélés pirning, filling wind
vetülékcsévélő : ~ **automata** *(tex)* fully automatic pirn winder ; ~ **függőlegesen elhelyezett orsókkal** pirn winding vertical machine ; ~ **gép** *(tex)* weft/pirn/filling/quill winder, weft/pirn winding machine, quiller ; ~ **gép vízszintesen elhelyezett orsókkal** pirn winding horizontal machine ; ~ **munkás** quiller ; **önműködő** ~ **gép** auto-quill winder, automatic pirn/weft winder
vetülékcsévetár quill box
vetülékcsévetartó bobbin cage
vetülékcséve-tisztító (készülék) pirn stripper
vetülékcséve-váltó berendezés pirn-changer

vetülékcsík *(hiba ; tex)* miss of weft, weft bar
vetülékcsíkos sleazy
vetülékcsíkosság sleaziness, weft bar, filling streaks
vetülékegyengető (szerkezet) weft straightener
vetülékfonal weft, abb, pick, filling *(US)*, filling yarn/thread
vetülékfonalas kelme *(kh)* laid-in fabric
vetülékfonal-átdobás *(tex)* pick
vetülékfonal-csévélés *(tex)* weft spooling
vetülékfonal-csévélő gép *(tex)* cop-winder
vetülékfonal-hajócska flyer
vetülékfonal-hossz bobbin length/width, length of quill
vetülékfonalőr *(tex)* filling-stop motion, weft fork motion
vetülékfonal-szakadás breaking of the weft ; *(szövetben)* broken filling, crack ; ~ **elintézése** mend weft break
vetülékfonal-számláló shot-counter
vetülékfonal-visszakeresés *(tex)* pick-finding
vetülékfonal-visszakereső (berendezés) pick-finder motion, pick-finding mechanism
vetülékfonó gép *(tex)* filling frame
vetülékhatású kötés filling construction
vetülékhiány *(tex)* miss of weft
vetülékhibák *(tex)* filling defects
vetülékhord(oz)ás *(tex)* carrying of weft
vetülékhurok *(hiba)* caterpillar
vetülékirányban fillingwise
vetülékirányú keresztmetszet section through filling
vetülékismétlődés *(tex)* number of picks to the round (of pattern)
vetülékkeresés *(rex)* finding the pick
vetülék-keresztcsévélő gép cross\wound cop machine
vetülékkeret *(rézlapokból álló lyuksoros)*; brasses
vetülékkopsz *(tex)* pin/pir cop
vetülékkord *(szövet)* tire builder/cord fabric
vetülékkötésű szövet filling faced cloth
vetülék-kúpcséve *(tex)* pirn cone
vetülék-mintaelem *(tex)* number of picks to the round (of pattern)
vetülékmintás szövet cloth with weft effects
vetülékoldalú *(tex)* weft-faced
vetülékőrvillarács *(tex)* weft-fork grates
vetülékrendszerű kötésű *(tex)* weft knitted
vetülékripsz *(tex)* royal rib, plain moreen, filling rib weave
vetülékritkaság *(szövéshiba)* sleaziness
vetüléksávoly *(tex)* filling (face) twill
vetüléksodratú *[fonal]* weft-way spun
vetülékstruksz twill warp back cloth
vetülék-sűrűség density of the weft ; ~**et beállít** *(szövőgépen)* adjust the number of picks ; ~ **per cm** number of filling threads p/cm ; ~ **per hüvelyk** picks per inch
vetülékszakadás filling breakage
vetülék-szaténfonákú *[fésűsgyapjú-szövet]* French-backed
vetülék-tapintó *(tex)* weft-feeler motion, filling feeler ; ~ **kar** *(önműködő leállító készüléken)* weft fork
vetüléktartó tábla *(tex)* bobbin cage

vetüléktömöttség set of weft
vetülékvágó olló *(tex)* weft cutting scissors
vetülékváltás *(tex)* weft mixing ; ~ **egyenként** *(tex)* inserting pick and pick
vetülékváltó : **önműködő** ~ **berendezés** automatic pirn change mechanism, automatic weft replenisher ; ~ **szerkezet** *(tex)* weft-suply mechanism
vetülékvetés *(tex)* pick of weft
vetülékvilla *(tex)* weft (filling) fork, weft stop/fork motion ; ~ **kalapácsa** *(tex)* weft hammer ; ~ **rácsa** *(tex)* filling fork grate, weft grate/grid, weft-fork grate
vetület *(mat)* projection ; **függőleges** ~ elevation ; **hátsó** ~ *(mat)* back projection ; **kiegyenlített** ~ *(térképen)* balanced projection
vevő *(vásárló)* customer ; *(rád)* receiver ; *(távk)* acceptor ; ~ **állomás** *(rád)* receiving station ; ~ **antenna** receiving antenna/aerial ; **autodin** ~ *(rád)* autodyne receiver ; **begerjedt** ~ *(rád)* blooper ; ~ **behangolására sugárzott hangfrekcenvia** *(rád)* tuning note ; ~ **berendezés** *(rád)* receiving apparatus/set/equipment ; **detektoros** ~ detector/galena receiver; ~ **dipólus** *(rád)* pickup dipole ; **egyenes** ~ straight receiver ; **fekete-fehér televíziós** ~ black-and-white (television) receiver ; **hálózati** ~ all-electric receiver, mains receiver ; ~ **helyikör** *(távk)* receiving loop ; ~ **irányszűrő** *(távk)* receiving directional filter ; ~ **jelfogó** receiving relay ; ~ **keretantenna** receiving loop ; **két hangoltkörös** ~ double-circuit receiver; **közép-rövid-hosszúhullámú** ~ *(rád)* all-wave receiver ; **miniatűr** ~ midget receiver ; **nagy ernyőjű televíziós** ~ big-screen receiver ; **négycsöves** ~ four-valve receiver ; **nyújtott sávú** ~ bandspread receiver ; **sávnyújtós** ~ *(rád)* bandspread receiver ; **színes televíziós** ~ colour receiver ; **telepes** ~ *(rád)* battery(-operated) receiver ; ~ **transzformátor** *(vill)* receiving transformer ; **univerzális** ~ all-mains receiver
vevő-adó készülék *(rád)* transponder
vevőcső *(rád)* receiving tube
vevődoboz *(rád)* receiver cabinet
vevőegység receiver unit
vevőernyő *(telev)* receiver screen
vevőerősítő *(rád)* receiving amplifier
vevőfej *(rád)* receiving head
vevőjel *(telev)* receiving signal
vevőkartoték mailing list card index system
vevőkeret receiving loop
vevőkészülék receiver (set), receiving apparatus, *még* **vevő** ; ~ **időszaki lezárása** *(rád)* receiver suppression
vevőkészülék-ellenőrző egység *(rád)* receiver-control unit
vevőoldal *(rád)* receiving end
vevőszekrény *(rád)* received cabinet
vevő-szelszin receiving selsyn
vevőszerv *(rád)* driven member
vevőszint *(távk)* receiving/reception level
vezényjelátalakító *(aut)* transducer

vezénylőasztal operator desk, control panel
vezénylőhíd *(hajó)* pilot bridge
vezénylőterem control room
vezéradó *(rád)* key station
vezérárok *(hidr)* gullet
vezérásvány guide mineral, bryle
vezércölöp *(szádfalhoz)* border/guiding pile
vezércsap *(gépk)* master pin
vezércsavarorsó *(vetülékcsévélő gépen; tex)* guide screw spindle
vezércső *(ol)* standpipe
vezéregyenes *(parabolaé; mat)* directrix
vezérel control, govern
vezérelhető controllable; **nem ~** out of control
vezérelt: ~ beömlő szelep mechanic(al) inlet valve; **~ biztonsági szelep** controlled safety valve; **~ ciklus** controlled cycle; **~ frekvenciájú adó** *(rád)* controlled sender; **~ impedancia** *(távk)* controlled impedance; **~ kimenetű egyenirányító** controlled rectifier; **~** *(szinkronozott)* **letapogatás(i jel)** *(telev)* driven sweep; **~ szelep** geared valve; **~ szikra** *(szink)* controlled spark; **~ szikraköz** *(rád)* triggered spark gap
vezérgleccser trunk glacier
vezérgörbe cam; *(mat)* generatrix
vezérgyűrű-felhúzó készülék *(ol)* expander for drill pipe protectors
vezérhang leading note
vezérívbefogó *(statisztikai gépen)* master sheet feed
vezérívbehúzó kerék *(statisztikai gépen)* master sheet adjustment knob
vezérívsormutató *(statisztikai gépen)* master line indicators
vezérívtartó *(statisztikai gépen)* master sheet rack
vezérkapcsoló *(vasút)* master controller; *(vill)* master switch
vezérkontroller pilot/master controller
vezérkönyv *(hangt)* score
vezérkötél *(ép)* anchor stay
vezérkövület index fossil
vezérkulcsrendszer *(szállodai)* grand master-key
vezérláncos puttonyos kotró guided chain excavator
vezérlap title page
vezérlapát guide blade
vezérlemez *(irányadó hangfelvételnél)* key-plate
vezérlés control, steering; *(gépk)* timing; *l még* **vezérmű**: *(gőzé)* distribution; *l még* **szabályozás**: *[általában; távk]* control; *[csőé, erősítő fokozaté]* control, drive; **csapos ~** cock control gear; **dinamikus ~** *(aut)* dynamic control; **egykaros ~** single-lever control; **elektromágneses ~** electromagnetic control; **előválasztó ~** preselective/preoptive control; **felső ~** *(gépk)* overhead camshaft, o. h. c.; **karos ~** lever control; **~ kettős soros-párhuzamos átkapcsolással** *(vasút)* double series-parallel control; **kézikerekes ~** handwheel control; **kisnyomású hidraulikus** *v* **pneumatikus ~** low-pressure control; **~ kötéllel** rope control; **központosított ~** centralized control; **~ lengő bütyköstárcsával** oscillating cam gear; **mechanikus ~** mechanical control; **nyomógombos ~** pushbutton control; **óraszerkezetes ~** clock control; **szűk határok közti pontos ~** close control
vezérlés-hajtás distribution driving gear
vezérlési: ~ diagram timing diagram; **~ idő** control reaction time; **~ szög** angle of distribution; **~ tényező** *[tirátronban]* control ratio
vezérlésreteszelés control locking
vezérlő: ~ állomás control point; *(rád)* command set; **~ áramkör** control circuit; *(rád)* drive circuit; **~ berendezés** control gear; **~ búvárdugattyú** control plunger; **~ csatorna** *(távk)* control channel; **~ dobogó** control pulpit; **~ drótkötél** *(kötélpályán)* control cable/line; **~ dugattyú** control piston; **~ elektród(a)** control electrode; **~ eltérés** *[szabályozásban; távk]* controlling deviation; **~ emeltyűrendszer** control levers/linkage; **~ erősítő** control amplifier; **~ erőtér** controlling field; **~ feszültség** control voltage; **~ fogantyú** control lever; **~ frekvencia** *[elhúzásé; távk]* injected/control frequency; **~ hajtórúd** steering connecting-rod; **~ hornyospálya** cam path; **~ jelfogó** control relay; **~ kapcsoló** control switch; *(hengerkapcsoló)* controller; **~ kapcsológép** *(távk)* control switch; **~ készülék** control(ling) apparatus; **~ kvarckristály** *(rád)* trigger crystal; **~ műszeroszlop** *(vill)* control column; **~ műszertábla** control desk; **~ oszcillátor** *(rád)* master oscillator; **~ rezgőkör** *(rád)* master oscillator; **~ rudazat** control linkage; **~ szerkezet** control mechanism; **~ szikraköz** *[háromelektródos neoncsőben]* control gap; **~ vivőhullám** pilot carrier
vezérlőadó *(rád)* control transmitter
vezérlőáram control current
vezérlőasztal benchboard; *(távk)* control desk, console
vezérlőbütyök steering cam
vezérlőcsap *(gépt)* pilot (pin)
vezérlődob control drum; *(bütykös, revolveren)* cam drum
vezérlőgomb control knob
vezérlőhenger controller; **~eket összekötő vezeték** *(több motoros kocsiból álló villamos vonatnál)* control line
vezérlőív *(gépt)* slotted crankplate
vezérlőjel *(távk)* pilot signal
vezérlőkar control lever
vezérlőközpont *(vill)* control central
vezérlőlánc control chain
vezérlőlemez *(gőzmozdonyhengernél)* motion plate
vezérlőmű *l* **vezérmű**
vezérlőóra *(táv)* principal clock
vezérlőpálya cam; **~ beállító lovasa** cam rider; **~ két kiemelkedéssel** two-lobe cam; **~ sarka** cam heel
vezérlőrács *(rád)* control/signal grid
vezérlőrácsfeszültség *(rád)* control grid voltage, control grid bias
vezérlőrácshenger control grid cylinder
vezérlőrácsmoduláció control-grid modulation
vezérlőrácspotenciál control-grid potential
vezérlőrácssapka control grid cap
vezérlőrúd control rod, guide bar
vezérlőrugó controlling spring; *(tex)* batten spring
vezérlőszelep control/operating valve
vezérlőszerv control (organ)
vezérlőtelep control battery
vezérlőtengely leading axle, cutoff/guiding shaft; **villamos ~** electrical guiding-shaft
vezérlőterem *(vill)* control room
vezérlővonal *(rád)* command line
vezérmű control/operating mechanism/gear, governor; *(gépk)* timing/valve gear; **~ átfordítása** control reversal; **~ fogaskerék-áttétele** *(gépk)* camshaft gear; **kulisszás ~** *(mozdonyon)* link motion
vezérmű-állítás *(gépk)* timing adjustment
vezérműfedél timing-gear casing
vezérműfogaskerék *(gépk)* camshaft gear wheel
vezérmű-hajtás valve-gear drive
vezérműhajtó: ~ fogaskerék distribution driving gear, timing gear; **~ rúd** steering-gear connecting rod
vezérmű-hajtókerékház *(gépk)* timing case
vezérműház timing-gear housing
vezérműházfedél *(gépk)* timing cover
vezérműkar steering-gear arm
vezérműlánc *(gépk)* timing chain; **háromsoros ~** three-strand timing chain; **~ nyitószeme** hunting link
vezérműlánc-fogak *(gépk)* chain teeth
vezérműlánckerék *(bütyköstengelyen; gépk)* cam sprocket
vezérműoldal *(motoron)* control side
vezérműszekrény steering-box
vezérműszinkronozás governor synchronizing
vezérmű-tengely steering-gear shaft; *(gépk)* camshaft
vezéróra *(központi villamos időszolgálatnál)* primary clock
vezérorsó *(forg)* lead screw
vezérorsós: ~ előtolás screw feed; **~ eszterga** thread-cutting lathe
vezéroszcillátor *(rád)* drive, master-oscillator
vezéroszcillátor-frekvencia master-oscillator frequency
vezéroszcillátor-kör master-oscillator circuit
vezéroszcillátoros: ~ adó *(rád)* driven sender; **~ frekvenciakettőző végerősítő** *(rád)* master-oscillator power amplifier frequency doubler; **~ végerősítő** *(rád)* master-oscillator power amplifier
vezérrúd *(gőzgépen)* reciprocating rod; *(hajó)* helm
vezérsík *(rep)* stabilizer, fixed tail surface; **emelő ~** *(rep)* lifting tail plane; **függőleges ~** fin; **V-alakú ~** Vee-tail, butterfly tailplane; **vízszintes ~** tailplane, horizontal stabilizer
vezérsík-állító kerék *(rep)* tailplane-adjusting wheel
vezérsík-beállítási szög *(rep)* tail-setting angle
vezérsíkdúc *(rep)* tail strut
vezérsík-merevítő huzalok *(rep)* tailplane bracing
vezérsíktartó keret *(léghajón)* fin carrier
vezérsugár guide ray; *(mat)* radius vector
vezérszólam downbeat
vezértelep *(bány)* guiding bed
vezértengely camshaft, timing/governing/control shaft; *(szövőgépen)* tappet shaft; **~re ékelt fogaskerék** *(gépk)* timing gear

vezértengelycsapágy camshaft bearing
vezértengely-fogaskerék *(gépk)* camshaft gear wheel
vezértengelyhajtás kis fogaskereke *(gépk)* timing pinion
vezértengelyhajtó fogaskerék *(gépk)* timing gear
vezérvonal *(paraboláé)* directrix
vezet guide, steer, control ; *(gépkocsit, mozdonyt)* drive ; *(vizet v áramot)* conduct ; *[fonalat]* guide ; **hajót ~** conn ; **léccel ~** cleat ; **repülőgépet ~** pilot
vezeték *(cső)* duct, conduit, mains ; *(sín)* rail, guide ; *(bány)* flue ; *(szerszámgépen)* (guide) way(s); *(vill)* lead, wiring, wire, line ; **alállomási ~** extension line ; **anódterhelő ~** anode line ; **aszimmetrikus ~** unbalanced line ; **burkolt ~** casing guide ; **csöves ~** *(gépt)* tubular guide ; **csupaszított ~** bare wire ; **előfizetői ~** exchange line ; **erősáramú csupasz ~** bar ; **felső ~** aerial conductor ; **~et (fel)szerel** *(vill)* wire, string ; **földelő ~** *(vill)* earth lead/line ; **kiegyenlítő ~** *(vill)* compensatory lead ; **koncentrikus ~** concentric line ; **kooperációs ~** tie line ; **lapos ~** *(gépt)* flat guide ; **~ nélküli** *(rád)* wireless ; **~ nélküli távbeszélés** wireless telephony, radio-telephony ; **~ nélküli távírás** wireless telegraphy, radio-telegraphy ; **páncélozott ~** *(vill)* armo(u)red wire ; **páncélozott ~ zárófeje** *v* **tömszelencéje** *(vill)* armo(u)r gland ; **prizmás ~** *(gépt)* prismatic guide, guide prism ; **rudas ~** *(gépt)* guide bar/rod ; **sík ~** *(gépt)* flat guide ; **süllyesztett ~** buried, concealed wiring ; **szabad ~** aerial cable ; **szimmetrikus ~** *(rád)* balanced (transmission) line ; **tengelyirányú ~** *(gépt)* axial duct(s); **terhelt ~** energized line ; **visszatérő** *v* **visszavezető ~** return/retrace line
vezetékakna duct ; *(ép)* access tunnel
vezetékbilincskészlet *(vill)* set
vezetékcsatlakozás conduit joint
vezetékcsatorna duct, wire-chase, conduit
vezetékcsipesz *(gépk)* cable plier
vezetékcső duct
vezetékelágazás *(vill)* split
vezeték-elágazó doboz conduit box
vezetékellenállás conductor resistance
vezetékellenőrző akna conduit pit
vezetékellensúly *(kötélvezetéknél)* guide weight
vezetékelosztó lemez *(vill)* wiring plate
vezetéképítés *v* **-fektetés** *(vill)* wiring
vezetékerősítő *(távk)* line amplifier
vezetékes : ~ csatolás conductive coupling ; **~ hajlítópróba** guided bend test ; **~ műsoradás** electrophone ; **~ összeköttetés** *(táv)* binding joint ; **~ rádió** wire-broadcasting, radio diffusion ; **~ távközlés** wire communication
vezetékfelár *(távk)* extra mile rate
vezetékfeszítő *(vill)* wire stretcher/strainer/tensioner ; *(hosszláncrendszerű felsővezetéknél ; vasút)* tension regulator
vezetékfeszültségesés-kiegyenlítő line-drop compensator
vezetékfüggesztő gyűrű *v* **kengyel** bridle ring
vezetékhálózat conduit run ; *(vill)* line network ; **(szigetelőcsöves) ~ szerelvényei** conduit fittings
vezetékhiba leak, line fault
vezetékhuzal conducting wire, conductor core
vezetékhuzal-spirális *(vill)* pig tail
vezetékhúzó kompenzátor tightening device
vezetékjelzés színekkel colo(u)r code
vezetékkeresztezés *(vill)* transposition ; **felső ~** aerial cross-over
vezetékközti zajcsökkentő *(rád)* inter-channel noise supressor
vezeték-leágazás *v* **-megcsapolás** *(vill)* wire tapping
vezetékléc guide rail/way(s)
vezetékléctartó guide support
vezetékmag *(vill)* kernel (line)
vezetékméret *(távk)* wire gauge
vezetékmodulátor *(rád)* line modulator
vezetékoszlop line post/pole ; **~ alapteste** *(vill)* pole footing ; **~ alsó részének vastagítása** *v* **megerősítése** *(vill)* underground pole reinforcement
vezetékoszloptalp pole footing ; **~ és föld közti ohmos ellenállás** footing resistance
vezetékpárok egymás közti kapacitása *(vill)* pair-to-pair capacity
vezetékpózna *l* **vezetékoszlop**
vezetékrendszer *(cső)* piping system
vezetékszám *(vill)* number of conductors
vezetéktartó : ~ kar *(vill)* trolley arm ; **~ oszlop karja** *(vasút)* crossarm ; **~ oszlopsor** *(vill)* poling ; **~ pofa** *v* **pánt** guide shoe
vezetéktekercselő gép wire-spooling machinery
vezetéktorzítás *(távk)* line distortion
vezetékvédő burkolat *(harmonika)* slide-way cover, slide-way protector
vezetékvég-békaszorító end frogs
vezetékvégkereső készülék *(távk)* wire finder
vezetékvonal *(vill)* line (conduit); **~ fojtótekercse** *(vill)* line choking coil
vezetés *(irányítás)* guidance, tracking, guiding, control, command, direction ; *(fiz)* conduction ; *(csatornáé ; bány)* turnout ; *(reciprok ellenállás)* conductance ; **gondatlan** *v* **vakmerő ~** *(gépk)* reckless driving ; **körkörös ~** circumduction ; **~ sávirányban** *(rep)* definite track guidance ; **zárt ~** closed guide
vezetési : ~ ellenállás conduction resistance ; **~ előírások** *(járműnél)* driving instructions ; **~ fáradtság** *(gépk)* driving fatigue ; **~ gyakorlat** *(gépk)* practice drive ; **~ hő** heat of conduction ; **~ torzítás** *(hanglemeznél)* tracing distortion ; **~ veszteség** conduction loss
vezetett : ~ áramlás confined flow ; **~ hang** conducted sound ; **~ orsó** *(rep)* slow roll
vezető *fn* guide, leader ; *(járművön)* driver ; *(vill)* conductor, lead ; *mn* conductive ; *vö még* **vezet** ; **~ állomás** *(távk)* control station ; **~ bányafelmérő** general surveyor ; **ellenkező áramirányánál különböző ellenállású ~** asymmetric conductor ; **~ feletti tető** canopy ; **~ felület** guide face ; **~ gerenda facsúsztató szájánál** trog ; **~ karmantyú** guide sleeve ; **~ kemence-gázkorom** *(gumi)* conductive furnace black ; **~ képesség** *l* **vezetőképesség** ; **nem ~** *(vill)* non-conductor ; **~ szelence** *(gépt)* box guide ; **~ szerkezet** *(gramofonban)* traversing mechanism ; **~vé tesz** *(vill)* render conducting ; **villamos ~** electric conductor
vezetőállás *(gépk, vasút)* driver's cab-(in)
vezetőanyag *(vill)* conducting material
vezetőásvány index mineral, bryle
vezetőbak *(szeleporsóhoz)* bridge for valve spindle
vezetőberendezés-választó emelő(kar) *(vill)* selecting lever
vezetőbetét guide packing
vezetőborda *(gépt)* rib guide
vezetőcsap pilot (pin)
vezetőcsapágy shaft-locating bearing ; *(turbinán)* guide bearing; **~ a nyelestengelyben** *(gépk)* spigot bearing in the primary shaft
vezetőcsapos : ~ dörzsár *v* **kaliberfúró** pilot reamer ; **~ formaszekrény** flask with pin holder ; **~ matrica** pilot die
vezetőcsapszeg guide pin
vezetőcsiga guide roller
vezetőcső conductor pipe ; *(mélyfúráshoz)* conductor
vezetőék *l* **siklóretesz**
vezetőér *(bány)* branch vein, streak ; *(távk)* lead wire
vezetőfurat *(gépt)* pilot hole
vezetőfülke control compartment, cockpit ; *(gépk)* driver's cab(in); *(tehergépkocsin)* driving compartment ; *(mint karosszériarész ; gépk)* cab
vezetőgörgő guide pulley/roll(er), idler roller ; *(fényk)* pad roller ; **~ feszítőtárcsája** gallow pulley ; **önbeálló ~** automatic training idler
vezetőgyűrű guide bush ; *(hullámosítón ; tex)* cammed pivot ring
vezetőhenger cam roller ; *(heng)* carrying roller ; *(pa)* guide roll ; *(könnyű; pa)* leading roll ; **~ írógépen** paper-guide roller
vezetőhorony guide groove/slot
vezetőhüvely *(gépt)* guide sleeve/bush ; *(ol)* casing guide ; *(vill)* duct
vezetőirány *v* **-fekvés** *(földt)* directing line
vezetőkefe *(vill)* leading brush
vezetőkengyel guide clip
vezetőképes conductive ; **~sé tett levegő** conducting air
vezetőképesség *(fiz, vill)* conductivity ; **egyenáramú ~** direct conductance ; **~ gázban** gaseous conduction ; **irány szerint változó ~** *(rád)* asymmetrical conductivity ; **karakterisztikus ~** *(fotocelláé)* characteristic conductivity ; **komplex ~** admittance ; **váltakozóáramú ~** effective conductivity
vezetőképességi vizsgálatokra alkalmas tiszta víz conductivity water
vezetőképesség-operátor *(vill)* admittance operator
vezetőképességvizsgáló : ~ berendezés conductivity apparatus ; **~ elem** conductivity cell
vezetőkerék *(turbinán)* guide wheel
vezetőkeret *(felvonó kábelen)* crosshead ; **~ csapja** *(kétprizmás Jacquard-gépen)* batten pin
vezetőkeret-csap *(tex)* batten pin
vezetőkorong guide pulley

vezetőkő *(óra)* roller jewel, ellipse; *(vezetőtárcsán; óra)* impulse pin
vezetőkötél *(bány)* man/ground rope
vezetőlakat *(kh)* guard cam
vezetőlánc *(kiemelhető fióknál; mzg)* supporting ledge of drawer
vezetőlap *(fafűrészen)* parallel fence
vezetőlapát guide vane
vezetőlapát-koszorú vane ring
vezetőléc fence, cleat, tongue; *(homlokzatvakolásnál)* guide face
vezetőléc-kényszerpályás gép cam-ridge engine
vezetőlemez *(munkadarabra fogott)* plate jig; *(körfűrészen)* fence plate; *(fésülőgépen; tex)* lap plate
vezetőnyelv *(gépt)* guide tongue
vezetőnyílás *(bány)* guide opening
vezetőoldal *(papírgépen)* operating/front side
vezetőorsó *l* **vezérorsó**
vezetőpálya guide path/way, cam
vezetőpecek tracer/guide pin/finger
vezetőperem *(vasút)* wheel flange
vezetőpersely pilot bush
vezetőpofa guide cheek
vezetőprizma guide prism
vezetőrés *l* **vezetőhorony**
vezetőréteg *(vill)* conducting layer
vezetőrúd guide stem; *(Bissel-kerékpárnál; vasút)* radius bar
vezetősablon (master) template
vezetősaru guide shoe
vezetősín edge/guard/guide rail, counter-rail; *(váltóban)* wing rail, guiding tongue; *(forg)* way(s); *(rád)* track; *(szelfaktoron; tex)* copping rail; ~ **csúcsa** *(vasút)* guard point; ~ **illesztő hevedere** bond conductor; ~ **kanyarban** *(vasút)* check/side rail
vezetősínkonzol guide bracket
vezetőszint *(bány)* key bed, index plane
vezetőszövet *(kenőgépen; gumi)* leader
vezetőtárcsa idler/guide pulley/roll(er); *(óra)* roller table, disc
vezetőtárcsa-leemelő *(készülék; óra)* roller table remover
vezetőtávcső guiding telescope
vezetőtelér *(földt)* stringer lode, conductor
vezetőtüske *(formazáráshoz; gumi)* dowel pin
vezetőujj *l* **vezetőcsap**
vezetőülés *(gépk)* driving seat; *(rep)* pilot's seat; ~ **felőli oldal** *(gépk)* driving side
vezetőüléses kerti traktor riding tractor
vezetővájat *(bány)* pilot raise
vezetővonal *l* **vezérgörbe**
vezuvián *(ásv)* vesuvianite, idocrase
V-fenekű csille gable-bottom car
V-hengerelrendezésű motor Vee-engine
V-hornyos fék V-groove brake
viadukt overbridge, viaduct
viasz wax, cere; **viasszal bevont** wax-lined; **földi** ~ ceresin(e); **viasszal impregnált szövet** wax-cloth; **viasszal itatott** wax-impregnated; **sárga** ~ *(méhviasz)* beeswax
viaszalappapír waxing base-paper, waxing paper
viaszálarc wax mask
viaszbevonat wax coating
viasz-desztillátum wax oil
viasz-enyvezés *(pa)* paraffin-wax sizing
viaszfelvétel wax record(ing)
viaszforgács *(hanglemezvágáskor)* swarf
viaszgyertya wax candle, bougie
viaszgyufa wax match
viaszkarton paraffined board
viaszlemez *(hangfelvételnél)* wax (record); *(vízzel hűtött; pa)* hot waxed board; **eredeti** ~ *(hangfelvétel)* wax master; **felvételre kész** ~ *(hangt)* blank
viaszlemez-felvevő *(hangt)* wax recorder
viaszmázoló gép *(pa)* wax-coating machine
viaszminta wax mask; *(önt)* wax pattern
viaszmintás (precíziós) öntés lost-wax (investment) casting, precision casting
viaszmintázás wax moulding
viaszol wax
viaszolás *(bőr)* waxing
viaszológép *(pa)* waxing machine
viaszolt *[cipőtalp]* waxed; ~ **fonal** waxed thread
viaszos cereous, waxy; ~ **kanóc** waxed thread; ~ **kenyércsomagoló papír** bread waxed wrapper; ~ **lámpa-** *v* **gyertyabél** waxed thread
viaszosvászon wax/oil cloth
viaszoz wax, cere
viaszozott sablonlemez *(pa)* templet board
viaszpapír wax paper; ~ **nyerspapírja** waxing paper
viaszpecsét wax seal
viaszpolitúr *(fa)* wax polish
viaszréteg: műsorfilm emulziós oldalát védő ~ waxing
viasszerű waxy
viasztárcsa *(hangfelvételhez)* cake wax
viaszüzem wax plant
viaszvakaró kés spud
viaszvirág-papír paper for wax flowers
vibráció *l* **rezgés**
vibrációs: ~ **áramszaggató** *(vill)* percussion contact breaker; ~ **döngölő** *(ép)* vibrating engine; ~ **egyenirányító** *(rád)* vibrating-reed rectifier; ~ **elnyelés** *(színk)* vibrational absorption; ~ **frekvencia** *(rád)* reed frequency; ~ **frekvenciamérő** *(rád)* reed-frequency detector; ~ **igénybevétel** vibration stress; ~ **küszöb** *(földt)* vibration threshold; ~ **vizsgáló készülék** vibrating sampler
vibrál vibrate; *l még* **rezeg**; *(csill)* scintillate
vibrálás vibration; *l még* **rezgés, lengés**; *(gépk)* rattling; *(távk)* jitter
vibrálásmérő flicker meter
vibráló vibratory; ~ **hang** *(rád)* warble tone; ~ **jelfogó** oscillating relay
vibrálólap platform vibrator
vibrálószita vibrator
vibrált vibrated; **belülről** *(beton belsejében)* ~ internal vibrated; ~ **beton** vibrated concrete
vibrátó *(hangt)* close shake, vibrato
vibrátor vibrator; *(pa)* shaking screen; *(távk)* vibrating relay; *(vill)* chopper *is*
vibrátoros: ~ **áramforrás** *(rád)* vibrator power pack/supply; ~ **mintaszedő** *(bány)* vibrating sampler; ~ **szárító** vibrating drier
vibrátor-zörej *(rád)* hash
vibrotron *(rád)* vibrotron
Vicat-tű *(cementvizsgálathoz)* Vicat apparatus/needle
vicinális *(vegy)* vicinal *[position]*
Vickers-féle: ~ **keménység** *(anyagv)* Vickers diamond pyramid hardness (D.P.N.); ~ **keménységi vizsgálat** *(anyagv)* Vickers diamond pyramid hardness test
victorit *(ásv)* victorite
vidék region, land(scape), territory; **dombos** ~ rolling landscape, arched district
vidéki: ~ **automata alközpont** *(távk)* country satellite exchange; ~ **vágású bőr** casualty calf
vidékrendezés *(ép)* regional planning
videofrekvencia video frequency
vidra-fenékvonóháló otter trawl
vidraprém *(bőr)* otter
Vierendeel-tartó *(ép)* quadrangular truss
Vignole-féle széles talpú sín flat-bottom rail, Vignole's rail
vigogne-fonal *(tex)* vigogne yarn
vigogne-szalag *(tex)* vigogne band
vigyázó *(rep)* controller
vigyázói légtér *(rep)* approach control zone
vigyázókörzet határa *(rep)* control boundary
vigyázó-közelkörzeti radar surveillance primary radar
vigyázótorony *(rep)* control tower
vihar storm (gale), drift; ~ **előtti** *v* **utáni hullámzás** *(hajó)* swell; ~ **felhőszakadással** thick squall; ~ **jégesővel** hail squall; ~ **okozta légáramlás** storm current; **villamos** ~ electric storm
viharálló weather-proof
viharállósági próba weather exposure test
vihardagály storm flood
viharfedélzet *(hajó)* shelter deck
viharhágcsó *(hajó)* storm ladder
viharhullám *(met)* surge
viharjelzés *(met)* gale warning
viharjelző: ~ **készülék** storm indicator; ~ **kúpok** storm cones
viharkötés *(ép)* wind cross
viharkötőléc *(ép)* wind brace
viharközpont storm centre
viharlámpa tornado lantern
viharléc *(ép)* weather board, wind brace, sprocket
viharlécezés *(ép)* roof wind-filling
viharlemez *(pa)* storm board
viharos: ~ **öv** *v* **zóna** *(met)* wind-braced boom; ~ **tenger** rough sea
viharöv *(40°—50° szélességi fok közt)* roaring forties
viharráma *(cipő)* stormwelt
viharvert *(ép)* weathered
víkendház week-end house
Viktória-zöld *(festék)* *l* **schweinfurti zöld**
víkuna-gyapjú *(tex)* vicugna
világegyetem universe
világi építészet secular architecture
világít light, illuminate, radiate
világítás light; **beszivárgó** ~ borrowed light; ~ **hordozható fényforrással** *(bány)* portable lighting; **kis erejű** ~ *(fényk)* low-key lighting; **közvetett** ~ indirect/borrowed light; **mennyezeti** ~ ceiling light; ~ **szórt fénnyel** diffuse lighting; **utcai** ~ streetlighting; ~ **vetítéssel** *(film)* distance lighting
világításcsökkentő kapcsoló dimmer switch
világításellenőrző készülék lighting control equipment

világítási *(vill)* illuminating ; ~ **áramkör** lighting circuit ; ~ **armatúra** *v* **szerelvény** illumination outfit ; ~ **berendezés** illumination/lighting equipment/plant ; ~ **ellentét** lighting-contrast ; ~ **előírások** lighting regulations ; ~ **fényforrás** lighting source ; ~ **fővezeték** lighting mains ; ~ **hálózat** lamp mains ; *(vill)* ~ **időzítés** *(fényk)* lamp-timing ; ~ **rendszer** lighting system ; ~ **terhelés** lighting load

világításkapcsoló *(gépk)* lighting switch; ~ **kar** light switch hand lever ; ~ **tábla** light board

világító *mn* illuminant, luminous ; ~ **anyagok** illuminants ; ~ **berendezés** lighting equipment/plant ; *(gépk)* lighting system ; ~ **ejtőernyő** flare parachute ; ~ **elektronok** valence electrons ; ~ **jelek** *(vasút)* luminous signs ; ~ **karton** luminous card(-) board ; ~ **kerozin** kerosine *(US)* ; ~ **lövedék** illuminating projectile, star shell ; ~ **mutató** *(óra)* luminous/ radium hand ; ~ **műszerek** *(rep)* luminous instruments ; **nem** ~ **láng** dark flame ; ~ **petróleum** kerosene ; ~ **rakéta** flare ; ~ **rezonátor** luminous resonator ; ~ **skála** illuminated scale ; ~ **számlap** *(műszeren)* luminous dial ; ~ **szökőkút** luminous fountain

világítóablak *(nem nyíló)* casement light

világítóakna light shaft/well ; *(hajó)* skylight trunk

világítóanyagok illuminants

világítóbója light buoy

világítóbomba flare/flash bomb

világítóernyő lighting screen ; ~ "**kiégése**" *(távk)* screen burning

világítóeszköz illuminator

világítófesték luminous paint ; ~**kel bemázol** undarken *is*

világítógáz lighting/town/domestic/ coal gas ; *(olajból)* oil gas

világítógázmotor coal-gas engine

világítóhajó light boat/vessel

világítójelző *(rád)* marker

világítónyílás louvre, louver

világítóolaj lamp/burning oil

világítóoszlop *(vill)* luminous column

világítópéce light beacon

világítópont luminous spot

világítórakéta-pisztoly flare pistol

világítórakéta-töltény flash cartridge

világítóséma *(vill)* luminous indicator pane

világítószám *(rep)* luminous figure

világítótest lighting fitting, illuminator

világítótorony light(-)house ; **határmenti** ~ boundary beacon ; **irányfényt kibocsátó** ~ directional beacon ; ~ **látási távolsága** focal range of light ; **váltakozó fényű** *v* **színű** ~ *(hajó)* alternating light

világítótorony-cső *(rád)* lighthouse tube, megatron

világítótorony-ismertetőjel *(hajótérképen)* light data

világítóudvar light-court

világos clear, bright, luminous ; *(olvasható)* legible, distinct ; *(szín)* light ; ~ **ámbra** amber ; ~ **ásványolaj** white mineral oil ; ~ **cseresznyepiros** *(izzás színe)* bright cherry-red ; ~ **kamra** *(fényt)* camera lucida ; ~ **kínafaolaj** ivory wood oil ; ~ **látóterű megvilágítás** *(fényk)* bright-field illumination; ~ **narancsvörös** *(izzás)* bright orange ; ~ *(finomított)* **olaj** pale oil

világosfoltos selyemfonal *v* **szövet** lousy silk

világosít brighten

világoskék *(futtatási v megeresztési szín)* bright blue

világosság *(színé)* colo(u)r brightness

világosvörös : ~ **ezüstérc** *(ásv)* *l* **proustit** ; ~ **izzás** *(koh)* rose-red heat

világtáj quarter ; ~**ak** cardinal points

világtenger *l* **óceán**

világűrbeli *(csill)* cosmic

villa fork ; *(ép)* flat, villa ; ~ **ága** fork tooth/prong ; ~ **alakú** fork-shaped, furcate ; **első** ~ *(nem teleszkópos, csővázas ; mkpár)* front/girder fork

villaág fork prong

villaáramkör *(távk)* four-wire terminating network, hybrid circuit

villaátkapcsoló cradle switch, switch hook

villacsúcs fork prong

villafej *(kerékpáron)* fork head

villafog prong

villafurat fork-eye

villahegy fork prong

villakapcsolás *(távk)* four-wire terminating bridge circuit

villámcsapás lightning flash/stroke ; ~ **elleni kalicka** *(Faraday-kalicka)* lightning cage ; ~ **okozta kár** lightning injury; ~ **okozta repedés** *(fa)* thunder-shake

villám-csőfogó grip wrench

villámdrénezés *(hidr)* trellis drainage

villámhárító lightning arrester ; *l* **még túlfeszültséglevezető** ; **elektrolitikus** ~ electrolytic lightning arrester ; **expanziós** ~ air expansion lightning arrester ; ~ **felső része** air terminal ; **fésűs** ~ comb lightning arrester ; **fojtótekercses** ~ choke-coil lightning arrester ; ~ **földelőlemeze** arrester board ; **légréses** ~ air-gap lightning arrester ; **nyomókamrás** ~ compression-chamber lightning arrester ; **szelepes** ~ *l* **túlfeszültséglevezető** ; **szénellenállásos** ~ Garton lightning arrester ; ~ **tetővezetéke** ridge line

villámhárító-csúcs *(ép)* terminal

villámhárító-fojtótekercs lightning arrester choke coil

villámhárító-(föld)vezeték lightning cable

villámhárító-kamra lightning arrester box

villámhárítórúd lightning rod/stem

villámhárító-szikraköz lightning gap

villámhárító-vezeték lightning conductor

villámhívás *(távk)* lightning call

villám-kapocs slide fastener

villámkép *(villanófényes időnagyítás)* high-speed flash picture

villámkisülés lightning discharge

villámkisütő csúcs lightning streamer crest

villámkulcs spanner

villámlás lightning ; ~ **intenzitása** lightning severity

villámláskeltő : **színpadi** ~ **készülék** lightning apparatus

villámnyom *(fényképező lemezen)* black lightning

villamos *mn* electric(al); *fn* *(jármű)* tramcar, street car ; ~ **áram** electric current ; ~ **berendezés** electrical equipment ; ~ **berendezésű** all-electric ; ~ **csengő** electric bell ; ~ **égető** *(orvosi)* galvanic cautery ; ~ **égő** electric lamp/bulb ; ~ **elem** element, cell, battery ; ~ **ellenállásfűtés** electric resistance heating ; ~ **elosztóvezeték-hálózat** electric distribution network ; ~ **energia** electric power ; ~ **energia elosztása** distribution of electricity ; ~ **erőmű** electric station ; ~ **erővonal** line of electric flux ; ~ **fék** electric brake ; ~ **fémkohászat** electrometallurgy ; ~ **fény** electric light ; ~ **fordulatszámláló** electric tachometer ; ~ **főzőlap** hot plate ; ~ **fűtésű gőzkazán** electric steam boiler ; ~ **gerjesztésű kvarc-** *v* **kristályrezonátor** piezoelectric resonator ; ~ **gyújtó** *(bány)* electric igniter/cap ; ~ **gyújtóvezeték** cap wire ; ~ **gyújtógép** *(bány)* shot-firing machine ; ~ **hajtású** electric motor driven ; ~ **hajtású orsószekrény** electric headstock ; ~ **hegesztés** electric welding ; ~ **igénybevétel** electric stress/load ; ~ **kapcsoló** electric switch ; ~ **(korrózió)védelem** *(távk)* electric protection against corrosion ; ~ **központosítás** electrical centring ; ~ **kürt** electric horn ; **lakóház** ~ **vezetéke** domestic wiring ; ~ **lámpa** electric lamp ; ~ **leállító berendezés** *(tex)* electric stop motion; ~ **lendkerekes indító** electric inertia starter; ~ **melegítőpárna** electric blanket ; ~ **mező** electric field ; ~ **mosógép** electric washing machine ; ~ **motor** electromotor ; ~ **motor melegedése** *(környezetéhez képest)* temperature rise ; ~ **mozdony** electric locomotive ; ~ **munkavezetékoszlop** *(vasút)* tramway poles ; ~ **nyalábolás** *(távk)* electrostatic bunching ; ~ **óra** electric clock ; ~ **orgona** pipeless organ ; ~ **orvosi készülék** electro-medical apparatus ; ~ **potenciál** electric potential ; ~ **rendőr** *l* **forgalmi jelzőlámpa** ; ~ **sebészkés** electric bistoury, diathermic knife ; ~ **sodratszámláló (készülék)** motor-driven twist tester ; ~ **sokk** electric shock ; ~ **szegecselés** electric riveting ; ~ **szigetelőfonal** *(tex)* electrical yarn ; ~ **szigetelőpapír** dielectric paper ; ~ **szikra** electric spark ; ~ **szikraforgácsolás** electric spark machining ; ~ **talajhossz-szelvény** traverse ; ~ **tapintó (készülék)** *(tex)* electrical feeler ; ~ **targonca** *(belső anyagmozgatáshoz)* accumulator car ; ~ **távvezeték** *(nagyfeszültségű)* overhead transmission line ; ~ **tengely** *(kvarckristályé)* electrical axis ; ~ **tengelykapcsoló** electric clutch ; ~ **tér** electric field ; ~ **térerősség** electric field strength ; **tisztán** ~ *(távk)* electric-electric ; ~ **tokmány** *(forg)* electric chuck ; ~ **töltéssel ellátott** electrified ; ~ **tükörkép** *(távk)* electrical image ; ~ **tűzhely** *(konyhai)* electric range/ cooker ; ~ **vasaló** electric iron ; ~ **vezetés** conduction ; ~ **világítás** electric light/illumination ; ~ **világítási kapcsoló** electric light switch ; ~ **vízmelegítő** electric boiler

villamoscsengő-kalapács bell clapper

villamosenergia-ellátás distribution of electricity, electric power supply

villamosenergia-közellátás public electricity supply
villamosenergia-szolgáltatás electric power supply
villamosít electrify
villamosítás electrification
villamosítható electrifiable
villamosított electrified ; ~ **helyiérdekű vasút** electrified local railway ; **teljesen** ~ all-electric
villamoskocsi tramway car, streetcar
villamoskocsivezető trolleyman
villamosmegálló tramway/streetcar stop
villamosmérnök electrical engineer
villamosmozdony-szállítású folyosó *(bány)* trolley haulageway
villamos-reklámkarton streetcar board
villamosság electricity ; **dörzsölési** ~ frictional electricity ; **kontakt** ~ contact electricity ; **kötetlen** ~ free electricity ; **kötött** ~ disguised/dissimulated/latent electricity ; **szabad** ~ free electricity ; **sztatikus** ~ static electricity
villamossági : ~ **feltétfüzet** electrical specification ; ~ **műszaki feltételek előírása** electrical specification
villamosságmutató electroscope
villamosságtan electrical engineering
villamosságtermelő gépcsoport (current-) generating set
villamosvasút electric street railway, tramway
villamosvasúti üzem trolley working
villámregisztráló fulchronograph
villámsatu quick-grip vise
villámstatisztika *(met)* isokeraunics
villámvédő *(távk)* lightning arrester, (lightning) protector ; ~ **borda** *(távk)* protector strip ; ~ **doboz** *(távk)* protector box
villámzár zip-fastener, zipper ; ~**ral beakasztható** zip-in *[lining]* ; ~**ral nyitható** zip opening
villan flash, blink
villanás flash(ing), blink ; ~**ok másodpercenkénti száma** flashes per second
villanásmérő *(vill)* scintillometer
villanó : ~ **fénybomba fényképezéshez** *(rep)* photoflash bomb ; ~ **fényjelzés** flashing beacon ; ~ **fotométer** flicker photometer ; ~ **jelzőfény** *(hajó)* bug
villanócső glow tube
villanófény *(fényk)* (instantaneous) flashlight ; **elektronikus** ~ electronic flashlight(ing)
villanófényes irányjelző flashlight trafficator
villanófényjelzés flashing light
villanófénylámpa *(akkumulátoros ; örök vaku)* ever-flash
villanóív *(villanólámpáé)* flash-arc
villanókvarc *(rád)* luminous quartz
villanólámpa flash tube/lamp, stroboscopic tube
villanópor flashpowder
villanózaj *(rád)* flicker effect
villany- *l* **villamos**
villanyél shank of fork
villanykörte *l* **izzólámpa**
villanyoz electrify, electrize
villanyozás electrization
villanyozható electrifiable ; **nem** ~ anelectric
villanyozott electrized
vilanyszerelő *fn* electrician, electric fitter ; ~ **csavarhúzó szigetelt szárral** screwdriver with plastic handle and isolated blade ; ~ **finom csavarhúzó szigetelt szárral** electricians' screw driver with isolated blade ; ~ **fogó** electrician's pliers
villapecek feeding claw
villa-rács *(bordaládán ; tex)* fork grate
villarsit *(ásv)* villarsite
villás forked, furcate, pronged ; ~ **befogás** fork catch ; ~ **csapozás** *(szarufakötés)* forked mortise and tenon joint ; ~ **csavarkulcs** fork wrench/spanner ; ~ **csuklóagy** *(gépt)* two-arm yoke ; ~ **dugó** two-pin wall plug ; ~ **elágazás** forking ; *(fa)* crotch ; ~ **emelőkar** lever fork, yoke lever ; ~ **emelőtargonca** fork (lift) truck ; ~ **érintkező** *(vill)* prong contact ; ~ **esztergacsúcs** *(faipari esztergákon)* fork centre ; ~ **falkötő vas** forked tie ; ~ **forgócsap** forked pivot ; ~ **görgő-** *v* **sarutartó** *(áramszedőhöz)* trolley harp ; ~ **gyapjúmosó gép** *(tex)* paddle wool-washing machine, harrow bowl/scouring machine ; ~ **hajtórúd** forked connecting rod ; ~ **határidomszer** external limit ga(u)ge ; ~ **idomszer** snap/external/caliper ga(u)ge ; ~ **kapa** *(mzg)* prong hoe ; ~ **kapcsolat** fork-joint ; ~ **kardáncsuklófej** fork head ; ~ **kengyel** forked strap ; ~ **kötés** *(fa)* fork ; ~ **kulissza** forked link ; ~ **láncszem** forked link ; ~ **műszeroszlop** *(teodolitnál)* wye support ; ~ **öntödei veder** bull ladle ; ~ **öntőnyílás** double-branch gate ; ~ **rúdfej** forked end ; ~ **támasz** *(ép)* crotchet ; ~ **tapogató** *(földben fejelő cukorrépaarató gepen)* finger finder ; ~ **végződésű kapcsolórész** *(gépt)* strap-and-key end
villáscsapágy forked bearing
villás-csapszeges feszítőcsavar forked turnbuckle
villásfej *[fékrudazatban ; gépk]* clevis ; *(rudazat-csatlakozásoknál ; gépk)* fork end
villásfék *(gépt)* prong brake
villás-hosszhasítékos keresztfej forked long-slotted crosshead
villás-kampós emelő *(óra)* crutch
villáskar *(lökéscsillapítóhoz)* shock-absorber shackle
villáskulcs fork wrench/spanner
villáspecek *(textilgépen)* fork
villásrúd *(gépt)* fork/clevis rod
villástagos elevátor finger-tray elevator
villástengely *(első futóművön ; gépk)* forked axle
villástokmány *(forg)* fork chick
villaszem fork-eye
villatekercs *(távk)* hybrid coil, differential transformer
villó : ~ **kisülés** *(vill)* glow discharge ; ~ **kisülésű cső** *(vill)* glow-discharge tube
villódzás glowing, luminescence, flicker
villódzó világító péce *(hajó)* oscillating beacon
villófény *(fényk)* microflash
villófénylámpa *(fényk)* microflash lamp
villog flash, flicker
villogás *(vill)* corona discharge ; ~ **sebessége** *(irányjelzőnél ; gépk)* flashing rate
villogási feszültség *(vill)* corona voltage
villogó irányjelző *(gépk)* flashing/flash-type direction indicator, blinker
villogólámpa *(gépk)* flashing/blinking unit
villogtató jelfogó flasher relay
villókisüléses feszültségszabályozó glow-discharge voltage regulator
vincellérkés *(mzg)* vine knife
vinilit *(műa)* vinylite
vinilklorid vinyl chloride
vinkli *l* **derékszög**
vinyetta *l* **címke**
violan *(ásv)* violan
violinkulcs *(hangt)* treble (g) clef
Violle-féle platinaetalon *(fotometrikus egység)* Violle's standard
virág *(kivirágzás)* bloom ; ~**okkal díszített** *(ép)* floriated
virágcserép vase, pot
virágcsomagoló selyempapír flower tissue-paper
virágdísz flower
virágdíszes *(ép)* florid
virág-esszencia floral essence
virághuzal flower wire
virágkivonat floral essence
virágkötöző huzal flower wire
virágkrepp-papír florist's crape paper
virágminta *(tex)* floral design
virágminta-léc *(nyomda)* printer's flower
virágmintás nyomottáruk *(tex)* floral prints
virágnyomó lemez *(pa)* flower-embossing board
virágolaj floral essence
virágos flowering ; *(bor)* mouldy ; ~ **mintájú** *(tex)* flowered
virágzás *(filmhiba)* blooming
viridit *(ásv)* viridite
virkli *(patafaragó)* butteris
virslitányér *(pa)* cardboard plate for sausage
virtuális virtual ; ~ **elmozdulás elve** *(mech)* principle of virtual displacements ; ~ **földelés** *(rád)* virtual ground ; ~ **katód** virtual cathode ; ~ **kép** *(fényt)* virtual image ; ~ **munka** *(mech)* virtual work ; ~ **tömeg** *(at)* virtual mass ; ~ **vivő frekvencia** virtual carrier
viséi emelet *(földt)* Vise(an) division
visel bear, carry ; *(bány)* sustain
viselés élettartama *(tex)* wear life
viselési tulajdonság *(tex)* wearing property
viselhető *(tex)* wearable
viselkedés attitude, behaviour ; **behatással szembeni** ~ response
visz carry ; **partra** ~ *(hajót, bárkát, csónakot)* beach
viszkóz *(tex)* viscose ; ~ **műselyem** viscose rayon/silk ; ~ **műszál** *(tex)* viscose staple fibre
viszkóza *l* **viszkóz**
viszkóz-érlelés ripening of viscose
viszkózfilm viscose film
viszkoziméter visco(si)meter ; **Engler-féle** ~ Engler's viscosimeter ; **kifolyós** ~ efflux viscosimeter ; **Redwood-féle** Redwood viscometer ; **Saybolt-féle** ~ Saybolt universal viscometer
viszkozimetria viscometry
viszkozitás viscosity ; **abszolút** ~ absolute viscosity ; **Engler-féle** ~ viscosity in Engler degrees ; **kinematikai** ~ kinematic viscosity ; **Redwood-féle** ~ viscosity in Redwood seconds,

Redwood viscosity; **Saybolt-féle ~** viscosity in Saybolt seconds, Saybolt universal viscosity
viszkozitás-csökkentés hőbontás révén *(ol)* viscosity breaking
viszkozitás—fajsúly-állandó *(ol)* viscosity-gravity constant
viszkozitás-index *(ol)* viscosity index
viszkozitásmérő *l* **viszkoziméter**
viszkóz-légtelenítés *(tex)* evacuating
viszkózműselyem viscose rayon/silk
viszkózselyem viscose rayon
viszkózszál spun viscose
viszkózszálhúzó oldat készítése *(tex)* forming the viscose spinning solution
viszkózus viscous, viscid, sticky; **~ anyag szűrő berendezése** viscous filter; **~ kátránymaradvány** *(ol)* viscous tarry residue; **~ nyers ásványolaj** sticky oil
viszonosság reciprocity, correlation; **~-ban álló** *(mat)* correlate; **~ elve** *(mech)* reciprocity principle
viszonossági : ~ ábra correlogram; **~ tétel** reciprocity theorem
viszony relation(ship), condition; *l még* **arány**; *(mat)* ratio
viszonyít *l* **vonatkoztat**
viszonyító *l* **vonatkoztató**
viszonyított : ~ csillapítás *[átviteli alaprendszerhez; távk]* reference equivalent; *(géptengelyhez)* **~ irányszög** *(rep)* corrected relative bearing
viszonylagos comparative, relative; **~ amplitúdó** *(földt)* relative amplitude; **~ csillapítási együttható** *(rád)* relative attenuation equivalent; **~ elhangolás** *(rád)* fractional detuning; **~ elmozdulás** *v* **mozgás** *(mech)* relative motion; **~ entrópia** relative entropy; **~ esés** *v* **nyomáscsökkenés** *(hidr)* relative fall; **~ feketedési érték** *(fényk)* relative density; **~ halláscsökkenés** relative hearing loss; **~ hangmagasság** *(hangt)* relative pitch; **~ hatásfok** relative efficiency; **~ hiba** relative error; **~ illékonyság** relative volatility; **~ irányszög** *(csill, rep)* relative bearing; **~ kapacitás** relative capacity; **~ keresztezés** *(távk)* relative transposition; **~ légnedvesség** relative humidity of air; **~ nagyítás** *(fiz)* relative amplification; **~ nyílás** *(fényk)* relative aperture; **~ nyírás** *(mech)* relative shear; **~ ~ repülési magasság** relative flying height; **~ sebesség** *(mech)* relative velocity; **~ sűrűség** relative density; **~ szél(sebesség)** *(rep)* relative wind; **~ szint** *(távk)* relative level; **~ távolság** relative distance; **~ teljesítmény** relative capacity; **~ térbeli helyzet** *(mat)* relative position in space; **~ topográfia** *[meteorológiai]* relative contours
viszonylagosság relation; *(mat)* relativity
viszonylattábla *(autóbuszon az útirány jelzésére)* destination panel
viszonyszám ratio
visszaad render, restore; *(reprodukál)* reproduce
visszaadás return, restoring; *[hangé]* reproduction; *(távk)* restitution; **~ hűsége** fidelity
visszaadási késedelem *(távk)* restitution delay
visszaakaszt *(telefonhallgatót)* hang up
visszaakasztott szegély *(kh)* inturned welt
visszaalakulás *(gumi)* reversion; *(tex)* recovering, recovery
visszaállít reinstate, restore; *(vill)* reset; **(légcsavart) zászlóállásból ~** unfeather; **vivő frekvenciát ~** resupply a carrier frequency
visszaállítás *(vill)* resetting
visszaállíthatóság restorability; *(vill)* resettability
visszaállító : ~ billentyű resetting key; **~ dióda** *(rád)* diode restorer; **~ erő** *(mech)* righting force; **~ jelfogó** resetting relay; **nullára ~ számláló** *(berendezés)* resetting counter; **~ nyomaték** *(mech)* righting moment; **~ rugó** *(távk)* reset spring
visszaállított skálaosztás set-back scale
visszaáramlás reflux, return flow, back(-)flow
visszaáramlik flow back, reflux
visszabillen *(rád)* change back, restore
visszabuktatás *(bány)* end dump
visszacsapás back surge
visszacsapódás back surge, inversion
visszacsapószelep check/clack/flap valve, back-pressure valve; *(fenéken alkalmazott)* bottom clack; **(golyós) ~** ball check valve
visszacsatol feed/couple back
visszacsatolás *(szándékos)* feed-back; *(véletlen)* reaction/regenerative coupling, regeneration; **akusztikus ~** acoustic feedback; **akusztikus (szándékos) ~** acoustic regeneration; **aperiodikus** *v* **hangolatlan ~** aperiodic regeneration; **~t elhárító** *(rád)* reaction supressor; **~ elve** *(rád)* regenerative principle; **kapacitív ~** electrostatic feedback; **kettős ~** double regeneration; **~t megakadályozó kapcsolóelem** *v* **kapcsolás** anti-reaction device; **~t megszüntet** neutralize; **negatív ~** negative/degenerative feedback; **~ nélküli** non-reactive; **vétel ~sal** *(rád)* regenerative reception
visszacsatolásgátló *fn* anti-reaction device
visszacsatolási : ~ ellenállás feedback resistor; **~ hatás** *(rád)* retroactive effect; **~ tényező** feedback factor; **~ torzítás** regenerative distortion
visszacsatolásos : ~ erősítés *(rád)* regenerative amplification; **~ hangfelvevő berendezés** feedback cutter; **~ hullámmérő** *(rád)* reaction wavemeter; **~ vétel** *(rád)* retroactive reception; **~ vevő** *(rád)* self-heterodyne receiver
visszacsatolás-szabályozás *(rád)* regenerative/reaction control
visszacsatoló : ~ áramkör *(rád)* reaction/regenerative circuit; **~ hurok** regenerative/feedback loop; **~ kapcsolás** regenerative circuit; **~ kondenzátor** feedback condenser; **~ kör** feed-back circuit; **~ oszcillátor** feedback oscillator; **~ rezonátor** reaction cavity; **~ tekercs** feedback coil
visszacsatolt : ~ áramkör *(rád)* retroactive circuit; **~ audion** *(rád)* ultra-audion; **~ audionos vevő készülék** regenerative receiver; **~ detektor** regenerative detector; **~ erősítés** *(rád)* retroactive amplification; **~ erősítő** *(rád)* feedback amplifier; **~ követés** *(rád)* regenerative tracking; **~ oszcillátor** feedback oscillator; **~ vevő állomás** *(rád)* retroactive receiver
visszacsavar *[csavart, anyát]* turn back
visszacsengetés return bell
visszacsepegő hűtő reflux condenser
visszacsévélés *(tex)* backwind; *(szélfaktoron)* backing-off
visszacsévélő : önműködő ~ automatic rewind mechanism
visszacsúszás backslide; *(rep)* tail dive
visszaduzzasztás *(hidr)* backweter
visszaemelkedés *(nívóé; rád)* suppression recovery
visszaérkező áramlökés *(távk)* return shock
visszaesés setback, falling back; *(elfajulás)* retrogression, degradation, degeneration
visszafagyás *(met)* regelation
visszafejlődés retrogression
visszafejlődik retrograde
visszafejt *[kötést]* ravel back
visszafelé : ~ haladó mozgás retrogressive movement; **~ irányuló kőzetátalakulás** retrogressive metamorphism; **~ követhető** retraceable; **mozgás ~** backward motion
visszafolyás reflux, reflow, return/reversed flow, counterflow; *(hidr)* inverted stream
visszafolyatás *(vegy)* reflux
visszafolyatási arány reflux ratio
visszafolyó : ~ cső return pipe; **~ (fáradt) olaj** return oil; **~ hűtő** reflux condenser; **~ szelep** *(főfékhengeré; gépk)* return valve; **~ vezeték** return line; *(nyersolaj-porlasztóktól)* leak-off gallery pipe
visszafordít reverse
visszafordítás reversal
visszafordító : ~ fogantyú *v* **forgattyúkar** reverse/return crank; **~ lencse** erector lens
visszafordul turn back, invert, reverse
visszafordulás reversal, reversion, return
visszafordulási pont point of reversal
visszaforgat backwind; *[filmtekercset újravetítéshez]* rewind
visszaforgatás *(tex)* backing-off
visszaforgató berendezés *(filmé)* back wind
visszaforraló *fn* *(ol)* reboiler
visszafújás *(gépk, kat)* blowback, back-blow
visszafutás *(gépk)* return, back run; *(kat)* recoil; *(rád)* retrace, fly-back; **~ elleni szerkezet** *(emelőn)* anti-runback device; **~ sebessége** return speed
visszafutás-gátló kilincs holdback
visszafutási : ~ idő retrace/return interval/time; **~ időarány** *(távk)* retrace ratio; **~ karakterisztika** *(távk)* retrace characteristic; **~ sebesség** *(szerszámgépen)* return/reverse speed; **~ út lökethatárolója** reverse stop; **~ útvonal** return trace
visszafúvás *l* **visszafújás**
visszafűtés katódra *(rád)* back bombardment
visszagörbülés bendback, flexback
visszagyújtás *(gépk)* backfire; *(rád)* flash/arc-back, back discharge
visszahagyott : ~ pillérlábak kitermelése *(bány)* second mining; **~ vékony szénréteg** panel

visszahajlít fold back ; **szegvéget ~** *(a fába)* clinch a nail
visszahajt fold/double back ; *(csavart v anyát)* slack of; *l még* **hajlít, peremez**
visszahajtás *vö* **visszahajt**
visszahajtható *(ülés)* folding, collapsible
visszahajtott *[bőrszél]* headed ; **~ szélű** lipped
visszahat react
visszahatás reaction, back action, retroaction; *(távk)* repercussion ; **kettős ~** *(rád)* double reaction ; **rugalmas ~** elastic reaction
visszahatási tényező reaction factor
visszaható re(tro)active, reacting ; **~ áramkör** *(rád)* reacting/retroactive circuit ; **~ erő** reaction force ; **~ szabályozó** *(távk)* backward-acting regulator
visszahelyez replace, reset ; *(kézi beszélőt ; távk)* hang up, cradle ; *(oldalsávot)* retranspose
visszahelyezés *vö* **visszahelyez**
visszahelyező *fn (vasút)* replacer
visszahív call back
visszahívó : ~ áramkör *(távk)* revertive call circut ; **~ berendezés** *(távk)* request equipment ; **~ készülék** *(távk)* request apparatus ; **~ nyomógomb** *(távk)* enquiry button ; **~ rugó** *(távk)* retaining spring
visszahoz bring back
visszahúz withdraw, retract, retire, pull back
visszahúzás *vö* **visszahúz**
visszahúzó *vö* **visszahúz** ; **~ henger** *(hidraulikus sajtónál)* pullback ; **~ rúd** drawback rod ; **~ rugó** pullback/ recoil/return spring
visszahúzódás retreat, withdrawal ; *(földt)* recession ; **oldalak ~a** *[glecscservölgyben]* recession of valley sides ; **tenger ~a** regression
visszahúzódási sebesség velocity of retreat
visszahúzódik recede, retreat, retire
visszahúzódó unobtrusive ; **~ gleccser utolsó morénája** recessional moraine
visszahűtő *(berendezés)* recooling plant; *[készülék v anyag]* recooler
visszaigazít readjust, set back
vissza-irányú áramkör return path
visszajátszás *[magnetofonon]* playback
visszajátszási sebesség play-back speed
visszajelentési rendszer *(távk)* sent-back system
visszajelentésvevő *(rád)* responsor
visszajelentő jelzés *(vasút)* repeating signal
visszajelzés : önműködő ~ *(rep)* automatic reporting
visszajövő jel *(távk)* backward signal
visszakapcsol *(gépk)* change down ; *(vill)* reset, switch back
visszakapcsolás *(távk)* reversal ; *(vill)* reclosure ; **~ ideje** *(vill)* reclosing time
visszakapcsoló *fn (vill)* recloser ; **~ jelfogó** reclosing relay ; **önműködően ~ megszakító** auto-reclose circuit-breaker
visszakérdező : ~ berendezés *(telef)* request equipment ; **~ kulcs** *(távk)* monitoring key
visszakeres *(szálat ; tex)* retrieve
visszakereső *(tex)* retrieving
visszakeringet recycle
visszaküld *(impulzusokat)* revert (impulses)
visszaküldött : ~ impulzálás *(távk)* revertive (im)pulsing ; **~ impulzus** revertive impulse ; **~ jel** *(távk)* backward signal
visszalő a motor *(gépk)* the engine backfires
visszalökés recoil, repercussion ; *(gépk)* kick-back ; **~t tompító szerkezet** recoil buffers
visszalöket *(gépk)* back(ward) stroke
visszalökő : ~ erő *(mech)* repulsive force ; **~ ütem** *(gépk)* recoil stroke
visszalövés *(gépk) l* **visszavágás**
visszamarad lag
visszamaradás *(gép, koh)* slip ; *(töltőanyagé a papírban)* retention ; *(vill)* lag
visszamaradó remanent ; *vö még* **visszamarad** ; **~ áram** *(fázisban)* lagging current ; **~ gerjesztés** *(vill)* residual excitation ; **~ mágnesség** remanence, residual magnetism ; **~ parallaxis** residual parallax ; **~ terhelés** *(fázisban)* lagging/inductive load
visszamaradt : ~ *(rostán)* **~ anyag** retained material ; **~ magma** residual liquor ; **~ olajégéstermékek** *(gépk)* residual combustion products of oil ; **~ zsíradék** *(bőr)* currier's grease
visszamásoló papír impregnated duplicating paper
visszamenet *(gépt)* back motion
visszanyer recover, recuperate, reclaim ; *(bány)* withdraw
visszanyerés recovery, reclaim, reclamation, recuperation ; **sav ~e** acid reclaim
visszanyerhető elnyelési áram *(dielektrikumban)* reversible absorption current
visszanyerő recuperative ; **~ berendezés** recovering/recovery plant ; **~ módszer** regenerative method
visszanyert : ~ anyag regenerate ; *(pa)* recovered stock ; **~ energia** *(rád)* regenerated energy ; **~ gáz** regenerated gas ; **~ kénsav** reclaimed sulfuric acid ; **~** *(vízoszlopnyomássá visszaalakult)* **mozgási energia** restored kinetic energy head ; **~ oldószer** recovered solvent ; **~ sav** recovered acid
visszanyomás *(gázé ; ol)* repressure
visszanyomó : ~ kút *(ol)* input well ; **~ rugó** *(főfékhengeré ; gépk)* return spring
visszaömlés *l* **visszafolyás**
visszapattan bounce, rebound
visszapattanás bouncing, ricochet, rebound ; *(gumi)* snap
visszapattanó : ~ elektron recoil electron ; **~ mag** *(at)* recoil nucleus ; **~ részecske energiája** *(at)* recoil energy ; **~ részecskéket mérő ionizációs kamra** *(at)* recoil chamber
visszapillantó tükör *(gépk)* driving mirror, rear-view mirror ; *(sárvédőre szerelve)* wing mirror
visszapödör *(kh)* recurl
visszapödrés *(kh)* recurling
visszarakás *(hajó)* reshipment
visszáram *(hidr)* backwash, backflow ; *(vill)* back/inverse/return current
visszáramcsillapítás *(távk)* regularity attenuation
visszáramjelző relé *(vill)* reverse-current relay
visszáramkapcsoló reverse-current switch
visszáramkikapcsoló reverse-current cut-out
visszáramkioldás *(vill)* discriminating circuit-breaking
visszáramkör reversed circuit
visszáramrelé reverse-power relay
visszáramvédő rendszer *(vill)* reverse-current system
visszarántó rugó retractile spring
visszáru refused goods
visszáruforgalom back haul
visszasodrás detorsion
visszasugároz *(rád)* reradiate
visszasugárzás *(rád)* reradiation
visszaszállítás forwarding back
visszaszerez *l* **visszanyer**
visszaszóródás *(at)* back scattering
visszatáplálás *(vill)* recuperation
visszatápláló recuperative ; **~ szivattyú** return pump
visszatáplált energia *(vill)* recuperated energy
visszatart retain, detain, arrest, withhold ; *(nedvességet, gázt)* (en)trap ; *(késleltet)* retard ; **töltéssel v gáttal ~** *(hidr)* embank
visszatartás *vö* **visszatart**
visszatartási idő *(vegy)* retention time
visszatartó : ~ erő retarding force ; **~ fog** *(gépt)* ratchet tooth ; **~ horog** *(bány)* catch-hook ; **~ karima** retention flange ; **~ képesség** retentivity ; **~ kötél** back-guy ; **~ kúp** *(gépt)* retention cone ; **~ lánc** back chain ; **~ nyomaték** *(emelőnél)* righting moment ; **~ réteg** trapping layer ; **~ rugó** retaining spring ; **~ szerkezet** *(gépt)* retaining device
visszatartott : ~ anyag retained material; **~ folyadékmennyiség** *(lepárlóban)* hold up ; **~** *(duzzasztott)* **víz** retained water
visszatér return, rejoin ; **~ az iránysávba** *(rep)* regain the leg
visszaterelő : ~ állomás *(kötélszállításnál)* turn-round station ; **~ csiga** return pulley ; **~ dob** terminal pulley; **~ görgő** return roller ; *(csigasoron)* return block ; **~ lángcsöves kazán** return flame boiler
visszatérés return, recurrence ; *l még* **visszafutás** ; *(zenedarabban)* recapitulation ; *(normális mederbe ; hidr)* setting
visszaterhelés *(vill)* load reversal
visszatérítés return, reversal
visszatérítő recuperative ; *(mech)* restoring, righting ; **~ erő** restoring/ righting force ; **~ nyomaték** restoring torque ; *(hajó)* righting moment ; **~ hangterelő** reflex baffle ; **~ rugó** back-moving spring ; *(vill)* reset spring
visszatérő recurrent, repetitive ; **~ anyag** recycle ; **~ áramkör** *(vill)* return circuit ; **~ cső** return pipe ; **~ csővezeték** return piping ; **~ expanzióvonal** *(indikátordiagramon)* return expansion line ; **~ füstcső** return smoke tube ; **~ hulladékok** *(tex)* reworkable waste, comeback, manufacturer's waste ; **~ hullám** return wave ; **~ jel** *(távk)* returning echo ; **~ körforgás** recirculation ; **~ légáram** return air current ; **~**

levegő csatornája return air duct; ~ löket return stroke; ~ minta repetition pattern; ~ sarkvidéki légtömeg (*met*) return polar air; ~ szálalási forduló (*fa*) conversion period; ~ tápvezeték-kábel return feeder cable; ~ vezeték (*vill*) return wire; ~ vonal (*katódsugárcső fluoreszkáló ernyőjén*) (*vill*) return material
visszatitrálás back titration
visszatoló rostélyszerkezet invert stoker
visszatölt (*ép*) backfill
visszatöltés backfill; (*kiemelt földé*) backfilling
visszatöltő (*ép*) back filler
visszatükröz reflect
visszatükrözés reflection
visszatükrözési állandó (*távk*) specular reflectivity
visszatükröző (*fényt*) reflecting
visszatükröződés (*fényt*) rebound
visszatükröződési hurokgörbe *v* **jellemgörbe** (*távk*) specular reflection lobe
visszatükröződött specularly reflected
visszaugrás recoil; (*alak*) spring-back; (*gumi*) snap; (*eredeti meretre; tex*) clinking back; ~ a falazatban offset; ~t gátló rugólemez (*kocsihordrugón*) rebound leaf
visszaugrik bounce; (*alak*) spring back; (*ép*) recede; (*fényt*) rebound
visszaugró: ~ billentyű (*távk*) non-locking key; ~ épületszakasz (*ép*) retreating part, recess; ~ helyzet [*távbeszélőkulcsé*] non-locking position; ~ rugó recuperator spring; ~ ütközőpecek rebound pawl
visszautasítás rejection
visszautasított: [*átvétel alkalmával*] ~ anyag rejected material
visszautazás return voyage
visszavágás (*gépk, rep*) blow-back, „popping", backfire; backflash (*US*); (*indítókaré*) back-throw
visszavágó (prizma)fűrész (*fa*) resaw
visszaver (*fényt*) reflect; (*hangot*) reverberate
visszaverés reflex, reflection; (*hangé*) reverberation
visszaverési tényező (*vill*) direct-reflection factor
visszaverő *fn* rejector; *mn* reflective, reflecting; (*ép, hangt*) reverberant; ~ anódlemez [*klisztronnál*] reflector plate; ~ anódlemez feszültsége [*reflex-klisztronban*] reflector voltage; ~ elektróda (*klisztronnál*) repeller; ~ elektróda feszültsége (*klisztronnál*) repeller voltage; ~ ernyő baffle; ~ felhő (*távk*) reflecting cloud; ~ felület (*fényt*) reflecting surface; ~ határfelület (*rád*) reflecting boundary; ~ képesség (*fény*) reflectivity; (*albedó*) albedo; ~ lángú kazán backflame boiler; ~ lap (*gépt*) baffle; ~ lemez (*távk*) reflecting plate; ~ lépcsős rács (*színk*) reflection echelon; ~ tárcsa (*vill*) reflecting disc
visszaverődés reflection, rebound, reflex, impingement; ~en alapuló magasságmérő (*rád*) reflection altimeter; ~ földi tárgyakról (*radar*) ground echo; ~ intervalluma (*fényt*) reflection interval; parti ~ (*rád*) coast refraction; rendellenes ~ (*ionoszféráról*) abnormal reflection; szórt ~ diffuse reflection; ~ talajról ground reflection; ~ek tereptárgyakról (*rád*) permanent echos; ~ vízfelületről (*rád*) sea echo; ~ vízhullámokról (*rád*) sea clutter
visszaverődéses elektromágneses magasságmérő (*rep*) reflected electro-magnetic wave altimeter
visszaverődési: ~ áthallás (*távk*) reflection crosstalk; ~ csillapítás (*távk*) return loss; ~ együttható (*távk*) reflection/return current coefficient; ~ goniométer (*ásv*) reflection goniometer; ~ körzet [*kisztronnál*] reflection space; ~ szög angle of reflection; ~ tényező reflection factor; ~ veszteség (*fenyt*) reflection loss
visszaverődésmentes (*távk*) reflectionless, echoless
visszaverődésmérő *fn* reverberation meter; (*távk*) return loss measuring set, reflection measuring set
visszaverődik be reflected, impinge; *vö meg* **visszaver**; **újra** ~ re-echo
visszaverődő reflective; ~ elektronok return electrons
visszaverődött: ~ áram echo current; ~ hullám (*rád*) sky wave; ~ impulzus indirect pulse
visszaverőképességmérő reflectometer
visszaverős hangszóró reflector loudspeaker
visszavert reflected; ~ áram reflected current; (*távk*) return current; ~ fény reflected light; ~ feszültség (*távk*) return voltage; földfelületről ~ hullám (*rád*) ground-reflected wave; ~ hanghullám reflected sound; ~ hő rejected heat; ~ hullám (*rád*) reflected wave, sky/atmosheric wave; ~ jel (*távk*) returning echo; ~ sugár (*fényt*) reflected ray
visszavertjel-szűrő (*távk*) echo suppressor
visszavezet reduce; (*aut*) feed back
visszavezetés (*szabályozásnál*) feedback, anti-hunt correction; anyag ~e a körfolyamatba (*vegy*) recycling; ~ a körfolyamatba recirculation
visszavezető: ~ csiga reverse-bend pulley; ~ cső (*függőleges*) pipe riser, ~ füstgázjárat return flue; ~ járat (*óra*) recoil escapement; ~ kábel return cable; ~ légvágat (*bány*) return air course
visszavon *l* **visszahúz**; [*hívást; távk*] cancel [*call*]
visszavonás *l* **visszahúzás**
visszavontatás haul-back
visszavonul *l* **visszahúzódik**
visszavonulás *l* **visszahúzódás**
visszázó billentyű (*írógépen*) resetting/correction key
visszfény counterlight; (*Földé a holdon*) earth-shine on the moon
visszfeszültség inverse voltage
visszfuvar return cargo, return trip load
visszhang echo
visszhang-áramcsillapítás (*távk*) echo-current attenuation
visszhang-csillapítástartam hangover time
visszhangkeltő rezonátor (*rád*) echo box
visszhangkésleltetés (*távk*) echo-delay time
visszhang-magasságmérő echo altimeter
visszhangmentes anechoic, echoless
visszhangmérő (*hangt*) echometer
visszhangszoba echo studio
visszhangút echo-path
visszhangzár (*távk*) echo suppressor/killer
visszhangzási idő (*ép, hangt*) time of reverberation
visszhangzik reecho, resonate, reverberate
visszimpulzus (*távk*) revertive impulse
visszimpulzus-áramkör (*távk*) revertive-impulse circuit
visszlöket return stroke
visszlöket-sebesség return speed
visszmozgás return
visszteljesítmény reverse power
visszváltó repeat key, backspacer
visszwatt (*vill*) load reversal
vitamin vitamin
vitaminbontó enzimek vitamin-destroying enzymes
vitaminmentes avitaminous
viteldíj (*járművön*) fare
viteldíj-táblázat (*gepk*) fare schedule
vitla winch, hoist, recoiler, capstan (engine); építkezési ~ builder's hoist; dobmotoros ~ winch lorry; láncos ~ chain jack; sűrített levegővel működtetett ~ air hoist
vitladob winch barrel/drum
vitlázás (*bány*) hauling
vitorla sail, wing; (*szélmalomé*) wing board; ~ oldalának lejtős esése slant of the sail
vitorlafa boom; ~ pányvája boom guy
vitorlafelhúzó csörlő halyard winch
vitorlafeszítő: ~ csigasor tack tackle; ~ kötél guy (rope)
vitorlafogásbog reef knot
vitorlafűző kötél (*hajó*) gasket
vitorlagát blowing-line brattice
vitorlakurtító madzag (*hajó*) reef-point
vitorlalap (*hajó*) sheet
vitorlalécek (*hajó*) battens-in-sails
vitorlamester boatswain
vitorlamumester (*hajó*) rigger
vitorlarúd boom; ~ szél felőli állító kötele weather sheet
vitorlarúdcsigasor (*hajó*) yard-tackle
vitorlarúdgyűrű (*hajó*) hank
vitorlarúdkikötő *fn* boom brace
vitorlarúdrögzítő kötél boom guy
vitorlarúdtámasztó villa (*hajó*) crutch(es)
vitorlarúdtartó yard crutches
vitorlás: motoros ~ (*hajó*) auxiliary-powered vessel
vitorlasarok (*hajó*) tack
vitorlaszegélykötél bolt rope
vitorlatartó kötél tack
vitorlavarró: ~ fonal roping twine; ~ tű (*szegélyezőkötél ávarrásához*) roping beedle
vitorlavászon canvas, paulin; (*pamutból*) duck cotton; (*tömedékeléskor kifeszített vászon; bány*) burlap; ~ védőbevonat canvas covering
vitorlavászonborítású kormány (*rep*) canvas rudder
vitorlavászon-fúvólyuktömítés (*bány*) canvas packer
vitorlavászon-köteg (*hajó*) hang
vitorlavászon-ponyva buckram, canvas cloth
vitorlavászon-sáv (*vitorlán a hasadás meggátlására*) sail band
vitorlavászon-tető canvas hood
vitorlázás sailing; (*rep*) *l* **vitorlázó repülés**; dinamikus ~ (*rep*) dynamic soaring; gyors ~ swift-sailing

vitorlázat *(hajó)* rigging ; ~ **kötélzete** rigging cordage
vitorlázik *(rep)* glide, soar
vitorlázó : ~ **állás** *(rep)* feathering position ; ~ **állásba állítás** *(rep)* feathering ; ~ **állásba állítható légcsavar** full-feathering airscrew ; ~ **repülés** soaring flight ; ~ **repülő** glider pilot ; ~ **repülőgép** glider, gliding aircraft ; *(teljesítménygép)* soaring aircraft ; **segédmotoros** ~ **repülőgép** auxiliary sailplane
vitorlázórepülőgép-vászon glider cloth
vitorlázó-repülőterep soaring site
vitriololaj vitriol oil
vitriolos vitriolic
vitrit *(bány)* vitrain
vitrofir *(kőzet)* vitrophyre
Viviani-görbe *(mat)* Viviani's curve/windows
vivianit *(ásv)* vivianite, blue iron earth
vívómaszk screen
vívótőr rapier ; *(gombvégű)* foil ; *(párbajtőr)* epée
vivő *(anyagv)* vehicle ; *(távk)* carrier ; ~ **átvitel** carrier transmission ; ~ **feszültség** carrier voltage ; ~ **frekvencia** *(rád)* carrier frequency ; ~ **frekvencia középértéke** mean carrier frequency ; **kiszűrt** ~ **frekvencia** *(rád)* suppressed carrier (frequency); ~ **frekvencia szinteltérése** *(amplitúdóváltozása)* carrier-level deviation
vivőanyag *(gyógyszerben)* base
vivőáram carrier current ; ~ **nélküli átvitel** *(távk)* sideband transmission, suppressed-carrier transmission ; **távírás** ~**mal** carrier telegraphy
vivőáram-elcsúszás *(távk)* carrier shift
vivőáramellátás *(távk)* carrier supply
vivőáramelnyomás *(távk)* carrier suppression
vivőáramelnyomó szűrő *(távk)* carrier suppression filter
vivőáramú : ~ **csatorna** *(távk)* carrier channel ; ~ **erősítő** *(távk)* carrier-frequency repeater ; ~ **távbeszélő** carrier(-current) telephony ; ~ **távbeszélő berendezés** carrier telephone equipment ; ~ **végberendezés** carrier terminal
vivőfrekvencia-ellátás carrier supply
vivőfrekvenciaellátás-átkapcsoló carrier--supply change-over
vivőfrekvencia-eltérés *(megengedett)* carrier-frequency tolerance
vivőfrekvencia-erősítés carrier-frequency amplification
vivőfrekvenciás : ~ **áramkör** carrier circuit ; ~ **átvitel** carrier transmission ; ~ **berendezés** carrier(-frequency) equipment ; ~ **erősítő** carrier repeater ; ~ **közbenső erősítő** carrier repeater ; ~ **távbeszélés** carrier telephony ; ~ **távbeszélő berendezés** carrier telephone equipment ; ~ **távíró** carrier telegraphy ; ~ **terem** carrier room ; ~ **zajmérő** carrier noise-measuring set
vivőfrekvencia-szint carrier level
vivőfrekvenciaváltoztatással dolgozó jelkulcs-rendszer *(rád)* warbler carrier system
vivőhullám (frequency) carrier, carrier wave ; ~ **kiszűrése** carrier suppression
vivőhullám-csatorna carrier channel
vivőhullámos : ~ **adás** carrier system ; ~ **távíró** carrier telegraphy ; ~ **televíziós adás** carrier-frequency video broadcasting
vivőhullám-teljesítmény *(rád)* unmodulated power
vivő-összetevő *(modulációnál)* carrier component
vivősugárzó antenna quiescent antenna/aerial
vivőszint *(rád)* carrier level
vivőszűrő *(távk)* carrier filter/suppressor
vivő/zaj-viszony *(rád)* carrier-to-noise ratio
víz : ~ **alatt kötő** *(ép)* hydraulic ; ~ **alatti** *l* **vízalatti** ; **alsó** ~ *(alvíz)* tailwater ; ~ **átvezetési helye** water passage ; **dohos** ~ bilge water ; **duzzasztott** ~ back-water ; ~**zel elárasztt** inundate ; ~**zel érintkező felület** *(kazáné)* wetted surface ; ~ **feletti** *(hajó)* above-water ; ~ **felőli oldal** *(hajó)* water side ; ~ **felfogása** *(kondenzvízé)* interception of water ; **felső** ~ *(felvíz)* headwater ; **keringő** ~ circulating water ; ~**zel keveredő olaj** *(hűtőkeneshez)* soluble oil ; **konstit-ciós** *v* **alkati** ~ *(vegy)* chemically--combined water ; **korróziót előidéző** ~ aggressive water ; ~ **körfolyamata** hydrologic cycle ; ~**ben kötő adalék** *(ep)* hydraulic addition ; ~**ben kötő habarcs** *(ep)* hydraulic mortar ; ~**ben kötő mész** hydraulic lime ; **kötött** ~ combined/bound water ; ~ **lágyítása** softening of water ; **letakarító** *v* **letaroló** ~ *(bány)* abrasive water ; **megkötött** ~ *(bány)* attached water ; ~**be merített rázószita** *(bány)* pulsator jig ; ~**ben mért fajsúly** submerged unit weight ; ~**zel működő dúsító** *(bány)* hydroseparator ; ~**ben nem oldódó** water-insoluble ; **olaj** *v* **gáz alatt közvetlenül fekvő** ~ *(földt)* bottom water ; ~**ben oldható** water-soluble ; **vizek összegyülekezése** *(hidr)* concentration of flow ; **savas** ~ *(bány)* acid water ; **timsós** ~ *(bőr)* aluminous water ; ~ **tükre** water surface ; ~ **és üledék** *(olajban)* bottom settlings and water ; **városi vízvezetéki** ~ city/tap water ; **vizet vezető vető** *(bány)* water slip
vízadagolás water feed/supply ; *(betonhoz v habarcshoz)* ga(u)ging of water
vizahólyag swimming bladder of the sturgeon ; *(ragasztószer)* isinglass
vízakna *(bány)* inlet well
vízalatti underwater, submerged, subaqueous, sunken ; ~ **alapozás** submerged foundation ; ~ **bomba** anti--submarine bomb ; ~ **hangjelzés** hydrophony ; ~ **kábel** underwater/sea cable ; ~ **kifolyónyílás** submerged orifice ; ~ **kötő képesség** hydraulicity; ~ **mikrofon** subaqueous microphone ; *(fenékmélységméréshez)* sound distributor ; ~ **mikrofon és erősítő** *(hanghullámos távolságméréshez)* hydrophone sonar ; ~ **mikrofonvonal** line hydrophone ; ~ **(salakszállító) szalag** submerged belt ; ~ **sebesség** *(hajó)* submerged speed ; ~ **szikla** submerged reef ; ~ **sziklaszirt** *(hajó)* shelf ; ~ **támasz** *v* **saru** *(ép)* submerged bearing
vízállás water level/elevation/head, stage
vízállásellenőrző csap surface cock
vízállás-idősor stage sequence
vízállásíró műszer stage recorder
vízállásmérő water-mark, sea/water ga(u)ge ; ~ **lánc** *(kutakhoz)* chain ga(u)ge
vízállásmutató water-level indicator ; ~ **csap** water-ga(u)ge cock ; ~ **üveg** water-ga(u)ge glass
vízállásos talaj waterlogged soil
vízállásszabályozó hydrostat
vízálló water-resistant, water-proof ; *[viasz]* water-repellent ; ~ **gumiöltözet** slickers ; ~ **kemény rostlemez** fibre waterproof board ; ~ **keménylemez** *(pa)* fibre waterproof board ; ~ **krepp-papír** waterproof crape-paper; ~ **motor** *(víz alatti munkához)* submersion motor ; ~ **papír** water-proof paper ; ~ **papírlemez** water-proof board ; ~**vá tett** *(gumi, tex)* proofed
vízállóság water-tightness ; *vö még* **vízálló**
vízapasztó vágat *(bány)* blind level
vízár water flood
vízáradat inundation
vízáramlás *(földt)* water-course ; ~**t szabályozó nyílás** *(csatornáknál)* radial gate
vízárhatárjelek *(hidr)* current marks
vízárok *(földt)* water-course
vízátemelő szivattyútelep lift station
vízáteresztő permeable, pervious, moisture permeable ; *(talaj)* well-drained; ~ **réteg** *(földt)* permeable formation ; ~ **tulajdonság** water permeability
vízáthatlan water-resisting/proof, weather-proof ; ~ **ék alakú gát** *(bány)* wedge-shaped dam
vízáthatlanság *vö* **vízáthatlan**
vízátnembocsátó waterproof ; ~ **aknabiztosítás tartókerete** *(bány)* wedge curb ; ~ **biztosítás** *(bány)* waterproof lining
vízátnemeresztő impervious, impermeable ; ~ **kőzet** impervious rock ; ~ **réteg** impermeable layer
víz-átömlőfurat *(hengerblokkon ; gépk)* water passage
vízátvezető földalatti cső *v* **csatorna** culvert
vízbeeresztő *fn* intake ; ~ **nyílás** *(hidr)* water intake
vízbefecskendezés water injection
vízbefogadó water intake
vízbeszerzés (talajvízből) catchment
vízbeszivárgás water percolation ; *(karosszérián)* water leakage
vízbetörés *(bány)* water inrush, afflux
vízbevezetés afflux
vízbő *(hidr)* streamful
vízbödön *(bány)* water skip
víz-cement-viszony *v* **-tényező** water--cement-ratio
vízcirkuláció water circulation
vízcsap water cock ; *(konyhai)* water faucet/tap ; *(tűzcsap)* fire plug ; ~ **fogantyúja** tap wrench
vízcsepegés water drip
vízcsepp water drop
vízcsorga *(bány)* garland
vízcső *(szivattyúhoz)* hose ; *(kazánon)* water-tube
vízcsöves : ~ **hűtő** core radiator ; ~ **kazán** water-tube boiler ; ~ **kazán csőkamrája** manifold boiler header ; **kétgőzgyűjtős** ~ **kazán** water-tube boiler with two headers ; ~ **tűzszekrény** water-tube firebox
vízdaru *(vasút)* feeding crane
vízderítés water purification/clarification

vízderítő telep water clarifying plant
vízdesztilláló berendezés water still
vízdíj water rate
vízdús *(bány)* watered
vízduzzasztó medence detention reservoir
vízedzés *(hők)* water quenching
vízedzési repedés *(hők)* water crack
vízegyenérték moisture equivalent
vízelborítás flooding
vízelfolyás seepage of water; *(földt)* surface discharge
vízellátás water feed/supply; **házi ~** domestic water supply
vízellátó csatorna supply canal
vízellenállás *(hidr)* water resistance; *(vill)* water rheostat
vízellenálló water-repellent
vízelnyelés water absorption
vízelnyelő gödör drain well
vízelnyomó henger *(pa)* dandy roll
vízelpárologtatás expulsion of water
vízelterelés water diversion
vízelválasztó berendezés trap separator
vízelvezetés úttengely alatt centre drain
vízelvezető: ~ árok catchwater drain; **~ csatorna** raceway; **~ cső** *(motor felső részén; gépk)* water manifold; **nyílt ~ árok** water furrow; **~ párkánytag** *(ép)* weather moulding
vízelzáró *(retesz v tolózár v csap)* water stop; **~ csap** water check; **~ gát** stank
vízemelés *(bány)* bailing up
vízemelő: ~ akna *(bány)* pump shaft; **~ berendezés** pumping plant; **~ bödön** bailing tank; **~ csiga** water screw; **~ gép** water-raising engine; **~ kerék** *(hidr)* tympanum; **~ láda** *(bány)* water kibble; **serleges láncos ~** chain pump; **~ szkip** *(bány)* bailing skip; **~ veder** water bucket; **vedres ~ kerék** bucket/cellular wheel
vízenergia hydraulic power, white coal
vízenergia-források water resources
vízenergiakészlet water power potential
vizenyős waterlogged, watery
vízépítés hydraulic engineering
vízépítési szakértő hydraulician
vízépítő mérnök hydraulic engineer
vízér creek, brook
vízeresztő repedés *(bány)* bleeder
vízerózió *(földt)* water erosion
vízerő *l* **vízenergia**
vízerőgép hydraulic engine
vízerőmű hydro-electric power station; **~ csatornája** race; **völgyzáró gáttal egybeépült ~** barrage power station
vízerőtan hydraulics
vízerőtani hydrodynamic
vizes watery, wet; *(földt, vegy)* aqueous; *(vágat; bány)* aquifer; **~ depresszió** *(bány)* swamp; **~ fenéküreg** *(sugárzó kemencéé)* sump; **~ kivonat** aqueous extract; **~ mázpép** *(ker)* slip glaze; **~ oldat** aqueous solution; **~ üreg** sump; **~ zúzómű** wet stamping-mill
vizes-alkoholos *(vegy)* aqueous alcoholic
vizesárok moat
vizescsille *(bány)* water skip
vizesedény water pan
vízesés waterfall, cataract; *(lépcsős)* cascade; **~ medre** bed of fall
vizeshordó water keg
vizeskád *(horganyzott vaslemez gyártásához)* brushing pot
vizeskancsó pitcher
vizeslajt water cart
vizesműhely *(bőr)* lime yard, beamhouse
vizesség *(földt)* aquosity
vizesveder water butt
vizes-zafír *(ásv)* saphir d'eau
vizez water
vízfal water-wall
vízfedő henger *(hidr)* surface roller
vízfék water brake
vízfelesleg *(hidr)* excess water, waste water; **~ eltávolítása** removal of excess water; **~et lefolyató átvágás** by-wash
vízfeleslegcsatorna *(hidr)* waste chute
vízfelfogó tartály *(alagútépítésnél)* water trap
vízfelgyülemlés *(hidr)* ponding
vízfelszín water surface
vízfelszín-szabályozó hydrostat, siphon device
vízfeltörés *(hidr)* boiling
vízfelület water table/surface; **hullámzó ~** *(egymásba futó hullámokkal)* chopping sea; **~ lejtése** inclination of water surface
vízfelvétel water addition; *(bőrgyártásnál)* hydration
vízfelvevő: ~ berendezés intake; *(menetközben; vasút)* water scoop; **~ képesség** water-absorbing capacity, hygroscopicity; **~ készülék csöve** *(vasút)* pickup pipe
vízfesték water colo(u)r
vízfodrozódás lop; *(áramlástól)* current rippless
vízfogó *(hidr)* water lodge, flood gate; **~ árok** trap-trench
vízfogyasztás water consumption
vízfolyás water(-)course; *(bány)* mine inflow; **~okkal átszeldelt** *(geod)* streamy; **~okban bővelkedő** *(hidr)* streamful; **~ elfogása elvezetés céljából** *(hidr)* beheading; **kis ~** *(bány)* leat; **~ok közti terület** *(geod)* interstream area; **~ nélküli hegyszoros** wind gap; **talajba szivárgó ~ok** influent streams; **völgyzáró gáttal elfogott ~** captured river
vízfolyásos völgy dale
vízforraló: házi ~ cooking apparatus; **~ üst** boiling tank
vízforrás *(földt)* source
vízfúvóka *(vizes köszörüléshez)* water nozzle
vízfüggöny water screen
vízfürdő *(vegy)* water bath
vízgáz water gas; **karburálatlan ~** blue water gas
vízgazdálkodás water economics
vízgázfejlesztő *fn* water-gas producer; **~ melegrefúvása** blowing-up of water-gas producer
vízgáz-generátor water-gas generator
vízgáz-hegesztés water-gas welding
vízgázkátrány water-gas tar
vízgőz steam, vapo(u)r; **~zel desztillált terpentin** steamed wood turpentine; **egy ata nyomású ~** atmospheric steam; **~zel finomított** *(növényi)* **olaj** steam-refined oil
vízgőzáteresztő képesség water vapour transmission, W. V. T.
vízgőzbefúvatás *[vízgázgenerátor munkaszakasza]* steam blow
vízgőzdesztilláció steam distillation; *(kolonnában)* steam stripping; **alacsony frakciók ~ja** steam stripping; **szakaszos ~** batch steam distillation
vízgőzdesztillációs retorta steam still
vízgőznyomás water vapour tension/pressure
vízgyűjtő *mn* catchment; *fn* *(bány)* standage; *(ép)* basin; *(hidr)* bay; **~ csatorna az aknafal körül** *(bány)* water ring; **~ gödör** *(víztelenítésnél)* (water-collecting) sump; **~ gyűrű** *v* **koszorú** *(bány)* bailing ring; **~ medence** catchment/drainage basin, watershed; **~ mélyedés** *(ép)* sump; **~ tartály** drainage bin; **~ terület** seepage/catchment area; *(folyóé)* tributary basin; **~ terület vízhozama** flow of a catchment; **~ tó** *(hidr)* collecting lake
vízgyülemlés *(bány)* standage
vízhányó *(hajóablak és ajtó felett)* watershed; **~ lapát** *(hajó)* scoop
vízhártya water film; **talajszemcsékre rakodó ~** boundary film
vízhatlan water-proof, moisture-repellent, water-tight; *(bőr)* waterproof, durabel; *(tex)* weather-proof *is*; **~ aknabélés** *(bány)* impervious lining; *(vasból)* shaft metal tubbing; **~ esőkabátszövetek** repellants; **~ esőköpeny** mackintosh, slicker; **~ kabátszövet** burberry; **~ kalap** *(bány)* fain tail; **~ keresztfal** *(hajó, rep)* transversal; **~ kikészítésű szövet** showerproof cloth; **~ köpenyszövet** slicker fabric; **~ pamutszövet** American cloth; **~ szegecskötés** impervious joint; **~ szövet** raincloth, weatherproof cloth; **~ná tesz** waterproof; **~ná tett** *(gumi, tex)* (water-)proofed; **~ válaszfal** *(hajón)* bulkhead; **~ vasutas-esőkabát** railwayman-proof; **~ vászon** proof canvas; **~ vitorlavászon** *(cipőbélés)* waterproof canvas
vízhatlanítás water-proofing
vízhatlanság water-proofness
vízhengeres vízugrás *(hidr)* cylinder drop
vízhordozó *(földt)* aquifer
vízhozam *(hidr)* water discharge, rate of flow; **átlagos ~** *(hidr)* average discharge; **gáton átbukó ~** weir discharge; **kis ~ú forrás** seepage spring; **~ mérése** *(hidr)* discharge measurement
vízhozamadat *(alapérték; hidr)* stream flow-datum
vízhozamgörbe discharge curve; *(az idő függvényében)* discharge-time curve
vízhozamjellemző hydraulic modulus, hydromodulus
vízhozammérő flowmeter
vízhozam-tartósság duration of flow
vízhozzáadás water addition
vízhozzáfolyás seepage; *(percenként; bány)* rate of inflow
vízhullámkísérlet *(teremhangtani modellvizsgálat)* ripple-tank method
vízhullám-visszaverődés kompenzálása *(távk)* sea clutter compensation
vízhúzó edény *(bány)* bailing tank
vízhűtés water cooling; *(hirtelen)* water quenching
vízhűtéses water-cooled; **~ cső** *(adócső)* water-cooled tube; **~ henger** water-cooled cylinder; **~ motor** *(gépk)* water-cooled engine; **~ öntőmag**

(önt) water core; ~ **rostély** water grate; ~ **tűzgát** *(koh)* water bridge
vízhűtésű *l* **vízhűtéses**
vízhűtő *fn* water cooler, radiator; ~ **köpeny** water jacket
vízi water; *(földt)* aquatic; ~ **eredetű** aqueous, hydrogenic; ~ **eredetű kőzet** hydrogenic rocks; ~ **foszforit** *(földt)* river phosphate; ~ **szénrakodó** gear; ~ **üledékek** *(földt)* aqueous deposits
vízienergia *l* **vízenergia**
vízierő *l* **vízerő**
vízierőmű *l* **vízerőmű**
vízijármű water-craft, vessel, ship
vízikerék paddlewheel; **hátul csapott** ~ *(hidr)* backshot wheel; ~ **lapátja** float board, paddle; ~ **oldallapja** shroud plate
vízikerék-felvízcsatorna wheel race
vízikos hydraulic fam, water hammer
vízilépcső *(hajózózsilipnél)* lift
vízimalom water mill
vízirepülőgép seaplane; *l még* **repülőcsónak**; **futókerekes** ~ float amphibian; ~ **oldalradőlési szöge** *(vízen)* angle of heel; ~ **vízregurító berendezése** beaching gear
vízirepülőgép-állomás seadrome
vízirepülőgép-anyahajó seaplane carrier
vízirepülőgép-csúszdakocsi aeroplane beaching trolley
vízirepülőgép-kikötő air harbo(u)r
vízirepülőgép-kikötőhely seaplane ramp
vízirepülőgép-úszótest seaplane float
vízirepülőtér waterdrome
vízirepülőtér-jelző bója seaplane-basin marker
víziszekfű-olaj water funnel oil
vízitáró *(bány)* aqueduct, drainage adit
víziút water passage; *(hajózható)* waterway; *(földt)* sound
vízivágat *(bány)* drain tunnel
vízjáték *(hajó)* range of tide; *(hidr)* water level fluctuation
vízjel *(pa)* watermark, w/m, waterline(s), water/dandy mark; ~ **nélküli** *(pa)* unlaid
vízjelberendezés *(pa)* water-mark apparatus
vízjeles: ~ **papír** water-mark paper; *(száraz)* plate-marked paper, reticulated paper; ~ **szivarkapapír** embossed cigarette tissue
vízjelespapírvágó gép cutting machines for water-mark paper
vízjelhenger *(pa)* water-mark roll, dandy-roll, riding/top ro!l(er); ~ **okozta léghólyag** *(pa)* dandy worm
vízjelhengerhajtás *(pa)* dandy drive
vízjelhengertörlő ruha *(pa)* wiper
vízjeliniciálé *(pa)* cipher
vízjelkalander *(pa)* water-mark calender
vízjel-keresztvágó gép *(pa)* single--sheet cutter
vízjellemez *(pa)* water-mark
vízjelnyomó egoutteur
vízjelzett papír water-marked paper
vízkamra *(gőzgépen)* water header; **hátsó** ~ back header
vízkamra-csőösszekötő *(ives)* bend header joint
vízkamrafenék water-chamber floor
vízkapu *(bány)* water gate
vízkefe *(horganyzáshoz)* metal brush
vízkeménység hardness of (the) water
vízkeménységmérő hydrotimeter
vízkenésű fúró készülék water drill
vízkerék irrigating wheel; *l még* **vízikerék**
vízkeresztmetszet waterway
vízkicsapódás *(ép)* bleeding
vízkiemelés *(aknából; bány)* bailing
vízkieresztő *(mellvédnél; hajó)* bulwark port; ~ **rés** *(hidr)* scupper
vízkifolyás water discharge
vízkifolyó: ~ **csőr** *(hajó)* waterspout; ~ **könyök** engine water outlet; ~ **nyílás** water discharge orifice
vízkihajtás expulsion of water
vízkimosás *(hidr)* degradation
vízkiszorítás *(hajó)* water displacement; *(tonnákban)* displacement tonnage; ~ **alámerült állapotban** *(tengeralattjárónál)* displacement submerged; ~ **teljes terhelésnél** fully-loaded displacement; ~ **terheletlen állapotban** light displacement; ~ **terhelt állapotban** *(hajó)* load displacement; ~ **üres állapotban** *(hajó)* displacement light
vízkiszorító centrifuga hydroseparator
vízkitörés: **felszíni** ~ *(földárja)* vadose discharge water
vízkiválás laintance
vízkivétel draw-off/dawn
vízkivételi: ~ **mű** *(hidr)* head/intake works, channel intake; ~ **vezeték** intake, conduit
vízkivezető *(hidon)* scupper
vízkos water-ram
vízkő *(kazánban)* scale; *(fenéshez)* water hone; ~ **a hűtőben** *(gépk)* radiator scale
vízkőleverő kalapács scaling hammer
vízköpeny *(gépk)* water jacket
vízköpenyes; ~ **hűtés** jacket cooling; ~ **szívócső** *(gépk)* jacketed induction manifold
vízköpenyfűtés jacket heating
vízköpés *(vasút)* priming
vízköpő *(ép)* spout(ing horn)
vízkőréteg scale crust
vízkővakaró scaler
vízlágyítás water softening
vízlágyító *(szer v berendezés)* water softener; ~ **képesség** water softening power
vízleeresztés water discharge
vízleeresztő *(hidr)* runoff; ~ **csap** water drain cock; *(gépk)* drain tap; ~ **csavar** *(hűtőn; gépk)* radiator drain cock, drain tap; ~ **cső** water--discharge pipe; ~ **gát** *(hidr)* flush weir; ~ **nyílás** *(hidr)* flood gate; *(hajómellvéden)* freeing port; ~ **szelep** *(gépt)* bleeder
vízlefolyás water discharge; ~ **nyomai** *(földt)* rillmarks; ~ **völgyzárógát medencéjéből** *(hidr)* tail flow of a barrage
vízlefolyó: ~ **csatornakő** hip bevel stone; ~ **tölcsér** conductor head; ~ **vágat** *(bány)* blind level
vízlekötő képesség water-binding power
vízlépcső barrage; ~ **hajózsilippel** weir with a lock
vízlépcsős folyammeder *(hidr)* stepped bed
vízlepergető *(tex)* water-repellent; ~ **kikészítés** *(tex)* water-repellent finish; ~ **tulajdonság** water repellency
vízleszivató csap cylinder drain-cock
vízleválasztó *fn* water separator
vízlevezetés water drainage, dewatering
vízlevezető *fn* sink-hole; *(hidr)* runoff; ~ **árok** leat; ~ **bádog** apron flashing; ~ **csatorna** water conduit; ~ **cső** drain (pipe/tube); ~ **koszorú** *(bány)* water curb; **kővel telt** ~ **árok** blind; **szükség esetére üresen tartott** ~ **árok** empty emergency ditch; ~ **táró** *(bány)* drainage adit, sough; ~ **tartály** engine barrle; ~ **vágat** *(bány)* drain; ~ **vályú** *(karosszérián, ajtók felett)* drip channel
vízlökés hydraulic impact
vízmagasság height of water
vízmagasságjel water-mark
vízmedence water basin
vízmelegítő *fn* water heater/boiler; **tűzhelybe épített** ~ back boiler; **villamos** ~ electric water heater, electric boiler
vízmélységi szintvonal *(geod)* submarine contour
vízmélységmérő *fn* fathom line, bob; ~ **műszer** *(hajó)* water ga(u)ge
vízmentes *(vízálló)* water-proof, rainproof, water-tight, weather-proof; *(víztelen)* anhydrous, dry; *(vegy)* anhydrous; ~ **csapágy** water-sealed bearing; ~ **hézagillesztés** *(ép)* weather joint; ~ **kivitelű szerelvény** *(vill)* water-tight fitting ~**en lezárható fedélzet** *(rész)* *(hajó)* bulkhead deck
vízmentesít dewater; *(deflegmál)* dephlegmate
vízmentesítő tank *(aknából víz kiemelésére; bány)* bailing tank
vízmennyiség water discharge/flow; **átlagos** ~ *(hidr)* average stream flow; ~ **becslése** stream estimating
vízmérce *(hidr)* ga(u)ge, ga(u)ging station; ~ **szelvénye** controlling stream cross section
vízmérés: **vegyi** ~ chemical ga(u)ging
vízmerítés bail
vízmerő water scoop; ~ **bödön** bailing drum
vízmérő *fn* water-meter; ~ **állomás** *(hidr)* ga(u)ging station; ~ **cső** ga(u)ge glass; ~ **kerék** *(hidr)* measuring wheel; ~ **óra aknája** meter chamber; ~ **orsó** *(hidr)* spindle; ~ **üveg** water glass
vízmérőállás flood-measuring post
vízmérték water/bubble level
vízmintavevő készülék *(különböző mélységekből)* hydrophore
vízmosás *(földt)* groove, gully, ravine, rain rill/wash; **hegyi** ~ **száraz medre** dry wash; **szűk** ~ gill
vízmosáskötés *(hidr)* mountain entrapment
vízmosásos árok *v* **part** wash
vízmozgástani hydrokinetic
vízművek water-works
víznyelő *fn* sink(-)hole, catch basin; *(földt)* swaller; *(hídpályában)* scupper; ~ **akna** ground sluice; *(bány)* gully; ~ **akna nyílása** gully hole; ~ **gödör** sink-hole; ~ **ponor** *v* **üreg** *(földt)* swallow hole; **utcai** ~ drain trap
víznyerés talajvízből tapping the ground water
víznyomás water()pressure, hydrostatic pressure, head
víznyomási: ~ **és torlónyomási feszültségek** *(hajó mellső bordázatában)* panting stresses; ~ **többlet** *(hidr)* surplus water-pressure
víznyomásmérési felületre vonatkozó *(hidr)* piestic

víznyomásmérő *fn* hydrostatic ga(u)ge, water pressure gauge
víznyomásmutató *(készülék)* head indicator
víznyomásos hydraulic ; **~ cső** *(bány)* column pipe ; **~ sugárfecskendő** *(bány)* hydraulic giant
víznyomáspróba hydrostatic test ; *(hidegen)* cold-water test ; *(pa)* cold--pressing proof
víznyomásszabályozás *(hidr)* headwater control
vízóra water(-)meter ; *(régi időmérő)* clepsydra
vízóracsap meter cock
vízorr drip (edge), lacrimer
vízoszlop *(hidr)* water column head
vízoszlop-elmélet : lengő ~ *(hidr)* elastic water column theory
vízoszlopmagasság (hydrostatic) head
vízosztó mű *(hidr)* division gate
vízöblítés *(mélyfúrásnál)* water flushing; **~ nélküli árnyékszék** *(ép)* privy
vízöblítéses : ~ fúrás *(bány)* water flush ; **~ fúró** *(mélyfúrásnál)* water drill ; **~ fúró rudazat** wash pipe ; **~ fúrófej csúcsa** wash point ; **~ klozett** flushing closet
vízörvény swirl
vízpálya waterway
vízpart waterside, strand, beach
vízpermetező : ~ berendezés sprinkler installation ; **~ rózsa** spherical rose ; **~ szóróorsója** helical core of the sprayer
vízporlasztás water pulverization/spray
vízporlasztó: ~ berendezés *(bány)* spray; **~ fúvóka** watering nozzle
vízpótlék *(bérezésben ; bány)* water yardage
vízpróba *(tex)* water test
vízrajzi hydrographic
vízrakomány *(hajó)* water load
vízrebocsát *(hajó)* launch
vízrebocsátás *(hajó)* launching
vízrendszer river basin
vízreszállás *(rep)* alighting
vízréteg *(lamináris mozgásnál)* sheet of water
vízsebességmérés flow measurement ; **~ sóoldattal** *(hidr)* salt-velocity method ; **~ úszóval** measurement with a float
vízsebességmérő *fn* water-velocity-meter; **~ csavar** *(hidr)* helix ; **Ellis-rendszerű ~ szárny** Ellis current meter ; **kötélen függő ~** *(hidr)* cable-suspended meter ; **~ rúd** velocity rod ; **~ szárny** *(hidr)* helix
vízsugár water jet, spout, squirt, spurt ; **tapadó ~** *(bukógátnál)* adhering nappe
vízsugaras : ~ emelő szivattyú jet elevator ; **~ hűtőtorony** spray cooling tower ; **~ kefe** fountain brush ; **~ (nedves)kotró** *(bány)* hydraulic excavator
vízsugáreltérítő szabályozó jet-deflecting governor
vízsugár-fecskendő jet
vízsugár-földelés *(vill)* water-jet earthing device
vízsugár-kondenzátor jet/injector condenser
vízsugár-légszivattyú ejector water-air pump, water jet pump
vízsugárnyomás *(bány)* jet pressure
vízsugár-szivattyú ejector jet pump, aspirator pump ; *(pa)* filter pump
vízszállítás *(hidr)* water discharge/delivery; *(összesítve)* flow volume
vízszállítási : ~ együttható *(hidr)* delivery coefficient ; **~ görbe** *(hidr)* delivery curve
vízszállító : ~ cső water-discharge pipe ; **~ hordó** *v* **tartály** *(bány)* dragon ; **~ képesség** water-carrying capacity
vízszám *(kaloriméteré)* water equivalent
vízszán sea sled
vízszekrény *(gépk)* header tank
vízszél shoaling
vízszelep hydrovalve, water valve
vízszigetelő ólomréteg lead damp courses
vízszín *(hidr)* water surface
vízszint water level ; **~ alatti áramlás** undercurrent ; **~ felett** *(hajó)* above--water ; **felső ~** *(felvízszint)* headwater elevation ; **~ben tartó alátét** level(l)ing block
vízszintes horizontal ; *[felület]* level ; *(földt)* aclinal *is* ; **~ alapponthálózat** *(geod)* horizontal control net ; **~re állít** set level ; **~ állító távolság** *(gépt)* horizontal stroke ; **~ boltöv** *(ép)* straight arch ; **~ csévélőgép** *(tex)* roll winder, roll-winding machine ; **~ csuszamlás** *(földt)* heave fault ; **~ dúc** *(ép)* flying shore ; **~ elrendezésű szövőgép** low-warp loom ; **~ eltérítés** *(katódsugárcsőnél)* horizontal deflection ; **~ eltérítő lemezek** *(távk)* X-plates ; *(a vető síkjában ; bány)* strike shift ; **~ eltolódás vetődésnél** *(földt)* total heave ; **~ ereszték** *(fa)* *l* **ágyereszték** ; **~** *(időtengelyirányú)* **erősítő** *(vill)* horizontal amplifier ; **~en fekvő telep** *(bány)* flat ; **~ felbontás** horizontal resolution ; **~ félhullámú antenna** horizontal half--wave antenna ; **~ felmérés** *(geod)* horizontal/plane survey ; **~ felület** *(geod)* surface level ; **földmágnesség ~ összetevője** horizontal intensity ; **~ főtefejtés** *(párhuzamosan az alapvágattal)* flat back method ; **~ gép** *(gumikenéshez)* longitudinal machine; **~ hajlítógép** horizontal bending machine ; **~ helyzet** level attitude ; **~ huzalantenna középső levezetéssel** *(rád)* T-antenna ; **~ inga** *(terepfelvételhez)* horizontal field balance ; **~ iránysík** *(geod)* horizontal plane of sight ; **~ ívnyomás** *(ép)* thrust ; **~ kameraszinkronozó impulzus** horizontal camera synchronizing pulse ; **~ képállítás** *(telev)* horizontal centering ; **~ keretantenna** horizontal lobe; **~ keretrész** *(ép)* rail ; **~ kioltási idő** *(telev)* horizontal blanking time ; **~ kioltási intervallum** horizontal blanking interval ; **~ kioltási periódus** horizontal blanking period; **~ kör** *(geod)* horizontal limb/circle ; **~ letapogatás** *(telev)* horizon scan(ning) ; **~ löket** horizontal stroke ; **~ marás** horizontal milling ; **~ merevítés** *(ép)* horizontal bracing ; **~ merevítő** *(bány)* stringer ; **~en működő ablaktörlő** *(gépk)* transverse screen-wiper ; **~ napgyűrű** parhelic circle ; **~ négyzet alakú ácsolatok** *(bány)* horizontal square sets; **nem ~** out-of-level ; **~ nyomó feszültség állapota** *(mech)* passive Rankine state ; **~ nyomóerő** horizontal thrust ; **~ orsójú** *(forg)* horizontal ; **~ osztófej** horizontal dividing head ; **~ összefogó** *(fűrészrámán)* sash brace ; **~ pálya** level track ; **~ polarizációjú antenna** ground-plane antenna ; **~ porlasztó** *(gépk)* horizontal carburettor ; **~ rácsozat** *v* **rácsmű** horizontal grill(age); **~en repül** fly on even keel ; **~ repülés** level flight ; **~ repülésbe átmegy** *(rep)* flatten out ; **~ rész ferde kőzetben** *(bány)* platform ; **~ réteg** *v* **telep** *(bány)* level seam ; **~ rétegáthelyeződés** *(földt)* horizontal displacement ; **~ szétválasztás** *(tex)* horizontal separation ; **~ tagozódás** horizontal integration ; **~ talaj** *v* **terep** level ground ; **~ tehermozgású billenőgémes daru** level luffing gibcrane ; **~ (-tengelyű) bálabontó** *(tex)* Buckley/cylinder opener ; **~ tengelyű bontógép** *(tex)* (large) porcupine (cylinder) opener, large cylinder opener ; **~ vetődés** *(földt)* lateral shift ; **~ vetület** horizontal projection ; **~ vezérsík** *(rep)* (horizontal) stabilizer ; *(kötött léggömbön)* horizontal lobe ; **~ vezérsíkállító kerék** *(rep)* stabilizer-adjusting wheel ; **~ vezérsíkbeállítás** *(rep)* stabilizer setting ; **~** *(időtengelyirányú)* **visszafutás** *(távk)* horizontal retrace/flyback ; **~ vonal** level line
vízszintesés *(hidr)* surface slope
vízszintes-hurokmódszer *(vill)* horizontal loop-method
vízszintesre-állítás level(l)ing
vízszintezés levelling
vízszintező *fn* (water) level ; *(műszer)* surveyor's level ; **~ kvadráns** *(vasút)* quartering level
vízszint-ingadozási ciklus *(hidr)* cycle of fluctuation
vízszint-kiegyenlítő medence equalizing reservoir
vízszintmérő (berendezés) water ga(u)ge
vízszintmutató water-mark ; **~ csap** surface cock ; **csengőberendezéssel kapcsolt úszós ~** alarm float ; **~ mérce** level ga(u)ge ; **~ üveg** sight glass
vízszintszabályozó úszós szelep *(hidr)* float valve
vízszivárgás seepage of water
vízszivattyú water pump ; **~ vízvezetéke** pump water conduits
vízszivattyú-kenőzsír *(gépk)* water--pump grease
vízszivattyú-lapátkerék pump rotor, centrifugal impeller
vízszivattyú-tengely *(gépk)* water--pump spindle
vízszolgáltatás water delivery/supply ; **~ mérése** *(hidr)* mesurement of supply
vízszolgáltató csatorna *v* **árok** supply ditch
vízszűrő water filter
víztáplálás *(hajózó csatornáé)* feed
víztápláló berendezés feed-water make--up
víztarcs *(hajó)* bob ; **belső** *v* **külső ~ merevítőlánca** *v* **-kötele** *(hajó)* bobstay
víztárolás water storage
víztároló *mn (földt)* aquifer ; *fn* water storage tank/reservoir ; **~ medence** *(vízerőműé)* power basin ; **~ töltése** *v* **gátja** *(hidr)* reservir embankment
víztartalékok water resources

víztartalmú hydrous ; ~ **lanolin** hydrous wool fat ; ~ **réteget elhatároló vízzáró rétegek** confining beds
víztartalom water content *l még* **nedvességtartalom**
víztartalommeghatározás water content determination; *(pa)* water detection
víztartály water tank/cistern ; *(erőműé)* pond ; *(hajó oldalirányú döntésére)* heeling tank
víztartály-csille *(bány)* cissing car
víztartály-pótkocsi water trailer
víztartás : nyílt ~ drainage in the open
víztartó *(földt) fn* case ; *mn* aquiferous, water-bearing ; ~ **edény** dan ; ~ **képesség** *(talajé)* water-holding capacity ; ~ **kőzet** *v* **talaj** water-bearing soil ; ~ **réteg** water-bearing bed ; ~ **telepréteg** *(bány)* nappes
víztaszító non-wetting, water-repellent
vízteher *(hajó)* water load
vízteknő *(gépt)* water sump
víztelenít unwater, drain ; *(légvezetéket)* bleed ; *(cellulózt ; pa)* purify
víztelenítés dewatering, draining ; *(csővezetéké)* bleed(ing) ; *(pa)* draining is ; *(vegy)* dehydration, dehydrating; ~ **alagcsövezéssel** water drainage
víztelenített dried ; *vö még* **víztelenít** ; *(égetett)* burnt ; ~ **faanyag** desiccated wood
víztelenítő *fn* water separator, dehydrator ; *(légszivattyún)* eliminator ; *(gázvezetéken)* drip ; ~ **árok** (swamp) ditch ; ~ **berendezés** *(pa)* drainage ; ~ **csatorna** *(pa)* drainage channel ; ~ **csiga** *(pa)* dewatering worm ; ~ **dob** *(pa)* dewatering drum ; ~ **furat** *(rep)* drainage grommet ; ~ **henger** *(pa)* dewatering/thickening cylinder ; ~ **kamra** dewatering box ; ~ **nemez** *(pa)* pulp/draining felt ; ~ **nyílás** drain hole ; ~ **sajtó** *(bőr)* drying press ; ~ **szelep** drip valve ; ~ **táró** *(bány)* waste-water gallery ; ~ **zsilipnyílás** drain sluice
víztelenítőcső water-drain pipe
víztelenítőgép *(pa)* wet(-press) machine, decker
víztér water space ; **tűzszekrényt körülvevő** ~ water leg
víztereló *fn* water baffler
víztest *(hidr)* water body ; *(hasáb alakú ; hidr)* water prism
víztiszta *(ásv)* water
víztisztítás water purification/clarification
víztisztító: ~ **berendezés** water purifier; ~ **készülék** clarifier ; ~ **tartály** *v* **akna** septic tank
víztolattyú water gate valve
víztorony water-tower
víztölcsér *(hajó)* waterspout
víztömeg water body/mass
víztömlő water hose ; *(gépk) l* **hűtőtömlő**
víztörő : ~ **cölöpgát** *(hidr)* stockade ; ~ **gát** water breaker
víztúlnyomás water excess pressure
vízturbina hydraulic/water turbine, hydroturbine ; *l még* **turbina** ; *vö* **gőzturbina** ; **akciós** ~ impulse/action hydraulic turbine ; **állítható szárnylapátos** ~ Kaplan-type hydraulic turbine, adjustable-blade hydraulic turbine ; **álló** ~ vertical-shaft hydraulic turbine ; **fekvő** ~ horizontal-shaft hydraulic turbine ; **Francis-féle** ~ Francis turbine ; **kis esésre szerkesztett** ~ low-water turbine ; **Pelton-féle** ~ Pelton turbine ; **reakciós** ~ reaction/ overpressure hydraulic turbine ; **réstúlnyomásos** ~ reaction/overpressure hydraulic turbine ; **szárnylapátos** ~ propeller hydraulic turbine
vízturbina-hajtású water turbine-driven
vízturbinás generátor hydroelectric generator
víztükör water plane/surface ; ~ **nappali jelzése** *(rep)* channel day marking
víztükör-jelzőfény *(rep)* channel light
víztükör-küszöbfény *(rep)* channel threshold light
víztükör-szegélyjel *(rep)* channel marker
vizuális *(jelzés)* visual, visible ; ~ **fényrend** *(csill)* visual magnitude ; ~ **indikátorberendezés** visual indicator equipment ; ~ **leolvasás** visible reading ; ~ **vizsgálat** *(anyagv)* visual inspection
vízugrás hydraulic jump ; ~ **hatásfoka** efficiency of the (hydraulic) jump
vízülepítő *fn* water separator
vízütés water impact/hammer
vízüveg water-glass, sodium silicate ; ~**gel mázolt karton** *(pa)* silicated board ; ~**gel töltött szappan** silicated soap
vízüvegfesték silicate paint
vízvágat *(bány)* water entry
vízválasztó *fn* watershed, divide, ridge, water parting ; ~ **áthelyeződése** shift of divide ; ~ **hegylánc** dividing range ; ~ **vonal** divide line
vízveszteség *(zsilipen át)* gate loss
vízvételezés *(megállás nélkül ; vasút)* scooping
vízvető *(ép)* beak, rain shield ; ~ **deszka** *(ép)* weather-board ; ~ **él** *(ép)* drip edge ; ~ **lemez** *(vasút)* drip plate ; ~ **párkány** *(ép)* water table
vízvetős weathering, weathered
vízvezeték water conduit, aqueduct ; **áthidalásos** ~ aqueduct ; ~ **csövekből** *(nagy távolságra)* pipe-aqueduct
vízvezeték-berendezés water-pressure system
vízvezetéki főcső water main
vízvezetékszerelés plumbing
vízvezetékszerelő plumber
vízvezető *fn (ép)* water drip ; *mn (földt)* aquiferous ; ~ **csatorna** aqueduct ; *(hajó belsejében)* limber(s) ; ~ **cső** water piping ; ~ **csurgó** corona; ~ **lemez** *(hajó)* splashing plate ; ~ **párkányfedőkő** *(ép)* underthroating ; ~ **vályú** *(ép)* dale
vízvirágzás *(moszattömegek jelenléte)* algal bloom
vízvisszanyerés water recovery
vízvisszaverő water-repellent
vízvonal water/level/floating line ; ~ **alatt nagy férőhelyű** full-bottomed ; ~ **alatti torpedóvető készülék** depth projector ; ~ **felső határa** *(lék esetén)* margin of safety line ; **hajó** ~**ai** float lines of a boat ; **hajó** ~ **feletti oldala** top side ; **szerkesztési** ~**ak** *(hajó)* water-lines/contours
vízvonal-metszősík *(hajó)* water plane
vízvonalzott *(pa)* waterlined
vízzár water seal/trap ; *(heg)* hydraulic back-pressure valve ; **központi** ~ *(heg)* central back-pressure valve
vízzáras gázgenerátor wet-bottom gas producer
vízzáró *mn* impermeable ; *l még* **vízálló** *és* **vízmentes** ; ~ **agyagtöltés** puddle ; ~ **alapbetonréteg** tremic seal ; ~**fal** core wall ; ~ **gerenda** timber stop ; ~ **kötény** *(alapozásnál)* skirt ; ~ **léc** *(keszonnál)* caulking stick ; ~ **rakat** *(ol)* water string ; ~ **redőny** *[tűzgát zárásának fokozására]* sta(u)nching blind ; ~ **takaró a víz felőli oldalon** *(földgátnál)* upstream blanket ; ~ **válaszfal** *(hidr)* bulkhead closure
víz-zárszelence seal box
vízzárvány *[kőzetben]* interstitial water
vízzsák water pocket/bag ; *(gépk)* sediment trap *(US)*
vizsgakérdőív *(pa)* examination paper
vizsgál test, examine, investigate, assay, check ; **ismételten** ~ recheck ; **könnyű járást** ~ *(gépnél)* check for freedom
vizsgálat testing, trial, check, examination, verification, assay, investigation; *l még* **próba** ; *(geod)* adjustment ; ~ **alá vet** submit for examination ; **állami** ~ *(anyagv)* official test ; **átívelési** ~ *(vill)* flashover test ; **átütési** ~ *(vill)* breakdown test ; **átvételi** ~ acceptance test ; **beszerelés előtti** ~ *(anyagv)* preinstallation test; **csavaró** ~ *(anyagv)* torsional test ; **dinamikus** ~ *(mech)* dynamic test ; **ellenőrző** ~ *(anyagv)* check (test) ; **fárasztó** ~ *(anyagv)* repeated stress test, fatigue test ; **fékpadi** ~ *(anyagv)* bench test ; **gyári** ~ *(anyagv)* factory/production test ; **hajlító** ~ *(anyagv)* bending test ; **hatósági** ~ *(anyagv)* official test ; ~ **hideg és meleg állapotban** cold-and-hot test ; **hitelesítő** ~ *(anyagv)* calibration test; **húzó** ~ *(anyagv)* tensile test ; **jóváhagyási** ~ *(anyagv)* approval test ; **kalibrációs** ~ *(anyagv)* calibration test ; **kémpróbás** ~ arbitrary-sample testing ; **kopási** ~ *(anyagv)* wear(ing) test ; **koptató** ~ *(anyagv)* attrition test ; **laboratóriumi** ~ *(anyagv)* laboratory test ; ~ **mesterséges áramkörzavarokkal** *(rád)* circuit-disturbance test ; **nyíró** ~ *(anyagv)* shear(ing) test ; **nyugalmi** ~ *(rád)* static test ; **próbapadi** ~ bench test ; **szakító** ~ *(anyagv)* tensile test ; **sztatikus** ~ *(anyagv)* static test ; **tábori** ~ *(anyagv)* field test ; **tartós** *(anyagv)* long-term test ; **teljes léptékű** ~ *(anyagv)* full-scale test ; **tetszőleges próbavétellel végrehajtott** ~ arbitrary-sample testing ; **túlterhelési** ~ *(anyagv)* overload test ; ~ **ujjérintéssel** *(rád)* finger test ; **üresjárati** ~ *(anyagv)* no-load test ; **ütő** ~ *(anyagv)* impact test ; **üzemi** ~ *(anyagv)* service test; **vak** ~ *(anyagv)* blank test ; ~**okat végez** carry out tests
vizsgálati : ~ **adatok** test data ; ~ **adatok kiértékelése** interpretation of test data ; ~ **bizonyítvány** test certificate ; ~ **dugaszolóhüvely** *(amelybe műszerek bekapcsolhatók)* test jack ; ~ **eljárás** test procedure ; ~ **előírás** testing instructions ; ~ **eredmények** test results ; ~ **fonal** *(tex)* testing yarn ; ~ **hely** testing point ; ~ **hőmérséklet** test temperature ; ~ **jegyzőkönyv** inspection record ; ~ **minta**

eredeti hossza *(tex)* original ga(u)ge length ; ~ **módszer** testing method ; ~ **nyomás** test pressure ; ~ **próba** *(minta)* testing sample ; ~ **szint** *(távk)* test level ; ~ **vonalválasztó** *(telef)* test final selector
vizsgáló *fn* analyzer, assayer, tester, examiner ; ~ **berendezés** test set ; ~ **feszültség** *(vill)* test(ing) voltage ; ~ **helyiség** test room ; ~ **idomszer** reference ga(u)ge ; ~ **jelfogó-kefe** *(távk)* test relay/brush ; ~ **készülék** tester, testing apparatus/set ; ~ **szivattyú** *(kazán nyomásvizsgálatára)* test pump ; ~ **transzformátor** *(nagyfeszültségű)* testing transformer ; ~ **vezeték** *(távk)* third wire ; ~ **vezetékek** testing leads ; ~ **vonalválasztó** *(gép, távk)* test final selector
vizsgálóablak peephole
vizsgálóábra *(távk)* television test chart
vizsgálóakna *(gépk)* inspection pit
vizsgálóasztal *(távk)* test(ing) board/desk
vizsgálóbenzin *(normálbenzin)* precipitation naphtha
vizsgálócsap outlet cock
vizsgálóelem *(vasút)* pilot cell
vizsgálógödör *(vasút)* inspection pit
vizsgálóhüvely *(távk)* test jack
vizsgálókefe *(távk)* test wiper
vizsgálókeret *(szövethez ; tex)* perch
vizsgálókocsi *(vasút)* inspection car
vizsgálókötés *(távk)* test joint
vizsgálólyuk side hole
vizsgálónyílás observation port, access hole
vizsgálóoszlop *(távk)* test pole
vizsgálópad *(anyagv)* test bench/stand
vizsgálószonda testing probe
vizsgálótartó *(távk)* test bolt
vizsgálótekercs search coil, explorer
vizsgálóváltó *(távk)* test(ing) desk ; test(ing) board *(US)*
vizsgálóvilla *(telef)* dial testing fork
V-kötés *(heg)* vee joint
V-motor arrow engine, Vee-engine
voálfonal *(tex)* voile yarn
voálszövet *(tex)* voile fabric
vobbulátor *(rád)* wobbulator
Voith-féle anyagfelfutó *(pa)* Voith inlet
volant-henger *(tex)* fancy (roller)
volant karszalag *(tex)* fancy roller fillet
volborthit *(ásv)* volborthite
volfrám tungsten ; ~ **érintkező** tungsten contact ; ~ **(izzó)szál** tungsten filament ; ~ **tartalmú** *(ásv)* tungstenian
volfrámacél tungsten steel
volframát tungstate
volframit *(ásv)* wolframite
volfrámkarbid tungsten carbide
volfrámokker *(ásv)* *l* **tungstit**
volfrámsav tungstic acid
volfrámsavas : ~ **nátrium** sodium tungstate ; ~ **só** tungstate
volfrámtrioxid tungsten trioxide, tungstic oxide
volt *(feszültségegység)* volt ; ~**ban kifejezett feszültségesés** *(vill)* voltage drop
Volta-áram Voltaic current
Volta-hatás Volta effect, contact potential, contact e. m. f.
voltait *(ásv)* voltaite
voltaív *(vill)* electric/voltaic arc
Volta-jelenség Volta effect
voltaméter *(vill)* voltameter
voltamper *(vill)* voltampere ; ~- **és ohm-mérő** volt-ohm-milliammeter
voltamper-jelleggörbe voltampere characteristic
voltamper-mérő voltampere-meter
Volta-oszlop voltaic pile
voltmérő *(feszültségmérő)* voltmeter ; ~ **előtét-ellenállás** *(távk)* voltmeter multiplier
volt-ohmmérő volt ohmmeter
voltolizált olaj voltolized oil
voltszekundum *(vill)* weber
voltzit *(ásv)* voltzite, voltzine
volumen volume ; *(gyártási)* capacity *is*
volumetrikus volumetric
voluminőz *(pa)* bulking, bulky ; ~ **lemez** *(pa)* bulking board ; ~ **papír** *(pa)* (high-)bulking paper ; ~ **papírlemez** high-bulking board ; ~ **szürkelemez** *(pa)* grey bulk board
voluta *(ép)* volute, scroll
von draw, tow, drag ; **gyököt** ~ *(mat)* extract a root
vonal line, trace, streak, stria ; *(cipőé)* apron ; *(nyomda)* rule ; *(távk)* line ; **állandóan** ~**ra kapcsolt készülékkel dolgozó üzem** party-on-line work ; ~**ba állít** align ; **csak a sötét színképben megjelenő** ~ enhanced line ; **egy** ~**ban álló antennák** in-line antennae ; **egyenes** ~ **megbontása** *v* **megbomlása** disalignment ; ~**ak finomsága** *(hajó)* sharpness of lines ; ~ **impedanciáját módosító hálózat** *(vill)* building-out network ; ~ **keresése impulzussal működtetett szelektorral** *(telef)* action impulse ; **kétszer mért** ~ *(geod)* double-line ; **közepén díszítéssel ellátott** ~ *(nyomda)* French rule ; **mágneses elhajlás nélküli** ~ *(geod)* agonic line ; **m-betű szélességű** ~ *(nyomda)* mutton rule ; **megfordult** ~ *(szink)* reversed line ; ~ **önműködő keresése szelektor útján** *(telef)* action finding/hunting ; ~ **„szabad"-jelzése** line „clear" signal ; ~ **szélső pontja** *(vasút)* extremity ; **tisztított folt körüli** ~ *(tex)* aureole ; **üzemzáró** ~ *(hangt)* bar ; **vastag** ~ *(nyomda)* heavy rule
vonaláram line current
vonaláramkör *(távk)* line circuit
vonalas linear ; *(tex)* lined, ruled, brindled ; ~ **barkarajz** *(bőr)* long/straight grain ; ~ **dúc** *(fametszethez)* key-block ; ~ **eljárás** *(fényk)* lithotone ; ~ **keretdísz** *(nyomda)* rules round a page ; ~ **letapogatás** *(telev)* line scanning ; ~ **palásság** *(bány)* linear schistosity ; ~ **rajz** line drawing ; ~ **színkép** line spectrum ; ~ **terhelés** line load ; ~ **térkép** line map
vonalátadás *(távk)* call transfer
vonalaz rule, streak
vonalbaállítás alignment ; ~ **pontatlansága** untruth of alignment
vonalbahozás aligning, alignment
vonalbejárás *(vasút)* perambulation
vonalbejáró *(őr)* track walker
vonal-bemenőfeszültség *(távk)* sending-end voltage
vonalbiztosító *(távk)* line/link-fuse ; ~ **berendezés** *(vasút)* block signalling
vonalblokk block ; **önműködő** ~ automatic electric block system
vonalbot-tartó *(vasút)* staff bag
vonalcséve *(távk)* line transformer
vonalcsillapítás *(távk)* line attenuation
vonalcsonk *(rád)* stub line ; **tartó** ~ *(fémszigetelő ; hullámvezetéknél ; rád)* supporting stub
vonalegyensúly-átalakító line balance converter
vonalelem *(mat)* linear element
vonalellenőrző készülék *(távk)* line tester
vonalépítés *(távk)* line building/construction/installation
vonalépítő csoport construction unit gang
vonalerősítő *(távk)* line repeater
vonalfelügyelet *(távk)* patrol service
vonalfelügyelő *(közl)* line inspector ; *(távk)* line man
vonalfény-lámpa *(vill)* slit lamp
vonalfeszítő *(vill)* line stretcher/strainer/tensioner
vonalfeszültség line voltage
vonalfeszültségesés *(vill)* line drop
vonal-foglaltjel *(telef)* audible busy signal
vonalfókusz *(röntgenlámpánál)* line-focus
vonalhegesztés roller/seam welding
vonalhegesztő varrat *(heg)* seam weld
vonal-hívóáram *(távk)* line-calling current
vonalhurok-csillapításmérő *(távk)* loop decremeter
vonalhüvely *(távk)* line jack
vonal-impedancia-transzformátor *(rád)* transmission line conversion
vonalintegrál *(mat)* line integral
vonaljel *(telef)* dial tone
vonaljelfogó *(távk)* line relay
vonaljellemzők *(távk)* line constants
vonaljelzés *(távk, vasút)* through signal; *(vasút)* line signal
vonalkapcsoló : ~ **dugó** *(távk)* wander plug ; ~ **hüvely** *(távk)* line jack
vonalkapocs *(távk)* line terminal
vonalkáz line, streak, strip
vonalkázás hatch, hachure
vonalkázó készülék *(nyomda)* hatching apparatus
vonalkázott striate(d) ; **finoman** ~ pencilled
vonalkefe *(távk)* line wiper
vonalkeresés *(központban ; távk)* trunk hunting
vonalkereső *fn* *(távk)* line finder/switch/selector ; *mn* trunk-hunting
vonalkésleltetés *(távk)* line retardation
vonalkezdet *(távk)* sending-end of line
vonalkezdet-impedancia *(távk)* sending-end impedance
vonalkiegyenlítő *(távk)* line equalizer
vonalkiosztás *(távk)* alternative trunking
vonalkiszélesedés nyomás hatására *(szink)* pressure broadening
vonalkitűzés *(geod)* lining out
vonalköz spacing
vonalmegszakító *(vill)* line-breaker
vonalmenti : ~ **integrál** *(mat)* line integral ; ~ **rezonátoros részecskegyorsító** *(at)* linear-resonator accelerator; ~ **sebesség** linear speed ; ~ **terhelés** linear load
vonalnyomás *(gépt)* line/contact pressure ; *(pa)* nip/linear pressure
vonaloldali *(távk)* lineside
vonalozott : ~ **felület** rule(d) surface ; ~ **papír** rule paper
vonalőr flagman
vonalörvény line vortex

vonalrendező állvány *(távk)* main distributing frame
vonalrendszer *(hangt)* stave
vonalsebesség *(telev)* linear speed
vonalsorozat series of lines, array
vonalszakadás *(távk)* line break; ~ **helyének megállapítása** localization of disturbance
vonalszakasz span; *(vasút)* block section
vonalszerelvények *(távk)* line plant/equipment
vonalszikraköz *(vill)* line gap
vonalszinkronizmus-tartás *(távk)* horizontal hold
vonalszűrő *(vonalváltó; távk)* line filter
vonaltáplálás line feed
vonaltelep *(táv)* main battery
vonaltoldalék *(távk)* pad(ding)
vonaltoldalékos kapcsolás *(távk)* pad switching
vonaltorzítás *(távk)* line distortion
vonaltorzulás *(telef)* fortuitous distortion
vonalutánzat *(távk)* balancing network
vonalválasztás *(telef)* selection
vonalválasztó *fn* *(telef)* line/final selector/switch; ~ **berendezés** *(telef)* intercommutation plant; ~ **kapcsolója** selector key; ~ **rendszer lépcsős felépítése** grading
vonalválasztós készülék *(telef)* speaking/operator's set
vonalváltó line-commutator, intercommunication switch
vonalvédelem *(távk)* line protection
vonalvédő *(távk)* line protector/arrester
vonalvég line end
vonalvégállomás terminal
vonalveszteség line loss
vonalvevő gép *(távk)* receiver-end of line
vonalvezeték line wire
vonalvezetés tracing; *(geod)* lay of line; ~ **átalakítása** *(átépítéskor)* realignment
vonalvizsgáló *(távk)* lineman; ~ **és felügyeleti asztal** *(távk)* wire chief's desk; ~ **kocsi** *(vasút)* inspection car; ~ **választó** *(telefonközpontban)* test selector
vonalzaj *(távk)* circuit/line noise
vonalzatlan *(pa)* plain
vonalzó rule(r), bar; *(munkás; pa)* ruling-man; ~ **éle** tracer edge; **eltérítést jelző** ~ *(rep)* drift bar; **távcsöves** ~ *(geod)* alidade rule
vonalzógép *(pa)* machine for ruling, ruling/rule machine
vonalzott *(pa)* ruled; ~ **papír** ruled/lined/linear paper
vonás *(vonal)* dash, streak, stripe; *(húzás:)* traction, draft, haul; *(1/6400 kör; mat)* angular mil; *(távk)* dash
vonásbeosztás division, graduation
vonásjel *(Morse)* dash
vonás-jeltér *(műszerrepülésnél)* dash sector
vonás-térjel *(rep)* dash signal
vonat train; ~ **beérkezése** dropping in; ~ **kitolatása a beérkezési állomáson** backing out; ~**ok megelőzése** passing of trains; ~ **összeállítása** car spotting; ~**ot vezet** run a train
vonatba-rakodás entrainment
vonatbefolyásoló berendezés érintkezősaruja ramp shoe
vonatbot *(vasút)* train staff
vonatbotrendszer *(biztosító berendezés)* train-staff system
vonatbuktató trip dumper
vonatelemző készülék *(vasút)* train describer
vonat-előjelentő készülék approach indicator
vonatengedélyt kér offer a train
vonatfeltartás stoppage
vonatindulás setting-off the train
vonatirányító vevőkészülék *(vasút)* train control receiver
vonatjelentő készülék *(vasút)* train describer
vonatjelző távíró vonal *(vasút)* train-signalling line
vonatkísérő *(bány)* run/set rider; ~ **csapat** train crew
vonatkozás relation(ship), reference
vonatkozási: ~ **áramkör** *(vill, táv)* reference circuit; ~ **hálózat** *(geod)* grid of reference; ~ **helyzet** *(geod)* reference position; ~ **indító impulzus** *(vill)* reference trigger pulse; ~ **pont** *(geod)* reference centre; ~ **rendszer** *(geod)* system of reference; ~ **sík** *(geod)* reference plane; ~ **szárnymetszet** *(rep)* reference section; ~ **szferoid** *(földt)* spheroid of reference; ~ **szín** reference colo(u)r; ~ **szint** reference horizon; ~ **szög** reference angle; ~ **tengely** *(mat)* reference axis; ~ **vonal** *(geod)* reference line
vonatkozik refer, relate, apply
vonatkozó relative, respective
vonatkoztat relate, refer; *(mat)* reduce *is*
vonatkoztató: ~ **alapsík** *(geod)* O--datum, zero datum; ~ **elektród** reference electrode; ~ **fény** basic stimulus; ~ **jel** reference mark; ~ **szint** reference level
vonatkövetést szabályozó hely *[térköz]* block post
vonatközlekedési sínáramkör approach circuit
vonatközlekedést jelző készülék approach indicator
vonatmegállítás detention
vonatösszeállítás forming a train
vonatösszeállító *(vasút)* former; ~ **berendezés** *(bány)* tripmaker
vonatösszeköttetés railway junction
vonatrendezés spotting trip
vonatszakadás cut of cars
vonatszemélyzet train crew
vonattalálkozás *(vasút)* train meeting
vonatterhelés *(beleértve a kocsik súlyát is)* traction load; *(hídép)* load train
vonattologató *(bány, vasút)* trip feeder
vonatvezető *fn* trainmaster, conductor
vonatvezetői fékezőszelep *(vasút)* guard's valve
vonatvilágítási rendszer *(vasút)* train--lighting system
vonó *fn* tractor; *mn* tractive; ~ **berendezés** drawing device; **gömbcsuklós** ~ **szerkezet** *(gépk)* ball and socket type trailer coupling/connection; **horgos** ~ **szerkezet** *(gépk)* hook type trailer coupling/connection; ~ **képesség** *(emelőé)* luffability; ~ **készülék** drawgear; *(vasút)* draft gear; ~ **készülékek** *(pótkocsi vontatáshoz; gépk)* trailer attachments; ~ **légcsavar** tractor airscrew; **pofás** ~ **szerkezet** *(gépk)* jaw type trailer coupling/connection; ~ **sorompó** drawbarrier; ~ **szerkezet** hauling apparatus; *(pótkocsi vontatásához; gépk)* trailer coupling/connection; ~ **taliga** tongue truck; ~ **teljesítmény** tractive power; *(hajóé, vontatókötélen mérve)* towrope horsepower; *(légcsavaré:)* thrust horsepower; ~ **vezeték** *(karosjelzőhöz; vasút)* back wire
vonócsavar *(gépt)* draw spindle
vonócsavarorsós mozgató *(tex)* motion screw
vonóerő tractive/pull force; *(járműé:)* hauling capacity; *(futókeréken; gépk)* tractive effort; *(vonórúdon mért; gépk)* draw-bar pull; *(légcsavaré; rep)* thrust; ~ **hatásvonala** *(rep)* line of thrust; ~ **nélküli légcsavar-állásszög** *(rep)* zero-thrust pitch; ~ **támadási pontja** *(rep)* centre of thrust; **tengelyirányú** ~ *(rep)* axial thrust; **vonórúdon mért** ~ drawbar pull
vonóerő-diagram *[légcsavaré]* thrust curve
vonóerőkülönbség-mérő differential draught gauge
vonóerőmérő *(rep)* thrust meter; ~ **eszköz** *(forg)* traction dynamometer
vonóerőtényező *(hajtóműé; rep)* thrust coefficient
vonófej pull/draw head
vonófék pulling brake
vonófülecs pulling lug
vonóháló drag, spiller, flue; **hosszú** ~ seine
vonóhatás draft effect
vonóhenger pulling cylinder; *(heng)* tongue
vonóhorog drawhook, drag hook
vonóhorogkészlet *(horgászkészlet)* hauler
vonóhoroglemez *(vasút)* follower
vonóhorogszerelvény *(vasút)* hook fitting
vonóhorogvezeték drawhook guide
vonóíves: ~ **fúró** fiddle drill; ~ **kar** fiddle-bow brace
vonókerék *(mozdonyon)* traction wheel
vonókés coopers'/carpenters' drawing knife; ~**sel kapar** *(fa)* scrape
vonókötél hauling/pulling rope; *(bány)* tripping rope; *(csapóhídon)* outhaul cable; *(végtelen kötelű csillevontatáshoz; bány)* tarm rope
vonóköteles: ~ **csapóhíd** cable lift bascule; ~ **függőpálya** rope-hauled suspension railway; ~ **vontatás** rope haulage
vonókötélmarkoló csille grip car
vonókötélszorító pulling-rope clamp
vonólánc pull/drag chain
vonóláncszorító *(bány)* haulage clip
vonólégcsavaros repülőgép tractor aircraft
vonólöket pull stroke
vonómérő *(éllel párhuzamos vonalak jelölésére)* marking ga(u)ge; **vasalt** ~ marking ga(u)ge
vonómű pulling mechanism
vonóorsó *(forg)* feed shaft/bar/rod
vonópengegyalu scraper plane
vonórúd drawbar, pull/tension bar/rod; *(hídon, kazánon)* stay, tie; *(gépk)* draw bar, coupling rod; *(mzg)* tongue *is*; *(vasút)* tie rod, drawrod; **függőleges** ~ down rod; ~ **összekötő hevedere** *v* **hüvelye** *(ép)* tie block

vonórúdállító anya pull-rod adjusting nut
vonórudas boltozat *(ép)* grappled vault
vonórúdcsapszeg drawbar pin
vonórúdfej stay/pitman head ; *(vasút)* drawhead
vonórúdház drawbar pocket
vonórúdhorog drawbar hook
vonórúdkötés drawbar sleeve joint
vonórúd-teljesítmény *(LE-ben)* drawbar horse-power
vonórúdterhelés drawbar load
vonórúdvezető karmantyú drawbar guide sleeve
vonórugó drag spring
vonórugótámasztó lemez *(vasút)* pressure washer
vonóshangszerek strings
vonósmérték carpenter's ga(u)ge ; *(munkadarab pontmagasságainak mérésére)* surface ga(u)ge
vonóvas *(ép)* (reaction) tie
vonóvasas : ~ **híd** bow bridge ; ~ **ív** *(hídon)* sled arch ; ~ **ívhíd** tied-arch bridge ; ~ **rácsostartó** *(hídon)* bow truss; ~ **tartó** *(hídon)* bow girder
vonóveder pull-shovel
vonszolóláncos szalag *(bány)* trough chain conveyer
vonszolólemez *(kézi rakodású szénszállításra a frontról ; bány)* scow ; ~ **kötéltárcsája** *(bány)* scow bull wheel
vonszolólemezes művelés *(bány)* scow mining
vonszolópad *(heng)* pull-over
vonszolótárcsás szállító button rope conveyor
vonszoló ürítő *(emelőn)* unloading plow
vonszolóvilla catch fork
vonszolt henger *(nem hajtott)* drag roll
vontat haul, tow, trail ; **fenékhálóval** ~ *(hajó)* drag ; **hangárba** ~ *(rep)* bring in
vontatás traction, towing, pull, haulage, hauling ; **akkumulátoros** ~ *(bány)* battery traction ; ~ **állati erővel** animal traction ; **csillék ~a** car haul ; **Diesel-hidraulikus** ~ *(vasút)* diesel-hydraulic traction ; **Diesel-mechanikus** ~ *(vasút)* diesel-mechanical traction ; **Diesel-villamos** ~ *(vasút)* diesel-electric traction ; ~ **egy kötéllággal** *(bány)* haulage with single-rope ; **gőzüzemű** ~ *(vasút)* steam traction ; ~ **húzó és visszatartó kötéllel** *(bány)* tail-rope haulage ; **~t jelző kivilágítható háromszögtábla** *(gépk)* triangular trailer (warning) light ; **közvetlen** ~ *(bány)* direct haulage ; ~ **nyitott kötéllel** *(bány)* haulage with open rope ; **villamos** ~ *(vasút)* electric traction
vontatási : ~ **áramkör** traction circuit ; **~ ellenállás** *(gépk)* tractive resistance; *(rep)* tow resistance/drag ; ~ **feszültség** *(bány)* haulage voltage ; ~ **menetirányító** *(vasút)* engine dispatcher; ~ **súly** hauling weight ; ~ **szolgálat** hauling service ; ~ **teljesítmény** tractive power ; ~ **vonal** traction line
vontatmány trail(er) ; *(hajó)* tow
vontató *fn* tractor, tug ; *(gépk)* prime mover *is ;* ~ **akkumulátor** traction battery ; ~ **berendezés** hauling apparatus ; ~ **emelődaru** tugger hoist ; **hidrodinamikai ~medence** towing basin/channel ; ~ **képesség** hauling capacity ; **motoros** ~ drive truck ; **nyerges** ~ *(gépk)* semi-trailer tractor; **nyerges** ~ **tehergépkocsi** *(motorkocsi)* tractor-truck, prime mover
vontatógép *l* **vontató**
vontatógőzös steam tug
vontatóhajó tug ; ~ **lámpajelzése** towing lights
vontatókábel tow cable
vontatókocsi *(gépk)* recovery vehicle
vontatókötél tow rope/line/cable ; *(bány)* load/trailing cable ; *(gépk)* tow-rope, drag rope ; *(hajó)* hawser, warp
vontatólánc haulage/hauling chain
vontatómunkás haulageman, hauler
vontatórúd *l* **vonórúd**
vontatott *[tehergépkocsi]* trailing ; ~ **cél** tow target ; ~ **célzsák** trail bag ; ~ **háló** drift-net ; ~ **kocsi** trailer ; ~ **munkagép** *(mzg)* operation trailer ; ~ **teher** traction load
vontatóút haulageway
vontatóvágány feeder line
vontatóvitla *(bány)* haulage gear
vonul *(földt)* trend, bear
vonulat *(földt)* trend, suite, strate
vonuló : ~ **anticiklon** *(met)* migratory anticyclone ; ~ **depresszió** *(met)* travel(l)ing depression
vonz attract, draw
vonzás attraction ; **mágneses** ~ magnetic pull ; **molekuláris** ~ cohesive attraction
vonzási erő attractive force
vonzáskörzet *(városépítés)* attractive sphere
vonzásterület *(városépítés)* attractive area
vonzóerő *(mech)* attractive/attraction force
vonzóhatás *(mech)* attractive effect
vorhauserit *(ásv)* vorhauserite
vortrap *(pa)* vortrap
vödör *l* **veder**
völgy valley, shade ; *(karsztban)* sink-hole ; **antecedens** ~ antecedent valley ; **~ felé** downhill ; **kis** ~ *(földt)* drive ; **(kis) mély** ~ dingle ; **kis zárt** ~ dell ; **konkordáns** ~ accordant valley ; **rétegdőléssel ellenkező irányú** ~ discordant valley ; **rétegdőléssel megegyező lejtésű** ~ accordant valley; **szűk** ~ coom(b), glen, gole ; **szűk, erdős** ~ dean ; **tektonikus** ~ **tengelye** axis of trough ; **zárt** ~ blind valley
völgyáram *(vill)* valley current
völgyáthidalás viaduct
völgyelés *(pa)* scoring, grooving
völgyelőgép *(pa)* grooving machine
völgyelőgyalu round (rabbet) plane
völgyfenék valley floor
völgyhíd viaduct ; ~ **nyílása** tower span
völgykatlan cuphole
völgylanka dale
völgymedence *(nyitott)* apron-wall
völgymenet downhill run
völgyoldalak visszahúzódása *(földt)* retreat of valley sides
völgyoldali zsilip *(hidr)* undersluice
völgysíkság strath
völgyszakadék *(hosszú)* hanging gallery
völgyszél valley breeze
völgyszoros guich(e)
völgyszurdok dalle(s)
völgytalp sole
völgyterasz terrace
völgytorok gorge
völgyút *(hidr)* t(h)alweg
völgyvonal water-course
völgyzáró gát barrage ; ~ **helye** dam-site
völknerit *(ásv)* *l* **hidrotalkit**
vörös : ~ **cinkérc** *l* **cinkit** ; ~ **csíkozatú** *(fa)* red-striped ; ~ **csillám** *(távk, vill)* ruby mica ; ~ **ezüstérc** *(ásv)* red silver ore ; ~ **fekvő** *(földt)* Rothliegendes ; ~ **foszfor** red phosphorus ; ~ **higanyjodid** *l* **merkurijodid** ; **~ön inneni** infra-red ; **~en izzó** red hot ; ~ **jelzőlámpa** *(vonat végén)* marker ; ~ **kréta** *(rőtli)* keel ; ~ **nikkelérc** *(ásv)* *l* **nikkelin** ; ~ **okker** Venetian red ; ~ **ólomérc** *(ásv)* *l* **krokoit** ; ~ **rézérc** *(ásv)* red copper ore, cuprite ; ~ **vasérc** *(ásv)* *l* **hematit** ; ~ **vaskobak** *(ásv)* kidney ore ; ~ **vaskő** *(ásv)* red iron ore ; ~ **vasoxid** *(festék)* red oxide (of iron) ; *(bólusz)* bole ; ~ **vérlúgsó** red prussiate of potash, potassium ferricyanide
vörösarany red gold
vörösbarna foltosság *(fa)* foxiness
vörösbél *(fa)* red heart
vörösbor *(élip)* red wine ; *(bordói)* claret
vöröscserzés *(bőr)* bark tanning
vöröscserzésű marhabőr bark side leather
vörös-eltolódás *(szink)* space reddening; *(csillagrendszerek színképében ; csill)* red-shift (of nebulae)
vöröses ruddy ; ~ **csík** *(fa)* red stripe
vörösesbarna tawny ; ~ **bőrfoltok** *v* **rothadási foltok** *(bőr)* leather rot ; ~ **elszíneződés** *(fa)* foxiness ; ~ **földfesték** terra umber ; ~ **rothadási foltok** *(nyersbőrön)* rotten spots
vörösfa Brazil wood, red dye-wood
vörösfoltos nyersgyapot foxy colo(u)r cotton
vörösföld *(ásv)* *l* **terra rossa**
vörösiszap red mud
vörösizzás-álló stable at red heat
vörösizzási : ~ **törékeny** *(koh)* red-short ; ~ **törékenység** *(koh)* red-shortness
vörös-komponens-jel red-colo(u)r component signal
vöröskorhadásos *(fa)* red rot
vörösmeleg *[vasé]* red-heat
vörösöntvény red brass
vörösréz (red/pure) copper ; *l még* **réz(-)** ; ~ **burkolás** *(fahajó fapalánkolásán)* copper sheathing ; ~ **lemez** copper plate, sheet copper ; ~ **szalag** copper strip
vörösrézlemez-fenékburkolat *(fahajón)* copper bottom
vöröstörékeny *(koh)* red-short
vöröstörékenység *(koh)* red-shortness
vörösvonalas terv *(városépítés)* arrangement plan
vrbait *(ásv)* vrbaite
V-serleges szállítómű V-bucket conveyor
V-sugár-rendszer *(radar)* V-beam system
vulkán volcano ; *l még* **tűzhányó** ; ~ **maradványai** basal wreck of volcano ; ~ **torka** *v* **krátere** throat
vulkáncsatorna *(földt)* conduit of the volcano
vulkánfíber (vulcan(ized)/hard) fibre/fiber ; ~ **alappapír** base paper for vulcanized fibre ; ~ **lemez** vulcanized

board ; ~ **nyerspapír** vulcanized fibre body paper ; ~ **papír** vulcanized paper
vulkánfíbergép *(pa)* machine for vulcanized fibre
vulkánfíber-utánzat semivulcanized board
vulkani(kus) volcanic ; ~ **breccsa** volcanic/explosion breccia ; ~ **ciklus** volcanic sequence ; ~ **csatorna** volcanic chimney ; ~ **(dagadó)kúp** volcanic dome ; ~ **erupciók** *v* **kitörések** volcanic eruptions ; ~ **földrengés** volcanic earthquake ; ~ **hamu** volcanic ash, scoria ; ~ **hamulerakódás** scoria(e) moraine ; ~ **hólyagos tufa** *(a lávafolyamban)* volcanic blister ; ~ **iszap** *(hamu víz alatti lerakódása)* volcanic mud ; ~ **jelenségek** volcanism; ~ **kitörések** volcanic effusions ; ~ **konglomerátum** volcanic conglomerate ; ~ **kőtömbök** *v* **bombák** volcanic bombs ; ~ **kőzetek** pyrogenic/extrusive rocks ; ~ **kőzetek oldódása és magmásodása** anatexis ; ~ **kúp** volcanic butte/vent ; ~ **kúp ledobása** *(kitörésnél)* decapitation ; ~ **kürtő** crater vent ; *(kőzettel kitöltve:)* neck ; ~ **salak** scoria(e) ; ~ **süppedés** external collapse ; ~ **tó** crater lake ; ~ **törmelékes kőzetek** athrogene rocks ; ~ **tufa** volcanic tuff ; ~ **tű** volcanic obelisc
vulkánismeret volcanology
vulkanit vulcanite
vulkanizál vulcanize, cure
vulkanizálás vulcanizing, vulcanization, cure, curing ; *(gumit fémre)* bonding; **elégtelen** ~ semi-vulcanization ; ~ **foka** state of cure ; ~ **forró levegővel** dry heat cure/vulcanization ; ~ **gőzzel** steam cure ; **hideg** ~ **kénklorürrel** acid/cold cure ; ~ **kéngőzben** vapour cure ; ~ **melegvízfürdőben** heating in water bath ; **nagyfrekvenciás** ~ high--frequency curing ; ~ **nyomás alatt** *(formában)* mould cure ; ~ **nyomás nélkül** open cure ; ~ **rádióhullámokkal** radio heating ; ~ **szabad gőzben** open-steam cure ; ~ **üstben** pan vulcanization ; ~ **villamos hullámokkal** electronic heating
vulkanizálási mag curing core
vulkanizálatlan uncured
vulkanizáló *(készülék)* vulcanizer ; *(anyag)* curative ; ~ **helyiség** *v* **szekrény** curing chamber
vulkanizálócső mandrel, mandril
vulkanizálódás : korai ~ scorch
vulkanizálóforma futófelület-javításhoz recapper
vulkanizáló formaüreg daylight
vulkanizálókatlan *v* **-tepsi** vulcanizing pan
vulkanizálókazán curing vessel
vulkanizálóprés vulcanization press
vulkanizálószer curing agent
vulkanizálótömlő air/cure bag ; ~ **elhelyezése a köpenyben** bagging ; ~ **kivétele a köpenyből** debagging ; ~ **magja** air-bag base
vulkanizálótömlő-érdesítő gép air buffer
vulkanizált : ~ **fíber** *l* **vulkánfíber** ; ~ **gumiszigetelésű kábel** vulcanized rubber cable ; ~ **kaucsuk** vulcanized rubber ; ~ **latex** vultex ; ~ **papír** vulcanized paper ; ~ **varrat** vulcanized joint
vulkanizmus *(földt)* volcanism
vulkánkitörés eruption
Vulkán-lánccsőkulcs Vulcan chain pipe wrench
vulkanológia volcanology
vulkántorok volcanic neck/throat
vulkánüveg *(kőz)* volcanic glass
vulpinit *(ásv)* vulpinite
V-varrat *(heg)* single V-butt joint ; **fél** ~ **vájatszöge** bevel angle

W

wabanaérc *(ásv)* Wabana ore
wad *(ásv)* *l* **mangánhab**
Wagner-féle kalapács-szaggató Wagner's interrupter
Wagner-föld *(távk)* Wagner ground/earth
wagnerit *(ásv)* wagnerite
W-alakban elhelyezett hengerek fan-like arranged cylinders, double-V-bank cylinders
W-alakú motor fan-type engine
wallerian *(ásv)* wallerian
walpurgin *(ásv)* walpurgite
waluewit *(ásv)* waluewite
wardit *(ásv)* wardite
Ward-Leonard-hajtás *(vill)* Ward-Leonard drive
Ward-Leonard-rendszer *(vill)* Ward-Leonard system
Ward-Leonard-szabályozás Ward-Leonard control
Warren-féle rácsos tartó Warren girder
warrenit *(ásv)* warrenite
Warren-típusú borda Warren-type rib
warthait *(ásv)* warthaite
warwickit *(ásv)* warwickite
water-fonal *(tex)* water thread/twist
water-fonógép *(tex)* ring-spinning frame
watt *(vill)* watt ; **~ nélküli áram** reactive/wattless current ; **~ nélküli energia** *(vill)* reactive energy ; **~ nélküli összetevő** *(vill)* reactive/wattless component ; **~ nélküli teljesítmény** *(vill)* reactive/wattless power
wattbeosztású *[skála]* graduated in wats
wattérték *(vill)* wattage
Watt-féle mechanizmus *(gőzgéphez)* Watt's parallel motion
watt-komponens active/wattous component
wattmérő *(vill)* wattmeter
wattméter *l* **wattmérő**
wattóra *(vill)* watt-hour
wattóra-hatásfok watt-hous efficiency
wattóra-kapacitás *(vill)* watt-hour capacity (of a cell)
wattóra-számláló watt-hour meter
wattos : ~ áram wattous/active current ; **~ összetevő** wattous/active component
watt-összetevő wattous component
Watt-regulátor Watt's governor
wattrelé overload relay
wattszám wattage
watt-teljesítmény *(vill)* wattage
wavellit *(ásv)* wavellite
W. C. water closet
W. C.-csésze szifon-rekesze afterflush compartment
W. C.-öblítőtartály service box
Weber-Fechner-törvény Weber-Fechner law
webnerit *(ásv)* *l* **sundtit**
webskyit *(ásv)* webskyite
weekendház week-end house ; **vontatható ~** week-end trailer, caravan
Wehnelt-henger *(vill)* Wehnelt cylinder
wehrlit *(ásv)* wehrlite
weibullit *(ásv)* weibullite
Welden-iszap foxy batch
wellsit *(ásv)* wellsite
wenlocki emelet *(földt)* Wenlock stage
werfeni emelet *(földt)* Werfenian stage
wernerit *(ásv)* wernerite
Wertheim-zár cash-box lock
Western-hangszóró *(mozitípus)* Western-type loudspeaker
westfáliai emelet *(földt)* Westphalian stage
Westinghouse-fék Westinghouse brake
Weston-elem *(vill)* Weston cell
Whatman-féle papír Whatman's paper
Wheatstone-féle távírókészülék abc-s szerkezete ABC instrument
Wheatstone-híd *(vill)* Wheatstone/resistance bridge ; *(dugaszolós:)* Post-Office bridge, P. O.-bridge
wheewellit *(ásv)* wheewellite
Whitney-ék *(gépt)* Whitney key
whitneyit *(ásv)* whitneyite
Whitworth-csőmenet British pipe thread
Whitworth-féle sebességváltó Whitworth's variable speed gear
Whitworth-finommenet British fine thread, B. S. F. thread
Whitworth-gázmenet British pipe thread
Whitworth-menet Whitworth thread
Wickmann-biztosító *(távk)* *l* **üvegcsöves biztosító**
widia tungsten carbide
Wien-féle : ~ hőmérséklet *(fényt)* brightness temperature ; **~ törvény** Wien's law, displacement law
Wien-híd *(távk)* Wien bridge
willemit *(ásv)* willemite
Willesden-papíráru Willesden goods
williamsit *(ásv)* williamsite
wilsonit *(ásv)* wilsonite
Wilson-kamra *(at)* Wilson (cloud) chamber
Wilton-szőnyeg Wilton carpet
wiluit *(ásv)* *l* **vezuvián**
winchit *(ásv)* *l* **tremolit**
Windom-antenna Windom aerial/antenna
winklerit *(ásv)* winklerite
withamit *(ásv)* withamite
witherit *(ásv)* witherite
wittichenit *(ásv)* wittich(en)ite
wittit *(ásv)* wittite
Wolf-féle (napfolt)számok *(csill)* Wolf numbers
wolfram *l* **volfrám**
wolfsbergit *(ásv)* wolfsbergite
wollastonit *(ásv)* wollastonite, tabular/table spar
wolnyn *(ásv)* wolnyn
Wood-fém(ötvözet) Wood's alloy/metal
Woodruff-féle : ~ ékhoronymaró Woodruff key cutter ; **~ (íves) retesz** *(gépt)* Woodruff key
wöhlerit *(ásv)* wöhlerite
wörthit *(ásv)* *l* **sillimanit**
W-szárny *(rep)* double-cranked wing
W-tartó *(ép)* W-girder
wulfenit *(ásv)* wulfenite
Wulf-féle üveg Woolfe bottle
wurtzit *(ásv)* wurtzite
würmi eljegesedés *(földt)* Wurmian stage

X

x-alakú *(varrat)* double-vee ; **~ hegesztési varrat** double-vee butt joint/weld ; **~ ikerkristályok** X-shaped twins
xanthidrol xanthydrol
xantit *(ásv)* xanthite
xantofill *(vegy)* xanthophyll
xantofillit *(ásv)* xanthophyllite
xantogenál *(vegy)* xanth(ogen)ate
xantogenálás *(tex)* forming the cellulose xanthate, xanthation
xantogenát *(vegy)* xanth(ogen)ate
xantogenát-érlelő helyiség *(tex)* churn room
xantogénsav xanth(ogen)ic/ethylxanthogenic/ethoxydithioformic acid
xantokon *(ásv)* *l* **rittingerit**
xantoprotein-reakció xanthoproteic reaction
xantosziderit *(ásv)* xanthosiderite
xenilamin xenylamine, phenylamidine
xenoblaszt szerkezet *(ásv)* xenoblast texture
xenol xenol
xenolit *(ásv)* accidental inclusion ; *l* **sillimanit**
xenomorf *(ásv)* xenomorphic
xenon xenon ; **~ tartalmú** *(ásv)* xenonian
xenotim *(ásv)* xenotime
xerográf *(telev)* corona spray apparatus
xerográfia xerography
xerolemez *(fényk)* xeroplate
x-es tag *(mat)* term of *x*
x-fiókos váltóláda *(tex)* x-chambered shuttle box
x-fogazású vetülékvilla *(tex)* X-pronged weft fork
x-fonalas atlasz *(tex)* sateen with x shafts
x-hajós épület *(ép)* x-bayed building
xifonit *(ásv)* xiphonite
xilán *(faanyagban)* xylane
xilém *(fa)* xylem ; **~ bélsugara** *(fa)* xylem ray ; **elsődleges ~** *(fa)* primary xylem ; **másodlagos ~** secondary xylem
xilidin xylidine, aminoxylene
xilit xylitol
xilol *(vegy)* xylene ; **technikai ~** industrial xylene, xylol, solvent naphtha
xiloldiszulfosav xylene disulfonic acid
xilolpézsma xylene musk
xilométer *(fafajsúlymérő)* xylometer
xilonsav xylonic acid
xilotil *(ásv)* xylotile, xylite
xilotómia *(fa)* xylotomy
xilóz xylose
X-metszésű kristály curie-cut crystal, X-cut crystal
X-metszet *(kvarckristályon)* zero-angle cut, X-cut
X-motor X-engine
X-nyüstös kötés *(tex)* weave with x ends
xonotlit *(ásv)* xonotlite
X-sáv *(rád)* X-band
x-soros befűzés *(tex)* x-line draft/pass
X-sugár *l* **röntgensugár**
X-sugaras *l* **röntgen(sugaras)**
x-szeres szövet cloth with x folds
X-tag *(távk)* lattice network/section
x-tengely *(mat)* X-axis, axis of abscissae
X-varrat double V-butt joint

Y

Yagi-antenna Yagi antenna/array
Y-alakú wye ; **~ alagcső** Y-drain ; **~ dúc** *(rep)* Y-strut ; **~ lefolyócső** *(idomdarab)* Y-drain ; **~ motor** Y-engine
Yates-ütőszerkezet *(tex)* Yates pick
Y-cső *(nadrágcső)* Y-pipe, breeches piece, twin-elbow fitting
Y-metszet *(kvarckristályon)* Y-cut
Y-mintájú (kettős) porlasztó *(gépk)* Y-model carburettor
Young-modulusz Young's modulus (of elasticity)
yprézi emelet *(földt)* Ypresian stage, Londinian stage
yrneh *(vill)* yrneh, inverse Henry (unit)
Y-tag *(távk)* bridged-Tnetwork/section
y-tengely *(mat)* Y-axis, axis of ordinates ; **~ körüli nyomaték** moment around Y

Z

zabdara groats, oatmeal
zabkása stirabout
zabkorpa oatfeed
zabla bit, bridle
zabliszt oatmeal
zabmaláta oat malt
zabpehely flaked/rolled oat
zabpehelygyúró henger roller flaking mill
zabtöretosztályozó *(élip)* apron machine
zacskó bolter, bag
zacskógép *(pa)* bag machine
zacskókasírozó papír bag-liner paper
zacskópapír tips paper, cap (bag) paper, blanket bag-paper, paper for bags
zafír *(ásv)* sapphire
zafírkvarc *(ékkő; ásv)* sapphire quartz, siderite
zafírtű *(gramofonhoz)* sapphire stylus/needle
zagy *(bány)* (ore) pulp, slurry, sludge, slime ; **~a besűrítőben** thickener sludge zone ; **flotáció utáni ~** cleaner tailings
zagyárok *(bány)* trough
zagypróba *(bány)* pulp assay
zagysűrítés *(bány)* pulp thickening
zagysűrítő *(bány)* pulp thickener
zagyszita *(bány)* showering sieve
zagyszivattyú : flotációs ~ slurry-and--tailing pump
zagytartály pulp reservoir
zagyülepítés *(bány)* pulp settling
zaj noise, clutter, unpitched sound ; **áramköri ~** circuit noise ; **~ elleni védekezés** noise abatement ; *l még* **zajcsökkentés** *és* **zajvédelem ; süketítő ~** acoustic dazzle ; **televíziós ~** visible noise
zajamplitúdó noise amplitude
zajártalmi nagyothallás stimulation deafness
zajártalom acoustic trauma ; **~ra érzékeny fül** noise-susceptible ear
zaj-aszimmetriamérő *(rád)* disturbing unbalance measuring set
zajátvezetés cross transmission
zaj-audiogram noise audiogram
zajcsapda noise trap
zajcsökkentés noise reduction/abatement
zajcsökkentő : ~ antenna noise-reducing antenna ; **~ berendezés** *(rád)* anti--noise device ; **~ cső** *(rád)* muting valve ; **~ kapcsolás** *(rád)* static eliminator/suppressor ; **~ kód** *(távk)* noise-reducing code ; **~ nemez** *(karosszériában ; gépk)* anti-squeak packing felt
zajdióda *(rád)* noise diode
zajegyenértékű : ~ feszültség *(rád)* noise-equivalent voltage ; **~ hangnyomás** equivalent noise pressure
zaj-egység *(távk)* noise unit
zajelnyomó (rendszer) *(rád)* muting/quieting/squetch system, tuning silencer, noise suppressor
zajeloszlási görbe *(rád)* noise pattern
zajerősségmérő acoustimeter
zajfeszültség noise voltage
zajforrás noise source
zajgerjesztés *(rád)* noise induction
zajhőmérséklet noise temperature
zajképvizsgálat *(rád)* noise survey
zajkompenzáló áramkör *(rád)* noise--balancing circuit
zajkorlátozó *(rád)* X-stopper
zajmentes noiseless, silent, sound-proof; **~ csatorna** *(távk)* noiseless channel ; **~ hangerőszabályozás** *(rád)* muting control ; **~ hangfelvétel** noiseless recording ; **~ helyiség** sound-quiet room ; **~ járás** *(gépé)* silent running ; **~ műsorpapír** silent programme-paper ; **~ tömítés** silent packing
zajmentesítés noise suppression
zajmentesítő *mn* anti-noise ; *l még* **zajcsökkentő**
zajmérő *(hangt)* acoustimeter ; *[nem pszofométer ; rád]* noise/sound (level) meter, noise-measuring set
zajmodulálódás *(rád)* noise modulation
zajmodulált *(rád)* noise-modulated
zajos noisy ; **~ csatorna** *(távk)* noisy channel ; **~ erjedés** *(élip)* violent/primary fermentation, fretting ; **~ ív** *(vill)* noisy arc
zajszínkép *(hangt)* noise spectrum
zajszint noise level ; **megengedhető ~** acceptable noise level
zajszintmérés *(rád)* noise measurement
zajszintmérő noise/sound level meter ; **~ hallás útján való összehasonlítással** subjective noise-meter
zajszűrő noise filter/limiter/suppressor ; *(tűhöz)* scratch filter ; **~ kondenzátor** *(távbeszélő készülékben)* telephone capacitor
zajtalan noiseless, quiet ; **~ erősítésszabályozás** *(önműködő ; rád)* quiet automatic gain control ; **~ fogaskerékhajtás** silent gear drive ; **~ fogaskerékkapcsolódás** silent (gear) mesh ; **~ hangolás** *(rád)* quiet tuning ; **~ járás** *v* **működés** *(gépt)* silent/noiseless running ; **~ kilincs** *(kilincsművhöz)* silent pawl ; **~ lánc** silent/noiseless chain ; **~ önműködő hangerőszabályozás** *(rád)* quiet automatic volume control, quiet A. V. C. ; **~ pillanatlámpa** *(vaku)* silent photoflash
zajtalanítás attenuation/silencing of noise
zajteljesítmény noise output *(UK)*; noise power *(US)*
zajtényező noise factor
zajtompítás *l* **zajcsökkentés**
zajvágó *(rád)* noise killer
zajvédelem nois protection/reduction
zajvédettség *(számszerű érték ; távk)* signal-to-noise ratio
zajzár *(rád)* silencer
Z-alakú : ~ gerenda zed-beam ; **~ idomvas** zed-/Z-section, Z-profile
zamatosít flavo(u)r
zamatosítóanyag flavouring material
zaponlakk zapon lacquer
zápor *(met)* shower, pour ; **kozmikus ~** cosmic shower
zápereső *(met)* pelting rain
záporfelhő squall cloud ; **szétszakadozott ~** *(met)* scud
záporfront *(met)* black/rain squall, squall front/line
záporfrontsorozat második tagja *(met)* secondary cold front
záporgradiens *(met)* critical gradient
záporszerűen öntöz shower
záporvíz storm water
zár *fn* lock, catch, stop, wedge, detent ; *(kat)* barrage ; **bevésett ~** *(ajtólapkivágásban)* mortise lock ; **csapos ~** pin lock ; **egynyelves ~** bolt lock ; **függő ~** padlock ; **hidraulikus ~** water seal ; **időzített ~** *(fényk)* clockwork-gadget ; **oldalszegrögzítő ~** *(távk)* azimuth-stowing lock ; **rugós ~** clasp lock ; **súrlódó ~** friction lock ; **~ zárószekrénye** *(ajtótokon)* strike of a lock
zár *ige* lock, close, shut up ; *[áramkört]* close, make ; **tokba ~** incase
záradék crown(ing), key of an arch, apex
záradékborda *(ép)* ridge rib
záradékcsukló crown hinge
záradékhézag crown joint
záradékkő key of arch, quoin, closing stone
záradéknyomás crown thrust
záranya locknut, locking nut
zárás closing, locking ; *(vill)* make *is ;* **légmentes ~** *(anyagv)* tight/hermetic sealing, tightness
zárási idő *[jelvevőé]* splitting time
zaratit *(ásv)* zaratite
zárbiztosító *fn* block latch
zárcsap broach
zárcsavar *(hátsó ; kat)* breech screw

zárcsavaranya tail nut
zárcserép end tile
zárdió thimble
zárdugattyú *(puskán)* lock plunger/piston
zárfedő lemez escutcheon
zárfék *(jelvonóé)* automatic stop device
zárfékező kocsi *(vonat végén)* caboose
zárható fiók *v* **szekrény** locker
zárillesztés socketing
zárjelzés *(vasút)* running light
zárjelző lámpa *(vasút)* rear light, tail lamp
zárkampó arrester catch
zárkapcsoló *(vasút)* unit switch
zárkapocs click(iron)
zárkilincs brake pawl
zárkilincsrugó click-spring
zárkő *(ép)* keystone, head
zárkőfaragó *(munkás)* ashlar breaker
zárlámpa *(vasút)* tail/backing lamp, rear light
zárlat closure ; *(távk)* fault ; *(kondenzátorban)* breakdown ; *l még* **rövidzárlat**
zárlati *l még* **rövidzárlati; ~ áram** fault/short current ; **~ feszültség** short circuit voltage ; **~ hely** *(távk)* point of fault
zárléc *(ép)* lagging strip
zárnyelv *(ép)* catch, latch, detent, lock bolt/blade ; **rejtett ~** dormant bolt
zárnyelvbiztosító csap fence
záró *mn* closing, locking, blocking ; **~ alátét** lock washer ; **~ áramkör** locking circuit ; **~ berendezés** arrester catch, lock, catcher ; **~ csappantyú** arrester catch, closing flap ; **~ csillapítás** *[visszhangzáré]* suppression loss ; **~ ellenállás** *(vill)* terminal resistance ; **~ előfeszítés** *[egyenirányító]* backward bias ; **~ emeltyű** position lever ; **~ érintkező** *(vill)* make contact ; **~ feszültség** *(rád)* cutoff voltage ; *(egyenirányítón:)* back/inverse voltage ; *(csőrácson:)* cut-off bias ; **~folyadék** sealing fluid ; **~gerenda** *(hidr)* stop(log) ; *(kapun)* locking bar ; **~ illesztés** *(gépt)* lock joint ; **~ impedancia** terminating impedance; **~ impulzus** *(távk)* make impulse ; *[start-stop-gépen]* stop pulse/signal ; *(jelsorozat vége)* marking-out pulse ; **~ jelfogó** block relay ; **~kallantyú** stop catch ; **~kapcsoló** *(vill)* closing switch ; **~karima** locking hoop ; **~ készülék** arrester ; **~ kondenzátor** blocking capacitor/condenser ; **~ mechanizmus** stop motion ; **~ nyomógomb** make/close push-button ; **~ oszcillátor** blocking generator/oscillator ; **~ potenciál** stopping potential ; **~ rácsfeszültség** *(rád)* cut-off bias ; **~rovátka** *(hanglemezen)* locked groove ; **~szerelvény** *(vasút)* locking device ; **~ szerkezet** lock (gear), interlock, catch arrangement, closing device ; **~tartomány** *(távk)* stop range ; **~ tetőcserép** lock tile ; **~ tolattyú** cut-off slide-valve ; **úszógolyós ~ szerkezet** ball cock device ; **~ ütköző** arrester catch ; **~vezeték** *(vill)* jumper
záróanya *l* **záranya**
záróborda *(ép)* ridge rib
zárócövek stopper plug
zárócsap detent ; *(gyalugépen)* bull gear clamp
zórócsapszeg lock bolt
zárócsaptok casing of cock
zárócsavar *(dugó)* screw plug, cap screw
záródarab blocking piece
záródarabhossz *(ép)* closing length
záródás *(fa)* cover
záródísz *(nyomda)* tial-piece
záródmány *l* **zárvány**
záródó erősítésszabályozás *(rád)* gated gain control
záródugattyú-szemölcs locking lug
záródugattyú-visszalökőrugó barrel plunger spring
záródugó plug, button ; *(kat)* breech plug ; *(fagydugó ; gépk)* peened-in plug
záróék locking key/wedge
záróelem end piece ; *(gépt)* lock ; *(fogószerkezeten)* catch
záróeszköz *l* **záróelem**
zárófedél lock cap ; *(gépk)* cover lock/lid ; **búvónyílásra csavarható ~** *(hajó)* air plug
zárófej locking head
zárófog *(biztosító berendezéshez ; vasút)* locking tooth/pawl/ratchet
zárógát catchment wall, dike lock, barrage
zárógereb *(tutajozásnál)* floating-wood boom
zárógörbe terminal curve
zárógyűrű locking/stop collar
zárógyűrűs foglalat locking-ring mount
záróharang-vitla *(nagyolvasztótoroknál)* bell winch of blast furnace
záróhártya *(fa)* pit membrane ; *(tórusz ; fa)* torus
záróhelyzet *(vill)* cut-off condition ; *(érintkezőé)* making/make position
záróhiba *(geod)* error of closure ; **hosszirányú ~** *(geod)* discrepancy in length
záróhorog locking pawl, loop eye
záróirányú áram *l* **visszáram**
zárójel *(nyomda)* bracket, parenthesis ; **gömbölyű ~** round bracket(s) ; **kapcsos ~** figure bracket(s) ; **kis ~** round bracket(s); **közepes ~** square bracket(s); **nagy ~** figure bracket(s) ; **~lel összefog** bracket ; **szögletes ~** square bracket(s)
zárójelző *(vasút)* tail signal
zárókamra blocking cell
zárókapocs locking pawl/clamp/catch
zárókar clamping lever
zárókeret *(nyomda)* form lock
zárókilincs detent pawl, locking catch/latch, trip catch/trigger/pawl, arrester
zárókő *(ép)* arch key, keystone
zárókör *(rád)* rejector/rejective/absorber circuit, suppression filter
zárókősor *(bány)* keystone layer
zárókulcs locking key, detent
zárókúp detent cone ; *(koh)* packing cone ; *(állítóművön ; vasút)* locking pawl
zárókupak locking cap, capsule
zárólánc lock chain
záróláncszem end link
zárólap cover (plate) ; *(csőtápvonalon)* transverse plate
zárólép tail piece ; *(ablakhézag)* rabbet
záróléggömb barrage balloon
zárólemez lock plate ; *l még* **zárólap ;** *(ép)* tie/crown plate
zárómágnes lock(ing) magnet
zárómű arrest(er), catch, lock motion ; **kilincses ~** ratchet mechanism ; **szabadon futó ~** coaster brake
zárióldal *(fényt)* abutment line
zárópánt locking hoop
zárópárkány cover mould
zárópecek detent pin, pawl, tumbler, stop plug
záróponton caisson
zárórelé closing relay
záróréteg *(ép)* seal(ing) coat ; *(földt)* barrier layer ; *(hidr)* sealing ; *(vill)* barrier/blocking layer ; *(szigetelő)* insulating coating
záróréteges : ~ egyenirányító *(vill)* blocking-layer rectifier ; **~ fényelem** *(vill)* blocking-layer cell
záróretesz detent, arrester catch/latch, lock bolt ; **~t kinyit** unlatch
zárórúd stop/lock(ing) bar/rod
zárósapka end cap
zárósáv *(távk)* stop band
zárósor *(nyomda)* catch line
zárószalag cover strip/strap
zárószeg catch/cotter pin
zárószegély nélküli darabok *(tex)* blind ends
zárószél tail piece
zárószelep shuttoff/closing valve ; **~ az orgona szélládáján** ventil
zárószelepgolyó valve ball
zárószem staple
zárószerv *l* **záróelem, záróm ű**
zárótag *(gépt)* locking dog ; *(vill)* terminating pad
zárótárcsa notch disc ; *(biztosító berendezésben ; vasút)* locking disc
zárótekercs *(vill)* closing coil
zárótest *(puskán)* bascule
zárótömb *(gépt)* locking dog
zárótűz barrage
záróvas detent pin
záróvonal *(nyomda)* catch line ; *(erősokszögé ; mech)* closing/abutment line
zárpajzs *(bevésőzáraknál)* lock escutcheon
zárpecek *l* **zárópecek**
zárreszelő lock file
zárrugó catch/lock spring
zárszekrény *(ajtótokban)* striking plate
zárt (en)closed ; *(áramkör)* bridged is ; **~ állomány** *(fa)* massif ; **~ anya** *(gépt)* cap nut/screw ; **~ áramkör** close(d) circuit ; **~ átnézet** *(pa)* fairly close ; **~ belű talpfa** all-heart tie ; **~ burkolatú gyújtó** enclosed fuse ; **~ ciklusos munkarendszer** job-shop system ; **~ csapágycsésze** solid-journal box ; **~ csavarkulcs** ring wrench ; **~ cső** sealed tube ; **dobozba ~** *(kapcsoló)* locked-cover ; **~ előteres személykocsi** vestibule car ; **~ erkély** bay-/bow-window ; **~ etetés** *(darálógépen)* grain tight feed ; **~ faállomány** fully stocked wood ; **~ fej** *(hajtórúdon)* solid head ; **~ felület** *(papírnál)* bonded area ; **~ felvetőborda** *(tex)* closed reed ; **~ futókerék** *(hidr)* shrouded impeller ; **~ fülkéjű repülőgép** cabin-type aircraft ; **~ gumikeverő** internal rubber mixer ; **~ háncs** *(fa)* included phloem ; **~ helyiség néma foltjai** *(hangt)* dead spots ; **~ hengerüreg** box groove ; **hermetikusan** *v* **légmentesen ~** air-tight, air-proof ; **íves ~ erkély** bow window ; **~ kivitelű hangszóródoboz kis nyílással** *(rád)* vented enclosure ; **~ kondenzátor** potted capacitor/condensor ; **~ körű szabályozás** *(aut)*

closed-loop control; ~ **ievegőréteg** *(ép)* dead air; ~ **iúgos telep** *(vill)* sealed (basic) battery; ~ **mag** *(rád)* closed (iron) core; ~ **motor** *(vill)* (totally-) enclosed motor; ~ **nyelv** *(békanyelv; cipő)* watertight tongue; ~ **odor** *v* **matrica** *(alak)* lock die; ~ **oldalú tartó** box girder; ~ **rezgőkör** *(rád)* closed oscillating circuit; ~ **száď** *(tex)* closed/crossed shed; ~ **szádképzés** *(tex)* closed shedding; ~ **szalag** *[magnetofonon]* endless loop; ~ **szem** *(kh)* closed loop; ~ **szerkezetű kötél** full-lock coil rope; ~ **tehergépkocsi** box van; ~ **teherkocsi** box wagon; ~ **tekercselés** *(vill)* re-entrant winding; ~**tér** *(ép)* enclosed square; ~ **típusú színezőgép** *(tex)* closed kettle dye; ~ **udvar** *(ép)* enclosed court; ~ **üreg** *(heng)* box groove; ~ **váltó** *(vasút)* locked switch; ~ **vasmag** closed/gapless iron core; ~ **végű** *[cső]* dead ended; ~ **vezetőülés** *(gépk)* enclosed driver's seat

zárterkély-ablak oriel window

zártkanalas (szem)feltartás *(kh)* tuck(ing) on the latch

zártok lock casing

zártoll locking lug

zártolóka lock bolt (ing) on the latch

zártsorú beépítési mód *(városépítés)* (building) development in unbroken rows

zártudvaros beépítési mód *(ép)* (building) development with enclosed courts

zárváltó brake-stop cock

zárvány *(ásv, önt)* inclusion; **belső eredetű** ~ endogenous inclusion; **csomó alakú** ~ nodule (inclusion); **endogén** ~ endogenous inclusion; **exogén** ~ accidental inclusion; **harang alakú** ~ *(telérben)* belly; **idegen eredetű** ~ accidental inclusion; **kisebb** ~**ok meddőkőzetben** *(bány)* floater; **külső eredetű** ~ accidental inclusion; **lágy belsejű** ~ bruise; **sávos alakú** ~ band inclusion; **szalag alakú** ~ band inclusion; **szennyező** ~ impurity

zárványkő *(ásv)* accidental inclusion; *l még* **zárvány**

zárványos *[pala]* knotty; *(szennyezett:)* impure

zárvéső drawer lock chisel

zászlóállás *(rep)* feathering position

zászlójeladás *(távk)* flag signalling

zászlójelzés *(távk)* flag signal

zászló-krepp-papír crape paper for flags

zászlórúd flagstaff

zászló-selyempapír flag tissue-paper

zászlós jelzőkaró *(geod)* pole and flag

zászlószárny fly(er)

zászlószövet *(tex)* (flag) bunting

zászlótartó pennant staff

zátony bank(et), high bed, shelf, shallows; *(torkolatban)* bar; ~**ra fut** *(hajó)* run aground, strand; **tengerparttal párhuzamos** ~ barrier beach; **víz alatti** ~ bank

zátonyos shallow

zátonysor *(sziget körül)* encircling reef

zátonysziget cay

zátonyvándorlás banks shift

zavar *fn* disturbance, trouble, disorder, perturbance; *(rád)* noise, hiss; *(vill)* strays, disturbance, interference; **csapadék okozta** ~ *(rád)* precipitation static; ~ **helyének megállapítása** localization of disturbance; **közös csatorna** *v* **közös hullám okozta** ~ *(rád)* co-channel interference; **külső** *(nem rádió-eredetű)* ~ *(rád)* strays; ~**t okoz** give trouble; **szomszéd csatorna okozta** ~ *(rád)* adjacent-channel interference; **vétel érthetőségét lerontó** ~ *(rád)* destructive interference

zavar *(ige)* *(távk)* disturb, interfere

závár fastener, valve, slide; *l még* **zár**

zavarás disturbation; *(fiz)* perturbation; *l még* **zavar**; *(tervszerű; távk)* jamming; ~ **hanggal** aural masking; ~ **és jel aránya** *(rád)* jam-to-signal ratio; **összeköttetés** ~**a** *(rád)* jam(b); ~ **sávszélessége** *(rád)* barrage width

zavarcsökkentés *(radar)* clutter rejection

zavarelhárítás *(rád)* noise suppression

zavarelhárító készülék *(rád)* anti-interference device

zavargás *(földt)* disturbance; ~ **fészke** *(földt)* seat of disturbance

zavarjel-kiküszöbölő *(rád)* anti-jamming black-out

zavarkeresés *(vill)* trouble hunting

zavarkereső *(vill)* trouble-finder

zavarkiküszöbölés *(rád)* anti-jamming

zavarkiküszöbölő anti-jammer; ~ **berendezés** anti-jamming unit

zavarkörzet vonala *(rád)* line of disturbance

zavarmentes trouble-free; ~ **antenna** anti-static aerial/antenna, noise-reducing aerial/antenna

zavarmentesítés *(rád)* noise suppression

zavarmentesített antennarendszer antistatic aerial, anti-interference aerial system

zavarmentesítő *(rád)* anti-jamming; ~ **impulzus** anti-paralyse pulse; ~ **kondenzátor** anti-interference condenser

zavaró *(rád)* disturbing, jamming; ~ **állomás** *(rád)* jamming station; ~ **áramkör** disturbing circuit; ~ **csatolás** *[állandóan változó]* jigger coupling; ~ **elemek** *(vegy)* interfering elements; ~ **feszültség** *(rád)* disturbing voltage; ~ **impulzus** interference pulse; **nem** ~ **zajszint** *(rád)* non-interfering noise level; **összeköttetést** ~ **adó** *v* **berendezés** *(rád)* communication jammer; ~ **repülés** nuisance raid; ~ **térerősség** *(rád)* noise field intensity

zavaróadó *(rád)* jamming transmitter, jammer

zavaróáram *(rád)* disturbing current

zavarodási pont *(ol)* cloud point

zavarodásvizsgálat cloud test

zavarófény *(fényk)* cross-lighting

zavaróhang *(hangt)* blurr; *(kattogó; távk)* cross fire; **felvett** ~ **a hanglemezen** fuzz

zavaróhatás interference, interfering effect

zavarójel *(rád)* disturbance; ~**ek** *(katódsugárcső ernyőjén)* grass; ~ **kiküszöbölése** *(ikonoszkópnál)* shading

zavarójelzés interfering signal

zavarókorong disk-of-confusion; **legkisebb** ~ circle of least confusion

zavarókör *(fényt)* circle of confusion

zavaros *(átlátszatlan)* turbid, cloudy; *(iszapos)* limous, muddy; *(vegyes)* promiscuous; *(zavart)* confused; *(fényt)* blurred; *(pa)* fuzzy; ~ *(nem szabályos)* **szövetkép** *(tex)* entangled apparance of the fabric

zavarosítás *(ol)* pucking

zavarosítóanyag *(ker)* opacifier

zavarosodás turbidity; *(lakké)* chilling

zavarosodási próba *(ol)* cloud test

zavarosodásjelző *(titrálásnál)* turbidity indicator

zavarosodik thicken, opacity

zavarosság turbidity; *(tejszerűség)* milkiness

zavarosságmérés turbidimetry, nephelometry

zavarosságmérő *(pa)* nephelometer

zavarószint *l* **zajszint**

zavarószűrő *(rád)* noise filter/limiter/rejector

zavarótér interference area *(UK)*

zavarózörej *(film)* stew

zavarszint *(rád)* interference level

zavarszűrő *fn (rád)* noise trap/suppressor/rejector, anti-interference filter; ~ **berendezés** *(rád)* *l* **zavarszűrő**; ~ **ellenállás** suppressor; ~ **kondenzátor** *(rád)* anti-interference condenser

zavart: ~ **áramkör** disturbed circuit; **fejlődésben** ~ *[kristály]* atelene; ~ **rétegeződés** *(földt)* disturbed bedding; ~ **település** *(bány)* disturbed deposit, shear zone; ~ **zóna** *(bány)* troublesome zone

zavartalan undisturbed; *(teljesen átlátszó; kristály)* holohyaline; ~ **képződésű** *(ásv)* automorphic; ~ **réteg** *(földt)* natural bed

zavarterület *(rád)* interference area/zone

zavarvédelem *(rád)* noise suppression

zavarvektor *(mat)* disturbance vector

zavarvétel *(rád)* stray pick-up

zavarvizsgáló berendezés *(rád)* noise-test apparatus

závárzat *(lőfegyveren)* lock; *(lövegen)* gun breech mechanism

závárzatbiztosító *fn* trigger lock

závárzatfedő lemez lock plate

závárzatfogantyú charging handle

závárzattartó *fn* carrier

zebu(bőr) kip; **bevont** ~ *(kip)* plastered kip; **elhullott** ~ dead kip; **nehézsúlyú** ~ overweight kip; **vágóhídi** ~ slaughtered kip

zechstein *(földt)* zechstein

zefír *(tex)* zephyr

zegzugkapcsolás *(vill)* zigzag connection; *(hálózati transzformátorban)* broken-star connection

zegzugos zigzag, staggered; *(ép)* staggered; ~ **haladás** tack; ~ **kiképzés** *(ép)* zigzag moulding; ~ **repedések** *(bány)* break joints; ~ **szegecselés** snake riveting; ~ **tekercselés** *(vill)* zig-zag winding; ~**an terjedő hullám** *(rád)* wave travelling back and forth; ~ **trióhengersor** *(heng)* cross-rolling mill; ~ **vonal** zigzag line; ~ **vonalban megy** *(hegyoldalon)* quarter

zeg-zug-sávoly *(tex)* waved twill

zellermag-olaj celery fruits oil

Z-élű véső *(forg)* Z-mouthed chisel

zene: szintetikus ~ *(elektroakusztikus hangkeltéssel)* electrosonic music

zeneelosztó erősítő *(távk)* broadcast--distribution amplifier
zeneerősítő *(távk)* music/broadcast amplifier
zenegép radio-phonograph
zenei *[hang]* musical; **abszolút ~ hallás** absolute pitch; **~ aláfestés** *(film)* musical score; **~ hang** musical sound; **~ hangsor** musical scale; **~ záradék** cadence
zenekari: ~ alaphang concert pitch; **~ hangterelő** orchestra shell; **~ pódium** bandstand
zenélő: ~ ismétlőóra musical watch; **~ szikraadó** *(rád)* musical spark transmitter
zenélődoboz musical box
zenélőóra musical clock
zeneszekrény *(rád)* console
zeng resonate, resound
zengés *vö* **zeng**
zengőpedál *(zongorán)* pedal
zenit zenith, culmination; **~ alatti** *(csill)* subcelestial
zenittávcső *(csill)* zenith telescope
zenittávolság *(csill)* coaltitude; *(csill, geod)* zenith distance
zeolit *(ásv)* zeolite
Zeppelin-antenna Zeppelin aerial *(UK)*; Zepp antenna *(US)*
zerge(bőr) chamois; **irhás cserzésű ~** chamois leather
zéró *l* **nulla**
zérus *l* **nulla**
zéta-potenciál *(vegy)* zeta potential
zeunerit *(ásv)* zeunerite
zilált *(tex)* entangled
zimáz *(vegy)* zymase
zinckenit *(ásv)* zin(c)kenite
zinnwaldit *(ásv)* zinnwaldite
zippeit *(ásv)* zippeite
zippzár zipper, zip opening, pull fastener
zirkelit *(ásv)* zirkelite
zivatar thunderstorm; **fekete felhőktől kísért ~** black squall; **~ jégesővel** hailstorm
zivatarcella *(met)* thunder cell
zivatarfelhő comulo-nimbus, squall/thunder cloud
zivatarfront thunder squall
zivatarjelző *(met)* brontograph
zizegés *(rád)* whirring; *(pa)* spitting
zodiákus *(csill)* zodiac
zodiákusjel *(csill)* zodiacal sign
zoizit *(ásv)* zoisite
zokni *(kh)* half-hose, sock(s)
zokniszegély rib/sock top
zoknitartó sock-suspender
zománc enamel; **~ hólyagosodása** enamel cissing
zománcalap *(festéshez)* flux
zománcbeégető kemence glazing furnace/kiln
zománcedény enamel(l)ed ware
zománcégető kemence enamel furnace
zománcfehér *(festék)* lithopone
zománcfényezés enamel finish
zománcfesték enamel paint
zománchuzal enamelled/varnished wire
zománckeverék enamel grog
zománclakk enamel varnish
zománclap glazed slab
zománcmáz enamel (paint)
zománcmázas: ~ cserépkályha glazed--tile stove; **~ tégla** glazed brick
zománcos cserép glazed tile
zománcosítás vitrifaction
zománcoz enamel, glaze
zománcozás enamel(l)ing
zománcozó enamel(l)er; **~ kemence** enamel(l)ing furnace
zománcozott enamel(l)ed, glazed, vitrified; **~ egyszeres pamutszigetelésű** *(vill)* ename(l)ed single-cotton-covered; **~ egyszeres selyemszigetelésű** *(vill)* ename(l)ed single-silk covered; **~ feliratí tábla** enamel sign; **~ huzal** enamelled wire; **~ kétszeres pamutszigetelésű** *(vill)* enamel(l)ed double--cotton covered; **~ öntöttvas fürdőkád** porcelain-enamelled cast iron bath; **~ reflektor** enamelled reflector; **~ üveg** ename(l)ed glass
zománcszigetelésű huzal varnish(ed)/enamelled wire, enamel-covered wire
zóna zone; *l még* **öv** *és* **övezet**; *(koh)* band; **süket ~** *(rád)* blind spot
zónaátkapcsoló *fn (távk)* zoning switch
zóna-eljárás *(expozíciónál; fényk)* zone system
zónahelyzet-indikátor *(távk)* zone position indicator
zónaidő standard time
zónaközpont *(távk)* zone centre exchange
zonalitás zonality
zongora piano(forte); **villamos ~** pianotron
zongorahangoló piano tuner; **~ kulcs** tuning hammer
zongorahúr piano cord, music wire
zongorahuzal *(gépt)* piano/music wire; **lekötés ~lal** piano wiring
zongorakivonat piano(forte) arrangement
zongoraszék music stool
zongorazár piano lock
Zorés-vas Zores iron, omega section
zöblitzit *(ásv)* zöblitzite
zöcsköl *(bány)* hutch; *l még* **ülepít**
zöcskölés *(bány)* skimping; *l még* **ülepítés**; **~ ülepítőszitán** *(bány)* hotching
zökken jolt, bump, jerk
zökkenés *vö* **zökken**
zökkenésmentes gentle, smooth; **~ működés** smooth working
zökkenő *fn* bump; **~ okozta igénybevétel** *(gépk)* bump stress
zöld: falu ~ területe *(ép)* village green; **~ festék** *[kallózáshoz]* milling green; **~ föld** *(ásv)* *l* **glaukonit**; *(festék)* green earth, terre verte; **~** *(nem sózott)* **húsoldal** *(bőr)* green glue stock; **~ kép** *(telev)* green image; **~ komponens** *(telev)* green component; **~ lúg** *(pa)* green liquor; **~ ólomérc** *(ásv)* *l* **piromorfit**; **~ penész** *(nyersbőrön)* green mould; **~ raszter** *(telev)* green frame; **~ spinell** *(ásv)* *l* **klorospinell**; **~ szappan** green soap; **~ terület** *(ép)* green area/space
zöldborsócséplő gép *(élip)* pea husk--removing machine
zöldbőr *(nyersbőr)* fresh/green hide
zöldfa sappy wood
zöldgálic *(ásv)* *l* **melanterit**; *(vegy)* *l* **vasgálic**
zöld-komponens-jel green colo(u)r component signal
zöldmaláta *(élip)* distiller's malt
zöldnedves súly *(fa)* green weight
zöldolaj choice green olive oil
zöldsáv *(ép)* green space/zone/band
zöldsúly *(bőr)* green(-)weight
zöm bulk, gross
zömít *(alak)* upset
zömítés upsetting; *(tömítésé)* caulking
zömített clenched, upset; **~ élű lemez** jumped sheet; **~ fejű** headed; **~ fejű szegecs** (up)set rivet; **~ tompa hegesztővarrat** upset/jump weld
zömítő: ~ készülék *(heg)* upsetting device; *(ol)* packer; **~ kovácsolás** upset forging
zömítőpróba *(anyagv)* upsetting test
zömítőszerszám upsetting die(s)
zömök oszlop *(hidon)* mandrel, mandril
zömökölés caulking
zönge *(hangt)* chord tone
zöngétlen hang unvoiced sound
zörej noise, sputter, rumble; *(rád)* crackle, crackling; *l még* **zaj**; **áramköri ~** circuit noise; **billentyűzési ~** clicking
zörejcsillapítás noise damping/silencing
zörejcsökkentés *l* **zajcsökkentés**
zörejcsökkentő *l* **zajcsökkentő**
zörejelhárító *(lámpán; fényk)* whistle--box
zörejérzékenység *(rád)* static sensitivity
zörejfilm effect film
zörejjel-viszony *(rád)* jam-to-signal ratio
zörejkeltő jamming/flutter generator
zörejkiküszöbölés *(rád)* anti-jamming
zörejkiküszöbölő *(rád)* anti-jammer; **~ berendezés** dynamic noise supressor; **önműködő ~** automatic noise limiter
zörejmentes *l* **zajmentes, zajtalan**
zörejmentesítés *l* **zajmentesítés**
zörejszint *l* **zajszint**
zörejtényező *l* **zajtényező**
zörejtörlés *(film)* blooping
zörejvágó kapcsolás *(rád)* static eliminator
zörejvédelem *l* **zavarelhárítás**
zörgés chatter; *(egyes alkatrészek berezgése; gépk)* rattling; *(csőé; rád)* mechanic(al) noise
zörgésmentes papír noiseless paper
Z-sodrat *(tex)* right twist
Z-sodratú kétágú cérna *(tex)* openband twine
Z-szelvényű dúc *(rep)* Z-strut
Z-tengely Z-axis
zubbony jacket, reefer
zug *fn* recess
zúg *ige* drone
zúgás rumbling, rumble, noise
zuggerenda eaves board
zúgó *fn (szabad; hidr)* waste channel
zugszaru *(ép)* jack rafter
zuhanás *(rep)* dive
zuhanási szög *(rep)* angle of dive
zuhanó: ~ határsebesség terminal dive speed; **~nyomaték** *(rep)* diving moment; **~öntés** top pouring; *(lapkás)* baffle-gate top pouring
zuhanóbombázó dive bomber
zuhanófék *(rep)* dive brake
zuhanókábel *(rep)* axial cable
zuhanórepülés (nose-)dive, power dive; **~ határsebességgel** terminal (nose) dive
zuhanószél *(met)* catabatic (wind)
zuhanyban-edzés *(hők)* stream hardening
zuhanyfej *(gömbcsuklós)* ball-jointed spray head
zuhanyfürdő *(bány)* bath house
zuhanyozó *fn* shower

zuhanyozófülke shower stall
zuhanyrózsa shower rose
zuhatag cataract, race, rapid
zuhintóakna *(bány)* mill hole, milling pit, gloryhole
zuhogás swash
zuhogó *fn (hidr)* cascade fall
zuhogóöntés *(öntővederből)* top pouring
zummer *(vill)* buzzer
zunyit *(ásv)* zunyite
zurbol *(agyagot)* blunge
zurlit *(ásv)* zurlite
zúz break, crumble, crush, shatter, mill; *(bány)* buck, spall *is*; **porrá ~** triturate; **újból ~** recrush
zuzalék rubble, crushing; **durva ~** *(ép)* coarse crushing
zuzalékérc drag ore
zúzás comminution, crushing; *vö még* zúz
zúzda stone rolls; *(bány)* stamper; *(pa)* chip crusher
zúzdász *(bány)* stampman
zuzmara sleet
zuzmarás vidék *(vezetékcsillapítás szempontjából; távk)* sleet area/region
zuzmaratisztító áramszedő fej *(vasút)* sleet-/rime-removing trolley
zúzó *fn* pounder, pestle, stamper; *(bány, koh)* stamp mill; **~kalapács** trip/breaking hammer, stamper
zúzódás *(árué)* bruise
zúzódik *(törmelékké)* knapple
zúzóérc *(bány)* milling grade, stamp rock
zúzófej crusher head
zúzógép breaking/crushing/crumbling mill/engine/machine, pulper; *(élip)* masticator, shredder, pulper; *(pa)* chip crusher; **centrifugális ~** centrifugal desintegrator; **~ törőbütyke** mill cog
zúzógyűrű *(bány)* die
zúzóhenger crusher rolls
zúzóhomok crusher sand
zúzójárat stone rolls
zúzóköpü *(ércdúsításhoz)* stamping trough, mortar/stamper box, percussion mortar
zúzómalom pestle/percussion/stamp/gravity/disintegrating mill, disintegrator; *(cementgyártáshoz)* cement mill; *(pa)* stamp-mill, stamping mill; **tárcsás ~** disc crusher
zúzómű *l* **zúzómalom**
zúzónyíl *(bány, koh)* stamp, tappet; **közös keretbe foglalt több ~** *(bány)* stamp battery
zúzónyílcsoport *(bány)* battery
zúzópapucs *(bány, koh)* stamping shoe, raggle, boss
zúzópofa crusher jaw
zúzópöröly *(bány)* snap/stamping hammer
zúzórúd *l* **zúzónyíl**
zúzósaru *(bány, koh)* stamp shoe
zúzótér beater chamber
zúzott crushed, mashy; **~ papír** crumpled paper
zúzottérc-vályú *(bány)* strip
zúzottkavics-útborítás metalling
zúzottkő chad, metal; **~vel burkolt** *[út]* metalled; **~vel burkolt út** metalled road
zúzottkő-ágyazat rubblework
zúzottkő-szállító kocsi *(vasút)* rubble car
zümmög buzz, drone
zümmögés *(rád)* buzz(ing), hum(ming)
zümmögő *fn (vill)* buzzer, hummer, vibrator
zümmögő-gerjesztő *(rád)* buzzer exciter
zümmögőhívás *(telef)* buzzer call
zümmögőjel *(távk)* buzzer signal
zümmögőmoduláció *(rád)* buzzer modulation
zümmögős: **~ hullámmérő** *(rád)* buzzer(-excited) wavemeter; **~ oszcillátor** *(rád)* buzzer oscillator
zwieselit *(ásv)* zwieselite
ZZ leszállási eljárás *(rep)* ZZ landing procedure

Zs

zsák bag, pack, pocket ; **egy ~** *(mérték)* sackful ; **~ba rak** sack
zsák- *(utca, furat)* blind
zsákanyag *(tex)* sacking
zsákbekötő zsinór sack tie
zsákberázó *(munkás)* jigger
zsákcserzés *(bőr)* bag tannage
zsákcsinvat *(tex)* sack drill
zsákcsúszda *v* **-surrantó** sack chute
zsákemelő *fn* bag piler/elevator
zsákfurat blind hole
zsákkötöző pergőszerszám sack-closing drill
zsáklyuk-menetfúró bottoming tap
zsákmáglya *(bány)* cog of bag
zsakó *(óra)* pivoting tool
zsákol sack, bag
zsákolás sacking, bagging
zsákoló *fn* bagger
zsákolóállvány *(arató-cséplőgépnél)* bagging platform
zsákológép sack packer, bag machine
zsákolónyílás *(cséplőgépen)* sack chute/spout
zsákosfúró *(bány)* sack borer ; **~ rudazata** *(bány)* sack borer stem
zsákpapír bag-/sackpaper, paper for paper bags
zsákpersely *(gépt)* blind bushing
zsákporoló gép *(malomban)* sack beater
zsákrakodó *fn* bag stacker/piler
zsákrakó emelő bag stacker
zsákraktár bag stor
zsákszállító *(szalag)* sack transporter/conveyor
zsákszerű öböl *(földt)* pocket beach
zsákszövet sack/bag cloth, bagging, burlap
zsákszövetsímítás *(pa)* burlap finish
zsákszövő *(tex)* bag weaver ; **~ szék** bag loom
zsákszűrő bag filter
zsáktaliga sack truck ; **~ alján lévő tartó-** *v* **emelőlemez** steel lip
zsáktartó bag holder
zsáktöltő : ~ csiga sack filling-screw ; **~ gép** *(liszthez:)* flour sacker
zsákutca blind lane/alley, turn-again alley, impasse, cul-de-sac, dead-end street
zsákvarró tű *(pa)* sacking needle
zsákvászon *(tex)* sacking, paulin, bagging
zsákvászongát iszaptömedékelésnél *(bány)* stowing gunny
zsákzáró gép bag-closing machine
zsalu lattice blind, louvres
zsalugáter *(ép)* abat-vent
zsalulécezés louvered boards
zsaluleveles ablaktábla luffer/louvre boards
zsalus screened ; **kocsiszekrény ~ szellőzőrése** *(gépk)* louvre-type slot of body ; **~ redőny** louver shutter ; **~ szellőzőkürtő** louvre
zsalutábla window shutter, louvred board(s)
zsaluz *(ép)* cradle, mould, encase, erect the falsework
zsaluzás cradling, sheeting, casing, form(work), mould(ing), shuttering ; **~ egymás mellé helyezett deszkákból** close bolting board ; **~t kenő olaj** *(betonozáshoz)* form oil ; **~t kibont** strike ; **takarékos ~** *(fa)* spare planking ; **~t tartó vasalás** *(ép)* reinforcement for carrying the centering ; **~ visszamaradt lenyomata a beton felületén** board marks
zsaluzási tábla form panel
zsaluzóács *(iszaptömedékelésnél ; bány)* bratticeman
zsaluzódeszka form panel, slab
zsaluzóléc bridging(s)
zsaluzóolaj *(ép)* mould oil
zsaluzótábla form panel
zsámoly shamble, stool ; *(fa)* footing piece ; *(rönktargonca)* head-block
zsámolykocsi bogie
zsarátnok cinder, tinder, live coal
zseb pocket, pouch ; **~ alakú** pocket--type ; **kis ~** fob ; **nagyméretű belső ~** bellows pocket
zseb- *[szótár]* pocket type
zsebcsatahajó pocket battleship
zseb-franciakulcs pocket adjustable wrench
zsebkendőbatiszt handkerchief lawn
zsebkendő-krepp-papír handkerchief crape (paper), crape paper for handkerchief
zsebkendőpapír handkerchief paper
zsebkendőpróba *(anyagv)* double folding test
zsebkés pocket knife, jackknife
zsebkéspenge csapja kick
zsebkönyv pocket/reference book
zseblámpa pocket lamp, flashlight
zseblámpaelem flashlight battery/cell
zseblámpaizzó flashlight bulb
zseb-mérőléc pocket rule
zsebnagyító *(órás)* pocket eyeglass/magnifier
zsebnaptár pocket calender
zsebóra (pocket) watch
zsebórafül watch bow
zsebóratok pocket watch case ; **~ nyaka** knob pendant
zsebóratokfül bow
zsebpartitúra *(hangt)* miniature score
zseb-rádióvevő pocket receiver
zsebtakaró *(tex)* flap
zsebtárca pocket book
zsebvászon pocketing
zselatin gelatin(e) ; **~t emésztő anyag** *(fényk)* gel-peptizing material ; **~ tartalmú baktériumtáptalaj** gelatin(e) medium
zselatinál *(pa)* pectize
zselatinálódás gelling
zselatináz *(enzim)* gelatinase
zselatincsomagolás gelatin(e) packing
zselatinizálás jellification
zselatin-karton *(pa)* gelatin(e) board
zselatinnyomó karton *(pa)* medio-board
zselatinos kikészítés *(kesztyűbőröké)* paste grain
zselatinpapír *(pa)* gelatin(e) paper
zselatinréteg : alapozó ~ *(fényk)* base
zselatin-szárazlemez *(pa)* gelatin(e) dry--plate
zselatinszerű gelatinous
zselatinszilárdítás fénnyel *(fényk)* gelatin(e) hardening by light
zselatinszűrő *(vetítőlámpa színképének kiegyenlítésére)* jelly filter
zselé jelly
zsengélés *(ker)* biscuit firing
zsengélő kemence *(szil)* biscuit kiln
zsenília *(tex)* chenille
zseníliafonal chenille (yarn)
zseníliafonalszövő gép chenille loom/machine
zseníliaszőnyeg *(tex)* chenille carpet
zseníliaszövő gép chenille machine
zseníliavetülék *(tex)* chenille weft
zseton counter
Zsigmondy-féle itatóspróba *(pa)* Zsigmondy R-zone test
zsilip *(hidr)* sluice, dike lock ; *(bány)* air lock ; **~ alsó vízfolyás felé eső vége** downstream end of lock ; **~ bebocsátó kamrája** admission chamber; **~ kerete** sluice frame ; **~eket kinyit** sluice ; **~ összekötő köténye** apron ; **vizet ~en lebocsát** sluice
zsilipajtó : kettős ~ *(bány)* air-lock door
zsilipcsatorna-tolózár sliding sluice-valve
zsilipelés sluicing
zsilipelővíz sluicing/lockage water
zsilipelzáró keret gatepost
zsilipes : ~ árok sluiced ditch ; **~ földcsúszda** muck shoot
zsilipfej headbay
zsilipfenék lock floor
zsilipfő lock/sluice head
zsilipgerenda sluice timber
zsilipkamra sluice/lock chamber/coffer ; **alsó ~** afterbay

zsilipkamrafenék *l* **zsilipfenék**
zsilipkapu lock/sluice gate/port ; **alsó ~** tail gate ; **~ buktatónyílása** lock gate hatch ; **ellensúlyos ~** balance gate ; **felső ~** crown gate ; **~ szolgálati híddal** sluice valve with bridge ; **~ utáni csatornarész** tail bay
zsilipkapufülke gate recess
zsilipkapukamra gate chamber
zsilipkapuoszlop meeting post
zsilipkerék gatewheel
zsilipkezelés sluicing
zsilipkezelő *fn* lock tender, sluice keeper
zsilipkiszolgáló gyaloghíd footboard
zsilipküszöb clap(-)sill
zsiliplépcső flight of locks
zsilipmester sluice keeper
zsilipnyílás sluice outlet, sluiceway
zsilipnyitással öblít sluice
zsilippajzsos gátelzárás sluice gate
zsilippalló sluice timber
zsiliprendszer sluice system
zsiliprés sluice outlet
zsiliptábla sluice board ; **domború ~** dished sluice gate ; **kis ~** paddle
zsiliptáblaemelő *v* **-felhúzó szerkezet** sluice winch, sluice-winding gear/mechanism
zsiliptáblazáró fej lock sluice head
zsiliptámkapu mitering gate
zsilipzár gate
zsindely shingle, slate
zsindelyez shingle
zsindelyezőállvány shingling bracket
zsindelyfa shingler
zsindelyfűrész shingling saw
zsindelygyártó gép shingle machine
zsindelyhéjazat *v* **-réteg** shingling layer
zsindelykészítő műhely shingle mill
zsindelyszeg batten nail
zsindelyszerű burkolat *(ép)* imbrication
zsineg cord, string, twine ; **~ gombolyítása** *v* **gombolyagba szerelése** balling
zsinegcsomagoló papír cotton wrappers, hosiery paper
zsineg-kosár twine holder
zsinegtűzés *(kordeltűzés ; cipőfelsőrészen)* pintacking
zsinór cord, braid, line, string, twist, twine ; *(vékony ér ; bány)* veinlet ; *(üvegben)* cord ; *(cipő)* string ; *(vill)* cord ; **átkapcsoló ~** *(telef)* connecting cord ; **csatlakozó ~** *(háztartási készülékhez)* drop cord ; **egyeres ~** single cord ; **előfizetői ~** instrument cord ; **~ral fogialt** *(kaptafára)* string-lasted ; **hajlékony** *(vill)* flexible cord ; *(központban, fejhallgatóhoz ; távk)* tinsel cord ; **kétdugós ~** double-ended cord ; **kétszínű ~** dichromatic cord ; **~ nélküli kapcsolóasztal** *(távk)* cordless switchboard ; *n*-**eres ~** n-conductor cord
zsinóráramkör *(telef)* cord circuit
zsinóráramkör-erősítő cord circuit repeater
zsinóráru tape
zsinórbilincs *(vill)* cord fastener/grip
zsinórcérnázó gép strander
zsinórdísz *(cipőn)* cordine
zsinórdíszítés *(fémhuzalos áru)* galloon
zsinórdob *(tex)* cord barrel
zsinórdrót cord thread
zsinórerősítő *(távk)* cord(-circuit) repeater ; **~ munkahely** *(távk)* (cord) repeater position
zsinórfektetés *(kh)* warp chain
zsinórfeszítő cord adjuster
zsinórgumi flipper
zsinórhajtás cord drive
zsinórhajtású gyűrűsfonó *(gép, tex)* off-end driven ring frame
zsinórkerék *(tex)* wharf ; *(kötélverő gépen)* whirl
zsinórkereső áramkör cord-finder circuit
zsinórkészlet *(kártyaverő gépen ; tex)* simple
zsinórmenet *(gépt)* knuckle/round thread
zsinórmentes (kis) központ *(távk)* cordless (switch)board
zsinórmérték canon
zsinóros helyközi központ *(távk)* cord-type trunk exchange
zsinóroz *(tex)* lace up, braid ; *(Jacquard-gépen)* tie ; **emelőpálcákkal ~** *(Jacquard-gépen)* tie with lifting-rods
zsinórozás lacing ; **~ név beszövésére** *(tex)* tie-up for weaving names ; **nyüst ~a** *(tex)* tying-up
zsinórozómunka *(tex)* bobbin work
zsinórozómunkás *(tex)* tier-up
zsinóröltés *(tex)* cord stitch
zsinórpadlás *(ép)* rigging loft, gridiron ; *(színházi)* stage lift, fly
zsinórszerű funiform
zsinórtárcsa band pulley ; *(ingaóráé)* ferrule ; *(tex)* cord weight, groove/band pulley, band wheel
zsinórtömítés cord packing ; *(tömszelencében)* gasket
zsinórvédő cord protector
zsinórverő gép *(tex)* braider, cording/braiding frame/machine, loom for braiding
zsinórvezető dob fékje coil drag
zsír *(élip)* fat ; *(kenőanyag)* grease ; **~ keményítése** fat hardening ; **~ban nyírt gyapjú** greasy-shorn wool ; **~ban oldható** *v* **oldódó** liposoluble ; **saválló ~** anti-corrosive grease
zsír- fatty
zsiradék fat, grease, shortening
zsiradékbontó üzem oil-splitting plant
zsiradékhidrogénezés hardening of fats
zsiradékkeményítés hardening of fats
zsiradékülepítő slush stock
zsíralkohol fatty alcohol
zsíralkoholszulfonát fatty alcohol sulfate
zsírálló greaseproof ; **~ lemez** *(pa)* greaseproof board ; **~ papír** greaseproof paper ; **~ papírlemez** greaseproof board
zsírállóság fat resistance ; *(pergamentnél :)* blister test
zsíranyag fatty substance
zsírátnemeresztő grease-proof/-resistant
zsírátütés *(bőr)* fatty spew
zsírbontás fat splitting
zsírcserzés *(bőr)* oil tannage
zsírcsomagoló papír grease wrapper, paper for grease wrappers
zsírelbontás glicerinre deglycerinizing
zsíreltávolító anyag *(tex)* grease remover
zsíreres *[hús]* marbled
zsírfecskendő grease gun
zsírfény greasy/soapy/unctuous lustre
zsírfestékek fat colo(u)rs
zsírfogó grease trap, drip cup, grease-removal tank ; *(mosogatón)* siphon ; **~ gyűrű** baffle ring ; **~ lemez** grease-retainer plate
zsírfolt grease-spot, fat stain
zsírhatlan *[tömítés]* greaseproof
zsírkenés *(gépt)* grease lubrication
zsírkiolvasztás rendering
zsírkitaszító gép *(bőr)* grease jack
zsírkiütés bőrön fatty spew
zsírkivirágzás *(bőr)* fatty spew ; *(csokoládén)* bloom
zsírkivonás grease extraction
zsírkő *(ásv)* nephelite, elaeolite, lard stone, agalmatolite, talc
zsírkő-égő *[acetilénlámpában]* steatite burner
zsírkőpor boot powder
zsírlé *(likker ; bőr)* fat(-)liquor
zsírleválasztó grease separator
zsírmentes szárazanyag solids-not-fat
zsírnemű adipic
zsíroldékony liposoluble
zsíroldó szer fat-dissolving agent
zsírolvasztó üst rendering kettle
zsíros fatty, unctuous, greasy, oleaginous, oily ; *(bőr)* greasy ; *(pa)* fuzzy ; *[őrlés ; pa]* shiny ; **~ agyag** rich clay ; **~ állapotban** *(gyapjú)* in the grease ; **~ anya** *(pa)* slow draining stuff, wet/slow pulp/stuff ; **~ bőr** oiled leather ; **~ cserzési mód** fat tannage ; **~ farkú juh** broad/fat-tailed sheep ; **~ festék** fat colo(u)r ; *(nyomda)* greasy ink ; **~ gubacs** gall nuts ; **~ gyapjú** raw wool, wool in the grease, greasy (unwashed) wool ; **~ gyapjú ára** grease price ; **~ gyapjú minőségi vizsgálata** assying raw wool ; **~ gyapjú súlya** greasy weight ; **~ káliszappan** soft potash soap ; **~ kőszén** rich coal ; **~ olaj** fatty oil ; **~ őrlésű** *(pa)* slow-draining *(US)* ; **~ őrlésű anyag** *(pa)* shiny stuff ; **~ra őrölt** *(pa)* well-milled, wet-beaten ; **~ szén** bituminous coal
zsíroz oil, lubricate, grease ; *(ásványi olajat)* compound ; *(bőr)* stuff ; **bőrt kézzel ~** hand-stuff ; **hordóban ~** drum-stuff
zsírozás *(oldott zsírral)* stuffing ; *(bőr)* hot stuffing ; **~ beégetéssel** *(bőr)* hot-stuffing ; **~ hordóban** *(bőr)* drum stuffing ; **~ zsírlével** *(bőr)* fat-liquoring
zsírozó *l* **zsírzó** *is*
zsírozószer *(bőr)* stuffing
zsírozott olaj compounded oil
zsírpapír grease paper, waxpaper
zsírpattanás *(juhbőrnél)* cockle
zsírprés lubricating press, oil gun
zsírredő *(bőr)* fat wrinkle
zsírregenerálás grease recovery
zsírsav fatty acid
zsírsav-átütés *(készbőr barkaoldalán)* spew
zsírsavsorozat fatty series
zsírsavtartalom fatty acid content
zsírtalanít unoil, degrease, scour
zsírtalanítás grease extraction ; *(gyapjúé)* degreasing, desuinting ; *(gépk)* degreasing ; *(óra)* scouring ; *(tex)* crabbing
zsírtalanító *fn* degreaser ; *(tex)* degreasing/disuint (agent) ; **~ anyag** skimming agent
zsírtalanított degreased ; **~ húsliszt** fat-free meat meal
zsírzó *(Stauffer-szelence)* grease cup ; **~ állomás** *(gépk)* greasing station ; **~ folyadék** *(bőr)* fat liquor ; **önműködő ~** lubricator ; **~ szelence** grease

box/cup ; ~ **szivattyú** garage grease gun
zsírzó- grease
zsírzóakna *(gépk)* grease pit
zsírzócsavar lubrication hollow screw
zsírzófej lubricating plug/ripple ; ~ **golyós zára** *(gépk)* ball lock
zsírzógomb *(sisakos)* capped lubricator nipple
zsírzókenés *(központi)* central grease lubrication
zsírzópisztoly *l* **zsírzóprés**
zsírzóprés grease/lubricating gun
zsírzórámpa *(gépk)* grease ramp
zsírzószemölcs grease fitting
zsírzószer *(halolaj- és faggyúkeverék ; bőr)* dubbin
zsírzószervisz *(gépk)* greasing station
zsírzótok grease retainer
zsombék bog
zsombékos tussocky
zsomp *(bány)* sump, standage, dipper, accumulator ; *(mélyfúrásnál)* sump
zsompakna *(bány)* sump shaft
zsomplyuk *(bány)* sump hole
zsompor *(mzg)* skep
zsomptakarító *(bány)* sump-cleaner
zsomptalp fork
zsompvágat *(bány)* water gate
zsongás *(távk)* babble
zsugorít shrink ; *(koh, vegy)* sinter, bake ; *(tex)* contract *is*
zsugorítás *(koh)* sintering; *(tex)* shrinkage, shrinking, contraction
zsugorító : ~ **berendezés** *(bány, koh)* agglomerating plant ; ~ **eljárás** *(koh)* sintering process ; ~ **illesztés** shrinkage fit
zsugorítógép crimping machine
zsugorítógyűrű *(melegen felhúzott szorítógyűrű)* shrink ring
zsugorítórostély sintering grate
zsugorítószalag *(koh)* sintering belt
zsugorított : égetéssel ~ **agyag** drawn clay ; ~ **érc** *v* **fém** *(koh)* sinter ; ~ **hangsáv** squeeze track ; ~ **keményfém** *(koh)* sintered carbide ; ~ **ötvözet** sintered alloy ; ~ **szövet** crepon, crimp
zsugormérce *(önt)* moulder's rule
zsugorodás shrink(age), shrinking; *(pa)* shrinkage ; *(tex)* contraction, crimp *is* ; ~ **dekatáláskor** *(tex)* shrinkage in sponging ; **dermedési** ~ *(folyékony)* fluid contraction ; ~**nál fellépő belső feszültség** contraction stress ; ~ **feloldódása nedvesítés után** *(tex)* relaxation shrinkage on wetting ; ~**t megelőző kezelés** preshrinking ; ~ **mértéke** *(fa)* shrinkage rate ; ~ **mosáskor** *(tex)* shrinkage in laundering ; ~ **szélességben** *(tex)* contraction in width ; ~**sal szembeni ellenállás** resistance to shrinkage
zsugorodásgátló szer *(akkumulátor-lemezekhez)* expander
zsugorodási : ~ **alakváltozás** contraction strain ; ~ **határ** shrinkage limit ; *(betonnál)* sintering limit ; ~ **hézag** contraction joint ; ~ **hőmérséklet** *(tex)* contraction temperature ; ~ **lépték** shrink scale ; ~ **lyukacsosság** shrinkage porosity ; ~ **mérce** *(önt)* contraction gauge, moulder's rule ; ~ **méretváltozás** shrinkage strain ; ~ **próba** *(mosott gyapjún)* cold test ; ~ **ráhagyás** shrinkage allowance ; ~ **repedés** shrinkage crack ; *(földt)* contraction joint ; ~ **üreg** *(önt)* shrinkage hole/cavity
zsugorodásmentes *(tex)* anti-sag/-shrink, unshrinkable, non-shrink, shrink resistant/-proof ; *(öntvény)* unshrinkable ; ~ **acél** unshrinkable steel ; ~ **kikészítés** *(tex)* shrink-proof finish, unshrinkable finish
zsugorodásmentesség unshrinkability
zsugorodásmérő : ~ **idomszer** shrinkage gauge ; **öntödei** ~ **vonalzó** shrinkage rule
zsugorodik shrink, contract
zsugorodó : ~ **betonkeverés** *(ép)* shrink mixing of concrete ; ~ **illesztés** shrink fit ; ~ **képesség** contractility, crimp properties, shrinking power ; ~ **lánc** *(tex)* crimp warp ; **nem** ~ *(tex)* shrink-resistant, shrink-proof
zsugorodóhatás contracting effect
zsugorodóképes contractile
zsugorüreg *(önt)* *l* **zsugorodási üreg**
zsúp *(ép)* reed
zsúpozó cövek *(ép)* sting
zsúptetőt készít *(ép)* thatch